Preis · Temming
Arbeitsrecht – Individualarbeitsrecht

Arbeitsrecht

Individualarbeitsrecht
Lehrbuch
für Studium und Praxis

von

Prof. Dr. Dr. h.c. Ulrich Preis
Universitätsprofessor
Köln

und

Prof. Dr. Felipe Temming, LL.M. (LSE)
Universitätsprofessor
Hannover

6. Auflage

2020

ottoschmidt

Zitierempfehlung:
Preis/Temming, Individualarbeitsrecht, 6. Aufl. 2020, Rz. …

*Bibliografische Information
der Deutschen Nationalbibliothek*

Die Deutsche Nationalbibliothek verzeichnet diese Publikation in der Deutschen Nationalbibliografie; detaillierte bibliografische Daten sind im Internet über http://dnb.d-nb.de abrufbar.

Verlag Dr. Otto Schmidt KG
Gustav-Heinemann-Ufer 58, 50968 Köln
Tel. 02 21/9 37 38-01, Fax 02 21/9 37 38-943
info@otto-schmidt.de
www.otto-schmidt.de

ISBN 978-3-504-42022-2

©2020 by Verlag Dr. Otto Schmidt KG, Köln

Das Werk einschließlich aller seiner Teile ist urheberrechtlich geschützt. Jede Verwertung, die nicht ausdrücklich vom Urheberrechtsgesetz zugelassen ist, bedarf der vorherigen Zustimmung des Verlages. Das gilt insbesondere für Vervielfältigungen, Bearbeitungen, Übersetzungen, Mikroverfilmungen und die Einspeicherung und Verarbeitung in elektronischen Systemen.

Das verwendete Papier ist aus chlorfrei gebleichten Rohstoffen hergestellt, holz- und säurefrei, alterungsbeständig und umweltfreundlich.

Einbandgestaltung: Lichtenford, Mettmann
Satz: WMTP, Birkenau
Druck und Verarbeitung: Kösel, Krugzell
Printed in Germany

Vorwort

Nachdem die 5. Auflage schnell vergriffen war, musste zügig eine Neuauflage vorbereitet werden. Die 6. Auflage bringt das Lehrbuch auf den aktuellen Stand. Als Mitautor konnte Prof. Dr. Felipe Temming, LL.M (LSE), Leibniz Universität Hannover, gewonnen werden.

Der Gesetzgeber war in der 18. Legislaturperiode besonders aktiv. In der aktuellen 19. Legislaturperiode hat er ebenfalls weiter Reformbereitschaft erkennen lassen: Zu nennen sind das Gesetz zur Brückenteilzeit und das Geschäftsgeheimnisgesetz. Diese Neuerungen waren einzuarbeiten. Überdies wurden die in der 18. Legislaturperiode verabschiedeten Änderungsgesetze (Arbeitnehmerüberlassungsrecht, Einfügung des § 611a BGB, Reform des Mutterschutzrechts, BEEG, FPfZG, Mindestlohngesetz, Datenschutzgrundverordnung) vertieft und erste Rechtsprechung verarbeitet. Die Rechtsprechung versucht nach wie vor, dem Arbeitsrecht ein in sich stimmiges Gesamtgerüst zu verschaffen. Intensive Rechtsprechungstätigkeit war auf dem Gebiet des Allgemeinen Gleichbehandlungsgesetzes (AGG), des Urlaubsrechts und im Recht der Allgemeinen Geschäftsbedingungen festzustellen. Besonderer Beachtung bedarf ferner die Rechtsprechungsentwicklung des Europäischen Gerichtshofs (EuGH) und des Europäischen Gerichtshofs für Menschenrechte (EGMR).

Das bewährte Konzept ist beibehalten worden. Redaktionell hat eine Verdichtung des Textes stattgefunden, um inhaltlich keine Kompromisse machen zu müssen. Gleichzeitig ist die Auffindbarkeit der Rechtsprechung verbessert worden, indem durchgängig Aktenzeichen und eine verbreitete Fundstelle angegeben werden. Zu diesem systematischen Lehrbuch ist ein Klausurenband (Autoren Preis/Seiwerth) erschienen.

Wir sind davon überzeugt, dass das vorliegende Buch – gemeinsam mit den zweiten Band, der das kollektive Arbeitsrecht und das Arbeitsgerichtsverfahren enthält –, insbesondere auch für die Grundausbildung künftiger Fachanwälte für Arbeitsrecht geeignet ist.

Zu danken haben wir den Mitarbeiterinnen und Mitarbeitern unserer Lehrstühle des Instituts, namentlich Malek Said und Katharina Schwarz (beide Köln) sowie Kristin Haase und Sarah Romero Holanda (beide Hannover).

Das Werk gibt den Rechtsstand zum 31.8.2019 wieder.

Die Verfasser freuen sich über Kritik und Verbesserungsvorschläge der Nutzer, zu richten an den Verlag unter lektorat@otto-schmidt.de.

Köln/Hannover, im August 2019   Ulrich Preis, Felipe Temming

Aus dem Vorwort zur 3. Auflage 2009

Das im Jahre 1999 und in 2. Auflage im Jahre 2003 erschienene Lehrbuch zum Individualarbeitsrecht in schriftlicher und multimedialer Aufbereitung ist von den Nutzern sehr freundlich aufgenommen worden. Die Neuauflage ist nach umfangreichen Rechtsänderungen in Gesetzgebung und Literatur notwendig geworden. Besondere Schwerpunkte der Neuauflage bilden die Rechtsänderungen im Bereich des Allgemeinen Gleichbehandlungsgesetzes und der Inhaltskontrolle von Arbeitsverträgen. Zeitgleich erscheint in einem zweiten Band das Praxis-Lehrbuch zum Kollektivarbeitsrecht in zweiter Auflage. Die Werke bauen aufeinander auf und beruhen auf einem Gesamtkonzept, das in der Gliederungssystematik zum Ausdruck kommt.

Das Werk verfolgt insbesondere das Ziel, Studierenden der Rechts- und Wirtschaftswissenschaft, aber auch ausgebildeten Juristen, die sich in die Materie des Arbeitsrechts berufsbedingt einarbeiten müssen, das zur Verfügung zu stellen, was sie zur vertieften Bewältigung des Stoffes brauchen. Dabei erlaubt die Struktur des Werkes sowohl dem Anfänger die Einarbeitung in das Arbeitsrecht, bietet aber auch den Studenten mit dem Schwerpunkt Arbeitsrecht die geeignete Grundlage für tiefergehende Fragestellungen des Individual- und Kollektivarbeitsrechts.

Das Lehrbuch hat den Anspruch, dem Nutzer die Lösung der wesentlichen Grundfragen des Arbeitsrechts zu ermöglichen. Das hat zur Folge, dass die gesamte Rechtsprechung zum Arbeitsrecht ausgewertet und auf den wesentlichen Kern reduziert werden musste. Das bedeutet in Zahlen: Von rund 30.000 veröffentlichten Entscheidungen des BAG wurden knapp 3.000 Entscheidungen verarbeitet.

In Weiterentwicklung der Vorauflage wurde auf die methodische Vertiefung Wert gelegt. Ohne methodisches Rüstzeug können der Einfluss des Verfassungsrechts und des Europarechts sowie die Folgen einer immer stärkeren Rechtszersplitterung juristisch nicht mehr bewältigt werden. Ob der Versuch der Synthese zwischen Verständlichkeit und praktischer Verwendbarkeit gelungen ist, mögen die Leser beurteilen.

Der bisweilen stark anschwellende Fußnotenapparat in Lehrbüchern wird von Lesern nur selten genutzt. Aus diesem Grunde wird versucht, bei der Literaturauswahl derart zu unterstützen, dass zu dem jeweiligen Abschnitt ausgewählte Aufsatzliteratur zitiert wird, die der interessierte Leser zur Problemvertiefung nachlesen kann. Im Arbeitsrecht ist die Lektüre von Entscheidungen des BAG von wesentlicher Bedeutung. Aus diesem Grunde werden in dem Lehrtext oftmals auszugsweise Originalzitate zur Verfügung gestellt. Der Text wird zur Veranschaulichung vielfach aufgelockert durch Beispiels- und Übungsfälle sowie Übersichten und Prüfungsschemata.

Abgesehen wurde aus wirtschaftlichen Gründen von einer Neuauflage der Lehrbücher mit ergänzender CD. Obwohl gerade dieser Aspekt als die große Innovation der Lehrbücher angesehen wurde, hat sich im Marktverhalten der Nutzer gezeigt, dass in erster Linie auf das geschriebene Wort Wert gelegt wurde. Die CD wurde als eigenständiges Produkt kaum nachgefragt. Der Erstellungsaufwand ist jedoch für Lehrstuhl und Verlag so hoch, dass eine Fortführung des Konzepts nicht mehr vertretbar erschien.

Der hauptsächliche Vorteil der CD, nämlich Gesetzestexte und Urteile verfügbar zu haben, ist durch einschlägige, frei zugängliche Angebote im Internet weitgehend gewährleistet. Die einschlägigen Gesetzestexte sind im Internet unter http://bundesrecht.juris.de stets in aktuellster Fassung verfügbar. Urteile des Bundesarbeitsgerichts sind im Volltext der letzten vier Jahre erhältlich (www.bundesarbeitsgericht.de). Ältere Entscheidungen sind über einschlägige, zumeist kostenpflichtige Datenbanken erhältlich, sie sind zum Teil aber auch im Internet erhältlich.

Köln, im Januar 2009   Ulrich Preis

Inhaltsübersicht

	Seite
Vorwort	V
Aus dem Vorwort zur 3. Auflage 2009	VI
Inhaltsverzeichnis	XI
Abkürzungsverzeichnis	XXI
Literaturverzeichnis	XXXI

Erster Teil:
Einführung

§ 1	Begriff und Struktur des Arbeitsrechts	1
§ 2	Überblick über die Literatur im Arbeitsrecht	8
§ 3	Praktische Bedeutung des Arbeitsrechts	12
§ 4	Überblick über die Geschichte des Arbeitsrechts	13
§ 5	Methodische Grundfragen des Arbeitsrechts	18

Zweiter Teil:
Grundbegriffe des Arbeitsrechts

1. Abschnitt: Das Arbeitsverhältnis		26
§ 6	Arbeitsvertrag und Arbeitsverhältnis	26
§ 7	Der Arbeitgeber	27
§ 8	Arbeitsvertrag und Arbeitnehmerbegriff	31
§ 9	Besondere Arbeitnehmergruppen und arbeitnehmerähnliche Personen	57
§ 10	Arten des Arbeitsverhältnisses	68
§ 11	Bezugspunkte arbeitsrechtlicher Regelungen	77
§ 12	Interessenvertretungen von Arbeitnehmern und Arbeitgebern	83
2. Abschnitt: Die Rechtsquellen des Arbeitsrechts		85
§ 13	Allgemeines	85
§ 14	Supranationales und internationales Arbeitsrecht	86
§ 15	Verfassungsrecht	120
§ 16	Gesetze und untergesetzliche Normen	149
§ 17	Kollektivverträge	152
§ 18	Regelungen auf arbeitsvertraglicher Ebene	155
§ 19	Rangfolge und Verhältnis der Rechtsquellen	169

Dritter Teil:
Begründung des Arbeitsverhältnisses

§ 20	Vertragsanbahnung	174
§ 21	Sonstige vorvertragliche Pflichten	191

		Seite
§ 22	Zustandekommen des Arbeitsverhältnisses	193
§ 23	Mängel des Arbeitsverhältnisses	205

Vierter Teil:
Inhalt des Arbeitsverhältnisses

1. Abschnitt: Allgemeines — 215
§ 24	Der Arbeitsvertrag als gegenseitiger Vertrag	215
§ 25	Schranken der Inhaltsfreiheit	215

2. Abschnitt: Pflichten des Arbeitnehmers — 232
§ 26	Hauptpflicht des Arbeitnehmers: Arbeitsleistung	233
§ 27	Nebenpflichten des Arbeitnehmers	249

3. Abschnitt: Pflichten des Arbeitgebers — 264
§ 28	Entgeltzahlungspflicht	265
§ 29	Sondervergütungen	286
§ 30	Betriebliche Altersversorgung	296
§ 31	Beschäftigungspflicht	301
§ 32	Pflicht zur Gleichbehandlung und Antidiskriminierung: Überblick	304
§ 33	Der Gleichbehandlungsgrundsatz	308
§ 34	Antidiskriminierung	318
§ 35	Beschäftigtendatenschutz	377
§ 36	Ermöglichung der Fortbildung	383
§ 37	Weitere Nebenpflichten des Arbeitgebers	387
§ 38	Werkwohnung	396

4. Abschnitt: Vertragsänderungen und Teilzeitarbeit — 400
§ 39	Änderung und Befristung einzelner Arbeitsbedingungen	400
§ 40	Teilzeitarbeit	411

5. Abschnitt: Nichtleistung des Arbeitnehmers und Lohnfortzahlung — 430
§ 41	Einführung	430
§ 42	Lohnzahlung bei Nichtleistung der Arbeit	432
§ 43	Annahmeverzug des Arbeitgebers	435
§ 44	Die Betriebsrisikolehre	444
§ 45	Arbeitsverhinderung aus persönlichen Gründen (§ 616 BGB)	446
§ 46	Entgeltfortzahlung im Krankheitsfall	450
§ 47	Erholungsurlaub	464
§ 48	Entgeltfortzahlung an Feiertagen	481
§ 49	Mutterschutz	486
§ 50	Elterngeld, Elternzeit und Pflegezeit	492

6. Abschnitt: Aufwendungsersatz und Schadensausgleich — 499
§ 51	Ersatz von Auslagen	499
§ 52	Haftung des Arbeitnehmers für Sach- und Personenschäden	501
§ 53	Haftung des Arbeitgebers und Eigenschäden des Arbeitnehmers	512

7. Abschnitt: Schlechtleistung des Arbeitnehmers — 516
§ 54	Schlechtleistung des Arbeitnehmers	516

Fünfter Teil:
Beendigung des Arbeitsverhältnisses

	Seite
1. Abschnitt: Möglichkeiten der Beendigung	522
2. Abschnitt: Allgemeine Wirksamkeitsvoraussetzungen der Kündigung	524
§ 55 Einführung	524
§ 56 Wirksame Kündigungserklärung	527
§ 57 Klagefrist (§§ 4–7 KSchG)	538
§ 58 Allgemeine Unwirksamkeitsgründe und besondere Kündigungsverbote	542
3. Abschnitt: Ordentliche Kündigung	565
§ 59 Kündigungsfristen	565
§ 60 Geltungsbereich des KSchG	571
§ 61 Sozialwidrigkeit der Kündigung – Allgemeines	576
§ 62 Betriebsbedingte Kündigung	587
§ 63 Personenbedingte Kündigung	608
§ 64 Verhaltensbedingte Kündigung	622
4. Abschnitt: Außerordentliche Kündigung	635
§ 65 Voraussetzungen der außerordentlichen Kündigung	635
5. Abschnitt: Änderungskündigung	648
§ 66 Voraussetzungen der Änderungskündigung	648
6. Abschnitt: Weiterbeschäftigungsanspruch	659
§ 67 Besonderer und allgemeiner Weiterbeschäftigungsanspruch	659
7. Abschnitt: Sonstige Beendigungstatbestände	661
§ 68 Befristung und auflösende Bedingung	662
§ 69 Weitere Beendigungstatbestände	698
8. Abschnitt: Pflichten bei Beendigung des Arbeitsverhältnisses	706
§ 70 Pflichten des Arbeitgebers und des Arbeitnehmers	706

Sechster Teil:
Wechsel des Betriebsinhabers

§ 71 Betriebsübergang gemäß § 613a BGB	713
§ 72 Umwandlungsrecht	736
Stichwortverzeichnis	743

Inhaltsverzeichnis

	Seite
Vorwort	V
Aus dem Vorwort zur 3. Auflage 2009	VI
Inhaltsübersicht	VII
Abkürzungsverzeichnis	XXI
Literaturverzeichnis	XXXI

Erster Teil:
Einführung

§ 1	**Begriff und Struktur des Arbeitsrechts**	1
	I. Begriff	1
	II. Struktur	1
	III. Stellung des Arbeitsrechts im Rechtssystem	2
	IV. Überblick über die arbeitsrechtlichen Gesetze	3
	V. Kodifikation des Arbeitsvertragsrechts	7
§ 2	**Überblick über die Literatur im Arbeitsrecht**	8
	I. Gesetzessammlungen	8
	II. Lehrbücher	8
	III. Fallsammlungen	9
	IV. Nachschlagewerke und Kommentare	10
	V. Entscheidungssammlungen	11
	VI. Zeitschriften	11
§ 3	**Praktische Bedeutung des Arbeitsrechts**	12
	I. Empirisches	12
	II. Wirtschafts- und sozialpolitische Bedeutung	13
§ 4	**Überblick über die Geschichte des Arbeitsrechts**	13
§ 5	**Methodische Grundfragen des Arbeitsrechts**	18
	I. Einführung	19
	II. Rechtsquellenvielfalt	20
	III. Auslegung partikularer und widersprüchlicher Gesetze	21
	IV. Generalklauseln und unbestimmte Rechtsbegriffe	21
	V. Rechtsfortbildung und Richterrecht	23

Zweiter Teil:
Grundbegriffe des Arbeitsrechts

1. Abschnitt: Das Arbeitsverhältnis		26
§ 6	**Arbeitsvertrag und Arbeitsverhältnis**	26
	I. Begriffe	26
	II. Abgrenzung zwischen Arbeitsvertrag und Arbeitsverhältnis	26

		Seite
III.	Rechtsnatur des Arbeitsverhältnisses	27
§ 7	**Der Arbeitgeber**	27
I.	Begriff des Arbeitgebers	28
II.	Voraussetzungen der Arbeitgebereigenschaft	29
III.	Funktionen des Arbeitgebers	30
IV.	Prozessuale Bedeutung der Arbeitgebereigenschaft	30
§ 8	**Arbeitsvertrag und Arbeitnehmerbegriff**	31
I.	Einleitung und Bedeutung	31
II.	Die Definition des Arbeitsvertrages	33
III.	Vertiefungsproblem: Arbeitnehmer und Verbraucherschutzrecht	53
§ 9	**Besondere Arbeitnehmergruppen und arbeitnehmerähnliche Personen**	57
I.	Arbeiter und Angestellte	57
II.	Leitende Angestellte	58
III.	Arbeitnehmerähnliche Personen	60
IV.	Zu ihrer Berufsbildung Beschäftigte	63
V.	Vertiefungsproblem: Praktikantenverträge	64
VI.	Vertiefungsproblem: sog. Ein-Euro-Jobber	67
§ 10	**Arten des Arbeitsverhältnisses**	68
I.	Das sog. „Normalarbeitsverhältnis"	68
II.	Teilzeitarbeitsverhältnisse	68
III.	Befristetes Arbeitsverhältnis	69
IV.	Probearbeitsverhältnis	70
V.	Aushilfsarbeitsverhältnis	71
VI.	Leiharbeitsverhältnis	71
VII.	Mittelbares Arbeitsverhältnis	76
VIII.	Gruppenarbeitsverhältnis	77
§ 11	**Bezugspunkte arbeitsrechtlicher Regelungen**	77
I.	Betrieb	77
II.	Unternehmen – Unternehmer	80
III.	Konzern	81
§ 12	**Interessenvertretungen von Arbeitnehmern und Arbeitgebern**	83
I.	Gewerkschaften	83
II.	Arbeitgeberverbände	84
III.	Aufgaben der Koalitionen	84
IV.	Betriebsrat	85
2. Abschnitt: Die Rechtsquellen des Arbeitsrechts		85
§ 13	**Allgemeines**	85
§ 14	**Supranationales und internationales Arbeitsrecht**	86
I.	Recht der Europäischen Union	87
II.	Allgemeine völkerrechtliche Verträge	114
III.	Internationales Privatrecht	116
§ 15	**Verfassungsrecht**	120
I.	Bedeutung des Grundgesetzes für das Arbeitsrecht	120
II.	Einwirkung der Grundrechte auf das Arbeitsrecht	121
III.	Einzelne Grundrechte	128

Seite

§ 16	**Gesetze und untergesetzliche Normen**	149
	I. Gesetze	149
	II. Rechtsverordnungen	151
	III. Satzungsrecht	151
§ 17	**Kollektivverträge**	152
	I. Tarifvertrag	152
	II. Betriebsvereinbarung	154
§ 18	**Regelungen auf arbeitsvertraglicher Ebene**	155
	I. Einleitung	155
	II. Einzelarbeitsvertrag	156
	III. Vorformulierte Arbeitsbedingungen	156
	IV. Gesamtzusage	157
	V. Konkludente Vertragsänderung („Betriebliche Übung")	157
	VI. Direktionsrecht	164
§ 19	**Rangfolge und Verhältnis der Rechtsquellen**	169
	I. Einleitung	169
	II. Das Rangprinzip	169
	III. Das Günstigkeitsprinzip	171
	IV. Das Ordnungs-, Spezialitäts- und Mehrheitsprinzip	173

Dritter Teil:
Begründung des Arbeitsverhältnisses

§ 20	**Vertragsanbahnung**	174
	I. Stellenausschreibung	175
	II. Vorstellungskosten	177
	III. Fragerechte und Offenbarungspflichten	178
	IV. Einstellungsuntersuchung und Einstellungstests	187
	V. Beteiligung des Betriebsrats	190
§ 21	**Sonstige vorvertragliche Pflichten**	191
	I. Pflichten des Arbeitgebers	191
	II. Pflichten des Arbeitnehmers	192
	III. Rechtsfolgen	192
§ 22	**Zustandekommen des Arbeitsverhältnisses**	193
	I. Abschluss des Arbeitsvertrags	193
	II. Sonderformen der Begründung eines Arbeitsverhältnisses	198
	III. Abschlussfreiheit und Abschlussgebote	199
	IV. Abschluss- und Beschäftigungsverbote	203
§ 23	**Mängel des Arbeitsverhältnisses**	205
	I. Nichtigkeitsgründe	206
	II. Rechtsfolge: Nichtigkeit	212

Vierter Teil:
Inhalt des Arbeitsverhältnisses

	Seite
1. Abschnitt: Allgemeines	215
§ 24 Der Arbeitsvertrag als gegenseitiger Vertrag	215
§ 25 Schranken der Inhaltsfreiheit	215
I. Verbotsgesetze (Arbeitnehmerschutz)	216
II. Verbot der Gesetzesumgehung (§ 134 BGB)	218
III. Verbot der Sittenwidrigkeit (§ 138 BGB, § 612a BGB)	218
IV. Inhaltskontrolle (§§ 305 ff. BGB)	219
V. Billigkeitskontrolle (§ 106 GewO)	231
2. Abschnitt: Pflichten des Arbeitnehmers	232
§ 26 Hauptpflicht des Arbeitnehmers: Arbeitsleistung	233
I. Schuldner der Arbeitsleistung (§ 613 S. 1 BGB)	233
II. Gläubiger der Arbeitsleistung (§ 613 S. 2 BGB)	234
III. Inhalt der Arbeitspflicht	234
§ 27 Nebenpflichten des Arbeitnehmers	249
I. Rechtsgrundlagen der Nebenpflichten	250
II. Einzelne Nebenpflichten	251
3. Abschnitt: Pflichten des Arbeitgebers	264
§ 28 Entgeltzahlungspflicht	265
I. Allgemeines	266
II. Einzelheiten zur Höhe des regelmäßigen Arbeitsentgelts	269
III. Zahlung des Arbeitsentgelts	280
IV. Entgeltschutz und Entgeltsicherung	283
V. Ausgleichszahlungen aus § 670 BGB (analog)	286
§ 29 Sondervergütungen	286
I. Begriff	287
II. Anspruchsvoraussetzungen	290
III. Ausschluss und Kürzung des Anspruchs	291
IV. Rückzahlungsklauseln	295
§ 30 Betriebliche Altersversorgung	296
I. Allgemeines	297
II. Widerruf von Versorgungsversprechen	299
III. Unverfallbarkeit, Insolvenzschutz und Rentenanpassung	300
§ 31 Beschäftigungspflicht	301
I. Rechtsgrundlagen der Beschäftigungspflicht	301
II. Durchbrechung der Beschäftigungspflicht	302
III. Ausprägungen der Beschäftigungspflicht	303
§ 32 Pflicht zur Gleichbehandlung und Antidiskriminierung: Überblick	304
I. Überblick	304
II. Gleichbehandlung, Gleichstellung und/oder Diskriminierung	305
§ 33 Der Gleichbehandlungsgrundsatz	308
I. Der unionsrechtliche Gleichbehandlungsgrundsatz	308

	Seite
II. Der allgemeine arbeitsrechtliche Gleichbehandlungsgrundsatz	309
§ 34 Antidiskriminierung	318
I. Unionsrechtliche Vorgaben	318
II. Allgemeines Gleichbehandlungsgesetz (AGG)	319
III. Schutz vor Diskriminierung in atypischen Arbeitsverhältnissen	366
§ 35 Beschäftigtendatenschutz	377
I. Das BDSG im Überblick	377
II. Einzelfälle	379
§ 36 Ermöglichung der Fortbildung	383
I. Freistellung zum Zweck der Fortbildung	383
II. Rückzahlung von Fortbildungskosten	384
§ 37 Weitere Nebenpflichten des Arbeitgebers	387
I. Grundlage der Arbeitgebernebenpflichten	387
II. Schutzpflichten des Arbeitgebers	388
III. Förderungspflichten	395
IV. Pflicht zur Gleichbehandlung	396
§ 38 Werkwohnung	396
I. Allgemeines	396
II. Mitbestimmungsrecht des Betriebsrats	397
III. Die Rechtslage bei Werkmietwohnungen	397
IV. Das Werkdienstwohnungsverhältnis	399
4. Abschnitt: Vertragsänderungen und Teilzeitarbeit	400
§ 39 Änderung und Befristung einzelner Arbeitsbedingungen	400
I. Änderung ohne vertragliche Vorbehalte	401
II. Änderungsvorbehalte im Vertrag	402
§ 40 Teilzeitarbeit	411
I. Arten von Teilzeitarbeit	412
II. Diskriminierungsverbote und Förderung von Teilzeitarbeit	422
III. Rechtsanspruch auf Teilzeitarbeit	423
5. Abschnitt: Nichtleistung des Arbeitnehmers und Lohnfortzahlung	430
§ 41 Einführung	430
§ 42 Lohnzahlung bei Nichtleistung der Arbeit	432
I. Allgemeines	432
II. Ausschluss der Leistungspflicht	432
III. Rechtsfolgen des Ausschlusses der Leistungspflicht	433
§ 43 Annahmeverzug des Arbeitgebers	435
I. Allgemeines	436
II. Abgrenzung zur Unmöglichkeit	436
III. Voraussetzungen des Annahmeverzugs	438
IV. Rechtsfolgen des Annahmeverzugs	441
V. Beendigung des Annahmeverzugs	443
§ 44 Die Betriebsrisikolehre	444
I. Die Verteilung des Betriebsrisikos	444
II. Rechtsfolge	446

		Seite
III.	Ausnahmen von der Betriebsrisikolehre	446
§ 45	**Arbeitsverhinderung aus persönlichen Gründen (§ 616 BGB)**	446
I.	Allgemeines	447
II.	Anspruchsvoraussetzungen des § 616 BGB	447
III.	Rechtsfolgen	449
IV.	Abdingbarkeit	450
§ 46	**Entgeltfortzahlung im Krankheitsfall**	450
I.	Allgemeines	451
II.	Anspruchsvoraussetzungen des § 3 EFZG	452
III.	Anspruchshindernisse	455
IV.	Nachweis der Arbeitsunfähigkeit	457
V.	Rechtsfolge: Entgeltfortzahlungsanspruch	460
§ 47	**Erholungsurlaub**	464
I.	Allgemeines	465
II.	Anspruchsvoraussetzungen	465
III.	Dauer des Erholungsurlaubs	468
IV.	Erfüllung des Urlaubsanspruchs	470
V.	Abgeltungsanspruch	477
VI.	Urlaubsentgelt	480
§ 48	**Entgeltfortzahlung an Feiertagen**	481
I.	Allgemeines	482
II.	Anspruchsvoraussetzungen des § 2 Abs. 1 EFZG	482
III.	Höhe der Feiertagsvergütung	485
IV.	Ausschluss des Anspruchs	485
§ 49	**Mutterschutz**	486
I.	Allgemeines	487
II.	Die Regelungen des MuSchG	487
§ 50	**Elterngeld, Elternzeit und Pflegezeit**	492
I.	Die Regelungen des BEEG	492
II.	Elterngeldanspruch	493
III.	Elternzeit	493
IV.	Pflegezeit	495
6. Abschnitt: Aufwendungsersatz und Schadensausgleich		499
§ 51	**Ersatz von Auslagen**	499
§ 52	**Haftung des Arbeitnehmers für Sach- und Personenschäden**	501
I.	Haftung gegenüber dem Arbeitgeber	502
II.	Haftung gegenüber Dritten	506
III.	Mankohaftung	510
§ 53	**Haftung des Arbeitgebers und Eigenschäden des Arbeitnehmers**	512
I.	Vertragliche Ansprüche	513
II.	Deliktische Ansprüche und Gefährdungshaftung	513
III.	Besonderheiten bei Personenschäden des Arbeitnehmers	514
IV.	Verschuldensunabhängiges Eintreten für Eigenschäden des Arbeitnehmers an Sachen	515

	Seite
7. Abschnitt: Schlechtleistung des Arbeitnehmers	516
§ 54 Schlechtleistung des Arbeitnehmers	516
I. Verletzung der Hauptpflicht	517
II. Verletzung von Nebenpflichten	520

Fünfter Teil:
Beendigung des Arbeitsverhältnisses

1. Abschnitt: Möglichkeiten der Beendigung	522
I. Beendigungsmöglichkeiten ohne Kündigung	522
II. Abgrenzung zu anderen Rechtsinstituten und Maßnahmen	523
2. Abschnitt: Allgemeine Wirksamkeitsvoraussetzungen der Kündigung	524
§ 55 Einführung	524
I. Der Bestandsschutz von Arbeitsverhältnissen in einer sozialen Marktwirtschaft	524
II. Begriff der Kündigung	526
§ 56 Wirksame Kündigungserklärung	527
I. Inhaltliche Anforderungen	528
II. Form	529
III. Kündigungsberechtigter	532
IV. Zugang der Kündigungserklärung	533
§ 57 Klagefrist (§§ 4–7 KSchG)	538
I. Bedeutung	539
II. Eingreifen der Präklusion	539
III. Voraussetzungen	541
IV. Rechtsfolgen	542
§ 58 Allgemeine Unwirksamkeitsgründe und besondere Kündigungsverbote	542
I. Einführung	543
II. Allgemeine Unwirksamkeitsgründe	544
III. Gesetzliche Kündigungs- und Benachteiligungsverbote	546
IV. Präventive gesetzliche Kündigungsbeschränkungen	551
V. Grundrechtliche Schranken	560
VI. Einzel- und tarifvertragliche Kündigungsbeschränkungen	561
VII. Anfechtung der Kündigungserklärung	563
3. Abschnitt: Ordentliche Kündigung	565
§ 59 Kündigungsfristen	565
I. Allgemeines	565
II. Gesetzliche Kündigungsfristen	565
III. Tarifliche Kündigungsfristen	567
IV. Einzelvertragliche Kündigungsfrist	568
V. Berechnung der Kündigungsfrist	569
§ 60 Geltungsbereich des KSchG	571
I. Allgemeines	571
II. Arbeitnehmer	571

	Seite
III. Sechsmonatige Beschäftigung	572
IV. Betriebsgröße	573
§ 61 Sozialwidrigkeit der Kündigung – Allgemeines	576
I. Kündigungsgründe des § 1 KSchG	577
II. Beurteilungszeitpunkt; Prognoseprinzip	578
III. Ultima-Ratio-Prinzip	579
IV. Interessenabwägung	585
V. Abgrenzung der Kündigungsgründe	586
VI. Einhaltung der Klagefrist	586
§ 62 Betriebsbedingte Kündigung	587
I. Allgemeines	587
II. Voraussetzungen der Kündigung	587
III. Abfindungsanspruch (§ 1a KSchG)	604
§ 63 Personenbedingte Kündigung	608
I. Voraussetzungen der Kündigung	608
II. Einzelne personenbedingte Kündigungsgründe	610
III. Vertiefungsproblem: Die krankheitsbedingte Kündigung	613
IV. Vertiefungsproblem: Sonderfälle der personenbedingten Kündigung	620
§ 64 Verhaltensbedingte Kündigung	622
I. Voraussetzungen der Kündigung	622
II. Darlegungs- und Beweislast	634
4. Abschnitt: Außerordentliche Kündigung	635
§ 65 Voraussetzungen der außerordentlichen Kündigung	635
I. Allgemeines	635
II. Allgemeine Wirksamkeitsvoraussetzungen	636
III. Wichtiger Kündigungsgrund	636
IV. Kündigungsgründe des Arbeitgebers	639
V. Kündigungsgründe des Arbeitnehmers	644
VI. Ausschlussfrist (§ 626 Abs. 2 BGB)	645
VII. Kündigung ordentlich unkündbarer Arbeitnehmer	646
5. Abschnitt: Änderungskündigung	648
§ 66 Voraussetzungen der Änderungskündigung	648
I. Begriff und Funktion	648
II. Reaktionsmöglichkeiten des Arbeitnehmers	650
III. Sozialwidrigkeit einer Änderungskündigung	650
6. Abschnitt: Weiterbeschäftigungsanspruch	659
§ 67 Besonderer und allgemeiner Weiterbeschäftigungsanspruch	659
I. Allgemeines	659
II. Betriebsverfassungsrechtlicher Weiterbeschäftigungsanspruch	660
III. Allgemeiner Weiterbeschäftigungsanspruch	660

	Seite
7. Abschnitt: Sonstige Beendigungstatbestände	661
§ 68 Befristung und auflösende Bedingung	662
I. Arten der Befristung	663
II. Zulässigkeit der Befristung	664
III. Schriftformerfordernis	685
IV. Beendigung befristeter Arbeitsverhältnisse	688
V. Rechtsfolgen unwirksamer Befristung	689
VI. Auflösende Bedingung	690
VII. Gesetzliche Sonderbefristungstatbestände	693
VIII. Gerichtliches Verfahren	696
IX. Information und Weiterbildung	697
§ 69 Weitere Beendigungstatbestände	698
I. Aufhebungsvertrag	698
II. Anfechtung und Nichtigkeit	704
III. Wegfall der Geschäftsgrundlage	705
IV. Tod des Arbeitnehmers	705
8. Abschnitt: Pflichten bei Beendigung des Arbeitsverhältnisses	706
§ 70 Pflichten des Arbeitgebers und des Arbeitnehmers	706
I. Pflichten des Arbeitgebers	706
II. Pflichten des Arbeitnehmers	711

Sechster Teil:
Wechsel des Betriebsinhabers

§ 71 Betriebsübergang gemäß § 613a BGB	713
I. Sinn und Zweck des § 613a BGB	713
II. Voraussetzungen des Betriebsübergangs	715
III. Rechtsfolgen des Betriebsübergangs	723
§ 72 Umwandlungsrecht	736
I. Regelungsgegenstand des Umwandlungsgesetzes	736
II. Arbeitsrechtliche Regelungen des Umwandlungsgesetzes	738
Stichwortverzeichnis	743

Abkürzungsverzeichnis

a.A.	anderer Ansicht
a.a.O.	am angegebenen Ort
abgedr.	abgedruckt
AbgG	Gesetz über die Rechtsverhältnisse der Mitglieder des Deutschen Bundestages (Abgeordnetengesetz)
Abk.	Abkommen
ABl.	Amtsblatt
abl.	ablehnend
ABl. EG	Amtsblatt der Europäischen Gemeinschaften; vor 1958: Amtsblatt der EGKS
ABl. EU	Amtsblatt der Europäischen Union
Abs.	Absatz
Abschn.	Abschnitt
abw.	abweichend
AcP	Archiv für die civilistische Praxis, Zeitschrift
a.E.	am Ende
AEntG	Gesetz über zwingende Arbeitsbedingungen für grenzüberschreitend entsandte und für regelmäßig im Inland beschäftigte Arbeitnehmer und Arbeitnehmerinnen (Arbeitnehmer-Entsendegesetz)
AEUV	Vertrag über die Arbeitsweise der Europäischen Union
a.F.	alte Fassung
AFG	Arbeitsförderungsgesetz
AG	Aktiengesellschaft; Ausführungsgesetz; Die Aktiengesellschaft, Zeitschrift
AGB	Allgemeine Geschäftsbedingungen
AGG	Allgemeines Gleichbehandlungsgesetz
AiB	Arbeitsrecht im Betrieb, Zeitschrift
AktG	Aktiengesetz
allg.	allgemein
Alt.	Alternative
a.M.	andere(r) Meinung
amtl.	amtlich
amtl. Begr.	amtliche Begründung
ÄndG	Änderungsgesetz
AngKSchG	Gesetz über die Fristen für die Kündigung von Angestellten
Anh.	Anhang
Anm.	Anmerkung
AOG	Gesetz zur Ordnung der nationalen Arbeit
AöR	Archiv des öffentlichen Rechts, Zeitschrift
AP	Nachschlagewerk des Bundesarbeitsgerichts (seit 1954, vorher: Arbeitsrechtliche Praxis)
AR-Blattei	Arbeitsrecht-Blattei
ArbG	Arbeitsgericht
ArbGeb.	Der Arbeitgeber, Zeitschrift
ArbGG	Arbeitsgerichtsgesetz
ArbNErfG	Gesetz über Arbeitnehmererfindungen
ArbPlSchG	Gesetz über den Schutz des Arbeitsplatzes bei Einberufung zum Wehrdienst (Arbeitsplatzschutzgesetz)
ArbRB	Arbeits-Rechts-Berater, Zeitschrift
ArbRBerG	Gesetz zur Änderung des Kündigungsrechts und anderer arbeitsrechtlicher Vorschriften (Arbeitsrechtsbereinigungsgesetz)
ArbRGegw.	Das Arbeitsrecht der Gegenwart, Jahrbuch

ArbSchG	Arbeitsschutzgesetz
ArbStättR	Arbeitsstättenrichtlinie
ArbStättVO	VO über Arbeitsstätten
ArbStoffVO	VO über gefährliche Arbeitsstoffe (Arbeitsstoffverordnung)
ArbuR	Arbeit und Recht, Zeitschrift für arbeitsrechtliche Praxis; s. auch AuR
ArbVG 92	Entwurf eines Arbeitsvertragsgesetzes (1992)
ArbVG-E 2007	Diskussionsentwurf eines Arbeitsvertragsgesetzes (2007)
ArbZG	Arbeitszeitgesetz
ARGE	Arbeitsgemeinschaften von Baugesellschaften für gemeinsame Bauprojekte
ARS	Arbeitsrechtssammlung: Entscheidungen des Reichsarbeitsgerichts und der Landesarbeitsgerichte ab 1934 (vorher: Bensheimer Sammlung)
ARST	Arbeitsrecht in Stichworten
Art.	Artikel
ÄrzteBefrG	Gesetz über befristete Arbeitsverträge mit Ärzten in der Weiterbildung
ASiG	Gesetz über Betriebsärzte, Sicherheitsingenieure und andere Fachkräfte für Arbeitssicherheit (Arbeitssicherheitsgesetz)
AT	Allgemeiner Teil
ATG	Altersteilzeitgesetz
AuA	Arbeit und Arbeitsrecht, Zeitschrift
AufenthG/EWG	Gesetz über Einreise und Aufenthalt von Staatsangehörigen der Mitgliedstaaten der Europäischen Wirtschaftsgemeinschaft
Aufl.	Auflage
AÜG	Gesetz zur Regelung der Arbeitnehmerüberlassung (Arbeitnehmerüberlassungsgesetz)
AuR	Arbeit und Recht, Zeitschrift
ausf.	ausführlich
AuslG	Ausländergesetz
AVE	Allgemeinverbindlicherklärung
AVmG	Altersvermögensgesetz
AWbG	Arbeitnehmerweiterbildungsgesetz(e der Länder)
Az.	Aktenzeichen
AZO	Arbeitszeitordnung
BA	Bundesagentur für Arbeit
BAFzA	Bundesamt für Familie und zivilgesellschaftliche Aufgaben
BAG	Bundesarbeitsgericht
BAGE	Sammlung der Entscheidungen des Bundesarbeitsgerichts
BÄO	Bundesärzteordnung
BArbBl.	Bundesarbeitsblatt
BAT	Bundes-Angestelltentarifvertrag
BAT-O	Tarifvertrag zur Anpassung des Tarifrechts – Manteltarifliche Vorschriften
BB	Betriebs-Berater, Zeitschrift
BBergG	Bundesberggesetz
BBG	Bundesbeamtengesetz
BBiG	Berufsbildungsgesetz
Bd.	Band
BDA	Bundesvereinigung Deutscher Arbeitgeberverbände
BDI	Bundesverband der Deutschen Industrie
BDSG	Gesetz zum Schutz vor Missbrauch personenbezogener Daten bei der Datenverarbeitung (Bundesdatenschutzgesetz)
BeamtStG	Beamtenstatusgesetz
BEEG	Bundeselterngeld- und Elternzeitgesetz
Begr.	Begründung
Beil.	Beilage

bEM	betriebliches Eingliederungsmanagement
Bergmanns-Versorgungs-ScheinG	Bergmannversorgungsscheingesetz
BErzGG	Bundeserziehungsgeldgesetz
bes.	besonders
BeschFG (1985)	Gesetz über arbeitsrechtliche Vorschriften zur Beschäftigungsförderung (Beschäftigungsförderungsgesetz 1985)
Beschl.	Beschluss
betr.	betreffend
BetrAV	Betriebliche Altersversorgung, Zeitschrift
BetrAVG	Gesetz zur Verbesserung der betrieblichen Altersversorgung
BetrVG (1972)	Betriebsverfassungsgesetz (Betriebsverfassungsgesetz 1972)
BetrVG (2001)	Betriebsverfassungsgesetz (Betriebsverfassungsgesetz 2001)
BfA	Bundesversicherungsanstalt für Angestellte
BGB	Bürgerliches Gesetzbuch
BGBl.	Bundesgesetzblatt
BGG	Behindertengleichstellungsgesetz
BGH	Bundesgerichtshof
BGHZ	Sammlung der Entscheidungen des Bundesgerichtshofs in Zivilsachen
BGleiG	Bundesgleichstellungsgesetz
BGV	Berufsgenossenschaftliche Vorschriften für Arbeitssicherheit und Gesundheitsschutz
BImSchG	Bundesimmissionsschutzgesetz
BiUrlG	Bildungsurlaubsgesetz(e der Länder)
BKV	Berufskrankheitenverordnung
BlStSozArbR	Blätter für Steuerrecht, Sozialversicherung und Arbeitsrecht, Zeitschrift
BMA	Bundesminister(ium) für Arbeit und Sozialordnung (bis Okt. 2002)
BMT-G	Bundesmanteltarifvertrag für Arbeiter gemeindlicher Verwaltungen und Betriebe
BMWA	Bundesminister(ium) für Wirtschaft und Arbeit (ab Okt. 2002)
BPersVG	Bundespersonalvertretungsgesetz
BR-Drs.	Drucksache des Deutschen Bundesrates
BRD	Bundesrepublik Deutschland
BRG	Betriebsrätegesetz
BRRG	Beamtenrechtsrahmengesetz
BRTV	Bundesrahmentarifvertrag
BSchG	Beschäftigtenschutzgesetz
BSG	Bundessozialgericht
BSGE	Sammlung der Entscheidungen des BSG
Bsp.	Beispiel
bspw.	beispielsweise
BT	Deutscher Bundestag; Besonderer Teil
BT-Drs.	Drucksache des Deutschen Bundestages
BT-Prot.	Stenographische Berichte des Deutschen Bundestages (zit. nach Legislaturperiode u.S.)
Buchst.	Buchstabe
BUrlG	Mindesturlaubsgesetz für Arbeitnehmer (Bundesurlaubsgesetz)
BVerfG	Bundesverfassungsgericht
BVerfGE	Sammlung der Entscheidungen des BVerfG
BVerfGG	Gesetz über das Bundesverfassungsgericht
BVerwG	Bundesverwaltungsgericht
BVG	Besonderes Verhandlungsgremium
BZRG	Bundeszentralregistergesetz

ca.	circa
CCZ	Corporate Compliance Zeitschrift
CEEP	Europäischer Zentralverband der Öffentlichen Wirtschaft
CGD	Christlicher Gewerkschaftsbund Deutschlands
CGM	Christliche Gewerkschaft Metall
CR	Computer und Recht, Zeitschrift
DAG	Deutsche Angestelltengewerkschaft
DAF	Deutsche Arbeitsfront
DB	Der Betrieb, Zeitschrift
DBB	dbb Beamtenbund und Tarifunion, früher Deutscher Beamtenbund
DDR	Deutsche Demokratische Republik
DFB	Deutscher Fußballbund
DGB	Deutscher Gewerkschaftsbund
d.h.	das heißt
Diss.	Dissertation
DJ	Deutsche Justiz, Zeitschrift
DJT	Deutscher Juristentag
DM	Deutsche Mark
DöD	Der öffentliche Dienst, Zeitschrift
DRiG	Deutsches Richtergesetz
DrittelbG	Drittelbeteiligungsgesetz
DRiZ	Deutsche Richterzeitung, Zeitschrift
DRKG	Gesetz über das Deutsche Rote Kreuz und andere freiwillige Hilfsgesellschaften im Sinne der Genfer Rotkreuz-Abkommen
DSGVO	Datenschutz-Grundverordnung
DStR	Deutsches Steuerrecht, Zeitschrift
dt.	deutsch
DVBl	Deutsches Verwaltungsblatt, Zeitschrift
DZWir	Deutsche Zeitschrift für Wirtschafts- und Insolvenzrecht
E	Entwurf; Entscheidung (in der amtlichen Sammlung)
EAS	Europäisches Arbeits- und Sozialrecht, Rechtsvorschriften, Systematische Darstellungen und Entscheidungssammlung
EBRG	Gesetz über Europäische Betriebsräte
EFZG	Gesetz über die Zahlung des Arbeitsentgeltes an Feiertagen und im Krankheitsfall (Entgeltfortzahlungsgesetz)
EG	Europäische Gemeinschaften; Einführungsgesetz; Vertrag zur Gründung der Europäischen Gemeinschaft (1999)
EGB	Europäischer Gewerkschaftsbund
EGBGB	Einführungsgesetz zum Bürgerlichen Gesetzbuch
EGKS	Europäische Gemeinschaft für Kohle und Stahl
EGMR	Europäischer Gerichtshof für Menschenrechte
EGV	Vertrag zur Gründung der Europäischen Gemeinschaft (alte Fassung)
EhrRiEntschG	Gesetz über die Entschädigung ehrenamtlicher Richter
Einl.	Einleitung
ELR	European Law Reporter, Zeitschrift
EMRK	Konvention zum Schutze der Menschenrechte und Grundfreiheiten
EntgTranspG	Entgelttransparenzgesetz
Entw.	Entwurf
ESC	Europäische Sozialcharta
EStG	Einkommensteuergesetz
EU	Europäische Union
EuGH	Europäischer Gerichtshof

EuGHE	Sammlung der Entscheidungen des Europäischen Gerichtshofs
EuGRZ	Europäische Grundrechte Zeitschrift
EuGVÜ	Übereinkommen über die gerichtliche Zuständigkeit und die Vollstreckung gerichtlicher Entscheidungen in Zivil- und Handelssachen
EuZA	Europäische Zeitschrift für Arbeitsrecht
EuZW	Europäische Zeitschrift für Wirtschaftsrecht
e.V.	eingetragener Verein
EV	Vertrag zwischen der BRD und der DDR über die Herstellung der Einheit Deutschlands vom 31.8.1990 (BGBl. II S. 889)
EWG	Europäische Wirtschaftsgemeinschaft
EWG-R	Richtlinien der Europäischen Wirtschaftsgemeinschaft
EWG-VO	Verordnung der Europäischen Wirtschaftsgemeinschaft
EWGV	Vertrag zur Gründung einer Europäischen Wirtschaftsgemeinschaft
EWiR	Entscheidungen zum Wirtschaftsrecht, Zeitschrift
EzA	Entscheidungssammlung zum Arbeitsrecht, hrsg. von Stahlhacke
EzBAT	Entscheidungssammlung zum Bundesangestelltentarifvertrag
EzS	Entscheidungssammlung zum Sozialversicherungsrecht
f., ff.	für; folgend(e)
FahrpersonalG	Gesetz über das Fahrpersonal von Kraftfahrzeugen und Straßenbahnen
FA	Fachanwalt Arbeitsrecht, Zeitschrift
FeiertagsG	Feiertagsgesetz
FlaggRG	Gesetz über das Flaggenrecht der Seeschiffe und die Flaggenführung der Binnschiffe
FPfZG	Familienpflegezeitgesetz
FPR	Familie – Partnerschaft – Recht, Zeitschrift
FS	Festschrift
FSU	Seemannsunion Finnlands
GA	Generalanwalt
GBl.	Gesetzblatt
GbR	Gesellschaft bürgerlichen Rechts
GDL	Gewerkschaft Deutscher Lokomotivführer
GefStoffVO	Gefahrstoffverordnung
GeschGehG	Gesetz zum Schutz von Geschäftsgeheimnissen
gem.	gemäß
GenDG	Gendiagnostikgesetz
GEW	Gewerkschaft Erziehung und Wissenschaft
GewO	Gewerbeordnung
GG	Grundgesetz
ggf.	gegebenenfalls
GKG	Gerichtskostengesetz
GleiBG	Gesetz zur Durchsetzung der Gleichberechtigung von Frauen und Männern (2. Gleichberechtigungsgesetz)
GLG	Gleichstellungsgesetz
GmbH	Gesellschaft mit beschränkter Haftung
GmbHG	Gesetz über die Gesellschaften mit beschränkter Haftung
GmbHR	GmbH Rundschau, Zeitschrift
GRC	Grundrechte-Charta
grdl.	grundlegend
grds.	grundsätzlich
GS	Großer Senat; Gedächtnisschrift
GVG	Gerichtsverfassungsgesetz
GWB	Gesetz gegen Wettbewerbsbeschränkungen

h.A.	herrschende Ansicht
HaftPflG	Haftpflichtgesetz
HAG	Heimarbeitsgesetz
Hs.	Halbsatz
HandwO	Handwerksordnung
HG	Hochschulgesetz
HGB	Handelsgesetzbuch
h.L.	herrschende Lehre
h.M.	herrschende Meinung
HRG	Hochschulrahmengesetz
Hrsg.	Herausgeber
hrsg.	herausgegeben
HwB AR	Handwörterbuch des Arbeitsrechts
IAB	Institut für Arbeitsmarkt- und Berufsforschung
IAO	Internationale Arbeitsorganisation
i.d.F.	in der Fassung
i.d.R.	in der Regel
i.e.S.	im engeren Sinne
IfSG	Gesetz zur Verhütung und Bekämpfung von Infektionskrankheiten (Infektionsschutzgesetz)
IG	Industriegewerkschaft
IHK	Industrie- und Handelskammer
i.H.v.	in Höhe von
ILO	International Labour Organization (Internationale Arbeitsorganisation)
inkl.	inklusive
insb.	insbesondere
InsO	Insolvenzordnung
int.	international
IPR	Internationales Privatrecht
i.R.d.	im Rahmen der/des
i.S.d.	im Sinne der/des
i.S.v.	im Sinne von
ITF	Internationale Transport-Arbeiter-Föderation (International Transport Workers' Federation)
i.V.m.	in Verbindung mit
JA	Juristische Arbeitsblätter, Zeitschrift
JArbSchG	Gesetz zum Schutz der arbeitenden Jugend (Jugendarbeitsschutzgesetz)
JbArbR	Jahrbuch des Arbeitsrechts
JR	Juristische Rundschau, Zeitschrift
JSchG	Jugendschutzgesetz
Jura	Jura, Ausbildungszeitschrift
JuS	Juristische Schulung, Zeitschrift
JZ	Juristenzeitung, Zeitschrift
Kap.	Kapitel
KAPOVAZ	Kapazitätsorientierte variable Arbeitszeit
Kfz	Kraftfahrzeug
KG	Kommanditgesellschaft
KGaA	Kommanditgesellschaft auf Aktien
KJ	Kritische Justiz, Zeitschrift
Km	Kilometer

KO	Konkursordnung
KOM	Kommissionsdokumente
Komm.	Kommentar
KRG	Kontrollratsgesetz
krit.	kritisch
KSchG	Kündigungsschutzgesetz
KTS	Zeitschrift für Insolvenzrecht (Konkurs, Treuhand, Sanierung)
KUG	Gesetz betreffend das Urheberrecht an Werken der bildenden Künste und der Photographie (Kunsturhebergesetz)
LadSchlG	Gesetz über den Ladenschluss
LAG	Landesarbeitsgericht
LAGE	Sammlung der Entscheidungen der Landesarbeitsgerichte, hrsg. von Gert-Albert Lipke
Lfg.	Lieferung
LG	Landgericht
LGG	Landesgleichstellungsgesetz
lit.	Buchstabe
LM	Nachschlagewerk des Bundesgerichtshofs, hrsg. von Lindenmaier, Möhring u.a.
LohnFG	Lohnfortzahlungsgesetz
LPartG	Gesetz über die Eingetragene Lebenspartnerschaft
LPVG, LPersVG	Landespersonalvertretungsgesetz
Ls.	Leitsatz
LSG	Landessozialgericht
LVA	Landesversicherungsanstalt
m.w.N.	mit weiteren Nachweisen
MDR	Monatsschrift für Deutsches Recht
MfS	Ministerium für Staatssicherheit
MiLoG	Mindestlohngesetz
MindArbBedG	Mindestarbeitsbedingungengesetz
MitbestG	Gesetz über die Mitbestimmung der Arbeitnehmer (Mitbestimmungsgesetz)
Montan-MitbestErgG	Montan-Mitbestimmungsergänzungsgesetz
Montan-MitbestG	Gesetz über die Mitbestimmung der Arbeitnehmer in den Aufsichtsräten und Vorständen der Unternehmen des Bergbaus und der Eisen und Stahl erzeugenden Industrie (Montan-Mitbestimmungsgesetz)
MTV	Manteltarifvertrag
MuSchG	Gesetz zum Schutz der erwerbstätigen Mutter (Mutterschutzgesetz)
MuSchVO	Verordnung zum Schutze der Mütter am Arbeitsplatz
NachwG	Gesetz über den Nachweis der für ein Arbeitsverhältnis geltenden wesentlichen Bedingungen (Nachweisgesetz)
n.F.	neue Fassung
NHG	Niedersächsisches Hochschulgesetz
NJ	Neue Justiz, Zeitschrift
NJOZ	Neue Juristische Online Zeitschrift
NJW	Neue Juristische Wochenschrift, Zeitschrift
NJW-RR	NJW-Rechtsprechungs-Report Zivilrecht
Nr.	Nummer
n.rkr.	nicht rechtskräftig
NRW, NW	Nordrhein-Westfalen
n.v.	nicht veröffentlicht
NVwZ	Neue Zeitschrift für Verwaltungsrecht

NVwZ-RR	NVwZ-Rechtsprechungs-Report
NZA	Neue Zeitschrift für Arbeitsrecht
NZA-RR	NZA-Rechtsprechungs-Report Arbeitsrecht
NZS	Neue Zeitschrift für Sozialrecht
o.Ä.	oder Ähnliche(s)
öAT	Zeitschrift für das öffentliche Arbeits- und Tarifrecht
o.g.	oben genannt
OHG	offene Handelsgesellschaft
OLG	Oberlandesgericht
OT	ohne Tarifbindung
ÖTV	Gewerkschaft öffentliche Dienste, Transport und Verkehr
OVG	Oberverwaltungsgericht
PersF	Personalführung, Zeitschrift
PersR	Der Personalrat, Zeitschrift
PersV	Die Personalvertretung, Zeitschrift
PersVG	Personalvertretungsgesetz (des Landes)
PflegeZG	Pflegezeitgesetz
pVV	positive Vertragsverletzung
qm	Quadratmeter
RAG	Reichsarbeitsgericht
RAGE	amtl. Sammlung der Entscheidungen des RAG
RdA	Recht der Arbeit, Zeitschrift
RdErl.	Runderlass
RdSchr.	Rundschreiben
RefE	Referentenentwurf
RegEntw.	Regierungsentwurf
RG	Reichsgericht
RGBl.	Reichsgesetzblatt
RGZ	Sammlung der Entscheidungen des Reichsgerichts in Zivilsachen
rkr.	rechtskräftig
RL	Richtlinie
Rn.	Randnummer
Rs.	Rechtssache
Rspr.	Rechtsprechung
RTV	Rahmentarifvertrag
RVO	Reichsversicherungsordnung
RWS-Forum	Forum des RWS-Verlags
RzK	Rechtsprechung zum Kündigungsrecht
s.	siehe
S.	Seite; Satz
s.a.	so auch; siehe auch
SAE	Sammlung arbeitsrechtlicher Entscheidungen, Zeitschrift
SchuldRModG	Schuldrechtsmodernisierungsgesetz
SchwArbG	Gesetz zur Bekämpfung der Schwarzarbeit
SchwbG	Schwerbehindertengesetz
SchwbWO	Wahlordnung zum Schwerbehindertengesetz
SE	Societas Europaea
SEBG	Gesetz über die Beteiligung der Arbeitnehmer in einer Europäischen Gesellschaft

SeeArbG	Seearbeitsgesetz
SG	Sozialgericht
SGB	Sozialgesetzbuch
SGB I	Allgemeiner Teil
SGB II	Grundsicherung für Arbeitsuchende
SGB III	Arbeitsförderung
SGB IV	Gemeinsame Vorschriften für die Sozialversicherung
SGB V	Gesetzliche Krankenversicherung
SGB VI	Gesetzliche Rentenversicherung
SGB VII	Gesetzliche Unfallversicherung
SGB VIII	Kinder- und Jugendhilfe
SGB IX	Rehabilitation und Teilhabe behinderter Menschen
SGB X	Sozialverwaltungsverfahren und Sozialdatenschutz
SGB XI	Soziale Pflegeversicherung
SGG	Sozialgerichtsgesetz
Slg.	Sammlung von Entscheidungen, Gesetzen etc.
sog.	so genannt(e)
SprAuG	Gesetz über Sprecherausschüsse der leitenden Angestellten (Sprecherausschussgesetz)
SR	Sonderregelung (zum BAT)
st.	ständig(e)
StGB	Strafgesetzbuch
StPo	Strafprozessordnung
str.	streitig
StrlSchVO	Strahlenschutzverordnung
StVG	Straßenverkehrsgesetz
StVollzG	Gesetz über den Vollzug der Freiheitsstrafe und der freiheitsentziehenden Maßregeln der Besserung und Sicherung
TKG	Telekommunikationsgesetz
TSG	Transsexuellengesetz
TV	Tarifvertrag
TVG	Tarifvertragsgesetz
TVL	Tarifvertrag für den öffentlichen Dienst der Länder
TVöD	Tarifvertrag für den öffentlichen Dienst
TVVO	Tarifvertragsverordnung
TzBfG	Teilzeit- und Befristungsgesetz
UAbs.	Unterabsatz
UE-APME	Union Européenne de l'Artisanat et des Petites et Moyennes Entreprises (Dachverband für die mittelständische Wirtschaft)
UKlaG	Gesetz über Unterlassungsklagen bei Verbraucherrechts- und anderen Verstößen (Unterlassungsklagengesetz)
umstr.	umstritten
UmwG	Umwandlungsgesetz
UNICE	Union der Industrien der Gemeinschaft
unstr.	unstreitig
Unterabs.	Unterabsatz
Urt.	Urteil
u.U.	unter Umständen
u.v.m.	und viele(s) mehr
UVV	Unfallverhütungsvorschriften
UWG	Gesetz gegen den unlauteren Wettbewerb

v.	vom; von
VA(e)	Verwaltungsakt(e)
VAG	Versicherungsaufsichtsgesetz
Var.	Variante
Ver.di	Vereinte Dienstleistungsgewerkschaft
VereinsG	Gesetz zur Regelung des öffentlichen Vereinsrechts (Vereinsgesetz)
Verf.	Verfassung
VergGr	Vergütungsgruppe
VerglO	Vergleichsordnung
Verh.	Verhandlungen
Veröff.	Veröffentlichungen
VersR	Versicherungsrecht, Zeitschrift
VG	Verwaltungsgericht
vgl.	vergleiche
v.H.	vom Hundert
VO	Verordnung
Vorb.	Vorbemerkung
VVaG	Versicherungsverein auf Gegenseitigkeit
VwGO	Verwaltungsgerichtsordnung
VwVfG	Verwaltungsverfahrensgesetz
WahlO	Wahlordnung; s. auch WO
WehrpflG	Wehrpflichtgesetz
WiB	Wirtschaftsrechtliche Beratung, Zeitschrift
WissZeitVG	Gesetz über befristete Arbeitsverträge in der Wissenschaft (Wissenschaftszeitvertragsgesetz)
WO	Wahlordnung; s. auch WahlO
WRV	Verfassung des Deutschen Reiches v. 11.8.1919 (Weimarer Reichsverfassung)
WSI-Mitteilungen	Mitteilungen des Wirtschafts- und Sozialwissenschaftlichen Instituts, Zeitschrift
zahlr.	zahlreich
z.B.	zum Beispiel
ZDG	Zivildienstgesetz
ZESAR	Zeitschrift für europäisches Sozial- und Arbeitsrecht
ZEuP	Zeitschrift für Europäisches Privatrecht
ZFA	Zeitschrift für Arbeitsrecht
ZG	Zeitschrift für Gesetzgebung
ZHR	Zeitschrift für das gesamte Handelsrecht und Wirtschaftsrecht
ZIAS	Zeitschrift für ausländisches und internationales Arbeits- und Sozialrecht
Ziff.	Ziffer
ZIP	Zeitschrift für Wirtschaftsrecht
zit.	zitiert
ZMR	Zeitschrift für Miet- und Raumrecht
ZPO	Zivilprozessordnung
ZRP	Zeitschrift für Rechtspolitik
ZTR	Zeitschrift für Tarifrecht
zust.	zuständig; zustimmend

Literaturverzeichnis

Übergreifende oder abgekürzt zitierte Literatur; Schrifttum zu Einzelfragen befindet sich jeweils zu Beginn eines Abschnitts.

AG/*Bearbeiter*	*Arnold/Gräfl/Imping/Lehnen/Rambach/Spinner/Vossen*, Teilzeit- und Befristungsgesetz, Kommentar, 4. Aufl., 2016
APS/*Bearbeiter*	*Ascheid/Preis/Schmidt* (Hrsg.), Kündigungsrecht, Großkommentar, 5. Aufl., 2017
AT/*Bearbeiter*	*Annuß/Thüsing*, Kommentar zum Teilzeit- und Befristungsgesetz, 3. Aufl., 2012
Bader/Bram/*Bearbeiter*	*Bader/Bram/Ahrendt/Kreutzberg-Kowalczyk/Nungeßer/Suckow*, Kündigungs- und Bestandsschutz im Arbeitsverhältnis, Loseblatt
Bauer	*Bauer/Krieger/Arnold*, Arbeitsrechtliche Aufhebungsverträge, 9. Aufl., 2014
Bauer AGG	*Bauer/Krieger/Günther*, Kommentar zum Allgemeinen Gleichbehandlungsgesetz und Entgelttransparenzgesetz, 5. Aufl., 2018
BeckOK/*Bearbeiter*	*Bamberger/Roth/Hau/Poseck* (Hrsg.), Beck'scher Onlinekommentar BGB, 50. Edition, Stand: 1.5.2019
BeckOKArbR/*Bearbeiter*	*Rolfs/Giesen/Kreikebohm/Udsching* (Hrsg.), Beck'scher Onlinekommentar Arbeitsrecht, 52. Edition, Stand: 1.6.2019
Brox/Rüthers/Henssler	*Brox/Rüthers/Henssler*, Arbeitsrecht, 19. Aufl., 2016
Buchner/Becker	*Buchner/Becker*, Mutterschutzgesetz und Bundeselterngeld- und Elternzeitgesetz, Kommentar, 8. Aufl., 2008
Däubler/*Bearbeiter*	*Däubler* (Hrsg.), Kommentar zum Tarifvertragsgesetz, 4. Aufl., 2016
Däubler AK	*Däubler*, Arbeitskampfrecht, 4. Aufl., 2018
Däubler ArbR I/II	*Däubler*, Das Arbeitsrecht, Bd. I, 16. Aufl., 2006; Bd. II, 12. Aufl., 2009
DB/*Bearbeiter*	*Däubler/Bertzbach* (Hrsg.), Allgemeines Gleichbehandlungsgesetz, Handkommentar, 4. Aufl., 2018
DBD/*Bearbeiter*	*Däubler/Bonin/Deinert* (Hrsg.), AGB-Kontrolle im Arbeitsrecht, 4. Aufl., 2014
DKKW/*Bearbeiter*	*Däubler/Kittner/Klebe/Wedde* (Hrsg.), Kommentar zum Betriebsverfassungsgesetz, 16. Aufl., 2018
Dörner	*Dörner*, Der befristete Arbeitsvertrag, 2. Aufl., 2011
EAS/*Bearbeiter*	*Oetker/Preis/Balze* (Hrsg.), Europäisches Arbeits- und Sozialrecht, Rechtsvorschriften, Systematische Darstellungen und Entscheidungssammlung, Loseblatt
ErfK/*Bearbeiter*	*Müller-Glöge/Preis/Schmidt* (Hrsg.), Erfurter Kommentar zum Arbeitsrecht, 19. Aufl., 2019
Erman/*Bearbeiter*	*Erman*, Handkommentar zum BGB, 2 Bde., 15. Aufl., 2017
Fitting	*Fitting/Engels/Schmidt/Trebinger/Linsenmaier*, Betriebsverfassungsgesetz mit Wahlordnung, Handkommentar, 29. Aufl., 2018
Gamillscheg KollArbR I	*Gamillscheg*, Kollektives Arbeitsrecht, Bd. I, 1997
Gamillscheg KollArbR II	*Gamillscheg*, Kollektives Arbeitsrecht, Bd. II, 2008
Gotthardt	*Gotthardt*, Arbeitsrecht nach der Schuldrechtsreform, 2. Aufl., 2003

Literaturverzeichnis

HaKo/*Bearbeiter*	*Gallner/Mestwerdt/Nägele* (Hrsg.), Kündigungsschutzrecht, Handkommentar, 6. Aufl., 2018
Hanau/Adomeit	*Hanau/Adomeit*, Arbeitsrecht, 14. Aufl., 2007
v. Hoyningen-Huene/Linck	*v. Hoyningen-Huene/Linck/Krause*, Kündigungsschutzgesetz, Kommentar, 15. Aufl., 2013
Hromadka/Sieg SprAuG	*Hromadka/Sieg*, Sprecherausschussgesetz, 4. Aufl. 2017
Hromadka/Maschmann	*Hromadka/Maschmann*, Arbeitsrecht, Bd. 1, 7. Aufl., 2018, Bd. 2, 7. Aufl., 2017
Hueck/Nipperdey	*Hueck/Nipperdey*, Lehrbuch des Arbeitsrechts, 7. Aufl., Bd. I 1967; Bd. II, 1. und 2. Halbbd. 1967, 1970
HWK/*Bearbeiter*	*Henssler/Willemsen/Kalb* (Hrsg.), Arbeitsrecht Kommentar, 8. Aufl., 2018
HzA/*Bearbeiter*	Handbuch zum Arbeitsrecht, begr. von *Stahlhacke*, hrsg. von *Leinemann*, Loseblatt
Jarass/Pieroth	*Jarsass/Pieroth*, Grundgesetz für die Bundesrepublik Deutschland, Kommentar, 15. Aufl., 2018
KDZ/*Bearbeiter*	*Kittner/Däubler/Zwanziger*, Kündigungsschutzrecht, Kommentar, 10. Aufl., 2017
KR/*Bearbeiter*	*Becker/Etzel* u.a., Gemeinschaftskommentar zum Kündigungsschutzgesetz und zu sonstigen kündigungsschutzrechtlichen Vorschriften, 12. Aufl., 2019
Laux/Schlachter	*Laux/Schlachter*, Teilzeit- und Befristungsgesetz, 2. Aufl. 2011
Leinemann/Linck	Urlaubsrecht, Kommentar, 2. Aufl., 2001
Lieb/Jacobs	*Lieb/Jacobs*, Arbeitsrecht, 9. Aufl., 2006
Löwisch KSchG	*Löwisch/Schlünder/Spinner/Wertheimer*, Kommentar zum Kündigungsschutzgesetz, 11. Aufl., 2018
Löwisch/Rieble	*Löwisch/Rieble*, Tarifvertragsgesetz, Kommentar, 4. Aufl., 2017
MHH/*Bearbeiter*	*Meinel/Heyn/Herms*, Teilzeit- und Befristungsgesetz, Kommentar, 5. Aufl., 2015
MüArbR/*Bearbeiter*	Münchener Handbuch zum Arbeitsrecht, Individualarbeitsrecht I und II, 2 Bände, 4. Aufl., 2018
MüKoBGB/*Bearbeiter*	Münchener Kommentar zum BGB, 7. Aufl., 2015 ff.
Nikisch	*Nikisch*, Arbeitsrecht, Bd. I, 3. Aufl., 1961; Bd. II, 2. Aufl., 1959; Bd. III, 2. Aufl., 1966
Palandt/Bearbeiter	*Palandt* (Begr.), Kommentar zum Bürgerlichen Gesetzbuch, 78. Aufl., 2019
Preis Prinzipien	*Preis*, Prinzipien des Kündigungsrechts bei Arbeitsverhältnissen, 1987
Preis Vertragsgestaltung	*Preis*, Grundfragen der Vertragsgestaltung im Arbeitsrecht, 1993
Preis/*Bearbeiter*	*Preis* (Hrsg.), Der Arbeitsvertrag, 5. Aufl., 2015
Richardi/Bearbeiter	*Richardi* (Hrsg.), Betriebsverfassungsgesetz mit Wahlordnung, Kommentar, 16. Aufl., 2018
Rühl AGG	*Rühl/Schmid/Viethen*, Allgemeines Gleichbehandlungsgesetz (AGG), 2007
Sachs/Bearbeiter	*Sachs* (Hrsg.), Kommentar zum Grundgesetz, 8. Aufl., 2018
Säcker/Oetker	*Säcker/Oetker*, Grundlagen und Grenzen der Tarifautonomie, 1992

Schaub/Bearbeiter	*Schaub*, Arbeitsrechts-Handbuch, 17. Aufl., 2017
Schmitt	*Schmitt*, Entgeltfortzahlungsgesetz und Aufwendungsausgleichsgesetz, Kommentar, 8. Aufl., 2018
Söllner/Waltermann	*Söllner/Waltermann*, Arbeitsrecht, 19. Aufl., 2018
SPV/*Bearbeiter*	*Stahlhacke/Preis/Vossen*, Kündigung und Kündigungsschutz im Arbeitsverhältnis, 11. Aufl., 2015
SSV/*Bearbeiter*	*Schleusener/Suckow/Plum*, AGG, Kommentar zum Allgemeinen Gleichbehandlungsgesetz, 5. Aufl. 2019
Staudinger/*Bearbeiter*	*v. Staudinger* (Begr.), Kommentar zum BGB, bandweise Aktualisierungen
Stoffels	*Stoffels*, AGB-Recht, 3. Aufl., 2015
Thüsing AGG	*Thüsing*, Arbeitsrechtlicher Diskriminierungsschutz, 2. Aufl., 2013
Treber	*Treber*, EFZG, Kommentar, 2. Aufl., 2007
UHH/*Bearbeiter*	*Habersack/Henssler*, Mitbestimmungsrecht, 4. Aufl., 2018
WHSS/*Bearbeiter*	*Willemsen/Hohenstatt/Schweibert/Seibt*, Umstrukturierung und Übertragung von Unternehmen, 5. Aufl., 2016
Wiedemann/*Bearbeiter*	*Wiedemann*, Tarifvertragsgesetz, Kommentar, 8. Aufl., 2019
WKS/*Bearbeiter*	*Wißmann/Kleinsorge/Schubert*, Mitbestimmungsrecht, 5. Aufl., 2017
WLP/*Bearbeiter*	*Wolf/Lindacher/Pfeiffer*, AGB-Recht, 6. Aufl., 2013
Zöllner/Loritz/Hergenröder	*Zöllner/Loritz/Hergenröder*, Arbeitsrecht, 7. Aufl., 2015

Erster Teil:
Einführung

§ 1
Begriff und Struktur des Arbeitsrechts

I. Begriff

Arbeitsrecht ist das Recht für abhängig Beschäftigte (**Arbeitnehmer**). Es ist kein in sich geschlossenes Rechtsgebiet, vielmehr gehört zu ihm eine Vielzahl europarechtlicher, verfassungsrechtlicher, privatrechtlicher, öffentlich-rechtlicher und kollektivrechtlicher Normen. Diese Normen dienen primär einem **Ziel**: dem **Schutz der Arbeitnehmer** im bestehenden Arbeitsverhältnis.

Der **Schutzgedanke des Arbeitsrechts** rührt aus der einfachen Grunderkenntnis, dass der abhängig Beschäftigte lediglich seine Arbeitskraft einsetzen kann, um seine Existenz zu sichern. Er unterwirft sich der Weisung des Arbeitgebers; neben einem Vollzeitarbeitsverhältnis besteht im Normalfall keine weitere Möglichkeit, Arbeitskraft sinnvoll unternehmerisch einzusetzen. Die moderne Arbeitswelt fordert von den Beschäftigten eine hohe Flexibilität, die trotz reduzierter Regelarbeitszeit vielfach eine weitreichende Verfügbarkeit für den Arbeitgeber mit sich bringt. Der Verlust des Arbeitsplatzes bedeutet in der Regel Existenzgefahr, weil ein auskömmliches Leben durch sozialrechtliche Transferleistungen auf Dauer nicht gesichert ist. Das Arbeitsrecht schützt also den Arbeitnehmer im bestehenden Arbeitsverhältnis vor Benachteiligung und gesundheitlicher Gefährdung ebenso wie vor unvermitteltem Arbeitsplatzverlust.

II. Struktur

Das Arbeitsrecht i.e.S. gliedert sich in das **Individualarbeitsrecht**, das Arbeitsschutzrecht und das Kollektivarbeitsrecht. Zum Individualarbeitsrecht gehören die Regeln über **Anbahnung, Inhalt, Übergang und Beendigung des Arbeitsverhältnisses**. Ausgangspunkt ist der Abschluss eines Arbeitsvertrages (§ 611a BGB) als einer der kodifizierten Schuldvertragstypen des BGB.

Die Regelungen des BGB gehen von dem **Grundsatz der Vertragsfreiheit** aus (Rz. 977). Dieser gilt auch im Arbeitsvertragsrecht. Die Vertragsfreiheit verwirklicht sich als verfassungsrechtlich geschütztes Freiheitsrecht in einer liberalen Rechtsordnung jedoch nur dann funktionsgerecht, wenn sich zwei wirtschaftlich gleich starke Partner gegenüberstehen. Ein echtes Aushandeln der Vertragsbedingungen ist jedoch unwahrscheinlich, wenn der Vertragspartner, der seine Arbeitsleistung anbietet, dringend auf eine Beschäftigung angewiesen ist, um seinen Lebensunterhalt zu sichern.

Aus diesem Grunde ist die inhaltliche Ausgestaltung des Arbeitsverhältnisses durch zahlreiche Schutzgesetze zwingend geregelt (z.B. Entgeltfortzahlung bei Krankheit und an Feiertagen im EFZG, Arbeitszeit im ArbZG, Erholungsurlaub im BUrlG). Wo keine speziellen zwingenden Schutzgesetze vorliegen, unterliegt der Arbeitsvertrag unter den Voraussetzungen der §§ 305 ff. BGB einer **weitreichenden unabdingbaren Inhaltskontrolle**.

Neben das Individualarbeitsrecht tritt das **kollektive Arbeitsrecht.** Dazu zählen die Rechtsbeziehungen der arbeitsrechtlichen Koalitionen (Gewerkschaften, Arbeitgeberverbände, Arbeitgeber) und Belegschaftsvertretungen (Betriebsräte, Sprecherausschüsse, Personalräte) sowohl zu ihren Mitgliedern als auch untereinander. Hier geht es etwa um **Fragen des Tarifrechts, des Arbeitskampfrechts und** des **Betriebsverfassungsrechts** (siehe hierzu ausführlich im Band „Kollektivarbeitsrecht" unter §§ 86 ff. bzw. Rz. 222 ff.).

7 Auch diese Regelungen dienen dazu, das **Machtungleichgewicht** zwischen Arbeitnehmer und Arbeitgeber auszugleichen und die Arbeitsbeziehungen auf eine Grundlage zu stellen, die für alle Beteiligten ein ausreichendes Maß an Sicherheit bietet. Das kollektive Arbeitsrecht enthält deshalb insbesondere Regelungen und Rechtsgrundsätze, die Voraussetzungen und Grenzen des Tätigwerdens von **Gewerkschaften, Arbeitgeberverbänden, einzelnen Arbeitgebern und Betriebsräten** festlegen.

8 Durch Tarifvertragsparteien werden **Tarifverträge** (Rz. 653) ausgehandelt, die bei Vorliegen der notwendigen Voraussetzungen auf das einzelne Arbeitsverhältnis einwirken, wie etwa zu Fragen der Lohnhöhe. Auch die **Betriebsvereinbarungen** (Rz. 665) zwischen Arbeitgeber und Betriebsrat wirken auf das Arbeitsverhältnis ein. Gesetzliche Grundlagen dieser Kollektivverträge sind im TVG und im BetrVG geregelt. Kollektivverträge können den Arbeitsvertragsinhalt mit unmittelbarer und zwingender Wirkung gestalten.

9 Teilweise stellt der Staat den **gesetzlichen Schutz** der Arbeitnehmer vor Gefahren am Arbeitsplatz durch Aufsicht und Zwang selbst sicher und überlässt die Geltendmachung von Rechten nicht dem Arbeitnehmer und seinen Schutzvertretungen. Insoweit spricht man von **Arbeitsschutzrecht** im engeren Sinne, z.B. dem Jugendarbeitsschutzgesetz, dem Mutterschutzgesetz und dem Schwerbehindertenrecht (SGB IX).

10 Das Bild bliebe unvollständig, wenn man nicht auch noch berücksichtigen würde, dass das **Sozialrecht und das Arbeitsrecht eng ineinandergreifen**. So hängen etwa Kündigungsschutz und die Bedingungen über die Gewährung von Arbeitslosengeld eng miteinander zusammen.

11 Die **effektive gerichtliche Durchsetzung** der Rechte der Arbeitsvertragsparteien wird durch das Arbeitsverfahrensrecht gesichert. Dabei trifft das ArbGG spezielle Regelungen; subsidiär gelten die Vorschriften der ZPO und des GVG (siehe im Band „Kollektivarbeitsrecht" unter §§ 174 ff. bzw. Rz. 2911 ff.).

III. Stellung des Arbeitsrechts im Rechtssystem

12 Aus dem vorstehenden kursorischen Überblick ergibt sich, dass das Arbeitsrecht keinen festen systematischen Standort im Rechtssystem hat. Hauptgrund hierfür ist, dass – anders als das Sozialgesetzbuch im Sozialrecht – ein einheitliches Arbeitsgesetzbuch, in dem alle Vorschriften des Individual- und Kollektivarbeitsrechts kodifiziert sind, nicht existiert. Es fehlt sogar an einem einheitlichen Arbeitsvertragsrecht (Rz. 377). Vielmehr sind die unterschiedlichen Regelungsgegenstände in einer Vielzahl von Einzelgesetzen behandelt. Die Zerstückelung des Arbeitsrechts, vom Gesetzgeber zu verantworten, hat zu dem geflügelten Begriff der „Loseblatt-Existenz des Arbeitsrechts" geführt. Dieser Zustand führt nicht nur zu Problemen bei der praktischen Handhabung des Arbeitsrechts, sondern stellt auch an den Lernenden erhebliche Anforderungen.

13 Die fehlende Einheit des Arbeitsrechts sowie seine sozialpolitische Umstrittenheit, die sich auch in der rechtswissenschaftlichen Literatur niederschlägt, bedingt, dass erkenntnisleitende Prinzipien des geltenden Rechts nur schwer herauszuarbeiten sind. Die Zerstückelung des Rechts, insbesondere aber die Unterlassung systematischer Gesetzgebung, führt zu einer immer unüberschaubareren Judikatur, weil Regelungslücken durch Analogien geschlossen, unbestimmte Rechtsbegriffe durch den Richter konkretisiert werden müssen und in manchen Bereichen (Arbeitskampfrecht, Arbeitsvertragsrecht) Richterrecht nahezu vollständig gesetzliche Regelungen ersetzt. Während der Gesetzgeber sich seiner Verantwortung im Arbeitsrecht entzieht, steht der Richter unter Entscheidungszwang (folgend aus dem Justizgewährungsanspruch als Teil des Rechtsstaatsprinzips und dem aus Art. 19 Abs. 4 GG folgenden Prinzip des effektiven Rechtsschutzes).

Wegen des engen Zusammenhangs mit den wirtschaftlichen Gegebenheiten werden oft punktuelle Änderungen vorgenommen.

Beispiele für punktuelle Gesetzesänderungen im Arbeitsrecht: Das **Gesetz über Teilzeitarbeit und befristete Arbeitsverträge (TzBfG)** und zur Änderung und Aufhebung arbeitsrechtlicher Bestimmungen vom 21.12.2000 ist ein bloßer Teilausschnitt aus Kernmaterien des Arbeitsvertragsrechts. Da die Grundlagen des Arbeitsvertragsrechts für das Normalarbeitsverhältnis nicht geregelt sind, kommt es insoweit zu einer merkwürdigen Schieflage und Widersprüchen zu anderen Detailgesetzen (z.B. BEEG). Seit dem 1.1.2019 besteht mit § 9a TzBfG außerdem unter bestimmten Voraussetzungen ein Anspruch auf eine zeitlich begrenzte Verringerung der Arbeitszeit (Brückenteilzeit).

Ein besonderes Beispiel für die fehlende Fähigkeit zur Kodifikation stellt die am 1.1.2003 in Kraft getretene Änderung der veralteten **Gewerbeordnung (GewO)** dar, in der sich nun punktuelle, zum Teil deklaratorische Regelungen des Arbeitsvertragsrechts befinden, die für alle Arbeitnehmer Gültigkeit haben. Aber wer sucht allgemeines Arbeitsrecht schon in der Gewerbeordnung?

Das **Allgemeine Gleichbehandlungsgesetz (AGG)** vom 18.8.2006 setzt verschiedene EU-Richtlinien um und möchte die Arbeitnehmer vor Benachteiligungen unterschiedlicher Art bewahren. Dieses Gesetz führt zu erheblichen Unklarheiten, weil der allgemeine Gleichbehandlungsgrundsatz nicht im einfachen Gesetz geregelt ist, der Gesetzestitel aber den Eindruck erweckt. In Wahrheit werden nur einige Diskriminierungsverbote geregelt. Fehlende dogmatische Klarheit hat zu einer erheblichen Rechtsunsicherheit in dieser Materie geführt.

Auch das am 1.7.2008 in Kraft getretene **Pflegezeitgesetz (PflegeZG)** sowie das am 1.1.2012 in Kraft getretene **Familienpflegezeitgesetz (FPfZG)** ist arbeitsrechtliche Sondergesetzgebung. Diese Gesetze gewähren Freistellungsansprüche, Teilzeitansprüche und einen weitreichenden Sonderkündigungsschutz für Beschäftigte, die Familienangehörige pflegen. Problematisch daran ist nicht das gesetzgeberische Grundanliegen, sondern die fehlende systematische Einordnung in das Gesamtsystem des Arbeitsrechts.

Das **Mindestlohngesetz (MiLoG)** stellt ein weiteres arbeitsrechtliches Sondergesetz dar. Hiernach hat seit dem 1.1.2015 grundsätzlich jeder Arbeitnehmer Anspruch auf einen Mindestlohn, der 8,50 Euro je Zeitstunde beträgt, vgl. § 1 Abs. 2 S. 1 MiLoG. Dieser Mindestlohn galt vom 1.1.2015 bis zum 31.12.2016. Danach wurde erstmals die nach §§ 4 ff. MiLoG eingesetzte Mindestlohnkommission tätig und hat mit Wirkung vom 1.1.2017 bis zum 31.12.2018 den allgemeinen gesetzlichen Mindestlohn auf 8,84 Euro angehoben. Am 1.1.2019 wurde der Mindestlohn erneut angehoben und beträgt seit dem 9,19 Euro. Zum 1.1.2020 wird er auf 9,35 Euro steigen.

Ebenso zu nennen ist das **Entgelttransparenzgesetz (EntgTranspG)**, welches am 6.7.2017 in Kraft trat. Dieses gewährt Arbeitnehmern in einem Betrieb mit mehr als 200 Beschäftigten einen Anspruch auf Auskunft über den Mittelwert des Entgelts für Personen des jeweils anderen Geschlechts, welche die gleiche oder eine gleichwertige Tätigkeit ausüben (§§ 10 ff. EntgTranspG). Ziel ist es dabei, das Gebot des gleichen Entgelts der Geschlechter bei gleicher oder gleichwertiger Arbeit durchzusetzen (§ 1 EntgTranspG).

IV. Überblick über die arbeitsrechtlichen Gesetze

Wer sich Kenntnisse oder einen Überblick über das Arbeitsrecht durch die Lektüre von Gesetzen verschaffen will, ist schlecht beraten. Man kann eine beliebige Gesetzessammlung zur Hand nehmen und versuchen, aus ihr ein einigermaßen stimmiges Bild des deutschen Arbeitsrechts zu gewinnen. Außer einem Arbeitsrechtsexperten wird hier jeder, auch ein nicht spezialisierter Volljurist, scheitern. Manche Gesetzessammlungen beschränken sich daher von vornherein auf eine alphabetische Aneinanderreihung der Rechtsnormen (etwa *Kittner*, Arbeits- und Sozialordnung, 44. Aufl. 2019), mit der Konsequenz, dass die Gesetzessammlung mit den arbeitsrechtlich weithin irrelevanten Materien Aktiengesetz, Altersteilzeitgesetz und Arbeitnehmererfindungsrecht beginnt. Die verbreitetste Gesetzessammlung mit systematischer Gliederung dürften die dtv-Arbeitsgesetze (94. Aufl. 2019) sein. In seiner Einführung schreibt *Richardi* S. XIX: *„Diese Textausgabe bezweckt, durch die systematische Zusammenstellung maßgeblicher Arbeitsgesetze den roten Faden zu geben, der eine Orientierung im Labyrinth des Arbeitsrechts ermöglicht"*. Doch was den Studierenden bei der Lektüre begegnet, muss ihnen undurchdringbar erscheinen, was weniger mit der Struktur der Gesetzessammlung als mit der der Gesetzgebung zusammenhängt.

Hinweis: Versuchen Sie, sich anhand der zitierten Gesetzessammlung einen ersten Überblick zu verschaffen. Die nachfolgenden Ausführungen erläutern Ihnen, weshalb Sie nach der Lektüre weitgehend ratlos sind.

16 Nach dem Abdruck von Auszügen aus dem Grundgesetz (GG) und ganz rudimentären Vorschriften aus dem Recht der Europäischen Union (das heute das deutsche Arbeitsrecht schon stark dominiert), soll ausweislich der Gliederung in den dtv-Arbeitsgesetzen das „Arbeitsvertragsrecht" dokumentiert sein. Dort findet sich zunächst ein Auszug aus dem Bürgerlichen Gesetzbuch (BGB). Da das Arbeitsvertragsrecht seine Basis im Privatrecht hat, ist das sicher sinnvoll. Denn der Allgemeine Teil des BGB und das Recht der Schuldverhältnisse enthalten zahlreiche Normen, die für Arbeitsverträge relevant sind. Doch die Studierenden, die hoffen, etwas über die Rechtsstellung von Arbeitnehmer oder Arbeitgeber zu erfahren, stoßen als erstes auf die §§ 13 und 14 BGB. Dort sind bekanntlich der Verbraucher- und der Unternehmerbegriff des BGB geregelt. Schon hier werden sie sich fragen, ob sie sich nicht vielleicht beim Kauf vergriffen haben. Immerhin: Schon bald finden sie § 113 BGB, der allerdings nichts Grundlegendes über das Arbeitsverhältnis, sondern lediglich eine Sonderregelung zur Geschäftsfähigkeit minderjähriger Arbeitnehmer enthält. Nach längerem Blättern stolpert man dann über § 310 Abs. 4 S. 2 BGB, in dem erstmals der Begriff des Arbeitsvertrages auftaucht. Die Vorschrift versteht man jedoch erst wirklich nach einem soliden Studium im Arbeitsrecht. Um sie anwenden zu können, muss man nämlich die „im Arbeitsrecht geltenden Besonderheiten" kennen. Doch wo finden sich diese? Immerhin werden die Studierenden ab 1.4.2017 in § 611a BGB nunmehr die Definition des Arbeitsvertrages finden. Schon bei der groben Lektüre der Normen überrascht die erkennbar fehlende Systematik: In den §§ 611 bis 630 BGB ist willkürlich, ohne irgendein erkennbares Grundprinzip, einmal von dem Dienstgeber und Dienstnehmer und dann wieder von dem Arbeitgeber und Arbeitnehmer die Rede. Ratlos und frustriert endet die Lektüre des BGB. Bis dahin hat man nicht ansatzweise einen plausiblen Überblick über die Grundsätze zu Abschluss, Inhalt, Beendigung und Haftung im Arbeitsverhältnis erlangen können.

17 Nach dem Abdruck der Rom-I-VO (früher Art. 27, 30, 34 EGBGB), den zentralen Vorschriften zum Internationalen (Arbeits-)Vertragsrecht (Rz. 512), stößt der Leser auf die Gewerbeordnung (GewO) vom 21.6.1869, neu bekannt gemacht allerdings am 22.2.1999. In § 105 GewO findet sich eine Norm, die den Studierenden das Spannungsfeld von Vertragsfreiheit und Gesetzesbindung erläutert, ohne aber irgendeinen substantiellen Inhalt zu vermitteln. Immerhin entdeckt man in der Gewerbeordnung, die systematisch zum Verwaltungsrecht gehört, eine Definition des Weisungsrechts des Arbeitgebers neben § 611a BGB (§ 106 GewO), um dann in § 107 GewO die Banalität zu erfahren, dass das Arbeitsentgelt in Euro zu berechnen und auszuzahlen ist. Keine Banalität ist der seit 2003 in der Gewerbeordnung abweichend von der Vorschrift des § 630 BGB geregelte Rechtsanspruch auf ein Zeugnis (§ 109 GewO). Danach offeriert die Gesetzessammlung das Handelsgesetzbuch (HGB) vom 10.5.1897. Hier finden die Studierenden Regelungen über Handlungsgehilfen und Handlungslehrlinge. Sie sind erschrocken über die altertümliche Formulierung und fragen sich, ob im Zeitalter moderner Ausbildungsberufe tatsächlich noch ein Gesetz in Kraft ist, das von „Gehilfen und Lehrlingen" handelt. Es erschließt sich nicht, ob diese Vorschriften tatsächlich für alle Arbeitsbeziehungen gelten können. In Fußnoten fällt ihnen auf, dass teilweise Vorschriften für verfassungswidrig erklärt worden sind. Wenn die Studierenden ganz aufmerksam sind, entdecken sie § 84 HGB zum Begriff des Handelsvertreters und erkennen, dass es selbstständige und unselbstständige Handelsvertreter gibt. Nur der juristische Kenner kann erahnen, dass diese Vorschrift die Kernaussage zu der Fragestellung enthält, ob ein Beschäftigter Arbeitnehmer ist oder nicht (Rz. 146). Nachdem sie manches Gültiges und Veraltetes zu Wettbewerbsverboten und zu Provisionsregelungen gelesen haben, stoßen sie in der Gesetzessammlung nunmehr zur Neuzeit vor.

18 Das Allgemeine Gleichbehandlungsgesetz (AGG) vom 14.8.2006, bereits geändert durch Gesetz vom 2.12.2006, will nach Ansicht des Gesetzgebers einen „in sich stimmigen" Schutz vor Diskriminierun-

gen verwirklichen (vgl. BT-Drs. 16/1780 S. 2). Es lässt sich trefflich darüber streiten, ob dem Gesetzgeber dies in Umsetzung der Richtlinien 2000/43/EG, 2000/78/EG, 2002/73/EG und 2004/113/EG gelungen ist. Wenn es ein gutes Gesetz wäre, dann hätte der Gesetzgeber es nicht schon wenige Monate nach seinem Inkrafttreten nachbessern müssen. Schließlich hat das Gesetz eine beispiellose Verunsicherung ausgelöst. Bis zum 31.12.2016 sind allein über 2700 Aufsätze und Bücher zum AGG erschienen. Das Gesetz birgt erhebliche systematische Unklarheiten (Rz. 1494). Nach dem Paukenschlag des Diskriminierungsrechts finden die Studierenden das Nachweisgesetz (NachwG), ebenfalls ein Gesetz, das auf der Umsetzung einer EG-Richtlinie beruht (91/533/EWG). Das Gesetz ist eine lex imperfecta, das Stoff für spitzfindige juristische Fragen enthält, in der Sache aber eine bloße deklaratorische Formvorschrift für den Arbeitsvertrag darstellt (Rz. 867). Unter der Ordnungsnummer 16 folgt ein Herzstück des Arbeitsvertragsrechts, das Gesetz über Teilzeitarbeit und befristete Arbeitsverhältnisse (TzBfG). Vom Grundprinzip der Vollzeitarbeit und dem ordentlichen Kündigungsschutz haben die Studierenden bis hierhin zwar noch nichts erfahren. Dafür folgen die Regelungen über befristete Arbeitsverträge in der Wissenschaft (WissZeitVG) und ein weiteres Sondergesetz über befristete Arbeitsverträge mit Ärzten in der Weiterbildung (ÄrzteBefrG). Unter Ordnungsnummer 17 folgt schon das Altersteilzeitgesetz (AltTZG), obwohl die Studierenden doch erst einmal etwas über ihr zukünftiges Arbeitsleben, aber doch noch nicht über ihren Ruhestand erfahren wollten. Im Übrigen ist das Gesetz ein Sozialleistungsgesetz, sodass man sich fragt, weshalb es in der Gesetzessammlung unter Arbeitsvertragsrecht subsumiert wird. Die einzige individualarbeitsrechtliche Regelung befindet sich in § 8 ATG. Mehr zufällig erfahren kundige Studierende als nächstes, dass sie Entgeltansprüche auch an Feiertagen und im Krankheitsfall haben (EntgFG) und einen zwingenden Mindesturlaubsanspruch nach dem Bundesurlaubsgesetz (BUrlG) geltend machen können (Ordnungsnummern 18 und 19).

Nach knapp 140 Seiten verwirrender Gesetzeslektüre stoßen unsere Neuleser nunmehr auf das Kündigungsschutzgesetz (KSchG). Obwohl sie glauben, etwas Zentrales entdeckt zu haben, werden sie niemals die ganze Wahrheit über den Kündigungsschutz erfahren. Auch versierte Juristen schaffen es nicht, die allgemeinen Kündigungsnormen sowie den allgemeinen und den besonderen Kündigungsschutz in eine systematische Einheit zu bringen (vgl. BAG v. 19.12.2013 – 6 AZR 190/12, NZA 2014, 372, 374). Nirgends steht etwas über die Grundlagen des Kündigungsrechts. Stattdessen müssen sich die Studierenden in einem Wust allgemeiner arbeitsrechtlicher Prinzipien und zerstreuter Sondernormen zurechtfinden. Unter dem Stichwort des Kündigungsrechts sind mindestens 27 Gesetze relevant (Rz. 2498 ff.). 19

Nachdem die Studierenden das Gesetz zur Verbesserung der betrieblichen Altersversorgung (BetrAVG) gesichtet haben, stellen sie fest, dass das von ihnen seither Gelesene eine Systematik kaum erkennen lässt. Dass sie nachfolgend die Insolvenzordnung (InsO) – noch immer unter der Kopfzeile „Arbeitsvertragsrecht" – finden, dürfte sowohl zukünftige Arbeitgeber wie Arbeitnehmer mit Sorge erfüllen. Führt das Chaos des Arbeitsvertragsrechts in die Insolvenz, wird man sich besorgt fragen? Der Abschnitt zum „Arbeitsvertragsrecht" endet mit dem Schwarzarbeitsbekämpfungsgesetz (SchwArbG), dem PflegeZG und dem Familienpflegezeitgesetz (FPfZG), die als Regelungen zur Teilzeitarbeit eher zum TzBfG gepasst hätten. 20

Unter III. behandelt die Gesetzessammlung Sonderformen des Arbeitsverhältnisses. Dort werden die wichtigen Normen des Arbeitnehmerüberlassungsgesetzes (AÜG) und des Berufsbildungsgesetzes (BBiG) wiedergegeben. Freilich stellen sich die Studierenden die Frage, ob sie nicht bis hierher nur von Sonderformen eines Arbeitsverhältnisses gelesen haben. Und wo findet man etwas über mittelbare Arbeitsverhältnisse oder Gruppenarbeitsverhältnisse? Oder über arbeitnehmerähnliche Personen, die erstmals in § 6 Abs. 1 Nr. 3 AGG Erwähnung gefunden haben? Nur das BBiG kann für sich in Anspruch nehmen, einigermaßen konsistent die Regelungen für diesen Bereich kodifiziert zu haben. 21

Es folgt unter IV. der Gesetzessammlung ein auszugsweiser Abdruck aus dem Sozialgesetzbuch (SGB). In sozialrechtlichen Gesetzen finden sich – immer wieder tückisch versteckt – arbeitsrechtlich relevante Normen. Hier ist jeder Nichtspezialist zum Scheitern verurteilt. Man erfährt, dass die sog. „Ein-Euro-Jobber" in keinem Arbeitsverhältnis stehen (§ 16d Abs. 7 SGB II). Das SGB III hat unter Umstän- 22 den erhebliche Bedeutung für die Rechtsstellung des Arbeitnehmers bei der Beendigung des Arbeitsverhältnisses (vgl. § 2 Abs. 2, §§ 157 ff. SGB III). Im SGB IV muss man die berühmten Regelungen zum Beschäftigtenbegriff (§ 7 SGB IV) und zur geringfügigen Beschäftigung (§ 8 SGB IV) verstehen. Eine echte arbeitsrechtliche Regelung findet sich in § 45 SGB V. Im SGB VI gibt es nur scheinbare arbeitsrechtliche Regelungen. So ist nämlich das Grundproblem der Altersgrenzen durch § 41 SGB VI nicht gelöst. § 41 S. 3 SGB VI enthält außerdem eine Regelung zur Altersbefristung, weit, weit weg vom TzBfG. Immerhin finden die Studierenden dann in §§ 104 ff. SGB VII Regelungen zur Haftungsbeschränkung bei Personenschäden. Dabei fällt ihnen auf, dass sie bislang nirgendwo etwas zu den Grundsätzen der Arbeitnehmerhaftung gefunden hat. Und im Schwerbehindertenrecht finden sie die hoch praxisrelevanten Vorschriften zum Kündigungsschutz Schwerbehinderter (§§ 85 ff. [ab dem 1.1.2018: §§ 168 ff.] SGB IX).

23 Die folgende Auflistung zum technischen und sozialen Arbeitsschutz erscheint unübersichtlich. Sie beginnt mit dem Arbeitsschutzgesetz (ArbSchG), gefolgt von dem Arbeitssicherheitsgesetz (ASiG) und dem Bundesimmissionsschutzgesetz (BImSchG). Insbesondere im ArbSchG sind wesentliche Nebenpflichten des Arbeitgebers geregelt, die die unzureichende Norm des § 618 BGB arbeitsrechtlich ausgestalten (Rz. 1784). Nach dem technischen Arbeitsschutz folgt der soziale Arbeitsschutz. Auch diese Aufteilung ist schwer erklärbar. Das Arbeitszeitgesetz (ArbZG) regelt die nicht vertragsdispositiven Grenzen höchstzulässiger Arbeitszeiten (Rz. 1109). Im Bundesdatenschutzgesetz (BDSG) und dem Gesetz über genetische Untersuchungen bei Menschen (GenDG) finden die Studierenden Regelungen zum Beschäftigtendatenschutz (Rz. 819). Das Gesetz zum Schutz der erwerbstätigen Mutter (MuSchG) enthält ebenso wie das Gesetz zum Elterngeld und zur Elternzeit (BEEG) aus familienpolitischen Gründen eine Mixtur von arbeitsrechtlichen, öffentlich-rechtlichen und sozialrechtlichen Normen, von denen im Arbeitsvertragsrecht insbesondere die Regelungen zum Sonderkündigungsschutz (§ 17 MuSchG, § 18 BEEG) und zur Teilzeitarbeit (§ 15 VII BEEG) relevant sind. Mit dem Jugendarbeitsschutzgesetz (JArbSchG) und dem Heimarbeitsgesetz (HAG) endet der Bereich des sozialen Arbeitsschutzes.

24 Systematischer ist dagegen das Kollektivarbeitsrecht geregelt (hierzu der Band „Kollektivarbeitsrecht", § 76 bzw. Rz. 14). Das Tarifvertragsgesetz (TVG) gibt Arbeitgebern, Arbeitgeberverbänden und Gewerkschaften die Basis zur Schaffung von Tarifnormen. Unerwartet, weil mit der Entgeltzahlungspflicht des Arbeitgebers einen Kern des Arbeitsvertragsrechts betreffend, stoßen Studierende auf das Gesetz zur Regelung eines allgemeinen Mindestlohnes (MiLoG), wonach jede Arbeitnehmerin und jeder Arbeitnehmer Anspruch auf Zahlung eines Mindestentgelts hat. Die kollektivrechtliche Verortung verdankt das MiLoG seiner gesetzgeberischen Qualifizierung als Maßnahme zur Stärkung der Tarifautonomie. Es wird begleitet durch das Gesetz über zwingende Arbeitsbedingungen bei grenzüberschreitenden Dienstleistungen (AEntG), das versucht, branchenbezogen Lohndumping in der Bundesrepublik Deutschland durch ausländische Arbeitgeber zu verhindern. Das Gesetz über die Festsetzung von Mindestarbeitsbedingungen (MiArbG) wurde mit Inkrafttreten des MiLoG aufgehoben. Im Bereich der Mitbestimmung hat das Betriebsverfassungsgesetz (BetrVG) die größte praktische Bedeutung für die Gestaltung der Arbeitsbeziehungen. Hier finden sich wichtige Mitbestimmungsnormen, die sich unmittelbar oder mittelbar auf das Arbeitsverhältnis auswirken (insbesondere die Mitbestimmung in personellen und sozialen Angelegenheiten). Das Sprecherausschussgesetz (SprAuG) regelt die weniger stark ausgestaltete Mitbestimmung der leitenden Angestellten. In gemeinschaftsweit tätigen Unternehmen sind nach Maßgabe des Gesetzes über Europäische Betriebsräte (EBRG) Arbeitnehmervertretungen zu errichten. Die Regelungen zur Mitbestimmung im Aufsichtsrat (hierzu im Band „Kollektivarbeitsrecht", §§ 164 ff. bzw. Rz. 2777 ff.), kodifiziert insbesondere im Mitbestimmungsgesetz (MitbestG) und im Drittelbeteiligungsgesetz (DrittelbG), sowie das Verfahrensrecht (Arbeitsgerichtsgesetz, ArbGG) runden das Bild des breit gefächerten Arbeitsrechts ab.

V. Kodifikation des Arbeitsvertragsrechts

Literatur: *Adomeit*, Der Dienstvertrag des BGB und die Entwicklung zum Arbeitsrecht, NJW 1996, 1710; *Dieterich*, Die Kodifikation des Arbeitsrechts, RdA 1978, 329; *Greiner*, Die Leitlinien des Arbeitsvertragsgesetzes, Jahrbuch des Arbeitsrechts 2008, 97; *Griese*, Die Gesetzesentwürfe der Länder für ein Arbeitsvertragsgesetz, NZA 1996, 803; *Hanau*, Der Kommissionsentwurf eines Arbeitsvertragsgesetzes, ZRP 1978, 215; *Iannone*, Die Kodifizierung des Arbeitsvertragsrechts, ArbuR 2008, 197; *Iannone*, Die Kodifizierung des Arbeitsvertragsrechts – ein Jahrhundertprojekt ohne Erfolgsaussicht?, 2009; *Neumann*, Der sächsische Entwurf eines Arbeitsvertragsgesetzes, DB 1995, 2013; *Neumann*, Die unendliche Geschichte des Arbeitsvertragsrechts, DB 2008, 60; *Preis*, Arbeitsvertragsgesetz – jetzt oder nie?, DB 2008, 61; *Preis*, Die Zeit ist reif für ein modernes Arbeitsvertragsrecht, AuA 1996, 41; *Steinmeyer/Jürging*, Überlegungen zu einer gesamtdeutschen Kodifikation des Arbeitsvertragsrechts, NZA 1992, 777; *Wank*, Zeit für ein Arbeitsvertragsgesetz, in: Gedächtnisschrift Jackowiak (1999), 177; *Wolf*, Das Arbeitsvertragsrecht zukunftssicher gestalten, PersF 2008, Heft 2, 60; *Wroblewski*, Sachstand „Arbeitsvertragsgesetz" – Verwirklichungschancen einer Kodifikation, rechtspolitischer Gemengenlage und Positionen, NZA 2008, 622.

Das Arbeitsrecht ist und bleibt ein kunstvoll geordnetes Chaos. Der Heidelberger Rechtsgelehrte Thibaut forderte aus diesem Grunde im Jahre 1814 die Kodifikation des Privatrechts mit den Worten: „*So ist unser ganzes einheimisches Recht ein endloser Wust einander widerstreitender, vernichtender, buntschäckiger Bestimmungen, ganz dazu geartet, die Deutschen voneinander zu trennen, und den Richtern und Anwälden die gründliche Kenntniß des Rechts unmöglich zu machen*" (*Thibaut*, Über die Nothwendigkeit eines allgemeinen bürgerlichen Rechts für Deutschland, Heidelberg, 1814, S. 149). 25

Auch ein geschulter Jurist kann mit der arbeitsrechtlichen Gesetzessammlung nichts, aber auch gar nichts anfangen, bevor er nicht ein systematisches Buch über das Arbeitsrecht gelesen und verstanden hat. Ob es zu einer verständigen Kodifikation des Arbeitsvertragsrechts jemals kommen wird, steht in den Sternen.

Bislang gibt es kein einheitliches Arbeitsgesetzbuch. Während große Bereiche des Privatrechts, etwa das klassische bürgerliche Recht und das Handelsrecht, übersichtlich kodifiziert sind, finden sich die arbeitsrechtlichen Regelungen – wie gezeigt – weit verstreut in einer größeren Zahl von Gesetzen. 26

Bereits im Jahr 1896 verabschiedete der Reichstag eine Resolution, das Arbeitsvertragsrecht einheitlich zu kodifizieren. Dies belegt, dass der dienstvertragsrechtliche Teil des Bürgerlichen Gesetzbuches nicht als abschließende Regelung gedacht war. Man hatte bereits zu diesem Zeitpunkt erkannt, dass die den Arbeitsvertrag betreffenden Regelungen im BGB unzureichend waren, da sie vom Gedanken der Vertragsfreiheit, insbesondere der Gleichheit der Vertragspartner ausgehen. Trotz des erkannten Handlungsbedarfs ist es aber bis heute nicht gelungen, ein Arbeitsvertragsgesetz zu verabschieden, obwohl die Kodifikationsforderung oft erhoben und sogar verfassungsrechtlich verbrieft wurde. 27

Der erste der zahlreichen Versuche, das Arbeitsvertragsrecht einheitlich zu kodifizieren, beruhte auf einem in Art. 157 Abs. 2 der Weimarer Reichsverfassung enthaltenen Gesetzgebungsauftrag, der in den Entwurf eines Allgemeinen Arbeitsvertragsgesetzes im Jahre 1923 einmündete. Ein weiterer Entwurf wurde im Jahr 1938 vorgelegt. Alle diese Anläufe scheiterten. Die Diskussion um ein einheitliches Arbeitsvertragsgesetz erwachte erst wieder unter der sozial-liberalen Koalition zu neuem Leben. Bereits in ihrem Regierungsprogramm vom 28.10.1969 griff sie die Kodifikationsidee auf und setzte nach zahlreichen Schwierigkeiten eine Kommission ein, die allerdings erst im Jahr 1977 einen Entwurf vorlegte (Entwurf eines Arbeitsgesetzbuchs – Allgemeines Arbeitsvertragsrecht, Arbeitsgesetzbuchkommission, Bonn 1977). Der Entwurf erlitt aber das gleiche Schicksal wie seine Vorgänger: Er war politisch nicht durchsetzbar. 28

Der auf Grund des Art. 30 Abs. 1 Nr. 1 des Einigungsvertrags (Vertrag zwischen der Bundesrepublik Deutschland und der Deutschen Demokratischen Republik über die Herstellung der Einheit Deutschlands vom 31.8.1990, BGBl. II S. 889) vom Arbeitskreis Deutsche Rechtseinheit im Arbeitsrecht entwickelte Diskussionsentwurf wurde zwar auf dem 59. Deutschen Juristentag 1992 verhandelt, aber 29

30 In den 1990er Jahren haben auch der Freistaat Sachsen (BR-Drs. 293/95) und das Land Brandenburg (BR-Drs. 671/96) Gesetzentwürfe vorgelegt und in den Bundesrat eingebracht, ohne dass dies Gesetzgebungsfolgen hatte.

31 2005 startete die Bertelsmann-Stiftung erneut einen Kodifikationsversuch und beauftragte zwei Arbeitsrechtsprofessoren, einen Diskussionsentwurf für ein Arbeitsvertragsgesetz zu verfassen (vgl. *Henssler/Preis*, Diskussionsentwurf eines Arbeitsvertragsgesetzes, Stand: November 2007, NZA Beilage 2007 Heft 21). Schaut man sich die Entwürfe an, so gewinnt man eine Vorstellung davon, wie ein systematisches Arbeitsvertragsrecht aussehen könnte.

§ 2
Überblick über die Literatur im Arbeitsrecht

32 Entsprechend der hohen Bedeutung des Arbeitsrechts in Praxis und Ausbildung sind Literatur und Entscheidungssammlungen in großer Zahl vorhanden. An dieser Stelle kann daher nur ein systematischer Überblick erfolgen.

I. Gesetzessammlungen

33 Um die Grundlagen des Arbeitsrechts zu erarbeiten, ist es zuerst erforderlich, sich einen Überblick über die (relevanten) arbeitsrechtlichen Gesetze zu verschaffen. Dass die vorhandenen Gesetzessammlungen ebenso wenig wie die arbeitsrechtlichen Gesetze dazu beitragen können, den Grundsatz „Ein Blick ins Gesetz erleichtert die Rechtsfindung" zu verwirklichen, wurde bereits aufgezeigt (Rz. 15).

34 Ungeachtet der Kritik stellt die dtv-Gesetzessammlung diejenige Zusammenfassung arbeitsrechtlicher Gesetze dar, die in der Praxis wie im Studium einen ersten systematischen Überblick vermittelt:

– Arbeitsgesetze, 94. Aufl. 2019, Beck-Texte im dtv.

35 Angesichts der zahlreichen Verflechtungen zwischen Arbeits- und Sozialrecht kann sich aber der Rückgriff auf eine Gesetzessammlung empfehlen, die neben dem Gesetzestext jeweils eine kurze Einführung in die jeweiligen arbeits- wie sozialrechtlichen Gesetze enthält:

– *Kittner*, Arbeits- und Sozialordnung, 44. Aufl. 2019.

36 Die umfassende Textsammlung des Arbeitsrechts, die neben den Richtlinien der Europäischen Union auch alle wesentlichen Nebenbestimmungen im Arbeitsrecht enthält (insbesondere Rechtsverordnungen), ist:

– *Nipperdey* I, Arbeitsrecht, Loseblatt.

II. Lehrbücher

37 Die aktuelle Lehrbuchliteratur ist sehr zahlreich und lässt sich nur schwer klassifizieren. Es sind zum einen Lehrbücher zu finden, die sich an der Konzeption eines Grundrisses orientieren, zum anderen

solche, die einen umfassenderen Anspruch erheben. Die meisten Lehrbücher kombinieren (mit unterschiedlicher Schwerpunktsetzung) in einem Band individuelles und kollektives Arbeitsrecht.

- *Brox/Rüthers/Henssler*, Arbeitsrecht, 19. Aufl. 2016
- *Dütz/Thüsing*, Arbeitsrecht, 23. Aufl. 2018
- *Fischinger*, Arbeitsrecht, 1. Aufl. 2018
- *Junker*, Grundkurs Arbeitsrecht, 18. Aufl. 2019
- *Krause*, Arbeitsrecht, 3. Aufl. 2015
- *Lieb/Jacobs*, Arbeitsrecht, 9. Aufl. 2006
- *Löwisch/Caspers/Klumpp*, Arbeitsrecht, Ein Studienbuch, 11. Aufl. 2017
- *Reichold*, Arbeitsrecht, 6. Aufl. 2019
- *Waltermann*, Arbeitsrecht, 19. Aufl. 2018
- *Zöllner/Loritz/Hergenröder*, Arbeitsrecht, 7. Aufl. 2015.

Aktuelle Großlehrbücher, die vertieft das Individualarbeitsrecht und das kollektive Arbeitsrecht behandeln, sind neben dem vorliegenden Werk: 38

- *Hromadka/Maschmann*, Arbeitsrecht, Bd. 1: Individualarbeitsrecht, 7. Aufl. 2018; Bd. 2, Kollektivarbeitsrecht und Arbeitsrechtsstreitigkeiten, 7. Aufl. 2017.
- *Kamanabrou*, Arbeitsrecht, 1. Aufl. 2017.

Weitere Lehrbücher widmen sich dem europäischen Arbeitsrecht: 39

- *Fuchs/Marhold*, Europäisches Arbeitsrecht, 5. Aufl. 2017
- *Kocher*, Europäisches Arbeitsrecht, 1. Aufl. Baden-Baden 2016
- *Schiek*, Europäisches Arbeitsrecht, 4. Aufl. 2018
- *Thüsing*, Europäisches Arbeitsrecht, 3. Aufl. 2017.

III. Fallsammlungen

Fallsammlungen ergänzen die Lehrbücher, sie können ihre Lektüre nicht ersetzen. Anhand von Fällen und Lösungsskizzen dienen sie der Umsetzung des Gelernten in (Prüfungs-)Fällen. Die einzelnen Fallsammlungen verfolgen dabei unterschiedliche Ansätze. 40

So finden sich kürzere Fallgestaltungen in: 41

- *Oetker*, 30 Klausuren aus dem Individualarbeitsrecht, 10. Aufl. 2017.

Ausführlichere Fälle enthalten: 42

- *Heckelmann/Franzen*, Fälle zum Arbeitsrecht, 4. Aufl. 2015
- *Tillmanns*, Klausurenkurs im Arbeitsrecht I, 2. Aufl. 2015
- *Jacobs/Krois*, Klausurenkurs im Arbeitsrecht II, 1. Aufl. 2015
- *Preis/Seiwerth*, Klausurenkurs Arbeitsrecht, Individualarbeitsrecht, 2. Aufl. 2020,

43 Neben ausführlicheren Fällen bieten einen einleitenden Aufriss zur arbeitsrechtlichen Fallbearbeitung:

- *Boemke*, Fallsammlung zum Arbeitsrecht, 2. Aufl. 2007
- *Junker*, Fälle zum Arbeitsrecht, 4. Aufl. 2018.

IV. Nachschlagewerke und Kommentare

44 Der vertieften Befassung mit der Materie Arbeitsrecht dienen Nachschlagewerke und Kommentare.

45 Die verschiedenen Nachschlagewerke verfolgen differenzierte Ansätze. So gibt es einige, die vorrangig einen praktischen Bezug aufweisen:

- *Kittner/Zwanziger/Deinert*, Arbeitsrecht, Handbuch für die Praxis, 9. Aufl. 2017
- *Küttner* (Hrsg.), Personalbuch, 26. Aufl. 2019
- *Schaub*, Arbeitsrechts-Handbuch, 17. Aufl. 2017
- *Tschöpe* (Hrsg.), Anwalts-Handbuch Arbeitsrecht, 11. Aufl. 2019.

46 Ausgerichtet an der rechtlichen Prüfung und Würdigung spezifisch arbeitsrechtlicher Vertragsgestaltungen (unter weiterer Berücksichtigung der sozialversicherungs- und steuerrechtlichen Auswirkungen):

- *Preis*, Der Arbeitsvertrag, 5. Aufl. 2015.

47 Weitere ausführliche Darstellungen:

- *Leinemann* (Hrsg.), Handbuch zum Arbeitsrecht (HzA), Loseblatt
- *Richardi/Wlotzke* (Hrsg.), Münchener Handbuch zum Arbeitsrecht, Bd. 1 und 2, 4. Aufl. 2018.

48 Ebenso wie die Nachschlagewerke ermöglicht die Kommentarliteratur zu den zahlreichen arbeitsrechtlichen Einzelgesetzen sowie zum BGB (vor allem §§ 611 ff. BGB) einen umfassenden und vertiefenden Einblick in das Arbeitsrecht. Auf diese und andere weiterführende Literatur wird jeweils in den einzelnen Abschnitten dieses Lehrbuchs hingewiesen, sofern sie sich auf einzelne Bereiche des Arbeitsrechts (etwa das Kündigungsschutzrecht) spezialisieren.

49 Der Kommentar, der erstmalig alle wichtigen arbeitsrechtlichen Gesetze zusammenfassend kommentiert hat, ist der sog. „Palandt des Arbeitsrechts":

- *Müller-Glöge/Preis/Schmidt* (Hrsg.), Erfurter Kommentar zum Arbeitsrecht, 19. Aufl. 2019.

50 Mittlerweile gibt es weitere Nachfolgewerke:

- *Däubler/Hjort/Schubert/Wolmerath*, Arbeitsrecht, 4. Aufl. 2017
- *Dornbusch/Fischermeier/Löwisch* (Hrsg.), Kommentar zum gesamten Arbeitsrecht, 9. Aufl. 2018
- *Henssler/Willemsen/Kalb*, Arbeitsrecht Kommentar, 8. Aufl. 2018
- *Rolfs/Giesen/Kreikebohm/Udsching*, Arbeitsrecht, 2008.

51 In den Kommentierungen des BGB finden sich die Darstellungen des Arbeitsrechts vorrangig in den §§ 611 ff. BGB:

- *Bamberger/Roth* (Hrsg.), Kommentar zum BGB, 4. Aufl. 2019, Bd. 2 (§§ 611 ff., kommentiert von *Fuchs/Baumgärtner* und *Fuchs/Plum*)
- *Palandt*, BGB, 78. Aufl. 2019 (§§ 611 ff., kommentiert von *Weidenkaff*)
- *Rebmann/Rixecker/Säcker* (Hrsg.), Münchener Kommentar zum BGB, 7. Aufl. 2016, Bd. 4 (§§ 611 ff., kommentiert von *Müller-Glöge*, *Henssler*, *Hergenröder*, *Lorenz* und *Hesse*)
- *Staudinger*, Kommentar zum BGB mit Einführungsgesetz und Nebengesetzen, Neubearbeitung 2016 (§§ 611–619, kommentiert von *Richardi/Fischinger/Oetker* und *Annuß*) und 2016 (§§ 620–630, kommentiert von *Oetker* und *Preis*).

Speziell auf Ausbildung und Prüfung ausgerichtet ist: 52

- *Rolfs*, Studienkommentar Arbeitsrecht, 4. Aufl. 2014,

der neben der Vermittlung der relevanten Lehrinhalte des Arbeitsrechts Aufbauschemata enthält und die Prüfungsrelevanz der arbeitsrechtlichen Themen in den einzelnen Bundesländern aufzeigt.

V. Entscheidungssammlungen

Einen erheblichen Stellenwert haben im Arbeitsrecht die Gerichtsentscheidungen, insbesondere diejenigen des BAG. Ein beträchtlicher Teil des Arbeitsrechts ist Richterrecht, das die Lücken des Arbeitsrechts füllen muss. 53

Die Entscheidungen im Volltext, die teilweise durch Urteilsanmerkungen ergänzt werden, finden sich in folgenden Entscheidungssammlungen: 54

- BAGE, Entscheidungen des Bundesarbeitsgerichts, amtliche Sammlung
- AP, Arbeitsrechtliche Praxis, Nachschlagewerk des Bundesarbeitsgerichts, Loseblatt
- EzA, Entscheidungssammlung zum Arbeitsrecht, Loseblatt.

Auf die Urteile der Landesarbeitsgerichte ausgerichtet ist: 55

- LAGE, Entscheidungssammlung der Landesarbeitsgerichte, Loseblatt.

Bedeutsam für das europäische Arbeitsrecht ist die Entscheidungssammlung: 56

- EAS, Europäisches Arbeits- und Sozialrecht, Loseblatt,

die außer den Entscheidungen des EuGH Rechtsvorschriften und systematische Darstellungen zum europäischen Arbeits- und Sozialrecht enthält.

VI. Zeitschriften

So zahlreich die Lehrbücher und Kommentare, so zahlreich sind auch die Zeitschriften zum Arbeitsrecht. 57

Hervorragende Bedeutung in Wissenschaft und Praxis hat die 14-tägig erscheinende

- NZA, Neue Zeitschrift für Arbeitsrecht.

In der daneben erscheinenden

- NZA-RR, Neue Zeitschrift für Arbeitsrecht Rechtsprechungsreport werden vorrangig Rechtsprechungsberichte und neue Entscheidungen aus allen Bereichen des Arbeitsrechts veröffentlicht.

Weitere arbeitsrechtliche Zeitschriften – teils mit Schwerpunkt in der Wissenschaft, teils in der Praxis – sind:

- ArbRB, Arbeits-Rechtsberater
- ArbuR, Arbeit und Recht
- BB, Betriebsberater
- DB, Der Betrieb
- RdA, Recht der Arbeit
- SR, Soziales Recht
- VSSAR, Vierteljahresschrift für Sozial- und Arbeitsrecht
- ZfA, Zeitschrift für Arbeitsrecht
- ZTR, Zeitschrift für Tarifrecht.

Speziell auf das europäische Arbeitsrecht ausgerichtet sind:

- EuZA, Europäische Zeitschrift zum Arbeitsrecht
- ZESAR, Zeitschrift für europäisches Sozial- und Arbeitsrecht.

§ 3
Praktische Bedeutung des Arbeitsrechts

I. Empirisches

58 Das Arbeitsrecht ist eine Rechtsmaterie von außerordentlicher praktischer Relevanz. Im Jahresdurchschnitt 2018 waren in Deutschland etwa 40.489.000 Personen als Arbeitnehmer tätig (2015 gab es insgesamt 38.633.000 abhängig Erwerbstätige einschließlich Beamter und Auszubildender; Quelle: Statistisches Bundesamt). Erstmalig überstieg die Anzahl der Arbeitnehmer in Deutschland im Jahresdurchschnitt die Grenze von 40.000.000. Für fast alle diese Personen stellen die Einkünfte aus dieser Erwerbstätigkeit die wesentliche Einkommensquelle dar; viele Arbeitnehmer haben mit ihrem Arbeitseinkommen zusätzlich ihre Familienangehörigen zu unterhalten.

59 Auch die Zahl der Rechtsstreitigkeiten sind hoch: 1994 waren es 464.167 Neuzugänge bei den arbeitsgerichtlichen Verfahren, 2003 sogar 630.666. Seither sind die Zahlen wieder rückläufig (2006: 467.807 Neuzugänge; 2010: 409.649; 2015: 369.584; 2017: 330.832; Quelle: Statistisches Bundesamt/BMAS).

60 Kenntnisse im Arbeitsrecht sind deshalb von hoher praktischer Bedeutung. Schließlich stellt das Arbeitsrecht heute einen wesentlichen Bestandteil juristischer Ausbildung dar und rangiert dabei unter den zivilrechtlichen Rechtsmaterien unmittelbar hinter den klassischen Gebieten des Allgemeinen Teils des BGB, des Schuldrechts und des Sachenrechts. Auch bei der Ausbildung von Wirtschaftswissenschaftlern hat es eine hohe Bedeutung, denn die enge Verzahnung von wirtschaftlichen und arbeitsrechtlichen Problemkreisen lässt Kenntnisse des Arbeitsrechts in der praktischen Berufstätigkeit unverzichtbar werden. Die Fachanwälte für Arbeitsrecht stellen die größte Gruppe unter den Fachanwälten (10.601 Anwälte, Stand: 1.1.2018, vgl. www.brak.de).

II. Wirtschafts- und sozialpolitische Bedeutung

Die wirtschafts- und sozialpolitische Bedeutung des Arbeitsrechts kann nicht hoch genug eingeschätzt werden. Das Grundgesetz schreibt zwar keine bestimmte Arbeits- und Wirtschaftsordnung vor (BVerfG v. 1.3.1979 – 1 BvR 532/77, 533/77, 419/78, 1 BvL 21/78, NJW 1979, 699, 708 ff.). Doch spiegeln sich in den grundrechtlichen Wertentscheidungen die kollidierenden Freiheits- und Schutzansprüche wider, die in dem starken Einfluss der Grundrechte auf das Arbeitsverhältnis deutlichen Ausdruck finden (Rz. 527 ff.). Ferner garantiert das Grundgesetz die Tarifautonomie und das Arbeitskampfrecht, was als Ausdruck einer liberalen Wirtschaftsverfassung gewertet werden kann.

Die fortwährenden öffentlichen Auseinandersetzungen um die Umgestaltung des Sozialstaats Deutschland haben auch das Arbeitsrecht erneut in den Mittelpunkt des Interesses gerückt. Weder in der Öffentlichkeit noch bei den politischen Entscheidungsträgern scheint bislang hinreichend die Einsicht vorhanden gewesen zu sein, dass mehr als jedes andere Rechtsgebiet das Arbeitsrecht das Nervenzentrum der Wirtschafts- und Sozialpolitik unseres Gemeinwesens bildet. Das Arbeitsrecht ist fester Bestandteil einer „sozialen Marktwirtschaft", wobei das Arbeitsrecht – neben dem Sozialrecht – für die soziale Komponente sorgt. Das bedeutet: Die Kräfte des Marktes dürfen sich im Arbeitsleben nicht völlig frei und unkontrolliert entfalten; vielmehr hat der Staat Rahmenbedingungen und Grenzen der marktwirtschaftlichen Betätigung aufzuzeigen. In großem Umfang hat der Staat dies an die Koalitionen delegiert (Art. 9 Abs. 3 GG). Erkennbar wird aber bereits hier, dass das Arbeitsrecht durchaus als Paradigma für das jeweilige gesellschaftspolitische System angesehen werden kann. So wird erklärlich, dass um arbeitsrechtliche Grundentscheidungen oftmals heftige politische Auseinandersetzungen geführt werden (Beispiele: Entgeltfortzahlung im Krankheitsfall, Kündigungsschutz, Mindestlohn, Rechtsanspruch auf Teilzeitarbeit, Arbeitnehmerüberlassung).

§ 4
Überblick über die Geschichte des Arbeitsrechts

Literatur: *Adomeit*, Der Dienstvertrag des BGB und die Entwicklung zum Arbeitsrecht, NJW 1996, 1711; *Becker*, Arbeitsvertrag und Arbeitsverhältnis, 2005; *Bohle*, Einheitliches Arbeitsrecht in der Weimarer Republik, 1990; *Hanau*, 60 Jahre Bundesarbeitsgericht, 2014; *Kaufhold*, Die Diskussion um die Neugestaltung des Arbeitsrechts im Deutschen Reich 1890 und die Novelle zur Reichsgewerbeordnung, ZfA 1991, 277; *Konzen*, Vom „Neuen Kurs" zur sozialen Marktwirtschaft, ZfA 1991, 379; *Mayer-Maly*, Nationalsozialismus und Arbeitsrecht, RdA 1989, 233; *Nörr*, Grundlinien des Arbeitsrechts der Weimarer Republik, ZfA 1986, 403; *Preis*, Von der Antike zur digitalen Arbeitswelt, RdA 2019, 75; *Ramm*, Nationalsozialismus und Arbeitsrecht, KJ 1968, 108; *Reichhold*, Der „Neue Kurs" von 1890 und das Recht der Arbeit, ZfA 1990, 5; MünchArbR/*Richardi*, §§ 2 bis 5; *Wlotzke*, Das Arbeitsrecht im Rahmen des deutsch-deutschen Einigungsvertrages, RdA 1994, 73; *Zöllner*, Der kritische Weg des Arbeitsrechts zwischen Privatkapitalismus und Sozialstaat, NJW 1990, 1.

Das moderne Arbeitsrecht, das durch die Vertragsfreiheit einerseits und den Gedanken des Arbeitnehmerschutzes andererseits charakterisiert ist, entstand erst im 19. Jahrhundert, als sich im Rahmen der Industrialisierung die Gesellschafts- und Sozialordnung grundlegend änderte.

In der vorindustriellen Epoche war das Prinzip der Vertragsfreiheit ebenso unbekannt wie ein gesetzlicher Schutz des Arbeitnehmers vor der Übermacht des Arbeitgebers. Zum Ende des 18. Jahrhunderts waren die Lebens- und Arbeitsbedingungen vielmehr durch die Einteilung der Gesellschaft in unterschiedliche Stände bestimmt, welche sich auch im Allgemeinen Preußischen Landrecht von 1794 widerspiegelt.

65 Die überwiegende Zahl der Bevölkerung gehörte dem Bauernstand an. Diesem war die Ausübung eines freien Gewerbes untersagt. Die Bauern waren in der Regel einem Gutsherrn unterworfen, dem sie zu umfangreichen unentgeltlichen Diensten verpflichtet waren. Im Gegenzug sollte der Gutsherr seinen Untertanen in wirtschaftlichen Notlagen Hilfe leisten. Die Beziehung zwischen Gutsherrn und Bauern, die durch die geburtsbedingte Standeszugehörigkeit begründet wurde, stellte daher kein auf Austausch gerichtetes Arbeitsverhältnis dar, sondern lässt sich eher als umfassendes personenrechtliches Herrschaftsverhältnis beschreiben, welches den Bauern gleichzeitig ein Mindestmaß an sozialer Sicherheit bot.

66 Den Angehörigen des Bürgerstandes war zwar prinzipiell die Ausübung eines Gewerbes gestattet, doch bestanden hier Grenzen. Wer ein Handwerk ausüben wollte, musste Mitglied der entsprechenden Zunft werden, ebenso wie die Ausübung eines Handels an die Mitgliedschaft in der Kaufmannsgilde gebunden war. Die Zünfte und Gilden legten zwingende Bedingungen für die Berufsausbildung und die Berufsausübung fest. Indem sie die Handwerksmeister zu einer ausreichenden wirtschaftlichen Versorgung ihrer Lehrlinge und Gesellen verpflichteten, etablierten sie zugleich ein, wenn auch unvollkommenes, berufsständisches soziales Sicherungssystem.

67 Die Angehörigen des Adelsstandes lebten von den Erträgen der Landwirtschaft, die von den ihnen untergebenen Bauern erwirtschaftet wurden. Zur Ausübung eines Gewerbes waren auch sie nicht befugt.

68 Im Bereich der Landwirtschaft wurde im Jahre 1810 das Institut der Gutsherrschaft abgeschafft. Die Rechtsstellung der in der Landwirtschaft Beschäftigten wurde fortan durch die Gesindeordnung geregelt, die jedoch kaum tatsächliche Veränderungen mit sich brachte. Das bisherige umfassende personenrechtliche Herrschaftsverhältnis zwischen den ehemaligen Gutsherren und den abhängigen Bauern blieb de facto bestehen.

69 Wesentliche Änderungen ergaben sich jedoch im Bereich des Handwerks und des Handels, als Preußen 1811 den Zunftzwang abschaffte und die Gewerbefreiheit einführte. Damit wurden die Arbeitsverhältnisse in diesem Bereich dem Prinzip der Vertragsfreiheit unterstellt. Es stand fortan den Vertragsparteien prinzipiell frei, ob und mit welchem Inhalt sie ein Arbeitsverhältnis begründen wollten.

70 Im Rahmen der Industrialisierung stieg die Zahl der Menschen, die in Fabriken arbeiteten. Deren Arbeitsverhältnisse unterschieden sich grundlegend von den bisher üblichen Strukturen. So war der Lohn der Fabrikarbeiter in weit stärkerem Maße markt- und konjunkturabhängig als dies bislang der Fall gewesen war. Zudem geschah die Fabrikarbeit in den Räumen und mit den Arbeitsmitteln des Fabrikinhabers. Hierdurch löste sich die bisher selbstverständliche Einheit von Haushalt und Arbeitsplatz auf. Das Arbeitsverhältnis, das bisher als personenrechtliches Verhältnis auch soziale Sicherungsmechanismen zur Verfügung gestellt hatte, reduzierte sich somit auf ein Austauschverhältnis „Arbeit gegen Lohn".

71 Formal galt für die Arbeitsverhältnisse der Fabrikarbeiter zwar das Prinzip der Vertragsfreiheit. Die große Zahl von Menschen, die auf eine Beschäftigung in den neu entstandenen Fabriken angewiesen waren, ermöglichte es den Arbeitgebern jedoch praktisch, die Arbeitsbedingungen einseitig festzulegen. Das Machtungleichgewicht zwischen Arbeitgeber und Arbeitnehmer manifestierte sich in niedrigen Löhnen und langen Arbeitszeiten, in Frauen- und Kinderarbeit bei Arbeitslosigkeit der Männer, in mangelndem Unfallschutz und fehlender sozialer Vorsorge bei Krankheit und Tod des Familienernährers.

72 Als Reaktion auf diese eklatanten Missstände wurden Mitte des 19. Jahrhunderts erste arbeitsrechtliche Schutzgesetze erlassen. So wurde durch das preußische Regulativ über die Beschäftigung jugendlicher Arbeiter in Fabriken vom 9.3.1839 erstmals ein Verbot der Kinderarbeit aufgestellt. Dieses Regulativ legte den Grundstein für eine Arbeitsgesetzgebung, die nicht nur die zivilrechtliche Arbeitspflicht des einzelnen Arbeitnehmers begrenzte, sondern auch öffentlich-rechtliche Kontroll- und

Sanktionsmechanismen etablierte. Diese Entwicklung setzte sich im Allgemeinen Deutschen Handelsgesetzbuch von 1869 und in der Gewerbeordnung für den Norddeutschen Bund von 1869 fort. Auch diese Gesetze enthielten Arbeitnehmerschutzvorschriften wie beispielsweise ein Verbot der Sonn- und Feiertagsarbeit und das Gebot, das Arbeitsentgelt in Geld auszuzahlen (sog. Truckverbot). Dennoch beschränkte sich die Reaktion des Gesetzgebers auf die als „soziale Frage" bezeichnete Massenarmut zunächst auf punktuelle Verbesserungen der Arbeitsbedingungen. Unverändert blieb das liberale Grundverständnis des Arbeitsvertrags. Trotz der offensichtlichen wirtschaftlichen Unterlegenheit des Arbeitnehmers gegenüber dem Arbeitgeber blieb es bei der Vertragsfreiheit als Grundprinzip des Arbeitsverhältnisses.

Parallel zu den Anfängen der Arbeitsschutzgesetzgebung entwickelten sich die ersten Gewerkschaften. Die Bildung von Arbeitnehmervereinigungen wurde möglich, nachdem zunächst die korporativen Zwangsrechte, insbesondere der Zunftzwang, abgeschafft worden waren und schließlich im Jahre 1869 durch die Gewerbeordnung des Norddeutschen Bundes das Koalitionsverbot aufgehoben wurde. Durch die Gründung von Gewerkschaften versuchten die Arbeitnehmer, sich gemeinsam gegen das Übergewicht der Arbeitgeber zur Wehr zu setzen. Nach dem Vorbild der „Trade Unions", die in England bereits seit 1824 zugelassen waren, strebten die Gewerkschaften den Abschluss kollektiver Verträge mit dem Arbeitgeber an, die an die Stelle der bisher üblichen einzelvertraglichen Vereinbarungen treten sollten. Hiermit sollte bei der Vereinbarung der Arbeitsbedingungen erstmals ein Machtgleichgewicht hergestellt werden, das es den Arbeitnehmern ermöglichte, die bisher für sie nur theoretisch bestehende Vertragsfreiheit zu nutzen. Erstmals gelang dies durch den Abschluss eines Tarifvertrags für das Buchdruckergewerbe im Jahre 1873. 73

Im Gegensatz zu den heute in Deutschland bestehenden Gewerkschaften handelte es sich bei den damaligen Zusammenschlüssen jedoch zunächst um Richtungsgewerkschaften. Daher waren sie den für politische Vereinigungen geltenden staatlichen Restriktionen ausgesetzt. Zu verweisen ist in diesem Zusammenhang etwa auf das Sozialistengesetz von 1878. In den neunziger Jahren des 19. Jahrhunderts emanzipierten sich die Gewerkschaften jedoch von der politischen Arbeiterbewegung, welche auf der Grundlage der Ideen von *Karl Marx* eine Änderung des bestehenden Wirtschafts- und Gesellschaftssystems anstrebte. Die Gewerkschaften konzentrierten sich sodann auf die Verbesserung der Situation der Arbeitnehmer innerhalb des bestehenden Systems. So trat insbesondere der Abschluss von Tarifverträgen von nun an in den Vordergrund. 74

Neben die gesetzliche Verbesserung einzelner materieller Arbeitsbedingungen trat in den achtziger Jahren des 19. Jahrhunderts der Aufbau einer gesetzlichen Sozialversicherung, welche maßgeblich von *Bismarck* gestaltet wurde. Die Familie und die persönliche Bindung an den Arbeitgeber, die bisher eine gewisse soziale Sicherheit gewährleistet hatten, konnten diese Aufgabe unter den neuen gesellschaftlichen Voraussetzungen nicht mehr erfüllen. Daher wurde es zur Aufgabe des Staates, für Schutz bei Krankheit, Alter und Invalidität zu sorgen. Nach der kaiserlichen Botschaft von 1881 wurden nacheinander das Gesetz über die Krankenversicherung der Arbeiter (1883), über die gesetzliche Unfallversicherung (1884) und über die Alters- und Invaliditätssicherung (1889) verabschiedet, welche später in der Reichsversicherungsordnung (RVO) zusammengefasst wurden. Eine gesetzliche Absicherung gegen das Risiko der Arbeitslosigkeit erfolgte erst während der Weimarer Republik im Jahre 1918. 75

Erhebliche Fortschritte in der arbeitsrechtlichen Gesetzgebung brachte im Jahre 1891 eine umfangreiche Novelle zur Reichsgewerbeordnung. Diese erfolgte auf Anordnung Kaiser *Wilhelm II.* und stand unter der Federführung des preußischen Handelsministers *Berlepsch*. Die Novelle beinhaltete zum einen weitgehende öffentlich-rechtliche und zivilrechtliche Arbeitsschutzbestimmungen und setzte insoweit der Vertragsfreiheit Grenzen. Zum anderen erstreckte sie die Geltung arbeitsrechtlicher Bestimmungen erstmals über den Kreis der Arbeiter hinaus auf Angestellte. Hierin liegt der Grundstein für die Entwicklung des heutigen berufsgruppenübergreifenden Arbeitsrechts. Nicht zuletzt beinhaltete die Novelle erste Ansätze für eine betriebliche Mitbestimmung, indem sie den Arbeitnehmern Anhörungsrechte einräumte. Zudem wurde während der Amtszeit *Berlepschs* das Gewerbegerichtsgesetz 76 vom 29.7.1890 verabschiedet, das die Grundlagen für die Entwicklung einer einheitlichen Arbeitsgerichtsbarkeit legte.

77 Das Bürgerliche Gesetzbuch, das am 1.1.1900 in Kraft trat, beinhaltet zwar weitere, auch für das Arbeitsverhältnis geltende Vorschriften. So regelt es die Lohnzahlung bei Annahmeverzug des Arbeitgebers, bei Betriebsrisiko und bei unverschuldeter Arbeitsversäumnis (§§ 615 und 616 BGB) und trifft darüber hinaus Bestimmungen über die Fürsorgepflicht des Dienstberechtigten (§ 618 BGB). Als eigenständiger Vertragstyp wurde der Arbeitsvertrag hingegen nicht kodifiziert; dies erfolgte erst zum 1.4.2017, 117 Jahre nach Inkrafttreten des BGB. Daher wurde schon bald nach Inkrafttreten des BGB beklagt, dass es sich in sozialer Hinsicht stark zurückhalte und nur wenige „Tropfen sozialen Öls" (Otto v. Gierke) enthalte.

78 Erst nach dem Ersten Weltkrieg entwickelte sich das Arbeitsrecht als eigenständige Rechtsdisziplin. So gewährleistete die Weimarer Reichsverfassung sowohl die Freiheit des Gewerbes und des Handels als auch die Vertragsfreiheit. Zudem ist die Weimarer Zeit durch den Ausbau der arbeits- und sozialrechtlichen Gesetzgebung geprägt. In diesem Zeitraum wurde ein Arbeitszeitgesetz erlassen, das für Arbeiter den Achtstundentag einführte. Erstmals wurde den Arbeitnehmern zudem ein gesetzlicher Kündigungsschutz gewährt: So wurde ein allgemeiner, kollektivrechtlich ausgestalteter Kündigungsschutz eingeführt, das Gesetz über die Kündigungsfristen der Angestellten wurde verabschiedet und es ergingen Verordnungen zum Schutz vor Massenentlassungen. Außerdem wurde ein gesetzlicher Schutz für besondere Personengruppen etabliert, so beispielsweise für werdende Mütter, für Heimarbeiter und für Schwerbeschädigte. Diese Schutzgesetze ermöglichten es den Arbeitnehmern in weit höherem Maße als vor dem Ersten Weltkrieg, die verfassungsrechtliche Vertragsfreiheit in ihrem Interesse zu nutzen. War das Arbeitsverhältnis bislang durch eine weitestgehende Abhängigkeit des Arbeitnehmers von seinem Arbeitgeber gekennzeichnet, wurden ihm nun zunehmend Rechtspositionen garantiert. Die gerichtliche Durchsetzung der Rechte der Vertragsparteien wurde zudem durch das Arbeitsgerichtsgesetz verbessert, das den Arbeitsgerichten die Zuständigkeit für alle mit dem Arbeitsverhältnis zusammenhängenden Streitigkeiten zuwies und den dreigliedrigen Instanzenzug einführte.

79 Ebenso wie im Bereich des Individualarbeitsrechts wurden auch auf dem Gebiet des kollektiven Arbeitsrechts während der Weimarer Republik erhebliche Fortschritte erzielt. Nach dem Sturz der Monarchie, als noch Unklarheit über die zukünftige Staatsform bestand, wurde zwischen Vertretern der Arbeitnehmer und der Arbeitgeber am 18.11.1918 das sog. Stinnes-Legien-Abkommen geschlossen. Dieses Abkommen beinhaltete die Anerkennung der Gewerkschaften durch die Arbeitgeber, ein Verbot der Benachteiligung gewerkschaftsangehöriger Arbeitnehmer sowie die Vereinbarung, in Zukunft die Arbeitsbedingungen durch Tarifverträge zwischen Gewerkschaften und Arbeitgebern zu regeln. Damit wurden die für das heutige Koalitions- und Tarifrecht maßgeblichen Grundpositionen festgelegt. Das Stinnes-Legien-Abkommen war auch Grundlage der am 23.12.1919 erlassenen Tarifvertragsordnung, dem Vorläufer des heutigen Tarifvertragsgesetzes. Die Koalitionsfreiheit wurde zudem in Art. 159 der Weimarer Reichsverfassung garantiert.

80 In die Zeit der Weimarer Republik fällt auch die Schaffung eines Betriebsrätegesetzes, des Vorläufers unseres heutigen Betriebsverfassungsgesetzes. Aufbauend auf dem sog. Räteartikel der Weimarer Reichsverfassung sah das Betriebsrätegesetz die Schaffung von wirtschaftlichen Interessenvertretungen für die Arbeitnehmer des jeweiligen Betriebs vor. Neben das Tarifvertragssystem trat damit die institutionelle Mitbestimmung der Betriebsräte. Diese Zweigleisigkeit des kollektiven Arbeitsrechts ist bis heute charakteristisch für die deutsche Arbeitsverfassung.

81 Die Jahre des Nationalsozialismus' sind gekennzeichnet durch eine Beseitigung des bis dahin geschaffenen kollektiven Arbeitsrechts. So wurden die freien Gewerkschaften und Arbeitgeberverbände aufgelöst und sowohl die Tarifvertragsordnung als auch das Betriebsrätegesetz außer Kraft gesetzt. Die bisher von den Gewerkschaften wahrgenommene Aufgabe, bei der Festsetzung der Löhne und Arbeitsbedingungen mitzuwirken, wurde zwischen den Arbeitgebern und staatlichen Behörden, den sog. Treuhändern der Arbeit, aufgeteilt. So war der Arbeitgeber zum einseitigen Erlass einer Betriebsord-

nung befugt. Dieser vorrangig war jedoch die von dem zuständigen Treuhänder erlassene Rechtsverordnung, die Löhne und wesentliche Arbeitsbedingungen vorschrieb. An die Stelle der Betriebsräte trat ein Vertrauensrat, der jedoch keine Interessenvertretung der Belegschaft darstellte, sondern vom Arbeitgeber im Einvernehmen mit Parteiorganen bestellt wurde und lediglich beratende Funktion hatte.

Grundlage dieser Arbeitsverfassung war das Gesetz zur Ordnung der nationalen Arbeit vom 20.1.1934, durch welches das Arbeitsrecht in Einklang mit den nationalsozialistischen Prinzipien neu gestaltet werden sollte. Insbesondere wurde das Führerprinzip auf den Betrieb übertragen. So wurden auf betrieblicher Ebene der Arbeitgeber als Führer und die Arbeitnehmer als seine Gefolgschaft betrachtet. Auf überbetrieblicher Ebene waren Arbeitgeber und Arbeitnehmer in der nationalen Arbeitsfront zusammengefasst. Diese ideologische Grundlage rechtfertigte die Abschaffung der Selbstorganisation und Mitbestimmung der Arbeitnehmer. 82

Die nationalsozialistische Arbeitsgesetzgebung auf dem Gebiet des Kollektivarbeitsrechts führte zu einschneidenden Auswirkungen auf das Individualarbeitsrecht. So schränkte die einseitige Festlegung der Löhne und Arbeitsbedingungen durch Treuhänder und Arbeitgeber den Spielraum, innerhalb dessen Vertragsfreiheit bestand, entscheidend ein. Nach Kriegsbeginn wurde durch Dienstverpflichtung und Zwangsarbeit die freie Wahl des Arbeitsplatzes ausgeschlossen. Durch die Lohnstopverordnung vom 12.10.1939 wurden zudem die Löhne auf dem aktuellen Stand eingefroren. Damit fanden im Hinblick auf Arbeitsverträge sowohl die Abschlussfreiheit als auch die inhaltliche Gestaltungsfreiheit ein vorläufiges Ende. 83

Das Arbeitsschutzrecht hingegen wurde durch den nationalsozialistischen Gesetzgeber weiter ausgebaut. So stammt beispielsweise die Arbeitszeitordnung, die bis 1994 in Kraft war, aus dem Jahre 1938. Zudem wurde der Schutz für werdende Mütter, Jugendliche und Heimarbeiter verstärkt. 84

Basierend auf der nationalsozialistischen Ideologie veränderte sich die Sichtweise hinsichtlich des Arbeitsverhältnisses und seiner Rechtsnatur. Während das Arbeitsverhältnis im ausgehenden 19. Jahrhundert und in der Weimarer Zeit als schuldrechtliches Austauschverhältnis betrachtet wurde, wurde nun in unterschiedlichen Ausprägungen der gemeinschafts- oder personenrechtliche Charakter des Arbeitsverhältnisses in den Vordergrund gestellt. Dies hatte zur Folge, dass die Regelungen des allgemeinen Teils des BGB und des allgemeinen Schuldrechts auf das Arbeitsverhältnis keine Anwendung finden sollten. Gleichzeitig wurden den Vertragsparteien umfangreiche Treue- und Fürsorgepflichten auferlegt. 85

Nach dem Ende des Zweiten Weltkriegs wurden bereits unter der Herrschaft der alliierten Militärregierung viele Restriktionen rückgängig gemacht, die während des Nationalsozialismus eingeführt worden waren. So wurde die Arbeit der Treuhänder untersagt, Gewerkschaften wieder zugelassen, und durch das Kontrollratsgesetz Nr. 22 den Ländern die Befugnis verliehen, eigene Betriebsrätegesetze zu erlassen. In weiten Bereichen ging jedoch die Entwicklung des Arbeitsrechts in den Westzonen und der Ostzone, ebenso wie die übrigen politischen Rahmenbedingungen, bald unterschiedliche Wege. 86

Nach Gründung der Bundesrepublik Deutschland entwickelte sich unter Anlehnung an die Rechtslage in der Weimarer Republik das in weiten Bereichen heute noch geltende Arbeitsrecht. Es ist gekennzeichnet durch die verfassungsrechtlichen Garantien der Koalitionsfreiheit, der Berufsfreiheit, der Vertragsfreiheit und des Eigentums. Das kollektive Arbeitsrecht ist nicht zuletzt durch die Erfahrungen des Wiederaufbaus geprägt, welcher nur durch die gemeinschaftliche Leistung aller am Arbeitsleben Beteiligten möglich war. Daraus entwickelte sich eine Arbeitsverfassung, die sich durch eine stärkere Abwendung von der Konfrontation zwischen Arbeitgeberseite und Arbeitnehmerseite auszeichnete, als dies etwa in anderen Ländern der Fall ist. Das Wort von der Sozialpartnerschaft ist nicht nur eine Phrase. Kennzeichen dieser Grundhaltung ist auch die Ausgestaltung der Betriebsverfassung und der Unternehmensmitbestimmung. Im Bereich des Individualarbeitsrechts wurde vor dem Hin- 87 tergrund der verfassungsrechtlichen Rahmenbedingungen und der sozialen Marktwirtschaft versucht, die schutzwürdigen Positionen von Arbeitgeber und Arbeitnehmer durch entsprechende Einzelgesetze zu einem angemessenen Ausgleich zu bringen. Damit ging eine Intensivierung des Arbeitsschutzrechts und der sozialrechtlichen Absicherung der Arbeitnehmer einher.

88 In der Deutschen Demokratischen Republik (DDR) entwickelte sich ein von der sozialistischen Gesellschaftsordnung geprägtes Arbeitsrecht. Angesichts des staatlichen Eigentums an den Produktionsmitteln wurde der Interessenkonflikt zwischen Arbeitgebern und Arbeitnehmern als überwunden betrachtet. Anders als das Arbeitsrecht der Bundesrepublik war das Arbeitsrecht daher nicht auf den Ausgleich einander widersprechender Interessen, sondern auf eine Fortentwicklung der sozialistischen Gesellschaft gerichtet. Diese Grundausrichtung prägte sowohl die Ausgestaltung des Individualarbeitsrechts als auch die des kollektiven Arbeitsrechts. So gewährte die Verfassung der DDR ein Recht auf Arbeit, und die arbeitsrechtlichen Gesetze sicherten ein hohes arbeits- und sozialrechtliches Schutzniveau. Gleichzeitig war die Vertragsfreiheit sowohl hinsichtlich des Abschlusses als auch hinsichtlich der inhaltlichen Gestaltung der Arbeitsverträge stark eingeschränkt. Die gesetzliche Garantie der Koalitionsfreiheit beschränkte sich auf die im Freien Deutschen Gewerkschaftsbund zusammengeschlossenen Gewerkschaften (FDGB). Der FDGB wiederum kooperierte eng mit staatlichen Organen, die gleichzeitig die Funktion des Arbeitgebers in den staatlichen Betrieben wahrnahmen. Anders als in der Bundesrepublik war das kollektive Arbeitsrecht nicht zweigleisig ausgestaltet. Die betriebliche Interessenvertretung, die verfassungsmäßig garantiert war, oblag vielmehr ebenfalls den Gewerkschaften.

89 Infolge des Beitritts der DDR zur Bundesrepublik gilt das westdeutsche Arbeitsrecht seit dem 3.10.1990 im gesamten heutigen Bundesgebiet. Lediglich in einigen Bereichen galten bzw. gelten noch Übergangsvorschriften. Für die weitere Entwicklung des Arbeitsrechts im vereinten Deutschland ist von Bedeutung, dass der Gesetzgeber durch Art. 30 Abs. 1 Nr. 1 des Einigungsvertrags aufgefordert ist, ein einheitliches Arbeitsvertragsgesetz zu schaffen. Trotz diverser Entwürfe (Rz. 377) ist der Gesetzgeber dieser Aufforderung jedoch bisher nicht nachgekommen.

90 Immer mehr ist die aktuelle Diskussion durch die Auswirkungen der europäischen Einheit auf das deutsche Arbeitsrecht bestimmt. Das europäische Arbeitsrecht, niedergelegt in Verordnungen und Richtlinien sowie hergeleitet aus Grundrechten und Grundfreiheiten des EU-Rechts, gewinnt immer größere Bedeutung (Rz. 382).

§ 5
Methodische Grundfragen des Arbeitsrechts

Literatur: *Dieterich*, Zur Pflicht der Gerichte, das Recht fortzubilden, RdA 1993, 67; *Höpfner*, Gesetzesbindung und verfassungskonforme Auslegung im Arbeits- und Verfassungsrecht, RdA 2018, 321; *Höpfner/Temming* (Hrsg.) Arbeitsrecht und Methode, NZA Beilage 2011, 93 (mit Beiträgen von *Rüthers, Franzen, Greiner, Barnard, Wank, Düwell* und *Bieder*); *v. Hoyningen-Huene*, Rechtsfortbildung im Arbeitsrecht als Vorreiter und Vorbild?, FS Juristische Fakultät zur 600-Jahr-Feier der Universität Heidelberg (1986), 353; *Mayer-Maly*, Das Verhältnis der richterlichen Rechtsfortbildung zur arbeitsrechtlichen Gesetzgebung, RdA 1970, 289; *Meys*, Rechtsfortbildung extra legem im Arbeitsrecht, 2009; *Preis*, Rechtsfortbildung im Individualarbeitsrecht, RdA 1989, 327; *Preis*, Perspektiven der Arbeitsrechtswissenschaft, RdA 1995, 333; *Preis*, Unvollkommenes Gesetz und methodengerechte Rechtsfindung im Arbeitsrecht, FS Wank (2014), 413, *Reuter*, Gibt es eine arbeitsrechtliche Methode?, FS Hilger und Stumpf (1983), 573; *Reuter*, Rechtsfortbildung im Arbeitsrecht, RdA 1985, 321; *Schlachter*, Methoden der Rechtsgewinnung zwischen EuGH und Arbeitsgerichtsbarkeit, ZfA 2007, 249; *Schlachter*, Auslegungsmethoden im Arbeitsrecht, 1987; *Vogel/Pötters/Christensen*, Richterrecht der Arbeit – empirisch untersucht, 2015; *Wank*, Arbeitsrecht und Methode, RdA 1999, 130; *Wank*, Auslegung und Rechtsfortbildung im Arbeitsrecht, 2013; *Wank*, Methodische Bemerkungen zu einigen neueren EuGH-Urteilen zum Arbeitsrecht, FS Birk (2008), 929; *Wank*, Rechtsfortbildung im Kündigungsschutzrecht, RdA 1987, 129.

I. Einführung

1. Methodische Grundfragen

Alle Studierenden sollten sich – spätestens wenn sie sich mit dem Arbeitsrecht befassen – Gewissheit über die grundlegenden Fragen der Rechtstheorie und der juristischen Methodenlehre verschaffen. Die dort gestellten Fragen geben Aufschluss über die Funktionsmechanismen der Rechtsfindung in Rechtswissenschaft und Rechtsprechung. Das Arbeitsrecht bietet Anschauungsmaterial für viele rechtstheoretische und methodische Fragen. 91

Es gibt keine spezifische arbeitsrechtliche Methode. Im Arbeitsrecht wird das allgemeine methodische Instrumentarium der Rechtswissenschaft angewandt, wie es in allen rechtswissenschaftlichen Teildisziplinen mehr oder minder konsistent geschieht. Freilich gibt es einige Besonderheiten, die das Arbeitsrecht zu einer der methodisch schwierigsten Rechtsdisziplinen macht: 92

– Das Arbeitsrecht ist im Ausgangspunkt Privatrecht, es wird jedoch auch durch zahlreiche Rechtsnormen und Grundprinzipien des Europarechts, des Verfassungsrechts und öffentlich-rechtliche Schutznormen geprägt. Einschlägig ist hier neben dem öffentlich-rechtlichen Arbeitsschutz insbesondere der öffentlich-rechtlich konzipierte Kündigungsschutz für besonders schutzwürdige Arbeitnehmergruppen. 93

– Das Arbeitsrecht hat von allen Rechtsgebieten des deutschen Rechts die schwierigste Normenstruktur. Hauptgrund ist, dass das Arbeitsrecht durch zwei Typen normativ wirkender Kollektivverträge geprägt wird (Betriebsvereinbarungen und Tarifverträge), die hohe praktische Bedeutung haben und zu komplexen Konkurrenzverhältnissen führen. 94

– Das Arbeitsrecht ist seit jeher die Disziplin des Privatrechts, die den deutlichsten Grundrechtsbezug aufweist, weil Freiheit und Gleichheit im Arbeitsverhältnis eine besondere Bedeutung haben. 95

– Das Arbeitsrecht ist zunehmend durch das Europäische Recht beeinflusst. Wesentliche Rechtsentwicklungen sind durch Rechtsfortbildungen des EuGH an arbeitsrechtlichen Sachverhalten angestoßen worden. Gutes Beispiel dafür ist die Entwicklung des Antidiskriminierungsrechts, insbesondere des Rechts der Altersdiskriminierung. 96

– Das Arbeitsrecht gehört zu den Rechtsgebieten, die in dieser Breite wie kaum eine andere Rechtsmaterie politisch umstritten sind. Mit den Problemen des Arbeitsrechts (Kündigungsschutz, Leiharbeit) ebenso wie denen des Steuer- und Sozialrechts werden Wahlkämpfe entschieden. Mächtige Arbeitgeberverbände und Gewerkschaften dominieren und hindern die Arbeitsrechtsentwicklung zugleich. 97

Fazit: Ohne Vergewisserung über die politischen Hintergründe, ohne solide zivilrechtliche, öffentlich-rechtliche, verfassungs- und europarechtliche Grundlagen und ohne methodisches Rüstzeug kann Arbeitsrecht heute nicht mehr betrieben werden. 98

2. Vorverständnis, Methodenwahl und die „Lagertheorie im Arbeitsrecht"

In seiner berühmten Schrift „Vorverständnis und Methodenwahl in der Rechtsfindung" (2. Aufl. 1972) hat *Josef Esser* die Ansicht vertreten, dass die Wahl der juristischen Methode von dem jeweiligen Vorverständnis des Rechtsauslegers abhinge. Diese These, die auf Zustimmung und heftigen Widerspruch gestoßen ist, hat auch im Arbeitsrecht Bedeutung. Denn fast jedes juristische Resultat lässt sich methodisch auf die eine oder andere Weise begründen. Hinter dem Arbeitsrecht stehen gegensätzliche rechts- und sozialpolitische Philosophien und harte Interessengegensätze, die auch im Arbeitsrecht 99 aufeinanderprallen. Auch die Arbeitsrechtswissenschaft ist vielfach in „Lager" eingeteilt worden, wird doch von vielen interessierten Kreisen permanent versucht, jede wissenschaftliche Äußerung dem Arbeitgeber- oder Arbeitnehmerlager zuzuordnen (hierzu: *Preis* RdA 1995, 333, 334 ff.).

100 Man kann heute feststellen, dass die Rechtsfindung im Arbeitsrecht sich durchweg nicht von der Rechtsfindung in anderen Rechtsgebieten und Rechtszweigen unterscheidet. Methodisch angreifbare Urteile gibt es überall. Rechtsfindung im Arbeitsrecht findet heute überwiegend in den Bahnen der anerkannten juristischen Methodik statt. Die Gesetzesanwendung folgt der Auslegung von Rechtsnormen nach Wortlaut, Historie, Systematik sowie Sinn und Zweck. Doch ist damit die Problematik nicht erledigt, weil diese Kriterien hinreichend Spielraum für divergierende Rechtsansichten lassen. Es gibt kaum eine relevante Rechtsfrage im Arbeitsrecht, über die nicht auch auf der Basis des allgemeinen methodischen Konsenses gestritten werden kann. Es ist das tägliche Brot des Arbeitsrechtlers, sich mit Äußerungen aus dem rechtswissenschaftlichen Schrifttum konfrontiert zu sehen, die aus bestimmten Interessenrichtungen oder ideologischen Überzeugungen heraus geschrieben sind. In einem demokratischen Rechtssystem, das dem Diskurs und dem Kampf um das richtige Recht verpflichtet ist, ist diese Erscheinung kein wirkliches Problem. Von großer Bedeutung ist dann allerdings, die Unabhängigkeit der Justiz zu gewährleisten. Sie hat die Aufgabe, die gegensätzlichen Rechtsmeinungen zu werten und zu gewichten.

101 Noch so methodengerechte Auslegung gewährleistet noch nicht ein im Sinne der Rechtsidee richtiges und gerechtes Ergebnis. Rechtsmethodik macht jedoch Rechtsfindung transparent und überprüfbar, kanalisiert Vorverständnisse, verhindert Kadijustiz, trägt zur Rechtssicherheit bei und führt die Rechtsfindung aus der Herrschaft bloßer Billigkeitsjudikatur heraus. Zumeist kann mit Hilfe juristischer Methoden klar geschieden werden, was noch Rechtsanwendung ist, wo die Rechtspolitik und insbesondere die legitimationsbedürftige Rechtsfortbildung extra legem beginnt.

3. Gerechtigkeit und Gesetzesbindung

102 Es ist das hehre Ziel jedes Juristen, der Gerechtigkeit zu dienen. Freilich darf das Streben nach Gerechtigkeit nicht dazu führen, die Gesetzesbindung zu vernachlässigen. Denn das positive Recht ist die situationsbedingte Konkretisierung der Gerechtigkeitsidee. Mit anderen Worten: Bis auf Extremfälle gilt für den gesetzesunterworfenen Richter als Maßstab das durch den demokratischen Gesetzgeber verabschiedete Gesetz. Was Recht und gerecht ist, ist nicht zeitlos fixiert, sondern wird von den gesellschaftlichen Rahmenbedingungen ebenso geprägt wie von dem jeweiligen politischen System. Das zeigt sich im Arbeitsrecht ganz deutlich. Jede Legislaturperiode bringt neue Konkretisierungen der Gerechtigkeit durch zahllose Gesetzesänderungen im Arbeits-, Sozial- und Steuerrecht. Unabhängige, aber Gesetz und Recht unterworfene Richter müssen diese anwenden, mögen die Rechtsänderungen auch noch so unverständlich sein.

Beispiel: Im Jahre 1996 änderte die CDU/CSU/FDP-geführte Bundesregierung die Vorschrift zur Sozialauswahl (§ 1 Abs. 3 KSchG), um mehr Rechtssicherheit durch eine Begrenzung der Auswahlkriterien auf die Kriterien Betriebszugehörigkeit, Lebensalter und Unterhaltspflichten herzustellen. Im Jahre 1998 machte die von SPD/Die Grünen geführte Bundesregierung diese Änderung erst rückgängig, bevor sie 2004 wieder die Fassung des Jahres 1996 (ergänzt um das Merkmal der Schwerbehinderung) einführte.

II. Rechtsquellenvielfalt

103 Eine besondere Herausforderung stellt die Rechtsquellenvielfalt im Arbeitsrecht dar (zur Normenhierarchie Rz. 729 ff.). Das Arbeitsrecht kennt nicht nur besonders viele Rechtsquellen, sondern darüber hinausgehend wirken die einzelnen Rechtsquellen wie etwa das Europarecht (Rz. 381) und das Verfassungsrecht (Rz. 527) besonders intensiv auf arbeitsrechtliche Entscheidungen ein. Große Teile des gesetzlichen Arbeitsrechts sind zwingende Gesetzesnormen. Dort, wo der Freiraum dispositiven Rechts

besteht, hat die Inhaltskontrolle vorformulierter Vertragsbedingungen (§§ 305 ff. BGB) ihrerseits eine große Bedeutung als zwingendes Korrektiv.

Maßgebend geprägt wird das gesamte Arbeitsrecht durch kollektivrechtliche Normenverträge, die in dieser Form in anderen Rechtsgebieten nicht anzutreffen sind. Für die beiderseits Tarifgebundenen gelten Tarifverträge unmittelbar und zwingend (§ 4 Abs. 1 TVG). Im Betrieb gelten Betriebsvereinbarungen nach § 77 Abs. 4 S. 1 BetrVG unmittelbar und zwingend. Beide Kollektivregelungen ergänzen sich und konkurrieren miteinander. Aus diesem Grunde bedarf es nicht immer einfach zu handhabender Abgrenzungsregeln (insbesondere § 77 Abs. 3 BetrVG). Innerhalb des Tarifvertragsrechts stellen sich komplizierte Fragen der Tarifkonkurrenz und Tarifpluralität (siehe im Band „Kollektivarbeitsrecht" unter Rz. 806 ff.), da vielfach mehrere Tarifverträge für ein Arbeitsverhältnis Geltung beanspruchen. 104

Daneben hat das Richterrecht im Bereich offen gebliebener Gesetzgebung als eigenständige Rechtsquelle eine nicht unerhebliche Bedeutung. Das Gewohnheitsrecht hat im Arbeitsrecht hingegen keine Bedeutung, da fast jede Fragestellung „gewohnheitsrechtlich umstritten" ist und sich damit keine dauerhafte tatsächliche Übung in der Rechtsgemeinschaft bildet. Selbst die sogenannte „betriebliche Übung" ist in ihren Grundannahmen niemals streitfrei gewesen (zuletzt *Preis/Genenger* JbArbR 47 (2010), 93 ff. und *Wank* NZA Beilage 3/2011, 126 ff.). Aus diesem Grunde werden zu ihrer Legitimation verschiedene Theorien bemüht (Vertrags- und/oder Vertrauenstheorie; Rz. 680). 105

III. Auslegung partikularer und widersprüchlicher Gesetze

Das kodifizierte Arbeitsrecht weist einerseits große Lücken auf, wie insbesondere die fehlende Kodifikation des Arbeitsvertragsrechts und des Arbeitskampfrechts zeigt. Andererseits ist das normierte Arbeitsrecht von unverständlichen Überregulierungen geprägt. 106

Beispiel Teilzeitansprüche: Die Teilzeitarbeit ist seit vielen Jahren „en vogue", will der Gesetzgeber doch die Vereinbarkeit von Beruf und Familie fördern. Statt das Ganze in *einer* verständlichen Norm zu kodifizieren, hat der Gesetzgeber in den §§ 8, 9 und 9a TzBfG drei allgemeine Normen geschaffen, die Unterschiede, Mehrregulierungen und Auslassungen zu der – familienpolitisch besonders wichtigen – Regelung des § 15 Abs. 7 BEEG zur Teilzeitarbeit während der Elternzeit enthalten. In § 3 Abs. 1 und 4 PflegeZG wird ein Anspruch auf Teilzeitarbeit für den Fall einer häuslichen Pflege eines nahen Angehörigen nur unzureichend geregelt. Wiederholt wird der systematische Grundfehler in § 2 FPfZG. § 164 Abs. 5 SGB IX enthält wiederum einen eingeschränkten und mit § 8 TzBfG nicht abgestimmten Anspruch auf Teilzeitarbeit für Schwerbehinderte.

Rechtswissenschaft und Rechtsprechung werden mit derart unausgegorenen und widersprüchlichen Regelungen konfrontiert. Dort versucht man, dieser widersprüchlichen Rechtsetzung einen Sinn zu verleihen. Diskutiert werden Fragen der Angleichung der Voraussetzungen durch wechselseitige Analogien, um angeblich planwidrige Regelungslücken zu schließen. Diese partikularen und widersprüchlichen Gesetze jedenfalls führen zu größerer Richtermacht.

IV. Generalklauseln und unbestimmte Rechtsbegriffe

Die Komplexität der Lebenszusammenhänge und der Interessenkonflikte lässt den Gesetzgeber in Generalklauseln flüchten. Das BVerfG erklärt angesichts der Komplexität der zu regelnden Sachverhalte diese Rechtsetzung weitgehend für zulässig. 107

„Das rechtsstaatliche Gebot hinreichender Bestimmtheit der Gesetze zwingt den Gesetzgeber nicht, Gesetzestatbestände stets mit genau erfassbaren Maßstäben zu umschreiben. Der Gesetzgeber ist aber gehalten, seine Regelungen so bestimmt zu fassen, wie dies nach der Eigenart der zu ordnenden Lebenssachverhalte und mit Rücksicht auf den Normzweck möglich ist" (BVerfG v. 26.9.1978 – 1 BvR 525/77, NJW 1978, 2446, 2447). Bei der Frage, welche Bestimmtheitsanforderungen im Einzelnen er- 108 füllt sein müssen, ist auch die Intensität der Einwirkungen auf die von der Regelung Betroffenen zu berücksichtigen (BVerfG v. 8.8.1978 – 2 BvL 8/77, NJW 1979, 359). „Die Rechtsunterworfenen müssen in zumutbarer Weise feststellen können, ob die tatsächlichen Voraussetzungen für die in der Rechtsnorm ausgesprochene Rechtsfolge vorliegen" (BVerfG v. 24.11.1981 – 2 BvL 4/80, NJW 1982, 1275).

109 Diese Generalklauseln sind Bereiche offen gelassener Gesetzgebung, die der Richter füllen muss. Auch dadurch steigt die Richtermacht an. Mit Hilfe der Rechtswissenschaft wird versucht, Generalklauseln und unbestimmte Rechtsbegriffe nach Sinn und Zweck der jeweiligen Norm zu konkretisieren.

Beispiele: Die wichtigsten Generalklauseln des deutschen Arbeits- und Zivilrechts sind § 626 BGB (außerordentliche Kündigung aus wichtigem Grund) und § 307 Abs. 1 S. 1 BGB, der aus einer Rechtsprechung zu § 242 BGB hervorgegangen ist (Verbot der gegen Treu und Glauben verstoßenden, unangemessenen Benachteiligung des Vertragspartners in AGB). Die wichtigste Norm mit unbestimmten Rechtsbegriffen ist § 1 KSchG. Zu diesen Normen existieren große Kommentare und Handbücher, aus denen das Arbeitsrecht in seiner ganzen Vielgestaltigkeit der Lebenssachverhalte spricht.

Die Begriffe „unbestimmter Rechtsbegriff" und „Generalklausel" sind ihrerseits fließend. Es geht dabei um die Kennzeichnung des Grades der Unbestimmtheit einer Norm. Ein unbestimmter Rechtsbegriff kann so vage sein, dass der Unterschied zur Generalklausel verwischt. Der unbestimmte Rechtsbegriff sollte aber noch von einem Begriffskern gekennzeichnet sein sowie einem weiteren, durch teleologische Auslegung zu ermittelnden Bedeutungsspielraum. Bei einer Generalklausel fehlt allerdings von vornherein ein Begriffskern. Zweifellos ist der Rechtsanwender bei der Generalklausel „freier" in der Rechtsfindung; je mehr der Rechtsanwender dem Gesetz entnehmen kann, umso gebundener ist er in der Rechtsfindung.

110 In der Praxis des Arbeitsrechts finden wir eine Fülle unbestimmter Rechtsnormen und Generalklauseln. Es wird daraus erkennbar, in welchem Maße kontradiktorische Interessen durch die Richter ausgeglichen werden müssen.

Beispiele wichtiger unbestimmter Rechtsnormen:
- Nach § 106 S. 1 GewO steht das Weisungsrecht des Arbeitgebers unter dem Vorbehalt des „billigen Ermessens".
- Die Rechtfertigung einer unterschiedlichen Behandlung wegen beruflicher Anforderungen wird nach § 8 AGG unter eine strenge Verhältnismäßigkeitsprüfung gestellt („wesentliche und entscheidende berufliche Anforderungen, sofern der Zweck rechtmäßig und die Anforderung angemessen ist").
- Die Möglichkeit zur Ungleichbehandlung Teilzeitbeschäftigter und befristet beschäftigter Arbeitnehmer wird nach § 4 TzBfG an das Erfordernis eines „sachlichen Grundes" gebunden.
- Der Arbeitgeber muss dem Wunsch auf Verringerung der Arbeitszeit des Arbeitnehmers nach § 8 Abs. 4 S. 1 TzBfG entsprechen, „soweit betriebliche Gründe nicht entgegenstehen".
- Die Befristung eines Arbeitsverhältnisses ist zulässig, wenn sie durch einen „sachlichen Grund" gerechtfertigt ist (§ 14 Abs. 1 S. 1 TzBfG).
- Der Arbeitgeber muss Wünsche bei der Festlegung des Urlaubs des Arbeitnehmers berücksichtigen, es sei denn, dass ihrer Berücksichtigung „dringende betriebliche Belange" entgegenstehen (§ 7 Abs. 1 S. 1 BUrlG).
- Die betriebsbedingte Kündigung ist bei Vorliegen „dringender betrieblicher Erfordernisse" nach § 1 Abs. 2 S. 1 KSchG gerechtfertigt.

Diese und viele weitere Beispiele zeigen, dass aus den Tatbestandsmerkmalen dieser Normen keine sichere Rechtsentscheidung möglich ist. Erst durch die Interpretation des Normzwecks und des Normenumfeldes, der Prinzipien des jeweiligen Rechtsgebietes und einer Fallgruppenbildung ist eine einigermaßen rechtssichere Rechtsanwendung möglich.

V. Rechtsfortbildung und Richterrecht

Richter müssen die ihnen vorgelegten Rechtsfälle entscheiden. Es gilt das verfassungsrechtliche Rechtsverweigerungsverbot. Gerichte können die Rechtsentscheidung nicht deshalb ablehnen, weil der Gesetzgeber nicht oder nicht zureichend die jeweilige Problemstellung geregelt hat. 111

Vielfach hinkt die Gesetzgebung den tatsächlichen und wirtschaftlichen Entwicklungen hinterher. Es entspricht zwar nicht der in einem demokratischen Rechtsstaat gebotenen Rollenverteilung, ist jedoch tägliche Praxis: Die Rechtsprechung ist vielfach vor dem Gesetzgeber mit der Lösung aktueller Probleme befasst. Sie schafft und verändert in gesetzlich nicht geregelten Fragen Richterrecht. Dieses Richterrecht ist vielfach kritisiert, doch nur in ganz seltenen Fällen durch das BVerfG beanstandet worden (bspw. BVerfG v. 25.1.2011 – 1 BvR 918/10, NJW 2011, 836 oder BVerfG v. 6.6.2018 – 1 BvL 7/14, 1 BvR 1375/14, NZA 2018, 774). 112

Richterliche Rechtsfortbildung kann dann verfassungswidrig sein, wenn sie tief in die Systematik eines Gesetzes unter Außerachtlassung der herrschenden Auslegungsmethoden oder in Grundrechte Dritter eingreift. In diesem Zusammenhang stellte sich auch die Frage nach der Verfassungsmäßigkeit der Entscheidung des BAG zur sog. „Zuvor-Beschäftigung" i.S.v. § 14 Abs. 2 S. 1 TzBfG (BAG v. 6.4.2011 – 7 AZR 716/09, NZA 2011, 905). Hier hatte das BAG den insofern eindeutigen Wortlaut der Norm dahingehend interpretiert, dass ein Verbot der sachgrundlosen Befristung nicht bei jeder auch noch so weit in der Vergangenheit liegenden Beschäftigung greife, sondern auf eine „Zuvor-Beschäftigung" innerhalb der letzten drei Jahre beschränkt sei. Die Dreijahresfrist ist dabei dem Recht der Verjährung entnommen (vgl. § 195 BGB) und wird mit den vergleichbaren Interessenlagen begründet. In beiden Fällen bestünde ein erhebliches Interesse der Parteien an Rechtsklarheit sowie ein Vertrauen darauf, nach einer bestimmten Zeit aus einem abgeschlossenen Lebenssachverhalt nicht mehr in Anspruch genommen zu werden. Insbesondere bei seit langer Zeit zurückliegenden Beschäftigungen sei für die Parteien nur schwer feststellbar, ob bereits ein Arbeitsverhältnis bestand. Eine zeitliche Begrenzung schaffe Rechtssicherheit und sei insbesondere Resultat einer verfassungsorientierten Auslegung. Bereits bevor das BVerfG darüber entschieden hat, wurde bezweifelt, ob diese Argumentation einer Überprüfung durch das BVerfG standhalten würde (insb. *Höpfner* NZA 2011, 893; *Preis*, FS Wank, 2014, S. 413, 418 ff.; s. auch LAG Baden-Württemberg v. 26.9.2013 – 6 Sa 28/13, ZIP 2013, 2481; seine Rechtsprechung verteidigend BAG v. 21.9.2011 – 7 AZR 375/10, NZA 2012, 255). Diese Einschätzung der Literatur wurde durch das BVerfG bestätigt. Mit seiner Entscheidung vom 6.6.2018 erkannte es, die ausnahmslose Beschränkung des relevanten Zeitraumes i.R.d. § 14 Abs. 2 S. 1 TzBfG auf konkret drei Jahre sei verfassungswidrig. Eine derartige Begrenzung des Anschlussverbotes auf drei Jahre stelle eine verfassungsrechtlich nicht gebotene und daher zu weitgehende Korrektur des § 14 Abs. 2 S. 1 TzBfG dar. Sie stehe dem erkennbaren Willen des Gesetzgebers entgegen, überschreite die Grenzen zulässiger Rechtsfortbildung der Gerichte und verstoße zudem gegen Art. 2 Abs. 1 i.V.m. Art. 20 Abs. 3 GG. In der Vorschrift des § 14 Abs. 2 S. 1 TzBfG komme die gesetzgeberische Wertung zum Ausdruck, wonach sachgrundlose Befristungen zwischen denselben Arbeitsvertragsparteien grundsätzlich nur bei der erstmaligen Einstellung zulässig sein sollen. Der Gesetzgeber habe sich damit zugleich gegen eine konkrete zeitliche Begrenzung des Verbots entschieden. Für unzumutbar hält das Gericht das rigorose Vorbeschäftigungsverbot allein in dem Fall, dass eine Gefahr der Kettenbefristung nicht besteht und das Verbot der sachgrundlosen Befristung nicht erforderlich ist, um das unbefristete Arbeitsverhältnis als Regelform der Beschäftigung zu erhalten, „wenn eine Vorbeschäftigung sehr lang zurückliegt, ganz anders geartet war oder von sehr kurzer Dauer gewesen ist. So liegt es etwa bei geringfügigen Nebenbeschäftigungen während der Schul- und Studien- oder Familienzeit [...], bei Werkstudierenden und studentischen Mitarbeiterinnen und Mitarbeitern im Rahmen ihrer Berufsqualifizierung oder bei einer erzwungenen oder freiwilligen Unterbrechung der Erwerbsbiographie, die mit einer beruflichen Neuorientierung oder einer Aus- und Weiterbildung einhergeht." (BVerfG v. 6.6.2018 – 1 BvL 7/14, 1 BvR 1375/14, NZA 2018, 774; dazu auch *Bayreuther*, NZA 2018, 905; *Lakies*, ArbuR 2018, 500; ausführlich in Rz. 3289 ff.). 113

114 Richterliche Rechtsfortbildung wurde hingegen zugelassen und gewürdigt, wenn der Rechtsanwender mit veralteten Regelungssystemen oder mit gesetzgeberischem Versagen konfrontiert wurde und/oder die Rechtsfortbildung der Erweiterung des Grundrechtsschutzes diente. Trotz genereller Tendenz zur Überregulierung erweist sich der Gesetzgeber in vielen Bereichen als regelungsunfähig oder regelungsunwillig.

115 „Die Freiheit des Richters zu schöpferischer Rechtsfortbildung wächst notwendig mit dem zeitlichen Abstand zwischen dem Inkrafttreten der in Betracht kommenden gesetzlichen Vorschriften und ihrer Anwendung auf den zu entscheidenden Einzelfall durch den Richter. Das Bundesverfassungsgericht hat hierzu gerade im Hinblick auf die seit über 80 Jahren in Kraft befindliche Kodifikation des BGB ausgeführt: ‚Die Norm steht ständig im Kontext der sozialen Verhältnisse und der gesellschaftlich-politischen Anschauungen, auf die sie wirken soll; ihr Inhalt kann und muss sich unter Umständen mit ihnen wandeln. Das gilt besonders, wenn sich zwischen Entstehung und Anwendung eines Gesetzes die Lebensverhältnisse und Rechtsanschauungen so tiefgreifend geändert haben wie in diesem Jahrhundert. Einem hiernach möglichen Konflikt der Norm mit den materiellen Gerechtigkeitsvorstellungen einer gewandelten Gesellschaft kann sich der Richter nicht mit dem Hinweis auf den unverändert gebliebenen Gesetzeswortlaut entziehen; er ist zu freierer Handhabung der Gesetzesnormen gezwungen, wenn er nicht seine Aufgabe, ‚Recht' zu sprechen, verfehlen will.' (BVerfG v. 14.2.1973 – 1 BvR 112/65, [NJW 1973, 1221]). Die Rechtsfortbildung, die das Bundesarbeitsgericht mit der grundsätzlichen Anerkennung eines arbeitsvertragsrechtlichen Beschäftigungsanspruchs des Arbeitnehmers vorgenommen hat, rechtfertigt sich dadurch, dass das Dienstvertragsrecht des BGB, das einen solchen Anspruch nicht kennt, durch die spätere Rechtsentwicklung lückenhaft geworden ist und deshalb einer Ergänzung und Weiterführung bedarf." (BAG v. 27.2.1985 – GS 1/84, NZA 1985, 702)

116 Im Arbeitsvertragsrecht und Arbeitskampfrecht, in denen es dem Gesetzgeber nicht gelingt, eine Kodifikation vorzulegen, besteht weiterhin ein legitimes Bedürfnis für Rechtsfortbildung. Soweit allerdings vermehrt Spezialgesetze vorgelegt werden, ist richterrechtliche Zurückhaltung geboten. Rechtsfortbildung extra oder contra legem ist regelmäßig ausgeschlossen. Einen Sonderfall bildet die zunächst vom BGH bemühte richtlinienkonforme Rechtsfortbildung (BGH v. 26.11.2008 – VIII ZR 200/05, NJW 2009, 427), die mittlerweile auch das BAG rezipiert, um etwa den unionsrechtswidrigen Zustand urlaubsrechtlicher Normen zu überwinden (BAG v. 24.3.2009 – 9 AZR 983/07, NZA 2009, 538; näher [...]). Im Übrigen gilt: Je widersprüchlicher und lückenhafter Spezialgesetze werden, desto eher ist wiederum eine Rechtsfortbildung praeter legem möglich.

Beispiele: Fälle echter offener Rechtsfortbildung mit fortbestehender praktischer Bedeutung sind selten geworden. Folgende „Klassiker" sind zu erwähnen:
- Weiterbeschäftigungsanspruch während des Kündigungsschutzprozesses (BAG v. 27.2.1985 – GS 1/84, NZA 1985, 702)
- Grundsätze der beschränkten Arbeitnehmerhaftung (BAG v. 27.9.1994 – GS 1/89, NZA 1994, 1083; fortgeführt und modifiziert durch BAG v. 28.10.2010 – 8 AZR 418/09, NZA 2011, 345: „gröbste Fahrlässigkeit").

117 Angesichts der vielfach erhobenen Kritik geht die Rechtsprechung mit offener richterrechtlicher Rechtsfortbildung vorsichtiger um. Damit nimmt sie den Gesetzgeber stärker in die Pflicht. So sah sich das BAG gehindert – trotz einer erkennbar unbefriedigenden Rechtslage – ein Widerrufsrecht bei Aufhebungsverträgen zu begründen. Dafür bestünde verfassungsrechtlich keine generelle Notwendigkeit (BAG v. 27.11.2003 – 2 AZR 135/03, NZA 2004, 2401).

118 Manche Rechtsfortbildung früherer Jahre wurde ausdrücklich zurückgenommen (so zu Fragen der Änderungskündigung BAG v. 21.4.2005 – 2 AZR 132/04, NZA 2005, 1289 oder als Reaktion der BVerfG-Entscheidung zu dem Vorbeschäftigungsverbot aus § 14 Abs. 2 S. 2 TzBfG BAG v. 23.1.2019 – 7 AZR 733/16). Vielfach werden rechtsfortbildende Entscheidungen im Bereich gesetzlich nicht geregelter Konfliktlagen „versteckt". Diese Entwicklung ist insbesondere im Kollektivarbeitsrecht zu Art. 9 Abs. 3 GG festzustellen. So entschied das BAG zum Zugangsrecht betriebsfremder Gewerkschafter zum Zwecke der Mitgliederwerbung:

„Im Lichte der neueren Rechtsprechung des Bundesverfassungsgerichts ist ein Zugangsrecht betriebsfremder Gewerkschaftsbeauftragter zum Zwecke der Mitgliederwerbung grundsätzlich gegeben. Allerdings fehlt es hierfür an einer ausdrücklichen einfachgesetzlichen Regelung. Auch aus Art. 9 Abs. 3 GG ergibt sich das Zutrittsrecht nicht unmittelbar. Die Werbung von Mitgliedern ist aber Teil der durch Art. 9 Abs. 3 S. 1 GG geschützten Betätigungsfreiheit der Gewerkschaften. Dazu gehört deren Befugnis, selbst zu bestimmen, welche Personen sie mit der Werbung betrauen, und die Möglichkeit, dort um Mitglieder zu werben, wo Arbeitnehmer zusammenkommen und als solche angesprochen werden können. **Da eine gesetzliche Regelung fehlt, müssen die Gerichte auf Grund ihrer grundrechtlichen Schutzpflicht im Wege der Rechtsfortbildung eine entsprechende Ausgestaltung vornehmen.** *Das den Gewerkschaften einzuräumende betriebliche Zutrittsrecht ist freilich nicht unbeschränkt. Gegenüber dem gewerkschaftlichen Interesse an einer effektiven Mitgliederwerbung sind die ebenfalls verfassungsrechtlich geschützten Belange des Arbeitgebers und Betriebsinhabers abzuwägen. Dazu zählen dessen Haus- und Eigentumsrecht sowie sein Recht am eingerichteten und ausgeübten Gewerbebetrieb in Gestalt eines störungsfreien Betriebsablaufs. Diese Rechte des Arbeitgebers können je nach den Umständen des Einzelfalls dem Zutrittsrecht der Gewerkschaft entgegenstehen."* (BAG v. 28.2.2006 – 1 AZR 460/04, NZA 2006, 798, Hervorhebung diesseits)

Die Rechtsfortbildung „neuer Generation" findet im Rahmen verfassungsrechtlicher Abwägung statt. Dies hat den Nachteil, dass präzise rechtliche Obersätze den Entscheidungen kaum noch zu entnehmen sind. Vielmehr zerfließt jede Frage in mehr oder minder strukturierten Abwägungen. Darunter leidet die Rechtssicherheit. Die Kritik gegen gesetzesvertretendes Richterrecht erweist sich damit zunehmend als kontraproduktiv für die Rechtssicherheit, da Richtermacht in Abwägungsprozessen versteckt und nicht mehr offen ausgewiesen wird. Deswegen sei erinnert an folgende Aussage des BVerfG: 119

„Das, was das Gesetz offenlässt, ist durch Richterrecht auszufüllen. Diese Aufgabe ist nicht gleichbedeutend mit derjenigen einer unvermittelten einzelfallbezogenen Güter- und Interessenabwägung. Eine solche mag zwar in besonderem Maße Einzelfallgerechtigkeit verwirklichen. Sie kann aber die Rechtsfindung nicht normativ leiten, wie es die Aufgabe der Gesetze und des ergänzenden Richterrechts ist; ebenso wenig vermag sie dem rechtsstaatlichen Gebot der Berechenbarkeit des Rechts, der Rechtsklarheit und Rechtssicherheit gerecht zu werden." (BVerfG v. 25.1.1984 – 1 BvR 272/81, NJW 1984, 1741)

Vor diesem Hintergrund ist überzogene Kritik gegenüber dem Richterrecht – angesichts des Versagens des Gesetzgebers – unbegründet. Richterrecht ist als eigenständige Rechtsquelle zu akzeptieren. Freilich unterliegt sie jederzeitiger gesetzgeberischer Disposition. Im Arbeitsrecht ist dies immerhin in den letzten Jahren in zwei zentralen Bereichen geschehen. 120

Beispiele: Jahrzehntelang basierte die Inhaltskontrolle von Arbeitsverträgen auf verschiedenen richterrechtlichen Instrumentarien und der sog. richterlichen Billigkeitskontrolle. Die Instrumente waren stets hoch umstritten. Durch einen einzigen Satz (§ 310 Abs. 4 S. 3 BGB) hat der Gesetzgeber seit 2002 die Inhaltskontrolle auf eine solide gesetzliche Grundlage gestellt (§§ 305 ff. BGB) und eine lang andauernde wissenschaftliche Diskussion über Legitimation und Grenzen der Inhaltskontrolle beendet.

Im Wege der Rechtsfortbildung hat der Große Senat des BAG die Befristung von Arbeitsverhältnissen durch Bindung an einen „sachlichen Grund" kontrolliert (BAG v. 12.10.1960 – GS 1/59, NJW 1961, 798), um die Umgehung des Kündigungsschutzes zu vermeiden. Erst im Jahre 2001 wurde diese Rechtsprechung, auch unter Druck unionsrechtlicher Umsetzungsverpflichtungen durch die Befristungsrichtlinie 1999/70/EG, durch § 14 Abs. 1 TzBfG auf eine gesetzliche Grundlage gestellt.

Zweiter Teil:
Grundbegriffe des Arbeitsrechts

1. Abschnitt:
Das Arbeitsverhältnis

§ 6
Arbeitsvertrag und Arbeitsverhältnis

Literatur: *Annuß*, Der Arbeitsvertrag als Grundlage des Arbeitsverhältnisses, ZfA 2004, 283; *Krause*, Inhalt des Arbeitsverhältnisses, AR-Blattei SD 220.2.1.

I. Begriffe

121 Im Zentrum des Individualarbeitsrechts stehen die **Rechtsbeziehungen zwischen Arbeitgeber und Arbeitnehmer**, also das **Arbeitsverhältnis**. Das Arbeitsverhältnis wird durch einen Arbeitsvertrag begründet (§ 611a Abs. 1 BGB). Nur in Sonderfällen (Rz. 849) erfolgt eine Begründung kraft Gesetzes.

122 Der Arbeitsvertrag ist ein **schuldrechtlicher Vertrag** zwischen Arbeitgeber und Arbeitnehmer. Er ist ein Unterfall des Dienstvertrages, wie einige Bestimmungen der §§ 611 ff. BGB besonders deutlich machen (z.B. die im Arbeitsrecht gerade nicht anwendbaren §§ 621, 627 BGB: „Bei einem Dienstverhältnis, das kein Arbeitsverhältnis (i.S.d. § 622) ist, [...]").

123 Das Arbeitsverhältnis ist ein **Dauerschuldverhältnis.** Es ist – wie jedes Schuldverhältnis, insbesondere aber wie alle Dauerschuldverhältnisse – dadurch gekennzeichnet, dass beide Vertragsparteien zahlreiche wechselseitige Pflichten treffen, die mit entsprechenden subjektiven Rechten (Ansprüchen) der Gegenseite korrespondieren.

II. Abgrenzung zwischen Arbeitsvertrag und Arbeitsverhältnis

124 Die Bedeutung der (an sich profanen) Abgrenzung zwischen Arbeitsvertrag und Arbeitsverhältnis ist heute vor allem **rechtshistorisch** zu erklären. Lange ist in der Rechtswissenschaft über die Frage gestritten worden, auf welche Art und Weise das Arbeitsverhältnis zustande kommt. Nach der herrschenden, z.B. von *Hueck/Nipperdey* (Lehrbuch des Arbeitsrechts I, 7. Aufl. 1963, § 21 IV) vertretenen **Vertragstheorie** war für die Begründung des Arbeitsverhältnisses notwendig, aber auch ausreichend, dass zwischen den Parteien ein Arbeitsvertrag abgeschlossen worden war. Demgegenüber nahm die vor allem von *Nikisch* (Lehrbuch zum Arbeitsrecht I, 3. Aufl. 1961, § 19 II) vertretene **Eingliederungstheorie** an, dass das Arbeitsverhältnis entsteht, wenn eine nicht notwendig rechtsgeschäftliche Willensübereinstimmung von Arbeitnehmer und Arbeitgeber vorlag und der Arbeitgeber den Arbeitnehmer in seinen Betrieb oder Haushalt eingliederte.

125 Hintergrund dieses Streits war die Frage, wie Fälle zu behandeln sind, in denen der Arbeitsvertrag unwirksam oder angefochten ist, aber gleichwohl Arbeit geleistet wurde (Rz. 962). Der Streit hat heute keine Bedeutung mehr. Einerseits nämlich musste *Nikisch* (a.a.O. § 14 I 2) eingestehen, dass bei einer tatsächlichen Beschäftigung des Arbeitnehmers stets zumindest von einem **konkludenten Vertragsabschluss** ausgegangen werden muss, andererseits erkannte die herrschende Auffassung mit der sog.

Lehre vom faktischen (oder: fehlerhaften) **Arbeitsverhältnis** an, dass es Fallgestaltungen gibt, in denen ein Arbeitsverhältnis auch ohne wirksamen Arbeitsvertrag zustande kommt, sodass namentlich alle Schutzvorschriften zugunsten des Arbeitnehmers auch dann eingreifen, wenn der Arbeitsvertrag beispielsweise wegen Verstoßes gegen ein gesetzliches Verbot (§ 134 BGB) unwirksam ist (Rz. 962).

III. Rechtsnatur des Arbeitsverhältnisses

Noch nach Beendigung der nationalsozialistischen Herrschaft (Rz. 63) wurde die Lehre fortgeführt, wonach das Arbeitsverhältnis kein schuldrechtliches Austauschverhältnis, sondern ein **personenrechtliches Gemeinschaftsverhältnis** sei (BAG v. 10.11.1955 – 2 AZR 591/54, AP Nr. 2 zu § 611 BGB Beschäftigungspflicht). Grundlage dieser Lehre war die Überzeugung, nur so der besonderen Schutzbedürftigkeit des Arbeitnehmers Rechnung tragen zu können; denn aus der Rechtsnatur des Arbeitsverhältnisses als personenrechtliches Gemeinschaftsverhältnis wurden umfangreiche „gemeinschaftsbezogene Rechtspflichten" hergeleitet, die über das für schuldrechtliche Austauschverhältnisse charakteristische Maß hinausgehen sollten (§ 242 BGB; § 241 Abs. 2 BGB regelt ausdrücklich, dass sich aus dem Inhalt des Schuldverhältnisses Rücksichtnahmepflichten ergeben können). 126

Diese Lehre unterlag eingehender Kritik und wird heute in praktisch allen neueren Darstellungen des Arbeitsrechts nicht mehr vertreten. Vielmehr wird das Arbeitsverhältnis heute ganz überwiegend als **schuldrechtliches Austauschverhältnis** angesehen, wobei jedoch der personale Charakter betont und ein gewisses Unter- und Überordnungsverhältnis zwischen Arbeitnehmer und Arbeitgeber nicht geleugnet wird. Dies beruht auf der Grunderkenntnis, dass für die Abgrenzung der typischen Rechtspflichten der Vertragspartner die Rückbesinnung auf allgemeine schuldrechtliche Grundsätze sinnvoll und geboten war. Das Schuldrechtsmodernisierungsgesetz (SchuldRModG) bestätigt, dass der Arbeitsvertrag ein schuldrechtlicher Vertrag ist. An zahlreichen Stellen wurden der Arbeitsvertrag und arbeitsrechtliche Fragestellungen ausdrücklich in das BGB einbezogen (z.B. §§ 275 Abs. 3, 310 Abs. 4, 615 S. 3, 619a BGB). 127

Diese Sichtweise trägt den schutzwürdigen Belangen beider Beteiligten in zweierlei Hinsicht Rechnung: Zum einen erkennt sie an, dass den Beteiligten **Nebenpflichten** obliegen. Wechselseitig treffen Arbeitgeber und Arbeitnehmer Rücksichtnahmepflichten. § 241 Abs. 2 BGB bestimmt dies ausdrücklich. Zur Begründung solcher Nebenpflichten, die auch von der Lehre vom personenrechtlichen Gemeinschaftsverhältnis angestrebt wurde, bedarf es also keiner Ausgliederung des Arbeitsverhältnisses aus dem Schuldrecht. Auch dann, wenn man das Arbeitsverhältnis als Austauschverhältnis ansieht, kann man es nicht allein auf den Austausch von Leistung und Gegenleistung reduzieren. Das Arbeitsverhältnis trägt personalen Charakter insofern, als es regelmäßig zu einer engeren und intensiveren Beziehung zwischen den Vertragspartnern führt als andere Schuldverhältnisse. Damit lassen sich die Besonderheiten des Arbeitsverhältnisses in hinreichender Weise erklären. Zum anderen vermeidet die Einordnung des Arbeitsverhältnisses als schuldrechtliches Austauschverhältnis die Überspannung der den Beteiligten obliegenden Nebenpflichten durch die Begründung „gemeinschaftsbezogener Rechtspflichten". Dies kommt insbesondere dem Arbeitnehmer zugute, den nach heute herrschender Ansicht keine umfassende, über § 242 BGB hinausgehende Treuepflicht mehr trifft. 128

§ 7
Der Arbeitgeber

Literatur: *Konzen*, Arbeitsrechtliche Drittbeziehungen – Gedanken über Grundlagen und Wirkungen der „gespaltenen Arbeitgeberstellung", ZfA 1982, 259; *Mehrhoff*, Die Veränderung des Arbeitgeberbegriffs, 1984;

Ramm, Die Aufspaltung der Arbeitgeberfunktionen, ZfA 1973, 263; *Wendeling-Schröder*, Anmerkungen zur Veränderung des Arbeitgeberbegriffs, FS Gnade (1992), 367.

I. Begriff des Arbeitgebers

129 Eine Legaldefinition des Arbeitgeberbegriffs existiert nicht. Zur Begriffsbestimmung wird der Arbeitsvertrag herangezogen. Somit ist derjenige Arbeitgeber, der mit dem Arbeitnehmer den Arbeitsvertrag geschlossen hat, sodass er kraft Arbeitsvertrags die Arbeitsleistung verlangen kann und zur Zahlung der Vergütung verpflichtet ist (BAG v. 9.9.1982 – 2 AZR 253/80, AP Nr. 1 zu § 611 BGB Hausmeister; vgl. auch § 611a Abs. 3 BGB). Anders ausgedrückt: Arbeitgeber ist derjenige, der mindestens einen Arbeitnehmer beschäftigt (vgl. auch § 2 Abs. 2 ArbVG-E 2007).

130 Der Arbeitgeberbegriff knüpft nicht nur dann an den Arbeitsvertrag an, wenn dieser durch übereinstimmende Willenserklärungen beider Vertragsparteien begründet wird. Auch wenn der **Arbeitsvertrag kraft einer gesetzlichen Fiktion zustande kommt**, ergibt sich hieraus die Arbeitgeberstellung der Vertragspartei, die Empfänger der Arbeitsleistung ist. So bestimmt beispielsweise § 10 Abs. 1 S. 1 i.V.m. § 9 Nr. 1 AÜG, dass ein Arbeitsvertrag zwischen dem Leiharbeitnehmer und dem Entleiher als zustande gekommen gilt, wenn der Arbeitsvertrag zwischen dem Leiharbeitnehmer und dem Verleiher wegen fehlender Genehmigung der Arbeitnehmerüberlassung unwirksam ist (Rz. 312). In diesem Falle begründet die gesetzliche Vertragsfiktion gleichzeitig die Arbeitgeberstellung des Entleihers. Auch dann, wenn der Wille eines Vertreters, für seinen Arbeitgeber zu handeln, beim Abschluss des Arbeitsvertrags nicht hinreichend deutlich wird, begründet die Regelung des § 164 Abs. 2 BGB die Arbeitgeberstellung des Vertreters, da dieser selbst Vertragspartner des Arbeitnehmers wird.

131 Das Prinzip der **Vertragsfreiheit** ermöglicht es, dass eine Person Partei mehrerer Arbeitsverträge ist. So beschäftigt ein Arbeitgeber nicht nur typischerweise mehrere Arbeitnehmer. Ein Arbeitnehmer kann grundsätzlich auch aufgrund mehrerer nebeneinander bestehender Arbeitsverträge gegenüber unterschiedlichen Arbeitgebern zur Arbeitsleistung verpflichtet sein, beispielsweise wenn er neben seiner hauptberuflichen Tätigkeit noch eine Nebentätigkeit ausübt (Rz. 286). Darüber hinaus kann ein und dieselbe Person gleichzeitig Arbeitnehmer und Arbeitgeber sein. Typisches Beispiel für eine solche Konstellation ist das mittelbare Arbeitsverhältnis (Rz. 329).

132 Ebenso ist es möglich, dass auf einer Seite des Arbeitsvertrags **mehrere Personen** beteiligt sind. So können auf Arbeitnehmerseite mehrere Personen ein einheitliches Arbeitsverhältnis mit einem Arbeitgeber schließen. Diese Konstellation wird als **Gruppenarbeitsverhältnis** bezeichnet (Rz. 332). In gleicher Weise können auf Arbeitgeberseite mehrere natürliche oder juristische Personen mit einem Arbeitnehmer ein einheitliches Arbeitsverhältnis begründen. Für die Annahme eines einheitlichen Arbeitsverhältnisses ist weder ein besonderes gesellschaftsrechtliches Rechtsverhältnis Voraussetzung noch müssen die Arbeitgeber einen gemeinsamen Betrieb führen noch den Arbeitsvertrag gemeinsam abschließen. Entscheidend ist, dass die Vereinbarungen des Arbeitnehmers mit den Arbeitgebern nach den Vorstellungen der Vertragschließenden nur gemeinsam gelten und zusammen durchgeführt werden sollen, sich also – ggf. anhand ihrer Auslegung nach §§ 133, 157 BGB – als Teil eines Gesamtgeschäfts darstellen. „Dieser rechtliche Zusammenhang ist anzunehmen, wenn nach den Vorstellungen der Vertragschließenden die einzelnen Vereinbarungen nur gemeinsam gelten und zusammen durchgeführt werden sollen, bzw. [...] derartig voneinander abhängen, dass sie miteinander ‚stehen und fallen', also Teil eines Gesamtgeschäfts sein sollen" (BAG v. 27.3.1981 – 7 AZR 523/78, NJW 1984, 1703, 1705).

II. Voraussetzungen der Arbeitgebereigenschaft

An weitere Voraussetzungen als den Abschluss eines Arbeitsvertrags ist die Arbeitgeberstellung nicht gebunden. Insbesondere setzt sie kein Eigentum an Betriebsmitteln oder das Vorhandensein einer Betriebsstätte voraus. 133

Während als Arbeitnehmer nur natürliche Personen in Betracht kommen, da nur sie in dem für Arbeitnehmer charakteristischen persönlichen Abhängigkeitsverhältnis zu ihrem Vertragspartner stehen können, ist der Kreis der Arbeitgeber nicht von vornherein auf natürliche Personen beschränkt. Da die Arbeitgebereigenschaft an den Arbeitsvertrag anknüpft, hängt die Arbeitgebereigenschaft von Personen- und Kapitalgesellschaften davon ab, inwieweit diese durch Verträge Rechte erwerben und Verpflichtungen eingehen können. 134

Bis zur Entscheidung des Bundesgerichtshofs „Weißes Ross" im Jahre 2001 galten **Gesellschaften bürgerlichen Rechts** (GbR) i.S.d. § 705 BGB als nicht mit eigener Rechtsfähigkeit ausgestattet, sodass sie selbst keine Rechte erwerben und Verpflichtungen eingehen konnten. Wurde ein Betrieb als GbR betrieben, war nicht die Gesellschaft als solche Arbeitgeber, sondern die Gesellschafter in ihrer gesamthänderischen Verbundenheit (BAG v. 6.7.1989 – 6 AZR 771/87, NZA 1989, 961). Der 2. Zivilsenat des Bundesgerichtshofes (BGH v. 29.1.2001 – II ZR 331/00, NJW 2001, 1056) hat der (Außen-)GbR jedoch in der o.g. Entscheidung die Rechtsfähigkeit zuerkannt, soweit sie durch Teilnahme am Rechtsverkehr eigene Rechte und Pflichten begründet. Soweit sie in diesem Rahmen eigene Rechte und Pflichten begründet, ist sie (ohne juristische Person zu sein) rechtsfähig (vgl. § 14 Abs. 2 BGB). Mithin kann auch die GbR als solche Arbeitgeberin sein (ArbG Verden v. 7.5.2003 – 1 Ca 859/02, NZA 2003, 918; BAG v. 1.12.2004 – 5 AZR 597/03, NZA 2005, 318). 135

Die **offene Handelsgesellschaft** (OHG) und die **Kommanditgesellschaft** (KG) sind ohnehin mit einer gewissen rechtlichen Selbstständigkeit ausgestattet. Da eine OHG bzw. eine KG gemäß § 124 Abs. 1 HGB (i.V.m. § 161 Abs. 2 HGB) unter ihrer Firma Rechte erwerben und Pflichten übernehmen kann, kann sie durch Abschluss eines Arbeitsvertrags auch die Arbeitgebereigenschaft erlangen. Allerdings haften gemäß § 128 HGB (i.V.m. § 161 Abs. 2 HGB) neben der Gesellschaft die einzelnen Gesellschafter der OHG bzw. die Komplementäre der KG persönlich für die Verbindlichkeiten der Gesellschaft. Damit obliegt ihnen auch die Erfüllung der Arbeitgeberverbindlichkeiten gegenüber einem bei der Gesellschaft beschäftigten Arbeitnehmer, soweit diese Verbindlichkeiten in rechtlicher und tatsächlicher Hinsicht durch einen Gesellschafter allein erfüllt werden können. Insoweit ist auch jeder persönlich haftende Gesellschafter einer Personengesellschaft Arbeitgeber der bei der Gesellschaft beschäftigten Arbeitnehmer (BAG v. 1.3.1993 – 3 AZB 44/92, NZA 1993, 617). Lediglich der Kommanditist einer KG besitzt keine Arbeitgebereigenschaft, da seine Einstandspflicht für Verpflichtungen der Gesellschaft durch § 171 HGB begrenzt ist (BAG v. 23.6.1992 – 9 AZR 308/91, NZA 1993, 862). 136

Kapitalgesellschaften (z.B. AG, GmbH) sind als juristische Personen des Privatrechts mit eigener Rechtsfähigkeit ausgestattet, sodass sie durch einen Arbeitsvertrag die Rechte und Pflichten eines Arbeitgebers übernehmen können. Aus der rechtlichen Selbstständigkeit der Kapitalgesellschaften folgt gleichzeitig, dass nur gegenüber der Gesellschaft, nicht aber gegenüber den Gesellschaftern Erfüllungsansprüche Dritter bestehen. Arbeitgeber ist daher stets nur die Gesellschaft, nicht aber die Gesellschafter. 137

Ebenso wie juristische Personen des Privatrechts Arbeitgeber sein können, kommen auch juristische Personen des öffentlichen Rechts (Bund, Land, Gemeinde, Rundfunkanstalt, Sozialversicherungsträger, Universität) als Arbeitgeber in Betracht. 138

III. Funktionen des Arbeitgebers

139 Das Gesetz verwendet z.B. in den §§ 611a Abs. 2, 612a, 613a, 619a, 622 BGB, 106 GewO den Arbeitgeberbegriff. Gemeinsam ist diesen Vorschriften, dass sie Regelungen bezüglich der Begründung und Beendigung des Arbeitsverhältnisses oder der Ausübung der Weisungsbefugnis treffen. Damit sind zugleich die wichtigsten Arbeitgeberfunktionen genannt: Die Festlegung der **Personalpolitik** und die **Organisation des Arbeitsablaufs**. Letztere umfasst sowohl die Weisungsbefugnis gegenüber dem Arbeitnehmer als auch die Festlegung der Art und Weise der Durchführung der Arbeit.

140 Die Arbeitgeberfunktionen müssen nicht durch den Arbeitgeber selbst wahrgenommen werden, sondern können durch andere Personen ausgeübt werden, die hierzu aufgrund eines Vertrags mit dem Arbeitgeber oder aufgrund Gesetzes befugt sind. So wird die Einstellung und Entlassung von Arbeitnehmern oft **leitenden Angestellten** übertragen (vgl. § 5 Abs. 3 S. 2 Nr. 1 BetrVG). Das arbeitgeberseitige Weisungsrecht wird in größeren Betrieben regelmäßig durch Arbeitnehmer wahrgenommen, die eine höhere betriebsinterne Stellung innehaben. So ist bei einer entsprechenden Ausgestaltung des Arbeitsvertrags beispielsweise der in einer Betriebsabteilung beschäftigte Meister gegenüber den dort tätigen Gesellen und Lehrlingen weisungsbefugt. Als arbeitgeber- und nicht als arbeitnehmerähnliche Person einzuordnen ist aufgrund der Wahrnehmung von Arbeitgeberfunktionen der Fremdgeschäftsführer einer GmbH (BAG v. 21.1.2019 – 9 AZB 23/18, NZA 2019, 490); freilich gilt diese Aussage des BAG nur vorbehaltlich einer anderweitigen Bewertung durch den EuGH im Anwendungsbereich des Unionsrechts (vgl. bspw. hierzu EuGH v. 9.7.2015 – C-229/14, NZA 2015, 861; BGH v. 26.3.2019 – II ZR 244/17, NZA 2019, 706).

141 Handelt es sich bei dem Arbeitgeber um einen **Minderjährigen**, so werden die aus seiner Arbeitgebereigenschaft resultierenden Aufgaben durch seinen gesetzlichen Vertreter wahrgenommen. Bei juristischen Personen werden die dem Arbeitgeber obliegenden Funktionen in erster Linie durch deren Organmitglieder (Vorstand, Geschäftsführer etc.) ausgeübt (Rz. 202).

142 Nimmt der Arbeitgeber seine Befugnisse nicht ausschließlich selbst wahr, führt dies oft zu einer Aufspaltung der Funktionen in der Weise, dass unterschiedliche **Personen jeweils einzelne Arbeitgeberfunktionen** ausüben. So erfolgt die Einstellung des Arbeitnehmers in einem größeren Betrieb regelmäßig durch eine andere Person als die Ausübung des Weisungsrechts im Rahmen der Vertragserfüllung. Sofern bestimmte Arbeitgeberaufgaben innerhalb eines Unternehmens durch zentrale Einrichtungen, beispielsweise eine zentrale Personalabteilung, wahrgenommen werden, kann die Aufspaltung der Arbeitgeberfunktionen auch über den Bereich des Beschäftigungsbetriebs hinausgehen.

143 Eine betriebsübergreifende Aufspaltung der Arbeitgeberfunktionen ist zudem bei **Sonderformen des Arbeitsverhältnisses** anzutreffen. Beispielsweise übernimmt der Entleiher eines Leiharbeitnehmers, der diesen in seinen Betrieb eingliedert, damit auch das Weisungsrecht gegenüber dem Leiharbeitnehmer, sodass er dessen Arbeitspflicht innerhalb der vertraglichen und gesetzlichen Grenzen durch Einzelanordnungen konkretisieren kann (Rz. 308).

IV. Prozessuale Bedeutung der Arbeitgebereigenschaft

144 Die Arbeitgebereigenschaft ist insbesondere für die Frage von Bedeutung, wem gegenüber der Arbeitnehmer Ansprüche aus dem Arbeitsverhältnis gerichtlich geltend machen muss. Eine Klage, mit der der Arbeitnehmer Ansprüche aus dem Arbeitsverhältnis durchsetzen will, muss sich immer gegen den Arbeitgeber als Beklagten richten. Ist der Beklagte nicht Arbeitgeber, so ist bereits die Rechtswegzuständigkeit der Arbeitsgerichtsbarkeit gemäß § 2 Abs. 1 Nr. 3 ArbGG zweifelhaft. Jedenfalls fehlt dem Beklagten die nötige **Passivlegitimation**, d.h. die Verpflichtung, den streitigen Anspruch im Falle seines Bestehens zu erfüllen. Die Klage wird als unbegründet abgewiesen.

Prinzipiell kann der Arbeitnehmer in diesem Fall zwar eine neue Klage gegen den richtigen Beklagten erheben. Diese Möglichkeit scheitert jedoch meist bei fristgebundenen Klagen, etwa der Kündigungsschutzklage (vgl. §§ 4 S. 1, 7 KSchG). Die Klagefrist ist regelmäßig abgelaufen, wenn über die Klage gegen den vermeintlichen Arbeitgeber entschieden wird. Eine fristgerechte Klage gegen die richtige Partei ist dann nicht mehr möglich. Beruht der Irrtum des Arbeitnehmers über die Frage, wer sein Arbeitgeber ist, allerdings nicht auf mangelnder Sorgfalt, kommt die Zulassung einer verspätet erhobenen Kündigungsschutzklage gemäß § 5 KSchG in Betracht. Insbesondere bei Klagen gegen Personengesellschaften (GbR, KG, OHG) hilft die Rechtsprechung durch eine Rubrumsberichtigung (hierzu BAG v. 28.8.2008 – 2 AZR 279/07, NZA 2009, 221), wenn der Arbeitnehmer irrtümlich die Gesellschafter verklagt und sich aus den gesamten erkennbaren Umständen ergibt, wer als beklagte Partei gemeint ist (zur irrtümlichen Klage gegen den Bevollmächtigten: BAG v. 15.3.2001 – 2 AZR 141/00, NZA 2001, 1267). 145

§ 8
Arbeitsvertrag und Arbeitnehmerbegriff

Literatur: *Deinert*, Neuregelung des Fremdpersonaleinsatzes im Betrieb, RdA 2017, 65; *Franzen*, Der Franchise-Vertrag als Arbeitsvertrag?, FS 50 Jahre BAG (2004), 31; *Henssler*, Fremdpersonaleinsatz durch On-Site-Werkverträge und Arbeitnehmerüberlassung – offene Fragen und Anwendungsprobleme des neuen Rechts, RdA 2017, 83; *Hochrathner*, Die Statusrechtsprechung des 5. Senats des BAG seit 1994, NZA-RR 2001, 561; *Hromadka*, Arbeitnehmerbegriff und Arbeitsrecht, NZA 1997, 569; *Hromadka*, Zur Begriffsbestimmung des Arbeitnehmers unter besonderer Berücksichtigung der neueren Gesetzentwürfe, DB 1998, 195; *Hromadka*, Arbeitnehmer, Arbeitnehmergruppen und Arbeitnehmerähnliche im Entwurf eines Arbeitsvertragsgesetzes, NZA 2007, 838; *Hromadka*, Zur Auslegung des § 611a BGB, NZA 2018, 1583; *Mikosch*, Arbeitnehmerbegriff und Schutzzwecke des Arbeitsrechts, FS Löwisch (2007), 189; *Preis*, § 611a BGB – Potenziale des Arbeitnehmerbegriffes, NZA 2018, 817; *Preis*, § 611a BGB – Potenziale des Arbeitnehmerbegriffes, NZA 2018, 817; *Preis*, Die Definition des Arbeitnehmers und der arbeitnehmerähnlichen Person in einer Kodifikation des Arbeitsvertragsrechts, FS Hromadka (2008), 275; *Reinecke*, Der „Grad der persönlichen Abhängigkeit" als Abgrenzungskriterium für den Arbeitnehmerbegriff, FS Dieterich (1999), 463; *Reinecke*, Der Kampf um die Arbeitnehmereigenschaft – prozessuale, materielle und taktische Probleme, NZA 1999, 729; *Reinecke*, Neues zum Arbeitnehmerbegriff?, AuR 2019, 56; *Reinecke*, Rechtsprechung des BAG zum Arbeitnehmerstatus – Eine kritische Bestandsaufnahme, NZA-RR 2016, 393; *Richardi*, Der Arbeitsvertrag im Licht des neuen § 611a BGB, NZA 2017, 36; *Wank*, Arbeitnehmer und Selbständige, 1988; *Wank*, Der Arbeitnehmer-Begriff im neuen § 611a BGB, AuR 2017, 140; *Wank*, Die personelle Reichweite des Arbeitnehmerschutzes aus rechtsdogmatischer und rechtspolitischer Perspektive, EuZA 2016, 143; *Wank*, Neues zum Arbeitnehmerbegriff des EuGH, EuZW 2018, 21.

I. Einleitung und Bedeutung

117 Jahre nach Inkrafttreten des BGB hat der Gesetzgeber es mit Wirkung zum 1.4.2017 vermocht, eine gesetzliche **Definition des Arbeitsvertrages** zu verabschieden (§ 611a BGB, BGBl. I S. 258). Rechtsprechung und herrschende Lehre haben bislang auf die von *Alfred Hueck* entwickelte Begriffsbestimmung zurückgegriffen. Danach ist Arbeitnehmer, **„wer aufgrund eines privatrechtlichen Vertrags zur Arbeit im Dienste eines anderen verpflichtet ist"** (*Hueck/Nipperdey*, Lehrbuch des Arbeitsrechts I, § 9 II). 146

Durch die Neuregelung wird eine mit der **Systematik des BGB** kompatible Definition im Rahmen der Schuldvertragstypen erreicht. Die wichtigste und zentrale Abgrenzung ist die zwischen dem Arbeitsvertrag einerseits sowie dem freien Dienstvertrag (§ 611 BGB) und dem Werkvertrag (§ 631 BGB) andererseits. Der Gesetzgeber hat die Definition des § 611a BGB ausweislich der Regierungsbegrün- 147 dung unter Wiedergabe von Leitsätzen der höchstrichterlichen Rechtsprechung gestaltet (BT-Drucks. 18/9232, S. 31). Erst in der dritten BT-Lesung wurde die jetzige Fassung entwickelt, in der ausdrücklich darauf Wert gelegt wurde, den Arbeitsvertrag als **Unterfall des Dienstvertrages** zu bestimmen (vgl. Ausschussbericht BT-Drucks. 18/10064, S. 16). Reaktionen auf die Einführung des § 611a BGB ließen nicht lange auf sich warten (instruktiver Überblick bei *Reinecke*, AuR 2019, 56). So wurde teils die fehlende Aufnahme des Eingliederungsmerkmales in den Normtext kritisiert. Aufgrund der ausdrücklich in den Gesetzesmaterialien erklärten Bezugnahme auf die höchstrichterliche Rechtsprechung sei der Ertrag der Vorschrift als solche auch nur von geringem Ausmaß (*Däubler*/HK-ArbR, Vor §§ 611, 611a, Rz. 2). Vereinzelt wird des Weiteren eine fehlende Flexibilität des Arbeitnehmerbegriffes in Zeiten der Digitalisierung vermisst. Dagegen lässt sich jedoch einwenden, dass der Normtext genügend weit gefasst ist, damit die Rechtsprechung sehr wohl auf neue Erscheinungen in der Arbeitswelt angemessen und flexibel reagieren kann. § 611a Abs. 1 S. 4 BGB enthält keine „Blankettermächtigung" für die richterliche Gestaltung. Freilich besteht noch immer die Gefahr, dass die Gesetzesformulierung durch die Rechtsprechung des BAG auf beliebige Weise genutzt wird (zu dieser Problematik einer typologischen Rechtsfindung ErfK/*Preis*, § 611a BGB, Rz. 11; *Preis*, NZA 2018, 817, 821 f.). Zuzugestehen ist, dass grundlegende Änderungen der Rechtsprechung anlässlich § 611a BGB nicht zu erwarten sein wird. Die ersten Entscheidungen des BAG zu § 611a BGB weisen darauf hin, dass es den *status quo* erhalten möchte (BAG v. 27.6.2017 – 9 AZR 851/16, NZA 2017, 1463; BAG v. 21.1.2019 – 9 AZB 23/18, NZA 2019, 490).

148 Die **Abgrenzung der verschiedenen Vertragstypen** ist eine wichtige Weichenstellung für die Anwendung des richtigen Rechtsregimes. Zwar unterliegt die Vertragstypenwahl prinzipiell dem Grundsatz der Vertragsfreiheit. Dies kann allerdings dann nicht gelten, wenn eine Vertragspartei in der Lage ist, ein von ihr vorformuliertes Vertragswerk zu stellen. Hier besteht ebenso ein Kontrollbedürfnis wie bei der **Kontrolle allgemeiner Geschäftsbedingungen** (§§ 305 ff. BGB). Im Kern ist die Wahl eines falschen Vertragstyps nichts anderes als die Abbedingung von dispositivem und zwingendem Gesetzesrecht (siehe auch BAG v. 25.9.2013 – 10 AZR 282/12, NZA 2013, 1348). Wer einen Arbeitsvertrag praktiziert, formal allerdings einen freien Dienstvertrag oder Werkvertrag vereinbart, verstößt i.S.d. § 307 Abs. 2 Nr. 1 BGB gegen wesentliche Grundgedanken der gesetzlichen Regelung, von der abgewichen wird. Dort, wo allerdings die Vertragselemente beidseitig ausgehandelt sind, geht der frei gebildete Wille der Parteien vor.

149 Die meisten Beschäftigten, die für einen Auftraggeber Dienstleistungen erbringen, sind dem Auftraggeber strukturell unterlegen. Weitergehend können sie von einem Auftraggeber wirtschaftlich oder gar persönlich abhängig sein. Die richtige Zuordnung ist für die Lösung eines Falles unabdingbar. Wir haben zu unterscheiden:

– **Arbeitsvertrag:** (weisungsgebundene) Arbeit durch Arbeitnehmer (§ 611a BGB)

– **Dienstvertrag:** (freie) Dienste durch Dienstnehmer (§ 611 BGB)

– **Werkvertrag:** Herstellung des Werkes/Erfolg durch Unternehmer (§ 631 BGB)

– **Arbeitnehmerüberlassung:** Arbeitgeber (Verleiher) überlässt Drittem (Entleiher) einen Arbeitnehmer (Leiharbeitnehmer) zu weisungsgebundener Arbeit in dessen Betrieb (§ 1 Abs. 1 AÜG).

– **Arbeitnehmerähnliche Personen:** Unternehmer eines Dienst- oder Werkvertrages arbeitet in wirtschaftlicher Abhängigkeit überwiegend für eine Person (§ 12a TVG).

150 Ausgangspunkt der Rechtsprüfung wird zumeist die Prüfung der Voraussetzungen eines Arbeitsvertrages sein. Eine Sonderform des Arbeitsverhältnisses ist die Arbeitnehmerüberlassung. Die sogenannte arbeitnehmerähnliche Person ist zwar ebenfalls sozial schutzbedürftig, arbeitet aber auf Basis eines Dienst- oder Werkvertrages letztlich nur in wirtschaftlicher Abhängigkeit. Sehr geringe Abhängigkeit für den Leistungserbringer sollte in den Fällen des Dienst- und des Werkvertrages bestehen. Es kommt allerdings vor, dass Auftraggeber ihrem Auftragnehmer fälschlicherweise einen Dienst- oder Werkvertrag stellen und damit arbeitsrechtliche Schutzvorschriften umgehen. Aus diesem Grunde bedarf es

einer objektiven Prüfung der Vertragstypen. Die Kriterien für diese Prüfung hat der Gesetzgeber nunmehr in § 611a BGB kodifiziert.

Das Arbeitsrecht hat die zentrale Aufgabe, den Arbeitnehmer vor einem **Missbrauch der Machtstellung** des Arbeitgebers zu schützen. Es muss dementsprechend denjenigen Personenkreis erfassen, der in eben dieser Weise **schutzwürdig und schutzbedürftig** ist. Typischerweise ist es der aus dem Arbeitsvertrag berechtigte und verpflichtete (vermeintliche) Arbeitnehmer, der Ansprüche erhebt. Die meisten arbeitsrechtlichen Schutzgesetze knüpfen in ihrem Geltungsbereich oder in ihren Anspruchsgrundlagen an den Arbeitnehmerbegriff an. Die Bejahung der Arbeitnehmereigenschaft ist zunächst entscheidend für die Anwendung der individualrechtlichen Arbeitnehmerschutzvorschriften. Im Bereich des kollektiven Arbeitsrechts knüpfen sowohl der Geltungsbereich von Tarifverträgen als auch die Regelungen der betrieblichen Mitbestimmung einschließlich der Geltung von Betriebsvereinbarungen an die Arbeitnehmereigenschaft an. Nicht zuletzt begründet die Arbeitnehmereigenschaft die Zuständigkeit der Arbeitsgerichtsbarkeit. Daher ist die Bestimmung, wer von den zur Dienstleistung Verpflichteten Arbeitnehmer ist, der **Schlüssel für die Anwendung des Arbeitsrechts**. 151

Beispiele: Nur Arbeitnehmer haben einen gesetzlichen Anspruch auf bezahlten **Erholungsurlaub** (§ 1 BUrlG), für sie gelten andere Regeln über die **Entgeltfortzahlung** im Krankheitsfall als für „freie" Dienstleistende (EFZG einerseits, § 616 BGB andererseits), die **Kündigungsfristen** sind unterschiedlich ausgestaltet (§§ 621, 622 BGB), nur Arbeitnehmer haben einen weitgehenden **materiellen Schutz** gegen ordentliche Kündigungen (§ 1 KSchG) und unterfallen dem **ArbZG** (§ 1 ArbZG), nur sie können einen **Betriebsrat** wählen (§ 7 BetrVG) und ihre Streitigkeiten vor dem **Arbeitsgericht** austragen (§ 2 ArbGG).

II. Die Definition des Arbeitsvertrages

§ 611a BGB lautet: 152

„*(1) Durch den Arbeitsvertrag wird der Arbeitnehmer im Dienste eines anderen zur Leistung weisungsgebundener, fremdbestimmter Arbeit in persönlicher Abhängigkeit verpflichtet. Das Weisungsrecht kann Inhalt, Durchführung, Zeit und Ort der Tätigkeit betreffen. Weisungsgebunden ist, wer nicht im Wesentlichen frei seine Tätigkeit gestalten und seine Arbeitszeit bestimmen kann. Der Grad der persönlichen Abhängigkeit hängt dabei auch von der Eigenart der jeweiligen Tätigkeit ab. Für die Feststellung, ob ein Arbeitsvertrag vorliegt, ist eine Gesamtbetrachtung aller Umstände vorzunehmen. Zeigt die tatsächliche Durchführung des Vertragsverhältnisses, dass es sich um ein Arbeitsverhältnis handelt, kommt es auf die Bezeichnung im Vertrag nicht an.*

(2) Der Arbeitgeber ist zur Zahlung der vereinbarten Vergütung verpflichtet."

Aus dieser Norm ergibt sich folgender Prüfungsaufbau: 153

Prüfungsschema Arbeitsvertrag

☐ **Privatrechtlicher Vertrag**

 Abgrenzung zu anderen Rechtsverhältnissen (Rz. 160)

  ☐ Öffentlich-rechtliche Dienstverhältnisse (Beamte, Richter, Soldaten)

  ☐ Sonderstatusverhältnisse (z.B. Strafgefangene)

  ☐ Familienrechtliche Dienstpflichten (§§ 1360, 1619 BGB)

  ☐ Vereinsrechtliche, kirchliche oder karitative Dienstpflichten

☐ **Privatrechtlicher Vertrag**

 Abgrenzung zu anderen Vertragstypen (Rz. 169)

  ☐ Auftrag (§§ 662 ff. BGB)

- Gesellschaftsverträge
- Werkvertrag (§§ 631 ff. BGB)
- Arbeitnehmerähnliche Person (§ 12a TVG)
- Unabhängiger Dienstvertrag (§ 611 BGB)
- Arbeitnehmerüberlassung (§ 1 Abs. 1 AÜG)
- **Persönliche Abhängigkeit (Abgrenzung zu II 3–5)**
  - **Weisungsbindung**
    - Zeitliche Lage
      - Wer nicht im Wesentlichen frei seine Arbeitszeit bestimmen kann, ist Arbeitnehmer.
    - Durchführung der Arbeit
      - Wer nicht im Wesentlichen frei seine Tätigkeit bestimmen kann, ist Arbeitnehmer.
    - Inhalt
      - Arbeitsbegleitende Weisungen bezogen auf einzelne Tätigkeit sind entscheidend.
    - Ort
      - Wer für einen Auftraggeber an verschiedenen Orten arbeiten muss, die er nicht selbst bestimmen kann, ist Arbeitnehmer.
    - Ordnung und Verhalten im Betrieb (§ 106 GewO)
  - **Fremdbestimmte Arbeit**
    - Eingliederung in fremde Arbeitsorganisation; Angewiesenheit auf Organisation des Arbeitgebers
  - **Grad der persönlichen Abhängigkeit**
    - Eigenart des jeweiligen Vertragsverhältnis beachten
  - **Gesamtbetrachtung erforderlich**
    - Kriterien der persönlichen Abhängigkeit müssen überwiegen/das Vertragsverhältnis prägen.
    - Bezeichnung des Vertragstyps ist unerheblich.
    - Tatsächliche Durchführung ist entscheidend.
    - Vertragstypenzuordnung ist Inhaltskontrolle gestellter Vertragsbedingungen.

1. Vertragsfreiheit und tatsächliche Durchführung des Vertrages

154 § 611a Abs. 1 S. 6 BGB verlangt die Prüfung der tatsächlichen Durchführung des Vertragsverhältnisses. In Übereinstimmung mit der bisherigen Rechtsprechung kommt es auf die Bezeichnung im Vertrag nicht an, wenn tatsächlich ein Arbeitsverhältnis praktiziert wird. Denn aus der praktischen Handhabung der Vertragsbeziehungen lassen sich am ehesten Rückschlüsse darauf ziehen, von welchen Rechten und Pflichten die Vertragspartner ausgegangen sind, was sie also wirklich gewollt haben (BAG v. 11.8.2015 – 9 AZR 98/14, NZA-RR 2016, 288 Rz. 22; BAG v. 27.6.2017 – 9 AZR 851/16, NZA 2017, 1463 Rz. 24). Dabei kommt es nicht auf die **Bezeichnung** des Vertragsverhältnisses durch die Parteien an, sondern auf die objektive Einordnung nach ihrem Geschäftsinhalt. Der wirkliche Geschäftsinhalt ist den ausdrücklich getroffenen Vereinbarungen und der praktischen Durchführung des Vertrages zu entnehmen. Zivilrechtlich könnten manche Fälle mit der Falsa-Demonstratio-Regel ge-

löst werden. Man stelle sich etwa den Fall vor, dass in einem Vertragsentwurf ausschließlich Rechte und Pflichten von Arbeitgeber und Arbeitnehmer geregelt werden, die Überschrift des Entwurfs allerdings „freier Dienstvertrag" lautet. Dieser eindeutige Fall könnte schon mit dem dokumentierten übereinstimmenden Vertragswillen trotz Falschbezeichnung zu Gunsten des Arbeitsvertrages gelöst werden. Doch ist das Problem damit nicht erschöpft. Vielfach gilt es Verträge zu überprüfen, die geschickt versuchen, die Anwendung des Arbeitsrechts zu vermeiden, indem sie die im Kern weisungsgebundene Tätigkeit als möglichst frei (auf dem Papier) im Vertragstext darstellen.

Es wäre mit dem Grundanliegen des Arbeitsrechts als Arbeitnehmerschutzrecht indes nicht zu vereinbaren, wenn es der typischerweise wirtschaftlich stärkere Arbeitgeber in der Hand hätte, durch eine von ihm durchgesetzte Formulierung im Vertrag die Zuordnung der betreffenden Person zum Arbeitsrecht zu steuern. Abzustellen ist somit im Zweifel auf die **tatsächliche Durchführung des Vertrags** (BAG v. 22.3.1995 – 5 AZB 21/94, NZA 1995, 823, 832), sodass im Falle eines Widerspruchs zwischen Vereinbarung und tatsächlicher Durchführung Letztere maßgeblich ist. 155

Aufgrund des **Grundsatzes der Vertragsfreiheit** steht es den Vertragsparteien zwar prinzipiell frei, welche rechtliche Gestaltung sie für Erbringung von Diensten wählen. Sofern die vertraglichen Vereinbarungen und deren tatsächliche Durchführung jedoch ergeben, dass ein Arbeitsverhältnis vorliegt, steht die Arbeitnehmereigenschaft nicht mehr zur Disposition der Vertragsparteien. Angesichts des (einseitig) zwingenden Charakters der Rechtsvorschriften, die an die Arbeitnehmereigenschaft anknüpfen, können die aus der Arbeitnehmereigenschaft resultierenden Rechte des Arbeitnehmers in diesem Fall nicht abbedungen werden. Zu Recht spricht das BAG aus, dass zwingende gesetzliche Regelungen für Arbeitsverhältnisse nicht dadurch abbedungen werden können, dass Parteien ihrem Arbeitsverhältnis eine andere Bezeichnung geben (BAG v. 25.9.2013 – 10 AZR 282/12, NZA 2013, 1348). 156

Freilich ist die **Vertragstypenwahl der Parteien** nach der Rechtsprechung nicht gänzlich bedeutungslos, wenn die vereinbarte Tätigkeit sowohl in einem Arbeitsverhältnis als auch selbständig erbracht werden kann und nicht eindeutig als Arbeitsverhältnis ausgestaltet ist. Grundvoraussetzung ist jedoch, dass auf beiden Seiten ein frei gebildeter Vertragswille angenommen werden kann. Orientierungspunkt ist § 305 Abs. 1 S. 3 BGB: Eine Abbedingung arbeitsrechtlicher Regelungen ist nur dann anzuerkennen, wenn die Wahl des abweichenden Vertragstyps im Einzelnen ausgehandelt ist. Nach der gesetzlichen Neuregelung ist die typologische Betrachtung, die das BAG seine Rechtsprechung zu Grunde legte, nicht mehr gesetzeskonform (Rz. 146). Inhaltsleer ist insoweit die Aussage des BAG, dass – wenn Tätigkeiten typologisch sowohl in einem Arbeitsverhältnis als auch selbständig erbracht werden können – die Entscheidung der Vertragspartner für einen bestimmten Vertragstypus im Rahmen der bei jeder Statusbeurteilung erforderlichen Gesamtabwägung aller Umstände des Einzelfalls zu berücksichtigen ist (BAG v. 11.8.2015 – 9 AZR 98/14, NZA-RR 2016, 288 Rz. 22). Die freie Wahl des Vertragstyps ist nur unter der Voraussetzung möglich, dass auch ein frei gebildeter Wille der Vertragsparteien vorliegt und der Vertragstext nicht einseitig durch den Auftraggeber gestellt ist. 157

Fallbeispiel: Ein nicht ganz seltener Sonderfall ist das Bestreben, ein bisher **bestehendes Arbeitsverhältnis in Zukunft** in anderer Rechtsform, beispielsweise als **freie Mitarbeit**, fortzusetzen. 158

Wie erörtert, kann die Schutzfunktion des Arbeitsrechts erfordern, dass ein als freies Mitarbeiterverhältnis deklariertes Vertragsverhältnis in Ansehung der tatsächlichen Weisungsstruktur zu einem Arbeitsverhältnis wird. Umgekehrt gilt dies freilich nicht. Ein im Wege des Arbeitsvertrages begründetes Arbeitsverhältnis wird nicht durch bloße Nichtausübung der Weisungsrechte zu einem freien Mitarbeiter- oder Dienstverhältnis. Allerdings können die Parteien eines Arbeitsverhältnisses vereinbaren, dass ihr Rechtsverhältnis künftig als freies Mitarbeiterverhältnis fortgesetzt wird. Die Rechtsprechung verlangt für diesen ungewöhnlichen Fall freilich, dass eine solche Vereinbarung klar und unmissverständlich getroffen wird und die tatsächlichen Bedingungen, unter denen die Dienste zu leisten sind, vertraglich so gestaltet sind, dass eine Eingliederung in die fremde Arbeitsorganisation nicht mehr stattfindet (BAG v. 12.9.1996 – 5 AZR 1066/94, NZA 1997, 194).

2. Privatrechtlicher Vertrag

a) Grundsatz

159 Der Arbeitsvertrag ist ein privatrechtlicher Vertrag, in dem die wechselseitigen Verpflichtungen der Parteien in einem Austauschverhältnis stehen. Er ist mithin ein gegenseitiger Vertrag im Sinne der §§ 320 ff. BGB. Das Arbeitsrecht gilt grundsätzlich nur für Beschäftigungsverhältnisse, die im Rahmen der Privatautonomie begründet worden sind, weil nur bei ihnen die die Schutzbedürftigkeit auslösende strukturelle Unterlegenheit des von der Verwertung seiner Arbeitskraft wirtschaftlich Abhängigen besteht.

b) Abgrenzung zu anderen Rechtsverhältnissen

aa) Beamte, Richter und Soldaten

160 Beamte, Richter und Soldaten werden nicht aufgrund eines Arbeitsvertrages, sondern aufgrund eines durch Verwaltungsakt (§ 35 VwVfG) begründeten **öffentlich-rechtlichen Dienstverhältnisses** tätig, das durch eigene Gesetze wie das Beamtenstatusgesetz, das das bisherige Beamtenrechtsrahmengesetz weitgehend zum 1.4.2009 abgelöst hat, und die Landesbeamtengesetze geregelt ist. Die Arbeitnehmereigenschaft fehlt den genannten Personen aber nur innerhalb dieses Dienstverhältnisses, sie können – soweit ihre Pflichten aus dem Hauptamt dies erlauben – daneben wie jeder andere auch auf privatrechtlicher Basis eine Nebentätigkeit als Arbeitnehmer ausüben. Dabei kann Arbeitgeber sogar der Dienstherr aus dem Beamtenverhältnis sein (BAG v. 27.7.1994 – 4 AZR 534/93, NZA 1995, 901).

161 **Problemfall: Öffentlich-rechtliche Dienstverhältnisse eigener Art:** Der Gesetzgeber hat die Möglichkeit, öffentlich-rechtliche Rechtsverhältnisse eigener Art zu schaffen. Praktischer Anwendungsfall sind Vertretungsprofessuren und Lehraufträge an Hochschulen. So regeln § 39 Abs. 2 und § 43 Hochschulgesetz NRW für diese „Beschäftigten": Die Professurvertretung bzw. der Lehrauftrag „ist ein öffentlich-rechtliches Rechtsverhältnis eigener Art"; sie/er „begründet kein Dienstverhältnis". Ähnliche Regelungen finden sich in anderen Hochschulgesetzen der Länder. Derartige **Rechtsverhältnisse sui generis** werden durch Verwaltungsakt begründet. Die wesentliche Konsequenz dessen ist, dass die Arbeitsgerichte sich für diese Rechtsverhältnisse nicht zuständig erklären und die Rechtsform befristeter öffentlicher Rechtsverhältnisse zur Nichtanwendbarkeit des Arbeitsrechts, etwa des TzBfG führt (BAG v. 13.7.2005 – 5 AZR 435/04, NZA 2007, 1392; BAG v. 18.7.2007 – 5 AZR 854/06, NZA 2008, 848; LAG Baden-Württemberg v. 15.12.2010 – 13 Sa 78/10). Das BAG hat diese Wahlfreiheit der Rechtsform selbst für wissenschaftliche Mitarbeiter akzeptiert, obwohl nach dem Hochschulrecht NRW nur die Alternative Beamten- oder Arbeitsverhältnis besteht. Die Begründung eines öffentlich-rechtlichen Dienstverhältnisses sui generis sei nicht offensichtlich rechtswidrig und ohne Anfechtung des zugrundeliegenden Verwaltungsaktes aufgrund der Tatbestandswirkung zu akzeptieren (BAG v. 14.9.2011 – 10 AZR 466/10, AP Nr. 188 zu § 611 BGB Lehrer, Dozenten). Bedenklich ist, dass mit dieser Konstruktion der öffentliche Dienst im Hochschulbereich die Bindungen des Arbeitsrechts beiseiteschieben kann. Dies gilt selbst dann, wenn fehlerhaft ein öffentlich-rechtliches Dienstverhältnis begründet wurde. Zuständig sind für den Rechtsschutz die Verwaltungsgerichte, die aber kein Arbeitsrecht anwenden. Das BVerfG hat die dagegen erhobene Verfassungsbeschwerde eines Vertretungsprofessors nicht zur Entscheidung angenommen (1 BvR 2237/05).

162 Die **sonstigen Beschäftigten** des öffentlichen Dienstes sind hingegen „gewöhnliche" Arbeitnehmer, auf die das Arbeitsrecht in vollem Umfange Anwendung findet. Das Rechtsverhältnis wird durch Arbeitsvertrag begründet. Regelmäßig finden die Tarifverträge des öffentlichen Dienstes (TVöD, TVL) Anwendung.

bb) Strafgefangene, Sicherungsverwahrte

163 **Keine Arbeitnehmer** sind Strafgefangene, Sicherungsverwahrte und andere Personen, die in geschlossene Anstalten eingewiesen sind. Arbeit innerhalb der Haftanstalt wird ihnen gemäß § 37 StVollzG zugewiesen. Auch wenn sie außerhalb der Anstalt in einem privaten Betrieb beschäftigt werden, wird die von ihnen zwangsweise geforderte bzw. ihnen auf Verlangen zugeteilte Arbeit nicht aufgrund eines Arbeitsvertrags geleistet. Hieraus folgt, dass ihnen auch kein Anspruch auf den gesetzlichen Mindest-

lohn zusteht. Sozialversicherungsrechtlich stehen sie allerdings abhängig Beschäftigten zum Teil gleich (vgl. § 2 Abs. 2 S. 2 SGB VII; zur Anwendbarkeit der §§ 104 ff. SGB VII vgl. BGH v. 9.11.1982 – VI ZR 87/81, NJW 1983, 574).

cc) Familienrechtliche Dienstleistungen

In Ermangelung eines privatrechtlichen Arbeitsvertrags sind Ehegatten und Kinder **keine Arbeitnehmer**, wenn und soweit sie **auf familienrechtlicher Grundlage** Arbeitsleistungen im Haushalt und im Geschäft des Ehepartners bzw. der Eltern erbringen (§§ 1353, 1619 BGB). Für Ehegatten besteht – anders als für Kinder (§ 1619 BGB) – seit der Änderung des § 1356 BGB durch das Erste Eherechtsreformgesetz vom 14.6.1976 keine ausdrückliche gesetzliche Verpflichtung zur Mitarbeit im Geschäft des Ehepartners mehr. Jedoch kann sie sich aus der Pflicht zur Unterhaltsleistung nach § 1360 BGB ergeben, wenn dieser Betrieb die wesentliche Quelle des Familieneinkommens ist, ohne die Mitarbeit des Ehepartners in seinem Bestand gefährdet wäre und der mitarbeitende Partner seine Unterhaltspflicht nicht ebenso gut durch eine andere Erwerbstätigkeit erfüllen könnte. Darüber hinaus kommt eine Mitarbeitspflicht unter den Gesichtspunkten der §§ 1353, 1356 Abs. 2 S. 2 BGB in Betracht, wenn das Zusammenwirken der Ehegatten im Betrieb die einverständlich gewählte besondere Gestaltungsform der ehelichen Lebensgemeinschaft bildet, was insbesondere in kleineren, arbeitsintensiven Familienbetrieben der Fall sein kann. 164

Die **Abgrenzung** familienrechtlicher Dienstleistungen zu arbeitsrechtlich geschuldeten Leistungen bereitet allerdings häufig Schwierigkeiten. Denn selbstverständlich ist es nicht ausgeschlossen, dass auch mit dem Ehepartner oder den Kindern – soweit diese nach Maßgabe des JArbSchG Arbeitsleistungen erbringen dürfen – ein Arbeitsverhältnis begründet wird. Auch kommt ein Tätigwerden des Ehepartners auf gesellschaftsrechtlicher Grundlage (sog. Ehegatteninnengesellschaft) in Betracht. Auf welcher Rechtsgrundlage die von Familienangehörigen erbrachten Leistungen letztlich beruhen, muss durch eine wertende Betrachtungsweise entschieden werden. Entscheidend ist auch hier keine nebulöse Typologie, die sich an Merkmalen wie Eingliederung in den Betrieb, Höhe der Bezüge im Verhältnis zu der verrichteten Tätigkeit und Vergleich mit fremden Arbeitskräften orientiert (BSG 21.4.1993 – 11 RAr 67/92, NJW 1994, 341). Maßgeblich sind allein die Voraussetzungen des § 611a BGB. Der Annahme eines Beschäftigungsverhältnisses steht nicht entgegen, dass die Abhängigkeit unter Ehegatten – wie im Übrigen auch unter nichtehelichen Lebenspartnern – im Allgemeinen weniger stark ausgeprägt und deshalb das Weisungsrecht möglicherweise mit bestimmten Einschränkungen ausgeübt wird. Die Grenze zwischen einem abhängigen Beschäftigungsverhältnis mit Entgeltzahlung und einer nicht [sozial-]versicherungspflichtigen Beschäftigung aufgrund eines Gesellschaftsverhältnisses oder der familienhaften Zusammengehörigkeit ist nicht immer leicht zu ziehen und kann nur nach Lage der jeweiligen Umstände entschieden werden. Ein Arbeitsverhältnis liegt nur dann vor, wenn ein Ehegatte im (fremden) Betrieb des anderen Ehegatten weisungsgebundene, fremdbestimmte Tätigkeiten verrichtet (vgl. zum Ehegattenarbeitsverhältnis auch *Schulz* NZA 2010, 75). 165

dd) Vereinsrechtliche, kirchliche oder karitative Dienstleistungen

Auch bei Dienstleistungen aufgrund einer Mitgliedschaft in einem Verein wird eine mögliche Dienstpflicht nicht durch Dienst- oder Arbeitsvertrag begründet. Zwar stellt der Beitritt zu einem Verein unzweifelhaft ein privatrechtliches Rechtsgeschäft dar, dieses allein aber begründet lediglich mitgliedschaftliche Rechte und Pflichten. Die Pflicht zur Arbeitsleistung kann lediglich auf der Satzung des Vereins oder dem Beschluss eines zuständigen Organs beruhen. 166

Beispiele vereinsrechtlicher Dienstleistungen: Handwerkliche Arbeiten am Vereinsheim, Instandhaltung des Vereinsgeländes, Verkauf von Speisen oder Ausschank von Getränken bei Veranstaltungen.

Freilich gibt es auch Vereine, bei denen die Leistung von Diensten nicht lediglich eine besondere Form der Beitragsentrichtung, sondern ein ganz wesentliches Element der mitgliedschaftlichen Stellung ist. 167

Fallbeispiele: Rote-Kreuz-Schwestern und Scientology: Nach der bisherigen Rechtsprechung des BAG sind **Rote-Kreuz-Schwestern** weder Arbeitnehmer der Schwesternschaft noch arbeitnehmerähnliche Personen i.S.v. § 5 Abs. 1 ArbGG (BAG v. 6.7.1995 – 5 AZB 9/93, NZA 1996, 33, 33). Entscheidend soll sein, ob eine missbräuchliche Vertragsgestaltung vorliegt (zur Inhaltskontrolle in diesem Falle *Weber*, Ist die Rotkreuzschwester Arbeitnehmerin ihrer Schwesternschaft?, Diss. Köln 2008). Die Rechtsprechung hat diese Linie auch in Fällen fortgeführt, „wenn sie nicht in einem von der Schwesternschaft selbst getragenen, sondern aufgrund eines Gesellschaftsvertrags in einem von einem Dritten betriebenen Krankenhaus tätig sind" (BAG v. 20.2.1986 – 6 ABR 5/85, NJW 1986, 2906; LAG Hessen v. 30.7.2009 – 5 Sa 225/09). Diese Rechtsprechung ist umstritten und hatte zu einem Vorabentscheidungsersuchen des BAG zur Anwendung der Leiharbeitsrichtlinie 2008/104/EG geführt (BAG v. 17.3.2015 – 1 ABR 62/12 (A), EzA § 1 AÜG Nr. 19). Aufgrund dieser hat der EuGH (17.11.2016 – C-216/15 „Ruhrlandklinik", NZA 2017, 41 mit krit. Anm. *Preis/Morgenbrodt* EuZA 2017, 418) entschieden, dass die Leiharbeitsrichtlinie auch auf Personen Anwendung finden kann, die aufgrund ihrer Mitgliedschaft in einem gemeinnützigen Verein durch diesen an Dritte zur Arbeitsleistung verliehen werden. Es kommt laut EuGH für den Arbeitnehmerbegriff der Richtlinie nicht darauf an, ob die Person nach nationalem Recht als Arbeitnehmer einzustufen ist, sondern lediglich auf die Frage, ob sie „aufgrund dieser Arbeitsleistung in dem betreffenden Mitgliedstaat geschützt ist" (Rz. 48). Diese Entscheidung bleibt den nationalen Gerichten überlassen. Das BAG ist dem EuGH gefolgt (BAG v. 21.2.2017 – 1 ABR 62/12) und hat die Konstruktion als Arbeitnehmerüberlassung eingeordnet. Daraufhin erfolgte die – unionsrechtlich zweifelhafte – Reform des DRK-Gesetzes mit einem neuen § 2 Abs. 4 DRKG, wonach für die Gestellung von Mitgliedern einer Schwesternschaft vom Deutschen Roten Kreuz seit dem 25.7.2017 gilt, dass § 1 Abs. 1 S.4 und Abs. 1b AÜG und damit die Überlassungshöchstdauer von 18 Monaten nicht anwendbar sind.

Das **Ziel**, das der EuGH mit dieser weitgehenden Auslegung des Arbeitnehmerbegriffs der Richtlinie verfolgt, ist durchaus verständlich. In der Tat kann in Fällen wie den DRK-Schwestern fraglich sein, ob die Gestaltung des Rechtsverhältnisses als mitgliedschaftliche Dienstleistungspflicht nicht eine unzulässige Umgehung zwingender arbeitsrechtlicher Schutznormen darstellt. Ein solcher Umgehungsversuch ist insbesondere dann anzunehmen, wenn der Dienstverpflichtete wesentliche mitgliedschaftliche Rechte (insbesondere Bestellung und Entlastung des Vorstandes) rechtlich oder faktisch nicht wahrnehmen kann, der Verein überwiegend wirtschaftliche Zwecke verfolgt und er seinen Mitarbeitern trotz deren erheblicher Arbeitsleistung keine Ansprüche auf Vergütung oder Versorgung gewährt. Allerdings ist die Entscheidung des EuGH methodisch bedenklich, da als Arbeitnehmer i.S.d. Richtlinie gem. ihres Art. 3 Abs. 1 Buchst. a eine Person gilt, „die in dem betreffenden Mitgliedstaat nach dem nationalen Arbeitsrecht als Arbeitnehmer geschützt ist". Das *als Arbeitnehmer geschützt* hat der EuGH nun eigenmächtig zu *„wie ein Arbeitnehmer geschützt"* umgedeutet.

Entsprechend der ausgeführten Bedenken bzgl. einer Umgehung arbeitsrechtlicher Schutzvorschriften hat das BAG beispielsweise hauptamtliche (aktiv tätige) außerordentliche Mitglieder von **Scientology** als Arbeitnehmer eingeordnet (BAG v. 22.3.1995 – 5 AZB 21/94, NZA 1995, 823, 823). Zu einem anderen Ergebnis kommt das BAG in einer späteren Entscheidung. Hier stellt es darauf ab, dass aufgrund der vereinsrechtlichen Beziehungen nur eine vereinsrechtliche Verpflichtung des Klägers zur Arbeit in persönlicher Abhängigkeit im Dienste des Beklagten vorliegt. Ein Arbeitsverhältnis werde hierdurch allein noch nicht begründet. Denn sowohl Vereinsmitglieder, die ihren Mitgliedsbeitrag in Form von Dienstleistungen für den Verein erbringen, als auch Arbeitnehmer könnten ihre Dienste in persönlicher Abhängigkeit leisten. Erklärbar wird das scheinbar abweichende Ergebnis durch den Umstand, dass der Kläger mit seiner Tätigkeit bei Scientology keine Erwerbsabsichten, sondern ideelle Ziele und die „eigene geistige Vervollkommnung im Sinne der Lehren von Scientology" anstrebte. Er erreichte auf der Basis seiner Vorstellungen, letztlich als ranghoher Vertreter der Organisation, eigene Ziele. Seine Teilhabe als ranghoher Auditor an der Macht von Scientology sei der Lohn für die von ihm dargelegte Selbstausbeutung gewesen. Aus diesen Erwägungen lehnte das BAG den Arbeitnehmerstatus des ranghohen Funktionärs der Organisation ab (BAG v. 26.9.2002 – 5 AZB 19/01, NZA 2002, 1412, 1415).

3. Leistung von Arbeit gegen Entgelt

a) Begriff der Arbeit

168 Der **Begriff der Arbeit** im Kontext des Arbeitnehmerbegriffes kann nur abhängige Arbeit sein. Auch wenn das BAG für die verschiedenen Rechtsgebiete **unterschiedliche Begriffsverständnisse** entwickelt

hat (näher Rz. 1110 ff., 1143 ff.), kann ein rechtsgebietsübergreifender gemeinsamer Begriffskern des Arbeitnehmerbegriffes nachgewiesen werden. Erforderlich und auch genügend für die Annahme eines Arbeitsverhältnisses ist, dass der Betreffende überhaupt, wenn auch nur in einem geringen Umfang, zur Erbringung von **weisungsgebundener Arbeit** vertraglich verpflichtet, also der Arbeitgeber über einen Teil von dessen Arbeitskraft zu verfügen berechtigt ist.

Zuletzt beschreibt der EuGH das Arbeitsverhältnis in seiner jüngsten Entscheidung zum Arbeitszeitbegriff: *„Das wesentliche Merkmal, das ein Arbeitsverhältnis definiert, bleibt, dass jemand während einer bestimmten Zeit für einen anderen nach dessen Weisung Leistungen erbringt, für die er als Gegenleistung eine Vergütung erhält [...]."* (EuGH v. 21.2.2018 – C-518/15 „Matzak", NZA 2018, 293, Rz. 28, juris)

Nach der Rechtsprechung des EuGH *„gehören zu den wesentlichen Merkmalen des Begriffs ‚Arbeitszeit' iSv Art. 2 der RL 2003/88 nicht die Intensität der vom Arbeitnehmer geleisteten Arbeit oder dessen Leistung."* (EuGH v. 21.2.2018 – C-518/15 „Matzak", NZA 2018, 293 Rz. 56)

Neben rein körperlicher Arbeit ist daher auch geistige Tätigkeit als Arbeit zu qualifizieren. Ebenso kann ein rein passives Verhalten, beispielsweise eines Malermodells, Arbeit darstellen. Gleiches gilt für die Arbeitsbereitschaft, die mit der Verpflichtung einhergeht, am Arbeitsort anwesend zu sein, das Geschehen zu beobachten und im Bedarfsfall unmittelbar eine Tätigkeit aufzunehmen. Arbeit ist auch die vom Arbeitgeber – durch Weisung veranlasste Untätigkeit (BAG v. 29.6.2016 – 5 AZR 716/15, ZIP 2016, 2083 Rz. 28).

In **arbeitsvertraglicher Hinsicht** meint Arbeit die Leistung der versprochenen Dienste im Sinne des § 611a Abs. 1 BGB, also jede Tätigkeit, die als solche der Befriedigung eines fremden Bedürfnisses dient (st. Rspr., vgl. nur BAG v. 17.10.2018 – 5 AZR 553/17, NZA 2019, 159 Rz. 13 m.w.N., noch zu § 611 BGB). 168a

„Zu den versprochenen Diensten im Sinne des § 611 BGB [jetzt § 611a Abs. 1 BGB] zählt nicht nur die eigentliche Tätigkeit, sondern jede vom Arbeitgeber im Synallagma verlangte sonstige Tätigkeit oder Maßnahme, die mit der eigentlichen Tätigkeit oder der Art und Weise ihrer Erbringung unmittelbar zusammenhängt." (BAG v. 25.4.2018 – 5 AZR 424/17, NZA 2018, 1211 Rz. 17)

Die unselbstständige fremdbestimmt, fremdnützige, weisungsgebundene und in der Regel räumlich begrenzte Tätigkeit ist abhängige Arbeit und damit die Arbeit eines unselbständigen Arbeitnehmers. **Arbeit(szeit)** ist danach jedes Tun oder Nichtstun, das fremdbestimmt und fremdnützig auf der Basis einer arbeitgeberseitigen Weisung erfolgt und eigenwirtschaftliche Tätigkeit oder Freizeit ausschließt (s.a. Preis, VSSAR 2019, 267, 276 ff.).

b) Abgrenzung zu anderen Vertragstypen

aa) Werkvertrag

Durch das Merkmal der Arbeitsleistung unterscheidet sich der Arbeitsvertrag vom Werkvertrag (§§ 631 ff. BGB). Im Gegensatz zum Arbeitnehmer schuldet der Werkunternehmer nicht nur die bloße Arbeitsleistung, sondern einen konkreten Arbeitserfolg. Dementsprechend ist auch das Weisungsrecht des Werkbestellers beschränkt: Während der Arbeitgeber kraft seines Direktionsrechts die im Arbeitsvertrag nur rahmenmäßig umschriebene Leistungspflicht im Einzelnen nach Zeit, Art und Ort zu bestimmen vermag (BAG v. 23.6.1993 – 5 AZR 337/92, NZA 1993, 1127, 1128), steht dem Werkbesteller lediglich ein **projektbezogenes Anweisungsrecht** (§ 645 Abs. 1 BGB) zu. Dieses Recht kann er u.U. auch gegenüber dem Erfüllungsgehilfen des Werkunternehmers ausüben. Zur Abgrenzung, ob Arbeitnehmer als Erfüllungsgehilfen des Werkunternehmers einzustufen sind oder ob eine Arbeitnehmerüberlassung vorliegt, Rz. 313. 169

Das werkvertragliche Weisungsrecht ist im Einzelfall von **Weisungen arbeitsvertraglicher Art abzugrenzen**. Arbeitsvertragliche, d.h. personenbezogene Weisungen werden gegeben, wenn der Gegen- 170 stand der Leistung erst mit der Weisung bestimmt wird und die Weisungen solcher Art sind, dass die Arbeit erst unmittelbar und bindend organisiert wird. Ein Werkvertrag liegt nur vor, wenn Weisungsstruktur und Risikoverteilung eindeutig werkvertraglich ausgestaltet werden (*Greiner* NZA 2013, 697). Anschaulich wird dies an der Entscheidung des BAG v. 25.9.2013 – 10 AZR 282/12, NZA 2013, 1348: Der Arbeitgeber versuchte, das Arbeitsrecht dadurch zu umgehen, dass er im Kern Bestandteile einer Dienstanweisung als „Werk" erscheinen lassen wollte. Zu Recht weist das BAG darauf hin, dass es in solchen und ähnlichen Fällen an einem vertraglich festgelegten, abgrenzbaren, dem Auftragnehmer als eigene Leistung **zurechenbaren und abnahmefähigen Werk** fehlt. Der Arbeitseinsatz müsse dann erst durch begleitende Weisungen bestimmt werden. Wesentlich sind die Weisungsstruktur und das Maß, in dem der Auftragnehmer in einen bestellerseitig organisierten Produktionsprozess eingegliedert ist.

171 Für die Abgrenzung zwischen Arbeitsvertrag einerseits und Werkvertrag andererseits ist ohne Bedeutung, ob sich das **Entgelt** allein nach dem Arbeitserfolg bemisst. Auch wenn nicht der Arbeitserfolg, sondern lediglich die Erbringung von Diensten geschuldet ist, kann die Gegenleistung nach der Mengenerzeugung (Akkord), nach einer quantifizierbaren Qualitätsbestimmung der Arbeitsleistung (Prämie) oder nach dem durch die Arbeitsleistung vermittelten Umsatz (Provision) gestaltet sein. Es wird in diesen Fällen lediglich ein leistungsbezogenes Arbeitsentgelt bezahlt (Rz. 1232).

172 **Beispiel Künstlerverträge:** Ein Gastspielvertrag, der einen Opernsänger zu Proben und Auftritten über einen längeren Zeitraum verpflichtet, ist kein Werkvertrag. Der Opernsänger schuldet in diesem Fall keinen Erfolg i.S.d. § 631 Abs. 2 BGB, sondern künstlerische Tätigkeit. Daran ändert sich auch nichts, wenn der Vertragsgegenstand auf eine bestimmte Rolle beschränkt war. Das stellt weder ein bestimmtes Arbeitsergebnis noch einen bestimmten Arbeitserfolg dar (BAG v. 7.2.2007 – 5 AZR 270/06, NZA 2007, 1072).

Das ist anders, wenn ein Künstler sich vertraglich insgesamt zur Durchführung einer Aufführung verpflichtet. Ist Gegenstand der vertraglichen Leistung eine zu einem Fixtermin durchzuführende Aufführung, ist diese als künstlerische Wertschöpfung dem Werkvertragsrecht zuzuordnen (OLG München v. 26.5.2004 – 7 U 3802/02, NJW-RR 2005, 616).

Eine Artistengruppe vereinbarte mit einem Zirkus die Hochseil- und Todesradnummer mit jeweils vier Personen. Die Gerätschaften brachte die Artistengruppe ein. Als Vergütung wird ein Tageshonorar in Höhe von 550 € festgelegt. Das BAG verneinte das Vorliegen eines Arbeitsvertrages, akzeptierte die Einordnung als freien Dienstvertrag. M.E. hätte die Einordnung als Werkvertrag näher gelegen. Denn die Künstler schuldeten „das Werk", die Aufführung der von ihnen organisierten und ausschließlich geleiteten Todesradnummer. Freilich ist die Einordnung unerheblich, weil die Parteien kein Arbeitsrecht umgangen haben und Vertragsfreiheit genossen. Die geltend gemachten arbeitsrechtlichen Ansprüche bestanden jedenfalls nicht (BAG v. 11.8.2015 – 9 AZR 98/14, NZA-RR 2016, 288).

bb) Auftrag

173 Arbeitnehmer ist nur, wer **gegen Entgelt zur Leistung von Arbeit** verpflichtet ist. Kein Arbeitnehmer ist daher der Auftragnehmer, denn der Auftrag (§§ 662 ff. BGB) ist gemäß § 662 BGB ein unentgeltliches Geschäft. Zwar ist auch beim Auftrag die Vereinbarung eines Auslagenersatzes möglich, doch entsteht allein hierdurch kein Arbeitsverhältnis.

174 Umgekehrt kann ein Arbeitsverhältnis nicht lediglich deshalb verneint werden, weil es an einer Vergütungsvereinbarung zwischen den Vertragsparteien fehlt. Schon **§ 612 Abs. 1 BGB** macht deutlich, dass aus einem solchen Umstand nicht die Unentgeltlichkeit des Rechtsgeschäfts gefolgert werden kann. Entscheidend ist daher, ob die Leistungserbringung als solche nach den objektiven Gegebenheiten des konkreten Falles nur gegen eine Vergütung zu erwarten ist. Ist dies der Fall, geht die Vertragsbegründungs- und Vergütungsfiktion des § 612 Abs. 1 BGB dem ausdrücklichen Ausschluss eines Vergütungsanspruchs zwingend vor.

175 Einige Vorschriften des Auftragsrechts, so z.B. §§ 667, 670 BGB, finden auch im Arbeitsrecht **entsprechend Anwendung**, obwohl der Arbeitnehmer nicht unentgeltlich tätig wird (vgl. BAG v. 14.10.2003 – 9 AZR 657/02, NZA 2004, 604, 605). Beispielsweise richtet sich danach die Erstattung der dem Ar-

beitnehmer durch die Anschaffung von Sicherheitsschuhen entstandenen Aufwendungen (BAG v. 21.8.1985 – 7 AZR 199/83, NZA 1986, 324; BAG v. 19.5.1998 – 9 AZR 307/96, NZA 1999, 38), der Ersatz von Reisespesen oder gegebenenfalls der Ersatz von Aufwendungen für das häusliche Arbeitszimmer (im konkreten Fall wegen Wahlfreiheit des Arbeitnehmers verneint durch BAG v. 12.4.2011 – 9 AZR 14/10, NZA 2012, 97; Rz. 2363).

4. Im Dienste eines anderen in persönlicher Abhängigkeit

Nach der gesetzlichen Definition in § 611a BGB wird der Arbeitsvertrag charakterisiert durch die Leistung im Dienste eines anderen zu weisungsgebundener, fremdbestimmter Arbeit in persönlicher Abhängigkeit. Der **Definitionskern ist die Weisungsbefugnis**. Das Gesetz ist so zu lesen, dass § 611a Abs. 1 Satz 3 BGB den unabdingbaren Kern des Arbeitsvertrages regelt. Weisungsgebunden, und damit in einem Arbeitsverhältnis beschäftigt ist, wer nicht im Wesentlichen frei seine Tätigkeit gestalten und seine Arbeitszeit bestimmen kann. Darüber hinausgehend hat das Weisungsrecht aber auch in anderen Bereichen seine Bedeutung. Darauf deutet die etwas zusammenhanglos erscheinende Aussage hin, das Weisungsrecht könne Inhalt, Durchführung, Zeit und Ort der Tätigkeit betreffen. Hierbei handelt es sich um einen Verweis auf den viel detaillierter geregelten Nukleus des Arbeitsvertrates: die Weisungsbefugnis des Arbeitgebers nach Maßgabe des § 106 GewO. Dieser Verweis wirkt sich auf die Abgrenzung zwischen einem Dienstvertrag und Werkvertrag, nämlich die Qualität der Weisungsbindung, aus. Der Arbeitsvertrag ist durch eine personenbezogene Weisung geprägt. In den Grenzfällen ist das Ausmaß der Weisungsbindung entscheidend, wie auch aus § 611a Abs. 1 Satz 4 BGB hervorgeht. In der Norm ist die weitere Aussage enthalten, dass der erforderliche Grad der persönlichen Abhängigkeit auch von der Eigenart der jeweiligen Tätigkeit abhängt.

176

a) Abgrenzung zum freien Dienstvertrag

Der Arbeitsvertrag nach §§ 611a BGB ist ein **Unterfall des** in § 611 BGB geregelten **Dienstvertrags**. Die Vorschriften der §§ 612-630 BGB beanspruchen – wie sich schon aus ihrem Wortlaut ergibt – zum Teil sowohl für den Arbeits- als auch für den sog. „freien" Dienstvertrag Geltung (z.B. §§ 620, 626, 630 BGB), zum Teil gelten sie nur für den „freien" Dienst- (z.B. §§ 621, 627 BGB), zum Teil nur für den Arbeitsvertrag (z.B. §§ 612a, 619a, 622 BGB).

177

Beispiele für freie Dienstverträge: Dienste im Rahmen eines „freien" Dienstvertrags können beispielsweise **niedergelassene Ärzte** im Verhältnis zu ihren Patienten oder **Rechtsanwälte** gegenüber ihren Mandanten leisten. Sie sind Selbstständige und können ihrerseits Arbeitgeber, etwa gegenüber ihren Sprechstundenhilfen oder Bürokräften, sein. Freilich ist andererseits auch nicht ausgeschlossen, dass sie selbst im Rahmen ihrer Praxis oder Kanzlei **angestellte Ärzte** oder **Rechtsanwälte** beschäftigen, die dann ihrerseits **Arbeitnehmer** sind.

178

Beispiel für den fließenden Übergang zwischen freiem Dienstvertrag und Arbeitsvertrag:

179

Stufe 1: Selbstständiger Rechtsanwalt mit eigener Kanzlei, der neben vielen anderen Mandanten auch die X-GmbH ständig berät und vor Gericht vertritt (freier Dienstvertrag).

Stufe 2: Rechtsanwalt mit eigener Kanzlei, dessen Umsatz vollständig oder nahezu ausschließlich aus der Beratung und Vertretung der X-GmbH resultiert (freier Dienstvertrag).

Stufe 3: Rechtsanwalt, der in den Räumen der X-GmbH sein Büro unterhält und ausschließlich für diese Firma tätig ist (freier Dienstvertrag – dagegen Arbeitnehmer, wenn er in der fremden Arbeitsorganisation weisungsunterworfen tätig ist).

Stufe 4: Assessor, der mit zwei anderen Mitarbeitern der X-GmbH die Rechts- und Personalabteilung darstellt und in diesem Rahmen weisungsabhängig die Interessen der X-GmbH Dritten gegenüber vertritt (Arbeitnehmer).

Die Schwierigkeit der Abgrenzung liegt darin, dass die Verpflichtung zu Dienstleistungen in wesensverschiedenen Vertragsgestaltungen möglich ist. Herausgearbeitet werden muss, ob ein Vertrag zur

180

Erbringung von Dienstleistungen in **persönlichen Abhängigkeit** geschieht. Das zeigt sich schon an einem einfachen **Beispiel:** Eine Reinigungskraft, die in Teilzeit- oder Vollzeitarbeit für einen Auftraggeber an einem oder mehreren Einsatzorten tätig ist, wird recht eindeutig als weisungsgebundener **Arbeitnehmer** klassifiziert werden können. Denkbar ist auch, dass sie im Wege der **Arbeitnehmerüberlassung** am selben Objekt als **Leiharbeitnehmer** arbeitet. Schließlich kann die Reinigungskraft als weisungsgebundener **geringfügig beschäftigter Arbeitnehmer** eingesetzt sein, etwa in einem Privathaushalt. Gerade in diesen Fällen ist aber die Beschäftigung als Arbeitnehmer alles andere als selbstverständlich. Vielfach treten die Reinigungskräfte als **Selbstständige** auf. Darin liegt kein Missbrauch, wenn die Reinigungskräfte keinerlei zeitliche oder inhaltliche Vorgaben erhalten und tatsächlich feststellbar die Freiheit besteht, ein Objekt zu reinigen (dann ggf. Werkvertrag) oder die Dienste nach eigenem zeitlichen Ermessen zu erbringen. Um Missbrauch festzustellen, bedarf es der präzisen Prüfung der gesetzlichen Kriterien für das Vorliegen eines Arbeitsvertrages.

b) Die gesetzlichen Kriterien

aa) Weisungsbindung

181 Die Rechtsprechung hat auch schon vor der Kodifikation des Vertragstyps (§ 611a BGB) und des Weisungsrechts des Arbeitgebers (§ 106 GewO) die Weisungsbefugnis bezüglich Inhalt, Durchführung, Zeit, Dauer und Ort der Tätigkeit (BAG v. 20.9.2000 – 5 AZR 61/99, NZA 2001, 551, 551) als Hauptmerkmal für die Abgrenzung zum freien Dienstvertrag erkannt. Ergänzend zog sie § 84 Abs. 1 S. 2 HGB im Umkehrschluss heran, der inhaltsgleich nunmehr in § 611a Abs. 1 S. 3 BGB verankert ist.

182 Der **Weisungsumfang** kann in allen Bereichen sehr stark unterschiedlich ausgeprägt sein (Fallbeispiel Rz. 186):

Beispiele für weniger stark ausgeprägtes Weisungsrecht: So können beispielsweise Außendienstmitarbeiter bei der Wahl ihres Einsatzorts relativ frei sein, allerdings wird auch ihnen in der Regel ein bestimmtes räumlich abgegrenztes Gebiet (Kreis oder Stadt, Bundesland, bestimmter Postleitzahlbereich) zugewiesen sein. Die Wahl der Arbeitszeit kann im Rahmen von Gleitzeitregelungen individuell gestaltet sein; gerade Teilzeitbeschäftigte können hier einen erheblichen Freiraum haben. Auch Arbeitnehmer, die z.B. zu Hause Arbeiten am Bildschirm verrichten (Heim-/Telearbeiter), genießen hier u.U. erhebliche Freiheiten.

183 Trotz vieler Zweifelsfälle sind jedoch die gesetzlichen Kriterien geeignet, die Vertragstypen konsistent voneinander abzugrenzen. Im Einzelnen:

(1) Zeitliche Lage

184 Wer nicht im Wesentlichen frei seine Arbeitszeit bestimmen kann, ist weisungsgebunden und persönlich abhängig. Wenn keine Möglichkeit besteht, nach eigenem Gutdünken Termine wahrzunehmen, spricht dies für eine abhängige Beschäftigung (BAG v. 6.5.1998 – 5 AZR 247/97, NZA 1999, 205). Entscheidend ist dabei nicht, ob eine **Weisungsausübung im Einzelfall** erfolgt. Die zeitliche Weisungsbindung kann auch bereits vertraglich fixiert sein (missverständlich deshalb BAG v. 13.11.1991 – 7 AZR 31/91, NZA 1992, 1125). Zeitliche Weisungsbindung ist auch bei **Teilzeitbeschäftigten**, bei denen die Lage der Arbeitszeit vertraglich konkretisiert ist, erst recht aber bei Abrufverhältnissen zu bejahen. Mit der Flexibilisierung der Lage der Arbeitszeit durch den Arbeitgeber geht eine starke Weisungsbindung einher. Ein starkes Indiz für das Bestehen eines Arbeitsverhältnisses ist die Aufführung in **Dienstplänen** (BAG v. 8.11.2006 – 5 AZR 706/05, NZA 2007, 321). Wird für die zu erbringende Leistung lediglich der Wochentag und damit ein 24 Stunden umfassender Zeitkorridor vertraglich für eine Leistung vorgeschrieben (hier: Anbringen von Werbeplakaten), besteht – entgegen der Auffassung des BAG (BAG v. 13.3.2008 – 2 AZR 1037/06, NZA 2008, 878) – eine die Abhängigkeit begründende zeitliche Weisungsbindung.

(2) Inhalt

Arbeitsbegleitende Weisungen sind ein typisches Indiz für die abhängige Beschäftigung (siehe schon BAG v. 9.3.1977 – 5 AZR 110/76, DB 1977, 2459). In der Realität des Arbeitslebens arbeiten jedoch viele **hochqualifizierte Mitarbeiter** fachlich weitgehend selbständig. Dennoch ist auch bei den hochqualifizierten Tätigkeiten nur von einer Lockerung der fachlichen Weisungsgebundenheit auszugehen. Die rechtliche Möglichkeit der Weisung besteht vielfach; die rein faktische Unmöglichkeit und das Vertrauen auf die fachgerechte Leistungserbringung durch den Arbeitnehmer lassen die Weisungsgebundenheit nicht entfallen (*Hromadka* NZA 1997, 569, 576).

185

Bei fachlich besonders qualifizierten Tätigkeiten kann es auch vorkommen, dass der Arbeitgeber gar nicht in der Lage ist, Anweisungen hinsichtlich der Art der zu leistenden Arbeit zu erteilen. Die Selbstständigkeit bei fachlichen Entscheidungen schließt die Weisungsgebundenheit insgesamt jedoch nicht aus. Ist der Beschäftigte hinsichtlich der übrigen Modalitäten seiner Arbeitsleistung dem Direktionsrecht seines Arbeitgebers unterworfen, ist er dennoch als Arbeitnehmer einzustufen (vgl. für den Fall eines in einer Anwaltskanzlei beschäftigten Betriebswirts OLG Köln 15.9.1993 – 2 W 149/93, NJW-RR 1993, 1526). So steht beispielsweise auch ein **Chefarzt**, der aufgrund der mangelnden Sachkenntnis des Krankenhausträgers und der Standesethik keine fachbezogenen Weisungen empfangen kann, dennoch in einem abhängigen Beschäftigungsverhältnis und ist als Arbeitnehmer anzusehen (BAG v. 27.7.1961 – 2 AZR 255/60, NJW 1961, 2085).

186

Fallbeispiel: Chefarzt: A ist hauptberuflich als Chefarzt der chirurgischen Abteilung in einem städtischen Krankenhaus tätig. Seine Dienstzeiten leistet er auf Grund des krankenhausinternen Dienstplans. Seinen Urlaub stimmt er mit der Krankenhausleitung ab. Auf Grund seines Anstellungsvertrags, der in weiten Teilen auf den einschlägigen Tarifvertrag des öffentlichen Dienstes verweist, ist er zur Behandlung sämtlicher Kassenpatienten verpflichtet. Daneben darf er im Krankenhaus Sprechstunden für Privatpatienten abhalten und diese eigenständig abrechnen. Durch den Krankenhausträger ist er hinsichtlich seiner ärztlichen Tätigkeit haftpflichtversichert. Ist der Anstellungsvertrag als Arbeitsvertrag zu qualifizieren?

Lösungsvorschlag: Gemäß § 611a Abs. 1 BGB liegt ein Arbeitsvertrag vor, wenn ein Arbeitnehmer im Dienste eines anderen zur Leistung weisungsgebundener, fremdbestimmter Arbeit in persönlicher Abhängigkeit verpflichtet ist. Weisungsgebunden ist, wer nicht im Wesentlichen frei seine Tätigkeit gestalten und seine Arbeitszeit bestimmen kann. Persönlich abhängig ist auch, wer Weisungen hinsichtlich Inhalt, Durchführung, Zeit und Ort der Tätigkeit unterliegt. Der Grad der persönlichen Abhängigkeit hängt dabei auch von der Eigenart der jeweiligen Tätigkeit ab.

Hier besteht ein privatrechtlicher Vertrag. Fraglich ist, ob A persönlich abhängig ist. Er kann weder seinen Arbeitsort selbst bestimmen noch seine Arbeitszeit frei gestalten. Vielmehr muss er seinen Dienst zu den Zeiten ableisten, die im Dienstplan festgelegt sind. Auch die Festlegung seines Urlaubs ist nur in Absprache mit der Krankenhausleitung möglich. Daher ist A sowohl in örtlicher als auch in zeitlicher Hinsicht von den Weisungen seines Arbeitgebers abhängig. Allerdings unterliegt er insoweit keinen fachlichen Weisungen, als er selbstständig über die Behandlung seiner Patienten entscheidet. Diese fachliche Weisungsfreiheit ergibt sich zwangsläufig aus seiner Stellung als Chefarzt, dem keine weitere fachkundige Person übergeordnet ist. Dennoch unterliegt A auch hinsichtlich des Inhalts seiner Tätigkeit Weisungen des Arbeitgebers, denn er ist verpflichtet, alle Kassenpatienten auf Rechnung des Krankenhauses zu behandeln. Daher ist er in so hohem Maße in die Arbeitsorganisation des Krankenhauses eingebunden, dass ein persönliches Abhängigkeitsverhältnis gegenüber dem Arbeitgeber besteht. Auch die Tatsache, dass A im Krankenhaus Sprechstunden für Privatpatienten abhalten und diese eigenständig abrechnen darf, steht der Arbeitnehmereigenschaft des A nicht entgegen. Diese Tätigkeit ist in die Organisation des Krankenhauses eingegliedert, da sie in den Räumen und mit den Betriebsmitteln des Krankenhauses erfolgt und mit dem Betriebszweck des Krankenhauses übereinstimmt. Daher wird die Eigenliquidation der Chefärzte üblicherweise lediglich als eine andere Form der Gehaltszahlung für die Gesamtleistung betrachtet, die der Chefarzt auf Grund seines Anstellungsvertrages erbringt. Für die Einstufung des A als Arbeitnehmer spricht zudem, dass er nicht selbst, sondern über den Krankenhausträger hinsichtlich seiner ärztlichen Tätigkeit haftpflichtversichert ist. Damit übernimmt der Arbeitgeber einen nicht unerheblichen Teil des unternehmerischen Risikos, das mit der Tätigkeit des A verbunden ist. Nicht zuletzt ist zu beachten, dass der Anstellungsvertrag des A auf den einschlägigen Tarifvertrag des öffentlichen Dienstes verweist. Da Tarifverträge nur für Arbeitnehmer, nicht aber für Selbständige gelten, weist auch dies auf die Arbeitnehmereigenschaft des A hin. Somit ist A Arbeitnehmer. (BAG v. 27.7.1961 – 2 AZR 255/60, NJW 1961, 2085)

In Abgrenzung hierzu vergleiche den Fall des **medizinischen Gutachters**, der hinsichtlich der Tätigkeit keinerlei Weisungsbindung unterliegt und auch nicht in eine fremde Arbeitsorganisation eingebunden ist. (BAG v. 21.7.2015 – 9 AZR 484/14, NZA-RR 2016, 344)

(3) Ort

187 Ist der Leistende verpflichtet, die Dienste an einem bestimmten Ort zu erbringen, den er nicht selbst bestimmen kann, liegt i.d.R. ein Arbeitsverhältnis vor (BAG v. 13.1.1983 – 5 AZR 149/82, NJW 1984, 1985). Das ist etwa bei der Eingliederung in eine fremde Arbeitsorganisation der Fall oder bei der Befugnis, auf Weisung an einem bestimmten Arbeitsort tätig zu werden. Dies entspricht der Wertung des § 611a Abs. 1 BGB. Nur wenn sich der Arbeitsort aus der Natur der Sache ergibt (z.B. Künstler muss an einem bestimmten Veranstaltungsort erscheinen oder für die Begutachtung muss der Gutachter sich zu einem bestimmten Ort begeben), spricht dieser für die Tätigkeit typische Leistungsort nicht für eine Weisungsbindung (BAG v. 11.8.2015 – 9 AZR 98/14, NZA-RR 2016, 288 Rz. 31; BAG v. 21.7.2015 – 9 AZR 484/14, NZA-RR 2016, 344 Rz. 30). So ist auch für Selbstständige üblich, dass sie sich an den vom Auftraggeber bestimmten Ort für die Leistungserbringung begeben müssen. Evident ist das etwa für einen selbstständigen Installateur, der vor Ort einen Wasserrohrbruch beheben muss.

(4) Durchführung der Arbeit

188 Wer nicht im Wesentlichen frei seine Tätigkeit bestimmen kann, ist typischerweise Arbeitnehmer. Das Merkmal der Durchführung weist schon darauf hin, dass die Rechtsprechung die gesamte Gestaltung der Dienstleistungserbringung dahingehend prüft, ob sie von der personenbezogenen Weisung geprägt ist. Das ist nicht der Fall, wenn der Dienstnehmer das Recht hat, Dritte in die Leistungserbringung einzubinden (BAG v. 11.8.2015 – 9 AZR 98/14, NZA-RR 2016, 288 Rz. 25).

(5) Ordnung und Verhalten im Betrieb (§ 106 GewO)

189 In § 611a BGB nicht ausdrücklich erwähnt, aber die personenbezogene Weisung besonders charakterisierend, ist die Weisungsbefugnis des Arbeitgebers hinsichtlich Ordnung und Verhalten im Betrieb, die in § 106 S. 2 GewO geregelt ist. In solchen betriebsorganisatorischen Weisungen zeigt sich geradezu plastisch das Über- und Unterordnungsverhältnis, das in fremdbestimmten, durch persönliche Abhängigkeit geprägten Arbeitsverhältnissen besteht. Der Gesetzgeber hat es bezogen auf diese Weisungen sogar als erforderlich erachtet, zum Schutze der abhängig Beschäftigten ein zwingendes Mitbestimmungsrecht des Betriebsrats vorzusehen (§ 87 Abs. 1 Nr. 1 BetrVG).

bb) Fremdbestimmte Arbeit

190 § 611a Abs. 1 BGB enthält im Rahmen des Tatbestandes auch das Merkmal der Fremdbestimmung. Das Merkmal ist nicht bedeutungslos, obwohl man auf den ersten Blick von einer redundanten Regelung sprechen könnte. Denn bereits aus der Weisungsbindung folgt die Fremdbestimmung, die wiederum die persönliche Abhängigkeit begründet. Freilich knüpft das Merkmal der fremdbestimmten Arbeit an das Kriterium der **Eingliederung in eine fremde Arbeitsorganisation** an. Wer auf die Organisation des Arbeitgebers zur Leistungserbringung angewiesen ist, der ist nach der Durchführung des Vertragsverhältnisses regelmäßig abhängig beschäftigt. Insoweit kann die Rechtsprechung, die auch bislang die organisatorische Abhängigkeit von den Einrichtungen des Auftraggebers als gewichtiges Indiz für das Vorliegen eines Arbeitsverhältnisses sah, weitergeführt werden (BAG v. 13.8.1980 – 4 AZR 592/78, AP BGB § 611 Abhängigkeit Nr. 37; 9.9.1981 – 5 AZR 477/79, AP BGB § 611 Abhängigkeit Nr. 38; BAG v. 30.11.1994 – 5 AZR 704/93, NZA 1995, 622).

cc) Grad der persönlichen Abhängigkeit

Eingedenk der Tatsache, dass es stets ein Mehr oder Weniger an persönlicher Abhängigkeit eines Beschäftigten gibt, verlangt das Gesetz, auf die Eigenart des jeweiligen Vertragsverhältnis zu achten. Der notwendige Grad der persönlichen Abhängigkeit geht einher mit dem Grad der Weisungsbindung. Je stärker die Weisungsbindung ist, umso eher ist ein Arbeitsverhältnis anzunehmen. Der Grad des Weisungsrechts ist der zentrale Gesichtspunkt bei der Feststellung der persönlichen Abhängigkeit (BAG v. 30.11.1994 – 5 AZR 704/93, NZA 1995, 622). Das Kriterium wird nicht dadurch entwertet, dass es zunehmend Vertragsbeziehungen gibt, bei denen die Weisungsbindung gelockert ist. 191

dd) Gesamtbetrachtung

Schlussendlich fordert der Gesetzgeber stets eine Gesamtbetrachtung. Nach **Abwägung** aller gesetzlichen Kriterien müssen jene Umstände, die für das Bestehen eines Arbeitsverhältnisses sprechen, überwiegen, d.h. prägend für die Vertragsbeziehung sein. Klärungsbedürftig ist die Vorgabe der Prüfung der tatsächlichen Vertragsdurchführung. Diese soll dafür entscheidend sein, ob es sich um ein Arbeitsverhältnis handelt oder nicht. Auf die Bezeichnung kommt es nicht an. 192

Zweck dieser Gesamtbetrachtung und der Prüfung der tatsächlichen Vertragsdurchführung ist nicht, jede tatsächliche Veränderung im Dauerschuldverhältnis zum Anlass für eine erneute Prüfung zu nehmen, ob der Vertragstyp gewechselt hat. So ist eine objektive Prüfung unangebracht, wenn die Parteien ein Arbeitsverhältnis durch Vertrag begründen, obwohl sie nachfolgend die Vertragsbeziehung so leben, dass gegebenenfalls auch ein freier Dienstvertrag möglich gewesen wäre. Die Prüfung der tatsächlichen Vertragsdurchführung wird nur richtig verstanden, wenn man berücksichtigt, dass der Gesetzgeber die Verdrängung des Vertragstyps Arbeitsvertrag verhindern will. Der frei gebildete Vertragswille soll nicht kontrolliert werden. **Eine Kontrollbefugnis besteht aber immer dann, wenn der Vertragstyp von einer Seite bestimmt wird.** Das ist in aller Regel die Auftraggeberseite bei jeder Art von Dienstleistungserbringung. Es wäre mit dem Grundgedanken des Arbeitsrechts als Arbeitnehmerschutzrecht nicht zu vereinbaren, wenn es der typischerweise wirtschaftlich stärkere Arbeitgeber in der Hand hätte, durch eine von ihm durchgesetzte Formulierung im Vertrag die Zuordnung der betreffenden Person zum Arbeitsrecht zu steuern. Deshalb ist im Zweifel auf die praktische Durchführung des Vertrags abzustellen (BAG v. 22.3.1995 – 5 AZB 21/94, NZA 1995, 823; BAG v. 19.11.1997 – 5 AZR 653/96, NZA 1998, 364; MüArbR/*Schneider* § 18 Rz. 41). Lässt der Auftraggeber (Dienstberechtigte) nicht die Wahl, auch als Arbeitnehmer tätig zu werden, kann die oktroyierte Vertragsform nach der Rspr. einen Missbrauch der Vertragsfreiheit darstellen, wenn sie nicht durch einen sachl. Grund gerechtfertigt ist (BAG v. 14.2.1974 – 5 AZR 298/73, DB 1974, 1487). Es erfolgt in Zweifelsfällen mithin eine Inhaltskontrolle hinsichtlich der Wahl des Vertragstyps. Diese Inhaltskontrolle bei gestellten Vertragsbedingungen richtet sich nach § 307 Abs. 2 Nr. 1 und 2 BGB. 193

Zusammenfassend kann festgehalten werden, dass in eindeutigen Fällen fehlerhafter Bezeichnung des Vertrags und damit einhergehender Abbedingung der Kardinalpflichten des Arbeitsrechts der von der Rspr. angenommene „Vertragstypenzwang" über die Inhaltskontrolle nach § 307 Abs. 2 Nr. 1 und 2 BGB erreicht wird. Nur bei einer wirklichen freien Wahl des Selbständigenstatus durch den Dienstnehmer ist der Parteiwille zu respektieren (krit. *Hilger* RdA 1989, 1, 6 f.). Eine ausgehandelte Individualabrede (§ 305 Abs. 1 S. 3 BGB) und eine vom Dienstnehmer selbst in den Vertrag eingebrachte Bedingung (§ 310 Abs. 3 Nr. 1 BGB) unterliegt nicht der Inhaltskontrolle. Die Inhaltskontrolle nach Maßgabe der §§ 307 ff. BGB wird jetzt erleichtert, weil das dispositive Leitbild des Arbeitsvertrages nunmehr in Gesetzesform (§ 611a BGB) vorliegt. 194

ee) Abweichende Theorien und Abgrenzungskriterien

In Ansehung der Tatsache, dass der Gesetzgeber sich nunmehr in § 611a BGB zu einer teleologischen Definition und einer klaren Entscheidung hinsichtlich der anzuwendenden Kriterien durchgerungen hat, sind abweichende Theoriegebilde obsolet. Längst verabschiedet ist die so genannte Eingliederungstheorie (Rz. 121). Aber auch der respektable Versuch von *Wank*, die Kriterien der **unterneh-** 195 merischen Chancen und Risiken in den Mittelpunkt der Abgrenzung zu stellen (*Wank*, S. 122 ff.), ist nunmehr durch die gesetzgeberische Entscheidung förmlich zurückgewiesen worden. Gleichwohl wirkt die entsprechende Theorie in Spurenelementen der traditionellen Gesetzeskriterien fort. Die gesetzliche Konzeption geht allerdings nicht von einem dualen (Selbständige und Arbeitnehmer), sondern von einem dreigeteilten System aus. Die mit der Definition der neueren Lehre vollzogene Abkehr von der arbeitnehmerähnlichen Person mag vernünftig sein, würde aber heute mehr denn je eine unzulässige Rechtsfortbildung darstellen.

196 Überprüfungsbedürftig sind aber auch Rechtsentwicklungen in der überkommenen Rechtsprechung. Mangels gesetzgeberischer Grundentscheidung, die nunmehr allerdings vorliegt, hat das BAG mit **typologischen Betrachtungen** gearbeitet, die aus heutiger Sicht in Frage zu stellen sind. Das BAG hatte es vermieden, abstrakte und für alle Arbeitsverhältnisse geltende Kriterien aufzustellen. Deshalb hatte es gemeint, die unselbständige von der selbständigen Arbeit auch typologisch abgrenzen zu müssen (BAG v. 23.4.1980 – 5 AZR 426/79, AP BGB § 611 Abhängigkeit Nr. 34). Diese typologische Betrachtung führte zu einer weitgehend beliebigen Einzelfallrechtsprechung. Noch in der jüngsten Rechtsprechung finden sich problematische Aussagen, die mit der jetzt gültigen Rechtslage nicht mehr vereinbar sind. Diese typologische Methode hat das BVerfG zwar mit dem Hinweis auf die Schwierigkeit der Abgrenzung ohne gesetzliche Kriterien gebilligt (BVerfG v. 20.5.1996 – 1 BvR 21/96, NZA 1996, 1063). Sie ist heute – allein in Ansehung der Regelung des § 611a BGB – mehr denn je abzulehnen. Unter der Herrschaft einer typologischen Methode werden selbst klar handhabbare normative Kriterien zu irrelevanten Topoi. Sie sind ein „Muster ohne Wert" (*Preis* NZA 2018, 817. 821; zutr. MüArbR/*Richardi*, 3. Aufl. 2009, § 16 Rz. 45; zur Kritik s. ErfK/*Preis* § 611a BGB, Rz. 53; *Wank* Arbeitnehmer S. 23 ff.; *Rüthers* RdA 1985, 129, 131). Nachvollziehbare allgemeingültige Kriterien liefert sie nicht. So entschied das BAG: Könne die vertraglich vereinbarte Tätigkeit typologisch sowohl in einem Arbeitsverhältnis als auch selbständig erbracht werden, sei die Entscheidung der Vertragspartner für einen bestimmten Vertragstypus in der Gesamtabwägung zu berücksichtigen (BAG v. 11.8.2015 – 9 AZR 98/14, NZA-RR 2016, 288 Rz. 22; BAG v. 27.6.2017 – 9 AZR 851/16, NZA 2017, 1463 Rz. 24). Bei allem Respekt: Diese Aussage ist inhaltsleer. Es gibt – wie gesagt – keine einzige Dienstleistung, die nicht in unterschiedlichen Vertragstypen erbracht werden kann. Der Wille der Parteien kann nur dann maßgebend sein, wenn er von beiden Seiten frei gebildet ist. Ist das nicht der Fall, muss sich die Vertragswahl eine Inhaltskontrolle anhand des Maßstabes der Kriterien des § 611a BGB gefallen lassen.

ff) Unerhebliche Abgrenzungskriterien

197 Unerheblich für die vertragsrechtlich zutreffende Einordnung ist die Art der Vergütung, die Verweigerung von Urlaubs- und Entgeltfortzahlungsansprüchen sowie die Zahlung oder Nichtzahlung von Sozialversicherungsbeiträgen und Steuern. Diese Gesichtspunkte sind unter Umständen das Ergebnis einer falschen Vertragszuordnung. Entscheidend für die Einordnung ist die Art und Weise der Leistungserbringung, nicht aber die (Nicht-)Erfüllung einer Zahlungspflicht. Sollten allerdings Steuern und Sozialversicherungsbeiträge abgeführt worden sein, kann dies wiederum für eine unselbstständige Tätigkeit sprechen. Unerheblich ist auch der Gesichtspunkt der unternehmerischen Chancen und Risiken, die der Beschäftigte außerhalb des konkreten Rechtsverhältnisses noch hat. Bei Betonung dieses Kriteriums könnte gegebenenfalls eine Teilzeitarbeit nicht als Arbeitsvertrag eingeordnet werden mit dem Argument, der Arbeitnehmer könne sich im Übrigen unternehmerisch betätigen.

gg) „Neue Selbstständigkeit"

Literatur: *v. Einem*, „Abhängige Selbständigkeit", BB 1994, 60; *Hopt*, Neue Selbstständigkeit und Scheinselbstständigkeit, FS Medicus (1999), 235; *Kreuder*, Arbeitnehmereigenschaft und „neue Selbstständigkeit" im Lichte der Privatautonomie, AuR 1996, 386; *Laber*, Die Korrektur des „Korrekturgesetzes" – Das neue Gesetz zur Förderung der Selbstständigkeit, DStR 2000, 114; *Rolfs*, Das Gesetz zur Förderung der Selbstständigkeit – neues Rundschreiben der Spitzenverbände der Sozialversicherungsträger, NZA 2000, 188; *Uff-*

mann, Vertragstypenzuordnung zwischen Rechtsformzwang und Privatautonomie im Bereich der „Neuen Selbstständigkeit" – dargestellt am Beispiel der Honorarärzte, ZfA 2012, 1.

Die besondere Problematik der sog. neuen Selbstständigkeit entspringt den Entwicklungen im Erwerbsleben der letzten Jahre, Personen, die früher ihre Arbeitsleistung im Rahmen eines Arbeitsvertrags erbracht haben, in die Selbstständigkeit zu entlassen. 198

Fallbeispiele für die „neue Selbstständigkeit": Verkaufsfahrer treten mit einem eigenen Fahrzeug als „selbstständige Unternehmer" auf. Dies spart den Arbeitgebern außer den Sozialversicherungsbeiträgen die Personalzusatzkosten wie Urlaubsgewährung und Entgeltfortzahlung im Krankheitsfall und führt zum Nichteingreifen des Kündigungsschutzrechts.

Der zunehmende Einsatz „selbstständiger Unternehmer" spielt im Transportgewerbe eine große Rolle. So übertragen Unternehmen, die ihre Produkte in der Vergangenheit regelmäßig durch eigene, fest angestellte Fahrer an ihre Kunden ausliefern ließen, die Produktauslieferung zunehmend „selbstständigen" **Auslieferungsfahrern**. Ähnliches gilt für den Versand von Waren mit Hilfe eines externen Transportunternehmens. Auch die Fahrer, die die entsprechenden Warensendungen beim Absender abholen und dem Empfänger ausliefern, sind oft nicht als Arbeitnehmer bei dem Transportunternehmen beschäftigt, sondern treten als selbstständige (Ein-Mann-)Unternehmer auf. In derartigen Fällen haben mehrere Instanzgerichte die Arbeitnehmereigenschaft von Auslieferungsfahrern bejaht (LAG Düsseldorf v. 4.9.1996 – 12 (6) (5) Sa 909/96, BB 1997, 891; LG München I v. 15.5.1997 – 17 HKO 759/97, NZA 1997, 943; zum Sozialrecht vgl. die Entscheidung des LSG Berlin v. 27.10.1993 – L 9 Kr 35/92, NZA 1995, 139, 140 ff., in einem ähnlich gelagerten Fall). Hingegen ist ein **Frachtführer**, der zwar nur für einen Auftraggeber fährt, selbstständig, wenn weder Dauer noch Beginn und Ende der täglichen Arbeitszeit vorgeschrieben sind und er die – nicht nur theoretische – Möglichkeit hat, auch Transporte für eigene Kunden auf eigene Rechnung durchzuführen (BAG v. 30.9.1998 – 5 AZR 563/97, NZA 1999, 374). Ebenso ist ein **Kurierdienstfahrer**, der allein entscheidet, ob, wann und in welchem Umfang er tätig werden will, und für ausgeführte Frachtaufträge das volle vom Auftraggeber zu leistende Entgelt erhält, kein Arbeitnehmer des Unternehmens, das die Frachtaufträge annimmt und an die Kurierdienstfahrer weitergibt (BAG v. 27.6.2001 – 5 AZR 561/99, NZA 2002, 742).

Zu den Personengruppen, bei denen die Selbstständigkeit oft nur auf dem Papier existiert, gehören auch die sog. Propagandisten. Diese sind bei einem Unternehmen beschäftigt, für das sie in Kaufhäusern Waren anbieten. Gegen die Selbstständigkeit eines **Propagandisten** spricht es, wenn dieser weder Eigentümer des Verkaufsstandes noch der angebotenen Ware ist, keinen Einfluss auf das angebotene Sortiment und die Preisgestaltung hat und an die Öffnungszeiten des Kaufhauses gebunden ist (vgl. LAG Köln v. 30.6.1995 – 4 Sa 63/95, AP Nr. 80 zu § 611 BGB Abhängigkeit).

Einen ähnlichen, jedoch zu unterscheidenden Sachverhalt stellen die sog. **Promoter** dar, die bei einer Werbeagentur in der Kartei als Werbekräfte erfasst sind und auf Anfrage in deren Auftrag für deren Kunden Verkostungsaktionen durchführen. Werden lediglich zeitlicher Rahmen und Verhaltens- und Hygieneregeln vorgegeben, handelt es sich dabei nur um Rahmenvereinbarungen, nicht aber um arbeitsbegleitende Weisungen. Mangels Weisungsabhängigkeit und Eingliederung in den Betrieb der Werbeagentur hat das LAG Hamm die Arbeitnehmereigenschaft verneint (LAG Hamm v. 11.7.2005 – 2 Ta 576/04).

Bei einem **Franchisevertrag** handelt es sich um einen gesetzlich nicht kodifizierten Vertragstyp, der wesentliche Elemente der Pacht (§§ 581 ff. BGB) beinhaltet und auch in Deutschland in den vergangenen Jahren weite Verbreitung gefunden hat. Dem Franchisenehmer, der im eigenen Namen und für eigene Rechnung tätig wird, wird über einen bloßen Lizenzvertrag hinaus im Rahmen eines Dauerschuldverhältnisses gegen entsprechendes Entgelt vom Franchisegeber gestattet, dessen Namen, Warenzeichen, Schutzrechte, technische Ausstattung usw. beim Vertrieb von Waren und Dienstleistungen gewerblich zu nutzen. Im Gegenzug sind die Franchisenehmer zu einem einheitlichen Auftreten nach außen verpflichtet und müssen dem Franchisegeber erhebliche Kontrollbefugnisse zugestehen. 199

Vertiefungsfall Franchisenehmer: Ob der Franchisenehmer als Arbeitnehmer oder Selbstständiger einzuordnen ist, muss jeweils anhand der Ausgestaltung des Vertragsverhältnisses im Einzelfall geprüft werden und ergibt sich nicht aus dem Franchising-Konzept als solches (OLG Saarbrücken v. 11.4.2011 – 5 W 71/11). Für eine selbstständige Tätigkeit spricht, dass dem Franchisenehmer über den eigentlichen Vertragszweck des Franchisings hinaus keine weiteren Weisungen erteilt werden, insbesondere hinsichtlich der Verkaufszeiten. Darüber hinaus spricht für die Selbstständigkeit, dass der Franchisenehmer seinen Betrieb weit- 200 gehend selbst organisiert und über Anzahl und Personen, die er zur Erbringung der Dienstleistung einsetzt, frei entscheiden kann (BGH v. 27.1.2000 – III ZB 67/99, NZA 2000, 390; BAG v. 21.2.1990 – 5 AZR 162/89, AP Nr. 57 zu § 611 BGB Abhängigkeit). Für das Vorliegen eines Arbeitsverhältnisses spricht beispielsweise, wenn dem Franchisenehmer ohne zwingende Notwendigkeit bestimmte Arbeitszeiten vorgegeben werden, er auf die Zusammensetzung seines Angebotssortiments und die Höhe seines Umsatzes kaum Einfluss nehmen kann, sodass er de facto lediglich als Verkäufer des Franchisegebers auftritt. Unter Bezugnahme auf solche Umstände hat das LAG Düsseldorf (LAG Düsseldorf v. 20.10.1987 – 16 TaBV 83/87, NJW 1988, 725) in einem Beschlussverfahren die Ansicht vertreten, dass Franchisenehmer Arbeitnehmer i.S.d. Betriebsverfassungsrechts sein können. Auch das BAG sieht es als möglich an, dass ein Franchisenehmer bei entsprechender Vertragsgestaltung als Arbeitnehmer einzustufen ist (BAG v. 16.7.1997 – 5 AZB 29/96, NZA 1997, 1126). In der Mehrzahl der bisher entschiedenen Fälle hat das BAG jedoch den selbstständigen Charakter des Franchisenehmers hervorgehoben und die Arbeitnehmereigenschaft verneint (BAG v. 21.2.1990 – 5 AZR 162/89, AP Nr. 57 zu § 611 BGB Abhängigkeit). Auch bei engmaschigen Vorgaben des Franchisegebers hinsichtlich der tatsächlichen Durchführung der Tätigkeit kann das Arbeitsverhältnis im Rahmen der erforderlichen Gesamtschau regelmäßig verneint werden, wenn der Franchisenehmer „nach den tatsächlichen Umständen nicht in der Lage (ist), seine vertraglichen Leistungspflichten alleine zu erfüllen, sondern auf Hilfskräfte angewiesen, und zugleich vertraglich berechtigt (ist), seine Leistungen durch Dritte erbringen zu lassen [...]" (LAG Düsseldorf v. 27.8.2010 – 10 Sa 90/10, LAGE § 611 BGB 2002 Arbeitnehmerbegriff Nr. 5).

201 Der Franchisenehmer wie auch der Propagandist können ebenfalls arbeitnehmerähnliche Personen sein, wenn sie wirtschaftlich abhängig und einem Arbeitnehmer vergleichbar sozial schutzwürdig sind (LAG Nürnberg v. 20.8.2002 – 6 Ta 63/02, AR-Blattei ES 120 Nr. 17; OLG Saarbrücken v. 11.4.2011 – 5 W 71/11; zur arbeitnehmerähnlichen Person Rz. 251).

c) Vertiefungsproblem: Das Verhältnis des Arbeitnehmerbegriffs zum sozialversicherungsrechtlichen Beschäftigtenbegriff

Literatur: *Greiner*, Statusbegriff und Vertragsfreiheit im Arbeits- und Sozialversicherungsrecht, insbesondere im Falle der Freistellung von der Arbeitsleistung, NZS 2009, 657; *Preis*, Koordinationskonflikte zwischen Arbeits- und Sozialrecht, NZA 2000, 914.

202 Fraglich ist, ob der sozialversicherungsrechtliche Beschäftigtenbegriff für die arbeitsrechtliche Abgrenzung fruchtbar gemacht werden kann. Die Grundfrage des Arbeits- und Sozialrechts ist, welchem Personenkreis ein nicht disponibler Schutz durch Integration in ein Zwangsversicherungssystem gewährt werden soll. Der Gesetzgeber hat versucht, das **Problem der Scheinselbständigkeit** zu lösen, was ihm allerdings missglückte. Die durch das Gesetz zu Korrekturen in der Sozialversicherung und zur Sicherung der Arbeitnehmerrechte vom 19.12.1998 (BGBl. I S. 3843) eingeführte Vorschrift des § 7 Abs. 4 SGB IV wurde durch das Gesetz zur Förderung der Selbständigkeit vom 1.1.2000 (BGBl. I S. 2), rückwirkend geltend ab dem 1.1.1999 bereits wieder novelliert und schließlich mit dem Zweiten Gesetz für moderne Dienstleistungen am Arbeitsmarkt vom 23.12.2002 (BGBl. I S. 4621) mit Wirkung vom 1.1.2003 ersatzlos aufgehoben (hierzu *Rolfs* NZA 2003, 65). Auch die Umwandlung in eine Vermutungsregelung für das Vorliegen von Selbständigkeit bei der sog. „Ich-AG" ist inzwischen mit Wirkung vom 1.7.2009 aufgehoben worden.

203 Der Wortlaut des **§ 7 Abs. 1 S. 1 SGB IV** („Beschäftigung ist die nichtselbstständige Arbeit, insbesondere in einem Arbeitsverhältnis") legt nahe, dass der Beschäftigtenbegriff weiter ist als des Arbeitsverhältnisses. Der Begriff der sozialversicherungspflichtigen Beschäftigung ist in seinem Grundtatbestand nicht legaldefiniert.

204 Obwohl sich in der Rechtsprechung des BAG und der Sozialgerichte die verwendeten Obersätze vielfach gleichen, sind jedoch bei der konkreten Anwendung auf den Fall relevante Unterschiede festzustellen (hierzu *Preis*, Der Arbeitsvertrag, II A 50 Rz. 8 ff.). Die Arbeitsrechtsprechung stellte bislang auf eine vertragstypenbezogene Abgrenzung ab; demgegenüber wird aus der sozialrechtlichen Rechtsprechung deutlich, dass es im **Sozialrecht um eine vertragsunabhängige öffentlich-rechtliche Statusabgrenzung** geht und dabei nach dem Alles-oder-Nichts-Prinzip die Versicherungspflicht bejaht

oder verneint werden muss. Das BSG sieht sich an die ausdrückliche privatautonome Vereinbarung eines Arbeitsverhältnisses nicht gebunden und verneint trotz bestehender Vertragsabrede ein Beschäftigungsverhältnis. Begründen lässt sich die Verneinung des Beschäftigungsverhältnisses trotz bestehender Vertragsabrede mit der Betroffenheit von Dritt- und Gemeinschaftsinteressen. So würde die Zulassung einer konstitutiven Begründung des Beschäftigtenstatus die Tür für eine missbräuchliche Inanspruchnahme von Sozialversicherungsleistungen weit öffnen (*Greiner* NZS 2009, 657, 659).

An dieser eigenständigen sozialrechtlichen Sicht hat sich auch durch das Einfügen des S. 2 in den § 7 Abs. 1 SGB IV nicht viel verändert. Obwohl in der Gesetzesbegründung kryptisch formuliert wird, es handele sich um die „Klarstellung, dass die gesetzlichen Neuregelungen zur genaueren Abgrenzung zwischen abhängiger Beschäftigung und Selbstständigkeit an der vor ihrem Inkrafttreten bestehenden Abgrenzung" festhalten, diese Abgrenzung also nicht zu Lasten der Selbstständigkeit verschoben werden sollte, koppelt sich der Normtext, wenn auch unbeholfen, an den arbeitsrechtlichen, durch Rechtsprechung und Lehre entwickelten Arbeitnehmerbegriff an. In § 7 Abs. 1 SGB IV versucht der Gesetzgeber im Sozialversicherungsrecht eine halbherzige „Quasi-Definition". Nach § 7 Abs. 1 S. 2 SGB IV sollen bloße „Anhaltspunkte" für eine unselbstständige Beschäftigung „eine Tätigkeit nach Weisungen und eine Eingliederung in die Arbeitsorganisation des Weisungsgebers" sein. Der rechtsmethodisch bislang unbekannte Begriff der „Anhaltspunkte" verdeutlicht die fortbestehende Verunsicherung des Gesetzgebers. Was er zu bloßen Anhaltspunkten herabwürdigt, ist der Kern des traditionellen Arbeitnehmerbegriffs, der sowohl in der Rechtsprechung des BAG als auch des BSG und nun auch gesetzlich in § 611a Abs. 1 BGB verankert ist. Möglicherweise führt nunmehr die Kodifikation des Arbeitsvertrages dazu, dass auch die Rechtsprechung der Sozialgerichte sich dem arbeitsrechtlichen Arbeitnehmerbegriff zuwendet und damit die weitgehende **Identität des Arbeitnehmer- und Beschäftigtenbegriffs** anerkennt. Dennoch bleibt zu beobachten, dass die Ausdifferenzierung trotz der gleichen Basis der Begriffe unterschiedlich ist, etwa im Hinblick auf die Intensität des Weisungsrechts für die Annahme als Beschäftigter bei GmbH-Geschäftsführern und Vorstandsmitgliedern (ErfK/*Preis* § 611a BGB Rz. 17 und ErfK/*Rolfs* § 7 SGB IV Rz. 20, 23). Die Frage nach dem Arbeitnehmer- und Beschäftigtenbegriff ist auch im medizinischen Bereich nicht eindeutig. In einer grundlegenden Entscheidung hat das BSG kürzlich im Krankenhaus tätige Honorarärzte als regelmäßig sozialversicherungspflichtig und nicht als Selbstständige eingeordnet (BSG v. 4.6.2019 – B 12 R 11/18 R). Hierfür spreche, dass auch Honorarärzte in die vorgegebenen Strukturen und Ablauforganisation des Krankenhauses eingebunden werden und diese letztendlich kaum unternehmerische Entscheidungsspielräume hätten. Im Zuge dessen wäre interessant, ob das BSG auch medizinische Gutachter als Beschäftigte einordnen würde. Grund: Das BAG hat deren Arbeitnehmerstatus mangels hinreichender persönlicher Abhängigkeit abgelehnt (so BAG v. 21.7.2015 – 9 AZR 484/14, NZA-RR 2016, 344).

d) Handels- oder Versicherungsvertreter

Die Abgrenzung des selbstständigen vom unselbstständigen Handels- oder Versicherungsvertreter erfolgt trotz der Spezialregelung in § 84 HGB nach den **allgemeinen Grundsätzen** in einer Gesamtabwägung, wobei sich die heranzuziehenden Anknüpfungspunkte den gesetzlichen Unterscheidungsmerkmalen zuordnen lassen müssen (BAG v. 9.6.2010 – 5 AZR 332/09, NZA 2010, 877 Rz.19). Weitgehende Weisungsfreiheit hinsichtlich Arbeitsumfang, Arbeitsgestaltung sowie fehlende örtliche und zeitliche Weisungsgebundenheit sprechen für die Selbstständigkeit des Handelsvertreters (BAG v. 15.12.1999 – 5 AZR 3/99, NZA 2000, 534). Gleichwohl hält das BAG es für mit dem Selbstständigenstatus vereinbar, dass der Handelsvertreter einem fachlichen Weisungsrecht unterliegt (BAG v. 20.9.2000 – 5 AZR 271/99, NZA 2001, 210, 211). Die Zuweisung eines bestimmten Bezirks oder Kundenkreises, die vertragliche Bindung an ein Unternehmen allein, die Teilnahme an einem tätigkeitsbegleitenden Ausbildungsprogramm sowie das Fehlen einer eigenen Organisation und eigenen Kapitals lassen jedenfalls nicht zwingend auf die Arbeitnehmereigenschaft des Handelsvertreters schließen (BAG v. 15.12.1999 – 5 AZR 566/98, NZA 2000, 447; BAG v. 20.9.2000 – 5 AZR 271/99, NZA 2001, 210; BAG v. 9.6.2010 – 5 AZR 332/09, NZA 2010, 877).

207 Für das ArbGG regelt § 5 Abs. 3 ArbGG, wann ein Handelsvertreter als Arbeitnehmer gilt und die Gerichte für Arbeitssachen damit Zuständigkeit erlangen können.

e) (Organ-)Mitglieder juristischer Personen und Personengesellschaften

Literatur: *Boemke*, Aktuelles zum GmbH-Geschäftsführer aus arbeitsrechtlicher Sicht, RdA 2018, 1; *Diller*, Gesellschafter und Gesellschaftsorgane als Arbeitnehmer, 1994; *Fischer*, Die Fremdgeschäftsführerin und andere Organvertreter auf dem Weg zur Arbeitnehmereigenschaft, NJW 2011, 2329; *Fleck*, Das Organmitglied – Unternehmer oder Arbeitnehmer?, FS Hilger und Stumpf (1983), 197; *Hohenstatt/Naber*, Sind Fremdgeschäftsführer Arbeitnehmer im Sinne der Massenentlassungsrichtlinie?, NZA 2014, 637; *Loritz*, Mitarbeit im Rahmen von Gesellschaftsverträgen anstelle von Arbeitsverträgen, RdA 1992, 310; *Lunk/Hildebrand*, Konsequenzen der Balkaya-Entscheidung des EuGH für Geschäftsführer, Arbeitnehmer und Gesellschafter, NZA 2016, 129; *Reinfelder*, Arbeitnehmer -Gesellschafter – Geschäftsführer, RdA 2016, 87; *Reiserer*, Die ordentliche Kündigung des Dienstvertrags des GmbH-Geschäftsführers, DB 1994, 1822; *Staab*, Der Arbeitnehmer-Gesellschafter der GmbH im Spannungsfeld zwischen Arbeitnehmerschutz und gesellschaftsrechtlichem Gläubigerschutz, NZA 1995, 608; *Stagat*, Der Arbeitnehmer-Geschäftsführer: Arbeitsverhältnis trotz Organstellung?, DB 2010, 2801.

208 Dienstpflichten, die ein Gesellschafter einer Personengesellschaft auf gesellschaftsrechtlicher Grundlage erbringt, begründen keinen Arbeitnehmerstatus des Gesellschafters. So basieren diese Verpflichtungen teilweise nicht auf dem Gesellschaftsvertrag selbst, sondern auf einem Beschluss der Gesellschafter, sodass es bereits an einem privatrechtlichen Vertrag als Grundlage der Leistungserbringung fehlt. Diese Fallkonstellationen ähneln den Diensten, die Vereinsmitglieder aufgrund der Vereinssatzung erbringen. Auch wenn die Dienste unmittelbar aufgrund des Gesellschaftsvertrags erbracht werden, kann der Gesellschafter dennoch im Regelfall nicht als Arbeitnehmer eingestuft werden. Entscheidend ist, dass der Gesellschafter selbst Partei des Gesellschaftsvertrags ist und an dessen inhaltlicher Gestaltung sowie an der Willensbildung innerhalb der Gesellschaft beteiligt ist. Es fehlt regelmäßig am Kriterium der persönlichen Abhängigkeit. Daher sind insbesondere die persönlich haftenden Gesellschafter einer Gesellschaft bürgerlichen Rechts (GbR), einer offenen Handelsgesellschaft (OHG) oder einer Kommanditgesellschaft (KG) keine Arbeitnehmer.

209 Dennoch kann zwischen einer Gesellschaft und einem ihrer Gesellschafter **zusätzlich ein Arbeitsverhältnis** begründet werden. Sofern der Gesellschafter aufgrund dieses Verhältnisses tätig wird, ist er bei entsprechender Vertragsgestaltung als Arbeitnehmer einzustufen (BAG v. 9.1.1990 – 3 AZR 617/88, NZA 1990, 525). Fehlt es an einer ausdrücklichen arbeitsvertraglichen Vereinbarung, ist aufgrund einer Gesamtschau – insbesondere unter Berücksichtigung der persönlichen Abhängigkeit – festzustellen, ob der Gesellschafter (auch) Arbeitnehmer ist. Ein **mitarbeitender Gesellschafter**, der über mehr als 50 % der Stimmrechte verfügt, steht er regelmäßig nicht in einem Arbeitsverhältnis zu der Gesellschaft (BAG v. 17.9.2014 – 10 AZB 43/14, NZA 2014, 1293; weitergehend – Sperrminorität reicht: BAG v. 28.11.1990 – 4 AZR 198/90, NZA 1991, 392). Nur wenn der Geschäftsführer sein Weisungsrecht trotz der Gesellschaftsanteile des Arbeitnehmers diesem gegenüber noch uneingeschränkt ausüben kann, ist dieser Arbeitnehmer (BAG v. 6.5.1998 – 5 AZR 612/97, NZA 1998, 939). Anderenfalls ist die Arbeitnehmereigenschaft zu verneinen. Wenn ein Gesellschafter als Kapitaleigner einen so großen Einfluss auf die Führung der Gesellschaft, dass er über seine Gesellschafterstellung letztlich auch die Leitungsmacht hat, so unterliegt er nicht dem Weisungsrecht des Geschäftsführers. Ob ein solcher Einfluss besteht, richtet sich in erster Linie nach den Stimmrechtsverhältnissen. Derjenige, dem mehr als 50 % der Stimmrechte zustehen, kann nicht zugleich Arbeitnehmer dieser Gesellschaft sein. Selbst der Minderheitsgesellschafter ist bei Bestehen einer Sperrminorität im Regelfall kein Arbeitnehmer (BAG v. 6.5.1998 – 5 AZR 612/97, NZA 1998, 939).

210 Grundsätzlich nicht in einem Arbeits-, sondern in einem **freien Dienstverhältnis** stehen auch die **Organmitglieder von Kapitalgesellschaften**, namentlich also die Vorstandsmitglieder einer Aktiengesellschaft und die (Fremd-)Geschäftsführer einer GmbH (BGH v. 10.5.2010 – II ZR 70/09, NZA 2010, 889). Sie sind die gesetzlichen Vertreter der AG oder GmbH und repräsentieren diese unmittel-

bar als Arbeitgeber. Allerdings ist das Maß ihrer Unabhängigkeit von Weisungen der Aktionäre bzw. Gesellschafter unterschiedlich:

§ 76 Abs. 1 AktG bestimmt für die Mitglieder des Vorstandes einer AG, dass der Vorstand die Gesellschaft unter eigener Verantwortung leitet. Damit bringt das Gesetz zum Ausdruck, dass der Vorstand über die Geschicke der Gesellschaft eigenverantwortlich, also frei von Weisungen der Hauptversammlung oder des Aufsichtsrats, zu entscheiden hat. 211

Demgegenüber ist der **Geschäftsführer einer GmbH** gemäß § 37 GmbHG gegenüber den Gesellschaftern weisungsgebunden. Daraus resultiert eine gewisse soziale Schutzbedürftigkeit, der der BGH durch die entsprechende Anwendung bestimmter auf abhängige Beschäftigungsverhältnisse zugeschnittener Normen, jedenfalls hinsichtlich nicht am Kapital der Gesellschaft Beteiligter, Rechnung trägt (vgl. z.B. zur entsprechenden Anwendung der Kündigungsfristen des § 622 BGB auf Fremdgeschäftsführer BGH v. 29.1.1981 – II ZR 92/80, NJW 1981, 1270). Auch kann vereinbart werden, dass Streitigkeiten zwischen diesen Personen und den Gesellschaftern, für die sie tätig sind, vor dem Arbeitsgericht verhandelt werden (§ 2 Abs. 4 ArbGG). Weiterhin ist es möglich, dass in dem Anstellungsvertrag die Anwendung arbeitsrechtlicher Normen vereinbart wird. Eine Begrenzung dieser vertraglichen Gestaltungsfreiheit wird jedoch durch die zwingenden Anforderungen begrenzt, „welche sich im Interesse einer Gewährleistung der Funktionstüchtigkeit der Gesellschaft aus dem Organverhältnis ergeben" (BGH v. 10.5.2010 – II ZR 70/09, NZA 2010, 889 Rz. 8). Das Anstellungsverhältnis ist jedoch nur dann ausnahmsweise als Arbeitsverhältnis selbst zu qualifizieren, wenn über die gesellschaftsrechtlichen Weisungsverhältnisse hinaus die Gesellschaft typische arbeitsrechtliche, d.h. arbeitsbegleitende und die konkrete Leistungserbringung steuernde, Weisungen erteilen kann (BAG v. 26.5.1999 – 5 AZR 664/98, NZA 1999, 987). 212

Vertiefungsfall: Unionsrechtlicher Arbeitnehmerbegriff: Davon zu unterscheiden ist die Frage, ob ein Geschäftsführer einer GmbH oder ein Vorstandsmitglied einer Aktiengesellschaft den **unionsrechtlichen Arbeitnehmerbegriff** erfüllen. So entschied der EuGH, dass eine innerstaatliche Einstufung als Selbstständige(r) eine unionsrechtliche Einstufung als Arbeitnehmer(in) nicht ausschließt, sofern dadurch eine Arbeitnehmereigenschaft im Sinne einer Richtlinie verschleiert wird. Das wesentliche Merkmal zur Qualifizierung als Arbeitnehmer(in) sei, dass die Person eine Vergütung dafür erlangt, dass sie für eine bestimmte Zeit nach Weisung Leistungen erbringt (EuGH v. 11.11.2010 – C-232/09 „Danosa", NZA 2011, 143). Diese, zunächst für den Bereich der Mutterschutzrichtlinie getroffene Maßgabe, stützt sich auf das Art. 45 AEUV entnommene autonome Arbeitnehmerbegriffsverständnis. In einem Vorlageverfahren zur Massenentlassungsrichtlinie, welches einen **Fremd-Geschäftsführer einer GmbH** betraf, hat der Gerichtshof diese Maßgabe bestätigt (EuGH v. 9.7.2015 – C-229/14 „Balkaya", NZA 2015, 861). Insofern kann jedenfalls als gesichert gelten, dass der Fremd-Geschäftsführer einer GmbH vom autonomen Arbeitnehmerbegriff erfasst ist (Überblick zu dessen Anwendungsbereich bei P/S-Sagan, Rz. 1.109). 213

„So hat der EuGH bereits entschieden, dass ein Mitglied der Unternehmensleitung einer Kapitalgesellschaft, das gegen Entgelt Leistungen gegenüber der Gesellschaft erbringt, die es bestellt hat und in die es eingegliedert ist, das seine Tätigkeit nach der Weisung oder unter der Aufsicht eines anderen Organs dieser Gesellschaft ausübt und das jederzeit ohne Einschränkung von seinem Amt abberufen werden kann, die Voraussetzungen erfüllt, um als ‚Arbeitnehmer' i.S.d. Unionsrechts zu gelten [...] Im vorliegenden Fall ergibt sich aus der Vorlageentscheidung, dass die Leitungsperson einer Kapitalgesellschaft wie die im Ausgangsverfahren in Rede stehende von der Gesellschafterversammlung der Kapitalgesellschaft ernannt wird, die die betreffende Leitungsperson jederzeit gegen ihren Willen abberufen kann. Zudem unterliegt diese Leitungsperson bei der Ausübung ihrer Tätigkeit der Weisung und Aufsicht des genannten Organs sowie den ihr insoweit auferlegten Vorgaben und Beschränkungen. Darüber hinaus ist zu bemerken – auch wenn dieser Gesichtspunkt im vorliegenden Kontext für sich allein genommen nicht ausschlaggebend ist –, dass eine Leitungsperson wie die im Ausgangsverfahren in Rede stehende keine Anteile an der Gesellschaft besitzt, in der sie ihre Aufgaben wahrnimmt." (EuGH v. 9.7.2015 – C-229/14 „Balkaya", NZA 2015, 861 Rz. 39 f.)

Sowohl bei der AG als auch bei der GmbH juristisch streng voneinander zu trennen sind die gesellschaftsrechtlich determinierte Organstellung und der bürgerlich-rechtlich geregelte Anstellungsvertrag. Während die Eigenschaft als Vorstandsmitglied durch Bestellung und Abberufung (oder Nieder- 214 legung) gewonnen und verloren wird (§ 84 AktG, § 38 GmbHG), wird der Anstellungsvertrag nach allgemeinen Regeln (§§ 145 ff. BGB) entweder auf Zeit (§ 620 Abs. 1 BGB) oder unbefristet abgeschlossen und kann ordentlich oder außerordentlich nach Maßgabe der §§ 621, 626 BGB gekündigt werden.

215 Aus dieser Trennung von Organstellung und Anstellungsvertrag folgt, dass beide Rechtsverhältnisse unter Umständen unterschiedliche Schicksale erleiden können, sofern sie erst nebeneinander bestehen. Insbesondere führt die Abberufung als Geschäftsführer nicht automatisch, also nicht ohne separate Kündigung, zur Beendigung des bestehenden Anstellungsverhältnisses (BGH v. 9.2.1978 – II ZR 189/76, NJW 1978, 1435). Ist das Anstellungsverhältnis als Arbeitsverhältnis einzustufen, ergibt sich dies schon aus § 623 BGB, nach dem die Auflösung eines Arbeitsverhältnisses dem **Schriftformzwang** unterliegt.

216 **Vertiefungsfall: Auflösung des Arbeitsverhältnisses durch Bestellung zum Geschäftsführer:** „Nach der ständigen Rechtsprechung des [II. Zivil-]Senats führt das Erlöschen der Bestellung zum Geschäftsführer nicht von selbst zur Auflösung des Anstellungsverhältnisses; beide Rechtsverhältnisse können vielmehr ein unterschiedliches Schicksal erleiden. Deshalb ist es möglich, dass ein bestimmter Sachverhalt für die Gesellschaft einen wichtigen Grund für den Widerruf der Bestellung, aber zunächst nicht für die Kündigung des Anstellungsvertrages bildet. Bei einer solchen Sachlage kann der aus seiner Organstellung Abberufene gehalten sein, sich mit dem Angebot einer angemessenen anderen Beschäftigung zufrieden zu geben, wenn er eine sofortige Kündigung auch des Anstellungsvertrages vermeiden will." (BGH v. 9.2.1978 – II ZR 189/76, NJW 1978, 1435)

Wechselt jemand von seiner bisherigen Stellung als Arbeitnehmer durch einen schriftlichen Vertrag in die des Geschäftsführers, so wird nach neuerer Rechtsprechung des BAG (BAG v. 19.7.2007 – 6 AZR 774/06, NZA 2007, 1095; BAG v. 5.6.2008 – 2 AZR 754/06, NZA 2008, 1002; BAG v. 3.2.2009 – 5 AZB 100/08, NZA 2009, 669) jedoch grundsätzlich vermutet, dass das bisherige Arbeitsverhältnis ohnehin endet und nicht lediglich ruht (so noch BAG v. 9.5.1985 – 2 AZR 330/84, NZA 1986, 792), womit der neue Vertrag die ausschließliche Grundlage der rechtlichen Beziehung der Parteien bilde. Dasselbe soll gelten, wenn ein Arbeitnehmer eines Vereins zum Vorstandsmitglied bestellt und im Hinblick darauf ein Dienstvertrag mit höheren Bezügen abgeschlossen wird (BAG v. 28.9.1995 – 5 AZB 4/95, NZA 1996, 143). In beiden Fällen wird demnach von einer Aufhebung des bisherigen Arbeitsverhältnisses durch schlüssiges Verhalten ausgegangen. Etwas anderes kann jedoch gelten, sofern vertraglich klar und eindeutig ein weiterer Bestand des Arbeitsverhältnisses vereinbart wurde oder der Arbeitsvertrag die Rechtsgrundlage für die Geschäftsführertätigkeit bildet. Auch die Bestellung zum Geschäftsführer durch formlose Abrede lässt den Arbeitsvertrag bestehen (BAG v. 23.8.2011 – 10 AZB 51/10, DB 2011, 2386). Zwar sieht das BAG allein durch den schriftlichen Geschäftsführerdienstvertrag das Schriftformerfordernis des § 623 BGB für den Auflösungsvertrag des Arbeitsverhältnisses gewahrt, da es annimmt, dass der Wille der Vertragsparteien, das zuvor begründete Arbeitsverhältnis zu beenden, in dem schriftlichen Geschäftsführerdienstvertrag hinreichend deutlich zum Ausdruck kommt (BAG v. 19.7.2007 – 6 AZR 774/06, NZA 2007, 1095 Rz. 23). Diese großzügige Interpretation der strengen Schriftformvorschrift (Rz. 3385) kommt jedoch nicht zum Zug, wenn schon kein schriftlicher Geschäftsführerdienstvertrag vorliegt. In einem solchen Fall bleibt der Arbeitsvertrag mangels Einhaltung der Schriftform nach § 623 BGB bestehen (BAG v. 15.3.2011 – 10 AZB 32/10, NZA 2011, 874; BAG v. 23.8.2011 – 10 AZB 51/10, DB 2011, 2386).

217 Zu den Mitgliedern juristischer Personen zählen auch die Vereinsmitglieder. Sie können unproblematisch mit ihrem Verein wie die Gesellschafter ein zusätzliches Arbeitsverhältnis begründen und sind dann Arbeitnehmer des Vereins. Wird ihre Tätigkeit jedoch schon als ihre Mitgliedspflicht aus der Satzung geschuldet, sieht die Rechtsprechung diese als Mitgliedsbeitrag an und verneint regelmäßig die Arbeitnehmereigenschaft (BAG v. 18.2.1956 – 2 AZR 294/54, AP Nr. 1 zu § 5 ArbGG 1953; BAG v. 26.9.2002 – 5 AZB 19/01, NZA 2002, 1412). Etwas anderes gilt nur dann, wenn dies zu einer Umgehung der Schutzvorschriften für die Arbeitnehmer führen würde (Rz. 166).

218 **Beachte:** Der EuGH misst der bereits angesprochenen Trennung von Organ- und Anstellungsvertrag dagegen **keine Bedeutung** zu. Die Natur des Beschäftigungsverhältnisses hat für die unionsrechtliche Einordnung der Arbeitnehmereigenschaft keinerlei Bedeutung (EuGH v. 9.7.2015 C-229/14 „Balkaya", NZA 2015, 861 Rz. 35). Diese, im Ausgangspunkt aus Art. 45 Abs. 4 AEUV folgende Maßgabe, öffnet den Arbeitneh-

merbegriff gerade erst für Leitungsorgane. Daher ist es folgerichtig, wenn es für den Gerichtshof belanglos ist, aus welchem Rechtsverhältnis die Weisungsbindung formell folgt. Anknüpfungspunkt ist damit – im Unterschied zum nationalen Arbeitnehmerbegriff – alleine die materielle Intensität der Weisungsbindung. Gerade hinsichtlich des Fremd-Geschäftsführers konnte der Gerichtshof mithin problemlos auf das umfassende Weisungsrecht der Gesellschafterversammlung aus § 37 GmbHG zurückgreifen.

III. Vertiefungsproblem: Arbeitnehmer und Verbraucherschutzrecht

Literatur: *Diringer,* Was gilt im Arbeitsverhältnis?, AuA 2010, 277; *Henssler,* Arbeitsrecht und Schuldrechtsreform, RdA 2002, 129; *Holtkamp,* Der Arbeitnehmer als Verbraucher?, AuA 2002, 250; *Hümmerich/Holthausen,* Der Arbeitnehmer als Verbraucher, NZA 2002, 173; *Kamanabrou,* **Eindeutig kein Widerrufsrecht bei Aufhebungsverträgen am Arbeitsplatz?, NZA 2016, 919;** *Natzel,* Schutz des Arbeitnehmers als Verbraucher?, NZA 2002, 595; *Preis,* Arbeitsrecht, Verbraucherschutz und Inhaltskontrolle, NZA 2003, Sonderbeilage zu Heft 16, 19; *Schwab/Hromek,* Alte Streitstände im neuen Verbraucherprivatrecht, JZ 2015, 271.

Durch neuere Entwicklungen im Privatrecht, insbesondere durch das Schuldrechtsmodernisierungsgesetz, ist die Frage virulent geworden, ob und inwieweit das Verbraucherschutzrecht auf Arbeitnehmer innerhalb und außerhalb des Arbeitsverhältnisses Anwendung findet. Unstreitig ist, dass der Arbeitnehmer außerhalb des Arbeitsverhältnisses Verbraucher sein kann. Ist er aber auch im Arbeitsverhältnis Verbraucher mit der Konsequenz, dass dort Verbraucherschutznormen gelten? Im Zentrum stehen hier Fragen, ob der niedrigere Zinssatz des § 288 Abs. 1 BGB, der erweiterte Anwendungsbereich für die Inhaltskontrolle (§ 310 Abs. 3 Nr. 1 BGB) und das Widerrufsrecht für außerhalb von Geschäftsräumen geschlossene Verträge nach §§ 312g, 355 BGB Anwendung finden. 219

Die bereits mit dem Gesetz über Fernabsatzverträge in den Allgemeinen Teil des BGB eingefügte Legaldefinition des Verbraucherbegriffs in § 13 BGB ist Ausgangspunkt der Betrachtung. 220

§ 13 BGB (Verbraucher): *„Verbraucher ist jede natürliche Person, die ein Rechtsgeschäft zu Zwecken abschließt, die überwiegend weder ihrer gewerblichen noch ihrer selbstständigen beruflichen Tätigkeit zugerechnet werden können."*

In der Literatur wird zwischen dem sog. „absoluten" und dem „relativen" Verbraucherbegriff differenziert. Die Vertreter des sog. „absoluten" Verbraucherbegriffs wollen jede Verbraucherschutznorm – unabhängig von ihrer Zweckrichtung – im Arbeitsverhältnis anwenden (*Däubler* NZA 2001, 1329, 1333; *Hümmerich/Holthausen* NZA 2002, 173). Vertreter des „relativen" Verbraucherbegriffs wollen Verbraucherschutzregeln nur bei Vertragsschlüssen zwischen Arbeitgeber und Arbeitnehmer außerhalb des Arbeitsvertrages, also beispielsweise beim Abschluss von Kaufverträgen (z.B. mit Personalrabatt) anwenden (*Henssler* RdA 2002, 129, 133 ff.). Die Differenzierung zwischen relativem und absolutem Verbraucherbegriff bringt keinen Erkenntnisfortschritt, da sich die Auffassungen im praktischen Ergebnis kaum unterscheiden. Viele Vertreter des sog. absoluten Begriffs wenden bestimmte Verbraucherschutznormen im Arbeitsvertragsrecht nicht an und umgekehrt ziehen Vertreter des relativen Verbraucherbegriffs bestimmte Verbraucherschutznormen dennoch „analog" im Arbeitsrecht heran. 221

Die Grundentscheidung, ob der Arbeitnehmer auch in seiner Eigenschaft als solcher „Verbraucher" ist, muss bei § 13 BGB ansetzen. Hierbei kann nicht davon ausgegangen werden, dass der Wortlaut missglückt ist (so *Henssler* RdA 2002, 129, 134), weil er die geronnene Erkenntnis aus zahlreichen Vorläuferregelungen darstellt (hierzu *Preis* ZHR 158 [1994], 567, 608). Nach dem Wortlaut des § 13 BGB ist der Arbeitnehmer auch in seiner Eigenschaft als solcher Verbraucher, denn er ist eine natürliche Person, die ein Rechtsgeschäft abschließt, das weder ihrer gewerblichen noch ihrer selbstständigen beruflichen Tätigkeit zugerechnet werden kann (so auch das BAG v. 25.5.2005 – 5 AZR 572/04, NZA 2005, 1111, 1115). Der Arbeitnehmer ist der Prototyp des „Unselbstständigen". Arbeitsvertragliche Vereinbarungen dienen keinesfalls einer gewerblichen oder selbstständigen beruflichen Tätigkeit des Arbeitnehmers. Auch steht der Wortsinn des Begriffs „Verbraucher" dem nicht entgegen. „Verbraucher" ist kein Tatbestandsmerkmal, sondern bezeichnet nur den rechtstechnischen Oberbegriff. Damit 222 wird ein konsumtiver Zweck, wie er etwa bei Kauf- oder Darlehensverträgen typisch ist, nicht verlangt. Die Entstehungsgeschichte spricht ebenfalls für eine Einordnung des Arbeitnehmers als Verbraucher (vgl. BT-Drs. 14/640 S. 243). Im Rahmen des Schuldrechtsmodernisierungsgesetzes sollte das „Verbraucherschutzrecht" zusammengefasst werden.

223 Dies folgt schon aus § 491 Abs. 2 Nr. 4 BGB, in dem der Gesetzgeber implizit davon ausgeht, dass der Arbeitnehmer (auch) Verbraucher ist und auf ihn das Verbraucherschutzrecht, soweit es einschlägig ist, Anwendung findet (vgl. auch BT-Drs. 16/11643 S. 76). Hier soll seit der Gesetzesänderung des § 491 BGB mit Wirkung vom 11.6.2010 gegenüber der bis dahin geltenden Rechtslage zwar schon kraft Definition bei einem Arbeitgeberdarlehen unter bestimmten Voraussetzungen kein Verbraucherdarlehensvertrag vorliegen (BT-Drs. 16/11643 S. 76). Dies schließt jedoch nicht aus, dass dennoch ein Verbrauchervertrag i.S.v. § 310 Abs. 3 BGB und bei Nichtvorliegen der Voraussetzungen auch ein Verbraucherdarlehensvertrag anzunehmen ist, was in der Gesetzesbegründung ausdrücklich bestätigt wird (BT-Drs. 16/11643 S. 76 f.). Eine Verbrauchereigenschaft des Arbeitnehmers wird demnach implizit angenommen. Eine entsprechende Aussage findet sich auch in den Materialien zu § 13 BGB (BT-Drs. 13/6040 S. 243). Unterstützt wird diese Sicht durch § 15 UKlaG, der die Möglichkeit der Unterlassungsklagen bei Verstößen gegen §§ 307–309 BGB und verbraucherschutzwidrigen Praktiken im Arbeitsrecht ausschließt. Dieser Ausschluss ist nur damit zu erklären, dass der Gesetzgeber implizit davon ausgegangen sein muss, dass der Arbeitnehmer Verbraucher ist. Bei den Vorschriften zur Inhaltskontrolle formulieren die Materialien, dass das Schutzniveau im Arbeitsrecht nicht hinter dem des Zivilrechts zurückbleiben solle (BT-Drs. 14/6857 S. 17). Ferner war dem Gesetzgeber vor der endgültigen Beschlussfassung bekannt, dass der erhöhte Zinssatz nach § 288 Abs. 2 BGB auch im Arbeitsrecht gelten würde, wenn der Arbeitnehmer nicht Verbraucher ist (vgl. den Beitrag von *Löwisch* NZA 2001, 465, 466). Diese Stellungnahme in der Literatur hat der Gesetzgeber gerade zum Anlass genommen, Klarstellungen zum Arbeitsrecht aufzunehmen. Der Interpretation zum Verbraucherbegriff ist der Gesetzgeber aber nicht gefolgt.

224 In systematischer Hinsicht ist nach der deutlichen **Reintegration des Arbeitsrechts in das BGB** eindeutig, dass auch die Definitionsnormen des Allgemeinen Teils des BGB für das Arbeitsvertragsrecht Gültigkeit beanspruchen. Mit der Verankerung im Allgemeinen Teil wollte der Gesetzgeber gerade die Ausstrahlungswirkung der Definition auf das ganze Vertragsrecht sicherstellen (BT-Drs. 14/6040 S. 166). Es ist verfehlt, diese Umklammerung durch die generelle Annahme, das Arbeitsvertragsrecht sei eine Sondermaterie, wieder trennen zu wollen (so aber *Natzel* NZA 2002, 595, 596). Die „Besonderheiten des Arbeitsrechts" berücksichtigt der Gesetzgeber im jeweiligen Sachzusammenhang (vgl. § 310 Abs. 4 S. 2 BGB). Der Gesetzgeber erkennt in weitem Umfang an, dass natürliche Personen, die nicht in Ausübung ihrer selbstständigen Tätigkeit Rechtsgeschäfte abschließen, Verbraucher sind. Nun könnte man argumentieren, dass § 13 BGB solche Verträge nicht erfasse, die den Verbraucherstatus selbst betreffen, also es sich um ein Rechtsgeschäft handeln muss, dass außerhalb der Definition des Grundstatus liegt. Dem kann jedoch nicht gefolgt werden, weil bei dieser Sichtweise das gesamte (überwiegend zwingende) Verbraucherschutzrecht durch Statusvereinbarungen ausgehebelt werden könnte.

225 Ausschlaggebend ist aber letztlich die teleologische Interpretation der maßgebenden Normen. Bedingt durch die Verbraucherschutzrichtlinien der Europäischen Union ist in das deutsche Privatrecht ein Schutzsystem integriert worden. In der Dichotomie „Unternehmer – Verbraucher" ist der Verbraucher, definiert als nicht zu selbstständigen Erwerbszwecken handelnde natürliche Person, das Schutzobjekt schlechthin. Man mag dies rechtspolitisch beklagen. Eindeutig ist aber, dass der Arbeitnehmer als der klassisch unselbstständig Handelnde eher noch schutzwürdiger ist als der „Nur-Verbraucher", weil Letzterer auch auf den Vertragsabschluss (z.B. bei einem Zeitungsabonnement) verzichten könnte, während der Arbeitnehmer als unselbstständig Handelnder auf den Vertragsschluss angewiesen ist. Semantische Spielereien, der Arbeitnehmer „verbrauche" ja nichts, sondern biete seine Dienstleistungen am Markt an, gehen am Kern des Problems vorbei. Der Verbraucherbegriff ist bewusst weit gefasst und nicht für bestimmte Vertragstypen reserviert.

Mit den gleichen Erwägungen ordnete auch das BAG den Arbeitnehmer bei Abschluss eines Arbeitsvertrages als Verbraucher ein (BAG v. 25.5.2005 – 5 AZR 572/04, NZA 2005, 1111). 226

Gleichwohl ist mit der Einordnung des Arbeitnehmers als Verbraucher noch nicht die Frage beantwortet, ob jede Verbrauchervorschrift auch auf den Arbeitnehmer Anwendung findet. Eine sachgerechte Abgrenzung kann nicht auf der Statusebene erfolgen, sondern Aufschluss kann nur die konkret in Rede stehende Norm bieten. 227

1. Widerruf von Aufhebungsverträgen nach §§ 312g, 355 BGB?

Nach der Reform des Verbraucherschutzrechts der §§ 312 ff. BGB stellt sich die Frage, ob der Arbeitnehmer als Verbraucher i.S.d. § 13 BGB ein Widerrufsrecht bei „außerhalb von Geschäftsräumen geschlossenen Verträgen" gem. § 312g BGB zusteht, wenn er an seinem Arbeitsplatz einen arbeitsrechtlichen Aufhebungsvertrag abgeschlossen hat (Rz. 3387). 228

2. Verbraucherverträge im Sinne des § 310 Abs. 3 Nr. 1 BGB

Als vertragstypenunabhängiger allgemeiner Grundsatz des Schuldrechts findet § 310 Abs. 3 Nr. 1 BGB auch im Arbeitsrecht Anwendung. Die Vorschrift enthält weder einschränkende Tatbestandsmerkmale, noch kommt der Unterscheidung, ob die vorformulierten Vertragsbedingungen für eine Vielzahl von Verträgen oder nur zur einmaligen Verwendung bestimmt sind, im Individualarbeitsrecht eine größere Bedeutung als im allgemeinen Vertragsrecht zu (BAG v. 25.5.2005 – 5 AZR 572/04, NZA 2005, 1111). Daraus folgt, dass i.d.R. jeder vom Arbeitgeber auch nur für den Einzelfall vorformulierte Vertrag der Inhaltskontrolle unterliegt (*Gotthardt* ZIP 2002, 277, 279). 229

3. Höhe der Verzugszinsen nach § 288 BGB

Kommt der Arbeitgeber mit der Lohnzahlung in Verzug (§ 286 BGB), schuldet er dem Arbeitnehmer Ersatz eines etwaigen Verzugsschadens (§§ 280 Abs. 1, Abs. 2, 286 BGB) und die Zahlung angefallener Verzugszinsen gem. § 288 Abs. 1 BGB. Der Arbeitsvertrag ist ein Verbrauchervertrag. Folgerichtig gilt der **verminderte Zinssatz** des § 288 Abs. 1 S. 2 BGB auch im Arbeitsverhältnis (Umkehrschluss aus § 288 Abs. 2 BGB). Zu dem gleichen Ergebnis kommt das BAG, jedoch mit Hinweis auf die EU-Richtlinie zur Bekämpfung des Zahlungsverzugs im Geschäftsverkehr (EU-Richtlinie 2000/35/EG vom 29.6.2000), auf die die Regelung zum erhöhten Zinssatz in § 288 Abs. 2 BGB zurückgeht (BAG v. 23.2.2005 – 10 AZR 602/03, NZA 2005, 694). 230

„Der erhöhte Zinssatz sollte nur bei Rechtsgeschäften im Geschäftsverkehr i.S.d. Art. 2 der Richtlinie zur Anwendung kommen, d.h. bei Geschäftsvorgängen ‚zwischen Unternehmen oder zwischen Unternehmen und öffentlichen Stellen'. Damit ist ein Arbeitsverhältnis bzw. ein Altersteilzeitverhältnis nicht als Rechtsgeschäft i.S.v. § 288 Abs. 2 BGB anzusehen." (BAG v. 23.2.2005 – 10 AZR 602/03, NZA 2005, 694, 697) 231

Die Arbeitsvertragsparteien können den Anspruch des Arbeitnehmers auf Verzugszinsen gemäß **§ 288 Abs. 6 S. 1 BGB** nicht durch eine „im Voraus" getroffene Vereinbarung ausschließen. § 288 Abs. 6 BGB erfasst jede, andererseits nur solche Individual- und Formularvereinbarungen, die vor Verzugseintritt getroffen worden sind (BeckOK/*Lorenz* § 288 Rz. 14). 232

Umstritten ist, ob § 288 Abs. 5 BGB im Arbeitsrecht Anwendung findet (zum Ganzen *Lembke* FA 2014, 357 ff.; *Lembke* NZA 2016, 1501; *Weigert* NZA-RR 2017, 337; *Ulrici* NZA 2019, 143). Nach § 288 Abs. 5 S. 1 BGB kann der Gläubiger einer Entgeltforderung neben Verzugsschaden und -zinsen von einem Schuldner, der nicht Verbraucher ist, eine Verzugspauschale i.H.v. 40,- Euro verlangen. § 288 Abs. 5 S. 3 BGB bestimmt, dass die Verzugspauschale auf einen Schaden, der durch externe Betreibungskosten (etwa Beauftragung eines Rechtsanwaltes oder Inkassounternehmens) entsteht, angerechnet werden muss. **Anknüpfungspunkt** für die Streitfrage ist nicht die Verbrauchereigenschaft 233 des Arbeitnehmers, sondern **§ 12a Abs. 1 S. 1 ArbGG.** Gem. § 12a Abs. 1 S. 1 ArbGG besteht in erster Instanz „kein Anspruch der obsiegenden Partei auf Entschädigung wegen Zeitversäumnis". Nach ständiger Rechtsprechung des BAG schließt die Vorschrift dabei nicht nur den prozessualen (§§ 91, 203 ff. ZPO), sondern auch einen materiell-rechtlichen Kostenerstattungsanspruch unabhängig von seiner Anspruchsgrundlage aus. Von dem Ausschluss erfasst würden infolgedessen auch Ansprüche auf Erstattung vor- bzw. außergerichtlicher Kosten (BAG v. 27.10.2005 – 8 AZR 546/03, NZA 2006, 259; BAG v. 11.3.2008 – 3 AZN 1311/07, NZA 2008, 372; BAG v. 12.12.2018 – 588/17, NZA 2019, 775; BAG v. 25.9.2018 – 8 AZR 26/15, NZA 2019, 121).

„Es wäre mit dem Anliegen des § 12a Abs. 1 S. 1 ArbGG, in arbeitsrechtlichen Streitigkeiten das Kostenrisiko überschaubar zu halten, unvereinbar, der Partei, die eine arbeitsrechtliche Streitigkeit ohne Inanspruchnahme der Arbeitsgerichte beendet, grundsätzlich einen Kostenerstattungsanspruch zuzubilligen, ihr aber in dem Fall, dass es zu einem arbeitsgerichtlichen Verfahren kommt, die entsprechende Erstattung zu versagen." (BAG v. 25.9.2018 – 8 AZR 26/18, NZA 2019, 121 Rz. 32)

Die Verzugspauschale aus § 288 Abs. 5 S. 1 ArbGG ist gem. § 288 Abs. 5 S. 3 BGB auf solche Ansprüche anzurechnen, die der Arbeitnehmer in erster Instanz wegen § 12a Abs. 1 S. 1 ArbGG gerade nicht ersetzt verlangen kann. Diskutiert wird daher die Frage, ob die Wertung des § 12a Abs. 1 S. 1 ArbGG auch auf den Anspruch nach § 288 Abs. 5 S. 1 BGB zu erstrecken ist. **Zum Teil** wird dies verneint (LAG Köln v. 22.11.2016 – 12 Sa 524/16, ArbR 2017, 47; *Lembke* NZA 2016, 1501). Das BAG hat sich wiederum der **Gegenansicht** (ErfK/*Koch* § 12a ArbGG Rz. 1; *Diller* NZA 2015, 1095, 1096) angeschlossen und sieht in § 288 Abs. 5 S. 1 BGB keine Ausnahmevorschrift zu § 12a Abs. 1 S. 1 ArbGG (zuletzt bspw. BAG v. 12.12.2018 – 588/17, NZA 2019, 775). Bei dem Anspruch aus § 288 Abs. 5 S. 1 BGB handele es sich nicht um einen Anspruch „sui generis" als spezialgesetzliche Bestimmung. Vielmehr trete er hinter der spezielleren Regelung aus § 12a Abs. 1 S. 1 ArbGG zurück. Hierfür spreche, so der 8. Senat des BAG, bereits der erkennbare Wille des Gesetzgebers:

„Nach § 288 Abs. 5 S. 1 BGB kann der Gläubiger einer Entgeltforderung iSv § 288 Abs. 2 BGB bei Verzug des Schuldners mit der Zahlung des Entgelts grundsätzlich eine Pauschale i.H.v. 40 Euro beanspruchen. Gerade auch den für Arbeitsverhältnisse typischen Fall, dass die Parteien über Entgeltansprüche des Arbeitnehmers streiten, hatte der Gesetzgeber mit dem in § 12a Abs. 1 S. 1 ArbGG angeordneten **Ausschluss jedweder Kostenerstattung im Auge** *(vgl. BAG 30.6.1993 – 7 ABR 45/92 – zu B II 2 f der Gründe, BAGE 73, 314).*

Zudem schließt § 12a Abs. 1 Satz 1 ArbGG eine Erstattung der im Rahmen arbeitsrechtlicher Streitigkeiten typischerweise entstehenden und wirtschaftlich bedeutsamen externen sowie internen Beitreibungskosten aus. Deshalb kann gegen einen Ausschluss eines auf § 288 Abs. 5 Satz 1 BGB gestützten Anspruchs nicht mit Erfolg eingewendet werden, dass in § 12a Abs. 1 Satz 1 ArbGG nicht sämtliche Beitreibungskosten, sondern ausdrücklich nur die Kosten der Hinzuziehung eines Bevollmächtigten sowie die Kosten für Zeitversäumnis genannt sind (so aber Stein AuR 2017, 13, 17; a.A. Ulrici jurisPR-ArbR 8/ 2018 Anm. 7). Hierdurch wird die **grundlegende Entscheidung des Gesetzgebers, das Kostenrisiko in arbeitsrechtlichen Streitigkeiten** *dadurch* **überschaubar zu halten**, *dass jede Partei von vornherein weiß, dass sie an Beitreibungskosten, die bis zum Schluss einer eventuellen ersten Instanz entstehen, stets und maximal nur das zu tragen hat, was sie selbst aufwendet,* **nicht in Frage gestellt**.*" (BAG v. 25.9.2018 – 8 AZR 26/18, NZA 2019, 121 Rz. 39 ff.)

Aufgrund dessen bestünde nach Meinung des BAG auch für eine **analoge Anwendung** des 12a Abs. 1 S. 1 ArbGG kein Bedarf:

„§ 12a Abs. 1 Satz 1 ArbGG [lässt sich] [...] die gesetzgeberische Grundentscheidung entnehmen, das Kostenrisiko in arbeitsrechtlichen Streitigkeiten dadurch überschaubar zu halten, dass jede Partei von vornherein weiß, dass sie an bis zum Schluss einer eventuellen ersten Instanz entstandenen Beitreibungskosten stets und maximal das zu tragen hat, was sie selbst aufwendet. Vor diesem Hintergrund ergibt sich aus § 12a Abs. 1 Satz 1 ArbGG in unmittelbarer Anwendung, dass insoweit für eine Anwendung von § 288 Abs. 5 BGB kein Raum ist, so dass sich die Frage nach dem Vorliegen der Voraussetzungen für eine Analogie nicht stellt." (BAG v. 25.9.2018 – 8 AZR 26/18, NZA 2019, 121 Rz. 55)

Abschließender Hinweis: Für alle Fragen in der Schnittmenge von Arbeits- und Verbraucherschutzrecht kann mit folgender Formel operiert werden: Das **Verbraucherschutzrecht findet kraft § 13 BGB prinzipiell auch auf Arbeitsverträge Anwendung**. Nur dort, wo **kraft gesetzlicher Anordnung** (z.B. § 15 UKlaG, § 491 Abs. 2 S. 2 Nr. 4 BGB) oder aus **systematisch-teleologischen Gründen** (z.B. § 312 Abs. 1, §§ 312b, 312 g Abs. 1, § 355 BGB; s.a. BAG v. 7.2.2019 – 6 AZR 75/18) anderes folgt, ist von der Anwendung der Verbraucherschutzregeln im Arbeitsrecht abzusehen.

234

§ 9
Besondere Arbeitnehmergruppen und arbeitnehmerähnliche Personen

I. Arbeiter und Angestellte

Literatur: *Hromadka*, Arbeiter und Angestellte, eine überholte Unterscheidung, ZfA 1994, 251; *Hromadka*, Arbeitnehmerähnliche Personen – Rechtsgeschichtliche, dogmatische und rechtspolitische Überlegungen, NZA 1997, 1249; *Hromadka*, Arbeiter und Angestellte – ein Nachruf, RdA 2015, 65; *Kehrmann*, Arbeiter und Angestellte in der Betriebsverfassung, FS Hanau (1999), 441; *Lipke*, Die Aufgliederung der Arbeitnehmereigenschaft in Arbeiter und Angestellte – Eine kritische Betrachtung, DB 1983, 111; *Schrader*, Gleichbehandlung von Arbeitern und Angestellten bei der Betriebsrente, RdA 2010, 308; *Wank*, Arbeiter und Angestellte, 1992.

Die Abgrenzung zwischen Arbeitern und Angestellten stellt auf die Natur der ausgeübten Tätigkeit ab. Ursprünglich wurde als **Angestelltentätigkeit die überwiegend geistige Tätigkeit** angesehen und dem Begriff des **Arbeiters die überwiegend körperliche Tätigkeit** zugeordnet. Einige Bereiche – wie die Bürotätigkeit – wurden ohne Rücksicht auf die Art der Tätigkeit dem Angestelltenbereich zugeordnet. Diese Unterscheidung hat mit fortschreitender Entwicklung der Technik und der Produktionssysteme an Berechtigung verloren. An den klassischen Arbeiter werden immer höhere geistige Anforderungen gestellt, sodass die Unterscheidung zwischen vorwiegend körperlicher und vorwiegend geistiger Tätigkeit kein vernünftiges Abgrenzungskriterium mehr liefert. Maßgebend ist damit letztlich die Verkehrsanschauung.

235

Die früher wesentliche Unterscheidung zwischen Arbeitern und Angestellten im Arbeitsrecht hat in den letzten Jahren erheblich an Bedeutung verloren. Im Individualarbeitsrecht spielt sie fast keine Rolle mehr. Dazu hat auch das BVerfG maßgeblich beigetragen, das mit Beschluss vom 30.5.1990 die unterschiedlichen Kündigungsfristen für Arbeiter und Angestellte (§ 622 BGB a.F., § 2 AngKSchG) in Ermangelung eines sachlichen Grunds für die Ungleichbehandlung für verfassungswidrig erklärt hat (BVerfG v. 30.5.1990 – 1 BvL 2/83, NZA 1990, 721).

236

„Der wesentliche Unterschied zwischen den Gruppen der Arbeiter und der Angestellten wird im Allgemeinen darin gesehen, dass diese überwiegend geistige, jene hingegen überwiegend körperliche Arbeit verrichten. Ob und inwieweit das (noch) zutrifft, kann dahingestellt bleiben; denn ein rechtfertigender Grund für die ungleichen Kündigungsfristen liegt darin nicht. Kopf- und Handarbeiter verdienen denselben Schutz bei Arbeitsplatzverlust. Aus der Art ihrer Tätigkeit allein ergibt sich kein erhöhtes Schutzbedürfnis. [...] Schließlich wird geltend gemacht, dass die Unternehmer in der Lage sein müssten, im produktiven Bereich schneller Personal zu entlassen. Ein Bedürfnis nach erhöhter personalwirtschaftlicher Flexibilität im produktiven Bereich ist grundsätzlich geeignet, unterschiedliche Kündigungsfristen für Arbeiter und Angestellte zu rechtfertigen. [...] Auch dieser rechtfertigende Grund für die ungleichen Kündigungsfristen von Arbeitern und Angestellten hat jedoch im Laufe der Entwicklung seine Unterscheidungskraft verloren. Früher mag es richtig gewesen sein, das Tätigkeitsfeld des Arbeiters mit dem produktiven Sektor weitgehend gleichzusetzen. Heute trifft das jedoch nicht mehr zu. [...] § 622 Abs. 2

237

BGB ist deshalb mit Art. 3 Abs. 1 GG nicht vereinbar." (BVerfG v. 30.5.1990 – 1 BvL 2/83, NZA 1990, 721, 721 f.)

238 So ist es mittlerweile auch ständige Rechtsprechung des BAG, dass eine unterschiedliche Behandlung von Arbeitern und Angestellten, die alleine an deren Statusbezeichnung anknüpft, nicht durch einen sachlichen Grund gerechtfertigt ist (vgl. BAG v. 30.3.1994 – 10 AZR 681/92, NZA 1994, 786; BAG v. 10.12.2002 – 3 AZR 3/02, NZA 2004, 321, 324; BAG v. 16.2.2010 – 3 AZR 216/09, NZA 2010, 701, 705).

239 Das BVerfG hatte dem Gesetzgeber eine Frist bis zum 30.6.1993 gesetzt, um die verfassungswidrige Ungleichbehandlung, die durch die unterschiedliche Behandlung von Arbeitern und Angestellten bei der Länge der Kündigungsfristen bestand, zu beseitigen. Die gesetzliche Neuregelung beinhaltet eine Änderung der § 622 BGB, §§ 63, 65, 78 SeemG und § 29 HAG.

240 Durch § 1 EFZG vom 26.5.1994 ist die Unterscheidung von Arbeitern und Angestellten auch hinsichtlich der **Lohnfortzahlung im Krankheitsfall** aufgehoben worden.

241 Im Zuge des fortschreitenden Bedeutungsverlusts der Differenzierung zwischen Arbeitern und Angestellten unterscheidet seit der Reform des Betriebsverfassungsgesetzes zum 28.7.2001 überdies das BetrVG nicht mehr zwischen Arbeitern und Angestellten. Lediglich in einigen Tarifverträgen gelten noch unterschiedliche Regelungen für Angestellte und Arbeiter. Der Rechtfertigungsdruck z.B. für ungleich behandelnde tarifliche Regelungen ist aber seit Inkrafttreten des Kündigungsfristengesetzes am 15.10.1993 gestiegen (BAG v. 10.3.1994 – 2 AZR 605/93, NZA 1994, 1045; zur Gleichbehandlung von Arbeitern und Angestellten Rz. 1452). Für den Bereich der betrieblichen Altersversorgung entschied das BAG, dass eine Ungleichbehandlung von Arbeitern und Angestellten allein wegen ihres Status grundsätzlich nicht gerechtfertigt ist (vgl. BAG v. 16.2.2010 – 3 AZR 216/09, NZA 2010, 701, 705).

242 Auch im Sozialversicherungsrecht ist die Unterteilung in Angestellte und Arbeiter hinfällig. Im Bereich der Rentenversicherung fusionierten zum 1.1.2005 die Bundesversicherungsanstalt für Angestellte und die Landesversicherungsanstalten durch eine Organisationsreform zur „Deutschen Rentenversicherung". Bis zu diesem Zeitpunkt kam der Unterteilung noch organisationsrechtliche Bedeutung zu. Im Bereich der **Krankenversicherung** bestehen bereits seit der Öffnung der Ersatzkassen für Arbeiter am 1.1.1996 keine allein den Angestellten vorbehaltenen Wahlrechte mehr.

II. Leitende Angestellte

Literatur: *Dänzer-Vanotti*, Leitende Angestellte nach § 5 III, IV BetrVG n.F., NZA Beilage 1/1989, 29; *Fuhlrott*, Die rechtliche Stellung leitender Angestellter, ArbR 2011, 55; *Hromadka*, Der Begriff des leitenden Angestellten, BB 1990, 57; *Melot De Beauregard/Baur*, Die Haftung des leitenden Angestellten, DB 2016, 1754; *Richardi*, Die Neuabgrenzung des leitenden Angestellten nach § 5 III und IV BetrVG, NZA Beilage 1/1990, 2; *Wahlers*, Der Chefarzt als leitender Angestellter i.S.v. § 5 Abs. 3 BetrVG?, MedR 2011, 331.

243 Der Begriff des leitenden Angestellten wird in den verschiedenen arbeitsrechtlichen Gesetzen mit zum Teil nicht völlig deckungsgleichem Inhalt verwandt. Typischerweise, wie z.B. in § 5 Abs. 3 S. 2 und Abs. 4 BetrVG, müssen **drei Merkmale** erfüllt sein, damit einem Arbeitnehmer die Eigenschaft als leitender Angestellter zukommt:

– Er muss Aufgaben wahrnehmen, die für den Bestand und die Entwicklung des Unternehmens oder eines Betriebs von Bedeutung sind.

– Die Erfüllung dieser Aufgaben muss besondere Erfahrungen und Kenntnisse voraussetzen.

– Der Angestellte muss bei der Wahrnehmung der Aufgaben entweder die Entscheidungen im Wesentlichen frei von Weisungen treffen oder sie maßgeblich beeinflussen.

II. Leitende Angestellte | Rz. 249 § 9

Die rechtliche Stellung des leitenden Angestellten wird durch den Umstand bestimmt, dass er zwar selbst in einem **abhängigen Beschäftigungsverhältnis** zu seinem Arbeitgeber steht, seine Aufgabe aber ganz oder überwiegend in der Wahrnehmung typischer **Arbeitgeberfunktionen** wie der Personalplanung, Einstellung und Entlassung von Arbeitnehmern, Entwicklung von Arbeitsabläufen etc. besteht. Deutlich wird dies an § 32 Abs. 2 S. 2 SprAuG, wonach im Falle einer Betriebsänderung i.S.d. § 111 BetrVG nur über den Ausgleich von Nachteilen für leitende Angestellte zu beraten ist, aber keinesfalls ein erzwingbarer Anspruch auf Abschluss eines Sozialplans besteht. 244

Aufgrund dieser Stellung ist der leitende Angestellte z.B. weitgehend vom Geltungsbereich des BetrVG ausgenommen (§ 5 Abs. 3 BetrVG); seine Repräsentation obliegt den sog. **Sprecherausschüssen**, die jedoch erheblich geringere Kompetenzen haben als die Betriebsräte. Das **Arbeitszeitgesetz** findet auf den leitenden Angestellten nach § 18 Abs. 1 Nr. 1 ArbZG keine Anwendung. Sein **Kündigungsschutz** ist schwächer ausgestaltet (§ 14 Abs. 2 S. 1 KSchG) und auch im Mitbestimmungsgesetz finden sich Sonderregelungen (§ 15 Abs. 2 S. 2 Nr. 2 MitbestG). 245

Die exakte Abgrenzung des Begriffs des leitenden Angestellten bereitet in den jeweiligen Bestimmungen zum Teil erhebliche Schwierigkeiten, die sogar zu der Frage geführt haben, ob § 5 Abs. 3 BetrVG a.F. verfassungswidrig – weil nicht justitiabel – ist (vgl. BAG v. 29.1.1980 – 1 ABR 45/79, NJW 1980, 2724, 2724). Wesentliche Überlegungen des BAG zur Zuordnung eines Arbeitnehmers zur Ebene der leitenden Angestellten sind dann in die BetrVG-Novelle vom 20.12.1988 eingeflossen, die § 5 Abs. 3 BetrVG neu gefasst und § 5 Abs. 4 BetrVG hinzugefügt hat. Zur Qualifizierung eines Angestellten als leitend muss er **unternehmerische Führungsaufgaben** von einer **nicht untergeordneten Bedeutung** wahrnehmen (vgl. BAG v. 11.1.1995 – 7 ABR 33/94, NZA 1995, 747, 749). 246

Fallbeispiel: Prokurist als leitender Angestellter: *„Ausschlaggebend für die Zuordnung eines Prokuristen zum Personenkreis des § 5 Abs. 3 Nr. 2 BetrVG sind nach der Neufassung der Vorschrift nicht nur die vom Gesetzgeber geforderten formellen Vertretungsbefugnisse, sondern auch die damit verbundenen unternehmerischen Aufgaben, um derentwillen dem Arbeitnehmer die Prokura verliehen worden ist. Diese Aufgaben dürfen nach Sinn und Zweck der Vorschrift nicht von einer untergeordneten Bedeutung sein, weil es sonst an dem vom Gesetzgeber für diesen Personenkreis angenommenen Interessengegensatz zu anderen Arbeitnehmern fehlen würde. Als leitender Angestellter muss ein Prokurist, wie der Ausdruck ‚sonstige Aufgaben' in § 5 Abs. 3 Nr. 3 BetrVG zeigt, unternehmerische Führungsaufgaben ausüben. Diese dürfen sich nicht in der Wahrnehmung sog. Stabsfunktionen erschöpfen. Dabei erfüllt der Angestellte eine unternehmerische bedeutsame Aufgabe dadurch, dass er planend und beratend tätig wird und kraft seines besonderen Sachverstandes unternehmerische Entscheidungen auf eine Weise vorbereitet, die es der eigentlichen Unternehmensführung nicht mehr gestattet, an seinen Vorschlägen vorbeizugehen."* (BAG v. 11.1.1995 – 7 ABR 33/94, NZA 747, 749) 247

Eine von einem Personalleiter, der zugleich (Gesamt-)Prokurist ist, ausgesprochene Kündigung kann aufgrund der mit dem Kündigungsrecht verbundenen Stellung auch nicht nach § 174 S. 2 BGB zurückgewiesen werden (Rz. 2544 ff.).

Die Qualifizierung eines Arbeitnehmers als leitender Angestellter i.S.v. § 5 Abs. 3 S. 2 Nr. 1 BetrVG erfordert die Personalverantwortung für einen großen Teil des Betriebes (so schon BAG v. 28.9.1961 – 2 AZR 428/60, NJW 1962, 73; BAG v. 10.10.2007 – 7 ABR 61/06, DB 2008, 590). Dabei muss zum einen die Berechtigung bestehen, Entscheidungen im Außenverhältnis zu treffen. Hinzukommen muss zudem, dass der betreffende Arbeitnehmer diese Entscheidungen auch im Innenverhältnis letztverantwortlich getroffen hat und nicht etwa nur Weisungen des Arbeitgebers ausgeführt hat (BAG v. 11.3.1982 – 6 AZR 136/79, DB 1982, 1990). 248

Im Individualarbeitsrecht von besonderer Bedeutung ist, dass der erste Abschnitt des KSchG gemäß § 14 Abs. 2 S. 1 KSchG auf „Geschäftsführer, Betriebsleiter und ähnliche leitende Angestellte, soweit diese zur selbstständigen Einstellung und Entlassung von Arbeitnehmern berechtigt sind" nur eingeschränkt Anwendung findet (Rz. 2743). Insbesondere kann der Arbeitgeber, dessen Kündigung unwirksam war, im Prozess **ohne Begründung** den sog. **Auflösungsantrag** nach § 9 KSchG stellen (BAG v. 24.3.2011 – 2 AZR 674/09, DB 2011, 2383). Maßgebliche Kriterien bei § 14 KSchG sind die Bedeutung der unternehmerischen Teilaufgaben sowie der Umfang des Weisungsrechts und des Ent- 249 scheidungsspielraums (BAG v. 25.11.1993 – 2 AZR 517/93, NZA 1994, 837; BAG v. 14.4.2011 – 2 AZR 167/10, DB 2011, 2496).

Fallbeispiel Betriebsleiter: *„Wer innerhalb eines Unternehmens einen selbstständigen Betrieb eigenverantwortlich führt, dabei bedeutungsvolle unternehmerische Teilaufgaben wahrnimmt, Vorgesetzter der im Betrieb Beschäftigten ist und das Weisungsrecht ausübt und bei seiner Tätigkeit einen erheblichen Entscheidungsspielraum hat, zählt nach ganz allgemeiner Meinung zu den Betriebsleitern des § 14 Abs. 2 S. 1 KSchG. Wenn der Gesetzgeber in § 14 Abs. 2 KSchG den Betriebsleiter als Regelbeispiel eines leitenden Angestellten nennt, so folgt daraus, dass ein Betriebsleiter, der die entsprechende Einstellungs- und Entlassungsbefugnis besitzt, regelmäßig als leitender Angestellter i.S.v. § 14 Abs. 2 KSchG anzusehen ist."* (BAG v. 25.11.1993 – 2 AZR 517/93, NZA 1994, 837, 838)

250 Wichtig ist festzuhalten, dass die Begriffe des leitenden Angestellten in § 14 Abs. 2 KSchG und § 5 Abs. 3 und 4 BetrVG keineswegs deckungsgleich sind, was insbesondere im Kündigungsrecht zu schwerwiegenden Fehlern führen kann (näher zum Begriff des leitenden Angestellten siehe im Band „Kollektivarbeitsrecht" Rz. 1691 ff.).

III. Arbeitnehmerähnliche Personen

Literatur: *Boemke*, Franchisenehmer als arbeitnehmerähnliche Person, Anmerkung zu BGH v. 4.11.1998, JuS 1999, 409; *Buchner*, Das Recht der Arbeitnehmer, der Arbeitnehmerähnlichen und der Selbständigen – jedem das Gleiche oder jedem das Seine?, NZA 1998, 1144; *Herschel*, Die arbeitnehmerähnliche Person, DB 1977, 1185; *Hromadka*, Arbeitnehmerähnliche Personen. Rechtsgeschichtliche, dogmatische und rechtspolitische Überlegungen, NZA 1997, 1249; *Hromadka*, Arbeitnehmer, Arbeitnehmergruppen und Arbeitnehmerähnliche im Entwurf eines Arbeitsvertragsgesetzes, NZA 2007, 838; *Rebhahn*, Arbeitnehmerähnliche Personen – Rechtsvergleich und Regelungsperspektive, RdA 2009, 236; *Rost*, Arbeitnehmer und arbeitnehmerähnliche Personen im Betriebsverfassungsrecht, NZA 1999, 113; *Schubert*, Der Schutz der arbeitnehmerähnlichen Personen, 2004; *Willemsen/Müntefering*, Begriff und Rechtsstellung arbeitnehmerähnlicher Personen: Versuch einer Präzisierung, NZA 2008, 193.

1. Begriff und Abgrenzung

251 Von den Arbeitnehmern abzugrenzen sind die sog. arbeitnehmerähnlichen Personen. Arbeitnehmerähnliche Personen sind, wenn man die **Legaldefinition des § 12a Abs. 1 TVG** ein wenig verkürzt, Personen, die

– wirtschaftlich abhängig und

– einem Arbeitnehmer vergleichbar sozial schutzbedürftig sind, weil sie

– auf Grund eines Dienst- oder Werkvertrags überwiegend für eine Person tätig sind,

– die geschuldete Leistung persönlich und

– im Wesentlichen ohne Mitarbeit von Arbeitnehmern erbringen (BAG v. 15.4.1993 – 2 AZB 32/92, NJW 1993, 2458).

252 Arbeitnehmerähnliche Personen sind **Selbstständige**. Im Gegensatz zu Arbeitnehmern fehlt es den arbeitnehmerähnlichen Personen an der persönlichen Abhängigkeit. Sie sind wegen fehlender Eingliederung in eine betriebliche Organisation und im Wesentlichen freier Zeitbestimmung nicht persönlich abhängig; an die Stelle der persönlichen Abhängigkeit und Weisungsgebundenheit tritt das Merkmal der wirtschaftlichen Unselbstständigkeit. **Wirtschaftliche Abhängigkeit** ist regelmäßig gegeben, wenn der Beschäftigte auf die Verwertung seiner Arbeitskraft und die Einkünfte aus der Tätigkeit für den Vertragspartner zur Sicherung seiner Existenzgrundlage angewiesen ist (BAG v. 21.2.2007 – 5 AZB 52/06, NZA 2007, 699 Rz. 11). Darüber hinaus muss die arbeitnehmerähnliche Person auch ihrer gesamten sozialen Stellung nach **einem Arbeitnehmer vergleichbar und sozial schutzbedürftig** sein.

Wann dies der Fall ist, kann unter Berücksichtigung der Verkehrsanschauung nur den gesamten Umständen des Einzelfalls entnommen werden (BAG v. 15.4.1993 – 2 AZB 32/92, NZA 1993, 789, 791). Indizien können z.B. die Nutzung der Räumlichkeiten sowie der Infrastruktur des Auftraggebers (BAG v. 21.12.2010 – 10 AZB 14/10, NZA 2011, 309) oder das Nettoeinkommen (BAG v. 21.6.2011 – 9 AZR 820/09, NZA-RR 2012, 365; BGH v. 4.11.1998 – VIII ZB 12/98, NZA 1999, 53) sein.

Soziale Schutzbedürftigkeit liegt nicht vor, wenn ein Dienstnehmer über den Umfang und den Ablauf seines Arbeitseinsatzes selbst entscheidet sowie über erhebliche Einkommenschancen oder anderweitige Einnahmen, die seine Existenz sichern, verfügt (BAG v. 2.10.1990 – 4 AZR 106/90, NZA 1991, 239). Entscheidend sind daher die Einnahmen, die überwiegend von einem Auftraggeber erzielt werden müssen. Nach dem Sinn und Zweck des Begriffs der arbeitnehmerähnlichen Person liegt eine wirtschaftliche Abhängigkeit nicht schon dann vor, wenn eine Person für ihre Existenzsicherung auf den Abschluss des Vertrags angewiesen ist. Vielmehr folgt die dem Gesetz zugrunde liegende Schutzbedürftigkeit der arbeitnehmerähnlichen Person aus der Höhe der ihr vertraglich eingeräumten Vergütung (BAG v. 21.6.2011 – 9 AZR 820/09, NZA-RR 2012, 365; BGH v. 4.11.1998 – VIII ZB 12/98, NZA 1999, 53). Das setzt Leistungen für einen Vertragspartner voraus. Dabei kann die Vergütung auch in einer Beteiligung an Umsätzen oder Gewinnen bestehen (BAG v. 21.2.2007 – 5 AZB 52/06, NZA 2007, 699). 253

Tarifverträge können den zwingenden Begriff der Arbeitnehmerähnlichkeit nicht abweichend regeln (BAG v. 2.10.1990 – 4 AZR 106/90, NZA 1991, 239; LAG Köln v. 22.4.1999 – 10 Sa 722/97, NZA-RR 1999, 589). 254

Eine arbeitnehmerähnliche Person kann für mehrere Auftraggeber tätig sein. In diesem Fall ist aber erforderlich, dass die Beschäftigung für einen der Auftraggeber wesentlich ist und die daraus folgende Vergütung die entscheidende Existenzgrundlage der Person darstellt (BAG v. 21.12.2010 – 10 AZB 14/10, NZA 2011, 309; BAG v. 11.4.1997 – 5 AZB 33/96, NZA 1998, 499). 255

2. Rechtsfolgen

Primäre Rechtsfolge der Einordnung als arbeitnehmerähnliche Person ist die **Zuständigkeit der Arbeitsgerichte** (§ 5 Abs. 1 S. 2 ArbGG). Sie sind zuständig für Rechtsstreitigkeiten aus Dienst- oder Werkverträgen mit arbeitnehmerähnlichen Personen. Zudem werden **arbeitsschutzrechtliche Normen teilweise ausdrücklich auf arbeitnehmerähnliche Personen erstreckt**: Nach § 2 S. 2 BUrlG gelten arbeitnehmerähnliche Personen als Arbeitnehmer i.S.d. staatlichen Urlaubsrechts. Sonderregelungen finden sich ferner in § 138 SGB IX, § 2 Abs. 2 Nr. 3 ArbSchG, § 6 Abs. 1 S. 1 Nr. 3 AGG. Im Übrigen ist das Arbeitsrecht auf arbeitnehmerähnliche Personen nicht anwendbar. Insbesondere gelten für sie weder das Kündigungsschutzgesetz noch die Sonderkündigungsschutzbestimmungen (§§ 2 ArbPlSchG, 17 MuSchG, 18 BEEG, 168 ff. SGB IX). **Nicht einmal die verlängerten Kündigungsfristen des § 622 BGB oder die vergleichbaren Kündigungsfristen für Heimarbeiter nach § 29 Abs. 4 HAG finden Anwendung**. Die Ausweitung der längeren Kündigungsfristen ist aber ausweislich des § 621 BGB für den Bereich der „freien" Dienstverhältnisse unterblieben. Nach Auffassung des BAG hat der Gesetzgeber nur für den Bereich der Heimarbeit in § 29 Abs. 3 und 4 HAG Regelungsbedarf gesehen (BAG v. 8.5.2007 – 9 AZR 777/06, BB 2007, 2298, 2299). Mit dem Qualifizierungschancengesetz vom 18.12.2018 wurde in dem Zusammenhang die Ausnahme aus § 622 Abs. 2 S. 2 BGB und § 29 Abs. 4 S. 2 HAG, wonach die Zeiten vor Vollendung des 25. Lebensjahres des Arbeitnehmers bei der Berechnung der Beschäftigungsdauer nicht zu berücksichtigen waren, mit Wirkung zum 1.1.2019 endlich aufgehoben (vgl. Art. 4d und 4g QChancenG). Es handelte sich hierbei ohnehin um eine Vorschrift, die gegen das Unionsrecht verstieß (EuGH v. 19.10.2010 – C-555/07 „Kücükdeveci", NZA 2010, 85) und daher nicht anzuwenden war. 256

Vollends **systemfremd** hat der Gesetzgeber in jüngerer Vergangenheit nur für den Fall der Pflegezeit in § 5 Abs. 1 PflegeZG arbeitnehmerähnlichen Personen (vgl. § 7 Abs. 1 Nr. 3 PflegeZG) den strengs- 257

258 Trotz der **fehlenden Systematik eines Schutzkonzepts für arbeitnehmerähnliche Personen** ist die Rechtsprechung nicht bereit, durch lückenausfüllende Gesetzesauslegung zu korrigieren. Rechtspolitisch sind vielfach Forderungen zur Klärung der Rechtsstellung erhoben worden (*Willemsen/Müntefering* NZA 2008, 193 zum Kodifikationsvorschlag in § 3 ArbVG-E 2007). Hierzu hat sich die Europäische Kommission im Kontext der Debatte um ein „Grünbuch Arbeitsrecht" der Problematik angenommen (hierzu *Wank* AuR 2007, 244).

259 Die **anwendbaren Rechtsvorschriften** richten sich im Wesentlichen nach dem jeweils vereinbarten **Vertragstyp** (Dienstvertrag §§ 611 ff. BGB, Werkvertrag §§ 631 ff. BGB oder Werklieferungsvertrag § 651 BGB). Ein wesentlicher Vertragsschutz wird durch die Inhaltskontrolle nach Maßgabe der §§ 305 ff. BGB gewährleistet.

3. Praktische Bedeutung

260 Für **Tätigkeiten auf gesellschafts- oder vereinsrechtlicher Basis** hat das BAG den Status als arbeitnehmerähnliche Person grundsätzlich abgelehnt. Ein Rechtsanwalt, der Partner einer Anwaltssozietät ist, ist daher keine arbeitnehmerähnliche Person, auch wenn er von der Sozietät wirtschaftlich abhängig ist (BAG v. 15.4.1993 – 2 AZB 32/92, NZA 1993, 789). Anderes kann für den angestellten Rechtsanwalt gelten (OLG Hamm 20.5.2009 – 8 U 190/07; LAG Köln v. 24.7.2007 – 9 Ta 140/07, NZA-RR 2007, 661). Auch die Rote-Kreuz-Schwester betrachtet das BAG nicht als arbeitnehmerähnliche Person (BAG v. 6.7.1995 – 5 AZB 9/93, NZA 1996, 33; Rz. 166). Bei den arbeitnehmerähnlichen Personen handelt es sich im Wesentlichen um zwei Personengruppen: um **Heimarbeiter** und um **Einfirmen-Handelsvertreter.**

261 Dementsprechend enthält insbesondere das **Heimarbeitsgesetz** (HAG) besondere Bestimmungen für arbeitnehmerähnliche Personen. Sonderregelungen finden sich zudem in § 10 Abs. 1 S. 1 EFZG. Heimarbeiter haben Anspruch auf Kurzarbeitergeld nach § 103 Abs. 1 SGB III.

262 Für das Vertragsverhältnis eines **Einfirmen-Handelsvertreters**, der nur für einen Unternehmer tätig wird, können nach § 92a Abs. 1 HGB Mindestarbeitsbedingungen festgesetzt werden. In einem solchen Fall fallen die Streitigkeiten der Handelsvertreter gemäß § 5 Abs. 3 S. 1 ArbGG auch unter die Gerichtsbarkeit der Gerichte für Arbeitssachen. § 12a TVG findet nach dessen Abs. 4 keine Anwendung.

263 **Vertiefungsfall: Die Promoterin:** A ist in der Kartei einer Promotion-Agentur erfasst. Die Agentur tritt an sie heran und bietet ihr einen 20-tägigen Einsatz als Promoterin für Tiefkühlpizzen an. Danach soll sie an fünf Tagen pro Woche in verschiedenen Supermärkten die Pizzen verkosten. Die Agentur stellt ihr einen kleinen Pizzaofen mit drei Ständen sowie die für die Durchführung der Verkostungsaktion notwendigen Unterlagen über die Einhaltung von Hygienevorschriften, das richtige Auftreten gegenüber den Verbrauchern und weitere Handlungsanweisungen zur Verfügung und händigt ihr einen Tourenplan aus. A soll sich ihre Anwesenheit vom jeweiligen Marktleiter bestätigen lassen, ansonsten ist sie nur an die Vorgaben aus den ausgehändigten Unterlagen gebunden. Die ersten Termine konnte A nicht wahrnehmen, weshalb ihre Freundin für sie einspringt. Zu einem Einsatz der A kommt es aber auch danach nicht, weil A von der Agentur verlangt, einen Mietwagen für die Durchführung ihrer Einsätze zur Verfügung gestellt zu bekommen. Vor welchem Gericht muss A diese Forderung erheben?

Lösungsvorschlag: Gemäß § 2 Abs. 1 Nr. 3a ArbGG sind die Arbeitsgerichte zuständig für bürgerliche Rechtsstreitigkeiten zwischen Arbeitnehmern und Arbeitgebern aus dem Arbeitsverhältnis, wozu grundsätzlich auch der Streit um den Anspruch auf ein Mietauto fällt. Voraussetzung ist aber, dass es sich um eine Rechtsstreitigkeit zwischen Arbeitnehmer und Arbeitgeber handelt.

Fraglich ist also, ob A Arbeitnehmerin ist. Dies ist, wer aufgrund eines privatrechtlichen Vertrags im Dienste eines anderen weisungsgebundene, fremdbestimmte Arbeit in persönlicher Abhängigkeit leistet (§ 611a

BGB). Diese ist insbesondere durch das Weisungsrecht des Arbeitgebers geprägt. Es betrifft typischerweise Inhalt, Art, Zeit, Dauer und Ort der Tätigkeit. A hat mit der Agentur einen privatrechtlichen Vertrag gemäß § 611 BGB über die Erbringung ihrer Dienste im Rahmen der Promotionsaktion geschlossen, jedoch müsste sie weiterhin der Agentur gegenüber weisungsgebunden (§ 106 GewO) sein. Dafür spricht, dass sie den Tourenplan und die Vorgabe von fünf Tagen pro Woche erhalten hat, was so bzgl. Ort und Zeit ihrer Arbeit an die Weisungen der Agentur bindet. Die Zurverfügungstellung der erforderlichen Arbeitsmaterialien lässt auf ihre Einbindung in die Infrastruktur der Agentur schließen. Gegen eine persönliche Weisungsgebundenheit spricht allerdings, dass A ihre Dienste nicht in Person zu leisten hatte, denn ihre Freundin konnte für sie einspringen, sodass die Zweifelsregel des § 613 BGB nicht greift. Auch war A nicht verpflichtet, die Arbeit zu übernehmen. Dass sie in der Kartei steht, reicht nicht aus, um eine Weisungsabhängigkeit zu begründen. Ebenfalls die Aushändigung der Unterlagen zu Auftreten, Hygiene und weiteren Handlungsanweisungen formen das Vertragsverhältnis nicht in dem Maße aus wie ein Weisungsrecht. Vielmehr stellen sie nur bestimmte Rahmenbedingungen auf, die unerlässlich für die Durchführung sind, und die vor Ort nicht mehr genauer ausgeformt werden. Auch bei der Aufgabenerfüllung innerhalb eines Auftrages können vom Auftraggeber bestimmte Bedingungen vorgegeben werden. Die zeitliche Lage ihrer täglichen Tätigkeit unterliegt ebenfalls nicht den Weisungen der Agentur, sondern richtet sich schon aus der Natur der Sache heraus nach den Öffnungszeiten der Supermärkte. Dies spricht in der Gesamtschau dafür, A nicht als Arbeitnehmerin anzusehen. Der Weg zu den Arbeitsgerichten ist darum nicht nach § 2 Abs. 1 Nr. 3a ArbGG eröffnet.

Allerdings kann A arbeitnehmerähnliche Person sein. Gemäß § 5 Abs. 1 S. 2 ArbGG gelten diese als Arbeitnehmer i.S.d. ArbGG, sodass der Weg zu den Arbeitsgerichten dennoch gemäß §§ 2 Abs. 1 Nr. 3a, 5 Abs. 1 S. 2 ArbGG eröffnet sein könnte. Eine arbeitnehmerähnliche Person ist auf Grund der Legaldefinition des § 12a Abs. 1 TVG eine Person, die wirtschaftlich abhängig und einem Arbeitnehmer vergleichbar sozial schutzbedürftig ist, weil sie auf Grund eines Dienst- oder Werkvertrags überwiegend für eine Person tätig ist, die geschuldete Leistung persönlich und im Wesentlichen ohne Mitarbeit von Arbeitnehmern erbringt. Sie unterscheidet sich vom Arbeitnehmer also dadurch, dass an die Stelle der persönlichen Abhängigkeit das Merkmal der wirtschaftlichen Abhängigkeit tritt. A ist auf Grund eines Dienstvertrags nach § 611 BGB ausschließlich für die Agentur tätig. Fraglich ist aber, ob A in der Weise wirtschaftlich abhängig von der Agentur ist, dass sie einem Arbeitnehmer vergleichbar schutzbedürftig ist. Dafür könnte sprechen, dass sie an fünf Tagen in der Woche beschäftigt ist und somit keine Zeit mehr bleibt, um einer anderen Tätigkeit nachzugehen. Andererseits dauert die Aktion nur 20 Tage und ist so von Anfang an nur sehr kurz angelegt. Eine auf Dauer angelegte Tätigkeit, aus der eine wirtschaftliche Abhängigkeit erwachsen kann, war gerade nicht vereinbart. Etwas anderes ergibt sich auch nicht aus der Tatsache, dass A in der Kartei der Agentur erfasst war. Dadurch wird keine auf Dauer angelegte Tätigkeit begründet, sondern nur die Voraussetzung geschaffen, eine spätere Tätigkeit möglich zu machen. Deshalb ist A auch nicht als arbeitnehmerähnliche Person i.S.v. § 5 Abs. 1 S. 2 ArbGG einzuordnen. Damit ist der Weg zum Arbeitsgericht nicht eröffnet. A muss ihre Forderung vor der ordentlichen Gerichtsbarkeit geltend machen, §§ 23, 71 GVG.

IV. Zu ihrer Berufsbildung Beschäftigte

Literatur: *Lakies/Malottke*, Berufsbildungsgesetz Kommentar, 6. Aufl. 2018; *Leinemann/Taubert*, Berufsbildungsgesetz Kommentar, 2. Aufl. 2008; *Wohlgemuth*, Berufsbildungsgesetz, 2011.

Das Berufsausbildungsverhältnis ist ein durch den Ausbildungszweck modifiziertes Arbeitsverhältnis; dies ändert jedoch nichts an dem Status der Auszubildenden. Sie sind **Arbeitnehmer**. Das folgt aus § 10 Abs. 2 BBiG, der die für den Arbeitsvertrag geltenden Rechtsvorschriften und Rechtsgrundsätze auf den Berufsausbildungsvertrag für anwendbar erklärt, soweit das BBiG nicht entgegensteht. Bestätigt wird die Einordnung als Arbeitnehmer ferner z.B. durch § 23 Abs. 1 S. 2 KSchG („Die Vorschriften [...] gelten nicht für Betriebe [...], in denen in der Regel fünf oder weniger Arbeitnehmer ausschließlich der zu ihrer Berufsausbildung Beschäftigten beschäftigt werden.") und durch §§ 5 Abs. 1 S. 1 BetrVG, 1 Abs. 2 EFZG. Allerdings prägt der Ausbildungszweck das Dienstverhältnis entscheidend. Die Tätigkeit des Auszubildenden erschöpft sich nicht in der Leistung fremdbestimmter Arbeit. Vielmehr hat die Berufsausbildung gemäß § 1 Abs. 2 BBiG eine breit angelegte **berufliche Grundbildung** und die für die Ausübung einer qualifizierten beruflichen Tätigkeit notwendigen **fachlichen Fertigkeiten und Kenntnisse** zu vermitteln.

264

265 Um eine sachgerechte Ausbildung sicherzustellen, sieht das **Berufsbildungsgesetz** in §§ 10 bis 26 BBiG besondere Regelungen vor, die das allgemeine Arbeitsrecht modifizieren. Im Grundsatz bleibt aber das allgemeine **Arbeitsrecht** anwendbar. Wenn der Auszubildende Jugendlicher ist, muss auch das Jugendarbeitsschutzrecht (JArbSchG) beachtet werden (Rz. 1799).

266 Die Sonderregelungen des BBiG gelten für das klassische Berufsausbildungsverhältnis zwischen Ausbildendem und Auszubildendem. Für andere Ausbildungsverhältnisse gelten nach § 26 BBiG die Vorschriften dieses Gesetzes mit gewissen Einschränkungen. Vom Auszubildenden zu unterscheiden sind Anlernlinge, Volontäre und Praktikanten sowie Werkstudenten.

V. Vertiefungsproblem: Praktikantenverträge

Literatur: *Greiner*, Die Praktikantenregelung in § 22 MiLoG, NZA 2016, 594; *Lakies*, Volontär und Praktikant, AR-Blattei SD 1740; *Maties*, Generation Praktikum, RdA 2007, 135; *Orlowski*, Praktikantenverträge – transparente Regelung notwendig!, RdA 2009, 38, *Orlowski*, Praktikanten- und Volontärverträge, 2014; *Sagan/Witschen*, Mindestlohn für alle?, jm 2014, 372; *Schmitt*, Die Rechtsstellung des Praktikanten *de lege lata* und *de lege ferenda*, in: Arbeitsrecht – für wen und wofür?, 2015, S. 37.

1. Einleitung

267 Volontariate und insbesondere Praktika sind in den letzten Jahren verstärkt in den Fokus der Öffentlichkeit getreten, nicht zuletzt durch die Einführung des Mindestlohns. Im Vorfeld des MiLoG stellte sich die Frage, ob Unternehmen den Mindestlohn auch für Praktikanten zu zahlen hätten. Auf diese Frage hat der Gesetzgeber mit § 22 MiLoG eine Antwort gegeben. Grundsätzlich davon unabhängig bestand und besteht jedoch die Frage, ob Praktikanten Arbeitnehmer sind. Dabei gilt der Grundsatz, dass sog. „echte Praktikanten" keine Arbeitnehmer sind.

2. Gesetzliche Definitionen

268 Zwar fehlt eine systematische Regelung des Praktikantenverhältnisses, doch existieren zwei gesetzliche Definitionen, unter die der Praktikantenvertrag subsumiert werden kann. Zum einen **§ 26 BBiG**, der einen Teil des für Berufsausbildungsverhältnisse geltende BBiG auf „andere Vertragsverhältnisse" anwendet. Namentlich sollen davon Personen erfasst sein, die eingestellt werden, **„um berufliche Fertigkeiten, Kenntnisse, Fähigkeiten oder berufliche Erfahrung zu erwerben"**, sofern es sich dabei weder um einen Arbeitsvertrag noch um ein Berufsausbildungsverhältnis handelt. Darunter fallen nach h.M. jedenfalls Volontäre und Praktikanten. Ähnlich ist gem. **§ 22 Abs. 1 S. 3 MiLoG** „Praktikantin oder Praktikant", wer **„sich nach der tatsächlichen Ausgestaltung und Durchführung des Vertragsverhältnisses für eine begrenzte Dauer zum Erwerb praktischer Kenntnisse und Erfahrungen einer bestimmten betrieblichen Tätigkeit zur Vorbereitung auf eine berufliche Tätigkeit unterzieht"**, solange es sich bei diesem Vertragsverhältnis nicht um ein Ausbildungsverhältnis i.S.d. BBiG oder um „eine damit vergleichbare praktische Ausbildung handelt". Dieser letzte Zusatz soll im Gegensatz zu der Definition in § 26 BBiG Volontäre ausschließen (Ausschussbericht BT-Drucks. 18/2010 (neu), S. 24). So erklärt es sich auch, dass der § 22 Abs. 1 S. 3 MiLoG eine eigene Definition des Praktikanten statuiert, obwohl § 22 Abs. 1 S. 2 MiLoG ausdrücklich auf die Definition in § 26 BBiG verweist. Von den Volontären abgesehen, ist jedoch davon auszugehen, dass sich beide Definitionen in Bezug auf Praktikanten nicht wesentlich unterscheiden. Ein Praktikum liegt demnach vor, wenn das Vertragsverhältnis dazu dient, dem Beschäftigten in einem begrenzten Zeitraum berufliche Kenntnisse, Fähigkeiten und Erfahrung zu vermitteln, ohne dass es sich dabei um ein Berufsausbildungsverhältnis i.S.d. BBiG handelt. Bedeutend ist daneben die Abgrenzung zum Arbeitsvertrag und zum Gefälligkeitsverhältnis.

3. Abgrenzung zum Arbeitsvertrag

Für die Abgrenzung zwischen einem Arbeitsvertrag und einem „echten Praktikantenvertrag" kommt es auf den **vorherrschenden Zweck** des Vertragsverhältnisses sowie erbrachte Tätigkeit an. Leitlinie sind dabei die angesprochenen Definitionen in § 26 BBiG und § 22 Abs. 1 S. 3 MiLoG. Ein Praktikum und kein Arbeitsvertrag liegt somit vor, wenn es der überwiegende Zweck des Vertragsverhältnisses nach seiner konkreten Ausgestaltung und Durchführung ist, dem Beschäftigten berufliche Kenntnisse, Fähigkeiten und Erfahrung zu vermitteln. In diesem Fall ist ein möglicher wirtschaftlicher Nutzen des Praktikumsgebers lediglich eine Nebenfolge der Ausbildung (*Schmitt*, Die Rechtstellung des Praktikanten *de lege lata* und *de lege ferenda*, S. 47 f.). Für ein „unechtes" Praktikanten- und für ein „echtes" Arbeitsverhältnis sprechen folgende Gesichtspunkte: Verantwortung für das Arbeitsergebnis, Ableistung von Mehrarbeit, Entscheidungsbefugnis, Vertretungstätigkeiten, Weisungsrechte gegenüber anderen Praktikanten und Verlängerung des Praktikantenvertrags. Praktika umfassen grundsätzlich lediglich einen **begrenzten Zeitraum**. Als Anhaltspunkt können § 22 Abs. 1 S. 2 Nr. 2 und 3 MiLoG dienen, wonach Orientierungs- und berufs- oder studienbegleitende Praktika nur bis zu einer Dauer von bis zu drei Monaten von der Anwendung des MiLoG ausgeschlossen sind. Eine feste Grenze ist dies außerhalb des § 22 MiLoG allerdings nicht.

Beispiel: In einer BAG-Entscheidung (BAG v. 13.3.2003 – 6 AZR 564/01) ging es um die Rechtsstellung einer als Orchesterpraktikantin eingestellten Kontrabassistin. Dabei hat das Gericht bei der Abgrenzung zwischen Ausbildungs- und Leistungszweck Kriterien aus der Vertragsurkunde herangezogen und die „Pflicht der Klägerin zum Spielen des Instruments Kontrabass", die regelmäßige Wochenarbeitszeit von x der tariflich vorgesehenen Arbeitszeit, den Charakter und die Höhe der vereinbarten Vergütung („Entgelt für die Beschäftigung") sowie die Vereinbarung sonstiger typischer Regelungen eines Arbeitsvertrags („umfassende Mitwirkungspflicht", „Zustimmungserfordernis bei Nebenbeschäftigung", „Regelungen zur Arbeitsversäumnis") so gewertet, dass ein Arbeits- und kein bloßes Praktikantenverhältnis vorliege.

Zwar ist für die Feststellung, ob ein „echtes Praktikum" oder nicht doch ein Arbeitsvertrag vorliegt, – wie ausgeführt – vor allem die konkrete Durchführung und Tätigkeit maßgeblich. Dennoch kann der **zwischen den Parteien vereinbarte Vertrag** eine Rolle spielen: Gem. § 2 Abs. 1a S. 1 **NachwG** hat derjenige, der einen Praktikanten einstellt, diesem „unverzüglich", jedoch spätestens vor Tätigkeitsbeginn, eine unterzeichnete Niederschrift der wesentlichen Vertragsbedingungen auszuhändigen. Zu diesen Vertragsbedingungen zählen gem. § 2 Abs. 1a S. 2 Nr. 2 NachwG „die mit dem Praktikum verfolgten Lern- und Ausbildungsziele". Fehlen diese in der Niederschrift oder sind sie nur sehr allgemein angegeben, ist das jedenfalls ein Indiz dagegen, dass das Vertragsverhältnis der Aus- oder Weiterbildung des vermeintlichen Praktikanten dienen soll (Preis/*Preis*, III B Rz. 32).

Für „Scheinpraktikanten", die nach den oben skizzierten Kriterien in Wirklichkeit Arbeitnehmer sind, gilt das gesamte Arbeitsrecht. Sie haben also Anspruch auf Arbeitslohn gem. §§ 611a Abs. 2, 612 BGB bzw. dem MiLoG und genießen ggf. Kündigungsschutz.

4. Praktikumsarten

Das auf ein Praktikum anwendbare Recht unterscheidet sich u.a. nach dem Grund und der Dauer des Praktikums. So hat der Gesetzgeber Praktikantinnen und Praktikanten i.S.d. § 26 BBiG zwar grundsätzlich in den Anwendungsbereich des MiLoG einbezogen, § 22 Abs. 1 S. 2 Hs. 1 MiLoG. Dies gilt allerdings nur, sofern keine Ausnahme gem. § 22 Abs. 1 S. 2 Hs. 2 Nr. 1–4 MiLoG vorliegt. Daher sind verschiedene Praktikumsarten zu unterscheiden:

a) Pflichtpraktika

Pflichtpraktika sind Praktika, die Schüler oder Studierende aufgrund schul- oder (fach)hochschulrechtlicher Normen als zwingenden Teil der Ausbildung absolvieren müssen. Jedenfalls sofern ein Lehrer oder die Schule bzw. ein Professor oder die (Fach-)Hochschule die Verantwortung für die konkrete Durchführung des Praktikums trägt und etwa den Praktikumsort für den Schüler bzw. Studierenden bestimmt, liegt kein Praktikum i.S.d. § 26 BBiG vor. Teilweise wird vertreten, dass ein privatrechtliches Verhältnis zwischen dem Praktikanten und der Praktikumsstelle vorliegt, das die Voraussetzungen des § 26 BBiG erfüllt, sofern den Schülern bzw. Studierenden lediglich vorgeschrieben ist, ein Praktikum zu absolvieren, die konkrete Durchführung aber den Schülern bzw. Studierenden überlassen bleibt (*Orlowski*, Praktikanten- und Volontärverträge, 2014, S. 320 ff.).

274 Für die Anwendung des **MiLoG** ist gem. § 22 Abs. 1 S. 2 Nr. 1 MiLoG lediglich entscheidend, ob das Praktikum verpflichtend ist. In diesem Fall ist es vom Anwendungsbereich des Gesetzes ausgenommen.

b) Freiwillige Praktika

275 Freiwillige Praktika, die vor einem Studium oder einer Ausbildung der Orientierung dienen sollen oder begleitend zu einer Berufs- oder Hochschulausbildung absolviert werden, fallen unter § 26 BBiG. Sofern sie höchstens drei Monate dauern, sind sie gem. § 22 Abs. 1 S. 2 Nr. 2 bzw. 3 MiLoG außerdem vom Anwendungsbereich des MiLoG ausgenommen. Wegen des Kriteriums der „Orientierung für eine Berufsausbildung oder für die Aufnahme eines Studiums" in § 22 Abs. 1 S. 2 Nr. 2 MiLoG fallen Praktika auch darunter, wenn sie vor einem **Wechsel des Studiengangs** bzw. der Ausbildung oder zwischen einer abgeschlossenen Ausbildung und einem Studium absolviert werden, aber nicht, wenn sie zwischen einer abgeschlossenen Berufs- oder Hochschulausbildung und dem Berufseinstieg liegen. § 22 Abs. 1 S. 2 Nr. 3 MiLoG erfasst ausweichlich seines Wortlauts nur jeweils das **erste studiums- oder ausbildungsbegleitende Praktikum** bei derselben Praktikumsstelle. Absolviert ein Praktikant ein zweites studien- oder ausbildungsbegleitendes Praktikum bei derselben Praktikumsstelle, fällt dieses in den Anwendungsbereich des MiLoG. Dagegen ist es möglich, nach einem Pflichtpraktikum i.S.d. § 22 Abs. 1 S. 2 Nr. 1 MiLoG oder einem Orientierungspraktikum i.S.d. § 22 Abs. 1 S. 2 Nr. 2 MiLoG bei derselben Praktikumsstelle ein Praktikum i.S.d. § 22 Abs. 1 S. 2 Nr. 3 MiLoG zu absolvieren, ohne dass letzteres unter das MiLoG fällt.

276 Die freiwilligen Praktika i.S.d. § 22 Abs. 1 S. 2 Nr. 2 und 3 MiLoG sind nur dann von der Anwendung des MiLoG ausgeschlossen, wenn sie **maximal drei Monate** dauern. Diese Höchstdauer bezieht sich dabei auf die tatsächliche Tätigkeit. Wird das Praktikum innerhalb dieses Zeitraumes aus Gründen unterbrochen, die in der Person des Praktikanten liegen, so kann es bei einem sachlichen und zeitlichen Zusammenhang der einzelnen Praktikumsabschnitte um die Zeit der Unterbrechung verlängert werden (BAG v. 30.1.2019 – 5 AZR 556/17, NZA 2019, 773 zu einem Orientierungspraktikum). Bei Praktika, die von Anfang an für einen längeren Zeitraum vereinbart sind, gilt der Mindestlohn ab dem ersten Tag. Umstritten ist der Umgang mit Praktika, die auf höchstens drei Monate angelegt waren, dann aber während des Praktikums darüber hinaus **verlängert** werden. Obwohl sich daraus ein gewisses Missbrauchspotential ergibt, erscheint es angebracht, das MiLoG erst ab dem ersten Tag des vierten Monats anzuwenden und nicht rückwirkend ab dem ersten Tag des ersten Monats, wenn der Praktikumsgeber den Praktikumsvertrag etwa wegen guter Leistungen des Praktikanten verlängert (Preis/*Preis*, III B Rz. 43; ErfK/*Franzen* § 22 MiLoG Rz. 12, a.A. *Riechert/Nimmerjahn*, MiLoG, § 22 Rz. 89, 92).

c) „Schnupperpraktika"

277 Sog. „Schnupperpraktika" oder „Hospitanzen", die in aller Regel sehr kurz dauern (höchstens eine Woche) und bei denen der Praktikant lediglich den Betrieb beobachtet und höchstens auf eigenen Wunsch hin tätig wird und die Tätigkeit jederzeit einstellen kann (*Orlowski*, Praktikanten- und Volontärverträge, 2014, S. 238), begründen kein Rechtsverhältnis i.S.d. § 26 BBiG bzw. § 22 Abs. 1 MiLoG (*Riechert/Nimmerjahn*, MiLoG, § 22 Rz. 40).

d) Doktorandenverträge

Wenn (Promotions-)Studierende ihre Abschlussarbeit (Bachelor-, Master- oder Doktorarbeit) in einem Unternehmen anfertigen, kann je nach Ausgestaltung ein Arbeitsverhältnis, ein Praktikum oder ein Rechtsverhältnis eigener Art vorliegen (Preis/*Preis*, III B Rz. 46; *Riechert/Nimmerjahn*, MiLoG, § 22 Rz. 42).

278

5. Rechtsfolgen

a) Anwendung des BBiG

Liegen die Voraussetzungen des § 26 BBiG vor, sind demnach wesentliche Vorschriften des BBiG auf das Praktikumsverhältnis anzuwenden. So hat der Praktikant etwa einen Anspruch auf eine „**angemessene Vergütung**" gem. § 17 BBiG, die sich gem. § 17 Abs. 1 S. 2 BBiG unter anderem nach dem Lebensalter des Praktikanten bemisst. Das gilt allerdings nur, sofern das Praktikum gem. § 22 Abs. 1 MiLoG außerhalb des Anwendungsbereichs des MiLoG liegt, da die Vergütung ansonsten mindestens der Höhe des gesetzlichen Mindestlohns entsprechen muss (Rz. 1254). Praktika, die gleichzeitig unter § 26 BBiG fallen und mindestlohnpflichtig sind, sind insbesondere freiwillige Orientierungs- (§ 22 Abs. 1 S. 2 Nr. 2 MiLoG) oder studien- bzw. ausbildungsbegleitende Praktika (§ 22 Abs. 1 S. 2 Nr. 3 MiLoG), die länger als drei Monate dauern, und studiums- bzw. ausbildungsbegleitende Praktika, die nicht die ersten ihrer Art bei derselben Praktikumsstelle sind.

279

Hinsichtlich **Beendigung und Kündigung** des Praktikums i.S.d. § 26 BBiG gelten die §§ 21 bis 23 BBiG, außerdem hat der Praktikant Anspruch auf ein **Zeugnis** (§ 16 BBiG).

280

Aufgrund des § 10 Abs. 2 BBiG, auf den § 26 BBiG ebenfalls verweist, gelten für die Praktika ansonsten die arbeitsrechtlichen Rechtsvorschriften und Rechtsgrundsätze, wozu insbesondere das BUrlG, EFZG und ArbZG gehören.

281

b) Anwendung des MiLoG

Sollte ein Praktikum i.S.d § 26 BBiG bzw. § 22 Abs. 1 S. 3 MiLoG nicht unter eine der Ausnahmevorschriften der § 22 Abs. 1 S. 2 Nr. 1–4 MiLoG fallen, findet gem. § 22 Abs. 1 S. 2 Hs. 1 MiLoG das MiLoG Anwendung (Rz. 1254).

282

VI. Vertiefungsproblem: sog. Ein-Euro-Jobber

Arbeitsgelegenheiten mit Mehraufwandsentschädigung (sog. „Ein-Euro-Jobs"), wie sie in § 16d SGB II geregelt sind, begründen ein von Rechtssätzen des öffentlichen Rechts geprägtes Rechtsverhältnis und kein Arbeitsverhältnis.

283

§ 16d SGB II lautet: *„(1) Erwerbsfähige Leistungsberechtigte können zur Erhaltung oder Wiedererlangung ihrer Beschäftigungsfähigkeit, die für eine Eingliederung in Arbeit erforderlich ist, in Arbeitsgelegenheiten zugewiesen werden, wenn die darin verrichteten Arbeiten zusätzlich sind, im öffentlichen Interesse liegen und wettbewerbsneutral sind.*

[...]

(7) Den erwerbsfähigen Leistungsberechtigten ist während einer Arbeitsgelegenheit zuzüglich zum Arbeitslosengeld II von der Agentur für Arbeit eine angemessene Entschädigung für Mehraufwendungen zu zahlen. Die Arbeiten begründen kein Arbeitsverhältnis im Sinne des Arbeitsrechts und auch kein Beschäftigungsverhältnis im Sinne des Vierten Buches; die Vorschriften über den Arbeitsschutz und das Bundesurlaubsgesetz mit Ausnahme der Regelungen über das Urlaubsentgelt sind entsprechend anzuwenden. Für Schäden bei der Ausübung ihrer Tätigkeit haften die erwerbsfähigen Leistungsberechtigten wie Arbeitnehmerinnen und Arbeitnehmer."

284 Auch die Einbeziehung eines (privaten) Dritten, eines sog. Maßnahmeträgers, wie sie nach § 17 Abs. 1 S. 1 SGB II bei der Erbringung von Leistungen zur Eingliederung in Arbeit die Regel sein soll, führt nach der Rechtsprechung des BAG nicht dazu, dass das Rechtsverhältnis zwischen dem Leistungsberechtigten und dem Dritten privatrechtlich gestaltet ist. Das BAG stellt darauf ab, dass die Zahlung der Mehraufwandsentschädigung der Grundsicherungsträger nach § 16d Abs. 7 S. 1 SGB II schuldet. Der Sinn des Ausschlusses eines Arbeitsverhältnisses in § 16d Abs. 7 S. 2 SGB II besteht gerade darin, ein zivilrechtliches Vertragsverhältnis überhaupt auszuschließen (BAG v. 26.9.2007 – 5 AZR 857/06, NZA 2007, 1422 Rz. 10).

§ 10
Arten des Arbeitsverhältnisses

I. Das sog. „Normalarbeitsverhältnis"

285 Das für unbestimmte Zeit vereinbarte Vollzeitarbeitsverhältnis ohne besondere Zweckbindung ist die Regel. Wichtige Ausnahmen existieren für die Praxis im Hinblick auf eine zeitliche und/oder sachliche Differenzierung.

II. Teilzeitarbeitsverhältnisse

286 Nach der **Legaldefinition des § 2 Abs. 1 TzBfG** liegt Teilzeitarbeit vor, wenn die regelmäßige Wochenarbeitszeit des Arbeitnehmers kürzer ist als die regelmäßige Wochenarbeitszeit vergleichbarer vollzeitbeschäftigter Arbeitnehmer. Ist eine regelmäßige Wochenarbeitszeit nicht vereinbart, so ist die regelmäßige Arbeitszeit maßgeblich, die im Jahresdurchschnitt auf die Woche entfällt. Fehlt ein vergleichbarer Arbeitnehmer im Betrieb, wird ein vergleichbarer Vollzeitarbeitnehmer zunächst aufgrund des Tarifvertrags, in Ermangelung eines solchen nach der Üblichkeit im jeweiligen Wirtschaftszweig bestimmt. Möglich ist auch Teilzeit auf Zeit, so z.B. gemäß § 15 Abs. 5 BEEG, nach Maßgabe des PflegeZG und generell, wenn sich Arbeitgeber und Arbeitnehmer darauf verständigen.

287 Teilzeitarbeit findet sich in der Arbeitswelt in den verschiedensten Erscheinungsformen. Die **Arbeitszeit** kann entweder **festgelegt** sein oder es können **flexible Formen von Teilzeitarbeit** vereinbart werden, bei denen dem Arbeitgeber oder dem Arbeitnehmer gewisse Gestaltungsspielräume hinsichtlich der Arbeitszeitregelung zugebilligt werden.

Beispiele für feste Arbeitszeiten:
- Der Arbeitnehmer ist täglich mit verkürzter Arbeitszeit tätig (Halbtagsarbeit).
- An bestimmten Tagen oder Wochen arbeitet der Teilzeitbeschäftigte voll, an anderen dagegen hat er frei.
- Bei der Jahresarbeitszeit erhält der Arbeitnehmer zum Ausgleich für Vollzeitarbeit in einigen Monaten des Jahres Freizeit in den übrigen Monaten. Die durchschnittliche monatliche Arbeitszeit wird innerhalb eines Jahres erreicht.

Beispiele für flexible Arbeitszeiten:
- Bei der Abrufarbeit (KAPOVAZ) kann der Arbeitgeber die Lage der Arbeitszeit in gewissen Grenzen nach dem Arbeitsanfall bestimmen.
- Teilen sich zwei oder mehr Arbeitnehmer einen Arbeitsplatz, spricht man von Jobsharing.
- Gleitzeit kann ebenfalls mit Teilzeitarbeitnehmern vereinbart werden. Hier kann der Arbeitnehmer innerhalb eines vorgegebenen Zeitrahmens selbst Beginn und Ende der täglichen Arbeitszeit festlegen.

288 Teilzeitarbeit kann als **Haupttätigkeit**, als **Nebentätigkeit** neben einem anderen Arbeitsverhältnis oder auch als gleitender Übergang in den Ruhestand (**Altersteilzeit**) ausgeübt werden. § 8 TzBfG ge-

währt Arbeitnehmern unter bestimmten Voraussetzungen einen Rechtsanspruch auf Verringerung der Arbeitszeit (zu Einzelheiten der Arten von Teilzeitarbeit Rz. 1907). Seit dem 1.1.2019 besteht mit § 9a TzBfG für Arbeitnehmer außerdem unter bestimmten Voraussetzungen ein Anspruch auf eine Brückenteilzeit. Im Gegensatz zum Teilzeitanspruch aus § 8 TzBfG ist der Brückenteilzeitanspruch aus § 9a TzBfG dabei zeitlich begrenzt (ausf. Rz. 1997a).

Insbesondere im Zusammenhang mit Teilzeitarbeit tritt häufig das Problem der **Diskriminierung** auf. Zum einen kann eine nicht gerechtfertigte Ungleichbehandlung Teilzeitbeschäftigter gegenüber Vollzeitbeschäftigten gegeben sein, zum anderen aber auch eine (mittelbare) Diskriminierung wegen des Geschlechts, denn Teilzeitarbeit ist überwiegend Frauenarbeit (zum Diskriminierungsverbot Rz. 1965). 289

Auch **geringfügig Beschäftigte** sind „normale" Teilzeitarbeitnehmer. Dies stellt § 2 Abs. 2 TzBfG ausdrücklich klar. Sie dürfen daher nicht allein wegen der Geringfügigkeit anders behandelt werden. 290

III. Befristetes Arbeitsverhältnis

Literatur: Siehe die Literaturhinweise bei Rz. 3219.

Aus § 620 Abs. 1 und 3 BGB i.V.m. §§ 14 ff. TzBfG ergibt sich, dass das Arbeitsverhältnis auch befristet abgeschlossen werden kann (Rz. 3219). Das Arbeitsverhältnis endet dann **mit Ablauf einer bestimmten Zeit** oder mit **Erreichen des vereinbarten Zwecks**, ohne dass eine Kündigung ausgesprochen werden muss. Dementsprechend finden kündigungsrechtliche Vorschriften grundsätzlich keine Anwendung, es sei denn, die Parteien vereinbaren etwas Abweichendes (§ 15 Abs. 3 TzBfG). Eine außerordentliche Kündigung aus wichtigem Grund ist jedoch vor Ablauf der Befristung möglich, wenn die Voraussetzungen des § 626 BGB gegeben sind (Rz. 3132). 291

Das TzBfG beschränkt die Zulässigkeit befristeter Arbeitsverträge, um den unbefristeten Arbeitsvertrag als Regeltypus zu stärken und eine Aushöhlung des Kündigungsschutzes zu vermeiden. Im Falle der erstmaligen Neueinstellung bei einem Arbeitgeber ist die Befristung des Arbeitsverhältnisses ohne weitere sachliche Begründung bis zur Dauer von zwei Jahren bei maximal dreimaliger Vertragsverlängerung zulässig (§ 14 Abs. 2 TzBfG). Es kann also insgesamt viermal befristet werden. Ferner ist die Befristung mit älteren Arbeitnehmern nach § 14 Abs. 3 TzBfG ohne Sachgrund möglich (Rz. 3304). Davon abgesehen bedarf es jedoch, bis auf einige sondergesetzliche Ausnahmen (§§ 1 ff. WissZeitVG), nach der Zentralnorm des § 14 Abs. 1 TzBfG für die Befristung eines hinreichenden **sachlichen Grundes** (Rz. 3265). 292

Überdies bedarf die Befristung eines Arbeitsvertrags gemäß § 14 Abs. 4 TzBfG zu ihrer Wirksamkeit der Schriftform (Rz. 3312). 293

Der Befristung – insbesondere der Zweckbefristung – in ihrer Wirkung ähnlich ist die Vereinbarung einer **auflösenden Bedingung** (§ 158 Abs. 2 BGB). Mit dem Eintritt der Bedingung endet das Arbeitsverhältnis *ipso iure*. Es bedarf zusätzlich mithin keiner rechtsgestaltenden Erklärung einer Vertragspartei. Anders als bei der Zweckbefristung ist Gegenstand der auflösenden Bedingung ein zukünftiges **ungewisses Ereignis**. Die auflösende Bedingung muss stets sachlich begründet sein (§§ 21, 14 Abs. 1 TzBfG). Zudem sind, da der Eintritt des Ereignisses dieselben Wirkungen hat wie eine außerordentliche Kündigung, an ihre Vereinbarung strenge Anforderungen zu stellen (Rz. 3325). 294

Ist es einerseits zulässig, das Arbeitsverhältnis mit einer zeitlichen Höchstgrenze zu befristen, so besteht andererseits die Möglichkeit, ein Arbeitsverhältnis für eine **Mindestdauer** oder sogar **auf Lebenszeit** einzugehen, um den Arbeitnehmer langfristig an den Arbeitgeber zu binden. Wird ein Arbeitsverhältnis für mehr als fünf Jahre oder für die Lebenszeit des Arbeitnehmers eingegangen, so steht ihm gem. § 15 Abs. 4 TzBfG nach dem Ablauf von fünf Jahren ein ordentliches Kündigungsrecht mit einer sechsmonatigen Kündigungsfrist zu. 295

IV. Probearbeitsverhältnis

Literatur: *Preis/Kliemt/Ulrich*, Aushilfsarbeits- und Probearbeitsverhältnis, 2. Aufl. 2003; *Schmidt-Rolfes*, Neues zur Probezeit, AuA 2008, 455; *Zange*, Probearbeitsverhältnis und „Probezeit", AuA 2009, 580.

296 Der Sinn und Zweck des Probearbeitsverhältnisses ist es, dem Arbeitgeber wie dem Arbeitnehmer die Möglichkeit zu geben, sich ein Bild über die Arbeitsstelle und den Vertragspartner zu machen. Einerseits kann der Arbeitgeber die Eignung und Befähigung des Arbeitnehmers feststellen, andererseits kann der Arbeitnehmer Einblicke in die betrieblichen Verhältnisse gewinnen und prüfen, ob ihm der vorgesehene Tätigkeitsbereich auf Dauer zusagt.

297 Eine **Probezeit** besteht grundsätzlich nur dann, wenn dies gesetzlich vorgesehen oder besonders vereinbart ist, etwa im Arbeitsvertrag. Für Berufsausbildungsverhältnisse sieht § 20 S. 2 BBiG eine gesetzliche Probezeit von mindestens einem Monat und maximal vier Monaten zwingend vor.

298 Das Probearbeitsverhältnis ist ein Arbeitsverhältnis, in dem die Vertragspartner dieselben Rechte und Pflichten wie in einem gewöhnlichen Arbeitsverhältnis haben. Es werden **zwei** verschiedene **Gestaltungsformen** unterschieden:

299 Das Probearbeitsverhältnis kann **zum einen** als **befristetes Arbeitsverhältnis** ausgestaltet sein, das nach Ablauf der Probezeit automatisch endet, falls nicht ein neuer Arbeitsvertrag abgeschlossen wird (BAG v. 31.8.1994 AP Nr. 163 zu § 620 BGB Befristeter Arbeitsvertrag). Ein sachlicher Grund für die Befristung ist die Erprobung nach § 14 Abs. 1 S. 2 Nr. 5 TzBfG (Rz. 3251).

300 *„Die Erprobung des Arbeitnehmers ist als sachlicher Grund für den Abschluss eines befristeten Arbeitsvertrags allgemein anerkannt und nunmehr in § 14 Abs. 1 S. 2 Nr. 5 TzBfG gesetzlich geregelt. An dem sachlichen Grund der Erprobung fehlt es nur dann, wenn der Arbeitnehmer bereits ausreichende Zeit bei dem Arbeitgeber mit den nunmehr von ihm zu erfüllenden Aufgaben beschäftigt war und der Arbeitgeber die Fähigkeiten des Arbeitnehmers deshalb ausreichend beurteilen konnte."* (BAG v. 23.6.2004 - 7 AZR 636/03, NZA 2004, 1333)

301 Hat sich die ursprüngliche Erprobungszeit aufgrund besonderer, in der Person des Arbeitnehmers liegender Umstände als nicht ausreichend erwiesen, können die Arbeitsvertragsparteien einen befristeten Arbeitsvertrag schließen, um eine längere Erprobung unter Hinzuziehung einer Arbeitsassistenz zu ermöglichen (BAG v. 2.6.2010 - 7 AZR 85/09, NZA 2010, 1293).

302 Anders als früher (so noch BAG v. 31.8.1994 AP Nr. 163 zu § 620 BGB Befristeter Arbeitsvertrag) ist es dabei nicht mehr erforderlich, dass der Erprobungszweck Vertragsinhalt geworden ist (BAG v. 23.6.2004 - 7 AZR 636/03, NZA 2004, 1333).

303 **Zum anderen** kann eine vorgeschaltete Probezeit im Rahmen eines **unbefristeten Arbeitsverhältnisses** vereinbart werden. Bei einer solchen Vertragsgestaltung ist zwar eine Kündigungserklärung erforderlich, wenn nach Ablauf der Probezeit kein Dauerarbeitsverhältnis entstehen soll. Die Kündigungsfrist ist aber gemäß § 622 Abs. 3 BGB abgekürzt (Rz. 2722).

304 Der **Abschluss** des Probearbeitsverhältnisses richtet sich nach den allgemeinen Regeln der §§ 145 ff. BGB. Ob und mit welchem Inhalt eine Probezeit gewollt ist, ist im Wege der Auslegung der getroffenen Vereinbarung (§§ 133, 157 BGB) zu ermitteln. An die Vereinbarung eines befristeten Probearbeitsverhältnisses, das automatisch endet, werden strenge Anforderungen gestellt. Ergibt sich aus einer Vereinbarung nicht eindeutig, dass eine echte Befristung gewollt ist, ist die Probezeit als Beginn eines auf unbestimmte Zeit eingegangenen Arbeitsverhältnisses anzusehen.

V. Aushilfsarbeitsverhältnis

Literatur: *Preis/Kliemt/Ulrich*, Aushilfsarbeits- und Probearbeitsverhältnis, 2. Aufl. 2003; *Zimmer*, Probe- und Aushilfsarbeitsverhältnis, Handbuch zum Arbeitsrecht (HzA) Gruppe 1 Teilbereich 3.

Ein Aushilfsarbeitsverhältnis soll einen **vorübergehenden Arbeitskräftebedarf** abdecken, der durch kurzfristigen vermehrten Arbeitsanfall oder durch den Ausfall von Arbeitnehmern entsteht. Aushilfsarbeitsverhältnisse sind – wie Probearbeitsverhältnisse – gewöhnliche Arbeitsverhältnisse, die in zwei Erscheinungsformen vorkommen: 305

Bei einem **befristeten Arbeitsverhältnis** stellt der Aushilfszweck einen sachlichen Grund dar, § 14 Abs. 1 S. 2 Nr. 1 TzBfG. Dass in absehbarer Zeit die Arbeit wieder mit der normalen Belegschaft bewältigt werden kann, muss schon zum Zeitpunkt des Vertragsabschlusses feststehen (BAG v. 25.11.1992 – 7 AZR 191/92, NZA 1993, 1981; Rz. 3251). 306

Bei einem **unbefristeten Arbeitsverhältnis** kann gemäß § 622 Abs. 5 Nr. 1 BGB einzelvertraglich für die ersten drei Monate des Arbeitsverhältnisses eine kürzere als die in § 622 Abs. 1 BGB genannte Kündigungsfrist vereinbart werden (Rz. 2722). 307

VI. Leiharbeitsverhältnis

Literatur: *Boemke/Lembke*, Arbeitnehmerüberlassungsgesetz, 4. Aufl. 2019; *Brose*, Sachgrundlose Befristung und betriebsbedingte Kündigung von Leiharbeitnehmern – Ein unausgewogenes Rechtsprechungskonzept, DB 2008, 1378; *Sansone*, Gleichstellung von Leiharbeitnehmern nach deutschem und Unionsrecht, 2011; *Schüren/Hamann*, Arbeitnehmerüberlassungsgesetz, 5. Aufl. 2018; *Ulber*, Arbeitnehmerüberlassungsgesetz, 5. Aufl. 2017; *Wank*, Änderungen im Leiharbeitsrecht, RdA 2017, 100.

Ein sog. Leiharbeitsverhältnis liegt vor, wenn ein **Arbeitgeber (Verleiher)** einem **Dritten (Entleiher) Arbeitnehmer (Leiharbeitnehmer)** im Rahmen seiner wirtschaftlichen Tätigkeit **vorübergehend** zur Arbeitsleistung überlässt (**Arbeitnehmerüberlassung**). Für die Fälle wirtschaftlicher Arbeitnehmerüberlassung enthält das Arbeitnehmerüberlassungsgesetz (AÜG) spezielle Regelungen zum Arbeitnehmerschutz. Arbeitnehmerüberlassung unterliegt der **Erlaubnispflicht** gemäß § 1 Abs. 1 S. 1 AÜG. Die Voraussetzungen der zulässigen und die Rechtsfolgen der unzulässigen Arbeitnehmerüberlassung sind mit Wirkung vom 1.4.2017 neu geregelt worden. Das Gesetz stellt als wichtiges Abgrenzungskriterium zum freien Dienstvertrag und zum Werkvertrag klar, dass Arbeitnehmer dann zur Arbeitsleistung überlassen werden, wenn sie **in die Arbeitsorganisation des Entleihers eingegliedert sind und dessen Weisungen unterliegen** (§ 1 Abs. 1 S. 2 AÜG). Nach S. 3 ist die Überlassung und das Tätigwerdenlassen von Arbeitnehmern als Leiharbeitnehmer **nur zulässig**, soweit zwischen dem Verleiher und dem Leiharbeitnehmer ein Arbeitsverhältnis besteht. 308

Wegen § 613 S. 2 BGB (Rz. 1072) ist natürlich auch das **Einverständnis des Arbeitnehmers** Voraussetzung für die Überlassung. Der Entleiher, dem das Weisungsrecht gegenüber dem Arbeitnehmer übertragen wird, tritt auch in die allgemeinen arbeitsrechtlichen Schutzpflichten ein. Eine arbeitsvertragliche Beziehung zwischen Entleiher und Leiharbeitnehmer wird allerdings nicht begründet (Umkehrschluss aus § 10 Abs. 1 S. 1 AÜG). Ein **Vertragsverhältnis** besteht vielmehr nur zwischen dem Verleiher und dem Leiharbeitnehmer zwingend in Form eines Arbeitsvertrages sowie zwischen dem Entleiher und dem Verleiher (sog. [Arbeitnehmer]Überlassungsvertrag, der einen **Vertragstyp sui generis** als Unterfall eines Dienstverschaffungsvertrags darstellt). Zwingende, aber nicht abschließende Regelungen für die Rechtsbeziehungen zwischen Verleiher und Entleiher regelt § 12 AÜG. Der Verleiher ist weiterhin Schuldner aller Haupt- und Nebenpflichten eines Arbeitgebers und somit insbesondere zur Entgeltzahlung verpflichtet. Er trägt im Verhältnis zum Entleiher das Personalbeschaffungsrisiko für den Überlassungszeitraum und haftet ihm gegenüber lediglich für ein Auswahlverschulden (BAG v. 30.1.1991 – 7 AZR 497/89, NZA 1992, 19, 21). 309

310 *„Bei der Arbeitnehmerüberlassung werden dem Entleiher die Arbeitskräfte zur Verfügung gestellt. Der Entleiher setzt sie nach seinen Vorstellungen und Zielen in seinem Betrieb wie eigene Arbeitnehmer ein. Die Arbeitskräfte sind voll in den Betrieb des Entleihers eingegliedert und führen ihre Arbeiten allein nach dessen Weisungen aus. Die Vertragspflichten des Verleihers gegenüber dem Entleiher enden, wenn er den Arbeitnehmer ausgewählt und er ihn dem Entleiher zur Arbeitsleistung zur Verfügung gestellt hat. Er haftet nur für Verschulden bei der Auswahl der verliehenen Arbeitnehmer."* (BAG v. 30.1.1991 – 7 AZR 497/89, NZA 1992, 19, 21)

311 Die h.M. geht davon aus, dass es sich bei der rechtlichen Beziehung zwischen Entleiher und Leiharbeitnehmer um ein Schuldverhältnis ohne primäre Leistungspflicht handelt. Der Arbeitnehmer wäre somit dem Entleiher nicht unmittelbar zur Arbeitsleistung verpflichtet, sondern lediglich gemäß § 362 Abs. 2 BGB ermächtigt, seine gegenüber dem Verleiher bestehende Leistungspflicht durch Leistung an den Entleiher zu erfüllen (unechter Vertrag zu Gunsten Dritter). In Hinblick auf die Arbeitnehmerhaftung ist es indes überzeugender anzunehmen, dass der Entleiher ein aus dem Leiharbeitsvertrag zwischen Verleiher und Leiharbeitnehmer abgeleitetes **eigenständiges Forderungsrecht** auf die Arbeitsleistung hat. Insofern handelt es sich beim Leiharbeitsvertrag um einen **echten Vertrag zu Gunsten Dritter** i.S.d. § 328 Abs. 2 BGB. Im Vergleich zu einer rein deliktischen Haftung nach § 823 BGB steht der Arbeitnehmer bei Annahme eines echten Vertrags zu Gunsten Dritter zwar auch für reine Vermögensschäden des Entleihers ein. Im Gegenzug kommt er so allerdings in den Genuss der Vorzüge der Haftungsprivilegierung nach den Grundsätzen des innerbetrieblichen Schadensausgleiches.

1. Abgrenzung zu anderen Formen drittbezogenen Personaleinsatzes

312 Die Arbeitnehmerüberlassung ist von anderen Arten des drittbezogenen Personaleinsatzes abzugrenzen. Der Gesetzgeber will „missbräuchliche Gestaltungen des Fremdpersonaleinsatzes durch vermeintlich selbstständige Tätigkeiten verhindern" (BT-Drucks. 18/9232, S. 31). In diesem Zusammenhang verspürte der Gesetzgeber die schmerzliche Lücke, dass der Grundtypus des Arbeitsvertrages gesetzlich nicht geregelt ist. Insoweit versucht der Gesetzgeber jetzt durch die Definition des Arbeitsvertrages in § 611a BGB größere Rechtssicherheit zu schaffen (Rz. 146). So wäre es in der Tat defizitär gewesen, den Sonderfall der Arbeitnehmerüberlassung zu regeln, ohne sich darüber klar zu werden, auf welchen Kernmerkmalen der Haupttyp des Arbeitsvertrages beruht. Diese Grundfrage ist jetzt durch die gesetzliche Betonung der Weisungsbindung geklärt, soweit dies in gesetzgeberischer Macht steht. Sowohl der „Normalarbeitnehmer" als auch der entliehene Arbeitnehmer erbringen weisungsgebundene Arbeitsleistung. Der weisungsgebende Entleiher hat lediglich keine unmittelbare, sondern eine abgeleitete Vertragsbeziehung zu dem entliehenen Arbeitnehmer. Beide Arbeitnehmertypen sind jedoch in der Abhängigkeit durch den Weisungsgeber in gleicher Weise gebunden. Treffend verwendet der Gesetzgeber zur Kennzeichnung des Leiharbeitnehmers den Begriff der Eingliederung, also den tatsächlichen Arbeitseinsatz, in den Entleiherbetrieb.

313 Von der Arbeitnehmerüberlassung (und von der normalen Tätigkeit als Arbeitnehmer) ist die Tätigkeit eines Unternehmers zu unterscheiden, die dieser aufgrund eines Werk- oder Dienstvertrags unter Einsatz seines eigenen Personals erbringt. Beim **Werkvertrag** ist der Vertragsgegenstand die Herbeiführung des vertraglich vereinbarten Erfolgs. Kennzeichen des **Dienstvertrags** i.S.v. § 611 BGB hingegen ist die entgeltliche, nicht erfolgsbezogene Leistung von Diensten; in der fraglichen Konstellation also die Überlassung von Arbeitnehmern zur Arbeitsleistung.

Beispiel für eine Werkvertragsvereinbarung: E ist Inhaber einer Schmiede. Er erhält einen Großauftrag, bei dem jedoch auch Dreharbeiten anfallen. Da er weder eine Drehbank besitzt noch einen Dreher beschäftigt und sich auch zur Beaufsichtigung von Dreharbeiten fachlich nicht in der Lage sieht, wendet er sich an A, den Inhaber einer Dreherei. A lässt in seiner Dreherei von dem bei ihm beschäftigten Dreher D die von E benötigten Teile herstellen und liefert sie bei Fertigstellung bei E ab.

Aufgrund der unterschiedlichen Vertragsinhalte ergeben sich auch bei der Vertragsdurchführung in mehrfacher Hinsicht Unterschiede zwischen dem Arbeitnehmerüberlassungsvertrag einerseits und dem Werk- oder Dienstvertrag andererseits: 314

- Bei einem Arbeitnehmerüberlassungsvertrag wird der entliehene Arbeitnehmer voll in den Betrieb des Entleihers eingegliedert. Dies ist bei einem Arbeitnehmer, der zur Erfüllung eines von seinem Arbeitgeber geschlossenen Werk- oder Dienstvertrags eingesetzt wird, hingegen nicht der Fall.
- Der entliehene Arbeitnehmer ist an die Weisungen des Entleihers gebunden. Der Arbeitnehmer, der als Erfüllungsgehilfe seines Arbeitgebers bei der Durchführung eines Werk- oder Dienstvertrags tätig wird, unterliegt hingegen grundsätzlich den Weisungen des Werkunternehmers. Dem Besteller steht lediglich ein projektbezogenes Weisungsrecht zu, das ihn nur in Einzelfällen zu Anweisungen gegenüber seinem Vertragspartner oder dessen Erfüllungsgehilfen berechtigt.
- Während beim Arbeitnehmerüberlassungsvertrag der Arbeitgeber seine vertraglichen Pflichten erfüllt hat, wenn er den Arbeitnehmer ausgewählt und ihn dem Entleiher zur Verfügung gestellt hat, bleibt der Werkunternehmer für die Herstellung des Werkes bzw. der Dienstvertragspartner für die Leistung der Dienste verantwortlich. Während der Arbeitgeber nur für ein Auswahlverschulden haftet, richtet sich die Haftung des Vertragspartners eines Werk- oder Dienstvertrags nach § 278 BGB.

„Von der Arbeitnehmerüberlassung ist die Tätigkeit eines Unternehmers aufgrund eines Werk- oder Dienstvertrages zu unterscheiden. In diesen Fällen wird der Unternehmer für einen anderen tätig. Er organisiert die zur Erreichung eines wirtschaftlichen Erfolges notwendigen Handlungen nach eigenen betrieblichen Voraussetzungen und bleibt für die Erfüllung der im Vertrag vorgesehenen Dienste oder für die Herstellung des geschuldeten Werkes gegenüber dem Drittunternehmen verantwortlich. Die zur Ausführung des Dienst- oder Werkvertrages eingesetzten Arbeitnehmer unterliegen der Weisung des Unternehmers und sind dessen Erfüllungsgehilfen. Der Werkbesteller kann jedoch, wie sich aus § 645 Abs. 1 S. 1 BGB ergibt, wiederum dem Werkunternehmer selbst oder dessen Erfüllungsgehilfen Anweisungen für die Ausführung des Werkes erteilen. Solche Dienst- oder Werkverträge werden vom AÜG nicht erfasst." (BAG v. 30.1.1991 – 7 AZR 497/89, NZA 1992, 19, 21; s.a. BAG v. 18.1.2012, NZA-RR 2012, 455 Rz. 28; BAG v. 20.9.2016 – 9 AZR 735/15, NZA 2017, 49 Rz. 30) 315

Daneben ist die Leiharbeit von der Gebrauchsüberlassung von Sachgegenständen mit Bedienpersonal abzugrenzen, bei der ein Unternehmer im Rahmen eines Vertrages, der – wie etwa ein Miet-, Leasing- oder Kaufvertrag – die **Überlassung von Sachmitteln** zum Gegenstand hat, einem Dritten Maschinen oder Geräte **mit Bedienungspersonal** derart zur Verfügung stellt, dass der Dritte den Einsatz der Maschinen oder Geräte mit dem dazugehörigen Personal nach seinen eigenen betrieblichen Erfordernissen selbst bestimmt und organisiert. Diese Abgrenzung richtet sich nach der Rechtsprechung des BAG danach, ob nach Sinn und Zweck der vertraglichen Vereinbarung die Gebrauchsüberlassung des Gerätes im Vordergrund steht und der Einsatz des Personals nur dienende Funktion hat, oder ob die Überlassung schwerpunktmäßig auf die Verschaffung der Arbeitsleistung des Personals gerichtet ist (sog. **Geprägetheorie**, BAG v. 17.2.1993 – 7 AZR 167/92, NZA 1993, 1125; OLG Düsseldorf v. 30.4.2002 – 24 U 109/01, BB 2002, 2339). 316

Des Weiteren muss die Arbeitnehmerüberlassung von der **Arbeitsvermittlung** abgegrenzt werden. Arbeitsvermittlung ist nach § 35 Abs. 1 S. 2 SGB III jede Tätigkeit, die darauf gerichtet ist, Arbeitsuchende mit Arbeitgebern zur Begründung eines Beschäftigungsverhältnisses zusammenzuführen. In Abgrenzung zur Arbeitnehmerüberlassung endet mit Abschluss des Arbeitsvertrages mit dem Dritten regelmäßig die Vertragsbeziehung zum Arbeitsvermittler, während der Verleiher bei der Arbeitnehmerüberlassung die Arbeitgebereigenschaft nicht verliert, das Arbeitsverhältnis zwischen Arbeitnehmer und Verleiher somit von Dauer ist. Werden Arbeitnehmer Dritten zur Arbeitsleistung überlassen und übernimmt der Überlassende nicht die üblichen Arbeitgeberpflichten oder das Arbeitgeberrisiko (§ 3 Abs. 1 Nr. 1 bis 3 AÜG), so wird vermutet, dass der Überlassende Arbeitsvermittlung betreibt. 317

Der Schutz des Arbeitnehmers wird dadurch erreicht, dass das Arbeitsverhältnis zum Verleiher fortbesteht.

2. Regelungen des AÜG

a) Voraussetzungen

318 Zum Schutz der betroffenen Arbeitnehmer enthält das Arbeitnehmerüberlassungsgesetz (AÜG) spezielle restriktive Regelungen der wirtschaftlichen Arbeitnehmerüberlassung.

- Grundvoraussetzung ist, dass zwischen dem Verleiher und dem Leiharbeitnehmer ein **Arbeitsverhältnis** besteht (§ 1 Abs. 1 S. 3 AÜG).
- Die Überlassung von Arbeitnehmern ist nur **vorübergehend** zulässig. Bezogen auf denselben Leiharbeitnehmer darf die Überlassungshöchstdauer **nicht länger als 18 aufeinander folgende Monate** bei demselben Entleiher betragen. Der Zeitraum vorheriger Überlassungen durch denselben oder einen anderen Verleiher an denselben Entleiher ist vollständig anzurechnen, wenn zwischen den Einsätzen jeweils **nicht mehr als drei Monate** liegen (§ 1 Abs. 1 S. 4, Abs. 1b AÜG). Die Überlassungsdauer kann nach Maßgabe des § 1 Abs. 1b AÜG in Kollektivverträgen begrenzt abgeändert werden.
- Verleiher und Entleiher haben die Überlassung von Leiharbeitnehmern in ihrem Vertrag **ausdrücklich als Arbeitnehmerüberlassung zu bezeichnen**, bevor sie den Leiharbeitnehmer überlassen oder tätig werden lassen (§ 1 Abs. 1 S. 5 AÜG).
- Vor der Überlassung haben sie die Person des Leiharbeitnehmers unter Bezugnahme auf diesen Vertrag zu **konkretisieren** (§ 1 Abs. 1 S. 6 AÜG).

319 Nicht anwendbar ist das AÜG in den Fällen des **§ 1 Abs. 3 AÜG**. Diese betreffen die „Nachbarschaftshilfe" zur Vermeidung von Kurzarbeit und Entlassungen, die sog. Konzernleihe und die Arbeitnehmerüberlassung in das Ausland aufgrund zwischenstaatlicher Vereinbarung. § 1 Abs. 3 AÜG ermöglicht weiterhin die gelegentliche Überlassung innerhalb eines Konzerns. Zentraler Schutzmechanismus ist nach § 1 Abs. 1 S. 1 AÜG die Erlaubnispflicht, wobei die Arbeitnehmerüberlassung im Baugewerbe nach § 1b AÜG sogar grundsätzlich verboten ist. Neben Kontrollbefugnissen der Bundesagentur für Arbeit (etwa in §§ 7, 8 AÜG) und Informationsrechten des Leiharbeiters (§§ 11, 13 AÜG) werden die Leiharbeitnehmer zudem dadurch geschützt, dass die Erteilung, Rücknahme und der Widerruf der Erlaubnis von der Einhaltung der gesetzlichen Regelungen abhängt (§ 3 Abs. 1 Nr. 1-3 sowie §§ 4, 5 Abs. 1 Nr. 3 AÜG). Durch die Einführung von § 13a AÜG, der eine Informationspflicht des Entleihers gegenüber dem Leiharbeitnehmer über freie Arbeitsplätze in seinem Betrieb enthält, soll der Übergang in ein Normalarbeitsverhältnis erleichtert werden. Nach § 13b AÜG erhalten Leiharbeitnehmer zudem gleichen Zugang zu Gemeinschaftseinrichtungen oder -diensten.

b) Unwirksamkeit und Rechtsfolgen

320 Ist der Vertrag zwischen einem Verleiher und einem Leiharbeitnehmer nach § 9 AÜG unwirksam, so gilt ein Arbeitsverhältnis zwischen Entleiher und Leiharbeitnehmer zu dem zwischen dem Entleiher und dem Verleiher für den Beginn der Tätigkeit vorgesehenen Zeitpunkt als zustande gekommen; tritt die Unwirksamkeit erst nach Aufnahme der Tätigkeit beim Entleiher ein, so gilt das Arbeitsverhältnis zwischen Entleiher und Leiharbeitnehmer mit dem Eintritt der Unwirksamkeit als zustande gekommen (§ 10 Abs. 1 S. 1 AÜG). Die massive **Sanktion der Fiktion** eines Arbeitsverhältnisses zwischen Arbeitnehmer und Entleiher ist durch die Reform zum 1.4.2017 ausgeweitet worden.

321 Nach Maßgabe des § 9 sind unwirksam:

- Verträge zwischen Verleihern und Entleihern sowie zwischen Verleihern und Leiharbeitnehmern, wenn der Verleiher nicht die nach § 1 erforderliche Erlaubnis hat; es sei denn der Leiharbeitnehmer erklärt schriftlich kurzfristig, dass er an dem Arbeitsvertrag mit dem Verleiher festhält (sog. **Festhaltenserklärung**)

- Arbeitsverträge zwischen Verleihern und Leiharbeitnehmern, wenn entgegen § 1 Abs. 1 Satz 5 und 6 die Arbeitnehmerüberlassung nicht ausdrücklich als solche bezeichnet und die Person des Leiharbeitnehmers nicht konkretisiert worden ist (Ausnahme: **Festhaltenserklärung**).
- Arbeitsverträge zwischen Verleihern und Leiharbeitnehmern mit dem Überschreiten der zulässigen Überlassungshöchstdauer nach § 1 Absatz 1b (Ausnahme: **Festhaltenserklärung**).
- Vereinbarungen, die für den Leiharbeitnehmer schlechtere als die ihm nach § 8 (equal-pay-Grundsatz) zustehenden Arbeitsbedingungen einschließlich des Arbeitsentgelts vorsehen.

Die **Festhaltenserklärung** ist nach § 9 Abs. 2 AÜG nur wirksam, wenn 322

1. der Leiharbeitnehmer diese vor ihrer Abgabe persönlich in einer Agentur für Arbeit vorlegt,
2. die Agentur für Arbeit die abzugebende Erklärung mit dem Datum des Tages der Vorlage und dem Hinweis versieht, dass sie die Identität des Leiharbeitnehmers festgestellt hat, und
3. die Erklärung spätestens am dritten Tag nach der Vorlage in der Agentur für Arbeit dem Ver- oder Entleiher zugeht.

Weitere Unwirksamkeitsregeln finden sich in § 9 Abs. 1 Nr. 2a bis 5 AÜG. 323

Darüber hinaus steht dem Leiharbeitnehmer bei Unwirksamkeit des Vertrages mit dem Verleiher ein Schadensersatzanspruch zu (§ 10 Abs. 2 AÜG). Ferner ist nahezu jede zwingende Rechtsvorschrift mit einem Bußgeld sanktioniert (§ 16 AÜG). Neben der eventuellen Fiktion eines Arbeitsverhältnisses gemäß § 10 Abs. 1 AÜG ist der Entleiher darüber hinaus in die Sicherung des Arbeitnehmers dadurch einbezogen, dass ihn gemäß § 11 Abs. 6 AÜG Schutzpflichten treffen und er gemäß § 28e Abs. 2 S. 1 SGB IV von einer selbstschuldnerischen Bürgenhaftung für die Erfüllung der Sozialversicherungsbeiträge betroffen sein kann. 324

c) Der Gleichstellungsgrundsatz

Wichtigste Neuregelung im Zuge des ersten Gesetzes für moderne Dienstleistungen am Arbeitsmarkt vom 1.1.2003 war die Normierung des Diskriminierungsverbots von Leiharbeitnehmern in §§ 3 Abs. 1 Nr. 3, 9 Nr. 2, 10 Abs. 4 AÜG (Verfassungsmäßigkeit bejaht durch BVerfG v. 29.12.2004 – 1 BvR 2283/03, NZA 2005, 153). Danach ist der Verleiher verpflichtet, dem Leiharbeitnehmer für die Zeit der Überlassung an einen Entleiher die im Betrieb des Entleihers für einen vergleichbaren Arbeitnehmer geltenden wesentlichen Arbeitsbedingungen einschließlich des Arbeitsentgelts („**Equal Pay**" und „**Equal Treatment**") zu gewähren. 325

Dieser Grundsatz ist mit Wirkung zum 1.4.2017 neu gefasst worden. Nach dem in § 8 AÜG geregelten Grundsatz der Gleichstellung ist der Verleiher verpflichtet, dem Leiharbeitnehmer für die Zeit der Überlassung an den Entleiher die **im Betrieb des Entleihers für einen vergleichbaren Arbeitnehmer** des Entleihers geltenden wesentlichen Arbeitsbedingungen einschließlich des Arbeitsentgelts zu gewähren (**Gleichstellungsgrundsatz**). Erhält der Leiharbeitnehmer das für einen vergleichbaren Arbeitnehmer des Entleihers im Entleihbetrieb geschuldete tarifvertragliche Arbeitsentgelt oder in Ermangelung eines solchen ein für vergleichbare Arbeitnehmer in der Einsatzbrache geltendes tarifvertragliches Arbeitsentgelt, wird vermutet, dass der Leiharbeitnehmer hinsichtlich des Arbeitsentgelts i.S.v. Satz 1 gleichgestellt ist. Ein Tarifvertrag kann vom Gleichstellungsgrundsatz abweichende Regelungen zulassen, soweit er nicht die in einer Rechtsverordnung nach § 3a Absatz 2 festgesetzten Mindeststundenentgelte unterschreitet. Ein Tarifvertrag kann hinsichtlich des Arbeitsentgelts vom Gleichstellungsgrundsatz für die ersten neun Monate einer Überlassung an einen Entleiher abweichen. Der Verleiher ist verpflichtet, dem Leiharbeitnehmer mindestens das in einer Rechtsverord- 326

327 Rechtsfolge einer gegen den Gleichstellungsgrundsatz verstoßenden Vereinbarung zwischen Leiharbeitnehmer und Verleiher ist nach § 9 Nr. 2 AÜG deren Unwirksamkeit. Darüber hinaus ist nach § 3 Abs. 1 Nr. 3 AÜG die Erlaubnis zur Arbeitnehmerüberlassung zu versagen bzw. nicht mehr zu verlängern. Als weiterer Schutzmechanismus dient die sog. Drehtürklausel (§ 8 Abs. 3 AÜG), wonach eine tarifliche Abweichung vom Grundsatz des „Equal Pay" und „Equal Treatment" für Arbeitnehmer nicht gilt, die in den letzten sechs Monaten vor der Überlassung an den Entleiher aus einem Arbeitsverhältnis bei demselben Arbeitgeber oder einem Arbeitgeber des Konzerns ausgeschieden sind. Dadurch soll verhindert werden, dass Arbeitnehmer aus einem regulären Arbeitsverhältnis entlassen werden, um dann zu schlechteren Konditionen bei demselben Arbeitgeber als Leiharbeitnehmer erneut eingestellt zu werden.

328 Zur umstrittenen betriebsverfassungsrechtlichen Stellung der Leiharbeitnehmer siehe im Band „Kollektivarbeitsrecht" Rz. 1679 ff.

VII. Mittelbares Arbeitsverhältnis

Literatur: *Röhsler*, Mittelbares Arbeitsverhältnis, AR-Blattei SD 220.3.

329 Unter einem mittelbaren Arbeitsverhältnis versteht man ein Arbeitsverhältnis zwischen einem Arbeitgeber und einer Mittelsperson, die zum Zweck der Erfüllung ihrer Arbeitspflichten wiederum ein Arbeitsverhältnis mit einem Arbeitnehmer begründet. Darin liegt eine Ausnahme von § 613 BGB, wonach der zur Dienstleistung Verpflichtete die Dienste im Zweifel in Person zu erbringen hat. Die praktische Bedeutung dieser Konstellation ist nicht groß.

Fallbeispiel für ein mittelbares Arbeitsverhältnis: R ist Inhaber eines Restaurants in einem Kurort. Er stellt den Arbeitnehmer A ein, der sich vertraglich verpflichtet, die Gäste des R allabendlich zu einer festgelegten Zeit mit Tanzmusik einer Kapelle zu unterhalten. Zu diesem Zweck schließt A im eigenen Namen Arbeitsverträge mit den Musikern M 1, M 2, M 3 und M 4.

Zwischen R und den Musikern bestehen in diesem Falle mittelbare Arbeitsverhältnisse. Bei den zwischen A und den Musikern bestehenden Arbeitsverhältnissen handelt es sich um Gruppenarbeitsverhältnisse in Form einer Eigengruppe (Rz. 332). R und A hingegen haben ein unmittelbares Arbeitsverhältnis miteinander.

330 Die Mittelsperson unterliegt den Weisungen des Arbeitgebers auch in Bezug auf den Arbeitnehmer. Durch das in sich abgestufte Verhältnis von Arbeitgeber, Mittelsperson (die selbst Arbeitgeber und Arbeitnehmer in einer Person ist) und dem Arbeitnehmer ergibt sich gleichzeitig ein Weisungsrecht des Arbeitgebers gegenüber dem Arbeitnehmer, ohne dass die Mittelsperson davon betroffen wäre, sowie ohne dass ein Arbeitsverhältnis zwischen Arbeitgeber und Arbeitnehmer entstände. Ebenso resultieren aus dieser Konstellation bestimmte Schutz- und Rücksichtspflichten des Arbeitgebers. Die Lohnzahlungspflicht trägt die Mittelsperson, der mittelbare Arbeitgeber haftet nur subsidiär (BAG v. 21.2.1990 – 5 AZR 162/89, AP Nr. 57 zu § 611 BGB Abhängigkeit).

331 *„Der mittelbare Arbeitgeber haftet aus dem mittelbaren Arbeitsverhältnis für Ansprüche gegen den Mittelsmann nur subsidiär, wenn sich Ansprüche gegen diesen unmittelbaren Arbeitgeber nicht durchsetzen lassen oder wenn sich die Begründung eines mittelbaren Arbeitsverhältnisses als Rechtsmissbrauch darstellt."* (BAG v. 21.2.1990 – 5 AZR 162/89, AP Nr. 57 zu § 611 BGB Abhängigkeit)

VIII. Gruppenarbeitsverhältnis

Literatur: *Elert*, Gruppenarbeit, Individual- und kollektivarbeitsrechtliche Fragen moderner Arbeitsformen, 2001.

Auch das Gruppenarbeitsverhältnis ist eine Sonderform des Arbeitsverhältnisses mit einer Drittbeziehung. Zu unterscheiden ist zwischen der sog. **Betriebsgruppe**, in der mehrere Arbeitnehmer durch den Arbeitgeber zur Erreichung eines spezifischen Arbeitserfolgs zusammengefasst werden (z.B. Montagekolonnen), und der **Eigengruppe**, in der die Gruppenbildung von den Arbeitnehmern ausgeht, um dem Arbeitgeber gemeinsam eine Arbeitsleistung anzubieten (z.B. Musikkapelle, Hausmeisterehepaar). Die praktische Bedeutung dieser Konstellation ist gering. 332

Bei den Betriebsgruppen bestehen keine rechtlichen, sondern vielmehr **rein faktische Beziehungen unter den einzelnen Arbeitnehmern**. Die Organisation der Arbeit im Rahmen einer Betriebsgruppe kann sich aber auf die Entlohnung des einzelnen auswirken, wenn sie von einem Gruppenergebnis abhängt (etwa in Form eines Gruppenakkordes). Diesen Umstand muss der Arbeitgeber auch bei der Besetzung einer freiwerdenden Stelle innerhalb der Betriebsgruppe berücksichtigen, damit die Gruppenakkordleistung beibehalten werden kann. 333

Handelt es sich dagegen um eine Eigengruppe, so bestimmen sich die sachlichen Besonderheiten aus der Art der vertraglichen Beziehung zum Arbeitgeber. Schließt die **Gruppe im eigenen Namen** mit dem Arbeitgeber einen Vertrag, ohne dass die einzelnen Gruppenmitglieder Vertragspartner werden, so kommt die Eigengruppe beispielsweise schon dann in Verzug, wenn nur eines ihrer Mitglieder die Arbeitsleistung nicht rechtzeitig erbringt. Dies wäre nicht der Fall, wenn **alle Gruppenmitglieder Vertragspartner** wären, da hier nur der einzelne in Verzug kommen kann. Werden die Mitglieder einer Gruppe für eine nur gemeinsam zu erbringende Dienstleistung eingestellt, dann können die mit ihnen begründeten Arbeitsverhältnisse vom Arbeitgeber in der Regel nur gemeinsam gekündigt werden. Der Arbeitgeber ist in diesem Falle berechtigt, allen Gruppenmitgliedern fristgemäß zu kündigen, auch wenn nur in dem Verhalten eines Mitglieds Kündigungsgründe vorliegen (BAG v. 21.10.1971 – 2 AZR 17/71, DB 1972, 244; LAG Sachsen-Anhalt 8.3.2000 – 6 Sa 921/99, DB 2001, 931). 334

Das BetrVG-ReformG hat in § 28a und § 87 Abs. 1 Nr. 13 BetrVG Mitbestimmungsregelungen für diese Form der Arbeitsleistung geschaffen (dazu *Preis/Elert* NZA 2001, 371). Danach kann der Betriebsrat in Betrieben mit mehr als 100 Arbeitnehmern mit dem Arbeitgeber eine Rahmenvereinbarung über Gruppenarbeit schließen und bestimmte Aufgaben auf Arbeitsgruppen übertragen, § 28a Abs. 1 BetrVG. Des Weiteren besteht ein Mitbestimmungsrecht über die Grundsätze der Gruppenarbeit, § 87 Abs. 1 Nr. 13 BetrVG (siehe im Band „Kollektivarbeitsrecht" Rz. 2350 ff.). 335

§ 11
Bezugspunkte arbeitsrechtlicher Regelungen

I. Betrieb

Literatur: *Hanau*, Aktuelles zu Betrieb, Unternehmen und Konzern, ZfA 1990, 115; *Jacobi*, Betrieb und Unternehmen als Rechtsbegriffe, 1926; *Joost*, Betrieb und Unternehmen als Grundbegriffe im Arbeitsrecht, 1988; *Kleinebrink/Commandeur*, Der „neue" Betriebsbegriff bei Massenentlassungen und dessen Folgen, NZA 2015, 953; *Preis*, Legitimation und Grenzen des Betriebsbegriffes im Arbeitsrecht, RdA 2000, 257; *Richardi*, Betriebsbegriff als Chamäleon, FS Wiedemann (2002), 493.

1. Bedeutung des Betriebsbegriffs im Arbeitsrecht

336 Viele bedeutende arbeitsrechtliche Regelungen knüpfen an den Begriff des **Betriebs** an. Dies gilt sowohl für das Individual- als auch für das kollektive Arbeitsrecht. Regelmäßig ist die Arbeitsleistung im Betrieb zu erbringen. Besonders relevant ist der Betriebsbegriff im Kündigungsschutzgesetz.

Beispiel für die Bedeutung des Betriebsbegriffs im Kündigungsrecht: So ist das Kündigungsschutzgesetz schon im Ausgangspunkt betriebsbezogen (vgl. § 23 Abs. 1 S. 2 KSchG), wenn es seine Anwendbarkeit von einer bestimmten Anzahl Arbeitnehmer im Betrieb abhängig macht oder im Tatbestand des § 1 KSchG mehrfach der Betriebsbegriff verwendet wird.

337 Auch hinsichtlich der Kündigungsfristen bei einer ordentlichen Kündigung wird nach dem BGB für die Kündigungsfrist auf die Dauer der **„Betriebs"zugehörigkeit** abgestellt (§ 622 Abs. 2 BGB). Insgesamt knüpfen zahlreiche arbeitsrechtliche Vergünstigungen an die Dauer der Betriebszugehörigkeit an. Von entscheidender Bedeutung ist der Betriebsbegriff im Recht des Betriebsübergangs (vgl. § 613a BGB).

338 Im kollektiven Arbeitsrecht ist der Betriebsbegriff nicht minder bedeutsam. Einerseits findet sich der Betriebsbegriff in Vorschriften des Betriebsverfassungsgesetzes, andererseits im Tarifvertragsrecht.

Beispiele für die Bedeutung des Betriebsbegriffs im kollektiven Arbeitsrecht: Der Betrieb ist Ausgangspunkt und Wirkungsstätte des **Betriebsrats**, der von den Arbeitnehmern des Betriebs gewählt wird (§ 1 BetrVG).

Auch bei der Frage des Geltungsbereichs von Tarifverträgen (vgl. etwa § 3 Abs. 2 TVG) wird auf den Betriebsbegriff abgestellt.

339 Trotz der erheblichen Bedeutung des Betriebsbegriffs findet sich **keine allgemeingültige gesetzliche Definition**. Die Schrift von *Jacobi* aus dem Jahre 1926 ist und wird von vielen als die Grundlage unseres Betriebsbegriffs angesehen, mit der zweifelhaften Folge, dass bis in die jüngste Zeit davon ausgegangen wird, es gebe einen dem Gesetz vorgegebenen allgemeinen Betriebsbegriff. Rechtsprechung und Lehre sind dem lange gefolgt. Traditionell wird der Betrieb definiert als organisatorische Einheit, innerhalb derer der Unternehmer allein oder zusammen mit seinen Mitarbeitern bestimmte arbeitstechnische Zwecke mit Hilfe sächlicher oder immaterieller Mittel fortgesetzt verfolgt (BAG v. 28.10.2010 – 2 AZR 392/08, BB 2011, 1339, 1340; BAG v. 17.1.2008 NZA 2008, 872; BAG v. 18.1.1990 AP Nr. 9 zu § 23 KSchG 1969). In erster Linie soll es dabei auf die Einheit der Organisation, weniger auf die Einheitlichkeit der arbeitstechnischen Zweckbestimmung ankommen. „Regelmäßig liegt ein einheitlicher Betrieb vor, wenn die in einer Betriebsstätte vorhandenen materiellen oder immateriellen Betriebsmittel für den oder die verfolgten arbeitstechnischen Zwecke zusammengefasst, geordnet und gezielt eingesetzt werden und der Einsatz der menschlichen Arbeitskraft von einem einheitlichen Leitungsapparat gesteuert wird" (BAG v. 18.1.1990 – 2 AZR 355/89, NZA 1990, 977, 978).

340 Kürzer definiert der 2. Senat:

„Ein Betrieb in diesem Sinne setzt einen einheitlichen organisatorischen Einsatz der Sachmittel und Personalressourcen voraus. Die einen Betrieb konstituierende Leitungsmacht wird dadurch bestimmt, dass der Kern der Arbeitgeberfunktionen in personellen und sozialen Angelegenheiten von derselben institutionalisierten Leitung im Wesentlichen selbständig ausgeübt wird. Entscheidend ist insoweit, wo schwerpunktmäßig über Arbeitsbedingungen und Organisationsfragen entschieden wird und in welcher Weise Einstellungen, Entlassungen und Versetzungen vorgenommen werden." (BAG v. 28.10.2010 – 2 AZR 392/08, BB 2011, 1339, 1340)

341 In dem Entwurf für ein Arbeitsvertragsgesetzbuch ist der Betriebsbegriff in § 2 Abs. 3 ArbVG-E 2007 entsprechend definiert. Dort heißt es: *„Ein Betrieb ist der einheitlich organisierte Tätigkeitsbereich eines oder mehrerer Unternehmen, in dem die Umsetzung einer unternehmerischen Zielsetzung unter einheitlicher Leitung in personellen Angelegenheiten erfolgt."*

2. Vertiefungsproblem: Teleologische Bestimmung des Betriebsbegriffs

Die im Kern für betriebsverfassungsrechtliche Sachverhalte entwickelte Definition kann jedoch nicht für alle arbeitsrechtlichen Bereiche Allgemeingültigkeit beanspruchen. Das hat *Joost* 1988 eindrucksvoll nachgewiesen. Traditionell wird darauf abgestellt, dass der Betriebsbegriff des KSchG und des BetrVG der gleiche sei (s. etwa für § 17 KSchG BAG v. 14.3.2013 – 8 AZR 154/12, DB 2013, 2687 Rz. 47). Dem kann nicht mehr gefolgt werden. Der Betriebsbegriff hat im Betriebsverfassungsrecht (siehe im Band „Kollektivarbeitsrecht" Rz. 1716) eine andere Funktion als im Arbeitsvertragsrecht. Bei der Bestimmung des Betriebsbegriffs im Betriebsverfassungsrecht geht es darum, eine **effektive arbeitnehmernahe betriebliche Mitbestimmung beim jeweiligen personellen Leitungsapparat** sicherzustellen. 342

Im Individualarbeitsrecht geht es dagegen um die Zuordnung vertraglicher Risiken zwischen Arbeitgeber und Arbeitnehmer. Nicht der Betrieb als arbeitstechnische Organisationseinheit, sondern der Arbeitgeber als Rechtsträger ist als Vertragspartner des Arbeitnehmers Risikoträger. Der individualarbeitsrechtliche Betriebsbegriff verfolgt daher einen anderen Zweck als der betriebsverfassungsrechtliche. Wesentlich ist dagegen die **teleologische Betrachtung** des Betriebsbegriffs. 343

Die Entscheidung des BVerfG vom 27.1.1998 (– 1 BvL 15/87, NZA 1998, 470) hat verdeutlicht, dass der traditionelle Betriebsbegriff zweckwidrig dazu führen kann, dass auch große Unternehmen mit vielen kleineren Betrieben nicht unter das Kündigungsschutzgesetz fallen, obwohl nach Sinn und Zweck nur der Kleinunternehmer vom Geltungsbereich des Kündigungsschutzes ausgenommen bleiben soll: 344

„Der Betriebsbegriff lässt sich jedoch im Wege verfassungskonformer Auslegung auf die Einheiten beschränken, für deren Schutz die Kleinbetriebsklausel allein bestimmt ist. Die Verwendung dieses Begriffes in § 23 KSchG hat historische Gründe; ursprünglich war der Kündigungsschutz im Betriebsverfassungsgesetz verankert und auf Betriebe beschränkt, bei denen eine Vertretung bestand. Der Begriff ist aber dadurch nicht so eindeutig vorgeprägt, dass er im Zusammenhang des Kündigungsschutzes keiner einschränkenden Auslegung zugänglich wäre. Durch eine am Sinn und Zweck der Kleinbetriebsklausel orientierte Interpretation des Betriebsbegriffs lässt sich vermeiden, dass Einheiten darunter fallen, für die der Schutzgedanke des § 23 Abs. 1 S. 2 KSchG nicht zutrifft. Der Anwendungsbereich der Norm wird damit auf Fälle beschränkt, für die die Benachteiligung der betroffenen Arbeitnehmer sachlich begründet ist." (BVerfG v. 27.1.1998 – 1 BvL 15/87, NZA 1998, 470, 474; hierzu auch BAG v. 28.10.2010 – 2 AZR 392/08, BB 2011, 1339)

Für die Interpretation des Betriebsbegriffs im **Kündigungsschutzrecht** liefert die betriebsverfassungsrechtliche Interpretation lediglich Anhaltspunkte. Insbesondere kann die Sondervorschrift des § 4 BetrVG nicht ohne weiteres auf das Kündigungsrecht übertragen werden (vgl. BAG v. 21.6.1995 – 2 AZR 693/94, AP Nr. 16 zu § 1 BetrVG 1972). Aus teleologischer Sicht kann weder die Abgrenzung des § 4 BetrVG insgesamt noch jeder sonstige objektiv fehlerhafte Betriebszuschnitt für die betriebliche Abgrenzung des Kündigungsschutzes maßgebend sein. Entscheidend ist, dass der Zuschnitt des Kündigungsrechts eine **individualrechtliche Zuweisung von Beschäftigungsrisiken** regelt, die nicht durch betriebsorganisatorisch motivierte und möglicherweise noch betriebsverfassungsrechtlich falsche Zuschnitte verändert werden kann. 345

Auch ein Blick auf die Entwicklung zum **Betriebsübergang** (§ 613a BGB) zeigt, dass der Betriebsbegriff sich im jeweiligen teleologischen Zusammenhang der Norm entwickeln muss. Um der Vielgestaltigkeit der wirtschaftlichen Vorgänge unterschiedlichster Unternehmensstrukturen zur Bestimmung eines Betriebsübergangs gerecht zu werden, ist es nicht möglich, eine subsumtionsfähige Begriffsbildung festzulegen. Vielmehr müssen für die verschieden ausgeübten Tätigkeiten sowie Produktions- und Betriebsmethoden unterschiedlich gewichtete Kriterien gebildet werden, die geeignet sind, das übergehende wirtschaftliche Substrat abzugrenzen (Rz. 3475). Hierfür ist die Frage, wo die personelle Leitungsmacht liegt oder wo die mitbestimmungsrechtlichen Tatbestände verwirklicht werden, ohne Belang. 346

347 Die Notwendigkeit einer am Normzusammenhang orientierten Auslegung des Betriebsbegriffs lässt sich auch an den Normen des **Arbeitsschutz- und Arbeitssicherheitsrechts** verdeutlichen. Der Betriebsbegriff wird hier i.S.d. „Betreibens einer bestimmten Tätigkeit" gebraucht. Dies hat den einfachen Grund, dass das Arbeitsschutz- und Arbeitssicherheitsrecht dort ansetzt, wo gearbeitet wird, also etwas „betrieben" wird. Bei diesen Normen kommt es nicht darauf an, ob eine „organisatorische Einheit" vorliegt oder wo sich die „Leitungsmacht" befindet oder ob der Arbeitnehmer Bestandteil des Betriebsbegriffs ist. Den Tätigkeitsbezug des Arbeitsschutzrechts macht insbesondere § 1 Abs. 1 S. 2 ArbSchG deutlich. Hier wird nämlich nicht mehr an den Begriff des Betriebes angeknüpft, sondern klargestellt, dass das Gesetz in **allen Tätigkeitsbereichen** gilt. Ob dem einzelnen Arbeitnehmer bei seiner Tätigkeit im „Betrieb" Gefahren drohen, die Beschäftigungsverbote nach sich ziehen, hängt nur vom **Tätigkeitsbereich** des einzelnen Arbeitnehmers und nicht vom organisatorischen oder gar betriebsverfassungsrechtlichen Zuschnitt des Unternehmens ab. Mit „Betrieb" im Arbeitsschutzrecht ist daher in aller Regel der **Tätigkeitsbereich der Arbeitnehmer** gemeint. Tätigkeitsbezogen sind darüber hinaus alle Normen des sozialen Arbeitsschutzes; insbesondere MuSchG, SGB IX und JArbSchG knüpfen an das Bestehen eines Arbeitsverhältnisses an.

348 Der Betriebsbegriff im Arbeitsrecht hat eine **Ordnungs-, Risikoverteilungs- und eine Abgrenzungsfunktion**.

349 – Als Organisationsbegriff der Betriebsverfassung hat er die spezifische **Ordnungsfunktion**, die unterste Ebene der Mitbestimmung im Unternehmen nach den kollidierenden Prinzipien der arbeitnehmernahen Repräsentanz und der Zuordnung der Mitbestimmung zum personellen Leitungsapparat abzugrenzen.

350 – Eine **Risikoverteilungsfunktion** hat der Begriff im Arbeitsvertragsrecht. Er kennzeichnet dort in aller Regel Arbeitgeberrisiken und ist i.S.v. Unternehmen = Arbeitgeber zu interpretieren. Auch der Gleichbehandlungsgrundsatz ist nicht betriebs-, sondern arbeitgeberbezogen.

351 – Wo mit dem Betriebsbegriff Geltungsbereiche abgegrenzt werden (Eigenart des Betriebs, Schwellenwerte), dient er der Zuordnung von Rechten und Pflichten und bezieht sich regelmäßig auf die Arbeitgeber bzw. Unternehmer.

352 Die Fragen des Betriebsbegriffs gehören zu den schwierigsten des deutschen Arbeitsrechts. Als allgemeiner Merksatz kann festgehalten werden:

Der Betriebsbegriff hat keinen festen Begriffsinhalt. Er kann sogar in ein und demselben Gesetz einen unterschiedlichen Inhalt haben. Er bedarf der **teleologischen Interpretation** im jeweiligen Funktionszusammenhang.

353 Teilweise richtet sich der Betriebsbegriff auch nach dem **Unionsrecht**. Das gilt insbesondere für § 17 KSchG, der die Massenentlassungsrichtlinie 98/59/EG umsetzt.

II. Unternehmen – Unternehmer

Literatur: *Hanau*, Aktuelles zu Betrieb, Unternehmen und Konzern, ZfA 1990, 115; *Joost*, Betrieb und Unternehmen als Grundbegriffe im Arbeitsrecht, 1988; *Jacobi*, Betrieb und Unternehmen als Rechtsbegriffe, 1926.

354 Der Begriff des Unternehmens ist arbeitsrechtlich weniger bedeutsam als der des Betriebs. Allerdings ist das Unternehmen der Bezugsrahmen für die **Weiterbeschäftigungsmöglichkeiten**, die der Arbeitgeber gemäß § 1 Abs. 2 S. 2 Nr. 1b KSchG vor Ausspruch einer Kündigung prüfen muss (Rz. 2787). Der Schwerpunkt des Unternehmensbegriffs liegt freilich im **Handels- und Wirtschaftsrecht**.

Beispiele für die Bedeutung des Unternehmensbegriffs: Nach § 47 BetrVG ist in Unternehmen ein **Gesamtbetriebsrat** zu bilden. Des Weiteren ist eine **Kündigung** gemäß § 1 Abs. 2 S. 2 Nr. 1b KSchG auch dann sozial ungerechtfertigt, wenn der Arbeitnehmer in einem anderen Betrieb des Unternehmens weiterbeschäftigt werden kann. Nach § 1 EBRG können in unionsweit tätigen Unternehmen und Unternehmensgruppen Europäische Betriebsräte vereinbart werden bzw. werden kraft Gesetzes errichtet.

Der Begriff des Unternehmens kann definiert werden als 355

– organisatorische Einheit,
– die aus einem oder mehreren Betrieben bestehen kann und
– die durch einen gemeinsamen wirtschaftlichen oder ideellen Zweck verbunden ist (BAG v. 23.9.1980 – 6 ABR 8/78, AP Nr. 4 zu § 47 BetrVG 1972).

Der im BetrVG verwandte Begriff des Unternehmens kennzeichnet die hinter dem arbeitstechnischen 356 Zweck des Betriebes liegende Einheit zur Verfolgung wirtschaftlicher oder auch ideeller Zwecke (BAG v. 23.9.1980 – 6 ABR 8/78, AP Nr. 4 zu § 47 BetrVG 1972). In dem Entwurf für ein Arbeitsvertragsgesetzbuch ist der Unternehmensbegriff in § 2 Abs. 4 ArbVG-E 2007 entsprechend definiert. Dort heißt es: „Unternehmen ist diejenige organisatorische Einheit, die einen einheitlichen wirtschaftlichen oder ideellen Zweck mit einem Betrieb oder mehreren Betrieben verfolgt".

Der Unternehmensbegriff unterscheidet sich somit vom Betriebsbegriff dadurch, dass es sich beim 357 Unternehmen um eine **organisatorische Einheit** handelt, mit der der Unternehmer **wirtschaftliche oder ideelle Zwecke** verfolgt. So kann ein Unternehmen aus mehreren Betrieben bestehen. Ihm kann aber auch nur ein Betrieb dienen. Im letzteren Fall betreffen Betrieb und Unternehmen dann nur eine Organisation, sind letztlich zwei Elemente derselben Organisation.

Vom Begriff des Unternehmens ist der des Unternehmers nach § 14 Abs. 1 BGB zu unterscheiden. 358 § 14 Abs. 1 BGB lautet:

„Unternehmer ist eine natürliche oder juristische Person oder eine rechtsfähige Personengesellschaft, die bei Abschluss eines Rechtsgeschäfts in Ausübung ihrer gewerblichen oder selbstständigen beruflichen Tätigkeit handelt."

Diese Legaldefinition im BGB hat ihre Funktion als Grundbegriff des Verbraucherschutzrechts. Der 359 Unternehmer in diesem Rechtssinne ist der Verpflichtete des Verbraucherschutzrechts. Ob ein Unternehmer im „arbeitsrechtlichen Sinne" ein solcher i.S.d. § 14 Abs. 1 BGB ist, entscheidet sich nach dem Zweck des Rechtsgeschäfts (Rz. 219).

III. Konzern

Literatur: *Hanau*, Aktuelles zu Betrieb, Unternehmen und Konzern im Arbeitsrecht, ZfA 1990, 115; *Henssler*, Der Arbeitsvertrag im Konzern, 1983; *Junker*, Internationales Arbeitsrecht im Konzern, 1992; *Konzen*, Arbeitnehmerschutz im Konzern, RdA 1984, 64; *Konzen*, Arbeitsverhältnisse im Konzern, ZHR 151 (1987), 566; *Martens*, Grundlagen des Konzernarbeitsrechts, ZGR 1984, 417; *Schäfer*, Das Arbeitsverhältnis im Konzern, NZA Beilage 1/1998, 31; *Temming*, Der vertragsbeherrschende Dritte, 2015; *Temming*, Anerkennung und Grenzen eines konzerndimensionalen Kündigungsschutzes, RdA 2018, 84; *Windbichler*, Arbeitsrecht im Konzern, 1989.

Das Arbeitsrecht kennt keinen selbstständigen Konzernbegriff, sondern übernimmt den in § 18 AktG 360 definierten gesellschaftsrechtlichen Begriff des Konzerns. Danach liegt ein (sog. Unterordnungs-)Konzern vor, wenn

– mehrere verbundene Unternehmen bestehen,
– von denen eines herrschend ist und
– eines oder mehrere abhängig sind,

— und die Unternehmen unter der einheitlichen Leitung des herrschenden Unternehmens zusammengefasst sind (vgl. auch BAG v. 30.10.1986 – 6 ABR 19/85, DB 1987, 1691).

361 Es ist zu berücksichtigen, dass in der Rechtsprechung des BGH die Existenz eines Konzerns u.U. auch ohne Vorliegen eines Beherrschungs- oder Gewinnabführungsvertrags angenommen wird (BGH v. 20.2.1989 – II ZR 167/88, NJW 1989, 1800; BGH v. 23.9.1991 AP Nr. 1 zu § 303 AktG).

362 Die Zugehörigkeit des Unternehmens zu einem Konzern hat im Individualarbeitsrecht **nur in wenigen Fällen** Bedeutung; die Rechte und Pflichten aus dem Arbeitsverhältnis werden durch die Konzernbindung des Arbeitgebers i.d.R. nicht berührt. Dies bedeutet, dass die Konzernzugehörigkeit die Arbeitgeberstellung grundsätzlich nicht berührt. Den Anspruch auf die Arbeitsleistung hat regelmäßig nur das Unternehmen, mit dem der Arbeitsvertrag abgeschlossen wurde. Die Konzernobergesellschaft hat kein arbeitsrechtliches Weisungsrecht gegenüber den Arbeitnehmern konzernabhängiger Unternehmen.

363 Umstritten ist die Reichweite eines konzernweiten Kündigungsschutzes (vgl. BAG v. 22.9.2016 – 2 AZR 276/16, NZA 2017, 175, 181 Rz. 66; BAG v. 27.11.1991 – 2 AZR 255/91, NZA 1992, 644; BAG v. 20.1.1994 – 2 AZR 489/93, NZA 1994, 653; BAG v. 23.3.2006 – 2 AZR 162/05, NZA 2007, 30; dazu umfassend *Temming*, Der vertragsbeherrschende Dritte, 2015 und *Temming*, RdA 2018, 84).

364 Regelmäßig gibt es keinen konzerndimensionalen Gleichbehandlungsanspruch, da die im Konzern zusammengeschlossenen Unternehmen ihre Eigenständigkeit behalten (BAG v. 20.8.1986 – 4 AZR 272/85, DB 1987, 693; Rz. 1452).

365 Etwas anderes kann nur dann gelten, wenn die Konzernspitze für die Gewährung von Arbeitgeberleistungen eine Verteilungskompetenz in Anspruch nimmt und konzernrechtlich entsprechende Weisungen erteilt.

366 Auch bei der Beurteilung der „wirtschaftlichen Lage" des Unternehmens i.S.v. § 16 BetrAVG kommt es bei einem konzernverbundenen Unternehmen grundsätzlich nicht auf die Finanzkraft der Konzernobergesellschaft, sondern nur des betroffenen Unternehmens selbst an. Etwas anderes kann allerdings dann gelten, wenn die Obergesellschaft ihre rechtliche oder faktische Konzernleitungsmacht so ausgeübt hat, dass auf die Belange des abhängigen Tochterunternehmens keine angemessene Rücksicht genommen und so die mangelnde Leistungsfähigkeit des Versorgungsschuldners verursacht wurde (BAG v. 4.10.1994 – 3 AZR 910/93, NZA 1995, 368; Rz. 1412).

367 Handgreiflich ist die Bedeutung des Konzernbegriffs im Betriebsverfassungsrecht. Nach § 8 Abs. 1 S. 2 BetrVG ist auf die Wählbarkeitsvoraussetzung der sechsmonatigen Betriebszugehörigkeit auch die Zeit anzurechnen, in der der Arbeitnehmer einem anderen Betrieb desselben Unternehmens oder Konzerns angehört hat.

368 Für einen Konzern kann nach § 54 BetrVG ein Konzernbetriebsrat gebildet werden. Dadurch, dass § 54 Abs. 1 BetrVG nur auf § 18 Abs. 1 AktG verweist, ist klargestellt, dass ein Konzernbetriebsrat nur in einem sog. Unterordnungskonzern errichtet werden kann (vgl. auch BAG v. 30.10.1986 – 6 ABR 19/85, DB 1987, 1691). In einem Gleichordnungskonzern nach § 18 Abs. 2 AktG ist ein Konzernbetriebsrat nicht zu bilden.

§ 12
Interessenvertretungen von Arbeitnehmern und Arbeitgebern

I. Gewerkschaften

1. Geschichtliche Entwicklung

Im Zuge der Aufhebung des Koalitionsverbots wurden in Deutschland die ersten Gewerkschaften Mitte des 19. Jahrhunderts gegründet. Den Anfang der Entwicklung markiert die Gründung des Verbands der Tabakarbeiter im Jahr 1865. Die ersten Verbände waren nach dem **Berufsverbandsprinzip** organisiert, sodass Arbeiter, Angestellte und Beamte jeweils unterschiedlichen Gewerkschaften angehörten. Der Großteil der Arbeitnehmerschaft war zu dieser Zeit in den freien Gewerkschaften mit sozialistischer Ausrichtung organisiert. Mit der Auflösung der Gewerkschaften durch die Nationalsozialisten im Jahr 1933 wurde das freie Gewerkschaftssystem zunächst beendet. Arbeitgeber und Arbeitnehmer mussten sich jetzt in einem Verband, der Deutschen Arbeitsfront, zusammenschließen. Erst im Jahr 1945 konnte das Gewerkschaftssystem neu entstehen. Bereits in den Besatzungszonen bildeten sich **Angestellten- und Industriegewerkschaften** heraus. Hieraus gingen dann die DAG und der DGB (gegründet 1949) hervor. Die DAG sowie vier weitere Gewerkschaften bilden seit Juli 2001 die Vereinte Dienstleistungsgewerkschaft ver.di.   369

2. Organisation

Die nach dem zweiten Weltkrieg neu gegründeten Gewerkschaften sind zumeist nach dem **Industrieverbandsprinzip** organisiert. Hierunter versteht man, dass eine Gewerkschaft unabhängig vom Beruf für alle in einem Industriezweig Beschäftigten zuständig ist. Hierdurch sollte eine Zersplitterung vermieden und die Durchsetzungsfähigkeit erhöht werden. Sie verstehen sich zumeist als **Einheitsgewerkschaften** und haben sich politische und weltanschauliche Neutralität auf die Fahnen geschrieben. Allerdings sind nicht alle Gewerkschaften nach dem Industrieverbandsprinzip organisiert. So gibt es auch Gewerkschaften, die sich – wie die GEW – nach Berufen richten. Obwohl die Gewerkschaften des DGB nach dem Industrieverbandsprinzip organisiert sind, können Überschneidungen der Gewerkschaftszuständigkeiten eintreten, insbesondere dann, wenn ein Arbeitgeber in mehreren Branchen tätig ist. Hier ist dann die Gewerkschaft zuständig, die nach ihrem satzungsmäßigen Organisationsbereich der Tätigkeit entspricht, die dem Unternehmen das Gepräge gibt. In der jüngeren Vergangenheit organisierten sich vermehrt sog. Spartengewerkschaften, die sich aus Angehörigen von Berufsgruppen mit besonderer fachlicher Qualifikation zusammensetzen. Zu den „etablierten" Spartengewerkschaften gehören die Gewerkschaft der Lokomotivführer (GdL), die Vereinigung Cockpit und der Marburger Bund. **Aus historischen Gründen sind die meisten Gewerkschaften als nichtrechtsfähige Vereine organisiert.**   370

3. Mitgliederzahlen

Die Mitgliederzahlen der Gewerkschaften sind seit Jahren kontinuierlich **rückläufig**. 1995 waren noch 9.385.493 Beschäftigte im DGB organisiert, jedoch bereits 382.880 weniger als im Jahr zuvor. Im Jahr 2000 waren es 7.772.795, im Jahr 2010 6.193.252, im Jahr 2015 6.095.513 und im Jahr 2018 nur noch 5.974.950 (Quellen: Statistisches Jahrbuch für die BRD 2000, S. 713; DGB; näher siehe im Band „Kollektivarbeitsrecht" Rz. 216). Dieser Rückgang kann auf vielfältige Ursachen zurückgeführt werden. Zum einen konnten die Gewerkschaften viele **ostdeutsche Arbeitnehmer**, die unmittelbar nach der Wiedervereinigung den Gewerkschaften beigetreten waren, nicht dauerhaft an sich binden. Des Weiteren darf nicht verkannt werden, dass – angesichts eines monatlichen **Mitgliedsbeitrags** von 1 % des Arbeitsentgelts – finanzielle Erwägungen zahlreiche Arbeitnehmer zum Austritt bewogen haben. Schließlich ist auch zu bedenken, dass der **Strukturwandel** der Wirtschaft den Mitglieder-   371 rückgang forciert. Viele Arbeitsplätze sind nämlich gerade dort verlorengegangen, wo traditionell ein hoher gewerkschaftlicher Organisationsgrad bestand. Demgegenüber konnten die Gewerkschaften aus dem Wachstum im Dienstleistungsbereich keine Vorteile ziehen. Nicht zuletzt auch bedingt durch den Mitgliederrückgang sind die Einzelgewerkschaften gezwungen, Synergieeffekte zu nutzen. So schlossen sich in den 1990er Jahren die IG Bergbau und Energie mit der IG Chemie zur IG Bergbau, Chemie, Energie (IG BCE) sowie die IG Metall mit der IG Leder (weiterhin IG Metall) zusammen. Vorläufiger Höhepunkt dieser Entwicklung war im Jahr 2001 die Bildung von ver.di durch die DAG, die DPG, die HBV, die IG Medien sowie die ÖTV.

II. Arbeitgeberverbände

1. Geschichtliche Entwicklung

372 Die Gründung von Arbeitgeberverbänden begann erst im Jahr 1890 als Reaktion auf die Gewerkschaftsbewegung, um deren Forderungen wirksamer begegnen zu können. Die spätere Gründung lässt sich vor allem damit erklären, dass die Arbeitgeber die Gewerkschaften zunächst nicht als **legitime Vertreter** der Arbeitnehmerschaft anerkannten, später aber die Notwendigkeit eines gemeinsamen Vorgehens sahen. Erst 1904 wurden die Hauptstelle der Arbeitgeberverbände und der Verein Deutscher Arbeitgeberverbände gegründet, die im Jahre 1914 zur Vereinigung Deutscher Arbeitgeberverbände verschmolzen. Wie die Gewerkschaften wurden auch diese Verbände mit der Machtergreifung der Nationalsozialisten aufgelöst. Nach 1945 setzte dann ebenfalls eine Neugründungswelle ein, die sich aber wegen der Skepsis der Alliierten schwieriger gestaltete als auf Seiten der Arbeitnehmerschaft. Nachdem zunächst die Bildung von Arbeitsgemeinschaften der Arbeitgeber ermöglicht wurde, konnte schließlich im November 1950 die Bundesvereinigung der Deutschen Arbeitgeberverbände – BDA – gegründet werden.

2. Organisation

373 Bei den Arbeitgeberverbänden sind zwei verschiedene Organisationsstrukturen zu erkennen. Diesen ist zunächst gemeinsam, dass sie zumeist auf dem Zusammenschluss **regionaler** Arbeitgeber beruhen. Sie unterscheiden sich jedoch insofern, als sie einerseits nach dem **Industrieverbandsprinzip** organisiert sind, andererseits aber auch verschiedene Wirtschaftszweige umfassen und in diesem Fall unabhängig von Industrie- oder Gewerbezweig die Arbeitgeber innerhalb eines bestimmten **räumlichen** Bereichs vertreten. Regionale Industrieverbände haben sich vielfach auch auf Bundesebene organisiert. Die fachlichen Spitzenverbände und die Landesvereinigungen haben sich in der BDA zusammengeschlossen. **Die Arbeitgebervereinigungen sind regelmäßig rechtsfähige Vereine**.

III. Aufgaben der Koalitionen

374 Ausgangspunkt für die Bestimmung des Aufgabenbereichs der Gewerkschaften und Arbeitgeberverbände ist **Art. 9 Abs. 3 GG**, der das Recht von Arbeitnehmern und Arbeitgebern schützt, Vereinigungen zu dem Zweck zu bilden, die Arbeits- und Wirtschaftsbedingungen (ihrer Mitglieder) zu wahren und zu fördern. Dies erreichen sie am häufigsten dadurch, dass sie **Tarifverträge abschließen**, in denen sie die Bedingungen, unter denen abhängige Arbeit geleistet wird, für die ihrem Anwendungsbereich unterfallenden Arbeitsverhältnisse unmittelbar und zwingend regeln (vgl. u.a. zur Tariffähigkeit von Gewerkschaften und Vereinigungen von Arbeitgebern im Band „Kollektivarbeitsrecht" unter § 90 II, III). Scheitern die Tarifverhandlungen, steht den Koalitionen, um ihre Aufgabe sinnvoll erfüllen zu können, zum einen das **Schlichtungswesen** zur Verfügung und zum anderen als ultima ratio der **Arbeitskampf**. Dadurch können sie unter gewissen Voraussetzungen den sozialen Gegenspieler zum ernsthaften Verhandeln über Tarifverträge zwingen bzw. sich solcher Zwänge erwehren. Die Wahrung und Förderung von Arbeits- und Wirtschaftsbedingungen erfüllen die Koalitionen aber

auch auf betrieblicher Ebene durch eine **Beteiligung an der Betriebsverfassung und der Unternehmensmitbestimmung**.

Neben diesen originären Aufgaben der kollektiven Interessenvertretung erfüllen die Koalitionen noch eine Reihe anderer Funktionen, beispielsweise werden sie aufgrund ihrer überragenden Bedeutung im politischen Leben bei allen sozialpolitischen Gesetzgebungsentwürfen angehört. Sie sind weiterhin in verschiedenen Ausschüssen zu beteiligen, benennen die ehrenamtlichen Richter für Arbeits- und Sozialgerichte aller Instanzen (§§ 20–29, 37, 43 ArbGG; § 14 Abs. 2 SGG) und sind zur Vertretung ihrer Mitglieder vor den Arbeitsgerichten befugt (§ 11 ArbGG). 375

IV. Betriebsrat

Der Betriebsrat ist gewählter Sprecher der gesamten Belegschaft. Er ist Schutzorgan der Arbeitnehmer auf der betrieblichen Ebene und hat die Interessen der Arbeitnehmer im Betrieb gegenüber dem Unternehmer zu vertreten. Er hat bestimmte im Betriebsverfassungsgesetz ausdrücklich festgelegte Rechte und kann im Konfliktfall die Einigungsstelle (§ 76 BetrVG) oder das Arbeitsgericht bemühen. Vgl. dazu ausführlich im Band „Kollektivarbeitsrecht" Rz. 1824. 376

2. Abschnitt:
Die Rechtsquellen des Arbeitsrechts

§ 13
Allgemeines

Ob es möglich sein wird, das **zersplitterte Arbeitsrecht** in der Zukunft in einem Gesetzbuch zusammenzuführen, ist fraglich. Der gegenwärtige Zustand erschwert die Erfassung des Arbeitsrechts jedoch erheblich. Insbesondere dem individualarbeitsrechtlichen Normengebäude fehlt es an einer übergreifenden Gesamtkonzeption. Ungeachtet der Möglichkeit einer Kodifikation des Arbeitsvertragsrechts wirken **zahlreiche Rechtsquellen** auf das Arbeitsverhältnis ein, die das Arbeitsrecht zu einem besonders komplexen Rechtsgebiet machen. Im Überblick sind folgende Rechtsquellen zu nennen: 377

– Internationales und **supranationales Recht** (insb. der Europäischen Union; Rz. 382);

– **Verfassungsrecht** (Rz. 527);

– **Gesetzesrecht** (Rz. 638);

– **Rechtsverordnungen und Satzungen** (Rz. 650, 651);

– **Tarifverträge** und **Betriebsvereinbarungen** (Rz. 652);

– **Arbeitsvertragliche Vereinbarungen** (Rz. 671).

Zu berücksichtigen sind ferner zahlreiche Gestaltungsfaktoren auf der **arbeitsvertraglichen Ebene:** 378

– Arbeitsvertragliche Einheitsregelungen (Rz. 677);

– Gesamtzusagen (Rz. 679);

– Betriebliche Übung (Rz. 680);

– Direktionsrecht (Rz. 707).

379 Schließlich ist **Richterrecht** von ganz beträchtlicher Bedeutung für das Arbeitsrecht (Rz. 649). Dies rührt daher, dass beträchtliche Teile des Arbeitsrechts – insbesondere das Arbeitsvertragsrecht und das Arbeitskampfrecht – nicht oder nur rudimentär durch den Gesetzgeber geregelt worden sind, sodass sich die Gerichte – hier also zentral das Bundesarbeitsgericht – gezwungen sahen, diese Lücke im Wege der **richterlichen Rechtsfortbildung** zu schließen. Sie konnten sich dem auch nicht verschließen, da das Rechtsstaatsprinzip (Art. 20 Abs. 3 GG) sowie die Rechtsweggarantie (Art. 19 Abs. 4 GG) dem Bürger einen Anspruch auf Rechtsschutz gewähren, sodass der angerufene Richter einem **Entscheidungszwang** unterliegt. Als Beispiele für Rechtsregeln und Rechtsinstitute, die von den Gerichten herausgebildet wurden, sind zu nennen das Arbeitskampfrecht, die Betriebsrisikolehre (seit der Schuldrechtsreform in § 615 S. 3 BGB ausdrücklich erwähnt) sowie die privilegierte Arbeitnehmerhaftung. Dies darf jedoch nicht soweit führen, dass dem Richter die Rolle des **Ersatzgesetzgebers** zugewiesen wird, eine Rolle, die verfassungsrechtlich nicht unbedenklich ist.

380 Für die Fallentscheidung ist die qualitative Bewertung der Rechtsquellen wesentlich. Im Arbeitsrecht gelten nicht ganz leicht zu handhabende Kollisionsregeln (Rz. 727). Im Grundsatz gilt, dass die ranghöhere der rangniederen Norm vorgeht (**Rangprinzip**). Diesem Prinzip folgt die nachfolgende Darstellung der Rechtsquellen. Allerdings wird das Rangprinzip im Arbeitsrecht oft durch das **Günstigkeitsprinzip** durchbrochen.

§ 14
Supranationales und internationales Arbeitsrecht

Literatur: *Barnard*, EC Employment Law, 4. Aufl. 2012; *Bercusson* (Hrsg.), European Labour Law and the EU Charter of Fundamental Rights, 2006; *Blanpain*, European Labour Law, 14. Aufl. 2014; *Ellis*, EU Anti-Discrimination Law, 2. Auf. 2012; *Franzen*, Die jüngere Rechtsprechung des EuGH auf dem Gebiet des Arbeitsrechts, EuZA 2008, 1; *Franzen*, Die Rechtsprechung des Europäische Gerichtshofs im Arbeitsrecht seit 2008, EuZA 2010, 306; *Fuchs* (Hrsg.), Europäisches Sozialrecht, 7. Aufl. 2018; *Fuchs/Marhold*, Europäisches Arbeitsrecht, 5. Aufl. 2017; *Hanau/Steinmeyer/Wank*, Handbuch des europäischen Arbeits- und Sozialrechts, 2002; *Henssler/Braun* (Hrsg.), Arbeitsrecht in Europa, 3. Aufl. 2011; *Heselhaus/Nowak* (Hrsg.), Handbuch der Europäischen Grundrechte, 2. Aufl. 2019; *Junker*, Internationales Arbeitsrecht in der Praxis im Blickpunkt: Zwanzig Entscheidungen der Jahre 1994–2000, RIW 2001, 94; *Junker*, Europäisches Arbeitsrecht 2000-2002, RIW 2003, 698; *Junker*, Europäisches Arbeitsrecht 2003, RIW 2004, 409; *Junker*, Europäisches Arbeitsrecht 2004/2005, RIW 2006, 1; *Junker*, Europäisches Arbeitsrecht 2005/2006, RIW 2007, 1; *Junker/Zöltsch*, Europaisches Arbeitsrecht 2006/2007, RIW 2007, 881; *Junker*, Europäisches Arbeitsrecht 2007/2008, RIW 2008, 824; *Junker*, Die Rechtsprechung des EuGH zum europäischen Arbeitsrecht in den Jahren 2008/2009, RIW 2010, 343; *Junker*, Die Rechtsprechung des EuGH zum europäischen Arbeitsrecht im Jahr 2010, RIW 2011, 97; *Junker/Zöltsch.*, Der EuGH zum Arbeitsrecht: Betriebsübergang, Gleichbehandlung und Bestandsschutz, EuZW 2006, 524; *Krimphove*, Europäisches Arbeitsrecht, 2. Aufl. 2001; *Meyer* (Hrsg.), Charta der Grundrechte der Europäischen Union, 5. Aufl. 2019; *Nägele* (Hrsg.), EG-Arbeitsrecht in der deutschen Praxis, 2007; *Pechstein*, EU-Prozessrecht, 4. Aufl. 2011; *Preis/Oetker* (Hrsg.), Europäisches Arbeits- und Sozialrecht – EAS – (Rechtsvorschriften, Systematische Darstellungen, Entscheidungen); *Preis/Sagan* (Hrsg.), Europäisches Arbeitsrecht, 2. Aufl. 2019; *Preis/Temming*, Die Urlaubs- und Lohnausgleichskasse im Kontext des Gemeinschaftsrechts, 2006; *Riesenhuber*, Europäisches Arbeitsrecht, 2009; *Sagan*, Konvergenzen und Divergenzen zwischen EGMR, EuGH, BVerfG und BAG, DB 2012, Nr. 6, Standpunkte, S. 11; *Schiek*, Europäisches Arbeitsrecht, 4. Aufl. 2019; *Schlachter*, Casebook Europäisches Arbeitsrecht, 2005; *Schlachter/Heinig* (Hrsg.), Enzyklopädie Europarecht – Band 7: Europäisches Arbeits- und Sozialrecht, 2016; *Schlachter/Heuschmid/Ulber*, Arbeitsvölkerrecht, 2019; *Schmidt*, Das Arbeitsrecht der Europäischen Gemeinschaft, 2001; *Schrammel/Winkler*, Europäisches Arbeits- und Sozialrecht, 2. Aufl. 2018; *Stern/Sachs* (Hrsg.), Europäische Grundrechte-Charta: GRCh, 2016; *Skouris*, Die Europäische Grundrechte-Charta in der Rechtsprechung des EuGH, AuR 2015, 294; *Temming*, Systemverschiebungen durch den unionsrechtlichen Arbeitnehmerbegriff – Entwicklungen, Herausforderungen und Perspektiven, SR 2016, 158; *Thüsing*, Europäisches Arbeitsrecht, 3. Aufl. 2017; *Ziegler*, Arbeitnehmerbegriffe im Europäischen Arbeitsrecht, 2011.

Das Arbeitsrecht kann nicht mehr allein aus der nationalen Perspektive behandelt werden. Dazu sind die internationalen Einflüsse zu gewichtig geworden. Eng verzahnt ist das nationale Arbeitsrecht mit dem Unionsrecht, also dem Recht der **Europäischen Union** (Rz. 382). Darüber hinaus sind allgemeine **völkerrechtliche Verträge** zu beachten (Rz. 504). Einen speziellen Ausschnitt hiervon bildet das **Internationale Privatrecht** (Rz. 512). 381

I. Recht der Europäischen Union

1. Wichtige Rechtsquellen des Europarechts

Im Recht der Europäischen Union ist zu unterscheiden zwischen dem **Primärrecht** der EU und dem **Sekundärrecht**, das von den Organen der Europäischen Union selbst erlassen wird. Letzteres wird deshalb auch als abgeleitetes Unionsrecht bezeichnet. 382

Das Primärrecht hat seit Gründung der Europäischen Wirtschaftsgemeinschaft (**EWG**) und der Europäischen Atomgemeinschaft (**EURATOM**) durch die Römischen Verträge im Jahre 1958 eine mehrstufige und vielschichtige Entwicklung durchlaufen; bereits 1951 war die Europäische Gemeinschaft für Kohle und Stahl (**EGKS**) gegründet worden. Unabhängig von Beitritten neuer Mitglieder erfolgten die wichtigsten Wegmarken durch die folgenden Vertragsrevisionen. Zu nennen sind die Einheitlich Europäische Akte (1986), der Vertrag von Maastricht (1992), der Vertrag von Amsterdam (1997), der Vertrag von Nizza (2000) und der Vertrag von Lissabon (2007, ABl. EG Nr. C 306 v. 17.12.2007, S. 1 ff.). Eng damit verzahnt waren jeweils institutionelle Konsequenzen, die sich auch auf diese drei Gemeinschaften ausgewirkt haben. 383

Von den ursprünglich drei Gemeinschaften existieren heute nur noch zwei, nämlich die von der EWG in die jetzt umbenannte Europäische Union (**EU**) sowie die EURATOM. Der EGKS-Vertrag war der einzige zeitlich befristete Vertrag und lief 2001 nach 50 Jahren aus. Der Vertrag zu Maastricht errichtete 1992 erstmalig als Dach die Europäische Union (**EU**) sowie neben der schon bestehenden EG als deren Hauptpfeiler mit der Gemeinsamen Außen- und Sicherheitspolitik (**GASP**) und der Polizeilichen und Justiziellen Zusammenarbeit in Strafsachen (**PJZS**) eine zusätzliche zweite und dritte Säule, auf denen die EU bis zum Inkrafttreten des Vertrags von Lissabon bislang ruhte. 384

Eine **Weiterentwicklung** ist durch den **Vertrag von Lissabon** erfolgt. Er ist am 1.12.2009 in Kraft getreten und hat das institutionelle Gefüge der EU grundlegend verändert (dazu BVerfG v. 30.6.2009 – 2 BvE 2/08, NJW 2009, 2267). Das alte Drei-Säulen-Modell, auf dem als Dach die EU ruhte, ist Geschichte. Die strenge Zweiteilung zwischen dem Gemeinschaftsrecht im engeren Sinne (EG-Vertrag) und dem im EU-Vertrag niedergelegten Unionsrecht ist aufgehoben worden. Das, was bis zum Vertrag von Lissabon als Gemeinschaftsrecht bezeichnet wurde, ist nun das Unionsrecht. Die PJZS ist zu einer der vielen Politiken der neuen EU neben den bisher existierenden geworden; nur noch die GASP erfährt aufgrund sensibler Souveränitätsfragen ein Sonderregime. Die augenscheinlichste Änderung ist, dass die EG vollständig in der EU aufgegangen ist. Die **EU** ist nach Art. 1 Abs. 3 S. 3 des Vertrages über die Europäische Union (nachfolgend EUV) **Rechtsnachfolgerin der EG** und **besitzt** gemäß Art. 47 EUV **Rechtspersönlichkeit.** Zu dieser partiellen Völkerrechtsfähigkeit tritt die innerstaatliche Rechts- und Geschäftsfähigkeit gemäß Art. 335 des **Vertrages über die Arbeitsweise der EU** (nachfolgend AEUV). Diese beiden Verträge bilden die **Grundlage der einheitlich strukturierten EU** und sind rechtlich gleichrangig, vgl. Art. 1 Abs. 3 S. 1 EUV. Damit lässt sich die EU nun als ein Haus mit zwei Stockwerken beschreiben. Die speziellen Fragen der EU, insbesondere ihre verschiedenen Politiken, werden im Erdgeschoss vom EUV geregelt. Das Grundsätzliche ist dem AEUV im ersten Stock überlassen (Überblicke zum Vertrag von Lissabon bei *Herrmann* JURA 2010, 161; *Mayer* JuS 2010, 189). 385

a) Primärrecht

386 Auf der Ebene des Primärrechts ist zwischen dem geschriebenen und ungeschriebenen Primärrecht zu unterscheiden.

aa) Geschriebenes Primärrecht

387 Im EUV selbst sind kaum materiell-rechtliche arbeitsrechtliche Normen enthalten. Dafür sind die wenigen relevanten Vorschriften umso bedeutender: In dem Bereich der Grundfreiheiten ist **aus Sicht der Arbeitnehmer** natürlich die **Arbeitnehmerfreizügigkeit** gemäß Art. 45 AEUV die wichtigste. Diese Grundfreiheit gewährleistet innerhalb der Union die Freizügigkeit der Arbeitnehmer und umfasst die Abschaffung jeder auf der Staatsangehörigkeit beruhenden unterschiedlichen Behandlung der Arbeitnehmer der Mitgliedstaaten in Bezug auf Beschäftigung, Entlohnung und sonstige Arbeitsbedingungen. Vorbehaltlich der aus Gründen der öffentlichen Ordnung, Sicherheit und Gesundheit gerechtfertigten Beschränkungen gibt die Arbeitnehmerfreizügigkeit den Arbeitnehmern das Recht,

- sich um tatsächlich angebotene Stellen zu bewerben;
- sich zu diesem Zweck im Hoheitsgebiet der Mitgliedstaaten frei zu bewegen;
- sich in einem Mitgliedstaat aufzuhalten, um dort nach den für die Arbeitnehmer dieses Staates geltenden Rechts- und Verwaltungsvorschriften eine Beschäftigung auszuüben;
- und nach Beendigung einer Beschäftigung im Hoheitsgebiet eines Mitgliedstaats unter Bedingungen zu verbleiben, welche die Kommission in Durchführungsverordnungen festlegt.

388 Aus **Sicht des Arbeitgebers** sind die **Dienstleistungsfreiheit** gemäß Art. 56 AEUV sowie die **Niederlassungsfreiheit** gemäß Art. 49 AEUV zu beachten. Diese beiden Grundfreiheiten können mit der Arbeitnehmerfreizügigkeit in Konflikt geraten; dieser kann entweder bereits auf der Ebene des Primärrechts oder auf derjenigen des Sekundärrechts gelöst werden. Die Dienstleistungsfreiheit verbietet grundsätzlich Beschränkungen des freien Dienstleistungsverkehrs innerhalb der Union für Angehörige der Mitgliedstaaten, die in einem anderen Mitgliedstaat als demjenigen des Leistungsempfängers ansässig sind. Die Dienstleistungsfreiheit ist nicht nur thematisiert, wenn der Dienstleistungsempfänger beim Dienstleistungserbringer die Dienstleistung empfängt und umgekehrt, sondern auch, wenn lediglich die Dienstleistung die mitgliedstaatliche Grenze „überquert". Im Verhältnis zu den übrigen Grundfreiheiten ist die Dienstleistungsfreiheit subsidiär ausgestaltet. Sie ist gemäß Art. 57 AEUV erst thematisiert, soweit weder der freie Waren- oder Kapitalverkehr noch die Freiheit des Personenverkehrs einschlägig ist. Die bereits in den Römischen Verträgen angelegte Subsidiarität der Dienstleistungsfreiheit steht mit ihrer heutigen Bedeutung in einem krassen Widerspruch (Stichwort: Dienstleistungsgesellschaft).

389 Die **Niederlassungsfreiheit** verbietet Beschränkungen der freien Niederlassung von Staatsangehörigen eines Mitgliedstaats im Hoheitsgebiet eines anderen Mitgliedstaats. Das Gleiche gilt für Beschränkungen der Gründung von Agenturen, Zweigniederlassungen oder Tochtergesellschaften durch Angehörige eines Mitgliedstaats, die im Hoheitsgebiet eines Mitgliedstaats ansässig sind.

390 Für den Arbeitnehmer besitzt des Weiteren **Art. 157 Abs. 1 AEUV** eine große Relevanz. Nach dieser Vorschrift stellt jeder Mitgliedstaat die Anwendung des Grundsatzes des gleichen Entgelts für Männer und Frauen bei gleicher oder gleichwertiger Arbeit sicher (**Entgeltgleichheitsgrundsatz** Rz. 1559). Gemäß Art. 157 Abs. 4 AEUV können im Hinblick auf die effektive Gewährleistung der vollen Gleichstellung von Männern und Frauen im Arbeitsleben zur Erleichterung der Berufstätigkeit des unterrepräsentierten Geschlechts oder zur Verhinderung bzw. zum Ausgleich von Benachteiligungen in der beruflichen Laufbahn spezifische Vergünstigungen beibehalten oder beschlossen werden (sog. **positive Diskriminierung** oder „affirmative action").

Unabhängig von Art. 157 AEUV im Titel X des AEUV ist auf die weiteren Titel IX und XI und XII in den Art. 145 bis 150 AEUV und Art. 162 bis 166 AEUV hinzuweisen („Beschäftigung", „Europäische Sozialfonds", „Allgemeine und berufliche Bildung, Jugend und Sport"). Insbesondere die Sozialpolitik der EU im Titel X (Art. 151 bis 161 AUEV) verfolgt Ziele, die für das Arbeitsrecht eine große Relevanz besitzen (zum Arbeitsrecht nach dem Vertrag von Lissabon siehe *Krebber* EuZA 2010, 303). Dazu gehören bspw. 391

- die Förderung der Beschäftigung,
- die Verbesserung der Lebens- und Arbeitsbedingungen, um dadurch auf dem Wege des Fortschritts ihre Angleichung zu ermöglichen,
- einen angemessenen sozialen Schutz,
- den sozialen Dialog,
- die Entwicklung des Arbeitskräftepotentials im Hinblick auf ein dauerhaft hohes Beschäftigungsniveau
- und die Bekämpfung von Ausgrenzungen.

Für das sekundäre Gemeinschaftsrecht (Rz. 401) ist deshalb auf die umfangreiche Normsetzungsbefugnis im Rahmen des Art. 153 AEUV hinzuweisen, die die EU-Organe im Bereich des Arbeitsrechts besitzen. Hiervon ist gemäß Art. 153 Abs. 5 AEUV nur das Arbeitsentgelt, das Koalitionsrecht, das Streikrecht sowie das Aussperrungsrecht ausgeschlossen; in diesem Zusammenhang darf aber die Kompetenzergänzungsklausel gemäß Art. 352 AEUV nicht vergessen werden. Zu beachten ist auch der hohe Einfluss der europäischen Sozialpartner auf die europäische Normsetzung gemäß Art. 154 f. AEUV. Der Einfluss des Europäischen Parlaments bleibt im Rahmen des Dialogs der europäischen Sozialpartner auch zukünftig verschwindend gering; es wird gemäß Art. 155 Abs. 2 S. 2 AEUV lediglich unterrichtet (vgl. *Waas* ZESAR 2004, 443; *Deinert* RdA 2004, 211). 392

bb) Ungeschriebenes Primärrecht

Zu nennen ist des Weiteren das **ungeschriebene Primärrecht**, vgl. Art. 6 Abs. 3 EUV. Dabei handelt es sich um eine **eigenständige Rechtsquelle**, die dem geschriebenen Primärrecht ebenbürtig ist und den fragmentarischen Charakter des geschriebenen Primärrechts kompensiert. Der EuGH judiziert das ungeschriebene Primärrecht im Rahmen seiner Auslegungshoheit über den EU-Vertrag gemäß Art. 19 Abs. 1 S. 2 EUV. Es handelt sich um **richterliche Rechtsfortbildung** der geschriebenen Verträge. Diese Kompetenz des EuGH ist auf der Ebene des Primärrechts allgemein anerkannt. 393

Das ungeschriebene Primärrecht beinhaltet zum Teil objektive Rechtsprinzipien. Bis zum Inkrafttreten des Vertrags von Lissabon spielte es aber deshalb eine so große Rolle, weil Bestandteil dessen auch die sog. **Gemeinschafts- bzw. Unionsgrundrechte** sind (vgl. dazu die diesbezüglichen Ausführungen in der 3. Auflage). Eine der wichtigsten materiellen Änderungen, die der Vertrag von Lissabon in diesem Zusammenhang gebracht hat, ist das Inkrafttreten der **Charta der Grundrechte der Europäischen Union** vom 7.12.2000 in der am 12.7.2007 in Straßburg angepassten Fassung. Sie ist als Zusatzprotokoll zum EUV und AEUV verabschiedet worden und ist gemäß Art. 51 EUV Bestandteil dieser Verträge. In Art. 6 Abs. 1 S. 2 EUV wird deklaratorisch festgestellt, dass die Charta der Grundrechte und die Verträge rechtlich gleichrangig sind. Die Charta der Grundrechte der Europäischen Union ist damit **Teil des Primärrechts**. Die Unionsgrundrechte sind von ihrer dogmatischen Struktur her mit den deutschen Grundrechten vergleichbar, aber nicht mit diesen zu verwechseln. Denn nicht zu vergessen ist, dass sie von ihrem Rang her oberhalb der mitgliedstaatlichen Verfassung, nämlich im Primärrecht angesiedelt sind, welches der alleinigen Auslegungskompetenz des EuGH unterfällt (zur Grundrechtecharta vgl. *Hanau* NZA 2010, 1; *Willemsen/Sagan* NZA 2011, 258; s.a. *Skouris* ZSchR 2005, 31; zu den für das Arbeitsrecht wichtigsten Gemeinschaftsgrundrechten Rz. 470). 394

395 Zu beachten ist, dass der hauptsächliche Sinn und Zweck der Unionsgrundrechte die **Mäßigung und Kontrolle der Gewalt der Unionsorgane** ist. Daraus folgt zum einen, dass sie bei der Verabschiedung von allen Rechtsakten umfänglich zu beachten sind, vgl. **Art. 51 Abs. 1 Alt. 1 GRC** und Art. 7 Abs. 2 S. 2 EUV i.V.m. Art. 288 Abs. 1 AEUV (Beispiele EuGH v. 1.3.2011 – C-236/09 „Test Achats", NJW 2011, 907 m. Anm. *Temming* GLJ 2012, 106; EuGH v. 9.11.2010 – C-92/09 u.a. „Schecke und Eifert", JuS 2011, 278 mit instruktiver Anm. *Kühling/Klar* JURA 2011, 771). Zum anderen folgt aus der Funktion der Unionsgrundrechte, dass die **Mitgliedstaaten** ihrerseits grundsätzlich **nicht** an diese **gebunden** sind.

396 Von diesem Grundsatz macht die Grundrechtecharta gemäß Art. 51 Abs. 1 Alt. 2 GRC dann eine Ausnahme, wenn die **Mitgliedstaaten Unionsrecht durchführen**. Die Auslegung dieser Ausnahmeklausel ist hinsichtlich ihrer Reichweite umstritten. Im Rahmen der historischen Auslegung der Grundrechtecharta, auf die ihre Präambel, Art. 52 Abs. 7 GRC und Art. 6 Abs. 1 und Abs. 3 EUV nachdrücklich verweisen, wird deutlich, dass mit diesem Passus vor allem die dazu einschlägige Rechtsprechung des EuGH übernommen werden sollte. Der EuGH hatte vor Inkrafttreten des Art. 51 GRC **zwei wichtige Ausnahmen** von der grundsätzlichen Nichtgeltung der Unionsgrundrechte gegenüber den Mitgliedstaaten gemacht. Zunächst waren die Mitgliedstaaten an diese gebunden, wenn sie **Unionsrecht vollziehen**. Man spricht von der sog. „agency-situation", die auf Grundlage der Entscheidung Wachauf entwickelt wurde (EuGH v. 13.7.1989 – C-5/88 „Wachauf", Slg. 1989, 2609, Rz. 19 ff.). Führt der nationale Gesetzgeber Unionsrecht aus, so ist er dabei stets an die Unionsgrundrechte gebunden. Davon umfasst ist nicht nur der Vollzug einer Verordnung bspw. mittels Verwaltungsakts einer mitgliedstaatlichen Behörde, sondern auch die **Umsetzung von Richtlinien** (EuGH v. 12.12.1996 – C-74/95 u. C-129/95, NZA 1997, 307, 308). Ein Entscheidungsspielraum im Rahmen der Richtlinienumsetzung steht der Bindung an die Unionsgrundrechte hier nicht entgegen (EuGH v. 24.3.1994 – C-2/92 „Bostock", Slg. 1994, I-955, Rz. 16 f.). Das ist für das Arbeitsrecht deshalb so bedeutsam, weil neben Art. 157 AEUV, Art. 45 AEUV und der VO 492/2011 (VO (EU) Nr. 492/2011 des Europäischen Parlaments und des Rates v. 5.4.2011 über die Freizügigkeit der Arbeitnehmer innerhalb der Union, ABl. EU Nr. L 141 v. 27.5.2011, S. 1) der Großteil des europäischen Arbeitsrechts auf Richtlinien basiert. Gerade der Bereich der Sozialpolitik wird durch das Rechtssetzungsinstrument der Richtlinie bestimmt (vgl. Art. 153 Abs. 2 lit. b) AEUV). Diese Rechtsprechung ist nun auf Art. 51 GRC dergestalt zu übertragen, dass die entwickelten Grundsätze als allgemeine Rechtsgrundsätze des Unionsrechts in der Wendung „Durchführung des Rechts der Union" fortgelten (EuGH v. 10.7.2014 – C-198/13 „Hernandez", EuZW 2014, 795 Rz. 33, mit Anm. *Pötters*).

397 Zu beachten ist, dass die hieraus resultierende Bindung an Unionsgrundrechte und damit der Grundgedanke der Wachauf-Rechtsprechung nicht allein auf Umsetzungsakte der Mitgliedstaaten beschränkt ist. Vergleichbar mit der Pflicht zur richtlinienkonformen Auslegung (nachfolgend unter Rz. 442), die sich auf die **gesamte mitgliedstaatliche Rechtsordnung** erstreckt, bezieht sich die **Bindung an Unionsgrundrechte** bei der Durchführung des Unionsrechts an **vorher ergangenes, konkret zur Umsetzung erlassenes und zukünftiges Recht** der Mitgliedstaaten. Für das Arbeitsrecht folgt daraus, dass etwa auch das in den 1950er Jahren erlassene KSchG, ebenso wie das 1900 in Kraft getretene BGB, dem Prüfungsmaßstab der Gemeinschaftsgrundrechte unterfallen kann (EuGH v. 19.1.2010 – C-555/07 „Kücükdeveci", NZA 2010, 85 mit Anm. *Preis/Temming* NZA 2010, 185). Allgemein ist diese Sichtweise bereits in der Mangold-Entscheidung zutage getreten und später vom EuGH in den Urteilen Navarro (EuGH v. 17.1.2008 – C-246/06 „Josefa Velasco Navarro", NZA 2008, 287 Rz. 32, 34 f. für vor dem Inkrafttreten einer Richtlinie erlassenes mitgliedstaatliches Recht) und Cordero Alonso (EuGH v. 7.9.2006 – C-81/05 „Cordero Alonso", NZA 2006, 1347, 1349) in diese Richtung präzisiert worden:

> „[Der Ausdruck ,Umsetzung'] muss vielmehr alle nationalen Maßnahmen erfassen, die die Erreichung des mit der Richtlinie verfolgten Zieles gewährleisten sollen, einschließlich derjenigen, mit denen nach der eigentlichen Umsetzung die bereits erlassenen nationalen Rechtsvorschriften ergänzt oder geändert werden" (EuGH v. 22.11.2005 – C-144/04 „Mangold", NZA 2005, 1345, 1347).

Grundlage der zweiten Ausnahmekonstellation für die mitgliedstaatliche Bindung an die Unions- 398
grundrechte ist die sog. **ERT-Rechtsprechung** (EuGH v. 18.6.1991 – C-260/89 „ERT", JZ 1992, 682,
684 f.). Die Mitgliedstaaten sind demnach an die Gemeinschaftsgrundrechte gebunden, wenn die **nationale Regelung** in den **Anwendungsbereich des Gemeinschaftsrechts** fällt. Diese Rechtsprechung
ist hauptsächlich mit den Grundfreiheiten verknüpft, wenn die Mitgliedstaaten mit nationalen Regelungen die (un)geschriebenen Rechtfertigungsmöglichkeiten für Beeinträchtigungen der Grundfreiheiten ausfüllen. Kontrovers diskutiert wurde die Maßgabe des Gerichtshofes, dass keine Konstellation
denkbar sei, die vom Unionsrecht erfasst würde, ohne dass die Grundrechte anwendbar seien (EuGH
v. 26.2.2013 – C-617/10 „Åkerberg Fransson", NJW 2013, 1415 Rz. 21). Faktisch bewirkt das eine
Gleichstellung der „Durchführung" und dem „Anwendungsbereich" des Unionsrechts (bestätigt durch
EuGH v. 30.4.2014 – C-390/12 „Pfleger u.a.", EuZW 2014, 597 Rz. 35). Der EuGH hat dies nun dahingehend eingeschränkt, dass ein hinreichender Zusammenhang von **„einem gewissen Grad"** zwischen
der nationalen Vorschrift und dem Unionsrecht bestehen muss, wobei es nicht ausreicht, dass die
Sachbereiche „benachbart" sind oder „der eine von ihnen mittelbare Auswirkungen auf den anderen
haben kann" (EuGH v. 6.3.2014 – C-206/13 „Cruciano Siragusa", NVwZ 2014, 575 Rz. 24). Für das
europäische Arbeitsrecht ist diese Diskussion deshalb weniger relevant, weil in dem weit überwiegenden Teil der Sachverhalte aufgrund eines Bezugs zu Richtlinien die Vollzugssituation vorliegt. Sie ist
eindeutig von Art. 51 Abs. 1 Alt. 2 GRC gedeckt.

cc) Geplanter Beitritt zur EMRK

Zu erwähnen ist schließlich, dass die Union gemäß Art. 6 Abs. 2 EUV der Europäischen Konvention 399
zum Schutz der Menschenrechte und Grundfreiheiten beitreten wird (dazu *Gragl* ZEuS 2011, 409;
Reich EuZW 2011, 379). Ein solcher Beitritt war bis zum Inkrafttreten des Vertrags von Lissabon nicht
möglich, weil die EU nach Ansicht des EuGH keine entsprechende Kompetenz besaß (EuGH v.
28.3.1996 – Gutachten C-2/94, EuGRZ 1996, 197). Obgleich nun eine entsprechende Ermächtigungsgrundlage gegeben ist, hat der EuGH den Entwurf eines Beitrittsvertrages vom 10.6.2013 in einem
erneuten Gutachten für primärrechtswidrig erklärt (EuGH v. 18.12.2014 – Gutachten C-2/13, JuS
2015, 567). Eine externe Menschenrechtskontrolle der Union durch die EMRK als eigenständige Säule
neben der GRC ist daher zunächst **gescheitert** (kritisch zur Position des EuGH *Wendel* NJW 2015,
921).

Dennoch spielt die Rechtsprechung des EGMR mit Sitz in Straßburg eine bedeutende Rolle in der 400
Rechtsprechung des EuGH zu den Unionsgrundrechten, vgl. auch Art. 6 Abs. 3 EUV sowie Art. 52
Abs. 3 und Art. 53 GRC. Auch in Bezug auf das Arbeitsrecht sind in der vergangenen Zeit wichtige
Entscheidungen des EGMR ergangen. Das betrifft insbesondere das Streikrecht (s.a. *Junker* EuZA
2018, 304, 311 ff.; *Sagan* DB 2012, Nr. 6, Standpunkte, S. 11, 13 f.; *Weiss* EuZA 2010, 457; *Fütterer*
EuZA 2011, 505).

b) Sekundärrecht

Einen bedeutenden Einfluss auf das nationale Arbeitsrecht entfaltet das Sekundärrecht der EU. Zum 401
rechtlich verbindlichen Sekundärrecht gehören gemäß Art. 288 AEUV **Verordnungen**, **Richtlinien**
und Entscheidungen. Für das europäische Arbeitsrecht sind nur die beiden ersten Handlungsinstru-
mente von Interesse. Sie unterscheiden sich im Wesentlichen durch ihre Wirkung auf das nationale
Recht.

Die Verordnung dient der Rechtsvereinheitlichung, ist gemäß Art. 288 Abs. 2 AEUV verbindlich und 402
gilt unmittelbar in jedem Mitgliedstaat. Nationale Behörden und Gerichte sind verpflichtet, Verordnungen zu beachten und anzuwenden. Natürliche und juristische Personen in den Mitgliedstaaten
können berechtigt und verpflichtet werden. Angesichts dieser Wirkung erübrigt sich eine Umsetzung
in nationales Recht. Soweit der Verordnung nationales Recht entgegensteht, wird dieses von jener
vollständig verdrängt.

403 Die Richtlinie dient lediglich der Rechtsangleichung und ist gemäß Art. 288 Abs. 3 AEUV **für jeden Mitgliedstaat**, an den sie gerichtet wird, **hinsichtlich** des zu erreichenden **Ziels verbindlich**, überlässt jedoch den innerstaatlichen Stellen die Wahl der Form und der Mittel. Die Richtlinie ist also grundsätzlich nicht an die nationalen Behörden, Gerichte und Bürger gerichtet und im Vergleich zur Verordnung das schonendere Instrument, weil sie im Gegensatz zur Verordnung nicht unmittelbar in jedem Mitgliedstaat gilt. Vielmehr bedarf es regelmäßig der Umsetzung der Richtlinie durch den nationalen Gesetzgeber in Form eines bindenden Außenrechtssatzes; die Umsetzung mittels norminterpretierender oder normkonkretisierender Verwaltungsvorschriften genügt nicht (EuGH v. 30.5.1991 – C-361/88 „Kommission/Deutschland", NVwZ 1991, 866 f.).

2. Wichtige Strukturprinzipien/dogmatische Figuren

a) Die Bedeutung der autonomen Auslegung/Rolle des EuGH

404 Obwohl weite Teile des Unionsrechts kodifiziert sind, sind in seiner Entwicklung und dem Fortgang der Integration der Europäischen Union **Einfluss und Gestaltungsmacht** insbesondere des **EuGH** nicht zu unterschätzen. Gerade im Arbeitsrecht kommt seinen Urteilen eine große Breitenwirkung zu. Nicht zu Unrecht wird er seit Gründung der EWG im Jahre 1958 auch als der **Motor der Gemeinschaft** bezeichnet.

405 Seine unangefochtene Stellung resultiert zum einen daher, dass es über dem EuGH aus seiner Sicht *in praxi* bislang kein Rechtsmittelgericht gibt, das jenen in die Schranken weisen würde. Das würde sich erst mit dem Beitritt der EU zur EMRK ändern. Obschon sich der EGMR freilich schon jetzt die Möglichkeit erarbeitet hat, Akte der EU zu kontrollieren, hat er allerdings hinreichend deutlich gemacht, dass er an einem ernsten Konkurrenzverhältnis zum EuGH kein Interesse hat (EGMR 30.6.2005 – Nr. 45036/98, „Bosphorus Hava Yolları Turizm u.a. v. Türkei", NJW 2006, 197, 202 f., insb. Rz. 155 f.; s.a. *Sauer*, Jurisdiktionskonflikte in Mehrebenensystemen, 2008).

406 Zum anderen beruht der immense Einfluss des EuGH auf der Tatsache, dass es *de facto* unmöglich ist, seine bereits akkumulierte Macht durch eine Revision der entsprechenden Vorschriften der europäischen Verträge in einem 28 Mitgliedstaaten übergreifenden Konsens wieder zu beschneiden. Auch der **Vertrag von Lissabon** hat **kein Kompetenzgericht** errichtet, das die Tätigkeit des EuGH zukünftig kontrollieren könnte. Überzeugungsarbeit oder „Einflussnahme" auf den EuGH müssen notwendigerweise über andere Kanäle laufen. Dies ist kein transparenter Vorgang; anders als beim Bundesverfassungsgericht verfassen die Richter des EuGH auch keine Sondervoten. Grundsätzlich ändert der EuGH eine einmal eingeschlagene Linie nicht mehr; Ausnahmen sind selten und spärlich gesät. Der Richtungswechsel wird in der Regel nicht transparent gemacht.

407 **Beispiele:** Nach erheblicher Kritik in den Mitgliedstaaten an weitreichenden oder unklaren Entscheidungen des EuGH, etwa zu Fragen des Betriebsübergangs, der Altersdiskriminierung oder des Urlaubsrechts, korrigiert der EuGH bisweilen „stillschweigend" seine Richtung:

EuGH v. 14.4.1994 – C-392/92 „Christel Schmidt", NZA 1994, 545 einerseits und EuGH v. 11.3.1997 – C-13/95 „Ayse Süzen", NZA 1997, 433 andererseits.

EuGH v. 22.11.2005 – C-144/04 „Mangold", NZA 2005, 1345 ff. einerseits und EuGH v. 16.10.2007 – C-411/05 „Palacios de la Villa", NZA 2007, 1219 ff. andererseits.

EuGH v. 20.1.2009 – C-350/06 „Schultz-Hoff", NZA 2009, 135 ff. einerseits und EuGH v. 22.11.2011 – C-214/10 „KHS", NZA 2011, 1333 ff. andererseits.

408 Der EuGH sichert gemäß Art. 19 Abs. 1 S. 2 EUV die Wahrung des Rechts bei der Auslegung und Anwendung der Verträge. Ihm kommt somit das alleinige **Auslegungsmonopol** der Verträge zu, das er vehement verteidigt. Seine drei wichtigsten Politikziele, die er hierbei verfolgt, sind die **praktische Wirksamkeit** und die **einheitliche Anwendbarkeit des Unionsrechts** in mittlerweile 27 Mitgliedstaaten sowie der **subjektive Rechtsschutz des Einzelnen**. Letzterer ist nicht nur Selbstzweck, sondern dient mittelbar auch dem EuGH. Denn auf diese Weise gelingt es ihm einfacher, mit Fällen befasst zu

werden, die unionsrechtliche Fragen aufwerfen. Prozessual geschieht dies mit Hilfe des Vorabentscheidungsverfahrens gemäß Art. 267 AEUV (Rz. 455).

Aus Art. 19 Abs. 1 S. 2 EUV folgt, dass die Kompetenz zur inhaltlichen Ausfüllung von unbestimmten Rechtsbegriffen, soweit sie nicht bereits im Primär- oder Sekundärrecht definiert sind oder ein Verweis auf die entsprechenden Vorschriften der Mitgliedstaaten erfolgt ist, dem EuGH obliegt. Man spricht insoweit auch von **autonomen Rechtsbegriffen** und dem hiermit korrespondierenden **Grundsatz der autonomen Auslegung**. Ausfüllungsfähige Rechtsbegriffe können, müssen aber nicht auf der nationalen und unionsrechtlichen Ebene übereinstimmen. Soweit also die Auslegung von Rechtsbegriffen nicht den Mitgliedstaaten überantwortet ist, soll es diesen also nicht möglich sein, über die Reichweite des Unionsrechts zu bestimmen. 409

Von der **Prüfungsreihenfolge** her bedeutet dies: 410

- Wird in Bezug auf einen unbestimmten Rechtsbegriff auf die entsprechende mitgliedstaatliche Vorschrift verwiesen? Wenn ja, ist diese heranzuziehen **(Fallgruppe 1)**.
- Wenn nicht, ist weiter zu fragen, ob der autonome Rechtsbegriff bereits sekundär- oder primärrechtlich definiert ist. Wenn ja, ist grundsätzlich von dieser Definition auszugehen. Je nach ihrer Detailliertheit bestehen für den EuGH autonome Auslegungsspielräume **(Fallgruppe 2)**.
- Wenn nicht, obliegt die Definition des autonomen Rechtsbegriffes vollständig dem EuGH **(Fallgruppe 3)**.

Ein **Beispiel** für die **erste Fallgruppe** ist die Definition des **Entgelts** in Art. 2 Abs. 2 und Art. 3 der Ursprungsfassung der Insolvenzrichtlinie 80/987/EWG. Dieser Begriff unterliegt nicht der autonomen Auslegung durch den EuGH. Es war fraglich, ob auch Entschädigungen oder Abfindungen unter den Begriff des „Entgelts" zu subsumieren sind. Nach Auffassung des EuGH ist dies eine Aufgabe, die dem nationalen Gericht und nicht ihm zukommt (EuGH v. 16.12.2004 – C-520/03 „Valero", NZA 2005, 215 ff.). Durch die Neufassung der Insolvenzrichtlinie durch die RL 2008/94/EG ist dieses Problem entschärft worden. Nach Art. 3 dieser Richtlinie treffen die Mitgliedstaaten die erforderlichen Maßnahmen, damit vorbehaltlich des Art. 4 dieser Richtlinie Garantieeinrichtungen die Befriedigung der nicht erfüllten Ansprüche der Arbeitnehmer aus Arbeitsverträgen und Arbeitsverhältnissen sicherstellen, einschließlich, sofern dies nach ihrem innerstaatlichen Recht vorgesehen ist, einer Abfindung bei Beendigung des Arbeitsverhältnisses. 411

Es ist darauf hinzuweisen, dass der EuGH die **Definitionskompetenz** der Mitgliedstaaten entgegen einer möglichen Anordnung in einer Richtlinie **nicht immer vollständig anerkennt**. Dies ist eine neuere Entwicklung und lässt sich an der Definition des Arbeitnehmers in der Befristungsrichtlinie 1999/70/EG zeigen. Dieser Begriff unterliegt eigentlich nicht der autonomen Auslegung durch den EuGH. Denn in § 2 Nr. 1 der in dieser enthaltenen Rahmenvereinbarung der europäischen Sozialpartner heißt es zum persönlichen Anwendungsbereich: 412

„Diese Vereinbarung gilt für befristet beschäftigte Arbeitnehmer mit einem Arbeitsvertrag oder -verhältnis gemäß der gesetzlich, tarifvertraglich oder nach den Gepflogenheiten in jedem Mitgliedstaat geltenden Definition."

Der EuGH bezieht nun aber auch **Beamte** auf Zeit in den persönlichen Schutzbereich der Befristungsrichtlinie mit ein, die nach dem mitgliedstaatlichen Recht nicht als Arbeitnehmer gelten (EuGH v. 13.9.2007 – C-307/05 „Del Cerro Alonso", NZA 2007, 1223, 1225, Rz. 29 f.; EuGH v. 22.12.2010 – C-444/09 u.a. „Gavieiro" EAS Teil C RL 1999/70/EG § 4 Nr. 4; EuGH v. 8.9.2011 – C-177/10 „Santana", NZA 2011, 1219 ff.; dazu *Ziegler*, Arbeitnehmerbegriffe im Europäischen Arbeitsrecht, 2011, S. 244 ff.). Hauptargumente des EuGH sind die praktische Wirksamkeit (Art. 4 Abs. 3 EUV) der Befristungsrichtlinie hinsichtlich des Diskriminierungsverbotes nach § 4 der Rahmenvereinbarung und ihre einheitliche Anwendbarkeit in den Mitgliedstaaten. Andernfalls könnten die Mitgliedstaaten „nach ihrem Belieben bestimmte Personalkategorien von dem mit diesen Instrumenten des Unions- 413 rechts bezweckten Schutz [ausnehmen]" (EuGH v. 22.12.2010 – C-444/09 u.a. „Gavieiro" EAS Teil C RL 1999/70/EG § 4 Nr. 4, Rz. 43).

414 Für den Arbeitnehmerbegriff der Befristungsrichtlinie hat der EuGH damit letztlich **„eine Art Mittelweg"** (*Thüsing/Stiebert* ZESAR 2011, 124, 125; zu Systemverschiebungen *Temming* SR 2016, 158) eingeschlagen.

Im Ausgangspunkt gilt die nationale Begriffsbestimmung, die aber dort unionsrechtlich überformt wird, wo die effektive Anwendbarkeit der Richtlinie dies erfordert. Zur Frage, wann eine solche Überformung angezeigt ist, hat der EuGH sich mittlerweile ebenfalls bekannt. Die Ausnahme von Personen aus dem Anwendungsbereich der Richtlinie soll nur dann möglich sein, wenn das Beschäftigungsverhältnis „seinem Wesen nach erheblich anders ist", als die Rechtsverhältnisse, die nach nationalem Recht sonst als Arbeitsverhältnis gewertet werden (zur Richtlinie 97/81/EG EuGH v. 1.3.2012 – C-393/10 „O'Brien", EuZW 2012, 267 2. Leitsatz; übertragen auf die RL 1999/70/EG durch EuGH v. 15.3.2012 – C-157/11 „Sibilio", BeckRS 2012, 80646 Rz. 50). Rechtsverhältnisse, die im Wesen nicht erheblich anders sind, können nach dem EuGH daher von mitgliedstaatlichen Begriffsbestimmungen nicht aus dem Anwendungsbereich der Richtlinie ausgenommen werden (ausf. *Uffmann* EuZA 2012, 518 ff.).

Beispiel: Arbeitnehmerbegriff im TzBfG: Die Richtlinie verweist für die Definition des Arbeitnehmerbegriffs, wie soeben dargestellt, grundsätzlich auf das nationale Arbeitsrecht. Konsequenz ist, dass die in langen Befristungsketten beschäftigten Professorenvertreter, Lehrbeauftragten oder sonstige Beschäftigte auf Grundlage eines öffentlich-rechtlichen Dienstverhältnisses grundsätzlich nicht den Schutz der Teilzeit- und Befristungsrichtlinie genießen. Denn bei Lehrbeauftragten (vgl. etwa § 43 HG NRW oder § 34 NHG) oder Professorenvertretern handelt es sich nach deutschem Recht grundsätzlich nicht um Arbeitnehmer, soweit ihr Beschäftigungsverhältnis als öffentlich-rechtliches Beschäftigungsverhältnis *sui generis* ausgestaltet worden ist (BAG v. 14.9.2011 – 10 AZR 466/10, ArbR 2011, 667; BAG v. 18.7.2007 – 5 AZR 854/06, NZA-RR 2008, 103). Die neuere Rechtsprechung des EuGH zur Befristungsrichtlinie könnte mittelfristig zur Änderung dieser ohnehin bedenklichen Rechtsprechung führen, die die Beschäftigungsform des öffentlich-rechtlichen Dienstverhältnisses in eine klaffende Schutzlücke zwischen Verwaltungs- und Arbeitsrecht fallen lässt. Denn die dargestellte Rechtsprechung des EuGH deutet klar darauf hin, dass es sich bei öffentlich-rechtlichen Dienstverhältnissen gerade nicht um ein Rechtsverhältnis handelt, dass gegenüber sonstigen Arbeitsverhältnissen seinem Wesen nach erheblich anders ist. Fallen solche Dienstverhältnisse dann aber unter den Arbeitnehmerbegriff der Befristungsrichtlinie, so schlägt dies auf den Arbeitnehmerbegriff des TzBfG im Wege richtlinienkonformer Auslegung durch. Die Befristung dieser Arbeitsverhältnisse unterfiele damit letztlich § 14 TzBfG.

415 Ein **Beispiel** für die **zweite Fallgruppe** ist der Begriff des „Entgelts" i.S.d. Art. 157 AEUV. Er ist in Art. 157 Abs. 2 AEUV legaldefiniert:

„Unter ‚Entgelt' im Sinne dieses Artikels sind die üblichen Grund- oder Mindestlöhne und -gehälter sowie alle sonstigen Vergütungen zu verstehen, die der Arbeitgeber aufgrund des Dienstverhältnisses dem Arbeitnehmer unmittelbar oder mittelbar in bar oder in Sachleistungen zahlt."

416 Dieser Entgeltbegriff hat in der Rechtsprechung des EuGH eine reichhaltige Ausgestaltung erfahren. Erfasst sind nicht nur das Entgelt im engeren Sinne, sondern alle Arten von Vergütungen, die ein Arbeitgeber **auf Grund des Dienstverhältnisses** einem Arbeitnehmer mittelbar oder unmittelbar gewährt. Davon sind alle mit Rücksicht auf das bestehende Arbeitsverhältnis erbrachten Leistungen erfasst, egal ob sie auf vertraglicher Grundlage, auf Grund von Rechtsvorschriften oder freiwillig erfolgt sind (ErfK/*Schlachter* § 5 EntgTranspG Rz. 2 f. m.w.N. aus der Rechtsprechung des EuGH).

417 Die Schwierigkeit besteht darin, dass bisweilen ein und derselbe Begriff, allerdings in unterschiedlichen Regelungszusammenhängen, in dem einen Fall autonomer Auslegung durch den EuGH und in einem andere Fall „autonomer Gestaltung" durch den Mitgliedstaat unterfällt. Primär entscheidend ist der Regelungsgehalt der jeweiligen Richtlinie.

Beispiel: Betriebsbegriff: Gemeinschaftsrechtsautonom ist der Begriff des Betriebes in Art. 1 Abs. 1 lit. b der Betriebsübergangsrichtlinie **2001/23/EG** legal definiert als eine „ihre Identität bewahrende wirtschaftliche Einheit im Sinne einer organisierten Zusammenfassung von Ressourcen zur Verfolgung einer wirtschaftlichen Haupt- oder Nebentätigkeit" (Rz. 3446); diese Definition hat der EuGH in jahrzehntelanger Rechtsprechung interpretiert, die für die Auslegung des Betriebsbegriffs im Rahmen der deutschen Umsetzungsnorm des § 613a BGB bindend zugrunde zu legen ist. Eine andere Auslegung des Betriebs, nämlich die klassisch-nationale, gilt bspw. für § 1 BetrVG, vgl. Art. 2 lit. b **RL 2002/14/EG** zur Festlegung eines allgemeinen Rahmens für die Unterrichtung und Anhörung der Arbeitnehmer in der Europäischen Gemeinschaft. Darüber hinaus hat der Betriebsbegriff auch in nationalen Zusammenhängen unterschiedliche Bedeutung (hierzu bereits in § 11 I). Wiederum davon zu unterscheiden ist der Betriebsbegriff der Massenentlassungsrichtlinie **98/59/EG**. Art. 1 RL 98/59/EG folgt insoweit einem autonomen unionsrechtlichem Verständnis, welches aber nicht dem Betriebsbegriff der Betriebsübergangsrichtlinie entspricht (EuGH v. 30.4.2015 – C-80/14 „USDAW und Wilson", NZA 2015, 601 ff.). Die Handhabung des Betriebsbegriffs ist eine Herausforderung für jeden Rechtsanwender und stellt hohe Anforderungen an die juristische Dogmatik.

In die **dritte Fallgruppe** fällt schließlich bspw. der Begriff des Arbeitnehmers i.S.d. Art. 45 AEUV (dazu auch *Rebhahn* EuZA 2012, 1). Dieser wird autonom vom EuGH ausgelegt:

„Der Begriff des Arbeitnehmers i.S.v. Art. [45 AEUV] hat eine gemeinschaftsrechtliche Bedeutung. Er ist anhand objektiver Kriterien zu definieren, die das Arbeitsverhältnis im Hinblick auf die Rechte und Pflichten der betroffenen Personen kennzeichnen. Das wesentliche Merkmal des Arbeitsverhältnisses besteht darin, dass jemand für einen anderen nach dessen Weisung Leistungen erbringt, die einen gewissen wirtschaftlichen Wert haben und für die er als Gegenleistung eine Vergütung erhält.

Anderenfalls würde die Einhaltung der gemeinschaftsrechtlichen Vorschriften über die Freizügigkeit der Arbeitnehmer vereitelt, denn der Inhalt dieser Begriffe könnte ohne Kontrolle durch die Gemeinschaftsorgane einseitig durch nationale Rechtsvorschriften festgelegt und verändert werden; jeder Staat wäre somit in der Lage, bestimmten Personengruppen nach Belieben den Schutz des Vertrages zu entziehen." (EuGH v. 3.7.1986 – C-66/85 „Lawrie-Blum", Slg. 1986, I-2121 ff.; EuGH v. 23.3.1982 – C-53/81 „D.M. Levin", NJW 1983, 1249 f.)

418

Konsequenz dieser Rechtsprechung ist, dass im Rahmen des Art. 45 AEUV der **deutsche Begriff des Arbeitnehmers nicht zugrunde zu legen ist**. Er ist **zu eng**, da er als zusätzliches Kriterium das Vorliegen eines privatrechtlichen Vertrages fordert (Rz. 154). Ein Arbeitnehmer nach deutschem Verständnis ist lediglich ein Teil derjenigen Personen, die sich auf die Arbeitnehmerfreizügigkeit berufen können. Grundsätzlich davon umfasst sind auch **Beamte**, deren Rechtsverhältnis zum Dienstherren aufgrund der Ernennung mittels mitwirkungsbedürftigen Verwaltungsaktes öffentlich-rechtlich zu qualifizieren ist; dies gilt freilich nur, soweit der Vorbehalt des Art. 45 Abs. 4 AEUV nicht eingreift („öffentliche Verwaltung"); dieser ebenfalls autonom auszulegende Begriff wird vom EuGH in ständiger Rechtsprechung sehr eng ausgelegt (vgl. dazu auch § 7 Abs. 2 BeamtStG, § 7 Abs. 2 BBG). Tragender Grund hierfür ist, dass der EuGH nicht zulassen will, dass die Mitgliedstaaten durch formale Zuordnungen der Dienstverhältnisse das Prinzip der Arbeitnehmerfreizügigkeit unterlaufen.

419

Auch in Ansehung des Zwecks einer Richtlinie können **Rechtsbegriffe des nationalen Rechts der autonomen Interpretation durch den EuGH unterliegen**. Beispiel hierfür ist der Sachgrund i.S.d. § 14 Abs. 1 TzBfG, wenn die Teilzeit- und Befristungsrichtlinie 1999/70/EG einschlägig ist:

420

„Der Begriff sachliche Gründe [i.S.d. § 5 Nr. 1 lit. a Rahmenvereinbarung] ist folglich dahin zu verstehen, dass er genau bezeichnete, konkrete Umstände meint, die eine bestimmte Tätigkeit kennzeichnen und daher in diesem speziellen Zusammenhang die Verwendung aufeinander folgender befristeter Arbeitsverträge rechtfertigen können. Diese Umstände können sich etwa aus der besonderen Art der Aufgaben, zu deren Erfüllung diese Verträge geschlossen worden sind, und deren Wesensmerkmalen oder gegebenenfalls aus der Verfolgung eines legitimen sozialpolitischen Zieles durch einen Mitgliedstaat ergeben." (EuGH v. 4.7.2006 – C-212/04 „Konstantinos Adeneler", AP Richtlinie 99/70/EG Nr. 1 Rz. 69)

421 **Beispiel: Massenentlassungen:** Weiteres prominentes Beispiel für einen gemeinschaftsrechtsautonom auszulegenden Rechtsbegriff ist der Begriff der „Entlassung" i.S.d. § 17 KSchG, soweit es um Massenentlassungen der Richtlinie 98/59/EG geht. Nach Ansicht des EuGH meint „Entlassung" nicht den tatsächlichen Beendigungszeitpunkt des Arbeitsverhältnisses (so die frühere Rechtsprechung des BAG v. 13.4.2000 – 2 AZR 215/99, NZA 2001, 144), sondern den Zeitpunkt des Ausspruchs der Kündigung (EuGH v. 27.1.2005 – C-188/03 „Junk", NZA 2005, 213 ff.). Das BAG hat im Anschluss an diese Rechtsprechung den Begriff der Entlassung – gegen seine eigene frühere Rechtsprechung – richtlinienkonform auslegen müssen (BAG v. 23.3.2006 – 2 AZR 343/05, NZA 2006, 971).

b) Dogmatik des Primärrechts, insbesondere Grundfreiheiten

aa) Unmittelbare Anwendbarkeit und Verpflichtete

422 Die für die Schaffung eines Binnenmarktes so wichtigen **Grundfreiheiten** sind seit Ablauf der Übergangszeiten **unmittelbar anwendbar**. Das heißt, natürliche oder juristische Personen können sich auf diese vor den Gerichten der EU und den nationalen Gerichten berufen und damit Handlungs- oder Unterlassungspflichten gegenüber den Verpflichteten durchsetzen (EuGH v. 5.2.1963 – Rs. 26/62 „Van Gend & Loos", NJW 1963, 1751; EuGH v. 16.6.1966 – Rs. 57/65 „Lütticke", NJW 1966, 1630). Verpflichtete der Grundfreiheiten sind zunächst die Organe der Europäischen Union selbst und die Mitgliedstaaten.

423 Diese Rechtsprechung hat der EuGH nach und nach ausgebaut und ausgeweitet. Im Bereich der hier interessierenden Arbeitnehmerfreizügigkeit, Dienstleistungs- und Niederlassungsfreiheit sind nach seiner Auffassung auch **privatrechtlich organisierte Verbände** (bspw. Gewerkschaften, Sportverbände) sowie in bestimmten Fällen die einzelne natürliche oder juristische Person an diese gebunden (EuGH v. 12.12.1974 – Rs. 36/74 „Walrave und Koch", NJW 1975, 1093 f.; EuGH v. 15.12.1995 – C-415/93 „Bosman", NJW 1996, 505 ff.; EuGH v. 6.6.2000 – C-281/98 „Angonese", NZA-RR 2001, 20; EuGH v. 17.7.2008 – C-94/07 „Raccanelli", NZA 2008, 995). Im letzten Fall spricht man von der **Dritt- oder Horizontalwirkung** der Grundfreiheiten, die freilich nicht unumstritten ist. Dieselben Grundsätze gelten für den Entgeltgleichheitsgrundsatz gemäß Art. 157 AEUV (EuGH v. 8.4.1976 – Rs. 43/75 „Defrenne II", NJW 1976, 2068 ff.).

bb) Funktionen der Grundfreiheiten

424 Grundfreiheiten sind subjektive Rechte. Ihnen kommen **verschiedene Funktionen** bzw. Dimensionen zu. In erster Linie handelt es sich bei ihnen um **Gleichheitsrechte**, die das allgemeine besondere Diskriminierungsverbot des Art. 18 AEUV bereichsspezifisch konkretisieren. Dieses **Diskriminierungsverbot** verbietet zunächst, Unionsbürger in grenzüberschreitenden Sachverhalten schlechter als Inländer zu behandeln. Ferner kann es Inländern gegenüber ihrem eigenen Mitgliedstaat zugutekommen, wenn auch bei ihnen ein grenzüberschreitendes Element vorliegt. Diskriminierungen können auf vielfältige Weise geschehen und einerseits offen, unmittelbar, rechtlich oder andererseits versteckt, mittelbar bzw. faktisch sein. Der Diskriminierungsbegriff des EuGH ist sehr weit gefasst und enthält mit Blick auf die Grundfreiheiten ein **Schlechterstellungsverbot** bezüglich eines **grenzüberschreitenden Vorgangs**. Die Art und Weise der Diskriminierung spielt für die Frage der Beeinträchtigung des Schutzbereiches einer Grundfreiheit keine Rolle; wesentlich ist sie für die Rechtfertigung. Die Rechtsfolge ist dabei von der Art der Diskriminierung abhängig:

425 – Ist eine Grundfreiheit als Diskriminierungsverbot einschlägig, ergeben sich hieraus für den Berechtigten im Falle von belastenden Maßnahmen Abwehransprüche auf **Unterlassung** bzw. Beseitigung.

426 – Handelt es sich hingegen um die gleichheitswidrige Vorenthaltung einer Begünstigung, besitzt der Berechtigte einen Anspruch auf Gleichstellung. Das ist der sog. Anspruch auf **„Anpassung nach oben"**. Insoweit bestehen Überschneidungen zur Dimension der Grundfreiheiten als Leistungsrechte in Form derivativer Teilhaberechte.

Grundfreiheiten sind auch **Freiheitsrechte**. Das heißt, die Berechtigten können jene nicht nur gegen diskriminierende Maßnahmen in Stellung bringen, sondern bei grenzüberschreitenden Sachverhalten auch unterschiedslos wirkende staatliche Regelungen angreifen, die In- und Ausländer in gleicher Weise betreffen. Insoweit enthalten die Grundfreiheiten auch **Beschränkungsverbote**, wodurch ihr Anwendungsbereich erweitert und die Schaffung eines gemeinsamen Marktes i.S.d. Art. 3 Abs. 3 EUV gefördert wird. Allgemein fallen nach der Rechtsprechung des EuGH unter Beschränkungen sinngemäß solche, die die **Ausübung der Grundfreiheit unterbinden, behindern oder weniger attraktiv machen**. Auf die Finalität, Vorhersehbarkeit und rechtliche Qualität der Maßnahme kommt es nicht an. Ebenso wie der Diskriminierungsbegriff ist die Beschränkung also sehr weit gefasst. Aus dem Sinn und Zweck der Grundfreiheiten folgt aber auch, dass sie in Fragen der internen Marktregulierung – es geht also nicht um den Marktzugang – diese zusätzliche Dimension eines Beschränkungsverbots nicht aufweisen, sondern nur ein Diskriminierungsverbot aufstellen. Dies ist besonders im Rahmen der Warenverkehrsfreiheit virulent geworden. Das große Problem ist es, taugliche Obersätze für die Zuordnung der Maßnahme entweder als Marktzugangsregel oder interne Marktregulierung zu entwickeln (EuGH v. 24.11.1993 – C-267 und C-268/91 „Keck und Mithouard", EuZW 1993, 770). Sind die Grundfreiheiten als Beschränkungsverbote thematisiert, ergeben sich bei ihrer Verletzung ebenfalls Abwehransprüche, also Unterlassungs- bzw. Beseitigungsansprüche. 427

In diesem Zusammenhang ist zu betonen, dass zwar private Verbände bzw. Vereinigungen, bislang aber nicht einzelne natürliche oder juristische Personen an das Beschränkungsverbot der Art. 45 AEUV, Art. 49 AEUV und Art. 56 AEUV gebunden sind (EuGH v. 6.6.2000 – C-281/98 „Angonese", NZA-RR 2001, 20; s.a. EuGH v. 11.12.2007 – C-438/05 „Viking", NZA 2008, 124; EuGH v. 18.12.2007 – C-341/05 „Laval", NZA 2008, 159). 428

Daneben können die Grundfreiheiten in ihrer Funktion auch als **Leistungsrechte** in Form von derivativen Teilhaberechten (s.o.) bzw. als Anspruchsgrundlagen für staatliches Einschreiten oder **Verfahrensrechte** beschrieben werden. 429

Eine **Beeinträchtigung** des Schutzbereichs einer Grundfreiheit **kann gerechtfertigt werden**. Voraussetzungen sind das Vorliegen einer **geschriebenen** oder **ungeschriebenen Schranke** sowie des Weiteren die Beachtung der **Schranken-Schranken**. 430

Ausdrückliche Rechtfertigungsgründe hält der AEUV in den Art. 36, Art. 45 Abs. 3, Art. 52 i.V.m. 62, Art. 64 und Art. 65 AEUV bereit. Bei diesen Rechtfertigungsmöglichkeiten handelt es sich zusammen genommen grundsätzlich um solche der **öffentlichen Sicherheit, Ordnung oder Gesundheit**; der Katalog des Art. 36 AEUV ist weiter gefasst. Gemeinsam ist diesen ausdrücklichen Schrankenregelungen, dass sie **abschließend** und auf Grund ihres Ausnahmecharakters **eng auszulegen** sind; sie können jegliche Form einer Beeinträchtigung rechtfertigen. 431

Aufgrund dieser Auslegung und der Tatsache, dass die Grundfreiheiten nicht nur als Diskriminierungs-, sondern auch Beschränkungsverbote aufzufassen sind, war es nötig, neben den ausdrücklichen die sog. **ungeschriebenen Rechtfertigungsgründe** zu entwickeln. Dies korrespondiert mit dem weiten Schutzbereich der Grundfreiheiten und gewährleistet gleichzeitig den Mitgliedstaaten die notwendige entwicklungsoffene Flexibilität. Es handelt sich hierbei um die sog. **zwingenden Erfordernisse** oder **zwingenden Gründe des Allgemeinwohls** (EuGH v. 20.2.1979 – Rs. 120/78 „Cassis de Dijon", NJW 1979, 1766); sie können bei allen Grundfreiheiten geltend gemacht werden. Der Katalog dieser Rechtfertigungsgründe ist **nicht abschließend**; allerdings reichen rein wirtschaftliche Erwägungen nicht aus. Mit diesem Rechtfertigungstopos können grundsätzlich nur Beschränkungen und mittelbare Diskriminierungen gerechtfertigt werden. Eine umfassende Anwendung der sog. Cassis-de-Dijon-Formel auch auf unmittelbare Diskriminierungen ist noch nicht erfolgt. Bislang hat der EuGH auf diese nur zurückgegriffen, um unmittelbare Diskriminierungen auch mit dem Topos Umweltschutz zu rechtfertigen (bspw. EuGH v. 9.7.1992 – C-2/90 „Wallonischer Müll", EuZW 1992, 577). 432

433 Sind kollektive Regelungen oder sogar privatrechtliche Einzelabreden auf dem Prüfstand des Art. 45 AEUV, Art. 49 AEUV oder Art. 56 AEUV und müssen sich daher private Vereinigungen oder natürliche und juristische Personen rechtfertigen, hat der EuGH klargestellt, dass auch Privatrechtssubjekte sich auf die geschriebenen und ungeschriebenen Rechtfertigungsgründe berufen können (EuGH v. 15.12.1995 – C-415/93 „Bosman", NJW 1996, 505, 509). Die Berufung auf Allgemeinwohlaspekte, die zudem nicht wirtschaftlicher Art sein müssen, kann sich im Falle von privaten Vereinigungen noch im Rahmen des Möglichen bewegen. Bei Privaten, seien es natürliche Personen oder Unternehmen, passen diese Rechtfertigungsgründe nur schwer, da diese im Bereich der Grundfreiheiten ebenfalls von ihrer Privatautonomie Gebrauch machen. Sie werden grundsätzlich aus wirtschaftlichen und nicht aus altruistischen oder gemeinwohlorientierten Gründen tätig. Insoweit formuliert der EuGH in der Entscheidung *Angonese* die Anforderungen für Private anders: Diese können sich zur Rechtfertigung auf „**sachliche Erwägungen**" berufen, wenn sie nicht diskriminierend und verhältnismäßig sind (EuGH v. 6.6.2000 – C-281/98 „Angonese", NZA-RR 2001, 20, 22). Dieser Obersatz ist weiter gefasst als derjenige, der im Rahmen der Rechtfertigung für EU-Organe und Mitgliedstaaten gilt. Ob darunter auch wirtschaftliche Erwägungen fallen können, hat der EuGH jedoch noch nicht entschieden.

434 Als **Schranken-Schranken** der Grundfreiheiten fungieren zunächst die **Unionsgrundrechte**, ferner **sekundäres Gemeinschaftsrecht**, soweit es die Materie abschließend regelt, und schließlich der **Verhältnismäßigkeitsgrundsatz**. Letzterer ist von großer Bedeutung.

435 Die Notwendigkeit der Verhältnismäßigkeitsprüfung ergibt sich zum einen aus dem Wortlaut der geschriebenen Rechtfertigungsgründe und zum anderen daraus, dass er einen allgemeinen Rechtsgrundsatz der Union darstellt. Adressaten sind sowohl die Mitgliedstaaten als auch die Gemeinschaftsorgane, vgl. gemäß Art. 5 Abs. 4 EUV. Die zu rechtfertigenden Beeinträchtigungen müssen **geeignet**, **erforderlich** und **angemessen** sein. Im Hinblick auf die Geeignetheit wird den Mitgliedstaaten ein Einschätzungsspielraum zugestanden. Als allgemeine Leitlinie kann gelten, dass regelmäßiger Schwerpunkt der Prüfung die Erforderlichkeit der in Frage stehenden Maßnahme ist. Dabei scheidet die Erforderlichkeit nicht schon deshalb aus, weil in anderen Mitgliedstaaten weniger strenge Standards gelten. Allerdings sind Maßnahmen, die bereits im Herkunftsstaat einen gleichwertigen Schutz erzielen, kaum zu rechtfertigen. Die Angemessenheit verneint der EuGH in der Regel nur selten; oft überlässt er die Beurteilung für den konkreten Einzelfall den vorlegenden nationalen Gerichten mit mehr oder weniger konkreten Vorgaben, die das Ergebnis präjudizieren können.

c) Dogmatik des Sekundärrechts, insbesondere Richtlinien

aa) Unmittelbare Wirkung

(1) Verordnung

436 Das **sekundäre Gemeinschaftsrecht** kann ebenfalls **unmittelbare Wirkung** entfalten, womit insbesondere Verordnungen angesprochen sind. Sofern sie im Einzelfall inhaltlich entsprechend ausgestaltet sind, begründen sie auch eine Horizontalwirkung zwischen den Bürgern. Dies wird bereits durch den Wortlaut des Art. 288 Abs. 2 S. 1 AEUV verdeutlicht, der Verordnungen eine unmittelbare Geltung in jedem Mitgliedstaat zuspricht (EuGH v. 14.12.1971 – C-43/71 „Politi", Slg. 1971-01039 Rz. 9). Sie verpflichten demnach nicht nur den Staat, sondern statuieren mit ihrem In-Kraft-Treten Rechte und Pflichten für den Bürger.

(2) Richtlinie

437 Anerkannt ist ebenfalls die **unmittelbare Wirkung einzelner Richtlinienbestimmungen** (EuGH v. 4.12.1974 – C-41/74 „van Duyn", Slg. 1974, 1337 ff., Rz. 12; EuGH v. 19.1.1982 – C-8/81 „Becker", NJW 1982, 499; BVerfG v. 8.4.1987 – 2 BvR 687/85, NJW 1988, 1459). Dies gilt aber nur im Falle einer **Sanktion** dafür, dass der nationale Gesetzgeber untätig geblieben ist (EuGH v. 5.4.1979 – C-148/78 „Ratti", NJW 1979, 1764, 1765). Die unmittelbare Anwendbarkeit von Richtlinien gegenüber dem Staat ist von drei Voraussetzungen abhängig:

- Die **Umsetzungsfrist** für die Richtlinie ist **abgelaufen**
- Zweitens ist die in Frage stehende **Richtlinienbestimmung gar nicht** oder **nicht ordnungsgemäß umgesetzt** worden
- Letztlich muss die Richtlinie inhaltlich **unbedingt** und hinreichend **bestimmt** sein

bb) Grenzen der unmittelbaren Wirkung bei Richtlinien

(1) Grundsatz: Keine umfassende Horizontal- bzw. Drittwirkung

Der Bürger kann **vom Staat** die Einhaltung der unmittelbar anwendbaren Richtlinienbestimmung verlangen (**vertikale Wirkung**) – unabhängig davon, ob Letzterer entweder als **Hoheitssubjekt, Arbeitgeber** oder bspw. als **Tarifvertragspartei** auftritt (EuGH v. 26.2.1986 – C-152/84 „Marshall ", NJW 1986, 2178, 2180; EuGH v. 20.3.2003 – C-187/00 „Kutz-Bauer", NZA 2003, 506, 509; EuGH v. 24.1.2012 – -282/10 „Dominguez", NZA 2012, 139 Rz. 38 f.). Die letzten beiden Fallgruppen sind für das Arbeitsrecht besonders relevant. Der Staat soll nach Auffassung des EuGH keinen Vorteil daraus ziehen können, in welcher Eigenschaft er dem Einzelnen gegenüber auftritt. Des Weiteren gehören hierzu auch die sog. **Dreiecksverhältnisse**, wie sie bspw. bei Konkurrentenstreitigkeiten im Rahmen der Gleichbehandlungsrichtlinie 2006/54/EG vorkommen können (EuGH v. 17.10.1995 – C-450/93 „Kalanke", NZA 1995, 1095 f.; EuGH v. 11.11.1997 – C-409/95 „Marshall", NZA 1997, 1337). Es stehen sich zwar zwei Privatpersonen gegenüber, zwischengeschaltet als verpflichteter Arbeitgeber ist jedoch der Staat. Nur gegenüber diesem beruft sich die Privatperson auf die Richtlinienbestimmung. Was für den einen Privaten eine Begünstigung darstellt, ist für den anderen die korrespondierende **Belastung**. Sie wird als **bloßer „Reflex"** hingenommen. 438

In **Privatrechtsstreitigkeiten**, also im Verhältnis der Bürger untereinander, ist eine unmittelbare Wirkung von Richtlinien bisher nur in zwei Ausnahmekonstellationen angenommen worden – bei Konkurrentenstreitigkeiten und der Erfüllung von Vertragsansprüchen (EuGH v. 30.4.1996 – C-194/94 „CIA Security", EuZW 1996, 379; EuGH v. 26.9.2000 – C-443/98 „Unilever", EuZW 2001, 153). Beide Male ging es um die Informationsrichtlinie 83/189/EWG in ihrer jeweils aktuellen Fassung, die jedoch ebenfalls keine subjektiven Rechte erzeugt, sondern nur objektiv wirkt. Argumentiert wird, die unmittelbare Anwendbarkeit sorge in diesem Fall nur dafür, dass eine nationale Norm nicht zur Anwendung gelange, wobei der Gegenseite kein Vorteil genommen werde. Die vom EuGH erkannten Fälle zeigen, dass er sich für die unmittelbare Anwendbarkeit von Richtlinien entscheidet, solange sich die reflexartige Belastung von Dritten noch mit dem in der EuGH-Entscheidung Ratti entwickelten **Missbrauchsargument** rechtfertigen lässt. 439

Über diese Konstellationen hinaus haben sowohl der EuGH als auch das BVerfG eine **horizontale Wirkung von Richtlinien abgelehnt**. Vor allem gelten sie – abgesehen von den soeben dargestellten Ausnahmefällen – nicht generell im Horizontalverhältnis zwischen Privatpersonen. Beide Gerichte halten eine derartige Ausweitung für eine **unzulässige Kompetenzüberschreitung** des Art. 19 EUV (BVerfG v. 8.4.1987 – 2 BvR 687/85, NJW 1988, 1459.; EuGH v. 14.7.1994 – C-91/92 „Paola Faccini Dori", NJW 1994, 2473, 2474). Daran hat auch die grundlegende Mangold-Entscheidung nichts geändert, weil die Unanwendbarkeit der nationalen Norm dort aus dem Verstoß gegen das primärrechtliche Verbot der Diskriminierung wegen des Alters folgt. Vielmehr hat der EuGH seine einschlägigen Grundsatzentscheidungen in der Entscheidung Carp wieder bestätigt (EuGH v. 7.6.2007 – C-80/06 „Carp", NZBau 2007, 429, 430; s.a. EuGH v. 24.1.2012 – C-282/10 „Dominguez", NZA 2012, 139 Rz. 42). 440

(2) Kompensation 1: Weite Auslegung des Begriffes „Staat"

Den soeben dargestellten grundsätzlichen Ausschluss der Horizontalwirkung von Richtlinien mildert der EuGH dadurch ab, dass er den Begriff „Staat" i.S.d. Art. 288 Abs. 3 AEUV weit auslegt (EuGH v. 15.5.1986 – C-222/84 „Johnston", AP Nr. 18 zu Art. 119 EWG-Vertrag; EuGH v. 12.7.1990 – C-188/89 „Foster u.a.", NJW 1991, 3086 Rz. 20). Das ist nicht selbstverständlich, wenn man sich vergegen- 441 wärtigt, dass das in Ratti entwickelte Missbrauchsargument originär nur gegenüber den staatlichen Stellen greifen kann, die auch in der Lage sind die Richtlinie umzusetzen. Gerade im Kontext des Arbeitsrechts ist der EuGH diesen Schritt allerdings nicht gegangen, wenn in Folge des extensiven Verständnisses **alle öffentlichen Arbeitgeber** als „Staat" gelten.

(3) Kompensation 2: Richtlinienkonforme Auslegung

442 Des Weiteren obliegt den mitgliedstaatlichen Behörden und vor allem den Gerichten die Pflicht zur **richtlinienkonformen Auslegung**; letztere ist Ausdruck der objektiven Wirkung von Richtlinien (grdl. EuGH v. 10.4.1984 – C-14/83 „von Colson und Kamann", NZA 1984, 157, 158; EuGH v. 10.4.1984 – C-79/83 „Harz", DB 1984, 1042). Sie ist ein Unterfall der unionsrechtskonformen Auslegung.

Beispiel: Sachgrundbefristung: Als Eingangsbeispiel für die richtlinienkonforme Auslegung mag der Begriff des „sachlichen Grundes" gemäß § 14 Abs. 1 S. 2 TzBfG dienen. Das BAG sah sich in ständiger Rechtsprechung außerstande, bei der Vertretungsbefristung des § 14 Abs. 1 S. 2 Nr. 3 TzBfG die gesamte Befristungshistorie des Arbeitnehmers im Rahmen der Missbrauchskontrolle zu berücksichtigen. Nach seiner Ansicht kam es bei dieser Frage immer auf die letzte Befristung an. In der Entscheidung Kücük ist der EuGH dem jetzt zu Recht entgegengetreten. Bei der Beurteilung der Frage, ob die Verlängerung befristeter Arbeitsverträge oder -verhältnisse durch einen sachlichen Grund i.S.d. § 5 Nr. 1 lit. a der Rahmenvereinbarung zur Befristungsrichtlinie 99/70/EG gerechtfertigt ist, seien alle Umstände des Falles einschließlich der Zahl und der Gesamtdauer der in der Vergangenheit mit demselben Arbeitgeber geschlossenen befristeten Arbeitsverträge oder -verhältnisse zu berücksichtigen (EuGH v. 26.1.2012 – C-586/10 „Bianca Kücük", NZA 2012, 135). Diese bindende Vorgabe lässt sich problemlos im Rahmen des § 14 Abs. 1 S. 2 Nr. 3 TzBfG umsetzen.

Weitere Beispiele sind unter § 14 I 3c bb aufgeführt.

443 Die **Anforderungen** an die richtlinienkonforme Auslegung sind **streng:** Ein nationales Gericht muss das **gesamte nationale Recht** berücksichtigen und es durch die Anwendung seiner Auslegungsmethoden so weit wie möglich anhand des Wortlauts und des Zweckes der Richtlinie auslegen, um zu einem Ergebnis zu gelangen, das mit dem von der Richtlinie verfolgten Ziel vereinbar ist. Diese Verpflichtung betrifft seit der Entscheidung Marleasing (EuGH v. 13.11.1990 – C-106/89 „Marleasing", Slg. 1990, I-4135 ff.) nicht nur das konkret zur Umsetzung erlassene, sondern auch bereits geltendes und zukünftiges Recht. Unstreitig ist, dass diese **aktive Pflicht** des nationalen Richters spätestens mit dem Ablauf der Umsetzungsfrist einsetzt.

444 Mit der **Entscheidung Adeneler** hat der EuGH das sog. **Frustrationsverbot** aus der Entscheidung Inter-Environnement Wallonie erstmals ausdrücklich auch auf die Judikative bezogen, weil dieses Verbot an alle drei Gewalten des Mitgliedstaates gerichtet ist (EuGH v. 4.7.2006 – C-212/04 „Konstantinos Adeneler", NZA 2006, 909, 911; EuGH v. 18.12.1997 – C-129/96 „Inter-Environnement Wallonie", NVwZ 1998, 385, 386). Aus dieser **Unterlassungspflicht** folgt, dass auch die nationalen Gerichte ab dem Zeitpunkt des Inkrafttretens einer Richtlinie es soweit wie möglich unterlassen müssen, das innerstaatliche Recht auf eine Weise auszulegen, die das Erreichen des mit dieser Richtlinie verfolgten Zieles nach Ablauf der Umsetzungsfrist ernsthaft gefährden würde. Freilich ist bei der richtlinienkonformen Auslegung eine Grenzziehung zwischen einer Handlungs- und Unterlassungspflicht kaum möglich. Denn das Unterlassen einer richtlinienwidrigen Auslegung durch ein nationales Gericht bedeutet für dieses mittelbar die aktive Wahl einer Auslegung, die im Einklang mit der Richtlinie bzw. dem Unionsrecht steht. Faktisch hat die Adeneler-Entscheidung damit die Pflicht zur richtlinienkonformen Auslegung ab Inkrafttreten einer Richtlinie statuiert (in diese Richtung auch *Franzen* JZ 2007, 191, 192).

445 Zu berücksichtigen ist, dass der Grundsatz richtlinien- und unionsrechtskonformer Auslegung nicht zu einer Auslegung **„contra legem" des nationalen Rechts** führen darf (EuGH v. 4.7.2006 – C-212/04 „Konstantinos Adeneler", NZA 2006, 909, 911 unter Verweis auf EuGH v. 16.6.2005 – C-105/03 „Pupino", EuZW 2005, 433 f.). Mit anderen Worten findet die Pflicht zur richtlinien- und unionsrechts-

konformen Auslegung ihre **Grenze** im **Wortlaut bzw. Wortsinn des mitgliedstaatlichen Rechts** und kann auch das **gesetzgeberische Ziel nicht überspielen**. Damit kann ein eindeutig unionsrechtswidriger Wortlaut und Inhalt einer mitgliedstaatlichen Regelung nicht durch eine extreme gemeinschaftsrechtsfreundliche Auslegung überwunden werden. Die verfassungskräftigen Prinzipien der Gewaltenteilung (Art. 20 Abs. 2 S. 2 GG) und der richterlichen Gesetzesbindung (Art. 20 Abs. 3 GG) stehen somit einer Auslegung entgegen, die nationale Gerichte dazu zwingen würde, an die Stelle des Gesetzgebers zu treten. Die konkrete Reichweite der „contra-legem-Grenze" richtet sich daher nach dem nationalen Recht, zumal der EuGH für die hier in Rede stehende richtlinienkonforme Auslegung des nationalen Rechts nicht zuständig ist.

Beispiele: Auslegung contra legem: Als erstes Beispiel für eine Auslegung contra legem mag § **622 Abs. 2 S. 2 BGB** a.F. dienen. Danach wurden Zeiten, die vor der Vollendung des 25. Lebensjahres des Arbeitnehmers lagen, nicht bei der Berechnung der für die Kündigungsfrist relevanten Beschäftigungsdauer berücksichtigt. Diese Vorschrift verstieß gegen das Verbot der Altersdiskriminierung, welches in der RL 2000/78/EG und Art. 21 GRC niedergelegt ist. Sie ließ sich aufgrund der klaren Anordnung und Altersangabe nicht richtlinienkonform dahingehend auslegen, dass Zeiten der Betriebszugehörigkeit vor Vollendung des 25. Lebensjahres bei der Berechnung von Kündigungsfristen sehr wohl berücksichtigt werden (EuGH v. 19.1.2010 – C-555/07 „Kücükdeveci" NZA 2010, 85 Rz. 49). Infolgedessen wurde die Vorschrift nicht angewendet und schließlich im Zuge des Qualifizierungschancengesetzes vom 18.12.2018 mit Wirkung zum 1.1.2019 aufgehoben (vgl. Art. 4d QChancenG).

Ein weiteres – freilich umstrittenes – Beispiel wäre die Vorschrift des § **2 Abs. 4 AGG** (BAG v. 6.11.2008 – 2 AZR 523/07, NZA 2009, 361 mit krit. Anm. *Temming*). Gemäß Art. 3 Abs. 1 lit. c RL 2000/78/EG zur Festlegung eines allgemeinen Rahmens für die Verwirklichung der Gleichbehandlung in Beschäftigung und Beruf umfasst der Geltungsbereich dieser Richtlinie u.a. die Beschäftigungs- und Arbeitsbedingungen, einschließlich der Entlassungsbedingungen und des Arbeitsentgelts. Das hierzu ergangene Umsetzungsgesetz ist das AGG. Sein § 2 Abs. 4 sieht jedoch vor: „Für Kündigungen gelten ausschließlich die Bestimmungen zum allgemeinen und besonderen Kündigungsschutz". Hier sprechen die besseren Argumente dafür, sowohl den Wortlaut als auch den Willen des Gesetzgebers ernst zu nehmen und diskriminierende Kündigungen nicht am Maßstab des AGG zu messen (a.A. BAG v. 6.11.2008 – 2 AZR 523/07, NZA 2009, 361). Die aus dieser unionsrechtswidrigen Situation resultierenden Konsequenzen können mit einem Staatshaftungsanspruch oder mit Hilfe der Auslegung des Primärrechts im Lichte des Sekundärrechts kompensiert werden (dazu sogleich).

(4) Kompensation 3: Staatshaftungsanspruch

Kommen weder eine weite Auslegung des Begriffes „Staat" noch eine richtlinienkonforme Auslegung in Betracht – bspw. weil die Richtlinie überhaupt nicht umgesetzt wurde und eine echte Lücke im Gesetz besteht – besteht für den Einzelnen die Möglichkeit, einen möglichen Schaden in Form eines **Staatshaftungsanspruchs** gegenüber der Bundesrepublik Deutschland oder der verantwortlichen staatlichen Untergliederung **wegen der Verletzung von Unionsrecht** geltend zu machen. Diese Form der Staatshaftung wurde erstmals anhand der Nichtumsetzung einer Richtlinie entwickelt (EuGH 19.11.1991 – C-6/90 und C-9/90 „Francovich", NJW 1992, 165). Freilich hat der EuGH in der Folgezeit diesen Anspruch zu einem **umfassenden Sekundäranspruch** ausgebaut; bspw. greift er auch, wenn gegen unmittelbar anwendbares Primärrecht verstoßen wurde (EuGH v. 5.3.1996 – C-46/93 und C-48/93 „Brasserie du Pêcheur und Factortame" NJW 1996, 1267 ff.). Seit Beginn dieser Rechtsprechung richtet sich diese Staatshaftung an die **Organe der Mitgliedstaaten**. Adressaten sind somit nicht nur die **Exekutive**, sondern auch **Legislative** und **Judikative** (zu letzteren grundlegend EuGH v. 20.9.2003 – C-224/01 „Köbler", NJW 2003, 3539; *Haltern* VerwArch 2005, 311).

446

Der **Staatshaftungsanspruch** hat **drei Voraussetzungen:**

447

- Die verletzte Rechtsnorm muss dem Einzelnen eine **subjektive Rechtsposition** vermitteln.
- Des Weiteren muss der Verstoß **hinreichend qualifiziert** sein.

– Schließlich muss ein **unmittelbarer Kausalzusammenhang** zwischen dem Verstoß und dem eingetretenen Schaden bestehen:

448 Der Verstoß gegen das Unionsrecht ist dann **hinreichend qualifiziert**, wenn der Mitgliedstaat die **Grenzen seines Ermessens offenkundig und erheblich überschritten** hat. Unter Beachtung aller Umstände des Einzelfalles sind dabei insbesondere das **Maß an Klarheit und Genauigkeit der verletzten Vorschrift** sowie der **Umfang des Ermessensspielraums** zu berücksichtigen, den die verletzte Vorschrift den nationalen Behörden belässt. Hatte der Mitgliedstaat keine Wahl zwischen verschiedenen gesetzgeberischen Möglichkeiten und verfügte er über einen erheblich verringerten oder gar auf null reduzierten Ermessensspielraum, kann die bloße Verletzung des Unionsrechts genügen, um einen hinreichend qualifizierten Verstoß zu begründen. Das ist insbesondere dann der Fall, wenn im Falle einer Richtlinie nach Ablauf der Umsetzungsfrist der Mitgliedstaat untätig geblieben ist.

449 Besteht anderenfalls das Ermessen weiterhin, ist zu überprüfen, ob der Mitgliedstaat dieses offenkundig und erheblich überschritten hat (ausf. EuGH v. 5.3.1996 – C-46/93 und C-48/93 „Brasserie du Pêcheur und Factortame" NJW 1996, 1267, 1270; EuGH v. 20.9.2003 – C-224/01 „Köbler", NJW 2003, 3539, 3541). **Kriterien** für das (Nicht)Vorliegen eines **hinreichend qualifizierten Verstoßes** sind

– das Maß an Klarheit und Genauigkeit der verletzten Vorschrift,
– der Umfang des Ermessensspielraums, den die verletzte Vorschrift den nationalen Behörden belässt,
– die Frage, ob der Verstoß vorsätzlich oder nicht vorsätzlich begangen oder der Schaden vorsätzlich oder nicht vorsätzlich zugefügt wurde,
– die Entschuldbarkeit oder Unentschuldbarkeit eines etwaigen Rechtsirrtums,
– der Umstand, dass die Verhaltensweisen eines Gemeinschaftsorgans möglicherweise dazu beigetragen haben, dass nationale Maßnahmen oder Praktiken in gemeinschaftsrechtswidriger Weise unterlassen, eingeführt oder aufrechterhalten wurden,
– oder das mitgliedstaatliche Gericht die einschlägige Rechtsprechung des EuGH offenkundig verkannt hat.

450 Den **Schwerpunkt** einer möglichen Staatshaftung bildet **im Regelfall** der Prüfungspunkt des hinreichend **qualifizierten Rechtsverstoßes**. Dieses Kriterienbündel und seine Zusammensetzung bzw. Gewichtung hängt vom konkreten Einzelfall und dem jeweiligen Organ ab, das die Rechtsverletzung verursacht hat. Zudem gibt es dem EuGH einen nicht unwesentlichen Grad an Flexibilität bei der Bejahung oder Verneinung dieses Gesichtspunktes. Allerdings trifft dies nicht nur auf den EuGH, sondern auch auf die hierfür zuständigen ordentlichen Gerichte in Deutschland zu, die diesen Anspruch dogmatisch in § 839 BGB i.V.m. Art. 34 GG eingebettet haben. Aus deutscher Sicht ist die Staatshaftung aller drei Gewalten unter gleichen Voraussetzungen mehr als ungewöhnlich. Bspw. ist die Haftung für legislatives Unrecht enger, diejenige für judikatives Unrecht noch restriktiver ausgestaltet; darauf kann hier nur hingewiesen werden (ausf. *Maurer/Waldhoff*, Allgemeines Verwaltungsrecht, 19. Aufl. 2017, §§ 26, 31). Es verwundert daher nicht, dass die ordentlichen Gerichte diesem Anspruch **äußerst reserviert** gegenüber stehen und immer wieder ein Schlupfloch trotz deutlicher Vorgaben des EuGH gefunden haben. Ein Urteil, zumal eines des BGH, in dem dieser Anspruch rechtskräftig zuerkannt wurde, ist nicht bekannt (s.a. BGH v. 12.5.2011 – III ZR 59/10, NZG 2011, 837). Es ist nicht untertrieben zu behaupten, dass der europäische Staatshaftungsanspruch wegen der Verletzung von Unionsrecht sich zumindest in Deutschland *de facto* als stumpfe Waffe erweist.

(5) Kompensation 4: Auslegung des Primärrechts im Lichte des Sekundärrechts

451 Eine vierte und letzte Möglichkeit, den grundsätzlichen Ausschluss der Horizontalwirkung von Richtlinien abzumildern, liegt schließlich darin, Unionsgrundrechte im Zeichen sekundärrechtlich verliehener subjektiver Rechte zu lesen. Als Präjudiz lässt sich die Mangold-Entscheidung des EuGH heran-

ziehen (ebenso *Haltern* Europarecht Band II, 3. Aufl. Rz. 783–831). Gelingt es dem EuGH, das in einer Richtlinie gewährleistete subjektive Recht als **Konkretisierung eines Unionsgrundrechts** auszulegen, entledigt er sich seiner selbst auferlegten Fesseln mit Blick auf die begrenzte Reichweite der unmittelbaren Wirkung von Richtlinien. Denn dadurch, dass er das in Frage stehende **subjektive Recht auf die Ebene des ungeschriebenen primären Unionsrechts** hebt, verschafft er sich die Möglichkeit, gegen Primärrecht verstoßendes nationales (Privat)recht für **unanwendbar** zu erklären. Diese Möglichkeit des Zurückgreifens auf die Nichtanwendungskompetenz ist natürlich nur dann gegeben, wenn der Mitgliedstaat ausnahmsweise auch an die Unionsgrundrechte gemäß Art. 51 Abs. 1 Alt. 2 GRC gebunden ist. In methodischer Hinsicht wird das Primärrecht sekundärrechtlich ausgeformt. Der Verstoß gegen eine solche **grundrechtskonkretisierende** Richtlinie indiziert damit die Grundrechtsverletzung. Das ist angesichts der europäischen Normenhierarchie nicht unbedenklich, freilich in der Verfassungsgerichtsrechtsprechung aber auch nicht ungewöhnlich (dazu *Hesse*, Grundzüge des Verfassungsrechts, 20. Aufl. 1999, Rz. 85; BVerfG v. 20.12.1960 – 1 BvL 21/60, BVerfGE 12, 45, 53 ff.; s.a. *Müller/Christensen*, Juristische Methodik II, 3. Aufl. 2012, Rz. 548 ff., insb. Rz. 559; krit. *Sagan* ZESAR 2011, 412, 413 f.). Ein denkbares Argument für diese Herangehensweise kann darin gesehen werden, auf die oft in den Erwägungsgründen von Sekundärrechtsakten niedergelegte Selbstbindung des „unionsrechtlichen Gesetzgebers" an primärrechtliche Grundrechte abzustellen und diese ernst zu nehmen (s. *Skouris* AuR 2016, 294).

Dass es sich in diesem Zusammenhang um eine Privatrechtsstreitigkeit handelt, ist dann unerheblich. Denn steht eine **nationale Vorschrift** auf dem Prüfstand (bspw. § 14 Abs. 3 TzBfG a.F.), muss sie sich an **unmittelbar anwendbarem Primärrecht messen** lassen und daher grundsätzlich im Falle ihrer Unionsrechtswidrigkeit unangewendet bleiben. Sollte es speziell um eine **zivilrechtliche Generalklausel** gehen, mündet die Bindung an die Unionsgrundrechte in eine **primärrechtskonforme Auslegung** zugunsten der unionsrechtlichen Sichtweise, die der unionsrechtwidrigen Auslegungsvariante entgegensteht. Damit stellt sich im Ergebnis die umstrittene Frage nach der unmittelbaren Bindung Privater an Unionsgrundrechte gar nicht erst (vgl. *Temming*, Altersdiskriminierung im Arbeitsleben, 2008, S. 388 ff., 392 ff., 431, 515 f.). 452

Würde man ein **Unionsgrundrecht der allgemeinen Handlungsfreiheit** anerkennen (str., Nachweise bei Heselhaus/*Nowak* § 6 Rz. 16 m.w.N.) – der allgemeine Gleichbehandlungsgrundsatz ist in Art. 20 Grundrechtecharta niedergelegt und war als Teil des ungeschriebenen Primärrechts seit Jahrzehnten bereits etabliert – ließe sich auf Grundlage der Mangold-Entscheidung **jegliches subjektive Freiheitsrecht spätestens in die allgemeine Handlungsfreiheit lesen** (dazu auch *Preis/Temming* NZA 2010, 185, 190 f.). Dessen ungeachtet dürften im Bereich des europäischen Arbeitsrechts häufig die beiden Unionsgrundrechte der Berufs- bzw. Unternehmensfreiheit gemäß Art. 15 und Art. 16 GRC einschlägig sein. Damit wären die **Grenzen der Rechtsprechung zur unmittelbaren Wirkung von Richtlinien endgültig überwunden**. Insgesamt gesehen ist dieses Vorgehen weitaus effektiver als die Gewährung des europäischen Staatshaftungsanspruches – zumal dieser die Erhebung einer zweiten Klage bedeutet. 453

Der EuGH hat die Auslegung des Primärrechts im Lichte des Sekundärrechts seit der Entscheidung Mangold weiter beschritten. Im Bereich der **Altersdiskriminierung** gemäß Art. 21 GRC hat er sein Vorgehen mit der Entscheidung Kücükdeveci bestätigt. Nach dieser Entscheidung verstieß § 622 Abs. 2 S. 2 BGB a.F. gegen Art. 21 GRC und war somit unanwendbar (EuGH v. 19.1.2010 – C-555/07 „Kücükdeveci", NZA 2010, 85; dazu auch BAG v. 9.9.2010 – 2 AZR 714/08, NZA 2011, 343). Auch abseits des Arbeitsrechtes im Kontext des Art. 8 GRC gestand der EuGH bereits im Rahmen der Auslegung der einschlägigen RL 95/46/EG diesem Grundrecht auf Schutz personenbezogener Daten eine unmittelbare Drittwirkung zu (EuGH v. 13.5.2014 – C-131/12 „Google Spain und Google", GRUR 2014, 895). Andersteits hat der EuGH in der Entscheidung Dominguez zum Urlaubsrecht diese Möglichkeit noch nicht einmal in einem obiter dictum angesprochen, obwohl er dies aus Gründen der Konsequenz hätte machen können (EuGH v. 24.1.2012 – C-282/10 „Dominguez", NZA 2012, 139 Rz. 42 ff.). In dem Urteil geht es um eine französische Vorschrift, die gegen Art. 7 Abs. 1 RL 2003/88/EG und damit gleichzeitig zumindest auch gegen Art. 31 Abs. 2 GRC verstößt. Dieses soziale Grund- 454 recht verbürgt u.a. einen bezahlten Jahresurlaub. Entsprechende Aussagen waren deshalb erwartet worden, weil es vordergründig um einen Rechtsstreit zwischen zwei Privaten zu gehen scheint. Freilich sprechen die besseren Argumente dafür, dass der beklagte Arbeitgeber dem französischen Staat zuzurechnen ist. Dann lässt sich der Fall konventionell mit Hilfe der unmittelbaren Wirkung von Richtlinienbestimmungen lösen. Es ist möglich, dass der EuGH dies ebenso gesehen hat, ohne dies offen aussprechen zu wollen. Der Grund könnte darin liegen, dass er sich nicht zu einer rechtspolitisch brisanten Thematik äußern wollte, die ohnehin nicht streitentscheidend gewesen wäre. In der darauf folgenden Rechtsprechung des EuGH lässt sich eine **restriktive Tendenz** zu dieser Frage feststellen. In der Entscheidung Association de médiation sociale (EuGH v. 15.1.2014 – C-176/12 „Association de médiation sociale", NZA 2014, 193 Rz. 51) hat der Gerichtshof ein Konkretisierungsverhältnis zwischen dem Unionsgrundrecht auf Unterrichtung und Anhörung der Arbeitnehmerinnen und Arbeitnehmer im Unternehmen gemäß Art. 27 GRC und der Richtlinie 2002/14/EG abgelehnt. Begründet wird dies mit dem Wortlaut des Unionsgrundrechts, welches auf die „einzelstaatlichen Rechtsvorschriften und Gepflogenheiten" verweist. Gerade die Erwägungen der Rechtssache Kücükdevici will der Gerichtshof für diesen Fall nicht auf diese Konstellation von Richtlinie und Unionsgrundrecht übertragen (EuGH v. 15.1.2014 – C-176/12 „Association de médiation sociale", NZA 2014, 193 Rz. 44, 47). In der Konsequenz wäre dann auch bei den Unionsgrundrechten der Art. 16, 28, 30, 34, 35, 36 GRC ein Konkretisierungsverhältnis ausgeschlossen, weil dort die identische Wendung wie in Art. 27 GRC zu finden ist. Zu diesem Ergebnis passend geht der Gerichtshof in der Rechtssache Balkaya (EuGH v. 9.7.2015 – C-229/14 „Balkaya", NZA 2015, 861 ff.) einer denkbaren Unanwendbarkeit von § 17 Abs. 5 Nr. 1 KSchG wegen eines Verstoßes gegen Art. 30 GRC überhaupt nicht nach. Ein Konkretisierungsverhältnis zwischen der Massenentlassungsrichtlinie 98/59/EG und dem Unionsgrundrecht auf Schutz bei ungerechtfertigter Entlassung gemäß Art. 30 GRC thematisiert der Gerichtshof nicht. Insoweit ist eine **Diskrepanz zum europäischen Gleichbehandlungsrecht** festzustellen, für das die Konkretisierungsthese jüngst im Kontext der Richtlinie 2000/78/EG erneut bestätigt wurde (EuGH v. 19.4.2016 – C-441/14 „Dansk Industri", NZA 2016, 537 Rz. 35). In Anbetracht dieser Rechtsprechung hatte die grundrechtskonkretisierende Richtlinie einen sichereren Anwendungsbereich daher lediglich im Gleichbehandlungsrecht.

454a Eine neue **Richtung** schlug der EuGH jedoch in mehreren Urteilen zu Verfahren zum Urlaubsrecht am 6.11.2018 ein. Wie in der Dominguez-Entscheidung von 2012 ging es erneut um urlaubsrechtliche Fragestellungen, konkret um die Vererbbarkeit von Urlaubsabgeltungsansprüchen. Anders als in der Dominguez-Entscheidung (EuGH v. 24.1.2012 – C-282/10 „Dominguez", NZA 2012, 139) wich der EuGH hier jedoch dem unionsgrundrechtlichem Bezug zu Art 31 Abs. 2 GRC nicht aus, sondern urteilt im Entscheidungstenor zur Rechtssache „Bauer" deutlich: *„Diese Verpflichtung [des Arbeitgebers zur Urlaubsabgeltung] ergibt sich für das nationale Gericht aus Art. 7 der RL 2003/88/EG und 31 Abs. 2 GRC, wenn sich in dem Rechtsstreit der Rechtsnachfolger und ein staatlicher Arbeitgeber gegenüberstehen, und aus Art. 31 Abs. 2 GRC, wenn sich in dem Rechtsstreit der Rechtsnachfolger und ein privater Arbeitgeber gegenüberstehen."* Art. 31 Abs. 2 GRC verleihe *„schon für sich alleine den Arbeitnehmern ein Recht, das sie in einem Rechtsstreit gegen ihren Arbeitgeber in einem vom Unionsrecht erfassten und daher in den Anwendungsbereich der Charta fallenden Sachverhalt als solchen geltend machen können."* (EuGH v. 6.11.2018 – C-569/16, C-570/16 „Stadt Wuppertal/Bauer und Kreuzinger/Land Berlin", NZA 2018, 1467, Rz. 85; EuGH v. 6.11.2018 – C-684/16 „Max-Planck-Gesellschaft zur Förderung der Wissenschaften eV/Tetsuji Shimizu", NZA 2018, 1476, Rz. 74). Zum ersten Mal hat der EuGH somit auch einem sozialen Unionsgrundrecht eine Horizontalwirkung zwischen Privaten und dem Art. 31 Abs. 2 GRC eine anspruchsbegründende Wirkung auf bezahlten Jahresurlaub verliehen. Die Mitgliedstaaten müssen somit entgegenstehende mitgliedstaatliche Vorschriften, welche diesen Anspruch beschränken, unangewendet lassen (EuGH v. 6.11.2018 – C-569/16, C-570/16 „Stadt Wuppertal/Bauer und Kreuzinger/Land Berlin", NZA 2018, 1467, Rz. 86; EuGH v. 6.11.2018 – C-684/16 „Max-Planck-Gesellschaft zur Förderung der Wissenschaften eV/Tetsuji Shimizu", NZA 2018, 1476, Rz. 75). Es bleibt abzuwarten, welche Auswirkungen die Bauer-Entscheidung auch auf andere Sachverhalte im Zusammenhang mit Art. 31 GRC sowie auf die weiteren sozialen Grundrechte der GRC hat (zur Bauer-Rechtsprechung ausführlich *Schlachter* ZESAR 2019, 53; *Winkogl* NJOZ 2018, 1921; *Heuschmid*

NZA Editorial, Heft 22/2018). Das BAG jedenfalls sah sich angesichts dieser deutlichen Vorgaben seitens des EuGH im Nachhinein doch in der Lage, das deutsche Urlaubsrecht unionsrechtskonform auszulegen (BAG v. 22.1.2019 – 9 AZR 328/16, NZA 2019, 835 u. 9 AZR 45/16, NZA 2019, 829). Das war vor der Entscheidung „Bauer" noch anders gewesen (vgl. BAG v. 18.10.2016 – 9 AZR 196/16 (A), NZA 2017, 207).

d) Prozessuales

Es ist bereits darauf hingewiesen worden, welchen bedeutenden Einfluss die Rechtsprechung des EuGH besitzt. In prozessualer Hinsicht sei daher kurz auf zwei wichtige Verfahrensarten hingewiesen. Das betrifft einmal das Vorabentscheidungsverfahren und dann das Vertragsverletzungsverfahren. 455

aa) Vorabentscheidungsverfahren

Von besonderer Bedeutung ist das Vorabentscheidungsverfahren nach Art. 267 AEUV. Dieses verschränkt die nationale mit der europäischen Gerichtsbarkeit und gleicht Schwächen des sogleich vorzustellenden Vertragsverletzungsverfahrens aus (ausf. *Pechstein*, EU-Prozessrecht, 4. Aufl. 2011, Rz. 740 ff., Prüfungsschema in Rz. 906). Die zentrale Bedeutung des Vorabentscheidungsverfahrens liegt in der Sicherstellung einer **einheitlichen Auslegung und Anwendung** des Unionsrechts. Viele grundlegende Entscheidungen sind im Vorabentscheidungsverfahren ergangen; sie können hier nicht aufgezählt werden. Mit Hilfe des Vorabentscheidungsverfahrens werden die Gerichte der Mitgliedstaaten in die Lage versetzt, Rechtsstreitigkeiten **„nach Luxemburg zu tragen"**. Das Verfahren wird durch einen Vorlagebeschluss des nationalen Gerichts eingeleitet, der gleichzeitig das nationale Verfahren bis zur Entscheidung des EuGH **aussetzt** (§ 148 Abs. 1 ZPO analog). Die Rechtsansicht des EuGH wird dann in die Entscheidungsgründe des Urteils des mitgliedstaatlichen Gerichts integriert; Vollstreckungsgrundlage ist also das nationale Urteil. Für den Einzelnen ist das Vorabentscheidungsverfahren der **prozessuale Schlüssel**, sich mit Hilfe der Figur der unmittelbaren Anwendbarkeit von Primärrecht oder unmittelbaren Wirkung von Richtlinien sowie Verordnungen vor den nationalen Gerichten auf das Unionsrecht zu berufen und diese von der Vorlage nach Luxemburg zu überzeugen. Schließlich korrespondiert das Vorlageverfahren mit dem Rechtsprechungsmonopol des EuGH, das Unionsrecht letztverbindlich auszulegen und auf diese Weise das Unionsrecht richterrechtlich fortzuentwickeln. 456

Unterstützung erfährt der EuGH durch das **BVerfG**, das jenen als **gesetzlichen Richter** gemäß Art. 101 Abs. 1 S. 2 GG qualifiziert hat (BVerfG v. 22.10.1986 – 2 BvR 197/83, NJW 1987, 577). Verstößt ein Gericht i.S.d. Art. 267 Abs. 3 AEUV gegen die Vorlagepflicht, kann dies im Rahmen einer Verfassungsbeschwerde unter bestimmten Voraussetzungen gerügt werden. Wenngleich das BVerfG kein sog. „Vorlagenkontrollgericht" sein möchte, hat es in einem bemerkenswerten Kammerbeschluss des ersten Senats vom 25.2.2010 die richterliche Kontrolldichte im Rahmen des Art. 101 Abs. 1 S. 2 GG zugunsten des Beschwerdeführers spürbar erhöht (BVerfG v. 25.2.2010 – 1 BvR 230/09, NZA 2010, 439 mit zust. Anm. *Höpfner* EuZA 2011, 97 ff.). Angesichts der Tatsache, dass der Einzelne im Rahmen des Art. 267 AEUV keine Vorlageberechtigung innehat, bietet die Verfassungsbeschwerde die Handhabe, um das Gericht zur Einhaltung der Vorlageverpflichtung anzuhalten. Beispielhaft genannt sei hier der Vorgang in der Rechtssache Junk, bei dem das BVerfG angesichts einer „willkürliche[n] Verneinung" der Vorlagepflicht zum EuGH einen Verstoß durch das BAG gegen Art. 101 Abs. 1 S. 2 GG feststellte (BVerfG v. 10.12.2014 – 2 BvR 1549/07, NZA 2015, 375 Rz. 43. mit zust. Anm. *Sagan* NZA 2015, 341 ff.; *Temming* ZESAR 2015, 298). 457

Gemäß Art. 267 Abs. 1 lit. a AEUV **legt** der **EuGH** zum einen **AEUV und EUV aus** und **entscheidet** zum anderen gemäß Art. 267 Abs. 1 lit. b AEUV über die **Gültigkeit** und die **Auslegung der Handlungen der Organe**. Eine **Normverwerfungskompetenz** kommt dem EuGH damit nur mit Blick auf das **Sekundärrecht** zu (u.a. Richtlinien und Verordnungen). Davon umfasst ist im Rahmen des Art. 267 AEUV auch die Möglichkeit, die mangelnde oder fehlerhafte Umsetzung von Richtlinien zu rügen, was notwendigerweise Auswirkungen auf die nationale Vorschrift hat, obwohl sich die Norm- 458 verwerfungskompetenz nicht auf das mitgliedstaatliche Recht erstreckt. Dieser Zusammenhang ist bspw. bei § 611a BGB a.F. mehrfach thematisiert worden, da der EuGH den in dieser Norm vorgesehenen Schadensersatzanspruch für nicht ausreichend hielt.

459 *„Daraus folgt, dass innerstaatliche gesetzliche Regelungen, die für einen Anspruch auf Schadensersatz wegen Diskriminierung aufgrund des Geschlechts bei der Einstellung im Gegensatz zu sonstigen innerstaatlichen zivil- und arbeitsrechtlichen Regelungen eine Höchstgrenze von drei Monatsgehältern vorgeben, diese Voraussetzungen nicht erfüllen."* (EuGH v. 22.4.1997 – C-180/95 „Draehmpaehl", NZA 1997, 645, 647; s.a. EuGH v. 10.4.1984 – C-14/83 „Colson und Kamann", NZA 1984, 157)

460 Im Rahmen der **Zulässigkeit des Vorlageverfahrens** sei auf einige wenige Aspekte hingewiesen:

461 Art. 267 AEUV unterscheidet zwischen **vorlageverpflichteten** und **vorlageberechtigten Gerichten** (zum Begriff des Gerichts bspw. EuGH v. 23.3.1982 – C-102/81 „Nordsee", NJW 1982, 1207). Ein mitgliedstaatliches Gericht ist gemäß Art. 267 Abs. 3 AEUV vorlageverpflichtet, wenn seine **Entscheidungen** selbst **nicht mehr mit Rechtsmitteln des innerstaatlichen Rechts angefochten** werden können. Der EuGH legt in diesem Zusammenhang eine konkrete Betrachtungsweise zugrunde. Vorlageverpflichtet sind also nicht nur die jeweils obersten Gerichte von Bund und Land, sondern auch diejenigen Gerichte, die im konkreten Rechtsstreit letztinstanzlich tätig sind (st. Rspr. seit EuGH v. 15.7.1967 – C-6/64 „Costa/ENEL", NJW 1964, 2371). Vorlageberechtigt sind hingegen gemäß Art. 267 Abs. 2 AEUV alle anderen Gerichte. Sie besitzen ein **Vorlageermessen**, können also dem EuGH vorlegen, wenn sie dies für erforderlich halten.

462 Von diesem in Art. 267 AEUV niedergelegten Grundsatz bestehen für beide Arten von Gerichten wichtige Ausnahmen. Ein **vorlageverpflichtetes Gericht** ist dann **nicht** zur Vorlage **verpflichtet**, wenn ein Präjudiz existiert oder die Rechtsfrage einfach zu beantworten ist (sog. „**acte clair**", EuGH v. 6.10.1982 – C-283/81 „CILFIT", NJW 1983, 1257; bestätigt EuGH v. 15.9.2005 – C-295/03 „Intermodal Transports", ZfZ 2006, 15; zum Ganzen *Herrmann* EuZW 2006, 231 ff.). Der Anwendungsbereich dieser Ausnahme dem Zweck des Vorlageverfahrens entsprechend eng und erfasst den Fall, dass die Auslegung des Unionsrechts derart offenkundig ist, dass für vernünftige Zweifel kein Raum bleibt. Umgekehrt sind lediglich **vorlageberechtigte Gerichte zur Vorlage verpflichtet**, wenn sie von der Ungültigkeit von Sekundärrecht ausgehen. In dieser Situation schrumpft das Vorlageermessen des Gerichts auf Null (EuGH v. 22.10.1987 – C-314/85 „Foto Frost", NJW 1988, 1451; EuGH v. 6.12.2005 – C-461/03 „Gaston Schul", EuGRZ 2006, 253). Die Ausnahme von der Vorlageverpflichtung stärkt einerseits die Verantwortung der mitgliedstaatlichen Gerichte, andererseits aber auch die Position des EuGH. Denn wer ein Präjudiz des EuGH akzeptiert, ordnet sich ihm unter. Durch die Vorlageverpflichtung von nicht vorlageverpflichteten Gerichten im Falle der Gültigkeit von Sekundärrecht sichert der EuGH sein diesbezügliches Normverwerfungsmonopol; es geht um die einheitliche Anwendbarkeit des Unionsrechts.

463 Zu beachten ist, dass im Rahmen von Art. 267 AEUV das vorlegende nationale Gericht nach Meinung des EuGH wegen der unmittelbaren Sachnähe in der besseren Position ist, die Notwendigkeit einer Vorabentscheidung zu beurteilen. Auf Grund des „**Geistes der Zusammenarbeit**" ist der **EuGH** daher **grundsätzlich verpflichtet**, über die Vorlagefragen zu erkennen. Das ist nur ausnahmsweise dann nicht der Fall, wenn offensichtlich ist, dass die Auslegung von Unionsrecht in keinerlei Zusammenhang mit der Wirklichkeit oder dem Gegenstand des Ausgangsverfahrens steht. Mit Hilfe dieser Ausnahmetatbestände ist der EuGH in der Lage, **eigenständig die Reichweite des Vorlageverfahrens zu kontrollieren**. Zugespitzt formuliert: Wenn der EuGH einen Fall entscheiden möchte, wird er ihn in den von ihm auszulegenden Grenzen des Art. 267 AEUV annehmen (siehe insbesondere EuGH v. 22.11.2005 – C-144/04 „Mangold", NZA 2005, 1345, 1346).

464 Entscheidet der EuGH, sind an dessen Antwort auf die Vorlagefrage(n) die nationalen Gerichte gebunden. Rechtlich handelt es sich nur um eine Wirkung **inter partes**, d.h. gebunden sind eigentlich nur die am **Verfahren beteiligten Parteien** und alle mit diesem Rechtsstreit **befassten Gerichte**.

Theoretisch ist für andere Gerichte eine neue Vorlage mit der gleichen Frage möglich. In der Praxis entfalten die Urteile für gleichgelagerte Sachverhalte jedoch **faktische Bindungswirkung**. Mit anderen Worten besitzen die Vorabentscheidungen des EuGH die präsumtive Verbindlichkeit von Präjudizien (bspw. das spanische Verfahren EuGH v. 3.10.2000 – C-303/98 „SIMAP", NZA 2000, 1227 sowie BAG v. 18.2.2003 – 1 ABR 2/02, NZA 2003, 742, 746 ff.).

bb) Vertragsverletzungsverfahren

Von Bedeutung ist schließlich auch das **Vertragsverletzungsverfahren** gemäß Art. 258 AEUV, dessen Einleitung in der Hand der **Kommission** liegt. Hat nach ihrer Auffassung ein Mitgliedstaat gegen eine Verpflichtung aus den europäischen Verträgen verstoßen, so gibt sie eine mit Gründen versehene Stellungnahme hierzu ab. Zuvor hat sie allerdings dem Staat Gelegenheit zur Äußerung zu geben. Kommt der Staat dieser Stellungnahme innerhalb der von der Kommission gesetzten Frist nicht nach, so kann die Kommission den EuGH anrufen (ausf. *Pechstein*, EU-Prozessrecht, 4. Aufl., Rz. 252 ff., Prüfungsschema in Rz. 330).

465

Insbesondere das Vertragsverletzungsverfahren ist der Grund dafür, dass die **Kommission als „Hüterin der Verträge"** bezeichnet wird. Es hat eine politische Dimension, weil die Kommission ein Verfahrensermessen bezüglich der Anrufung des EuGH besitzt, vgl. Art. 258 Abs. 2 AEUV. Darüber hinaus kann sie aus rein praktischen Gründen nicht jeden Verstoß gegen die Verträge verfolgen, weil die personellen Ressourcen begrenzt sind. Die große Stärke dieses Verfahrens liegt jedoch in seiner hohen Erfolgsquote und seinem Druckpotential, bereits in der vorgerichtlichen Phase den Mitgliedstaat zur Beseitigung des Verstoßes gegen Unionsrecht anzuhalten. Das gelingt natürlich nicht immer, wenn der Staat auf die Richtigkeit seiner rechtlichen Haltung pocht (bspw. EuGH v. 23.10.2007 – C-112/05, NJW 2007, 3481 zum deutschen VW-Gesetz). Abgestützt wird dieses Verfahren durch Art. 260 Abs. 2 AEUV, auf Grundlage dessen ein weiteres Vertragsverletzungsverfahren begonnen wird, sollte der Mitgliedstaat dem Urteil gemäß Art. 258 AEUV nicht Folge leisten. Dieses zweite Verfahren gleicht die Tatsache aus, dass Verfahren nach Art. 258 AEUV gemäß Art. 260 Abs. 1 AEUV lediglich mit einem nicht vollstreckungsfähigen Feststellungsurteil enden. Hingegen wird in Art. 260 Abs. 2 AEUV die Verhängung von empfindlichen **Bußgeldern** ermöglicht (grdl. EuGH v. 4.7.2000 – C-387/97 „Kommission ./. Griechenland", EuZW 2000, 531 mit Anm. *Streinz* JuS 2000, 1216). Parallel dazu besteht für den Einzelnen natürlich die Möglichkeit, vor den ordentlichen Gerichten einen europäischen Staatshaftungsanspruch wegen der Verletzung von Primär- oder Sekundärrecht zu erheben.

466

Ein prominentes und erfolgreich durchgeführtes Vertragsverletzungsverfahren war aus arbeitsrechtlicher Sicht das wegen teilweiser Nichtumsetzung der Rahmenrichtlinie 2000/78/EG. Das Verfahren endete mit einem Urteil gegen die Bundesrepublik Deutschland. Kurze Zeit später wurde das AGG erlassen (Rz. 1494); zur Verhängung eines Bußgelds kam es nicht mehr:

467

3. Europäisches Arbeitsrecht – eine Übersicht

a) Einleitung

Ein **einheitliches europäisches Arbeitsrecht** gibt es **nicht** und wird es auch in absehbarer Zeit nicht geben. Darauf deuten auch die Aussagen der Kommission hin (KOM(2006) 708 v. 22.11.2006, endg.; KOM(2007) 359 v. 27.6.2007, endg.). Die **Entwicklung** im europäischen Arbeitsrecht erfolgte vielmehr **punktuell** – sowohl im Primärrecht als auch im Bereich des Sekundärrechts. Freilich ist in der Rückschau festzustellen, dass das durch das Unionsrecht gespannte **Netz im Arbeitsrecht immer dichter geknüpft** wird. Alle wichtigen Bereiche des nationalen Arbeitsrechts sind europäisch vorgeprägt, was insbesondere die Auflistung der arbeitsrechtlichen Richtlinien eindrucksvoll belegt.

468

In der nachfolgenden Darstellung soll auf die wichtigsten Rechtsinstrumente und einige Entscheidungen des EuGH hingewiesen werden, um die Dimension der europäischen Durchdringung des Arbeitsrechts zu verdeutlichen. Für eine vertiefte Befassung mit dem europäischen Arbeitsrecht muss hin-

469

gegen auf die einschlägige weiterführende Literatur verwiesen werden (bspw. *Fuchs/Marhold*, Europäisches Arbeitsrecht, 5. Aufl. 2017; *Kocher*, Europäisches Arbeitsrecht, 2016; *Preis/Sagan* (Hrsg.), Europäisches Arbeitsrecht, 2. Aufl. 2019; *Thüsing*, Europäisches Arbeitsrecht, 3. Aufl. 2017; *Oetker/Preis*, Europäisches Arbeits- und Sozialrecht, EAS, Loseblattsammlung mit einer erschöpfenden Rechtsprechungsübersicht zum hier behandelten Bereich).

b) Europäisches Arbeitsrecht im Primärrecht

aa) Geschriebenes Primärrecht

470 Auf der Ebene des geschriebenen Primärrechts sind hinsichtlich der **Grundfreiheiten** Art. 45, 49 und 56 AEUV zu nennen. Zu diesen Vorschriften sind wichtige Entscheidungen des EuGH ergangen:

- **Art. 45 AEUV:** EuGH v. 12.12.1974 – C-36/74 „Walrave und Koch", NJW 1975, 1093 (Bindung privat autonomer Vereinigungen an das Diskriminierungsverbot der Arbeitnehmerfreizügigkeit),

- **Art. 45 AEUV:** EuGH v. 3.7.1986 – C-66/85 „Lawrie-Blum", Slg. 1986, I-2121 (enge Auslegung des Schutzbereichsausnahme „Verwaltung" gemäß Art. 45 Abs. 4 AEUV und grundlegende Herausbildung der Begriffsmerkmale des Arbeitnehmerbegriffes im europäischen Arbeitsrecht),

- **Art. 45 AEUV:** EuGH v. 15.12.1995 – C-415/93 „Bosman", NJW 1996, 505 (Bindung privat autonomer Vereinigungen an das Beschränkungsverbot der Arbeitnehmerfreizügigkeit)

- **Art. 45 AEUV:** EuGH v. 6.6.2000 – C-281/98 „Angonese" – NZA-RR 2001, 20 (Bindung des einzelnen Arbeitgebers an das Diskriminierungsverbot der Arbeitnehmerfreizügigkeit),

- **Art. 49 AEUV:** EuGH v. 11.12.2007 – C-438/05 „Viking", NZA 2008, 124 (Bindung privat autonomer Vereinigungen an das Beschränkungsverbot der Niederlassungsfreiheit gegenüber dem sozialen Gegenspieler, hier Arbeitgeber),

- **Art. 56 AEUV:** EuGH v. 18.12.2007 – C-341/05 „Laval", NZA 2008, 159 (Bindung privat autonomer Vereinigungen an das Beschränkungsverbot der Dienstleistungsfreiheit gegenüber dem sozialen Gegenspieler, hier Arbeitgeber),

- **Art. 56 AEUV:** die gesamte Entsenderechtsprechung (dazu sogleich).

471 Zum **Entgeltgleichheitsgrundsatz** gemäß **Art. 157 AEUV** seien ebenfalls einige wichtige Entscheidungen angeführt:

- EuGH v. 8.4.1976 – Rs. 43/75 „Defrenne II", NJW 1976, 2068 (Bindung der Sozialpartner und des einzelnen Arbeitgebers an den Entgeltgleichheitsgrundsatz),

- EuGH v. 13.5.1986 – Rs. 170/84 „Bilka", NZA 1986, 599 (gemeinschaftsrechtswidriger Ausschluss von Teilzeitarbeitnehmern von der betrieblichen Altersversorgung),

- EuGH v. 17.5.1990 – C-262/88 „Barber", NJW 1991, 2204 (unionsrechtsrechtswidrige Ausgestaltung von Betriebsrentensystemen, rückwirkende Begrenzung der Wirkungen eines EuGH-Urteils) oder

- EuGH v. 17.2.1998 – C-249/96 „Grant" EAS Teil C EG-Vertrag Art. 119 Nr. 43 (keine Unionsrechtswidrigkeit durch die Verweigerung einer Fahrtvergünstigung für Lebensgefährten des gleichen Geschlechts).

472 Was die Grundfreiheiten betrifft, sei in diesem Zusammenhang noch auf zwei wichtige Gesichtspunkte hingewiesen:

473 Die Arbeitnehmerfreizügigkeit gemäß Art. 45 AEUV würde leer laufen, wenn nicht auch gleichzeitig der **sozialversicherungsrechtliche Schutz des Arbeitnehmers** auf der europäischen Ebene geregelt würde. Ermächtigungsgrundlage hierfür ist **Art. 48 AEUV**. Die auf Grundlage dieser Vorschrift erlas-

sene VO 1408/71/EWG und die Nachfolgeverordnung 883/2004/EG sowie die DurchführungsVO 987/2009 **koordinieren die Sozialversicherungssysteme der Mitgliedstaaten**, indem sie festlegen, welcher nationale Sozialversicherungsträger im Einzelnen zuständig ist und wie bei der Begründung, Aufrechterhaltung oder dem Export von Leistungen die „europäische" Erwerbsbiographie des Wanderarbeitnehmers zu berücksichtigen ist. Sinn und Zweck dieser koordinierenden Verordnungen ist es, die Tatsache zu nivellieren, dass der Wanderarbeitnehmer **Beschäftigungszeiten in mehreren Mitgliedstaaten** aufweist oder seinen Wohnsitz in einem anderen Mitgliedstaat als der zuständige Sozialversicherungsträger hat. Dieser Vorteil aus Art. 45 AEUV – ein Europa ohne aufenthalts- und arbeitsgenehmigungsrechtliche Grenzen – soll nicht dadurch zunichte gemacht werden, dass die grundsätzlich territorial ausgerichteten nationalen Sozialversicherungssysteme wegen der Inanspruchnahme des Art. 45 AEUV nicht (vollständig) greifen (dazu ausf. *Fuchs/Preis*, Sozialversicherungsrecht, §§ 61 bis 64; *Fuchs* (Hrsg.), Europäisches Sozialrecht, S. 65 ff.; *Fuchs*, „Was bringt die neue VO (EG) Nr. 883/2004?", SGb 2008, 201 ff.).

Im Bereich der **Dienstleistungsfreiheit** ist darauf hinzuweisen, dass sie, obwohl sie nur an Selbständige adressiert ist, eine große Bedeutung für die abhängige Beschäftigung besitzt. Denn von der Dienstleistungsfreiheit umfasst ist auch die Möglichkeit, die **Dienstleistung mit Hilfe von Arbeitnehmern in einem anderen Mitgliedstaat auszuführen**. Ein Unternehmen mit Sitz in einem Mitgliedstaat kann sich beispielsweise um einen Bauauftrag in einem anderen Mitgliedstaat bewerben und diesen nach erfolgter Auftragsvergabe mit Hilfe seiner Arbeitnehmer dort ausführen. In dieser Situation entsendet der Arbeitgeber seine Arbeitnehmer in den anderen Mitgliedstaat. Diese **Entsendefreiheit** ist von Art. 56 AEUV umfasst und hat – gerade im Bausektor – zu einer umfangreichen Rechtsprechung des EuGH sowie zum Erlass der **Entsenderichtlinie 96/71/EG** geführt. Diese Richtlinie legt einen Kern zwingender Mindestarbeitsbedingungen fest und wurde erst jüngst mit der bis zum 30.7.2020 umzusetzenden Entsende-Änderungsrichtlinie 2018/957 verschärft (hierzu *Klein/Schneider*, SR 2019, 21). Die Entsenderechtsprechung des EuGH ist sowohl mit Art. 56 AEUV als auch der Entsenderichtlinie eng verwoben (ausf. *Preis/Temming*, Die Urlaubs- und Lohnausgleichskasse im Kontext des Gemeinschaftsrechts, 2005). Wichtige Urteile sind:

– EuGH v. 27.3.1990 – C-113/89 „Rush Portuguesa", EuZW 1990, 256,
– EuGH v. 25.10.2001 – C-49/98 u.a. „Finalarte", NZA 2001, 1377,
– EuGH v. 24.1.2002 – C-164/99 „Portugaia Construções", NZA 2002, 207,
– EuGH v. 12.10.2004 – C-60/03 „Wolff & Müller", NZA 2004, 1211,
– EuGH v. 18.7.2007 – C-490/04 „Kommission ./. Bundesrepublik Deutschland", NZA 2007, 917,
– EuGH v. 3.4.2008 – C-346/06 „Rüffert", NZA 2008, 537,
– EuGH v. 19.6.2008 – C-319/06 „Kommission ./. Luxemburg", NZA 2008, 865.

Die Problematik der Auferlegung von **Mindestarbeitsbedingungen** ist in jüngster Zeit wieder verstärkt in das rechtspolitische Blickfeld gerückt. Mit dem MiLoG, dem zentralen Bestandteil des Gesetzes zur Stärkung der Tarifautonomie, ist ab 2015 erstmalig ein flächendeckender **gesetzlicher Mindestlohn** für Arbeitnehmer geschaffen worden. Im Hinblick auf den Bereich der Arbeitnehmerentsendung findet eine Koordination mit den Mindestarbeitsbedingungen des AEntG über § 1 Abs. 3 MiLoG statt. Die Mindestlohnregelungen des MiLoG sind gegenüber anderen Rechtsgrundlagen subsidiär, solange diese den gesetzlichen Mindestlohn nicht unterschreiten (S. Verweis aufs MiLoG). In diesen Kontext gehört zudem die Diskussion über das Verlangen von **Tariftreueerklärungen** (zum unionsrechtlichen Kontext einer Tariftreueerklärung vgl. EuGH v. 3.4.2008 – C-346/06 „Rüffert", NZA 2008, 537).

bb) Unionsgrundrechte

Auch die **Unionsgrundrechte** spielen eine bedeutende Rolle im europäischen Arbeitsrecht (allgemein zu den Unionsgrundrechten vgl. *Ehlers* (Hrsg.), Europäische Grundrechte und Grundfreiheiten,

4. Aufl. 2015, §§ 14 bis 21). Hinzuweisen ist darauf, dass durch das Inkrafttreten der Grundrechtecharta die ungeschriebenen Unionsgrundrechte, die der EuGH im Rahmen des ungeschriebenen Primärrechts judiziert hatte, entsprechend an Bedeutung verloren haben. Wichtige Unionsgrundrechte mit Relevanz im europäischen Arbeitsrecht sind bspw.:

- **Art. 7 GRC (Achtung des Familienlebens):** bspw. EuGH v. 27.6.2006 – C-540/03 „Europäisches Parlament ./. Rat der Europäischen Union", EuZW 2006, 566

- **Art. 10 GRC (Gedanken-, Gewissens- und Religionsfreiheit):** andeutungsweise EuGH v. 27.10.1976 – Rs. 130/75 „Viviene Prais", DÖV 1977, 408

- **Art. 11 GRC (Meinungsfreiheit):** bspw. EuGH v. 23.10.2003 – C-245/01 „RTL Television" DVBl 2004, 185

- **Art. 15 GRC (Berufsfreiheit und Recht zu arbeiten):** grdl. EuGH v. 14.5.1974 – Rs. 4/73 „J. Nold, Kohlen- und Baustoffgroßhandlung" Slg. 1974, 491

- **Art. 16 GRC (Unternehmerische Freiheit):** EuGH v. 18.7.2013 – C-426/11 „Alemo Herron", NZA 2013, 835 (dynamische Bezugnahmeklauseln im Betriebsübergang)

- **Art. 17 GRC (Eigentum):** grdl. EuGH v. 13.12.1979 – Rs. 44/79 „Hauer" EAS Teil C EG-Vertrag Art. 164 Nr. 9.

- **Art. 20 GRC (allgemeiner Gleichheitssatz):** s.a. grdl. EuGH v. 22.6.1972 – Rs. 1/72 „Rita Frilli", DÖV 1973, 412 f.; EuGH v. 19.10.1977 – Rs.117/76 und 16/77 „Albert Ruckdeschel & Co." EuGRZ 1977, 494

- **Art. 21 GRC (besondere Diskriminierungsverbote):** bspw. EuGH v. 22.11.2005 – C-144/04 „Mangold", NZA 2005, 1345

- **Art. 28 GRC (Recht auf Kollektivverhandlungen und Kollektivmaßnahmen):** EuGH v. 9.3.2006 – C-499/04 „Werhof", NZA 2006, 376, 378, Rz. 33 (negative Koalitionsfreiheit); EuGH v. 11.12.2007 – C-438/05 „Viking", NZA 2008, 124; EuGH v. 18.12.2007 – 341/05 „Laval", NZA 2008, 159 (Streik)

- **Art. 31 GRC (gerechte und angemessene Arbeitsbedingungen):** EuGH v. 26.6.2001 – C-173/99 „BECTU", NZA 2001, 827 (bezahlter Mindestjahresurlaub als allgemeiner Grundsatz des Sozialrechts); EuGH v. 6.11.2018 – C-569/16, C-570/16 „Stadt Wuppertal/Bauer und Kreuzinger/Land Berlin", NZA 2018, 1467 (Urlaubsabgeltung bei Tod des Arbeitnehmers im laufenden Arbeitsverhältnis – Übergang des Abgeltungsanspruchs auf Erben).

477 Umstritten ist, ob es eine **allgemeine Handlungsfreiheit** gibt. Ihre Existenz als Unionsgrundrecht wird häufig aus der Hoechst-Entscheidung des EuGH hergeleitet (EuGH v. 21.9.1989 – Rs. 46/87 u.a. „Hoechst", NJW 1989, 3080; ausf. zu dieser Problematik *Heselhaus/Nowak*, 2. Aufl. 2019, § 6 Rz. 16).

c) Europäisches Arbeitsrecht im Sekundärrecht

aa) Verordnungen

478 Was die Verordnungen angeht, die das europäische Arbeitsrecht prägen, seien vor allem drei erwähnt (vgl. ansonsten die Übersicht in EAS A 2000 bis 2250): Von großer Bedeutung ist die VO 492/2011 vom 5.4.2011 über die Freizügigkeit der Arbeitnehmer innerhalb der Union (ABl. EU Nr. L 141 v. 27.5.2011, S. 1). Sie stellt insbesondere den gleichberechtigten Zugang zur Beschäftigung für Staatsangehörige der Mitgliedstaaten sowie deren Gleichbehandlung in Bezug auf die Beschäftigungs- und Arbeitsbedingungen sicher. Die sog. **Wanderarbeitnehmerverordnung** konkretisiert in ihrem Anwendungsbereich die primärrechtlich garantierte Arbeitnehmerfreizügigkeit gemäß Art. 45 AEUV. Sie ist jedoch nicht abschließend, sodass der Rückgriff auf Art. 45 AEUV zulässig ist.

Das in Art. 45 Abs. 3 lit. d AEUV geregelte **Verbleiberecht der Wanderarbeitnehmer** nach Beendigung ihrer Beschäftigung wurde früher durch die VO 1251/70/EWG vom 30.6.1970 (ABl. Nr. L 142, 24 ff. = EAS A 2010) näher ausgestaltet. Sie wurde durch die RL 2004/38/EG vom 29.4.2004 über das Recht der Unionsbürger und ihrer Familienangehörigen, sich im Hoheitsgebiet der Mitgliedstaaten frei zu bewegen und aufzuhalten (ABl. Nr. L 158, 77 ff. = EAS A 3780), weitgehend gegenstandslos. Die **Freizügigkeitsrichtlinie** gibt in ihrem Art. 17 die Bestimmungen der VO 1251/70/EWG im Wesentlichen wieder und hat diese dahingehend abgeändert, dass den Inhabern des Verbleiberechts ein privilegierterer Status, nämlich das Recht auf Daueraufenthalt im Aufnahmemitgliedstaat, eingeräumt wird. Konsequenterweise wurde die VO 1251/70/EWG dann später durch die VO 635/2000/EG vom 25.4.2006 (ABl. Nr. L 112, 9) aufgehoben. 479

Von Bedeutung ist ebenfalls die **VO 2157/2001** vom 8.10.2001 (ABl. Nr. L 294, 1 ff. = EAS A 2130). Sie regelt das **Statut der Europäischen Gesellschaft** (SE) und enthält in den Art. 12, 37, 40, 43 und 50 Vorschriften, die sich u.a. auf die Mitbestimmung beziehen (s.a. *Henssler*, FS Ulmer (2003), 193 ff.). 480

bb) Richtlinien

Schließlich sind im europäischen Arbeitsrecht eine Reihe von **Richtlinien** zu beachten (vgl. die Auflistung in EAS A 3000 bis 4010). Das ist auch der Grund dafür, warum in diesem Zusammenhang die Rechtsprechung des EuGH zur Reichweite der unmittelbaren Wirkung von Richtlinien mit Argusaugen beobachtet wird und die **Pflicht zur richtlinienkonformen Auslegung** im Falle von privaten Arbeitsverhältnissen eine so prominente Rolle spielt: 481

Beispiel: Verbot der Altersdiskriminierung – Mangold: „*Der Senat ist an den mit einem Verstoß gegen das Ziel der RL 2000/78/EG und mit einem Verstoß gegen das auf allgemeinen Grundsätzen des Gemeinschaftsrechts beruhenden Verbot der Altersdiskriminierung begründeten Unanwendbarkeitsausspruch des Europäischen Gerichtshofs [in der Entscheidung Mangold] gebunden. [...] Gleiches gilt für die Ausführungen zum Verstoß gegen das Ziel der RL 2000/78/EG i.V.m. mit den Grundsätzen zur Vorwirkung einer Richtlinie. [...] [Diese] Entscheidung des Europäischen Gerichtshofs über die Unanwendbarkeit von § 14 Abs. 3 S. 4 TzBfG beruht auf der Auslegung und Anwendung von gemeinschaftsrechtlichem Primärrecht i.S.d. Art. 234 Abs. 1 lit. a EG, nämlich des Grundsatzes der Vertragstreue der Mitgliedstaaten (Art. 10 Abs. 2, Art. 249 Abs. 3 EG) sowie der allgemeinen Grundsätze des Gemeinschaftsrechts. [...] Eine Auslegung des Gemeinschaftsrechts durch den Europäischen Gerichtshof, wonach eine nicht oder nicht ordnungsgemäße Umsetzung einer Richtlinie stets zu ihrer unmittelbaren Geltung zwischen den Bürgern der Mitgliedstaaten führt, stünde zwar angesichts des eindeutigen Wortlauts des Art. 249 Abs. 3 EG mit den an die Gemeinschaft nach Art. 23 Abs. 1 S. 2 GG übertragenen Zuständigkeiten nicht im Einklang.* **Die Begründung des Europäischen Gerichtshofs ist nach Auffassung des Senats jedoch dahingehend zu verstehen, dass ein während der Umsetzungsfrist einer Richtlinie erlassenes nationales Gesetz unanwendbar ist, wenn sein Inhalt im Widerspruch zu dem Richtlinienziel steht und eine Möglichkeit zur gemeinschaftskonformen Auslegung nicht besteht.** *Damit hält sich die vom Gerichtshof gegebene Begründung im Rahmen der an die Gemeinschaft übertragenen Kompetenzen. Der Europäische Gerichtshof hat den aus seiner Sicht bei der Gültigkeitsprüfung von § 14 Abs. 3 S. 4 TzBfG bestehenden Konflikt zwischen den Grundsätzen der Verbindlichkeit des Richtlinienziels für die zur Vertragstreue verpflichteten Mitgliedstaaten und der fehlenden unmittelbaren Geltung der RL 2000/78/EG unter Privaten zu Gunsten eines Vorrangs des Grundsatzes der Vertragstreue aufgelöst.*" (BAG v. 26.4.2006 – 7AZR 500/04, NZA 2006, 1162 Rz. 17, 21, 26)

Beispiel: Massenentlassung – Junk: „*Der Senat folgt dieser Auslegung der [Massenentlassungs-Richtlinie] durch den Europäischen Gerichtshof. Insbesondere § 17 Abs. 1 S. 1 KSchG lässt auch eine richtlinienkonforme Auslegung im Sinne dieser Rechtsprechung zu. Insoweit gibt der Senat unter Berücksichtigung der in der Entscheidung des EuGH in der Rechtssache ‚Pfeiffer' (Entscheidung vom 5.10.2004, [C-397/01, NZA 2004, 1145]) präzisierten Grundsätze zum Gebot einer richtlinienkonformen Auslegung seine im Urteil vom 18.9.2003 [NZA 2004, 375] vertretene gegenteilige Auffassung auf. Entlassung i.S.d. § 17 Abs. 1 S. 1 KSchG ist auf Grund der richtlinienkonformen Auslegung der Norm nunmehr als Ausspruch der Kündigung zu verstehen.*" (BAG v. 23.3.2006 – 2 AZR 343/05, NZA 2006, 971, 973)

Beispiel: Arbeitszeit – Pfeiffer: „*3. Die Höchstdauer der durchschnittlichen wöchentlichen Arbeitszeit **folgt nicht bereits aus einer gemeinschaftsrechtskonformen Auslegung** des § 14 Abs. 2 lit. b DRK-TV*

a) [...] Allerdings ist das nationale Recht richtlinienkonform auszulegen. Wie dies zu geschehen hat, ergibt sich aus nationalem Recht. Damit werden die Grenzen richtlinienkonformer Auslegung durch die allgemeinen Auslegungsregeln bestimmt wie bei einer verfassungskonformen Auslegung. Die Auslegung hat dabei nicht am Wortlaut einer Vorschrift Halt zu machen. Lassen Sinn und Zweck der Vorschrift erkennen, dass der Gesetzgeber nicht alle Konsequenzen der gewählten Gesetzesfassung bedacht hat, muss eine auslegungsfähige Regelung einschränkend oder ergänzend in dem Sinne verstanden werden, den der Gesetzgeber bei voller Kenntnis der Probleme normiert hätte. Die Auslegung darf jedoch den erkennbaren Willen des nationalen Gesetzgebers nicht verändern (Alles aus BAG v. 18.9.2003 – 2 AZR 79/02, NZA 2004, 375, 381).

*b) **Nach diesen Grundsätzen ist hier keine europarechtskonforme Auslegung der tariflichen Regelung möglich**. Die danach zulässigen Wochenarbeitsstunden sind konkret beziffert – hier nach § 14 Abs. 2 lit. b DRK-Tarifvertrag 49 Wochenstunden. Das ist eindeutig und keiner weiteren Auslegung zugänglich. Die Tarifpartner haben sich an den gesetzlichen Vorgaben des § 7 Abs. 1 Nr. 1 ArbZG alter Fassung gehalten. [...]*

*c) Diese tarifliche Bestimmung aber ist **nunmehr unanwendbar**. Dabei ist das Gericht befugt, gegen Gesetz verstoßendes Tarifrecht bzw. arbeitsvertragliche Vereinbarungen für unanwendbar anzusehen [...], auch wenn der Tarifvertrag bereits vor Änderung des Arbeitszeitgesetzes bestand [...] Die genannte Regelung im Tarifvertrag verstößt gegen die Vorschriften des Arbeitszeitgesetzes in der seit 1.1.2004 geltenden Fassung."* (ArbG Lörrach v. 15.4.2005 – 5 Ca 146/01)

Beispiel: Urlaubsabgeltung bei Tod des Arbeitnehmers im laufenden Arbeitsverhältnis – Bauer: *„Der EuGH hat [...] erkannt, dass Art. 7 der RL 2003/88/EG und Art. 31 Abs. 2 GRC einer nationalen Regelung entgegenstehen, nach der bei Beendigung des Arbeitsverhältnisses durch den Tod des Arbeitnehmers der von ihm erworbene, vor seinem Tod nicht mehr genommene Anspruch auf bezahlten Jahresurlaub untergeht, ohne dass ein Anspruch auf finanzielle Vergütung für diesen Urlaub besteht, der im Wege der Erbfolge auf die Rechtsnachfolger des Arbeitnehmer übergehen könnte (EuGH, Urt. v. 6.11.2018 – C-569/16 und C-570/16 „Bauer und Willmeroth"). [...] Die nationalen Gerichte sind danach gehalten, bei der Anwendung des nationalen Rechts dieses so weit wie möglich anhand des Wortlautes und des Zwecks der Richtlinie auszulegen, um das in der Richtlinie festgelegte Ziel zu erreichen [...]. Allerdings unterliegt der Grundsatz der richtlinienkonformen Auslegung des nationalen Rechts Schranken. **Die Pflicht zur Verwirklichung eines Richtlinienziels im Weg der Auslegung findet ihre Grenzen an dem nach innerstaatlicher Rechtstradition methodisch Erlaubten. Sie darf nicht als Grundlage für eine Auslegung des nationalen Rechts contra legem dienen.** Besteht jedoch ein Auslegungsspielraum, ist das nationale Gericht verpflichtet, diesen zur Verwirklichung des Richtlinienziels bestmöglich auszuschöpfen (vgl. BVerfG v. 26.9.2011 – 2 BvR 2216/06, 2 BvR 469/07 – Rz. 46 f.). [...] Die Bestimmungen der §§ 1, 7 Abs. 4 BurlG lassen sich richtlinienkonform auslegen."* (BAG v. 22.1.2019 – 9 AZR 45/16, NZA 2019, 829 Rz. 13, 16, 18, 19)

482 Im Folgenden seien im Überblick die wichtigsten arbeitsrechtlichen Richtlinien aufgelistet, die zum Teil genauer in den jeweiligen Sachbereichen dieses Lehrbuchs behandelt werden.

483 – **Arbeitnehmerentsendung:** Richtlinie 96/71/EG des Europäischen Parlaments und des Rates vom 16.12.1996 über die Entsendung von Arbeitnehmern im Rahmen der Erbringung von Dienstleistungen (ABl. EG L 18, 1 ff. = EAS A 3510, Rz. 523); Richtlinie 2018/957/EU des Europäischen Parlaments und des Rates vom 28.6.2018 zur Änderung der Richtlinie 96/71/EG (ABl. EU L 173, 16 ff. = EAS A 3511).

484 – **Arbeitszeitgestaltung (allgemein):** Richtlinie 2003/88/EG des Europäischen Parlaments und des Rates vom 4.11.2003 über bestimmte Aspekte der Arbeitszeitgestaltung (ABl. EU L 299, 9 ff. = EAS A 3750, Rz. 1109).

485 – **Befristete Arbeitsverträge:** Richtlinie 1999/70/EG des Rates vom 28.6.1999 zu der EGB-UNICE-CEEP-Rahmenvereinbarung über befristete Arbeitsverträge (ABl. EG L 175, 43 ff. = EAS A 3610, Rz. 3220).

486 – **Betriebliche Rentenansprüche:** Richtlinie 98/49/EG des Rates vom 29.6.1998 zur Wahrung ergänzender Rentenansprüche von Arbeitnehmern und Selbstständigen, die innerhalb der Europäischen Gemeinschaft zu- und abwandern (ABl. EG L 209, 46 ff. = EAS A 3580).

- **Betriebsübergang:** Richtlinie 2001/23/EG vom 12.3.2001 über die Wahrung von Ansprüchen beim Übergang von Unternehmen, Betrieben und Betriebsteilen (ABl. EG Nr. L 82 = EAS A 3660, Rz. 3456). 487

- **Elternurlaub:** Richtlinie 2019/1158/EU des Europäischen Parlaments und des Rates vom 20.6.2019 zur Vereinbarkeit von Beruf und Privatleben für Eltern und pflegende Angehörige und zur Aufhebung der Richtlinie 2010/18/EU (ABl. EU L 188, 79 ff.). 488

- **Europäischer Betriebsrat:** Richtlinie 2009/38/EG vom 6.5.2009 über die Einsetzung eines Europäischen Betriebsrats oder die Schaffung eines Verfahrens zur Unterrichtung und Anhörung der Arbeitnehmer in gemeinschaftsweit operierenden Unternehmen und Unternehmensgruppen (Neufassung, ABl. EU L 122, 28 ff. = EAS A 3910, siehe im Band „Kollektivarbeitsrecht" Rz. 881). 489

- **Gleichbehandlung (Geschlecht):** Richtlinie 2006/54/EG des Europäischen Parlaments und des Rates vom 5.7.2006 zur Verwirklichung des Grundsatzes der Chancengleichheit und Gleichbehandlung von Männern und Frauen in Arbeits- und Beschäftigungsfragen (ABl. EU L 204, 23 ff. = EAS A 3840, Rz. 1507). Die bekannten Gleichbehandlungsrichtlinien 75/117/EWG, 76/207/EWG, 86/378 EWG und 97/80/EWG wurden mit Wirkung vom 15.8.2009 aufgehoben und in der RL 2006/54/EG neu zusammengefasst. 490

- **Gleichbehandlung (Rasse, ethnische Herkunft):** Richtlinie 2000/43/EG des Rates vom 29.6.2000 zur Anwendung des Gleichbehandlungsgrundsatzes ohne Unterschied der Rasse oder der ethnischen Herkunft (ABl. EG L 180, 22 ff. = EAS A 3630, Rz. 1501). 491

- **Gleichbehandlung (Religion, Weltanschauung, sexuelle Ausrichtung, Alter, Behinderung):** Richtlinie 2000/78/EG vom 27.11.2000 zur Festlegung eines allgemeinen Rahmens für die Verwirklichung der Gleichbehandlung in Beschäftigung und Beruf (ABl. EG Nr. L 303, 16 ff. = EAS A 3650, Rz. 1496). 492

- **Information, Konsultation von Arbeitnehmervertretungen:** Richtlinie 2002/14/EG des Europäischen Parlaments und des Rates vom 11.3.2002 zur Festlegung eines allgemeinen Rahmens für die Unterrichtung und Anhörung der Arbeitnehmer in der Europäischen Gemeinschaft – (ABl. EG L 80, 29 ff. = EAS A 3680, siehe im Band „Kollektivarbeitsrecht" unter Rz. 1601). 493

- **Insolvenz:** Richtlinie 2008/94/EG des Europäischen Parlaments und des Rates vom 22.10.2008 über den Schutz der Arbeitnehmer bei Zahlungsunfähigkeit des Arbeitgebers (ABl. EU L 283, 36 ff. = EAS A 3870). 494

- **Jugendarbeitsschutz:** Richtlinie 94/33/EG des Rates vom 22.6.1994 über den Jugendarbeitsschutz (ABl. EG L 216, 12 ff. = EAS A 3450, Rz. 1799). 495

- **Leiharbeit:** Richtlinie 2008/104/EG des Europäischen Parlaments und des Rates vom 19.11.2008 über Leiharbeit (ABl. EU L 327, 9 ff.). 496

- **Massenentlassungen:** Richtlinie 98/59/EG des Rates vom 20.7.1998 zur Angleichung der Rechtsvorschriften der Mitgliedstaaten über Massenentlassungen (ABl. EG L 225, 16 ff. = EAS A 3590, Rz. 2668). 497

- **Nachweis von Arbeitsbedingungen:** Richtlinie 91/533/EWG des Rates vom 14.10.1991 über die Pflicht des Arbeitgebers zur Unterrichtung des Arbeitnehmers über die für seinen Arbeitsvertrag oder sein Arbeitsverhältnis geltenden Bedingungen (ABl. EG L 288, 32 = EAS A 3330); Richtlinie 2019/1152/EU des Europäischen Parlaments und des Rates vom 20.6.2019 über transparente und vorhersehbare Arbeitsbedingungen in der Europäischen Union (ABl. EU L 186, 105 ff.). 498

- **Mitbestimmung in der SE:** Richtlinie 2001/86/EG des Rates vom 8.10.2001 zur Ergänzung des Statuts der Europäischen Gesellschaft hinsichtlich der Beteiligung der Arbeitnehmer (ABl. EG L 294, 22 ff. = EAS A 3670, siehe im Band „Kollektivarbeitsrecht" unter Rz. 2866). 499

500 – **Pensionsfonds:** Richtlinie 2003/41/EG des Europäischen Parlaments und des Rates vom 3.6.2003 über die Tätigkeiten und die Beaufsichtigung von Einrichtungen der betrieblichen Altersversorgung (ABl. EU L 235, 10 ff., ber. ABl. EU 2004 L 291, 18 = EAS A 3730).

501 – **Teilzeitarbeit:** Richtlinie 97/81/EG des Rates vom 15.12.1997 zu der von UNICE, CEEP und EGB geschlossenen Rahmenvereinigung über (ABl. EG L 14, 9 ff., ber. ABl. EG 1998 L 128, 71 = EAS A 3540, Rz. 1902).

II. Allgemeine völkerrechtliche Verträge

502 Auch in internationalen Menschenrechtsverträgen werden arbeitsrechtliche Fragen behandelt. Hier kommen unter anderem in Betracht die **Europäische Sozialcharta** von 1961 (BGBl. II 1964 S. 1261 ff.), die **Europäische Menschenrechtskonvention** von 1950 (BGBl. II 1952 S. 685 ff.) und der **Internationale Pakt über wirtschaftliche, soziale und kulturelle Rechte** von 1966, der 1976 in der Bundesrepublik in Kraft getreten ist (BGBl. II 1973 S. 1569 ff.).

503 Von diesen drei klassischen Vertragswerken, die durch Bundesgesetze umgesetzt wurden, dürfte vor allem der im Jahre 1953 in Kraft getretenen **EMRK** die prominenteste Rolle zukommen (vgl. für Ausbildungszwecke *Peters/Altwicker*, EMRK, 2. Aufl. 2012). Rechtsprechungsorgan ist der EGMR mit Sitz in Straßburg. Alle Urteile des EGMR sind auf der Datenbank HUDOC des EGMR in den offiziellen Sprachen Französisch und Englisch (www.echr.coe.int/ECHR/EN/hudoc) zu erlangen. Viele wichtige Urteile erscheinen in der Europäischen Grundrechte Zeitschrift EuGRZ. Des Weiteren ist eine deutschsprachige Sammlung der Rechtsprechung des EGMR zu nennen (http://www.eugrz.info/index.php/egmr-e) sowie eine Datenbank mit Fundstellenverzeichnissen über Urteile des EGMR mit Bezug zu Deutschland (www.egmr.org). Urteile mit arbeitsrechtlichem Einschlag werden in den arbeitsrechtlichen Fachzeitschriften veröffentlicht.

504 **Die Bedeutung der EMRK ist nicht zu unterschätzen:** In ständiger Rechtsprechung betonen die Richter des BVerfG, die Gewährleistungen der EMRK seien zwar nicht unmittelbarer Prüfungsmaßstab für das oberste deutsche Verfassungsgericht, wirkten sich aber auf die Auslegung der Grundrechte und rechtsstaatlichen Grundsätze des Grundgesetzes sowie das einfache Gesetzesrecht aus. Das BVerfG misst der EMRK zudem eine „**verfassungsrechtliche Bedeutung**" bei und ordnet die Konvention dem nach Art. 1 Abs. 2 GG garantierten Kernbestand an Menschenrechten zu. Über diese verfassungsrechtliche Bedeutung fungiert die EMRK als **Auslegungshilfe** bei der Anwendung nationaler Grundrechte:

505 *„Gleichwohl besitzen die Gewährleistungen der EMRK verfassungsrechtliche Bedeutung, indem sie die Auslegung der Grundrechte und rechtsstaatlichen Grundsätze des Grundgesetzes beeinflussen. Der Konventionstext und die Rechtsprechung des EGMR dienen nach der ständigen Rechtsprechung des BVerfG auf der Ebene des Verfassungsrechts als Auslegungshilfen für die Bestimmung von Inhalt und Reichweite von Grundrechten und rechtsstaatlichen Grundsätzen des Grundgesetzes, sofern dies nicht zu einer – von der Konvention selbst nicht gewollten (vgl. Art. 53 EMRK) – Einschränkung oder Minderung des Grundrechtsschutzes nach dem Grundgesetz führt."* (BVerfG v. 4.5.2011 – 2 BvR 2365 u.a., NJW 2011, 1931 Rz. 88)

506 *„Die Heranziehung der EMRK und der Rechtsprechung des EGMR als Auslegungshilfe auf der Ebene des Verfassungsrechts über den Einzelfall hinaus dient dazu, den Garantien der Menschenrechtskonvention in der Bundesrepublik Deutschland möglichst umfassend Geltung zu verschaffen, und kann darüber hinaus Verurteilungen der Bundesrepublik Deutschland vermeiden helfen. Die inhaltliche Ausrichtung des Grundgesetzes auf die Menschenrechte kommt insbesondere in dem Bekenntnis des deutschen Volkes zu unverletzlichen und unveräußerlichen Menschenrechten in Art. 1 II GG zum Ausdruck. Das Grundgesetz weist mit Art. 1 II GG dem Kernbestand an Menschenrechten einen besonderen Schutz zu. Dieser ist i.V. mit Art. 59 II GG die Grundlage für die verfassungsrechtliche Pflicht, auch bei der Anwendung*

der deutschen Grundrechte die EMRK in ihrer konkreten Ausgestaltung als Auslegungshilfe heranzuziehen. Art. 1 II GG ist daher zwar kein Einfallstor für einen unmittelbaren Verfassungsrang der EMRK, die Vorschrift ist aber mehr als ein unverbindlicher Programmsatz, indem sie eine Maxime für die Auslegung des Grundgesetzes vorgibt und verdeutlicht, dass die Grundrechte auch als Ausprägung der Menschenrechte zu verstehen sind und diese als Mindeststandard in sich aufgenommen haben." (BVerfG v. 4.5.2011 – 2 BvR 2365 u.a., NJW 2011, 1931 Rz. 90)

„Die Heranziehung der EMRK als Auslegungshilfe für die Bestimmungen des Grundgesetzes ist – wie die EMRK selbst im Hinblick auf ihre innerstaatliche Durchsetzung – ergebnisorientiert: Sie zielt nicht auf eine schematische Parallelisierung einzelner verfassungsrechtlicher Begriffe, sondern dient der Vermeidung von Völkerrechtsverletzungen. Die Beseitigung oder Vermeidung einer Völkerrechtsverletzung wird zwar vielfach leichter zu erreichen sein, wenn das innerstaatliche Recht mit der Konvention harmonisiert wird. Völkerrechtlich betrachtet ist das jedoch nicht zwingend: Die Konvention überlässt es den Vertragsparteien, in welcher Weise sie ihrer Pflicht zur Beachtung der Vertragsvorschriften genügen." (BVerfG v. 4.5.2011 – 2 BvR 2365 u.a., NJW 2011, 1931 Rz. 91) 507

Prozessual ist für einen Verfassungsbeschwerdeführer von Bedeutung, dass er, obwohl die EMRK als einfaches Gesetzesrecht kein Prüfungsmaßstab nach Art. 93 Abs. 1 Nr. 4a BVerfGG i.V.m. § 90 Abs. 1 BVerfGG ist, u.U. einen Verstoß gegen die Berücksichtigungspflicht von Konventionsrechten sowie Entscheidungen des EGMR rügen kann. Dazu muss er die **Verletzung des einschlägigen Grundrechts i.V.m. dem Rechtsstaatprinzip gemäß Art. 20 Abs. 3 GG** substantiiert behaupten. Dies folgt aus der Bindung an Recht und Gesetz, welche Bestandteil dieses Prinzips ist (ausf. BVerfG v. 14.10.2004 – 2 BvR 1481/04, NJW 2004, 3407, 3408, 3411). 508

In den vergangenen Jahren hat es einige für das Arbeitsrecht bedeutende Urteile des EGMR gegeben. Wichtige Urteile sind: 509

- **Überwachung des elektronischen Schriftverkehrs am Arbeitsplatz:** EGMR (Große Kammer) 5.9.2017, Beschwerde Nr. 61496/08, „Bărbulescu/Rumänien", NZA 2017, 1443; dazu *Seifert EuZA 2018, 502*

- **Whistleblowing und Kündigungsrecht:** EGMR 21.7.2011, Beschwerde Nr. 28 274/08, „Heinisch ./. Deutschland", NJW 2011, 3501 ff. mit Anm. *Ulber* NZA 2011, 962 ff. und *Ulber/Wolf* LAGE § 626 BGB 2002 Nr. 7b

- **Kündigung und Arbeitsrecht der Kirchen:** EGMR 23.9.2010, Beschwerde Nr. 1620/03, „Schüth ./. Deutschland", NZA 2011, 279.; EGMR 23.9.2010, Beschwerde Nr. 425/03, „Obst ./. Deutschland", NZA 2011, 277; EGMR 3.2.2011, Beschwerde Nr. 18 136/02, „Siebenhaar ./. Deutschland", EzA Nr. 17 zu § 611 BGB 2002 Kirchliche Arbeitnehmer; dazu *Reichold* EuZA 2011, 320 ff.; *Sperber* EuZA 2011, 407 ff.; *Joussen* RdA 2011, 173 ff.; EGMR 12.6.2014, Beschwerde Nr. 56030/07, „Fernàndez Martinez ./. Spanien", NZA 2015, 533 ff.

- **Streikrecht:** EGMR 21.4.2009, Beschwerde Nr. 68959/01, „Enerji Yapi-Yol Sen ./. Türkei", NZA 2010, 1423 ff.; *Franzen* EuZA 2010, 453 ff.; *Seifert* KritV 2009, 357 ff.

- **Recht auf Kollektivverhandlungen:** EGMR 12.11.2008, Beschwerde Nr. 34503/97 „Demir u. Baykaya ./. Türkei", NZA 2010, 1425 ff.

Aber auch der **Europäischen Sozialcharta** kommt in der Rechtsprechung des BAG oder EuGH eine gewisse Bedeutung zu. In Art. 6 Nr. 4 garantiert sie ein Streikrecht, das allerdings gemäß Art. 31 Nr. 1 (jetzt Art. G Nr. 1 der revidierten Fassung, die die Bundesrepublik allerdings noch nicht ratifiziert hat) unter bestimmten Voraussetzungen eingeschränkt werden kann (vgl. dazu BAG v. 19.6.2007 – 1 AZR 396/06, NZA 2007, 1055, 1058). Auch der EuGH hat sich in der Entscheidung Viking und Laval auf die Europäische Sozialcharta berufen, als er ein Unionsgrundrecht auf Durchführung kollektiver Maßnahmen hergeleitet hat (EuGH v. 11.12.2007 – C-438/05 „Viking", NZA 2008, 124, Rz. 43 und EuGH v. 18.12.2007 – C-341/05, „Laval" NZA 2008, 159 Rz. 90). Eine geringere Rolle spielte bislang der **In-** 510 ternationale Pakt über wirtschaftliche, soziale und kulturelle Rechte in der Judikatur des BAG (vgl. bspw. BAG v. 17.2.1994 – 8 AZR 68/93; BAG v. 11.12.1991 – 7 AZR 431/90, NZA 1992, 883).

511 Zu nennen sind des Weiteren Übereinkommen der 1919 gegründeten **Internationalen Arbeitsorganisation/International Labor Organisation (deutsch: IAO/englisch: ILO)**, der die Bundesrepublik seit dem Jahr 1951 angehört. Diese Organisation will allgemein gerechte und menschenwürdige Arbeitsbedingungen schaffen und durch Ausgleich des sozialen Gefälles dem Weltfrieden dienen (Präambel der Verfassung, zuletzt geändert am 27.6.1972, Bekanntmachung v. 21.11.1975, BGBl. II S. 2206). Hier werden Übereinkommen erarbeitet, die von den Mitgliedstaaten zu ratifizieren und in nationales Recht umzusetzen sind. Sie binden die Unterzeichnerstaaten **völkerrechtlich**; der einzelne Arbeitnehmer kann aber aus ihnen **unmittelbar regelmäßig keine Rechte herleiten**. Sind die Übereinkommen in nationales Recht umgesetzt, so ist dies innerstaatlich als einfaches Gesetzesrecht zu betrachten. Stimmt die nationale Regelung mit dem Übereinkommen nicht überein, so kann das einen völkerrechtlichen Vertragsverstoß darstellen, innerstaatlich bleibt die Regelung dann jedoch wirksam. Da diese Abkommen nur Mindeststandards festlegen und eine möglichst große Zahl von Staaten ihnen beitreten soll, kann das Schutzniveau nicht allzu hoch sein; die deutsche Arbeitsrechtsgesetzgebung erfüllt regelmäßig die Anforderungen.

Beispiel für ein Übereinkommen der IAO: Aus dem Bereich der Internationalen Arbeitsorganisation sei beispielhaft das Übereinkommen Nr. 140 über den bezahlten Bildungsurlaub (vom 24.6.1974, vgl. BGBl. II 1976 S. 1526) genannt. Einfachgesetzlich niedergelegt sind entsprechende Ansprüche der Arbeitnehmer in den Bildungsurlaubsgesetzen der Länder, die mangels abschließender bundesgesetzlicher Regelung bspw. durch das BBiG oder § 616 BGB im Bereich der konkurrierenden Gesetzgebung die hierfür notwendige Kompetenz besitzen, vgl. bspw. § 3 Abs. 1 Arbeitnehmerweiterbildungsgesetz NRW (dazu BVerfG v. 15.12.1987 – 1 BvR 563/85, NZA 1988, 355).

Beispiel für die Bedeutung eines Übereinkommens der IAO in der Rechtsprechung des EuGH: Aus dem Bereich des Arbeitszeit- bzw. Urlaubsrechts ist das Übereinkommen Nr. 132 der IAO vom 24.6.1970 über den bezahlten Jahresurlaub zu nennen. Dieses hat in zwei Urteilen des EuGH sowie den zugrundeliegenden Schlussanträgen eine entscheidende Rolle gespielt (EuGH v. 20.1.2009 – C-350/06 „Schultz-Hoff" NZA 2009, 135; EuGH v. 22.11.2011 – C-214/10 „KHS" NZA 2011, 1333; dazu ausf. *Düwell*, Urlaubsrecht im Umbruch, NZA Beilage 2011, Nr. 3, 133 ff.).

III. Internationales Privatrecht

1. Allgemeines

512 Weist ein arbeitsrechtlicher Sachverhalt Bezug zu mehreren Staaten auf, findet das Internationale Privatrecht nach Art. 3 ff. EGBGB Anwendung, solange nicht völkerrechtliche Vereinbarungen oder Regelungen in Rechtsakten der EU vorgehen (vgl. Art. 3 EGBGB). Nach diesen Vorschriften bestimmt sich dann das sog. **Arbeitsvertragsstatut**; das ist das anzuwendende **Sachrecht** eines bestimmten Staates für Fragen des Arbeitsrechts (bspw. das deutsche BGB, KSchG etc.). Allein die so ermittelten nationalen Normen sind dann für die rechtliche Behandlung des Arbeitsverhältnisses verbindlich. Das Internationale Privatrecht enthält damit nur **Kollisionsnormen** zur Ermittlung des einschlägigen nationalen Rechts.

513 Das Unionsrecht hat in den vergangenen Jahren auch vor dem IPR keinen Halt gemacht. Weite Teile sind vergemeinschaftet worden, darunter auch vertragliche und außervertragliche Schuldverhältnisse (dazu auch *Weller* IPRax 2011, 429 ff.). Maßgebliche Rechtsquelle für das Arbeitsvertragsstatut ist grundsätzlich die **Rom-I-Verordnung, insbesondere ihr Art. 8** (VO 2008/593/EG, nachfolgend Rom-I-VO, vgl. Art. 3 Nr. 1b EGBGB). Ihre Ermächtigungsgrundlage ist Art. 81 Abs. 2 lit. c AEUV (ex-Art. 65 lit. b EG i.V.m. Art. 67 EG). Die Rom-I-VO hat das Übereinkommen über die auf vertragliche Schuldverhältnisse anzuwendende Recht, das sog. Übereinkommen von Rom, abgelöst. Das Arbeitsstatut wurde dort in Art. 6 geregelt. Allerdings behält dieses Übereinkommen gegenüber Dänemark weiterhin seine Gültigkeit.

Nachfolgend sei ein kursorischer Überblick über die wichtigsten Zusammenhänge im Internationalen 514
Privatrecht mit Blick auf das Arbeitsrecht geliefert (ausf. zu Art. 8 Rom-I-VO *Eichenhofer* EuZA 2012,
140 ff.; *Deinert* RdA 2009, 144 ff.; MüArbR/*Oetker* § 13). Durch **Rechtswahl gemäß Art. 3 Rom-I-VO**
können die Parteien bestimmen, welches Recht auf den zwischen ihnen geschlossenen Vertrag Anwendung finden soll. Dies kann durch ausdrückliche Aufnahme einer Klausel in den Arbeitsvertrag
oder formularmäßig durch Bezugnahme auf eine arbeitsrechtliche Einheitsregel oder einen Tarifvertrag geschehen („Dieser Vertrag unterliegt dem materiellen Recht der Bundesrepublik Deutschland").
Es ist auch eine stillschweigende Rechtswahl möglich, die sich aber aus konkreten Anhaltspunkten ergeben muss, z.B. die Vereinbarung eines einheitlichen Gerichtsstands oder der Hinweis auf ausländische Rechtsvorschriften.

Gerade für Arbeitsverträge ist aber zu beachten, dass die Möglichkeit der Rechtswahl nicht unein- 515
geschränkt gilt. Um den sozial und wirtschaftlich schwächeren Arbeitnehmer zu schützen, ist es den
Arbeitsvertragsparteien erschwert, durch die Wahl ausländischen Rechts zwingenden Arbeitnehmerschutz zu umgehen. Daher schreibt **Art. 8 Abs. 1 S. 2 Rom-I-VO** vor, dass in Arbeitsverträgen und
Arbeitsverhältnissen die Rechtswahl der Parteien nicht dazu führen darf, dass dem Arbeitnehmer der
Schutz entzogen wird, der ihm durch die zwingenden Bestimmungen des Rechts gewährt wird, das
nach Art. 8 Abs. 2 bis Abs. 4 Rom-I-VO mangels einer Rechtswahl nach objektiv ermittelten Kriterien
anzuwenden wäre. Danach ist mangels einer Rechtswahl gemäß Art. 3 Rom-I-VO – und abweichend
nach der allgemeinen Regel von Art. 4 Rom-I-VO – auf Arbeitsverträge und Arbeitsverhältnisse entweder

– das Recht des Staates, in dem oder andernfalls von dem aus der Arbeitnehmer in Erfüllung des
  Vertrags **gewöhnlich seine Arbeit verrichtet**, selbst wenn der Arbeitnehmer seine Arbeit vorübergehend in einem anderen Staat verrichtet (Art. 8 Abs. 2 Rom-I-VO), hilfsweise

– das Recht des Staates, in dem sich die **Niederlassung befindet**, die den Arbeitnehmer eingestellt
  hat (Art. 8 Abs. 3 Rom-I-VO),

anzuwenden. Ergibt sich freilich aus der Gesamtheit der Umstände, dass der Vertrag eine engere Verbindung zu einem anderen als dem in Art. 8 Abs. 2 und Abs. 3 Rom-I-VO bezeichneten Staat aufweist, ist gemäß Art. 8 Abs. 4 Rom-I-VO das Recht dieses anderen Staates anzuwenden (**Ausweich-
statut**).

Der gewöhnliche Arbeitsort ist der Ort, an dem der Arbeitnehmer gewöhnlich seine Arbeit verrichtet, 516
wobei es auf den **tatsächlichen Mittelpunkt seiner Berufstätigkeit** ankommt. Kriterien zur Ermittlung des relevanten Ortes sind u.a. das Abstellen auf die überwiegende Arbeitszeit in einem Büro oder
der vertragliche Erfüllungsort der Arbeitsleistung unter Berücksichtigung aller Umstände des Einzelfalls und des wesentlichen Teils der arbeitsvertraglichen Verpflichtungen gegenüber dem Arbeitgeber.
Wie der Wortlaut schon deutlich macht, stehen die beiden Alternativen des Art. 8 Abs. 2 und Abs. 3
Rom-I-VO **in einem Verhältnis der Subsidiarität**. Dabei kommt Art. 8 Abs. 2 Rom-I-VO der Vorrang gegenüber Art. 8 Abs. 3 Rom-I-VO zu (so zu Art. 6 Abs. 2 lit. a des Übereinkommens von Rom
EuGH v. 15.12.2011 – C-384/10 „Voogsgeerd", NZA 2012, 227 Rz. 34 ff.; EuGH v. 15.3.2011 – C-29/
10 „Koelzsch", NZA 2011, 625 Rz. 43 ff. mit Anm. *Mankowski/Knöfel* EuZA 2011, 521). Dieses Rang-
verhältnis kommt insbesondere dann zum Tragen, wenn der Arbeitnehmer in mehreren Staaten tätig
ist und sich der gewöhnliche Aufenthalt nur schwer ermitteln lässt. Maßgeblich ist dann der Ort, „von
dem" aus gearbeitet wird. Der Ort der Einstellungsniederlassung (Art. 8 Abs. 3 Rom-I-VO) ist wiederum nur dann subsidiär einschlägig, wenn auch eine weite Auslegung keine Feststellung zum gewöhnlichen Arbeitsort ermöglicht (ErfK/*Schlachter*, Verordnung (EG) Nr. 593/2008 Rz. 12, 16; EuGH v.
12.9.2013 – C-64/12 „Schlecker", NZA 2013, 1163 Rz. 32 ff.).

Ergibt sich aus der Gesamtheit der Umstände, dass der Vertrag eine engere Verbindung zu einem an- 517
deren als dem in Art. 8 Abs. 2 und Abs. 3 Rom-I-VO bezeichneten Staat aufweist, kann das mit Hilfe
von diesen Absätzen ermittelte objektive Rechtsstatut durch Art. 8 Abs. 4 Rom-I-VO korrigiert werden. Umstände, die im Rahmen einer **umfassenden Gesamtabwägung des Einzelfalles** für eine enge-

re Bindung sprechen, sind vor allem der Arbeitsort, die Staatsangehörigkeit der Vertragsparteien und der Sitz des Arbeitgebers. Demgegenüber kommt der Vertragssprache, der Währung, der Vergütung, dem Ort des Vertragsschlusses oder dem Wohnsitz eine (weitaus) geringere Bedeutung im Rahmen der Gesamtabwägung zu (so i.E. auch BAG v. 29.10.1992 – 2 AZR 267/92, NZA 1993, 743).

518 *„Zwar Indizfunktion, aber keine für sich genommen ausschlaggebende Bedeutung haben die Vertragssprache, die Währung, in der die Vergütung bezahlt wird, der Ort des Vertragsschlusses und der Wohnsitz."* (BAG v. 29.10.1992 – 2 AZR 267/92, NZA 1993, 743, 747)

519 Art. 8 Abs. 1 S. 2 Rom-I-VO stellt sicher, dass die Rechtswahl den zwingenden Schutz des objektiven Arbeitsstatuts nicht nehmen kann (s.a. zur Vorgängernorm Art. 30 EGBGB BAG v. 29.10.1992 – 2 AZR 267/92, NZA 1993, 743). Des Weiteren ergibt sich aus der Zielrichtung des Art. 8 Rom-I-VO ebenfalls, dass ein Verweis auf eine andere Rechtsordnung als diejenige des objektiven Vertragsstatuts nicht zu beanstanden ist, wenn diese für den Arbeitnehmer günstiger ist. Es muss also ein **Günstigkeitsvergleich** zwischen denjenigen Normen vorgenommen werden, die die konkrete Sachfrage regeln. Ein Gesamtvergleich der Rechtsordnungen ist jedoch ausgeschlossen (*Winkler von Mohrenfels*, in EAS B 3000 Rz. 40).

Beispiel für einen Ausschluss der Rechtswahl gemäß § 8 Abs. 1 S. 2 Rom-I-VO: Zu den zwingenden Bestimmungen i.S.d. Art. 8 Abs. 1 S. 2 Rom-I-VO gehören gesetzlich normierte Schutzrechte des Individualarbeitsrechts, daneben aber auch zwingende Vorschriften des öffentlichen Rechts sowie Normen in Tarifverträgen, wenn Tarifbindung vorliegt.

So kann mit einem deutschen Arbeitnehmer zwar das Recht eines bestimmten US-Bundesstaates vereinbart werden (bspw. New York oder Kalifornien), allerdings kann hierüber nicht das zwingende Kündigungsschutzrecht ausgeschlossen werden. Anders wiederum bei in Deutschland arbeitenden US-amerikanischen Staatsbürgern, wenn die engere Bindung an einen anderen Staat aus Art. 8 Abs. 4 Rom-I-VO folgen kann.

520 Unabhängig von dem gewählten oder objektiven Vertragsstatut sind u.U. **Eingriffsnormen** gem. **Art. 9 Rom-I-VO** zu beachten (aus jüngerer Zeit EuGH v. 18.10.2016 – C-135/15, NZA 2016, 1389). Eingriffsnormen sind gem. Art. 9 Abs. 1 Rom-I-VO diejenigen **Vorschriften**, die aus wirtschaftlichen, sozialen oder politischen Allgemeinwohlgründen international zwingend wirken – ohne Rücksicht auf das nach der Rom-I-VO einschlägige Rechtsstatut. Art. 9 Abs. 2 Rom-I-VO regelt die Anwendung der Eingriffsnormen des Rechts des angerufenen Gerichts (lex fori); Art. 9 Abs. 3 Rom-I-VO ermöglicht es, den Eingriffsnormen des Staates, in dem die durch den Vertrag begründeten Verpflichtungen erfüllt werden sollen oder erfüllt worden sind, Wirkung zu verleihen. Allgemein sind Eingriffsnormen von den nicht dispositiven, also zwingenden Bestimmungen im Rahmen des Art. 8 Abs. 1 S. 2 Rom-I-VO abzugrenzen. Das ist nicht unproblematisch. Denn international zwingende Normen, die sich sogar gegenüber einer Rechtswahl durchsetzen, sind auf jeden Fall intern zwingend und können ebenso aus Gründen des Arbeitnehmerschutzes motiviert sein. Umgekehrt ist nicht jede intern zwingende auch eine international zwingende Norm. Eingriffsnormen i.S.d. Art. 9 Abs. 1 Rom-I-VO sind deshalb Normen, denen der Gesetzgeber im Interesse des Allgemeinwohls unbedingte Geltung verschaffen wollte (Auflistung bei ErfK/*Schlachter*, Verordnung (EG) Nr. 593/2008 Rz. 22 ff.).

521 *„Für einen auch im öffentlichen Interesse ausgerichteten Normzweck sprechen gezielte regulierende Eingriffe in private Rechtsverhältnisse des Wirtschafts- und Arbeitslebens durch Verbote bestimmter Schuldverhältnisse oder Genehmigungsvorbehalte für bestimmte Vertragstypen. Dem stehen zwingende Vorschriften gegenüber, die vor allem dem Ausgleich widerstreitender Interessen der Vertragsparteien und damit Individualbelangen dienen."* (BAG v. 29.10.1992 – 2 AZR 267/92, NZA 1993, 743, 748)

522 Schließlich ist – wenngleich selten – der sog. **ordre public** zu beachten. Nach Art. 21 Rom-I-VO ist die Rechtsnorm eines anderen Staates dann nicht anzuwenden, wenn ihre Anwendung zu einem Ergebnis führt, das mit wesentlichen Grundsätzen des deutschen Rechts offensichtlich unvereinbar ist, insbesondere wenn die Anwendung gegen Grundrechte verstößt. Die Normanwendung muss also zu dem Ergebnis führen, dass die Anwendung des ausländischen Rechts schlechthin untragbar wäre

(BAG v. 29.10.1992 – 2 AZR 267/92, NZA 1993, 743). Auch wenn die Zielrichtung und Perspektive beider Normen unterschiedlich ist – Art. 9 Rom-I-VO betrachtet die Innenperspektive, Art. 21 Rom-I-VO die Außenperspektive – wirken sie ähnlich, weil im Ergebnis deutsches Recht angewendet wird.

2. Arbeitnehmerentsendung

Ein **sehr praxisrelevantes Gebiet**, das Fragen sowohl des Unionsrechts als auch des Internationalen Privatrechts aufwirft, ist das der **Arbeitnehmerentsendung**. Darunter versteht man im Grundsatz die Entsendung eines Arbeitnehmers, der während eines begrenzten Zeitraums seine Arbeitsleistung im Staatsgebiet eines anderen Staates als demjenigen erbringt, in dessen Hoheitsgebiet er normalerweise arbeitet. Rechtspolitisch brisant ist vor allem die **Arbeitnehmerentsendung in der Baubranche** geworden, die auf europäischer Ebene zum Erlass der **Entsenderichtlinie 96/71/EG** und auf nationaler Ebene zum Erlass des **Arbeitnehmerentsendegesetzes** (AEntG) geführt hat. Primärrechtlich sind die Arbeitnehmerfreizügigkeit gemäß Art. 45 AEUV, nach herrschender Meinung aber vor allem die Dienstleistungsfreiheit gemäß Art. 56 AEUV betroffen. Denn diese Vorschrift gewährleistet dem Unternehmer auch das Recht, zur Erbringung seiner Dienstleistung Arbeitnehmer in den anderen Mitgliedstaat zu entsenden (Aufnahmestaat).

523

Das AEntG und die Entsenderichtlinie 96/71/EG sind die **normative Antwort auf einen hart geführten Wettbewerb zwischen Niedrig- und Hochlohnländern**, der den deutschen Bauunternehmen seit den siebziger Jahren des vorigen Jahrhunderts zunehmend schärfer ins Gesicht geblasen hatte. Die Folgen dieser wirtschaftlichen Auseinandersetzung waren eine jahrzehntelange Krise der deutschen Bauwirtschaft, von der sie sich erst langsam wieder erholt. Denn ausländische Akteure aus Niedriglohnländern konnten in diesem personal- und lohnintensiven Sektor lange Zeit aufgrund **komparativer Kostenvorteile** die Auftragsvergaben in einem Hochlohnland wie Deutschland für sich entscheiden. Die allgemeinen Regeln des internationalen Privatrechts (Art. 8 Abs. 2 bis Abs. 4 Rom-I-VO = Art. 30 Abs. 2 EGBGB a.F.) sehen für das Arbeitsvertragsstatut in den maßgeblichen Fällen dasjenige des Landes vor, in dem das niedergelassene Unternehmen seinen Sitz hatte (dazu MüArbR/*Oetker* § 13 Rz. 29; *Junker*, FS BAG (2004), 1197, 1200 ff.). Daraus resultierte der **Lohnvorteil für Unternehmen aus Niedriglohnländern**, weil die ausländischen Löhne prozentual deutlich niedriger als die deutschen waren.

524

Dem Ausnutzen dieses Lohnkostenvorteils schieben das AEntG seit 1996 und dessen Neufassung aus dem Jahre 2009 ebenso wie die Entsenderichtlinie 96/71/EG mitsamt der bis zum 30.7.2020 umzusetzenden Entsende-Änderungsrichtlinie 2018/957 einen Riegel vor. Im Kern geht es um die Frage, ob der Aufnahmestaat zulässigerweise **Mindestarbeitsbedingungen** auferlegen kann, die zwingend für alle Marktteilnehmer, also auch dorthin entsandte Arbeitnehmer, gelten. Grundlegend steht hierfür das zustimmende obiter dictum des EuGH in der Rechtssache **Seco und Desquennes** aus dem Jahre 1982, das er vor allem im Rahmen der Dienstleistungsfreiheit und Arbeitnehmerentsendungen nach und nach weiterentwickelt hat (EuGH v. 3.2.1982 – Rs. 62–63/81, NJW 1982, 1935). Den oben beschriebenen Wettbewerbsvorteil nivellieren der europäische und deutsche Gesetzgeber größtenteils dadurch, dass ein bestimmter Kern von Mindestarbeitsbedingungen als international zwingende Normen ausgestaltet und so **auf das Arbeitsvertragsverhältnis des ausländischen Arbeitgebers und Arbeitnehmers erstreckt** werden, wenn letzterer als Entsandter seine Beschäftigung bspw. in Deutschland ausübt. Das betrifft vor allem die Auferlegung bestimmter Mindestlöhne (Zum Verhältnis zum MiLoG Rz. 475) sowie die Teilnahme an dem sog. Urlaubskassenverfahren der Baubranche. Damit wird also das der Dienstleistungsfreiheit immanente Herkunftslandprinzip spürbar eingeschränkt.

525

Die **rechtstechnische Umsetzung** geschieht über Art. 9 Rom-I-VO: Nach der überwiegenden Auffassung handelt es sich bei den in Art. 3 Abs. 1 lit. a bis g Entsenderichtlinie und §§ 2, 3, 8 AEntG aufgeführten Arbeits- und Beschäftigungsbedingungen um **Eingriffsnormen** i.S.d. Art. 9 Rom-I-VO. Durch die klare gesetzgeberische Anordnung in § 8 Abs. 1 und Abs. 2 AEntG erübrigt sich die Streitfrage, ob allgemein verbindlich erklärte Tarifnormen Eingriffsnormen i.S.d. Art. 9 Rom-I-VO darstel-

526

len können. Als international zwingende Normen gelten sie auch für Arbeitsverhältnisse die ausländischem Recht unterliegen (ErfK/*Schlachter* § 3 AEntG, Rz. 2).

§ 15
Verfassungsrecht

Literatur: *Badura*, Arbeitsrecht und Verfassungsrecht, RdA 1999, 8; *Dieterich*, Grundgesetz und Privatautonomie im Arbeitsrecht, RdA 1995, 129; *Küchenhoff*, Einwirkung des Verfassungsrechts auf das Arbeitsrecht, RdA 1969, 97; *Kühling*, Arbeitsrecht in der Rechtsprechung des Bundesverfassungsgerichts, AuR 1994, 126; *Oetker*, Die Ausprägung der Grundrechte des Arbeitnehmers in der Arbeitsrechtsordnung der Bundesrepublik Deutschland, RdA 2004, 8; *Söllner*, Verfassungsrechtliche Aspekte des Arbeitsvertragsrechts, FS Stahlhacke (1995), 519; *Steiner*, Das Deutsche Arbeitsrecht im Kraftfeld von Grundgesetz und Europäischem Gemeinschaftsrecht, NZA 2008, 73; *Volkmann*, Veränderungen der Grundrechtsdogmatik, JZ 2005, 261.

I. Bedeutung des Grundgesetzes für das Arbeitsrecht

527 Dem Grundgesetz kommt als rechtliche Grundordnung der Bundesrepublik Deutschland naturgemäß für alle Bereiche des Rechts eine besondere Bedeutung zu. Für das Arbeitsrecht gilt dies in besonderem Maße, obwohl das Grundgesetz **wirtschaftspolitisch neutral** ist. Das Grundgesetz enthält keine unmittelbare Festlegung und Gewährleistung einer bestimmten Wirtschaftsordnung und normiert keine verfassungsrechtlichen Grundsätze zur Gestaltung des Wirtschaftslebens. Im Rahmen des Grundgesetzes kann der Gesetzgeber somit jede Wirtschaftspolitik verfolgen, die ihm sachgemäß erscheint (BVerfG v. 1.3.1979 – 1 BvR 532/77, NJW 1979, 699, 702).

528 Die Aufgabe, die gesetzlichen Rahmenbedingungen des Wirtschaftsrechts zu schaffen, steht nach der Kompetenzordnung des Grundgesetzes in erster Linie dem Bundesgesetzgeber zu. Dies schließt die Befugnis ein, das Arbeitsrecht einfachrechtlich auszugestalten. Das Grundgesetz normiert in Art. 74 Abs. 1 Nr. 12 GG, dass sich die **konkurrierende Gesetzgebung des Bundes** auf das Gebiet des Arbeitsrechts einschließlich der Betriebsverfassung, des Arbeitsschutzes und der Arbeitsvermittlung sowie der Sozialversicherung einschließlich der Arbeitslosenversicherung erstreckt. Da das vor der Föderalismusreform I bestehende Erfordernis, wonach die bundesgesetzliche Regelung zur Wahrung der Rechts- und Wirtschaftseinheit gemäß Art. 72 Abs. 2 GG erforderlich sein musste, für das Gebiet des Arbeitsrechts weitgehend als gegeben angesehen wurde, hat sich das Arbeitsrecht überwiegend als **Bundesrecht** entwickelt.

529 Seit der **Föderalismusreform I** im Jahre 2006 steht dem Bund für diesen Gegenstand der konkurrierenden Gesetzgebung die Gesetzgebungskompetenz sogar ohne die weiteren einschränkenden Voraussetzungen des Art. 72 Abs. 2 GG zu, weil dort der Kompetenztitel des Art. 74 Abs. 1 Nr. 12 GG nicht aufgeführt wird (allgemein vgl. *Ipsen* NJW 2006, 2801). Nur soweit und solange der Bund von seiner konkurrierenden Gesetzgebungskompetenz nicht Gebrauch gemacht hat, können daher die Länder noch arbeitsrechtliche Normen schaffen (Art. 70 Abs. 1, 72 Abs. 1 GG). Dies ist der Fall, solange der Bundesgesetzgeber **keine erschöpfende Regelung** eines Rechtsbereichs vorgenommen hat. Des Weiteren steht das bürgerlich-rechtliche Kodifikationsprinzip einer landesgesetzlichen Regelung ebenfalls nicht entgegen. Denn das Arbeitsrecht hat sich zu einem selbständigen Rechtsgebiet entwickelt. So fehlte bislang etwa eine abschließende Regelung der Arbeitnehmerweiterbildung auf Bundesebene, sodass die Bundesländer befugt sind und waren, Regelungen über den Bildungsurlaub zu schaffen (BVerfG v. 15.12.1987 – 1 BvR 563/85, NZA 1988, 355; BVerfG v. 22.4.1958 – 2 BvL 32/56, NJW 1958, 1179).

Bei der einfachrechtlichen Ausgestaltung des Arbeitsrechts sind Bundes- und Landesgesetzgeber jedoch gewissen Schranken unterworfen. Die wirtschaftspolitische Neutralität des Grundgesetzes bedeutet nicht, dass der Gesetzgeber das Arbeitsrecht völlig frei regeln kann. Die Schranken ergeben sich aus den grundrechtlichen Positionen des einzelnen Bürgers. Auch der Privatrechtsgesetzgeber darf die Grundrechte nicht unzulässig beschneiden; er hat den Geltungsvorrang des Grundgesetzes voll zu beachten (Art. 1 Abs. 3 GG). Insbesondere die **Lüth-Entscheidung** hat wie keine andere Entscheidung des BVerfG diese umfassende **Verfassungsabhängigkeit des einfachen Gesetzesrechts** eindrucksvoll untermauert und damit einen eigenen Entwicklungspfad beschritten (BVerfG v. 15.1.1958 – 1 BvR 400/51, NJW 1958, 257, dazu sogleich).

530

In der nationalen **Normenpyramide** stehen die verfassungsrechtlichen Normen hierarchisch an erster Stelle und gehen allen anderen Rechtsquellen vor. Jede Rechtsquelle niederer Rangordnung muss somit im Einklang mit den Vorschriften des Grundgesetzes stehen. Erfüllt die rangniedere Norm diese Voraussetzungen nicht, ist die einfachrechtliche Norm nichtig. Es greift der **Geltungsvorrang** des Grundgesetzes ein (lex superior derogat legi inferiori). Eine Ausnahme von der Nichtigkeitsfolge erkennt das Bundesverfassungsgericht nur in Ausnahmefällen für eine Übergangszeit an. Das ist insbesondere bei Verstößen gegen Gleichheitsrechte der Fall. Hier stellt das BVerfG grundsätzlich die bloße Unvereinbarkeit einer gesetzlichen Vorschrift mit dem Grundgesetz fest; der Grund ist in der Rechtsfolgenvielfalt bei Gleichheitsrechtsverstößen zu sehen (bspw. BVerfG v. 28.2.2007 – 1 BvL 9/04, NJW 2007, 1735; vgl. zur Verfassungswidrigkeit einer Tarifnorm und deren Folgen BAG v. 13.11.1985 – 4 AZR 234/84, NZA 1986, 321); freilich spricht das BVerfG die Unvereinbarkeitsfolge ausnahmsweise auch bei Verstößen gegen Freiheitsrechte aus (vgl. BVerfG v. 28.3.2006 BVerfGE 115, 276, 300 ff., Leitsatz 4a und 4b).

531

Beispiel für die Verfassungswidrigkeit einer gesetzlichen Regelung: Die Regelung des § 622 Abs. 2 BGB a.F. sah vor, dass für Arbeiter kürzere Kündigungsfristen gelten, als dies für Angestellte nach dem Angestelltenkündigungsschutzgesetz der Fall war. Das Bundesverfassungsgericht hielt diese Unterscheidung für unvereinbar mit Art. 3 Abs. 1 GG. Es seien keine sachlichen Gründe für eine unterschiedliche Behandlung von Arbeitern und Angestellten bei den Kündigungsfristen erkennbar. Damit hätte das Bundesverfassungsgericht die Regelung des § 622 Abs. 2 BGB a.F. grundsätzlich für nichtig erklären müssen. Das Gericht sah hiervon jedoch ab, weil die Ungleichbehandlung hierdurch vertieft worden wäre und gab dem Gesetzgeber auf, die Ungleichbehandlung innerhalb einer bestimmten Frist zu beseitigen (BVerfG v. 30.5.1990 – 1 BvL 2/83, NZA 1990, 721).

Auch wenn Zweifel an der Verfassungsmäßigkeit einfachrechtlicher Normen in der arbeitsrechtlichen Rechtsprechung und Literatur besonders häufig geäußert werden, beruht die herausragende Bedeutung der Grundrechte im Arbeitsrecht jedoch nicht auf Fallgestaltungen des Geltungsvorrangs. In dieser Hinsicht gelten für das Arbeitsrecht gegenüber dem normalen Zivilrecht keine Besonderheiten. Der „Sonderweg" des Arbeitsrechts liegt in der **besonders intensiven Anwendung der grundrechtlichen Wertungen innerhalb der Rechtsbeziehung zwischen Arbeitgeber und Arbeitnehmer.** Arbeitsrecht ist gelebtes Verfassungsrecht. Diese Einwirkung der Grundrechte auf die Rechtsbeziehungen Privater wird allgemein als **Drittwirkung der Grundrechte** bezeichnet. Zu überlegen ist, wie ihre Drittwirkung im Privatrecht konstruiert werden kann.

532

II. Einwirkung der Grundrechte auf das Arbeitsrecht

Literatur: *Gamillscheg*, Die Grundrechte im Arbeitsrecht, AcP 164 (1964), 385; *Gamillscheg*, Die Grundrechte im Arbeitsrecht, 1989; *Keilich*, Die Auswirkungen der Grundrechte/Menschenrechte für das Arbeitsrecht in Deutschland und England, 2005; *Oetker*, Die Ausprägung der Grundrechte des Arbeitnehmers in der Arbeitsrechtsordnung der Bundesrepublik Deutschland, FS 50 Jahre BAG (2004), 8; *Söllner*, Die Verwirklichung der Grundrechte als gemeinsame Aufgabe von Bundesarbeitsgericht und Bundesverfassungsgericht, FS Kissel (1994), 1121.

1. Funktionen der Grundrechte

533 Eine Anwendung der Grundrechte auf die Rechtsverhältnisse zwischen einzelnen Grundrechtsträgern ist dem Wesen der Grundrechte zunächst fremd. Die Grundrechte sind nach ihrer geistesgeschichtlichen Entwicklung in erster Linie **Abwehrrechte des Bürgers gegen den Staat**. Sie verhelfen ihm zu einem Freiheitsraum, in den die öffentliche Gewalt grundsätzlich nicht eingreifen darf (BVerfG v. 15.1.1958 – 1 BvR 400/51, NJW 1958, 257).

534 Es wurde jedoch bereits früh erkannt, dass eine Begrenzung der Grundrechte auf eine Abwehrfunktion ihrer herausragenden Bedeutung nicht gerecht wird. Der Grundrechtskatalog stellt nicht nur eine Aufzählung von Abwehrrechten des Bürgers dar, mit denen er sich gegen die Staatsgewalt zur Wehr setzen kann. Der Grundrechtsabschnitt muss vielmehr als **objektive Wertentscheidung** verstanden werden, die für alle Bereiche des Rechts – also auch für das Zivilrecht – Geltung beansprucht. Diese Erkenntnis hat das Bundesverfassungsgericht in der Lüth-Entscheidung deutlich zum Ausdruck gebracht (BVerfG v. 15.1.1958 – 1 BvR 400/51, NJW 1958, 257; dazu *Wahl*, Herausforderungen und Antworten: Das öffentliche Recht der letzten fünf Jahrzehnte, 2006, S. 31 bis 35).

535 *„Dieses Wertsystem, das seinen Mittelpunkt in der innerhalb der sozialen Gemeinschaft sich frei entfaltenden menschlichen Persönlichkeit und ihrer Würde findet, muss als verfassungsrechtliche Grundentscheidung für alle Bereiche des Rechts gelten. So beeinflusst es selbstverständlich auch das bürgerliche Recht; keine bürgerlich-rechtliche Vorschrift darf in Widerspruch zu ihm stehen, jede muss in seinem Geiste ausgelegt werden."* (BVerfG v. 15.1.1958 – 1 BvR 400/51, NJW 1958, 257)

2. Grundrechtsbindung der Parteien des Arbeitsvertrags

536 Seit der Lüth-Entscheidung ist die Einwirkung der Grundrechte auf den Zivilrechtsverkehr allgemein anerkannt. Die Frage nach dem **Umfang und der Reichweite der Bindung** des Zivilrechtsverkehrs an die Grundrechte war jedoch noch nicht abschließend entschieden. Den Streit zwischen den beiden unterschiedlichen Ansätzen, die als **unmittelbare und mittelbare Drittwirkungslehre** bezeichnet werden, ließ das Bundesverfassungsgericht offen (BVerfG v. 15.1.1958 – 1 BvR 400/51, NJW 1958, 257), auch wenn die Formulierungen des Gerichts auf eine bloß mittelbare Drittwirkung der Grundrechte hindeuteten. In der Folge beschäftigte der Streit Literatur und Rechtsprechung jahrzehntelang.

a) Unmittelbare Drittwirkungslehre

537 Für einen kleinen Teilbereich hat die Verfassung die streitige Frage selbst entschieden. Die Vorschrift des Art. 9 Abs. 3 S. 2 GG normiert eine **unmittelbare Drittwirkung des Grundrechts der Koalitionsfreiheit** (Art. 9 Abs. 3 S. 1 GG, dazu *Höfling/Burkiczak* RdA 2004, 263). Hiernach sind Abreden zwischen Arbeitnehmern und Arbeitgebern, die die Koalitionsfreiheit beschränken, nichtig. Eine betroffene Gewerkschaft kann sich gegen einen solchen rechtswidrigen Angriff auf ihr Koalitionsbetätigungsrecht mit einer Unterlassungsklage wehren. Der Anspruch folgt aus § 1004 Abs. 1 S. 2 BGB i.V.m. Art. 9 Abs. 3 GG (BAG v. 20.4.1999 – 1 ABR 72/98, RdA 2000, 165).

Beispiel für die unmittelbare Drittwirkung des Art. 9 Abs. 3 GG: Ein Arbeitgeber erklärt sich bereit, einen Arbeitnehmer einzustellen, wenn er aus der Gewerkschaft austritt. Wird die Verpflichtung zum Austritt aus der Gewerkschaft zum Gegenstand des Arbeitsvertrags gemacht, ist diese Vertragsklausel gemäß Art. 9 Abs. 3 S. 2 GG i.V.m. § 134 BGB nichtig. Eine Gewerkschaft, deren Mitglieder auf diese Weise zum Austritt aufgefordert werden, kann vom Arbeitgeber gemäß § 1004 Abs. 1 S. 2 BGB i.V.m. Art. 9 Abs. 3 GG verlangen, dass er dieses Verhalten unterlässt.

538 Über diese ausdrückliche Regelung hinaus befürwortete das BAG früher im Anschluss an seinen ersten Präsidenten *Nipperdey* eine **unmittelbare Drittwirkung der Grundrechte** und ging von ihrer direkten Anwendung im Privatrechtsverkehr aus (*Nipperdey* RdA 1950, 121, 124; *Nipperdey*, Grundrechte und Privatrecht, 1961, S. 18 ff.). Nach dieser Lehre können die Freiheits- und Gleichheitsrechte auch im Rechtsverkehr unter Privaten zwingend verbindlich sein. Als Ordnungsgrundsätze für das

soziale Leben sollte einer Reihe bedeutsamer Grundrechte in einem bestimmten Umfang unmittelbare Bedeutung auch für den Rechtsverkehr der Bürger untereinander entnommen werden (BAG v. 3.12.1954 – 1 AZR 150/54, NJW 1955, 606). Mit der Bezeichnung „unmittelbare Wirkung" wird zum Ausdruck gebracht, dass die Grundrechte nach ihrem Rechtsgehalt im Privatrecht normative Wirkung entfalten. Demnach kann sich der Einzelne im Privatrechtsverkehr unmittelbar auf die Grundrechte berufen und sie gegen andere Bürger geltend machen. Sie sind nach dieser Theorie nicht nur für den Staat, sondern auch für die Subjekte des Privatrechts verbindlich. Die unmittelbare privatrechtsdogmatische Folge dieser Theorie war, dass die **Grundrechte als Verbotsgesetze** gewertet wurden. Als solche Verbotsgesetze konnten sie die Nichtigkeit eines Rechtsgeschäfts nach § 134 BGB begründen (bspw. BAG v. 3.12.1954 – 1 AZR 150/54, NJW 1955, 606; BAG v. 23.3.1957 – 1 AZR 326/56, AP Nr. 16 zu Art. 3 GG; BAG v. 10.5.1957 – 1 AZR 479/55, NJW 1957, 1688; BAG v. 29.6.1962 – 1 AZR 343/61, NJW 1962, 1981).

Beispiel aus der älteren BAG-Rechtsprechung für die Anwendung der Theorie der unmittelbaren Drittwirkung: Im Arbeitsvertrag einer Arbeitnehmerin war eine Klausel enthalten, nach der das Arbeitsverhältnis enden sollte, wenn sie heiratet. Das BAG sah hierin einen Verstoß gegen Art. 6 Abs. 1 GG, da die Eingehung der Ehe, die unter dem Schutz der grundrechtlichen Norm steht, behindert werde. Es erklärte die Vertragsklausel gemäß § 134 BGB für nichtig (BAG v. 10.5.1957 – 1 AZR 479/55, NJW 1957, 1688).

Dieser Weg, die Grundrechte unmittelbar auch in das Arbeitsverhältnis einfließen zu lassen, trägt zwar dem Umstand Rechnung, dass die Grundrechte **objektive Wertentscheidungen** sind und sich so auch auf privatrechtlicher Ebene entfalten. Es ist jedoch nicht zu verkennen, dass diese Sicht dem Sinn der Grundrechte als Abwehrrechte gegen den Staat widerspricht. Eine Abwehrfunktion auch gegen Private schöbe die klare positivrechtliche Bindungstrias des Art. 1 Abs. 3 GG beiseite, die als Grundrechtsadressaten nur die drei öffentlichen Gewalten nennt (Legislative, Exekutive und Judikative). 539

b) Mittelbare Drittwirkungslehre

Aus diesem Grunde ist mit dem Bundesverfassungsgericht (grundlegend BVerfG v. 15.1.1958 – 1 BvR 400/51, NJW 1958, 257; aus jüngerer Zeit BVerfG v. 11.4.2018 – 1 BvR 3080/09, NJW 2018, 1667 zu Art. 3 Abs. 1 GG; *Dürig*, FS Nawiasky, 1956, 157 ff.) und der herrschenden Lehre von einer lediglich **mittelbaren Drittwirkung** der Grundrechte im Privatrecht auszugehen. Die Grundrechte wirken demnach auf die Rechtsbeziehung der Privatrechtssubjekte nicht unmittelbar, sondern nur mittelbar über die auslegungsfähigen und ausfüllungsbedürftigen **Generalklauseln des Privatrechts** (bspw. „Treu und Glauben", „gute Sitten", „billiges Ermessen", „unangemessene Benachteiligung", „wesentliche Grundgedanken", Zumutung u.Ä.) ein. Die Grundrechte entscheiden privatrechtliche Rechtsstreitigkeiten damit nicht ohne Weiteres, sondern benötigen immer eine Norm des Zivilrechts als Scharnier, um in einem privatrechtlichen Rechtsverhältnis ihre Wirkung zu entfalten. Diese Gelenknormen stellen die zivilrechtlichen Generalklauseln, wie bspw. §§ 138, 242, 307, 315 BGB oder § 106 GewO oder unbestimmte Rechtsbegriffe wie der Ausdruck „nicht zugemutet werden kann" in § 275 Abs. 3 BGB oder der „wichtige Grund" in § 626 BGB dar. Die Grundrechte können demgemäß – mit Ausnahme des Art. 9 Abs. 3 S. 2 GG – **nicht als Verbotsgesetz** i.S.d. § 134 BGB angesehen werden. Von dieser Wirkweise der Grundrechte im Zusammenhang mit Generalklauseln ist aber strikt die unmittelbare Bindung zwingender Normen des Privatrechts an die höherrangigen Grundrechte zu unterscheiden. In einem solchen Fall sind die Grundrechte unmittelbarer Prüfungsmaßstab; dies folgt aus der Bindung des Privatrechtsgesetzgebers an die Verfassung gemäß Art. 1 Abs. 3 GG (*Kingreen/Poscher*, Grundrechte, 34. Aufl. 2018, Rz. 187 ff.). 540

„Der Rechtsgehalt der Grundrechte als objektive Normen entfaltet sich im Privatrecht durch das Medium der dieses Rechtsgebiet unmittelbar beherrschenden Vorschriften. [...] Der Einfluss grundrechtlicher Wertmaßstäbe wird sich vor allem bei denjenigen Vorschriften des Privatrechts geltend machen, die zwingendes Recht enthalten und so einen Teil des ordre public – im weiteren Sinne – bilden, d.h. der Prinzipien, die aus Gründen des gemeinen Wohls auch für die Gestaltung der Rechtsbeziehungen zwi-

schen den Einzelnen verbindlich sein sollen und deshalb der Herrschaft des Privatwillens entzogen sind." (BVerfG v. 15.1.1958 – 1BvR 400/51, NJW 1958, 257)

541 Das BAG ist lange Zeit nicht offiziell von seiner Position abgewichen, wenngleich die Argumentation des Gerichts seit mehr als zwei Jahrzehnten eine **Abkehr von der unmittelbaren Drittwirkung** erkennen lässt. So hat das BAG bei der Beantwortung der Frage, ob der Arbeitnehmer im gekündigten Arbeitsverhältnis einen Anspruch auf Weiterbeschäftigung bis zum Abschluss des Kündigungsrechtsstreits hat, die Grundrechte nicht unmittelbar herangezogen. Es hat vielmehr auf den Grundsatz von Treu und Glauben zurückgegriffen und diesen im Lichte der Grundrechte interpretiert (BAG v. 27.2.1985 – GS 1/84, NZA 1985, 702). Spätere Entscheidungen haben diese Tendenz bestätigt, sodass man davon ausgehen kann, dass das BAG sich von seiner früheren Auffassung verabschiedet hat.

„Damit ist letztlich der in § 242 BGB normierte Grundsatz von Treu und Glauben angesprochen. Bei der Beantwortung der Frage nach dem, was Treu und Glauben jeweils gebieten, ist auch auf die in den Grundrechten des Grundgesetzes zum Ausdruck gekommene Wertentscheidung der Verfassung Bedacht zu nehmen." (BAG v. 27.2.1985 – GS 1/84, NZA 1985, 702)

542 Die Gewissheit, dass sich das BAG der Lehre von der mittelbaren Grundrechtswirkung zugewandt hat, brachte die Entscheidung seines 6. Senats vom 27.5.2004 über die Grundrechtsbindung von Tarifparteien (BAG v. 27.5.2004 – 6 AZR 129/03, NZA 2004, 1399). Dieser Senat entschied, dass die Tarifparteien als Vereinigungen des privaten Rechts nicht unmittelbar grundrechtsgebunden seien, wohl aber mittelbar durch die grundrechtliche Schutzfunktion.

*„[...] Die Grundrechtsbindung der Tarifvertragsparteien beruht deshalb nicht unmittelbar auf der Abwehrfunktion der Grundrechte, sondern **mittelbar auf deren Schutzfunktion**."* (BAG v. 27.5.2004 – 6 AZR 129/03, NZA 2004, 1399, 3. Orientierungssatz)

543 Diese Entscheidung bezieht sich zwar auf die Bindung der Tarifvertragsparteien und damit der Kollektivparteien, doch sichert sie damit auch die bisherige Rechtsprechungstendenz zur lediglich mittelbaren Grundrechtsbindung der Arbeitsvertragsparteien ab. Eine weitere Entscheidung, in der die Abkehr des BAG von der unmittelbaren Wirkung der Grundrechte ebenfalls sehr deutlich zutage tritt, ist diejenige zur außerordentlichen Kündigung aufgrund erheblicher Ehrverletzungen des Arbeitgebers durch den Arbeitnehmer (BAG v. 24.11.2005 – 2 AZR 584/04, NZA 2006, 650, 652 f.) oder zur Zulässigkeit der Videoüberwachung am Arbeitsplatz (BAG v. 29.6.2004 – 1 ABR 21/03, NZA 2004, 1278, 1279 f.).

c) Schutzgebotsfunktion der Grundrechte

544 Das Bundesverfassungsgericht hat seine Auffassung von der mittelbaren Drittwirkung der Grundrechte seit der Lüth-Entscheidung weiterentwickelt. Es versteht das Drittwirkungsproblem nun als Unterfall der **Schutzpflichtdimension**, die Grundrechte einnehmen können (dazu *Canaris* JuS 1989, 161; *Voßkuhle* JuS 2007, 429). Das Gericht hält an der Auffassung fest, dass die Grundrechte nur mittelbar über die zivilrechtlichen **Generalklauseln** eine Ausstrahlungswirkung auf den Privatrechtsverkehr haben. Jedoch begründet es die Befugnis und Verpflichtung der Fachgerichte, die Grundrechte im Zivilrecht geltend zu machen, überzeugend mit einem **Schutzauftrag der Verfassung**.

545 Die Idee grundrechtlicher Schutzpflichten ergibt sich zunächst ausdrücklich aus dem Grundgesetz selbst. Insbesondere Art. 1 Abs. 1 S. 2 GG verpflichtet staatliche Gewalt, die Würde des Menschen zu schützen. Darüber hinaus ist aber seit langem in der Rechtsprechung des Bundesverfassungsgerichts anerkannt, dass die staatlichen Schutzpflichten eine **allgemeine Grundrechtsfunktion** darstellen. Diese Schutzpflichten sollen die Verpflichtung des Staates begründen, Grundrechtsberechtigte auch vor Übergriffen Dritter in ihre **grundrechtlichen Positionen in Schutz zu nehmen**. Es geht also um die Ausgestaltung der Rechtsordnung; damit ist als Adressat der grundrechtlichen Schutzpflicht primär der Gesetzgeber angesprochen.

Entwickelt wurde diese Lehre durch das BVerfG insbesondere an Freiheitsrechten, namentlich anhand der Verpflichtung zum Schutz des ungeborenen Lebens im Rahmen des Art. 2 Abs. 2 S. 1 GG; es hielt sogar den Staat für verpflichtet, diesen Schutz mit den Mitteln des Strafrechts zu gewährleisten (BVerfG v. 25.2.1975 – 1 BvF 1/74, NJW 1975, 573). Die Schutzpflicht des Staates gilt aber ebenso wie die objektive Wertordnung der Grundrechte für alle Bereiche des Rechts, also auch für das Verhältnis der Privatrechtssubjekte zueinander. Denn die Freiheit des Einzelnen kann nicht nur durch den Staat bedroht sein, sondern auch von nicht-staatlicher Seite. Die Schutzpflichtdimension der Grundrechte kann der Gesetzgeber also mit Hilfe öffentlich-rechtlicher und/oder privatrechtlicher Vorschriften ausfüllen. 546

Die **gerichtliche Kontrolldichte**, anhand derer überprüft werden kann, ob der Gesetzgeber seiner grundrechtlichen Schutzpflicht nachgekommen ist, ist dabei **stark zurückgenommen**. Denn im Ergebnis geht es darum, den Gesetzgeber zu verpflichten, tätig zu werden; gerügt wird also ein grundrechtswidriges Unterlassen. In diesem Bereich genießt der Gesetzgeber aber einen weiten Gestaltungsspielraum. Daher ist lediglich gerichtlich überprüfbar, ob der Gesetzgeber ein Mindestmaß an Grundrechtsschutz unterschritten hat (sog. **Untermaßverbot**, dazu *Erichsen* Jura 1997, 85 ff.; ErfK/ *Schmidt* Einleitung GG Rz. 38). Dieses Untermaßverbot setzt sich dogmatisch aus der Stufe der **Geeignetheit** und **Angemessenheit** zusammen. Die Grenze ist unterschritten, wenn der Gesetzgeber zu Maßnahmen greift, die zur Erreichung des vorgegebenen Ziels ungeeignet sind. Hinzu tritt das Erfordernis einer angemessenen Realisierung des grundrechtlich vorgegebenen Ziels. Eine solche ist dann nicht mehr gegeben, wenn die zu ordnenden entgegengesetzten Belange der Beteiligten in einer Weise zugeordnet werden, die einen angemessenen Ausgleich nicht mehr erkennen lassen. Zu unterscheiden ist das Untermaßverbot vom Übermaßverbot, welches die Möglichkeit staatlichen Handelns auf der Ebene der Rechtfertigung eines Eingriffs beschränken soll. 547

Hat beispielsweise bei der Vertragsgestaltung ein Vertragspartner eine so starke Position, dass er den Vertragsinhalt einseitig festlegen kann, hat dies für den anderen Vertragspartner Fremdbestimmung zur Folge. In einem solchen Fall besteht gleiche Freiheit für beide Vertragsteile nur formal. Faktisch kann allein der stärkere Vertragspartner seine Grundrechte verwirklichen. Die Verfassung verpflichtet den Gesetzgeber, durch die Schaffung einer Rechtsordnung solchen Fehlentwicklungen entgegenzuwirken, ausgewogene Regelungen zu finden und auf diese Weise für einen Grundrechtsschutz beider Parteien zu sorgen (BVerfG v. 2.5.1996 – 1 BvR 696/96, NJW 1996, 2021; BVerfG v. 7.2.1990 – 1 BvR 26/84, NZA 1990, 389). 548

Mit der Pflicht zur Ausgestaltung der Privatrechtsordnung stellt sich dem Gesetzgeber somit das Problem **praktischer Konkordanz**. Am Zivilrechtsverkehr nehmen gleichrangige Grundrechtsträger teil, die unterschiedliche Interessen und vielfach gegenläufige Ziele verfolgen. Da sich aber alle Beteiligten in diesem **Dreiecksverhältnis** gleichermaßen auf die grundrechtliche Gewährleistung ihrer Privatautonomie berufen können, darf nicht nur das Recht des Stärkeren gelten. Die kollidierenden Grundrechtspositionen sind in ihrer Wechselwirkung zu sehen und so zu begrenzen, dass sie für alle Beteiligten möglichst weitgehend wirksam werden (Grundsatz der praktischen Konkordanz, dazu BVerfG v. 19.10.1993 – 2 BvR 1778/93 BVerfGE 89, 214; BVerfG v. 24.11.2010 – 1 BvF 2/05, JuS 2011, 950; BVerfG v. 21.7.2009 – 1 BvR 1358/09, NJW 2009, 3151; BVerfG v. 28.10.2008 – 1 BvR 462/06, NJW 2009, 2190). 549

Soweit der Gesetzgeber als primärer Adressat der Schutzpflicht nicht für den Schutz der Rechtsgüter vor „Übergriffen" Dritter sorgt, indem er ausgewogene Gesetze schafft, muss die **Judikative** diese **Schutzpflicht** wahrnehmen. Den Richter trifft insoweit eine Pflicht zur inhaltlichen Kontrolle vertraglicher Regelungen, und er kann die Grundrechte über die Generalklauseln zur Wirkung bringen und einen grundrechtskonformen Ausgleich der gegenläufigen Interessen im Einzelfall schaffen. In Anwendung der gesetzlichen Regelungen, insbesondere der Generalklauseln, hat er darauf zu achten, dass Verträge nicht zur Fremdbestimmung einer Vertragspartei genutzt werden (BVerfG v. 6.12.2005 – 1 BvR 1905/02, JZ 2006, 968; BVerfG v. 19.10.1993 – 1 BvR 567/89, NJW 1994, 36; BVerfG v. 7.2.1990 – 1 BvR 26/84, NZA 1990, 389). 550

551 *"Speziell für das Vertrags- und das Bürgschaftsrecht hat das Bundesverfassungsgericht weiter klargestellt, dass Privatautonomie die Selbstbestimmung des Einzelnen im Rechtsleben voraussetzt, dass die Vertragsfreiheit nur im Falle eines annähernd ausgewogenen Kräfteverhältnisses der Vertragspartner als Mittel eines angemessenen Interessenausgleichs geeignet ist und dass es zu den Hauptaufgaben des geltenden Zivilrechts gehört, auf strukturelle Störungen des Verhandlungsgleichgewichts angemessen zu reagieren (vgl. BVerfGE 89, 214, 231 ff.; für Eheverträge siehe auch, daran anknüpfend, BVerfGE 103, 89, 100)."*
(BVerfG v. 6.12.2005 – 1 BvR 1905/02, JZ 2006, 968, 971)

552 Da der Richter über Art. 1 Abs. 3 GG an die Grundrechte unmittelbar gebunden ist, muss er den objektiven Wertgehalt der Grundrechte bei Auslegung und Anwendung des einfachen Rechts berücksichtigen. Andernfalls verletzt er als Träger der öffentlichen Gewalt die Grundrechte, auf deren Wahrung der Rechtsunterworfene nach Art. 1 Abs. 3 GG einen Anspruch hat. Die Grundrechte wirken in der Weise auf das Privatrecht ein, dass der Staat – in Gestalt der Rechtsprechung und eingedenk seiner Schutzpflicht – mit den Mitteln des Privatrechts einen verfassungskonformen Ausgleich der kollidierenden Rechtspositionen herstellen muss. Hat der Gesetzgeber in Erfüllung seines grundrechtlichen Schutzauftrags Normen des einfachen Rechts geschaffen, trifft den Richter die Verpflichtung, diese Normen im Lichte des Schutzzwecks auszulegen und anzuwenden.

3. Grundrechtsbindung der Kollektivvertragsparteien

Literatur: *Boemke*, Bindung der Tarifvertragsparteien an die Grundrechte, FS 50 Jahre BAG (2004), 613; *Dieterich*, Die grundrechtsdogmatischen Grenzen der Tarifautonomie in der Rechtsprechung des Bundesarbeitsgerichts, FS Wiedemann (2002), 229; *Dieterich*, Gleichheitsgrundsätze im Tarifvertragsrecht, RdA 2005, 177; *Fastrich*, Bemerkungen zu den Grundrechtsschranken des Tarifvertrags, FS Richardi (2007), 127; *Gornik*, Grundrechtsbindung in der Rechtsprechung des BAG, NZA 2012, 1399; *Jacobs/Frieling*, Die Grundrechtsbindung der Tarifvertragsparteien, SR 2019, 108; *Lerche*, Zur Bindung der Tarifnormen an die Grundrechte, insbesondere an das Grundrecht der Berufsfreiheit, FS Steindorff (1990), 897; *Möstl*, Zur Bindungswirkung der Grundrechte bei Tarifverträgen, JZ 1999, 202; *Rieble*, Arbeitsmarkt und Wettbewerb, 1996, § 5; *Schwarze*, Die Grundrechtsbindung der Tarifnormen aus der Sicht grundrechtlicher Schutzpflichten, ZTR 1996, 1; *Waltermann*, Kollektivvertrag und Grundrechte, RdA 1990, 138; *A. Wiedemann*, Die Bindung der Tarifvertragsparteien an die Grundrechte, insbesondere an Art. 12 GG, 1994.

553 Ähnlich schwierig wie die Frage der Grundrechtsbindung der Parteien des Arbeitsvertrags gestaltet sich die **Frage nach der Grundrechtsbindung der Parteien kollektivrechtlicher Regelungen (Koalitionen, Arbeitgeber und Betriebsrat)**. Der Streit zwischen mittelbarer und unmittelbarer Grundrechtsbindung wirkt hier unter veränderten Vorzeichen fort. Es stellt sich die Frage, ob die tariflichen und betrieblichen Normen unmittelbar – wie ein Gesetz – an den Grundrechten zu messen sind, oder ob ein weiterer Gestaltungsspielraum besteht, wie er den Arbeitsvertragsparteien zukommt. Diese Problematik kann hier jedoch nur angeschnitten werden (allgemein zur Problematik der Grundrechtsbindung nicht-staatlicher Institutionen *Schnapp/Kaltenborn* JuS 2000, 937, speziell zur Rechtsprechung des BAG *Gornik* NZA 2012, 1399).

554 Ein wichtiges Kriterium bei der Beurteilung dieser Frage ist die Tatsache, dass sowohl dem Tarifvertrag als auch der Betriebsvereinbarung eine **privatautonome Abrede** zugrunde liegt. Dies vermag auch die normative Wirkung nicht zu ändern. Damit besteht eine Vergleichbarkeit mit der individuellen Vereinbarung, die für eine mittelbare Grundrechtsbindung spricht. Diesen Gesichtspunkt hielt das Bundesverfassungsgericht bei seiner Entscheidung über die lediglich mittelbare Grundrechtsbindung der Betriebsvereinbarung (Sozialplan) für maßgeblich (BVerfG v. 23.4.1986 – 2 BvR 487/80, NJW 1987, 827).

"Sozialpläne haben die Wirkung von Betriebsvereinbarungen. [...] Hier wirkt der Rechtsgehalt der Grundrechte über das Medium der das einzelne Rechtsgebiet unmittelbar beherrschenden Vorschriften, insbesondere die Generalklauseln und sonstigen auslegungsfähigen und ausfüllungsbedürftigen Begriffe, die im Sinne dieses Rechtsgehalts ausgelegt werden müssen, auf dieses Rechtsgebiet ein (sog. Ausstrah-

lungs- oder mittelbare Drittwirkung der Grundrechte)." (BVerfG 23.4. – 2 BvR 487/80, NJW 1987, 827, 827)

Auf der anderen Seite ist nicht zu verkennen, dass Betriebsvereinbarung und Tarifvertrag aufgrund ihrer normativen Wirkung Dritte **wie ein Gesetz** binden. Tarifvertrag und Betriebsvereinbarung wirken unmittelbar und zwingend auf die Arbeitsverhältnisse der normunterworfenen Arbeitnehmer ein (vgl. § 4 Abs. 1 TVG, § 77 Abs. 4 BetrVG). Aus diesem Grunde – sowie aufgrund des Gedankens der **delegierten staatlichen Rechtsetzungsbefugnis** – hielt das BAG früher Tarifnormen, die gegen das Grundgesetz verstoßen, nach ständiger Rechtsprechung für nichtig (sog. Delegationstheorie, dazu BAG v. 13.11.1985 – 4 AZR 234/84, NZA 1986, 161). 555

Für den **Tarifvertrag** hat das BVerfG in seiner Entscheidung über die unterschiedlichen Kündigungsfristen von Arbeitern und Angestellten die Frage ausdrücklich offen gelassen, ob eine unmittelbare oder eine mittelbare Bindung der Tarifnormen an die Grundrechte anzunehmen ist (BVerfG v. 18.4.2008 – 1 BvR 759/05, ZTR 2008, 374, 375; BVerfG v. 21.5.1999 – 1 BvR 726/98, NZA 1999, 878; BVerfG v. 30.5.1990 – 1 BvL 2/83, NZA 1990, 721). Bei einer Regelung, die die Hinterbliebenenversorgung im öffentlichen Dienst betraf, entschied das BVerfG demgegenüber, dass die Tarifvertragsparteien bei der Ausgestaltung an den **Gleichheitssatz** gebunden seien (BVerfG v. 7.7.2009 – 1 BvR 1164/07, NJW 2010, 1439, Rz. 81; zur Bindung an Art. 3 GG ausführlich Rz. 536). 556

Die Position des BAG wandelt sich zusehends. Immer mehr Senate rücken von der Delegationstheorie ab und wenden sich der Auffassung zu, dass die Inanspruchnahme der Freiheit des Art. 9 Abs. 3 GG als **kollektiv ausgeübte Privatautonomie** aufzufassen sei (vorbereitend BAG [5. Senat] 6.9.1995 – 5 AZR 174/94, NZA 1996, 437, 439; Rechtsprechungswende in BAG [7. Senat] 14.10.1997 – 7 AZR 811/96, NZA 1998, 778, 779; BAG [7. Senat] 25.2.1998 – 7 AZR 641/96, NZA 1998, 715, 716; BAG [6. Senat] 27.5.2004 – 6 AZR 129/03, NZA 2004, 1399, 1401 ff.; BAG [6. Senat[) 22.4.2010 – 6 AZR 966/08, NZA 2010, 947, 950; BAG [4. Senat] 7.7.2010 – 4 AZR 549/08, NZA 2010, 1068; BAG [4. Senat] 23.3.2011 – 4 AZR 366/09, NZA 2011, 920). 557

„Der Inhalt und die gesetzlich angeordnete Wirkungsweise des Tarifvertrages erlangen Legitimation durch die freie Entscheidung der Arbeitnehmer und Arbeitgeber, Mitglied einer Koalition zu werden bzw. als Arbeitgeber-Tarifvertragspartei selbst den Tarifvertrag abzuschließen. Der Abschluss von Tarifverträgen und die damit bewirkte Normsetzung ist kollektiv ausgeübte Privatautonomie." (BAG [4. Senat] v. 23.3.2011 – 4 AZR 366/09, NZA 2011, 920)

Auch aus dieser dogmatischen Erwägung folgt, dass die Auffassung von der mittelbaren Drittwirkung der Grundrechte im kollektiven Arbeitsrecht vorzugswürdig ist. Das heißt, dass die Tarifvertragsparteien als Vereinigungen des privaten Rechts nicht unmittelbar grundrechtsgebunden sind. Sie sind keine Staatsgewalt i.S.d. Art. 1 Abs. 3 GG, sondern als Vereinigungen privaten Rechts selbst Grundrechtsträger. 558

„Die Grundrechtsbindung der Tarifvertragsparteien beruht mittelbar auf deren Schutzfunktion. Daraus folgen nach Auffassung des BAG unterschiedliche Prüfprogramme je nachdem, ob tarifliche Normen grundrechtliche Freiheiten beeinträchtigen oder zu einer Ungleichbehandlung führen." (BAG v. 27.5.2004 – 6 AZR 129/03, NZA 2004, 1399, 1399)

Im Bereich der Freiheitsgrundrechte verpflichten deren Schutzpflichten die Gerichte dazu, das jeweils betroffene Freiheitsgrundrecht mit dem des Art. 9 Abs. 3 GG im Wege praktischer Konkordanz zum Ausgleich zu bringen. Bei Gleichheitsrechten – vor allem den besonderen – die der Herstellung einer praktischen Konkordanz mit der Koalitionsfreiheit ebenfalls zugänglich sind, führt dies trotz lediglich mittelbarer Grundrechtswirkung meistens zu demselben Prüfungsmaßstab, wie er in den Fällen einer unmittelbaren Grundrechtsbindung heranzuziehen wäre (ausführlich siehe im Band „Kollektivarbeitsrecht" unter Rz. 948 ff.). 559

III. Einzelne Grundrechte

560 Die einzelnen Grundrechte spielen im Arbeitsrecht eine unterschiedlich starke Rolle. Herausragende Bedeutung haben die Grundrechte aus Art. 3 GG (Gleichbehandlung), Art. 9 GG (Koalitionsfreiheit) und Art. 12 GG (Berufs- und Arbeitsplatzwahlfreiheit). Das BAG hat aber auch vielen anderen Grundrechten wichtige Wertungen für das Arbeitsrecht entnommen. Im Folgenden soll an charakteristischen Beispielen aufgezeigt werden, in welcher Weise die Grundrechte in der Rechtsprechung Berücksichtigung gefunden haben.

1. Allgemeines Persönlichkeitsrecht (Art. 2 Abs. 1 i.V.m. Art. 1 Abs. 1 GG)

561 Das allgemeinen Persönlichkeitsrecht, das seine Grundlage in Art. 2 Abs. 1 GG i.V.m. Art. 1 Abs. 1 GG findet (grundlegend BVerfG v. 15.12.1983 – 1 BvR 209/83, NJW 1984, 419), hat im Arbeitsrecht an vielen Stellen eine gewichtige Bedeutung. Dies erklärt sich bereits aus dem Umstand, dass das BAG den Bezug zum Persönlichkeitsrecht unter Hinweis auf die **gesellschaftliche und persönliche Bedeutung der Arbeit** herstellt. Steht die Berufsausübung selbst mithin in direktem Zusammenhang zum allgemeinen Persönlichkeitsrecht, verwundert es kaum, dass es zentrale Bereiche des Arbeitsrechts geprägt hat. Das Arbeitsverhältnis erfasst die ganze Person des Arbeitnehmers und bestimmt im Wesentlichen dessen Leben und dessen Anerkennung in der Gesellschaft. Nach dem BAG wird die Würde und freie Persönlichkeitsentfaltung beeinträchtigt, wenn der Arbeitnehmer zum Gehaltsempfänger degradiert würde, ohne seinen Beruf tatsächlich ausüben zu können, was auf „einen Zwang zum Nichtstun hinauslaufen" würde und dem Arbeitnehmer die Stellung als „vollwertiges Glied der Berufsgemeinschaft und der Gesellschaft" nehme. (st. Rspr. seit BAG v. 10.11.1955 – 1 AZR 591/54, NJW 1956, 359, 360).

562 Aus dem allgemeinen Persönlichkeitsrecht folgt ferner, dass der Arbeitnehmer sein **Privatleben frei gestalten** kann. Der Schutz der Privatsphäre ist Teil des allgemeinen Persönlichkeitsrechts. Der Arbeitgeber ist nicht berechtigt, aus privatem Verhalten des Arbeitnehmers arbeitsrechtliche Konsequenzen zu ziehen. Das Verhalten eines Arbeitnehmers im privaten Lebensbereich steht grundsätzlich außerhalb der Einflusssphäre des Arbeitgebers. So formuliert das BAG prägnant:

„Der Arbeitgeber ist durch den Arbeitsvertrag nicht zum Sittenwächter über die in seinem Betrieb tätigen Arbeitnehmer berufen." (BAG v. 23.6.1994 – 2 AZR 617/93, NZA 1994, 1080, 1082)

563 Das allgemeine Persönlichkeitsrecht wirkt in folgenden Bereichen besonders intensiv auf das Arbeitsverhältnis ein:

- Nach dem BAG (10.11.1955 – 1 AZR 591/54, NJW 1956, 359) folgt der **allgemeine Beschäftigungsanspruch** im ungekündigten Arbeitsverhältnis aus dem allgemeinen Persönlichkeitsrecht (Rz. 561).

- Darüber hinaus hat das BAG im Beschluss vom 27.2.1985 (BAG GS 27.2.1985 – GS 1/84, NZA 1985, 702) den sog. **Weiterbeschäftigungsanspruch** während eines Kündigungsrechtsstreits jenseits entwickelt (Rz. 3207).

- Das **AGG** dient als einfachgesetzliche Ausgestaltung des allgemeinen Persönlichkeitsrechts dem umfassenden Schutz vor Diskriminierungen im Arbeitsverhältnis (Rz. 1494).

- Auch das **BDSG** stellt sich als Ausgestaltung des allgemeinen Persönlichkeitsrechts dar. Relevant wird es im Kontext der Erhebung von personenbezogenen Daten im Beschäftigungsverhältnis, was insbesondere den Bereich der **Überwachungsmaßnahmen** betrifft (Rz. 1733). Ebenfalls überaus bedeutsam sind die Grenzen, die dem **Fragerecht des Arbeitgebers** bei Einstellungsgesprächen gezogen sind (Rz. 768).

- Intensive Beeinträchtigungen des allgemeinen Persönlichkeitsrechts ergeben sich ferner im Rahmen von **Gesundheitsuntersuchungen** und **Gentests** von Arbeitnehmern.

– Akut geworden ist der Einfluss des allgemeinen Persönlichkeitsrechts auch bei der Implementierung **sog. „Ethikrichtlinien"**. In dieser vorwiegend kollektivrechtlichen Problemstellung ist die Frage aufgekommen, ob in einer solchen Ethikrichtlinie überhaupt ein tauglicher Mitbestimmungsgegenstand liegt, wenn dort enthaltende Regelungen gegen Art. 1 Abs. 1 und Art. 2 Abs. 1 GG verstoßen (Vgl. LAG Düsseldorf, NZA-RR 2006, 81 – zu einer Entscheidung des BAG kam es wegen anderweitiger Erledigung des Rechtsstreits nicht; siehe aber BAG v. 22.7.2008 – 1 ABR 40/07, NZA 2008, 1248 „Honeywell" mit ähnlichem Sachverhalt).

2. Gleichheitsgrundsatz und Diskriminierungsverbote (Art. 3 GG)

Literatur: *Bauschke*, Die Bedeutung der Grundrechte im Arbeitsrecht – grundsätzliche Überlegungen und aktuelle Beispiele, ZTR 1994, 490; *di Fabio*, Die Gleichberechtigung von Mann und Frau, AöR 1997, 404; *Kokott*, Zur Gleichstellung von Mann und Frau – Deutsches Verfassungsrecht und europäisches Gemeinschaftsrecht, NJW 1995, 1049; *Kokott*, Gleichheitssatz und Diskriminierungsverbote in der Rechtsprechung des Bundesverfassungsgerichts, FS 50 Jahre BVerfG, Bd. 2 (2001), 127; *Raab*, Der arbeitsrechtliche Gleichbehandlungsgrundsatz, FS Kreutz (2010), 317; *Sachs*, Die Maßstäbe des allgemeinen Gleichheitssatzes – Willkürverbot und sogenannte neue Formel, JuS 1997, 124; *Schreiber*, Gleichbehandlung im Arbeitsrecht, Jura 2010, 499.

Von überragender Bedeutung ist im Arbeitsrecht der **Grundsatz der Gleichbehandlung**. Die Pflicht des Arbeitgebers zur Gleichbehandlung vergleichbarer Arbeitnehmer stellt eines der **Grundprinzipien des Arbeitsrechts** dar. Sie schränkt die Vertragsfreiheit des Arbeitgebers in vielfältiger Weise ein. 564

Der gesetzlich nicht normierte, dem Privatrecht zuzuordnende **allgemeine arbeitsrechtliche Gleichbehandlungsgrundsatz** stellt dabei – neben speziellen gesetzlichen Normierungen – eines der wichtigsten Instrumente dar, mit dem Ungleichbehandlungen sanktioniert werden können (ausf. ErfK/*Preis* § 611a BGB Rz. 572 bis 609, s.a. § 4 ArbVG-E). Ungeachtet der uneinheitlichen dogmatischen Herleitung des allgemeinen arbeitsrechtlichen Gleichbehandlungsgrundsatzes lehnt er sich an den Mindestinhalt der Gewährleistung des Art. 3 Abs. 1 GG an. Er enthält damit ein **Willkürverbot**, welches eine unterschiedliche Behandlung der Arbeitnehmer ohne sachlichen Grund untersagt (ausführlich unter § 33). 565

Beispiel für eine unzulässige Ungleichbehandlung: Ein Arbeitgeber unterbreitet seinen Mitarbeitern Änderungsverträge über die Erhöhung der Wochenstundenzahl ohne Entgeltausgleich. Nur denjenigen, die der Änderung zugestimmt haben, gewährt er eine Sonderzahlung. Das BAG hält diese Differenzierung für unvereinbar mit dem allgemeinen arbeitsrechtlichen Gleichbehandlungsgrundsatz. Der Arbeitgeber habe durch die Zahlung nicht etwa die Mehrarbeit abgelten wollen, sondern habe die Zahlung an weitere Voraussetzungen, wie die Betriebszugehörigkeit, geknüpft. Diese Voraussetzungen konnten auch von den Mitarbeitern erfüllt werden, die der Stundenerhöhung nicht zugestimmt hatten (BAG v. 1.4.2009 – 10 AZR 353/08, NZA 2009, 1409).

Der allgemeine Gleichheitssatz, an den der Privatrechtsgesetzgeber gemäß Art. 1 Abs. 3 GG gebunden ist, ist in **Art. 3 Abs. 1 GG** geregelt. Nach der klassischen Formel ist (wesentlich) Gleiches gleich, (wesentlich) Ungleiches ungleich zu behandeln. In einem ersten Schritt ist zunächst zu fragen, ob eine Person, Personengruppe oder ein Sachverhalt anders behandelt wird als eine vergleichbare Person, Personengruppe oder Sachverhalt. Die Vergleichbarkeit bezieht sich auf ein Merkmal oder einen Umstand, das bzw. der diesen beiden Personen, Personengruppen oder Sachverhalte gemeinsam ist, sie aber in Bezug auf andere Personen, Personengruppen oder Sachverhalte unterscheidet und damit abgrenzt. Liegt unter diesen Umständen eine **Ungleichbehandlung** vor, ist danach in einem zweiten Schritt zu fragen, ob diese durch sachliche Gründe **gerechtfertigt** wird. In diesem Zusammenhang kommt es maßgeblich auf die **richterliche Kontrollintensität** an. 566

Das BVerfG hat aufgrund des Gewaltenteilungs- und Demokratieprinzips den allgemeinen Gleichheitssatz jahrzehntelang als **reines Willkürverbot** behandelt, sodass jeder plausible Grund für die Rechtfertigung einer Differenzierung genügte. Diese vielfach kritisierte Haltung gab der erste Senat 567 des BVerfG 1980 zugunsten einer flexibleren, abgestuften Handhabung auf. 1983 folgte ihm in der Sache auch der zweite Senat, der nach außen hin aber bis 2001 seine methodische Zurückhaltung aufrecht hielt. Nach der sog. **„neuen" Formel** müssen der sachliche Grund und die vorhandenen Unterschiede nach Art und Umfang so beschaffen sein, dass sie die Ungleichbehandlung decken; das läuft auf eine Prüfung anhand des **Übermaßverbotes** hinaus. Alte und „neue Formel" bilden in der differenzierten Rechtsprechung des BVerfG und der obersten Bundesgerichte die Eckpunkte einer gleitenden Skala, bei der die aus Art. 3 Abs. 1 GG resultierenden Anforderungen je nach Regelungsgegenstand und Differenzierungsmerkmalen vom bloßen Willkürverbot bis zu einer strengen Bindung an Verhältnismäßigkeitserfordernisse reichen (ausf. *Jarass/Pieroth* Art. 3 GG Rz. 17 ff. m.w.N.; *Nußberger* in Sachs, Art. 3 GG Rz. 8 ff. m.w.N.).

568 Diese verschiedenen Abstufungen der Prüfungsdichte hängen u.a. davon ab, inwieweit dem Gesetzgeber bei der Beurteilung der Ausgangslage und der möglichen Auswirkungen der von ihm getroffenen Regelung eine Einschätzungsprärogative zukommt. Für die Überprüfung solcher Prognosen gelten gleichfalls unterschiedliche Maßstäbe, die von der bloßen Evidenzkontrolle bis zu einer strengen inhaltlichen Kontrolle reichen. Dabei sind insbesondere die Eigenart des jeweiligen Sachverhalts und die Bedeutung der auf dem Spiel stehenden Rechtsgüter zu berücksichtigen; außerdem hängt der Prognosespielraum auch von der Möglichkeit des Gesetzgebers ab, sich im Zeitpunkt der Entscheidung ein hinreichend sicheres Urteil zu bilden.

569 Eine **Willkürkontrolle** und damit eine **großzügige Prüfung** findet statt,

– wenn es um reine „Sachverhalte" geht,

– wenn der Staat Leistungen gewährt,

– wenn die Differenzierung bereits im Grundgesetz angelehnt ist

– oder wenn es sich um komplexe Sachzusammenhänge handelt.

570 In diesen Fallgruppen prüft das BVerfG nur, ob die äußersten Grenzen gesetzgeberischer Freiheit eingehalten sind und greift ein, wenn die Ungleichbehandlung offensichtlich unsachlich ist. Dabei muss der Gesetzgeber unter mehreren möglichen Lösungen nicht die zweckmäßigste oder vernünftigste gewählt haben. Die Willkürkontrolle geht einher mit einer weiten Einschätzungsprärogative für den Gesetzgeber. Freilich kann selbst bei diesem Maßstab eine Norm oder eine gerichtliche Entscheidung dem Verdikt der Verfassungswidrigkeit zum Opfer fallen.

571 Eine **strenge Prüfung** nach der „neuen" Formel findet statt,

– wenn der Schutzbereich eines besonderen Freiheitsrechtes betroffen ist,

– wenn Personen oder Personengruppen ungleich behandelt werden,

– wenn personenbezogene Kriterien verwendet werden

– oder wenn sich die Kriterien denjenigen in Art. 3 Abs. 3 GG annähern.

572 Der Grund für die strengere Prüfung liegt darin, dass der Einzelne diesen Kriterien ausgeliefert ist, diese nur schwer oder gar nicht ändern kann oder sogar die Gefahr einer Diskriminierung droht. In diesen Fällen prüft das BVerfG, ob die **Differenzierungsgründe von solcher Art, solchem Umfang und Gewicht** sind, dass sie die ungleichen Rechtsfolgen rechtfertigen können. Diese höhere Prüfungsintensität korrespondiert mit einer engeren Einschätzungsprärogative des Gesetzgebers. Allerdings gibt es Sachbereiche, bei denen das BVerfG dem Gesetzgeber einen weiten Gestaltungsspielraum einräumt, obwohl nach seiner Rechtsprechung eigentlich eine erhöhte Prüfungsintensität geboten wäre. Durchweg konsistent ist diese Rechtsprechung also nicht.

Eine Konkretisierung des allgemeinen Gleichheitssatzes stellen besondere Gleichheitssätze dar, die sog. **besonderen Diskriminierungsverbote**. Die in ihnen enthaltenen verbotenen Unterscheidungsmerkmale dürfen **grundsätzlich nicht Anknüpfungspunkt gesetzlicher Regelungen** sein. Diese Sichtweise nimmt das BVerfG seit seinem Urteil zum Nachtarbeitsverbot für Arbeiterinnen 1992 ein. Das BVerfG erkannte damals, dass das Geschlecht ebenso wie die anderen in Art. 3 Abs. 3 S. 1 GG genannten Merkmale grundsätzlich nicht als Anknüpfungspunkt für eine rechtliche Ungleichbehandlung herangezogen werden dürften. Das sei auch dann der Fall, wenn die Regelung nicht auf eine nach Art. 3 Abs. 3 S. 1 GG verbotene Ungleichbehandlung angelegt sei, sondern in erster Linie andere Ziele verfolge (BVerfG v. 28.1.1992 – 1 BvR 1025/82, NZA 1992, 270, 271).

573

Die besonderen Gleichheitssätze des Art. 3 Abs. 2 und Abs. 3 GG schützen einerseits vor **unmittelbaren**, andererseits auch vor **mittelbaren Diskriminierungen** (BVerfG v. 14.4.2010 – 1 BvL 8/08, BVerfGE 126, 29; BVerfG v. 27.8.2003 – 2 BvR 2032/01, NJW 2004, 50; BVerfG v. 12.2.2003 – 2 BvR 709/99, NJW 2003, 3335, 3336; zustimmend *Nußberger* in Sachs, Art. 3 GG Rz. 255 f.). Diese Entwicklung ist insofern begrüßenswert, als dadurch ein Gleichlauf mit der Rechtsprechung des EuGH erreicht wird. Die Einbeziehung der mittelbaren Diskriminierung ist vor allem dann notwendig, wenn man – wie das BVerfG – die Diskriminierungsverbote nicht als absolute, sondern nur als grundsätzliche Anknüpfungsverbote versteht. Denn nur dann ist gewährleistet, dass Fälle mittelbarer Diskriminierung anhand des besonderen Gleichheitssatzes überprüft werden und in diesem Rahmen untersucht werden kann, ob die Gründe vorgeschoben oder tragfähig sind sowie den Rechtfertigungsanforderungen standhalten.

574

Unmittelbare wie mittelbare Diskriminierungen können ausnahmsweise gerechtfertigt werden. Da Art. 3 Abs. 3 S. 1 GG keinen Gesetzesvorbehalt kennt, können nur kollidierendes Verfassungsrecht oder Werte von Verfassungsrang Ungleichbehandlungen nach Art. 3 Abs. 3 S. 1 GG rechtfertigen. In Bezug auf die materiellen Voraussetzungen ist der Rechtfertigungsmaßstab in Anlehnung an die Rechtsprechung des BVerfG zu Art. 3 Abs. 2 GG streng anzusetzen. Differenzierende Regelungen können nur zulässig sein, soweit sie zur Lösung von Problemen, die **in dem Unterscheidungsmerkmal selbst begründet** liegen, zwingend erforderlich sind. Dabei findet grundsätzlich eine an die Gleichheitsrechte angepasste, intensive und strenge Verhältnismäßigkeitsprüfung statt.

575

Nachfolgend sei kurz auf Art. 3 Abs. 2 und Abs. 3 GG eingegangen: Gemäß **Art. 3 Abs. 2 GG** sind Frauen und Männer gleichberechtigt. Daraus folgt für das Arbeitsrecht ein grundsätzliches Verbot der Differenzierung nach dem Geschlecht, welches seinen einfachgesetzlichen Niederschlag in §§ 1, 7 AGG gefunden hat. Die vorher einschlägigen **§§ 611a, 611b, 612 Abs. 3 BGB a.F.** wurden mit Wirkung zum 1.8.2006 aufgehoben (Rz. 1554). Im Rahmen der Grundgesetznovelle vom 27.10.1994 ist Art. 3 Abs. 2 GG um einen S. 2 ergänzt worden. Nach der neu eingefügten Bestimmung fördert der Staat die tatsächliche **Durchsetzung der Gleichberechtigung** von Frauen und Männern und wirkt auf die Beseitigung bestehender Nachteile hin. Die Interpretation und Auslegung dieser Regelung ist umstritten (dazu *di Fabio* AöR 1997, 404 ff.; *Nußberger* in Sachs, Art. 3 GG Rz. 264 f.); große Auswirkungen hat diese Diskussion in der Praxis nicht gezeigt, weil das Unionsrecht mit Art. 157 Abs. 4 AEUV bzw. Art. 3 RL 2006/54/EG ebenfalls positive Maßnahmen zur Durchsetzung der Gleichberechtigung vorsieht und der EuGH durch mehrere Urteile hier bereits „Fakten geschaffen" hat (für Deutschland insbesondere EuGH v. 11.11.1997 – C-409/95 „Marshall", NZA 1997, 1337; EuGH v. 17.10.1995 – C-450/93 „Kalanke", NZA 1995, 1095).

576

Was Art. 3 Abs. 2 S. 2 GG betrifft, wird teilweise in der Norm ein bloßer Formelkompromiss gesehen, der lediglich ein **Staatsziel** normiert; ein einklagbares Grundrecht stelle die Vorschrift nicht dar. Demgegenüber ziehen andere die Regelung etwa zur Rechtfertigung von **Geschlechterquoten heran, die faktisch der Frauenförderung dienen** (Nachweise bei *Nußberger* in Sachs, Art. 3 GG Rz. 286 ff.). Bei diesem Streit darf neben der soeben angesprochenen unionsrechtlichen Dimension des Weiteren auch nicht übersehen werden, dass das BVerfG bereits vor der Grundgesetzänderung aus Art. 3 Abs. 2 GG ein Gleichstellungsgebot zugunsten der Frauen hergeleitet hat. Es hat in seinem Urteil vom 28.1.1992 (BVerfG v. 28.1.1992 – 1 BvR 1025/82, NZA 1992, 270) das Nachtarbeitsverbot für Arbeiterinnen ge-

577

mäß § 19 AZO a.F. für verfassungswidrig erklärt. Es führte weiter aus, dass der Gesetzgeber aufgrund des Gleichberechtigungsgebots des Art. 3 Abs. 2 GG (a.F.) faktische Nachteile, die typischerweise Frauen treffen, durch begünstigende Regelungen ausgleichen dürfe (vgl. zur Zulässigkeit der Kompensation erlittener Nachteile zugunsten von Frauen bereits die sog. Rentenaltersentscheidung BVerfG v. 28.1.1987 – 1 BvR 455/82, NJW 1987, 1541, 1542).

„Der Satz ‚Männer und Frauen sind gleichberechtigt' will nicht nur Rechtsnormen beseitigen, die Vor- oder Nachteile an Geschlechtsmerkmale anknüpfen, sondern für die Zukunft die Gleichberechtigung der Geschlechter durchsetzen. [...] Faktische Nachteile, die typischerweise Frauen treffen, dürfen wegen des Gleichberechtigungsgebots des Art. 3 Abs. 2 GG durch begünstigende Regelungen ausgeglichen werden." (BVerfG v. 28.1.1992 – 1 BvR 1025/82, NZA 1992, 270, 271)

578 In diesem Kontext ist auch die **durch das Teilhabegesetz eingeführte Geschlechterquote** für die Besetzung des Aufsichtsrats zu sehen. Im Kern verlangt die Neuregelung, dass jedes Geschlecht zu 30 % im Aufsichtsrat repräsentiert wird (s. zur Zusammensetzung des Aufsichtsrates ausführlich im Band „Kollektivarbeitsrecht" unter Rz. 2777, zu unionsrechtlichen Implikationen Rz. 1637). Die verfassungsrechtliche Gemengelage wird insbesondere von der Frage bestimmt, in welchem Maße Art. 3 Abs. 2 S. 2 GG als gegenläufiges Verfassungsprinzip zur Rechtfertigung herangezogen werden kann. Eine einheitliche Linie hat sich zu dieser Frage nicht durchgesetzt, in Anknüpfung an die Entscheidung zum Nachtarbeitsverbot ist aber davon auszugehen, dass Art. 3 Abs. 2 S. 2 GG eine prinzipiell taugliche Legitimationsgrundlage für die Geschlechterquote darstellt. Kann ein Bewerber nicht mehr berücksichtigt werden, weil das andere Geschlecht ansonsten nicht ausreichend repräsentiert wird, hat man es jedenfalls mit einer rechtfertigungsbedürftigen geschlechtsbezogenen Ungleichbehandlung zu tun. Als Leitmaxime für die Verhältnismäßigkeitsprüfung ist der Umstand auszumachen, dass mit dem Fördergebot des Art. 3 Abs. 2 S. 2 GG tatsächliche geschlechtsspezifische Nachteile ausgeglichen werden sollen. Es geht insoweit um die Herstellung von Chancengleichheit, einer identischen Ausgangslage beider Geschlechter, nicht jedoch um die Herstellung von Ergebnisgleichheit (*Langenfeld*, in Maunz/Dürig, GG-Kommentar, Art. 3 Abs. 2 Rz. 100 f.). Unter Gleichbehandlungsgesichtspunkten ist eine Mindestanteilsquote von 30 % daher verfassungsgemäß.

579 Weitere besondere Diskriminierungsverbote sieht Art. 3 Abs. 3 GG vor. Nach den **abschließend formulierten** und daher nicht analog auf andere Kriterien anwendbaren **Art. 3 Abs. 3 S. 1 GG** darf niemand wegen seines Geschlechts, seiner Abstammung, wegen seiner Rasse, Sprache, Heimat und Herkunft, des Glaubens und der religiösen oder politischen Anschauungen benachteiligt oder bevorzugt werden. In § 75 Abs. 1 BetrVG, § 67 Abs. 1 S. 1 PersVG und §§ 1, 7 AGG finden diese besonderen Diskriminierungsverbote ihre privatrechtliche Ausgestaltung. Bei der Falllösung sind diese Vorschriften vorrangig heranzuziehen; freilich müssen sie verfassungskonform ausgelegt werden.

580 Seit der Verfassungsänderung im Jahre 1994 verbietet die Norm ausdrücklich auch die Benachteiligung wegen einer **Behinderung** (Art. 3 Abs. 3 S. 2 GG). Dies hat bislang in der Rechtsprechungspraxis des BAG keine großen Wirkungen gezeigt (bspw. BAG v. 5.10.1995 – 2 AZR 923/94, NZA 1996, 371). Seit dem Inkrafttreten des AGG sanktionieren die §§ 1, 7 AGG die durch Art. 3 Abs. 3 S. 2 GG verbotene Benachteiligung eines behinderten Menschen im Arbeitsverhältnis. § 164 Abs. 2 SGB IX (= § 81 Abs. 2 SGB IX a.F.) statuiert ebenfalls ein Diskriminierungsverbot schwerbehinderter Arbeitnehmer „wegen ihrer Behinderung", verweist aber auf die Vorschriften des AGG. Die unionsrechtliche Herkunft der im AGG niedergelegten Diskriminierungsverbote dürfte zu einer stärkeren Bedeutung des Merkmals Behinderung in § 164 Abs. 2 SGB IX und §§ 1, 7 AGG führen (so bspw. BAG v. 3.4.2007 – 9 AZR 823/06, NZA 2007, 1098 mit Anm. *Schlachter* RdA 2008, 179 ff.; in diese Richtung auch *Husemann* RdA 2014, 16 17 ff.). Die Entwicklung dürfte ähnlich verlaufen wie bspw. in Bezug auf Zulässigkeit der Frage nach der Schwangerschaft im Bewerbungsgespräch (Rz. 789).

581 Zu beachten ist, dass Art. 3 Abs. 2 und Abs. 3 GG allein staatliche Gewalt bindet und zwischen Privaten nur über die Schutzpflichtfunktion der Grundrechte wirken kann. Vergleichbare Diskriminierungsverbote finden sich jedoch einfachgesetzlich im **AGG** wieder. Das Gesetz setzt verschiedene eu-

ropäische Antidiskriminierungsrichtlinien um (Rz. 1494). § 1 AGG formuliert das Ziel des Gesetzes darin, Benachteiligungen aus Gründen der Rasse oder der ethnischen Herkunft, des Geschlechts, der Religion oder Weltanschauung, einer Behinderung, des Alters oder der sexuellen Identität zu verhindern oder zu beseitigen. Gemäß §§ 6, 12, 15 AGG sind hieran auch private Arbeitgeber gebunden. Der Anwendungsvorrang des Unionsrechts bedingt, dass bei benachteiligungsrelevanten Sachverhalten primär das AGG einschlägig ist. Die grundgesetzlichen Vorschriften – bspw. Art. 3 Abs. 2 und Abs. 3 GG – greifen als höherrangiges Recht im Rahmen des Schutzpflichtkonzepts durch die zivilrechtlichen Generalklauseln dort ein, wo das AGG keine Regelungen trifft oder nicht einschlägig ist. Ungleichbehandlungen, die früher mit Hilfe der Grundrechte über die Generalklauseln im Arbeitsrecht problematisiert wurden, werden nun zuvörderst über das AGG gelöst.

3. Glaubens- und Gewissensfreiheit (Art. 4 GG)

Literatur: *Bittner*, Islamisches Kopftuch als Grund zur ordentlichen Kündigung einer Verkäuferin?, Jura 2004, 39; *Konzen/Rupp*, Gewissenskonflikte im Arbeitsverhältnis, 1990; *Kraushaar*, Die Glaubens- und Gewissensfreiheit der Arbeitnehmer nach Art. 4 GG, *ZTR 2001, 208*; *Preis*, Religionsfreiheit im Arbeitsverhältnis zwischen säkularem Staat, Freiheitsrechten und Diskriminierungsverboten, KuR 2011, 33; *Preis/Greiner*, Kündigung einer Verkäuferin wegen Tragens eines islamischen Kopftuchs, RdA 2003, 244; *Scholl*, Die Unzumutbarkeit der Arbeitsleistung nach § 275 Abs. 3 BGB, Jura *2006, 283*; *Thüsing/Wege*, Kündigungsschutz und Schutz vor rassistischer Diskriminierung als Rechtsinstitute zur Sicherung der Religionsfreiheit in Deutschland und im Vereinigten Königreich, ZEuP 2004, 404; *Wege*, Religion im Arbeitsverhältnis, 2007.

In Art. 4 Abs. 1 GG ist die Glaubens- und Gewissensfreiheit einschließlich der Gewissensbetätigung geschützt. Als eine **Gewissensentscheidung** ist jede ernste sittliche, d.h. an den Kategorien von „Gut" und „Böse" orientierte Entscheidung anzusehen, die der Einzelne in einer bestimmten Lage als für sich bindend und unbedingt verpflichtend innerlich erfährt, sodass er gegen sie nicht ohne ernste Gewissensnot handeln kann (BVerfG v. 20.12.1960 – 1 BvL 21/60, BVerfGE 12, 45). Typische Anwendungsfälle dieser grundrechtlichen Gewährleistung der Glaubens- und Gewissensfreiheit im Arbeitsrecht ergeben sich bei der **Ausübung des Weisungsrechts** des Arbeitgebers (§ 106 GewO i.V.m. § 611a BGB). Dieser ist berechtigt, die Arbeitspflicht des Arbeitnehmers durch Weisungen zu konkretisieren (Rz. 707 und Rz. 1077). Erteilt der Arbeitgeber eine Weisung und bringt die Ausführung der Tätigkeit den Arbeitnehmer in einen Gewissenskonflikt, kann er **seine Leistung verweigern** (er muss dies aber nicht tun), § 275 Abs. 3 BGB. Nach dieser Vorschrift ist eine umfassende einzelfallbezogene Abwägung der Interessen von Arbeitgeber und Arbeitnehmer vorzunehmen. Im Rahmen dieser Interessenabwägung ist die Glaubens- und Gewissensfreiheit des Arbeitnehmers zu berücksichtigen. Das Erfordernis der Interessenabwägung in § 275 Abs. 3 BGB stellt dabei also das „Einfallstor" für das Grundrecht dar. Das BAG deutet in seiner Entscheidung vom 24.2.2011 (- 2 AZR 636/09, NZA 2011, 1087, 1089) eine Änderung des Prüfkonzepts an. Die Frage, ob dem Arbeitnehmer eine seine Grundrechte beeinträchtigende Tätigkeit abverlangt wird, ist demnach nicht erst im Rahmen von § 275 Abs. 3 BGB mit der Konsequenz eines möglichen Leistungsverweigerungsrechts zu stellen. Vielmehr ist dies **bereits im Rahmen von § 106 GewO i.V.m. § 611a Abs. 1 S. 2 BGB zu berücksichtigen** (abl. *Scholl* BB 2012, 53 ff.) Weiß der Arbeitgeber um den möglicherweise entstehenden Gewissenskonflikt, hat er dies bereits bei der Erteilung seiner Weisung zu beachten. Eine die Grundrechte des Arbeitnehmers verletzende Weisung ist rechtswidrig und muss damit nicht befolgt werden. Eines Leistungsverweigerungsrechtes bedarf es folglich nicht mehr (vgl. dazu Rz. 721 sowie Rz. 1077).

Weiteres Einfallstor für die Grundrechte im Zusammenhang mit Gewissensentscheidungen ist das soeben erwähnte Direktionsrecht des Arbeitgebers gemäß § 106 GewO. Er darf es nur nach billigem Ermessen ausüben und muss dabei auch einen möglichen Gewissenskonflikt des Arbeitnehmers berücksichtigen (BAG v. 24.2.2011 – 2 AZR 636/09, NZA 2011, 1087; BAG v. 22.5.2003 – 2 AZR 426/02, AP Nr. 18 zu § 1 KSchG 1969 Wartezeit).

Freilich folgt aus dem Grundrechtsschutz nicht, dass die **berechtigte Arbeitsverweigerung** des Arbeitnehmers aus Gewissensgründen ohne **Konsequenzen** bleibt:

– Er kann zwar die ihn belastende Arbeit verweigern, **verliert** aber dann wegen Unmöglichkeit dieser Hauptleistung seinen Gegenleistungsanspruch auf **Vergütung** gemäß § 326 Abs. 1 S. 1 BGB.

– Unter Umständen kann des Weiteren der Gewissenskonflikt auch die **personenbedingte Kündigung** durch den Arbeitgeber – ggf. in den Schranken des § 1 Abs. 2 KSchG – rechtfertigen, wenn die Arbeitsleistung praktisch nicht mehr erbracht wird und der Arbeitgeber dem Arbeitnehmer auch keine andere, nicht das Gewissen belastende Arbeit zuweisen kann.

585 Das Grundrecht der Glaubens- und Bekenntnisfreiheit ist im Arbeitsrecht zunehmend relevanter geworden. Den nötigen Schub erhielt die (rechtspolitische) Diskussion um die Glaubensfreiheit durch den „**Kopftuchfall**" des BAG aus dem Jahr 2002. Natürlich wird die Frage auch im Beamtenrecht diskutiert (BVerfG v. 24.9.2003 – 2 BvR 1436/02, NJW 2003, 3111; *Sicko*, Das Kopftuch-Urteil des Bundesverfassungsgerichts und seine Umsetzung durch die Landesgesetzgeber, 2008). Der arbeitsrechtliche Kontext ergibt sich hier regelmäßig dann, wenn die Weigerung, ohne Kopftuch zu arbeiten, als Arbeitsverweigerung bewertet wird und eine Kündigung ausgesprochen wird.

Fallbeispiel: In dem vom BAG entschiedenen Fall weigerte sich eine muslimische Arbeitnehmerin in einem Kaufhaus, die ihren Glauben bisher nicht öffentlich praktiziert hatte, nach ihrer Rückkehr aus der Heimat, fortan ohne Kopftuch zu arbeiten. Ihr muslimischer Glaube verbiete es ihr, sich in der Öffentlichkeit ohne Kopftuch zu zeigen. Der Arbeitgeber, der ein muslimisches Kopftuch mit dem Image einer Verkäuferin in seinem Kaufhaus für unvereinbar hielt, kündigte ihr daraufhin. Das BAG erklärte die Kündigung wegen Verstoßes gegen Art. 4 GG für unwirksam. Das nicht akzeptierte Tragen des – islamischen – Kopftuchs während der Arbeit führt unmittelbar zu einer Beeinträchtigung der Grundrechte der Arbeitnehmerin. Sie genießt den Grundrechtsschutz aus Art. 4 Abs. 1 und 2 GG, wenn sie das von ihr als verpflichtend angesehene Gebot des Kopftuchtragens aus ihrem Glauben herleitet. Eine verhaltensbedingte Kündigung scheiterte an der fehlenden Vertragspflichtverletzung; eine entsprechende Weisung verstoße gegen Art. 4 GG. Das BAG berücksichtigte das Grundrecht im Rahmen der Generalklauseln §§ 315, 242 BGB (BAG v. 10.10.2002 – 2 AZR 472/01, NZA 2003, 483, 486).

586 Anders fiel die Bewertung des Gerichts im Jahre 2009 aus (BAG v. 10.12.2009 – 2 AZR 55/09, NZA-RR 2010, 383). Hier ging es um eine kopftuchtragende **Lehrerin**. Das BAG urteilte, dass es das Neutralitätsgebot aus § 57 Abs. 4 SchulG NRW verletze, wenn eine Lehrerin in der Schule ein Kopftuch trägt und der Schutz des Art. 4 Abs. 1 GG insoweit zurücktrete. Hier fließt die Grundrechtsabwägung in die Auslegung des § 57 Abs. 4 SchulG NRW ein, wobei das BAG bei der Abwägung zwischen der Glaubens- und Berufsfreiheit der gekündigten Lehrerin einerseits, und der Sicherung von Neutralität und Schulfrieden, dem elterlichen Erziehungsrecht und der negativen Glaubensfreiheit der Schüler andererseits, der letzteren Position im Rahmen praktischer Konkordanz den Vorzug gab. In der Konsequenz hat das BAG die Kündigung damit für rechtmäßig befunden (BAG v. 10.12.2009 – 2 AZR 55/09, NZA-RR 2010, 383 Rz. 23).

587 Welche diffizilen grundrechtlichen Abwägungsvorgänge über die mittelbare Drittwirkung von Grundrechten in die einfache Arbeitsrechtsordnung einstrahlen, lässt sich daran erkennen, dass das **Bundesverfassungsgericht mit Beschluss vom 27.1.2015 gegenteilig entschieden hat** und das „Kopftuchverbot" als verfassungswidrig eingestuft hat (BVerfG v. 27.1.2015 – 1 BvR 471/10, 1 BvR 1181/10, NJW 2015, 1359 Rz. 77 ff.). In dem Verfahren ging es neben der genannten Kündigung um eine weitere Lehrerin, die das Kopftuch durch eine Baskenmütze ersetzte und dafür von der Schulbehörde abgemahnt wurde. Auch die Klagen dieser Lehrerin gegen die Abmahnung blieben vor den Arbeitsgerichten ohne Erfolg. Das BVerfG sah einen angemessenen Ausgleich der verfassungsrechtlich verankerten Positionen nur dann gegeben, wenn für § 57 Abs. 4 SchulG NRW nicht bereits die abstrakte Gefahr, sondern eine hinreichend konkrete Gefahr für den Schulfrieden oder die staatliche Neutralität bestehe (BVerfG v. 27.1.2015 – 1 BvR 471/10, 1 BvR 1181/10, NJW 2015, 1359 Rz. 80 ff.). Es gilt aber stets zu beachten, dass § 57 Abs. 4 SchulG NRW der **besonderen verfassungsrechtlichen Gemengelage in Schulen** Rechnung trägt. Auf Fälle, die dem Eingangsbeispiel entsprechen, sind die Wertungen daher nicht übertragbar, weil dort beispielsweise Art. 7 GG nicht einschlägig ist. Eine der Schule vergleichbare Konstellation nimmt das BVerfG allerdings für **öffentliche Kindertagesstätten** an. Auch hier ge-

nügt eine Norm, die die abstrakte Gefährdung des „Einrichtungsfriedens" ausreichen lässt, nicht den verfassungsrechtlichen Anforderungen. Unter paralleler Argumentation zum „Kopftuchverbot" in Schulen ist daher auch § 7 Abs. 8 S. 1 BWKiTaG – wie jede vergleichbare landesgesetzliche Regelung – verfassungskonform reduzierend dahingehend auszulegen, dass eine religiöse Bekundung nur bei einer konkreten Gefahr verboten werden kann (BVerfG v. 19.10.2016 – 1 BvR 254/11, NZA 2016, 1522 Rz. 53 ff.).

Bei möglichen Benachteiligungen wegen der Religion ist zudem **primär an die §§ 1, 7, 8, 9 AGG** zu denken. Die Relevanz der Grundrechte im Arbeitsrecht wird dadurch nicht geschmälert, vielmehr finden sie nun Ausdruck in einem einfachen Gesetz. Geht es allerdings – wie in dem genannten Beispiel – um eine Kündigung durch den Arbeitgeber, so ist § 2 Abs. 4 AGG zu beachten. Das Verhältnis von AGG und KSchG wird jedenfalls vom BAG dahingehend verstanden, dass nur eine inzidente Berücksichtigung möglich ist (BAG v. 6.11.2008 – 2 AZR 523/07, NZA 2009, 361, Rz. 1573). Im Rahmen der sozialen Rechtfertigung nach § 1 Abs. 2 KSchG ist dann zu prüfen, ob die Anweisung, das Kopftuch zu tragen, eine ungerechtfertigte Diskriminierung darstellt. Abseits dieser – durch § 2 Abs. 4 AGG bedingten – Inzidentprüfung sind arbeitgeberseitige Maßnahmen direkt am AGG zu messen, sofern der Anwendungsbereich nach den §§ 2, 6 AGG eröffnet ist (Rz. 1494). Für den eingangs geschilderten Fall ergibt sich daher folgendes: 588

Neubewertung des obigen Fallbeispiels: Bei der Lösung des Fallbeispiels nach heutiger Rechtslage muss das AGG einbezogen werden. Folgt man dem BAG, ist das AGG – trotz § 2 Abs. 4 AGG – inzident im Rahmen der sozialen Rechtfertigung zu prüfen. Eine Pflichtverletzung kann nur vorliegen, sofern die Weisung, das Kopftuch abzunehmen, für den Arbeitnehmer verbindlich war. Rechtswidrigen Weisungen braucht der Arbeitnehmer nicht zu folgen. Eine diskriminierende Benachteiligung ist hier zu bejahen. Entscheidend ist die Frage, ob eine mögliche Rechtfertigung der Benachteiligung nach § 8 AGG zu bejahen ist. Da mit den Argumenten des BAG im ersten Kopftuchfall ein Rechtfertigungsgrund für die Benachteiligung nicht vorlag, verstieß die Anweisung des Arbeitgebers gegen §§ 1, 3, 7 AGG. Im Ergebnis wäre damit eine verhaltensbedingte Kündigung mangels Pflichtverletzung rechtswidrig.

Nur hingewiesen werden soll an dieser Stelle auf den Umstand, dass die Frage des „Kopftuchverbotes" auch im europäischen Diskriminierungsrecht Bedeutung hat und mittlerweile auch den EuGH erreicht hat (vgl. dazu den Schlussantrag von GA Kokott; EuGH v. 31.5.2016 – C-157/15 „Achbita", NZA 2017, 373). 589

4. Meinungs- und Pressefreiheit (Art. 5 GG)

Literatur: *Fischermeier*, Meinungsfreiheit im Arbeitsrecht, FS Buchner (2009), 219; *Fuhlrott/Oltmanns*, Social Media im Arbeitsverhältnis – Der schmale Grat zwischen Meinungsfreiheit und Pflichtverletzung, NZA 2016, 785; *Hinrichs/Höritz* NJW 2013; 648 *Krummel/Küttner*, Antisemitismus und Ausländerfeindlichkeit im Betrieb, NZA 1996, 67; *Preis/Stoffels*, Kündigung wegen politischer Betätigung im Betrieb, RdA 1996, 210; *Reuter*, Das Sonderarbeitsrecht des Pressebereichs – eine Bestandsaufnahme, FS Kissel (1994), 941; *Schleusener*, Der praktische Fall – Arbeitsrecht – Die Gewerkschaft in der Gewerkschaft, JuS 2001, 421; *Schultze-Fielitz*, Das Lüth-Urteil – nach 50 Jahren, Jura 2008, 52; *Zachert*, Plaketten im Betrieb – Ausdruck von Meinungsfreiheit oder Störung des Betriebsfriedens?, AuR 1984, 289.

Die in Art. 5 Abs. 1 S. 1 GG garantierte **Meinungsäußerungsfreiheit** ist im Arbeitsrecht vor allem im Bereich des Kündigungsrechts von Bedeutung. Insbesondere bei der Frage, wann (partei-)politische Äußerungen des Arbeitnehmers den Arbeitgeber zu einer (außerordentlichen) Kündigung berechtigen (Rz. 3090), können Inhalt und Grenzen der Meinungsäußerungsfreiheit des Arbeitnehmers problematisch sein. Es kommt – wie immer – auf eine umfassende Abwägung im Einzelfall an. Denn das Grundrecht auf Meinungsfreiheit aus Art. 5 Abs. 1 GG wird nicht schrankenlos gewährt, sondern durch die **Schrankentrias** der allgemeinen Gesetze, dem Recht der persönlichen Ehre sowie dem Jugendschutz gemäß **Art. 5 Abs. 2 GG** beschränkt und muss daher in ein ausgeglichenes Verhältnis mit diesen gebracht werden. Für den Arbeitgeber streitet Art. 12 Abs. 1 GG. Seine wirtschaftliche Betätigungsfreiheit wird insbesondere durch eine **Störung des Arbeitsablaufs und des Betriebsfriedens** be- 590 rührt. Des Weiteren gehört die **Pflicht zur gegenseitigen Rücksichtnahme** auf die Interessen der anderen Vertragspartei gemäß § 241 Abs. 2 BGB zu den allgemeinen Gesetzen i.S.d. Art. 5 Abs. 2 GG. Diese grundrechtlich geschützten Interessen beeinflussen sich wechselseitig (sog. Wechselwirkungslehre, dazu BVerfG v. 15.1.1958 BVerfGE 7, 198 ff.). Dementsprechend ist unter Berücksichtigung aller Umstände des Einzelfalles eine Abwägung zwischen den Belangen der Meinungsfreiheit und den Rechtsgütern, in deren Interesse das Grundrecht der Meinungsfreiheit eingeschränkt werden soll, vorzunehmen. Dabei wird das Grundrecht der Meinungsfreiheit regelmäßig zurücktreten müssen, wenn sich die Äußerung als **Angriff auf die Menschenwürde** oder als eine **Formalbeleidigung** oder eine **Schmähung** darstellt (BAG v. 7.7.2011 – 2 AZR 366/10, NZA 2011, 1412 zum Vergleich von Betriebsvorgängen mit dem nationalsozialistischen Terrorregime, in gleichem Kontext LAG Düsseldorf v. 4.3.2016 – 10 TaBV 102/15, BB 2016, 692).

591 Aus diesen Grundsätzen folgt, dass der Arbeitgeber grundsätzlich nicht berechtigt ist, jede politische Meinungsäußerung durch arbeitsrechtliche Maßnahmen zu sanktionieren. Der Arbeitsplatz darf weder zur konfliktfreien Zone gemacht noch jede dem Arbeitgeber unangenehme Meinungsäußerung verboten werden. Dem Arbeitnehmer darf keine Pflicht zur Selbstzensur am Arbeitsplatz auferlegt werden. Zu beachten ist, dass eine verhaltensbedingte Kündigung noch nicht allein deshalb möglich ist, weil der Betriebsfrieden schwerwiegend beeinträchtigt ist (s.a. *Berkowsky* NZA-RR 2001, 1, 5 f.). Eine alleinige Beeinträchtigung des Betriebsfriedens ohne konkrete Feststellung einer arbeitsvertraglichen Pflichtverletzung reicht zur Annahme eines verhaltensbedingten Kündigungsgrundes nicht aus. Einer kündigungsrelevanten Störung des Betriebsfriedens muss ein dem Arbeitnehmer vorwerfbares Verhalten bzw. eine ihm vorwerfbare, **schuldhafte Pflichtverletzung** vorausgehen. Notwendig ist also ein Verstoß gegen die aus § 241 Abs. 2 BGB fließende Nebenpflicht zur gegenseitigen Rücksichtnahme; in diesem Rahmen ist der Wirkgehalt von Art. 5 Abs. 1 GG zu beachten (BAG v. 24.6.2004 – 2 AZR 63/03, NZA 2005, 158; ArbG Mannheim 19.2.2016 – 6 Ca 190/15, NZA-RR 2016, 254 zu rassistischen Äußerungen auf privatem Facebook-Nutzerkonto).

592 Vergleichbares gilt für die außerordentliche Kündigung. Eine solche kommt daher erst bei einer **konkreten Störung** im Leistungs-, Vertrauens- oder Unternehmensbereich in Betracht. Hier ist dann innerhalb der Prüfung des wichtigen Grunds i.S.d. § 626 Abs. 1 BGB die grundrechtliche Gewährleistung der freien Meinungsäußerung zu berücksichtigen (BAG v. 12.5.2011 – 2 AZR 479/09, NZA-RR 2012, 43 Rz. 71; Rz. 3089).

593 Bei Meinungsäußerungen, deren Inhalt in Bezug zu einem Merkmal aus § 1 AGG steht, z.B. religiöse oder weltanschauliche Meinungsäußerungen, ist auch hier wieder primär die Anwendbarkeit des AGG zu prüfen und vor einer Berücksichtigung der Grundrechte über die Generalklauseln deren Wertung – vorbehaltlich des § 2 Abs. 4 AGG – im Rahmen des AGG zu berücksichtigen.

594 Die Freiheit der **Presse und des Rundfunks (Art. 5 Abs. 1 S. 2 GG)** spielt bei der Ausgestaltung der Arbeitsverträge mit Mitarbeitern dieser Institutionen naturgemäß eine bedeutende Rolle. Die Rechtsprechung des BAG zum **Status der sog. freien Mitarbeiter in Rundfunkanstalten** musste mit Blick auf dieses Grundrecht daher Korrekturen hinnehmen (BVerfG v. 13.1.1982 – 1 BvR 848/77, NJW 1982, 1447; s.a. *Hochrathner* NZA-RR 2001, 561; *Bruns* RdA 2008, 135 ff.). Daraufhin hat auch das BAG die **Programmvielfalt der Rundfunkanstalten** als sachlichen Grund anerkannt, der die Befristung des Arbeitsverhältnisses eines Arbeitnehmers in programmgestaltender Funktion rechtfertigen kann (ErfK/*Müller-Glöge* § 14 TzBfG Rz. 45 f.; Rz. 176 und Rz. 3250).

5. Ehe und Familie (Art. 6 GG)

595 Art. 6 GG schützt den familiären Bereich. In der älteren Rechtsprechung des BAG und in der Literatur spielten vor allem sog. **Zölibatsklauseln** eine erhebliche Rolle, die entweder als das Arbeitsverhältnis auflösende Bedingung (Rz. 3332) formuliert waren oder es dem Arbeitgeber ermöglichen sollten, das Vertragsverhältnis bei der Eheschließung zu kündigen. Das BAG erklärte solche Vertragsbestimmungen wegen ihrer Unvereinbarkeit mit dem grundrechtlichen Schutz der Ehe schon mit Recht früh für

unwirksam, weil solche Klauseln verfassungswidrigen Druck auf den Arbeitnehmer ausüben von der Eheschließung abzusehen (BAG v. 10.5.1957 – 1 AZR 249/56, AP Nr. 1 zu Art. 6 Abs. 1 GG Ehe und Familie). Während das BAG die Nichtigkeitsfolge früher aus § 134 BGB entnommen hat, wird man dieses Ergebnis vor dem Hintergrund der neueren Grundrechtsdogmatik mit § 138 BGB (Sittenwidrigkeit) begründen können.

„*Gebietet Art. 6 Abs. 1 GG als verbindliche Grundsatznorm den Schutz der Ehe für den gesamten Bereich des privaten und öffentlichen Rechts, so darf die Rechtsordnung es nicht dulden, dass dem einzelnen Bürger auch nur durch einen mittelbaren Zwang die Eingehung der Ehe erschwert wird. Die Eheschließung ist ein höchstpersönliches Rechtsgeschäft, das von jedem Zwang frei sein muss.*" (BAG v. 10.5.1957 – 1 AZR 249/56, AP Nr. 1 zu Art. 6 Abs. 1 GG Ehe und Familie)

Heute geht es häufiger um die Frage, ob alleinerziehende Elternteile bei **Erkrankungen ihrer Kinder** der Arbeit fern bleiben dürfen (vgl. hierzu *Brose* NZA 2011, 719). Ein Freistellungsanspruch des Arbeitnehmers kann sich aus § 45 Abs. 3 S. 1 SGB V ergeben, wenn die Betreuung des Kindes nach ärztlichem Zeugnis erforderlich ist. Liegen die tatbestandlichen Voraussetzungen des Freistellungsanspruchs nicht vor, muss bei einer **Pflichtenkollision** eine Interessenabwägung vorgenommen werden. Überwiegt die Pflicht zur Personensorge für das Kind (§ 1627 BGB), kann der Arbeitnehmer seine Leistung nach § 275 Abs. 3 BGB wegen Unzumutbarkeit verweigern. Der Entgeltanspruch bleibt dann bei kurzfristigen Verhinderungen nach § 616 BGB erhalten.

596

Gewähren Regelungen in Gesetzen, Tarif- und Arbeitsverträgen oder Betriebsvereinbarungen Leistungen zur Förderung von Ehe und Familie, können sich **Gleichbehandlungsprobleme** mit dem Institut der **Lebenspartnerschaft** ergeben, das im LPartG niedergelegt ist (BGBl. I S. 266 ff., s.a. BVerfG v. 17.7.2001 BVerfGE 105, 313 ff.). Berührt sind grundsätzlich entweder der allgemeine Gleichheitssatz gemäß Art. 3 Abs. 1 GG oder das im AGG normierte Verbot der Diskriminierung wegen der sexuellen Ausrichtung (dazu EuGH v. 10.5.2011 – C-147/08 „Römer", NZA 2011, 557; EuGH v. 1.4.2008 – C-267/06 „Maruko", NZA 2008, 459 zu Fragen einer Witwenrente aus einer betrieblichen Altersversorgung; *Bruns* NJW 2008, 1929; BAG v. 18.3.2010 – 6 AZR 434/07, AP Nr. 321 zu Art. 3 GG zu einem Auslandszuschlag für Verheiratete; zum unionsrechtswidrigen Ausschluss gleichgeschlechtlicher Lebenspartner vom Anspruch auf Eheschließungsprämie und Sonderurlaub EuGH v. 12.12.2013 – C-267/12 „Hay", NZA 2014, 153). In einer Entscheidung zu § 29 BAT, der einen Ortszuschlag u.a. für verheiratete Angestellte vorsah, griff das BAG hingegen nicht auf gleichheitsrechtliche Prüfungsmaßstäbe zurück, sondern schloss die entstandene tarifliche Regelungslücke in Bezug auf angestellte Paare einer Lebenspartnerschaft durch analoge Anwendung des § 29 Abschnitt b Abs. 2 Nr. 1 BAT (BAG v. 29.4.2004 – 6 AZR 101/03, NZA 2005, 57, 59). In einer Entscheidung vom 18.3.2010 (– 6 AZR 156/09, NZA 2010, 824) stellte es jedoch einen Verstoß dieser Vorschrift gegen Art. 3 Abs. 1 GG fest.

597

6. Koalitionsfreiheit (Art. 9 Abs. 3 GG)

Literatur: *Deinert*, Negative Koalitionsfreiheit, RdA 2014, 129; *Dieterich*, Tarifautonomie – Altes Modell – neue Realität, KJ 2008, 71; *Dieterich*, Die grundrechtsdogmatischen Grenzen der Tarifautonomie in der Rechtsprechung des Bundesarbeitsgerichts, FS Wiedemann (2001), 229; *Engels*, Verfassung und Arbeitskampfrecht, 2008; *Hromadka*, (Stärkerer) Minderheitenschutz bei Tarifkollision, NZA 2019, 215; *Reichold*, Arbeitskampf und Einzelarbeitsverhältnis, JuS 1996, 1049; *Richardi*, Das Grundrecht der Koalitionsfreiheit im Wandel der Zeit, FS Scholz (2007), 337; *Richter*, Grenzen aktiver Produktionsbehinderung, 2005; *Rieble*, Tarifeinheit nach Karlsruhe, NZA 2017, 1157; *Schubert*, Ist der Außenseiter vor der Normsetzung durch die Tarifvertragsparteien geschützt?, RdA 2001, 199; *Steiner*, Zum verfassungsrechtlichen Stellenwert der Tarifautonomie, FS Schwerdtner (2003), 355; *Waltermann*, Entwicklungslinien der Tarifautonomie, RdA 2014, 86.

Art. 9 Abs. 3 GG regelt die **Koalitionsfreiheit**, die das Recht für jedermann gewährleistet, Vereinigungen zur Wahrung und Förderung der Arbeits- und Wirtschaftsbedingungen zu bilden (ausführlich siehe im Band „Kollektivarbeitsrecht" unter § 83). Das Grundrecht begründet damit die Freiheit des Zusammenschlusses und die Freiheit der gemeinsamen Verfolgung des Ziels. Dabei enthält Art. 9

598

Abs. 3 GG nicht nur ein Recht des Einzelnen zur Ausübung seiner Koalitionsfreiheit (Individualrecht), sondern auch ein eigenes Recht der Koalitionen (kollektives Recht).

599 Als **Individualgrundrecht** gewährt Art. 9 Abs. 3 GG jedermann die Freiheit, Koalitionen zu **gründen** oder ihnen **beizutreten (positive Koalitionsfreiheit)**. Die Mitgliedschaft in einer Gewerkschaft darf der Arbeitgeber nicht zum Anlass für Diskriminierungen nehmen. Darüber hinaus ist jedes Koalitionsmitglied berechtigt, sich im Rahmen des Koalitionszwecks zu **betätigen**, ohne dass ihm eine arbeitsrechtliche Sanktion (Abmahnung, Kündigung) droht. Dies gilt grundsätzlich auch für betriebsfremde Gewerkschaftsmitglieder, die einen Betrieb zwecks Mitgliederwerbung betreten. Dabei kommt es entscheidend auf die Häufigkeit der Besuche an (BAG v. 22.6.2010 – 1 AZR 179/09, NZA 2010, 1365).

Beispiel für die Betätigungsfreiheit des Art. 9 Abs. 3 GG Ein Arbeitnehmer, der als Betriebsratsvorsitzender von der Arbeit freigestellt war, überreichte während der Arbeitszeit einem Arbeitskollegen eine gewerkschaftliche Druckschrift. Hierin war Informationsmaterial über die Gewerkschaft und ein Beitrittsformular enthalten. Der Arbeitgeber erteilte eine Abmahnung. Das Bundesverfassungsgericht erkannte, dass dies gegen die Betätigungsfreiheit des Art. 9 Abs. 3 GG verstoße. Dieses Grundrecht schütze auch das einzelne Mitglied einer Koalition, wenn es neue Mitglieder zu gewinnen suche (BVerfG v. 14.11.1995 – 1 BvR 601/92, NZA 1996, 381, 382).

600 Gleichermaßen hat jedoch jedermann das Recht, den Koalitionen fernzubleiben. Insofern wird innerhalb von Art. 9 Abs. 3 GG die **negative Koalitionsfreiheit** neben die positive Koalitionsfreiheit gestellt. Die negative Koalitionsfreiheit beinhaltet zunächst das Recht, aus einer Koalition auszutreten. Außerdem darf auch die Entscheidung, einer Koalition nicht beizutreten, für den Arbeitnehmer keine Nachteile bedingen (BAG v. 21.1.1987 – 4 AZR 486/86, DB 1987, 492; zur Reichweite der negativen Koalitionsfreiheit s.a. BVerfG v. 11.7.2006 – 1 BvL 4/00, NZA 2007, 42, 44 mit Anm. *Preis/Ulber* NJW 2007, 465; *Rieble* NZA 2007, 1; *Höfling/Rixen* RdA 2007, 360).

601 Als **Kollektivgrundrecht** beinhaltet Art. 9 Abs. 3 GG die **Bestands- und Betätigungsgarantie**. Der **Bestand** der Koalitionen wird zunächst dadurch gewährleistet, dass ein Koalitionsverbot unzulässig ist. Zudem ist der Bestand – etwa im Falle der Gewerkschaften – durch die freie Entscheidungsmöglichkeit der Arbeitnehmer für den Eintritt gewährleistet. Ebenso wie das Individualgrundrecht wird auch das kollektive Grundrecht durch eine **Betätigungsgarantie ergänzt**. Art. 9 Abs. 3 GG gewährleistet nicht nur dem einzelnen Mitglied, sondern auch der Koalition als solcher das Recht, Handlungen zur Erfüllung der in Art. 9 Abs. 3 GG genannten Aufgaben durchzuführen. Insoweit stehen Individualrecht und Kollektivrecht in einer engen Verbindung (BAG v. 23.9.1986 – 1 AZR 597/85, NZA 1987, 164).

„Art. 9 Abs. 3 GG verbürgt als Doppelgrundrecht zum einen für jedermann und alle Berufe das Recht, zur Wahrung und Förderung der Arbeits- und Wirtschaftsbedingungen Vereinigungen zu bilden. Das schließt das Recht ein, eine derartige Koalition zu gründen, ihr beizutreten oder fernzubleiben. Geschützt ist zum anderen die Koalition selbst in ihrem Bestand, ihrer organisatorischen Ausgestaltung und ihren Betätigungen, soweit dies der Wahrnehmung oder Förderung der Arbeits- und Wirtschaftsbedingungen dient." (BVerfG v. 6.2.2007 – 1 BvR 978/05 – zu II 2 a der Gründe, NZA 2007, 394, 395)

602 Die Aufgabe der Gewerkschaften, zur **Wahrung und Förderung der Arbeits- und Wirtschaftsbedingungen** beizutragen, wird vorwiegend dadurch erfüllt, dass sie in der Auseinandersetzung über Löhne und Arbeitsbedingungen mit dem sozialen Gegenspieler, dem Arbeitgeber, für die Arbeitnehmer möglichst günstige Tarifverträge abschließen (näher siehe im Band „Kollektivarbeitsrecht" unter § 80). Diese können, wenn nötig, in Arbeitskämpfen durchgesetzt werden (grundlegend BAG GS 21.4.1971 – GS 1/68, NJW 1971, 1668). Der Schutz erstreckt sich auf **alle koalitionsspezifischen Verhaltensweisen** und ist nicht auf einen Kernbereich koalitionsmäßiger Betätigung beschränkt (BVerfG v. 14.11.1995 – 1 BvR 601/92, NZA 1996, 381). Koalitionsspezifische Verhaltensweisen sind demnach nicht nur solche, die für den Koalitionszweck unerlässlich sind. Die damit einhergehende Ausweitung des Schutzbereiches der Koalitionsfreiheit führt zu einer Verlagerung der Rechtmäßigkeitsprüfung hin

zur Rechtfertigungsebene. Koalitionsspezifische Betätigungen, die vorher an der engen „Kernbereichslehre" gescheitert waren, sind nun prinzipiell von Schutzbereich des Art. 9 Abs. 3 GG umfasst. Exemplarisch genannt werden kann hier die Mitgliederwerbung, in deren Kontext die Änderung der Rechtsprechung erfolgte (BVerfG v. 14.11.1995 – 1 BvR 601/92, NZA 1996, 381, 382; vgl. insoweit auch BAG v. 15.10.2013 – 1 ABR 31/12, NZA 2014, 319 für einen Streikaufruf im Intranet). Im Rahmen der Rechtfertigung ist die Koalitionsfreiheit im Einzelfall dann mit den Interessen des Arbeitgebers aus Art. 12 GG bzw. Art. 14 GG in Ausgleich zu bringen. Als koalitionsspezifisches Verhalten erfasst ist insbesondere auch die Tarifautonomie, die im Zentrum der den Koalitionen eingeräumten Möglichkeiten zur Verfolgung ihrer Zwecke steht. Das Aushandeln von Tarifverträgen ist ein wesentlicher Zweck der Koalitionen (BAG v. 23.3.2011 – 10 AZR 374/09, juris Rz. 59).

Die Verbindung dieses Bereichs des Koalitionsrechts zum Individualarbeitsrecht besteht darin, dass bei einem rechtmäßigen Streik kein sanktionierbarer Verstoß gegen die arbeitsvertragliche Verpflichtung zur Arbeitsleistung besteht; das Arbeitsverhältnis ist suspendiert (sog. kollektivrechtliche **Einheitstheorie** des Arbeitskampfes, st. Rspr. seit BAG GS 28.1.1955 – GS 1/54, BB 1955, 605). 603

Art. 9 Abs. 3 S. 2 GG ordnet die unmittelbare Wirkung der **Koalitionsfreiheit** an, indem er Abreden, die dieses Recht einschränken oder zu behindern suchen, für nichtig und hierauf gerichtete Maßnahmen für rechtswidrig erklärt. Ein Arbeitgeber darf weder wegen der Gewerkschaftszugehörigkeit das Arbeitsverhältnis kündigen noch deswegen den Abschluss eines Arbeitsvertrags verweigern. Macht er die Einstellung vom Austritt aus der Gewerkschaft abhängig, greift er unmittelbar in das verfassungsrechtlich geschützte Recht einer Koalition auf Bestand und Betätigung ein (BAG v. 2.6.1987 – 1 AZR 651/85, NZA 1988, 64, 65). 604

Die massive Bedeutung von Art. 9 Abs. 3 GG für die Arbeitsrechtsordnung wird dadurch deutlich, dass bei zwei der praktisch bedeutsamsten gesetzgeberischen Vorhaben der letzten Zeit die Frage nach der Vereinbarkeit mit Art. 9 Abs. 3 GG im Vordergrund stand. Zum einen wurde im Rahmen der Schaffung eines einheitlichen Mindestlohnes durch das **MiLoG** vom 11.8.2014 die Frage der Verfassungsmäßigkeit des Gesetzes im Hinblick auf Art. 9 Abs. 3 GG intensiv diskutiert (ausf. Analyse bei *Preis/Ulber*, Die Verfassungsmäßigkeit des allgemeinen gesetzlichen Mindestlohns, 2014). Auch das Kernstück des **Tarifeinheitsgesetzes** vom 3.7.2015 ist Gegenstand lebhafter Diskussionen zur Vereinbarkeit mit Art. 9 Abs. 3 GG. Im Kontext der Neuregelung zur Tarifeinheit durch § 4a TVG wurden erhebliche und berechtigte Zweifel an der Verfassungskonformität erhoben (Vgl. nur *Preis* jM 2015, 369 ff.; *Däubler/Bepler*, Das neue Tarifeinheitsrecht, 2016, H. Rz. 227 ff.; *Ewer* NJW 2015, 2230 ff.). Das BVerfG hat das Tarifeinheitsgesetz zwei Jahre nach Inkrafttreten als im Wesentlichen verfassungsgemäß beurteilt (BVerfG v. 11.7.2018 – 1 BvR 1571/15, 1 BvR 1588/15, 1 BvR 2883/15, 1 BvR 1043/16, 1 BvR 1477/16, NZA 2017, 915; *Temming*, VSSAR 2019, 85). Der Gesetzgeber sollte die Vorschrift des 4a Abs. 2 S. 2 TVG jedoch bis zum 31.12.2018 im Hinblick auf fehlende Vorkehrungen nachbessern, „die sicherstellen, dass die Interessen der Berufsgruppen, deren Tarifvertrag nach § 4a Abs. 2 S. 2 TVG verdrängt wird, im verdrängenden Tarifvertrag hinreichend berücksichtigt werden." Hierin sieht das BVerfG einen unverhältnismäßigen Verstoß gegen Art. 9 Abs. 3 GG (BVerfG v. 11.7.2018 – 1 BvR 1571/15, 1 BvR 1588/15, 1 BvR 2883/15, 1 BvR 1043/16, 1 BvR 1477/16, NZA 2017, 915 Rz. 200 ff.). Dieser Verpflichtung ist der Bundestag im Zuge des Qualifizierungschancengesetzes v. 18.12.2018 fristgerecht nachgekommen und hat den § 4a Abs. 2 S. 2 TVG um seinen zweiten Halbsatz ergänzt (Art. 4f QChancenG. BGBl. I S. 2651, dazu *Hromadka* NZA 2019, 215; *Preis/Greiner*, Kollektivarbeitsrecht Rz. 838). 605

7. Berufsfreiheit (Art. 12 GG)

Literatur: *Dieterich*, Unternehmerfreiheit und Arbeitsrecht im Sozialstaat, AuR 2007, 65; *Kluth*, Das Grundrecht der Berufsfreiheit – Art. 12 Abs. 1 GG, Jura 2001, 371; *Kühling*, Die Berufsfreiheit des Arbeitnehmers, FS Dieterich (1999), 325; *Papier*, Freiheit des Berufs und Grundrecht der Arbeit, DVBl. 1984, 801; *Pestalozza*, Das Sportwetten-Urteil des BVerfG – Drei Lehren über den Fall hinaus, NJW 2006, 1711; *Schnei-*

der, Art. 12 GG – Freiheit des Berufs und Grundrecht der Arbeit, VVDStRL 1984, 7; *Söllner*, Die Bedeutung des Art. 12 GG für das Arbeitsrecht, AuR 1991, 45.

606 Art. 12 Abs. 1 GG schützt die Freiheit des Bürgers in einem für die moderne arbeitsteilige Gesellschaft besonders wichtigen Bereich; er gewährleistet dem Einzelnen das Recht, jede Arbeit, die er für sich als geeignet ansieht, als **„Beruf" zu ergreifen** (BVerfG v. 11.6.1958 – 1 BvR 596/56, NJW 1958, 1035, 1035). Daneben ist die freie Wahl des Arbeitsplatzes durch Art. 12 GG geschützt. Diese Gewährleistung, die für das Arbeitsrecht von erheblicher Bedeutung ist, wurde auch vom Bundesverfassungsgericht anerkannt. Sie schützt die Wahl und den Bestand eines konkreten Arbeitsverhältnisses (BVerfG v. 24.4.1991 – 1 BvR 1341/90, AP Nr. 70 zu Art. 12 GG). Nicht durch Art. 12 Abs. 1 GG garantiert ist dagegen ein Anspruch auf Schaffung eines Arbeitsplatzes eigener Wahl. Ein Grundrecht auf Arbeit gibt es demnach nicht.

607 Obwohl der Wortlaut von Art. 12 Abs. 1 GG ersichtlich zwischen **Berufswahl** (S. 1) und **Berufsausübung** (S. 2) unterscheidet, legt das Bundesverfassungsgericht Art. 12 Abs. 1 GG seit dem Apotheken-Urteil als **einheitliches Grundrecht** der Berufsfreiheit aus. Das hat insbesondere Auswirkungen auf die Möglichkeit, Eingriffe in Art. 12 Abs. 1 GG zu rechtfertigen. Die Schranken, denen die Gewährleistungen des Art. 12 Abs. 1 GG unterliegen, hat das Bundesverfassungsgericht mit Hilfe der **Drei-Stufen-Lehre** im Apotheken-Urteil aus dem Jahre 1958 konkretisiert. Demnach können Regelungen über die Berufsausübung zur Erreichung eines anerkannten Gemeinwohlziels getroffen werden, wenn sie verhältnismäßig sind. Bei gesetzlichen Regelungen der Berufswahl, sprich Zulassungsbeschränkungen zum Beruf, ist zu differenzieren. Vorschriften, die als **subjektive Zulassungsvoraussetzungen** die Berufsauswahl einschränken, sind nur zugunsten eines besonders wichtigen Gemeinwohlbelangs zulässig. Sog. **objektive Zulassungsschranken** sind nur zur Abwehr von Gefahren für überragende Gemeinwohlbelange erlaubt (BVerfG v. 11.6.1958 – 1 BvR 596/56, AP Nr. 13 zu Art. 12 GG).

608 Wenngleich auch grundsätzlich an dieser Dreiteilung festgehalten wird, so ist nicht zu übersehen, dass heute eher von einer **gleitenden Skala** gesprochen werden sollte, derer sich das Bundesverfassungsgericht zur Rechtfertigung von Eingriffen in die Berufswahl und Berufsausübung bedient. Eine strikte tatbestandliche Dreiteilung im Rahmen der Verhältnismäßigkeitsprüfung findet man in der aktuellen Rechtsprechung des BVerfG nicht mehr (Vgl. BVerfG v. 14.1.2014 – 1 BvR 2998/11, 1 BvR 236/12 NJW 2014, 613 Rz. 62 ff.) Beispielsweise können bloße Ausübungsregelungen derart belastend sein, dass sie die Berufsangehörigen zur Berufsaufgabe zwingen. Dann müssen die Anforderungen einer Berufswahlbeschränkung erfüllt sein, was auch für Regelungen der Arbeitsplatzwahl gilt (so bspw. die o.g. Warteschleifenregelung in BVerfG v. 24.4.1991 – 1 BvR 1341/90, NJW 1991, 1667, 1668). Dass das Bundesverfassungsgericht **zunehmend flexibel** im Rahmen der Verhältnismäßigkeitsprüfung operiert, zeigen insbesondere die Entscheidungen zur Zulässigkeit der Spielbanken- und Sportwettenmonopole in Bayern und Baden-Württemberg (BVerfG v. 19.7.2000 – 1 BvR 539/96, BVerfGE 102, 197, 214 f.; BVerfG v. 28.3.2006 1 BvR 1054/01, NJW 2006, 1261 BVerfG v. 26.3.2007 – 1 BvR 2228/02, NVwZ-RR 2008, 1, 2 ff.). Argumentativ soll dies durch das Merkmal der „an sich unerwünschten Tätigkeit" gelingen. Dadurch wird der starke Grundrechtsschutz für die Berufswahl, so wie ihn das Apotheken-Urteil noch gewährte, aufgeweicht (s.a. *Volkmann* JZ 2005, 261, 270 m.w.N.; *Pestalozza* NJW 2006, 1711, 1712 f.).

a) Berufsfreiheit als Grundrecht des Arbeitnehmers

609 Zugunsten des Arbeitnehmers hat die Berufsfreiheit in unterschiedlichen gesetzlichen Regelungen ihren Niederschlag gefunden und spielt in der Rechtsprechung in zahlreichen Fallkonstellationen eine Rolle.

610 Zur Gewährleistung eines staatlichen Mindestschutzes wird dem Arbeitnehmer in vielen Bereichen arbeitsvertraglicher Bestandsschutz gewährt, um ihn vor einer unangemessenen Beschränkung seines Grundrechtes zu schützen (BAG v. 8.12.2010 – 7 AZR 438/09, NZA 2011, 586, 589). Dies folgt aus der **überragenden Bedeutung eines Beschäftigungsverhältnisses** für den jeweiligen Arbeitnehmer.

„*Seine berufliche Tätigkeit, für die Art. 12 Abs. 1 GG den erforderlichen Freiraum gewährleistet, kann er nur durch Abschluss und Fortbestand von Arbeitsverträgen realisieren. Der Arbeitsplatz ist die wirtschaftliche Existenzgrundlage für ihn und seine Familie. Sein Lebenszuschnitt wird ebenso davon bestimmt wie seine gesellschaftliche Stellung.*" (BAG v. 28.1.2010 – 2 AZR 985/08, NZA 2010, 1373, 1375) 611

Als einfachgesetzliche Ausprägung der Berufsfreiheit ist beispielsweise § 15 Abs. 4 TzBfG zu nennen. Diese Vorschrift räumt einem Arbeitnehmer, der ein befristetes (und deshalb ordentlich grundsätzlich nicht kündbares) Arbeitsverhältnis für eine Zeit von mehr als fünf Jahren eingegangen ist, nach Ablauf von fünf Jahren ein Kündigungsrecht ein. Der Wahrung der Berufsfreiheit dient ebenfalls die Regelung des § 12 Abs. 1 S. 1 BBiG. Diese Regelung erklärt eine Vereinbarung für nichtig, die den Auszubildenden für die Zeit nach Beendigung des Berufsausbildungsverhältnisses in der Ausübung seiner beruflichen Tätigkeit beschränkt. Während diese Bestimmungen dem Arbeitnehmer die Freiheit eröffnen, ein Arbeitsverhältnis zu beenden, schützt **§ 1 KSchG** den Arbeitnehmer vor der Beendigung des von ihm gewählten Arbeitsverhältnisses durch arbeitgeberseitige Kündigung (zum Schutzumfang Rz. 2683). 612

Vielfältig sind die Fälle, in denen die Rechtsprechung Art. 12 Abs. 1 GG als Prüfungsmaßstab für individualvertragliche Vereinbarungen angewendet hat. So setzt die Grundrechtsnorm – vermittelt durch § 307 BGB – etwa Regelungen Grenzen, die den Arbeitnehmer zur **Rückzahlung von Aus- oder Fortbildungskosten** verpflichten, wenn er vor Ablauf einer vereinbarten Zeitspanne sein Arbeitsverhältnis kündigt (BAG v. 15.9.2009 – 3 AZR 173/08 NZA 2010, 342, Rz. 36 ff.) Dabei sind die Grenzen, in denen eine Rückzahlungspflicht bestehen kann, nicht einheitlich. Sie bestimmen sich nach den Umständen des Einzelfalls (BAG v. 24.6.2004 – 6 AZR 383/03, NZA 2004, 1035, 1036; BAG v. 24.7.1991 – 5 AZR 443/90, NZA 1992, 405, 406; Rz. 1764). 613

Seit dem 1.1.2003 ist Prüfungsmaßstab freilich die AGB-Kontrolle gemäß §§ 307 ff. BGB, wobei insbesondere § 307 Abs. 1 BGB im Lichte des Art. 12 Abs. 1 GG verfassungskonform ausgelegt werden muss (zum Wechsel des Prüfungsmaßstabs s. BAG v. 23.1.2007 – 9 AZR 482/06, NZA 2007, 748 und 5.6.2007 – 9 AZR 604/06, NZA-RR 2008, 107). 614

Auch **Wettbewerbsverbote**, die für die Zeit **nach Beendigung des Arbeitsverhältnisses** zwischen Arbeitgeber und Arbeitnehmer vereinbart werden, müssen sich an der Berufsfreiheit des Arbeitnehmers messen lassen (Rz. 3442; s.a. § 81 ArbVG-E; *Henssler* MDR 2002, 315). Gleiches gilt für **Nebentätigkeitsverbote** während des Bestands des Arbeitsverhältnisses (BAG v. 24.3.2010 – 10 AZR 66/09, NZA 2010, 693; Rz. 1195; s.a. §§ 79, 80 ArbVG-E). Auch hier greift vorrangig die verfassungskonform durchzuführende AGB-Kontrolle gemäß §§ 307 ff. BGB. 615

b) Berufsfreiheit als Grundrecht des Arbeitgebers

Auf die Berufsfreiheit können sich sowohl Arbeitgeber wie auch Arbeitnehmer berufen. Der „Beruf" ist umfassend als Tätigkeit zu verstehen, die sich der Einzelne zur Lebensaufgabe macht und die seine Lebensgrundlage darstellt. Schutzgut dieses Grundrechts ist also auch das Betreiben eines Gewerbes, gleich, ob durch eine natürliche oder eine juristische Person. Durch Art. 12 GG geschützt ist auch die ‚Unternehmerfreiheit' im Sinne freier Gründung und Führung von Unternehmen unabhängig von der Unternehmensgröße (BVerfG v. 1.3.1979 – 1 BvR 532/77, NJW 1979, 699, 708). 616

Der Schutz der Berufsfreiheit des Arbeitgebers spiegelt sich insbesondere in der Rechtsprechung des BAG zur Rechtmäßigkeit einer betriebsbedingten Kündigung gemäß § 1 Abs. 2 KSchG wider. Hier ist zwar zu prüfen, ob die **unternehmerische Entscheidung** (also die „Bestimmung der der Geschäftsführung zugrundeliegenden Unternehmenspolitik"), die zum Wegfall von Arbeitsplätzen geführt hat, **tatsächlich vorliegt**. Die inhaltliche Richtigkeit bzw. Zweckmäßigkeit dieser Entscheidung entzieht sich jedoch in der Regel der gerichtlichen Nachprüfung, weil diese in die Unternehmerfreiheit fällt (Zum Prüfungsmaßstab BAG v. 22.11.2012 – 2 AZR 673/11, NZA 2013, 730 Rz. 16; zur Missbrauchsgrenze vgl. BAG v. 23.4.2008 – 2 AZR 1110/06, NZA 2008, 939, 940; BAG v. 26.9.2002 – 2 AZR 636/01, NZA 617

2003, 549, 550 f.). Die unternehmerische Freiheit wirkt hier soweit, dass eine beschlossene und tatsächlich durchgeführte unternehmerische Entscheidung der Vermutung unterliegt, dass sie aus sachlichen Gründen getroffen wurde (BAG v. 18.6.2015 – 2 AZR 480/14, NZA 2015, 1316 Rz. 34 f.). Die Missbrauchsgrenze wird durch diese Vermutung entsprechend hoch angelegt, um Art. 12 GG Rechnung zu tragen. Einhellig anerkannt ist hingegen, dass die unternehmerische Entscheidung einer vollen **Rechtskontrolle** unterliegt. Sie darf also weder gegen das Grundgesetz, einfaches – verfassungsgemäßes – Gesetzesrecht, Tarifverträge oder einzelvertragliche Bindungen verstoßen; das BAG versteht diese Fälle als Missbrauch (BAG v. 22.4.2004 – 2 AZR 385/03, NZA 2004, 1158, 1159; Rz. 2841).

618 Zu den von Art. 12 Abs. 1 GG geschützten Freiheiten gehört auch die Entscheidung des Arbeitgebers, **mit wie vielen und welchen Mitarbeitern** er sein Unternehmen führen will. Dem durch Art. 12 Abs. 1 GG geschützten Interesse des Arbeitnehmers an der Erhaltung seines Arbeitsplatzes steht das Interesse des Arbeitgebers gegenüber, in seinem Unternehmen nur Mitarbeiter zu beschäftigen, die seinen Vorstellungen entsprechen. Die kollidierenden Grundrechtspositionen sind vom Gesetzgeber in ihrer Wechselwirkung zu erfassen und so zu begrenzen, dass sie für alle Beteiligten möglichst weitgehend wirksam werden (BAG v. 28.1.2010 – 2 AZR 985/08, NZA 2010, 1373, 1375).

619 Soweit dabei nicht die Vertragsabschlussfreiheit, sondern das Kündigungsrecht des Arbeitgebers in Rede steht, wird diese Freiheit vor allem durch die §§ 1, 23 KSchG begrenzt. Die Regelungen des KSchG zielen insoweit darauf ab, die grundrechtlich geschützten Positionen der Arbeitgeber und ihrer Arbeitnehmer zum Ausgleich zu bringen (BVerfG v. 27.1.1998 – 1 BvL 15/87, NZA 1998, 470, 471).

620 Der Kündigungsschutz nach §§ 1 ff. KSchG ist grundsätzlich auf Betriebe mit mehr als zehn Arbeitnehmern beschränkt (**Kleinbetriebsklausel**, § 23 Abs. 1 S. 3 KSchG, zur Berechnungsweise der Schwellenwerte BAG v. 21.9.2006 – 2 AZR 840/05, NZA 2007, 438). Diese gesetzgeberische Entscheidung wurde vom BVerfG – noch zu der Gesetzeslage mit Kündigungsschutz ab mehr als fünf Arbeitnehmern – nicht beanstandet (BVerfG v. 27.1.1998 – 1 BvL 15/87, NZA 1998, 470; bestätigend BVerfG v. 24.6.2010 – 1 BvL 5/10, NZA 2010, 1004).

621 Jedoch sind Arbeitnehmer auch in Kleinbetrieben trotz Nichteingreifens des § 1 Abs. 2 und Abs. 3 KSchG nicht völlig ohne Schutz. Die Kündigung ist zumindest anhand des allgemeinem Zivilrechts, insbesondere der §§ 138, 242 BGB, zu überprüfen. Im Rahmen dieser Generalklauseln sind die Wertungen des Art. 12 Abs. 1 GG zu beachten. Die Untergrenze ist bei offensichtlich unsachlichen bzw. willkürlichen Gründen erreicht. Solche Gründe können eine Kündigung nicht rechtfertigen. Zu beachten ist aber auch, dass der durch die Generalklauseln vermittelte Schutz nicht dazu führen darf, dass dem Kleinunternehmer praktisch die im Kündigungsschutzgesetz vorgegebenen hohen Maßstäbe der Sozialwidrigkeit i.S.d. § 1 Abs. 2 KSchG auferlegt werden (BVerfG v. 27.1.1998 – 1 BvL 15/87, NZA 1998, 470; BAG v. 21.2.2001 – 2 AZR 15/00, NZA 2001, 833).

622 Konkurrieren also bei **betrieblich veranlassten Kündigungen** mehrere vergleichbare Arbeitnehmer um die verbleibenden Beschäftigungsmöglichkeiten in einem Kleinbetrieb, darf die mit Hilfe des § 242 BGB durchzuführende **soziale Auswahl** nicht zu einer Sozialauswahl i.S.d. § 1 Abs. 3 KSchG mutieren. Da die Sozialauswahl gemäß § 1 Abs. 3 S. 1 KSchG nur „ausreichend" sein muss, können im Rahmen des § 242 BGB nur besonders krass fehlerhafte Abwägungsergebnisse das Verdikt der Treuwidrigkeit nach sich ziehen; d.h. der gekündigte Arbeitnehmer muss offensichtlich schutzwürdiger gewesen sein. Daraus folgt, dass zwar keine umfassende Abwägung aller betroffenen Interessen erforderlich ist. Doch darf der Arbeitgeber bei der Auswahlentscheidung die Belange besonders schutzwürdiger Arbeitnehmer – beispielsweise werdender Mütter, Schwerbehinderter, älterer Arbeitnehmer und Alleinerziehender – nicht völlig außer Acht lassen (BVerfG v. 21.6.2006 – 1 BvR 1659/04, NZA 2006, 913; BVerfG v. 24.4.1991 – 1 BvR 1341/90, NJW 1991, 1667). Das BAG spricht in diesem Zusammenhang von einem **Mindestmaß an sozialer Rücksichtnahme**, das in einem Kleinbetrieb zu wahren ist (BAG v. 28.10.2010 – 2 AZR 392/08, BB 2011, 1339; BAG v. 21.2.2001 – 2 AZR 15/00, NZA 2001, 833).

"Es ist zu prüfen, ob auch unter Einbeziehung der vom Arbeitgeber geltend gemachten Gründe die Kündigung die sozialen Belange des betroffenen Arbeitnehmers in treuwidriger Weise unberücksichtigt lässt. Der unternehmerischen Freiheit des Arbeitgebers im Kleinbetrieb kommt bei dieser Abwägung ein erhebliches Gewicht zu." (BAG v. 21.2.2001 – 2 AZR 15/00, NZA 2001, 833, 833)

Missbrauchsmöglichkeiten im Rahmen des Anwendungsbereiches gemäß § 23 Abs. 1 KSchG haben BVerfG und BAG einen Riegel vorgeschoben: Gründet ein großes Unternehmen viele Kleinbetriebe, um aus dem Anwendungsbereich des KSchG heraus zu fallen, kommt das BAG durch **verfassungskonforme Auslegung des § 23 KSchG** zu einer Anwendbarkeit des KSchG. Es definiert nur solche Einheiten als Kleinbetriebe, **deren Schutz die Kleinbetriebsklausel bezweckt** (BAG v. 23.4.1998 – 2 AZR 489/97, NZA 1998, 995, zurückgehend auf BVerfG v. 27.1.1998 – 1 BvL 15/87, NZA 1998, 470; näher zum Betriebsbegriff Rz. 336). Aus der Entstehungsgeschichte des § 23 Abs. 1 S. 2 KSchG ergebe sich, dass die Herausnahme der Kleinbetriebe aus dem Geltungsbereich letztlich auf mittelstandspolitische Erwägungen zurück gehe und den engen persönlichen Beziehungen des Kleinbetriebsinhabers sowie der geringeren verwaltungsmäßigen und wirtschaftlichen Belastbarkeit der Kleinbetriebe Rechnung tragen und dem Kleinunternehmer bzw. Handwerker größere arbeitsmarktpolitische Freizügigkeit durch größere Vertragsfreiheit gewährleisten wolle (BAG v. 23.4.1998 – 2 AZR 489/97, NZA 1998, 995, 996).

623

8. Eigentum (Art. 14 GG)

Im Arbeitsrecht besitzt der Eigentumsschutz gemäß Art. 14 Abs. 1 GG vor allem auf Arbeitgeberseite Bedeutung. Art. 14 Abs. 1 GG ist ein normgeprägtes Grundrecht. Denn Inhalt und Schranken werden gemäß Art. 14 Abs. 1 S. 2 GG durch die Gesetze bestimmt. Das Eigentum bedarf somit der Ausgestaltung durch den Gesetzgeber. Unter den Eigentumsbegriff fallen **dabei u.a. alle privatrechtlichen vermögenswerten Rechtspositionen** (zum Schutz öffentlich-rechtlicher Positionen vgl. *Fuchs/Preis*, Sozialversicherungsrecht, § 6 V 3 und § 41 IV 4). Das sind alle vermögenswerten Rechte, die das bürgerliche Recht einem privaten Rechtsträger als Eigentum zuordnet. Davon umfasst ist das Eigentum i.S.d. Zivilrechts (§ 903 BGB) sowie alle anderen dinglichen Rechte. Darüber hinaus gehören auch Ansprüche und Forderungen des privaten Rechts dazu, sowie Rechte, deren Ausübung sich in einem einmaligen Vorgang erschöpfen sowie die vermögenswerten Aspekte des geistigen Eigentums. Hingegen werden bloße Interessen, Chancen und Verdienstmöglichkeiten nicht geschützt. Art. 14 Abs. 1 GG bietet also lediglich **Bestands-, nicht Erwerbsschutz**. Die grundrechtliche Gewährleistung des Art. 14 Abs. 1 GG schützt den Arbeitgeber einerseits vor **unverhältnismäßigen Eingriffen des Gesetzgebers** in seine Eigentumspositionen entweder durch verfassungswidrige Inhalts- und Schrankenbestimmungen gemäß Art. 14 Abs. 1 S. 2 und Abs. 2 GG oder verfassungswidrige Enteignungen i.S.d. Art. 14 Abs. 3 GG, andererseits auch **vor rechtswidrigen Übergriffen von Arbeitnehmerseite**. Diese Konflikte zwischen Arbeitnehmer und Arbeitgeber sind im Rahmen des Zivilrechts zu lösen, innerhalb dessen die Wertungen von Art. 14 GG im Rahmen einer verfassungskonformen Auslegung berücksichtigt werden müssen.

624

Was den Eigentumsschutz durch gesetzgeberische Maßnahmen betrifft, so verfügt der Gesetzgeber im Rahmen der Festlegung von Inhalts- und Schrankenbestimmungen (Art. 14 Abs. 1 S. 2 GG) über einen **sehr weiten Gestaltungsspielraum** (ausf. *Jarass/Pieroth* Art. 14 GG Rz. 36 ff.). So hat das BVerfG die Regelungen über die Mitbestimmung im Unternehmen nach dem Mitbestimmungsgesetz 1976 für vereinbar mit Art. 14 GG erklärt (BVerfG v. 1.3.1979 – 1 BvR 532/77, NJW 1979, 699).

625

Beeinträchtigungen des Eigentums des Arbeitgebers durch die Arbeitnehmerseite spielen in der Diskussion um die Zulässigkeit von **Betriebsbesetzungen und -blockaden** als Arbeitskampfmittel der Gewerkschaften eine erhebliche Rolle. Unter dem Gesichtspunkt der Verletzung des **Rechts am eingerichteten und ausgeübten Gewerbebetrieb** fließen die Wertungen der Art. 14 Abs. 1 S. 1 GG und Art. 12 Abs. 1 GG im Rahmen des § 823 Abs. 1 BGB in das Zivilrecht ein und es kommen möglicherweise **Schadensersatzansprüche** des Arbeitgebers in Betracht (st. Rspr. seit BAG v. 21.6.1988 – 1 AZR 653/86, NZA 1988, 884). Es gelten hierfür die allgemeinen zivilrechtlichen Maßstäbe, weshalb es ins-

626

besondere auf ein Verschulden von Arbeitnehmer oder Gewerkschaftsorganen ankommt. Für die Gewerkschaft und streikende Arbeitnehmer streitet natürlich der Wirkgehalt des Art. 9 Abs. 3 GG. Neben einem Schadensersatzanspruch ist die Geltendmachung eines **Unterlassungsanspruches** gegen rechtswidrige Arbeitskampfmittel relevant (BAG v. 12.9.1984 – 1 AZR 352/83, NZA 1984, 393). Des Weiteren ist darauf hinzuweisen, dass das BVerfG bislang offen gelassen hat, ob das Recht am eingerichteten und ausgeübten Gewerbebetrieb überhaupt in den Schutzbereich des Art. 14 Abs. 1 GG fällt (zuletzt BVerfG v. 30.11.2010 – 1 BvL 3/07 Leitsatz 1). Zu daraus resultierenden Divergenzen dürfte es aber in Bezug auf das für den Arbeitgeber eingreifende Schutzniveau im Ergebnis nicht kommen. Schließlich ist auf die europarechtliche Dimension bei der Bewertung von kollektiven Kampfmaßnahmen hinzuweisen, die durch die Entscheidungen des EuGH Viking und Laval (EuGH v. 11.12.2007 – C-438/05 „Viking", NZA 2008, 124 und EuGH v. 18.12.2007 – 341/05 „Laval", NZA 2008, 159) für das deutsche Arbeitskampfrecht sehr an Bedeutung gewonnen hat (Rz. 470).

627 Die Verpflichtung, das Eigentum des Arbeitgebers zu respektieren, richtet sich jedoch nicht nur an die kampfführenden Gewerkschaften. Auch der einzelne Arbeitnehmer darf nicht in das Eigentumsrecht des Arbeitgebers eingreifen. Insbesondere darf er Arbeitskleidung, die ihm vom Arbeitgeber zur Verfügung gestellt wird, nicht als Werbefläche für eine Gewerkschaft nutzen (BAG v. 23.2.1979 – 1 AZR 172/78, BB 1979, 887).

Beispiel für einen Beseitigungsanspruch wegen Eigentumsverletzung: Das BAG hatte im Jahre 1979 darüber zu befinden, ob Arbeitnehmer berechtigt sind, den ihnen von ihrem Arbeitgeber zur Verfügung gestellten Schutzhelm mit einem Aufkleber ihrer Gewerkschaft (IG Bau-Steine-Erden) zu versehen. Das Gericht gestand dem Arbeitgeber einen Beseitigungsanspruch aus § 1004 Abs. 1 BGB zu, weil es sich dabei um erhebliche Eingriffe in Eigentümerbefugnisse handele (BAG v. 23.2.1979 – 1 AZR 172/78, BB 1979, 887). Ob diese Entscheidung im Lichte der neueren Rechtsprechung des BVerfG zu Art. 9 Abs. 3 GG gehalten werden kann, ist zweifelhaft (siehe im Band „Kollektivarbeitsrecht" Rz. 63).

9. Kirchliches Selbstbestimmungsrecht (Art. 140 GG i.V.m. Art. 137 WRV)

Literatur: *De Beauregard/Baur*, NZA-RR 2014, 625; *Dütz*, Gesetzgebung und Autonomie im Kirchenarbeitsrecht, NZA 2008, 1383; *Dütz*, Kirchliche Einrichtungen im gesetzlichen Normengeflecht, KuR 2010, 151; *Edenharter*, NZA 2014, 1378; *Fischermeier*, RdA 2014, 257; *Greiner*, Kirchliche Loyalitätsobliegenheiten nach dem „IR"-Urteil des EuGH, NZA 2018, 1289; *Hammer*, Europäische Wende im Kirchlichen Arbeitsrecht?, AuR 2011, 278; *Hanau/Thüsing*, Europarecht und kirchliches Arbeitsrecht, 2001; *Joussen*, § 9 AGG und die europäischen für das kirchliche Arbeitsrecht, NZA 2008, 675; *Junker*, Kooperation oder Konfrontation der obersten Instanzen in Deutschland und Europa – Dargestellt am Beispiel des Streikrechts und der Kirchenautonomie, EuZA 2018, 304; *Klar*, Grundrechtlicher Schutz des gekündigten kirchlichen Arbeitnehmers, NZA 1995, 1184; *Reichold*, Das deutsche Arbeitsrecht der Kirchen im Fokus des Europäischen Gerichtshofs für Menschenrechte, EuZA 2011, 320; *Reichold*, Neues zum Arbeitsrecht der Kirchen: Konsolidierung oder Irritation durch das BAG?, NZA 2009, 1377; *Richardi*, Arbeitsrecht in der Kirche, 7. Aufl. 2015; *Thüsing*, Kirchliches Arbeitsrecht, 2006; *v. Tiling*, Öffnung tarifdispositiven Gesetzesrechts zugunsten kirchlicher Arbeitsrechtsregelungen rotz fehlender „Kirchenklausel", ZTR 2009, 458; *Weber*, Gelöste und ungelöste Probleme des Staatskirchenrechts, NJW 1983, 2541.

628 Noch kurz eingegangen werden soll auf das kirchliche Arbeitsrecht. Oftmals wird verkannt, dass durch Art. 140 GG i.V.m. Art. 137 WRV auch das **Selbstbestimmungsrecht der Kirchen** mit Verfassungsrang ausgestattet ist. Der Einfluss im Arbeitsrecht zeigt sich an verschiedenen Stellen.

a) Kündigung kirchlicher Arbeitnehmer: Verfassungsrechtliche Ausgangslage

629 Auswirkungen hat dies zunächst vor allem bei den (auch außerdienstlichen) Loyalitätsobliegenheiten kirchlicher Mitarbeiter. Im Rahmen des garantierten Selbstbestimmungsrechts ist es dabei den Kirchen überlassen, den **Umfang dieser Pflichten** festzulegen (BVerfG v. 4.6.1985 – 2 BvR 1703/83, NJW 1986, 367; bestätigt durch BVerfG v. 22.10.2014 – 2 BvR 661/12, NZA 2014, 138).

„Im Rahmen ihres Selbstbestimmungsrechts können die verfassten Kirchen festlegen, was ‚die Glaubwürdigkeit der Kirche und ihrer Verkündigung erfordert', was ‚spezifisch kirchliche Aufgaben' sind, was ‚Nähe' zu ihnen bedeutet, welches die ‚wesentlichen Grundsätze der Glaubens- und Sittenlehre' sind, was als Verstoß gegen diese anzusehen ist und welches Gewicht diesem Verstoß aus kirchlicher Sicht zukommt."
(BVerfG v. 22.10.2014 – 2 BvR 661/12, NZA 2014, 138 Rz. 115)

Daher braucht es der Arbeitgeber bei einer Beschäftigung im kirchlichen Dienst nicht hinzunehmen, dass ein Arbeitnehmer öffentlich fundamentale Grundsätze der kirchlichen Lehre in Frage stellt. Er kann sich in diesem Fall von seinem Arbeitnehmer durch Kündigung trennen. Der Grundsatz der freien Gestaltung des Privatlebens gilt hier nur eingeschränkt. Der Einfluss des Selbstbestimmungsrechts aus Art. 140 GG i.V.m. Art. 137 WRV im Rahmen der **zweistufigen Kündigungsprüfung** des BAG führt zu folgenden Besonderheiten: 630

– Für die Frage, ob ein **kündigungsrelevantes Verhalten** (im Kontext des § 626 BGB ein Kündigungsgrund „an sich") vorliegt, ist die Möglichkeit der Kirche, Loyalitätsobliegenheiten autonom festzulegen, durch das kirchliche Selbstbestimmungsrecht gedeckt. Im Rahmen einer **„Plausibilitätskontrolle"** kann das Arbeitsgericht diese kirchliche Entscheidung nur dahingehend überprüfen, ob die Anforderungen gegen Grundprinzipien der Rechtsordnung verstoßen, wie sie im allgemeinen Willkürverbot (Art. 3 Abs. 1 GG), den guten Sitten (§ 138 Abs. 1 BGB) und dem ordre public (Art. 6 EGBGB) niedergelegt sind. Auf dieser Ebene schlägt der Kerngehalt des kirchlichen Selbstbestimmungsrechts auf die Rechtmäßigkeit der Kündigung durch. 631

– Es erfolgt sodann eine **umfassende Interessenabwägung** im Sinne einer „offenen Gesamtabwägung", bei der die – im Lichte des Selbstbestimmungsrechts der Kirchen verstandenen – kirchlichen Belange und die korporative Religionsfreiheit mit den Grundrechten der betroffenen Arbeitnehmer auszugleichen sind. Im Sinne praktischer Konkordanz entscheidet damit eine Abwägung über den Umstand, ob es der Kirche – angesichts des Verstoßes gegen die Loyalitätsobliegenheit – zumutbar ist, weiter am Arbeitsverhältnis festgehalten zu werden. 632

Das BVerfG hält das kirchliche Selbstbestimmungsrecht gegenüber der korporativen Religionsfreiheit (Art. 4 Abs. 1 und Abs. 2 GG) zwar für spezieller. Gleichwohl wird letzteres nicht ausgeblendet, sondern dergestalt in die Betrachtung einbezogen, dass im Rahmen des Ausgleichs gegenläufiger Interessen die vorbehaltlose Gewährung des Art. 4 GG zu einer besonderen Gewichtung des Selbstbestimmungsrechts führt (BVerfG v. 22.10.2014 – 2 BvR 661/12, NZA 2014, 138 Rz. 82 ff.). Insofern intensiviert Art. 4 GG die Schutzwirkung des Selbstbestimmungsrechts, was letztlich in einer Gesamtschau beider Prüfungsebenen zu einer **stark vereinfachten Kündigungsmöglichkeit für den kirchlichen Arbeitgeber** führt (in diese Richtung auch *Fischermeier*, RdA 2014, 257, 262). In den arbeitsgerichtlichen Entscheidungen ist die Interessenabwägung jedoch häufig ausgeblieben (*Joussen* RdA 2011, 173, 175), obwohl ein „Kündigungsautomatismus" von den Vorgaben des BVerfG nicht gedeckt ist. 633

Beispiel: „Wiederheirat des Chefarztes" (nach BVerfG v. 22.10.2014 – 2 BvR 661/12, NZA 2014, 1387): Aktueller Anlass in diesem Bereich war die Kündigung eines in einem kirchlichen Krankenhaus beschäftigten Chefarztes, der geschieden war und danach seine langjährige Lebensgefährtin, mit der er auch Kinder hatte, geheiratet hat. Das katholische Krankenhaus kündigte dem Chefarzt in Folge der Wiederheirat, weil er gegen den im Arbeitsvertrag formulierten Kündigungsgrund „Leben in kirchlich ungültiger Ehe oder eheähnlicher Gemeinschaft" verstoßen hatte.

Das **BAG** erklärte die Kündigung – obwohl es einen Loyalitätsverstoß bejahte – im Ergebnis für ungerechtfertigt. Das BAG beanstandete widersprüchliches Verhalten des Arbeitgebers. Der Arbeitgeber habe das ehelose Zusammenleben jahrelang hingenommen und erst die Verheiratung zum Anlass für die Kündigung genommen. Zu Gunsten des Chefarztes fiel sein grundrechtlich und durch Art. 8, Art. 12 EMRK geschützter Wunsch in die Waagschale, in einer nach bürgerlichem Recht geordneten Ehe mit seiner jetzigen Frau zu leben. Auch deren Recht, die Form des Zusammenlebens mit dem von ihr gewählten Partner im gesetzlich vorgesehenen Rahmen zu bestimmen, verdiene Achtung (BAG v. 8.9.2011 – 2 AZR 543/10, NZA 2012, 443).

Die vom Krankenhaus erhobene Verfassungsbeschwerde hatte Erfolg. Das **BVerfG** rekurrierte auf die Maßstabe seiner Leitentscheidung (BVerfG v. 4.6.1985 – 2 BvR 1703/83, NJW 1986, 367) und stellte einen Verstoß gegen Art. 140 GG i.V.m. Art. 137 WRV fest. Dies insbesondere deshalb, weil das BAG seine eigene Einschätzung zur Schwere der Loyalitätsverletzung an die Stelle der Einschätzung des kirchlichen Krankenhauses gesetzt habe. Dazu wäre das BAG allerdings nur dann ermächtigt gewesen, wenn es durch die Anwendung der kirchlicherseits vorgegebenen Kriterien mit den grundlegenden verfassungsrechtlichen Gewährleistungen in Widerspruch geraten wäre. Dies sei hier nicht der Fall, weil die hohe Gewichtung des Loyalitätsverstoßes verfassungsrechtlich nicht zu beanstanden sei.

Am 11.9.2018 hat schließlich der **EuGH** zu dem Fall Stellung bezogen (ausführlich zur EuGH-Rechtsprechung in Rz. 437). Anders als das BVerfG erkennt dieser keinen hinreichenden Zusammenhang zwischen „dem Ethos der katholischen Kirche, nämlich den heiligen und unauflöslichen Charakter der kirchlichen Eheschließung" und der beruflichen Tätigkeit eines Chefarztes (EuGH v. 11.9.2018 – C-68/17, „IR", NZA 2018, 1187, Rz. 58 f.). Auch verlangt der EuGH eine „wirksame gerichtliche Kontrolle" durch staatliche Gerichte bei einer unterschiedlichen Behandlung aufgrund der Religion als berufliche Anforderung, während das BVerfG noch die Autonomie der Kirche betonte und Loyalitätsobliegenheiten der fachgerichtlichen Rechtskontrolle entzog (BVerfG v. 22.10.2014 – 2 BvR 661/12 NZA 2014, 1387 Rz. 154 ff.).

Ebenso wie auch zuvor das BAG in seinem Urteil (BAG v. 8.9.2011 – 2 AZR 543/10, NZA 2012, 443 Rz. 40 ff.) weist auch der EuGH in Rz. 59 der Entscheidung auf den Umstand hin, dass das beklagte Krankenhaus zuvor bereits mehrfach Chefärzte beschäftigte, die ebenfalls als Geschiedene erneut heirateten. Der Unterschied zum konkreten Fall bestand darin, dass diese Chefärzte nicht katholischer Konfession waren und sich damit auch nicht denselben Anforderungen, sich loyal und im Sinne des katholischen Ethos zu verhalten, unterworfen haben. Dass das Krankenhaus selbst durch diese inkonsequente Handhabung bei der Anwendung und Durchsetzung des Loyalitätsinteresses erkennbar macht, dass es den Ethos ihrer Organisation nicht zwingend gefährdet sieht (s. BAG v. 8.9.2011 – 2 AZR 543/10, NZA 2012, 443 Rz. 42), lässt das BVerfG in seiner Entscheidung außer Acht. Es ist jedoch nicht ersichtlich, warum in diesen vergleichbaren Fällen aufgrund der kirchlichen Loyalitätsanforderungen in derselben Organisation unterschieden werden soll. Die nächste Entscheidung des BVerfG in diesem Zusammenhang wird vor dem Hintergrund dieser EuGH-Rechtsprechung insofern mit Spannung zu erwarten sein.

Das BAG hat diese bemerkenswerte Prozessgeschichte um den besagten Chefarzt vorläufig beendet, indem es dessen Kündigung endgültig für unwirksam erklärte (BAG v. 20.2.2019 – 2 AZR 746/14, NZA 2019, 901). Gegen diese Entscheidung ist keine Verfassungsbeschwerde eingelegt worden.

b) Rechtsprechung des EGMR

634 Neben der dargelegten verfassungsrechtlichen Ausgangslage ist die Handhabung von Loyalitätsobliegenheiten durch Entscheidungen des EGMR zu Art. 8 EMRK, der die Achtung des Privat- und Familienlebens verbürgt, geprägt worden. Das Verfahren **Schüth** (EGMR v. 23.10.2010, Beschwerde Nr. 1620/03, „Schüth ./. Deutschland" NZA 2011, 279) betraf einen bei der katholischen Kirche angestellten Organisten, dessen Arbeitsverhältnis wegen der Eingehung eines außerehelichen Verhältnisses gekündigt wurde. Abzuwägen war Art. 8 EMRK gegen Art. 9 sowie Art. 11 EMRK, die die Religions- bzw. Vereinigungsfreiheit gewährleisten. Das Gericht kam zu dem Ergebnis, dass die nationalen Gerichte die Interessen des Arbeitnehmers konventionswidrig nicht hinreichend berücksichtigt hätten. Die rechtlichen Maßstäbe des BVerfG wurden dabei nicht beanstandet, sondern vielmehr die einseitige Übernahme der Ansicht der Kirche durch das LAG, ohne eine nähere Auseinandersetzung mit dem Interesse an einem Familienleben von Herrn Schütz zu suchen. Im Verfahren **Obst** (EGMR v. 23.9.2010, Beschwerde Nr. 425/03, „Obst ./. Deutschland" NZA 2011, 277) hingegen, welches die Kündigung des Direktors „Öffentlichkeitsarbeit für Europa" bei der Mormonenkirche wegen Ehebruchs zum Gegenstand hatte, seien die nationalen Gerichte im Einklang mit der Konvention zum Ergebnis gekommen, dass das Recht der Kirche aus Art. 9, 11 EMRK das des Arbeitnehmers aus Art. 8 EMRK überwiege. Die unterschiedlichen Ergebnisse werden zum einen mit der **unterschiedlichen Nähe der beiden Arbeitnehmer zum Verkündigungsauftrag** sowie der unterschiedlich strengen Glaubens- und Sittenlehre beider Kirchen begründet. Gerade das Erfordernis einer gerichtlichen Bewertung der Nähe zum Verkündigungsauftrag betont auch die große Kammer des EGMR in der Entscheidung **Fernández Martínez** (EGMR v. 12.6.2014, Beschwerde Nr. 56030/07, „Fernández Martínez ./. Spanien",

NZA 2015, 537 ff.). Ob die Loyalitätsanforderungen verhältnismäßig seien, hänge von den konkreten Aufgaben des Arbeitnehmers ab (EGMR v. 12.6.2014, Beschwerde Nr. 56030/07, „Fernández Martinez", NZA 2015, 537 Rz. 131). Das impliziert eine eigenständige Bewertung des Arbeitsgerichts zur Verkündigungsnähe des Arbeitnehmers anhand des konkreten Arbeitsplatzes. Das BAG hatte diese Wertungen in seine Rechtsprechung bereits inkorporiert und ebenfalls mit Art. 8 EMRK für den Chefarzt argumentiert (s. Beispielsfall).

c) Konfliktpotential und Ausblick

Mit der Entscheidung Fernández Martinez wird deutlich, dass sich die Rechtsprechung des EGMR von der des BVerfG unterscheidet (anders *Neureither* NVwZ 2015, 493 ff.; *Thüsing* ZAT 2014, 193 ff.). Denn eine eigenständige Bewertung der Nähe zum Verkündigungsauftrag sieht das BVerfG als Entwertung des kirchlichen Selbstbestimmungsrechts „in seinem Kernbestand" (BVerfG v. 22.10.2014 – 2 BvR 661/12, NZA 2014, 138 Rz. 144). Das, was der EGMR für die Bestimmung des konventionskonformen Umfanges von Loyalitätsobliegenheiten unter Art. 8 EMRK einfordert, verstößt nach dem BVerfG gegen Art. 140 GG i.V.m. Art. 137 WRV. Wenn der EGMR für die Ergebnisfindung in Fernández Martinez gerade auf die Entscheidungen Obst und Schüth verweist, so wird deutlich, dass es sich – anders als das BVerfG annimmt (BVerfG v. 22.10.2014 – 2 BvR 661/12, NZA 2014, 138 Rz. 143) – um eine einheitliche Rechtsprechungslinie des EGMR handelt, die in diesem Punkt **konträr zum BVerfG** verläuft.

635

Das BVerfG hat insoweit bereits „vorsorglich" erklärt, dass es einer solchen Handhabung von Loyalitätsobliegenheiten die Gefolgschaft verweigern wird und hat bezüglich einer solchen Interpretation des Art. 8 EMRK ein absolutes Rezeptionshindernis angenommen (BVerfG v. 22.10.2014 – 2 BvR 661/12, NZA 2014, 138 Rz. 144). Soweit das BVerfG von dieser These künftig nicht abrückt, scheidet eine Berücksichtigung der Rechtsprechung des EGMR zu Art. 8 EMRK – im Sinne einer völkerrechtsfreundlichen Auslegung des Grundgesetzes – aus. Die Entscheidungen des EGMR bleiben **daher (noch) unberücksichtigt**. Aus beiden Blickwinkeln ist dies ein kaum befriedigender Zustand.

636

d) Unionsrecht

Das Selbstbestimmungsrecht der Kirchen wird grundsätzlich auch vom Unionsrecht anerkannt. Mögliche Einschränkungen könnte freilich die Rahmenrichtlinie 2000/78/EG bewirken, die auch auf die kirchlichen Arbeitsverhältnisse Anwendung findet. Zu beachten ist in diesem Zusammenhang jedoch Art. 4 Abs. 2 RL 2000/78/EG bzw. § 9 AGG, der den Kirchen auf ihre Belange spezifisch zugeschnittene Rechtfertigungsmöglichkeiten an die Hand gibt (ausf. dazu *Thüsing* AGG Rz. 469 ff.; *Joussen* NZA 2008, 675).

637

Das Unionsrecht ist angesichts der Entscheidungen zu zweier vom BAG initiierter Vorlageverfahren zu beiden Unterabsätzen des Art. 4 Abs. 2 RL 2000/78/EG nun noch stärker in den Fokus der Debatte gerückt. In der **Rechtssache „Egenberger"** ging es um die Ablehnung einer Bewerberin auf eine Referentenstelle bei einem kirchlichen Arbeitgeber aufgrund ihrer Konfessionslosigkeit (EuGH v. 17.4.2018 – C-414/16, „Egenberger", NZA 2018, 659). In dem **Verfahren „IR" (sog. Chefarzt-Fall)** befasste sich der EuGH wiederum mit der Kündigung eines leitenden Mitarbeiters - einem Chefarzt - aufgrund einer *Wiederheirat* und dessen Loyalitätspflichten (EuGH v. 11.9.2018 – C-68/17, „IR", NZA 2018, 1187). Art. 4 Abs. 2 RL 2000/78/EG lässt dabei eine Ungleichbehandlung von Beschäftigten aufgrund der Religion oder Weltanschauung zu, sofern sie „eine wesentliche, rechtmäßige und gerechtfertigte berufliche Anforderung" im Hinblick auf den Ethos des Arbeitgebers darstellt. Es handelt sich dann um kirchliche Arbeitgeber oder private Organisationen, deren Ethos auf religiösen Grundsätze oder Weltanschauung beruhen.

637a

Der EuGH betont in beiden Entscheidungen, dass die Überprüfung, ob die Religion oder Weltanschauung eine solche „wesentliche rechtmäßige und gerechtfertigte berufliche Anforderung" darstellt, **durch eine gerichtliche Kontrolle sicherzustellen** sei. Es genüge gerade nicht, dass der kirchli-

637b

che Arbeitgeber die Kriterien für diese Anforderungen durch das eigene Selbstverständnis selbst festlegen könne (Rz. 46 ff. in „Egenberger"; Rz. 43 ff. in „IR"). Anstelle einer „Plausibilitätskontrolle", wie es auch das BVerfG vornahm (BVerfG v. 22.10.2014 – 2 BvR 661/12 NZA 2014, 1387, Rz. 633; ausf. Staudinger/*Preis*, § 626 BGB Rz. 197a), haben die Gerichte also vielmehr eine „Rechtskontrolle" vorzunehmen (*Rechold/Beer*, NZA 2018, 681, 683). Nicht zu verwechseln ist das jedoch mit einer Prüfung des Ethos selbst. Diesbezüglich sollen die Mitgliedstaaten abgesehen von ganz außergewöhnlichen Fällen von einer gerichtlichen Kontrolle Abstand nehmen (Rz. 61 in „Egenberger"). Sinnvoll ist diese Maßgabe des EuGH bereits deshalb, weil die Vorgaben aus Art. 4 Abs. 2 RL 2008/78/EG andernfalls völlig ins Leere gingen, wenn sie im Zweifelsfall keiner unabhängigen Stelle wie einem staatlichen Gericht, sondern der Kirche oder einer entsprechenden Organisation obläge (Rz. 46 in „Egenberger"). Auch Art. 17 AEUV steht dem nicht entgegen. Nach Auffassung des EuGH bringt diese Vorschrift die Neutralität der Union gegenüber dem Umstand zum Ausdruck, wie die Mitgliedstaaten ihre Beziehungen zu den Kirchen und religiösen Vereinigungen gestalten. Zum einen entspreche der Wortlaut dieser Bestimmung im Kern dem der Schlussakte zum Vertrag von Amsterdam beigefügten Erklärung Nr. 11 zum Status der Kirchen und weltanschaulichen Gemeinschaften, welche wiederum ausdrücklich in dem Erwägungsgrund Nr. 24 der RL 2000/78/EG genannt wurde. Zum anderen folge aus Art. 17 AEUV nicht, dass die Kriterien aus Art. 4 Abs. 2 RL 2000/78/EG einer wirksamen gerichtlichen Kontrolle entzogen werden können (Rz 56 ff. in „Egenberger"; Rz. 48 in „IR").

637c Auch im Hinblick auf Frage, wann die Religionszugehörigkeit eine „wesentliche rechtmäßige und gerechtfertigte berufliche Anforderung" darstellt, stellt der EuGH strenge Vorgaben auf. Als maßgebende Kriterien für die Einordnung der Religion als berufliche Anforderung sind die Art der Tätigkeit (bspw. die Nähe der konkreten Tätigkeit zum Verkündungsauftrag) sowie die Umstände ihrer Ausübung (bspw. die Notwendigkeit der Glaubwürdigkeit nach außen) relevant (Rz. 63 in „Egenberger"; Rz. 50 in „IR"). „Wesentlich" ist die Religionszugehörigkeit bzw. das Bekenntnis zur Weltanschauung dann, wenn diese im Hinblick auf den Ethos der betreffenden Kirche oder Organisation zur beruflichen Tätigkeit notwendig erscheinen. „Rechtmäßig" ist die berufliche Anforderung wiederum, wenn sie nicht zur Verfolgung eines sachfremden Ziels ohne Bezug zu dem Ethos dient. Der Ausdruck „gerechtfertigt" wiederum unterstützt zum einen die Haltung des EuGH, nach welcher die Überprüfung der Voraussetzungen aus Art. 4 Abs. 2 RL 2000/78/EG einer gerichtlichen Kontrolle unterliegen muss. Zum anderen bedeute dieses Kriterium, dass die Kirche oder Organisation die Obliegenheit trifft, darzutun, dass die geltend gemachte Gefahr einer Beeinträchtigung des Ethos oder Autonomierechts wahrscheinlich und erheblich ist, so dass sich eine solche berufliche Anforderung als notwendig erweist. Zuletzt fordert der EuGH noch eine Prüfung der Verhältnismäßigkeit, dessen Grundsatz sich zwar nicht direkt aus Art. 4 Abs. 2 RL 2000/78/EG, jedoch aus den allgemeinen Grundsätzen des Unionsrechts ergebe (im Ganzen Rz. 62 ff. in „Egenberger" und Rz. 50 ff. in „IR").

637d Die Rechtsprechung des EuGH entspricht, auch wenn sie noch nicht dieselbe Schärfe aufweist, im Kern derjenigen des EGMR (P/S-*Fornasier* Rz. 6.64 ff. sowie P/S-Grüneberger/*Husemann* Rz. 5.214). Insofern ist es kritikwürdig, dass der EuGH dieser gefestigten Rechtsprechung kaum Aufmerksamkeit geschenkt hat (s. a. Staudinger/*Preis* § 626 BGB Rz. 198b). Beide Prüfungsprogramme verlangen eine Analyse der Verkündungsnähe der Tätigkeit. Entsprechend hatte sich auch der Generalanwalt in der Rechtssache Egenberger mit der EGMR-Rechtsprechung auseinandergesetzt (Schlussanträge des GA *Tanchev* v. 9.11.2017 – C-414/16 „Egenberger", Rz. 53 ff. und 68 ff.). Zwar nimmt der EuGH selbst bis auf eine Ausnahme (Rz. 61 in „Egenberger") keinen Bezug auf den EGMR, die Anlehnung an dessen Judikatur ist jedoch – schlussendlich auch in der Formulierung – auffällig (z.B. Rz. 67 in „Egenberger" und EGMR v. 12.6.2014, Beschwerde Nr. 56030/07, „Fernández Martinez ./. Spanien", NZA 2015, 533 Rz. 132).

637e Für das nationale Recht haben die Entscheidungen „Egenberger" und „IR" zur Folge, dass die Vorschrift des § 9 AGG, mit der Art. 4 Abs. 2 RL 2000/78/EG in das nationale Recht umgesetzt wurde, von nun an im Lichte dieser EuGH-Rechtsprechung angewendet und richtlinienkonform ausgelegt werden muss (Rz. 1643 ff.).

§ 16
Gesetze und untergesetzliche Normen

Literatur: *Adomeit*, Rechtsquellenfragen im Arbeitsrecht, 1969; *Däubler*, Rechtsquellen im Arbeitsrecht, AiB 1993, 695; *Giesen*, Richterrechtsänderndes Richterrecht – Tarifvertragsrechtsprechung zwischen Stringenz und Beliebigkeit, RdA 2014, 78; *Richardi*, Richterrecht als Rechtsquelle, FS Zöllner (1998), 935; *Söllner*, Das Arbeitsrecht im Spannungsfeld zwischen dem Gesetzgeber und der Arbeits- und Verfassungsgerichtsbarkeit, NZA 1992, 721; *Ulber*, Tarifdispositives Gesetzesrecht im Spannungsfeld von Tarifautonomie und grundrechtlichen Schutzpflichten, 2010.

I. Gesetze

1. Einleitung

Das Arbeitsrecht ist gemäß Art. 74 Abs. 1 Nr. 12 GG Gegenstand der konkurrierenden Gesetzgebung. Genauer erstreckt sich die Gesetzgebungskompetenz hiernach auf das Arbeitsrecht einschließlich der Betriebsverfassung, des Arbeitsschutzes und der Arbeitsvermittlung sowie die Sozialversicherung einschließlich der Arbeitslosenversicherung (Rz. 527). 638

Grundsätzlich unterteilt man das Gesetzesrecht in Normen **zwingenden** und **dispositiven Rechts**. Dies bedeutet, dass es neben absolut verbindlichen gesetzlichen Normen auch solche gibt, die einer abweichenden Vereinbarung der Vertragspartner zugänglich sind. Für das Arbeitsrecht ist charakteristisch, dass die dispositiven Regelungen im Vergleich zahlenmäßig deutlich seltener sind. Dies erklärt sich vor dem Hintergrund, dass sich das Arbeitsrecht angesichts des typischerweise bestehenden Machtungleichgewichts zwischen Arbeitgeber und Arbeitnehmer als **Schutzrecht der Arbeitnehmer** entwickelt hat. Um einen effektiven Schutz zu gewährleisten, musste der Gesetzgeber die entsprechenden Vorschriften zwingend ausgestalten (Rz. 1). 639

2. Einseitig und zweiseitig zwingendes Gesetzesrecht

Ob gesetzliche Normen **zwingend oder dispositiv** sind, ist vielfach **ausdrücklich geregelt**. Fehlt es an einer ausdrücklichen Anordnung, ist der Charakter der Norm durch Auslegung zu ermitteln. Beispiele für eine ausdrückliche Anordnung finden sich z.B. in § 619 BGB, § 62 Abs. 4 HGB, § 13 Abs. 1 S. 3 BUrlG. 640

Bei **nicht ausdrücklicher Anordnung** kann sich die zwingende Wirkung im Rahmen einer Auslegung insbesondere aus dem Schutzgedanken der Norm ergeben, d.h. eine Norm ist dann zwingend, wenn durch das Gesetz der Schutz der Arbeitnehmer verwirklicht werden soll. Zwingende Schutzvorschriften in diesem Sinne finden sich beispielsweise im JArbSchG, im BUrlG und im ArbZG. Des Weiteren enthalten zahlreiche arbeitsrechtliche Schutzvorschriften Verbotsnormen i.S.d. § 134 BGB. Hier sind z.B. die Beschäftigungsverbote in §§ 3 bis 6 MuSchG zu nennen. 641

Innerhalb des zwingenden Rechts wird herkömmlich zwischen **einseitig** und **zweiseitig** zwingenden Normen unterschieden. Auch diese Unterscheidung erklärt sich aus der Entwicklung des Arbeitsrechts als Schutzrecht der Arbeitnehmer. Das Arbeitsrecht soll **Mindeststandards** gewährleisten. Um diesen Zweck zu erfüllen, ist es ausreichend, die Norm so auszugestalten, dass die festgesetzten Mindeststandards zwar nicht unterschritten, wohl aber überschritten werden können. Man spricht also von einseitig zwingendem Recht, wenn **zugunsten des Arbeitnehmers** von zwingendem Recht abgewichen werden kann. Bisweilen ist dies ausdrücklich geregelt. Demgegenüber spricht man von zweiseitig zwingenden Vorschriften, wenn Normen **nicht zur Disposition der vertragschließenden Parteien stehen**. Solche Normen wird man insbesondere dort antreffen, wo Dritt- oder Allgemeininteressen ge- 642 schützt werden sollen. Insgesamt überwiegen in der Arbeitsrechtsordnung jedoch die einseitig zwingenden Regelungen.

643 **Beispiel für einseitig zwingendes Gesetzesrecht:** § 622 Abs. 5 S. 3 BGB bestimmt, dass im Arbeitsvertrag längere Fristen für eine arbeitgeberseitige Kündigung vereinbart werden können als in § 622 Abs. 1 bis 3 BGB genannt sind. Von den gesetzlichen Fristen darf also nicht zu Lasten des Arbeitnehmers abgewichen werden, wohl aber zu seinen Gunsten.

644 **Beispiele für zweiseitig zwingendes Gesetzesrecht:** Zweiseitig zwingendes Recht findet sich beispielsweise in § 618 BGB (Pflicht zu Schutzmaßnahmen). Des Weiteren sind Beschäftigungsverbote des Mutterschutzgesetzes, beispielsweise § 3 Abs. 2 MuSchG, zweiseitig zwingendes Recht.

3. Tarifdispositives Gesetzesrecht

645 Einige der Normen, die einzelvertraglich entweder gar nicht oder nur zugunsten der Arbeitnehmer abbedungen werden können, können durch Tarifverträge weitergehend modifiziert werden. Diese Möglichkeit erklärt sich aus der Funktion der Sozialpartner in der Arbeitsrechtsordnung. Im Gegensatz zum einzelnen Arbeitnehmer besteht im Tarifvertragssystem ein **Gleichgewicht der Verhandlungspartner**, sodass die Notwendigkeit einer zwingenden Ausgestaltung der Norm nicht besteht, sofern sie Gegenstand von Tarifverhandlungen ist. Dabei ist zu beachten, dass die Normen nicht nur Abweichungen zugunsten der Arbeitnehmer, sondern bei entsprechender gesetzlicher Anordnung **auch Abweichungen zu Lasten des Arbeitnehmers** vorsehen können.

Beispiele für tarifdispositives Recht: Entgeltfortzahlung (§ 4 Abs. 4 EFZG); Kündigungsfristen (§ 622 Abs. 4 BGB); Urlaubsrecht (§ 13 BUrlG); betriebliche Altersversorgung (§ 17 Abs. 3 BetrAVG); Arbeitszeitschutz (§ 7 ArbZG, § 21a JArbSchG); Arbeitnehmerüberlassung (§ 1 Abs. 1 und 3 AÜG); Arbeitsrecht für Seeleute (§§ 100a, 104, 140 SeemG); Zuständigkeitsregelungen im Arbeitsgerichtsprozess (§§ 48 Abs. 2, 101 Abs. 1 und 2 ArbGG).

Teilweise werden an einen Tarifvertrag, der von der gesetzlichen Regelung zuungunsten des Arbeitnehmers abweicht, bestimmte Anforderungen gestellt. So schreibt § 12 Abs. 3 S. 1 TzBfG vor, dass ein Tarifvertrag, der von den gesetzlichen Vorschriften über die Abrufarbeit zu Lasten des Arbeitnehmers abweicht, selbst Regelungen über die tägliche und wöchentliche Arbeitszeit und die Vorankündigungsfrist enthalten muss (zur Abrufarbeit Rz. 1911).

646 Zu beachten ist, dass die Geltung zuungunsten der Arbeitnehmer abweichender Regelungen in Tarifverträgen **auch zwischen nicht tarifgebundenen Parteien vereinbart werden kann**. Insoweit stehen auch einseitig zwingende Regelungen zur Disposition. Zu nennen sind hier § 622 Abs. 4 S. 2 BGB, § 13 Abs. 1 S. 2 BUrlG, § 17 Abs. 3 S. 2 BetrAVG.

4. Dispositives Gesetzesrecht

647 Neben den tarifdispositiven Normen, die nur durch Tarifvertrag abbedungen werden dürfen, bestehen dispositive Normen, die der **freien Vertragsgestaltung der Parteien** unterliegen, z.B. §§ 612, 613, 614 BGB. Diese können auch durch Arbeitsvertrag oder Betriebsvereinbarung ausgestaltet werden.

5. Gewohnheitsrecht

648 Als Gewohnheitsrecht werden solche rechtlichen Regeln bezeichnet, die zwar nicht gesetzlich fixiert sind, aber über einen längeren Zeitraum aufgrund einer allgemeinen Rechtsauffassung in der Praxis weitgehend befolgt werden. Aufgrund der allgemeinen Anerkennung und ständigen Übung kommt den gewohnheitsrechtlichen Regelungen gesetzesähnliche Bedeutung zu. **Gewohnheitsrechtliche Institute des allgemeinen Zivilrechts** sind im Rahmen der Schuldrechtsmodernisierung kodifiziert worden (z.B. culpa in contrahendo, positive Vertragsverletzung und Wegfall der Geschäftsgrundlage). Speziell arbeitsrechtliche Gewohnheitsrechtssätze dürften jedoch kaum existieren. Insbesondere ist eine **ständige höchstrichterliche Rechtsprechung nicht mit Gewohnheitsrecht gleichzusetzen**. Zwar

kann prinzipiell gerade durch die Rechtsprechung Gewohnheitsrecht begründet werden. Dazu genügen die lange Zeitdauer und faktische Bindungswirkung höchstrichterlicher Rechtsprechung jedoch nicht. Hinzukommen muss vielmehr, dass es sich bei den Rechtsprechungsergebnissen um eine **allgemeine Rechtsüberzeugung** handelt. Dass dies längst nicht immer der Fall ist, zeigt die rege und vielfach kritische Auseinandersetzung mit den Ergebnissen der Rechtsprechung, die in Wissenschaft und Praxis stattfindet.

6. Richterrecht

Das Richterrecht ist **keine Rechtsquelle** im eigentlichen Sinn, da es keine rechtliche Bindungswirkung für zukünftige Fälle entfaltet. Allerdings folgen die Instanzgerichte häufig der Rechtsprechung des Bundesarbeitsgerichts, sodass es gerechtfertigt ist, von einer **faktischen Bindungswirkung** zu sprechen. Angesichts dieser Bindungswirkung ist das Richterrecht einer Rechtsquelle ähnlich. Die Bedeutung des Richterrechts im Arbeitsrecht ist enorm, denn speziell dort existieren viele **unbestimmte Rechtsbegriffe**, die der gerichtlichen Interpretation bedürfen, z.B. „soziale Rechtfertigung" i.S.d. § 1 KSchG und „Unzumutbarkeit" i.S.d. § 626 BGB. Des Weiteren sind Bereiche wie z.B. das Arbeitskampfrecht überhaupt nicht gesetzlich geregelt. Darüber hinaus sind die Betriebsrisikolehre, das Ruhegeldrecht und die Haftung der Arbeitnehmer im Individualarbeitsrecht ebenfalls hauptsächlich durch Rechtsprechung und Wissenschaft entwickelt worden. Wegen des starken Einflusses des Richterrechts sieht *Gamillscheg* den Richter gar als den eigentlichen Herrn des Arbeitsrechts an (AcP 164, 385, 388). Auf die verfassungsrechtlichen Grenzen der richterlichen Rechtsfortbildung ist bereits hingewiesen worden (Rz. 111).

649

II. Rechtsverordnungen

Als arbeitsrechtliche Rechtsquelle unterhalb der Ebene des Gesetzesrechts, d.h. der Gesetze im formellen Sinne, sind die Rechtsverordnungen zu nennen, die nur aufgrund einer den Anforderungen des Art. 80 GG genügenden **Ermächtigungsnorm** erlassen werden dürfen. Diese haben von ihrer Verbreitung her nicht dieselbe Bedeutung wie das Gesetzesrecht und sind im Laufe der Rechtsentwicklung als arbeitsrechtliche Gestaltungsform eher zurückgedrängt worden. Wichtig sind heute noch die Rechtsverordnungen aus dem Bereich des Gefahrenschutzes.

650

Beispiele für Rechtsverordnungen arbeitsrechtlichen Inhalts: Aufgrund der gesetzlichen Ermächtigung in §§ 18, 19 ArbSchG wurden und werden zahlreiche Rechtsverordnungen erlassen: z.B. Arbeitsstättenverordnung über Mindestvoraussetzungen von Arbeits- und Ruheräumen, Gefahrstoffverordnung, Bildschirmarbeitsverordnung.

Wahlordnung zum Betriebsverfassungsgesetz (Erste Verordnung zur Durchführung des Betriebsverfassungsgesetzes vom 11.12.2001, BGBl. I S. 3494).

III. Satzungsrecht

Eine besondere Stellung zwischen Arbeitsrecht und Sozialrecht nehmen die Unfallverhütungsvorschriften ein. Es handelt sich dabei nicht um Rechtsverordnungen, sondern um **autonomes Satzungsrecht** der **Berufsgenossenschaften**, d.h. der Träger der gesetzlichen Unfallversicherung. Diese Unfallverhütungsvorschriften enthalten Verhaltensmaßregeln für Arbeitgeber und Arbeitnehmer und binden die in der gesetzlichen Unfallversicherung Versicherten – also die Arbeitnehmer – und ihre Arbeitgeber (vgl. dazu § 15 SGB VII). Gegenstand der Vorschriften sind die Einrichtungen, Anordnungen und Maßnahmen, die von den Unternehmern zur Verhütung von Arbeitsunfällen, Berufskrankheiten und Gesundheitsgefahren zu treffen sind und das Verhalten, das die Versicherten zur Verhütung von Arbeitsunfällen, Berufskrankheiten und Gesundheitsgefahren zu beachten haben. Die Durchführung wird von technischen Aufsichtsbeamten überwacht. Systematisch gehören die Unfallverhütungsvorschriften zum öffentlich-rechtlichen Arbeitnehmerschutz.

651

§ 17
Kollektivverträge

652 Die bislang behandelten Rechtsquellen des Arbeitsrechts haben bereits hinreichend deutlich gemacht, dass arbeitsrechtliche Normen in aller Regel dem Schutz des Arbeitnehmers dienen. Diese Aufgabe nehmen aber nicht nur die Gesetzgeber auf den verschiedenen Hierarchieebenen wahr. Auch die Arbeitnehmer selbst wirken durch Gewerkschaften und Betriebsräte an der Ausgestaltung des arbeitsrechtlichen Schutzstandards mit. Ihr Regelungsinstrument sind die Kollektivverträge.

I. Tarifvertrag

Literatur: *Bauer/Haußmann*, Blitzaustritt und Blitzwechsel – Wirksam, aber ohne Wirkung?, RdA 2009, 99; *Eich*, Der Kollektivvertrag als Gestaltungsmittel von Arbeitsbedingungen, FS Goos (2009), 199; *Richardi*, Gestaltungsformen der Tarifautonomie, JZ 2011, 282; *Richardi*, Tarifeinheit im tarifpluralen Betrieb, FS Buchner (2009), 731; *Richardi*, Von der Tarifautonomie zur tariflichen Ersatzgesetzgebung, FS Konzen (2006), 791; *Steiner*, Zum verfassungsrechtlichen Stellenwert der Tarifautonomie, FS Schwerdtner (2003), 355.

653 Der Tarifvertrag ist das Mittel der Koalitionen, mit dem sie ihre grundrechtlich verbürgte Aufgabe – die Wahrung und Förderung der Arbeits- und Wirtschaftsbedingungen (Art. 9 Abs. 3 GG) – wahrnehmen (ausführlich siehe im Band „Kollektivarbeitsrecht" Rz. 35 ff., 234 ff.).

1. Inhalt des Tarifvertrags

654 Der Tarifvertrag enthält einen **schuldrechtlichen** und einen **normativen Teil** (vgl. § 1 Abs. 1 TVG). Der schuldrechtliche Teil regelt Verpflichtungen der vertragschließenden Parteien, also der Koalitionen untereinander. Der normative Teil hingegen erfüllt die Schutz- und Gestaltungsfunktion des Tarifvertrags. In diesem Teil vereinbaren die Koalitionen Regelungen, die die Arbeitsverhältnisse der einzelnen Arbeitnehmer unmittelbar betreffen (siehe im Band „Kollektivarbeitsrecht" unter Rz. 385 ff., 418 ff.).

655 Der schuldrechtliche Teil des Tarifvertrags hat für das einzelne Arbeitsverhältnis keine unmittelbare Bedeutung. Mit diesem Teil stellen die Koalitionen aber vertraglich sicher, dass die normativen Regelungen auch tatsächlich Anwendung finden. Dies geschieht etwa, indem eine schuldrechtliche **Durchführungspflicht** vereinbart wird, nach der die Tarifvertragsparteien für die Durchführung des Vertrags bei den eigenen Verbandsmitgliedern Sorge zu tragen haben.

656 Eine charakteristische schuldrechtliche Vereinbarung ist zudem die **Friedenspflicht** der Koalitionen (siehe im Band „Kollektivarbeitsrecht" unter Rz. 420 ff.), die es ihnen auferlegt, den Tarifvertrag während seiner Geltungsdauer als rechtsverbindlich zu respektieren. Sie verbietet Arbeitskämpfe während der Laufzeit eines Tarifvertrags. Die Friedenspflicht hat derart grundlegende Bedeutung, dass sie sogar ohne eine ausdrückliche Vereinbarung in den schuldrechtlichen Teil des Tarifvertrags hineingelesen wird.

657 Die Regelungen des normativen Teils des Tarifvertrags nehmen unmittelbar Einfluss auf den Inhalt der einzelnen Arbeitsverhältnisse. Sie gestalten das Arbeitsverhältnis rechtlich aus. Nach § 1 Abs. 1 TVG können die Tarifvertragsparteien Regelungen über **Abschluss, Inhalt und Beendigung** von Arbeitsverhältnissen treffen.

Beispiel für normative Tarifvertragsregelungen: Typischer Regelungsgegenstand eines Tarifvertrags ist die Höhe des Lohnes, den der Arbeitgeber bestimmten Gruppen von Arbeitnehmern zu bezahlen hat. Hierbei handelt es sich um eine Inhaltsregelung des Tarifvertrags. Regeln die Tarifvertragsparteien, dass für eine bestimmte Arbeit nur Arbeitnehmer mit einer bestimmten Qualifikation eingestellt werden dürfen, handelt es sich um eine Abschlussregelung. Die Vereinbarung einer Altersgrenze stellt eine Beendigungsnorm dar.

Zudem eröffnet die Vorschrift den Koalitionen die Möglichkeit, **betriebliche und betriebsverfassungsrechtliche** Fragen zu regeln. Damit können die Tarifvertragsparteien auf die rechtliche Ordnung im Betrieb Einfluss nehmen. Sie können die nähere betriebliche Ausgestaltung der Arbeitsverhältnisse regeln, aber auch Einrichtung, Organisation und Arbeit der betriebsverfassungsrechtlichen Organe mitbestimmen. 658

2. Wirkungen des Tarifvertrags

Diese Regelungen des normativen Teils gelten für die tarifgebundenen Arbeitgeber und Arbeitnehmer **unmittelbar und zwingend** (§ 4 Abs. 1 TVG). Das bedeutet, dass sie wie ein Gesetz auf das Arbeitsverhältnis einwirken und Abweichungen im Grundsatz nicht zulässig sind. Allerdings enthält dieser Grundsatz gewichtige Einschränkungen, die in § 4 Abs. 3 TVG geregelt sind. Nach § 4 Abs. 3 1. Alt TVG sind abweichende Abmachungen zulässig, wenn sie im Tarifvertrag durch sog. **Öffnungsklauseln** gestattet sind. Der Tarifvertrag kann sich also selbst für die Betriebspartner oder die Vertragsparteien für abdingbar erklären (siehe im Band „Kollektivarbeitsrecht" unter Rz. 547 ff.). 659

Zudem sind Abweichungen vom Tarifvertrag zugunsten des Arbeitnehmers nach dem sog. **Günstigkeitsprinzip** des § 4 Abs. 3 2. Alt TVG stets zulässig (Rz. 739). Die zwingende Wirkung des Tarifvertrags, die den Schutz des Arbeitnehmers bezweckt, ist in diesem Fall naturgemäß entbehrlich. Die Situation entspricht hier derjenigen beim einseitig zwingenden Gesetzesrecht (Rz. 640). 660

3. Bindung an den Tarifvertrag

An die Rechtsnormen des Tarifvertrags sind gemäß § 3 Abs. 1 TVG die **Mitglieder der Tarifvertragsparteien** und der **Arbeitgeber, der selbst Partei des Tarifvertrags** ist (§ 2 Abs. 1 TVG), gebunden. Parteien des Tarifvertrags sind damit in erster Linie die Gewerkschaften und Arbeitgeberverbände. Sie schließen sog. **Flächentarifverträge** ab, die für den ganzen Tarifbezirk gelten. § 3 Abs. 1 TVG lässt es aber auch zu, dass der einzelne Arbeitgeber mit einer Gewerkschaft einen Tarifvertrag abschließt. Da dieser Tarifvertrag dann nur für das einzelne Unternehmen gilt, wird er als **Firmentarifvertrag** (oder Haustarifvertrag) bezeichnet. 661

Beispiel für einen Firmentarifvertrag: Ein Beispiel für ein Unternehmen, das Firmentarifverträge abschließt und nicht auf einen Arbeitgeberverband vertraut, ist die Volkswagenwerke AG (VW). Für kleinere Unternehmen wird diese Möglichkeit der Gestaltung der Arbeitsverhältnisse kaum in Betracht kommen, da die Gewerkschaft die Möglichkeit hat, das Unternehmen zu bestreiken. Dem Arbeitskampfdruck der Gewerkschaft wird nur ein großes Unternehmen standhalten können.

Eine Erweiterung der Bindungswirkung des Tarifvertrags über die Mitglieder der Koalitionen hinaus ist durch die Allgemeinverbindlicherklärung gemäß § 5 TVG möglich (siehe im Band „Kollektivarbeitsrecht" unter Rz. 630 ff.). Diese Allgemeinverbindlicherklärung des Tarifvertrags, die der Bundesminister für Arbeit und Soziales vornehmen kann, führt dazu, dass auch **nicht tarifgebundene Arbeitnehmer und Arbeitgeber vom Tarifvertrag erfasst werden** (§ 5 Abs. 4 TVG). Ursprünglicher Zweck der Allgemeinverbindlicherklärung war, zu verhindern, dass die Normen des Tarifvertrags durch bevorzugte Einstellung von Nichtorganisierten unterlaufen werden (sog. **„Schmutzkonkurrenz"**). Im Laufe der Zeit hat jedoch die soziale Schutzfunktion der Allgemeinverbindlicherklärung für die Außenseiter Vorrang erhalten. Die ursprüngliche Funktion gewinnt jedoch – insbesondere im Baugewerbe – angesichts des internationalen Konkurrenzdrucks wieder an Bedeutung. 662

Beispiel: In der Baubranche hat die Allgemeinverbindlicherklärung von Tarifverträgen deshalb eine solche Bedeutung, weil die hohe Fluktuation und Wetterabhängigkeit Anpassungsbedarf im Bereich der sozialen Absicherung erfordert. So kompensiert die **SOKA-Bau (Sozialkassen im Baugewerbe)** als gemeinsame Einrichtung i.S.v. § 4 Abs. 2 TVG dies mit Leistungen wie dem „Schlechtwettergeld" oder Urlaubsfortzahlungen. Damit diese Leistungen alle Arbeitnehmer der Baubranche erreichen – und nicht vom Beitritt des Bauunternehmers zum Arbeitgeberverband abhängen – werden die Tarifbedingungen für allgemeinverbindlich erklärt. Für gemeinsame Einrichtung gelten genau wegen dieser Notwendigkeiten nach § 5 Abs. 1a TVG vereinfachte Voraussetzungen für die Geltungserstreckung.

663 Eine Erweiterung der Tarifbindung beinhaltet auch § 3 Abs. 2 TVG. Nach dieser Vorschrift gelten tarifvertragliche Normen über **betriebliche und betriebsverfassungsrechtliche** Fragen für alle Betriebe, deren **Arbeitgeber** tarifgebunden sind. Auf eine Mitgliedschaft der Arbeitnehmer in einer Gewerkschaft kommt es insoweit nicht an. Die Vorschrift des § 3 Abs. 2 TVG kann insoweit als generelle gesetzliche Allgemeinverbindlichkeit verstanden werden. Zweck dieser Regelung ist es, eine einheitliche Anwendung dieser tariflichen Normen, die in der sozialen Wirklichkeit nur einheitlich gelten können, sicherzustellen.

4. Auslegung des Tarifvertrags

664 Soweit bei der Anwendung eines Tarifvertrags Zweifelsfälle entstehen, muss er ausgelegt werden (siehe im Band „Kollektivarbeitsrecht" Rz. 443 ff.). Dabei sind nicht die Kriterien der Auslegung von Rechtsgeschäften maßgeblich, obwohl es letztendlich um die Rechte und Pflichten aus dem Arbeitsverhältnis geht. Es gelten vielmehr ähnliche **Maßstäbe wie bei der Auslegung von Gesetzen**. Ausgangspunkt der Auslegung ist damit der Wortlaut. Weiter ist auf den tariflichen Zusammenhang, also auf Systematik sowie Sinn und Zweck der Regelung abzustellen. Schließlich kann auch auf den Willen des Normgebers zurückgegriffen werden (vgl. zusammenfassend BAG v. 12.9.1984 – 4 AZR 336/82, NZA 1985, 160).

II. Betriebsvereinbarung

Literatur: *Franzen*, Betriebsvereinbarung – Alternative zu Tarifvertrag und Arbeitsvertrag?, NZA-Beilage 3/2006, 107; *Linsenmaier*, Normsetzung der Betriebsparteien und Individualrechte der Arbeitnehmer, RdA 2008, 1; *Reichold*, Verdrängung statt Beseitigung – zum Verhältnis von Betriebsvereinbarung und Arbeitsvertrag, FS Kreutz (2010), 349; *Reuter*, Gibt es Betriebsautonomie?, FS Kreutz (2010), 359.

665 Auf der betrieblichen Ebene sind es Arbeitgeber und Betriebsrat, die Regelungen treffen können, die für die einzelnen Arbeitsverhältnisse Bedeutung erlangen. Dabei unterscheidet man Betriebsvereinbarung und **Regelungsabrede** (auch Betriebsabsprache oder betriebliche Einigung genannt). Die Regelungsabrede stellt dabei das „schwächere" Regelungsinstrument dar. Sie wirkt **nicht unmittelbar und zwingend** auf die Arbeitsverhältnisse ein, sondern es bedarf weiterer Ausführungshandlungen des Arbeitgebers durch arbeitsvertragliche Gestaltungsmittel. Dennoch kann der Betriebsrat vor den Arbeitsgerichten im Beschlussverfahren (§ 2a ArbGG) die Einhaltung von Regelungsabreden erzwingen.

1. Regelungsbefugnis der Betriebspartner

666 Weit wichtiger als die Regelungsabrede ist die **Betriebsvereinbarung** (siehe im Band „Kollektivarbeitsrecht" unter Rz. 2077 ff.). Sie stellt das maßgebliche Mittel dar, mit dem der Betriebsrat seine Mitbestimmungsrechte ausübt. Nach § 77 Abs. 2 BetrVG sind Betriebsvereinbarungen gemeinsam von Arbeitgeber und Betriebsrat zu beschließen, schriftlich niederzulegen und von beiden Seiten zu unterzeichnen. Sie müssen vom Arbeitgeber im Betrieb ausgelegt werden.

667 Der Betriebsrat hat die Befugnis, Betriebsvereinbarungen mit dem Arbeitgeber zu erzwingen, soweit sein Mitbestimmungsrecht reicht. Mitbestimmungsrechte bestehen in **personellen, sozialen und wirtschaftlichen** Angelegenheiten. In sozialen und personellen Angelegenheiten besteht dabei eine umfassende Regelungskompetenz der Betriebsparteien (BAG v. 12.12.2006 – 1 AZR 96/06, NZA 2007, 453,

454 f.; BAG v. 18.7.2006 – 1 AZR 578/05, NZA 2007, 462, 464; BAG v. 11.12.2001 – 1 AZR 193/01, NZA 2002, 688, 690; BAG GS 7.11.1989 – GS 3/85, NZA 1990, 816, 818).

Weitere Grenzen der Regelungsbefugnis der Betriebspartner ergeben sich aus dem Tarifvorrang des § 77 Abs. 3 BetrVG, nach dem eine Betriebsvereinbarung über Arbeitsbedingungen, die **tariflich** oder **üblicherweise** tariflich geregelt werden, ausgeschlossen ist. Dies dient dem Schutz der Tarifautonomie der Koalitionen, weil so die Übernahme eines Tarifvertrags durch eine Betriebsvereinbarung, die zu Austritten aus den Gewerkschaften und Verbänden führen könnte, verhindert wird (siehe im Band „Kollektivarbeitsrecht" unter Rz. 2128 ff.). 668

2. Wirkung der Betriebsvereinbarung

Die Betriebsvereinbarung hat – ebenso wie der Tarifvertrag – **unmittelbare und zwingende Wirkung** (§ 77 Abs. 4 S. 1 BetrVG). Anders als beim Tarifvertrag kann man sich der Geltung der Betriebsvereinbarung jedoch nicht entziehen. Die Geltung der Betriebsvereinbarung hängt zwingend mit dem Bestand des Arbeitsverhältnisses zusammen. Es ist aber allgemeine Auffassung, dass in einer Betriebsvereinbarung – ebenso wie im Tarifvertrag – **eine Öffnungsklausel** zugunsten einer einzelvertraglichen Regelung möglich ist, obwohl eine ausdrückliche gesetzliche Anerkennung der Öffnungsklauseln fehlt. 669

Zudem sind vertragliche Regelungen, die zugunsten des Arbeitnehmers von der Betriebsvereinbarung abweichen, nach dem **Günstigkeitsprinzip** möglich. Die Zulässigkeit von einzelvertraglichen Abweichungen zugunsten des Arbeitnehmers ist im BetrVG zwar nicht ausdrücklich bestimmt. Als **allgemeiner Grundsatz** gilt das Günstigkeitsprinzip, das in § 4 Abs. 3 TVG seinen Ausdruck gefunden hat, auch für das Verhältnis von Inhaltsnormen einer Betriebsvereinbarung zu günstigeren vertraglichen Abreden (Rz. 739). Der Wortlaut des § 77 Abs. 4 S. 1 BetrVG, der von unmittelbarer und zwingender Wirkung spricht, steht dem nicht entgegen. Die Norm muss wegen der Bedeutung des Günstigkeitsprinzips für die gesamte Arbeitsrechtsordnung um die Kollisionsnorm des Günstigkeitsprinzips ergänzt werden (grundlegend BAG GS 16.9.1986 – GS 1/82, NZA 1987, 168). 670

§ 18
Regelungen auf arbeitsvertraglicher Ebene

Literatur: *Preis*, Grundfragen der Vertragsgestaltung im Arbeitsrecht, 1993; *Preis*, Der Arbeitsvertrag, 5. Aufl. 2015.

I. Einleitung

Wesentliche Inhalte des Arbeitsverhältnisses ergeben sich, wie bereits gesehen, aus arbeitsrechtlichen Gesetzen und Kollektivvereinbarungen. Das wichtigste Regelungsinstrument für die Rechtsbeziehung zwischen Arbeitgeber und Arbeitnehmer ist jedoch der Arbeitsvertrag. Dieser begründet die Beziehung zwischen Arbeitgeber und Arbeitnehmer und dient der inhaltlichen Ausgestaltung des Arbeitsverhältnisses. Er ist ein **Unterfall des Dienstvertrags** nach § 611 BGB (Rz. 176). Auf den Arbeitsvertrag als privatrechtlichen Vertrag finden die Vorschriften des allgemeinen Teils des BGB und des Schuldrechts Anwendung (Rz. 121). 671

Der Vertrag kommt gemäß §§ 145 ff. BGB zustande (Rz. 852); die **übereinstimmenden Willenserklärungen**, die mündlich, schriftlich oder durch schlüssiges Verhalten abgegeben werden können, müssen sich auf die **wesentlichen Bestandteile** des Arbeitsvertrags beziehen, d.h. auf die zu leistende Ar- 672 beit und die zu zahlende Vergütung (LAG Schleswig-Holstein v. 15.3.1995 – 2 Sa 39/95, NZA 1995, 861). Grundsätzlich stehen Entgelt und Arbeitsleistung in einem **Gegenseitigkeitsverhältnis** (Ausnahmen: §§ 615, 616 BGB; Zahlung des Entgelts im Krankheitsfall), sodass die §§ 320 ff. BGB Anwendung finden (Rz. 2013). Die Inhalte des Vertrags können durch einvernehmliche Änderung (§ 305 BGB) oder durch eine Änderungskündigung nach § 2 KSchG (Rz. 3207) geändert werden (Einzelheiten hierzu Rz. 1846).

673 In der Praxis wird der einzelne Arbeitsvertrag durch verschiedene Faktoren gestaltet. Die nachfolgend aufgezählten Regelungsformen unterscheiden sich zwar durch die Art, in der sie in den Arbeitsvertrag Eingang finden, nicht aber hinsichtlich ihrer Verbindlichkeit für die Parteien des Arbeitsverhältnisses.

II. Einzelarbeitsvertrag

Literatur: *Möschel*, Das Spannungsverhältnis zwischen Individualvertrag, Betriebsvereinbarung und Tarifvertrag, BB 2002, 1314; *Preis/Ulber*, Die Wiederbelebung des Ablösungs- und Ordnungsprinzips?, NZA 2014, 6; *Richardi*, Der Arbeitsvertrag im Zivilrechtssystem, ZfA 1988, 221; *Waas*, Zur Rechtsnatur der Bezugnahme auf einen Tarifvertrag nach deutschem Recht, ZTR 1999, 540.

1. Abschließende Vereinbarungen im Einzelarbeitsvertrag

674 Die wichtigste Grundlage für die Rechte und Pflichten der Arbeitsvertragsparteien sind die ausdrücklichen Regelungen, die Arbeitgeber und Arbeitnehmer im Einzelarbeitsvertrag vereinbart haben. So kann der Arbeitsvertrag eine detaillierte und abschließende Regelung über bestimmte Vertragsgegenstände enthalten. In der Praxis sind abschließende einzelvertragliche Vereinbarungen insbesondere zwischen nicht tarifgebundenen Arbeitsvertragsparteien anzutreffen.

2. Bezugnahme auf Tarifvertrag

675 Statt einer abschließenden einzelvertraglichen Regelung kann im Arbeitsvertrag auch auf Tarifvertragsnormen Bezug genommen werden, wenn die Vertragspartner nicht beide tarifgebunden sind. Grundsätzlich gelten Tarifnormen bei fehlender Tarifbindung nicht. Regelmäßig nehmen Arbeitnehmer und Arbeitgeber aber auch bei fehlender Tarifgebundenheit auf Normen des Tarifvertrags Bezug, insbesondere bei einem tarifgebundenen Arbeitgeber. Die so in den Arbeitsvertrag einbezogenen Normen werden dann **schuldrechtlicher Inhalt des Vertrags**, gelten also entgegen § 4 Abs. 1 TVG nicht unmittelbar und zwingend zwischen den Parteien. Diese Normen haben keinen Vorrang vor einer vertraglichen Regelung, sondern sind selbst vertragliche Regelungen, sodass später auch eine Abweichung von ihnen möglich ist. Beispielsweise findet sich in § 622 Abs. 4 BGB eine gesetzlich normierte Möglichkeit der Bezugnahme.

676 Zu beachten ist, dass durch eine einzelvertragliche Bezugnahme – zumindest bei gesetzlicher Zulassung (z.B. § 622 Abs. 4 S. 2 BGB, § 4 Abs. 4 S. 2 EFZG) – auch von **tarifdispositivem Gesetzesrecht** (Rz. 645) abgewichen werden kann, da auch bei einer nur schuldrechtlichen Einbeziehung des Tarifvertrags eine Regelung Vertragsinhalt wird, die im Rahmen des Tarifvertragssystems zustande gekommen ist (ausführlich dazu siehe im Band „Kollektivarbeitsrecht" Rz. 689 ff.). Damit ist dem Schutzzweck des tarifdispositiven Gesetzesrechts nach herkömmlicher Sichtweise genüge getan.

III. Vorformulierte Arbeitsbedingungen

677 Bestandteil des einzelnen Arbeitsvertrags können auch für eine Vielzahl von Arbeitnehmern vorformulierte Arbeitsbedingungen sein. Entwirft der Arbeitgeber die jeweiligen vertraglichen Regelungen nicht für jeden Arbeitnehmer individuell neu, sondern verwendet er für seine Arbeitnehmer dieselben vorformulierten Verträge, handelt es sich um sogenannte **Formulararbeitsverträge**.

Diese Verträge sind den Allgemeinen Geschäftsbedingungen vergleichbar, da es sich um Vertragsbedingungen handelt, die dem Arbeitnehmer diktiert werden. Seit Inkrafttreten der Schuldrechtsreform am 1.1.2002 können vorformulierte Arbeitsbedingungen – wie andere Allgemeine Geschäftsbedingungen auch – nach §§ 305 ff. BGB auf ihre Angemessenheit hin kontrolliert werden (vgl. aber auch § 310 Abs. 4 S. 2 BGB). Eine vorformulierte Vertragsklausel ist dann unwirksam nach § 307 Abs. 1 BGB, wenn sie zu einer unangemessenen und sachlich nicht gerechtfertigten Benachteiligung des Arbeitnehmers führt (Rz. 1028). Dies gilt wegen § 310 Abs. 3 Nr. 2 BGB selbst dann, wenn sie nur für die einmalige Verwendung vorgesehen sind und soweit der Verbraucher auf Grund der Vorformulierung auf ihren Inhalt keinen Einfluss nehmen konnte (zu den Voraussetzungen der Möglichkeit der Einflussnahme BAG v. 26.10.2017 – 6 AZR 158/16, NZA 2018, 297 Rz. 23).

IV. Gesamtzusage

Der Arbeitgeber hat schließlich die Möglichkeit, durch **förmliche Bekanntgabe** an die Belegschaft zusätzliche Leistungen, z.B. Ruhegeld, zu gewähren. Eine solche Gesamtzusage liegt vor, wenn der Arbeitgeber **einseitig** bekannt gibt, dass er jedem Arbeitnehmer unter bestimmten Voraussetzungen bestimmte Leistungen gewährt. Zu beachten ist, dass sich Gesamtzusagen nur auf den Arbeitnehmer **begünstigende Regelungen** beziehen. Insoweit ist die Gesamtzusage der arbeitsvertraglichen Einheitsregelung ähnlich. Die **rechtsdogmatische Einordnung** der Gesamtzusage ist umstritten. Nach herrschender Ansicht wird in der Gesamtzusage ein **Vertragsangebot an jeden einzelnen – auch künftigen – Arbeitnehmer** gesehen (vgl. BAG v. 20.8.2014 – 10 AZR 453/13, NZA 2014, 1333). Die Arbeitnehmer können ein solches Angebot annehmen, ohne dass es einer ausdrücklichen Annahmeerklärung bedarf (§ 151 BGB; BAG v. 23.9.2009 – 5 AZR 628/08, AP Nr. 36 zu § 157 BGB; BAG v. 11.12.2007 – 1 AZR 869/06). §§ 133, 157 BGB finden Anwendung. Ob eine Gesamtzusage vorliegt, bemisst sich folglich nach dem **objektiven Erklärungsinhalt aus der Sicht des Empfängers** (BAG v. 12.10.2007 – 9 AZR 170/07, NZA 2008, 1012). Die erfolgte Zusage stellt eine Vertragsergänzung dar und bindet den Arbeitgeber für die Zukunft. Die Bedingungen einer Gesamtzusage sind nach **§§ 305 ff. BGB** kontrollierbar (BAG v. 20.8.2014 – 10 AZR 453/13, NZA 2014, 1333). Ohne Freiwilligkeits- oder Widerrufsvorbehalt kann die Zusage grundsätzlich nur durch ausdrückliche Vereinbarung zulasten des Arbeitnehmers geändert werden (näher bei ErfK/*Preis* § 611a BGB Rz. 218).

V. Konkludente Vertragsänderung („Betriebliche Übung")

Literatur: *Bepler*, Die „zweifelhafte Rechtsquelle" der betrieblichen Übung – Beharrungen und Entwicklungen, RdA 2005, 323; *Bieder*, Die Betriebsübung im öffentlichen Dienst, RdA 2013, 274; *Gamillscheg*, Betriebliche Übung, FS Hilger und Stumpf (1983), 227; *Henssler*, Tarifbindung durch betriebliche Übung, FS 50 Jahre BAG (2004), 683; *Houben*, Anfechtung einer betrieblichen Übung?, BB 2006, 2301; *Hromadka*, Die betriebliche Übung: Vertrauensschutz im Gewande eines Vertrags, NZA 2011, 65; *Kettler*, Das BAG und die umgekehrte betriebliche Übung, NJW 1998, 435; *Kettler*, Anmerkung zu BAG v. 4.5.1999 AP Nr. 55 zu § 242 Betriebliche Übung; *Mikosch*, Die betriebliche Übung bei Arbeitgeberleistungen, insbesondere bei Sondervergütungen, FS Düwell (2012), 115; *Preis*, Der langsame Tod der Freiwilligkeitsvorbehalte und die Grenzen betrieblicher Übung, NZA 2009, 281; *Preis/Genenger*, Betriebliche Übung, freiwillige Leistungen und rechtsgeschäftliche Bindung, JbArbR 47 (2010), 93; *Preis/Genenger*, Freiwilligkeitsvorbehalt bei Sonderzahlungen, EzA § 307 BGB 2002 Nr. 38; *Preis/Sagan*, Der Freiwilligkeitsvorbehalt im Fadenkreuz der Rechtsgeschäftslehre, NZA 2012, 697; *Preis/Sagan*, Wider die Wiederbelebung des Freiwilligkeitsvorbehalts!, NZA 2012, 1077; *Ricken*, Betriebliche Übung und Vertragskontrolle im Arbeitsrecht, DB 2006, 1372; *Schneider*, Betriebliche Übung: Vertragstheorie oder Fiktion von Willenserklärungen?, DB 2011, 2718; *Schneider*, Betriebliche Übung und konkludente Vertragsanpassung, NZA 2016, 590; *Seel*, Betriebliche Übung im öffentlichen Dienst – Welche Besonderheiten sind zu beachten?, öAT 2011, 56; *Speiger*, Die Reduzierung von Gratifikationsleistungen durch betriebliche Übung, NZA 1998, 510; *Ulrici*, Betriebliche Übung und AGB-Kontrolle, BB 2005, 1902; *Walker*, Die betriebliche Übung, JuS 2007, 1; *Waltermann*, Aufgabe der Rechtsprechung zur gegenläufigen betrieblichen Übung, SAE 2010, 193; *Waltermann*, Die betriebliche Übung, RdA 2006, 257; *Fischinger*, Die betriebliche Übung, JuS 2015, 294.

1. Bedeutung

680 Auch ohne ausdrückliche Regelung in Gesetz, Tarifvertrag, Betriebsvereinbarung oder Arbeitsvertrag können durch konkludente Bindung Rechte des Arbeitnehmers entstehen. Unter dem Stichwort „**betriebliche Übung**" wird insbesondere die Fallsituation behandelt, dass der Arbeitgeber eine freiwillige **Sonderleistung**, die er in der Vergangenheit mehrfach an seine Arbeitnehmer tatsächlich gezahlt hat, auch in Zukunft erbringen muss. Es ist also möglich, dass eine **übliche Handhabung** im Betrieb sich unter bestimmten Voraussetzungen zu einer **rechtlichen Bindung** verfestigt, die dann den Inhalt der einzelnen Arbeitsverhältnisse gestaltet (BAG v. 4.9.1985 – 7 AZR 262/83, NZA 1986, 521).

2. Rechtsgrundlage und Entstehungsvoraussetzungen

681 Das Institut der betrieblichen Übung wird von manchen als **gewohnheitsrechtlich anerkannt** bezeichnet (*Gamillscheg*, FS Hilger/Stumpf (1983), 227 ff.; *Backhaus* AuR 1983, 65; *Hromadka* NZA 1984, 241; *Singer* ZfA 1993, 487; *Walker* JuS 2007, 1; *Henssler*, FS 50 Jahre BAG (2004), 683, 691: „eigenständiges arbeitsrechtliches Rechtsinstitut"; *Hanau* ZfA 2003, 753: „zweifelhafte Rechtsquelle"; hierzu *Bepler* RdA 2005, 323 und RdA 2004, 226, 237: „im Ganzen geglückte Rechtsfortbildung"). Dagegen bestehen **Bedenken**. Zwar wurde durch § 1b I 4 BetrAVG die betriebliche Übung positivrechtlich anerkannt. Freilich hat sich niemals ein Konsens darüber entwickelt, was der dogmatische Geltungsgrund der betrieblichen Übung sein soll. **Nach hier vertretener Auffassung** bedarf es eines eigenständigen Instituts der betrieblichen Übung nicht (ausf. *Preis/Genenger* JbArbR 2010, 93 ff.; s.a. *Mikosch*, FS Düwell (2012), 115). Denn entweder liegen die Voraussetzungen einer konkludenten Vertragsbindung, die den allgemeinen Regeln über Willenserklärungen folgt, vor oder der Gleichbehandlungsgrundsatz begründet den Anspruch. Ansprüche vom „Hörensagen" sind nicht anzuerkennen (*Schneider* DB 2011, 2718 gegen BAG v. 17.11.2009 – 9 AZR 765/08, NZA-RR 2010, 293; *Schneider* NZA 2015, 590). Der Begriff der betrieblichen Übung ist allenfalls ein „Sammelbegriff", aus dem heraus noch kein rechtssatzförmiges eigenständiges Institut folgt (zum Ganzen *Mikosch*, FS Düwell (2012), 115, 130). Zu berücksichtigen ist, dass das in dem Verhalten des Arbeitgebers liegende Angebot eine gestellte Vertragsbedingung ist, die den Prinzipien der §§ 305 ff. BGB unterfällt.

682 Nach der u.a. vom **BAG** vertretenen **Vertragstheorie** (BAG v. 14.8.1996 – 10 AZR 69/96, NZA 1996, 1323) enthält die freiwillige, gleichförmige, wiederkehrende und vorbehaltlose Leistungsgewährung des Arbeitgebers ein konkludentes Vertragsangebot gegenüber der gesamten Belegschaft, die arbeitsvertraglichen Pflichten um genau diese Leistung zu erweitern. Der Arbeitnehmer kann durch die widerspruchslose Hinnahme der Leistung dieses Vertragsangebot konkludent annehmen, wobei ein grundsätzlich gemäß § 130 Abs. 1 S. 1 BGB erforderlicher Zugang der Annahmeerklärung nach **§ 151 S. 1 BGB** als entbehrlich anzusehen ist.

„Unter einer betrieblichen Übung ist die regelmäßige Wiederholung bestimmter Verhaltensweisen des Arbeitgebers zu verstehen, aus denen **die Arbeitnehmer** *schließen können, ihnen solle eine Leistung oder eine Vergünstigung auf Dauer eingeräumt werden. Aus diesem als* **Vertragsangebot** *zu wertenden Verhalten des Arbeitgebers, das von den Arbeitnehmern in der Regel* **stillschweigend** *angenommen wird (§ 151 BGB), erwachsen* **vertragliche Ansprüche** *auf die üblich gewordenen Leistungen. Eine betriebliche Übung ist für jeden Gegenstand vorstellbar, der arbeitsvertraglich in einer so allgemeinen Form geregelt werden kann. Entscheidend für die Entstehung eines Anspruchs ist nicht der Verpflichtungswille, sondern wie der Erklärungsempfänger die Erklärung oder das Verhalten des Arbeitgebers nach Treu und Glauben unter Berücksichtigung aller Begleitumstände (§§ 133, 157 BGB) verstehen musste und durfte."* (BAG v. 24.6.2003 – 9 AZR 302/02, NZA 2003, 1145, 1147)

683 Nach der in der **Literatur** verbreiteten **Vertrauenstheorie** (grundlegend *Canaris*, Die Vertrauenshaftung im deutschen Privatrecht, 1971, S. 387 ff.) schafft ein regelmäßiges Verhalten des Arbeitgebers einen schützenswerten **Vertrauenstatbestand** dahingehend, dass er diese Leistung auch in Zukunft erbringen wird. Die einseitige Einstellung der Leistungsgewährung durch den Arbeitgeber stelle daher

ein Verstoß gegen die Grundsätze von Treu und Glauben dar und sei gemäß **§ 242 BGB** unzulässig (Verbot des venire contra factum proprium).

Vertrags- und Vertrauenstheorie messen das Entstehen einer betrieblichen Übung jeweils daran, ob der Arbeitgeber der Belegschaft eine freiwillige, gleichförmige, wiederkehrende und vorbehaltlose Sonderleistung gewährt. Für die Begründung eines Anspruchs des Arbeitnehmers aus betrieblicher Übung muss der Theorienstreit deshalb regelmäßig nicht entschieden werden. 684

a) Leistungsgewährung

Der Arbeitgeber muss dem Arbeitnehmer eine (begünstigende) **Sonderleistung** gewähren. Eine für den Arbeitnehmer nachteilige betriebliche Übung kann nicht entstehen. Rechte aus dem Arbeitsvertrag können nicht durch gleichförmiges vertragswidriges Verhalten beschnitten werden. Der Anwendungsbereich durch „betriebliche Übung" gewährbarer Sonderleistungen ist denknotwendig weit. Jede Arbeitsvertragsbedingung, die im Rahmen der Vertragsautonomie Gegenstand einer Vertragsbindung sein kann, kommt in Betracht. 685

Beispiele aus der Rechtsprechung: Altersversorgung, 13. Ruhegehalt, Anwendung von Tarifverträgen, Sondervergütungen aller Art, 13. Gehalt, Jubiläumszuwendung, Nichtanrechnung von Tariflohnerhöhung, Vergütung von Betriebspausen als Arbeitszeit, Fahrtkostenzuschüsse, Wechselschichtzuschläge, Fortbildungskosten, Trennungsentschädigung, Treuegeld, Vergütung von Bereitschaftsdienst, Überstunden, Zahlung einer Überstundenpauschale, verbilligtes Kantinenessen, Freizeit an Brauchtumstagen oder Feiertagen, Dienstwagen zur privaten Nutzung, Wiedereinstellung eines Saisonarbeiters (Nachweise bei ErfK/*Preis* § 611a BGB Rz. 228). 686

b) Freiwillig

Es bedarf einer freiwilligen Leistung. Der Arbeitgeber darf die Leistung mithin **nicht bereits vor ihrer Erbringung** aus einem anderen Rechtsgrund **schulden**. 687

c) Wiederkehrend

Einen klassischen Anwendungsfall der betrieblichen Übung stellt die Rechtsprechung des BAG zur **Weihnachtsgratifikation** dar (zu sog. Einzelleistungen s. unter Rz. 697). Hat der Arbeitgeber mehrere Jahre hintereinander eine Weihnachtsgratifikation vorbehaltlos bewilligt, entsteht aus diesem als Willenserklärung zu wertenden Verhalten, das von den Arbeitnehmern stillschweigend angenommen (§ 151 BGB) wird, ein vertraglicher Anspruch in den folgenden Jahren (BAG v. 18.3.2009 – 10 AZR 281/08, NZA 2009, 601; BAG v. 14.8.1996 – 10 AZR 69/96, NZA 1996, 1323), da die Arbeitnehmer aus dieser Verhaltensweise schließen dürfen, es handele sich um eine auf Dauer angelegte Handhabung. 688

„*Nach der ständigen Rechtsprechung des Bundesarbeitsgerichts wird durch eine* **mindestens dreimalige vorbehaltlose Gewährung** *einer Weihnachtsgratifikation, wenn nicht die Umstände des Falls eine andere Auslegung bedingen, eine Verpflichtung des Arbeitgebers aus dem Gesichtspunkt der betrieblichen Übung begründet, mit der Folge, dass er sich von dieser Verpflichtung nicht mehr durch einseitigen Widerruf wieder lossagen kann.*" (BAG v. 14.8.1996 – 10 AZR 69/96, NZA 1996, 1323, 1323) 689

Welche Dauer die regelmäßige Wiederholung einer bestimmten Verhaltensweise des Arbeitgebers haben muss, lässt sich nicht pauschal sagen. Vielmehr kann nur nach den **jeweiligen Umständen** beurteilt werden, welche Leistungen der Arbeitnehmer als dauerhaft ansehen darf. Die vom BAG bei Weihnachtsgratifikationen geforderte dreimalige Leistungsgewährung kann als „Orientierungsmarke" dienen. 690

Umstritten ist, ob **neu eingestellte Arbeitnehmer** unmittelbar in eine bestehende betriebliche Übung einbezogen werden. Nach einer im **Schrifttum** vertretenen Ansicht können neu eingestellte Arbeit- 691 nehmer keinen arbeitsvertraglichen Anspruch aus einer betrieblichen Übung herleiten, die ihnen gegenüber noch nicht zu einer Begünstigung geführt hat. In diesem Fall habe der Arbeitgeber gegenüber dem neueingestellten Arbeitnehmer kein Vertragsangebot unterbreitet. Nach der **Vertragstheorie** sei eine rechtsgeschäftliche Bindung des Arbeitgebers deswegen nicht zu begründen. Dem neueingestellten Arbeitnehmer könne allenfalls ein Anspruch nach dem allgemeinen arbeitsrechtlichen **Gleichbehandlungssatz** zustehen, nach dem er ggf. Gleichstellung verlangen kann, wenn er die Merkmale der begünstigten Arbeitnehmergruppe erfüllt (*Preis/Genenger* JArbR 2010, 93 ff.; *Schneider* DB 2011, 2718 ff.). Die **Rechtsprechung** geht hingegen davon aus, dass sich die betriebliche Übung grundsätzlich auch auf Arbeitnehmer erstreckt, die bislang noch nicht durch sie begünstigt wurden. In einer älteren Entscheidung hat das BAG hierzu ausgeführt:

"Wenn in einem Betrieb unter bestimmten Voraussetzungen allgemein besondere Leistungen gewährt werden, darf der neu eingestellte Arbeitnehmer im allgemeinen damit rechnen, dass auch er diese Leistungen erhalten wird, sobald er die Voraussetzungen erfüllt. Besondere Vergünstigungen solcher Art sprechen sich in der Regel schnell herum und pflegen für den Entschluss, eine Arbeit anzunehmen und beizubehalten, eine erhebliche Rolle zu spielen. Will ein Arbeitgeber, der üblicherweise freiwillig laufende Leistungen gewährt, eine Bindung für die Zukunft verhindern, so muss er den Rechtsanspruch ausschließen. Unterlässt er es, sich durch eine entsprechende Erklärung die Beweglichkeit zu sichern, so dürfen die Arbeitnehmer sich auf die Übung einrichten. Der Arbeitgeber muss sich deshalb aus Gründen des Vertrauensschutzes sein Verhalten im Sinne einer Bindung für die Zukunft zurechnen lassen [...]." (BAG v. 5.7.1968 – 3 AZR 134/67, DB 1968, 1817)

692 Hieran hat das BAG prinzipiell auch in der jüngeren Vergangenheit festgehalten (siehe: BAG v. 10.8.1988 – 5 AZR 571/87, NZA 1989, 57) und in einem Urteil aus dem Jahr 2008 entschieden:

"Es ist unerheblich, ob der betreffende Arbeitnehmer selbst bisher schon in die Übung einbezogen worden ist. Eine Mitteilung über die an andere Arbeitnehmer erfolgten Zahlungen gegenüber den übrigen Arbeitnehmern ist ebenso wenig erforderlich, wie eine allgemeine Veröffentlichung im Betrieb. Es ist von dem allgemeinen Erfahrungssatz auszugehen, dass derartige begünstigende Leistungen allgemein bekannt werden." (BAG v. 28.5.2008 – 10 AZR 274/07, NZA 2008, 941, 942)

d) Gleichförmig

693 Fraglich ist, ob die **Gleichförmigkeit der Leistungsgewährung** dadurch ausgeschlossen wird, dass der Arbeitgeber die Sonderzahlung zwar jährlich, aber stets in unterschiedlicher Höhe leistet. Das hat die **Rechtsprechung bisher** bejaht. Wenn eine Leistung vom Arbeitgeber ohne eine erkennbare Regelmäßigkeit erbracht wird, könne der Arbeitnehmer hieraus mangels Kontinuität weder ein hinreichend bestimmtes Vertragsangebot entnehmen noch entstehe ein ausreichend schützenswerter Vertrauenstatbestand. Anders könne der Fall nur dann liegen, wenn der Zahlung eine **erkennbare Berechnungsgrundlage** zugrunde liegt. Allein in der (scheinbar) willkürlich unterschiedlichen Höhe der Zahlung war nach Ansicht des BAG ein Vorbehalt des Arbeitgebers zu entnehmen, die Zahlung nur für dieses Jahr gewähren zu wollen (BAG v. 28.2.1996 – 10 AZR 516/95, NJW 1996, 3166; insoweit überlappen sich die Fragen der Gleich- und Vorbehaltlosigkeit). Diese Auslegung hat das BAG in **jüngster Rechtsprechung** revidiert (BAG v. 13.5.2015 – 10 AZR 266/14, NZA 2015, 992). Allein aus der unterschiedlichen Höhe der Zahlung kann grundsätzlich nicht auf einen Vorbehalt des Arbeitgebers geschlossen werden. Fehlt es an einem ausdrücklichen oder jedenfalls konkludenten Vorbehalt und hat ein Arbeitgeber eine Leistung mit der Bezeichnung als „Sonderzahlung" in dreimaliger Auszahlung jeweils zum Jahresende in unterschiedlicher Höhe vorgenommen, kann ein Arbeitnehmer in verständiger Weise auf ein verbindliches Angebot des Arbeitgebers i.S.v. § 145 BGB schließen, in jedem Kalenderjahr eine Sonderzahlung zu erhalten. Wie hoch diese Sonderzahlung ausfällt, hat der Arbeitgeber nach **billigem Ermessen** gemäß § 315 BGB zu bestimmen. Bei fehlender Bestimmung durch den Arbeitgeber hat die Bestimmung durch das Gericht zu erfolgen. Dieser neuen Rechtsprechung des BAG ist zuzustimmen. Allein in der unterschiedlichen Höhe der Zahlung einen Freiwilligkeitsvorbehalt zu sehen, erscheint insbesondere unter Berücksichtigung der restriktiven Auslegung von Freiwilligkeitsvorbehalten (Rz. 699)

sowie der Rechtsprechung zu Gratifikationen, Boni und Zielvereinbarungen (BAG v. 16.1.2013 – 10 AZR 26/12, NZA 2013, 1013; 19.3.2014 – 10 AZR 622/13, NZA 2014, 595) mehr als zweifelhaft. So hat die alte Rechtsprechung zu dem kuriosen Ergebnis geführt, dass durch leichte Anhebung oder Senkung der Sonderzahlung ein Rechtsanspruch des Arbeitnehmers umgangen werden konnte.

e) Vorbehaltlos

Eine Vertragsbindung für die Zukunft entsteht nicht, wenn der Arbeitgeber bei der Gewährung einer Leistung einen hinreichend deutlichen **Vorbehalt** erklärt. Bei der Annahme dieses Vorbehalts ist die Rechtsprechung großzügig. Dies ist im Grundsatz nicht zu beanstanden. Denn sowohl nach der Vertragstheorie als auch nach der Vertrauenstheorie muss sich die Gewährung einer Leistung als dauernder Vertragsbestandteil herleiten lassen. Das ist nicht anzunehmen, wenn der Arbeitgeber klar erkennbar macht, dass er die – ohne präzise vertragliche Grundlage ausgeschüttete Leistung – nicht dauerhaft gewähren will. Mit der jüngeren Rechtsprechung des BAG ist festzuhalten, dass der Arbeitgeber darin frei ist, **„bei der Erbringung der jeweiligen Leistung kontrollfrei zu bestimmen, ob es sich um eine einmalige Leistung handeln soll, und ggf. einen entsprechenden Vorbehalt zu erklären"** (BAG v. 14.9.2011 – 10 AZR 526/10, NZA 2012, 81 Rz. 41). Das muss spätestens mit der Leistungsgewährung **deutlich** erklärt werden. Der Arbeitgeber begrenzt damit seinen rechtsgeschäftlichen Bindungswillen und schließt eine Bindung für die Zukunft aus. Aus Gründen der Transparenz erreicht der Arbeitgeber dieses Ziel allerdings nicht durch vorformulierte (Pauschal-)Vorbehalte (Rz. 698).

694

f) An die gesamte Belegschaft (Kollektivbezug)

Weil die betriebliche Übung lediglich ein Anwendungsfall der konkludenten Vertragsänderung ist, kann bezweifelt werden, dass es für ihre Entstehung einer „Zahlung an die gesamte Belegschaft" bedarf. Die Rechtsprechung des BAG, insbesondere des 10. Senats, hält an dem Erfordernis gleichwohl fest. Sie unterscheidet zwischen einer betrieblichen Übung, der stets ein kollektives Moment gemein sein muss, und konkludenten (i.d.R. begünstigenden) Vertragsänderungen.

695

„Auch wenn es an einer betrieblichen Übung fehlt, weil beispielsweise der Arbeitgeber eine Zahlung nur an einen Arbeitnehmer vorgenommen hat und damit das kollektive Element fehlt, kann für diesen ein Anspruch entstanden sein. Dies ist der Fall, wenn der Arbeitnehmer aus einem tatsächlichen Verhalten des Arbeitgebers auf ein Angebot schließen konnte, das er gemäß § 151 BGB durch schlüssiges Verhalten angenommen hat." (BAG v. 14.9.2011 – 10 AZR 526/10, NZA 2012, 81 Rz. 13)

Klausurhinweis: Sofern ein Arbeitgeber regelmäßig Sonderzahlungen vornimmt, ist es gut vertretbar, vorrangig zu prüfen, ob diese aufgrund einer rechtsgeschäftlichen – ggf. auch konkludenten – Zusatzabrede der Parteien des Arbeitsvertrages beruht. Dies kommt insbesondere in Betracht, wenn die Sonderzahlungen zu einer **erheblichen Veränderung des Austauschverhältnisses** führen. Dann liegt es nahe, dass der Arbeitgeber dem Arbeitnehmer diese Sonderzahlungen bei Abschluss des Arbeitsvertrages in Aussicht gestellt und der Arbeitnehmer den Arbeitsvertrag aufgrund dieser Zusage abgeschlossen hat. In solchen Fällen kommt es auf die betriebliche Übung gar nicht mehr an. Es besteht bereits ein vertraglicher Anspruch; vgl. hierzu ausf. *Preis/Genenger* JArbR 2010, 93, 100 ff.

696

Sog. **Einzelleistungen** sind zwar potentiell an die gesamte Belegschaft gerichtet, werden tatsächlich aber nicht der gesamten Belegschaft – jedenfalls nicht gleichzeitig – gewährt. Ein anschauliches **Beispiel** geben **Jubilarprämien**. Die bei Rz. 689 angesprochene Vermutungsregel des BAG, nach der die dreimalige Gewährung einer Leistung eine betriebliche Übung begründet, kann nur für den Fall von jährlichen, an die gesamte Belegschaft ausgezahlten Gratifikationen herangezogen werden. Mangels eines vergleichbaren Kollektivbezugs bei der Jubilarprämie müssen andere Bewertungskriterien gefunden werden. Als maßgeblich kann die **verhältnismäßige Häufigkeit** der in Rede stehenden Leistung erachtet werden. Was „verhältnismäßig häufig" ist, hängt vom Einzelfall ab. Das BAG scheint sich indes dem **zutreffenden Gedanken** angeschlossen zu haben, dass in der Regel kein Anspruch aus betrieblicher Übung folgt, wenn der Arbeitnehmer – wie bei einer Jubilarprämie – noch kein einziges Mal in den Genuss der Leistung gekommen ist, also kein Verhalten des Arbeitgebers vorliegt, dass er

697

auch gerade ihm gegenüber als Bindungserklärung auffassen konnte (BAG v. 17.11.2015 – 9 AZR 547/14, NZA 2016, 308; vgl. *Preis/Genenger* JbArbR 2010, 93, 114; vgl. auch *Waltermann* RdA 2006, 257, 262 ff.).

3. Verhinderung und Änderung einer Vertragsbindung

698 Dass eine betriebliche Übung **nicht entsteht**, wenn sich der Arbeitgeber bei Gewährung der Sonderzahlung deren Freiwilligkeit ausdrücklich vorbehält, wurde bereits dargelegt (s. unter Rz. 687). Fraglich ist, ob schon ein **pauschalierter Freiwilligkeitsvorbehalt** in einem Formulararbeitsvertrag genügt, einen rechtsgeschäftlichen Anspruch aus konkludenter Vertragsbindung auszuschließen.

Beispielsklausel: Pauschalierter Freiwilligkeitsvorbehalt *„Sonstige, in diesem Vertrag nicht vereinbarte Leistungen des Arbeitgebers an den Arbeitnehmer sind freiwillig und jederzeit widerruflich. Auch wenn der Arbeitgeber sie mehrmals und regelmäßig erbringen sollte, erwirbt der Arbeitnehmer dadurch keinen Rechtsanspruch für die Zukunft."* Die Wirksamkeit eines entsprechenden **Pauschalvorbehalts** verneint die jüngere Rechtsprechung zu Recht (ausf. *Preis/Sagan* NZA 2012, 697).

„Ein vertraglicher Freiwilligkeitsvorbehalt, der alle zukünftigen Leistungen unabhängig von ihrer Art und ihrem Entstehungsgrund erfasst, benachteiligt den Arbeitnehmer regelmäßig unangemessen i.S.v. § 307 Abs. 1 S. 1, Abs. 2 Nr. 1 und Nr. 2 BGB und ist deshalb unwirksam (BAG v. 14.9.2011 – 10 AZR 526/10, NZA 2012, 81)."

699 Ein vorweggenommener pauschaler Vorbehalt ist **nicht geeignet**, den Wert der späteren Erklärungen des Arbeitgebers im Zusammenhang mit den mehrfach geleisteten Zahlungen (etwa 20jährige Gewährung eines Weihnachtsgeldes) hinreichend zu entwerten (im Einzelnen zu konkreten und pauschalen Freiwilligkeitsvorbehalten *Preis/Sagan* NZA 2012, 697). Damit unterstreicht das BAG nicht nur den vertraglichen Bindungscharakter konkludenter Leistungen, sondern stellt auch die Wertungseinheit zu sog. **Schriftformklauseln** und zum **Vorrang von Individualabreden** her. Mit dem Vorrang der Individualabreden sei ein Freiwilligkeitsvorbehalt nicht zu vereinbaren, der so ausgelegt werden kann, dass er Rechtsansprüche aus späteren Individualabreden ausschließt (BAG v. 14.9.2011 – 10 AZR 626/10, NZA 2012, 81 Rz. 39 unter Hinweis auf BAG v. 20.5.2008 – 9 AZR 382/07, NZA 2008, 1233). Es bleibt also dem Arbeitgeber nichts anderes übrig, als bei der konkreten Gewährung der Leistung stets zu verdeutlichen, dass aus der Zahlung kein Anspruch für die Zukunft folgt. Gibt es eine klar und verständlich formulierte, auf eine Einmalzahlung beschränkte Zusage, die einen Rechtsanspruch des Arbeitnehmers für die Zukunft ausschließt, fehlt es an einer versprochenen Leistung i.S.d. § 308 Nr. 4 BGB. Solche Zusagen unterliegen als Hauptabreden nur der Transparenzkontrolle nach § 307 Abs. 3 S. 2, § 307 Abs. 1 S. 2 BGB.

700 Eine Möglichkeit des Arbeitgebers, sich von einer Vertragsbindung bzw. betrieblichen Übung **zu lösen**, ist ihre nachträgliche **Abänderung bzw. Aufhebung**. Das ist ganz selbstverständlich, weil die Vertragsfreiheit Begründung, Änderung und Aufhebung einer Vertragsabrede ermöglicht. Instrumente dafür sind jedenfalls **Änderungsvertrag** und **Änderungskündigung**. Einseitig einstellen kann der Arbeitgeber die Leistung nicht. Denn ein individualrechtlich erwachsener Anspruch eines einzelnen Arbeitnehmers kann nicht ohne weiteres dadurch untergehen, dass der Arbeitgeber gegenüber anderen Arbeitnehmern die Übung einstellt und der Arbeitnehmer dazu schweigt (BAG v. 28.5.2008 – 10 AZR 274/07, DB 2008, 1808).

701 **Hinweis: Anderes** gilt für neu oder später eingestellte Arbeitnehmer. Diesen gegenüber kann der Arbeitgeber die betriebliche Übung einseitig durch eindeutige Erklärung beenden (*Bepler* RdA 2004, 226, 238).

702 Der mangelnde Wille des Arbeitgebers, sich für die Zukunft binden zu wollen, begründet noch nicht ohne weiteres ein Recht zur **Anfechtung** nach § 119 BGB (zum Meinungsstand *Schwarze* NZA 2012, 289). In der Praxis dürfte die Anfechtung wegen der Bekanntheit der betrieblichen Übung regelmäßig nicht mehr unverzüglich (§ 121 BGB) erfolgen.

703 Fraglich **war**, ob die betriebliche Übung ihrerseits auch durch betriebliche Übung modifiziert bzw. aufgehoben werden kann. Man spricht bei dieser abändernden betrieblichen Übung von einer **negati-**

V. Konkludente Vertragsänderung („Betriebliche Übung") | Rz. 705 § 18

ven betrieblichen Übung. Die Rechtsprechung hat diesen Ansatz entwickelt, um dem Arbeitgeber einen Weg zu ebnen, seinen durch betriebliche Übung entstandenen Pflichten auf dieselbe Weise wieder zu entkommen (Spiegelbild-Gedanke). Diese zu **Ungunsten** des Arbeitnehmers wirkende Betriebsübung sollte z.B. entstehen, wenn eine sonst regelmäßig gewährte Weihnachtsgratifikation mehrere Jahre hintereinander widerspruchslos nicht mehr gezahlt wird.

Vertiefung: Die dogmatische Konstruktion einer **negativen Betriebsübung** war schon immer zweifelhaft. **Nach der Vertragstheorie** müsste sie auf der Annahme einer **stillschweigenden Vereinbarung** zwischen Arbeitgeber und Arbeitnehmer beruhen. Durch die bloße Nichtzahlung sollte der Arbeitgeber ein verschlechterndes Änderungsangebot machen. Nach der langjährigen Rechtsprechung sollte er nach Treu und Glauben und der Verkehrssitte das Schweigen des Arbeitnehmers als Annahmeerklärung deuten dürfen, da er damit rechnen könne, der Arbeitnehmer werde ansonsten der Änderung widersprechen (BAG v. 4.5.1999 – 10 AZR 290/98, DB 1999, 1907). Sogar die nachträgliche Einfügung eines Vorbehalts durch betriebliche Übung wurde von der Rechtsprechung anerkannt. Damit konnte man erreichen, dass der Anspruch auf eine Weihnachtsgratifikation, die zunächst mehrere Jahre **vorbehaltlos**, dann aber über drei Jahre mit einem **Freiwilligkeitsvorbehalt** gewährt wird, entfällt, weil der Freiwilligkeitsvorbehalt Inhalt des Arbeitsvertrags wird. Die Gewährung der Leistung entfaltet für den Arbeitgeber somit keine Bindungswirkung mehr, sodass er sich von der Leistung lossagen und jederzeit neu bestimmen kann, ob er die Gratifikation gewähren will (so noch BAG v. 26.3.1997 – 10 AZR 612/96, NZA 1997, 1007; BAG v. 4.5.1999 – 10 AZR 290/98, DB 1999, 1907).

704

Diese Rechtsprechung des BAG war stets heftig kritisiert worden, da ein einseitiges Recht des Arbeitgebers zur Beseitigung der durch betriebliche Übung entstandenen vertraglichen Ansprüche infolge widerspruchsloser Hinnahme dogmatisch nicht – jedenfalls nicht auf der Basis der Vertragstheorie – begründbar ist. Kann bei einer positiven Entgegennahme einer Leistung eine konkludente Annahmeerklärung nach der Verkehrssitte noch konstruiert werden, ist dies bei einem reinen Schweigen auf eine Nichtleistung hin dogmatisch nicht mehr erklärbar. So wird dann auch in diesem Zusammenhang die Wertung des Schweigens des Arbeitnehmers als Annahme der Vertragsänderung von Teilen der Literatur als **bloße Fiktion** bezeichnet (*Kettler* NJW 1998, 435; *Speiger* NZA 1998, 510). Das gilt insbesondere bei der nachträglichen Implementierung eines Vorbehalts, da der **Arbeitnehmer von der angekündigten geänderten Handhabung** tatsächlich **nicht unmittelbar betroffen** ist, da die Zahlungen zunächst weiter erfolgten. In der Ankündigung des Arbeitgebers, zukünftig nur unter Freiwilligkeitsvorbehalt leisten zu wollen, könne der Arbeitnehmer zudem kein Vertragsangebot erkennen. Vielmehr negiere der Arbeitgeber durch die Behauptung eines einseitigen Änderungsrechts gerade die Notwendigkeit einer vertraglichen Vereinbarung. Mithin fehle es bereits an einem Vertragsangebot des Arbeitgebers. Letztlich verhalte sich der Arbeitgeber vertragswidrig, sodass er aus dem Schweigen des Arbeitnehmers auch kein rechtlich schützenswertes Vertrauen ableiten könne.

Auch nach der **Vertrauenstheorie** lässt sich jedenfalls die Konstruktion eines nachträglichen Vorbehalts nicht überzeugend begründen. Die umstrittene Rechtsprechung hatte das BAG zwischenzeitlich eingeschränkt, wenn eine ausdrückliche vertragliche Abrede bestand (BAG v. 24.11.2004 – 10 AZR 202/04, NZA 2005, 349).

Der Kritik ist das BAG nun erlegen und hat im Falle der Zahlung einer Weihnachtsgratifikation festgestellt, dass auch die dreimalige widerspruchslose Entgegennahme einer vormals vorbehaltslosen, nun aber unter Vorbehalt gestellten Leistung, den einmal entstandenen Anspruch nicht beseitigt (BAG v. 18.3.2009 – 10 AZR 281/08, NZA 2009, 601, 602). Begründet wird dies in erster Linie mit der Erstreckung des Rechts der Allgemeinen Geschäftsbedingungen auf das Arbeitsrecht.

Die Anerkennung einer negativen betrieblichen Übung verbietet sich **heute** angesichts von § **308 Nr. 5 BGB**. Dieser statuiert ein Klauselverbot für fingierte Erklärungen. Indem man die widerspruchslose Entgegennahme der unter Vorbehalt gestellten Leistung durch den Arbeitnehmer als Annahme auslegt, misst man einem Schweigen, was eigentlich ein rechtliches Nullum darstellt, Rechtswirkung bei. Dies ist jedoch nur unter engen Voraussetzungen, und in der Regel nicht bei Beteiligung eines Verbrauchers, zulässig. Dem Arbeitnehmer müsse in jedem Fall bekannt sein, welche Rechtsfolgen an sein Schweigen geknüpft werden.

705

4. Besonderheiten im öffentlichen Dienst

706 Für Arbeitsverhältnisse des **öffentlichen Dienstes** (Rz. 160) gelten diese Grundsätze der Betriebsübung nur eingeschränkt. Die öffentlichen Arbeitgeber sind u.a. an die Festlegungen des **Haushaltsplans** gebunden und gehalten, die Mindestbedingungen des geltenden Tarifvertrags und die Haushaltsvorgaben zu beachten. Wird also eine Leistung **ohne ausreichende Ermächtigungsgrundlage** gewährt, dann will der Arbeitgeber im Zweifel nur solche Leistungen gewähren, zu denen er verpflichtet ist. Im Zweifel gilt also Normvollzug. Das BAG meint, dass ein Arbeitnehmer – insbesondere der des öffentlichen Dienstes – regelmäßig nicht damit rechnen könne, dass der Arbeitgeber hinsichtlich eines nicht unerheblichen Teiles der Arbeitszeit dauerhaft auf sein Weisungsrecht verzichtet. Überdies dürfe der Arbeitnehmer des „öffentlichen Dienstes auch bei langjährigem Verzicht des Arbeitgebers auf Ausübung seines Direktionsrechts nicht darauf vertrauen, die Übung sei Vertragsinhalt geworden und bestehe unbefristet weiter" (BAG v. 11.10.1995 – 5 AZR 802/94, NZA 1996, 718).

VI. Direktionsrecht

Literatur: *Berger-Delhey*, Die Leitungs- und Weisungsbefugnis des Arbeitgebers, DB 1990, 2266; *Boemke*, (Un-)Verbindlichkeit unbilliger Arbeitgeberweisungen, NZA 2013, 6; *Brose/Greiner/Preis*, Kleidung im Arbeitsverhältnis, NZA 2011, 369; *Fischer*, Grenzen des Direktionsrechts durch Konkretisierung, AiB 1998, 712; *Hromadka*, Das allgemeine Weisungsrecht, DB 1995, 2601; *Hromadka*, Grenzen des Weisungsrechts, NZA 2012, 233; *Hunold*, Das Direktionsrecht des Arbeitgebers, AR-Blattei SD 600; *Kühn*, Rechtsfolgen unbilliger Weisungen, NZA 2015, 10; *Oelkers/Schmidt*, Das Direktionsrecht des Arbeitgebers, NJW-Spezial 2006, 465; *Preis*, Der Arbeitsvertrag, 5. Aufl. 2015, II D 30; *Preis*, Unbillige Weisungsrechte und überflüssige Änderungskündigungen, NZA 2015, 1; *Preis/Genenger*, Die unechte Direktionsrechtserweiterung, NZA 2008, 969; *Preis/Ulber*, Direktionsrecht und Sonntagsarbeit, NZA 2010, 729; *Rost*, Die „Erweiterung des Direktionsrechts" durch Tarifvertrag, FS Dieterich (1999), 505; *Zapf*, Das Direktionsrecht des Arbeitgebers, 1971.

1. Bedeutung des allgemeinen Direktionsrechts

707 Das auf dem Arbeitsvertrag beruhende Weisungsrecht ist wesentlicher Inhalt eines jeden Arbeitsverhältnisses (grundlegend BAG v. 27.3.1980 – 2 AZR 506/78, DB 1980, 1603). Da die Art der zu erbringenden Tätigkeit im Arbeitsvertrag zumeist nur schlagwortartig, beispielsweise mit der **Berufsbezeichnung**, umschrieben ist, kann die vertragliche Leistungspflicht des Arbeitnehmers durch Anweisungen des Arbeitgebers in Ausübung seines Direktions- oder Weisungsrechts konkretisiert werden. Durch das Weisungsrecht kann der Arbeitgeber die **Leistungspflicht des Arbeitnehmers im Einzelnen nach Inhalt, Zeit und Ort bestimmen.** Diese allgemeinen Grundsätze des Direktionsrechts hat der Gesetzgeber in § 611a Abs. 1 BGB und § 106 S. 1 GewO kodifiziert. Je konkreter die Tätigkeit des Arbeitnehmers im Arbeitsvertrag gefasst ist, desto eingeschränkter kann der Arbeitgeber das Weisungsrecht ausüben. Dies bedeutet, dass der Umfang des Direktionsrechts letztlich von der arbeitsvertraglichen Tätigkeitsbeschreibung abhängig ist. Dabei kann sich das Weisungsrecht nicht auf die Bestandteile des Austauschverhältnisses beziehen, weshalb das Entgelt der Weisungsmacht des Arbeitgebers von vorneherein entzogen ist.

708 **Merke:** Die Vertragsparteien können das Weisungsrecht durch den Arbeitsvertrag nicht nur beschränken, sondern auch erweitern. Auf die Möglichkeiten direktionsrechtserweiternder Vertragsgestaltung geht die Darstellung bereichsspezifisch ein (siehe bei Rz. 1088 [Ort], Rz. 1096 ff. [Art], Rz. 1128 [Zeit])

709 Soweit sich eine Weisung des Arbeitgebers anhand der dargestellten Kriterien als rechtmäßig erweist, hat der Arbeitnehmer der Weisung Folge zu leisten. Verweigert der Arbeitnehmer die Arbeit, kann ihm ordentlich, u.U. aber auch außerordentlich, gekündigt werden.

2. Einzelfälle von Weisungen zur Arbeit

a) Inhalt der Tätigkeit

Der Inhalt der Tätigkeit ergibt sich vornehmlich aus der arbeitsvertraglichen Tätigkeitsbeschreibung, die eine lediglich auf Transparenz hin kontrollierbare Hauptabrede darstellt (vgl. §§ 307 Abs. 3 S. 1 und 2 BGB). Bei einer weiten Umschreibung der Tätigkeit ist die geschuldete Arbeitsleistung durch Auslegung zu ermitteln. Hinweise auf die geschuldete Tätigkeit können sich insbesondere aus dem **Berufsbild** und der **tariflichen Eingruppierung** ergeben. Ebenso können **Dienstanweisungen** und **Organisationspläne** zur Auslegung herangezogen werden.

710

Dem Arbeitnehmer kann auch ein **Wechsel in der Art der Beschäftigung** auferlegt werden, insbesondere kann über das Weisungsrecht auch der Arbeitsbereich des Arbeitnehmers verkleinert werden (BAG v. 24.4.1996 – 5 AZR 1032/94, PersR 1997, 179; BAG v. 23.6.1993 – 5 AZR 337/92, NZA 1993, 1127). Eine Grenze für die Zuweisung einer anderen Art der Beschäftigung bildet der Tätigkeitsbereich, denn dem Arbeitnehmer kann kein **anderer Tätigkeitsbereich** zugewiesen werden. Des Weiteren hat der Arbeitgeber keine Befugnis, dem Arbeitnehmer eine **geringerwertige Tätigkeit** zuzuweisen (umfassend zu Umfang und Grenzen des Direktionsrechts bzgl. der Art der Beschäftigung Rz. 1096).

711

b) Ort der Tätigkeit

Regelmäßig ist die Arbeitsleistung an einen bestimmten Arbeitsort als **Leistungsort** gebunden, der sich aus dem Arbeitsvertrag ergibt. Ist der Arbeitnehmer aber nicht für einen bestimmten Arbeitsort eingestellt, kann der Arbeitgeber im Rahmen des Weisungsrechts auch den Arbeitsort konkretisieren. Ein Weisungsrecht wird stets vorliegen, wenn es der Tätigkeit des Arbeitnehmers **immanent** ist, Arbeiten an verschiedenen Orten auszuführen. Der **Versetzungsvorbehalt** in andere Betriebe des Unternehmens ist von § 106 GewO gedeckt. Dabei macht es keinen Unterschied, ob im Arbeitsvertrag auf eine Festlegung des Orts der Arbeitsleistung von vorneherein verzichtet wird und diese dem Arbeitgeber im Rahmen von § 106 GewO vorbehalten bleibt oder ob der Ort der Arbeitsleistung bestimmt, aber die Möglichkeit der Zuweisung eines anderen Orts vereinbart wird. In letzterem Fall wird lediglich klargestellt, dass § 106 S. 1 GewO gilt und eine Versetzungsbefugnis an andere Arbeitsorte bestehen soll (BAG v. 19.1.2011 – 10 AZR 738/09, NZA 2011, 631). Allerdings kann der Arbeitgeber einen solchen Ortswechsel nur dann durchsetzen, wenn seine Weisung die Grenzen des billigen Ermessens beachtet (Rz. 721). Bei örtlichen Versetzungen werden dann insbesondere Auswirkungen auf die private Lebensführung des Arbeitnehmers relevant (umfassend zum Arbeitsort Rz. 1083).

712

c) Arbeitszeit

Der **Umfang** der Arbeitszeit wird regelmäßig durch den Arbeitsvertrag bestimmt. Da die Dauer der Arbeitszeit eng an das Entgelt gekoppelt ist und somit zum **Austauschverhältnis** gehört, steht sie nicht zur Disposition des Arbeitgebers im Rahmen des Weisungsrechts (BAG v. 25.8.2010 – 10 AZR 275/09, NZA 2010, 1355; Rz. 1109). Allerdings erstreckt sich das Direktionsrecht auf die **Lage der Arbeitszeit**, jedenfalls dann, wenn im Arbeitsvertrag auf die **betriebsübliche Arbeitszeit** Bezug genommen wurde. Inhalt einer solchen Vereinbarung ist, dass die vereinbarte Arbeitsleistung zu den jeweiligen betriebsüblichen Arbeitszeiten zu erbringen ist (BAG v. 15.9.2009 – 9 AZR 757/08, NJW 2010, 394, 396). Der Arbeitgeber kann also mangels einer eindeutigen arbeitsvertraglichen Regelung den Beginn der Arbeit um eine Stunde vorverlegen oder den Samstag als Regelarbeitstag einführen. Ebenso ist er im Rahmen seines Direktionsrechts befugt, einen Wechsel von Nacht- zu Tagarbeit anzuordnen (LAG Berlin v. 29.4.1991 – 9 Sa 9/91, DB 1991, 2193). Sogar die Anordnung von Sonntagsarbeit erachtet das BAG als zulässig, wenn nicht eine ausdrückliche dies ausschließende Absprache getroffen wurde (BAG v. 15.9.2009 – 9 AZR 757/08, NJW 2010, 394, 395 f.).

713

„Der Umstand, dass ein Arbeitgeber und seine Rechtsvorgänger während der Dauer von 30 Jahren keine Sonn- und Feiertagsarbeit anordneten, schließt die Berechtigung des Arbeitgebers hierzu nach § 106 S. 1

GewO nicht aus. Eine Änderung der ursprünglich vereinbarten Rechte und Pflichten durch sogenannte Konkretisierung in einen einseitig nicht veränderlichen Vertragsinhalt tritt nicht allein dadurch ein, dass der Arbeitnehmer längere Zeit in derselben Weise eingesetzt wurde (z.B. bisher keine Sonn- und Feiertagsarbeit zu leisten hatte). Zum reinen Zeitablauf müssen besondere Umstände hinzutreten, die erkennen lassen, dass der Arbeitnehmer nur noch verpflichtet sein soll, seine Arbeit unverändert zu erbringen." (BAG v. 15.9.2009 – 9 AZR 757/08, NJW 2010, 394, 397)

3. Weisungen zu arbeitsbegleitendem Verhalten

714 Auch im Hinblick auf arbeitsbegleitendes Verhalten besteht ein Weisungsrecht des Arbeitgebers. Dies gilt für solche Weisungen, die einem **berechtigten Interesse** des Arbeitgebers dienen und beispielsweise den **Arbeitsablauf** oder das **Zusammenleben im Betrieb** betreffen. § 106 S. 2 GewO erkennt jetzt ausdrücklich an, dass sich das Weisungsrecht des Arbeitgebers auch auf Ordnung und Verhalten des Arbeitnehmers im Betrieb bezieht. In diesem Sinne kann der Arbeitgeber ein **Rauchverbot** im Betrieb anordnen (LAG Hessen v. 6.7.1989 – 9 Sa 1295/88, LAGE § 611 BGB Direktionsrecht Nr. 5). Nicht ganz unproblematisch ist jedoch die Anordnung eines generellen Rauchverbots, denn ein Rauchverbot kollidiert mit dem Grundrecht auf freie Entfaltung der Persönlichkeit. Nicht mehr als Weisung stellt sich allerdings ein Rauchverbot dar, wenn es sich bereits aus anderen Vorschriften ergibt, etwa in Betrieben, für die besondere Hygienevorschriften gelten.

715 Weisungen mit Blick auf **persönliche Kleidung** und **Haartracht** sind möglich, wenn negative Folgen mit Blick auf Kunden oder in der Zusammenarbeit der Arbeitnehmer untereinander zu befürchten sind. Auch der Erlass von **Kleiderordnungen** ist möglich (vgl. hierzu *Brose/Greiner/Preis* NZA 2011, 369 mit einigen Beispielen). Grundsätzlich kann der Arbeitnehmer gehalten sein, in seiner Dienstkleidung berechtigten Interessen des Arbeitgebers Rechnung zu tragen. Dabei gilt es aber zwischen dem Individualinteresse des Arbeitnehmers, eine Kleidung nach seinem Geschmack zu tragen, und dem Interesse des Arbeitgebers auf Einhaltung bestimmter Kleidervorschriften abzuwägen, wobei insbesondere die **Branchenüblichkeit** eine besondere Rolle spielt (LAG Hamm v. 7.7.1993 – 14 Sa 435/93, LAGE § 611 BGB Nr. 14).

716 Darüber hinausgehend verstoßen nach Auffassung des LAG Köln selbst Vorschriften, die die **Unterbekleidung** der Beschäftigten betreffen, nicht gegen das Persönlichkeitsrecht der Arbeitnehmer (LAG Köln v. 18.8.2010 – 3 TaBV 15/10, NZA-RR 2011, 85). Dem kann wohl kaum gefolgt werden (*Brose/Greiner/Preis* NZA 2011, 369). Im Zusammenhang mit einer bestimmten Kleiderordnung stellt sich auch die Frage, inwieweit diese das Tragen von religiös motivierter Kleidung beschränken kann. Im ersten „Kopftuch-Fall" des BAG (10.10.2002 – 2 AZR 472/01, NZA 2003, 483, 485) stellt dieses fest, dass ein Arbeitgeber wegen der von ihm zu beachtenden Glaubens- und Bekenntnisfreiheit seiner Mitarbeiter nicht ohne weiteres die Einhaltung der in seinem Betrieb allgemein üblichen Bekleidungsstandards verlangen kann. Jedoch kommt er einschränkend zum Ergebnis, dass er gleichwohl von Arbeitnehmern mit Kundenkontakt erwarten kann, sich dem Charakter des Unternehmens und dessen Kundenstamm entsprechend zu kleiden. Dies könne er mittels Einzelanweisungen durchsetzen.

4. Weisungsrecht im Konzern

717 Bindungen des Unternehmers an andere Unternehmen können das Weisungsrecht nicht ausweiten. Die Arbeitsleistung ist nur dem Arbeitgeber zu erbringen, mit dem der Arbeitsvertrag abgeschlossen wurde. Die **Konzernleitungsmacht gibt kein Weisungsrecht**, das auf die Arbeitnehmer eines konzernabhängigen Unternehmens durchgreifen könnte. Eine andere Sichtweise hätte nämlich einen **Arbeitgeberwechsel** zur Folge. Etwas anderes gilt nur dann, wenn der Arbeitnehmer Arbeitsverträge mit mehreren Konzernunternehmen abgeschlossen hat. Dies wird in der Praxis selten der Fall sein.

5. Einschränkungen des Direktionsrechts

Das Direktionsrecht kann durch **Gesetz, Tarifvertrag, Betriebsvereinbarung oder Einzelvertrag** eingeschränkt sein.

718

Beispiel für Beschränkungen des Direktionsrechts: Gesetze, die das Direktionsrecht beschränken können, sind beispielsweise das Arbeitszeitgesetz, aber auch die Gefahrstoff- und Arbeitsstättenverordnung.

Mitarbeiter von Jugendämtern, die Aufgaben eines Pflegers oder Vormunds wahrnehmen, sind nur insoweit weisungsunterworfen, als die Weisungen nicht den Belangen der betreuten Person zuwiderlaufen (BAG v. 10.4.1991 – 5 AZR 128/90, ZTR 1991, 474).

Wenn Art, Ort oder Umfang der Tätigkeit des Arbeitnehmers eine **langjährig unverändert gebliebene spezifische Ausgestaltung** erfahren haben und hieraus eine Beschränkung des Direktionsrechts abgeleitet werden soll, hat sich in Rechtsprechung und Literatur der Begriff der **Konkretisierung der Arbeitspflicht** eingebürgert (BAG v. 15.6.1989 – 2 AZR 580/88, NZA 1990, 226; LAG Düsseldorf v. 23.6.1994 – 12 Sa 489/94, LAGE § 611 BGB Direktionsrecht Nr. 18; BAG v. 13.3.2007 – 9 AZR 433/06, AP Nr. 26 zu § 307 BGB). Durch die längere Ausübung bestimmter Arbeiten kann sich die Arbeitspflicht im Wege einer stillschweigenden Abänderung des Arbeitsvertrags auf diese Tätigkeit konkretisieren und somit auch dem Direktionsrecht Schranken setzen. Allerdings sind neben dem Zeitablauf noch **besondere Umstände** erforderlich, die ein Vertrauen des Arbeitnehmers als schutzwürdig erscheinen lassen, d.h. erforderlich sind Umstände, aus denen sich ergibt, der Arbeitnehmer solle in Zukunft nur noch diese Arbeit verrichten (BAG v. 17.8.2011 – 6 AZR 262/10, NZA 2012, 331; BAG v. 17.5.2011 – 9 AZR 201/10, ZTR 2012, 184; BAG v. 15.6.1989 – 2 AZR 580/88, NZA 1990, 226). Ein solcher **Vertrauensschutz** kann etwa vorliegen, wenn der Arbeitgeber dem Arbeitnehmer höherwertige Arbeiten zuweist, aber auch wenn der Arbeitnehmer eine arbeitsplatzbezogene Fortbildung mitgemacht hat. Prinzipiell ist aber die Linie des BAG, dass grundsätzlich kein Vertrauen darauf besteht, dass der Arbeitgeber sein nach § 611a Abs. 1 BGB und § 106 GewO bestehendes Weisungsrecht nicht (mehr) ausüben werde. Das zeigt sich schon an dem extremen Fall der Sonntagsarbeit, die der Arbeitgeber anordnen kann, obwohl diese im Betrieb noch niemals praktiziert wurde (BAG v. 15.9.2009 – 9 AZR 757/08, NJW 2010, 394, 397).

719

6. Mitbestimmung des Betriebsrats

Im Einzelfall ist zu beachten, dass eine Weisung auch dem Mitbestimmungsrecht des Betriebsrats unterliegen kann. Dies gilt insbesondere bei **Versetzungen**. Hier ist entscheidend, ob die Zuweisung eines anderen Arbeitsbereichs mit einer erheblichen **Änderung der Umstände** verbunden ist, unter denen die Arbeit zu leisten ist. Ein anderer Arbeitsbereich wird insbesondere dann zugewiesen, wenn der Arbeitnehmer eine andere **Arbeitsaufgabe** zu erledigen hat (BAG v. 27.3.1980 – 2 AZR 506/78, DB 1980, 1603; BAG v. 24.4.1996 – 5 AZR 1031/94, NZA 1996, 1088). Mitbestimmungsrechte sind aber auch bei der Einführung von **Kleiderordnungen** (BAG v. 13.2.2007 – 1 ABR 18/06, NZA 2007, 640, 641) oder **Rauchverboten** (LAG Hessen v. 6.7.1989 – 9 Sa 1295/88, LAGE § 611 BGB Direktionsrecht Nr. 5) zu beachten. Unter Missachtung der Mitbestimmung erfolgende Weisungen sind individualrechtlich nicht verbindlich (sog. „Wirksamkeitstheorie", siehe im Band „Kollektivarbeitsrecht" Rz. 2224 ff.).

720

7. Ausübung des Weisungsrechts nach billigem Ermessen

Soweit ein Weisungsrecht besteht, darf es nur nach **billigem Ermessen** gemäß § 106 S. 1 GewO ausgeübt werden (BAG v. 11.10.1995 – 5 AZR 802/94, NZA 1996, 718; BAG v. 24.4.1996 – 5 AZR 1031/94, NZA 1996, 1088). Dabei müssen die wesentlichen Umstände des Einzelfalls abgewogen und die **beiderseitigen Interessen angemessen berücksichtigt werden** (BAG v. 12.12.1984 – 7 AZR 509/83, NZA 1985, 321; BAG v. 23.6.1993 – 5 AZR 337/92, NZA 1993, 1127). Ob dies geschehen ist, unterliegt der gerichtlichen Kontrolle. Besonders zu beachten ist, dass der Arbeitgeber im Rahmen des Weisungsrechts auch Grundrechte des Arbeitnehmers zu beachten hat.

721

722 **Beispiel: Weisung und Gewissenskonflikt:** Führt eine Weisung den Arbeitnehmer in einen vermeidbaren Gewissenskonflikt, kann der Arbeitnehmer die Ausführung der betreffenden Tätigkeit nach § 275 Abs. 3 BGB verweigern (Rz. 582). Weiß der Arbeitgeber von den Umständen, die zu einem Gewissenskonflikt bei dem Arbeitnehmer führen würden, und weist er ihm in Ansehung dessen eine entsprechende Tätigkeit zu, ist diese Weisung rechtswidrig (BAG v. 24.2.2011 – 2 AZR 636/09, NZA 2011, 1087, 1090), mithin unverbindlich.

723 Da das gesetzliche Direktionsrecht außerordentlich weit ist, konzentriert sich die Prüfung im Einzelfall darauf, ob die Leistungsbestimmung billigem Ermessen entspricht. Dabei verlangt das BAG die Berücksichtigung aller Einzelfallumstände.

„Die Leistungsbestimmung nach billigem Ermessen verlangt eine Abwägung der wechselseitigen Interessen nach den verfassungsrechtlichen und gesetzlichen Wertentscheidungen, den allgemeinen Wertungsgrundsätzen der Verhältnismäßigkeit und Angemessenheit sowie der Verkehrssitte und Zumutbarkeit. Das gebietet eine Berücksichtigung und Bewertung der Interessen unter Abwägung aller Umstände des Einzelfalls. Hierzu gehören im Arbeitsrecht die Vorteile aus einer Regelung, die Risikoverteilung zwischen den Vertragsparteien, die beiderseitigen Bedürfnisse, außervertragliche Vor- und Nachteile, Vermögens- und Einkommensverhältnisse sowie soziale Lebensverhältnisse wie familiäre Pflichten und Unterhaltsverpflichtungen." (BAG v. 13.4.2010 – 9 AZR 36/09, DB 2010, 2805)

724 Nach einer Entscheidung des 5. Senats (BAG v. 22.2.2012 – 5 AZR 249/11, NZA 2012, 858) soll der Arbeitnehmer eine unbillige Weisung **„vorläufig"**, nämlich bis zur rechtskräftigen Entscheidung über die Unbilligkeit befolgen müssen. Damit wird das Risiko einer unbilligen Weisung auf den Arbeitnehmer verlagert. Es handelt sich um eine **krass falsche Entscheidung**, die im Schrifttum zu Recht auf breite Ablehnung stößt (siehe nur *Boemke* NZA 2013, 6; *Thüsing* jM 2014 S. 20 f.; *Preis* NZA 2015, 1). Der Senat begründet seine Auffassung erstens – unvertretbar – mit „der das Arbeitsverhältnis prägenden Weisungsgebundenheit" (BAG v. 22.2.2012 – 5 AZR 249/11, NZA 2012, 858 Rz. 24). Zweitens zieht er § 315 Abs. 3 S. 2 BGB heran, nach dem im Falle der Unbilligkeit einer Weisung das Gericht entscheide.

725 Dabei wird verkannt, dass **§ 315 BGB** neben § 106 GewO bereits **nicht anwendbar** ist (siehe bei Rz. 1063). Ungeachtet dessen lässt sich gegen die Entscheidung im Wesentlichen folgendes einwenden: Gemäß § 315 Abs. 3 S. 1 BGB ist die Leistungsbestimmung eines Vertragsteils „für den anderen Teil nur verbindlich, wenn sie der Billigkeit entspricht". § 315 Abs. 3 S. 2 BGB regelt den Fall, dass das Gericht die von einer Vertragspartei getroffene Bestimmung aufhebt und berechtigt in diesem Fall dazu, die entsprechende Leistungsbestimmung selbst vorzunehmen. Die Anwendung von § 315 Abs. 3 S. 2 BGB kommt in Fällen des Weisungsrechts jedoch regelmäßig nicht in Betracht, würde das Arbeitsgericht doch **kraft Urteils die Betriebsführung und das Arbeitsverhältnis gestalten**. Die Annahme, die Leistungsbestimmung der Partei sei bis zu diesem Zeitpunkt vorläufig verbindlich, findet weder im **Wortlaut** von § 315 Abs. 3 S. 2 BGB noch von § 106 GewO eine Stütze. Es ist ferner nicht erklärbar, warum der Schuldner als „Opfer" einer unbilligen Leistungsbestimmung des Gläubigers erst klagen müssen soll, bevor er sich auf deren Unverbindlichkeit berufen kann. Weder § 315 Abs. 3 S. 2 BGB noch § 106 GewO ist eine **Klagepflicht oder -obliegenheit** des Arbeitnehmers zu entnehmen, gegen eine unbillige Weisung des Arbeitgebers vorzugehen. Festzustellen ist deshalb: Eine **unbillige Weisung** ist nach § 106 S. 1 GewO **rechtsunwirksam** und deshalb für den Arbeitnehmer **unverbindlich**.

726 Eine vorläufige Verbindlichkeit unbilliger Weisungen hat für den Arbeitnehmer **empfindliche Konsequenzen**. Verweigert er, der unbilligen Weisung zu folgen, droht ihm eine **Kündigung wegen Arbeitsverweigerung**. Ferner kann er Ansprüche auf **Annahmeverzugslohn** verlieren. **Vorläufiger Rechtsschutz** gegen die vorläufige Verbindlichkeit der unbilligen Weisung ist regelmäßig keine aussichtsreiche Option (ausf. *Preis* NZA 2015, 1, 7 f.). Die Entscheidung des 5. Senats aus dem Jahr 2012 zur vorläufigen Verbindlichkeit unbilliger Weisungen ist nach alledem abzulehnen. Schlussendlich hat dies auch der Fünfte Senat des BAG unter neuem Vorsitz selbst erkannt und mit Beschluss v. 14.9.2017 auf kritische Anfrage des zehnten Senates deutlich gemacht, dass er an seiner **bisherigen**

Rechtsprechung nicht mehr festhalten möchte (BAG, Beschl. v. 14.9.2017 – 5 AS 7/17, NZA 2017, 1452; BAG v. 18.10.2017 – 10 AZR 330/16, NZA 2017, 1452, dazu *Preis/Rupprecht* NZA 2017, 1353; *Hromadka* NJW 2018, 7; *Bergwitz* NZA 2017, 1553): Arbeitnehmer müssen unbillige Weisungen auch vorläufig nicht befolgen.

§ 19
Rangfolge und Verhältnis der Rechtsquellen

Literatur: *Adomeit*, Rechtsquellenfragen im Arbeitsrecht, 1969; *Däubler*, Rechtsquellen im Arbeitsrecht, AiB 1993, 695; *Grobys*, Besondere arbeitsrechtliche Rechtsquellen, NZA-Spezial 2006, 225 u. 321; *Löwisch*, Die Freiheit zu arbeiten – nach dem Günstigkeitsprinzip, BB 1991, 59; *Richardi*, Die Betriebsvereinbarung als Quelle des Arbeitsrechts, ZfA 1992, 307; *Schnorr*, Die für das Arbeitsrecht spezifischen Rechtsquellen, 1969.

I. Einleitung

Das Arbeitsrecht zeichnet sich durch die Vielfalt der auf das Arbeitsverhältnis einwirkenden **Gestaltungsfaktoren** aus. Wie gesehen, wirken Gesetzesrecht, Kollektivvereinbarungen und arbeitsvertragliche Regelungen auf das Arbeitsverhältnis ein. Da diese Gestaltungsfaktoren vielfach nebeneinander auf das Arbeitsverhältnis Anwendung finden, ist es notwendig, deren Verhältnis zueinander zu bestimmen. 727

Ausgangspunkt der Fallbearbeitung sollte dabei stets der **Einzelarbeitsvertrag** sein, da er die primäre Rechtsquelle für die Begründung und den Inhalt des Arbeitsverhältnisses ist, die aber durch andere Rechtsquellen überlagert wird. Nicht verkannt werden darf jedoch, dass der Arbeitsvertrag oftmals nur wenige Regelungen enthält, die mittels der anderen Gestaltungsfaktoren aufgefüllt werden, sodass er gleichsam nur den **Rahmen des Arbeitsverhältnisses** darstellt. 728

Vom Arbeitsvertrag ausgehend sind dann die in Betracht kommenden Rechtsquellen zu ermitteln. Wirken auf das Arbeitsverhältnis mehrere Rechtsquellen ein, ist zu entscheiden, welcher Rechtsquelle der Vorrang gebührt. Ganz allgemein lassen sich zur Ermittlung der einschlägigen Rechtsquelle folgende **Konfliktlösungsprinzipien** unterscheiden: 729

- Rangprinzip
- Günstigkeitsprinzip
- Spezialitätsprinzip
- Ordnungsprinzip
- Mehrheitsprinzip

II. Das Rangprinzip

1. Übersicht

Im Grundsatz richtet sich die Konfliktlösung arbeitsrechtlicher Rechtsquellen nach dem **Rangprinzip**. Hierunter versteht man, dass die ranghöhere der rangniederen Norm vorgeht. In diesem Sinne spricht man vom **Stufenbau der arbeitsrechtlichen Rechtsquellen**, in dem die einzelnen Rechtsquellen ihrem 730

Rang nach aufgelistet sind. Vielfach wird in diesem Zusammenhang auch der Begriff der **Rangpyramide** verwendet. Der Stufenbau der arbeitsrechtlichen Rechtsquellen lässt sich wie folgt darstellen:

Übersicht: Rangfolge arbeitsrechtlicher Rechtsquellen

- Zwingendes Gesetzesrecht
  - Supranationales Recht
  - Verfassungsrecht
  - Einfaches Gesetz
  - Rechtsverordnung
- Zwingende Kollektivvereinbarungen
  - Tarifvertrag
  - Betriebsvereinbarung
- Arbeitsvertragliche Regelungen
  - Arbeitsvertrag
  - Einheitsregelung
  - Gesamtzusage
  - Betriebsübung
  - Direktionsrecht
- Abdingbare Kollektivvereinbarung
  - Tarifvertrag
  - Betriebsvereinbarung
- Abdingbares Gesetzesrecht

2. Grundsätzliches zum Rangprinzip

731 Aus dieser Übersicht lässt sich zunächst das allgemeine Verhältnis der Rechtsquellen zueinander ablesen. Grundsätzlich gilt der **Vorrang des zwingenden Gesetzesrechts**, wobei auch das supranationale Recht und das Verfassungsrecht zu beachten sind. Gesetzliche Regelungen gehen im Übrigen allen anderen Rechtsquellen des Arbeitsverhältnisses, insbesondere auch den Kollektivvereinbarungen, vor.

732 Des Weiteren geht der Tarifvertrag der Betriebsvereinbarung vor. Dieser Vorrang ist in § 77 Abs. 3 BetrVG ausdrücklich angeordnet. Demgemäß können Arbeitsentgelte und sonstige Arbeitsbedingungen, die durch Tarifvertrag geregelt oder üblicherweise geregelt sind, **nicht Gegenstand einer Betriebsvereinbarung sein**, es sei denn, der Tarifvertrag lässt den Abschluss einer Betriebsvereinbarung zu (Rz. 666 sowie im Band „Kollektivarbeitsrecht" Rz. 2128 ff.).

733 Sowohl Tarifvertrag, beiderseitige Tarifbindung vorausgesetzt, als auch Betriebsvereinbarung gehen wiederum dem Arbeitsvertrag vor, da sie Ausdruck der kollektiven Regelungsmacht sind und von ihnen eine normative Wirkung ausgeht. Auf der untersten Stufe steht regelmäßig das **Weisungsrecht**, dem alle anderen Rechtsquellen, insbesondere auch der Arbeitsvertrag, vorgehen, da der Arbeitsvertrag durch Weisungen nur konkretisiert werden kann.

Beispiele für die Anwendung des Rangprinzips: Eine Vereinbarung, die dem Arbeitnehmer lediglich einen 18-tägigen Erholungsurlaub zugesteht, ist nichtig, weil der gesetzliche zwingende Mindesturlaub nach § 3 Abs. 1 BUrlG 24 Werktage beträgt. 734

Sieht ein Tarifvertrag 30 Werktage Urlaub im Jahr vor, ist eine Vereinbarung im Arbeitsvertrag von lediglich 27 Werktagen nichtig, weil der zwingende Tarifvertrag vorgeht (§ 4 Abs. 1 und 3 TVG).

3. Durchbrechung des Rangprinzips

Das Rangprinzip wird auf unterschiedliche Weise durchbrochen, sodass es nur als Ausgangspunkt der Bestimmung des Verhältnisses der Rechtsquellen zueinander genommen werden kann. Das Rangprinzip wird insbesondere durchbrochen, wenn die ranghöhere Rechtsquelle selbst Ausnahmen in rangniederen Rechtsquellen gestattet. 735

Die Gesetze gehen also nur insoweit Regelungen einer anderen Rangstufe vor, als sie zwingend sind. Wie bereits dargelegt, unterscheidet man **zwingendes** und **dispositives** Gesetzesrecht (Rz. 638), d.h., dass es neben absolut verbindlichen gesetzlichen Normen auch solche gibt, die einer abweichenden Vereinbarung der Vertragspartner zugänglich sind. Ermöglicht eine Norm abweichende Regelungen durch die Tarifvertragsparteien, spricht man von **tarifdispositivem Recht**. Ob eine Norm zwingenden oder dispositiven Charakter hat, kann entweder ausdrücklich angeordnet sein oder sich im Wege ihrer Auslegung ergeben. Liegen demnach dispositive Normen vor, kann von ihnen stets abgewichen werden, sodass das Rangprinzip in diesem Verhältnis ausgeschlossen ist. 736

Eine weitere Durchbrechung des Rangprinzips durch Gestattung einer abweichenden Regelung in einer rangniederen Rechtsquelle findet sich bei **Tarifverträgen**. Grundsätzlich geht der Tarifvertrag einer Betriebsvereinbarung vor, denn Arbeitsentgelte und sonstige Arbeitsbedingungen, die durch Tarifvertrag geregelt oder üblicherweise geregelt sind, können nicht Gegenstand einer Betriebsvereinbarung sein (§ 77 Abs. 3 BetrVG). Ebenso wie dispositives Gesetzesrecht eine Abdingbarkeit von Normen zulässt, kann der Tarifvertrag sich für abdingbar erklären. Dies geschieht regelmäßig durch sog. **Öffnungsklauseln** (Rz. 666 und im Band „Kollektivarbeitsrecht" Rz. 547 ff.), mittels derer eine Abweichung durch andere Gestaltungsfaktoren, insbesondere Betriebsvereinbarungen und Einzelarbeitsverträge, ermöglicht wird. 737

Beispiel für das Rangprinzip durchbrechende Regelungen: Die Urlaubsdauer ist in vier verschiedenen Rechtsquellen geregelt. § 3 Abs. 1 BUrlG schreibt mindestens 24 Werktage vor, ein Urlaubstarifvertrag 28 Tage, eine Betriebsvereinbarung 30 Tage und der Arbeitsvertrag 26 Tage. Der Urlaubstarifvertrag enthält die Regelung, wonach abweichende einzelvertragliche Regelungen möglich sein sollen. 738

Es gilt die **arbeitsvertragliche Regelung**, sodass der betreffende Arbeitnehmer einen Urlaubsanspruch von 26 Tagen hat. Ausgangspunkt ist die gesetzliche Regelung des § 3 BUrlG. Diese Norm spricht von „mindestens" 24 Urlaubstagen, sodass sich aus dem Wortlaut ergibt, dass es sich um eine dispositive Vorschrift handelt, die eine Abweichung nach oben zulässt. Die tarifvertragliche Regelung, die 28 Urlaubstage vorsieht, ist ebenfalls dispositiv, da sie abweichende Abmachungen ausdrücklich zulässt. Hierbei handelt es sich um eine **Öffnungsklausel** nach § 4 Abs. 3 Alt. 1 TVG. Dies bedeutet, dass eine arbeitsvertragliche Regelung auch den Standard des Tarifvertrags bis zur gesetzlichen Grenze von 24 Werktagen unterschreiten kann. Dass die abweichende Abmachung im Arbeitsvertrag ungünstiger für den Arbeitnehmer ist, ist irrelevant. Die Betriebsvereinbarung kann für den Arbeitnehmer ebenfalls keinen weitergehenden Urlaubsanspruch begründen, denn die Öffnungsklausel des Tarifvertrags bezieht sich nicht auf Betriebsvereinbarungen. Die Betriebsvereinbarung ist somit wegen § 77 Abs. 3 BetrVG unwirksam, auch wenn sie für den Arbeitnehmer günstiger ist.

III. Das Günstigkeitsprinzip

Das Verhältnis der Rechtsquellen nach dem Rangprinzip wird zudem durch das Günstigkeitsprinzip modifiziert. Nach dem Günstigkeitsprinzip geht die rangniedere Rechtsquelle der höherrangigen Rechtsquelle im Grundsatz dann vor, wenn sie für den Arbeitnehmer günstigere Regelungen enthält. 739

Zu beachten ist, dass das Günstigkeitsprinzip wie auch das Rangprinzip immer nur das Verhältnis verschiedenrangiger Normen zueinander regelt (s.a. BAG v. 15.2.2011 – 3 AZR 196/09; BAG v. 7.11.1989 – GS 3/85, NZA 1990, 816; Rz. 669). Im Arbeitsrecht geht es in diesem Zusammenhang insbesondere um das Verhältnis von Tarifvertrag zum Arbeitsvertrag, das Verhältnis von Tarifvertrag zur Betriebsvereinbarung und schließlich das Verhältnis Betriebsvereinbarung zum Arbeitsvertrag; zur Wirkung von einseitig zwingendem Gesetzesrecht vgl. Rz. 642.

740 Gesetzlich geregelt ist das Günstigkeitsprinzip in § 4 Abs. 3 Alt. 2 TVG für das **Verhältnis von Tarifvertrag und Arbeitsvertrag**. Danach darf von tarifvertraglichen Regelungen durch vertragliche Regelungen abgewichen werden, wenn diese für den Arbeitnehmer günstiger sind. Dieses Verhältnis von Tarifvertrag und Arbeitsvertrag liegt darin begründet, dass ein Tarifvertrag Mindestarbeitsbedingungen festsetzt, sodass Arbeitgeber und Arbeitnehmer die Möglichkeit haben müssen, übertarifliche Arbeitsbedingungen zu vereinbaren.

741 Ob eine Regelung im Arbeitsvertrag günstiger als eine tarifvertragliche Regelung ist, kann im Einzelfall schwierig zu bestimmen sein. Ausgangspunkt eines **Günstigkeitsvergleichs** ist, wie ein verständiger Arbeitnehmer unter Berücksichtigung des Einzelfalles die Bestimmung des Arbeitsvertrags im Vergleich zum Tarifvertrag einschätzen würde. Um den Schutzzweck des Tarifvertrags zu wahren, wird der Vergleich auf sachlich zusammenhängende Regelungen erstreckt. Dies bedeutet, dass nicht einzelne Bestimmungen isoliert, sondern zusammengehörende Regelungen miteinander verglichen werden müssen (sog. **Sachgruppenvergleich**).

Beispiel für die Ermittlung der günstigeren Regelung: Sieht ein Tarifvertrag mehr Lohn, aber weniger Urlaub als der Einzelarbeitsvertrag eines tarifgebundenen Arbeitnehmers vor, so findet kein Gesamtvergleich der Regelungen statt. Vielmehr sind die Sachgruppen Urlaub und Lohn jeweils separat zu werten.

742 Im **Verhältnis von Tarifvertrag und Betriebsvereinbarung** findet das Günstigkeitsprinzip ausnahmsweise keine Anwendung: Wie bereits dargelegt (Rz. 666), schließt § 77 Abs. 3 BetrVG zum Schutz der Tarifautonomie aus, dass Gegenstände Inhalt einer Betriebsvereinbarung sind, die durch Tarifvertrag geregelt sind oder üblicherweise geregelt werden. Dies bedeutet, dass im Verhältnis von Tarifvertrag und Betriebsvereinbarung somit nicht die günstigere, sondern die tarifvertragliche Regelung vorgeht. Der Ausschluss des Günstigkeitsprinzips lässt sich damit erklären, dass die privatautonom-kollektive Vereinbarung so vor der Konkurrenz durch staatlich installierte betriebliche Mitbestimmung geschützt wird. Das ist vollkommen legitim. Folglich kann eine Ausnahme dann anerkannt werden, wenn der Tarifvertrag sich selbst mit Blick auf eine Betriebsvereinbarung **für abdingbar erklärt**.

743 Was das **Verhältnis von Betriebsvereinbarung und Arbeitsvertrag** anbelangt, so findet sich insbesondere in § 77 BetrVG kein ausdrücklich normiertes Günstigkeitsprinzip. Freilich gilt nach ganz h.M. ein ungeschriebenes Günstigkeitsprinzip, was sich im Wege einer Gesamtanalogie von § 4 Abs. 3 Alt. 2 TVG und § 28 Abs. 2 S. 2 SprAuG sehr gut begründen lässt (BAG v. 18.8.1987 – 1 ABR 30/86, NZA 1987, 779). Andernfalls käme einer Betriebsvereinbarung der bedenkliche Charakter von Höchstarbeitsbedingungen zu.

Berührt wird dieses ungeschriebene Günstigkeitsprinzip, wenn arbeitsvertragliche **Einheitsregelungen durch eine Betriebsvereinbarung abgelöst werden sollen**. Inwieweit und durch welche Gestaltungsmittel arbeitsvertragliche Einheitsregelungen abgeändert werden können, wird nicht einheitlich beurteilt. Der Große Senat des BAG hat diesbezüglich jedoch klargestellt, dass vertraglich begründete **Ansprüche der Arbeitnehmer auf Sozialleistungen**, die auf eine vom Arbeitgeber gesetzte Einheitsregelung oder eine Gesamtzusage zurückgehen, durch eine nachfolgende Betriebsvereinbarung in den Grenzen von Recht und Billigkeit beschränkt werden können, **wenn die Regelung insgesamt bei kollektiver Betrachtung nicht ungünstiger ist** (BAG GS v. 16.9.1986 – GS 1/82, NZA 1987, 168). Die Wirkung dieses kollektiven Günstigkeitsvergleichs verpufft, wenn diese Betriebsvereinbarung ihrerseits durch eine nachfolgende Betriebsvereinbarung abgelöst wird. Fragen der Günstigkeit spielen dann nämlich keine Rolle mehr (dazu sogleich in Rz. 745). In jüngerer Zeit ist darüber hinaus die Tendenz bei einigen Senaten des BAG zu beobachten, die Ablösung vertraglicher Einheitsregelungen auch über den Bereich der Sozialleistungen hinaus durch Betriebsvereinbarungen noch weiter zu erleichtern. Dies betrifft insbesondere Konstellationen, in denen der Arbeitsvertrag eine Klausel enthält, welche einer Betriebsvereinbarung den Vorrang einräumt, auch wenn die Regelung im Vergleich zur einzelvertraglichen Regelung ungünstiger ist (sog. betriebsvereinbarungsoffene Rechtsgestaltung). Diese neue Entwicklung begann zunächst mit einem viel beachteten *obiter dictum* in einer Entscheidung des BAG aus dem Jahr 2013 (BAG v. 5.3.2013 – 1 AZR 417/12, NZA 2013, 916 Rz. 60), welches in weiteren Entscheidungen bestätigt wurde (BAG v. 25.5.2016 – 5 AZR 135/16, NZA 2016, 1327; BAG v. 30.1.2019 – 5 AZR 450/17, AP Nr. 25 zu § 611 BGB, 5 AZR 438/17, juris, 5 AZR 442/17, AP Nr. 26 zu § 611 BGB). Demnach wird bereits eine konkludente Vereinbarung zur Betriebsvereinbarungsoffenheit angenommen, wenn der Vertragsgegenstand in Allgemeinen Geschäftsbedingungen enthalten ist und einen kollektiven Bezug hat. Es bestehen große Zweifel, ob diese neuere Rechtsprechungslinie mit dem Günstigkeitsprinzip vereinbar ist (Rz. 1853). Ihre Durchschlagskraft ist auch deswegen so hoch, weil sie sich nicht auf Betriebsvereinbarungen beschränken lässt, sondern auch für übrige kollektive Vereinbarungen gelten muss. Insgesamt wirft sie die zugespitzte Frage auf, was der Arbeitsvertrag eigentlich wert ist.

IV. Das Ordnungs-, Spezialitäts- und Mehrheitsprinzip

Auf der Ebene gleichrangiger Rechtsquellen ist das Günstigkeitsprinzip als Kollisionsregel ungeeignet. Als Möglichkeit, das Verhältnis mehrerer gleichrangiger Normen zueinander zu klären und die einschlägige Norm zu ermitteln, bieten sich vielmehr das Ordnungs-, Spezialitäts- und Mehrheitsprinzip an. Erst danach kann das Verhältnis zu höheren Rechtsquellen geklärt werden. Auf das zuletzt erwähnte Mehrheitsprinzip ist selten zurückzugreifen. Normiert findet es sich in § 4a Abs. 2 S. 2 TVG, um Tarifkollisionen auflösen; Einzelheiten gehören ins kollektive Arbeitsrecht. Für das Individualarbeitsrecht sind zuvörderst das Ordnungs- und Spezialitätsprinzip von Bedeutung. 744

Das **Ordnungsprinzip** (auch: Zeitkollisionsregel) besagt, dass auf gleicher Normebene **die jüngere die ältere Rechtsnorm mit dem gleichen Regelungsgegenstand verdrängt**. Das Ordnungsprinzip gilt auch, wenn die neue Regelung ungünstiger ist. 745

Beispiel für die Anwendung des Ordnungsprinzips: Sieht ein Tarifvertrag die Gewährung eines Urlaubsgelds in Höhe eines halben Bruttomonatsgehalts vor, weicht aber der Folgetarifvertrag hiervon insoweit ab, als nunmehr nur noch ein Festbetrag von 250 Euro pro Arbeitnehmer gewährt wird, geht der später abgeschlossene Tarifvertrag dem älteren vor.

Nach dem **Spezialitätsprinzip** geht von zwei auf einer Rangstufe bestehenden Regelungen **die speziellere der allgemeineren Regelung vor**. Die zeitliche Reihenfolge ist unerheblich. 746

Beispiel für die Anwendung des Spezialitätsprinzips: Stellt ein Arbeitgeber in einer allgemeinen Arbeitsvertragsbedingung, die für alle Arbeitnehmer des Unternehmens gilt, eine Fahrtkostenregel auf, vereinbart er aber in den Arbeitsverträgen der Außendienstmitarbeiter für diese abweichende Bedingungen, geht die Regelung in den Einzelarbeitsverträgen als speziellere Regelung vor.

Dritter Teil:
Begründung des Arbeitsverhältnisses

§ 20
Vertragsanbahnung

Literatur: *Buchner*, Freiheit und Bindung des Arbeitgebers bei Einstellungsentscheidungen, NZA 1991, 577; *Huke/Löw*, Fallen im Einstellungsprozess, AuA 2011, 136; *Knipp*, Einstellung des Arbeitnehmers, AR-Blattei SD 640, 1993.

747 **Übersicht: Ansprüche und Rechte aus dem Anbahnungsverhältnis**

- ☐ Schuldrechtliche Ansprüche
  - ☐ Ersatz von Vorstellungskosten, §§ 662, 670 BGB (Rz. 761)
  - ☐ Verletzung vorvertraglicher Pflichten, §§ 280 Abs. 1, 311 Abs. 2 BGB (Rz. 748)
  - ☐ Verstoß gegen Diskriminierungsverbote, z.B. § 15 AGG (Rz. 778)
- ☐ Deliktische Ansprüche
  - ☐ § 823 Abs. 2 BGB i.V.m. Art. 9 Abs. 3 GG (Rz. 813)
  - ☐ § 823 Abs. 1 BGB (Persönlichkeitsrechtsverletzung)
    - ☐ Stellen unzulässiger Fragen (Rz. 809)
    - ☐ Untersuchungen und Tests ohne Einwilligung des Bewerbers (Rz. 819)
    - ☐ Verstoß gegen Diskriminierungsverbote (Rz. 778)
  - ☐ § 826 BGB Verstoß gegen Diskriminierungsverbote (Rz. 814)
- ☐ Recht zur Anfechtung (Rz. 928)
  - ☐ Falschbeantwortung zulässiger Fragen (Rz. 811)
  - ☐ Verschweigen offenbarungspflichtiger Tatsachen (Rz. 776)

748 Bevor ein **Arbeitsvertrag** geschlossen wird (Rz. 848), muss vom Arbeitgeber ein geeigneter **Bewerber** gefunden werden. Dieser muss die Möglichkeit haben, herauszufinden, ob die angebotene Stelle seinen Qualifikationen, Gehaltswünschen und sonstigen Vorstellungen entspricht. Schon in diesem Vorfeld eines Arbeitsverhältnisses sind Regeln des Arbeitsrechts und des allgemeinen Zivilrechts zu beachten. Für die Vertragsanbahnung gelten die **allgemeinen schuldrechtlichen Grundsätze**, insbesondere solche über den Ersatz des Schadens aus §§ 280 Abs. 1, 311 Abs. 2 BGB bei der Verletzung von vorvertraglichen Mitteilungs-, Obhuts- und Verschwiegenheitspflichten (Rz. 838).

749 Steht der Arbeitnehmer noch in einem Vertragsverhältnis, so kann er gemäß § 629 BGB angemessene **Freizeit zur Stellensuche** verlangen, sobald das Vertragsverhältnis gekündigt ist (Rz. 3418). Von seinem bisherigen Arbeitgeber kann er ferner nach Maßgabe des § 109 GewO ein **Zeugnis** (Rz. 3422) verlangen. Zudem ist der alte Arbeitgeber verpflichtet, auf Wunsch des ausscheidenden Arbeitnehmers einem eventuellen neuen Arbeitgeber wahrheitsgemäß Auskunft auf solche Fragen zu geben, die für das zukünftige Arbeitsverhältnis von Bedeutung sind (Rz. 3435).

I. Stellenausschreibung

Literatur: *Adomeit/Mohr*, Diskriminierende Stellenanzeigen durch Personalberater, FS Kreutz (2010), 3; *Diller*, Einstellungsdiskriminierung durch Dritte, NZA 2007, 649; *Franke*, Geschlechtsneutrale Stellenausschreibung gemäß § 611b BGB, BB 1981, 1221; *Kania/Merten*, Auswahl und Einstellung von Arbeitnehmern unter Geltung des AGG, ZIP 2007, 8; *Körlings*, Das dritte Geschlecht und die diskriminierungsfreie Einstellung, NZA 2018, 282; *Moderegger*, Diskriminierung bei Einstellung, ArbRB 2010, 181; *Preis/Lindemann*, Mitbestimmung bei Teilzeitarbeit und Befristung, NZA Sonderheft 2001, 33.

1. Formen

Der Arbeitgeber kann zur Suche von Personal die **Arbeitsvermittlung der Bundesagentur für Arbeit** (§§ 35 ff. SGB III) oder die Dienste privater Arbeitsvermittler in Anspruch nehmen. Die Arbeitsvermittlung durch **Private** ist seit dem 1.4.1994 erlaubt. So kann die Bundesagentur für Arbeit die Vermittlung auch ganz oder teilweise Dritten übertragen und diesen Arbeitsuchende zuweisen. Der frühzeitige Vermittlungsprozess wird unterstützt durch die sanktionsbewehrte Obliegenheit zur frühzeitigen Meldung als arbeitsuchend (§§ 38 Abs. 1, § 159 Abs. 1 S. 2 Nr. 7 SGB III, hierzu *Preis/Schneider* NZA 2006, 177). 750

Daneben besteht die Möglichkeit, Bewerbungen durch **Stellenausschreibungen** anzufordern. Unter Ausschreibung einer Stelle ist die allgemeine Aufforderung an alle oder die an eine bestimmte Gruppe von Arbeitnehmern gerichtete Aufforderung zu verstehen, sich für einen bestimmten Arbeitsplatz im Betrieb zu bewerben (BAG v. 23.2.1988 – 1 ABR 82/86, NZA 1988, 551). Die externe Stellenausschreibung erfolgt in der Regel durch Zeitungsinserate oder durch eine Stellenbörse auf der eigenen Website. 751

Falls ein **Betriebsrat** besteht, kann dieser gemäß § 93 BetrVG verlangen, dass Arbeitsplätze vor ihrer Besetzung innerhalb des Betriebs ausgeschrieben werden. Unterlässt der Arbeitgeber die geforderte **Ausschreibung im Betrieb**, kann der Betriebsrat gemäß § 99 Abs. 2 Nr. 5 BetrVG die Zustimmung zur Einstellung verweigern (im Übrigen Rz. 832 zur Beteiligung des Betriebsrats). Der Arbeitgeber ist nicht gehindert, neben der geforderten betriebsinternen Ausschreibung andere Wege der Bewerbersuche zu beschreiten. Allerdings darf er in Zeitungsinseraten keine geringeren Anforderungen an die Qualifikation der Bewerber stellen als in der betrieblichen Ausschreibung. 752

Für zu besetzende Beamtenpositionen ist die **öffentliche Stellenausschreibung** in § 8 BBG vorgeschrieben. Auch für die sonstigen Bereiche des öffentlichen Dienstes geht das Gesetz von einer Stellenausschreibung aus, wie sich aus § 75 Abs. 3 Nr. 14 BPersVG ergibt. Hiernach hat der Personalrat gegebenenfalls mitzubestimmen, wenn von der Ausschreibung eines Dienstpostens abgesehen werden soll. § 165 S. 2 SGB IX bindet den öffentlichen Dienst in einer weiteren Hinsicht stark: Hat sich ein schwerbehinderter Mensch auf eine ausgeschriebene Stelle beworben, muss er zu einem Vorstellungsgespräch eingeladen werden, wenn er nicht offensichtlich fachlich ungeeignet ist (BAG v. 16.2.2012 – 8 AZR 697/10, NZA 2012, 667, 674). Eine unterbliebene Einladung ist ein Indiz für eine Benachteiligung nach §§ 7 Abs. 1, 1 AGG (dazu ausf. BAG v. 20.1.2016 – 8 AZR 194/14, NZA 2016, 681). 753

2. Insbesondere: Benachteiligungsverbot

Besondere Bedeutung für den Bereich der Stellenausschreibung hat das **Allgemeine Gleichbehandlungsgesetz (AGG)**. Gemäß § 11 AGG gilt das in § 7 Abs. 1 AGG verankerte arbeitsrechtliche Verbot der Benachteiligung wegen der Rasse oder der ethnischen Herkunft, des Geschlechts, der Religion oder Weltanschauung, der Behinderung, des Alters oder der sexuellen Identität (Rz. 1494) auch für Stellenausschreibungen. Demnach dürfen diese nicht so verfasst sein, dass wegen eines nach § 1 AGG geschützten Merkmals benachteiligt wird. Die früher schon bestehende Pflicht zur geschlechtsneutralen Ausschreibung ist damit im Lichte des Diskriminierungsrechts deutlich ausgeweitet worden. 754

§ 20 Rz. 754a | Vertragsanbahnung

754a Mit dem Beschluss des BVerfG vom 10.10.2017, wonach es sowohl dem allgemeinen Persönlichkeitsrecht aus Art. 2 Abs. 1 i.V.m. Art. 1 Abs. 1 GG als auch dem Recht aus Art. 3 Abs. 3 S. 1 GG widerspricht, Personen, die dauerhaft weder dem weiblichen noch männlichen Geschlecht zuordenbar sind, zu zwingen, ein Geschlecht registrieren zu lassen, wenn das Personenstandsrecht keine andere positive Eintragung als die weibliche oder männliche erlaubt, ist das „dritte Geschlecht" geschaffen worden (BVerfG v. 10.10.2017 – 1 BvR 2019/16, BVerfGE 147, 1). Damit ist aber auch der bisher geltende Grundsatz entfallen, dass eine Stellenausschreibung geschlechtsneutral sei, wenn sie neben einer männlichen auch eine weiblichen Tätigkeitsbezeichnung enthält, da der bundesverfassungsrechtliche Beschluss gerade darauf fußt, dass Personen unter Umständen keiner dieser bereits bestehenden Kategorien zuzuordnen sind. Um diese Personen nicht nach § 11 AGG zu benachteiligen, verwenden einige Unternehmen bei der Stellenausschreibung neben den Anhängseln m/w zusätzlich alternativ die Anhängsel d oder x für „drittes Geschlecht" bzw. „nicht definiert" (m/w/d oder m/w/x).

755 Ausnahmsweise zulässig ist die benachteiligende Stellenausschreibung, wenn auch die Benachteiligung selbst wegen eines Merkmals nach den Vorgaben des AGG gerechtfertigt wäre (Rz. 1629). In der Praxis bedeutsam sind insbesondere **unmittelbare** Altersdiskriminierungen (Arbeitgeber sucht „junge Bewerber", vgl. BAG v. 19.8.2010 – 8 AZR 530/09, NZA 2010, 1412).

Fallbeispiel: Der Regisseur R sucht für seine Julia noch einen Romeo und schreibt daher eine Stelle mit dem Inhalt aus: „Talentierter gutaussehender männlicher Theaterschauspieler gesucht".

Die Anzeige könnte aufgrund einer Benachteiligung wegen des Geschlechts gegen § 11 i.V.m. § 7 Abs. 1 AGG unzulässig sein. Gemäß § 8 Abs. 1 AGG sind jedoch Ungleichbehandlungen zulässig, wenn das Merkmal eine wesentliche und entscheidende berufliche Anforderung darstellt. In diesem Fall ist das Geschlecht wesentlich und entscheidend für die authentische Darstellung des Romeo. Mithin wäre eine Ungleichbehandlung und folglich auch die Stellenausschreibung zulässig.

756 Ebenfalls benachteiligend und mithin unzulässig ist eine Stellenausschreibung, die **mittelbar** diskriminierende Merkmale enthält. So kann bei einer internen Ausschreibung die Anforderung „1. Bj." (1. Berufsjahr) eine Benachteiligung wegen des Alters darstellen (BAG v. 18.8.2009 – 1 ABR 47/08, NZA 2010, 222). Dies gilt jedoch nur insoweit, als das Alter für die zu besetzende Stelle nicht entscheidend ist oder die unterschiedliche Behandlung nicht objektiv und angemessen und durch ein legitimes Ziel gerechtfertigt ist. Andernfalls läge in diesem Erfordernis eine wesentliche und entscheidende berufliche Anforderung gemäß § 8 Abs. 1 AGG oder eine zulässige unterschiedliche Behandlung gemäß § 10 AGG.

757 Die benachteiligende Stellenausschreibung als solche zieht nicht unmittelbar **Sanktionen** nach sich, insbesondere folgt daraus kein Einstellungsanspruch, vgl. § 15 Abs. 6 AGG. Allerdings begründet sie die Vermutung eines Verstoßes gegen das Benachteiligungsverbot. Sie ist ausreichendes **Indiz** i.S.d. § 22 AGG (BAG v. 19.8.2010 – 8 AZR 530/09, NZA 2010, 1412, 1415 f.; Rz. 1681). Demnach obliegt es dem Arbeitnehmer, Indizien vorzutragen, die eine Benachteiligung wahrscheinlich erscheinen lassen. Sodann ist der Arbeitgeber in der Pflicht zu beweisen, dass keine Diskriminierung vorlag.

Fallbeispiele: 1. Ein Immobilienunternehmer U veröffentlicht in mehreren lokalen Zeitungen Stellenanzeigen. Nach dem Inhalt der Anzeigen suchte er „eine/n Büromitarbeiter/in bis 35 Jahre" und einen motivierten „Fahrer/in in Vollzeit bis 35 Jahre". Die 41-jährige A bewarb sich um die ausgeschriebene Stelle der Büromitarbeiterin. Trotz Aufforderung, ihre Bewerbung zu bescheiden, hört sie von U nichts. Darauf erhebt sie Klage auf Zahlung einer Entschädigung in Höhe von drei Monatsgehältern. U verteidigt sich mit der Bemerkung, er sei nicht verpflichtet gewesen, die Bewerbung zu bescheiden und außerdem sei die Klägerin ungeeignet.

Das LAG Hamm stellte fest, dass die Stellenausschreibung einen altersdiskriminierenden Inhalt habe. Die Entschädigungsklage wurde nur deshalb abgewiesen, weil – nach Auffassung des Gerichts – die Klägerin sich nicht ernsthaft beworben habe (LAG Hamm v. 26.6.2008 – 15 Sa 63/08, LAGE § 15 AGG Nr. 5).

2. Die T-GmbH suchte in der Neuen Juristischen Wochenzeitung nach eine(m) „junge(n), engagierte(n) Volljuristin/Volljuristen". Der 1958 geborene Dr. K bewarb sich auf diese Stelle. Er hat beide Staatsexamina

mit „gut" bestanden. Außerdem war er schon seit 1988 als Rechtsanwalt selbstständig tätig. Auf die Bewerbung hin wurde ihm mitgeteilt, dass er „für die vakante Stelle leider nicht in Betracht komme[n]". Kurz darauf wurde die 33-jährige Frau S eingestellt, die beide Staatsexamina mit „ausreichend" bestanden hat. Dr. K macht unter anderem einen Schadensersatz- und einen Schmerzensgeldanspruch geltend mit der Behauptung, er sei ausschließlich aufgrund seines Alters nicht berücksichtigt worden.

Das BAG stimmt Dr. K zu und sieht in der altersdiskriminierenden Stellenausschreibung ein Indiz dafür, dass die Benachteiligung gegenüber einem deutlich jüngeren Bewerber aufgrund eines in der Ausschreibung bezeichneten und verbotenen Merkmals erfolgt ist. „Da [Dr. K] somit Tatsachen vorgetragen hat, die seine Benachteiligung wegen seines Alters vermuten lassen, trägt [die T-GmbH] die Beweislast dafür, dass kein Verstoß gegen die Bestimmungen zum Schutz vor Benachteiligung vorliegt". (nach BAG v. 19.8.2010 – 8 AZR 530/09, NZA 2010, 1412)

Besonders schwerwiegend ist die Indizwirkung für den Arbeitgeber, da sie auch nicht dadurch entkräftet wird, dass er sich zur Stellenausschreibung eines Dritten bedient. Die Pflichtverletzung des Dritten ist dem Arbeitgeber zuzurechnen, den die „Sorgfaltspflicht trifft, die Ordnungsmäßigkeit der Ausschreibung zu überwachen" (BAG v. 5.2.2004 – 8 AZR 112/03, NZA 2004, 540; vgl. auch BVerfG v. 21.9.2006 – 1 BvR 308/03, NZA 2007, 195). 758

Ob ein Verstoß gegen § 11 AGG ein **Zustimmungsverweigerungsrecht des Betriebsrats** nach § 99 Abs. 2 Nr. 1 BetrVG begründet, ist umstritten. Eindeutiger ist die Sachlage hingegen, wenn der Betriebsrat die Stellenausschreibung gemäß § 93 BetrVG verlangt hat. Dann kann die „benachteiligende" Ausschreibung einer „unterbliebenen" Ausschreibung gleichgesetzt und ein Zustimmungsverweigerungsrecht gemäß § 99 Abs. 2 Nr. 5 BetrVG bejaht werden (hierzu *Wendeling-Schröder/Stein* § 11 AGG Rz. 30; a.A. *Thüsing* AGG Rz. 649). 759

Nach § 7 Abs. 1 TzBfG hat der Arbeitgeber einen Arbeitsplatz, den er öffentlich oder innerhalb eines Betriebs ausschreibt, auch als **Teilzeitarbeitsplatz** auszuschreiben, wenn sich der Arbeitsplatz hierfür eignet. Diese Eignung beurteilt der Arbeitgeber aufgrund seiner unternehmerischen Freiheit. Das Ausschreibungsgebot greift aber nur ein, wenn der Arbeitgeber den Arbeitsplatz ausschreibt. Die Norm statuiert keine selbstständige Ausschreibungspflicht. Eine Sanktion für die Verletzung dieser Norm ist nicht vorgesehen. Im Rahmen von Teilzeitbeschäftigung muss jedoch stets die Möglichkeit einer mittelbaren Diskriminierung wegen des Geschlechts überprüft werden. Benachteiligt der Arbeitgeber durch die unterlassene Ausschreibung als Teilzeitarbeitsplatz überwiegend Frauen, können sich Sanktionen aus dem AGG ergeben (Rz. 1494). Ein Einstellungsanspruch als Teilzeitarbeitnehmer korrespondiert mit ihr nicht. Dem Betriebsrat steht bei Verletzung des § 7 Abs. 1 TzBfG kein Zustimmungsverweigerungsrecht nach § 99 Abs. 2 Nr. 1 BetrVG oder nach § 99 Abs. 2 Nr. 5 BetrVG zu, selbst wenn die Ausschreibung an sich verlangt wurde (*Preis/Lindemann* NZA Sonderheft 2001, 33, 36 f., str.). 760

II. Vorstellungskosten

Literatur: *Braun*, Der Anspruch des Stellenbewerbers auf Erstattung von Vorstellungskosten, RiA 2005, 161; *Brune*, Vorstellungskosten, AR-Blattei SD 1770.

Der Bewerber hat in der Regel **Anspruch auf Erstattung** der Vorstellungskosten, wenn er vom Arbeitgeber zur persönlichen Vorstellung aufgefordert worden ist. Will dieser die Erstattung ausschließen, was zulässig ist (ArbG Kempten 12.4.1994 – 4 Ca 720/94, BB 1994, 1504), muss er dies unmissverständlich erklären. Die Vorstellungskosten sind unabhängig von der späteren Begründung eines Arbeitsverhältnisses zu erstatten. 761

Der Anspruch folgt nach h.M. aus **§§ 662, 670 BGB** (BAG v. 29.6.1988 – 5 AZR 433/87, NZA 1989, 468; ArbG Köln 20.5.2005 – 2 Ca 10220/04, NZA-RR 2005, 577). Der Arbeitgeber muss dem Bewerber, wenn er ihn zur Vorstellung aufgefordert hat und keine abweichende Vereinbarung getroffen 762 wurde, alle **Aufwendungen** ersetzen, die dieser den Umständen nach für **erforderlich** halten durfte. Dazu zählen vorwiegend Fahrtkosten und Mehrkosten für Verpflegung und Übernachtung.

763 **Fahrtkosten** mit dem eigenen Kraftfahrzeug sind nach den steuerrechtlichen Vorschriften über die Abgeltung der Benutzung eines Privatfahrzeugs für Dienstreisen zu berechnen. Bezüglich der Entfernung ist der kilometermäßig günstigste Weg zugrunde zu legen. Bei der Anreise mit der Bahn ist der Arbeitgeber in aller Regel nur verpflichtet, die Fahrtkosten für die 2. Wagenklasse zu ersetzen. **Flugkosten** sind ohne ausdrückliche Vereinbarung grundsätzlich nicht zu ersetzen.

764 **Übernachtungskosten** sind zu ersetzen, wenn dem Bewerber aufgrund der zeitlichen Lage oder Dauer und aufgrund der Entfernung zum Heimatort die Hin- und Rückreise am selben Tag nicht zugemutet werden kann. Die Erstattung von **Verpflegungskosten** kann pauschal oder auf Einzelnachweis hin erfolgen.

765 **Verdienstausfall** ist nicht zu ersetzen (str., a.A. ErfK/*Müller-Glöge* § 629 BGB Rz. 15). Hier besteht entweder ein Anspruch aus §§ 629, 616 BGB gegen den alten Arbeitgeber oder der Bewerber trägt das Risiko beruflicher Veränderungen selbst, sodass ein Verdienstausfall nicht zu den ersatzfähigen erforderlichen Aufwendungen zu zählen ist.

766 Es ist zu beachten, dass es bei der Frage nach den zu erstattenden Kosten auch auf eine **Abwägung im Einzelfall** ankommt. Je bedeutender die zu besetzende Stelle ist, desto höher kann der Anspruch auf Erstattung der Kosten ausfallen.

767 Der Anspruch auf Erstattung der Vorstellungskosten unterliegt der regelmäßigen **Verjährungsfrist** des § 195 BGB. Die Vorstellungskostenerstattung ist als Aufwandsentschädigung **unpfändbar** nach § 850a Nr. 3 ZPO.

III. Fragerechte und Offenbarungspflichten

Literatur: *Bayreuther*, Einstellungsuntersuchungen, Fragerecht und geplantes Beschäftigtendatenschutzgesetz, NZA 2010, 679; *Ehrich*, Fragerecht des Arbeitgebers bei Einstellungen und Folgen der Falschbeantwortung, DB 2000, 421; *C. S. Hergenröder*, Fragerecht des Arbeitgebers bei Einstellung unter Berücksichtigung des AGG, AR-Blattei SD 715; *Hunold*, Das Fragerecht des Arbeitgebers, AuA 2010, 18 (Sonderausgabe); *Joussen*, Schwerbehinderung, Fragerecht und positive Diskriminierung nach dem AGG, NZA 2007, 174; *Kania/Merten*, Auswahl und Einstellung von Arbeitnehmern unter Geltung des AGG, ZIP 2007, 8; *Klocke*, Das Fragerecht des Arbeitgebers – allgemeine Grundlagen und konkrete Ausgestaltung in Bezug auf eine (Schwer) Behinderung, SR 2015, 99; *Pallasch*, Diskriminierungsverbot wegen der Schwangerschaft bei der Einstellung, NZA 2007, 306; *Preis/Bender*, Recht und Zwang zur Lüge – Zwischen List, Tücke und Wohlwollen im Arbeitsleben, NZA 2005, 1321; *Raab*, Das Fragerecht des Arbeitgebers nach schwebenden Strafverfahren und die Unschuldsvermutung des Bewerbers, RdA 1995, 36; *Thüsing/Lambrich*, Das Fragerecht des Arbeitgebers – aktuelle Probleme zu einem klassischen Thema, BB 2002, 1146; *Wisskirchen/Bissels*, Fragerecht des Arbeitgebers bei Einstellung unter Berücksichtigung des AGG, NZA 2007, 169.

768 Vor Abschluss des Arbeitsvertrags ist der Arbeitgeber daran interessiert, sich möglichst genau über die Person des Bewerbers zu informieren. Grundsätzlich ist er auch berechtigt, vor Abschluss des Vertrags Informationen über die für ihn maßgeblichen Umstände durch Fragen an den Bewerber einzuholen (a.A. – wegen § 4 BDSG a.F. [heute § 26 BDSG n.F.] bestehe vielmehr ein grundsätzliches Informationserhebungsverbot – *Riesenhuber*, NZA 2012, 771, 775). Wegen des Interesses des Arbeitnehmers am Schutz seines Persönlichkeitsrechts und an der Unverletzbarkeit seiner Individualsphäre (Rz. 561) sind jedoch Beschränkungen erforderlich.

1. Fragerecht

Zulässigerweise dürfen nur Fragen gestellt werden, an deren wahrheitsgemäßer Beantwortung der Arbeitgeber ein **berechtigtes, billigenswertes und schutzwürdiges Interesse** hat, aufgrund dessen die Belange des Bewerbers zurücktreten müssen (BAG v. 5.10.1995 – 2 AZR 923/94, NZA 1996, 696). Die Grundsätze des Fragerechts basieren auf der Rechtsprechung. Mit Geltung vom 25.5.2018 hat § 26 BDSG die Vorgängervorschrift des § 32 BDSG a.F. (Arbeitnehmerdatenschutz) abgelöst. An den entwickelten richterrechtlichen Grundsätzen (Rz. 770) soll sich auch weiterhin nichts ändern. Steht die Frage in Zusammenhang mit der „Rasse" oder der ethnischen Herkunft, dem Geschlecht, der Religion oder Weltanschauung, einer Behinderung, dem Alter oder der sexuellen Identität (§ 1 AGG), richtet sich ihre Zulässigkeit zusätzlich nach dem **AGG**. 769

Für die anderen Fälle ist ein berechtigtes, billigenswertes und schutzwürdiges Interesse regelmäßig nur anzunehmen, wenn die Beantwortung der Frage von Bedeutung ist für 770

- den **angestrebten Arbeitsplatz** und/oder
- die zu **verrichtende Tätigkeit**.

„Ein Fragerecht des Arbeitgebers bei den Einstellungsverhandlungen wird nur insoweit anerkannt, als der Arbeitgeber ein berechtigtes, billigenswertes Interesse an der Beantwortung seiner Frage im Hinblick auf das Arbeitsverhältnis hat. Ein solches berechtigtes Interesse ist nur dann gegeben, wenn das Interesse des Arbeitgebers so gewichtig ist, dass dahinter das Interesse des Arbeitnehmers, seine persönlichen Lebensumstände zum Schutz seines Persönlichkeitsrechts und zur Sicherung der Unverletzlichkeit seiner Individualsphäre geheim zu halten, zurückzutreten hat." (BAG v. 5.10.1995 – 2 AZR 923/94, NZA 1996, 696)

Personalfragebögen sind formularmäßig zusammengefasste Fragen. Die Fragebögen bleiben Eigentum des Arbeitgebers. Unter Beachtung des Persönlichkeitsrechts hat der abgelehnte Bewerber, abgesehen von den Schutznormen des BDSG, einen Anspruch auf Vernichtung des Fragebogens analog § 1004 BGB (BAG v. 6.6.1984 – 5 AZR 286/81, NZA 1984, 321). Zur Beteiligung des Betriebsrats Rz. 832. 771

2. Offenbarungspflichten

Grundsätzlich besteht keine allgemeine Offenbarungspflicht, nach der der Bewerber von sich aus auf Umstände hinweisen muss, die einem möglichen Vertragsschluss entgegenstehen. 772

Ausnahmsweise kommen Offenbarungspflichten in folgenden Fällen in Betracht: 773

- Der Bewerber erkennt, dass er aufgrund fehlender Qualifikationen oder Fähigkeiten für die Arbeit völlig ungeeignet ist.
- Die jeweiligen Umstände machen dem Bewerber die Erfüllung der arbeitsvertraglichen Leistungspflicht unmöglich oder haben sonst ausschlaggebende Bedeutung für den Arbeitsplatz.
- Der Arbeitnehmer würde durch eine anhaltende Krankheit Dritte und dabei insbesondere Kollegen gefährden.

Dann kann der Arbeitgeber nach **Treu und Glauben** eine freiwillige Auskunft erwarten (BAG v. 21.2.1991 – 2 AZR 449/90, NZA 1991, 719). 774

„Ohne die entsprechende Frage des Arbeitgebers muss der Arbeitnehmer von sich aus nur auf solche Tatsachen hinweisen, deren Mitteilung der Arbeitgeber nach Treu und Glauben erwarten darf. Nach der Rechtsprechung des BAG ist eine Offenbarungspflicht des Arbeitnehmers an die Voraussetzung gebunden, dass die verschwiegenen Umstände dem Arbeitnehmer die Erfüllung der arbeitsvertraglichen Leis-

tungspflicht unmöglich machen oder sonst für den in Betracht kommenden Arbeitsplatz von ausschlaggebender Bedeutung sind." (BAG v. 21.2.1991 – 2 AZR 449/90, NZA 1991, 719)

775 **Gänzlich ausgeschlossen** sind eigenständige Offenbarungspflichten, wenn auch eine Frage des Arbeitgebers unzulässig wäre; sie können nicht weitergehen als das Fragerecht des Arbeitgebers.

776 Erfüllt der Bewerber eine ihm obliegende Offenbarungspflicht nicht, kann dem Arbeitgeber nach Abschluss eines Arbeitsvertrags ein **Anfechtungsrecht** wegen arglistiger Täuschung gemäß § 123 Abs. 1 Fall 1 BGB zustehen. Die Ausübung dieses Anfechtungsrechts hat die Nichtigkeit des Arbeitsvertrags zur Folge (Einzelheiten Rz. 969).

3. Gegenstände von Fragerechten und Offenbarungspflichten

777 Im Rahmen eines Vorstellungsgesprächs können eine Vielzahl unterschiedlicher Fragen gestellt werden. Es besteht ein Spannungsverhältnis zwischen dem durchaus legitimen Informationsinteresse des Arbeitgebers und dem Persönlichkeitsschutz des Bewerbers. Als Grundregel kann formuliert werden:

Merke: Je weniger die Frage mit dem angestrebten Arbeitsplatz in Zusammenhang steht und stattdessen die Person selbst ausforscht, desto eher wird sie als unzulässig eingestuft werden müssen.

a) Diskriminierungsverbote

778 Einen besonderen Einfluss auf die Reichweite von Frage- und Informationsrechten haben nationale Diskriminierungsverbote.

779 **Übersicht: Diskriminierungsverbote im vorvertraglichen Bereich**

780 ☐ Diskriminierung wegen des Alters, Geschlechts, der Religion oder Weltanschauung, sexuellen Identität, „Rasse" oder ethnischen Herkunft, Behinderung (§ 7 AGG i.V.m § 1 AGG);

781 ☐ Diskriminierung wegen einer **Schwerbehinderung** (§ 164 Abs. 2 S. 2 SGB IX i.V.m. § 1 AGG);

782 ☐ Diskriminierung wegen des **Glaubens**, der **religiösen** oder **politischen Anschauung** (Art. 3 Abs. 3 GG und § 7 i.V.m. § 1 AGG);

783 ☐ Diskriminierung wegen der **Staatsangehörigkeit** (Art. 45 AEUV für Angehörige der EU-Staaten; Art. 3 Abs. 3 GG für andere ausländische Arbeitnehmer);

784 ☐ Diskriminierung wegen **Gewerkschaftszugehörigkeit** (Art. 9 Abs. 3 GG);

785 ☐ Gleichheit des Zugangs zu den **Ämtern des öffentlichen Dienstes** (Art. 33 Abs. 2 GG).

786 Das in § 7 Abs. 1 AGG normierte **Benachteiligungsverbot** findet gemäß § 2 Abs. 1 Nr. 1 AGG i.V.m. § 6 Abs. 1 S. 2 AGG auch im **vorvertraglichen Bereich** Anwendung. Demnach sind Fragen, die eines der in § 1 AGG genannten Merkmal **unmittelbar** betreffen, im Bewerbungsgespräch grundsätzlich unzulässig. Jedoch kann auch die Frage nach einem verpönten Merkmal gemäß §§ 8 bis 10 AGG gerechtfertigt sein. In diesem Fall liegt keine unzulässige Benachteiligung vor. Somit kann die Frage nach einem Merkmal zulässig sein, wenn dieses eine wesentliche und entscheidende berufliche Anforderung i.S.d. § 8 Abs. 1 AGG darstellt oder ein besonderer Rechtfertigungsgrund gemäß §§ 9, 10 AGG eingreift. Ebenfalls zulässig kann die Frage sein, wenn ihr die Intention zur Verwirklichung einer positiven Maßnahme gemäß § 5 AGG (Rz. 1494), bspw. eine Integrationsvereinbarung zur Förderung von Schwerbehinderten, zugrunde liegt.

787 Unzulässig können ferner Fragen nach Merkmalen sein, die **mittelbar** benachteiligen (Rz. 1494).

Beispiele für eine mittelbare Diskriminierung: Die Frage nach dem **Familienstand** kann eine mittelbare Benachteiligung wegen der sexuellen Identität darstellen, die nach der **Familienplanung** stellt eine solche wegen der sexuellen Identität oder des Geschlechts dar.

Die Bitte, der Bewerbung ein **Lichtbild** beizufügen, kann als mittelbare Benachteiligung wegen des Alters, einer sichtbaren Behinderung oder der ethnischen Herkunft interpretiert werden.

Auf die Frage nach der **Staatsangehörigkeit** sollte verzichtet werden, weil sie eine mittelbare Benachteiligung wegen „Rasse" oder ethnischer Herkunft darstellen kann.

Auch in Fällen einer **mittelbaren Diskriminierung** scheidet ein „berechtigtes Interesse" des Arbeitgebers vielfach aus. So wird meist keine sachliche Rechtfertigung durch ein rechtmäßiges Ziel i.S.d. § 3 Abs. 2 AGG angenommen werden können. Fragen, die sich auf ein definiertes, objektiv nachvollziehbares Anforderungs- und Tätigkeitsprofil der Stelle beziehen, sind jedoch unbedenklich, auch wenn sie mittelbar auf ein verbotenes Differenzierungsmerkmal des § 1 AGG bezogen sind. 788

Paradigma des schon nach § 611a BGB a.F. geregelten Verbots der Geschlechterdiskriminierung ist die Frage nach einer bestehenden **Schwangerschaft**. Sie ist wegen § 3 Abs. 1 S. 2 AGG als unmittelbare Benachteiligung wegen des Geschlechts zu charakterisieren. Dies gilt unabhängig davon, ob sich nur Frauen um eine Stelle bewerben. In Rechtsprechung und Schrifttum wurde bereits vor Inkrafttreten des AGG ausführlich über die Zulässigkeit der Frage nach einer bestehenden Schwangerschaft diskutiert. Die **erhebliche praktische Bedeutung** resultiert vor allem aus dem weitgehenden Kündigungsschutz für werdende Mütter und Wöchnerinnen (§ 17 MuSchG), wodurch der Arbeitgeber ein gesteigertes Interesse daran haben kann, sich mittels der Anfechtung aufgrund arglistiger Täuschung von dem Arbeitsverhältnis zu lösen (Rz. 928). In seiner Rechtsprechung hat der EuGH wiederholt betont, dass die Weigerung, eine schwangere Frau auf einer **unbefristeten Stelle** einzustellen, weil sie für die Dauer der Schwangerschaft wegen eines daraus folgenden Beschäftigungsverbots zunächst nicht beschäftigt werden kann, selbst dann eine Geschlechtsdiskriminierung darstellt, wenn die Frau von Anfang an nicht auf der Stelle beschäftigt werden kann (EuGH v. 3.2.2000 – C-207/98 „Mahlburg", NZA 2000, 255). Der EuGH nimmt zusätzlich an, dass die Schwangerschaft auch dann bei der Einstellung unbeachtet bleiben muss, wenn die Arbeitnehmerin **befristet eingestellt** werden soll und feststeht, dass sie während eines wesentlichen Teils der Vertragszeit nicht arbeiten kann (EuGH v. 4.10.2001 – C-109/00 „Tele Danmark", NZA 2001, 1241). Dies ist konsequenterweise auch dann anzunehmen, wenn bei einem befristeten Vertrag während der gesamten Laufzeit eine Beschäftigung aus Gründen des Mutterschutzes ausscheidet (kritisch *Pallasch* NZA 2007, 306, 307 ff.; *Herrmann* SAE 2003, 373). Die Frage nach der Schwangerschaft ist nach Rechtsprechung des EuGH als generell unzulässig zu betrachten. Für **öffentliche Arbeitgeber** gilt ein ausdrückliches Frageverbot nach der Schwangerschaft, § 7 Abs. 2 BGleiG. 789

Entgegen der ständigen (früheren) Praxis untersagt das Benachteiligungsverbot wegen des Alters (Rz. 750, 1496) dem Arbeitgeber, das Alter des Bewerbers zu erfragen. Freilich erschließt sich das Alter mittelbar aus den Zeugnissen; viele Bewerber werden es freiwillig angeben. Wesentlich ist, dass der Arbeitgeber jeden Anschein vermeidet, ihm käme es entscheidend auf das Alter des Bewerbers an. Zu beachten sind die weitergehenden Rechtfertigungsgründe des § 10 AGG (Rz. 1629). 790

Bereits vor Einführung des AGG haben sich Literatur und Rechtsprechung eingehend mit dem Fragerecht wegen der **Behinderung** (zum Begriff Rz. 1496) beschäftigt und differenziert beantwortet. Die Frage nach einer Behinderung, die nicht die Schwerbehinderteneigenschaft betraf, wurde nur für zulässig gehalten, soweit sie auf eine mögliche Beeinträchtigung der zu verrichtenden Arbeit gerichtet war (BAG v. 7.6.1984 – 2 AZR 270/83, NZA 1985, 17). Hingegen wurde die Frage nach der **Schwerbehinderung** unabhängig davon, ob die Behinderung, auf der die Einstufung beruht, tätigkeitsneutral war (BAG v. 5.10.1995 – 2 AZR 923/94, NZA 1996, 371), als zulässig erachtet. Hintergrund dieser Differenzierung waren die §§ 68 ff. SGB IX a.F., die den Arbeitgeber zur Beachtung der Schutznormen des Schwerbehindertenrechts verpflichten, was zu nicht unerheblichen Belastungen führen kann. Bereits mit Inkrafttreten der **§§ 81 ff. SGB IX a.F.** im Jahr 2001 wurde die Differenzierung zwischen der Schwerbehinderung und der Behinderung von der überwiegenden Literatur als prinzipiell unzulässig angesehen. 791

Das bis dato in § 81 Abs. 2 Nr. 2 SGB IX a.F. geregelte Verbot der Benachteiligung schwerbehinderter Menschen ist **heute in § 164 Abs. 2 SGB IX** geregelt, der in Satz 2 zur näheren Ausgestaltung auf das AGG verweist. § 164 Abs. 2 SGB IX gilt jedoch lediglich für Schwerbehinderte und diesen gleichgestellten behinderten Menschen (§ 151 Abs. 1 SGB IX) und wird durch das BAG nicht mehr auf einfach behinderte Menschen angewendet, da nunmehr eine gemeinschaftskonforme gesetzliche Regelung zum Schutz behinderter Menschen besteht (BAG v. 27.1.2011 – 8 AZR 580/09, NZA 2011, 737). So unterscheidet das **AGG** nicht zwischen Schwerbehinderung und Behinderung. Deshalb ist die Frage nach Behinderung oder Schwerbehinderung grundsätzlich unzulässig. Sie kann allerdings gerechtfertigt sein, wenn die Behinderung die vertragsgemäße Arbeitsleistung dauerhaft unmöglich macht und ihr Nichtvorliegen daher eine „wesentliche und entscheidende berufliche Anforderung" (§ 8 AGG) darstellt. **Ausnahmsweise zulässig** war die unterschiedliche Behandlung auch schon nach früherer Rechtsprechung, soweit bestimmte körperliche Funktionen, geistige Fähigkeiten oder die seelische Gesundheit wesentliche und entscheidende Voraussetzung für die Tätigkeit waren und der Bewerber diese nicht aufweisen konnte (BAG v. 7.6.1984 – 2 AZR 270/83, NZA 1985, 57). Außerordentlich problematisch ist, ob die Frage auch dann unzulässig ist, wenn sie gerade der **Förderung** von Behinderten dient (vgl. unter Hinweis auf § 5 AGG *Joussen* NZA 2007, 174, 179). Die Gefahr besteht, dass im Mantel der Förderung doch eine Benachteiligung erfolgt. Deshalb sprechen die besseren Gründe dafür, die Frage nach der Behinderung unabhängig von der Intention als diskriminierend zu erachten. Das BAG hat die Frage noch nicht entschieden (offen gelassen und m.w.N. BAG v. 7.7.2011 – 2 AZR 396/10, NZA 2012, 34, 35). Der Arbeitgeber, der die Einstellung Behinderter fördern will, mag dies im Ausschreibungstext deutlich machen. Gegen den Willen des Behinderten darf er die Offenbarung der Behinderung prinzipiell nicht verlangen. Ohnehin unterliegt der Behinderte einer **Offenbarungspflicht**, wenn er weiß, dass er aufgrund seiner Behinderung zur Ausübung der Tätigkeit nur mit Hilfe zusätzlicher Maßnahmen geeignet ist. **Im bestehenden Arbeitsverhältnis** darf – jedenfalls nach sechs Monaten, also nach dem Erwerb des Sonderkündigungsschutzes für behinderte Menschen – die Frage des Arbeitgebers nach der Schwerbehinderung gestellt werden (BAG v. 16.2.2012 – 6 AZR 553/10, NZA 2012, 555).

792 Eng mit der Frage der Behinderung hängt die Frage nach der **Krankheit** zusammen. Es gilt, dass auch für die Frage nach Krankheiten strenge Maßstäbe bei der Interessenabwägung anzulegen sind, da sie einen nicht unerheblichen Eingriff in das allgemeine Persönlichkeitsrecht des Bewerbers darstellen (BAG v. 7.6.1984 – 2 AZR 270/83, NZA 1985, 57). Die Frage kann lediglich dann zulässig sein, wenn sie im Zusammenhang mit dem einzugehenden Arbeitsverhältnis steht. Im Wesentlichen ist dieser Zusammenhang zu bejahen, wenn die Krankheit die Eignung des Bewerbers für die angestrebte Tätigkeit auf Dauer oder in periodisch wiederkehrenden Abständen erheblich beeinträchtigt oder aufhebt. Des Weiteren ist die Frage zulässig bei ansteckenden Krankheiten, die Kollegen oder Kunden gefährden könnten. Fragen darf der Arbeitgeber auch, ob zum Zeitpunkt des Dienstantritts bzw. in absehbarer Zeit mit einer Arbeitsunfähigkeit, z.B. durch eine geplante Operation oder Kur oder durch eine zurzeit bestehende Erkrankung, zu rechnen ist. In den beiden letztgenannten Fällen besteht sogar eine **eigenständige Offenbarungspflicht** des Bewerbers. In Einzelfällen kann aber die an sich notwendige **Abgrenzung von Krankheit und Behinderung** äußerst problematisch sein (ausführlich Rz. 1518). Die Frage nach einer **AIDS-Erkrankung** benachteiligt den betroffenen Bewerber ebenso wie die Frage nach einer (vorgelagerten) symptomlosen **HIV-Infektion** wegen einer Behinderung i.S.d. § 1 AGG (vgl. BAG v. 19.12.2013 – 6 AZR 190/12, NZA 2014, 372). Das Informationsinteresse des Arbeitgebers hinsichtlich einer AIDS-Erkrankung lässt sich meist durch § 8 Abs. 1 AGG rechtfertigen, weil eine unabsehbare Arbeitsunfähigkeit droht (*Richardi*, NZA 1988, 73, 74; krit. BeckOK/*Joussen* § 611 BGB Rz. 86). Demgegenüber ist die Informationserhebung betreffend die HIV-Infektion nicht zulässig, wenn der Arbeitgeber den Einsatz des Arbeitnehmers nicht durch angemessene Vorkehrungen, d.h. durch wirksame und praktikable, den Arbeitgeber nicht unverhältnismäßig belastende Maßnahmen ermöglichen kann (BAG v. 19.12.2013 – 6 AZR 190/12, NZA 2014, 372 Rz. 90). **Adipositas** (Übergewicht) kann eine Behinderung sein, zumindest wenn es sich um eine solche 3. Grades (schwere, extreme oder morbide Adipositas) handelt (EuGH v. 18.12.2014 – C-354/13 „FAO", NZA 2015, 33; näher unter Rz. 1535). Eine Frage hiernach kann der Arbeitgeber regelmäßig (vgl. aber § 5 AGG) nur recht-

fertigen, wenn ein adipöser Arbeitnehmer die in Aussicht genommene Tätigkeit nicht ausüben kann, § 8 Abs. 1 AGG. Eine **Alkohol- und Drogensucht** ist i.d.R. therapierbar; sie ist keine Behinderung i.S.d. § 1 AGG (abw. *Wisskirchen/Bissels* NZA 2007, 169, 171), die entsprechende Frage zulässig. Ist die Suchtkrankheit unheilbar, mithin als Behinderung zu erfassen, darf der Arbeitgeber sie wegen § 8 Abs. 1 AGG gleichwohl erfragen, wenn – wovon meist auszugehen sein dürfte – die Erfüllung der Arbeitspflicht erheblich beeinträchtigt ist.

Eine (ohnehin unzulässige) Frage nach der **„Rasse" oder ethnischen Herkunft** dürfte in der Praxis kaum vorkommen. Interessanter sind denkbare mittelbare Benachteiligungen wegen (nicht vorhandener) Sprachkenntnisse, einer Arbeits- und Aufenthaltserlaubnis oder der Staatsangehörigkeit. Eine Stellenausschreibung, die „sehr gute Deutschkenntnisse" verlangt, diskriminiert nach aktueller Rechtsprechung weder unmittelbar noch mittelbar (BAG v. 23.11.2017 – 8 AZR 372/16, AP Nr. 15 zu § 22 AGG). Insofern wird dem Arbeitgeber auch ein entsprechendes Fragerecht zuzubilligen sein. Die Frage nach dem Vorliegen einer **Arbeits- und Aufenthaltserlaubnis** ist ebenfalls unbedenklich, weil sie Voraussetzung für die legale Beschäftigung des Arbeitnehmers ist (ebenso *Wisskirchen/Bissels* NZA 2007, 169, 171). Für Angehörige der übrigen Staaten der Europäischen Union besteht nach **Art. 45 AEUV** das Recht auf Freizügigkeit innerhalb der Union. In Bezug auf Beschäftigung, Entlohnung und sonstige Bedingungen dürfen Arbeitnehmer aus den Unionsstaaten nicht aufgrund ihrer **Staatsangehörigkeit** unterschiedlich behandelt werden. Das Recht kann nur im Interesse der öffentlichen Ordnung eingeschränkt werden. 793

Fragen nach der **sexuellen Identität** verbieten sich selbstredend. Allenfalls könnte eine dahingehende Frage in **Tendenzarbeitsverhältnissen**, insbesondere der katholischen Kirche, über § 9 AGG zu rechtfertigen sein (hinsichtlich Eingehung einer eingetragenen Lebenspartnerschaft vgl. ArbG Stuttgart 28.4.2010 – 14 Ca 1585/09, NZA-RR 2011, 407). Das Benachteiligungsverbot rechtfertigt aber noch nicht die Falschbeantwortung der Frage nach Vorstrafen, die einen relevanten Tätigkeitsbezug aufweisen. Ist der Bewerber z.B. wegen pädophil geprägter Taten vorbestraft, kann er sich im Bewerbungsgespräch um eine Stelle als Erzieher nicht auf das Diskriminierungsverbot des AGG berufen. 794

Bis auf die Fälle, in denen eine bestimmte **Religion oder Weltanschauung** (zum Begriff Rz. 1511) für die Tätigkeit im betreffenden Unternehmen unabdingbare Voraussetzung ist, darf eine Benachteiligung wegen dieser Merkmale nicht erfolgen. Für das Merkmal der Religion oder der Weltanschauung normiert **§ 9 AGG** einen besonderen Rechtfertigungstatbestand (Rz. 1643). Demnach kann der kirchliche Arbeitgeber oder der Arbeitgeber einer Vereinigung, die sich die gemeinschaftliche Pflege einer Religion oder Weltanschauung zur Aufgabe machen, weiterhin die Konfession des Bewerbers zur Einstellungsvoraussetzung erheben und folglich auch nach dieser fragen. Problematisch ist in diesem Zusammenhang, ob die Frage nach der Mitgliedschaft bei **„Scientology"** ebenfalls verboten ist. Daran kann man zweifeln (verneinend BAG v. 22.3.1995 – 5 AZB 21/94, NJW 1996, 143; offen gelassen durch BAG v. 26.9.2002 – 5 AZB 19/01, NZA 2002, 1412). In der Literatur wird bis zu einer gerichtlichen Klärung zum Verzicht auf die Frage geraten. 795

Für den **öffentlichen Dienst** ergibt sich aus Art. 33 Abs. 2 GG, dass jeder Deutsche nach seiner Eignung, Befähigung und fachlichen Leistung gleichen Zugang zu jedem öffentlichen Amt hat. Diese Zugangsgleichheit bedeutet z.B., dass ein Arbeitgeber, der eine Stelle gleichermaßen für Beamte und Angestellte ausschreibt, nicht ohne sachlichen Grund Anforderungen stellen darf, die nur von Beamten, nicht aber von Angestellten erfüllt werden können (BAG v. 18.9.2001 – 9 AZR 410/00, NJW 2002, 1220). 796

b) Gegenstände außerhalb des § 1 AGG

Nicht als Frage der Weltanschauung i.S.d. § 1 AGG ist die Frage nach der **Gewerkschaftszugehörigkeit** zu charakterisieren (so aber *Wisskirchen/Bissels* NZA 2007, 169, 172). Die Frage nach der Gewerkschaftszugehörigkeit ist jedoch wegen der in Art. 9 Abs. 3 GG verfassungsrechtlich garantierten Koalitionsfreiheit unzulässig (BAG v. 28.3.2000 – 1 ABR 16/99, NZA 2000, 1294). Das gilt nach Einstellung 797 auch während laufender Tarifverhandlungen (BAG v. 18.11.2014 – 1 AZR 257/13, NZA 2015, 306 Rz. 30 f.). Ebenfalls nicht unter das AGG fällt die **politische Weltanschauung** (BT-Drs. 16/2022 S. 13).

798 Unzulässig sind vor Abschluss des Arbeitsvertrags die Fragen nach der **Mitgliedschaft in politischen Parteien**. Etwas anderes kann für bestimmte Tendenzbetriebe (z.B. gewerkschaftseigene Unternehmen, Verlage, Parteien) gelten. Im öffentlichen Dienst ist die Frage nach der Mitgliedschaft in einer verfassungsfeindlichen Partei zulässig (BAG v. 12.3.1986 – 7 AZR 20/83, NJW 1987, 1100).

799 Die Frage nach den **Familienverhältnissen, Heiratsabsichten etc.** ist unzulässig. Bisher wurde dies damit begründet, dass sie die Intimsphäre des Bewerbers berührt (Art. 2 Abs. 1 GG), ohne dass ein berechtigtes Interesse des Arbeitgebers an der Beantwortung solcher Fragen ersichtlich wäre. Hinsichtlich einer beabsichtigten Eheschließung und Familienplanung kommt hinzu, dass nach Art. 6 Abs. 1 GG Ehe und Familie unter dem besonderen Schutz der Verfassung stehen. Mit Inkrafttreten des AGG kann die Frage nach dem Familienstand eine mittelbare Benachteiligung (§ 3 Abs. 2 S. 1 AGG) wegen der sexuellen Identität darstellen. An ihrer Beantwortung hat der Arbeitgeber kein sachlich zu rechtfertigendes Interesse.

800 Zulässig ist die Frage nach dem **beruflichen Werdegang** einschließlich **Ausbildungs- und Weiterbildungszeiten**, der ohnehin regelmäßig von den vom Arbeitnehmer vorgelegten Zeugnissen dokumentiert sein wird (BAG v. 12.2.1970 – 2 AZR 184/69, NJW 1970, 1565). Bei einer entsprechenden Frage ist der Bewerber auch verpflichtet, seine früheren Arbeitgeber und die Dauer der jeweiligen Beschäftigung wahrheitsgemäß anzugeben (LAG Hamm 8.2.1995 – 18 Sa 2136/93, LAGE BGB § 123 Nr. 21), weil diese Umstände für die Eignung relevant sind. Auch nach **Vorbeschäftigungszeiten bei demselben Arbeitgeber** darf gefragt werden, etwa um die Voraussetzungen für den Abschluss eines sachgrundlos befristeten Arbeitsverhältnisses zu ermitteln (§ 14 Abs. 2 TzBfG).

801 Die Frage nach **Wettbewerbsverboten** ist zulässig, wenn sie sich auf das einzugehende Arbeitsverhältnis bezieht. Wird die angestrebte Tätigkeit durch ein bestehendes Wettbewerbsverbot beeinträchtigt, ist eine **eigenständige Offenbarungspflicht** anzunehmen. Nach **Nebentätigkeiten** darf gefragt werden, soweit sie geeignet sind, die Vertragserfüllung zu beeinträchtigen.

802 Fraglich ist, ob der Arbeitgeber ein legitimes Interesse daran hat, das **bisherige Gehalt** des Bewerbers zu erfahren (hierzu ErfK/*Preis* § 611a BGB Rz. 279). Dies ist differenziert zu betrachten. Zur geschützten Individualsphäre sind auch die Einkommensverhältnisse des Arbeitnehmers zu rechnen. Unzulässig ist die Frage, wenn das bisherige Gehalt nicht aufschlussreich bezüglich der Qualifikation für den zu besetzenden Arbeitsplatz ist. Eine andere Beurteilung ergibt sich, wenn der Bewerber von sich aus das bisherige Einkommen zur Mindestbedingung erhebt oder wenn es Rückschlüsse auf seine Eignung zulässt. Dies kann insbesondere der Fall sein, wenn er zuvor eine leistungsabhängige Vergütung erhielt, deren Höhe für seine Einsatzbereitschaft kennzeichnend ist (BAG v. 19.5.1983 – 2 AZR 171/81, AP Nr. 25 zu § 123 BGB). In der Literatur wird die Zulässigkeit der Frage teilweise abgelehnt, weil sich die Verhandlungsposition des Bewerbers durch die Kenntnis des Arbeitgebers verschlechtere (*Moritz* NZA 1987, 329, 333). Die Frage nach **Lohnpfändungen oder Lohnabtretungen** ist nur bei Bewerbern für besondere Vertrauenspositionen zulässig.

803 **Vorstrafen** müssen nicht nach § 53 Abs. 1 Nr. 1 BZRG offenbart werden, wenn sie gemäß §§ 32 f. BZRG nicht (mehr) in ein polizeiliches Führungszeugnis aufzunehmen sind (vgl. auch § 51 BZRG; BAG v. 20.3.2014 – 2 AZR 1071/12, NZA 2014, 1131). Im Übrigen muss eine Vorstrafe nur wahrheitsgemäß mitgeteilt werden, wenn sie Taten betrifft, die im Zusammenhang mit der angestrebten Tätigkeit stehen (BAG v. 20.5.1999 – 2 AZR 320/98, NZA 1999, 975).

Beispiele für eine Mitteilungspflicht des Arbeitnehmers hinsichtlich seiner Vorstrafen:
- Vorstrafe eines Bankkassierers wegen Unterschlagung (BAG v. 15.1.1970 AP Nr. 7 zu § 1 KSchG Verhaltensbedingte Kündigung)
- Verkehrsrechtliche Vorstrafen eines Chauffeurs (BAG v. 5.12.1957 NJW 1958, 516)

- Vorstrafen auf politischem Gebiet bei Angestellten des Verfassungsschutzamtes (BAG v. 5.12.1957 NJW 1958, 516)

„Nach der ständigen Rechtsprechung des BAG darf bei privatrechtlichen Arbeitsverhältnissen nach Vorstrafen des Bewerbers nicht einschränkungslos gefragt werden, schon um die Resozialisierung des Vorbestraften nicht unnötig zu erschweren und den sich redlich um einen Arbeitsplatz Bemühenden nicht in unnötige Gewissenskonflikte zu bringen. Nicht für jede Tätigkeit ist die Vorstrafe eines Bewerbers ein beachtliches Hindernis. Zwar wird man nicht denjenigen als Bankkassierer einstellen, der schon mehrfach wegen Unterschlagung bestraft worden ist oder den wegen Trunkenheit am Steuer Bestraften nicht als Kraftfahrer beschäftigen. Jedoch kann ein Vorbestrafter die weitaus überwiegende Anzahl von Tätigkeiten ausüben. Deshalb kommt es stets auf den zu besetzenden Arbeitsplatz an. Je nach Art des zu besetzenden Arbeitsplatzes darf entweder nach Vorstrafen auf vermögensrechtlichem Gebiet (so etwa beim Bankkassierer) oder nach verkehrsrechtlichen Vorstrafen (beim Kraftfahrer) gefragt werden." (BAG v. 15.1.1970 – 2 AZR 64/69, AP Nr. 7 zu § 1 KSchG Verhaltensbedingte Kündigung) 804

Eine **Offenbarungspflicht** kann bei besonderen Vertrauenspositionen bestehen, in denen es erkennbar auf die Integrität des Stelleninhabers ankommt. 805

Nach einem **laufenden Ermittlungsverfahren** darf der Arbeitgeber fragen, wenn es Zweifel an der persönlichen Eignung für die in Aussicht genommene Tätigkeit begründet (BAG v. 6.9.2012 – 2 AZR 270/11, NZA 2013, 1087 Rz. 24). Arbeitsrechtlich relevant ist zudem, ob die Verfügbarkeit des Bewerbers durch das Verfahren eingeschränkt ist, wenn mit umfangreichen Ermittlungen oder gar Untersuchungshaft zu rechnen ist (BAG v. 20.3.2014 – 2 AZR 1071/12, NZA 2014, 1131 Rz. 29). Die Unschuldsvermutung aus **Art. 6 Abs. 2 EMRK** steht dem Fragerecht nach laufenden Ermittlungsverfahren nicht entgegen (BAG v. 20.5.1999 – 2 AZR 320/98, NZA 1999, 975). Hingegen soll der Arbeitgeber „grundsätzlich" kein berechtigtes Interesse daran haben, den Bewerber „unspezifiziert" nach **eingestellten Ermittlungsverfahren** zu fragen (BAG v. 20.3.2014 – 2 AZR 1071/12, NZA 2014, 1131 Rz. 49). 806

Bezüglich der Frage nach einer früheren **Tätigkeit im Dienste des Ministeriums für Staatssicherheit** siehe die Vorauflage unter § 20 III. 3. b). 807

Die Frage nach einem **noch zu leistenden Wehr- oder Ersatzdienst** war umstritten und wurde überwiegend für unzulässig gehalten (*Boemke* RdA 2008, 129; a.A. *Schrader* DB 2006, 2571, 2573). Mit der Aussetzung der Wehrpflicht hat sich das Problem weitgehend erledigt. Der EuGH ist in Bezug auf die Berücksichtigung des Wehr- und Zivildienstes für die Wartezeit des Vorbereitungsdienstes von einer gerechtfertigten mittelbaren Diskriminierung ausgegangen (EuGH v. 7.12.2000 – C-79/99 „Schnorbus", NZA 2001, 141). Die Frage, ob **in der Vergangenheit Wehr- oder Zivildienst** geleistet wurde, zielt demgegenüber auf eine mittelbare Benachteiligung männlicher Bewerber ab, für die eine Rechtfertigung durch ein legitimes Interesse des Arbeitgebers nicht ersichtlich ist (HWK/*Thüsing*, § 123 BGB Rz. 27; SSV/*Schleusener* § 3 AGG Rz. 19, beide nehmen aber eine unmittelbare Benachteiligung an). 808

4. Rechtsfolgen unzulässiger Fragen

a) Recht zur Lüge

Stellt der Arbeitgeber im Vorstellungsgespräch eine **unzulässige Frage**, hat der Bewerber nicht nur die Möglichkeit, hierauf zu schweigen, auch die Bekundung der Unwahrheit bleibt ohne rechtliche Konsequenzen (BAG v. 5.10.1995 – 2 AZR 923/94, NZA 1996, 371). Eine wahrheitsgemäße Beantwortung einer unzulässigen Frage kann mit der Gefahr verbunden sein, dass der Arbeitnehmer nicht eingestellt wird. Selbst wenn ihm dann ein Schadensersatzanspruch zusteht, kann dieser einen festen Arbeitsplatz nicht ersetzen. Das Schweigen auf eine solche Frage kann ebenfalls den Verdacht erregen, dass der Bewerber etwas zu verbergen hat und daher einen erfolgreichen Vertragsabschluss verhindern. 809

Merke: Nicht jede falsche Angabe des Arbeitnehmers bei den Einstellungsverhandlungen stellt danach bereits eine arglistige Täuschung i.S.d. § 123 BGB dar, sondern nur eine falsche Antwort auf eine zulässig gestellte Frage (BAG v. 5.10.1995 – 2 AZR 923/94, NZA 1996, 371).

810 Die unrichtige Beantwortung einer unzulässigen Frage hat wegen des „Rechts zur Lüge" die Folge, dass eine Anfechtung durch den Arbeitgeber wegen § 123 Abs. 1 Fall 1 BGB nicht möglich ist. Es fehlt nämlich an der Rechtswidrigkeit der Täuschung (Rz. 950). Der Gesetzgeber ging wie selbstverständlich davon aus, dass jede arglistige Täuschung widerrechtlich sei. Daher verlangt § 123 Abs. 1 BGB seinem Wortlaut nach bezüglich der Täuschung keine Rechtswidrigkeit. Es hat sich jedoch zu Recht die Ansicht durchgesetzt, dass eine Täuschung zumindest dann nicht widerrechtlich ist, wenn derjenige, der die Anfechtung erklärt (Arbeitgeber) selbst rechtswidrig gehandelt hat. Insoweit ist § 123 Abs. 1 Fall 1 BGB teleologisch zu reduzieren (BAG v. 21.2.1991 – 2 AZR 449/90, NZA 1991, 719, 720). Der **Ausschluss der Anfechtung** ist somit die in der Rechtsprechung vorwiegend verwendete Rechtsfolge.

811 Falls dagegen auf eine **zulässige Frage** die Unwahrheit gesagt wird, ist der Arbeitgeber nach § 123 Abs. 1 Fall 1 BGB berechtigt, den Arbeitsvertrag wegen arglistiger Täuschung anzufechten (BAG v. 7.7.2011 – 2 AZR 396/10, NZA 2012, 34, 35). Die erfolgreiche Anfechtung führt zur **Nichtigkeit** des Vertrags (ausführlich hierzu Rz. 969).

b) Einstellungsansprüche

812 Im Privatrecht sind Einstellungsansprüche **grundsätzlich** abzulehnen. Ein so verstandenes Gleichheitsprinzip würde mit dem Prinzip der Vertragsfreiheit kollidieren. Ausdrücklich normiert ist dies für den Fall des Verstoßes gegen das Benachteiligungsverbot des § 7 Abs. 1 AGG in § 15 Abs. 6 AGG.

813 Im Falle der Verweigerung des Arbeitsvertrages wegen der Gewerkschaftszugehörigkeit des Arbeitnehmers kann jedoch **ausnahmsweise** ein Einstellungsanspruch gegenüber einem privaten Arbeitgeber bestehen. Macht er die Einstellung vom Austritt aus der Gewerkschaft abhängig, greift er unmittelbar in das verfassungsrechtlich geschützte Recht einer Koalition auf Bestand und Betätigung ein (Rz. 598). Wegen der **unmittelbaren Drittwirkung** ist **Art. 9 Abs. 3 GG** als Schutzgesetz anzusehen, sodass hier ein Schadensersatzanspruch aus § 823 Abs. 2 BGB begründet sein kann. Dieser Schadensersatzanspruch kann im Wege der Naturalrestitution gemäß § 249 BGB zu einem Einstellungsanspruch führen (Rz. 879). Für den einzelnen **Arbeiter, Angestellten oder Beamten** folgt aus **Art. 33 Abs. 2 GG** dann ein Einstellungsanspruch, wenn jede andere Entscheidung ermessensfehlerhaft und damit rechtswidrig wäre (Rz. 879; zu Einstellungsansprüchen im Zusammenhang mit Gleichstellungsgesetzen Rz. 881).

c) Schadensersatzansprüche

aa) Allgemeines

814 Grundsätzlich ist ein Schadensersatzanspruch des Bewerbers wegen einer Verletzung des allgemeinen Persönlichkeitsrechts aus **§ 823 Abs. 1 BGB i.V.m. Art. 2 Abs. 1; Art. 1 Abs. 1 GG** (vgl. hinsichtlich der Anspruchsgrundlage BGH v. 24.11.2009 – VI ZR 219/08, NJW 2010, 763 Rz. 10) oder ein solcher aus **§ 826 BGB** wegen sittenwidriger vorsätzlicher Schädigung denkbar. Auch kann je nach Einzelfall ein Schadensersatzanspruch nach den Grundsätzen des Verschuldens bei Vertragsschluss (**§§ 280 Abs. 1, 311 Abs. 2 BGB**, Rz. 838) in Betracht kommen.

815 Ein Schadensersatzanspruch gemäß **§ 823 Abs. 2 BGB** kann nur geltend gemacht werden, wenn der Arbeitgeber durch die unzulässige Frage ein Schutzgesetz i.S.d. § 823 Abs. 2 BGB verletzt. Hat der Arbeitgeber den Abschluss eines Arbeitsvertrags mit einem Arbeitnehmer beispielsweise wegen dessen Gewerkschaftszugehörigkeit verweigert, ist er dem Arbeitnehmer gemäß § 823 Abs. 2 BGB i.V.m. Art. 9 Abs. 3 GG zum Schadensersatz verpflichtet (Rz. 813). Kommt eine Naturalrestitution nicht in Betracht, muss der Arbeitgeber dem abgewiesenen Arbeitnehmer Schadensersatz in Geld leisten.

Allerdings sind diese **allgemeinen Ansprüche schwer durchzusetzen**. Die Beweislast für ein diskriminierendes Verhalten liegt in diesen Fällen beim Arbeitnehmer. Da der Arbeitgeber in seiner Einstellungsentscheidung frei ist (Rz. 769), kann kaum nachgewiesen werden, dass eine Einstellung bei Beachtung des Diskriminierungsverbots erfolgt wäre. Deshalb ist die Frage, ob neben den spezialgesetzlichen Ansprüchen aus § 15 AGG auf diese allgemeinen Vorschriften zurückgegriffen werden kann, insbesondere auf einen Anspruch wegen Verletzung des Persönlichkeitsrechts aus § 823 Abs. 1 BGB i.V.m. Art. 2 Abs. 1; Art. 1 Abs. 1 GG, wenig praktisch. Für die spezialgesetzlichen Sanktionen gelten zudem spezifische, erleichterte Beweislastregeln (§ 22 AGG, Rz. 1681).

bb) Der besondere Schadensersatzanspruch des AGG

Folgt man der hier vertretenen Ansicht, dass bereits die unzulässige Frage nach einem Merkmal eine Benachteiligung i.S.d. § 7 Abs. 1 AGG darstellt, so greifen die im AGG normierten Rechtsfolgen. Danach hat der benachteiligte Bewerber gemäß § 15 Abs. 1 AGG u.U. einen Anspruch auf den Ersatz eines materiellen Schadens und gemäß § 15 Abs. 2 AGG auf Entschädigung (Einzelheiten hierzu Rz. 1663).

5. Auskunftserteilung durch den vorherigen Arbeitgeber

Die Beschränkung der Fragerechte zur Verwirklichung des Persönlichkeitsschutzes darf nicht dadurch unterlaufen werden, dass der neue Arbeitgeber den vorherigen um Auskünfte über den Bewerber bittet. Nach der Rechtsprechung des BAG ist zwar diese Art der Informationserhebung möglich (BAG v. 5.8.1976 – 3 AZR 491/75, BB 1977, 297). Wenn nicht ein ausdrücklicher Wunsch des ausgeschiedenen Arbeitnehmers zur Weitergabe von Auskünften besteht, unterliegt der bisherige Arbeitgeber jedoch diesbezüglich ähnlichen Beschränkungen wie der zukünftige Arbeitgeber. Deren Verletzung kann Schadensersatzansprüche aus § 280 Abs. 1 BGB wegen Verletzung nachvertraglicher Pflichten auslösen (näher Rz. 3435).

IV. Einstellungsuntersuchung und Einstellungstests

Literatur: *Fischinger*, Die arbeitsrechtlichen Regelungen des Gendiagnostikgesetzes, NZA 2010, 65; *Fuhlrott/Hoppe*, Einstellungsuntersuchungen und Gentests von Bewerbern, ArbR 2010, 183; *Geneger*, Begrenzung genetischer Untersuchungen und Analysen im Arbeitsrecht, ArbuR 2009, 285; *Geneger*, Das neue Gendiagnostikgesetz, NJW 2010, 113; *Grunewald*, Der Einsatz von Personalauswahlverfahren und -methoden im Betrieb – ein faktisch rechtsfreier Raum?, NZA 1996, 15; *Heilmann*, Rechtsprobleme von Einstellungsuntersuchungen, AuA 1995, 157; *Klement*, Zulässigkeit medizinischer Datenerhebungen vor und zu Beginn von Arbeitsverhältnissen, 2011; *Oetker*, „Informationelles Selbstbestimmungsrecht" und graphologische Gutachten bei Anbahnung und Abwicklung des Arbeitsverhältnisses, BlStSozArbR 1985, 65 u. 81; *Rehwald*, Einstellungsuntersuchungen auf Alkohol- und Drogenkonsum, AiB 2000, 125; *Schönfeld/Gennen*, Mitbestimmung bei Assessment-Centern – Beteiligungsrechte des Betriebsrates und des Sprecherausschusses, NZA 1989, 543; *Wiese*, Gendiagnostikgesetz und Arbeitsleben, BB 2009, 2198; *Wiese*, Genetische Untersuchungen und Analysen zum Arbeitsschutz und Rechtsfolgen bei deren Verweigerung oder Durchführung, BB 2011, 313; *Zeller*, Die Einstellungsuntersuchung, BB 1987, 2439.

1. Einstellungsuntersuchung

Mit Hilfe der Einstellungsuntersuchung soll festgestellt werden, ob der Bewerber physisch den Anforderungen des Arbeitsplatzes gewachsen ist. Unter anderem sollen dadurch betriebliche Kosten, die durch Krankheit der Arbeitnehmer entstehen, vermieden werden. In einer Untersuchung liegt jedoch ein Eingriff in das allgemeine Persönlichkeitsrecht des Bewerbers. Eine gesetzliche **Rechtsgrundlage** dafür ist **nicht gegeben**. An die Zulässigkeit einer Untersuchung sollten deshalb dieselben **Anforderungen wie** an die **Fragerechte** gestellt werden (Rz. 769); es muss also ein berechtigtes, billigenswertes und schutzwürdiges Interesse des Arbeitgebers vorliegen, wobei auch hier eine Prüfung dessen wieder im Rahmen der § 26 Abs. 1 BDSG/§ 26 Abs. 3 BDSG stattfindet (Rz. 770). Im Bereich der Untersuchung sind die Grundsätze zur Frage nach einer Krankheit oder Körperbehinderung heranzuziehen (Rz. 797). Die Untersuchung muss sich auf die Eignung des Bewerbers für den zu besetzenden Arbeitsplatz beziehen. Der Bezug besteht, wenn die Untersuchung ergeben soll, ob die Krankheit die Eignung des Bewerbers für die angestrebte Tätigkeit auf Dauer oder in periodisch wiederkehrenden Abständen erheblich beeinträchtigt oder aufhebt (BAG v. 7.6.1984 – 2 AZR 270/83, NZA 1985, 57).

820 Nach § 7 ArbSchG hat der Arbeitgeber bei der Übertragung von Aufgaben zu berücksichtigen, ob die Beschäftigten befähigt sind, die für die Sicherheit und den Gesundheitsschutz bei der Aufgabenerfüllung zu beachtenden Bestimmungen und Maßnahmen einzuhalten.
Beispiel für eine zulässige Einstellungsuntersuchung:
– Untersuchung der Sehkraft eines Kraftfahrers.

821 Da eine Rechtsgrundlage für die Anordnung einer Untersuchung fehlt, ist der Bewerber nicht verpflichtet, die Untersuchung durchführen zu lassen. Die Untersuchung kann nur auf **freiwilliger** Basis durchgeführt werden; mit der Verweigerung riskiert der Bewerber freilich seine sofortige Ablehnung. Ein möglicher Schadensersatzanspruch ist schwer durchzusetzen, da der Arbeitgeber aufgrund seines Rechts der Vertragsfreiheit nicht zur Darlegung seiner Gründe für die Ablehnung verpflichtet ist. **Ausnahmen** von dem Freiwilligkeitsgrundsatz einer Untersuchung bestehen im Falle gesetzlich, berufsgenossenschaftlich oder tarifvertraglich angeordneter Untersuchungen wie bspw.:

– §§ 32 ff. JArbSchG dienen dem Schutz jugendlicher Arbeitnehmer.
– § 43 Abs. 1 IfSG schreibt zum Schutz der Allgemeinheit für Personen, die erstmalig im Lebensmittelbereich beschäftigt werden sollen, die Vorlage eines Gesundheitszeugnisses vor, das nicht älter als drei Monate ist.

822 Mit der Einstellungsuntersuchung wird **regelmäßig** ein nach § 2 ASiG berufener **Betriebsarzt** beauftragt. Fehlt dieser oder hat der Bewerber Zweifel an der Unparteilichkeit des Arztes geltend gemacht, können auch frei praktizierende Ärzte beauftragt werden. Der Arzt hat die **ärztliche Schweigepflicht** zu beachten (§ 203 Abs. 1 StGB, § 8 Abs. 1 S. 3 ASiG), auch wenn er die Untersuchung im Interesse des Arbeitgebers vornimmt. **Die Weitergabe des Untersuchungsergebnisses** darf gemäß § 26 Abs. 1, Abs. 2 BDSG nur mit formgebundener Einwilligung (§ 26 Abs. 2 S. 3 BDSG) des Bewerbers erfolgen (Rz. 1746). Von einer stillschweigenden Einwilligung kann nicht ausgegangen werden (a.A. *Zeller*, BB 1987, 2439, 2442). Das Auskunftsrecht nach Einwilligung erstreckt sich nur auf das Untersuchungsergebnis, soweit es für den in Aussicht stehenden Arbeitsplatz von Bedeutung ist, also die Geeignetheit beschreibt. Die **einzelnen Befunde** dürfen vom Arzt nicht mitgeteilt werden.

823 Der Arbeitnehmer kann schon vor Durchführung der Einstellungsuntersuchung unter der **auflösenden Bedingung** nach § 158 Abs. 2 BGB (Rz. 3332) eingestellt werden, dass das Ergebnis der Untersuchung die gesundheitliche Eignung für den Arbeitsplatz ergibt.

2. Genetische Analysen

824 Bei genetischen Analysen ist die Gefahr eines Verstoßes gegen das Persönlichkeitsrecht sehr hoch. Diese Untersuchungen sollen die Erbanlagen für Krankheiten oder genetisch bedingte Empfindlichkeiten gegenüber Umwelteinflüssen aufdecken. Dadurch könnte der Arbeitgeber Einstellungen vermeiden, die vielleicht in Zukunft die Gefahr von wirtschaftlichen Belastungen durch Krankheitskosten mit sich bringen. Für den Bewerber könnten Arbeitsmarktchancen ausgeschlossen sein, obwohl die Krankheit gar nicht oder erst später zum Ausbruch kommt. Von Bedeutung sind genetische Analysen auch in Zusammenhang mit dem Arbeitsschutzrecht. Der Arbeitgeber ist verpflichtet, Arbeitsplatz und Arbeitsbedingungen so zu gestalten, dass Gesundheitsgefährdungen und Gesundheitsschäden des

Arbeitnehmers ausgeschlossen sind. Durch die Erkenntnis über erbbedingte Risiken wäre es ihm jedoch bei der Einstellung möglich, besonders gefährdete Bewerber von vornherein auszuschließen.

Hinsichtlich der Genomanalyse findet nun das seit dem 1.2.2010 insoweit in Kraft getretene **Gendiagnostikgesetz (GenDG)** Anwendung. Unabhängig vom Arbeitsleben bestimmt das GenDG, dass zur Wahrung des informationellen Selbstbestimmungsrechts eine genetische Untersuchung oder Analyse nur vorgenommen und eine genetische Probe nur gewonnen werden darf, wenn der Betroffene in die Untersuchung und Gewinnung der genetischen Probe ausdrücklich und schriftlich einwilligt (§ 8 Abs. 1 S. 1 GenDG). Der besonderen Brisanz der genetischen Untersuchung, nicht nur die mutmaßliche Eignung für das in Aussicht genommene Arbeitsverhältnis, sondern ein komplettes Gesundheitsprofil erstellen zu können, ist es geschuldet, dass die §§ 19 und 20 Abs. 1 GenDG ein **grundsätzliches Verbot** genetischer Untersuchungen und Analysen vor Beginn und während des Beschäftigungsverhältnisses und im Rahmen arbeitsmedizinischer Vorsorgeuntersuchungen vorsehen. Durch das Entgegennahme- und Verwendungsverbot wird dem Arbeitgeber nicht nur untersagt, Ergebnisse vorgehender genetischer Untersuchungen vom Arbeitnehmer zu verlangen, ihm wird schon die schlichte Entgegennahme verboten. Ausnahmen von diesem Grundsatz sind lediglich in Bezug auf arbeitsmedizinische Vorsorgeuntersuchungen (§ 20 Abs. 2 und Abs. 3 GenDG) vorhanden. 825

Das Gendiagnostikgesetz ist von dem Leitbild getragen, dass **niemand wegen seiner genetischen Eigenschaften diskriminiert** oder stigmatisiert werden darf. Dieser Gedanke findet sich ebenfalls auf internationaler Ebene in Art. 1 und Art. 11 des **Übereinkommens über Menschenrechte und Biomedizin** vom 4.4.1997 wieder, das am 1.12.1999 in Kraft getreten ist (European Treaties Series Nr. 164). Allerdings ist u.a. Deutschland diesem Abkommen noch nicht beigetreten. Das Gendiagnostikgesetz zeigt jedoch, dass Deutschland die Maßstäbe der Konvention bei der Erarbeitung neuer nationaler Gesetze in diesem Bereich bereits jetzt schon berücksichtigt (ausf. zu diesem Problemkomplex *Stöcker*, Das Verbot genetischer Diskriminierung und das Recht auf Achtung der Individualität, 2008; *Fischinger* NZA 2010, 65). 826

3. Testverfahren

Zu den Testverfahren, die zur Bewerberauswahl angewandt werden können, gehören psychologische Eignungstests, Stress-Interviews, Assessmentcenter und graphologische Gutachten (ausf. ErfK/*Preis* § 611a BGB Rz. 303 ff.). Ähnlich wie bei den Fragerechten hat der Arbeitgeber auch hier nur ein Recht zur Durchführung, wenn ein berechtigtes, billigenswertes und schutzwürdiges Interesse an der Durchführung, insbesondere im Hinblick auf den zu besetzenden Arbeitsplatz, besteht. Voraussetzung ist jedoch immer eine Einwilligung des Arbeitnehmers. 827

Psychologische Tests sind von diplomierten Psychologen durchzuführen. Reine **IQ-Tests** sind unzulässig, weil ihnen in der Regel der Bezug zum konkreten Arbeitsplatz fehlt. Bei **Stressinterviews** soll herausgefunden werden, wie der Bewerber auf emotionale und intellektuelle Belastungen reagiert. Sie können zur vollständigen Persönlichkeitsdurchleuchtung führen und sind im Lichte des Persönlichkeitsschutzes ebenfalls unzulässig (ErfK/*Preis* § 611a BGB Rz. 310). 828

Unter einem **Assessmentcenter** ist ein systematisches Verfahren zur qualifizierten Feststellung von Verhaltensleistungen und Verhaltensdefiziten zu verstehen, das von mehreren Beobachtern gleichzeitig für mehrere Teilnehmer in Bezug auf vorher definierte Anforderungen angewandt wird. Es kann sich zusammensetzen aus Prüfungen – auch in Form von psychologischen Tests – und Arbeitsproben, wie z.B. Postkorbbearbeitung, schriftliche Bearbeitung, Gruppendiskussion, Dialogführung, Rollenspiel und Präsentation als miteinander verknüpfbare Aufgabentypen. Diese Tests müssen auf das arbeitsplatzbezogene Anforderungsprofil zugeschnitten sein. 829

Teilweise wird im Bewerbungsverfahren ein handgeschriebener Lebenslauf zur Vervollständigung des Persönlichkeitsbilds verlangt. Soll er zur Einholung eines **graphologischen Gutachtens** dienen, bedarf es einer Einwilligung des Betroffenen, da ein solches Gutachten in das durch Art. 2 Abs. 1 und Art. 1 830

Abs. 1 GG geschützte allgemeine Persönlichkeitsrecht eingreift (BAG v. 16.9.1982 – 2 AZR 228/80, NJW 1984, 446).

831 **Umstritten** ist, ob schon in der **einfachen Übersendung** eines handgeschriebenen Lebenslaufs eine **konkludente Einwilligung** in ein graphologisches Gutachten zu sehen ist (zum Meinungsstand ErfK/ *Preis* § 611 BGB Rz. 305). Das Problem ist durch einzelfallbezogene Auslegung zu lösen. Bei Durchführung des Tests ohne Einwilligung kann der Bewerber nach §§ 823, 1004 S. 1 BGB Vernichtung der Testergebnisse verlangen und Schadensersatzansprüche aus §§ 823 Abs. 1 BGB i.V.m. Art. 2 Abs. 1; Art. 1 Abs. 1 GG geltend machen. Wie bei allen Informationserhebungsrechten darf sich das graphologische Gutachten nur auf Bereiche beziehen, die mit der auszufüllenden Position in Zusammenhang stehen. Wenn ein **Schriftsachverständigengutachten** eingeholt wird, um allein die **Urheberschaft** festzustellen und nicht, wie bei einem graphologischen Gutachten, eine Beurteilung der Persönlichkeit angestrebt wird, ist es nicht erforderlich den Arbeitnehmer davon zu unterrichten oder sein Einverständnis einzuholen (LAG Hamm 21.2.2008 – 8 Sa 1896/07).

V. Beteiligung des Betriebsrats

Literatur: *Hunold*, Die Mitwirkung und Mitbestimmung des Betriebsrates in allgemeinen personellen Angelegenheiten, DB 1989, 1334.

In den §§ 92 ff. BetrVG ist die Mitbestimmung des Betriebsrats in personellen Angelegenheiten geregelt.

832 **§ 95 Abs. 1 BetrVG** regelt u.a. die Mitbestimmung bei der Aufstellung von **Auswahlrichtlinien** bei Einstellungen. Auswahlrichtlinien sind Grundsätze, die allgemein oder für bestimmte Arten von Tätigkeiten oder Arbeitsplätze festlegen, welche Voraussetzungen für die Ausübung oder Besetzung vorliegen müssen oder nicht vorliegen dürfen. Es geht dabei um fachliche und persönliche Voraussetzungen und die Berücksichtigung sozialer Gesichtspunkte. § 95 Abs. 1 BetrVG schreibt im Umkehrschluss zu Abs. 2 vor, dass in Betrieben mit bis zu 500 Arbeitnehmern Richtlinien, die der Arbeitgeber aufstellt, der **Zustimmung** des Betriebsrats bedürfen. Nach § 95 Abs. 2 BetrVG kann der Betriebsrat in Betrieben mit mehr als 500 Arbeitnehmern im Wege seines **Initiativrechts** die Aufstellung von Auswahlrichtlinien verlangen. Sie sollen zur Durchschaubarkeit und Versachlichung von personellen Maßnahmen beitragen (BVerwG 5.9.1990 – 6 P 27/87, ZTR 1991, 36).

833 Zur Mitbestimmung bei der **Stellenausschreibung** siehe Rz. 750.

834 **Einführung und Änderung von Fragebögen** (Rz. 769) unterliegen gemäß **§ 94 Abs. 1 BetrVG** der **erzwingbaren Mitbestimmung**. Dasselbe gilt nach **§ 94 Abs. 2 BetrVG** für **persönliche Angaben in schriftlichen Arbeitsverträgen und die Aufstellung allgemeiner Beurteilungsgrundsätze**.

835 **Merke:** Die fehlende Zustimmung des Betriebsrats zu einem Personalfragebogen gibt dem Bewerber nicht das Recht, zulässige Fragen falsch zu beantworten (BAG v. 2.12.1999 – 2 AZR 724/98, NJW 2000, 2444).

836 Der Personalfragebogen ist auch zu den dem Betriebsrat vorzulegenden Bewerbungsunterlagen nach § 99 Abs. 1 S. 1 BetrVG zu zählen (BAG v. 17.6.2008 – 1 ABR 20/07, NZA 2008, 1139).

837 Nach **§ 99 BetrVG** hat der Betriebsrat in Unternehmen mit in der Regel mehr als 20 wahlberechtigten Arbeitnehmern ein **Mitbestimmungsrecht** bei personellen Maßnahmen, unter anderem **bei Einstellungen** (zum Begriff ausf. im Band „Kollektivarbeitsrecht" Rz. 2419 f.). Gemäß § 99 Abs. 1 BetrVG sind dem Betriebsrat die Bewerberunterlagen vorzulegen und ihm Auskunft über die Person des Bewerbers zu geben. In den Fällen des § 99 Abs. 2 BetrVG darf der Betriebsrat die **Zustimmung verweigern**. Nach dieser Vorschrift steht ihm z.B. ein Zustimmungsverweigerungsrecht zu, wenn der Arbeitgeber gegen eine Auswahlrichtlinie verstößt. Der Arbeitgeber kann die erforderliche Zustimmung nach § 99 Abs. 4 BetrVG durch das Arbeitsgericht ersetzen lassen. Bei **fehlender Zustimmung** des

Betriebsrats hat der Arbeitgeber den Arbeitnehmer über die Sach- und Rechtslage aufzuklären und darauf hinzuweisen, dass das Arbeitsgericht die Einstellung aufheben kann. Unterlässt er dies, kann er sich schadensersatzpflichtig machen (Rz. 839; BAG v. 14.6.1972 – 4 AZR 315/71, AP Nr. 54 zu §§ 22, 23 BAT). Der Arbeitgeber kann den Arbeitnehmer, falls die Zustimmung noch nicht vorliegt, unter der auflösenden Bedingung (Rz. 3332) ihrer Erteilung einstellen, will er diese Rechtsfolgen vermeiden.

§ 21
Sonstige vorvertragliche Pflichten

Literatur: *Gotthardt*, Arbeitsrecht nach der Schuldrechtsreform, 2. Aufl. 2003, Rz. 58 ff.; *Wiedemann*, Zur culpa in contrahendo beim Abschluss des Arbeitsvertrages, FS Herschel (1982), 463.

Gemäß § 311 Abs. 2 BGB entsteht ein Schuldverhältnis mit den in § 241 Abs. 2 BGB umrissenen Pflichten in den gesetzlich ausdrücklich geregelten Fallgruppen der Aufnahme von Vertragsverhandlungen, der Anbahnung eines Vertrags und bei ähnlichen geschäftlichen Kontakten. Für den Inhalt der vorvertraglichen Pflichten wird auf § 241 Abs. 2 BGB verwiesen, womit keine inhaltliche Konkretisierung verbunden ist. Als vorvertragliche Pflichten kommen neben der Pflicht, bestehende Rechtsgüter des Verhandlungspartners vor Schäden zu bewahren, Aufklärungs-, Mitwirkungs-, Obhuts-, und Rücksichtnahmepflichten in Betracht. 838

I. Pflichten des Arbeitgebers

Dem Arbeitgeber obliegt die **Pflicht**, den Arbeitnehmer über solche Umstände, die zu einer vorzeitigen Beendigung des Arbeitsverhältnisses führen können (BAG v. 2.12.1976 – 3 AZR 401/75, DB 1977, 451) oder über besonders gefährliche Eigenschaften des Vertragsgegenstands **aufzuklären**. Hierzu gehören Umstände, die für die Entscheidung des Bewerbers maßgeblich sein können (BAG v. 24.9.1974 – 3 AZR 589/73, NJW 1975, 708, 709). 839

Beispiele für Aufklärungspflichten des Arbeitgebers: Geplante **Betriebsübergänge** oder **Betriebsortverlagerungen**; Höhe des zu erzielenden Einkommens, wenn dies provisionsabhängig ist. 840

Auch wenn der Arbeitgeber Anlass zu Zweifeln hat, ob er in nächster Zeit in der Lage sein wird, **Löhne und Gehälter auszuzahlen**, muss er vor Abschluss neuer Arbeitsverträge darauf hinweisen, soweit er nicht seine Zahlungsschwierigkeiten als bekannt voraussetzen kann (BAG v. 24.9.1974 – 3 AZR 589/73, NJW 1975, 708).

Auch über **Umstände, die dem wirksamen Vertragsabschluss entgegenstehen**, wie die fehlende Zustimmung des Betriebsrats nach § 99 BetrVG zur Einstellung, muss der Arbeitgeber den Bewerber aufklären. Denn wird die Zustimmung nicht nach § 99 Abs. 4 BetrVG ersetzt, muss der Arbeitgeber von der Einstellung absehen. Darauf muss sich der Bewerber einstellen können.

Die Aufklärungspflicht über einen **möglichen Stellenabbau** tritt nicht erst dann ein, wenn diesbezügliche unternehmerische Entscheidungen bereits wirksam und endgültig getroffen sind. Vielmehr kann eine solche Pflicht bereits im Planungsstadium bestehen. Diese Planungen müssen aber eine hinreichende Reife aufweisen, d.h. konkret sein. Voraussetzung für eine Aufklärungspflicht ist, dass sich der Arbeitgeber im Zeitpunkt der Bewerbung bereits entschlossen hat, eine bestimmte Stelle zu streichen. Allein das Bestehen einer – dem Arbeitnehmer bekannten – schlechten wirtschaftlichen Lage, in der aber noch keine konkrete Planung besteht, einen Arbeitsplatz zu streichen, begründet noch keine Auskunftspflicht über einen theoretischen Stellenabbau (BAG v. 14.7.2005 – 8 AZR 300/04, NZA 2005, 1298, 1301).

Der **Abbruch von Vertragsverhandlungen** kann Schadensersatzfolgen nach sich ziehen. Ruft der Unternehmer zurechenbar das unbegründete Vertrauen hervor, dass es zum Abschluss eines Arbeitsver- 841 trags kommen werde und kündigt der Bewerber deshalb seinen alten Arbeitsplatz, haftet der nicht einstellende Unternehmer wegen Verletzung seiner Pflichten nach §§ 280 Abs. 1, 311 Abs. 2 BGB (vgl. BAG v. 15.5.1974 – 5 AZR 393/73, DB 1974, 2060). Dem Abbruch der Vertragsverhandlungen gleichzustellen ist der Fall, dass der Arbeitgeber den Vertragsschluss verhindert, indem er zur Einstellung erforderliche Zustimmungen nicht einholt. Das Recht, Vertragsverhandlungen aus sachlichen Gründen abzubrechen, steht dem Arbeitgeber jedoch jederzeit zu.

842 Der Arbeitgeber hat die **Bewerbungsunterlagen sorgfältig aufzubewahren**. Keine Sorgfaltspflichten bestehen in Bezug auf unverlangt zugesandte Unterlagen.

843 Die **Beachtung des Persönlichkeitsrechts** des Bewerbers gehört ebenfalls zu den vorvertraglichen Pflichten des Arbeitgebers. Es ist ihm verwehrt, unzulässige, das Persönlichkeitsrecht verletzende Fragen zu stellen Rz. 561, 768).

II. Pflichten des Arbeitnehmers

844 Vorvertragliche Pflichten sind auch vom Bewerber zu beachten. Hierher gehören die **Offenbarungspflichten** (Rz. 772) über Eigenschaften, die eine Erbringung der angestrebten Tätigkeit unmöglich machen oder aus sonstigem Grund für den angestrebten Arbeitsplatz von ausschlaggebender Bedeutung sind (BAG v. 12.5.2011 – 2 AZR 479/09, NZA-RR 2012, 43). So muss er z.B. seinen Gesundheitszustand offenbaren, wenn er infolge einer schon vorliegenden Krankheit außerstande ist, seine Arbeit aufzunehmen (BAG v. 27.3.1991 – 5 AZR 58/90, NZA 1991, 895).

III. Rechtsfolgen

845 Die Beachtung der vorvertraglichen Pflichten soll dem Rechtsgüterschutz dienen. Bei einer Verletzung ist der Bewerber deshalb so zu stellen, wie er gestanden hätte, wenn das schädigende Ereignis nicht eingetreten wäre. Aus **§§ 280 Abs. 1, 311 Abs. 2 BGB** besteht ein Anspruch auf Ersatz des durch die Pflichtverletzung entstandenen Schadens, was regelmäßig aber nicht zwangsläufig der **Ersatz** des **Vertrauensschadens** bzw. des **negativen Interesses** ist.

Beispiel für den zu ersetzenden Vertrauensschaden: Zu dem Fall, in dem der Arbeitnehmer seinen bisherigen Arbeitsvertrag kündigt, da ein anderer Arbeitgeber in ihm das unbegründete Vertrauen erweckt hat, dass ein Vertrag zustande kommen werde, hat das BAG die Ansicht vertreten, dass der Vertrauensschadensersatzanspruch nicht auf das **Erfüllungsinteresse** begrenzt sei (BAG v. 15.5.1974 – 5 AZR 393/73, DB 1974, 2060), sprich auf das, was er bei dem neuen Arbeitgeber verdienen würde. Somit bestimme sich die Schadenshöhe nach dem Verdienst des gekündigten und nicht nach dem des angestrebten Arbeitsplatzes.

846 Der Arbeitgeber muss die **Pflichtverletzung zu vertreten** haben. Was der Arbeitgeber zu vertreten hat, folgt aus den allgemeinen Regeln, § 276 BGB und § 278 BGB (BAG v. 15.5.1974 – 5 AZR 393/73, DB 1974, 2060). Ferner muss die Pflichtverletzung für den eingetretenen Schaden **kausal** sein.

Beispiele für fehlende/vorhandene Kausalität: Kausalität ist **zu verneinen**, wenn wegen der Arbeitsunfähigkeit aufgrund einer verschwiegenen Krankheit Lohnfortzahlung zu leisten ist. Diese Zahlungen folgen aus einer gesetzlichen Pflicht im unangefochten bestehenden Arbeitsverhältnis.

Kausalität ist dagegen **zu bejahen** für die Kosten einer Ersatzkraft oder einer zu zahlenden Vertragsstrafe, weil die Arbeit nicht erledigt werden konnte.

847 Mit den Ansprüchen aus §§ 280 Abs. 1, 311 Abs. 2 BGB können Ansprüche aus unerlaubter Handlung nach **§§ 823 ff. BGB** konkurrieren.

§ 22
Zustandekommen des Arbeitsverhältnisses

Übersicht: Zustandekommen des Arbeitsverhältnisses   848

☐ Vertrag

   ☐ Abschlussgebote und -verbote (Rz. 877, 898)

   ☐ Vertragsschluss nach allgemeinen Regeln (BGB AT); Besonderheiten beachten bei:

      ☐ Geschäftsfähigkeit (§§ 104 ff., 112, 113 BGB; Rz. 853)

      ☐ Hinreichender inhaltlicher Bestimmtheit (§§ 145 ff., 612 Abs. 1 BGB; Rz. 859)

      ☐ Stellvertretung (§§ 164 ff. BGB, §§ 48 ff. HGB; Rz. 860)

   ☐ Form (Rz. 863)

      ☐ Grundsätzlich formfrei

      ☐ Ausnahmen: Gesetzliche Formvorschriften, Nachweisgesetz

      ☐ Ggf. konstitutive Formerfordernisse in Tarifverträgen oder Betriebsvereinbarungen

☐ Gesetzliche Sonderformen der Begründung (Rz. 871)

   ☐ Jugendvertreter (§ 78a BetrVG)

   ☐ Betriebsübergang (§ 613a BGB)

   ☐ Universalsukzession (§ 1922 BGB)

   ☐ Arbeitnehmerüberlassung (§§ 9 Nr. 1, 10 AÜG)

I. Abschluss des Arbeitsvertrags

Das Arbeitsverhältnis wird von Arbeitgeber und Arbeitnehmer im Regelfall durch Abschluss eines **Arbeitsvertrags** begründet (§ 611a BGB). Der Arbeitsvertrag ist ein **Unterfall des Dienstvertrags** nach **§§ 611 ff. BGB**. Das Arbeitsvertragsrecht ist der wichtigste Bereich des Dienstvertragsrechts. Nur wenige Bestimmungen der §§ 611 bis 630 BGB beziehen sich ausschließlich auf das Arbeitsverhältnis (§§ 612a, 613a, 619a, 622, 623 BGB).   849

Merke: Die Vorschriften der §§ 611a bis 630 BGB bilden die Grundlage des Arbeitsvertragsrechts.

Der Arbeitsvertrag ist ein **gegenseitiger Vertrag**. Im Gegenseitigkeitsverhältnis (Synallagma) stehen   850

– die Verpflichtung des Arbeitnehmers, die vereinbarte Arbeit zu leisten;

– die Verpflichtung des Arbeitgebers, das vereinbarte Entgelt zu zahlen.

Auf den Arbeitsvertrag als gegenseitigen privatrechtlichen Vertrag finden die Regeln des **Allgemeinen Teils des BGB** und des **allgemeinen Schuldrechts** prinzipiell Anwendung. Ausnahmen hiervon begründet der besondere Charakter des Arbeitsrechts als Arbeitnehmerschutzrecht (Rz. 1).   851

Beispiele für Durchbrechungen allgemeiner schuldrechtlicher Regelungen im Arbeitsrecht: Zu denken ist hier an die Fälle, in denen der Arbeitnehmer auch ohne Arbeit Lohn erhält (Rz. 2013 bis Rz. 2271), etwa nach dem Entgeltfortzahlungsgesetz im Falle der Krankheit.

1. Wirksame, übereinstimmende Willenserklärungen

852 Der Arbeitsvertrag kommt durch zwei übereinstimmende Willenserklärungen nach den allgemeinen Regeln, §§ 145 ff. BGB, zustande. Hinweise sind hinsichtlich der Geschäftsfähigkeit, in Bezug auf das Erfordernis hinreichender inhaltlicher Bestimmtheit, die Stellvertretung und die Sprachmächtigkeit der Vertragsparteien zu geben.

a) Geschäftsfähigkeit

853 An der wirksamen Willenserklärung einer Vertragspartei kann es fehlen, wenn sie **geschäftsunfähig** (§§ 104 f. BGB) oder **beschränkt geschäftsfähig** (§§ 106 ff. BGB) ist. Speziell für die Begründung von Arbeitsverhältnissen enthält das BGB **zwei wichtige Erweiterungen der Geschäftsfähigkeit:**

854 – § 112 BGB erweitert für den **minderjährigen Arbeitgeber** dessen beschränkte Geschäftsfähigkeit auf eine unbeschränkte Geschäftsfähigkeit für solche Rechtsgeschäfte, welche der Geschäftsbetrieb mit sich bringt, wenn er durch den gesetzlichen Vertreter mit Genehmigung des Familiengerichts zum selbstständigen Betrieb eines Erwerbsgeschäfts ermächtigt worden ist. Zu derartigen Rechtsgeschäften gehört auch der Abschluss von Arbeitsverträgen.

855 – Zu Gunsten des **minderjährigen Arbeitnehmers** greift § 113 BGB ein. Hat der gesetzliche Vertreter den Minderjährigen ermächtigt, in Arbeit zu treten, so ist der Minderjährige für solche Rechtsgeschäfte unbeschränkt geschäftsfähig, welche die Eingehung oder Aufhebung eines **Dienst- oder Arbeitsverhältnisses** oder die Erfüllung der sich aus einem solchen Verhältnis ergebenden Verpflichtungen betreffen. Der Umfang der Ermächtigung kann durch den gesetzlichen Vertreter bestimmt werden, sich also z.B. auf eine bestimmte Firma oder eine Branche beschränken. Die Ermächtigung kann stillschweigend erfolgen. Der minderjährige Arbeitnehmer kann selbst über seine Mitgliedschaft in einer Gewerkschaft entscheiden, die durch die Tarifbindung Einfluss auf sein Arbeitsverhältnis hat, und seinen Arbeitsvertrag ohne Zustimmung des gesetzlichen Vertreters kündigen. § 113 BGB kann den Minderjährigen grundsätzlich auch zur Wahrnehmung tarifvertraglich vorgesehener Gestaltungsmöglichkeiten berechtigen (BAG v. 8.6.1999 – 3 AZR 71/98, NZA 2000, 34). **Berufsausbildungsverträge** fallen nicht unter § 113 BGB, da bei ihnen der Ausbildungszweck überwiegt.

856 Zu beachten sind Besonderheiten im **Vormundschaftsrecht:**

857 – Im Falle des **minderjährigen Arbeitgebers** sind nach §§ 112 Abs. 1 S. 2, 1643 Abs. 1, 1822 Nr. 8 bis 11 BGB gewisse Geschäfte, wie z.B. die Aufnahme von Geld auf den Kredit des Minderjährigen, von der Ermächtigung ausgenommen, auch wenn sie von den Eltern als dessen gesetzliche Vertreter erteilt wurde.

858 – Ist der gesetzliche Vertreter des **minderjährigen Arbeitnehmers** ein Vormund, bedarf er für den Fall, dass ein Arbeitsvertrag für länger als ein Jahr abgeschlossen werden soll, nach §§ 113 Abs. 1 S. 2, 1822 Nr. 7 BGB der Genehmigung des Familiengerichts.

b) Hinreichende inhaltliche Bestimmtheit

859 Die Arbeitsvertragsparteien müssen sich auf die **Erbringung abhängiger Dienste** (Art und Beginn der Arbeitsleistung) gegen **Vergütung** einigen (**essentialia negotii**). Mehr ist nicht erforderlich (BAG v. 15.10.2013 – 9 AZR 572/12, NZA-RR 2014, 119). Wird die **Höhe der Vergütung** im Arbeitsvertrag nicht geregelt, führt dies nicht zu einem Scheitern des Vertragsabschlusses. Nach **§ 612 Abs. 1 BGB** gilt eine Vergütung als stillschweigend vereinbart, wenn die Dienstleistung den Umständen nach nur gegen eine Vergütung zu erwarten ist. Dies ist bei Arbeitsleistungen in der Regel der Fall, weil diese typischerweise entgeltlich erbracht werden. Ohne die Regelung des § 612 Abs. 1 BGB würde es bei einer fehlenden Vergütungsabrede an einer Einigung über die essentialia negotii fehlen. Vor diesem

Hintergrund trifft es zu, dass § 612 Abs. 1 BGB nicht nur eine **Vergütungsfiktion**, sondern auch eine **Vertragsfiktion** enthält, soweit nur objektiv eine Arbeits- oder Dienstleistung vereinbart ist. Für die **konkrete Höhe** der Vergütung greift **§ 612 Abs. 2 BGB**. Es ist die taxmäßige bzw. die übliche Vergütung als vereinbart anzusehen. Üblich ist eine Vergütung, die am gleichen Ort in ähnlichen Gewerben oder Berufen für eine vergleichbare Tätigkeit gezahlt wird.

c) Stellvertretung

Die Einstellung kann auch ein nach §§ 164 ff. BGB **Bevollmächtigter** des Arbeitgebers vornehmen. 860
Die Begriffsbestimmung des **leitenden Angestellten** im Betriebsverfassungsgesetz definiert diesen in § 5 Abs. 3 Nr. 1 BetrVG ausdrücklich unter anderem über seine Befugnis, selbstständig Einstellungen vorzunehmen. Doch begründet diese Vorschrift alleine keine Vertretungsmacht. Für die Einräumung der Vertretungsmacht sind neben den §§ 164 ff. BGB die handelsrechtlichen Regeln über die Prokura (§§ 48 ff. HGB) von Bedeutung.

d) Sprachmächtigkeit

Der Abschluss eines Arbeitsvertrags scheitert nicht daran, dass ein der deutschen Sprache nicht mächtiger Arbeitnehmer diesen unterschreibt. Dass der Unterzeichner den unterschriebenen Vertragstext nicht versteht, fällt in seine Risikosphäre (BAG v. 19.3.2014 – 5 AZR 252/12, NZA 2014, 1076). 861

Fallbeispiel: Arbeitsvertragsschluss in fremder Sprache: K ist portugiesischer Staatsbürger und der deut- 862
schen Sprache nicht mächtig. Nach einem Bewerbungsgespräch mit B legt diese K einen in deutscher Sprache abgefassten Arbeitsvertrag vor, den letzterer unterzeichnet.

Mit Vorlage der Vertragsurkunde hat B gegenüber K eine auf den Arbeitsvertragsschluss zielende, verkörperte Angebotserklärung **abgegeben**. Fraglich ist, ob diese dem K gem. § 130 Abs. 1 S. 1 BGB **zugegangen** ist, obwohl K der deutschen Sprache nicht mächtig ist. Eine verkörperte Willenserklärung geht unter Anwesenden zu, wenn sie durch Übergabe in den Herrschaftsbereich des Empfängers gelangt; unter Abwesenden, sobald sie in verkehrsüblicher Weise in die tatsächliche Verfügungsgewalt des Empfängers gelangt ist und für diesen unter gewöhnlichen Verhältnissen die Möglichkeit besteht, von dem Schriftstück Kenntnis zu nehmen (so genannte Empfangstheorie). Auf die tatsächliche Kenntnisnahme kommt es nicht an. Die Möglichkeit der Kenntnisnahme beurteilt sich nach den „gewöhnlichen Verhältnissen", nicht nach individuellen. Im Interesse der Rechtssicherheit ist zu generalisieren (vgl. BAG v. 22.3.2012 – 2 AZR 224/11, AP Nr. 19 zu § 5 KSchG 1969). Dieser in § 130 Abs. 1 S. 1 BGB angelegten Konzeption widerspräche es, individuellen, allein in der Person des Erklärungsempfängers liegenden Umständen – wie mangelnden Sprachfähigkeiten – für die Frage des Zugangs der Willenserklärung Bedeutung beizumessen. Die Berücksichtigung solcher Umstände erscheint zudem aus Gründen der Rechtssicherheit und des Vertrauensschutzes nicht sachgerecht. Nach der in § 130 Abs. 1 S. 1 BGB zum Ausdruck kommenden Risikoverteilung trägt K das „Sprachrisiko": Die auf Deutsch abgegebene Angebotserklärung der B ist dem K durch Aushändigung der Vertragsurkunde gem. § 130 Abs. 1 S. 1 BGB zugegangen, obwohl K der deutschen Sprache nicht mächtig ist (vgl. BAG v. 19.3.2014 – 5 AZR 252/12, NZA 2014, 1076 Rz. 39 ff.; *Temming*, GPR 2016, 38).

Ob K die Angebotserklärung der B **angenommen** hat, ist durch Auslegung zu ermitteln, §§ 133, 157, 242 BGB. Maßgeblich ist, wie B die Vertragsunterzeichnung durch K nach Treu und Glauben unter Berücksichtigung der Verkehrssitte verstehen musste. B ist verpflichtet, unter Berücksichtigung aller ihr erkennbaren Umstände mit gehöriger Aufmerksamkeit zu prüfen, was K gemeint hat. Zu beachten ist ferner der Grundsatz der nach beiden Seiten hin interessengerechten Auslegung (hierzu BAG, 25.11.2013 – 5 AZR 936/12). Die Unterzeichnung eines schriftlichen Arbeitsvertragsangebots darf der Arbeitgeber regelmäßig als Annahmeerklärung des Arbeitnehmers verstehen (vgl. BAG v. 19.3.2014 – 5 AZR 252/12, NZA 2014, 1076 Rz. 47). Fraglich ist, ob im vorliegenden Fall eine Ausnahme zu machen ist, weil K die Vertragssprache nicht beherrscht. Hiergegen spricht, dass K nicht verpflichtet war, den Arbeitsvertrag in einer ihm fremden Sprache zu unterzeichnen. B durfte deshalb nach Treu und Glauben davon ausgehen, dass K trotz seiner Sprachunkundigkeit eine Erklärung mit dem aus der Vertragsurkunde ersichtlichen Inhalt abgeben wollte. Der Befund wird durch einen Vergleich des sprachunkundigen Arbeitnehmers mit demjenigen, der eine Vertragsurkunde ungelesen unterschreibt (vgl. BGH v. 27.10.1994 – IX ZR 168/93, NJW 1995, 190), gestützt. Hier wie dort besteht gewissermaßen ein intellektuelles Defizit, das den Vertragsschluss als solchen aber nicht verhindert (sondern allenfalls zur Anfechtbarkeit des Vertrages führt).

K und B haben sich gem. §§ 145, 147 BGB auf den Abschluss eines Arbeitsvertrages **geeinigt**.

2. Form

Literatur: *Birk*, Das Nachweisgesetz zur Umsetzung der Richtlinie 91/533/EWG in das deutsche Recht, NZA 1996, 281; *Gaul*, Der Musterarbeitsvertrag zwischen unternehmerischer Vorsorge und den Vorgaben des Nachweisgesetzes, NZA 2000, Beil. zu Heft 3, 51; *Gotthardt/Beck*, Elektronische Form und Textform im Arbeitsrecht: Wege durch den Irrgarten, NZA 2002, 876; *Kliemt*, Formerfordernisse im Arbeitsverhältnis, 1995; *Preis*, Das Nachweisgesetz – lästige Förmelei oder arbeitsrechtliche Zeitbombe?, NZA 1997, 10; *Richardi*, Formzwang im Arbeitsverhältnis, NZA 2001, 57; *Wank*, Das Nachweisgesetz, RdA 1996, 21.

863 Der Arbeitsvertrag bedarf zu seiner Wirksamkeit **grundsätzlich** keiner Form. Er muss also insbesondere **nicht schriftlich** abgeschlossen werden. **Mündliches** oder **konkludentes** Zustandekommen eines Arbeitsverhältnisses, z.B. durch die Aufnahme der Tätigkeit, ist **möglich**, §§ 133, 157 BGB.

864 **Ausnahmen** vom Grundsatz der Formfreiheit können sich aus gesetzlichen, tarifvertraglichen oder einzelvertraglichen Formvorschriften ergeben. Dabei ist jeweils zu prüfen, ob es sich um ein **konstitutives** oder um ein **deklaratorisches Formerfordernis** handelt. Nur im ersten Fall ist die Einhaltung der vorgeschriebenen Form Wirksamkeitsvoraussetzung für den Arbeitsvertrag; ein Verstoß gegen das konstitutive Formerfordernis hat gemäß **§ 125 BGB** die **Nichtigkeit** des Arbeitsvertrags zur Folge. Ein deklaratorisches Formerfordernis soll hingegen nicht den formfreien Vertragsschluss verhindern, sondern dient der Rechtssicherheit. Bei Nichtbeachtung einer deklaratorisch wirkenden Formvorschrift steht den Beteiligten lediglich ein **Anspruch auf schriftliche Fixierung** des geschlossenen Vertrags zu. Hinsichtlich des Abschlusses des Arbeitsvertrags ist aber in der Regel davon auszugehen, dass die Parteien nicht das Zustandekommen von Arbeitsverhältnissen durch die Formvorschrift verhindern, sondern lediglich einen Anspruch auf schriftliche Fixierung der Vertragsbedingungen begründen wollen.

865 Mit dem Gesetz zur Anpassung der Formvorschriften des Privatrechts und anderer Vorschriften an den modernen Rechtsgeschäftsverkehr sind mit Wirkung vom 1.8.2001 moderne Formtypen in das BGB eingefügt worden. Die Schriftform nach § 126 BGB kann auch durch die **elektronische Form** des § 126a BGB gewahrt sein, wenn sich aus dem Gesetz nichts anderes ergibt (§ 126 Abs. 3 BGB). Bei der elektronischen Form muss der Aussteller der Erklärung seinen Namen hinzufügen und sie mit einer qualifizierten elektronischen Signatur versehen. Ausreichend ist damit nicht jede E-Mail. Erforderlich ist die Verwendung der qualifizierten elektronischen Signatur nach dem Signaturgesetz, die aufgrund besonderer Sicherheitsmerkmale die Identifizierung des Verwenders ermöglicht. Die Gleichstellung der elektronischen Form mit der Schriftform ist jedoch in wesentlichen arbeitsrechtlichen Formvorschriften ausgeschlossen (z.B. § 623 BGB [Rz. 2524], § 630 S. 3 BGB [Rz. 3422], § 2 Abs. 1 S. 3 NachwG). Daneben sieht § 126b BGB die **Textform** als einfachen Formtyp vor. Diese kann unter den in § 126b BGB genannten Voraussetzungen u.a. durch Telefax, Telegramm und einfache E-Mail gewahrt werden. Die Textform findet nur Anwendung, wenn sie gesetzlich zugelassen ist, was im Arbeitsrecht ausdrücklich nur in § 613a Abs. 5 BGB (Rz. 3502) der Fall ist. Darüber hinaus kann sie aber auch aufgrund des Zwecks der Formvorschrift ausreichend sein (dazu *Gotthardt/Beck* NZA 2002, 876). Immer wieder stellt sich die Frage, ob das Wort „schriftlich" (z.B. in § 3 Abs. 4 PflegeZG) tatsächlich die Einhaltung der strengen Form des § 126 BGB erfordert oder nicht doch „nur" die Textform nach § 126b BGB genügt (hierzu *Preis/Nehring* NZA 2008, 729, 734). Dem Gesetzgeber scheint die von ihm selbst eingeführte Differenzierung bei der Schaffung neuer Gesetze nicht immer bewusst zu sein.

866 Es bestehen **einzelne gesetzliche Formvorschriften**. Diese Formerfordernisse sind jedoch **keine Wirksamkeitsvoraussetzung**; geschlossene Verträge sind auch mündlich wirksam.

Beispiele für deklaratorische gesetzliche Formvorschriften: Auszubildende und Leiharbeitnehmer haben einen gerichtlich durchsetzbaren Anspruch auf eine schriftliche Niederlegung der wesentlichen Vertragsbedingungen. § 11 BBiG für den Ausbildungsvertrag und § 11 AÜG für den Leiharbeitsvertrag dienen dem Schutz von Auszubildenden und Leiharbeitnehmern und der Kontrolle derartiger Verträge. Deutlich wird dies an § 11 Abs. 1 S. 2 Nr. 1 AÜG, wonach über die Angaben nach dem Nachweisgesetz hinaus auch die Erlaubnisbehörde und Ort und Datum der Erlaubnis zur Arbeitnehmerüberlassung in den Vertrag aufzunehmen sind. Dies soll gleichzeitig der Kontrolle darüber dienen, ob tatsächlich eine Erlaubnis vorliegt (zur Arbeitnehmerüberlassung Rz. 312).

Auf der Basis der EG-Richtlinie 91/533/EWG ist am 20.7.1995 das sog. **Nachweisgesetz** verabschiedet worden, wonach der Arbeitgeber spätestens einen Monat nach dem vereinbarten Beginn des Arbeitsverhältnisses die wesentlichen Vertragsbedingungen schriftlich niederzulegen, die Niederschrift zu unterzeichnen und dem Arbeitnehmer auszuhändigen hat (§ 2 NachwG). Auch das Nachweisgesetz begründet lediglich einen deklaratorischen Anspruch auf Niederlegung der wesentlichen Vertragsbedingungen und soll somit mehr Sicherheit und Klarheit im Arbeitsverhältnis schaffen. Die **formfreie Begründungsmöglichkeit** wird durch dieses Gesetz nicht berührt. Kommt der Arbeitgeber der Pflicht zur Vertragsniederlegung nicht nach, kann der Arbeitnehmer sie im Klagewege einfordern. Nicht nachgewiesene Arbeitsvertragsbedingungen sind jedoch keineswegs unwirksam (vgl. EuGH v. 8.2.2001 – C-350/99 „Lange", NZA 2001, 381). Ein spezifischer Schadensersatzanspruch selbst ist im NachwG nicht vorgesehen. Erteilt der Arbeitgeber den Nachweis jedoch nicht, gerät er gemäß § 286 Abs. 1, Abs. 2 Nr. 2 BGB in Verzug und ist dem Arbeitnehmer deshalb zum Schadensersatz verpflichtet (§§ 280 Abs. 2, 286 BGB bzw. §§ 280 Abs. 1, 281 Abs. 1 S. 1 Fall 1 BGB; BAG v. 17.4.2002 – 5 AZR 89/01, NZA 2002, 1096).

867

Für die **Befristung** von Arbeitsverträgen ist in § 14 Abs. 4 TzBfG die Schriftform vorgeschrieben. Die Befristung eines Arbeitsvertrags kann dadurch nicht mündlich bzw. konkludent durch Arbeitsaufnahme vereinbart werden. Folge eines Formverstoßes ist aber nicht die Unwirksamkeit des Arbeitsvertrags; dieser gilt vielmehr als auf unbestimmte Zeit geschlossen (§ 16 TzBfG; Einzelheiten hierzu Rz. 3312). Dieses Formerfordernis bezieht sich nur auf die Befristungsabrede. Der „übrige" Arbeitsvertrag kann, auch wenn dies in der Praxis selten vorkommen dürfte, im Grundsatz mündlich abgeschlossen werden, sofern und soweit kein besonderes Schriftformerfordernis zu beachten ist.

868

Schriftformerfordernisse für den Abschluss des Arbeitsvertrags sind zudem oft in Tarifverträgen und Betriebsvereinbarungen geregelt. Bei **tariflichen Schriftformerfordernissen** ist durch Auslegung des Tarifvertrags sorgfältig zu prüfen, ob die Parteien tatsächlich ein konstitutives Schriftformerfordernis gewollt haben. Bei einem konstitutiven Schriftformerfordernis handelt es sich um eine tarifvertragliche Abschlussnorm, welche lediglich bei Tarifgebundenheit zwingende Wirkung entfaltet. In der Regel ist jedoch anzunehmen, dass die Formvorschrift auch hier lediglich Beweiszwecken dienen soll und es sich nur um eine deklaratorische Formvorschrift handelt (BAG v. 10.6.1988 – 2 AZR 7/88, NZA 1989, 21).

869

Bisweilen wird in **Arbeitsverträgen** für deren Änderung oder Ergänzung Schriftform vereinbart, sog. **Schriftformklauseln**. Auch diese Schriftformklauseln können konstitutive oder nur deklaratorische Bedeutung haben. Doch selbst wenn die Vertragsparteien eine konstitutive Klausel vereinbart haben, können sie ein ursprünglich vereinbartes Schriftformerfordernis nach dem Grundsatz der Vertragsfreiheit auch durch mündliche Abrede ergänzen, ändern oder ganz aufheben (BAG v. 10.1.1989 AP Nr. 57 zu § 74 HGB). Jedenfalls bei der einfachen Schriftformklausel wird auch die Möglichkeit der konkludenten Aufhebung durch eine betriebliche Übung bejaht (BAG v. 14.9.2011 – 10 AZR 526/10, NZA 2012, 81, 82; zur betrieblichen Übung näher Rz. 680). Für **vorformulierte** Schriftformklauseln folgt dies bereits aus dem in § 305b BGB normierten Vorrang der Individualabrede (Rz. 1013). Damit hat eine derartige Schriftformklausel kaum eine praktische Wirksamkeit, obwohl sie in der Praxis weit verbreitet ist. Auch Schriftformklauseln unterliegen, wenn sie vorformuliert sind, einer Inhaltskontrolle nach §§ 307 ff. BGB. Das BAG hat entschieden, dass sog. doppelte Schriftformklauseln, die in AGB

870

II. Sonderformen der Begründung eines Arbeitsverhältnisses

871 Hinzuweisen ist auf einige Sonderformen der Begründung eines Arbeitsverhältnisses. Kraft gesetzlicher Anordnung können Arbeitsverhältnisse u.U. durch einseitige Erklärung **kraft Gesetzes bzw. gesetzlicher Fiktion** begründet werden. In der Hauptsache handelt es sich hierbei um Fälle, in denen im bereits bestehenden Arbeitsverhältnis aufgrund besonderer Umstände die Partei des Arbeitgebers wechselt.

872 Ein echter Fall der Begründung eines Arbeitsverhältnisses liegt allerdings bei der **Übernahme eines Jugend-, Auszubildendenvertreters oder Betriebsrats** nach der Berufsausbildung gemäß § 78a Abs. 2 BetrVG vor. Dieser soll dem Auszubildenden Unabhängigkeit bei seiner Entscheidung zur Amtsübernahme und bei seiner Amtsführung, die zu Konflikten mit dem Arbeitgeber führen kann, garantieren (BAG v. 13.11.1987 – 7 AZR 246/87, NZA 1989, 439, 440). Der Auszubildende soll nicht befürchten müssen, der Arbeitgeber werde sich bei seiner Übernahmeentscheidung durch die Amtsübernahme bzw. -ausübung beeinflussen lassen. Verlangt ein Auszubildender, der Mitglied der Jugend- und Auszubildendenvertretung oder des Betriebsrats ist, innerhalb der letzten drei Monate vor Beendigung des Berufsausbildungsverhältnisses schriftlich vom Arbeitgeber die Weiterbeschäftigung, so gilt nach § 78a Abs. 2 BetrVG zwischen Auszubildendem und Arbeitgeber im Anschluss an das Berufsausbildungsverhältnis ein Arbeitsverhältnis als auf unbestimmte Zeit begründet. Ausnahmsweise können betriebliche Gründe zur Unzumutbarkeit der Weiterbeschäftigung führen (BAG v. 16.8.1995 – 7 ABR 52/94, NZA 1996, 493, 494). Bei Fehlen eines geeigneten Arbeitsplatzes ist der Arbeitgeber nicht verpflichtet, einen solchen – etwa durch den Abbau von Überstunden – zu schaffen (BAG v. 8.9.2010 – 7 ABR 33/09, NZA 2011, 221, 224). Eine Unzumutbarkeit ist jedoch nicht allein deshalb anzunehmen, weil der Arbeitgeber sich dazu entschließt, dass künftig Leiharbeitnehmern die anfallenden Arbeitsaufgaben übertragen werden (BAG v. 25.2.2009 – 7 ABR 61/07, DB 2009, 1473; BAG v. 17.2.2010 – 7 ABR 89/08, DB 2010, 1355).

„Danach können betriebliche Gründe nur ausnahmsweise zur Unzumutbarkeit der Weiterbeschäftigung eines Jugend- und Auszubildendenvertreters führen. Dazu ist Voraussetzung, dass im Betrieb des Arbeitgebers im Zeitpunkt der Beendigung des Ausbildungsverhältnisses kein freier, auf Dauer angelegter Arbeitsplatz zur Verfügung steht, auf dem der Jugendvertreter mit seiner durch die Ausbildung erworbenen Qualifikation beschäftigt werden kann." (BAG v. 16.8.1995 – 7 ABR 52/94, NZA 1996, 493, 494)

873 Ein Auszubildender, der bei Fehlen einer seiner Ausbildung angemessenen Weiterbeschäftigung auch zu anderen als den sich aus § 78a Abs. 2 BetrVG ergebenden Arbeitsbedingungen beschäftigt werden möchte, muss die Bereitschaft zur Beschäftigung zu geänderten Bedingungen dem Arbeitgeber unverzüglich nach dessen Nichtübernahmeerklärung mitteilen und konkret angeben, unter welchen Bedingungen er sich die Weiterarbeit vorstellt (BAG v. 17.2.2010 – 7 ABR 89/08, DB 2010, 1355; BAG v. 8.9.2010 – 7 ABR 33/09, NZA 2011, 221, 224).

874 Im Falle eines **Betriebsübergangs** tritt nach § 613a BGB der Betriebsübernehmer kraft Gesetzes in das bestehende Arbeitsverhältnis ein, wenn nicht der Arbeitnehmer von seinem Widerspruchsrecht Gebrauch macht (Rz. 3500, 3502).

875 **Verstirbt der Arbeitgeber**, geht das Arbeitsverhältnis im Wege der Universalsukzession nach § 1922 Abs. 1 BGB auf dessen Erben über. **Im Falle des Todes des Arbeitnehmers** gilt dies freilich nicht: Die Arbeitsleistung hat der Arbeitnehmer in Person zu erbringen. Der Anspruch auf die Arbeitsleistung ist im Zweifel nicht übertragbar, also höchstpersönlicher Natur (§ 613 BGB). Mit dem Tode des Arbeitnehmers erlischt daher der Arbeitsvertrag.

Hat im Bereich der **Arbeitnehmerüberlassung**, die im Rahmen der wirtschaftlichen Tätigkeit des Verleihers stattfindet (vgl. § 1 Abs. 1 S. 1 AÜG), ein Verleiher nicht die nach § 1 AÜG erforderliche Erlaubnis und ist der Vertrag deshalb nach § 9 Nr. 1 AÜG unwirksam, so gilt gemäß **§ 10 Abs. 1 S. 1 AÜG** ein Arbeitsverhältnis zwischen Entleiher und Leiharbeitnehmer zu dem zwischen dem Entleiher und dem Verleiher für den Beginn der Tätigkeit vorgesehenen Zeitpunkt als zustande gekommen. Diese Regelung soll die unkontrollierte Verleihung von Arbeitnehmern verhindern, indem der Entleiher sich die Erlaubnis vorlegen lässt, um sich selbst zu schützen. 876

III. Abschlussfreiheit und Abschlussgebote

1. Grundsatz der Vertragsfreiheit

Der Arbeitsvertrag wird nach dem Prinzip der **Vertragsfreiheit** begründet (§ 105 GewO). Das gilt in besonderem Maße für das Prinzip der **Abschlussfreiheit**. Insbesondere ist der Arbeitgeber frei in der Entscheidung, ob und mit wem er ein Vertragsverhältnis eingeht. Echte **Kontrahierungszwänge** gibt es auch im Arbeitsrecht kaum. Eine dem gleich kommende Ausnahme ist die eben erläuterte Verpflichtung zur Übernahme eines Jugend-, Auszubildendenvertreters oder Betriebsrats nach der Berufsausbildung (Rz. 871). Kontrahierungszwänge wären auch verfassungsrechtlich problematisch, weil insoweit ein unverhältnismäßiger Eingriff in die Grundrechte aus Art. 2 Abs. 1 GG und spezieller Art. 12 Abs. 1 GG nahe liegt. 877

Es gibt jedoch zahlreiche Regelungen, die die Abschlussfreiheit tangieren. Zum Schutze bestimmter Arbeitnehmergruppen kann **kraft Gesetzes** (Rz. 881) oder **Tarifvertrags** (Rz. 888) der Abschluss mit einem bestimmten Kreis von Arbeitnehmern geboten sein. Die **Nichtbegründung** entsprechender Arbeitsverhältnisse kann **Sanktionen** zur Folge haben, wie z.B. im Schwerbehindertenrecht die Zahlung einer Ausgleichsabgabe (§ 160 SGB IX). Ein Einstellungsanspruch des konkreten Bewerbers besteht nur in seltenen Fällen. 878

2. Verfassungsrechtliche Abschlussgebote

Denkbar ist, unmittelbar aus dem Grundgesetz Einstellungsansprüche herzuleiten. Ein unmittelbares verfassungsrechtliches Abschlussgebot enthält **Art. 9 Abs. 3 GG** (Rz. 598). Ein Arbeitgeber darf wegen der Gewerkschaftszugehörigkeit des Arbeitnehmers den Abschluss eines Arbeitsvertrags nicht verweigern. Macht er die Einstellung vom Austritt aus der Gewerkschaft abhängig, greift er unmittelbar in das verfassungsrechtlich geschützte Recht einer Koalition auf Bestand und Betätigung ein (BAG v. 2.6.1987 – AP Nr. 49 zu Art. 9 GG). Da Art. 9 Abs. 3 GG auch den Einzelnen schützt, stellt diese Vorschrift ein **Schutzgesetz** i.S.d. **§ 823 Abs. 2 BGB** dar. Eine Verletzung kann im Wege der **Naturalrestitution** nach **§ 249 BGB** einen Anspruch auf **Einstellung** begründen (Rz. 812). 879

Grundsätzlich besteht auch für Arbeitnehmer **im öffentlichen Dienst** kein Einstellungsanspruch. **Ausnahmsweise** kann jedoch aus **Art. 33 Abs. 2 GG**, wonach jeder Deutsche nach seiner Eignung, Befähigung und fachlichen Leistung gleichen Zugang zu jedem öffentlichen Amt hat, für den Einzelnen ein **Einstellungsanspruch** folgen, wenn jede andere Entscheidung ermessensfehlerhaft und damit rechtswidrig wäre (BAG v. 5.8.1982 – 2 AZR 1136/79, NJW 1983, 779, 780). Dabei kann ein Bewerber grundsätzlich nur verlangen, dass seine Bewerbung nach Eignung, Befähigung und fachlicher Leistung geprüft und nicht nach unzulässigen Kriterien differenziert wird (BAG v. 5.8.1982 – 2 AZR 1136/79, NJW 1983, 779; BAG v. 12.11.2008 – 7 AZR 499/07, juris). Art. 33 Abs. 2 GG erfasst nicht die Berufung in ein Beamtenverhältnis, sondern auch die Einstellung von Angestellten und Arbeitern (Rz. 812). Das Bewerbungsverfahren i.S.d. Art. 33 Abs. 2 GG endet mit der endgültigen Übertragung des Amts auf den ausgewählten Mitbewerber, da für eine Neubescheidung dann kein Raum bleibt (BAG v. 18.9.2007 – 9 AZR 672/06, ZTR 2008, 339; BAG v. 12.10.2010 – 9 AZR 554/09, NZA-RR 2011, 216). Zu beachten ist jedoch, dass einem zu Unrecht übergangenen Bewerber ausnahmsweise dann ein Anspruch auf Wiederherstellung zustehen kann, wenn durch das Verhalten der Verwaltung 880 ein effektiver Rechtsschutz verhindert worden ist oder wenn ein öffentlicher Arbeitgeber und ein eingestellter Bewerber kollusiv zusammenwirken (BAG v. 24.3.2009 – 9 AZR 277/08, NZA 2009, 901). Wurde die Stelle rechtswidrig mit einem schlechter geeigneten Konkurrenten besetzt, kommt ein **Schadensersatzanspruch** des übergangenen Bewerbers nach **§ 280 Abs. 1 BGB sowie § 823 Abs. 2 BGB i.V.m. Art. 33 Abs. 2 GG** als Schutzgesetz in Betracht (BAG v. 19.2.2008 – 9 AZR 70/07, NZA 2008, 1016). Die Ansprüche scheitern freilich vielfach daran, dass – im Hinblick auf den Beurteilungsspielraum der einstellenden Behörde (BAG v. 7.9.2004 – 9 AZR 537/03, NZA 2005, 879) – die Voraussetzungen des Art. 33 Abs. 2 GG nicht vorliegen. Es müsste eine Reduktion des dem Arbeitgeber zustehenden Auswahlermessens auf Null vorliegen, was nur anzunehmen ist, wenn der zurückgewiesene Bewerber gemäß den Kriterien des Art. 33 Abs. 2 GG der bestqualifizierte Bewerber ist (BAG v. 12.10.2010 – 9 AZR 554/09, NZA-RR 2011, 216).

3. Gesetzliche Abschlussgebote

Literatur: *Birnbaum*, Frauenquote für Aufsichtsräte, AuA 2011, 148; *Eichinger*, Grundsatz der Gleichbehandlung hinsichtlich des Zugangs zur Beschäftigung, zur Berufsausbildung und zum beruflichen Aufstieg sowie in Bezug auf die Arbeitsbedingungen, EAS B 4200 Rz. 90 ff.; *Holznagel/Schlünder*, Zulässigkeit leistungsabhängiger Frauenförderquoten, Jura 1996, 519; *Papier/Heidebach*, Die Einführung einer gesetzlichen Frauenquote für die Aufsichtsräte deutscher Unternehmen unter verfassungsrechtlichen Aspekten, ZGR 2011, 305; *Sachs*, Frauenquoten wieder vor dem EuGH, RdA 1998, 129; *Wieland*, Ist eine Quotenregelung zur Erhöhung des Anteils der Frauen in Aufsichtsräten mit dem Grundgesetz und Europarecht vereinbar?, NJW 2010, 2408.

881 Gesetzliche Abschlussgebote bestehen insbesondere zugunsten **schutzbedürftiger Personengruppen**, wobei auch hier in der Regel keine Verpflichtung besteht, das Arbeitsverhältnis mit einem bestimmten Stellenbewerber zu begründen – es handelt sich um Gebote, nicht um Zwänge.

882 § 2 Abs. 1 Nr. 1 AGG verbietet bei der Begründung des Arbeitsverhältnisses sowie beim beruflichen Aufstieg eine **Benachteiligung** des Bewerbers wegen eines in § 1 AGG genannten Grundes. Dass auch der Bewerber durch das AGG geschützt ist, ergibt sich explizit aus § 6 Abs. 1 S. 2 AGG. Eine Verletzung des Benachteiligungsverbots begründet jedoch **keinen Einstellungsanspruch** des diskriminierten Bewerbers. Das stellt § 15 Abs. 6 AGG ausdrücklich klar (Rz. 812).

883 Als „positive Maßnahme" kann – namentlich im Bereich des öffentlichen Dienstes anzutreffenden – in **Frauenförder- oder Gleichstellungsgesetzen** festgeschrieben sein, dass Frauen vorrangig eingestellt oder befördert werden müssen, wenn sie in den betreffenden Bereichen unterrepräsentiert sind. Beispiel für eine **Quotenregelung** ist § 96 Abs. 2 AktG. Gemäß § 96 Abs. 2 S. 1 AktG setzt sich bei börsennotierten Aktiengesellschaften, für die das MitbestG, das MontanMitbestG oder das MontanMitbestErgG gilt, der Aufsichtsrat zu mindestens 30 Prozent aus Frauen und zu mindestens 30 Prozent aus Männern zusammen.

884 **Vertiefung: Rechtmäßigkeit gesetzlicher Quotenregelungen:** Die Grenzen der Zulässigkeit gesetzlicher (Geschlechter-)Quoten werden nicht einheitlich gezogen. Während beispielsweise das BAG für den öffentlichen Dienst leistungsbezogene Quotenregelungen für mit dem nationalen und europäischen Recht vereinbar hält (BAG v. 22.6.1993 – 1 AZR 590/92, NZA 1994, 77; BAG v. 5.3.1996 – 1 AZR 590/92, NZA 1996, 751), vertritt das OVG Münster (OVG Münster 23.10.1990 – 12 B 2298/90, JZ 1991, 779) die gegenteilige Ansicht.

Auf zwei Vorlagefragen des BAG (BAG v. 22.6.1993 – 1 AZR 590/92, NZA 1994, 77) und des VG Gelsenkirchen (VG Gelsenkirchen v. 21.12.1995 – 1 K 6303/94, NVwZ 1996, 511 – zu § 25 Abs. 6 S. 2 LBG NW) hat der EuGH festgestellt, dass eine Regelung, die Frauen „automatisch" bzw. „absolut und unbedingt" (sog. **harte Quoten**) den Vorrang einräumt, über die Grenzen des Art. 2 Abs. 4 RL 76/207/EWG a.F. (Richtlinie mit Wirkung vom 15.10.2009 aufgehoben; vgl. jetzt Art. 3 RL 2006/54/EG, der auf Art. 141 Abs. 4 EG – jetzt **Art. 157 Abs. 4 AEUV** – verweist) hinausgeht (vgl. EuGH v. 6.7.2000 – C-407/98 „Abrahamsson", NZA 2000, 935). Eine solche Regelung würde an die Stelle der Förderung der Chancengleichheit das Ergebnis setzen, zu welchem auch allein die Verwirklichung der Chancengleichheit hätte führen können (EuGH v.

17.10.1995 – C-450/93 „Kalanke", NZA 1995, 1095 Rz. 22 f.). Andererseits erkennt der Gerichtshof aber auch an, dass eine leistungsbezogene Quotenregelung dazu beitragen kann, ein geeignetes Gegengewicht zu den nachteiligen Auswirkungen von Vorurteilen und Verhaltensmustern gegenüber Frauen zu schaffen. Sie seien geeignet, in der sozialen Wirklichkeit bestehende faktische Ungleichheiten zu verringern. Daher erachtet der EuGH eine Quotenregelung zugunsten von Frauen mit Art. 2 Abs. 4 RL 76/207/EWG a.F. dann für vereinbar, wenn sie zugleich dem männlichen Bewerber in jedem Einzelfall garantiert, dass seine Bewerbung Gegenstand einer objektiven Beurteilung ist und die Bevorzugung der Konkurrentin entfällt, wenn Kriterien zu seinen Gunsten überwiegen (sog. **weiche Quote**; EuGH v. 11.11.1997 – C-409/95 „Marschall", NZA 1997, 1337 Rz. 31). Quotenregelungen ohne eine sog. Härtefallklausel verstoßen somit gegen europäisches Recht, solche mit Härtefallklausel, die den öffentlichen Arbeitgeber zu einer Einzelfallprüfung anhalten und den Mitbewerberinnen keinen absoluten und unbedingten Vorrang einräumen, nicht (BAG v. 21.1.2003 – 9 AZR 307/02, NZA 2003, 1036).

Zugelassen hat der EuGH darüber hinaus u.a. Regelungen, wonach in **Ausbildungsberufen**, in denen Frauen unterrepräsentiert sind und in denen nicht ausschließlich der Staat ausbildet, dem Staat als Arbeitgeber vorgeschrieben werden kann, dass Frauen mindestens die Hälfte aller Ausbildungsplätze erhalten. Er hat jedoch auch insoweit darauf abgestellt, dass es nicht zu einer absoluten starren Quote komme, weil bei einer zu geringen Anzahl weiblicher Bewerber die Stellen mit männlichen Bewerbern besetzt werden können, es sich um Ausbildungsplätze und nicht um Arbeitsplätze handele und zudem in der freien Wirtschaft ebenfalls Ausbildungsplätze vorhanden seien und deshalb kein männlicher Bewerber definitiv von einer Ausbildung ausgeschlossen werde. Es handele sich um den Teil eines Konzepts zur begrenzten Verwirklichung der Chancengleichheit (EuGH v. 28.3.2000 – C-158/97 „Badeck", NZA 2000, 473).

Die Quotenregelungen können in der **Praxis** durch den Beurteilungsspielraum des Arbeitgebers unterlaufen werden. Nach der Rechtsprechung (Rz. 884) und den meisten Landesgleichstellungsgesetzen im Bereich des öffentlichen Dienstes sowie nach § 8 BGleiG (Bundesgleichstellungsgesetz) sind Frauen bzw. das unterrepräsentierte Geschlecht grundsätzlich nur „bei gleicher Eignung, Befähigung und fachlicher Leistung" bevorzugt zu berücksichtigen. Das führt dazu, dass der/die ausgesuchte Bewerber/-in für eine Beförderungsposition schon im Vorfeld entsprechend gut bewertet wird, damit der Fall „gleicher Eignung" möglichst kaum vorkommt. Da der Arbeitgeber hinsichtlich der Eignungsbeurteilung einen Ermessensspielraum hat, sind Konkurrentenklagen oftmals erfolglos (siehe etwa BAG v. 7.9.2004 – 9 AZR 537/03, NZA 2005, 879). 885

§ 154 Abs. 1 S. 1 SGB IX verpflichtet private und öffentliche Arbeitgeber, die jahresdurchschnittlich monatlich über mindestens 20 Arbeitsplätze verfügen, wenigstens 5 % der Arbeitsplätze mit **Schwerbehinderten** zu besetzen. Die Pflicht aus § 154 Abs. 1 SGB IX umfasst den Abschluss eines Arbeitsvertrags und die Zurverfügungstellung der Stellung entsprechende Beschäftigung. Allerdings reicht gegebenenfalls auch eine Teilzeitbeschäftigung zur Anrechnung aus (§ 158 Abs. 2 SGB IX). Bei § 154 Abs. 1 S. 1 SGB IX handelt es sich um eine öffentlich-rechtliche Verpflichtung, die einem einzelnen Schwerbehinderten **keinen Einstellungsanspruch** verschafft. Nur mittelbar wird die Verletzung des Abschlussgebots über Ausgleichsabgaben und Bußgelder sanktioniert (§§ 160, 238 Abs. 1 Nr. 1 SGB IX). Einen gesetzlichen **Wiedereinstellungsanspruch** für schwerbehinderte Menschen nach einer außerordentlichen Kündigung aufgrund Streiks oder Aussperrung enthält die Vorschrift des **§ 174 Abs. 6 SGB IX**. 886

§ 2 Abs. 5 ArbPlSchG verbietet – auch nach der zwischenzeitlichen Aussetzung der Wehrpflicht –, die **Übernahme eines Auszubildenden** in ein Arbeitsverhältnis aus Anlass der Ableistung des **Wehrdienstes** abzulehnen. 887

4. Tarifliche und betriebsverfassungsrechtliche Abschlussgebote

Ebenso wie in Gesetzen können auch in Tarifverträgen und Betriebsvereinbarungen (vgl. etwa BAG v. 14.4.2012 – 7 AZR 147/11, AP Nr. 60 zu § 77 BetrVG 1972 Betriebsvereinbarung) Abschlussgebote geregelt sein. Nach § 1 Abs. 1 TVG gehören diese als **Abschlussnormen** genauso wie die Abschlussverbote zum normativen Teil eines Tarifvertrags. In der Hauptsache sind hier Verpflichtungen des Arbeitgebers zu nennen, bestimmte Arbeitnehmergruppen zu beschäftigen, z.B. ältere Arbeitnehmer oder Arbeitnehmer mit bestimmten Qualifikationen. In der Regel wird aber auch mit solchen Ab- 888 schlussgeboten **kein Anspruch einer einzelnen Person** begründet. Zu Besetzungsregeln Rz. 911. Im Anschluss an Arbeitskämpfe werden häufig in Tarifvereinbarungen sog. **Wiedereinstellungsklauseln** vereinbart, wonach z.B. Arbeitnehmer, deren Arbeitsverhältnisse im Rahmen eines Arbeitskampfs beendet wurden, wieder einzustellen sind. Aus derartigen Klauseln kann ein **unmittelbarer Einstellungsanspruch** folgen. Ihre praktische Bedeutung ist indessen gering, weil die Aussperrung des Arbeitgebers in aller Regel das Arbeitsverhältnis nur für die Dauer des Arbeitskampfs suspendiert, aber nicht beendet (suspendierende, nicht lösende Aussperrung). Manche Tarifverträge enthalten auch Wiedereinstellungsklauseln für den Fall der Beendigung des Arbeitsverhältnisses bei länger dauernden Betriebsstörungen (vgl. BAG v. 16.6.1987 – 1 AZR 528/85, NZA 1987, 858).

889 Zur Bindung des Arbeitgebers an betriebsverfassungsrechtliche Vorgaben Rz. 832.

5. Vertragliche Einstellungsansprüche

Literatur: *Boewer*, Der Wiedereinstellungsanspruch, NZA 1999, 1121, 1177; *Raab*, Der Wiedereinstellungsanspruch des Arbeitnehmers bei Wegfall des Kündigungsgrundes, RdA 2000, 147.

890 Einstellungsansprüche können sich auch aus einer entsprechenden vertraglichen Verpflichtung ergeben. Neben einer **ausdrücklichen Rückkehrzusage** (vgl. BAG v. 15.10.2013 – 9 AZR 572/12, NZA-RR 2014, 119) sind folgende Fälle zu beachten:

a) Vorvertrag

891 Durch einen Vorvertrag, dessen Abschluss wegen des Grundsatzes der Vertragsfreiheit zulässig ist, können sich ggf. **einklagbare Verpflichtungen** zur Abgabe eines Angebots auf Abschluss eines Arbeitsvertrags bzw. zur Annahme eines entsprechenden Angebots ergeben. Freilich muss diese Verpflichtung hinreichend konkretisiert sein und es müssen die wesentlichen Inhalte des späteren Arbeitsvertrags durch Auslegung feststellbar sein. Es muss erkennbar sein, dass sich die Parteien bereits vor Klärung aller wichtigen Vertragspunkte binden wollten (BGH v. 26.3.1980 – VIII ZR 150/79, NJW 1980, 1577, 1578).

b) Vertrauen erzeugende Zusagen

892 Vergleichbare Ansprüche auf Begründung eines unbefristeten Arbeitsverhältnisses können sich auch durch Vertrauen erzeugende Zusagen des Arbeitgebers ergeben, wenn etwa einem befristet eingestellten Arbeitnehmer **für den Fall seiner Bewährung die unbefristete Fortsetzung** des Arbeitsverhältnisses **in Aussicht** gestellt worden ist (BAG v. 16.3.1989 – 2 AZR 325/88, NZA 1989, 719, 722).

893 Der Vertrauensgesichtspunkt kann auch einen **Wiedereinstellungsanspruch** nach der wirksamen Beendigung eines befristeten Arbeitsverhältnisses durch Fristablauf begründen. Dies kommt bei **Saisonarbeitern** in Betracht, die **mehrere Jahre hintereinander** für die Saison eingestellt werden. Im Zusammenspiel mit **weiteren Umständen**, wie z.B. dem Wunsch für eine gute Zusammenarbeit im nächsten Jahr, kann ein entsprechender Vertrauenstatbestand, der aus § 242 BGB oder aus betrieblicher Übung folgt, begründet werden (BAG v. 29.1.1987 – 2 AZR 109/86, NZA 1987, 627, 628). Jedoch kann allein aus dem Vertrauen eines Vertragspartners auf Neuabschluss kein Anspruch auf Weiterbeschäftigung hergeleitet werden. Denn ein zu Unrecht enttäuschtes Vertrauen verpflichtet regelmäßig lediglich zum Ersatz des Vertrauensschadens (so BAG v. 26.4.2006 – 7 AZR 190/05, AP Nr. 1 zu § 611 BGB Wiedereinstellung; vgl. auch BAG v. 13.8.2008 – 7 AZR 513/07, NZA 2009, 27). Wenn die Erklärungen oder Verhaltensweisen des Arbeitgebers allerdings als Zusage auf Fortsetzung des Arbeitsverhältnisses auszulegen sind, kann ein arbeitnehmerseitiger Anspruch auf Abschluss eines weiteren Arbeitsvertrags durchaus bejaht werden (BAG v. 13.8.2008 – 7 AZR 513/07, NZA 2009, 27, 28).

c) Nachwirkende Vertragspflichten

Einstellungspflichten können sich auch aus einer nachwirkenden Pflicht nach Treu und Glauben **aus § 242 BGB** bei einem zunächst durch Kündigung wirksam beendeten Arbeitsverhältnis ergeben, wenn ein ursprünglich gegebener Kündigungsgrund nachträglich objektiv wegfällt.

894

Bekanntester Fall ist die **Verdachtskündigung** (Rz. 3093), bei der sich später die Unschuld des Arbeitnehmers herausstellt oder jedenfalls Umstände bekannt werden, die den bestehenden Verdacht entfallen lassen (BAG v. 20.8.1997 – 2 AZR 620/96, NZA 1997, 1340). Der Arbeitgeber ist unter Umständen zur Wiedereinstellung verpflichtet (BAG v. 4.6.1964 – 2 AZR 310/63, AP Nr. 13 zu § 626 BGB Verdacht strafbarer Handlung).

895

Darüber hinaus erkennt das BAG eine Wiedereinstellungspflicht im Rahmen der **betriebsbedingten Kündigung** an, wenn diese auf der Prognose des Arbeitgebers beruht, bei Ablauf der Kündigungsfrist könne er den Arbeitnehmer (z.B. wegen Betriebsstilllegung) nicht mehr weiterbeschäftigen und sich die Prognose noch während des Laufs der Kündigungsfrist als falsch erweist (BAG v. 27.2.1997 – 2 AZR 160/96, NZA 1997, 757; BAG v. 28.6.2000 – 7 AZR 904/98, NZA 2000, 1097; BAG v. 9.11.2006 – 2 AZR 509/05, DB 2007, 861; BAG v. 6.11.2008 – 2 AZR 709/07; siehe unter Rz. 2779). Wenn die Weiterbeschäftigungsmöglichkeit erst nach Ablauf der Kündigungsfrist entsteht, kommt nur in Ausnahmefällen ein Wiedereinstellungsanspruch in Betracht, denn es können diesem berechtigte Interessen des Arbeitgebers entgegenstehen (BAG v. 9.11.2006 – 2 AZR 509/05, DB 2007, 861; BAG v. 25.10.2007 – 8 AZR 989/06, NZA 2008, 357, 358 f.).

896

Nach Ablauf der Kündigungsfrist sollte prinzipiell dem Gebot der Rechtssicherheit Vorrang gebühren. Besondere Probleme hinsichtlich eines Wiedereinstellungsanspruchs ergeben sich in Zusammenhang mit der Rechtsprechung zum Betriebsübergang (Rz. 3570).

897

IV. Abschluss- und Beschäftigungsverbote

Dem wirksamen Vertragsschluss können Abschluss- und Beschäftigungsverbote entgegenstehen. **Nur in wenigen Fällen** hat das Bestehen eines Abschlussverbots die **Nichtigkeit** eines Arbeitsvertrags gemäß § 134 BGB zur Folge (Rz. 920).

898

1. Gesetzliche Abschluss- und Beschäftigungsverbote

a) Jugendarbeitsschutz

Beschäftigungsverbote bestehen insbesondere für Kinder und Jugendliche (§§ 2, 5, 7 22 ff. JArbSchG). Aus dem Zweck dieser Beschäftigungsverbote folgt, dass gegenteilige Arbeitsverträge nichtig sind (§ 134 BGB). Somit sind diese zugleich Abschlussverbote. Nur durch das Verbot der Verträge insgesamt kann ein **effektiver Jugendschutz** erzielt werden.

899

Die Beschäftigung von Kindern (Personen, die noch nicht 15 Jahre alt sind; § 2 Abs. 1 JArbSchG) **und von Jugendlichen** (Personen, die 15 aber noch nicht 18 Jahre alt sind; § 2 Abs. 2 JArbSchG), die noch der Vollzeitschulpflicht unterliegen (§ 2 Abs. 3 JArbSchG), ist nach § 5 Abs. 1 JArbSchG **grundsätzlich verboten**. Hierzu bestehen einige **Ausnahmeregelungen**.

900

Beispiele für die ausnahmsweise zulässige Beschäftigung von Kindern: Die Beschäftigung von Kindern im Rahmen eines Betriebspraktikums während der Vollzeitschulpflicht ist erlaubt. Kinder über 13 Jahren dürfen unter engen zeitlichen Grenzen in der Landwirtschaft arbeiten, bis zu zwei Stunden werktäglich Zeitungen austragen oder bis zu zwei Stunden täglich leichtere Beschäftigung beim Sport ausführen. Behördliche Ausnahmen für die Beschäftigung von Kindern und Jugendlichen bei Theatervorstellungen, Musikaufführungen, Werbeveranstaltungen, im Rundfunk sowie bei Ton-, Film- und Fotoaufnahmen sind unter strengen Voraussetzungen möglich (§ 6 JArbSchG).

901

902 **Kinder**, die der Vollzeitschulpflicht nicht mehr unterliegen, dürfen ein Berufsausbildungsverhältnis eingehen. Im Übrigen dürfen sie nur mit leichten und für sie geeigneten Tätigkeiten bis zu sieben Stunden täglich und 35 Stunden wöchentlich beschäftigt werden (§ 7 JArbSchG).

903 **Jugendliche** dürfen grundsätzlich beschäftigt werden, wobei die §§ 8 ff. JArbSchG besondere Schutzvorschriften enthalten. Auch hier sind zusätzlich spezielle Beschäftigungsverbote zu beachten (§§ 22 ff. JArbSchG).

904 Nach § 28 Abs. 1 S. 1 BBiG darf nur derjenige **Auszubildende** einstellen, der persönlich dafür geeignet ist. Ausbilder darf nur sein, wer persönlich *und* fachlich geeignet ist. In den folgenden Vorschriften sind die Einzelheiten dazu geregelt. § 10 Abs. 4 BBiG ordnet trotz fehlender Eignung die Wirksamkeit des Ausbildungsvertrags an, sodass dem Auszubildenden ggf. vertragliche Schadensersatzansprüche zustehen.

b) Mutterschutz

905 In aller Regel führen die sonstigen Beschäftigungsverbote **nicht zu einer Nichtigkeit** des Arbeitsvertrags. In Betracht kommen hier insbesondere die Verbote der §§ 3, 4, 5, 6, 16 MuSchG. Diese Verbote dienen in erster Linie dem Schutz der Arbeitnehmerin (Rz. 2296), sodass insbesondere Vergütungsansprüche bestehen bleiben, wenn eine Arbeitsleistung entgegen dem Beschäftigungsverbot tatsächlich erbracht wurde.

906 Die bestehenden Beschäftigungsverbote im MuSchG können nicht herangezogen werden, um das Arbeitsverhältnis einer Schwangeren zu **kündigen, anzufechten oder für unwirksam zu erklären**. Dieses Vorgehen würde einen **Verstoß gegen** das Benachteiligungsverbot aus § 3 Abs. 1 S. 2 AGG darstellen.

c) Sonstige Beschäftigungsverbote

907 Die §§ 4 S. 3, 9 ArbZG verbieten die Beschäftigung eines Arbeitnehmers für eine **Zeitspanne von mehr als sechs Stunden ohne Ruhepause** sowie an **Sonn- und gesetzlichen Feiertagen**. Da diese Verbote dem Schutz des Arbeitnehmers im bestehenden Arbeitsverhältnis dienen, hat der Arbeitnehmer auch dann Vergütungsansprüche, wenn eine Arbeitsleistung entgegen dem Beschäftigungsverbot tatsächlich erbracht wurde.

908 § 284 Abs. 1 SGB III verbietet die Beschäftigung von **Staatsangehörigen der neuen EU-Mitgliedstaaten** ohne Genehmigung der Bundesagentur. Diese Vorschrift dient dem Schutz der Allgemeinheit und soll den Zugang von Staatsangehörigen der neuen EU-Mitgliedstaaten auf den deutschen Arbeitsmarkt kontrollieren.

909 Ebenfalls dem Schutze Dritter dienen die Beschäftigungsverbote der §§ 42, 43 IfSG, die die Verbreitung von **ansteckenden Krankheiten** verhindern sollen. Beide Regelungen führen nicht zur Nichtigkeit des Arbeitsvertrags (BAG v. 7.2.1990 – 2 AZR 359/89, NZA 1991, 341).

910 § 8 BUrlG, der zum Schutze des Erholungszwecks des Urlaubs geschaffen wurde, führt ebenfalls nicht zur Nichtigkeit eines für die **Urlaubszeit** begründeten Arbeitsverhältnisses (BAG v. 25.2.1988 – 8 AZR 596/85, NZA 1988, 607, 608).

2. Kollektivvertragliche Abschlussverbote

911 Auch in Kollektivverträgen können Abschlussverbote begründet werden. Besondere Bedeutung haben kollektivvertragliche Abschlussverbote beispielsweise in der Druckindustrie erlangt. Dort sind tarifvertraglich sog. **Besetzungsregeln** vereinbart worden, in denen die Besetzung eines Arbeitsplatzes von einer bestimmten Ausbildung abhängig gemacht wird. Dies beinhaltet gleichzeitig das Verbot, Ar-

beitsverträge mit anderen, weniger qualifizierten Arbeitnehmern zu schließen. Das BAG sieht in derartigen Besetzungsregelungen keinen Verstoß gegen Art. 12 GG (BAG v. 26.4.1990 – 1 ABR 84/87, NZA 1990, 850).

Durch betriebsverfassungsrechtliche Regelungen, insbesondere **Auswahlrichtlinien** (§§ 95, 99 Abs. 2 Nr. 2 BetrVG, Rz. 832), können u.U. Abschlussverbote begründet werden. Zu beachten ist, dass das Betriebsverfassungsgesetz selbst in § 99 BetrVG die wirksame Einstellung eines Arbeitnehmers von der Zustimmung des Betriebsrats abhängig macht. Verweigert dieser die Zustimmung, kann zwar der Arbeitgeber die Ersetzung der Zustimmung beim Arbeitsgericht nach § 99 Abs. 4 BetrVG beantragen, der deswegen abgelehnte Bewerber selbst hat aber keine Möglichkeit, dagegen vorzugehen. 912

3. Vertragliche Abschlussverbote

Abschlussverbote können durch Arbeitsvertrag **nicht** wirksam begründet werden. Prinzipiell bleibt das Recht des Arbeitnehmers, ein weiteres Arbeitsverhältnis einzugehen, unberührt. 913

Insbesondere die Vereinbarung von **Wettbewerbsverboten** lässt die Möglichkeit unberührt, dass der Arbeitnehmer vertragswidrig doch ein weiteres Arbeitsverhältnis begründet. Das Wettbewerbsverbot führt nicht zu einem Dritten gegenüber wirksam werdenden Vertragsabschlussverbot. Allerdings kann ein weiterer Arbeitsvertrag bei ganz erheblicher Überschreitung der gesetzlich zulässigen Arbeitszeit (§§ 3 ff. ArbZG) nichtig sein (Rz. 1184). 914

§ 23
Mängel des Arbeitsverhältnisses

Literatur: *Beuthien*, Das fehlerhafte Arbeitsverhältnis als bürgerlich-rechtliches Abwicklungsproblem, RdA 1969, 161; *Dörner*, Anfechtung, AR-Blattei SD 60, 1993; *Ehrich*, Fragerecht des Arbeitgebers, HwB AR 865, 1994; *Hönn*, Zur Problematik fehlerhafter Vertragsverhältnisse, ZfA 1987, 61; *Picker*, Die Anfechtung von Arbeitsverträgen, ZfA 1981, 1; *Struck*, Anfechtung des Arbeitsverhältnisses wegen Transsexualität, BB 1990, 2267; *Walker*, Der Vollzug des Arbeitsverhältnisses ohne wirksamen Arbeitsvertrag, JA 1985, 138; *Wolf/Gangel*, Anfechtung und Kündigungsschutz, AuR 1982, 271.

Übersicht: Mängel des Arbeitsverhältnisses 915

- ☐ Nichtigkeitsgründe des Arbeitsverhältnisses (Rz. 917)
    - ☐ Anfechtung gemäß §§ 142, 119, 123 BGB (Rz. 928)
    - ☐ Fehlende oder beschränkte Geschäftsfähigkeit (Rz. 853)
    - ☐ Sittenwidrigkeit (Rz. 994)
    - ☐ Wucher (siehe unter Rz. 1209 ff.)
    - ☐ Verstoß gegen gesetzliche Verbote (Rz. 981)
- ☐ Rechtsfolgen (Rz. 962)
    - ☐ Unterscheidung zwischen vollzogenem und noch nicht vollzogenem Arbeitsverhältnis
    - ☐ Umfang der Nichtigkeit
        - ☐ Regelfall: Teilnichtigkeit entgegen § 139 BGB
        - ☐ Ausnahme: Gesamtnichtigkeit

916 Der Arbeitsvertrag kann wie jedes andere Rechtsgeschäft nichtig sein. Dabei kommt dem Nichtigkeitsgrund der Anfechtung sowohl in der Rechtsprechung als auch in der wissenschaftlichen Diskussion besondere Bedeutung zu.

I. Nichtigkeitsgründe

1. Überblick über Nichtigkeitsgründe nach dem BGB

917 Arbeitsverträge können aus unterschiedlichen Gründen nichtig sein. Insoweit sind neben speziellen arbeitsrechtlichen Regelungen grundsätzlich die allgemeinen Lehren des BGB heranzuziehen. Beachtenswert ist jedoch die differenzierende Ausgestaltung der Rechtsfolgen nichtiger Verträge im Arbeitsrecht (Rz. 962).

918 – Ein wirksamer Vertragsschluss kann wegen **fehlender oder beschränkter Geschäftsfähigkeit** nach §§ 104 ff. BGB ausgeschlossen sein (Rz. 853).

919 – Die Vorschriften der § 116 S. 2 BGB (**geheimer Vorbehalt**), § 117 Abs. 1 BGB (**Scheingeschäft**) und § 118 BGB (**Mangel der Ernstlichkeit**) ordnen ebenfalls die Nichtigkeit an.

920 – Schutznormen des Arbeitsrechts oder andere Verbotsgesetze können in Verbindung mit **§ 134 BGB** zur Nichtigkeit des Arbeitsvertrags führen. Gesetz ist gemäß Art. 2 EGBGB jede Rechtsnorm.

921 Das Bestehen von **Abschluss- und Beschäftigungsverboten** (Rz. 898) hat aus Arbeitnehmerschutzgesichtspunkten (Rz. 1) **regelmäßig nicht die Nichtigkeit** des Arbeitsvertrags zur Folge. Mit einem nichtigen Vertrag ist dem Arbeitnehmer, der in der Regel auf das Arbeitsentgelt zum Bestreiten seines Lebensunterhalts angewiesen ist, nicht gedient. Die Anpassung des Vertrags an die rechtlichen Vorgaben wird seinem Schutzbedürfnis eher gerecht. Lediglich die **Beschäftigungsverbote** der §§ 2, 5, 7 JArbSchG ordnen die Nichtigkeit des Vertrags **zum Schutze von Kindern und Jugendlichen** an, da hier nur die Nichtigkeit des Vertrags den vom Gesetz angestrebten Schutz wirksam erzielen kann.

922 **Tarifliche oder betriebsverfassungsrechtliche Normen** sind keine Verbotsgesetze nach § 134 BGB. Bereits § 4 Abs. 1 TVG und § 77 Abs. 4 BetrVG ordnen die zwingende Wirkung von Tarifnormen und Betriebsvereinbarungen an, sodass es des Rückgriffs auf den Allgemeinen Teil des BGB nicht bedarf. Im Betriebsverfassungsrecht führt die **verweigerte Zustimmung des Betriebsrats** zur Einstellung wegen Nichtbeachtung der **Auswahlrichtlinien** (Rz. 832) durch den Arbeitgeber zur Unwirksamkeit des geschlossenen Vertrags. Genauso verhält es sich, wenn eine **Einstellung gegen eine Norm des einschlägigen Tarifvertrags verstößt**. Auch dann kann der Betriebsrat die Zustimmung gemäß **§ 99 Abs. 2 Nr. 1 BetrVG** verweigern.

923 Soweit der Arbeitsvertrag auf die **Begehung einer strafbaren Handlung** gerichtet ist, ist er nach § 134 BGB nichtig. Die Normen des Strafrechts sind Verbotsgesetze im Sinne der genannten Vorschrift.

924 Wird ein Arbeitsvertrag unter **Verstoß gegen das Diskriminierungsrecht** begründet, führt dies – trotz des Verbots des § 7 Abs. 1 AGG – nicht zur Nichtigkeit dieses Arbeitsvertrages des zu Unrecht bevorzugten Bewerbers. Dies ergibt sich im Umkehrschluss aus § 15 Abs. 6 AGG, der ausdrücklich den Anspruch auf Einstellung ausschließt. Die Rechtsfolge des § 7 Abs. 2 AGG ist in diesem Fall nicht einschlägig, da die Vorschrift nur benachteiligende „Bestimmungen in Vereinbarungen" umfasst, nicht hingegen den Abschluss eines Arbeitsvertrags.

925 – Nach § 138 Abs. 1 BGB ist ein Rechtsgeschäft, das gegen die **guten Sitten** verstößt, nichtig (Rz. 994; zum Lohnwucher siehe unter Rz. 1209 ff.).

926 – Die unter Rz. 928 ff. ausführlich behandelte **Anfechtung** führt gemäß § 142 BGB zur Nichtigkeit des Vertrags.

– Bei Vertragsschluss durch einen **Vertreter ohne Vertretungsmacht** ordnet § 177 BGB die Nichtigkeit des Vertrags an, wenn dieser nicht genehmigt wird. 927

2. Insbesondere: Anfechtung des Arbeitsvertrags

Übersicht/Prüfungsschema 928

- ☐ Nichtigkeitsgrund Anfechtung: § 142 BGB (Rz. 928)
  - ☐ Irrtumsanfechtung, § 119 BGB (Rz. 937)
    - ☐ Anfechtungserklärung (§ 143 BGB)
    - ☐ Irrtum bei Abgabe der Willenserklärung, insbesondere: § 119 Abs. 2 BGB
    - ☐ Kausalität
    - ☐ Anfechtungsfrist (analog § 626 Abs. 2 BGB)
  - ☐ Täuschungsanfechtung, § 123 Abs. 1 Fall 1 BGB (Rz. 949)
    - ☐ Anfechtungserklärung (§ 143 BGB)
    - ☐ Rechtswidrige Täuschung, insbesondere: falsche Beantwortung einer zulässigen Frage oder unterlassene Offenbarung einer offenbarungspflichtigen Tatsache
    - ☐ Arglist, mindestens bedingter Vorsatz
    - ☐ Kausalität
    - ☐ Anfechtungsfrist (§ 124 Abs. 1 BGB)
  - ☐ Keine Verwirkung (§ 242 BGB)
  - ☐ Anhörung des Betriebsrats nicht erforderlich
  - ☐ Kündigungsschutz greift nicht
- ☐ Rechtsfolgen der Anfechtung (Rz. 962)
  - ☐ Im noch nicht vollzogenen und außer Vollzug gesetzten Arbeitsverhältnis: gemäß § 142 BGB Ex-tunc-Wirkung
  - ☐ Im bereits vollzogenen Arbeitsverhältnis: entgegen § 142 BGB Ex-nunc-Wirkung

Die Willenserklärung zum Abschluss eines **Arbeitsvertrags** kann wie jedes Rechtsgeschäft wegen **Irrtums** (§ 119 BGB), falscher Übermittlung der Willenserklärung (§ 120 BGB), **Drohung** oder **arglistiger Täuschung** (§ 123 BGB) angefochten werden. Die Anfechtung erfolgt gemäß § 143 BGB durch Erklärung gegenüber dem Empfänger der anfechtbaren Willenserklärung, dem Anfechtungsgegner. Möglich ist auch, nur einzelne **Vertragsbestandteile** anzufechten. 929

a) Allgemeines

Die Möglichkeit, das Arbeitsverhältnis **aus wichtigem Grunde außerordentlich zu kündigen**, steht der Anfechtung des Arbeitsvertrags nicht entgegen. Das ergibt sich aus der sachlichen Unterschiedlichkeit der beiden Rechtsinstitute. Während die Anfechtung einen Grund voraussetzt, der schon vor oder beim Abschluss des Arbeitsvertrags vorgelegen hat, dient die Kündigung dazu, ein nachträglich „krank oder sinnlos" gewordenes Arbeitsverhältnis zu beseitigen (BAG v. 28.3.1974 – 2 AZR 92/73, DB 1974, 1531). 930

Gegebenenfalls bedarf eine Auflösungserklärung der **Auslegung** (§§ 133, 157 BGB). Erklärt eine Seite eine „fristlose Kündigung", so kann hierin auch gleichzeitig eine Anfechtung liegen, wenn aus den 931

Gesamtumständen ersichtlich ist, dass die Auflösung des Arbeitsverhältnisses aus Gründen der Täuschung oder Drohung gewollt ist und eine Anfechtung damit in Betracht kommt. Es steht dem Anfechtungs- und Kündigungsberechtigten frei, welche rechtliche Gestaltungsmöglichkeit er ausüben will. Für das Verhältnis von Anfechtung und außerordentlicher Kündigung gilt, dass sie **nebeneinander ausgesprochen** werden können, wenn der Anfechtungsgrund im Zeitpunkt der Anfechtungserklärung so stark nachwirkt, dass die weitere Fortsetzung des Arbeitsverhältnisses unzumutbar ist (BAG v. 28.3.1974 – 2 AZR 92/73, DB 1974, 1531).

932 In der **Fallbearbeitung** ist die Nichtigkeit des Arbeitsvertrags durch Anfechtung vor der Rechtswirksamkeit einer Kündigung zu prüfen, sofern der Sachverhalt Anlass dazu bietet.

933 Der **allgemeine Kündigungsschutz nach dem KSchG** sowie der **besondere Kündigungsschutz** (Rz. 2597), z.B. gemäß § 17 MuSchG und § 18 BEEG, stehen der Anfechtung nicht entgegen. Bei Kündigung und Anfechtung handelt es sich um verschiedene Gestaltungsrechte. Die Kündigungsverbote oder -einschränkungen sollen nur das rechtsfehlerfrei zustande gekommene Arbeitsverhältnis schützen. Bei der Anfechtung eines Vertrags mit einem **Schwerbehinderten** ist somit nicht die Zustimmung des Integrationsamtes nach § 85 bzw. §§ 91 Abs. 1 i.V.m. 85 § 168 bzw. §§ 174 Abs. 1 i.V.m. 168 SGB IX erforderlich. Bei der Anfechtung eines Vertrags mit einem **Betriebsratsmitglied** muss der Betriebsrat nicht nach § 103 BetrVG zustimmen.

934 Anders als bei einer Kündigung ist der **Betriebsrat** vor einer Anfechtung **nicht** nach § 102 BetrVG (Rz. 2664) **anzuhören**. Bei der Anfechtung geht es um die Entscheidung des Anfechtungsberechtigten, das rechtsfehlerhaft zustande gekommene Arbeitsverhältnis gelten zu lassen oder nicht. Da der **Betriebsrat** keine Einstellung erzwingen kann, ist der Arbeitgeber auch frei in der Entscheidung über die Geltung des Vertragsschlusses (BAG v. 11.11.1993 – 2 AZR 467/93, NZA 1994, 407, 409).

935 Es kann der Fall eintreten, dass der Arbeitgeber erst einige Zeit nach dem Vertragsabschluss von seinem Irrtum oder einer Täuschung durch den Arbeitnehmer bei Vertragsschluss erfährt. Obwohl die tatbestandlichen Voraussetzungen für eine Anfechtung dann vorliegen, kann diese ausgeschlossen sein, wenn der verheimlichte Umstand keine Auswirkungen auf das Arbeitsverhältnis hat. Denn das Recht zur Anfechtung ist gemäß dem Grundsatz von **Treu und Glauben** aus § 242 BGB **verwirkt**, wenn das Arbeitsverhältnis bereits jahrelang beanstandungsfrei durchgeführt wurde (BAG v. 18.9.1987 – 7 AZR 507/86, NZA 1988, 731; BAG v. 28.5.1998 – 2 AZR 549/97, NZA 1998, 1052).

936 Die **Darlegungs- und Beweislast** für die zur **Anfechtung** berechtigenden Umstände trägt der Anfechtende.

b) Erklärungs-, Inhalts- und Eigenschaftsirrtum (§ 119 BGB)

937 **Anfechtungsberechtigt** ist nach § 119 BGB derjenige, der sich bei Abgabe einer Willenserklärung in einem Irrtum befunden hat. Für die Anfechtung wegen Erklärungs- oder Inhaltsirrtums gelten die allgemeinen Grundsätze. **Voraussetzungen** sind demnach:

- Anfechtungserklärung (formlos; § 623 BGB ist nicht anzuwenden)
- Irrtum bei Abgabe der Willenserklärung
- Kausalität
- Einhaltung der Anfechtungsfrist

aa) Irrtum

938 **Für** den Anfechtungsgrund nach **§ 119 Abs. 1 BGB** (Inhalts- und Erklärungsirrtum) gelten im Arbeitsrecht **keine Besonderheiten. Gewisse Bedeutung** hat im Arbeitsrecht **§ 119 Abs. 2 BGB**, der insbesondere dem Arbeitgeber die Lösung des Arbeitsverhältnisses wegen eines Irrtums über verkehrs-

wesentliche Eigenschaften des Arbeitnehmers ermöglicht (BAG v. 26.7.1989 – 5 AZR 491/88, NZA 1990, 141, 142).

Verkehrswesentliche Eigenschaften einer Person bestehen nicht nur in ihren körperlichen Merkmalen, sondern auch in ihren tatsächlichen oder rechtlichen Verhältnissen und Beziehungen zur Umwelt, soweit diese nach der Verkehrsanschauung für die Wertschätzung und für die zu leistende Arbeit von Bedeutung und nicht nur vorübergehender Natur sind. 939

In der Regel kann davon ausgegangen werden, dass ein Irrtum über eine Eigenschaft nicht zu einer Anfechtung nach § 119 Abs. 2 BGB berechtigt, wenn die **Frage nach der betreffenden Eigenschaft** unzulässig wäre (Rz. 769). Dies gilt jedenfalls insoweit, als nicht zusätzliche Umstände hinzutreten, wie etwa die völlige Ungeeignetheit des Bewerbers für den angestrebten Arbeitsplatz aufgrund der betreffenden Eigenschaft. 940

Die **Leistungsfähigkeit** (Rz. 1078) an sich und deren Fehlen stellt keine zur Anfechtung berechtigende verkehrswesentliche Eigenschaft dar. In diesem Fall macht sich der Arbeitgeber lediglich fehlerhafte Vorstellungen über die Fähigkeiten des Arbeitnehmers, er befindet sich jedoch nicht im Irrtum oder in Unkenntnis bezüglich einer konkreten Eigenschaft. 941

Der **Gesundheitszustand** gehört zu den verkehrswesentlichen Eigenschaften, sofern dem Arbeitnehmer deswegen nicht nur vorübergehend die Fähigkeit fehlt, die vertraglich übernommene Arbeit zu verrichten (BAG v. 28.3.1974 – 2 AZR 92/73, DB 1974, 1531; LAG Hamm v. 9.11.2006 – 17 Sa 172/06, n.v.). 942

*„Der Grad der Leistungsfähigkeit eines Arbeitnehmers oder eine vorübergehende Leistungsminderung sind zwar regelmäßig noch keine verkehrswesentlichen Eigenschaften. Anders verhält es sich jedoch, wenn die objektive Tauglichkeit des Arbeitnehmers durch seinen Gesundheitszustand **erheblich** herabgesetzt wird. Wenn der Arbeitnehmer wegen eines nicht nur kurzfristig auftretenden Leidens für die übernommene Arbeit nicht oder nicht ausreichend geeignet ist, kann ihm eine verkehrswesentliche Eigenschaft fehlen. Das gilt insbesondere auch dann, wenn der Arbeitnehmer durch ein Anfallsleiden (z.B. Epilepsie) in seiner für eine bestimmte Arbeitsaufgabe notwendigen durchschnittlichen Leistungsfähigkeit ständig erheblich beeinträchtigt ist."* (BAG v. 28.3.1974 – 2 AZR 92/73, DB 1974, 1975)

Die durch das **AGG geschützten Merkmale** können, soweit sie nicht eine wesentliche und entscheidende Voraussetzung für die berufliche Tätigkeit begründen, keine verkehrswesentlichen Eigenschaften darstellen. Es würde dem Schutz vor Benachteiligungen wegen dieser Merkmale diametral entgegenlaufen, könnte sich der Arbeitgeber darauf berufen, er sei davon ausgegangen, der Arbeitnehmer besitze keines der geschützten Merkmale. Schwierig und paradigmatisch ist hier der ungewöhnliche Fall der **transsexuellen** Arzthelferin in einer Frauenarztpraxis. Das BAG hat in der weiblichen Identität eine für den Vertrag als Arzthelferin verkehrswesentliche Eigenschaft gesehen (BAG v. 21.2.1991 – 2 AZR 449/90, NZA 1991, 719, 722). Es ist jedoch durchaus fraglich, ob dieses Ergebnis der Rechtsprechung trotz der Diskriminierung aufgrund der sexuellen Identität (Rz. 1546) nach Inkrafttreten des AGG aufrechtgehalten werden kann. Gleiches gilt für die **Schwerbehinderteneigenschaft**. Auch wenn sie für den Arbeitgeber finanziell belastende Schutzpflichten mit sich bringt, ist sie nur dann eine verkehrswesentliche Eigenschaft der Person, wenn sie dazu führt, dass der Bewerber für die angestrebte Tätigkeit nicht geeignet ist. Die **Schwangerschaft** ist ausdrücklich gemäß § 3 Abs. 1 S. 2 AGG geschützt (Rz. 1507). Sie ist zwar eine Eigenschaft, wird jedoch nicht als verkehrswesentlich eingestuft, weil es sich dabei nur um einen vorübergehenden Zustand handelt. Ausnahmen werden allerdings anerkannt (BAG v. 8.9.1988 – 2 AZR 102/88, NZA 1989, 178, 179). Zur Anfechtung der Eigenkündigung einer Arbeitnehmerin wegen Irrtums über das Bestehen einer Schwangerschaft vgl. BAG v. 6.2.1992 – 2 AZR 408/91, NJW 1992, 2173 (Rz. 2316). 943

Ein von Anfang an bestehendes **Beschäftigungsverbot nach dem MuSchG** berechtigt innerhalb eines unbefristeten Arbeitsverhältnisses nicht zur Anfechtung nach § 119 Abs. 2 BGB. Der EuGH hat in diesem Zusammenhang erklärt, dass es dem Schutzzweck der Richtlinie 76/207/EWG (mittlerweile 944 aufgehoben; vgl. jetzt Richtlinie 2006/54/EG) zur Verwirklichung des Grundsatzes der Gleichbehandlung von Männern und Frauen zuwiderliefe, wenn ein bestehendes Beschäftigungsverbot zur Beendigung eines unbefristeten Vertrags führte – gleich ob durch Anfechtung oder Nichtigkeit aufgrund eines gesetzlichen Verbots (EuGH v. 5.5.1994 – C-421/92 „Habermann-Beltermann", NZA 1994, 609; Rz. 778).

945 Die **Vertrauenswürdigkeit** des Arbeitnehmers kann **nur in besonderen Vertrauenspositionen** eine verkehrswesentliche Eigenschaft begründen (BAG v. 12.2.1970 – 2 AZR 184/69, NJW 1970, 1565, 1566). Die Vertrauenswürdigkeit kann durch eine Vorstrafe erschüttert sein. Sie muss einschlägig sein und zur Annahme der Nichteignung des Bewerbers für den Arbeitsplatz führen. Irrelevant ist sie gemäß § 51 Abs. 1 BZRG, wenn sie aus dem Bundeszentralregister getilgt ist.

bb) Kausalität

946 Ein Anfechtungsrecht steht dem Arbeitgeber nur zu, wenn er bei Kenntnis der tatsächlichen Sachlage und bei verständiger Würdigung den Arbeitsvertrag nicht oder nicht mit dem vereinbarten Inhalt abgeschlossen hätte.

cc) Anfechtungsfrist

947 Auf die Anfechtung nach § 119 BGB wendet das BAG die **Ausschlussfrist des § 626 Abs. 2 BGB** (Rz. 3121) entsprechend an mit der Folge, dass eine Anfechtung wegen Inhalts-, Erklärungs- oder Eigenschaftsirrtums nur dann ohne schuldhaftes Zögern und somit unverzüglich i.S.v. § 121 Abs. 1 BGB erfolgt ist, wenn zwischen der Kenntniserlangung und dem Zugang der Anfechtungserklärung **höchstens zwei Wochen liegen** (BAG v. 14.12.1979 – 7 AZR 38/78, NJW 1980, 1302; BAG v. 19.5.1983 – 2 AZR 171/81, DB 1984, 298).

948 Die **Notwendigkeit einer der Frist des § 626 Abs. 2 BGB angepassten Anfechtungsfrist** ergibt sich zum einen aus der möglichen wahlweisen Anwendung von Anfechtung und außerordentlicher Kündigung. Der Anfechtungsgrund kann im Zeitpunkt der Anfechtungserklärung noch so stark nachwirken, dass deswegen auch die Fortsetzung des Arbeitsverhältnisses unzumutbar wäre, was Voraussetzung für die außerordentliche Kündigung ist (Rz. 3081). Die Zuerkennung eines Wahlrechts gebietet es, auf beide Gestaltungsrechte die gleichen Grundsätze anzuwenden. Zum anderen wird eine solche Fixierung der Anfechtungsfrist dem gerade bei der Beendigung von Arbeitsverhältnissen besonders bestehenden Bedürfnis nach Rechtsklarheit und Rechtssicherheit gerecht.

c) Drohungs- und Täuschungsanfechtung (§ 123 BGB)

949 Die Anfechtung nach § 123 BGB kommt im Arbeitsrecht **in erster Linie** durch die Verwirklichung des Tatbestandes der **arglistigen Täuschung** in Betracht. Eine Anfechtung des Arbeitsvertrags wegen arglistiger Täuschung ist nur berechtigt, wenn folgende **Voraussetzungen** gegeben sind:

– Anfechtungserklärung (formlos; § 623 BGB ist nicht anzuwenden)
– Rechtswidrige Täuschung
– Arglist
– Kausalität
– Einhaltung der Anfechtungsfrist

aa) Rechtswidrige Täuschung

950 Die Täuschung besteht in der **Erregung oder Aufrechterhaltung eines Irrtums** bezüglich objektiv nachprüfbarer Umstände. Der den Arbeitgeber täuschende Bewerber muss positive Kenntnis von der Unwahrheit bzw. von dem Vorliegen einer offenbarungspflichtigen Tatsache haben.

Bei der Begründung des Arbeitsverhältnisses kommt insbesondere in Betracht, dass eine vom Arbeitgeber im Bewerbungsverfahren gestellte Frage falsch beantwortet wird. Für die Täuschung i.S.d. § 123 BGB ist erforderlich, dass der Bewerber die **Frage bewusst falsch beantwortet** oder die **nicht offenbarte Tatsache bewusst verschwiegen** hat. An einem durch die Täuschung erregten Irrtum fehlt es allerdings, wenn derjenige, der getäuscht werden soll, die Wahrheit kennt. Demzufolge berechtigt z.B. die Falschbeantwortung der – soweit zulässigen – Frage nach einer Schwerbehinderung des Arbeitnehmers (Rz. 791) nicht zur Anfechtung des Arbeitsvertrags, wenn die Schwerbehinderung für den Arbeitgeber offensichtlich war (BAG v. 18.10.2000 – 2 AZR 380/99, NZA 2001, 315). 951

Die Täuschung kann auch durch **Vorspiegelung oder Entstellung von Tatsachen** erfolgen. In Betracht kommt hier z.B. bei der Aufforderung zur Einsendung eines handgeschriebenen Lebenslaufs, diesen nicht eigenhändig zu erstellen, sondern von einem Dritten schreiben zu lassen, um bei einem angekündigten graphologischen Gutachten bessere Wertungen zu erzielen (BAG v. 16.9.1982 – 2 AZR 228/80, NJW 1984, 446). Auch an die Fälschung von Zeugnissen ist hier zu denken. 952

In der Literatur und Rechtsprechung ist anerkannt, dass nicht jede Erregung eines Irrtums zum Recht der Anfechtung wegen arglistiger Täuschung führt. **Ungeschriebenes Tatbestandsmerkmal** der Täuschung nach § 123 Abs. 1 Fall 1 BGB ist genauso wie bei der Drohung deren **Rechtswidrigkeit** (BAG v. 21.2.1991 – 2 AZR 449/90, NJW 1991, 2723). § 123 BGB soll die freie Willensentschließung vor Eingriffen anderer schützen. Der Schutzzweck ist nicht berührt, wenn eine rechtswidrige Handlung des Anfechtenden selbst zur Täuschung geführt hat. 953

„Der BGB-Gesetzgeber ist in der Tat davon ausgegangen, die Rechtswidrigkeit sei bei der arglistigen Täuschung selbstverständlich. Er hat also die Fälle rechtmäßiger Täuschung – vor allem im Arbeitsverhältnis – nicht gesehen, sodass diese Lücke des Gesetzes durch teleologische Reduktion zu schließen ist. Die Norm des § 123 BGB ist insofern zu weit gefasst, als sie die Fälle einer an sich arglistigen, aber rechtlich erlaubten Täuschung mit umfasst." (BAG v. 21.2.1991 – 2 AZR 449/90, NJW 1991, 2723, 2724) 954

Somit stellt im Bereich der Fragerechte **nur eine falsche Antwort auf eine zulässigerweise gestellte Frage** eine arglistige Täuschung dar. Denn lediglich im Falle einer zulässigerweise gestellten Frage ist die Falschbeantwortung als rechtswidrig zu qualifizieren. Entscheidend ist also, ob der Arbeitgeber zu der konkreten, falsch beantworteten Frage überhaupt berechtigt war (Rz. 769). Das Verschweigen einer Tatsache führt nur zum Anfechtungsrecht des Arbeitgebers, wenn der Bewerber nach Treu und Glauben mit Rücksicht auf die Verkehrssitte **auch ohne besondere Befragung zur Offenbarung** der Tatsache **verpflichtet** war. 955

bb) Arglist

Das Merkmal der **Arglist** liegt vor, wenn der Anfechtungsgegner wusste oder erkennen musste, dass die von ihm vorgespiegelte oder verschwiegene Tatsache den Geschäftswillen des Arbeitgebers mitbeeinflusst, also für die Entscheidung zur Begründung des Arbeitsverhältnisses wesentlich sein kann. Ihm musste erkennbar sein, dass der Arbeitgeber den Arbeitsvertrag bei Kenntnis der wahren Sachlage nicht oder zumindest nicht mit den gleichen Konditionen abgeschlossen hätte. Dabei muss er **zumindest bedingt vorsätzlich** gehandelt haben. (Grobe) Fahrlässigkeit reicht zur Begründung der Arglist nicht aus. 956

„Arglistig ist die Täuschung, wenn der Täuschende weiß oder billigend in Kauf nimmt, dass seine Behauptungen nicht der Wahrheit entsprechen oder mangels Offenbarung bestimmter Tatsachen irrige Vorstellungen beim (künftigen) Dienstherrn entstehen oder aufrechterhalten werden; Fahrlässigkeit – auch grobe Fahrlässigkeit – genügt insoweit nicht. Die Beweislast für das Vorliegen von Arglist trägt der Arbeitgeber; dass es sich hierbei um eine innere Tatsache handelt, steht dem nicht entgegen." (BAG v. 12.5.2011 – 2 AZR 479/09, NZA-RR 2012, 43 Rz. 43) 957

cc) Kausalität

958 Die Täuschung muss für die Begründung des Arbeitsverhältnisses **ursächlich** geworden sein. Das ist der Fall, wenn der Getäuschte die Willenserklärung anderenfalls nicht oder mit einem anderen Inhalt abgegeben hätte. Es reicht aus, wenn die Täuschung zumindest mitursächlich war.

959 **Beispiel für fehlende Kausalität:** An der Kausalität fehlt es, wenn der Arbeitnehmer auch bei richtiger Beantwortung der zulässigen Frage eingestellt worden wäre (BAG v. 7.7.2011 – 2 AZR 396/10, NZA 2012, 34).

dd) Anfechtungsfrist

960 Die **Ausschlussfrist** des § 626 Abs. 2 BGB ist bei der Drohungs- und Täuschungsanfechtung im Gegensatz zu der Irrtumsanfechtung (Rz. 947) **nicht entsprechend anzuwenden**. Die Fristbestimmung in § **124 Abs. 1 BGB** enthält bereits eine genaue Zeitgrenze, sodass für eine entsprechende Anwendung von § 626 Abs. 2 BGB kein Raum bleibt (BAG v. 19.5.1983 – 2 AZR 171/81, DB 1984, 298). Somit kann die Anfechtung wegen arglistiger Täuschung oder Drohung **innerhalb eines Jahres** ab Entdeckung der Täuschung oder Beendigung der Zwangslage erklärt werden. Eine Einschränkung kann sich nur aus Treu und Glauben nach dem Grundsatz der **Verwirkung** (§ 242 BGB) ergeben, wenn der Anfechtungsgrund objektiv für die Durchführung des Arbeitsverhältnisses keine Bedeutung mehr hat.

961 Zur Anfechtung eines **Aufhebungsvertrags** vgl. BAG v. 30.9.1993 – 2 AZR 268/93, NZA 1994, 209; Rz. 3375.

II. Rechtsfolge: Nichtigkeit

1. Unterscheidung zwischen bereits vollzogenen und noch nicht vollzogenen nichtigen Arbeitsverhältnissen

962 Bei einem nichtigen **Arbeitsvertrag, der noch nicht vollzogen ist**, d.h. bei dem noch kein Leistungsaustausch stattgefunden hat, gelten die **allgemeinen** bürgerlich-rechtlichen **Vorschriften**, insbesondere die Vorschriften über die ungerechtfertigte Bereicherung (§§ 812 ff. BGB). Auch die Wirkung der **Anfechtung** greift in diesem Fall, wenn der Arbeitnehmer noch keine Arbeitsleistung erbracht hat, gemäß § 142 Abs. 1 BGB **ex tunc** durch.

963 **Ist das Arbeitsverhältnis vollzogen**, besteht ein als gültig zu behandelndes sog. **fehlerhaftes Arbeitsverhältnis** (auch faktisches Arbeitsverhältnis genannt), von dem sich jede Seite nur für die **Zukunft** durch einseitige Erklärung lösen kann (BAG v. 15.11.1957 – 1 AZR 189/57, AP Nr. 2 zu § 125 BGB). In Funktion gesetzt, d.h. bereits vollzogen ist ein Arbeitsvertrag, wenn der Arbeitnehmer beim Arbeitgeber erschienen ist, seinen Arbeitsplatz zugewiesen bekommen und die Arbeit aufgenommen hat (BAG v. 18.4.1968 – 2 AZR 145/67, DB 1968, 1073).

964 Charakteristisch für das faktische Arbeitsverhältnis ist, dass dieses **für die Zukunft keinen Bestandsschutz** genießt, also ohne Einhaltung einer Frist durch einseitige Erklärung mit Wirkung für die Zukunft gelöst werden kann. **Für die Vergangenheit** wird es hingegen **wie ein fehlerfreies Arbeitsverhältnis** behandelt (BAG v. 15.1.1986 – 5 AZR 237/84, NZA 1986, 561; BAG v. 27.7.2010 – 3 AZR 317/08, DB 2011, 943). Der Grund hierfür liegt in den erheblichen Schwierigkeiten, die sich bei der bereicherungsrechtlichen Rückabwicklung des schon vollzogenen Arbeitsverhältnisses ergeben würden. Mithin obliegen sowohl dem Arbeitgeber als auch dem Arbeitnehmer für die Vergangenheit alle Haupt- und Nebenleistungspflichten, die Bestandteil eines wirksamen Arbeitsverhältnisses sind. Insbesondere kann der Arbeitnehmer Bezahlung für geleistete Arbeit und die Einhaltung der zu seinen Gunsten eingreifenden Schutzvorschriften (mit Ausnahme des Kündigungsschutzes) verlangen.

965 **Folgerichtig** wirkt auch die **Anfechtung im bereits vollzogenen Arbeitsverhältnis** grundsätzlich nur **für die Zukunft** (ex nunc; BAG v. 12.5.2011 – 2 AZR 479/09, NZA-RR 2012, 43). Wegen der auf-

gezeigten Rückabwicklungsschwierigkeiten hat sich in Rechtsprechung und Literatur die Ansicht durchgesetzt, dass eine Anfechtung anstelle der rückwirkenden Nichtigkeit nur die kündigungsähnliche Wirkung der Auflösung des Arbeitsverhältnisses für die Zukunft hat und entgegen § 142 Abs. 1 BGB **ex nunc** wirkt, wenn ein Leistungsaustausch bereits stattgefunden hat (BAG v. 16.9.1982 – 2 AZR 228/80, NJW 1984, 446).

Hervorzuheben ist ausdrücklich, dass es sich bei der Ex-nunc-Wirkung um eine **Ausnahme** vom gesetzlich aufgestellten Grundsatz in § 142 Abs. 1 BGB handelt. Zur dogmatischen Rechtfertigung ist das Vorliegen eines **sachlichen Grundes** für die Abweichung erforderlich. Dieser liegt in den beschriebenen **Rückabwicklungsschwierigkeiten**. 966

Ein Grund, der die Ex-nunc-Wirkung der Anfechtung rechtfertigt, fehlt, wenn ein in Vollzug gesetztes Arbeitsverhältnis **später wieder außer Funktion** gesetzt wird und der Arbeitnehmer ab diesem Zeitpunkt keine Arbeitsleistung mehr erbringt. Nach Ansicht des BAG **wirkt die Anfechtung** dann auf den Zeitpunkt **zurück**, in dem das Arbeitsverhältnis außer Funktion gesetzt worden ist (BAG v. 3.12.1998 – 2 AZR 754/97, NZA 1999, 584, 585). In Betracht kommt, dass der Arbeitgeber bereits vor der **Anfechtung** eine **Kündigung** ausgesprochen hat und seitdem vom Arbeitnehmer ohne Anspruch auf Gehaltszahlungen auch keine Leistungen mehr erbracht wurden (BAG v. 16.9.1982 – 2 AZR 228/80, NJW 1984, 446, 447). Ein Zurückwirken auf den Zeitpunkt der faktischen „Außerfunktionssetzung" findet selbst dann statt, wenn diese auf einer **unwirksamen** Arbeitgeberkündigung beruht (BAG v. 12.5.2011 – 2 AZR 479/09, NZA-RR 2012, 43, 44). Dieses solle zumindest gelten, wenn das Anfechtungsrecht auf einer arglistigen Täuschung i.S.d. § 123 BGB beruht. Gesichtspunkte eines eventuell bestehenden Vertrauensschutzes griffen dann nicht ein (BAG v. 29.8.1984 – 7 AZR 34/83, NZA 1985, 58). Nach der früheren Rechtsprechung des BAG verhielt es sich anders, wenn der Arbeitnehmer schon **vor der Anfechtung krank** geworden war und aufgrund der bestehenden **Arbeitsunfähigkeit** keine Leistungen mehr erbringen konnte. Das Arbeitsverhältnis wurde in diesem Fall weitergeführt und nicht außer Funktion gesetzt. Die Anfechtung wirkte ex nunc (BAG v. 20.2.1986 – 2 AZR 244/85, NZA 1986, 739). Davon ist das BAG später abgewichen (BAG v. 3.12.1998 – 2 AZR 754/97, NZA 1999, 584). Die Anfechtung wirkt auch in diesen Fällen ex tunc, da Gründe, von der Regelfolge rückwirkender Anfechtung gemäß § 142 BGB abzuweichen, nicht bestehen. Insbesondere Rückabwicklungsschwierigkeiten sind ab dem Zeitpunkt der Arbeitsunfähigkeit nicht zu besorgen. Vielmehr würde man dem täuschenden Arbeitnehmer zu einem nicht gerechtfertigten Vorteil verhelfen, wenn man der Anfechtung auch in einem solchen Falle nur Wirkung für die Zukunft beilegen würde. 967

Zusammenfassend gilt damit: Die Ex-tunc-Wirkung der Anfechtung kommt im Arbeitsrecht grundsätzlich nur bei noch nicht in Vollzug gesetzten Arbeitsverträgen in Betracht. Ab der Aufnahme der Tätigkeit wirkt die Anfechtung nur noch ex nunc, es sei denn, der Arbeitsvertrag ist wiederum außer Funktion gesetzt worden. Dann wirkt die Nichtigkeitsfolge auf den Zeitpunkt zurück, zu dem es außer Funktion gesetzt wurde, und zwar ausnahmslos. Dies gilt auch für eine Außerfunktionssetzung in Folge von Krankheit. 968

2. Umfang der Nichtigkeit

Durchgängiges Prinzip im Arbeitsrecht bei gesetzeswidriger, sittenwidriger oder sonst unwirksamer Vertragsgestaltung ist **entgegen** der Regel des **§ 139 BGB** die **Aufrechterhaltung des Vertrags im Übrigen**, wenn ein sinnvoller Vertrag verbleibt. Es würde dem **Arbeitnehmerschutz** zuwiderlaufen, wenn der gesamte Vertrag wegen der Nichtigkeit eines einzelnen Bestandteils untergehen würde. Beispielhaft sei hier die Rechtsprechung zum befristeten Arbeitsvertrag genannt (BAG v. 12.10.1960 – GS 1/59, NJW 1961, 798; Rz. 3229). 969

Nur in **Ausnahmefällen** wird bei Verstößen gegen **öffentlich-rechtliche Schutznormen, die sich gegen den Vertragsschluss insgesamt richten müssen** (Einstellung einer Schwangeren für Arbeiten, die nach dem MuSchG verboten sind, BAG v. 8.9.1988 – 2 AZR 102/88, NZA 1989, 178; Vereinbarung eines zweiten Arbeitsverhältnisses unter Überschreitung der Höchstarbeitszeit, BSG 4.12.1959 – 3 RK 970

52/56, BSGE 11, 130) oder bei extremen Verstößen gegen § 138 BGB (BGH v. 18.7.1980 – 2 StR 348/80, NJW 1980, 2591) der Arbeitsvertrag in toto für unwirksam erachtet. Auch die Anfechtung bewirkt die vollständige Nichtigkeit des Arbeitsvertrags.

971 **Fallbeispiel:** A, der sein Medizinstudium vorzeitig abgebrochen hat, erlangt mit einer gefälschten Approbationsurkunde und einem Zeugnis über das 3. Staatsexamen die Einstellung als Frauenarzt in einer Universitätsklinik. Nach mehrjähriger Tätigkeit fliegt der Schwindel auf. Die Klinik beendet sofort das Arbeitsverhältnis und verlangt von A die Zahlung eines Teils seines Entgelts, das er während seiner Beschäftigung erhalten hat, in Höhe der Differenz zwischen einem Gehalt eines Arztes im Praktikum und dem Gehalt, das er als vermeintlich ausgebildeter Arzt tatsächlich erhalten hat. A wendet ein, dass er die ganzen Jahre über die Arbeit eines Frauenarztes geleistet und daher auch ein entsprechendes Gehalt „verdient" habe. Hat die Klinik einen Anspruch auf Zahlung des Differenzbetrags?

Die Klinik hat einen Anspruch auf Zahlung des Differenzbetrags aus § 812 Abs. 1 S. 1 Fall 1 BGB. Der Inhalt des Arbeitsvertrags verstößt gegen ein gesetzliches Verbot (§ 134 BGB). Nach § 2 Abs. 1 BÄO ist für die Ausübung des ärztlichen Berufes eine Approbation als Arzt erforderlich. Die Ausübung ohne Berechtigung ist verboten und gemäß § 5 HeilpraktikerG mit einer Freiheitsstrafe von bis zu einem Jahr oder Geldstrafe bedroht. Demnach war der mit dem Arbeitsvertrag bezweckte Leistungserfolg, die Ausübung des ärztlichen Berufs, von der Rechtsordnung missbilligt. A durfte die Erfüllungshandlungen von vornherein nicht vornehmen. Der Arbeitsvertrag ist gemäß § 134 BGB nichtig. A hat das Entgelt daher ohne Rechtsgrund erhalten. Die Grundsätze des fehlerhaften Arbeitsverhältnisses werden nicht angewendet, wenn ein besonders schwerer Mangel vorliegt. Ob ein solcher Mangel vorliegt, ist an dem Zweck des betroffenen Verbotsgesetzes zu messen. Der Zweck der hier einschlägigen Normen ist es, Leben und Gesundheit der Patienten zu schützen. Es handelt sich dabei um besonders hohe Rechtsgüter. Ferner hat A bewusst gegen die Vorschriften verstoßen. Er ist nicht unter Vertrauensgesichtspunkten schutzwürdig. Demnach liegt ein Ausnahmefall wegen eines besonders schweren Mangels vor. Die Leistungen der Vertragsparteien sind nach Bereicherungsrecht rückabzuwickeln. Es ist daher grundsätzlich eine Saldierung der jeweils erbrachten Leistungen vorzunehmen. Allerdings scheidet hier eine Rückabwicklung der Leistung des A, also der Arbeitsleistung bzw. ein Wertersatz hierfür, gemäß § 817 S. 2 BGB aus, denn A hat gerade durch die Arbeitsleistung als falscher Arzt gegen das gesetzliche Verbot verstoßen, was er auch bewusst getan hat. Für A besteht somit nach § 817 S. 2 BGB ein Rückforderungsverbot. In Betracht kommt noch eine Einschränkung des Ausschlusses der Rückforderung nach Treu und Glauben, § 242 BGB. Dafür gibt es hier aber keine Anhaltspunkte, da das Krankenhaus lediglich die Differenz zwischen dem Gehalt eines Arztes im Praktikum und dem eines ausgebildeten Arztes zurückverlangt und nicht das gesamte Gehalt (vgl. BAG v. 3.11.2004 – 5 AZR 592/03, NZA 2005, 1409, 1409 ff.).

972 Ist nur ein **Teil des Arbeitsvertrags** nichtig mit der Folge, dass die betroffenen Vereinbarungen nicht anwendbar sind, fragt sich, wie die so entstandene **Lücke** zu füllen ist. Bestehen für den betroffenen Gegenstand keine zwingenden gesetzlichen Regelungen, ist nach den allgemeinen Auslegungsgrundsätzen der §§ 133, 157 BGB der **gewollte Vertragsinhalt** zu erforschen. Dabei ist von dem Erfahrungssatz auszugehen, dass die Arbeitsvertragsparteien regelmäßig keine Vereinbarungen treffen wollen, die zu rechtswidrigen oder nichtigen Arbeitsvertragsbedingungen führen (BAG v. 20.8.1996 – 9 AZR 471/95, NZA 1996, 1151, 1152).

973 Falls der hypothetische Parteiwille nicht zu ermitteln oder der betroffene Gegenstand zwingend gesetzlich geregelt ist, tritt die gesetzliche Regelung an die Stelle der nichtigen Vertragsvereinbarung.

Vierter Teil:
Inhalt des Arbeitsverhältnisses

1. Abschnitt:
Allgemeines

§ 24
Der Arbeitsvertrag als gegenseitiger Vertrag

Der Arbeitsvertrag nach § 611a BGB ist ein gegenseitiger Vertrag, der auf den Austausch von Leistungen (Arbeit gegen Entgelt) gerichtet ist. Auf ihn sind **prinzipiell** die **allgemeinen Regeln des Schuldrechts**, insbesondere auch die **§§ 320 ff. BGB** anwendbar. Die allgemeinen schuldrechtlichen Regelungen werden jedoch durch Spezialnormen des Dienstvertragsrechts (§§ 615, 616 BGB) sowie zahlreiche Sondergesetze – insbesondere im Bereich der Leistungsstörungen – modifiziert. 974

Der Arbeitsvertrag ist ein **Dauerschuldverhältnis**. Es bildet in der Regel die wirtschaftliche Existenzgrundlage des Arbeitnehmers. Die personale Verpflichtung des Arbeitnehmers rechtfertigt **intensive Schutzpflichten des Arbeitgebers.** Die früher vorgenommene Kategorisierung als personenrechtliches Gemeinschaftsverhältnis (Rz. 121) hat zum Teil zu überzogenen **Treuepflichten des Arbeitnehmers** geführt. Die Behauptung, die Treuepflichten des Arbeitnehmers gingen über das durch **§§ 241 Abs. 2, 242 BGB** geforderte Maß hinaus (etwa *Hueck/Nipperdey* Lehrbuch des Arbeitsrechts I 7. Aufl. 1963 S. 129 ff.; kritisch dazu *Zöllner/Loritz/Hergenröder* § 14 III), entbehrt der normativen Grundlage. 975

Die zutreffende Einstufung des Arbeitsverhältnisses als Austauschverhältnis verhindert nicht, die Besonderheit des Dauerschuldverhältnisses, die in der personalen Struktur dieses Rechtsverhältnisses liegt, zu berücksichtigen. Den Parteien eines jeden Schuldverhältnisses obliegen gegenseitige Pflichten der Rücksichtnahme, des Schutzes und der Förderung des Vertragszwecks. Die graduelle Abstufung bestimmter Nebenpflichten innerhalb eines Vertragstyps ist keine Besonderheit der arbeitsvertraglichen Austauschbeziehung. 976

§ 25
Schranken der Inhaltsfreiheit

Übersicht: Schranken der Inhaltsfreiheit 977

- Verbotsgesetze (Rz. 981)
    - Einseitig und zweiseitig zwingendes Gesetzesrecht (Rz. 982)
    - Tarifdispositives Gesetzesrecht (Rz. 984)
    - Vorrang des Kollektivvertrags
        - Tarifverträge (Rz. 987)
        - Betriebsvereinbarungen (Rz. 989)

☐ Verbot der Gesetzesumgehung (Rz. 991)

☐ Verbot der Sittenwidrigkeit (Rz. 994)

☐ Inhaltskontrolle (Rz. 997)

☐ Billigkeitskontrolle (Rz. 1060)

978 Die Vertragsparteien können nach dem **Grundsatz der Privatautonomie** prinzipiell auch den Inhalt des Arbeitsvertrags gestalten. Im Hinblick auf die typische Unterlegenheit des Arbeitnehmers ist jedoch die inhaltliche Gestaltungsfreiheit mannigfach begrenzt.

979 **Grenzen** ergeben sich aus zwingenden vorrangigen Gesetzen, Tarifverträgen oder Betriebsvereinbarungen, die durch einzelvertragliche Bestimmungen weder abgeändert noch umgangen werden dürfen (§ 134 BGB, § 4 Abs. 1 TVG, § 77 Abs. 4 S. 1 BetrVG), ebenso wie aus dem Verbot der Sittenwidrigkeit (§ 138 BGB).

980 Im Übrigen ist die Rechtsprechung insbesondere bemüht, auf der Basis allgemeiner Generalklauseln eine Übervorteilung des Arbeitnehmers zu verhindern. Bei dieser Frage geht es um die **gerichtliche Kontrolle des Arbeitsvertragsinhalts** (Vertragsinhaltskontrolle), die die Rechtsprechung unter Anwendung der §§ 305 ff. BGB vorzunehmen hat.

I. Verbotsgesetze (Arbeitnehmerschutz)

981 Die Freiheit der Vertragsgestaltung ist durch **zwingende höherrangige Normen** begrenzt. Einzelvertragliche Regelungen, die gegen eine Gesetzesregelung verstoßen, sind gemäß **§ 134 BGB** nichtig, sofern die entsprechende gesetzliche Regelung nicht dispositiv ist, sondern vielmehr zwingende Wirkung entfaltet. Eine einzelvertragliche Regelung, die **zum Nachteil des Arbeitnehmers** von einem **Tarifvertrag** oder einer **Betriebsvereinbarung** abweicht, entfaltet ebenfalls keine Rechtswirkung. Zwar stellen Tarifverträge und Betriebsvereinbarungen keine Verbotsgesetze i.S.d. § 134 BGB dar, doch ergibt sich die Unanwendbarkeit der einzelvertraglichen Vereinbarungen in diesem Fall aus der **unmittelbaren und zwingenden Wirkung** der Kollektivvereinbarungen i.V.m. dem geschriebenen und ungeschriebenen Günstigkeitsprinzip (§ 4 Abs. 1, Abs. 3 Alt. 2 TVG, § 77 Abs. 4 S. 1 BetrVG).

1. Einseitig und zweiseitig zwingendes Gesetzesrecht (§ 134 BGB)

982 Grenzen sind der Vertragsgestaltung durch einseitig oder zweiseitig zwingendes, d.h. unabdingbares Gesetzesrecht gezogen (Rz. 640).

Beispiel für zwingendes Gesetzesrecht: Unabdingbar sind beispielsweise die Pflichten des Arbeitgebers zur Zahlung des gesetzlichen Mindestlohns (vgl. §§ 1 Abs. 1 und 2, 3 MiLoG) und zur Fürsorge (vgl. §§ 619 i.V.m. §§ 617, 618 BGB) sowie der gesetzliche Mindesturlaub von 24 Werktagen, § 3 Abs. 1 BUrlG (vgl. § 13 Abs. 1 S. 1 BUrlG). Ferner enthalten zahlreiche Gesetze arbeitsrechtliche Schutzvorschriften (JArbSchG, MuSchG, BUrlG, ArbZG, AGG) oder Verbotsnormen (insb. Beschäftigungsverbote) i.S.d. § 134 BGB.

983 Zu den Rechtsfolgen eines Verstoßes gegen **Mutterschutzvorschriften** siehe unter Rz. 899 und Rz. 917.

2. Tarifdispositives Gesetzesrecht

984 Der Vertragsgestaltung nicht zugänglich sind ferner solche gesetzlichen Vorschriften, die ausschließlich den Tarifvertragsparteien zur Disposition stehen (Rz. 645).

Beispiele für tarifdispositives Gesetzesrecht: Entgeltfortzahlung (§§ 12, 4 Abs. 4 EFZG); Kündigungsfristen (§ 622 Abs. 4 BGB); zeitlich begrenzte Verringerung der Arbeitszeit (§ 9a Abs. 6 TzBfG); Arbeit auf Abruf (§ 12 Abs. 6 TzBfG); Arbeitsplatzteilung (§ 13 Abs. 4 TzBfG); befristete Arbeitsverträge (§ 14 Abs. 2 S. 3 TzBfG); Urlaubsrecht (§ 13 BUrlG); betriebliche Altersversorgung (§ 19 Abs. 1 BetrAVG); Arbeitszeitschutz (§§ 7, 12 ArbZG, § 21a JArbSchG); Arbeitnehmerüberlassung (§ 1 Abs. 1 lit. a, 1 lit. b und 3 AÜG); Arbeitsrecht für Seeleute (§§ 49, 54, SeeArbG); Zuständigkeitsregelungen im Arbeitsgerichtsprozess (§§ 48 Abs. 2 und 101 Abs. 1 und 2 ArbGG).

Besonders wichtig sind solche tarifdispositiven Normen, die auch insoweit dispositiv sind, als nicht tarifgebundenen Arbeitsvertragsparteien die Möglichkeit eingeräumt wird, vom eigentlich zwingenden Gesetzesrecht unter **Bezugnahme auf abweichende tarifliche Regelungen** abzuweichen (bspw. § 622 Abs. 4 BGB, § 13 Abs. 1 S. 2 BUrlG, § 19 Abs. 2 BetrAVG, § 14 Abs. 2 S. 4 TzBfG). 985

3. Dispositives Recht

Dispositives Recht ist der Vertragsgestaltung zugänglich (Rz. 647). Zu beachten ist, dass dispositives Recht auch durch die Rechtsprechung entwickelt werden kann. Ein Beispiel hierfür ist das Direktionsrecht nach § 106 GewO, dessen Umfang durch einzel- oder kollektivvertragliche Vereinbarung modifiziert werden kann (BAG v. 11.6.1958 – 4 AZR 514/55, AP Nr. 2 zu § 611 BGB Direktionsrecht; zu den Grenzen in Allgemeinen Arbeitsbedingungen Rz. 1846). 986

4. Vorrang des Kollektivvertrags

a) Tarifverträge (§ 4 Abs. 1 TVG)

Zwischen beiderseits Tarifgebundenen sind einzelvertragliche Regelungen nur insoweit zulässig, als sie für den Arbeitnehmer **günstiger** sind als die Tarifnorm (§ 4 Abs. 3 TVG). Der Tarifvertrag schafft insoweit Mindestarbeitsbedingungen. Etwas anderes gilt lediglich dann, wenn der Tarifvertrag eine **Öffnungsklausel** enthält (Einzelheiten zum Tarifvertrag Rz. 653 und im Band „Kollektivarbeitsrecht" Rz. 474). 987

Ob eine einzelvertragliche Regelung günstiger ist, muss anhand eines sog. **Günstigkeitsvergleichs** festgestellt werden, der **nicht global** für den Vertrag insgesamt, sondern für jeden einzelnen Regelungsgegenstand (z.B. Urlaub, Haftung, Kündigungsfristen etc.), abstrakt vorgenommen werden muss. Ob eine vertragliche Abmachung eine zuungunsten des Arbeitnehmers abweichende Abmachung i.S.d. § 4 Abs. 3 TVG beinhaltet, erfordert einen Vergleich der in einem inneren Zusammenhang stehenden Regelungen des Arbeitsvertrags mit den diesen sachlich entsprechenden Regelungen des Tarifvertrags (**„Sachgruppenvergleich"**). So sind Arbeitszeit oder Arbeitsentgelt einerseits und eine Beschäftigungsgarantie andererseits völlig unterschiedlich geartete Regelungsgegenstände, für deren Bewertung es keinen gemeinsamen Maßstab gibt. Sie können nicht miteinander verglichen werden. Eine Beschäftigungsgarantie ist deshalb nicht geeignet, Verschlechterungen beim Arbeitsentgelt oder bei der Arbeitszeit zu rechtfertigen (BAG v. 20.4.1999 – 1 ABR 72/98, NZA 1999, 887, 893). Werden einschlägige Regelungsgegenstände verglichen, ist ein **objektiver Maßstab** zugrunde zu legen. Deshalb kann beim Vergleich von Kündigungsfristen nicht allein auf die tatsächliche Interessenlage des Arbeitnehmers im konkreten Kündigungszeitpunkt abgestellt werden. Maßgebend ist vielmehr die objektive Interessenlage bei Abschluss des Arbeitsvertrags (LAG München v. 4.5.1990 – 2 Sa 128/90, LAGE § 4 TVG Günstigkeitsprinzip Nr. 3). 988

b) Betriebsvereinbarungen (§ 77 Abs. 4 S. 1 BetrVG)

Betriebsvereinbarungen gelten unmittelbar und zwingend, § 77 Abs. 4 S. 1 BetrVG, schließen aber günstigere einzelvertragliche Regelungen nicht aus (Einzelheiten zur Betriebsvereinbarung siehe unter Rz. 665 und im Band „Kollektivarbeitsrecht" Rz. 2077). 989

Als allgemeiner Grundsatz gilt das **Günstigkeitsprinzip** auch für das Verhältnis von Inhaltsnormen einer Betriebsvereinbarung zu günstigeren vertraglichen Abreden. Der Wortlaut von § 77 Abs. 4 S. 1 BetrVG steht dem nicht entgegen. Die Norm muss wegen der Bedeutung des Günstigkeitsprinzips für die gesamte Arbeitsrechtsordnung und im Hinblick auf die Entstehungsgeschichte und systematische 990

Überlegungen um die Kollisionsnorm des Günstigkeitsprinzips ergänzt und damit im Ergebnis eingeschränkt werden (BAG v. 16.9.1986 – GS 1/82, NZA 1987, 168).

II. Verbot der Gesetzesumgehung (§ 134 BGB)

991 Weitere Einschränkungen der Vertragsfreiheit ergeben sich aus dem Verbot der Gesetzesumgehung. § 134 BGB erfasst auch solche vertraglichen Vereinbarungen, die zwar an sich zulässig sind, im konkreten Fall jedoch objektiv funktionswidrig zur Umgehung zwingender gesetzlicher Regelungen eingesetzt werden. Eine solche einzelvertragliche Vereinbarung ist nichtig mit der Folge, dass an ihre Stelle die umgangene Gesetzesvorschrift tritt.

992 Besondere Bedeutung hat in diesem Zusammenhang die Rechtsprechung des BAG im Bereich des Betriebsübergangs. Hier hatte das BAG vielfach über Erlassverträge zu entscheiden, mit denen die zwingenden gesetzlichen Rechtsfolgen des § 613a Abs. 1 S. 1 BGB umgangen werden sollten (BAG v. 19.3.2009 – 8 AZR 722/07, NZA 2009, 1091).

993 Das Verbot der Gesetzesumgehung hat mit der Kodifikation zahlreicher Sonderbereiche **an Bedeutung verloren**. Ursprünglich wurden Änderungsvorbehalte jeder Art (Rz. 1846) unter diesem Gesichtspunkt diskutiert (zu Widerrufsvorbehalten BAG v. 7.10.1982 – 2 AZR 455/80, AP Nr. 5 zu § 620 BGB Teilkündigung; BAG v. 13.5.1987 – 5 AZR 125/86, NZA 1988, 95; zur Reduktion der Arbeitszeit BAG v. 12.12.1984 – 7 AZR 509/83, NZA 1985, 321). Seitdem gem. §§ 305 ff. BGB das Instrument der Kontrolle von Allgemeinen Geschäftsbedingungen auch im Arbeitsrecht zur Verfügung steht, wird das Verbot der Gesetzesumgehung zu Recht nicht mehr bemüht (vgl. zum Widerrufsvorbehalt BAG v. 12.1.2005 – 5 AZR 364/04, NZA 2005, 465; zur einseitigen Reduktion der Arbeitszeit bei Abrufarbeit BAG v. 7.12.2005 – 5 AZR 535/04, NZA 2006, 328). Auch die Fallgruppe der Kündigungserschwerungen durch Verpflichtung zur Zahlung einer Vertragsstrafe bei arbeitnehmerseitiger Kündigung (hierzu BAG v. 6.9.1989 – 5 AZR 586/88, NZA 1990, 147) ist heute über das Instrument der AGB-Kontrolle, insbesondere den §§ 307 ff. BGB, zu lösen (hierzu ErfK/*Preis* §§ 305 – 310 BGB Rz. 50).

III. Verbot der Sittenwidrigkeit (§ 138 BGB, § 612a BGB)

Literatur: *Henssler/Sittard*, Flexibler Mindestlohn durch Konkretisierung des Sittenwidrigkeittatbestands, RdA 2007, 159.

994 Sowohl das allgemeine Verbot der Sittenwidrigkeit aus § 138 Abs. 1 BGB als auch der in § 612a BGB geregelte Sonderfall der Sittenwidrigkeit (sog. Maßregelungsverbot) setzen den Vertragsparteien Grenzen bei der Gestaltung des Arbeitsvertrags.

995 **§ 138 BGB** vernichtet Rechtsgeschäfte, die den Grundprinzipien unserer Rechts- und Sittenordnung widersprechen. Die Norm markiert ein **unumgängliches rechtsethisches Minimum** (BAG v. 24.1.1963 – 5 AZR 100/62, DB 1963, 589). Dogmatik und Anwendungsfälle des § 138 sind im Arbeitsrecht nicht geklärt. Im allgemeinen Zivilrecht wird zunehmend darauf abgestellt, ob das Rechtsgeschäft selbst einen **objektiv sittenwidrigen Inhalt** hat. **Subjektive Merkmale** (Beweggründe, Geschäftszweck) können hinzutreten, vermögen alleine jedoch keine Sittenwidrigkeit (mehr) zu begründen. Dieser Wandel zu einer objektiven Betrachtung ist auch in arbeitsrechtlichen Fällen nachvollziehbar (vgl. BAG v. 10.10.1990 – 5 AZR 404/89, NZA 1991, 264; ErfK/*Preis* § 611a BGB Rz. 341 m.w.N.). Anhand von **§ 138 BGB** kann die Relation von Leistung und Entgelt überprüft werden (BAG v. 26.4.2006 – 5 AZR 549/05, NZA 2006, 1354; BAG v. 10.10.1990 – 5 AZR 404/89, NJW 1991, 860; zum **Lohnwucher** und dem Verhältnis von § 138 BGB zum MiLoG siehe unter Rz. 1290).

996 Nach **§ 612a BGB** darf der Arbeitgeber einen Arbeitnehmer bei einer Vereinbarung oder einer Maßnahme nicht benachteiligen, weil der Arbeitnehmer in zulässiger Weise seine Rechte ausübt. Das Maßregelungsverbot des § 612a BGB regelt zwar einen **Sonderfall der Sittenwidrigkeit** stellt indes ein ge-

setzliches Verbot i.S.d. § 134 BGB dar (ErfK/*Preis* § 612a BGB Rz. 2, 23). Bei der Begründung des Arbeitsverhältnisses hat die Vorschrift nur geringe Bedeutung, weil die Ausübung von Rechten in der Regel erst im bestehenden Arbeitsverhältnis geschieht. In der Praxis hat § 612a BGB daher bislang vor allem als Kündigungsschranke Geltung erlangt (Rz. 2612).

IV. Inhaltskontrolle (§§ 305 ff. BGB)

Literatur: *Coester*, Inhaltskontrolle von Arbeitsverträgen, Jura 2005, 251; *Preis*, AGB-Recht und Arbeitsrecht, NZA Sonderbeilage 3/2006, 115; *Preis*, 15 Jahre AGB-Kontrolle in den Händen von zehn Senaten des BAG, SR 2019, 153 = Festheft Däubler; *Preis*, Der Arbeitsvertrag, 5. Aufl. 2015; *Preis*, Grundfragen der Vertragsgestaltung im Arbeitsrecht, 1993; *Preis*, Privatautonomie und das Recht der Allgemeinen Geschäftsbedingungen, FS Richardi (2007), 339; *Preis/Bleser/Rauf*, Inhaltskontrolle von Ausgleichsquittungen und Verzichtserklärungen, DB 2006, 2812; *Preis/Roloff*, Die neueste Entwicklung der Vertragsinhaltskontrolle im Arbeitsrecht – Zwischenbilanz und Ausblick, ZfA 2007, 43; *Rolfs*, Die Inhaltskontrolle arbeitsrechtlicher Individual- und Betriebsvereinbarungen, RdA 2006, 349; *Schrader/Schubert*, AGB-Kontrolle von Arbeitsverträgen – Grundsätze der Inhaltskontrolle arbeitsvertraglicher Vereinbarungen, NZA-RR 2005, 225; *Stoffels*, AGB-Recht, 3. Aufl. 2015; *Stoffels*, Grundfragen der Inhaltskontrolle von Arbeitsverträgen, ZfA 2009, 861; *Wank/Maties*, Allgemeine Geschäftsbedingungen in der arbeitsrechtlichen Klausur, Jura 2010, 1; *Zöllner*, Kritische Grundsatzüberlegungen zum AGB-Recht als arbeitsrechtlichem Kontrollinstrument, ZfA 2011, 637.

Prüfungsschema zur arbeitsrechtlichen AGB-Kontrolle

- **Anwendung der §§ 305 ff. BGB im Arbeitsrecht, § 310 Abs. 4 BGB** (Rz. 999)
- **Vorliegen kontrollfähiger Vertragsbedingungen, § 305 Abs. 1 BGB** (Rz. 1003)
    - Für eine Vielzahl von Verträgen vorformuliert (beachte: § 310 Abs. 3 Nr. 2 BGB)
    - Vom Verwender gestellt (beachte: § 310 Abs. 3 Nr. 1 BGB)
    - Nicht im Einzelnen ausgehandelt
- **Einbeziehungskontrolle, § 310 Abs. 4 S. 2 Hs. 2 BGB** (Rz. 1005)
    - Vorrang der Individualabrede, § 305b BGB
    - Überraschende Klauseln, § 305c Abs. 1 BGB
- **Auslegung** (Rz. 1021)
    - Objektiv-typisierender Maßstab
    - Bei mehrdeutigen Klauseln: Unklarheitenregel, § 305c Abs. 2 BGB
- **Inhaltskontrolle** (Rz. 1028)
    - Schranken, §§ 307 Abs. 3 S. 1 i.V.m. S. 2 BGB
    - Unangemessene Benachteiligung
        - Klauselverbote ohne Wertungsmöglichkeit, § 309 BGB
        - Klauselverbote mit Wertungsmöglichkeit, § 308 BGB
        - Grundtatbestand, §§ 307 Abs. 1, 2 BGB (beachte: § 310 Abs. 3 Nr. 3 BGB)
            - Regelbeispiele, §§ 307 Abs. 1 S. 1 i.V.m. Abs. 2 Nrn. 1 und 2 BGB
            - Generalklausel, § 307 Abs. 1 S. 1 BGB
            - Transparenzgebot, §§ 307 Abs. 1 S. 1 i.V.m. S. 2 BGB

☐ **Rechtsfolgen** (Rz. 1049)

　☐ Unwirksamkeit des unangemessenen Klauselinhalts, § 307 Abs. 1 S. 1 BGB

　☐ Fortgeltung des übrigen Arbeitsvertrages, § 306 Abs. 1 BGB

　☐ Lückenfüllung, § 306 Abs. 2 BGB (Verbot der geltungserhaltenden Reduktion)

　　☐ Grundsatz: durch dispositives Sachrecht

　　☐ Ausnahme: durch ergänzende Vertragsauslegung, §§ 133, 157 BGB

998 Die bei weitem **praxisrelevanteste Schranke der Inhaltsfreiheit** ist die Inhaltskontrolle am Maßstab der §§ 305 ff. BGB. Erst mit der Verabschiedung der Schuldrechtsreform konnte seit dem Jahre 2002 im Arbeitsrecht eine gesetzlich legitimierte Inhaltskontrolle durchgeführt werden. Bis dahin war die Anlehnung an die Maßstäbe der AGB-Kontrolle für das Arbeitsrecht gemäß § 23 Abs. 1 AGBG a.F. verschlossen. Dennoch fand auch schon vor diesem Zeitpunkt eine Inhaltskontrolle, insbesondere auf der Grundlage der §§ 315, 242 BGB, statt. Teilweise wurden auch die Rechtsgedanken des AGBG zur Inhaltskontrolle von Arbeitsverträgen herangezogen. Die Neuregelung des AGB-Rechts durch die Schuldrechtsreform sollte diese Rechtsunsicherheit im Arbeitsrecht beseitigen. **Das Schutzniveau der Inhaltskontrolle im Arbeitsrecht sollte nicht mehr hinter demjenigen des Zivilrechts zurückbleiben** (BT-Drs. 14/6857 S. 53 ff.; BT-Drs. 14/7052 S. 189). Insgesamt wird das Arbeitsrecht durch die Einbeziehung näher an das Zivilrecht herangeführt.

1. Anwendung der §§ 305 ff. BGB im Arbeitsrecht

999 Durch **§ 310 Abs. 4 BGB** werden Arbeitsverträge – nicht jedoch Tarifverträge, Betriebs- und Dienstvereinbarungen – in die Inhaltskontrolle des allgemeinen Zivilrechts einbezogen.

1000 Bei der Anwendung der AGB-Vorschriften auf Arbeitsverträge sind die **Besonderheiten des Arbeitsrechts** angemessen zu berücksichtigen, **§ 310 Abs. 4 S. 2 BGB**. Die **Prüfung** erfolgt **zweistufig**: auf der ersten Stufe ist zu untersuchen, ob überhaupt Besonderheiten des Arbeitsrechts bestehen. Ist dies der Fall, ist auf der nächsten Stufe zu fragen, wie diese angemessen berücksichtigt werden können.

1001 **Streitig** ist, ob auch **tatsächliche Besonderheiten** zu berücksichtigen sind. Die das bejahende **Rechtsprechung** des BAG (BAG v. 25.5.2005 – 5 AZR 572/04, NZA 2005, 1111, 1113) überzeugt nicht. Bei der Anwendung des § 310 Abs. 4 S. 2 BGB ist zu bedenken, dass die Bereichsausnahme weniger weitgehend ist als die des § 310 Abs. 1 S. 2 BGB. Dort kann nämlich sogar auf die „im Handelsverkehr geltenden Gewohnheiten und Gebräuche" Rücksicht genommen werden. Im Lichte des § 310 Abs. 4 BGB sind daher nur die **rechtlichen Besonderheiten** im Arbeitsrecht angemessen zu berücksichtigen (*Thüsing* NZA 2002, 591, 592). Dass tatsächliche Auswirkungen im AGB-Recht zu berücksichtigen sind, ist evident. Es kann aber nicht eine an sich anwendbare Norm mit dem Hinweis auf schlichte Usancen im Arbeitsleben bei Seite geschoben werden. Rechtliche Besonderheiten sind noch keine bisher üblichen Formularbestimmungen oder verbreitete Usancen. Nur sofern sich tatsächliche Besonderheiten auch normativ widerspiegeln, können sie als rechtliche Besonderheit anerkannt werden. Unter Arbeits*recht* sind nicht nur Gesetze, sondern auch gesetzesvertretendes Richterrecht zu verstehen. Man kann hier an die klassischen Fallgestaltungen der Arbeitnehmerhaftung (BAG v. 24.11.1987 – 8 AZR 524/82, NZA 1988, 579) oder der Betriebsrisikolehre (BAG v. 23.6.1994 – 6 AZR 853/93, NZA 1995, 468) denken.

1002 **Beispiele für rechtliche Besonderheiten:** Insbesondere im Bereich der besonderen Klauselverbote der §§ 308, 309 BGB ist stets zu fragen, ob diese auch im Arbeitsrecht uneingeschränkt Anwendung finden können. Dies wurde für § 309 Nr. 6 BGB, der eine Vertragsstrafe für unangemessen benachteiligend erklärt, verneint (BAG v. 4.3.2004 – 8 AZR 196/03, NZA 2004, 727). Das BAG hat bislang noch keine Vertragsklausel an einem Klauselverbot ohne Wertungsmöglichkeit (§ 309 BGB) scheitern lassen. Bei den Klauselverboten mit Wertungsmöglichkeit haben hingegen § 308 Nr. 3 BGB (Unangemessenheit eines Rücktrittsvorbehalt in einem Vorvertrag, BAG v. 27.7.2005 – 7 AZR 488/04, NZA 2006, 539) und § 308 Nr. 4 BGB

(Unzulässigkeit eines Widerrufsvorbehalts, BAG v. 12.1.2005 – 5 AZR 364/04, NZA 2005, 465) Bedeutung erlangt.

2. Vorliegen kontrollfähiger Vertragsbedingungen (§ 305 Abs. 1 BGB)

Kontrollfähig nach §§ 305 ff. BGB sind **Allgemeine Geschäftsbedingungen**. Nach § 305 Abs. 1 BGB sind dies Vertragsbedingungen, 1003

- die für eine Vielzahl von Verträgen (mindestens 3: BAG v. 25.5.2005 – 5 AZR 572/04, NZA 2005, 1111, 1116) **vorformuliert** sind,
- die eine Vertragspartei (in der Regel der Arbeitgeber) der anderen Vertragspartei bei Abschluss des Vertrags **stellt** und
- die **nicht im Einzelnen ausgehandelt** sind.

Beachte: Aus dem äußeren Erscheinungsbild und dem Inhalt typisierter Bedingungen kann sich ein vom Verwender zu widerlegender Anschein für das Vorliegen von AGB ergeben (BAG v. 1.3.2006 – 5 AZR 363/05, NZA 2006, 746 Rz. 20; 24.9.2014 – 5 AZR 1024/12, NJW 2014, 3471 Rz. 19). 1004

a) Für eine Vielzahl von Verträgen vorformuliert

Vertragsbedingungen sind für eine **Vielzahl** von Verträgen vorformuliert, wenn ihre dreimalige Verwendung beabsichtigt ist (BAG v. 25.5.2005 – 5 AZR 572/04, NZA 2005, 1111, 1116). Nach dem auf Arbeitsverträge anzuwendenden **§ 310 Abs. 3 Nr. 2 BGB** (Rz. 229), genügt es, dass die betreffende Vertragsbedingung nur zur einmaligen Verwendung bestimmt ist. 1005

Der Verwender der AGB muss die Vertragsbedingungen **nicht selbst vorformuliert** haben. Ausreichend ist, dass er z.B. einen vorgefertigten Musterarbeitsvertrag verwendet, Klauseln aus einem Vertragshandbuch abschreibt oder den Vertrag aus Textbausteinen am PC zusammenstellt. Sogar mündliche oder durch betriebliche Übung begründete Vertragsbedingungen können AGB sein (BAG v. 16.5.2012 – 5 AZR 331/11, NZA 2012, 908; BAG v. 18.3.2009 – 10 AZR 281/08, NZA 2009, 601). 1006

Beachte: Auch Sonderinstitute des Arbeitsrechts können kontrollbedürftige Klauseln beinhalten. In einer **Gesamtzusage** können kontrollbedürftige benachteiligende Nebenbestimmungen enthalten sein. Auch Vorbehalte, die die **betriebliche Übung** relativieren, einschränken, entziehen (Stichwort: negative Betriebsübung) können unangemessen benachteiligend sein.

b) Vom Verwender gestellt

Grundsätzlich muss der Verwender die AGB „stellen", d.h. ihre Einbeziehung in den Vertrag verlangen (*Palandt/Grüneberg* § 305 BGB Rz. 10). Der Verwender stellt die AGB nicht, wenn er von der anderen Vertragspartei mit einem Formulierungsvorschlag konfrontiert wird. Das gilt jedoch nur, sofern diese den Vertragstext frei bestimmen (nicht: auswählen!) und auf eigene Initiative mit der effektiven Möglichkeit zur Durchsetzung in die Verhandlungen einbringen konnte (BGH v. 17.2.2010 – VIII ZR 67/09, NJW 2010, 1131). Ein Stellen der AGB entfällt mithin nicht, wenn der Verwender der anderen Vertragspartei vorformulierte Vertragsbedingungen mit der Bitte übersendet, Anmerkungen und Änderungswünsche mitzuteilen (BGH v. 20.1.2016 – VIII ZR 26/15, NJW 2016, 1230). 1007

Wegen der Einordnung des Arbeitsvertrages als Verbrauchervertrag (Rz. 229) ist **§ 310 Abs. 3 Nr. 1 BGB** zu beachten: die AGB gelten als vom Arbeitgeber gestellt, sofern der Arbeitnehmer sie nicht in den Vertrag eingeführt hat. Dafür ist der Arbeitgeber beweispflichtig. 1008

c) Nicht im Einzelnen ausgehandelt

1009 Im Einzelnen ausgehandelte Vertragsbedingungen, also Individualabreden, sind keine AGB, § 305 Abs. 1 S. 3 BGB.

Merke: „Aushandeln" bedeutet mehr als verhandeln.

1010 Eine Vertragsbedingung wird i.S.d. § 305 Abs. 1 S. 3 BGB ausgehandelt, wenn der Arbeitgeber den gesetzesfremden Kern der Klausel zur ernsthaften Disposition des Arbeitnehmers stellt und ihm so die Möglichkeit einräumt, den Inhalt der fraglichen Klauseln zu beeinflussen (BAG v. 27.7.2005 – 7 AZR 486/04, NZA 2006, 40, 44; BAG v. 26.10.2017 – 6 AZR 158/16, NZA 2018, 297, 298). Ein Aushandeln kann auch vorliegen, wenn Angebotsalternativen mit unterschiedlichen Konditionen zur Wahl gestellt werden (BGH v. 6.12.2002 – V ZR 220/02, NJW 2003, 1313). Die Beweislast dafür, dass die Vertragsbedingungen im Einzelnen ausgehandelt wurden, liegt beim Arbeitgeber.

3. Einbeziehungskontrolle (§ 310 Abs. 4 S. 2 Hs. 2 BGB)

1011 Im **allgemeinen Zivilrecht** richtet sich die Einbeziehung Allgemeiner Geschäftsbedingungen nach § 305 Abs. 2 und 3 BGB. Diese Vorschriften gelten jedoch im **Arbeitsrecht** nicht, **§ 310 Abs. 4 S. 2 BGB**.

1012 Der Gesetzgeber ging davon aus, der Arbeitnehmer sei durch das **Nachweisgesetz** ausreichend geschützt (BT-Drs. 14/6857, S. 54). Nach § 2 Abs. 1 NachwG muss der Arbeitgeber spätestens einen Monat (nach der neuen Richtlinie (EU) 2019/1152 der Europäischen Parlaments und des Rates vom 20.6.2019 über transparente und vorhersehbare Arbeitsbedingungen in der Europäischen Union soll diese Frist sogar nur eine Woche betragen) nach dem vereinbarten Beginn des Arbeitsverhältnisses die wesentlichen Arbeitsbedingungen schriftlich niederlegen und diese Niederschrift unterschrieben dem Arbeitnehmer aushändigen. Das Nachweisgesetz ist jedoch keine Wirksamkeitsvoraussetzung für die Einbeziehung vertraglicher Abreden. Daher richtet sich die Frage, ob Allgemeine Geschäftsbedingungen wirksam in den Vertrag einbezogen wurden, im Arbeitsrecht nach **§§ 145 ff. BGB**. Somit können Allgemeine Geschäftsbedingungen im Arbeitsrecht auch konkludent einbezogen werden. Ein ausdrücklicher Hinweis und die Möglichkeit der Kenntnisnahme, wie § 305 Abs. 2 BGB dies verlangt, sind zur Wirksamkeit der Einbeziehung nicht erforderlich.

a) Vorrang der Individualabrede (§ 305b BGB)

1013 Mit dem Vorrang der Individualabrede kodifiziert § 305b BGB ein **allgemeines Prinzip des Vertragsrechts** (BAG v. 24.8.2016 – 5 AZR 129/16). Auch für die Rechtsgeschäftslehre hat die allgemeine Kollisionsregel Gültigkeit, dass die spezielle der allgemeinen Absprache vorgeht.

1014 Vertragsabreden, die der Arbeitnehmer beeinflussen konnte, unterliegen nicht der AGB-Kontrolle! *„Es gilt dasselbe wie bei im Einzelnen ausgehandelten Vertragsbedingungen (§ 305 Abs. 1 S. 3 BGB). Die §§ 305 ff. BGB beziehen sich ausdrücklich allein auf Allgemeine Geschäftsbedingungen und die besonderen Fälle des § 310 Abs. 3 Nr. 2 BGB. Individuelle Vertragsabreden haben nach § 305b BGB Vorrang. Diese Wertung darf nicht durch eine undifferenzierte Anwendung der §§ 305 ff. BGB umgangen werden"* (BAG v. 25.5.2005 – 5 AZR 572/04, NZA 2005, 1111, 1116).

Merke: § 305 Abs. 1 S. 3 BGB setzt voraus, dass es sich bei der jeweils kontrollierten Klausel nicht um eine Individualvereinbarung **handelt**. § 305b BGB verlangt, dass diese Klausel nicht mit einer anderweitigen Individualabrede **kollidiert**.

1015 *„Individualabreden können grundsätzlich alle Abreden zwischen den Vertragsparteien außerhalb der einseitig vom Verwender vorgegebenen Geschäftsbedingungen sein. Sie können sowohl ausdrücklich als auch konkludent getroffen werden [...]. Auch nachträglich getroffene Individualabreden haben Vorrang vor kollidierenden Allgemeinen Geschäftsbedingungen."* (BAG v. 14.9.2011 – 10 AZR 526/10, NZA

2012, 81 Rz. 39). Auch die **betriebliche Übung** kann als konkludente Vertragsabrede Individualvereinbarung i.S.d. § 305b BGB sein (vgl. BAG v. 13.5.2015 – 10 AZR 266/14, NZA 2015, 992; a.A. wohl HWK/*Gotthardt/Roloff* § 305b BGB Rz. 1).

Praktische Bedeutung hat § 305b BGB bezogen auf **Schriftformklauseln** in AGB. Formularmäßige Klauseln können den Vorrang mündlicher Individualabsprachen nicht außer Kraft setzen. Das gilt auch bei sog. **doppelten Schriftformklauseln**, die auch die Aufhebung der Schriftform an die Schriftform binden wollen. Das BAG hat solche Klauseln inzwischen sogar für den Fall der betrieblichen Übung für unangemessen benachteiligend nach § 307 BGB erklärt (BAG v. 20.5.2008 – 9 AZR 382/07, NZA 2008, 1233). Im Arbeitsrecht korrespondiert der Grundsatz des Vorrangs der Individualabrede zumeist mit dem Günstigkeitsprinzip. Das zeigt sich auch an wirkungsähnlichen Freiwilligkeitsvorbehalten in vorformulierten Arbeitsverträgen. Diese wollen nämlich (auch) den **Vorrang günstigerer Individualabreden** aushebeln. 1016

„Mit diesem Vorrang der Individualabrede ist ein Freiwilligkeitsvorbehalt nicht zu vereinbaren, der so ausgelegt werden kann, dass er Rechtsansprüche aus späteren Individualabreden ausschließt (vgl. auch zur doppelten Schriftformklausel: BAG v. 20.5.2008 – 9 AZR 382/07, NZA 2008, 1233)" (BAG v. 14.9.2011 – 10 AZR 526/10, NZA 2012, 81 Rz. 39).

b) Überraschende Klauseln (§ 305c BGB)

Die fehlende Anwendbarkeit von §§ 305 Abs. 2, 3 BGB führt nicht dazu, dass auch eine Einbeziehungskontrolle überraschender Klauseln unterbleibt (HWK/*Gotthardt* § 305 BGB Rz. 11). Nach § 305c Abs. 1 BGB werden überraschende Klauseln nicht Vertragsbestandteil. Dieser Grundsatz war auch schon vor Inkrafttreten des neuen Schuldrechts anerkannt (BAG v. 29.11.1995 – 5 AZR 447/94, NZA 1996, 848). 1017

Überraschend sind Bestimmungen, wenn sie sowohl objektiv ungewöhnlich als auch für den Verwendungsgegner überraschend sind. **Objektiv ungewöhnlich** ist eine Klausel dann, wenn sie von der Normalität abweicht, die sich insbesondere an dem dispositiven Recht orientiert, das das gesetzliche Leitbild definiert. **Überraschenden Charakter** hat eine Regelung dann, wenn sie von den Erwartungen des Vertragspartners deutlich abweicht und dieser mit ihr nach den Umständen vernünftigerweise nicht zu rechnen braucht (BAG v. 13.7.2005 – 10 AZR 532/04, AP Nr. 78 zu § 74 HGB). 1018

Merke: Das Überraschungsmoment ist desto eher zu bejahen, je belastender der Klauselinhalt ist. 1019

§ 305c Abs. 1 BGB bietet auch Schutz vor Klauseln an ungewöhnlicher Stelle (sog. **formale Überraschung**). Von großer Bedeutung im Arbeitsrecht sind **Ausschlussfristen** (Rz. 1307; vgl. auch ErfK/*Preis* §§ 305–310 BGB Rz. 29). Weil sie häufig verwendet werden und ein Arbeitnehmer daher grundsätzlich mit einer Ausschlussfrist im Vertrag rechnen muss, sind sie regelmäßig nicht überraschend, schon gar nicht, wenn sie als eigenständige Klausel im Vertrag hervorgehoben sind (BAG v. 25.5.2005 – 5 AZR 572/04, NZA 2005, 1111). Aus formalen Gründen kann jedoch auch eine Ausschlussfrist überraschend sein, wenn sie ohne besonderen Hinweis oder drucktechnische Hervorhebung unter falscher oder missverständlicher Überschrift eingeordnet worden ist (BAG v. 29.11.1995 – 5 AZR 447/94, NZA 1996, 702) oder erst in den Schlussregelungen im Anschluss an salvatorische Klauseln und das Schriftformerfordernis aufgenommen wurde (BAG v. 31.8.2005 – 5 AZR 545/04, NZA 2006, 324, 326). 1020

Beispiel: Versteckte Ausschlussfrist: In einem Arbeitsvertrag findet sich unter § 18 Schlußbestimmungen unter Nr. 4 folgende Klausel:

„4. ... Alle Ansprüche aus dem Arbeitsverhältnis sind vom Arbeitnehmer binnen einer Frist von zwei Monaten seit Fälligkeit schriftlich geltend zu machen und im Falle der Ablehnung innerhalb einer Frist von einem Monat einzuklagen."

Hierzu das BAG:

"Auch der ungewöhnliche äußere Zuschnitt der Klausel, ihre Unterbringung an unerwarteter Stelle, kann die Bestimmung zu einer ungewöhnlichen und damit überraschenden Klausel machen. [...] Unter Nr. 4 ist dann bestimmt, dass alle Ansprüche aus dem Arbeitsverhältnis vom Arbeitnehmer binnen einer Frist von zwei Monaten seit Fälligkeit schriftlich geltend zu machen und im Falle der Ablehnung innerhalb einer Frist von einem Monat einzuklagen sind. Hieran schließt sich eine Regelung über die Verpflichtung zur Mitteilung aller Änderungen der persönlichen Umstände an. Nach dem gesamten Erscheinungsbild des Vertrags hat der Bekl. die Klausel über die befristete Geltendmachung von Ansprüchen damit an einer aus Sicht eines redlichen Vertragspartners unerwarteten Stelle versteckt. Unter der Überschrift 'Schlussbestimmungen' muss ein verständiger Arbeitnehmer bei einem so detaillierten Vertrag nicht mit einer Klausel rechnen, durch die der Verfall von Ansprüchen bei nicht rechtzeitiger Geltendmachung herbeigeführt werden soll." (BAG v. 31.8.2005 – 5 AZR 545/04, NZA 2006, 324 Rz. 24 f.)

4. Auslegung

1021 Auslegung und Inhaltskontrolle sind streng voneinander zu trennen. Jeder Inhaltskontrolle ist eine Auslegung vorgeschaltet. Durch die Auslegung wird der Gegenstand der Angemessenheitskontrolle bestimmt.

a) Objektiv typisierender Maßstab

1022 Auslegungsmaßstab ist der Verständnishorizont eines rechtlich nicht vorgebildeten **durchschnittlichen Arbeitnehmers**. Die Auslegung erfolgt objektiv-typisierend und unabhängig von der Gestaltung im Einzelfall oder den Vorstellungen der Parteien (*Stoffels* AGB-Recht Rz. 360). Für die Bestimmung des Kontrollgegenstands mittels Auslegung finden arbeitsrechtliche Besonderheiten keine Berücksichtigung.

1023 *"Allgemeine Geschäftsbedingungen sind nach ihrem **objektiven Inhalt und typischen Sinn** einheitlich so auszulegen, wie sie von verständigen und redlichen Vertragspartnern unter Abwägung der Interessen der normalerweise beteiligten Verkehrskreise verstanden werden, wobei die Verständnismöglichkeiten des **durchschnittlichen Vertragspartners des Verwenders** zugrunde zu legen sind. **Ansatzpunkt** für die nicht am Willen der konkreten Vertragspartner zu orientierende Auslegung Allgemeiner Geschäftsbedingungen ist **in erster Linie der Vertragswortlaut**. Ist der Wortlaut eines Formularvertrags nicht eindeutig, kommt es für die Auslegung entscheidend darauf an, wie der Vertragstext aus der Sicht der typischerweise an Geschäften dieser Art beteiligten Verkehrskreise zu verstehen ist, wobei der Vertragswille verständiger und redlicher Vertragspartner beachtet werden muss."* (BAG v. 31.8.2005 – 5 AZR 545/04, NZA 2006, 324 Rz. 39)

1024 Soweit neben dem Vertragswortlaut auch der mit dem Vertrag verfolgte **Zweck** der Auslegung zugrunde gelegt wird, können ausschließlich typische und von redlichen Geschäftspartnern verfolgte Ziele Beachtung finden. Vertragsklauseln, die nur in außergewöhnlichen, von den Vertragspartnern bei Vertragsschluss nicht bedachten Fällen gesetzeswidrig sind, legt das BAG dahingehend aus, dass sie entsprechende Ausnahmefälle nicht erfassen (Bsp.: Ausschluss der Vorsatzhaftung, BAG v. 20.6.2013 – 8 AZR 280/12, NZA 2013, 1265, 1266). Das ist mit Blick auf das Transparenzgebot nach § 307 Abs. 1 S. 2 BGB und das Verbot der geltungserhaltenden Reduktion (Rz. 1053) problematisch.

b) Unklarheitenregel (§ 305c Abs. 2 BGB)

1025 Nach § 305c Abs. 2 BGB gehen Zweifel bei der Auslegung Allgemeiner Geschäftsbedingungen zu Lasten des Verwenders. Diese Regelung gibt einen **allgemeinen Rechtsgrundsatz** wieder, der schon vor Inkrafttreten des Schuldrechtsmodernisierungsgesetzes auch im Arbeitsrecht Geltung besaß. Es ist Sache des Klauselverwenders, sich klar und unmissverständlich auszudrücken. Bei zwei oder mehr rechtlich gleichermaßen vertretbaren Auslegungsergebnissen findet § 305c Abs. 2 BGB (Unklarheitenregel) Anwendung.

*„Bleibt nach Ausschöpfung der Auslegungsmethoden ein **nicht behebbarer Zweifel**, geht dies gemäß § 305c Abs. 2 BGB zulasten des Verwenders. Die Anwendung der Unklarheitenregel des § 305c Abs. 2 BGB setzt voraus, dass die Auslegung einer einzelnen AGB-Bestimmung mindestens zwei Ergebnisse als vertretbar erscheinen lässt und von diesen keines den klaren Vorzug verdient. Es müssen ‚erhebliche Zweifel' an der richtigen Auslegung bestehen. Die entfernte Möglichkeit, zu einem anderen Ergebnis zu kommen, genügt für die Anwendung der Bestimmung nicht [...]."* (BAG v. 19.1.2011 – 10 AZR 738/09, NZA 2011, 631)

Dabei hat die Unklarheitenregel eine **doppelte Funktion**. Die für den Arbeitnehmer günstigste Auslegungsvariante ist zunächst diejenige, die zur Unangemessenheit und damit zur Unwirksamkeit der Klausel führt. Eine unklare Klausel ist also in ihrer arbeitnehmerfeindlichsten Auslegungsvariante der Inhaltskontrolle zu unterwerfen. Hält diese Variante der Inhaltskontrolle stand, ist die Klausel wirksam. Diese wirksame, aber (immer noch) unklare Klausel wird dann in der Auslegungsvariante angewandt, die für den Arbeitnehmer günstig ist. 1026

§ 305c Abs. 2 BGB kann **praktisch weitreichende Konsequenzen** haben, **bspw.** wenn unklar ist, wie weitgehend auf **tarifliche Entgeltregelungen** verwiesen wird. Der Arbeitgeber kann sich nicht darauf berufen, die von ihm verwendeten Formularverträge seien hinsichtlich der Verweisung auf die tarifliche Vergütung unklar und schon deshalb sei davon auszugehen, die Vergütung richte sich allein nach dem bei Abschluss des Arbeitsvertrags geltenden Tarifgehalt. Die günstigere Interpretation für den Arbeitnehmer ist in der Regel die dynamische Verweisung. Demnach ist eine zeitdynamische Verweisung anzunehmen, weil in der Regel die Vergütung in Entgelttarifverträgen für den Arbeitnehmer verbessert und nicht verschlechtert wird (BAG v. 21.8.2013 – 5 AZR 581/11, NZA 2014, 271; 9.11.2005 – 5 AZR 128/05, NZA 2006, 202; vgl. auch 14.12.2005 – 4 AZR 536/04, NZA 2006, 607). 1027

5. Inhaltskontrolle (§§ 307 ff. BGB)

a) Schranken (§ 307 Abs. 3 S. 1 i.V.m. S. 2 BGB)

Die scharfen Kontrollmaßstäbe der §§ 307 Abs. 1 und 2, 308, 309 BGB gelten nach § 307 Abs. 3 S. 1 BGB nur für Bestimmungen in Allgemeinen Geschäftsbedingungen, die von Rechtsvorschriften **abweichen** oder diese **ergänzen**. Mit **Rechtsvorschriften** i.S.d. § 307 Abs. 3 S. 1 BGB ist in diesem Zusammenhang das **dispositive Recht** gemeint. AGB weichen hiervon ab, wenn der Verwender mit ihnen die Risiken anders verlagert, als es jenes vorsieht, und ergänzt mit ihnen jenes, wenn sie Lücken im fragmentarischen Rechtskorpus auffüllen. Hingegen unterliegt die Abweichung von zwingendem Recht keiner Kontrolle nach § 307 Abs. 3 BGB. Allgemeine Geschäftsbedingungen, die gegen zwingendes Recht verstoßen, sind bereits deswegen unwirksam. Für eine Angemessenheitskontrolle nach den §§ 307 ff. BGB besteht kein Bedarf. Ein Wertungsargument ist darin zu sehen, dass zwingendes Recht auch zur Unwirksamkeit einer Individualvereinbarung führen kann und eine Allgemeine Geschäftsbedingung im Falle eines solchen Verstoßes dann erst recht unwirksam sein muss. Aus diesem Gedankengang folgt, dass für eine Inhaltskontrolle nach den § 307 Abs. 3 S. 1 BGB dann kein Raum ist, wenn zwingende Kontrollmaßstäbe (allgemein §§ 134, 138 BGB oder speziell bspw. § 14 TzBfG) einschlägig sind. Diesen **Vorrang des zwingenden Gesetzesrechts** gilt es zu einzuhalten (sehr diskutabel daher BAG v. 18.9.2018 – 9 AZR 162/18, NZA 2018, 1619 Rz. 30 f. zu § 3 S. 1 MiLoG). Wo das zwingende Gesetzesrecht indes nur einen verbindlichen Rahmen vorgibt, der inhaltlich von den Vertragsparteien aufgefüllt werden kann (bspw. Verjährungsvereinbarungen nach § 202 BGB oder Probezeit nach § 20 BBiG; zu letzterem BAG v. 12.2.2015 – 6 AZR 831/13, NZA 2015, 737, 740 f.), ist mit Blick auf letzteres eine Inhaltskontrolle von derartigen normausfüllenden Klauseln möglich. Dasselbe gilt für Klauseln, die von der gesetzlichen Ermächtigung zur Abweichung Gebrauch machen. Aus der Funktion der AGB-Kontrolle, Schutz vor risikoverlagernden und lückenauffüllenden AGB zu gewähren, folgt des Weiteren, dass Klauseln, die lediglich den Gesetzeswortlaut wiederholen, sog. **deklaratorische Klauseln,** folglich nicht der Inhaltskontrolle unterliegen (vgl. BGH v. 24.9.1998 – III ZR 219/97, NJW 1999, 864; BT-Drs. 14/7052 S. 188). Grund hierfür ist, dass an die Stelle der unwirksamen Klausel ohnehin die gesetzliche Regelung treten würde (*Preis/Roloff* ZfA 2007, 43). 1028

1029 **Merke:** „Rechtsvorschriften" i.S.d. § 307 Abs. 3 S. 1 BGB sind zudem nicht nur die geschriebenen Gesetzesbestimmungen, sondern auch alle ungeschriebenen Rechtsgrundsätze, Richterrecht und die aufgrund ergänzender Vertragsauslegung (§§ 157, 242 BGB) und aus der Natur des Schuldverhältnisses zu entnehmenden Rechte und Pflichten (BAG v. 18.1.2012 – 10 AZR 612/10, NZA 2012, 561 Rz. 20).

1030 Nach § 310 Abs. 4 S. 3 BGB stehen **Tarifverträge, Betriebs- und Dienstvereinbarungen** den Rechtsvorschriften i.S.v. § 307 Abs. 3 S. 1 BGB gleich. Das bedeutet, dass Bestimmungen in Allgemeinen Geschäftsbedingungen, die auf solche Kollektivverträge verweisen oder deren Inhalt wörtlich wiedergeben, grundsätzlich nicht der Inhaltskontrolle nach §§ 307 ff. BGB unterliegen. Kollektivverträgen kommt eine Richtigkeits- und Angemessenheitsvermutung zu, da sie von annähernd gleich starken Parteien ausgehandelt wurden. Würde man also Allgemeine Geschäftsbedingungen, die mit dem Inhalt von Kollektivverträgen übereinstimmen, auf ihre Angemessenheit hin kontrollieren, würde man mittelbar den Kollektivvertrag selbst inhaltlich kontrollieren. Sind Arbeitsbedingungen kollektivvertraglich geregelt, ergibt sich daher folgender **differenzierter Prüfungsmaßstab:**

1031 – Bei **unmittelbarer und zwingender**, d.h. normativer Geltung von Tarifverträgen findet **keine Inhaltskontrolle** statt. Dies ergibt sich schon daraus, dass solche Bestimmungen keine Allgemeinen Geschäftsbedingungen sind. Sie werden nicht vom Arbeitgeber gestellt, sondern gelten normativ. Des Weiteren gelten die §§ 305 ff. BGB neben Tarifverträgen auch nicht für Betriebs- und Dienstvereinbarungen, § 310 Abs. 4 S. 1 BGB.

1032 – Ebenfalls **keine Inhaltskontrolle** findet statt, wenn einzelvertraglich auf einen nicht normativ geltenden einschlägigen Tarifvertrag als Ganzes (**Globalverweisung**) verwiesen wird. Allerdings darf der Tarifvertrag den Parteien nicht verschiedene Möglichkeiten der Vertragsgestaltung an die Hand geben, sondern muss selbst unmittelbar die Materie regeln (BAG v. 27.7.2005 – 7 AZR 486/04, NZA 2006, 40). Ob dagegen eine Inhaltskontrolle stattfindet, wenn nur auf einzelne Regelungskomplexe, wie z.B. die Urlaubsregelungen (**Teilverweisung**) verwiesen wird, wurde von der Rechtsprechung des BAG bisher nicht entschieden. Es sprechen die besseren Gründe dafür, da zum einen die Abgrenzung von Teilkomplexen schwierig sein kann und zum anderen bei ausgewogenen Regelungen den Parteien durch eine Kontrolle kein Unrecht geschieht. Die Klausel bliebe bestehen. Eine „Rosinenpickerei" würde so vermieden.

1033 – Bei Verweisungen auf branchenfremde Tarifverträge und bei Verweisungen auf nur einzelne Tarifvertragsregelungen (**Einzelverweisung**) kann die Richtigkeit und Angemessenheit nicht mehr vermutet werden. Hier findet eine **volle Inhaltskontrolle** der einbezogenen tariflichen Regelungen statt.

1034 Ebenfalls von der Inhaltskontrolle **ausgeschlossen** sind gemäß § 307 Abs. 3 S. 2 BGB Allgemeine Geschäftsbedingungen über den unmittelbaren Gegenstand der im Gegenseitigkeitsverhältnis stehenden **Leistungen**, also **Haupt- und Gegenleistung**. Das sind insbesondere die Entgeltabrede und sog. Leistungsbeschreibungen, bspw. im Arbeitsrecht die Tätigkeitsbeschreibung. Bei diesen Abreden handelt es sich um die „**anderen Bestimmungen**" i.S.d. § 307 Abs. 3 S. 2 BGB, die nur daraufhin zu prüfen sind, ob sie gem. § 307 Abs. 1 S. 2 BGB transparent sind. Grund: Der Gesetzgeber hält sich in diesem Kernbereich privatautonomer Vertragsgestaltung zurück und macht daher im Grundsatz keine gesetzlichen Vorgaben, stellt also insbesondere kein dispositives Gesetzesrecht bereit.

1035 Deshalb unterliegt die **Höhe des Arbeitsentgelts** keiner Angemessenheitskontrolle (BAG v. 27.7.2005 – 7 AZR 486/04, NZA 2006, 40). Es ist nicht Aufgabe des Richters, über §§ 305 ff. BGB einen „gerechten Preis" zu finden, sondern nur zu prüfen, ob die betreffende Klausel den Vertragspartner einseitig unangemessen benachteiligt (BAG v. 31.8.2005 – 5 AZR 545/04, NZA 2006, 324 Rz. 44). **Pauschallohn- und Abgeltungsabreden**, z.B. für Nachtarbeitszuschläge, regeln die Gegenleistung des Arbeitgebers für die vom Arbeitnehmer erbrachte Arbeitsleistung. In diesem Falle ist nur die **Transparenz** der Regelung (§ 307 Abs. 3 S. 2 BGB) kontrollfähig. Allerdings unterliegen Entgeltabreden dann der Inhaltskontrolle, wenn eine **gesetzliche Vergütungsregelung** besteht, von der abgewichen wird. Ist diese zwingend (bspw. §§ 1, 3 MiLoG), ist freilich diese vorrangiger Prüfungsmaßstab. Da Tarifverträge nach § 310 Abs. 4 S. 3 BGB Rechtsvorschriften gleichgestellt sind, könnte man darüber hinaus meinen, alle Entgeltregelungen müssten am tariflichen Lohnniveau gemessen werden (so *Däubler* NZA 2001, 1329, 1335 f.). Dies ist aber abzulehnen. Der Gesetzgeber wollte durch diese Gleichstellung lediglich sicherstellen, dass Tarifverträge bei einzelvertraglicher Bezugnahme keiner Inhaltskontrolle unterliegen (BT-Drs. 14/6857 S. 54), nicht aber umgekehrt Tarifverträge, und dann auch Betriebs- und Dienstvereinbarungen, selbst zum Maßstab der Inhaltskontrolle machen. Darüber hinaus haben die Tarifvertragsparteien keine Normsetzungskompetenz gegenüber nicht Tarifgebundenen (siehe hierzu Rz. 583, 878 im Band „Kollektivarbeitsrecht").

Viel **verständlicher** wird § 307 Abs. 3 S. 2 BGB, wenn man sich **Art. 4 Abs. 2 RL 93/13/EWG** vor Augen hält. Diese Vorschrift formuliert den in den vorherigen Abschnitten aufgezeigten Sinn und Zweck der grundsätzlichen Kontrollfreiheit viel deutlicher: *„Die Beurteilung der Missbräuchlichkeit der Klauseln betrifft weder den Hauptgegenstand des Vertrages noch die Angemessenheit zwischen dem Preis bzw. dem Entgelt für die Dienstleistungen bzw. den Gütern, die die Gegenleistung darstellen, sofern diese Klauseln klar und verständlich abgefasst sind."* Danach soll eine Inhaltskontrolle dort unterbleiben, wo der Wettbewerb seine Domäne hat, also bei Preisen und anderen Hauptleistungen. Im Arbeitsverhältnis sind dies vor allem die Arbeitsleistung und das Arbeitsentgelt, also Abreden über den unmittelbaren Gegenstand der Hauptleistung und des dafür zu zahlenden Entgelts, sowie Klauseln, die das Entgelt für eine zusätzlich angebotene Sonderleistung festlegen, wenn hierfür keine rechtlichen Regelungen bestehen. Kontrollfrei sollen solche Vereinbarungen bleiben, die an der **marktorientierten, privatautonomen Entscheidung** des Vertragspartners teilnehmen (*Stoffels* AGB-Recht Rz. 81; *Stoffels* JZ 2001, 843, 848). Das Transparenzgebot soll Markttransparenz gewährleisten und damit die Bedingungen für die ungestörte Ausübung der Vertragsfreiheit im Kernbereich schaffen. Es will Hauptabreden, über die sich die Vertragsparteien stets Gedanken machen müssen, der Kontrolle entziehen, aber auch nur dann, wenn diese transparent gestaltet sind. 1036

Die obigen Ausführungen zwingen für die Zwecke des § 307 Abs. 3 BGB auch dazu, **kontrollfreie** („andere Bestimmungen" i.S.d. S. 2) **von den kontrollbedürftigen Klauseln** („Bestimmungen" i.S.d. S. 1) abzugrenzen. Das kann zweckgerecht nur mit Hilfe der Grundintention des AGB-Rechts erfolgen, eben das „Kleingedruckte" der vorformulierten Vertragsbedingungen zu kontrollieren, das der Kunde in seiner Tragweite nicht zur Kenntnis nimmt und damit nicht in seine tragende Abschlussentscheidung einbezieht. Für den Arbeitnehmer steht im Zentrum der Abschlussentscheidung, ob er die konkret geschuldete Arbeit in einem bestimmten zeitlichen Umfang und zu dem angebotenen Entgelt leisten will. Eine **bewusste** Abschluss**entscheidung** liegt i.d.R. auch vor, wenn die Hauptabrede des Vertrages geändert, etwa die Arbeitszeit oder das Entgelt herabgesetzt oder gar das Arbeitsverhältnis aufgehoben wird. Deshalb unterliegt die Beendigungsvereinbarung im Aufhebungsvertrag keiner Inhaltskontrolle; sie bildet ein selbstständiges Rechtsgeschäft, bei dem die Hauptleistung die Beendigung des Arbeitsverhältnisses ist (BAG v. 27.11.2003 – 2 AZR 135/03, NZA 2004, 597, 604). Abschluss, Änderung und Aufhebung eines Arbeitsvertrags sind als solche kontrollfrei. Das bedeutet nicht, dass der Inhalt des abgeschlossenen, geänderten oder aufgehobenen Vertrags kontrollfrei bleibt. Keiner näheren Differenzierung bedarf, ob der Verzicht darauf, Kündigungsschutzklage zu erheben, Haupt- oder Nebenabrede in einer „Ausgleichsquittung" ist; jedenfalls liegt eine Abweichung von § 4 S. 1 KSchG vor (vgl. BAG v. 25.9.2014 – 2 AZR 788/13, NZA 2015, 350; weiterführend BAG NZA 24.9.2015 – 2 AZR 347/14, NZA 2016, 351). 1037

Preisnebenabreden, d.h. Regelungen, die sich zwar mittelbar auf den Preis auswirken, an deren Stelle aber bei Unwirksamkeit eine dispositive gesetzliche Regelung treten kann, sind kontrollfähig (BGH v. 30.11.1993 – XI ZR 80/93, NJW 1994, 318). Kontrollfähig sind die Leistung begleitende Klauseln, wie die **Ausgleichsquittung**, Nebenabreden zur Preisabrede und die Hauptleistungsabreden einschränkende, verändernde oder ausgestaltende Klauseln, wie z.B. die **Befristung einzelner Arbeitsbedingungen** (BAG v. 27.7.2005 – 7 AZR 486/04, NZA 2006, 40, 45). Kontrollfähig sind z.B. Klauseln über Verzugszinsen (BGH v. 31.1.1985 – III ZR 105/83, NJW 1986, 376). Wichtig für das Arbeitsrecht ist insbesondere, dass kontrollfähig auch die einseitigen Leistungsbestimmungsrechte im Bereich der Hauptleistungspflichten sind (BAG v. 12.1.2005 – 5 AZR 364/04, NZA 2005, 465; ErfK/*Preis* §§ 305– 1038

310 BGB Rz. 40, 51 ff.). Der Vertragspartner des Verwenders soll gerade vor der unangemessenen Verkürzung oder Modifikation der vollwertigen Leistung, die er nach Gegenstand und Zweck des Vertrags erwarten darf, geschützt werden, was sich auch aus § 307 Abs. 2 Nr. 2 BGB ergibt.

b) Unangemessene Benachteiligung (§§ 307–309 BGB)

1039 Die Prüfung richtet sich nach folgender **Reihenfolge:** Zunächst sind die Klauselverbote ohne Wertungsmöglichkeit des **§ 309 BGB** zu prüfen, anschließend die Klauselverbote mit Wertungsmöglichkeit des **§ 308 BGB**. Ist keine dieser Regelungen einschlägig, ist die betreffende Klausel auf ihre Angemessenheit nach § 307 BGB zu überprüfen. Innerhalb des § 307 BGB ist Abs. 2 als die speziellere Norm vor Abs. 1 zu prüfen.

1040 Nach **§ 307 Abs. 2 BGB** ist eine unangemessene Benachteiligung im Zweifel anzunehmen, wenn

- die Klausel mit wesentlichen Grundgedanken der gesetzlichen Regelung, von der sie abweicht, nicht zu vereinbaren ist (**Nr. 1**) oder
- wenn wesentliche Rechte oder Pflichten so eingeschränkt werden, dass der Vertragszweck gefährdet ist (**Nr. 2**).

1041 **§ 307 Abs. 1 S. 1 BGB** ist die Generalklausel für die Inhaltskontrolle. Danach sind formularvertragliche Bestimmungen unwirksam, wenn sie den Vertragspartner des Verwenders (in der Regel also den Arbeitnehmer) entgegen Treu und Glauben **unangemessen benachteiligen.** Das ist der Fall, wenn der Verwender durch einseitige Vertragsgestaltung missbräuchlich eigene Interessen auf Kosten seines Vertragspartners durchzusetzen versucht, ohne von vornherein auch dessen Belange hinreichend zu berücksichtigen und ihm einen angemessenen Ausgleich zu gewähren. Die Feststellung einer unangemessenen Benachteiligung setzt eine wechselseitige Berücksichtigung und Bewertung rechtlich anzuerkennender Interessen der Vertragspartner voraus. Zur Beurteilung der Unangemessenheit ist ein genereller, typisierender, vom Einzelfall losgelöster Maßstab anzulegen. Zu prüfen ist, ob der Klauselinhalt bei der in Rede stehenden Art des Rechtsgeschäfts generell unter Berücksichtigung der typischen Interessen der beteiligten Verkehrskreise eine unangemessene Benachteiligung des Vertragspartners ergibt (BAG v. 14.9.2011 – 10 AZR 526/10, NZA 2012, 81). Zur Konkretisierung dieser Generalklausel ist die Entwicklung **allgemeiner Leitlinien** erforderlich. Als Kriterien können u.a. herangezogen werden:

- Art des Arbeitsvertrags, Stellung des Arbeitnehmers,
- Erscheinungsbild des Gesamtvertrags,
- Kompensation nachteiliger durch vorteilhafte Bestimmungen,
- Vorbildfunktion tarifvertraglicher Regelungen,
- Transparenz der Vertragsgestaltung,
- Entgelt-, Auftrags- und Beschäftigungsrisiken.

1042 Im Rahmen der Angemessenheitskontrolle sind auch **verfassungsrechtliche Wertungen** nach der Lehre von der Schutzgebotsfunktion der Grundrechte zu berücksichtigen (BAG v. 16.3.1994 – 5 AZR 339/92, NZA 1994, 937; BAG v. 6.11.1996 – 5 AZR 334/95, NZA 1997, 778). Die Schutzgebotsfunktion der Grundrechte entfaltet sich auch und gerade in den Privatrechtsbeziehungen, wenn sie durch ein Ungleichgewicht zwischen den beiden Seiten gekennzeichnet sind (Rz. 527).

1043 Nach **§ 307 Abs. 1 S. 2 BGB** kann eine Klausel auch deswegen unangemessen benachteiligend sein, weil sie nicht klar und verständlich ist. Sinn des **Transparenzgebots** ist es, der Gefahr vorzubeugen, dass der Vertragspartner des Klauselverwenders von der Durchsetzung bestehender Rechte abgehalten wird. Ein Verstoß gegen das Transparenzgebot liegt deshalb nicht schon dann vor, wenn der Arbeitnehmer keine oder nur eine erschwerte Möglichkeit hat, die betreffende Regelung zu verstehen. Erst in der Gefahr, dass der Vertragspartner des Klauselverwenders wegen unklar abgefasster Allgemeiner Vertragsbedingungen seine Rechte nicht wahrnimmt, liegt eine unangemessene Benachteiligung (BAG v. 14.9.2011 – 10 AZR 526/10, NZA 2012, 81). Das Transparenzgebot begründet allerdings **keine allgemeine Rechtsbelehrungspflicht** des Arbeitgebers (BGH v. 5.11.1998 – III ZR 226/97, NJW 1999, 276). Des Weiteren bedeutet Auslegungsbedürftigkeit nicht zugleich Intransparenz. Der Verwender vorformulierter Vertragsbestimmungen hat diese so auszugestalten, dass sie die Rechte und Pflichten des Vertragspartners in Inhalt und Umfang möglichst klar und durchschaubar darstellen, sodass für ihn keine ungerechtfertigten Beurteilungsspielräume entstehen und der Vertragspartner möglichst ohne fremde Hilfe seine Rechte feststellen kann (BAG v. 31.8.2005 – 5 AZR 545/04, NZA 2006, 324).

*„Die **Auslegungsbedürftigkeit** einer Allgemeinen Geschäftsbedingung führt nicht gleichsam automatisch zu deren Intransparenz i.S.v. § 307 Abs. 1 S. 2 BGB. Lässt sich jedoch eine Bestimmung unschwer so formulieren, dass das Gewollte klar zu erkennen ist, führt eine Formulierung, bei der das Gewollte allenfalls durch eine umfassende Auslegung ermittelbar ist, zu vermeidbaren Unklarheiten"* (BAG v. 17.3.2016 – 8 AZR 665/14, NZA 2016, 946 Rz. 14). 1044

Die Transparenzkontrolle ist auch bei **preisbestimmenden, leistungsbeschreibenden Vertragsklauseln** vorzunehmen, die im Übrigen der Inhaltskontrolle nicht unterliegen (§ 307 Abs. 3 S. 2 BGB). So muss sich z.B. aus Gründen der Transparenz aus dem Wortlaut einer Widerrufsklausel (Rz. 1866) ergeben, unter welchen Voraussetzungen ein Widerruf der Leistung erfolgen kann (BAG v. 12.1.2005 – 5 AZR 364/04, NZA 2005, 465). Eine Transparenzkontrolle ist auch bei **deklaratorischen Klauseln** geboten. So kann eine Klausel, die das Direktionsrecht nach § 106 GewO modifiziert, intransparent und damit unwirksam sein. An die Stelle der intransparenten Klausel tritt dann das dispositive Gesetzesrecht, also § 106 GewO. 1045

Beispiel: Erweitertes Direktionsrecht: Ein Arbeitsvertrag enthält eine Klausel, nach der der Arbeitgeber berechtigt ist, „dem Arbeitnehmer eine andere zumutbare, seinen Kenntnissen und Fähigkeiten entsprechende Tätigkeit zuzuweisen". 1046

Eine solche Formulierung lässt nicht erkennen, ob sich der Arbeitgeber allein die zulässige und von § 106 GewO umfasste Möglichkeit vorbehalten wollte, dem Arbeitnehmer eine gleichwertige Tätigkeit zuzuweisen, oder ob der Vorbehalt auch die Zuweisung einer geringerwertigen Tätigkeit umfasst. Wegen des Verbots der geltungserhaltenden Reduktion kann die Klausel auch nicht mit dem Inhalt aufrechterhalten werden, dass nur die einseitige Zuweisung einer gleichwertigen Tätigkeit möglich ist. Die Klausel ist daher selbst dann unwirksam, wenn dem Arbeitnehmer tatsächlich eine gleichwertige Tätigkeit vom Arbeitgeber zugewiesen wird (dazu BAG v. 9.5.2006 – 9 AZR 424/05, NZA 2007, 145).

Grundsätzlich gilt für die Inhaltskontrolle ein **genereller Maßstab**, d.h. es findet eine überindividuelle, generalisierende Betrachtung statt. Da Arbeitsverträge jedoch auch **Verbraucherverträge** sind, müssen nach § 310 Abs. 3 Nr. 3 BGB bei der Beurteilung der unangemessenen Benachteiligung nach § 307 Abs. 1 und 2 BGB auch die den Vertragsschluss begleitenden Umstände, also **konkret individuelle Aspekte**, berücksichtigt werden. 1047

„Zu den konkret-individuellen Begleitumständen gehören bei richtlinienkonformer Auslegung des Gesetzes unter Berücksichtigung des 16. Erwägungsgrundes zur Richtlinie 93/13/EWG des Rates vom 5.4.1993 über missbräuchliche Klauseln in Verbraucherverträgen (ABl. EG Nr. L 95 vom 21.4.1993 S. 29) insbesondere (1) persönliche Eigenschaften des individuellen Vertragspartners, die sich auf die Verhandlungsstärke auswirken, (2) Besonderheiten der konkreten Vertragsabschlusssituation, wie z.B. Überrumpelung, Belehrung sowie (3) untypische Sonderinteressen des Vertragspartners [...]. Die Berücksichtigung dieser Umstände kann sowohl zur Unwirksamkeit einer nach generell-abstrakter Betrachtung wirksamen Klausel als auch zur Wirksamkeit einer nach typisierter Inhaltskontrolle unwirksamen Klausel führen." (BAG v. 31.8.2005 – 5 AZR 545/04, NZA 2006, 324 Rz. 46) 1048

6. Rechtsfolge bei unangemessener Benachteiligung

a) Unwirksamkeit des unangemessenen Klauselinhalts (§ 307 Abs. 1 S. 1 BGB)

1049 Gemäß § 307 Abs. 1 S. 1 BGB sind **Klauseln** (nicht der Vertrag! Dazu sogleich), die den Vertragspartner des Verwenders entgegen den Geboten von Treu und Glauben unangemessen benachteiligen, **gesamtunwirksam**. Der **Grundsatz** wird in §§ 308, 309 BGB wiederholt.

1050 Eine **Ausnahme** zur Gesamtunwirksamkeit der Klausel kann der sog. *„Blue-Pencil-Test"* begründen. Ist eine Klausel sprachlich und inhaltlich teilbar und ist nur ein Teil unangemessen benachteiligend, bleibt die Klausel im Übrigen wirksam, wenn sich der unwirksame Teil aus dem Text der Klausel streichen lässt, ohne dass der Wortlaut seinen Sinn verliert. Ist die verbleibende Regelung weiterhin verständlich, bleibt sie bestehen. Der Teilung einer Klausel steht nicht entgegen, dass sie zum verbleibenden Teil auslegungsbedürftig macht; Auslegungsbedürftigkeit lässt nicht die inhaltliche Eigenständigkeit der Klausel entfallen, sondern ist eine Frage ihrer Transparenz (BAG v. 27.1.2016 – 5 AZR 277/14, NZA 2016 Rz. 25). Sprachliche Unteilbarkeit spricht für inhaltliche Unteilbarkeit. Hingegen ist sprachliche Teilbarkeit lediglich ein Indiz für inhaltliche Teilbarkeit. Es muss genau geprüft werden, ob der Klauselteil üblicherweise nicht selbstständig vorkommt oder ob eine gekünstelte Aufspaltung der Klausel vorliegt. Vorsicht ist geboten, wenn nur einzelne Worte aus einem einheitlichen Satz herausgestrichen werden sollen.

1051 **Beispiel: Zweistufige Ausschlussfristen:** Ausschlussfristen differenzieren häufig in getrennten Absätzen zwischen der 1. Stufe (einfache Geltendmachung der Forderungen gegen den Arbeitgeber) und der 2. Stufe (gerichtliche Geltendmachung). Ist eine dieser Stufen unwirksam, weil eine zu kurze Frist bemessen wurde, kann die andere Stufe unter Umständen wirksam bleiben, wenn sie den Anforderungen genügt. Solche Klauseln sind teilbar (Rz. 1306).

> *„Die Ausschlussklausel ist hinsichtlich der Art der erfassten Ansprüche ohne weiteres teilbar. Soweit § 139 BGB eingreift, ist anzunehmen, die Parteien hätten die Ausschlussfrist auch ohne den nichtigen Teil vereinbart."*
> (BAG v. 25.5.2005 – 5 AZR 572/04, NZA 2005, 1111, 1112)

1052 Problematischer ist schon, ob eine unzulässige Vertragsstrafenregelung wegen schuldhaft vertragswidrigen Verhaltens des Arbeitnehmers unter Aufrechterhaltung der Klausel im Übrigen gestrichen werden kann, wenn daneben an den Nichtantritt des Arbeitsverhältnisses oder die Lösung des Arbeitsverhältnisses unter Vertragsbruch angeknüpft wird (BAG v. 21.4.2005 – 8 AZR 425/04, NZA 2005, 1053).

b) Fortgeltung des übrigen Arbeitsvertrages und Lückenfüllung (§ 306 BGB)

1053 § 306 Abs. 1 BGB enthält eine Abweichung von der Auslegungsregel des § 139 BGB und schreibt vor, dass bei Teilnichtigkeit der Vertrag im Übrigen grundsätzlich aufrechterhalten bleibt. Dieser Grundsatz gilt im Arbeitsrecht ohnehin allgemein. An die Stelle der unwirksamen Regelung treten die gesetzlichen Bestimmungen, § 306 Abs. 2 BGB (**Verbot der geltungserhaltenden Reduktion**, vgl. BAG v. 12.1.2005 – 5 AZR 364/04, NZA 2005, 465; BAG v. 25.5.2005 – 5 AZR 572/04, NZA 2005, 1111).

1054 **Hinweis:** Vor Inkrafttreten der Schuldrechtsreform befürwortete das BAG jedoch die geltungserhaltende Reduktion überschießender Vertragsbedingungen. So wurden z.B. an sich unzulässige Rückzahlungsklauseln durch das BAG innerhalb der zulässigen Grenzen aufrechterhalten. Die Vertragskorrektur ging so weit, dass bei Ausbildungskosten die Staffelung des Rückzahlungsbetrags der abgekürzten Frist angepasst, also neu verteilt wurde (BAG v. 24.1.1963 – 5 AZR 100/62, BB 1963, 473; BAG v. 11.4.1984 – 5 AZR 430/82, NZA 1984, 288).

1055 Für eine Anwendung des Verbots der geltungserhaltenden Reduktion für Arbeitsverträge spricht, dass dem Verwender sonst jegliches Risiko bei der Vorformulierung vorgefasster Vertragswerke abgenommen würde. Bei Anwendung des „Blue-Pencil-Test" muss das Verbot der geltungserhaltenden Reduktion stets im Auge behalten werden. Liegt etwa die Intransparenz eines Klauselwerks gerade in der Kombination mehrerer Klauseln, darf eine Klausel nicht durch die Streichung einer kombinierten Klausel „transparent gemacht" werden (BAG v. 14.9.2011 – 10 AZR 526/10, NZA 2012, 81).

Im Ausnahmefall ist eine **ergänzende Vertragsauslegung** nach §§ 133, 157, 242 BGB als Anwendung dispositiven Rechts nach § 306 Abs. 2 BGB möglich. Eine ergänzende Vertragsauslegung erfordert, dass der Regelungsplan der Vertragspartner infolge der Lücke einer Vervollständigung bedarf (BGH v. 3.11.1999 – VIII ZR 269/98, NJW 2000, 1110, 1114). 1056

„*Dies ist dann der Fall, wenn ohne eine Ergänzung des Vertrages keine angemessene, den typischen und schutzwürdigen Interessen der Vertragsparteien Rechnung tragende Lösung zu erzielen ist. Der Wegfall der Klausel muss demnach den Verwender über Gebühr benachteiligen und umgekehrt dessen Vertragspartner in einem Maße begünstigen, das durch dessen schutzwürdige Interessen nicht mehr gerechtfertigt ist.*" (BAG v. 27.1.2016 – 5 AZR 277/14, NZA 2016, 679 Rz. 31) 1057

Diese **engen Voraussetzungen** hat das BAG vertretbar bei der Unwirksamkeit einer Vereinbarung zur Abrufarbeit bejaht. Eine gesetzliche Regelung der Arbeitszeit, die nach § 306 Abs. 2 BGB an die Stelle der vertraglichen Regelung hätte treten können, bestand nämlich nicht (BAG v. 7.12.2005 – 5 AZR 535/04, NZA 2006, 423, 428). Eine ergänzende Vertragsauslegung im dargestellten Sinn ist mit dem Verbot der geltungserhaltenden Reduktion vereinbar: 1058

„*Während bei der geltungserhaltenden Reduktion nach der Grenze des am Maßstab der §§ 307 ff. BGB zu beurteilenden ‚gerade noch Zulässigen' gesucht wird, erstrebt die ergänzende Vertragsauslegung einen beiden Seiten soweit wie möglich gerecht werdenden Ausgleich (vgl. BAG v. 11.4.2006 – 9 AZR 610/05 – Rz. 36, BAGE 118, 36 = AP BGB § 307 Nr. 16).*" (BAG v. 21.6.2011 – 9 AZR 236/10, NZA 2011, 1274 Rz. 50)

7. Typische Fallgestaltungen aus der Rechtsprechung

Seitdem das AGB-Recht auch für Arbeitsverträge gilt, hatte die Rechtsprechung bereits mehrfach über die Angemessenheit arbeitsvertraglicher Regelungen zu befinden. Sie werden in diesem Lehrbuch im jeweiligen Zusammenhang behandelt. Hinzuweisen ist auf Ausgleichsquittungen (Rz. 1302), Ausschlussfristen (Rz. 1307), Änderungsvorbehalte (Rz. 1855), Sondervergütungen (Rz. 1332); Überstundenpauschalen (Rz. 1136) und Vertragsstrafen (Rz. 2469). 1059

V. Billigkeitskontrolle (§ 106 GewO)

Die Billigkeitskontrolle ist ungeeignet zur rechtlichen Kontrolle genereller und verbreiteter Vertragsklauseln. Entsprechende Vertragsbedingungen zielen nicht auf einen Vertragspartner, sondern generalisierend auf die Regelung einer Vielzahl entsprechender Rechtsverhältnisse. Dementsprechend müssen sie – wie es bei der Auslegung „typischer" Vertragsbestimmungen durch das BAG schon längst geschieht – auch anhand eines generell-typisierenden Maßstabs beurteilt werden. Die Billigkeit als individueller Maßstab eignet sich dafür nicht. 1060

Ein **legitimes Anwendungsfeld** der Billigkeits- bzw. Ausübungskontrolle ist der Bereich der **einseitigen Leistungsbestimmungsrechte** (vgl. BAG v. 27.3.1980 – 2 AZR 506/78, DB 1980, 1603; BAG v. 25.10.1989 – 2 AZR 633/88, NZA 1990, 561; BAG v. 23.6.1993 – 5 AZR 337/92, NZA 1993, 1127). Leistungsbestimmungsrechte ergeben sich insbesondere hinsichtlich der **Arbeitspflicht**, weil Bestandteil der Hauptpflicht des Arbeitnehmers die Erbringung von Arbeitsleistungen nach Weisung des Arbeitgebers ist. Hier sind bei der Ausübung des **Direktionsrechts** auch schutzwürdige Interessen des Arbeitnehmers zu berücksichtigen (BAG v. 24.5.1989 – 2 AZR 285/88, NZA 1990, 144; Einzelheiten zum Direktionsrecht siehe unter Rz. 707 und Rz. 1077). 1061

„*Auch dann, wenn der Arbeitgeber kraft seines Direktionsrechts grundsätzlich befugt ist, den Arbeitsbereich des Arbeitnehmers zu verkleinern, muss seine Maßnahme billigem Ermessen entsprechen (§ 315 Abs. 3 BGB). Dazu gehört, dass alle wesentlichen Umstände des Falles abgewogen und die beiderseitigen Interessen angemessen berücksichtigt sind*" (BAG v. 23.6.1993 – 5 AZR 337/92, NZA 1993, 1127). 1062

1063 Die **arbeitsrechtliche** Billigkeits- und Ausübungskontrolle richtet sich seit seinem Inkrafttreten nach § 106 GewO (vgl. BAG v. 23.6.1993 – 5 AZR 337/92, NZA 1993, 1127), der gegenüber § 315 BGB das speziellere Gesetz ist (*Hromadka* in FS v. Hoyningen-Huene, S. 145 ff.; **a.A.** BAG v. 22.2.2012 – 5 AZR 249/11, NZA 2012, 858; differenzierend *Junker*, Grundkurs Arbeitsrecht, Rz. 207). § 106 GewO ist mithin als Maßstab dafür heranzuziehen, ob der Arbeitgeber von einem ihm zulässigerweise eingeräumten Leistungsbestimmungsrecht in rechtmäßiger Weise Gebrauch macht. Diese Frage nach dem Umfang eines Leistungsbestimmungsrechts stellt sich regelmäßig noch nicht bei Vertragsschluss, sondern erst bei der Vertragsdurchführung. Durch die Kontrolle einzelner, auf den Arbeitsvertrag gestützter Ausführungshandlungen trägt § 106 GewO mittelbar zur Inhaltskontrolle des Arbeitsvertrags bei.

1064 **Hinweis:** Vor Inkrafttreten der §§ 307 ff. BGB (und auch des § 106 GewO) im Jahr 2002 wendete die Rechtsprechung § 315 BGB teilweise zur Wirksamkeitskontrolle einer arbeitsvertraglichen Vereinbarung an, also unmittelbar zur Inhaltskontrolle. Diese Rechtsprechung kann angesichts der ausdrücklichen Kodifizierung der Inhaltskontrolle nicht mehr aufrechterhalten werden. Daher gilt der Grundsatz, dass **Inhaltskontrolle** (Prüfung der Wirksamkeit der Vertragsbedingung anhand eines generell-typisierenden Maßstabs) und **Billigkeitskontrolle** nach Maßgabe des § 106 GewO (Prüfung der Rechtmäßigkeit des Gebrauchs der an sich wirksamen Klausel im Rahmen einer Einzelabwägung – Ausübungskontrolle) **strikt voneinander zu trennen** sind.

2. Abschnitt:
Pflichten des Arbeitnehmers

1065 **Übersicht: Pflichten des Arbeitnehmers**

- Hauptpflicht des Arbeitnehmers: Arbeitsleistung (Rz. 1066)
    - Schuldner der Arbeitsleistung (Rz. 1068)
    - Gläubiger der Arbeitsleistung (Rz. 1072)
    - Qualität der Arbeitsleistung (Rz. 1078)
    - Ort der Arbeitsleistung (Rz. 1083)
    - Art der Arbeitsleistung (Rz. 1096)
    - Arbeitszeit (Rz. 1109)
- Nebenpflichten des Arbeitnehmers (Rz. 1158)
    - Verschwiegenheitpflicht (Rz. 1174)
    - Wettbewerbsverbot (Rz. 1184)
    - Nebentätigkeit (Rz. 1195)
    - Verbot der Annahme von Schmiergeldern (Rz. 1204)
    - Unterlassung unternehmensschädlicher Äußerungen (Rz. 1209)
    - Abwerbungsverbot (Rz. 1212)
    - Anzeige-, Aufklärungs- und Auskunftspflichten (Rz. 1214)
    - Einhaltung von Arbeitsschutznormen (Rz. 1215)
    - Anzeige und Abwendung von Schäden und Störungen (Rz. 1216)

☐ Herausgabepflichten (Rz. 1217)
☐ Verhaltenspflichten (Rz. 1219)
☐ Außerdienstliches Verhalten (Rz. 1220)

§ 26
Hauptpflicht des Arbeitnehmers: Arbeitsleistung

Die Verpflichtung des Arbeitnehmers zur Arbeitsleistung ergibt sich aus dem geschlossenen Arbeitsvertrag i.V.m. § 611a BGB. Die Pflicht zur Arbeitsleistung steht als Hauptpflicht im **Gegenseitigkeitsverhältnis** zur Pflicht des Arbeitgebers zur Entgeltzahlung. Dabei ist auch § 320 BGB auf den Arbeitsvertrag anwendbar. 1066

Konkretisiert wird die Verpflichtung zur Arbeitsleistung durch **zahlreiche Rechtsquellen**, keinesfalls allein durch den Arbeitsvertrag. Stets sind die unterschiedlichen Rechtsquellen des Arbeitsrechts zu beachten (Rz. 377). Insbesondere können die Kollektivverträge (Tarifverträge, Betriebsvereinbarungen) sowie allgemeine, vom Arbeitgeber vorformulierte Arbeitsbedingungen Einzelheiten regeln. Auf vertraglicher Ebene können sich insbesondere durch das Institut der betrieblichen Übung (Rz. 680) und das arbeitgeberseitige Direktionsrecht (Rz. 707) Konkretisierungen ergeben. Schließlich wird die Verpflichtung zur Arbeitsleistung begrenzt durch gesetzliche Regelungen zum Schutze des Arbeitnehmers (ArbZG, ArbSchG, MuSchG). 1067

I. Schuldner der Arbeitsleistung (§ 613 S. 1 BGB)

Der Arbeitnehmer hat die ihm obliegende Arbeitsleistung **im Zweifel in Person** zu erbringen. Dies bestimmt allgemein für alle Arten von Dienstverträgen § 613 S. 1 BGB. Die Arbeitsleistung ist damit eine **höchstpersönliche Pflicht**. 1068

Aus dem Grundsatz der persönlichen Verpflichtung folgt das **Erlöschen** der Arbeitspflicht beim **Tod des Arbeitnehmers** (Rz. 3414). So können nicht etwa die **Erben** in die Verpflichtung des Arbeitnehmers eintreten. Sie haben auch kein Recht, den Arbeitsplatz nunmehr zu beanspruchen. Allerdings sind die Erben des Arbeitnehmers aufgrund ihrer Haftung nach § 1967 BGB verpflichtet, solche Ansprüche des Arbeitgebers zu erfüllen, die nicht die Arbeitsleistung betreffen, wie beispielsweise die Herausgabe von Arbeitsgeräten. 1069

Der Arbeitnehmer ist also grundsätzlich nicht berechtigt, die Arbeitsleistung durch einen **Vertreter oder Gehilfen** durchführen zu lassen. Dies gilt auch für den Fall der Arbeitsverhinderung. § 613 S. 1 BGB ist allerdings eine **bloße Auslegungsregel**, von der abgewichen werden kann. Eine ausdrückliche oder stillschweigende **Abbedingung** ist möglich, bei Arbeitnehmern allerdings selten. Schulbeispiel ist die Leistungserbringung durch ein Hausmeisterehepaar. Hier ist davon auszugehen, dass sich die Verpflichteten gegenseitig vertreten können. 1070

Eine gesetzliche Abweichung vom Prinzip der persönlichen Leistungserbringung enthält § **13 TzBfG**, der die Möglichkeiten und Grenzen der **Arbeitsplatzteilung** regelt (Rz. 1934). Dem sog. „Jobsharing" ist in gewissem Umfang ein Eintritt in die Arbeitsleistungspflicht eines anderen Arbeitnehmers immanent; der höchstpersönliche Charakter tritt damit also zurück. Allerdings bestimmt § 13 Abs. 1 S. 2 TzBfG sehr restriktiv, dass ein Arbeitnehmer zur Vertretung nur verpflichtet ist, wenn er der Vertretung im Einzelfall zugestimmt hat. 1071

II. Gläubiger der Arbeitsleistung (§ 613 S. 2 BGB)

1072 § 613 S. 2 BGB bestimmt, ebenfalls in Form einer **Auslegungsregel**, dass der Anspruch auf die Arbeitsleistung im Zweifel nicht übertragbar ist. Gläubiger der Arbeitsleistung ist daher grundsätzlich der Arbeitgeber; nur er kann von dem Arbeitnehmer die Verrichtung der Arbeit verlangen. Dies verhindert allerdings nicht die Verpflichtung zur Arbeit in fremden Betrieben, wohl aber die Eingliederung in sie, d.h. die Unterstellung unter die Weisungsbefugnis eines anderen Arbeitgebers.

1073 Aus der im Zweifel bestehenden Unübertragbarkeit des Anspruchs auf die Dienstleistung nach § 613 S. 2 BGB folgt der **Ausschluss der Abtretbarkeit** (§§ 399, 400 BGB) der Arbeitsleistung. Der Arbeitgeber kann daher zum Beispiel nicht Arbeitnehmer verpflichten, für ihn Schulden bei seinen Gläubigern abzuarbeiten. Des Weiteren hat die Unübertragbarkeit des Anspruchs auf die Dienstleistung die **Unpfändbarkeit** (§ 851 Abs. 1 ZPO) der Arbeitsleistung zu Folge.

1074 Der Anspruch auf die Arbeitsleistung ist jedoch **vererblich** (§ 1922 BGB). Daraus folgt insbesondere, dass beim **Tod des Arbeitgebers** das Arbeitsverhältnis in der Regel auf die Erben übergeht und nicht erlischt. In Einzelfällen kann jedoch aus dem Zweck des Arbeitsverhältnisses beim Tod des Arbeitgebers auch das **Erlöschen des Arbeitsvertrags** folgen, wenn die Erbringung der Arbeitsleistung untrennbar mit der Person des Arbeitgebers verbunden ist (Beispiel: Krankenpflegevertrag). Bei solchen Rechtsverhältnissen kann das Arbeitsverhältnis **auflösend bedingt** gestaltet sein (Rz. 3332). Da das auflösend bedingte Arbeitsverhältnis gemäß §§ 21, 15 Abs. 2 TzBfG frühestens zwei Wochen nach Zugang der schriftlichen Unterrichtung des Arbeitnehmers durch den Arbeitgeber (bzw. hier der Erben) über den Zeitpunkt des Bedingungseintritts endet, sind die Erben insoweit noch an das Arbeitsverhältnis gebunden. Darüber hinaus kann den Erben unter Umständen ein außerordentliches Kündigungsrecht aus wichtigem Grund zustehen.

1075 **Praktischer Hauptfall** der Abweichung von der Regel des § 613 S. 2 BGB ist, dass Arbeitgeber aus verschiedenen Gründen Arbeitskräfte kurzzeitig einem anderen Unternehmen zur Verfügung stellen. Es liegt hier ein Fall der **Arbeitnehmerüberlassung** vor. Häufig geschieht dies in der Weise, dass zwei miteinander in einem Konzern (zum Begriff Rz. 360) verbundene Unternehmen einander Arbeitskräfte ausleihen, sog. **Konzernleihe**. Einzelheiten hierzu sind streitig. Überlässt der Arbeitgeber vorübergehend Arbeitnehmer anderen Arbeitgebern, so bedarf er hierzu einer Erlaubnis nach Maßgabe des **Arbeitnehmerüberlassungsgesetzes** (Rz. 318).

1076 Schließlich wird die persönliche Dienstleistungspflicht auch im Falle des **Betriebsübergangs** nach Maßgabe des § 613a BGB übertragen. Zur Sicherung des Grundprinzips des § 613 S. 2 BGB, nämlich der Unübertragbarkeit der Arbeitsleistung, gewährt § 613a Abs. 6 BGB dem Arbeitnehmer jedoch ein **Widerspruchsrecht** gegen den Übergang seines Arbeitsverhältnisses auf den Betriebsübernehmer (Rz. 3515).

III. Inhalt der Arbeitspflicht

Literatur: *Hromadka*, Das Leistungsbestimmungsrecht des Arbeitgebers, DB 1995, 1609; *Preis*, Der Arbeitsvertrag, 5. Aufl. 2015, insbesondere die Abschnitte II A 160 (außerdienstliches Verhalten), II D 30 (Direktionsrecht und Tätigkeitsbeschreibung), II M 20 (Mehrarbeits- und Überstundenvergütung), II N 10 (Nebentätigkeit) und II V 20 (Verschwiegenheitspflicht), II W 10 (Wettbewerbsverbote); *Preis/Genenger*, Die unechte Direktionsrechtserweiterung, NZA 2008, 969.

1077 Der konkrete Inhalt der Verpflichtung zur Arbeitsleistung ergibt sich **in erster Linie** aus den Einzelheiten des **Arbeitsvertrags und dem Weisungsrecht** des Arbeitgebers. Dies gilt hinsichtlich **Ort, Art und Zeit** der zu leistenden Arbeit. **Anders** verhält es sich hingegen mit der **Qualität**, die die Arbeitsleistung des Arbeitnehmers aufweisen muss, denn hierüber enthält der Arbeitsvertrag typischerweise keine Regelungen.

1. Qualität der Arbeitsleistung

Die Qualität der Arbeit und die Schnelligkeit der Leistungserbringung bestimmt sich nach h.M. anhand der **individuellen Leistungsfähigkeit** des Arbeitnehmers. Von ihm kann die Leistung erwartet werden, die er bei angemessener Anspannung seiner geistigen und körperlichen Kräfte auf Dauer ohne Gefährdung seiner Gesundheit zu leisten imstande ist. Herrschend ist also im Arbeitsvertragsrecht der sog. **subjektive Leistungsbegriff:** Wer überdurchschnittlich leisten kann, ist auch zu überdurchschnittlichen Leistungen verpflichtet. Wer umgekehrt nur unterdurchschnittlich leistungsfähig ist, genügt mit einer unterdurchschnittlichen Leistung seiner Arbeitspflicht. Der Arbeitnehmer muss die Arbeit jedoch unter Anspannung seiner Fähigkeiten sorgfältig verrichten. Hält er seine Leistungskraft bewusst zurück, kann eine Verletzung der Arbeitspflicht vorliegen (so schon BAG v. 20.3.1969 – 2 AZR 283/68, DB 1969, 1154). 1078

Hinweis: Der subjektive Leistungsbegriff hat somit insbesondere für die Frage Bedeutung, ob und inwieweit **Schadensersatzansprüche** wegen schlechter und zu langsamer Arbeit bestehen (Rz. 2462).

Gegen den **objektiven Leistungsbegriff** spricht der personale Charakter des Arbeitsverhältnisses. Der Arbeitsvertrag richtet sich im Gegensatz zum Dienstverschaffungsvertrag auf die Arbeitskraft des Arbeitnehmers als einen wesentlichen Teil der Persönlichkeit des Arbeitnehmers. Er drückt sich vor allem darin aus, dass der Arbeitnehmer grundsätzlich nicht einen bestimmten Arbeitserfolg schuldet, sondern nur verpflichtet ist, die eigene Arbeitskraft während der vereinbarten Arbeitszeit im Rahmen der vertraglichen und gesetzlichen Grenzen zur Leistung der „versprochenen Dienste" unter Aufwendung aller seiner Kräfte und Möglichkeiten voll einzusetzen. Infolgedessen ist eine objektiv bestimmte Leistungsquantität oder -qualität mit der Individualität der persönlichen Arbeitspflicht unvereinbar. Der Umfang der Arbeitspflicht kann daher nur nach dem subjektiven Leistungsvermögen des jeweiligen Arbeitnehmers bestimmt werden. Der Arbeitsvertrag kann den Arbeitnehmer im Gegensatz zu der Regelung des § 243 Abs. 1 BGB nur dazu verpflichten, die „versprochenen Dienste" zu leisten. 1079

Mit dieser Auslegung steht es im Einklang, dass es im Arbeits- und Dienstvertragsrecht keine Vorschriften zur **Mängelgewährleistung** gibt. Diese würden im Zweifel einen objektiv zu bestimmenden Fehlerbegriff voraussetzen (vgl. §§ 434 Abs. 1 S. 2, 633 Abs. 2 S. 2 BGB), was aufgrund des personalen Charakters der Arbeitsleistung aber unzulässig ist. 1080

Unabhängig von seiner individuellen Leistungsfähigkeit muss der Arbeitnehmer der Arbeitsleistung, zu der er verpflichtet ist, prinzipiell gewachsen sein. Er muss also ein bestimmtes **objektives Leistungsminimum** erbringen. Ist er dazu nicht in der Lage, kann dies kündigungsrechtliche Folgen haben, denn objektiven Schlechtleistungen kann durch Abmahnung und **verhaltensbedingte** Kündigung begegnet werden (Rz. 3014). Auch im Recht der personenbedingten Kündigung legt die Rechtsprechung vermehrt einen objektiven Standard an das gebotene Maß der Leistungserbringung an. Dies zeigt sich etwa an der **Kündigungsmöglichkeit** wegen **krankheitsbedingter Leistungsminderung** (Rz. 2949). Hier hat das BAG die Rechtmäßigkeit der Kündigung einer schwerbehinderten langjährig beschäftigten Arbeitnehmerin bejaht, die nach objektiver Feststellung nur noch zwei Drittel der normalen Arbeitsleistung zu erbringen vermochte (BAG v. 26.9.1991 – 2 AZR 132/91, NZA 1992, 1073). Der immer noch vorherrschende Grundsatz des subjektiven Leistungsmaßstabs bedarf vor diesem Hintergrund einer differenzierten Betrachtung. 1081

Beispiel: Low-Performer: Dies zeigt die sog. **Low-Performer-Rechtsprechung des BAG** (grundlegend BAG v. 11.12.2003 – 2 AZR 667/02, NZA 2004, 784; BAG v. 3.6.2004 – 2 AZR 386/03, NZA 2004, 1380; BAG v. 17.1.2008 – 2 AZR 536/06, NZA 2008, 693): 1082

Das BAG löst die Abgrenzung zwischen verhaltensbedingter Pflichtverletzung und personenbedingter Minderleistung über die **Darlegungs- und Beweislast**. Der Arbeitgeber genügt der Darlegungslast für eine Pflichtverletzung, wenn er Tatsachen vorträgt, aus denen ersichtlich ist, dass die Leistungen des Arbeitnehmers deutlich hinter denen vergleichbarer Arbeitnehmer zurückbleiben, also die Durchschnittsleistung erheblich unterschreiten. Es ist dann Sache des Arbeitnehmers, darzulegen, warum er mit seiner deutlich unterdurchschnittlichen Leistung dennoch seine persönliche Leistungsfähigkeit ausschöpft. Trägt der Arbeitnehmer derartige Umstände nicht vor, gilt das schlüssige Vorbringen des Arbeitgebers als zugestanden (§ 138 Abs. 3 ZPO). Es ist dann davon auszugehen, dass der Arbeitnehmer seine Leistungsfähigkeit nicht ausschöpft und folglich eine schuldhafte Pflichtverletzung begeht. Schöpft der Arbeitnehmer aber die subjektiv zu bestimmende Leistungspflicht aus, kommt es für die Rechtfertigung einer personenbedingten Kündigung darauf an, ob die Arbeitsleistung die berechtigte Erwartung des Arbeitgebers von der Gleichwertigkeit der beiderseitigen Leistungen in einem Maße unterschreitet, dass ihm ein Festhalten an dem (unveränderten) Arbeitsvertrag unzumutbar wird. Damit legt das BAG **im Ergebnis** doch einen **objektivierbaren Leistungsstandard** zugrunde.

„Der Arbeitnehmer, der trotz angemessener Bemühung die Normalleistung unterschreitet oder nicht erbringt, verstößt nicht gegen den Vertrag, sondern unterschreitet die nicht zur Vertragsbedingung erhobene berechtigte Erwartung des Arbeitgebers von einem ausgewogenen Verhältnis von Leistung und Gegenleistung. So kann es beispielsweise im Falle unverschuldeter krankheitsbedingter Kündigungen liegen." (BAG v. 11.12.2003 – 2 AZR 667/02, NZA 2004, 784, 788)

2. Ort der Arbeitsleistung

1083 Der Ort der Arbeitsleistung ergibt sich in der Regel aus dem **Arbeitsvertrag**. Fehlt eine ausdrückliche Regelung, so ist im Wege der **Auslegung** unter Berücksichtigung der näheren Umstände (§ 269 Abs. 1 BGB) zu ermitteln, für welchen Arbeitsort der Arbeitnehmer eingestellt wurde. Im Wege der **Interessenabwägung** kann davon ausgegangen werden, dass Arbeitsort der Beschäftigungsbetrieb ist (vgl. den Vorschlag in § 36 des Diskussionsentwurfs für ein Arbeitsvertragsgesetz, Gutachten D zum 59. Deutschen Juristentag 1992). Der Einsatz des Arbeitnehmers kann daher auch ohne gesonderte Regelung auf einen bestimmten Arbeitsort beschränkt sein, etwa wenn der Arbeitnehmer für einen bestimmten Betrieb für eine bestimmte Aufgabe eingestellt worden ist.

1084 Lässt sich dem Arbeitsvertrag eine Konkretisierung nicht entnehmen und ist insbesondere die Auslegung nicht möglich, dass der Arbeitnehmer nur für eine bestimmte Arbeitsstelle eingestellt worden ist, kann sich aus dem **Direktionsrecht des Arbeitgebers, § 106 GewO**, (Rz. 707) die Befugnis ergeben, den Arbeitnehmer an unterschiedlichen Orten einzusetzen. Selbst bei ausdrücklicher Vereinbarung eines Arbeitsortes kann § 106 GewO relevant werden. Nach Ansicht des BAG bedeutet die ausdrückliche Vereinbarung eines Arbeitsortes nämlich nicht zwingend, dass die Arbeitsleistung in örtlicher Hinsicht abschließend festgelegt ist, sodass für eine Leistungsbestimmung durch den Arbeitgeber kein Raum wäre. Der Nennung des Arbeitsortes im Arbeitsvertrag könne auch nur die Bedeutung einer schriftlichen Fixierung der erstmaligen Ausübung des Weisungsrechts durch den Arbeitgeber beigemessen werden, ohne dass das örtliche Weisungsrecht weitergehend beschränkt würde (BAG v. 28.8.2013 – 10 AZR 569/12, NZA-RR 2014, 181, 182).

1085 Die örtliche Versetzung des Arbeitnehmers ist – in Ansehung des § 106 GewO – regelmäßig vom Weisungsrecht des Arbeitgebers gedeckt. Dem BAG ist darin zuzustimmen, dass es keinen Unterschied macht, ob im Arbeitsvertrag auf eine Festlegung des Orts der Arbeitsleistung verzichtet und diese dem Arbeitgeber im Rahmen von § 106 GewO vorbehalten bleibt oder ob der Ort der Arbeitsleistung bestimmt, aber die Möglichkeit der Zuweisung eines anderen Orts vereinbart wird.

„In diesem Fall wird lediglich klargestellt, dass § 106 S. 1 GewO gelten und eine Versetzungsbefugnis an andere Arbeitsorte bestehen soll" (BAG v. 19.1.2011 – 10 AZR 738/09, NZA 2011, 631 Rz. 15).

1086 Das Direktionsrecht hinsichtlich des Arbeitsorts bedarf erst recht **keiner ausdrücklichen Vereinbarung**, sondern kann sich schon aus der Tätigkeitsbeschreibung bzw. dem Wesen der Tätigkeit ergeben. Der Tätigkeit eines Arbeitnehmers kann es immanent sein, an verschiedenen wechselnden Einsatzorten zu arbeiten, wie dies häufig bei Bau-, Montage-, Außendienstmitarbeitern und Arbeitnehmern in Reinigungsunternehmen der Fall sein wird. Hier ist der Arbeitgeber berechtigt, den Arbeitsort täglich neu festzulegen (LAG Berlin v. 25.4.1988 – 9 Sa 15/88, DB 1988, 1228).

1087 **Fallbeispiel:** T ist bei M als Tischler beschäftigt. In seinem Arbeitsvertrag ist kein genauer Arbeitsort festgelegt. M ist Inhaber eines Unternehmens, das in den Messestädten für die jeweils auf den Messen vertretenen Firmen die Messestände aufbaut. Aufgabenbereich des T ist dabei die Tischlerarbeit. Dafür wird T durchschnittlich fünfmal im Monat in verschiedene Messestädte quer durch die Bundesrepublik geschickt. Darf M den jeweiligen Einsatzort des T je nach Bedarf bestimmen?

Im Arbeitsvertrag des T ist keine Regelung zum Arbeitsort enthalten. Deshalb richtet sich die Bestimmung des Einsatzortes nach § 106 GewO, welcher dem Arbeitgeber ein Direktionsrecht zubilligt, sofern keine spezielleren arbeitsvertraglichen Regelungen existieren. Das dort niedergelegte Recht des Arbeitgebers, den Arbeitsort zu bestimmen, wird durch das „Wesen" der hier geschuldeten Tätigkeit noch unterstrichen. Es ist der Tätigkeit des T immanent, dass er an verschiedenen Orten seine Arbeitsleistung erbringt, da seine Arbeitspflicht darin besteht, in den verschiedenen Messestädten die Stände auf- und abzubauen. Deshalb ist M berechtigt, den jeweiligen Einsatzort durch Ausübung seines Direktionsrechts je nach Bedarf zu bestimmen.

Das Fallbeispiel deutet die erhebliche Reichweite des örtlichen Weisungsrechts an. § 106 S. 1 GewO ermöglicht es dem Arbeitgeber, den Arbeitnehmer **unternehmensweit** und nach jüngster Rechtsprechung des BAG wohl **nicht nur innerhalb der Bundesrepublik Deutschland**, sondern auch über deren Grenzen hinaus unbeschränkt örtlich zu versetzen (vgl. BAG v. 28.8.2013 – 10 AZR 537/12, BeckRS 2013, 74858).

Üblich und möglich ist es, in den Arbeitsvertrag ausdrücklich einen **Versetzungsvorbehalt** aufzunehmen, wonach der Arbeitnehmer bei Bedarf auch in andere Betriebe des Unternehmens, ggf. innerhalb des gesamten Bundesgebietes, versetzt werden kann. Grundsätzliche Bedenken gegen eine solche **„unechte" Erweiterung des Direktionsrechts** bestehen nicht, weil derartige Versetzungsvorbehalte nicht über das dispositive Recht des § 106 GewO hinausgehen. Im Gegenteil: die unten stehende Vertragsgestaltung schränkt das gesetzliche Weisungsrecht hinsichtlich der örtlichen Versetzbarkeit ein. 1088

Beispiel: Herr H. wird bei der Fluggesellschaft L. als Sachbearbeiter in der Personalabteilung in Frankfurt eingesetzt. Die L. behält sich vor, Herrn H. bei Bedarf auch in den Personalabteilungen in Köln und Berlin einzusetzen (vgl. BAG v. 13.3.2007 – 9 AZR 433/06, AP Nr. 26 zu § 307 BGB).

Diese Rechtslage ist bei der **Inhaltskontrolle** vorformulierter Verträge zu beachten. Versetzungsvorbehalte hinsichtlich des Arbeitsortes entsprechen materiell der Regelung in § 106 S. 1 GewO und können daher nicht nach § 307 Abs. 1 S. 1 BGB unwirksam sein (BAG v. 13.3.2007 – 9 AZR 433/06, AP Nr. 26 zu § 307 BGB). Sie sind jedoch auszulegen und unterliegen der Unklarheitenregel (§ 305c Abs. 2 BGB) sowie der Transparenzkontrolle (§ 307 Abs. 3 S. 2, Abs. 1 S. 2 BGB). Zu beachten ist, dass die Transparenzerfordernisse geringer sind als bei einer sog. **„echten" Direktionsrechtserweiterung**, die über § 106 GewO hinausgeht. Versetzungsvorbehalte genügen dem Transparenzgebot etwa auch, wenn keine konkreten Gründe für den Fall einer Versetzung in der Klausel angegeben werden. § 106 S. 1 GewO stellt als maßgebliche Norm ein derartiges Erfordernis ebenfalls nicht auf (BAG v. 19.1.2011 – 10 AZR 738/09, NZA 2011, 631, 632; BAG v. 13.3.2007 – 9 AZR 433/06, AP Nr. 26 zu § 307 BGB; BAG v. 11.4.2006 – 9 AZR 557/05, NZA 2006, 1149). 1089

Zu beachten ist aber, dass – auch wenn der Arbeitgeber kraft Arbeits- oder Tarifvertrag die Möglichkeit zur Versetzung an einen anderen Arbeitsort hat – die konkrete Leistungsbestimmung stets **billigem Ermessen** entsprechen muss (§ 106 S. 1 GewO), d.h. es bedarf einer **Abwägung** der Interessenlage beider Vertragsparteien im Einzelfall (BAG v. 19.1.2011 – 10 AZR 739/09, NZA 2011, 631, 633). Dabei sind auch die u.U. bedeutenden Auswirkungen auf die **private Lebensführung** zu berücksichtigen. Der Arbeitgeber muss insbesondere auf **familiäre Belange** Rücksicht nehmen (vgl. BAG v. 23.9.2004 – 6 AZR 567/03, NZA 2005, 359; ArbG Hannover 24.5.2007 – 10 Ca 384/06, ArbuR 2007, 280; zur örtlichen Versetzung einer schwangeren Arbeitnehmerin BAG v. 21.4.1999 – 5 AZR 174/98, NZA 1999, 1044). Das BAG lehnt es zu Recht ab, aus den sozialrechtlichen Regeln über die Zumutbarkeit einer Beschäftigung (insbesondere **§ 140 Abs. 4 S. 4 und S. 5 SGB III**) einen Maßstab für die arbeitsrechtliche Beurteilung des Ermessensgebrauchs abzuleiten. Die Versagung des Arbeitslosengelds bei Ablehnung einer zumutbaren Beschäftigung ist eine öffentlich-rechtliche Sanktion für mangelnde eigene Leistungsbereitschaft des Leistungsempfängers bei Bezug einer sozialversicherungsrechtlichen Leistung und ist schon deshalb nicht auf das Arbeitsvertragsrecht zu übertragen (BAG v. 17.8.2011 – 10 AZR 202/10, NJW 2012, 331; näher *Preis/Wieg* AuR 2016, 313, 321 f.). 1090

1091 Ist die beabsichtigte Ortsveränderung vom Direktionsrecht des Arbeitgebers nicht gedeckt, bedarf es einer Vertragsänderung. Diese kann entweder einvernehmlich durch eine entsprechende Vereinbarung (**Änderungsvertrag**) oder einseitig durch den Arbeitgeber in Form einer **Änderungskündigung** (Rz. 3140) erfolgen.

1092 Im Zusammenhang mit einer Veränderung des Arbeitsorts können dem **Betriebsrat** im Einzelfall unterschiedliche **Mitbestimmungsrechte** zustehen:

1093 – Zunächst kann auch in einer Veränderung des Arbeitsorts, die vom Direktionsrecht des Arbeitgebers gedeckt ist, eine **Versetzung i.S.d. § 95 Abs. 3 BetrVG** liegen. In diesem Falle ist das Mitbestimmungsrecht des Betriebsrats des bisherigen Beschäftigungsbetriebs aus **§ 99 BetrVG** zu beachten. Die Beteiligung des Betriebsrats des bisherigen Beschäftigungsbetriebs ist nach der Rechtsprechung des BAG **Wirksamkeitsvoraussetzung** für eine Versetzung, auch wenn diese auf individualrechtlicher Ebene zulässig ist. Der Arbeitnehmer ist folglich bei Verletzung des Mitbestimmungsrechts nicht verpflichtet, auf dem neuen Arbeitsplatz zu arbeiten. Dabei bleibt sein Entgeltanspruch gemäß § 615 S. 1 BGB erhalten (hierzu BAG v. 7.11.2002 – 2 AZR 650/00, AP Nr. 98 zu § 615 BGB; BAG v. 5.4.2001 – 2 AZR 580/99, NZA 2001, 893).

1094 – Ist die Veränderung des Arbeitsorts nicht mehr vom Direktionsrecht des Arbeitgebers erfasst und erfolgt sie deshalb im Wege der **Änderungskündigung**, ist der Betriebsrat des bisherigen Beschäftigungsbetriebs in doppelter Weise zu beteiligen: Auch in diesem Falle hat der Betriebsrat ein Mitbestimmungsrecht wegen Versetzung gemäß § 99 BetrVG. Dessen Missachtung führt zwar nicht zur Unwirksamkeit der Änderungskündigung, hindert den Arbeitgeber aber an der tatsächlichen Durchführung der Versetzung (BAG v. 12.8.2010 – 2 AZR 945/08, NZA 2011, 460, 463). Daneben tritt dann das als Wirksamkeitsvoraussetzung ausgestaltete Mitbestimmungsrecht wegen Kündigung gemäß **§ 102 BetrVG**.

1095 – Bei einer Versetzung in einen anderen Betrieb ist in jedem Falle außerdem zu prüfen, ob die Versetzung gleichzeitig als **Einstellung** i.S.d. § 99 BetrVG der Mitbestimmung des aufnehmenden Betriebsrats unterliegt. Die Verletzung dieses Mitbestimmungsrechts berührt die Wirksamkeit der Maßnahme jedoch nicht.

3. Art der Arbeitsleistung

1096 Auch für die Konkretisierung der Art der vom Arbeitnehmer zu verrichtenden Arbeitsleistung ist zunächst der **Inhalt des Arbeitsvertrags** ausschlaggebend. Die im Arbeitsvertrag enthaltene **Tätigkeitsbeschreibung** kann sehr konkret, aber auch sehr allgemein gehalten sein. Die entsprechende arbeitsvertragliche Formulierung ist von erheblicher Relevanz, weil von ihr der **Umfang des Direktionsrechts** nach § 106 GewO abhängig ist (BAG v. 19.1.2011 – 10 AZR 738/09, NZA 2011, 631, 632). Das Weisungsrecht gehört zum wesentlichen Inhalt eines jeden Arbeitsverhältnisses. Bei der Ausübung dieses Rechts steht dem Arbeitgeber regelmäßig ein weiter Raum zur einseitigen Gestaltung der Arbeitsbedingungen zu. Insbesondere hat der Arbeitgeber das Recht, die im Arbeitsvertrag nur rahmenmäßig umschriebene Leistungspflicht des Arbeitnehmers im Einzelnen festzulegen (BAG v. 27.3.1980 – 2 AZR 506/78, DB 1980, 1603).

1097 Wird die Tätigkeit bei der Einstellung **fachlich umschrieben** (z.B. Buchhalter, kaufmännischer Angestellter usw.), können dem Arbeitnehmer sämtliche Arbeiten zugewiesen werden, die diesem Berufsbild entsprechen. Einem Arbeitnehmer im öffentlichen Dienst kann, soweit seine Arbeitspflicht nicht auf eine genau bestimmte Tätigkeit konkretisiert ist, jede Tätigkeit übertragen werden, die den Merkmalen seiner Vergütungsgruppe entspricht und ihm billigerweise zugemutet werden kann (BAG v. 17.8.2011 – 10 AZR 322/10, NZA-RR 2012, 106; BAG v. 12.1.2011 – 7 AZR 194/09, NZA 2011, 507, 508).

„Nach § 106 Abs. 1 S. 1 GewO kann der Arbeitgeber den Inhalt der Arbeitsleistung nach billigem Ermessen näher bestimmen, soweit diese Arbeitsbedingung nicht durch den Arbeitsvertrag, Bestimmungen einer Betriebsvereinbarung, eines anwendbaren Tarifvertrags oder gesetzliche Vorschriften festgelegt ist. Der Arbeitnehmer im öffentlichen Dienst ist grundsätzlich verpflichtet, jede ihm zugewiesene Tätigkeit zu verrichten, die dem Merkmal seiner Vergütungsgruppe entspricht, soweit ihm dies billigerweise zugemutet werden kann. Neue Tätigkeiten können ihm zugewiesen werden, soweit sie die Merkmale der Vergütungsgruppe erfüllen" (BAG v. 12.1.2011 – 7 AZR 194/09, NZA 2011, 507, 508).

Aus den vorgenannten Gründen ist es in aller Regel zweckmäßig, die Tätigkeitsbeschreibung nicht zu eng zu fassen. Ist eine konkret zugewiesene Tätigkeit nicht mehr von der vereinbarten Tätigkeitsbeschreibung gedeckt, muss der Arbeitgeber eine **Änderung des Arbeitsvertrags** durch Vereinbarung oder durch Kündigung (Rz. 3140) herbeiführen. 1098

Beispiele aus der Rechtsprechung für den Umfang des Direktionsrechts bezüglich des Arbeitsinhalts: 1099
Ein als „Lehrkraft" eingestellter Arbeitnehmer hat alle dem Berufsbild des Lehrers entsprechenden Tätigkeiten auszuführen. Wird ein Arbeitsverhältnis mit einer Ganztagsschule begründet, ergeben die Umstände, dass dazu auch die Lernaufsicht gehört (BAG v. 30.4.2008 – 5 AZR 502/07, NZA-RR 2008, 551 Rz. 26 ff.).

Ein Fahrer eines Lkw ist nur dann nicht zur Ladetätigkeit verpflichtet, wenn zwischen den Arbeitsvertragsparteien ausschließlich Lenktätigkeit vereinbart ist (LAG Hessen v. 13.6.1995 – 9 Sa 2054/94, NZA-RR 1996, 210).

Eine Bäckereifachverkäuferin ist auf Anordnung des Arbeitgebers verpflichtet, zeitweise die im Backraum installierte automatische Brötchenbackanlage einschließlich vorgeschalteten Gärschranks zu bedienen. Die Tätigkeit steht im Einklang mit dem Berufsbild dieses Ausbildungsberufs (LAG Hamm v. 8.6.1994 – 14 Sa 2054/93, LAGE § 611 BGB Direktionsrecht Nr. 20).

Schließlich kann der Arbeitgeber zur Vorbereitung auf die Arbeit auch eine entsprechende **Schulung** 1100
verlangen, wenn die Arbeiten, die dem Arbeitnehmer übertragen werden sollen, zu seinem Berufsbild gehören, er aber wegen der Entwicklung neuer Techniken nicht (mehr) über die erforderlichen Fähigkeiten und Kenntnisse verfügt (ArbG Bonn 4.7.1990 – 4 Ca 751/90, NJW 1991, 2168).

Aber auch bei weit gefassten Tätigkeitsbeschreibungen kann sich die Einsatzpflicht des Arbeitnehmers 1101
im Einzelfall beim Vorliegen besonderer Umstände durch den vorbehaltlosen Einsatz für ganz bestimmte Arbeiten über einen längeren Zeitraum auf eine bestimmte Tätigkeit konkretisieren, wenn eine dahingehende **(konkludente) Vertragsänderung** anzunehmen ist. Eine solche Vertragsänderung hat eine Einschränkung des Direktionsrechts zur Folge, ist aber nur bei besonderen Umständen anzunehmen (BAG v. 11.6.1958 – 4 AZR 514/55, AP Nr. 2 zu § 611 BGB Direktionsrecht). Die Rechtsprechung zur sog. „Konkretisierung der geschuldeten Arbeitsleistung" wird oft zitiert, führt aber nur selten zu einem für den Arbeitnehmer günstigen Resultat. Denn prinzipiell kann nicht davon ausgegangen werden, dass der Arbeitgeber auf sein Direktionsrecht verzichtet.

„Die Nichtausübung des Direktionsrechts über einen längeren Zeitraum schafft regelmäßig aber keinen 1102
Vertrauenstatbestand, dass der Arbeitgeber von diesem vertraglich und/oder gesetzlich eingeräumten Recht keinen Gebrauch mehr machen will. Nur beim **Hinzutreten besonderer Umstände**, *aufgrund derer der Arbeitnehmer darauf vertrauen darf, dass er nicht in anderer Weise eingesetzt werden soll, kann es durch konkludentes Verhalten zu einer vertraglichen Beschränkung der Ausübung des Direktionsrechts kommen."* (BAG v. 17.8.2011 – 10 AZR 202/10, NJW 2012, 331 Rz. 19)

Vom Direktionsrecht nicht gedeckt ist die **Zuweisung eines geringerwertigen Arbeitsplatzes** selbst 1103
bei Beibehaltung der alten Entlohnung (zu entsprechenden Änderungsvorbehalten Rz. 1855). Geringerwertige Tätigkeiten muss der Arbeitnehmer nur in Notfällen verrichten (BAG v. 25.8.2010 – 10 AZR 275/09, NZA 2010, 1355, 1358; BAG v. 24.4.1996 – 4 AZR 976/94, NZA 1997, 104).

Ob die **Zuweisung höherwertiger Tätigkeiten** vom Direktionsrecht gedeckt ist, bedarf der Einzelfallprüfung. Die Zuweisung führt aber in der Regel weder zu einer stillschweigenden Vertragsänderung noch zu einer Konkretisierung des Direktionsrechts (BAG v. 17.4.2002 – 4 AZR 174/01, NZA 2003, 159, 161 f.). Zu beachten ist, dass das BAG die vorübergehende Zuweisung einer höherwertigen Tätig- 1104 keit auf **„doppelte Billigkeit"** überprüft: Billig muss erstens die Tätigkeitsübertragung als solche und zweitens ihre fehlende Dauerhaftigkeit sein (BAG v. 18.4.2012 – 10 AZR 134/11, NZA 2012, 927, 928).

1105 Gegenstand der Arbeitspflicht sind auch sog. **Nebenarbeiten**. Diese hat der Arbeitnehmer aber nur dann zu verrichten, wenn deren Übernahme dem Arbeitsvertrag entspricht, d.h. die Nebenarbeiten **typischerweise** in dem vereinbarten Tätigkeitsbereich **anfallen** und nur eine **untergeordnete Bedeutung** haben. Maßgebend sind hier die Umstände des Einzelfalls. Im Hinblick auf das Berufsausbildungsverhältnis enthält § 14 Abs. 2 BBiG die Regelung, dass dem Auszubildenden nur Verrichtungen übertragen werden dürfen, die dem Ausbildungszweck dienen. Damit sind nicht Nebenarbeiten ausgeschlossen, die jeder Arbeitnehmer in einem bestimmten Berufsbild zu erbringen hat. Die Vorschrift dient eher dem Zweck, dem ausbildungsfremden Einsatz von Auszubildenden zu begegnen.

1106 In jedem Fall **begrenzt** ist das Direktionsrecht durch das **Gesetz**. Die einzelne Weisung darf straf- und öffentlich-rechtlichen Bestimmungen nicht zuwiderlaufen.

Beispiel für eine Begrenzung des Direktionsrechts durch Gesetz: Die Weisung, Straftaten oder Ordnungswidrigkeiten zu begehen, ist gemäß § 63 Abs. 2 S. 4 BBG unwirksam. Dieses im Beamtenrecht ausdrücklich geregelte Prinzip ist auch als immanente Grenze des Weisungsrechts im Arbeitsverhältnis zu beachten.

1107 Unwirksam sind ferner Anweisungen, die **kollektivrechtlichen Bestimmungen** (Tarifvertrag, Betriebsvereinbarung) zuwiderlaufen.

1108 **Hinweis:** Unabhängig vom Umfang des Direktionsrechts des Arbeitgebers kann auch die Zuweisung einer andersartigen Tätigkeit ohne Veränderung des Arbeitsorts eine **Versetzung** i.S.d. **§ 95 Abs. 3 BetrVG** darstellen (BAG v. 13.4.2010 – 9 AZR 36/09, BB 2010, 2432). In diesem Falle bedarf sie gemäß **§ 99 BetrVG** der Mitbestimmung des Betriebsrats, die nach der Rechtsprechung des BAG Wirksamkeitsvoraussetzung für die individualrechtliche Maßnahme ist. Der Arbeitnehmer braucht eine betriebsverfassungswidrige Versetzungsanordnung nicht zu befolgen (BAG v. 7.11.2002 – 2 AZR 650/00, AP Nr. 98 zu § 615 BGB). Er kann daher bei Verletzung des Mitbestimmungsrechts die Ausführung der neuen Tätigkeit verweigern und behält gleichwohl gemäß § 615 BGB seinen Entgeltanspruch (BAG v. 5.4.2001 – 2 AZR 580/99, NZA 2001, 893).

Erfolgt die Zuweisung des neuen Tätigkeitsbereichs durch **Änderungskündigung**, ist zusätzlich das Mitbestimmungsrecht des Betriebsrats aus **§ 102 BetrVG** zu beachten, das als Wirksamkeitsvoraussetzung ausgestaltet ist (BAG v. 12.8.2010 – 2 AZR 945/08, NZA 2011, 460, 463).

4. Arbeitszeit

Literatur: *Anzinger/Koberski*, Arbeitszeitgesetz, 4. Aufl. 2014; *Buschmann/Ulber*, Arbeitszeitgesetz, 8. Aufl. 2015; *Ulber D.* in *Preis/Sagan*, Europäisches Arbeitsrecht, 1. Aufl. 2015, § 6; *Preis/Ulber D.*, Direktionsrecht und Sonntagsarbeit, NZA 2010, 729; *Ulber D.*, Die Vereinbarkeit der Neuregelungen des Arbeitszeitgesetzes mit dem Europarecht und dem Grundgesetz, ZTR 2005, 70; *Franzen*, Entkoppelung der Arbeitszeit vom Arbeitsentgelt, RdA 2014, 1; *Franzen*, Umkleidezeiten und Arbeitszeit, NZA 2016, 136; *Hunold*, Arbeitszeit, insbesondere Reisezeit, im Außendienst, NZA 1993, 10; *Preis*, Flexicurity und Abrufarbeit, RdA 2015, 244; *Preis*, Grenzüberschreitende Arbeitszeiten, VSSAR 2019, 267; *Wank*, Facetten der Arbeitszeit, RdA 2014, 285.

a) Allgemeines

1109 Die Arbeitszeit hat eine **arbeitsschutzrechtliche, vergütungsrechtliche und betriebsverfassungsrechtliche Dimension.** Mit „Arbeitszeit" kann die **höchstzulässige** (Arbeitsschutzrecht) oder vom Arbeitnehmer **geschuldete** (Arbeitsvertragsrecht) Dauer der Arbeitsleistung sowie die **Lage** der Arbeitszeit (Arbeitsvertragsrecht, Betriebsverfassungsrecht) gemeint sein. Ob arbeitsbezogene Tätigkeiten unter den öffentlich-rechtlichen Arbeitsschutz (insbesondere das ArbZG) fallen, zu vergüten sind oder Beteiligungsrechte des Betriebsrates auslösen, sind drei **strikt zu trennende Fragen**. Das arbeitsbezogene Tätigwerden des Arbeitnehmers kann zu vergüten sein und gleichzeitig nicht in den Anwendungsbereich des ArbZG fallen. Das lässt sich etwa am Beispiel der Dienstreise (dazu unter Rz. 1151) zeigen.

b) Öffentlich-rechtliche Arbeitszeitbestimmungen

Zum Schutze des Arbeitnehmers ist die höchstzulässige Arbeitszeit durch öffentlich-rechtliche Normen beschränkt, die vornehmlich in dem seit dem 1.7.1994 geltenden Arbeitszeitgesetz (ArbZG) geregelt sind. Nach § 1 ArbZG ist Ziel des Gesetzes die Gewährleistung der **Sicherheit** und des **Gesundheitsschutzes** der Arbeitnehmer, die Verbesserung der Rahmenbedingungen für flexible Arbeitszeiten und der Schutz von Sonntagen und staatlich anerkannten Feiertagen. Die Regelungen des ArbZG gelten für Männer und Frauen gleichermaßen. Beschäftigungsverbote und -beschränkungen für Frauen (§§ 17 ff. AZO) wurden durch die Novellierung des Arbeitszeitrechts aufgehoben. Insbesondere die Vorschrift des § 19 AZO, die ein Nachtarbeitsverbot für Arbeitnehmerinnen beinhaltete und vom BVerfG für verfassungswidrig erklärt wurde, ist damit außer Kraft gesetzt worden. Das Gesetz differenziert darüber hinaus nicht zwischen regelmäßiger Arbeitszeit und Überstunden, es geht nur um die Festlegung von Höchstzeiten, innerhalb derer die Arbeitsvertrags- und Tarifvertragsparteien die Arbeitszeit vertraglich vereinbaren können. 1110

Nach § 2 Abs. 1 S. 1 ArbZG ist Arbeitszeit die Zeit vom Beginn bis zum Ende der Arbeit ohne die Ruhepausen. Maßgebend ist jedoch nicht die Definition des ArbZG, sondern der **unionsrechtliche Arbeitszeitbegriff** der RL 2003/88/EG (nachfolgend: ArbZ-RL). Gemäß **Art. 2 Nr. 1 ArbZ-RL** ist Arbeitszeit jede Zeitspanne, während der ein Arbeitnehmer gemäß den einzelstaatlichen Rechtsvorschriften und/oder Gepflogenheiten arbeitet, dem Arbeitgeber zur Verfügung steht und seine Tätigkeit ausübt oder Aufgaben wahrnimmt. Der **EuGH** interpretiert Art. 2 Nr. 1 ArbZ-RL **unionsautonom**: Arbeitszeit sei jede Zeitspanne, während der der Arbeitnehmer arbeitet; auf den Grad der Beanspruchung komme es grundsätzlich nicht an (EuGH v. 1.12.2005 – C-14/04 „Dellas", NZA 2006, 89 Rz. 43). § 2 Abs. 1 S. 1 ArbZG muss dementsprechend **richtlinienkonform ausgelegt** werden (zur richtlinienkonformen Auslegung siehe Rz. 442). 1111

„1. Die Begriffe ‚Arbeitszeit' und ‚Ruhezeit' im Sinne der Richtlinie 93/104 über bestimmte Aspekte der Arbeitszeitgestaltung dürfen nicht nach Maßgabe der Vorschriften der Regelungen der verschiedenen Mitgliedstaaten ausgelegt werden, sondern sie stellen gemeinschaftsrechtliche Begriffe dar, die anhand objektiver Merkmale unter Berücksichtigung des Regelungszusammenhangs und des Zweckes dieser Richtlinie zu bestimmen sind. Nur eine solche automatische Auslegung kann die volle Wirksamkeit dieser Richtlinie und eine einheitliche Anwendung der genannten Begriffe in sämtlichen Mitgliedstaaten sicherstellen. Der Umstand, dass die Definition des Begriffes Arbeitszeit auf die ‚einzelstaatlichen Rechtsvorschriften und/oder Gepflogenheiten' verweist, bedeutet daher nicht, dass die Mitgliedstaaten den Inhalt dieses Begriffes einseitig festlegen können. Die Mitgliedstaaten dürfen den Anspruch des Arbeitnehmers auf ordnungsgemäße Berücksichtigung der Arbeitszeiten und dementsprechend der Ruhezeiten somit keinerlei Bedingungen unterwerfen, da dieser Anspruch sich unmittelbar aus den Vorschriften dieser Richtlinie ergibt." (EuGH v. 9.9.2003 – C-151/02 „Jaeger", NZA 2003, 1019, 1022) 1112

Mitunter schwierig ist die Einordnung von **Zeiten verminderter Arbeitsleistung**. Zu unterscheiden sind Arbeitsbereitschaft, Bereitschaftsdienst und Rufbereitschaft. **Arbeitsbereitschaft** ist die Zeit wacher Aufmerksamkeit im Zustand der Entspannung (BAG v. 9.3.2005 – 5 AZR 385/02, EzA Nr. 177 zu § 4 TVG). **Bereitschaftsdienst** liegt vor, wenn der Arbeitnehmer sich außerhalb seiner regelmäßigen Arbeitszeit an einer vom Arbeitgeber bestimmten Stelle innerhalb oder außerhalb des Betriebs aufzuhalten hat, um bei Bedarf die volle Arbeitstätigkeit unverzüglich auszuüben (siehe nur EuGH v. 3.10.2000 – C-303/98 „Simap", AP Nr. 2 zu EWG-Richtlinie Nr. 93/104). Die **Rufbereitschaft** verpflichtet den Arbeitnehmer, außerhalb der regelmäßigen Arbeitszeit auf Abruf die Arbeit aufzunehmen. Der EuGH hat entschieden, dass Arbeitsbereitschaft und Bereitschaftsdienst (vgl. auch § 7 ArbZG) vollumfänglich Arbeitszeit i.S.d. ArbZ-RL sind (vgl. EuGH v. 3.10.2000 – C-303/98 „Simap" AP Nr. 2 zu EWG-Richtlinie Nr. 93/104; 5.10.2004 C-397/01 „Pfeiffer", NZA 2004, 1145 Rz. 91). Bei 1113 der Rufbereitschaft zählen nur die Zeiten der tatsächlichen Inanspruchnahme zur Arbeitszeit (vgl. EuGH v. 3.10.2000 – C-303/98 „Simap", AP Nr. 2 zu EWG-Richtlinie Nr. 93/104).

1114 Der Arbeitszeitbegriff ist Kristallisationspunkt zahlreicher arbeitsschutzrechtlicher Normen des ArbZG. Die **wichtigsten Bestimmungen des ArbZG** lassen sich wie folgt skizzieren:

1115 – Die **werktägliche Arbeitszeit** der Arbeitnehmer darf **acht Stunden** nicht überschreiten (§ 3 S. 1 ArbZG); damit ergibt sich eine höchstzulässige wöchentliche Arbeitszeit von 48 Stunden. Zulässig ist eine **Verlängerung** auf zehn Stunden pro Tag bei entsprechendem zeitlichem Ausgleich innerhalb von sechs Kalendermonaten bzw. 24 Wochen (§ 3 S. 2 ArbZG); mit dieser Regelung ist die Voraussetzung für flexible Arbeitszeitmodelle geschaffen worden. Nach § 16 Abs. 2 ArbZG ist der Arbeitgeber verpflichtet, die über § 3 S. 1 ArbZG hinausgehende werktägliche Arbeitszeit **aufzuzeichnen**.

1116 – **Nach** spätestens **sechs Stunden** ist eine **Pause** zu gewähren; die **Dauer** der Pause oder Pausen muss mindestens 30 – je nach Dauer der Arbeitszeit – bis zu 60 Minuten betragen (§ 4 ArbZG).

1117 – Nach Beendigung der täglichen Arbeitszeit ist eine Ruhezeit von grundsätzlich mindestens elf Stunden zu gewähren (§ 5 Abs. 1 ArbZG).

1118 – Besondere Bestimmungen gelten für die **Nacht- und Schichtarbeit** (§ 6 ArbZG).

1119 – Ausnahmen können in Tarifverträgen oder in durch einen **Tarifvertrag** zugelassenen Betriebsvereinbarungen vereinbart werden (§ 7 ArbZG).

1120 – Grundsätzlich besteht ein **Beschäftigungsverbot an Sonn- und Feiertagen** (§ 9 ArbZG), jedoch enthält das Gesetz einen – verfassungsrechtlich nicht unbedenklichen – **Ausnahmenkatalog** (§ 10 ArbZG) mit **Ausgleichsregelungen** (§ 11 ArbZG). Nach § 13 ArbZG können zusätzlich Ausnahmen durch Verordnungen oder Bewilligungsbescheide zugelassen werden.

1121 Die regelmäßige Arbeitszeit von **Jugendlichen** darf nicht mehr als acht Stunden täglich und 40 Stunden wöchentlich betragen (§ 8 JArbSchG). Für den Berufsschulunterricht sind die Jugendlichen freizustellen (§ 9 JArbSchG). Jugendliche dürfen nur an fünf Tagen in der Woche (§ 15 JArbSchG), an Samstagen, Sonn- und Feiertagen nur unter bestimmten Voraussetzungen (§§ 16 ff. JArbSchG) beschäftigt werden.

1122 Für **schwangere und stillende Mütter** wird die Arbeitszeit durch das Mutterschutzgesetz beschränkt. Sie dürfen grundsätzlich nicht nachts zwischen 20.00 und 6.00 Uhr und an Sonn- und Feiertagen beschäftigt werden (§§ 5 Abs. 1, 6 Abs. 1 MuSchG). Ferner enthält das Mutterschutzrecht Beschränkungen der täglichen Arbeitszeit und ordnet eine tägliche Mindestruhezeit an (§ 4 MuSchG).

1123 Da das ArbZG, das JArbSchG und das MuSchG **Schutzgesetze i.S.d. § 134 BGB** darstellen, sind vertragliche Vereinbarungen oder einseitige Weisungen des Arbeitgebers, die den Arbeitnehmer zur Überschreitung der gesetzlich festgelegten Höchstarbeitszeit verpflichten sollen, nichtig. Verlangt der Arbeitgeber gesetzeswidrige Mehrarbeit, steht dem Arbeitnehmer ein Anspruch auf Einhaltung der gesetzlichen Arbeitszeitgrenzen aus **§ 618 BGB** zu, der durch ein Zurückbehaltungsrecht aus § 273 Abs. 1 BGB gesichert ist.

c) Geschuldete Dauer der Arbeitsleistung

aa) Regelmäßige Arbeitszeit

1124 Die Arbeitszeit stellt regelmäßig die Zeit vom Beginn bis zum Ende der Arbeit **ohne** die **Ruhepausen** dar. In welchem zeitlichen Umfang der Arbeitnehmer die Arbeitsleistung zu erbringen hat, wird in erster Linie durch den **Arbeitsvertrag** bestimmt (zu vertraglichen Änderungsvorbehalten Rz. 1855). So unterliegt es der freien Entscheidung der Vertragsparteien, ob sie ein Vollzeitarbeitsverhältnis oder ein Teilzeitarbeitsverhältnis begründen. Beschränkt wird diese Entscheidungsfreiheit – wie gesehen –

durch öffentlich-rechtliche Schutzvorschriften. Wesentlich stärker als durch gesetzliche Regelungen aber wird der Umfang der Arbeitszeit durch **Tarifverträge** begrenzt. Die Frage der Flexibilisierung der Arbeitszeit ist in erster Linie ein Problem des Tarifrechts und der Tarifpolitik. Der Kampf der Gewerkschaften um die 35-Stunden-Woche ist allseits bekannt.

Wird keine konkrete Arbeitszeit vereinbart und liegen auch keine konkretisierenden betrieblichen oder tariflichen Regelungen vor, gilt als regelmäßig zu leistende Arbeitszeit die **übliche Arbeitszeit im Betrieb** oder in der Betriebsabteilung (BAG v. 15.9.2009 – 9 AZR 757/08, NJW 2010, 394, 396). Der Arbeitgeber ist in den Grenzen des Gesetzes-, Kollektiv- und Individualvertragsrechts durch sein **Weisungsrecht** berechtigt, die im Arbeitsvertrag vereinbarte Arbeitspflicht u.a. hinsichtlich der Verteilung der Arbeitszeit näher festzulegen (BAG v. 15.9.2009 – 9 AZR 757/08, NJW 2010, 394, 396). 1125

Das Direktionsrecht des Arbeitgebers erstreckt sich nur auf die **Lage der Arbeitszeit**. Das gilt auch dann, wenn in der Vergangenheit über einen mehrjährigen Zeitraum anderweitig verfahren worden ist und nicht besondere Umstände vorliegen, die einer solchen Veränderung entgegenstehen (LAG Berlin v. 29.4.1991 – 9 Sa 9/91, LAGE § 611 BGB Direktionsrecht Nr. 9). So kann der Arbeitgeber auch Sonntagsarbeit anordnen, wenn dies nicht im Einzelfall billigem Ermessen widerspricht (BAG v. 15.9.2009 – 9 AZR 757/08, NJW 2010, 394, 397). 1126

Fallbeispiel Sonntagsarbeit: *„Der Umstand, dass ein Arbeitgeber und seine Rechtsvorgänger während der Dauer von 30 Jahren keine Sonn- und Feiertagsarbeit anordneten, schließt die Berechtigung des Arbeitgebers hierzu nach § 106 S. 1 GewO nicht aus. Eine Änderung der ursprünglich vereinbarten Rechte und Pflichten durch sogenannte Konkretisierung in einen einseitig nicht veränderlichen Vertragsinhalt tritt nicht allein dadurch ein, dass der Arbeitnehmer längere Zeit in derselben Weise eingesetzt wurde (z.B. bisher keine Sonn- und Feiertagsarbeit zu leisten hatte). Zum reinen Zeitablauf müssen besondere Umstände hinzutreten, die erkennen lassen, dass der Arbeitnehmer nur noch verpflichtet sein soll, seine Arbeit unverändert zu erbringen."* (BAG v. 15.9.2009 – 9 AZR 757/08, NJW 2010, 394, 397) 1127

Das Direktionsrecht nach § 106 GewO erstreckt sich nicht auf den **Umfang der Arbeitszeit** (Beispiel: Überstunden). Fraglich ist, ob insoweit das **Direktionsrecht** vertraglich **erweitert** werden kann (echte Direktionsrechtserweiterung). Diese Frage wurde bislang grundsätzlich verneint, weil der Umfang der Arbeitszeit zum Kernbestand des Austauschverhältnisses gehört. Einseitige Veränderungen des Umfangs der Arbeitszeit, von dem die Höhe der Vergütung abhängt, sollten daher prinzipiell nur durch **Änderungskündigung** erfolgen können (BAG v. 12.12.1984 – 7 AZR 509/83, NZA 1985, 321). Damit hatte das BAG in seiner Entscheidung vom 7.12.2005 (5 AZR 535/04, NZA 2006, 423) im Lichte der Harmonisierung der Kontrollmaßstäbe der AGB-Kontrolle und des **§ 12 TzBfG** a.F. gebrochen. Zwar erkannte das BAG, dass die Vereinbarung von Abrufarbeit von wesentlichen Grundgedanken der in § 615 BGB geregelten Verteilung des Wirtschaftsrisikos abweicht (BAG v. 7.12.2005 – 5 AZR 535/04, NZA 2006, 423 Rz. 40). Es sah aber ein berechtigtes Interesse des Arbeitgebers an einer gewissen Flexibilität der Arbeitsbedingungen. Eine **variable Dauer der Arbeitszeit** durch **Abrufarbeit** oder **Bandbreitenregelungen** verstieß nach dieser Rechtsprechung nicht gegen § 12 Abs. 1 S. 2 TzBfG a.F.. Die Norm fordere nur eine festgelegte „Mindestdauer" der Arbeitszeit. Wortlaut und Zweck der Regelung sprächen dafür, den Begriff „Dauer" so zu verstehen. Ein angemessener Schutz der Teilzeitbeschäftigten erfolge über eine Inhaltskontrolle gemäß §§ 305 ff. BGB. Die Entscheidung ermöglichte einen weitgehenden Gleichlauf der Rechtsprechung zu allen Änderungsvorbehalten (hierzu ErfK/*Preis* §§ 305 bis 310 BGB Rz. 51 ff.; *Preis/Lindemann* NZA 2006, 632; Rz. 1925). 1128

Beispiel: Nach der vorbezeichneten Entscheidung des fünften Senats (BAG v. 7.12.2005 – 5 AZR 535/04, NZA 2006, 423) darf die vom Arbeitgeber abrufbare, über die vereinbarte Mindestarbeitszeit hinausgehende Arbeitsleistung des Arbeitnehmers nicht mehr als 25 % der vereinbarten wöchentlichen Mindestarbeitszeit betragen. Bei einer Vereinbarung über die Verringerung der vereinbarten Arbeitszeit betrage demzufolge das Volumen 20 % der Arbeitszeit. Mit dieser Rechtsprechung berücksichtigt das BAG die berechtigten beiderseitigen Interessen in angemessener Weise. Bei einer Sockelarbeitszeit von 30 Wochenstunden kann der Arbeitgeber über eine vereinbarte Arbeit auf Abruf die regelmäßige Arbeitszeit in der Woche auf bis zu 37,5 Stunden heraufsetzen. Soweit die Voraussetzungen für die Anordnung von Überstunden vorliegen, kann die Arbeitszeit noch weiter verlängert werden. Die Höchstgrenze von 25 % der vereinbarten wöchentlichen Mindestarbeitszeit führt aber auch zu einem **Schutz der Arbeitnehmer** vor Vereinbarungen, die nur eine geringe Mindestarbeitszeit und einen hohen variablen Arbeitszeitanteil vorsehen und so die Planungssicherheit des Arbeitnehmers in unangemessener Weise beeinträchtigen. Je geringer die vereinbarte wöchentliche Mindestarbeitszeit ist, desto geringer ist rechnerisch die einseitig vom Arbeitgeber abrufbare Arbeitsleistung des Arbeitnehmers. Ist z.B. eine Mindestarbeitszeit von 15 Wochenstunden vereinbart, beträgt die zusätzlich abrufbare Arbeitsleistung nur 3,75 Stunden. Will der Arbeitgeber also ein relativ hohes Maß an Flexibilität, darf er mit dem Arbeitnehmer keine allzu niedrige Mindestarbeitszeit vereinbaren.

1129   In jüngerer Vergangenheit hat sich der Umgang des BAG mit unbestimmten Vereinbarungen, nach denen sich der Umfang der Arbeitszeit flexibel nach den betrieblichen Bedürfnissen richtet (Bsp.: **sog. Null-Stunden-Arbeitsverträge**), geändert. Der 9. Senat des BAG maß entsprechende Klauseln neben § 12 Abs. 1 S. 2 TzBfG a.F. allein an § 307 Abs. 3 S. 1 BGB i.V.m. 307 Abs. 1 S. 2 BGB (BAG 21.6.2011 – 9 AZR 236/10, NZA 2011, 1274). Der 5. Senat des BAG hatte die §§ 305 ff. BGB zuletzt ganz ausgeblendet und die arbeitsvertragliche Vereinbarung über Abrufarbeit – im Widerspruch zur Rechtsprechung des 9. und 10. Senats (vgl. BAG v. 21.6.2011 – 9 AZR 236/10, NZA 2011, 1274 einerseits und BAG v. 15.5.2013 – 10 AZR 325/12, NZA-RR 2014, 519 andererseits) – als Teilzeitabrede ausgelegt, sodass der ursprünglich in Vollzeit tätige Arbeitnehmer gemäß § 12 Abs. 1 S. 3 TzBfG a.F. nur die Mindestarbeitsdauer von zehn Wochenstunden vergütet erhielt (BAG v. 24.9.2014 – 5 AZR 1024/12, NZA 2014, 1328). So wurden Flexibilisierungsmöglichkeiten hinsichtlich des Umfangs der Arbeitszeit einseitig zulasten des Arbeitnehmers überdehnt (ausf. *Preis*, RdA 2015, 245; vgl. auch *Preis/Wieg* AuR 2016, 313, 317 f.). Der Gesetzgeber reagierte hierauf mit der **Neufassung des § 12 Abs. 2 TzBfG** im Rahmen der Reform des Teilzeitarbeitsrechts, die zum 1.1.2019 in Kraft getreten ist. Hierdurch wurden die durch das BAG in der Entscheidung vom 7.12.2005 aufgestellten Grenzen kodifiziert (s. näher dazu Rz. 1926).

1130   Zu beachten ist, dass **tarifvertragliche Regelungen**, die den Arbeitgeber einseitig zur Veränderung von Lage und Dauer der Arbeitszeit berechtigen, **Inhaltsregelungen** i.S.d. **§ 1 Abs. 1 TVG** sind. Sie wirken gemäß § 4 Abs. 1 S. 1 TVG nur zwischen den beiderseits Tarifgebundenen unmittelbar und zwingend. Gegenüber nicht tarifgebundenen Arbeitnehmern greifen diese Regelungen nur, wenn der jeweilige Tarifvertrag durch einzelvertragliche Vereinbarung Bestandteil des Arbeitsvertrags geworden ist. Ist dies nicht der Fall, kann eine entsprechende Vertragsänderung, soweit sie vom Direktionsrecht des Arbeitgebers nicht gedeckt ist, nur durch Vereinbarung oder Änderungskündigung (Rz. 3140) erfolgen.

1131   Bei der Regelung der Arbeitszeit räumt **§ 87 BetrVG** dem Betriebsrat umfangreiche Mitbestimmungsrechte ein. So unterliegt **die Lage** der regelmäßigen Arbeitszeit (§ 87 Abs. 1 Nr. 2 BetrVG; siehe im Band „Kollektivarbeitsrecht" unter § 153 III 2) ebenso der Mitbestimmung wie die **vorübergehende Einführung von Kurzarbeit oder Überstunden** (§ 87 Abs. 1 Nr. 3 BetrVG; siehe im Band „Kollektivarbeitsrecht" unter § 153 III 3). Die Beachtung dieser Mitbestimmungsrechte ist **Wirksamkeitsvoraussetzung** für die entsprechenden Maßnahmen, d.h. der Arbeitnehmer ist bei einer Verletzung des Mitbestimmungsrechts auch dann nicht verpflichtet, zu den geänderten Arbeitszeiten zu arbeiten, wenn diese Änderung aufgrund des Arbeitsvertrags zulässig ist. Führt der Arbeitgeber Kurzarbeit ohne Beteiligung des Betriebsrats ein, bleibt der volle Entgeltanspruch des Arbeitnehmers gemäß § 615 BGB bestehen. Das Mitbestimmungsrecht des Betriebsrats nach § 87 BetrVG kann sowohl durch Abschluss einer **Betriebsvereinbarung** als auch durch eine **formlose Regelungsabrede** mit dem Arbeitgeber gewahrt werden. Zu beachten ist jedoch, dass lediglich die Betriebsvereinbarung unmittelbar zu einer Änderung der Arbeitsbedingungen der betroffenen Arbeitnehmer führt, denn nur sie hat gemäß **§ 77 Abs. 4 S. 1 BetrVG** unmittelbare und zwingende Wirkung (BAG v. 14.2.1991 – 2 AZR 415/90, NZA 1991, 607).

bb) Kurzarbeit

1132   Kurzarbeit ist das vorübergehende teilweise Ruhen von Arbeits- und Entgeltzahlungspflicht. Ebenso wie Überstunden kann der Arbeitgeber Kurzarbeit **nicht einseitig anordnen**. Er kann Kurzarbeit mit entsprechender Lohnminderung nur aufgrund einer Vereinbarung kollektiv- oder einzelvertraglichen Charakters einführen.

Regelmäßig enthalten **Arbeitsverträge** keine sog. „Kurzarbeitsklauseln" (zur AGB-Kontrolle von Kurzarbeitsklauseln vgl. LAG Berlin-Brandenburg 7.10.2010 – 2 Sa 1230/10, NZA-RR 2011, 65). Solche Klauseln sind jedoch in manchen **Tarifverträgen** enthalten. Andernfalls können Regelungen über Kurzarbeit zwischen Arbeitgeber und Betriebsrat getroffen werden. Zu beachten ist hierbei, dass eine formlose Regelungsabrede über die Einführung von Kurzarbeit zwar das Mitbestimmungsrecht des Betriebsrats nach § 87 Abs. 1 Nr. 3 BetrVG wahrt, aber nicht zu einer entsprechenden Änderung der Arbeitsbedingungen der hiervon betroffenen Arbeitnehmer führt. Eine Änderung der Arbeitsbedingungen hinsichtlich der Arbeitszeit und der Entgeltfortzahlungspflicht für die Dauer der Kurzarbeitsperiode kann ohne Rücksicht auf den Willen der Arbeitnehmer also nur durch eine **förmliche Betriebsvereinbarung** nach § 77 Abs. 2 BetrVG herbeigeführt werden (BAG v. 14.2.1991 – 2 AZR 415/90, NZA 1991, 607). Fehlt es an einer entsprechenden Regelung, besteht in betriebsratslosen Betrieben daher für den Arbeitgeber keine Möglichkeit, ohne Zustimmung der einzelnen Arbeitnehmer Kurzarbeit anzuordnen. In diesem Fall bedarf es zur Arbeitszeitverkürzung mithin einer **Änderungskündigung** (BAG v. 14.2.1991 – 2 AZR 415/90, NZA 1991, 607). 1133

Ordnet der Arbeitgeber **rechtswidrig** Kurzarbeit an, so führt dies nach vorzugswürdiger Ansicht (zur „vorläufigen Verbindlichkeit" unbilliger Weisungen siehe unter Rz. 726) nicht zur Verkürzung der Arbeitszeit. Der Arbeitgeber sieht sich dann dem **vollen Lohnanspruch** nach § 615 BGB ausgesetzt. Überdies können die Arbeitnehmer ihren **Beschäftigungsanspruch** geltend machen. 1134

Nach Maßgabe der **§§ 95 ff. SGB III** haben die Arbeitnehmer einen **Anspruch auf Kurzarbeitergeld** gegen die Bundesagentur für Arbeit (zur Höhe vgl. §§ 105 f. SGB III). Die Kurzarbeit muss der Agentur für Arbeit vom Arbeitgeber oder vom Betriebsrat **schriftlich angezeigt** werden, um einen Anspruch auf Kurzarbeitergeld auszulösen (§ 99 SGB III). Kommt der Arbeitgeber schuldhaft seiner Verpflichtung zur Anzeige nicht nach, wird die Kurzarbeit zwar nicht unzulässig. Ein solcher Verstoß kann aber zu einem Schadensersatzanspruch des Arbeitnehmers gegen den Arbeitgeber führen. 1135

cc) Überstunden

Von Überstunden oder Überarbeit spricht man, wenn die **vertraglich vereinbarte Arbeitszeit überschritten** wird, die durch Kollektivvertrag (Tarifvertrag oder Betriebsvereinbarung) oder Arbeitsvertrag festgelegt ist. Mit dem Begriff der Mehrarbeit werden üblicherweise solche Überstunden bezeichnet, die die gesetzlich vorgeschriebene Höchstarbeitszeit überschreiten (vgl. §§ 3 ff. ArbZG). Nach anderer Diktion ist Überarbeit der Oberbegriff für Überstunden und Mehrarbeit. 1136

Ohne ausdrückliche Regelung ist der Arbeitnehmer grundsätzlich **nicht verpflichtet**, Überstunden zu leisten. Umgekehrt entsteht aus der fortdauernden Anordnung von Überstunden noch **kein Anspruch auf** ein bestimmtes Mindestmaß an **Überstunden** (LAG Köln v. 21.1.1999 – 6 Sa 1252/98, NZA-RR 1999, 517). U.U. kann sich aus dem **Gleichbehandlungsgrundsatz** ein Anspruch auf Mehrarbeit ergeben (LAG Hessen v. 12.9.2001 – 8 Sa 1122/00, LAGE § 242 BGB Gleichbehandlung Nr. 25). 1137

Vereinbarungen, die den Arbeitnehmer zur Leistung von Überstunden verpflichten, finden sich sowohl in **Einzelarbeitsverträgen** als auch in **Betriebsvereinbarungen** und – in der Praxis häufig – in **Tarifverträgen**. Tarifverträge können dem Arbeitgeber das Recht vorbehalten, die regelmäßige Arbeitszeit einseitig zu verlängern oder auch wieder auf die tarifliche Arbeitszeit zurückzuführen. Bei der Ausübung des Bestimmungsrechts muss der Arbeitgeber aber die Grundsätze billigen Ermessens wahren (BAG v. 28.11.1984 – 5 AZR 195/83, AP Nr. 2 zu § 4 TVG Bestimmungsrecht). Fehlt es an einer entsprechenden tarifvertraglichen Regelung, hat der Arbeitgeber in betriebsratslosen Betrieben ohne ausdrückliche vertragliche Grundlage in der Regel **keine Möglichkeiten**, Überstunden **anzuordnen**. Aus diesem Grunde hat ein entsprechender vertraglicher Vorbehalt konstitutive Bedeutung. 1138

1139 **Ausnahmsweise** kann sich aus der Schadensabwendungspflicht des Arbeitnehmers gemäß § 242 BGB die Pflicht ergeben, in Notfällen Überstunden zu leisten, wenn sonst der Betrieb einen nicht unerheblichen Schaden erleiden würde. Aus § 14 ArbZG lässt sich hingegen kein Anspruch des Arbeitgebers auf Leistung von Überstunden herleiten. Die Vorschrift bestimmt, dass in Notfällen und in außergewöhnlichen Fällen von den arbeitszeitlichen Grundnormen des ArbZG abgewichen werden darf. Unter den Voraussetzungen des § 14 ArbZG kann der Arbeitnehmer deshalb verpflichtet sein, die gesetzliche Höchstarbeitszeit zu überschreiten und somit Mehrarbeit zu leisten. Es darf sich dabei aber nur um vorübergehende Arbeiten handeln, die nicht allzu viel Zeit in Anspruch nehmen. Des Weiteren müssen die Arbeiten sich auf das zur Beseitigung des Notfalls bzw. ungewöhnlichen Falls erforderliche Maß beschränken. Es ist eine Güterabwägung vorzunehmen.

1140 Von der Pflicht zur Leistung der Überstunden ist die Frage der **Überstundenvergütung** zu unterscheiden. Für die Vergütung von Überstunden bestehen keine besonderen gesetzlichen Regelungen. Ein Anspruch auf Überstundenvergütung kann sich entweder aus dem **Einzelarbeitsvertrag**, einer **Betriebsvereinbarung** oder einem **Tarifvertrag** ergeben. Fehlt es an einer solchen ausdrücklichen Regelung, kommt ggf. das Institut der **betrieblichen Übung** (Rz. 680) als Anspruchsgrundlage in Betracht. Im Übrigen ist auf **§ 612 BGB** zurückzugreifen. Auch ohne vertragliche Regelung gilt eine **Grundvergütung** für die Überstunden (üblicher Stundenverdienst; Anteil des Monatslohns) gemäß § 612 Abs. 1 BGB als stillschweigend vereinbart, da der Arbeitnehmer eine quantitative Mehrleistung erbringt (BAG v. 17.3.1982 – 5 AZR 1047/79, NJW 1982, 2139). Die bloße Kenntnis des Arbeitgebers von den Überstunden reicht jedoch nicht aus; der Arbeitnehmer muss zumindest eine konkludente Vereinbarung über die Mehrleistung nachweisen (LAG Hamm 10.6.1999 – 8 Sa 94/99, LAGE § 612 BGB Nr. 6). Gemäß § 612 Abs. 1 BGB gilt eine Vergütung nur dann als stillschweigend vereinbart, wenn die Umstände der Dienstleistungen im Einzelfall für eine Erwartung zusätzlicher Vergütung sprechen (BAG v. 3.9.1997 – 5 AZR 428/96, NZA 1998, 540). Diese Erwartung wird zumeist gegeben sein (BAG v. 22.2.2012 – 5 AZR 765/10, NZA 2012, 861). In der Regel nicht gegeben ist die Vergütungserwartung bei Arbeitnehmern mit hohen Verdiensten (z.B. oberhalb der Beitragsbemessungsgrenze der gesetzlichen Rentenversicherung), insbesondere **leitenden Angestellten** und Chefärzten bei Mehrarbeit im Rahmen ihres Aufgabenkreises, da diese grundsätzlich mit der vereinbarten Vergütung abgegolten ist (BAG v. 17.11.1966 – 5 AZR 225/66, NJW 1967, 413). Ausdrücklich entschieden hat dies das BAG auch für einen jungen Rechtsanwalt mit Top-Vergütung (BAG v. 17.8.2011 – 5 AZR 406/10, NZA 2011, 1335). Denkbar ist, dass für die Überarbeit eine geringere als die sonst übliche Vergütung (BAG v. 3.10.1969 – 3 AZR 400/68, AP Nr. 12 zu § 15 AZO) oder ein Ausgleich durch Freizeitgewährung („Überstunden abfeiern") vereinbart wird (*Schaub/Linck* § 69 Rz. 12). Die Pauschalierung oder der vollständige Ausschluss einer Überstundenvergütung unterliegt jedoch Grenzen (Rz. 1279).

Fallbeispiel Überstundenvergütung: L ist Betriebsleiter in dem Unternehmen des U. Er erhält ein Nettogehalt von 5.000 Euro monatlich und hat eine weit gefasste Handlungsvollmacht. Bzgl. einer Überstundenvergütung ist in seinem Arbeitsvertrag nichts vorgesehen. In den letzten 6 Monaten hat L 35 Überstunden angesammelt. Hat L gegen U zusätzlich zu seinem Gehalt einen Anspruch auf Vergütung der Überstunden?

Ein Anspruch auf Überstundenvergütung kann sich bei fehlender ausdrücklicher Vereinbarung (ggf. betriebliche Übung beachten!) aus § 612 Abs. 1 BGB ergeben. Dann müsste die Leistung von Überstunden den Umständen nach nur gegen eine Vergütung zu erwarten sein. Dabei ist von einem objektiven Maßstab unter Berücksichtigung der Verkehrssitte und der Stellung der Beteiligten auszugehen. Auf Grund der weit gefassten Handlungsvollmacht und des hohen Nettoverdienstes ist davon auszugehen, dass L leitender Angestellter ist. Ein leitender Angestellter nimmt im Unternehmen eine besondere Stellung ein, woraus folgt, dass eine strenge Beschränkung der Arbeitszeit nicht mit dem Aufgabenbereich eines leitenden Angestellten vereinbar ist (vgl. auch § 18 Abs. 1 ArbZG). In der Regel wird die Leistung von Überstunden zudem durch die Zahlung eines höheren Grundgehalts bereits abgegolten. Zudem handelt es sich hier um 35 Überstunden, die L in einem Zeitraum von 6 Monaten angesammelt hat, also knapp 6 Überstunden pro Monat. Das ist keine übermäßige zusätzliche Arbeitsbelastung, die ausnahmsweise eine Zusatzvergütung rechtfertigen könnte. Die Zahlung einer Überstundenvergütung ist daher nicht gemäß § 612 Abs. 1 BGB den Umständen nach zu erwarten. L hat somit gegen U keinen Anspruch auf Vergütung der Überstunden.

Der Arbeitnehmer muss **darlegen und beweisen**, an welchen Tagen und zu welchen Tageszeiten er Überstunden geleistet hat (BAG v. 16.5.2012 – 5 AZR 347/11, NZA 2012, 939). Er muss vortragen, ob der Arbeitgeber die Überstunden angeordnet hat oder ob sie zur Erledigung der ihm obliegenden Arbeit notwendig waren und vom Arbeitgeber gebilligt oder geduldet wurden (BAG v. 25.11.1993 – 2 AZR 517/93, NZA 1994, 837; zur Darlegungslast ausf. BAG v. 10.4.2013 – 5 AZR 122/12, NZA 2013, 1100). Steht fest, dass der Arbeitnehmer über die die übliche Arbeitszeit hinaus tätig geworden ist, kann er aber seiner Darlegungslast nicht in jeder Hinsicht genügen, darf das Gericht einen Mindestumfang geleisteter Überstunden gemäß § 287 ZPO schätzen (BAG v. 25.3.2015 – 5 AZR 602/13, NZA 2015, 1002 Rz. 19).

1141

Durch das Urteil des EuGH vom 14.5.2019 (C-55/18, NZA 2019, 683) dürfte zukünftig die Beweisführung über geleistete Arbeitszeit und etwaige Mehrarbeit erleichtert werden. Der EuGH hat entschieden, dass Arbeitgeber dazu verpflichtet sind, die Arbeitszeit ihrer Mitarbeiter systematisch zu erfassen. Denn nur so könne gewährleistet werden, dass Arbeitszeitregeln eingehalten würden. Dieses Urteil ist ein wichtiger Schritt, um Arbeitnehmern die Durchsetzung ihrer Rechte zu erleichtern. Eine starke Beschränkung arbeitgeberseitiger Rechte ist hingegen nicht zu befürchten. Der EuGH gibt den Mitgliedstaaten zwar auf, die zur Sicherstellung der Einhaltung der Mindestruhe- und erlaubten Arbeitszeiten erforderlichen Maßnahmen zu treffen. Das Gericht stellt aber auch ausdrücklich klar, dass diese in der Umsetzung und den Vorgaben über die Gestaltung entsprechender Kontrollsysteme weitgehend frei sind (EuGH v. 14.5.2019 – C-55/18, NZA 2019, 683, Rz. 63) und Ausnahmen von dieser Pflicht bestimmt werden können. Sofern Arbeitgeber nicht ohnehin bereits freiwillig oder aufgrund anderer Gesetze, vgl. § 17 Abs. 1 MiLoG, Arbeitszeiten erfasst haben, ist die Installation eines entsprechenden Kontrollsystems dank der fortschreitenden Digitalisierung einigermaßen unaufwendig (entgegen weitläufiger Befürchtung ist auch die Wiederkehr der „analogen" Stechuhr nicht zwingend). Insbesondere aufgrund der vom EuGH selbst erwähnten flexiblen Ausnahmetatbestände kann das Urteil nicht als unzumutbarer Eingriff in die Interessen des Arbeitgebers angesehen werden (vgl. auch *Ulber* NZA 2019, 677).

1141a

Hinsichtlich der Überstundenvergütung ist zu unterscheiden zwischen der für diese Zeit anfallenden **Grundvergütung** und **eventuellen Vergütungszuschlägen**. Ohne besondere kollektiv- oder einzelvertragliche Rechtsgrundlage ist der Arbeitgeber nicht zur Zahlung eines Zuschlags für Überstunden oder Mehrarbeit verpflichtet. (Einzelheiten Rz. 1279; zur Überstundenvergütung Teilzeitbeschäftigter Rz. 1685).

1142

d) Vor- und Nachbereitung der Arbeit

Fraglich ist, ob Tätigkeiten, die der Vor- und Nachbereitung der Arbeit dienen, wie etwa das An- und Ablegen der Arbeitskleidung, zur Arbeitszeit gehören. Zeiten des **Waschens und Umkleidens** vor und nach der Arbeit sind keine Arbeitszeit im **arbeitsschutzrechtlichen Sinn** (BAG v. 25.4.1962 – 4 AZR 213/61, AP Nr. 6 zu § 611 BGB Mehrarbeitsvergütung). Ob der Arbeitgeber sie **vergüten** muss, hängt vom Einzelfall ab (BAG v. 22.3.1995 – 5 AZR 934/93, NZA 1996, 107; ausf. *Franzen* NZA 2016, 136). Das BAG operiert mit folgendem Maßstab:

1143

„Umkleidezeiten gehören zur vertraglich geschuldeten Arbeitsleistung, wenn das Umkleiden einem fremden Bedürfnis dient und nicht zugleich ein eigenes Bedürfnis erfüllt. Das Ankleiden mit vorgeschriebener Dienstkleidung ist nicht lediglich fremdnützig und damit nicht Arbeitszeit, wenn sie zu Hause angelegt und – ohne besonders auffällig zu sein – auch auf dem Weg zur Arbeitsstätte getragen werden kann." (BAG v. 10.11.2009 – 1 ABR 54/08, NZA-RR 2010, 301 Rz. 15)

Beispiele: Vergütungspflicht von Wasch- und Umkleidezeiten: Das An- und Ablegen der Berufskleidung eines Kochs gehört nicht zur vergütungspflichtigen Arbeitszeit (BAG v. 22.3.1995 – 5 AZR 934/93, NZA 1996, 108). Gegenteiliges gilt für das An- und Ablegen von Berufs- und Bereichskleidung, das aus hygienischen Gründen im OP-Bereich getragen werden muss (BAG v. 19.9.2012 – 5 AZR 678/11, NZA-RR 2013, 63).

1144

Auch das An- und Ablegen von Sicherheitskleidung (LAG Stuttgart v. 12.2.1987 – 13 (7) Sa 92/86, AiB 1987, 246) und die Umkleidung und Körperreinigung bei Müllwerkern ist zu vergüten.

1145 Umkleidezeiten können nach **§ 87 Abs. 1 Nr. 2 BetrVG** zur verteilungspflichtigen Arbeitszeit gehören (vgl. BAG v. 17.11.2015 – 1 ABR 76/13, NZA 2016, 247).

e) Wege-/Reisezeiten

1146 Ob und inwieweit **Wegezeiten** zur Arbeitszeit gehören, bedarf im Einzelfall der Auslegung. Der Begriff „Wegezeit" wird uneinheitlich verwendet:

1147 – Wegezeit ist zunächst die Zeit, die der Arbeitnehmer für die **An- und Abfahrt zum Betrieb** des Arbeitgebers aufwendet. Sie ist nicht zu vergüten und arbeitszeitrechtlich irrelevant (vgl. BAG v. 8.12.1960 – 5 AZR 304/58, AP Nr. 1 zu § 611 BGB Wegezeit; v. 21.12.2006 – 6 AZR 341/06, NZA 2008, 136).

1148 – Wegezeit ist außerdem die auf dem **Weg von der Arbeitsstelle zum Arbeitsplatz** verbrachte Zeit (BAG v. 18.1.1990 – 6 AZR 386/89, NZA 1990, 890). Arbeitsstelle ist die Gesamtheit von Räumlichkeiten derjenigen Organisationseinheit innerhalb der Dienststelle/des Betriebes, der der Arbeitnehmer angehört und in der sich sein Arbeitsplatz befindet. Die für Wege **innerhalb der Arbeitsstelle** aufgewendete Zeit ist keine Arbeitszeit im vergütungsrechtlichen Sinn (vgl. LAG Hamm v. 11.11.1993 – 17 Sa 759/93, ZTR 1994, 157) und dürfte nach dem zu vor- und nachbereitenden Tätigkeiten Gesagten (Rz. 1143) auch nicht unter das ArbZG fallen.

1149 – Wegezeit ist ferner die Dauer der **Hin- und Rückfahrt** zu/von einem auswärtigen Arbeitsort im Rahmen einer **Dienstreise**.

1150 **Reisezeit** ist die Zeit, die der Arbeitnehmer für eine Dienstreise aufwendet. Die Dienstreise lässt sich in drei Phasen einteilen: die Hin- und Rückfahrt zum/vom auswärtigen Arbeitsort, die Wahrnehmung des auswärtigen Dienstgeschäfts und den Aufenthalt am auswärtigen Arbeitsort vor und nach Erledigung des Dienstgeschäfts (BAG v. 11.7.2006 – 9 AZR 519/05, NZA 2007, 155). Unproblematisch ist die für die Wahrnehmung des auswärtigen Dienstgeschäfts aufgewendete Zeit zu vergüten und arbeitszeitrechtlich erfasst. **Differenzierter Betrachtung** bedürfen die **Wegezeiten der Dienstreise**.

1151 Nach Ansicht des BAG zählt das **bloße Reisen** grundsätzlich nicht zur Arbeitszeit i.S.d. **ArbZG**. Wenn der Arbeitgeber dem Arbeitnehmer lediglich vorgibt, öffentliche Verkehrsmittel zu benutzen, aber die Ausfüllung der Zeit offen lässt, liegt keine arbeitsschutzrechtlich relevante Arbeitszeit vor (BAG v. 11.7.2006 – 9 AZR 519/05, NZA 2007, 155). Für Einsatzzeiten eines **Außendienstmitarbeiters**, eingeschlossen die erste zum Kunden und vom letzten Kunden zurück, ist der Schutz des ArbzG hingegen zwingend (EuGH v. 10.9.2015 – C-266/14 „Tyco", NZA 2015, 1177). Das gilt auch für Zeiten, in denen der Arbeitnehmer selbst ein Auto steuern (BayOLG 23.3.1992 – 3 ObOWi 18/92, NZA 1992, 811) oder während der Fahrzeit arbeiten muss (Aktenbearbeitung usw.).

1152 *„Wegezeiten können auf Grund der Umstände des Einzelfalles als Arbeitszeit zu beurteilen sein. Das kommt in Betracht, wenn der Arbeitnehmer sie zur Erledigung seiner Arbeitsaufgaben nutzen muss. Die Bearbeitung von Akten, E-Mails, Vor- und Nachbereitung des auswärtigen Termins ist dann Vollarbeit. Es macht keinen Unterschied, ob derartige Arbeiten am Schreibtisch im Betrieb/in der Dienststelle oder im Zug, Bus oder Flugzeug verrichtet werden. [...]*

1153 *Fehlt es jedoch – wie hier – an solchen Anforderungen des Arbeitgebers, sind Gesundheit und Sicherheit des Arbeitnehmers durch ein Überschreiten der täglich höchstzulässigen Arbeitszeit von zehn Stunden nicht gefährdet. Der Arbeitnehmer kann während er sich in Beförderungsmitteln aufhält nach Belieben [...] private Angelegenheiten [...] erledigen. ‚Dösen' oder Schlafen sind ebenso gestattet wie die Einnahme von Getränken oder Speisen."* (BAG v. 11.7.2006 – 9 AZR 519/05, NZA 2007, 155)

Der Neunte Senat des BAG bemüht erkennbar die sog. **Beanspruchungs- oder Belastungstheorie**, wonach der Schutz des ArbZG nur für Tätigkeiten intendiert ist, die die Sicherheit und Gesundheit des Arbeitnehmers beeinträchtigen können (vgl. ErfK/*Wank* § 2 ArbZG Rz. 16). Dieser Rechtsprechung steht insbesondere die unionsautonome Auslegung des Arbeitszeitbegriffes durch den **EuGH** entgegen und ist daher abzulehnen. Zur Erinnerung: Der EuGH beurteilt das Vorliegen von Arbeitszeit im arbeitsschutzrechtlichen Sinne gerade unabhängig von der Beanspruchung des Arbeitnehmers (Rz. 1111; zum Ganzen auch ErfK/*Preis* § 611a Rz. 516e ff.). Nicht auf Beanspruchung oder Belastung, sondern auf die Frage, ob eine fremdnützige Tätigkeit vorliegt, kommt es an. Das ist dann der Fall, wenn sie ausschließlich im Interesse des Arbeitgebers erfolgt und in untrennbarem Zusammenhang mit der arbeitsvertraglich geschuldeten Arbeitsleistung steht (s.a. *Preis*, VSSAR 2019, 267, 276 ff.; in diese Richtung ebenfalls die Rspr. des Fünften Senats des BAG, vgl. BAG v. 17.10.2018 – Az. 5 AZR 553/17, NZA 2019, 159; BAG, v. 15.4.2018 – Az. 5 AZR 424/17, NZA 2018, 1211).

1154

Klarer lassen sich Dienstreisezeiten **vergütungsrechtlich** fassen. Sucht der Arbeitnehmer **während der regulären Arbeitszeit** weisungs- oder vereinbarungsgemäß einen auswärtigen Arbeitsort auf, kann er dafür Vergütung verlangen (BAG v. 29.8.1991 – 6 AZR 593/88, NZA 1992, 67; 12.12.2012 – 5 AZR 355/12, NZA 2013, 1158). Abweichendes gilt grundsätzlich nur, soweit kollektiv- oder individualvertraglich vereinbart.

1155

*„Arbeit als Leistung der versprochenen Dienste i.S.d. § 611 Abs. 1 BGB ist nicht nur jede Tätigkeit, die als solche der Befriedigung eines fremden Bedürfnisses dient. **Arbeit in diesem Sinne ist auch die vom Arbeitgeber veranlasste Untätigkeit**, während derer der Arbeitnehmer am Arbeitsplatz anwesend sein muss und nicht frei über die Nutzung des Zeitraums bestimmen kann, er also weder eine Pause i.S.d. Arbeitszeitgesetzes noch Freizeit hat."* (BAG v. 20.4.2011 – 5 AZR 200/10, NZA 2011, 917, 918 f.)

1156

Reist der Arbeitnehmer (ausgenommen: Außendienstmitarbeiter ohne festen Arbeitsort) direkt von seinem Wohnort zum auswärtigen Arbeitsort, kann er für die zwischen seinem Wohnort und dem Betrieb des Arbeitgebers verbrachte Zeit keine Vergütung verlangen (BAG v. 8.12.1960 – 5 AZR 304/58, AP Nr. 1 zu § 611 BGB Wegezeit). Für Reisetätigkeiten **außerhalb der regulären Arbeitszeit** ist § 612 BGB maßgeblich (vgl. BAG v. 27.6.2012 – 5 AZR 530/11, NZA 2012, 1147; *Loritz* NZA 1997, 1188, 1193 f.). Liegen solche Reisen allein im Interesse des Arbeitgebers, sind jedenfalls die notwendigen Zeiten für die An- und Abreise vergütungspflichtig (dazu gehören auch die zum Einchecken benötigte Zeit und das Warten an der Gepäckausgabe, aber nicht etwaige Vorbereitungsmaßnahmen des Arbeitnehmers wie Duschen oder Kofferpacken, BAG v. 17.10.2018 – 5 AZR 553/17, NZA 2019, 159 m.w.N.). Noch ungeklärt ist der Einfluss des MiLoG auf die vergütungsrechtliche Erfassung von Reisezeit. In Schrifttum (etwa BeckOK/*Greiner* § 1 MiLoG Rz. 73) und Rechtsprechung (BAG v. 29.6.2016 – 5 AZR 716/15, NZA 2016, 1332) ist die Tendenz erkennbar, den Arbeitszeitbegriff des MiLoG arbeitsschutzrechtlich anzuknüpfen. Folge einer solchen Sichtweise ist, dass es bei Reisezeiten zumindest für den **Mindestlohnanspruch** nicht auf die Unterscheidung „innerhalb/außerhalb der regulären Arbeitszeit" ankommt. Vielmehr ist maßgeblich, ob Arbeitszeit i.S.d. Art. 2 Nr. 1 ArbZ-RL vorliegt. Beabsichtigt der Arbeitgeber, Reisezeiten **pauschaliert abzugelten**, muss er neben § 1 MiLoG das Transparenzgebot nach § 307 Abs. 1 S. 2 BGB beachten (BAG v. 20.4.2011 – 5 AZR 200/10, NZA 2011, 917).

1157

§ 27
Nebenpflichten des Arbeitnehmers

Literatur: *Bartenbach*, Der Schutz von Betriebs- und Geschäftsgeheimnissen im Arbeitsleben, Personalrecht im Wandel, FS Küttner (2006), 113; *Brose/Greiner/Preis*, Kleidung im Arbeitsverhältnis, NZA 2011, 369; *Felsmann*, Das neue Geschäftsgeheimnisgesetz: Ein praktischer Überblick, Aktuelles Thema Spezial

2019, 201903; *Fuhlrott*, Arbeitsrechtlicher Handlungsbedarf durch das Geschäftsgeheimnisgesetz, DB 2019, 967; *Hoppe/Fuhlrott*, Alkohol und Suchtmittel im Betrieb: Präventionsmaßnahmen und Reaktionsmöglichkeiten des Arbeitgebers, ArbuR 2010, 464; *Kolle/Deinert*, Liebe ist Privatsache, ArbuR 2006, 177; *Preis*, Minima (non) curat praetor?, ArbuR 2010, 186 u. 242; *Trappehl/Schmidl*, Arbeitsrechtliche Konsequenzen von IT-Sicherheitsverstößen, NZA 2009, 985; *Wiedemann*, Das Arbeitsverhältnis als Austausch- und Gemeinschaftsverhältnis, 1966, 52.

I. Rechtsgrundlagen der Nebenpflichten

1158 Die Arbeitspflicht als Hauptpflicht des Arbeitnehmers wird von einer Vielzahl von Nebenpflichten begleitet. Dabei darf der Begriff der Nebenpflicht nicht im Sinne eines Qualitätsurteils oder einer Wertung über deren praktische Bedeutung im Verhältnis zur Hauptpflicht missverstanden werden. Mit der Einordnung als Nebenpflichten ist lediglich ausgesagt, dass diese Pflichten **nicht im Gegenseitigkeitsverhältnis der §§ 320 ff. BGB** stehen.

1159 Jedem Vertragsverhältnis sind Nebenpflichten immanent, die ihre **allgemeine Rechtsgrundlage** in § 242 BGB finden. Dies wird durch § 241 Abs. 2 BGB unterstrichen. Davon macht auch das Arbeitsverhältnis als schuldrechtliche Sonderverbindung keine Ausnahme.

1160 Zu Unrecht hat man in der Vergangenheit – insbesondere unter dem Stichwort des **personenrechtlichen Gemeinschaftsverhältnisses** – über die privatrechtliche Dogmatik hinausgehende Treue- und Fürsorgepflichten begründet. Dieser Betrachtung wird heute zu Recht ganz überwiegend nicht mehr gefolgt (Rz. 126). In jedem Schuldverhältnis obliegen den Vertragspartnern **gegenseitige Pflichten der Rücksichtnahme, des Schutzes und der Förderung des Vertragszwecks**. Derartige Nebenpflichten können je nach Qualität und Intensität der Vertragsbeziehung unterschiedlich stark ausgeprägt sein.

1161 **Merke:** Nebenpflichten können umso stärker sein, je intensiver die Leistung des anderen in Anspruch genommen wird.

1162 Auf dieser dogmatischen Grundlage ist es möglich, die **personale Struktur des Arbeitsverhältnisses** zu berücksichtigen, ohne das Arbeitsverhältnis aus der herkömmlichen Vertragsdogmatik herausfallen zu lassen. Die zutreffende Einstufung des Arbeitsverhältnisses als Austauschverhältnis verhindert also nicht, die in diesem **Dauerschuldverhältnis** liegende besondere Pflichtstruktur, die in der personalen Struktur des Rechtsverhältnisses begründet ist, zu berücksichtigen.

1163 *„Die sich aus § 241 Abs. 2 BGB ergebende vertragliche Rücksichtnahmepflicht verlangt von den Parteien eines Arbeitsverhältnisses, gegenseitig auf die Rechtsgüter und Interessen der jeweils anderen Vertragspartei Rücksicht zu nehmen. Danach hat der Arbeitnehmer seine Verpflichtungen aus dem Arbeitsverhältnis so zu erfüllen und die in Zusammenhang mit dem Arbeitsverhältnis stehenden Interessen des Arbeitgebers so zu wahren, wie dies von ihm unter Berücksichtigung seiner Stellung im Betrieb, seiner eigenen Interessen und der Interessen der anderen Arbeitnehmer des Betriebs nach Treu und Glauben billigerweise verlangt werden kann. Dabei ergibt sich der konkrete Inhalt aus dem jeweiligen Arbeitsverhältnis und seinen besonderen Anforderungen."* (BAG v. 26.3.2009 – 2 AZR 953/07, NZA-RR 2010, 516 Rz. 24)

1164 Aber auch der Arbeitgeber ist bei der Gestaltung des Arbeitsverhältnisses dazu gehalten, die Interessen des Arbeitnehmers zu wahren.

1165 *„Mit dem Begriff ‚Fürsorgepflicht' werden die sich aus dem Arbeitsverhältnis ergebenden nicht näher normierten Pflichten des Arbeitgebers beschrieben. Er bringt zum Ausdruck, dass der Arbeitgeber bei der Wahrnehmung der ihm zustehenden Rechte und bei der Erfüllung der ihm obliegenden Pflichten nicht nur seine eigenen Interessen verfolgen darf, sondern auch die Interessen des Arbeitnehmers zu berücksichtigen hat."* (BAG v. 13.11.2001 – 9 AZR 590/99, AP Nr. 37 zu § 242 BGB Auskunftspflicht)

Derart allgemeine Formeln bilden keine konkreten Pflichten ab. Es bedarf einer präziseren Fallgruppenbildung. 1166

Dem Arbeitnehmer obliegt wie jedem anderen Schuldner die Pflicht, seine „Leistung so zu bewirken, wie **Treu und Glauben** mit Rücksicht auf die Verkehrssitte es erfordern" (§ 242 BGB). Die Nebenleistungspflichten müssen einen engen Bezug zu den Hauptleistungspflichten des Arbeitnehmers haben. Auch unselbstständige Nebenpflichten, zu denen allgemeine Sorgfalts-, Obhuts-, Fürsorge-, Aufklärungs- und Anzeigepflichten gehören, stehen nicht in freiem Raum mit beliebigem Inhalt, sondern dienen dazu, die **Erbringung der Hauptleistung** vorzubereiten und zu fördern, die Leistungsmöglichkeit zu erhalten und den Leistungserfolg zu sichern. Je weiter sich denkbare Pflichten von der Hauptpflicht entfernen, umso zurückhaltender sind entsprechende Nebenpflichten anzuerkennen, zumal, wenn eine ausdrückliche vertragliche Vereinbarung fehlt. 1167

Es ist ferner zu beachten, dass die Nebenpflichten im Arbeitsverhältnis zahlreiche **spezialgesetzliche Konkretisierungen** erfahren haben, die einen Rekurs auf § 242 BGB als allgemeine Rechtsgrundlage regelmäßig ausschließen. Ein bekanntes Beispiel dafür findet sich in § 5 EFZG, der eine Anzeige- und Nachweispflicht des Arbeitnehmers im Falle seiner Erkrankung normiert. 1168

In zeitlicher Hinsicht beschränken sich bestimmte Nebenpflichten nicht auf die Dauer der Existenz des Arbeitsvertrags, sondern können sowohl **vor-** als auch **nachvertragliche Pflichten** begründen. Während vorvertragliche Nebenpflichten unmittelbar aus dem gesetzlichen Schuldverhältnis der Vertragsanbahnung fließen und sich insbesondere auf Aufklärungs- und Offenbarungspflichten beziehen, folgen nachvertragliche Nebenpflichten, z.B. Verschwiegenheits-, Auskunfts- und Herausgabepflichten, aus der Erkenntnis, dass die Beendigung des Arbeitsvertrags nicht das Schuldverhältnis im Ganzen zum Erlöschen bringt, sondern lediglich der Neuentstehung von Hauptpflichten aus dem Arbeitsvertrag die Grundlage entzieht (*Zöllner/Loritz/Hergenröder* § 14 VII 2). Um indes das berufliche Fortkommen des Arbeitnehmers gerade im Hinblick auf die verfassungsrechtliche Wertentscheidung des Art. 12 Abs. 1 GG nicht unzumutbar zu beschränken, sind an nachvertragliche Nebenpflichten **strenge Maßstäbe** anzulegen. 1169

Einer schuldhaften Verletzung von Nebenpflichten durch den Arbeitnehmer kann der Arbeitgeber durch **Abmahnung** und ordentliche verhaltensbedingte **Kündigung** begegnen (Rz. 3001). Im Falle schwerer Pflichtverstöße kommt auch eine außerordentliche Kündigung in Betracht (Rz. 3090). Außerdem sind **schadensersatzrechtliche Konsequenzen** nach den allgemeinen Vorschriften (§§ 280, 282, 241 Abs. 2 BGB, §§ 823 ff. BGB) denkbar; hier ist aber die Beschränkung durch die Grundsätze der Arbeitnehmerhaftung zu beachten (Rz. 2376). **Außerdienstliches Verhalten** des Arbeitnehmers kann allerdings nur dann vertrags- oder kündigungsrechtliche Konsequenzen nach sich ziehen, wenn ausnahmsweise vertragliche Nebenpflichten auch im außerdienstlichen Bereich bestehen oder begründet werden können (Rz. 1220). 1170

Bei der Verletzung von Nebenpflichten kommen, wie bereits erwähnt, die §§ 320 ff. BGB nicht zur Anwendung. Die §§ 320 ff. BGB beziehen sich im Rahmen eines gegenseitigen Vertrags auf die Leistung und die Gegenleistung. Im Austauschverhältnis stehen demnach nur die Hauptpflichten, also primär Arbeitsleistung gegen Bezahlung. Für die Nebenpflichten gelten besondere Regeln. Handelt es sich um eine Nebenleistungspflicht, so können die §§ 273 ff. BGB anwendbar sein. 1171

II. Einzelne Nebenpflichten

Bei den einzelnen Nebenpflichten ist die Terminologie recht uneinheitlich. Es dürfte indes als gesichert gelten, dass strukturell zwischen **Interessenwahrungspflichten (Unterlassungspflichten)** und **Schutzpflichten (Handlungspflichten)** unterschieden wird, die sich wiederum in einzelne Fallgruppen aufgliedern. Daneben existieren **Verhaltenspflichten**, die sich diesem Schema nicht exakt unter- 1172 ordnen lassen. Außerdem verdient das Problem der **außerdienstlichen Verhaltenspflichten** gesonderte Betrachtung. Den nachfolgenden Ausführungen wird diese Struktur zugrunde gelegt.

1. Interessenwahrungspflichten (Unterlassungspflichten)

1173 Mit der Pflicht zur gegenseitigen Rücksichtnahme ist auf Seiten des Arbeitnehmers der Gedanke verknüpft, dass dieser während des Arbeitsverhältnisses die Interessen des Arbeitgebers zu wahren und zu fördern hat. Mit dieser Interessenwahrungspflicht korrespondiert eine **Unterlassungspflicht**, falls bestimmte Verhaltensweisen des Arbeitnehmers damit kollidieren. Zu den typischen Unterlassungspflichten gehören namentlich die Verschwiegenheitspflicht, das Wettbewerbsverbot, das Verbot bestimmter Nebentätigkeiten, das Verbot der Annahme von Schmiergeldern, die Unterlassung unternehmensschädlicher Äußerungen und das Abwerbungsverbot. Diese Fallgruppen werden nachfolgend näher betrachtet.

a) Verschwiegenheitspflicht

Literatur: *Naber/Peukert/Seeger*, Aspekte des Geschäftsgeheimnisgesetzes, NZA 2019, 583; *Preis/Rolfs*, Der Arbeitsvertrag, 5. Aufl. 2015, II V 20 (Verschwiegenheitspflicht); *Preis/Reinfeld*, Schweigepflicht und Anzeigerecht im Arbeitsverhältnis, ArbuR 1989, 361; *Schulte*, Mehr Schutz für Geschäftsgeheimnisse, ArbRB 2019, 143.

1174 Der Arbeitnehmer ist verpflichtet, Betriebs- oder Geschäftsgeheimnisse nicht zu offenbaren. Vertragsrechtliche Grundlage dieser Verpflichtung sind **§§ 242, 241 Abs. 2 BGB**. Überdies gibt es zahlreiche **spezialgesetzliche** Geheimhaltungspflichten, deren Adressaten Arbeitnehmer sein können (insbesondere § 23 GeschGehG; § 13 Nr. 6 BBiG; § 24 Abs. 2 ArbNErfG; § 53 S. 2 BDSG; § 79 Abs. 1 BetrVG).

1175 Sowohl für die vertraglichen als auch für die spezialgesetzlichen Vorschriften ist der Begriff des **Geschäftsgeheimnisses** (die [begriffliche] Unterscheidung in Geschäfts- und Betriebsgeheimnisse hat der Gesetzgeber aufgegeben) wesentlich. Mit der Einführung des GeschGehG wird dem Anwender nun erstmals eine Legaldefinition an die Hand gegeben. Nach § 2 Nr. 1 GeschGehG ist ein Geschäftsgeheimnis eine Information,

– die weder im Ganzen noch in verwertbaren Einzelheiten allgemein bekannt oder zumindest ohne Schwierigkeiten zugänglich und daher von wirtschaftlichem Wert ist und

– für die der rechtmäßige Inhaber angemessene Maßnahmen für die Geheimhaltung ergriffen hat und

– an der ein berechtigtes Geheimhaltungsinteresse besteht.

Vor Einführung des GeschGehG verstand die herrschende Meinung ein Geschäfts- und Betriebsgeheimnis als Tatsache, die im Zusammenhang mit einem Geschäftsbetrieb steht, nicht offenkundig ist und nur einem eng begrenzten Personenkreis bekannt ist, nach dem (ausdrücklich oder konkludent) bekundeten Willen des Betriebsinhabers geheim gehalten werden soll und an deren Geheimhaltung der Unternehmer ein berechtigtes wirtschaftliches Interesse hat (bspw. BAG v. 15.12.1987 – 3 AZR 474/86, NZA 1988, 502). Im Vergleich hierzu ergibt sich zumindest dem Wortlaut des § 2 Nr. 1 GeschGehG nach wenig Neues. Eine wesentliche Änderung dürfte der Umstand darstellen, dass der Gesetzgeber in § 2 Nr. 1 lit. b) GeschGehG nun „angemessene" Maßnahmen zur Geheimhaltung fordert. Was angemessen i.S.d. Vorschrift ist, erschließt sich weder aus der Regelung selbst noch aus der Geheimnisschutz-RL. Den Überlegungen des Gesetzgebers ist zu entnehmen, dass bei der Beurteilung der Angemessenheit der Schutzmaßnahmen insbesondere der Wert, die Entwicklungskosten, die Bedeutung des Geschäftsgeheimnisses sowie die Größe des Betriebes und die sonst ergriffenen Maßnahmen zum Schutz von Geheimnissen berücksichtigt werden können (BT-Drs. 19/4724 S. 24 f.). Danach können – wie vor allem bisher i.d.R. bei mittleren und größeren Betrieben praktiziert – Zugangskontrollen oder vertragliche Geheimhaltungspflichten angemessen sein.

II. Einzelne Nebenpflichten | Rz. 1180 § 27

Die Tatsachen, die unter Heranziehung dieser Merkmale als Geheimnisse in Frage kommen, sind vielfältig und reichen von Fertigungsverfahren über Kalkulationsunterlagen und Kundenlisten bis hin zu Computerprogrammen. Nur wenn die in der Definition genannten Merkmale **kumulativ** vorliegen (insbesondere müssen im Vorfeld angemessene Schutzmaßen zur Geheimhaltung ergriffen worden sein), liegt ein Geheimnis vor, das den entsprechenden rechtlichen Schutz genießen kann. 1176

Die Ausfüllung der Elemente des **Geheimnisbegriffs** ist nicht ganz unstreitig. So kann beispielsweise eine Tatsache durchaus nur einem eng begrenzten Personenkreis aktuell bekannt sein, ohne dass bereits ein „Geheimnis" vorliegt. Offenkundig ist ein Betriebsgeheimnis nämlich schon dann, wenn es in einer Weise an die Öffentlichkeit gelangt ist, die es jedermann zugänglich macht, d.h. ohne Schwierigkeiten in Erfahrung gebracht werden kann, weil es etwa dem Stand der Technik entspricht. Das **Offenkundigkeitsmerkmal** bezieht sich auf die **Möglichkeit der Kenntniserlangung** und nicht auf die tatsächliche Kenntnis. Entsprechendes gilt z.B. auch für Computersoftware. 1177

Wesentliches Merkmal ist ferner, dass der Unternehmer „ein berechtigtes wirtschaftliches Interesse" an der Geheimhaltung haben muss. Dieses Merkmal hat auch Bedeutung für Geheimhaltungsvereinbarungen, die den Geheimnisbegriff ausweiten. Verschwiegenheitsvereinbarungen sind nur **insoweit zulässig, als die Geheimhaltung durch berechtigte betriebliche Interessen gerechtfertigt** ist (LAG Hamm v. 5.10.1988 – 15 Sa 1403/88, DB 1989, 783). Dabei kann die Geheimhaltung von Wettbewerbsverstößen, Straftaten und sonstigen Gesetzeswidrigkeiten ebenso wenig wie eindeutige Vertragsbrüche des Arbeitgebers von einem berechtigten Interesse gedeckt sein. Illegale Geheimnisse sind nicht schutzwürdig. Das bloß wirtschaftliche Interesse des Arbeitgebers genügt nicht, um einen rechtswirksamen Geheimnisschutz zu begründen. 1178

Fallbeispiel: Aufsehenerregend hierzu ist die Entscheidung des Bundesgerichtshofs vom 20.1.1981 im **Fall „Wallraff"**. Der Schriftsteller Günter Wallraff hatte sich unter falschem Namen in der Redaktion der „Bildzeitung" einstellen lassen, um nach seinem Ausscheiden in einem Buch („Der Aufmacher. Der Mann, der bei ‚Bild' Hans Esser war") über seine Erlebnisse und damit auch über Betriebsinterna zu berichten. Der BGH führte aus, dass, obwohl er das Vorgehen Wallraffs durch überwiegende öffentliche Interessen als gerechtfertigt ansah, die Pflichtenstellung des Arbeitnehmers enger mit den Interessen des Unternehmens verbunden sei, als dies im Verhältnis von Dritten untereinander der Fall ist. Deshalb sei sein Recht zu kritischen Äußerungen beschränkt, auch wenn keine Verschwiegenheitspflicht vereinbart sei (BGH v. 20.1.1981 – VI ZR 162/79, NJW 1981, 1089). 1179

„Allerdings sind Beschränkungen des Arbeitnehmers bei seinen kritischen Äußerungen über Arbeitgeber und Beschäftigungsbetrieb durch den Inhalt des Anstellungsvertrags und die ihm übertragenen Aufgaben sowie durch allgemein anerkannte arbeitsrechtliche Grundsätze, die zum Schutz vertrauensvoller Zusammenarbeit im Betrieb bestehen, vorgegeben. Die Verhaltenspflichten, die dem Arbeitnehmer gegenüber seinem Arbeitgeber obliegen, sind daher insoweit anders abgesteckt als im deliktischen Verhältnis zwischen diesem und einem Dritten, bei dem sie sich vornehmlich am Wahrheitsgehalt und den rufschädigenden Wirkungen der Äußerungen orientieren. Die Pflichtenstellung des Arbeitnehmers ist im Anstellungsverhältnis auf andere Weise und enger mit den Interessen des Unternehmens verbunden, für das er tätig ist. Das gilt auch dann, wenn [...] ausdrücklich nichts über die Verschwiegenheitspflicht vereinbart ist." (BGH v. 20.1.1981 – VI ZR 162/79, NJW 1981, 1089, 1090)

Die Entscheidung des BGH ist vom BVerfG im Wesentlichen bestätigt worden (BVerfG v. 25.1.1984 – 1 BvR 272/81, NJW 1984, 1741).

§§ 3, 4 GeschGehG enthalten u.a. Regelungen dazu, wann Geschäftsgeheimnisse erlangt bzw. nicht erlangt werden dürfen. Maßgebliches Kriterium ist dabei, ob die berechtigte Person ohne entsprechende Beschränkungen Zugang zu dem Geheimnis gewährt hat und die beobachtende Person durch eigene Bemühungen das „Rätsel gelüftet" hat. 1180

In § 5 GeschGehG sind Ausnahmen zum Verbot nach § 4 GeschGehG normiert. Diese sind insbesondere dann zu machen, wenn die entsprechende Handlung

- der Ausübung der freien Meinungsäußerung und Informationsfreiheit (Nr. 1),

– der Aufdeckung einer rechtswidrigen Handlung, eines beruflichen oder sonstigen Fehlverhaltens dient (Nr. 2)

– oder sie gegenüber einer Arbeitnehmervertretung erforderlich ist, damit diese ihre Aufgaben erfüllen kann (Nr. 3).

1180a Beachtenswert ist vor allem die Ausnahme nach § 5 Nr. 2 GeschGehG, die den Fall des sog. **Whistleblowings** regelt. Die Erlangung, Nutzung oder Offenlegung eines Geschäftsgeheimnisses kann danach auch dann gerechtfertigt sein, wenn ein öffentliches Interesse an „sonstigem Fehlverhalten" besteht. Ein solches Verhalten kann nach Gesetzesbegründung z.B. bei Aktivitäten eines Unternehmens vorliegen, die „nur" gegen ethische Grundsätze, wie Kinderarbeit im Ausland (wo sie aber u.U. aber erlaubt sein kann), verstößt, vgl. BT-Drs. 19/4724 S. 29.

Das ist grundsätzlich kein Widerspruch zur derzeitigen Rechtsprechung, wonach gilt, dass der Arbeitgeber nicht darauf vertrauen darf, wegen eines gesetzeswidrigen Verhaltens nicht angezeigt zu werden. Mit einer nicht wissentlich unwahren oder leichtfertig falschen Anzeige einer Straftat verletzt der Arbeitnehmer auch aus rechtsstaatlichen Gesichtspunkten nicht seine Rücksichtnahmepflicht gegenüber dem Arbeitgeber (BVerfG v. 2.7.2001 – 1 BvR 2049/00, NZA 2001, 890; BAG v. 7.12.2006 – 2 AZR 400/05, NZA 2007, 504 Rz. 18). Es ist im Gegenteil sogar seine staatsbürgerliche Pflicht, bei Kenntniserwerb von strafbarkeitsbegründenden Tatsachen Ermittlungsbehörden einzuschalten. Umgekehrt verstößt der Arbeitnehmer gegen seine Verschwiegenheitspflicht, wenn er in der Strafanzeige vorsätzlich oder grob fahrlässig falsche Angaben macht.

Als **Schranke** des Anzeigerechts des Arbeitnehmers ist ferner das **Übermaßverbot** zu beachten. Die Anzeige darf also nicht unverhältnismäßig sein. In diesem Sinne gebietet es die Interessenwahrungspflicht des Arbeitnehmers grundsätzlich, dass er vor Erstattung einer Anzeige den Arbeitgeber auf ihm bisher nicht bekanntes bzw. nicht grob fahrlässig unbekannt gebliebenes gesetzeswidriges Verhalten in seinem Betrieb hinweist (sog. **Vorrang der innerbetrieblichen Abhilfe**). Gerechtfertigt ist eine Anzeige, wenn der Versuch innerbetrieblicher Abhilfe erfolglos geblieben ist. „Innerbetriebliche Abhilfe vor Anzeige" gilt indes nicht immer. Für die Frage, ob und wann vom Primat der innerbetrieblichen Abhilfe eine Ausnahme zu machen ist, können die Grundsätze zur **Erforderlichkeit einer Abmahnung** (Rz. 3022) in umgekehrter Anwendung herangezogen werden (*Preis/Reinfeld* AuR 1989, 370). Daraus folgt: Wenn bei objektiver Betrachtung zu erwarten ist, dass der Arbeitgeber einer Beschwerde des Arbeitnehmers nachgeht, ist die unmittelbare Anzeige pflichtwidrig (BAG v. 3.7.2003 – 2 AZR 235/02, NZA 2004, 430). Innerbetriebliche Abhilfe ist jedoch dann nicht vorrangig, wenn der Arbeitgeber die Gesetzwidrigkeit kennt, diese von ihm gebilligt wurde, die Beseitigung objektiv unmöglich ist oder vom Arbeitgeber nicht erwartet werden kann (BAG v. 3.7.2003 – 2 AZR 235/02, NZA 2004, 430). Sie kann deshalb unterbleiben, wenn es sich nicht lediglich um ein Bagatelldelikt handelt und die Erfolgsaussichten eines innerbetrieblichen Klärungsversuchs als gering einzustufen sind (BAG v. 7.12.2006 – 2 AZR 400/05, NZA 2007, 503 Rz. 17). Eine infolgedessen ausgesprochene Kündigung oder anderweitige Maßregelungen seitens des Arbeitgebers sind unter diesen Voraussetzungen unwirksam. Aufsehen erregte in diesem Zusammenhang der Fall einer Pflegerin, die grobe Missstände bei der Betreuung der Patienten beklagt hatte. Nachdem mehrere innerbetriebliche Klärungsversuche fruchtlos geblieben waren, erstattete sie Anzeige, woraufhin sie fristlos entlassen wurde. Der Fall gelangte bis zum EGMR, der die Grundsätze der Rechtsprechung von BAG und BVerfG im Wesentlichen bestätigte (EGMR v. 21.7.2011 – 28274/08, NZA 2011, 1270 Rz. 43 f.; zustimmend *Ulber* NZA 2011, 962).

Beispiel: Ein Arbeitnehmer erfährt, nachdem sein Arbeitgeber den Lohn nicht pünktlich gezahlt hat, dass der Geschäftsführer Gelder veruntreut haben soll. Er erstattet Strafanzeige gegen den Geschäftsführer, der dem Arbeitnehmer daraufhin fristlos kündigt. Die Staatsanwaltschaft eröffnet ein Ermittlungsverfahren. Die Kündigung ist unwirksam, wenn der Arbeitnehmer die Anzeige nicht leichtfertig erstattet hat (BAG v. 7.12.2006 – 2 AZR 400/05, NZA 2007, 503 Rz. 13).

1181 Als weitere Schranke des Anzeigerechts des Arbeitnehmers ist das **Verbot des Rechtsmissbrauchs**, das im Übermaßverbot konkretisiert ist, zu beachten. Der Arbeitnehmer darf den Arbeitgeber nicht aus erheblich zu missbilligenden und verwerflichen Motiven wie Rache oder Schädigungsabsicht anzeigen (BAG v. 3.7.2003 – 2 AZR 235/02, NZA 2004, 430). Das soll auch weiterhin gelten, wie die Gesetzesgründe zu § 5 Nr. 2 GeschGehG zeigen. Das subjektive Interesse der offenlegenden Person muss in der Hauptsache darauf gerichtet sein, das allgemeine öffentliche Interesse zu schützen. Es ist allerdings unschädlich, wenn neben das redliche Hauptmotiv auch andere Interessen hinzutreten (BT-Drs. 19/4724 S. 29).

Neben dem neuen GeschGehG finden sich weitere Spezialgesetze, insbesondere öffentlich-rechtliche Arbeitsschutznormen, die dem Arbeitnehmer unter Beachtung des Verhältnismäßigkeitsprinzips gestatten, spezielle Missstände im Betrieb den zuständigen Behörden anzuzeigen (vgl. § 9 Abs. 2 ArbSchG). Es gab schon seit langer Zeit Bestrebungen, das Whistleblowing gesetzlich zu regeln (vgl. für Finanzinstitute § 25a Abs. 1 S. 6 Nr. 3 KWG). Es bleibt abzuwarten, ob das nun geschaffene Gesetz tatsächlich mehr Rechtssicherheit bringt oder sich die Praxis mit denselben Problemen konfrontiert sieht wie vor seiner Einführung. An der allgemeinen Tendenz, dass objektiv schutzunwürdige Verhaltensweisen des Arbeitgebers keinen arbeitsrechtlichen Schutz verdienen dürfen, soll sich nichts ändern. 1182

Berechtigte Geschäfts- oder Betriebsgeheimnisse müssen **prinzipiell auch über die Beendigung des Arbeitsverhältnisses** hinaus gewahrt werden. Das gilt aber nur insoweit, wie der Arbeitnehmer durch die Wahrung solcher Verschwiegenheitspflichten nicht in seiner Berufsausübung unzumutbar beschränkt wird. Einen weitergehenden Geheimnisschutz kann der Arbeitgeber nur über die Vereinbarung eines nachvertraglichen Wettbewerbsverbots erreichen (BAG v. 19.5.1998 – 9 AZR 394/97, NZA 1999, 201). Einen Anspruch gegen den ehemaligen Arbeitnehmer auf Unterlassung von Wettbewerb ergibt sich wegen der dem Arbeitnehmer gesetzlich gewährleisteten Wettbewerbsfreiheit – vom Fall des wirksamen Wettbewerbsverbots abgesehen – nur nach den allgemeinen gesetzlichen Bestimmungen zum Schutz vor unlauterem Wettbewerb, § 1 UWG, §§ 823, 826 BGB (BAG v. 19.5.1998 – 9 AZR 394/97, NZA 1999, 201). 1183

b) Wettbewerbsverbot

aa) Konkurrenzverbot im bestehenden Arbeitsverhältnis

Im Gesetz findet sich eine ausdrückliche **Regelung** über die Verpflichtung zur Unterlassung von Wettbewerb nur in **§ 60 HGB** für die Handlungsgehilfen, d.h. die kaufmännischen Angestellten. Nach dieser Vorschrift darf ein Handlungsgehilfe ohne Einwilligung des Arbeitgebers weder ein Handelsgewerbe betreiben noch im Handelszweig des Arbeitgebers für eigene oder fremde Rechnung Geschäfte machen. Eine derartige Pflicht beruht auf dem Gedanken, dass der Arbeitnehmer während des Arbeitsverhältnisses die Interessen seines Arbeitgebers fördern und unterstützen muss. Damit ist es unvereinbar, wenn er ihm Konkurrenz machen würde. 1184

Der in § 60 HGB kodifizierte **Grundgedanke** ist auch ohne besondere vertragliche Abrede auf alle Arten von Arbeitsverhältnissen übertragbar. Während des rechtlichen Bestehens eines Arbeitsverhältnisses ist dem Arbeitnehmer grundsätzlich jede Konkurrenztätigkeit zum Nachteil seines Arbeitgebers untersagt. § 60 HGB konkretisiert lediglich den allgemeinen Rechtsgedanken, der bereits in der Treuepflicht des Arbeitnehmers seine Grundlage hat (BAG v. 24.3.2010 – 10 AZR 66/09, NZA 2010, 693 Rz. 15; BAG v. 20.9.2006 – 10 AZR 439/05, NZA 2007, 977 Rz. 16). Die Verhaltenspflicht zur Rücksichtnahme auf die Rechte, Rechtsgüter und Interessen des Vertragspartners ist ausdrücklich in § 241 Abs. 2 BGB normiert (BAG v. 24.3.2010 – 10 AZR 66/09, NZA 2010, 693 Rz. 15). 1185

Entsprechend dem in § 60 Abs. 1 Alt. 1 HGB normierten Rechtsgedanken sind Arbeitnehmer gehalten, im Marktbereich des Arbeitgebers **kein Gewerbe zu betreiben**. Sie dürfen folglich im eigenen Namen kein Unternehmen führen, also nicht als Unternehmer im Geschäftsverkehr Rechte erwerben oder Pflichten übernehmen. So ist im Geschäftszweig des Arbeitgebers die Tätigkeit als Einzelkaufmann ebenso unzulässig wie der Eintritt in eine OHG oder KG als persönlich haftender Gesellschafter. 1186

Der Begriff des „Betreibens" eines Gewerbes darf auch nicht so verstanden werden, dass der Arbeitnehmer selbst Unternehmensträger sein und damit persönlich tätig werden muss; andernfalls wären die Möglichkeiten zur Umgehung des Wettbewerbsverbots evident. § 60 Abs. 1 HGB bzw. dessen Rechtsgedanke ist in dieser Hinsicht extensiv auszulegen, so dass auch Fälle erfasst werden, in denen der Arbeitnehmer etwa eine Konkurrenz-GmbH gründet oder das Konkurrenzgeschäft von seiner Ehefrau betreiben lässt (sog. Strohmanngeschäfte, s. MüArbR/*Reichold* § 54 Rz. 7). Das Verbot, ein Konkurrenzunternehmen zu betreiben, greift hingegen nicht schon dann ein, wenn der Arbeitnehmer lediglich Vorbereitungshandlungen hierzu trifft, z.B. Betriebsräume anmietet, Einrichtungsgegenstände einkauft oder Materialien beschafft. In diesen Fällen fehlt es regelmäßig an der für den Sinn und Zweck des Wettbewerbsverbots konstitutiven Kollision mit den unternehmerischen Interessen des Arbeitgebers (BAG v. 28.1.2010 – 2 AZR 1008/08, NZA-RR 2010, 461 Rz. 22).

1187 Ebenso unzulässig ist für den Arbeitnehmer in Anlehnung an § 60 Abs. 1 Alt. 2 HGB der **Abschluss einzelner Geschäfte** im Marktbereich des Arbeitgebers. Mit „Geschäftemachen" ist die Teilnahme am Geschäftsverkehr gemeint, die über die Befriedigung privater Bedürfnisse hinausgeht (BAG v. 15.2.1962 – 5 AZR 79/61, NJW 1962, 1365, 1366). So darf beispielsweise ein Angestellter eines Antiquitätenhändlers seine eigenen Antiquitäten per Zeitungsanzeige zum Verkauf anbieten, nicht jedoch einen Handel mit Antiquitäten eröffnen. Da nach dem Zweck des § 60 Abs. 1 Alt. 2 HGB jede Wettbewerbstätigkeit im Geschäftszweig des Arbeitgebers verboten ist, kann es auch nicht darauf ankommen, ob konkrete Vertragsabschlüsse vorliegen. Daher ist etwa Kundenwerbung des Arbeitnehmers für ein mit dem Arbeitgeber in Wettbewerb stehendes Unternehmen ebenso unzulässig wie die Vermittlung von Konkurrenzgeschäften für Dritte (MüArbR/*Reichold* § 54 Rz. 11).

1188 § 61 HGB normiert Rechtsfolgen, die an den **Verstoß** gegen das gemäß § 60 HGB bestehende Wettbewerbsverbot geknüpft sind. Das Gesetz nennt den

– **Schadensersatzanspruch** des Arbeitgebers sowie (alternativ hierzu)

– das sog. **Eintrittsrecht** in die getätigten Konkurrenzgeschäfte.

1189 § 61 HGB gilt in **entsprechender Anwendung** für alle Arbeitnehmer (BAG v. 26.9.2007 – 10 AZR 511/06, NZA 2007, 1436 Rz. 17; 16.1.2013 – 10 AZR 560/11, NZA 2013, 748 Rz. 23). Für das Eintrittsrecht ist zu berücksichtigen, dass sich der Arbeitnehmer bei Geschäften, die er für eigene Rechnung gemacht hat, so behandeln lassen muss, als hätte der Arbeitgeber sie getätigt. Zugunsten des Arbeitgebers gelten deshalb §§ 666, 667, 687 Abs. 2 BGB (vgl. im Einzelnen ErfK/*Oetker* § 61 HGB Rz. 4 f.). Bei Sittenwidrigkeit des Wettbewerbsverstoßes können im Einzelfall auch § 826 BGB oder § 3 UWG greifen. Weitere Rechtsfolgen sind

1190 – primär der Anspruch auf **Unterlassung** der Konkurrenztätigkeit, der überdies im Wege der einstweiligen Verfügung durchgesetzt werden kann. Nicht möglich ist allerdings, auf eine Verletzung der Unterlassungspflicht mit der Kürzung oder gar Verweigerung der Entgeltleistung aus dem Arbeitsverhältnis zu reagieren.

1191 – bei schwerwiegender Verletzung des Wettbewerbsverbots eine **außerordentliche Kündigung** nach § 626 Abs. 1 BGB (st. Rspr., siehe nur BAG v. 26.6.2008 – 2 AZR 190/07, NZA 2008, 1415, 1416).

bb) Nachvertragliches Wettbewerbsverbot

1192 Die Pflicht zur Unterlassung von Konkurrenztätigkeit endet grundsätzlich mit der Beendigung des Arbeitsverhältnisses. Soll eine Unterlassungspflicht über das Ende des Arbeitsverhältnisses hinaus fortbestehen, bedarf es einer **besonderen Vereinbarung**. Es liegt indes auf der Hand, dass eine bloße vertragliche Wettbewerbsabrede für die Zeit nach Beendigung des Arbeitsverhältnisses nicht ohne weiteres an die Rechtslage während des bestehenden Arbeitsvertrags anknüpfen kann. Denn die Interessenlage hat sich zugunsten des Arbeitnehmers gewandelt. Er sucht eine neue Beschäftigung und nimmt in verstärktem Maße sein Grundrecht auf freie Wahl des Arbeitsplatzes (Art. 12 Abs. 1 GG) in

Anspruch, dessen Ausstrahlungswirkung sich über die Schutzgebotsfunktion der Grundrechte gerade im Bereich nachvertraglicher Wettbewerbsverbote entfalten muss. Andererseits besteht ein billigenswertes Interesse des Arbeitgebers, sein Unternehmen von Störungen freizuhalten. Als mögliche „Störungsquelle" kommen auch ehemalige Arbeitnehmer in Betracht, die ihre Kenntnisse zum (Wettbewerbs-)Nachteil ihres vormaligen Vertragspartners nutzen könnten.

Um einen Ausgleich zwischen diesen widerstreitenden Interessen zu schaffen, hat der Gesetzgeber für den Bereich der kaufmännischen Angestellten in den **§§ 74 ff. HGB** detaillierte Regelungen über die Vereinbarung eines nachvertraglichen Wettbewerbsverbots getroffen, die an die Wirksamkeit der Abrede sowohl bezüglich der Form als auch des Inhalts strenge Anforderungen stellen. Herausragende Bedeutung kommt dabei **§ 74 Abs. 2 HGB** zu, der die Verbindlichkeit des Wettbewerbsverbots von der arbeitgeberseitigen Zahlung einer Entschädigung an den Arbeitnehmer für die Zeit des Verbots in Höhe von jährlich mindestens der Hälfte der bei Dienstende vom kaufmännischen Angestellten bezogenen Vertragsleistung abhängig macht (sog. **Karenzentschädigung**). 1193

Die Regelungen der §§ 74 ff. HGB sind gemäß **§ 110 S. 2 GewO** auch auf Arbeitnehmer, die nicht kaufmännische Angestellte sind, entsprechend anzuwenden, sie gelten somit **für alle Arbeitsverhältnisse**. Für ein nachvertragliches Wettbewerbsverbot gelten demnach einheitlich folgende Voraussetzungen: 1194

- Schriftform, Aushändigung einer Urkunde, § 74 Abs. 1 HGB,
- berechtigtes geschäftliches Interesse des Arbeitgebers am Wettbewerbsverbot, § 74a Abs. 1 S. 1 HGB,
- keine unbillige Erschwerung des Fortkommens des Arbeitnehmers, § 74a Abs. 1 S. 2 HGB,
- kein längeres Verbot als zwei Jahre, § 74a Abs. 1 S. 3 HGB,
- Karenzentschädigung, §§ 74 Abs. 2, 74b HGB.

c) Nebentätigkeit

Literatur: *Wank*, Nebentätigkeit des Arbeitnehmers, AR-Blattei SD 1230; *Wertheimer/Krug*, Rechtsfragen zur Nebentätigkeit von Arbeitnehmern, BB 2000, 1462; *Zange*, Nebentätigkeiten im Arbeitsverhältnis, AuA 2010, 706.

Fraglich ist, ob und inwieweit der Arbeitnehmer über das Konkurrenzverbot hinaus zur Unterlassung von Nebentätigkeiten gegenüber einem Arbeitgeber verpflichtet werden kann. **Begrifflich** versteht man unter Nebentätigkeit eine Tätigkeit, die ihrem Umfang nach eindeutig weniger Zeit und Arbeitskraft in Anspruch nimmt als eine Haupttätigkeit. Dabei ist es unerheblich, ob die zusätzliche Tätigkeit aufgrund eines Werk-, Dienst- oder weiteren Arbeitsvertrags erfolgt. **Spezifische gesetzliche Vorschriften** für das Arbeitsverhältnis existieren nicht. Vereinzelt sind Regelungen in **Tarifverträgen** und **Betriebsvereinbarungen** enthalten. Überwiegend sind Beschränkungen der Nebentätigkeit in **arbeitsvertraglichen Abreden** festzustellen. Ungeachtet dessen darf der Grundsatz nicht aus dem Blickwinkel geraten, dass der Arbeitnehmer nicht verpflichtet ist, dem Arbeitgeber seine gesamte Arbeitskraft zur Verfügung zu stellen; er schuldet diesem lediglich eine bestimmte Arbeitsleistung während eines bestimmten Zeitabschnitts. Daraus folgt, dass die Ausübung einer Nebenbeschäftigung außerhalb der Arbeitszeit grundsätzlich **zulässig** ist. Soweit die Nebentätigkeit beruflicher Natur ist, kann sich der Arbeitnehmer auf Art. 12 Abs. 1 GG (**Berufswahlfreiheit**) berufen, bei sonstigen Nebenbeschäftigungen auf Art. 2 Abs. 1 GG (**allgemeine Handlungsfreiheit**) (BAG v. 18.1.1996 – 6 AZR 314/95, NZA 1997, 41, 42). 1195

Ob und inwieweit die Beschränkung der Nebentätigkeit in einer arbeitsvertraglichen Vereinbarung wirksam ist, bedarf angesichts des o.g. Grundsatzes genauer Prüfung, da diese Beschränkung leicht in Widerspruch zu der durch Art. 12 Abs. 1 GG geschützten Berufsfreiheit geraten kann. Die Rechtspre- 1196 chung verlangt daher ein **berechtigtes Interesse des Arbeitgebers** an einer Einschränkung von Nebentätigkeiten. Dies ist nur dann der Fall, wenn die Arbeitsleistung des Arbeitnehmers durch die Nebentätigkeit in irgendeiner Weise beeinträchtigt werden kann (BAG v. 11.12.2001 – 9 AZR 464/00, NZA 2002, 965, 967).

1197 Aus diesem Grunde sind **absolute Nebentätigkeitsverbote** in Arbeitsverträgen, die die Aufnahme von Nebentätigkeiten schlechthin ausschließen, unwirksam. In vorformulierten Arbeitsverträgen unterliegen entsprechende Klauseln einer Inhaltskontrolle nach § 307 BGB. Eingeschränkte Nebentätigkeitsverbote, die unter dem Vorbehalt des „berechtigten Interesses" stehen, sind – in den Grenzen von § 307 Abs. 1 S. 2 BGB – grundsätzlich nicht zu beanstanden. Ist die Aufnahme einer Nebenbeschäftigung vertraglich von der Zustimmung des Arbeitgebers abhängig, berechtigt ein solcher Erlaubnisvorbehalt den Arbeitgeber nicht, die Aufnahme einer Nebentätigkeit willkürlich zu verwehren. Sofern keine Beeinträchtigung der betrieblichen Interessen des Arbeitgebers zu erwarten ist, hat der Arbeitnehmer Anspruch auf Erteilung der Zustimmung (BAG v. 11.12.2001 – 9 AZR 464/00, NZA 2002, 965, 967). Wenn er allerdings um die Erlaubnis gar nicht erst nachsucht, begeht der Arbeitnehmer nach Auffassung des BAG eine Vertragspflichtverletzung (BAG v. 11.12.2001 – 9 AZR 464/00, NZA 2002, 965). Das ist zu weitgehend, weil der Arbeitgeber keinen generellen Anspruch darauf hat, alle Nebentätigkeiten des Arbeitnehmers zu erfahren.

1198 Auch ohne vertragliche Vereinbarung kann der Arbeitnehmer gehalten sein, bestimmte Nebentätigkeiten aufgrund seiner Interessenwahrungspflicht zu unterlassen. Dies ist stets der Fall, wenn die **Nebenbeschäftigung mit der Arbeitspflicht aus dem Hauptarbeitsverhältnis kollidiert**. Dann liegt sogar eine Verletzung der Hauptpflicht, nämlich der Arbeitspflicht, vor, die den Arbeitgeber berechtigt, die Zahlung des Arbeitsentgelts gemäß § 320 BGB zu verweigern.

1199 Eine vertragsimmanente Einschränkung von Nebentätigkeiten kann sich aber auch ohne Kollision mit der Hauptarbeitspflicht ergeben, wenn eine **erhebliche Beeinträchtigung der Arbeitskraft** mit der Nebenbeschäftigung einhergeht. Der Arbeitnehmer hat alles zu unterlassen, was seine Fähigkeit zur Erbringung der geschuldeten Arbeitsleistung mindert oder stört. Dazu zählen insbesondere Fälle geistiger und körperlicher Überbeanspruchung bei Ausübung der Nebentätigkeit. Letztlich kommt es auf die Umstände des Einzelfalls an, die sich an Art und Umfang der zu leistenden Arbeit, den Anforderungen der Nebenbeschäftigung und der individuellen Leistungsfähigkeit des Arbeitnehmers zu orientieren haben. In diesem Zusammenhang liegt ein Verstoß gegen die Interessenwahrungspflicht regelmäßig dann vor, wenn der Arbeitnehmer während einer **krankheitsbedingten Arbeitsunfähigkeit** eine Nebenbeschäftigung ausübt. Denn der kranke Arbeitnehmer hat seine Gesundheit wieder herzustellen und Verhaltensweisen zu vermeiden, die den Genesungsprozess verzögern. Daraus folgt jedoch nicht, dass dem Arbeitnehmer jede Nebentätigkeit während der Krankheit untersagt wäre; nur solche Nebentätigkeiten, die sich negativ auf die Genesung und damit die Wiederherstellung der Arbeitsfähigkeit auswirken, sind zu unterlassen (BAG v. 26.8.1993 – 2 AZR 154/93, NZA 1994, 63; BAG v. 13.11.1979 – 6 AZR 934/77, NJW 1980, 1917; MüArbR/*Reichold* § 49 Rz. 51).

1200 **Fallbeispiel genesungswidriges Verhalten:** A ist ärztlicher Gutachter für Arbeitsunfähigkeitsbescheinigungen bei einem Medizinischen Dienst der Krankenkassen (MDK). Während er selbst an Hirnhautentzündung erkrankt und deswegen krank geschrieben ist, fährt er nach St. Moritz zum Skifahren. Leider ist er auf Grund seiner Erkrankung etwas unkonzentriert und stürzt so bei seinem Skikurs so unglücklich, dass er sich das Schienbein bricht. Das führt zu einer erheblichen Verlängerung der Arbeitsunfähigkeit. Daraufhin kündigt ihm sein Arbeitgeber außerordentlich mit der Begründung, A habe seine arbeitsvertraglichen Pflichten in erheblicher Weise verletzt.

Fraglich ist, ob das Skifahren des A während der Krankschreibung ein wichtiger Kündigungsgrund i.S.d. § 626 Abs. 1 BGB darstellt. Den kranken Arbeitnehmer trifft die Pflicht, seine Gesundheit wiederherzustellen und Verhaltensweisen zu vermeiden, die den Genesungsprozess verzögern. Zwar haben das Skifahren und Skiverletzungen keine direkten Auswirkungen auf den Heilungsprozess einer Hirnhautentzündung, doch stellen sie eine weitere Belastung für den Körper dar, die den Heilungsprozess verzögern kann. Das Risiko, sich beim Skifahren zu verletzen, war auch real für A, weil seine Erkrankung zu Konzentrationsschwächen geführt hat. A hat folglich gegen seine Pflicht zu gesundheitsförderndem Verhalten verstoßen. Weiterhin kann er gegen seine Pflicht zur Förderung des Vertragszwecks verstoßen haben. Als Gutachter des MDK gehört es vor allem zu seinen Aufgaben, das Fehlverhalten von versicherten Arbeitnehmern im Hinblick auf das bescheinigte Krankheitsbild und damit die Berechtigung der Arbeitsunfähigkeitsbescheinigungen zu überprüfen. Dementsprechend hat er alles zu unterlassen, was die Neutralität und Glaubwürdigkeit des MDK und seiner Gutachten bei den Auftraggebern in Frage stellen könnte. Durch seine Aktivitäten während der Arbeitsunfähigkeit hat der Kläger aber gerade ein solches, dem Vertragszweck grob widersprechendes Verhalten an den Tag gelegt. Damit hat er auch gegen seine Pflicht zur Förderung des Vertragszwecks verstoßen. Beide Pflichtverletzungen stellen nach Auffassung des BAG einen wichtigen Grund i.S.d. § 626 BGB dar und berechtigen den Arbeitgeber zu einer fristlosen Beendigung des Arbeitsverhältnisses (BAG v. 2.3.2006 – 2 AZR 53/05, NZA-RR 2006, 636 Rz. 21 ff.).

Nebenbeschäftigungen finden ihre Grenzen auch in gesetzlichen Bestimmungen. Diese nehmen zwar nicht explizit auf Nebentätigkeiten als solche Bezug, beeinflussen aber deren Inhalt und Umfang. So darf der Arbeitnehmer auch dann **keine Konkurrenzgeschäfte** (§§ 60, 61 HGB) ohne Einwilligung des Arbeitgebers betreiben, wenn er dies als Nebenbeschäftigung tut (zur außerordentlichen Kündigung eines Oberarztes wegen nicht genehmigter Nebentätigkeit als niedergelassener Vertragsarzt BAG v. 19.4.2007 – 2 AZR 180/06, NZA-RR 2007, 571). Eine Nebentätigkeitsbeschränkung ergibt sich auch aus § 8 BUrlG, wonach der Arbeitnehmer **während des Urlaubs keine dem Urlaubszweck widersprechende Erwerbstätigkeit** leisten darf. Da diese Vorschrift sich in einer entsprechenden vertraglichen Pflicht gegenüber dem (Haupt-)Arbeitgeber erschöpft, ist ein entgegen § 8 BUrlG vereinbarter Vertrag allerdings nicht gemäß § 134 BGB nichtig (BAG v. 25.2.1988 – 8 AZR 596/85, NZA 1988, 607, 608). Ferner sind die **Schranken des Arbeitszeitrechts** zu beachten. Bestehen nämlich mehrere Arbeitsverhältnisse, auch wenn die anderweitige Beschäftigung lediglich eine Nebentätigkeit ist, dürfen die einzelnen Beschäftigungen kumulativ die gesetzliche Höchstgrenze der Arbeitszeit (§ 3 ArbZG) nicht überschreiten. In einem solchen Fall hat dies nach Auffassung des BAG zur Konsequenz, dass bei einer erheblichen Überschreitung der Höchstarbeitszeit durch ein zweites Arbeitsverhältnis dieses nach § 134 BGB nichtig ist (BAG v. 11.12.2001 – 9 AZR 464/00, NZA 2002, 965, 967; BAG v. 19.6.1959 – 1 AZR 565/57, NJW 1959, 2036). 1201

Die in der Praxis allein durchgreifende Sanktion der Verletzung eines Nebentätigkeitsverbots (ohne dass eine Konkurrenztätigkeit vorliegt) liegt in der **Abmahnung** bzw. **verhaltensbedingten Kündigung** des Arbeitnehmers. Eine Kündigung ist nur dann gerechtfertigt, wenn die vertraglich geschuldeten Leistungen durch die Nebentätigkeit beeinträchtigt werden (BAG v. 18.9.2008 – 2 AZR 827/06, ZTR 2009, 327, 329). Dem Arbeitgeber der Hauptbeschäftigung kann ein außerordentliches Kündigungsrecht gegeben sein, wenn der Arbeitnehmer beispielsweise – wie bereits erwähnt – trotz einer ärztlich attestierten Arbeitsunfähigkeit der Nebenbeschäftigung nachgeht (BAG v. 26.8.1993 – 2 AZR 154/93, NZA 1994, 63). 1202

Die Geltendmachung eines **Unterlassungsanspruches** ist möglich, kommt aber bei schlichten Nebentätigkeiten ohne Konkurrenz in der Praxis kaum vor. 1203

d) Verbot der Annahme von Schmiergeldern

Vorteilsannahme (Annahme von Bestechungsgeldern) und **Bestechlichkeit** (Annahme von Geldern für Dienstverletzungen) waren früher lediglich für Amtsträger oder für im öffentlichen Dienst besonders Verpflichtete (§§ 331 ff. StGB) mit einer Strafandrohung im StGB versehen. Dies hat sich mit dem 1997 eingeführten **§ 299 StGB** geändert. Nach § 299 Abs. 1 StGB wird ein Angestellter oder Beauftragter eines geschäftlichen Betriebs mit Freiheitsstrafe bis zu drei Jahren oder mit Geldstrafe bestraft, wenn er in dieser Eigenschaft im geschäftlichen Verkehr einen Vorteil für sich oder einen Dritten als Gegenleistung dafür fordert, sich versprechen lässt oder annimmt, dass er einen anderen bei dem Bezug von Waren oder gewerblichen Leistungen im Wettbewerb in unlauterer Weise bevorzuge. Daraus folgt aber nicht, dass ein Arbeitnehmer vor Inkrafttreten des Gesetzes Schmiergelder annehmen durfte. Ein solches Verhalten beschwört unabhängig von der strafrechtlichen Beurteilung die Ge- 1204 fahr herauf, dass er nicht im Interesse seines Arbeitgebers, sondern im Interesse dessen handelt, der ihm den Vorteil zukommen lässt. Dass ein solches Verhalten gegen die Treuepflicht (Interessenwahrungspflicht) des Arbeitnehmers verstößt, ist offenkundig.

1205 Dem Arbeitnehmer ist es deshalb untersagt, Geld oder geldwerte Leistungen zu fordern, sich versprechen zu lassen oder anzunehmen, wenn der Geber hierfür eine geschäftliche Bevorzugung erwartet. Der Arbeitnehmer muss dann nicht tatsächlich aufgrund des Schmiergeldes rechtswidrig handeln; es reicht, dass er das Schmiergeld annimmt.

1206 Nach der Rechtsprechung des BAG hat der Arbeitnehmer erlangte Schmiergelder an den Arbeitgeber nach den Regeln der unerlaubten **Eigengeschäftsführung** gemäß § 687 Abs. 2 BGB herauszugeben (BAG v. 14.7.1961 – 1 AZR 288/60, NJW 1961, 2036). In jedem Fall kann die Annahme von Schmiergeldern oder die sonstige Vorteilsannahme **kündigungsrechtliche Konsequenzen** nach sich ziehen (BAG v. 21.6.2001 – 2 AZR 30/00, PersR 2002, 261).

1207 *„Wer als Arbeitnehmer bei der Ausführung von vertraglichen Aufgaben sich Vorteile versprechen lässt oder entgegennimmt, die dazu bestimmt oder auch nur geeignet sind, ihn in seinem geschäftlichen Verhalten zugunsten Dritter und zum Nachteil seines Arbeitgebers zu beeinflussen, und damit gegen das sogenannte Schmiergeldverbot verstößt, handelt den Interessen seines Arbeitgebers zuwider und gibt diesem damit regelmäßig einen Grund zur fristlosen Kündigung. Dabei kommt es grundsätzlich nicht darauf an, ob es zu einer den Arbeitgeber schädigenden Handlung gekommen ist. Es reicht vielmehr aus, dass der gewährte Vorteil allgemein die Gefahr begründet, der Annehmende werde nicht mehr allein die Interessen des Geschäftsherrn wahrnehmen."* (BAG v. 21.6.2001 – 2 AZR 30/00, PersR 2002, 261, 263)

1208 In einem **Sonderfall** hat das BAG jedoch (wenig nachvollziehbar) einen Kündigungsgrund verneint, weil weder das Arbeitsverhältnis noch der „Vertrauensbereich" beeinträchtigt oder gefährdet sei (BAG v. 24.9.1987 – 2 AZR 26/87, NJW 1988, 2261). Ein die außerordentliche Kündigung rechtfertigender wichtiger Grund kann bereits in einem Verhalten begründet sein, das lediglich nach außen hin den Anschein erweckt, es sei Schmiergeld gezahlt worden (BAG v. 18.9.2008 – 2 AZR 827/06, ZTR 2009, 327, 329 f.).

e) Unterlassung unternehmensschädlicher Äußerungen

1209 Einen Ausdruck des **Mindestmaßes an Loyalitätspflichten** des Arbeitnehmers gegenüber dem Arbeitgeber stellt die selbstverständliche Pflicht dar, den Ruf des Unternehmens nicht zu schädigen. Eine solche Vertragspflicht ist auch unter Beachtung des Grundrechts auf Meinungsäußerungsfreiheit (Art. 5 Abs. 1 GG) anzuerkennen.

1210 *„Allerdings gilt es zu beachten, dass auch und gerade bei kritischen Äußerungen von Arbeitnehmern gegenüber ihren Vorgesetzten oder über das Unternehmen bzw. andere Personen und Einrichtungen des Betriebes oder Unternehmens die jedem durch Art. 5 Abs.1 GG garantierte **Meinungsfreiheit eine große Rolle** spielt, wozu natürlich auch das Recht zählt, diese Meinung äußern zu dürfen (LAG Saarland, Urteil vom 16.7.2014 – 2 Sa 162/13, Rz. 103, juris, m.w.N.). Dieses Grundrecht schützt aber weder **Formalbeleidigungen** und **Schmähungen**, noch **bewusst unwahre Tatsachenbehauptungen**. Die Meinungsfreiheit wird insbesondere durch das Recht der persönlichen Ehre anderer Personen gem. Art. 5 Abs. 2 GG beschränkt und muss mit diesem in ein ausgeglichenes Verhältnis gebracht werden. Dies schließt zwar nicht aus, dass Arbeitnehmer unternehmensöffentlich Kritik am Arbeitgeber und an betrieblichen Verhältnissen üben dürfen, wobei sie sich auch **überspitzt oder polemisch** äußern können. In grobem Maße **unsachliche Angriffe**, die zur Untergrabung der Position eines Vorgesetzten führen können, muss der Arbeitgeber aber nicht hinnehmen (BAG, Urt. v. 10.12.2009 – 2 AZR 534/08, Rz. 17; BAG, Urt. v. 10.10.2002 – 2 AZR 418/01, Rz. 23, juris; LAG Saarland, Urt. v. 16.7.2014 – 2 Sa 162/13, Rz. 103, juris)."* (LAG Düsseldorf v. 4.3.2016 – 10 TaBV 102/15, juris Rz. 30)

Beispiel: Unternehmensschädliche Äußerung: Setzt ein Arbeitnehmer betriebliche Verhältnisse und Vorgehensweisen mit dem NS-Terrorsystem und Arbeitgeber oder Kollegen mit NS-Verbrechern gleich, stellt das eine grobe Beleidigung der damit angesprochenen Personen und zugleich eine Verharmlosung des in der Zeit des Faschismus begangenen Unrechts sowie eine Verhöhnung seiner Opfer dar, die § 241 Abs. 2 BGB regelmäßig in kündigungsrelevanter Weise verletzt (vgl. LAG Düsseldorf v. 4.3.2016 – 10 TaBV 102/15).

Die Schwierigkeit besteht darin, im Einzelfall unter Abwägung der Grundrechte des Arbeitnehmers zu ermitteln, inwieweit von ihm die Rücksichtnahme auf die Unternehmensinteressen erwartet werden kann. Hier berühren sich insbesondere die Probleme der Verschwiegenheitspflicht und möglicher Anzeigerechte des Arbeitnehmers gegen den Arbeitgeber, die bereits eingehend erörtert worden sind (Rz. 1174). 1211

f) Abwerbungsverbot

Häufig trägt sich ein Arbeitnehmer mit dem Gedanken, ein anderes Arbeitsverhältnis einzugehen oder sich selbstständig zu machen. Solche Bestrebungen können dann schnell in konkrete Vorkehrungen münden, das bestehende Arbeitsverhältnis zu lösen, indem der Arbeitnehmer z.B. seinen Willen zur Abkehr äußert. Dieses Verhalten stellt für sich genommen noch keinen Verstoß gegen die Interessenwahrnehmungspflicht dar. Etwas anderes gilt jedoch, wenn der Arbeitnehmer auf seine Kollegen einwirkt, damit sie unter Beendigung des Arbeitsverhältnisses bei einem anderen (insbesondere seinem zukünftigen) Arbeitgeber eine Beschäftigung aufnehmen, sog. Abwerbungsverbot (SPV/*Preis* Rz. 623 f.). Dabei kommt es nicht darauf an, ob die Abwerbung mit unlauteren Mitteln oder in verwerflicher Weise erfolgt (LAG Schleswig-Holstein v. 6.7.1989 – 4 Sa 601/88, LAGE § 626 BGB Nr. 42). Auch das Abwerbungsverbot konkretisiert damit lediglich die Pflicht des Arbeitnehmers, Schädigungen des Arbeitgebers zu unterlassen. 1212

2. Schutzpflichten (Handlungspflichten)

Als besondere Nebenpflichten obliegen dem Arbeitnehmer u.U. auch Handlungs- und Schutzpflichten, insbesondere wenn es darum geht, eingetretene oder drohende Schäden abzuwenden. 1213

a) Anzeige-, Aufklärungs- und Auskunftspflichten

Der Arbeitnehmer ist verpflichtet, generell dem Arbeitgeber gegenüber richtige Angaben zu machen, soweit es um **dienstliche Belange** aller Art geht. Er muss den Arbeitgeber (i.d.R.) unaufgefordert und rechtzeitig über Umstände zu informieren, die der Erfüllung seiner Arbeitspflicht entgegenstehen (BAG v. 26.3.2015 – 2 AZR 517/14, NZA 2015, 1180; zugleich zur **Untersuchungshaft** und deren voraussichtlicher Dauer). Gesetzlich konkretisiert ist eine entsprechende Anzeige- und Nachweispflicht im Falle der **Erkrankung** der Arbeitnehmers (§ 5 EFZG). Allgemein folgt aus **§ 242 BGB** ein **Auskunftsanspruch** des Arbeitgebers, wenn dieser in entschuldbarer Weise über Bestehen und Umfang seines Rechts im Ungewissen ist, während der Arbeitnehmer unschwer Auskunft erteilen kann (BAG v. 18.1.1996 – 6 AZR 314/95, NZA 1997, 41). Im bestehenden Arbeitsverhältnis – jedenfalls nach sechs Monaten – sind schwerbehinderte Arbeitnehmer verpflichtet, über ihren **Schwerbehindertenstatus** zutreffende Auskunft zu erteilen. Der Arbeitgeber muss bei beabsichtigter Kündigung die Möglichkeit haben, §§ 168 ff. SGB IX zu wahren (vgl. BAG v. 16.2.2012 – 6 AZR 553/10, NZA 2012, 555). Im Einzelfall ist problematisch, ob und inwieweit der Arbeitnehmer Überwachungs- und Anzeigepflichten hat, insbesondere inwieweit er **Verfehlungen anderer Arbeitnehmer** anzuzeigen hat. Spielt sich die schädigende Handlung im Aufgabenbereich des Arbeitnehmers ab und besteht Wiederholungsgefahr, wird man eine Anzeigepflicht als Teil der Schutzpflicht des Arbeitnehmers bejahen müssen (vgl. LAG Hamm v. 29.7.1994 – 18 (2) Sa 2016/93, BB 1994, 2352). Gleiches gilt, wenn ein Personenschaden oder schwerer Sachschaden entstanden oder zu befürchten ist. Auskunftspflichten bestehen auch zur Sicherung von **Konkurrenzabreden** (BAG v. 27.9.1988 – 3 AZR 59/87, NZA 1989, 467) sowie zur Höhe anderweitigen Verdienstes im Falle des **Annahmeverzugs** (§ 615 BGB, § 11 KSchG, vgl. BAG v. 27.9.1993 – 2 AZR 110/93, NZA 1994, 116). 1214

b) Einhaltung von Arbeitsschutznormen

1215 Nicht nur der Arbeitgeber, sondern auch der Arbeitnehmer ist verpflichtet, zwingende Arbeitsschutzbestimmungen einzuhalten. Eine diesbezügliche Regelung findet sich z.B. in § 15 ArbSchG. Diese Vorschriften bilden zugleich Schutzpflichten des Arbeitnehmers gegenüber dem Arbeitgeber, was bei deren wiederholter Verletzung eine außerordentliche Kündigung gemäß § 626 BGB zur Folge haben kann (LAG Hamm v. 17.11.1989 – 12 Sa 787/89, LAGE § 626 BGB Nr. 48).

c) Anzeige und Abwendung von Schäden und Störungen

1216 Im Rahmen seiner Möglichkeiten und seines Arbeitsbereichs hat der Arbeitnehmer Schäden vom Arbeitgeber abzuwenden. Dazu gehört, dass er **Fehler an Maschinen oder Material** seinem Arbeitgeber anzeigen muss. Die Schadensabwendungspflicht gebietet es dem Arbeitnehmer auch, in **Notfällen** über den Rahmen der arbeitsvertraglichen Hauptpflicht hinaus tätig zu werden. Aus der Schadensabwendungspflicht ergibt sich unter Umständen, dass der Arbeitnehmer sowohl Überstunden als auch **andere als die vereinbarte Arbeit** zu leisten hat, wenn sonst der Betrieb einen nicht unerheblichen Schaden erleiden würde. Diese Nebenpflicht wird durch den Grundsatz der **Zumutbarkeit** begrenzt.

3. Herausgabepflicht im laufenden Arbeitsverhältnis

1217 Neben der Herausgabepflicht bei Beendigung des Arbeitsverhältnisses (Rz. 3440) kann auch im laufenden Arbeitsverhältnis eine Herausgabepflicht des Arbeitnehmers bestehen. Der Arbeitnehmer hat dem Arbeitgeber **herauszugeben, was er in Erfüllung seiner Arbeitspflicht erlangt hat**, wenn das Erlangte im inneren Zusammenhang mit der Führung des Geschäfts steht. Vorteile, die er lediglich bei Gelegenheit seiner Geschäftsbesorgung erlangt, müssen nicht herausgegeben werden (BAG v. 11.4.2006 – 9 AZR 500/05, NZA 2006, 1089). Anspruchsgrundlage ist **§ 667 Alt. 2 BGB analog**. Zwar wird der Arbeitnehmer nicht unentgeltlich tätig, weshalb Auftragsrecht nicht unmittelbar anwendbar ist, doch ist die analoge Anwendung der §§ 670 ff. BGB im Arbeitsrecht in einigen Bereichen anerkannt (Rz. 1328).

1218 **Herausgabe von Bonusmeilen:** Ein Arbeitnehmer, der im Auftrag seines Arbeitgebers viel mit dem Flugzeug unterwegs war und dabei sogenannte **Bonusmeilen** gutgeschrieben bekommen hat, darf diese nicht privat nutzen, sondern ist verpflichtet, sie dem Arbeitgeber herauszugeben (BAG v. 11.4.2006 – 9 AZR 500/05, NZA 2006, 1089).

„Der Herausgabeanspruch nach § 667 2. Alt. BGB setzt voraus, dass der Beauftragte etwas aus der Geschäftsbesorgung erlangt hat. Das ist jeder Vorteil, den der Beauftragte auf Grund eines inneren Zusammenhangs mit dem geführten Geschäft erhalten hat. [...] Der Kläger hat solche Vorteile erlangt, nämlich die Meilen für Vielflieger. Unerheblich ist dabei, dass diese Vorteile nicht unmittelbar aus seiner beauftragten Tätigkeit im Rahmen seiner Vertriebsleiteraufgaben im Ausland resultieren, sondern sich aus dem von ihm möglicherweise in eigenem Namen geschlossenen Beförderungsverträgen ergeben, die nur dazu dienen, ihn zu seinem Arbeitsort (Auftragsort) zu bringen. Erlangt und vom Herausgabeanspruch des § 667 BGB erfasst ist auch das, was der Beauftragte aus Hilfs- oder Nebengeschäften empfangen hat, die der Auftragserfüllung dienen sollen [...]. Die Vorteile aus dem ‚Miles & More'-Vielfliegerprogramm stehen auch in einem inneren Zusammenhang mit dem fremdgeführten Geschäft. Vorteile, die der Beauftragte lediglich bei Gelegenheit der Geschäftsbesorgung erlangt, unterliegen nicht der Herausgabepflicht [...]. Kausalität zwischen Auftragserfüllung und Erlangtem allein reicht für den inneren Zusammenhang nicht aus. Ansonsten hätte der Beauftragte auch das herauszugeben, was er nur bei Gelegenheit seiner Tätigkeit bekommen hat. Ein innerer Zusammenhang wird insbesondere angenommen, wenn die objektive Gefahr besteht, die Vorteilsgewährung könne dazu führen, dass der Beauftragte die Interessen seines Geschäftsherrn außer Acht lässt." (BAG v. 11.4.2006 – 9 AZR 500/05, NZA 2006, 1089 Rz. 22 ff.)

4. Verhaltenspflichten

Als allgemeine Nebenpflicht obliegt es dem Arbeitnehmer, die betriebliche Ordnung zu wahren. Dazu zählt etwa die Pflicht, andere Arbeitnehmer nicht zu diskriminieren oder zu belästigen (§§ 1, 7 Abs. 1, 12 Abs. 3 AGG). Es sind zwei Fallgruppen zu unterscheiden. Zum einen ergibt sich die Verpflichtung unmittelbar aus der Arbeitspflicht, soweit die Wahrung der betrieblichen Ordnung zur Erbringung der geschuldeten Arbeitsleistung notwendig ist (sog. **Arbeitsverhalten**). Zum anderen ist die Wahrung der Betriebsordnung, die die allgemeine äußere Ordnung im Betrieb und damit das formale Verhalten des Arbeitnehmers im Gegensatz zum Arbeitsverhalten betrifft (sog. **Ordnungsverhalten**), als Verhaltens- bzw. Schutzpflicht aus der allgemeinen Nebenpflicht des Arbeitnehmers entwickelt worden. Hier ist auch das Mitbestimmungsrecht des Betriebsrats nach § 87 Abs. 1 Nr. 1 BetrVG zu beachten (siehe im Band „Kollektivarbeitsrecht" unter Rz. 2245 ff.). 1219

5. Außerdienstliche Verhaltenspflichten

In der Praxis bestehen oftmals Zweifel darüber, ob und inwiefern der Arbeitgeber auch im außerdienstlichen Bereich Anspruch auf Unterlassung bestimmter Betätigungen des Arbeitnehmers hat. Die Anerkennung vertraglicher Bindungen im außerdienstlichen Bereich kann erhebliche **Gefahren für die freie Selbstbestimmung** des Arbeitnehmers heraufbeschwören. Deshalb sind außerdienstliche Bindungen nur sehr zurückhaltend anzuerkennen. Entscheidend ist auf die Vertragsstruktur des Arbeitsverhältnisses abzustellen. 1220

Als **Grundsatz** gilt: Auf die Gestaltung des privaten Lebensbereiches kann der Arbeitgeber keinen Einfluss ausüben. Sie wird durch arbeitsvertragliche Pflichten nur insoweit beschränkt, als sich das private Verhalten auf den betrieblichen Bereich auswirkt und dort zu Störungen führt. Das kann insbesondere der Fall sein, wenn sich die persönliche Lebensführung unmittelbar auf die vertraglich geschuldete Arbeitsleistung auswirken kann. Beschränkungen in der Freizeitgestaltung von Flugkapitänen und anderen Personenbeförderern (Busfahrer, Lokführer, etc.) sind deshalb zulässig, sofern diese zu einem bestimmten Zeitpunkt leistungsbereit sein müssen und nicht durch Alkoholkonsum oder ähnliches zur Erfüllung ihrer Arbeitsleistung außer Stande sein dürfen (BAG v. 26.6.2001 – 9 AZR 343/00, NZA 2002, 98, 99 f.; BAG v. 23.9.1986 – 1 AZR 83/85, NZA 1987, 250, 250; zur außerordentlichen Kündigung wegen Drogenkonsums BAG v. 20.10.2016 – 6 AZR 471/15, NZA 2016, 1527). Entscheidende Bedeutung kommt mithin der **Leistungsnähe** des privaten Verhaltens zu. 1221

Dem Arbeitsvertrag kann im Übrigen keine Pflicht des Arbeitnehmers entnommen werden, seine private Lebensführung an den Interessen des Unternehmens bzw. des Arbeitgebers auszurichten. Der Arbeitnehmer wird durch den Arbeitsvertrag nicht dazu verpflichtet, „ein ordentliches Leben zu führen und sich dabei seine Arbeitsfähigkeit und Leistungskraft zu erhalten" (BAG v. 23.6.1994 – 2 AZR 617/93, NZA 1994, 1080; Rz. 561). Versuche des Arbeitgebers, etwa durch Vertragsklauseln auf das allgemeine Freizeitverhalten der Arbeitnehmer Einfluss zu nehmen, indem ihnen z.B. gefährliche Sportarten verboten werden, sind wegen unzulässigen Eingriffs in das Recht auf freie Entfaltung der Persönlichkeit (Art. 2 Abs. 1 GG) regelmäßig unwirksam. 1222

„*Die Verpflichtungen des Arbeitnehmers gegenüber seinem Arbeitgeber enden grundsätzlich dort, wo sein privater Bereich beginnt. Die Gestaltung des privaten Lebensbereichs steht außerhalb der Einflusssphäre des Arbeitgebers und wird durch arbeitsvertragliche Pflichten nur insoweit eingeschränkt, als sich das private Verhalten auf den betrieblichen Bereich auswirkt und dort zu Störungen führt. [...]* **Der Arbeitgeber ist durch den Arbeitsvertrag nicht zum Sittenwächter über die in seinem Betrieb tätigen Arbeitnehmer berufen.**" (BAG v. 23.6.1994 – 2 AZR 617/93, NZA 1994, 1080, 1082, Hervorhebung diesseits) 1223

1224 Dies lässt es von vornherein ausgeschlossen erscheinen, dass der Arbeitgeber **ausschließlich in der Privatsphäre des Arbeitnehmers liegende Umstände** in das Vertragsverhältnis einbezieht. Auch wenn Kündigungen wegen außerehelicher Schwangerschaft oder liederlichen Lebenswandels der Rechtsgeschichte angehören, sind Bestandteile privater Lebensführung auch heute noch Gegenstand arbeitsrechtlicher Betrachtung (Beispiele: hohe Verschuldung des Arbeitnehmers, persönliches Sexualverhalten). Dies erkennt auch das BAG an (BAG v. 23.10.2008 – 2 AZR 483/07, BB 2009, 1186, 1188; BAG v. 23.6.1994 – 2 AZR 617/93, NZA 1994, 1080). Vielfach sind Vertragsklauseln anzutreffen, die dem Arbeitnehmer Pflichten im außerdienstlichen Bereich auferlegen. Hierbei ist zu beachten, dass das Privatleben des Arbeitnehmers grundsätzlich einen geschützten, von der dienstlichen Sphäre zu trennenden Rechtskreis darstellt.

3. Abschnitt:
Pflichten des Arbeitgebers

1225 **Übersicht: Pflichten des Arbeitgebers**

- ☐ Hauptleistungspflicht: Entgeltzahlung (Rz. 1226 ff.)
    - ☐ Regelmäßiges Arbeitsentgelt (Rz. 1232)
    - ☐ Sondervergütungen (Rz. 1243)
    - ☐ Betriebliche Altersversorgung (Rz. 1394)
- ☐ Beschäftigungspflicht (Rz. 1461)
- ☐ Pflicht zur Gleichbehandlung (Rz. 1427 ff.)
    - ☐ Gleichbehandlung von Frauen und Männern (Rz. 1507)
    - ☐ Gleichbehandlung Teilzeitbeschäftigter (Rz. 1685)
    - ☐ Allgemeiner arbeitsrechtlicher Gleichbehandlungsgrundsatz (Rz. 1445)
- ☐ Ermöglichung der Fortbildung (Rz. 1763)
- ☐ Schutzpflichten des Arbeitgebers (Rz. 1778)
    - ☐ Vertragsrechtliche Schutzpflichten (Rz. 1778)
    - ☐ Öffentlich-rechtlicher Arbeitsschutz (Rz. 1507)
    - ☐ Beschäftigtendatenschutz (Rz. 1789)
- ☐ Aufwendungsersatz (Rz. 1328)
    - ☐ Ersatz von Auslagen (Rz. 1328)
    - ☐ Ersatz von Eigenschäden (Rz. 1328)

§ 28
Entgeltzahlungspflicht

Prüfungsschema: Anspruch auf Entgelt 1226

- ☐ Anspruchsgrundlage § 611a Abs. 2 BGB i.V.m. Spezialnorm
    - ☐ Tarifvertrag: Anwendung aufgrund
        - ☐ beiderseitiger Tarifgebundenheit, §§ 3 Abs. 1, 4 Abs. 1 S. 1 TVG
        - ☐ Allgemeinverbindlichkeitserklärung, § 5 TVG; Rechtverordnung nach § 7 AEntG
        - ☐ einzelvertraglicher Vereinbarung, den TV anzuwenden (Bezugnahmeklausel, Gleichstellungsabrede)
        - ☐ des Gleichbehandlungsgrundsatzes bei Anwendung des TV auf einen Teil der nicht tarifgebundenen Arbeitnehmer
        - ☐ betrieblicher Übung (konkludente Vertragsänderung)
    - ☐ Betriebsvereinbarung Wegen des Tarifvorrangs (§§ 77 Abs. 3, 87 Abs. 1 BetrVG) kaum praktische Bedeutung. Nur für AT-Angestellte und Sonderleistungen wie Gratifikationen und betriebliche Altersversorgung.
    - ☐ Arbeitsvertrag
        - ☐ Individuelle Entgeltregelung
        - ☐ Gleichbehandlungsgrundsatz
            - ☐ Diskriminierungsverbote nach dem AGG
            - ☐ allgemein: bei Differenzierung zwischen vergleichbaren Arbeitnehmern ohne sachlichen Grund
        - ☐ Betriebliche Übung; konkludente Vertragsabrede
    - ☐ Gesetz
        - ☐ § 612 Abs. 2 BGB („übliche Vergütung")
            - ☐ bei fehlender Lohnabrede
            - ☐ bei unwirksamer Lohnabrede wegen § 138 Abs. 2 BGB („Lohnwucher") aus anderen Gründen
        - ☐ § 17 Abs. 1 BBiG (Auszubildende)
        - ☐ Festsetzung gemäß § 19 HAG
        - ☐ Mindestlohngesetz
- ☐ Fälligkeit (§ 614 BGB; § 64 HGB)
- ☐ Kein Verzicht, keine Verwirkung (§ 242 BGB)
- ☐ Kein Ablauf einer tariflichen oder vertraglichen Ausschlussfrist (beachte § 4 Abs. 4 TVG, § 77 Abs. 4 S. 3 BetrVG)
- ☐ Keine Verjährung (drei Jahre, § 195 i.V.m. § 199 Abs. 1 BGB)

I. Allgemeines

1227 Die Zahlung der vereinbarten Vergütung ist die Hauptpflicht des Arbeitgebers und stellt die **Gegenleistung** für **die erbrachte Arbeitsleistung** dar. Das Arbeitsentgelt steht damit im Gegenseitigkeitsverhältnis **(Synallagma)** zur Arbeitsleistung des Arbeitnehmers. Bei Leistungsstörungen finden deshalb grundsätzlich die **§§ 320 ff. BGB** Anwendung.

1228 Die Einzelheiten der Vergütungspflicht des Arbeitgebers bereiten im Arbeitsverhältnis erhebliche Probleme. Hauptgrund hierfür ist nicht die Grundvergütung, sondern **zahlreiche Neben- und Zusatzvergütungen**, deren Rechtsgehalt vielfach zweifelhaft und Gegenstand ständiger Auseinandersetzungen ist. Im Kern geht es um die Frage, ob und inwieweit Vergütungssysteme erfolgsabhängig, leistungsbezogen und widerruflich gestaltet werden können. In diesem Zusammenhang wird oftmals bestritten, dass bestimmte Zusatzvergütungen im Gegenseitigkeitsverhältnis stehen.

1229 Vereinbarungen über die (Sonder-)Vergütungen werden häufig in Arbeitsverträgen getroffen. Regelungen hinsichtlich des Arbeitsentgelts finden sich darüber hinaus in den Kollektivverträgen (Tarifverträge, Betriebsvereinbarungen). Aber auch aus dem Institut der betrieblichen Übung kann sich eine bestimmte Vergütung ergeben. Fehlt es hingegen an einer Vergütungsvereinbarung, kommt § 612 BGB zur Anwendung (Rz. 859).

1. Begriff und Arten des Arbeitsentgelts

1230 Mit dem Begriff des Arbeitsentgelts wird zunächst die Vergütung bezeichnet, die dem Arbeitnehmer **regelmäßig jede Woche oder jeden Monat für die in dieser Zeitspanne erbrachte Arbeitsleistung** gewährt wird. Dieses **regelmäßige Arbeitsentgelt** kann entweder aufgrund der Arbeitszeit (Zeitlohn) oder in direkter Abhängigkeit von der Leistung des Arbeitnehmers (Akkordlohn, Provision) berechnet werden. Möglich ist auch die Kombination eines zeitbezogenen Grundlohns mit zusätzlichen zeit- oder leistungsbezogenen Zahlungen (Überstundenzuschläge bzw. leistungsbezogene Prämien, Provisionen bei garantiertem Fixum, Tantiemen). Bestandteil des regelmäßigen Arbeitsentgelts sind auch Zulagen, die nicht unmittelbar an die Arbeitsleistung anknüpfen, sondern als Ausgleich für belastende Arbeitsbedingungen (Erschwerniszulagen etc.) oder nach sozialen Kriterien (Verheirateten-/Kinderzuschläge) gezahlt werden, sofern sie jede Woche bzw. jeden Monat ausgezahlt werden.

1231 Neben dem regelmäßigen Arbeitsentgelt kann der Arbeitgeber seinen Arbeitnehmern unterschiedlichste **Sondervergütungen** (Gratifikationen) gewähren, die ebenfalls unter den Begriff des Arbeitsentgelts fallen. Charakteristisch für diese ist, dass sie nicht mit dem regelmäßigen Arbeitsentgelt ausgezahlt werden (vgl. auch die Legaldefinition in § 4a EFZG), sondern **nur zu bestimmten Anlässen und Terminen** – oft einmal jährlich – gewährt werden.

a) Das regelmäßige Arbeitsentgelt

1232 Die traditionellen Bezeichnungen für das regelmäßig geschuldete Arbeitsentgelt sind der Lohn (für die Arbeiter) und das Gehalt (für die Angestellten). Die terminologische Unterscheidung verliert an Bedeutung, zumal in fast allen wichtigen Industriezweigen für Arbeiter und Angestellte einheitliche Entgeltsysteme vereinbart sind. Unterschiede finden sich bisweilen noch in der Berechnungsweise (bei Angestellten nach Monaten, bei Arbeitern stundenweise) und bei der Auszahlung (bei Angestellten monatlich, bei Arbeitern auch wöchentlich).

1233 Regelmäßig wird die **Vergütung in Geld** geschuldet (§ 107 Abs. 1 GewO). Nach § 107 Abs. 2 S. 1 GewO können Sachbezüge als Teil des Arbeitsentgelts nur vereinbart werden, wenn dies dem Interesse des Arbeitnehmers oder der Eigenart des Arbeitsverhältnisses entspricht. Zu **Sachbezügen** gehört jede Vergütung, die nicht in Geld oder durch bargeldlose Geldleistung (einschließlich Wechsel und Scheck) gewährt wird. Hierunter fällt die Gewährung von Deputaten in der Landwirtschaft, Kohle im Bergbau (Hausbrand), Kost, Wohnung, Heizung, Beleuchtung, Haustrunk der Brauereien, Personalrabatte und die Überlassung von Firmenfahrzeugen zur privaten Nutzung (hierzu BAG v. 24.3.2009 – 9 AZR 733/07, NZA 2009, 861). Zu den Werkswohnungen Rz. 1824. Nach § 107 Abs. 3 S. 1 GewO kann die Zahlung eines regelmäßigen Arbeitsentgelts nicht für die Fälle ausgeschlossen werden, in denen der Arbeitnehmer für seine Tätigkeit von Dritten ein Trinkgeld erhält. Trinkgeld ist nach § 107 Abs. 3 S. 2 GewO ein Geldbetrag, den ein Dritter ohne rechtliche Verpflichtung dem Arbeitnehmer zusätzlich zu einer dem Arbeitgeber geschuldeten Leistung zahlt.

Die übliche Lohnform ist der Zeitlohn, d.h. das Entgelt richtet sich nach der geschuldeten Arbeitsleistung in Stunden, Wochen oder Monaten ohne Rücksicht auf die Produktivität (Menge und Qualität) in dieser Zeit. Davon zu unterscheiden ist der Leistungslohn, bei dem die Höhe durch die Leistung des Arbeitnehmers, insbesondere durch die Schnelligkeit und Qualität der Arbeit, beeinflusst wird. Wichtigstes Beispiel hierfür ist der Akkordlohn. 1234

Beim Akkord unterscheidet man den **Geldakkord** und den Zeitakkord. Bei ersterem errechnet sich die Arbeitsvergütung aus dem Produkt von Arbeitsmenge und Geldfaktor. Beim **Zeitakkord** kommt noch ein Zeitfaktor (sog. Vorgabezeit) hinzu: Es sind Arbeitsmenge, Vorgabezeit und Geldfaktor miteinander zu multiplizieren. Da in beiden Fällen eine Entgelterhöhung durch Steigerung des Arbeitstempos zu erreichen ist und darin die Gefahr einer Gesundheitsbeeinträchtigung liegt, sind Akkordlohnvereinbarungen insbesondere gegenüber werdenden Müttern (§ 11 Abs. 6 MuSchG), Jugendlichen (§ 23 JArbSchG) und Fahrpersonal (§ 3 FahrpersonalG) unzulässig. Der Vermeidung gesundheitlicher Schäden im Zusammenhang mit der Akkordarbeit dient auch das zwingende Mitbestimmungsrecht des Betriebsrats bei der Festsetzung der Akkord- und Prämiensätze einschließlich der Geldfaktoren aus § 87 Abs. 1 Nr. 11 BetrVG (siehe im Band „Kollektivarbeitsrecht" unter Rz. 2345 ff.). 1235

Neben dem Grundlohn werden oft zusätzliche Zahlungen gewährt, die zeit- oder leistungsbezogen sein oder an andere Kriterien anknüpfen können. Sie sind Bestandteil des regelmäßigen Arbeitsentgelts, wenn sie jede Woche bzw. jeden Monat ausgezahlt werden. 1236

– Bei der **Prämie** erhält der Arbeitnehmer **zusätzlich zu einem festen Grundgehalt eine** nach bestimmten Gesichtspunkten gestaltete **Vergütung**. Die mengenbezogene Prämie ähnelt dem Akkord. Möglich sind aber auch andere Anknüpfungspunkte, wie z.B. die Qualität des Ergebnisses oder die Ersparnis an Energie oder Material (Güteprämie, Ersparnisprämie). 1237

– Bei der **Provision** wird dem Arbeitnehmer eine **erfolgsbezogene prozentuale Vergütung**, abhängig vom Wert der von ihm abgeschlossenen oder vermittelten Geschäfte gezahlt. Sie ist die normale Vergütung für die Tätigkeit der selbstständigen Handelsvertreter (§§ 87 ff. HGB), doch finden diese Vorschriften auch auf Handlungsgehilfen, besonders auf Handlungsreisende, Anwendung (vgl. § 65 HGB). Ihnen wird dabei gewöhnlich eine feste Grundvergütung (Fixum) garantiert. 1238

– Die **Tantieme** wird vor allem leitenden Angestellten gewährt, indem diese zusätzlich zu ihrem Grundgehalt eine **Beteiligung am Geschäftsgewinn** des Unternehmens erhalten. Damit wird ihnen ein Anreiz gegeben, zu einem guten wirtschaftlichen Ergebnis des Unternehmens beizutragen, auch wenn die Höhe der Tantieme – im Gegensatz zur Provision – nicht unmittelbar von einzelnen Geschäften des Berechtigten abhängt. Im Gegensatz zu (jährlichen) Gewinnbeteiligungen, die in zahlreichen Unternehmen auch anderen Arbeitnehmern gewährt werden, ist die Tantieme ein fester Bestandteil des Arbeitsentgelts des Berechtigten. 1239

– **Zielvereinbarungen** sind ein Konzept, bei dem der Arbeitgeber mit dem Arbeitnehmer bestimmte Ziele vereinbart, die individuell auf ihn und seinen Arbeitsplatz zugeschnitten sein sollen. Auf diese Weise erhält der Beschäftigte eine klare Vorstellung darüber, was von ihm in der kommenden Zielperiode erwartet wird. Nach deren Ablauf wird der Grad der Zielerreichung ermittelt. Oftmals ist dieser festgestellte Wert Grundlage für die Auszahlung eines variablen Vergütungsbestandteils oder sonstigen finanziellen Vorteils. Gleichwohl hat der Arbeitgeber die Möglichkeit, an die Zielerreichung nichtmonetäre Rechtsfolgen (z.B. Personalentwicklungsmaßnahmen) zu knüpfen. Die Unternehmen versprechen sich von derartigen Abreden Leistungssteigerungen auf Seiten des Mit- 1240 arbeiters sowie eine Fokussierung auf die wesentlichen Unternehmensfelder; für den Arbeitnehmer soll es von Vorteil sein, dass er durch eigene Leistung unmittelbaren Einfluss auf die Höhe der Vergütung nehmen kann.

1241 – **Überstunden- und Mehrarbeitszuschläge** werden gezahlt, wenn die tatsächliche Arbeitszeit die vertraglich vereinbarte Arbeitszeit bzw. die gesetzlich zulässige Höchstarbeitszeit überschreitet (Rz. 1136; Rz. 1279).

1242 – Als **Zulagen** werden alle übrigen, regelmäßig gewährten Lohnzuschläge bezeichnet. Sie finden ihren Grund entweder in der Änderung der allgemeinen Lebensverhältnisse (z.B. **Teuerungszulage**), in besonderen Kenntnissen oder Fähigkeiten des Arbeitnehmers (**Leistungszulagen**), seinen persönlichen Verhältnissen (z.B. **Verheirateten-, Kinderzuschläge**) oder in den besonderen Belastungen bei der Ausübung seiner Tätigkeit (**Erschwerniszulagen** wie z.B. Lärm- oder Schmutzzulagen). Von **übertariflichen Zulagen** spricht man, wenn in einem Arbeitsverhältnis, für das ein Tarifvertrag gilt, ein über dem Tariflohn liegender regelmäßiger Lohn vereinbart wird (Rz. 1250).

b) Sondervergütungen

1243 Neben dem regelmäßigen Arbeitsentgelt kann der Arbeitgeber seinen Arbeitnehmern unterschiedliche Sondervergütungen gewähren. Diese unterscheiden sich dadurch vom regelmäßigen Arbeitsentgelt, dass sie nicht – wie letzteres – jede Woche oder jeden Monat, sondern **nur zu bestimmten Anlässen oder Terminen** – oft einmal jährlich – gewährt werden (Rz. 1332).

2. Höhe des Arbeitsentgelts: Anspruchsgrundlagen

1244 Die Höhe des geschuldeten Arbeitsentgelts bestimmt sich in der Regel nach der arbeitsvertraglichen Vereinbarung. Dies gilt sowohl für alle Bestandteile des regelmäßigen Arbeitsentgelts als auch für Sondervergütungen. Einzelheiten können sich jedoch aus anderen arbeitsrechtlichen Rechtsquellen ergeben.

1245 So enthalten **Tarifverträge** weitreichende Regelungen, insbesondere über das regelmäßige Arbeitsentgelt. Vielfach folgt der Mindest- oder Grundlohn aus Tarifverträgen. Dieser darf einzelvertraglich zwar nicht unter- (§ 4 Abs. 4 TVG), nach dem Günstigkeitsprinzip (§ 4 Abs. 3 TVG) aber überschritten werden. Als Anspruchsgrundlage kommt ein Tarifvertrag jedoch nur in Betracht, wenn er zwischen den betroffenen Vertragsparteien gilt. Auch wenn Tarifverträge normative Wirkung nur für tarifgebundene Arbeitnehmer entfalten, d.h. solche, die Mitglieder einer Gewerkschaft sind, wird regelmäßig **auch für nicht tarifgebundene** Arbeitnehmer die Geltung des Tarifvertrags einzelvertraglich durch Bezugnahmeklausel vereinbart. Weiterhin kann der Tarifvertrag für **allgemeinverbindlich** erklärt werden (§ 5 TVG) oder aufgrund des **Gleichbehandlungsgrundsatzes** (Rz. 1445) anwendbar sein, wenn der Arbeitgeber nur einzelne nicht tarifgebundene Arbeitnehmer willkürlich von seiner Anwendung ausschließt. Außerdem existiert seit August 2014 in Deutschland eine allgemeine Lohnuntergrenze in Form des **gesetzlichen Anspruchs auf den allgemeinen Mindestlohn** nach dem MiLoG (Rz. 1260). Daneben existieren Sondervorschriften für Heimarbeiter in § 19 HAG und für Auszubildende in § 17 Abs. 1 BBiG.

1246 Eine Festlegung der regelmäßigen Vergütung in Betriebsvereinbarungen ist dagegen wegen des Tarifvorrangs nach § 77 Abs. 3 BetrVG selten. Sie kommt insbesondere für **außertarifliche Angestellte** und **Sonderleistungen** wie Gratifikationen und betriebliche Altersversorgung in Betracht. Insoweit ist das Mitbestimmungsrecht des Betriebsrats nach § 87 Abs. 1 Nr. 10 BetrVG zu beachten.

1247 Schließlich kann sich – insbesondere bei den **Jahressonderzahlungen** – ein Anspruch auch aus konkludenter Vertragsbindung (Rz. 680) ergeben, wenn der Arbeitgeber in der Vergangenheit mehrmals Zahlungen erbracht hat, ohne darauf hinzuweisen, dass sich daraus kein Rechtsanspruch für die Zukunft ergibt (z.B. mehrmalige Gewährung einer Weihnachtsgratifikation).

Beim Fehlen einer Vereinbarung über die Höhe der regelmäßigen Vergütung gilt nach § 612 Abs. 2 BGB die **übliche Vergütung** als vereinbart (Rz. 859), für die der Tariflohn als Anhaltspunkt genommen werden kann (BAG v. 14.6.1994 – 9 AZR 89/93, NZA 1995, 178). Liegt keine einschlägige Tarifvergütung vor, ist die nach § 612 Abs. 2 BGB geschuldete übliche Vergütung diejenige, die am gleichen Ort in ähnlichen Gewerben und Berufen für entsprechende Arbeit bezahlt zu werden pflegt. Maßgeblich ist dabei die übliche Vergütung im vergleichbaren Wirtschaftskreis (BAG v. 20.4.2011 – 5 AZR 171/10, NZA 2011, 1173).

1248

Zudem darf die Vergütung nicht die vorgegebene Höhe des allgemeinen Mindestlohns nach dem MiLoG unterschreiten; Vereinbarungen, die den Anspruch auf Mindestlohn beschränken oder unterschreiten sind nach § 3 S. 1 MiLoG unwirksam (Rz. 1260).

1249

II. Einzelheiten zur Höhe des regelmäßigen Arbeitsentgelts

1. Übertarifliche Entgelte

Da die Lohn- und Gehaltstarifverträge nur Mindestlöhne und Mindestgehälter festsetzen, können in **einzelvertraglichen Abreden** übertarifliche Entgelte vereinbart werden. Ferner existieren vielfach innerbetriebliche Entgeltsysteme, die in Betriebsvereinbarungen unter Wahrung des Mitbestimmungsrechts des Betriebsrats nach § 87 Abs. 1 Nr. 10 BetrVG vereinbart worden sind.

1250

Soweit übertarifliche Entgelte gezahlt werden, erstreben Arbeitgeber häufig in entsprechenden Vereinbarungen das Ziel, diese Entgeltbestandteile flexibel zu halten. Mit der Flexibilisierung der Entgeltbestandteile soll eine **Anpassung** der Entlohnung an die Leistung des Arbeitnehmers, aber auch an die wirtschaftliche Situation des Unternehmens möglich bleiben. Üblicherweise geschehen solche Flexibilisierungen durch Widerrufsvorbehalte (Rz. 1875), neuerdings auch in Form sogenannter Ermessensboni (Rz. 1364).

1251

Welche Folgen eintreten, wenn der Tariflohn erhöht wird, der bereits zuvor gewährte übertarifliche Lohn aber noch immer günstiger ist, bestimmt sich in erster Linie nach den Regelungen im Arbeitsvertrag. Dort kann zum einen vorgesehen sein, dass sich der vereinbarte Lohn um den Betrag der Tariflohnerhöhung erhöht. Zum anderen kann vereinbart sein, dass die Tariflohnerhöhung den übertariflichen Lohn unberührt lässt. Solange der Arbeitsvertrag hierzu keine ausdrückliche Regelung enthält, ist der Wille der Parteien durch Auslegung zu ermitteln. Dies hat zur Folge, dass grds. keine Erhöhung eintritt (sog. **Aufsaugungs- bzw. Anrechnungsprinzip**; siehe im Band „Kollektivarbeitsrecht" unter Rz. 529 ff.). Eine solche Erhöhung erfolgt vielmehr nur bei selbstständigen Lohnbestandteilen, die für einen vom Tariflohn nicht erfassten Zweck, wie z.B. Leistungs- oder Schmutzzulagen oder aus einem anderen eigenständigen Grund gewährt werden (BAG v. 7.2.1995 – 3 AZR 402/94, NZA 1995, 894).

1252

„Grundsätzlich kann der Arbeitgeber nach einer Tariflohnerhöhung freiwillig gezahlte übertarifliche Zulagen auf den Tariflohn anrechnen. Eine Anrechnung ist ausgeschlossen, wenn dem Arbeitnehmer aufgrund einer vertraglichen Abrede die Zulage als selbstständiger Lohnbestandteil neben dem jeweiligen Tariflohn zustehen soll. [...] Allein in der tatsächlichen Zahlung einer solchen Zulage kann noch keine derartige vertragliche Abrede erblickt werden. Sie kann sich allerdings durch Vertragsauslegung ergeben, vor allem wenn die Zulage für einen vom Tariflohn nicht erfassten Zweck, z.B. als Erschwernis-, Leistungs-, Funktions-, Familienzulage oder aus einem anderen eigenständigen Grunde gewährt wird." (BAG v. 7.2.1995 – 3 AZR 402/94, NZA 1995, 894, 895)

1253

2. Das Mindestlohngesetz

Literatur: *Bayreuther*, Der gesetzliche Mindestlohn NZA 2014, 865; *Diringer*, Weniger Geld – Mehr Streiks?, AuA 2014, 151; *Fischer-Lescano/Preis/Ulber*, Verfassungsmäßigkeit des Mindestlohns; *Lembke*, Der Mindestlohnanspruch, NJW 2016, 3617; *Riechert/Nimmerjahn*, Das Mindestlohngesetz; *Picker*, Niedriglohn und Mindestlohn, RdA 2014, 25; *Preis/Lukes*, Mindestlohngesetz und Vertragsgestaltung, ArbRB 2015, 153; *Preis/Ulber*, Ausschlussfristen und Mindestlohngesetz, 2014; *Sagan/Witschen*, Mindestlohn für alle? Zum Anwendungsbereich des Mindestlohngesetzes und dessen Kollision mit vertraglichen Entgeltabreden, jM 2014, 372; *Sittard*, Gilt das Mindestlohngesetz auch beim Kurzeinsatz in Deutschland?, NZA 2015, 78; *Wank*, Der Mindestlohn, RdA 2015, 88.

a) Einführung

1254 Neben den in der Praxis hauptsächlich relevanten Ansprüchen aus einzelvertraglichen Abreden gemäß § 611a Abs. 2 BGB sowie möglichen Ansprüchen aus Tarifverträgen oder dem Anspruch auf Gleichbehandlung tritt seit dem 1.1.2015 eine weitere, eigenständige Anspruchsgrundlage: Nach § 1 des Gesetzes zur Regelung eines allgemeinen Mindestlohns (MiLoG) hat jeder Arbeitnehmer Anspruch auf Zahlung eines Arbeitsentgelts mindestens in Höhe des Mindestlohns durch den Arbeitgeber. Mit dem MiLoG als Teil des **Tarifautonomiestärkungsgesetzes** (BGBl. 2014, 1348 ff.) wurde erstmals in Deutschland ein **flächendeckender gesetzlicher Mindestlohn** eingeführt. Der Anspruch auf den gesetzlichen Mindestlohn steht in echter **Anspruchskonkurrenz** zu den weiteren o.g. Ansprüchen des Arbeitnehmers, der Mindestlohnanspruch ist damit nicht auf den Niedriglohnsektor beschränkt, sondern betrifft alle Arbeitnehmer in Deutschland (vgl. *Preis/Lukes* ArbRB 2015, 153, 153; *Sagan/Witschen* jM 2014, 372, 374). Der Mindestlohnanspruch aus § 1 Abs. 1 MiLoG ist ein gesetzlicher Anspruch, der eigenständig neben den arbeits- oder tarifvertraglichen Entgeltanspruch tritt. Bei Unterschreiten des gesetzlichen Mindestlohns führt § 3 MiLoG führt einem Differenzanspruch (vgl. BAG v. 25.5.2016 – 5 AZR 135/16, NZA 2016, 1327 Rz. 22).

1255 Entscheidend zur Lösung der aufgekommenen Streitfragen um den Anspruch auf den gesetzlichen Mindestlohn sind die mit dem MiLoG verfolgten Zwecke. Diese müssen auch in der Lösung von Fällen zum MiLoG in die Auslegung eingebracht werden. Die Einführung des gesetzlichen Mindestlohns war nach Auffassung des Gesetzgebers notwendig zum **Schutz der Arbeitnehmer**, da die Tarifvertragsparteien aus eigener Kraft nicht mehr durchgehend in der Lage sind, einer zunehmenden Verbreitung von unangemessen niedrigen Löhnen entgegenzuwirken (BT-Drs. 18/1558, S. 28). Demnach will der Gesetzgeber Arbeitnehmer vor **Niedrigstlöhnen** schützen, die branchenübergreifend generell als unangemessen empfunden werden (ErfK/*Franzen*, § 1 MiLoG Rz. 1). Das Fehlen eines Mindestlohns kann nach Auffassung des Gesetzgebers zudem ein Anreiz sein, einen Lohnunterbietungswettbewerb zwischen den Unternehmen auch zu Lasten der sozialen Sicherungssysteme zu führen, weil nicht existenzsichernde Arbeitsentgelte durch staatliche Leistungen der Grundsicherung für Arbeitsuchende „aufgestockt" werden können. Daher will der Gesetzgeber mit der Einführung des gesetzlichen Mindestlohns auch die **Sozialversicherungssysteme entlasten** (ErfK/*Franzen* § 1 MiLoG Rz. 1). Ausfluss dieses öffentlichen Schutzzwecks sind die Regelungen in Abschnitt III des MiLoG, die eine Kontrolle und Durchsetzung durch staatliche Behörden vorsehen. Praktisch bedeutsam sind die Melde- und Dokumentationspflichten nach §§ 16, 17 MiLoG sowie die Möglichkeit Bußgelder bei den in § 21 enumerativ aufgeführten Verstößen zu verhängen. Diese können im Einzelfall nach § 21 Abs. 3 MiLoG bis zu 500.000 Euro betragen.

1256 Zugleich soll der Mindestlohn dazu beitragen, dass der Wettbewerb zwischen den Unternehmen nicht zu Lasten der Arbeitnehmerinnen und Arbeitnehmer durch die Vereinbarung immer niedrigerer Löhne, sondern um die besseren Produkte und Dienstleistungen stattfindet. Damit verfolgt der Mindestlohn auch **wettbewerbsrechtliche Ziele**, die aber dem primären Zweck des MiLoG in Form des Schutzes des Arbeitnehmers nachgeordnet sind (*Riechert/Nimmerjahn* Einführung MiLoG, Rz. 81). Ausfluss dieser Funktion sind z.B. die Regelungen über die Mindestlohnkommission in §§ 4 ff. MiLoG. § 9 MiLoG schreibt ausdrücklich vor, dass die Mindestlohnkommission im Rahmen einer Gesamtabwägung über die Anpassung des Mindestlohns u.a. zu berücksichtigen hat, welche Höhe des Mindestlohns geeignet ist, faire und funktionierende Wettbewerbsbedingungen zu ermöglichen.

1257 In der Literatur wird zudem noch vertreten, dass mit der Einführung des Mindestlohns auch Aspekte der **Austauschgerechtigkeit** verfolgt würden: Indem der Gesetzgeber sicherstellen wolle, dass jede erbrachte Arbeitsleistung zumindest in Höhe des gesetzlichen Mindestlohns vergütet werde (vgl. *Picker* RdA 2014, 25, 34; BeckOK-ArbR/*Greiner* § 1 MiLoG Rz. 3). Für diesen Zweck spricht mit Blick auf die Gesetzesbegründung, dass dort ausgeführt ist, dass der allgemeine Mindestlohn verhindern soll, dass Arbeitnehmerinnen und Arbeitnehmer zu Arbeitsentgelten beschäftigt werden, die jedenfalls **unangemessen** sind (BT-Drs. 18/1558, S. 29). Die Grenze zu einer unangemessenen Vergütung sah der Gesetzgeber bei Einführung des MiLoG bei einer 8,50 Euro je Zeitstunde unterschreitenden Vergütung, vgl. § 1 Abs. 2 S. 1 MiLoG. Die Höhe des Mindestlohns kann auf Vorschlag einer ständigen Kommission der Tarifpartner (Mindestlohnkommission) durch Rechtsverordnung der Bundesregierung geändert werden, § 1 Abs. 2 S. 2 MiLoG. Dies ist jeweils mit der Anhebung des Mindestlohns seit dem 1.1.2017 auf **8,84 Euro** und ab dem 1.1.2019 auf **9,19 Euro je Zeitstunde** geschehen. Ab dem 1.1.2020 wird der Mindestlohn 9,35 Euro betragen.

Endlich kann dem Mindestlohn auch der Zweck der **Stützung der Tarifautonomie** und der **Stabilisierung des Tarifvertragssystems** an sich zugesprochen werden. Denn ein allgemeiner gesetzlicher Mindestlohn begrenzt den Lohnkostenvorteil, den ein Unternehmen durch Tarifflucht oder eine fehlende Tarifbindung erzielen kann (*Preis/Ulber*, in: Fischer-Lescano/Preis/Ulber, Verfassungsmäßigkeit des Mindestlohns, S. 88). Diese Funktion des Mindestlohns hat der Gesetzgeber zwar nicht ausdrücklich in der Gesetzesbegründung beschrieben. Nichtsdestotrotz kann sie bereits daraus abgeleitet werden, dass der Gesetzgeber das MiLoG als zentralen Bestandteil des Tarifautonomiestärkungsgesetzes ausgestaltet hat (*Riechert/Nimmerjahn* Einführung MiLoG Rz. 93; a.A. *Waltermann* NZA 2014, 874, 877). 1258

Die Prüfung eines Anspruchs auf den gesetzlichen Mindestlohn nach § 1 MiLoG kann nach folgendem Schema erfolgen: 1259

Anspruch auf den gesetzlichen Mindestlohn nach § 1 Abs. 1, Abs. 2 MiLoG

☐ Anspruch entstanden

☐ Anwendungsbereich des MiLoG

☐ **Persönlicher Anwendungsbereich** (Rz. 1261)

☐ **Zeitlicher Anwendungsbereich** (Rz. 1263)

☐ **Räumlicher Anwendungsbereich** (Rz. 1264)

☐ **Fälligkeit des Anspruchs** (Rz. 1266)

☐ Anspruch erloschen durch Erfüllung (Rz. 1269)

Problem: Erfüllung durch Anrechnung von sonstigen Lohnbestandteilen (Rz. 1271)

☐ Anspruch durchsetzbar

☐ Rechtsfolge

b) Der Anspruch auf den gesetzlichen Mindestlohns nach § 1 MiLoG

Erste Voraussetzung der Anspruchsgrundlage nach § 1 MiLoG ist, dass der Anwendungsbereich des MiLoG eröffnet ist. Es ist zwischen **persönlichem, zeitlichem und räumlichen Anwendungsbereich** zu differenzieren. 1260

Persönlich gilt das MiLoG nach §§ 1, **22 MiLoG** für alle Arbeitnehmerinnen und Arbeitnehmer. Praktikantinnen und Praktikanten i.S.d. § 26 BBiG gelten als Arbeitnehmerinnen und Arbeitnehmer i.S.d. MiLoG, es sei denn, sie unterfallen einer der Ausnahmen nach § 22 Abs. 1 Nr. 1–4 MiLoG (näher Rz. 1262). Nach § 22 Abs. 3 MiLoG werden ehrenamtlich Tätige sowie Auszubildende aus dem persönlichen Anwendungsbereich des MiLoG ausgenommen. Die Ausnahme ist rein deklaratorisch, beide Gruppen fallen bereits nicht unter den allgemeinen Arbeitnehmerbegriff. Eine Sonderregelung 1261 findet sich zudem in § 22 Abs. 4 MiLoG für Langzeitarbeitslose, für diese gilt der Mindestlohn in den ersten sechs Monaten der Beschäftigung nicht.

1262 Die problematischste Ausnahmeregelung hat der Gesetzgeber in § 22 Abs. 2 MiLoG für Personen i.S.v. § 2 Abs. 1, 2 JArbSchG ohne abgeschlossene Berufsausbildung geschaffen. Die Regelung ist verfassungs- und unionsrechtlich nicht haltbar. Der Gesetzgeber verfolgt mit dieser Ausnahme das Ziel, sicherzustellen, dass der Mindestlohn keinen Anreiz setzt, zugunsten einer mit ihm vergüteten Beschäftigung auf eine Berufsausbildung zu verzichten (BT-Drs. 18/1558, S. 42). Die Regelung dient damit nicht der Bekämpfung der Jugendarbeitslosigkeit, sondern soll die **Qualifikation junger Menschen** fördern. Bereits die Grundannahme des Gesetzgebers, man müsse Arbeitnehmer unter 18 Jahren dadurch schützen, dass man sie im Hinblick auf die Entlohnung ihrer Tätigkeit benachteiligt, ist nicht überzeugend. Die jetzige Regelung ist bereits deshalb ungeeignet, das Ziel der Qualifikation junger Arbeitnehmer zu erreichen, weil sich für die Unternehmen ein Anreiz ergibt, einfach gelagerte Tätigkeiten auf unter 18-jährige Arbeitnehmer auszulagern und diese dann unter dem Niveau des Mindestlohns zu entlohnen. So wird im Übrigen ein Lohnwettkampf zwischen über und unter 18-Jährigen entfacht. Unionsrechtlich steht zudem ein Verstoß gegen das Verbot der Altersdiskriminierung im Raum (vgl. ausf. *Preis/Ulber* in Fischer-Lescano/Preis/Ulber, Verfassungsmäßigkeit des Mindestlohns, S. 188 ff.).

1263 In **zeitlicher Hinsicht** ist grundsätzlich in § 1 Abs. 2 MiLoG die Geltung ab dem 1.1.2015 angeordnet. Als Ausnahme hierzu sieht § 24 Abs. 1 MiLoG das Zurücktreten des Mindestlohns hinter abweichende Regelungen eines für allgemeinverbindlich erklärten Tarifvertrages repräsentativer Tarifvertragsparteien bis zum 31.12.2017 vor. Eine weitere Sonderregelung galt nach § 24 Abs. 2 MiLoG für Zeitungszusteller, für die der Gesetzgeber eine stufenweise Anhebung auf das Niveau des allgemeinen gesetzlichen Mindestlohns bis zum 31.12.2017 vorgeschrieben hatte.

1264 Der **räumliche Anwendungsbereich** des MiLoG ist in § 20 Abs. 1 MiLoG geregelt. Hiernach sind Arbeitgeber mit Sitz im In- oder Ausland sind verpflichtet, ihren im Inland beschäftigten Arbeitnehmerinnen und Arbeitnehmern ein Arbeitsentgelt mindestens in Höhe des Mindestlohns. Die Regelung erklärt sich vor dem Hintergrund des internationalen Privatrechts: Wegen Art. 20 Abs. 1 MiLoG kommt es nicht auf die Anknüpfung nach Art. 8 Abs. 1 Rom-I-VO an. Vielmehr hat der Gesetzgeber § 20 Abs. 1 MiLoG als Eingriffsnorm i.S.d. Art. 9 Abs. 1 Rom-I-VO ausgestaltet. Folge dieser angeordneten international zwingenden Wirkung des § 20 Abs. 1 MiLoG ist, dass es für die Verpflichtung zur Zahlung des Mindestlohns nicht darauf ankommt, ob der Arbeitgeber seinen Sitz im In- oder Ausland hat. Allein die Beschäftigung im Inland löst die Pflicht zur Vergütung nach dem MiLoG aus. Fokalpunkt der Vorschrift ist der Begriff der Beschäftigung. Hierbei ist umstritten, ob eine Beschäftigung i.S.d. § 20 Abs. 1 MiLoG auch dann vorliegt, wenn nur sehr **kurzfristig Tätigkeiten auf deutschem Staatsgebiet** ausgeübt werden.

Beispiel: Ein Spediteur mit Sitz in Ungarn soll Waren von dort nach Spanien transportieren. Hierzu durchfährt der Fahrer des Spediteurs auch Bayern und Baden-Württemberg.

1265 In der Literatur wird zum Teil für kurzfristige Tätigkeiten für eine einschränkende Auslegung des § 20 MiLoG unter Rückgriff auf die unionsrechtliche Dienstleistungs- bzw. die Warenverkehrsfreiheit bei nur kurzzeitigen Transittätigkeiten geworben (so *Sittard* NZA 2015, 78, 80 ff.; a.A. *Riechert/Nimmerjahn* § 20 MiLoG Rz. 17 unter anderem unter Verweis auf eine nicht von der Hand zu weisende Missbrauchsgefahr; *Mankowski*, RdA 2017, 273). Auch Eingriffe in die Dienstleistungs- bzw. Warenverkehrsfreiheit können jedoch nach der Rechtsprechung des EuGH gerechtfertigt werden. Hierbei wird es darauf ankommen, wie der EuGH den Arbeitnehmerschutz in Relation zu den o.g. wettbewerbsrechtlichen Freiheiten austariert.

1266 Die Fälligkeit des Anspruchs auf den gesetzlichen Mindestlohn beurteilt sich nach § 2 MiLoG. Gemäß § 2 Abs. 1 MiLoG ist der Arbeitnehmer verpflichtet, den Mindestlohn zum Zeitpunkt der vereinbarten Fälligkeit, spätestens jedoch am letzten Bankarbeitstag (Frankfurt a.M.) des Monats, der auf den Monat folgt, in dem die Arbeitsleistung erbracht wurde, zu zahlen. Eine Sonderregelung enthält § 2

Abs. 2 MiLoG für Arbeitszeitkonten. § 2 Abs. 3 MiLoG nimmt Wertguthabenvereinbarungen nach dem SGB IV von den Regelungen in § 2 Abs. 1 und Abs. 2 MiLoG aus. Die Regelung erklärt sich daraus, dass im SGB IV ein eigenes normatives Regime für Wertguthabenvereinbarungen besteht, über das hinaus kein weiteres Sicherungsbedürfnis gegeben ist.

Ist der Anwendungsbereich eröffnet, hat grundsätzlich jeder Arbeitnehmer ab den in § 2 MiLoG genannten Zeitpunkten einen fälligen Anspruch auf die Zahlung von zurzeit mindestens 9,19 Euro. Bemessungseinheit ist nach § 1 Abs. 2 MiLoG die **Zeitstunde**. 1267

Umstritten ist jedoch, wie nach Einführung des MiLoG mit der Rechtsprechung des BAG zur Lohnwucher nach § **138 BGB** zu verfahren ist. Während ein Teil der Literatur davon ausgeht, dass das Verbot der Lohnwucher neben dem MiLoG obsolet werde (*Diringer* AuA 2014, 151), geht eine weitere Auffassung davon aus, dass neben dem Anspruch auf den gesetzlichen Mindestlohn die Rechtsprechung des BAG zum Lohnwucher uneingeschränkt anwendbar bleibt (vgl. ErfK/*Franzen* § 1 MiLoG Rz. 1). Für diese Auffassung spricht, dass der Mindestlohn nicht marktbezogen ist, was aber entscheidendes Merkmal der Lohnwucher-Rechtsprechung des BAG ist (*Däubler* NJW 2014, 1924, 1927). Mit dem allgemeinen gesetzlichen Mindestlohn wird neben die **relative Grenze der Lohnwucher** nach § 138 BGB eine **absolute Lohnuntergrenze durch das MiLoG** gestellt (*Riechert/Nimmerjahn* Einführung MiLoG Rz. 75). Faktisch wird sich der Streit im Niedriglohnbereich aber so oder so durch die Einführung des MiLoG erledigen, im Bereich bis 9,19 Euro können jetzt Ansprüche nach dem MiLoG geltend gemacht werden, ohne dass eine vergleichende Marktbetrachtung und vor allem deren Darlegung im Prozess erforderlich wären (vgl. ErfK/*Preis* § 612 BGB Rz. 3c). 1268

c) Erfüllung des Anspruches

Der Anspruch auf den gesetzlichen Mindestlohn wird erfüllt, wenn die für einen Kalendermonat gezahlte **Bruttovergütung** den Betrag erreicht, der sich aus der Multiplikation der Anzahl der in diesem Monat tatsächlich geleisteten Arbeitsstunden mit 9,19 Euro ergibt (BAG v. 25.5.2016 – 5 AZR 135/16, NZA 2016, 1327 Rz. 26). Der Arbeitgeber schuldet den gesetzlichen Mindestlohn **für jede tatsächlich geleistete Arbeitsstunde**. Der Mindestlohn ist für alle Stunden, während derer der Arbeitnehmer die gemäß § 611a Abs. 1 BGB geschuldete Arbeit erbringt, zu zahlen. Erfüllt ist der Anspruch auf den gesetzlichen Mindestlohn, wenn die für den **Kalendermonat gezahlte Bruttovergütung den Betrag erreicht, der sich aus der Multiplikation der Anzahl der in diesem Monat tatsächlich geleisteten Arbeitsstunden mit dem gesetzlichen Mindestlohn ergibt**. Erfüllung tritt mit Zahlung des Bruttoarbeitsentgelts ein. Auch verspätete Zahlungen können Erfüllungswirkung haben (BAG v. 25.5.2016 – 5 AZR 135/16, NZA 2016, 1327 Rz. 26). Einer der großen Streitpunkte in der Debatte um den gesetzlichen Mindestlohn war bis heute die Frage nach der **Anrechenbarkeit** von anderen, neben dem verstetigen Entgelt, von Seiten des Arbeitgebers gewährten Leistungen in Form von **Sonderzahlungen** (Rz. 1332). Im Endeffekt geht es immer um die Frage, ob diese sonstigen Leistungen dem Arbeitnehmer auf den Mindestlohn aufgeschlagen werden müssen. Dogmatisch handelt es sich um eine Frage, die im Kontext des § 362 Abs. 1 BGB bei der Erfüllung des bereits entstandenen Anspruchs auf den Mindestlohn zu lösen ist. 1269

Beispielsfall Anrechnung von Leistungen auf den Mindestlohnanspruch: Arbeitnehmer A arbeitet als Kellner in der Gastronomie und erhält für 160 monatliche Arbeitsstunden im Januar 2019 ein Gehalt von 1.120 Euro brutto. Dies ergibt eine Stundenvergütung von 7,00 Euro. Daneben erhält A aber noch einen Nachtarbeitszuschlag in Höhe von 0,50 je Stunde sowie einen Überstundenzuschlag von 1,00 Euro je Überstunde. Zudem darf A die von den Kunden erhaltenen Trinkgelder behalten. Außerdem kriegt A zu Weihnachten als „Dankeschön" und zur Belohnung für die tolle Mitarbeit von seinem Chef ein Weihnachtsgeld in Höhe von 120 Euro, mit dem die Betriebstreue des A honoriert werden soll. Fraglich ist, ob A einen Anspruch auf Zahlung von weiteren 350,40 Euro hat (160 × 2,19 Euro) hat oder ob die o.g. Sonderzahlungen auf den Anspruch auf den Mindestlohn angerechnet werden können. 1270

Bereits im Ansatz umstritten ist, wie diejenigen Leistungen ermittelt werden sollen, die auf den Mindestlohn anrechenbar sein können. Während eine teilweise vertretene Auffassung weitgehend jegliche 1271

Art von Zusatzleistungen durch den Arbeitgeber anrechenbar stellen will (*Bayreuther* NZA 2014, 865, 868 f.), sollte vielmehr die Rechtsprechung des BAG (BAG v. 16.4.2014 – 4 AZR 802/11, NZA 2014, 1277 Rz. 39) und des EuGH (EuGH v. 7.11.2013 – C-522/12 „Tevfik Isbir", NZA 2013, 1359 Rz. 38; s.a. BAG v. 21.12.2016 – 5 AZR 374/16) zum Arbeitnehmerentsenderecht, in welchem auf das Kriterium der **Funktionsäquivalenz** abgestellt wird, zu Grunde gelegt werden (so auch *Riechert/Nimmerjahn* § 1 MiLoG Rz. 100 ff.). Das BAG hat nunmehr entschieden, dass **alle im Synallagma stehenden Geldleistungen** des Arbeitgebers geeignet sind, den Mindestlohnanspruch des Arbeitnehmers zu erfüllen. Es fehlt nur solchen Zahlungen die Erfüllungswirkung, die der Arbeitgeber **ohne Rücksicht auf eine tatsächliche Arbeitsleistung** des Arbeitnehmers erbringt oder die auf einer **besonderen gesetzlichen Zweckbestimmung** (z.B. § 6 Abs. 5 ArbZG) beruhen (BAG v. 25.5.2016 – 5 AZR 135/16, NZA 2016, 1327 Rz. 32; BAG v. 17.1.2018 – 5 AZR 69/17, NZA 2018, 781 Rz. 16).

1272 Voraussetzungen für eine Anrechnung von Sonderzahlungen auf den Mindestlohn sind daher:

– **Austauschcharakter** der Sonderzahlung

– Die **Unwiderruflichkeit** der Sonderzahlung

– Die **Einhaltung des Fälligkeitszeitraums von zwei Monaten** nach § 2 Abs. 1 MiLoG

1273 Die möglichen Arten von Sonderzahlungen, die für eine Anrechenbarkeit in Betracht kommen, lassen sich nicht abschließend aufzählen. Nur exemplarisch daher folgende Beispiele:

Anrechenbar sind:
- Einmalzahlungen, die im Zeitraum der Fälligkeit nach § 2 MiLoG Arbeitsleistung vergüten und unwiderruflich gezahlt werden
- Bedienungsgelder. Diese werden durch den Arbeitnehmer für den Arbeitgeber von den Kunden für eine Bedienungsleistung erhoben (ErfK/*Preis* § 611a BGB Rz. 507 ff.) und vergüten daher die Arbeitsleistung des Arbeitnehmers in Form der Bedienungsleistung (*Riechert/Nimmerjahn* § 1 MiLoG Rz. 176).

Nicht anrechenbar sind dagegen:
- Sonderzahlungen zur Honorierung der Betriebstreue (Rz. 1332)
- Trinkgelder, weil diese mangels vertraglicher Vereinbarung mit dem Arbeitgeber kein Arbeitsentgelt darstellen, wenn und soweit ein Dritter diese dem Arbeitnehmer zusätzlich zahlt (vgl. § 107 Abs. 3 S. 2 GewO)
- Zuschläge für Arbeitsleistungen zu besonderen Arbeitszeiten (Zuschläge für Sonn- bzw. Feiertagsarbeit, Überstundenzuschläge), da diese entweder einen Ausgleich für erschwerte Arbeit darstellen (Sonn- und Feiertagsarbeit) oder mit Ihnen ein „Mehr" im Vergleich zur vom Mindestlohn erfassten Normalarbeitsleistung abgegolten werden soll (Überstunden)
- Nachtarbeitszuschläge wegen § 6 Abs. 5 ArbZG

1274 **Lösung: Beispielsfall Anrechnung von Leistungen auf den Mindestlohnanspruch**

A hat einen Anspruch auf Zahlung von weiteren 350,40 Euro. Gemäß § 1 Abs. 1, Abs. 2 MiLoG hat A als Arbeitnehmer einen Anspruch auf Zahlung des gesetzlichen Mindestlohns in Höhe von 9,19 Euro je Zeitstunde. Bisher hat A nur 7,00 Euro je Stunde erhalten. Der noch offene Differenzbetrag von 2,19 Euro je Zeitstunde ist auch nicht durch die gewährten Nachtarbeits- und Überstundenzuschläge erfüllt worden. Während bei Nachtarbeitszuschläge nach der ausdrücklichen Anordnung in § 6 Abs. 5 ArbZG ein angemessener „Zuschlag" auf das gewährte Arbeitsentgelt gewährt werden muss, wird mit dem Überstundenzuschlag ein „Mehr" im Vergleich zur vom Mindestlohn erfassten Normalarbeitsleistung abgegolten werden. In beiden Fällen handelt es sich nicht um Leistungen mit Vergütungsbezug. Dasselbe gilt für das Weihnachtsgeld, dieses soll ausdrücklich die Betriebstreue und damit nicht die Arbeitsleistung vergüten. Endlich scheidet auch eine Anrechnung der Trinkgelder aus, diese werden nicht vom Arbeitgeber, sondern von den Kunden an den A geleistet.

1275 Neben der Anrechenbarkeit von Leistungen standen mit dem MiLoG auch die in der Praxis weit verbreiteten **Ausschlussfristen** auf dem Prüfstand. Nach § 3 S. 1 MiLoG sind Vereinbarungen, die den Anspruch auf Mindestlohn unterschreiten oder seine Geltendmachung beschränken oder ausschließen, insoweit unwirksam. Hierzu gehören insbesondere Ausschlussfristen, diese dürfen sich nach § 3

S. 1 MiLoG nicht auf den Anspruch auf den gesetzlichen Mindestlohn beziehen. Der sicherste Weg, um einen Verstoß gegen § 3 S. 1 MiLoG zu vermeiden, ist die ausdrückliche Herausnahme von Ansprüchen auf den gesetzlichen Mindestlohn aus den entsprechenden Klauseln (vgl. für ein Formulierungsbeispiel *Preis/Lukes*, ArbRB 2015, 153, 156). Fraglich war, wie mit Ausschlussfristen umzugehen ist, in denen eine solche ausdrückliche Herausnahme fehlt. In der Literatur werden mehrere Wege erwogen (ausf. *Preis/Ulber*, Ausschlussfristen und Mindestlohngesetz, S. 49 ff.), wie eine Unwirksamkeit der Ausschlussfristen vermieden werden kann. Das BAG hat mittlerweile entschieden, dass sowohl arbeits- als auch tarifvertragliche Ausschlussklauseln insoweit unwirksam sind, als sie die Geltendmachung des Anspruchs auf den Mindestlohn beschränken (BAG v. 20.6.2018 – 5 AZR 377/17, NZA 2018, 1494). Dies folge unmittelbar aus dem Wortlaut des § 3 S. 1 MiLoG und nicht erst im Zusammenspiel mit § 134 BGB. Dieser Entscheidung ist zuzustimmen, da sie dem Wortlaut des § 3 S. 1 MiLoG entspricht, der eine Unwirksamkeit eben nur „insoweit" anordnet. Mit anderen Worten ermöglicht § 3 S. 1 MiLoG eine geltungserhaltende Reduktion.

In einer weiteren Entscheidung (BAG v. 18.9.2018 – 9 AZR 162/18) hat das BAG nunmehr die Frage geklärt, ob die „restliche Ausschlussklausel" gegen das Transparenzgebot des § 307 Abs. 1 S. 1 BGB verstößt. Dabei kommt es laut BAG darauf an, wann die entsprechende Klausel vereinbart wurde. Wenn dies nach dem 31.12.2014 erfolgte (also nach Einführung des Mindestlohnes), so stellt die nicht differenzierende Klausel die geltende Rechtslage von Anfang an falsch dar und verstoße damit gegen das Transparenzgebot, während eine Verfallsregelung, die schon vor dem Stichtag in einen Arbeitsvertrag aufgenommen wurde, nicht durch die nachträgliche Änderung intransparent und damit unwirksam würde. Dieses Urteil ist diskutabel und steht im Einklang mit einer anderen Entscheidung des BAG, nach der eine arbeitsvertragliche Ausschlussfrist, die gegen das Mindestentgelt nach § 2 PflegeArbbV verstößt, wegen Verstoßes gegen § 9 AEntG insgesamt unwirksam ist. Allgemein führt das BAG aus, dass eine vom Arbeitgeber als allgemeine Geschäftsbedingung gestellte arbeitsvertragliche Ausschlussfristenregelung, die auch den Anspruch auf das gesetzliche Mindestentgelt erfasst, im Anwendungsbereich dieser Verordnung gegen § 9 Satz 3 i.V.m. § 13 AEntG verstößt. Auch für „andere Ansprüche könne die Klausel nicht aufrechterhalten werden, weil dem das Transparenzgebot des § 307 Abs. 1 Satz 2 BGB entgegenstehe" (BAG v. 24.8.2016 – 5 AZR 703/15).

Ein Verzicht auf den Anspruch auf den gesetzlichen Mindestlohn ist nach § 3 S. 2 MiLoG zudem nur in einem gerichtlichen Vergleich möglich. Erfasst ist auch ein Prozessvergleich nach § 278 Abs. 6 ZPO (ErfK/*Franzen* § 3 MiLoG Rz. 5). Bei der Durchsetzbarkeit des Anspruchs auf den gesetzlichen Mindestlohn ist auf die **Verjährung** des Anspruchs zu achten. Der Anspruch verjährt in der allgemeinen Verjährungsfrist von drei Jahren nach § 194, 195 BGB. Eine **Verwirkung** des Anspruchs nach § 1 MiLoG ist dagegen generell ausgeschlossen, § 3 S. 2 Hs. 2 MiLoG. 1276

Als Rechtsfolge ordnet § 1 Abs. 1, Abs. 2 MiLoG an, dass dem Arbeitnehmer ein Anspruch auf Zahlung von 9,19 Euro je Zeitstunde zusteht. Erreicht die vom Arbeitgeber tatsächlich gezahlte Vergütung den gesetzlichen Mindestlohn nicht, begründet dies von Gesetzes wegen einen Anspruch auf Differenzvergütung, wenn der Arbeitnehmer in der Abrechnungsperiode für die geleisteten Arbeitsstunden im Ergebnis nicht mindestens den in § 1 Abs. 2 Satz 1 MiLoG vorgesehenen Bruttolohn erhält (BAG v. 29.6.2016 – 5 AZR 716/15, NZA 2016, 1332, Rz. 29). 1277

Auch die **Bereitschaftszeit** ist mit dem gesetzlichen Mindestlohn zu vergüten.

„Bereitschaftszeit ist nicht nur arbeitsschutzrechtlich Arbeitszeit (§ 2 Abs. 1 Satz 1, § 7 Abs. 1 Nr. 1a ArbZG), sondern vergütungspflichtige Arbeit i.S.v. § 611a Abs. 1 BGB. Denn dazu zählt nicht nur jede Tätigkeit, die als solche der Befriedigung eines fremden Bedürfnisses dient, sondern auch eine vom Arbeitgeber veranlasste Untätigkeit, während derer der Arbeitnehmer am Arbeitsplatz oder einer vom Arbeitgeber bestimmten Stelle anwesend sein muss und nicht frei über die Nutzung des Zeitraums bestimmen kann, er also weder eine Pause (§ 4 ArbZG) noch Freizeit hat. Diese Voraussetzung ist bei der Bereitschaftszeit, die gemeinhin beschrieben wird als Zeit wacher Aufmerksamkeit im Zustand der Entspannung, gegeben. Der Arbeitnehmer muss sich an einem vom Arbeitgeber bestimmten Ort (innerhalb oder außerhalb des Betriebs) bereithalten, um im Bedarfsfalle die Arbeit aufzunehmen ... Die gesetzliche

Vergütungspflicht des Mindestlohngesetzes differenziert nicht nach dem Grad der tatsächlichen Inanspruchnahme. Leistet der Arbeitnehmer vergütungspflichtige Arbeit, gibt das Gesetz einen ungeschmälerten Anspruch auf den Mindestlohn." (BAG v. 29.6.2016 – 5 AZR 716/15, NZA 2016, 1332 Rz. 29)

1278 Aus der Formulierung des Gesetzes heraus wird nicht von vornherein ersichtlich, ob auch für **Zeiten der Nichtarbeit**, z.B. nach § 615 S. 1 oder S. 3 BGB oder § 3 EFZG besteht, ein Anspruch auf den gesetzlichen Mindestlohn existiert. Das BAG hat hierzu entschieden, dass bei Mindestlohnregelungen diese auch für die Höhe der Entgeltfortzahlung an Feiertagen und bei Arbeitsunfähigkeit nach § 2 Abs. 1 und § 4 Abs. 1 EFZG maßgeblich seien, es sei denn, die Mindestlohnregelung selbst enthalte abweichende Bestimmungen (BAG v. 13.5.2016 – 10 AZR 495/14, NZA 2015, 1127 Rz. 27 ff.). Dies folgt letztlich aus dem Entgeltfortzahlungsprinzip der einschlägigen Vorschriften zur Entgeltfortzahlung.

3. Vergütung für Mehrarbeit und Überstunden

1279 Im Gegensatz zur früher geltenden AZO ist im ArbZG die Bezahlung von Überarbeit (Mehrarbeit und Überstunden, Rz. 1136) **nicht geregelt**, sondern vom Gesetzgeber bewusst dem Arbeitsvertrag, Tarifvertrag oder der Betriebsvereinbarung überlassen worden. Soweit eine ausdrückliche Regelung fehlt, kann sich aus dem Institut der betrieblichen Übung ein Anspruch auf Vergütung von Überarbeit ergeben (Rz. 680). Ansonsten ist auf § 612 BGB zurückzugreifen. Es besteht jedoch kein Anspruch des Arbeitnehmers darauf, dass Überarbeit stets zu vergüten ist; vielmehr ist auch ein **Ausgleich durch Freizeitgewährung** möglich (zur Vergütungspflicht von Überstunden Teilzeitbeschäftigter Rz. 1965).

1280 Hinsichtlich der Vergütung ist zu unterscheiden zwischen der für die Überarbeit anfallenden **Grundvergütung** und **eventuellen Vergütungszuschlägen**. Auch ohne vertragliche Regelung gilt eine Grundvergütung für die Überstunden (üblicher Stundenverdienst; Bruchteil des Monatsverdienstes) grundsätzlich gemäß § 612 BGB als stillschweigend vereinbart, da der Arbeitnehmer eine quantitative Mehrleistung erbringt. Im Einzelfall kann jedoch etwas anderes gelten. So werden von leitenden Angestellten geleistete Überstunden im Rahmen ihres Aufgabenkreises vielfach mit der vereinbarten Vergütung abgegolten sein (hierzu BAG v. 17.11.1966 – 5 AZR 225/66, NJW 1967, 413; siehe zu Rechtsanwälten BAG v. 17.8.2011 – 5 AZR 406/10, NZA 2011, 1335). Des Weiteren reicht die bloße Kenntnis des Arbeitgebers von den Überstunden nicht aus, um einen Vergütungsanspruch zu begründen; der Arbeitnehmer muss zumindest eine konkludente Vereinbarung über die Mehrleistung nachweisen (LAG Hamm 10.6.1999 – 8 Sa 94/99, LAGE § 612 BGB Nr. 6).

1281 In der Praxis wird für Überstunden aufgrund entsprechender Regelungen oder betrieblicher Übung zusätzlich zu der für diese Zeit anfallenden Normalvergütung ein sog. **Überstundenzuschlag** gezahlt. Ohne besondere kollektiv- oder einzelvertragliche Rechtsgrundlage ist der Arbeitgeber jedoch nicht zur Zahlung eines Zuschlags für Überstunden verpflichtet. Insoweit braucht auch der Ausgleich von Überstunden durch Freizeitgewährung keinen Zuschlag zu erhalten.

1282 **Mehrarbeitszuschläge**, d.h. Zuschläge für Überschreitung der gesetzlich zulässigen Höchstarbeitszeit, sind nach dem ArbZG nicht vorgesehen (anders noch § 15 AZO), ergeben sich aber – i.d.R. in Höhe von 25 % – vielfach ebenfalls aus Kollektiv- oder Einzelvertrag.

1283 **Pauschalierungsabreden** unterliegen einer **Inhaltskontrolle**. Es bedarf hier einer präzisen Abgrenzung, ob eine **kontrollfreie Preisabrede** oder eine **kontrollbedürftige Preisnebenabrede** vorliegt (BAG v. 31.8.2005 – 5 AZR 545/04, NZA 2006, 324; BAG v. 16.5.2012 – 5 AZR 331/11, NZA 2012, 908). Der Ausschluss einer Überstundenvergütung kann stark benachteiligend wirken.

Fallbeispiel: Die Klausel in einem Arbeitsvertrag: „Eine Vergütung von Überstunden ist ausgeschlossen." oder: „Mit dem Gehalt sind angeordnete Überstunden abgegolten" ist als Preisnebenabrede kontrollfähig und in der Regel unangemessen benachteiligend (§ 307 Abs. 1 S. 1 BGB), wenn der Arbeitnehmer zugleich verpflichtet ist, Überstunden zu leisten. Die frühere Rechtsprechung hat diese Klauseln im Lichte des § 138 BGB nicht beanstandet (BAG v. 26.1.1956 – 2 AZR 98/54, AP Nr. 1 zu § 15 AZO). Daran kann nicht festgehalten werden. Es liegt eine krasse Beeinträchtigung des Äquivalenzverhältnisses und damit eine unangemessene Benachteiligung vor, wenn vorformuliert die Verpflichtung zur Ableistung von Mehr- und Überarbeit mit einer Pauschalabgeltung verbunden wird. Ohne Begrenzung der Anordnung von Mehr- bzw. Überarbeit wird dem Arbeitgeber damit das Recht zum einseitigen Eingriff in das Synallagma eröffnet.

Im Sinne dieser Ausführungen hat das BAG jetzt in einer Reihe von Entscheidungen Klauseln die Wirksamkeit abgesprochen, die einen pauschalen Ausschluss der Überstundenvergütung regeln. Es hat dabei allerdings (noch) nicht auf die materielle Unangemessenheit abstellen müssen (gemäß § 307 Abs. 1 S. 1 BGB), sondern hat die entsprechenden Klauseln wegen Verstoßes gegen das **Transparenzgebot** (§ 307 Abs. 1 S. 2 BGB) für unwirksam erklärt.   1284

„Die AGB-Klausel ‚erforderliche Überstunden sind mit dem Monatsgehalt abgegolten‘ genügt nicht dem Transparenzgebot (§ 307 Abs. 1 S. 2 BGB), wenn sich der Umfang der danach ohne zusätzliche Vergütung zu leistenden Überstunden nicht hinreichend deutlich aus dem Arbeitsvertrag ergibt." (BAG v. 1.9.2010 – 5 AZR 517/09, NZA 2011, 575 Rz. 11)

In diesem Zusammenhang kann auch eine Entscheidung des BAG zur Wirksamkeit einer kollektivrechtlichen Regelung zur Pauschalabgeltung erwähnt werden (BAG v. 26.6.2019 – 5 AZR 452/18, juris). Zwischen einer Gewerkschaft und einem ihrer Gewerkschaftssekretäre gab es Streit über die Wirksamkeit einer Norm aus einer tarifvertragsersetzenden Gesamtbetriebsvereinbarung, die vorsah, dass Gewerkschaftssekretäre, die regelmäßig Mehrarbeit leisten, pauschal dafür zum Ausgleich neun freie Arbeitstage im Kalenderjahr erhalten. Für die anderen Beschäftigten galt jedoch, dass diese für jede geleistete Überstunde einen Freizeitausgleich von einer Stunde und achtzehn Minuten, damit einen Überstundenzuschlag von 30 % erhalten. Das BAG stellte vertretbar fest, dass diese Klausel gleich gegen mehrere Gebote verstößt: Zum einen ist durch die Wendung „regelmäßigen Mehrarbeit" für den Beschäftigten nicht hinreichend klar, wann diese Voraussetzung erfüllt ist (Verstoß gegen das Gebot der Normenklarheit). Zum anderen liegt ein Verstoß gegen das betriebsverfassungsrechtliche Gleichbehandlungsgebot vor. Eine – wie auch immer geartete – „Regelmäßigkeit" von Überstunden sei kein taugliches Differenzierungskriterium dafür, ob die Vergütung von Überstunden pauschaliert oder „spitz" nach den tatsächlich geleisteten Überstunden gezahlt werde. Der Kläger habe deshalb Anspruch auf Vergütung der Mehrarbeitsstunden zuzüglich des in der Gesamtbetriebsvereinbarung vorgesehenen Zuschlags von 30 %. Es bleibt abzuwarten, wie diese materiellen Grundsätze auf die Kontrolle von AGB-Klauseln zur Pauschalabgeltung am Maßstab von § 307 Abs. 1 BGB zu übertragen sind.   1285

Weitere Rechtsfolge ist, dass der Arbeitnehmer die Vergütung der Überstunden verlangen kann. Anspruchsgrundlagen sind § 612 Abs.1 BGB sowie § 2 MiLoG (zum Verhältnis der beiden Vorschriften zueinander Rz. 1268). § 612 Abs. 1 BGB setzt voraus, dass „eine Dienstleistung den Umständen nach nur gegen eine Vergütung zu erwarten ist". Die für § 612 Abs. 1 BGB erforderliche – objektive – Vergütungserwartung wird in weiten Teilen des Arbeitslebens, insbesondere bei einfacheren Tätigkeiten – gegeben sein (BAG v. 22.2.2012 – 5 AZR 765/10, NZA 2012, 861). Einen allgemeinen Rechtsgrundsatz, dass jede Mehrarbeitszeit oder jede dienstliche Anwesenheit über die vereinbarte Arbeitszeit hinaus nach § 612 Abs. 1 BGB zu vergüten ist, gibt es jedoch bei Diensten höherer Art nicht (BAG v. 17.8.2011 – 5 AZR 406/10, NZA 2011, 1337 Rz. 20). Neben § 612 Abs. 1 BGB tritt jedoch seit dem 1.8.2014 der Anspruch auf den allgemeinen Mindestlohn aus § 2 Abs. 1 MiLoG.   1286

Auch dieser soll jedoch nur dann erfüllt sein, wenn die monatliche Vergütung im Hinblick auf die tatsächlich geleisteten Stunden, d.h. übliche Arbeitszeit und Mehrarbeit, im Durchschnitt den jeweils geltenden Mindestlohn nicht unterschreitet (BAG v. 25.5.2016 – 5 AZR 135/16, NZA 2016, 1327 Rz. 26; vgl. auch BAG v. 11.10.2017 – 5 AZR 591/16, NJW 2018, 489 Rz. 16 ff. zum Bereitschaftsdienst). Vertretbar erscheint es allerdings, auch den Arbeitgeber entsprechend dem Wortlaut des § 1 Abs. 2 MiLoG zu verpflichten, für jede geleistete Zeitstunde (Überstunde) den allgemeinen Mindestlohn zu zahlen. Auch tatsächlich geleistete Überstunden sind Arbeitszeit und daher mit dem Mindestlohn zu vergüten (vgl. *Bepler* in FS Wank, S. 41, 52; *Preis/Lukes* ArbRB 2015, 153, 155).

1287 Die gerichtliche Geltendmachung der Überstundenvergütung erfordert eine genaue **Auflistung der Überstunden** (BAG v. 25.11.1993 – 2 AZR 517/93, NZA 1994, 839).

„Der Arbeitnehmer, der im Prozess von seinem Arbeitgeber die Bezahlung von Überstunden fordert, muss, zumal wenn zwischen der Geltendmachung und der behaupteten Leistung ein längerer Zeitraum liegt, beim Bestreiten der Überstunden im Einzelnen darlegen, an welchen Tagen und zu welchen Tageszeiten er über die übliche Arbeitszeit hinaus tätig geworden ist. Er muss ferner eindeutig vortragen, ob die Überstunden vom Arbeitgeber angeordnet oder zur Erledigung der ihm obliegenden Arbeit notwendig oder vom Arbeitgeber gebilligt oder geduldet worden sind." (BAG v. 25.11.1993 – 2 AZR 517/93, NZA 1994, 839; s.a. BAG v. 16.5.2012 – 5 AZR 347/11, NZA 2012, 939)

1288 Steht jedoch fest, dass Überstunden auf Anordnung des Arbeitgebers geleistet worden sind, kann der Arbeitnehmer aber der Darlegungslast nicht in jeder Hinsicht genügen, ist eine Schätzung des Mindestumfangs der geleisteten Überstunden gem. § 287 ZPO zulässig (vgl. BAG v. 25.3.2015 – 5 AZR 602/13, NZA 2015, 1002 Rz. 19).

1289 § 612 Abs. 1 BGB findet auch bei **qualitativer Mehrleistung** des Arbeitnehmers Anwendung, also dann, wenn der Arbeitnehmer über seine arbeitsvertragliche Verpflichtung hinaus zeitweilig höherwertige Tätigkeiten verrichtet. Aus dem Grundsatz von Treu und Glauben kann sich für ihn jedoch die Verpflichtung ergeben, für eine begrenzte Zeit eine höherwertige Tätigkeit ohne zusätzliche Vergütung zu verrichten. Entscheidend sind hier aber die Umstände des Einzelfalls (BAG v. 16.2.1978 – 3 AZR 723/76, AP Nr. 31 zu § 612 BGB). § 612 Abs. 1 BGB findet auch dann Anwendung, wenn ein Praktikant höherwertige Dienste verrichtet als die, die er während des Praktikums zu erbringen hat (BAG v. 10.2.2015 – 9 AZR 289/13, AP Nr. 77 zu § 612 BGB).

Fallbeispiel: Qualitative Mehrleistung durch Praktikantin: P hat sich nach einem Studium der Pädagogik dazu entschlossen, sich zur Kinder- und Jugendpsychotherapeutin ausbilden zu lassen. Gemäß § 5 Abs. 1 des Psychotherapeutengesetzes (PsychThG) besteht die mindestens dreijährige Ausbildung aus einer praktischen Tätigkeit, die von theoretischer und praktischer Ausbildung begleitet wird. Genauere Anforderungen an die Tätigkeit werden in der Ausbildungs- und Prüfungsverordnung für Kinder- und Jugendlichenpsychotherapeuten (KJPsychTh-APrV) geregelt, wobei nach § 2 Abs. 1 S. 2 KJPsychTh-APrV die praktische Tätigkeit unter fachkundiger Anleitung und Aufsicht erfolgt. Nach § 2 Abs. 3 Satz 1 KJPsychTh-APrV ist während der praktischen Tätigkeit in der kinder- und jugendpsychiatrischen klinischen oder ambulanten Einrichtung eine Beteiligung der Ausbildungsteilnehmer an der Diagnostik und der Behandlung von mindestens 30 Kindern und Jugendlichen unter Einbeziehung der bedeutsamen Beziehungspersonen (Patienten) geregelt. Eigene Patientenbehandlungen sind während der praktischen Tätigkeit nicht vorgesehen.

Die Klägerin bewarb sich daher bei einer Klinik für Kinder- und Jugendpsychiatrie für ein unbezahltes Praktikum. Die Klägerin wurde an vier Tagen in der Woche jeweils zumindest von 9:00 Uhr bis 17:30 Uhr auf einer Station der Klinik eingesetzt. Die Klägerin erledigte regelmäßig in der Größenordnung von zwei Tagen in der Woche Testungen und therapeutische Tätigkeiten eigenständig und in wirtschaftlich verwertbarer Art und Weise. Die Testungen beinhalteten u.a. Intelligenztests, Lese- und Rechtschreibtests, Tests auf Dyskalkulie, Aufmerksamkeits- und Wahrnehmungsdefizite, Angststörung, Depression, Persönlichkeitsstruktur, emotionale Störung und Schulangst. Die testdiagnostischen Arbeiten wurden von der Klägerin ohne Überwachung oder Beaufsichtigung seitens der Beklagten eigenverantwortlich durchgeführt. Die Auswertung sowie die Interpretation der bei den Testungen gewonnenen Ergebnisse nahm die Klägerin ebenfalls selbstständig und ohne Aufsicht vor. Die von ihr gefertigten Berichte waren anschließend die Grundlage für die weitere Arbeit auf der Station.

Für diese eigenständigen Tätigkeiten stand der Klägerin ein Anspruch auf Zahlung der üblichen Vergütung gemäß § 612 Abs. 1 BGB zu. Die Klägerin hatte regelmäßig im Umfang von zwei Arbeitstagen in der Woche Tätigkeiten ausgeführt, die eine Praktikantin im Rahmen von § 2 KJPsychTh-APrV ohne Aufsicht, ohne Kontrolle und ohne gemeinsame nachfolgende Analyse nicht verrichten musste. Damit hatte sie eine qualitative Mehrleistung erbracht, für die § 612 Abs. 1 BGB Anwendung findet.

4. Grenzen der Vereinbarungsfreiheit

Im Bereich des Arbeitsentgelts herrscht grundsätzlich das Prinzip der Vertragsfreiheit, d.h. die Vertragspartner können Höhe und Zahlungsmodalitäten der Vergütung selbst regeln. Eine gerichtliche Kontrolle der Entgeltvereinbarung auf **Sittenwidrigkeit** erfolgt jedoch über **§ 138 Abs. 2 BGB** (Lohnwucher). Maßstab für die Feststellung eines „auffälligen Missverhältnisses zwischen Leistung und Gegenleistung" ist nach der Rechtsprechung der Tariflohn und das allgemeine Lohnniveau. Das bedeutet, dass bei der Beurteilung, ob Leistung und Gegenleistung in einem auffälligen Missverhältnis stehen, in der Regel auf die Arbeitsleistung als solche, auf deren Dauer und den Schwierigkeitsgrad, sowie auf die körperliche und geistige Beanspruchung abzustellen ist (BAG v. 11.1.1973 – 5 AZR 322/72, DB 1973, 727).

1290

Wann im Einzelfall von einem sittenwidrigen Lohnwucher ausgegangen werden kann, lässt sich schwer generell beurteilen. Entscheidender Orientierungsmaßstab für die Prüfung, ob ein **auffälliges Missverhältnis** vorliegt, ist der Tariflohn ohne Berücksichtigung der tariflichen Zusatzleistungen. Allerdings soll nach der Rechtsprechung nicht nur auf die Tariflöhne des jeweiligen Wirtschaftszweigs, sondern auch auf das allgemeine Lohnniveau im Wirtschaftsgebiet abgestellt werden (BAG v. 23.5.2001 – 5 AZR 527/99, EzA § 138 BGB Nr. 29). In Bereichen, in denen keine einschlägigen Tarifverträge existieren, sind verwandte Tarifverträge als Vergleichsmaßstab heranzuziehen. So ist z.B. bei Rechtsanwälten das Vergleichsentgelt die übliche Vergütung in vergleichbaren Anstellungsverhältnissen am Beschäftigungsort oder an einem Ort vergleichbarer wirtschaftlicher Prägung des OLG-Bezirks (BAG v. 17.12.2014 – 5 AZR 663/13, NZA 2015, 608 Rz. 21).

1291

Das BAG übt sich in der Frage der Sittenwidrigkeit in Einzelentscheidungen. Ein auffälliges Missverhältnis zwischen Leistung und Gegenleistung i.S.v. § 138 Abs. 2 BGB liegt nach der Rechtsprechung vor, wenn die Arbeitsvergütung nicht einmal **zwei Drittel** eines in der betreffenden Branche und Wirtschaftsregion üblicherweise gezahlten Tariflohns erreicht (BAG v. 22.4.2009 – 5 AZR 436/08, NZA 2009, 837 Rz. 13). Demgegenüber soll der Erhalt von 70 % der üblichen Vergütung nicht geeignet sein, ein auffälliges Missverhältnis zu begründen (BAG v. 23.5.2001 – 5 AZR 527/99, EzA § 138 BGB Nr. 29). In der Entscheidung des BAG vom 26.4.2006 (5 AZR 549/05, NZA 2006, 1354 Rz. 16) heißt es, dass die Sittenwidrigkeit einer Entgeltvereinbarung nicht allein nach der vereinbarten Entgelthöhe zu beurteilen sei. Es erklärte dort die Vergütung in einer Privatschule beschäftigter Lehrkräfte in Höhe von 75 % der im öffentlichen Dienst beschäftigten Lehrer für sittenwidrig, weil der Privatschulträger einen öffentlichen Zuschuss in Höhe von 97 % der vergleichbaren Personalkosten des öffentlichen Dienstes erhielt. Abgesehen davon gilt im Normalfall, dass bei **Unterschreitung** des Vergleichniveaus **um** etwa **die Hälfte** in jedem Falle Lohnwucher anzunehmen ist. Als ausreichend für die Annahme der Sittenwidrigkeit der Entgeltregelung wird im Regelfall eine Vergütung angesehen, die ein Drittel unter dem Tariflohn liegt (vgl. BGH v. 22.4.1997 – 1 StR 701/96, NZA 1997, 1167).

1292

Im Fall der Sittenwidrigkeit einer Entgeltvereinbarung ist nach **§ 612 Abs. 2 BGB** die übliche Vergütung zu zahlen (BAG v. 10.3.1960 – 5 AZR 426/58, AP Nr. 2 zu § 138 BGB).

1293

Fallbeispiel: Die unterbezahlte Praktikantin: Eine Diplomingenieurin für Innenarchitektur schließt mit einem Fachverlag einen „Praktikantenvertrag", nach dem ihr „allgemeine Aufgaben" im Bereich Veranstaltungsorganisation/Eventmanagement übertragen werden. Die Ingenieurin war während ihres Studiums im Kulturmanagement bereits tätig. Sie wurde im Fachverlag während der betriebsüblichen Arbeitszeit beschäftigt und erhielt für den vollen Monat eine „Praktikantenvergütung" von brutto 375,00 Euro. Das LAG stellte fest, dass der Ausbildungszweck in dem sechsmonatigen sog. Praktikantenverhältnis nicht im Vordergrund stand, sondern deutlich die für den Betrieb erbrachten Leistungen und Arbeitsergebnisse. Für diese reguläre, von der Ingenieurin voll erbrachte Arbeitsleitung sei eine Vergütung von 375,00 Euro monatlich sittenwidrig und das LAG sprach der Klägerin eine Vergütung für die 35-Stunden-Woche von 1522,50 Euro brutto monatlich zu. Dabei ist das Gericht von dem Stundenlohn in Höhe von 10,00 Euro ausgegangen, nach dem die Beklagte die stundenweise zugebuchten Kräfte bei Abendveranstaltungen, wie etwa Hostessen, bezahle, da die Tätigkeit der Klägerin dieser Tätigkeit zumindest gleichwertig gewesen sei (LAG Baden-Württemberg v. 8.2.2008 – 5 Sa 45/07, NZA 2008, 768).

1294 Auch aus anderen Gründen, z.B. einer Verlustbeteiligung, kann die arbeitsvertragliche Entgeltabrede gegen § 138 Abs. 1 BGB verstoßen (BAG v. 10.10.1990 – 5 AZR 404/89, NJW 1991, 861).

1295 Als weiterer Kontrollparameter ist zudem seit dem 1.8.2014 **§ 3 S.1 MiLoG** zu beachten. Hiernach sind Vereinbarungen, die den Anspruch auf Mindestlohn unterschreiten oder seine Geltendmachung beschränken oder ausschließen, insoweit unwirksam. Der Anspruch auf den allgemeinen Mindestlohn ist damit vom Gesetzgeber zwingend ausgestaltet worden, der Mindestlohn markiert die unterste Grenze zulässiger Lohngestaltung im Arbeitsrecht (ErfK/*Franken* § 3 MiLoG Rz. 1; Einzelheiten Rz. 1250).

1296 Der Arbeitgeber ist nicht verpflichtet, einheitliche Bezüge für gleichwertige Arbeit mit seinen Arbeitnehmern auszuhandeln. Vielmehr geht der Grundsatz der Vertragsfreiheit prinzipiell vor. Der Grundsatz „**Gleicher Lohn für gleiche Arbeit**" ist demnach keine allgemeingültige Anspruchsgrundlage, sondern bedarf der gesetzlichen Umsetzung in ausdrückliche Anspruchsgrundlagen, so z.B. in § 612 Abs. 3 BGB a.F. (BAG v. 21.6.2000 – 5 AZR 806/98, NZA 2000, 1050), heute durch das AGG geregelt (Rz. 1560). Auch aus dem allgemeinen Gleichbehandlungsgebot (Rz. 1445) folgt nichts anderes, solange es sich um eine **individuelle Lohnvereinbarung** handelt. Der allgemeine Gleichbehandlungsgrundsatz greift nur dann ein, wenn der Entlohnung kollektive Regeln zugrunde liegen, d.h. der Arbeitgeber die Leistung nach einem bestimmten erkennbaren und generalisierenden Prinzip gewährt (BAG v. 19.8.1992 – 5 AZR 513/91, NZA 1993, 172).

III. Zahlung des Arbeitsentgelts

1. Zeit, Ort und Modalitäten der Entgeltzahlung

1297 § 614 BGB bestimmt, dass die Vergütung erst nach der Leistung der Dienste zu entrichten ist. Der Arbeitnehmer ist also vorleistungspflichtig. Abweichende Vereinbarungen sind jedoch auch hier möglich und typischerweise in Tarifverträgen geregelt.

1298 Der Zahlungsort für die Entgeltzahlungspflicht ist bei fehlender Vereinbarung gemäß § 269 BGB der **Betriebssitz**; dort muss der Arbeitnehmer die Vergütung abholen (Holschuld). Zumeist werden aber abweichende vertragliche Regelungen vorliegen. Insoweit ist die erzwingbare Mitbestimmung des Betriebsrats gemäß § 87 Abs. 1 Nr. 4 BetrVG zu beachten. So erfolgt heute die Zahlung der Vergütung anstelle der früher üblichen Barzahlung („Lohntüte") nahezu ausschließlich **bargeldlos durch Überweisung** auf ein Konto des Arbeitnehmers.

1299 Obwohl Arbeitsentgelt der sog. Bruttolohn ist, wird an den Arbeitnehmer nur der **Nettolohn** ausgezahlt. Dies ist der nach den vom Arbeitgeber abzuführenden gesetzlichen Lohnabzügen (Lohnsteuer und Arbeitnehmeranteil an den Sozialversicherungsbeiträgen) verbleibende Teil. Der vom Arbeitnehmer zu tragende Anteil an den Sozialversicherungsabgaben (Kranken-, Renten-, Arbeitslosen- und Pflegeversicherung) beträgt gegenwärtig ca. 21 % des Bruttoverdienstes.

1300 Nach § 108 Abs. 1 S. 1 GewO muss Arbeitnehmern bei der Lohnzahlung eine Abrechnung in Textform erteilt werden, aus der der **Betrag des verdienten Entgelts** und die vorgenommenen Abzüge hervorgehen.

1301 Demgegenüber hat der Arbeitgeber einen Anspruch auf Ausstellung einer Quittung (§ 368 BGB). Davon ist die Erteilung einer sog. Ausgleichsquittung zu unterscheiden, also einer Bestätigung des Arbeitnehmers, dass ihm weitere Ansprüche nicht zustehen. Hierzu ist der Arbeitnehmer nicht verpflichtet. Ausgleichsquittungen finden sich vielfach bei der Beendigung des Arbeitsverhältnisses und stellen je nach Wortlaut einen Vergleich, Erlassvertrag oder ein negatives Schuldanerkenntnis dar. Allerdings kann ein Verzicht auf tarifliche Ansprüche nicht erfolgen (§ 4 Abs. 4 S. 1 TVG). Ausgleichsquittungen sollen Streit um bestehende oder zukünftige Ansprüche verhindern und klare Verhältnisse schaffen.

Ausgleichsquittungen sind in aller Regel als formularmäßige Verzichtserklärung ausgestaltet. Als solche unterliegen sie der Inhaltskontrolle nach §§ 305 ff. BGB (hierzu ErfK/*Preis* §§ 305 bis 310 Rz. 77; *Preis/Bleser/Rauf* DB 2006, 2812). Nach der Rechtsprechung sind Klageverzichtsvereinbarungen, die in unmittelbarem zeitlichen und sachlichen Zusammenhang mit dem Ausspruch einer Kündigung getroffen werden, „Auflösungsverträge" i.S.d. § 623 BGB und bedürfen der Schriftform (BAG v. 19.4.2007 – 2 AZR 208/06, NZA 2007, 1227 Rz. 25). Sind diese Voraussetzungen gewahrt bzw. besteht kein „unmittelbarer" Zusammenhang mit der Kündigung, wird in der Rechtsprechung die Ausgleichsquittung zunächst unter Heranziehung des Verbots überraschender Klauseln (§ 305c Abs. 1 BGB) begrenzt (BAG v. 23.2.2005 – 4 AZR 139/04, NZA 2005, 1198; BAG v. 25.9.2014 – 2 AZR 788/13, NZA 2015, 350 Rz. 16 f.). Zu beachten ist ferner die Unklarheitenregel (§ 305c Abs. 2 BGB). 1302

Ist die Ausgleichsquittung weder überraschend noch unklar, finden schließlich die Grundsätze der Inhaltskontrolle Anwendung (§ 307 BGB). Eine Klageverzichtsklausel ist gemäß § 307 Abs. 3 BGB wegen der Abweichung von der gesetzlichen Klagefrist des § 4 S. 1 i.V.m. § 13 Abs. 1 S. 1 KSchG kontrollfähig (BAG v. 25.9.2014 – 2 AZR 788/13, Rz. 21). Vielfach scheitern Ausgleichsquittungen schon am Transparenzgebot (§ 307 Abs. 1 S. 2 BGB). Die **formularmäßige Verzichtsvereinbarung ohne kompensatorische Gegenleistung stellt in der Regel eine unangemessene Benachteiligung** dar (BAG v. 6.9.2007 – 2 AZR 722/06, NZA 2008, 219 Rz. 29; BAG v. 12.3.2015 – 6 AZR 82/14, NZA 2015, 676 Rz. 27 ff.). 1303

„Ausgleichsklauseln, in denen Arbeitnehmer im Zusammenhang mit der Beendigung des Arbeitsverhältnisses erklären sollen, dass Ansprüche, gleich aus welchem Rechtsgrund, nicht bestehen, sind nicht nach § 307 Abs. 3 S. 1 BGB der Inhaltskontrolle entzogen. Abreden über den unmittelbaren Gegenstand der Hauptleistung unterliegen aus Gründen der Vertragsfreiheit regelmäßig ebenso wenig wie Vereinbarungen über das von dem anderen Teil zu erbringende Entgelt einer Inhaltskontrolle. Ausgleichsklauseln sind als Teil eines Aufhebungsvertrags nicht Haupt-, sondern Nebenabrede und deshalb nicht kontrollfrei. Ausgleichsklauseln, die einseitig nur Ansprüche des Arbeitnehmers erfassen und dafür keine entsprechende Gegenleistung gewähren, sind unangemessen benachteiligend i.S.v. § 307 Abs. 1 S. 1 BGB." (BAG v. 21.6.2011 – 9 AZR 203/10, NZA 2011, 1341 Rz. 45 f.) 1304

Wird aber der Anspruchsverzicht durch eine kompensatorische Gegenleistung „abgekauft", dann kann diese Vereinbarung – gleichgültig welche Höhe die Gegenleistung hat – eine Hauptabrede sein, die gemäß § 307 Abs. 3 S. 1 BGB nur auf Transparenz (§ 307 Abs. 1 S. 2 BGB) kontrollierbar ist (näher *Preis/Bleser/Rauf* DB 2006, 2812, 2816). 1305

2. Verjährung und Ausschlussfristen

Literatur: *Bepler*, Der Nachweis von Ausschlussfristen, ZTR 2001, 241; *Plüm*, Tarifliche Ausschlussfristen im Arbeitsverhältnis, MDR 1993, 14; *Preis*, Auslegung und Inhaltskontrolle von Ausschlussfristen in Arbeitsverträgen, ZIP 1989, 885; *Preis*, Anm. zu BAG v. 13.12.2000, RdA 2002, 42; *Preis/Lukes*, Mindestlohngesetz und Vertragsgestaltung, ArbRB 2015, 153; *Preis/Roloff*, Die Inhaltskontrolle vertraglicher Ausschlussfristen, RdA 2005, 144; *Preis/Ulber*, Ausschlussfristen und Mindestlohngesetz, 2015.

Der Anspruch auf Zahlung der Vergütung **verjährt in drei Jahren** seit dem Ende des Jahres, in dem er entstanden ist und in dem der Arbeitnehmer von den anspruchsbegründenden Tatsachen und der Person des Schuldners Kenntnis erlangt hat (vgl. § 195 i.V.m. § 199 Abs. 1 BGB). Die regelmäßige Verjährungsfrist gilt einheitlich für vertragliche und nicht-vertragliche Ansprüche sowohl des Arbeitnehmers als auch des Arbeitgebers. Nur ausnahmsweise beträgt die Frist noch 30 Jahre, z.B. für rechtskräftig festgestellte Ansprüche (§ 197 Abs. 1 Nr. 3 BGB), für Ansprüche aus vollstreckbaren Vergleichen oder vollstreckbaren Urkunden (§ 197 Abs. 1 Nr. 4 BGB) sowie für Ansprüche, die durch die im Insolvenzverfahren erfolgte Feststellung vollstreckbar geworden sind (§ 197 Abs. 1 Nr. 5 BGB). 1306

Für die Geltendmachung des Lohnanspruches können durch Einzelarbeitsvertrag oder Tarifvertrag **Ausschlussfristen** bestimmt sein, die häufig **erheblich kürzer** als die gesetzlichen Verjährungsfristen 1307 sind (z.B. § 37 TVöD: sechs Monate) und bereits mit der Fälligkeit der Forderung beginnen. Damit soll Rechtsklarheit in den Fällen erreicht werden, in denen der Nachweis über die Umstände des Lohnanspruchs mit fortschreitender Zeit erschwert wird (z.B. beim Akkordlohn oder bei wechselnden Arbeitszeiten). Während die Verjährung dem Arbeitgeber nur ein Leistungsverweigerungsrecht gibt (§ 214 Abs. 1 BGB), geht der Lohnanspruch mit Ablauf der Ausschlussfrist unter. Für tarifliche Ansprüche sind solche Ausschlussfristen aber nur bei Vereinbarung im Tarifvertrag wirksam (§ 4 Abs. 4 S. 3 TVG). Wegen § 3 S. 1 MiLoG sind nach jüngster Rechtsprechung Ausschlussfristen umfassend unwirksam, die nicht die Erfassung des allgemeinen gesetzlichen **Mindestlohns** ausschließen (Rz. 1275). Man unterscheidet **einstufige und zweistufige Ausschlussfristen**. Einstufige Ausschlussfristen beschränken sich darauf, die Geltendmachung des Anspruchs unter eine Frist zu stellen. Die zweistufigen Ausschlussfristen hingegen verlangen nach Ablehnung des Anspruchs durch den anderen Teil auch noch die gerichtliche Geltendmachung des Anspruchs innerhalb einer bestimmten Frist.

1308 Ausschlussfristen in Formulararbeitsverträgen (Rz. 1059) oder allgemeinen Arbeitsbedingungen sind nach **§§ 305 ff. BGB** zu kontrollieren. Hier stellen sich im Wesentlichen zwei Probleme: die wirksame **Einbeziehung** und die inhaltliche **Angemessenheit** der Ausschlussklausel. Nach § 305c Abs. 1 BGB werden überraschende Klauseln nicht wirksam in den Vertrag einbezogen. Das BAG hält formularvertragliche Ausschlussfristen dann für überraschende Klauseln, wenn sie im **Vertrag nicht deutlich hervorgehoben sind** (BAG v. 29.11.1995 – 5 AZR 447/94, NZA 1996, 703; sog. formale Überraschungsklausel).

1309 Ist die Klausel wirksamer Vertragsbestandteil geworden, ist sie nach §§ 307–309 BGB auf ihre inhaltliche Angemessenheit hin zu kontrollieren. § 309 Nr. 7 BGB findet nach Auffassung des BAG dagegen keine Anwendung, das BAG sieht die Haftung für Vorsatz als von Ausschlussfristen gar nicht erfasst an, weil regelmäßig davon auszugehen sei, dass die Parteien des Arbeitsvertrags keine Fälle anders als das Gesetz und unter Verstoß gegen die gesetzliche Verbotsnorm i. S.d. § 134 BGB regeln wollten (vgl. nur BAG v. 20.6.2013 – 8 AZR 280/12, NZA 2013, 1265 Rz. 21). Für die Beurteilung der Angemessenheit nach § 307 Abs. 1 BGB ist die wesentliche Frage, wie kurz die Ausschlussfrist bemessen sein darf, damit der Arbeitnehmer nicht unangemessen benachteiligt wird. Die Rechtsprechung hat inzwischen für eine einstufige Ausschlussfrist entschieden, dass eine Frist von **weniger als drei Monaten** für die Geltendmachung sämtlicher Ansprüche aus dem Arbeitsverhältnis unangemessen benachteiligend nach § 307 Abs. 1 S. 1 i.V.m. § 307 Abs. 2 Nr. 1 BGB ist. Eine Ausschlussfrist stellt eine von der gesetzlichen Regelung der Verjährungsfrist abweichende Bestimmung dar, mit deren Grundgedanken eine kürzer als dreimonatige Frist nicht zu vereinbaren ist (BAG v. 28.9.2005 – 5 AZR 52/05, NZA 2006, 152).

1310 Auch für die Frist der gerichtlichen Geltendmachung einer **zweistufigen Ausschlussfrist** hält das BAG **drei Monate** für angemessen. Für die Fristbemessung sollen die verschiedenen – relativ kurzen – arbeitsrechtlichen Fristen aus Gesetz und Tarifvertrag als arbeitsrechtliche Besonderheiten (§ 310 Abs. 4 BGB) berücksichtigt werden (BAG v. 25.5.2005 – 5 AZR 572/04, NZA 2005, 1113). Außerdem sind die Interessenlage der Parteien und das gesetzliche Leitbild der Verjährungsfristen in den Blick zu nehmen.

1311 Weiterhin ist darauf zu achten, dass der **Fristbeginn** nicht an die Beendigung des Arbeitsverhältnisses geknüpft sein darf, sondern die **Fälligkeit des Anspruchs maßgeblich** sein muss, um eine unangemessene Benachteiligung zu vermeiden (BAG v. 1.3.2006 – 5 AZR 511/05, NJW 2006, 2205).

1312 „Die vereinbarte Ausschlussfrist ist gemäß § 307 Abs. 2 Nr. 1, § 307 Abs. 1 S. 1 BGB unwirksam. In § 10 des Arbeitsvertrags wird für den Beginn der Ausschlussfrist allein auf die Beendigung des Arbeitsverhältnisses abgestellt. Ob die Ansprüche zu diesem Zeitpunkt erkennbar und durchsetzbar sind, ist nach der vereinbarten Klausel unerheblich. Das ist mit dem in § 199 Abs. 1 Nr. 2 BGB zum Ausdruck kommenden Grundgedanken unvereinbar, wonach für den Beginn der Verjährungsfrist Voraussetzung ist, dass der Gläubiger von den den Anspruch begründenden Umständen Kenntnis erlangt oder ohne grobe Fahr-

lässigkeit erlangen müsste. Der Wertung des § 199 Abs. 1 Nr. 2 BGB ist in Ausschlussfristen dadurch Rechnung zu tragen, dass für den Fristbeginn die ‚Fälligkeit' der Ansprüche maßgebend ist." (BAG v. 1.3.2006 – 5 AZR 511/05, NJW 2006, 2205)

Schließlich kommt eine **Verwirkung** des Anspruchs des Arbeitnehmers auf das Arbeitsentgelt gemäß § 242 BGB in Betracht. Der Anspruch ist verwirkt, wenn der Arbeitnehmer den Anspruch längere Zeit nicht geltend gemacht hat, der Arbeitgeber nicht mehr mit einer Geltendmachung rechnet und ihm daher die Zahlung nicht mehr zuzumuten ist (Zeit- und Umstandsmoment, s. BAG v. 28.7.1960 – 2 AZR 105/59, AP Nr. 17 zu § 242 BGB Verwirkung). Bei Zahlungsansprüchen aus einem Tarifvertrag ist die Verwirkung jedoch ebenso ausgeschlossen (§ 4 Abs. 4 S. 2 TVG) wie bei Rechten aus einer Betriebsvereinbarung (§ 77 Abs. 4 S. 3 BetrVG). Der Arbeitnehmer kann schließlich auch den Anspruch auf Mindestlohn gemäß § 3 S. 3 MiLoG nicht verwirken. 1313

IV. Entgeltschutz und Entgeltsicherung

Zumeist stellt für den Arbeitnehmer das Arbeitseinkommen die wesentliche, wenn nicht die **einzige Einkommensquelle** dar. Er muss davon seine Familie ernähren und ist in vielfältiger Weise auf diese Existenzgrundlage angewiesen. Aus diesem Grund gibt es einerseits gesetzliche Regelungen, die den Zugriff der Gläubiger auf das Arbeitseinkommen begrenzen, andererseits aber auch solche, die den Arbeitnehmer vor eigenen leichtfertigen Verfügungen (Abtretungen, Verpfändungen) schützen. Hinzu kommen weitere Vorschriften, die ihn gegenüber seinem Arbeitgeber absichern. 1314

1. Barzahlungsgebot und Kreditierungsverbot; Trinkgeld

Literatur: *Dommermuth-Alhäuser/Heup,* Anrechnung von Trinkgeld auf den Mindestlohn, NZA 2015, 406; *Kaindl,* Die Einführung des Euro – Auswirkungen auf das Arbeitsrecht, NZA 1998, 841; *Natzel,* Einführung des Euro – Ein arbeitsrechtliches Problem?, DB 1998, 366; *Schaub,* Die Einführung des Euro und die deutschen Arbeitsverhältnisse, BB 1998, 1474.

§ 107 Abs. 1 GewO verpflichtet den Arbeitgeber, die Löhne seiner gewerblichen Arbeitnehmer in Euro auszuzahlen (sog. **Truckverbot**). Damit soll verhindert werden, dass der Arbeitgeber seinem Arbeitnehmer Produkte des Unternehmens zu überhöhten Preisen auf den Lohn anrechnet. 1315

Nach § 107 Abs. 2 S. 2 GewO darf der Arbeitgeber dem Arbeitnehmer keine **Waren auf Kredit** überlassen, d.h. Waren auf Kredit verkaufen und vereinbaren, dass die Kreditraten vom Lohn abgezogen werden. Zulässig bleibt der Verkauf von Waren gegen unmittelbare Barzahlung. Unter Anrechnung auf die Vergütung können Waren nur veräußert werden, wenn die Anrechnung zu den durchschnittlichen Selbstkosten erfolgt (§ 107 Abs. 2 S. 3 GewO). Der Arbeitgeber soll so keine zusätzlichen Gewinne machen dürfen. Ferner müssen die gelieferten Waren mittlerer Art und Güte sein (§ 107 Abs. 2 S. 4 GewO). 1316

Die Neuregelung des Truckverbots enthält im Unterschied zur früheren Rechtslage keine ausdrückliche Rechtsfolgenregelung. Ein Verstoß gegen die Vorgaben des § 107 Abs. 2 GewO führt jedoch dazu, dass der Anspruch auf die nach § 107 Abs. 1 GewO grundsätzlich in Geld zu leistende Vergütung nicht erlischt. Eine Mindestentgeltsicherung enthält § 107 Abs. 2 S. 5 GewO: Der Wert der (zulässig) vereinbarten Sachbezüge oder die Anrechnung der überlassenen Waren auf das Arbeitsentgelt darf die Höhe des pfändbaren Teils des Arbeitsentgelts nicht übersteigen. Die Arbeitnehmer sollen nicht in die Lage geraten, die Waren, die sie als Naturallohn erhalten haben, erst verkaufen zu müssen, bevor sie ihren Lebensunterhalt bestreiten können. 1317

§ 107 Abs. 3 S. 2 GewO enthält eine Definition des Trinkgeldes als eines Geldbetrags, den ein Dritter ohne rechtliche Verpflichtung dem Arbeitnehmer zusätzlich zu einer dem Arbeitgeber geschuldeten Leistung zahlt. Trinkgelder gehören arbeitsrechtlich nicht zum Lohn, weil auf sie regelmäßig mangels 1318 einer entsprechenden Vereinbarung kein Anspruch des Arbeitnehmers gegen den Arbeitgeber besteht, sondern diese als persönliche Zuwendung aus einer bestimmten Motivationslage von Dritten erbracht werden (ErfK/*Preis* § 611a BGB Rz. 511). **Umstritten** ist neuerdings, ob Trinkgeldzahlungen mindernd bei der Leistung des gesetzlichen Mindestlohns berücksichtigt werden dürfen (dafür *Dommermuth-Alhäuser/Heup* NZA 2015, 406 ff.). Hiergegen spricht bereits, dass Trinkgelder nach § 107 Abs. 3 GewO zu den Sachbezügen gehören und § 1 Abs. 1 und Abs. 2 MiLoG die Höhe des gesetzlichen Mindestlohns in Euro festlegen.

2. Pfändungs-, Abtretungs- und Aufrechnungsbeschränkungen

1319 Um dem Arbeitnehmer in jedem Fall einen Betrag zu belassen, der sein Existenzminimum und das seiner Familie sichert, schränken die §§ 850 ff. ZPO die Vollstreckung wegen Geldforderungen in das Arbeitseinkommen ein. Auch die Abtretung und Verpfändung von Lohnforderungen ist aus demselben Grund eingeschränkt. So bestimmt § 400 BGB, dass eine Forderung nicht abtretbar (übertragbar) ist, soweit sie nicht der Pfändung unterliegt. Nach § 1274 Abs. 2 BGB kann ein Pfandrecht an einem Recht nicht bestellt werden, soweit dieses Recht nicht übertragbar ist. Eine Verpfändung einer Lohnforderung ist daher nur insoweit möglich, als sie übertragbar ist. Das Gleiche gilt nach § 851 ZPO für die Pfändung. Schließlich ist nach § 394 BGB gegen unpfändbare Forderungen die Aufrechnung unzulässig.

1320 Diese Verweisungstechnik muss systematisch wie folgt gelesen werden:

Übersicht: Pfändungs-, Abtretungs- und Aufrechnungsbeschränkungen

☐ §§ 850 ff. ZPO regeln die eingeschränkte Pfändbarkeit;

☐ § 400 BGB verweist auf §§ 850 ff. ZPO und bestimmt, dass der unpfändbare Teil nicht abgetreten werden darf;

☐ § 1274 Abs. 2 BGB, § 851 ZPO bestimmen, dass die nicht übertragbare Forderung weder verpfändet noch gepfändet werden darf;

☐ § 394 BGB verweist auf §§ 850 ff. ZPO und bestimmt, dass gegen den unpfändbaren Teil nicht aufgerechnet werden darf.

1321 Versucht ein Gläubiger des Arbeitnehmers, dessen Ansprüche gegen den Arbeitgeber auf das Arbeitsentgelt zu pfänden und sich überweisen zu lassen (§§ 829, 835 ZPO), so hat das Vollstreckungsgericht insbesondere den Pfändungsschutz der §§ 850a ff. ZPO zu beachten. Danach sind bestimmte Beträge (z.B. Aufwendungsersatz) **absolut unpfändbar** (§ 850a ZPO), die Bezüge im Übrigen entweder **bedingt**, d.h. nur unter der Voraussetzung pfändbar, dass die Vollstreckung in das sonstige bewegliche Vermögen des Arbeitnehmers nicht zu einer vollständigen Befriedigung des Gläubigers geführt hat oder führen würde (§ 850b ZPO) oder relativ, d.h. nur in bestimmten Höchstbeträgen („**Pfändungsgrenzen**") unter Berücksichtigung der Unterhaltspflichten des Arbeitnehmers pfändbar (§ 850c ZPO). Unpfändbar nach § 850a Nr. 4 ZPO sind „**Weihnachtsvergütungen**" bis zum Betrag der Hälfte des monatlichen Arbeitseinkommens, höchstens aber bis zum Betrag von 500,00 Euro (hierzu BAG v. 18.5.2016 – 10 AZR 233/15, NZA 2016, 840). Bei einer Pfändung wegen gesetzlicher Unterhaltsansprüche kann die Grenze des § 850c ZPO überschritten werden; dem Arbeitnehmer ist jedoch so viel zu belassen, wie er für seinen notwendigen Unterhalt benötigt (§ 850d ZPO). Wird das Arbeitseinkommen – wie üblich – bargeldlos gezahlt, wirkt der vorbezeichnete Pfändungsschutz nach Maßgabe des § 850k ZPO auch gegenüber einer **Kontopfändung**.

1322 Eine **über die Grenzen der Pfändbarkeit** hinaus vorgenommene **Abtretung** ist nach § 400 BGB **unwirksam**. Der Arbeitgeber, der das gesamte Gehalt an den Abtretungsempfänger überweist, muss den unpfändbaren Teil erneut an den Arbeitnehmer zahlen. Gegen den Abtretungsempfänger hat er einen Bereicherungsanspruch gemäß § 812 Abs. 1 S. 1 Alt. 1 BGB.

Schließlich verbietet § 394 BGB die Aufrechnung **gegen** einen Lohnanspruch, **soweit** dieser **unpfändbar** ist. Dieses Aufrechnungsverbot gilt allerdings **nur für den Arbeitgeber**. Da die Vorschrift ausschließlich der Aufrechnung gegen den Lohnanspruch entgegensteht, besteht für den Arbeitnehmer die Möglichkeit, mit seinem Anspruch auf Arbeitsentgelt aufzurechnen. **Ausnahmsweise** ist eine Aufrechnung für den Arbeitgeber jedoch bis zur Grenze des § 850d ZPO **zulässig**, wenn der Arbeitnehmer den Arbeitgeber **vorsätzlich geschädigt** hat (BAG v. 16.6.1960 – 5 AZR 121/60, AP Nr. 8 zu § 394 BGB zur vorsätzlichen unerlaubten Handlung; BAG v. 31.3.1960 – 5 AZR 441/57, NJW 1960, 1590). Eine Berufung auf das Aufrechnungsverbot würde hier gegen Treu und Glauben verstoßen. 1323

Damit die Wirkung des § 394 BGB nicht umgangen wird, ist **im gleichen Umfang wie die Aufrechnung** auch die Geltendmachung eines Zurückbehaltungsrechts (§ 273 BGB) **ausgeschlossen** (BAG v. 16.10.1967 – 5 AZR 464/66, NJW 1968, 566). 1324

3. Insolvenz des Arbeitgebers

Die Regelungen der **Insolvenzordnung** (InsO) differenzieren hinsichtlich des Entgeltschutzes des Arbeitnehmers bei Insolvenz des Arbeitgebers wie folgt: 1325

Übersicht: Entgeltansprüche bei Arbeitgeberinsolvenz

- **Entgeltansprüche vor Eröffnung des Insolvenzverfahrens**:
    - Entgeltansprüche der Arbeitnehmer wegen der Zahlungsrückstände vor der Eröffnung des Insolvenzverfahrens sind gemäß §§ 38, 108 Abs. 3 InsO gewöhnliche Insolvenzforderungen.
- **Entgeltansprüche nach Eröffnung des Insolvenzverfahrens**:
    - Soweit der Insolvenzverwalter die Erfüllung des Arbeitsvertrags zur Insolvenzmasse verlangt, sind die Vergütungsansprüche der Arbeitnehmer gemäß § 55 Abs. 1 Nr. 2 Alt. 1 InsO Masseverbindlichkeiten. Bei Masseunzulänglichkeit nehmen diese Forderungen den 2. Rang der Masseverbindlichkeiten ein (§ 209 Abs. 1 Nr. 2 i.V.m. Abs. 2 Nr. 3 InsO).
    - Soweit der Insolvenzverwalter den Arbeitnehmern kündigt und diese bis zum Wirksamwerden der Kündigung freistellt, sind die Vergütungsansprüche der Arbeitnehmer ebenfalls Masseverbindlichkeiten gemäß § 55 Abs. 1 Nr. 2 Alt. 1 InsO. Bei Masseunzulänglichkeit nehmen die Forderungen der freigestellten Arbeitnehmer den letzten Rang der Masseverbindlichkeiten ein (§ 209 Abs. 1 Nr. 3 InsO).

Darüber hinaus gibt es eine Sicherung der Ansprüche auf Arbeitsentgelt für die **letzten drei Monate vor Eröffnung des Insolvenzverfahrens**. Gemäß §§ 165 ff. SGB III kann der Arbeitnehmer, wenn das Insolvenzverfahren nicht zu seiner Befriedigung führt, Insolvenzgeld von der Bundesagentur für Arbeit verlangen. Die Höhe des Insolvenzgeldes richtet sich nach dem um die gesetzlichen Abzüge verminderten Nettoarbeitsentgelt der einzelnen Arbeitnehmer (§ 167 Abs. 1 SGB III). Eine Zahlung erfolgt nur auf Antrag des Arbeitnehmers bei der Agentur für Arbeit. Hierbei gilt eine Ausschlussfrist von zwei Monaten nach Eröffnung des Insolvenzverfahrens oder nach Abweisung mangels Masse (vgl. § 324 Abs. 3 SGB III). 1326

Für das **Altersruhegeld** ist ein spezielles System im Gesetz zur Verbesserung der betrieblichen Altersversorgung (BetrAVG) vorgesehen. Danach haben im Insolvenzfall Versorgungsempfänger und Inhaber von Versorgungsanwartschaften Ansprüche auf die Leistung gegen den Träger der Insolvenzsicherung. Träger der Insolvenzsicherung ist der Pensionssicherungsverein (Rz. 1412). 1327

V. Ausgleichszahlungen aus § 670 BGB (analog)

1328 Den Arbeitgeber können Zahlungspflichten außerhalb der Hauptleistungspflichten des Arbeitsverhältnisses treffen. Hervorragende Bedeutung hat hier die analoge Anwendung des § 670 BGB. Aus dieser Norm kann der Bewerber die Erstattung von Vorstellungskosten verlangen, wenn er zur Vorstellung aufgefordert worden ist (Rz. 761). Ferner kann der Arbeitnehmer den Ersatz von Auslagen aus § 670 BGB analog verlangen (Rz. 2363). Darüber hinaus wird aus § 670 BGB ein Erstattungsanspruch für Eigen- und Sachschäden hergeleitet, die der Arbeitnehmer ohne Verschulden des Arbeitgebers bei Ausführung der übertragenen Dienste erleidet (Rz. 2446).

1329 **Übersicht: Anwendungsbereich von § 670 BGB**

☐ Vorstellungskosten (Rz. 761)

☐ Auslagen des Arbeitnehmers (Aufwendungsersatz) (Rz. 2363)

☐ Eigenschäden des Arbeitnehmers (Rz. 2446)

1330 Die Vorschrift des **§ 670 BGB**, die dem Beauftragten einen Aufwendungsersatzanspruch gegen seinen Auftraggeber gewährt, spielt also im Arbeitsrecht in **zwei** völlig unterschiedlichen **Fallkonstellationen** eine Rolle: Zum einen ist sie bei **echten Auslagen des Arbeitnehmers** bzw. des Bewerbers in Zusammenhang mit seinen Dienstpflichten von Bedeutung (Dienstfahrten, Reisespesen, Auslagen für vom Arbeitnehmer selbst zu beschaffende Arbeitsmaterialien). Zum anderen ist die Vorschrift Grundlage für die Erstattung von **(Sach-)Schäden, die der Arbeitnehmer an seinem Eigentum** (z.B. Bekleidung) durch betriebliche Einflüsse **erleidet**. Eine Darstellung dieser Ansprüche erfolgt unter den §§ 51 ff. im Zusammenhang mit anderen Fällen, in denen er eine Ausgleichszahlung vom Arbeitgeber verlangen kann, wie bei Schäden des Arbeitnehmers.

1331 Die weitreichende Analogie von Vorschriften des Auftragsrechts rechtfertigt sich aus der fehlenden Kodifikation des Arbeitsvertragsrechts und der Nähe des Auftragsrechts zum Dienstvertragsrecht. Diese zeigt sich deutlich an § 675 Abs. 1 BGB. Kern dieser Vorschrift ist die Erklärung der Anwendbarkeit der §§ 663, 665 bis 670, 672 bis 674 auf Dienst- und Werkverträge. Im Arbeitsrecht geht man ohne Rücksicht auf den im Zivilrecht geführten Abgrenzungsstreit zwischen Dienst- und Werkvertragsrecht von einer analogen Anwendung der in § 675 Abs. 1 BGB erwähnten Auftragsregelungen aus, soweit diese für arbeitsrechtliche Sachverhalte Bedeutung haben (MüKoBGB/*Müller-Glöge* § 611 Rz. 33; *Reichold* NZA 1994, 488 ff.). Dies ist, so differenziert auch die Begründungsansätze sein mögen, im Ergebnis unstreitig. § 670 BGB enthält einen allgemeinen Rechtsgrundsatz: Wer im Interesse eines anderen Aufwendungen macht, für die er keine Vergütung erhält, kann Ersatz der Aufwendungen von demjenigen verlangen, für den er tätig geworden ist (BAG v. 14.2.1996 – 5 AZR 978/94, NZA 1996, 883; BAG v. 14.10.2003 – 9 AZR 657/02, NZA 2004, 604; BAG v. 12.4.2011 – 9 AZR 14/10, NZA 2012, 97). Voraussetzung ist, dass es sich um Aufwendungen zum Zwecke der Ausführung des Auftrags handelt, die der Betreffende den Umständen nach für erforderlich halten durfte und die nicht durch die Arbeitsvergütung abgegolten sind. Auf die objektive Notwendigkeit der Aufwendungen kommt es demgegenüber nicht an.

§ 29
Sondervergütungen

Literatur: *Becker*, Jahressonderzahlungen: Wegfall der Zahlungsverpflichtung – Zulässigkeit von Bindungs- und Rückzahlungsklauseln, NZA 1997, 129; *Freitag*, Gewährung und Abbau von Sonderzahlungen, FS Richardi (2007), 237; *Gaul*, Sonderleistungen und Fehlzeiten, 1994; *Hauck*, Die Entwicklung des Gratifikationsrechts in der Rechtsprechung des Bundesarbeitsgerichts seit 1992, RdA 1994, 358; *Lipke/Vogt/Steinmeyer*, Sonderleistungen im Arbeitsverhältnis, 1995; *Preis*, Sonderzahlungen im Wandel von Praxis und Dogmatik, Soziales Recht 2012, 101; *Preis*, Der Arbeitsvertrag, Handbuch der Vertragsgestaltung, 5. Auflage 2015, Kapitel S 40; *Preis/Lukes*, Anmerkung zu BAG v. 13.11.2013 – 10 AZR 848/12, AP BGB § 611 Gratifikation Nr. 303; *Preis/Ulber*, Die Rechtskontrolle von Betriebsvereinbarungen, RdA 2013, 211; *Preis/Sagan*, Der Freiwilligkeitsvorbehalt im Fadenkreuz der Rechtsgeschäftslehre, NZA 2012, 697 *Reinecke*, Neue Regeln für Sonderzahlungen, BB 2013, 437; *Schiefer*, Die schwierige Handhabung der Jahressonderzahlungen, NZA 1993, 1015; *Schwarz*, Sonderzahlungen: Ausfall und Kürzungen bei Fehlzeiten, NZA 1996, 571; *Stoffels*, Arbeitsvertraglich vereinbarte einseitige Leistungsbestimmungsrechte des Arbeitgebers – Wo bleibt das Transparenzgebot?, RdA 2015, 276 *Vossen*, Die Jahressondervergütung, NZA 2005, 734; *Wackerbarth*, Entgelt für Betriebstreue, 1996.

I. Begriff

Unter den Begriff der Sondervergütungen (Sonderzahlungen, Sonderzuwendungen) fallen alle Leistungen des Arbeitgebers, die nicht regelmäßig mit dem Arbeitsentgelt ausgezahlt werden, sondern **aus bestimmten Anlässen** oder **zu bestimmten Terminen** gewährt werden. Der Gesetzgeber verwendet in § 4a EFZG den Begriff der Sondervergütung, ohne ihn weiter zu präzisieren. § 23a Abs. 1 S. 1 SGB IV definiert den Begriff des „einmalig gezahlten Arbeitsentgelts" mit Zuwendungen, die dem Arbeitsentgelt zuzurechnen sind und nicht für die Arbeit in einem einzelnen Entgeltabrechnungszeitraum gezahlt werden. Wesentlich ist mithin die **Abgrenzung zum laufenden Entgelt.** Das setzt voraus, dass die Sondervergütung nicht in jedem Abrechnungszeitraum fällig wird. 1332

Beispiele für Sondervergütungen: 1333
- Weihnachtsgratifikation
- Urlaubsgeld
- Treueprämie
- Prämie zum Dienstjubiläum
- Jährliche Anwesenheits-/Halteprämie
- Zusätzliches Urlaubsgeld
- Bonus
- Gewinnbeteiligungen (wie Tantiemen oder Aktienoptionen

Auch wenn Sondervergütungen nicht Bestandteil des regelmäßigen Arbeitsentgelts sind, zählen sie dennoch zum Arbeitsentgelt. Sie sind – auch bei freiwilliger Gewährung – **nicht als Schenkung** des Arbeitgebers zu qualifizieren (BAG v. 18.1.1978 – 5 AZR 56/77, AP Nr. 92 zu § 611 BGB Gratifikation; BAG v. 18.1.1978 – 5 AZR 56/77, AP Nr. 93 zu § 611 BGB Gratifikation). 1334

Mit der Gewährung einer Sondervergütung kann der Arbeitgeber unterschiedliche Ziele verfolgen. Die überkommene Rechtsprechung hat dabei Jahressonderleistungen nach ihrer Zweckbestimmung in drei Kategorien eingeteilt: 1335

Sonderzahlungen, die der Belohnung der **tatsächlich erbrachten Arbeitsleistung** im Bezugsjahr dienen (Sonderzahlungen mit **reinem Entgeltcharakter**);

Sonderzahlungen, mit denen die **vergangene Betriebstreue** des Arbeitnehmers **belohnt** werden soll;

Sonderzuwendungen, mit denen die **zukünftige Betriebstreue** des Arbeitnehmers belohnt werden soll.

In der Praxis waren dabei überwiegend Sondervergütungen mit **Mischcharakter** anzutreffen, die mehreren der genannten Zwecke gleichzeitig dienen sollten. Diese Kategorisierungen waren – wegen der Folgen bei Ausschluss und Kürzung von Ansprüchen – von großer praktischer Bedeutung. Es handelt sich um „Erfindungen" der Rechtsprechung, deren Handhabung nicht immer einsichtig ist. Sie lösen sich zum Teil von dem Wortlaut der vertraglichen Vereinbarung. Im Lichte der AGB-Kontrolle war zu erwarten, dass viele Fragestellungen neu überdacht werden müssen. Es zeichnete sich daher in den 1336 letzten Jahren ab, dass die Rechtsprechung die Kategorie der Sondervergütungen mit Mischcharakter aufgeben wird (dazu umfassend *Preis* SR 2012, 101). Bereits im Jahr 2009 befand das BAG:

„Darauf, ob es sich um eine Sonderleistung mit Mischcharakter oder Arbeitsentgelt im engeren Sinn oder im weiteren Sinn gehandelt hat, kommt es für die Frage einer übertariflichen Vergütung nicht an. Von den früher vielfach verwendeten Formulierungen ‚Sonderleistung mit Mischcharakter' oder ‚Arbeitsentgelt im engeren Sinn' oder ‚Arbeitsentgelt im weiteren Sinn' hat der Senat in seiner jüngeren Rechtsprechung bewusst abgesehen. Dem liegt die Erwägung zugrunde, dass ein Arbeitgeber in aller Regel jede Sondervergütung im Hinblick auf das Arbeitsverhältnis und die Verpflichtung des Arbeitnehmers zur Leistung der versprochenen Dienste erbringt." (BAG v. 1.4.2009 – 10 AZR 393/08, AP BGB § 242 Betriebliche Übung Nr. 84)

1337 Auch im Zuge von neuen Entscheidungen zu Stichtagsklauseln hat die neue Rechtsprechung die Kategorie der Sonderzahlungen mit Mischcharakter für arbeitsvertragliche Abreden verworfen (dazu *Preis/Ulber* RdA 2013, 211, 221). Maßgeblich ist damit allein die Teilung zwischen Sonderleistungen mit Bezug zur Arbeitsleistung und solchen, die der Honorierung von Betriebstreue dienen. Diese Abgrenzung ist durch Auslegung zu vollziehen.

1338 Für die Zweckbestimmung hat die **Bezeichnung** der Jahressonderzahlung (z.B. 13. Monatsgehalt, Weihnachtsgratifikation) allerdings nur **Indizcharakter**. Die Zweckbestimmung ist nach gegenwärtiger Rechtsprechung – neben dem Inhalt der Sondervergütungszusage – für die Frage, ob ein Anspruch auf die Sondervergütung besteht, sowie für die Möglichkeit der Kürzung bei Fehlzeiten oder vorzeitigem Ausscheiden wesentlich.

1339 Die gesamte Vertragsgestaltung zu Sonderzahlungen war im Lichte der §§ 305 ff. BGB neu zu bewerten. In der Rechtsprechung, insbesondere des 10. Senats, hat seit 2007 eine Neuorientierung stattgefunden und stattfinden müssen, die noch nicht abgeschlossen ist. Immer noch sind viele Regelungen über Sonderzahlungen in bestehenden Arbeitsverträgen unklar formuliert. Die traditionelle Vertragsgestaltung hat bei Sonderzahlungen vielfach unkoordiniert verschiedenste Klauseln miteinander kombiniert. So wurden eindeutig zweckgebundene Sonderzahlungen mit Freiwilligkeits- und Widerrufsvorbehalten, Stichtagsklauseln, Rückzahlungsklauseln u.a.m. versehen, ohne dass sich der Vertragsgestalter Gedanken darüber machen musste, ob diese Klauseln überhaupt miteinander kompatibel sind. Die frühere Rechtsprechung des 10. Senats war für die Problematik nicht empfänglich. Sie interpretierte sich auch widersprüchliche und intransparente Vertragsgestaltungen „zurecht".

1340 Nunmehr gilt aber nach Maßgabe der §§ 305 ff. BGB: Es ist eine objektive Auslegung nach den Verständnismöglichkeiten des durchschnittlichen Vertragspartners vorzunehmen sowie die Unklarheitenregel (§ 305c Abs. 2 BGB) anzuwenden. Darüber hinaus unterliegen Hauptabreden, wie sie Vergütungsabreden darstellen, der Transparenzkontrolle (§§ 307 Abs. 1 S. 2 i.V.m. § 307 Abs. 3 S. 2 BGB). Klauseln, die die Sonderzahlungszusage ausschließen oder relativieren, unterliegen zusätzlich der Angemessenheitskontrolle nach Maßgabe des § 307 ff. BGB. In inzwischen zahllosen Entscheidungen des BAG, insbesondere des 5. und des 10. Senats, sind die dogmatischen Grundlagen einer konsistenten Rechtsanwendung gelegt worden. Insbesondere das Transparenzgebot hat eine überragende Rolle gespielt, sei es bei der Rechtsprechung zu Widerrufsvorbehalten (BAG v. 12.1.2005 – 5 AZR 364/04, NZA 2005, 467), zu Freiwilligkeitsvorbehalten (BAG v. 30.7.2008 – 10 AZR 606/07, NZA 2008, 1173), zu Pauschalierungsabreden (BAG v. 1.9.2010 – 5 AZR 517/09, NZA 2011, 575) oder zu Stichtags- und Fälligkeitsklauseln (BAG v. 12.4.2011 – 1 AZR 412/09, NZA 2011, 989; BAG v. 18.1.2012 – 10 AZR 612/10, NZA 2012, 561; BAG v. 13.11.2013 – 10 AZR 848/12, NZA 2014, 368 = AP BGB § 611 Gratifikation Nr. 303 m. Anm. *Preis/Lukes*).

1341 Das BAG sieht den maßgeblichen Differenzierungsansatz in der Frage, ob die **Sonderzuwendung im Synallagma zur erbrachten Arbeitsleistung** steht und sie somit **vom Arbeitnehmer durch die Erbringung der geschuldeten Arbeitsleistung verdient** worden ist. Dann kann sie nicht vom Vorliegen weiterer Voraussetzungen abhängig gemacht werden.

"Sonderzuwendungen können vom Erreichen persönlicher Ziele abhängen. Zweck einer erfolgsabhängigen Vergütung ist die Leistungssteigerung des Arbeitnehmers. Sie ist besonderer Anreiz für die Erreichung vertraglich festgelegter Leistungsziele oder allgemein Anreiz für die Erzielung überdurchschnittlicher Arbeitsergebnisse im Bezugszeitraum. Eine erfolgsabhängige Vergütung wird als unmittelbare Gegenleistung für die entsprechend der Zielvereinbarung erbrachte Arbeitsleistung geschuldet [...]. Auch Sonderzuwendungen, die nur an den Unternehmenserfolg anknüpfen, werden regelmäßig als zusätzliche Vergütung für eine im Geschäftsjahr erbrachte Arbeitsleistung des Arbeitnehmers gezahlt; die synallagmatische Verbindung zwischen Arbeitsleistung und Sonderzuwendung wird durch die Abhängigkeit von einem Unternehmensergebnis nicht in Frage gestellt. Schließlich können auch nicht erfolgsabhängige Sonderzuwendungen wie ein 13. Monatsgehalt im Bezugszeitraum erbrachte Arbeitsleistungen zusätzlich honorieren. Der Anspruch auf eine solche Zuwendung entsteht während des Bezugzeitraums entsprechend der zurückgelegten Dauer und wird nur zu einem anderen Zeitpunkt insgesamt fällig [...]. Dagegen kann eine Sonderzahlung, die jedenfalls auch Vergütung für bereits erbrachte Arbeitsleistung darstellt, nicht vom ungekündigten Bestand des Arbeitsverhältnisses zu einem Zeitpunkt außerhalb des Bezugszeitraums abhängig gemacht werden [...]. Es ist unangemessen gemäß § 307 Abs. 1 S. 1 BGB und widerspricht der gesetzlichen Wertung des § 611 BGB, vereinbartes Arbeitsentgelt dem Arbeitnehmer über eine Stichtagsklausel oder eine sonstige Zahlungsbedingung wieder zu entziehen, wenn der vorleistungsverpflichtete Arbeitnehmer die geschuldete Arbeitsleistung erbracht hat." (BAG v. 18.1.2012 – 10 AZR 667/10, NZA 2012, 620 Rz. 10 f.)

1342

Im Rahmen der Vertragsfreiheit können mit einer Sonderzuwendung aber auch andere, etwa zukunftsgerichtete Zwecke verfolgt werden. Bei solchen, nicht auf die Arbeitsleistung abstellenden, Vereinbarungen kann die Zahlung von dem ungekündigten Bestand des Arbeitsverhältnisses zum Auszahlungstag abhängig gemacht werden.

1343

"Sonderzuwendungen können als Treueprämie erwiesene oder als ‚Halteprämie' künftige Betriebstreue honorieren [...]. Ist die Honorierung künftiger Betriebstreue bezweckt, wird dies regelmäßig dadurch sichergestellt, dass die Sonderzuwendung nur bei Fortbestand des Arbeitsverhältnisses über einen Stichtag hinaus bis zum Ende eines dem Arbeitnehmer noch zumutbaren Bindungszeitraums gezahlt wird oder der Arbeitnehmer diese zurückzuzahlen hat, wenn das Arbeitsverhältnis vor Ablauf zumutbarer Bindungsfristen endet [...]. Ist die Honorierung erwiesener Betriebstreue bezweckt, wird dies regelmäßig dadurch sichergestellt, dass die Zahlung der Sonderzuwendung vom (ungekündigten) Bestand des Arbeitsverhältnisses am Auszahlungstag abhängig gemacht wird. Die Zahlung solcher Sonderzuwendungen hängt nicht von einer bestimmten Arbeitsleistung, sondern regelmäßig nur vom Bestand des Arbeitsverhältnisses ab." (BAG v. 18.1.2012 – 10 AZR 667/10, NZA 2012, 620 Rz. 13)

1344

Das BAG hält Klauseln, die eine Sonderzuwendung in diesem Sinne allein an das Bestehen eines ungekündigten Arbeitsverhältnisses knüpfen, für zulässig, wenn der Grund für die Beendigung des Arbeitsverhältnisses nicht in der Sphäre des Arbeitnehmers liegt, sondern auf einer betriebsbedingten Kündigung des Arbeitgebers beruht. So entschied es im Jahr 2012 für eine Sonderzahlung, die allein der Honorierung der Betriebstreue diente, dass eine Stichtagsklausel den Arbeitnehmer auch dann nicht unangemessen benachteilige, wenn die Beendigung nicht auf Gründen beruhe, die in der Sphäre des Arbeitnehmers liegen (BAG v. 18.1.2012 – 10 AZR 667/10, NZA 2012, 620 Rz. 25). Dagegen wurden Stichtagsklauseln bei Sonderzahlungen, die zur Entlohnung der erbrachten Arbeitsleistung gezahlt werden sollten, nach § 307 Abs. 1 S. 1 BGB in Verbindung mit dem § 611 BGB, Art. 12 Abs. 1 GG für unwirksam befunden.

1345

"Die Stichtagsklausel steht im Widerspruch zum Grundgedanken des § 611 Abs. 1 BGB, indem sie dem Arbeitnehmer bereits erarbeiteten Lohn entzieht. Sie verkürzt außerdem in nicht zu rechtfertigender Weise die nach Art. 12 Abs. 1 GG geschützte Berufsfreiheit des Arbeitnehmers, weil sie die Ausübung seines Kündigungsrechts unzulässig erschwert [...]. Ein berechtigtes Interesse des Arbeitgebers, dem Arbeitnehmer Lohn für geleistete Arbeit gegebenenfalls vorenthalten zu können, ist nicht ersichtlich." (BAG v. 18.1.2012 – 10 AZR 612/10, NZA 2012, 561 Rz. 23)

1346

1347 Entscheidend ist also die Abgrenzung, ob der Arbeitgeber erbrachte **Arbeitsleistung zusätzlich vergüten oder sonstige Zwecke** verfolgen will. Die jeweilige Vertragsgestaltung bedarf daher der Auslegung. Die denkbaren Umstände des Einzelfalls sind mannigfaltig und können nicht abschließend bestimmt werden.

Für eine Sonderzahlung mit Entgeltcharakter spricht z.B.:

- wenn die Sonderzahlung einen **wesentlichen Anteil der Gesamtvergütung** des Arbeitnehmers ausmacht (BAG v. 18.1.2012 – 10 AZR 667/10, NZA 2012, 620).
- wenn die Sonderzahlung an das **Erreichen quantitativer oder qualitativer** Ziele (BAG v. 14.11.2012 – 10 AZR 3/12, NZA 2013, 327 Rz. 21) oder in Bezug zu einem **Unternehmensergebnis** gestellt wird (vgl. BAG v. 18.1.2012 – 10 AZR 670/10, NZA 2012, 499 Rz. 16).
- wenn anteilige **Zahlungen an unterjährig eintretende Arbeitnehmer** geleistet werden sollen (BAG v. 13.11.2013 – 10 AZR 848/12, NZA 2014, 368 Rz. 32).
- wenn die Sonderzahlung zur **Abgeltung etwaiger Überstunden** dienen soll (*Reinecke* BB 2013, 437, 440).

1348 Doch auch wenn die Sonderzuwendung an keine weiteren Voraussetzungen geknüpft ist, spricht dies dafür, dass die Sonderzahlung als Gegenleistung für die Arbeitsleistung geschuldet wird (siehe schon BAG v. 21.5.2003 – 10 AZR 408/02, EzA BGB 2002 § 611 Gratifikation, Prämie Nr. 8). **Im Zweifel** ist gerade davon auszugehen, dass der Arbeitgeber die Zuwendung im Hinblick auf die **Arbeitsleistung** des Arbeitnehmers erbringt (vgl. BAG v. 1.4.2009 – 10 AZR 393/08, ZTR 2009, 48).

1349 Will der Arbeitgeber andere Zwecke verfolgen, so muss sich dies deutlich aus der zugrunde liegenden Vereinbarung ergeben. Gratifikationscharakter können mithin nur die Sonderzuwendungen haben, die sich im üblichen Rahmen reiner Treue- und Weihnachtsgratifikationen bewegen und keinen wesentlichen Anteil an der Gesamtvergütung des Arbeitnehmers ausmachen (BAG v. 18.1.2012 -10 AZR 667/10, NZA 2012, 620). Festgehalten werden kann daher: Die bloße **Betriebstreueregelung** ist mit der neuen Rechtsprechung des BAG zu einem nur bei eindeutiger Vertragsgestaltung annehmbaren **Ausnahmefall** geworden, für den eindeutige Anhaltspunkte in der Klausel selbst vorliegen müssen (ausf. *Preis/Lukes* Anm. AP BGB § 611 Gratifikation Nr. 303).

II. Anspruchsvoraussetzungen

1. Mögliche Anspruchsgrundlagen

1350 Es besteht keine gesetzliche Verpflichtung zur Leistung von Sondervergütungen. Es bedarf einer besonderen Rechtsgrundlage wie für jede Entgeltleistung (Rz. 1244). In der Praxis sind dabei neben Vereinbarungen in **Tarifverträgen** und **Betriebsvereinbarungen** vor allem Regelungen auf arbeitsvertraglicher Ebene von Bedeutung: Ein Anspruch auf Zahlung einer Sondervergütung kann sich sowohl aus einer **ausdrücklichen Vereinbarung im Arbeitsvertrag** ergeben als auch aufgrund einer Gesamtzusage (Rz. 679) oder durch konkludentes Verhalten (**betriebliche Übung**, Rz. 680). Außerdem kann ein Anspruch auf Zahlung einer Sondervergütung auf den **allgemeinen Gleichbehandlungsgrundsatz** (Rz. 1445) gestützt werden.

1351 Ob und in welcher Höhe ein Anspruch entsteht, hängt zunächst von den vereinbarten Voraussetzungen der Sondervergütung ab. Das BAG unterscheidet:

1352 – Eine Sondervergütung, die ausschließlich die **tatsächlich erbrachte Arbeitsleistung** im Bezugsjahr belohnt, hat **reinen Entgeltcharakter**; d.h. sie wird wie die laufende Arbeitsvergütung in den jeweiligen Abrechnungsmonaten verdient, jedoch aufgespart und erst am vereinbarten Fälligkeitstag ausbezahlt. Der Anspruch entsteht daher – ebenso wie der Anspruch auf Zahlung des regelmäßigen Arbeitsentgelts – für Zeiten, in denen die Arbeitsleistung tatsächlich erbracht worden ist, ebenso wie für Zeiten mit zwingendem Entgeltfortzahlungsanspruch (Krankheit, Urlaub).

- Soll mit der Sondervergütung ausschließlich die **vergangene Betriebstreue bzw. Betriebszugehörigkeit** belohnt werden, muss der Arbeitnehmer zur Erlangung der Sondervergütung **an einem bestimmten Stichtag** des Bezugsjahres noch im Arbeitsverhältnis gestanden haben. 1353

- Soll die **künftige Betriebstreue belohnt** werden, ist Voraussetzung für die Entstehung des Sonderzahlungsanspruchs der rechtliche **Fortbestand des Arbeitsverhältnisses über einen bestimmten Stichtag hinaus** bis zu einem dem Arbeitnehmer noch zumutbaren Bindungszeitraum (BAG v. 25.4.1991 – 6 AZR 183/90, NZA 1991, 765). 1354

2. Sonderzahlungen aus dem Anspruch auf Gleichbehandlung

Ansprüche auf Sondervergütung können sich insbesondere auch aus dem Anspruch auf Gleichbehandlung ergeben (Rz. 1474). Grundsätzlich darf der Arbeitgeber bei der Gewährung einer Sondervergütung zwischen folgenden Beschäftigtengruppen differenzieren: 1355

- Zwischen Beamten und Arbeitnehmern des öffentlichen Dienstes (BAG v. 17.12.1992 – 10 AZR 306/91, NZA 1993, 691).
- Zwischen Führungskräften und anderen Arbeitnehmern.
- Problematisch ist die Differenzierung zwischen **Arbeitern** und **Angestellten** (Rz. 1475).

III. Ausschluss und Kürzung des Anspruchs

1. Allgemeines

Gewährt der Arbeitgeber vorbehaltlos eine Sondervergütung, kann er diese nicht schlicht einstellen oder widerrufen. Vielmehr ist er dann gezwungen, zum Abbau der Sondervergütung eine **Änderungskündigung** auszusprechen (BAG v. 14.6.1995 – 5 AZR 126/94, NZA 1995, 1194; Rz. 3140). 1356

„Hat der Arbeitgeber seinem Arbeitnehmer einen Personalrabatt zugesagt, ohne sich den Widerruf vorzubehalten, so kann er die Vergünstigung nicht mit der Begründung einstellen, die Gewährung freiwilliger Leistungen liege in seinem billigen Ermessen. Auch die – pauschale – Behauptung, die wirtschaftliche Lage des Unternehmens habe die Senkung der Personalkosten notwendig gemacht, rechtfertigt den Widerruf einer vorbehaltlos erteilten Zusage nicht." (BAG v. 14.6.1995 – 5 AZR 126/94, NZA 1995, 1194, 1194) 1357

Die Rechtsprechung hat früher weitgehend eine **Widerrufsmöglichkeit** anerkannt, wenn diese in der arbeitsvertraglichen Vereinbarung vorgesehen war. Daran kann nur mit Einschränkungen festgehalten werden. Frühere Sichtweisen, eine Sonderzahlung sei schon allein wegen der Vereinbarung eines Freiwilligkeits- oder Widerrufsvorbehalts dem Austauschverhältnis entzogen, sind überholt. Vergütungszusagen unter Widerrufsvorbehalt unterwirft die Rechtsprechung einer Inhaltskontrolle anhand der §§ 305 ff. BGB mit dem Resultat, dass aus Transparenzgesichtspunkten ein Widerrufsgrund in der Klausel fixiert sein muss (BAG v. 11.10.2006 – 5 AZR 721/05, NZA 2007, 87; Rz. 1866). 1358

In der Folge gerieten auch die früher verbreiteten **Freiwilligkeitsvorbehalte** unter Druck. Das BAG entschied zunächst, dass laufende Zulagen nicht unter Freiwilligkeitsvorbehalt gestellt werden können (BAG v. 25.4.2007 – 5 AZR 627/06, NZA 2007, 853; Einzelheiten Rz. 1883). Zwar ist es bei transparenter Gestaltung möglich, eine Sonderzahlung zu gewähren mit einem Freiwilligkeitsvorbehalt im Zeitpunkt der Zahlung, so dass aus der Zahlung künftig kein Rechtsanspruch entsteht. Die Vertragsgestaltung muss jedoch in sich widerspruchsfrei sein. Nur dann kann aus einer tatsächlichen Zahlung kein Anspruch für die Zukunft entstehen. Ungeeignet sind jedoch alle Vertragsgestaltungen, die eine er- 1359 folgte Zusage als „freiwillig" darstellen. Wenn im Vertrag selbst eine Sonderzahlung vereinbart ist, ist es widersprüchlich und intransparent, diese „versprochene" Leistung sogleich unter einen Freiwilligkeitsvorbehalt zu stellen (BAG v. 30.7.2008 – 10 AZR 606/07, NZA 2008, 1173).

1360 **Beispiel:** Das BAG hat folgende Freiwilligkeitsvorbehalte bei Sondervergütungen für unwirksam erklärt:

„Der Angestellte erhält eine Weihnachtsgratifikation in Höhe des Bruttogehaltes. Ein Rechtsanspruch auf eine Weihnachtsgratifikation besteht nicht. Wird eine solche gewährt, stellt sie eine freiwillige, stets widerrufbare Leistung des Arbeitgebers dar." (BAG v. 30.7.2008 – 10 AZR 606/07, NZA 2008, 1173, 1173)

„Sie erhalten einen gewinn- und leistungsabhängigen Bonus, der im ersten Jahr Ihrer Betriebszugehörigkeit EUR 7700 nicht unterschreiten wird und im Frühjahr des Folgejahres zur Auszahlung kommt. Die Zahlung des Bonus erfolgt in jedem Falle freiwillig und begründet keinen Rechtsanspruch für die Zukunft." (BAG v. 24.10.2007 – 10 AZR 825/06, NZA 2008, 40, 40)

1361 Das BAG hielt entsprechende Vorbehalte für intransparent. Ergänzend heranzuziehen ist aber auch hier die materielle Begründung der Unangemessenheit.

„Der Ausschluss jeden Rechtsanspruchs bei laufendem Arbeitsentgelt widerspricht dem Zweck des Arbeitsvertrags. Dem Arbeitgeber soll damit ermöglicht werden, vom Arbeitnehmer die vollständige Erbringung der geschuldeten Leistung zu verlangen und seinerseits über die von ihm geschuldete Gegenleistung zu disponieren. Damit verhindert der Ausschluss des Rechtsanspruchs die Verwirklichung des Prinzips der Vertragsbindung und löst die synallagmatische Verknüpfung der Leistungen beider Vertragsparteien. Die Möglichkeit, eine nach Zeitabschnitten bemessene Vergütung grundlos und noch dazu ohne jegliche Erklärung einzustellen, beeinträchtigt die Interessen des Arbeitnehmers grundlegend. Dies gilt auch dann, wenn es sich bei den unter einem Vorbehalt stehenden Leistungen nicht um die eigentliche Grundvergütung, sondern um eine zusätzliche Abgeltung der Arbeitsleistung in Form einer Zulage oder sonstiger laufender Leistungen handelt." (BAG v. 14.9.2011 – 10 AZR 526/10, NZA 2012, 81 Rz. 37)

1362 Auch die in Arbeitsverträgen vielfach anzutreffenden Pauschalvorbehalte verfehlen ihre beabsichtige Wirkung (zum Ganzen: *Preis/Sagan* NZA 2012, 697).

Beispiel für einen unwirksamen Pauschalvorbehalt: *„Sonstige, in diesem Vertrag nicht vereinbarte Leistungen des Arbeitgebers an den Arbeitnehmer sind freiwillig und jederzeit widerruflich. Auch wenn der Arbeitgeber sie mehrmals und regelmäßig erbringen sollte, erwirbt der Arbeitnehmer dadurch keinen Rechtsanspruch für die Zukunft."*

1363 Das BAG hat in seiner Entscheidung vom 14.9.2011 (- 10 AZR 526/10, NZA 2012, 81) hierfür die maßgebende Begründung geliefert. Ein Vorbehalt, der alle zukünftigen, im Vertrag nicht unmittelbar vereinbarten Leistungen unabhängig von ihrer Art und ihrem Entstehungsgrund erfassen soll, ist unangemessen. Die Pauschalvorbehalte differenzierten weder danach, ob es sich um laufende Leistungen oder einmalige Sonderzahlungen handelt; ebenso wenig werde auf den Entstehungsgrund der Leistung abgestellt. Der Wortlaut erfasse sowohl Fälle der betrieblichen Übung als auch konkludente, z.B. auf einer Gesamtzusage beruhende Vereinbarungen und sogar ausdrückliche vertragliche Einzelabreden. Solche Klauseln führten zu dem Ausschluss jeden Rechtsanspruches auf (vereinbartes) Arbeitsentgelt und seien deshalb unangemessen benachteiligend.

2. Ermessensgratifikationen

1364 Wegen der verschärften Kontrolle im Bereich von Freiwilligkeits- und Widerrufsvorbehalten ist die Praxis zum Teil dazu übergegangen, sogenannte **Ermessensgratifikationen** zu vereinbaren. Der Arbeitgeber ist danach **dem Grunde nach zur Zahlung einer Sonderzahlung** verpflichtet, deren Höhe aber nicht von vornherein feststeht. Vielmehr behält sich der Arbeitgeber über die **Höhe** des Anspruchs ein **einseitiges Leistungsbestimmungsrecht** vor. Dessen Ausübung richtet sich – wenn nicht andere, abweichende Anhaltspunkte im Vertrag vorhanden sind – nach § 315 BGB, d.h. der Arbeitgeber muss nach billigem Ermessen entscheiden (vgl. nur BAG v. 3.8.2016 – 10 AZR 710/14, NZA 2016, 1334; BAG v. 19.3.2014 – 10 AZR 622/13, NZA 2014, 595 Rz. 35; BAG v. 12.10.2011 – 10 AZR 649/10, NZA 2012, 464 Rz. 26). Zur Verdeutlichung folgendes

Beispiel: *„Sie erhalten eine Weihnachtsgratifikation in Höhe von 50 % bei einer Betriebszugehörigkeit von min. 6 Monaten bzw. von 100 % bei einer Betriebszugehörigkeit von 12 Monaten von der vom Arbeitgeber jeweils pro Jahr festgelegten Höhe. Endet das Arbeitsverhältnis vor dem 31.3. des Folgejahres durch Kündigung seitens des Arbeitnehmers sind jegliche – auch anteilige – Ansprüche auf die Weihnachtsgratifikation ausgeschlossen."* (aus BAG v. 16.1.2013 – 10 AZR 26/12, NZA 2013, 1013)

Problematisch wird die oben beschriebene Gestaltung vor allem in Fällen, in denen sich der Arbeitgeber entschließt, einen äußerst geringen oder einen mit „Null" bemessenen Bonus zur Verfügung zu stellen. Das BAG geht in seiner Rechtsprechung davon aus, dass eine Klauselgestaltung der o.g. Art nicht gegen § 308 Nr. 4 BGB verstößt, weil einseitige Leistungsbestimmungsrechte i.S.d. §§ 315 ff. BGB nicht unter § 308 Nr. 4 BGB fielen (BAG v. 16.1.2013 – 10 AZR 26/12, NZA 2013, 1013 Rz. 17). Auch einen Verstoß gegen § 307 Abs. 1 S. 2 BGB lehnt das BAG ab. 1365

„Nach [§ 307 Absatz 1 S. 2 BGB] kann sich eine unangemessene Benachteiligung daraus ergeben, dass die Bestimmung nicht klar und verständlich ist. Sinn des Transparenzgebots ist es, der Gefahr vorzubeugen, dass der Vertragspartner des Klauselverwenders von der Durchsetzung bestehender Rechte abgehalten wird. Ein Verstoß gegen das Transparenzgebot liegt deshalb nicht schon dann vor, wenn der Arbeitnehmer keine oder nur eine erschwerte Möglichkeit hat, die betreffende Regelung zu verstehen. Erst in der Gefahr, dass der Vertragspartner des Klauselverwenders wegen unklar abgefasster Allgemeiner Vertragsbedingungen seine Rechte nicht wahrnimmt, liegt eine unangemessene Benachteiligung § 307 Abs. 1 BGB. Eine derartige Gefahr ist hier nicht erkennbar. Der mögliche Anspruch des Kl. ist durch den Arbeitsvertrag ausreichend beschrieben. Der Kl. konnte erkennen, dass die Bekl. über die Festsetzung der Höhe der Gratifikation zu entscheiden hatte. Erkennbar war auch, dass die Entscheidung eine Abwägung der maßgeblichen Interessen beider Seiten erforderte [...]." (BAG v. 16.1.2013 – 10 AZR 26/12, NZA 2013, 1013, Rz. 20 f.) 1366

Auch ein Verstoß gegen § 307 Abs. 1 BGB wird mangels Gesetzesabweichung vom BAG verneint. 1367

„Die Regelung weicht mit ihrem durch Auslegung ermittelten Inhalt nicht vom Gesetz ab. Vielmehr sieht das Gesetz selbst einseitige Leistungsbestimmungsrechte vor (§ 315 BGB). Es geht davon aus, dass vertragliche Regelungen diesen Inhalts einem berechtigten Bedürfnis des Wirtschaftslebens entsprechen können und nicht von vornherein unangemessen sind. Das Gesetz ordnet ausdrücklich an, dass die Bestimmung mangels abweichender Vereinbarung nach billigem Ermessen zu geschehen hat, dass der Gläubiger die Entscheidung des Schuldners gerichtlich überprüfen und gegebenenfalls durch Urteil treffen lassen kann. [...]." (BAG v. 16.1.2013 – 10 AZR 26/12, NZA 2013, 1013 Rz. 29)

Kritisch ist hierbei anzumerken, dass das BAG recht großzügig mit den Ermessensgratifikationen umgeht. Das gilt namentlich mit Blick auf die verschärften Anforderungen an die bereits dargestellten Freiwilligkeitsvorbehalte (ausf. *Preis*, Der Arbeitsvertrag, S II 40, Rz. 19d-19f). Die Entwicklung auf diesem Feld hat gerade erst begonnen. Insbesondere in der Frage der Konkretisierung der für die Ermessensausübung maßgeblichen Kriterien scheiden sich die Geister (kritisch gegenüber dem BAG insofern *Stoffels* RdA 2015, 27, 279). Das BAG verlegt sich bisher auf eine stark am Einzelfall orientierte Rechtsprechung, der aber zumindest entnommen werden kann, dass je geringer die Parameter festgelegt sind, desto intensiver die nach § 315 BGB erforderliche Billigkeitskontrolle ausfällt (exemplarisch BAG v. 19.3.2014 – 10 AZR 622/13, NZA 2014, 595 Rz. 59 ff.). Ob das BAG an dieser Einzelfalljudikatur in Zukunft festhalten oder zu Gunsten einer verschärfteren Transparenzkontrolle abweichen wird, bleibt abzuwarten. 1368

3. Stichtagsklauseln

1369 Eine **Stichtagsklausel** entscheidet über das „Ob" der Sonderzahlung. Der Anspruch auf Sonderzahlung entsteht erst mit Erreichen des Stichtages. Zuvor kann daher kein – auch kein anteiliger – Anspruch entstehen, es sei denn, die Parteien haben dies ausdrücklich vereinbart. Selbst wenn man davon ausgeht, dass die Sonderzahlung – was regelmäßig der Fall ist – reinen Entgeltcharakter hat, ist eine Stichtagsklausel nicht a priori unzulässig. Der 10. Senat des BAG hat eine Bonusvereinbarung, die voraussetzt, dass das Arbeitsverhältnis das gesamte Kalenderjahr „bestanden hat" (BAG v. 6.5.2009 – 10 AZR 443/08, NZA 2009, 783 Rz. 8), für zulässig gehalten. Hierzu meint der Senat, dass bei wechselseitiger Berücksichtigung und Bewertung der rechtlich anzuerkennenden Interessen die Bindung des Anspruchs auf eine Bonuszahlung an das Bestehen eines Arbeitsverhältnisses im gesamten Geschäftsjahr nicht generell unzulässig ist.

1370 Das BAG stellt in der jüngeren Rechtsprechung zu Recht heraus, dass mit Sonderzahlungen verbundene einzelvertragliche Stichtags- und Rückzahlungsklauseln einen Arbeitnehmer nicht in unzulässiger Weise in seiner durch Art. 12 GG garantierten **Berufsfreiheit** behindern dürfen und insoweit einer Inhaltskontrolle durch die Arbeitsgerichte gemäß § 307 BGB unterliegen. Das BAG hat eine Stichtagsregelung, die unabhängig von der Höhe einer leistungsbezogenen Sonderzahlung den Arbeitnehmer bis zum 30.9. des Folgejahres bindet, für unangemessen benachteiligend erklärt (BAG v. 24.10.2007 – 10 AZR 825/06, NZA 2008, 40, 42).

1371 Bei einer arbeitsleistungsbezogenen Sonderzahlung versagt das BAG neuerdings zu Recht nachgelagerten Fälligkeitsklauseln, d.h. Klauseln, die die Auszahlung der erdienten Sonderzahlung an das ungekündigte Bestehen des Arbeitsverhältnisses im Zeitpunkt der Auszahlung binden, die Anerkennung (BAG v. 12.4.2011 – 1 AZR 412/09, NZA 2011, 989; BAG v. 18.1.2012 – 10 AZR 612/10, NZA 2012, 561; BAG v. 13.11.2013 – 10 AZR 848/12, NZA 2014, 368 Rz. 23). Die Vorenthaltung einer bereits verdienten Arbeitsvergütung ist stets ein unangemessenes Mittel, die selbstbestimmte Arbeitsplatzaufgabe zu verzögern oder zu verhindern. Die im konkreten Fall bei langen Kündigungsfristen eintretende Bindung bis zum Ablauf des nächsten Geschäftsjahres, um die im vorangegangenen Geschäftsjahr verdiente variable Erfolgsvergütung nicht zu verlieren, ist nach zutreffender Sicht des BAG unangemessen.

4. Vorzeitiges Ausscheiden des Arbeitnehmers

1372 Ob und inwieweit der Arbeitnehmer bei vorzeitigem Ausscheiden noch (anteilig) die Sondervergütung verlangen kann, hängt von dem Inhalt der Vereinbarung ab:

1373 – Bei Sondervergütungen mit **reinem Entgeltcharakter** entfällt bei vorzeitigem Ausscheiden des Arbeitnehmers die Sondervergütung nicht insgesamt, weil der Bestand des Arbeitsverhältnisses keine Anspruchsvoraussetzung ist; sie ist **anteilig (pro rata temporis)** im Bezugsjahr zu gewähren. Die Sondervergütung ist anteilig verdient (BAG v. 13.6.1991 – 6 AZR 421/89, EzA § 611 BGB Gratifikation, Prämie Nr. 86), lediglich ihre Fälligkeit ist hinausgeschoben (BAG v. 14.11.2012 – 10 AZR 3/12, NZA 2013, 327 Rz. 19).

1374 – Bei einer Sondervergütung, mit der **allein die Betriebstreue belohnt** werden soll, scheidet ein Anspruch wegen Fehlens der Anspruchsvoraussetzung aus, wenn am maßgeblichen Stichtag kein Arbeitsverhältnis besteht bzw. dieses wirksam gekündigt ist (BAG v. 7.11.1991 – 6 AZR 489/89, BB 1992, 142). Dies gilt nach umstrittener Ansicht des BAG auch bei wirksamer betriebsbedingter Kündigung (BAG v. 19.11.1992 – 10 AZR 264/91, NZA 1993, 353; BAG v. 18.1.2012 – 10 AZR 667/10, NZA 2012, 620).

1375 – Bei dem in der Praxis immer noch häufig anzutreffenden Fall einer sog. **„Sondervergütung mit Mischcharakter"** bedarf es nach bisheriger Rechtsprechung für das Bestehen eines anteiligen Anspruchs einer **ausdrücklichen Vereinbarung** (BAG v. 26.10.1994 – 10 AZR 109/93, NZA 1995, 307). Daran dürfte nicht festzuhalten sein, weil die Intransparenz des „Mischcharakters" zu Lasten des Arbeitgebers geht, der es in der Hand hat, sich klar auszudrücken. Es ist deshalb nun mit der neuen Rechtsprechung des BAG anzunehmen, dass künftig die früheren Fälle des „Mischcharakters" wie Sondervergütungen mit reinem Entgeltcharakter behandelt werden. Das folgt zum einen daraus, dass – mangels abweichender klarer Vereinbarung – das BAG heute auf dem Standpunkt steht, dass *„ein Arbeitgeber in aller Regel jede Sondervergütung im Hinblick auf das Arbeitsverhältnis und die Verpflichtung des Arbeitnehmers zur Leistung der versprochenen Dienste erbringt"* (BAG v. 1.4.2009 – 10 AZR 393/08, ZTR 2009, 485). Zum anderen hat das BAG Stichtagsklauseln bei Sonderzahlungen mit Mischcharakter, die jedenfalls auch der Vergütung der Arbeitsleistung dienen, nach § 307 Abs. 1 BGB für unwirksam befunden (vgl. BAG v. 13.11.2013 – 10 AZR 848/12, NZA 2014, 368 Rz. 23 ff.).

5. Fehlzeiten des Arbeitnehmers

Vom Inhalt der Vereinbarung hängt auch die Möglichkeit des Ausschlusses und der Kürzung der Sondervergütung bei Fehlzeiten ab: 1376

– Bei Sondervergütung mit **reinem Entgeltcharakter** entsteht schon kein Anspruch auf die Sondervergütung, wenn der Arbeitnehmer keine Arbeitsleistung erbracht hat und auch keine Fehlzeiten mit zwingendem Entgeltfortzahlungsanspruch (z.B. nach § 3 Abs. 1 S. 1 EFZG) bestehen. Das ist beispielsweise der Fall, wenn ein Arbeitnehmer sich im gesamten Kalenderjahr in Elternzeit befindet, da während dieses Zeitraums das Arbeitsverhältnis ruht und kein Entgelt(fortzahlungs)anspruch besteht. Die Sonderregelung des § 4a EFZG, die eine Möglichkeit zur Kürzung von Sonderzuwendungen wegen Krankheitszeiten des Arbeitnehmers enthält, ist nicht anwendbar.   1377

– Wird die Sondervergütung dagegen nur für erwiesene oder künftige **Betriebstreue** gewährt, **entfällt der Anspruch** auch dann **nicht**, wenn der Arbeitnehmer im gesamten Bezugsjahr keinerlei Arbeitsleistung erbringt, weil ausschließlich der Bestand des Arbeitsverhältnisses, nicht aber die Arbeitsleistung honoriert wird. § 4a EFZG ist hier ebenfalls nicht anwendbar.   1378

6. Ruhen des Arbeitsverhältnisses

Schließlich ist der Inhalt der vertraglichen Vereinbarung für die Frage maßgebend, ob und inwieweit der Arbeitgeber beim Ruhen des Arbeitsverhältnisses (Elternzeit, etc.) zur Zahlung einer Sondervergütung verpflichtet ist: 1379

– Sonderzuwendungen mit **reinem Entgeltcharakter** vermindern sich in diesem Fall automatisch um denjenigen Anteil, der verhältnismäßig auf den Ruhezeitraum entfällt (BAG v. 19.4.1995 – 10 AZR 49/94, NZA 1995, 1098, 1099).   1380

– Wird mit der Sonderzuwendung **allein die Betriebstreue** honoriert, ist sie beim Ruhen des Arbeitsverhältnisses in vollem Umfang zu gewähren. Gegenteilige Vereinbarungen sind unwirksam (hierzu LAG Düsseldorf v. 28.10.1992 – 4 Sa 1075/92, BB 1993, 221).   1381

IV. Rückzahlungsklauseln

Scheidet der Arbeitnehmer nach Erhalt der Sondervergütung wider Erwarten aus dem Arbeitsverhältnis aus, so hat der Arbeitgeber im Hinblick auf die Entlohnung von Betriebstreue ggf. ein berechtigtes Interesse an der Rückzahlung. Sondervergütungen können aber nur unter bestimmten Voraussetzungen mit einem Rückzahlungsvorbehalt versehen werden. Notwendig ist eine ausdrückliche und eindeutige Vereinbarung (BAG v. 14.6.1995 – 10 AZR 25/94, NZA 1995, 1034, 1035). Der Arbeitgeber verfolgt mit den Rückzahlungsklauseln ähnlich wie bei Stichtagsklauseln das Ziel, den Arbeitnehmer an den Betrieb zu binden. Im Unterschied zu Stichtagsklauseln soll über die angeordnete Rückzahlung nach frühzeitigem Ausscheiden eine Bindung über den Bezugszeitraum hinaus bewirkt werden.   1382

1383–1387 Einstweilen frei.

1388 **Beispiel für eine Rückzahlungsklausel (aus Preis, Der Arbeitsvertrag, II S. 40, vor Rz. 89):** Der Arbeitnehmer ist verpflichtet, die Sonderzahlung zurückzuzahlen, wenn das Arbeitsverhältnis aufgrund eigener Kündigung des Arbeitnehmers (ohne dass dieser sich durch ein Verhalten des Arbeitgebers hierzu veranlasst sehen durfte) oder aufgrund außerordentlicher oder verhaltensbedingter Kündigung aus einem von ihm zu vertretenden Grund innerhalb von drei Monaten – bzw. sofern die Sonderzahlung ein Bruttomonatsgehalt übersteigt, innerhalb von sechs Monaten – nach der Auszahlung endet. Die Rückzahlungsverpflichtung gilt entsprechend, wenn das Arbeitsverhältnis innerhalb des genannten Zeitraums durch Aufhebungsvertrag beendet wird und Anlass des Aufhebungsvertrages ein Recht des Arbeitgebers zur außerordentlichen oder verhaltensbedingten Kündigung oder ein Aufhebungsbegehren des Arbeitnehmers (ohne dass dieser sich durch ein Verhalten des Arbeitgebers hierzu veranlasst sehen durfte) ist. Erhält der Arbeitnehmer lediglich einen Betrag bis einschließlich 100 Euro, so kann er diesen in jedem Falle behalten.

1389 Eine Rückzahlungspflicht ist bei einer Sondervergütung mit reinem Entgeltcharakter ausgeschlossen, weil der Arbeitnehmer diese Sonderzuwendung durch seine bereits erbrachte Arbeitsleistung verdient hat und durch den Entzug eines bereits verdienten Lohnanteils bestraft würde.

1390 Rückzahlungsklauseln werden von der Rechtsprechung überdies nur anerkannt, wenn der Arbeitnehmer durch sie nicht in unzulässiger Weise in seiner durch Art. 12 Abs. 1 GG garantierten Berufsausübung behindert wird. Entsprechende Vereinbarungen in vorformulierten Arbeitsverträgen unterliegen nach §§ 305 ff. BGB einer Inhaltskontrolle (vgl. hierzu Rz. 997 ff.; BAG v. 25.4.2007 – 10 AZR 634/06, NZA 2007, 875). Eine formularvertragliche Rückzahlungsklausel ist unwirksam, wenn sie weder die Voraussetzungen für die Rückzahlungspflicht noch einen eindeutig bestimmten Zeitraum für die Bindung des Arbeitnehmers festlegt. Eine ergänzende Auslegung dahingehend, dass die Rückforderung im Rahmen der von der Rechtsprechung bislang entwickelten Grenzen für Rückzahlungsfristen erfolgen könne, kommt nicht in Betracht. Dies verstieße bei formularmäßiger Vereinbarung gegen das **Verbot geltungserhaltender Reduktion** aus § 306 Abs. 2 BGB (Rz. 1049). Dagegen werden Tarifverträge und Betriebsvereinbarungen nicht auf ihre inhaltliche Angemessenheit hin kontrolliert, § 310 Abs. 4 S. 1 BGB. Gleiches gilt für einzeln ausgehandelte Individualverträge. In Abhängigkeit von der Höhe einer Weihnachtsgratifikation hat das BAG bei einzelvertraglichen Rückzahlungsklauseln folgende zeitliche Bindungen an den Betrieb für zulässig erachtet:

1391 – Beträgt die Weihnachtsgratifikation weniger als 100,- Euro, ist eine Rückzahlungsklausel unabhängig von der Dauer der Betriebsbindung unwirksam.

1392 – Bei einer Weihnachtsgratifikation zwischen 100,- Euro und einem Monatsgehalt ist eine Bindung zum 31. März des Folgejahres zulässig. Eine Klausel, die eine Rückzahlungspflicht auch bei Ausscheiden nach dem 31. März vorsieht, ist unwirksam (BAG v. 9.6.1993 – 10 AZR 529/92, NZA 1993, 935, 936).

1393 – Bei einer Weihnachtsgratifikation, die einen Monatslohn übersteigt, aber den doppelten Monatslohn noch nicht erreicht, ist eine Bindung über den 30.6. des Folgejahres hinaus nicht möglich, wenn der Arbeitnehmer bis dahin mehrere Kündigungsmöglichkeiten hatte. Wenn eine Sonderzahlung ein Monatsgehalt erheblich übersteigt, ist eine längere Betriebsbindung zulässig (BAG v. 9.6.1993 – 10 AZR 529/92, NZA 1993, 935).

§ 30
Betriebliche Altersversorgung

Literatur: *Blomeyer/Rolfs/Otto,* Betriebsrentengesetz, Gesetz zur Verbesserung der betrieblichen Altersversorgung, 7. Aufl. 2018.

Übersicht: Drei-Säulen-Modell der Alterssicherung 1394

1. Säule:	2. Säule:	3. Säule:
Rente aus der **gesetzlichen** Rentenversicherung (§§ 33 ff. SGB VI)	Leistungen der **betrieblichen** Altersversorgung	**Private** Eigenvorsorge, insbesondere durch Lebensversicherungen
	Aufbau einer zusätzlichen staatlich geförderten **kapitalgedeckten** Altersversorgung	

I. Allgemeines

Die betriebliche Altersversorgung stellt die „**zweite Säule**" **der Altersversorgung neben der gesetzlichen Rentenversicherung und der Eigenvorsorge** (vor allem durch Lebensversicherungen) dar (vgl. BVerfG v. 19.10.1983 – 2 BvR 298/81, NJW 1984, 476; BVerfG v. 14.1.1987 – 1 BvR 1052/79, DB 1987, 638). Das Recht der betrieblichen Altersversorgung ist in einem eigenständigen Gesetz geregelt und zwar dem BetrAVG vom 19.12.1974. Wichtige Grundsätze, die in diesem Gesetz niedergelegt sind, hatte das BAG zuvor in mutiger Rechtsfortbildung selbst entwickelt (BAG v. 10.3.1972 – 3 AZR 278/71, BAGE 24, 177; BAG v. 30.3.1973 – 3 AZR 26/72, BAGE 25, 146; BAG v. 17.5.1973 – 3 AZR 381/72, BAGE 25, 194; s.a. *Reinecke* NZA 2004, 753 f.). Das Recht der betrieblichen Altersvorsorge hat sich zu einer hochkomplexen Eigenmaterie entwickelt. Traditionell zuständig ist hierfür der Dritte Senat des BAG. Nachfolgend seien nur einige wichtige Grundsätze vorgestellt. 1395

Von betrieblicher Altersvorsorge spricht man, wenn der Arbeitgeber einem Arbeitnehmer Leistungen der Alters-, Invaliditäts- oder Hinterbliebenenversorgung aus Anlass seines Arbeitsverhältnisses zusagt, vgl. § 1 Abs. 1 S. 1 BetrAVG. Bei diesen Leistungen handelt es sich um Entgelt, sie sind also Bestandteil der vom Arbeitgeber geschuldeten Gegenleistung (vgl. statt vieler die „Bilka"-Entscheidung: EuGH v. 13.5.1986 – Rs. 170/84, ZIP 1986, 726 Rz. 20 ff.). Traditionell ist die betriebliche Altersvorsorge eine freiwillige Leistung seitens des Arbeitgebers gewesen. Denn ob und unter welchen **Voraussetzungen** er seinen Arbeitnehmern Ruhegeldleistungen verspricht, liegt – soweit er keine entsprechende einzelvertragliche Verpflichtung im Arbeitsvertrag eingegangen oder durch einen Tarifvertrag entsprechend verpflichtet ist – in seinem Ermessen. Auch das Mitbestimmungsrecht des Betriebsrats aus § 87 Abs. 1 Nr. 8, 10 BetrVG setzt erst ein, wenn es um die Verteilung der vom Arbeitgeber zur Verfügung gestellten Mittel geht (siehe im Band „Kollektivarbeitsrecht" Rz. 2315 ff. u. 2340). Den sog. „Dotierungsrahmen" dagegen bestimmt der Arbeitgeber alleine und mitbestimmungsfrei. Dabei hat er allerdings den Grundsatz der Gleichbehandlung zu wahren und darf z.B. nicht ohne sachlichen Grund zwischen Arbeitern und Angestellten differenzieren (BAG v. 13.12.1994 – 3 AZR 367/94, NZA 1995, 886). 1396

Zulässige Differenzierungskriterien in diesem Sinne sind ein nachvollziehbar unterschiedliches Interesse des Arbeitgebers an der fortdauernden Betriebstreue sowie ein typischerweise unterschiedlicher Versorgungsbedarf (z.B. bei eingeschränkter Möglichkeit der Eigenvorsorge) einzelner Arbeitnehmergruppen (BAG v. 9.12.1997 – 3 AZR 661/96, NZA 1998, 1173). Als sachliche Gründe gelten hingegen nicht Unterschiede in der Art der Arbeitsleistung oder besondere Vergütungsstrukturen. 1397

Für den Arbeitgeber ist das Versprechen von Leistungen der betrieblichen Altersversorgung vor allem mit erheblichen steuerrechtlichen Vorteilen (§§ 4b bis 4e EStG) verbunden. 1398

Weitreichende Veränderungen hat das BetrAVG im Zuge der **Reform der gesetzlichen Rentenversicherung** durch das Altersvermögensgesetz (AVmG) vom 26.6.2001 erfahren. Ziel des AVmG ist der Aufbau einer zusätzlichen **kapitalgedeckten Altersversorgung** durch den Arbeitnehmer. Dies betrifft zum einen die staatliche bzw. steuerliche Förderung der freiwilligen ergänzenden Altersvorsorge, die die zweite und die dritte Säule des Alterssicherungsmodells erfasst. Zum anderen betrifft dies auch inhaltliche Weiterentwicklungen der betrieblichen Altersversorgung. Dazu gehört u.a., dass Arbeitnehmer gemäß § 1a BetrAVG einen Anspruch auf Umwandlung von Lohn- und Gehaltsbestandteilen 1399 in Ansprüche der betrieblichen Altersvorsorge erhalten (sog. **Entgeltumwandlung** in Höhe von bis zu 4 % der Beitragsbemessungsgrenze der Rentenversicherung). Neben die freiwillige betriebliche Altersvorsorge, bei der der Arbeitgeber zusätzliche Leistungen für diese Zwecke verspricht, ist somit eine betriebliche Altersvorsorge getreten, bei der der Arbeitnehmer aus dem eigenem Entgelt für das Alter, Invalidität und Tod vorsorgen kann, und – sofern es dies möchte – den Arbeitgeber nach § 1a BetrAVG zur Entgeltumwandlung entsprechend verpflichten kann. Ferner wurde mit der Einführung von Pensionsfonds ein fünfter Durchführungsweg der betrieblichen Altersversorgung eingeführt. Für die Arbeitnehmer ist damit der Vorteil verbunden, dass sie einen Rechtsanspruch gegenüber dem Pensionsfonds als externem Träger der betrieblichen Altersversorgung erhalten (§ 236 Abs. 1 Nr. 3 VAG) und ihre Ansprüche bei einem Wechsel des Arbeitgebers problemlos mitnehmen können (sog. Portabilität der Rentenanwartschaften). Alle diese Reformmaßnahmen dienen dazu, die betriebliche Altersversorgung zu stärken bzw. attraktiver zu machen.

1400 Die betriebliche Altersversorgung kann auf **fünf verschiedenen Wegen** durchgeführt werden (vgl. §§ 1, 1b BetrAVG):

– Unmittelbare Versorgungszusagen (Direktzusagen) liegen vor, wenn der Arbeitgeber den Arbeitnehmern, die eine betriebliche Altersversorgung erhalten sollen, vertraglich zusagt, dass sie bei Eintritt bestimmter Bedingungen (z.B. Erreichen der gesetzlichen Regelaltersgrenze, z.B. 67. Lebensjahr) Altersrenten von ihm erhalten sollen.

– Bei einer Direktversicherung schließt der Arbeitgeber auf das Leben des Arbeitnehmers einen Versicherungsvertrag (Lebensversicherung) ab, in dem er Versicherungsnehmer und Beitrags-/Prämienzahler ist und der Arbeitnehmer – bzw. im Todesfall dessen Angehörige – Bezugsberechtigter.

– Eine Pensionskasse ist eine vom Arbeitgeber oder von einer Gruppe von Arbeitgebern geschaffene Einrichtung, die als selbstständige juristische Person (in der Praxis ausschließlich als Versicherungsverein auf Gegenseitigkeit, VVaG) neben den Arbeitgeber tritt und deren alleiniger Zweck es ist, die Versorgung der Arbeitnehmer zu übernehmen, wobei die Arbeitnehmer auf die Leistungen der Kasse einen Rechtsanspruch haben.

– Auch eine Unterstützungskasse ist eine rechtlich selbstständige Einrichtung zur Versorgung der Arbeitnehmer. Sie aber gewährt – im Unterschied zu Pensionskassen – (jedenfalls formal, Einzelheiten sogleich unter II.) den Arbeitnehmern keinen Rechtsanspruch auf die Leistungen.

– Ein Pensionsfonds (§§ 112 ff. VAG) ähnelt der Pensionskasse und ist ein vom Arbeitgeber dotierter externer betrieblicher Träger mit versicherungsähnlicher Struktur. Er kann als Aktiengesellschaft oder Pensionsfondsverein auf Gegenseitigkeit errichtet werden. Die Besonderheiten bestehen in der weitgehenden Anlagefreiheit sowie darin, dass der Pensionsfonds bloßer Vermögensverwalter sein kann und Kapitalanlagen durch Kapitalgesellschaften bzw. Versicherungen durch Versicherer durchführen lassen kann.

Die betriebliche Altersversorgung beruht auf einer Zusage des Arbeitgebers, die individual- oder kollektivrechtlicher Natur sein kann. Als **Zusagearten** kommen die Leistungszusage, die beitragsorientierte Leistungszusage, die Beitragszusage mit Mindestleistung, die reine Beitragszusage und die Entgeltumwandlung in Betracht, s.a. §§ 1 Abs. 2, 1a BetrAVG. Zu erwähnen ist in diesem Zusammenhang die neu eingeführte reine Beitragszusage (§ 1 Abs. 2 Nr. 2a i.V.m. §§ 21-25 BetrAVG). Sie beruht auf dem Betriebsrentenstärkungsgesetz v. 17.8.2017 und markiert insofern einen gewissen Wendepunkt in der betrieblichen Altersvorsorge, weil der Arbeitgeber in diesem Fall u.a. von seiner späteren Haftung bzw. Einstandspflicht (§ 1 Abs. 1 S. 3 BetrAVG) befreit ist („pay and forget"), vgl. § 1 Abs. 2 Nr. 2a S. 2 BetrAVG. Mit anderen Worten liegt das Risiko der Kapitalanlage bei dieser Zusageart nun beim Arbeitnehmer (s.a. *Rolfs* BetrAV 2019, 214; *Litschen/Günnewig* NZS 2018, 921, 923).

1401 Nach einer rückläufigen Entwicklung der betrieblichen Altersversorgung kam es seit der Nutzung der sog. **Riester-Rente** (hierzu ausf. *Fuchs/Preis* Sozialversicherungsrecht, 2. Aufl. 2009) ab 2002 zu einem deutlichen Anstieg, obwohl die Riesterrente primär auf die Stärkung der privaten Altersvorsorge zielt.

Mit dem Inkrafttreten des Altersvermögensgesetzes (AVmG) und des Altersvermögensergänzungsgesetzes (AVmEG) am 1.1.2002 haben sich die Rahmenbedingungen für die Zusatzversorgung erheblich verbessert (Verkürzung der Unverfallbarkeitsfristen, Einführung der Pensionsfonds, gesetzlicher Anspruch auf Entgeltumwandlung sowie steuer- und beitragsrechtlichen Förderungsmöglichkeiten). Insgesamt hatten im Dezember 2015 ca. 57,7 % aller sozialversicherungspflichtig Beschäftigten in Privatwirtschaft und öffentlichem Dienst eine Anwartschaft der betrieblichen Altersversorgung erworben (Quelle: http://www.bmas.de/SharedDocs/Downloads/DE/PDF-Publikationen/fb-475-bav-endbericht.pdf?__blob=publicationFile&v=2).

II. Widerruf von Versorgungsversprechen

Nicht selten stellen Arbeitgeber, die in wirtschaftlich erfolgreichen Zeiten großzügig Betriebsrenten versprochen haben, später fest, dass sie zu deren Erbringung nicht oder nicht mehr in vollem Umfang fähig sind. Der Widerruf von Versorgungsversprechen ist jedoch nur unter **sehr engen Voraussetzungen** zulässig. Bei Auslegung und Anwendung von Versorgungsversprechen sind, soweit es sich um vorformulierte Vertragsbedingungen handelt, die Grundsätze der AGB-Kontrolle gemäß §§ 305 ff. BGB zu beachten (zu Personalrabatten als Altersversorgung: BAG v. 19.2.2008 – 3 AZR 61/06, NZA-RR 2008, 597). Im Übrigen findet bei ablösenden Betriebsvereinbarungen eine Rechtskontrolle auf Vertrauensschutz und Verhältnismäßigkeit nach § 75 BetrVG statt (BAG v. 13.11.2007 – 3 AZR 455/06, NZA-RR 2008, 520). 1402

Freiwilligkeitsvorbehalte sind bei Versorgungsversprechen **ausgeschlossen**. Es entspricht langjähriger Rechtsprechung (BAG v. 5.7.1979 – 3 AZR 197/78, NJW 1980, 79; bestätigt durch BVerfG v. 14.1.1987 – 1 BvR 1052/79, BB 1987, 616), dass der Ausschluss des Rechtsanspruchs in Satzungen und Versorgungsplänen von Unterstützungskassen nur ein Widerrufsrecht begründet, das an sachliche Gründe gebunden ist. Diese Rechtsprechung beruht auf dem Gedanken, dass die betriebliche Altersversorgung Gegenleistung für die erwartete und erbrachte Betriebstreue, also die Zugehörigkeit des Arbeitnehmers zum Betrieb, ist. Hat der Arbeitnehmer in der Vergangenheit dem Betrieb angehört und damit seine Leistung erbracht, kann ihm der Ausschluss des Rechtsanspruchs auf die Gegenleistung nicht entgegengehalten werden. Es kann nicht einer Partei überlassen bleiben, darüber zu befinden, ob sie nach Erhalt der Leistung der anderen Partei ihre Gegenleistung erbringen will oder nicht. Das wäre widersprüchlich. 1403

Gegenüber Rentnern (die die als Gegenleistung zur Betriebsrente geschuldete Betriebstreue schon vollständig erbracht haben) ist der Widerruf auch aus einer **wirtschaftlichen Notlage** heraus nicht mehr zulässig. Die Rechtsprechung hat diese Konsequenz aus der Streichung des § 7 Abs. 1 S. 3 Nr. 5 BetrAVG a.F. gezogen. Ein solcher Widerruf wird auch nicht unter dem Gesichtspunkt des Wegfalls der Geschäftsgrundlage anerkannt. 1404

„*Nach den gesetzlichen Wertungen kann in einer wirtschaftlichen Notlage kein sachlicher Grund für den Widerruf einer Betriebsrente gesehen werden. Auch ein Fall der – nunmehr in § 313 BGB geregelten – Störung der Geschäftsgrundlage liegt nicht vor, da dies der gesetzlichen Risikoverteilung widerspräche. Die gesetzliche Wertung steht auch der Annahme entgegen, der Kläger sei aus nachwirkender Rücksichtnahme- oder Treuepflicht gehalten, der Zahlungseinstellung zuzustimmen.*" (BAG v. 31.7.2007 – 3 AZR 373/06, ZIP 2007, 2326 Rz. 27)

Nur in Extremfällen kann ein Widerruf erfolgen, wenn der Arbeitnehmer eine **schwere Treuepflichtverletzung** gegenüber seinem Arbeitgeber begangen hat (BAG v. 8.5.1990 – 3 AZR 152/88, NZA 1990, 807). 1405

„*Missbraucht der Arbeitnehmer seine Stellung über lange Zeit hinweg dazu, den Arbeitgeber zu schädigen und erweist sich die von ihm erbrachte Betriebstreue im Rückblick als wertlos, kann dies [gegenüber dem Anspruch auf Leistungen der betrieblichen Altersversorgung] den Einwand rechtsmissbräuchlichen Verhaltens begründen.*" (BAG v. 8.5.1990 – 3 AZR 152/88, NZA 1990, 807, 807)

1406 Das BAG versteht dabei den Widerrufsvorbehalt in den Fällen der Treuepflichtverletzung als lediglich **deklaratorischen Hinweis** auf den Einwand des **Rechtsmissbrauchs** nach § 242 BGB (BAG v. 17.6.2014 – 3 AZR 412/13, DB 2014, 2534 Rz. 38). Möglich ist die Berufung auf den Einwand des Rechtsmissbrauchs z.B. dann, wenn der Arbeitnehmer dem Arbeitgeber einen **nicht behebbaren**, insbesondere durch Ersatzleistungen nicht wiedergutzumachenden **schweren Schaden** zugefügt hat. Das setzt bei einem Vermögensschaden allerdings eine existenzgefährdende Schädigung voraus (BAG v. 13.11.2012 – 3 AZR 444/10, NZA 2013, 1279 Rz. 35).

1407 Gegenüber noch im Arbeitsverhältnis stehenden Beschäftigten kommt ein Widerruf praktisch nur unter denselben strengen Voraussetzungen in Betracht, wenn die Altersversorgung im Wege der **Direktzusage, der Direktversicherung, der Pensionskassen- oder der Pensionsfondsleistung** erbracht werden sollte. Denn hier kann sich der Arbeitgeber bei der Abgabe des Versorgungsversprechens theoretisch zwar einen Widerruf vorbehalten. Die mit einer Pensionsrückstellung verbundenen steuerrechtlichen Vorteile würden jedoch verloren gehen, wenn er dies aus einem anderen Grund als dem des Wegfalls der Geschäftsgrundlage (was vom BAG mit zumindest **insolvenzgleicher wirtschaftlicher Notlage** des Arbeitgebers gleichgesetzt wird) oder des **schweren Treuebruchs** des Arbeitnehmers täte, sodass in der Praxis andere Vorbehalte nicht vorkommen. Großzügiger ist die Rechtsprechung nur, wenn es zu einem Wegfall der Geschäftsgrundlage wegen **planwidriger Überversorgung** kommt.

1408 *„Enthält eine Versorgungsordnung eine Bruttogesamtversorgungsobergrenze, nach der die Betriebsrente niedriger ist als das Nettoeinkommen vergleichbarer Arbeitnehmer, tritt eine Störung der Geschäftsgrundlage jedenfalls dann ein, wenn dieses Nettoeinkommen durch spätere tatsächliche oder rechtliche Änderungen überschritten wird. Die Störung der Geschäftsgrundlage löst ein nach billigem Ermessen auszuübendes Anpassungsrecht des Arbeitgebers aus. Die Anpassung darf in die geltende Vereinbarung nicht stärker eingreifen, als es durch die Anpassung an die Grundlagen der ursprünglichen Vereinbarung geboten ist. Bei Versorgungsregelungen mit kollektiver Wirkung darf der Arbeitgeber eine pauschalierende Anpassung vornehmen. Weitergehende Eingriffe können auch nicht durch Betriebsvereinbarung vorgenommen werden."* (BAG v. 13.11.2007 – 3 AZR 455/06, NZA-RR 2008, 520, 520)

1409 Ob eine planwidrige Überversorgung vorliegt, hängt von dem in der jeweiligen Versorgungsordnung angestrebten Versorgungszweck ab (BAG v. 17.1.2012 – 3 AZR 555/09, NZA 2012, 942 [Ls.] = NJOZ 2012, 1172 Rz. 26).

1410 Etwas großzügiger sind die Widerrufsmöglichkeiten des Arbeitgebers nur dann, wenn er die Versorgung über eine **Unterstützungskasse** in Aussicht gestellt hatte. Hat der Arbeitgeber die Versorgung lediglich „unter Ausschluss des Rechtsanspruchs" zugesagt, versteht das BAG hierunter in ständiger Rechtsprechung ein an **sachliche Gründe** gebundenes Widerrufsrecht (BAG v. 17.11.1992 – 3 AZR 76/92, NZA 1993, 938, 940).

1411 Die vom BAG in ständiger Rechtsprechung an den „sachlichen Grund" in diesem Sinne gestellten Anforderungen sind jedoch – jedenfalls soweit nicht bereits „erdiente" Teilbeträge, sondern nur die zukünftig noch erdienbaren Zuwachsraten betroffen sind – geringer als die zuvor dargestellten Voraussetzungen des Widerrufs einer Direkt- oder Pensionskassenzusage. Zur **Konkretisierung des „sachlichen Grundes"** dient dem BAG ein (hier nicht im Einzelnen darzustellendes) **Drei-Stufen-Modell** (grundlegend BAG v. 17.3.1987 – 3 AZR 64/84, NZA 1987, 855), das an die Eingriffsintensität einerseits und die wirtschaftliche Lage des Unternehmens andererseits anknüpft.

III. Unverfallbarkeit, Insolvenzschutz und Rentenanpassung

1412 Hat der Arbeitgeber Ruhegelder zugesagt, bestimmt das BetrAVG, dass Ruhegeldanwartschaften unter bestimmten Voraussetzungen (vgl. § 1b BetrAVG) unverfallbar werden, d.h. der Arbeitnehmer sie auch dann nicht mehr verlieren kann, wenn er vor Eintritt des Versorgungsfalles aus dem Betrieb oder Unternehmen ausscheidet.

Außerdem bestimmt das BetrAVG, dass Ruhegeldansprüche nach Maßgabe des § 7 BetrAVG insolvenzgesichert sind mit der Folge, dass bei einer Insolvenz des Arbeitgebers der **Pensions-Sicherungs-Verein** (ein Versicherungsverein auf Gegenseitigkeit, § 14 Abs. 1 S. 1 BetrAVG, dessen Mitglieder alle Unternehmen sind, die Betriebsrenten versprochen haben) **in die Leistungspflicht eintritt**, sodass die Ansprüche des Rentners auch im Insolvenzfall gesichert sind (BAG v. 6.12.1979 – 3 AZR 274/78, NJW 1980, 2598, 2599).

1413

Nach § 16 BetrAVG hat der Arbeitgeber im Hinblick auf die **Geldentwertung** alle drei Jahre eine Anpassung der laufenden Leistungen zu prüfen. Die Anpassung der Betriebsrenten kann ganz oder teilweise abgelehnt werden, soweit dadurch eine übermäßige Belastung des Unternehmens verursacht würde. (BAG v. 28.4.1992 – 3 AZR 244/91, NZA 1993, 72, 72)

1414

Bei der Beurteilung der „wirtschaftlichen Lage" des Unternehmens i.S.v. § 16 BetrAVG kommt es auch bei einem konzernverbundenen Unternehmen grundsätzlich nicht auf die Finanzkraft der Konzernobergesellschaft, sondern nur des betroffenen Unternehmens selbst an. Etwas anderes kann nur dann gelten, wenn die Obergesellschaft ihre rechtliche oder faktische Konzernleitungsmacht so ausgeübt hat, dass auf die Belange des abhängigen Tochterunternehmens keine angemessene Rücksicht genommen und so die mangelnde Leistungsfähigkeit des Versorgungsschuldners verursacht wurde (BAG v. 4.10.1994 – 3 AZR 910/93, NZA 1995, 368, 368; s.a. BAG v. 15.1.2013 – 3 AZR 638/10, NZA 2014, 87 ff.).

1415

§ 31
Beschäftigungspflicht

Literatur: *Fischer*, Die formularmäßige Abbedingung des Beschäftigungsanspruchs des Arbeitnehmers während der Kündigungsfrist, NZA 2004, 233; *Kappenhagen*, Vertragsklauseln zur Freistellung des Arbeitnehmers nach Kündigung, FA 2007, 167; *Leßmann*, Die Abdingbarkeit des Beschäftigungsanspruchs im streitigen und unstreitigen Arbeitsverhältnis, RdA 1988, 149; *Pallasch*, Weiterbeschäftigung von Arbeitnehmern nach Vertragsbeendigung, NZA 2017, 353; *Ruhl/Kassebohm*, Der Beschäftigungsanspruch des Arbeitnehmers, NZA 1995, 497; *Weber/Weber*, Zur Dogmatik eines allgemeinen Beschäftigungsanspruchs im Arbeitsverhältnis, RdA 2007, 344.

I. Rechtsgrundlagen der Beschäftigungspflicht

Anders als das Kauf- oder Werkvertragsrecht (§§ 433, 640 BGB) kennt das Recht des Dienstvertrags nach dem Wortlaut des Gesetzes keine Pflicht des Gläubigers (Arbeitgebers), die angebotenen Dienste auch anzunehmen, den Arbeitnehmer also auch vertragsgemäß zu beschäftigen.

1416

Trotz fehlender gesetzlicher Regelung ist die Beschäftigungspflicht des Arbeitgebers und der damit korrespondierende Beschäftigungsanspruch des Arbeitnehmers ein in Rechtsprechung und Literatur inzwischen **allgemein anerkannter Rechtsgrundsatz des Arbeitsvertragsrechts**. Umstritten ist jedoch die dogmatische Herleitung der Beschäftigungspflicht. Sie wird sowohl, insbesondere durch die Rechtsprechung, dem allgemeinen Persönlichkeitsrecht des Arbeitnehmers zugeordnet, als auch als Haupt- oder Nebenpflicht des Arbeitgebers qualifiziert.

1417

Nachdem die Rechtsprechung zunächst für bestimmte Arbeitnehmergruppen (insbesondere Schauspieler und Künstler) die Beschäftigungspflicht als konkludent vertraglich vereinbart angenommen hatte, hat das BAG erstmals in seiner Entscheidung vom 10.11.1955 (2 AZR 591/54, AP Nr. 2 zu § 611 BGB Beschäftigungspflicht; Rz. 561) eine allgemeine Beschäftigungspflicht aus dem Persönlichkeits-

1418

recht des Arbeitnehmers abgeleitet (bestätigt von BAG v. 9.4.2014 – 10 AZR 637/13, NZA 2014, 719 Rz. 14; dagegen bereits zuvor *Weber/Weber* RdA 2007, 344, 346 f.). Rechtsgrundlagen der Beschäftigungspflicht sind danach die **§§ 611, 613 i.V.m. § 242 BGB unter Berücksichtigung der verfassungsrechtlichen Wertentscheidung der Art. 2 Abs. 1, Art. 1 Abs. 1 GG** über den Persönlichkeitsschutz. Daraus folgt laut BAG die arbeitsrechtliche Pflicht des Arbeitgebers, die Beschäftigungsinteressen des Arbeitnehmers zu fördern. Allerdings genießt der Beschäftigungsanspruch des Arbeitnehmers keinen absoluten Vorrang, sondern muss dann zurücktreten, wenn **überwiegende schutzwürdige Interessen** des Arbeitgebers entgegenstehen. Solche Interessen können nach der Rechtsprechung des BAG z.B. bei Wegfall der Vertrauensgrundlage, fehlender Einsatzmöglichkeit, Gefahr des Geheimnisverrats, unzumutbarer wirtschaftlicher Belastung sowie bei allen Gründen gegeben sein, die eine außerordentliche Kündigung rechtfertigen würden (BAG GS v. 27.2.1985 – GS 1/84, NZA 1985, 702).

1419 Nach einer in Teilen der Literatur vertretenen Auffassung ist der Anspruch auf vertragsgemäße Beschäftigung als rechtsfortbildende Konkretisierung der **Hauptpflichten** des Arbeitgebers einzuordnen. Die Qualifizierung als Hauptpflicht ist schon deswegen naheliegend, weil die Beschäftigungspflicht die Kehrseite der Arbeitspflicht darstellt (vgl. ErfK/*Preis* § 611a BGB Rz. 563 ff.).

1420 Unter Hinweis auf Parallelen zu den Abnahmepflichten des Käufers bzw. Bestellers nach den §§ 433 Abs. 2, 640 Abs. 1 BGB wird die Beschäftigungspflicht teilweise auch als Nebenpflicht angesehen (so etwa *Leßmann* RdA 1988, 149, 151). Wegen ihrer engen Verbindung mit den vertraglichen Hauptleistungspflichten wird sie indes als *wesentliche* Nebenpflicht qualifiziert. Angesichts des offenkundigen Zusammenspiels zwischen Arbeitspflicht auf der einen und Beschäftigungsanspruch auf der anderen Seite erscheint es jedoch konsequenter, von einer generellen Hauptpflicht des Arbeitgebers auszugehen. Diese Ansicht wird außerdem dadurch gestützt, dass sich das mit der Arbeitspflicht verbundene Direktionsrecht zu einer **Direktionspflicht** verdichten kann, wenn der Arbeitgeber dem Arbeitnehmer kraft seines Beschäftigungsanspruchs eine bestimmte Arbeit zuweisen muss. Dementsprechend ist auch die **Ausübung des Direktionsrechts**, mit dem der Arbeitgeber dem Arbeitnehmer eine bestimmte Arbeit zuweist, vertragliche **Hauptpflicht** (BAG v. 21.1.1993 – 2 AZR 309/92, NZA 1993, 550). Somit gerät der Arbeitgeber in **Annahmeverzug** und ist zur Lohnzahlung nach **§ 615 BGB** verpflichtet, wenn er das Direktionsrecht nicht oder nicht rechtzeitig ausübt (Rz. 2033).

II. Durchbrechung der Beschäftigungspflicht

1421 Problematisch ist, ob und unter welchen Voraussetzungen der Beschäftigungsanspruch des Arbeitnehmers (im ungekündigten Arbeitsverhältnis) durchbrochen werden kann. Eine Durchbrechung der Beschäftigungspflicht ist sowohl über die **einseitige Suspendierung des Arbeitnehmers ohne vertragliche Vereinbarung** als auch durch eine **Freistellung von der Arbeitspflicht mit vertraglicher Vereinbarung** denkbar. Während eine einseitige Suspendierung nur in Ausnahmefällen unter strengen Voraussetzungen möglich ist (dazu sogleich), sind vertragliche Freistellungsvereinbarungen grundsätzlich zulässig, da der Beschäftigungsanspruch nach Auffassung des BAG **dispositiv** ist (BAG GS 27.2.1985 – GS 1/84, NZA 1985, 702). Denn der Arbeitnehmer kann selbst entscheiden, ob er tatsächlich beschäftigt werden will oder nicht. Somit ist auch ein vertraglicher Verzicht auf diesen Anspruch grundsätzlich möglich.

1422 Die einseitige Suspendierung des Arbeitnehmers durch den Arbeitgeber ohne vertragliche Vereinbarung ist angesichts der großen Bedeutung der Beschäftigungspflicht nur ausnahmsweise zulässig. Eine solche Maßnahme kommt allenfalls unter den Voraussetzungen des § 626 BGB **als (vorübergehendes) milderes Mittel zur Vermeidung einer sofortigen außerordentlichen Kündigung** in Betracht (LAG Köln v. 20.3.2001 – 6 Ta 46/01, MDR 2001, 1176) oder im gekündigten Arbeitsverhältnis bei Vorliegen eines wichtigen Kündigungsgrundes, z.B. wegen Konkurrenztätigkeit (LAG Hamm v.

3.11.1993 – 15 Sa 1592/93, LAGE BGB § 611 Beschäftigungspflicht Nr. 36). Selbst bei berechtigter einseitiger Suspendierung behält der Arbeitnehmer im Übrigen seinen Vergütungsanspruch, da jeder Vertragsteil zwar grundsätzlich auf die Annahme der vom anderen Teil geschuldeten Leistung (hier die Arbeitsleistung) verzichten kann, nicht aber seine eigenen Pflichten einseitig zu derogieren berechtigt ist. Das BAG lässt dem Arbeitgeber nur die Wahl zwischen der vollen Lohnzahlung und der Kündigung (BAG v. 10.11.1955 – 2 AZR 591/54, AP Nr. 2 zu § 611 BGB Beschäftigungspflicht).

Eine individualvertragliche Vereinbarung zwischen den Arbeitsvertragsparteien, die anlässlich einer konkreten Situation eine Freistellung des Arbeitnehmers zum Gegenstand hat, ist wegen der bereits angesprochenen **Dispositivität** der Beschäftigungspflicht **grundsätzlich zulässig**. Die Abrede kann auch vorsehen, dass während der Suspendierung kein Entgelt zu zahlen ist. 1423
Beispiele für eine die Beschäftigungspflicht abbedingende Parteivereinbarung: Unbezahlter Urlaub; Freistellungsvereinbarung nach erfolgter Kündigung oder im Rahmen eines Aufhebungsvertrages

Als problematisch erweisen sich vorformulierte Klauseln in Arbeitsverträgen, die eine **Einschränkung** 1424 **der Beschäftigungspflicht im Voraus** beinhalten. Diese dürften einer Inhaltskontrolle nach §§ 305 ff. BGB kaum standhalten. Denn die prinzipielle Dispositivität des Beschäftigungsanspruchs kann nicht so weit gehen, dass dem Arbeitnehmer durch Vorausverzicht jedes Recht abgeschnitten wird, seinen Anspruch in einer konkreten Situation geltend zu machen; die Klausel benachteiligt ihn somit unangemessen (§ 307 Abs. 1 BGB). Dies gilt insbesondere für Vertragsklauseln, die kein gewichtiges Arbeitgeberinteresse zur Rechtfertigung voraussetzen. Im Übrigen unterliegt die konkrete Ausübung eines etwaig wirksam eingeräumten Suspendierungsrechts regelmäßig der Billigkeitskontrolle nach § 315 BGB.

Höchstrichterlich nicht geklärt ist bislang, ob für eine Freistellung bis zum Ablauf der Kündigungsfrist 1425 weniger strenge Maßstäbe bestehen. Zu bedenken ist, dass während des Laufs der Kündigungsfrist das reguläre Arbeitsverhältnis und damit auch noch der allgemeine Beschäftigungsanspruch besteht (LAG München v. 19.8.1992 – 5 Ta 185/92, NZA 1993, 1130; ArbG Leipzig v. 8.8.1996 – 18 Ga 37/96, BB 1997, 366; ArbG Frankfurt v. 19.11.2003 – 2 Ga 251/03, NZA-RR 2004, 409). Es kann daher nicht davon ausgegangen werden, dass sofort nach Ausspruch der Kündigung ein Beschäftigungsanspruch und ein Beschäftigungsinteresse des Arbeitnehmers entfällt (vgl. *U. Fischer* NZA 2004, 233, 235; diff. *Küttner/Kreitner* Freistellung von der Arbeit Rz. 18 f.). Die Beschäftigungspflicht ist eine aus den Grundrechten abgeleitete Kardinalpflicht des Arbeitgebers, die gemäß § 307 Abs. 2 Nr. 2 BGB nicht ohne weiteres durch Formularvertrag abbedungen werden kann (zur Unwirksamkeit einer Freistellungsklausel im Arbeitsvertrag eines Fußballtrainers LAG Hamm v. 11.10.2011 – 14 Sa 543/11, SpuRt 2012, 163; hierzu *Richter* NZA-RR 2012, 57).

III. Ausprägungen der Beschäftigungspflicht

Der Beschäftigungsanspruch des Arbeitnehmers hat verschiedene gesetzliche und richterrechtliche 1426 Ausprägungen erfahren. Dazu zählen:

– der **allgemeine Weiterbeschäftigungsanspruch** während des **Kündigungsschutzprozesses** (Rz. 3211),

– der **betriebsverfassungsrechtliche Weiterbeschäftigungsanspruch** nach § 102 Abs. 5 BetrVG (siehe im Band „Kollektivarbeitsrecht" unter Rz. 2451) und

– Beschäftigungspflichten in besonderen Arbeitsverhältnissen, nämlich mit **Auszubildenden** (§ 25 i.V.m. § 14 Abs. 2 BBiG) und **schwerbehinderten** Menschen (§ 164 Abs. 4 S. 1 Nr. 1 SGB IX).

§ 32
Pflicht zur Gleichbehandlung und Antidiskriminierung: Überblick

I. Überblick

Literatur: *Baer*, Gleichberechtigung revisited, NJW 2013, 3145; *Bauer/Krieger*, Kommentar zum Allgemeinen Gleichbehandlungsgesetz, 4. Aufl. 2015; *Bepler*, Gleichbehandlung in Betrieb, Unternehmen, Konzern, NZA Sonderbeilage 18/2004, 3; *Bezani/Richter*, Das Allgemeine Gleichbehandlungsgesetz im Arbeitsrecht, 2006; *Boemke*, Arbeitsrecht: Gleichbehandlung, JuS 2012, 175; *Däubler*, Gleichheit statt Freiheit? Zum Grundrechtsschutz des Arbeitnehmers, GS Zachert (2010), 227; *Däubler/Bertzbach*, Allgemeines Gleichbehandlungsgesetz, Kurzkommentar, 3. Aufl. 2013; *Engler*, Strukturelle Diskriminierung und substantielle Chancengleichheit, 2005; *Gaier/Wendtland*, Allgemeines Gleichbehandlungsgesetz AGG – Eine Einführung in das Zivilrecht, 2006; *Leder*, Das Diskriminierungsverbot wegen einer Behinderung, 2006; *Nicolai*, Das Allgemeine Gleichbehandlungsgesetz, 2006; *Nollert-Borasio/Perreng*, Allgemeines Gleichbehandlungsgesetz (AGG) – Basiskommentar zu den arbeitsrechtlichen Regelungen, 4. Aufl. 2015; *Richardi*, Janusköpfigkeit der Pflicht zur Gleichbehandlung im Arbeitsrecht, ZfA 2008, 31; *Ring*, Schutz der Beschäftigten vor Benachteiligung nach dem AGG, JA 2008, 1; *Roesner*, Das Allgemeine Gleichbehandlungsgesetz, 2006; *Rühl/Schmid/Viethen*, Allgemeines Gleichbehandlungsgesetz, 2007; *Schiek*, Allgemeines Gleichbehandlungsgesetz, 2007; *Schiek*, Differenzierte Gerechtigkeit, 2000; *Schleusener/Suckow/Voigt*, Arbeitsrechtlicher Kurz-Kommentar zum allgemeinen gleichbehandlungsgesetz, 4. Aufl. 2013; *Singer*, Grundfragen der Gleichbehandlung im Zivil- und Arbeitsrecht, GS Zachert (2010), 341; *Strick*, Gleichbehandlung und Gleichstellung, RdA 2000, 65; *Thüsing*, Arbeitsrechtlicher Diskriminierungsschutz, 2. Aufl. 2013; *Thüsing*, Gerechtigkeit à la européenne: Diskriminierungsschutz in einer pluralistischen Gesellschaft, ZESAR 2014, 364; *Wendeling-Schröder/Stein*, Allgemeines Gleichbehandlungsgesetz, 2008; *Wiedemann*, Die Gleichbehandlungsgebote im Arbeitsrecht, 2001; *Wisskirchen/Bissels*, Das Fragerecht des Arbeitgebers bei Einstellung unter Berücksichtigung des AGG, NZA 2007, 169.

1427 **Übersicht: Gleichbehandlungsgebote und Diskriminierungsverbote**

- ☐ Gleichbehandlung nach europäischem Recht
  - ☐ Primärrechtliche Diskriminierungsverbote (z.B. Art. 45 AEUV)
  - ☐ Art. 157 AEUV: Entgeltgleichheit für Frauen und Männer (Rz. 1491)
  - ☐ Richtlinien zur Gleichbehandlung von Frauen und Männern (Rz. 1507)
  - ☐ Richtlinien zur Gleichbehandlung ohne Unterschied der Rasse oder der ethnischen Herkunft, der Religion oder der Weltanschauung, einer Behinderung, des Alters oder der sexuellen Ausrichtung (Rz. 1501 ff.)
- ☐ Gleichbehandlung nach dem Grundgesetz
  - ☐ Art. 33 Abs. 2 GG: Gleichbehandlung beim Zugang zu öffentlichen Ämtern (Rz. 877)
  - ☐ Art. 3 Abs. 3 GG: Spezielles Benachteiligungsverbot (Rz. 564, 1427 ff.)
  - ☐ Art. 3 Abs. 2 GG: Geschlechtergleichbehandlungsgebot (Rz. 564, 1427 ff.)
  - ☐ Art. 3 Abs. 1 GG: Willkürverbot (Rz. 564, 1427 ff.)
- ☐ (Wichtige) einfachgesetzliche Gleichbehandlungsgebote
  - ☐ AGG: Diskriminierungsverbot wegen Rasse, ethnischer Herkunft, Religion, politischer Weltanschauung, sexueller Identität, Geschlecht, Alter, Behinderung (Rz. 1494)
  - ☐ Diskriminierungsverbot Teilzeitbeschäftigter § 4 Abs. 1 TzBfG (Rz. 1685, 1965)
  - ☐ Diskriminierungsverbot befristet Beschäftigter § 4 Abs. 2 TzBfG (Rz. 1714)

- ☐ Diskriminierungsverbot schwerbehinderter Beschäftigter § 164 Abs. 2 SGB IX i.V.m. AGG (Rz. 1518)
- ☐ Gleichbehandlung im Betrieb §§ 75 Abs. 1, 78 BetrVG, § 67 Abs. 1 S. 1 BPersVG
- ☐ Allgemeines Maßregelungsverbot § 612a BGB
☐ Allgemeiner arbeitsrechtlicher Gleichbehandlungsgrundsatz (Rz. 1452)

II. Gleichbehandlung, Gleichstellung und/oder Diskriminierung

Die Gleichbehandlung der Arbeitnehmer gehört zu den wesentlichen Grundlagen des europäischen (Rz. 1445) und nationalen Arbeitsrechts (Rz. 1452) und ist auf beiden Rechtsebenen gesetzlich verankert. Die Pflicht des Arbeitgebers zur Gleichbehandlung seiner Arbeitnehmer fußt auf der unmittelbar im Gerechtigkeitsbegriff wurzelnden Grundidee, dass **Gleiches gleich** und **Ungleiches** entsprechend seiner Eigenart **ungleich** zu behandeln ist. In dieser generellen Aussage erschöpft sie sich jedoch nicht. Die Pflicht des Arbeitgebers zur Gleichbehandlung hat im Laufe der Jahre durch Gesetzgebung und Rechtsprechung Konkretisierungen und Ausgestaltungen erfahren, die über den allgemeinen Gleichbehandlungsgrundsatz hinausgehen.

1428

1. Die Konzeption der Gleichheit

Die strikte Anwendung des Grundsatzes, Gleiches gleich und Ungleiches ungleich zu behandeln, führt zwar zu **formeller Gleichheit**; sie kann aber zugleich Mittel zur Perpetuierung ungleicher, und damit ungerechter Verhältnisse sein. Demgegenüber zielt die **materielle Gleichheit** auf gesellschaftliche Gleichheit.

1429

„[...] Solche Kriterien ([...] Fähigkeiten und Erfahrungen, die durch Familienarbeit erworben wurden [...]) begünstigen im allgemeinen Frauen, obwohl sie geschlechtsneutral formuliert sind und sich somit auch zugunsten von Männern auswirken können. Sie sollen offenkundig **eine materielle und nicht nur formale** Gleichheit herbeiführen, indem sie in der sozialen Wirklichkeit auftretende faktische Ungleichheiten verringern." (EuGH v. 28.3.2000 – C-158/97 „Hessisches Gleichbehandlungsgesetz", NJW 2000, 1549, 1551)

1430

Die Herstellung faktischer Gleichheit kann auf verschiedenen Wegen erreicht werden. Einerseits können die Startbedingungen angeglichen werden. Insoweit wird die Herstellung von **Chancengleichheit** angestrebt. Andererseits kann das Ziel **Ergebnisgleichheit** sein, die nicht zwingend Folge einer bestehenden Chancengleichheit sein muss.

1431

Beispiele: Stellt der Arbeitgeber eine Regelung auf, dass jedes Jahr die zehn besten Arbeitnehmer (gemessen an einem objektiven Leistungssystem) in die nächste Entgeltstufe eingruppiert werden, so haben alle Arbeitnehmer formell gleiche Startbedingungen und Chancen auf Beförderung (**formelle Chancengleichheit**).

Bevorzugt der Arbeitgeber zum Zweck der Frauenförderung hingegen Frauen automatisch, bis mindestens 50 % der zu Befördernden weiblichen Geschlechts sind, so spricht man von **Ergebnisgleichheit**. Dies kann dazu führen, dass männliche Arbeitnehmer trotz einer höheren Leistung nicht befördert werden. Durch harte Quoten zur Herstellung von Ergebnisgleichheit kann eine individuelle Benachteiligung eintreten. Solche harten Quoten hat der EuGH zur Herstellung der Geschlechtergleichbehandlung für unzulässig erklärt. Zulässig ist eine Regelung, die das unterrepräsentierte Geschlecht bei gleicher Qualifikation bevorzugt, sofern nicht „in der Person eines Mitbewerbers liegende Gründe überwiegen" (EuGH v. 11.11.1997 – C-409/95 „Marshall", NJW 1997, 3429).

2. Gleichbehandlungsformen

Materielle Gleichheit durch Förderung der Chancen- oder Ergebnisgleichheit kann mit verschiedenen Mitteln erreicht werden. So kann dem Arbeitgeber aufgegeben werden, Arbeitnehmer allein nach Leis-

1432

tung zu beurteilen und keine willkürlichen Kriterien zu wählen. Andererseits kann ihm auch die Anknüpfung an bestimmte Kriterien untersagt werden. Der Sprachgebrauch für diese verschiedenen Ausprägungen des Gleichheitsgedankens ist nicht einheitlich. Wichtig ist es daher, sich nicht auf die Begrifflichkeiten zu fixieren, sondern die hinter den einzelnen Ausformungen stehenden Grundgedanken zu erfassen.

a) Terminologie

1433 Die Grundidee des Gerechtigkeitsbegriffs, Gleiches gleich und Ungleiches ungleich zu behandeln, manifestiert sich im **Gleichbehandlungsgrundsatz**, der auf verfassungsrechtlicher Ebene in Art. 3 Abs. 1 GG verankert ist. Art. 3 Abs. 1 GG selbst ist unter Privaten nicht unmittelbar anwendbar.

1434 Im Arbeitsrecht hat er Eingang über den ungeschriebenen, aber einhellig anerkannten **allgemeinen arbeitsrechtlichen Gleichbehandlungsgrundsatz** (Rz. 1452) gefunden. Danach kann der einzelne Arbeitnehmer von seinem Arbeitgeber – gemäß der von diesem selbst gesetzten kollektiven Norm – verlangen, unter gleichen Voraussetzungen (im Verhältnis zu vergleichbaren Arbeitnehmern) gleich behandelt zu werden (**Normanwendungsgleichheit**), sofern kein – gemessen am Zweck der Maßnahme orientierter – sachlicher Grund für eine Ungleichbehandlung besteht. Unabhängig davon bleibt die Begünstigung einzelner Arbeitnehmer möglich. Der allgemeine arbeitsrechtliche Gleichbehandlungsgrundsatz beschränkt sich mithin auf ein **Verbot der sachlich ungerechtfertigten Ungleichbehandlung** und setzt dem Arbeitgeber einen Rahmen, innerhalb dessen er über das „Ob" frei entscheiden kann.

1435 Die **Antidiskriminierungspolitik** entspringt aus der Konkretisierung des sachlichen Grundes innerhalb des allgemeinen Gleichbehandlungsgrundsatzes. Demzufolge verbieten **Diskriminierungsverbote** nicht eine willkürliche Ungleichbehandlung, sondern nur die an ein konkretes Kriterium anknüpfende Ungleichbehandlung. Dieses Kriterium kann sowohl ein persönliches Merkmal (Rasse, Religion, Alter; Rz. 1501 ff.) als auch eine bestimmte Stellung im Arbeitsleben (Teilzeitbeschäftigung oder Leiharbeitnehmerschaft; Rz. 1684) sein. Anders als der allgemeine Gleichbehandlungsgrundsatz stellen sie keinen Handlungsrahmen auf, sondern verbieten eine konkrete Unterscheidung des Arbeitgebers, welche nur gemäß gesetzlicher Ausnahmen zulässig ist. Diskriminierungsverbote geben dem Arbeitgeber auf, gewisse Merkmale unberücksichtigt zu lassen, mithin **Ungleiches auf Grund einer gesetzlichen Zielsetzung (fiktiv) gleich zu behandeln**, sofern die Ungleichheit auf einem verpönten Merkmal beruht. Mit dieser Anordnung durchbrechen Diskriminierungsverbote den allgemeinen arbeitsrechtlichen Gleichbehandlungsgrundsatz, der das Gebot, Ungleiches ungleich zu behandeln, beinhaltet. Welche Merkmale geschützt werden, obliegt der Entscheidung des Gesetzgebers und folgt meist aus rechtspolitischen Erwägungen. Diskriminierungsverbote bedürfen daher anders als der Gleichbehandlungsgrundsatz stets der **ausdrücklichen Normierung**. Andererseits könnte man argumentieren, dass spezielle Diskriminierungsverbote den allgemeinen Gleichbehandlungsgrundsatz gerade sichern, weil der Normgeber mit den Diskriminierungsverboten klarstellt, dass das jeweilige Merkmal nicht von solchem Gewicht ist, dass allein deshalb schon eine Ungleichbehandlung gerechtfertigt ist.

Beispiel: Das zeigt das Beispiel des § 4 TzBfG: Allein der Umstand, Teilzeitbeschäftigter oder befristet Beschäftigter zu sein, ist kein zulässiger Anknüpfungspunkt für eine Ungleichbehandlung. Deshalb ordnet § 4 TzBfG ein Verbot der Diskriminierung dieser Beschäftigtengruppen an, um deren Gleichbehandlung mit allen anderen Beschäftigtengruppen zu erreichen. Der Normgeber ordnet an, Ungleiches gleich zu behandeln, weil die Ungleichheit zu unwesentlich ist, um diese Arbeitnehmergruppen allein wegen dieser Unterschiedlichkeit ungleich zu behandeln.

1436 Diskriminierungsverbote sind mithin „**Quasi-Definitionsnormen**". Aus rechts- und sozialpolitischen Erwägungen definiert der Gesetzgeber, was gleich und was ungleich ist. Hat er dieses definiert, so kann die formelle Rechtsanwendungsgleichheit uneingeschränkt ausgeübt werden, die sodann das **Ziel der Herstellung materieller Chancengleichheit** verwirklicht. Eine darüber hinausgehende Ergebnisgleichheit verlangen weder der Gleichbehandlungsgrundsatz noch die Diskriminierungsverbote.

Keine eigenständige Bedeutung hat der im AGG verwendete Begriff der **Benachteiligung** (Rz. 1575). 1437
Der nationale Gesetzgeber hat lediglich aus sprachlichen Gründen auf den Begriff der Diskriminierung verzichtet und stattdessen den der Benachteiligung gewählt. Eine inhaltliche Abweichung geht damit nicht einher (BT-Drs. 16/1780 S. 30).

Eine weitere Form der Gleichbehandlung bildet die **Gleichstellung**. Sie unterscheidet sich sowohl 1438
vom allgemeinen Gleichbehandlungsgrundsatz als auch von den Diskriminierungsverboten insofern, als sie nicht lediglich Ungleichbehandlungen verhindert, sondern **aktive Förderung** bestimmter Personengruppen bezweckt (*Wiedemann*, Gleichbehandlungsgebote S. 6). Intention der Gleichstellung ist es, faktische Nachteile zu verhindern oder bestehende zu beseitigen. Dies geschieht vornehmlich durch Besserstellung der betroffenen Gruppe, was die Benachteiligung der zuvor privilegierten Gruppe bewirkt (umgekehrte Diskriminierung). Hauptsächlich in dieser Besserstellung liegt die Besonderheit der Gleichstellungspflichten, die durch das höhere Ziel der Förderung gerechtfertigt wird. Gleichstellungsmaßnahmen sind daher weder Gebote noch Verbote. Sie sind vielmehr **Instrumente zur Herstellung einer materiellen Gleichheit**, die wegen faktischer Unterschiede, seien sie struktureller oder persönlicher Art (z.B. Behinderung), sonst nicht erreicht werden könnte. Darin unterscheiden sie sich von den Diskriminierungsverboten. Gleichstellungsmaßnahmen definieren nicht lediglich, was gleich ist, sondern fordern aktive Maßnahmen zum Ausgleich bestehender Nachteile, sei es in den Ausgangsbedingungen oder im Ergebnis.

Eine explizite **Gleichstellungsmaßnahme** des Arbeitgebers zur Förderung Behinderter findet sich in 1439
Art. 7 Abs. 2 der Richtlinie 2000/78/EG, die das AGG jedoch nicht übernommen hat. Vielmehr kennt das AGG Gleichstellungsmaßnahmen nur in Form von Rechtfertigungsgründen (§ 5 AGG – Positive Maßnahmen, Rz. 1629). Der deutsche Gesetzgeber hat die Terminologien jedoch erheblich durcheinandergebracht.

Beispiele für terminologische Unklarheiten im AGG: Gleichstellungsmaßnahmen unterscheiden sich also 1440
sowohl vom allgemeinen Gleichbehandlungsgrundsatz als auch von den Diskriminierungsverboten dergestalt, dass sie nicht lediglich Ungleichbehandlungen verhindern, sondern vielmehr ein darüber hinausgehendes (Gleichstellungs-)Ziel fördern. Intention der „positiven" Gleichstellungsmaßnahme ist, faktische Nachteile „zu verhindern" oder bestehende Nachteile „zu beseitigen", so die Formulierung in § 1 AGG. Doch ist das AGG kein Gleichstellungs-, sondern ein Antidiskriminierungsgesetz. Das AGG eröffnet aber für den Arbeitgeber – was äußerst gefährlich für den Gedanken der Gleichbehandlung und Nichtdiskriminierung ist – in § 5 AGG die Gleichstellung durch „positive Maßnahmen", ohne hinreichend zu gewärtigen, dass die positive Maßnahme eine Diskriminierung oder ungerechtfertigte Ungleichbehandlung darstellen kann.

Auch tituliert sich das AGG fälschlich als „Allgemeines Gleichbehandlungsgesetz" obwohl der „allgemeine Gleichbehandlungsgrundsatz" gar nicht, sondern in der Sache lediglich einige Diskriminierungsverbote geregelt sind.

Gemäß Art. 3 Abs. 2 S. 1 GG sind Männer und Frauen gleichberechtigt. Der Begriff der Gleichberech- 1441
tigung umschreibt **keine eigene Form der Gleichbehandlung**. Vielmehr wird er als Oberbegriff im Zusammenhang mit der Gleichheit von Männern und Frauen gebraucht und steht für das Ziel der Angleichung der Lebensverhältnisse zwischen den Geschlechtern. Er umfasst sowohl das in Art. 3 Abs. 3 GG konkretisierte Verbot der Diskriminierung wegen des Geschlechts als auch die Förderung eines Geschlechts zum Ausgleich tatsächlicher Nachteile, was sich aus Art. 3 Abs. 2 S. 2 GG eindeutig ergibt (Rz. 564).

b) Verhältnis der Gleichbehandlungsformen

Diskriminierungsverbote sind mithin Teil des Rechtsgedankens der allgemeinen Gleichbehandlung. 1442
Dennoch hat sich die Antidiskriminierungspolitik im Laufe der Jahre zu einer eigenständigen Rechtsmaterie entwickelt. Das Verbot der Diskriminierung modifiziert den allgemeinen Gleichbehandlungsgrundsatz dahingehend, dass, sofern ein geschütztes Merkmal vorliegt, Ungleiches grundsätzlich

gleich behandelt werden muss. Es kann daher als **Ausnahmeregel** bzw. als **lex specialis** zum allgemeinen Gleichbehandlungsgrundsatz betrachtet werden.

1443 Zu beachten ist, dass damit nicht das Verhältnis des arbeitsrechtlichen Gleichbehandlungsgrundsatzes zu den Diskriminierungsverboten gemeint ist. Vielmehr ist auch der allgemeine arbeitsrechtliche Gleichbehandlungsgrundsatz eine Ausprägung des allgemeinen Gleichbehandlungsgrundsatzes. Das heißt, beide haben den gleichen Ursprung, aber unterschiedliche Aufgaben und Rechtsfolgen (ähnlich *Thüsing* AGG Rz. 150, der von unterschiedlicher Geschichte, Aufgabe und Rechtsfolge spricht). Es sind zwei Systeme, die verwandt, aber nicht identisch sind.

1444 **Diskriminierungsverbote wiederum sind spezielle Ausprägungen des arbeitsrechtlichen Gleichbehandlungsgrundsatzes.** Tendenziell sind Diskriminierungsverbote an strengere Rechtfertigungsvoraussetzungen geknüpft. Das ist aber nicht zwingend, wie § 4 TzBfG zeigt. Der arbeitsrechtliche Gleichbehandlungsgrundsatz stellt hingegen lediglich ein generelles Willkürverbot auf. Die „neue Formel" des BVerfG im Rahmen des Art. 3 Abs. 1 GG (Rz. 564) ist durch das BAG noch nicht angewandt worden. Soweit es sich um eine Ungleichbehandlung **wegen eines Merkmals** handelt, ist das **Diskriminierungsverbot als speziellere Norm ausschließlich** anzuwenden. Dies gilt auch, soweit eine Diskriminierung im Ergebnis nicht vorliegt, weil die Ungleichbehandlung wegen eines geschützten Merkmals gerechtfertigt ist. Umgekehrt gilt: Merkmale, welche durch Antidiskriminierungsvorschriften geschützt sind, sind als sachlicher Differenzierungsgrund im Rahmen des arbeitsrechtlichen Gleichbehandlungsgrundsatzes stets ungeeignet (ErfK/*Preis* § 611a BGB Rz. 591).

§ 33
Der Gleichbehandlungsgrundsatz

Literatur: *Grünberger*, Personale Gleichheit, 2013.

I. Der unionsrechtliche Gleichbehandlungsgrundsatz

1445 Das europäische Recht kennt neben den im Vertrag über die Arbeitsweise der Europäischen Union (AEUV) ausdrücklich normierten Diskriminierungsverboten (insbesondere Art. 18, 45, 157 AEUV) auch einen allgemeinen Gleichbehandlungsgrundsatz (**ungeschriebenes Primärrecht**, Rz. 476). Nach ständiger Rechtsprechung zählt der allgemeine Gleichbehandlungsgrundsatz zu den allgemeinen Grundsätzen des europäischen Rechts.

1446 *„Das in der angeführten Vorschrift ausgesprochene Diskriminierungsverbot ist jedoch nur der spezifische Ausdruck des allgemeinen Gleichheitssatzes, der zu den Grundprinzipien des Gemeinschaftsrechts gehört. Nach diesem Grundsatz dürfen vergleichbare Sachverhalte nicht unterschiedlich behandelt werden, es sei denn, dass eine Differenzierung objektiv gerechtfertigt wäre."* (EuGH v. 19.10.1977 – 117/76 „Ruckdeschel", Slg. 1977, 1753 Rz. 7; zur Staatsangehörigkeit vgl. EuGH v. 16.10.1980 – C-147/79, Slg. 1980, I-3005; zum Alter vgl. EuGH v. 22.11.2005 – C-144/04 „Mangold", NZA 2005, 1345)

1447 Betrachtet man den Inhalt des allgemeinen europäischen Gleichbehandlungsgrundsatzes, so wird deutlich, dass auch dieser auf der unmittelbar im Gerechtigkeitsbegriff wurzelnden Grundidee fußt, **Gleiches gleich** und **Ungleiches** entsprechend seiner Eigenart **ungleich** zu behandeln (Rz. 1427).

1448 Strittig sind die inhaltlichen Anforderungen an die **Rechtfertigung** einer Ungleichbehandlung. Der wertende Vergleich des Gleichheitssatzes in den Mitgliedstaaten und die Berücksichtigung der wachsenden Bedeutung des Unionsrechts ergeben, dass weder Willkürverbot noch strenge Verhältnismäßigkeitsprüfung Rechtfertigungsmaßstab sein können. Vielmehr ist ein vermittelnder Ansatz zu verfolgen. Demnach ist eine unterschiedliche Behandlung gleicher Sachverhalte nur zulässig, wenn für die Ungleichbehandlung ein objektiver Grund vorliegt und die Maßnahme im angemessenen Verhältnis zum Zweck steht.

Der allgemeine Gleichbehandlungsgrundsatz genießt den Status eines **Unionsgrundrechts**, das mit dem Vertrag von Lissabon in Art. 20 Grundrechtecharta der EU (GRCh) kodifiziert wurde. Gemäß Art. 51 Abs. 1 S. 1 GRCh bindet dieses – in Übereinstimmung mit der allgemeinen Dogmatik der Unionsgrundrechte – **nur die Organe der EU vollumfänglich, die Mitgliedstaaten** hingegen bei Durchführung von Unionsrecht und – nach umstrittener Ansicht – auch bei der Beschränkung von Grundfreiheiten. 1449

„*Im Vergleich zu den Grundrechten des Grundgesetzes fehlt der Charta der Grundrechte der Europäischen Union [...] ein solcher umfassender und damit auch tendenziell expansiver Charakter [...]. Die Charta gilt nach ihrem Art. 51 Abs. 1 ‚für die Mitgliedstaaten ausschließlich bei der Durchführung des Rechts der Union' [...]. Nach Art. 6 Abs. 1 EUV, der ihr verbindlichen Charakter verleiht [...] begründet die GRCh keine neuen Zuständigkeiten für die Union und ändert deren Zuständigkeiten nicht [...]. Art. 51 Abs. 2 GRCh, wonach die GRCh den Geltungsbereich des Unionsrechts nicht über die Zuständigkeiten der Union hinaus ausdehnt und weder neue Zuständigkeiten noch neue Aufgaben für die Union begründet noch die in den Verträgen festgelegten Zuständigkeiten und Aufgaben ändert, stellt dies nochmals klar.*" (BAG v. 8.12.2011 – 6 AZN 1371/11, NZA 2012, 286 Rz. 12) 1450

Problematisch ist die Frage, ob der allgemeine Gleichbehandlungsgrundsatz auch eine **unmittelbare Drittwirkung** im Verhältnis der Unionsbürger untereinander zeitigt. Hinsichtlich der speziellen Diskriminierungsverbote wegen der Freizügigkeit gemäß Art. 45 AEUV als Ausprägung des Art. 18 AEUV (EuGH v. 6.6.2000 – C-281/98 „Angonese", NZA-RR 2001, 20 Rz. 36) und des Geschlechts gemäß Art. 157 AEUV (EuGH v. 8.4.1976 – Rs. 43/75 „Defrenne II", NJW 1976, 2068) hat der EuGH eine solche unmittelbare Wirkung anerkannt. Dabei handelt es sich jedoch stets um positivrechtliche Ausprägungen des allgemeinen Gleichbehandlungsgrundsatzes in Form eines speziellen Diskriminierungsverbots. Die unmittelbare Wirkung des allgemeinen Gleichbehandlungsgrundsatzes geht damit nicht einher. Ist der Arbeitgeber somit bei seinem Handeln nicht an Art. 20 GRC gebunden, erklärt sich die weitaus geringere praktische Bedeutung des allgemeinen unionsrechtlichen Gleichbehandlungsgrundsatzes. 1451

II. Der allgemeine arbeitsrechtliche Gleichbehandlungsgrundsatz

Literatur: *Bepler*, Gleichbehandlung in Betrieb, Unternehmen, Konzern, NZA Beil. 18/2004, 3; *Creutzfeldt*, Der arbeitsrechtliche Gleichbehandlungsgrundsatz zwischen Arbeitsvertrag und Tarifvertrag, JbArbR 2015, 25; *Fuhlrott*, Der arbeitsrechtliche Gleichbehandlungsgrundsatz als Anspruchsnorm, ArbRAktuell 2015, 141; *Gusy*, Der Gleichheitssatz, NJW 1988, 2505; *Hanau*, Der arbeitsrechtliche Gleichbehandlungsgrundsatz zwischen Privatautonomie und Kontrahierungszwang, FS Konzen (2006), 233; *Hunold*, Ausgewählte Rechtsprechung zur Gleichbehandlung im Betriebe, NZA-RR 2006, 516 und 617; *Hunold*, Gleichbehandlung im Betrieb, DB 1991, 1670; *Raab*, Der arbeitsrechtliche Gleichbehandlungsgrundsatz, FS Kreutz (2010), 317; *Schaub*, Gleichbehandlung, Gleichberechtigung und Lohngleichheit, NZA 1984, 73; *Tschöpe*, Der räumliche Geltungsbereich des arbeitsrechtlichen Gleichbehandlungsgrundsatzes, DB 1994, 40; *Weber/Ehrich*, Der Gleichbehandlungsgrundsatz bei freiwilligen Leistungen des Arbeitgebers, ZIP 1997, 1681; *Widmaier*, Der Gleichbehandlungsgrundsatz in der jüngeren Rechtsprechung des BAG, ZTR 1990, 359.

1. Herleitung

Der allgemeine arbeitsrechtliche Gleichbehandlungsgrundsatz ist seit der Rechtsprechung des Reichsarbeitsgerichts aus dem Jahre 1938 zum Ruhegeldanspruch ohne positivrechtliche Grundlage anerkannt (RAG v. 19.1.1938, ARS 33, 172) und gehört zu den tragenden Ordnungsprinzipien des Ar- 1452 beitsrechts. Der dem Privatrecht zuzuordnende Grundsatz ist **gesetzlich nicht normiert**. Er wird aus verschiedenen allgemeinen Prinzipien wie dem allgemeinen Gleichheitssatz des **Art. 3 Abs. 1 GG**, aus der Fürsorgepflicht des Arbeitgebers, aus dem Treu- und Glaubensgrundsatz nach **§ 242 BGB** oder aus dem **allgemeinen Rechtsgedanken der Gleichbehandlung abgeleitet** (Übersicht bei *Reuter* JuS 1994, 443). Auch das BAG stützt den Grundsatz, der fester Bestandteil seiner Rechtsprechung ist, nicht auf eine einheitliche Rechtsgrundlage. Sehr vertretbar ist es, den allgemeinen arbeitsrechtlichen Gleichbehandlungsgrundsatz auf das Ideal der Gerechtigkeit zurückzuführen. Er gebietet somit, Gleiches gleich und Ungleiches entsprechend seiner Eigenart ungleich zu behandeln (BAG v. 3.9.2014 – 5 AZR 6/13, NZA 2015, 222 Rz. 18). Seinen einfachgesetzlichen Niederschlag hat der allgemeine arbeitsrechtliche Gleichbehandlungsgrundsatz in § 75 Abs. 1 S. 1 BetrVG, § 67 Abs. 1 S. 1 BPersVG gefunden; im Recht der betrieblichen Altersversorgung ist er eine selbständige Anspruchsgrundlage gem. § 1b Abs. 1 S. 4 BetrAVG. Diese speziellen Vorschriften sind in ihrem Anwendungsbereich vorrangig heranzuziehen.

1453 Der allgemeine Gleichbehandlungsgrundsatz

– gebietet, Arbeitnehmer oder Gruppen von Arbeitnehmern, die sich in vergleichbarer Lage befinden, bei Anwendung einer vom Arbeitgeber selbst gesetzten Regel gleich zu behandeln, und

– verbietet eine sachfremde Gruppenbildung und die willkürliche Schlechterstellung einzelner Arbeitnehmer innerhalb einer Gruppe (BAG v. 21.9.2011 – 5 AZR 520/10, NZA 2012, 31, 33).

1454 Das BAG sieht in jüngeren Entscheidungen den allgemeinen Gleichbehandlungsgrundsatz zudem als eines der Instrumente an, die privatautonomes Verhalten dort begrenzen, wo sich eine Partei einer strukturell bedingten Verhandlungsunterlegenheit ausgesetzt sieht. Wird die kollektive Maßnahme daher unter den Bedingungen eines **strukturellen Gleichgewichts** zwischen den Parteien vereinbart, findet der allgemeine Gleichbehandlungsgrundsatz **keine Anwendung** (BAG v. 21.5.2014 – 4 AZR 50/13, NZA 2015, 115 Rz. 28; BAG v. 15.4.2015 – 4 AZR 796/13, NZA 2015, 1389 Rz. 54 ff.). Insbesondere nicht tauglich ist der allgemeine Gleichbehandlungsgrundsatz daher zur Kontrolle von wirksam geschlossenen Tarifverträgen. Hauptargument ist, dass gerade der Tarifvertrag von den Tarifpartnern auf „Augenhöhe" ausgehandelt wird und somit das notwendige strukturelle Gleichgewicht vorhanden ist (*Creutzfeldt* JbArbR 2015, 25, 45-47). Der Tarifvertrag findet daher nach Auffassung des BAG seine Grenze alleine in höherrangigem Recht, sodass eine Kontrolle nach Art. 3 Abs. 1 GG denkbar ist, der allgemeine arbeitsrechtliche Gleichbehandlungsgrundsatz indes nicht anwendbar ist.

1455 Die Rückkoppelung des Anwendungsbereiches an den Gesichtspunkt der Kompensation der gestörten Privatautonomie (ErfK/*Preis* § 611a BGB Rz. 574) zwischen Arbeitnehmer und Arbeitgeber hat zudem die weitere Konsequenz, dass das Eingreifen des allgemeinen arbeitsrechtlichen Gleichbehandlungsgrundsatzes **unabhängig von der normativen Wirkung** von Tarifverträgen gemäß § 4 Abs. 1 TVG ist. Zwar gilt der allgemeine arbeitsrechtliche Gleichbehandlungsgrundsatz nicht bei reinem „Normvollzug", weil kein gestaltendes Verhalten des Arbeitgebers vorliegt (BAG v. 6.7.2011 – 4 AZR 596/06, NZA 2011, 1246 Rz. 23). Bei Tarifverträgen wirken aber Akteure des Privatrechts in Ausübung ihrer Tarifautonomie zusammen, was einer Gleichsetzung mit dem Vollzug einer gesetzlichen Norm entgegensteht. Daher sind **auch schuldrechtliche Vereinbarungen** der Tarifpartner vom Anwendungsbereich ausgeschlossen, sofern sie im Rahmen eines strukturellen Gleichgewichts ausgehandelt worden sind (BAG v. 21.5.2014 – 4 AZR 50/13, NZA 2015, 115 Rz. 30 ff.). So bemerkenswert diese neuere Sichtweise ist, hat sie in der Rechtsprechung des BAG die bedenkliche Folge, dass der allgemeine arbeitsrechtliche Gleichbehandlungsgrundsatz auch zugunsten von Außenseitern keine Anwendung findet. Es bleibt abzuwarten, ob diese neuere Linie des BAG eine gewisse Engführung mit Blick auf die dogmatische Herleitung dieses Grundsatzes beabsichtigt.

2. Voraussetzungen

Prüfungsschema: Anspruch aus dem allgemeinen Gleichbehandlungsgrundsatz 1456

☐ Vorliegen einer Ungleichbehandlung

Bestehendes Arbeitsverhältnis kollektive Maßnahme des Arbeitgebers schlechtere Behandlung als andere, vergleichbare Arbeitnehmer.

☐ Rechtfertigung der Ungleichbehandlung

Die Ungleichbehandlung darf nicht auf sachfremden oder willkürlichen Kriterien beruhen.

a) Bestehendes Arbeitsverhältnis

Der allgemeine arbeitsrechtliche Gleichbehandlungsgrundsatz ist vor allem zu beachten, wenn der Arbeitgeber Leistungen gewährt, zu denen er nicht verpflichtet ist und dabei einen bzw. einzelne Arbeitnehmer willkürlich von einer allgemeinen Regelung ausschließt. Der Arbeitgeber wird durch den allgemeinen arbeitsrechtlichen Gleichbehandlungsgrundsatz an die von ihm selbst gesetzte Norm gebunden. Er setzt voraus, dass zwischen dem Arbeitgeber und dem Arbeitnehmer, der sich auf den Gleichbehandlungsanspruch stützt, eine **feste Rechtsbeziehung** besteht, mithin ein Arbeitsverhältnis. Darüber hinaus greift der allgemeine arbeitsrechtliche Gleichbehandlungsgrundsatz vor Aufnahme und nach Beendigung des Arbeitsverhältnisses nicht. Eine **Ausnahme** gilt nur für das **Ruhestandsverhältnis**. 1457

b) Kollektive Maßnahme

Der allgemeine arbeitsrechtliche Gleichbehandlungsgrundsatz ist immer anwendbar, wenn ein Arbeitgeber **Leistungen nach einem bestimmten, erkennbaren und generalisierenden Prinzip** gewährt oder wenn er bestimmte Voraussetzungen oder Zwecke festlegt. Es muss also eine bestimmte Ordnung bestehen, die über das individuell ausgehandelte Einzelarbeitsverhältnis hinaus für alle oder eine Gruppe von Arbeitnehmern gilt, beispielsweise im Rahmen einer Gesamtzusage. Denn der Grundsatz will die Gleichbehandlung vergleichbarer Arbeitnehmer sichern, nicht jedoch die Begünstigung einzelner Arbeitnehmer verbieten. Insoweit wird dem **Grundsatz der Vertragsfreiheit** (Rz. 877) **Vorrang** eingeräumt, wenn und soweit Vertragsbedingungen mit dem einzelnen Arbeitnehmer **ausgehandelt** worden sind. Der arbeitsrechtliche Gleichbehandlungsgrundsatz wird daher auch mehr als ein Benachteiligungsverbot denn als Gleichbehandlungsgebot verstanden (ErfK/*Preis* § 611a BGB Rz. 575; vgl. auch § 4 S. 1 ArbVG-E 2007: „*Der Arbeitgeber darf bei kollektiven Maßnahmen einzelne Arbeitnehmer oder Arbeitnehmergruppen nicht ohne sachlichen Grund schlechter behandeln als andere vergleichbare Arbeitnehmer oder Arbeitnehmergruppen.*"). 1458

„*Trotz des Vorrangs der Vertragsfreiheit ist der Gleichbehandlungsgrundsatz auch bei der Zahlung der Arbeitsvergütung anwendbar, wenn diese durch eine betriebliche Einheitsregelung generell angehoben wird oder der Arbeitgeber die Leistung nach einem erkennbaren und generalisierenden Prinzip gewährt, indem er Voraussetzungen oder Zwecke festlegt.*" (BAG v. 13.4.2011 – 10 AZR 88/10, NZA 2011, 1047, 1048) 1459

Aus diesem Grunde erachtet es das BAG auch als zulässig, dass der einzelne Arbeitnehmer auf die Wahrung des Gleichbehandlungsgrundsatzes **verzichten kann**. 1460

Ein bestimmtes erkennbares und generalisiertes Prinzip kann auch dadurch bewirkt werden, dass der Arbeitgeber mit einem Teil seiner Arbeitnehmer die Anwendbarkeit eines Tarifvertrages und damit die Geltung der sich daraus ergebenden Rechten und Pflichten vereinbart, **ohne selbst tarifgebunden** zu sein (BAG v. 25.4.1995 – 3 AZR 446/94, NZA 1996, 84). 1461

1462 Zudem ist der allgemeine arbeitsrechtliche Gleichbehandlungsgrundsatz aber auch auf Arbeitsverhältnisse anwendbar, auf die der Arbeitgeber – vielfach zwecks Umgehung – **mehrere oder undurchsichtige Vergütungssysteme** anwendet, um diese Arbeitgeber nicht zu bevorteilen (BAG v. 19.8.1992 – 5 AZR 513/91, NZA 1993, 171, 172).

1463 Kein Faktor für den allgemeinen arbeitsrechtlichen Gleichbehandlungsgrundsatz ist die Frage, ob die kollektive Maßnahme unter einen **Freiwilligkeitsvorbehalt** gestellt wird. Damit kann der Arbeitgeber alleine eine betriebliche Übung verhindern, nicht jedoch die Pflicht zur Gleichbehandlung umgehen (BAG v. 6.12.1995 – 10 AZR 198/95, NZA 1996, 1027 f.).

c) Vergleichbarkeit

1464 Für die Anwendbarkeit des allgemeinen arbeitsrechtlichen Gleichbehandlungsgrundsatzes ist es weiter erforderlich, dass eine Gruppenbildung vergleichbarer Arbeitnehmer möglich ist. **Vergleichbar** sind Arbeitnehmer, die nach der Verkehrsanschauung vergleichbare Tätigkeiten ausüben. Da eine vollkommene Gleichheit zwischen mehreren Arbeitnehmern nur selten vorliegen wird, genügt eine im Wesentlichen übereinstimmende Lage. Welche Aspekte für eine Gruppenbildung tragend sind und auf welches zahlenmäßiges Verhältnis abzustellen ist, ist bislang noch weitestgehend ungeklärt. Gesichert ist nur, dass der allgemeine arbeitsrechtliche Gleichbehandlungsgrundsatz nicht erst dann greift, wenn 50 % der Arbeitnehmer an einer günstigeren Regelung teilnehmen. Ist die Anzahl der begünstigten Arbeitnehmer im Verhältnis zur Gesamtzahl der betroffenen Arbeitnehmer allerdings sehr gering (im entscheidenden Fall unter 5 %), kann ein nicht begünstigter Arbeitnehmer aus dem Gleichbehandlungsgrundsatz keinen Anspruch auf Vergütung herleiten (BAG v. 13.2.2002 – 5 AZR 713/00, NZA 2003, 215, 216 f.).

d) Unternehmensbezug

1465 Die Vergleichsgruppenbildung erstreckte sich **nach älterer Rechtsprechung grundsätzlich nur auf Arbeitnehmer eines Betriebs** (BAG v. 19.11.1992 – 10 AZR 290/91, NZA 1993, 405). Nach jüngerer Rechtsprechung des BAG spricht aber die Begründung und Ausprägung des arbeitsrechtlichen Gleichbehandlungsgrundsatzes durch den allgemeinen Gleichheitssatz (Art. 3 Abs. 1 GG) dafür, den Anwendungsbereich des Gleichbehandlungsgrundsatzes nicht auf den Betrieb zu beschränken, sondern **betriebsübergreifend** auf das ganze Unternehmen zu erstrecken (BAG v. 17.11.1998 – 1 AZR 147/98, NZA 1999, 606, 608).

„Dieser ist indessen seinem Wesen nach kompetenzbezogen, bezieht sich also auf den Bereich, auf den sich die gebundene Regelungskompetenz erstreckt. Das spricht für den Unternehmensbezug des arbeitsrechtlichen Gleichbehandlungsgrundsatzes, denn dieser richtet sich an den Arbeitgeber, der mit dem Unternehmensträger identisch ist. Als Normadressat ist er für das Unternehmen in seiner Gesamtheit verantwortlich. Eine Beschränkung seiner Verpflichtung auf den Rahmen einzelner Betriebe, also auf Teile des Unternehmens, bedürfte besonderer Gründe, die bisher nicht erkennbar sind." (BAG v. 17.11.1998 – 1 AZR 147/98, NZA 1999, 606, 608 f.)

1466 Es ist nicht sachgerecht, dass durch schlichte Betriebsaufspaltungen die Geltung des Gleichbehandlungsgrundsatzes umgangen werden kann. **Adressat** des Gleichbehandlungsgrundsatzes ist der **Arbeitgeber**; auf dessen konkrete **Ausübung** der Leitungsmacht kommt es an. Daher ist eine **unternehmens (=arbeitgeber)bezogene Betrachtung** sachgerecht. Dabei ist zu beachten, dass die unterschiedliche **Betriebszugehörigkeit** im Rahmen der **sachlichen Rechtfertigung** ggf. als Differenzierungsgrund berücksichtigt werden kann. Diesen Ansatz verfolgte das BAG schon mit seiner Rechtsprechung, in der es den Gleichbehandlungsgrundsatz auf Fälle ausdehnte, in denen der Arbeitgeber eine überbetriebliche Regel aufstellte und anwandte (BAG v. 12.1.1994 – 5 AZR 6/93, NZA 1994, 993). Arbeitnehmer, die in Betrieben eines Unternehmens beschäftigt sind, in denen ein Betriebsrat existiert, können jedoch in Angelegenheiten, in denen der Betriebsrat ein Mitbestimmungsrecht hat, keine Gleichbehandlung mit den Arbeitnehmern betriebsratsloser Betriebe verlangen, weil der Arbeitgeber sonst zu einem Verstoß gegen die mitbestimmungsrechtlichen Kompetenzen des Betriebsrats aus dem BetrVG genötigt würde (BAG v. 25.4.1995 – 9 AZR 690/93, NZA 1995, 1063, 1064).

e) Ausnahme: Konzernbezug

Legt man diese arbeitgeberbezogene Betrachtung zugrunde, so ist der allgemeine arbeitsrechtliche Gleichbehandlungsgrundsatz nur höchst ausnahmsweise konzernbezogen. Denn die Konzernunternehmen behalten ihre rechtliche Selbstständigkeit, sodass **in einem Konzern mehrere Arbeitgeber** existieren. Der allgemeine arbeitsrechtliche Gleichbehandlungsgrundsatz ist damit **im Ausgangspunkt auf das Konzernunternehmen zu begrenzen**. Anderes gilt nur dann, wenn die Konzernspitze für sich eine Verteilungskompetenz in Anspruch nimmt und entsprechende Weisungen erteilt, die konzerndimensional wirken. 1467

„*Dabei übersieht der Kläger, dass die in einem Konzern zusammengeschlossenen Firmen ihre rechtliche Selbstständigkeit behalten, auch wirtschaftlich mehr oder weniger selbstständig bleiben und damit in einem Konzern mehrere unterschiedliche Arbeitgeber vorhanden sind. Außerdem sind in einem Konzern nicht selten Unternehmen ganz unterschiedlicher Fachsparten zusammengeschlossen, bei denen gänzlich verschiedene Arbeitsbedingungen bestehen und demgemäß auch Tarifverträge ganz unterschiedlicher Art gelten können.*" (BAG v. 20.8.1986 – 4 AZR 272/85, AP Nr. 6 zu § 1 TVG Tarifverträge: Seniorität)

f) Rechtfertigung der Ungleichbehandlung

Eine Ungleichbehandlung ist **gerechtfertigt**, wenn sie **nicht auf sachfremden oder willkürlichen Kriterien beruht**. Die Anforderungen an die Rechtfertigung einer Ungleichbehandlung sind im Rahmen des allgemeinen arbeitsrechtlichen Gleichbehandlungsgrundsatzes weniger streng als bei den spezialgesetzlichen Verboten der Geschlechterdiskriminierung. Dies ist nicht zuletzt darauf zurückzuführen, dass der allgemeine Gleichbehandlungsgrundsatz vor allem bei (freiwilligen) Arbeitgeberleistungen zur Anwendung kommt, bei deren Ausgestaltung dem Arbeitgeber ein gewisser Ermessensspielraum zusteht. 1468

Hinsichtlich der Rechtfertigung ist zu berücksichtigen, dass der allgemeine arbeitsrechtliche Gleichbehandlungsgrundsatz sowohl die **sachfremde Schlechterstellung einzelner** Arbeitnehmer gegenüber anderen Arbeitnehmern in vergleichbarer Lage als auch **sachfremde Gruppenbildung** verbietet (BAG v. 27.5.2004 – 6 AZR 129/03, NZA 2004, 1399). Die **sachgerechte Gruppenbildung** richtet sich nach dem **Zweck der Leistung**, der als solcher wiederum nicht sachwidrig sein darf. 1469

Gewährt der Arbeitgeber auf Grund einer abstrakten Regelung eine **Sonderleistung** nach einem erkennbar generalisierenden Prinzip und legt er gemäß dem mit der Leistung verfolgten Zweck die Anspruchsvoraussetzungen für die Leistung fest, darf er **einzelne Arbeitnehmer von der Leistung nur ausnehmen**, wenn dies sachlichen Kriterien entspricht. Arbeitnehmer werden dann nicht sachfremd benachteiligt, wenn sich nach dem Zweck der Leistung Gründe ergeben, die es unter Berücksichtigung aller Umstände rechtfertigen, diesen Arbeitnehmern die den anderen Arbeitnehmern gewährte Leistung vorzuenthalten. Die Zweckbestimmung einer Sonderzahlung ergibt sich vorrangig aus ihren tatsächlichen und rechtlichen Voraussetzungen. Ist die unterschiedliche Behandlung nach dem Zweck der Leistung nicht gerechtfertigt, kann der benachteiligte Arbeitnehmer verlangen, nach Maßgabe der begünstigten Arbeitnehmer behandelt zu werden (BAG v. 28.3.2007 – 10 AZR 261/06, NZA 2007, 687). Ergeben sich aus dem Zweck der Leistung Gründe, die es rechtfertigen, einer Arbeitnehmergruppe Leistungen vorzuenthalten, die der anderen eingeräumt worden sind, so liegt keine sachfremde Gruppenbildung vor. 1470

Beispiel: Honoriert der Arbeitgeber durch Sonderzahlungen Betriebstreue und/oder wenige Krankheitstage (sog. Anwesenheitsprämie), so kann er diese Leistung nicht danach differenzieren, ob eine Arbeitnehmergruppe zuvor einer Entgeltabsenkung zugestimmt hat oder nicht. Der von der Beklagten beanspruchte angebliche Hauptzweck der Leistung, nämlich einen Ausgleich von Nachteilen im Entgeltbereich zu schaffen, 1471 kann nämlich von vornherein nur bei solchen Arbeitnehmern eintreten, die keine oder wenige Krankheitstage haben (BAG v. 26.9.2007 – 10 AZR 569/06, NZA 2007, 1424).

1472 **Sachfremde oder willkürliche Kriterien** liegen insbesondere vor, wenn der Arbeitgeber Unterscheidungen nach dem Geschlecht, der Abstammung, der Rasse, der Sprache, der Heimat und Herkunft, des Glaubens oder der religiösen sowie politischen Anschauung (Art. 3 Abs. 3 GG) oder wegen gewerkschaftlicher Betätigung vornimmt (§ 75 Abs. 1 BetrVG, § 67 Abs. 1 S. 1 BPersVG) sowie wegen eines nach § 1 AGG geschützten Merkmals (Rasse und ethnische Herkunft, Geschlecht, Alter, sexuelle Identität, Behinderung, Religion und Weltanschauung) differenziert. Knüpft die Ungleichbehandlung an ein Merkmal des § 1 AGG an, so richtet sich die Rechtfertigung nach Maßgabe der §§ 5, 7–10 AGG (Rz. 1629).

3. Einzelfälle

1473 Der Hauptanwendungsfall des allgemeinen arbeitsrechtlichen Gleichbehandlungsgrundsatzes liegt auf dem Gebiet der Sonderleistungen. Hierzu gehören vor allem **Ruhegelder** und **Gratifikationen** sowie **Zulagen aller Art.** Aber auch bei der Ausübung des **Direktionsrechts** (§ 106 GewO; Rz. 707) hat der Arbeitgeber den allgemeinen arbeitsrechtlichen Gleichbehandlungsgrundsatz zu beachten. Dies kann insbesondere Bedeutung haben für allgemeine Dienstvorschriften wie der Ein- und Durchführung von Torkontrollen, Rauchverboten oder der Heranziehung von Arbeitnehmern zu Mehr-, Über-, Nacht- oder Feiertagsarbeit.

a) Sonderzahlungen

1474 **Fallbeispiel:** B betreibt in Köln drei Privatkliniken für plastische Chirurgie, die zu einem Unternehmen zusammengefasst sind. A ist in einer dieser Kliniken, der K-Klinik, als Schönheitschirurg beschäftigt. Auf Grund der schlechteren wirtschaftlichen Lage geht die Nachfrage nach Schönheitsoperationen stark zurück. Dieser Rückgang trifft vor allem die K-Klinik, die 60 % Umsatzeinbußen erleidet. Die anderen beiden Kliniken kämpfen mit Einbußen von 20 %. Bisher hat B allen in seinen Kliniken beschäftigten Ärzten eine Sonderzahlung stets unter Freiwilligkeitsvorbehalt in Höhe eines Monatsgehalts geleistet. Dadurch soll die Belegschaft an dem wirtschaftlichen Erfolg der Klinik teilhaben. Dieses Jahr schüttet B in der K-Klinik nur eine Sonderzahlung in Höhe eines halben Monatsgehalts aus, in den anderen beiden Kliniken weiterhin in Höhe eines ganzen Monatsgehalts. Hat A einen Anspruch auf Sonderzahlung in Höhe eines ganzen Monatsgehalts?

Ein Anspruch aus betrieblicher Übung scheidet aus, da B die Sonderzahlung ausdrücklich unter einen Freiwilligkeitsvorbehalt gestellt hat. A könnte aber einen Anspruch auf die Sonderzahlung aus dem allgemeinen arbeitsrechtlichen Gleichbehandlungsgrundsatz haben. Dafür müsste dessen Anwendungsbereich eröffnet sein. Vorliegend geht es weder um reinen „Normvollzug" noch um eine Maßnahme, die unter einem strukturellen Gleichgewicht beider Parteien ausgehandelt wurde. Auch der Umstand, dass B die Sonderzahlung nur in Verbindung mit einem Freiwilligkeitsvorbehalt gewährt hatte, vermag die Anwendbarkeit des allgemeinen Gleichbehandlungsgrundsatzes nicht auszuschließen. Tatbestandlich vorausgesetzt ist, dass ein oder mehrere Arbeitnehmer innerhalb ihres Arbeitsverhältnisses bei einer kollektiven Maßnahme des Arbeitgebers schlechter behandelt werden als andere vergleichbare Arbeitnehmer. Eine kollektive Maßnahme liegt vor, wenn der Arbeitgeber Leistungen nach einem bestimmten, erkennbaren und generalisierenden Prinzip gewährt. Die Sonderzahlung an alle Beschäftigte der zwei Kliniken in derselben Höhe ist eine kollektive Maßnahme. Fraglich ist, auf welche Einheit bezogen die Vergleichsgruppe zu bestimmen ist. Bei den drei Kliniken handelt es sich um drei unterschiedliche Betriebe desselben Unternehmens. Als Bezugspunkt für die Bildung der Vergleichsgruppen kann der Betrieb oder aber das Unternehmen dienen. Mit dem BAG ist es vorzugswürdig, den Anwendungsbereich des allgemeinen arbeitsrechtlichen Gleichbehandlungsgrundsatzes betriebsübergreifend auf das ganze Unternehmen zu erstrecken. Der allgemeine Gleichheitssatz ist seinem Wesen nach kompetenzbezogen, der Gleichbehandlungsgrundsatz bezieht sich auf den Arbeitgeber, der mit dem Unternehmensträger identisch ist. Der Arbeitgeber ist der Adressat der Pflicht zur Gleichbehandlung. Somit ist für die Bildung der Vergleichsgruppe auf das Unternehmen abzustellen. Innerhalb des Unternehmens wird in zwei Betrieben allen Beschäftigten eine Sonderzahlung in Höhe eines Monatsgehaltes, in dem dritten Betrieb, in dem A beschäftigt ist, lediglich in Höhe eines halben Monatsgehaltes gezahlt.

Innerhalb der Vergleichsgruppe des Unternehmens liegt somit eine Ungleichbehandlung vor, bei der A schlechter behandelt wird als die Arbeitnehmer der anderen beiden Kliniken. Diese Ungleichbehandlung könnte jedoch gerechtfertigt sein. Dann muss ein sachlicher Grund für die Differenzierung vorliegen. Auch wenn die Vergleichsgruppe grundsätzlich unternehmensbezogen zu bilden ist, können sich z.B. aus den organisatorischen Trennlinien, unterschiedlicher Branchenzugehörigkeit oder der räumlichen Entfernung Gründe ergeben, die eine betriebsbezogene Differenzierung sachlich rechtfertigen können. Hier ist die wirtschaftliche Situation der K-Klinik wesentlich schlechter als die der anderen beiden Kliniken. Zudem soll durch die Sonderzahlung die Belegschaft an dem Ertrag der Klinik teilhaben. Der wirtschaftliche Erfolg der K-Klinik ist jedoch nicht mehr vergleichbar mit dem der anderen beiden Kliniken. Somit liegt ein sachlicher Grund vor, die Ungleichbehandlung ist gerechtfertigt. A hat keinen Anspruch auf die Sonderzahlung in Höhe eines ganzen Monatsgehaltes aus dem allgemeinen arbeitsrechtlichen Gleichbehandlungsgrundsatz (BAG v. 17.11.1998 – 1 AZR 147/98, NZA 1999, 606).

b) Arbeiter und Angestellte

Die **Unterscheidung zwischen Angestellten und Arbeitern** nach ihrem Status ist **prinzipiell nicht sachlich zu begründen**. Auch dienststellen-, nicht tätigkeitsbezogene Besonderheiten des Arbeitsplatzes treffen beide Arbeitnehmergruppen gleichermaßen und sind daher zur Begründung einer Unterscheidung regelmäßig ungeeignet. Eine Differenzierung kann nur ausnahmsweise mit besonderem Augenmerk auf den Zweck der Leistung sachlich gerechtfertigt sein.   1475

Das BVerfG (BVerfG v. 30.5.1990 – 1 BvL 2/83, NZA 1990, 721) hat die unterschiedlichen gesetzlichen Kündigungsfristen für Arbeiter und Angestellte wegen eines Verstoßes gegen Art. 3 Abs. 1 GG für verfassungswidrig erklärt (Rz. 243). Das BAG hat daraufhin in mehreren Entscheidungen über die Verfassungsmäßigkeit von **Kündigungsfristen in Tarifverträgen** festgestellt, dass sachliche Gründe für eine Differenzierung fehlten (zur Bindung der Tarifvertragsparteien an die Grundrechte Rz. 553 sowie im Band „Kollektivarbeitsrecht" unter Rz. 947). Es hat ausgeführt, dass eine unzulässige Differenzierung dann vorliege, wenn eine schlechtere Rechtsstellung der Arbeiter nur auf eine pauschale Differenzierung zwischen den Gruppen der Angestellten und der Arbeiter zurückzuführen sei (BAG v. 21.3.1991 – 2 AZR 616/90, NZA 1991, 803, 804). Etwas anderes könne nur gelten, wenn entweder eine verhältnismäßig kleine Gruppe nicht intensiv benachteiligt wird oder funktions-, branchen- oder betriebsspezifische Interessen im Geltungsbereich eines Tarifvertrags die verkürzten Kündigungsfristen für Arbeiter rechtfertigten (BAG v. 21.3.1991 – 2 AZR 616/90, NZA 1991, 803, 804).   1476

Zur unterschiedlichen **Weihnachtsgratifikation für Angestellte und Arbeiter** hat das BAG unter Bezugnahme auf den Zweck der Weihnachtsgratifikation, in der Vergangenheit geleistete Dienste zu vergüten und zu den anlässlich des Weihnachtsfests entstehenden besonderen Aufwendungen beizutragen, einen sachlichen Grund für eine Ungleichbehandlung verneint (BAG v. 25.1.1984 – 5 AZR 89/82, NZA 1984, 326). Liegt der Zweck der Leistung jedoch darin, höhere tarifliche Leistungen der anderen Arbeitnehmergruppe auszugleichen, erkennt es einen sachlichen Grund an.   1477

„Der [5.] Senat hält an dem in seiner Entscheidung vom 5.3.1980 (5 AZR 881/78, NJW 1980, 2374) ausgesprochenen Grundsatz fest, dass der Arbeitgeber sachwidrig verfährt, wenn er bei einer freiwillig gewährten Weihnachtsgratifikation den Angestellten generell einen höheren Prozentsatz ihrer Bezüge zukommen lässt als den Arbeitern. Die Weihnachtsgratifikation soll [...] dazu dienen, in der Vergangenheit geleistete Dienste zusätzlich zu vergüten und zu den anlässlich des Weihnachtsfestes entstehenden besonderen Aufwendungen beizutragen. Geht man von diesen Zwecken aus, so ist es nicht sachgerecht, die Angestellten gegenüber den Arbeitern in dem Bemessungsmaßstab zu begünstigen." (BAG v. 25.1.1984 – 5 AZR 89/1984, NZA 1984, 326)

Differenziert der Arbeitgeber in der Weihnachtsgratifikation mit der Absicht, die Gruppe der Angestellten stärker an sich binden zu wollen, hat er zugeschnitten auf seinen Betrieb darzulegen, aus welchen Gründen eine stärkere Bindung der Angestellten einem objektiven, wirklichen Bedürfnis entspricht (BAG v. 12.10.2005 – 10 AZR 640/04, NZA 2005, 1418, 1420).   1478

1479 Nach Ansicht des BAG kann bei entsprechender vorheriger Vertragsabrede auch ein 13. Monatseinkommen nur für die Gruppe der Arbeiter wegen **krankheitsbedingter Fehlzeiten** gekürzt werden, wenn erhebliche Unterschiede in den krankheitsbedingten Ausfallzeiten der Arbeitnehmergruppen auffällig sind (BAG v. 19.4.1995 – 10 AZR 136/94, NZA 1996, 133, 134). Das gelte selbst für Branchen im Baugewerbe, in denen das Risiko für gewerbliche Arbeitnehmer, arbeitsunfähig zu erkranken, ungleich größer ist als für Angestellte (BAG v. 6.12.1995 – 10 AZR 123/95, NZA 1996, 531). Das BVerfG (BVerfG v. 1.9.1997 – 1 BvR 1929/95, NZA 1997, 1339) verlangt demgegenüber, dass die Gründe für die häufigere Erkrankung der Arbeiter in ihrer Sphäre begründet liegen und nicht in derjenigen des Arbeitgebers. Solange nicht ausgeschlossen sei, dass der hohe Krankenstand der gewerblichen Arbeitnehmer auf gesundheitsschädlichen Arbeitsbedingungen beruht, für die der Arbeitgeber allein verantwortlich ist, sei es „offensichtlich ungerechtfertigt", dass dieser ihnen wegen der aus diesen Risiken erwachsenen Schadensfolge finanzielle Nachteile auferlegt. Nach Sphären argumentiert das BAG auch im Rahmen der Rechtfertigung des völligen Ausschlusses der Arbeiter von der Gewährung des 13. Monatseinkommens, die vor dem 30.11. des Jahres kündigen, während Angestellte in diesen Fällen ihr 13. Monatseinkommen gleichwohl erhalten (Rz. 1355, BAG v. 18.10.2000 – 10 AZR 503/99, NZA 2001, 508).

4. Rechtsfolgen

a) Unwirksamkeit benachteiligender Maßnahmen

1480 Grundsätzlich sind Maßnahmen, die den Arbeitnehmer benachteiligen, wie z.B. Kündigung oder einseitige Leistungsbestimmung, **unwirksam**. Dies ist auch ausreichend, denn mit der Unwirksamkeit der Maßnahme ist die Ungleichbehandlung beseitigt.

b) Leistungsanspruch bei begünstigender Maßnahme

1481 Begünstigende Maßnahmen, wie z.B. die Gewährung einer Sonderzulage, sind hingegen **wirksam**. Demnach bleiben die Begünstigung und folglich auch die Ungleichbehandlung bestehen. Folglich reicht die rein kassatorische Rechtsfolge der Unwirksamkeit zur Beseitigung des gleichheitswidrigen Zustands nicht aus. Es bedarf vielmehr einer positiven Rechtsfolge.

1482 Nach h.M. löst daher eine auf sachwidrigen oder gesetzeswidrigen Unterscheidungsmerkmalen beruhende Ungleichbehandlung eines Arbeitnehmers **Ansprüche auf Gleichbehandlung** aus. In der Regel wird man somit dem zu Unrecht ungleich Behandelten **für die Vergangenheit dieselbe Leistung** zuerkennen müssen, **wie sie den übrigen Personen der Vergleichsgruppe** gewährt worden ist, weil eine andere Möglichkeit zur Gleichbehandlung – etwa durch Rückforderung der den anderen Personen gewährten Leistung – weitgehend rechtlich wegen des Bestandsschutzes, jedenfalls aber faktisch nicht in Betracht kommt (BAG v. 13.11.1985 – 4 AZR 234/84, NZA 1986, 321).

1483 Da dieser Anspruch nach h.M. ein **Erfüllungs- und kein Schadensersatzanspruch** ist (BAG v. 25.4.1995 – 3 AZR 446/94, NZA 1996, 84, 87), kommt es auf ein Verschulden des Arbeitgebers nicht an.

1484 Besteht faktisch nur die Möglichkeit, die diskriminierten Arbeitnehmer auf das Niveau der bevorzugten anzuheben, um die Ungleichbehandlung für die Vergangenheit zu beseitigen, so ist das Erkennen auf diese Rechtsfolge den Gerichten nicht aus Vertrauensgesichtspunkten untersagt, da der **Gleichbehandlungsgrundsatz als Verfassungsgebot** allgemein bekannt ist. Das BAG billigt dem Arbeitgeber allerdings in Ausnahmefällen eine **Anpassungsfrist** zu, wenn es die Unzulässigkeit einer bestimmten Gruppenbildung feststellt, die zuvor in Rechtsprechung und Lehre streitig war (BAG v. 25.1.1984 – 5 AZR 44/82, NZA 1984, 2064).

1485 *„Bis zur Entscheidung des BVerfG vom 16.11.1982 (BVerfGE 62, 256) konnten und mussten [...] die Rechtsunterworfenen davon ausgehen, dass eine allein an den Status anknüpfende unterschiedliche Re-*

gelung für Angestellte und Arbeiter nicht dem Gleichheitsgrundsatz widerspreche. [...] Nach der Rechtsprechung des BVerfG kann dem Gesetzgeber eine angemessene Übergangszeit gewährt werden, wenn er eine zunächst vorhandene Ungleichbehandlung schrittweise abbauen will (BVerfG v. 11.3.1975 BVerfGE 39, 148, 153; 16.11.1982 BVerfGE 62, 256). Weiter hat das BVerfG erwogen, wenn auch offengelassen, ob wegen auf die Wirtschaft zukommender Lasten es im Lichte des Art. 3 Abs. 1 GG gerechtfertigt werden könne, die Rechtsstellung der Arbeiter an die der Angestellten stufenweise anzugleichen. Wenn aber dem Gesetzgeber danach zugebilligt wird, eine Ungleichbehandlung schrittweise abzubauen, muss dies auch der Beklagten aufgrund der gegebenen Umstände zugestanden werden. Dabei wird auch dem Gedanken des Vertrauensschutzes in eine bestehende Rechtslage Rechnung getragen." (BAG v. 25.1.1984 – 5 AZR 44/82, NZA 1984)

c) Gestaltungsfreiheit für künftige Maßnahmen

Anders liegen die Dinge für die **Zukunft**. Hier muss es den Regelungsgebern (bspw. Arbeitgebern oder Tarifvertragsparteien) im Rahmen **ihrer Gestaltungsmöglichkeiten freigestellt** bleiben, auf welchem Niveau sie eine Gleichbehandlung erreichen wollen (BAG v. 13.11.1985 – 4 AZR 234/84, NZA 1986, 321, 323). Wenngleich damit auch der Arbeitgeber bei der Neugestaltung der Regelung grundsätzlich frei ist, **scheidet eine Angleichung im Wege der Änderungskündigung aus**. Die Verwirklichung des Gleichbehandlungsgrundsatzes ist kein betriebsbedingter Grund zur Rechtfertigung der Änderungskündigung (BAG v. 28.4.1982 – 7 AZR 1139/79, NJW 1982, 2687; BAG v. 1.7.1999 – 2 AZR 826/98, NZA 1999, 1336).   1486

Ein Anspruch auf **Gleichbehandlung im Unrecht oder Rechtsirrtum** besteht nicht, es sei denn, der Arbeitgeber erbringt die Leistung in der Kenntnis seiner mangelnden Verpflichtung zur Leistung.   1487

„Stellt sich die Unwirksamkeit dieser Regelung heraus, haben die Arbeitnehmer, denen keine Leistungen zustanden, nicht schon deshalb einen Anspruch, weil die Leistung anderen Arbeitnehmern zugeflossen ist [...]. Ein Anspruch auf Grund des arbeitsrechtlichen Gleichbehandlungsgrundsatzes kann sich allerdings dann ergeben, wenn der Arbeitgeber in Kenntnis der Unwirksamkeit der kollektiven Regelung weiterhin Leistungen erbringt und ein sachlicher Grund zur Rechtfertigung einer unterschiedlichen Behandlung von Arbeitnehmern nicht vorliegt. Dann handelt es sich nicht mehr um Normenvollzug." (BAG v. 2.8.2006 – 10 AZR 572/05, EzA § 75 BetrVG 2001 Nr. 3)

d) Gleichheitswidriger Tarifvertrag

Hinsichtlich **Tarifverträge, die gegen Art. 3 Abs. 1 GG verstoßen**, ist danach zu differenzieren, ob der Gleichheitsverstoß zur Voll- oder Teilnichtigkeit des Tarifvertrages führt. Nach allgemeiner Ansicht gelten für Tarifverträge die Grundsätze, die das Bundesverfassungsgericht für Gesetze entwickelt hat. Demzufolge beurteilt sich die Frage nach der Teilnichtigkeit danach, ob der gültige Teil des Tarifvertrages noch eine sinnvolle und in sich geschlossene Regelung enthält (BAG v. 7.3.1995 – 3 AZR 282/94, NZA 1996, 48, 51).   1488

Schwieriger gestaltet sich die Lückenfüllung bei **kollektivvertraglichen Vereinbarungen**. Ausgangspunkt der Überlegung ist, dass Verstöße gegen Gleichheitsrechte grundsätzlich auf verschiedenen Wegen beseitigt werden können: Durch Gleichstellung auf dem niedrigeren, höheren oder einem gänzlich neuen Niveau. Eine Lückenfüllung durch die Gerichte kollidiert bei Tarifverträgen mit der verfassungsrechtlich gewährleisteten **Tarifautonomie (Art. 9 Abs. 3 GG)**. Eine richterrechtliche Anpassung ist nach Ansicht des BAG nur insoweit zulässig, als den Tarifvertragsparteien kein Spielraum zur Lückenschließung bleibt (BAG v. 29.4.2004 – 6 AZR 101/03, NZA 2005, 57, 60; siehe auch BAG v. 10.11.2011 – 6 AZR 481/09, NZA-RR 2012, 100, 103; BAG v. 10.11.2011 – 6 AZR 148/09, NZA 2012, 161 Rz. 27). Daher hat das BAG zu Recht entschieden, dass eine Anpassung nach oben in gleichheitswidrigen Tarifverträgen nur möglich ist, wenn der **Ermessensspielraum der Tarifparteien auf Null reduziert** war oder anzunehmen ist, dass die Parteien, hätten sie die Gleichheitswidrigkeit gekannt,   1489 auch die benachteiligten Personen mit in die Begünstigung einbezogen hätten (BAG v. 7.3.1995 – 3 AZR 282/94, NZA 1996, 48, 51).

5. Darlegungs- und Beweislast

1490 Macht der Arbeitnehmer einen Anspruch auf Gleichbehandlung geltend, so obliegt es ihm grundsätzlich, das Vorliegen einer ungerechtfertigten Ungleichbehandlung darzulegen und zu beweisen. Gleichwohl ist zu beachten, dass der Arbeitnehmer zu dieser Beweisführung darauf angewiesen ist, die Differenzierungskriterien, nach denen der Arbeitgeber die Leistung verteilt, zu kennen. Diesem Umstand trägt das BAG durch eine **Abstufung der Darlegungs- und Beweislast** Rechnung. Bei feststehender Differenzierung muss der Arbeitgeber die Gründe so substantiiert offenlegen, dass eine Beurteilung über die sachliche Rechtfertigung der Differenzierung möglich ist. Geschieht dies indes nicht, so kann der Arbeitnehmer die Gleichbehandlung mit der begünstigten Arbeitnehmergruppe verlangen (BAG v. 12.10.2011 – 10 AZR 510/10, NZA 2012, 680 Rz. 14). Die Darlegungs- und Beweislast wird zudem dann erleichtert, wenn der Arbeitgeber Arbeitnehmer mit gleicher Tätigkeit nach **unterschiedlichen Vergütungssystemen** entlohnt (ErfK/*Preis* § 611 Rz. 605). In diesem Fall muss der Arbeitgeber darlegen, wie groß der Kreis der Begünstigten ist, wie er sich zusammensetzt und abgegrenzt wird und warum der Arbeitnehmer nicht dazu gehört (BAG v. 19.8.1992 – 5 AZR 513/91, NZA 1993, 171, 172; BAG v. 29.9.2004 – 5 AZR 43/04, AP Nr. 192 zu § 242 BGB Gleichbehandlung). Ein **nachgeschobener Vortrag** zur sachlichen Rechtfertigung kann nur eingeschränkt berücksichtigt werden. Die dem Arbeitnehmer nicht erkennbaren Unterscheidungsmerkmale, deren Auswahl der Arbeitgeber nicht offen gelegt hat, können nur dann berücksichtigt werden, wenn besondere Umstände erkennen lassen, dass sie nicht nur vorgeschoben sind (BAG v. 27.10.1998 – 9 AZR 299/97, NZA 1999, 700, 702 unter Hinweis auf BVerfG v. 16.11.1993 – 1 BvR 258/86, NZA 1994, 745).

§ 34
Antidiskriminierung

I. Unionsrechtliche Vorgaben

Literatur: *Annuß*, Das Verbot der Altersdiskriminierung als unmittelbar geltendes Recht, BB 2006, 325; *Braunroth/Franke*, Gelöste und offene Fragen beim Diskriminierungsschutz in der europäischen und deutschen Rechtsprechung, NJ 2014, 187; *Chege*, EU-Antidiskriminierungsrichtlinien und EU-Gleichstellungsrecht: Praktische Erfahrungen bei Fällen mehrdimensionaler Diskriminierung, NJ 2012, 503; *Franke/Steinel*, Diskriminierungsschutz in der EU – Versuch einer exemplarischen Bestandsaufnahme, ZESAR 2012, 157; *Lingscheid*, Antidiskriminierung im Arbeitsrecht 2004; *Preis*, Verbot der Altersdiskriminierung als Gemeinschaftsgrundrecht – Der Fall „Mangold" und die Folgen, NZA 2006, 401; *Preis*, Schlangenlinien in der Rechtsprechung des EuGH zur Altersdiskriminierung, NZA 2010, 1323; *Preis/Temming*, Der EuGH, das BVerfG und der Gesetzgeber – Lehren aus Mangold II, NZA 2010, 185; *Schiek*, Gleichbehandlungsrichtlinien der EU – Umsetzung im deutschen Arbeitsrecht, NZA 2004, 873; *Schmidt am Busch*, Grundsatz der Gleichbehandlung von Männern und Frauen im Bereich der sozialen Sicherheit, EAS B 4300; *Stümper*, Aktuelle Fragen der Altersdiskriminierung, öAT 2015, 72; *Thüsing*, Handlungsbedarf im Diskriminierungsrecht, NZA 2001, 1061; *Thüsing*, Der Fortschritt des Diskriminierungsschutzes im Europäischen Arbeitsrecht, ZfA 2001, 397; *Wank*, Diskriminierung in Europa – Die Umsetzung der europäischen Richtlinien aus deutscher Sicht, NZA Sonderbeilage Heft 22/2004, 16.

1491 Der arbeitsrechtliche Diskriminierungsschutz ist maßgebend durch die Europäische Union geschaffen und durch den EuGH ausgestaltet worden (Rz. 381). Ausgangspunkt der Diskriminierungsverbote im europäischen Arbeitsrecht war das Verbot der Geschlechtsdiskriminierung im Entgeltbereich nach Art. 119 EGV (danach Art. 141 EG, jetzt Art. 157 AEUV). Diese Norm existiert seit den Gründungsverträgen der Europäischen Wirtschaftsgemeinschaft im Jahre 1957. Mit zunehmender sozialer Ausrichtung der Gemeinschaft kamen insbesondere Rechtsakte zur Gleichbehandlung der Geschlechter hinzu, namentlich die Richtlinien 75/117/EWG (zur Entgeltgleichheit), 76/207/EWG (zur Gleichbehandlung bei Arbeitsbedingungen 2002/73/EG), 86/378/EWG (zur sozialen Sicherheit) und 97/80/EG (zur Beweislast bei Diskriminierungen). Alle diese Richtlinien zur Gleichbehandlung wurden nunmehr mit Wirkung vom 15.8.2009 im Wesentlichen inhaltsgleich und unter Berücksichtigung bereits ergangener Rechtsprechung des EuGH durch die **Richtlinie zur Verwirklichung des Grundsatzes der Chancengleichheit und Gleichbehandlung von Männern und Frauen in Arbeits- und Beschäftigungsfragen (2006/54/EG)** ersetzt.

Weiteren Antrieb hat der europäische Diskriminierungsschutz durch die infolge des Amsterdamer Vertrags vom 1.5.1999 in den EG-Vertrag eingefügte Kompetenzgrundlage des Art. 13 EG (jetzt Art. 19 AEUV) erhalten. Diese ermächtigt den Rat ausdrücklich, geeignete Vorkehrungen zu treffen, um Diskriminierungen aus Gründen des Geschlechts, der Rasse, der ethnischen Herkunft, der Religion oder der Weltanschauung, einer Behinderung, des Alters oder der sexuellen Ausrichtung zu bekämpfen. Davon hat der Rat auf Vorschlag der Kommission mit den **Antidiskriminierungsrichtlinien 2000/43/EG und 2000/78/EG** Gebrauch gemacht und somit den **europäischen Diskriminierungsschutz** über das Merkmal des Geschlechts hinaus **erheblich ausgedehnt**. Auf der Grundlage des Art. 13 EG (jetzt Art. 19 AEUV) hat der Rat des Weiteren die Richtlinie 2004/113/EG zur Verwirklichung des Grundsatzes der Gleichbehandlung von Männern und Frauen beim Zugang zu und bei der Versorgung mit Gütern und Dienstleistungen erlassen. 1492

Der deutsche Gesetzgeber hat die Richtlinien 2000/43/EG, 2000/78/EG, 2002/73/EG sowie 2004/113/EG mit einiger Verspätung durch das am 18.8.2006 in Kraft getretene **Allgemeine Gleichbehandlungsgesetz (AGG)** ins nationale Recht umgesetzt. Fraglich ist, ob dies in allen Fällen hinreichend geschehen ist. Wie zu zeigen sein wird, hat die Umsetzung des Diskriminierungsrechts in Deutschland zu erheblichen Auswirkungen und Rechtsfragen geführt. 1493

II. Allgemeines Gleichbehandlungsgesetz (AGG)

Literatur: *Ahrendt*, Zum Schutz vor Diskriminierungen in der betrieblichen Altersversorgung durch das Allgemeine Gleichbehandlungsgesetz, RdA 2016, 129; *Brand/Rahimi-Azar*, „AGG-Hopping" – eine Einnahmequelle mit strafrechtlichen Risiken, NJW 2015, 2993; *Boemke*, Arbeitsrecht: Gleichbehandlung, JuS 2012, 175; *Hanau*, Das Allgemeine Gleichbehandlungsgesetz (arbeitsrechtlicher Teil) zwischen Bagatellisierung und Dramatisierung, ZiP 2006, 2189; *Hoffmann*, Die Feststellung mittelbarer Diskriminierungen, AcP 2014, 822; *Hoppe/Fuhlrott*, Update Antidiskriminierungsrecht – Rechtsprechungs-Report 2015, ArbRAktuell 2016, 4; *Joussen/Husemann/Mätzig*, Fortbildungsveranstaltungen und das AGG – Zu Lücken und Weiterentwicklungsbedarf im Gleichbehandlungsrecht, RdA 2014, 279; *Kamanabrou*, Die arbeitsrechtlichen Vorschriften des Allgemeinen Gleichbehandlungsgesetzes, RdA 2006, 321; *Preis*, Diskriminierungsschutz zwischen EuGH und AGG, ZESAR 2007, 249 und 308; *Richardi*, Neues und Altes – Ein Ariadnefaden durch das Labyrinth des Allgemeinen Gleichbehandlungsgesetzes, NZA 2006, 881; *Rolfs*, AGG-Hopping, NZA 2016, 586; *Seel*, Gleichbehandlung am Arbeitsplatz, MDR 2016, 305; *Wiedemann*, Konturen der arbeitsrechtlichen Benachteiligungsverbote, RdA 2015, 298; vgl. ferner die unter § 32 wiedergegebene Literatur.

Der Titel des Gesetzes „Allgemeines Gleichbehandlungsgesetz" ist missverständlich. Das AGG bildet nur einen Ausschnitt des Gleichbehandlungs- und Diskriminierungsrechts. Es ist weder „allgemeines Gleichbehandlungsrecht" noch „abschließendes Diskriminierungsrecht". Diverse „echte Gleichbehandlungsrechte" und andere Diskriminierungsverbote (allgemeiner Gleichbehandlungsgrundsatz, verfassungsrechtliche Benachteiligungsverbote wie Art. 3 Abs. 3 GG, Art. 9 Abs. 3 GG, Benachteiligungs- und Diskriminierungsverbote von Beschäftigtengruppen, z.B. Teilzeitbeschäftigte und befristet Beschäftigte, § 4 TzBfG) werden durch das AGG nicht geregelt. Das AGG beschränkt sich vielmehr auf die **Normierung von Diskriminierungsverboten** wegen bestimmter persönlicher Merkmale. 1494

1495 Prüfungsschema/Übersicht zum AGG

- **Anwendungsbereich**
  - Sachlich (§ 2 bzw. § 19 AGG)
  - Persönlich (§ 6 AGG)
  - Zeitlich (§ 33 AGG)
- **Verstoß gegen das Benachteiligungsverbot (§ 7 AGG)**
  - Benachteiligungsgrund (§ 1 AGG)
  - Art der Benachteiligung (§ 3 AGG)
    - Unmittelbar (Abs. 1)
    - Mittelbar (Abs. 2)
    - Belästigung oder sexuelle Belästigung (Abs. 3 und 4)
    - Anweisung zur Benachteiligung (Abs. 5)
  - Kausalität der Benachteiligung (§ 7 AGG: „wegen")
- **Rechtfertigung der Benachteiligung (§§ 8–10 AGG)**
  - In den Fällen nach II 2 c nicht möglich
  - In den Fällen nach II 2 a, b und d gemäß §§ 8–10 bzw. 20, § 5 AGG
  - In Fall II 2 b ist die Rechtfertigung schon im Tatbestand zu prüfen (vgl. § 3 Abs. 2 AGG)
- **Rechtsmissbrauchseinwand, § 242 BGB**
- **Rechtsfolgen**
  - Rechtsunwirksamkeit benachteiligender Rechtsgeschäfte (str. bei Kündigungen) und Kollektivverträge (§ 7 Abs. 1 AGG i.V.m § 134 BGB/§ 7 Abs. 2 AGG)
  - Schadensersatz bei zu vertretender unzulässiger Benachteiligung insbesondere für materielle Schäden (§ 15 Abs. 1 AGG)
  - Entschädigung in Geld bei unzulässiger Benachteiligung für immaterielle Schäden, § 15 Abs. 2 und 3 AGG
  - Unterlassungs- und Beseitigungsansprüche des unzulässig benachteiligten Beschäftigten, §§ 1004, 823 Abs. 1 BGB
  - Gleiches Entgelt für gleiche oder gleichwertige Arbeit (Rechtsgedanke aus § 8 Abs. 2 AGG)
  - Gleiche Behandlung unzulässig Benachteiligter mit den Bevorzugten
  - Beschwerderecht bei „gefühlter" Benachteiligung, § 13 Abs. 1 S. 1 AGG
  - Leistungsverweigerungsrecht, § 14 S. 1 AGG
- **Fristen zur Geltendmachung**
  - Ausschlussfrist nach § 15 Abs. 4 AGG und § 21 Abs. 5 AGG
  - Klagefrist nach § 61b ArbGG

1. Geschützte Merkmale

Erhebliche Bedeutung hat die Definition und Abgrenzung der in § 1 AGG niedergelegten Diskriminierungsmerkmale. Entscheidend ist, den **Schutzwzeck des Diskriminierungsrechts** genauer in den Blick zu nehmen (ebenso *Hanau* ZIP 2006, 2190, 2191). An dieser Problematik entzünden sich die Kernfragen des Diskriminierungsrechts. Die präzise Abgrenzung wird dadurch erschwert, dass ganz unterschiedliche Diskriminierungsmerkmale in § 1 AGG erfasst sind, ohne dass der Richtliniengeber oder der Gesetzgeber nähere Hinweise zur Auslegung geben. Wesentlich ist das Folgende: 1496

Der Diskriminierungsschutz des AGG befasst sich mit dem **Schutz von Merkmalen, die der Mensch unveränderlich aufweist**. Zu beachten ist insbesondere, dass das AGG nicht in gleicher Weise wie das GG die Betätigung – wie ein Freiheitsrecht – schützt, sondern lediglich vor Benachteiligungen bewahren soll. Im Kern soll der Schutz vor Persönlichkeitsverletzungen gewährleistet werden. So erklärt sich auch die Sanktion der Entschädigung für Nichtvermögensschäden in § 15 Abs. 2 AGG. 1497

Das Diskriminierungsrecht sanktioniert zum Teil die **schlechte Gesinnung**, sodass es auf einen Diskriminierungserfolg nicht immer ankommt. Stereotype Vorurteile sollen abgewehrt werden. Mittels des Verbots der mittelbaren Diskriminierung wird der Schutz auch auf Vorschriften, Kriterien und Verfahren erstreckt, die zwar dem Anschein nach neutral sind und dennoch Personen wegen eines in § 1 AGG genannten Merkmals benachteiligen. Das Verbot der **mittelbaren Diskriminierung** fungiert als eine Art **Umgehungsverbot**. Es soll verhindern, dass anhand neutraler Kriterien, die Stereotypen umschreiben, das Verbot der unterschiedlichen Behandlung aufgrund eines verpönten Merkmals ausgehebelt wird. So kann z.B. das Verlangen von muttersprachlichen Deutschkenntnissen Ausländer mittelbar wegen ihrer ethnischen Herkunft diskriminieren (BAG v. 22.6.2011 – 8 AZR 48/10, NZA 2011, 1226 Rz. 36 ff.; näher Rz. 1585). 1498

Angesichts der europarechtlichen Vorgaben obliegt bei Zweifelsfragen **die Auslegung der Richtlinien dem EuGH** und nicht den nationalen Gerichten: 1499

„[...] denn aus den Erfordernissen der einheitlichen Anwendung des Gemeinschaftsrechts [jetzt: Unionsrechts] wie auch des Gleichheitsgrundsatzes ergibt sich, dass den Begriffen einer Vorschrift des Gemeinschaftsrechts, die für die Bestimmung ihres Sinnes und ihrer Tragweite nicht ausdrücklich auf das Recht der Mitgliedstaaten verweist, normalerweise in der gesamten Gemeinschaft eine autonome und einheitliche Auslegung zu geben ist, die unter Berücksichtigung des Zusammenhangs der Vorschrift und des mit der betreffenden Regelung verfolgten Zieles zu ermitteln ist [...]." (EuGH v. 11.7.2006 – C-13/05 „Chacón Navas", NZA 2006, 839)

Nicht erforderlich ist, dass der benachteiligte Arbeitnehmer das betreffende Diskriminierungsmerkmal **selbst aufweist**. Es genügt, wenn er wegen eines solchen Merkmals einen Nachteil erleidet. Das gilt etwa für den Fall, dass eine Arbeitnehmerin wegen der Behinderung ihres Sohnes vom Arbeitgeber benachteiligt wird (EuGH v. 17.7.2008 – C-303/06 „Coleman", NZA 2008, 932). 1500

a) Rasse oder ethnische Herkunft

Literatur: *Greiner*, Putativ-Diskriminierung wegen der Ethnie oder Rasse – der Fall „Minus: Ossi", DB 2010, 1940; *Göbel-Zimmermann/Marquardt*, Diskriminierung aus Gründen der „Rasse" und wegen der ethnischen Herkunft im Spiegel der Rechtsprechung zum AGG, ZAR 2012, 369; *Schiek*, Diskriminierung wegen „Rasse" oder „ethnischer Herkunft" – Probleme bei der Umsetzung der RL 2000/43/EG im Arbeitsrecht, AuR 2003, 44; *Valentine*, Die einschränkende Auslegung des Diskriminierungsverbotes wegen der „ethnischen Herkunft" durch den EuGH, NZA 2019, 364.

Die Verwendung des durch die nationalsozialistischen Rassentheorien belasteten Begriffs der „**Rasse**" möchte die EU und auch der nationale Gesetzgeber nicht als Billigung dieser Theorien verstanden wissen, mit denen versucht wird, die Existenz verschiedener menschlicher Rassen zu belegen (Erwägungsgrund 6 der Antirassismusrichtlinie 2000/43/EG; BT-Drs. 16/1780 S. 31; siehe aber auch Art. 3 1501

Abs. 3 S. 1 GG). So soll die Formulierung „aus Gründen der Rasse" verdeutlichen, dass nicht das Gesetz das Vorhandensein verschiedener menschlicher „Rassen" voraussetzt, sondern derjenige, der sich rassistisch verhält (BT-Drs. 16/1780 S. 31). In Anlehnung an das Internationale Übereinkommen zur Beseitigung jeder Form von Rassendiskriminierung vom 7.3.1966 (BGBl. II 1969 S. 961, 964) kann unter dem Begriff der Rassendiskriminierung jede Benachteiligung verstanden werden, die auf einer imaginierten „**Rasse**", der **Hautfarbe**, der **Abstammung**, dem **nationalen Ursprung** oder dem **Volkstum** beruht. Kennzeichnend für eine an die „Rasse" anknüpfende Diskriminierung ist insbesondere das Element der Vererbbarkeit (*Adomeit/Mohr* AGG § 1 Rz. 45). Als Rasse könnte man dann die Gesamtheit der nach biologischen Kriterien definierten Angehörigen einer Gruppe von Menschen mit bestimmten wirklich oder vermeintlich biologisch vererbbaren Merkmalen bezeichnen (so i.S.d. Art. 3 Abs. 3 S. 1 GG). Die Realität zeigt, dass nach einem rassistischen Vorstellungsbild solche Merkmale eine zu benachteiligende „Rasse" beschreiben.

1502 Demgegenüber kann man die **ethnische Herkunft** als Zugehörigkeit zu einer geschichtlich und kulturell verbundenen, räumlich begrenzten Volksgruppe umschreiben, die ein Gefühl gemeinsamer Solidarität eint. Die Kulturgemeinschaft kann sich in einem besonderen Erscheinungsbild, religiösen Gebräuchen oder der Verwendung eines Dialektes äußern (ErfK/*Schlachter* § 1 AGG Rz. 4a), wobei unterschiedliche Dialekte einer gemeinsamen Sprache nicht in jedem Fall unterschiedliche Ethnien ausmachen (ArbG Stuttgart 15.4.2010 – 17 Ca 8907/09, NZA-RR 2010, 344).

1503 Praktisch häufig anzutreffen ist die Frage nach einer Diskriminierung durch Anforderungen an **Sprachkenntnisse** innerhalb des Bewerbungsverfahrens. Um eine unmittelbare Diskriminierung geht es – abseits aller vertretenen Definitionsansätze zum Begriff der ethnischen Herkunft – nicht, weil Sprachkenntnisse unabhängig von der ethnischen Herkunft beherrscht werden können. Anders ausgedrückt: Auch eine Person spanischer Herkunft kann beispielsweise in gleicher Weise die französische Sprache beherrschen wie eine Person französischer Herkunft. Hier kommt vielmehr eine mittelbare Diskriminierung in Betracht, weil die Sprache mittelbar zwangsläufig mit der ethnischen Herkunft in Verbindung steht. Regelmäßig sind Sprachkenntnisse in Wort und Schrift allerdings Kernbestandteil der fachlichen Qualifikation zur Ausübung der Tätigkeit. Das BAG lässt als rechtmäßiges Ziel i.S.d. § 3 Abs. 2 AGG bereits die „optimale Erledigung der anfallenden Arbeit" ausreichen (BAG v. 28.1.2010 – 2 AZR 764/08, NZA 2010, 625 Rz. 21 ff.), sodass dieses Kriterium regelmäßig sachlich gerechtfertigt sein wird. Anforderungen, die über grundlegende Sprachkenntnisse hinausgehen, dürften dagegen nur schwer zu rechtfertigen sein (ArbG Berlin v. 11.2.2009 – 55 Ca 16952/08, NZA-RR 2010, 16, 17 f.: „Muttersprachler", so auch LAG Hessen v. 15.6.2015 – 16 Sa 1619/14, BeckRS 2015, 72814 Rz. 32; zustimmend BAG v. 29.6.2017 – 8 AZR 402/15, NZA 2018, 33).

1504 Erwägenswert ist eine Parallele zur Rassendiskriminierung, die stets darauf beruht, dass der Benachteiligende von der Existenz menschlicher Rassen ausgeht, weswegen der Begriff von der **subjektiven Sichtweise** des Diskriminierenden geprägt wird. Um einen möglichst lückenlosen Schutz vor ethnisch motivierter Benachteiligung zu gewährleisten, wäre es folgerichtig, dass sich auch der Begriff der ethnischen Herkunft nach der Vorstellung desjenigen richtet, der nach von ihm selbst gewählten ethnischen Kriterien differenziert (so: *Greiner* DB 2010, 1940; a.A. *Adomeit/Mohr* AGG § 1 Rz. 51: „objektive Verkehrsauffassung"). An eine Diskriminierung auf Grund der ethnischen Herkunft ist jedenfalls dann zu denken, wenn aufgrund äußerer Merkmale wie Hautfarbe, Gesichtsform, Sprache oder Namen differenziert wird.

1505 Die Unterscheidung nach der **Staatsangehörigkeit fällt hingegen weder unter den Begriff der Rasse noch der ethnischen Herkunft**, wie der 13. Erwägungsgrund zur AntirassismusRL 2000/43/EG belegt. Es kann aber ein Fall mittelbarer Diskriminierung vorliegen. Der EuGH hat hingegen in einer vereinzelten Entscheidung eine Benachteiligung von „Marokkanern" alternativ unter den Begriff der Rasse und den der ethnischen Herkunft subsumiert (EuGH v. 10.7.2008 – C-54/07 „Feryn", NJW 2008, 2767), was zeigt, wie schwierig die Abgrenzung im Einzelfall sein kann.

Fallbeispiel „Ossi-Fall" (nach ArbG Stuttgart v. 15.4.2010 – 17 Ca 8907/09, NZA-RR 2010, 344): Die in 1506
der ehemaligen DDR geborene B lebt seit 1988 in der Bundesrepublik Deutschland und ist seit 1991 in Stuttgart als Buchhalterin tätig. Im Jahr 2009 bewirbt sich B um eine von dem Unternehmen N ausgeschriebene
Stelle im gleichen Tätigkeitsbereich. Sie erhält eine Absage, wobei auf dem ihr zurückgeschickten Lebenslauf
der handschriftliche Hinweis „Ossi" neben einem eingekreisten Minuszeichen durch eine Mitarbeiterin der
N vermerkt wurde. Zudem wurden mehrere im Lebenslauf eingetragene Tätigkeitszeiten vor 1988 mit dem
ebenfalls handschriftlichen Hinweis „DDR" versehen. Wurde B aufgrund ihrer ethnischen Herkunft i.S.d.
§ 1 AGG benachteiligt?

Eine Benachteiligung der B wegen ihrer ethnischen Herkunft setzt voraus, dass es sich bei den Bürgern der
ehemaligen DDR um eine Ethnie und mithin um eine abgrenzbare „Volksgruppe" handelt.

Der Begriff der ethnischen Herkunft wird im Lichte der völkerrechtlichen Diskussion um die Menschenrechte nach 1945 weit ausgelegt und bezeichnet die Verknüpfung von Menschen aufgrund einer gemeinsamen Geschichte und Kultur mit einem bestimmten Territorium. Eine „ethnische Gruppe" ist geprägt von
einem Gefühl der solidarischen Gemeinsamkeit, das sich insbesondere in einer gemeinsamen Sprache, überkommenen Gewohnheiten oder auf ähnliche Weise ausdrückt.

Dafür, dass es sich bei den Bürgern der ehemaligen DDR um eine Ethnie handelt, spricht immerhin, dass
der Begriff „Ossi" das Element eines „Territoriums" enthält, namentlich das der neuen Bundesländer. Eine
gemeinsame Sprache grenzt sie jedoch nicht vom Rest der deutschen Bevölkerung ab. Im Gegenteil werden
in Ostdeutschland, abhängig von der jeweiligen Region, verschiedene Dialekte einer gemeinsamen deutschen Sprache gesprochen. Auch in den alten Bundesländern treten Dialektunterschiede auf, die jedoch
nicht dazu führen, dass Schwaben, Bayern oder „Wessis" jeweils voneinander abgrenzbaren Ethnien darstellen.

Auch in historischer Hinsicht ist der Begriff „Ossi" zu jung, um seit der Entstehung des Begriffes nach 1989
eine abgrenzbare Population beschreiben zu können. Gegen eine Unterscheidung zwischen den Bürgern des
westlichen und östlichen Teils der Bundesrepublik Deutschland spricht die gemeinsame Geschichte seit Abschaffung der Kleinstaaterei in den letzten 250 Jahren sowie die gleiche Sprache und Kultur. Das belegt auch
der im Rahmen der friedlichen Revolution 1989/90 geprägte Ausruf „Wir sind ein Volk!". Selbst wenn N
und dessen Mitarbeiterin mit dem Minuszeichen auf der Bewerbung der B ein herabwürdigendes Werturteil
zum Ausdruck gebracht haben, folgt daraus nicht, dass sie die Einwohner der ehemaligen DDR als abgrenzbare „Volksgruppe" angesehen haben.

Die mit dem Begriff „Ossi" bezeichneten „Ostdeutschen" stellen folglich keine ethnische Gruppe i.S.d. § 1
AGG dar, sodass keine Benachteiligung der B wegen ihrer ethnischen Herkunft vorliegt.

b) Geschlecht

Literatur: *Bieback*, Die mittelbare Diskriminierung wegen des Geschlechts, 1997; *Classen*, Wie viele Wege
führen zur Gleichberechtigung von Männern und Frauen? – Gemeinsamkeiten und Unterschiede von deutschem und europäischem Recht, JZ 1996, 921; *Hanau*, Die umgekehrte Geschlechtsdiskriminierung im Arbeitsleben, FS Herschel (1980), 191; *Hanau/Preis*, Zur mittelbaren Diskriminierung wegen des Geschlechts,
ZfA 1988, 177; *Kocher*, Gleichstellung von Männern und Frauen – die Anforderung der EG-Richtlinien
2002/73/EG, AiB 2004, 654; *Preis/Mallossek*, Überblick über das Recht der Gleichbehandlung von Frauen
und Männern in der Europäischen Union, EAS B 4000; *Schmidt*, Der lange Weg zur Gleichberechtigung, FS
Pfarr (2010), 250.

Das Geschlecht i.S.d. AGG will als biologische Zuordnung zum männlichen oder weiblichen Geschlecht verstanden werden und verursacht daher keine definitorischen Probleme. Es gibt jedoch
Zweifelsfälle, in denen die Subsumtion unter das Diskriminierungsmerkmal „Geschlecht" unklar erscheint. So stellt eine Benachteiligung **wegen der Schwangerschaft oder Mutterschaft** gemäß § 3
Abs. 1 S. 2 AGG in dem in § 2 Nr. 1 bis 4 AGG normierten Anwendungsbereich ebenfalls eine unmittelbare Benachteiligung wegen des Geschlechts dar, wobei das Merkmal der Mutterschaft als „finanzielle Belastung aus der Mutterschaft" für den Arbeitgeber zu lesen ist (vgl. näher *Adomeit/Mohr* AGG
§ 1 Rz. 80). 1507

1508 Die zeitweise diskutierte Frage, ob das Merkmal Geschlecht auch die sexuelle Ausrichtung erfasst (abl. EuGH v. 17.2.1998 – C-249/96 „Grant", NZA 1998, 301), ist inzwischen obsolet, da dieser Bereich jedenfalls durch das Merkmal der „sexuellen Identität" erfasst wird. Die Benachteiligung wegen **Transsexualität** subsumiert der EuGH unter das Verbot der Benachteiligung wegen des Geschlechts (vor der Geschlechtsumwandlung: EuGH v. 30.4.1996 – C-13/94 „P/S", NZA 1996, 695; nach der Geschlechtsumwandlung: EuGH v. 7.1.2004 – C-117/01 „K.B.", NJW 2004, 1440; EuGH v. 27.4.2006 – C-423/04 „Richards", EuZW 2006, 342). Der nationale Gesetzgeber hingegen will dies vom Begriff der sexuellen Identität erfasst wissen (BT-Drs. 16/1780 S. 31). Soweit der Schutz vor Benachteiligungen wegen des Geschlechts und wegen der sexuellen Identität gleich ausgestaltet ist, ist die unterschiedliche Einordnung unerheblich. Im Zweifel gebührt der Ansicht des EuGH wegen des Vorrangs des Unionsrechts der Vorzug.

1509 Das Verbot der Geschlechtsdiskriminierung dient traditionell der Bekämpfung der Benachteiligung von Frauen. Es wird jedoch nicht nur deren, sondern jegliche Benachteiligung wegen des Geschlechts ausgeschlossen, also auch die von Männern.

1510 **Fallbeispiel: Der männliche Gleichstellungsbeauftragte (nach BAG v. 18.3.2010 – 8 AZR 77/09, NZA 2010, 872)**

In der Stadt N war im März 2007 durch Inserat in der Westdeutschen Allgemeinen Zeitung eine Stelle für eine kommunale Gleichstellungsbeauftragte ausgeschrieben. Aufgrund eines hohen Anteils ausländischer Frauen in N, zu denen auch zahlreiche Frauen muslimischen Glaubens zählen, sollte ein Schwerpunkt der Tätigkeit in der Integrationsarbeit, einschließlich der Beratung und Betreuung von Migrantinnen, liegen. Zu den Gelegenheiten, die die Gleichstellungsbeauftragte zur Kontaktaufnahme nutzen sollte, zählte das jährlich stattfindende Fest „türkischer Frauen", auf dem Männer nicht zugelassen sind. Eines der zu leitenden Projekte ist das „Frauenschwimmen" für Musliminnen, bei dem diese unter Abwesenheit von Männern ein Schwimmbad besuchen. Weiterhin soll eine Zusammenarbeit mit „Frauenrelevanten Organisationen" stattfinden, zu denen auch Anlaufstellen für sexuell missbrauchte Frauen gehören. Auf die Stellenausschreibung bewirbt sich unter anderem der männliche M, der jedoch eine Absage mit dem Hinweis erhielt, dass seine Bewerbung wegen seines Geschlechts nicht berücksichtigt werden könne. Die gesellschaftlichen Gegebenheiten machten es erforderlich, sich überwiegend um die Belange der weiblichen Bevölkerung zu kümmern. Weiterhin erfülle M nicht die Anforderung, Erfahrungen in der „aktiven Frauenarbeit" zu haben. Schließlich könne er nicht den verlangten geisteswissenschaftlichen, sondern „lediglich" einen wirtschaftswissenschaftlichen Studienabschluss vorweisen. Hat M einen Anspruch auf Entschädigung gegen N gemäß § 15 Abs. 2 AGG?

M könnte gegen N ein Anspruch auf Entschädigung gemäß § 15 Abs. 2 S. 1 AGG zustehen.

1. Anwendungsbereich

M hat sich um die Stelle der Gleichstellungsbeauftragten beworben. Als Bewerber ist er gemäß § 6 Abs. 1 S. 1 Nr. 1 i.V.m. S. 2 AGG Beschäftigter i.S.d. AGG. N ist zudem Arbeitgeberin i.S.d. § 6 Abs. 1 S. 1 Nr. 1, Abs. 2 S. 1 AGG. Ferner findet das AGG gemäß § 2 Abs. 1 Nr. 1 AGG bei Begründung des Arbeitsverhältnisses Anwendung. Schließlich steht ein öffentlich-rechtliches Arbeitsverhältnis der Anwendung des AGG nicht entgegen (§ 24 AGG). Das AGG ist somit anwendbar.

2. Verstoß gegen das Benachteiligungsverbot des § 7 Abs. 1 AGG

Für einen Entschädigungsanspruch nach § 15 Abs. 2 AGG müsste N gegen das Benachteiligungsverbot des § 7 Abs. 1 AGG verstoßen haben. Es verbietet, dass Beschäftigte wegen eines in § 1 AGG genannten Grundes benachteiligt werden. Ein solcher Verstoß ist zu bejahen, wenn dem Arbeitgeber eine unmittelbare Benachteiligung gemäß § 3 Abs. 1 AGG zuzurechnen ist, die nicht gerechtfertigt werden kann. In Betracht kommt lediglich eine unmittelbare Benachteiligung wegen des Geschlechts.

In dem Antwortschreiben auf die Bewerbung des M wird ausdrücklich darauf hingewiesen, dass die Bewerbung wegen seines Geschlechts nicht berücksichtigt werden konnte. Er wurde somit abgelehnt, ohne zuvor zu einem Vorstellungsgespräch eingeladen zu werden. Diese Versagung der „Einstellungschance" stellt bereits für sich genommen eine ungünstige Behandlung i.S.d. § 3 Abs. 1 AGG dar. § 15 Abs. 2 S. 2 AGG, der den Entschädigungsanspruch für Bewerber beschränkt, die auch bei benachteiligungsfreier Auswahl nicht eingestellt worden wären, zeigt, dass nicht nur der „bestplatzierte" Bewerber diskriminiert werden kann. Es ist daher nicht entscheidend, ob M eingestellt worden wäre, wenn er eine Frau wäre.

Für den Kausalzusammenhang zwischen Geschlecht und Nachteil ist es ausreichend, dass N das Geschlecht des M im Rahmen eines „Motivbündels" mitberücksichtigt hat. Dass es M nach ihrer Ansicht daneben an der fachlichen Qualifikation mangelte, kann sie nicht entlasten. M wurde unmittelbar benachteiligt gemäß § 3 Abs. 1 AGG.

3. Rechtfertigung

Fraglich ist, ob die Ungleichbehandlung gemäß § 8 Abs. 1 AGG gerechtfertigt war. Das setzt voraus, dass das Geschlecht wegen der Art der auszuübenden Tätigkeit oder der Bedingungen ihrer Ausübung eine wesentliche und entscheidende berufliche Anforderung darstellte. Das bedeutet in der Regel, dass die Differenzierung nach dem Geschlecht eine „unverzichtbare Voraussetzung" für die Erbringung der konkret vom Arbeitnehmer auszuübenden Tätigkeit ist. Das Geschlecht muss für die berufliche Anforderung prägende Bedeutung haben.

Der Schwerpunkt der ausgeschriebenen Stelle soll in der Integrationsarbeit liegen, die vor allem Frauen muslimischen Glaubens betrifft. Diese Tätigkeit durch einen Mann durchführen zu lassen, würde den mit der Stelle verbundenen Tätigkeitszweck gefährden. So haben meist gerade die muslimischen Frauen, die integrative Angebote nutzen, aufgrund ihres kulturellen Vorverständnisses Schwierigkeiten, sich an einen Mann zu wenden und können unter einen erhöhten Rechtfertigungsdruck geraten, wenn sie an einem Projekt teilnehmen, das von einem Mann geleitet wird. Auch wenn das Projekt selbst nicht von der Gleichstellungsbeauftragten geleitet wird, wird diese oft Ansprechpartnerin für Interessentinnen sein. Insbesondere das Frauenschwimmen wäre durch einen Mann in der Position eines Gleichstellungsbeauftragten gefährdet. Selbst wenn dieser lediglich Informationen bereitstellen würde, würde er als Initiator in Erscheinung treten. Damit die Beratungen einen integrativen Erfolg haben können, müssen muslimische Frauen diese aber möglichst problemlos wahrnehmen können. Gerade auf Veranstaltungen türkischer Frauen kann die Gleichstellungsbeauftragte mit ihnen Kontakt aufnehmen. Dadurch, dass zu Veranstaltungen Männer nicht zugelassen werden, wird die Kontaktaufnahme deutlich erschwert. Zudem wird es zugewanderten Frauen, die einer Beratung bedürfen, oft schwer fallen, sich einem Mann zu offenbaren, da ihre Probleme in traditionell muslimisch ausgerichteten Familien häufig gerade mit der Vormachtstellung der männlichen Familienmitglieder zusammenhängen. Aber auch unabhängig von der Integrationsarbeit kann das weibliche Geschlecht bei der Zusammenarbeit mit frauenrelevanten Organisationen Relevanz erlangen. So ist davon auszugehen, dass insbesondere Anlaufstellen für sexuell missbrauchte Frauen die Arbeit mit weiblichen Gleichstellungsbeauftragten nicht nur bevorzugen, sondern meist mit einem männlichen Gleichstellungsbeauftragten gar nicht zusammenarbeiten würden.

4. Ergebnis

Die Tätigkeit kann somit nicht von einem Mann ausgeführt werden, ohne den verfolgten Zweck der Tätigkeit zu gefährden. Das weibliche Geschlecht ist somit eine unverzichtbare Voraussetzung und im konkreten Fall eine wesentliche und entscheidende berufliche Anforderung. Folglich ist die Benachteiligung des M gemäß § 8 Abs. 1 AGG gerechtfertigt. Ihm steht kein Anspruch aus § 15 Abs. 2 S. 1 AGG gegen N zu.

c) Religion oder Weltanschauung

Literatur: *Deinert*, Arbeitnehmerschutz vor Diskriminierung in kirchlichen Einrichtungen, EuZA 2009, 332; *Husemann*, Religionszugehörigkeit/Berufliche Anforderungen/Ethos, ZESAR 2016, 487; *Joussen*, § 9 AGG und die europäischen Grenzen für das kirchliche Arbeitsrecht, NZA 2008, 675; *Schlachter*, Kopftuchverbot auf Kundenwunsch, EuZA 2018, 173; *Schoenauer*, Kirchliche Arbeitnehmer zwischen Loyalität und Diskriminierung, KuR 2012, 30; *Thüsing*, Religion und Kirche in einem neuen Antidiskriminierungsrecht, JZ 2004, 172; *Thüsing/Fink-Jamann/v. Hoff*, Das kirchliche Selbstbestimmungsrecht als Legitimation zur Unterscheidung nach der Religion, ZfA 2009, 153; *v. Tilling*, Blick ins Kirchenarbeitsrecht: Kirchenzugehörigkeit als Einstellungskriterium, öAT 2014, 115.

1511 Für eine Begriffsbestimmung liegt eine Anlehnung an die Rechtsprechung des BVerfG für das Grundrecht der Glaubens- und Bekenntnisfreiheit (Art. 4 GG) nahe (*Bauer/Krieger* AGG § 1 Rz. 27; *Hanau* ZIP 2006, 48), wobei dieses Verständnis in einem Kollisionsfall von einem – ggf. abweichenden – unionsrechtlichen Verständnis verdrängt wird. Demnach zeichnet die **Religion** der Glaube des Menschen an eine **umgreifende, sinnerfüllte Wirklichkeit** mit **transzendentem** Bezug aus, während sich die **Weltanschauung** auf **innerweltliche, „immanente" Bezüge** erstreckt (BAG v. 22.3.1995 – 5 AZB 21/94, NJW 1996, 143, 146). Der Begriff der Religion ist weit auszulegen, sodass nicht nur traditionell und institutionell anerkannte Religionen diesen Schutz genießen, sondern auch Minderheitenreligionen. Ebenfalls sind „gottlose" Religionen erfasst (*Schiek/Schiek* § 1 AGG Rz. 20). Grundlegend ist die Gewissheit der Eingliederung des Einzelnen in einen Zusammenhang, der nicht durch menschliche Maßstäbe beurteilt und nicht durch wissenschaftliche Erkenntnisquellen erklärt werden kann (*Bauer/Krieger* AGG § 1 Rz. 29). Religion und Weltanschauung ist gemeinsam, dass sie **Gebote aufstellen, denen sich der Einzelne unterworfen fühlt** (BAG v. 20.12.1984 – 2 AZR 436/83, NZA 1986, 21). Probleme bereitet die Fragestellung, ob unter den Begriff der Weltanschauung die **politische Einstellung oder sonstige Überzeugungen** fallen (ablehnend HWK/*Rupp* § 1 AGG Rz. 6; *Bauer/Krieger* AGG § 1 Rz. 30; befürwortend DB/*Däubler* AGG § 1 Rz. 74 ff.; ArbG Berlin 30.7.2009 – 33 Ca 5772/09, NZA-RR 2010, 70: erkennt „Marxismus-Leninismus" als Weltanschauung an). Die Frage stellt sich vor dem Hintergrund der **anderen Sprachfassungen des Art. 1 RL 2000/78/EG**, die vom deutschen Begriffsverständnis abweichen und ein Verständnis zugrunde legen, dass auf die „Überzeugung" abstellt (ausf. DB/*Däubler* AGG § 1 Rz. 62 ff. mit Nachweisen zu den verschiedenen Sprachfassungen). Der Begriff der Weltanschauung unterliegt jedenfalls der Pflicht zur richtlinienkonformen Auslegung, sodass es unzureichend wäre, alleine beim deutschen engen Begriffsverständnis der Weltanschauung stehen zu bleiben. Die Schwelle, bei der eine Ansicht eine Intensität erreicht, die sie zur „Überzeugung" im Sinne der Art. 1 RL 2000/78/EG werden lässt, ist fließend. Der Verdeutlichung des Problemkreises dient folgendes Beispiel:

1512 **Beispiel nach BAG v. 20.6.2013 – 8 AZR 482/12, NZA 2014, 21: „Sympathie für politische Partei"**

Die Klägerin ist geborene Han-Chinesin und wurde über Honorarverträge bei der Beklagten als Radio- und Onlineredakteurin beschäftigt. Dort wurde sie seit 2003 in der Chinaredaktion eingesetzt. Sie ist nicht Mitglied der Kommunistischen Partei Chinas. Ihr am 31.10.2010 auslaufender Vertrag wurde nicht verlängert. Als eine Person mongolischer Herkunft zum Chef der Chinaredaktion befördert wurde, ein von der Klägerin geführtes Interview nicht veröffentlicht wurde und sie auch nicht auf der Frankfurter Buchmesse zum Einsatz kam, kam es zu Unstimmigkeiten hinsichtlich der „Sympathie" der Klägerin für die Kommunistische Partei Chinas. Ihr wurde vorgehalten, dass sie über China zu regierungsfreundlich berichtet. Die Beklagte habe geäußert, dass Berichte über ethnische Konflikte nicht von einer in China sozialisierten Person erstattet werden sollten. Wurde die Klägerin wegen ihrer Weltanschauung diskriminiert?

Der Fall wirft die Frage auf, ob Sympathie für eine politische Partei als Weltanschauung i.S.d. § 1 AGG verstanden werden kann. Der Umstand, dass die Klägerin tatsächlich kein Mitglied der Kommunistischen Partei Chinas war ist insoweit irrelevant, weil nach § 7 Abs. 1 2. HS AGG auch die reine Annahme eines der in § 1 AGG genannten Merkmale ausreicht. Die Vorinstanz stellte ausdrücklich auf einen weiten – unionsrechtlich determinierten – Begriff der Weltanschauung ab, der auch die Zugehörigkeit zu einer politischen Partei erfassen könne. Dies ergebe sich aus einem Vergleich der verschiedenen Sprachfassungen des Art. 1 RL 2000/78/EG und dem Wortlaut des Art. 19 AEUV (LAG Köln v. 13.2.2012 – 2 Sa 768/11, BeckRS 69616). Das BAG hat sich diesem Verständnis nicht ausdrücklich angeschlossen, bezieht sich aber umfassend auf die Ausführungen des LAG Köln (BAG v. 20.6.2014 – 8 AZR 482/12, NZA 2014, 21 Rz. 37 f.). Aber selbst auf Grundlage dieses weiten Begriffsverständnisses stelle die Sympathie für eine politische Partei keine Weltanschauung dar. Denn selbst wenn man eine „Überzeugung" ausreichen lassen wolle, erreiche die bloße Sympathie, ohne tiefer gehende Identifizierung, nicht den Intensitätsgrad, der die Annahme eine Überzeugung rechtfertige. Der Vorwurf, „zu freundlich" zu berichten, weise daher für sich keinen ausreichenden Bezug zu einer Weltanschauung auf (BAG v. 20.6.2014 – 8 AZR 482/12, NZA 2014, 21 Rz. 38).

Festzuhalten ist damit, dass jedenfalls nach den Ausführungen des LAG Köln die Möglichkeit besteht, dass bei hinreichend starker Identifikation mit einer politischen Partei das Merkmal der Weltanschauung einschlägig sein kann (so auch Hey/*Forst-Hey* AGG, § 1 Rz. 49). Auch das BAG ist diesem Verständnis nicht ausdrücklich entgegengetreten. Klarheit hinsichtlich des Begriffsinhaltes bringt insoweit nur ein Vorlageverfahren zum EuGH nach Art. 267 AEUV.

Der enge Zusammenhang zwischen Weltanschauung und Religion in den Richtlinien (vgl. die englische Fassung „religion or belief") verbietet zudem eine kumulative Anwendung beider Merkmale. D. h. wer eine Religion hat, kann daneben nicht auch eine Weltanschauung haben (*Hanau* ZIP 2006, 2189, 2191). 1513

Eine weite Auslegung des Religionsbegriffs wirft jedoch die Frage auf, ob **Sekten** und insbesondere die **Scientology-Organisationen** eine Religion oder Weltanschauung sind (verneinend BAG v. 22.3.1995 – 5 AZB 21/94, NZA 1995, 823, weil ihre religiösen oder weltanschaulichen Ziele nur wirtschaftlichen Zielen dienten; offen gelassen durch BAG v. 26.9.2002 – 5 AZB 19/01, NZA 2002, 1412). Die Beantwortung dieser Frage ist sehr schwierig, wenn man die „subjektive Weltsicht" als maßgebliches Kriterium zur Bestimmung der Weltanschauung heranzieht (abl. SSV/*Schleusener* AGG § 1 Rz. 59; befürwortend ErfK/*Schlachter* § 1 AGG Rz. 8; offen gelassen *Bauer*/*Krieger* AGG § 1 Rz. 33; BeckOK/*Block* § 1 AGG Rz. 127). Da diese Entscheidung selbst in der europäischen Rechtsprechung uneinheitlich getroffen wird (MüKoBGB/*Thüsing* § 1 AGG Rz. 25 m.w.N.), ist es nicht auszuschließen, dass sich zur Auslegung der Richtlinie 2000/78/EG eine Judikatur des EuGH herausbildet, die durch eine richtlinienkonforme Auslegung dann auch das nationale Verständnis prägt (MüArbR/*Oetker* § 15 Rz. 14). 1514

Um den Diskriminierungsschutz hinsichtlich der Religion zu bestimmen, ist eine differenzierte Herangehensweise erforderlich. Die innere Überzeugung selbst wird als solche nur selten Anknüpfungspunkt von Benachteiligungen sein. Für die Praxis bedeutsam ist jedoch die „**Dokumentation**" der religiösen Überzeugung. So kann das **Dokumentieren oder Zeigen** der Religion oder Weltanschauung durch entsprechende Symbole, wie z.B. das Tragen eines Kopftuches, unter den Schutz des AGG fallen (SSV/*Schleusener* AGG § 1 Rz. 61; *Hanau* ZIP 2006, 2189, 2191). Infolgedessen kann nach Maßgabe des AGG der Arbeitgeber muslimischen Frauen das Tragen von Kopftüchern während der Arbeitszeit nur untersagen, wenn das Auftreten ohne Kopftuch eine wesentliche und entscheidende berufliche Anforderung gemäß § 8 Abs. 1 AGG darstellt oder § 9 AGG einschlägig ist (vgl. dazu vor Inkrafttreten des AGG: BAG v. 10.10.2002 – 2 AZR 472/01, NZA 2003, 483; BVerfG v. 24.9.2003 – 2 BvR 1436/02, NJW 2003, 3111; nach Inkrafttreten: BAG v. 20.8.2009 – 2 AZR 499/08, NZA 2010, 227; BAG v. 10.12.2009 – 2 AZR 55/09, NZA-RR 2010, 383; BVerfG v. 27.1.2015 – 1 BvR 1181/10, NJW 2015, 1359). 1515

Beispiel: „Kopftuchverbot für Lehrkräfte" 1516

Das BAG (BAG v. 20.8.2009 – 2 AZR 499/08, NZA 2010, 227; BAG v. 10.12.2009 – 2 AZR 55/09, NZA-RR 2010, 383) meinte, dass ein landesrechtliches Verbot religiöser Bekundung in der Schule grundsätzlich nicht das bundesrechtliche Diskriminierungsverbot des § 7 Abs. 1 AGG verletze. Zwar könne es zu einer unmittelbaren Benachteiligung der Lehrkräfte i.S.d. § 3 Abs. 1 AGG wegen der Religion führen, wenn diese kein Kopftuch oder eine den Haaransatz und die Ohren vollständig bedeckende Mütze tragen dürfen, die Teil ihrer religiösen Bekundung ist. Dennoch bleibe eine unterschiedliche Behandlung aus religiösen Gründen nach § 8 Abs. 1 AGG zur Erfüllung einer wesentlich beruflichen Anforderung zulässig, wenn der Zweck rechtmäßig und die Anforderung angemessen sei. Dies könne im Falle des Verbots der religiösen Bekundung in der Schule gegeben sein, wenn die Neutralität des Landes und der religiöse Schulfrieden gewährleistet werden müssen, sodass die Wahrung des Neutralitätsgebots eine wesentliche berufliche Anforderung darstelle. Zwar sei nicht eine bestimmte Religionszugehörigkeit oder deren Fehlen Voraussetzung für die Ausübung der Tätigkeit. Dennoch liege ein Fall des § 8 Abs. 1 AGG vor, da eine bestimmte Form der Religionsausübung der Lehrkraft zum Nachteil gereiche. Die Unterlassung der Bekundung sei wegen der Bedingungen der Ausübung der Tätigkeit eine wesentliche und entscheidende berufliche Anforderung. Der verfolgte Zweck der Neutralität und des Schulfriedens sei rechtmäßig und die Anforderung, eine äußere Kundgabe im Bereich der Schule zu unterlassen, angemessen.

Dem ist das BVerfG jedoch entgegengetreten (BVerfG v. 27.1.2015 – 1 BvR 1181/10, NJW 2015, 1359), als dass es ein Verbot religiöser Bekundungen durch das äußere Erscheinungsbild für verfassungswidrig eingestuft hat, wenn dafür bereits eine abstrakte Gefährdung ausreiche. Das BVerfG verlangt eine verfassungskonforme Auslegung dahingehend, dass ein Verbot eine substantielle, konkrete Gefährdung oder Störung des Schulfriedens verlangt (BVerfG v. 27.1.2015 – 1 BvR 1181/10, NJW 2015, 1359 Rz. 112 ff.). Nur in dieser verfassungskonformen Auslegung taugt eine solche Norm über äußere Formen der Religionsbekundung als wesentliche berufliche Anforderung i.S.d. § 8 AGG. Gleiches gilt auch für Erzieher und Erzieherinnen an öffentlichen Kindertagesstätten (s. Rz. 587).

Der EuGH geht zumindest in den Fällen, in denen ein umfassendes Neutralitätsgebot herrscht, also jede Kleidung untersagt ist, die eine Zugehörigkeit zu einer bestimmten Religion oder Weltanschauung ausdrückt, von einer nur mittelbaren Ungleichbehandlung aus, die aber unter Umständen durch das Neutralitätsinteresse gerechtfertigt werden kann (ErfK/*Schlachter* AGG § 1 Rz. 7). Private Arbeitgeber können ein allgemeines Neutralitätsgebot durch Begrenzung auf Mitarbeiter mit Kundenkontakt rechtfertigen (EuGH v. 14.3.2017 – C 157/15, NZA 2017, 373).

Ob ein Privater ein Kopftuchverbot gegen eine Mitarbeiterin aufgrund einer innerbetrieblichen Neutralitätsvorgabe durchsetzen kann bzw. dieses stets gerechtfertigt ist, will das BAG nunmehr mittels einer Vorlage an den EuGH klären lassen (BAG v. 30.1.2019 – 10 AZR 299/18, NZA 2019, 693). Ausgangsfall ist, dass eine muslimische Mitarbeiterin nach Rückkehr aus der Elternzeit erstmals mit einem Kopftuch zur Arbeit erschienen ist und die örtliche Filialleitung dies mit Hinweis auf die vorgegebene Kleiderordnung untersagte.

1517 Die Zulässigkeit der religiösen oder weltanschaulichen **Betätigung** richtet sich nach den allgemeinen arbeitsrechtlichen Regelungen, insbesondere § 106 GewO gegebenenfalls i.V.m. der mittelbaren Wirkung des Art. 4 GG (*Hanau* ZIP 2006, 2189, 2191; Rz. 582). Demnach muss die geschützte Betätigung dort ihre Grenzen finden, wo sie mit den arbeitsvertraglichen Pflichten des Arbeitnehmers in Konflikt gerät (SSV/*Schleusener* AGG § 1 Rz. 64). Ein Arbeitnehmer kann somit berechtigt sein, für eine kurzzeitige Gebetspause seinen Arbeitsplatz zu verlassen, solange betriebliche Störungen durch zumutbare Änderungen der Organisation vermieden werden können (LAG Hamm v. 26.2.2002 – 5 Sa 1582/01, NZA 2002, 1090, 1092). Eine darüber hinausgehende Sondererlaubnis begründet nicht eine Gleichbehandlung, sondern ist eine Besserstellung gegenüber den anderen Arbeitnehmern (*Hanau* ZIP 2006, 2189, 2191). Einen Anspruch auf Besserstellung zur Ausübung der Religion oder Weltanschauung enthält das AGG jedoch nicht. Allerdings darf nicht außer Acht gelassen werden, dass ein generelles Verbot unter Umständen eine **mittelbare Benachteiligung** darstellen kann (a.A. SSV/*Schleusener* AGG § 1 Rz. 65, der eine mittelbare Diskriminierung nach § 3 Abs. 2 AGG schon tatbestandlich ausschließt, da einheitliche Arbeitszeiten für alle Arbeitnehmer ein legitimes Ziel sei).

d) Behinderung

Literatur: *Domröse*, Krankheitsbedingte Kündigung als Verstoß gegen das Verbot der Diskriminierung wegen einer Behinderung in Beschäftigung und Beruf?, NZA 2006, 1320; *Günther/Frey*, Diskriminierende Kündigungen – Behindertenbegriff, angemessene Vorkehrungen und Entschädigung, NZA 2014, 58; *Husemann*, Die Information über die Schwerbehinderung im Arbeitsverhältnis, RdA 2014, 16; *Kocher*, Umsetzungsdefizit des AGG benachteiligt behinderte Menschen, SuP 2011, 527; *Leder*, Das Diskriminierungsverbot wegen einer Behinderung, 2006, S. 100; *Lingscheid*, Starkes Übergewicht (Adipositas) als Behinderung und Diskriminierungsschutz, NZA 2015, 147.

aa) Autonomes Begriffsverständnis und Behindertenbegriff im Sozialrecht

1518 Die Behinderung i.S.d. Diskriminierungsrechts steht der Schwerbehinderung i.S.d. SGB IX nicht gleich, sondern ist weiter zu fassen. Der Begriff der Behinderung im Zusammenhang mit dem AGG unterliegt der **autonomen Interpretation des EuGH hinsichtlich der RL 2000/78/EG**, die sich dann über die Pflicht zur richtlinienkonformen Auslegung des nationalen Rechts auf das AGG auswirkt. Insoweit hat der EuGH in der Rechtssache Chacón Navas die grundlegenden Weichenstellungen für das Verständnis eines autonomen europäischen Behindertenbegriffs gelegt:

„Die Richtlinie 2000/78 soll Diskriminierungen bestimmter Art in Beschäftigung und Beruf bekämpfen. In diesem Zusammenhang ist der Begriff der Behinderung zu verstehen, dass er eine **Einschränkung** *erfasst, die insbesondere auf* **physische, geistige oder psychische Beeinträchtigungen** *zurückzuführen ist und die ein* **Hindernis für die Teilhabe des Betreffenden am Berufsleben** *bildet. Die Bedeutung, die*

*der Gemeinschaftsgesetzgeber Maßnahmen zur Einrichtung des Arbeitsplatzes nach Maßgabe der Behinderung beigemessen hat, zeigt, dass er an Fälle gedacht hat, in denen die Teilhabe am Berufsleben über einen langen Zeitraum eingeschränkt ist. Damit die Einschränkung unter den Begriff ‚Behinderung' fällt, muss daher wahrscheinlich sein, **dass sie von langer Dauer** ist."* (EuGH v. 11.7.2006 – C-13/05 „Chacón Navas", NZA 2006, 839)

Auch das BAG hat diesen Umstand im Ausgangspunkt erkannt und beurteilt den Behindertenbegriff nach den unionsrechtlichen Weichenstellungen: 1519

„Der Begriff der Behinderung im Sinne der Richtlinie ist in der Weise zu verstehen, dass hiervon nicht nur schwerbehinderte Menschen und ihnen gleichgestellte i.S.v. § 151 SGB IX, § 2 Abs. 2 und Abs. 3 SGB IX erfasst werden. ‚Behinderung' im Sinne der Richtlinie ist vielmehr ein unionsrechtlicher Begriff, der für die gesamte EU autonom und einheitlich auszulegen ist." (BAG v. 3.4.2007 – 9 AZR 823/06, NZA 2007, 1098, 1099; a.A. *Domröse* NZA 2006, 1320)

Der nationale Gesetzgeber weicht von dem europarechtlichen Begriff ab, wenn er in der Gesetzesbegründung feststellt, dass der Begriff der „Behinderung" den gesetzlichen Definitionen in § 2 Abs. 1 S. 1 SGB IX und § 3 BGG entspricht (BT-Drs. 16/1780 S. 31). Demnach wären Menschen behindert, „wenn ihre körperliche Funktion, geistige Fähigkeit oder seelische Gesundheit mit hoher Wahrscheinlichkeit länger als **sechs Monate** von dem **für das Lebensalter typischen Zustand** abweichen und daher ihre Teilhabe am Leben in der Gesellschaft beeinträchtigt ist". Angesichts der bestehenden Unterschiede zwischen dem sozialrechtlichen und dem unionsrechtlichen Behindertenbegriff ist eine schematische Gleichsetzung nicht haltbar (so auch PS/*Grünberger*, § 3 Rz. 97). Die Zusammensetzung, des für das AGG maßgeblichen Behindertenbegriffes, ergibt sich vielmehr aus einer richtlinienkonformen Auslegung, die die punktuellen Unterschiede in den Blick nehmen muss. 1520

Die Pflicht zur richtlinienkonformen Auslegung wirkt sich auf den Behindertenbegriff des AGG im Ergebnis dergestalt aus, dass eine zweistufige Prüfung erforderlich ist (so auch BAG v. 19.12.2013 – 6 AZR 190/12, NZA 2014, 372 Rz. 64 ff.; a.A. *Bauer/Krieger* AGG § 1 Rz. 41a m.w.N., die ausschließlich das unionsrechtliche Begriffsverständnis als maßgeblich erachten): 1521

– Der **nationale Behindertenbegriff** gilt nur dort für das AGG, wo er **weiter** ist als der unionsrechtliche Begriff. Denn den Mitgliedstaaten ist es ohne weiteres möglich, über den Schutzstandard der Richtlinie 2000/78/EG hinauszugehen und ein weiteres Begriffsverständnis zu etablieren (vgl. Art. 8 Abs. 1 RL 2000/78/EG). 1522

– **Im Übrigen gilt der unionsrechtliche Behindertenbegriff**, was insbesondere zur Folge hat, dass das nationale Begriffsverständnis dort keine Geltung beanspruchen kann, wo es hinter dem unionsrechtlichen Verständnis zurück bleibt: Denn gerade diese Unterschreitung des Schutzstandards der RL 2000/78/EG soll das Institut der richtlinienkonformen Auslegung vermeiden. 1523

Diese Systematik wirkt sich in verschiedenster Weise aus. Zunächst finden Maßgaben des nationalen Behindertenbegriffs, die den unionsrechtlichen Begriff verengen würden, keine Anwendung. Das gilt z.B. für die Abgrenzung zwischen dem Behinderten und dem Schwerbehinderten, für die § 2 Abs. 2 SGB IX einen **Grad der Behinderung** von 50 % veranschlagt. Dies findet im Unionsrecht keine Entsprechung. Die RL 2000/78/EG trifft hier keine Differenzierung, sodass auch der Behindertenbegriff des AGG eine solche nicht enthalten kann. Das AGG erfasst daher auch die Diskriminierung von Behinderten, die nicht schwerbehindert sind (BAG v. 13.10.2011 – 8 AZR 608/10, BeckRS 2012, 65090 Rz. 33). An anderer Stelle ist der nationale Behindertenbegriff jedoch weiter, was dann als „überschießende" Richtlinienumsetzung gemäß Art. 8 Abs. 1 RL 2000/78/EG unionsrechtskonform ist. So reicht es nach dem nationalen Verständnis aus, wenn die **Teilhabe am Leben der Gesellschaft** beeinträchtigt wird, während der EuGH auf das Berufsleben abstellt (EuGH v. 11.4.2013 – C-335/11 „HK Danmark", NZA 2013, 553 Rz. 41). Wiederum weiter ist der unionsrechtliche Behindertenbegriff, für den es ausreicht, dass solche Beeinträchtigungen eintreten „können". Ein nationales Verständnis, welches das 1524 tatsächliche Eintreten dieser Beeinträchtigung fordert, muss daher im Wege richtlinienkonformer Auslegung korrigiert werden (so auch BAG v. 19.12.2013 – 6 AZR 190/12, NZA 2014, 372 Rz. 65).

1525 Aus diesem Zusammenspiel ergibt sich damit folgender **Behindertenbegriff des AGG:**

„*Eine Behinderung i.S.d. § 1 AGG liegt unter Berücksichtigung des maßgeblichen supranationalen Rechts vor, wenn die körperliche Funktion, geistige Fähigkeit oder seelische Gesundheit eines Menschen langfristig eingeschränkt ist und dadurch – in Wechselwirkung mit verschiedenen sozialen Kontextfaktoren (Barrieren) – seine Teilhabe an der Gesellschaft, wozu auch die Teilhabe am Berufsleben gehört, substanziell beeinträchtigt sein kann.*" (BAG v. 19.12.2013 – 6 AZR 190/12, NZA 2014, 372 Rz. 57)

1526 Ob solche langfristige körperliche, seelische, geistige oder Sinnesbeeinträchtigungen vorliegen ist nicht davon abhängig, zu welchen Maßnahmen der Arbeitgeber verpflichtet ist. Zudem erfasst der Behindertenbegriff nicht nur die Unmöglichkeit, sondern auch schon die Beeinträchtigung der Ausübung der beruflichen Tätigkeit (EuGH v. 18.3.2014 – C-363/12 „Z./A Government department", NZA 2014, 535 Rz. 77).

1527 Die Fortentwicklung des Begriffsverständnisses durch den EuGH nach der Entscheidung Chacón Navas ist vor allem durch eine gewollte Angleichung des Behindertenbegriffes an **Art. 1 UAbs. 2 UN-Behindertenrechtskonvention** getragen (Vgl. EuGH v. 11.4.2013 – C-335/11 „HK Danmark", NZA 2013, 553 Rz. 37). Der Einfluss des Völkerrechts ist an dieser Stelle von entscheidender Bedeutung, weil die UN-Behindertenrechtskonvention einen **sozialen Behindertenbegriff** verfolgt, dessen Zielrichtung nun durch die Vorgehensweise des EuGH auch im Unionsrecht maßgeblich ist (PS/*Grünberger* § 3 Rz. 92). Letztlich wird der unionsrechtliche Begriff der Behinderung also völkerrechtskonform ausgelegt.

bb) Einzelheiten des Begriffsinhaltes

1528 Das sich so ergebende Begriffsverständnis wirft schon auf den ersten Blick die Frage auf, ob nicht eine erhebliche **„Entgrenzung"** eintritt, wenn man alleine auf die Möglichkeit der Einschränkungen an der gesellschaftlichen Teilhabe abstellt. Führt man sich vor Augen, dass ein großer Teil der Bevölkerung an „Volkskrankheiten" wie Diabetes mellitus oder Rheuma leidet, besteht in der Tat die Gefahr der „Majorisierung der ‚normal Gesunden' durch die Behinderten" (BAG v. 19.12.2013 – 6 AZR 190/12, NZA 2014, 372 Rz. 67). Das BAG will diesen Umstand durch die Maßgabe entschärfen, dass die Beeinträchtigung für jeden Betroffenen **konkret** zu prüfen ist. Entscheidend ist mithin, ob die Einschränkung im konkreten Fall die Teilhabe an der Gesellschaft substantiell beeinträchtigt.

1529 Fraglich ist, ob die **Sechsmonatsgrenze** der sozialrechtlichen Definition weiter maßgeblich sein kann, weil die unionsrechtliche Definition des EuGH auf eine konkrete zeitliche Grenze verzichtet und stattdessen auf eine „lange Dauer" abstellt. Im dargestellten Kontext kann die Sechsmonatsgrenze nur dann maßgeblich bleiben, wenn sie das unionsrechtliche Begriffsverständnis nicht einengt. Dies ist wiederum von einer Begriffskonkretisierung der „langen Dauer" durch den EuGH abhängig: Stünde fest, dass die Sechsmonatsgrenze sich unterhalb dieses Zeitraumes bewegt, bliebe dieses erweiterte nationale Verständnis als überschießende Richtlinienumsetzung weiter maßgeblich. Der EuGH verneinte eine **lange Dauer** bei achtmonatiger Beeinträchtigung (EuGH v. 11.7.2006 – C-13/05 „Chacón Navas", NZA 2006, 839), was den Rückschluss erlaubt, dass der nationale Behindertenbegriff insoweit weiter ist. Durch den kürzeren Beurteilungszeitraum werden Beeinträchtigungen in höherer Anzahl in den Begriff der Behinderung einbezogen, sodass es um eine überschießende Richtlinienumsetzung geht, die von Art. 8 Abs. 1 RL 2000/78/EG gedeckt ist (*Adomeit/Mohr* AGG § 1 Rz. 132; a.A. Hey/Forst-*Hey* AGG, § 1 Rz. 81).

1530 Auch das Kriterium des für das **Lebensalter atypischen Zustandes** wird nicht ausdrücklich durch die unionsrechtliche Definition aufgenommen, sodass die Frage aufkommt, ob auch allein typisch altersbedingte Einschränkungen von dem Begriff der „Behinderung" erfasst werden. Dem ist nicht zuzustimmen. Personen, die aufgrund typisch altersbedingter Einschränkungen diskriminiert werden, erfahren schon durch das Diskriminierungsmerkmal „Alter" einen dahingehend ausreichenden Schutz. So sollte man die Behinderung schon nach dem Wortsinn als von dem Normalzustand abweichende Einschränkung ansehen, der eben auch in dem jeweilige Lebensalter nicht regelmäßig auftritt (*Adomeit/Mohr* AGG § 1 Rz. 133).

cc) Insbesondere: Abgrenzung zur Krankheit

Schwierigkeiten bereitet die **Abgrenzung der Behinderung von der Krankheit**. Eindeutig stellte der EuGH zunächst in der Rechtssache Chacón Navas fest, dass die Krankheit nicht von dem Begriff der Behinderung erfasst ist. Er erkennt **Krankheit und Behinderung folglich als aliud** an. Hinsichtlich der Abgrenzung einer Behinderung von der Krankheit verhielt der Gerichtshof sich aber zunächst sehr zurückhaltend (vgl. *Preis* ZESAR 2007, 308, 312). Diese Zurückhaltung hat der EuGH im Kontext der Fortentwicklung des Behindertenbegriffes in den jüngeren Entscheidungen abgelegt und sich zur Abgrenzung zwischen Krankheit und Behinderung geäußert (EuGH v. 11.4.2013 – C-335/11 „HK Danmark", NZA 2013, 553; EuGH v. 18.12.2014 – C-354/13 „FAO", NZA 2015, 33). 1531

Im Ausgangspunkt bekräftigt der EuGH, dass eine Gleichsetzung von Krankheit und Behinderung nicht angezeigt ist (EuGH v. 11.4.2013 – C-335/11 „HK Danmark", NZA 2013, 553 Rz. 42). Die Krankheit „als solche" ist damit keine Behinderung. Unter Bezugnahme auf die bereits dargestellte Fortentwicklung des Behindertenbegriffes stellt der EuGH aber auch klar, dass es **mit dem Ziel der RL 2000/78/EG unvereinbar wäre, Krankheiten pauschal aus dem Begriffsverständnis auszuklammern**. Denn eine Differenzierung nach der Ursache der Behinderung stünde einer effektiven Bekämpfung von Diskriminierungen entgegen (EuGH v. 11.4.2013 – C-335/11 „HK Danmark", NZA 2013, 553 Rz. 40). Auch hier kommt es damit darauf an, ob die Krankheit als körperliche Einschränkung im konkreten Fall die Teilhabe am gesellschaftlichen Leben substantiell beeinträchtigt. In der Konsequenz steht die Krankheit einer Behinderung damit nicht per se gleich, es gibt aber Krankheiten, die eine Behinderung i.S.d. § 1 AGG darstellen können. 1532

„Aus den vorstehenden Erwägungen ergibt sich, dass auf die erste und die zweite Frage zu antworten ist, dass der Begriff ‚Behinderung' im Sinne der Richtlinie 2000/78/EG dahin auszulegen ist, dass er einen Zustand einschließt, der durch eine ärztlich diagnostizierte heilbare oder unheilbare Krankheit verursacht wird, wenn diese Krankheit eine Einschränkung mit sich bringt, die insbesondere auf physische, geistige oder psychische Beeinträchtigungen zurückzuführen ist, die in Wechselwirkung mit verschiedenen Barrieren den Betreffenden an der vollen und wirksamen Teilhabe am Berufsleben, gleichberechtigt mit den anderen Arbeitnehmern, hindern können, und wenn diese Einschränkung von langer Dauer ist." (EuGH v. 11.4.2013 – C-335/11 „HK Danmark", NZA 2013, 553 Rz. 47) 1533

Im Anschluss an diese Maßgaben hat das BAG eine Behinderung für eine **symptomlose HIV-Infektion** eines chemisch-technischen Assistenten bejaht (BAG v. 19.12.2013 – 6 AZR 190/12, NZA 2014, 372 Rz. 70 ff.). Die Einschränkung der Teilhabe am gesellschaftlichen Leben erblickte das BAG in der **Stigmatisierung** und dem **sozialen Vermeidungsverhalten**, dem sich HIV-Infizierte ausgesetzt sehen. Das machte BAG dies an dem Verhalten des Klägers fest, der seine Infektion im Berufsleben verschwieg um sich keinen weiteren Nachteilen auszusetzen, zumal der Beklagte die Weiterbeschäftigung eines HIV-Infizierten als Rufschädigung betitelte. Ferner wurden dem Kläger bestimmte Tätigkeiten versagt und damit der Zugang zu einem erheblichen Teil seines Berufsfeldes versperrt (zu weiteren Einzelfällen Hey/Forst-*Hey* AGG, § 1 Rz. 94 ff.; *Bauer/Krieger* AGG § 1 Rz. 44 ff.). Aktuell in den Fokus gerückt ist die Frage, ob **starkes Übergewicht (Adipositas)** eine Behinderung i.S.d. § 1 AGG darstellen kann. 1534

Fallbeispiel nach EuGH v. 18.12.2014 – C-354/13 „FAO", NZA 2015, 33: In dem Vorlageverfahren ging es um Herrn Kaltoft, der seit dem 1.11.1996 bei der Billund Kommune in Dänemark als Tagesvater beschäftigt war. Herr Kaltoft war während der gesamten Beschäftigungsdauer stark übergewichtig (160 kg Körpergewicht bei einer Größe von 1,72m, was eine, BMI von 54 entspricht, der von der Weltgesundheitsorganisation (WHO) als schwere, extreme oder morbide Adipositas eingeordnet wird, vgl. Schlussantrag GA Jääskinen v. 17.7.2014 – C-354/13, BeckRS 2014, 81269 Rz. 2, 50). Als in Folge des Rückgangs der Kinder- 1535 zahl in der Kommune nur noch drei statt vier Kinder von Herrn Kaltoft betreut wurden, fasste die Kommune den Entschluss, einen Tagesbetreuer zu entlassen. Bei einem Treffen anlässlich der Kündigungsentscheidung wurde auch die Adipositas von Herrn Kaltoft erörtert, wobei unklar blieb, ob diese direkt als Kündigungsgrund angesprochen wurde. Herr Kaltoft sah sich wegen seines Übergewichts diskriminiert und machte Schadensersatzansprüche geltend. Das mit diesen Anspruch befasste Gericht legte dem EuGH die Frage vor, ob das starke Übergewicht eine Behinderung i.S.d. Art. 1 RL 2000/78/EG darstellt.

Der EuGH hat an den dargestellten Grundsätzen festgehalten und auch für starkes Übergewicht keine Gleichstellung von Krankheit und Behinderung anerkannt. Adipositas sei weder eines der durch die Richtlinie genannten Diskriminierungsmerkmale noch führe sie zwangsläufig zu Einschränkungen der gesellschaftlichen Lebensgestaltung, die per se den Schluss auf eine Behinderung zulasse (EuGH v. 18.12.2014 – C-354/13 „FAO", NZA 2015, 58). Als solche ist Adipositas daher keine Behinderung. In der Adipositas liegt aber eine Einschränkung der körperlichen Funktion, die bei entsprechender Wechselwirkung mit sozialen Kontextfaktoren die Teilhabe am gesellschaftlichen Leben substantiell beeinträchtigen kann. Ob dies bei Herr Kaltoft der Fall ist, habe das nationale Gericht festzustellen. Erwähnenswert ist ferner, dass der Gerichtshof bei der Schwere der Adipositas keinen Unterschied macht (anders dagegen Schlussantrag GA Jääskinen v. 17.7.2014 – C-354/13, BeckRS 2014, 81269 Rz. 56, der eine Behinderung nur bei Adipositas dritten Grades bejahen will). Das Begriffsverständnis ist entsprechend weit, wenn man sich vergegenwärtigt, dass bei Herr Kaltoft eine Adipositas dann auch schon bei 89kg vorliegen könnte (*Lingscheid* NZA 2015, 147.149).

1536 Die dargestellte Rechtsprechung des EuGH lässt sich für die Abgrenzung zwischen Krankheit und Behinderung in **zwei Prüfungsschritten** abbilden:

– Feststellung einer Einschränkung der körperlichen Funktion, geistigen Fähigkeit oder seelische Gesundheit, die mit hoher Wahrscheinlichkeit länger als sechs Monate andauert

– Substantielle Beeinträchtigung der Teilhabe am gesellschaftlichen Leben: Nur unter Hinzunahme dieses Kriteriums kann eine Krankheit auch eine Behinderung darstellen.

e) Alter

Literatur: *Bauer/Krieger*, AG kippt Spätehenklausel – (Wie) lassen sich finanzielle Risiken für die Hinterbliebenenversorgung noch wirksam beschränken?, NZA 2016, 22; *Bayreuther*, Altersgrenzen, Altersgruppenbildung und der Ausschluss rentennaher Arbeitnehmer in Sozialplänen, NJW 2011, 19; *Bayreuther*, Altersgrenzen, Kündigungsschutz nach Erreichen der Altersgrenze und die Befristung von „Altersrentnern", NJW 2012, 2758; *Berg/Natzel*, Das Alter im Visier des Arbeitsrechts, ZfA 2012, 65; *Boehm*, Umfang und Grenzen eines europäischen Verbots der Altersdiskriminierung im deutschen Recht, JZ 2008, 324; *Grünberger*, Altersdiskriminierung und Abfindungsansprüche, EuZA 2011, 171; *Brors*, Wann ist eine Altersdiskriminierung nach der Rechtsprechung des EuGH gerechtfertigt?, RdA 2012, 346; *Hahn*, Auswirkungen der europäischen Regelungen zur Altersdiskriminierung im deutschen Arbeitsrecht: mit rechtsvergleichenden Hinweisen zum U.S.-amerikanischen Recht, 2006; *Jesgarzewski*, Altersdiskriminierende Stellenbesetzungen, BB 2013, 2553; *Kliemt*, Altersgrenzen für Vorstandsmitglieder – noch rechtskonform?, RdA 2015, 232; *Körner*, Diskriminierung von älteren Arbeitnehmern, NZA 2008, 497; *Mohr*, Altersdiskriminierung durch Stellenausschreibung für „Young Professionals"?, NZA 2014, 459; *Natzel*, Altersgrenzen als Bestand kollektivvertraglicher Versorgungsregelungen – zulässig, aber mit Grenzen, RdA 2014, 365; *Nettesheim*, Diskriminierungsschutz ohne Benachteiligung?, EuZW 2013, 48; *Preis*, Ein modernisiertes Arbeits- und Sozialrecht für eine alternde Gesellschaft, NZA 2008, 922; *Preis*, Schlangenlinien in der Rechtsprechung des EuGH zur Altersdiskriminierung, NZA 2010, 1323; *Preis/Temming*, Der EuGH, das BVerfG und der Gesetzgeber – Lehren aus Mangold II, NZA 2010, 185; *Temming*, Altersdiskriminierung im Arbeitsleben – Eine rechtsmethodische Analyse, Diss. Köln 2008; *Temming*, Der Fall Palacios: Kehrtwende im Recht der Altersdiskriminierung?, NZA 2007, 1193; *Waltermann*, Altersdiskriminierung, ZfA 2006, 305; *Wendeling-Schröder*, Der Prüfungsmaßstab bei Altersdiskriminierungen, NZA 2007, 1399.

aa) Alter als Kriterium im Diskriminierungsrecht

Erhebliches Kopfzerbrechen bereitet das **Verbot der Altersdiskriminierung**. Das gilt nicht nur wegen der schwankenden Rechtsprechung des EuGH (hierzu *Temming* NZA 2007, 1193; *Preis* NZA 2010, 1323), sondern auch wegen des Umstandes, dass nicht nur Ältere nicht diskriminiert werden dürfen, sondern **jedes Lebensalter** (nicht das Dienstalter) Anknüpfungspunkt des Diskriminierungstatbestandes ist (BAG v. 22.1.2009 – 8 AZR 906/07, NZA 2009, 945 Rz. 35 ff.; BAG v. 13.10.2009 – 9 AZR 722/08, NZA 2010, 327 Rz. 47 ff.). Kurzum: „Jung und Alt" sind geschützt (vgl. hinsichtlich des Schutzes junger Arbeitnehmer: BAG v. 5.11.2009 – 2 AZR 676/08, NZA 2010 Rz. 25 ff.; EuGH v. 19.1.2010 – C-555/07 „Kücükdeveci", NZA 2010, 85). Man kann daraus schließen, dass der (europäische) Gesetzgeber prinzipiell den Menschen nicht nach seinem Alter beurteilt sehen möchte, doch steht der Schutz älterer Menschen im Vordergrund der mit dem AGG verfolgten Ziele (BAG v. 25.2.2010 – 6 AZR 911/08, NZA 2010, 561 Rz. 27 ff.). Das Alter ist eine lineare Eigenschaft, da jeder ein bestimmtes Alter aufweist, welches sich auf einer horizontalen nach Lebensjahre eingeteilten Skala entwickelt (BAG v. 25.2.2010 – 6 AZR 911/08, NZA 2010, 561 Rz. 20). Es ist im Gegensatz zu den anderen Diskriminierungsmerkmalen **ambivalent** und relativ (BAG v. 25.2.2010 – 6 AZR 911/08, NZA 2010, 561 Rz. 20). Aus diesem Grunde kann nicht immer von einer „weniger günstige[n] Behandlung" ausgegangen werden, wenn ein Arbeitnehmer objektiv anders als ein älterer oder jüngerer Arbeitnehmer behandelt wird (BAG v. 25.2.2010 – 6 AZR 911/08, NZA 2010, 561 Rz. 25).

1537

„Ein Arbeitnehmer erfährt nicht bereits dann eine ‚weniger günstige Behandlung' i.S.v. § 3 Abs. 1 AGG, wenn er objektiv anders als ein älterer oder jüngerer Arbeitnehmer behandelt wird [...]. Die dargelegte fehlende Eindeutigkeit des ambivalenten Diskriminierungsmerkmals ‚Alter' verlangt bereits auf der Tatbestandsebene zur Feststellung einer objektiv vorliegenden Benachteiligung i.S.d. § 3 Abs. 1 S. 1 AGG eine Ungleichbehandlung, die für den Betroffenen einen eindeutigen Nachteil bewirkt. Die Differenzierung zwischen unterschiedlich alten Arbeitnehmern muss sich also für eine bestimmte Altersgruppe negativ auswirken, indem sie sie zurücksetzt [...]." (BAG v. 25.2.2010 – 6 AZR 911/08, NZA 2010, 561 Rz. 25)

1538

Freilich sind viele Alters**differenzierungen** gerade im Arbeitsleben sachlich angemessen (siehe hierzu den 25. Erwägungsgrund zur RL 2000/78/EG). Niemand wird das Verbot der Kinderarbeit als Alters**diskriminierung** betrachten wollen. Deshalb konzentriert sich die gesamte Problematik auf die **Rechtfertigungsebene**. Dabei ist zu beachten, dass § 10 AGG, durchaus in Übereinstimmung mit Art. 6 RL 2000/78/EG, weithin versucht – vorbehaltlich einer Verhältnismäßigkeitsprüfung – den status quo bisheriger Lebensaltersdifferenzierungen aufrecht zu erhalten. So hat der Gesetzgeber in Satz 1 und 2 die in Betracht kommenden Rechtfertigungsgründe zunächst in einer Generalklausel umschrieben, wobei nach Satz 1 die unterschiedliche Behandlung objektiv und angemessen und durch ein legitimes Ziel gerechtfertigt sein muss. Nach Satz 2 müssen die zur Erreichung des Ziels eingesetzten Mittel angemessen und erforderlich sein. Satz 3 umfasst sechs nicht abschließende Anwendungsfälle (BAG v. 22.1.2009 – 8 AZR 906/07, NZA 2009, 945, 947 f.). So rechtfertigen § 10 S. 3 Nr. 1, 2, 3, 5 und 6 AGG u.a. diejenigen arbeitsrechtlichen Regelungen, die gerade besonders verdächtig sind, wie z.B. die Vereinbarung einer allgemeinen Altersgrenze oder die unterschiedliche Behandlung älterer Arbeitnehmer in Bezug auf Sozialplanansprüche.

1539

bb) Bedeutung und Anwendungsfälle

Trotz dieser Unklarheiten in zahlreichen komplizierten Einzelfragen hat das Verbot der Altersdiskriminierung eine wichtige Funktion. Dies gilt insbesondere zur Verhinderung altersdiskriminierender **Einstellungen** (siehe hierzu schon unter Rz. 778). Gerade bei der **Formulierung von Stellenangeboten** fragt sich, in welcher Form das Alter bei den Voraussetzungen an den Bewerber eine Rolle spielen kann. Die folgenden Beispiele aus den zahllos denkbaren Fallgestaltungen dienen der näheren Erläuterung.

1540

Beispiele:
- Die Formulierung „**junges hochmotiviertes Team**" ist mehrdeutig und lässt daher nicht zwingend den Schluss auf eine diskriminierende Anknüpfung an das Alter des Bewerbers zu. Neben einem Verständ-

1541

nis, das auf das junge Lebensalter des Teams abstellt, kann die Formulierung in gleicher Weise auf den Gründungszeitpunkt des Teams bezogen sein. Bei einem solchen Verständnis besteht mithin kein Bezug zum Alter des Bewerbers (LAG Baden-Württemberg v. 15.1.2016 – 19 Sa 27/15, BeckRS 2016, 67158 Rz. 84 ff.)

- Häufig anzutreffen sind Stellenprofile wie „**Junior Consultant**" oder „**Senior Consultant**". Darin liegt zutreffenderweise keine Altersdiskriminierung. Zwar geht der Wortsinn bei den Begriffen „Junior" und „Senior" in der englischen Sprache vom Alter aus, für Stellenprofile innerhalb eines Unternehmens geht es aber um verschiedene Hierarchieebenen. Es geht mithin nicht um eine Beurteilung nach dem Lebensalter, sondern um die betriebliche Stellung im Unternehmen (LAG Baden-Württemberg v. 19.11.2015 – 6 Sa 68/14, BeckRS 2015, 73486 Rz. 22).
- Wer Stellenausschreibungen auf „**Berufsanfänger**" zuschneidet (LAG Düsseldorf v. 9.6.2015 – 16 Sa 1279/14, NZA-RR 2015, 572 Rz. 19 ff.) oder „**Hochschulabsolventen/Young Professionals**" sucht, begibt sich in einen Grenzbereich zu einer (mittelbaren) Diskriminierung wegen des Alters. Die Abgrenzung zur Altersdiskriminierung ist hier einzelfallabhängig und maßgeblich anhand der konkreten Formulierung der Stellenausschreibung zu beurteilen. Entscheidend ist mithin, ob aus der Sicht eines objektiven Lesers die Anzeige so formuliert ist, dass mit diesen Formulierungen nur ein jüngerer Bewerberkreis erfasst werden soll (BAG v. 24.1.2013 – 8 AZR 429/11, NZA 2013, 498 Rz. 40 ff.). Denn im Ausgangspunkt sind Formulierungen wie Berufsanfänger oder Berufseinsteiger nicht zwingend auf junge Bewerber zugeschnitten, weil es gleichfalls denkbar ist, dass der Berufseinstieg in fortgeschrittenem Alter erfolgt. Die gleiche Überlegung gilt für Hochschulabsolventen.
- Angaben von **Altersspannen** in Stellenanzeigen stellen eine unmittelbare Benachteiligung wegen des Alters dar (BAG v. 21.6.2012 – 8 AZR 188/11, NZA 2012, 1211 Rz. 26 für die Formulierung „Du bist zwischen 18–35 Jahre alt und verfügst über gute Deutschkenntnisse und suchst eine Vollzeitaufgabe?").

1542 Auch hinsichtlich der **Kündigungsfrist** spielt die Diskriminierung aufgrund des Alters eine große Rolle. So ist **§ 622 Abs. 2 S. 2 BGB**, der bei der Berechnung der Beschäftigungsdauer die Zeiten vor dem 25. Lebensjahr nicht berücksichtigen möchte, für nach dem 2.12.2006 erklärte Kündigungen **unangewendet** zu lassen (BAG v. 9.9.2010 – 2 AZR 714/08, NZA 2011, 343 im Anschluss an EuGH v. 19.1.2010 – C-555/07 „Kücükdeveci", NZA 2010, 85; hierzu *Preis/Temming* NZA 2010, 185). Die Regelung enthält eine auf dem Alter beruhende Ungleichbehandlung und ist keine angemessene Maßnahme, um das Ziel der personalwirtschaftlichen Flexibilität des Arbeitgebers hinsichtlich der Entlassung jüngerer Arbeitnehmer zu verfolgen (EuGH v. 19.1.2010 – C-555/07 „Kücükdeveci", NZA 2010, 85). Denn die Regelung gilt für alle Arbeitnehmer, die vor Vollendung des 25. Lebensjahres in den Betrieb eingetreten sind und ist nicht von dem Alter bei Entlassung abhängig (EuGH v. 19.1.2010 – C-555/07 „Kücükdeveci", NZA 2010, 85). Die Kündigungsfrist berechnet sich somit **allein nach § 622 Abs. 2 S. 1 BGB** (BAG v. 9.9.2010 – 2 AZR 714/08, NZA 2011, 343). Die nach der Betriebszugehörigkeit **gestaffelten verlängerten Kündigungsfristen** des § 622 Abs. 2 S. 1 BGB sind dagegen unionsrechtskonform (BAG v. 18.9.2014 – 6 AZR 636/16, NZA 2014, 1400 Rz. 51). Zwar wirkt die Anknüpfung an die Betriebszugehörigkeit hinsichtlich des Alters mittelbar benachteiligend, die sachliche Rechtfertigung ergibt sich aber aus dem schützenswerten Interesse länger beschäftigten Arbeitnehmern verbesserten Kündigungsschutz zu gewähren. Nach langen Querelen wurde § 622 Abs. 2 S. 2 BGB mit Wirkung vom 1.1.2019 durch § 4d Qualifizierungschancengesetz aufgehoben.

1543 Stets bedeutsam sind Fragen zur Ausgestaltung von **Altersgrenzen**, die bei Erreichen eines bestimmten Lebensalters die automatische Beendigung des Arbeitsverhältnisses vorsehen. Damit ist eine unmittelbare Benachteiligung wegen des Alters nach § 3 Abs. 1 AGG verbunden, der Fokus liegt insoweit auf der Rechtfertigungsmöglichkeit. Der EuGH hatte in mehreren Entscheidungen über die Unionsrechtskonformität solcher Regelungen zu entscheiden, die näher im Kontext des § 10 AGG erläutert werden sollen.

1544 Auch für den Bereich der **betrieblichen Altersversorgung** ist das Verbot der Altersdiskriminierung von Bedeutung. In dessen Anwendungsbereich gelangen beispielsweise Ausgestaltungen der betrieblichen Altersversorgung, bei denen die arbeitgeberseitigen Rentenversicherungsbeiträge ihrer Höhe nach entsprechend des Alters gestaffelt werden (EuGH v. 26.9.2013 – C-476/11 „HK Danmark", EuZW 2013, 951 Rz. 34 ff.). Eine unmittelbare Benachteiligung des Alters ergibt sich durch sog. „Spätehenklauseln", die einen Anspruch auf Witwen- und Witwerversorgung ausschließen, wenn die Eheschließung nach Vollendung des 60. Lebensjahres erfolgt (BAG v. 4.8.2015 – 3 AZR 137/13, NZA 2015, 1447 Rz. 41). Diese Rechtsprechung hat unter dem Einfluss des EuGH (EuGH v. 16.6.2016 – C-159/15 „Lesar", NZA 2016, 879 und EuGH v. 24.11.2016 – C-443/15 „Parris", NZA 201, 233) einen Wandel erfahren: Das BAG (BAG v. 14.11.2017 – 3 AZR 781/16, NZA2018, 453) hat mittlerweile entschieden, dass „Spätehenklauseln" durch § 10 S. 3 Nr. 4 AGG gerechtfertigt sein können, wenn die Klausel ein legitimes Ziel verfolgt, angemessen und erforderlich ist. Ein solches legitimes Ziel ist das Ermöglichen einer Altersversorgung für Beschäftigte, die für den Arbeitgeber finanziell tragbar sind. Nach der neuen Rechtsprechung dürfte demnach eine Spätehenklausel, die an eine Altersgrenze von 60 Jahren anknüpft rechtmäßig sein.

Schließlich haben der EuGH und das BAG jüngst altersdifferenzierende Regelungen der **Entgeltgestaltung** und des **Urlaubsanspruchs** als diskriminierend erachtet, sofern diesen Abstufungen ein sachgerechtes Ziel fehlt. Solche Regelungen stellen sich jedenfalls als unmittelbare Benachteiligungen wegen des Alters nach § 3 Abs. 1 AGG dar, sodass der Fokus auf einer Rechtfertigung nach § 10 AGG liegt (zu einem zulässigen Mehrurlaub für ältere Arbeitnehmer BAG v. 21.10.2014 – 9 AZR 956/12, NZA 2015, 297 Rz. 15 ff.; zur altersdiskriminierenden Nichtberücksichtigung von „Vordienstzeiten" in Vergütungssystemen EuGH v. 28.1.2015 – C-417/13 „ÖBB Personenverkehr", NZA 2015, 217 Rz. 33 ff.). Unzulässig sind insoweit sog. **Altersstaffeln** in Tarifverträgen, die den Lohn oder auch die Urlaubsansprüche der Arbeitnehmer von ihrem Alter abhängig machen (EuGH v. 8.9.2011 – C-297/10 „Hennigs", NZA 2011, 1100; BAG v. 20.3.2012 – 9 AZR 529/10, NZA 2012, 803; BAG v. 11.12.2018 – 9 AZR 161/18, NZA 2019, 634). Zulässig ist hingegen die Bemessung des Entgelts nach der Betriebszugehörigkeit, wenn und soweit sie „den Arbeitnehmer befähigt, seine Arbeit besser zu verrichten" (EuGH v. 3.10.2006 – C-17/05 „Cadman", NZA 2006, 1205 Rz. 35; EuGH v. 18.6.2009 – C-88/08 „Hütter", NZA 2009, 891 Rz. 47). 1545

f) Sexuelle Identität

Literatur: *Bruns*, Lebenspartner und die betriebliche Altersversorgung, NZA 2009, 596; *Franzen*, Ehebezogene Leistungen des Arbeitgebers, gleichgeschlechtliche Lebenspartnerschaft und Allgemeines Gleichbehandlungsgesetz, FS Kreutz (2010), 111; *Groß*, Sexuelle Belästigung am Arbeitsplatz – Überblick über die aktuelle Rechtsprechung und Handlungsempfehlung für Arbeitgeber, DB 2015, 2755; *Grünberger*, Die Gleichbehandlung von Ehe und eingetragener Lebenspartnerschaft im Zusammenspiel von Unionsrecht und nationalem Verfassungsrecht, FPR 2010, 203; *Hohmann-Dennhardt*, Gleichheit nur für Heteros? Keine Diskriminierung wegen der sexuellen Identität, KJ 2009, Beiheft 1, 125.

Anders als die Richtlinien verwendet das AGG den Begriff der sexuellen Identität und nicht den der sexuellen Orientierung. Damit will der Gesetzgeber sowohl die sexuelle Ausrichtung im Hinblick auf das Geschlecht des Partners, im Einzelnen **Hetero-, Homo- und Bisexualität**, als auch Fälle der **Geschlechtsumwandlung** (Transsexualität) erfassen (BT-Drs. 16/1780 S. 31). Insbesondere die Benachteiligung **gleichgeschlechtlich orientierter Arbeitnehmer** durch den Arbeitgeber soll bekämpft werden. Auch bisher galt, dass die Gestaltung des privaten Lebens- und Intimbereichs des Arbeitnehmers außerhalb der Einflusssphäre des Arbeitgebers liegt und durch arbeitsvertragliche Pflichten nur insoweit eingeschränkt wird, als sich das private Verhalten auf den Betrieb auswirkt und dort zu Störungen führt. Der Arbeitgeber ist nicht zum Sittenwächter über die in seinem Betrieb beschäftigten Arbeitnehmer berufen. 1546

Umstritten ist, ob über das Geschlecht des Partners hinausgehend in einem weiteren Sinne **sexuelle Präferenzen** unter den Begriff der sexuellen Identität zu fassen sind, wie etwa Pädophilie oder Sadomasochismus (MüKo/*Thüsing* § 1 AGG Rz. 54; vgl. auch ArbG Berlin v. 7.7.1999 – 36 Ca 30545/98, NZA-RR 2000, 244). Eine „identitätsprägende Intensität" wird man vor dem Hintergrund der Richtlinien nicht verlangen können, denen die bloße Orientierung genügt (a.A. *Wendeling-Schröder/Stein* § 1 AGG Rz. 82). Teilweise sollen „anormale" Neigungen ausgenommen sein (*Bauer/Krieger* AGG § 1 Rz. 52), doch ist es problematisch, wenn die Rechtsordnung Minderheitenschutz nach den Sittenvor- 1547 stellungen einer als normal verstandenen Mehrheit gewährleistete. Die Lösung dieser Schlüsselfrage liegt m.E. in dem begrenzten Schutzzweck des Antidiskriminierungsrechts. Der Schutzbereich des Diskriminierungsrechts ist nur erfasst, wenn eine Person wegen ihrer Eigenschaft als Homosexueller oder Pädophiler benachteiligt wird. Der Diskriminierungsschutz gibt etwa dem Pädophilen kein Recht, sich sanktionsfrei – ggf. unter Ausklammerung von Strafgesetzen – pädophil zu betätigen. Gerechtfertigte **Einschränkungen durch staatliche Gesetze** bedeuten im Ergebnis keine ungerechtfertigte Benachteiligung. Doch greift die notwendige Differenzierung nicht erst auf der Rechtfertigungsebene. Die **sexuelle Betätigung** ist grundrechtlich durch den Schutzbereich der allgemeinen Handlungsfreiheit des Art. 2 GG erfasst, die durch verfassungskonforme Gesetze beschränkt werden darf. Das tut das AGG im Übrigen in Teilen schon selbst, indem es zwar die sexuelle Identität (§ 1 AGG) schützt, andererseits aber die sexuelle Belästigung, also eine abzulehnende Form der sexuellen Betätigung, zu Recht als sanktionsbedürftige Benachteiligung einordnet. Die Auffassung, der Begriff der sexuellen Identität erfasse auch das **sexuelle Verhalten**, da es Teil der sexuellen Ausrichtung sei, ist daher abzulehnen.

Beispiel: Ein Arbeitnehmer, der eine Straftat gegen die sexuelle Selbstbestimmung anderer Beschäftigter begeht (§§ 174 ff. StGB) und im Anschluss daran vom Arbeitgeber gekündigt wird, erfährt durch diese keine nach § 7 Abs. 1 AGG verbotene Diskriminierung. Das einschlägige Strafgesetz zieht dem Schutz der sexuellen Identität hier bereits eine verfassungsrechtlich gerechtfertigte Schranke und lässt insoweit keinen Raum für § 7 Abs. 1 AGG.

1548 Das **Differenzierungskriterium der Ehe** ist grundsätzlich problematisch, da es geeignet ist, **homosexuelle Menschen zu benachteiligen**. In dieser Frage bestanden Interpretationskonflikte zwischen der europäischen und der deutschen Rechtsprechung. Der EuGH entschied, dass eine Regelung, die eine Leistung der Altersversorgung an das Merkmal der Ehe knüpft, wegen der sexuellen Orientierung unmittelbar und im Ergebnis unzulässig differenziere. Bezugspunkt für die Vergleichbarkeit ist immer die konkrete und spezifische Leistung (EuGH v. 10.5.2011 – C-147/08 „Römer", NZA 2011, 557 Rz. 42). Der EuGH hat daher nicht pauschal die Ehe und die eingetragene Lebenspartnerschaft für vergleichbar erklärt, sondern bezieht sich nur auf die konkrete Leistung, in der Entscheidung „Maruko" demnach auf die Witwen- oder Witwerrente. Die ungerechtfertigte Benachteiligung sei darin zu sehen, dass der überlebende Lebenspartner keine Versorgungsansprüche erhält, der überlebende Ehegatte dagegen schon (EuGH v. 1.4.2008 – C-267/06 „Maruko", NZA 2008, 459 Rz. 72 f.). In der Entscheidung Römer bejahte der EuGH diese Vergleichbarkeit auch bezüglich Zusatzversorgungsbezügen, weil sich die Situation der Lebenspartner tatsächlich und rechtlich nicht von der einer verheirateten Person unterscheide (EuGH v. 10.5.2011 – C-147/08 „Römer", NZA 2011, 557 Rz. 52).

1549 Gegen diese Linie opponierte das BVerfG anfänglich und hielt die Beschränkung des Verheiratetenzuschlags auf verheiratete Beamte für verfassungsrechtlich zulässig (BVerfG v. 20.9.2007 – 2 BvR 855/06, NJW 2008, 209). An dieser Beurteilung ändere sich durch das Urteil des EuGH in der Maruko nichts (BVerfG v. 6.5.2008 – 2 BvR 1830/06, NJW 2008, 2325).

1550 Das BAG und inzwischen auch das BVerfG sind nunmehr weitgehend auf die Linie des EuGH geschwenkt (näher: *Grünberger* FPR 2010, 203, 206 f.). Zunächst hat das BAG festgestellt, dass zwischen Ehegatten und Lebenspartnern eine **vergleichbare Situation** besteht, sodass Ungleichbehandlungen hinsichtlich der Versorgung grundsätzlich unzulässig sind (BAG v. 14.1.2009 – 3 AZR 20/07, NZA 2009, 489). Der Anspruchsausschluss ist daher regelmäßig eine unmittelbare Benachteiligung wegen der sexuellen Identität nach §§ 1, 3 Abs. 1 S. 1 AGG. Daran ändere auch Art. 6 Abs. 1 GG nichts:

„Diese Verfassungsnorm verwehrt es zwar dem Gesetzgeber, andere Lebensformen gegenüber der Ehe zu begünstigen, enthält jedoch keine Verpflichtung, andere Lebensformen gegenüber der Ehe zu benachteiligen. Es besteht kein ‚Abstandsgebot' zwischen der Ehe und anderen Lebensformen [...]." (BAG v. 14.1.2009 – 3 AZR 20/07, NZA 2009, 489, 492)

1551 Anschließend hat das BVerfG seine Rechtsprechung angepasst und leitet seinerseits aus Art. 3 Abs. 1 GG das verfassungsrechtliche Gebot her, **Ehe und Lebenspartnerschaft in der betrieblichen Rentenversicherung gleichzustellen** (BVerfG v. 7.7.2009 – 1 BvR 1164/07, NJW 2010, 1439, 1443).

"Die Anforderungen bei einer Ungleichbehandlung von Personengruppen sind umso strenger, je größer die Gefahr ist, dass eine Anknüpfung an Persönlichkeitsmerkmale, die mit denen des Art. 3 Abs. 3 GG vergleichbar sind, zur Diskriminierung einer Minderheit führt [...]. Das ist bei der sexuellen Orientierung der Fall. Ein strenger Kontrollmaßstab bei einer auf die sexuelle Orientierung bezogenen Ungleichbehandlung, der sich dem bei anderen Diskriminierungsverboten geltenden Maßstab annähert, entspricht auch der Rechtsentwicklung im Europarecht. Sowohl Art. [18 AEUV] wie Art. 21 Abs. 1 [GRCh] beziehen die sexuelle Ausrichtung in den Kreis der Diskriminierungsverbote ein. Auch in der Rechtsprechung des Europäischen Gerichtshofs für Menschenrechte (EGMR) werden für Unterscheidungen, die sich auf die sexuelle Orientierung gründen, genauso ‚ernstliche Gründe‘ als Rechtfertigung gefordert, wie für solche, die sich auf das Geschlecht gründen [...]." (BVerfG v. 7.7.2009 – 1 BvR 1164/07, NJW 2010, 1439, 1443)

1552

Der EuGH hat seine Rechtsprechung zur Vergleichbarkeit von Ehegatten und eingetragenen Lebenspartnern auch außerhalb der Altersversorgung zur Anwendung gebracht und die Gewährung von **Sonderurlaubsansprüchen und Geldprämie anlässlich der Eheschließung** als diskriminierend eingestuft (im Kontext eines zivilen Solidaritätspaktes nach französischem Recht EuGH v. 12.12.2013 – C-267/12 „Hay", NZA 2014, 153 Rz. 32 ff.).

1553

Die Ehe als Anknüpfungspunkt für besondere Zuwendungen dürfte seit der Einführung der „Ehe für alle" am 1.10.2017 (vgl. § 1353 BGB, § 20a LPartG), die die Lebenspartnerschaft nach dem Lebenspartnerschaftsgesetz abgelöst hat, nicht mehr zwangsläufig zu Diskriminierung aufgrund der sexuellen Identität, zumindest in Deutschland, führen.

2. Anwendungsbereich

a) Allgemein

aa) Zeitlicher Anwendungsbereich

Das AGG gilt mangels Übergangsregelung mit dem Tag seines Inkrafttretens. Demnach **unterliegen alle Benachteiligungen seit dem 18.8.2006** den Sanktionen und Anforderungen des AGG. Infolgedessen ist das AGG auch auf Arbeitsverträge, Tarifverträge oder Betriebsvereinbarungen, die unter der Geltung des alten Rechts abgeschlossen wurden, aber über den 18.8.2006 hinaus Rechtsfolgen entfalten, anwendbar. Sofern die Benachteiligung abgeschlossen ist, gleichsam keine Rechtsfolgen mehr entfaltet, scheidet eine Anwendung des AGG aus. Auch Dauertatbestände, die sich nach dem Inkrafttreten aktualisieren, unterliegen dem AGG. Bei **Benachteiligungen wegen des Geschlechts**, die vor dem Inkrafttreten begangen wurden, sind die vormaligen Regelungen der §§ 611a, 611b und 612 Abs. 3 BGB a.F. sowie das Beschäftigtenschutzgesetz anwendbar (§ 33 Abs. 1 AGG).

1554

bb) Persönlicher Anwendungsbereich

Der **persönliche Anwendungsbereich** des AGG richtet sich nach § 6 AGG. Demnach sind **Beschäftigte und Arbeitgeber** vom AGG erfasst, wobei der Beschäftigte der Geschützte und der Arbeitgeber Adressat des Verbots ist. Der Beschäftigtenbegriff wird in § 6 Abs. 1 AGG definiert. Demnach sind Beschäftigte sowohl Arbeitnehmer als auch die zu ihrer Berufsausbildung Beschäftigten und arbeitnehmerähnliche Personen, zu welchen auch die in Heimarbeit Beschäftigten und die ihnen Gleichgestellten gehören. Aufgrund der Tatsache, dass § 6 Abs. 2 AGG die **Bewerber** ebenfalls als Beschäftigte definiert, erstreckt sich das AGG auch auf das Anbahnungsverhältnis.

1555

§ 6 Abs. 3 AGG beschränkt den Anwendungsbereich für **Selbstständige und Organmitglieder** auf den Zugang zur Erwerbstätigkeit. Die Unionsrechtskonformität dieser Begrenzung ist zweifelhaft, da sie von den Richtlinien, die das AGG umsetzen, nicht vorgesehen sind. Ob es möglich ist, Organmitglieder auf den eingeschränkten Anwendungsbereich nach Abs. 3 zu beschränken, entscheidet mithin das Unionsrecht. Fordert dieses die volle Einbeziehung von Organmitgliedern, so ist der nationale Gesetzgeber nach Art. 288 Abs. 3 AEUV verpflichtet diese Maßgabe ins AGG zu übersetzen. Der Arbeit-

1556

nehmerbegriff dieser Richtlinien bestimmt sich nach autonomen, unionsrechtlichen Maßstäben, wobei der EuGH das zur Arbeitnehmerfreizügigkeit (Art. 45 AEUV) entwickelte Begriffsverständnis zugrunde legt. Diesem Arbeitnehmerbegriff unterfällt jedenfalls der **Fremdgeschäftsführer** einer GmbH (EuGH v. 11.11.2010 – C-232/90 „Danosa", NZA 2011, 143 Rz. 56). Aufgrund der Pflicht zur richtlinienkonformen Auslegung ist diese Vorgabe der Richtlinie für den Anwendungsbereich des AGG verbindlich. Angesichts des Umstandes, dass der Arbeitnehmerbegriff als unbestimmter Rechtsbegriff wertungsoffen ist, verursacht die richtlinienkonforme Auslegung des § 6 AGG insoweit keine Schwierigkeiten (a.A. *Lunk/Rodenbusch* GmbHR 2012, 188, 191 f.). Festzuhalten bleibt, dass Organmitglieder, die dem autonomen Arbeitnehmerbegriff der Gleichbehandlungsrichtlinien unterfallen, auch im AGG als Arbeitnehmer gelten müssen, damit das AGG einen richtlinienkonformen Standard abbildet. Durch richtlinienkonforme Auslegung sind sie als Arbeitnehmer einzuordnen, für die über § 6 **Abs. 1** AGG das AGG umfassend gilt. Auch der BGH wäre insoweit gut beraten gewesen, die unionsrechtlichen Vorgaben konsequent umzusetzen, anstatt die Lösung über eine ausufernde Auslegung der Beweislastregel des § 22 AGG, die über § 6 Abs. 3 AGG grundsätzlich nicht anwendbar ist, zu suchen (BGH v. 23.4.2012 – II ZR 163/10, NZA 2012, 797 Rz. 25 ff.; zur Einordnung dieses Urteils in den Kontext des Arbeitnehmerbegriffes *Preis/Sagan* ZGR 2013, 26, 59 ff.). Für Organmitglieder, die auch nach unionsrechtlichem Verständnis nicht dem Arbeitnehmerbegriff unterfallen, verbleibt es dagegen bei der Regelung des § 6 Abs. 3 AGG.

1557 **Arbeitgeber** sind sowohl natürliche als auch juristische Personen, die eine Person nach Abs. 1 beschäftigen (§ 6 Abs. 2 AGG). Für Richter, Beamte und Zivildienstleistende gelten die Regelungen gemäß § 24 AGG entsprechend. Zu beachten ist allerdings, dass der EuGH es in der Entscheidung „ACCEPT" für möglich erachtet, dass der Arbeitgeber sich **diskriminierende Äußerungen eines Dritten zurechnen** lassen muss, obwohl der Dritte keinerlei rechtliche Befugnisse zur Vertretung des Arbeitgebers inne hat (EuGH v. 25.4.2013 – C-81/12 „ACCEPT", NZA 2013, 891, 894). In dem Fall hatte der „Patron" des Fußballvereins FC Steaua Bukarest, Herr Becali, öffentlich verlautbaren lassen, keine homosexuellen Spieler zu dulden. Zur Begründung einer solchen Zurechnungskonstruktion schweigt der Gerichtshof und verweist lediglich auf die Entscheidung „Feryn" (EuGH v. 10.7.2008 – C-54/07 „Feryn", NZA 2008, 929), in der eine Befugnis zur Beeinflussung der Politik oder Kompetenz zur verbindlichen Einstellung nicht gefordert wurde (EuGH v. 25.4.2013 – C-81/12 „ACCEPT", NZA 2013, 891, 894). Die Umsetzungsmodalitäten dieser Zurechnung ins AGG bleiben unklar (vgl. dazu die Anmerkung von *Benecke/Böglmüller* EuZW 2013, 469, 474 f. Für eine Lösung im Rahmen des Bewerberbegriffes ErfK/*Schlachter*, § 6 AGG Rz. 3).

cc) Sachlicher Anwendungsbereich

1558 Das AGG übernimmt in § 2 AGG den **sachlichen Anwendungsbereich** nahezu wortgleich aus den Richtlinien und ist übergreifend für das **Zivil- und Arbeitsrecht** ausgestaltet. Nrn. 1 – 4 des § 2 AGG regeln den sachlichen Anwendungsbereich des Arbeitsrechts. Demnach erstreckt sich das AGG von der Bewerbung, den Auswahl- und Einstellungskriterien (§ 2 Abs. 1 Nr. 1 AGG) über die Beschäftigungs- und Arbeitsbedingungen, einschließlich Arbeitsentgelt und Entlassungsbedingungen (§ 2 Abs. 2 Nr. 2), bis hin zu den nachwirkenden Folgen eines beendigten Beschäftigungsverhältnisses (BT-Drs. 16/1780 S. 31, wie z.B. die Altersversorgung). Erfasst sind alle **individualvertraglichen und kollektivvertraglichen** Vereinbarungen und Maßnahmen. Der Begriff der Vereinbarungen ist dabei weit zu verstehen und umfasst alle zweiseitigen Rechtsgeschäfte (z.B. Vertragsabschluss, -änderung, -beendigung, betriebliche Übung, Gesamtzusagen, Betriebsvereinbarungen, usw.). Die Maßnahme erfasst jegliches Arbeitgeberverhalten, also auch Weisungen oder sonstige Maßnahmen, wie z.B. die Umsetzung (ErfK/*Schlachter* § 2 AGG Rz. 8). Arbeitsbedingungen sind nicht nur vertragliche Vereinbarungen, sondern alle mit dem Arbeitsverhältnis notwendig verknüpften Umstände (EuGH v. 13.7.1995 – C-116/94 „Meyers", AP EWG-Vertrag Art. 119 Nr. 69). Mithin muss sich praktisch **jede arbeitgeberseitige Betätigung an dem AGG messen** lassen.

b) Insbesondere Entgeltbedingungen

Literatur: *Pfarr*, Entgeltgleichheit in kollektiven Entgeltsystemen, FS 50 Jahre Bundesarbeitsgericht (2004), 779; *Thüsing, Gleicher Lohn für Gleiche Arbeit, NZA 2000, 570; Wank*, Das Entgelttransparenzgesetz – Prämissen und Umsetzung, RdA 2018, 34.

Eine besondere Bedeutung kommt dem Anwendungsbereich der Entgeltbedingungen zu, denn grundsätzlich kennt das Arbeitsrecht keinen Grundsatz des gleichen Lohns für gleiche Arbeit (BAG v. 21.6.2000 – 5 AZR 806/98, NZA 2000, 1050). Aus diesem Grunde war die Frage der unterschiedlichen Vergütung bisher nur im Rahmen der Geschlechterdiskriminierung relevant. Hintergrund war das primärrechtliche Verbot des Art. 157 AEUV (früher: Art. 141 EG), welcher das **europarechtliche Entgeltgleichheitsgebot für Männer und Frauen** normierte und eine erste Konkretisierung durch die Richtlinie 75/117/EWG erfuhr (jetzt: Richtlinie 2006/54/EG). Zur nationalen Umsetzung diente § 612 Abs. 3 BGB a.F., der bei Fragen der Gleichbehandlung von Frauen und Männern beim Entgelt maßgebliche Grundlage war. Ein Rückgriff auf Art. 3 Abs. 2 GG oder den allgemeinen arbeitsrechtlichen Gleichbehandlungsgrundsatz war nicht mehr erforderlich (BAG v. 23.8.1995 – 5 AZR 942/93, NZA 1996, 579, 580). 1559

aa) Anspruchsgrundlage

Mit Inkrafttreten des AGG wurde § 612 Abs. 3 BGB a.F., der nach der wiedergegebenen Rechtsprechung den **Grundsatz des gleichen Lohns für gleiche oder gleichwertige Arbeit** ohne Rücksicht auf das Geschlecht regelte, aufgehoben, ohne zugleich eine neue (vielleicht umfassendere und alle Diskriminierungsmerkmale erfassende) Vorschrift zu schaffen. Die simple Frage, wo die Anspruchsgrundlage für den Anspruch auf gleiches Entgelt zu finden ist, brachte den Rechtsanwender ins Schwitzen. Aus § 8 Abs. 2 AGG folgt nur mittelbar, dass der Gesetzgeber offenbar der Auffassung war, den Grundsatz implizit geregelt zu haben. Er hat es aber nicht. Doch dann findet man an einer versteckten Stelle in der Begründung des Gesetzeswerks zu den Erläuterungen des § 8 Abs. 2 AGG eine interessante Passage, sicher formuliert von einem kundigen Ministerialbeamten, der die Lücke entdeckt hat, aber sie im Gesetz nicht mehr schließen konnte. Es heißt dort: 1560

„Dieser Grundsatz (der Entgeltgleichheit) wird nunmehr durch § 7 über das Merkmal Geschlecht hinaus auch auf alle in § 1 genannten Merkmale erstreckt und stellt künftig in Verbindung mit § 2 Abs. 1 Nr. 2 und § 8 Abs. 2 die neue Grundlage für Ansprüche auf gleiches Entgelt für gleiche oder gleichartige Arbeit dar." (BT-Drs. 16/1780 S. 35)

Diese Gesetzesbegründung kommt einer juristischen Vergewaltigung des Gesetzeswortlauts nahe. § 2 AGG regelt ausweislich der Überschrift „den Anwendungsbereich" des Gesetzes. § 7 Abs. 1 AGG regelt die Benachteiligung, aber eben keine Anspruchsgrundlage. § 8 Abs. 2 AGG enthält nur einen Sondertatbestand, der einen vorgeblichen Rechtfertigungsgrund für eine unterschiedliche Bezahlung ausschließen will. Doch wie dem auch sei: Auch ohne explizite Verankerung dieses Grundsatzes ist eine unterschiedliche Vergütung wegen eines Merkmals nach Maßgabe des AGG unzulässig. Das hatte das BAG auf der Basis der Gesetzesbegründung, trotz der **verunglückten Gesetzeskonzeption**, klargestellt. 1561

„Aus der Wertung in § 2 Abs. 1 Nr. 2 und § 8 Abs. 2 AGG ergibt sich, dass bei einer diesem Gesetz widersprechenden Diskriminierung eine Grundlage für Ansprüche auf gleiches Entgelt für gleiche oder gleichwertige Arbeiten gegeben ist (BT-Drs. 16/1780 S. 35). Auch § 612 Abs. 3 BGB stellte, trotz seiner Formulierung als Verbotsnorm, eine Anspruchsgrundlage für die vorenthaltenen Entgeltbestandteile dar [...]. Ebenso gibt der arbeitsrechtliche Gleichbehandlungsgrundsatz den benachteiligten Arbeitnehmern einen Anspruch auf die Leistungen, die ihnen vorenthalten wurden." (BAG v. 11.12.2007 – 3 AZR 249/06, NZA 2008, 532, 536; LAG Rheinland-Pfalz v. 13.8.2014 – 4 Sa 519/13, NZA-RR 2015, 236 Rz. 20) 1562

Für den in der Praxis relevanten Fall der Entgeltungleichheit zwischen Mann und Frau besteht kein Bedarf mehr an diesem Konstrukt: Das Entgelttransparenzgesetz vom 30.6.2017, namentlich die §§ 3,

7, schreibt nun ausdrücklich das Verbot der Entgeltbenachteiligung wegen des Geschlechts bzw. das Gebot der Entgeltgleichheit vor. Voraussetzung dafür ist, dass die unterschiedlich bezahlten Tätigkeiten gleich oder zumindest gleichwertig sind. § 4 EntgTranspG definiert die beiden Begriffe und enthält Anforderungen an von Arbeitgebern erstellte Entgeltsysteme.

bb) Anspruchsinhalt

1563 Mit Einführung des Entgelttransparenzgesetzes hat der Gesetzgeber eine Legaldefinition für den Begriff des Entgeltes in § 5 Abs. 1 geschaffen. Dieser entspricht nahezu wörtlich Art. 157 Abs. 2 S. 1 AEUV. Damit bleibt auch der Rückgriff auf die zum Entgelt ergangene Rechtsprechung des EuGH möglich, wie es das BAG bereits vor Einführung des § 5 Abs. 1 EntgTranspG getan hat (ErfK/*Schlachter* § 5 AGG Rz. 2). **Entgelt** meint das Grund- oder Mindestarbeitsentgelt sowie alle sonstigen Vergütungen, die unmittelbar oder mittelbar aufgrund eines Beschäftigungsverhältnisses gewährt werden. Arbeitsentgelt im weitesten Sinne. Es genügt, dass der Arbeitgeber dem Arbeitnehmer das Entgelt **wenigstens mittelbar aufgrund des Arbeits- oder Dienstverhältnisses** gewährt, weshalb jede aufgrund individuellen oder kollektiven Vertrags, aufgrund von Rechtsvorschriften oder freiwillig erbrachter gegenwärtiger oder künftiger Leistung sowie Leistungen nach Ende des Arbeitsverhältnisses und solche an Dritte – beispielsweise an Familienangehörige des Arbeitnehmers nach dessen Tode – vom AGG erfasst werden.

1564 **Beispiele:** Unter den Entgeltbegriff fallen Zulagen, Sachbezüge und Sondervergütungen wie Gratifikationen, Prämien oder Ruhegelder sowie alle weiteren denkbaren geldwerten Sozialleistungen. Dagegen nicht erfasst sind Versorgungsbezüge aus einem gesetzlichen System. Nicht einbezogen sind daher beispielsweise Altersrenten (EuGH v. 22.11.2012 – C-385/11 „INSS", NZA 2012, 1425 Rz. 20 m.w.N.).

1565 Ob gleiche oder gleichwertige Arbeit vorliegt, ist danach zu bestimmen, ob die Beschäftigten unter Zugrundelegung einer **Gesamtheit der Faktoren**, zu denen Arbeit, Arbeitsbedingungen und Ausbildungsanforderungen gehören, als in einer vergleichbaren Situation befindlich angesehen werden können (EuGH v. 28.2.2013 – C-427/11 „Kenny u.a.", NZA 2013, 315 Rz. 27).

1566 Um „gleiche Arbeit" handelt es sich, wenn Arbeitnehmer an verschiedenen oder nacheinander an denselben technischen Arbeitsplätzen **identische oder gleichartige Tätigkeiten** ausüben. Ob die Arbeit gleich ist, muss durch einen Gesamtvergleich der Tätigkeiten ermittelt werden. Dabei kommt es auf die jeweiligen Arbeitsvorgänge und das Verhältnis dieser Vorgänge zueinander an. Bei einzelnen Abweichungen ist die jeweils überwiegende Tätigkeit maßgebend. Ein nur teilweiser und vorübergehender Einsatz an denselben Maschinen rechtfertigt die Annahme gleicher Arbeit nicht, wenn die betreffenden Arbeitnehmer auch andere Tätigkeiten ausüben, für die sie nach dem Inhalt ihrer Arbeitsverträge eingestellt worden sind (BAG v. 26.1.2005 – 4 AZR 171/03, NZA 2005, 1059, 1061; BAG v. 23.8.1995 – 5 AZR 942/93, NZA 1996, 579, 580). Ebenfalls ist die nach außen scheinbar identische Arbeit nicht zwingend eine gleiche (EuGH v. 11.5.1999 – C-309/97 „Wiener Gebietskrankenkasse", NZA 1999, 699, Rz. 18). Auch hier bedarf es der Feststellung durch eine Zugrundelegung der Gesamtheit der Faktoren.

1567 „Gleichwertige Arbeit" ist gegeben, wenn Arbeitnehmer Tätigkeiten ausüben, die nach objektiven Maßstäben der Arbeitsbewertung **denselben Arbeitswert** haben. Auch insoweit ist ein Gesamtvergleich der Tätigkeiten erforderlich. Dabei ist der jeweils erforderliche Umfang von Vorkenntnissen und Fähigkeiten zu berücksichtigen. Daher lässt sich allein aus der Eingruppierung in dieselbe Tätigkeitsgruppe eines Tarifvertrags noch nicht zwingend eine gleiche oder gleichwertige Tätigkeit folgern (EuGH v. 26.6.2001 – C-381/99 „Brunnhofer", NZA 2001, 883, Rz. 44). Die Tarifpraxis und die Verkehrsanschauung können Anhaltspunkte geben. Werden Arbeitnehmer nach ihrem Arbeitsvertrag zu mehreren unterschiedlichen Arbeiten eingeteilt, so kann dies eine insgesamt höhere Bewertung der Arbeit rechtfertigen als die jeweils geschuldete Tätigkeit (BAG v. 23.8.1995 – 5 AZR 942/93, NZA 1996, 579, 581). Unterschiedliche Arbeitsplatzbeschreibungen oder seltene erforderliche Zusatzpflichten schließen die Gleichartigkeit nicht aus. Die Gleichwertigkeit muss der Arbeitnehmer darlegen und beweisen (BAG v. 26.1.2005 – 4 AZR 509/03 n.v.).

Das BAG hat klargestellt, dass eine „**Ähnlichkeit**" verschiedener Tätigkeiten noch **keine Gleichheit oder Gleichwertigkeit** der Tätigkeiten darstellt. Die Ähnlichkeit einer Tätigkeit sei auch keine Hilfstatsache, die eine Diskriminierung mit der Folge vermuten ließe, dass es Sache des Arbeitgebers wäre, rechtfertigende Gründe für eine unterschiedliche Behandlung der weiblichen und männlichen Beschäftigten darzulegen (BAG v. 23.8.1995 – 5 AZR 942/93, NZA 1996, 579, 580). 1568

Auch berufliche **Eingruppierungssysteme** sind entsprechend dem Entgeltgleichbehandlungsgrundsatz auszugestalten. Das betrifft insbesondere sog. „**Leichtlohngruppen**", in welche hauptsächlich Frauen eingruppiert werden. Zwar können Eingruppierungssysteme zulässigerweise Einstufungen vorsehen, die von dem einen Geschlecht eher verwirklicht werden als von dem anderen. Erforderlich ist aber, dass gleichzeitig Eingruppierungsmerkmale auf derselben Stufe bestehen, die überwiegend von Personen des anderen Geschlechts erfüllt werden (EuGH v. 1.7.1986 – C-237/85 „Rummler", NJW 1987, 1138). 1569

Nach Auffassung des BAG erfasst daher das **Einstufungsmerkmal „schwere körperliche Arbeit"** nicht nur Tätigkeiten, für die eine besondere Muskelkraft erforderlich ist, die Männer häufiger als Frauen erbringen, sondern auch die taktgebundene oder repetitive Arbeit sowie die Arbeit, die mit einer ungünstigen Körperhaltung sowie mit nervlicher oder sensorischer Belastung verbunden ist, die wesentlich häufiger von Frauen ausgeübt wird (BAG v. 29.7.1992 – 4 AZR 502/91, NZA 1993, 181, 182). 1570

Es ist auch unzulässig, eine geringerwertige (männliche) Tätigkeit höher zu entlohnen als eine höherwertige (weibliche), selbst wenn unterschiedliche Tätigkeiten vorliegen. Denn der Grundsatz des gleichen Entgelts würde ausgehöhlt, eröffnete man den Arbeitsvertragsparteien diese Möglichkeit der faktischen **Umgehung des Entgeltgleichbehandlungsgrundsatzes** (EuGH v. 4.2.1988 – C-157/86 „Murphy", EAS Art. 119 EG-Vertrag Nr. 15). 1571

Grundsätzlich stellt die unterschiedliche Vergütung wegen eines verpönten Merkmals eine unzulässige Benachteiligung dar, sodass grundsätzlich die sich **aus dem AGG ergebenden Rechtsfolgen** maßgeblich sind (z.B. Schadensersatz gemäß § 15 Abs. 1 AGG). Dem steht jedoch die ständige Rechtsprechung des EuGH zu Art. 141 EG (jetzt: Art. 157 AEUV) und des BAG zu § 612 Abs. 3 BGB a.F. entgegen. Demnach hat der Benachteiligte, wie beim allgemeinen arbeitsrechtlichen Gleichbehandlungsgrundsatz, für die Vergangenheit einen **Anspruch auf Gleichbehandlung** mit der bevorzugten Gruppe (EuGH v. 8.4.1976 – Rs. 43/75 „Defrenne II", NJW 1976, 2068; EuGH v. 7.2.1991 – C-184/89 „Nimz", NZA 1991, 513; BAG v. 10.11.2011 – 6 AZR 481/09, NZA-RR 2012, 100; näher Rz. 1655). 1572

3. Verhältnis zu anderen Gesetzen

Gemäß § 32 AGG bleiben **andere Gesetze vom AGG unberührt**, soweit das AGG keine abweichende Bestimmung trifft. Somit sind neben dem AGG sowohl anderweitige spezielle Diskriminierungsverbote, wie § 4 TzBfG, als auch allgemeine Regelungen des BGB anwendbar (zur Anwendbarkeit des AGG im Kündigungsrecht Rz. 2618). Der Benachteiligte kann demzufolge zusätzlich Ansprüche gemäß § 823 BGB oder § 1004 BGB geltend machen, sofern er auch die Voraussetzungen der maßgeblichen Norm erfüllt. Das wird in § 15 Abs. 5 AGG bestätigt. § 280 Abs. 1 BGB wird anders als die vorgenannten Normen in der Gesetzesbegründung nicht ausdrücklich als neben § 15 AGG anwendbar genannt. Allerdings wird in ihr darauf hingewiesen, dass § 15 Abs. 1 AGG die Formulierung des § 280 Abs. 1 BGB übernimmt (BT-Drs. 16/1780, S. 38). Dem lässt sich entnehmen, dass die Vorschrift aus dem AGG der allgemeinen bürgerlich-rechtlichen vorgehen soll, wenn der Arbeitgeber oder Dritte, deren Verhalten dem Arbeitgeber zuzurechnen ist, gegen das Benachteiligungsverbot verstößt (s.a. ErfK/*Schlachter* AGG § 15 Rz. 20), darüber hinaus aber weiter angewendet werden kann. 1573

Das AGG bleibt durch das EntgTranspG unberührt, § 2 Abs. 2 S. 1 EntgTranspG. Bei entgeltlicher Benachteiligungen aufgrund des Geschlechts ist das EntgTransG als lex specialis vor dem AGG anzuwenden, wenn es eine abschließende Regelung trifft (BT-Drs. 18/11133, S. 48). 1574

Auch der **arbeitsrechtliche Gleichbehandlungsgrundsatz** und das AGG stehen zueinander in einem Verhältnis der **Spezialität**. Soweit die Ungleichbehandlung an ein in § 1 AGG genanntes Merkmal anknüpft, ist das AGG lex specialis. Differenziert der Arbeitgeber nach anderen Merkmalen, richtet sich die Zulässigkeit der Ungleichbehandlung allein nach dem allgemeinen arbeitsrechtlichen Gleichbehandlungsgrundsatz.

4. Das Benachteiligungsverbot

a) Systematische Einordnung

1575 § 7 Abs. 1 AGG enthält nach dem Willen des Gesetzgebers das zentrale Verbot der Benachteiligung in Beschäftigung und Beruf (BT-Drs. 16/1780 S. 34). Dennoch bedarf es zur Bestimmung des Verbots einer Zusammenschau des § 7 Abs. 1 AGG mit den §§ 1, 2, 3, 6 AGG. § 7 Abs. 1 AGG stellt das Verbot der Benachteiligung wegen eines Grundes in § 1 AGG auf. In Betracht kommt ein Verstoß gegen § 7 Abs. 1 AGG mithin nur, wenn ein Merkmal des § 1 AGG Anknüpfungspunkt ist. Dadurch drückt der Gesetzgeber aus, dass bei Benachteiligungen wegen anderer Gründe systematisch nur eine Überprüfung am Maßstab des allgemeinen Gleichbehandlungsgrundsatzes in Betracht kommt.

1576 § 7 Abs. 2 und 3 AGG enthalten keine Verbote, sondern Rechtsfolgen. Sie wirken – anders als § 15 AGG – unmittelbar, d.h. ohne Geltendmachung durch den Betroffenen. Beide Absätze enthalten Selbstverständliches und wären daher entbehrlich. Verstoßen Rechtsgeschäfte gegen Gesetze, sind sie bereits gemäß § 134 BGB nichtig. Das gilt mithin für alle diskriminierenden Rechtsgeschäfte, die gegen das Benachteiligungsverbot des § 7 Abs. 1 AGG verstoßen, aber keine Vereinbarungen i.S.d. § 7 Abs. 2 AGG sind. Die Anordnung der bloßen Teilnichtigkeit ergibt sich bereits aus allgemeinen Grundsätzen (Rz. 977). Der Hinweis in § 7 Abs. 3 AGG, dass Verstöße gegen § 7 Abs. 3 AGG eine Pflichtverletzung darstellen, ist ebenfalls ohne eigenständige Bedeutung, aber insbesondere bei der Prüfung von Ansprüchen nach § 280 Abs. 1 BGB zu berücksichtigen.

b) Verpflichteter und geschützter Personenkreis

1577 § 7 Abs. 1 AGG erwähnt die **Adressaten des Benachteiligungsverbotes** nicht. Nach dem Willen des Gesetzgebers richtet sich das Verbot nicht nur gegen den Arbeitgeber, sondern auch gegen Arbeitskollegen und Dritte, wie z.B. Kunden des Arbeitgebers (BT-Drs. 16/1780 S. 35). Daraus kann jedoch nicht geschlossen werden, dass es für jedermann gilt. Eine Anwendung auf jedermann würde im Widerspruch zu § 6 AGG stehen, wonach der Zweite Abschnitt des Gesetzes nur Anwendung auf Arbeitgeber und Beschäftigte findet. Zudem ist eine Ausweitung auf Dritte auch nicht erforderlich. Dem Schutz vor Benachteiligung durch Dritte wird gemäß § 12 Abs. 4 AGG Rechnung getragen. Demnach ist der Arbeitgeber verpflichtet, Benachteiligungen durch Dritte zu verhindern oder ihnen entgegenzuwirken. Schließlich führt eine Anwendung des § 7 Abs. 1 AGG auf Dritte auch nicht zu einem erweiterten Schutz. Ansprüche gegen den Dritten kann der Arbeitnehmer bei einem Verstoß nicht geltend machen. Lediglich nach den allgemeinen Regeln stehen ihm möglicherweise Schadensersatz- oder Unterlassungsansprüche zu.

1578 § 7 Abs. 1 AGG stellt das Verbot der **Benachteiligung von Beschäftigten** auf. Wer Beschäftigter ist, ergibt sich aus § 6 Abs. 1 AGG. Werden Dritte durch die Beschäftigten benachteiligt, so können diese lediglich Ansprüche nach den zivilrechtlichen Regeln des AGG oder nach den allgemeinen Regeln des BGB, wie z.B. § 823 BGB gegen den Beschäftigten direkt oder §§ 280, 278, 241 Abs. 2 bzw. § 831 BGB gegen den Arbeitgeber, geltend machen.

1579 Nach § 6 Abs. 1 S. 2 AGG erstreckt sich der Schutz auf **Bewerber**. Das BAG verlangte früher für die Bewerbereigenschaft die subjektive Ernsthaftigkeit der Bewerbung, die fehlt, wenn diese in der alleinigen Absicht eingereicht wird, um nach einer Ablehnung Ansprüche nach dem AGG geltend zu machen (BAG v. 21.7.2009 – 9 AZR 431/08, NZA 2009, 1087; BAG v. 19.8.2010 – 8 AZR 466/09, NZA 2011, 203 Rz. 28). Durch das zusätzliche Kriterium der subjektiven Ernsthaftigkeit sollte verhindert werden, dass der Bewerberstatus nur vorgeschoben wird, um Schadensersatzansprüche nach § 15 AGG geltend zu machen, obwohl kein tatsächliches Interesse an der Beschäftigung besteht (**sog. „AGG-Hopping"**). In seiner neueren Rechtsprechung ist das BAG nun vom Kriterium der subjektiven Ernsthaftigkeit im Rahmen des § 6 Abs. 1 S. 2 AGG abgerückt und geht von einem **rein formalen Bewerberbegriff** aus (BAG v. 19.5.2016 – 8 AZR 470/14, NZA 2016, 1394 Rz. 62). In der Konsequenz dessen ist der Bewerberstatus damit jedenfalls immer dann gegeben, wenn tatsächlich eine Bewerbung eingereicht wurde. Die Bekämpfung von vorgeschobenen Bewerbungen, in dem ausschließlichen Interesse, Schadensersatzansprüche geltend zu machen, verortet das BAG nun vielmehr als vom Bewerberbegriff unabhängige Frage des **rechtsmissbräuchlichen Handelns bei § 242 BGB**. Der „AGG-Hopper", der den Bewerberstatus nur erlangen will, um anschließend Schadensersatzansprüche geltend zu machen, ist damit zwar Bewerber nach § 6 Abs. 1 S. 2 AGG. Ansprüche nach § 15 AGG werden aber durch den Einwand rechtsmissbräuchlichen Handelns gesperrt.

Das Bestreben missbräuchliche Bewerbungen aus dem Anwendungsbereich des AGG auszusortieren, ist mit der Entscheidung des EuGH in der Rechtssache Kratzer (EuGH v. 28.7.2016 – C-423/15 „Kratzer", NZA 2016, 1014) um eine unionsrechtliche Facette erweitert worden. Auf Vorlage des BAG (BAG v. 18.6.2015 – 8 AZR 848/13 (A), NZA 2015, 1063) hat der EuGH die Ausnahme missbräuchlicher Bewerbungen als **unionsrechtskonform** bestätigt. Im Kontext der Art. 3 RL 2000/78/EG bzw. Art. 1 RL 2006/54/EG suchen solche Personen keinen „Zugang zur Beschäftigung oder zu abhängiger Erwerbstätigkeit". Ein solches Verhalten ist **im Sinne der Richtlinien missbräuchlich** und führt in der Konsequenz dazu, dass der „AGG-Hopper" sich nicht auf den Schutz vor Diskriminierungen durch die Richtlinien berufen kann (näher *Rolfs*, NZA 2016, 586). Auch wenn der Vorlagebeschluss des BAG sich noch auf das Kriterium der subjektiven Ernsthaftigkeit bezog (BAG v. 18.6.2015 – 8 AZR 848/13 (A), NZA 2015, 1063 Rz. 29), ist davon auszugehen, dass die zwischenzeitliche Rechtsprechungsänderung des 8. Senats – hin zum formalen Bewerberbegriff – die unionsrechtliche Legitimation durch den EuGH nicht in Frage stellt. Die Zielvorgabe des EuGH, dass Personen, die kein wirkliches Interesse an der Stelle haben, sich auch nicht auf den Schutz der Gleichbehandlungsrichtlinien berufen können, kann auch über § 242 BGB umgesetzt werden und muss nicht zwingend im Bewerberbegriff selbst verortet werden. 1580

Das Prüfungsprogramm der Schadensersatzansprüche aus § 15 AGG ist mithin um die Prüfung des Rechtsmissbrauchseinwandes zu ergänzen. Gegenstand der Prüfung des § 242 BGB ist nach den Vorgaben des EuGH jedenfalls eine **objektive**, wie eine **subjektive** Komponente (EuGH v. 28.7.2016 – C-423/15 „Kratzer", NZA 2016, 1014 Rz. 38): 1581

„Was zum einen das objektive Tatbestandsmerkmal betrifft, muss sich aus einer Gesamtwürdigung der objektiven Umstände ergeben, dass trotz formaler Einhaltung der von der Unionsregelung vorgesehenen Bedingungen das Ziel dieser Regelung nicht erreicht wurde." (EuGH v. 28.7.2016 – C-423/15 „Kratzer", NZA 2016, 1014 Rz. 39) 1582

„Zum anderen erfordert eine solche Feststellung ein subjektives Tatbestandsmerkmal: Es muss aus einer Reihe objektiver Anhaltspunkte ersichtlich sein, dass wesentlicher Zweck der fraglichen Handlungen die Erlangung eines ungerechtfertigten Vorteils ist. Denn das Missbrauchsverbot greift nicht, wenn die fraglichen Handlungen eine andere Erklärung haben können als nur die Erlangung eines Vorteils." (EuGH v. 28.7.2016 – C-423/15 „Kratzer", NZA 2016, 1014 Rz. 40) 1583

Die **Konkretisierung** dieser Vorgaben wird an dieser Stelle den nationalen Gerichten obliegen. Für den objektiven Tatbestand des Rechtsmissbrauches nicht ausreichend, ist allerdings der alleinige der Umstand, dass eine Vielzahl von Bewerbungen versandt wurden und auch schon mehrere Schadensersatzansprüche geltend gemacht wurden (BAG v. 19.5.2016 – 8 AZR 477/14, BeckRS 2016, 75826 Rz. 39 ff.). Ebenfalls keinen definitiven Rückschluss auf die Voraussetzungen des Rechtsmissbrauches erlaubt der Grad an „Mühe" den der Bewerber sich gegeben hat. Einen Erfahrungssatz, dass derjenige, der sich kaum Mühe mit der Bewerbung macht, auch kein wirkliches Interesse an der Tätigkeit hat, erkennt das BAG nicht an (BAG v. 19.5.2016 – 8 AZR 477/14, BeckRS 2016, 75826 Rz. 36). Von den 1584

Vorgaben des Rechtsmissbrauches jedenfalls erfasst sind die Fälle des „AGG-Hoppings", die zuvor im Rahmen des § 6 Abs. 1 S. 2 AGG mangels „Ernsthaftigkeit" aussortiert wurden. Insoweit geht die alte Rechtsprechung zu § 6 Abs. 1 S. 2 AGG partiell in der Rechtsmissbrauchsprüfung anhand von § 242 BGB auf. Während das subjektive Tatbestandsmerkmal darin besteht, dass die Bewerbung mit dem ausschließlichen Ziel eingereicht wird, Schadensersatzansprüche geltend zu machen, bietet es sich hinsichtlich des objektiven Tatbestandes an, auf das im Kontext des § 3 Abs. 1, Abs. 2 AGG aufgegebene (Rz. 1587) Kriterium der objektiven Eignung abzustellen.

c) Formen der Benachteiligung

1585 § 7 Abs. 1 AGG verbietet die Benachteiligung eines Beschäftigten. Was eine Benachteiligung ist, definiert § 3 AGG. Die verschiedenen Formen der Benachteiligung haben ihren Ursprung im europäischen Recht.

1586 Der EuGH entwickelte im Rahmen seiner Rechtsprechung zur Geschlechterdiskriminierung die **unmittelbare** und die **mittelbare Diskriminierung**. Die Antidiskriminierungsrichtlinien haben sodann die **Belästigung** und die **Anweisung zur Benachteiligung** der Benachteiligung gleichgestellt und für unzulässig erklärt. Der nationale Gesetzgeber hat getreu der Richtlinienvorgaben alle verschiedenen Formen der Benachteiligung in § 3 Abs. 1 bis 5 AGG legal definiert. Demnach ist auch auf nationaler Ebene die unmittelbare und mittelbare Benachteiligung, die („normale" und die sexuelle) Belästigung sowie die Anweisung zur Benachteiligung unzulässig. Das AGG normiert – europäischen Vorgaben entsprechend – **fünf Tatbestände der Benachteiligung**.

aa) Unmittelbare Benachteiligung

1587 Gemäß § 3 Abs. 1 AGG liegt eine unmittelbare Benachteiligung vor, wenn eine Person wegen eines in § 1 AGG genannten Grundes eine weniger günstige Behandlung erfährt, als eine andere Person in einer vergleichbaren Situation erfährt, erfahren hat oder erfahren würde (ebenso Art. 2 Abs. 2 lit. a der Richtlinien).

1588 Das Differenzierungsmerkmal muss bei der unmittelbaren Benachteiligung **direkter Anknüpfungspunkt** der Behandlung sein. Die unmittelbare Benachteiligung stellt die schärfste und direkteste Form der Benachteiligung dar, was ihre Nachweisbarkeit in der Praxis erleichtert. Die direkte Anknüpfung erfordert jedoch nicht, dass das verpönte Merkmal auch tatsächlich vorgelegen hat. Zu beachten ist, dass die unmittelbare Benachteiligung nicht das tatsächliche Vorliegen des Diskriminierungsmerkmales verlangt, sondern an die **Motivationslage des Täters** anknüpft, § 7 Abs. 1 2. Hs. AGG (BAG v. 17.12.2009 – 8 AZR 670/08, NZA 2010, 383 Rz. 14). Ausreichend für eine vom AGG erfasste Diskriminierung ist in diesem Kontext die Vorstellung des Täters von einem in § 1 AGG genannten Diskriminierungsmerkmal beim Opfer und eine an diese subjektive Tatsache unmittelbar oder mittelbar anknüpfende Benachteiligung (sog. „Putativdiskriminierung", *Adomeit/Mohr* NZA 2007, 179, 181). Die Anknüpfung an die Motivation des Arbeitgebers bewirkt in der umgekehrt gelagerten Konstellation, dass ein objektiv benachteiligendes Verhalten, **ohne Kenntnis** des Arbeitgebers vom Diskriminierungsmerkmal, nicht ausreichen kann.

1589 **Beispiele für unmittelbare Benachteiligungen:** Die Bewerberin wird abgewiesen, weil Frauen für diese Tätigkeit generell nicht in Betracht kommen. Der Angestellte wird nicht befördert, weil Homosexuelle nach dem Willen des Arbeitgebers nicht in höherrangigen Positionen arbeiten sollen. Ein Tarifvertrag sieht in seinen Entgeltgruppen Lebensaltersstufen vor und knüpft somit unmittelbar an das Alter an.

A wird nicht befördert, weil sein Arbeitgeber davon ausgeht, er gehöre den Zeugen Jehovas an. Tatsächlich ist A Katholik. Die Tatsache, dass der Arbeitgeber sich über die Religionszugehörigkeit geirrt hat, ändert nichts an der Erfüllung des Tatbestands.

Nach dem Gesagten ist z.B. keine unmittelbare Benachteiligung gegeben, wenn der (öffentliche) Arbeitgeber einen schwerbehinderten Bewerber (entgegen § 165 S. 2 SGB IX) nicht zum Vorstellungsgespräch einlädt, weil ihm die Schwerbehinderung nicht bekannt ist. Gerade im Kontext der (Schwer-)Behinderung verlangt das BAG daher, dass sich aus den Bewerbungsunterlagen die Schwerbehinderteneigenschaft erkennen lässt (BAG v. 26.9.2013 – 8 AZR 650/12, NZA 2014, 258 Rz. 31).

§ 3 Abs. 1 AGG verbietet nicht jedwede Andersbehandlung, sondern nur die **ungünstigere Behandlung**. Diese ist gegeben, wenn der Betroffene im Verhältnis zu einer anderen Person zurückgesetzt worden ist. Die bloße Gefahr eines Nachteils löst dabei noch keine Ansprüche aus, sondern es muss zu einem eindeutigen Zurückversetzen gekommen sein, welches noch andauert oder bereits abgeschlossen ist. Ob die Behandlung ungünstiger ist, beurteilt sich nicht nach dem persönlichen Empfinden des Betroffenen. Es gilt ein **objektiver Maßstab** (*Bauer/Krieger* AGG § 3 Rz. 8). Die ungünstigere Behandlung kann auch mittels Unterlassen, also der Nichtvornahme einer gebotenen Handlung, erfolgen. 1590

Zur Feststellung der unzulässigen Benachteiligung bedarf es stets einer **Vergleichsperson in vergleichbarer Situation**. Hinsichtlich der Vergleichsperson lässt das Gesetz mehrere Möglichkeiten zu. Grundsätzlich ist zu fragen, ob der Betroffene im Vergleich zu einer im Betrieb vorhandenen vergleichbaren Person **aktuell** benachteiligt wird („erfährt"). Ist ein aktueller Vergleich nicht möglich, genügt auch die **früher** erfolgte Besserstellung der Vergleichsperson („erfahren hat"). Schließlich kann, wenn eine Vergleichsperson im Betrieb nicht vorhanden ist, sogar eine **hypothetische Vergleichsperson** („erfahren würde") herangezogen werden (ErfK/*Schlachter* § 3 AGG Rz. 5). Abstand genommen hat das BAG dagegen vom Kriterium der **„objektiven Geeignetheit"** (BAG v. 19.5.2016 – 8 AZR 470/14, NZA 2016, 1394 Rz. 24 ff.). Dies gilt neben der unmittelbaren auch für die mittelbare Benachteiligung. Bis dato ging das BAG davon aus, dass eine vergleichbare Situation die objektive Geeignetheit der Stellenbewerber erfordere (BAG v. 18.3.2010 – 8 AZR 77/09, NZA 2010, 872 Rz. 22), weil eine Auswahlsituation unter vergleichbaren Bewerbern überhaupt nur vorliegen könne, sofern diese die grundsätzliche Eignung für die Stelle aufweisen. Gegen das Kriterium lässt sich mit dem BAG insbesondere anbringen, dass die RL 2000/78/EG keine Anhaltspunkte für die Verengung des Vergleichsmaßstabes erkennen lässt (BAG v. 19.5.2016 – 8 AZR 470/14, NZA 2016, 1394 Rz. 30). Im Ergebnis kann damit auch ein Bewerber nach § 3 AGG benachteiligt werden, der für die Stelle nicht objektiv geeignet ist. Weil auch die hypothetische Vergleichsperson erfasst ist, entscheidet mithin alleine, ob er die ungünstigere Behandlung nicht erfahren hätte, wenn er das von § 1 AGG erfasste Merkmal nicht aufweisen würde. Die Frage der objektiven Eignung spielt nunmehr für die Frage des Rechtsmissbrauchseinwandes als objektives Tatbestandsmerkmal eine Rolle. 1591

Beispiel (angelehnt an BAG v. 19.5.2016 – 8 AZR 470/14, NZA 2016, 1394): Der 60 jährige K, der beide juristischen Staatsprüfungen mit 7 Punkten absolviert hat, bewirbt sich bei einer auf Öffentliches Recht und Immobilienrecht spezialisierten Partnerschaft von Rechtsanwälten. Die Kanzlei hatte zuvor eine Stellenanzeige geschaltet, in der ein Rechtsanwalt gesucht wurde, der nicht älter als 35 Jahre alt sein dürfe. Die Stellenanzeige machte zudem deutlich, dass überdurchschnittliche Examina erforderlich waren. In einem solchen Fall ist es nunmehr nicht zulässig, schon die unmittelbare Benachteiligung wegen des Alters nach § 3 Abs. 1 AGG mit dem Argument zu verneinen, dass K ohne doppeltes Prädikatsexamen für die Stelle schon objektiv nicht geeignet ist. Allein entscheidend ist, ob eine hypothetische Vergleichsperson bis 35 Jahre die ungünstige Behandlung nicht erfahren hätte. Folgerichtig liegt hier eine unmittelbare Diskriminierung wegen des Alters vor. Bei entsprechenden (subjektiven) Anhaltspunkten für „AGG-Hopping" erlangt das Kriterium als objektiver Bestandteil des Rechtsmissbrauchstatbestandes Relevanz, nicht jedoch für die Frage der Benachteiligung an sich.

Bei einer Bewerbung kann die **Nichteinladung zu einem Vorstellungsgespräch** eine ungünstigere Behandlung darstellen. Die Benachteiligung liegt hier bereits in der Versagung der Chance, im Vorstellungsgespräch zu überzeugen (BAG v. 23.8.2012 – 8 AZR 285/11, NZA 2013, 37 Rz. 22). Anknüpfend an die vorherigen Ausführungen ist es nun auch hier nicht mehr von Bedeutung, ob der für das Vorstellungsgespräch nicht berücksichtigte Bewerber für die Tätigkeit objektiv geeignet war (so das BAG noch in der zitierten Entscheidung, BAG v. 23.8.2012 – 8 AZR 285/11, NZA 2013, 37 Rz. 26). 1592

Eine unmittelbare Benachteiligung kann auch dann vorliegen, wenn eine Vergleichsperson im Unternehmen nicht vorhanden ist und auch nie vorhanden war (*Wisskirchen* DB 2006, 1491). Die verschie- 1593 denen Varianten stehen in einer notwendigen Rangfolge. Fehlt die aktuelle Vergleichsperson, ist auf früher beschäftigte Vergleichspersonen zurückzugreifen, bevor eine hypothetische Betrachtung angestellt werden darf (*Diller/Krieger/Arnold* NZA 2006, 887, 892). Wenn eine hypothetische Vergleichsperson herangezogen wird, entbindet dies nicht von der Voraussetzung der tatsächlichen Zurücksetzung. Nur der Vergleich darf hypothetisch sein, nicht der erlittene Nachteil. Ferner darf der Vergleich nur mit einer Person in **vergleichbarer Situation** stattfinden, sodass solche Vergleiche ausgeschlossen werden, bei denen die Differenzierung bspw. veränderten Arbeitsmarktbedingungen, wie plötzlicher Knappheit/Überangebot von bestimmten Qualifikationen, geschuldet ist (ErfK/*Schlachter* § 3 AGG Rz. 3).

1594 Ebenfalls eine unmittelbare Benachteiligung liegt vor, wenn das gewählte Entscheidungskriterium untrennbar mit einem in § 1 AGG genannten Merkmal verbunden ist (BT-Drs. 16/1780 32). Dieser untrennbare Zusammenhang ist bei der Mutter- und Schwangerschaft unproblematisch gegeben. So normiert § 3 Abs. 1 S. 2 AGG die **Benachteiligung wegen der Schwangerschaft** explizit als unmittelbare Benachteiligung wegen des Geschlechts.

Beispiel: Es stellt eine unmittelbare Geschlechtsdiskriminierung dar, wenn eine Frau, die für eine Beförderungsposition vorgesehen ist, aber vor der Besetzung schwanger wird, die Stelle deshalb nicht erhält, sondern ein Mann. Indiz für die Benachteiligung können Äußerungen von Vorgesetzten als Trost für die Nichtberücksichtigung sein, etwa derart, sie solle „sich auf ihr Kind freuen" (BAG v. 24.4.2008 NJW 2008, 3658).

1595 Aber auch andere Merkmale kommen in Betracht: Die Benachteiligung wegen der Berechtigung zum Bezug einer Rente wegen Alters ist eine unmittelbare Anknüpfung an das **Alter** (EuGH v. 12.10.2010 – C-499/08 „Andersen" NZA 2010, 1341). Die Differenzierung zwischen Ehe und eingetragener Lebenspartnerschaft unterscheidet zwar nach dem Familienstand, aber gleichwohl unmittelbar nach der **sexuellen Identität** (EuGH v. 1.4.2008 – C-267/06 „Maruko", NZA 2008, 459; EuGH v. 12.12.2013 – C-267/12 „Hay", NZA 2014, 153 Rz. 32 ff.).

1596 Eine **Benachteiligungsabsicht** ist nicht erforderlich (DB/*Schrader/Schubert* § 3 AGG Rz. 46). Auch ist die Frage nach einem Verschulden, anders als beim Schadensersatz gemäß § 15 Abs. 1 AGG, für das Vorliegen einer Benachteiligung unerheblich. Allerdings bedarf es einer **objektiven Zurechenbarkeit**, denn eine unmittelbare Benachteiligung liegt gemäß § 3 Abs. 1 AGG nur vor, wenn die ungünstigere Behandlung **wegen** eines verpönten Merkmals erfolgt. Unterschiedliche Behandlungen aus anderen Gründen sollten mithin nicht ausgeschlossen werden. Unschädlich ist allerdings, wenn die anderen Gründe neben dem Merkmal stehen, wenn also **nicht *nur* wegen** des verpönten Merkmals ungünstiger behandelt wird. Eine unmittelbare Benachteiligung wird nicht dadurch ausgeschlossen, dass neben dem unzulässigen Merkmal andere Gründe maßgeblich waren. In der Rechtsprechung des BAG und des BVerfG genügt es zunächst, wenn in einem **Motivbündel**, das die Entscheidung beeinflusst hat, das unzulässige Merkmal enthalten ist (BVerfG v. 16.11.1993 – 1 BvR 258/86, NJW 1994, 647; BAG v. 16.2.2012 – 8 AZR 697/10, NZA 2012, 667; BAG v. 26.9.2013 – 8 AZR 650/12, NZA 2014, 258 Rz. 25). Dabei kommt es nicht auf ein schuldhaftes Handeln oder eine Benachteiligungsabsicht an. Ausreichend ist insofern bereits die **Mitursächlichkeit** (BAG v. 26.9.2013 – 8 AZR 650/12, NZA 2014, 258 Rz. 25). So kann eine Kündigung vor Erfüllung der Wartezeit unwirksam sein, wenn der Arbeitnehmer wegen seiner herkunftsbedingten kulturellen Überzeugungen diskriminiert wird (BAG v. 22.5.2003 – 2 AZR 426/02, AP Nr. 18 zu § 1 KSchG 1969 Wartezeit = NZA 2004, 399 (Ls.)). Das BVerfG hat gebilligt, dass das unzulässige Merkmal maßgebliches Motiv für die Kündigungsentscheidung gewesen sein muss (vgl. BVerfG v. 21.6.2006 – 1 BvR 1659/04, NZA 2006, 913). Die Feststellung, ob das unzulässige Merkmal das maßgebliche Motiv war, wird durch die Beweislastumkehr (§ 22 AGG) erleichtert. Es geht eben darum, die Motivation des Anspruchsgegners, eine „innere Tatsache", zu beweisen, wobei die Beweislastregel hilft (hierzu *Gaier/Wendtland* § 3 Rz. 150 ff.).

bb) Mittelbare Diskriminierung

1597 Das Rechtsinstitut der mittelbaren Diskriminierung wurde im US-amerikanischen Recht entwickelt. Im Rahmen des Verbots der Geschlechterdiskriminierung hat der EuGH es für das europäische Recht übernommen (EuGH v. 31.3.1981 – 96/80 „Jenkins", NJW 1981, 2639; EuGH v. 13.5.1986 – Rs. 170/84 „Bilka", NZA 1986, 599; BAG v. 14.10.1986 – 3 AZR 66/83, DB 1987, 994). Mittlerweile ist diese Benachteiligungsform einhellig anerkannt. Nunmehr ist sie sowohl in den Richtlinien als auch im AGG legal definiert. **Gemäß § 3 Abs. 2 AGG liegt eine mittelbare Benachteiligung vor,**

- wenn dem **Anschein nach neutrale Vorschriften, Kriterien oder Verfahren** Personen wegen eines in § 1 AGG genannten Grundes gegenüber anderen Personen in besonderer Weise benachteiligen können,
- es sei denn, die betreffenden Vorschriften, Kriterien oder Verfahren sind durch ein rechtmäßiges Ziel **sachlich gerechtfertigt** und die Mittel sind zur Erreichung dieses Ziels **angemessen** und **erforderlich**.

Kennzeichen der mittelbaren Diskriminierung ist mithin, dass die diskriminierende Regelung zwar **neutral formuliert** ist, in ihren **tatsächlichen Auswirkungen** jedoch zu einer gesetzeswidrigen Benachteiligung führt. So liegt eine mittelbare Geschlechtsdiskriminierung vor, wenn eine an sich geschlechtsneutral formulierte Regelung de facto wesentlich mehr Angehörige des einen als des anderen Geschlechts betrifft und dies nicht auf Gründe zurückgeführt werden kann, die nichts mit einer Diskriminierung aufgrund des Geschlechts zu tun haben. Da in diesen Fällen typischerweise überwiegend gruppenangehörige Personen die nachteilige Wirkung trifft, ist zu vermuten, dass gerade die Gruppenzugehörigkeit maßgebliche Ursache der Benachteiligung ist (ErfK/*Schlachter* § 3 AGG Rz. 9). Typische Beispiele sind die Ungleichbehandlung von Teilzeitbeschäftigten, die überwiegend (meist um die 90 %) weiblichen Geschlechts sind, oder die Diskriminierung wegen des Alters bei Anknüpfung an das Dienstalter. Eine Benachteiligungsabsicht ist auch hier nicht erforderlich. 1598

Beispiele für eine mittelbare Diskriminierung: 1599
- Eine Eingruppierungsregelung erfasst unter dem Merkmal der schweren körperlichen Arbeit nur Tätigkeiten, die mit muskulärer Kraftanstrengung verbunden sind und daher zum überwiegenden Teil von Männern ausgeübt werden.
- Der Arbeitgeber befördert nur Mitarbeiter, deren Muttersprache deutsch ist, wovon ausländische Mitarbeiter besonders betroffen sind.
- Die Anforderung an die Körpergröße kann Menschen bestimmter ethnischer Herkunft benachteiligen.
- Kleidervorschriften können bestimmte religiöse Gruppen besonders stark betreffen.
- Die Anforderung einer besonders langen Berufserfahrung kann jüngere Arbeitnehmer mittelbar benachteiligen.
- Gewährung von Leistungen in Abhängigkeit von Fehlzeiten der Arbeitnehmer stellen eine mittelbare Diskriminierung wegen der Behinderung dar (BAG v. 20.6.2013 – 6 AZR 907/12, NZA-RR 2013, 662 Rz. 44). Dies deshalb, weil behinderte Arbeitnehmer typischerweise mehr krankheitsbedingte Fehlzeiten vorweisen.

Intention dieses Rechtsinstituts ist es, den Schutz vor Diskriminierungen wegen eines Merkmals zu unterstützen. Im Kern stellt das Verbot der mittelbaren Benachteiligung ein **Umgehungsverbot** dar. Somit wird verhindert, dass Diskriminierungen wegen eines Merkmals mit Hilfe neutraler Kriterien, die typischerweise eine geschützte Gruppe betreffen, ermöglicht werden. 1600

Dem **Anschein nach neutral** ist eine Vorschrift oder Maßnahme, wenn die Differenzierungskriterien **nicht direkt an ein Merkmal anknüpfen**. Hierin liegt die Abgrenzung zur unmittelbaren Benachteiligung. Schwierigkeiten bereitet die Abgrenzung, wenn die Vorschriften oder Maßnahmen an Kriterien anknüpfen, die im Zusammenhang mit dem Merkmal stehen. Liegt ein untrennbarer Zusammenhang vor, so handelt es sich um eine unmittelbare Diskriminierung. Eine Abgrenzung ist unabdingbar, weil beide Benachteiligungsformen **unterschiedlichen Rechtfertigungsanforderungen** unterliegen. 1601

Wie sich aus der Formulierung „benachteiligen können" ergibt, ist der **Nachweis einer tatsächlichen Benachteiligung im konkreten Fall keine Voraussetzung für eine mittelbare Benachteiligung** (*Annuß* BB 2006, 1629, 1631). Die Vorschriften oder Maßnahmen müssen lediglich geeignet sein, den Betroffenen in besonderer Weise benachteiligen zu können. Mit der Voraussetzung „in besonde- 1602 rer Weise" nimmt der europäische Gesetzgeber Abstand von der früher notwendigen Voraussetzung des statistischen Nachweises, ohne ihn jedoch auszuschließen (Schiek/Schiek § 3 AGG Rz. 24; zum statistischen Nachweis auch BAG v. 21.6.2012 – 8 AZR 364/11, NZA 2012, 1345 Rz. 36).

1603 *„Aus Statistiken können sich grundsätzlich Indizien für eine geschlechtsbezogene Diskriminierung ergeben. Diese Statistiken müssen allerdings im Hinblick auf ein diskriminierendes Verhalten des Arbeitgebers aussagekräftig sein. Allein der Tatsache, dass in derselben Branche in der vergleichbaren Hierarchieebene der Frauenanteil höher ist als bei dem betroffenen Arbeitgeber, kommt keine Indizwirkung für eine geschlechtsbezogene Diskriminierung von Frauen bei Beförderungsentscheidungen zu. Gleiches gilt für den Umstand, dass in den oberen Hierarchieebenen des Arbeitgebers ein deutlich geringerer Frauenanteil vorliegt als im Gesamtunternehmen. Für die Annahme einer geschlechtsbezogenen Benachteiligung bedarf es über die bloßen Statistiken hinaus weiterer Anhaltspunkte."* (BAG v. 22.7.2010 – 8 AZR 1012/08, NZA 2011, 93)

1604 Indiz einer besonderen Betroffenheit kann daher weiterhin die **zahlenmäßig stärkere Beeinträchtigung** sein. Anders als bei der unmittelbaren Benachteiligung erfolgt die Feststellung der Zurücksetzung mittels eines **Gruppenvergleichs** (dazu *Bauer/Krieger* AGG § 3 Rz. 24). Die Vergleichsgruppenbildung bestimmt sich nach dem jeweils persönlichen Anwendungsbereich der Vorschriften oder Maßnahmen. Eine betriebliche Auswahlrichtlinie betrifft alle Bewerber, eine tarifvertragliche Regelung alle Tarifgebundenen. Zu vergleichen sind dann die Gruppen, die durch die Regelung belastet oder begünstigt werden. Das entbindet aber nicht von der Voraussetzung der **konkreten Betroffenheit**. Allein die abstrakte Gefahr der Betroffenheit ist nämlich nicht ausreichend, vielmehr muss der Benachteiligte von der Vorschrift oder Maßnahme konkret betroffen sein. Dafür muss eine **hinreichende Gefahr** bestehen, dass ihm im Vergleich zu einer anderen Personengruppe ein besonderer Nachteil droht (BT-Drs. 16/1780 S. 33).

1605 Eine mittelbare Benachteiligung liegt nicht vor, wenn die betreffenden Vorschriften, Kriterien oder Verfahren durch ein rechtmäßiges Ziel sachlich gerechtfertigt und die Mittel zur Erreichung dieses Ziels angemessen und erforderlich sind. Infolgedessen sind – anders als bei § 3 Abs. 1 AGG – die **rechtfertigenden Gründe als negatives Tatbestandsmerkmal zu prüfen**. Entfällt insoweit schon die Diskriminierung schon auf Tatbestandsebene, besteht für die übrigen Rechtfertigungsmöglichkeiten, insbesondere für § 8 AGG, kein Anwendungsraum. Dies führt dazu, dass bereits auf Tatbestandsebene eine Abwägungsentscheidung zu treffen ist. Die mittelbare Benachteiligung ist gemessen an der unmittelbaren ein weniger schwerwiegender Eingriff. Daher ist die Rechtfertigungsschwelle bei der mittelbaren Diskriminierung niedriger als bei § 3 Abs. 1 AGG (*Bauer/Krieger* AGG § 3 Rz. 32) und entspricht im Wesentlichen den Anforderungen an die Rechtfertigung einer unmittelbaren Benachteiligung wegen Alters nach § 10 AGG (vgl. EuGH v. 5.3.2009 – C-388/07 „Age Concern", NZA 2009, 305, 309 f.). **Sachliche Gründe**, die ihrerseits nicht diskriminierend sind, reichen aus (BAG v. 18.9.2014 – 6 AZR 636/13, NZA 2014, 1400 Rz. 23). Rechtmäßig ist ein Ziel, wenn es objektiv billigenswert ist. Hinsichtlich der Maßnahmen ist sodann eine Verhältnismäßigkeitsprüfung i.e.S. erforderlich. Die Verhältnismäßigkeit der Zweck-Mittel-Relation hält das BAG für gegeben, wenn die mittelbar benachteiligende Maßnahme objektiv zur Durchsetzung eines unternehmerischen Bedürfnisses erforderlich ist, also nicht auf dem Geschlecht beruht und sachlich angemessen ist (BAG v. 23.1.1990 – 3 AZR 58/88, NZA 1990, 778, 779 m.w.N.).

1606 **Beispiele für sachliche Gründe bei mittelbarer Benachteiligung:**
- Anforderungen an eine bestimmte Zeit der Vollzeittätigkeit für eine qualitativ hochwertige Ausbildung (EuGH v. 9.9.2003 – C-25/02 „Rinke", EAS RL 76/207/EWG Art. 2 Nr. 26);
- Dauer der Betriebszugehörigkeit (EuGH v. 17.10.1989 – C-109/88 „Danfoss", AP EWG-Vertrag Art. 119 Nr. 27);
- Flexibilität und Berufsausbildung, soweit sie für die vereinbarte Arbeitsleistung erforderlich sind und gegenüber den Beschäftigten fair und gleichmäßig verwendet wurden;
- Das Kriterium des Dienstalters ist zur Honorierung der erworbenen Berufserfahrung zulässig, weil sie es dem Arbeitnehmer erlaubt, seine Arbeit besser zu verrichten; etwas anders gilt nur, wenn der Arbeitnehmer Anhaltspunkte darlegt, die geeignet sind, ernstliche Zweifel in dieser Hinsicht aufkommen zu lassen

(EuGH v. 3.10.2006 – C-17/05 „Cadman", NZA 2006, 1205; EuGH v. 18.6.2009 – C-88/08 „Hütter", NZA 2009, 891 Rz. 47).
– Verstärkter formeller Kündigungsschutz für länger beschäftigte Arbeitnehmer (BAG v. 18.9.2014 – 6 AZR 636/13, NZA 2014, 1400 Rz. 30 ff.).

Die **Darlegungs- und Beweislast**, dass eine mittelbare Diskriminierung von einem Rechtfertigungsgrund gedeckt ist, trägt der Arbeitgeber als Anspruchsgegner (so EuGH v. 27.6.1990 – C-33/89 „Kowalska", NZA 1990, 771 Rz. 16 zu Art. 141 EGV; DB/*Bertzbach* § 22 AGG Rz. 103; a.A. *Bauer/Krieger* AGG § 3 Rz. 37). 1607

Prüfungsschema: Mittelbare Diskriminierung 1608

☐ Geeignetheitsprüfung

☐ Vorliegen einer neutral formulierten Vereinbarung oder Maßnahme,

☐ von der die Angehörigen der einen Gruppe im Vergleich zu den Angehörigen der anderen Gruppe besonders nachteilig betroffen werden (können),

☐ wobei die unterschiedliche Betroffenheit nicht anders als mit dem Diskriminierungsmerkmal erklärt werden kann.

☐ Bestehen objektiver/sachlicher Rechtfertigungsgründe

☐ Die Maßnahmen oder Vereinbarungen dienen einem legitimen Ziel und

☐ sind angemessen und erforderlich, um dieses Ziel zu erreichen.

☐ Liegen Rechtfertigungsgründe vor, besteht **keine mittelbare** Benachteiligung.

cc) Belästigung

Die Antidiskriminierungsrichtlinien haben neben den klassischen Formen der unmittelbaren und mittelbaren Diskriminierung erstmals die **Belästigung als dritte Form der Diskriminierung** eingeführt (Art. 2 Abs. 3 der Richtlinien). Entsprechend dieser Richtlinienvorgaben definiert auch das AGG die Belästigung als Tatbestand der Benachteiligung. Dabei wird zwischen der „normalen" und der sexuellen Belästigung unterschieden. 1609

Gemäß § 3 Abs. 3 AGG gilt eine Belästigung als Benachteiligung, wenn unerwünschte Verhaltensweisen, die mit einem in § 1 AGG genannten Grund im Zusammenhang stehen, bezwecken oder bewirken, dass die Würde der betreffenden Person verletzt und ein von Einschüchterungen, Anfeindungen, Erniedrigungen, Entwürdigungen oder Beleidigungen gekennzeichnetes Umfeld geschaffen wird. 1610

Dieser ausdrücklichen Normierung der Belästigung bedurfte es, da die Belästigung, anders als die unmittelbare und mittelbare Benachteiligung **keinen Ungleichbehandlungtatbestand** darstellt. Vielmehr ergibt sich der Unrechtsgehalt aus der Handlung selbst und nicht erst aus einem Vergleich. Darüber hinaus hebt sich die Belästigung als eine **Benachteiligung immaterieller Art** von den anderen Benachteiligungstatbeständen ab, da sie sich vorwiegend auf subjektive Beeinträchtigungen stützt, während der Diskriminierungsschutz im Übrigen auch finanzielle Nachteile verhindern bzw. ausgleichen soll. 1611

Wesentliches Element der Benachteiligung ist die **unerwünschte Verhaltensweise** (BT-Drs. 16/1780 S. 32). Eine Belästigung liegt jedoch nur vor, wenn die Verhaltensweise geeignet ist, die Würde des Betroffenen zu verletzen. Durch diese **Erheblichkeitsschwelle**, die allerdings nicht erst bei einer Beeinträchtigung überschritten ist, die die Würde des Menschen i.S.d. Art. 1 Abs. 1 GG verletzt, werden geringfügige Eingriffe vom Anwendungsbereich ausgeschlossen. Nicht ausreichend ist es etwa, wenn der Arbeitgeber eine aus dem Ausland stammende Kassiererin dazu auffordert, ihre Deutschkenntnisse durch Teilnahme an einem Deutschkurs zu verbessern (BAG v. 22.6.2011 – 8 AZR 48/10, NZA 1612

2011, 1226). Die unerwünschten Verhaltensweisen können sich in mündlichen Äußerungen oder Gesten zeigen sowie im Verfassen oder Verbreiten schriftlicher Äußerungen (z.B. Verleumdungen, Beleidigungen und abwertende Äußerungen, Anfeindungen, Drohungen und körperliche Übergriffe). Allerdings ist auch hier zu beachten, dass nur solche Verhaltensweisen erfasst sind, die im Zusammenhang mit einem der in § 1 AGG genannten Gründe stehen.

1613 Die **Unerwünschtheit** der Verhaltensweise muss nicht bereits vorher ausdrücklich gegenüber den Belästigenden zum Ausdruck gebracht worden sein. Vielmehr ist es ausreichend, dass die Handelnden aus der Sicht eines objektiven Beobachters davon ausgehen können, dass ihr Verhalten unter den gegebenen Umständen von den Betroffenen nicht erwünscht ist oder auch nicht akzeptiert wird (BT-Drs. 16/1780 S. 32). Dies ist folgerichtig, da die Erfüllung des Tatbestands sonst vom subjektiven Empfinden des Einzelnen abhängig gemacht würde.

1614 Allein die Würdeverletzung reicht für den Tatbestand der Belästigung nicht aus. § 3 Abs. 3 AGG verlangt **kumulativ** zur Würdeverletzung, dass durch die unerwünschte Verhaltensweise ein aus Einschüchterungen, Anfeindungen, Erniedrigungen, Entwürdigungen oder Beleidigungen gekennzeichnetes Umfeld (sog. **feindliches Umfeld** oder „**hostile environment**") bewirkt oder bezweckt wird. Damit sind einmalige Handlungen nicht geeignet, den Belästigungstatbestand herbeizuführen.

1615 Der Belästigungstatbestand ist von **subjektiven und objektiven Elementen** geprägt. § 3 Abs. 3 AGG normiert, dass die Verhaltensweise eine Würdeverletzung und ein feindliches Umfeld bewirkt **oder** bezweckt. Infolgedessen kann die Belästigung bereits verwirklicht sein, wenn der Belästigende diese beabsichtigt und dennoch der Erfolg ausbleibt. Andererseits führt auch der unbeabsichtigte, aber objektiv kausal herbeigeführte Erfolg zur Verletzung des Benachteiligungsverbots (ErfK/*Schlachter* § 3 AGG Rz. 18). Absicht und Erfolg müssen mithin nicht kumulieren. Somit wird ein weitreichender Schutz vor Belästigungen gewährleistet.

1616 Das BAG sieht in der Definition des § 3 Abs. 3 AGG letztlich den Tatbestand definiert, der landläufig als „**Mobbing**" bezeichnet wird.

„Dieser in § 3 Abs. 3 AGG umschriebene Begriff des ‚Mobbing', der sich lediglich auf Benachteiligungen aus einem der in § 1 AGG genannten Gründe bezieht, kann auf die Fälle der Benachteiligung eines Arbeitnehmers – gleich aus welchen Gründen – übertragen werden. Diese Norm zeigt vor allem, dass es grundsätzlich auf die Zusammenschau der einzelnen ‚unerwünschten' Verhaltensweisen ankommt, um zu beurteilen, ob ‚Mobbing' vorliegt. [...] Wesensmerkmal der als ‚Mobbing' bezeichneten Form der Rechtsverletzung des Arbeitnehmers ist damit die systematische, sich aus vielen einzelnen Handlungen/Verhaltensweisen zusammensetzende Verletzung, wobei den einzelnen Handlungen oder Verhaltensweisen für sich allein betrachtet oft keine rechtliche Bedeutung zukommt." (BAG v. 25.10.2007 – 8 AZR 593/06, NZA 2008, 223 Rz. 59)

dd) Sexuelle Belästigung

1617 Einen eigenen Tatbestand widmet das AGG der sexuellen Belästigung. Dies resultiert aus ihrer Besonderheit als Diskriminierung wegen des Geschlechts. So definiert Art. 2 Abs. 2 lit. a RL 2006/54/EG ausdrücklich die sexuelle Belästigung als Diskriminierungsverbot wegen des Geschlechts im Bereich von Beschäftigung und Beruf. Der Schutz vor sexueller Belästigung war zuvor im Beschäftigungsschutzgesetz (BSchG), welches mit Einführung des AGG aufgehoben wurde, geregelt. Durch § 3 Abs. 4 AGG wurden dessen Vorschriften in das AGG integriert. Die sexuelle Belästigung ist eine Belästigung gemäß § 3 Abs. 3 AGG, die aus sexuellen Motiven erfolgt.

1618 Daher gilt grundsätzlich für die sexuelle Belästigung das zur Belästigung Gesagte. Abweichend zu § 3 Abs. 3 sind jedoch **einmalige Belästigungshandlungen** vom Schutzbereich erfasst (BAG v. 9.6.2011 – 2 AZR 323/10, NZA 2011, 1342 Rz. 18). Denn § 3 Abs. 4 AGG definiert eine sexuelle Belästigung in Bezug auf § 2 Abs. 1 Nr. 1 bis 4 AGG als ein unerwünschtes, sexuell bestimmtes Verhalten, wozu auch unerwünschte sexuelle Handlungen und Aufforderungen zu diesen, sexuell bestimmte körperliche Berührungen, Bemerkungen sexuellen Inhalts sowie unerwünschtes Zeigen und sichtbares Anbringen von pornographischen Darstellungen gehören, bezweckt oder bewirkt, dass die Würde der betreffenden Person verletzt wird, insbesondere wenn ein von Einschüchterungen, Anfeindungen, Erniedrigungen, Entwürdigungen oder Beleidigungen gekennzeichnetes Umfeld geschaffen wird. Aufgrund der Formulierung „*insbesondere*" ist das feindliche Umfeld nicht notwendige Voraussetzung, aber hinreichendes Indiz (*Annuß* BB 2006, 1629, 1632). Es genügt daher, dass eine würdeverletzende Verhaltensweise vorliegt, auch wenn sie kein feindliches Umfeld schafft.

Schließlich unterscheidet sich die sexuelle Belästigung von der Belästigung durch das Erfordernis der **sexuellen Bestimmtheit** des Verhaltens. Auch für das sexuell bestimmte Verhalten ist ein objektiver Maßstab anzulegen (BAG v. 9.1.1986 – 2 ABR 24/85, NZA 1986, 467). Was sexuell bestimmtes Verhalten sein kann, zählt § 3 Abs. 4 Hs. 2 AGG beispielhaft, aber nicht abschließend auf. 1619

Abweichend vom Regelungsgehalt des § 3 BSchG a.F. ist der Anwendungsbereich des § 3 Abs. 4 AGG weiter. Anstelle des Begriffs „vorsätzliche" und „abgelehntes Verhalten" tritt in § 3 Abs. 4 AGG das Merkmal der Unerwünschtheit. Demnach bedarf es auch für die sexuelle Belästigung **keines subjektiven Elements** mehr (ErfK/*Schlachter* § 3 AGG Rz. 15). Die Frage nach dem Verschulden stellt sich dann erst im Rahmen der Schadensersatzansprüche. Daneben kann der Betroffene auch Ansprüche gemäß §§ 823, 253 Abs. 2 BGB geltend machen. 1620

Beispiel (angelehnt an BAG v. 20.11.2014 – 2 AZR 651/13, NZA 2015, 294): Der Kläger ist bei der Beklagten als Kfz-Mechaniker angestellt, die für Reinigungstätigkeiten auf externes Personal zurückgreift. Am 27.2.2012 traf der Kläger im Sozialraum eine externe Reinigungskraft an, die er nicht kannte. Im Gesprächsverlauf sagte er zu ihr, sie habe einen schönen Busen und berührte sie an der Brust, was die Reinigungskraft zurückwies. Der Arbeitgeber nahm den Vorfall als Anlass zum Ausspruch einer außerordentlichen Kündigung. Im Kündigungsschutzprozess trug der Kläger u.a. vor, dass er den Eindruck gehabt habe die Reinigungskraft flirte mit ihm. Anschließend sei es zu einem „Blackout" seinerseits gekommen. 1621

Das BAG hat das Verhalten gleichwohl treffend als sexuelle Belästigung nach § 3 Abs. 4 AGG eingeordnet. Dass es sich um einen einmaligen Vorgang handelte – und ein „hostile environment" insoweit nicht geschaffen werden konnte – schadet nur für den Tatbestand der Belästigung, nicht aber für die sexuelle Belästigung. Die Handlung des Klägers war objektiv ungewünscht, was für ihn auch erkennbar war. Die eigene Einschätzung zu dem Verhalten (vorgestellter Flirt, „Blackout") ist angesichts des objektiven Maßstabs irrelevant. Im Ergebnis hielt das BAG die außerordentliche Kündigung für unwirksam; als verhältnismäßige Reaktion habe die auch in § 12 Abs. 3 AGG erwähnte Abmahnung genügt.

ee) Anweisung zur Diskriminierung

Darüber hinaus gilt entsprechend der Richtlinienvorgaben (Art. 2 Abs. 4) auch die Anweisung zur Diskriminierung einer Person selbst als Diskriminierung. Wie bereits die Belästigung bedarf die Anweisung einer ausdrücklichen Normierung im Gesetz. Denn sie ist ebenfalls kein Ungleichbehandlungstatbestand. Mit dem Verbot der Anweisung wird der **Schutz vor Diskriminierungen vorverlagert**. Die Anweisung zur Benachteiligung umfasst alle Benachteiligungstatbestände i.S.d. § 3 Abs. 1 bis 4 AGG. Ihr Tatbestand ist jedoch nur erfüllt, wenn sich die Anweisung auf eine Benachteiligung aus einem der in § 1 AGG aufgeführten Gründe bezieht. Weist der Arbeitgeber mithin seinen Abteilungsleiter an, Leiharbeitnehmer zu diskriminieren, kommt eine Haftung nach dem AGG wegen unmittelbarer Benachteiligung nicht in Betracht. Das gilt nicht, wenn die Unterscheidung zwischen Stammbelegschaft und Leiharbeitnehmern mittelbar zu einer Benachteiligung wegen eines in § 1 AGG genannten Merkmals führt. 1622

§ 3 Abs. 5 S. 2 AGG konkretisiert den Tatbestand der Anweisung dahingehend, dass eine Anweisung im Bereich von Beschäftigung und Beruf insbesondere vorliegt, wenn jemand eine Person **zu einem Verhalten bestimmt**, das einen Beschäftigten oder eine Beschäftigte wegen eines in § 1 AGG genannten Grundes benachteiligt oder benachteiligen kann. **Vorsatz** muss dabei nur hinsichtlich der Weisung vorliegen. Es ist nicht erforderlich, dass der Anweisende sich der Verbotswidrigkeit der Hand- 1623 lung bewusst ist, denn das gesetzliche Benachteiligungsverbot erfasst alle Benachteiligungen, ohne dass ein Verschulden erforderlich ist.

1624 **Ein Erfolg ist nicht erforderlich.** Der Angewiesene muss nicht einmal zur Diskriminierung angesetzt haben (BT-Drs. 16/1780 S. 33). Sanktioniert wird allein die Anweisung an sich. Sanktionsbedürftiger Unrechtsgehalt der Anweisung ist, dass der Arbeitgeber versucht, auf andere einzuwirken und in ihnen den Entschluss zur Diskriminierung hervorzurufen.

1625 Demzufolge handelt es sich bei der Anweisung auch **nicht um eine Zurechnungsnorm.** Sinn und Zweck ist nicht die Zurechnung anderer Handlungen, sondern die Haftung für eigenes Handeln. § 3 Abs. 5 AGG stellt mithin keine Erweiterung oder Ergänzung der zivilrechtlichen Zurechnungsnormen dar und ist daher auch nicht überwiegend entbehrlich (so aber ErfK/*Schlachter* § 3 AGG Rz. 23). Er ist vielmehr ein **eigenständiger Verbotstatbestand**, der den Schutz vor Diskriminierungen erweitert. Auch der Angewiesene wird mittelbar durch die Regelung geschützt. Findet z.B. eine Anweisung im Arbeitsverhältnis statt, so kann sich der Angewiesene zur Ausführung der Diskriminierung gezwungen fühlen. Durch das ausdrückliche Verbot ist die Anweisung gemäß § 134 BGB unwirksam und der Angewiesene ist nicht verpflichtet, sie zu befolgen (ErfK/*Schlachter* § 3 AGG Rz. 23).

Beispiel für eine unzulässige Weisung: Weist der Arbeitgeber einen leitenden Angestellten an, keine Türken einzustellen, und weigert sich der Angestellte, wäre eine verhaltensbedingte Kündigung unzulässig, da die Weisung gemäß § 7 Abs. 1 i.V.m. § 3 Abs. 5 AGG i.V.m. § 134 BGB unwirksam ist.

Anders entschied noch das ArbG Wuppertal (v. 10.12.2003 – 3 Ca 4927/03 LAGE BGB 2002 § 626 Nr. 2a mit Anm. *Hoppe/Wege*) vor Einführung des AGG: Es erachtete die Anweisung als zulässig und mithin die Kündigung des Personalleiters wegen der Weigerung als gerechtfertigt.

1626 Problematisch ist, ob die Anweisung das **Bestehen eines Rechtsverhältnisses** voraussetzt (so ErfK/*Schlachter* § 3 AGG Rz. 23). Für ein solches Erfordernis könnte sprechen, dass ansonsten die Haftung des Arbeitgebers ausufere (*Thüsing* NZA Sonderbeilage 22/2004, 1, 8). Versteht man allerdings die Anweisung richtigerweise als eigenen Verbotstatbestand und nicht als Zurechnungsnorm, so besteht eine Gefahr der Ausuferung nicht. Der Arbeitgeber haftet lediglich für eigenes diskriminierendes Verhalten. Es besteht daher kein Grund, den Arbeitgeber für eine Anweisung eines Arbeitnehmers zu sanktionieren, für eine Anweisung von Dritten jedoch nicht. Zusammenfassend kann festgehalten werden, dass es eines Rechtsverhältnisses und einer Weisungsgebundenheit zwischen Anweisendem und Angewiesenem nicht bedarf. Demnach kommen als Angewiesene alle Personen, d.h. auch Dritte wie etwa Kunden und Lieferanten und nicht nur Vorgesetzte oder Kollegen der Beschäftigten, in Betracht (so ErfK/*Schlachter* § 3 AGG Rz. 23).

1627 Der **Kreis der Benachteiligten** wird durch den Anwendungsbereich des Gesetzes beschränkt. Beruft sich der Benachteiligte auf § 15 AGG, so kann er dies nur, wenn er Beschäftigter war. Andernfalls stehen ihm Ansprüche gegen den anweisenden Arbeitgeber nur nach Maßgabe des § 20 AGG zu. Im Ergebnis darf der Arbeitgeber somit weder zur Diskriminierung von Beschäftigten noch von Dritten anweisen. Verstößt er jedoch gegen das Verbot, indem er seine Arbeitnehmer anweist, keine Geschäfte mit Homosexuellen einzugehen, so sind die Betroffenen ausreichend durch das zivilrechtliche Benachteiligungsverbot geschützt.

1628 Die **Haftung des Angewiesenen** wird in § 3 Abs. 5 AGG nicht angesprochen. Wird die diskriminierende Anweisung ausgeführt, so haftet nach § 15 AGG alleine der Anweisende, weil der Angewiesene nicht Arbeitgeber im Sinne der Norm ist. Es gelten die allgemeinen zivilrechtlichen (§ 823 BGB) und u.U. auch strafrechtlichen (§§ 185 ff. StGB) Regeln. Nimmt der Angewiesene irrig eine Anweisung zur Diskriminierung an und verweigert er diese, so kann er sich bei Maßnahmen des Arbeitgebers nicht auf die Unwirksamkeit der Maßnahme berufen. In Betracht kommt dann nur ein fehlendes Verschulden.

5. Rechtfertigung

Ungleichbehandlungen wegen eines Merkmals können nur gerechtfertigt sein, wenn das Gesetz dies ausdrücklich zulässt. Der Gesetzgeber hat entsprechend der Richtlinien im AGG sowohl allgemeine Ausnahmen (§§ 5, 8 Abs. 1 AGG) als auch besondere Rechtfertigungsgründe für das Alter (§ 10 AGG) und die Religion (§ 9 AGG) geschaffen. Bei allen Rechtfertigungsgründen ist zu berücksichtigen, dass grundsätzlich eine **enge Auslegung** gemessen am Sinn und Zweck des Diskriminierungsverbots zu erfolgen hat. 1629

a) Allgemeine Rechtfertigungsgründe
aa) Rechtfertigung wegen beruflicher Anforderung, § 8 AGG

Gemäß § 8 Abs. 1 AGG kann die Ungleichbehandlung zulässig sein, wenn das geschützte Merkmal wegen der **Art der auszuübenden Tätigkeit** oder der Bedingung ihrer Ausübung eine **wesentliche und entscheidende berufliche Anforderung** darstellt, sofern der Zweck rechtmäßig und die Anforderung angemessen ist. Vom Wortlaut her ist dieser Maßstab zwar weiter als der früher für die Geschlechtsdiskriminierung in § 611a BGB geltende. Im Hinblick auf die Effektivität des Diskriminierungsschutzes ist mit der im AGG verwandten Formulierung aber inhaltlich nichts anderes gemeint als mit der in § 611a Abs. 1 S. 1 BGB a.F. verwandten „unverzichtbaren Voraussetzung" (BT-Drs. 16/1780 S. 35). Anders als für den allgemeinen Gleichbehandlungsgrundsatz reichen demnach nicht vernünftige sachliche Gründe. „Vielmehr muss die an den Beschäftigten gestellte Anforderung erforderlich sein und dem Grundsatz der Verhältnismäßigkeit zwischen Zweck und Schutz vor Benachteiligungen standhalten" (BT-Drs. 16/1780 S. 35). 1630

Unter **Bedingung** der auszuübenden Tätigkeit versteht man Beschäftigungsverbote und sonstige Arbeitsschutzvorschriften. Rechtlich unmöglich und mithin gemäß § 8 Abs. 1 AGG gerechtfertigt ist daher die Ablehnung eines 16-jährigen für Nachtschichtarbeit wegen des Verbots der Nachtarbeit für Jugendliche (§ 14 JArbSchG). Aber auch die gesetzlichen Bestimmungen müssen rechtmäßig sein. So ist es zulässig, Frauen den Zugang zum Dienst in einer Spezialeinheit der Armee zu verweigern, weil dies europarechtskonform nach nationalem Recht verboten ist (EuGH v. 26.10.1999 – C-273/97 „Sirdar", NZA 2000, 25). Anders hingegen beim generellen Dienst in der Bundeswehr (EuGH v. 11.1.2000 – C-285/98 „Kreil", NZA 2000, 137). 1631

Die **berufliche Anforderung** muss gemäß § 8 Abs. 1 AGG **entscheidend und wesentlich sein**. Entscheidend ist sie, wenn sie für die vertragsgemäße Erfüllung der Arbeitsleistung erforderlich ist, d.h. dass ohne sie eine Ausübung der Tätigkeit unmöglich ist. Ist sie zudem zentraler Bestandteil der auszuübenden Tätigkeit, also prägend für diese, so ist dem Erfordernis der wesentlichen Anforderung genüge getan (ArbG Berlin v. 13.7.2005 – 86 Ca 24518/04, NZA-RR 2005, 608). Was der zentrale und prägende Bestandteil ist, bestimmt sich nach objektiven Kriterien im Einzelfall. Das Tatbestandsmerkmal der **Angemessenheit** intendiert zudem eine **Verhältnismäßigkeitsprüfung**. Die Anforderung ist mithin angemessen, wenn sie geeignet ist, den vom Arbeitgeber verfolgten rechtmäßigen Zweck zu erreichen und das mildeste Mittel ist. 1632

Fallbeispiel (nach BAG v. 28.5.2009 – 8 AZR 536/08, NZA 2009, 1016): Der Sozialpädagoge A bewirbt sich auf eine Stellenausschreibung des privaten Albertus-Magnus-Gymnasiums in Köln, in der eine „Erzieherin/Sportlehrerin/Sozialpädagogin" für das Mädcheninternat des Gymnasiums gesucht wird. Dort werden bislang nur weibliche Erzieherinnen beschäftigt, die im wöchentlichen Wechsel den Nachtdienst übernehmen. Aufgabe des Nachtdienstes ist es, für die Einhaltung der Nachtruhe zu sorgen und zu kontrollieren, ob alle Schülerinnen in ihren Zimmern sind. Dazu ist eine Begehung der Zimmer erforderlich, gegebenenfalls auch das Aufsuchen der Sanitäreinrichtungen. Auch beim morgendlichen Wecken ist es erforderlich, in die einzelnen Zimmer zu gehen und noch schlafende Schülerinnen erforderlichenfalls zum Wecken anzufassen. Zudem steht für die Erzieherinnen keine eigene Nasszelle zur Verfügung, weswegen sie die Gemeinschaftseinrichtungen mitbenutzen müssen. A wurden seine Bewerbungsunterlagen mit der Bemerkung zurückgesandt, bei der Besetzung der ausgeschriebenen Stelle könnten ausschließlich weibliche Bewerberinnen berücksichtigt werden. Ist A unzulässig benachteiligt worden? 1633

1. Anwendungsbereich

A könnte wegen seines Geschlechts gemäß § 7 Abs. 1 i.V.m. § 1 AGG benachteiligt worden sein. Gemäß § 6 AGG findet das AGG Anwendung auf Arbeitgeber und Beschäftigte. Das Gymnasium ist Arbeitgeber, A jedoch nur Bewerber. Gemäß § 6 Abs. 1 S. 2 AGG gelten als Beschäftigte i.S.d. AGG aber auch Bewerber, sodass A in den persönlichen Anwendungsbereich des AGG fällt. Gemäß § 2 Abs. 1 Nr. 1 AGG findet das AGG auf Einstellungsbedingungen auch sachlich Anwendung.

2. Benachteiligung

A wurde eine Absage mit der Begründung erteilt, er komme als männlicher Bewerber für die Stelle nicht in Betracht. Er hat unmittelbar wegen seines Geschlechts einen Nachteil erlitten, sodass eine unmittelbare Benachteiligung i.S.v. § 3 Abs. 1 AGG vorliegt.

3. Rechtfertigung

Diese kann jedoch nach § 8 Abs. 1 AGG gerechtfertigt sein. Danach ist eine unterschiedliche Behandlung wegen des Geschlechts zulässig, wenn es wegen der Art der auszuübenden Tätigkeit oder der Bedingungen ihrer Ausübung eine wesentliche und entscheidende berufliche Anforderung darstellt, sofern der Zweck rechtmäßig und die Anforderung angemessen ist. Das ist jedenfalls gegeben, wenn die betreffende Anforderung „unverzichtbare Voraussetzung" für die Ausübung der Tätigkeit im Sinne der früheren Rechtsprechung des BAG zu § 611a BGB ist. Unverzichtbarkeit im engeren Sinne besteht, wenn dem Arbeitnehmer die Erfüllung der betreffenden Arbeitsaufgabe tatsächlich oder rechtlich unmöglich ist. Unverzichtbarkeit in einem weiteren Sinne liegt vor, wenn der Beschäftigte eines bestimmten Geschlechts die Arbeitsleistung zwar erbringen kann, jedoch schlechter als Beschäftigte des anderen Geschlechts und dieser Qualifikationsnachteil auf biologischen Gründen beruht.

Unverzichtbarkeit im engeren Sinne liegt nicht vor. A ist die Tätigkeit als Erzieher im Mädcheninternat weder tatsächlich noch rechtlich unmöglich. Unverzichtbarkeit im weiteren Sinne ist gegeben, wenn die Scham gegenüber dem anderen Geschlecht relevant wird (LAG Köln v. 19.7.1996 – 7 Sa 499/96, NZA-RR 1997, 84: Weibliches Geschlecht ist bei Verkäuferin von Damenoberbekleidung unverzichtbar). Hierbei sind keine Vorurteile gegenüber Männern oder Frauen entscheidend, sondern ein Gefühl, das zwar gesellschaftlich geformt sein mag, aber dennoch biologisch begründet ist. Dies ist unter anderem der Fall, wenn Personen, die mit der Arbeitsleistung in Verbindung kommen, zur Wahrung ihrer Intimsphäre das andere Geschlecht zurückweisen. A kann einen großen Teil der für eine Erzieherin im Mädcheninternat anfallenden Aufgaben nicht ausüben. Er kann abstrakt gesehen zwar die Arbeitsleistung erbringen, jedoch schlechter als das andere Geschlecht. Dieser Qualifikationsnachteil beruht auf biologischen Gründen, nämlich der Scham der Schülerinnen gegenüber dem anderen Geschlecht. Die Schülerinnen können sich nicht so frei entfalten und bewegen, wie sie es bei einer weiblichen Aufsichtsperson könnten. Daher liegt ein Fall der Unverzichtbarkeit im weiteren Sinne vor.

Im Ergebnis ist die Benachteiligung gerechtfertigt und A wurde nicht unzulässig benachteiligt.

1634 Da sich das Merkmal der erforderlichen und wesentlichen Anforderung auch nach der **Art der Tätigkeit** bestimmt, können zudem **subjektive Gründe** ausschlaggebend sein (weibliche Betreuerin in einem Mädchenwohnheim). Ebenfalls zulässig können Gründe der Authentizität oder Glaubwürdigkeit sein (ArbG München v. 14.2.2001 – 38 Ca 8663/00, NZA-RR 2001, 365). Problematisch ist die Frage, ob bloße **Kundenwünsche** („customer preferences") eine wesentliche und entscheidende berufliche Anforderung begründen können (sehr großzügig *Wendeling-Schröder/Stein* § 8 AGG Rz. 6 ff.; kritischer *Novara* NZA 2015, 142 ff.). Dies ist grundsätzlich zu verneinen, da ansonsten Einstellungsbedingungen von Kundenwünschen abhängig gemacht werden könnten. Etwas anderes kann nur gelten, wenn die Kundenwünsche bestandsentscheidend sind. Von den Kundenwünschen ist das **Unternehmenskonzept** zu unterscheiden. Auch dieses kann in Anbetracht des strengen Rechtfertigungsmaßstabs den Anforderungen des § 8 Abs. 1 AGG nur genügen, wenn die auf dem unternehmerischen Konzept basierende Anforderung für den Erfolg des Konzepts maßgeblich, mithin bestandsentscheidend ist.

Ob dies auch vor dem EuGH standhalten wird, bleibt abzuwarten. Der EuGH hat die öffentliche Äußerung eines Arbeitgebers, wegen der angeblichen Wünsche seiner Kunden keine Arbeitnehmer einer bestimmten ethnischen Herkunft einzustellen, als unmittelbare Diskriminierung gewertet (EuGH v. 10.7.2008 – C-54/07 „Feryn", NZA 2008, 929). Die Frage der Rechtfertigung einer Diskriminierung wegen der Kundenwünsche wurde allerdings offengelassen. 1635

Beispiele für Kundenwünsche und Unternehmenskonzepte: Die Airline „Schöner Flug" stellt nur junge Frauen ein und beruft sich auf die Vorlieben seiner Kunden, lieber von jungen Frauen als alten Damen bedient zu werden. Alter und Geschlecht sind hier keine wesentlichen und entscheidenden beruflichen Anforderungen. Diese Anforderungen sind für die Tätigkeit weder entscheidend noch prägend.

Arbeitgeber A stellt für seinen Verkäuferposten im Iran nur Männer ein, da seine dortigen Kunden Vertragsverhandlungen mit Frauen nicht durchführen. Hier stellt das Merkmal Geschlecht eine wesentliche und entscheidende Anforderung dar. Die Rechtfertigung greift jedoch nur im Falle der Beziehungen zu Drittstaaten, da ansonsten der europäische Mindestschutz unterlaufen würde. Innerhalb der EU sind alle Arbeitgeber nach europäischem Recht verpflichtet, Maßnahmen zum Schutz ihrer Arbeitnehmer vor Diskriminierungen zu ergreifen.

Das Modeunternehmen X eröffnet eine Filiale nur für jugendliche Mode. Hier ist es aus Gründen der Authentizitätswahrung und des Unternehmenskonzepts zulässig, dass lediglich junge Mitarbeiter eingestellt werden (zu dieser Fragestellung *Duchstein* NJW 2013, 3066 ff.). Ein chinesisches Restaurant kann darauf bestehen, dass die Kellner, nicht aber das Küchenpersonal aus China stammt. Ein Theater wird verlangen können, dass der „Othello" von einem Mann mit schwarzer Hautfarbe gespielt wird (MüKoBGB/*Thüsing* § 8 AGG Rz. 12).

§ 8 Abs. 2 AGG stellt entgegen seiner systematischen Stellung keinen Rechtfertigungstatbestand dar, sondern konkretisiert lediglich, dass Schutzvorschriften keine Ungleichbehandlung im Entgelt rechtfertigen. Damit wird klargestellt, dass unabhängig davon, ob die einzuhaltenden Schutzvorschriften finanzielle Mehrbelastungen begründen, keine Ungleichbehandlung gerechtfertigt werden kann. 1636

bb) Positive Maßnahmen, § 5 AGG

Literatur: *Arnold/Röder*, Zielvorgaben zur Förderung des Frauenanteils in Führungspositionen, NZA 2015, 1281; *Hohenstatt/Seibt*, Geschlechter- und Frauenquote in der Privatwirtschaft, 2015; *Olbrich/Krois*, Das Verhältnis von „Frauenquote" und AGG, NZA 2015, 1288; *Papier/Heidebach*, Die Einführung einer gesetzlichen Frauenquote für die Aufsichtsräte deutscher Unternehmen unter verfassungsrechtlichen Aspekten ZGR 2011, 305; *Schleusener*, Diskriminierungsfreie Einstellung zwischen AGG und Frauenförderungsgesetz, NZA 2016, 50.

Neben § 8 Abs. 1 AGG kommt auch den sog. **positiven Maßnahmen** gemäß § 5 AGG rechtfertigende Wirkung zu. Demnach ist eine unterschiedliche Behandlung zulässig, wenn durch geeignete und angemessene Maßnahmen bestehende Nachteile wegen eines in § 1 AGG genannten Grundes verhindert oder ausgeglichen werden sollen. Sinn und Zweck der Regelung ist es, bisher benachteiligte Gruppen zu fördern. Eine Pflicht zur Förderung benachteiligter Gruppen enthält § 5 AGG jedoch nicht. 1637

Nach § 5 AGG sind nicht nur Maßnahmen durch den **Gesetzgeber** möglich, sondern auch durch die **Arbeitgeber, Tarifvertrags- und Betriebspartner**. Demgegenüber erlauben die Richtlinienbestimmungen (Art. 7 RL 2000/78/EG) lediglich den Mitgliedstaaten, spezifische positive Maßnahmen zu ergreifen, nicht aber die Befugnis zu delegieren. Jedenfalls muss der Gesetzgeber die **Grundentscheidung selbst treffen**, unter welchen Voraussetzungen ausnahmsweise welche Arten von Maßnahmen zulässig sind. Die Schlussbestimmungen der Richtlinien sehen zwar die Möglichkeit einer Übertragung der Umsetzungsbefugnis auf die Sozialpartner nach entsprechendem Antrag vor (vgl. Art. 16 RL 2000/78/EG). Ein entsprechendes Verfahren wurde jedoch nicht durchgeführt. Eine Verlagerung der Regelungsbefugnis kann auch nicht damit gerechtfertigt werden, dass es sich um eine „günstigere Vorschrift" im Sinne der Richtlinie handelt. In jeder positiven Maßnahme steckt eine Benachteiligung der Vergleichsgruppe, die die geförderten Merkmale nicht erfüllt. Eine generelle Einstufung als „günstig" ist daher nicht möglich. Infolgedessen ist die Europarechtskonformität des § 5 AGG stark zu bezwei- 1638 feln (ablehnend *Annuß* BB 2006, 1629, 1634; ErfK/*Schlachter* § 5 AGG Rz. 2; *Kamanabrou* RdA 2006, 321, 333; a.A. *Schiek*/Schiek § 5 AGG Rz. 11; *Bauer/Krieger* AGG § 5 Rz. 3).

1639 Anders als bei der mittelbaren Diskriminierung müssen positive Maßnahmen nicht zur Herstellung irgendeines legitimen Ziels geeignet und angemessen sein, sondern sie müssen konkret der **Verhinderung oder dem Ausgleich von Nachteilen** wegen eines in § 1 AGG genannten Grundes dienen. Die Nachteile sind mithin notwendiges Tatbestandsmerkmal, sodass der Arbeitgeber ihr Vorhandensein im Prozess darlegen und beweisen muss. Bekanntestes Beispiel positiver Maßnahmen sind die **sog. Geschlechterquoten**, die de facto Frauen bei der Einstellung bevorzugen, um tatsächliche Nachteile auszugleichen. In jedem Falle ist zu fordern, dass auch positive Maßnahmen wegen ihres **umgekehrt diskriminierenden Charakters** am Maßstab des Verhältnismäßigkeitsprinzips kontrolliert werden.

1640 Auch die Diskussion um die Unionsrechtskonformität der mit **dem Teilhabegesetz eingeführten Geschlechterquote im Aufsichtsrat** börsennotierter und mitbestimmter Unternehmen ist eine solche, die im Kern die Frage betrifft, ob sich die Quote als „*affirmative action*" rechtfertigen lässt. Dabei wird die unionsrechtliche Zulässigkeit einer Geschlechterquote durch **Art. 157 Abs. 4 AEUV** determiniert. Bewegt sich eine Quotenregelung im Rahmen dieser Norm, steht auch ihre Vereinbarkeit mit den sekundärrechtlichen Gleichbehandlungsvorgaben fest, was durch den Verweis in Art. 3 RL 2006/54/EG deutlich wird. Art. 157 Abs. 4 AEUV regelt den unionsrechtlichen Rahmen, trifft aber keine Aussage über die Vereinbarkeit der positiven Maßnahme mit nationalem (Verfassungs-)Recht (ErfK/*Schlachter*, 15. Aufl. 2015, Art. 157 AEUV Rz. 30, s. dazu Rz. 527). Der EuGH hatte bereits mehrfach die Gelegenheit, zur Verhältnismäßigkeit einer Quotenregelung als positive Maßnahme Stellung zu beziehen. Als unverhältnismäßig hat der EuGH insbesondere solche Quotenregelungen eingestuft, die dem unterrepräsentierten Geschlecht bei der Besetzung einer Stelle einen **absoluten und unbedingten Vorzug** eingeräumt haben, sodass sachliche Aspekte und die objektive Eignung der Bewerber in den Hintergrund treten (insb. EuGH v. 17.10.1995 – C-450/93 „Kalanke", NZA 1995, 1095, 1096; EuGH v. 6.7.2000 – C-407/98 „Abrahamsson", NJW 2000, 935 Rz. 48 ff.). Quotierungen, die für den Vorrang nicht statisch auf die Unterrepräsentation abstellen, sondern auch die **Eignung des Bewerbers nach objektiven Gesichtspunkten einbeziehen**, hat der EuGH dagegen als verhältnismäßig eingestuft (EuGH v. 11.11.1997 – C-409/95 „Marshall", NJW 1997, 1337 Rz. 31; in diese Richtung auch EuGH v. 28.3.2000 – C-158/97 „Badeck", NJW 2000, 437 Rz. 38). Wie sich diese Vorgaben auf die nun eingeführte Geschlechterquote auswirken, wird unterschiedlich beurteilt. Wäre die Rechtsprechung des EuGH umfassend **übertragbar**, würde dies die Geschlechterquote ins unionsrechtliche Zwielicht rücken, bewirkt sie doch einen an der 30 %-Hürde ausgerichteten Vorrang des unterrepräsentierten Geschlechts (s. näher § 166 I 2 im Band Kollektivarbeitsrecht). Ob es aber angezeigt ist, die Geschlechterquote an dieser Rechtsprechung des EuGH zu messen, erscheint fragwürdig, wenn man sich verdeutlicht, dass schon die Ausgangslage bei Aufsichtsratsbesetzung durch Gremienentscheid konträr zu derjenigen ist, in der es um die Besetzung einzelner Stellen geht. Denn anders als bei der Gegenüberstellung von Stellenbewerbern rückt der Aspekt der objektiven Qualifikation hier in den Hintergrund. Insoweit ist es vorzugswürdig, davon auszugehen, dass sich aus der bisherigen Rechtsprechung keine absoluten Schlüsse für eine „starre Frauenquote" ergeben (so auch *Papier/Heidebach* ZGR 2011, 305, 332). Betrachtet man von dieser Prämisse ausgehend die eingeführte 30 %-Quote, so erscheint die hier implementierte „Mindestanteilsquote" tendenziell als verhältnismäßig. Den Bereich der verhältnismäßigen Förderung von *Chancen*gleichheit verlässt man erst, wenn man mit einer Quote von 50 % *Ergebnis*gleichheit vorschreibt.

1641 § 5 AGG kann allerdings nicht dazu genutzt werden, Diskriminierungsverbote gegeneinander auszuspielen (BAG v. 16.2.2012 – 8 AZR 697/10, NZA 2012, 667).

b) Besondere Rechtfertigungsgründe

Neben den allgemeinen Rechtfertigungsgründen normiert das AGG in Anlehnung an die Richtlinien besondere Rechtfertigungstatbestände für eine Ungleichbehandlung wegen der Religion oder der Weltanschauung (§ 9 AGG) und wegen des Alters (§ 10 AGG). 1642

aa) Rechtfertigung unterschiedlicher Behandlung wegen der Religion oder Weltanschauung, § 9 AGG

§ 9 AGG enthält die sog. **Kirchenklausel**. Er formuliert Ausnahmetatbestände für die Merkmale Religion und Weltanschauung. Adressaten der Regelung sind Religionsgemeinschaften und Vereinigungen, die sich die gemeinschaftliche Pflege einer Religion oder Weltanschauung zur Aufgabe machen. Die Klausel gilt auch für die diesen zugeordneten Einrichtungen ohne Rücksicht auf ihre Rechtsform. Damit sind Einrichtungen wie die Caritas oder die Diakonie erfasst. Der Ausnahmetatbestand des § 9 AGG ist **zweiteilig**: Zu unterscheiden ist zwischen § 9 Abs. 1 AGG und § 9 Abs. 2 AGG. 1643

(1) Unterschiedliche Behandlung wegen der Religion oder Weltanschauung, Abs. 1

§ 9 Abs. 1 AGG erlaubt die Ungleichbehandlung wegen der Religion oder Weltanschauung, wenn diese Merkmale im Hinblick auf das **Selbstverständnis der Adressaten oder** nach **der Art der Tätigkeit** eine **gerechtfertigte berufliche Anforderung** darstellen. Mit dieser Ausnahme wird der allgemeine Rechtfertigungsgrund des § 8 Abs. 1 AGG um das Merkmal des Selbstverständnisses der Adressaten erweitert und auf das Erfordernis „wesentlich und entscheidend" verzichtet. Die Rechtfertigung wird mithin **nicht allein anhand objektiver Maßstäbe** gemessen. Damit wird dem Selbstbestimmungsrecht der Kirchen sowie der Glaubensfreiheit Rechnung getragen. 1644

Strittig ist, ob für die gerechtfertigte Ungleichbehandlung stets ein **Bezug zur Tätigkeit** erforderlich ist. Nach dem Wortlaut des Gesetzes „nach Selbstverständnis *oder* Art der Tätigkeit" wäre dies zu verneinen und das Selbstverständnis der Vereinigung durchaus ausreichend. Aufgrund des Widerspruchs zu der enger gefassten Richtlinienvorgabe in Art. 4 Abs. 2 RL 2000/78/EG, die stets einen Bezug zur Tätigkeit („Art der Tätigkeit und Umstände ihrer Ausübung") erfordert, stellte sich lange die Frage nach einer europarechtskonformen Auslegung (BeckOKArbR/*Roloff* § 9 AGG Rz. 2). Konkret stellt sich diese kontrovers diskutierte Frage immer dann, wenn die Zugehörigkeit zu einer Religion als Einstellungskriterium angeführt wird. Dies verdeutlicht auch folgender Präzedenzfall, dessen Weg über den EuGH ging, welcher die Frage schlussendlich abschließend klärte. 1645

Fallbeispiel (nach EuGH v. 17.4.2018 – C-414/16, „Egenberger", NZA 2018, 659): Die Klägerin bewarb sich auf eine Stellenanzeige eines Werkes der evangelischen Kirchen. Ausgeschrieben war eine Referentenstelle, die die Ausarbeitung eines unabhängigen Berichtes zur Umsetzung der Antirassismuskonvention durch Deutschland zum Gegenstand hatte. In der Stellenausschreibung findet sich abschließend folgende Wendung: „Die Mitgliedschaft in einer evangelischen [...] Kirche und die Identifikation mit dem diakonischen Auftrag setzen wir voraus. Bitte geben Sie Ihre Konfession im Lebenslauf an". Die konfessionslose Klägerin bewarb sich auf die Stelle, ohne jedoch Angaben zu ihrer Religion beizufügen und wurde in der Konsequenz nicht zum Vorstellungsgespräch eingeladen. Mit dem Gang zum Arbeitsgericht wollte sie einen Schadensersatzanspruch gemäß § 15 Abs. 2 AGG durchsetzen, weil die Ablehnung aufgrund ihrer Konfessionslosigkeit eine Diskriminierung wegen der Religion darstelle. 1646

Die Entscheidung über den Schadensersatzanspruch hängt hier letztlich davon ab, ob die Differenzierung nach der Religionszugehörigkeit bei der Einstellung durch § 9 Abs. 1 AGG gedeckt ist. Das in der Nichtberücksichtigung im Bewerbungsprozess mangels Zugehörigkeit zur evangelischen Kirche eine unmittelbare Benachteiligung nach § 3 Abs. 1 AGG liegt, die an das Diskriminierungsmerkmal der Religion (§ 1 AGG) anknüpft, ist offenkundig. Damit kommt es entscheidend auf eine Rechtfertigung nach § 9 Abs. 1 AGG an. Bei der Frage, ob die Religionszugehörigkeit als abstraktes Einstellungskriterium taugt, oder nur in Ansehung der konkret ausgeschriebenen Tätigkeit, herrscht in der Rechtsprechung Uneinigkeit. Während das LAG Berlin-Brandenburg im vorliegenden Fall keinen Tätigkeitsbezug verlangt – und somit von einer Rechtfertigung nach § 9 Abs. 1 AGG ausgeht (LAG Berlin-Brandenburg v. 28.5.2014 – 4 Sa 238/14, BeckRS 2015, 69394 Rz. 57 ff.) – gehen anderen Gerichte in der Instanzrechtsprechung den umgekehrten Weg. Das

Arbeitsgericht Hamburg entschied beispielsweise, dass der Ausschluss einer muslimischen Bewerberin aus dem Auswahlverfahren um die Besetzung einer von einer Einrichtung des Diakonischen Werkes ausgeschriebenen Stelle einer Sozialpädagogin für ein Projekt zur beruflichen Integration von Migranten wegen Nichtzugehörigkeit zur christlichen Religion unzulässig sei. Die Kirchenzugehörigkeit sei nur beim „verkündungsnahen Bereich" taugliches Differenzierungskriterium (ArbG Hamburg v. 4.12.2007 – 20 Ca 105/07, AuR 2008, 109, 110). Überträgt man diese Ansicht auf die hiesige Konstellation, so muss man die (schwierige) Folgefrage beantworten, ob mit der Referentenstelle „verkündigungsnahe" Tätigkeiten verbunden sind, die die Kirchenzugehörigkeit erfordern. Angesichts des Umstandes, dass § 9 Abs. 1 AGG die Bestimmung des Art. 4 Abs. 2 UAbs. 1 RL 2000/78/EG umsetzen soll, und das AGG insoweit richtlinienkonform umgesetzt werden muss, ist die Antwort auf diese Streitfrage vom Unionsrecht abhängig. Das hatte auch der 8. Senat des BAG erkannt und dem EuGH diese Frage im Rahmen eines Vorabentscheidungsverfahren nach Art. 267 AEUV vorgelegt (BAG v. 17.3.2016 – 8 AZR 501/14 (A), BeckRS 2016, 71139). Der EuGH sorgte in dem Verfahren in der Rechtssache „Egenberger" (EuGH v. 17.4.2018 – C-414/16, „Egenberger", NZA 2018, 659) letztendlich für Klarheit. Nach Art. 4 Abs. 2 der RL 2000/78/EG kommt es bereits dem Wortlaut nach darauf an, ob die Religion oder Weltanschauung nach Art der fraglichen Tätigkeit oder den Umständen ihrer Ausübung eine wesentliche, rechtmäßige und gerechtfertigte berufliche Anforderung angesichts des Ethos der (kirchlichen) Organisation darstellt. Zwar bestimme die Organisation grundsätzlich selbst über diesen Ethos, ob dieser eine solche wesentliche, rechtmäßige und gerechtfertigte berufliche Anforderung darstelle und damit einen Tätigkeitsbezug aufweise, unterliegt jedoch der staatlichen, gerichtlichen Kontrolle. Eine Rechtfertigung einer Diskriminierung alleine durch das Selbstbestimmungsrecht der Kirche ohne Bezug zur konkreten Tätigkeit sieht die Vorschrift gerade nicht vor, sie verlangt vielmehr eine (gerichtliche) Abwägung. Dem entgegenstehende nationale Vorschriften müssen im Hinblick auf die volle Wirksamkeit des unionsrechtlichen Rechtsschutzes unangewendet bleiben (ausführlich zur Entscheidung Rz. 637). Abschließend hat das BAG aufgrund dieser Vorgaben entschieden, dass die Vorschrift des § 9 Abs. 1 Alt. 1 AGG, welche alleine auf das Selbstbestimmungsrecht der Kirche abstellt, keiner richtlinienkonformen Auslegung mehr zugänglich ist und in der Hinsicht unangewendet bleiben muss (BAG v. 25.10.2018 – 8 AZR 501/14, NZA 2019, 455). Wortlaut, Entstehungsgeschichte, innere Systematik und die Gesetzesmaterialen der Vorschrift belegen, dass der Gesetzgeber bewusst davon ausgegangen sei, dass das kirchliche Selbstbestimmungsrecht ohne jeglichen Bezug zur Tätigkeit eine berufliche Anforderung darstellt. (BAG v. 25.10.2018 – 8 AZR 501/14, NZA 2019, 455 Rz. 41). § 9 Abs. 1 Alt. 1 AGG steht dem Art. 4 Abs. 2 RL 2000/78/EG signifikant entgegen und kann daher auch nicht im Wege einer richtlinienkonformen Auslegung in sein Gegenteil verkehrt werden. Die Vorschrift des § 9 Abs. 1 Alt. 2 AGG dagegen, nach welcher die Religion oder Weltanschauung nach der Art der Tätigkeit eine gerechtfertigte berufliche Anforderung darstellen kann, ist richtlinienkonform auszulegen. (BAG v. 25.10.2018 – 8 AZR 501/14, NZA 2019, 455 Rz. 62 f.)

Nach jahrelanger Diskussion ist nunmehr geklärt, dass für eine gerechtfertigte Ungleichbehandlung wegen der Religion oder Weltanschauung als berufliche Anforderung stets ein Bezug zur Tätigkeit erforderlich ist – das Selbstbestimmungsrecht der Kirchen und Organisationen alleine genügt hierfür nicht.

(2) Gebot loyalen und aufrichtigen Verhaltens, Abs. 2

1647 Unabhängig vom Verbot unterschiedlicher Behandlungen wegen der Religion oder Weltanschauung gestattet § 9 Abs. 2 AGG, dass die Religions- oder Weltanschauungsgemeinschaften von ihren Beschäftigten ein **loyales und aufrichtiges Verhalten** im Sinne ihres Selbstverständnisses verlangen können. Welches Verhalten loyal und aufrichtig ist, kann die berechtigte Gemeinschaft in verbindlichen inneren Regelungen festlegen. Allerdings muss auch im Rahmen der Anordnung von Verhaltenspflichten hier stets ein Bezug zur Tätigkeit (BT-Drs. 16/1780 S. 36) gewahrt bleiben. Da § 9 AGG **nicht** die Diskriminierung **aus anderen Gründen** rechtfertigt, kann die Berechtigung zur Anordnung von Verhaltenspflichten durchaus mit anderen geschützten Bereichen kollidieren. Praktisch betrifft dieser Rechtfertigungstatbestand insbesondere den Bereich von Kündigungen in Folge von Verstößen gegen Loyalitätsobliegenheiten (siehe zur verfassungsrechtlichen Ausgangslage Rz. 629).

1648 **Fallbeispiel (nach EuGH v. 11.9.2018 – C-68/17, „IR", NZA 2018, 1187 [sog. Chefarzt-Fall]):** Zunächst hatte das BAG hier über die Wiederverheiratung eines geschiedenen Chefarztes in einem katholischen Krankenhaus zu entscheiden. Nach dem für das Arbeitsverhältnis insoweit anwendbaren § 5 der Grundordnung der katholischen Kirche stellt dies einen Loyalitätsverstoß dar. Bei der Frage, ob eine solche Kündigung rechtmäßig ist, kommt es aus diskriminierungsrechtlicher Sicht entscheidend auf die Rechtfertigungsmöglichkeit nach § 9 Abs. 2 AGG an. Denn dass die Beendigung des Arbeitsverhältnisses unmittelbar an die Religion des Chefarztes anknüpft (§ 3 Abs. 1 AGG i.V.m. § 1 AGG), ist insoweit unstrittig.

Auch hier existiert die Frage nach einer richtlinienkonformen Auslegung aufgrund von Art. 4 Abs. 2 RL 2000/78/EG. Auch insoweit hätte dies durch die Anbindung an den Tätigkeitsbezug letztlich die Differenzierung anhand der „Verkündigungsnähe" zur Folge. Das BAG sah sich insoweit allerdings nicht genötigt, diese Fragestellung zu vertiefen, weil im konkreten Fall das Verbot der Wiederheirat „auch nach der Art der vom Kl. ausgeübten Tätigkeit gerechtfertigt" sei (BAG v. 8.9.2011 – 2 AZR 543/10, NZA 2012, 443 Rz. 37). Mit anderen Worten: Selbst, wenn man nach der Tätigkeit differenzieren wollte, würde das Verhalten des Chefarztes den Loyalitätsverstoß tragen. Die Unwirksamkeit der Kündigung stützt das BAG vielmehr auf widersprüchliches Verhalten seitens des katholischen Krankenhauses, sodass die Interessen des Arbeitnehmers am Fortbestand des Arbeitsverhältnisses überwiegen (BAG v. 8.9.2011 – 2 AZR 543/10, NZA 2012, 443 Rz. 38 ff.).

Nachdem das BVerfG die Vorgehensweise des BAG im Rahmen der vom katholischen Krankenhaus initiierten Verfassungsbeschwerde jedoch umfassend zurückgewiesen hatte (BVerfG v. 22.10.2014 – 1 BvR 661/12, NZA 2014, 1387 Rz. 145 ff.), musste das BAG erneut entscheiden. Anlässlich der neuen Verhandlung hat der 2. Senat den EuGH angerufen, um die Vereinbarkeit der Rechtsprechung des BVerfG mit Art. 4 Abs. 2 RL 2000/78/EG zu überprüfen (BAG v. 28.7.2016 – 2 AZR 746/14 (A)). Der EuGH hat der Rechtsprechung des BVerfG dabei eine deutliche Absage erteilt. Wie bereits in der Entscheidung „Egenberger" (EuGH v. 17.4.2018 – C-414/16, „Egenberger", NZA 2018, 659) macht er erneut deutlich, dass die Rechtfertigung einer Ungleichbehandlung einer staatlichen, gerichtlichen Kontrolle unterliegt. Sie ist dann möglich, wenn die Religion oder Weltanschauung im Hinblick auf die Art der Tätigkeit oder die Umstände ihrer Ausübung eine berufliche Anforderung, die angesichts des Ethos der Kirche oder Organisation wesentlich, rechtmäßig und gerechtfertigt ist (EuGH v. 11.9.2018 – C-68/17, „IR", NZA 2018, 1187). Die Akzeptanz des Eheverständnisses der katholischen Kirche scheint für die berufliche Tätigkeit des Chefarztes jedoch keine notwendige berufliche Anforderung zu sein. Insbesondere weist auch der EuGH darauf hin, dass der kirchliche Arbeitgeber im Hinblick auf das Verlangen nach loyalem und aufrichtigem Verhalten nicht zwischen Arbeitnehmern, die der Kirche angehören, und solchen, die keiner Kirche angehören, differenzieren darf (EuGH v. 11.9.2018 – C-68/17, „IR", NZA 2018, 1187, Rz. 59, 61). So lag es jedoch im konkreten Fall, denn in dem katholischen Krankenhaus waren auch Chefärzte tätig, die nicht katholischer Konfession und wiederverheiratetet waren. Dies ist insofern nur konsequent, denn indem der Arbeitgeber auf vergleichbarer Stelle auch nicht religiöse Arbeitnehmer beschäftigt, spricht das deutlich dafür, dass die Religionszugehörigkeit keine wesentliche berufliche Anforderung sein kann (ausführlich zur Entscheidung Rz. 633 und 637). Schlussendlich hat sich das BAG dieser Argumentation angeschlossen und eine Rechtfertigung der Kündigung des Chefarztes nach § 9 Abs. 2 AGG im Wege einer unionsrechtskonformen Auslegung der Vorschrift abgelehnt (BAG v. 20.2.2019 – 2 AZR 746/14, NZA 2019, 901).

Das BVerfG hatte zuvor noch von einer Entwertung des „Kernbestandes" des kirchlichen Selbstbestimmungsrechts gesprochen (freilich im Kontext der Rechtsprechung des EGMR), sofern eine eigenständige Bewertung der Tätigkeit durch die Arbeitsgerichte erfolgen würde (BVerfG v. 22.10.2014 – 1 BvR 661/12, NZA 2014, 1387 Rz. 144). Eine solche wird jedoch nun vom Unionsrecht gefordert, was die spannende Frage auswirft, wie sich das BVerfG zukünftig in diesem Zusammenhang positionieren wird.

bb) Rechtfertigung unterschiedlicher Behandlung wegen des Alters, § 10 AGG

Nach § 10 Abs. 1 S. 1 und 2 AGG ist eine Ungleichbehandlung wegen des Alters zulässig, wenn die Ungleichbehandlung objektiv und angemessen und durch ein legitimes Ziel gerechtfertigt ist. Ebenfalls müssen die Mittel zur Erreichung dieses Ziels angemessen und erforderlich sein. Der Gesetzgeber senkt mithin den Rechtfertigungsmaßstab im Vergleich zu § 8 Abs. 1 AGG. Infolgedessen richtet sich **die Rechtfertigung einer Altersdiskriminierung im Ergebnis allein nach § 10 AGG**. Kann die Altersdifferenzierung nicht nach § 10 AGG gerechtfertigt werden, ist eine Rechtfertigung nach dem strengeren Maßstab des § 8 Abs. 1 AGG erst recht ausgeschlossen.

1649

In Anlehnung an Art. 6 RL 2000/78/EG formuliert **§ 10 Abs. 2 S. 3 Nr. 1 bis 6 AGG einen nicht abschließenden Katalog** von gerechtfertigten Ungleichbehandlungen wegen des Alters. Dieser erstreckt sich in verschiedene Gebiete des Arbeitsrechts und betrifft Bedingungen beim Zugang zur beruflichen Eingliederung (§ 10 Abs. 3 Nr. 1 AGG), Festlegung von Mindestaltersgrenzen für den Zu-

1650

gang zur Beschäftigung oder wegen der Gewährung bestimmter mit der Beschäftigung verbundener Vorteile (§ 10 Abs. 3 Nr. 2 AGG), Festsetzung von Höchstaltersgrenzen für Einstellungen (§ 10 Abs. 3 Nr. 3 AGG), Altersgrenzen in Systemen der betrieblichen Altersversorgung (§ 10 Abs. 3 Nr. 4 AGG), Vereinbarungen zwecks Beendigung des Arbeitsverhältnisses ohne Kündigung wegen Eintritts in den Ruhestand (§ 10 Abs. 3 Nr. 5 AGG) und Differenzierungen nach dem Alter in Sozialplänen (§ 10 Abs. 3 Nr. 6 AGG).

1651 Der EuGH legt an die Rechtfertigung einer Benachteiligung wegen Alters **changierende Maßstäbe** an; mitunter wird sie recht großzügig erlaubt. Nachdem die Entscheidung des EuGH in der Sache „Mangold" (EuGH v. 22.11.2005 – C-144/04 „Mangold", NZA 2005, 1345) eine **strenge Verhältnismäßigkeitskontrolle** erwarten ließ, hat der EuGH bei der Beurteilung einer Altersgrenze in der Rechtssache „Palacios" (EuGH v. 16.10.2007 – C-411/05 „Palacios", NZA 2007, 1219) einen weiten Ermessensspielraum in der Arbeitsmarkt- und Sozialpolitik betont. Von einem strengen Beurteilungsmaßstab ist der EuGH im praktischen Resultat zum Teil zu einer **Willkürkontrolle** umgeschwenkt.

1652 Der EuGH macht die jeweilige Prüfungsdichte von der **konkret in Rede stehenden Sachfrage** abhängig. Allergisch reagiert er auf innere Widersprüche. Dann wird die Legitimität des Ziels der jeweils altersdifferenzierenden Maßnahme kritisch hinterfragt und auf ihre **Kohärenz** kontrolliert (EuGH v. 19.1.2010 – C-555/07 „Kücükdeveci", NZA 2010, 85: § 622 Abs. 2 S. 2 BGB; EuGH v. 18.6.2009 – C-88/08 „Hütter", NZA 2009, 891: Anerkennung der Betriebszugehörigkeit für die Berechnung des Entgelts erst ab dem 18. Lebensjahr; EuGH v. 12.10.2010 – C-499/08 „Andersen", NZA 2010, 1341: Ausschluss rentennaher Arbeitnehmer von gesetzlicher Kündigungsabfindung). Auch wenn der arbeitsrechtliche Schutz zu Lasten bestimmter Arbeitnehmergruppen abgesenkt wird, werden altersdifferenzierende Vorschriften besonders streng geprüft (näher zum Ganzen: *Preis* NZA 2010, 1323).

1653 Erhebliche Relevanz im Zusammenhang mit der Diskriminierung aufgrund des Alters haben sog. **Altersgrenzen**, nach denen das Arbeitsverhältnis endet, sobald der Arbeitnehmer ein bestimmtes Alter erreicht. Solche Regelungen finden ihren Anknüpfungspunkt in § 10 S. 2 Nr. 5 AGG. **Allgemeine Altersgrenzen**, die auf das Erreichen der rentenversicherungsrechtlichen Regelaltersgrenze von 65 bzw. 67 Jahren nach § 235 SGB VI abstellen, erkennt der EuGH großzügig an. Eine solche Altersgrenze diene insbesondere der generationengerechten Verteilung vorhandener Arbeitsplätze und damit der „Arbeitsteilung zwischen den Generationen". Das soll sogar dann gelten, wenn ein Arbeitnehmer im Einzelfall infolge der altersbedingten Beendigung seines Arbeitsverhältnisses auf sozialstaatliche Leistungen angewiesen ist (EuGH v. 12.10.2010 – C-45/09 „Rosenbladt", NZA 2010, 1167 Rz. 43; abl. *Sagan* ZESAR 2011, 412, 418). Die Höhe der Altersrente spielt in der Betrachtung für den EuGH ausdrücklich keine Rolle (EuGH v. 5.7.2012 – C-141/11 „Hörnfeldt", NZA 2012, 785 Rz. 17). Nicht nur der EuGH, sondern auch das BAG hält konsequent an der Zulässigkeit allgemeiner Altersgrenzen fest (EuGH v. 18.11.2010 – C-250/09 „Georgiev", NZA 2011, 29; EuGH v. 21.7.2011 – C-159/10 „Fuchs", NZA 2011, 969; BAG v. 8.12.2010 – 7 AZR 438/09, NZA 2011, 586). Davon **abzugrenzen** ist der Fall, dass Altersgrenzen nach dem Geschlecht differenzieren, und zwar auch dann, wenn die rentenversicherungsrechtliche Regelaltersgrenze bei Frauen und Männern unterschiedlich ausgestaltet ist. In einem solchen Fall geht es um eine Diskriminierung wegen des Geschlechts – die § 8 Abs. 1 AGG unterliegt – und vom EuGH als nicht gerechtfertigt angesehen wurde (EuGH v. 12.9.2013 – C-614/11 „Kuso", NZA 2013, 1071 Rz. 51).

1654 Strenger ist die Rechtsprechung bei **besonderen Altersgrenzen**, die das Arbeitsverhältnis vor dem Erreichen der Regelaltersgrenze beenden sollen. Vor Inkrafttreten des AGG wurde eine tarifvertragliche Altersgrenze von 55 bzw. 60 Jahren in der Luftfahrt bei Cockpit-Personal aufgrund der besonderen physischen und psychischen Anforderungen grundsätzlich gebilligt (BAG v. 25.2.1998 – 7 AZR 641/96, NZA 1998, 715; BAG v. 11.3.1998 – 7 AZR 700/96, NZA 1998, 716, 718). Der EuGH entschied im Gegensatz dazu, dass die Flugsicherheit kein legitimes Ziel i.S.v. Art. 6 Abs. 1 RL 2000/78/EG darstellt, sondern von Art. 2 Abs. 5 RL 2000/78/EG erfasst wird. Eine auf die Vollendung des 60. Lebensjahrs festgelegte Altersgrenze erachtete der EuGH für unzulässig (EuGH v. 13.9.2011 – C-447/09 „Prigge",

NZA 2011, 1039; näher hierzu: *Temming* EuZA 2012, 205; zu Altersgrenzen für Vertragszahnärzte siehe EuGH v. 12.1.2010 – C-341/08 „Petersen", NJW 2010, 587).

6. Rechtsfolgen

Literatur: *Bauer/Evers*, Schadensersatz und Entschädigung bei Diskriminierung – Ein Fass ohne Boden?, NZA 2006, 893; *Bennecke*, AGG und Kündigungsschutz – das BAG und die diskriminierende Kündigung, AuR 2016, 9; *Horcher*, Kontrahierungszwang im Arbeitsrecht – unter besonderer Berücksichtigung von § 15 Abs. 6 AGG, RdA 2014, 93; *Kamanabrou*, Rechtsfolgen einer unzulässigen Benachteiligung im Antidiskriminierungsrecht, ZfA 2006, 327; *v. Roetteken*, Unionsrechtliche Aspekte des Schadensersatzes und der Entschädigung bei Diskriminierungen, NZA-RR 2013, 337; *Schubert*, Schadensersatz wegen diskriminierender Entlassung – Keine Pflicht zur Einführung eines Strafschadensersatzes, EuZA 2016, 480; *Stoffels*, Grundprobleme der Schadensersatzverpflichtung nach § 15 Abs. 1 AGG, RdA 2009, 204; *Stoffels*, Grundprobleme der Schadensersatzverpflichtung nach § 15 Abs. 2 AGG, RdA 2009, 193.

Der Verstoß gegen Diskriminierungsverbote hat zahlreiche denkbare, unterschiedlich effiziente Rechtsfolgen. **Primäre Ansprüche** sind auf Unterlassung der diskriminierenden Handlung (quasi-negatorischer Unterlassungsanspruch; analog §§ 1004, 823 Abs. 1 BGB) oder – im Falle der Entgeltdiskriminierung – auf gleiches Entgelt gerichtet. Der Arbeitnehmer kann prinzipiell gleiche Behandlung mit dem Bevorzugten verlangen, sich beschweren (§ 13 Abs. 1 S. 1 AGG) oder ggf. die Leistung verweigern (§ 14 S. 1 AGG).

Die häufigsten praxisrelevanten Rechtsfolgen dürften aber die **Rechtsunwirksamkeit** benachteiligender Rechtsgeschäfte und Kollektivverträge (§ 7 Abs. 1 und 2 AGG) sowie die Ansprüche auf **Schadensersatz** und immaterielle Entschädigung sein (§ 15 Abs. 1 und 2 AGG).

a) Unwirksamkeit

Benachteiligende Bestimmungen in **Individual- oder Kollektivvereinbarungen** sind gemäß § 7 Abs. 2 AGG **ipso iure unwirksam**. Die Nichtigkeit der Regelung tritt ex tunc ein. § 139 BGB findet keine Anwendung. Dies hat der Gesetzgeber explizit zum Ausdruck gebracht, indem er nur die „benachteiligenden Bestimmungen in der Vereinbarung" für nichtig erklärt und den Vertrag damit im Übrigen unberührt lässt. Zugleich ergibt sich aus dieser Formulierung, dass § 7 Abs. 2 AGG **nur zweiseitige Rechtsgeschäfte** erfasst. Liegt eine benachteiligende Maßnahme oder ein **einseitiges Rechtsgeschäft** vor, so sind diese gemäß **§ 134 BGB i.V.m. § 7 Abs. 1 AGG** nichtig.

Der bloße Wegfall der diskriminierenden Klausel im Arbeitsvertrag birgt regelmäßig keine Anpassungsprobleme. Es gilt dann das (dispositive) Gesetzesrecht. Entsteht eine ausfüllungsbedürftige Regelungslücke, kommt bei Arbeitsverträgen das Mittel der ergänzenden Vertragsauslegung in Betracht. Eine „Anpassung nach unten" wird oftmals an den strengen Voraussetzungen einer Änderungskündigung scheitern.

Das **BAG** geht insbesondere dann von einer „Anpassung nach Oben" aus, wenn die festgestellte Diskriminierung in anderer Weise nicht behoben werden kann. Auf dieser Linie beurteilte das Gericht beispielsweise den Fall, dass einer bevorzugten Beschäftigtengruppe in Anknüpfung an das Lebensalter Sonderurlaub gewährt wurde (BAG v. 20.3.2012 – 9 AZR 529/10, NZA 2012, 803 Rz. 30). Weil man den begünstigten Arbeitnehmern den gewährten Sonderurlaub nicht nehmen könne, bliebe nur die „Anpassung nach Oben", hier konkret die Gewährung des Sonderurlaubes an den benachteiligten Teil der Belegschaft. Anders entschied das BAG für eine Betriebsvereinbarung, die ältere Piloten öfters von belastenden Kurzstreckenflügen ausnehmen sollte. Dies stelle zwar eine Altersdiskriminierung dar, eine „Anpassung nach Oben" – die den Einsatz der jüngeren Piloten auf der Kurzstrecke bedeuten würde – wollte das BAG aber nicht befürworten. Andernfalls wäre Lufthansa außer Stande den Flugbetrieb aufrechtzuerhalten.

1660 Auch der **EuGH** hat sich bei Verstößen gegen das Verbot der Geschlechtsdiskriminierung nicht darauf beschränkt, die diskriminierende Norm zu verwerfen, sondern den Benachteiligten unmittelbar gewährt, an der vorenthaltenen Regelung teilzuhaben. Allerdings begrenzt auch der EuGH die Anpassung nach oben zeitlich bis zur Beseitigung des Gleichheitsverstoßes. Demnach existiert auch auf europäischer Ebene die Möglichkeit der Neuregelung für die Zukunft. Bis zu dieser Neuregelung lässt der EuGH jedoch grundsätzlich keinen Spielraum, sondern verlangt konsequent die Anwendung der begünstigenden Regelung durch die Gerichte.

„[...] Daher sind die nationalen Gerichte im Falle eines Verstoßes gegen die Richtlinie 76/207 [jetzt: RL 2006/54/EG] durch gesetzliche oder tarifvertragliche Regelungen, die eine mit der Richtlinie unvereinbare Diskriminierung vorsehen, gehalten, die Diskriminierung auf jede denkbare Weise und insbesondere dadurch auszuschließen, dass sie diese Regelungen zugunsten der benachteiligten Gruppe anwenden, ohne die Beseitigung der Diskriminierung durch den Gesetzgeber, die Tarifvertragsparteien oder in anderer Weise zu beantragen oder abzuwarten." (EuGH v. 20.3.2003 – C-187/00 „Kutz-Bauer", NZA 2003, 506, 509)

1661 Diese Rechtsprechung des EuGH wurde im Rahmen des Art. 141 EG (jetzt: Art. 157 AEUV) und vor dem Hintergrund einer effektiven Umsetzung des Entgeltgleichheitsgebots entwickelt. Es ist zu erwarten, dass der EuGH diese Rechtsprechung auf die anderen Merkmale übertragen wird. Zu bedenken ist, dass sie anhand von Fällen entwickelt wurde, in denen eine kleinere Beschäftigtengruppe von einer für alle geltenden begünstigenden Norm ausgenommen worden ist. Diese Fälle zeichnen sich mithin dadurch aus, dass alleine das Bezugssystem der begünstigten Gruppe wirksam ist: Dann ist es auch gerechtfertigt einen Ausgleich der Diskriminierung durch eine Angleichung nach Oben an dieses Bezugssystem herzustellen. Stellt sich dagegen ein **gesamtes Bezugssystem als benachteiligend** dar, so geht der EuGH nicht davon aus, dass eine „Anpassung nach Oben" erforderlich ist um die Benachteiligung auszugleichen.

Beispiel nach (EuGH v. 19.6.2014 – C-501/12 u.a. „Specht u.a.", NZA 2014, 831): In dem konkreten Fall ging es um die alten Besoldungsregeln des alten BBesG, die die Höhe des Grundgehaltes – in altersdiskriminierender Weise – an das Lebensalter koppeln. Eine „Anpassung nach Oben" hätte folglich bedeutet, alle Benachteiligten rückwirkend nach der höchsten Besoldungsstufe ihrer Besoldungsgruppe zu vergüten. Begründet wird das Ergebnis mit dem Umstand, dass ein Bezugsystem, das alle Beamten wegen dem Alter benachteiligt, keine Rückschlüsse auf eine bevorzugte Gruppe zulässt an derer sich der Ausgleich orientieren kann (EuGH v. 19.6.2014 – C-501/12 u.a. „Specht u.a.", NZA 2014, 831 Rz. 96). Die Frage, wie diese Altersdiskriminierung auszugleichen sei, verwies der EuGH an das nationale Gericht (s.a. EuGH v. 9.9.2015 – C-20/13 „Unland", NZA 2015, 1311 Rz. 69; vertiefend *Thüsing/Pötters* EuZW 2015,935; *Löwisch/Becker* EuZA 2015, 83).

1662 Dass der EuGH nicht statisch die „Anpassung nach Oben" fordert, zeigt sich auch an der Entscheidung Hennings, in der die Beibehaltung der altersdiskriminierenden Altersstufen des BAT ohne Verstoß gegen das EU-Recht für einen befristeten Übergangszeitraum, wie auch deren besitzstandswahrende Überführung in das Vergütungsgefüge des TVöD, für legitim erachtet wird, wenn dieses an die vormalige Vergütungsstruktur anknüpft (EuGH v. 8.9.2011 – C-297/10 „Hennigs", NZA 2011, 1100).

b) Schadensersatz und Entschädigung

1663 § 15 Abs. 1 und 2 AGG normiert als **zentrale Rechtsfolgen einer Benachteiligung** Ansprüche auf Schadensersatz und Entschädigung (BT-Drs. 16/1780 S. 38). Anders als bei § 611a BGB a.F. unterscheidet der Gesetzgeber im AGG eindeutig zwischen materiellen und immateriellen Schäden. Damit hat er den bei § 611a BGB a.F. lange diskutierten Streit, ob auch immaterielle Schäden ersetzt werden, vermieden. Adressat des Schadensersatzanspruches ist der Arbeitgeber. Ansprüche gegen Dritte oder Kollegen können lediglich nach den allgemeinen Regeln, insbesondere nach § 823 BGB, geltend gemacht werden.

aa) Materieller Schaden

§ 15 Abs. 1 AGG regelt den Anspruch auf Ersatz eines durch die verbotene Benachteiligung entstandenen Schadens, der nach den §§ 249 ff. BGB zu ersetzen ist. In erster Linie richtet sich der Anspruch auf den Ersatz eines **materiellen Schadens**, wie z.B. den Ausfall des Arbeitsentgelts. Der Arbeitgeber ist jedoch gemäß § 15 Abs. 1 S. 2 AGG nur zum Ersatz verpflichtet, wenn er die Benachteiligung zu vertreten hat. Der Arbeitgeber hat grundsätzlich Vorsatz und Fahrlässigkeit (§ 276 BGB) zu vertreten. Das Verhalten seiner Arbeitnehmer und Dritter muss er sich nach allgemeinen Regeln (§§ 278, 831 BGB) zurechnen lassen. Mithin hängt die Schadensersatzpflicht vom Verschulden des Arbeitgebers ab. 1664

Dies verwundert. Denn in ständiger Rechtsprechung zu den Vorgängerregelungen der Gleichbehandlungsrichtlinie 2006/54/EG und Art. 157 AEUV fordert der EuGH, dass zivilrechtliche Sanktionen für jede Form der Diskriminierung **ohne Rücksicht auf ein Verschulden** (EuGH v. 22.4.1997 – C-180/95 „Draehmpaehl", BB 1997, 1481) oder das Vorliegen von Rechtfertigungsgründen (EuGH v. 8.11.1990 – C-177/88 „Dekker", NZA 1991, 171) ausgestaltet sein müssen. Die in der Literatur vertretene Ansicht, dass der nationale Gesetzgeber schon mit der verschuldensunabhängigen Ausgestaltung des § 15 Abs. 2 AGG den europäischen Anforderungen hinreichend Rechnung getragen hat (*Bauer/Krieger* AGG § 15 Rz. 15), kann vor dem Hintergrund der europäischen Rechtsprechung nicht überzeugen. Der EuGH fordert für **jede** zivilrechtliche Haftungsregel Verschuldensunabhängigkeit. 1665

„[...] *Die Richtlinie Nr. 76/207 überlässt es zwar den Mitgliedstaaten, die Sanktion für einen Verstoß gegen das Diskriminierungsverbot unter den verschiedenen Möglichkeiten auszuwählen, die zur Verwirklichung des Ziels der Richtlinie geeignet sind; entscheidet sich ein Mitgliedstaat jedoch für eine Sanktion, die sich in den Rahmen einer zivilrechtlichen Haftungsregelung einfügt, so **reicht jeder Verstoß gegen das Diskriminierungsverbot für sich genommen aus**, um die volle Haftung seines Urhebers auszulösen, ohne dass die im nationalen Recht vorgesehenen Rechtfertigungsgründe berücksichtigt werden können.*" (EuGH v. 8.11.1990 – C-177/88 „Dekker", NZA 1991, 171) 1666

Ob der EuGH für weitere Diskriminierungsmerkmale anders entscheidet, ist nicht absehbar. Betrachtet man § 15 Abs. 1 AGG deshalb als europarechtswidrig, führt dies nicht zwingend zu seiner Unanwendbarkeit, soweit eine richtlinienkonforme Auslegung möglich ist. Ist das nicht der Fall, können den Betroffenen gegebenenfalls Schadensersatzansprüche gegen den Mitgliedstaat wegen nicht ordnungsgemäßer Richtlinienumsetzung zustehen (EuGH v. 19.11.1991 – C-6/90 und C-9/90 „Francovich", NJW 1992, 165). 1667

bb) Immaterielle Entschädigung

§ 15 Abs. 2 AGG gewährt bei unzulässiger Benachteiligung stets einen **Anspruch auf eine Entschädigung für den immateriellen Schaden in Geld**. Entschädigung und Schadensersatz können nebeneinander gewährt werden. Anders als bei § 15 Abs. 1 AGG ist der Ersatz des immateriellen Schadens – unstreitig – **unabhängig vom Verschulden** des Arbeitgebers zu ersetzen. Damit will der Gesetzgeber der europarechtlichen Forderung nachkommen, die Sanktion einer Diskriminierung wirksam abschreckend und verhältnismäßig auszugestalten (BT-Drs. 16/1780 S. 38; siehe Art. 17 RL 2000/78/EG und Art. 15 RL 2000/43/EG; vgl. auch EuGH v. 22.4.1997 – C-180/95 „Draehmpaehl", BB 1997, 1481). Dies darf allerdings nicht dahin missverstanden werden, dass eine abschreckende Wirkung ein System des Strafschadensersatzes – im amerikanischen Recht bekannt als „punitive damages" – erfordert. Den Gleichbehandlungsrichtlinien genügt eine Sanktion vielmehr dann, wenn sie den vollständigen Ausgleich des entstandenen Schadens gewährleistet, ohne dass eine darüberhinausgehende Sanktion erforderlich wäre (EuGH v. 17.12.2015 – C-407/14 „Camacho", NZA 2016, 471 Rz. 37; vgl. *Schubert* EuZA 2016, 480, 481 f.). Der immaterielle Schaden einer Diskriminierung besteht grundsätzlich nur in einer Persönlichkeitsverletzung. Nach Ansicht des Gesetzgebers liegt diese regelmäßig bei erfolgter Diskriminierung vor (BT-Drs. 16/1780 S. 38). Dem entspricht die Maßgabe des BAG, dass ein immaterieller 1668

Schaden unwiderleglich vermutet wird, sofern eine Benachteiligung wegen eines der in § 1 AGG genannten Merkmale vorliegt (BAG v. 15.3.2012 – 8 AZR 37/11, NZA 2012, 910 Rz. 41).

1669 Die Entschädigung muss angemessen sein. Der unbestimmte Begriff der **Angemessenheit** orientiert sich an der Regelung des Schmerzensgeldes in § 253 BGB und ermöglicht dem Gericht den notwendigen Beurteilungsspielraum, um die Besonderheiten jedes einzelnen Falles zu berücksichtigen. So kann das Gericht im Einzelfall die Schwere der Persönlichkeitsverletzung und den Grad des Verschuldens berücksichtigen.

1670 Für Bewerber, die auch bei benachteiligungsfreier Auswahl nicht eingestellt worden wären, ist die Entschädigung auf **höchstens drei Monatsverdienste** beschränkt, § 15 Abs. 2 S. 2 AGG. Das gilt entsprechend für den Fall der diskriminierenden Nichtbeförderung.

1671 Schadensersatz oder Entschädigungsansprüche müssen gemäß § 15 Abs. 4 S. 1 AGG innerhalb **einer Frist von zwei Monaten schriftlich** beim Arbeitgeber geltend gemacht werden. Auf diese Frist ist § 167 ZPO anwendbar (BAG v. 22.5.2014 – 8 AZR 662/13, NZA 2014, 924 Rz. 9 ff.). Bedeutsam ist dies insbesondere deshalb, weil die Schriftform auch durch eine Klage gewahrt werden kann und in Kombination mit § 167 ZPO es dann auf den Zeitpunkt des Eingangs der Klageschrift ankommt. Ein nicht fristgerecht erhobener Anspruch verfällt. Die Frist kann nicht individualvertraglich, sondern nur durch die Tarifvertragsparteien geändert werden. Der Fristlauf beginnt in dem Zeitpunkt, in dem der oder die Beschäftigte von der Benachteiligung Kenntnis erlangt. Das gilt entgegen dem Wortlaut des § 15 Abs. 4 S. 2 AGG **auch bei Bewerbungen und Beförderungen** (BAG v. 15.3.2012 – 8 AZR 160/11; siehe EuGH v. 8.7.2010 – C-246/09 „Bulicke", NZA 2010, 869, 870 f.).

1672 Hat der Arbeitnehmer keinen Erfolg, kann er mit einer **Frist von drei Monaten**, nachdem der Anspruch schriftlich geltend gemacht worden ist, Klage erheben, § 61b ArbGG. Der Begriff der Entschädigung in § 61b ArbGG umfasst sowohl Entschädigungs- als auch Schadensersatzansprüche. Während sich die Frist des § 15 Abs. 4 S. 1 AGG auf den Ersatz des materiellen wie immateriellen Schadens bezieht, greift die dreimonatige Klagefrist des § 61b ArbGG nur für den Anspruch aus § 15 Abs. 2 AGG. Das BAG sieht die Begründung im Wortlaut der Vorschrift, der nur von Entschädigung – und nicht umfassend von Schadensersatz – spricht (BAG v. 20.6.2013 – 8 AZR 482/12, NZA 2014, 21 Rz. 32).

1673 Erfolgen **Benachteiligungen durch die Anwendung kollektivrechtlicher Vereinbarungen**, trifft den Arbeitgeber gemäß § 15 Abs. 3 AGG eine Entschädigungspflicht nur, wenn er vorsätzlich oder grob fahrlässig handelt. Der Gesetzgeber begründet diese – allein für § 15 Abs. 2 AGG maßgebliche (BAG v. 20.3.2012 – 9 AZR 529/10, NZA 2012, 803 Rz. 31) – Privilegierung mit der vermuteten „**erhöhten Richtigkeitsgewähr**" von Kollektivvereinbarungen (BT-Drs. 16/1780 S. 38). Das bezieht sich lediglich auf die Entschädigungspflicht. Eine Privilegierung für materielle Schäden scheidet mithin aus.

1674 Vorsätzlich oder grob fahrlässig handelt der Arbeitgeber, wenn er die kollektivvertragliche Vereinbarung anwendet, obwohl er den benachteiligenden Charakter der Regelung kannte bzw. kennen musste. Das **subjektive Element** der Haftungsprivilegierung bezieht sich demgemäß auf das Wissen um den **benachteiligenden Charakter**. Hat der Arbeitgeber mithin Kenntnis vom benachteiligenden Charakter oder hätte er ihn kennen müssen und will er nicht einer Entschädigungspflicht ausgesetzt sein, so muss er die entsprechende kollektivvertragliche Regelung unangewendet lassen.

1675 Dies kann bei **tarifgebundenen Arbeitgebern zu Friktionen mit ihrer Anwendungspflicht** führen. Tarifgebundene Arbeitgeber sind aufgrund der Normwirkung von Tarifnormen grundsätzlich zur Anwendung kollektivvertraglicher Regelungen verpflichtet. Diese Anwendungspflicht greift jedoch nur, soweit die entsprechende Norm wirksam ist. Zur Anwendung unwirksamer Normen ist der Arbeitgeber indes nicht verpflichtet. Obwohl der Arbeitgeber erst nach einer Rechtsprüfung der Regelung um ihre Wirksamkeit weiß, obliegt ihm keine allgemeine Rechtsprüfungspflicht. Lediglich wenn er den diskriminierenden Gehalt einer Kollektivnorm erkennt oder erkennen musste und diese gleichwohl weiter anwendet, ist die Haftung gerechtfertigt.

Eine Stellungnahme des EuGH zu solchen Haftungsprivilegierungen liegt nicht vor. Berücksichtigt man, dass der EuGH stets den Urheber einer Benachteiligung, ohne Rücksicht auf das Verschulden und auf Rechtfertigungsgründe im Rahmen einer zivilrechtlichen Haftungsnorm, vollumfänglich der Haftung unterwirft, erscheint eine Haftungsprivilegierung gemäß § 15 Abs. 3 AGG nicht europarechtskonform. 1676

Wenngleich bei § 15 Abs. 1 AGG das Prinzip der Naturalrestitution nach § 249 Abs. 1 BGB gilt, schließt § 15 Abs. 6 AGG einen Anspruch auf Einstellung des diskriminierten Arbeitnehmers aus (zur analogen Anwendbarkeit dieser Bestimmung auf § 612a BGB vgl. BAG v. 21.9.2011 – 7 AZR 150/10, NZA 2012, 317 Rz. 43). Dies ist mit dem Europarecht vereinbar. Es ist ausreichend, wenn sich ein Mitgliedstaat für eine Sanktion entscheidet, der eine wirklich abschreckende Wirkung gegenüber dem Arbeitgeber zukommt und die in einem angemessenen Verhältnis zu dem erlittenen Schaden steht (EuGH v. 10.4.1984 – Rs. 14/83 „Colson und Kamann", NZA 1984, 157). Einen Anspruch auf Einstellung erfordert dies nicht, zumal auch der EuGH lediglich Sanktionen moniert hat, die sich auf reinen Symbolcharakter beschränken, wie dies beim alten „Portoparagraph" § 611a BGB der Fall war (EuGH v. 10.4.1984 – Rs. 14/83 „Colson und Kamann", NZA 1984, 157). 1677

Anderes gilt lediglich **im öffentlichen Dienst**. Dort gilt gemäß Art. 33 Abs. 2 GG das Prinzip der Bestenauslese, das einen Einstellungsanspruch des bestgeeigneten Bewerbers gewährleistet. 1678

c) Leistungsverweigerungs- und Beschwerderecht

Neben der Unwirksamkeit und dem Anspruch auf Schadensersatz steht den Benachteiligten im Falle einer Belästigung gemäß § 14 AGG ein Leistungsverweigerungsrecht zu. Dies setzt voraus, dass der Arbeitgeber seiner Verpflichtung zur Unterbindung von Belästigungen nicht nachkommt. Im Falle anderweitiger Benachteiligungen kann der Arbeitnehmer seine Arbeit ohne Verlust des Arbeitsentgelts gemäß § 273 BGB einstellen, da dieser von § 14 AGG nicht berührt wird. Das Irrtumsrisiko trägt in beiden Fällen der Arbeitnehmer. Irrt er sich mithin über das Vorliegen einer Benachteiligung und stellt die Arbeit ein, so ist der Arbeitgeber berechtigt, arbeitsrechtliche Konsequenzen aus dieser Arbeitsverweigerung zu ziehen. 1679

§ 13 AGG enthält das Recht der Beschäftigten, sich bei einer zuständigen Stelle **formfrei** zu beschweren, wenn sie sich vom Arbeitgeber, von Vorgesetzen, anderen Beschäftigten oder Dritten wegen eines der in § 1 AGG genannten Gründe **benachteiligt fühlen**. Auf die tatsächlich erfolgte Benachteiligung kommt es mithin nicht an. Liegt eine Beschwerde vor, so besteht die Pflicht, diese zu prüfen und das Ergebnis dem Beschwerten mitzuteilen. Eine **Pflicht zur Beschwerde** besteht **nicht**. 1680

7. Beweislast und Auskunftsanspruch

Literatur: *Gola*, Informationsrecht abgelehnter Bewerber, NZA 2013, 360; *Grobys*, Die Beweislast im Antidiskriminierungsrecht, NZA 2006, 898; *Hanau*, Anspruch eines abgelehnten Bewerbers auf Auskunft über die Besetzung der Stelle? – Ein Beitrag des EuGH zur Quadratur des Kreises, EuZA 2013, 105; *Picker*, Der EuGH und der Auskunftsanspruch des abgelehnten Bewerbers – Meisterhaft!, NZA 2012, 641; *Prütting*, Beweisrecht und Beweislast im arbeitsgerichtlichen Diskriminierungsprozess, FS 50 Jahre BAG (2004), 1311; *Stein*, Die Beweislast in Diskriminierungsprozessen – ein unbekanntes Wesen?, NZA 2016, 849; *Windel*, Aktuelle Beweisfragen im Antidiskriminierungsprozess, RdA 2011, 193.

§ 22 AGG enthält eine europarechtliche gebotene **Beweislastumkehr** (a.A. ErfK/*Schlachter* § 22 AGG Rz. 1). Weist der Arbeitnehmer im Prozess Indizien nach, die eine Benachteiligung wegen eines in § 1 AGG genannten Grundes vermuten lassen, dann trägt der Arbeitgeber die Beweislast dafür, dass kein Verstoß gegen das Benachteiligungsverbot vorliegt. Damit weicht § 22 AGG von der grundsätzlichen 1681

Regel ab, dass derjenige, der einen Anspruch geltend macht, auch dessen Voraussetzungen darlegen und beweisen muss. Die Beweiserleichterung erfolgt **für den Kausalzusammenhang**, ob eine Benachteiligung *wegen* eines in § 1 AGG genannten Merkmals vorliegt. Hinter dieser Beweislasterleichterung steht der Gedanke, dass der Benachteiligte nicht Umstände nachweisen muss, die allein in der Sphäre des Gegners liegen (EuGH v. 27.10.1993 – C-127/92 „Enderby", NZA 1994, 797). Der Arbeitgeber trägt sodann die volle Beweislast dafür, dass die Benachteiligung nicht wegen eines Merkmals in § 1 AGG erfolgte oder aber gerechtfertigt war. Um den Mechanismus des § 22 AGG auszulösen, reicht der Vortrag von Indizien aus. Es genügt mithin, wenn aus den vorgetragenen Tatsachen aus objektiver Sicht mit überwiegender Wahrscheinlichkeit auf eine Benachteiligung wegen eines in § 1 AGG genannten Merkmales geschlossen werden kann (BAG v. 7.7.2011 – 2 AZR 396/10, NZA 2012, 34, 36). Bisweilen bestehen erhebliche Schwierigkeiten des Diskriminierten, entsprechende Indizien im Prozess vorzutragen. Dies auch deshalb, weil der **EuGH es ablehnt**, dem Bewerber einen **Auskunftsanspruch** zuzubilligen, mit dem dieser Kenntnis über den Einstellungsvorgang erhält (EuGH v. 19.4.2012 – C-415/10 „Meister", NZA 2012, 493 Rz. 46.). Auf diesem Weg scheidet die Indizienermittlung für eine Beweislastumkehr somit aus. Folge sind „kreative" Vorgänge wie **Testing-Verfahren**, bei denen der Bewerber weitere fiktive Bewerbungen einreicht, um die Motivation des Arbeitgebers zu testen (ausf. *Krieger/Günther* NZA 2015, 262 ff.). In der Instanzrechtsprechung wird die Möglichkeit des Testing-Verfahrens anerkannt, insbesondere hinsichtlich der Vergleichbarkeit werden aber einschränkende Voraussetzungen gefordert:

1682 *„Um die Vermutung einer diskriminierenden Behandlung mit den Folgen der Beweislastumkehr nach § 22 AGG auslösen zu können, muss in einem sog. Testing-Verfahren (hier: fiktive Bewerbung) neben objektiv größtmöglicher Vergleichbarkeit der Testpersonen auch die zugrundeliegende Situation mit dem Ausgangsfall vergleichbar sein und die Wahrscheinlichkeit bestehen, dass die Auswahlentscheidung nicht von zwischenmenschlichen Aspekten oder vom Zufall abhängt. Die objektive Vergleichbarkeit richtet sich nach den Üblichkeiten des Arbeitslebens oder der Verkehrsauffassung."* (LAG Schleswig-Holstein v. 9.4.2014 – 3 Sa 401/13, BeckRS 2014, 69694 3. Leitsatz)

1683 **Beispiele für Indizien, mit denen die Beweislastumkehr nach § 22 AGG herbeigeführt werden kann:** Die Frage nach der Schwangerschaft kann ein Indiz für eine Benachteiligung wegen des Geschlechts sein. Unzureichend ist hingegen allein das Vorliegen einer Schwangerschaft bei der gegenüber einem männlichen Bewerber nicht berücksichtigten Bewerberin um eine Beförderungsstelle. Allerdings kann die kleinste Bemerkung des Arbeitgebers („Freuen Sie sich doch auf ihr Kind") ein Indiz sein (BAG v. 24.4.2008 – 8 AZR 257/07, NJW 2008, 3658).

Steht fest, dass der Arbeitgeber die Schwerbehindertenvertretung entgegen § 164 Abs. 1 S. 4 SGB IX nicht über die eingegangene Bewerbung eines bestimmten schwerbehinderten Menschen unterrichtet hat, ist dessen Benachteiligung wegen der Schwerbehinderung zu vermuten (BAG v. 15.2.2005 – 9 AZR 635/03, NZA 2005, 870, 872).

Verletzt ein Arbeitgeber des Öffentlichen Dienstes seine Pflichten nach §§ 164 Abs. 1 S. 2 und 165 SGB IX, frei werdende Stellen frühzeitig zu melden und mit der Agentur für Arbeit wegen der Vermittlung arbeitsloser und arbeitsuchender schwerbehinderter Menschen Verbindung aufzunehmen sowie die schwerbehinderten Bewerber zu einem Vorstellungsgespräch zu laden, rechtfertigt bereits das nach der Rechtsprechung des BAG die Vermutung, der öffentliche Arbeitgeber benachteilige schwerbehinderte Beschäftigte wegen ihrer Behinderung (BAG v. 12.9.2006 – 9 AZR 807/05, NZA 2007, 507 Rz. 17 ff.).

III. Schutz vor Diskriminierung in atypischen Arbeitsverhältnissen

Literatur: *Biermann*, Die Gleichbehandlung von Teilzeitbeschäftigten bei entgeltlichen Ansprüchen, 2000; *Reich/Dieball*, Mittelbare Diskriminierung teilzeitbeschäftigter weiblicher Betriebsratsmitglieder, AuR 1991, 225; *Thüsing*, Das Verbot der Diskriminierung wegen Teilzeit und Befristung nach § 4 TzBfG, ZfA 2002, 249.

Auch durch das europäische Recht veranlasst, sieht das nationale Recht spezielle Diskriminierungsverbote vor, die nicht an persönliche Merkmale des Arbeitnehmers anknüpfen, sondern an bestimmte Vertragsgestaltungen. 1684

1. Diskriminierungsverbot wegen Teilzeit und Befristung (§ 4 TzBfG)

Mit Erlass des Gesetzes über Teilzeitarbeit und befristete Arbeitsverträge (TzBfG) hat der nationale Gesetzgeber in § 4 TzBfG ein solches Diskriminierungsverbot sowohl für den Bereich der Teilzeitarbeit (Abs. 1) als auch für den Bereich der befristeten Beschäftigung (Abs. 2) geschaffen und zugleich **zwei europäische Richtlinien** in innerstaatliches Recht umgesetzt. § 4 Abs. 1 TzBfG setzt das Diskriminierungsverbot aus **§ 4 RV-TzA** (Rahmenvereinbarung über Teilzeitarbeit, durchgeführt von der Richtlinie 97/81/EG des Rates vom 15.12.1997, ABl. EG 20.1.1998, L 14, S. 9 ff.) um und entspricht inhaltlich im Wesentlichen dem vorherigen § 2 Abs. 1 BeschFG. § 4 Abs. 2 TzBfG verbietet in Umsetzung von **§ 4 RV-B** (Rahmenvereinbarung über befristete Arbeitsverträge, durchgeführt von der Richtlinie 1999/70/EG des Rates vom 28.6.1999, ABl. EG v. 10.7.1999, Nr. L 175, S. 43 ff.) die Diskriminierung von befristet Beschäftigten. 1685

§ 4 TzBfG ist **zwingendes Recht**. Dies folgt aus § 22 Abs. 1 TzBfG. Danach darf von § 4 TzBfG nicht zuungunsten des Arbeitnehmers abgewichen werden, sodass das Diskriminierungsverbot auch für die Tarifvertragsparteien und die Ausgestaltung von Tarifverträgen gilt. 1686

a) Diskriminierung wegen Teilzeitbeschäftigung

§ 4 Abs. 1 TzBfG verbietet die Ungleichbehandlung von Teilzeitbeschäftigten wegen der Teilzeitbeschäftigung. Danach darf ein teilzeitbeschäftigter Arbeitnehmer **wegen der Teilzeitarbeit** nicht schlechter behandelt werden als ein vergleichbarer vollzeitbeschäftigter Arbeitnehmer, es sei denn, dass sachliche Gründe (z.B. Berufserfahrung) eine unterschiedliche Behandlung rechtfertigen. 1687

Prüfungsschema/Übersicht: Verstoß gegen § 4 Abs. 1 TzBfG 1688

- Verstoß gegen das Diskriminierungsverbot
  - Ungleichbehandlung allein wegen der Teilzeitbeschäftigung
  - Vergleichbarkeit des schlechter gestellten teilzeitbeschäftigten Arbeitnehmers mit vollzeitbeschäftigten Arbeitnehmern desselben Betriebs
- Rechtfertigung der Diskriminierung
  - Die Differenzierung ist gerechtfertigt, wenn es für die Benachteiligung einen sachlichen (d.h. objektiven) Grund gibt

aa) Persönlicher Geltungsbereich des § 4 Abs. 1 TzBfG

Zum einen verbietet § 4 Abs. 1 TzBfG dem Arbeitgeber, **Teilzeitbeschäftigte gegenüber Vollzeitbeschäftigten** allein wegen der Teilzeitbeschäftigung schlechter zu behandeln. Zum anderen verbietet diese Vorschrift nach der Rechtsprechung des BAG über den Wortlaut hinaus auch eine Ungleichbehandlung von **Teilzeitbeschäftigten mit unterschiedlicher Arbeitszeit oder -dauer untereinander:** 1689

„Diese Bestimmung [§ 4 Abs. 1 TzBfG] gilt aber darüber hinaus auch für die Behandlung der Arbeitnehmer, die in unterschiedlichem zeitlichen Umfange beschäftigt werden, etwa [...] unter oder über 50 % der regelmäßigen Wochenarbeitszeit vollzeitbeschäftigter Arbeitnehmer. Auch für die unterschiedliche Behandlung teilzeitbeschäftigter Arbeitnehmer bedarf es sachlicher Gründe, wenn die eine Gruppe der teilzeitbeschäftigten Arbeitnehmer wie vollzeitbeschäftigte Arbeitnehmer behandelt, die andere Gruppe der teilzeitbeschäftigten Arbeitnehmer jedoch von Leistungen ausgeschlossen werden soll." (BAG v. 29.8.1989 – 3 AZR 370/88, NZA 1990, 37, 38)

1690 § 2 Abs. 2 TzBfG bezieht (klarstellend) ausdrücklich die **geringfügig Beschäftigten** i.S.v. § 8 Abs. 1 Nr. 1 SGB IV in den Kreis der Teilzeitbeschäftigten mit ein, sodass eine Sonderbehandlung dieser Gruppe von Teilzeitbeschäftigten nicht mehr zulässig ist, wie dies schon zuvor von der Rechtsprechung mehrfach entschieden wurde, z.B. hinsichtlich des Anspruchs auf Zahlung des Tariflohns (BAG v. 18.6.1991 – 1 ABR 60/90, NZA 1991, 903), auf Lohnfortzahlung im Krankheitsfall (BAG v. 9.10.1991 – 5 AZR 598/90, NZA 1992, 159), auf Samstags- und Sonntagszuschläge, auf vermögenswirksame Leistungen sowie auf Abgeltung von Tarifurlaub (BAG v. 19.6.1991 – 5 AZR 310/90, juris).

1691 Das Diskriminierungsverbot gilt nicht nur für den Arbeitgeber, sondern auch für die **Tarifvertragsparteien**. Dies stellt **§ 22 Abs. 1 TzBfG** ausdrücklich klar: Von § 4 TzBfG darf nicht zuungunsten des Arbeitnehmers abgewichen werden. Auch Tarifverträge dürfen also keine Regelungen enthalten, nach denen Teilzeit- und Vollzeitbeschäftigte ohne sachlichen Grund unterschiedlich behandelt werden (können).

bb) Sachlicher Geltungsbereich des § 4 Abs. 1 TzBfG

1692 Der Gleichbehandlungsgrundsatz des § 4 Abs. 1 TzBfG umfasst prinzipiell **alle Arbeitsbedingungen**, also das gesamte rechtserhebliche Handeln des Arbeitgebers gegenüber seinen Arbeitnehmern. Er ist daher auch schon bei der **Vertragsgestaltung** zu berücksichtigen (BAG v. 25.1.1989 – 5 AZR 161/88, BB 1989, 1271).

> „[...] ‚Behandlung' bedeutet in diesem Zusammenhang *rechtserhebliches Handeln des Arbeitgebers gegenüber dem Arbeitnehmer. Das ist nicht nur in der Gestalt einseitiger Maßnahmen möglich, sondern auch in der Gestalt vertraglicher Vereinbarungen. Diese ‚Behandlung' betrifft den Inhalt des rechtserheblichen Handelns des Arbeitgebers. Einseitige Maßnahmen oder Verträge stellen dagegen nur die äußere Form dar, in der dieses Handeln seinen Niederschlag findet.*" (BAG v. 25.1.1989 – 5 AZR 161/88, BB 1989, 1271)

1693 Nach § 4 Abs. 1 S. 2 TzBfG ist einem Teilzeitarbeitnehmer das Arbeitsentgelt oder eine andere teilbare geldwerte Leistung anteilig mindestens im gleichen Umfang zu gewähren wie einem Vollzeitarbeitnehmer (**pro-rata-temporis-Grundsatz**). Hierunter fallen beispielsweise Urlaub, Sozialleistungen sowie die betriebliche Altersversorgung. Damit wurde die vormalige Rechtsprechung des BAG gesetzlich festgeschrieben (siehe BAG v. 27.7.1994 – 10 AZR 538/93, BB 1994, 2279). Mit der Ausrichtung des § 4 Abs. 1 S. 2 TzBfG auf eine zeitanteilige Vergütung von Teilzeitbeschäftigten ist jedenfalls eine in **qualitativer** Hinsicht unterschiedliche Abgeltung von Teilzeit- und Vollzeitbeschäftigten verboten. Eine **quantitative** Unterscheidung bleibt allerdings möglich (BAG v. 28.5.2013 – 3 AZR 266/11, BeckRS 71596 Rz. 23). § 4 Abs. 1 S. 2 TzBfG kommt keine Ausschlusswirkung in dem Sinne zu, dass bei Einhaltung des pro rat temporis-Grundsatzes eine anderweitige diskriminierende Maßnahme nicht mehr von § 4 Abs. 1 S. 1 TzBfG erfasst werden könnte (BAG v. 14.12.2011 – 5 AZR 457/10, NZA 2012, 663 Rz. 28).

1694 Wo eine Leistung **nicht von der Dauer der Arbeitszeit** abhängig ist, müssen Teilzeitbeschäftigten prinzipiell die Leistungen **in gleicher Höhe** wie bei Vollzeitbeschäftigten gewährt werden, z.B. beim Bezug des Weihnachtsgelds, das sowohl als Vergütung für geleistete Dienste als auch als Zuwendung für erwiesene und zu erwartende Betriebstreue gewährt wird, beim Zugang zur Kantine oder zum Betriebskindergarten, bei der Gewährung von Sonderkonditionen für Darlehen zum Erwerb von Immobilien (BAG v. 27.7.1994 – 10 AZR 538/93, BB 1994, 2279) sowie bei der Gewährung von Beihilfen in Krankheits-, Geburts- und Todesfällen (BAG v. 17.6.1993 – 6 AZR 620/92, NZA 1994, 764).

1695 Der Gleichbehandlungsgrundsatz gilt nicht nur für Arbeitnehmer desselben Betriebs, sondern ist **auf das gesamte Unternehmen auszudehnen** (BAG v. 17.11.1998 – 1 AZR 147/98, NZA 1999, 606). Adressat des Gleichbehandlungsgrundsatzes ist der Arbeitgeber. Nur die Herstellung eines unternehmensübergreifenden Arbeitgeberbezugs ermöglicht sachgerechte, nicht willkürliche Differenzierungen. Anderenfalls könnte die Geltung des Gleichbehandlungsgrundsatzes durch schlichte Aufspaltung des Unternehmens in mehrere Betriebe umgangen werden.

cc) Verstoß gegen § 4 Abs. 1 TzBfG

Eine Ungleichbehandlung wegen der Teilzeitarbeit liegt immer dann vor, **wenn Anknüpfungspunkt für eine Differenzierung die Dauer der Arbeitszeit ist**. Der Arbeitnehmer erhält eine Leistung nur deshalb nicht oder nicht in anteilig gleicher Höhe, weil er in Teilzeit und nicht in Vollzeit beschäftigt ist. Gegenüber dem vormaligen § 2 Abs. 1 BeschFG variiert der Wortlaut des § 4 Abs. 1 TzBfG: Teilzeitbeschäftigte dürfen wegen der Teilzeitbeschäftigung „nicht schlechter" behandelt werden, während sie nach dem BeschFG „nicht unterschiedlich" behandelt werden durften. Die Legitimation einer **generellen Besserstellung beinhaltet die Formulierung allerdings nicht** (ErfK/*Preis* § 4 TzBfG Rz. 10). Denn dies könnte wiederum gegen den Gleichbehandlungsgrundsatz, diesmal zuungunsten der Vollzeitbeschäftigten, verstoßen. Davon unberührt bleibt die **individuelle** Besserstellung einzelner Arbeitnehmer entsprechend der Rechtslage beim allgemeinen Gleichbehandlungsgrundsatz. 1696

Die „schlechtere Behandlung" muss zudem gegenüber einem **vergleichbaren** Vollzeitarbeitnehmer erfolgen. § 2 Abs. 1 S. 3 TzBfG definiert, dass ein vollzeitbeschäftigter Arbeitnehmer des Betriebes mit **derselben Art des Arbeitsverhältnisses** und **der gleichen oder einer ähnlichen Tätigkeit** vergleichbar ist. Gibt es im Betrieb keinen vergleichbaren vollzeitbeschäftigten Arbeitnehmer, so ist der vergleichbare vollzeitbeschäftigte Arbeitnehmer auf Grund des anwendbaren Tarifvertrages zu bestimmen; in allen anderen Fällen ist darauf abzustellen, wer im jeweiligen Wirtschaftszweig üblicherweise als vergleichbarer vollzeitbeschäftigter Arbeitnehmer anzusehen ist (§ 2 Abs. 1 S. 4 TzBfG). 1697

dd) Rechtfertigungsgründe

Zu den weiteren Voraussetzungen der Diskriminierung wegen der Teilzeitarbeit gehört das Fehlen eines Rechtfertigungsgrundes. Gemäß § 4 Abs. 1 TzBfG ist eine Ungleichbehandlung wegen der Teilzeitarbeit gerechtfertigt, wenn **sachliche Gründe** die Benachteiligung rechtfertigen. Für die Frage, wann ein solcher „sachlicher Grund" vorliegt, ist auf die Maßgaben des EuGH zurückzugreifen, der sich bereits mehrfach mit dieser Frage zu beschäftigen hatte: 1698

*„Nach ständiger Rechtsprechung des Gerichtshofs verlangt der Begriff ‚sachliche Gründe', dass die festgestellte Ungleichbehandlung durch das Vorhandensein **genau bezeichneter, konkreter Umstände** gerechtfertigt ist, die die betreffende Beschäftigungsbedingung in ihrem speziellen Zusammenhang und auf der Grundlage **objektiver und transparenter Kriterien** für die Prüfung der Frage kennzeichnen, ob diese Ungleichbehandlung einem **echten Bedarf entspricht** und **ob sie zur Erreichung des verfolgten Ziels geeignet und erforderlich ist**. Diese Umstände können sich etwa aus der besonderen Art der Aufgaben, zu deren Erfüllung befristete Verträge geschlossen worden sind, und deren Wesensmerkmalen oder gegebenenfalls aus der Verfolgung eines legitimen sozialpolitischen Ziels durch einen Mitgliedstaat ergeben."* (EuGH v. 14.9.2016 – C-596/14 „Ana de Diego Porras", NZA 2016, 1193 Rz. 45)

Zur Rechtfertigung ungenügend ist daher der reine Verweis auf eine **abstrakte Norm**, die die entsprechende Ungleichbehandlung vorsieht. Auch durch eine **tarifvertragliche** Regelung an sich kann eine Rechtfertigung daher nicht gelingen (EuGH v. 22.4.2010 – C-486/08 „Zentralbetriebsrat der Landeskrankenhäuser Tirols", NZA 2010, 557 Rz. 44). 1699

Sachlich gerechtfertigt ist eine Ungleichbehandlung, wenn hierfür objektive Gründe gegeben sind, die einem wirklichen Bedürfnis des Unternehmens dienen und für die Erreichung dieses Ziels geeignet und erforderlich sind (BAG v. 14.10.1986 – 3 AZR 66/83, NZA 1987, 445, 447; BAG v. 20.6.1995 – 3 AZR 684/93, NZA 1996, 600). Dies können Gründe sein, die etwa auf Arbeitsleistung, Qualifikation, Berufserfahrung oder unterschiedlichen Anforderungen am Arbeitsplatz beruhen (BAG v. 28.7.1992 – 3 AZR 173/92, NZA 1993, 215). Liegt in der Benachteiligung Teilzeitbeschäftigter gleichzeitig auch noch eine Benachteiligung wegen des Geschlechts, ist dafür die Rechtfertigung gemäß § 8 Abs. 1 AGG heranzuziehen (Rz. 1630). 1700

1701 **Nicht gerechtfertigt** ist beispielsweise die Ungleichbehandlung Teilzeitbeschäftigter unter Hinweis auf ihre geringere Integration in den Betrieb oder ihre angeblich geringere Motivation (BAG v. 23.1.1990 – 3 AZR 58/88, NZA 1990, 778; BAG v. 20.11.1990 – 3 AZR 613/89, NZA 1991, 635).

1702 Die meisten Fälle von Ungleichbehandlung liegen im Bereich der **Gewährung von Leistungen** jeglicher Art durch den Arbeitgeber, von der Vergütung selbst über Zulagen bis zur betrieblichen Altersversorgung. Ob eine solche Ungleichbehandlung gerechtfertigt ist, ist anhand des **Zwecks der Leistung** zu beantworten. Wenn sich aus dem Leistungszweck Gründe herleiten lassen, die es unter Berücksichtigung aller Umstände rechtfertigen, dem Teilzeitbeschäftigten die Leistung nicht zu gewähren, die der vollzeitbeschäftigte Arbeitnehmer zu beanspruchen hat, besteht ein sachlicher Grund für die unterschiedliche Behandlung (BAG v. 20.6.1995 – 3 AZR 684/93, NZA 1996, 600, 601).

1703 **Beispiele zur Leistungsgewährung:** Eine bestimmte Tätigkeit darf nicht deswegen einer anderen (geringer entlohnten) **Vergütungsgruppe** zugeordnet werden, nur weil sie nicht in Vollzeit-, sondern in Teilzeitbeschäftigung erbracht wird (BAG v. 15.11.1994 – 5 AZR 681/93, NZA 1995, 936).

Teilzeitbeschäftigte haben Anspruch auf Teilnahme an einer **Vergütungserhöhung** für Vollzeitbeschäftigte (BAG v. 29.1.1992 – 4 AZR 293/91, NZA 1992, 611). Daher haben Teilzeitbeschäftigte bei einer Stundenlohnerhöhung der vollzeitbeschäftigten Arbeitnehmer zum Ausgleich einer tariflichen Arbeitszeitverkürzung einen Anspruch auf eine entsprechende Lohnerhöhung je Arbeitsstunde, wenn ihre Arbeitszeit nicht verkürzt wird (BAG v. 29.1.1992 – 4 AZR 293/91, NZA 1992, 611, 612).

Wird der teilzeitbeschäftigte Arbeitnehmer von einer Erschwernis aus dem Arbeitsverhältnis ebenso getroffen wie der vollzeitbeschäftigte, so hat er Anspruch auf die ungekürzte **Erschwerniszulage**. Es kommt darauf an, ob die Arbeit in der Gesamtschau gleich zu gewichtende aktive und passive Anforderungen an die Arbeitsperson stellt (LAG Schleswig-Holstein v. 17.11.1992 – 1 Sa 39/92, LAGE Art. 119 EWG-Vertrag Nr. 2).

1704 Von der Anerkennung der sozialen Lage des Arbeitnehmers als Rechtfertigungsgrund – und der damit einhergehenden Unterscheidung, ob es sich bei der Teilzeitarbeit um eine **Haupt- oder eine Nebenbeschäftigung** handelte – ist das BAG abgerückt. Denn eine Ungleichbehandlung kann nur durch sachliche Gründe aus dem Bereich der Arbeitsleistung selbst gerechtfertigt werden, zumal der Arbeitgeber dem Arbeitnehmer keinen „Sozialohn" schuldet. Die Höhe des Arbeitsentgelts entspricht – im Rahmen des vertraglichen Synallagmas (Rz. 974) – der erbrachten Arbeitsleistung und kann nicht danach berechnet werden, ob der teilzeitbeschäftigte Arbeitnehmer durch einen Hauptberuf oder aufgrund des Bezugs von Altersruhegeld bereits eine gesicherte Existenzgrundlage hat (BAG v. 1.11.1995 – 5 AZR 880/94, NZA 1996, 816, 817 f.).

1705 Nach **früherer Rechtsprechung** des BAG und des EuGH hatten Teilzeitbeschäftigte erst bei Überschreitung der regelmäßigen wöchentlichen Arbeitszeit eines vollzeitbeschäftigten Arbeitnehmers Anspruch auf Überstundenzuschläge. Eine Ungleichbehandlung der Teilzeit- und der Vollzeitarbeitnehmer wurde mit dem Argument verneint, dass Teilzeitbeschäftigte für die gleiche Anzahl geleisteter Arbeitsstunden die gleiche Gesamtvergütung erhielten wie Vollzeitbeschäftigte (EuGH v. 15.12.1994 – C-399/92 „Helmig", NZA 1995, 218, 220; BAG v. 20.6.1995 – 3 AZR 539/93, NZA 1996, 597; BAG v. 5.11.2003 – 5 AZR 8/03, NZA 2004, 222). Stimmen in der Literatur sowie einzelne Instanzgerichte nahmen indes unter Verweis auf die gleich lange Überschreitung der vereinbarten Arbeitszeit eine Ungleichbehandlung der Teilzeitbeschäftigten an (LAG Hamm v. 22.10.1992 – 17 Sa 1035/92, NZA 1993, 573; LAG Baden-Württemberg v. 9.6.1993 – 12 Sa 35/93, BB 1993, 1948; siehe hierzu ErfK/*Preis*, 19. Aufl., § 4 TzBfG Rz. 30 f. m.w.N.).

1706 Jüngst wandte sich nun der 10. Senat des BAG unter Rekurs auf die Entscheidung des EuGH in der Rs. Elsner-Lakeberg und eine bis dato singulär gebliebene Entscheidung des 6. Senats des BAG von dieser Rechtsprechung ab und entschied, dass eine tarifvertragliche Regelung, nach der Teilzeitbeschäftigte erst dann Anspruch auf Mehrarbeitszuschläge hätten, wenn sie die für eine Vollzeittätigkeit maßgebliche Stundenzahl überschritten, gegen § 4 Abs. 1 TzBfG verstieße (BAG v. 19.12.2018 – 10 AZR 231/18, NZA 2019, 790). Für die Prüfung, ob eine Ungleichbehandlung vorliegt, ist nicht länger auf die gezahlte Gesamtvergütung abzustellen, sondern auf die **Vergütung beider Gruppen bei einer**

gleich langen Überschreitung ihrer jeweiligen Arbeitszeit (BAG v. 19.12.2018 – 10 AZR 231/18, NZA 2019, 790 Rz. 58; zust. *Schüren* jurisPR-ArbR 37/2017 Anm. 1; so auch bereits ErfK/*Preis*, 5. Aufl., § 4 TzBfG Rz. 32).

„*Teilzeitbeschäftigte werden wegen der Teilzeitarbeit ungleichbehandelt, wenn die Dauer der Arbeitszeit das Kriterium darstellt, an das die Differenzierung hinsichtlich der unterschiedlichen Arbeitsbedingungen anknüpft […]. […] § 4 Abs. 1 TzBfG verbietet eine Abweichung vom Pro-rata-temporis-Grundsatz zum Nachteil Teilzeitbeschäftigter, ohne dass dafür ein sachlicher Grund besteht […]. Nach diesen Grundsätzen verletzte der MTV § 4 Abs. 1 TzBfG, wenn er so zu verstehen wäre, dass Teilzeitbeschäftigte erst dann Anspruch auf Mehrarbeitszuschläge hätten, wenn sie die für eine Vollzeittätigkeit maßgebliche Stundenzahl überschritten. Für Teilzeit- und Vollzeitbeschäftige würde eine identische Belastungsgrenze festgelegt, die für Teilzeitbeschäftigte jedoch eine höhere individuelle Belastungsgrenze mit sich brächte. Für Teilzeitbeschäftigte würde die Schwelle, von der an ein Anspruch entsteht, nicht proportional zu ihrer individuellen Arbeitszeit abgesenkt. Dadurch käme es für Teilzeitbeschäftigte zu nachteiligen Auswirkungen auf das Verhältnis von Leistung und Gegenleistung und damit zu einer unmittelbaren Ungleichbehandlung […]. Für die Prüfung, ob Teilzeitkräfte benachteiligt werden, muss deshalb auf die einzelnen Entgeltbestandteile abgestellt werden. Eine Gesamtbetrachtung der Vergütung scheidet aus.*" (BAG v. 19.12.2018 – 10 AZR 231/18, NZA 2019, 790 Rz. 48 ff.).

Nachdem der 6. Senat des BAG bereits im März 2017 unter Maßgabe einer isolierten Betrachtung der Entgeltbestandteile eine unmittelbare Ungleichbehandlung Teilzeitbeschäftigter durch Zahlung von Überstundenzuschlägen erst ab Überschreitung der regelmäßigen Arbeitszeit von Vollzeitbeschäftigten angenommen hatte (BAG 23.3.2017 – 6 AZR 161/16, NZA-RR 2018, 45 Rz. 44 ff.), behielt der 10. Senat zunächst seine Gesamtbetrachtung bei und verneinte eine Ungleichbehandlung ab (BAG 26.4.2017 – 10 AZR 589/15, NZA 2017, 3321 Rz. 33). Erst mit Urteil vom 19.12.2018 vollzog er den **Rechtsprechungswechsel** und schloss sich der Rechtsprechung des 6. Senats des BAG an, wonach die formale Gleichbehandlung im Hinblick auf die Gesamtvergütung zu einer Ungleichbehandlung führe und der **Vergleich von Vollzeit- und Teilzeitbeschäftigten methodisch für jeden einzelnen Entgeltbestandteil vorzunehmen** sei (BAG 19.12.2018 – 10 AZR 231/18, NZA 2019, 790 Rz. 58).

Eine so festgestellte Ungleichbehandlung kann möglicherweise **sachlich gerechtfertigt** sein, wobei es maßgeblich auf den mit der Zahlung des Überstundenzuschlags **verfolgten Zweck** ankommt. Wird der Überstundenzuschlag beispielsweise als Ausgleich für besondere **körperliche Belastungen** gezahlt, kann argumentiert werden, dass die auszugleichenden Belastungen überhaupt erst ab Überschreitung der regulären Arbeitszeit eines Vollzeitbeschäftigten entstehen, sodass eine Anknüpfung daran gerechtfertigt sein kann. Anders verhält es sich, soweit mit dem Überstundenzuschlag allein der Umstand belohnt werden soll, dass der Arbeitnehmer ohne Freizeitausgleich über die vertraglich vereinbarte Arbeitszeit hinaus arbeitet und somit planwidrig die **Dispositionsmöglichkeit über seine Freizeit** einbüßt – dies kann eine Ungleichbehandlung von Teilzeitbeschäftigten nicht rechtfertigen, da die Einschränkung der Dispositionsmöglichkeit über die Freizeit Teilzeit- und Vollzeitarbeitnehmer gleichermaßen trifft (BAG v. 23.3.2017 – 6 AZR 161/16, NZA-RR 2018, 45 Rz. 59; BAG v. 19.12.2018 – 10 AZR 231/18, NZA 2019, 790 Rz. 43; krit. *Rambach* ZTR 2017, 635, 641). Eine ungerechtfertigte Besserstellung von Teilzeitbeschäftigten geht damit nicht einher, da sie für die gleiche Belastung, die durch die überobligatorische Inanspruchnahme ihrer Arbeitsleistung und den Eingriff in ihre Freizeit eintritt, den gleichen Überstundenzuschlag erhalten wie Vollzeitbeschäftigte (BAG v. 23.3.2017 – 6 AZR 161/16, NZA-RR 2018, 45 Rz. 59; BAG v. 19.12.2018 – 10 AZR 231/18, NZA 2019, 790 Rz. 70).

1707

Teilzeitbeschäftigte, einschließlich der geringfügig Beschäftigten, haben Anspruch auf **bezahlten Jahresurlaub** wie Vollzeitbeschäftigte. Der Urlaubsanspruch wird im gleichen Umfang gekürzt, wie ihre Arbeitszeit gegenüber Vollzeitbeschäftigten vermindert ist. Arbeitet ein Teilzeitarbeitnehmer beispielsweise wie ein Vollzeitarbeitnehmer fest an fünf Tagen pro Woche, aber nur halbtags, hat er von der Anzahl der Tage her den gleichen Urlaubsanspruch wie der Vollzeitarbeitnehmer. Auf den ersten Blick erstaunt dies. Dennoch beträgt die effektive Urlaubszeit des Teilzeitbeschäftigten nur die Hälfte

1708

1709 Besondere Schwierigkeiten wirft das Verhältnis zum Urlaubsrecht auf, wenn es um einen **Wechsel von einer Vollzeit- in eine Teilzeittätigkeit** geht und der Arbeitnehmer **den in Vollzeit erworbenen Urlaub im Bezugszeitraum nicht in Anspruch nehmen konnte**. Der EuGH lehnt es in dieser Konstellation ab, den Urlaubsanspruch entsprechend dem Verhältnis zu kürzen, in dem die vor dem Übergang geleistete Zahl der wöchentlichen Arbeitstage zu der danach geleisteten Zahl steht (EuGH v. 13.6.2013 – C-415/12 „Brandes", NZA 2013, 775). Der Urlaubsanspruch bleibt dem nun in Teilzeit beschäftigten Arbeitnehmer daher in dem Umfang erhalten, wie er sich unter der Berechnung der ausgeübten Vollzeittätigkeit ergeben hat. Eine Minderung des in Vollzeit erworbenen Urlaubsanspruches durch eine Verringerung der Arbeitszeit hatte der EuGH schon in seinem Urteil zur Zentralbetriebsrat der Landeskrankenhäuser Tirols abgelehnt (EuGH v. 22.4.2010 – C-486/08 „Zentralbetriebsrat der Landeskrankenhäuser Tirols", NZA 2010, 557 Rz. 30-33). Ein **nachträglicher Teilverlust des bereits erworbenen Urlaubsanspruches** komme durch den Wechsel in Teilzeit nicht in Betracht, zumal kein sachlicher Grund i.S.d. § 4 Nr. 2 RV-TzA erkennbar sei. Ausdrücklich zurückgewiesen hat der EuGH das Argument, dass es tatsächlich in Folge der Teilzeit überhaupt zu keiner Reduzierung des Urlaubsanspruches komme, weil die Tagesanzahl für sich nicht reduziert werden. Diese Argumentation verkennt offensichtlich den schon angesprochenen Umstand, dass der Urlaubsanspruch sich – trotz gleichbleibender Zahl an Urlaubstagen – in der Urlaubszeit sehr wohl reduziert (zum Ganzen EuGH v. 13.6.2013 – C-415/12 „Brandes", NZA 2013, 775 Rz. 35 ff.). Die Verkürzung des erworbenen Urlaubsanspruches in Folge des Wechsels in Teilzeit verstößt in letzter Konsequenz damit gegen § 4 Abs. 1 S. 1 TzBfG. Faktische Konsequenz dieser Rechtsprechung des EuGH ist eine zeitliche Verlängerung des Urlaubsanspruches des teilzeitbeschäftigten Arbeitnehmers bei gleichbleibender Anzahl an Urlaubstagen. Das BAG hat seine vorherige Vorgehensweise, die Urlaubstage entsprechend der mit Arbeitspflicht belegten Tage umzurechnen, in Ansehung der Rechtsprechung des EuGH aufgegeben (BAG v. 10.2.2015 – 9 AZR 53/14, NZA 2015, 1005 Rz. 19 ff.). Zu den Konsequenzen für das BurlG s. Rz. 2213 (ferner *Schlachter* NZA 2013, 1105; *Stiebert/Imani* NZA 2013, 1338; *Polzer/Kafka* NJW 2015, 2289).

1710 Auch zum umgekehrten Fall, dem **Wechsel von Teilzeit in Vollzeit**, hat der EuGH nun Stellung bezogen (EuGH v. 11.11.2015 – C-219/14 „Greenfield", NZA 2015, 1501 Rz. 36). § 4 Nr. 2 RV-TzA hat demnach nicht zur Folge, dass der in Teilzeit erworbene Urlaubsanspruch rückwirkend erhöht wird. Die Nachberechnung ist nur für den Zeitraum ab Eintritt der Vollzeitbeschäftigung vorzunehmen (ausf. *Schneider* EuZA 2016, S. 327). Zu den Konsequenzen für den Urlaubsanspruch s. Rz. 2213.

1711 Nach der Rechtsprechung des EuGH ist eine Ungleichbehandlung Teilzeitbeschäftigter gerechtfertigt (und stellt keine mittelbare Diskriminierung wegen des Geschlechts dar), wenn sie zur Erreichung eines **sozialpolitischen Ziels** eines Mitgliedstaates erforderlich ist, das mit einer Diskriminierung aufgrund des Geschlechts nichts zu tun hat (EuGH v. 9.7.2015 – C-177/14 „María José Regojo Dans", NZA 2016, 95 Rz. 55; EuGH v. 14.12.1995 – C-317/93 „Nolte", BB 1996, 595; EuGH v. 14.12.1995 – C-444/93 „Megner und Scheffel", BB 1996, 593). Beim gegenwärtigen Stand des Unionsrechts sind die Mitgliedstaaten für die Sozialversicherung zuständig. Folglich ist es ihre Sache, die Maßnahmen zu wählen, die zur Verwirklichung ihrer sozial- und beschäftigungspolitischen Ziele geeignet sind (EuGH v. 14.12.1995 – C-317/93 „Nolte", BB 1996, 595). Daher ist der nach bisheriger Gesetzeslage angeordnete **Ausschluss geringfügig Beschäftigter von der Sozialversicherungspflicht** jedenfalls objektiv gerechtfertigt.

1712 Der Ausschluss Teilzeitbeschäftigter aus einem **betrieblichen Altersversorgungssystem** ist grundsätzlich unzulässig (EuGH v. 13.5.1986 – Rs. 170/84 „Bilka", NZA 1986, 599). Ebenso ist der Ausschluss von Teilzeitbeschäftigten aus der Zusatzversorgung im öffentlichen Dienst nicht gerechtfertigt (BAG v. 28.7.1992 – 3 AZR 173/92, NZA 1993, 215, 217 f.). Zulässig ist jedoch eine **hierarchische Altersversorgung**, nach der ausschließlich Arbeitnehmern, die eine höherwertige Tätigkeit ausüben, eine Altersversorgung gewährt wird, auch wenn Frauen in diesen Arbeitspositionen unterrepräsentiert sind.

Denn die Bindung qualifizierter Arbeitnehmer an den Betrieb mit Hilfe von Versorgungszusagen entspricht einem wirklichen Bedürfnis des Unternehmens (BAG v. 11.11.1986 – 3 ABR 74/85, NZA 1987, 449). Praktische Bedeutsamkeit hat die **Berechnung der Altersversorgung von Teilzeitkräften nach dem pro-rata-temporis-Grundsatz**. Der Vergleich mit einem Vollbeschäftigten stellt nach dem BAG ein objektives Kriterium dar, über das eine proportionale Kürzung der Altersversorgungsansprüche des teilzeitbeschäftigten Arbeitnehmers möglich ist (BAG v. 19.4.2016 – 3 AZR 526/14, NZA 2016, 820 Rz. 34 ff.). Bei der Vergleichbarkeit ist allerdings darauf zu achten, dass diese nur zwischen Teilzeit- und Vollzeitbeschäftigten mit gleich langer Beschäftigungszeit gegeben sein kann, weil Leistungen der betrieblichen Altersvorsorge sich nicht bloß auf geleistete Arbeitszeit beziehen, sondern auch die Betriebszugehörigkeit honorieren sollen (BAG v. 28.5.2013 – 3 AZR 266/11, BeckRS 2013, 71596 Rz. 26 f.; BAG v. 19.4.2016 – 3 AZR 526/14, NZA 2016, 820 Rz. 26).

Was den **Ausschluss von geringfügig beschäftigten Arbeitnehmern aus Altersversorgungssystemen** betrifft, so ist im Ausgangspunkt § 2 Abs. 2 TzBfG zu berücksichtigen, nachdem der geringfügig Beschäftigte als Teilzeitbeschäftigter vom TzBfG erfasst ist (Rz. 1955). Werden solche Teilzeitbeschäftigten aus Altersversorgungen ausgeschlossen, so geschieht dies unter der Anknüpfung an das zeitliche Ausmaß der Beschäftigung, sodass eine Schlechterbehandlung „wegen der Teilzeitarbeit" vorliegt. Die besondere sozialversicherungsrechtliche Behandlung von geringfügig Beschäftigten dürfte als sachlicher Grund für eine Rechtfertigung nicht mehr in Betracht kommen. Zwar hat das BAG – vor der ausdrücklichen Einbeziehung der geringfügig Beschäftigten in das TzBfG – den Ausschluss solcher von der betrieblichen Altersversorgung im öffentlichen Dienst durch Tarifvertrag für sachlich gerechtfertigt gehalten (BAG v. 22.2.2000 – 3 AZR 845/98, NZA 2000, 659, 661). Das Hauptargument des BAG, nämlich der fehlende Erwerb von gesetzlichen Rentenansprüchen, war aber bereits nach dem Inkrafttreten des **Gesetzes zur Neuregelung der geringfügigen Beschäftigungsverhältnisse am 1.4.1999** zweifelhaft (s. dazu die Ausführungen in der 4. Aufl.), kann jedoch angesichts des am 1.1.2013 eingefügten **§ 6 Abs. 1b SGB VI** nun aber kaum mehr überzeugen: Diese Norm eröffnet den geringfügig Beschäftigten den Zugang zur gesetzlichen Rentenversicherung im Sinne einer „Opt-Out" Option. Sie sind grundsätzlich von der gesetzlichen Rentenversicherung erfasst, können allerdings einen Antrag auf Befreiung von der Versicherungspflicht stellen. In Anbetracht dessen ist die pauschale Ausnahme von geringfügig Beschäftigten in Versorgungsordnungen **kaum mehr unter § 4 Abs. 1 S. 1 TzBfG zu halten** (vgl. Meinel/Heyn/*Herms* § 4 TzBfG Rz. 71; ErfK/*Preis* § 4 TzBfG Rz. 56; so nun auch in der Rspr. LAG München v. 13.1.2016 – 10 Sa 544/15, BeckRS 2016, 68611 Rz. 49 ff.). 1713

b) Diskriminierung wegen befristeter Beschäftigung
aa) § 4 Abs. 2 TzBfG

Erstmals wurde in § 4 Abs. 2 TzBfG das **Verbot** geregelt, befristet beschäftigte **Arbeitnehmer wegen der Befristung** ihres Arbeitsvertrags **schlechter zu behandeln**, es sei denn, dass sachliche Gründe die Ungleichbehandlung rechtfertigen. Bei § 4 Abs. 2 TzBfG handelt es sich um eine Konkretisierung des allgemeinen Gleichbehandlungsgrundsatzes für den Bereich der befristeten Beschäftigung. 1714

Übersicht: Verstoß gegen § 4 Abs. 2 TzBfG 1715

- Verstoß gegen das Diskriminierungsverbot:

  Vorliegen einer Ungleichbehandlung allein wegen der befristeten Beschäftigung.

  Vergleichbarkeit des schlechter gestellten befristet beschäftigten Arbeitnehmers mit unbefristet beschäftigten Arbeitnehmern desselben Betriebs.

- Rechtfertigung der Diskriminierung

  Die Differenzierung ist gerechtfertigt, wenn es für die Benachteiligung einen sachlichen (d.h. objektiven) Grund gibt.

bb) Voraussetzungen und Rechtsfolgen

1716 § 4 Abs. 2 S. 1 TzBfG untersagt dem **Arbeitgeber** die Diskriminierung von befristet beschäftigten Arbeitnehmern im Verhältnis zu unbefristet beschäftigten Arbeitnehmern. Parallel zum Diskriminierungsverbot von Teilzeitbeschäftigten ist ein Verstoß immer dann gegeben, wenn ein befristetet beschäftigter Arbeitnehmer **allein wegen der Befristung** des Arbeitsvertrags schlechter behandelt wird als ein vergleichbarer unbefristet beschäftigter Arbeitnehmer.

1717 Grundsätzlich soll durch § 4 Abs. 2 TzBfG die Gleichbehandlung befristet beschäftigter Arbeitnehmer im Rahmen **aller Arbeitsbedingungen** und bei **allen Leistungen** des Arbeitgebers gewährleistet werden. Der Arbeitgeber darf danach befristet beschäftigte Arbeitnehmer wegen der Befristung des Arbeitsvertrags weder geringer entlohnen noch bei anderen Beschäftigungsbedingungen (z.B. der Dauer der Arbeitszeit oder des Urlaubs) grundlos benachteiligen.

1718 Zu beachten ist dabei § 4 Abs. 2 S. 2 TzBfG, wonach einem befristet beschäftigten Arbeitnehmer das **Arbeitsentgelt oder eine andere teilbare geldwerte Leistung** (z.B. Urlaub, Sozialleistungen, betriebliche Altersversorgung), die für einen bestimmten Bemessungszeitraum gewährt wird, mindestens in dem Umfang zu gewähren ist, der dem Anteil seiner Beschäftigungsdauer am Bemessungszeitraum entspricht (**pro-rata-temporis-Grundsatz**). Obgleich ein zeitanteiliger Anspruch auf dieselben Leistungen bereits aus § 4 Abs. 2 S. 1 TzBfG folgt, ist mit der Formulierung „mindestens in dem Umfang zu gewähren" jedoch keine Besserstellung der befristet beschäftigten Arbeitnehmer gegenüber den unbefristet beschäftigten Arbeitnehmern im Sinne einer positiven Diskriminierung (vgl. Art. 157 Abs. 4 AEUV; Rz. 1722) gemeint. Ein dahingehendes Verständnis des § 4 Abs. 2 S. 2 TzBfG würde zum einen gegen EU-Recht verstoßen, da die Richtlinie 1999/70/EG über befristete Arbeitsverträge keine positiven Maßnahmen dieser Art vorsieht (anders Art. 5 RL 2000/43/EG und Art. 7 RL 2000/78/EG; Rz. 1722). Zum anderen läge bei einer dahingehenden Benachteiligung von unbefristet Beschäftigten gegenüber befristet Beschäftigten ein Verstoß gegen den allgemeinen Gleichbehandlungsgrundsatz vor.

1719 Bei der Frage, ob der jeweilige befristet beschäftigte Arbeitnehmer mit einem unbefristet beschäftigten Arbeitnehmer überhaupt vergleichbar ist, bietet die **Legaldefinition** in § 3 Abs. 2 TzBfG Anhaltspunkte. **Vergleichbar** ist ein unbefristet beschäftigter Arbeitnehmer des Betriebs **mit der gleichen oder einer ähnlichen Tätigkeit**. Bezugspunkt der Vergleichbarkeit ist mithin die konkrete Tätigkeit. Jedenfalls vergleichbar ist eine Tätigkeit von Teilzeit- und Vollzeitkraft insbesondere dann, wenn sie faktisch identisch ist und der einzige Unterschied lediglich in der Rechtsbeziehung zum Arbeitgeber besteht (BAG v. 21.2.2013 – 6 AZR 524/11 NZA 2013, 625 Rz. 30). Auch der EuGH hat klargestellt, dass die rechtliche Basis, auf derer die ähnliche Tätigkeit vollbracht wird, keine Rolle spielt (EuGH v. 18.10.2012 – C-302/11 u.a. „Rosanna Valenza u.a.", NZA 2013, 261 Rz. 65 ff.). Andernfalls liefe das Diskriminierungsverbot von befristeten Arbeitnehmern auch in weiten Teilen leer, würde man gerade den Umstand der Befristung als Legitimation der Schlechterbehandlung hernehmen (EuGH v. 9.7.2015 – C-177/14 „María José Regojo Dans", NZA 2016, 95 Rz. 56). Insoweit kann dieser Aspekt weder die Vergleichbarkeit hindern, noch für eine Rechtfertigung herangezogen werden. Von Bedeutung für die Vergleichbarkeit kann auch die zeitliche Begrenzung der Übernahme einer Tätigkeit sein (z.B. bei Befristungen anlässlich einer Vertretung oder als Aushilfe), wenn bestimmte Aufgaben währenddessen von anderen übernommen oder zurückgestellt werden und dadurch eine Vergleichbarkeit entfällt. Gibt es im Betrieb keinen vergleichbaren unbefristet beschäftigten Arbeitnehmer, so ist der vergleichbare unbefristet beschäftigte Arbeitnehmer auf Grund des anwendbaren **Tarifvertrags** zu bestimmen; in allen anderen Fällen ist darauf abzustellen, wer im **jeweiligen Wirtschaftszweig** üblicherweise als vergleichbarer unbefristet beschäftigter Arbeitnehmer anzusehen ist.

1720 Der EuGH hat nach diesen Maßgaben im Rahmen eines spanischen Vorlageverfahrens auch die Vergleichbarkeit zwischen Ausgleichszahlungen in Folge einer nichtverlängerten Befristung und Abfindungen in Folge der Beendigung dauerhafter Arbeitsverhältnisse bejaht (EuGH v. 14.9.2016 – C-596/14 „Ana de Diego Porras", NZA 2016, 1193 Rz. 33–39). Von dieser Entscheidung könnten insoweit erhebliche Folgewirkungen ausgehen, als es hier zu einem **Vergleich der Beendigungstatbestände Kündigung und Befristung im Rahmen des § 4 RV-B** kommt. Das Ergebnis des EuGH ist schlüssig, wenn alleine auf die Tätigkeit abgestellt wird, ohne die strukturellen Unterschiede zwischen befristetem und unbefristetem Arbeitsverhältnis heranzuziehen. Im Fortgang wird es damit insbesondere um die Frage gehen, wie man über das Kriterium des sachlichen Grundes Grenzen des Diskriminierungsgebotes konturiert. In der Sache könnten nun wesentliche Unterschiede zwischen Befristungs- und Kündigungsrecht auf den unionsrechtlichen Prüfstand kommen, was das Verhältnis beider Rechtsregime in grundlegender Weise betrifft (vgl. *Sagan/Povedano Peramato* ZESAR 2015, 334.335; zu Sozialplanansprüchen *Hohenstatt* NZA 2016, 1446 ff.). Es wird insoweit entscheidend auf die sachliche Rechtfertigung ankommen, die der EuGH für diese konkrete Fallgestaltung verneint hat, weil die zeitliche Dauer alleine keinen Rechtfertigungsgrund darstellen könne (s.o.) und das weitere Argument der Vorhersehbarkeit des Arbeitsvertragsendes – angesichts eines zehnjährigen Zeitraumes von sich wiederholenden Befristungen – nicht überzeuge (EuGH v. 14.9.2016 – C-596/14 „Ana de Diego Porras", NZA 2016, 1193 Rz. 47, 51).

Eine **Ungleichbehandlung** wegen der befristeten Beschäftigung stellt ausnahmsweise keinen Verstoß gegen das Diskriminierungsverbot dar, wenn sie **aus sachlichen Gründen gerechtfertigt** ist. Dies gilt auch für Differenzierungen beim Arbeitsentgelt und anderen teilbaren geldwerten Leistungen, obwohl § 4 Abs. 2 S. 2 TzBfG – anders als die Sätze 1 und 3 – nicht ausdrücklich sachliche Gründe als Rechtfertigungsmöglichkeit nennt. § 4 Abs. 2 S. 2 TzBfG muss insofern im Kontext mit S. 1 und als dessen Konkretisierung gelesen werden (BT-Drs. 14/4374 S. 16). 1721

Es ist daher auch zulässig, befristet Beschäftigte abweichend vom pro-rata-temporis-Grundsatz nach § 4 Abs. 2 S. 2 TzBfG von Zusatzleistungen völlig auszuschließen, wenn bei nur **kurzzeitigen Arbeitsverhältnissen** die anteilige Gewährung nur zu sehr geringfügigen Beträgen führen würde, die in keinem angemessenen Verhältnis zum Zweck der Leistung stehen (vgl. Begr. BT-Drs. 14/4374 S. 16). 1722

In § 4 Abs. 2 S. 3 TzBfG wird die **Dauer des Bestehens des Arbeitsverhältnisses** als sachlicher Differenzierungsgrund ausdrücklich genannt. Zwar sind grundsätzlich bei Beschäftigungsbedingungen, die von der Dauer des Bestehens des Arbeitsverhältnisses in demselben Betrieb oder Unternehmen abhängig sind, für befristet beschäftigte Arbeitnehmer dieselben Zeiten zu berücksichtigen wie für unbefristet beschäftigte Arbeitnehmer. Dies gilt für alle Wartefristen bei der Anspruchsbegründung, so beispielsweise für tarifliche Ansprüche auf Urlaub oder Entgelt, die von der Dauer des Bestehens des Arbeitsverhältnisses abhängen. Im Einzelfall kann jedoch etwas anderes gelten, wenn eine unterschiedliche Berücksichtigung aus sachlichen Gründen gerechtfertigt ist. 1723

Beispiele: Mit § 4 Abs. 2 TzBfG unvereinbar wäre eine Versetzung. die alleine eine vorherige Befristung zum Anknüpfungspunkt hat (BAG v. 10.7.2013 – 10 AZR 915/12, NZA 2013, 1142 Rz. 38). 1724

Ebenfalls eine Diskriminierung wegen der Befristung steht im Raum, wenn eine Einstellung an der Nichterreichung eines erforderlichen Dienstalters scheitert, wobei für dessen Berechnung Zeiträume ausgeklammert werden, in denen der Arbeitnehmer befristet beschäftigt wurde (EuGH v. 18.10.2012 – C-302/11 u.a. „Rosanna Valenza u.a.", NZA 2013, 261).

c) Rechtsfolgen

Ein Verstoß gegen die Diskriminierungsverbote des § 4 Abs. 1, Abs. 2 TzBfG führt nach § 134 BGB zur **Nichtigkeit** der diskriminierenden Maßnahme. Der **in Teilzeit beschäftigte Arbeitnehmer** hat einen Anspruch auf Gleichbehandlung mit den bevorzugten Vollzeitarbeitnehmern (ggf. auch rückwirkend vom Beginn der Diskriminierung an). Der **befristet beschäftigte Arbeitnehmer** hat einen Anspruch auf Gleichbehandlung im Verhältnis zu den bessergestellten unbefristet beschäftigten Arbeitnehmern. Als Folge der Nichtigkeit einer Vergütungsabrede hat der Arbeitnehmer einen Anspruch auf die übliche Vergütung gemäß § 612 Abs. 2 BGB (vgl. ErfK/*Preis* § 4 TzBfG Rz. 72). 1725

1726 Gemäß § 4 Abs. 2 S. 2 TzBfG hat der Arbeitgeber jedoch **Arbeitsentgelt oder eine andere teilbare geldwerte Leistung** nur anteilig, aber mindestens in dem Umfang zu gewähren, der dem Anteil der Arbeitszeit des Teilzeitbeschäftigten an der Arbeitszeit eines vergleichbaren vollzeitbeschäftigten Arbeitnehmers entspricht.

1727 Kommt es zu einer gerichtlichen Auseinandersetzung, greifen die allgemeinen Beweislastregeln, nach denen jede Partei die Voraussetzungen der für sie günstigen Normen darzulegen und zu beweisen hat. **§ 22 AGG gilt nicht.** Die Norm kann nur eingreifen, wenn zugleich eine mittelbare Diskriminierung vorliegt.

d) Verhältnis zu anderen Gesetzen

1728 Im Falle einer **ungleichen Entlohnung Teilzeitbeschäftigter** liegt häufig auch ein **Verstoß gegen Art. 157 AEUV** (ex Art. 141 EG) in Form einer mittelbaren Geschlechtsdiskriminierung vor, da Teilzeitbeschäftigte hauptsächlich Frauen sind. Richtigerweise stützt das BAG seine Gleichbehandlungsrechtsprechung in diesen Fällen auf die das europäische Recht umsetzende nationale Norm. § 4 TzBfG genießt dabei jedoch nur Anwendungsvorrang. Deckt § 4 TzBfG nicht die Vorgaben des § 157 AEUV ab, so ist das primärrechtliche Diskriminierungsverbot unmittelbar anwendbar. Dies wird nur selten der Fall sein, da der Anwendungsbereich des § 4 TzBfG weiter als der des Art. 157 AEUV ist. Das nationale Diskriminierungsverbot erfasst auch andere Leistungen außer Entgelt.

1729 Nach Einführung des AGG kommt stets die Möglichkeit einer **mittelbaren Diskriminierung** wegen eines durch das AGG geschützten Merkmals gemäß § 7 Abs. 1 AGG i.V.m. § 3 Abs. 2 i.V.m. § 1 AGG in Betracht. Erfüllt die Ungleichbehandlung eines Teilzeitbeschäftigten zugleich den Tatbestand der mittelbaren Diskriminierung i.S.d. AGG, so bemisst sich die Rechtfertigung am Maßstab des AGG. Eine mittelbare Diskriminierung liegt allerdings erst dann vor, wenn die Ungleichbehandlung nicht durch ein rechtmäßiges Ziel sachlich gerechtfertigt und die Mittel zur Erreichung dieses Ziels nicht angemessen und nicht erforderlich sind (Rz. 1597). Die Anforderungen sind mithin strenger als die des § 4 TzBfG, der lediglich einen sachlichen Grund verlangt. Demzufolge empfiehlt es sich, vorrangig zu prüfen, ob eine mittelbare Diskriminierung entsprechend § 3 Abs. 2 AGG vorliegt. Wird dies bejaht, kann eine Ungleichbehandlung gemäß § 4 TzBfG nicht mehr gerechtfertigt sein.

1730 Das Benachteiligungsverbot des AGG geht insoweit über § 4 TzBfG hinaus, als dass es auch Ungleichbehandlungen bei der **Einstellung** verbietet. Ansprüche auf Gleichbehandlung bei der Einstellung können aus § 4 TzBfG nicht hergeleitet werden (ErfK/*Preis* § 4 TzBfG Rz. 18).

1731 Dogmatisch ist § 4 TzBfG gegenüber dem **allgemeinen arbeitsrechtlichen Gleichbehandlungsgrundsatz** als **Spezialnorm** einzuordnen. Er enthält insoweit typisierte Beispiele sachwidriger Gruppenbildung. Die in § 4 TzBfG enthaltenen Teilgrundsätze sind Ausschnitte aus dem allgemeinen arbeitsrechtlichen Gleichbehandlungsgrundsatz (ErfK/*Preis* § 4 TzBfG Rz. 13).

2. Equal-Pay-Grundsatz bei Leiharbeitnehmern

1732 Gemäß § 8 AÜG sind Vereinbarungen unwirksam, die für den Leiharbeitnehmer für die Zeit der Überlassung an einen Entleiher schlechtere als die im Betrieb des Entleihers für einen vergleichbaren Arbeitnehmer des Entleihers geltenden wesentlichen Arbeitsbedingungen einschließlich des Arbeitsentgelts vorsehen (Rz. 318).

§ 35
Beschäftigtendatenschutz

Der Arbeitgeber ist zum **Schutz der Persönlichkeit des Arbeitnehmers** verpflichtet. Der Schutz personenbezogener Daten von Beschäftigten ist im Bereich der Privatwirtschaft vornehmlich durch das **Bundesdatenschutzgesetz** (BDSG) geregelt. Das BDSG konkretisiert das **Recht des Arbeitnehmers auf informationelle Selbstbestimmung** als Facette seines Allgemeinen Persönlichkeitsrechts (Rz. 561); § 1 Abs. 1 BDSG a.F. hatte diesen Gedanken noch ausdrücklich herausgestellt. Da das BDSG **unionsrechtlich** durch die **Datenschutz-Grundverordnung** (DSGVO = VO 2016/679 v. 14.4.2016) und die RL 2016/680 vorbestimmt ist, schadet diese fehlende Erwähnung in der aktuellen Fassung des BDSG nicht. Erwägungsgrund Nr. 1 der DSGVO rekurriert auf Art. 8 der Grundrechtecharta der EU, in der das Recht einer Person auf den Schutz der sie betreffenden personenbezogenen Daten niedergelegt ist.

1733

Die **DSGVO** ist seit dem 25.5.2018 anwendbar und gilt unmittelbar in jedem Mitgliedstaat der EU, vgl. Art. 288 Abs. 2 AEUV. Der deutsche Gesetzgeber hat die europäischen Vorgaben durch eine Reform des **Bundesdatenschutzgesetzes** (BDSG) umgesetzt. Für das Arbeitsrecht ist besonders § 26 BDSG zu beachten, der die „Datenverarbeitung für Zwecke des Beschäftigungsverhältnisses" regelt. Grundlage dafür ist Art. 88 DSGVO, der den Mitgliedstaaten die Möglichkeit einräumt, spezifischere Regelungen für den Beschäftigtendatenschutz zu erlassen.

1734

Der wissenschaftliche Diskurs zu einem Beschäftigtendatenschutz ist noch recht jung. Er wird nicht zuletzt wegen der fortschreitenden Digitalisierung des Arbeitens und der europarechtlichen Implikationen vertieft fortgeführt werden müssen. Dafür ist dieses Lehrbuch nicht der geeignete Ort. Die Darstellung wird sich darauf beschränken, das BDSG in Grundzügen zu skizzieren und punktuell zu vertiefen.

1735

I. Das BDSG im Überblick

1. Anwendung im Arbeitsrecht

Auch nach der Neuregelung des BDSG bleibt der Grundsatz des Verbotes mit Erlaubnisvorbehalt bestehen, vgl. §§ 3 f., 22 ff., 26 ff. BDSG. Die Verarbeitung personenbezogener Daten ist nur zulässig, soweit das BDSG oder eine andere Rechtsvorschrift dies erlaubt, anordnet oder der Betroffene eingewilligt hat. Einzelne Vorschriften markieren den persönlichen und sachlichen Anwendungsbereich des BDSG und bestimmen, wann eine Datenverarbeitung gerechtfertigt ist.

1736

- **Persönlicher Anwendungsbereich:** betroffene Person
- **Sachlicher Anwendungsbereich:** Verarbeitung personenbezogener Daten
- **Rechtfertigung** einer Datenverarbeitung bei gesetzlichem Erlaubnissatz inner- oder außerhalb des BDSG; Einwilligung des Betroffenen

a) Persönlich

Das BDSG knüpft in persönlicher Hinsicht **grundsätzlich** an den Begriff der „**betroffenen Person**" an, vgl. § 6 Abs. 5 BDSG. Es ist mithin persönlich anwendbar, wenn personenbezogene Daten einer bestimmten oder bestimmbaren Person (vgl. die Legaldefinition in Art. 4 Nr. 1 DSGVO) verarbeitet werden. Für die Anwendung des BDSG **im Arbeitsrecht** kommt es demgegenüber auf den Begriff „**Beschäftigter**" an (vgl. § 26 Abs. 1 BDSG). Wer Beschäftigter ist, regelt **§ 26 Abs. 8 BDSG**. Beschäftigte sind neben Arbeitnehmerinnen und Arbeitnehmern nunmehr auch ausdrücklich Leiharbeitneh-

1737

merinnen und Leiharbeitnehmer (Nr. 1). Auch Bewerberinnen und Bewerber sowie Personen, deren Beschäftigungsverhältnis beendet ist, zählen als Beschäftigte (Abs. 8 S. 2).

b) Sachlich

1738 Den sachlichen Anwendungsbereich konkretisiert (im Wesentlichen) ebenfalls Art. 4 DSGVO. Die einschlägigen Begriffe sind **gesetzlich definiert.** Der Begriff der personenbezogenen Daten richtet sich nach Art. 4 Nr. 1 DSGVO. Personenbezogene Daten sind hiernach Informationen, die sich auf identifizierte oder identifizierbare natürliche Personen beziehen. Begrifflich nimmt das BDSG bzw. die DSGVO keine Trennung des Anwendungsbereiches in die Datenerhebung, -verarbeitung, -nutzung mehr vor, wie dies noch § 3 BDSG a.F. getan hatte. Diese drei Handlungsformen unterfallen nunmehr dem Oberbegriff des „Verarbeitens", der gem. Art. 4 Nr. 2 DSGVO im Allgemeinen sowohl automatisierte als auch nicht automatisierte Vorgänge zur Datenerhebung meint. Dass für die Zwecke des § 26 BDSG diese beiden Vorgänge erfasst sind, folgt aus § 26 Abs. 7 BDSG.

1739 Grundsätzlich verpflichtet das BDSG öffentliche und nichtöffentliche Stellen (§ 2 BDSG) bei der automatisierten und nicht automatisierten Datenverarbeitung, vgl. § 1 Abs. 1 BDSG, Art. 4 Nr. 2 DSGVO. Nichtöffentliche Stellen müssen bei nicht automatisierter Verarbeitung personenbezogene Daten den Datenschutz nur beachten, wenn diese in einem Dateisystem gespeichert sind oder gespeichert werden sollen.

1740 Für das Beschäftigtenverhältnis gilt wieder etwas anderes: Auch die Verarbeitung personenbezogene Daten von Beschäftigten, die nicht in einem Dateisystem gespeichert sind oder gespeichert werden sollen, genießt Datenschutz, § 26 Abs. 7 BDSG. Im Bereich der rein persönlichen oder familiären Tätigkeit findet das BDSG für nichtöffentliche Stellen keine Anwendung.

1741 Eine **Frage** des Arbeitgebers gegenüber dem Beschäftigten – etwa nach dessen Bildungsgrad – muss sich mithin als Datenerhebung an § 26 Abs. 1 BDSG messen lassen. Die im Rahmen des Fragerechts des Arbeitgebers virulenten Probleme (Rz. 768) sind insofern auch datenschutzrechtliche.

1742 Wesentlich mit Blick auf den sachlichen Anwendungsbereich des BDSG ist ferner **§ 1 Abs. 2 BDSG**: Das BDSG ist gegenüber Bundesgesetzen, die auf personenbezogene Daten einschließlich deren Veröffentlichung anzuwenden sind, **subsidiär**. Entsprechende Bundesvorschriften enthält etwa das Telekommunikationsgesetz (TKG; zum Verhältnis von BDSG und TKG ausf. *Thüsing*, Beschäftigtendatenschutz, § 3 Rz. 55 ff.). § 1 Abs. 2 BDSG greift freilich nur bei **Tatbestandskongruenz**. Es kann nur von tatbestandsgleichen (= Regelung des exakt gleichen Sachverhalts) Vorschriften verdrängt werden

2. Zulässigkeit der Datenverarbeitung

1743 Es gibt **drei Möglichkeiten** bzw. drei Rechtfertigungstatbestände, nach denen es dem Arbeitgeber erlaubt ist, personenbezogene Daten seiner Angestellten zu verarbeiten: Einwilligung, Kollektivvereinbarung und § 26 Abs. 1 BDSG. Die erste Möglichkeit ist dann eröffnet, wenn der Beschäftigte in die Verarbeitung seiner Daten einwilligt. § 26 Abs. 2 S. 3 BDSG sieht vor, dass die **Einwilligung** grundsätzlich **schriftlich** erteilt werden muss. Ausnahmsweise kann jedoch wegen besonderer Umstände auch eine andere Form angemessen sein. Des Weiteren muss der Beschäftigte unbedingt **freiwillig** in die Verarbeitung seiner Daten einwilligen. Um zu beurteilen, ob diese Freiwilligkeit vorliegt, ist auf die im Beschäftigungsverhältnis bestehende Abhängigkeit sowie die Begleitumstände der Einwilligungserteilung abzustellen. Nach § 26 Abs. 2 S. 2 BDSG kann insbesondere dann von einer freiwilligen Erteilung ausgegangen werden, wenn aus ihr für den Beschäftigten ein rechtlicher oder wirtschaftlicher Vorteil erwächst. Darüber hinaus muss der Arbeitgeber den Beschäftigten zumindest in Textform über den Zweck der Datenverarbeitung und über sein Widerrufsrecht aufklären, § 26 Abs. 2 S. 4 BDSG. Die zweite Möglichkeit, für die Zwecke des Beschäftigungsverhältnisses Daten zu verarbeiten, ist dann gegeben, wenn sie auf Grundlage von **Kollektivvereinbarungen** erfolgt. Dabei haben die jeweiligen Partner nach Maßgabe des Art. 88 Abs. 2 DSGVO sicherzustellen, dass die Menschenwürde, berechtigte Interessen und die Grundrechte der Betroffenen gewahrt werden, vgl. § 26 Abs. 4 BDSG.

Die dritte Möglichkeit der Datenvereinbarung im Beschäftigtenkontext eröffnet schließlich § 26 **Abs. 1 BDSG**. Danach ist die Verarbeitung personenbezogener Daten für Zwecke des Beschäftigungsverhältnisses zulässig, wenn dies für die Entscheidung über die Begründung eines Beschäftigungsverhältnisses, für die Durchführung oder die Beendigung eines solchen oder zur Ausübung oder Erfüllung einer sich aus einem Gesetz oder einer Kollektivvereinbarung ergebenden Rechte und Pflichten der Interessenvertretung der Beschäftigten **erforderlich** ist. § 26 BDSG stellt eine Sondervorschrift für den Datenschutz im Beschäftigungsverhältnis dar und verdrängt wegen Art. 88 DSGVO allgemeine Vorschriften der DSGVO insoweit, als sie spezifischere Regelungen enthält. Die Verarbeitung von personenbezogenen Daten von Beschäftigten ist nach § 26 Abs. 1 S. 2 BDSG auch zur Aufklärung von Straftaten zulässig. Dabei müssen zu dokumentierende tatsächliche Anhaltspunkte den Verdacht begründen, dass der betroffene Arbeitnehmer **im Beschäftigungsverhältnis** eine Straftat begangen hat, die Verarbeitung zur Aufdeckung **erforderlich** ist und eine Abwägung zwischen dem Aufklärungsinteresse des Arbeitgebers und einem schutzwürdigen Interesse des Beschäftigten zu einem entsprechenden Ergebnis führt.

§ 26 Abs. 1 BDSG legt die äußeren Grenzen der Rechtmäßigkeit der Verarbeitung personenbezogener Arbeitnehmerdaten fest. Ausgefüllt werden diese durch arbeitsrechtliche Grundsätze. Ob die Grenzen des § 26 Abs. 1 BDSG im Einzelfall überschritten sind, ist mithin durch die arbeitsrechtliche Brille zu beurteilen. Maßgeblich ist die arbeitsvertragliche Zweckbestimmung. In die Privatsphäre des Arbeitnehmers darf nicht tiefer eingedrungen werden, als es der Zweck des Arbeitsverhältnisses unbedingt erfordert.

Daten, deren Verarbeitung § 26 BDSG nicht rechtfertigt, unterliegen regelmäßig einem **Verwertungsverbot**. So ergibt sich z.B. ein Verwendungsverbot für solche Daten, die unter Überschreitung der Grenzen des Fragerechts des Arbeitgebers erhoben worden sind (BAG v. 22.10.1986 – 5 AZR 660/85, NZA 1987, 415, 417).

II. Einzelfälle

1. Informationserhebung durch den Arbeitgeber (in der Vertragsanbahnung)

Das Zusammenspiel von Arbeits- und Datenschutzrecht lässt sich anschaulich anhand des **Arbeitgeberfragerechts** entfalten:

Fallbeispiel: A ist Inhaber einer Konditorei. In seiner Backstube möchte er die Stelle eines Patissiers neu besetzen. Auf diese bewirbt sich B. Im Bewerbungsgespräch erkundigt sich A, ob B vorbestraft ist.

Ist die Frage zulässig?

I. Indem A sich vom Bewerber B die Information verschafft, ob dieser vorbestraft ist, erhebt bzw. verarbeitet (vgl. Art. 4 Nr. 2 DSGVO i.V.m. § 26 Abs. 7 BDSG) er eine Einzelangabe über die persönlichen Verhältnisse eines Beschäftigten (§ 26 Abs. 8 S. 2 BDSG), d.h. ein personenbezogenes Datum (vgl. Art. 4 Nr. 1 DSGVO).

II. Ob diese Datenerhebung zulässig ist, regelt § 26 Abs. 1 S. 1 BDSG. Da § 26 Abs. 1 S. 1 BDSG von seinem Wortlaut nahezu alle Tätigkeiten erfasst, die mit der Informationsgewinnung des Arbeitgebers für Zwecke des Beschäftigungsverhältnisses zusammenhängen, bleibt für die Bewertung der Zulässigkeit der jeweiligen Arbeitgeberfrage zu prüfen, ob die Datenerhebung für die Entscheidung über die Begründung eines Beschäftigungsverhältnisses **erforderlich** ist.

1. Stellt man hier wiederum allein auf den Wortlaut von § 26 Abs. 1 S. 1 BDSG ab, bleibt unklar, wie das Merkmal der Erforderlichkeit auszulegen ist. Der Gesetzgeber hat darauf verzichtet, mit der Erneuerung des BDSG eine klare Regelung zu schaffen. Damit bleibt der Rückgriff auf die bereits durch die Rechtsprechung entwickelten Grundsätze zulässig: Auf der einen Seite ließe sich die Erforderlichkeit im Sinne einer Unverzichtbarkeit verstehen, nach der nur diejenigen Daten erforderlich sind, ohne die eine Entscheidung über

die Begründung eines Arbeitsverhältnisses nicht gefällt werden kann (im Sinne einer *conditio sine qua non*). Damit wäre das herkömmliche Fragerecht des Arbeitgebers stark eingeschränkt. Auf der anderen Seite ließe sich die Erforderlichkeit aber auch immer dann annehmen, wenn es kein gleich geeignetes, milderes Mittel gibt, um einen Zweck, in diesem Fall die Begründung des Arbeitsverhältnisses, zu erreichen oder zumindest zu fördern. Ein derartiges Verständnis würde in Verbindung mit einer subjektiven Einschätzungsprärogative des Arbeitgebers in Bezug auf die Erforderlichkeit einer datenerhebenden Maßnahme dem Umgang mit personenbezogenen Daten im Ergebnis keine Grenzen setzen, da der Arbeitgeber in diesem Fall selbst unangemessene Fragen stellen könnte, wenn er sie nur für seine Entscheidung über die Begründung des Beschäftigungsverhältnisses für erforderlich hält.

2. Der widersprüchliche Wortlaut ist allerdings vor dem Hintergrund zu lesen, dass der Gesetzgeber mit der Einführung des § 32 Abs. 1 S. 1 BDSG a.F. und mit der aktuellen – ablösenden – Norm § 26 Abs. 1 BDSG keinen neuen Arbeitnehmerdatenschutz kodifizieren, sondern lediglich die bisherige Rechtslage konkretisieren und die von der Rechtsprechung erarbeiteten Grundsätze normieren wollte. Die Zulässigkeit einer Datenerhebung/Arbeitgeberfrage ist deshalb (nach wie vor) anhand einer Interessenabwägung zu bestimmen. Anders gesagt, ist nur dasjenige erforderlich i.S.d. § 26 Abs. 1 S. 1 BDSG, **woran der Arbeitgeber ein berechtigtes, billigenswertes und schutzwürdiges Interesse** hat (Rz. 769).

III. Wie gesehen (Rz. 803) darf der Arbeitgeber einen Bewerber keinesfalls unspezifiziert nach Vorstrafen fragen. A hat dementsprechend kein berechtigtes, billigenswertes und schutzwürdiges Informationsinteresse, welches das Geheimhaltungsinteresse des B überwiegen würde. Seine allgemeine Datenerhebung/Frage betreffend Vorstrafen des B ist deshalb nicht erforderlich, verstößt mithin gegen § 26 Abs. 1 S. 1 BDSG. Sie muss als unzulässig verworfen werden. B muss auf die Frage des A nicht korrekt antworten; er hat ein „Recht zur Lüge" (Rz. 809).

1747 Die Frage des Arbeitgebers gegenüber einem Bewerber ist also eine Datenerhebung und als solche an § 26 Abs. 1 S. 1 BDSG zu messen. Zu prüfen ist, ob die Informationserhebung des Arbeitgebers „erforderlich" ist. Das ist der Fall, wenn der Arbeitgeber an der erfragten Information ein berechtigtes, billigenswertes und schutzwürdiges Interesse hat. Um dies zu ermitteln, bedarf es grundsätzlich einer Abwägung der widerstreitenden Interessen von Arbeitgeber und Arbeitnehmer. Damit bleibt es für das Fragerecht des Arbeitgebers – auch in seinem datenschutzrechtlichen Gewand – dabei, dass nur Fragen zulässig sind, deren Beantwortung für die Beurteilung der Fähigkeit, Arbeit zu verrichten, erheblich ist, wobei selbst Arbeitsplatzrelevantes nicht erfragt werden darf, soweit dies mit einem unverhältnismäßigen Eingriff in die Privatsphäre verbunden ist. **Im Ergebnis** ist festzuhalten: Eine arbeitsrechtlich unzulässige Frage ist auch datenschutzrechtlich unzulässig. Das gilt insbesondere auch für Fragen, die den Schutzbereich des **AGG** berühren (Rz. 778). Eine nicht zu rechtfertigende diskriminierende Frage ist arbeitsrechtlich unzulässig und daher datenschutzrechtlich verboten. Dabei „konsumiert" das BDSG nicht etwa das AGG, sondern verwirklicht nur dessen Wertungen. Beide Gesetze sind **nebeneinander** anwendbar (vgl. § 1 Abs. 2 S. 1 BDSG).

1748 Praktisch relevant sind neben Datenerhebungen im klassischen Bewerbungsgespräch solche im Rahmen einer **Gesundheitsuntersuchung**. Gesundheitsuntersuchungen können auf den Beschäftigten sowohl in der Vertragsanbahnung wie auch während der Durchführung des Arbeitsverhältnisses zukommen.

1749 **Gentests** auf Verlangen des Arbeitgebers sind **grundsätzlich verboten** (Rz. 824). Dies ist nun ausdrücklich in § 19 Nr. 1 Gendiagnostikgesetz (GenDG) geregelt (vgl. auch § 14 Abs. 1 S. 2 ArbVG-E). Außerdem darf der Arbeitgeber die Ergebnisse einer bereits in anderem Zusammenhang vorgenommenen genetischen Untersuchung nicht erfragen, entgegennehmen oder verwenden. Beim Arbeitsschutz sind genetische Untersuchungen im Rahmen arbeitsmedizinischer Vorsorgeuntersuchungen nicht bzw. nur unter eng gefassten Voraussetzungen zulässig (§ 20 Abs. 1, 2 GenDG). Bisherige Routineuntersuchungen auf freiwilliger Basis zum Schutz der Beschäftigten sind ebenfalls weiterhin möglich.

1750 Für **sonstige Datenerhebungen** im Zusammenhang mit Gesundheitsuntersuchungen gilt, dass die Datenerhebung im Kontext der Ausübung der konkreten Tätigkeit stattfinden muss; andernfalls ist sie nicht erforderlich, vgl. § 26 Abs. 1 BDSG (Rz. 819). Das Erfordernis einer Eignungsuntersuchung kann sich etwa daraus ergeben, dass die körperliche Verfassung im Rahmen der Tätigkeit eine wesentliche und entscheidende berufliche Anforderung darstellt. Zu beachten ist, dass die Erhebung von Daten über die Gesundheit des Arbeitnehmers zudem den erhöhten Anforderungen der **§ 26 Abs. 3, § 22 Abs. 1 Nr. 1 lit. b BDSG** (als Konkretisierung des Art. 9 DSGVO) unterliegt.

Freilich führt eine ärztliche Untersuchung des Arbeitnehmers mit daran anschließender **Offenbarung personenbezogener Daten** durch den Arzt an den Arbeitgeber regelmäßig zu einem Eingriff in die Intimsphäre des Arbeitnehmers. Wird die Eignungsuntersuchung durch den Betriebsarzt durchgeführt (vgl. § 2 ASiG), so tritt die **ärztliche Schweigepflicht** als weitere Absicherung des Persönlichkeitsrechts hinzu. Der **Arzt** darf dem Arbeitgeber **nur** mitteilen, ob der Bewerber für die infrage kommende Stelle **gesundheitlich geeignet ist oder nicht**. Teilt er mehr Informationen ohne Einwilligung des Arbeitnehmers mit, macht er sich schadensersatzpflichtig und ggf. sogar strafbar (§ 203 Abs. 1 Nr. 1 StGB). Der Schutz ist umso intensiver, je näher die Daten der Intimsphäre des Betroffenen stehen. Das gilt erst recht, wenn die Untersuchung mit einer Blutentnahme verbunden ist. Erschwerend kommt in diesem Fall noch ein Eingriff in die körperliche Unversehrtheit hinzu, den zu dulden der Arbeitnehmer regelmäßig nicht verpflichtet ist.

1751

Hochumstritten ist weiterhin die Frage, **inwieweit der Arbeitnehmer in solche Untersuchungen sowie in die Weitergabe seiner Daten wirksam einwilligen** kann. Man wird hier annehmen müssen, dass es zum Schutze des Arbeitnehmers, der sich im Rahmen eines Bewerbungsverfahrens keinesfalls auf Augenhöhe mit seinem potentiellen Arbeitgeber befindet, geboten ist, einen nicht einwilligungsfähigen Kernbereich zu schaffen. Hierdurch kann verhindert werden, dass ein Arbeitnehmer in Maßnahmen einwilligt, die keine Relevanz für die spätere Tätigkeit haben, nur um in jedem Fall die Stelle zu erhalten. Es empfiehlt sich, hierfür die vom BAG zu Umfang und Reichweite des Fragerechts entwickelten Grundsätze anzuwenden. Erforderlich für eine wirksame Einwilligung ist demnach, dass der Arbeitgeber an der betreffenden Maßnahme ein berechtigtes, billigenswertes und schutzwürdiges Interesse hat (BAG v. 18.10.2000 – 2 AZR 380/99, NZA 2001, 315; BAG v. 16.12.2004 – 2 AZR 148/04, ZTR 2005, 379). Daneben dürfte es wichtig sein sicherzustellen, dass der Arbeitnehmer oder Bewerber tatsächlich freiwillig handeln kann. Das wäre streng genommen nur dann der Fall, wenn er eine echte Wahlmöglichkeit hat, ihm also bei Verweigerung der Einwilligung keine negativen Konsequenzen drohen. Aus diesem Blickwinkel heraus betrachtet, ist der Schutz im bestehenden Arbeitsverhältnis wegen § 612a BGB deutlich wirksamer als in der Bewerberphase, weil der Verstoß gegen das Datenschutzrecht keinen Kontrahierungszwang zugunsten eines Bewerbers nach sich zieht; die Lage ist vergleichbar mit dem Antidiskriminierungsrecht, vgl. § 15 Abs. 6 AGG.

Auf **§§ 26 Abs. 3, 22 Abs. 1 Nr. 1 lit. b BDSG** kommt es nicht an, wenn eine ärztliche Eignungsuntersuchung gesetzlich vorgesehen ist. Ein entsprechendes Beispiel gibt § 32 JArbSchG für die ärztliche Untersuchung von Jugendlichen (Rz. 821). Auch zu einer solchen gesetzlich vorgesehenen Untersuchung kann der Jugendliche allerdings nicht gezwungen werden. Weil der Arbeitgeber den Jugendlichen aber ohne die entsprechende Bescheinigung über die Durchführung der Untersuchung nicht beschäftigen darf, hat die Verweigerung hier die zwingende Ablehnung zur Folge (gesetzliches Beschäftigungsverbot, vgl. ErfK/*Schlachter* § 32 JArbSchG Rz. 2).

1752

2. Überwachung des Beschäftigten

Fragen der **Überwachung des Arbeitnehmers** werden immer wieder relevant, bspw. mittels (heimlicher) Beobachtung durch Detektive, (heimlicher) Videoaufzeichnung oder Auswertung der Telefonverbindungsdaten bzw. Internetprotokolle.

1753

Vorrangig zu prüfen ist das Vorliegen einer Einwilligung des Arbeitnehmers nach § 26 Abs. 2 BDSG. Sofern eine solche nicht wirksam erteilt wurde, ist die Zulässigkeit der Videoüberwachung an den **§§ 4, 22, 26 BDSG** zu messen (auf §§ 201 ff. StGB, §§ 22, 23 KUG, §§ 88 ff. TKG, § 11 Abs. 1 Nr. 1 TMG wird verwiesen).

1754

1755 Die **Rechtmäßigkeitsanforderungen** an die Überwachung orientieren sich an der Intensität des Eingriffs in das Persönlichkeitsrecht des Arbeitnehmers. Je höher die Eingriffsintensität, desto eher ist die Überwachung unzulässig. Die Eingriffsintensität ist von der **Art der Überwachung** abhängig, sodass auch die Anforderungen an eine Überwachung differieren. Grundlegend zu trennen sind zunächst die **heimliche** und die **öffentliche** Videoüberwachung. Zudem variieren die Anforderungen danach, ob die Überwachung in öffentlich zugänglichen oder nicht öffentlich zugänglichen Räumen erfolgt, weil nur für den ersteren § 4 BDSG gilt. Bei sichtbaren Videoüberwachungen entsteht ein sog. **Anpassungsdruck**, sich möglichst unauffällig zu benehmen, um zu verhindern, dass abweichende Verhaltensweisen Gegenstand von Kritik, Spott oder Sanktionen werden. Bei heimlichen Aufnahmen spricht das BAG von einem sog. ständigen **Überwachungsdruck**, dem sich der Arbeitnehmer während seiner Tätigkeit nicht entziehen kann. Im Rahmen des Grundsatzes der Verhältnismäßigkeit, den das BAG streng prüft, darf keine abstrakte Rechtsgüterabwägung vorgenommen werden. Weder gehen die Grundrechte des Arbeitgebers noch andere Wertungen mit Verfassungsrang (bspw. Erfordernis einer wirksamen Rechtspflege als Ausfluss des Rechtsstaatsprinzips gemäß Art. 20 Abs. 3 GG) stets dem allgemeinen Persönlichkeitsrecht vor, noch ist dieses stets vorrangig. Maßgeblich sind die jeweiligen Gesamtumstände des Einzelfalles.

1756 Anhand dieser Differenzierung ergibt sich folgendes Bild (Übersicht bei *Thüsing*, Beschäftigtendatenschutz und Compliance, § 11 Rz. 64):

1757 – Die **Beobachtung** öffentlich zugänglicher Räume mit optisch-elektronischen Einrichtungen (**Videoüberwachung**): § 4 Abs. 1 S. 1 BDSG erlaubt diese als Eingriffsnorm, sofern einer der in Nr. 1 bis Nr. 3 genannten Gründe vorliegt und keine Anhaltspunkte dafür bestehen, dass schutzwürdige Interessen des Betroffenen überwiegen. Praktisch bedeutsam ist § 4 Abs. 1 S. 1 Nr. 3 BDSG, der das Interesse des Arbeitgebers an der Verhinderung von Straftaten abzudecken vermag (s.a. ErfK/*Franzen* § 4 BDSG Rz. 6; s.a. § 4 Abs. 3 S. 3 BDSG). Der Arbeitgeber hat gem. § 4 Abs. 2 BDSG den **Umstand der Beobachtung** und seine **Kontaktdaten** durch geeignete Maßnahmen zum frühestmöglichen Zeitpunkt erkennbar zu machen. Allein die Kamera offen zu installieren, dürfte nicht ausreichen, um diese Pflichten zu erfüllen. Notwendig ist vielmehr ein sichtbarer Hinweis. Können die durch Videoüberwachung erhobenen Daten einem bestimmten Arbeitnehmer zugeordnet werden, sind zusätzlich die erhöhten Hinweis- und Informationspflichten nach § 4 Abs. 4 BDSG i.V.m. § 32 BDSG und Art. 13, 14 DSGVO zu beachten. Werden die nach § 4 Abs. 1 BDSG aufgrund der Videoüberwachung erhobenen Daten **gespeichert** oder **verwendet**, ist dies nach § 4 Abs. 3 S. 1 BDSG erneut nur dann zulässig, wenn dies zum Erreichen des verfolgten Zwecks erforderlich ist und keine Anhaltspunkte bestehen, dass schutzwürdige Interessen der Betroffenen überwiegen. Zudem sind § 4 Abs. 3 S. 2 und S. 3 BDSG zu beachten. Zu der **zulässigen Speicherdauer von Videomaterial**, das durch eine offene Videoüberwachung erlangt wurde, hat das BAG unlängst entschieden, dass diese grundsätzlich erforderlich bleibt, bis der mit der Aufnahme verfolgte Zweck erreicht, aufgegeben oder nicht mehr erreichbar ist und auch ein etwaiger Verstoß gegen datenschutzrechtliche Verarbeitungs- oder Löschvorgaben nicht zwangsläufig zu einem Beweisverwertungsverbot führt (BAG v. 23.8.2018 – 2 AZR 133/18, NZA 2018, 1329; die Entscheidung ist zwar zum BDSG a.F. ergangen, sollte aber wohl auf die aktuellen Vorschriften übertragbar sein, vgl. Rz. 46 ff. der Entscheidung).

1758 – **Heimliche** Videoüberwachung in **öffentlich zugänglichen** Räumen: Wegen § 4 Abs. 2 BDSG erfasst die Vorschrift die heimliche Videoüberwachung öffentlich-zugänglicher Räume im Grundsatz nicht. Indes dürfte § 4 BDSG diesbezüglich kein abschließender Charakter zuzumessen sein, insbesondere keine Sperrwirkung mit Blick auf § 26 Abs. 1 BDSG, weil sonst Wertungswidersprüche entstehen würden. Darüber hinaus richtet sich die Zulässigkeit der Videoüberwachung im öffentlich zugänglichen Raum erkennbar alleine nach § 4 Abs. 1 BDSG, was systematisch dadurch belegt wird, dass für die Verarbeitung und Nutzung Daten alleine auf solche „nach Absatz 1" verwiesen wird (§ 4 Abs. 3 S. 1 BDSG). Als weiteres Argument ließe sich anführen, dass § 4 Abs. 2 BDSG eher den Charakter einer Ordnungsvorschrift aufweist und keine Rechtmäßigkeitsvoraussetzung wie die Tatbestände in § 4 Abs. 1 S. 1 Nr. 1 bis 3 BDSG darstellt. Daher dürfte das BAG auch hinsichtlich § 4 BDSG an seiner Rechtsprechung zur grundsätzlichen Möglichkeit einer heimlichen Videoüberwachung in öffentlich zugänglichen Räumen festhalten und § 4 Abs. 1 BDSG als Prüfungsmaßstab grundsätzlich heranziehen (vgl. die Rechtsprechung zum alten, wortgleichen § 6b Abs. 1 S. 1 BDSG: BAG v. 21.6.2012 – 2 AZR 153/11, NZA 2012, 1025 Rz. 39; BAG v. 21.11.2013 – 2 AZR 797/11, NZA 2014, 243 ff.; ErfK/*Franzen* § 4 BDSG Rz. 2, 2a). Eine heimliche Videoaufzeichnung kann dann also statthaft sein, wenn sie das einzige Mittel zur Überführung eines Arbeitnehmers darstellt, der der Begehung einer Straftat konkret verdächtig ist (BAG v. 21.6.2012 – 2 AZR 153/11, NZA 2012, 1025 Rz. 30). Wertungsmäßig muss folglich die Heimlichkeit der Überwachung an dieser Stelle die Intensität der richterlichen Kontrolldichte erhöhen.

- **Offene** Videoüberwachung in **nicht öffentlich zugänglichen** Räumen: § 4 BDSG ist hier nicht einschlägig, vielmehr stellt § 26 BDSG die einschlägige Eingriffsnorm dar, sodass es faktisch um eine Abwägung beidseitiger Interessen im Einzelfall geht (ErfK/*Franzen* § 4 BDSG Rz. 1, 3). Für den Fall der Aufdeckung von Straftaten ist der speziellere S. 2 einschlägig. 1759

- **Heimliche** Videoüberwachung in **nicht öffentlich zugänglichen** Räumen: Auch hier gilt § 26 BDSG, wobei dem Umstand der Heimlichkeit in der Interessenabwägung besondere Bedeutung beigemessen werden muss (vgl. BAG v. 19.2.2015 – 8 AZR 1007/13, NZA 2015, 994 Rz. 29). 1760

- Jedenfalls unzulässig ist die Videoüberwachung von Räumen, in denen der Arbeitnehmer Handlungen vornimmt, die den **Kernbereich der Privatsphäre** ausmachen. Beispielhaft genannt seien an dieser Stelle Umkleideräume oder Sanitärbereiche. 1761

Zu beachten ist, dass der Arbeitgeber nicht allein auf Grund seines **Hausrechts** zum Mittel der Videoüberwachung greifen kann. Dies ist zwar grundsätzlich möglich, allerdings ausnahmsweise nicht in arbeitsrechtlichen Sachverhalten, weil für den Arbeitnehmer aufgrund seiner arbeitsvertraglichen Pflichten die Möglichkeit nicht besteht, sich der Überwachung durch Verlassen der überwachten Räumlichkeiten zu entziehen. Der Arbeitnehmer muss sich ja an einem bestimmten Ort aufhalten, um dort seine geschuldete Arbeitsleistung zu erbringen. Der Arbeitgeber muss also darüber hinausgehende überwiegende schutzwürdige Interessen wahrnehmen und anführen, bspw. Beweisnöte bei konkretem Verdacht auf strafbare Handlungen (vgl. zum Ganzen BAG v. 26.8.2008 – 1 ABR 16/07, NZA 2008, 1187; BAG v. 29.6.2004 – 1 ABR 21/03, NZA 2004, 1278; BAG v. 27.3.2003 – 2 AZR 51/02, NZA 2003, 1193). 1762

§ 36
Ermöglichung der Fortbildung

Literatur: *Bettinghausen,* Rückzahlungsvereinbarungen über Fortbildungskosten – Was Arbeitgeber zu beachten haben, NZA-RR 2017, 573; *Fuhlrott/Hoppe,* Rückzahlungsvereinbarungen, AuA 2011, 427; *Dimsic,* Rückzahlung von Fortbildungskosten, RdA 2016, 106; *Hanau/Stoffels,* Beteiligung von Arbeitnehmern an den Kosten der beruflichen Fortbildung, 1992; *Lakies,* Weiterbildung und Rückzahlungsklauseln, AiB 2010, 720; *Meier/Schulz,* Die Rückzahlung von Ausbildungskosten bei vorzeitiger oder erfolgloser Beendigung der Ausbildung, NZA 1996, 742; *Rischar,* Arbeitsrechtliche Klauseln zur Rückzahlung von Fortbildungskosten, BB 2002, 2550; *Schmidt,* Die Beteiligung der Arbeitnehmer an den Kosten der beruflichen Bildung, Umfang und Grenzen der Vertragsgestaltung, NZA 2004, 1002.

I. Freistellung zum Zweck der Fortbildung

Inwieweit der Arbeitgeber den Arbeitnehmer für Fortbildungsveranstaltungen freistellt, liegt, abgesehen von den speziellen Regelungen für **Betriebsratsmitglieder** in § 37 Abs. 6, 7 BetrVG (siehe im 1763

Band „Kollektivarbeitsrecht" Rz. 1962 ff.) und in den **Arbeitnehmerweiterbildungsgesetzen der Länder** (vgl. BAG v. 24.10.1995 – 9 AZR 431/94, NZA 1996, 423), in seinem **Ermessen**.

II. Rückzahlung von Fortbildungskosten

1764 Das BAG hat im Rahmen seiner Rechtsprechung zur Rückzahlung von Fortbildungskosten klargestellt, dass eine Aus- oder Fortbildung nicht nur dann vorliegen kann, wenn die Maßnahme planmäßig, formalisiert und mit einem vorher exakt festgelegten Lernziel erfolgt. Es reicht ein **genereller beruflicher Nutzen** (BAG v. 30.11.1994 – 5 AZR 715/93, NZA 1995, 727, 728).

1765 Eine ähnliche Problematik wie bei den Sonderzahlungen (Rz. 1382) ergibt sich, wenn der Arbeitgeber die Finanzierung der Aus- oder Fortbildung davon abhängig macht, dass der Arbeitnehmer eine bestimmte Mindestdauer nach Abschluss der Bildungsmaßnahme bei ihm beschäftigt bleibt und andernfalls die anteilige **Rückzahlung** der Fortbildungskosten fordert. Dahinter steht die (an sich legitime) Erwartung des Arbeitgebers, dass die Aus- und Fortbildung seinem Betrieb durch qualifiziertere Arbeitsleistung zugutekommt. Mit der Fortbildung steigt aber auch das Risiko, dass der geförderte Arbeitnehmer angesichts seines damit einhergehenden höheren Marktwerts von mit dem Arbeitgeber konkurrierenden Unternehmen abgeworben wird. Auf diese Weise hätten die Mitbewerber eigene finanzielle Aufwendungen für die Aus- und Fortbildung erspart, womit sich die Anstrengungen des Arbeitgebers als Fehlschlag erwiesen hätten.

1766 Deshalb sind vertragliche Rückzahlungsklauseln **prinzipiell zulässig, wenn** die Fortbildungen dem Arbeitnehmer einen qualifizierten Abschluss oder eine Erhöhung der Chancen auf dem allgemeinen Arbeitsmarkt bieten. **Im Einzelnen:**

1767 Rückzahlungsklauseln müssen **vor Beginn** der Fortbildung **ausdrücklich vereinbart** werden. Nach Fortbildungsbeginn ist eine Rückzahlungsvereinbarung zwar mit Einverständnis des Arbeitnehmers möglich; es besteht in diesem Fall jedoch häufig der Verdacht unzulässiger Druckausübung von Seiten des Arbeitgebers. Die mit der Rückzahlungsklausel einhergehenden Bindung des Arbeitnehmers an den aus- oder fortbildenden Arbeitgeber birgt die Gefahr, das Recht des Arbeitnehmers auf freie Wahl des Arbeitsplatzes (Art. 12 Abs. 1 GG) unangemessen zu beeinträchtigen. Deshalb unterliegen Rückzahlungsklauseln der **gerichtlichen Inhaltskontrolle** (BAG v. 19.1.2011 – 3 AZR 621/08, NZA 2012, 85; BAG v. 24.7.1991 – 5 AZR 430/90, NZA 1992, 211 AP Nr. 16 zu § 611 BGB). Diese erfolgt bei formularmäßiger Vereinbarung am Maßstab der **§§ 305 ff. BGB** (BAG v. 23.1.2007 – 9 AZR 482/06, NZA 2007, 748; BAG v. 11.12.2018, NZA 2019, 781).

1768 Die Klausel muss zunächst den **Rückzahlungsgrund** genau bezeichnen. Sie darf nicht pauschal an das Ausscheiden des Arbeitnehmers anknüpfen. Nur die ausschließlich vom Arbeitnehmer veranlasste Beendigung des Arbeitsverhältnisses vermag eine Rückzahlungspflicht auszulösen. Ein Rückzahlungsanspruch des Arbeitgebers scheidet folglich aus, wenn dieser von sich aus kündigt, ohne dass der Kündigungsgrund beim Arbeitnehmer liegt (etwa im Falle der betriebsbedingten Kündigung) oder wenn der Arbeitnehmer zu Recht wegen vom Arbeitgeber gesetzter Gründe außerordentlich gemäß § 626 BGB kündigt (zum Letzteren: LAG Bremen v. 25.2.1994 – 4 Sa 12/93, LAGE § 611 BGB Ausbildungsbeihilfe Nr. 9). Formularmäßige Klauseln, die eine Rückzahlungspflicht auch für Fälle vorsehen, in denen die **Beendigung** des Arbeitsverhältnisses **durch den Arbeitgeber veranlasst** wurde, sind nach § 307 Abs. 1 S. 1 BGB unangemessen benachteiligend (BAG v. 23.1.2007 – 9 AZR 482/06, NZA 2007, 748). Die Rückzahlungspflicht darf nicht schlechthin an das Ausscheiden aufgrund einer Eigenkündigung des Arbeitnehmers innerhalb der vereinbarten Bindungsfrist geknüpft werden. Vielmehr muss nach dem Grund des vorzeitigen Ausscheidens differenziert werden (BAG v. 18.3.2014 – 9 AZR 545/12, NZA 2014, 957).

1769 **Beispiel: Zulässiger Rückzahlungsgrund:** „Der Beschäftigte hat der Sparkasse ihre Leistungen nach § 2 Abs. 1 – mit Ausnahme der Arbeitgeberanteile zur Sozialversicherung – in voller Höhe zu erstatten, wenn er **auf eigenen Wunsch oder aus seinem Verschulden** [...] aus dem Arbeitsverhältnis vor Ablauf des Kalender-

monats, in dem das Prüfungszeugnis ausgestellt wird, ausscheidet" (BAG v. 19.1.2011 – 3 AZR 621/08, juris, Rz. 3).

Beispiel: Unzulässiger Rückzahlungsgrund: *„Kündigt der Mitarbeiter innerhalb von drei Jahren nach Abschluss der Fortbildungsmaßnahme das Arbeitsverhältnis, so hat er die von der Firma verauslagten Kosten des Fortbildungslehrgangs und die für die Zeit der Freistellung gezahlte Vergütung in Höhe der bestehenden Restforderung aus dem Kontokorrentkonto zu tragen. [...] Kosten und gezahlte Vergütung sind der Firma auch dann zu erstatten, wenn der Mitarbeiter vor Abschluss der unter § 1 genannten Fortbildung aus dem Unternehmen ausscheidet."* (BAG v. 18.3.2014 – 9 AZR 545/12, NZA 2014, 957)

Als Auslöser der Rückzahlungspflicht steht der arbeitnehmerseitigen Kündigung ein **Aufhebungsvertrag** gleich, wenn dieser ausschließlich auf Wunsch des Arbeitnehmers und unter Berücksichtigung seiner Interessen erfolgt (LAG Köln v. 10.9.1992 – 5 Sa 476/92, LAGE § 611 BGB Ausbildungsbeihilfe Nr. 8).

1770

Ferner trifft den Arbeitgeber die **Pflicht, den Arbeitnehmer mit Beginn der Fortbildung auf alle Folgen, die sich aus einer Rückzahlungsvereinbarung ergeben, klar und unmissverständlich hinzuweisen** (BAG v. 19.3.1980 – 5 AZR 362/78, BB 1980, 1470), was für formularmäßige Vereinbarungen bereits aus § 307 Abs. 1 S. 2 BGB folgt. Der Arbeitgeber muss die entstehenden Kosten i.R.d. Möglichen und Zumutbaren hinreichend dem Grunde und der Höhe nach konkretisieren (BAG v. 21.8.2012 – 3 AZR 698/10, NZA 2012, 1428). Eine Rückzahlungsklausel muss zumindest **Art und Berechnungsgrundlagen** der ggf. zu erstattenden Kosten angeben. Die **einzelnen Positionen** (bspw. Lehrgangsgebühren, Fahrt-, Unterbringungs- und Verpflegungskosten), aus denen sich die Gesamtforderung zusammensetzt, sind **genau und abschließend zu bezeichnen** (BAG v. 6.8.2013 – 9 AZR 442/12, NZA 2013, 1361). Die Rückzahlungsklausel ist auch intransparent, sofern der Arbeitsvertrag auf eine Kollektivvereinbarung Bezug nimmt, die die Rückzahlung von Fortbildungskosten ihrerseits normiert und keine Kollisionsregel existiert (LAG Niedersachsen v. 29.10.2014 – 17 Sa 274/14).

1771

Das BAG nimmt im Übrigen eine **Abwägung der widerstreitenden Interessen** vor. Dabei sind folgende **Kriterien** zu berücksichtigen (BAG v. 19.1.2011 – 3 AZR 621/08, NZA 2012, 85 Rz. 38; BAG v. 16.3.1994 – 5 AZR 339/92, NZA 1994, 937):

1772

„Nach ständiger Rechtsprechung des BAG hat sich die für die gerichtliche Inhaltskontrolle von Rückzahlungsklauseln erforderliche Interessenabwägung insbesondere daran zu orientieren, **ob und inwieweit der Arbeitnehmer mit der Aus- oder Weiterbildung einen geldwerten Vorteil erlangt***. Eine Kostenbeteiligung ist ihm um so eher zuzumuten, je größer der mit der Ausbildung verbundene berufliche Vorteil für ihn ist. [...] Der erkennende [5.] Senat hat weiter ausgesprochen, dass die Zulässigkeit von Rückzahlungsklauseln auch von der* **Fortbildungs- und Bindungsdauer** *abhängt. Beide müssen in angemessenem Verhältnis stehen."* (BAG v. 16.3.1994 – 5 AZR 339/92, NZA 1994, 937, 940)

Rückzahlungsklauseln für Fortbildungen, die lediglich dem **internen Betrieb** zugutekommen (z.B. ein Lehrgang zum Umgang mit der betriebseigenen Software), sind unwirksam, weil der Arbeitnehmer aus der Fortbildung keinen geldwerten Vorteil erlangt. Im **Verhältnis von Fortbildungs- und Bindungsdauer** gelten nach der Rechtsprechung des BAG für arbeitsvertragliche Vereinbarungen folgende **Richtlinien:**

1773

- bei einer Lehrgangsdauer von bis zu **einem Monat** ohne Verpflichtung zur Arbeitsleistung ist höchstens eine **sechsmonatige Bindung**,
- bei einer Lehrgangsdauer von bis zu **zwei Monaten** ohne Verpflichtung zur Arbeitsleistung ist höchstens eine **einjährige Bindung**,
- bei einer Lehrgangsdauer von **drei bis vier Monaten** eine **zweijährige Bindungsfrist**,
- bei einer Lehrgangsdauer von **sechs Monaten bis zu einem Jahr** ohne Arbeitsverpflichtung keine längere Bindung **als drei Jahre** und

– bei einer **mehr als zweijährigen** Dauer der Fortbildungsmaßnahme ohne Arbeitsleistung eine Bindungsdauer von bis zu **fünf Jahren**

zulässig.

1774 **Im Einzelfall** kann aber eine kürzere oder längere Bindung gerechtfertigt sein, je nachdem, ob der Arbeitgeber erhebliche Mittel aufwendet und ob der Arbeitnehmer besondere Vorteile durch die Fortbildung gewinnt (BAG v. 6.9.1995 – 5 AZR 241/94, NZA 1996, 314, 316). Abwägungsrelevant, aber von untergeordneter Bedeutung ist die Höhe der vom Arbeitgeber (vor-)geleisteten Ausbildungskosten. Unberücksichtigt muss hingegen bleiben, ob der Arbeitgeber die durch die Fortbildung des Arbeitnehmers erlangte Qualifikation nutzen kann oder will.

1775 *„Nichts anderes gilt, wenn die Beklagte gemäß ihrem Vorbringen an der weiteren Qualifikation des Klägers selbst kein Interesse gehabt haben sollte. In diesem Fall wäre die vorgesehene Bindungsdauer von drei Jahren von vornherein nicht durch ein billigenswertes Interesse der Beklagten gerechtfertigt, dass sich die von ihr gemäß § 4 des Fortbildungsvertrags dem Kläger zu erstattenden Fortbildungskosten amortisieren und der Kläger seine neu erworbene Qualifikation in seine Tätigkeit einbringt. Die Vorteile der Ausbildung und die Dauer der Bindung müssen in einem angemessenen Verhältnis zueinander stehen (BAG v. 14.1.2009 – 3 AZR 900/07, NZA 2009, 666 Rz. 18). Soweit die Rechtsprechung Regelwerte entwickelt hat, sind diese einzelfallbezogenen Abweichungen zugänglich. Zu berücksichtigen sind auch die Vorteile, die der Arbeitgeber aus der Fortbildung des Arbeitnehmers zu ziehen plant. Das Interesse des Arbeitgebers, der seinem Arbeitnehmer eine Aus- oder Weiterbildung finanziert, geht typischerweise dahin, die vom Arbeitnehmer erworbene Qualifikation möglichst langfristig für seinen Betrieb nutzen zu können (BAG v. 19.2.2004 – 6 AZR 552/02, BAGE 109, 345). Dieses grundsätzlich berechtigte Interesse gestattet es dem Arbeitgeber, als Ausgleich für seine finanziellen Aufwendungen von einem sich vorzeitig abkehrenden Arbeitnehmer die Kosten der Ausbildung ganz oder zeitanteilig zurückzuverlangen (BAG v. 11.4.2006 – 9 AZR 610/05, BAGE 118, 36 Rz. 25). Wollte oder konnte die Beklagte die durch die Fortbildung erlangte weitere Qualifikation des Klägers nicht nutzen, kann der Bleibedruck, den die Dauer der Rückzahlungsverpflichtung auf den Kläger ausübt und durch den er in seiner durch Art. 12 GG geschützten Kündigungsfreiheit betroffen wird, nicht gegen ein Interesse der Beklagten an einer möglichst weitgehenden Nutzung der erworbenen Qualifikation des Klägers abgewogen werden. Es fehlt an einer Rechtfertigung der langen Bindungsdauer (vgl. zur Bindungsdauer bei ‚normalen' Sonderzahlungen: BAG v. 12.12.1962 – 5 AZR 324/62, BB 1963, 433; HWK/Thüsing 6. Aufl. § 611 BGB Rz. 113 m.w.N.; ErfK/Preis 14. Aufl. § 611 BGB Rz. 550 m.w.N.)."* (BAG v. 18.3.2014 – 9 AZR 545/12, NZA 2014, 957 Rz. 19)

1776 Verstößt die Vereinbarung gegen diese Grundsätze, ist bei vorformulierter Vereinbarung die Abrede unwirksam (siehe zu den Rechtsfolgen der Inhaltskontrolle ausf. Rz. 1049). Eine **geltungserhaltende Reduktion** kommt nicht in Betracht (BAG v. 11.4.2006 NZA 2006, 1042). Ausnahmsweise ist jedoch eine ergänzende Vertragsauslegung zulässig, wenn es für den Arbeitgeber wegen der einzelfallbezogenen Betrachtung objektiv schwierig war, die zulässige Bindungsdauer im konkreten Fall zu bestimmen und sich dieses Prognoserisiko verwirklicht hat (BAG v. 14.1.2009 – 3 AZR 900/07, NZA 2009, 666 Rz. 29 ff.).

1777 **Tarifvertragliche Rückzahlungsklauseln** unterliegen nicht in diesem Umfang der gerichtlichen Inhaltskontrolle, da wegen der Gleichberechtigung der Partner eine materielle Richtigkeitsgewähr besteht und die Parteien eine weitgehende Gestaltungsfreiheit haben (BAG v. 6.9.1995 – 5 AZR 174/94, NZA 1996, 437, 439), was § 310 Abs. 4 S. 1 BGB bestätigt.

§ 37
Weitere Nebenpflichten des Arbeitgebers

Literatur: *Boemke*, Nebenpflichten des Arbeitgebers, AR-Blattei SD 1225; *Grunewald*, Mobbing – arbeitsrechtliche Aspekte eines neuen Phänomens, NZA 1993, 1071; *Groß*, Arbeitsschutz und Persönlichkeitsrecht – Wo liegt die Grenze? ArbRAktuell 2018, 565; *Kort*, Inhalt und Grenzen der arbeitsrechtlichen Personenfürsorgepflicht, NZA 1996, 854; *Weber*, Die Nebenpflichten des Arbeitgebers, RdA 1980, 289.

I. Grundlage der Arbeitgebernebenpflichten

Der **personale Charakter des Arbeitsverhältnisses** legt dem Arbeitgeber zahlreiche Nebenpflichten auf, die traditionell als Fürsorgepflichten bezeichnet werden. Es handelt sich freilich auch hier um die jedem Vertragsverhältnis immanenten vor- und nachvertraglichen Nebenpflichten aus **Treu und Glauben nach § 242 BGB** (BAG v. 13.11.2001 – 9 AZR 590/99, AP Nr. 37 zu § 242 BGB Auskunftspflicht, Näheres zur Herleitung von Nebenpflichten Rz. 1158), die nun in § 241 Abs. 2 BGB ausdrücklich anerkannt sind. Darin ist klargestellt, dass auch die sog. Schutzpflichten, dort als Rücksichtnahmepflichten bezeichnet, Inhalt des Schuldverhältnisses sein können. Aus dieser Norm ergibt sich keine Ausweitung der Nebenpflichten.

1778

Sinnvollerweise unterscheidet man zwischen solchen Fürsorgepflichten, die eine eigenständige (gesetzliche) Ausprägung erfahren haben (etwa die Pflicht zur Entgeltfortzahlung im Krankheitsfalle nach dem EFZG oder die Pflicht zur Urlaubsgewährung nach dem BUrlG) und der allgemeinen Fürsorgepflicht. Bei Letzterer ist grundsätzlich zwischen zwei Fallgruppen zu differenzieren:

1779

– Die **Schutzpflichten**. Sie dienen der Wahrung der Rechtsgüter des Arbeitnehmers (Leben, Gesundheit, Persönlichkeitsrecht, Eigentum, sonstige Vermögensinteressen). Den Schutzpflichten kommt traditionell die größte Bedeutung bei den Arbeitgebernebenpflichten zu. In ihnen konkretisiert sich der Schutzgedanke im Arbeitsrecht als Korrelat dafür, dass der Arbeitnehmer seine Rechtsgüter in eine fremde betriebliche Organisation einbringt und sich dem Direktionsrecht des Arbeitgebers unterordnet.

1780

– Die **Förderungspflichten**. Diese gehen über die die Nebenpflichten des Arbeitgebers dominierenden Schutzpflichten hinaus, indem sie den Arbeitgeber verpflichten, den Arbeitnehmer nicht nur vor Schäden zu bewahren, sondern ihn (insbesondere in seiner Persönlichkeit) positiv zu fördern. In diese Richtung argumentiert beispielsweise das BAG bei seiner Herleitung der Beschäftigungspflicht (Rz. 1416).

1781

Es muss an dieser Stelle jedoch betont werden, dass über die anerkannten Schutz- und Förderungspflichten hinaus der Rekurs auf die allgemeine Fürsorgepflicht des Arbeitgebers sehr zurückhaltend erfolgen sollte, zumal immer mehr gesetzliche Vorschriften Arbeitgebernebenpflichten konkretisieren. In diesem Fall ist ein Rückgriff auf den allgemeinen Rechtsgedanken der Fürsorgepflicht **regelmäßig ausgeschlossen** (BAG v. 27.7.1995 – 6 AZR 129/95, NZA 1996, 708, 710). Um im Übrigen der Gefahr der Überstrapazierung dieses scheinbar uferlosen Grundsatzes entgegenzuwirken, bietet es sich an, ihn durch das **Übermaßverbot** zu begrenzen. Dies führt im Rahmen der Konkretisierung der allgemeinen Fürsorgepflicht im Einzelfall letztlich zu einer **Abwägung der widerstreitenden Interessen**.

1782

Die **Rechtsfolgen** der Verletzung von Arbeitgebernebenpflichten richten sich nach allgemeinen Grundsätzen. So kommen etwa bei Schutzpflichtverletzungen selbstständig einklagbare **Erfüllungs-, Unterlassungs-** oder **Beseitigungsansprüche** in Betracht. Ferner ist die Ausübung eines **Rechts auf Zurückbehaltung der Arbeitsleistung nach § 273 BGB** bei erheblicher Nebenpflichtverletzung denkbar. Außerdem können aus Pflichtverletzungen **Schadensersatzansprüche aus Vertrag (§ 280 Abs. 1 BGB) oder Deliktsrecht (§§ 823 ff. BGB)** resultieren. Schließlich besteht für den Arbeitnehmer in

1783

schwerwiegenden Fällen von Nebenpflichtverletzungen u.U. die Möglichkeit, das Arbeitsverhältnis gemäß § **626 BGB außerordentlich zu kündigen.**

II. Schutzpflichten des Arbeitgebers

1. Leben und Gesundheit

1784 Geradezu einen „Klassiker" unter den gesetzlichen Konkretisierungen der Schutzpflicht des Arbeitgebers bilden die gemäß § 619 BGB unabdingbaren §§ 617, 618 BGB. Zum Bereich des § 618 Abs. 1 BGB gehört die Verpflichtung des Arbeitgebers zur **Verhütung von Gefahren für Leben und Gesundheit** bei der Verrichtung der Arbeit betreffend das Arbeitsumfeld („Räume, Vorrichtungen oder Gerätschaften") und die Tätigkeit selbst („Dienstleistungen"). Eine inhaltsgleiche Regelung findet sich für die kaufmännischen Angestellten in § 62 Abs. 1 HGB. Der Bekanntheitsgrad des § 618 BGB steht indes heute in keinem angemessenen Verhältnis mehr zu seiner Bedeutung. Dafür zeichnen sich zahlreiche, gerade auf den Schutz von Leben, Körper und Gesundheit bezogene, dem öffentlichen Recht zugehörige Vorschriften des Arbeitsschutzrechts (Rz. 1789) verantwortlich, die den von § 618 BGB gezogenen Pflichtenkreis des Arbeitgebers konkretisieren. Da diese öffentlich-rechtlichen Normen auch unabdingbare vertragliche Pflichten begründen (siehe sogleich unter Rz. 1789), ist der Anwendungsbereich des § 618 BGB inzwischen recht klein geworden. Als **Auffangtatbestand** für alle nicht spezialgesetzlich geregelten Fälle hat die Vorschrift aber weiterhin Bedeutung (so auch MüArbR/*Reichold* § 85 Rz. 1). So spielt § 618 BGB eine Rolle für die Frage, ob der Arbeitnehmer einen Anspruch auf einen rauchfreien Arbeitsplatz hat.

1785 **Fallbeispiel: Anspruch auf rauchfreien Arbeitsplatz im Casino?** A betreibt eine Spielbank, in der B seit 1993 als Croupier arbeitet. Bis 2008 galten im Spielcasino keine Einschränkungen für Raucher. Seit 2008 gibt es einen separaten Raucher- und einen Nichtraucherbereich. Für die Spielbank gilt gemäß § 2 Abs. 5 Nr. 5 des hessischen Nichtraucherschutzgesetzes eine Ausnahme vom Rauchverbot. Der Raucherraum ist mit einer Klimaanlage sowie einer Be- und Entlüftungsanlage ausgestattet. Bei A sind 120 Croupiers beschäftigt. B muss durchschnittlich zwei Dienste (zwischen sechs und zehn Stunden) pro Woche im Raucherraum arbeiten. A setzt alle Croupiers gleichermaßen im Raucherbereich ein. Außen vor bleiben nur solche Mitarbeiter, die ein ärztliches Attest vorlegen, aus dem sich ergibt, dass die Arbeit im Raucherraum zu einer Gesundheitsbeeinträchtigung führt. B verlangt von A, ihn ausschließlich im Nichtraucherbereich einzusetzen. Zu Recht?

In der Verordnung über Arbeitsstätten (ArbStättV) vom 12.8.2004 (BGBl. I S. 2179) finden sich Regelungen zur Sicherung und dem Gesundheitsschutz von Beschäftigten beim Einrichten und Betreiben von Arbeitsstätten. Nach § 5 Abs. 1 ArbStättV, der § 618 BGB konkretisiert, hat der Arbeitgeber die erforderlichen Maßnahmen zu treffen, damit die nichtrauchenden Beschäftigten in Arbeitsstätten wirksam vor den Gesundheitsgefahren durch Tabakrauch geschützt sind. Danach hat B an sich Anspruch auf einen rauchfreien Arbeitsplatz (vgl. auch BAG v. 17.2.1998 – 9 AZR 84/97, NZA 1998, 1231).

„Bereits nach dem Wortlaut des § 5 Abs. 1 Satz 1 ArbStättV müssen die nicht rauchenden Beschäftigten wirksam vor den Gesundheitsgefahren durch Tabakrauch geschützt werden. Der Gesetzgeber ist damit davon ausgegangen, dass Tabakrauch zwangsläufig die Gesundheit gefährdet. [...] Diese Auslegung führt entgegen der Auffassung des Landesarbeitsgerichts dazu, dass der Arbeitgeber nach § 5 Abs. 1 ArbStättV verpflichtet ist, Maßnahmen zu ergreifen, die dazu führen, dass keine Tabakrauchemissionen im Aufenthaltsbereich des nicht rauchenden Beschäftigten nachweisbar oder wahrnehmbar sind (vgl. Schmieding ZTR 2004, 12, 13). Die [A] hat nicht behauptet, dass dieser Effekt durch die Klimatisierung sowie Be- und Entlüftung der Raucherzone erreicht wird. Sie hat lediglich gemeint, durch die installierte Anlage werde die Luftverunreinigung durch Tabakrauch auf ein Minimum verringert. Dies reicht nicht. **Objektiv erforderlich i.S.v. § 5 Abs. 1 ArbStättV** *wären Maßnahmen, die eine tabakrauchfreie Atemluft in der Arbeitsstätte gewährleisten. Dazu dürfte keinerlei Tabakrauch wahrnehmbar sein (BAG v. 19.5.2009 – 9 AZR 241/08, NZA 2009, 775 Rz. 20)."* (BAG v. 10.5.2016 – 9 AZR 347/15, NZA 2016, 1134 Rz. 19)

§ 5 Abs. 1 ArbStättV wird für **Arbeitsstätten mit Publikumsverkehr** eingeschränkt durch in § 5 Abs. 2 ArbStättV. Dort hat der Arbeitgeber Schutzmaßnahmen nur insoweit zu treffen, als die **Natur des Betriebs** und die Art der Beschäftigung es zulassen.

*"Wegen des Schutzes der Natur des Betriebs kann der Arbeitnehmer keine nichtraucherschützenden Maßnahmen verlangen, die zu einer **Veränderung oder einem faktischen Verbot der rechtmäßigen unternehmerischen Betätigung** führen würden (BAG v. 8.5.1996 – 5 AZR 971/94, NZA 1996, 927). Die Natur des Betriebs lässt Schutzmaßnahmen für die nicht rauchenden Beschäftigten in Raucherräumen von Einrichtungen mit Publikumsverkehr nur eingeschränkt zu (zu Gaststätten vgl. BVerfG v. 30.7.2008 – 1 BvR 3262/07, 1 BvR 402/08, 1 BvR 906/08, BVerfGE 121, 317). Bei der Prüfung, welche Schutzmaßnahmen erforderlich und dem Arbeitgeber zumutbar sind, ist eine **Abwägung** zwischen der unternehmerischen Betätigungsfreiheit gemäß Art. 12 Abs. 1 GG und der Schutzpflicht aus Art. 2 Abs. 2 Satz 1 GG (Lange SAE 2010, 152, 156) vorzunehmen. Das kann zur Folge haben, dass unter Umständen die unternehmerische Betätigung zu beschränken ist, wenn dem Recht des Arbeitnehmers auf körperliche Unversehrtheit gemäß Art. 2 Abs. 2 Satz 1 GG der Vorrang einzuräumen ist.*

*Von der [A] kann nicht verlangt werden, für die gesamte Spielbank ein Rauchverbot auszusprechen. Ein Rauchverbot würde den unternehmerischen Tätigkeitsbereich verändern, da die Beklagte von **der Erlaubnis gemäß § 2 Abs. 5 Nr. 5 HessNRSG** in zulässiger Weise Gebrauch gemacht hat (vgl. hierzu Ahrens AR-Blattei SD 1310 Rz. 96). Im Rahmen der Abwägung zwischen körperlicher Unversehrtheit des Arbeitnehmers nach Art. 2 Abs. 2 Satz 1 GG und der unternehmerischen Betätigungsfreiheit des Arbeitgebers gemäß Art. 12 Abs. 1 GG ist der Arbeitgeber gehalten, Maßnahmen zu ergreifen, die die gesundheitlichen Belastungen des Arbeitnehmers möglichst weitgehend minimieren [großzügiger noch BAG v. 19.5.2009 – 9 AZR 241/08, NZA 2009, 775 Rz. 29: keine offenbar willkürliche oder unsachliche unternehmerische Entscheidung]. § 5 Abs. 2 ArbStättV enthält unter Abwägung der widerstreitenden Grundrechte ein **Minimierungsgebot**. Der Arbeitgeber ist gehalten, an die besondere Situation angepasste und unter Umständen weniger aufwendige Schutzmaßnahmen zu ergreifen (vgl. BT-Drs. 14/3231 S. 4 f.).*

Die [A] ist [...] ihrer Pflicht zur Minimierung der Gesundheitsbelastung durch Passivrauchen gemäß § 5 Abs. 2 ArbStättV nachgekommen. Sie hat einen größeren Nichtraucherbereich geschaffen und die Belastung durch die Tätigkeit im Raucherbereich zeitlich verringert [ergänze: 1/3 der Tätigkeit]. Darüber hinaus hat sie im kleineren Raucherraum technische Maßnahmen zur Luftverbesserung umgesetzt [ergänze: Be- und Entlüftungsanlage]." (BAG v. 10.5.2016 – 9 AZR 347/15, NZA 2016, 1134 Rz. 29)

B kann auch nicht verlangen, dass A einen anderen Arbeitnehmer statt seiner im Raucherbereich einsetzt. § 5 Abs. 1 ArbStättV schützt alle nichtrauchenden Mitarbeiter gleichermaßen vor gesundheitlichen Belastungen, ist zudem öffentlich-rechtliches Arbeitsschutzrecht, mithin grundsätzlich nicht disponibel. B hat keinen Anspruch auf einen (vollständig) rauchfreien Arbeitsplatz.

Verstößt der Arbeitgeber gegen seine Schutzpflicht aus § 618 Abs. 1 BGB, so hat der Arbeitnehmer einen – in der Praxis allerdings wenig bedeutenden – **Erfüllungsanspruch**, soweit ihm ein Beschäftigungsanspruch (Rz. 1416) zusteht. Viel wesentlicher ist, dass dem Arbeitnehmer gemäß § 273 BGB ein **Leistungsverweigerungsrecht** zusteht, da er unter Bedingungen, die § 618 Abs. 1 BGB zu verhüten bezweckt, nicht zu arbeiten braucht. Gleichzeitig besteht sein Entgeltanspruch nach § 615 BGB fort, weil die Ausführung der nach § 618 Abs. 1 BGB zu bewirkenden Maßnahmen eine Mitwirkungshandlung i.S.d. § 298 BGB darstellt, durch deren Unterlassen der Arbeitgeber in Annahmeverzug gerät. Ferner können aus der Pflichtverletzung **Schadensersatzansprüche** aus § 280 Abs. 1 BGB bzw. Delikt (§§ 823 ff. BGB) resultieren. Bemerkenswert ist, dass § 618 Abs. 3 BGB hinsichtlich des Anspruchsumfangs auf die §§ 842–846 BGB verweist. Daraus wird allgemein zu Recht der Schluss gezogen, dass § 618 BGB kein Schutzgesetzcharakter i.S.v. § 823 Abs. 2 BGB zukommt, da die Verweisung sonst überflüssig wäre, und nicht jede vertragliche Pflichtverletzung gleichzeitig eine Delikthaftung auslösen kann. Natürlich kann eine Handlung, die den Arbeitgeber nach § 618 BGB ersatzpflichtig macht, auch gleichzeitig die Voraussetzungen der §§ 823 ff. BGB erfüllen.

1786

Eine besondere Ausprägung hat die Leben und Gesundheit betreffende Schutzpflicht des Arbeitgebers im Arbeitsunfallrecht gefunden. Hier ist der Arbeitgeber gemäß § 150 SGB VII allein zur **Finanzierung der gesetzlichen Unfallversicherung** verpflichtet, die ihre Leistungen auch dann ungeschmälert erbringt, wenn den Arbeitnehmer an der Entstehung des Schadens ein Mitverschulden trifft, solange er den Unfall nicht absichtlich herbeigeführt hat. Dieser früher in § 553 RVO niedergelegte Grundsatz gilt trotz fehlender ausdrücklicher Regelung auch für das SGB VII, weil absichtliches Handeln des Ar-

1787

beitnehmers bereits einen Versicherungsfall i.S.d. § 7 SGB VII ausschließt (vgl. auch BSG 29.10.1986 – 2 RU 43/85, NZA 1987, 183).

1788 *„Nach der Rechtsprechung des Großen Senats des Reichsversicherungsamts, die vom BSG fortgesetzt worden ist, können nur betriebsfremde Zwecke, welche eine selbstgeschaffene erhöhte Gefahr herbeigeführt haben, zur Beseitigung des ursächlichen Zusammenhangs zwischen der versicherten Tätigkeit und dem Unfall und damit zum Fortfall des Versicherungsschutzes führen. Der Gesetzgeber hat den Begriff des Arbeitsunfalls in § 548 Abs. 1 S. 1 RVO unabhängig vom Verschulden des Versicherten festgelegt. [...] Demzufolge vermag der Grad des Verschuldens des Versicherten an dem Unfallgeschehen den Zusammenhang zwischen dem Unfall und der versicherten Tätigkeit nicht zu beseitigen. Vielmehr müssen betriebsfremde Motive für die sog. selbstgeschaffene Gefahr vorhanden gewesen sein, um den Zusammenhang aus diesem Grund verneinen zu können."* (BSG 29.10.1986 – 2 RU 43/85, NZA 1987, 183, 184)

2. Öffentlich-rechtlicher Arbeitsschutz

Literatur: *Kollmer*, Arbeitsschutzgesetz und -verordnungen, 3. Aufl. 2008; *Lange*, Die Transformation öffentlich-rechtlicher Arbeitsschutznormen über § 618 Abs. 1 BGB in das Arbeitsvertragsrecht, SAE 2010, 152; *Vogl*, Das neue Arbeitsschutzgesetz, NJW 1996, 2753; *Wlotzke*, Das neue Arbeitsschutzgesetz – zeitgemäßes Grundlagengesetz für den betrieblichen Arbeitsschutz, NZA 1996, 1017. Eine Sammlung der Rechtsvorschriften enthält *Nipperdey* II, Arbeitssicherheit, Loseblatt.

1789 Überlagert und ergänzt werden die vertraglichen Schutzpflichten durch Normen des öffentlichen Rechts, die dem Arbeitgeber die Einhaltung eines bestimmten Mindeststandards in Bezug auf die **Gestaltung der Arbeitszeit und der Arbeitsumgebung** (Arbeitssicherheit, Gesundheitsschutz) auferlegen und Verstöße mit hoheitlichen Maßnahmen (Bußgelder, Verwaltungszwang) sanktionieren. Neben ihren primären verwaltungsrechtlichen Verpflichtungen begründen sie **zugleich entsprechende unabdingbare Vertragspflichten**. Damit weisen öffentlich-rechtliche Arbeitsschutzvorschriften eine **Doppelnatur** auf, so dass ihre Einhaltung auch arbeitsvertraglich geschuldet ist. Hinzu kommt, dass die meisten Gesetze und Verordnungen des Arbeitsschutzrechts Schutzgesetzcharakter i.S.v. § 823 Abs. 2 BGB haben. Pflichtverletzungen des Arbeitgebers werden demzufolge regelmäßig auch deliktisch sanktioniert.

a) Recht der Europäischen Union

1790 Das heutige Arbeitsschutzrecht wird überwiegend von Rechtsakten der Europäischen Union geprägt. Dies geht auf die Richtlinienkompetenz der Europäischen Union in diesem Bereich zurück. Nach Art. 153 Abs. 1 lit. a AEUV unterstützt die Union die Mitgliedstaaten auf dem Gebiet der Gesundheit und der Sicherheit der Arbeitnehmer. Nach Art. 153 Abs. 2 lit. b AEUV können das Europäische Parlament und der Rat der Europäischen Union zu diesem Zwecke Richtlinien erlassen. Diese stellen verbindliches Recht dar, das die einzelnen Mitgliedstaaten innerhalb bestimmter Fristen umzusetzen haben, Art. 288 AEUV. Seit 1989 erließ der Rat zahlreiche Richtlinien zum Arbeitsschutzrecht, die sich nicht nur auf den klassischen Bereich der Arbeitssicherheit und des Gesundheitsschutzes beschränken, sondern beispielsweise auch den Mutterschutz erfassen. **Umgesetzt** wurden diese bislang nur zum Teil, z.B. in der Gefahrstoffverordnung vom 26.10.1993 oder in der Allgemeinen Bundesbergbauverordnung vom 23.10.1995. Am 12.6.1989 hat der Rat die Richtlinie 89/391/EWG über die Durchführung von Maßnahmen zur Verbesserung der Sicherheit und des Gesundheitsschutzes der Arbeitnehmer bei der Arbeit (Abl. EG Nr. L 183 S. 1) erlassen, die durch das Arbeitsschutzgesetz umgesetzt worden ist.

b) Arbeitsschutzgesetz

1791 Mit dem **Arbeitsschutzgesetz** (ArbSchG) vom 7.8.1996, das am 21.8.1996 in Kraft getreten ist, ist die Richtlinie 89/391/EWG in nationales Recht umgesetzt worden (BGBl. I S. 1246).

Das Arbeitsschutzgesetz ist nach seinem § 1 Abs. 1 S. 2 für alle Tätigkeitsbereiche **anwendbar**, es betrifft also nicht nur die gewerbliche Wirtschaft. Es gilt bis auf wenige in § 1 Abs. 2 ArbSchG genannte Ausnahmen für alle Beschäftigten, die aufgrund einer rechtlichen Beziehung Arbeitsleistungen für einen Arbeitgeber erbringen, also auch für Auszubildende, Beamte, Richter und Soldaten.

1792

Im **zweiten Abschnitt** sind die Pflichten des Arbeitgebers bezeichnet. § 3 Abs. 1 S. 1 ArbSchG stellt die lediglich **abstrakte Verpflichtung** auf, „erforderliche Maßnahmen des Arbeitsschutzes unter Berücksichtigung der Umstände zu treffen, die Sicherheit und Gesundheit der Beschäftigten bei der Arbeit beeinflussen." § 4 ArbSchG listet **allgemeine Grundsätze** auf, an die sich der Arbeitgeber zu halten hat. Der Arbeitgeber hat eine Beurteilung der Gefährdung an den Arbeitsplätzen vorzunehmen und dies durch Unterlagen zu dokumentieren (§§ 5, 6 ArbSchG). Weiterhin sind Vorkehrungen zur Ersten Hilfe und zur Brandsicherheit zu treffen (§ 10 ArbSchG).

1793

Die §§ 15 ff. ArbSchG beinhalten die Rechte und Pflichten der Beschäftigten. Neben der Verpflichtung zur **Einhaltung der Sicherheitsvorschriften** und der **ordnungsgemäßen Bedienung** der Geräte (§ 15 ArbSchG) haben sie das Recht, dem Arbeitgeber selbst Vorschläge zu Fragen der Sicherheit und des Gesundheitsschutzes zu machen (§ 17 ArbSchG). Sie können sich bei Sicherheitsmängeln, denen der Arbeitgeber nach einer Beschwerde nicht abhilft, direkt an die zuständige Behörde wenden. Nach § 81 Abs. 1 S. 2 BetrVG hat der Arbeitgeber den Arbeitnehmer über mögliche Gefahren am Arbeitsplatz zu unterrichten.

1794

Der **Verstoß gegen Schutzvorschriften** durch den Arbeitgeber kann den Arbeitnehmer vertragsrechtlich berechtigen, seine Arbeitsleistung zurückzuhalten. Ein Zurückbehaltungsrecht steht dem Arbeitnehmer aus **§§ 273 Abs. 1, 618 Abs. 1 BGB** zu, wenn sein Arbeitsplatz nicht den Schutzbestimmungen entspricht. Der Arbeitgeber wird dadurch in Annahmeverzug gesetzt, sodass der Vergütungsanspruch nach § 615 S. 1 BGB bestehen bleibt (BAG v. 28.1.2004 – 5 AZR 530/02, NZA 2004, 656, 660; BAG v. 8.5.1996 – 5 AZR 315/95, NZA 1997, 86). Das Leistungsverweigerungsrecht ist allerdings nicht im ArbSchG geregelt.

1795

Umgekehrt kann der Arbeitgeber gegen Verstöße des Arbeitnehmers mit einer **Abmahnung und ggf. Kündigung** reagieren (Rz. 1215). Selbst eine außerordentliche Kündigung (§ 626 BGB) kann gerechtfertigt sein, wenn z.B. durch den Verstoß Leib und Leben anderer Personen, insbesondere von Arbeitskollegen, gefährdet wurden (LAG Hamm v. 17.11.1989 – 9 Sa 30/90, LAGE § 626 BGB Nr. 46).

1796

In den §§ 21 ff. ArbSchG werden die Befugnisse der zuständigen **Behörden** zur Überwachung der Durchführung des Gesetzes genannt. Sie können im Einzelfall anordnen, welche Maßnahmen zur Durchführung des Gesetzes zu ergreifen sind und, wenn dies nicht innerhalb einer gesetzten Frist geschieht, die Arbeit oder die Benutzung der betroffenen Arbeitsmittel untersagen. § 25 ArbSchG enthält Bußgeld- und Strafvorschriften für den Fall von Zuwiderhandlungen. **Innerbetrieblich** erfolgt die Kontrolle durch Sicherheitsbeauftragte (§ 22 Abs. 1 SGB VII), den Betriebsrat (§§ 80 Abs. 1 Nr. 1, 89 Abs. 2, 5 BetrVG), dem ein erzwingbares Mitbestimmungsrecht in Bezug auf Regelungen über die Verhütung von Arbeitsunfällen, Berufskrankheiten und den Gesundheitsschutz zusteht (§ 87 Abs. 1 Nr. 7 BetrVG), sowie Betriebsärzte und Fachkräfte für Arbeitssicherheit nach dem ASiG.

1797

c) Unfallverhütungsvorschriften

Von Bedeutung sind neben dem staatlichen Arbeitsschutz die Unfallverhütungsvorschriften der gesetzlichen Unfallversicherung, sog. **dualistisches Arbeitsschutzsystem**. Die Berufsgenossenschaften sind als Träger der gesetzlichen Unfallversicherung nach § 15 SGB VII ermächtigt, Vorschriften über Einrichtungen, Anordnungen und Maßnahmen, die die Unternehmer zur Verhütung von Arbeitsunfällen zu treffen haben, zu erlassen. Die Unfallverhütungsvorschriften enthalten **Regelungen zur Verhütung von Arbeitsunfällen und Berufskrankheiten**. Ihre besondere Bedeutung besteht darin, dass die Berufsgenossenschaften, die auch Sozialleistungen bei Arbeitsunfällen und Berufskrankheiten zu gewähren haben, einen besonders guten Überblick über das Arbeitsunfallgeschehen haben und des-

1798

halb ihre Erfahrungen unmittelbar in die Ausgestaltung der Unfallverhütungsvorschriften einfließen lassen können. Aus diesem Grund ist im letzten Abschnitt unter § 21 Abs. 3 ArbSchG das Zusammenwirken der zuständigen Landesbehörden und der Träger der gesetzlichen Unfallversicherung angeordnet. Die Unfallversicherungsträger sind selbst zur Durchführung der Unfallverhütungsvorschriften befugt. Gemäß § 21 Abs. 4 ArbSchG können sie in Teilbereichen nach Vereinbarung auch für die Überwachung der Durchführung des ArbSchG zuständig sein.

d) Jugendschutz

1799 **Besondere Schutzpflichten** obliegen dem Arbeitgeber gegenüber Jugendlichen, die u.a. nicht mit gefährlichen Arbeiten betraut (§ 22 JArbSchG) und in der Regel nicht unter Tage beschäftigt werden dürfen (§ 24 JArbSchG).

3. Persönlichkeitsrecht

1800 Zu den wesentlichen Schutzpflichten des Arbeitgebers gehört die Achtung und Gewährleistung des Persönlichkeitsrechts des Arbeitnehmers. Gerade in diesem Bereich offenbart sich die intensive Einwirkung der Grundrechte (hier Art. 2 Abs. 1 i.V.m. Art. 1 Abs. 1 GG) in ihrer Schutzgebotsfunktion auf das Arbeitsrecht. Das allgemeine Persönlichkeitsrecht hat seit Langem (noch vor seiner Anerkennung als Grundrecht) Anerkennung als sonstiges (absolutes) Recht i.S.d. § 823 Abs. 1 BGB gefunden. Spezifisch arbeitsrechtliche Bedeutung hat das Persönlichkeitsrecht in § 75 Abs. 2 BetrVG erlangt, wonach Arbeitgeber und Betriebsrat die freie Entfaltung der Persönlichkeit der im Betrieb beschäftigten Arbeitnehmer zu schützen und zu fördern haben. Da diese Vorschrift jedoch die Existenz des Persönlichkeitsrechts bereits voraussetzt, indem sie ausschließlich die Betriebspartner zu dessen Schutz verpflichtet, lässt sich ihr kein entsprechendes subjektives Recht des Arbeitnehmers gegen die Normadressaten entnehmen; es bleibt folglich bei der vertraglichen Schutzpflicht des Arbeitgebers als Grundlage des Persönlichkeitsschutzes (so auch GK-BetrVG/*Kreutz* § 75 BetrVG Rz. 151, str. *Fitting* § 75 BetrVG Rz. 177).

1801 **Inhaltlich** umfasst die Pflicht, das Persönlichkeitsrecht des Arbeitnehmers zu wahren, die Achtung seiner Menschenwürde sowie seines Rechts auf freie Entfaltung der Persönlichkeit. So hat der Arbeitgeber etwa die Intimsphäre des Arbeitnehmers zu respektieren, ihn vor ungerechtfertigten Vorwürfen Dritter im Zusammenhang mit seiner Tätigkeit zu schützen oder Maßnahmen gegen Schikanen von Kollegen und Vorgesetzten (Stichwort „Mobbing", dazu BAG v. 25.10.2007 – 8 AZR 593/06, NZA 2008, 223 A; vgl. § 3 Abs. 3 AGG und Rz. 1616) zu ergreifen. Dem Arbeitnehmer kann deshalb ein **Leistungsverweigerungsrecht** zustehen. Bei unsubstantiierten Vorwürfen gegen den Arbeitgeber geht er allerdings das Risiko ein, wegen beharrlicher Arbeitsverweigerung gekündigt zu werden (BAG v. 13.3.2008 – 2 AZR 88/07, AP Nr. 87 zu § 1 KSchG 1969; jüngst 22.10.2015 – 2 AZR 569/14, NZA 2016, 417). Als Ausprägung des Persönlichkeitsschutzes sind ferner der **Beschäftigungsanspruch** (Rz. 1416), das **Verbot der Geschlechtsdiskriminierung**, der **Datenschutz** (Rz. 1733) sowie die **Begrenzung von Fragerechten und Offenbarungspflichten** (Rz. 768) zu nennen. Aus der Schutzpflicht zur Wahrung der Arbeitnehmerpersönlichkeit ergibt sich auch der äußerst praxisrelevante Anspruch des Arbeitnehmers auf **Entfernung unzutreffender Angaben aus seiner Personalakte**, wie dies insbesondere bei ungerechtfertigten Abmahnungen häufig der Fall ist (st. Rspr., BAG v. 27.11.2008 – 2 AZR 675/07, NZA 2009, 842, 843; BAG v. 22.2.2001 – 6 AZR 398/99, EzBAT § 11 BAT Nr. 10).

1802 *„Der Arbeitgeber muss im Rahmen seiner Fürsorgepflicht dafür Sorge tragen, dass die Personalakten ein richtiges Bild des Arbeitnehmers in dienstlicher und persönlicher Beziehung vermitteln. Die Fürsorgepflicht ist Ausfluss des in § 242 BGB niedergelegten Gedankens von Treu und Glauben, der den Inhalt der Schuldverhältnisse bestimmt. Aus dieser Vorschrift sind für das Arbeitsverhältnis verschiedene Nebenrechte und -pflichten abzuleiten. [...] Dabei gewinnt der verfassungsrechtliche Persönlichkeitsschutz für das Arbeitsverhältnis und die sich daraus ergebenden Rechte und Pflichten Bedeutung."*

Deshalb ist schon bisher erkannt worden, dass der Arbeitgeber das allgemeine Persönlichkeitsrecht in Bezug auf Ansehen, soziale Geltung und berufliches Fortkommen zu beachten hat. [...] Das Persönlichkeitsrecht des Arbeitnehmers wird durch unrichtige, sein berufliches Fortkommen berührende Tatsachenbehauptungen beeinträchtigt. Der Arbeitnehmer kann daher in entsprechender Anwendung der §§ 242, 1004 BGB bei einem objektiv rechtswidrigen Eingriff in das Persönlichkeitsrecht des Arbeitnehmers in Form von unzutreffenden oder abwertenden Äußerungen deren Widerruf und Beseitigung verlangen." (BAG v. 27.11.1985 – 5 AZR 101/84, NZA 1986, 227, 228)

Eine gesetzliche Konkretisierung des Persönlichkeitsschutzes ist das Antidiskriminierungsrecht. Insbesondere ist im AGG auch der Schutz vor Belästigung und sexueller Belästigung geregelt (vgl. § 3 Abs. 4 und 5 AGG; Rz. 1617; ausf. zum Allgemeinen Persönlichkeitsrecht unter Rz. 561). 1803

4. Informationspflichten

Den Arbeitgeber treffen zahlreiche Auskunfts- und Informationspflichten gegenüber dem Arbeitnehmer, die sich entweder aus **spezialgesetzlichen Vorschriften** oder aus der **allgemeinen vertraglichen Schutzpflicht** (§§ 241 Abs. 2, 242 BGB) ergeben. 1804

Nach § 34 BDSG (vgl. auch Art. 15 Abs. 1 DSGVO) hat der Arbeitnehmer einen Anspruch auf Auskunft über die zu seiner Person gespeicherten Daten. Der Arbeitnehmer hat nach **§ 83 Abs. 1 S. 1 BetrVG** ferner das Recht, in die über ihn geführten Personalakten Einsicht zu nehmen (für die leitenden Angestellten vgl. § 26 Abs. 2 S. 1 SprAuG). Gemäß **§ 81 BetrVG** ist der Arbeitgeber verpflichtet, den Arbeitnehmer über dessen Aufgabe, Verantwortung sowie über die Art seiner Tätigkeit und ihre Einordnung in den Arbeitsablauf des Betriebs zu unterrichten. Auch über Veränderungen in seinem Arbeitsbereich ist der Arbeitnehmer rechtzeitig zu unterrichten. 1805

Auch außerhalb der genannten sondergesetzlichen Regelungen ist der Arbeitnehmer vielfach auf Auskünfte und Hinweise des Arbeitgebers angewiesen, die mit der Erfüllung seiner Arbeitspflicht oder dem Umfang seiner Rechte aus dem Arbeitsverhältnis zusammenhängen. Ist der Arbeitnehmer darüber im Ungewissen und kann der Arbeitgeber unschwer Auskunft erteilen, ist Letzterer nach **§ 242 BGB** dazu genauso verpflichtet wie der Arbeitnehmer im umgekehrten Fall (BAG v. 22.1.2009 – 8 AZR 161/08, NJW 2009, 2616, 2617 f.; Rz. 1214). Auch aus dem **Vertrag** selbst kann sich ein Auskunftsanspruch ergeben, um den Bestand eines Leistungsanspruchs zu klären, sofern der Arbeitnehmer die Wahrscheinlichkeit seines Anspruchs dargelegt hat (BAG v. 21.10.1970 – 3 AZR 479/69, BB 1971; BAG v. 21.11.2000 – 9 AZR 665/99, NZA 2001, 1093, 1094). Im Einzelfall kann der Arbeitgeber verpflichtet sein, zur Vermeidung von Rechtsnachteilen von sich aus geeignete Hinweise zu geben (BAG v. 15.4.2014 – 3 AZR 288/12, AP Nr. 47 zu § 1 BetrAVG Auslegung). 1806

Der Arbeitgeber hat den Arbeitnehmer über **spezifische Gesundheitsgefahren am Arbeitsplatz** aufzuklären. Aus § 618 Abs. 1 BGB folgt allgemein eine Pflicht des Dienstberechtigten, Dienstleistungen so zu regeln, dass der Dienstverpflichtete gegen Gefahr für Leben und Gesundheit soweit geschützt ist, als die Natur der Dienstleistung es gestattet. Die sich aus § 618 Abs. 1 BGB ergebenden zivilrechtlichen Pflichten werden hinsichtlich der Ordnungs- und Organisationsvorschriften des Arbeitgebers durch das Arbeitsschutzgesetz konkretisiert (ErfK/*Wank* § 3 ArbSchG Rz. 1; HWK/*Krause* § 618 BGB Rz. 6). 1807

Beispiel: Das BAG hat in dem entschiedenen Fall eine Verpflichtung eines Schulträgers bejaht, eine Lehrerin, die mit drogenabhängigen Schülern arbeitet, die in großem Umfang mit dem Hepatitis-C-Virus infiziert sind, über die Gefahr einer Ansteckung aufzuklären.

„Gemäß den §§ 14, 12 Abs. 1 S. 1 ArbSchG muss der Arbeitgeber die Arbeitnehmer über Sicherheit und Gesundheitsschutz am Arbeitsplatz ausreichend und angemessen unterweisen. Damit Arbeitnehmer eine Gesundheitsgefährdung erkennen und entsprechend den vorgesehenen Maßnahmen auch handeln können, verlangt § 12 Abs. 1 S. 2 ArbSchG, dass die Unterweisung auf die individuelle Arbeitsplatzsituation des Beschäftigten zugeschnittene Informationen, Erläuterungen und Anweisungen enthalten muss. Ergeben sich Veränderungen bei der Gefahrensituation, sind des Weiteren erneute Unterweisungen vorzunehmen. Je schwerer ein möglicher

Schaden für den Arbeitnehmer sein kann, desto stärker müssen die Schutzmaßnahmen sein, die der Arbeitgeber zu treffen hat." (BAG v. 14.12.2006 – 8 AZR 628/05, NZA 2007, 262 Rz. 14)

5. Schutz von Vermögensinteressen

1808 Die Schutz- und Rücksichtnahmepflicht des Arbeitgebers gilt auch für Vermögensinteressen des Arbeitnehmers (vgl. BAG v. 13.11.2014 – 8 AZR 817/13, NZA 2015, 166). Einschlägig sind neben der evidenten Pflicht des Arbeitgebers, das Entgelt des Arbeitnehmers korrekt zu berechnen, insbesondere:

a) Obhuts- und Verwahrungspflichten

1809 Die Schutzpflichten des Arbeitgebers für Vermögensgegenstände des Arbeitnehmers haben ihre gesetzliche Grundlage in § 241 Abs. 2 BGB.

1810 Allerdings sind Bestehen und Umfang dieser Pflichten von dem **Zusammenhang der eingebrachten Gegenstände mit dem konkreten Arbeitsverhältnis** abhängig. Je weiter sich deren Einbringung von der geschuldeten Arbeitsleistung entfernt, umso weniger intensiv fallen auch die entsprechenden Obhuts- und Verwahrungspflichten des Arbeitgebers aus. Beschränkungen dieser Pflichten können sich auch aus dem Verhältnismäßigkeitsgrundsatz, insbesondere hinsichtlich der **Zumutbarkeit**, ergeben. Auf Grund dessen werden zur näheren Bestimmung der Schutzpflicht folgende Gegenstände unterschieden:

1811 – **Persönlich unentbehrliche Gegenstände**. Dazu gehören alle Sachen, die der Arbeitnehmer benötigt, um die Arbeitsleistung ausführen und die Arbeitsstätte erreichen zu können, wie z.B. Straßen- und Arbeitskleidung, persönliche Wertgegenstände (Geldbörse, Handy, Uhr) und Fahrkarten. Hier ist der Arbeitgeber **verpflichtet**, für den Arbeitnehmer geeignete **Möglichkeiten zur sicheren Verwahrung** zu schaffen, da er jederzeit mit der Einbringung persönlich unentbehrlicher Gegenstände in den Betrieb rechnen muss. So hat er etwa einen Schrank bzw. Spind oder ggf. eine Kleiderablage zur Verfügung zu stellen. Für die Sicherung dieser Einrichtungen (z.B. durch ein Vorhängeschloss) ist der Arbeitnehmer hingegen selbst verantwortlich.

1812 – **Unmittelbar der Arbeit dienliche, aber nicht notwendige Gegenstände**. Zu ihnen gehören solche, die ihrer Zweckbestimmung gemäß in einem engen Zusammenhang mit der Arbeitsleistung stehen, wie etwa Werkzeuge oder Fachbücher. In diesen Fällen ist der Umfang der Obhuts- und Verwahrungspflicht des Arbeitgebers **der gleiche** wie bei den persönlich unentbehrlichen Vermögensgegenständen, wenn der Arbeitnehmer verpflichtet ist, die der Arbeit dienlichen Gegenstände selbst zu stellen.

1813 – **Mittelbar arbeitsdienliche Sachen**. Darunter sind Gegenstände zu verstehen, die zur Erfüllung der Arbeitspflicht zweckmäßig sind bzw. ein bequemeres oder leichteres Arbeiten ermöglichen. In diese Kategorie gehören vor allem die **privaten Kraftfahrzeuge**, die die Arbeitnehmer zum Erreichen des Arbeitsorts benutzen. Hier kann von einer Obhutspflicht des Arbeitgebers nur ausgegangen werden, wenn die Einbringung des Eigentums **erforderlich** und dem Arbeitgeber **billigerweise zuzumuten** ist. So ist der Arbeitgeber, wenn die Arbeitnehmer üblicherweise mit dem eigenen Pkw zur Arbeit kommen, zur **Einrichtung eines Parkplatzes** nur verpflichtet, wenn die Beschäftigten nicht auf andere Weise ihre Arbeitsstätte erreichen können und der Arbeitgeber dadurch nicht unverhältnismäßig belastet wird (BAG v. 16.3.1966 – 1 AZR 340/65, NJW 1966, 1534, 1534; BAG v. 25.5.2000 – 8 AZR 518/99, NZA 2000, 1052). Stellt der Arbeitgeber einen Parkplatz zur Verfügung, so hat er diesen jedenfalls in einen verkehrssicheren Zustand zu versetzen und in diesem zu erhalten. Dies ist dann nicht nur Teil seiner deliktischen Verkehrssicherungspflicht, sondern seiner vertraglichen Schutzpflicht (BAG v. 10.11.1960 – 2 AZR 226/59, BB 1961, 47). Der Arbeitgeber ist zudem verpflichtet, die berechtigterweise auf dem Firmenparkplatz abgestellten Fahrzeuge der Arbeitnehmer durch zumutbare Maßnahmen vor Beschädigungen durch Dritte zu schützen (BAG v. 25.5.2000 – 8 AZR 518/99, NZA 2000, 1052, 1053).

– **In keinem Zusammenhang mit der Arbeitsleistung stehende Gegenstände**. Zu diesen gehören z.B. Fotoapparate, Radios, Fernseher oder teurer Schmuck. Diese Sachen sind nicht mehr dem typischen betrieblichen Gefahrenbereich zuzuordnen, sodass eine Verwahrungs- und Obhutspflicht des Arbeitgebers **nicht** besteht. Etwas anderes ergibt sich nur dann, wenn der Arbeitgeber die Einbringung dieser Vermögensgegenstände ausdrücklich erlaubt hat oder doch Betriebsüblichkeit vorliegt, wie etwa bzgl. des Schmucks bei einer Juwelierverkäuferin. 1814

Verletzt der Arbeitgeber seine Obhuts- und Verwahrungspflicht, indem er zur Sicherung der jeweiligen Vermögensgegenstände adäquate Vorkehrungen unterlässt, und entsteht dem Arbeitnehmer dadurch ein Schaden, so haftet der Arbeitgeber sowohl auf **vertraglicher** (§ 280 Abs. 1 BGB, Schutzpflichtverletzung) als auch ggf. auf **deliktischer Grundlage** (§ 823 Abs. 1 BGB, Verletzung der Verkehrssicherungspflicht). Eine verschuldensunabhängige **Gefährdungshaftung**, so wie sie etwa die Rechtsprechung des BAG nach § 670 BGB analog entwickelt hat (Rz. 1328), ist für den Bereich schlichter Obhutspflichtverletzungen des Arbeitgebers regelmäßig **nicht** einschlägig; somit bleibt es hier bei der Verschuldenshaftung (§ 276 BGB). 1815

b) Pflicht zur Abführung von Lohnsteuer und Sozialversicherungsbeiträgen

Der Arbeitgeber ist aufgrund öffentlich-rechtlicher Vorschriften verpflichtet, vom Arbeitsentgelt des Arbeitnehmers die Lohnsteuer einzubehalten und abzuführen (§ 38 EStG) sowie die Sozialversicherungsbeiträge zu entrichten (§ 28e SGB IV). Dass diese Pflichten auf vitale Weise auch Vermögensinteressen des Arbeitnehmers berühren, liegt auf der Hand. Infolgedessen ist es weitgehend anerkannt, dass – parallel zum Arbeitsschutzrecht (Rz. 1791) – die steuer- und sozialversicherungsrechtlichen Entgeltabführungsvorschriften zugleich arbeitsvertragliche Schutzpflichten gegenüber dem Arbeitnehmer auslösen (zur Lohnsteuerabführungspflicht vgl. MüArbR/*Krause* § 62 Rz. 57 f.). Gleichzeitig weisen die sozialversicherungsrechtlichen Anmelde- und Beitragsvorschriften sowie der die Nichtabführung von Sozialversicherungsbeiträgen strafrechtlich sanktionierende § 266a StGB Schutzgesetzcharakter i.S.v. § 823 Abs. 2 BGB auf, da sie auch dem Vermögensschutz des einzelnen Versicherten dienen (ErfK/*Preis* § 611a BGB Rz. 629). 1816

Diese Schutzpflichten haben somit beispielsweise zur Folge, dass der Arbeitnehmer gegen den Arbeitgeber einen **Anspruch aus § 280 Abs. 1 BGB** hat, wenn der Arbeitgeber schuldhaft zu viel Lohnsteuer einbehalten und abgeführt hat und dem Arbeitnehmer dadurch ein Vermögensschaden entstanden ist. Aus demselben Anspruchsgrund (und ggf. aus § 823 Abs. 2 BGB) ist die arbeitnehmerseitige Geltendmachung eines Schadensersatzanspruchs denkbar, der dadurch entstanden ist, dass der Arbeitgeber Sozialversicherungsbeiträge nicht ordnungsgemäß entrichtet hat, was etwa zur Nichterfüllung der Wartezeit in der gesetzlichen Rentenversicherung oder zur Schmälerung der Rente geführt hat. 1817

III. Förderungspflichten

1. Beschäftigungspflicht

Zu den über die vertraglichen Schutzpflichten hinausgehenden Förderungspflichten des Arbeitgebers wird das vom BAG im Persönlichkeitsrecht verortete Recht des Arbeitnehmers auf vertragsgemäße Beschäftigung gezählt (Rz. 1416). 1818

2. Nachvertragliche Förderungspflichten

Auch nach Beendigung des Arbeitsvertrags (bzw. im gekündigten Arbeitsverhältnis) ist das gegenseitige Pflichtenband zwischen den Arbeitsvertragsparteien – was bestimmte Nebenpflichten anbelangt – nicht erloschen (Rz. 3416). Beim Arbeitgeber beziehen sich die nachvertraglichen Nebenpflichten gegenüber dem Arbeitnehmer vornehmlich auf die Förderung seines beruflichen Fortkommens. Na- 1819 mentlich betrifft dies die Pflicht zur Auskunftserteilung gegenüber Dritten, die Pflicht zur Gewährung von Freizeit zur Stellensuche sowie die Pflicht zur Zeugniserteilung.

a) Auskunftserteilung gegenüber Dritten

1820 Der Arbeitgeber ist verpflichtet, nach Beendigung des Arbeitsverhältnisses auf Wunsch des Arbeitnehmers Dritten, insbesondere potentiellen neuen Arbeitgebern, Auskünfte über den Arbeitnehmer zu erteilen (BAG v. 18.12.1984 – 3 AZR 389/83, NZA 1985, 811).

b) Freizeit zur Stellensuche (§ 629 BGB)

1821 Ferner muss der Arbeitgeber gemäß § 629 BGB dem Arbeitnehmer nach der Kündigung des (dauernden) Arbeitsverhältnisses angemessene Freizeit zur Stellensuche gewähren (Rz. 3418).

c) Pflicht zur Zeugniserteilung (§ 109 GewO)

1822 Zur (nachvertraglichen) Nebenpflicht des Arbeitgebers, das berufliche Fortkommen des Arbeitnehmers zu fördern, gehört nach § 109 GewO auch der Anspruch auf Erteilung eines **einfachen oder qualifizierten Zeugnisses** (letzteres bei entsprechendem Verlangen des Arbeitnehmers) bei Beendigung des Arbeitsverhältnisses (Rz. 3422).

IV. Pflicht zur Gleichbehandlung

1823 Die Pflicht des Arbeitgebers, Arbeitnehmer nicht ohne sachlichen Grund ungleich zu behandeln, stellt eine wesentliche Nebenpflicht dar, die sich – insbesondere über den allgemeinen arbeitsrechtlichen Gleichbehandlungsgrundsatz – zum größtenteils verselbstständigten Rechtsgrundsatz entwickelt hat. Daher ist die Gleichbehandlungspflicht in den §§ 32 ff. (ab Rz. 1427) speziell und ausführlich behandelt worden.

§ 38
Werkwohnung

I. Allgemeines

1824 Viele Arbeitgeber haben ein Interesse daran, dass der Arbeitnehmer eine Dienstwohnung bezieht. Davon zu unterscheiden ist die Rolle des Arbeitgebers als Vermieter eigener Wohnungen an seine Arbeitnehmer. Zu unterscheiden sind also (Werk-)**Dienstwohnungen** und (Werk-)**Mietwohnungen**. Der gesetzestechnische Oberbegriff für beide Wohnungsarten ist die Werkwohnung. Das BGB stellt für die Kündigung dieser Werkwohnungen in den §§ 576 bis 576b BGB wenige Sonderregelungen auf.

1. Werkmietwohnung

1825 Werkmietwohnung ist jede Wohnung, die mit Rücksicht auf das Bestehen eines Arbeitsverhältnisses vermietet ist, § 576 Abs. 1 BGB. Neben dem Arbeitsverhältnis muss ein **selbstständiger Mietvertrag** bestehen (vgl. BAG v. 3.6.1975 – 1 ABR 118/73, BB 1975, 1159). Zwischen beiden Verträgen ist eine besondere Verbindung nötig, die vorliegt, wenn das **Arbeitsverhältnis Geschäftsgrundlage** für den Abschluss des Mietvertrags ist (vgl. LG Aachen 25.11.1983 – 5 S 337/83, WuM 1985, 149).

2. Werkdienstwohnung

Kennzeichen der Werkdienstwohnung ist, dass Wohnraum **im Rahmen eines Arbeitsverhältnisses überlassen** wird, § 576b BGB. Schon der Begriff „Überlassen" verdeutlicht, dass hier im Unterschied zur Werkmietwohnung **kein selbstständiger Mietvertrag** abgeschlossen wird. Die Wohnungsnutzung wird im Rahmen des Arbeitsvertrags mitgeregelt, so dass die Überlassung des Wohnraums ihre Rechtsgrundlage allein im Arbeitsvertrag findet (BAG v. 24.1.1990 – 5 AZR 749/87, NZA 1990, 539). Der Werkdienstwohnungsvertrag ist somit ein **einheitlicher gemischter Vertrag**, in dem das Arbeitsverhältnis vorherrscht. Regelmäßig besteht bei Werkdienstwohnungen eine enge Verknüpfung von Arbeitsleistung und Wohnung, die sich vor allem in der Lage der Wohnung äußert. 1826

Beispiele: Hausmeisterwohnung; Dienstwohnung für Heimleiter.

Der Arbeitnehmer muss die Wohnung **vorrangig im Interesse des Betriebs und als Bestandteil seiner Arbeitspflicht beziehen**, d.h. die Verpflichtung zum Bewohnen der Werkdienstwohnung ist grundsätzlich Bestandteil des Arbeitsvertrags (vgl. BAG v. 28.7.1992 – 1 ABR 22/92, NZA 1993, 272, 273). Sie kann nicht selbstständig aufgekündigt werden, da dies eine unzulässige Teilkündigung des Gesamtvertrags wäre (BAG v. 23.8.1989 – 5 AZR 569/88, NZA 1990, 191, 191). 1827

Für die **Abgrenzung** von Werkmietwohnungen (§ 576 BGB) und Werkdienstwohnungen (§ 576b BGB) kommt es nicht auf die Bezeichnung der Parteien oder deren rechtliche Beurteilung, sondern auf den materiellen Gehalt des Vereinbarten an (LAG Köln v. 4.3.2008 – 11 Sa 582/07, ZMR 2008, 963). Dieser ist durch Auslegung des Vertrags (§§ 133, 157 BGB) zu ermitteln. Ergibt die Auslegung ein Mietverhältnis, kann das zwingende Mietrecht einschließlich der amtsgerichtlichen Zuständigkeit für die Geltendmachung der Ansprüche auch nicht dadurch abbedungen werden, dass die Parteien eine Dienstwohnung als Vertragsgegenstand und damit die Anwendung von Arbeitsrecht vereinbaren; durch das Arbeitsrecht wird der Arbeitnehmer im Übrigen nicht besser gestellt als durch das Mietrecht (BAG v. 28.11.2007 – 5 AZB 44/07, NJW 2008, 1020). 1828

II. Mitbestimmungsrecht des Betriebsrats

Für Werkmietwohnungen sind Mitbestimmungsrechte des Betriebsrats zu beachten. Die Grundlage der Mitbestimmung findet sich einerseits in § 87 Abs. 1 **Nr. 8** BetrVG, andererseits in § 87 Abs. 1 **Nr. 9** BetrVG (vgl. zum Verhältnis nur BAG v. 13.3.1973 – 1 ABR 16/72, BB 1973, 845). **Mitbestimmungspflichtig** sind insbesondere die allgemeine Festsetzung der **Nutzungsbedingungen**, die **Vergabe** und die **Kündigung** der Wohnung. Unter die Nutzungsbedingungen fallen beispielsweise der Entwurf von Mustermietverträgen sowie die Festlegung von Berechnungsfaktoren für den Mietzins (vgl. nur BAG v. 13.3.1973 – 1 ABR 16/72, BB 1973, 845). Ein Mitbestimmungsrecht des Betriebsrats besteht bei **Werkdienstwohnungen nicht**, da sie aufgrund des Arbeitsvertrags überlassen werden (BAG v. 23.8.1989 – 5 AZR 569/88, NZA 1990, 191). 1829

III. Die Rechtslage bei Werkmietwohnungen

1. Allgemeines

Für die Werkmietwohnungen gelten die besonderen Vorschriften der **§§ 576 und 576a BGB**. Diese Vorschriften regeln die Kündigung und den Widerspruch gegen die Kündigung von Werkmietwohnungen. Danach sind die **allgemeinen Vorschriften des Mietrechts** des BGB anwendbar, soweit diese besonderen werkmietvertraglichen Normen keine Abweichungen enthalten. 1830

Da Mietvertrag und Arbeitsvertrag voneinander unabhängig sind, kann das Mietverhältnis beendet werden, obschon der Arbeitsvertrag fortbesteht. Im **laufenden Arbeitsverhältnis** gelten für die Kündigung des Mietverhältnisses einer Werkmietwohnung daher die **allgemeinen mietrechtlichen Vorschriften** der §§ 568, 573 ff., 577a BGB (*Staudinger/Rolfs* § 576 BGB Rz. 18). Im Rahmen des Werk- 1831 mietwohnungsverhältnisses ist zu beachten, dass **Aufrechnungsvereinbarungen**, nach der die Miete bei der Lohn- und Gehaltszahlung einbehalten wird, üblich und zulässig sind (vgl. LAG Hessen v. 1.4.1992 – 2 Sa 937/91, WM 1994, 545). Eine **Pflicht zur Nutzung** einer Werkmietwohnung besteht nicht generell, sondern kann sich nur aus einer separaten Vereinbarung ergeben, besonders bei der funktionsgebundenen Werkmietwohnung (vgl. Preis/*Preis* Arbeitsvertrag, II D 30 Rz. 260 ff.).

2. Der Rückgriff auf das Sonderkündigungsrecht des § 576 BGB

1832 Nur für den Fall, dass das **Arbeitsverhältnis beendet** worden ist, gelten für Werkmietwohnungen die Sonderregeln der §§ 576 und 576a BGB

a) Voraussetzungen des Sonderkündigungsrechts

1833 Die Beendigung des Mietverhältnisses erfordert stets eine **separate** Kündigung in schriftlicher Form durch den Vermieter, denn die Beendigung des Arbeitsverhältnisses schlägt nicht auf den Mietvertrag durch. Auch nach der Beendigung des Arbeitsverhältnisses kann der Vermieter die Werkmietwohnung nach den allgemeinen mietrechtlichen Vorschriften kündigen. Daneben sieht das Gesetz gemäß § 576 BGB in bestimmten Fällen eine Kündigung der Werkmietwohnung unter Rückgriff auf verkürzte Kündigungsfristen vor. Das Sonderkündigungsrecht knüpft an einen dringenden Bedarf des Arbeitgebers an der Wohnung an.

1834 Voraussetzung für die Anwendbarkeit der Norm ist, dass der Vermieter die Wohnung nach Beendigung des Dienstverhältnisses kündigt. Dies bedeutet jedoch nicht, dass die Kündigung des Mietverhältnisses nicht schon **nach der Kündigungserklärung des Dienstverhältnisses** ausgesprochen werden kann (anders *Palandt/Weidenkaff* § 576 BGB Rz. 3). In diesem Fall muss aber die Kündigungsfrist für das Mietverhältnis voll in die Zeit nach der Beendigung des Dienstverhältnisses fallen (*Palandt/Weidenkaff* § 576 BGB Rz. 3).

b) Die Kündigung einer Werkmietwohnung

1835 § 576 Abs. 1 Nr. 1 BGB ermöglicht eine Kündigung der Werkmietwohnung bis zum dritten Werktag eines Kalendermonats für den Ablauf des übernächsten Monats, wenn das Mietverhältnis noch keine zehn Jahre Bestand hatte. Mithin gilt eine **knapp dreimonatige Kündigungsfrist**.

1836 Der die Kündigung rechtfertigende Grund liegt vor, wenn die Wohnung für einen anderen Arbeitnehmer benötigt wird. Hierfür ist der **(einfache) Betriebsbedarf** maßgeblich, d.h. es müssen vernünftige und nachvollziehbare Gründe für die Weitervermietung der Wohnung an einen anderen Arbeitnehmer bestehen.

1837 Eine nur **knapp einmonatige Kündigungsfrist** sieht § 576 Abs. 1 Nr. 2 BGB für die funktionsgebundene Werkmietwohnung vor. Diese ist bis zum dritten Werktag eines Kalendermonats zum Ablauf desselben Monats zu kündigen, sofern das Dienstverhältnis seiner Art nach die Überlassung von Wohnraum erfordert hat, der in unmittelbarer Beziehung oder Nähe zur Arbeitsstätte steht, und der Wohnraum aus dem gleichen Grund für einen anderen Arbeitnehmer benötigt wird.

c) Das Widerspruchsrecht des Arbeitnehmers

1838 § 576a BGB bewirkt bei Werkmietwohnungen eine weitere Einschränkung allgemeiner mietrechtlicher Normen. Durch § 576a BGB wird die Anwendbarkeit der Sozialklausel des § 574 BGB eingeschränkt. Bei gewöhnlichen Werkmietwohnungen besteht grundsätzlich ein Widerspruchsrecht, wobei bei der Anwendung der §§ 574 bis 574c auch die Belange des Arbeitgebers zu berücksichtigen sind. Teilweise ist das Widerspruchsrecht gemäß § 576a Abs. 2 BGB auch gänzlich ausgeschlossen, insbesondere bei der funktionsgebundenen Werkmietwohnung, die gemäß § 576 Abs. 1 Nr. 2 BGB gekündigt ist, d.h., wenn der Wohnraum für den Funktionsnachfolger benötigt wird. Des Weiteren besteht die Widerspruchsmöglichkeit dann nicht, wenn der Mieter das Arbeitsverhältnis aufgelöst hat, ohne dass er hierfür einen wichtigen Grund i.S.d. § 626 BGB ins Feld führen kann. Ebenso wenig besteht ein Widerspruchsrecht, wenn der Mieter dem Arbeitgeber durch sein Verhalten gesetzlich begründeten Anlass zur Auflösung des Arbeitsverhältnisses gegeben hat.

IV. Das Werkdienstwohnungsverhältnis

1. Allgemeines

Der Vertrag über die Werkdienstwohnung ist Bestandteil des Arbeitsvertrages. **Mietrechtliche Vorschriften** des BGB finden deshalb **keine direkte Anwendung**. § 576b Abs. 1 BGB ordnet eine **entsprechende Geltung** des Mietrechts zwingend nur für den Fall der Beendigung des Arbeitsverhältnisses an. Im Übrigen richten sich die Rechte und Pflichten grundsätzlich nach den arbeitsrechtlichen Vereinbarungen und nicht nach den Vorschriften des Mietrechts (BAG v. 18.9.2007 – 9 AZR 822/06, ZTR 2008, 382). Allerdings wird eine entsprechende Anwendung allgemein als zulässig angesehen. Das BAG vertritt die Auffassung, dass in Ergänzung zu arbeitsvertraglich getroffenen Nutzungsregelungen die gesetzlichen Mietvorschriften entsprechend herangezogen werden können (BAG v. 2.11.1999 – 5 AZB 18/99, NZA 2000, 277). Das gilt aber nur dann, wenn nicht ein umfassendes Regelwerk für Dienstwohnungen vorliegt, auf das ggf. im Arbeitsvertrag verwiesen werden kann (BAG v. 18.9.2007 – 9 AZR 822/06, ZTR 2008, 382). 1839

Beispiele: Weist die Wohnung **Mängel** auf, so kann der Arbeitnehmer seine Arbeitskraft zurückbehalten, soweit durch den Mangel die Gebrauchstauglichkeit der Wohnung gänzlich aufgehoben ist. Führt der Mangel dagegen nur zu einer teilweisen Minderung der Gebrauchstauglichkeit, greift ein Anspruch auf Barentschädigung. Fälle, die den Arbeitgeber zur Einbehaltung des Arbeitsentgelts berechtigen, können zu einem Anspruch auf **Nutzungsentschädigung** für die Werkdienstwohnung führen. Dies kommt vor allem in Betracht, wenn der Arbeitnehmer an der Arbeitsleistung verhindert ist und den Arbeitgeber keine Entgeltfortzahlungspflicht trifft. In diesen Fällen bleibt jedoch die Verpflichtung zur Überlassung des Wohnraums bestehen. Die Höhe der Vergütung richtet sich nach dem Wert der Wohnungsüberlassung im Arbeitsverhältnis. 1840

2. Kündigung der Werkdienstwohnung

§ 576b BGB regelt die Kündigung von Werkdienstwohnungen. Die Norm findet nur Anwendung, wenn das Arbeitsverhältnis bereits beendet ist und der Arbeitnehmer die Werkdienstwohnung noch bewohnt. Wird das Arbeitsverhältnis beendet, entfällt das Nutzungsrecht an der Wohnung. Die **Beendigung richtet sich grundsätzlich nach dem Arbeitsvertrags- bzw. Dienstvertragsrecht**, da kein Mietvertrag zwischen den Parteien geschlossen wurde (BAG v. 18.9.2007 – 9 AZR 822/06, ZTR 2008, 382). Auch eine **gesonderte Kündigung** der Wohnungsüberlassung ist **nicht notwendig**. Im Einzelfall ist jedoch zu beachten, dass dem Nutzungsberechtigten eine **angemessene Frist** zur Räumung der Werkdienstwohnung zugestanden werden muss. Diese Verpflichtung folgt aus § 242 BGB und der allgemeinen Fürsorgepflicht des Arbeitgebers. Generell ist davon auszugehen, dass bei einer ordentlichen Kündigung des Arbeitsverhältnisses keine spezielle Räumungsfrist mehr zugestanden werden muss, sondern die Kündigungsfrist im Rahmen des Arbeitsverhältnisses ausreichend ist. Anders liegt der Fall bei einer außerordentlichen Kündigung. Hier muss dem Arbeitnehmer eine Räumungsfrist zugebilligt werden. 1841

In der Praxis üblich ist die Vereinbarung eines **Widerrufsvorbehaltes** im Arbeitsvertrag. Dieser unterliegt der Inhaltskontrolle nach Maßgabe der §§ 305 ff. BGB (allgemein zu Widerrufsvorbehalten s. bei Rz. 1866). Ausreichend ist, dass der Widerrufsvorbehalt an die Tätigkeit des Arbeitnehmers geknüpft ist. Genügt der Widerrufsvorbehalt selbst damit in der Regel den Voraussetzungen des § 308 Nr. 4 BGB (LAG Köln v. 4.3.2008 – 11 Sa 582/07, ZMR 2008, 963), konzentriert sich die Wirksamkeit im Einzelfall auf die Ausübungskontrolle. In diesem Rahmen kommt auch die Einräumung einer Auslauffrist in Betracht. 1842

1843 Den Grundsatz, dass mit der Beendigung des Arbeitsverhältnisses das Nutzungsrecht des Arbeitnehmers an der Wohnung endet, durchbricht § 576b BGB unter dem Aspekt des Sozialschutzes in zwei Fällen. Dies gilt einerseits, wenn der Arbeitnehmer die Wohnung **überwiegend** mit eigenen Einrichtungsgegenständen ausgestattet hat. Der Arbeitnehmer muss also mehr als die Hälfte der Einrichtungsgegenstände wie Möbel o.ä. selbst gestellt haben. Andererseits hat der Arbeitgeber die allgemeinen Kündigungsfristen zu beachten, wenn der Arbeitnehmer in der Wohnung mit seiner Familie einen **eigenen Hausstand** führt. Hierfür ist entscheidend, dass in der Wohnung der Mittelpunkt der Lebens- und Wirtschaftsführung des Arbeitnehmers liegt.

1844 In diesen Fällen erlischt die Pflicht zur Raumüberlassung nicht mit dem Ende des Dienstverhältnisses, da § 576b BGB die Vorschriften über die Miete für entsprechend anwendbar erklärt. Dies hat zur Folge, dass das Dienstverhältnis bei seinem Ende aufgespalten und als **gesetzliches Abwicklungsschuldverhältnis** aufrechterhalten wird (vgl. MüKoBGB/*Arzt* § 576b Rz. 5). Der Arbeitgeber muss dieses gesetzliche Abwicklungsschuldverhältnis, das von einem Mietverhältnis scharf zu trennen ist, **nach den Vorschriften über die Miete kündigen**.

1845 Solange diese Kündigungserklärung nicht erfolgt ist, besteht zwischen den Parteien ein gesetzliches Schuldverhältnis, wobei dessen Ausgestaltung nicht gesetzlich geregelt ist. Grundsätzlich gelten dann dieselben **Regelungen wie für die funktionsgebundenen Werkmietwohnungen**, da Werkdienstwohnungen regelmäßig funktionsgebunden sind. Solange der Arbeitnehmer nicht ausgezogen ist, hat er dem Arbeitgeber für die Zeit, die er nach der Kündigung des Arbeitsvertrags in der Wohnung verbleibt, eine angemessene Nutzungsentschädigung zu zahlen, die sich an der ortsüblichen Miete für Werkmietwohnungen orientiert.

4. Abschnitt:
Vertragsänderungen und Teilzeitarbeit

§ 39
Änderung und Befristung einzelner Arbeitsbedingungen

Literatur: Bayreuther, Änderung der Rechtsprechung zu Aufstockung und Anrechnung übertariflicher Zulagen?, NZA 2019, 517; *Bayreuther*, Widerrufs-, Freiwilligkeits- und Anrechnungsvorbehalte – geklärte und ungeklärte Fragen der aktuellen Rechtsprechung des BAG zu arbeitsvertraglichen Vorbehalten, ZIP 2007, 2009; *Brühler*, Freiwilligkeitsvorbehalte bei Sonderzahlungen und entgeltrelevante Zielvereinbarungen in der Rechtsprechung des Zehnten Senats des Bundesarbeitsgerichts, JbArbR 46 (2009), 23; *Hohenstatt/Schramm*, Neue Gestaltungsmöglichkeiten zur Flexibilisierung der Arbeitszeit, NZA 2007, 238; *Lindemann*, Einseitige Leistungsbestimmungsrechte auf dem Prüfstand, ArbuR 2004, 201; *Preis*, Anrechnung und Widerruf über- und außertariflicher Entgelte – vertragsrechtlich betrachtet, in: Arbeitsrecht in der Bewährung, FS Kissel (1994), 879; *Preis*, Der langsame Tod der Freiwilligkeitsvorbehalte und die Grenzen betrieblicher Übung, NZA 2009, 281; *Preis/Genenger*, Die unechte Direktionsrechtserweiterung, NZA 2008, 969; *Preis/Lindemann*, Änderungsvorbehalte – Das BAG durchschlägt den gordischen Knoten, NZA 2006, 632; *Preis/Sagan*, Der Freiwilligkeitsvorbehalt im Fadenkreuz der Rechtsgeschäftslehre, NZA 2012, 697; *Schramm*, Die Zulässigkeit von Freiwilligkeitsvorbehalten in Arbeitsverträgen, NZA 2007, 1325; *Singer*, Flexible Gestaltung von Arbeitsverträgen, RdA 2006, 362; *Strick*, Freiwilligkeitsvorbehalt und Widerrufsvorbehalt – Der Wille als Bedingung, NZA 2005, 723; *Willemsen/Grau*, Alternative Instrumente zur Entgeltflexibilisierung im Standardarbeitsvertrag, NZA 2005, 1137; *Willemsen/Jansen*, Die Befristung von Entgeltbestandteilen als Alternative zu Widerrufs- und Freiwilligkeitsvorbehalten, RdA 2010, 1.

I. Änderung ohne vertragliche Vorbehalte | Rz. 1850 § 39

Übersicht: Änderung und Befristung einzelner Arbeitsbedingungen 1846

☐ Änderung ohne vertragliche Vorbehalte (Rz. 1849)

☐ Vertragliche Änderungsvorbehalte (Rz. 1855)

  ☐ Arbeitszeit

  ☐ Art der Tätigkeit

  ☐ Entgelt

☐ Befristung einzelner Arbeitsbedingungen (Rz. 1896)

Arbeitsverhältnisse, die oft jahrzehntelang andauern, dürfen nicht versteinern. Es besteht ein großer Bedarf, die Arbeitsbedingungen an veränderte Rahmenbedingungen anzupassen, sie also flexibel zu halten. Im Zentrum der häufig zu ändernden Vertragsbedingungen stehen die Art der Arbeit, die Arbeitszeit und das Entgelt. In allen Bereichen hat aber der Arbeitnehmer ein besonderes Bestandsschutzinteresse. Die gegenläufigen Interessen versucht die Arbeitsrechtsordnung durch ein fein gesponnenes Netz gesetzlicher und richterrechtlicher Regelungen auszugleichen. 1847

Immerhin kann es im Interesse beider Vertragsparteien liegen, Arbeitsbedingungen in gewissem Umfang an die jeweilige wirtschaftliche Lage anzupassen. Der Arbeitgeber kann beispielsweise in wirtschaftlich schlechten Zeiten flexibler reagieren und muss nicht gleich zum scharfen Schwert des Arbeitsplatzabbaus greifen. Dadurch verliert der Arbeitnehmer nicht seinen Arbeitsplatz, sondern wird lediglich zu veränderten Bedingungen weiterbeschäftigt. 1848

I. Änderung ohne vertragliche Vorbehalte

Ohne entsprechende Vorbehalte im Arbeitsvertrag kann sich der Arbeitgeber von den getroffenen Vereinbarungen nur sehr schwer einseitig lösen. Hier bleibt ihm daher nur die Möglichkeit, mit seinem Arbeitnehmer eine einvernehmliche Änderung herbeizuführen (**Änderungsvertrag**, § 311 Abs. 1 BGB) oder aber, wenn ihm dies nicht gelingt, eine **Änderungskündigung** (§ 2 KSchG; Rz. 3140) auszusprechen. Letztere ist allerdings nur unter strengen Voraussetzungen möglich und daher häufig nicht praktikabel. Die **Teilkündigung**, also die Kündigung nur einzelner Vertragsbedingungen, ohne das Arbeitsverhältnis insgesamt in Frage zu stellen, ist nach h.M. grundsätzlich unzulässig, da sie zu einer unzulässigen einseitigen Veränderung des Verhältnisses von Leistung und Gegenleistung führen würde (BAG v. 25.2.1988 – 2 AZR 346/87, NZA 1988, 769; BAG v. 14.11.1990 – 5 AZR 509/89, NZA 1991, 377; BAG v. 12.2.1987 – 6 AZR 129/84, EzBAT § 35 BAT Nr. 3; krit. dazu *SPV/Preis* Rz. 167). 1849

„*Nach der ständigen Rechtsprechung des Bundesarbeitsgerichts (vgl. statt vieler BAG AP Nr. 5 zu § 620 BGB Teilkündigung) ist entscheidendes Merkmal der Teilkündigung – wie bei jeder Kündigung des Arbeitsverhältnisses – die einseitige Veränderung von Vertragsbedingungen gegen den Willen der anderen Vertragspartei. Gegenüber der Kündigung unterscheidet sich die Teilkündigung lediglich dadurch, dass die Kündigung das Arbeitsverhältnis in seinem ganzen Bestand erfasst, mit der Teilkündigung dagegen eine Vertragspartei sich unter Aufrechterhaltung des Arbeitsverhältnisses im Übrigen nur von einzelnen Rechten und Pflichten aus dem Arbeitsverhältnis lösen will. Eine solche Teilkündigung ist grundsätzlich unzulässig, weil durch sie das von den Parteien vereinbarte Äquivalenz- und Ordnungsgefüge gestört wird und sie nicht darauf Rücksicht nimmt, dass Rechte und Pflichten der Parteien in vielfachen inneren Beziehungen stehen; durch die Teilkündigung entzieht sich somit eine Vertragspartei der Vertragsbindung, ohne gleichzeitig auf ihre Rechte aus der Bindung der anderen Partei zu verzichten. Ist hingegen – wie vorliegend – einem Vertragspartner das Recht eingeräumt, einzelne Vertragsbedingungen einseitig zu ändern, so handelt es sich unabhängig von der gewählten Bezeichnung um einen Widerrufsvorbehalt.*" (BAG v. 12.2.1987 – 6 AZR 129/84, EzBAT § 35 BAT Nr. 3) 1850

1851 Außerdem können Sozialleistungen durch **Betriebsvereinbarung** nachteilig geändert werden. Zwar ist aufgrund des Günstigkeitsprinzips grundsätzlich die arbeitsvertragliche Vereinbarung vorrangig, doch macht das BAG davon eine Ausnahme bei sog. Einheitsregelungen (Rz. 677) und Gesamtzusagen (Rz. 679): Zulässig sind danach Betriebsvereinbarungen, die sich zwar für den einzelnen Arbeitnehmer nachteilig auswirken (sog. individueller Günstigkeitsvergleich), die aber für die Belegschaft „insgesamt gesehen" nicht ungünstiger sind (sog. **kollektiver Günstigkeitsvergleich**, BAG v. 16.9.1986 – GS 1/82, NZA 1987, 251; BAG v. 7.11.1989 – GS 3/85, NZA 1990, 816; sehr str., vgl. *Richardi* NZA 1990, 331). Der wirtschaftliche Wert der Arbeitgeberleistung wird also insgesamt nicht verringert, sondern nur umstrukturiert. Im **Normalfall** gilt dies aber nicht. So können durch betriebliche Übung oder Gesamtzusage entstandene Ansprüche auf Sonderzahlung nicht durch eine verschlechternde Betriebsvereinbarung abgelöst werden, wenn in den Vertragsbedingungen kein transparenter Vorbehalt vereinbart wurde.

1852 „Ist der Arbeitgeber durch eine dreimalige vorbehaltlose Gratifikationszahlung vertraglich zur Leistung verpflichtet, kann er einen nach den Grundsätzen der betrieblichen Übung entstandenen Anspruch des Arbeitnehmers auf Weihnachtsgeld ebenso wie einen im Arbeitsvertrag geregelten Weihnachtsgeldanspruch nur durch Kündigung oder eine entsprechende Vereinbarung mit dem Arbeitnehmer beseitigen. Ein durch betriebliche Übung begründeter Vergütungsanspruch des Arbeitnehmers ist ohne entsprechende Abreden der Arbeitsvertragsparteien nicht grundsätzlich ‚betriebsvereinbarungsoffen'. Will ein Arbeitgeber verhindern, dass im Verhältnis zu einer Betriebsvereinbarung das Günstigkeitsprinzip gilt und dem Arbeitnehmer günstigere einzelvertragliche Abreden über eine Sonderzahlung gegenüber den in einer Betriebsvereinbarung getroffenen Regelungen Vorrang haben, muss er die Sonderzahlung unter dem Vorbehalt einer ablösenden Betriebsvereinbarung leisten. Dieser Vorbehalt muss ebenso wie ein Widerrufs- oder Freiwilligkeitsvorbehalt dem Transparenzgebot des § 307 Abs. 1 S. 2 BGB genügen." (BAG v. 5.8.2009 – 10 AZR 483/08, NZA 2009, 1105 Rz. 11 ff.)

1853 Mit dieser Rechtsprechung unvereinbar hat der 1. Senat des BAG am 5.3.2013 (-1 AZR 417/12, NZA 2013, 916; vgl. auch BAG v. 16.5.2018 – 4 AZR 209/15, NZA 2018, 1489 Rz. 27; BAG v. 30.1.2019 – 5 AZR 442/17, BeckRS 2019, 11145 Rz. 64) entschieden, dass von einer **betriebsvereinbarungsoffenen Rechtsgestaltung** regelmäßig auszugehen sei, „wenn der Vertragsgegenstand in Allgemeinen Geschäftsbedingungen enthalten ist und einen kollektiven Bezug hat" (ablehnend: *Preis/Ulber* NZA 2014, 6 m.w.N.). Die Entwicklung kann als noch nicht abgeschlossen gelten. Es ist schwerlich anzunehmen, dass mit dieser Entscheidung eine generelle Ablösbarkeit des Standardarbeitsvertrages durch Betriebsvereinbarung die Folge sein sollte.

1854 Schließlich können auch die Grundsätze über den **Wegfall der Geschäftsgrundlage** (§ 313 BGB) zur Änderung von Arbeitsbedingungen führen. Deren Bedeutung ist jedoch im Arbeitsrecht gering, da der Arbeitgeber sich zur Vertragsanpassung an geänderte Umstände grundsätzlich der Änderungskündigung (Rz. 3140) bedienen muss (BAG v. 29.1.1981 – 2 AZR 778/78, NJW 1982, 252; BAG v. 6.3.1986 – 2 ABR 15/85, NZA 1987, 102). Sie kommt lediglich dort in Betracht, wo eine Kündigung überhaupt nicht möglich ist, z.B. bei der Anpassung betrieblicher Ruhegelder an geänderte Verhältnisse. Zur Anpassung eines Vertrags wegen Gesetzesänderung siehe BAG v. 25.2.1988 – 2 AZR 346/87, NZA 1988, 769; BAG v. 10.12.1992 – 2 AZR 269/92, DB 1993, 1038.

II. Änderungsvorbehalte im Vertrag

1. Überblick

1855 Eines der Schlüsselthemen des Arbeitsrechts ist, ob und inwieweit durch vorsorgende arbeitsvertragliche Regelungen die Arbeitsbedingungen flexibilisiert werden können. Dies kann zum einen geschehen durch Vereinbarungen über die flexible Gestaltung des Entgelts, zum anderen aber auch über die Art der Tätigkeit oder der Arbeitszeit, jeweils mit oder ohne Einfluss auf die Vergütung.

Als arbeitsvertragliche **Flexibilisierungsinstrumente** kommen in Betracht: 1856

– ein **Widerrufsvorbehalt**, bei dem eine Leistung zunächst unbefristet zugesagt wird, sodass ein Anspruch des Arbeitnehmers entsteht. Der Arbeitgeber behält sich aber die Möglichkeit vor, durch Ausübung eines Widerrufsrechts die Weitergewährung der Leistung zu beenden; 1857

– ein **Anrechnungsvorbehalt**, bei dem die gewährte Leistung auf gegebenenfalls erfolgende Tariflohnerhöhungen ganz oder zum Teil angerechnet werden soll; 1858

– ein **Freiwilligkeitsvorbehalt**, bei dem die Entstehung eines Rechtsanspruchs auf die jeweilige Leistung von vornherein unterbunden werden soll; 1859

– eine **Teilbefristung**, bei der der Zeitraum, für den ein Anspruch auf eine bestimmte Leistung bestehen soll, von vornherein verbindlich festgelegt wird. 1860

Alle sensiblen Bereiche der Flexibilisierung (Art der Arbeitsleistung, Arbeitszeit und Entgelt) können grundsätzlich durch transparente Vereinbarung vertraglich geregelt werden (§ 307 Abs. 1 S. 2 BGB; hierzu *Preis/Genenger* NZA 2008, 969). Mit Blick auf die ohnehin weit reichende Direktionsmacht des Arbeitgebers (§ 106 GewO) sind folgende Bereiche **problematisch:** 1861

– **Dauer der Arbeitszeit** und damit auch die Vergütung werden durch Vorbehalte flexibel gestellt;

– das **Entgelt für die geschuldete Arbeitsleistung** wird Vorbehalten unterworfen;

– die **geschuldete Arbeitsleistung** selbst wird variabel – mit entsprechenden Auswirkungen auf die Vergütung – gestellt.

Flexible Bestimmungsrechte rufen die **Gefahr** einer einseitigen Durchsetzung der Interessen des Arbeitgebers, einer intransparenten Vertragsgestaltung und einer Verlagerung des Wirtschaftsrisikos auf den Arbeitnehmer hervor. Das gilt insbesondere wegen der Tatsache, dass die meisten Arbeitsverträge vom Arbeitgeber vorformuliert werden und der Arbeitnehmer kaum Einfluss auf die Gestaltung der einzelnen Vertragsbedingungen nehmen kann. Im Zentrum steht daher die **Inhaltskontrolle** entsprechender Klauseln (ausf. *Preis/Wieg* AuR 2016, 313 ff.). Zwar unterliegen Hauptabreden des Arbeitsvertrages grundsätzlich keiner Kontrolle nach Maßgabe der §§ 305 ff. BGB. Preisnebenabreden und andere die Hauptleistungsabreden einschränkende, verändernde oder ausgestaltende Klauseln sind dagegen kontrollfähig. Sie bedürfen sogar besonderer Kontrolle. Der Vertragspartner des Verwenders soll gerade vor der unangemessenen Verkürzung oder Modifikation der vollwertigen Leistung, die er nach Gegenstand und Zweck des Vertrags erwarten darf, geschützt werden. Das ergibt sich auch aus § 307 Abs. 2 Nr. 2 BGB. 1862

2. Gemeinsame Grundsätze der Kontrolle von Änderungsvorbehalten

In seiner **früheren Rechtsprechung** hat das **BAG** die Wirksamkeit von Änderungsvorbehalten insbesondere an einer **Umgehung des § 2 KSchG** geprüft. Die Umgehung wurde bejaht, soweit in den Kernbereich des Arbeitsverhältnisses eingegriffen wurde. Einen solchen Eingriff nahm das BAG an, wenn wesentliche Elemente des Arbeitsvertrags einer einseitigen Änderung unterliegen sollen, durch die das **Gleichgewicht zwischen Leistung und Gegenleistung** – also der Arbeits- und Vergütungspflicht – **grundlegend gestört** würde. Deshalb durfte die Dauer der Arbeitszeit überhaupt nicht verändert werden (BAG v. 12.12.1984 – 7 AZR 509/83, NZA 1985, 321, 322 f.). 1863

Diese Rechtsprechung hat das BAG **aufgegeben** und überprüft Änderungsvorbehalte allein nach den Maßstäben der §§ 305 ff. BGB (BAG v. 12.1.2005 – 5 AZR 364, NZA 2005, 465; BAG v. 7.12.2005 – 5 AZR 535/04, NZA 2006, 423; verfehlt BAG v. 24.9.2014 – 5 AZR 1024/12, NZA 2014, 1328). Das BAG folgt damit der **Rechtsprechung des BGH**, der vorformulierte Leistungsbestimmungsrechte nur hinnimmt, soweit sie bei unsicherer Entwicklung des Schuldverhältnisses als Instrument der Anpassung notwendig sind und den Anlass, aus dem das Bestimmungsrecht entsteht, sowie die Richtlinien und 1864

Grenzen seiner Ausübung so konkret wie möglich angeben (BGH v. 19.10.1999 – XI ZR 8/99, NJW 2000, 651, 652). Das BAG bestätigt sowohl ein anerkanntes Interesse des Arbeitgebers, flexible Zusatzleistungen der wirtschaftlichen Entwicklung anpassen zu können, als auch ein berechtigtes Interesse des Arbeitnehmers am Vertragsinhaltsschutz. Die erforderliche Abwägung muss die Art und die Höhe des Vergütungsbestandteils, der widerrufen wird, sowie die Höhe der verbleibenden Vergütung berücksichtigen. Eingriffe in den Kernbereich von Leistung und Gegenleistung sind unzumutbar. Die Inhaltskontrolle erfolgt – bei Vorliegen der Voraussetzungen – anhand § 308 Nr. 4 i.V.m. § 307 BGB oder unmittelbar anhand von § 307 BGB. § 308 Nr. 4 BGB betrifft nur Klauseln, in denen sich der Arbeitgeber das Recht vorbehält, die versprochene Leistung, also das Entgelt, zu ändern.

1865 **Grundlegende Bedeutung** für die Vertragsgestaltung hat das **Transparenzgebot** nach § 307 Abs. 1 S. 2 BGB. Änderungsvorbehalte müssen hinreichend transparent sein. Formularmäßige einseitige Leistungsänderungsrechte des Verwenders sind nur wirksam, wenn die Klausel schwerwiegende Änderungsgründe nennt und in ihren Voraussetzungen und Folgen erkennbar die Interessen des Vertragspartners angemessen berücksichtigt. Die beliebige Veränderung von Vertragsrechten, ohne an einschränkende Änderungsgründe gebunden zu sein oder einen angemessenen Ausgleich zu gewähren, stellt eine unangemessene Benachteiligung dar, weil es das wesentlichste, aus dem Vertrag folgende Recht des Arbeitnehmers – nämlich seine Verdienstmöglichkeiten – so einschränkt, dass die Erreichung des von ihm erstrebten Vertragszwecks gefährdet wird (§ 307 Abs. 2 Nr. 2 BGB). Eine Klausel, mit der sich der Arbeitgeber den jederzeitigen unbeschränkten Widerruf übertariflicher Lohnbestandteile und anderer Leistungen vorbehält, verstößt gegen § 307 Abs. 1 S. 2 BGB und § 308 Nr. 4 BGB (BAG v. 12.1.2005 – 5 AZR 364/04, NZA 2005, 465). Das BAG verlangt zu Recht als Mindestvoraussetzung die **Benennung der Art der Änderungs- bzw. Widerrufsgründe** (z.B. wirtschaftliche Gründe; BAG v. 24.1.2017 – 1 AZR 772/14, NZA 2017, 777 Rz. 19).

3. Widerrufsvorbehalt

1866 Im Falle des Widerrufsvorbehalts wird dem Arbeitnehmer eine Leistung unbefristet zugesagt, dem Arbeitgeber jedoch gleichzeitig die Möglichkeit eingeräumt, durch Ausübung des Widerrufsrechts die Weitergewährung der Leistung zu beenden. Es entsteht also zunächst ein Anspruch des Arbeitnehmers auf die Leistung. Vereinbart wird ein Widerrufsvorbehalt in der Praxis insbesondere bei **laufenden über- und außertariflichen Vergütungsleistungen** des Arbeitgebers, z.B. Provisionen und monatlichen Leistungszulagen. Vereinzelt findet sich ein Widerrufsvorbehalt auch in Klauseln über Tätigkeitsbereichsänderungen.

1867 Widerrufsvorbehalte unterliegen einer **zweistufigen Prüfung**. Auf der ersten Stufe ist die Vertragsklausel auf ihre Wirksamkeit hin zu untersuchen. Die zweite Stufe der Prüfung bezieht sich auf die konkrete Ausübung des Widerrufs durch den Arbeitgeber.

a) Inhaltskontrolle

1868 Der Widerruf muss aus Transparenzgründen (§ 307 Abs. 1 S. 2 BGB) **ausdrücklich vertraglich vorbehalten** sein. Er ergibt sich nicht schon aus der zusätzlichen Leistung als solcher. Er darf nicht in Vertragswerken intransparent „versteckt" werden. Andernfalls kann schon eine Überraschungsklausel (§ 305c Abs. 2 BGB) vorliegen. Eine Ankündigungs- oder Auslauffrist für den Widerrufsvorbehalt muss nicht zwingend vereinbart sein (BAG v. 31.3.2012 – 5 AZR 651/10, NZA 2012, 616). Es muss aber klar werden, auf welche (übertarifliche) Leistung der Widerruf sich bezieht und unter welchen Voraussetzungen er ausgeübt werden kann. Das setzt die Angabe eines **Widerrufsgrundes** voraus. Die Klausel muss also möglichst konkret die Voraussetzungen festlegen, unter denen ein einseitiges Bestimmungsrecht entsteht und unter denen es auszuüben ist.

Formulierungsbeispiele: „*Die Zahlung der übertariflichen Zulage erfolgt unter dem Vorbehalt des Widerrufs. Die Ausübung des Widerrufsrechts kann erfolgen, wenn ein dringendes betriebliches Erfordernis vorliegt, insbesondere wenn der Jahresgewinn des Betriebs unter ... % des Jahresumsatzes sinkt. Dabei ist eine Frist von ... Monat(en) einzuhalten."* 1869

„*Der Arbeitnehmer wird als ... in Wechselschicht eingestellt. Während der Tätigkeit in Wechselschicht erhält er eine Wechselschichtzulage in Höhe von ... Euro/... % der Bruttovergütung. Wird der Arbeitnehmer nicht mehr im Wechselschichtdienst beschäftigt, kann der Arbeitgeber die Wechselschichtzulage widerrufen.*"

„*Heiratet der Arbeitnehmer, erhält er eine einmalige Zulage von ... Euro. Der Arbeitgeber behält sich vor, die Zulage aus wirtschaftlichen Gründen zu widerrufen.*"

Als Widerrufsgründe bzw. Widerrufszwecke kommen z.B. in Betracht: 1870

- wirtschaftliche Lage des Unternehmens, des Betriebs oder der Betriebseinheit (a.A. LAG Köln v. 7.5.2015 – 7 Sa 1069/14);
- Wegfall des Ausgleichs eines besonderen Erschwernisses;
- Wegfall des Zwecks einer Zulage;
- Gründe im Leistungsbereich.

Beispiel: Widerrufsvorbehalt und Dienstwagennutzung (1): Stellt der Arbeitgeber dem Arbeitnehmer einen Dienstwagen auch zur privaten Nutzung zur Verfügung, ist dies einen geldwerter Vorteil, mithin ein Entgeltbestandteil, vgl. § 107 Abs. 2 GewO. Behält sich der Arbeitgeber im Formulararbeitsvertrag pauschal eine jederzeitige Widerrufsmöglichkeit der privaten Nutzung des Fahrzeugs vor, verstößt die entsprechende Klausel gegen § 308 Nr. 4 BGB (BAG v. 19.12.2006 – 5 AZR 721/05, NZA 2007, 809). Zulässig ist dagegen, einen Widerrufsvorbehalt betreffend die Dienstwagennutzung von der Freistellung des Arbeitnehmers abhängig zu machen (BAG v. 21.3.2012 NZA 2012, 616 – 5 AZR 651/10, NZA 2012, 616). 1871

Bei **nicht im Gegenseitigkeitsverhältnis stehenden Leistungen**, wie z.B. Beihilfen zu Familienereignissen, sind willkürfreie und konkrete Gründe, die keiner strengen Sachprüfung unterliegen, erforderlich und ausreichend. Nach hier vertretener Auffassung können formularmäßige Widerrufsvorbehalte, die sich unmittelbar auf **synallagmatische Pflichten** oder bereits verdiente Rechte beziehen und bei denen der Arbeitnehmer keinen Einfluss auf den Eintritt der Änderungen hat, nur Bestand haben, wenn die Vertragsklausel selbst einen konkreten Widerrufsgrund nennt, der vor dem Hintergrund der Wertung des § 2 KSchG bestehen kann, der also die Qualität der „dringenden betrieblichen Erfordernisse" erlangt (*Preis/Lindemann* NZA 2006, 632, 636; vgl. BAG v. 11.10.2006 – 5 AZR 721/05, NZA 2007, 87). Ausnahmsweise hält die Kündigungsklausel einer Pauschalierungsabrede einer Inhaltskontrolle stand, wenn das Äquivalenzgefüge erhalten bleibt und damit der zwingende Kündigungsschutz nicht unterlaufen wird (BAG v. 18.5.2017 – 2 AZR 721/16, NZA 2017, 1195, 1196). 1872

Das BAG erkennt – im Ergebnis recht großzügig – an, dass Widerrufsklauseln bei Leistungen im Gegenseitigkeitsverhältnis nicht unangemessen benachteiligend sind, wenn der **widerrufliche Teil des Gesamtverdienstes unter 25 % liegt und der Tariflohn nicht unterschritten** wird (BAG v. 12.1.2005 – 5 AZR 364/04, NZA 2005, 465). Sind zusätzliche Zahlungen des Arbeitgebers widerruflich, die nicht eine unmittelbare Gegenleistung für die Arbeitsleistung darstellen, sondern Ersatz für Aufwendungen, die an sich der Arbeitnehmer selbst tragen muss, erhöht sich der widerrufliche Teil auf bis zu 30 % des Gesamtverdienstes (BAG v. 11.10.2006 – 5 AZR 364/04, NZA 2005, 465). 1873

Genügen die Widerrufsvorbehalte nicht diesen Anforderungen, entfällt der Vorbehalt im Wege der Inhaltskontrolle ersatzlos und der Arbeitnehmer erhält einen vorbehaltlosen Anspruch. Genügt der Widerrufsvorbehalt den Anforderungen, unterliegt die Ausübung noch der sog. Ausübungskontrolle. 1874

b) Ausübungskontrolle

1875 Auf der zweiten Stufe ist die konkrete Ausübung des Widerrufsrechts zu überprüfen. Im Rahmen der Prüfung der Voraussetzungen der Widerrufsklausel wird auch geprüft, ob die geltend gemachten **wirtschaftlichen Gründe wirklich vorliegen**. Schließlich muss auch dann, wenn der Widerrufsvorbehalt selbst wirksam vereinbart wurde, die Ausübung des vorbehaltenen Widerrufs im Einzelfall **billigem Ermessen** i.S.d. § 315 BGB entsprechen (BAG v. 24.1.2017 – 1 AZR 774/14, NZA 2017, 777 Rz. 33). Das billige Ermessen ist gewahrt, wenn bei der Ausübung die wesentlichen Umstände des Falles abgewogen und die beiderseitigen Interessen angemessen berücksichtigt worden sind.

1876 **Beispiel: Widerrufsvorbehalt und Dienstwagennutzung (2):** Zwar ist die Freistellung des Arbeitnehmers – wie gesehen – tauglicher Grund zum Widerruf einer gewährten Privatnutzung eines Dienstwagens. Die Ausübung des Widerrufs ist aber unbillig, wenn der Arbeitgeber dem Arbeitnehmer nicht zugleich den entstehenden Nutzungsausfall erstattet (BAG v. 21.3.2012 NZA 2012, 616 – 5 AZR 651/10, NZA 2012, 616).

1877 **Hauptanwendungsfall** einer trotz wirksamer Widerrufsklausel unbilligen Ausübung ist die Missachtung des Gleichbehandlungsgrundsatzes.

1878 Bei der Widerrufsausübung hat der Arbeitgeber eine **Stufenfolge** zu beachten: Zunächst muss er Leistungen widerrufen, die nicht im Gegenseitigkeitsverhältnis stehen. Erst wenn der Widerruf solcher Leistungen nicht mehr ausreicht zum Ausgleich der Mehrbelastungen, kommt der Widerruf von im Gegenseitigkeitsverhältnis stehenden Leistungen in Betracht.

4. Anrechnungsvorbehalt

1879 Vielfach werden über den Tariflohn hinaus sog. **übertarifliche Zulagen** gezahlt (Rz. 1250). Durch einen Anrechnungsvorbehalt im Arbeitsvertrag (Beispiel: *„Die Zulagen können ganz oder teilweise bei tariflichen Änderungen gleich welcher Art verringert werden."*) erreicht der Arbeitgeber, dass im Fall der Tariflohnerhöhung diese auf die Zulage angerechnet wird, der Arbeitnehmer also nicht etwa den neuen Tariflohn „plus" Zulage in bisheriger Höhe erhält. Zwar findet eine solche Anrechnung nach der Rechtsprechung im Regelfall auch ohne Vorbehalt statt (Aufsaugungs-/Anrechnungsprinzip, Rz. 1250). Ein entsprechender Vorbehalt ist darum nur bei den **selbstständigen Lohnbestandteilen** wie Leistungs-, Erschwernis- oder Familienzulagen erforderlich.

1880 Doch unter dem Gesichtspunkt transparenter Vertragsgestaltung (§ 307 Abs. 1 S. 2 BGB) ist ein **ausdrücklicher Anrechnungsvorbehalt für sämtliche Leistungen** anzuraten. Der Arbeitnehmer muss erkennen können, dass seine übertariflichen Lohnbestandteile nur solange effektiv wirken, bis eine Tariflohnerhöhung erfolgt. Der schlichte Hinweis „übertariflich" genügt dem Transparenzgebot nicht (a.A. BAG v. 27.8.2008 – 5 AZR 820/07, NZA 2009, 49). Er macht weder den Zweck der Zulage hinreichend deutlich noch lässt sich aus dieser Kennzeichnung mit der notwendigen Bestimmtheit entnehmen, dass eine jederzeitige Anrechenbarkeit gewollt ist. Des Weiteren ermöglicht ein ausdrücklicher Vorbehalt die Anrechnung auch dann, wenn die Zulage ausnahmsweise tarifbeständig ist (BAG v. 23.3.1993 – 1 AZR 520/92, NZA 1993, 806).

1881 Im Rahmen der Inhaltskontrolle sind solche Anrechnungsklauseln **regelmäßig nicht zu beanstanden**, denn der Anrechnungsgrund ist auf einen konkreten und transparenten Aspekt reduziert (BAG v. 1.3.2006 – 5 AZR 363/05, NZA 2006, 746). Ein Widerruf der Zulage ist auf Grund dieser Klausel nur bei einer Tariflohnerhöhung möglich und scheidet aus anderen, etwa allgemeinen wirtschaftlichen Gründen aus. Darüber hinaus findet keine Reduzierung des bisherigen Entgelts statt, sondern lediglich ein Verzicht auf die effektive Wirkung der Tariflohnerhöhung. Der Arbeitnehmer erkennt an dieser Vertragsgestaltung, dass seine übertariflichen Lohnbestandteile nur so lange effektiv wirken, bis eine Tariflohnerhöhung erfolgt. Deshalb verstoßen Anrechnungsklauseln i.d.R. nicht gegen § 308 Nr. 4 BGB.

Schwierigkeiten bereitet das Verhältnis zwischen einem wirksam vereinbarten Anrechnungsvorbehalt und einer betrieblichen Übung. Das BAG entschied im Jahre 2018, dass übertarifliche Zulagen, die über einen längeren Zeitraum gewährt und stetig im Verhältnis zum tariflichen Vergütungsbestandteil erhöht werden, eine betriebliche Übung begründen (BAG v. 19.9.2018 – 5 AZR 439/17, NZA 2019, 106). Das Urteil setzt indirekt voraus, dass die betriebliche Übung einem vom beklagten Arbeitgeber vereinbarten Anrechnungsvorbehalt entgegensteht. Das BAG vermied es ausdrücklich, Stellung zu den bisherigen Rechtsprechungsleitlinien zu nehmen, sodass abzuwarten bleibt, inwieweit eine betriebliche Übung auch künftig der Anrechnung übertariflicher Leistungen im Wege steht und wie sich der Vorrang dogmatisch überzeugend begründen lässt (dazu *Bayreuther* NZA 2019, 517). 1881a

Im Falle der Anrechnung ist der Arbeitgeber jedoch an den **Gleichbehandlungsgrundsatz** gebunden. Auch kann die Anrechnung gegen allgemeine Grundsätze verstoßen (z.B. **§ 612a BGB**) und im Einzelfall billigem Ermessen (**§ 315 Abs. 1 BGB**) widersprechen. Im Regelfall entspricht die Anrechnung allgemeiner übertariflicher Zulagen billigem Ermessen, weil das Arbeitsentgelt nominal unverändert bleibt. Die Absenkung der Zulage findet ihre Rechtfertigung darin, dass die Tariflohnerhöhung den vorher mit der Zulage verfolgten Zweck erfüllt, das für den Arbeitnehmer verfügbare Einkommen ohne Bindung an besondere Voraussetzungen zu erhöhen. 1882

5. Freiwilligkeitsvorbehalt

a) Problem

Der Freiwilligkeitsvorbehalt **zielt** darauf, von vornherein die Entstehung eines Anspruchs auf die Leistung zu verhindern. Er hat seinen **Ursprung** im Gratifikationsrecht bei der Verhinderung einer betrieblichen Übung (Rz. 680), kann aber auch vertraglich fixierte Leistungen unter Vorbehalt stellen, um die Entstehung eines Anspruchs auf sie zu verhindern. Die **frühere Rechtsprechung** hielt Freiwilligkeitsvorbehalte, die sich auf **Jahressonderleistungen** beziehen, ganz überwiegend für zulässig (z.B. BAG v. 6.12.1995 – 10 AZR 198/95, NZA 1996, 1027). Die **voraussetzungslose Zulassung** von Freiwilligkeitsvorbehalten, auch bei Jahressonderzahlungen gleich welcher Art, unterlag schon bisher berechtigter **Kritik** (vgl. *Preis*, Vertragsgestaltung, S. 414 ff.; *Preis* FS Kissel (1994), 879 ff.; *Preis* FS 50 Jahre BAG (2004), 123, 143; *Preis* NZA Beil. 3/2006, 115, 121; *Preis* NZA 2009, 261). Der Arbeitgeber kann als Vertragsverwender nicht seine Gegenleistung formularmäßig „freiwillig und unter Ausschluss des Rechtsanspruches" gewähren. Würde der Arbeitgeber seine vollständige Gegenleistung als „freiwillig" deklarieren, sodass der Arbeitnehmer am Ende „Arbeit ohne Lohn" zu leisten hätte, wäre eine solche Vereinbarung ohne Zweifel schon sittenwidrig (§ 138 BGB). Doch selbst wenn man in der Vertragsgestaltung nicht so weit geht, sind Freiwilligkeitsvorbehalte geeignet, das Wesen des Arbeitsvertrages auszuhöhlen. 1883

b) Inhaltskontrolle

Das BAG hat **2007 erstmalig** einen Freiwilligkeitsvorbehalt, der eine Leistungszulage als Bestandteil des laufenden Entgelts betraf, für unwirksam erklärt. Ein vorformulierter **Ausschluss jeden Rechtsanspruchs bei laufendem Arbeitsentgelt** benachteiligt den Arbeitnehmer danach **unangemessen** und ist gemäß § 307 Abs. 1 S. 1 BGB unwirksam: 1884

„Gemäß § 307 Abs. 2 Nr. 1 BGB ist eine unangemessene Benachteiligung im Zweifel anzunehmen, wenn eine Bestimmung mit wesentlichen Grundgedanken der gesetzlichen Regelung, von der abgewichen wird, nicht zu vereinbaren ist. [...] Der Ausschluss jeden Rechtsanspruchs bei laufendem Arbeitsentgelt widerspricht dem Zweck des Arbeitsvertrags. Denn dem Arbeitgeber soll ermöglicht werden, vom Arbeitnehmer die vollständige Erbringung der geschuldeten Leistung zu verlangen und seinerseits über die von ihm geschuldete Gegenleistung zu disponieren. Damit verhindert der Ausschluss des Rechtsanspruchs die Verwirklichung des Prinzips der Vertragsbindung und löst die synallagmatische Verknüpfung der Leistungen beider Vertragsparteien. Die Möglichkeit, die zugesagte Zahlung grundlos und dazu noch ohne jegliche Erklärung einzustellen, beeinträchtigt die Interessen des Arbeitnehmers grundlegend. Dies gilt auch 1885 *dann, wenn es sich bei den unter einem Vorbehalt stehenden Leistungen nicht um die eigentliche Grundvergütung, sondern um eine zusätzliche Abgeltung der Arbeitsleistung in Form einer Zulage handelt. Auch derartige Zulagen stellen laufendes Arbeitsentgelt dar, sind also in das vertragliche Synallagma eingebundene Leistungen. Der Umfang der unter einem ‚Freiwilligkeitsvorbehalt' zugesagten Leistungen ist dabei unerheblich."* (BAG v. 25.4.2007 – 5 AZR 627/06, NZA 2007, 853 Rz. 19 f.)

1886 Der Freiwilligkeitsvorbehalt wirkt noch **schärfer und intransparenter als ein Widerrufsvorbehalt**. Die Rechtsprechung hat daher zu Recht eine Angleichung der Maßstäbe vorgenommen. Ergänzend hat das BAG in seiner Entscheidung zur Unwirksamkeit von Freiwilligkeitsvorbehalten bei monatlichen Leistungszulagen ausgeführt, dass ein vertraglicher Vorbehalt, der dem Arbeitgeber die **allmonatlich zu wiederholende Entscheidung über die Leistung einer Zulage** zuweist, von dem Leitbild, wonach gemäß § 611a Abs. 1 BGB das Arbeitsverhältnis als Dauerschuldverhältnis regelmäßige beiderseitige Hauptleistungspflichten begründet, abweicht. Der Arbeitnehmer könne in dem als Dauerschuldverhältnis ausgestalteten Arbeitsverhältnis grundsätzlich auf die Beständigkeit der monatlich zugesagten Zahlung einer Vergütung, die nicht an besondere Voraussetzungen geknüpft ist, vertrauen. Er erbringt im Hinblick hierauf seine Arbeitsleistung und stellt auch sein Leben darauf ein. Behält sich der Arbeitgeber vor, monatlich neu über die Vergütung zu entscheiden, weicht dies von dem in § 611a BGB gekennzeichneten Wesen eines Arbeitsvertrags ab.

1887 **Wichtig** ist die folgende Aussage des BAG: *„Dies gilt nicht nur für die Grundvergütung, sondern auch für zusätzliche regelmäßige Zahlungen, die von den Parteien als Teil der Arbeitsvergütung und damit als unmittelbare Gegenleistung für die vom Arbeitnehmer zu erbringende Arbeitsleistung vereinbart werden"* (BAG v. 25.4.2007 – 5 AZR 627/06, NZA 2007, 853 Rz. 17). Aus diesen Aussagen folgt, dass alle Zahlungen daraufhin zu prüfen sind, ob sie als Gegenleistung zu kategorisieren sind. Nur dann, wenn der Arbeitgeber bei der Leistung ausdrücklich und transparent einen Rechtsanspruch für die Zukunft ausschließt, kann eine Bindung für die Zukunft entfallen.

Beispiel: Der Arbeitgeber kann weiterhin – ohne dass die Leistung vertraglich fixiert ist – anlassbezogen (gutes Geschäftsjahr, hohe Absatzzahlen, guter Börsenkurs) Leistungen an die Belegschaft oder Teile davon gewähren. Er sollte sie bei der Gewährung transparent als „freiwillige Leistungen, auf die kein Rechtsanspruch besteht" deklarieren. Damit schließt er eine Bindung für das Folgejahr aus und vermeidet überdies, dass es zu einer Bindung kraft betrieblicher Übung kommen kann.

1888 Der Arbeitgeber kann – außer bei laufendem Arbeitsentgelt – grundsätzlich einen Rechtsanspruch des Arbeitnehmers ausschließen und sich eine Entscheidung vorbehalten, ob und in welcher Höhe er zukünftig Sonderzahlungen gewähren will. Es fehlt dann an einer versprochenen Leistung i.S.d. § 308 Nr. 4 BGB. Anders ist dies nur, wenn der Arbeitgeber versucht, gegebene Zusagen durch einen Freiwilligkeitsvorbehalt auszuschließen oder intransparente Pauschalvorbehalte in vorformulierten Arbeitsverträgen zu implantieren (BAG v. 14.9.2011 – 10 AZR 526/10, NZA 2012, 81; im Einzelnen: *Preis/Sagan* NZA 2012, 697).

1889 Wenn der Arbeitgeber Leistungen im Arbeitsvertrag fixiert, sie aber in **Nebenbestimmungen** mit einem sog. Freiwilligkeitsvorbehalt versieht, scheitert die beabsichtigte Wirkung. Auch insoweit ist der Gedanke der berechtigten Leistungserwartung, also des Vertrauensschutzes, und des Schutzzwecks des AGB-Rechts wesentlich.

1890 **Formulierungsbeispiele für unwirksame Klauseln:** *„Die Gewährung der Zulage/Sonderzahlung ist freiwillig und erfolgt unter dem Vorbehalt des jederzeitigen Widerrufs."*

„Der Arbeitnehmer erhält eine monatliche Leistungszulage in Höhe von 500 Euro (Alternativ: zweckgebundene Zulage). Die Zahlung erfolgt als freiwillige Leistung ohne Anerkennung einer Rechtspflicht. Aus der Zahlung können für die Zukunft keinerlei Rechte hergeleitet werden."

1891 Freiwilligkeitsvorbehalte müssen zudem dem **Transparenzgebot** des § 307 Abs. 1 S. 2 BGB genügen. **Zumeist** scheitern Vertragsgestaltungen schon an ihrer **Unklarheit und Widersprüchlichkeit**, etwa bei der Kombination von Freiwilligkeits- und Widerrufsvorbehalten (BAG v. 8.12.2011 – 10 AZR 671/

09, NZA 2011, 628). Widerrufsvorbehalte setzen einen Anspruch voraus, und müssen zudem zumindest „Widerrufsgründe" enthalten, was bei Freiwilligkeitsvorbehalten gerade nicht geschieht.

Beispiel: Räumt etwa ein Arbeitsvertrag klar einen Anspruch auf Teilnahme an einem Bonussystem ein, bestimmt eine andere Vertragsklausel aber, dass die Bonuszahlung jeweils freiwillig erfolge und keinen Rechtsanspruch für die Zukunft begründe, ist der Vorbehalt intransparent und unwirksam (BAG v. 24.10.2007 – 10 AZR 825/06, NZA 2008, 40).

In Arbeitsverträgen sind vielfach Pauschalvorbehalte verbreitet, die – ähnlich wie Schriftformklauseln – verhindern wollen, dass sich der Arbeitgeber durch mündliche oder konkludente Zusagen bindet. 1892

Formulierungsbeispiel: *„Sonstige, in diesem Vertrag nicht vereinbarte Leistungen des Arbeitgebers an den Arbeitnehmer sind freiwillig und jederzeit widerruflich. Auch wenn der Arbeitgeber sie mehrmals und regelmäßig erbringen sollte, erwirbt der Arbeitnehmer dadurch keinen Rechtsanspruch für die Zukunft."*

Zu dieser Klausel hat das BAG in einem Fall, in dem es darum ging, ob der o.g. Vorbehalt einen Anspruch aus konkludenter Vertragsbindung (betriebliche Übung) ausschließt, ausgeführt (BAG v. 14.9.2011 – 10 AZR 526/10, NZA 2012, 81), dass die Klausel nicht geeignet sei, den Wert der späteren Erklärungen des Arbeitgebers im Zusammenhang mit den mehrfach geleisteten Zahlungen hinreichend zu entwerten. Die Klausel sei wegen der Kombination von Freiwilligkeits- und Widerrufsvorbehalt intransparent und verstoße gegen § 307 Abs. 1 S. 2 BGB. Darüber hinaus benachteilige ein derartig weit gefasster Freiwilligkeitsvorbehalt den Arbeitnehmer unangemessen i.S.v. § 307 Abs. 1 S. 1, Abs. 2 Nr. 1 und Nr. 2 BGB. 1893

Ein vertraglicher Pauschalvorbehalt ist auch nicht geeignet, dauerhaft den Erklärungswert einer ohne jeden Vorbehalt und ohne den Hinweis auf die vertragliche Regelung erfolgten Zahlung so zu erschüttern, dass der Arbeitnehmer das spätere konkludente Verhalten des Arbeitgebers entgegen seinem gewöhnlichen Erklärungswert nicht als Angebot zur dauerhaften Leistungserbringung verstehen kann. Überdies ist der Pauschalvorbehalt schon deshalb überschießend, weil er sowohl gegen den in § 305b BGB bestimmten Vorrang der Individualabrede verstößt als auch gegen den allgemeinen Rechtsgrundsatz, dass vertragliche Regelungen einzuhalten sind. Nach § 305b BGB haben individuelle Vertragsabreden Vorrang vor Allgemeinen Geschäftsbedingungen. Individualabreden können grundsätzlich alle Abreden zwischen den Vertragsparteien außerhalb der einseitig vom Verwender vorgegebenen Geschäftsbedingungen sein. Mit dem Vorrang der Individualabrede ist ein pauschaler Freiwilligkeitsvorbehalt ebenso wenig zu vereinbaren wie eine Schriftformklausel (hierzu BAG v. 20.5.2008 – 9 AZR 382/07, NZA 2008, 1233). 1894

Merke: Die konkrete rechtsgeschäftliche Zusage einer Leistung und damit kombinierte vorformulierte Freiwilligkeitsvorbehalte schließen sich aus. Entsprechende Freiwilligkeitsvorbehalte sind wegen Verstoßes gegen das Transparenzgebots (§ 307 Abs. 1 S. 2 BGB) oder das Verbot unangemessener Benachteiligung (§ 307 Abs. 1 S. 1 BGB) unwirksam. Sie fallen regelmäßig ersatzlos weg. 1895

6. Befristung einzelner Arbeitsbedingungen

Literatur: *Maschmann*, Die Befristung einzelner Arbeitsbedingungen, RdA 2005, 212; *Preis/Bender*, Die Befristung einzelner Arbeitsbedingungen – Kontrolle durch Gesetz oder Richterrecht?, NZA-RR 2005, 337.

Wie bei allen anderen Flexibilisierungsinstrumenten ist auch die Befristung bei allen wesentlichen Vertragsbestandteilen (Übertragung von Tätigkeiten, Arbeitszeitregelungen, Entgelten und Sozialleistungen) denkbar. Mit Zeitablauf entfällt der entsprechende Vertragsbestandteil automatisch, es bedarf keines Ausführungsaktes durch den Arbeitgeber mehr. Das **BAG erkennt die Möglichkeit** der Befristung einzelner Arbeitsbedingungen und auch der befristeten Gewährung außertariflicher Vergütungsbestandteile **im Grundsatz an**. 1896

Seit der Schuldrechtsreform unterliegt auch die Befristung einzelner Arbeitsbedingungen in gestellten Vertragsbedingungen einer **Inhaltskontrolle** nach §§ 305 ff. BGB (BAG v. 27.7.2005 – 7 AZR 486/04, 1897

NZA 2006, 40, 44 f.; *Preis/Bender* NZA-RR 2005, 337). Die Geltung der §§ 305 ff. BGB wird hinsichtlich der Kontrolle der Befristung einzelner Arbeitsbedingungen nicht durch die für die Befristung von Arbeitsverträgen geltenden Bestimmungen in §§ 14 ff. TzBfG verdrängt. Die Vorschriften des TzBfG sind auf die Befristung einzelner Arbeitsbedingungen nicht – auch nicht entsprechend – anwendbar (vgl. BAG v. 27.7.2005 – 7 AZR 486/04, NZA 2006, 40, 44 f.; BAG v. 24.2.2016 – 7 AZR 253/14, NZA 2016, 814 Rz. 22). Eine Besonderheit gilt für § 14 Abs. 1 TzBfG (dazu sogleich).

1898 Die Befristung auch und gerade der synallagmatischen Pflichten aus dem Arbeitsverhältnis stellt eine Änderung des Hauptleistungsversprechens dar; **Befristungsabreden** sind daher gemäß § 307 Abs. 3 BGB **kontrollfähige Nebenabreden** (BAG v. 27.7.2005 – 7 AZR 486/04, NZA 2006, 40, 45). Gegenstand der Inhaltskontrolle ist nicht die vereinbarte Erhöhung der Arbeitszeit und damit der Umfang der vom Arbeitnehmer zu erbringenden Arbeitsleistung als Hauptleistungspflicht aus dem Arbeitsverhältnis, sondern deren zeitliche Einschränkung durch die Befristung.

1899 Auch die Befristung einzelner Arbeitsbedingungen unterliegt – wie alle Änderungsvorbehalte – dem **Transparenzgebot** (§ 307 Abs. 1 S. 2 BGB). In der Regel muss also der **tragende Grund für die Befristung der Einzelabrede** (z.B. „wirtschaftliche Gründe"; „Erprobung") in der gestellten Klausel benannt werden (str. vgl. ErfK/*Preis* §§ 305 – 310 Rz. 75; a.A. BAG v. 2.9.2009 – 7 AZR 233/08, NZA 2009, 1253; BAG v. 7.10.2015 – 7 AZR 945/13, NZA 2016, 441; *Willemsen/Grau* NZA 2005, 1137, 1142; *Hohenstatt/Schramm* NZA 2007, 238, 243). Bei einer befristeten Arbeitsbedingung sind die Transparenzerfordernisse im Vergleich zum Widerrufsvorbehalt tendenziell höher, da hier die Ausübungskontrolle wegfällt und die Rechtfertigung der Befristungsabrede im Abschlusszeitpunkt klar sein muss. Die anderslautende Rechtsprechung des BAG ist abzulehnen.

1900 Die Inhaltskontrolle der Befristungsabrede erfolgt nach der **Generalklausel** des **§ 307 Abs. 1 S. 1 BGB**. Trotz des unterschiedlichen Prüfungsmaßstabs sind die Befristungsgründe des **§ 14 Abs. 1 TzBfG** von Bedeutung (BAG v. 7.10.2015 – 7 AZR 945/13, NZA 2016, 441 Rz. 42; zu § 14 Abs. 1 TzBfG im Einzelnen Rz. 3220). Eine unangemessene Benachteiligung i.S.d. § 307 Abs. 1 S. 1 BGB ist regelmäßig zu verneinen, wenn ein Sachgrund für die Befristung des gesamten Arbeitsverhältnisses i.S.d. § 14 Abs. 1 TzBfG vorgelegen hätte (vgl. BAG v. 7.10.2015 – 7 AZR 945/13, NZA 2016, 441 Rz. 49). Andererseits ist ein Verstoß gegen § 307 Abs. 1 S. 1 BGB regelmäßig zu bejahen, wenn ein Sachgrund für die Befristung des gesamten Arbeitsverhältnisses fehlt. § 14 Abs. 1 TzBfG hat also gewissermaßen Indizwirkung.

1901 Die **erstmalige befristete Übertragung einer höherwertigen Arbeitsbedingung** ist i.d.R. nicht unangemessen benachteiligend. Problematisch wird erst eine „Kettenbefristung" und die wiederholte Befristung einer höheren Arbeitszeit in erheblichem Umfang. Die befristete Erhöhung der Arbeitszeit in erheblichem Umfang erfordert zur Annahme einer nicht unangemessenen Benachteiligung des Arbeitnehmers i.S.v. § 307 Abs. 1 BGB Umstände, die die Befristung eines über das erhöhte Arbeitszeitvolumen gesondert abgeschlossenen Arbeitsvertrags nach § 14 Abs. 1 TzBfG rechtfertigen würden. Eine Arbeitszeiterhöhung in erheblichem Umfang liegt in der Regel vor, wenn sich das Erhöhungsvolumen auf mindestens 25 % eines entsprechenden Vollzeitarbeitsverhältnisses beläuft (BAG v. 23.3.2016 – 7 AZR 828/13, NZA 2016, 881; BAG v. 25.4.2018 – 7 AZR 520/16, NZA 2018, 1061). Das unbefristete Arbeitsverhältnis soll dem Arbeitnehmer ein dauerhaftes Auskommen sichern und zu einer längerfristigen Lebensplanung beitragen. Für diese Planung ist auch die Höhe des von ihm erzielten Einkommens maßgebend. Dieser Aspekt ist bei der Inhaltskontrolle befristeter Einzelarbeitsbedingungen zu berücksichtigen; bei der Übertragung einer höherwertigen Tätigkeit nach Ansicht des BAG freilich nur, sofern diese mit einer befristeten (erheblichen) Anhebung der Vergütung verbunden ist (BAG v. 24.2.2016 – 7 AZR 253/14, NZA 2016, 814 Rz. 35/36). Wie bei anderen Änderungsvorbehalten auch gilt, dass der Arbeitgeber sein Wirtschaftsrisiko nicht auf den Arbeitnehmer verlagern darf. Auch bei der Kontrolle von Befristungsabreden ist bei Leistungen, die im funktionellen Synallagma stehen (Entgelte, Arbeitszeit), eine strengere Prüfung angezeigt als bei Leistungen, bei denen das nicht der Fall ist.

§ 40
Teilzeitarbeit

Literatur: *Lipke,* Individualrechtliche Grundprobleme der Teilzeitarbeit, ArbuR 1991, 76; *Preis/Gotthardt,* Neuregelung der Teilzeitarbeit und befristeten Arbeitsverhältnisse, DB 2000, 2065; *Preis/Gotthardt,* Das Teilzeit- und Befristungsgesetz, DB 2001, 145; *Richardi/Annuß,* Gesetzliche Neuregelung von Teilzeitarbeit und Befristung, BB 2000, 2201; *Rolfs,* Das neue Recht der Teilzeitarbeit, RdA 2001, 129; *Schaub,* Die Arbeit in den verschiedenen Formen des Teilzeitarbeitsverhältnisses, BB 1990, 1069; *Straub,* Der Teilzeitanspruch – Wunsch und Wirklichkeit, FS ARGE Arbeitsrecht im DAV (2006), 183; *Thannheiser,* Mal weniger, mal mehr – Teilzeitarbeit, AiB 2011, 735; *Wank,* Atypische Arbeitsverhältnisse, RdA 1992, 103.

Übersicht 1902

☐ Arten von Teilzeitarbeit

  ☐ Abrufarbeit (KAPOVAZ) (Rz. 1911)

  ☐ Arbeitsplatzteilung (Rz. 1934)

  ☐ Gleitzeit (Rz. 1944)

  ☐ Nebentätigkeit (Rz. 1949)

  ☐ Teilzeitarbeit während der Elternzeit (Rz. 1953)

  ☐ Altersteilzeit (Rz. 1954)

  ☐ Geringfügige Beschäftigung (Rz. 1955)

☐ Diskriminierungsverbote; Förderung von Teilzeitarbeit (Rz. 1965)

☐ Rechtsanspruch auf Teilzeitarbeit

  ☐ § 8 TzBfG (Rz. 1974)

  ☐ § 9a TzBfG (Rz. 1997a)

  ☐ § 15 BEEG (Rz. 1998)

  ☐ § 3 PflegeZG (Rz. 2003)

  ☐ § 164 Abs. 5 S. 3 SGB IX (Rz. 2002)

In der Praxis sind rund 27 % aller Arbeitnehmer in Teilzeit tätig (Quelle: Statistisches Bundesamt). Die **Motive** hierfür sind vielfältig: Manche möchten schlicht mehr Freizeit für sich, andere betreuen oder pflegen Kinder oder Angehörige und können deshalb nicht in Vollzeit arbeiten, wieder andere wünschen einen gleitenden Übergang in den Ruhestand. Für Arbeitgeber kann Teilzeitarbeit einen flexiblen Personaleinsatz und eine kurzfristige Reaktionsmöglichkeit auf Schwankungen beim Arbeitsanfall ermöglichen. Gesetzliche Regelungen zur Teilzeitarbeit finden sich vorrangig im Teilzeit- und Befristungsgesetz (**TzBfG**), das die EG-Richtlinie 97/81/EG zur Teilzeitarbeit und die Richtlinie 99/70/EG zu befristeten Arbeitsverträgen in innerstaatliches Recht umsetzt. Aber auch in anderen Gesetzen finden sich für bestimmte Konstellationen Sonderregelungen, z.B. in **§ 15 Abs. 4 bis 7 BEEG**. Der Begriff der Teilzeitarbeit im BEEG entspricht dem des TzBfG, auch wenn § 15 Abs. 4 S. 1 BEEG bestimmt, dass die wöchentliche Arbeitszeit des Elternteils, der Elternzeit in Anspruch nimmt, 30 Stunden nicht übersteigen darf. 1903

Nach der **Legaldefinition des § 2 Abs. 1 TzBfG** ist ein Arbeitnehmer teilzeitbeschäftigt, wenn seine **regelmäßige Wochenarbeitszeit kürzer ist als die eines vergleichbaren vollzeitbeschäftigten Arbeitnehmers**. Ist eine regelmäßige Wochenarbeitszeit des Vollzeitbeschäftigten nicht festgelegt, ist dessen 1904 durchschnittliche regelmäßige Arbeitszeit im Zeitraum bis zu einem Jahr maßgebend. Daher ist auch der Saisonarbeiter, der in manchen Monaten ebenso lang arbeitet, wie ein in Vollzeit Beschäftigter, teilzeitbeschäftigt. Vergleichbar ist, wer mit derselben Art des Arbeitsverhältnisses und der gleichen oder einer ähnlichen Tätigkeit beschäftigt ist. Ist allerdings die Funktion bzw. Art und Inhalt der Tätigkeit für die Leistungserbringung nicht maßgeblich, sondern knüpft der Arbeitgeber für diese an andere Faktoren wie beispielsweise die Betriebszugehörigkeit an, ist für die Vergleichbarkeit die Gruppenbildung, wie der Arbeitgeber sie selbst vorgenommen hat, entscheidend (BAG v. 28.5.2013 – 3 AZR 266/11, AP BetrAVG § 1 Teilzeit Nr. 17). Fehlt ein vergleichbarer Arbeitnehmer im Betrieb, wird ein vergleichbarer Vollzeitarbeitnehmer zunächst aufgrund des Tarifvertrags, in Ermangelung eines solchen nach der Üblichkeit im jeweiligen Wirtschaftszweig bestimmt. Der **Maßstab** für die Definition einer auf Dauer angelegten Teilzeitarbeit ist also nicht die zulässige Höchstarbeitszeit nach § 3 ArbZG, sondern die **tatsächliche Arbeitszeit** im Betrieb oder Wirtschaftszweig.

1905 Teilzeitarbeit kann unbefristet oder befristet, etwa zur **Aushilfe**, geleistet werden. Sie kann als sog. **Nebentätigkeit** neben einem in Vollzeit ausgeübten Hauptberuf erbracht werden oder in Form von **Altersteilzeit**. Ein Arbeitnehmer kann aber auch mehreren Teilzeitbeschäftigungen nachgehen (**Mehrfach-, Doppelbeschäftigung**). Regelmäßig steht ein Teilzeitbeschäftigter jedoch ausschließlich in einem Arbeitsverhältnis, nämlich dem Teilzeitarbeitsverhältnis. Dies ist darauf zurückzuführen, dass Teilzeitarbeit überwiegend Frauenarbeit ist, weil sie eine Beschäftigungsform ist, die es ermöglicht, neben der Berufstätigkeit auch noch einer Haushaltstätigkeit oder Kindererziehung nachzugehen, was nach derzeitigem Gesellschaftsbild noch immer den Frauen weitestgehend alleine auferlegt wird. Daher kann sich insbesondere bei der Teilzeitarbeit die Problematik der **Diskriminierung wegen des Geschlechts** stellen.

1906 Betriebsverfassungsrechtlich unterliegt die Verteilung der Lage der Arbeitszeit dem **Mitbestimmungsrecht des Betriebsrats** nach § 87 Abs. 1 Nr. 2 BetrVG (BAG v. 10.11.2009 – 1 ABR 54/08, NZA-RR 2010, 301). Möchte der Arbeitgeber bei Teilzeitbeschäftigten Überstunden oder Kurzarbeit anordnen, hat der Betriebsrat hierüber nach § 87 Abs. 1 Nr. 3 BetrVG mitzubestimmen. Dabei hat der Arbeitgeber Rücksicht auf die Besonderheiten der Teilzeitarbeit zu nehmen (BAG v. 16.12.2008 – 9 AZR 893/07, NZA 2009, 565 Rz. 31 ff.). Das Mitbestimmungsrecht besteht also bei Teilzeitbeschäftigten grundsätzlich **im gleichen Umfang wie bei Vollzeitbeschäftigten**.

I. Arten von Teilzeitarbeit

1907 **Übersicht: Arten von Teilzeitarbeit**

- ☐ Teilzeitarbeit mit fester Arbeitszeit (klassische Teilzeitarbeit)
    - ☐ Halbtagsarbeit
    - ☐ Vollzeitarbeit an bestimmten Tagen oder Wochen, Freizeit an den übrigen Tagen oder Wochen
    - ☐ Jahresarbeitszeit (Vollzeitarbeit in bestimmten Monaten, Freizeit in der restlichen Zeit)
    - ☐ Zeitlich nicht begrenzte Verringerung der Arbeitszeit
    - ☐ Zeitlich begrenzte Verringerung der Arbeitszeit
- ☐ Teilzeitarbeit mit flexibler Arbeitszeit
    - ☐ Abrufarbeit (KAPOVAZ)
    - ☐ Jobsharing
    - ☐ Gleitzeit

Teilzeitarbeit tritt in der Arbeitswelt in den **verschiedensten Erscheinungsformen** auf. Zum einen gibt es Teilzeit-Arbeitsverträge mit **festgelegter Dauer und Lage** der Arbeitszeit (klassische Teilzeitarbeit). Zum anderen sind auch Vereinbarungen möglich, die eine **flexible Gestaltung der Arbeitszeitlage** zulassen. Dazu zählt z.B. Abrufarbeit (KAPOVAZ), Jobsharing nach § 13 TzBfG sowie eine Gleitzeitvereinbarung. 1908

1. Klassische Teilzeitarbeit

Bei der klassischen Teilzeitarbeit sind die **Arbeitszeitdauer und -lage fest** vereinbart. Der Teilzeitbeschäftigte arbeitet also entweder jeden Tag mit verkürzter Arbeitszeit (Halbtags- oder Schichtarbeit) oder an bestimmten Tagen oder Wochen in Vollzeit, in der übrigen Zeit gar nicht. Auch ein Jahresarbeitszeitvertrag ist möglich. Dabei wird ein Arbeitszeitdeputat pro Jahr festgelegt, das durch Vollzeitarbeit in manchen Monaten und Freizeit in anderen Monaten erreicht wird. 1909

Die Vereinbarung einer festen Dauer und Lage der Teilzeitarbeit kommt häufig dem Teilzeitarbeitnehmer entgegen, der entweder die freie Zeit benötigt, um **familiären Pflichten** nachzukommen oder um durch **weitere Teilzeitarbeitsverhältnisse** – ergänzend – den Lebensunterhalt zu bestreiten. 1910

2. Abrufarbeit (KAPOVAZ)

Literatur: *Bauer/Günther*, Heute lang, morgen kurz – Arbeitszeit nach Maß!, DB 2006, 950; *Bepler*, Null-Stunden-Verträge, FA 2016, 362; *Bieder*, Der Nullstundenvertrag – zulässiges Flexibilisierungsinstrument oder Wegebreiter für ein modernes Tagelöhnertum?, RdA 2015, 388; *Feuerborn*, Die Flexibilisierung der Arbeit auf Abruf – Zur Neuinterpretation des § 12 Abs. 1 Satz 2 TzBfG durch das BAG, SAE 2007, 59; *Hohenstatt/Schramm*, Neue Gestaltungsmöglichkeiten zur Flexibilisierung der Arbeitszeit, NZA 2007, 238; *Kramer/Keine*, Arbeit auf Abruf – Spielräume bei der vertraglichen Gestaltung, ArbR 2010, 233; *Preis*, Flexicurity und Abrufarbeit – Flexible Arbeitsvertragsgestaltung zwischen 0 und 260 Stunden?, RdA 2015, 244.

Unter kapazitätsorientierter variabler Arbeitszeit (KAPOVAZ) versteht man die Möglichkeit des Arbeitgebers, die **Arbeitszeit dem jeweiligen Arbeitsanfall anzupassen**. Bei entsprechendem Arbeitskräftebedarf kann der Arbeitgeber die Leistung des Arbeitnehmers abrufen. Typisch ist also das einseitige Leistungsbestimmungsrecht des Arbeitgebers. 1911

Durch die Möglichkeit des Abrufs der Arbeitsleistung kann der Arbeitgeber auf langfristig nicht vorhersehbare **Schwankungen des Arbeitsanfalls** flexibel reagieren. Er muss bei geringerem Arbeitsaufkommen nicht Kurzarbeit anordnen oder gar kündigen und umgekehrt bei höherer Auslastung zunächst keine neuen Arbeitnehmer einstellen. Jedoch ist aus Gründen des Arbeitnehmerschutzes nicht jegliche Flexibilisierung und Anpassung an den Arbeitsanfall zulässig. Anderenfalls müsste der Arbeitnehmer das wirtschaftliche Risiko tragen – hätte also kein regelmäßiges Einkommen –, obwohl er keinen Einfluss auf die unternehmerischen Entscheidungen hat. 1912

a) Arten der Abrufarbeit

Abrufarbeit i.S.d. § 12 TzBfG kann unterschiedlich ausgestaltet sein. Zum besseren Verständnis sollen hier die gängigen Modelle kurz begrifflich bestimmt werden. 1913

Grundsätzlich besteht die Möglichkeit, dass die Arbeitsvertragsparteien eine variable Arbeitszeitvereinbarung treffen und dabei dem **Umfang der Hauptleistungspflicht nicht näher** bestimmen. Ebenso unterfällt dem Anwendungsbereich von § 12 TzBfG die sog. **Bandbreitenregelung**. Hierbei legen die Arbeitsvertragsparteien einen bestimmten Rahmen für die Dauer der Arbeitszeit fest, innerhalb dessen der Arbeitgeber die Arbeitszeit variieren kann. Möglich ist es zudem, eine Vereinbarung zu treffen, nach der die Lage der Arbeitszeit variabel ist, wohingegen der Arbeitsumfang im Hinblick auf einen festgelegten Bezugszeitraum bereits vorgeschrieben ist, sog. „KAPOVAZ-Abrede". Der Arbeitgeber kann hierbei sowohl die Lage der Arbeitszeit als auch die Dauer der täglichen Arbeitszeit seinem Be- 1914 darf flexibel gestalten. Auch **Mischformen** zwischen fester und variabler Arbeitszeit können vereinbart werden.

b) Sonderregelungen zur kurzfristigen Festsetzung der Lage der Arbeitszeit

1915 Die flexible Anpassung der Arbeitszeit an den Arbeitsbedarf liegt vornehmlich im Interesse des Arbeitgebers. Um dem **Schutzbedürfnis der Arbeitnehmer** gerecht zu werden und um die sozialverträgliche Gestaltung derartiger Arbeitsbedingungen zu sichern, unterliegt das Direktionsrecht des Arbeitgebers gemäß § 12 TzBfG gewissen **Grenzen**.

1916 Gemäß § 12 Abs. 1 S. 2 TzBfG muss im Arbeitsvertrag eine bestimmte Dauer der Arbeitszeit, also der Stundenumfang, festgelegt werden. Im Unterschied zu der früheren Regelung des § 4 Abs. 1 BeschFG, die einen Bezugszeitraum nicht enthielt, muss eine **Vereinbarung über die wöchentliche und tägliche Arbeitszeit** getroffen werden. Dadurch soll dem Arbeitnehmer bei Abrufarbeit ein **Mindestschutz** zukommen, indem er sich durch die Festlegung einer wöchentlichen und täglichen Arbeitszeit auf ein **festes wöchentliches Einkommen** verlassen kann sowie keinen unzumutbaren Belastungen durch viele kurze Arbeitseinsätze ausgesetzt wird (z.B. durch lange Anfahrtswege).

1917 Ginge man nun aber davon aus, dass der Arbeitnehmer in jeder Woche genauso viele Stunden arbeiten muss, wie im Vertrag festgelegt sind, wäre der Zweck des § 12 TzBfG, nämlich eine Flexibilisierung der Arbeitszeit durch Anpassung an den Arbeitsanfall, unerreichbar. Es besteht daher die Möglichkeit, **Arbeitszeitguthaben bzw. -defizite** anzusammeln, welche in einem festgelegten Zeitraum ausgeglichen werden müssen. Weder aus dem Gesetz noch aus der Rechtsprechung des BAG lassen sich Rückschlüsse auf den Umfang des Zeitraums ziehen. Als zulässig erachtet werden jedenfalls auch **Jahresarbeitszeitverträge** (vgl. BAG v. 9.8.2000 – 4 AZR 452/99). So werden die **Interessen beider Seiten** angemessen berücksichtigt: Der Arbeitnehmer kann sich wegen der Festlegung einer Wochenarbeitszeit eines konstanten Einkommens sicher sein, auch wenn er nicht in jeder Woche die angegebene Stundenzahl arbeiten muss, der Arbeitgeber kann auf schwankenden Arbeitsanfall auch über einen mehrmonatigen Zeitraum hinweg durch unterschiedliche Heranziehung des Arbeitnehmers reagieren.

1918 § 12 Abs. 1 S. 2 TzBfG stellt **kein Verbotsgesetz** i.S.d. § 134 BGB dar. Haben die Parteien **keine bestimmte Dauer der wöchentlichen Arbeitszeit** festgelegt, ist der Arbeitsvertrag nicht unwirksam, sondern es gilt lediglich eine wöchentliche Arbeitszeit von **20 Stunden** als vereinbart (§ 12 Abs. 1 S. 3 TzBfG). Die Vereinbarung einer Wochenarbeitszeit von weniger als zehn Stunden wird durch § 12 Abs. 1 TzBfG jedoch nicht ausgeschlossen. Die Fiktion des § 12 Abs. 1 S. 3 TzBfG greift nämlich nur ein, wenn die wöchentliche Arbeitszeit **nicht festgelegt** wurde. Eine Mindestarbeitszeit gewährleistet sie hingegen nicht.

1919 Eine Vereinbarung i.S.d. § 12 Abs. 1 S. 2 TzBfG muss nicht ausdrücklich getroffen werden. Ausreichend ist vielmehr auch eine **konkludente Übereinkunft** (vgl. BAG v. 26.9.2012 – 10 AZR 202/10, DB 2013, 290). Subsidiär kann der mutmaßliche Wille der Parteien im Wege der ergänzenden Vertragsauslegung unter Heranziehung der **tatsächlichen Vertragsdurchführung** bestimmt werden. Arbeitet der Arbeitnehmer bei fehlender Vereinbarung einer bestimmten wöchentlichen Arbeitszeit **tatsächlich mehr als 20 Stunden** pro Woche, verdrängt diese faktische Konkretisierung der Arbeitspflicht die gesetzliche 20-Stunden-Fiktion. Es würde gegen den vom Gesetz bezweckten Schutz des Arbeitnehmers verstoßen, von (nur) 20 Wochenarbeitsstunden auszugehen, wenn sich in der Vergangenheit tatsächlich eine längere Arbeitszeit herausgebildet hat (vgl. ErfK/*Preis* § 12 TzBfG Rz. 16).

1920 Haben die Arbeitsvertragsparteien die **tägliche Dauer** der Arbeitszeit nicht festgelegt, so ist der Arbeitgeber verpflichtet, den Arbeitnehmer jeweils für **mindestens drei aufeinanderfolgende Stunden** zur Arbeitsleistung in Anspruch zu nehmen, § 12 Abs. 1 S. 4 TzBfG. Beschäftigt der Arbeitgeber den Arbeitnehmer nicht für mindestens drei Stunden, so ist er zur Zahlung des Arbeitsentgelts für drei Stunden nach § 615 BGB ohne Rücksicht auf den Grund der Nichtinanspruchnahme verpflichtet. Insoweit wird der arbeitsrechtliche Grundsatz „Kein Lohn ohne Arbeit" modifiziert (ErfK/*Preis* § 12 TzBfG Rz. 24).

Wie bei § 12 Abs. 1 TzBfG hinsichtlich der Wochenmindestarbeitszeit ist die **Mindestbeschäftigungszeit** von drei Stunden täglich ebenfalls **nicht zwingend**. Die Arbeitsvertragsparteien können kürzere Arbeitseinsätze vereinbaren. Der Arbeitnehmer bedarf dann keines Schutzes, weil er sich von vornherein auf die vereinbarte Arbeitszeit einstellen kann. § 12 Abs. 1 S. 4 TzBfG greift also – wie § 12 Abs. 1 S. 3 TzBfG – nur ein, wenn die Parteien nichts anderes vereinbart haben. Dazu reicht es allerdings nicht aus, dem Arbeitgeber das globale Recht einzuräumen, den Arbeitnehmer auch zu Arbeitseinheiten heranzuziehen, die die 3-Stunden-Grenze unterschreiten. Eine solche Vertragsgestaltung ist unzulässig. Zieht der Arbeitgeber den Arbeitnehmer zu einer die **Grenze der drei Stunden unterschreitenden Arbeitseinheit** heran, steht dem Arbeitnehmer ein **Wahlrecht** dahingehend zu, ob er die Arbeitsleistung erbringen will. Ebenso steht es ihm zu, die Arbeit nur unter der Prämisse abzuleisten, dass ihm drei Stunden bezahlt und angerechnet werden. 1921

Um dem Arbeitnehmer die Planung seines Arbeitseinsatzes zu ermöglichen, ist der Arbeitgeber gemäß § 12 Abs. 3 TzBfG verpflichtet, ihm die Lage seiner Arbeitszeit jeweils **mindestens vier Tage im Voraus anzukündigen**. Dies gilt auch für den Fall, dass der Arbeitgeber eine bereits erteilte Weisung ändern oder widerrufen will. Hält der Arbeitgeber diese Abruffrist, die sich nach den allgemeinen zivilrechtlichen Regelungen errechnet (§§ 186 ff. BGB), nicht ein, so kann der Arbeitnehmer seine Arbeitsleistung verweigern, muss es aber nicht. Kommt der Arbeitnehmer der Arbeitsleistung aus diesem Grunde nicht nach, so kann er allerdings weder ein Entgelt verlangen noch wird die Zeit auf sein Arbeitsdeputat angerechnet. Anderes gilt nur dann, wenn der Arbeitgeber in Annahmeverzug gerät. 1922

Eine von § 12 Abs. 1 TzBfG abweichende Regelung zuungunsten des Arbeitnehmers scheitert an § 22 Abs. 1 TzBfG. Insofern ist auch ein im Voraus vom Arbeitnehmer erklärter Verzicht gem. § 134 BGB unwirksam. Gemäß § 12 Abs. 6 TzBfG ist es allerdings den **Tarifvertragsparteien** erlaubt, auch zuungunsten der Arbeitnehmer von § 12 Abs. 1 und 3 des TzBfG abzuweichen. Voraussetzung dafür ist allerdings im Unterschied zum früheren § 6 BeschFG, dass der **Tarifvertrag Regelungen über die tägliche und wöchentliche Arbeitszeit und die Ankündigungsfrist enthält**. Ob damit auch Bandbreitenregelungen, die von der Rechtsprechung bislang allgemein für zulässig erachtet wurden (vgl. etwa BAG v. 12.3.1992 – 6 AZR 311/90, NZA 1992, 938), ausgeschlossen sind, ist unklar. Der Wortlaut des § 12 Abs. 6 TzBfG schließt Bandbreitenregelungen nicht von vornherein aus. Erforderlich ist lediglich, dass der Tarifvertrag überhaupt Regelungen der täglichen und wöchentlichen Arbeitszeit enthält. Wie genau die tägliche und wöchentliche Dauer festgelegt sein muss, schreibt das Gesetz nicht vor. 1923

c) Grenzen der Flexibilisierung der Dauer der Arbeitszeit

Nach früherer Rechtsprechung waren Vereinbarungen, nach denen der Arbeitgeber die Dauer der Arbeitszeit bestimmen können soll, unzulässig (BAG v. 12.12.1984 – 7 AZR 509/83, NZA 1985, 321), weil hierin eine Umgehung des gesetzlichen Schutzes für Änderungskündigungen (§ 2 KSchG) gesehen wurde. Durch eine solche Vereinbarung könnte der Arbeitgeber die Arbeitszeit beliebig reduzieren oder erhöhen und auf diese Weise auch Einfluss auf die Vergütung und damit den Kernbereich des Arbeitsverhältnisses nehmen, wenn die Vergütung nach Zeiteinheiten bemessen wird. Die gegenseitigen Hauptpflichten sind daher einer einseitigen Bestimmung durch den Arbeitgeber nicht zugänglich. 1924

Diese Rechtsprechung hat das BAG aufgegeben (BAG v. 7.12.2005 – 5 AZR 535/04, NZA 2006, 423). Eine **variable Dauer der Arbeitszeit** durch Abrufarbeit oder **Bandbreitenregelungen** verstößt danach nicht gegen **§ 12 Abs. 1 S. 2 TzBfG**. Weder Wortlaut noch Zweck der Regelung sprechen dagegen, „Dauer" i.S.v. „**Mindestdauer**" zu verstehen. Die Festsetzung einer Mindestdauer sei durch § 12 Abs. 1 1925

S. 3 und 4 TzBfG sogar naheliegend. Darüber hinausgehend bestehe grundsätzlich – im Rahmen der allgemeinen Grenzen der Vertragsfreiheit – Flexibilität. § 12 TzBfG bezwecke lediglich einen Mindestschutz der Arbeitnehmer, vom Arbeitgeber überhaupt nicht zur Arbeitsleistung herangezogen zu werden und dadurch jeglichen Vergütungsanspruch zu verlieren. Dieser Mindestschutz sei auch dann erreicht, wenn der Arbeitnehmer über die Mindeststundenzahl hinaus verpflichtet sei, auf Abruf tätig zu werden, ohne dass ein Anspruch auf dieses Tätigwerden bestehe. **Schutz** des Arbeitnehmers vor dem hierdurch eröffneten hohen Flexibilisierungspotential bot die Inhaltskontrolle der Abrufvereinbarung **nach §§ 305 ff. BGB**. Die Entscheidung bewirkte einen weitgehenden Gleichlauf von Abrufarbeit und der Rechtsprechung zum Widerrufsvorbehalt (so *Preis/Lindemann* NZA 2006, 632; AG/*Arnold* Rz. 16 ff.; *Arnold* FS Löwisch (2007), 1 ff.; ablehnend *Laux/Schlachter* Rz. 44).

1926 Die seit 1.1.2019 geltende Fassung des § 12 Abs. 2 TzBfG kodifiziert nunmehr die Grenze, die das BAG (BAG v. 7.12.2005 – 5 AZR 535/04, NZA 2006, 423) für die Angemessenheitskontrolle einer Vereinbarung über Arbeit auf Abruf aufstellte. Dadurch wird der Umfang der flexibel abrufbaren Arbeit begrenzt, um den Arbeitnehmern bei Abrufarbeit mehr Planungs- und Einkommenssicherheit zu gewähren (BT-Drs. 19/3452 S. 20). Ist eine Mindestarbeitszeit vereinbart, kann der Arbeitgeber höchstens 25 % zusätzlich abrufen (§ 12 Abs. 2 S. 1 TzBfG); bei der Vereinbarung einer Höchstarbeitszeit kann der Arbeitgeber maximal 20 % weniger abrufen (§ 12 Abs. 2 S. 2 TzBfG). Hierdurch werden nicht etwa zwei unterschiedliche Grenzen geregelt, sondern eine Grenze von 25 % nach oben, aus der sich rechnerisch eine Grenze von 20 % nach unten ergibt (vgl. *Bauer/Günther* DB 2006, 950, 951; ErfK/*Preis* § 12 TzBfG Rz. 23 f.).

Unklar bleibt, welche Rechtsfolge ein Verstoß gegen § 12 Abs. 2 TzBfG nach sich zieht. Der Wortlaut der Vorschrift streitet für die Annahme eines Leistungsverweigerungsrechts, bezogen auf den überschießenden Teil ohne eine etwaige Erhöhung der Mindestabrufzeit. Freilich ist nicht davon auszugehen, dass der Gesetzgeber eine von der Rechtsprechung abweichende Rechtsfolge treffen wollte. Es bleibt daher bei den vom BAG aufgestellten Grundsätzen, dass im Wege der ergänzenden Vertragsauslegung mittels der vereinbarten Mindestarbeitszeit und der für gewöhnlich geleisteten Abrufarbeit eine neue reguläre Arbeitszeit zu bestimmen ist (*Bayreuther* NZA 2018, 1577, 1581; ErfK/*Preis* § 12 TzBfG Rz. 24).

1927 Damit berücksichtigt der Gesetzgeber die berechtigten beiderseitigen Interessen – nämlich auf Arbeitgeberseite die Notwendigkeit der Anpassung von Arbeitsbedingungen an externe Gegebenheiten und auf Arbeitnehmerseite das Interesse an möglichst planbarer Arbeitszeit – in angemessener Weise.

Beispiel: Bei einer Sockelarbeitszeit von 30 Wochenstunden kann der Arbeitgeber über eine vereinbarte Arbeit auf Abruf die regelmäßige Arbeitszeit in der Woche auf bis zu 37,5 Stunden heraufsetzen. Soweit die Voraussetzungen für die Anordnung von Überstunden vorliegen, kann die Arbeitszeit noch weiter verlängert werden.

Ist eine Mindestarbeitszeit von 15 Wochenstunden vereinbart, so beträgt die zusätzlich abrufbare Arbeitszeit nur 3,75 Stunden.

1928 Das Beispiel illustriert den zusätzlichen positiven Effekt, den die Rechtsprechung auf den Schutz des Arbeitnehmers hat: Je geringer die vereinbarte wöchentliche Mindestarbeitszeit angesetzt ist, desto geringer ist auch das Arbeitszeitvolumen, das der Arbeitgeber zusätzlich abrufen kann. Besteht auf Arbeitgeberseite also ein hohes Interesse an Flexibilität, ist er gehalten, keine zu geringe Mindestarbeitszeit mit dem Arbeitnehmer zu vereinbaren.

1929 In der Praxis werden jedoch zahlreich viel zu weitreichende und damit unwirksame Klauseln verwendet.

Beispiele unangemessener Klauseln: „Der Arbeitgeber legt die Dauer der Arbeitszeit im Einzelfall fest. Die Vergütung erfolgt nach den tatsächlich geleisteten Stunden."

„Arbeitszeit und Arbeitseinsatz des Arbeitnehmers erfolgen nach den betrieblichen Notwendigkeiten/richten sich nach dem Arbeitsanfall/dem betrieblichen Bedarf. Die Vergütung erfolgt nach den tatsächlich geleisteten Stunden."

„Die wöchentliche Arbeitszeit darf 6 Stunden nicht überschreiten. Der Arbeitgeber ist berechtigt, die Arbeitszeit von Fall zu Fall festzulegen. Die Vergütung erfolgt nach den tatsächlich geleisteten Stunden."

„Die wöchentliche Arbeitszeit beträgt mindestens 20 Stunden. Der Arbeitgeber kann jedoch bei Bedarf eine höhere Wochenarbeitszeit festlegen. Die Vergütung erfolgt nach den tatsächlich geleisteten Stunden."

„Die monatliche Arbeitszeit beträgt im Durchschnitt 150 Stunden."

Der Neunte Senat des BAG ging in diesen Fällen bisher davon aus, eine nicht klar und verständlich i.S.d. § 307 Abs. 1 S. 2 BGB formulierte Vertragsbedingung sei im Wege der **ergänzenden Vertragsauslegung** durch den mutmaßlichen Parteiwillen zu ersetzen, ein Vollzeitarbeitsverhältnis zu begründen (BAG v. 21.6.2011 – 9 AZR 236/10, NZA 2011, 1274 Rz. 50). Zu einem gänzlich gegenteiligen Ergebnis kam jüngst der Fünfte Senat des BAG in einer Entscheidung vom 24.9.2014 (5 AZR 1024/12, NZA 2014, 1328). Der der Entscheidung zugrundeliegende Arbeitsvertrag enthielt weder eine bestimmte Dauer der wöchentlichen noch der täglichen Arbeitszeit. Gleichwohl ging der Senat davon aus, es sei ausdrücklich keine Vollzeitbeschäftigung von den Parteien gewollt. Zugunsten des Arbeitnehmers greife lediglich der Schutz des § 12 Abs. 1 S. 3 TzBfG a.F., sodass eine Arbeitszeit von zehn Wochenstunden als vereinbart galt. Eine Inhaltskontrolle nach Maßgabe der §§ 305 ff. BGB unterblieb. Inwieweit die Rechtsprechung auch nach Aufstockung der Fiktionswirkung auf 20 Stunden weitergeführt wird, bleibt hingegen offen (zur Kritik *Preis* RdA 2015, 244; *Preis/Schwarz* NJW 2018, 3673, 3678 f.). 1930

Sofern das BAG auch künftig auf eine Lückenfüllung durch § 12 Abs. 1 S. 3 TzBfG abstellen wird, ist dies auch nach dessen Neufassung regelmäßig nicht interessengerecht – jedenfalls dann, wenn die tatsächliche Vertragsdurchführung eine andere Durchschnittsarbeitszeit offenbart (*Thüsing* DB 2018, 1076, 1079; vgl. *Preis/Schwarz* NJW 2018, 3673, 3678). Zudem gilt zu beachten, dass die Norm nur subsidiär eingreift. Auch eine konkludente Vereinbarung ist daher vorrangig zu beachten, welche sich wiederum aus der bisherigen durchschnittlichen Arbeitsdauer ermitteln lässt. § 12 Abs. 1 S. 3 TzBfG hat damit kaum einen relevanten Anwendungsbereich. 1931

Virulenz haben in diesem Zusammenhang auch sog. **„Null-Stunden-Verträge"**, die sich als neue Spielart der Flexibilisierung des Arbeitsverhältnisses aufgetan haben. Grundsätzlich ist der Arbeitnehmer vertraglich verpflichtet – zumindest in einem gewissen Umfang – Dienste zu erbringen. Damit korrespondiert die arbeitgeberseitige Pflicht, diese Dienste auch abzunehmen. Andernfalls gerät er in Annahmeverzug (§ 615 BGB). Bei den Null-Stunden-Verträgen besteht das Kernelement hingegen darin, dass nach der vertraglichen Abrede kein Anspruch auf eine monatliche durchschnittliche Beschäftigungsdauer und damit verbunden auch kein in einer bestimmten Höhe liegendes Entgelt besteht. Folge dieser Vertragsgestaltung ist, dass das Beschäftigungsrisiko vollständig auf den Arbeitnehmer abgewälzt wird und der Arbeitgeber gänzlich frei in der Entscheidung sein soll, den Arbeitnehmer zur Arbeitsleistung heranzuziehen oder eben nicht. Auch hier sind jedoch die Flexibilisierungsgrenzen des § 12 TzBfG zu beachten. Zum einen hat der Arbeitgeber dem Arbeitnehmer die Lage seiner Arbeitszeit mindestens vier Tage im Voraus anzukündigen, vgl. § 12 Abs. 3 TzBfG. Außerdem greift die Fiktion des § 12 Abs. 1 S. 3 TzBfG ein, sodass mangels fester Abrede über die wöchentliche Arbeitszeit zumindest eine solche von 20 Stunden als vereinbart gilt. 1932

d) Problem: Entgeltfortzahlung

Die Tatsache, dass der Arbeitgeber die Arbeit entsprechend seines Bedarfs abrufen kann, führte zu Problemen im Hinblick auf **Feiertagsvergütungen** und Entgeltfortzahlung im Krankheitsfall. Der Arbeitgeber konnte die zusätzlichen Kosten der Feiertagsarbeit grundsätzlich dadurch umgehen, dass er den Arbeitnehmer nicht oder an einem anderen Tag zur Arbeit heranzog. Probleme ergaben sich auch für den Fall, dass der Arbeitnehmer kurzfristig erkrankt und der Arbeitgeber die Arbeit noch 1933 nicht abgerufen hat. Der Arbeitnehmer ist nämlich verpflichtet, den Arbeitgeber nicht erst mit Abruf, sondern bereits mit ihrem Eintritt über die **Erkrankung** zu informieren (vgl. ErfK/*Preis* § 12 TzBfG Rz. 38). Die Schwierigkeiten werden nunmehr durch die Neuregelung des § 12 Abs. 4 und Abs. 5 TzBfG aufgefangen, indem für die Berechnung der Entgeltfortzahlung im Krankheitsfall sowie im Falle der Feiertagsvergütung die regelmäßige Arbeitszeit der letzten drei Monate vor Beginn der Krankheit oder des Feiertags als maßgeblich erachtet werden (*Preis/Schwarz* NJW 2018, 3673, 3679).

3. Arbeitsplatzteilung

1934 In § 13 TzBfG hat der Gesetzgeber Bestimmungen aufgenommen, die Sonderformen der Teilzeitarbeit, die **Arbeitsplatzteilung** und das **Turnusarbeitsverhältnis**, regeln. Die Vorschrift strebt die sozialverträgliche Ausgestaltung dieser Arbeitsverhältnisse an.

1935 Nach der gesetzlichen Definition des § 13 Abs. 1 S. 1 TzBfG ist unter „Arbeitsplatzteilung" eine Vereinbarung zwischen Arbeitgeber und **zwei oder mehreren Arbeitnehmern** (Partnern) zu verstehen, nach der diese sich die Arbeitszeit **an einem Arbeitsplatz teilen**. Der Begriff „Arbeitsplatzteilung" wird gleichgesetzt mit dem Begriff des **„Jobsharing"**, der wörtlich übersetzt dasselbe bedeutet. In der näheren Ausgestaltung unterscheidet sich das deutsche Arbeitsmodell jedoch von dem amerikanischen „Jobsharing", bei dem die Arbeitnehmer dem Arbeitgeber als gesellschaftlich organisierte Eigengruppe gegenübertreten. Nach dem deutschen Modell hingegen bestehen zwischen den einzelnen Arbeitnehmern keine vertraglichen Beziehungen. **Jeder Jobsharer** schließt einen **eigenen Arbeitsvertrag** mit dem Arbeitgeber, aufgrund dessen er sich verpflichtet, den ihm zugewiesenen Arbeitsplatz in Abstimmung mit dem/den anderen am selben Arbeitsplatz Beschäftigten im Rahmen eines vorher aufgestellten Arbeitszeitplans während der betriebsüblichen Arbeitszeit alternierend zu besetzen.

1936 Von der Begriffsdefinition her ist es **nicht erforderlich**, dass der zu teilende Arbeitsplatz einem **Vollzeitarbeitsplatz** entspricht. Erfasst werden auch solche Arbeitsplätze, bei denen eine kürzere oder längere als die betriebsübliche Arbeitszeit geleistet wird. Deshalb können auch mehrere Arbeitsplätze auf eine größere Anzahl von Jobsharern aufgeteilt werden.

1937 Die **Arbeitszeit** des Jobsharers muss unterhalb der betriebsüblichen Arbeitszeit eines Vollzeitarbeitnehmers bleiben. Das bei einem „normalen" Arbeitsverhältnis innerhalb der gesetzlichen und vertraglichen Schranken bestehende Direktionsrecht des Arbeitgebers hinsichtlich der Lage der Arbeitszeit ist bei einem Jobsharing-Arbeitsverhältnis – auch ohne eine spezielle Regelung im Arbeitsvertrag – in der Weise eingeschränkt, dass die Jobsharer die **Verteilung der Arbeitszeit untereinander selbst bestimmen** können. Lediglich wenn sie keine Einigung erzielen, fällt insoweit das Direktionsrecht auf den Arbeitgeber zurück (*Schaub/Linck* § 43 Rz. 20). Die Arbeitszeitplanung ist dem Arbeitgeber rechtzeitig bekannt zu geben.

1938 Die **Aufteilung der Arbeitszeit** kann dabei den unterschiedlichsten Modellen folgen.

Beispiele für die Aufteilung der Arbeitszeit:
- Ein Jobsharer arbeitet vormittags, der andere nachmittags.
- Die Jobsharer wechseln sich tageweise ab, d.h., sie arbeiten an einigen Tagen vollschichtig und an anderen gar nicht.
- Es findet ein wöchentlicher oder monatlicher Wechsel statt.

1939 Aber nicht nur hinsichtlich der möglichen Arbeitszeitaufteilung variieren Jobsharing-Arbeitsmodelle. Es ist auch danach zu unterscheiden, ob die Arbeitnehmer **gemeinsam die Verantwortung** für die Erledigung der ihnen übertragenen Aufgaben übernehmen oder ob sie die anfallenden Arbeiten **in ihrem Zeitabschnitt nach eigener Verantwortung** erledigen. Im ersten Falle spricht man entsprechend der amerikanischen Wortwahl vom „Jobpairing", im zweiten vom „Jobsplitting". Je nach Arbeitsmodell können sich Leistungsstörungen unterschiedlich auswirken.

Fällt ein an der Arbeitsplatzteilung teilnehmender Arbeitnehmer aus, so sind nach § 13 Abs. 1 S. 2 TzBfG die anderen in die Arbeitsplatzteilung einbezogenen Arbeitnehmer zu dessen **Vertretung nur aufgrund** einer **für den einzelnen Vertretungsfall geschlossenen Vereinbarung** verpflichtet. Es ist über den in § 13 Abs. 1 S. 3 TzBfG geregelten Fall des dringenden betrieblichen Erfordernisses hinaus nicht zulässig, mit Jobsharern eine generelle gegenseitige Vertretungsverpflichtung zu vereinbaren. Solche Vereinbarungen sind gemäß § 134 BGB nichtig. Gegenteiliges gilt nur, wenn ein **dringendes betriebliches Erfordernis** i.S.d. § 13 Abs. 1 S. 3 TzBfG zu bejahen ist. Dies ist dann der Fall, wenn Arbeiten zu erledigen sind, die so dringlich sind, dass bei unterlassener Erledigung **erhebliche Nachteile** für den Betriebsablauf oder die Außenbeziehungen des Unternehmens entstehen, und die nicht auch durch andere Arbeitnehmer des Betriebs erledigt werden können. § 13 Abs. 1 S. 3 TzBfG verlangt ferner die **Zumutbarkeit der Vertretung**, die anhand einer Interessenabwägung im Einzelfall zu ermitteln ist. Die Zumutbarkeit wird bei Jobpairing-Verträgen eher anzunehmen sein als bei Jobsplitting-Verträgen, da beim Jobpairing die Verantwortung für die Erledigung der Aufgaben gemeinsam übernommen wird.

1940

Das Arbeitsverhältnis eines Jobsharers wird von dem **Ausscheiden eines anderen Arbeitnehmers**, mit welchem er sich einen Arbeitsplatz teilt, grundsätzlich nicht berührt. Es ist dem Arbeitgeber gemäß § 13 Abs. 2 S. 1 TzBfG untersagt, im Falle des Ausscheidens dem verbleibenden Arbeitnehmer eine Kündigung auszusprechen. Diese wäre gemäß § 134 BGB nichtig. Es ist auch eine Vereinbarung unzulässig, nach der das Jobsharing-Arbeitsverhältnis unter der **auflösenden Bedingung** des Bestands des Arbeitsverhältnisses mit dem Partner eingegangen wird. Der **Bestandsschutz** des Arbeitsverhältnisses hat damit zunächst Vorrang gegenüber dem Arbeitgeberinteresse. Dem Arbeitgeber bleibt aber das Recht zur **Änderungskündigung**, § 13 Abs. 2 S. 2 TzBfG, wenn hierfür ein betriebsbedingter Grund vorliegt.

1941

Der Arbeitgeber ist nach § 13 Abs. 2 S. 2 TzBfG auch zur **Kündigung** des Arbeitsverhältnisses mit Jobsharern **aus anderen Gründen** berechtigt. Hiermit stellt der Gesetzgeber klar, dass insoweit die **allgemeinen Regelungen gelten**, der Arbeitgeber also außerordentlich oder ordentlich aus personen-, verhaltens- oder betriebsbedingten Gründen kündigen kann.

1942

Ein **Turnusarbeitsverhältnis** liegt vor, wenn sich **Gruppen** von Arbeitnehmern auf bestimmten Arbeitsplätzen **in festgelegten Zeitabschnitten abwechseln**, ohne dass der Arbeitgeber mit ihnen eine Arbeitsplatzteilung i.S.d. § 13 Abs. 1 S. 1 TzBfG vereinbart hat. Gemäß § 13 Abs. 3 TzBfG gelten die Regelungen des § 13 Abs. 1, 2 TzBfG für Turnusarbeitsverhältnisse entsprechend.

1943

4. Gleitzeit

Gleitzeit ist keine nur bei Teilzeitarbeitsverhältnissen vorkommende Arbeitszeitregelung. Sie kann ebenso mit Vollzeitbeschäftigten vereinbart werden. Es lassen sich **zwei Grundtypen** von Gleitzeit unterscheiden: Zum einen finden sich Regelungen mit einer bestimmten täglichen Anwesenheitszeit (Kernzeit) und Gleitphasen morgens und/oder abends, zum anderen Gleitzeitmodelle ohne Kernzeit.

1944

Beispiele für Gleitzeittypen:
- **Gleitzeit mit Kernzeit**
  Die Betriebszeit, in der gearbeitet werden kann, dauert von 7.00 Uhr bis 19.00 Uhr. Jeder Arbeitnehmer muss in der Zeit von 9.00 Uhr bis 15.00 Uhr anwesend sein. In der Zeit zwischen 7.00 Uhr und 9.00 Uhr sowie zwischen 15.00 Uhr und 19.00 Uhr kann der Arbeitnehmer entsprechend seiner vereinbarten täglichen/wöchentlichen Arbeitszeit Beginn und Ende seiner Arbeitszeit selbst bestimmen.
- **Gleitzeit ohne Kernzeit**
  Die Betriebszeit, in der gearbeitet werden kann, dauert von 7.00 Uhr bis 19.00 Uhr. Feste Anwesenheitszeiten gibt es nicht, der Arbeitnehmer muss seine durchschnittliche Arbeitszeit innerhalb einer Woche/eines Monats erreichen.

1945

1946 **Kennzeichen** jeder Gleitzeitregelung ist, dass die **Dauer der Arbeitszeit** für einen bestimmten Zeitraum feststeht, die **Arbeitnehmer aber selbst** innerhalb der Gleitphasen über Beginn und Ende ihrer täglichen Arbeitszeit – die **Lage der Arbeitszeit** – entscheiden können.

1947 Die vereinbarte durchschnittliche wöchentliche/monatliche/jährliche Arbeitszeitdauer muss innerhalb eines bestimmten **Ausgleichszeitraums** erreicht werden und dient vornehmlich der Berechnung der konstanten Vergütung. Ob die Arbeitszeitdauer über- oder unterschritten wird, kann anhand eines **Arbeitszeitkontos** festgestellt werden, auf dem die jeweils geleisteten Stunden täglich verbucht werden. Was nach Ablauf des Ausgleichszeitraums mit einem Überhang an Zeitguthaben oder -defiziten geschehen soll, wird tarif- oder einzelvertraglich oder durch Betriebsvereinbarung geregelt.

1948 **Vorteil** der Gleitzeit ist eine gewisse Zeitsouveränität des Arbeitnehmers, wodurch **Arbeitszeit und private Termine in Einklang** gebracht werden können und nicht zwangsläufig während der Arbeitszeit erledigt werden müssen. Gerade bei Großunternehmen mit vielen Beschäftigten hat eine gleitende Arbeitszeit aber auch außerbetriebliche Auswirkungen. So kann eine unterschiedliche Anfangs- und Endzeit bewirken, dass **Verkehrsspitzen in Ballungsräumen gemildert** werden, wenn Arbeitnehmer außerhalb der Stoßzeiten des Berufsverkehrs fahren können.

5. Nebentätigkeit

Literatur: *Peters*, Nebentätigkeiten von Arbeitnehmern, 2006; *Wank*, Nebentätigkeit, 1995.

1949 Eine gesetzliche Definition der Nebentätigkeit besteht nicht. Von ihrem Vorliegen ist auszugehen, wenn eine **entgeltliche Tätigkeit neben einem Arbeitsverhältnis** ausgeübt wird, das den Arbeitnehmer überwiegend in Anspruch nimmt. Deshalb ist die Nebentätigkeit in einem Arbeitsverhältnis regelmäßig Teilzeitarbeit.

1950 Da der Arbeitnehmer (auch) dem Arbeitgeber im Hauptberuf nicht seine ganze Arbeitskraft zur Verfügung zu stellen braucht, sondern lediglich in dem vertraglich vereinbarten zeitlichen Umfang, ist die Ausübung einer **Nebentätigkeit** außerhalb der Arbeitszeit im Hauptberuf **grundsätzlich zulässig**. Unzulässig ist sie dagegen, wenn erhebliche Beeinträchtigungen der Arbeitskraft mit ihr einhergehen oder Wettbewerbsinteressen des Arbeitgebers entgegenstehen (Rz. 1173). Außerdem darf nach § 8 BUrlG während des Urlaubs keine dem Urlaubszweck widersprechende Erwerbstätigkeit ausgeübt werden.

1951 Das Recht, eine Nebenbeschäftigung aufzunehmen, kann **vertraglich**, tariflich oder kraft Betriebsvereinbarung **aufgehoben oder beschränkt werden.** Die Wirksamkeit eines solchen Nebentätigkeitsverbots wird allerdings begrenzt durch die Berufsfreiheit des Arbeitnehmers (Art. 12 Abs. 1 GG). Eine Vertragsklausel, die dem Arbeitnehmer jede vom Arbeitgeber nicht genehmigte Nebentätigkeit verbietet, ist daher als unzulässig anzusehen. Von der Rechtsprechung wird sie dahingehend ausgelegt, dass nur solche Nebentätigkeiten verboten sind, an deren Unterlassung der Arbeitgeber ein **berechtigtes Interesse** hat (vgl. BAG v. 11.12.2001 – 9 AZR 464/00, NZA 2002, 965, 967; BAG v. 26.8.1976 – 2 AZR 377/75, DB 1977, 544; Rz. 1195).

Beispiel: Ein partielles Nebentätigkeitsverbot für Busfahrer im Hinblick auf Tätigkeiten, die in Zusammenhang mit dem Lenken von Fahrzeugen stehen, ist zulässig, da hierdurch die **Einhaltung von Lenk- und Ruhezeiten** gesichert werden soll.

1952 Für die Parteien des Nebenbeschäftigungsverhältnisses gelten **dieselben Rechte und Pflichten** wie in einem Hauptarbeitsverhältnis.

6. Teilzeitarbeit während der Elternzeit

1953 Während der Elternzeit (dazu im Einzelnen Rz. 2329 ff.) kann der Arbeitnehmer **bis zu 30 Stunden wöchentlich** arbeiten (§ 15 Abs. 4 BEEG). Die Teilzeitarbeit kann er bei „seinem" Arbeitgeber ausüben oder aber mit dessen Zustimmung bei einem „fremden" Arbeitgeber. Sowohl das frühere BErzGG als auch das seit dem 5.12.2006 geltende BEEG gibt dem Arbeitnehmer einen **Rechtsanspruch auf Teilzeitarbeit**, § 15 Abs. 5–7 BEEG (Rz. 1974).

7. Altersteilzeit

Literatur: *Fabritius*, Gestaltungsmöglichkeiten im Rahmen von Altersteilzeit, ArbR 2011, 344; *Leisbrock*, Altersteilzeitarbeit, 2001; *Preis*, Alternde Arbeitswelt – Welche arbeits- und sozialrechtlichen Maßnahmen empfehlen sich zur Anpassung der Rechtsstellung und zur Verbesserung der Beschäftigungschancen älterer Arbeitnehmer?, Gutachten B für den 67. Deutschen Juristentag 2008; *Preis/Rolfs*, Das Altersteilzeitgesetz, SGb 1998, 147; *Wolf*, Die beiden Gesetze zur Fortentwicklung der Altersteilzeit, NZA 2000, 637.

Durch Altersteilzeitarbeit soll älteren Arbeitnehmern ein **gleitender Übergang vom Erwerbsleben in die Altersrente** ermöglicht werden (§ 1 Abs. 1 ATG). Ursprünglich sollte die Gewährung von Förderungsleistungen durch die Bundesagentur für Arbeit einen Anreiz bieten, durch eine Reduzierung der Arbeitszeit nach der Vollendung des 55. Lebensjahres den Weg eines kontinuierlichen, „gleitenden" Übergangs vom Erwerbsleben in den Ruhestand zu wählen. Zugleich soll durch die Einstellung eines Arbeitslosen oder die Übernahme eines Auszubildenden eine Entlastung des Arbeitsmarktes erreicht werden (BT-Drs. 13/4336 S. 14 ff.). Ob dieses Instrument der Arbeitsmarktpolitik in Ansehung der demographischen Entwicklung richtig ist, war stets erheblich umstritten (hierzu *Preis* Gutachten B zum 67. DJT 2008). Die Förderung ist dementsprechend in einer Auslaufphase. Für die Zeit seit dem 1.1.2010 werden Förderleistungen nach § 4 ATG nur noch erbracht, wenn die Voraussetzungen des § 2 ATG schon vor diesem Zeitpunkt vorgelegen haben (§ 16 ATG). Damit wird der arbeitsmarktpolitischen Kritik Rechnung getragen. Freilich wird die steuerliche Förderung immer noch fortgesetzt (vgl. § 1 Abs. 3 ATG). 1954

8. Geringfügige Beschäftigung

Literatur: *Griese/Preis/Kruchen*, Neuordnung der geringfügigen Beschäftigung, NZA 2013, 113; *Hanau*, Gleichbehandlung geringfügig Beschäftigter beim Entgelt, DB 2005, 946; *Lakies*, Auswirkungen des Mindestlohngesetzes auf geringfügig Beschäftigte, ArbRAktuell 2014, 527; *Lelley*, Die Rechtsprechung des EuGH zur Gleichbehandlung geringfügig Beschäftigter, NZA 2000, 405; *Rolfs*, Scheinselbständigkeit, geringfügige Beschäftigung und „Gleitzone" nach „Hartz II", NZA 2003, 65; *vom Stein/Beyer-Petz*, Geringfügige Beschäftigung – eine Bestandsaufnahme, DStR 2011, 977.

Geringfügige Beschäftigungsverhältnisse sind **auch Teilzeitarbeitsverhältnisse**. Dies stellt § 2 Abs. 2 TzBfG ausdrücklich klar. Eine geringfügige Beschäftigung liegt entweder bei **geringfügig entlohnter** oder bei **kurzfristiger Beschäftigung** vor. 1955

Ein **geringfügig entlohntes Beschäftigungsverhältnis** (Entgeltgeringfügigkeit) ist gemäß § 8 Abs. 1 Nr. 1 SGB IV anzunehmen, wenn das Arbeitsentgelt regelmäßig 450 Euro im Monat nicht übersteigt. Zu beachten ist, dass auch für geringfügig Beschäftigte der Mindestlohn von 9,19 Euro (ab 1.1.2019) pro Stunde eingreift. Infolgedessen darf bei Vorliegen eines geringfügig entlohnten Beschäftigungsverhältnisses eine regelmäßige monatliche Arbeitszeit von 48 Stunden nicht überschritten werden. Wird diese Entgeltgrenze nicht nur gelegentlich überschritten, liegt keine geringfügige Beschäftigung, sondern ein sozialversicherungspflichtiges Beschäftigungsverhältnis vor. 1956

Eine **kurzfristige Beschäftigung** liegt gemäß § 8 Abs. 1 Nr. 2 SGB IV vor, wenn die Beschäftigung innerhalb eines Kalenderjahres auf längstens drei Monate oder 70 Arbeitstage nach ihrer Eigenart begrenzt zu sein pflegt oder im Voraus vertraglich begrenzt ist, es sei denn, dass die Beschäftigung berufsmäßig ausgeübt wird und ihr Entgelt 450 Euro im Monat übersteigt. 1957

Durch Gesetz vom 23.12.2002 (BGBl. I S. 4621) sind die **sozialversicherungsrechtlichen Grundlagen** neu geregelt worden. Ziel der Neuregelung ist, die Finanzgrundlagen der Sozialversicherung durch 1958

Begründung einer arbeitgeberseitigen Beitragspflicht in der Kranken- und Rentenversicherung zu stärken. Dafür sind Pauschalbeiträge des Arbeitgebers zu entrichten (näher *Rolfs* NZA 2003, 65, 68 f.).

1959 Geringfügige Beschäftigungsverhältnisse sind **grundsätzlich kranken-** (§ 7 SGB V), **renten-** (§ 5 Abs. 2 Nr. 1 SGB VI) und **arbeitslosenversicherungsfrei** (§ 27 Abs. 2 SGB III). Der Arbeitgeber ist verpflichtet, das Beschäftigungsverhältnis der Meldestelle der Krankenkasse anzuzeigen.

1960 Nach § 8 Abs. 2 SGB IV sind **mehrere geringfügige Beschäftigungen** – auch bzw. insbesondere bei verschiedenen Arbeitgebern – **zusammenzurechnen.** Eine einzelne geringfügige Nebenbeschäftigung bei einem anderen Arbeitgeber ist aber nicht zusammenzurechnen. Entfallen hierdurch die Voraussetzungen nach § 8 Abs. 1 SGB IV, so liegt eine geringfügige Beschäftigung nicht mehr vor mit der Folge, dass die Versicherungspflicht eintritt. Es sind jedoch nur die Beschäftigungen entweder nach Nr. 1 oder nach Nr. 2 zusammenzurechnen. Geringfügig entlohnte Beschäftigungen sind also nicht mit kurzfristigen Beschäftigungen zusammenzuzählen.

1961 Es obliegt dem **Arbeitgeber, vor der Einstellung zu prüfen**, ob mehrere geringfügige Beschäftigungen vorliegen. Nimmt dagegen der **Arbeitnehmer**, der bereits geringfügig beschäftigt und daher versicherungsfrei ist, eine weitere geringfügige Beschäftigung auf, ist er gem. § 28o Abs. 1 SGB IV verpflichtet, dies seinem Arbeitgeber **mitzuteilen**. Kommt der Arbeitnehmer seiner Anzeigepflicht nicht nach, so ist er dem Arbeitgeber zum Schadensersatz verpflichtet, wobei jedoch die Arbeitgeberanteile der Beiträge zur gesetzlichen Kranken- und Rentenversicherung, die der Arbeitgeber nachentrichten muss, nach der Rechtsprechung des BAG nicht zu dem zu ersetzenden Schaden gehören (BAG v. 27.4.1995 – 8 AZR 382/94, NZA 1995, 935).

1962 „*Diese Beiträge hatte die Klägerin kraft Gesetzes zu tragen. Sie hätte sie auch tragen müssen, wenn die Beklagte die weitere Beschäftigung angezeigt hätte. Anders wäre nur zu entscheiden, wenn die Klägerin das Arbeitsverhältnis wegen der Aufnahme der weiteren Beschäftigung hätte kündigen können. Dies war aber nicht möglich, da die Beklagte dadurch ihre arbeitsvertraglichen Verpflichtungen nicht verletzt hat.*" (BAG v. 18.11.1988 – 8 AZR 12/86, NZA 1989, 389, 390)

1963 Ob sich der Arbeitgeber **arbeitsvertraglich** gegen die Kosten der Beitragsnachentrichtung **absichern kann**, ist bislang **nicht abschließend geklärt**. § 32 SGB I verbietet privatrechtliche Vereinbarungen, die zum Nachteil des Sozialleistungsberechtigten von Vorschriften des Sozialgesetzbuches abweichen. Es könnte jedoch ein Anspruch aus § 280 Abs. 1 BGB („positive Vertragsverletzung") in Betracht kommen, da die Verletzung der Mitteilungspflicht eine vertragliche Nebenpflichtverletzung darstellt (*Gitter* Anm. zu BAG v. 18.11.1988 – 8 AZR 12/86, NZA 1989, 389).

1964 § 17 Abs. 1 MiLoG erlegt dem Arbeitgeber im Übrigen besondere Aufzeichnungspflichten im Hinblick auf geringfügig Beschäftigte auf. So muss er Beginn, Ende und Dauer der täglichen Arbeitszeit bis zum Ablauf des siebten auf den Tag der Arbeitsleistung folgenden Kalendertages aufzeichnen und diese Aufzeichnungen mindestens zwei Jahre beginnend ab dem für die Aufzeichnung maßgeblichen Zeitpunkt aufbewahren.

II. Diskriminierungsverbote und Förderung von Teilzeitarbeit

1965 § 4 Abs. 1 TzBfG untersagt dem Arbeitgeber eine **Ungleichbehandlung** von Teilzeitbeschäftigten **wegen der Teilzeitbeschäftigung**, es sei denn, sachliche Gründe für die Ungleichbehandlung liegen vor (Rz. 1685). Der Arbeitgeber darf daher beispielsweise Überstundenzuschläge nicht von der Überschreitung einer für Voll- und Teilzeitarbeitnehmer identischen Anzahl von Arbeitsstunden abhängig machen. Die Arbeitszeit, ab deren Erreichen Überstundenzuschläge gezahlt werden, muss für Teilzeitbeschäftigte im Verhältnis zur Arbeitszeit der Vollzeitbeschäftigten proportional geringer ausfallen (BAG v. 19.12.2018 – 10 AZR 231/18, AP TzBfG § 4 Nr. 27; ErfK/*Preis* § 4 TzBfG Rz. 31 f. m.w.N.).

Neben dem Diskriminierungsverbot des § 4 Abs. 1 TzBfG bestehen weitere Vorschriften zum Schutz des Teilzeitarbeitnehmers.

Gemäß § 5 TzBfG darf der Arbeitgeber den Teilzeitarbeitnehmer **nicht wegen der Inanspruchnahme von Rechten nach dem TzBfG** benachteiligen.

§ 11 S. 1 TzBfG **verbietet eine Kündigung** aus Anlass der Weigerung des Arbeitnehmers, von einem Voll- in ein Teilzeitarbeitsverhältnis und umgekehrt zu wechseln.

§ 6 TzBfG schreibt vor, dass der Arbeitgeber seinen Arbeitnehmern auch in Führungspositionen **Teilzeitarbeit ermöglichen muss**.

Ein erster Schritt zur Ermöglichung und Förderung von Teilzeitarbeit ist die in § 7 TzBfG festgelegte Pflicht des Arbeitgebers zur **Ausschreibung** eines Arbeitsplatzes nicht nur als Vollzeit-, sondern auch als Teilzeitstelle (falls diese dafür geeignet ist) sowie die **Pflicht zur Information** der Arbeitnehmer über entsprechende Arbeitsplätze.

§ 9 TzBfG sieht vor, dass der Arbeitgeber den Wunsch eines Teilzeitbeschäftigten nach einer **Verlängerung der vertraglich vereinbarten Arbeitszeit** bei der Besetzung entsprechender freier Stellen bei gleicher Eignung der Bewerber zu berücksichtigen hat (BAG v. 27.2.2018 – 9 AZR 167/17, NZA 2018, 1075 Rz. 22; BAG v. 15.8.2006 – 9 AZR 8/06, NZA 2007, 255).

Nach § 10 TzBfG muss der Arbeitgeber den Teilzeitarbeitnehmern **gleiche Teilnahmemöglichkeiten an Aus- und Weiterbildungsmaßnahmen** wie Vollzeitarbeitnehmern gewähren, wenn nicht dringende betriebliche Gründe entgegenstehen.

Auch das Unionsrecht beinhaltet Vorschriften, die eine Gleichbehandlung von Teilzeit- und Vollzeitarbeitnehmern bezwecken. Zentrale Bedeutung kommt dabei der **Sozialpartnerrahmenvereinbarung über Teilzeitarbeit** im Anhang der Richtlinie 97/81/EG zu. Deren § 4 enthält den Grundsatz der Nichtdiskriminierung wegen der Inanspruchnahme von Teilzeitarbeit. Nach Auffassung des EuGH steht diesem eine Regelung entgegen, nach der ein Urlaubsanspruch, der in der Zeit der Ausübung von Vollzeitarbeit entstanden ist, aber noch nicht in Anspruch genommen werden konnte, anteilig entsprechend dem nunmehr gewählten Teilzeitvolumen reduziert wird (EuGH v. 22.4.2010 – C-486/08 „Zentralbetriebsrat der Landeskrankenhäuser Tirols" NZA 2010, 557, Rz. 36 ff.). Dies verstößt insbesondere gegen den Pro-rata-temporis-Grundsatz des § 4 Nr. 2 Rahmenvereinbarung.

III. Rechtsanspruch auf Teilzeitarbeit

Literatur: *Beckschulze*, Die Durchsetzbarkeit des Teilzeitanspruchs in der betrieblichen Praxis, DB 2000, 2598; *Kliemt*, Der neue Teilzeitanspruch, NZA 2001, 63; *Kornbichler*, Anspruch auf Teilzeitarbeit, AuA 2003, Nr. 9, 16; *Lorenz*, Fünf Jahre § 8 TzBfG – BAG-Rechtsprechungs-Update, NZA-RR 2006, 281.

1. § 8 TzBfG

a) Überblick

Jeder Arbeitnehmer hat einen Rechtsanspruch auf Teilzeitarbeit. Gemäß § 8 Abs. 1, 2 TzBfG kann er die **Verringerung seiner vertraglich vereinbarten Arbeitszeit verlangen** und Wünsche hinsichtlich der **Lage der Arbeitszeit** äußern. Dies gilt sowohl für Arbeitnehmer, die noch in Vollzeit arbeiten, als auch für solche, die bereits in Teilzeit tätig sind, jedoch eine weitere Verringerung der Arbeitszeit begehren. Der Zweck der Regelung hat vornehmlich beschäftigungspolitischen Charakter: Im Vordergrund stehen der Abbau von Arbeitslosigkeit sowie die Flexibilisierung der Dauer der Arbeitszeit (vgl. BT-Drs. 14/4374 S. 11 f., 17; BAG v. 13.11.2012 – 9 AZR 259/11, NZA 2012, 373).

1975 Der Anspruch aus § 8 TzBfG ist auf die Abgabe einer Willenserklärung durch den Arbeitgeber, nämlich die **Zustimmung zur Änderung des Arbeitsvertrages**, gerichtet. Aus der Systematik und dem Aufbau dieser Vorschrift, insbesondere aus § 8 Abs. 3 TzBfG, ergibt sich, dass Teilzeitarbeit primär einvernehmlich zwischen Arbeitgeber und Arbeitnehmer vereinbart werden soll.

b) Voraussetzungen des Teilzeitanspruchs

1976 Der Anspruch auf Verringerung der Dauer und Festlegung der Lage der Arbeitszeit besteht unter folgenden Voraussetzungen:

1977 – **Anspruchsberechtigte:** Der Anspruch auf Arbeitszeitverringerung steht grundsätzlich jedem Arbeitnehmer, also auch einem befristet eingestellten oder Teilzeitarbeitnehmer sowie leitenden Angestellten (§ 6 TzBfG) zu. Ausgenommen von § 8 TzBfG sind Auszubildende, da ein Teilzeitanspruch mit Wesen und Zweck eines Ausbildungsvertragen nicht vereinbar ist, vgl. § 1 Abs. 2, 3 BBiG, und Beamte, da für diese Sonderregelungen in den jeweiligen Beamtengesetzen des Bundes und der Länder gelten. Für Arbeitnehmer im öffentlichen Dienst geht § 11 TVöD/TV-L der Regelung in § 8 Abs. 4 TzBfG vor.

1978 – **Schwellenwert:** Der Arbeitgeber muss in der Regel **mehr als 15 Arbeitnehmer** mit Ausnahme der Auszubildenden beschäftigen, § 8 Abs. 7 TzBfG. Im Gegensatz zum KSchG ist der Schwellenwert unternehmens- und nicht betriebsbezogen.

1979 – **Frist der Geltendmachung:** Der Arbeitnehmer muss die Verringerung der Arbeitszeit und deren gewünschten Umfang **drei Monate** vor deren Beginn **in Textform** geltend machen, § 8 Abs. 2 S. 1 TzBfG. Der Antrag des Arbeitnehmers muss als Vertragsantrag i.S.v. § 145 BGB so formuliert sein, dass er mit einem einfachen „Ja" angenommen werden kann (BAG v. 16.10.2007 – 9 AZR 239/07, NZA 2008, 289). Er darf **nicht** bloß **auf** eine **befristete Verringerung** der Arbeitszeit **gerichtet** sein (BAG v. 19.8.2003 – 9 AZR 542/02, ZTR 2004, 542). Dabei muss er den **Umfang** der Verringerung und soll die gewünschte **Verteilung** der Arbeitszeit angeben. Begehrt der Arbeitnehmer nur eine Verringerung der Arbeitszeit, überlässt er deren Verteilung dem Arbeitgeber, der sie in Ausübung seines Direktionsrechts (§ 106 S. 1 GewO) nach billigem Ermessen festlegen soll (BAG v. 8.5.2007 – 9 AZR 1112/06, NJW 2007, 3661). Er kann die **Verringerung** der Arbeitszeit davon **abhängig machen**, dass der Arbeitgeber der **gewünschten Verteilung zustimmt** (BAG v. 23.11.2004 – 9 AZR 644/03, NZA 2005, 769). Äußert der Arbeitnehmer seinen Wunsch nach Arbeitszeitreduzierung nur mündlich – was gesetzlich ausreichend ist –, können sich in einem eventuellen Rechtsstreit Beweisschwierigkeiten ergeben, insbesondere kann der Arbeitgeber geltend machen, der Arbeitnehmer habe eine Verringerung gar nicht gewünscht. Daher sollte die Geltendmachung schriftlich erfolgen.

1980 – **Wartezeit:** Das Arbeitsverhältnis muss **mindestens sechs Monate** (zu ergänzen: ununterbrochen) bestanden haben, § 8 Abs. 1 TzBfG. Nach der amtlichen Begründung des TzBfG soll eine Verringerung der Arbeitszeit erst nach Ablauf der sechsmonatigen Wartezeit geltend gemacht werden können, sodass die **tatsächliche Verringerung erst neun Monate und einen Tag nach der Einstellung des Arbeitnehmers** erfolgen kann (vgl. § 8 Abs. 2 TzBfG).

1981 – **Sperrfrist:** Eine Verringerung der Arbeitszeit auf Wunsch des Arbeitnehmers oder eine berechtigte Ablehnung dieses Wunsches darf in den letzten zwei Jahren nicht erfolgt sein, **§ 8 Abs. 6 TzBfG**. Zudem darf der Arbeitnehmer sich nicht bereits in einer zeitlich begrenzten Teilzeit befinden (**§ 9a Abs. 4 TzBfG**) und seit der Rückkehr aus einer solchen muss mindestens bereits ein Jahr vergangen sein, **§ 9a Abs. 5 S. 1 TzBfG** (ErfK/*Preis* § 8 inkl. § 9a TzBfG Rz. 69, 71).

c) Verfahren und Verhandlungslösung

1982 Sind die gerade genannten Voraussetzungen gegeben, **verringert** sich die Arbeitszeit des betreffenden Arbeitnehmers **im gewünschten Umfang**, wenn

- Arbeitgeber und Arbeitnehmer sich einigen,
- der Arbeitgeber auf den Teilzeitwunsch gar nicht reagiert,
- der Arbeitgeber den Antrag des Arbeitnehmers nicht schriftlich ablehnt oder
- der Arbeitgeber den Antrag des Arbeitnehmers nicht rechtzeitig (einen Monat vor dem gewünschten Beginn der Arbeitszeitverringerung) ablehnt.

Einigen sich Arbeitgeber und Arbeitnehmer über die Arbeitszeitreduzierung und ggf. über die Verteilung der Arbeitszeit, wird der Arbeitsvertrag entsprechend geändert und der Arbeitnehmer muss nur noch mit der vereinbarten verringerten Stundenzahl und zu den vereinbarten Zeiten tätig werden. 1983

Ist der Arbeitgeber dagegen mit der Reduzierung und/oder Verteilung der Arbeitszeit nicht einverstanden und erfolgt eine Ablehnung **gar nicht, nicht rechtzeitig** oder **nicht ordnungsgemäß**, greifen § 8 Abs. 5 S. 2 und S. 3 TzBfG ein: Die Dauer der Arbeitszeit verringert sich kraft **gesetzlicher Fiktion** (vergleichbar mit dem Vertragsschluss beim Schweigen auf ein kaufmännisches Bestätigungsschreiben, § 362 HGB) in dem vom Arbeitnehmer gewünschten Umfang. Ebenso richtet sich die Verteilung der Arbeitszeit nach dem Antrag des Arbeitnehmers, falls dieser Wünsche über die Arbeitszeitlage geäußert hat. Der Arbeitsvertrag wird also durch gesetzliche Fiktion geändert, d.h. der Arbeitnehmer muss nur zu den Zeiten arbeiten, die er in seinem Antrag auf Reduzierung der Arbeitszeit angegeben hat. 1984

Wurde die Arbeitszeit durch Vereinbarung oder gesetzliche Fiktion reduziert und die Lage neu verteilt, kann der Arbeitgeber bei Überwiegen der betrieblichen Interessen die **veränderte Lage** (nicht aber die Dauer) der Arbeitszeit mit einer Ankündigungsfrist von einem Monat **wieder ändern**, § 8 Abs. 5 S. 4 TzBfG. Darüber hinaus kann der Arbeitnehmer frühestens zwei Jahre nach einer Arbeitszeitreduzierung oder berechtigten Ablehnung eine erneute Verringerung verlangen, § 8 Abs. 6 TzBfG. 1985

Beantragt der Arbeitnehmer die Verringerung und ggf. Neuverteilung der Arbeitszeit, tritt eine Änderung jedoch auch nach Ablauf der Drei-Monats-Frist **zunächst nicht ein**, wenn der Arbeitgeber den Antrag des Arbeitnehmers spätestens einen Monat vor dem gewünschten Beginn der Reduzierung schriftlich ablehnt (auch, wenn zuvor Verhandlungen geführt wurden und gescheitert sind). 1986

Dem Arbeitnehmer bleibt dann nur die **gerichtliche Geltendmachung** des Teilzeitanspruchs. Im Rahmen dieses Prozesses wird geprüft, ob die Voraussetzungen für die Arbeitszeitverringerung vorliegen und ob dem Wunsch nach Verringerung und ggf. Verteilung der Arbeitszeit betriebliche Gründe entgegenstehen, d.h., ob die Ablehnung durch den Arbeitgeber rechtmäßig war, § 8 Abs. 4 S. 1 TzBfG. 1987

d) Die betrieblichen Gründe

Liegt keine Einigung zwischen Arbeitnehmer und Arbeitgeber i.S.d. § 8 Abs. 3 TzBfG über die Verringerung der Arbeitszeit vor, hat eine gerichtliche Geltendmachung des Anspruchs nur Erfolg, soweit diesem betriebliche Gründe nicht entgegenstehen. An die entgegenstehenden betrieblichen Gründe sind nicht so hohe Anforderungen zu stellen wie etwa an die „dringenden betrieblichen Erfordernisse" i.S.d. § 1 KSchG (vgl. auch die strengere Formulierung in § 15 Abs. 7 S. 1 Nr. 4 BEEG). Es genügt, wenn **rationale, nachvollziehbare Gründe** vorliegen (BAG v. 8.5.2007 – 9 AZR 1112/06, NJW 2007, 3661). Jedoch verlangt das BAG wegen der Regelbeispiele des § 8 Abs. 4 S. 2 TzBfG, dass die Gründe zudem hinreichend gewichtig sein müssen (BAG v. 15.8.2006 – 9 AZR 30/06, NZA 2007, 259). § 8 Abs. 4 S. 2 TzBfG nennt als Regelbeispiele für einen entgegenstehenden betrieblichen Grund die wesentliche Beeinträchtigung der Organisation, des Arbeitsablaufs oder der Sicherheit im Betrieb sowie unverhältnismäßige Kosten. Zu beachten ist, dass der Anspruch auf Teilzeitarbeit nach der Rechtsprechung des BAG betriebsbezogen ist, d.h. sich nicht nur auf den bisherigen Arbeitsplatz des Arbeitnehmers bezieht. Vielmehr hat der Arbeitgeber zu untersuchen, ob es ihm möglich ist, den Arbeitnehmer 1988 im Wege seines Direktionsrechts auf einen anderen, für Teilzeitarbeit geeigneten Arbeitsplatz im Betrieb zu versetzen (BAG v. 13.11.2012 – 9 AZR 259/11, NZA 2013, 373).

1989 Diesen strengeren Maßstab, der durch das Gesetz nicht indiziert ist, hat das BAG in eine **dreistufige Prüfungsfolge** gegossen:

1990 „*In der **ersten Stufe** ist festzustellen, ob überhaupt und wenn ja, welches **betriebliche Organisationskonzept** der vom Arbeitgeber als erforderlich angesehenen Arbeitszeitregelung zugrunde liegt. Organisationskonzept ist das Konzept, mit dem die unternehmerische Aufgabenstellung im Betrieb verwirklicht werden soll. Die Darlegungslast dafür, dass das Organisationskonzept die Arbeitszeitregelung bedingt, liegt beim Arbeitgeber. Die Richtigkeit seines Vortrages ist arbeitsgerichtlich voll überprüfbar. Die dem Organisationskonzept zugrunde liegende unternehmerische Aufgabenstellung und die daraus abgeleiteten organisatorischen Entscheidungen sind jedoch hinzunehmen, soweit sie nicht willkürlich sind. Voll überprüfbar ist dagegen, ob das vorgetragene Konzept auch tatsächlich im Betrieb durchgeführt wird.*

1991 *In einer **zweiten Stufe** ist zu prüfen, inwieweit die **Arbeitszeitregelung dem Arbeitszeitverlangen** des Arbeitnehmers tatsächlich **entgegensteht**. Dabei ist auch der Frage nachzugehen, ob durch eine dem Arbeitgeber zumutbare Änderung von betrieblichen Abläufen oder des Personaleinsatzes der betrieblich als erforderlich angesehene Arbeitszeitbedarf unter Wahrung des Organisationskonzeptes mit dem individuellen Arbeitszeitwunsch des Arbeitnehmers zur Deckung gebracht werden kann.*

1992 *Ergibt sich, dass das Arbeitszeitverlangen des Arbeitnehmers nicht mit dem organisatorischen Konzept und der daraus folgenden Arbeitszeitregelung in Übereinstimmung gebracht werden kann, ist in einer **dritten Stufe** das **Gewicht der entgegenstehenden betrieblichen Belange** zu prüfen: Werden durch die vom Arbeitnehmer gewünschte Abweichung die in § 8 Abs. 4 S. 2 TzBfG genannten besonderen betrieblichen Belange oder das betriebliche Organisationskonzept und die ihm zugrunde liegende unternehmerische Aufgabenstellung wesentlich beeinträchtigt?*" (BAG v. 21.6.2005 – 9 AZR 409/04, NZA 2006, 316)

1993 **Beispiel:** In Kindergärten kann das pädagogische Konzept der umfassenden, kontinuierlichen Kinderbetreuung ein Organisationskonzept begründen, das dem Verringerungsanspruch entgegensteht, wenn es im Sinne einer kontinuierlichen Betreuung der Kinder erforderlich ist, dass die verantwortlichen Gruppenleiter während der Öffnungszeiten des Kindergartens anwesend sind (BAG v. 18.3.2003 – 9 AZR 126/02, DB 2004, 319). Weiterhin wird verlangt, dass der Arbeitgeber sein Konzept auch konsequent umsetzt. Lässt er z.B. eine Leitungsfunktion dauerhaft teilweise von der Stellvertreterin der Leiterin wahrnehmen, wird es ihm schwerfallen, bei einem moderaten Wunsch nach Arbeitszeitreduzierung der Leiterin entgegenstehende betriebliche Gründe darzulegen.

e) Anspruchsinhalt

1994 Liegen die Voraussetzungen für die Arbeitszeitreduzierung vor, ist weiter zu differenzieren: Stehen sowohl der Verringerung als auch der Verteilung der Arbeitszeit **betriebliche Gründe nicht entgegen**, hat der Arbeitnehmer einen **Anspruch auf Zustimmung des Arbeitgebers** zur entsprechenden Änderung und Neuverteilung der Arbeitszeit.

1995 Ist **nur die Lage** der Arbeitszeit aus betrieblichen Gründen nicht wie gewünscht möglich oder hat der Arbeitnehmer keine Wünsche über die Lage geäußert, besteht der Anspruch auf Reduzierung dennoch. Lediglich die Verteilung der Arbeitszeit wird vom Arbeitgeber entsprechend den betrieblichen Gegebenheiten kraft seines Direktionsrechts vorgenommen.

1996 Die **alleinige Änderung der Lage** der Arbeitszeit ohne gleichzeitige Reduzierung der Dauer kann der Arbeitnehmer über § 8 Abs. 5 TzBfG allerdings **nicht erreichen**. Diese Annexfunktion des Anspruchs auf Festlegung der Arbeitszeitlage ergibt sich aus dem Aufbau des § 8 TzBfG: Die grundlegenden Voraussetzungen in § 8 Abs. 1 und 7 TzBfG beziehen sich allein auf die Reduzierung der Arbeitszeitdauer; der Anspruch auf Verteilung der Arbeitszeit wird nur als Ergänzung des Teilzeitanspruchs normiert.

Doch selbst wenn der Anspruch auf Reduzierung und ggf. Neuverteilung der Arbeitszeit wegen fehlender entgegenstehender betrieblicher Gründe an sich besteht, darf der Arbeitnehmer vor rechtskräftigem Abschluss des gerichtlichen Verfahrens diesen **nicht eigenmächtig durchsetzen**. Ein solches Verhalten wäre **Vertragsbruch** und kann zu einer (fristlosen) Kündigung führen. Der Anspruch auf Zustimmung zur Änderung des Arbeitsvertrages muss im Wege der allgemeinen Leistungsklage verfolgt werden. Sie ist gerichtet auf Abgabe der entsprechenden Willenserklärung durch den Arbeitgeber, welche erst mit Rechtskraft des Urteils gemäß § 894 ZPO als abgegeben gilt (BAG v. 18.3.2003 – 9 AZR 126/02, DB 2004, 319). Bei besonderer Dringlichkeit (z.B. plötzlicher Pflegefall in der Familie; Tod der Betreuungsperson für ein Kind) kann auch eine Durchsetzung des Anspruchs im Wege einstweiligen Verfügung in Betracht kommen (LAG Hamburg v. 4.9.2006 – 4 Sa 41/06, NZA-RR 2007, 122).

1997

2. § 9a TzBfG

a) Überblick

Der am 1.1.2019 in Kraft getretene § 9a TzBfG verfolgt arbeits-, gleichstellungs- und familienpolitische Ziele, indem er dem Arbeitnehmer die Möglichkeit gewährt, anlass- und begründungslos zeitlich begrenzt in Teilzeit zu treten (sog. **Brückenteilzeit**). Anders als § 8 TzBfG sieht der Anspruch aus § 9a TzBfG ein automatisches Rückkehrrecht vor, wodurch der sog. „Teilzeitfalle" entgegengewirkt werden soll (BT-Drs. 19/3452 S. 1). Gemäß § 9a Abs. 1 S. 2 TzBfG hat der Zeitraum der Teilzeit mindestens ein Jahr und höchstens fünf Jahre zu betragen, jedoch kann gem. § 9a Abs. 6 TzBfG durch Tarifvertrag ein hiervon auch zuungunsten der Arbeitnehmer abweichender Zeitraum bestimmt werden. Ebenfalls möglich bleiben abweichende arbeitsvertragliche Regelungen, soweit sie sich in den Grenzen der Inhaltskontrolle bewegen (ErfK/*Preis* § 8 inkl. § 9a TzBfG Rz. 17 ff. m.w.N.).

1997a

b) Voraussetzungen

Der Anspruch ist an folgende Voraussetzungen geknüpft:

1997b

- Arbeitnehmereigenschaft (§ 9a Abs. 1 S. 1 TzBfG),
- Einhaltung der Wartezeit von 6 Monaten (§ 9a Abs. 1 S. 1 TzBfG),
- Mindestbeschäftigtenzahl von in der Regel mehr als 45 Arbeitnehmern (§ 9a Abs. 1 S. 3 TzBfG),
- rechtzeitiger bestimmter Antrag des Arbeitnehmers in Textform (§ 9a Abs. 3 TzBfG),
- Einhaltung der Sperrfristen (§ 8 Abs. 6, § 9a Abs. 4, Abs. 5 S. 1, Abs. 5 S. 2, Abs. 5 S. 3 TzBfG).

Die materiellen Voraussetzungen sind bis auf die Höhe der Mindestbeschäftigtenzahl und das Erfordernis eines im Voraus zu bestimmenden Zeitraums der Teilzeit sowie die zusätzlichen Sperrfristen entsprechend § 8 TzBfG ausgestaltet. Die Parallelen zu § 8 TzBfG werden durch Verweise erreicht.

c) Verfahren und Fiktionswirkung

§ 9a Abs. 3 TzBfG regelt in S. 1, dass für den **Umfang und die gewünschte Verteilung der Arbeitszeit** § 8 Abs. 2 bis 5 TzBfG gelten; S. 2 ordnet die entsprechende Anwendung von § 8 Abs. 2 S. 1, Abs. 3 S. 1, Abs. 4 sowie Abs. 5 S. 1 und 2 TzBfG für den begehrten **Zeitraum der Verringerung** an. Wie beim Anspruch aus § 8 TzBfG muss der Arbeitnehmer seinen Antrag auf zeitlich begrenzte Teilzeit also **drei Monate vor deren gewünschten Beginn in Textform** stellen; anders als bei § 8 TzBfG, der auf eine zeitlich unbegrenzte Arbeitszeitverringerung gerichtet ist, muss er dabei auch bereits den gewünschten Zeitraum der Verringerung nennen. Die Erörterungsobliegenheit bezieht sich gem. § 9a Abs. 3 S. 2 TzBfG ebenso auf die Dauer der Teilzeit. Kommt es zwischen Arbeitnehmer und Arbeitgeber zu keiner Einigung über die befristete Arbeitszeitverringerung und lehnt der Arbeitgeber den Antrag des Arbeitnehmers nicht gem. § 9a Abs. 3 TzBfG spätestens **einen Monat vor dem gewünsch-**

1997c

ten Beginn der Teilzeit **schriftlich** ab, wird die Zustimmung zur zeitlich begrenzten Teilzeit hinsichtlich der gewünschten Dauer und des gewünschten Umfangs gesetzlich fingiert. Lehnt der Arbeitgeber nur die zeitliche Begrenzung der Teilzeit form- und fristgemäß ab, nicht jedoch den Antrag auf Arbeitszeitverringerung als solchen, liegt darin gem. § 150 Abs. 2 BGB eine Ablehnung verbunden mit einem neuen Antrag des Arbeitgebers auf zeitlich unbegrenzte Teilzeit, sodass es nicht etwa zur Fiktion einer zeitlich unbegrenzten Teilzeit kommt (vgl. ErfK/*Preis* § 8 inkl. § 9a TzBfG Rz. 33 m.w.N.).

d) Betriebliche Gründe

1997d Der Arbeitgeber ist gem. § 9a Abs. 2 S. 1 Halbs. 1 TzBfG berechtigt, dem Verlangen des Arbeitnehmers betriebliche Gründe entgegenzuhalten. Aufgrund des Verweises in § 9a Abs. 2 S. 1 Halbs. 2 TzBfG entspricht das Ablehnungsrecht des Arbeitgebers in seinen Anforderungen der Regelung des § 8 Abs. 4 TzBfG. Auf die zu § 8 Abs. 4 TzBfG ergangene Rechtsprechung ist daher mit der Besonderheit zurückzugreifen, dass dem Anspruch auf zeitlich begrenzte Teilzeit insbesondere auch solche betrieblichen Gründe entgegenstehen können, die maßgeblich mit dem Umstand der zeitlichen Begrenzung der Teilzeit zusammenhängen (*Bayreuther* NZA 2018, 566, 568; *Benkert* NJW-Spezial 2018, 306).

e) Zumutbarkeitsschwelle

1997e Einen maßgeblichen Unterschied zum Anspruch aus § 8 TzBfG schafft die Regelung einer **Zumutbarkeitsschwelle** in § 9a Abs. 2 S. 2 TzBfG. Sie soll dem Überforderungsschutz kleinerer Unternehmen dienen und **betrifft Arbeitgeber mit einer Beschäftigtenzahl zwischen 45 und 200 Arbeitnehmern** (vgl. BT-Drs. 19/3452 S. 18). Ein Arbeitgeber, der regelmäßig mehr als 45 bis 60 Arbeitnehmer beschäftigt, kann das Verlangen eines Arbeitnehmers auf zeitlich begrenzte Teilzeit schon ablehnen, wenn sich bereits mindestens vier Arbeitnehmer zum Zeitpunkt des begehrten Beginns der verringerten Arbeitszeit in Brückenteilzeit befinden (§ 9a Abs. 2 S. 2 Nr. 1 TzBfG). Bis zu einer regelmäßigen Beschäftigtenzahl von 200 Arbeitnehmern steigt die Zumutbarkeitsschwelle pro angefangene 15 Arbeitnehmer um jeweils einen Arbeitnehmer (§ 9a Abs. 2 S. 2 Nr. 2–11 TzBfG). Für die Berechnung der Zumutbarkeitsschwelle sind ausdrücklich nur solche Teilzeitbeschäftigten zu berücksichtigen, die ihre Arbeitszeit nach § 9a Abs. 1 S. 1 TzBfG zeitlich begrenzt reduziert haben, sodass die Schwellenregelung keinen effektiven Überforderungsschutz mit sich bringt (dazu: *Bayreuther* NZA 2018, 566, 568; *Preis/Schwarz* NJW 2018, 3673, 3676; *Thüsing* BB 2018, 1076, 1077; ErfK/*Preis* § 8 inkl. § 9a TzBfG Rz. 58 f.).

f) Berechnungsmodalitäten

1997f Sowohl die Berechnung der Mindestbeschäftigtenzahl (§ 9a Abs. 1 S. 3 TzBfG) als auch der Zumutbarkeitsgrenze (§ 9a Abs. 2 S. 2 TzBfG) erfolgt **pro Kopf** und knüpft an der **Arbeitgeberstellung** und nicht etwa am Betriebsbegriff an. Eine Regelung wie etwa § 23 Abs. 1 S. 4 KSchG, die sich am Arbeitsvolumen orientiert, lässt das Gesetz vermissen (vgl. ErfK/*Preis* § 8 inkl. § 9a TzBfG Rz. 16, 57 ff.).

g) Auswahl nach billigem Ermessen

1997g Stichtag für die Beurteilung der Ablehnungsgründe des Arbeitgebers ist der gewünschte Beginn der Arbeitszeitverringerung. Die Auswahl der Teilzeitberechtigten erfolgt sowohl bei Überschreitung der Zumutbarkeitsgrenze als auch bei Vorliegen entgegenstehender betrieblicher Gründe nach **billigem Ermessen**. Der Arbeitgeber hat die wesentlichen Umstände abzuwägen und die Interessen der Arbeitnehmer an der Inanspruchnahme der Brückenteilzeit – trotz der Sachgrundlosigkeit des Anspruchs – zu berücksichtigen (ErfK/*Preis* § 8 inkl. § 9a Rz. 60; krit. *Mayer* AuR 2019, 104, 106).

h) Sperrfristen

Neben § **9a Abs. 4 TzBfG**, der es dem Arbeitnehmer untersagt, während der Dauer der zeitlich begrenzten Verringerung der Arbeitszeit eine erneute Verringerung oder Verlängerung der Arbeitszeit zu fordern, wurden in § 9a Abs. 5 TzBfG gleich drei weitere Sperrfristen normiert. Nach § **9a Abs. 5 S. 1 TzBfG** ist eine Verringerung der Arbeitszeit erst ein Jahr nach Rückkehr zur ursprünglichen Arbeitszeit gestattet. Für den erneuten Antrag nach berechtigter Ablehnung aufgrund der Zumutbarkeitsgrenze gilt gem. § **9a Abs. 5 S. 3 TzBfG** ebenfalls eine Jahresfrist. Bei der Zurückweisung des Begehrens aufgrund entgegenstehender betrieblicher Gründe umfasst die Sperrfrist des § **9a Abs. 5 S. 2 TzBfG** wegen des Verweises auf § 8 Abs. 6 TzBfG zwei Jahre. Während § 9a Abs. 5 S. 2 und 3 TzBfG sich auf den Zeitpunkt der Antragstellung beziehen, ist dem Zweck des § 9a Abs. 5 S. 1 TzBfG Genüge getan, wenn die Sperrfrist im Zeitpunkt des begehrten Beginns der Brückenteilzeit abgelaufen ist (vertiefend dazu: ErfK/*Preis* § 8 inkl. § 9a Rz. 70 ff.; *Preis/Schwarz* NJW 2018, 3673, 3677). Die Sperrfrist des § **8 Abs. 6 TzBfG** muss sich zweckgemäß auch auf den Anspruch auf zeitlich begrenzte Teilzeit beziehen, sodass der Arbeitnehmer mit einem Brückenteilzeitbegehren auch zwei Jahre nach Zustimmung bzw. berechtigter Ablehnung einer zeitlich unbegrenzten Arbeitszeitreduzierung gesperrt ist (ErfK/*Preis* § 8 inkl. § 9a TzBfG Rz. 65).

3. § 15 BEEG

Gemäß § 15 Abs. 4 BEEG kann der Elternteil, der Elternzeit nimmt (Rz. 2322), eine Teilzeitbeschäftigung **bis zu 30 Stunden pro Woche** ausüben. Über den Antrag auf Verringerung der Arbeitszeit sollen sich die Vertragsparteien innerhalb von vier Wochen einigen, § 15 Abs. 5 S. 2 BEEG.

Kommt eine Einigung nicht zustande, kann der Arbeitnehmer den Anspruch auf Arbeitszeitreduzierung gerichtlich geltend machen.
Voraussetzungen des Anspruchs auf Elternteilzeit:
- Der Arbeitgeber muss in der Regel **mehr als 15 Arbeitnehmer** mit Ausnahme der Auszubildenden beschäftigen, § 15 Abs. 7 S. 1 Nr. 1 BEEG.
- Das Arbeitsverhältnis muss **mindestens sechs Monate ununterbrochen** bestanden haben, § 15 Abs. 7 S. 1 Nr. 2 BEEG.
- Die vertraglich vereinbarte regelmäßige Arbeitszeit soll **für mindestens zwei Monate auf 15 bis 30 Wochenstunden** reduziert werden, § 15 Abs. 7 S. 1 Nr. 3 BEEG.
- Der Arbeitszeitverringerung dürfen **keine dringenden betrieblichen Gründe entgegenstehen**, § 15 Abs. 7 S. 1 Nr. 4 BEEG.
- Der Arbeitnehmer muss die gewünschte Verringerung der Arbeitszeit für den Zeitraum bis zum vollendeten dritten Lebensjahr dem Arbeitgeber **sieben Wochen** vor Beginn der Tätigkeit **schriftlich** mitteilen. Für den Zeitraum zwischen dem dritten Geburtstag und dem vollendeten achten Lebensjahr erhöht sich die Mitteilungsfrist auf **13 Wochen**, § 15 Abs. 7 S. 1 Nr. 5 BEEG.

Der Arbeitgeber kann den Antrag vier Wochen nach Zugang mit schriftlicher Begründung wegen entgegenstehender dringender betrieblicher Gründe ablehnen, § 15 Abs. 7 S. 4 BEEG. Er hat dabei den wesentlichen Kern der Hinderungsgründe zu benennen, ohne dass es einer substantiierten oder schlüssigen Darlegung bedarf (BAG v. 11.12.2018 – 9 AZR 298/18, NZA 2019, 616, 619). Zur Beurteilung eines solchen dringenden betrieblichen Grundes wird man die zur Erteilung des Erholungsurlaubs nach § 7 Abs. 1 BUrlG entwickelten Grundsätze entsprechend heranziehen können. An das objektive Gewicht der Ablehnungsgründe sind **erhebliche Anforderungen** zu stellen, die der Begriff „dringend" verdeutlicht. Die entgegenstehenden betrieblichen Interessen müssen mithin von erheblichem Gewicht sein. Sie müssen sich gleichsam als **zwingende Hindernisse für die beantragte Verkürzung der Arbeitszeit** darstellen (BAG v. 5.6.2007 – 9 AZR 82/07, NZA 2007, 1352; BAG v. 11.12.2018 – 9 AZR 298/18, NZA 2019, 616, 618). In einem Rechtsstreit über die Zulässigkeit der vom Arbeitnehmer erfolglos beantragten Zustimmung zur Gewährung von Elternteilzeit kann sich der Arbeitgeber lediglich auf Tatsachen berufen, die er vormals in dem Ablehnungsschreiben benannt hat (BAG v. 11.12.2018 – 9 AZR 298/18, NZA 2019, 616, 619).

2001 Während es nach der Altregelung des BEEG, die weiterhin für alle Kinder gilt, die vor dem 1.7.2015 geboren sind, eine **gesetzliche Fiktion der Arbeitszeitreduzierung**, wie sie in § 8 Abs. 5 S. 2 TzBfG vorgesehen ist, nicht gibt, hat sich dies mit dem „Gesetz zur Einführung des Elterngeld Plus mit Partnerschaftsbonus und einer flexibleren Elternzeit" für Kinder, die nach dem Stichtag geboren sind, geändert. Die Neufassung enthält eine Zustimmungsfiktion, die im Fall der nicht form- oder fristgerechten Ablehnung des Teilzeitverlangens eingreift. Gem. § 15 Abs. 7 S. 5 BEEG gilt die Zustimmung des Arbeitnehmers als erteilt und die Verringerung der Arbeitszeit entsprechend den Wünschen des Arbeitnehmers als festgelegt, wenn der Arbeitgeber die Verringerung der Arbeitszeit in einer Elternzeit zwischen der Geburt und dem vollendeten dritten Lebensjahr des Kindes nicht **spätestens vier Wochen** bzw. in einer Elternzeit zwischen dem dritten Geburtstag und dem vollendeten achten Lebensjahr des Kindes nicht **spätestens acht Wochen** nach Zugang des Antrags ablehnt. Lehnt der Arbeitgeber den Antrag rechtzeitig ab, kann der Arbeitnehmer seinen Anspruch **nur klageweise** vor dem zuständigen Arbeitsgericht durchsetzen.

4. § 164 Abs. 5 S. 3 SGB IX

2002 Schwerbehinderte Arbeitnehmer haben nach § 164 Abs. 5 S. 3 SGB IX einen Anspruch auf Teilzeitbeschäftigung, wenn ihre Behinderung von der **Art oder Schwere** her eine kürzere Arbeitszeit erforderlich macht. Der Anspruch ist **ausgeschlossen**, wenn die Erfüllung für den Arbeitgeber unzumutbar ist oder mit unverhältnismäßigen Aufwendungen verbunden wäre. Das Gleiche gilt, wenn Arbeitsschutzvorschriften oder beamtenrechtliche Regelungen der Reduzierung der Arbeitszeit entgegenstehen, § 164 Abs. 5 S. 3 i.V.m. Abs. 4 S. 3 SGB IX. Neben diesem Anspruch können sich schwerbehinderte Arbeitnehmer aber auch auf den allgemeinen Rechtsanspruch auf Teilzeitarbeit aus § 8 oder § 9a TzBfG stützen.

5. § 3 PflegeZG

2003 Nach § 3 Abs. 1 PflegeZG sind Beschäftigte auch teilweise von der Arbeit freizustellen, wenn sie einen pflegebedürftigen nahen Angehörigen in häuslicher Umgebung pflegen (Rz. 2339). Diese Form der Teilzeitarbeit soll – obwohl als Rechtsanspruch ausgestaltet – durch eine vertragliche Vereinbarung nach § 3 Abs. 4 PflegeZG geregelt werden. Die Norm ist an die – verunglückte – Norm des § 8 Abs. 3 TzBfG angelehnt.

5. Abschnitt:
Nichtleistung des Arbeitnehmers und Lohnfortzahlung

§ 41
Einführung

2004 Die Leistungsstörungen im Arbeitsverhältnis können auf einer Schlechtleistung oder einer Nichtleistung beruhen. **Schlechtleistung** liegt vor, wenn der Arbeitnehmer seine Arbeitsleistung nicht ordnungsgemäß erbringt; **Nichtleistung**, wenn die Arbeitsleistung verspätet oder überhaupt nicht erbracht wird. Die Nichtleistung kann wiederum unterteilt werden in **Unmöglichkeit** und **Verzug** (Rz. 2039). Im allgemeinen Schuldrecht besteht der Grundsatz, „Unmöglichkeit und Verzug schließen sich aus". Zur Abgrenzung wird dort das Kriterium der **Nachholbarkeit** der Leistung herangezogen. Im Arbeitsvertragsrecht ist eine Nachholung wegen des **Fixschuldcharakters** der Arbeitsleistung jedoch häufig nicht möglich. Etwas anderes gilt, wenn flexible Arbeitszeiten vereinbart werden und die an einem Tag nicht erbrachte Leistung innerhalb eines Ausgleichszeitraums nachgeholt werden kann.

Im Folgenden wird zunächst die Nichtleistung der Arbeitsleistung näher betrachtet, bevor die Rechtsfolgen der Schlechtleistung dargestellt werden (Rz. 2454).

Durch die **Schuldrechtsreform** wurde das System der Leistungsstörungen grundlegend umgestaltet. Die frühere Differenzierung zwischen der Verletzung von einseitigen und beiderseitigen Pflichten sowie zwischen den verschiedenen Arten von Pflichtverletzungen wurde aufgehoben. Nach wie vor streng zu trennen ist jedoch zwischen dem Schicksal der Primärleistungspflicht des Schuldners und den Rechtsfolgen einer Leistungsstörung. Ersteres richtet sich unabhängig vom Verschulden nach § 275 BGB, während die verschuldensabhängige Haftung nach der Generalklausel des § 280 Abs. 1 BGB zu beurteilen ist. 2005

Voraussetzungen und Rechtsfolge der jeweiligen Leistungsstörung richten sich auch auf dem Gebiet des Arbeitsrechts nach den Regeln des allgemeinen Schuldrechts (§§ 275 ff. BGB, §§ 320 ff. BGB). Diese werden allerdings teilweise durch Vorschriften des besonderen Schuldrechts (§ 615 BGB) oder durch arbeitsrechtliche Sonderregeln (Entgeltfortzahlungsgesetz, Bundesurlaubsgesetz) modifiziert. 2006

Folgende **arbeitsrechtliche Besonderheiten** sind generell zu berücksichtigen: 2007

– Das Arbeitsverhältnis ist ein **Dauerschuldverhältnis**. Bei Dauerschuldverhältnissen wird das Recht zum Rücktritt durch ein Kündigungsrecht ersetzt. Die Rückabwicklung eines möglicherweise seit Jahren bestehenden Arbeitsverhältnisses ist abwegig. Im Bereich des Wegfalls der Geschäftsgrundlage wird dieser Grundsatz in § 313 Abs. 3 S. 2 BGB ausdrücklich geregelt. Ihm liegt aber ein allgemeiner Rechtsgedanke zugrunde. 2008

– Die Arbeitsleistung ist nach § 613 S. 1 BGB im Zweifel **persönlich** zu erbringen; das Unvermögen des Arbeitnehmers wird damit zur objektiven Unmöglichkeit. Der Arbeitnehmer schuldet keinen Erfolg; die Arbeitsleistung richtet sich vielmehr nach seinem individuellen Leistungsvermögen. Ein objektiver Beurteilungsmaßstab wie in § 243 Abs. 1 BGB kann daher nicht herangezogen werden (BAG v. 17.1.2008 – 2 AZR 536/06, NZA 2008, 693, 694). 2009

– Geschuldet wird die Arbeit regelmäßig zu bzw. innerhalb einer fest bestimmten Zeit. Daraus folgt die These, dass es sich bei der Leistungsverpflichtung des Arbeitnehmers grundsätzlich um eine **absolute Fixschuld** handelt (vgl. BAG v. 15.9.2011 – 8 AZR 846/09, NZA 2012, 377, Rz. 37; *Zöllner/Loritz/Hergenröder* § 19 I 1). 2010

Beispiele für Arbeitsleistungen mit Fixschuldcharakter: Ein Industriearbeiter kann nicht außerhalb der Betriebszeiten seine Arbeitsleistung an stillstehenden Maschinen erbringen; eine Verkäuferin kann nicht außerhalb der Geschäftszeiten tätig sein.

– Entscheidend ist aber stets auf das **konkrete Arbeitsverhältnis** abzustellen. Soweit in einem Betrieb etwa eine Gleitarbeitszeit gilt oder Arbeitszeitkonten eingerichtet sind, ist der Fixschuldcharakter der Arbeitsleistung nicht zwingend. Gleiches gilt bei Teilzeitarbeitskräften (vgl. dazu *Preis/Hamacher* Jura 1998, 11, 13 f.). 2011

Zwangsläufige **Folge des Fixschuldcharakters** der Arbeitsleistung ist, dass ihre Erbringung – unabhängig davon, ob der Arbeitnehmer zur Nachleistung bereit ist – schon dann unmöglich i.S.v. § 275 Abs. 1 BGB wird, wenn der Arbeitnehmer sie nicht innerhalb des fest bestimmten Zeitraums vornimmt. Eine Nachholung der versäumten Arbeitsleistung scheidet grundsätzlich von vornherein aus. Die Nichtleistung der Arbeit, auch eine bloße Leistungsverzögerung, führt damit grundsätzlich zur **Unmöglichkeit** der Arbeitsleistung; der Verzug ist ausgeschlossen (Rz. 2016). Von Bedeutung ist diese Rechtsfolge insoweit, als zum einen die Verzugsbestimmungen nicht zur Anwendung kommen; zum anderen besteht die Frage, inwieweit der Arbeitgeber trotz des Fixschuldcharakters in Annahmeverzug i.S.d. § 615 S. 1 BGB geraten kann (Rz. 2033). 2012

§ 42
Lohnzahlung bei Nichtleistung der Arbeit

2013 **Prüfungsschema: Anspruch aus § 611a Abs. 2 BGB auf Lohnzahlung**

- ☐ Entstehen des Anspruchs
  - ☐ Abschluss eines Arbeitsvertrags
  - ☐ Keine Beendigung des Arbeitsverhältnisses (insbesondere durch Kündigung)
- ☐ Erlöschen des Anspruchs nach § 326 Abs. 1 BGB (Rz. 2022)
  - ☐ Unmöglichkeit der Arbeitsleistung, § 275 BGB
  - ☐ Vertretenmüssen des Arbeitnehmers oder Vertretenmüssen weder des Arbeitgebers noch des Arbeitnehmers
  - ☐ Keine gesetzliche Sonderregelung
- ☐ Aufrechterhaltung des Anspruchs nach § 326 Abs. 2 S. 1 BGB (Rz. 2022)
  - ☐ Unmöglichkeit der Arbeitsleistung, § 275 BGB
  - ☐ Vertretenmüssen des Arbeitgebers oder gesetzliche Sonderregelung

I. Allgemeines

2014 Aus **§ 275 BGB** folgt, dass der Arbeitnehmer im Fall der Unmöglichkeit der Arbeitsleistung von der Verpflichtung zur Arbeitsleistung befreit wird. Die Befreiung von der Arbeitspflicht ist unabhängig von einem Verschulden des Arbeitnehmers.

2015 Ob der Arbeitnehmer trotz der Nichtleistung seinen Lohnanspruch behält, hängt davon ab, von wem die Nichtleistung der Arbeit **zu vertreten** ist bzw. – wenn keine der Vertragsparteien schuldhaft gehandelt hat –, wem das Risiko der Nichterbringung der Arbeitsleistung zugerechnet wird.

II. Ausschluss der Leistungspflicht

1. Kraft Gesetzes (§ 275 Abs. 1 BGB)

2016 Nach § 275 Abs. 1 BGB entfällt die Leistungspflicht **kraft Gesetzes** – also unabhängig davon, ob sich der Schuldner darauf beruft –, soweit die Leistung für den Schuldner oder für jedermann **unmöglich** ist. Erfasst sind also alle Fälle, in denen die Leistung aus tatsächlichen oder rechtlichen Gründen nicht erbracht werden kann. Auch die im Arbeitsverhältnis wegen des Dauerschuldcharakters sehr häufige Teilunmöglichkeit fällt unter § 275 Abs. 1 BGB, ebenso wie die anfängliche Unmöglichkeit. Der Vertrag ist auch dann wirksam, wenn das Leistungshindernis schon bei Vertragsschluss besteht, § 311a Abs. 1 BGB. Lediglich die Leistungspflicht ist ausgeschlossen.

2017 Hinsichtlich der **Arbeitspflicht** tritt vorbehaltlich anderweitiger Regelungen (Teil-)Unmöglichkeit mit der Nichtleistung ein, denn grundsätzlich kann verstrichene Arbeitszeit wegen des absoluten Fixschuldcharakters nicht nachgeholt werden (Rz. 2004). Eine solche Nichtleistung ist z.B. darin zu sehen, dass der Arbeitnehmer zu spät oder gar nicht zur Arbeit kommt oder zu früh geht. Etwas anderes gilt jedoch bei **flexiblen Arbeitszeiten** mit Ausgleichszeitraum und wenn der Arbeitnehmer aufgrund eines Tarifvertrags, einer Betriebsvereinbarung oder des Arbeitsvertrags zur Nachleistung nicht erbrachter Arbeit verpflichtet ist. Hier tritt erst mit Ablauf des Zeitraums Unmöglichkeit ein, in dem der

Arbeitnehmer seine Leistung erbringen durfte. Des Weiteren liegt Unmöglichkeit i.S.v. § 275 Abs. 1 BGB vor, wenn beispielsweise der gesamte Betrieb endgültig stillgelegt oder durch einen Brand zerstört wurde, wenn dem Tätigwerden ein Beschäftigungsverbot entgegensteht oder wenn der Arbeitnehmer seinen Arbeitsplatz witterungsbedingt nicht erreichen kann (z.B. wegen Glatteis). Dagegen ist keine Unmöglichkeit i.S.v. § 275 Abs. 1 BGB anzunehmen, wenn der Arbeitnehmer lediglich unter erschwerten Bedingungen zu seiner Arbeitsstätte gelangen kann, etwa wenn sein PKW defekt ist oder öffentliche Verkehrsmittel ausfallen und er deshalb ein Taxi nehmen muss.

2. Kraft Berufung auf das Leistungsverweigerungsrecht (§ 275 Abs. 2 und 3 BGB)

Literatur: *Brose*, Das erkrankte Kind des Arbeitnehmers im Arbeits- und Sozialrecht, NZA 2011, 719; *Gotthardt/Greiner*, Leistungsbefreiung bei Krankheit des Arbeitnehmers nach § 275 Abs. 1 oder 3 BGB, DB 2002, 2106; *Greiner*, Ideelle Unzumutbarkeit, 2003; *Scholl*, Die Unzumutbarkeit der Arbeitsleistung nach § 275 Abs. 3 BGB, Jura 2006, 283; *Scholl*, Leistungsverweigerung des Arbeitnehmers aus Glaubens- und Gewissensgründen, BB 2012, 53.

Nach § 275 Abs. 2 BGB kann der Schuldner die Leistung verweigern (muss es aber nicht), wenn diese einen Aufwand erfordert, der in einem groben Missverhältnis zum Leistungsinteresse des Gläubigers steht. Diese Vorschrift erfasst also die **faktische Unmöglichkeit**. Welcher Aufwand dem Schuldner zuzumuten ist, ist nach dem Inhalt des Schuldverhältnisses, nach Treu und Glauben sowie nach dem Vertretenmüssen des Schuldners zu beurteilen.

§ 275 Abs. 3 BGB ist gegenüber Abs. 2 die speziellere Norm für **persönlich zu erbringende Leistungen**, also insbesondere für die Arbeitspflicht. Wie bei Abs. 2 steht dem Schuldner ein **Leistungsverweigerungsrecht** zu, allerdings mit dem Unterschied, dass ein eventuelles Vertretenmüssen bei der Unzumutbarkeitsprüfung nicht berücksichtigt wird. Stattdessen sind die Schuldnerinteressen in die Abwägung einzubeziehen. Dies wird dem Charakter der Arbeitspflicht als persönliche Leistungspflicht gerecht.

Als **Anwendungsfälle** dieser Vorschrift sind beispielsweise zu nennen die Pflichtenkollisionen, etwa wenn von der Leistungserbringung eine erhebliche Gesundheits- oder gar Lebensgefahr ausgeht, wenn der Arbeitnehmer ein krankes Kind pflegen muss und keine anderweitige Betreuungsmöglichkeit hat oder wenn ihm die Leistungserbringung aus anderen Gründen nicht zumutbar ist. Auch die Fälle von Gewissenskonflikten sind nach dem Willen des Gesetzgebers unter § 275 Abs. 3 BGB zu subsumieren. Möglich ist es jedoch auch, in Fällen, in denen dem Arbeitgeber der Gewissenskonflikt bekannt ist, schon die Unbilligkeit einer dem widersprechenden Weisung nach § 106 S. 1 GewO anzunehmen (so wohl BAG v. 24.2.2011 – 2 AZR 636/09, NZA 2011, 1087; vgl. auch BAG v. 30.1.2019 – 10 AZR 299/18, NZA 2019, 693).

Bei **Erkrankung** des Arbeitnehmers ist zu differenzieren: Ist der Arbeitnehmer erkrankt, aber nicht objektiv arbeitsunfähig, z.B. erkältet, gilt § 275 Abs. 3 BGB. Der Arbeitnehmer hat also die Wahl zwischen der Leistungserbringung und dem Berufen auf die Unzumutbarkeit. Die Leistungspflicht entfällt hier erst, wenn der Arbeitnehmer wegen der Erkrankung nicht (mehr) tätig werden will. Ist die Erkrankung dagegen so schwer, dass der Arbeitnehmer objektiv arbeitsunfähig ist, gilt § 275 Abs. 1 BGB. Möchte der Arbeitnehmer dennoch arbeiten, muss der Arbeitgeber dies nicht hinnehmen, da die Leistungspflicht schon kraft Gesetzes entfallen ist.

III. Rechtsfolgen des Ausschlusses der Leistungspflicht

1. Vom Arbeitnehmer zu vertretende Unmöglichkeit

Hat der Arbeitnehmer die infolge der Nichtleistung eingetretene Unmöglichkeit der Arbeitsleistung zu vertreten (z.B. mutwillige Zerstörung der Arbeitsgeräte; „Blaumachen"), so ist zwischen dem Schicksal der Gegenleistung und Sekundäransprüchen des Arbeitgebers zu unterscheiden.

2023 – Die in der Praxis wichtigste Rechtsfolge ergibt sich aus § 326 Abs. 1 S. 1 BGB. Der Arbeitgeber wird von seiner **Verpflichtung zur Entgeltzahlung befreit**. Eine bereits geleistete Vergütung kann der Arbeitgeber gemäß § 326 Abs. 4 BGB nach den Regeln des Rücktrittsrechts (§§ 346 ff. BGB) zurückverlangen.

2024 – Neben der Befreiung von der Gegenleistungspflicht kann der Arbeitgeber unter den Voraussetzungen der §§ 275 Abs. 4, 280 Abs. 1, 283 BGB Schadensersatz statt der Leistung verlangen. Der Umfang des Schadensersatzes richtet sich nach den §§ 249 ff. BGB. Allerdings kann der Arbeitgeber nicht nach dem **Grundsatz der Naturalrestitution** die an sich geschuldete Arbeitsleistung verlangen. Im Ergebnis müsste der Arbeitnehmer die Arbeit doch nachholen, obwohl dies gerade durch den **Fixschuldcharakter** der Arbeitsleistung ausgeschlossen werden sollte. Der Arbeitnehmer hat vielmehr eine Entschädigung in Geld nach § 251 Abs. 1 BGB zu leisten, die der Arbeitgeber regelmäßig mit anderen Lohnansprüchen des Arbeitnehmers aufrechnen wird, falls er nicht ohnehin die Rechtsfolge des § 326 Abs. 1 S. 1 BGB gewählt hat.

2025 Dem Arbeitgeber kann ein **über den Arbeitsausfall hinausgehender Schaden** entstanden sein, der ebenfalls einen Ersatzanspruch begründet. Anspruchsgrundlage ist hier § 280 Abs. 1 BGB.

Beispiele für einen über den Arbeitsausfall hinausgehenden Schaden: Kosten für Ersatzarbeitskräfte, Mehrvergütung für Überstunden anderer Mitarbeiter, Konventionalstrafen bei Auftragsverspätung oder auch entgangener Gewinn i.S.d. § 252 BGB.

2026 Dem Arbeitgeber steht anstelle des in § 326 Abs. 5 BGB erwähnten Rücktrittsrechts allenfalls ein **Recht zur Kündigung** zu (Rz. 2004). Auch bei einer Leistungspflichtverletzung sind die Grundsätze des Kündigungsschutzes zu beachten. Aus § 628 Abs. 2 BGB ergibt sich, dass dem Arbeitgeber auch im Fall der Kündigung ein Schadensersatzanspruch zustehen kann.

2027 An dieser Stelle sei darauf hingewiesen, dass bei der **Nachholbarkeit** der Arbeitsleistung auch ein Verzug des Arbeitnehmers denkbar ist. Aufgrund des Fixschuldcharakters der Arbeitsleistung liegen die Voraussetzungen des Verzugs allerdings i.d.R. nur bei **geringfügigen Verspätungen** des Arbeitnehmers vor (BAG v. 17.3.1988 – 2 AZR 576/87, NZA 1989, 261).

„Ist sie (die Arbeitsleistung) in den einzelnen Arbeitsschichten bei geringfügigem Zuspätkommen noch nachholbar, dann gerät der Arbeitnehmer zunächst nur in Leistungsverzug, während die Erfüllung der Arbeitspflicht nachträglich (teilweise) objektiv unmöglich wird, wenn der Arbeitgeber die nicht zeitgerecht erbrachte Leistung von einem Ersatzmann ausführen lässt." (BAG v. 17.3.1988 – 2 AZR 576/87, NZA 1989, 261)

2028 Wenn ausnahmsweise ein solcher Fall gegeben ist, kann der Arbeitgeber gemäß §§ 280, 286 BGB neben der **Erfüllung** des Arbeitsvertrags auch den Ersatz des entstandenen **Verzögerungsschadens** einfordern. Der Arbeitgeber kann aber auch **Schadensersatz statt der Leistung** nach §§ 280 Abs. 1, 281 Abs. 1 BGB verlangen. Voraussetzung hierfür ist, dass der Arbeitgeber dem Arbeitnehmer eine angemessene Frist zur Leistung gesetzt hat und diese Frist erfolglos abgelaufen ist. Das in § 323 Abs. 1 BGB erwähnte Rücktrittsrecht wird auch im Fall des Verzugs durch das Recht zur **Kündigung** ersetzt.

2. Vom Arbeitgeber zu vertretende Unmöglichkeit

2029 Hat der Arbeitgeber die Unmöglichkeit der Arbeitsleistung zu vertreten (z.B. Schließung des Betriebs, Beschäftigung eines anderen Arbeitnehmers auf dem Arbeitsplatz), behält der Arbeitnehmer den Lohnanspruch nach § 326 Abs. 2 S. 1 1. Alt. BGB. Auf diesen Lohnanspruch muss sich der Arbeitnehmer dasjenige **anrechnen** lassen, was er infolge der Befreiung von der Leistung erspart, durch anderweitige Verwendung erwirbt oder zu erwerben böswillig unterlässt, § 326 Abs. 2 S. 2 BGB.

2030 Der in § 326 Abs. 2 S. 1 2. Alt. BGB geregelte Fall, dass die Unmöglichkeit zu einem Zeitpunkt eintritt, zu welchem sich der andere Teil im Annahmeverzug befindet, wird im Arbeitsrecht durch **§ 615 BGB** als **lex specialis** geregelt (Rz. 2033).

3. Von keiner Seite zu vertretende Unmöglichkeit

Haben weder Arbeitnehmer noch Arbeitgeber die infolge der Nichtleistung eingetretene Unmöglichkeit zu vertreten, verliert der Arbeitnehmer grundsätzlich nach § 326 Abs. 1 BGB seinen Lohnanspruch. Aus dieser Regelung wird gefolgert, dass im Arbeitsrecht der **Grundsatz „Ohne Arbeit kein Lohn"** gilt. Aufgrund der Schutzbedürftigkeit des Arbeitnehmers gegenüber dem Arbeitgeber bestehen aber zahlreiche Ausnahmen von diesem Grundsatz. 2031

Die **wichtigsten Ausnahmen**, die den in § 326 Abs. 1 BGB aufgestellten Grundsatz „Ohne Arbeit keinen Lohn" durchbrechen und somit Anspruchsgrundlagen für „Lohn ohne Arbeit" darstellen, sind: 2032

– Annahmeverzug des Arbeitgebers (§ 615 S. 1 BGB; Rz. 2033)

– Betriebs- und Wirtschaftsrisiko des Arbeitgebers (§ 615 S. 3 BGB; Rz. 2082)

– Vorübergehende Verhinderung aus persönlichen Gründen (§ 616 BGB; Rz. 2095)

– Entgeltfortzahlung im Krankheitsfall (§ 3 EFZG; Rz. 2114)

– Erholungsurlaub (BUrlG; Rz. 2195)

– Entgeltfortzahlung an Feiertagen (§ 2 EFZG; Rz. 2271)

– Mutterschutz (MuSchG; Rz. 2296)

– Elternzeit und Pflegezeit (BEEG, PflegeZG; Rz. 2322)

§ 43
Annahmeverzug des Arbeitgebers

Literatur: *Krause*, Nach der Kündigung: Weiterbeschäftigung, Freistellung, Annahmeverzug, NZA Beilage 1/2005, 51; *Lüderitz/Pawlak*, Das Annahmeverzugsrisiko des Arbeitgebers, NZA 2011, 313; *Ricken*, Annahmeverzug und Prozessbeschäftigung während des Kündigungsrechtsstreits, NZA 2005, 323; *Schreiber*, Der Annahmeverzug des Arbeitgebers, Jura 2009, 592; *Stahlhacke*, Aktuelle Probleme des Annahmeverzuges im Arbeitsverhältnis, ArbuR 1992, 8; *Waas*, Rechtsfragen des Annahmeverzugs bei Kündigung durch den Arbeitgeber, NZA 1994, 151.

Prüfungsschema: Anspruch aus § 611a Abs. 2 BGB i.V.m. § 615 S. 1 BGB 2033

☐ Entstehen des Anspruchs

    ☐ Abschluss eines Arbeitsvertrags

    ☐ Keine Beendigung des Arbeitsverhältnisses (insbesondere durch Kündigung)

☐ Nichtleistung: Erlöschen des Anspruchs nach § 326 Abs. 1 S. 1 BGB („Ohne Arbeit kein Lohn")

Ausnahme: Anspruchsgrundlage für „Lohn ohne Arbeit"

hier: § 615 S. 1 BGB

    ☐ Erfüllbares Arbeitsverhältnis

    ☐ Annahmeverzug des Arbeitgebers, §§ 293 ff. BGB

        ☐ Angebot der Arbeitsleistung durch den Arbeitnehmer (Rz. 2049)

            ☐ tatsächliches Angebot, § 294 BGB (im ungekündigten Arbeitsverhältnis; Rz. 2051)

☐ wörtliches Angebot, § 295 BGB (z.B. Kündigungsschutzklage; Rz. 2051)

☐ Entbehrlichkeit des Angebots, § 296 BGB (Rz. 2056)

☐ Kein Unvermögen des Arbeitnehmers, § 297 BGB (Rz. 2063)

☐ Nichtannahme der Arbeitsleistung, § 293 BGB (Rz. 2066)

☐ Ggf. Ende des Annahmeverzugs (Rz. 2080)

☐ Kausalität des Annahmeverzugs für die Nichtleistung (Rz. 2039)

I. Allgemeines

2034 § 615 S. 1 BGB bestimmt, dass der Arbeitnehmer während des Annahmeverzugs des Arbeitgebers unabhängig von der Verschuldensfrage seinen Entgeltanspruch behält. Mithin regelt § 615 S. 1 BGB die **Gegenleistungsgefahr** abweichend von § 326 Abs. 1 S. 1 BGB und bewirkt eine Verbesserung der Rechtsstellung des Arbeitnehmers gegenüber dieser Regelung („Ohne Arbeit kein Lohn").

2035 Der Grund für die Regelung in § 615 S. 1 BGB ist, dass der Arbeitnehmer seine Arbeitskraft nicht kurzfristig anderweitig verwerten kann; die Verwertung seiner Arbeitskraft ist aber seine existentielle Grundlage. Daher sind die allgemeinen Rechtsfolgen des Annahmeverzugs nach den §§ 300 ff. BGB für das Arbeitsverhältnis nicht ausreichend.

2036 Anspruchsgrundlage ist § 611a Abs. 2 BGB i.V.m. § 615 S. 1 BGB, da die Vorschrift über den Annahmeverzug dem Arbeitnehmer trotz fehlender Arbeitsleistung „die vereinbarte Vergütung" sichern, ihm also lediglich den originären Vergütungsanspruch des § 611a Abs. 2 BGB erhalten will.

2037 § 615 S. 1 BGB bestimmt allein die **Rechtsfolgen des Annahmeverzugs**, seine **Voraussetzungen** richten sich nach den allgemeinen Vorschriften der §§ 293 ff. BGB. Die Vorschrift ist zwar dispositiv. Bei der Abbedingung durch AGB ist freilich zu beachten, dass aus § 615 BGB prinzipiell folgt, dass der Arbeitgeber das Risiko trägt, den Arbeitnehmer nicht beschäftigen zu können. Kann der Arbeitgeber den Arbeitnehmer wegen Auftragsmangels nicht beschäftigen, wird er nicht von seiner Gegenleistungspflicht befreit. Der Arbeitgeber bleibt vielmehr zur Entgeltzahlung verpflichtet (BAG v. 7.12.2005 – 5 AZR 535/04, NZA 2006, 423).

2038 Praktische Relevanz hat der Annahmeverzug vor allem in den Fällen, in denen der Arbeitgeber das Arbeitsverhältnis gekündigt hat. Grund dafür ist, dass der **Arbeitgeber den Arbeitnehmer** in der Regel nach Ausspruch der **Kündigung** und Ablauf der Kündigungsfrist **nicht weiterbeschäftigt**, allein schon um so die Unmöglichkeit oder Unzumutbarkeit der Weiterbeschäftigung zu verdeutlichen. Erklärt das Arbeitsgericht die **Kündigung** später jedoch für **unwirksam**, muss der Arbeitgeber dem Arbeitnehmer den Lohn für den Zeitraum zwischen Kündigung und klärendem Urteil nach § 615 S. 1 BGB zahlen.

II. Abgrenzung zur Unmöglichkeit

2039 Schwierigkeiten bereitet das **Verhältnis des § 615 S. 1 BGB zu § 326 Abs. 2 BGB**. Der Grund dafür liegt in zwei scheinbar unvereinbaren Tatsachen: Erstens ist es Voraussetzung des Annahmeverzugs, dass dem Schuldner die Leistung überhaupt noch möglich ist, § 297 BGB (Rz. 2058). Wer nicht mehr leisten kann, kann schwerlich einem anderen zum Vorwurf machen, die Leistung nicht entgegen zu nehmen. Zweitens ist aufgrund des Fixschuldcharakters der Arbeitsleistung (Rz. 2004) bei Nichtleistung der Arbeit fast immer ein Fall der Unmöglichkeit gegeben. Annahmeverzug und Unmöglichkeit schließen sich damit grundsätzlich logisch aus. Würde man an diesen Gegebenheiten konsequent festhalten, bestünde für die Regelung des § 615 S. 1 BGB eigentlich kein Anwendungsfall, denn diese setzt nach dem Wortlaut die Nachholbarkeit der Arbeitsleistung voraus. In Fällen der Fixschuld bewirkt der Annahmeverzug aber zugleich die Unmöglichkeit der Arbeitsleistung. Für die Frage, ob Annahmeverzug auch bei einer Fixschuld gegeben sein kann, werden verschiedene Fallgruppen unterschieden:

– Wenn der Arbeitnehmer dem Arbeitgeber seine Arbeitsleistung anbietet, der Arbeitgeber diese jedoch nicht entgegennehmen will, obwohl er dies könnte, spricht man von **Annahmeunwilligkeit**. Nach herrschender Meinung stellt die Annahmeunwilligkeit einen Fall des Annahmeverzugs dar, so dass der Arbeitnehmer trotz Unmöglichkeit der Arbeitsleistung unter Durchbrechung von § 326 Abs. 1 S. 1 BGB seinen Lohnanspruch gemäß § 615 S. 1 BGB behält.

– Schwieriger ist die Situation, wenn der Arbeitnehmer dem Arbeitgeber seine Arbeitsleistung anbietet, der Arbeitgeber sie aber nicht entgegennehmen kann, obwohl er will. Diese Konstellation wird als **Annahmeunmöglichkeit** bezeichnet. Nach der früher vertretenen Auffassung war in diesem Fall selbst bei unterstellter Annahmewilligkeit des Arbeitgebers die Arbeitsleistung nicht erbringbar, so dass Unmöglichkeit angenommen wurde (sog. Abstrahierungsformel). Aus diesem Grund verlor der Arbeitnehmer unter Anwendung von § 326 Abs. 1 S. 1 BGB seinen Lohnanspruch. Eine Ausnahme wurde mit der **Betriebsrisikolehre** nur dort anerkannt, wo weder Arbeitgeber noch Arbeitnehmer die unterbliebene Arbeitsleistung zu vertreten haben (Rz. 2082). In einem solchen Fall ist es nicht nur dem Arbeitnehmer unmöglich, seine Leistung zu erbringen, sondern gleichzeitig befindet sich auch der Arbeitgeber in einer Situation der Annahmeunmöglichkeit. Diese bis zur Schuldrechtsreform anhand der Betriebsrisikolehre gelöste Konstellation, fällt seitdem unter § 615 S. 3 BGB und gewährt dem Arbeitnehmer in „entsprechender" Anwendung von § 615 S. 1 BGB den Vergütungsanspruch.

– Schließlich gibt es die Fälle, bei denen die rechtlichen bzw. tatsächlichen Umstände, die die Unmöglichkeit der Arbeitsleistung bedingen, vom Arbeitgeber i.S.v. § 326 Abs. 2 Alt. 1 BGB zu vertreten sind. Dies hätte wiederum die ausnahmsweise Durchbrechung von § 326 Abs. 1 S. 1 BGB zur Folge.

Auch die Frage, ob § 615 BGB im Rahmen von Arbeitsverhältnissen eine gegenüber § 326 Abs. 2 BGB verdrängende Wirkung zukommt, ist umstritten. Während § 615 (S. 1 und S. 3) BGB früher als lex specialis zu der Unmöglichkeitsregelung des § 326 Abs. 2 BGB qualifiziert wurde, deutet das Verständnis der aktuellen herrschenden Auffassung in eine andere Richtung. Nach **neuer Rechtsprechung** stehen sich § 615 und § 326 nicht entgegen, sondern **ergänzen** sich (vgl. BAG v. 23.9.2015 – 5 AZR 146/14, NZA 2016, 293 Rz. 25 ff.; BAG v. 28.9.2016 – 5 AZR 224/16, NZA 2017, 124 Rz. 33). § 615 S. 1 sei maßgeblich, wenn dem Arbeitnehmer die geschuldete Arbeitsleistung etwa durch Zeitablauf unmöglich werde und die Voraussetzungen des Annahmeverzuges (sogleich Rz. 2046) vorliegen. Sofern die §§ 293 ff. BGB nicht gegeben seien, könne der Vergütungsanspruch des Arbeitnehmers dann unter Umständen noch nach § 326 Abs. 2 BGB aufrechterhalten werden, sofern dessen Voraussetzungen (insbesondere das Verschulden des Arbeitgebers) gegeben sind.

Nur der Vollständigkeit halber sei erwähnt, dass neben der Abstrahierungsformel in der Literatur eine Ansicht vertreten wird, nach der es für die Anwendbarkeit des § 615 S. 1 BGB – unter Ausschluss der Fixschuldthese – alleine darauf ankommt, ob die **Arbeitsleistung für den Arbeitnehmer tatsächlich nachholbar** ist (*v. Stebut* RdA 1997, 66 ff.). Damit wird auf das im allgemeinen Schuldrecht angewandte Kriterium der Nachholbarkeit zurückgegriffen. Lediglich bei einer zweifelsfreien absoluten Fixschuld sei Unmöglichkeit der Arbeitsleistung anzunehmen.

Zusammenfassend erfasst die Vorschrift des § 615 BGB somit auch solche Fälle, in denen aufgrund der Nichtannahme der Leistung nicht nur Verzug, sondern Unmöglichkeit eintritt (vgl. dazu auch *Preis/Hamacher* Jura 1998, 11, 15). Damit kann der Vergütungsanspruch des Arbeitnehmers nach § 615 S. 1 BGB sowohl für Konstellationen der Annahmeunwilligkeit als auch der Annahmeunmöglichkeit des Arbeitgebers aufrechterhalten werden. Daneben kann § 326 Abs. 2 BGB ebenfalls zu einer Durchbrechung des Grundsatzes „Ohne Arbeit kein Lohn" führen, wenn den Arbeitgeber ein Verschulden an der unmöglich gewordenen Leistungspflicht trifft.

III. Voraussetzungen des Annahmeverzugs

2046 Die Voraussetzungen des Annahmeverzugs richten sich nach den §§ 293 ff. BGB. Der Arbeitgeber kommt in Annahmeverzug, wenn er die ihm ordnungsgemäß angebotene Arbeitsleistung nicht angenommen hat, § 293 BGB.

2047 Zu beachten gilt, dass die Vorschriften des Annahmeverzugs im allgemeinen Schuldrecht auf den einmaligen Austausch von Leistungen ausgerichtet sind. Aus diesem Grund ergeben sich teilweise Schwierigkeiten bei ihrer Anwendung im Arbeitsrecht.

1. Erfüllbares Arbeitsverhältnis

2048 Für einen Anspruch gemäß § 615 S. 1 BGB ist zunächst ein **tatsächlich erfüllbares Arbeitsverhältnis** erforderlich. Das Arbeitsverhältnis ist erfüllbar, wenn der Arbeitnehmer zur Arbeitsleistung verpflichtet und der Arbeitgeber zur Annahme berechtigt ist. Unerheblich ist etwa, ob ein tatsächlicher Dienstantritt erfolgt ist. Auch ein fehlerhaftes Arbeitsverhältnis (z.B. bei Vollzug eines nichtigen Arbeitsvertrags Rz. 915) ist grundsätzlich im Rahmen von § 615 BGB ausreichend. Das Arbeitsverhältnis muss auch tatsächlich durchführbar sein, so dass beispielsweise ein Arbeitsverhältnis, das rückwirkend durch Urteil begründet worden ist, diese Voraussetzung nicht erfüllt (vgl. dazu BAG v. 19.8.2015 – 5 AZR 975/13, NZA 2015, 1460).

2. Vorliegen eines ordnungsgemäßen Angebots

2049 Erforderlich ist zudem ein ordnungsgemäßes Angebot der Arbeitsleistung. Das Angebot ist ordnungsgemäß, wenn der Arbeitnehmer dem Arbeitgeber seine **Arbeitskraft in eigener Person, zur rechten Zeit, am rechten Ort und in der rechten Art und Weise anbietet** (BAG v. 29.10.1992 – 2 AZR 250/92, EzA § 615 BGB Nr. 77).

a) Tatsächliches Angebot (§ 294 BGB)

2050 Grundsätzlich muss der Schuldner nach § 294 BGB die Leistung tatsächlich anbieten. Im Arbeitsverhältnis ist dafür erforderlich, dass der Arbeitnehmer seine Dienste **persönlich am Arbeitsplatz** anbietet. Dieser Grundsatz gilt nach der Rechtsprechung jedenfalls **im ungekündigten Arbeitsverhältnis** uneingeschränkt (BAG v. 18.11.2015 – 5 AZR 814/14, NZA 2016, 494 Rz. 50; Rz. 2056).

b) Wörtliches Angebot (§ 295 BGB)

2051 Gerade im gekündigten Arbeitsverhältnis kann der Annahmeverzug länger andauern, i.d.R. zwischen Ablauf der Kündigungsfrist und Feststellung der Unwirksamkeit der Kündigung am Ende des Kündigungsschutzprozesses. Das Erfordernis eines tatsächlichen Angebots bereitet bei einem länger andauernden Annahmeverzug Schwierigkeiten. Der Arbeitnehmer müsste auch in diesem Fall im Betrieb erscheinen, um den Annahmeverzug des Arbeitgebers aufrechtzuerhalten, obwohl dieser ihm gekündigt hat. Abhilfe schafft hier die Regelung des § 295 BGB. Nach § 295 S. 1 BGB genügt ein wörtliches Angebot, wenn der Arbeitgeber erklärt hat, dass er die Leistung nicht annehmen werde (sog. „**Ablehnungserklärung**", Alt. 1) oder eine erforderliche **Mitwirkungshandlung** des Arbeitgebers unterbleibt (Alt. 2). Gemäß § 295 S. 2 BGB steht dem Angebot eine Aufforderung an den Arbeitgeber gleich, die nach § 295 S. 1 Alt. 2 BGB erforderliche Handlung vorzunehmen.

2052 Häufigster Fall der Ablehnungserklärung i.S.d. § 295 S. 1 Alt. 1 BGB im Arbeitsrecht ist die durch den Arbeitgeber ausgesprochene **Kündigung**. Es erscheint sinnlos und eine reine Förmelei, dem kündigenden Arbeitgeber ein von vornherein zur Ablehnung verurteiltes tatsächliches Angebot machen zu müssen. Deshalb bedarf es nach einer arbeitgeberseitigen Kündigung nur eines wörtlichen Angebots durch den Arbeitnehmer, um einen Annahmeverzug zu begründen. **Jegliche Form des Protests** gegen die Kündigung genügt der Anforderung des wörtlichen Angebots, dazu zählt insbesondere die Erhebung der **Kündigungsschutzklage** (BAG v. 26.8.1971 – 2 AZR 301/70, DB 1971, 1971 und BAG v. 10.4.1963 – 4 AZR 95/AP Nr. 23 zu § 615 BGB).

„Ein wörtliches Angebot des Arbeitnehmers genügt aber dann, wenn der Arbeitgeber ihm gegenüber erklärt oder durch sein Verhalten zum Ausdruck gebracht hat, dass er die Leistung nicht annehme. Ein solches Verhalten ist auch in einer ungerechtfertigten Kündigung zu sehen, wie sie im vorliegenden Fall gegeben ist. [...] Bei dieser Sachlage reichte die Erhebung der Kündigungsschutzklage nach § 3 KSchG [jetzt § 4 KSchG] für ein ordnungsgemäßes Angebot der Arbeitsleistung aus." (BAG v. 10.4.1963 – 4 AZR 95/62, NJW 1963, 1517) 2053

Nachteilige Folge dieser früheren Rechtsprechung ist, dass der Arbeitnehmer seinen **Lohnanspruch** bei Ausnutzung der Dreiwochenfrist nach § 4 KSchG für die Erhebung der Kündigungsschutzklage für selbigen Zeitraum **verliert**, da der Annahmeverzug erst mit dem Zugang des Angebots begründet wird. Um diese Problematik zu lösen, wendet das BAG in seiner neueren Rechtsprechung § 296 BGB an, der unter gewissen Voraussetzungen die Entbehrlichkeit eines Angebots im Sinne der §§ 294, 295 BGB statuiert (Rz. 2056). 2054

Weitere wichtige Fälle einer Ablehnungserklärung i.S.d. § 295 S. 1 Alt. 1 BGB im Arbeitsrecht sind die Berufung auf sonstige Beendigungstatbestände, insbesondere eine Befristung (vgl. BAG v. 19.9.2012 – 5 AZR 627/11, NZA 2013, 101), oder auch die rechtswidrige Einführung von Feierschichten oder Kurzarbeit (vgl. BAG v. 18.11.2015 – 5 AZR 491/14, NZA 2016, 565). Diese Maßnahmen stellen zudem in der Regel die für den Annahmeverzug gemäß § 293 BGB erforderliche Nichtannahme der Leistung durch den Arbeitgeber dar. 2055

c) Entbehrlichkeit des Angebots (§ 296 BGB)

Nach § 296 BGB ist bei **Nichtvornahme einer kalendermäßig bestimmten Mitwirkungshandlung** durch den Arbeitgeber kein Angebot erforderlich. Ein Beispiel für eine derartige Mitwirkungshandlung im ungekündigten Arbeitsverhältnis ist die Erfüllung von Arbeitnehmerschutzbestimmungen. **Im gekündigten Arbeitsverhältnis** sieht das BAG **die Zurverfügungstellung eines funktionsfähigen Arbeitsplatzes** als eine mit dem Kalender synchron laufende Mitwirkungshandlung an (BAG v. 9.8.1984 – 2 AZR 374/83, NZA 1985, 119; kritisch *Schäfer* JuS 1988, 265, 266). Bei Versäumung dieser Verpflichtung kommt der Arbeitgeber im gekündigten Arbeitsverhältnis nach der Rechtsprechung gemäß § 296 S. 1 BGB in Annahmeverzug, ohne dass es irgendeines Angebots durch den Arbeitnehmer bedarf (BAG v. 19.5.2010 – 5 AZR 162/09, NZA 2010, 1119, 1120). 2056

Im ungekündigten Arbeitsverhältnis verlangt das BAG aber nach wie vor ein tatsächliches Angebot (BAG v. 25.4.2007 – 5 AZR 504/06, NZA 2007, 801, 803). Hat der Arbeitgeber allerdings – ohne zu kündigen – den Arbeitnehmer von der Arbeit freigestellt, so ist ein Angebot entbehrlich. 2057

Nach § 297 BGB ist der Annahmeverzug des Arbeitgebers ausgeschlossen, wenn der Arbeitnehmer arbeitsunfähig ist und damit Unmöglichkeit nach § 275 Abs. 1 BGB vorliegt (Rz. 2016) bzw. wenn er sich auf sein Leistungsverweigerungsrecht nach § 275 Abs. 3 BGB beruft. Aus diesem Grund kann der Arbeitgeber während einer **Erkrankung des Arbeitnehmers**, die den Ausschluss der Leistungspflicht zur Folge hat, nicht in Annahmeverzug geraten. Schwierigkeiten bereitet nun die Frage, ob der Arbeitnehmer gemäß § 295 BGB seine **wiedergewonnene Arbeitsfähigkeit** bzw. Leistungsbereitschaft nach seiner Genesung **anzeigen** muss oder ob eine solche Anzeige in einem **gekündigten Arbeitsverhältnis** ebenfalls gemäß § 296 BGB entbehrlich ist. Früher wurde eine derartige Anzeigepflicht dann bejaht, wenn die wiedergewonnene Arbeitsfähigkeit für den Arbeitgeber nicht erkennbar war (BAG v. 21.3.1985 – 2 AZR 201/84, NZA 1985, 778). 2058

Die **Rechtsprechung**, die ein Angebot des Arbeitnehmers im gekündigten Arbeitsverhältnis gemäß § 296 BGB für nicht erforderlich hält, hat zunächst bei Vorlage **einer befristeten Arbeitsunfähigkeits-** 2059

bescheinigung auf eine Anzeige der wiedereingetretenen Leistungsfähigkeit verzichtet (BAG v. 19.4.1990 – 2 AZR 591/89, NZA 1991, 228).

2060 *„Die Anzeige der Arbeitsfähigkeit und die damit verbundene ausdrückliche oder konkludente Aufforderung des Arbeitnehmers, ihm die dem Vertrag entsprechende Arbeit wieder zuzuweisen, sind nach der Überprüfung der Rechtslage durch den Senat keine weiteren stets unerlässlichen Voraussetzungen für den Annahmeverzug. Sie sind vielmehr entbehrlich, wenn der Arbeitnehmer selbst durch sein Verhalten besondere Zweifel an der Dauer der Arbeitsunfähigkeit geweckt hat. [...] Sie (die Klägerin) hat damit (mit der Erhebung der Kündigungsschutzklage) die Fortsetzung des Arbeitsverhältnisses angestrebt und damit ihre Leistungsbereitschaft (wenn auch nicht Leistungsfähigkeit) angezeigt.*

Muss der Gläubiger – hier Beklagter – bei der Arbeitszuweisung unter kalendermäßiger Bestimmung mitwirken, braucht der Schuldner bei eindeutig bestehender und mitgeteilter Leistungsbereitschaft nicht auch noch seine tatsächlich bestehende Leistungsfähigkeit anzuzeigen, um die vorstehend gekennzeichnete Klarstellungsfunktion zu erfüllen." (BAG v. 19.4.1990 – 2 AZR 591/89, NZA 1991, 228)

2061 Diese Rechtsprechung wurde auch auf die Fälle ausgedehnt, in denen der Arbeitnehmer **mehrfach aufeinanderfolgend befristete Arbeitsunfähigkeitsbescheinigungen** vorlegt. Der Annahmeverzug des Arbeitgebers beginnt mit dem Ablauf der letzten bescheinigten Arbeitsunfähigkeit (BAG v. 24.10.1991 – 2 AZR 112/91, NZA 1992, 403).

2062 Bei einer **unbefristeten Arbeitsunfähigkeit** besteht hingegen die Schwierigkeit, dass erst durch die Anzeige der genaue Zeitpunkt der Wiederherstellung der Arbeitsfähigkeit festgelegt wird. Inzwischen hat das BAG seine Rechtsprechung fortgeführt und entschieden, dass auch bei einer unbefristeten Arbeitsunfähigkeit eine Anzeige der Arbeitsfähigkeit keine Voraussetzung des § 296 BGB ist (BAG v. 24.11.1994 – 2 AZR 179/94, NZA 1995, 263). Dies ist bei Anwendung des § 296 BGB konsequent. Entscheidend ist demnach allein die Arbeitsfähigkeit des Arbeitnehmers, solange der Arbeitgeber ihm keinen Arbeitsplatz zuweist. Diese Grundsätze gelten allerdings nicht für das ungekündigte Arbeitsverhältnis (BAG v. 29.10.1992 – 2 AZR 250/92, EzA § 615 BGB Nr. 77). Die Rechtsprechung sieht in der Kündigung eine Zäsur, die den Arbeitnehmer von den ihm sonst obliegenden Anzeige- und Nachweispflichten, etwa auch nach § 5 EFZG, befreit.

3. Möglichkeit der Arbeitsleistung

2063 Der Annahmeverzug ist nach § 297 BGB ausgeschlossen, wenn der Arbeitnehmer die Arbeitsleistung nicht bewirken kann, d.h., wenn er **leistungsunwillig oder -unfähig** ist. Ist der Arbeitnehmer etwa krankheitsbedingt dauernd arbeitsunfähig, kommt der Arbeitgeber nicht in Annahmeverzug, wenn er das Beschäftigungsangebot des Arbeitnehmers ablehnt (BAG v. 29.10.1998 – 2 AZR 666/97, NZA 1999, 377; BAG v. 17.8.2011 – 5 AZR 251/10, DB 2012, 238, 239). Der Arbeitnehmer ist nur arbeitsfähig, wenn die Leistung nicht unmöglich ist (zur Abgrenzung zwischen Verzug und Unmöglichkeit Rz. 2039).

2064 Ein Arbeitnehmer ist nicht stets schon dann leistungsunfähig i.S.v. § 297 BGB, wenn er aus Gründen in seiner Person **nicht mehr alle Arbeiten** verrichten kann, die zu den vertraglich vereinbarten Tätigkeiten gehören. Der Arbeitgeber muss gemäß § 106 GewO sein Weisungsrecht nach billigem Ermessen ausüben und dabei auch die Interessen des Arbeitnehmers berücksichtigen. Ist es dem Arbeitgeber möglich und zumutbar, dem krankheitsbedingt nur eingeschränkt leistungsfähigen Arbeitnehmer leidensgerechte Arbeiten zuzuweisen, ist die Zuweisung anderer nicht leidensgerechter Arbeiten unbillig. Unterlässt der Arbeitgeber die ihm mögliche und zumutbare Zuweisung leidensgerechter und vertragsgemäßer Arbeit, steht die Einschränkung der Leistungsfähigkeit des Arbeitnehmers dem Annahmeverzug des Arbeitgebers nicht entgegen (BAG v. 8.11.2006 – 5 AZR 51/06, ZTR 2007, 204).

Beispiele: 1. Eine Lehrerin unterrichtet Sport, textiles Gestalten und Kunst. Wenn sie gesundheitsbedingt nicht mehr zum Sportunterricht in der Lage ist, kommt der Arbeitgeber in Annahmeverzug, wenn er ihr keine Lehrtätigkeit zuweist, obwohl dies in den anderen Fächern möglich wäre.

2. Wenn eine in einem Krankenhaus beschäftigte Krankenschwester aus gesundheitlichen Gründen nicht mehr in der Lage ist, Nachtschichten zu leisten, ist sie deshalb nicht insgesamt arbeitsunfähig krank. Vielmehr hat sie einen Anspruch darauf, ohne Einteilung in Nachtschichten vom Arbeitgeber beschäftigt zu werden. Dies ergibt sich aus der Verpflichtung des Arbeitgebers, die Arbeitsleistung nach billigem Ermessen zu konkretisieren (§ 106 Abs. 1 S. 1 GewO, § 315 Abs. 1 BGB). Bietet die Krankenschwester – abgesehen von den Nachtschichtdiensten – ihre Arbeitsleistung ordnungsgemäß an, liegt ein wirksames Angebot im Sinne der §§ 294, 295 BGB vor; insoweit ist sie auch nicht zur Leistung außerstande i.S.v. § 297 BGB (BAG v. 9.4.2014 – 10 AZR 637/13, NZA 2014, 719).

§ 297 BGB besagt zwar nur, dass der Gläubiger nicht in Verzug komme, wenn der Schuldner zur Zeit des Angebots außerstande ist, die Leistung zu bewirken. Damit ist aber zugleich ausgesprochen, dass der Schuldner auch leistungsbereit sein muss. Denn ein nicht leistungswilliger Schuldner setzt sich selbst außerstande, die geschuldete Leistung zu bewirken (BAG v. 13.7.2005 – 5 AZR 578/04, NZA 2005, 1348). 2065

4. Nichtannahme der Arbeitsleistung

Hat der leistungswillige und -fähige Arbeitnehmer die Arbeitsleistung ordnungsgemäß angeboten, so darf der Arbeitgeber die Arbeitsleistung nach § 293 BGB nicht angenommen haben. Ausreichend ist die „nackte Tatsache der Nichtannahme". Diese muss vom Arbeitgeber also nicht verschuldet sein. 2066

Beispiele für Ablehnungsmaßnahmen des Arbeitgebers: Die wichtigste Fallgruppe stellen rechtswidrige Ablehnungsmaßnahmen dar, wie etwa eine rechtswidrige Aussperrung oder die rechtswidrige Einführung von Kurzarbeit.

Der Arbeitgeber kommt auch dann in Annahmeverzug, wenn er zwar zur Annahme bereit ist, aber die verlangte Gegenleistung nicht anbietet, vgl. § 298 BGB. Dies gilt also dann, wenn der Arbeitnehmer ein **Leistungsverweigerungsrecht** hat (z.B. wegen erheblicher Gehaltsrückstände) und dieses in zulässiger Weise ausübt (BAG v. 26.9.2007 – 5 AZR 870/06, NZA 2008, 1063, 1066; BAG v. 8.5.1996 – 5 AZR 315/95, NZA 1997, 86: Zurückbehaltungsrecht bei Arbeit in gefahrstoffbelasteten Räumen nach §§ 273 Abs. 1 i.V.m. 618 Abs. 1 BGB; zur Rechtslage nach dem Arbeitsschutzgesetz Rz. 1789). 2067

IV. Rechtsfolgen des Annahmeverzugs

1. Vergütungsanspruch

Während des Annahmeverzugs hat der Arbeitgeber gemäß § 615 S. 1 BGB die vereinbarte Vergütung des Arbeitnehmers fortzuzahlen, ohne dass der Arbeitnehmer zur Nachholung der Arbeitsleistung verpflichtet ist. Dies gilt auch, wenn die Arbeitsleistung wegen des Fixschuldcharakters unmöglich wird; im Ergebnis wird so eine Nachleistung ausgeschlossen, zu der es wegen § 275 BGB bereits keine Verpflichtung gibt (zur Abgrenzung Verzug/Unmöglichkeit Rz. 2039). 2068

Der Anspruch ist auf die vertragsgemäße Vergütung gerichtet. Die Höhe bestimmt sich nach dem **Lohnausfallprinzip**. Es handelt sich um den **ursprünglichen Erfüllungsanspruch**, sodass der für Schadensersatzansprüche geltende § 254 BGB nicht anwendbar ist. 2069

2. Anrechnung anderweitigen Verdienstes

Der Arbeitnehmer muss sich im Fall des Annahmeverzugs auf seinen Vergütungsanspruch den Wert dessen anrechnen lassen, was er infolge der unterbliebenen Dienstleistung **erspart** (z.B. Fahrgelder) und durch anderweitige Verwendung seiner Dienste **erworben** oder **zu erwerben böswillig unterlassen** hat, § 615 S. 2 BGB. Der Arbeitnehmer soll keinen finanziellen Vorteil aus dem Annahmeverzug haben. Soweit das KSchG Anwendung findet, ist die Regelung des § 11 KSchG als lex specialis heranzuziehen, soweit die Anrechnung eines anderweitigen Verdienstes in Rede steht. Der Arbeitnehmer kann allerdings bei der Berechnung nach § 11 Nr. 1 KSchG verlangen, dass erforderliche Aufwendun- 2070 gen zur Erzielung eines anderweitigen Verdienstes in Abzug gebracht werden und folglich nicht auf den Annahmeverzugslohn anzurechnen sind (siehe dazu BAG v. 2.10.2018 – 5 AZR 376/17, NZA 2018, 1544).

2071 Beide Normen stellen darauf ab, ob dem Arbeitnehmer nach Treu und Glauben (§ 242 BGB) sowie unter Beachtung des Grundrechts auf freie Arbeitsplatzwahl (Art. 12 GG) die Aufnahme einer anderweitigen Arbeit **zumutbar** ist. Vergleichsweise schlechtere Arbeitsbedingungen können die Unzumutbarkeit lediglich begründen, wenn die Abweichung einen Grad erreicht, der nicht mehr hinnehmbar erscheint (BAG v. 22.3.2017 – 5 AZR 337/16, NZA 2017, 988 Rz. 17). Eine Anrechnung kommt auch in Betracht, wenn die Beschäftigungsmöglichkeit bei dem Arbeitgeber besteht, der sich mit der Annahme der Dienste des Arbeitnehmers im Verzug befindet. **Böswillig** handelt der Arbeitnehmer, dem ein Vorwurf daraus gemacht werden kann, dass er während des Annahmeverzugs trotz Kenntnis aller objektiven Umstände vorsätzlich untätig bleibt oder die Aufnahme der Arbeit bewusst verhindert (BAG v. 7.2.2007 – 5 AZR 422/06, NZA 2007, 561; BAG v. 11.1.2006 – 5 AZR 98/05, NZA 2006, 314).

2072 Die Rechtsprechung bejaht recht großzügig das Tatbestandsmerkmal des böswilligen Unterlassens, insbesondere wenn der Arbeitgeber dem Arbeitnehmer die Weiterbeschäftigung während des Kündigungsschutzprozesses anbietet. Hier steht vielfach die Zumutbarkeitsfrage im Vordergrund. Die **Zumutbarkeit** für den Arbeitnehmer hängt von der **Art der Kündigung** und ihrer **Begründung** sowie dem **Verhalten des Arbeitgebers** ab (BAG v. 24.9.2003 – 5 AZR 500/02, NZA 2004, 90). Daraus ergibt sich folgende grundsätzliche Differenzierung:

2073 – Bei einer betriebsbedingten oder personenbedingten Kündigung ist die vorläufige Weiterbeschäftigung dem Arbeitnehmer regelmäßig zumutbar.

2074 – Bei einer verhaltensbedingten, insbesondere außerordentlichen Kündigung ist die Weiterarbeit beim kündigenden Arbeitgeber in der Regel unzumutbar. Art und Schwere der gegenüber dem Arbeitnehmer erhobenen Vorwürfe können die Unzumutbarkeit der Weiterarbeit begründen, wobei die außerordentliche Kündigung regelmäßig das Ansehen des Arbeitnehmers beeinträchtigt.

2075 Doch Ausnahmen bestätigen die Regel, wie das folgende Beispiel zeigt:

Fallbeispiel: Verhaltensbedingte Kündigung: A wird fristlos verhaltensbedingt gekündigt, nachdem er seinen Vorgesetzten im Beisein anderer Kollegen als „das größte Arschloch, was im Betrieb rumlaufe" tituliert hat. Während des Kündigungsschutzprozesses bietet der Arbeitgeber dem A die vorläufige Weiterbeschäftigung an. Dieser lehnt „wegen Unzumutbarkeit" ab und macht später – nachdem die Kündigung an formellen Fehlern gescheitert war – Ansprüche aus Annahmeverzug geltend. Dem BAG hat es nicht genügt, die Unzumutbarkeit der Prozessbeschäftigung allein aus dem Festhalten des Arbeitgebers an der außerordentlichen verhaltensbedingten Kündigung herzuleiten. Erforderlich sei vielmehr eine Einzelfallbetrachtung. Danach sei dem A die Weiterbeschäftigung zumutbar gewesen (BAG v. 24.9.2003 – 5 AZR 500/02, NZA 2004, 90).

2076 **Beispiel: Änderungskündigung:**

– **Fall 1:**
Die Parteien streiten um die Rechtmäßigkeit einer Änderungskündigung. Dem Arbeitnehmer wird die (vorläufige) Weiterbeschäftigung im selben Betrieb, in einer anderen zumutbaren Position, allerdings zu einem um ein Drittel verringerten Gehalt angeboten. Der Arbeitnehmer schlägt das Angebot vorbehaltlos aus und erhält eine Beendigungskündigung, die aus formellen Gründen unwirksam ist. Der Arbeitnehmer verlangt den Annahmeverzugslohn. Das BAG lehnt dies (teilweise) ab, weil es böswillig unterlassen habe, (vorübergehend) zu der angebotenen zumutbaren geringerwertigen Tätigkeit bei seinem bisherigen Arbeitgeber zu arbeiten (BAG v. 26.9.2007 – 5 AZR 870/06, NZA 2008, 1063).

– **Fall 2:**
Im Betrieb des U wird der einzige LKW entwendet, den der Arbeitnehmer A bislang gefahren hat. U entscheidet, die anfallenden Transporte künftig durch Spediteure durchführen zu lassen und keinen neuen LKW zu beschaffen. U erklärt daraufhin eine ordentliche Änderungskündigung und bietet A an, sofort im

Restholzbereich mit der bisherigen Vergütung weiterzuarbeiten. A. weigert sich und besteht auf vertragsgemäßer Arbeit während der Kündigungsfrist. Er erscheint weiter täglich zur Arbeit und bietet die Arbeitsleistung als LKW-Fahrer tatsächlich an.

Obwohl die sofort angebotene Arbeit im Restholzbereich nicht vertragsgemäß war, bejahte das BAG böswilliges Unterlassen. Auch die objektiv vertragswidrige Arbeit kann nach den konkreten Umständen zumutbar sein (BAG v. 7.2.2007 – 5 AZR 422/06, NZA 2007, 561).

Der Arbeitnehmer ist in analoger Anwendung des § 74c Abs. 2 HGB auskunftspflichtig über die **Höhe des anderweitigen Verdienstes**: 2077

„Die Zahlungspflicht des Arbeitgebers mindert sich um den anrechenbaren anderweitigen Erwerb. Deshalb muss der Arbeitnehmer Auskunft über seinen anderweitigen Erwerb erteilen. Für die dem § 615 S. 2 BGB entsprechende Vorschrift über die Zahlung einer Karenzentschädigung ist die Auskunftspflicht des Handlungsgehilfen in § 74c Abs. 2 HGB ausdrücklich festgelegt. Für § 615 S. 2 BGB ist diese Vorschrift analog anwendbar." (BAG v. 27.3.1974 – 5 AZR 258/73, NJW 1974, 1348)

Genügt der Arbeitnehmer seiner Auskunftspflicht nicht, so hat der Arbeitgeber ein **Leistungsverweigerungsrecht**. 2078

Streitig ist, ob der anderweitige Verdienst auf die Vergütung für die gesamte Dauer des Annahmeverzugs oder nur auf die Vergütung für den Zeitabschnitt, in welchem der anderweitige Arbeitsverdienst erzielt wird, anzurechnen ist. Nach der Rechtsprechung erfolgt die Anrechnung des durch anderweitigen Erwerb erlangten Verdienstes im Wege der sog. **Gesamtberechung** (BAG v. 22.11.2005 – 1 AZR 407/04, NZA 2006, 736, 738; BAG v. 24.8.1999 – 9 AZR 804/98, NZA 2000, 818; BAG v. 16.5.2012 – 5 AZR 251/11, NZA 2012, 971; a.A. *Boecken* NJW 1995, 3218 ff., der die Anrechnung **pro rata temporis** vornimmt). 2079

V. Beendigung des Annahmeverzugs

Die Beendigung des Annahmeverzugs ist gesetzlich nicht ausdrücklich geregelt. Letztlich kommt es darauf an, dass eine der Voraussetzungen des Annahmeverzugs entfällt. Der Arbeitgeber kann den Annahmeverzug somit nur beenden, indem er die Arbeitsleistung des Arbeitnehmers annimmt bzw. ihn zur Arbeitsleistung auffordert oder das Arbeitsverhältnis wirksam beendet. 2080

Problematisch ist, wann der Arbeitgeber die Arbeitsleistung im gekündigten Arbeitsverhältnis angenommen hat. Nach der Rechtsprechung kann der Arbeitgeber den Annahmeverzug im Fall einer unwirksamen Kündigung **nicht** schon dadurch beenden, dass er dem Arbeitnehmer für die Dauer des Kündigungsschutzprozesses die **befristete oder auflösend bedingte Weiterbeschäftigung** anbietet (BAG v. 14.11.1985 – 2 AZR 98/84, NZA 1986, 1878). Erforderlich sei vielmehr die Annahme als Erfüllung der Leistungspflicht (BAG v. 17.11.2011 – 5 AZR 564/10, NZA 2012, 260 Rz. 17). Die Beendigung des Annahmeverzugs sei nur möglich, wenn der Arbeitgeber mit dem Weiterbeschäftigungsangebot gleichzeitig die **Unwirksamkeit der Kündigung anerkennt** (BAG v. 21.5.1981 – 2 AZR 95/79, NJW 1982, 121; bestätigt durch BAG v. 14.11.1985 – 2 AZR 98/84, NZA 1986, 637; kritisch *Schäfer* JuS 1988, 265, 267). Das finanzielle Risiko, das vor dem Hintergrund des § 615 BGB mit einer Kündigung verbunden ist, wenn sich diese am Ende des Kündigungsschutzprozesses als unwirksam erweist, hat der Arbeitgeber zu tragen. Nimmt der Arbeitnehmer ein Weiterbeschäftigungsangebot seines Arbeitgebers nicht an, so kann dies aber als **böswillige Unterlassung eines Zwischenverdiensts** i.S.d. § 615 S. 2 BGB zu bewerten sein. 2081

§ 44
Die Betriebsrisikolehre

Literatur: *Auktor*, Die Verteilung des Betriebsrisikos nach der Schuldrechtsreform, ZTR 2002, 466; *Bauer/Opolony*, Arbeitsrechtliche Fragen bei Katastrophen, NJW 2002, 3503; *Luke*, § 615 S. 3 BGB – Neuregelung des Betriebsrisikos?, NZA 2004, 244; *v. Steinau-Steinrück/Rosenau*, Aschewolken im Arbeitsrecht, NJW-Spezial 2010, 306.

2082 **Prüfungsschema: Anspruch aus § 611a Abs. 2 BGB i.V.m. § 615 S. 3 BGB**

☐ Entstehen des Anspruchs

☐ Abschluss eines Arbeitsvertrags

☐ Keine Beendigung des Arbeitsverhältnisses (insb. durch Kündigung)

☐ Nichtleistung: Erlöschen des Anspruchs nach § 326 Abs. 1 BGB „Ohne Arbeit kein Lohn"

Ausnahme: Anspruchsgrundlage für „Lohn ohne Arbeit"

hier: Betriebsrisikolehre

☐ Regelfall: Bei beiderseitig unverschuldeter Betriebsstörung (Rz. 2083, 2091): Erhaltung des Lohnanspruchs

☐ Besonderheiten bei Betriebsstörung wegen eines Arbeitskampfs (siehe unter §§ 125 ff.)

I. Die Verteilung des Betriebsrisikos

1. Ausdrückliche Regelung in § 615 S. 3 BGB

2083 Eine weitere Ausnahme zum Grundsatz „Ohne Arbeit kein Lohn" nach § 326 Abs. 1 BGB besteht in den Fällen, in denen wegen einer **beiderseitig unverschuldeten Betriebsstörung** die Erbringung der **Arbeitsleistung unmöglich** ist.

Beispiele für unverschuldete Betriebsstörungen: Unterbrechung der Stromversorgung, Rohstoffmangel, Einschränkung oder Stilllegung des Betriebs durch behördliche Anordnung, Naturkatastrophen, Maschinenschaden.

2. Entwicklung der Betriebsrisikolehre

2084 Die Rechtsprechung ging davon aus, dass weder die Verzugs- noch die Unmöglichkeitsregeln des BGB in den Fällen der unverschuldeten Betriebsstörung eine angemessene Lösung boten. Das Reichsgericht beschritt deshalb in seiner vielzitierten „Straßenbahnentscheidung" (RG v. 6.2.1923 – III 93/22, RGZ 106, 272) einen neuen Weg. Ausgangspunkt war die Annahme, das BGB weise bezüglich dieser Risikoproblematik eine **Gesetzeslücke** auf, die im Wege der **Rechtsfortbildung** geschlossen werden müsse. Auf dieser Grundlage entwickelte dann das Reichsarbeitsgericht (RAG 20.6.1928 ARS 2, 116 ff.) die sog. **Sphärentheorie**, die das Bundesarbeitsgericht zur sog. **Betriebsrisikolehre** ausbaute (BAG v. 8.2.1957 – 1 AZR 338/55, DB 1957, 718).

2085 Nach der Betriebsrisikolehre **trägt der Arbeitgeber** auch die **Risiken aus dem betrieblichen Bereich**, da er den Betrieb leitet und organisiert. Als Folge dieser Risikoverteilung muss der Arbeitgeber beim Eintritt unverschuldeter Betriebsstörungen den Lohn an die Arbeitnehmer weiterzahlen:

„In Übereinstimmung mit der seit der Entscheidung des RG v. 6.2.1923 (- III 93/22, RGZ 106, 272) immer mehr zur Herrschaft gelangten Ansicht ist der Senat der Auffassung, dass die Entscheidung über das

Betriebsrisiko, d.h. über die Verpflichtung zur Lohnzahlung bei solchen Ereignissen, die weder vom Arbeitgeber noch vom Arbeitnehmer des betreffenden Betriebs verschuldet sind, nicht auf Grund der Vorschriften des BGB (§ 323 oder § 615) getroffen werden kann. [...] Es liegt [...] ein Tatbestand vor, der nicht nach den Vorschriften des BGB zu beurteilen ist. [...] Besteht somit hinsichtlich der Regelung des Betriebsrisikos eine Lücke im Gesetz, so ergibt sich die Lösung aus den in der bisherigen Entwicklung in der Rechtsprechung und Wissenschaft herausgearbeiteten Grundsätzen. [...] Danach gilt in erster Linie der Grundsatz, dass der Arbeitgeber das Betriebsrisiko trägt. Der Arbeitgeber muss, wenn die Arbeit aus im Betrieb liegenden Gründen nicht geleistet werden kann, gleichwohl den vollen Lohn weiterzahlen." (BAG v. 8.2.1957 – 1 AZR 338/55, DB 1957, 718)

Die Annahme einer Gesetzeslücke, auf der die Betriebsrisikolehre des BAG beruht, wurde in der Literatur zu Recht in Zweifel gezogen. Das Betriebsrisiko wurde vielmehr als ein **Fall des Annahmeverzugs nach § 615 BGB** angesehen. Diese Ansicht wird durch § 615 S. 3 BGB bestätigt. Der Annahmeverzug setzt **kein Verschulden des Arbeitgebers** voraus. Ausreichend ist die „nackte Tatsache der Nichtannahme". Der Arbeitgeber muss daher das Risiko tragen, eine ordnungsgemäß angebotene Arbeitsleistung nicht annehmen zu können, auch wenn dies auf unverschuldeten betriebstechnischen Gründen beruht (vgl. *Preis/Hamacher* Jura 1998, 11, 18). Ebenso wie der Annahmeverzug stellt die Betriebsrisikolehre eine Ausnahme zum Untergang des Vergütungsanspruchs wegen Unmöglichkeit dar.

Die Risikoverteilung erfolgt nach den Grundsätzen der Betriebsrisikolehre auch dann, wenn die Störung keine betriebstechnische Ursache hat, sondern **von außen** auf das Unternehmen einwirkt.

Beispiel für äußere Einwirkung: Wegen eines **Kälteeinbruchs** fällt im Betrieb die Ölheizung aus, so dass die Arbeiten nicht fortgeführt werden können (vgl. BAG v. 9.3.1983 – 4 AZR 301/80, DB 1983, 1496).

Entscheidend ist, dass der **„Betrieb" nicht funktioniert**. Nichts mit dem Betriebsrisiko zu tun hat hingegen das **Wegerisiko**. Darunter ist das Risiko des Arbeitnehmers zu verstehen, pünktlich an seinem Arbeitsplatz zu erscheinen. Es ist vor allem nicht der Komplementärbegriff zum Betriebsrisiko. Das Wegerisiko ist ein Fall des § 326 Abs. 1 BGB. In diesem Zusammenhang sind insbesondere die Fälle zu nennen, in denen der Arbeitnehmer infolge von Glatteis oder Fahrverboten wegen Schneeverwehungen seinen Arbeitsplatz nicht oder nicht pünktlich erreichen kann (BAG v. 8.12.1982 – 4 AZR 134/80, DB 1983, 395; BAG v. 8.9.1982 – 5 AZR 283/80, DB 1983, 397).

Fallbeispiel: Lohnanspruch bei Naturkatastrophen: Vor dem Hintergrund von Betriebs- und Wegerisiko ist fraglich, wie Naturkatastrophen (z.B. die schweren Überschwemmungen im Jahre 2002) hinsichtlich des Lohnanspruchs zu qualifizieren sind. Ist der Betrieb zu erreichen, kann aber dort auf Grund der Katastrophe nicht gearbeitet werden, muss der Arbeitgeber die Vergütung fortzahlen (Betriebsrisiko). Können die Arbeitnehmer auf Grund der Überschwemmungskatastrophe den Betrieb nicht erreichen, verlieren sie den Anspruch auf Vergütung (Wegerisiko). Muss der Arbeitnehmer angesichts der Katastrophe erst seine eigenen Angelegenheiten ordnen, behält er seinen Vergütungsanspruch nach Maßgabe des § 616 BGB für eine verhältnismäßig nicht erhebliche Zeit, wenn ihm die Arbeitsleistung deshalb vorübergehend nicht zuzumuten ist (hierzu *Bauer/Opolony* NJW 2002, 3503).

Das **Wirtschaftsrisiko** bezeichnet das Risiko, die Gegenleistung verwenden zu können, wenn die Erbringung der Arbeitsleistung zwar betriebstechnisch möglich, **wirtschaftlich aber nutzlos** ist (z.B. wegen Auftrags- oder Absatzmangels). Dieses Verwendungsrisiko beruht nicht auf einer Leistungsstörung. Wie bei jedem anderen Austauschvertrag muss dieses Risiko der Gläubiger tragen. Die Verteilung des Wirtschaftsrisikos erfolgt im Ergebnis in gleicher Weise wie die des Betriebsrisikos (BAG v. 22.12.1980 – 1 ABR 76/79, NJW 1981, 942). Das bedeutet, dass der Arbeitgeber den Lohn auch dann zahlen muss, wenn die Fortführung des Betriebs für ihn wirtschaftlich sinnlos geworden ist.

Der Grundsatz, dass der Arbeitgeber das Betriebsrisiko zu tragen hat, ist **abdingbar**. Von ihm kann durch Tarifvertrag, Betriebsvereinbarung oder Arbeitsvertrag abgewichen werden (BAG v. 16.11.2000 – 6 AZR 353/99, NZA 2002, 112). Gegen eine pauschale Abbedingung bestehen allerdings Bedenken, da in der Tragung des Betriebsrisikos durch den Arbeitgeber ein wesentlicher Gerechtigkeitsgedanke des Arbeitsrechts liegt. So trägt ein Unternehmen in der Baubranche das Risiko des witterungsbedingten Arbeitsausfalls. Dieses Risiko kann regelmäßig nicht abbedungen werden (BAG v. 9.7.2008 – 5 AZR 810/07, DB 2008, 2599).

II. Rechtsfolge

2091 Der Arbeitnehmer behält in Betriebsstörungsfällen den Anspruch auf Lohnzahlung gemäß § 615 S. 1 BGB. Er muss sich jedoch gemäß § 615 S. 2 BGB einen anderweitigen Verdienst anrechnen lassen.

III. Ausnahmen von der Betriebsrisikolehre

2092 Es sind aber auch Fälle der Betriebsstörung denkbar, in denen es unbillig wäre, mit der allgemeinen Betriebsrisikolehre vom Arbeitgeber weiterhin Lohnzahlung an alle Arbeitnehmer zu verlangen:

2093 – Die Aufrechterhaltung des vollen Lohnanspruchs wird als unbillig angesehen, wenn der **wirtschaftliche Bestand des Arbeitgebers** durch die Betriebsstörung gefährdet wird. Die Arbeitnehmer müssen sich nach der Rechtsprechung in einem solchen Fall eine Minderung oder u.U. sogar vollständige Kürzung des Lohnes gefallen lassen (BAG v. 30.5.1963 – 5 AZR 282/62, DB 1963, 836). Diese Rechtsprechung kann im Ergebnis nicht überzeugen; auch in wirtschaftlich schwierigen Zeiten besteht für den Arbeitgeber keine Möglichkeit, den Arbeitnehmern das Betriebsrisiko aufzubürden (vgl. *Preis/Hamacher* Jura 1998, 11, 18). Die von der Rechtsprechung eingeräumte Ausnahme besitzt aber keine praktische Relevanz.

2094 – Eine Ausnahme besteht dann, wenn die Betriebsstörung auf **Arbeitskampfmaßnahmen** der Arbeitnehmerseite beruht. Hier greift die Lehre des Arbeitskampfrisikos (siehe im Band „Kollektivarbeitsrecht" unter Rz. 1674 ff.).

§ 45
Arbeitsverhinderung aus persönlichen Gründen (§ 616 BGB)

Literatur: *Brose*, Das erkrankte Kind des Arbeitnehmers im Arbeits- und Sozialrecht, NZA 2011, 719; *Schaub*, Rechtsprobleme der Arbeitsverhinderung, AuA 1996, 82.

2095 **Prüfungsschema: Anspruch aus § 611a Abs. 2 i.V.m. § 616 BGB auf Lohnzahlung**

- ☐ Entstehen des Anspruchs
    - ☐ Abschluss eines Arbeitsvertrags
    - ☐ Keine Beendigung des Arbeitsverhältnisses (insb. durch Kündigung)
- ☐ Nichtleistung: Erlöschen des Anspruchs nach § 326 Abs. 1 BGB „Ohne Arbeit kein Lohn"

    Ausnahme: Anspruchsgrundlage für „Lohn ohne Arbeit"

    hier: § 616 BGB
    - ☐ Persönliches Arbeitshindernis
    - ☐ Kausalität zwischen Hindernis und Nichtleistung der Arbeit
    - ☐ Kein Verschulden des Dienstverpflichteten
    - ☐ Verhinderungsdauer: Verhältnismäßig nicht erhebliche Zeit

I. Allgemeines

Die Vorschrift des § 616 BGB stellt eine Ergänzung zum Leistungsstörungsrecht dar. Sie modifiziert den Grundsatz „Ohne Arbeit keinen Lohn" (§ 326 Abs. 1 BGB), da sie dem Dienstverpflichteten seinen Anspruch auf Vergütung in den Fällen erhält, in denen er durch einen in seiner Person liegenden Grund für eine verhältnismäßig nicht erhebliche Zeit ohne sein Verschulden an der Arbeitsleistung verhindert ist. **Sinn und Zweck** dieser Vorschrift ist die **Sicherung der Existenzgrundlage** des Dienstverpflichteten aus sozialen Gesichtspunkten (BAG v. 25.10.1973 – 5 AZR 156/73, NJW 1974, 663). 2096

Einen Anspruch auf Fortzahlung der Vergütung gemäß § 616 BGB haben grundsätzlich alle Dienstnehmer im Sinne der §§ 611 ff. BGB, also z.B. auch freie Mitarbeiter und arbeitnehmerähnliche Personen. Für diese Dienstnehmer gewinnt die Vorschrift besondere Bedeutung. Ihnen steht nach § 616 BGB ein Anspruch auf Entgeltfortzahlung im Krankheitsfall zu. Für Arbeitnehmer (zum Begriff des Arbeitnehmers Rz. 152) und Heimarbeiter richtet sich die Entgeltfortzahlung bei krankheitsbedingter Arbeitsverhinderung hingegen nach dem **Entgeltfortzahlungsgesetz**. Das Entgeltfortzahlungsgesetz ist gegenüber § 616 BGB **lex specialis**. 2097

II. Anspruchsvoraussetzungen des § 616 BGB

1. Persönliches Arbeitshindernis

Erste Voraussetzung für einen Entgeltfortzahlungsanspruch nach § 616 BGB ist das Vorliegen eines **subjektiven, persönlichen Leistungshindernisses**. Das BAG legt das Merkmal der persönlichen Verhinderung extensiv aus. Der Hinderungsgrund muss nicht unmittelbar in der Person des Dienstverpflichteten liegen. Vielmehr genügt es, wenn er **seiner Sphäre zuzuordnen** ist (BAG v. 8.12.1982 – 4 AZR 134/80, DB 1983, 395). Nicht ausreichend ist hingegen, dass der Grund der Verhinderung in persönlichen Eigenschaften besteht. 2098

Das Leistungshindernis muss nicht dazu führen, dass es dem Dienstverpflichteten unmöglich ist, seinen Pflichten aus dem Arbeitsvertrag nachzukommen. Für den Entgeltfortzahlungsanspruch nach § 616 BGB reicht es aus, wenn ihm die Erbringung seiner Arbeitsleistung unzumutbar ist (vgl. § 275 Abs. 3 BGB). Eine **Unzumutbarkeit** ist anzunehmen, wenn dem Dienstverpflichteten **wegen übergeordneter sittlicher und rechtlicher Pflichten** die Arbeitsleistung nach **Treu und Glauben** unter Abwägung der beiderseitigen Interessen nicht zugemutet werden kann (vgl. BAG v. 25.10.1973 – 5 AZR 156/73, NJW 1974, 663). Es ist somit bei der Prüfung, ob eine Unzumutbarkeit gegeben ist, eine **wertende Interessenabwägung** erforderlich. 2099

Die Rechtsprechung hat einen Katalog von Anwendungsfällen des § 616 BGB herausgearbeitet. Diese Fälle sind von den Tarifvertragsparteien überwiegend in Tarifverträgen pauschal mit einer bestimmten Zeit der Arbeitsbefreiung versehen worden. Die Bedeutung des § 616 BGB ist für Arbeitnehmer damit in der Praxis weiter zurückgedrängt worden, weil die tariflichen Normen als speziellere und i.d.R. günstigere Regelungen vorgehen. 2100

Zu den von der Rechtsprechung **anerkannten Fallgruppen** gehören insbesondere: 2101

– Angelegenheiten, die zu einer **bestimmten Tageszeit** erledigt werden müssen (Behördengang, Gerichtstermin),

– **familiäre Ereignisse** (Eheschließung der Kinder, goldene Hochzeit der Eltern, Begräbnisse im engen Familienkreis, Niederkunft der Ehefrau, nicht aber der Lebensgefährtin) und

– **persönliche Unglücksfälle** (Brand oder Einbruch im eigenen Haus).

– Bei der Ausübung von **ehrenamtlichen Tätigkeiten** ist im **Einzelfall** zu entscheiden. Bei der Übernahme einer ehrenamtlichen Richtertätigkeit liegt eine persönliche Verhinderung vor. Bei der

Wahrnehmung von Aufgaben in privaten Vereinen, wozu auch die Tätigkeit für die gewerkschaftliche Berufsorganisation zählt, besteht hingegen kein Anspruch nach § 616 BGB.

- Die Erkrankung des Dienstverpflichteten ist stets ein persönlicher Verhinderungsgrund i.S.d. § 616 BGB und bildete vor Inkrafttreten des **Entgeltfortzahlungsgesetzes** den Hauptanwendungsfall der Vorschrift (Rz. 2115).

- Als wichtiges persönliches Leistungshindernis gilt heute der **Arztbesuch**, soweit der Gang zum Arzt außerhalb der Arbeitszeit für den Dienstverpflichteten unzumutbar ist. Dies wird grundsätzlich bei akuten Beschwerden und bei ärztlich zwingend festgelegten Besuchsterminen (z.B. Blutabnahme) anzunehmen sein. Des Weiteren wird man die Unzumutbarkeit der Arbeitsleistung bejahen müssen, wenn für den Dienstverpflichteten ein Besuch bei dem Arzt seines Vertrauens außerhalb der Arbeitszeit, z.B. aufgrund der ärztlichen Sprechzeiten, nicht möglich ist. Zu beachten ist allerdings, dass Arbeitnehmer und Heimarbeiter, die bereits während des Arztbesuches arbeitsunfähig erkrankt sind, einen Entgeltfortzahlungsanspruch nur nach dem Entgeltfortzahlungsgesetz und nicht nach § 616 BGB haben.

- Als persönliche Leistungshindernisse gelten darüber hinaus **unvorhergesehene Erkrankungen naher Familienangehöriger**, die eine Pflege durch den Dienstverpflichteten erforderlich machen (vgl. BAG v. 20.6.1979 – 5 AZR 479/77, NJW 1980, 903). In diesen Fällen gewinnt das Tatbestandsmerkmal der „nicht erheblichen Zeit" an Bedeutung. **Voraussetzung** für einen Anspruch auf Fortzahlung des Arbeitsentgelts ist danach, dass eine **anderweitige Versorgung** des Angehörigen für einen nicht zu langen Zeitraum **unmöglich** ist. Das Pflegezeitgesetz, das bei akuten Pflegesituation jetzt ausdrücklich ein Leistungsverweigerungsrecht für den Zeitraum von 10 Arbeitstagen regelt (§ 2 PflegeZG), hat die Vergütungsseite nicht geregelt, sondern der Rechtsprechung im Rahmen des § 616 BGB überlassen.

2102 **Objektive Leistungshindernisse**, die zur selben Zeit für mehrere Dienstverpflichtete gleichzeitig bestehen und somit den zur Dienstleistung Verpflichteten wie jeden anderen auch treffen, **fallen** dagegen **nicht unter den Anwendungsbereich von § 616 BGB**. Sie rechtfertigen die Aufrechterhaltung des Vergütungsanspruchs nicht. Ein objektiver Hinderungsgrund liegt z.B. bei Naturkatastrophen und Vernichtung des Arbeitsplatzes durch Brand usw. vor. Hier greifen aber ggf. die Grundsätze zur Tragung des Betriebsrisikos durch den Arbeitgeber (Rz. 2082).

2103 Grenzfälle ergeben sich bei Behinderungen auf dem Weg zum Arbeitsplatz. Derartige Behinderungen werden teils dem Dienstverpflichteten, teils dem Arbeitgeber zugerechnet. Grundsätzlich trägt der zur Dienstleistung Verpflichtete das **allgemeine Wegerisiko** (Rz. 2083). Erreicht er seine Arbeitsstätte wegen witterungsbedingter Straßenverhältnisse (z.B. Schneeverwehungen, Glatteis) bzw. einem hierauf beruhenden Fahrverbot (z.B. Verkehrseinstellung wegen Smogalarm) oder Zusammenbruchs des öffentlichen Nahverkehrs nicht oder nur verspätet, liegt ein **objektives Leistungshindernis** vor. Die Gefahr der Verwirklichung dieses Risikos trägt allein der Dienstverpflichtete (BAG v. 8.9.1982 – 5 AZR 283/80, NJW 1983, 1078; BAG v. 8.12.1982 – 4 AZR 134/80, DB 1983, 395).

2104 *„Hiervon streng zu unterscheiden sind jedoch mit dem LAG (Hamm) solche Fallgestaltungen, in denen die Ursache des Leistungshindernisses weder in der privaten Sphäre des Arbeitnehmers noch im betrieblichen Bereich und damit innerhalb der Einflussmöglichkeiten des Arbeitgebers liegt. Dies trifft etwa bei allgemeinen Verkehrssperren, den Verkehrsfluss behindernden Demonstrationen, dem Ausfall öffentlicher Verkehrsmittel und im Übrigen bei Naturereignissen wie Hochwasser, Schneeverwehungen und Eisglätte zu. Ist aus solchen Gründen der Arbeitnehmer daran gehindert, seinen Arbeitsplatz zu erreichen, dann handelt es sich um ein ‚objektives Leistungshindernis', bei dem die Leistungspflicht des Arbeitgebers aus dem rechtlichen Gesichtspunkt des § 616 Abs. 1 BGB entfällt."* (BAG v. 8.12.1982 – 4 AZR 134/80, DB 1983, 395)

2105 Befördert der Arbeitgeber seine Dienstverpflichteten mit einem **Werksbus** zur Arbeit, verbleibt das allgemeine Wegerisiko bei einer Verspätung des Busses wegen einer Verkehrsstörung oder aus Witterungsgründen ebenfalls bei dem zur Dienstleistung Verpflichteten. Lediglich der Ausfall des Werksbusses aus technischen oder personellen Gründen ist unter dem Gesichtspunkt des Betriebsrisikos dem Arbeitgeber zuzurechnen (BAG v. 8.12.1982 – 4 AZR 134/80, DB 1983, 395).

Verkehrsunfälle auf dem Weg zur Arbeit und **Pannen** zählen hingegen zu den persönlichen Hinderungsgründen, sodass dem Dienstverpflichteten der Vergütungsanspruch gemäß § 616 BGB erhalten bleibt. Zwar realisiert sich in einem Verkehrsunfall das allgemeine Risiko im Straßenverkehr, das jeden Verkehrsteilnehmer treffen kann. Jedoch verwirklicht sich dieses Risiko gerade in der persönlichen Sphäre des Dienstverpflichteten und stellt aus diesem Grund ein persönliches Arbeitshindernis i.S.v. § 616 BGB dar. Bedeutsam wird in diesem Zusammenhang, ob den zur Dienstleistung Verpflichteten ein Verschulden an der Verursachung des Unfalles trifft (Rz. 2108). 2106

2. Kausalzusammenhang

Das jeweilige Ereignis (**persönliches Leistungshindernis**) muss für die **Arbeitsverhinderung** kausal sein. Der notwendige Kausalzusammenhang ist nicht gegeben, wenn der Dienstverpflichtete im Zeitpunkt der Verhinderung ohnehin von der Arbeitsleistung befreit ist, weil er sich z.B. im Urlaub befindet. 2107

3. Kein Verschulden des Dienstverpflichteten

Die Verhinderung aus persönlichen Gründen darf nicht von dem Dienstverpflichteten verschuldet sein. Der Verschuldensbegriff i.S.v. § 616 BGB ist nicht gleichzusetzen mit dem Verschuldensbegriff des § 276 Abs. 1 S. 1 BGB. Vielmehr bedarf es eines **„Verschuldens gegen sich selbst"**. Hierunter ist ein gröblicher Verstoß gegen das von einem verständigen Menschen im eigenen Interesse zu fordernde Verhalten zu verstehen (BAG v. 11.3.1987 – 5 AZR 739/85, NZA 1987, 452). 2108

Beispiele für das Vor- bzw. Nichtvorliegen eines „Verschuldens gegen sich selbst": Ein „Verschulden gegen sich selbst" wurde angenommen bei einem zur Arbeitsunfähigkeit führenden Unfall infolge Alkoholmissbrauchs (vgl. BAG v. 11.3.1987 – 5 AZR 739/85, NZA 1987, 452). 2109

Ebenfalls bejaht wurde ein Verschulden i.S.v. § 616 BGB beim Nichtanlegen eines Sicherheitsgurts, soweit die zur Arbeitsunfähigkeit führende Verletzung auf diesem Versäumnis beruhte (vgl. BAG v. 7.10.1981 – 5 AZR 1113/79, DB 1982, 496).

Ein „Verschulden gegen sich selbst" liegt hingegen nicht bei der Ausübung einer Nebentätigkeit vor, die den Dienstverpflichteten nicht über seine Kräfte hinaus beansprucht und auch nicht mit einem erhöhten Risiko verbunden ist (vgl. BAG v. 19.10.1983 – 5 AZR 195/81, DB 1984, 411).

4. Verhinderungsdauer

Weitere **tatbestandliche Voraussetzung** für die Entstehung des Entgeltfortzahlungsanspruchs nach § 616 BGB ist das Vorliegen eines persönlichen Verhinderungsgrundes für eine verhältnismäßig nicht erhebliche Zeit. Die Berechnung des nicht erheblichen Zeitraums erfolgt nach den Umständen des Einzelfalls, indem die **Zeit der Arbeitsversäumung** zur **Gesamtdauer der Beschäftigung** in Beziehung gesetzt wird. Dabei sind die bereits verstrichene und die noch zu erwartende Beschäftigungsdauer zu berücksichtigen. Dies hat zur Folge, dass sich der Zeitraum, der von § 616 BGB erfasst wird, mit zunehmender Dauer der Betriebszugehörigkeit erhöht. Überschreitet die Arbeitsverhinderung die Grenzen des unerheblichen Zeitraums, so besteht **für die Gesamtdauer** der Verhinderung **kein Anspruch** auf Entgeltfortzahlung (vgl. BAG v. 18.12.1959 – GS 8/58, DB 1960, 357). 2110

III. Rechtsfolgen

Rechtsfolge des § 616 S. 1 BGB ist die Erhaltung des Entgeltanspruchs. Die Höhe des Vergütungsanspruchs wird nach dem sog. **Lohnausfallprinzip** berechnet. Demzufolge ist der zur Dienstleistung 2111

Verpflichtete vergütungsmäßig so zu stellen, als ob er während der Zeit der Arbeitsverhinderung weitergearbeitet hätte.

2112 Nach § 616 S. 2 BGB muss sich der Dienstverpflichtete den Betrag anrechnen lassen, welcher ihm für die Zeit der Verhinderung aus einer aufgrund gesetzlicher Verpflichtung bestehenden Kranken- oder Unfallversicherung zusteht. Die Vorschrift begründet somit eine **Anrechnungsbefugnis zugunsten des Arbeitgebers** und kann zu einer Verringerung oder einem Wegfall des Vergütungsanspruchs führen. Die praktische Bedeutung von § 616 S. 2 BGB ist gering, da die Vorschrift zum einen bei Verhinderungsfällen, die nicht auf Krankheit beruhen, keine Anwendung findet; zum anderen, weil zu den von § 616 S. 2 BGB erfassten Leistungen insbesondere das Krankengeld gehört (§§ 44 ff. SGB V) und dieses nur subsidiär eingreift, solange und soweit der Versicherte kein Arbeitsentgelt erhält (vgl. § 44 Abs. 1 SGB V). Ebenfalls subsidiär und damit nicht anrechenbar ist der Anspruch auf Krankengeld, das bei Erkrankung eines Kindes nach § 45 SGB V geleistet wird. Vielmehr geht bei Vorleistung des Krankengeldes durch die gesetzliche Krankenkasse der Anspruch des Dienstverpflichteten auf Entgeltfortzahlung nach § 616 S. 1 BGB in Höhe des Krankengeldes gemäß § 115 SGB X auf die Krankenkasse über.

IV. Abdingbarkeit

2113 Die Vorschrift des § 616 BGB ist – wie sich aus § 619 BGB schließen lässt – **dispositives Gesetzesrecht** (BAG v. 7.2.2007 – 5 AZR 270/06, ZTR 2007, 391). Der Entgeltfortzahlungsanspruch bei vorübergehender Arbeitsverhinderung ist daher durch Einzelarbeitsvertrag, Tarifvertrag und – unter Berücksichtigung der Sperre des § 77 Abs. 3 BetrVG – auch durch Betriebsvereinbarung abdingbar (so auch BAG GS v. 18.12.1959 – GS 8/58, DB 1960, 357). Dabei können von § 616 BGB abweichende Regelungen **zugunsten**, aber auch **zuungunsten** der Dienstverpflichteten getroffen werden. Im Streitfall werden Umfang und Inhalt der abweichenden Regelungen von den Gerichten nach den Grundsätzen der Tarif- und Vertragsauslegung ermittelt. In vorformulierten Verträgen unterliegt die Abbedingung der Inhaltskontrolle nach §§ 307 ff. BGB.

Beispiel: Das BAG hat in einem Dienstvertrag (nicht Arbeitsvertrag!) eines Solisten, der nach der Vereinbarung nur für jede „wahrgenommene Vorstellung" bezahlt wird, eine Abbedingung des § 616 BGB gesehen. Eine unangemessene Benachteiligung hat es in Hinblick auf die Besonderheiten des Vertrages verneint. Zum einen erhielt der Solist für jede Aufführung eine hohe Vergütung. Die Risikobegrenzung schien daher angemessen, zumal die Verpflichtung zur Vergütungsfortzahlung nach § 616 BGB ein hohes Risiko für den Veranstalter darstellen kann. Die Heranziehung eines Ersatzes für den Gast ist mit weiteren, in der Regel höheren Kosten verbunden. Muss die Vorstellung ausfallen, entsteht ein weiterer Schaden (BAG v. 7.2.2007 – 5 AZR 270/06, ZTR 2007, 391).

§ 46
Entgeltfortzahlung im Krankheitsfall

Literatur: *Aligbe*, Die Krankmeldung im Arbeitsverhältnis, ArbRAktuell 2013, 282; *Müller-Glöge*, Aktuelle Rechtsprechung zum Recht der Entgeltfortzahlung im Krankheitsfall, RdA 2006, 105.

2114 **Prüfungsschema: Anspruch aus § 611a Abs. 2 BGB i.V.m. § 3 Abs. 1 EFZG**

☐ Entstehen des Anspruchs

　☐ Abschluss eines Arbeitsvertrags

　☐ Keine Beendigung des Arbeitsverhältnisses (insb. durch Kündigung)

- Nichtleistung: Erlöschen des Anspruchs nach § 326 Abs. 1 BGB „Ohne Arbeit kein Lohn"

  Ausnahme: Anspruchsgrundlage für „Lohn ohne Arbeit"

  hier: § 3 Abs. 1 EFZG

- Anspruchsvoraussetzungen
  - Bestehen eines Arbeitsvertrags (Rz. 2120)
  - Erfüllung der Wartezeit nach § 3 Abs. 3 EFZG (Rz. 2122)
  - Krankheitsbedingte Arbeitsunfähigkeit (Rz. 2126)
  - Monokausalität zwischen krankheitsbedingter Arbeitsunfähigkeit und Nichtleistung der Arbeit (Rz. 2133)
- Anspruchshindernisse
  - Verschulden des Arbeitnehmers (Rz. 2141)
  - Leistungsverweigerungsrechte des Arbeitgebers (Rz. 2144)
- Rechtsfolge
  - Dauer der Entgeltfortzahlung (Rz. 2173)
  - Höhe der Entgeltfortzahlung (Rz. 2188)

I. Allgemeines

Die Entgeltfortzahlung im Krankheitsfall ist im Entgeltfortzahlungsgesetz (EFZG) geregelt. Die Regelungen dieses Gesetzes stellen eine Ergänzung zum Leistungsstörungsrecht des BGB dar. Sie modifizieren den Grundsatz „Ohne Arbeit kein Lohn" (§ 326 Abs. 1 BGB), da sie dem Arbeitnehmer, der durch Arbeitsunfähigkeit infolge Krankheit verhindert ist, seine Arbeitsleistung zu erbringen, den Lohnanspruch erhalten. 2115

Vor dem Inkrafttreten des Entgeltfortzahlungsgesetzes am 1.6.1994 war die Entgeltfortzahlung im Krankheitsfall für Arbeiter und Angestellte in unterschiedlichen Gesetzen geregelt. Arbeiter hatten einen Entgeltfortzahlungsanspruch gemäß § 1 Abs. 1 LohnFG, der vom Wortlaut her weitgehend der Vorschrift des § 3 Abs. 1 EFZG entsprach. Angestellten wurde hingegen im Krankheitsfall eine Fortzahlung der Vergütung nach § 616 Abs. 2, 3 BGB gewährt. Mit der Neuregelung des Rechts der Vergütungsfortzahlung im Krankheitsfall sollten u.a. Ungleichbehandlungen zwischen Arbeitern und Angestellten, die die alte Rechtslage mit sich brachte, beseitigt werden. Das Entgeltfortzahlungsgesetz gewährt nunmehr **allen Arbeitnehmern** in gleicher Weise Entgeltfortzahlung im Krankheitsfall. 2116

Durch das am 1.10.1996 in Kraft getretene **Arbeitsrechtliche Beschäftigungsförderungsgesetz** sollte die Kostenbelastung, die den Arbeitgebern durch die Vergütungsfortzahlung entsteht, begrenzt und der Missbrauch der Entgeltfortzahlung im Krankheitsfall durch die Arbeitnehmer bekämpft werden. Zur Erreichung dieser Ziele wurde die **Entgeltfortzahlung beschränkt**. Der Gesetzgeber führte eine vierwöchige Wartezeit ein, nach der der Anspruch auf Vergütungsfortzahlung erst entsteht (Rz. 2122). Besondere sozialpolitische Brisanz barg die Senkung des fortzuzahlenden Entgelts im Krankheitsfall von 100 % auf 80 % des Arbeitsentgelts. 2117

Diese Regelungen sind nach dem Regierungswechsel im Herbst 1998 mit **Wirkung vom 1.1.1999** durch das Gesetz zur Sicherung der Arbeitnehmerrechte vom 19.12.1998 (BGBl. I S. 3843) **teilweise** wieder **rückgängig** gemacht worden. Im Krankheitsfall und bei Maßnahmen der medizinischen Vorsorge oder Rehabilitation wird seitdem wieder **Entgeltfortzahlung in Höhe von 100 %** des regelmäßigen Arbeitsentgelts (mit Ausnahme der Überstundenvergütung) geleistet. 2118

2119 Das Entgeltfortzahlungsgesetz regelt gemäß § 1 Abs. 1 EFZG in erster Linie Entgeltfortzahlungsansprüche von **Arbeitnehmern**. Als Arbeitnehmer gelten gemäß § 1 Abs. 2 EFZG neben Arbeitern und Angestellten auch die zu ihrer Berufsbildung Beschäftigten. Das Gesetz definiert den Begriff des Arbeitnehmers nicht. Es geht vielmehr von dem Bestehen eines allgemeinen Arbeitnehmerbegriffs aus. Deshalb ist bei der Anwendung des Entgeltfortzahlungsgesetzes nach den allgemeinen Regeln festzustellen, ob ein Beschäftigter Arbeitnehmer i.S.d. Gesetzes ist (Rz. 152). Ebenso in den Anwendungsbereich des EFZG fallen die zu ihrer Berufsbildung Beschäftigten, vgl. § 1 Abs. 2 EFZG. Eine Berufsbildung auf arbeitsvertraglicher Grundlage ist dabei nicht nötig, sodass auch Praktikanten und Volontäre mit Entgeltanspruch erfasst sind. Der Begriff des Praktikanten ist allerdings im Hinblick auf die Definition in § 22 MiLoG eng auszulegen. Gemäß § 1 Abs. 1 EFZG gilt das Entgeltfortzahlungsgesetz darüber hinaus auch für **Heimarbeiter**.

II. Anspruchsvoraussetzungen des § 3 EFZG

1. Bestehen eines Arbeitsverhältnisses

2120 Erste Voraussetzung für die Fortzahlung des Arbeitsentgelts im Krankheitsfall ist das Bestehen eines Arbeitsverhältnisses. Dabei muss das Arbeitsverhältnis nicht wirksam zwischen den Vertragsparteien begründet worden sein. Vielmehr steht dem wirksam begründeten Arbeitsverhältnis das sog. **faktische Arbeitsverhältnis** (Rz. 962) gleich.

2121 Mit **Beendigung des Arbeitsverhältnisses** endet regelmäßig auch der Anspruch auf Entgeltfortzahlung. Eine Ausnahme hiervon bilden die in **§ 8 Abs. 1 EFZG** aufgeführten Fälle (Rz. 2184).

2. Erfüllung der Wartezeit nach § 3 Abs. 3 EFZG

2122 Nach § 3 Abs. 3 EFZG entsteht der Anspruch auf Entgeltfortzahlung im Krankheitsfall erst, wenn das Arbeitsverhältnis **ununterbrochen vier Wochen** bestanden hat. Wird ein Auszubildender im Anschluss an das Berufsausbildungsverhältnis in ein Arbeitsverhältnis übernommen, entsteht keine neue Wartezeit (BAG v. 20.8.2003 – 5 AZR 436/02, NZA 2004, 205). Beim Eintritt der Erkrankung vor Ablauf der Wartefrist kann der Arbeitnehmer von seinem Arbeitgeber keine Entgeltfortzahlung verlangen. In diesem Fall steht ihm vielmehr grundsätzlich ein Anspruch auf Krankengeld zu (§ 44 Abs. 1 i.V.m. § 49 Abs. 1 Nr. 1 SGB V). Allerdings kann die Regelung des § 3 Abs. 3 EFZG tarifvertraglich oder einzelvertraglich zugunsten des Arbeitnehmers abbedungen werden.

2123 Die vierwöchige Wartefrist ist eine Fristbestimmung im Sinne der §§ 186 ff. BGB. Für den Beginn der Wartezeit ist der rechtliche Beginn des Arbeitsverhältnisses maßgebend. Die Vier-Wochen-Frist beginnt somit mit dem **Zeitpunkt der vereinbarten Arbeitsaufnahme**, § 187 Abs. 2 S. 1 BGB. Auf eine tatsächliche Beschäftigung während der Wartezeit kommt es nicht an. Gemäß § 188 Abs. 2 BGB endet die Frist mit Ablauf des Tages der vierten Woche, der dem Anfangstag der Wartefrist vorangeht. Die Vorschrift des § 193 BGB findet keine Anwendung, sodass die Wartezeit auch an einem Sonntag ablaufen kann.

Beispiel für die Berechnung der Wartefrist des § 3 Abs. 3 EFZG: Das Arbeitsverhältnis beginnt am 1.7. (Montag). Somit beginnt die Wartezeit an diesem Tag und endet folglich am 28.7. (Sonntag).

2124 Da es für die Wartezeit nur auf den rechtlichen Bestand des Arbeitsverhältnisses ankommt, hat ein Arbeitnehmer, der innerhalb dieser Frist erkrankt und dessen Arbeitsunfähigkeit über den Vier-Wochen-Zeitraum hinaus andauert, vom ersten Tag der fünften Woche einen Anspruch auf Entgeltfortzahlung nach § 3 EFZG. Dieser Anspruch besteht für maximal sechs weitere Wochen, d.h. in die Wartezeit fallende Krankheitstage werden auf den Sechs-Wochen-Zeitraum nicht angerechnet (BAG v. 26.5.1999 – 5 AZR 476/98, NZA 1999, 1273).

Die Beendigung des Arbeitsverhältnisses führt grundsätzlich zum **Neubeginn** der Wartezeit. Beim Vorliegen besonderer Umstände kann ausnahmsweise die Dauer eines früheren Arbeitsverhältnisses auf die Wartezeit eines neuen Arbeitsverhältnisses bei demselben Arbeitgeber angerechnet werden. Die besonderen Umstände sind wie bei der Erfüllung der Wartezeit nach § 1 Abs. 1 KSchG zu bestimmen (BAG v. 22.8.2001 – 5 AZR 699/99, NZA 2002, 610; Rz. 2782). 2125

3. Krankheitsbedingte Arbeitsunfähigkeit

Nach § 3 Abs. 1 S. 1 EFZG muss der Arbeitnehmer des Weiteren verhindert sein, seine Arbeitsleistung zu erbringen, weil er **arbeitsunfähig erkrankt** ist. Hierbei sind die Begriffe Krankheit und Arbeitsunfähigkeit i.S.d. Gesetzes nicht deckungsgleich. 2126

a) Krankheit

Der Begriff der Krankheit ist im Gesetz nicht definiert. Im medizinischen Sinn ist Krankheit **jeder regelwidrige körperliche oder geistige Zustand, der einer Heilbehandlung bedarf**. Von diesem medizinischen Krankheitsbegriff ist auch bei der Anwendung von § 3 EFZG auszugehen (vgl. hierzu BAG v. 1.6.1983 – 5 AZR 536/80, NJW 1983, 2659). Dies hat zur Folge, dass der arbeitsrechtliche Krankheitsbegriff nicht statisch ist, sondern von der ständigen Fortentwicklung in der Medizin und den sich daraus ergebenden Erkenntnissen abhängt. Unerheblich für die Begriffsbestimmung sind Art und Ursache der Krankheit. Das Gleiche gilt für die Frage, ob eine Heilungsmöglichkeit besteht. 2127

Beispiele für das Vor- bzw. Nichtvorliegen einer Krankheit: 2128
- Als Krankheit anerkannt ist eine **Alkoholabhängigkeit** (vgl. BAG v. 1.6.1983 – 5 AZR 536/80, NJW 1983, 2659).
- Ein **Selbstmordversuch** beruht regelmäßig auf einer psychischen Erkrankung (vgl. BAG v. 28.2.1979 – 5 AZR 611/77, NJW 1979, 2326).
- Keine Krankheit i.S.d. EFZG ist das **altersbedingte Nachlassen der geistigen und körperlichen Kräfte**.
- Eine normal verlaufende **Schwangerschaft** ist ebenfalls keine Krankheit. Etwas anderes gilt nur, soweit die Schwangerschaft nicht regulär verläuft oder schwangerschaftsbedingte Beschwerden über das übliche Maß hinausgehen (vgl. hierzu BAG v. 14.11.1984 – 5 AZR 394/82, NJW 1985, 1419).

b) Arbeitsunfähigkeit

Das Vorliegen einer Krankheit reicht allein nicht aus, um einen Anspruch auf Entgeltfortzahlung nach § 3 EFZG auszulösen. Vielmehr muss die Krankheit zur Arbeitsunfähigkeit führen. Dies ist zum einen der Fall, wenn der Arbeitnehmer **aufgrund der Krankheit nicht mehr** in der Lage ist, den **Verpflichtungen aus dem Arbeitsvertrag nachzukommen**. Zum anderen ist Arbeitsunfähigkeit anzunehmen, wenn der Arbeitnehmer seine Arbeit nur unter der **Gefahr** fortsetzen könnte, dass sich sein **Zustand in absehbarer Zeit verschlimmert** (BAG v. 7.8.1991 – 5 AZR 410/90, NZA 1992, 69). 2129

Bei der Beurteilung der Frage, ob eine Arbeitsunfähigkeit vorliegt, ist aus diesem Grund die Krankheit immer in Bezug zu der vom Arbeitnehmer geschuldeten Arbeitsleistung zu setzen. 2130

Beispiel für das Vorliegen von Arbeitsunfähigkeit: Ein Arbeitnehmer mit einem gebrochenen Arm, der im Schreibdienst tätig ist, ist regelmäßig arbeitsunfähig krank. Derselbe Arbeitnehmer wird hingegen bei einer Fußverletzung grundsätzlich arbeitsfähig bleiben. Etwas anderes gilt allerdings, wenn vom Arzt eine häusliche Heilbehandlung angeordnet wurde, die das Aufsuchen des Arbeitsplatzes unmöglich macht (vgl. LAG Hessen v. 17.1.1990 – 1 Sa 923/89, DB 1990, 1772).

Führt eine Krankheit dazu, dass der Arbeitnehmer seine Arbeitsleistung lediglich in einem **qualitativ** (Beschränkung auf bestimmte von ihm bisher verrichtete Tätigkeiten) oder **quantitativ** (zeitliche Verringerung des Ausmaßes der Tätigkeit) **verminderten Maße** erbringen kann, ist der Arbeitgeber nicht berechtigt, von ihm eine Teilleistung zu verlangen. Das EFZG kennt den Begriff der **Teilarbeitsunfähigkeit** nicht. Auch bei verminderter Arbeitsfähigkeit ist der Arbeitnehmer arbeitsunfähig **krank i.S.d.** 2131

§ 3 EFZG (BAG v. 29.1.1992 – 5 AZR 37/91, NZA 1992, 643; BAG v. 9.4.2014 – 10 AZR 637/13, NZA 2014, 719 Rz. 24).

2132 Ob eine Erkrankung zur Arbeitsunfähigkeit des Arbeitnehmers führt, ist von einem Arzt nach **objektiven Kriterien** zu beurteilen. Die Kenntnis oder die subjektive Wertung des Arbeitnehmers ist für die Frage der Arbeitsunfähigkeit nicht maßgebend (vgl. hierzu auch BAG v. 26.7.1989 – 5 AZR 301/88, NZA 1990, 140).

4. Monokausalität

2133 Weitere Voraussetzung für einen Vergütungsfortzahlungsanspruch gemäß § 3 Abs. 1 EFZG ist, dass die krankheitsbedingte Arbeitsunfähigkeit die **alleinige Ursache** für den Arbeitsausfall darstellt.

Beispiel: Bedeutung hat diese Frage u.a. bei Arbeitszeitkonten, bei denen die Krankheitszeiten als Zeitgutschrift verbucht werden. Wird der Arbeitnehmer etwa während einer zwischen den Betriebspartnern vereinbarten Betriebsruhe krank, besteht kein Anspruch auf Entgeltfortzahlung (BAG v. 28.1.2004 – 5 AZR 58/03, AP Nr. 21 zu § 3 EntgeltFG).

2134 In den Fällen, in denen der Arbeitsausfall nicht nur auf der Erkrankung beruht, sondern noch auf einem anderen Grund, stellt sich die Frage, ob dem Arbeitnehmer trotzdem ein Anspruch auf Entgeltfortzahlung nach § 3 EFZG zusteht. Der Gesetzgeber hat diese Problematik zum Teil durch ausdrückliche Regelungen gelöst. Im Übrigen ist anhand eines **hypothetischen Kausalverlaufs** zu ermitteln, ob der Arbeitnehmer die Arbeitsleistung erbracht hätte, wenn er nicht krank gewesen wäre (BAG v. 26.6.1996 – 5 AZR 872/94, NZA 1996, 1087).

2135 Mehrere Gründe für den Arbeitsausfall liegen vor, wenn ein Arbeitnehmer **während seines Erholungsurlaubs** nach § 1 BUrlG arbeitsunfähig erkrankt. In diesem Fall ist die Erfüllung des Urlaubsanspruchs für den Zeitraum der krankheitsbedingten Arbeitsunfähigkeit unmöglich, da dieser Anspruch in der Befreiung des Arbeitnehmers von seiner Arbeitspflicht besteht (Rz. 2195). Dementsprechend bestimmt § 9 BUrlG, dass Tage, an denen ein Arbeitnehmer arbeitsunfähig erkrankt ist, nicht auf den Jahresurlaub angerechnet werden, soweit der Nachweis der Arbeitsunfähigkeit durch ärztliches Attest geführt wird. Daraus folgt, dass die krankheitsbedingte Arbeitsunfähigkeit, auch wenn sie in den Zeitraum des Erholungsurlaubs des Arbeitnehmers fällt, als alleinige Ursache für den Arbeitsausfall gilt (vgl. EuGH v. 20.1.2009 – C-350/06, NZA 2009, 135). Der Arbeitnehmer kann deshalb für diese Tage Entgeltfortzahlung nach § 3 Abs. 1 EFZG verlangen. Gleiches gilt, wenn der Arbeitnehmer **vor Antritt seines Erholungsurlaubs** krank wird und die Erkrankung während des Urlaubs andauert.

2136 Ist der Arbeitnehmer an einem **gesetzlichen Feiertag** arbeitsunfähig erkrankt, treffen zwei Ursachen für den Arbeitsausfall aufeinander. Der Konflikt, nach welcher Vorschrift der Arbeitnehmer in einem solchen Fall eine Vergütung erhält, ist durch den Gesetzgeber in § 4 Abs. 2 EFZG gelöst worden. Danach ist der Arbeitgeber gemäß § 3 Abs. 1 EFZG wegen Erkrankung zur Entgeltfortzahlung verpflichtet. Die Höhe der Vergütung richtet sich jedoch nach § 2 EFZG, also nach der Höhe der Feiertagsvergütung.

2137 Mehrere Ursachen für den Arbeitsausfall liegen des Weiteren vor, wenn die krankheitsbedingte Arbeitsunfähigkeit in eine **Kurzarbeitsperiode** fällt. In diesem Fall ist zu unterscheiden: Ruht die Arbeit infolge der Kurzarbeit vollständig, so ist die Kurzarbeit und nicht die krankheitsbedingte Arbeitsunfähigkeit die alleinige Ursache für den Arbeitsausfall. Ein Anspruch auf Entgeltfortzahlung nach § 3 Abs. 1 EFZG besteht nicht. Bei einer Verkürzung der täglichen Arbeitszeit bleibt dem arbeitsunfähig erkrankten Arbeitnehmer hingegen für die verkürzte Arbeitszeit der Anspruch auf Vergütungsfortzahlung nach dem Entgeltfortzahlungsgesetz erhalten (§ 4 Abs. 3 EFZG). Der Arbeitnehmer kann in diesem Fall seine Arbeitsleistung alleine aufgrund der Arbeitsunfähigkeit infolge Krankheit nicht erbringen.

Beim Zusammentreffen von **Krankheit und Arbeitskampf** gilt Folgendes: Es ist grundsätzlich möglich, dass sich ein arbeitsunfähig erkrankter Arbeitnehmer an einem Streik beteiligt. Bei einer Streikteilnahme trotz krankheitsbedingter Arbeitsunfähigkeit steht ihm kein Anspruch auf Entgeltfortzahlung im Krankheitsfall zu, da die Krankheit nicht die alleinige Ursache für den Arbeitsausfall ist. Der Arbeitnehmer behält hingegen regelmäßig seinen Anspruch auf Vergütungsfortzahlung, wenn er ankündigt, sich nicht an dem Streik zu beteiligen (vgl. hierzu BAG v. 1.10.1991 – 1 AZR 147/91, NZA 1992, 43). Der Entgeltfortzahlungsanspruch besteht allerdings nur, soweit der Arbeitgeber die Möglichkeit hat, den bestreikten Betrieb bzw. Betriebsteil aufrechtzuerhalten und den Arbeitnehmer zumutbar zu beschäftigen. In diesem Fall ist die krankheitsbedingte Arbeitsunfähigkeit alleinige Ursache für den Arbeitsausfall. 2138

Im Fall des **Annahmeverzugs des Arbeitgebers**, so z.B. während der Dauer eines Kündigungsschutzprozesses, endet dieser, wenn der Arbeitnehmer in dieser Zeit erkrankt und deswegen seine Arbeitskraft nicht ordnungsgemäß anbieten kann (§ 297 BGB). Die Ansprüche des Arbeitnehmers richten sich damit nach § 3 Abs. 1 EFZG. 2139

Grundsätzlich besteht kein Anspruch auf Entgeltfortzahlung gemäß § 3 Abs. 1 EFZG, wenn das **Arbeitsverhältnis ruht** (Wehrdienst, Zivildienst, Elternzeit, unbezahlter Urlaub) und der Arbeitnehmer während dieser Zeit arbeitsunfähig erkrankt. Dasselbe gilt für **werdende Mütter**, die einem der krankheitsunabhängigen Beschäftigungsverbote des MuSchG unterliegen. Sie können ebenfalls keine Fortzahlung der Vergütung nach dem Entgeltfortzahlungsgesetz verlangen. 2140

III. Anspruchshindernisse

1. Verschuldete Arbeitsunfähigkeit

Ein Anspruch auf Entgeltfortzahlung im Krankheitsfall besteht gemäß § 3 Abs. 1 EFZG nur, wenn den Arbeitnehmer an seiner Krankheit kein Verschulden trifft. Der Verschuldensbegriff des § 276 Abs. 1 S. 1 BGB findet keine Anwendung. Freilich ist § 276 BGB auch für eine mildere Haftung aus dem sonstigen Inhalt des Schuldverhältnisses offen. Das BAG hat einen abweichenden Verschuldensbegriff entwickelt, der für das Entgeltfortzahlungsgesetz gilt. Es bedarf hiernach eines „**Verschuldens gegen sich selbst**". Ein solches Verschulden ist gegeben, wenn der Arbeitnehmer **gröblich gegen das von einem verständigen Menschen im eigenen Interesse zu erwartende Verhalten verstößt** (BAG v. 7.10.1981 – 5 AZR 338/79, DB 1982, 706; BAG v. 26.10.2016 – 5 AZR 167/16, NZA 2017, 240 Rz. 36). Es bedarf also eines besonders leichtfertigen oder gar vorsätzlichen Verhaltens. 2141

Beispiele für das Vor- bzw. Nichtvorliegen eines „Verschuldens gegen sich selbst": 2142
– Schuldhaft i.S.d. § 3 EFZG ist eine Verletzung, die bei einem **Verkehrsunfall** entsteht, weil der Fahrer eines Kfz den Sicherheitsgurt nicht angelegt hat (vgl. BAG v. 7.10.1981 – 5 AZR 1113/79, NJW 1982, 1013).
– Bei Verletzungen, die von einem Unfall herrühren, der auf **erhebliche Trunkenheit** zurückzuführen ist, muss in der Regel ein „Verschulden gegen sich selbst" angenommen werden (vgl. BAG v. 11.3.1987 – 5 AZR 739/85, NZA 1987, 452). Abweichendes gilt bei Krankheit infolge Alkoholabhängigkeit (vgl. BAG v. 1.6.1983 – 5 AZR 536/80, NJW 1983, 2659 und 7.8.1991 – 5 AZR 410/90, NZA 1992, 69).
– Ist ein Arbeitnehmer infolge der Beteiligung an einer **Schlägerei** arbeitsunfähig krank, wird ein „Verschulden gegen sich selbst" nur dann angenommen sein, wenn er die Schlägerei selbst begonnen oder provoziert hat (vgl. BAG v. 13.11.1974 – 5 AZR 54/74, AP Nr. 45 zu § 616 BGB).
– Ein besonders leichtfertiges Verhalten verneinte die Rechtsprechung sogar im Fall einer **mutwilligen Selbstverletzung**. Ein Warenauffüller im Baumarkt hatte sich derart über eine Anweisung seines Vorgesetzten geärgert, dass er in Rage mit seiner Faust mehrfach auf ein Verkaufsschild einschlug.
– Im Fall von **Alkoholmissbrauch** ging die Rechtsprechung ursprünglich von einem Eigenschulden aus (BAG v. 7.12.1972 – 5 AZR 350/72, DB 1973, 579). Nach einem längeren Rechtsprechungswandel nimmt das BAG nunmehr an, dass nach dem aktuellen Stand der Wissenschaft wegen der multifaktoriellen Genese nicht davon ausgegangen werden kann, dass das Entstehen der Alkoholabhängigkeit verschuldet

i.S.d. § 3 Abs. 1 S. 1 EFZG ist. (BAG v. 18.3.2015 – 10 AZR 99/14, BB 2015, 1658). Für einen **Rückfall** kann hingegen anderes gelten.
- Eine Arbeitsverhinderung, die auf einem **nicht rechtswidrigen Schwangerschaftsabbruch** oder einer nicht rechtswidrigen Sterilisation beruht, gilt nach § 3 Abs. 2 EFZG als unverschuldet (BAG v. 26.10.2016 – 5 AZR 167/16, NZA 2017, 240).

2143 Besonderheiten gelten im Hinblick auf die Frage der Schuldhaftigkeit im Zusammenhang mit **Sportverletzungen**. Hierzu hat das BAG drei Fallgruppen herausgearbeitet. Grundsätzlich wird hier bei diesen ein „Verschulden gegen sich selbst" angenommen, wenn der Arbeitnehmer sich in einer seine **Kräfte und Fähigkeiten** deutlich übersteigenden Weise sportlich betätigt oder in besonders grober Weise und leichtsinnig **gegen anerkannte Regeln** der jeweiligen Sportart **verstößt**. Eine Sportverletzung soll nach der Rechtsprechung hingegen stets beim Betreiben einer **besonders gefährlichen Sportart** gegeben sein. Eine solche liegt vor, wenn auch ein gut ausgebildeter Sportler, der alle Regeln beachtet, das Verletzungsrisiko nicht beherrschen kann. Im Ergebnis hat das BAG dies jedoch selbst für einen Unfall beim Drachenfliegen verneint (BAG v. 7.10.1981 – 5 AZR 338/79, NJW 1982, 1014).

2. Leistungsverweigerungsrechte

2144 Dem Entgeltfortzahlungsanspruch im Krankheitsfall gemäß § 3 Abs. 1 EFZG können weiterhin Leistungsverweigerungsrechte als Anspruchshindernisse entgegenstehen. Ein derartiges Leistungsverweigerungsrecht ist in § 7 Abs. 1 EFZG geregelt.

a) § 7 Abs. 1 Nr. 1 EFZG

2145 Die Vorschrift des § 7 Abs. 1 Nr. 1 EFZG gestattet es dem Arbeitgeber, die Entgeltfortzahlung zu verweigern, wenn der Arbeitnehmer die in § 5 EFZG normierte **Anzeige- und Nachweispflicht** verletzt. Ein Leistungsverweigerungsrecht besteht demnach, wenn der Arbeitnehmer dem Arbeitgeber die erforderliche Arbeitsunfähigkeitsbescheinigung (§ 5 Abs. 1 EFZG) nicht fristgemäß vorlegt oder bei einer Erkrankung im Ausland seinen Arbeitgeber oder seine Krankenkasse nicht benachrichtigt (§ 5 Abs. 2 EFZG). Der Arbeitnehmer muss diese Pflichten gemäß § 7 Abs. 2 EFZG allerdings **schuldhaft verletzt** haben, damit dem Arbeitgeber ein Leistungsverweigerungsrecht zusteht. Der Verschuldensmaßstab richtet sich nach der allgemeinen Vorschrift des § 276 Abs. 1 S. 1 BGB.

2146 Der Arbeitgeber ist nur solange berechtigt, die Entgeltfortzahlung zu verweigern, wie der Arbeitnehmer seiner Anzeige- oder Nachweispflicht nicht nachkommt. Es handelt sich also regelmäßig um ein **vorläufiges Leistungsverweigerungsrecht**. Bei Erfüllung **erlischt** das Leistungsverweigerungsrecht **rückwirkend**. Dem Arbeitnehmer steht nunmehr ein fälliger Entgeltfortzahlungsanspruch für den gesamten Zeitraum der Erkrankung zu. Ist der Arbeitnehmer allerdings nicht in der Lage, den gesamten Zeitraum der Arbeitsunfähigkeit zu belegen, oder weigert er sich dauerhaft, eine Arbeitsunfähigkeitsbescheinigung vorzulegen, kann das Leistungsverweigerungsrecht nach § 7 Abs. 1 Nr. 1 EFZG den Anspruch auf Fortzahlung der Vergütung dauernd hemmen.

b) § 7 Abs. 1 Nr. 2 EFZG

2147 Ein weiteres Leistungsverweigerungsrecht begründet § 7 Abs. 1 Nr. 2 EFZG. Nach dieser Vorschrift ist der Arbeitgeber berechtigt, die Entgeltfortzahlung zu verweigern, wenn der Arbeitnehmer den **Übergang eines Schadensersatzanspruchs** wegen Verdienstausfalls **gegen einen Dritten** auf den Arbeitgeber (§ 6 Abs. 1 EFZG) **verhindert**. Für das Recht zur Leistungsverweigerung ist es ausreichend, dass der Arbeitnehmer dem Arbeitgeber die Angaben, die für die Realisierung des Anspruchs erforderlich sind, nicht mitteilt (§ 6 Abs. 2 EFZG).

2148 Das Leistungsverweigerungsrecht ist **vorläufig**, wenn der Arbeitnehmer seinen Pflichten aus § 6 Abs. 2 EFZG verspätet nachkommt. Der Arbeitgeber erhält jedoch ein **dauerhaftes** Leistungsverweigerungsrecht, sobald der Arbeitnehmer endgültig über die Ersatzforderung verfügt und damit den Forderungsübergang auf den Arbeitgeber verhindert hat.

IV. Nachweis der Arbeitsunfähigkeit

Literatur: *Gaul,* Missbrauch einer krankheitsbedingten Arbeitsunfähigkeit, NZA 1993, 865; *Hunold,* Probleme um den „gelben Schein", AuA 2004, Nr. 12, 24; *Leipold,* Schwer zu fassen: die Arbeitsunfähigkeitsbescheinigung nach deutschem und europäischem Recht, FS Kissel (1994), 629; *Reinecke,* Entgeltfortzahlung im Krankheitsfall – Arbeitsunfähigkeitsbescheinigung und Sozialversicherungsausweis, FA 1999, 82; *Schulte/Karlsfeld,* Anzeige- und Nachweispflichten bei krankheitsbedingter Arbeitsunfähigkeit, ArbRB 2011, 341; *Seel,* Krankheitsbedingte Arbeitsunfähigkeit – Rechte und Pflichten von Arbeitgeber und Arbeitnehmer, JA 2009, 131; *Subatzus,* Beweiswert von EU-Arbeitsunfähigkeitsbescheinigungen: Änderungen durch die EU-VO 1206/01, DB 2004, 1613.

1. Anzeigepflicht gemäß § 5 Abs. 1 S. 1 EFZG

Alle Arbeitnehmer sind nach § 5 Abs. 1 S. 1 EFZG verpflichtet, dem Arbeitgeber die Arbeitsunfähigkeit und deren voraussichtliche Dauer **unverzüglich**, d.h. nach der Legaldefinition des § 121 Abs. 1 S. 1 BGB ohne schuldhaftes Zögern, mitzuteilen. Hieraus folgt, dass der Arbeitgeber nicht unbedingt sofort, jedoch innerhalb einer angemessenen, die Umstände des Einzelfalls berücksichtigenden Frist zu informieren ist. Maßgeblich ist hierbei der **Zugang der Benachrichtigung** beim Arbeitgeber. 2149

Beispiele für eine unverzügliche Benachrichtigung: 2150
- Im Regelfall hat der Arbeitnehmer die Arbeitsunfähigkeit dem Arbeitgeber am **ersten Tag der Erkrankung** zu Beginn der betrieblichen Arbeitszeit mitzuteilen.
- Dies gilt auch bei einer **Erkrankung während des Urlaubs**, wenn bereits absehbar ist, dass die krankheitsbedingte Arbeitsunfähigkeit über den Urlaub hinaus andauert. Der Arbeitnehmer kann mit der Anzeige nicht bis zu seinem ersten Arbeitstag warten, da der Arbeitgeber in die Lage versetzt werden muss, möglichst frühzeitig auf das Fehlen des Arbeitnehmers zu reagieren.
- Ebenso hat ein **teilzeitbeschäftigter Arbeitnehmer**, der nicht an allen Wochentagen arbeitet, den Arbeitgeber so frühzeitig wie möglich und nicht erst an dem Tag, an dem er arbeiten müsste, von der krankheitsbedingten Arbeitsunfähigkeit zu unterrichten.

Eine besondere Vorschrift über den Inhalt der Mitteilung besteht nicht. Der Arbeitnehmer hat dem Arbeitgeber grundsätzlich die Arbeitsunfähigkeit infolge Krankheit sowie die voraussichtliche Dauer der Arbeitsunfähigkeit anzuzeigen. Hierbei reicht zunächst eine subjektive Bewertung des Arbeitnehmers. Nach einem Arztbesuch ist er jedoch verpflichtet, seine Angaben zu präzisieren. Zu **Art und Ursache** der Erkrankung muss der Arbeitnehmer sich **nur in Ausnahmefällen** äußern. 2151

Beispiele für die Pflicht zur Mitteilung von Art und Ursache der Krankheit: 2152
- bei Bestehen einer **Ansteckungsgefahr** für andere Mitarbeiter, die Schutzmaßnahmen im Betrieb erforderlich macht,
- bei **Fortsetzungserkrankungen**, die Einfluss auf die Entgeltfortzahlungspflicht haben (Rz. 2176),
- bei Arbeitsunfähigkeit aufgrund der **Schädigung durch einen Dritten**, § 6 EFZG.

Eine bestimmte **Form** der Übermittlung ist ebenfalls nicht gesetzlich bestimmt. Von dem erkrankten Arbeitnehmer kann allerdings gefordert werden, dass er sich, soweit für ihn die Möglichkeit besteht, der modernen Telekommunikation für seine Anzeige bedient. 2153

2. Nachweispflicht gemäß § 5 Abs. 1 S. 2 EFZG

Dauert die Arbeitsunfähigkeit **länger als drei Kalendertage**, besteht für den Arbeitnehmer gemäß § 5 Abs. 1 S. 2 EFZG die Pflicht, seine Arbeitsunfähigkeit durch eine **ärztliche Bescheinigung** nachzuweisen. Das ärztliche Attest ist dem Arbeitgeber spätestens **am darauffolgenden Arbeitstag** vorzulegen. Dauert die Arbeitsunfähigkeit über den Zeitpunkt hinaus an, der in der ärztlichen Bescheinigung ge- 2154 nannt wird, ist der Arbeitnehmer nach § 5 Abs. 1 S. 4 EFZG verpflichtet, dem Arbeitgeber erneut ein Attest zukommen zu lassen. Soweit er Mitglied einer gesetzlichen Krankenkasse ist, muss die Bescheinigung des Weiteren gemäß § 5 Abs. 1 S. 5 EFZG den Vermerk enthalten, dass die Krankenkasse in dem gesetzlich gebotenen Umfang informiert wurde.

2155 Der erste Tag der Arbeitsunfähigkeit ist der Tag der Erkrankung. Die **Arbeitsunfähigkeitsbescheinigung** ist am **vierten Arbeitsunfähigkeitstag beim Arbeitgeber vorzulegen**, sofern es sich dabei um einen Arbeitstag handelt. Mit Arbeitstag i.S.d. § 5 Abs. 1 S. 2 EFZG kann nur ein solcher Tag gemeint sein, an dem in dem Betrieb gearbeitet wird. Somit verlängert sich die Frist zur Vorlage, wenn der vierte Kalendertag ein arbeitsfreier Samstag, ein Sonntag oder ein gesetzlicher Feiertag ist. Gemäß § 5 Abs. 1 S. 3 EFZG ist der Arbeitgeber allerdings berechtigt, die Vorlage des ärztlichen Attests zu einem **früheren Zeitpunkt** zu verlangen. Hierfür ist nicht der Verdacht eines rechtsmissbräuchlichen Verhaltens des Arbeitnehmers erforderlich. Die frühere Einforderung des Attests liegt schlicht im **Ermessen des Arbeitgebers** und ist **keiner Billigkeitskontrolle** zu unterziehen (BAG v. 14.11.2012 – 5 AZR 886/11, NZA 2013, 322; LAG München v. 13.12.2018 – 4 Sa 514/18, BeckRS 2018, 42786 Rz. 26).

2156 Inhaltlich muss die ärztliche Bescheinigung den Namen des erkrankten Arbeitnehmers, die Feststellung der Arbeitsunfähigkeit und deren voraussichtliche Dauer enthalten. **Art und Ursache der Erkrankung** sind dagegen **nicht** Inhalt des Attestes.

2157 Die Vorlage einer Arbeitsunfähigkeitsbescheinigung durch den Arbeitnehmer ist entbehrlich, wenn die krankheitsbedingte Arbeitsunfähigkeit zwischen den Arbeitsvertragsparteien unstreitig ist (vgl. BAG v. 12.6.1996 – 5 AZR 960/94, NZA 1997, 191).

3. Mitteilungs- und Nachweispflichten bei Auslandsaufenthalt

2158 Hält sich ein Arbeitnehmer bei Beginn der Erkrankung im Ausland auf, besteht gegenüber dem Arbeitgeber gemäß § 5 Abs. 2 S. 1 EFZG eine erweiterte Mitteilungspflicht. Der Arbeitnehmer ist nicht nur verpflichtet, die Arbeitsunfähigkeit infolge Krankheit und deren voraussichtliche Dauer mitzuteilen, sondern er muss zusätzlich Auskunft über die **Adresse des ausländischen Aufenthaltsorts** erteilen. Darüber hinaus reicht es nicht aus, wenn der Arbeitnehmer die vorgeschriebenen Informationen unverzüglich i.S.v. § 121 BGB übermittelt. Vielmehr ist er gehalten, den **schnellstmöglichen Weg der Übermittlung** zu wählen (Telefon, Telefax, Telegramm etc.). Im Gegenzug besteht für den Arbeitgeber die **Pflicht zur Kostentragung** für die Übermittlung der Informationen, § 5 Abs. 2 S. 2 EFZG.

2159 Anders als im Inland, wo der Arzt die Krankenkasse über die Arbeitsunfähigkeit des Arbeitnehmers und deren voraussichtliche Dauer zu benachrichtigen hat, besteht diese **Mitteilungspflicht** bei einer Auslandserkrankung gemäß § 5 Abs. 2 S. 3 EFZG **für den Arbeitnehmer**. Dies gilt allerdings nur für Arbeitnehmer, die **Mitglied einer gesetzlichen Krankenkasse** sind.

2160 Nach der Vorschrift des § 5 Abs. 2 S. 7 EFZG muss der Arbeitnehmer sowohl dem Arbeitgeber als auch seiner Krankenkasse **unverzüglich** seine **Rückkehr anzeigen**. Diese Pflicht besteht unabhängig davon, ob er noch arbeitsunfähig ist oder nicht.

2161 Bei einer Erkrankung im Ausland hat der Gesetzgeber keine besondere Nachweispflicht festgelegt. Dennoch wird davon ausgegangen, dass der Arbeitnehmer auch bei einer Erkrankung im Ausland, die länger als drei Tage dauert, dem Arbeitgeber spätestens **am darauffolgenden Arbeitstag** eine **Arbeitsunfähigkeitsbescheinigung** vorlegen muss (§ 5 Abs. 1 S. 2 EFZG). Dies wird mit dem Aufbau der Vorschrift des § 5 EFZG begründet, der in Abs. 1 allgemein die Pflichten der arbeitsunfähig erkrankten Arbeitnehmer regelt und in Abs. 2 nur den besonderen Fall der Auslandserkrankung.

4. Beweiswert von Arbeitsunfähigkeitsbescheinigungen

Oftmals geben die Begleitumstände einer krankheitsbedingten Arbeitsunfähigkeit Anlass zu Zweifeln, ob der Arbeitnehmer tatsächlich arbeitsunfähig erkrankt ist. In diesem Zusammenhang stellt sich die Frage nach dem Beweiswert von ärztlichen Arbeitsunfähigkeitsbescheinigungen.

2162

a) Inländische Arbeitsunfähigkeitsbescheinigungen

Die Rechtsprechung gesteht einer ordnungsgemäß ausgestellten ärztlichen Arbeitsunfähigkeitsbescheinigung, trotz des vielfachen Missbrauchs in der Praxis, einen **hohen Beweiswert** zu. Hergeleitet wird dies aus der allgemeinen Lebenserfahrung. Danach geht man für den Normalfall davon aus, dass der Arzt den Arbeitnehmer untersucht und die krankheitsbedingte Arbeitsunfähigkeit aufgrund dieser Untersuchung und seiner ärztlichen Sachkunde festgestellt hat. Deswegen wird das ärztliche Attest als der auf der ärztlichen Sachkunde beruhende Nachweis der Arbeitsunfähigkeit gewertet (BAG v. 26.2.2003 – 5 AZR 112/02, DB 2003, 1395; BAG v. 15.7.1992 – 5 AZR 312/91, NZA 1993, 23).

2163

Bei Vorlage einer ordnungsgemäß ausgestellten Arbeitsunfähigkeitsbescheinigung besteht eine **tatsächliche Vermutung** dafür, dass der Arbeitnehmer infolge Krankheit arbeitsunfähig ist. Dem Arbeitgeber bleibt die Möglichkeit, Tatsachen vorzutragen, die den Beweiswert der ärztlichen Bescheinigung erschüttern, weil **ernsthafte Zweifel** an der krankheitsbedingten Arbeitsunfähigkeit bestehen.

2164

„Die ordnungsgemäß ausgestellte Arbeitsunfähigkeitsbescheinigung ist das gesetzlich ausdrücklich vorgesehene und insoweit wichtigste Beweismittel für das Vorliegen krankheitsbedingter Arbeitsunfähigkeit. Ihr kommt ein hoher Beweiswert zu. Der Tatrichter kann normalerweise den Beweis einer krankheitsbedingten Arbeitsunfähigkeit als erbracht ansehen, wenn der Arbeitnehmer im Rechtsstreit eine Arbeitsunfähigkeitsbescheinigung vorlegt." (BAG v. 26.10.2016 – 5 AZR 167/16, NJW 2017, 1129 Rz. 17)

Beispiele für Tatsachen, die den Beweiswert eines ärztlichen Attests erschüttern:
- Der Arbeitgeber weigert sich, dem Arbeitnehmer Urlaub zum gewünschten Termin zu gewähren. Daraufhin kündigt der Arbeitnehmer für diesen Zeitraum eine Krankheit an, **sog. „Krankfeiern"** (vgl. BAG v. 17.6.2003 – 2 AZR 123/02, NZA 2004, 564, 565 f.).
- Dem Arbeitnehmer wird regelmäßig **zum Ende seines Urlaubs** bzw. unmittelbar an diesen anschließend eine Arbeitsunfähigkeitsbescheinigung erteilt (BAG v. 20.2.1985 – 5 AZR 180/83, NZA 1985, 737).
- Der Arzt stellt eine ärztliche Bescheinigung **ohne vorherige Untersuchung** des Arbeitnehmers aus (vgl. BAG v. 11.8.1976 – 5 AZR 422/75, NJW 1977, 350).
- Der **Arbeitnehmer arbeitet** während der bescheinigten Arbeitsunfähigkeit selbstständig oder unselbstständig in vergleichbarer Tätigkeit **für einen anderen Auftraggeber** (vgl. BAG v. 26.8.1993 – 2 AZR 154/93, NZA 1994, 63).

2165

b) Ausländische Arbeitsunfähigkeitsbescheinigungen

Früher kam einer im Ausland ausgestellten Arbeitsunfähigkeitsbescheinigung **grundsätzlich der gleiche Beweiswert** zu wie der Bescheinigung eines inländischen Arztes. Der Arbeitgeber konnte, um den Beweiswert eines ausländischen Attests zu erschüttern, alle Tatsachen vorbringen, die er auch einer im Inland ausgestellten Arbeitsunfähigkeitsbescheinigung entgegenbringen konnte. Zusätzlich bestand für ihn die Möglichkeit, Umstände darzulegen, die deutlich machten, dass dem ausländischen Arzt die im deutschen Entgeltfortzahlungsrecht maßgebliche Unterscheidung zwischen Krankheit und Arbeitsunfähigkeit nicht hinreichend bekannt war.

2166

Durch das Urteil „Paletta I" des EuGH vom 3.6.1992 haben Arbeitsunfähigkeitsbescheinigungen, die in **anderen Mitgliedstaaten der EU** ausgestellt werden, eine erhebliche Aufwertung hinsichtlich ihres Beweiswerts erfahren. Nach dieser Entscheidung sind Atteste aus dem EU-Ausland einschränkungslos als Nachweis für eine krankheitsbedingte Arbeitsunfähigkeit eines Arbeitnehmers anzuerkennen. Nach der Rechtsprechung des EuGH ergibt sich aus den Regelungen des Art. 18 Abs. 1 bis Abs. 4 der VO (EWG) Nr. 574/72, dass der Arbeitgeber an Arbeitsunfähigkeitsbescheinigungen, die in einem EU-Mitgliedstaat von einem Arzt des dortigen Krankenversicherungsträgers ausgestellt wurden, ge-

2167

bunden ist. Der Arbeitgeber soll der Bindungswirkung der ärztlichen Bescheinigung nur noch dadurch begegnen können, dass er den betroffenen Arbeitnehmer durch einen Arzt seiner Wahl untersuchen lässt, Art. 18 Abs. 5 der VO (EWG) Nr. 574/72 (EuGH v. 3.6.1992 – C-45/90 „Paletta I", NZA 1992, 735).

2168 Mit Beschluss vom 27.4.1994 rief das BAG in dem Fall „Paletta" erneut den EuGH zur Klärung der Frage an, ob und unter welchen Voraussetzungen gegenüber Arbeitsunfähigkeitsbescheinigungen aus dem EU-Ausland der **Missbrauchseinwand** zulässig sei (vgl. BAG v. 27.4.1994 – 5 AZR 747/93 (A), 5 AZR 747/93, NZA 1994, 683). Dabei zielte die erneute Vorlage insgesamt darauf ab, die Besserstellung der im EU-Ausland erkrankten Arbeitnehmer zu beseitigen, die durch das Urteil **„Paletta I"** entstanden war.

2169 In seiner Entscheidung **„Paletta II"** vom 2.5.1996 stellte der EuGH klar, dass es dem Arbeitgeber nicht verwehrt sei, Nachweise zu erbringen, anhand derer das nationale Gericht feststellen könne, dass der Arbeitnehmer missbräuchlich oder betrügerisch eine Krankheit gemeldet habe, ohne krank zu sein. Der EuGH wies aber auch ausdrücklich darauf hin, dass es nicht ausreiche, wenn der Arbeitgeber Tatsachen darlege und beweise, die zu ernsthaften Zweifeln an der Arbeitsunfähigkeit eines Arbeitnehmers führen (EuGH v. 2.5.1996 – C-206/94 „Paletta II", NZA 1996, 635).

2170 Aus der Entscheidung „Paletta II" folgt, dass der **Arbeitgeber** bei ärztlichen Attesten aus dem EU-Ausland die **Beweislast** dafür trägt, dass der Arbeitnehmer nicht arbeitsunfähig erkrankt war. **Nicht ausreichend** ist hingegen – anders als bei im Inland ausgestellten Arbeitsunfähigkeitsbescheinigungen – die Darlegung von Tatsachen, die den Beweiswert des Attests erschüttern, weil **ernsthafte Zweifel** an der krankheitsbedingten Arbeitsunfähigkeit des Arbeitnehmers bestehen. Allerdings ist der Arbeitgeber nicht darauf beschränkt, den Beweis dafür, dass der Arbeitnehmer nicht arbeitsunfähig krank war, unmittelbar zu führen (z.B. durch Vernehmung des Arztes). Vielmehr ist ein **Indizienbeweis** zulässig, also ein Beweis über (Hilfs-)Tatsachen, aus denen auf das Vorliegen der zu beweisenden rechtserheblichen Tatsachen geschlossen werden kann (BAG v. 19.2.1997 – 5 AZR 747/93, NZA 1997, 705).

2171 Als **Beispiel** dafür, wann die Beweiskraft des ärztlichen Arbeitsunfähigkeitsattests eines ausländischen Arztes erschüttert ist, kann ein Urteil des LAG Düsseldorf aus dem Jahr 1999 dienen (LAG Düsseldorf v. 25.8.1999 – 17 Sa 812/99, NZA-RR 2000, 13). Nach dieser Entscheidung bestehen trotz ärztlicher Bescheinigung **Zweifel an der tatsächlichen Arbeitsunfähigkeit**, wenn Umstände zusammenwirken wie etwa

- die teilweise Nichtgewährung des erbetenen Urlaubs (hier für ursprünglich zwei Monate),
- die gemeinsame Urlaubsreise mit dem Ehegatten, der gleichzeitig Urlaub (für zwei Monate) erhalten hatte,
- Ende der angeblichen Arbeitsunfähigkeit mit Ablauf von zwei Monaten ab Urlaubsantritt,
- widersprüchliche Angaben des Ehegatten zur Krankheitsursache,
- ärztliche Diagnose:
    1. im Wesentlichen aufgrund subjektiver Angaben,
    2. durch einen Arzt außerhalb seines Fachgebiets (Pathologe!),
    3. in einem EU-Land ohne Einschaltung des ausländischen Sozialversicherungsträgers.

V. Rechtsfolge: Entgeltfortzahlungsanspruch

2172 Sind die tatbestandlichen Voraussetzungen des § 3 EFZG erfüllt und stehen dem Anspruch keine Anspruchshindernisse entgegen, kann der arbeitsunfähig erkrankte Arbeitnehmer von seinem Arbeitgeber die Fortzahlung seiner Vergütung verlangen. Der Entgeltfortzahlungsanspruch ist allerdings gemäß § 3 Abs. 1 S. 1 EFZG grundsätzlich auf sechs Wochen begrenzt (Rz. 2173). Die Höhe des Anspruchs beträgt nach § 4 Abs. 1 S. 1 EFZG 100 % des regulären Arbeitsentgelts des Arbeitnehmers (Rz. 2188).

1. Dauer der Entgeltfortzahlung

Nach § 3 Abs. 1 S. 1 EFZG beträgt die gesetzliche Höchstdauer des Entgeltfortzahlungsanspruchs im Krankheitsfall **sechs Wochen**. Überschreitet die krankheitsbedingte Arbeitsunfähigkeit die Dauer von sechs Wochen, hat der Arbeitnehmer grundsätzlich gemäß § 44 Abs. 1 SGB V i.V.m. § 49 Abs. 1 Nr. 7 SGB V einen Anspruch auf **Krankengeld** gegen die gesetzliche Krankenkasse. Die Höhe des Krankengelds beträgt **70 % des regelmäßigen Arbeitsentgelts**, § 47 Abs. 1 S. 1 SGB V. 2173

Der Entgeltfortzahlungsanspruch des Arbeitnehmers endet grundsätzlich mit dem Tag, den der behandelnde Arzt als den letzten Tag der Arbeitsunfähigkeit bestimmt, **spätestens** jedoch nach Ablauf der in § 3 Abs. 1 S. 1 EFZG bestimmten Sechs-Wochen-Frist. Die Fristberechnung richtet sich nach den allgemeinen Vorschriften der §§ 186 ff. BGB. 2174

Beispiel für die Berechnung der Sechs-Wochen-Frist: Bei einem Arbeitnehmer, der am 1.4. während der Arbeitszeit erkrankt, beginnt die Sechs-Wochen-Frist am 2.4. gemäß § 187 Abs. 1 BGB und endet nach § 188 Abs. 2 BGB am 13.5.

Wird ein Arbeitnehmer wiederholt arbeitsunfähig krank, ist bei der Beurteilung, ob erneut ein Anspruch auf Entgeltfortzahlung besteht, danach zu differenzieren, ob die Krankheit auf derselben oder einer anderen Ursache beruht. 2175

a) Fortsetzungserkrankungen

Grundsätzlich besteht der Entgeltfortzahlungsanspruch nur für die Dauer von sechs Wochen, wenn ein Arbeitnehmer mehrmals **wegen derselben Krankheit** arbeitsunfähig wird. Um dieselbe Krankheit i.S.d. EFZG handelt es sich, wenn die neue Erkrankung nur eine Fortsetzung der früheren Krankheit darstellt, z.B. weil sie medizinisch nicht vollständig ausgeheilt wurde, sondern als Grundleiden latent weiterbestand, sog. **Fortsetzungskrankheit**. Eine Fortsetzungserkrankung liegt auch dann vor, wenn verschiedene Krankheitserscheinungen auf demselben Grundleiden beruhen (BAG v. 13.7.2005 – 5 AZR 389/04, DB 2005, 2359). 2176

Beispiele für das Vorliegen einer Fortsetzungserkrankung:
- Um dieselbe Krankheit handelt es sich bei einer nicht ausgeheilten Lungenentzündung, die zu einem **Rückfall** führt (vgl. BAG v. 4.12.1985 – 5 AZR 656/84, NZA 1986, 289).
- Dieselbe Krankheit liegt vor bei einer **anormal verlaufenden Schwangerschaft**, die zu unterschiedlichen Erkrankungen führt (vgl. BAG v. 12.3.1997 – 5 AZR 766/95, NZA 1997, 882).

Wird zur endgültigen Ausheilung einer Krankheit eine **Maßnahme der medizinischen Vorsorge oder Rehabilitation** nach § 9 Abs. 1 EFZG gewährt, handelt es sich ebenfalls um eine Fortsetzungskrankheit i.S.d. EFZG. Auf solche Maßnahmen findet § 3 Abs. 1 S. 2 EFZG gemäß § 9 Abs. 1 EFZG entsprechend Anwendung. 2177

Merke: Dieselbe Krankheit bedeutet **nicht die gleiche Krankheit**! Wenn ein Arbeitnehmer im Laufe eines Jahres mehrfach an einer Erkältungskrankheit leidet, handelt es sich um die gleiche, nicht um dieselbe Krankheit.

Eine **Ausnahme** von dem Grundsatz, dass der Arbeitnehmer beim Vorliegen einer Fortsetzungserkrankung nur einmal für die Dauer von sechs Wochen einen Anspruch auf Vergütungsfortzahlung hat, bestimmt **§ 3 Abs. 1 S. 2 Nr. 1 EFZG**. Nach dieser Vorschrift hat der Arbeitnehmer einen **weiteren Anspruch** auf Entgeltfortzahlung für einen Zeitraum von höchstens sechs Wochen, wenn er vor der erneuten Arbeitsunfähigkeit mindestens sechs Monate nicht infolge derselben Krankheit arbeitsunfähig war. In diesem Fall wird der **Fortsetzungszusammenhang** zwischen der früheren und der 2178 erneuten Erkrankung **unterbrochen** (vgl. BAG v. 18.1.1995 – 5 AZR 818/93, NZA 1995, 729). Für den Ablauf der Sechs-Monats-Frist ist es dabei ohne Bedeutung, wenn der Arbeitnehmer in diesem Zeitraum infolge einer anderen Krankheit arbeitsunfähig wird.

2179 Eine weitere **Ausnahme** statuiert § 3 Abs. 1 S. 2 Nr. 2 EFZG für den Fall, dass seit Beginn der Arbeitsunfähigkeit infolge derselben Krankheit eine **Frist von zwölf Monaten** abgelaufen ist. Der Anspruch setzt voraus, dass der Arbeitnehmer nach Ablauf der Zwölf-Monats-Frist **erneut arbeitsunfähig** wird. Die Bestimmung greift nicht ein, wenn der Arbeitnehmer schon vorher erneut arbeitsunfähig wird und die Arbeitsunfähigkeit über den Ablauf der Zwölf-Monats-Frist hinaus bestehen bleibt. Dies ergibt sich maßgeblich aus dem Wortlaut der Norm. Auf den Beginn der Arbeitsunfähigkeit stellt die Formulierung „Wird der Arbeitnehmer [...] arbeitsunfähig" ab. Die Verwendung des Wortes „wenn" weist darauf hin, dass im Falle des Fristablaufs die erneute Arbeitsunfähigkeit berücksichtigt werden soll. In diesem Fall ist der Zusammenhang zwischen dem Grundleiden und der Arbeitsunfähigkeit nicht mehr als erheblich anzusehen (BAG v. 14.3.2007 – 5 AZR 514/06, DB 2007, 1360).

2180 Die Begrenzungen des Entgeltfortzahlungsanspruchs bei mehrfacher Arbeitsunfähigkeit aufgrund einer Fortsetzungskrankheit gelten somit nur innerhalb eines Zwölf-Monats-Zeitraums. Nach Ablauf dieser Zeit steht einem Arbeitnehmer, der erneut aufgrund derselben Krankheit arbeitsunfähig wird, in jedem Fall ein weiterer sechswöchiger Entgeltfortzahlungsanspruch zu (BAG v. 2.2.1994 – 5 AZR 345/93, NZA 1994, 547).

2181 Für das Vorliegen einer **Fortsetzungserkrankung** i.S.d. § 3 Abs. 1 S. 2 EFZG ist grundsätzlich der Arbeitgeber darlegungs- und beweisbelastet, da es sich um eine Ausnahme vom Grundsatz der Entgeltfortzahlung im Krankheitsfall handelt. Regelmäßig hat der Arbeitgeber jedoch keine Kenntnis über die Krankheitsursachen des Arbeitnehmers. Die Arbeitsunfähigkeitsbescheinigung, die der Arbeitnehmer zur Geltendmachung eines Entgeltfortzahlungsanspruchs nach § 3 Abs. 1 S. 1 EFZG vorlegt, ist innerhalb der Zeiträume des § 3 Abs. 1 S. 2 Nr. 1 und 2 EFZG nicht ausreichend, da sie keine Auskunft über das Bestehen oder Nichtbestehen einer Fortsetzungserkrankung enthält. In diesem Fall muss deshalb der Arbeitnehmer darlegen, dass keine Fortsetzungserkrankung vorliegt, wozu er regelmäßig den Arzt von seiner Schweigepflicht zu entbinden hat (BAG v. 10.9.2014 – 10 AZR 651/12, NZA 2014, 1139 Rz. 27). Die objektive Beweislast, also die Folgen der Nichterweislichkeit einer Fortsetzungserkrankung, trägt jedoch der Arbeitgeber (BAG v. 13.7.2005 – 5 AZR 389/04, DB 2005, 2359).

b) Mehrfache Erkrankungen unterschiedlicher Ursache

2182 Treten bei einem Arbeitnehmer zeitlich hintereinander mehrere Krankheiten mit der Folge jeweils erneuter Arbeitsunfähigkeit i.S.v. § 3 Abs. 1 S. 1 EFZG auf, hat er bei jeder Erkrankung erneut einen Anspruch auf Entgeltfortzahlung für die Dauer von sechs Wochen, soweit die Erkrankungen auf **unterschiedlichen medizinischen Ursachen** beruhen. Voraussetzung ist allerdings, dass die jeweilige Arbeitsunfähigkeit infolge Krankheit bei Beginn der nächsten Erkrankung bereits beendet ist. Nicht entscheidend ist, ob der Arbeitnehmer nach seiner Gesundung seine Arbeit tatsächlich wieder aufgenommen hat, bevor er ein weiteres Mal arbeitsunfähig erkrankte. Vielmehr reicht es für die Entstehung eines erneuten Entgeltfortzahlungsanspruchs aus, dass eine wenige Stunden andauernde Arbeitsfähigkeit während der Freizeit bestand (vgl. hierzu BAG v. 12.7.1989 – 5 AZR 377/88, NZA 1989, 927). Nicht ausreichend ist hingegen ein erfolgloser Arbeitsversuch.

2183 Ist hingegen ein Arbeitnehmer arbeitsunfähig erkrankt und tritt während dieser Arbeitsunfähigkeit eine neue Krankheit auf, die auf einer medizinisch anderen Ursache als die erste Erkrankung beruht, ist der Anspruch auf Fortzahlung der Vergütung auf sechs Wochen begrenzt. Der Arbeitnehmer kann für die Dauer der durch beide Erkrankungen verursachten Arbeitsunfähigkeit den Sechs-Wochen-Zeitraum des § 3 Abs. 1 S. 1 EFZG nur einmal in Anspruch nehmen, sog. Grundsatz der Einheit des Verhinderungsfalls (BAG v. 13.7.2005 – 5 AZR 389/04, DB 2005, 2359). Die Darlegungs- und Beweislast für die Anspruchsvoraussetzungen des § 3 Abs. 1 S. 1 EFZG trägt der Arbeitnehmer. Dies gilt nicht nur für die Tatsache der Arbeitsunfähigkeit als solcher, sondern auch für deren Beginn und Ende. Sprechen also gewichtige Indizien dafür, dass die erneute Arbeitsunfähigkeit zu einer Krankheit hinzugekommen ist, wegen der der Arbeitnehmer bereits für sechs Wochen arbeitsunfähig war, muss der Arbeitnehmer den Beginn der von ihm behaupteten neuen krankheitsbedingten Arbeitsunfähigkeiten beweisen (BAG v. 25.5.2016 – 5 AZR 318/15, NZA 2016, 1076).

c) Beendigung des Arbeitsverhältnisses

Nach § 8 Abs. 1 S. 1 EFZG behält der Arbeitnehmer seinen Anspruch auf Entgeltfortzahlung, wenn der Arbeitgeber das Arbeitsverhältnis aus Anlass der Arbeitsunfähigkeit kündigt. Dabei muss es sich um eine **wirksame Kündigung** handeln, die das Arbeitsverhältnis beendet. Bei einer unwirksamen Kündigung ergibt sich der Vergütungsfortzahlungsanspruch aus § 3 Abs. 1 EFZG, da das Arbeitsverhältnis fortbesteht. 2184

Die Arbeitsunfähigkeit infolge Krankheit muss **Anlass für die Kündigung** und damit der entscheidende Anstoß für die Beendigung des Arbeitsverhältnisses gewesen sein. Vom Anlass i.S.d. Gesetzes ist der Kündigungsgrund zu differenzieren. Dieser kann in der Person, im Verhalten oder in betrieblichen Belangen zu finden sein (vgl. § 1 KSchG). Der maßgebende Zeitpunkt für das Vorliegen der Anspruchsvoraussetzungen ist der Zugang der Kündigungserklärung. Kündigt der Arbeitgeber das Arbeitsverhältnis in zeitlichem Zusammenhang mit der Krankheit, besteht eine Vermutung dahingehend, dass der Arbeitgeber aus Anlass der Krankheit das Arbeitsverhältnis beendet (LAG Berlin-Brandenburg v. 1.3.2018 – 10 Sa 1507/17, NZA-RR 2018, 297). 2185

Beispiel (BAG v. 17.4.2002 – 5 AZR 2/01, NZA 2002, 899): Das BAG nahm eine Kündigung aus Anlass der Arbeitsunfähigkeit infolge einer Krankheit für den Fall an, dass der Arbeitnehmer seinem Arbeitgeber noch vor der Arbeitsunfähigkeit mitteilt, dass er sich in Kürze einer Operation unterziehe und für einen bestimmten Zeitraum ausfalle. Die Kündigung könne wesentlich durch die Arbeitsunfähigkeit bedingt sein, wenn sie bei Ausspruch der Kündigung noch nicht vorliegt, der Arbeitgeber allerdings mit hinreichend sicherer Wahrscheinlichkeit von der künftigen Arbeitsunfähigkeit ausgehen konnte. Im Originalfall beantwortete der beklagte Arbeitgeber die Mitteilung des Arbeitnehmers über den vermutlichen Zeitraum des Arbeitsausfalls mit den Worten: „Dafür haben wir sie eingestellt?".

Nach der Vorschrift des § 8 Abs. 1 S. 2 EFZG behält der Arbeitnehmer auch dann seinen Entgeltfortzahlungsanspruch, wenn er selbst das Arbeitsverhältnis aus einem vom Arbeitgeber zu vertretenden **wichtigen Grund** wirksam kündigt. Dabei kann es sich um eine außerordentliche und eine ordentliche Kündigung handeln. Der Begriff des wichtigen Grundes wird in § 8 EFZG nicht definiert. Deshalb sind die Grundsätze des § 626 Abs. 1 BGB für die Begriffsbestimmung heranzuziehen. Es müssen Tatsachen vorliegen, aufgrund derer dem Arbeitnehmer unter Berücksichtigung aller Umstände des Einzelfalls und unter Abwägung der Interessen beider Vertragsteile die Fortsetzung des Arbeitsverhältnisses nicht zugemutet werden kann (Rz. 3071). 2186

Nach § 8 Abs. 2 EFZG besteht ein Anspruch auf Fortzahlung der Vergütung hingegen nicht mehr, wenn das Arbeitsverhältnis aufgrund einer Befristung endet oder aus anderen als den in § 8 Abs. 1 EFZG bezeichneten Gründen, d.h. **nicht aus Anlass der Arbeitsunfähigkeit**, gekündigt wird. 2187

2. Höhe des fortzuzahlenden Entgelts (§ 4 Abs. 1 EFZG)

Nach § 4 Abs. 1 EFZG ist dem Arbeitnehmer „[...] das ihm bei der für ihn maßgebenden regelmäßigen Arbeitszeit zustehende Arbeitsentgelt fortzuzahlen." Der Mindestlohnanspruch prägt mittelbar den Entgeltfortzahlungsanspruch, indem er als Berechnungsfaktor heranzuziehen ist. Daraus ergibt sich, dass der Arbeitnehmer den Mindestlohn als Untergrenze des Entgeltfortzahlungsanspruchs beanspruchen kann (BAG v. 20.6.2018 – 5 AZR 377/17, NJW 2018, 3472). 2188

§ 4 Abs. 1a EFZG enthält eine eigene Definition des Arbeitsentgelts für die Zwecke der Entgeltfortzahlung bei Krankheit. Nach dieser Regelung fließen in die Berechnung **arbeitsleistungsabhängige Aufwendungen** und **Überstundenvergütungen** nicht ein. Entsprechende Einschränkungen sind in vielen 2189

Tarifverträgen enthalten. Für die gesetzliche Entgeltfortzahlung hat das BAG entschieden, dass regelmäßig in der Vergangenheit geleistete Mehrarbeit bei der Ermittlung des fortzuzahlenden Entgelts zu berücksichtigen ist, weil die regelmäßige Mehrleistung Ausdruck der nach § 4 Abs. 1 EFZG geschuldeten Leistung seien (BAG v. 21.11.2001 – 5 AZR 296/00, NZA 2002, 439). Überstundenzuschläge bleiben allerdings außer Betracht (BAG v. 26.6.2002 – 5 AZR 153/01, NZA 2003, 156).

2190 Die Berechnung erfolgt bei Monatsvergütungen, indem zunächst der Brutto-Monatsverdienst durch die Arbeitstage geteilt wird, die in dem betreffenden Monat tatsächlich angefallen sind. Das Ergebnis dieser Berechnung (Durchschnittsentgelt pro Sollarbeitstag) wird anschließend mit der Anzahl der krankheitsbedingt ausgefallenen Arbeitstage multipliziert (vgl. BAG v. 14.8.1985 – 5 AZR 384/84, NZA 1986, 231).

Beispiel für die Berechnung der Entgeltfortzahlung bei Monatsvergütungen: Monatsentgelt 2.000 Euro; 20 Sollarbeitstage im Monat, von denen der Arbeitnehmer 2 Tage gefehlt hat.

Berechnung des Durchschnittsentgelts pro Sollarbeitstag: 2.000 Euro : 20 Sollarbeitstage = 100 Euro.

Berechnung des Durchschnittsentgelts, das auf die Fehltage entfällt: 100 Euro × 2 = 200 Euro.

2191 Erhält der Arbeitnehmer für seine Arbeitsleistung einen Stundenlohn, ist der Stundensatz mit den Stunden, die während der Arbeitsunfähigkeit ausgefallen sind, zu multiplizieren.

2192 Arbeitet der Arbeitnehmer im Schichtsystem, sind arbeitsfreie Ausgleichstage grundsätzlich nicht in die Berechnung einzubeziehen.

2193 Von den Bestimmungen des Entgeltfortzahlungsgesetzes kann nach § 12 EFZG grundsätzlich durch kollektiv- oder einzelvertragliche Vereinbarung **nicht zuungunsten** der Arbeitnehmer abgewichen werden. Zulässig sind hingegen Ausschlussfristen, da sie die zeitliche Geltendmachung und nicht etwa den Anspruchsinhalt betreffen. Davon ausgenommen sind hingegen nach Auffassung des 5. Senats Ausschlussfristen, die den Mindestlohn betreffen (BAG v. 20.6.2018 – 5 AZR 377/17, NJW 2018, 3472).

2194 Eine Ausnahme von diesem Grundsatz bestimmt **§ 4 Abs. 4 S. 1 EFZG**. Hiernach besteht die Möglichkeit, für das fortzuzahlende Arbeitsentgelt durch Tarifvertrag eine von § 4 Abs. 1, 1a und 3 EFZG **zuungunsten des Arbeitnehmers abweichende Bemessungsgrundlage** festzulegen. Dabei kann sowohl die Berechnungsmethode (Lohnausfallprinzip) als auch die Berechnungsgrundlage (Überstunden, Überstundenzuschläge, Prämien etc.) verändert werden. Nach § 4 Abs. 4 S. 2 EFZG sind auch nichttarifgebundene Arbeitnehmer und Arbeitgeber im Geltungsbereich eines Tarifvertrags berechtigt, die Anwendung solcher tariflichen Regelungen zu vereinbaren.

§ 47
Erholungsurlaub

Literatur: *Weber*, Die Ansprüche auf Urlaub, Urlaubsentgelt und Urlaubsabgeltung, RdA 1995, 229; *Bauer/ v. Medem*, Von Schultz-Hoff zu Schulte – der EuGH erweist sich als lernfähig, NZA 2012, 113; *Höpfner*, Das deutsche Urlaubsrecht in Europa – Zwischen Vollharmonisierung und Koexistenz, RdA 2013, 16 und 65; *Schubert*, Der Erholungsurlaub zwischen Arbeitsschutz und Entgelt, NZA 2013, 1105; *Schubert*, Der Urlaubsabgeltungsanspruch nach dem Abschied von der Surrogationstheorie, RdA 2014, 9; *Fenski*, Was am Ende (vom Urlaubsrecht) übrig bleibt – Falsche Prämissen, Falsche Ergebnisse, NZA 2014, 1381; *Moll*, Wen oder was schützt das (Urlaubs-)Recht?, RdA 2015, 239.

I. Allgemeines

Der Anspruch des Arbeitnehmers auf bezahlten Erholungsurlaub ist **einfach-gesetzlich** im Bundesurlaubsgesetz (BUrlG) geregelt. **Unionsrechtlich** ist der Urlaubsanspruch des Arbeitnehmers in Art. 31 Abs. 2 GRCh verankert, den Art. 7 RL 2003/88/EG konkretisiert (EuGH v. 12.2.2015 – C-396/13 „Sähköalojen ammattiliitto ry", NZA 2015, 345 Rz. 63 f.). 2195

Die Regelungen des BUrlG stellen eine Ergänzung zum Leistungsstörungsrecht dar. Sie modifizieren den allgemeinen Grundsatz „ohne Arbeit keinen Lohn" (§ 326 Abs. 1 S. 1 BGB), da sie dem Arbeitnehmer einen Anspruch auf Erholungsurlaub geben, ohne dass die Pflicht des Arbeitgebers zur Zahlung des Arbeitsentgelts entfällt. So bestimmt **§ 1 BUrlG**, dass jeder Arbeitnehmer in jedem Kalenderjahr Anspruch auf bezahlten Erholungsurlaub hat. 2196

Nach ständiger Rechtsprechung des BAG ist der Urlaubsanspruch nach § 1 BUrlG ein gesetzlicher Anspruch des Arbeitnehmers gegen den Arbeitgeber auf Freistellung von seinen arbeitsvertraglichen Pflichten. Es handelt sich also um einen **gesetzlichen Freistellungsanspruch**, der darauf gerichtet ist, die Arbeitspflicht des Arbeitnehmers für die Dauer des Urlaubs zu beseitigen, ohne dass dabei die Entgeltzahlungspflicht des Arbeitgebers berührt wird (vgl. BAG v. 13.5.1982 – 6 AZR 360/80, DB 1982, 2470). Das nationale Urlaubsrecht ist unionsrechtlich durchtränkt. Die Einzelfragen kann nur nachvollziehen, wer den doppelten **Zweck** des bezahlten Urlaubsanspruchs stets vor Augen hat. Er liegt darin, es dem Arbeitnehmer zu ermöglichen, sich zu erholen und über einen Zeitraum für Entspannung und Freizeit zu verfügen (EuGH v. 30.6.2016 – C-178/15 „Alicja Sobczyszyn", NZA 2016, 877 Rz. 25; EuGH v. 6.11.2018 – C-684/16, NZA 2018, 1474 Rz. 32). 2197

Gemäß § 1 BUrlG hat **jeder Arbeitnehmer** einen Anspruch auf bezahlten Erholungsurlaub. Nach § 2 BUrlG sind Arbeitnehmer i.S.d. Gesetzes Arbeiter und Angestellte sowie die zur ihrer Berufsbildung Beschäftigten. Eine eigene Definition des Arbeitnehmerbegriffs enthält das BUrlG nicht. Aus diesem Grund ist nach den allgemeinen Regeln festzustellen, ob ein Beschäftigter Arbeitnehmer i.S.d. Gesetzes ist. Auszugehen ist vom **unionsrechtlichen Arbeitnehmerbegriff** i.S.d. Art. 45 AEUV, der grundsätzlich auch Beamte erfasst (EuGH v. 14.10.2010 – C-428/09 „Union syndicale Solidaires Isère", BeckRS 2010, 91197; zum Urlaubsanspruch von Beamten EuGH v. 3.5.2012 – C-337/10, „Neidel", NVwZ 2012, 688). Das BUrlG findet auf **arbeitnehmerähnliche Personen** Anwendung (BAG v. 15.11.2005 – 9 AZR 626/04, ZTR 2006, 390). Für **Heimarbeiter** gilt § 12 BUrlG. 2198

II. Anspruchsvoraussetzungen

1. Erfüllung der Wartezeit

Nach § 4 BUrlG setzt das erstmalige Entstehen des vollen Urlaubsanspruchs voraus, dass das Arbeitsverhältnis ununterbrochen **sechs Monate** bestanden hat. Maßgebend für den Beginn der Wartezeit ist dabei der **rechtliche Beginn** des Arbeitsverhältnisses, nicht dagegen der Zeitpunkt des Vertragsschlusses. Ohne Bedeutung ist, ob der Arbeitnehmer seine Arbeit zu dem vereinbarten Zeitpunkt aufnimmt oder dazu z.B. wegen Arbeitsunfähigkeit infolge Krankheit nicht in der Lage ist (BAG v. 18.3.2003 – 9 AZR 190/02, ZTR 2004, 36). 2199

Die Wartezeit ist eine **Fristbestimmung** im Sinne der §§ 186 ff. BGB. Für den **Beginn** der Wartezeit ist damit **§ 187 BGB** maßgebend. Beginnt das Arbeitsverhältnis nach dem Arbeitsvertrag an einem bestimmten Tag (also um Mitternacht), so wird nach § 187 Abs. 2 BGB dieser Tag bei der Berechnung der sechs Monate mitgezählt. Das gilt auch dann, wenn die Arbeitsaufnahme erst am nächsten Tag erfolgt. Soll hingegen nach der arbeitsvertraglichen Vereinbarung der Beginn des Arbeitsverhältnisses mit der Arbeitsaufnahme zusammenfallen, beginnt die Sechs-Monats-Frist nach § 187 Abs. 1 BGB erst am Tag nach der Arbeitsaufnahme. Der **Ablauf** der Wartefrist bestimmt sich nach **§ 188 Abs. 2 BGB**. Die Wartezeit endet danach mit Ablauf des letzten Tages des sechsten Monats nach Beginn des 2200

Arbeitsverhältnisses. Fallen Beginn oder Ablauf der Wartefrist auf einen gesetzlichen Feiertag oder einen Sonntag, so führt dies nicht zu einer Verlängerung der Wartezeit. Die Vorschrift des § 193 BGB ist **nicht anwendbar**.

2201 **Nach Ablauf der Wartezeit** ist der Arbeitgeber zur Gewährung des vollen Urlaubsanspruchs verpflichtet. Der Urlaubsanspruch kann sich allerdings verkürzen, wenn der Arbeitnehmer nach Ablauf der Wartezeit in der ersten Hälfte des Kalenderjahres ausscheidet, § 5 Abs. 1 lit. c BUrlG. Scheidet der Arbeitnehmer hingegen **vor Erfüllung der Wartezeit** aus dem Arbeitsverhältnis aus, hat er unter den Voraussetzungen von § 5 Abs. 1 lit. a und 1b BUrlG für jeden vollen Monat des bestehenden Arbeitsverhältnisses einen **Teilurlaubsanspruch** in Höhe von einem Zwölftel des vollen Urlaubsanspruchs.

2. Bestehen eines Arbeitsverhältnisses

2202 Die Vorschrift des § 4 BUrlG setzt weiterhin das **ununterbrochene** rechtliche Bestehen eines Arbeitsverhältnisses während der Wartezeit voraus.

a) Art des Arbeitsverhältnisses

2203 Auf die Art des Arbeitsverhältnisses kommt es für die Erfüllung dieser Voraussetzung nicht an. Der Anspruch auf Erholungsurlaub besteht unabhängig davon, ob es sich um ein Vollzeit- oder Teilzeitarbeitsverhältnis handelt (BAG v. 23.6.1992 – 9 AZR 57/91, AP Nr. 22 zu § 1 BUrlG). Das Gleiche gilt, wenn die Beschäftigung lediglich nebenberuflich ausgeübt wird oder das Arbeitsverhältnis befristet ist.

b) Ununterbrochener Bestand des Arbeitsverhältnisses

2204 Das Arbeitsverhältnis muss in dem Sechs-Monats-Zeitraum des § 4 BUrlG ununterbrochen bestanden haben. Wird das Arbeitsverhältnis innerhalb der Wartezeit **beendet** (z.B. durch Kündigung, Aufhebungsvertrag, Anfechtung, Ablauf der Befristung) und beginnt der Arbeitnehmer ein neues Arbeitsverhältnis, so liegt darin eine rechtliche Unterbrechung der Frist. Die sechsmonatige Wartezeit beginnt in diesem Fall von neuem. Dies galt bisher auch bei **kurzzeitigen Unterbrechungen** des Arbeitsverhältnisses. Gegen die Unterbrechung der Wartezeit bei kurzzeitigen Unterbrechungen des Arbeitsverhältnisses hat sich der 9. Senat des BAG ausgesprochen:

2205 **Beispielsfall: Kurzfristige Unterbrechung des Arbeitsverhältnisses:** A war bei B seit dem 1.1.2012 beschäftigt. Am 30.4.2012 kündigte B das Arbeitsverhältnis wirksam zum 31.5.2012. Am 21.5.2012 schlossen A und B einen neuen Arbeitsvertrag mit Wirkung ab dem 2.6.2012. Diesen kündigte B am 2.8.2012 außerordentlich. Ist im Jahr 2012 ein Anspruch des A auf Vollurlaub gem. §§ 1, 2 BUrlG entstanden?

Allein fraglich ist, ob die sechsmonatige Wartezeit nach § 4 BUrlG erfüllt ist. A war bei B seit dem 1.1.2012 beschäftigt. Das Arbeitsverhältnis endete am 31.5.2012, d.h. vor Ablauf von sechs Monaten. A und B haben das Arbeitsverhältnis nach eintägiger Unterbrechung ab dem 2.6.2012 wiederaufgenommen. Den zugrunde liegenden Arbeitsvertrag hat B am 2.8.2012, mithin in der zweiten Jahreshälfte, durch außerordentliche Kündigung beendet. Wenn die eintägige Unterbrechung des Arbeitsverhältnisses (1.6.2012) die Wartezeit des § 4 BUrlG nicht unterbricht, hat A gegen B – dem Grunde nach – einen Anspruch auf Vollurlaub für das Jahr 2012 aus §§ 1, 2 BUrlG (Umkehrschluss zu § 5 Abs. 1 c) BUrlG).

Nach bisheriger Rechtsprechung des BAG kam es für § 4 BUrlG schlicht darauf an, ob das Arbeitsverhältnis innerhalb von sechs Monaten rechtlich unterbrochen wurde. Gegebenenfalls lag zugleich eine Unterbrechung der Wartezeit nach § 4 BUrlG vor (BAG v. 15.11.2005 – 9 AZR 626/04, ZTR 2006, 390; vgl. auch ErfK/*Gallner* § 4 BUrlG Rz. 4). Das Arbeitsverhältnis von A und B wurde zunächst am 31.5.2012, später am 2.8.2012 jeweils durch Kündigung rechtswirksam beendet. Das Arbeitsverhältnis von A und B hat im Jahr 2012 keine sechs Monate rechtlich unterbrochen bestanden, sodass § 4 BUrlG nach herkömmlicher Sicht nicht genüge getan ist.

Diese Rechtsprechung hat das BAG 2015 eingeschränkt:

„Der **Wortlaut** des § 4 BUrlG gebietet es nicht, für die Erfüllung der Wartezeit nur Zeiten eines rechtlich ununterbrochenen Arbeitsverhältnisses zu berücksichtigen. Selbst für die Wartezeit des § 1 I KSchG, dessen Wortlaut ausdrücklich das Bestehen des Arbeitsverhältnisses ohne Unterbrechung verlangt, nimmt die Rechtsprechung für den Fall, dass es an einer nahtlosen Fortsetzung des Arbeitsverhältnisses fehlt, an, es könne eine rechtliche Unterbrechung unschädlich sein, wenn die Dauer der tatsächlichen Unterbrechung verhältnismäßig kurz sei und zwischen den aufeinanderfolgenden Arbeitsverhältnissen ein enger sachlicher Zusammenhang bestehe (BAGE 145, 184 = NZA 2013, 1197 Rz. 20). Der Wortlaut des § 4 BUrlG verlangt das Bestehen des Arbeitsverhältnisses ‚ohne Unterbrechung' – anders als § 1 I KSchG – schon nicht.

[16]c) Aus der Entstehungsgeschichte des § 4 BUrlG lässt sich der **Wille des Gesetzgebers** herleiten, auch dann einen ununterbrochenen Bestand des Arbeitsverhältnisses i.S.v. § 4 BUrlG anzunehmen, wenn die rechtliche Unterbrechung nur kurzfristig war. Der Rechtsgedanke, dass kurzfristige Unterbrechungen des Arbeitsverhältnisses für die Höhe und Entstehung des Urlaubsanspruchs ohne Bedeutung seien, sollte auch ohne ausdrückliche gesetzliche Normierung gelten (Schriftlicher Bericht des Ausschusses für Arbeit, BT-Drs. IV/785, 3).

[17]d) Schließlich gebietet das BUrlG die [ergänze: **systematisch-teleologische**] Auslegung, dass zumindest in den Fällen, in denen auf Grund vereinbarter Fortsetzung des Arbeitsverhältnisses bereits vor dessen zwischenzeitlicher Beendigung feststeht, dass das Arbeitsverhältnis nur für eine kurze Zeit unterbrochen wird, kein Abgeltungsanspruch entsteht, sondern der im Kalenderjahr geschuldete Urlaub ungekürzt zu gewähren ist. Wäre die kurzfristige rechtliche Unterbrechung des Arbeitsverhältnisses urlaubsrechtlich zu berücksichtigen, wäre der [ergänze: gem. **§ 5 Abs. 1 b) BUrlG**] entstandene Urlaub gem. § 7 IV BUrlG abzugelten. Mit Beginn des neuen Arbeitsverhältnisses begänne ein davon unabhängiger neuer urlaubsrechtlicher Zeitraum. Dies widerspräche dem Vorrang von Urlaub durch Freizeitgewährung gegenüber dem Abgeltungsanspruch. [...] Die Abgeltung des Urlaubs ist weniger als die Gewährung von Freizeit geeignet, den **Urlaubszweck** zu erreichen. Zwar kann der Arbeitnehmer den Abgeltungsbetrag auch zu Erholungszwecken nutzen, etwa dadurch, dass er den Antritt eines neuen Arbeitsverhältnisses hinausschiebt oder während des neu begründeten Arbeitsverhältnisses unbezahlten Urlaub nimmt. Diese Verwendung des Abgeltungsbetrags ist aber ausgeschlossen, wenn bereits vor Beendigung des Arbeitsverhältnisses feststeht, dass es nur zu einer kurzfristigen Unterbrechung kommt." (BAG v. 20.10.2015 – 9 AZR 224/14, NZA 2016, 159 Rz. 15 ff.)

Die schulmäßige Auslegung des 9. Senats überzeugt. Die eintägige (rechtliche) Unterbrechung des Arbeitsverhältnisses von A und B am 1.6.2012 vermag die sechsmonatige Wartezeit des § 4 BUrlG nicht zu unterbrechen. Mit Erreichen der zweiten Jahreshälfte (vgl. nochmals § 5 Abs. 1 c) BUrlG) ist folgerichtig ein Anspruch des A gegen B auf Vollurlaub gem. §§ 1, 2 BUrlG entstanden.

Auch der **Wechsel des arbeitsrechtlichen Status** des Arbeitnehmers in einem einheitlichen Rechtsverhältnis führt nicht zu einer Unterbrechung der Wartezeit. 2206

Beispiel für den Wechsel des arbeitsrechtlichen Status: Im unmittelbaren Anschluss an ein Berufsausbildungsverhältnis nimmt der Arbeitnehmer bei demselben Arbeitgeber ein Arbeitsverhältnis auf.

Zwischen den Vertragsparteien besteht eine einheitliche und ununterbrochene Rechtsbeziehung. Der Arbeitnehmer muss nicht erneut die sechsmonatige Wartezeit nach Beendigung des Berufsausbildungsverhältnisses erfüllen. Die beiden Vertragsverhältnisse sind urlaubsrechtlich als Einheit zu behandeln (BAG v. 29.11.1984 – 6 AZR 238/82, NZA 1985, 598).

Ruht das Arbeitsverhältnis (z.B. wegen Elternzeit, Wehrdienstes, Zivildienstes), bleibt sein rechtlicher 2207 Bestand ebenfalls unberührt. Eine Unterbrechung oder Verlängerung der Wartezeit nach § 4 BUrlG tritt nicht ein. Unerheblich für den ununterbrochenen Fortbestand des Arbeitsverhältnisses ist weiterhin, ob der Arbeitnehmer seine Arbeitsleistung **tatsächlich erbringt** (vgl. EuGH v. 24.1.2012 – C-282/10. „Dominguez", NZA 2012, 139). Zeiten fehlender Arbeitsleistung, z.B. weil der Arbeitnehmer arbeitsunfähig erkrankt ist, hindern den Ablauf der sechsmonatigen Wartezeit nicht. Einen **Sonderfall** bildet sog. „**Kurzarbeit Null**". Wegen vereinbarter Kurzarbeit erbringt der Arbeitnehmer ganzjährig keine Arbeitsleistung. Zwar kann auch hier der „ununterbrochene Bestand des Arbeitsverhältnisses" nicht verneint werden, gleichwohl lehnt der **EuGH** das Entstehen eines Urlaubsanspruchs ab. Der Arbeitnehmer könne sich – anders als im Falle der Arbeitsunfähigkeit – erholen, sodass der Schutz der RL 2003/88/EG nicht indiziert sei (EuGH v. 6.11.2012 – C-229/11, C-230/11 „Heimann", NZA 2012,

1273). Ähnlich beurteilt der EuGH die Anrechenbarkeit von Zeiten der Inanspruchnahme von Elternzeit. Eine ausnahmsweise Berechnung von Zeiträumen, in denen der Arbeitnehmer seine Arbeitsleistung nicht erbringt, etwa im Krankheitsfall oder während des Mutterschaftsurlaubs, sei aufgrund des Zwecks der Gewährleistung von Erholungsurlaub nicht geboten (EuGH v. 4.10.2018 – C-12/17, NJW 2019, 825 Rz. 28). Die Vorschrift des § 17 Abs. 1 BEEG, nach der es dem Arbeitgeber zusteht, den Erholungsurlaub während der Elternzeit zu kürzen, ist daher europarechtskonform.

2208 Auch ein **Betriebsinhaberwechsel** während der Wartezeit des § 4 BUrlG berührt den Ablauf der Wartefrist nicht. Bei einem Betriebsübergang nach § 613a BGB tritt der neue Arbeitgeber in die Rechte und Pflichten der im Zeitpunkt des Betriebsübergangs bestehenden Arbeitsverhältnisse ein (§ 613a Abs. 1 BGB). Das Arbeitsverhältnis besteht also mit dem neuen Betriebsinhaber fort.

III. Dauer des Erholungsurlaubs

1. Allgemeines

2209 Nach § 3 Abs. 1 BUrlG beträgt der gesetzliche Mindesturlaub **24 Werktage**. Darüber hinaus gelten für bestimmte Arbeitnehmergruppen gesonderte Vorschriften. So steht **Jugendlichen** nach § 19 JArbSchG – nach Alter gestaffelt – ein jährlicher Erholungsurlaub von 25 bis zu 30 Werktagen zu. **Schwerbehinderte** Beschäftigte erhalten nach § 208 Abs. 1 SGB IX grundsätzlich jährlich zusätzlich fünf Werktage Urlaub.

2. Berechnung des Urlaubsanspruchs

2210 Die Dauer des gesetzlichen Mindesturlaubs bestimmt sich gemäß § 3 Abs. 1 BUrlG nach Werktagen. Als Werktage gelten alle Kalendertage, die nicht Sonn- oder gesetzliche Feiertage sind, § 3 Abs. 2 BUrlG. Unerheblich ist, ob der Arbeitnehmer an diesen Tagen gearbeitet hat. Von den Werktagen sind somit die **Arbeitstage** des Arbeitnehmers zu unterscheiden.

2211 Das BUrlG erfasst auch den Samstag als Werktag und damit als möglichen Urlaubstag, da es aus einer Zeit stammt, in der Arbeitnehmer regelmäßig sechs Tage pro Woche (Montag bis Samstag) gearbeitet haben. Durch die zunehmende Verkürzung der Wochenarbeitszeit ist jedoch für viele Arbeitnehmer der Samstag als Arbeitstag entfallen (sog. „Fünf-Tage-Arbeitswoche"). Ein **arbeitsfreier Werktag** kann aber nicht auf den Urlaub angerechnet werden, weil dieser Anspruch in der Befreiung des Arbeitnehmers von seiner Arbeitspflicht besteht. Die Erfüllung des Urlaubsanspruchs ist somit an einem arbeitsfreien Werktag unmöglich. Ist der Arbeitnehmer somit nicht mehr an allen Werktagen zur Arbeit verpflichtet, muss der in Werktagen bemessene Urlaubsanspruch in Arbeitstage umgerechnet werden.

2212 Die **Umrechnung** des gesetzlichen Mindesturlaubs von 24 Werktagen auf fünf Arbeitstage erfolgt, indem die Gesamtdauer des Urlaubs durch die Anzahl der Werktage einer Woche geteilt wird. Das Ergebnis dieser Berechnung ist sodann mit der Anzahl der für den Arbeitnehmer in einer Woche maßgeblichen Arbeitstage zu multiplizieren:

„Für den gesetzlichen Urlaubsanspruch nach dem BUrlG hat das BAG angenommen, dass einer Urlaubsdauer von 18 Werktagen, wenn sie auf fünf Arbeitstage einer Woche bezogen wird, eine Urlaubsdauer von 15 Arbeitstagen entspricht. Das ist im Schrifttum nicht auf Kritik gestoßen. Für den tariflichen Urlaubsanspruch sind die gleichen Grundsätze wie für den gesetzlichen Urlaubsanspruch anzuwenden. Daher sind bei Fehlen einer tariflichen Umrechnungsregelung Werktage und Arbeitstage rechnerisch so in Beziehung zueinander zu setzen, dass bei Verteilung der Arbeitszeit auf weniger als sechs Arbeitstage die Gesamtdauer des Urlaubs durch die Zahl 6 geteilt und mit der Zahl der Arbeitstage einer Woche multipliziert wird." (BAG v. 27.1.1987 – 8 AZR 579/84, NZA 1987, 462)

Beispiel für die Umrechnung des Urlaubsanspruchs: Besteht für den Arbeitnehmer eine „Fünf-Tage-Arbeitswoche", so beträgt für ihn der gesetzliche Mindesturlaub 20 Arbeitstage.

24 Werktage gesetzlicher Urlaub bei 6 Werktagen pro Woche = 4 Wochen gesetzlicher Urlaub; 4 Wochen × 5 Arbeitstage = 20 Arbeitstage gesetzlicher Urlaub bei 5 Arbeitstagen pro Woche.

Die Dauer des gesetzlichen Urlaubsanspruchs bei **teilzeitbeschäftigten Arbeitnehmern**, bei denen sich die regelmäßige Arbeitszeit auf weniger als fünf Tage die Woche verteilt, ist nach derselben Umrechnungsregel zu ermitteln (BAG v. 14.2.1991 – 8 AZR 97/90, NZA 1991, 777). Beim **Übergang von Voll- zur Teilzeitarbeit** bleibt ein in der Vollzeitbeschäftigung entstandener Urlaubsanspruch während der Teilzeitbeschäftigung erhalten. Der bereits entstandene Urlaubsanspruch wird nicht auf die geminderte Dauer umgerechnet. Ausschließlich mit Blick auf die Zeit der Teilzeitbeschäftigung findet eine proportionale Kürzung des Urlaubsanspruchs statt (EuGH v. 13.6.2013 – C-415/12 „Brandes", NZA 2013, 775; a.A. BAG v. 28.4.1998 – 9 AZR 314/97, NZA 1999, 156; jetzt auch BAG v. 10.2.2015 – 9 AZR 53/14, NZA 2015, 1005). Folgerichtig bedarf es auch für den umgekehrten Fall des **Übergangs von Teilzeit zur Vollzeit** einer „Nachberechnung", ausschließlich für die in Vollzeitarbeit erworbenen Urlaubsansprüche (EuGH v. 11.11.2015 – C-219/14 „Greenfield", NZA 2015, 1501; dazu ausf. *Schneider* EuZA 2016, 327). Leistet der Arbeitnehmer unterjährig Kurzarbeit, kann der Arbeitgeber den Urlaubsanspruch nach dem Grundsatz „pro rata temporis" (= Verhältnis Kurzarbeit zur Gesamtarbeitszeit) kürzen (EuGH v. 6.11.2012 – C-229/11, C-230/11 „Heimann", NZA 2012, 1273). Allerdings stellte der EuGH nochmals in der Entscheidung „Hein" klar, dass die Richtlinie lediglich einen Mindestschutz bezweckt und es den Mitgliedstaaten zusteht, überobligatorische Regelungen zu treffen, die den Arbeitnehmern trotz Kurzarbeit einen längeren Urlaubsanspruch als in der Richtlinie vorgesehen gewähren (EuGH v. 13.12.2018 – C-385/17, NZA 2019, 47).

Sonntage und gesetzliche Feiertage scheiden nach § 3 Abs. 2 BUrlG als gesetzliche Urlaubstage aus, da sie nicht als Werktage gelten. Die Vorschrift knüpft an § 9 Abs. 1 ArbZG an, der ein grundsätzliches Beschäftigungsverbot für Arbeitnehmer an Sonntagen und gesetzlichen Feiertagen bestimmt. Diese Tage sind somit regelmäßig arbeitsfrei. Aus diesem Grund kommt eine Anrechnung auf den Urlaubsanspruch nicht in Betracht. Sind Arbeitnehmer jedoch ausnahmsweise an Sonntagen oder gesetzlichen Feiertagen zur Erbringung ihrer Arbeitsleistung verpflichtet, müssen diese Tage bei der Berechnung des Urlaubs berücksichtigt werden. Sie sind in diesem Fall urlaubsrechtlich als Werktage zu behandeln.

Nach §§ 9 und 10 BUrlG dürfen **krankheitsbedingte Arbeitsunfähigkeitszeiten** und **Maßnahmen der medizinischen Vorsorge** oder **Rehabilitation** nicht auf den Urlaub angerechnet werden, wenn dem Arbeitnehmer für diese Zeit ein Anspruch auf Entgeltfortzahlung zusteht.

3. Unabdingbarkeit gemäß § 13 Abs. 1 BUrlG

Der **gesetzliche Mindesturlaub** ist nach § 13 Abs. 1 BUrlG **unabdingbar**. Daraus folgt, dass in Tarifverträgen oder Einzelarbeitsverträgen keine von § 3 Abs. 1 BUrlG zuungunsten der Arbeitnehmer abweichenden Bestimmungen getroffen werden dürfen. Regelmäßig wird den Arbeitnehmern allerdings aufgrund tariflicher oder einzelvertraglicher Regelung ein Urlaubsanspruch zustehen, der den gesetzlichen Mindesturlaub übersteigt. Für einen solchen **Mehrurlaub** sind Abweichungen von den Regelungen des BUrlG zuungunsten der Arbeitnehmer zulässig (vgl. BAG v. 22.10.1991 – 9 AZR 621/90, NZA 1993, 97; BAG v. 20.1.2015 – 9 AZR 585/13, NZA-RR 2015, 399). Eine Kopplung von überobligatorischen Urlaubsansprüchen mit einer tarifvertraglichen Vereinbarung, die es dem Arbeitgeber ermöglicht, das Urlaubsentgelt anhand eines Referenzzeitraums zu bemessen, in dem Kurzarbeitszeit geleistet wird, ist unzulässig, wenn dadurch das Urlaubsentgelt niedriger ausfällt, als es dem gewöhnlichen Arbeitsverdienst entspricht (EuGH v. 13.12.2018 – C-385/17, NZA 2019, 47).

„Diese Maßnahmen können nicht dazu dienen, die für den Arbeitnehmer negative Wirkung einer Kürzung des Urlaubsentgelts zu kompensieren; anderenfalls würde das nach dieser Vorschrift bestehende Recht auf bezahlten Jahresurlaub beeinträchtigt, wozu als integraler Bestandteil das Recht des Arbeit-

nehmers gehört, während des ihm für Erholung und Entspannung zur Verfügung stehenden Zeitraums in den Genuss wirtschaftlicher Bedingungen zu kommen, die mit denen vergleichbar sind, die die Ausübung seiner Arbeit betreffen." (EuGH v. 13.12.2018 – C-385/17, NZA 2019, 47)

Ebenfalls ausgeschlossen sind tarifvertragliche Vereinbarungen, die die in § 7 Abs. 3 BUrlG vorgesehene Frist zur Geltendmachung von Urlaubsansprüchen verkürzen. § 13 Abs. 1 BUrlG lasse derartige Ausschlussklauseln, die den Arbeitnehmer zwängen, seine gesetzlichen Mindesturlaubsansprüche vor den in § 7 Abs. 3 BUrlG bezeichneten Zeiträumen geltend zu machen, nicht zu (BAG v. 19.6.2018 – 9 AZR 615/17, NZA 2018, 1480).

IV. Erfüllung des Urlaubsanspruchs

2217   Der Urlaubsanspruch ist vom Arbeitgeber als Schuldner des Anspruchs zu erfüllen. Gem. § 362 Abs. 1 BGB erlischt ein Anspruch, wenn der Schuldner die geschuldete Leistung an den Gläubiger bewirkt. Geschuldete Leistung ist die „Gewährung bezahlten Jahresurlaubs durch Freistellung des Arbeitnehmers von der Arbeitspflicht". Folgerichtig ist § 1 BUrlG nicht erfüllt, wenn sich der Arbeitnehmer innerhalb des für den bezahlten Jahresurlaub anberaumten Zeitraums im **Krankheitsurlaub** befindet.

„[25] Der Zweck des Anspruchs auf bezahlten Jahresurlaub, der darin liegt, es dem Arbeitnehmer zu ermöglichen, sich zu erholen und über einen Zeitraum für Entspannung und Freizeit zu verfügen, weicht nämlich vom Zweck des Anspruchs auf Krankheitsurlaub ab, der dem Arbeitnehmer die Genesung von einer Krankheit ermöglichen soll (vgl. i.d.S. EuGH, ECLI:EU:C:2012:372 = NZA 2012, 851 Rz. 19 m.w.N. – ANGED)." (EuGH v. 30.6.2016 – C-178/15 „Alicja Sobczyszyn", NZA 2016, 877 Rz. 25)

1. Fälligkeit und Erfüllbarkeit

2218   Der Arbeitnehmer kann die Erfüllung des Anspruchs von ihm verlangen, wenn dieser fällig ist. Das BUrlG enthält keine Regelungen über die Fälligkeit. Aus diesem Grund findet die Vorschrift des **§ 271 BGB** Anwendung. Der Urlaubsanspruch ist demnach mit seiner Entstehung fällig. Nach § 3 Abs. 1 BUrlG entsteht der Anspruch auf Erholungsurlaub erstmals nach Ablauf der sechsmonatigen Wartefrist des § 4 BUrlG und anschließend jeweils mit dem **ersten Kalendertag eines jeden Jahres**. Ab diesem Zeitpunkt kann der Arbeitnehmer grundsätzlich die Erfüllung seines Urlaubsanspruchs jederzeit fordern. Etwas anderes gilt nur, wenn dem Arbeitgeber ein Leistungsverweigerungsrecht nach § 7 Abs. 1 BUrlG zusteht (Rz. 2229, 2233).

2219   Das Entstehen des Urlaubsanspruchs ist nicht daran gebunden, dass der Arbeitnehmer seine Arbeitsleistung tatsächlich erbracht hat. Es müssen vielmehr nur die Voraussetzungen des § 4 BUrlG erfüllt sein. Somit kann der Urlaub nicht allein deswegen als rechtsmissbräuchlich ausgeschlossen werden, weil der Arbeitnehmer einen Großteil des Jahres bzw. das ganze Jahr arbeitsunfähig erkrankt war (st. Rspr. seit BAG v. 28.1.1982 – 6 AZR 571/79, NJW 1982, 1548).

„Nicht vorausgesetzt wird, dass der Arbeitnehmer zu Beginn des Jahres arbeitsfähig ist. Der Urlaubsanspruch entsteht auch dann, wenn der Arbeitnehmer zu Beginn des Urlaubsjahres arbeitsunfähig erkrankt ist und deshalb eine bezahlte Freistellung von der Arbeitspflicht zunächst nicht in Betracht kommt. [...] Nach der ständigen Rechtsprechung des Bundesarbeitsgerichts [...] kann das Urlaubsverlangen des Arbeitnehmers rechtsmissbräuchlich und deshalb nach § 242 BGB unbeachtlich sein. Hierfür genügen eine fehlende Arbeitsleistung oder eine nur geringfügige Arbeitsleistung im Urlaubsjahr nicht. Es müssen zusätzliche Umstände hinzutreten, die das Vorgehen des Arbeitnehmers als treuwidrig erscheinen lassen." (BAG v. 18.3.2003 – 9 AZR 190/02, ZTR 2004, 36).

2220   Weitere Voraussetzung für die Gewährung des Urlaubs ist, dass der Urlaub in dem vorgesehenen Zeitraum **erfüllbar** ist. Der Arbeitnehmer muss von seiner Verpflichtung zur Erbringung der Arbeitsleistung überhaupt befreit werden können. Diese Möglichkeit besteht nicht, wenn dem Anspruch ein Erfüllungshindernis entgegensteht, z.B. wenn der Arbeitnehmer arbeitsunfähig erkrankt ist (vgl. BAG v. 18.3.2014 – 9 AZR 669/12, ZTR 2014, 549; ausführlich noch bei Rz. 2126).

Beispiele für weitere Erfüllungshindernisse:
- Ruhen des Arbeitsverhältnisses (Elternzeit, Wehrdienst, Zivildienst etc.).
- Die Arbeitspflicht entfällt aufgrund eines gesetzlichen Feiertags (Rz. 2276).
- Der Arbeitnehmer beteiligt sich an einem Arbeitskampf (vgl. BAG v. 9.2.1982 – 1 AZR 567/79, NJW 1982, 2087).

Kündigung und Urlaubsgewährung schließen sich dagegen nicht zwingend aus. Der Arbeitgeber kann vielmehr auch nach **Kündigung** des Arbeitsverhältnisses vorsorglich (d.h. für den Fall, dass die Kündigung das Arbeitsverhältnis nicht beendet hat) Urlaub gewähren (BAG v. 14.8.2007 – 9 AZR 934/06, NZA 2008, 473 Rz. 14 f.). Der Arbeitgeber erfüllt den Anspruch aus § 1 BUrlG in diesem Fall aber nur, sofern er dem Arbeitnehmer die Urlaubsvergütung vor Antritt des Urlaubs zahlt bzw. vorbehaltlos zusagt (BAG v. 10.2.2015 – 9 AZR 455/13, NZA 2015, 998 Rz. 18). 2221

2. Bestimmung der Urlaubszeit

a) Zeitliche Festlegung der Urlaubszeit

Der Arbeitgeber kann die Urlaubszeit des Arbeitnehmers grundsätzlich **nicht einseitig** bestimmen. Vielmehr hat er gemäß § 7 Abs. 1 S. 1 Hs. 1 BUrlG bei der zeitlichen Festlegung grundsätzlich die **Urlaubswünsche des Arbeitnehmers** zu berücksichtigen. Dem Arbeitgeber obliegt jedoch die Initiativlast für die Verwirklichung des Urlaubsanspruchs. Er ist aufgrund der RL 2003/88/EG verpflichtet, den Arbeitnehmer über einen möglichen Verfall von Urlaubsansprüchen in Kenntnis zu setzen, ihn dahingehend aufzuklären und den Arbeitnehmer ggf. förmlich aufzufordern, den Anspruch wahrzunehmen (EuGH v. 6.11.2018 – C-684/16, NZA 2018, 1474 Rz. 45). Das BAG hat sich der Entscheidung des EuGH angeschlossen und legt nunmehr § 7 Abs. 1 S. 1 BUrlG richtlinienkonform aus (BAG v. 19.2.2019 – 9 AZR 541/15, NZA 2019, 982). Der Arbeitgeber kann den Urlaubsanspruch des Arbeitnehmers dadurch erfüllen, dass er dem Arbeitnehmer das Recht einräumt, die konkrete Lage des Urlaubs innerhalb eines bestimmten Zeitraums selbst zu bestimmen (BAG v. 6.9.2006 – 5 AZR 703/05, NZA 2007, 36). 2222

Beginn und **Ende** des **Urlaubs** sind **festzulegen**. Die erklärte **Arbeitsbefreiung** muss **hinreichend deutlich** erkennen lassen, dass eine **Befreiung** von der Arbeitspflicht **zur Erfüllung** des **Anspruchs auf Urlaub** gewährt wird. Sonst kann nicht festgestellt werden, ob der Arbeitgeber als Schuldner des Urlaubsanspruchs die geschuldete Leistung bewirken will (§ 362 Abs. 1 BGB), als Gläubiger der Arbeitsleistung auf deren Annahme verzichtet (§ 615 S. 1 BGB) oder er dem Arbeitnehmer nach § 397 Abs. 1 BGB anbietet, die Arbeitspflicht vertraglich zu erlassen (vgl. BAG v. 14.3.2006 – 9 AZR 11/05, AP Nr. 32 zu § 7 BUrlG; BAG v. 14.8.2007 – 9 AZR 934/06, NZA 2008, 473). 2223

Beispiel: Der Arbeitgeber kann den Urlaubsanspruch auch dadurch erfüllen, dass er den Arbeitnehmer nach Ausspruch einer Kündigung bis zur Beendigung des Arbeitsverhältnisses unter Anrechnung auf den Urlaubsanspruch freistellt.

Im Anschluss an eine Kur oder für die Arbeitsplatzsuche muss der Arbeitgeber den Urlaubswünschen entsprechen (vgl. § 7 Abs. 1 S. 2 BUrlG). Für den Fall, dass der Arbeitnehmer **keine Wünsche** äußert, kann der Arbeitgeber eine Urlaubszeit zwar von sich aus festlegen. Der Arbeitnehmer braucht diese einseitige Bestimmung jedoch nicht hinzunehmen. Er ist weiterhin berechtigt, seine eigenen Urlaubswünsche zu äußern. Der Arbeitgeber kann ihm den Urlaub zu dem gewünschten Zeitpunkt nur verweigern, wenn ihm ein Leistungsverweigerungsrecht nach § 7 BUrlG zusteht (vgl. BAG v. 18.12.1986 – 8 AZR 502/84, NZA 1987, 379; Rz. 2229, 2233). 2224

Ist der Urlaub gewährt, kann der Arbeitgeber den Arbeitnehmer **nicht** aus dem Urlaub **zurückrufen** (BAG v. 14.3.2006 – 9 AZR 11/05, AP Nr. 32 zu § 7 BUrlG). Eine Vereinbarung, in der sich der Arbeitnehmer gleichwohl verpflichtet, den Urlaub abzubrechen und die Arbeit wieder aufzunehmen, ist 2225 rechtsunwirksam. Sie verstößt nach § 13 Abs. 1 S. 1 BUrlG gegen zwingendes Urlaubsrecht (BAG v. 20.6.2000 – 9 AZR 405/99, NZA 2001, 100).

2226 Gemäß § 87 Abs. 1 Nr. 5 BetrVG steht dem Betriebsrat ein zwingendes **Mitbestimmungsrecht** bei der **Aufstellung allgemeiner Urlaubsgrundsätze** und des **Urlaubsplans** sowie bei der Festlegung der zeitlichen Lage eines Urlaubs zu, wenn zwischen Arbeitnehmer und Arbeitgeber kein Einverständnis erzielt werden kann.

b) Zusammenhängende Urlaubsgewährung

2227 Nach § 7 Abs. 2 S. 1 Hs. 1 BUrlG hat der Arbeitnehmer **grundsätzlich** einen Anspruch darauf, dass ihm sein voller Urlaub **zusammenhängend gewährt** wird. Eine **Ausnahme** von diesem Grundsatz gilt nur dann, wenn dringende betriebliche oder in der Person des Arbeitnehmers liegende Gründe eine Teilung des Urlaubs rechtfertigen, § 7 Abs. 2 S. 1 Hs. 2 BUrlG.

2228 Wird der Urlaub in mehrere Zeitabschnitte aufgeteilt, ohne dass die genannten Gründe gegeben sind, liegt **keine Erfüllung** des gesetzlichen Urlaubsanspruchs i.S.d. § 362 BGB vor. Dem Arbeitnehmer steht weiterhin der volle gesetzliche Urlaubsanspruch zu. Das gilt selbst dann, wenn die Aufteilung des Urlaubs auf einer Vereinbarung zwischen Arbeitgeber und Arbeitnehmer beruht (vgl. BAG v. 29.7.1965 – 5 AZR 380/64, NJW 1965, 2174). Allerdings stellt sich in diesem Fall die Frage, ob nicht dem erneuten Urlaubsverlangen des Arbeitnehmers der Einwand des Rechtsmissbrauchs entgegen zu halten ist.

c) Leistungsverweigerungsrecht nach § 7 Abs. 1 S. 1 BUrlG

2229 Dem Arbeitgeber steht gemäß § 7 Abs. 1 S. 1 Hs. 2 BUrlG ein Leistungsverweigerungsrecht zu, wenn den Urlaubswünschen des Arbeitnehmers dringende betriebliche Belange oder Urlaubswünsche anderer Arbeitnehmer, die unter sozialen Gesichtspunkten den Vorrang verdienen, entgegenstehen. Andere Gründe kann der Arbeitgeber dem Urlaubsanspruch des Arbeitnehmers nicht entgegenhalten (vgl. BAG v. 18.12.1986 – 8 AZR 502/84, NZA 1987, 379).

2230 Die Frage, ob **dringende betriebliche Belange** der Berücksichtigung der Urlaubswünsche des Arbeitnehmers entgegenstehen, ist nach den **Gesamtumständen des Einzelfalls** zu entscheiden. Bloße Störungen des Betriebsablaufs rechtfertigen eine Leistungsverweigerung des Arbeitgebers nicht, da solche Störungen grundsätzlich bei Fehlen eines Arbeitnehmers auftreten werden. Es muss vielmehr eine **erhebliche Beeinträchtigung des Betriebsablaufs** vorliegen.

Beispiel für dringende betriebliche Belange:
- Personelle Unterbesetzung im Betrieb oder in einer Abteilung wegen eines hohen Krankenstands der Mitarbeiter.
- Der Urlaubswunsch des Arbeitnehmers fällt in eine besonders arbeitsintensive Zeit (Schlussverkauf, Weihnachtszeit).
- Die fristgerechte Erledigung wichtiger Aufträge, von denen die Arbeit anderer Abteilungen abhängt und deren Verzögerung der Arbeitgeber nicht zu vertreten hat.

2231 Der Arbeitgeber ist des Weiteren berechtigt, die Erfüllung eines Urlaubsanspruchs zu verweigern, wenn **Urlaubswünsche anderer Arbeitnehmer** unter sozialen Gesichtspunkten vorrangig zu berücksichtigen sind, § 7 Abs. 1 S. 1 Hs. 2 BUrlG. Zur Leistungsverweigerung ist der Arbeitgeber nach dieser Vorschrift aber nicht schon allein deswegen berechtigt, weil Urlaubswünsche von zwei Arbeitnehmern zeitlich zusammenfallen. Vielmehr besteht das Leistungsverweigerungsrecht nur, wenn aus betrieblichen Gründen nicht jeder Urlaubswunsch berücksichtigt werden kann. Insoweit stellt § 7 Abs. 1 S. 1 Hs. 2 Alt. 2 BUrlG einen Unterfall des § 7 Abs. 1 S. 1 Hs. 2 Alt. 1 BUrlG dar. Liegen betriebliche Gründe vor, muss der Arbeitgeber **unter Abwägung der sozialen Interessen** der Arbeitnehmer entscheiden, welcher der Urlaubswünsche vorrangig zu berücksichtigen ist.

Beispiele für vorrangige Interessen anderer Arbeitnehmer:
- Alter und Dauer der Betriebszugehörigkeit
- Urlaubsmöglichkeiten von Familienangehörigen, insbesondere bei schulpflichtigen Kindern
- Erholungsbedürftigkeit des Arbeitnehmers aufgrund einer Erkrankung in der Vergangenheit

d) Leistungsverweigerungsrecht nach § 7 Abs. 2 BUrlG

Nach § 7 Abs. 2 S. 1 Hs. 1 BUrlG hat der Arbeitnehmer einen Anspruch darauf, dass ihm sein voller Urlaub **zusammenhängend gewährt** wird. Die Arbeitsbefreiung kann lediglich ganztägig gewährt werden, soweit kein Bruchteil von Urlaubstagen geschuldet ist (BAG v. 19.6.2018 – 9 AZR 615/17, NZA 2018, 1480 Rz. 33). Der Arbeitgeber ist gemäß § 7 Abs. 2 S. 1 Hs. 2 BUrlG berechtigt, eine zusammenhängende Gewährung des Urlaubs aus dringenden betrieblichen Gründen zu verweigern. Die Frage, wann solche betrieblichen Belange vorliegen, ist ebenso wie bei dem Leistungsverweigerungsrecht nach § 7 Abs. 1 BUrlG zu beurteilen (Rz. 2229). 2232

Steht dem Arbeitgeber ein Leistungsverweigerungsrecht nach § 7 Abs. 2 S. 1 BUrlG zu, muss er dem Arbeitnehmer allerdings einen **zusammenhängenden Teil** seines Erholungsurlaubs **von zwölf Werktagen** gewähren, § 7 Abs. 2 S. 2 BUrlG. 2233

Darüber hinaus kann der Arbeitgeber einer zusammenhängenden Urlaubsgewährung widersprechen, wenn in der Person des Arbeitnehmers liegende Gründe eine **Teilung** des Urlaubs erforderlich machen (§ 7 Abs. 2 S. 1 BUrlG). Hierfür ist nicht jeder Grund in der Person des Arbeitnehmers ausreichend. Es muss sich vielmehr um einen **berechtigten Grund** handeln. Ein solcher Grund liegt z.B. immer dann vor, wenn der Arbeitnehmer den vollen Urlaub wegen Erkrankung oder sonstiger Unmöglichkeit nicht nehmen kann. Allein der Wunsch, den Urlaub in mehreren Zeitabschnitten nehmen zu können, rechtfertigt eine Aufteilung nicht. Besteht in der Person des Arbeitnehmers kein Grund i.S.d. § 7 Abs. 2 S. 1 BUrlG, der eine Aufteilung des Urlaubs rechtfertigt, ist der Arbeitgeber berechtigt, die Erfüllung des Urlaubsanspruchs zu verweigern. 2234

e) Selbstbeurlaubung durch den Arbeitnehmer

Der Urlaub ist dem Arbeitnehmer vom Arbeitgeber als Schuldner des Anspruchs zu erteilen. Der Arbeitnehmer ist in **keinem Fall** berechtigt, den Urlaub **eigenmächtig** anzutreten. Dies gilt sowohl dann, wenn der Arbeitgeber aufgrund eines Leistungsverweigerungsrechts den Urlaub berechtigterweise verweigert, als auch für den Fall, dass er dem Urlaubswunsch des Arbeitnehmers unberechtigt nicht nachkommt. Der Arbeitnehmer hat im Streitfall nur die Möglichkeit, seinen Urlaubsanspruch gerichtlich – notfalls im Wege der einstweiligen Verfügung – geltend zu machen. 2235

Durch eine Selbstbeurlaubung verletzt der Arbeitnehmer seine ihm aus dem Arbeitsvertrag obliegende Pflicht zur Erbringung der Arbeitsleistung. Aus diesem Grund kann der eigenmächtige Urlaubsantritt des Arbeitnehmers eine ordentliche, aber auch eine außerordentliche **Kündigung** durch den Arbeitgeber rechtfertigen (BAG v. 22.1.1998 – 2 ABR 19/97, NZA 1998, 708; BAG v. 20.1.1994 – 2 AZR 521/93, NZA 1994, 548). 2236

„Tritt der Arbeitnehmer eigenmächtig einen vom Arbeitgeber nicht genehmigten Urlaub an, so verletzt er seine arbeitsvertraglichen Pflichten, und ein solches Verhalten ist an sich geeignet, einen wichtigen Grund zur fristlosen Kündigung (§ 626 BGB) darzustellen. Die Urlaubsgewährung erfolgt nach § 7 BUrlG durch den Arbeitgeber. Lehnt dieser die Urlaubserteilung ohne ausreichende Gründe ab, so kann der Arbeitnehmer durch eine Leistungsklage oder ggf. einen Antrag auf Erlass einer einstweiligen Verfügung seine Ansprüche durchsetzen. Ein Recht des Arbeitnehmers, sich selbst zu beurlauben, ist angesichts des umfassenden Systems gerichtlichen Rechtsschutzes grundsätzlich abzulehnen." (BAG v. 20.1.1994 – 2 AZR 521/93, NZA 1994, 548) 2237

3. Befristung und Übertragbarkeit des Urlaubsanspruchs

a) Befristung

2238 Nach der Vorschrift des § 1 BUrlG ist der gesetzliche Urlaubsanspruch des Arbeitnehmers für die Dauer des Urlaubsjahres befristet. Dementsprechend wird in § 7 Abs. 3 S. 1 BUrlG klargestellt, dass der Urlaub **im laufenden Kalenderjahr** gewährt und genommen werden muss. Unter den Voraussetzungen des § 7 Abs. 3 S. 2 BUrlG ist jedoch eine **Übertragung** des Urlaubsanspruchs in das nächste Kalenderjahr möglich. In diesem Fall tritt an die Stelle der Befristung auf den 31.12. des Urlaubsjahres nach § 7 Abs. 3 S. 3 BUrlG eine neue zeitliche Begrenzung auf den 31.3. des Folgejahres (siehe näher Rz. 2240). Vertraglich können die Parteien den Übertragungszeitraum verlängern (BAG v. 21.6.2005 – 9 AZR 200/04, AiB 2007, 55). Insbesondere Tarifverträge sehen häufig abweichende – in der Regel längere – Übertragungszeiträume vor.

Hinweis: Befristung und Mutterschutz respektive Elternzeit

„1. Nach § 17 S. 2 MuSchG [§ 24 S. 2 MuSchG n.F] und gemäß § 17 II BEEG kann die Arbeitnehmerin den vor Beginn der Beschäftigungsverbote/der Elternzeit nicht oder nicht vollständig erhaltenen Erholungsurlaub auch noch nach Ablauf der Verbote/der Elternzeit im laufenden Jahr oder im Folgejahr nehmen.

2. Diese gesetzlichen Regelungen verlängern nicht den Übertragungszeitraum des § 7 III 3 BUrlG bis zum Ablauf des nächsten auf die Beendigung der Beschäftigungsverbote/der Elternzeit folgenden Jahres. Sie dehnen vielmehr die Befristung des Urlaubsanspruchs nach § 7 III 1 BUrlG auf das Urlaubsjahr, in dem der Urlaubsanspruch entstanden ist, auf das nächste Kalenderjahr (Folgejahr) aus. Dieses ist dann das für das Fristenregime des § 7 III BUrlG maßgebliche Urlaubsjahr." (BAG v. 15.12.2015 – 9 AZR 52/15, NZA 2016, 433)

2239 Wird der Urlaub in dem Kalenderjahr vom Arbeitgeber **nicht gewährt** bzw. vom Arbeitnehmer **nicht genommen** und besteht auch kein Übertragungsgrund nach § 7 Abs. 3 S. 2 BUrlG, erlischt der Anspruch auf Erholungsurlaub mit Ablauf des Kalenderjahres. Der originäre Erfüllungsanspruch geht unter. Hat der Arbeitgeber die Gewährung des Urlaubs allerdings **rechtswidrig verweigert**, macht er sich dadurch gemäß §§ 280 Abs. 1 und 3, 283 BGB schadensersatzpflichtig. An die Stelle des ursprünglichen Urlaubsanspruchs tritt gemäß § 249 S. 1 BGB nach den Grundsätzen der Naturalrestitution ein **Ersatzurlaubsanspruch**. Dieser entspricht seinem Umfang nach dem erloschenen Urlaubsanspruch. Ein Schadensersatzanspruch gemäß §§ 280, 286 Abs. 1, 283, 287 S. 2 BGB besteht auch dann, wenn der Arbeitgeber den Urlaub während des Übertragungszeitraums rechtswidrig verweigert hat (BAG v. 7.11.1985 – 6 AZR 169/84, NZA 1986, 392).

b) Übertragung nach § 7 Abs. 3 S. 2 und 3 BUrlG

2240 Nach § 7 Abs. 3 S. 2 BUrlG ist eine Übertragung des Urlaubs auf das nächste Kalenderjahr zulässig, wenn dringende betriebliche oder in der Person des Arbeitnehmers liegende Gründe dies rechtfertigen.

2241 Als **dringende betriebliche Gründe** kommen die gleichen Gründe in Betracht wie bei § 7 Abs. 1 und Abs. 2 BUrlG (Rz. 2229, 2233).

2242 Die Übertragung des Urlaubs aus **Gründen, die in der Person des Arbeitnehmers liegen**, ist gerechtfertigt, wenn die Urlaubsverwirklichung im Urlaubsjahr für den Arbeitnehmer **unmöglich oder unzumutbar** ist. Davon ist z.B. auszugehen, wenn der Arbeitnehmer bis zum Jahresende arbeitsunfähig erkrankt ist (BAG v. 24.3.2009 – 9 AZR 983/07, NZA 2009, 538, 542 f.). Sein bloßer Wunsch, den Urlaub in das nächste Kalenderjahr zu übertragen, reicht hingegen nicht aus.

2243 Liegen die Voraussetzungen für eine Übertragung des Urlaubsanspruchs auf das Folgejahr vor, bedarf es dazu keiner Übertragungserklärung der Arbeitsvertragsparteien. Auch eine Genehmigung durch den Arbeitgeber ist nicht erforderlich. Die Übertragung vollzieht sich vielmehr **kraft Gesetzes** (BAG v. 9.8.1994 – 9 AZR 384/92, NZA 1995, 174).

Der übertragene Urlaub muss gemäß § 7 Abs. 3 S. 3 BUrlG in den **ersten drei Monaten** des folgenden Kalenderjahres, also bis zum 31.3., gewährt und genommen werden. Ein Leistungsverweigerungsrecht des Arbeitgebers oder ein Annahmeverweigerungsrecht des Arbeitnehmers besteht während des Übertragungszeitraums nicht. Anderenfalls **erlischt** der Anspruch mit Ablauf der Frist am 31.3. Dies gilt grundsätzlich unabhängig davon, aus welchem Grund der Urlaub bis zu diesem Zeitpunkt nicht genommen wurde. **Besonderheiten** ergeben sich jedoch im Zusammenhang mit **langandauernder Arbeitsunfähigkeit**. 2244

Beispielsfall: Urlaub, Urlaub, Urlaub!? 2245

A ist bei B seit dem 1.3.2012 als Erzieherin beschäftigt. Am 31.1.2014 erleidet A einen schweren Unfall, ohne im Jahr 2014 bereits einen Urlaubstag genommen zu haben. Seitdem war sie bis zum 31.8.2015 ununterbrochen arbeitsunfähig. Am 1.10.2015 verlangt A von B, ihr Urlaub für das Jahr 2014 zu gewähren. Zu Recht?

I. Gemäß § 1 BUrlG hat jeder Arbeitnehmer (vgl. § 2 BUrlG), dessen Arbeitsverhältnis länger als 6 Monate besteht (vgl. § 4 BUrlG), also auch A, in jedem Kalenderjahr Anspruch auf bezahlten (vgl. § 11 BUrlG) Jahresurlaub. Der gesetzliche Mindesturlaub beträgt 24 Werktage, § 3 Abs. 1 BUrlG. Der Anspruch der A auf bezahlten Erholungsurlaub für das Jahr 2014 ist hiernach am 1.1.2014 **entstanden**.

II. Bei wortlautgetreuer Anwendung von § 7 Abs. 3 BUrlG ist der Urlaubsanspruch der A für das Jahr 2014 indes **erloschen**: Nach § 7 Abs.3 S. 1 BGB muss der Urlaub im laufenden Kalenderjahr, hier im Jahr 2014, gewährt und genommen werden. Eine Übertragung des Urlaubsanspruchs auf das Folgejahr (2015) ist statthaft, wenn dringende betriebliche oder in der Person des Arbeitnehmers liegende Gründe dies rechtfertigen, § 7 Abs. 3 S. 2 BUrlG. Dann muss der Urlaub aber innerhalb der ersten drei Monate des Folgejahres (bis 31.3.2015) gewährt und genommen werden, § 7 Abs. 3 S. 3 BUrlG. Andernfalls verfällt der Urlaubsanspruch des Vorjahres ersatzlos (vgl. noch BAG v. 13.5.1982 - 6 AZR 360/80, AP Nr. 4 zu § 7 BUrlG Übertragung). Ab Februar 2014 konnte B der A keinen Urlaub mehr gewähren. B hat infolge der Arbeitsunfähigkeit der A gem. § 275 Abs. 1 BGB ihren Anspruch auf Arbeitsleistung verloren, von dem A hätte freigestellt werden können. Arbeitsunfähigkeit stellt zwar einen dringenden in der Person liegenden Grund dar, sodass eine Übertragung des Urlaubsanspruchs nach § 7 Abs. 3 S. 2 BUrlG statthaft ist. Bis zum 31.3.2015 konnte B der A jedoch keinen Urlaub gewähren, weil ihre Arbeitsunfähigkeit über diesen Zeitraum hinaus anhielt. Der Urlaubsgewährungsanspruch der A für das Jahr 2014 ist hiernach gem. § 7 Abs. 3 S. 2 u. 3 BUrlG verfristet, mithin erloschen.

III. Das hier in wortlautgetreuer Anwendung von Art. 7 Abs. 3 BUrlG gefundene **Ergebnis** ist nach Auffassung des EuGH jedoch **mit geltendem Unionsrecht nicht zu vereinbaren**. Der Anspruch des Arbeitnehmers auf bezahlten Jahresurlaub ist sekundärrechtlich in Art. 7 RL 2003/88/EG, primärrechtlich in Art. 31 Abs. 2 GRCh verankert. Nach Art. 7 Abs. 1 RL 2003/88/EG treffen die Mitgliedstaaten der EU die erforderlichen Maßnahmen, damit jeder Arbeitnehmer einen bezahlten Mindesturlaub von vier Wochen nach Maßgabe der Bedingungen für die Inanspruchnahme und die Gewährung erhält, die in den einzelstaatlichen Rechtsvorschriften und/oder nach den einzelstaatlichen Gepflogenheiten vorgesehen sind. In der Entscheidung zur *Schultz-Hoff* hat der EuGH Art. 7 Abs. 1 der RL 2003/88/EG dahingehend ausgelegt, dass er einzelstaatlichen Rechtsvorschriften oder Gepflogenheiten entgegensteht, nach denen für nicht genommenen Jahresurlaub am Ende des Arbeitsverhältnisses keine finanzielle Vergütung gezahlt wird, wenn der Arbeitnehmer während des gesamten Bezugszeitraums und/oder Übertragungszeitraums oder eines Teils davon krankgeschrieben bzw. im Krankheitsurlaub war und deshalb seinen Anspruch auf bezahlten Jahresurlaub nicht ausüben konnte. Entstehen und Erlöschen des Urlaubsanspruchs dürften - anders als die Modalitäten der Inanspruchnahme - nicht abweichend vom durch Art. 7 Abs. 1 der RL 2003/88/EG vorgegebenen unionsrechtlichen Mindeststandard geregelt werden (EuGH v. 20.1.2009 - C-350/06 u.a. „Schultz-Hoff", NZA 2009, 135; vgl. im Anschluss daran LAG Düsseldorf v. 2.2.2009 - 12 Sa 486/06, NZA-RR 2009, 242 und BAG v. 24.3.2009 - 9 AZR 983/07, NZA 2009, 538).

IV. Folge dieser Rechtsprechung war, dass erkrankte Arbeitnehmer ihren krankheitsbedingt nicht genommenen Urlaub de facto **unbegrenzt anhäufen** und im Falle der Beendigung des Arbeitsverhältnisses mitunter erhebliche Summen zur Abgeltung des Urlaubs verlangen konnten (z.B. BAG v. 18.10.2011 - 9 AZR 303/10, NZA 2012, 143: 129.686 Euro). Diese unbegrenzte Anhäufung von Urlaub erachtete das LAG Hamm wiederum als europarechtswidrig und stellte dem EuGH die Frage, ob nicht zumindest eine Ausschlussfrist für die Geltendmachung zu beachten sei (LAG Hamm 15.4.2010 - 16 Sa 1176/09, ZTR 2010,

326). Der EuGH antwortete in seiner Entscheidung **KHS**/*Schulte*: Art. 7 Abs. 1 der RL 2003/88/EG sei dahin auszulegen, dass er einzelstaatlichen Rechtsvorschriften nicht entgegensteht, die die Möglichkeit für einen während mehrerer Bezugszeiträume in Folge arbeitsunfähigen Arbeitnehmer, Ansprüche auf bezahlten Urlaub anzusammeln, dadurch einschränken, dass sie einen **Übertragungszeitraum von 15 Monaten** vorsehen, nach dessen Ablauf der Anspruch auf bezahlten Jahresurlaub erlischt (EuGH v. 22.11.2011 – C-214/10 „KHS", NJW 2012, 290). Tragend sind wiederum die **teleologischen Erwägungen** des Gerichts. Der Urlaubsanspruch verfolge einen doppelten Zweck. Es gehe einerseits darum, dem Arbeitnehmer zu ermöglichen, sich von der Ausübung der ihm nach seinem Arbeitsvertrag obliegenden Aufgaben zu erholen. Andererseits solle der Anspruch dem Arbeitnehmer ermöglichen, über einen Zeitraum für Entspannung und Freizeit zu verfügen. Ein Verfall des Urlaubsanspruchs sei deshalb möglich, wenn kein Bezug zur Tätigkeit mehr vorliege und damit die Erholungsfunktion ausgeschlossen sei (EuGH v. 22.11.2011 – C-214/10 „KHS", NJW 2012, 290 Rz. 30 f.). In der Entscheidung *KHS* hält der EuGH eine Befristung des Urlaubsanspruches mithin nicht für *per se* unzulässig. Die Übertragungsfrist müsse allerdings die Dauer des Bezugszeitraums deutlich überschreiten (EuGH v. 22.11.2011 – C-214/10 „KHS", NJW 2012, 290 Rz. 30 f.). Fest steht, dass jedenfalls die dreimonatige Übertragungsfrist aus § 7 Abs. 3 S. 3 BUrlG richtlinienwidrig (und wenn man die Europäischen Richtlinien als Konkretisierungen der GRCh begreift, auch primärrechtswidrig) ist.

V. Fraglich ist, wie sich die europarechtlichen Vorgaben im nationalen Urlaubsrecht umsetzen lassen. Eine richtlinien- bzw. primärrechtskonforme *Auslegung* von § 7 Abs. 3 BUrlG erscheint wegen seines klaren Wortlautes kaum möglich. Zielführender ist eine richtlinien- bzw. primärrechtskonforme *Rechtsfortbildung* von § 7 Abs. 3 BUrlG. Der Urlaubsanspruch erlischt nicht nach § 7 Abs. 3 BUrlG, wenn der Arbeitnehmer bis zum Ende des Urlaubsjahres und/oder eines Übertragungszeitraums von drei Monaten nach diesem Zeitpunkt erkrankt und deshalb arbeitsunfähig ist. Der Anspruch verfällt jedoch bei fortbestehender Arbeitsunfähigkeit nach Ablauf eines Übertragungszeitraums von 15 Monaten nach dem Ende des Urlaubsjahres (vgl. BAG v. 7.8.2012 – 9 AZR 353/10, NZA 2012, 1216).

VI. Als zusätzliches Erfordernis hat der EuGH in den Entscheidungen „Kreuziger" und „Shimizu" – über die Rechtsprechung zur Einhaltung der Bezugs- und Übertragungszeiträume hinaus – eine Hinweis- und Aufklärungspflicht des Arbeitgebers statuiert. Der Arbeitgeber müsse den Arbeitnehmer in die Lage versetzen, seinen Urlaubsanspruch tatsächlich wahrzunehmen. Andernfalls bleibe der Anspruch trotz des Ablaufs der Zeiträume bestehen (EuGH v. 6.11.2018 – C-684/16, NZA 2018, 1474; EuGH v. 6.11.2018 – C-619/16, NJW 2019, 36; zuvor bereits in diese Richtung EuGH v. 29.11.2017 – C-214/16 „King", NZA 2017, 1591):

„Kann er [der Arbeitgeber] nicht nachweisen, dass er mit aller gebotenen Sorgfalt gehandelt hat, um den Arbeitnehmer tatsächlich in die Lage zu versetzen, den ihm zustehenden bezahlten Jahresurlaub zu nehmen, verstießen das Erlöschen des Urlaubsanspruchs am Ende des Bezugs- oder zulässigen Übertragungszeitraums und – bei Beendigung des Arbeitsverhältnisses – das entsprechende Ausbleiben der Zahlung einer finanziellen Vergütung für den nicht genommenen Jahresurlaub gegen Art. 7 I und gegen Art. 7 II der Rl 2003/88." (EuGH v. 6.11.2018 – C-684/16, NZA 2018, 1474 Rz. 46)

Das BAG ist daher angehalten, § 7 BUrlG richtlinien- bzw. primärrechtskonform fortzubilden. Im Zweifel müssen jedoch die maßgebenden Bestimmungen zum zeitlichen Verfall der Urlaubsansprüche (§ 7 Abs. 3, 4 BUrlG) unangewendet bleiben (EuGH v. 6.11.2018 – C-684/16, 1474 Rz. 81).

VII. Legt man die vorstehenden Grundsätze zugrunde, ist der am 1.1.2014 entstandene Urlaubsanspruch von A gegen B am 1.10.2015 (Zeitpunkt der Geltendmachung des Anspruchs), also 10 Monate nach Ablauf des Bezugsjahres 2014, noch nicht erloschen. A kann von B die Gewährung ihres Urlaubs für das Jahr 2014 verlangen.

VIII. Abschließender **Hinweis**: Der dargelegten Rechtsprechung des EuGH widerspricht die Annahme, dass die krankheitsbedingte Arbeitsunfähigkeit die Erfüllbarkeit des Urlaubsanspruchs ausschließt (siehe bei Rz. 2126, 2220), nicht. Die Entscheidungen in den Rechtssachen *Schultz-Hoff* und *KHS/Schulte* betreffen allein die Übertragung und das Erlöschen des Urlaubs-/Urlaubsabgeltungsanspruchs (ErfK/*Gallner* § 7 BUrlG Rz. 21 m.w.N.).

Hat der Arbeitnehmer den Arbeitgeber erfolglos zur Gewährung des Urlaubs aufgefordert, steht ihm ein **Schadensersatzanspruch** zu (Rz. 2238). Der Schadensersatzanspruch, der auf Naturalrestitution gerichtet ist, unterliegt wie der Urlaubsanspruch keinen vertraglichen Ausschlussfristen (BAG v. 19.6.2018 – 9 AZR 615/17, NZA 2018, 1480). Einigen sich beide Parteien auf eine Übertragung von

Resturlaub auf einen längeren Zeitraum (z.B. bis zum 30.6. des Folgejahres), stellt es ein widersprüchliches Verhalten des Arbeitgebers dar, wenn er eine bezahlte Freistellung im Umfang der untergegangenen Resturlaubsansprüche verweigert. Zu tarifvertraglichen Abweichungsmöglichkeiten i.S.d. § 13 Abs. 1 BUrlG vgl. Rz. 2216.

V. Abgeltungsanspruch

Grundsätzlich kann der Urlaubsanspruch nicht mit Geld abgegolten werden (EuGH v. 21.2.2013 – C-194/12 „Concepción Maestre García", NZA 2013, 369). Der urlaubsrechtliche Freizeitanspruch ist vorrangig. Nach **§ 7 Abs. 4 BUrlG** hat der Arbeitnehmer allerdings einen auf Geld gerichteten Abgeltungsanspruch, wenn der Urlaub **wegen Beendigung des Arbeitsverhältnisses** ganz oder teilweise nicht mehr gewährt werden kann.

2247

„Das BUrlG verfolgt primär das Ziel, den Anspruch jedes Arbeitnehmers auf bezahlte Freizeit zu verwirklichen und demgemäß die Abgeltung des Urlaubs nur in unvermeidbaren Ausnahmefällen zuzulassen [...]. § 7 IV BUrlG statuiert insoweit mittelbar ein Abgeltungsverbot im bestehenden Arbeitsverhältnis [...] Die Regelung in § 7 IV BUrlG will eine Ausnahme vom finanziellen Abgeltungsverbot allein für den Fall der Beendigung des Arbeitsverhältnisses zulassen, um den Arbeitnehmer in diesem Fall vor einem völligen Anspruchsverlust zu schützen [...]. Diese Grundsätze stehen im Einklang mit Art. 7 II der RL 2003/88/ EG [...]. Danach darf der jedem Arbeitnehmer nach Art. 7 I der Arbeitszeitrichtlinie zustehende bezahlte Mindestjahresurlaub außer bei Beendigung des Arbeitsverhältnisses nicht durch eine finanzielle Vergütung ersetzt werden. Damit geht auch die Richtlinie grundsätzlich von einem Abgeltungsverbot im laufenden Arbeitsverhältnis und vom Vorrang des Freizeitanspruchs aus [...]." (BAG v. 20.10.2015 – 9 AZR 224/14, NZA 2016, 159 Rz. 20)

2248

Worauf die Beendigung des Arbeitsverhältnisses gründet, ist irrelevant; dass der Arbeitnehmer das Arbeitsverhältnis von sich aus beendet, wirkt sich auf den Anspruch nach § 7 Abs. 4 BUrlG also nicht aus (EuGH v. 20.7.2016 – C-341/15 „Maschek", NZA 2016, 1067 Rz. 28).

2249

Sonderfall: Ruhen der Arbeitspflicht vor Beendigung des Arbeitsverhältnisses: Einen Sonderfall bildet folgender Sachverhalt: A ist Arbeitnehmer von B und soll zum 1.12.2015 in den Ruhestand versetzt werden. Kraft arbeitsvertraglicher Vereinbarung ist A bereits ab dem 1.7.2015 von seiner Arbeitspflicht befreit. Er muss nicht mehr an seinem Arbeitsplatz erscheinen. B ist demgegenüber weiterhin zu voller Entgeltzahlung verpflichtet.

2250

Dazu der EuGH: *„[Es] ist darauf hinzuweisen, dass nach ständiger Rechtsprechung mit dem in Art. 7 der RL 2003/88 verankerten Anspruch auf Jahresurlaub ein doppelter Zweck verfolgt wird, der darin besteht, es dem Arbeitnehmer zu ermöglichen, sich zum einen von der Ausübung der ihm nach seinem Arbeitsvertrag obliegenden Aufgaben zu erholen und zum anderen über einen Zeitraum der Entspannung und Freizeit zu verfügen (...).*

Unter diesen Umständen ist zur Gewährleistung der praktischen Wirksamkeit dieses Anspruchs auf Jahresurlaub festzustellen, dass ein Arbeitnehmer, dessen Arbeitsverhältnis beendet wurde und der nach einer mit seinem Arbeitgeber getroffenen Vereinbarung während eines bestimmten Zeitraums vor seiner Versetzung in den Ruhestand weiterhin sein Entgelt bezog, aber verpflichtet war, nicht an seinem Arbeitsplatz zu erscheinen, keinen Anspruch auf eine finanzielle Vergütung für den während dieses Zeitraums nicht genommenen bezahlten Jahresurlaub hat, es sei denn, dass er den Urlaub wegen Krankheit nicht nehmen konnte." (EuGH v. 20.7.2016 – C-341/15 „Maschek", NZA 2016, 1067 Rz. 34, 35)

Nach der **Surrogatstheorie** reagiert § 7 Abs. 4 BUrlG auf einen Fall objektiver Unmöglichkeit. Den Arbeitnehmer trifft wegen der Beendigung des Arbeitsverhältnisses keine Arbeitspflicht, von der er befreit werden könnte. An die Stelle des nicht mehr möglichen Urlaubsanspruches tritt ein Anspruch auf Vergütung (siehe nur BAG v. 23.6.1983 – 6 AZR 180/80, BAGE 44, 75).

2251

2252 **Klausurhinweis:** Daraus folgt, dass der Abgeltungsanspruch gemäß § 7 Abs. 4 BUrlG – mit Ausnahme der zusätzlich erforderlichen Beendigung des Arbeitsverhältnisses – nach denselben Voraussetzungen entsteht wie der Urlaubsanspruch aus §§ 1, 3 BUrlG.

2253 Nach der Entscheidung des EuGH in der Rechtssache „*Schultz-Hoff*" (EuGH v. 20.1.2009 – C-350/06 „Schultz-Hoff". NZA 2009, 135; siehe bereits bei Rz. 2245) hat das BAG die Surrogatstheorie **aufgegeben**. Seither betrachtet es den Abgeltungsanspruch als **reinen Geldanspruch** (BAG v. 24.3.2009 – 9 AZR 983/07, NZA 2009, 538, 542; bestätigt durch BAG v. 9.8.2011 – 9 AZR 365/10, NZA 2011, 1421, 1423 f.; BAG v. 19.6.2012 – 9 AZR 652/10, NZA 2012, 1087; BAG v. 19.5.2015 – 9 AZR 725/13, NZA 2015, 989).

„Die bisherige Rechtsprechung zur Kürzungsbefugnis des Arbeitgebers auch nach Beendigung des Arbeitsverhältnisses beruhte auf der vom Senat vollständig aufgegebenen Surrogatstheorie. Nach dieser war der Urlaubsabgeltungsanspruch Erfüllungssurrogat des Urlaubsanspruchs. Es bestand Zweckidentität zwischen Urlaubs- und Urlaubsabgeltungsansprüchen (BAGE 142, 64 = NZA 2012, 1087 Rz. 16). Dass für die bisherige Rechtsprechung des Senats die Surrogatstheorie maßgeblich war, zeigt das Argument im Urteil des Senats vom 28.7.1992 (BAGE 71, 50 = NZA 1994, 27 [zu 1c]): ‚Ist es möglich, den Erholungsurlaub nach § 17 I BErzGG zu kürzen, kann der Arbeitgeber ebenso das Surrogat des Urlaubs, die Urlaubsabgeltung, kürzen'.

2254 *[18] Nach der neueren Rechtsprechung des Senats ist der Anspruch auf Urlaubsabgeltung ein reiner Geldanspruch und nicht mehr Surrogat des Urlaubsanspruchs. Der Urlaubsabgeltungsanspruch verdankt seine Entstehung zwar urlaubsrechtlichen Vorschriften. Ist er entstanden, bildet er jedoch einen Teil des Vermögens des Arbeitnehmers und unterscheidet sich in rechtlicher Hinsicht nicht von anderen Zahlungsansprüchen des Arbeitnehmers gegen den Arbeitgeber (BAGE 145, 107 = NZA 2013, 1098 = NJW 2013, 3261 Rz. 14). Der Abgeltungsanspruch ist damit nicht mehr als Äquivalent zum Urlaubsanspruch, sondern als ein Aliud in Form eines selbstständigen Geldanspruchs anzusehen."* (BAG v. 19.5.2015 – 9 AZR 725/13, NZA 2015, 989)

2255 In Übereinstimmung mit der Rechtsprechung des EuGH zur Übertragbarkeit des Urlaubs ist es daher nicht erforderlich, dass der Arbeitnehmer den Urlaub noch nehmen könnte, wenn das Arbeitsverhältnis weiter bestünde. Der Anspruch aus § 7 Abs. 4 BUrlG entsteht unabhängig davon, ob der Arbeitnehmer bei Beendigung des Arbeitsverhältnisses arbeitsfähig ist oder nicht (EuGH v. 20.1.2009 – C-350/06 „Schultz-Hoff", NZA 2009, 135; EuGH v. 22.11.2011 – C-214/10 „KHS", NZA 2011, 1333, 1334; BAG v. 24.3.2009 – 9 AZR 983/07, NZA 2009, 538; siehe zur Rechtsprechungsänderung ausführlich bei Rz. 2238).

2256 *„Daraus folgt, dass die finanzielle Vergütung, auf die ein Arbeitnehmer Anspruch hat, der aus von seinem Willen unabhängigen Gründen nicht in der Lage war, seinen Anspruch auf bezahlten Jahresurlaub vor dem Ende des Arbeitsverhältnisses auszuüben, in der Weise zu berechnen ist, dass der Arbeitnehmer so gestellt wird, als hätte er diesen Anspruch während der Dauer seines Arbeitsverhältnisses ausgeübt."* (EuGH v. 20.1.2009 – C-350/06 „Schultz-Hoff", NZA 2009, 135, 139)

2257 Folgerichtig ist der Abgeltungsanspruch von den **Fristen aus § 7 Abs. 3 BUrlG** unabhängig. Als reiner Geldanspruch unterliegt § 7 Abs. 4 BUrlG andererseits tariflichen und vertraglichen **Ausschluss- oder Verfallsfristen** (BAG v. 8.4.2014 – 9 AZR 550/12, NZA 2014, 852; BAG v. 6.5.2014 – 9 AZR 758/12, AP Nr. 104 zu § 7 BUrlG Abgeltung: zweimonatige Frist genügt unionsrechtlichen Anforderungen), er kann **abgetreten** und in den Grenzen von § 850c ZPO **gepfändet** werden.

2258 **Probleme** bereitet die Frage, ob der Abgeltungsanspruch aus § 7 Abs. 4 BUrlG durch den **Tod des Arbeitnehmers** erlischt, sodass er nicht **vererbbar** ist. Dabei sind zwei Sachverhalte zu trennen.

Beispiel 1: A war seit dem 1.4.2012 bei B beschäftigt. Zum 1.2.2016 beendete B das Arbeitsverhältnis durch wirksame Kündigung. A war im Jahr 2015 durchgängig arbeitsunfähig krank. Am 2.2.2016 verunglückt A tödlich. Sein als Alleinerbe testamentarisch eingesetzter Sohn C verlangt von B Urlaubsabgeltung für das Jahr 2015 gemäß §§ 1922 BGB i.V.m. 7 Abs. 4 BUrlG.

Beispiel 2: A war seit dem 1.4.2012 bei B beschäftigt. A war im Jahr 2015 durchgängig arbeitsunfähig krank. Am 1.2.2016 verunglückt A tödlich. Sein als Alleinerbe testamentarisch eingesetzter Sohn C verlangt von B Urlaubsabgeltung für das Jahr 2015 gemäß §§ 1922 BGB i.V.m. 7 Abs. 4 BUrlG.

Die Rechtslage zu **Beispiel 1** ist klar. Das Arbeitsverhältnis endet nicht durch den Tod des A, sondern durch wirksame Kündigung am 1.2.2016. Weil es A nicht möglich gewesen ist, im Jahr 2015 Urlaub zu nehmen, ist sein Urlaubsanspruch aus §§ 1, 3 BUrlG gemäß §§ 7 Abs. 3 S. 2 und 3 BUrlG nicht verfristet. Der anlässlich der Beendigung des Arbeitsverhältnisses am 1.2.2016 entstandene Abgeltungsanspruch fällt als Geldanspruch in die Erbmasse des A und geht im Wege der Universalsukzession i.S.d. § 1922 BGB auf den Alleinerben C über (jetzt auch BAG v. 22.9.2015 – 9 AZR 170/14, NZA 2016, 37; a.A. noch BAG v. 9.11.1996 – 9 AZR 376/95, NZA 1997, 879). 2259

Schwieriger ist **Beispiel 2** zu beurteilen. Nach früherer Rechtsprechung **des BAG**, die auch nach der Entscheidung des EuGH in der Rechtssache „Schultz-Hoff" aufrecht gehalten wurde, erlischt mit dem Tode des Arbeitnehmers nicht nur dessen Urlaubsanspruch, sondern auch der Anspruch auf Abgeltung noch nicht in Anspruch genommenen Urlaubs (BAG v. 20.9.2011 – 9 AZR 416/10, NZA 2012, 326; BAG v. 12.3.2013 – 9 AZR 532/11, NZA 2013, 678). Hiernach setzt § 7 Abs. 4 BUrlG voraus, dass das Arbeitsverhältnis nicht durch den Tod des – an sich – urlaubsberechtigten Arbeitnehmers endet. Gegengerichtet hat der **EuGH in der Rechtssache** „Bollacke" entschieden: Der Anspruch auf bezahlten Jahresurlaub sei praktisch nur wirksam, wenn er vom Tod als „unwägbares, weder vom Arbeitnehmer noch vom Arbeitgeber beherrschbares Vorkommnis" unabhängig sei (EuGH v. 12.6.2014 – C-118/13 „Bollacke", NZA 2014, 651, Rz. 25). Die Entscheidung des EuGH in der Rechtssache „Bollacke" antizipierte das LAG Hamm durch Rückgriff auf die Linie des EuGH in der Rechtssache „Schultz-Hoff" bereits am 22.4.2010: 2260

„Mit Verweis darauf, dass nach der Vorabentscheidung des Europäischen Gerichtshofes die Abgeltung nicht mehr als Surrogat zu verstehen sei, wird dementsprechend auch die Konsequenz gezogen, dass mit dem Tod des Arbeitnehmers den Erben ein Abgeltungsanspruch einzuräumen sei. [...] Freilich hat der Europäische Gerichtshof das Bestehen eines Abgeltungsanspruchs gerade damit begründet, Art. 7 Abs. 1 der Richtlinie 2009/88/EG dem Gesundheitsschutz des Arbeitnehmers dient und deshalb seine Bedeutung nicht verliert, weil die positive Wirkung des bezahlten Jahresurlaubs durch eine Ruhezeit verwirklicht werden kann, die zu einem späteren Zeitpunkt genommen wird (EuGH vom 20.1.2009, a.a.O., Rz. 30). **Dieser Zweck ist mit dem Tod des Arbeitnehmers nicht mehr zu verwirklichen.** [...] Jedoch sind auch andere Fälle denkbar, bei denen mit Beendigung des Arbeitsverhältnisses der Zweck des Gesundheitsschutzes seine Bedeutung verliert, z.B. bei Eintritt in den Ruhestand. Die Gebote der Rechtssicherheit und Rechtsklarheit verbieten es, für jede einzelne Fallgestaltung eine erneute Auslegung des § 7 Abs. 4 BUrlG unter Beachtung der europäischen Vorgaben vorzunehmen. [...] Schließlich steht auch die weitere Besonderheit, dass der verstorbene Arbeitnehmer zum Zeitpunkt seines Todes einen Geldleistungsanspruch nicht besessen hat, der Vererblichkeit des Urlaubsabgeltungsanspruchs nicht entgegen. Dieser entsteht, da die Urlaubsabgeltung das Ende des Arbeitsverhältnisses voraussetzt, erst mit dem Tod des Arbeitnehmers. Es handelt sich um einen noch nicht fertigen, im Werden begriffenen Anspruch." (LAG Hamm v. 22.4.2010 – 16 Sa 1502/09, NZA 2011, 106, 108)

Nunmehr hat auch das BAG eingelenkt und nach der auf den Vorlagebeschluss vom 18.10.2016 (- 9 AZR 196/16 (A)) erfolgten Entscheidung des EuGH in der Rechtssache „Bauer/Wilmeroth" (EuGH v. 6.11.2018 – C-569/16, NZA 2018, 1467) seine Rechtsprechung unionsrechtskonform angepasst. Der EuGH entschied dabei nochmals auf einer Linie mit „Bollacke", dass Urlaubsansprüche auf die Erben übergehen.

„Das Erlöschen des von einem Arbeitnehmer erworbenen Anspruchs auf bezahlten Jahresurlaub oder des im Fall der Beendigung des Arbeitsverhältnisses korrelierenden Anspruchs auf Zahlung einer finanziellen Vergütung für nicht genommenen Urlaub, ohne dass der Arbeitnehmer tatsächlich die Möglichkeit gehabt hätte, den Anspruch wahrzunehmen, würde das Recht auf bezahlten Jahresurlaub in seinem Wesensgehalt antasten. Daher erweist sich, wenn das Arbeitsverhältnis durch Tod des Arbeitnehmers geendet hat, ein finanzieller Ausgleich als unerlässlich, um die praktische Wirksamkeit des dem Arbeitneh-

mer zustehenden Anspruchs auf bezahlten Jahresurlaub sicherzustellen." (EuGH v. 6.11.2018 – C-569/16, NZA 2018, 1467 Rz. 49)

Mit Urteil vom 22.1.2019 legt das BAG fortan §§ 1, 7 Abs. 4 BUrlG richtlinienkonform dahingehend aus, dass der Resturlaub auch dann abzugelten sei, wenn das Arbeitsverhältnis durch den Tod des Erblassers ende. Den Erben stehe daher ein Anspruch auf Zahlung des vom Erblasser nicht genommenen Urlaubs aus § 1922 Abs. 1 i.V.m. § 7 Abs. 4 BUrlG zu (BAG v. 22.1.2019 – 9 AZR 45/16, NZA 2019, 829).

2261 Damit ist **festzuhalten:** Nach aktuellem Stand ist § 7 Abs. 4 BUrlG auch einschlägig, wenn das Arbeitsverhältnis durch Tod des Arbeitnehmers endet. In Beispiel 2 kann C von B Abgeltung des dem A im Jahr 2015 nicht gewährten Urlaubs verlangen.

2262 Hat der Arbeitnehmer nach seinem Ausscheiden erfolglos von seinem früheren Arbeitgeber Urlaubsabgeltung verlangt, sodass deshalb ein Schadensersatzanspruch wegen zu vertretender Unmöglichkeit gemäß § 280 Abs. 1 und 3, § 283 BGB besteht, kann dieser auf die Erben übergehen, wenn der Arbeitnehmer nach Entstehung, aber vor Erfüllung dieses Anspruchs stirbt (BAG v. 19.11.1996 – 9 AZR 376/95, NJW 1997, 2343). Der Schadensersatzanspruch wegen schuldhafter Nichtgewährung des Urlaubsanspruchs unterliegt der dreijährigen Verjährungsfrist der §§ 195, 199 BGB (BAG v. 11.4.2006 – 9 AZR 523/05, AP Nr. 28 zu § 7 BurlG Übertragung). In dessen Rahmen sind die Anforderungen, die in den Entscheidungen des EuGH in der Rechtssache „King", „Kreuziger" und „Shimizu" an die Pflicht des Arbeitgebers zur initiativen Urlaubsgewährleistung aufgestellt wurden, zu berücksichtigen (Rz. 2245).

VI. Urlaubsentgelt

1. Begriff und Fälligkeit des Urlaubsentgelts

2263 Das Urlaubsentgelt ist der **gewöhnliche Arbeitslohn**, den der Arbeitnehmer während des Urlaubs zu beanspruchen hat (vgl. BAG v. 24.10.1989 – 8 AZR 5/89, NZA 1990, 250).

Hinweis: Nach Auffassung des EuGH stehen Urlaubsgewährungs- und Urlaubsentgeltanspruch nicht getrennt nebeneinander, sondern sind zwei Teile eines **einheitlichen Urlaubsanspruchs**, die – bildhaft gesprochen – „Hand in Hand" gehen (vgl. EuGH v. 26.6.2001 – C-173/99 „BECTU", NZA 2001, 827).

2264 Vom Urlaubsentgelt zu unterscheiden ist das **Urlaubsgeld**. Hierbei handelt es sich um eine **zusätzliche Leistung** des Arbeitgebers. Das Urlaubsgeld wird dem Arbeitnehmer über das Urlaubsentgelt hinaus als Zuschuss für die erhöhten Aufwendungen, die ihm während des Urlaubs entstehen, gezahlt (vgl. BAG v. 23.4.1996 – 9 AZR 696/94, NZA 1997, 160). Ein gesetzlicher Anspruch auf Urlaubsgeld besteht nicht. Vielfach kann der Arbeitnehmer diese zusätzliche Vergütung anlässlich des Urlaubs jedoch aufgrund von Tarifverträgen, Betriebsvereinbarungen oder Einzelarbeitsverträgen beanspruchen. Solche kollektiv- und einzelvertraglichen Vereinbarungen regeln zugleich die Höhe des Urlaubsgelds und die näheren Modalitäten der Auszahlung.

2265 Gemäß § 11 Abs. 2 BUrlG ist das Urlaubsentgelt **vor Antritt des Urlaubs** auszuzahlen. Die Vorschrift regelt damit eine Abweichung von § 614 BGB. Nach dieser Norm ist die Vergütung nach Erbringung der Leistung der Dienste zu entrichten.

2. Höhe des Urlaubsentgelts

2266 Die Höhe des Urlaubsentgelts bemisst sich grundsätzlich gemäß § 11 Abs. 1 S. 1 BUrlG nach dem **durchschnittlichen Arbeitsverdienst**, den der **Arbeitnehmer in den letzten dreizehn Wochen** vor Beginn des Urlaubs erhalten hat, sog. modifiziertes Referenzperiodensystem. Zu berücksichtigen sind alle Vergütungsbestandteile, die der Arbeitnehmer im fraglichen Referenzzeitraum (zumindest auch) als Gegenleistung für seine Tätigkeit erhalten hat (vgl. EuGH v. 22.5.2014 – C-539/12 „Z. J. R. Lock",

NZA 2014, 593; im Einzelnen ErfK/*Gallner* § 11 BUrlG Rz. 6 ff.). Bei der Berechnung der konkreten Höhe des Urlaubsentgelts ist zunächst der durchschnittliche Arbeitsverdienst der letzten dreizehn Wochen auf den Tagesverdienst des Arbeitnehmers in diesem Zeitraum umzurechnen. Hierzu wird der Verdienst der letzten dreizehn Wochen durch die Anzahl der Tage geteilt, an denen der Arbeitnehmer regelmäßig zur Arbeit verpflichtet war. Dabei fließen gesetzliche Feiertage und Krankheitstage in die Berechnung mit ein und werden nicht abgezogen. Der ermittelte Tagesverdienst wird danach mit der Anzahl der Urlaubstage multipliziert.

Beispiel für die Berechnung des Urlaubsentgelts: Der Arbeitnehmer hat eine „Fünf-Tage-Arbeitswoche". Wenn er nun 10 Urlaubstage in Anspruch nimmt und in den letzten dreizehn Wochen einen durchschnittlichen Arbeitsverdienst von 6.000 Euro hatte, wird das Urlaubsentgelt folgendermaßen berechnet: 6.000 Euro: 65 Werktage × 10 Werktage Urlaub = 923,08 Euro.

Nach § 11 Abs. 1 S. 2 BUrlG ist bei **Verdiensterhöhungen**, die nicht nur vorübergehender Natur sind und während des Berechnungszeitraums oder des Urlaubs eintreten, von dem höheren Verdienst auszugehen. **Verdienstkürzungen**, die im Berechnungszeitraum infolge Kurzarbeit (vgl. EuGH v. 13.12.2018 – C-385/17, NZA 2019, 47), Arbeitsausfällen oder unverschuldeter Arbeitsversäumnis eintreten, sind hingegen nach § 11 Abs. 1 S. 3 BUrlG nicht zu berücksichtigen. Allerdings sind Überstunden, die der Arbeitnehmer im Urlaubszeitraum tatsächlich geleistet hätte, ohne Zuschläge einzubeziehen (BAG v. 9.11.1999 – 9 AZR 771/98, NZA 2000, 1335). 2267

Der Arbeitsverdienst, den der Arbeitgeber zusätzlich für Überstunden erhalten hat, ist gemäß § 11 Abs. 1 S. 1 a.E. BUrlG bei der Berechnung des Arbeitsentgelts ebenfalls **nicht** zu berücksichtigen. Allerdings bezieht sich die **Pflicht zur Fortzahlung des Entgelts** nach §§ 1 BUrlG, 611a Abs. 2 BGB auch auf die **Überstunden**, die der Arbeitnehmer ohne Arbeitsbefreiung **während des Urlaubszeitraums verrichtet hätte**. Die Höhe des Entgelts für diese Arbeitszeit ist entsprechend § 11 Abs. 1 S. 1 BUrlG nach dem durchschnittlichen Arbeitsverdienst bemessen, das der Arbeitnehmer in den letzten 13 Wochen vor Beginn des Urlaubs – ohne den in diesem Zeitraum für geleistete Überstunden bezogenen Verdienst – erhalten hat (BAG v. 9.11.1999 – 9 AZR 771/98, NZA 2000, 1335). 2268

Die **Tarifvertragsparteien** dürfen nach § 13 Abs. 1 S. 1 BUrlG für die Bemessung des Urlaubsentgeltes, anders als in § 11 Abs. 1 S. 1 BUrlG vorgesehen, den **konkreten Lohnausfall** heranziehen (sog. Lohnausfallprinzip). **Ebenso** dürfen sie regeln, das Urlaubsentgelt nach dem Durchschnitt der letzten vor der Urlaubsgewährung abgerechneten **zwölf Kalendermonate** zu bemessen. Das gilt auch für den gesetzlichen Mindesturlaub (BAG v. 3.12.2002 – 9 AZR 535/01, NZA 2003, 1219). 2269

§ 48
Entgeltfortzahlung an Feiertagen

Literatur: *Marschner*, Feiertage, AR-Blattei SD 710; *Raab*, Entgeltfortzahlung an arbeitsunfähig erkrankte Arbeitnehmer an Feiertagen nach der Neuregelung des EFZG, NZA 1997, 1144.

Prüfungsschema: Anspruch auf Lohnzahlung aus § 611a Abs. 2 BGB i.V.m. § 2 Abs. 1 EFZG 2270

☐ Entstehen des Anspruchs

  ☐ Abschluss eines Arbeitsvertrags

  ☐ Keine Beendigung des Arbeitsverhältnisses (insb. durch Kündigung)

☐ Nichtleistung: Erlöschen des Anspruchs nach § 326 Abs. 1 S. 1 BGB „Ohne Arbeit kein Lohn"

  Ausnahme: Anspruchsgrundlage für „Lohn ohne Arbeit" hier: § 2 Abs. 1 EFZG

☐ Anspruchsvoraussetzungen

☐ Bestehen eines Arbeitsverhältnisses (Rz. 2274)

☐ Arbeitsausfall infolge eines gesetzlichen Feiertags (Rz. 2276)

☐ Ausschluss des Anspruchs nach § 2 Abs. 3 EFZG (Rz. 2291)

☐ Rechtsfolge

I. Allgemeines

2271 Die Entgeltfortzahlung an gesetzlichen Feiertagen ist seit dem 1.6.1994 im Entgeltfortzahlungsgesetz geregelt. Nach **§ 2 Abs. 1 EFZG** haben Arbeitnehmer, deren Arbeitspflicht infolge eines gesetzlichen Feiertags ausfällt, gegen den Arbeitgeber einen Anspruch auf Entgeltfortzahlung. Die Vorschrift stellt eine Ausnahme zu dem Grundsatz „Ohne Arbeit kein Lohn" (§ 326 Abs. 1 BGB) dar, da sie dem Arbeitnehmer einen Lohnanspruch gibt, obwohl er seine Arbeitsleistung nicht erbringen muss.

2272 Das Entgeltfortzahlungsgesetz regelt gemäß § 1 Abs. 1 EFZG in erster Linie Entgeltfortzahlungsansprüche von **Arbeitnehmern**. Nach der Vorschrift des § 1 Abs. 2 EFZG gehören zu den Arbeitnehmern i.S.d. Entgeltfortzahlungsgesetzes Arbeiter und Angestellte sowie die zu ihrer Berufsbildung Beschäftigten. Das Gesetz definiert den Begriff des Arbeitnehmers somit nicht. Es geht vielmehr vom Bestehen eines allgemeinen Arbeitnehmerbegriffs aus. Aus diesem Grund ist bei der Anwendung der Vorschriften des EFZG nach den allgemeinen Regeln festzustellen, ob ein Beschäftigter Arbeitnehmer ist (Rz. 152).

2273 Neben den Ansprüchen der Arbeitnehmer sind auch die Ansprüche der **Heimarbeiter und ihnen gleichgestellten Beschäftigten** im Entgeltfortzahlungsgesetz geregelt. Ihr Vergütungsanspruch an gesetzlichen Feiertagen, der sich abweichend von dem der Arbeitnehmer berechnet, ist in § 11 EFZG bestimmt.

II. Anspruchsvoraussetzungen des § 2 Abs. 1 EFZG

1. Bestehen eines Arbeitsverhältnisses

2274 Erste Voraussetzung für den Anspruch auf Zahlung des Arbeitsentgelts an einem gesetzlichen Feiertag ist zunächst das Bestehen eines Arbeitsverhältnisses an diesem Tag. Dabei muss das Arbeitsverhältnis nicht notwendigerweise wirksam begründet worden sein. Dem wirksam begründeten Arbeitsverhältnis steht das sog. **faktische Arbeitsverhältnis** (Rz. 962) gleich.

2275 Ohne Bedeutung für das Bestehen eines Anspruchs auf Feiertagsvergütung sind Art und Dauer des Arbeitsverhältnisses. Die Vorschrift findet auch auf **befristete Arbeitsverhältnisse** Anwendung, soweit der Feiertag innerhalb der befristeten Dauer liegt. Bei einer **Teilzeitbeschäftigung** kommt es darauf an, ob für den Arbeitnehmer an dem Feiertag eine Verpflichtung zur Erbringung seiner Arbeitsleistung bestanden hätte und diese Arbeitszeit infolge der Feiertagsruhe ausgefallen ist.

2. Arbeitsausfall infolge eines gesetzlichen Feiertags

2276 Weiter muss die Arbeit **infolge** eines **gesetzlichen Feiertags** ausgefallen sein.

a) Gesetzlicher Feiertag

Der Begriff des Feiertags wird weder im Entgeltfortzahlungsgesetz noch in anderen arbeitsrechtlichen Gesetzen definiert. Nach **allgemeinem Sprachgebrauch** handelt es sich bei einem Feiertag um einen jährlich wiederkehrenden kirchlichen oder weltlichen Gedenktag, an dem nicht gearbeitet wird. 2277

Ein Anspruch auf Feiertagsvergütung gemäß § 2 Abs. 1 EFZG besteht allerdings nur an **gesetzlichen Feiertagen**. Das Recht zur Festlegung gesetzlicher Feiertage fällt gemäß **Art. 70 Abs. 1 GG** in die **Gesetzgebungskompetenz der Bundesländer**, soweit das Grundgesetz nicht dem Bund Gesetzgebungsbefugnisse verleiht. Eine solche Gesetzgebungskompetenz des Bundes kann sich aus der Natur der Sache ergeben. Dies war zum Beispiel bei der Bestimmung des Tages der Deutschen Einheit am 3. Oktober als bundesgesetzlicher Feiertag der Fall (Art. 2 Abs. 2 EV). In den einzelnen Bundesländern gibt es zum Teil übereinstimmende und zum Teil unterschiedliche Feiertagsregelungen. 2278

Beispiele für gesetzliche Feiertage in den einzelnen Bundesländern:
- In allen Bundesländern gelten als gesetzliche Feiertage Neujahr, Karfreitag, Ostermontag, 1. Mai, Christi Himmelfahrt, Pfingstmontag, 1. und 2. Weihnachtstag.
- Der Tag der Heiligen Drei Könige ist lediglich in Baden-Württemberg, Bayern und Sachsen-Anhalt als gesetzlicher Feiertag anerkannt.

Von den gesetzlichen Feiertagen zu unterscheiden sind **rein kirchliche Feiertage und** sog. **Brauchtumstage**. An diesen Tagen ist der Arbeitnehmer grundsätzlich zur Arbeitsleistung verpflichtet. Für religionsangehörige Arbeitnehmer bestehen jedoch regelmäßig an kirchlichen Feiertagen bzw. für den an diesen Tagen stattfindenden Gottesdienst **Freistellungsansprüche** nach Maßgabe der einzelnen Landesgesetze (z.B. § 8 FeiertG NW 1989). Ein Lohnanspruch wird für die Zeit der Freistellung jedoch nicht begründet. Kein gesetzlicher Feiertag ist der 24. Dezember: 2279

„*Auch allgemeine Grundsätze des einschlägigen staatlichen Rechts stehen der Auslegung des Senats nicht entgegen. Der Senat verkennt nicht, dass in der BR Deutschland der 24.12. (Heiliger Abend) zumindest ab Mittag meist arbeitsfrei gehalten und insbesondere von den Nachmittagsstunden an in religiöser, familiärer und das Arbeitsleben betreffender Beziehung wie ein Feiertag angesehen wird. In der staatlichen Rechtsordnung hat das jedoch keinen Niederschlag gefunden. Sie betrachtet den 24.12. vielmehr gleichwohl als Werktag. So sieht das vorliegende in Betracht kommende bayerische Gesetz über den Schutz der Sonn- und Feiertage (FTG) vom 21.5.1980 zwar in Übereinstimmung mit den entsprechenden Gesetzen der übrigen Bundesländer die beiden Weihnachtsfeiertage als gesetzliche Feiertage vor (Art. 1) nicht aber den 24.12. (Heiliger Abend).*" (BAG v. 30.5.1984 – 4 AZR 512/81, NZA 1984, 300)

Befinden sich Wohnort und Arbeitsstätte eines Arbeitnehmers in verschiedenen Bundesländern, so ist für den Anspruch nach § 2 Abs. 1 EFZG das **Feiertagsrecht des Arbeitsorts** maßgebend. 2280

b) Arbeitsausfall

Der Entgeltzahlungsanspruch des Arbeitnehmers an einem gesetzlichen Feiertag richtet sich nur dann nach § 2 Abs. 1 EFZG, wenn seine Arbeit an dem gesetzlichen Feiertag tatsächlich ausgefallen ist. Aufgrund des in **§ 9 Abs. 1 ArbZG** normierten **Beschäftigungsverbots** wird ein Arbeitsausfall regelmäßig gegeben sein. Nach dieser Vorschrift dürfen Arbeitnehmer an gesetzlichen Feiertagen von 0 bis 24 Uhr nicht beschäftigt werden. Arbeitet der Arbeitnehmer ausnahmsweise an einem gesetzlichen Feiertag, richtet sich sein Vergütungsanspruch nicht nach § 2 Abs. 1 EFZG, sondern nach § 611a Abs. 2 BGB (LAG Rheinland-Pfalz v. 26.4.2018 – 2 Sa 39/17, BeckRS 2018, 19032). Daneben ist die Zahlung tarif- oder einzelvertraglich vereinbarter Feiertagszuschläge möglich. 2281

c) Kausalität

Dem Arbeitnehmer steht ein Anspruch auf Feiertagsvergütung nach § 2 Abs. 1 EFZG nur zu, wenn die Arbeitszeit „**infolge**" eines gesetzlichen Feiertags ausgefallen ist. Der Feiertag muss nach dem 2282

Wortlaut des Gesetzes die **alleinige Ursache** für den Arbeitsausfall sein. Von diesem Erfordernis einer **Monokausalität** kann durch Tarifvertrag nicht zuungunsten des Arbeitnehmers abgewichen werden (BAG v. 15.5.2013 – 5 AZR 139/12, NZA 2013, 974). Allerdings sind ebenso Regelungen zulässig, die nicht stets günstiger, sondern als ambivalent oder neutral zu bewerten sind (siehe dazu BAG v. 6.12.2017 – 5 AZR 118/17, NZA 2018, 597). In den Fällen, in denen der Ausfall der Arbeit nicht nur auf dem gesetzlichen Feiertag beruht, sondern noch auf einer anderen Ursache, stellt sich die Frage, ob dem Arbeitnehmer gleichwohl ein Anspruch auf Feiertagsvergütung nach § 2 Abs. 1 EFZG zusteht. Der Gesetzgeber hat dieses Problem teilweise durch ausdrückliche Regelungen gelöst; im Übrigen existiert für die Fälle der Mehrfachkausalität eine umfangreiche Kasuistik:

2283 Ist der Arbeitnehmer an einem gesetzlichen Feiertag **arbeitsunfähig erkrankt**, beruht der Arbeitsausfall auf zwei Gründen. Der Gesetzgeber hat den Konflikt, nach welcher Vorschrift der Arbeitnehmer in einem solchen Fall eine Vergütung erhält, in § 4 Abs. 2 EFZG gelöst. Danach ist der Arbeitgeber gemäß § 3 Abs. 1 EFZG wegen Erkrankung zur Entgeltfortzahlung verpflichtet. Die Höhe der Vergütung richtet sich jedoch nach § 2 EFZG, also nach der Höhe der Feiertagsvergütung.

2284 Fällt ein gesetzlicher Feiertag in die Zeit des **bezahlten Erholungsurlaubs**, fehlt es regelmäßig an der alleinigen Ursächlichkeit der Feiertagsruhe für den Arbeitsausfall. Nach § 3 Abs. 2 BUrlG wird ein gesetzlicher Feiertag nicht auf den Urlaubsanspruch angerechnet. Aus diesem Grund steht dem Arbeitnehmer in diesem Fall ein Anspruch auf Feiertagsvergütung nach § 2 Abs. 1 EFZG zu. Gegenteiliges gilt, wenn der Arbeitnehmer ausnahmsweise verpflichtet gewesen wäre, an dem gesetzlichen Feiertag zu arbeiten. Dann ist nicht § 2 Abs. 1 EFZG, sondern § 1 BUrlG einschlägig.

2285 Während des **unbezahlten Urlaubs** bzw. des vereinbarten **Ruhens des Arbeitsverhältnisses** steht dem Arbeitnehmer grundsätzlich kein Anspruch auf Feiertagsvergütung nach § 2 Abs. 1 EFZG zu. Ursächlich für den Arbeitsausfall ist nicht der Feiertag, sondern das Ruhen des Arbeitsverhältnisses während des unbezahlten Urlaubs. Durch eine Vertragsgestaltung, die das Ruhen des Arbeitsverhältnisses während bestimmter Zeiträume anordnet, wird § 2 EFZG nicht umgangen (BAG v. 10.1.2007 – 5 AZR 84/06, NZA 2007, 384).

2286 Mehrere Ursachen für den Arbeitsausfall liegen des Weiteren vor, wenn der gesetzliche Feiertag in eine rechtmäßig eingeführte **Kurzarbeitsperiode** fällt. Nach der Vorschrift des § 2 Abs. 2 EFZG gilt die Arbeitszeit, die an einem gesetzlichen Feiertag gleichzeitig infolge Kurzarbeit ausfällt, als infolge des Feiertags nach § 2 Abs. 1 EFZG ausgefallen. Dies hat zur Folge, dass den Arbeitnehmern ein Anspruch auf Feiertagsvergütung nach der vorgenannten Vorschrift zusteht. Allerdings können sie eine **Vergütung nur in Höhe** des Betrags verlangen, der von der Bundesagentur für Arbeit als **Kurzarbeitergeld** gezahlt würde (hierzu BAG v. 20.7.1982 – 1 AZR 404/80, NJW 1983, 2901, ausführlich zur Kurzarbeit Rz. 1132); zur Monokausalität bei Schichtarbeit siehe BAG v. 24.9.2015 – 6 AZR 510/14, NZA-RR 2016, 45).

2287 Fällt ein gesetzlicher Feiertag in die Zeit eines **Streiks**, so ist der Arbeitsausfall an diesem Feiertag durch den Arbeitskampf und nicht durch die Feiertagsruhe verursacht worden. Ein Anspruch auf Feiertagsvergütung nach § 2 Abs. 1 EFZG besteht nicht. Die Arbeitsleistung fällt dagegen infolge des Feiertags aus, wenn der Arbeitskampf unmittelbar vor dem Feiertag **endet** oder sich unmittelbar an ihn **anschließt**:

„Nach der ständigen Rechtsprechung des BAG ist die Arbeit nur dann im Sinne der Vorschrift ‚infolge' eines gesetzlichen Feiertags ausgefallen, wenn der Feiertag alleinige Ursache für den Arbeitsausfall gewesen ist. Dagegen entsteht der Anspruch nicht, wenn die Arbeit aus anderen Gründen ausgefallen ist, z.B. wegen eines Arbeitskampfs. Fällt ein gesetzlicher Feiertag in die Zeit eines Streiks, so ist der Arbeitsausfall an diesem Feiertag durch den Arbeitskampf verursacht, ein Anspruch auf Feiertagslohnzahlung besteht nicht. Andererseits muss Feiertagslohn gezahlt werden, wenn der Arbeitskampf unmittelbar vor dem Feiertag endet oder sich unmittelbar an ihn anschließt. In beiden Fällen ist als einzige Ursache für den Arbeitsausfall der gesetzliche Feiertag anzusehen." (BAG v. 1.3.1995 – 1 AZR 786/94, NZA 1995, 996)

Wird der Streik **ausschließlich für einen gesetzlichen Feiertag** ausgesetzt, liegt keine Beendigung des Arbeitskampfs vor. Ein Anspruch auf Feiertagsvergütung wird nicht begründet (vgl. BAG v. 1.3.1995 – 1 AZR 786/94, NZA 1995, 996). Etwas anderes soll nach der Rechtsprechung des BAG lediglich dann gelten, wenn der Streik am Tag vor dem gesetzlichen Feiertag beendet und **erst am übernächsten Tag** nach der Feiertagsruhe fortgesetzt wird (BAG v. 11.5.1993 – 1 AZR 649/92, NZA 1993, 809). Der Arbeitskampf wird grundsätzlich durch die Wiederaufnahme der Arbeit durch die Arbeitnehmer beendet. Ausreichend ist auch eine Beendigungserklärung der streikbeteiligten Gewerkschaft oder der streikbeteiligten Arbeitnehmer gegenüber dem Arbeitgeber. Eine Mitteilung über die Medien kann eine solche Erklärung nur ersetzen, wenn der Arbeitgeber hiervon vor dem Feiertag Kenntnis erlangt und die Erklärung hinreichend bestimmt ist (vgl. BAG v. 23.10.1996 – 1 AZR 269/96, NZA 1997, 397). Soweit der Arbeitgeber **arbeitswillige Arbeitnehmer**, die sich nicht an dem Streik beteiligen, während der Arbeitskampftage beschäftigt, besteht der Anspruch auf Feiertagsvergütung ohne die vorbezeichneten Ausnahmen. Kommt es hingegen aufgrund des Arbeitskampfs zu einer vorübergehenden **Stilllegung des Betriebs oder ganzer Betriebsteile**, sodass eine Beschäftigung der arbeitswilligen Arbeitnehmer auch mit Hilfe entsprechender Umorganisation für den Arbeitgeber nicht zumutbar ist, stellt der Arbeitskampf die alleinige Ursache für den Arbeitsausfall dar. Ein Anspruch auf Feiertagsvergütung gemäß § 2 Abs. 1 EFZG besteht in diesem Fall auch für arbeitswillige Arbeitnehmer nicht.

2288

III. Höhe der Feiertagsvergütung

Nach § 2 Abs. 1 EFZG erhält der Arbeitnehmer für den gesetzlichen Feiertag das Entgelt, das er ohne den Arbeitsausfall erhalten hätte. Wie beim Anspruch auf Entgeltfortzahlung im Krankheitsfall (Rz. 2188) hat der Arbeitnehmer einen Anspruch auf **100 % des Lohns**, der ihm ohne den Arbeitsausfall an dem gesetzlichen Feiertag zugestanden hätte. Die Höhe der Feiertagsvergütung wird nach dem sog. Lohnausfallprinzip errechnet (BAG v. 11.5.1993 – 1 AZR 649/92, NZA 1993, 809).

2289

Erhält der Arbeitnehmer einen **stets gleichbleibenden Monatslohn**, so kommt der Arbeitgeber seiner Verpflichtung zur Zahlung einer Feiertagsvergütung schon dadurch nach, dass er das monatliche Entgelt unverändert zahlt. Bei einem **variablen Entgelt** des Arbeitnehmers ist zu ermitteln, wie viel Arbeitszeit (Zeitfaktor) an dem gesetzlichen Feiertag ausgefallen ist und mit welchem Stundenlohn (Geldfaktor) die einzelnen ausgefallenen Stunden zu vergüten sind. Als Geldfaktor ist jedenfalls der gesetzliche Mindestlohn nach § 1 Abs. 1, Abs. 2 MiLoG einzustellen (BAG v. 20.9.2017 – 10 AZR 171/16, NZA 2018, 53 Rz. 24; BAG v. 15.5.2015 – 10 AZR 335/14, AP Nr. 16 zu § 2 EFZG). Die Höhe der Feiertagsvergütung ergibt sich aus der Multiplikation von Zeit- und Geldfaktor. Wären an dem Feiertag **Überstunden** zu leisten gewesen, so sind auch diese bei dem Entgelt, das für den gesetzlichen Feiertag zu zahlen ist, zu berücksichtigen.

2290

IV. Ausschluss des Anspruchs

Der Anspruch auf Feiertagsvergütung ist nach **§ 2 Abs. 3 EFZG** ausgeschlossen, wenn der Arbeitnehmer am letzten Tag vor oder am ersten Arbeitstag nach einem gesetzlichen Feiertag **unentschuldigt** der Arbeit **fernbleibt**. Diese Regelung soll der **eigenmächtigen Verlängerung der Feiertagsruhe** durch den Arbeitnehmer entgegenwirken.

2291

1. Ausschlussvoraussetzungen

Der Ausschluss des Anspruchs auf Feiertagsvergütung setzt gemäß § 2 Abs. 3 EFZG zunächst voraus, dass der Arbeitnehmer von der Arbeit fernbleibt. Ein **Fernbleiben** im Sinne der Vorschrift ist jedenfalls dann gegeben, wenn er einen **gesamten Arbeitstag** lang seiner Verpflichtung zur Erbringung der Arbeitsleistung nicht nachkommt. Darüber hinaus kann es aber auch ausreichen, wenn der Arbeitnehmer nur einen **Teil seiner Arbeitsleistung** versäumt. Maßgeblich ist, ob er an dem betreffenden Arbeitstag eine verhältnismäßig erhebliche Arbeitsleistung erbracht hat. Dies ist jedenfalls bei Erbrin-

2292

gung der Hälfte seiner geschuldeten Arbeitsleistung anzunehmen (vgl. hierzu BAG v. 28.10.1966 – 3 AZR 186/66, NJW 1967, 594).

2293 Weitere Voraussetzung des § 2 Abs. 3 EFZG ist das Fernbleiben des Arbeitnehmers am **letzten Arbeitstag vor** oder am **ersten Arbeitstag nach** dem gesetzlichen Feiertag. Dies setzt nicht zwingend voraus, dass Feiertag und Tag des Fehlens unmittelbar aneinander anschließen. Maßgeblich ist vielmehr der Tag, an dem in dem Betrieb zuletzt vor bzw. erstmals wieder nach dem gesetzlichen Feiertag gearbeitet wurde und an dem für den betreffenden Arbeitnehmer eine Arbeitspflicht bestand.

Beispiele für das Fernbleiben von der Arbeit nach § 2 Abs. 3 EFZG:
- Der Arbeitnehmer hat keinen Anspruch auf Feiertagsvergütung gemäß § 2 Abs. 1 EFZG, wenn er zwischen dem gesetzlichen Feiertag und dem unentschuldigten Fehltag einen Tag Urlaub hatte.
- Für einen Arbeitnehmer, für den eine Verpflichtung zur Arbeit am Karsamstag bestand, ist dieser Tag zugleich erster Arbeitstag nach (Karfreitag) und letzter Arbeitstag vor (Ostermontag) einem gesetzlichen Feiertag. Bleibt er am Karsamstag der Arbeit fern, steht ihm für beide Feiertage kein Anspruch auf Feiertagsvergütung gemäß § 2 Abs. 1 EFZG zu.
- Fällt ein Feiertag in die Zeit der Betriebsruhe, so ist ein Anspruch auf Feiertagslohn für sämtliche in dieser Zeit liegenden Feiertage gemäß § 2 Abs. 3 EFZG ausgeschlossen, wenn der Arbeitnehmer am letzten Tag vor oder am ersten Tag nach dieser Zeit unentschuldigt fehlt (vgl. BAG v. 6.4.1982 – 3 AZR 1036/79, DB 1982, 2194).

2294 Der Ausschlusstatbestand des § 2 Abs. 3 EFZG setzt weiter ein **unentschuldigtes Fernbleiben** des Arbeitnehmers von der Arbeit voraus. Die Beurteilung der Frage, ob den Arbeitnehmer an dem Arbeitsversäumnis ein Verschulden trifft, richtet sich nach der allgemeinen Vorschrift des **§ 276 Abs. 1 S. 1 BGB**. Darüber hinaus ist für einen Ausschluss der Feiertagsvergütung nach § 2 Abs. 3 EFZG das Vorliegen einer objektiven Vertragsverletzung erforderlich. Eine solche ist gegeben, wenn der Arbeitnehmer keinen arbeitsrechtlich anerkannten Grund für sein Fernbleiben hat. Ist hingegen ein objektiv anerkannter Grund gegeben und hat der Arbeitnehmer es lediglich unterlassen, den Arbeitgeber davon unverzüglich zu unterrichten, ist kein Ausschluss des Anspruchs auf Feiertagsvergütung gegeben.

2. Umfang des Ausschlusses

2295 Sind die tatbestandlichen Voraussetzungen des Anspruchsausschlusses erfüllt, entfällt der Anspruch auf Feiertagsvergütung für den **gesamten Feiertag**. Dies gilt auch dann, wenn der Arbeitnehmer nur einen Teil seiner Arbeitsleistung erbracht hat und dieses Teilversäumnis ein Fernbleiben i.S.d. § 2 Abs. 3 EFZG darstellt.

§ 49
Mutterschutz

Literatur: *Brose*, Die Reproduktionsmedizin und der Mutterschutz – Gedanken zu einem zeitgemäßen Mutterschutzrecht, NZA 2016, 604; *Buchner/Becker*, Mutterschutzgesetz und Bundeselterngeld- und Elternzeitgesetz, 8. Aufl. 2008; *Humberg*, Mutterschutzrechtlicher Sonderkündigungsschutz bei künstlicher Befruchtung, NJW 2015, 3410; *Joussen*, Das neue Mutterschutzgesetz, NZA 2002, 702; *Kittner*, § 9 MuSchG, § 16 BEEG – Prüfungsumfang und Entscheidung bei betrieblich veranlassten Kündigungen, NZA 2010, 198; *Lembke*, Mutterschutzlohn und Entgeltfortzahlung, NZA 1998, 349; *Nebe*, Das mutterschutzrechtliche Kündigungsverbot – Gemeinschaftsrechtliche Anforderungen an einen effektiven Rechtsschutz, EuZA 2010, 383; *Rancke* (Hrsg.), Mutterschutz, Elterngeld, Elternzeit, 4. Aufl. 2015; *v. Steinau-Steinrück/Mosch*, Schwangere Geschäftsführerin: Managerin oder Arbeitnehmerin?, NZA-Spezial 2011, 178; *Zmarzlik/Zipperer/Viethen/Vieß*, Mutterschutzgesetz, Mutterschaftsleistungen, 9. Aufl. 2006.

I. Allgemeines

Schutzvorschriften für Schwangere sowie Mütter kurz nach der Entbindung und während der Stillzeit finden sich im **Mutterschutzgesetz**. Die zur Umsetzung der Art. 4 bis 6 RL 92/85/EWG (Rz. 1507) erlassenen Verordnung zum Schutz der Mütter am Arbeitsplatz (MuSchArbV) vom 15.4.1997 wurde in das am 1.1.2018 in Kraft getretene MuSchG integriert. Das Gesetz wurde vor dem Hintergrund einer sich wandelnden Arbeitswelt und den Anforderungen an einen zeitgerechten Mutterschutz grundlegend reformiert. 2296

Soweit das Mutterschutzgesetz aufgrund des persönlichen Geltungsbereichs nach § 1 MuSchG für Beamtinnen und Soldatinnen nicht einschlägig ist, gelten die dem Mutterschutzgesetz entsprechenden jeweiligen Verordnungen des Bundes und der Länder über den Mutterschutz. 2297

II. Die Regelungen des MuSchG

1. Regelungsziel

Ziel des reformierten MuSchG ist die Schaffung eines Ausgleichs zwischen dem Gesundheitsschutz der schwangeren oder stillenden Frau einschließlich ihrer Kinder und der Wahrung einer selbstbestimmten Entscheidung über ihre Erwerbstätigkeit. Es handelt sich daher grundsätzlich um Gefahrenschutzregelungen, die auch in der ersten Zeit nach der Entbindung den **Schutz und die Gesundheit von Mutter und Kind** gewährleisten. Damit der (werdenden) Mutter jeder Anreiz genommen wird, trotz einer Gesundheitsgefährdung die Arbeit zu ihrem oder des Kindes Schaden fortzusetzen, wird ihr **Entgelt gesichert** (BAG v. 1.11.1995 – 5 AZR 273/94, NZA 1996, 377). Auch das **Kündigungsverbot** des § 17 MuSchG soll die (werdende) Mutter vor wirtschaftlichen Nachteilen durch den Verlust des Arbeitsplatzes schützen sowie vor den seelischen Belastungen, die mit dem Verlust des Arbeitsplatzes einhergehen können. Das reformierte Mutterschutzgesetz gliedert sich in einen allgemeinen Teil, Vorschriften über den Gesundheitsschutz, den Kündigungsschutz, Regelungen über Leistungen sowie Durchführungs- und Bußgeldvorschriften. 2298

2. Allgemeine Vorschriften

Eine wichtige Änderung umfasst den persönlichen Anwendungsbereich, der eine grundlegende Erweiterung erfuhr. Zur Sicherstellung eines einheitlichen Schutzniveaus wurde der Anwendungsbereich auf Schülerinnen, Studentinnen und Praktikantinnen erweitert. Auch wurden in **Umsetzung der Rechtsprechung des EuGH** in der Rechtssache „Danosa" (EuGH v. 11.11.2010 – C-232/09, NJW 2011, 2343) arbeitnehmerähnliche Frauen in den Anwendungsbereich des MuSchG mit einbezogen (§ 1 Abs. 2 S. 2 Nr. 7 MuSchG). Für die beschäftigten Frauen sind die Beschäftigungsverbote unabdingbar, wohingegen der erweiterte Personenkreis die Möglichkeit hat, unter den Bestimmungen und Voraussetzungen des Mutterschutzgesetzes auf bestimmte Schutzrechte zu verzichten. 2299

3. Vorschriften über den Gesundheitsschutz

a) Betrieblicher Gesundheitsschutz

Die mutterschutzrechtlichen Verpflichtungen des Arbeitgebers wurden grundlegend neu strukturiert. Die betrieblichen Anforderungen an die Gestaltung der Arbeitsbedingungen sind in § 9 MuSchG geregelt. Der Arbeitgeber muss neben den physischen Gefahren fortan ebenso die psychischen Gesundheitsrisiken berücksichtigen. Er wird angehalten, Gefahren möglichst zu vermeiden und einer im Gesetz erstmals eingeführten und definierten unverantwortbaren Gefährdung entgegenzuwirken (§ 9 Abs. 2 S. 2 MuSchG). Die Bestimmungen gehen als Spezialvorschriften über die Gebote der § 618 BGB, § 62 HGB hinaus, die jedoch als allgemeine Regelungen ebenfalls zu beachten sind. 2300

2301 Zum Schutz von Mutter und Kind bestimmt das MuSchG allgemeine Beschäftigungsverbote, die **schlechthin für jede werdende Mutter oder Wöchnerin** ohne Rücksicht auf ihren persönlichen Gesundheitszustand oder ihre körperliche Verfassung **gelten**. Das Gesetz differenziert zwischen betriebs- und zeitbezogenen Beschäftigungsverboten:

2302 – die **Beschäftigungsverbote mit bestimmten Tätigkeiten** gemäß § 11 MuSchG. Hiernach dürfen werdende Mütter auch außerhalb der Sechs-Wochen-Frist nicht mit schwerer körperlicher Arbeit und Arbeiten beschäftigt werden, bei denen sie schädlichen Immissionen, physikalischen Einwirkungen oder etwa einer belastenden Arbeitsumgebung ausgesetzt sind. Die Vorschrift verbietet insbesondere die Akkordarbeit, Fließarbeit und die getaktete Arbeit mit einem vorgegebenen Arbeitstempo.

– Für stillende Mütter gilt die parallel zu § 11 MuSchG ausgestaltete Regelung des § 12 MuSchG, die an die besonderen Gefahren für stillende Mütter angepasst ist.

– Voraussetzung für ein Beschäftigungsverbot ist stets das Vorliegen einer unverantwortbaren Gefährdung, die in § 9 Abs. 2 S. 2 MuSchG näher definiert wird.

b) Temporärer Gesundheitsschutz

2303 – Hierunter fallen **Beschäftigungsverbote während bestimmter Zeiten** gemäß § 3 Abs. 1 MuSchG (vor der Entbindung), § 3 Abs. 2 MuSchG (nach der Entbindung), § 7 Abs. 1 MuSchG (Regelungen für die Stillzeit) und § 5 Abs. 1, 2 (Verbot der Nachtarbeit). Ausnahmsweise ist gemäß § 5 Abs. 1 S. 2 MuSchG eine Beschäftigung ungeachtet einer spezifischen Tätigkeit auch zwischen 20 und 22 Uhr möglich, § 6 Abs. 1, 2 MuSchG (Sonn- und Feiertagsarbeitsverbot). § 6 S. 2 MuSchG enthält, anders als bisher in § 8 Abs. 4 MuSchG geregelt, Ausnahmen vom grundsätzlichen Verbot der Sonn- und Feiertagsarbeit für alle Berufsgruppen. Das Beschäftigungsverbot des § 3 Abs. 1 S. 1 MuSchG, nach dem Schwangere in den letzten sechs Wochen vor der Entbindung nicht beschäftigt werden dürfen, muss freilich nicht befolgt werden, wenn sich die Schwangere ausdrücklich zur Arbeitsleistung bereit erklärt, § 3 Abs. 1 S. 1 Hs. 2 MuSchG. Sie kann die Erklärung allerdings jederzeit widerrufen, § 3 Abs. 1 S. 2 MuSchG. Demgegenüber ist das Beschäftigungsverbot für den Zeitraum von acht Wochen – bei Früh- und Mehrlingsgeburten zwölf Wochen – nach der Entbindung gemäß § 3 Abs. 2 MuSchG zwingend.

2304 Für die **Berechnung der Zeit des Beschäftigungsverbots vor der Entbindung** ist grundsätzlich das ärztliche Zeugnis über den mutmaßlichen Tag der Entbindung maßgebend (§ 3 Abs. 1 S. 3 MuSchG). Irren sich der Arzt oder die Hebamme (die ebenfalls berechtigt ist, den Mutterpass auszufüllen, in dem der Termin festgehalten wird) über den Zeitpunkt der Entbindung, so verkürzt oder verlängert sich die Frist entsprechend (§ 3 Abs. 1 S. 4 MuSchG).

c) Ärztlicher Gesundheitsschutz

2305 Für einige Schwangerschaften reicht der allgemeine Schutz nach den oben genannten Beschäftigungsverboten nicht, um Gesundheit und Leben von Mutter und Kind ausreichend zu schützen. Daher bestimmt § 16 Abs. 1 MuSchG, dass werdende Mütter auch dann nicht beschäftigt werden dürfen, wenn das Leben oder die Gesundheit von Mutter oder Kind bei Fortdauer der Beschäftigung nach **ärztlichem Zeugnis** gefährdet ist.

2306 Das BAG hat in Bezug auf die Parallelvorschrift des früheren Mutterschutzgesetzes entschieden, dass der **Beweiswert** eines in einem **ärztlichen Attest** erteilten Beschäftigungsverbots sehr hoch, aber nicht unangreifbar sei (BAG v. 7.11.2006 – 5 AZR 883/06, DB 2008, 303; zum Beweiswert einer ärztlichen Arbeitsunfähigkeitsbescheinigung Rz. 2162). Dem Arbeitgeber, der ernsthafte Zweifel an der Richtigkeit der zugrunde liegenden Tatsachen hat, muss es möglich sein, sich mit rechtlichen Mitteln dagegen zu wehren. Er trägt jedoch das Risiko, das Gericht von der Unrichtigkeit des ärztlichen Beschäftigungsverbots überzeugen zu müssen (BAG v. 31.7.1996 – 5 AZR 474/95, NZA 1997, 29).

4. Entgeltsicherung

Die Wirksamkeit der allgemeinen tätigkeitsbezogenen und der individuellen Beschäftigungsverbote sichert das MuSchG durch eine **Fortzahlung bzw. Aufstockung** (z.B. wenn eine Schwangere wegen des Nachtarbeitsverbots auf einen Tagesarbeitsplatz umgesetzt wird und dadurch den Nachtarbeitszuschlag verliert) des Arbeitsentgelts nach § 18 MuSchG, **sog. Mutterschutzlohn**. Dadurch soll der Mutter jeder Anreiz genommen werden, aus Angst vor wirtschaftlichen Nachteilen entgegen den Verboten die Arbeit zu ihren und des Kindes Lasten fortzusetzen. Von der Entgeltzahlung nach § 18 MuSchG ist das **Mutterschaftsgeld** nach §§ 19, MuSchG, § 24i SGB V zu unterscheiden. Dieses wird für die Zeiten der Beschäftigungsverbote während der Schutzfristen des § 3 Abs.1, 2 MuSchG (Sechs-Wochen-Frist vor und Acht-Wochen-Frist nach der Entbindung) gezahlt. Das Entgelt nach § 18 MuSchG betrifft hingegen alle übrigen Zeiträume der Schwangerschaft, in denen die Arbeitnehmerin überhaupt nicht oder nur eingeschränkt wegen ihrer Schwangerschaft arbeiten kann. 2307

Der Arbeitgeber hat bei dem nach § 18 Abs. 1 MuSchG zu zahlenden **Mutterschutzlohn** das **durchschnittliche Arbeitsentgelt der letzten drei abgerechneten Kalendermonate** vor dem Eintritt der Schwangerschaft weiterzuzahlen. Einheitliche Vorgaben für die Bestimmung des Berechnungszeitraums und der Berechnungsmodalitäten enthält § 21 MuSchG. Bei der Berechnung des Entgelts bleiben Verdienstausfälle infolge von Kurzarbeit, Arbeitsausfällen oder unverschuldeter Arbeitsversäumung außer Betracht (§ 21 Abs. 2 Nr. 2 MuSchG). 2308

Die Fortzahlung nach § 18 MuSchG kommt jedoch nur in Betracht, wenn das **Beschäftigungsverbot** die **alleinige Ursache für die Nichterbringung der Arbeitsleistung** ist. Der Arbeitnehmerin müsste also ohne die Einwirkung des Beschäftigungsverbots ihr voller Lohnanspruch zustehen. Daher besteht auch während der Zeit eines Beschäftigungsverbots kein Anspruch auf Entgeltfortzahlung, wenn dieser infolge eines Arbeitskampfs oder wegen Kurzarbeit ganz oder teilweise wegfällt. Bleibt die Arbeitnehmerin wegen krankheitsbedingter Gründe der Arbeit fern (z.B. Beinbruch), hat sie nur Anspruch auf Entgelt nach dem Entgeltfortzahlungsgesetz (BAG v. 5.7.1995 – 5 AZR 135/94, NZA 1996, 137; Rz. 2114). 2309

Die Abgrenzungsprobleme bei sog. **Risikoschwangerschaften** hat nach Ansicht des BAG der Arzt zu lösen. Es obliegt ihm, festzustellen, ob eine nicht normal verlaufende Schwangerschaft Krankheitswert hat (dann Anspruch nach §§ 3 ff. EFZG) oder das Aussetzen der Arbeit nur zur Vermeidung von Gefahren für Mutter und Kind (§ 18 Abs. 1 MuSchG) erforderlich ist (kritisch hierzu *Lembke* NZA 1998, 349, 350). 2310

Beispiel für ein Beschäftigungsverbot nach § 16 Abs. 1 MuSchG: Die schwangere Arbeitnehmerin arbeitet in einem Kindergarten. Die Schwangerschaft verläuft komplikationslos. Allerdings hatte die Arbeitnehmerin noch nicht die Röteln, eine in der frühen Schwangerschaft für den Fötus sehr gefährliche Krankheit. Sie wurde zwar als Kind geimpft, ihr IgG-Antikörperwert ist jedoch sehr niedrig. Ihr Arzt befreit sie daher bis zur 20. Schwangerschaftswoche von der Arbeit.

Während der Schutzfristen vor und nach der Entbindung gemäß § 3 Abs. 1, 2 MuSchG erhalten Frauen **Mutterschaftsgeld** gemäß § 19 Abs. 1 MuSchG i.V.m. § 24i SGB V von den Trägern der gesetzlichen Krankenversicherung. Auch hier gilt, dass ein Anspruch auf Mutterschaftsgeld nicht besteht, wenn die oben genannten Beschäftigungsverbote nicht kausal sind für den Verdienstausfall (BAG v. 22.8.2012 – 5 AZR 652/11, DB 2012, 2945). Die Höhe des Mutterschaftsgelds richtet sich nach dem durchschnittlichen kalendertäglichen Arbeitsentgelt der letzten drei Monate vor Beginn der Schutzfrist (§ 24i Abs. 2 S. 1 SGB V). Allerdings ist es gemäß § 24i Abs. 2 S. 2 SGB V auf einen Höchstbetrag von 13,- Euro täglich begrenzt. 2311

2312 Die **Differenz zwischen** dem von den Trägern der Krankenversicherung zu zahlenden Mutterschaftsgeld von maximal **13,- Euro** täglich **und dem durchschnittlichen Nettoarbeitsentgelt hat der Arbeitgeber** gemäß § 24i Abs. 2 S. 6 SGB V, § 20 Abs. 1 MuSchG **zu zahlen**. Die Vorgängerregelung des § 11 MuSchG, die eine für den Arbeitgeber stark belastende Regelung enthielt, ist zunächst für **verfassungsgemäß** gehalten worden (BVerfG v. 23.4.1974 – 1 BvL 19/73, NJW 1974, 1461; BVerfG v. 3.7.1985 – 1 BvR 1428/82, BVerfGE 70, 242; BAG v. 1.11.1995 – 5 AZR 273/94, NZA 1996, 377). Das wurde damit begründet, dass die Kosten des Mutterschutzes trotz der Verpflichtung des Staates gemäß Art. 6 Abs. 4 GG zum Schutz und zur Fürsorge gegenüber jeder Mutter nicht ausschließlich vom Staat getragen werden müssten (kritisiert wurde die Entscheidung von *Buchner/Becker* § 11 MuSchG Rz. 5).

2313 Jedoch hatte das **BVerfG** im Jahr 2003 noch einmal über die Verfassungsmäßigkeit des Arbeitgeberzuschusses zu entscheiden und erklärte ihn zwar grundsätzlich für mit der Berufsfreiheit des Arbeitgebers vereinbar, allerdings leiste er in seiner konkreten Ausgestaltung der **Diskriminierung von Frauen im Arbeitsleben** Vorschub und stelle deswegen keine verfassungsmäßige Beschränkung der Berufsfreiheit dar. Denn objektive Folge der Zuschusspflicht des Arbeitgebers ist eine faktische Diskriminierung von Frauen am Arbeitsmarkt aufgrund der finanziellen Belastung des Arbeitgebers (BVerfG v. 18.11.2003 – 1 BvR 302/96, NZA 2004, 146). Das BVerfG gab dem Gesetzgeber auf, bis Ende 2005 eine verfassungskonforme Regelung zu schaffen, was in dem Gesetz über den Ausgleich von Arbeitgeberaufwendungen für Entgeltfortzahlung (AAG) vom 22.12.2005 (BGBl. I S. 3686) geschehen ist (vgl. **§ 1 Abs. 2 Nr. 2 AAG**). Danach haben jetzt alle Arbeitgeber, unabhängig von der Zahl der beschäftigten Arbeitnehmer, im Rahmen eines **Umlageverfahrens** Anspruch auf **Erstattung des vollen Arbeitsentgelts**, das für die Zeit der Beschäftigungsverbote gezahlt wurde. Bis zur Neufassung bestand eine solche Regelung nur für Kleinunternehmen mit nicht mehr als 20 Arbeitnehmern (§ 16 LFZG a.F.).

2314 **Entgelterhöhungen** sind auch zu berücksichtigen, wenn sie erst innerhalb der Schutzfristen und nicht bereits in den drei Monaten vorher wirksam werden. Nachdem das BAG § 14 Abs. 1 S. 2 MuSchG a.F – soweit die Norm dieser Grundaussage entgegenstand – wegen Unvereinbarkeit mit dem Grundsatz gleichen Entgelts für Männer und Frauen (Art. 141 EG, Richtlinie 75/117/EWG, jetzt Art. 157 AEUV) für nicht anwendbar erklärt hatte (BAG v. 31.7.1996 – 5 AZR 9/95, NZA 1996, 1205), erfolgte eine diesbezügliche gesetzliche Klarstellung durch die Einführung des § 14 Abs. 1 S. 3 MuSchG mit dem Gesetz zur Änderung des Mutterschutzgesetzes vom 20.12.1996. Zu **Jahressonderzahlungen** siehe Rz. 1376. Die Berechnung des Durchschnittsentgeltes bei dauerhaften Entgeltveränderungen wird fortan durch § 21 Abs. 4 MuSchG bestimmt. Eine abweichende Entgelthöhe ist sowohl im Berechnungszeitraum (Nr. 1) als auch bei einer Veränderung im Bezugszeitraum (Nr. 2) zu berücksichtigen.

2315 Für die **Berechnung des Zeitraums**, ab dem das Mutterschaftsgeld zu zahlen ist, ist wiederum das Zeugnis eines Arztes oder einer Hebamme über den mutmaßlichen Zeitpunkt der Niederkunft entscheidend (§ 24i Abs. 3 S. 4 SGB V).

5. Kündigungsschutz

2316 Nach § 17 Abs. 1 S. 1 MuSchG darf der Arbeitgeber der Arbeitnehmerin während der Schwangerschaft und bis vier Monate nach der Entbindung nicht kündigen (Rz. 2642). Dies soll die finanzielle Existenz der werdenden Mutter sichern und sie vor seelischen Belastungen schützen. Nach § 17 Abs. 2 S. 1 MuSchG kann die zuständige oberste Landesbehörde die Kündigung ausnahmsweise für zulässig erklären (BVerfG v. 3.7.1985 – 1 BvL 55/81, BVerfGE 70, 219). Mit Gesetz vom 20.12.1996 (BGBl. I S. 2110) hat der Gesetzgeber für den Fall dieser ohnehin nur ausnahmsweise zulässigen Kündigung einer Schwangeren bereits in § 9 Abs. 3 S. 2 MuSchG a.F. ein zwingendes Formerfordernis eingeführt. Nach § 17 Abs. 2 S. 2 MuSchG muss in der schriftlichen Kündigung auch der Kündigungsgrund angegeben werden. Dabei bezieht sich das Formerfordernis ebenso auf die Angabe der Kündigungsgründe (EuGH v. 22.2.2018 – C-103/16, NZA 2018, 432). Voraussetzung dafür, dass die oberste Landesbehörde eine solche Kündigung für zulässig erklärt, ist das Vorliegen eines „besonderen Grundes". Diesbezüglich ist es geboten, einen strengen Maßstab anzulegen, um die Erfüllung des Gesetzeszwecks zu gewährleisten. Denn die Arbeitnehmerin soll ein gesundes Kind zur Welt bringen können und nicht den Belastungen ausgesetzt sein, die mit einer Kündigung des Arbeitsplatzes einhergehen. Ein besonderer Grund kann demnach nur vorliegen, wenn außergewöhnliche Umstände das Zurücktreten dieses Interesses rechtfertigen. Da es sich bei dem Begriff um einen unbestimmten Rechtsbegriff handelt, unterliegt seine Anwendung der umfassenden Kontrolle durch die Verwaltungsgerichte (BVerwG v. 18.8.1977 – V C 8.77, BVerwGE 54, 276).

Beispiel für eine positive Zustimmungserteilung nach § 17 Abs. 2 S. 1 MuSchG:
- Der Betriebsteil, in dem die schwangere Arbeitnehmerin tätig ist, wird während ihrer Schwangerschaft stillgelegt (BAG v. 17.6.2003 – 2 AZR 404/02, AP Nr 35 zu § 9 MuSchG 1968)
- Betrugsverdacht zulasten des Arbeitgebers (VG München v. 9.7.2008 – M 18 K 08.2021, nicht veröffentlicht)

Der **Beginn der Schwangerschaft** i.S.d. § 17 MuSchG bestimmt sich grundsätzlich dergestalt, dass entsprechend § 15 Abs. 1 MuSchG von dem ärztlich festgestellten voraussichtlichen Tag der Entbindung um 280 Tage zurückgerechnet wird. Dies trägt den unionsrechtlichen Vorgaben durch die Richtlinie 92/85/EWG Rechnung, nach der zur Gewährleistung der Sicherheit und des Schutzes der Arbeitnehmerin von dem frühestmöglichen Zeitpunkt des Vorliegens einer Schwangerschaft auszugehen ist. Bei einer **In-Vitro-Fertilisation** kann für die Berechnung des Beginns der Schwangerschaft zum einen nicht auf dem Zeitpunkt der Nidation abgestellt werden, da sich die Frau wegen der Möglichkeit des Einfrierens befruchteter Eizellen ansonsten unter Umständen mehrere Jahre auf den besonderen Kündigungsschutz des § 17 MuSchG berufen könnte. Zum anderen ist auch eine Rückrechnung vom Geburtstermin um 280 Tage nicht geeignet, da bei einer In-Vitro-Fertilisation die Schwangerschaft weder vor noch nach dem Embryonentransfer beginnen kann. Für den Beginn der Schwangerschaft ist daher der Zeitpunkt der Verbindung einer befruchteten Eizelle mit dem Organismus der werdenden Mutter durch den **Embryonentransfer** entscheidend (BAG v. 26.3.2015 – 2 AZR 237/14, NZA 2015, 734). 2317

Voraussetzung des Kündigungsschutzes, wie für die Beachtung der Beschäftigungsverbote überhaupt, ist freilich die **Kenntnis des Arbeitgebers von der Schwangerschaft**. Deswegen ist die Frau nach § 15 Abs. 1 S. 1 MuSchG gehalten, ihm Mitteilung darüber zu machen, sobald ihr ihr Zustand bekannt ist. Es handelt sich hier jedoch nur um eine Soll-Vorschrift, deren Beachtung im Interesse der werdenden Mutter liegt. Spricht der Arbeitgeber eine Kündigung aus, ohne von der Schwangerschaft Kenntnis zu besitzen, muss die Schwangere **innerhalb von zwei Wochen nach Zugang der Kündigung die Schwangerschaft mitteilen,** will sie nicht ihren Kündigungsschutz verlieren (§ 17 Abs. 1 S. 1 a.E MuSchG). Ein Überschreiten dieser Frist schadet nicht, wenn die Schwangere dies nicht zu vertreten hat und die Mitteilung unverzüglich nachholt (§ 17 Abs. 1 S. 2 MuSchG; vgl. auch BVerfG v. 13.11.1979 – 1 BvL 24/77, 1 BvL 19/78, 1 BvL 38/79, NJW 1980, 824; BAG v. 20.5.1988 – 2 AZR 739/87, NZA 1988, 799). 2318

Beispiel für eine unverschuldete Fristversäumung (§ 17 Abs. 1 S. 2 MuSchG): Die Arbeitnehmerin A leidet seit längerer Zeit unter Schmerzen. Sie begibt sich daher in fachärztliche Behandlung. Die Ärzte finden für ihre Beschwerden allerdings keinen Grund, bis bei A die Wehen einsetzen und sie von einem Kind entbunden wird. Für die Versäumung der Zwei-Wochen-Frist kann A in diesem Fall nicht verantwortlich gemacht werden. (Beispiel einem Originalfall nachgebildet.)

Die **nachträgliche Mitteilung** der Schwangerschaft nach § 17 Abs. 1 S. 1 MuSchG muss das Bestehen einer Schwangerschaft im Zeitpunkt des Zugangs der Kündigung oder die Vermutung einer solchen Schwangerschaft zum Inhalt haben (BAG v. 15.11.1990 – 2 AZR 270/90, NZA 1991, 1198). Hält der Arbeitgeber an einer Kündigung, die er ohne Kenntnis von der Schwangerschaft der betroffenen Arbeitnehmerin ausgesprochen hat, im Anschluss an eine nachträgliche Mitteilung der Schwangerschaft fest, hat dies allerdings keine Indizwirkung i.S.d. § 22 AGG für eine Benachteiligung wegen des Geschlechts (BAG v. 17.10.2013 – 8 AZR 742/12, NJW 2014, 1032). 2319

Der Schutz des § 17 MuSchG wirkt **nur gegenüber arbeitgeberseitigen Kündigungen.** Ein wirksam **befristetes Arbeitsverhältnis** endet trotz der Schwangerschaft mit Ablauf der Befristung (Rz. 3325). 2320

Auch lässt § 17 MuSchG eine Anfechtung des Arbeitsvertrags (BAG v. 16.2.1983 – 7 AZR 134/81, NJW 1983, 2958) aber gerade nicht wegen unzutreffender Beantwortung der Frage nach der Schwangerschaft (BAG v. 15.10.1992 – 2 AZR 227/92, NZA 1993, 257; Rz. 768, 928), eine Kündigung durch die Arbeitnehmerin (vgl. BAG v. 19.8.1982 – 2 AZR 116/81, NJW 1983, 1391) und den Abschluss eines Aufhebungsvertrags (BAG v. 16.2.1983 – 7 AZR 134/81, DB 1983, 1663) zu. Darüber hinaus schützt das Kündigungsverbot auch vor Maßnahmen des Arbeitgebers, die in Verbindung mit der Kündigung aufgrund der Schwangerschaft stehen und während der Schutzfrist erfolgen. Davon umfasst sind sowohl rechtliche als auch tatsächliche Handlungen, wie die Suche nach einer Ersatzkraft (EuGH v. 11.10.2017 – C-460/06, NZA 2007, 1271). Allerdings sind Vorbereitungsmaßnahmen, die im Zusammenhang mit der ausnahmsweise zulässigen Kündigung nach § 17 Abs. 2 S. 1 MuSchG stehen, zulässig (EuGH v. 22.2.1018 – C-103/16, NZA 2018, 432).

2321 Rechtsfolge einer **ohne vorherige behördliche Zustimmung ausgesprochenen Kündigung** ist die **Nichtigkeit** nach § 134 BGB. Allerdings muss auch dieser Unwirksamkeitsgrund gemäß § 4 S. 1 KSchG grundsätzlich innerhalb von drei Wochen nach ihrem Zugang gerichtlich geltend gemacht werden. § 4 S. 4 KSchG, wonach die Drei-Wochen-Frist erst nach Bekanntgabe der Zustimmungsentscheidung der Behörde an die schwangere Arbeitnehmerin in Gang gesetzt wird, gilt nur für den Fall, dass die Arbeitnehmerin dem Arbeitgeber die Schwangerschaft zuvor mitgeteilt hat (BAG v. 19.2.2009 – 2 AZR 286/07, NZA 2009, 980; *Preis* DB 2004, 70, 77; *J. Schmidt* NZA 2004, 79, 80 f.). Kannte die Arbeitnehmerin den Umstand der Schwangerschaft im Zeitpunkt des Zugangs der Kündigung selbst nicht, gibt ihr § 5 Abs. 1 S. 2 KSchG die Möglichkeit, innerhalb von zwei Wochen ab Kenntnis der Schwangerschaft die nachträgliche Zulassung der Klage nach § 4 S. 1 KSchG zu beantragen.

§ 50
Elterngeld, Elternzeit und Pflegezeit

I. Die Regelungen des BEEG

Literatur: *Dahm*, Die neue Richtlinie zum Elternurlaub, EuZA 2011, 30; *Düwell*, Erstes Gesetz zur Änderung des Bundeselterngeld- und Elternzeitgesetzes, FA 2009, 140; *Fröhlich*, Das neue Gesetz zum Elterngeld und zur Elternzeit, ArbRB 2007, 54; *Kalenbach*, Neuregelungen bei der Elternzeit, öAT 2015, 114; *Röhl*, Zwischenbilanz und erste Rechtsprechung zum Elterngeld und BEEG, NJW 2010, 1418; siehe ferner die Nachweise zu § 49.

2322 Das am 1.1.2007 in Kraft getretene Bundeselterngeld- und Elternzeitgesetz (BEEG) löst das Bundeserziehungsgeldgesetz (BErzGG) ab, das nur noch für Altfälle gilt (§ 27 BEEG). Ziel des BEEG ist es, den Eltern eine Wahlfreiheit zwischen Familie und Beruf zu ermöglichen, die Vereinbarkeit von Kindererziehung und Erwerbstätigkeit zu stärken, kinderbetreuungsbedingte finanzielle Einbußen zu mildern, um so zu mehr Kindern zu ermutigen (BT-Drs. 16/1889 S. 2).

2323 Das BEEG wurde in den Folgejahren mehrfach novelliert, so zum einen durch das Gesetz zur Vereinfachung des Elterngeldes vom 10.9.2012 sowie durch das am 1.1.2015 in Kraft getretene „Gesetz zur Einführung des Elterngeld Plus mit Partnerschaftsbonus und einer flexibleren Elternzeit". Zu wesentlichen Änderungen kam es durch letztere im Bereich der Elternzeit und Elternteilzeit. Am 1.1.2018 wurden vereinzelte Vorschriften an das veränderte Mutterschutzgesetz angepasst, ohne wesentlich verändert worden zu sein (BGBl. I. S. 1228). Das BEEG enthält **zwei verschiedene, voneinander unabhängige Regelungsmaterien**, die nur insofern miteinander verbunden sind, als die auf die Kinderbetreuung und -erziehung bezogenen Voraussetzungen weitgehend identisch sind. Elterngeldleistung und Elternzeitinanspruchnahme sind jedoch nicht (mehr) voneinander abhängig.

Die **Elterngeldregelungen** der §§ 1–14 BEEG sind sozialrechtliche Regelungen, die gemäß § 68 Nr. 15 SGB I nur bis zu ihrer Einordnung in das Sozialgesetzbuch noch im BEEG und BErzGG weitergelten. Das Verwaltungsverfahren richtet sich daher auch nach den Vorschriften des SGB X und für gerichtliche Streitigkeiten über das Elterngeld ist gemäß § 13 Abs. 1 S. 1 BEEG der Sozialrechtsweg eröffnet. 2324

Demgegenüber enthalten die §§ 15–21 BEEG hauptsächlich (beachte aber § 18 Abs. 1 S. 4 BEEG – Zustimmung zur Kündigung des Arbeitgebers während der Elternzeit) arbeitsrechtliche Vorschriften. Der Anspruch auf **Elternzeit** ist ein gesetzlich vorgesehener Sonderurlaub. Er bewirkt die Freistellung der Arbeitsvertragsparteien von den gegenseitigen arbeitsvertraglichen Hauptpflichten bei Fortbestehen der Nebenpflichten. 2325

Seit Inkrafttreten des Lebenspartnerschaftsgesetzes (BGBl. I S. 266 ff.) am 1.8.2001 hat auch der Lebenspartner, wenn er mit dem Kind des anderen Lebenspartners in einem Haushalt lebt, ggf. Anspruch auf Erziehungsgeld und Elternzeit. 2326

II. Elterngeldanspruch

Das Elterngeld ist eine öffentliche Sozialleistung, die auf der Grundlage öffentlich-rechtlicher Vorschriften durch öffentlich-rechtliche Träger erbracht wird. 2327

Elterngeld wird an die gemäß § 1 BEEG **Berechtigten** in einer einkommensabhängigen **Höhe** nach § 2 BEEG geleistet. Dabei erhält der Berechtigte grundsätzlich 67 % des in den letzten zwölf Monaten vor der Geburt des Kindes durchschnittlich erzielten Einkommens bis zu einem Höchstbetrag von 1.800 Euro. Es erfolgt jedoch eine Staffelung für Einkommen unter 1.000 Euro und über 1.200 Euro (vgl. § 2 Abs. 2 BEEG). Das Elterngeld kann bis zu **14 Monate** (12 plus 2; § 4 BEEG) bezogen werden. Im Gegensatz zum BErzGG werden im BEEG über die Dauer des Bezugszeitraums (zwei zusätzliche Monate, sog. Partnermonate) Anreize geschaffen, beide Elternteile in die Kindererziehung einzubinden. 2328

III. Elternzeit

Der Anspruch auf Elternzeit ist ein Anspruch auf **unbezahlte Freistellung** von der Arbeit gegen den Arbeitgeber **bis zu einer Dauer von drei Jahren**, § 15 Abs. 2 S. 1 BEEG. Die Novellierung des BEEG durch das „Gesetz zur Einführung des Elterngeld Plus mit Partnerschaftsbonus und einer flexibleren Elternzeit" hat für eine **Flexibilisierung der Möglichkeiten** geführt, diese 36 Monate aufzuteilen. Nach der Altregelung war es den Eltern nur gestattet, einen Zeitraum von 12 Monaten mit Zustimmung des Arbeitgebers auf den Zeitraum **zwischen dem dritten Geburtstag und dem vollendeten achten Lebensjahr** des Kindes zu übertragen. Für alle ab dem 1.7.2015 geborenen Kinder hat sich nunmehr zum einen der übertragbare Zeitraum auf **24 Monate** verdoppelt (§ 15 Abs. 2 S. 2 BEEG), zum anderen ist das Zustimmungserfordernis des Arbeitgebers entfallen. Aus Gründen der Planungssicherheit des Arbeitgebers hat dies gleichsam allerdings zu einer Verlängerung der Ankündigungsfristen geführt. Wird die Elternzeit zwischen dem Beginn des vierten und dem Ende des achten Lebensjahres des Kindes begehrt, so muss dies spätestens 13 Wochen vor Beginn der Elternzeit schriftlich vom Arbeitgeber verlangt werden (§ 16 Abs. 1 S. 1 Nr. 2 BEEG). Insgesamt kann im Übrigen jeder Elternteil seine **Elternzeit auf drei Zeitabschnitte verteilen**. Eine Verteilung auf weitere Zeitabschnitte ist dadurch nicht ausgeschlossen, bedarf jedoch der Zustimmung des Arbeitgebers, § 16 Abs. 1 S. 6 BEEG. 2329

Die wirksame Inanspruchnahme von Elternzeit setzt die Einhaltung der Formvorschrift des § 16 Abs. 1 S. 1 BEEG voraus. Danach muss der Arbeitnehmer die Elternzeit **schriftlich** vom Arbeitgeber verlangen. Ein Telefax oder eine E-Mail genügen dem Schriftformerfordernis nicht. Dies dient zum einen dem Schutz des Arbeitgebers als Erklärungsempfänger, zum anderen hat die Norm auch eine 2330

Warnfunktion für die Arbeitnehmerin bzw. den Arbeitnehmer. Sie dient dem Schutz vor einem unüberlegten oder übereilten Elternzeitverlangen, denn mit Inanspruchnahme der Elternzeit entfällt der Vergütungsanspruch (BAG v. 10.5.2016 – 9 AZR 145/15, NZA 2016, 1137).

2331 Die Elternzeit kann sowohl vorzeitig beendet als auch im Rahmen des § 15 Abs. 2 BEEG verlängert werden, § 16 Abs. 3 S. 1 BEEG. Der Berechtigte muss sich also nicht vorab auf den genauen Zeitraum festlegen. Die Beendigungswirkung tritt im gesetzlich geregelten Fall der Geburt eines weiteren Kindes nicht bereits mit der Schwangerschaft ein, sondern erst mit der Entbindung (BAG v. 8.5.2018 – 9 AZR 8/18, NZA 2018, 1195 Rz. 18). Bei Mehrlingsgeburten kann die **maximale Dauer der Elternzeit nur einmal in Anspruch genommen werden** (EuGH v. 16.9.2010 – C-149/10 „Chatzi", EuZW 2011, 62). Gem. § 15 Abs. 2 S. 6 BEEG kann der Anspruch auf Elternzeit **nicht durch Vertrag ausgeschlossen** oder beschränkt werden. Dies gilt, da es sich um zwingendes Gesetzesrecht handelt, auch für die Tarifvertragsparteien. Die Norm steht damit jeder Regelung entgegen, die die von Art. 6 GG geschützte Freiheit, Elternzeit zu nehmen, beeinträchtigt, sofern sich der Nachteil nicht ausschließlich aus der gesetzlichen Ausgestaltung der Elternzeit ergibt. Beispielsweise unwirksam ist damit eine tarifvertragliche Regelung, nach der die Inanspruchnahme von Elternzeit für eine den Zeitraum von fünf Jahren übersteigende Periode zum Verlust der gesamten bis dahin zurückgelegten Bewährungszeit führen (BAG v. 12.4.2016 – 6 AZR 731/13, NZA 2016, 833).

2332 Die Inanspruchnahme der Elternzeit bewirkt ein **Ruhen des Arbeitsverhältnisses** (vgl. BAG v. 23.1.2018 – 9 AZR 200/17, NZA 2018, 653). Das heißt, dass die Hauptleistungspflichten aus dem Arbeitsverhältnis nicht zu erfüllen sind, die Nebenpflichten allerdings fortbestehen. Der Bestand des Arbeitsverhältnisses wird also durch die Elternzeit nicht berührt. **Nach Ablauf** der Elternzeit hat der Arbeitnehmer Anspruch auf einen seinem alten Arbeitsplatz **gleichwertigen Arbeitsplatz**. Zu Jahressonderzahlungen siehe Rz. 1379.

2333 Während der Elternzeit ist eine **Weiterbeschäftigung in Teilzeitarbeit unschädlich**, so lange sie nicht 30 Wochenstunden übersteigt, § 15 Abs. 4 BEEG.

2334 Der Arbeitnehmer hat während der Elternzeit überdies unter bestimmten Voraussetzungen einen **Rechtsanspruch auf Verringerung seiner Arbeitszeit** gegenüber seinem Arbeitgeber (hierzu im Einzelnen Rz. 1998). Arbeitnehmerinnen oder Arbeitnehmer, die Elternzeit in Anspruch genommen haben, sind nicht gehindert, im Laufe der Elternzeit die Verringerung ihrer Arbeitszeit nach § 15 Abs. 5 bis Abs. 7 BEEG zu beantragen. Dies ist auch dann zulässig, wenn zunächst nur die völlige Freistellung von der vertraglichen Arbeit (Elternzeit) in Anspruch genommen und keine Verringerung der Arbeitszeit (Elternteilzeit) beantragt worden war (BAG v. 19.4.2005 – 9 AZR 233/04, NZA 2005, 1354; zum Teilzeitanspruch Rz. 1902).

2335 Einigt sich der Arbeitnehmer zu Beginn oder während der Elternzeit mit seinem Arbeitgeber auf eine Teilzeitbeschäftigung, so ist anhand der näheren Vertragsumstände auszulegen, um welchen Typ eines Arbeitsvertrags es sich handelt. Es kann sich um den Abschluss eines neuen Arbeitsvertrags unter Aufhebung des alten Arbeitsvertrags handeln. Typisch wird allerdings sein, dass es sich um einen **Teilzeitarbeits-Zusatzvertrag** handelt, der den Anspruch auf Elternzeit im Rahmen des fortbestehenden Arbeitsvertrags modifiziert.

2336 Dem Arbeitgeber steht es gem. § 17 Abs. 1 S. 1 BEEG frei, den **Erholungsurlaub** des Arbeitnehmers für jeden vollen Kalendermonat der Elternzeit um ein Zwölftel zu kürzen (zur Unionsrechtskonformität EuGH v. 4.10.2018 – C-12/17, NJW 2019, 825 Rz. 28; Rz. 2207). Endet das Arbeitsverhältnis allerdings während der Elternzeit oder wird es im Anschluss an diese nicht fortgesetzt, hat der Arbeitgeber den noch nicht gewährten Urlaub gem. § 17 Abs. 3 BEEG abzugelten. Nach neuer Rechtsprechung muss der Arbeitgeber seine auf Kürzung i.S.d. § 17 Abs. 1 S. 1 BEEG gerichtete **Erklärung daher noch vor Beendigung des Arbeitsverhältnisses abgeben**. Der Befund ist im Wesentlichen durch die **Aufgabe der sog. Surrogationstheorie** seitens des BAG bedingt (Urt. v. 19.6.2012 – 9 AZR 652/10, NZA-RR 2012, 621). Nach dieser war der Urlaubsabgeltungsanspruch ein Erfüllungssurrogat für den Urlaubsanspruch. Nunmehr geht das BAG davon aus, dass es sich bei dem Abgeltungsanspruch um einen reinen Geldanspruch handelt, der kein Surrogat für den nicht genommenen Urlaub ist. § 17 Abs. 1 S. 1 BEEG kann daher nicht auf den Urlaubsabgeltungsanspruch angewendet werden, sondern gilt nur für den Urlaubsanspruch selbst (BAG v. 19.5.2015 – 9 AZR 725/13, NJW 2015, 2604).

Während der Elternzeit besteht ein – § 17 Abs. 1 und 2 MuSchG nachgebildeter – **besonderer Kündigungsschutz** gemäß § 18 Abs. 1 BEEG. Der Arbeitgeber darf das Arbeitsverhältnis ab dem Zeitpunkt des Elternzeitverlangens und während der Elternzeit nicht kündigen. Zudem besteht gemäß § 18 Abs. 2 Nr. 2 BEEG der Sonderkündigungsschutz für Arbeitnehmer, die bei ihrem Arbeitgeber Teilzeitarbeit leisten und Anspruch auf Elternzeit hätten, jedoch keine Elternzeit nehmen. Zu beachten ist dabei, dass der besondere Kündigungsschutz für Teilzeitkräfte wegen der Anknüpfung an die Elterngeldberechtigung nur für die Dauer von zwei Jahren besteht. Wie beim Kündigungsverbot des § 17 Abs. 2 MuSchG kann die zuständige Behörde **Ausnahmen** zulassen (zum Verhältnis zwischen dem Kündigungsschutz gemäß § 17 MuSchG und § 18 BEEG Rz. 2644). So kann eine dauerhafte Betriebsstilllegung einen besonderen Fall i.S.d. § 18 Abs. 1 S. 4 BEEG darstellen, der regelmäßig nur die Ermessensentscheidung zulässt, die beabsichtigte Kündigung für zulässig zu erklären (BAG v. 20.1.2005 – 2 AZR 500/03, NZA 2005, 687). 2337

Dem Arbeitgeber steht es frei, eine **Ersatzkraft befristet zur Vertretung** eines in der Elternzeit befindlichen Arbeitnehmers einzustellen, § 21 Abs. 1 BEEG. Dabei muss gemäß § 21 Abs. 3 BEEG die Dauer einer Befristung für die Ersatzkraft kalendermäßig bestimmt oder bestimmbar sein oder sich aus ihrem Zweck ergeben, nämlich der Vertretung während des Beschäftigungsverbots nach dem MuSchG, der Elternzeit oder einer sonstigen Arbeitsfreistellung zur Betreuung eines Kindes beruhend auf Tarifvertrag, Betriebsvereinbarung oder einzelvertraglicher Vereinbarung. Die **Kündigung der Vertretungskraft** ist nur aus wichtigem Grund gemäß § 626 BGB oder aus den in § 21 Abs. 4 BEEG genannten Gründen, insbesondere bei vorzeitiger Beendigung der Elternzeit, erlaubt, sofern eine ordentliche Kündigungsmöglichkeit nicht vereinbart wurde. 2338

IV. Pflegezeit

Literatur: *Freihube/Sasse*, Was bringt das neue Pflegezeitgesetz?, DB 2008, 1320; *Kossens*, Das neue Familienpflegezeitgesetz, PersR 2012, 17; *Müller*, Änderungen im (Familien-)Pflegezeitrecht 2016/2017, BB 2016, 1338; *Müller*, Das Pflegezeitgesetz (PflegeZG) und seine Folgen für die arbeitsrechtliche Praxis, BB 2008, 1058; *Preis/Nehring*, Das Pflegezeitgesetz, NZA 2008, 729; *Preis/Weber*, Der Regierungsentwurf eines Pflegezeitgesetzes, NZA 2008, 82; *Schiefer/Worzalla*, Familienpflegezeitgesetz, DB 2012, 516; *Schwerdle*, Arbeitsbefreiung bei Pflege von nahen Angehörigen – Kündigungsschutz selbst in der Probezeit?, ZTR 2007, 655; *Stüben/v. Schwanenflügel*, Die rechtliche Stärkung der Vereinbarkeit von Familie, Pflege und Beruf, NJW 2015, 577.

1. Überblick

Ziel des am 1.7.2008 in Kraft getretenen Pflegezeitgesetzes (PflegeZG) ist, Beschäftigten die Möglichkeit zu eröffnen, pflegebedürftige Angehörige in häuslicher Umgebung zu pflegen und damit die Vereinbarkeit von Beruf und familiärer Pflege zu verbessern (§ 1 PflegeZG). Das Gesetz basiert auf **zwei Säulen:** 2339

- **Kurzpflegezeit:** Bei unerwartetem Eintritt einer Pflegesituation eines nahen Angehörigen haben Beschäftigte das Recht, bis zu **zehn Arbeitstage der Arbeit fernzubleiben**, um eine bedarfsgerechte Pflege zu organisieren oder eine pflegerische Versorgung in dieser Zeit sicherzustellen (§ 2 PflegeZG). 2340

- **Langpflegezeit:** Zu einer längeren Pflege naher Angehöriger in häuslicher Umgebung können Berufstätige in Unternehmen mit mehr als fünfzehn Beschäftigten **bis zu sechs Monate Pflegezeit** in 2341

Anspruch nehmen; hierbei können sie zwischen der **vollständigen und einer teilweisen Freistellung** von der Arbeit wählen (§§ 3, 4 Abs. 1 PflegeZG).

2342 Die (teilweise) Freistellung nach den §§ 2 bzw. 3 PflegeZG ist mit einem **besonderen Kündigungsschutz** verbunden (**§ 5 PflegeZG**). Die Vorschriften des Gesetzes sind gemäß § 8 PflegeZG unabdingbar. Von ihnen kann also weder durch Tarifvertrag oder Betriebs-/Dienstvereinbarung noch durch Arbeitsvertrag zuungunsten der Beschäftigten wirksam abgewichen werden.

2343 Bemerkenswert sind der weite Kreis der Anspruchsberechtigten sowie der nahen Angehörigen. So werden nicht nur Arbeitnehmer und die zu ihrer Berufsbildung Beschäftigten begünstigt, sondern – systemfremd – **auch arbeitnehmerähnliche Personen** (§ 7 Abs. 1 PflegeZG). Der Sonderkündigungsschutz des § 5 PflegeZG gilt für diese Beschäftigtengruppe, die sonst im deutschen Arbeitsrecht grundsätzlich weder allgemeinen noch besonderen Kündigungsschutz genießt.

2344 § 7 Abs. 3 PflegeZG definiert einen weiten Kreis „naher Angehöriger". Pflegebedürftig sind alle Personen, die die Voraussetzungen nach den §§ 14 und 15 SGB XI erfüllen (§ 7 Abs. 4 PflegeZG). Damit sind Angehörige aller fünf Pflegegrade erfasst.

2. Kurzzeitige Arbeitsverhinderung (§ 2 PflegeZG)

a) Anspruchsvoraussetzungen

2345 Nach § 2 Abs. 1 PflegeZG haben Beschäftigte das Recht, **bis zu zehn Arbeitstage** der Arbeit fernzubleiben, wenn dies erforderlich ist, um für einen pflegebedürftigen nahen Angehörigen in einer akut aufgetretenen Pflegesituation eine bedarfsgerechte Pflege zu organisieren oder eine pflegerische Versorgung in dieser Zeit sicherzustellen. Der Anspruch besteht, anders als die sechsmonatige Pflegezeit, **auch in sog. Kleinunternehmen** mit bis zu fünfzehn Arbeitnehmern. Ferner besteht der Anspruch auch, wenn die zu pflegende Person die Voraussetzungen nach §§ 14 und 15 SGB XI nur „voraussichtlich" erfüllt (§ 7 Abs. 4 S. 2 PflegeZG). Das Recht, der Arbeit fernzubleiben, ist von **keiner Mitwirkungshandlung des Arbeitgebers** abhängig und bedarf insbesondere auch nicht seiner Zustimmung. Es handelt sich vielmehr um ein **einseitiges Leistungsverweigerungsrecht**. Dem Arbeitgeber ist lediglich auf sein Verlangen hin eine ärztliche Bescheinigung über die Pflegebedürftigkeit des nahen Angehörigen und die Notwendigkeit, eine bedarfsgerechte Pflege zu organisieren oder eine pflegerische Versorgung sicherzustellen, vorzulegen (§ 2 Abs. 2 PflegeZG).

2346 Die Freistellung von der Arbeit setzt eine **akut aufgetretene Pflegesituation** voraus. Es genügt also eine in absehbarer Zeit drohende Pflegebedürftigkeit ebenso wenig wie eine bereits bestehende, bei der keine entscheidende Veränderung stattgefunden hat. Voraussetzung ist, dass die Pflegebedürftigkeit plötzlich eingetreten ist und eine Pflege erst organisiert und/oder durch den Beschäftigten selbst sichergestellt werden muss. Eine solche Pflegesituation ist auch anzunehmen, wenn bei häuslicher Pflege die Pflegekraft unvorhergesehen vorübergehend ausfällt und anderweitige Versorgung nicht möglich ist.

2347 Voraussetzung für die Freistellung ist ferner, dass sie zur Organisation oder Sicherstellung der Pflege „**erforderlich**" ist. Dies ist nicht der Fall, wenn bereits eine andere hierzu fähige und bereite Person die Pflege organisiert oder den Angehörigen pflegt. Die Erforderlichkeitsmaxime gilt auch hinsichtlich der **Zeitdauer**, sodass der Beschäftigte nicht stets den vollen Zehn-Tages-Zeitraum ausschöpfen kann.

b) Anspruch auf Entgeltfortzahlung (§ 2 Abs. 3 PflegeZG)?

2348 Das PflegeZG selbst enthält **keine eigenständige Entgeltfortzahlungspflicht** des Arbeitgebers während der kurzzeitigen Arbeitsverhinderung. § 2 Abs. 3 PflegeZG verweist jedoch auf andere bestehende Verpflichtungen. Nur soweit sich eine solche Verpflichtung aus anderen gesetzlichen Vorschriften oder aufgrund Vereinbarung ergibt, ist der Arbeitgeber zur Fortzahlung der Vergütung verpflichtet.

In der Gesetzesbegründung zu § 2 Abs. 3 PflegeZG wird auf § 616 BGB, § 19 Abs. 1 Nr. 2b BBiG sowie individual- und kollektivrechtliche Vereinbarungen hingewiesen (BR-Drs. 718/07 S. 220/1). Seit dem 1.1.2015 haben Beschäftigte während einer kurzzeitigen Arbeitsverhinderung i.S.d. § 2 PflegeZG einen Anspruch auf **Pflegeunterstützungsgeld** nach § 44a Abs. 3 SGB XI. Dieses beläuft sich regelmäßig auf 90 % des Nettoentgelts.

3. Pflegezeit (§ 3 PflegeZG)

Nach § 3 Abs. 1 PflegeZG sind Beschäftigte vollständig oder teilweise von der Arbeit freizustellen, wenn sie einen pflegebedürftigen nahen Angehörigen in häuslicher Umgebung pflegen. Die Pflegezeit beträgt **maximal sechs Monate**. Unklar ist, was den Gesetzgeber bewogen hat, (nur) eine Pflegezeitdauer von sechs Monaten zu regeln (§ 4 Abs. 1 PflegeZG), eingedenk der Tatsache, dass die durchschnittliche Pflegedauer rund drei Jahre beträgt. Die vielfach zu kurze Pflegezeit von sechs Monaten wird allerdings für Großfamilien durch den Umstand gemildert, dass mehrere Angehörige bei ihren Arbeitgebern nacheinander Pflegezeit für dieselbe pflegebedürftige Person beantragen können. Nicht möglich ist es, für ein und denselben Angehörigen mehrfach Pflegezeit in Anspruch zu nehmen. Sobald der Arbeitnehmer erstmalig seinen Anspruch auf Pflegezeit gegenüber dem Arbeitgeber geltend macht, erlischt dieser und zwar selbst dann, wenn der Arbeitnehmer bisher weniger als sechs Monate der Pflegezeit genutzt hat (BAG v. 15.11.2011 – 9 AZR 348/10, NJW 2012, 1244). Um längere Pflegezeiten eines Angehörigen zu gewährleisten, ist lediglich ein familiärer Pflegeplan dergestalt denkbar, dass schon heute festgelegt wird, wer sofort den Pflegebedürftigen pflegt und wer dies in 6, 12 oder 18 Monaten tut. Dann stellt sich die Frage der teleologischen Reduktion des Kündigungsschutzes. 2349

Eine Aufsplittung der Pflegezeit ist nicht möglich. Sie muss in „**häuslicher Umgebung**" stattfinden, was neben dem eigenen Haushalt des Pflegebedürftigen auch ein anderer Haushalt sein kann. Dem Gesetzgeber geht es darum, **ambulante vor der stationären Pflege** zu fördern. Die Pflegezeit ist dem Arbeitgeber spätestens zehn Tage vor deren Beginn schriftlich anzukündigen, wobei gleichzeitig mitzuteilen ist, für welchen Zeitraum und in welchem Umfang die Freistellung in Anspruch genommen werden soll (§ 3 Abs. 3 PflegeZG). Versäumt der Beschäftigte die Ankündigungsfrist, so verschiebt sich der Beginn der Pflegezeit entsprechend. 2350

Voraussetzung des Anspruchs ist, dass der Angehörige wirklich **pflegebedürftig** ist. Nach § 3 Abs. 2 PflegeZG haben die Beschäftigten die Pflegebedürftigkeit ihres nahen Angehörigen deshalb durch die Vorlage einer Bescheinigung der Pflegekasse oder des medizinischen Dienstes der Krankenkassen dem Arbeitgeber **nachzuweisen**. Stellt sich heraus, dass der Pflegebedürftige nicht die Voraussetzungen der §§ 14, 15 SGB XI erfüllt, führt das Fernbleiben von der Arbeit zu einer Vertragspflichtverletzung, der ggf. mit Abmahnung und verhaltensbedingter Kündigung begegnet werden kann. 2351

Kennzeichnend für die Möglichkeit zur **Teilzeitarbeit während der Pflegezeit** ist die in § 3 Abs. 4 PflegeZG enthaltene Verpflichtung von Arbeitgeber und Beschäftigtem, über Verringerung und Verteilung der Arbeitszeit eine **schriftliche Vereinbarung** zu schließen. Für diese – tatbestandlich verunglückte – Norm hat § 8 Abs. 3 TzBfG Pate gestanden. Bereits diese Vorschrift ist auf Kritik gestoßen, weil man autonome Rechtssubjekte nicht zu einer Einigung zwingen kann. Eine Einigung hängt stets auch von der Zustimmung der jeweils anderen Vertragspartei ab. Der zu § 8 Abs. 3 TzBfG entwickelte Lösungsansatz (hierzu ErfK/*Preis* § 8 TzBfG Rz. 15) hat auch für das PflegeZG Bedeutung: Vorrang hat eine Verhandlungslösung. Wenn es aber zu keiner Einigung kommt, hat der Beschäftigte ein einklagbares und nach § 894 ZPO durchsetzbares Recht darauf, dass der Arbeitgeber seinen Wünschen zur Verringerung und Verteilung der Arbeitszeit entspricht, sofern nicht von diesem darzulegende und ggf. zu beweisende dringende betriebliche Gründe entgegenstehen (§ 3 Abs. 4 S. 2 PflegeZG). 2352

4. Die Kündigungsschutznorm des § 5 PflegeZG

2353 § 5 PflegeZG enthält einen Sonderkündigungsschutz für Beschäftigte, die Pflegezeit in Anspruch nehmen. Danach darf der Arbeitgeber das **Beschäftigungsverhältnis** von der Ankündigung, höchstens jedoch zwölf Wochen vor dem angekündigten Beginn, bis zur Beendigung der kurzzeitigen Arbeitsverhinderung nach § 2 PflegeZG oder der Pflegezeit nach § 3 PflegeZG **nicht kündigen**. In besonderen Fällen kann eine Kündigung von der für den Arbeitsschutz zuständigen obersten Landesbehörde oder der von ihr bestimmten Stelle ausnahmsweise für zulässig erklärt werden (§ 5 Abs. 2 S. 1 PflegeZG).

2354 Die Einführung der **Höchstfrist von zwölf Wochen** zum 1.1.2015 entschärft die zuvor bestehende Frage, inwiefern einem Rechtsmissbrauch durch strategische Ankündigung der Pflege zur Vermeidung einer Kündigung entgegengewirkt werden kann. In Einzelfällen kann dennoch der Kündigungsschutz nach § 5 PflegeZG aufgrund von Rechtsmissbrauch (§ 242 BGB) ausgeschlossen sein. Dies kommt insbesondere in Betracht, wenn die Ankündigung der Pflegezeit zeitlich eng zusammenfällt mit dem Inaussichtstellen einer Kündigung. Aufgrund der Tatsache, dass § 2 Abs. 1 PflegeZG als Anspruchsvoraussetzung jedoch ein Akutereignis vorsieht, stellt sich diese Problematik regelmäßig nicht im Fall der Kurzpflegezeit.

2355 Eine Wartezeit für das Entstehen des Anspruchs auf kurzzeitige Arbeitsbefreiung (§ 2 PflegeZG) oder Pflegezeit (§ 3 PflegeZG) sieht das PflegeZG hingegen nicht vor. Der besondere **Kündigungsschutz** des § 5 PflegeZG gilt daher **ab Beginn des Beschäftigungsverhältnisses**, also auch schon während der sechsmonatigen Wartezeit für das Einsetzen des allgemeinen Kündigungsschutzes (§ 1 Abs. 1 KSchG). Auch dies birgt die Gefahr des Missbrauchs in sich. Ein in der Probezeit befindlicher Arbeitnehmer könnte kurzzeitige Arbeitsbefreiung bzw. Pflegezeit beantragen und auf diesem Wege die Wartezeit des allgemeinen Kündigungsschutzes umgehen. Diese Möglichkeit wird jedoch durch die Pflicht des Nachweises der Pflegebedürftigkeit stark eingegrenzt.

5. Das Familienpflegezeitgesetz

2356 Den Regelungsbereich des PflegeZG erweitert seit dem 1.1.2012 das Familienpflegezeitgesetz (FPfZG). Damit wird der Versuch unternommen, die schwersten Defizite des PflegeZG, nämlich die geringe Zeitdauer sowie die Unentgeltlichkeit, zu korrigieren. Durch das Gesetz zur besseren Vereinbarkeit von Familie, Pflege und Beruf vom 23.12.2014 hat das FPfZG eine **grundlegende Neuregelung** sowie eine Abstimmung auf das PflegeZG erfahren. So sieht es seit dem 1.1.2015 in § 2 Abs. 1 S. 1 FPfZG einen **Anspruch auf Familienpflegezeit** vor. Zudem hat sich die bis dato bestehende **Förderungsstruktur geändert**. Während der Arbeitgeber vor der Gesetzesänderung für die Dauer der Inanspruchnahme der Pflegezeit das Entgelt des Beschäftigten bis zur Hälfte des reduzierten Lohnes aufzustocken hatte und sich die Mittel hierzu in Form eines zinslosen Darlehens bei dem Bundesamt für Familie und zivilgesellschaftliche Aufgaben (BAFzA) beschaffen konnte, erhält nach neuer Rechtslage nun unmittelbar die beschäftigte Pflegeperson ein zinsloses Darlehen vom BAFzA für den Freistellungszeitraum.

2357 Nach § 2 Abs. 1 S. 1 FPfZG besteht ein auf höchstens 24 Monate begrenzter **Teilzeitanspruch auf Familienpflegezeit**. Voraussetzung hierfür ist, dass der Beschäftigte einen pflegebedürftigen nahen Angehörigen in häuslicher Umgebung pflegt. Die reduzierte **Arbeitszeit** muss in diesem Fall **mindestens 15 Stunden wöchentlich** betragen, § 2 Abs. 1 S. 2 FPfZG. Dem Beschäftigten kommt im Hinblick auf die Arbeitszeitverringerung **kein einseitiges Gestaltungsrecht** zu. Vielmehr wählte der Gesetzgeber – wie auch bei der Pflegeteilzeit nach § 3 Abs. 4 PflegeZG – die sog. **Vereinbarungslösung**. Gem. § 2a Abs. 2 FPfZG haben der Arbeitgeber und der Beschäftigte eine schriftliche Vereinbarung über die Verringerung sowie die Verteilung der Arbeitszeit zu treffen. Die Einigung zwischen Arbeitnehmer und Arbeitgeber ist mithin konstitutiv. Entsprechend hat der Beschäftigte dem Arbeitgeber spätestens **8 Wochen** vor dem gewünschten Beginn schriftlich anzukündigen, dass, für welchen Zeitraum und in welchem Umfang er Familienpflegezeit beanspruchen will (§ 2a Abs. 1 S. 1 FPfZG). Hält der Beschäftigte die **Ankündigungsfrist** nicht ein, verschiebt sich der Beginn der Familienpflegezeit. Zu beachten ist des Weiteren der **Schwellenwert** des § 2 Abs. 1 S. 4 FPfZG von mindestens 25 Beschäftigten, welcher deutlich über dem des PflegeZG liegt (Rz. 2339).

Nach Inanspruchnahme der Pflegezeit (sog. **Nachpflegephase**) hat der Beschäftigte das vom BAFzA gewährte Darlehen nach Maßgabe des § 6 FPfZG zurückzuzahlen. Die **Rückzahlung** beginnt dabei in dem Monat, der auf das Ende der Förderung der Freistellung nach § 3 Abs. 1 FPfZG folgt und hat innerhalb von 48 Monaten nach Beginn der Freistellung zu erfolgen, vgl. § 6 Abs. 1 S. 1, Abs. 2 S. 1 FPfZG. 2358

Aufgrund der sich aus § 2 Abs. 3 FPfZG ergebenden entsprechenden Anwendung der §§ 5 bis 8 PflegeZG besteht auch im Hinblick auf die Familienpflegezeit ein **Sonderkündigungsschutz** der pflegenden Beschäftigten. 2359

6. Abschnitt:
Aufwendungsersatz und Schadensausgleich

Innerhalb eines Arbeitsverhältnisses kann es für beide Vertragsseiten zu Schäden oder sonstigen Vermögensopfern kommen. Der **Arbeitnehmer** kann gegen den Arbeitgeber Ansprüche auf **Aufwendungsersatz aus § 670 BGB** analog haben, wenn er für den Arbeitgeber Aufwendungen getätigt hat (Rz. 2363). Ihm können bei einer verschuldeten Pflichtverletzung des Arbeitgebers **Schadensersatzansprüche** nach §§ 280 ff. BGB und Delikt zustehen (Rz. 2435–2442) sowie bei bestimmten **Eigenschäden**, die der Arbeitgeber nicht verschuldet hat, ein Anspruch auf Ausgleich gemäß **§ 670 BGB analog** Rz. 2446). 2360

Dem **Arbeitgeber** seinerseits können gegen den Arbeitnehmer **Schadensersatzansprüche** wegen Verletzung von seinen **Rechtsgütern** aus § 280 Abs. 1 BGB sowie Delikt (Rz. 2376) und wegen **Schlechtleistung** des Arbeitnehmers zustehen (Rz. 2454). 2361

Schlussendlich ist die Haftung des Arbeitnehmers gegenüber **Arbeitskollegen oder betriebsfremden Dritten** von Bedeutung, die sich ebenfalls nach besonderen Regelungen richtet (Rz. 2376, 2398). 2362

§ 51
Ersatz von Auslagen

Literatur: *Blomeyer*, Der Eigenschaden des Arbeitnehmers, FS Kissel (1994), 77; *Brill*, Zum Anspruch des Arbeitnehmers auf Arbeits-, Berufs- Dienst- und Schutzkleidung, DB 1975, 1076; *Canaris*, Risikohaftung bei schadensgeneigter Tätigkeit in fremdem Interesse, RdA 1966, 41; *Falkenberg*, Erstattung von Aufwendungen des Arbeitnehmers durch den Arbeitgeber, DB 1974, 1382; *Franzen*, Aufwendungsersatzansprüche der kommunalen Dienstkräfte gegenüber ihrem Arbeitgeber/Dienstherrn, ZTR 1996, 305; *Gick*, Verschuldensunabhängige Haftung des Arbeitgebers für Sachschäden des Arbeitnehmers, JuS 1979, 638; *Mayer-Maly*, Die Risikohaftung des Arbeitgebers für Eigenschäden des Arbeitnehmers, NZA Beil. 3/1991, 5; Preis/*Stoffels*, Der Arbeitsvertrag, 4. Aufl. 2011, II A 115; *Reichold*, Geschäftsbesorgung im Arbeitsverhältnis, NZA 1994, 488; *Reichold*, Geschäftsbesorgung im Arbeitsverhältnis, NZA 1994, 488; *Ricken*, Der Ersatz vergeblicher Aufwendungen im Arbeitsverhältnis, FS Leinemann (2006), 95; *Schumann*, Erstattung von Aufwendungen bei Auswärtstätigkeiten, AuR 1998, 49.

§ 51 Rz. 2363 | Ersatz von Auslagen

2363 Bereits in § 37 wurden die verschiedenen Funktionskreise des § 670 BGB angesprochen, der in vielfältigen Situationen zu einem Aufwendungsersatzanspruch des Arbeitnehmers führt. Der wichtige Bereich der Eigenschäden des Arbeitnehmers gemäß § 670 BGB analog wird im Zusammenhang mit der Haftung des Arbeitgebers behandelt (Rz. 2446).

2364 Arbeitsverhältnisse haben zwar in aller Regel keine Geschäftsbesorgung (§ 675 BGB) zum Gegenstand, sodass die Vorschrift des **§ 670 BGB keine unmittelbare Anwendung** findet. Ihre analoge Übertragung auf das Arbeitsverhältnis ist jedoch allgemein anerkannt.

2365 **Übersicht: Anspruch auf Aufwendungsersatz gemäß § 670 BGB**

Der Arbeitnehmer kann Aufwendungen vom Arbeitgeber ersetzt verlangen, wenn

☐ er sie in Bezug auf die Arbeitsausführung gemacht hat,

☐ er sie nach verständigem Ermessen subjektiv für notwendig halten durfte (selbst wenn sie objektiv überflüssig waren) und

☐ er keine besondere Abgeltung für sie vom Arbeitgeber erhält (BAG v. 1.2.1963 – 5 AZR 74/62, NJW 1963, 1221).

2366 Die **dogmatische Einordnung** des Aufwendungsersatzanspruches ist nicht immer einfach. Grundsätzlich ist der Aufwendungsersatz **kein Entgelt** für die erbrachte Arbeitsleistung. Er steht nicht im Gegenseitigkeitsverhältnis. § 4 Abs. 1a EFZG zählt den Aufwendungsersatzanspruch nicht zum fortzuzahlenden Arbeitsentgelt. Nach § 850a Nr. 3 ZPO fällt der Ersatzanspruch jedoch i.d.R. unter die unpfändbaren Bezüge. Beträge, durch die der Arbeitgeber Aufwendungen des Arbeitnehmers ersetzt, werden steuerlich unter den Begriffen durchlaufende Gelder und Auslagenersatz behandelt; sie sind nach § 3 Nr. 50 EStG steuerfrei. Freilich führt ein pauschaler Auslagenersatz regelmäßig zu Arbeitslohn, insbesondere wenn dessen Höhe tatsächlich nicht belegbar ist bzw. überhöht erscheint.

2367 Schwierigkeiten bereitet ferner die Abgrenzung, welche Aufwendungen der persönlichen Lebenssphäre des Arbeitnehmers zuzurechnen sind, und welche im überwiegenden Interesse des Arbeitgebers getätigt werden. Aufwendungen, die der persönlichen Lebenssphäre zuzuordnen sind, sind selbst dann nicht erstattungsfähig, wenn sie Voraussetzung der Berufsausübung sind. Hierzu gibt es eine reichhaltige Kasuistik:

2368 **Beispiele: Ersatzfähig sind:**
– Fahrten zu auswärtigen Arbeitsstellen (LAG Köln v. 24.10.2006 – 13 Sa 881/06, NZA-RR 2007, 345),
– Kosten für notwendige auswärtige Übernachtungen (BAG v. 14.2.1996 – 5 AZR 978/94, NZA 1996, 883),
– dienstlich veranlasste Umzugskosten,
– Schutzkleidung,
– Einrichtung eines „home office" bei Telearbeit oder Außendienstmitarbeitern,
– notwendige Arbeitsmittel eines Lehrers, insb. Schulbücher (BAG v. 12.3.2013 – 9 AZR 455/11, NZA 2013, 1086).

2369 **Nicht erstattungsfähig sind im überwiegenden Eigeninteresse liegende Aufwendungen:**
– Anfahrt zum Arbeitsplatz,
– „normale" Arbeitskleidung,
– Haftpflicht- oder Rechtsschutzversicherungen,
– häusliches Arbeitszimmer eines Lehrers (BAG v. 12.4.2011 – 9 AZR 14/10, NZA 2012, 97).

2370 Gesetzlich ist der Arbeitgeber – unabdingbar (§ 619 BGB) – zur Überlassung von Schutzkleidung (vgl. § 618 BGB) verpflichtet. In diesem Fall hat der Arbeitnehmer einen Erstattungsanspruch aus § 670 BGB in dem Umfang, den er für die Selbstbeschaffung der Kleidung für erforderlich halten durfte (BAG v. 19.5.1998 – 9 AZR 307/96, NZA 1999, 38). Darüber hinausgehend besteht prinzipiell kein Aufwendungsersatzanspruch für Arbeitskleidung.

Stets ist eine Einzelfallbetrachtung geboten. So hat das BAG einem Berufskraftfahrer, gegen den nach einem **unverschuldeten** schweren Verkehrsunfall **staatsanwaltschaftliche Ermittlungen** eingeleitet worden waren, einen Anspruch gegen den Arbeitgeber auf Erstattung der erforderlichen **Kosten der Verteidigung** zuerkannt (BAG v. 16.3.1995 – 8 AZR 260/94, NZA 1995, 836). Verletzt der Arbeitnehmer dagegen seine Berufspflichten, darf er die daraus entstehenden Kosten der Strafverfolgung nicht mehr für erforderlich halten und kann deren Ersatz folglich nicht verlangen (zum Fall eines Journalisten, der „ins Blaue hinein" unwahre negative Behauptungen über Dritte aufgestellt hat: BAG v. 14.11.1991 – 8 AZR 628/90, NZA 1992, 691). Verwendet der Arbeitnehmer im Einverständnis mit dem Arbeitgeber in dessen Betätigungsbereich sein **Privatfahrzeug**, ist der Arbeitgeber ihm zum Ersatz der durch einen vom Arbeitnehmer unverschuldet erlittenen **Unfallschaden** verpflichtet (BAG v. 28.10.2010 – 8 AZR 647/09, NZA 2011, 406). 2371

Bedenklich ist, durch Allgemeine Geschäftsbedingungen den Anspruch aus § 670 BGB generell abzubedingen. Diese Abweichung vom dispositiven Recht verstößt gegen § 307 Abs. 2 Nr. 1 BGB. Grundsätzlich zulässig ist aber eine vertragliche Vereinbarung, nach der der Aufwendungsersatz für bestimmte Aufwendungen pauschaliert gezahlt wird, wobei eine gesonderte Ausweisung in der Lohnabrechnung erforderlich ist, weil **Aufwendungsersatz nicht steuer- und sozialabgabenpflichtig** ist. Welche Aufwendungen von der Pauschale umfasst sind, muss im Einzelfall die Auslegung ergeben. 2372

Mit der vom Steuerrecht (§ 3 Nr. 16 EStG) anerkannten **Kilometerpauschale** sind auch die Kosten für eine Haftpflichtversicherung unabhängig von ihrer konkreten Höhe abgegolten, sodass der Arbeitnehmer, der nach einem Verkehrsunfall seinen Schadenfreiheitsrabatt teilweise einbüßt, diesen sog. „**Rückstufungsschaden" nicht zusätzlich** vom Arbeitgeber ersetzt verlangen kann (BAG v. 30.4.1992 – 8 AZR 409/91, NZA 1993, 262). 2373

Ob eine Fortzahlung der Pauschale auch dann zu erfolgen hat, wenn der Arbeitnehmer **keine Arbeitsleistung** erbringt (Urlaub, Krankheit), hängt von der **Auslegung** der vertraglichen Vereinbarung und damit im Zweifel davon ab, ob die Aufwendungen dem Arbeitnehmer auch während der Arbeitsfreistellung erwachsen. 2374

Wenn ein Aufwendungsersatzanspruch zu bejahen ist, kann der Arbeitnehmer nach §§ 675, 669 BGB analog einen **Vorschuss** verlangen. Verbleibt ein Überschuss, hat der Arbeitnehmer diesen nach § 667 BGB dem Arbeitgeber zurückzuzahlen. 2375

§ 52
Haftung des Arbeitnehmers für Sach- und Personenschäden

Literatur: *Brose,* Haftung und Risiken nach den arbeitsrechtlichen Grundsätzen und dem SGB VII, RdA 2011, 205; *Denck,* Der Schutz des Arbeitnehmers vor der Außenhaftung, 1980; *Deutsch,* Das Verschulden als Merkmal der Arbeitnehmerhaftung, RdA 1996, 1; *Gamillscheg/Hanau,* Die Haftung des Arbeitnehmers, 2. Aufl. 1974; *Hanau/Rolfs,* Abschied von der gefahrgeneigten Arbeit, NJW 1994, 1439; *Joussen,* Der persönliche Anwendungsbereich der Arbeitnehmerhaftung, RdA 2006, 129; *Otto,* Neujustierung der Risikoverteilung bei der Arbeitnehmerhaftung – Insbesondere Arbeitnehmerverschulden und Versicherung, FS 50 Jahre BAG (2004), 97; *Otto/Schwarze/Krause,* Die Haftung des Arbeitnehmers, 4. Aufl. 2014; *Pacic,* Die Haftung des Arbeitnehmers im Europäischen Rechtsvergleich, EuZA 2009, 218; *Richardi,* Ist es erforderlich, die Verteilung des Schadensrisikos bei unselbständiger Arbeit neu zu ordnen?, JZ 1986, 796; *Richardi,* Abschied von der gefahrgeneigten Arbeit als Voraussetzung für die Beschränkung der Arbeitnehmerhaftung, NZA 1994, 241, *Schielke,* Grundsätze und Rechtsentwicklung der Arbeitnehmerhaftung, ZMV 2009, 61; *Walker,* Haftungsvereinbarungen im Arbeitsrecht unter besonderer Berücksichtigung der Schuldrechtsreform, FS Canaris (2007), 1503.

I. Haftung gegenüber dem Arbeitgeber

2376 **Prüfungsschema: Haftung des Arbeitnehmers wegen Verletzung von Rechtsgütern des Arbeitgebers**

☐ Begründung der Haftung

Schadensersatzanspruch nach den allgemeinen Regeln; insbesondere aus:

§ 280 Abs. 1 BGB (Pflichtverletzung, Vertretenmüssen, Schaden, Kausalität)

§ 823 Abs. 1 BGB (Tatbestand, Rechtswidrigkeit, Schuld)

☐ Beschränkung der Haftung

☐ Bei „echtem" Mitverschulden des Arbeitgebers gemäß § 254 BGB

☐ Bei Zurechnung der Betriebsgefahr analog § 254 BGB oder aus § 276 BGB:

☐ Voraussetzung

Schaden ist durch den Arbeitnehmer bei betrieblicher Tätigkeit verursacht worden.

☐ Umfang der Haftung

bei Vorsatz: volle Haftung

bei grober Fahrlässigkeit: i.d.R. volle Haftung

bei mittlerer Fahrlässigkeit: quotale Verteilung

bei leichter Fahrlässigkeit: keine Haftung

2377 Zu **unterscheiden** für eine Haftung des Arbeitnehmers gegenüber dem Arbeitgeber sind **Schäden** an dessen **Person** oder an den **sonstigen Rechtsgütern**. Von weitaus größerer Bedeutung ist die Haftung des Arbeitnehmers für Sach- und Vermögensschäden des Arbeitgebers. Für sie wurde im Laufe der Zeit ein Haftungsmodell entwickelt, das heute allgemein unter den Terminus „Arbeitnehmerhaftung" gefasst wird.

1. Haftung des Arbeitnehmers für Sach- und Vermögensschäden des Arbeitgebers

2378 Im Grundsatz unterscheidet sich die Haftung des Arbeitnehmers für Sach- und Vermögensschäden nicht von den Regelungen, die auch sonst Schadensersatzansprüche zu begründen vermögen. Zwar war schon bei der Schaffung des BGB gefordert worden, „baldthunlichst" eine spezialgesetzliche Regelung des Arbeitsvertragsrechts einschließlich der schadensersatzrechtlichen Fragen zu schaffen (Stenographische Berichte des Deutschen Reichstags, 9. Legislaturperiode, IV. Session 1895/97, 5. Band, S. 3846), doch ist der Gesetzgeber dieser Forderung bis zum heutigen Tage nicht nachgekommen. Das Schuldrechtsmodernisierungsgesetz enthielt keine ausdrückliche Sonderregelung für die Haftung im Arbeitsverhältnis, insbesondere nicht für den Bereich der Arbeitnehmerhaftung. Auch § 619a BGB schließt diese Regelungslücke nicht, da es sich bei dieser Vorschrift um eine bloße Beweislastverteilung handelt.

a) Dogmatische Herleitung

2379 Schon früh erkannte jedoch die Rechtsprechung, dass das **Prinzip der Totalreparation** (vgl. Motive Band 2, S. 17 f.), wonach der Schadensverursacher selbst bei leichtester Fahrlässigkeit auf den vollen Schaden haftet, im Arbeitsrecht **unbillig** ist, weil dem Arbeitnehmer häufig Arbeitsmaterial von großem Wert zur Verfügung gestellt wird, dessen Beschädigung zu horrenden Schadensersatzforderungen führen kann, die aus dem gewöhnlichen Arbeitslohn nicht beglichen werden können (grundlegend ArbG Plauen v. 4.11.1936, ARS 29, 62).

Das BAG hat nach dem 2. Weltkrieg diese Rechtsprechung aufgegriffen und danach differenziert, ob eine Arbeit „**gefahr- (oder schadens-)geneigt**" war (BAG v. 25.9.1957 – GS 4/56, GS 5/56, NJW 1959, 2194). Nur wenn die Tätigkeit, bei deren Ausübung der Schaden entstanden war, typischerweise mit der Gefahr eines solchen Schadens behaftet war, sollte eine Haftungserleichterung zugunsten des Arbeitnehmers eingreifen. Dagegen haftete der Arbeitnehmer für Schäden, die bei Ausübung einer nicht gefahrgeneigten Arbeit eingetreten waren, auch für leichte Fahrlässigkeit in vollem Umfang. 2380

Diese Rechtsprechung stieß – nicht zuletzt wegen der **Konturlosigkeit des Begriffs** „gefahrgeneigte Arbeit", der im Gesetz keine Grundlage findet – zunehmend auf Kritik. Insbesondere wurde bei leicht fahrlässig herbeigeführten Schäden die Diskrepanz zwischen Fällen der gefahrgeneigten Arbeit einerseits (keine Haftung des Arbeitnehmers) und den übrigen Tätigkeiten (volle Haftung des Arbeitnehmers) als unbillig empfunden. Traurige Berühmtheit erlangte insoweit der Fall einer Kinderkrankenschwester, der ein zwölf Tage altes Baby aus den Armen geglitten und zu Boden gefallen war, das daraufhin schwere und dauerhafte Schäden davontrug. Der dritte Senat des BAG legte den Fall dem Großen Senat zur Entscheidung vor (BAG v. 12.2.1985 – 3 AZR 487/80, NZA 1986, 91). In diesen und anderen Fällen hatte das BAG mehrfach eine Revision der Arbeitnehmerhaftung versucht, jedoch – bedingt durch wechselnde Senatszuständigkeiten einerseits und die außergerichtliche Einigung der Prozessparteien in einem Pilotverfahren andererseits – nicht vollenden können. 2381

Mit Zustimmung des (für Schadensersatzrecht zuständigen VI. Zivilsenats des) BGH hat das **BAG** das **Erfordernis der „gefahrgeneigten Arbeit"** später jedoch **endgültig fallen gelassen** (BAG v. 27.9.1994 – GS 1/89 (A), NZA 1994, 1083). 2382

Die Haftungserleichterung kommt dem Arbeitnehmer nunmehr in allen Fällen zugute, in denen er bei einer **betrieblich veranlassten Tätigkeit** einen Schaden verursacht hat. Das BAG stützt sich dabei auf eine **analoge Anwendung des § 254 BGB**. Der Gesetzgeber bietet der Rechtsprechung mit dem durch die Schuldrechtsreform geänderten § 276 Abs. 1 S. 1 BGB eine neue dogmatische Grundlage, weil sich danach eine strengere oder mildere Haftung „aus dem Inhalt des Schuldverhältnisses" ergeben könne (BT-Drs. 14/6857 S. 48; dagegen *Gotthardt* Rz. 185). Da die Rechtsprechung des BAG gesetzesvertretendes Richterrecht ist, könnte insoweit auch eine mildere Haftung i.S.d. § 276 BGB „bestimmt" sein. In der Gesetzesbegründung wird es der Rechtsprechung aber ausdrücklich anheimgestellt, die Grundsätze der Arbeitnehmerhaftung weiterhin aus § 254 BGB analog herzuleiten. Das BAG hat sich für eine analoge Anwendung von § 254 BGB entschieden (BAG v. 18.4.2002 – 8 AZR 348/01, NZA 2003, 37, 39). Freilich bieten sowohl § 254 BGB als auch § 276 BGB keine vollends überzeugende dogmatische Fundierung. Diese könnte nur durch eine Sonderkodifikation geleistet werden. 2383

Einigkeit besteht jedoch darin, dass sich der Arbeitgeber die **Betriebsgefahr zurechnen** lassen muss: Kraft seiner Organisationsmacht bestimmt er den Arbeitsablauf und die Arbeitsbedingungen des Arbeitnehmers und erzielt mit Hilfe der Arbeitsleistung des Arbeitnehmers, so diese – was der Regelfall ist – schadensfrei verläuft, Gewinn. Daher muss er sich u.U. auch in dem Fall, dass ausnahmsweise bei der Arbeitsleistung des Arbeitnehmers ein Schaden eintritt, diesen zurechnen lassen (BAG GS v. 27.9.1994 – GS 1/89 (A), NZA 1994, 1083). 2384

b) Voraussetzungen der Haftungserleichterung

Das Haftungsprivileg des § 254 BGB analog unterliegt im Wesentlichen zwei Voraussetzungen: 2385

Zum einen muss der Anspruchsgegner zum **begünstigten Personenkreis** gehören, d.h. Arbeitnehmer sein. Zu prüfen ist also, ob ein Arbeitsverhältnis vorliegt. Zum anderen bedarf es der **betrieblich veranlassten Tätigkeit**. Darunter lassen sich diejenigen Tätigkeiten des Arbeitnehmers fassen, die ihm arbeitsvertraglich übertragen sind oder die er im Interesse des Arbeitgebers für den Betrieb übernimmt (BAG v. 18.1.2007 – 8 AZR 250/06, NZA 2007, 1230). Ein lediglich räumlicher oder zeitlicher Zusammenhang ist hingegen nicht ausreichend. Nicht erfasst sind also alle auf privater Veranlassung des Arbeitnehmers beruhenden Tätigkeiten, da der Arbeitgeber nicht mit dem allgemeinen Lebensrisiko des Arbeitnehmers belastet werden soll (BAG v. 18.4.2002 – 8 AZR 348/01, NZA 2003, 37).

2386 **Nicht unter den Begriff der betrieblichen Tätigkeit fallen beispielsweise:**
- die eigenmächtige „Spaßfahrt" mit einem Gabelstapler (BAG v. 18.4.2002 – 8 AZR 348/01, NZA 2003, 37)
- das Werfen eines Wurfgeschosses gegen einen Arbeitskollegen (BAG v. 19.3.2015 – 8 AZR 67/14, NZA 2015, 1057)

c) Umfang der Haftungsbeschränkung

2387 Die **Verteilung des Schadens** zwischen Arbeitnehmer und Arbeitgeber ist anhand einer Abwägung zu ermitteln. Maßgebliches Kriterium dabei ist der **Grad des Verschuldens** (§ 276 BGB), das dem Arbeitnehmer zur Last fällt. **Daneben** können nach der Rechtsprechung des BAG im Einzelfall folgende Gesichtspunkte von Bedeutung sein:

- die Wahrscheinlichkeit des Schadenseintritts
- die Höhe des eingetretenen Schadens
- das vom Arbeitgeber einkalkulierte oder versicherbare Risiko
- die Höhe des Entgelts des Arbeitnehmers, insbesondere die Frage, ob darin eine Risikoprämie enthalten ist
- die Stellung des Arbeitnehmers im Betrieb
- die Dauer der Betriebszugehörigkeit des Arbeitnehmers und der bisherige Verlauf des Arbeitsverhältnisses.

2388 Die auf diese Weise vorzunehmende Abwägung führt in der Regel zu folgendem Ergebnis:

aa) Vorsatz

2389 Bei **Vorsatz** hat der Arbeitnehmer den Schaden immer zu tragen. Vorsatz liegt vor, wenn der Arbeitnehmer sowohl die Pflichtverletzung als auch den daraus resultierenden Schaden in seiner konkreten Höhe zumindest als möglich voraussieht und ihn für den Fall seines Eintritts billigend in Kauf nimmt. Nicht ausreichend ist dafür, dass der Arbeitnehmer sich bewusst über eine Weisung hinwegsetzt und es deswegen zum Schadenseintritt kommt.

bb) Grobe Fahrlässigkeit

2390 Bei **grober Fahrlässigkeit** hat der Arbeitnehmer den Schaden in der Regel allein zu tragen. Sie liegt vor, wenn der Arbeitnehmer die im Verkehr erforderliche Sorgfalt nach den gesamten Umständen in einem ungewöhnlich hohen Grad verletzt und dasjenige unbeachtet gelassen hat, was im gegebenen Fall jedem hätte einleuchten müssen. Grob fahrlässig ist beispielsweise das unverschlossene Liegenlassen der Brieftasche durch einen Kellner (BAG v. 15.11.2001 – II ZR 230/94, NJW 1996, 1532). In Ergänzung bzw. Konkretisierung der Haftungsmaßstäbe hatte das BAG erstmals in einer Entscheidung vom 25.9.1997 (– 8 AZR 288/96, NZA 1998, 310) den Begriff der „besonders groben" bzw. „**gröbsten**" **Fahrlässigkeit** gebraucht. Sie soll vorliegen, wenn gleich mehrfach und in subjektiv unentschuldbarer Weise gegen Sicherheitsmaßnahmen verstoßen wird (im Fall vertauschte eine Ärztin Blutkonserven, was zum Tode des Patienten führte). Dies hatte nach Ansicht des BAG die vollständige Haftung der Arbeitnehmerin zur Folge. Grundsätzlich findet bei der vom BAG angestellten Einzelfallabwägung jedoch auch die Vergütung des Arbeitnehmers eine Rolle. Hat der Schaden ein Ausmaß erreicht, dass der Arbeitnehmer aufgrund seiner finanziellen Disposition nach allgemeiner Lebenserfahrung nicht in der Lage sein wird, ihn jemals vollständig zu ersetzen, ist aus sozialen Gesichtspunkten eine Haftungsbegrenzung auf eine tragbare Summe angezeigt. Nach früherer Rechtsprechung sollte jedoch im Fall "gröbster Fahrlässigkeit" eine solche Haftungsbegrenzung nicht mehr in Betracht kommen. Nunmehr vertritt das Gericht hingegen die Auffassung, dass auch das Vorliegen von gröbster Fahrlässigkeit Haftungserleichterungen grundsätzlich nicht ausschließt (BAG v. 28.10.2010 – 8 AZR 418/09, NZA 2011, 345, 348). Die Entscheidung vom 25.9.1997 sei vielmehr das Ergebnis einer Wertung im Einzelfall gewesen.

cc) Mittlere Fahrlässigkeit

Bei mittlerer Fahrlässigkeit ist der Schaden unter Berücksichtigung aller Umstände quotal zu verteilen (BAG v. 16.2.1995 – 8 AZR 493/93, NZA 1995, 565). Sie ist gegeben, wenn der Arbeitnehmer die im Verkehr erforderliche Sorgfalt außer Acht gelassen hat und der rechtlich missbilligte Erfolg bei Anwendung der gebotenen Sorgfalt vorhersehbar und vermeidbar gewesen wäre. Das Ergebnis der Schadensverteilung beruht maßgeblich auf einer Abwägung von Billigkeits- und Zumutbarkeitsgesichtspunkten. So fließt beispielsweise in Fällen der Beschädigung des betriebseigenen Kraftfahrzeugs durch den Arbeitnehmer auch ein, ob der Wagen vom Arbeitgeber vollkaskoversichert wurde. 2391

dd) Leichte Fahrlässigkeit

Leichte Fahrlässigkeit ist ein Begriff, den die allgemeine Zivilrechtsdogmatik nicht kennt, vgl. § 276 BGB. Sie ist bei kleineren Fehlern oder Versehen gegeben, wie beispielsweise „Sich-Vergreifen" oder „Sich-Vertun". Bei ihrem Vorliegen trägt der Arbeitgeber den Schaden vollständig. 2392

ee) Weitere Haftungsbeschränkungen

Zu beachten ist nach der Rechtsprechung des „**Gabelstapler-Falls**", dass sich bei einer **schuldhaften Pflichtverletzung der Vorsatz auch auf den Schadenseintritt** beziehen muss (BAG v. 18.4.2002 – 8 AZR 348/01, NZA 2003, 37). In diesem Fall setzte sich ein Auszubildender über das Verbot hinweg, den Gabelstapler zu bedienen, und beschädigte bei einer Fahrt mit diesem das Hallentor, für das der Arbeitgeber nun Schadensersatz verlangte. Nach allgemeinen zivilrechtlichen Grundsätzen muss sich das Verschulden allein auf die Pflichtverletzung, nicht hingegen auf den Schaden beziehen. Innerhalb der Arbeitnehmerhaftungsprivilegierung weicht die arbeitsrechtliche Rechtsprechung davon ab, da die Zuweisung des uneingeschränkten Haftungsrisikos für alle Schäden, die auf Grund der Verletzungshandlung des Schädigers entstanden sind, zu einem unbilligen Ergebnis führt, wenn für den Schädiger Haftungsprivilegierungen bestehen (BAG v. 18.4.2002 – 8 AZR 348/01, NZA 2003, 377). 2393

Aus der Tatsache, dass das BAG eine Beschränkung der Arbeitnehmerhaftung selbst bei grober Fahrlässigkeit nicht ausschließt, folgert die Instanzrechtsprechung zum Teil bereits faktisch eine **summenmäßige Beschränkung der Haftung**, die bei mittlerer Fahrlässigkeit auf bis zu einem, bei grober Fahrlässigkeit auf bis zu drei Monatsentgelte beschränkt sein soll (LAG Nürnberg v. 18.4.1990 – 3 Sa 38/90, DB 1991, 606; LAG Köln v. 17.6.1993 – 6 Sa 111/93, LAGE § 611 BGB Gefahrgeneigte Arbeit Nr. 10). Das **BAG** hält eine so weitgehende Rechtsfortbildung de lege lata jedoch zu Recht **nicht für möglich** (BAG v. 12.10.1989 – 8 AZR 276/88, NZA 1990, 77). **Haftungshöchstgrenzen** gelten bisher nur für Gefährdungshaftungstatbestände und sind ausdrücklich im Gesetz festgelegt, siehe z.B. § 12 StVG. 2394

Die Grundsätze der Arbeitnehmerhaftungsprivilegierung gelten ebenso im **Ausbildungsverhältnis**. Der Auszubildende wird durch das abgestufte System ausreichend geschützt (BAG v. 18.4.2002 – 8 AZR 348/01, NZA 2003, 37). 2395

Das BAG hält die wiedergegebenen Grundsätze des Richterrechts für **einseitig zwingendes Arbeitnehmerschutzrecht** (BAG v. 5.2.2004 – 8 AZR 91/03, NZA 2004, 649), von dem weder durch Einzel- noch durch Kollektivvertrag zulasten des Arbeitnehmers abgewichen werden kann. Es ist fraglich, ob dies richtig ist. Es handelt sich bei der Rechtsprechung um eine Rechtsfortbildung des dispositiven Haftungsrechts des BGB (s.a. Preis/*Stoffels* II H 20; *Deinert* RdA 2000, 33; a.A. *Waltermann* RdA 2005, 98, 108). Der notwendige Arbeitnehmerschutz wird bei formularmäßigen Abweichungen durch die 2396

Vorschriften zur Inhaltskontrolle gewährleistet (ErfK/*Preis* § 619a BGB Rz. 11). Im praktischen Ergebnis ändert sich bei Bejahung der prinzipiellen Dispositivität wenig. Denn es ist davon auszugehen, dass sich die verschuldensunabhängige Einstandspflicht analog § 670 BGB ebenso wie die Grundsätze der privilegierten Arbeitnehmerhaftung als Ergebnis einer gerechten Risikoverteilung darstellen. Die Gewichte dürfen also nicht einseitig zu Lasten des Arbeitnehmers verschoben werden.

2. Haftung des Arbeitnehmers für Personenschäden des Arbeitgebers

2397 Neben Schäden an sächlichen Rechtsgütern des Arbeitnehmers kann es auch zu **Personenschäden des Arbeitgebers**, verursacht durch den Arbeitnehmer, kommen. Gemäß **§ 105 SGB VII** gelten für diesen Fall die besonderen Regelungen der Unfallversicherung für die Haftung des Arbeitnehmers. Der Arbeitnehmer haftet nur dann, wenn er den Versicherungsfall vorsätzlich oder auf einem versicherten Weg herbeigeführt hat. Die Haftung gegenüber dem Arbeitgeber unterscheidet sich dann nicht von der Haftung gegenüber Personenschäden der Arbeitskollegen (Einzelheiten Rz. 2406).

II. Haftung gegenüber Dritten

2398 **Prüfungsschema: Haftung des Arbeitnehmers wegen Verletzung von Rechtsgütern Dritter (betriebsfremder Personen und Arbeitskollegen)**

- ☐ Begründung der Haftung

    Schadensersatzanspruch nach den allgemeinen Regeln; insbesondere aus:

    § 823 Abs. 1 BGB (Tatbestand, Rechtswidrigkeit, Schuld)

- ☐ Ausschluss der Haftung

    gemäß § 105 Abs. 1 S. 1 SGB VII für Personenschäden unter Arbeitskollegen (Rz. 2406)

- ☐ Beschränkung der Haftung

    Bei „echtem" Mitverschulden des geschädigten Dritten gemäß § 254 BGB

    Zurechnung der Betriebsgefahr zum Arbeitgeber analog § 254 BGB oder aus § 276 BGB wirkt nicht gegenüber Dritten (Rz. 2399)

- ☐ Freistellungsanspruch des Arbeitnehmers gegen den Arbeitgeber

    Hypothetische Prüfung: Käme dem Arbeitnehmer eine Haftungserleichterung zugute, wenn nicht der Dritte, sondern der Arbeitgeber Inhaber des geschädigten Rechtsguts wäre?

    - ☐ Voraussetzung

        Schaden ist durch den Arbeitnehmer bei betrieblicher Tätigkeit verursacht worden.

    - ☐ Umfang des Freistellungsanspruchs

        bei Vorsatz und grober Fahrlässigkeit: kein Freistellungsanspruch

        bei mittlerer Fahrlässigkeit: quotale Verteilung

        bei leichter Fahrlässigkeit: Freistellungsanspruch in voller Schadenshöhe

1. Die Haftung gegenüber betriebsfremden Dritten

Literatur: *Baumann*, Die Haftung des Arbeitnehmers gegenüber Dritten, BB 1990, 1833; *Denck*, Der Schutz des Arbeitnehmers vor der Außenhaftung, 1980, 254; *Denck*, Leasing und Arbeitnehmerhaftung, JZ 1990, 175; *Denck*, Über Grenzfälle der Außenhaftung des Arbeitnehmers, BB 1989, 1833; *Hanau*, Die Rechtsprechung des Bundesgerichtshofs zur Haftung im Arbeitsverhältnis, FS Steffen (1995), 177; *Schwab*, Die Schadenshaftung im Arbeitsverhältnis – Eine Übersicht, NZA-RR 2006, 449.

Während der sog. innerbetriebliche Schadensausgleich durch die dargestellten Grundsätze über die Beschränkung der Arbeitnehmerhaftung allgemein als sachgerecht empfunden wird, bereitet die Lösung derjenigen Fälle Schwierigkeiten, in denen ein Arbeitnehmer schuldhaft nicht das Eigentum seines Arbeitgebers, sondern **Rechtsgüter Dritter** verletzt hat. Der (für diese Rechtsstreitigkeiten zuständige) BGH lehnt es ab, dem Arbeitnehmer im Außenverhältnis zu dem geschädigten Dritten die Haftungserleichterungen der beschränkten Arbeitnehmerhaftung zugute kommen zu lassen. Es entspreche allgemeinen schuldrechtlichen Grundsätzen, so der BGH, dass der Schuldner (Arbeitnehmer) gegenüber dem Gläubiger (Dritten) mit Einwendungen aus einem Rechtsverhältnis zu einem Dritten (Arbeitgeber) nicht gehört werde (BGH v. 19.9.1989 – VI ZR 349/88, NJW 1989, 3273). 2399

Die Betriebs- und Organisationsgefahr kann nur dem Arbeitgeber unmittelbar entgegengesetzt werden, da ein außenstehender Dritter nicht in der Lage ist, die Gefahrmomente, die sich aus dem Betriebsablauf ergeben, zu steuern (BGH v. 21.12.1993 – VI ZR 103/93, NJW 1994, 852). 2400

Der Arbeitnehmer **haftet** daher im **Außenverhältnis** zu dem geschädigten Dritten **unbeschränkt**. 2401

Jedenfalls im Ergebnis ist aber anerkannt, dass dem Arbeitnehmer **im Innenverhältnis** zu seinem Arbeitgeber ein **Freistellungsanspruch** zusteht, der den Arbeitgeber verpflichtet, den Arbeitnehmer insoweit von der Schadensersatzforderung freizustellen (d.h. an den geschädigten Dritten zu zahlen), wie der Schaden zwischen den Arbeitsvertragsparteien verteilt würde, wenn der Geschädigte nicht ein Dritter, sondern der Arbeitgeber selbst wäre (BAG v. 25.9.1957 – GS 4/56, GS 5/56, NJW 1959, 2194). 2402

Einigkeit besteht auch darin, dass sich dieser Freistellungsanspruch in einen **Zahlungsanspruch** umwandelt, wenn und soweit der Arbeitnehmer dem Dritten gegenüber mehr geleistet hat, als er im Verhältnis zum Arbeitgeber zu zahlen verpflichtet gewesen wäre. 2403

Umstritten ist jedoch die dogmatische Begründung des Anspruchs auf Freistellung bzw. Zahlung. Soweit das BAG überhaupt eine **Anspruchsgrundlage** nennt, zieht es die aus § 611a BGB resultierende Fürsorgepflicht des Arbeitgebers heran (BAG v. 23.6.1988 – 8 AZR 300/85, NZA 1989, 181). In der Literatur wird teilweise noch konturloser auf § 242 BGB hingewiesen.Naheliegender ist demgegenüber die **Heranziehung von § 670 BGB**, der unmittelbar einen Zahlungs- und **i.V.m. § 257 S. 1 BGB einen Freistellungsanspruch** gewährt. Entscheidender Vorteil dieser Lösung ist überdies, dass so der Ersatz von (unmittelbaren) Eigenschäden des Arbeitnehmers, die auch das BAG unter § 670 BGB subsumiert (Rz. 1328), und (mittelbaren) Belastungen des Arbeitnehmers, die aus einer Inanspruchnahme Dritter resultieren, nicht nur im praktischen Ergebnis, sondern auch in ihrer rechtssystematischen Begründung gleichmäßig behandelt werden. 2404

Durch den Freistellungsanspruch wird der Arbeitnehmer im Ergebnis, solange der Arbeitgeber zahlungsfähig ist, so gestellt, als hätte er nicht Rechtsgüter eines Dritten, sondern die seines Arbeitgebers beschädigt. Es wird lediglich ggf. ein zweiter Rechtsstreit (neben dem zwischen dem Dritten und dem Arbeitnehmer), nämlich zwischen Arbeitnehmer und Arbeitgeber über den Umfang der Freistellungspflicht erforderlich. Dem Arbeitnehmer wird das Risiko aufgebürdet, dass sein Freistellungsanspruch wegen **Insolvenz des Arbeitgebers** nicht realisiert werden kann. Besonders bedenklich erscheint dies in Fällen, in denen der Schaden an einem dem Arbeitgeber nicht gehörenden Betriebsmittel (unter Eigentumsvorbehalt erworbene Maschine, geleastes Kraftfahrzeug) eingetreten ist. Der BGH (v. 19.9.1989 – VI ZR 349/88, NJW 1989, 3273) sah sich selbst hier nicht in der Lage, Abhilfe durch eine Beschränkung der Außenhaftung zu schaffen. Wortlaut und Systematik der §§ 823 ff. BGB böten insoweit keine Grundlage für eine Differenzierung je nach Art und Funktion einer beschädigten Sache wie auch nach Art und Grad des Verschuldens (BGH v. 19.9.1989 – VI ZR 349/88, NJW 1989, 3273). 2405

2. Die Haftung gegenüber Arbeitskollegen

Literatur: *Boudon*, Arbeitsunfall und sozialversicherungsrechtliche Haftungsbefreiung, BB 1993, 2446; *Fuchs*, Arbeitgeber- und Arbeitnehmerhaftung für Personenschäden, FS Gitter (1995), 253; *Lepa*, Die Haftungsersetzung gemäß §§ 636, 637 RVO in der Rechtsprechung des Bundesgerichtshofs, VersR 1985, 8; *Rolfs*, Die Haftung unter Arbeitskollegen und verwandte Tatbestände, 1995; *Rolfs*, Die Neuregelung der Arbeitgeber- und Arbeitnehmerhaftung durch das SGB VII, NJW 1996, 3177.

a) Haftung für Sachschäden

2406 Die bislang dargestellten Grundsätze gelten uneingeschränkt auch dann, wenn ein Arbeitnehmer einem Kollegen bei der Arbeit schuldhaft einen **Sachschaden** zufügt: Der geschädigte Arbeitnehmer hat gegen den Schädiger einen Anspruch auf vollen Schadensersatz und der Schädiger kann nach Maßgabe des innerbetrieblichen Schadensausgleichs Freistellung von diesem Anspruch von seinem Arbeitgeber verlangen.

b) Haftung für Personenschäden

2407 Eine Sonderregelung erfährt das Recht der Arbeitnehmerhaftung dagegen durch die **gesetzliche Unfallversicherung**, soweit ein Arbeitnehmer während der Arbeit einem Kollegen einen Personenschaden zufügt. **§ 105 Abs. 1 S. 1 SGB VII** bestimmt, dass Personen, die durch eine betriebliche Tätigkeit einen Arbeitsunfall von Versicherten desselben Betriebs verursachen, diesen sowie deren Angehörigen und Hinterbliebenen nach anderen gesetzlichen Vorschriften zum Ersatz des Personenschadens nur verpflichtet sind, wenn sie den Versicherungsfall vorsätzlich oder auf einem Weg zur oder von der Arbeit herbeigeführt haben. Daher sind **Ersatzansprüche** eines Arbeitnehmers **gegen einen Arbeitskollegen wegen eines Personenschadens, der im Betrieb entstanden ist**, in der Mehrzahl der Fälle **ausgeschlossen**.

2408 Hintergrund dieser Regelung ist, dass Personenschäden, die ein Arbeitnehmer bei einer betrieblichen Tätigkeit erleidet, einen **Arbeitsunfall** darstellen. Dieser wird nach den Regeln der seit dem 1.1.1997 im 7. Buch des Sozialgesetzbuchs (SGB VII) geregelten gesetzlichen Unfallversicherung vom zuständigen Unfallversicherungsträger (der jeweiligen Berufsgenossenschaft) entschädigt. Da die Finanzierung der Berufsgenossenschaften allein den Arbeitgebern (§ 150 Abs. 1 SGB VII) obliegt, würde es eine sachlich **nicht zu rechtfertigende Doppelbelastung** darstellen, sie zugleich für den sozialrechtlichen Unfallversicherungsschutz und – über den Umweg des arbeitsrechtlichen Freistellungsanspruchs – auch für Schadensersatzforderungen aufgrund privatrechtlicher Vorschriften haften zu lassen (grundlegend BAG v. 25.9.1957 – GS 4/56, GS 5/56, NJW 1959, 2194 und BVerfG v. 7.11.1972 – 1 BvL 4/71, 1 BvL 17/71, 1 BvL 10/72, 1 BvR 355/71, DB 1973, 336).

2409 Das Recht der sozialen Unfallversicherung fußt dabei auf zwei Prinzipien: *"Zum einen sollte der soziale Schutz des Arbeitnehmers und seiner Familie durch Einräumung eines vom Verschulden unabhängigen Entschädigungsanspruchs gegen eine leistungsfähige Genossenschaft der Unternehmer sichergestellt werden (**soziales Schutzprinzip**). Zum anderen sollte die zivilrechtliche Haftpflicht des Unternehmers gegenüber seinen Arbeitnehmern abgelöst werden, um eine betriebliche Konfliktsituation zu vermeiden; an die Stelle der privatrechtlichen Haftpflicht des Unternehmers wurde die Gesamthaftung der in der Berufsgenossenschaft zusammengeschlossenen Unternehmer gesetzt (**Prinzip der Haftungsersetzung**)."* (BVerfG v. 7.11.1972 – 1 BvL 4/71, 1 BvL 17/71, 1 BvL 10/72, 1 BvR 355/71, DB 1973, 336)

2410 Die Regelung ist nur in ihrem Kernbereich in sich schlüssig, in vielen Randfragen herrscht Streit und Unsicherheit in der Rechtsprechung.

Voraussetzung des **Ausschlusses der privatrechtlichen Haftung** ist, dass 2411

- **eine Person durch eine betriebliche Tätigkeit** 2412

Der Begriff der „betrieblichen Tätigkeit" ist ein objektiver Begriff. Sie stimmt grundsätzlich mit der versicherten Tätigkeit nach § 8 Abs. 1 S. 1 SGB VII überein. Das Schadensereignis muss durch eine Tätigkeit des Schädigers, die ihm von dem Betrieb oder für den Betrieb übertragen war oder die von ihm im Betriebsinteresse ausgeführt wurde, herbeigeführt worden sein. Erfasst sind auch Tätigkeiten, die in nahem Zusammenhang mit dem Betrieb und seinem betrieblichen Wirkungskreis stehen. Ob die Tätigkeit sachgemäß oder fehlerhaft, vorsichtig oder leichtsinnig ausgeführt wurde, ist für die Einordnung unerheblich. Die Art, wie die Tätigkeit ausgeführt wird (sachgemäß oder fehlerhaft, vorsichtig oder leichtsinnig), entscheidet nicht darüber, ob es sich um eine betriebliche Tätigkeit handelt oder nicht (BAG v. 22.4.2004 – 8 AZR 159/03, NZA 2005, 163, 166).

Hierzu zählt auch die Beanstandung der Arbeitsleistung eines Kollegen durch den Arbeitnehmer. 2413
Kommt es in der Folge zu einer körperlichen Auseinandersetzung, die einen Personenschaden nach sich zieht, findet die Haftungsbeschränkung des § 105 Abs. 1 S. 1 SGB VII Anwendung (BAG v. 22.4.2004 – 8 AZR 159/03, NZA 2005, 163, 166).

- **einen Versicherungsfall der gesetzlichen Unfallversicherung** 2414

Versicherungsfälle in der gesetzlichen Unfallversicherung sind namentlich Arbeitsunfälle (§ 8 Abs. 1 SGB VII) und Wegeunfälle (§ 8 Abs. 2 SGB VII). Ob ein Versicherungsfall vorliegt, stellt die zuständige Berufsgenossenschaft durch Verwaltungsakt dem Geschädigten gegenüber fest. An diese Feststellung sind die ordentlichen und die Arbeitsgerichte, die über den Schadensersatzanspruch zu befinden haben, gemäß § 108 Abs. 1 SGB VII gebunden.

- **eines Versicherten** 2415

Der Kreis der in der Unfallversicherung versicherten Personen ergibt sich aus § 2 SGB VII. Da nur ein Versicherter einen Versicherungsfall erleiden kann, erstreckt sich die Bindungswirkung des § 108 SGB VII auch auf diese Feststellung (RG 7.2.1918 – VI 356/17, RGZ 92, 296, 297 f.).

- **desselben Betriebs** 2416

Das Kriterium „desselben Betriebs" bereitet der Praxis die größten Schwierigkeiten, weil dadurch nicht nur Unfälle unter sog. Stammarbeitnehmern erfasst werden, sondern der Haftungsausschluss sich auf alle Fälle erstreckt, in denen Schädiger und Geschädigter auch nur vorübergehend, möglicherweise sogar nur durch einen einzigen Handgriff, für denselben Betrieb tätig werden (vgl. etwa BAG v. 28.2.1991 – 8 AZR 521/89, NZA 1991, 597). Erforderlich ist die Eingliederung in denselben Betrieb, nicht notwendigerweise die Zuordnung zu demselben Arbeitgeber. Dies kann daher auch dann der Fall sein, wenn ein Arbeitnehmer eines anderen Stammunternehmens nur vorübergehend zur Hilfeleistung in den Betrieb eingegliedert ist (BAG v. 19.2.2009 – 8 AZR 188/08, NZA-RR 2010, 123, 126). Die Haftungsbegrenzung ist durch § 106 Abs. 3 SGB VII auch auf die Zusammenarbeit mehrerer Unternehmen bei Unglücksfällen oder des Zivilschutzes sowie auf die Zusammenarbeit in einer gemeinsamen Betriebsstätte erweitert worden.

- **weder vorsätzlich noch auf einem nach § 8 Abs. 2 Nr. 1 bis 4 SGB VII versicherten Weg** 2417

Für den Vorsatzbegriff gelten die allgemeinen, im Privatrecht zu §§ 823 Abs. 1 BGB und § 276 BGB entwickelten Maßstäbe. Auch nach Inkrafttreten des § 105 SGB VII gilt die zu § 636 Abs. 1 S. 1 RVO ergangene Rechtsprechung. Danach muss sich der Vorsatz nicht nur auf die Herbeiführung des Unfalls, sondern auch auf den Schaden beziehen (BAG v. 19.2.2009 – 8 AZR 188/08, NZA-RR 2010, 123, 127).

Der Haftungsausschluss greift auch dann nicht, wenn der Unfall auf einem nach § 8 Abs. 2 Nr. 1 bis 4 2418
SGB VII versicherten Weg eingetreten ist.

2419 – **herbeigeführt hat.**

Hinsichtlich der Kausalität bedarf es des Vorliegens eines **doppelten Kausalzusammenhangs**. Es gilt die für das Sozialrecht entwickelte „Theorie der wesentlichen Bedingung" (BAG v. 19.2.2009 – 8 AZR 188/08, NZA-RR 2010, 123, 127). Die erforderliche Kausalität liegt danach nur vor, wenn die Bedingung im Verhältnis zu anderen einzelnen Bedingungen, die den Erfolg mit herbeigeführt haben, die wesentlich mitwirkende Ursache ist (haftungsbegründende Kausalität). Durch das Unfallereignis muss sodann ein Gesundheitsschaden bei dem Geschädigten eingetreten sein (haftungsausfüllende Kausalität; BAG v. 22.4.2004 – 8 AZR 159/03, NZA 2005, 163, 167).

2420 **Rechtspolitisch problematisch** ist die Regelung des § 105 SGB VII in Bezug auf einen **Schmerzensgeldanspruch**. Denn der Haftungsausschluss betrifft nach wohl überwiegender Meinung nicht nur Schadensersatzansprüche des Geschädigten gegenüber seinem Arbeitskollegen, sondern auch einen Anspruch auf Schmerzensgeld. Im Gegensatz zum Schadensersatzanspruch bietet die gesetzliche Unfallversicherung aber gerade bei schweren **Verletzungen keinen angemessenen Ausgleich des immateriellen Schadens**. Als Folge erhält der Geschädigte bei einem Arbeitsunfall dann überhaupt keinen Anspruch auf Schmerzensgeld. Das BVerfG meint jedoch, dies hinnehmen zu können, weil das Entschädigungssystem der sozialen Unfallversicherung gegenüber dem privaten Schadensersatzrecht einige Vorteile bietet (vor allem Entschädigung auch für Arbeitsunfälle, für die niemanden ein Verschulden trifft und ungeschmälerte Entschädigungsleistungen auch bei Mitverschulden des Verletzten), die es insgesamt als gleichwertig erscheinen lassen. Es hat daher die Verfassungsmäßigkeit der Regelung immer wieder bestätigt (BVerfG v. 7.11.1972 – 1 BvL 4/71, 1 BvL 17/71, 1 BvL 10/72, 1 BvR 355/71, DB 1973, 336; BVerfG v. 8.2.1995 – 1 BvR 753/94, NJW 1995, 1607).

2421 „Ein solcher Verstoß [gegen das Willkürverbot des Art. 3 Abs. 1 GG] liegt aber nicht vor, weil für die vom Schadensersatzrecht des BGB abweichende Ausschlussregelung des § 636 Abs. 1 S. 1 RVO sachliche Gründe angeführt werden können. [...] Die Regelung des Unfallversicherungsrechts bezweckt einmal den Schutz des Arbeitnehmers. Diesem steht bei einem Arbeitsunfall stets ein leistungsfähiger Schuldner gegenüber. Er ist in der Lage, schnell und wirksam die zur Wiederherstellung der Erwerbsfähigkeit und zur wirtschaftlichen Sicherung des Arbeitnehmers erforderlichen Maßnahmen zu treffen. Die Ansprüche des Arbeitnehmers werden ohne Verzögerung durch langwierige Streitigkeiten über Verschulden und Mitverschulden und ohne Prozessrisiko von Amts wegen festgestellt." (BVerfG v. 7.11.1972 – 1 BvL 4/71, 1 BvL 17/71, 1 BvL 10/72, 1 BvR 355/71, DB 1973, 336)

III. Mankohaftung

Literatur: *Deinert*, Mankohaftung, RdA 2000, 22; *Krause*, Die Haftung des Arbeitnehmers für Mankoschäden – Bilanz und Perspektiven, RdA 2013, 129; *Lansnicker/Schwirtzek*, Neuordnung der Mankohaftung, BB 1999, 259; *Oberthür*, Vertragliche Ausgestaltung der Mankohaftung – nichts geht mehr?, ArbRB 2007, 369; *Stoffels*, Haftung des Arbeitnehmers II, Mankohaftung, in: AR-Blattei SD 870.2.

2422 Eine **Sonderbehandlung** erfährt die Haftung des Arbeitnehmers auch für den Bereich der sog. Mankohaftung. Unter Manko versteht man einen Schaden, den ein Arbeitgeber dadurch erleidet, dass ein seinem Arbeitnehmer anvertrauter Warenbestand eine **Fehlmenge** aufweist oder sich in einer von seinem Arbeitnehmer geführten Kasse ein **Fehlbetrag** ergibt. Von den unproblematischen Fällen der Unterschlagung abgesehen, in denen der Arbeitgeber einen deliktischen Schadensersatzanspruch sowohl aus § 823 Abs. 1 BGB als auch aus § 823 Abs. 2 BGB i.V.m. § 246 StGB hat, ist die Behandlung derartiger Fälle zweifelhaft.

2423 Das BAG geht in seiner **Rechtsprechung** von einem **zweiteiligen Haftungskonzept** aus. Es differenziert danach, welche Position der Arbeitnehmer im Hinblick auf die ihm zur Erfüllung seiner Arbeitsleistung anvertrauten Sachen hat. **Wenn der Arbeitgeber** eine Tatsachenlage geschaffen hat, nach der **nicht mehr er selbst Besitzer der Sache ist, sondern der Arbeitnehmer**, sollen neben den arbeitsvertraglichen Bestimmungen die Vorschriften über die **Verwahrung** (§ 688 ff. BGB) und den **Auftrag**

III. Mankohaftung | Rz. 2429 § 52

(§§ 662 ff. BGB) Anwendung finden (BAG v. 29.1.1985 – 3 AZR 570/82, NZA 1986, 23; BAG v. 17.9.1998 – 8 AZR 175/97, NZA 1999, 141; BAG v. 2.12.1999 – 8 AZR 386/98, NZA 2000, 715). Ein Unterscheidungskriterium sei, **ob die Tätigkeit des Arbeitnehmers mit wirtschaftlichen Überlegungen und Entscheidungen verbunden war** (BAG v. 17.9.1998 – 8 AZR 175/97, NZA 1999, 141).

Allerdings wird diese Situation nicht häufig auftreten, da der Arbeitnehmer in der Regel nicht Besitzer der ihm zur Aufgabenerfüllung überlassenen Sachen ist, sondern nur Besitzdiener (§ 855 BGB). Das BAG ging vor der Neuregelung des Schuldrechts in diesen Fällen in umstrittener Rechtsprechung davon aus, dass die Regeln über die **positive Vertragsverletzung** anzuwenden seien (auch dazu BAG v. 29.1.1985 – 3 AZR 570/82, NZA 1986, 23; kritisch *Preis/Kellermann* Anm. SAE 1998, 133, 135; *Boemke* Anm. SAE 2000, 8). Der wirtschaftlich unselbstständige Arbeitnehmer dagegen, der die Sache nicht selbst in Besitz hat, solle nur nach den Grundsätzen der Schlechterfüllung haften. 2424

Das zweiteilige Haftungskonzept des BAG ist **abzulehnen** (ebenso *Boemke* Anm. SAE 2000, 8; AR-Blattei/*Stoffels* SD 870.2 Rz. 17 ff.). Die Haftungsregeln anderer Vertragstypen, z.B. des Auftrags, können nur dann angewandt werden, wenn es sich bei dem zugrundeliegenden Vertragsverhältnis um ein gemischtes Rechtsverhältnis handelt. Das ist aber i.d.R. nicht der Fall. Der Arbeitnehmer schuldet weder die Herausgabe als selbstständige Vertragspflicht, noch ist er ein selbstständiger Verwahrer. Außerdem obliegen auch dem wirtschaftlich unselbstständigen Arbeitnehmer Nebenpflichten zur Obhuts- und Sorgfaltsbeachtung (Küttner/*Griese* Fehlgeldentschädigung Rz. 10). Er hat versprochene Dienste zu leisten. Das Abhandenkommen von Sachen oder die Erzeugung von Fehlbeständen im Rahmen von Arbeitsverhältnissen ist somit eine Schlechtleistung des Arbeitnehmers, für die er nach § 280 Abs. 1 BGB haftet. 2425

Besonderheiten ergeben sich im Hinblick auf die Beweislastverteilung. Da sich die Gründe für das Zustandekommen eines Mankos häufig nicht aufklären lassen, kommt dieser Frage besondere Bedeutung zu. In jedem Falle obliegt dem Arbeitgeber die Darlegungs- und Beweislast für das (tatsächliche, nicht nur buchmäßige) Vorliegen eines Mankos und dessen adäquat kausale Herbeiführung durch ein Verhalten des Arbeitnehmers. Hinsichtlich des **Verschuldens** ist § 619a BGB anzuwenden. Diese Vorschrift setzt für eine Haftung des Arbeitnehmers nachgewiesenes Verschulden voraus. Es findet also im Bereich des Vertretenmüssens eine **Beweislastumkehr** zugunsten des Arbeitnehmers statt. 2426

Bei der Beurteilung des Verschuldens ist zudem zu beachten, dass die Fälle der Mankohaftung tatbestandsmäßig vom innerbetrieblichen Schadensausgleich erfasst werden. Auch das BAG wendet, wie von Teilen der Literatur gefordert, hier die **Grundsätze der privilegierten Haftung des Arbeitnehmers** (Rz. 2435) an (BAG v. 22.5.1997 – 8 AZR 562/95, NZA 1997, 1279; BAG v. 17.9.1998 – 8 AZR 175/97, NZA 1999, 141). 2427

Danach trifft den Arbeitnehmer eine volle Ersatzpflicht nur bei Vorsatz oder grober Fahrlässigkeit, wobei der Arbeitgeber den Grad des Verschuldens darlegen und beweisen muss. Im Falle einer quotalen Schadensteilung, d.h. bei mittlerer Fahrlässigkeit, ist im Rahmen der Abwägung auch die Gewährung eines Mankogeldes als Risikoausgleich zu berücksichtigen. Liegen Anhaltspunkte für wesentliche Fehler in der Organisation des Betriebs (z.B. mangelnde Vorkehrungen gegen den Zugriff Dritter, ungenügende Kontrollen oder seltene Inventuren) vor, ist schließlich auch an ein mitwirkendes Verschulden des Arbeitgebers i.S.d. § 254 BGB am Eintritt des Mankos zu denken. 2428

Um die ihn treffenden beweisrechtlichen Nachteile der Mankohaftung zu beseitigen oder abzumildern, drängt der Arbeitgeber häufig auf den Abschluss von Mankovereinbarungen (**Mankoabreden**). Eine Mankoabrede erfasst regelmäßig Sachverhalte, die über die allgemeine haftungsrechtliche Verantwortlichkeit des Arbeitnehmers hinausgehen, nämlich Fälle, in denen der Arbeitnehmer nach allgemeinen Grundsätzen nicht (fehlendes Verschulden oder leichte Fahrlässigkeit) oder nur anteilig (mittlere Fahrlässigkeit) haften würde. Oftmals werden solche besonderen vertraglichen Haftungsregelungen mit der Zusage der Zahlung eines Mankogeldes an den Arbeitnehmer verknüpft. Das Manko- 2429 geld soll dem Arbeitnehmer einen Ausgleich für möglicherweise auftretende Fehlbeträge bzw. -bestände bieten.

2430 In der Rechtsprechung des BAG wird die Zulässigkeit der Mankoabreden problematisiert, da sie die Grundsätze der privilegierten Arbeitnehmerhaftung zu Lasten des Arbeitnehmers verschieben (BAG v. 17.9.1998 – 8 AZR 175/97, NZA 1999, 141; BAG v. 2.12.1999 – 8 AZR 386/98, NZA 2000, 715).

2431 Gleichzeitig verweist das BAG jedoch auf seine frühere Rechtsprechung, wonach Mankovereinbarungen zugelassen werden können, sofern diese eine **angemessene Gegenleistung in Form eines Mankogeldes** oder eines angemessen erhöhten Gehalts vorsehen und Arbeitsbereiche betreffen, die der Arbeitnehmer kontrollieren kann, so z.B. in Fällen, in denen der Arbeitnehmer unbeobachteten Zugriff auf Geld oder andere Wertgegenstände des Arbeitgebers hat (BAG v. 29.1.1985 – 3 AZR 570/82, NZA 1986, 23). Haben auch andere Personen Zugriff auf die Sache oder ist die Ausgleichszahlung der Höhe nach nicht angemessen, ist die Mankovereinbarung unwirksam (BAG v. 17.9.1998 – 8 AZR 175/97, NZA 1999, 141).

2432 Seit Inkrafttreten der Schuldrechtsreform am 1.1.2002 sind Mankoabreden in **vorformulierten Arbeitsverträgen** am Maßstab der §§ 307 ff. BGB zu messen. Nach § 309 Nr. 12 BGB sind Klauseln, die die Beweislast zuungunsten des Arbeitnehmers regeln, unzulässig. § 309 Nr. 12 BGB untersagt jede Änderung der gesetzlichen Beweislast zum Nachteil des Vertragspartners des Verwenders und damit auch derjenigen aus § 619a BGB. Des Weiteren kann die Mankoabrede wegen unangemessener Benachteiligung nach § 307 Abs. 1 BGB unwirksam sein. Sie ist dann unangemessen, wenn entweder eine Mankovereinbarung für Bereiche getroffen wird, auf die neben dem Arbeitnehmer noch andere Personen Zugriff haben, oder keine angemessene Ausgleichszahlung gewährleistet wird, sodass das **Risiko des Arbeitgebers unzulässig auf den Arbeitnehmer abgewälzt** wird (BAG v. 17.9.1998 – 8 AZR 175/97, NZA 1999, 141).

2433 Die Angemessenheit des Mankogeldes wird bejaht, wenn das zusätzliche Entgelt mindestens den Durchschnitt der erfahrungsgemäß zu erwartenden Fehlbeträge bzw. -bestände erreicht. Strenger ist insoweit das BAG, wenn es verlangt, dass eine **Haftung** aufgrund besonderer vertraglicher Abrede **die Summe der gezahlten Mankogelder nicht übersteigen darf** (BAG v. 17.9.1998 – 8 AZR 175/97, NZA 1999, 141; BAG v. 2.12.1999 – 8 AZR 386/98, NZA 2000, 715).

§ 53
Haftung des Arbeitgebers und Eigenschäden des Arbeitnehmers

Literatur: *Däubler*, Haftung im Arbeitsverhältnis – der geschädigte Arbeitnehmer, JuS 1986, 425; *Rolfs*, Haftung des Arbeitgebers II, Der Personenschaden des Arbeitnehmers, in: AR-Blattei SD 860.2; *Schwab*, Die Haftung des Arbeitgebers, AiB 2007, 233; *Stoffels*, Haftung des Arbeitgebers I, Grundlagen, in: AR-Blattei SD 860.1.

2434 Im Rahmen eines Arbeitsverhältnisses als einem komplexen, auf Dauer angelegten Geflecht gegenseitiger Rechte und Pflichten können die verschiedenartigsten Störungstatbestände eintreten. Das gilt auch für die Haftung des Arbeitgebers gegenüber seinen Arbeitnehmern. Sie reicht zeitlich von der Begründung des Arbeitsverhältnisses (§§ 280 Abs. 1, 311 Abs. 2 BGB, Verschulden bei Vertragsschluss; siehe unter Rz. 747 ff., 838 ff.; Schutz vor Diskriminierungen insbesondere durch die Vorschriften des AGG: Rz. 768) bis zur Beendigung (§ 628 Abs. 2 BGB), mitunter sogar noch darüber hinaus (Haftung wegen unrichtiger Auskünfte über den ausgeschiedenen Arbeitnehmer; Rz. 3435). Die jeweils spezifisch in Betracht zu ziehenden Anspruchsgrundlagen sind in diesem Werk jeweils im Zusammenhang mit den einschlägigen Sachfragen dargestellt. Das gilt auch für den Anspruch des Arbeitnehmers auf Aufwendungsersatz aus § 670 BGB, wenn er bei einer betrieblichen Tätigkeit einen Schaden an seinem Eigentum erleidet (Rz. 1328). An dieser Stelle sollen nur die allgemeinen **vertraglichen** und **deliktischen Anspruchsgrundlagen** erörtert werden, die, soweit der Arbeitnehmer einen **Personenschaden** erlitten hat, durch die unfallversicherungsrechtliche Regelung des § 104 SGB VII entscheidend modifiziert werden.

I. Vertragliche Ansprüche

Anspruchsgrundlage für Schadensersatz ist auch bei der Haftung des Arbeitgebers § 280 Abs. 1 BGB. Der Arbeitgeber haftet dem Arbeitnehmer also nach allgemeinen schuldrechtlichen Regeln bei Unmöglichkeit, Nebenpflichtverletzung und Verzug, etwa, wenn er seine Hauptleistung (die Vergütung) nicht rechtzeitig erbringt. Berücksichtigt der Arbeitgeber z.B. einen teilzeitbeschäftigten Arbeitnehmer mit dem Wunsch der Arbeitszeitverlängerung bei der Besetzung einer entsprechenden freien Stelle nicht (§ 9 TzBfG), macht er sich nach §§ 280 Abs. 1, 283 S. 1 BGB schadensersatzpflichtig (BAG v. 16.9.2008 – 9 AZR 781/07, NZA 2008, 1285, 1289; BAG v. 18.7.2017 – 9 AZR 259/16, NZA 2017, 1401).

2435

Zweifelhaft ist, ob die genannten Bestimmungen auch dann Anwendung finden, wenn der Arbeitgeber dem Arbeitnehmer entgegen seiner Beschäftigungspflicht (Rz. 1416) den Arbeitsplatz vorenthält. Während die Praxis in diesen Fällen regelmäßig schlicht **Annahmeverzug** annimmt und dem Arbeitnehmer (lediglich) seinen Lohn aus § 615 S. 1 BGB zuerkennt, wird vereinzelt darauf hingewiesen, dass dem Arbeitnehmer aus seiner Nichtbeschäftigung ein **weitergehender Schaden** erwachsen kann. Auch das BAG hat im Einzelfall (Bühnenkünstler) angenommen, ein ersatzfähiger Schaden könne auch darin erblickt werden, dass der Arbeitnehmer seine Fähigkeiten zeitweise nicht entwickeln konnte und durch die Nichtbeschäftigung in seinem Ansehen beeinträchtigt wurde (BAG v. 12.11.1985 – 3 AZR 576/83, AR-Blattei Künstlerische Tätigkeit Entsch 38).

2436

Pflichtverletzungen des Arbeitgebers im Rahmen eines bestehenden Arbeitsverhältnisses, die weder Unmöglichkeit noch Verzug herbeiführen, führen zu einer Schadensersatzpflicht nach § 280 Abs. 1 BGB. Hauptanwendungsfall ist die **Verletzung der dem Arbeitgeber zum Schutze seiner Arbeitnehmer obliegenden vertraglichen Nebenpflichten (§ 241 Abs. 2 BGB)**. Angesichts der Vielfalt der in Frage kommenden Nebenpflichten des Arbeitgebers (vgl. zu den konkreten Pflichten Rz. 1778) handelt es sich um den praktisch wichtigsten Haftungsfall.

2437

II. Deliktische Ansprüche und Gefährdungshaftung

Unter den deliktischen Ansprüchen von überragender Bedeutung ist naturgemäß **§ 823 Abs. 1 BGB**, dessen Voraussetzungen und Rechtsfolgen im Allgemeinen hier keiner Erörterung bedürfen. Ein Recht am Arbeitsplatz als sonstiges Recht wird man nicht anerkennen können, weil dies zu einer nicht zu rechtfertigenden Verabsolutierung (Schutz gegenüber jedermann) eines Rechts führen würde, das aus einer relativen Rechtsbeziehung (zum Arbeitgeber) resultiert und im Übrigen durch vertragsrechtliche Ansprüche (Beschäftigungsanspruch) hinreichend geschützt ist.

2438

Das allgemeine Persönlichkeitsrecht des Arbeitnehmers genießt dagegen als **anerkanntes sonstiges Recht i.S.v. § 823 Abs. 1 BGB** Schutz gegen Beeinträchtigungen durch den Arbeitgeber. So stellt es z.B. eine Verletzung dieses Rechts dar, wenn der Arbeitnehmer einem ständigen lückenlosen Überwachungsdruck dadurch ausgesetzt wird, dass sich der Arbeitgeber vorbehält, jederzeit ohne konkreten Hinweis den Arbeitsplatz durch eine versteckte Videokamera zu beobachten (BAG v. 7.10.1987 – 5 AZR 116/86, NZA 1988, 92).

2439

Eine Haftung aus unerlaubter Handlung kommt ferner in Betracht bei Verletzung eines „den Schutz eines anderen bezweckenden Gesetzes" i.S.d. § 823 Abs. 2 BGB. **Schutzgesetze** sind solche Rechtsnor-

2440

men, die ein bestimmtes Verhalten gebieten oder verbieten, um hierdurch gerade den Einzelnen oder einzelne Personenkreise gegen die Verletzung ihrer Lebensgüter zu schützen. In Betracht kommen z.B. Gesetze und Verordnungen des öffentlich-rechtlichen Arbeitsschutzes und die Unfallverhütungsvorschriften der Berufsgenossenschaften.

2441 Auch hinsichtlich der in Betracht kommenden Tatbestände der Gefährdungshaftung (insb. § 7 StVG) gelten keine arbeitsrechtlichen Besonderheiten. Hinzuweisen ist jedoch auf die oftmals **übersehene Vorschrift des § 3 HaftPflG**, der den Betreiber eines Bergwerks, Steinbruchs, einer Grube oder einer Fabrik zum Schadensersatz verpflichtet, wenn durch das Verschulden eines Bevollmächtigten oder einer zur Beaufsichtigung der Arbeiter eingesetzten Person ein Mensch getötet oder verletzt wird. Die praktische Bedeutung von § 3 HaftPflG ist indessen sehr gering, weil nahezu in allen Fällen, in denen die Norm die Haftung des Unternehmers statuiert, diese wieder durch den sogleich zu erörternden § 104 SGB VII aufgehoben ist.

III. Besonderheiten bei Personenschäden des Arbeitnehmers

2442 Der Ersatz von Personenschäden ist im **Unfallversicherungsrecht**, das eine der fünf Säulen der Sozialversicherung (neben der Kranken-, Renten-, Arbeitslosen- und Pflegeversicherung) darstellt und im 7. Buch des Sozialgesetzbuchs (SGB VII) normiert ist, abschließend geregelt: Erleidet der Arbeitnehmer einen **Arbeitsunfall**, hat er gegen den Träger der gesetzlichen Unfallversicherung (i.d.R. die jeweilige Berufsgenossenschaft) einen **Anspruch auf Heilbehandlung**, auf medizinische, berufsfördernde, soziale und ergänzende Leistungen zur **Rehabilitation**, auf Leistungen bei Pflegebedürftigkeit sowie auf **Verletztengeld** und, wenn die Erwerbsfähigkeit des Arbeitnehmers über die 26. Woche nach dem Arbeitsunfall hinaus um mindestens 20 % gemindert ist, auf **Unfallrente** (§ 56 SGB VII).

2443 Die **privatrechtliche Haftung** des Arbeitgebers – gleich aus welchem Rechtsgrund, sei es Vertrag, Delikt oder Gefährdungshaftung – wird durch § 104 Abs. 1 S. 1 SGB VII für **Personenschäden** des Arbeitnehmers **weitgehend ausgeschlossen**. Nach dieser Vorschrift haftet der Arbeitgeber nur, wenn er den Unfall vorsätzlich herbeigeführt hat oder dieser bei einem Weg zur oder von der Arbeit eingetreten ist; in diesen Fällen muss er sich auf den Schadensersatzanspruch jedoch die Leistungen des Unfallversicherungsträgers anrechnen lassen (§ 104 Abs. 3 SGB VII). Der **Normzweck** dieses **unfallversicherungsrechtlichen Haftungsausschlusses** ist bereits oben (Rz. 2406) ausführlich erörtert worden.

2444 Seine **tatbestandlichen Voraussetzungen** decken sich seit der Eingliederung des Unfallversicherungsrechts in das Sozialgesetzbuch weitgehend mit denen des Haftungsausschlusses unter Arbeitskollegen. Die Haftung trifft den

– **Unternehmer** (dazu BGH v. 5.7.1977 – VI ZR 134/76, MDR 1978, 304; BGH v. 4.10.1988 – VI ZR 7/88, MDR 1989, 151) **nur, wenn er**

„*Damit ist Unternehmer i.S.v. § 636 Abs. 1 RVO derjenige, dem das wirtschaftliche Ergebnis des Unternehmens, der Wert oder der Unwert der in dem Unternehmen verrichteten Arbeiten unmittelbar zum Vorteil oder zum Nachteil gereicht, mithin derjenige, der das Geschäftswagnis, das Unternehmerrisiko, trägt. Ausschlaggebend ist dafür die Rechtsform, in der das Unternehmen betrieben wird.*" (BGH v. 4.10.1988 – VI ZR 7/88, MDR 1989, 151)

– **den Versicherungsfall eines Versicherten** (zu beidem Rz. 2406),

– **der für sein Unternehmen tätig ist oder zu seinem Unternehmen in einer sonstigen die Versicherung begründenden Beziehung steht**

Mit dieser Formulierung ist gemeint, dass sich der Haftungsausschluss nicht nur auf Stammarbeitnehmer des Unternehmens, sondern auch auf solche erstreckt, die – wie etwa Leiharbeitnehmer – nur vorübergehend (mindestens aber durch eine Tätigkeit „wie ein Beschäftigter" i.s.v. § 2 Abs. 2

SGB VII) für das Unternehmen tätig sind (vgl. BT-Drs. 13/2204 S. 100; BAG v. 18.11.2014 – VI ZR 47/13, NZA 2015, 689).

– **vorsätzlich oder auf einem nach § 8 Abs. 2 Nr. 1 bis 4 SGB VII versicherten Weg herbeigeführt hat** (Rz. 2406).

Ist der Unfall vorsätzlich oder grob fahrlässig herbeigeführt worden, kann der Unfallversicherungsträger wegen seiner Aufwendungen bis zur Höhe des zivilrechtlichen Schadensersatzanspruchs Regress gegen den Unfallverursacher nehmen (§ 110 SGB VII). 2445

IV. Verschuldensunabhängiges Eintreten für Eigenschäden des Arbeitnehmers an Sachen

Übersicht: Ersatz von Eigenschäden 2446

☐ Körperschäden

Kein Ersatz durch den Arbeitgeber, sondern Leistungen der Berufsgenossenschaft als Trägerin der gesetzlichen Unfallversicherung, § 104 SGB VII (vgl. Rz. 2406)

☐ Sachschäden

Ersatz durch den Arbeitgeber analog § 670 BGB

Der Ersatz von Auslagen gibt in der Praxis kaum Anlass zu dogmatischen Streitigkeiten. Der Ersatz von Schäden, also unfreiwilligen Vermögensopfern, die der Arbeitnehmer erleidet, erweist sich dagegen dogmatisch, nicht aber in den praktischen Resultaten, als durchaus problematisch. 2447

Auf welcher Grundlage der Arbeitnehmer Sachschäden, die er bei der Arbeit erleidet, vom Arbeitgeber ersetzt erhalten kann, ist seit langem Gegenstand juristischer Diskussion. Der Große Senat des BAG hat sich in seiner grundlegenden Entscheidung vom 10.11.1961 (BAG v. 10.11.1961 – GS 1/60, NJW 1962, 411 – **„Ameisensäurefall"**) für die Anwendung des § 670 BGB auch in diesen Fällen ausgesprochen. 2448

„Der Arbeitgeber haftet für Sachschäden, die sein Arbeitnehmer bei der Arbeit ohne eigenes Verschulden erleidet, grundsätzlich nur dann, wenn den Arbeitgeber ein Verschulden trifft. Handelt es sich jedoch um Sachschäden, die in Vollzug einer gefährlichen Arbeit entstehen und durchaus außergewöhnlich sind, mit denen also der Arbeitnehmer nach der Art des Betriebes oder nach der Art der Arbeit nicht zu rechnen hatte, so hat der Arbeitgeber dem Arbeitnehmer Wertersatz für die Vernichtung oder Beschädigung seiner Sachen zu leisten." (BAG v. 10.11.1961 – GS 1/60, NJW 1962, 411)

Dies macht neben der bereits erörterten Analogie (Arbeitsverhältnis ist keine Geschäftsbesorgung) allerdings eine **zweite Analogie** erforderlich, weil der Aufwendungsersatz an sich nur freiwillige Vermögensopfer, nicht aber unfreiwillige Schäden betrifft. Freilich ist diese zweite Analogie auch im allgemeinen Zivilrecht anerkannt (BGH v. 5.12.1983 – II ZR 252/82, BGHZ 89, 153, 157). 2449

Die Voraussetzungen des Aufwendungsersatzanspruchs nach dieser Rechtsprechung, an der das BAG trotz der in der Literatur geäußerten Kritik festhält (BAG v. 20.4.1989 – 8 AZR 632/87, NZA 1990, 27; BAG v. 23.11.2006 – 8 AZR 701/05, NZA 2007, 870; BAG v. 28.10.2010 – 8 AZR 647/09, NZA 2011, 406, 408), lassen sich wie folgt zusammenfassen: 2450

Übersicht: Anspruch auf Ersatz von Eigenschäden (Sachschäden) analog § 670 BGB 2451

Der Anspruch besteht, wenn

☐ dem Arbeitnehmer bei der Erbringung der Arbeitsleistung ein Schaden entstanden ist,

☐ den Arbeitgeber hieran kein Verschulden trifft (sonst haftet er schon nach § 280 BGB),

☐ der Schaden dem Betätigungsbereich des Arbeitgebers (und nicht dem Lebensbereich des Arbeitnehmers; Beispiel des BAG: Laufmasche an der Strumpfhose der Sekretärin) zuzurechnen ist,

☐ der Arbeitnehmer mit dem Schaden nach der Art des Betriebs oder seiner Arbeit nicht zu rechnen brauchte, insbesondere derartige Schäden nicht notwendig oder regelmäßig entstehen (d.h. „arbeitsadäquat" sind) und

☐ der Arbeitnehmer den Schaden nicht selbst tragen muss, weil er für das Risiko seiner Realisierung eine besondere Vergütung erhält.

2452 Auch Unfallschäden am arbeitnehmereigenen PKW, der mit Billigung des Arbeitgebers in dessen Tätigkeitsbereich eingesetzt wird, sind von diesem analog § 670 BGB zu ersetzen. Um einen **Einsatz im Betätigungsbereich des Arbeitgebers** handelt es sich, wenn ohne den Einsatz des Arbeitnehmerfahrzeugs der Arbeitgeber ein eigenes Fahrzeug einsetzen und damit dessen Unfallgefahr tragen müsste (BAG v. 28.10.2010 – 8 AZR 647/09, NZA 2011, 406, 408; BAG v. 23.11.2006 – 8 AZR 701/05, NZA 2007, 870). Zwar liegt das allgemeine Wegerisiko zur Arbeitsstelle grundsätzlich im Risikobereich des Arbeitnehmers. Anders kann sich dies jedoch beispielsweise im Fall der **Rufbereitschaft** des Arbeitnehmers verhalten. Denn hier hat der Arbeitnehmer regelmäßig die Pflicht, auf schnellstmöglichem Wege die Arbeitsstelle aufzusuchen. Hält der Arbeitnehmer es für erforderlich, ein Privatfahrzeug einzusetzen, um ebendieser Pflicht gerecht zu werden, handelt er in der Regel auch im Interesse des Arbeitgebers. Dies hat zur Folge, dass die Benutzung des Privatwagens in die Risikosphäre des Arbeitgebers fällt und ein sich auf diesem Weg ereignender Unfallschaden ersatzfähig nach § 670 BGB analog ist (BAG v. 22.6.2011 – 8 AZR 102/10, NZA 2012, 91).

2453 Etwaiges **Mitverschulden des Arbeitnehmers** bei der Entstehung der Aufwendung (insbesondere beim mitverschuldeten Verkehrsunfall) kann zwar **nicht in direkter Anwendung des § 254 BGB** berücksichtigt werden, weil diese Norm für Schadens-, nicht aber Aufwendungsersatzansprüche gilt. Freilich ist schon im allgemeinen Zivilrecht anerkannt, dass § 254 BGB nur eine spezialgesetzliche Ausprägung des allgemeinen **Grundsatzes von Treu und Glauben** (§ 242 BGB) ist, sodass auch einem Aufwendungsersatzanspruch der Einwand des Mitverschuldens entgegengehalten werden kann (BAG v. 23.11.2006 – 8 AZR 701/05, NZA 2007, 870). Bei der Abwägung des Mitverschuldens wendet das BAG (BAG v. 20.4.1989 – 8 AZR 632/87, NZA 1990, 27) wie bei der Haftung des Arbeitnehmers (Rz. 2376) die **Grundsätze des innerbetrieblichen Schadensausgleichs** an. Das bedeutet, dass im Falle eines geringen Mitverschuldensanteils des Arbeitnehmers der Arbeitgeber grundsätzlich zu vollem Ersatz verpflichtet ist. Bei normalem Mitverschuldensgrad des Arbeitnehmers kommt eine Quotelung in Betracht. Verursacht der Arbeitnehmer den Schaden grob fahrlässig, entfällt sein Ersatzanspruch gegenüber dem Arbeitgeber in Gänze (BAG v. 20.4.1989 – 8 AZR 632/87, NZA 1990, 27).

7. Abschnitt:
Schlechtleistung des Arbeitnehmers

§ 54
Schlechtleistung des Arbeitnehmers

Literatur: *Gotthardt*, Arbeitsrecht nach der Schuldrechtsreform, 2002, Rz. 39 ff., 180 ff.; *Hunold*, „Low Performer", AuA 2009, 645; *Hunold*, Subjektiv determinierte Leistungspflicht des Mitarbeiters und Konkretisierung von Arbeitsanweisungen und Abmahnungen, NZA 2009, 830; *Lindemann*, Neuerungen im Arbeitsrecht durch die Schuldrechtsreform, ArbuR 2002, 81; *Maschmann*, Die mangelhafte Arbeitsleistung, NZA Sonderbeilage 1/2006, 13; *Richardi*, Leistungsstörungen und Haftung im Arbeitsverhältnis nach dem Schuldrechtsmodernisierungsgesetz, NZA 2002, 1004; *Servatius*, Die Haftung des Arbeitnehmers für Nicht- und Schlechtleistung, Jura 2005, 838; *Singer/Schiffer*, Sanktionen für Schlechtleistungen von Arbeitnehmern, JA 2006, 833.

Im Falle der Unmöglichkeit entfällt der Anspruch auf die Gegenleistung ganz oder teilweise kraft Gesetzes (§ 326 Abs. 1 S. 1 BGB; Rz. 2022), sofern nicht anderweitige Regelungen zur Fortzahlung des Entgelts eingreifen. Dagegen behält der Arbeitnehmer bei Schlechtleistung und Verletzung von Nebenpflichten seinen Vergütungsanspruch. Doch er ist auch in diesen Fällen nicht von jeder Verantwortlichkeit befreit. Er haftet **verschuldensabhängig** auf **Schadensersatz** gemäß § 280 Abs. 1 BGB, mit welchem der Arbeitgeber gegen den Entgeltanspruch aufrechnen kann. Aufgrund dieser unterschiedlichen Rechtsfolgen ist daher trotz des einheitlichen Pflichtverletzungstatbestands des § 280 Abs. 1 BGB auch weiterhin eine **Abgrenzung zwischen Nicht- und Schlechtleistung** erforderlich. Nichtleistung und nicht Schlechtleistung liegt z.B. dann vor, wenn der Arbeitnehmer überhaupt nicht tätig wird, sich verspätet oder den Arbeitsplatz vorzeitig verlässt. 2454

Zur Systematisierung der vielgestaltigen Tatbestände, die in diesem Zusammenhang in Betracht zu ziehen sind, unterscheidet man sinnvollerweise **zwei Tatbestände**, nämlich 2455

– die Verletzung der Arbeitspflicht (Hauptpflicht; Rz. 2456) und
– die Verletzung der in § 241 Abs. 2 BGB normierten Nebenpflichten (z.B. Verschwiegenheitspflicht; Rz. 2475).

I. Verletzung der Hauptpflicht

Übersicht: Rechtsfolgen von Hauptpflichtverletzungen 2456

☐ Schadensersatz aus § 280 Abs. 1 BGB

☐ Vertragsstrafe

☐ Betriebsbuße

☐ Abmahnung

☐ Kündigung, nicht: Lohnminderung

Zur Hauptpflicht des Arbeitnehmers gehört, während der Arbeitszeit unter **Aufwendung aller ihm gegebenen geistigen und körperlichen Fähigkeiten** zu arbeiten, auch wenn seine Leistung über der – objektiven – Normalleistung liegt (Rz. 1078). Er braucht jedoch mit seinen Kräften keinen Raubbau zu treiben und hat die Arbeit (nur) so zu leisten, wie dies nach Treu und Glauben (**§ 242 BGB**) billigerweise von ihm erwartet werden kann. Ein Verstoß gegen diese Pflicht stellt eine **Pflichtverletzung** dar, die nach den allgemeinen Regeln des Privatrechts mit verschiedenen Sanktionen belegt ist. 2457

1. Lohnminderung

Fraglich ist zunächst, ob der Arbeitgeber im Falle der Schlechtleistung des Arbeitnehmers seine Gegenleistung – den Lohn – ganz oder teilweise zurückhalten darf. Das BAG hat, wenn Zeitlohn vereinbart war, eine solche Befugnis verneint, weil das Dienstvertragsrecht in den §§ 611 ff. BGB, anders als das Kauf- oder Werkvertragsrecht, **keine Möglichkeit der Minderung** vorsieht (BAG v. 17.7.1970 – 3 AZR 423/69, NJW 1971, 111; BAG v. 18.7.2007 – 5 AZN 610/07, BB 2007, 1903). 2458

Aus § 326 Abs. 1 BGB ergibt sich, dass das Schuldrecht **kein allgemeines Minderungsrecht** vorsieht. Ein solches ergibt sich nur aufgrund spezifischer Regelungen für das einzelne Schuldverhältnis, die jedoch beim Dienstvertrag nach wie vor fehlen (*Gotthardt* Rz. 190). 2459

2460 Zweifelhaft ist, ob dies auch bei der Vereinbarung von **Akkordlohn** uneingeschränkt gilt. Das BAG (15.3.1960 – 1 AZR 301/57, DB 1960, 613) hat eine Klausel in einem Tarifvertrag, wonach der Arbeitnehmer eine **Vergütung nur für fachlich einwandfreie Arbeiten** erhält, für zulässig gehalten.

2461 Bei einer solchen Abrede ist der Arbeitnehmer darlegungs- und beweispflichtig dafür, dass seine Arbeit mangelfrei ist. Ist sie es nicht, entsteht von Anfang an kein Lohnanspruch. Man wird eine derartige Vereinbarung heute aber **allenfalls** noch **in Tarifverträgen** für zulässig halten können, im Individualarbeitsvertrag dürfte eine solche Klausel der Inhaltskontrolle (Rz. 997) nicht standhalten.

2. Schadensersatz

2462 **Übersicht: Schadensersatzanspruch aus § 280 Abs. 1 BGB wegen Schlechtleistung des Arbeitnehmers**

Dem Arbeitgeber erwächst gegen den Arbeitnehmer ein Anspruch aus § 280 Abs. 1 BGB, wenn

☐ der Arbeitnehmer seine arbeitsvertraglichen Pflichten verletzt hat,

☐ er die Vertragsverletzung zu vertreten hat,

☐ dem Arbeitgeber ein Schaden entstanden ist und

☐ zwischen der Vertragsverletzung und dem Schaden ein Kausalzusammenhang besteht.

2463 In Bezug auf diese Tatbestandsvoraussetzungen gelten die allgemeinen Grundsätze des Privatrechts, d.h. das **Vertretenmüssen** des Arbeitnehmers richtet sich nach **§ 276 BGB** (Vorsatz und Fahrlässigkeit), als **Schaden** kommt jede Differenz zwischen der durch das Schadensereignis geschaffenen tatsächlichen Vermögenslage des Arbeitgebers und der unter Ausschaltung dieses Ereignisses gedachten Lage (sog. **Differenzhypothese**) in Betracht. Für den (haftungsbegründenden und haftungsausfüllenden) **Kausalzusammenhang** gilt die **Adäquanztheorie**.

2464 Nach § 280 Abs. 1 BGB müsste der Arbeitgeber den objektiven Tatbestand der Pflichtverletzung beweisen, der Arbeitnehmer müsste sich exkulpieren. Davon enthält jedoch **§ 619a BGB** eine Abweichung, welche eine **Beweislastumkehr** zugunsten des Arbeitnehmers regelt. Danach muss der Arbeitgeber auch das Vertretenmüssen beweisen. Die Norm knüpft an die Rechtsprechung des BAG an, welche die allgemeinen Regeln, nach denen der Arbeitnehmer sein Nichtvertreten beweisen müsste, im Rahmen der Arbeitnehmerhaftung für nicht anwendbar hielt (BAG v. 17.9.1998 – 8 AZR 175/97, NZA 1999, 141). Grundgedanke hierbei ist, dass der Arbeitgeber aufgrund seiner Organisationsmöglichkeiten für ein höheres Risiko einzustehen hat. Diese Annahme würde konterkariert, wenn man dem Arbeitnehmer wegen der Anwendung einer Beweislastregel einen Teil des Risikos zurückübertragen würde.

2465 § 619a BGB ist eine **reine Beweislastregel** und ersetzt keineswegs § 280 Abs. 1 BGB als Anspruchsgrundlage für das Arbeitsrecht. Sie bezieht sich nur auf die Haftung des Arbeitnehmers gegenüber dem Arbeitgeber, nicht aber auf die Haftung des Arbeitnehmers gegenüber anderen Arbeitnehmern oder Dritten. Im Übrigen kann die Beweislastumkehr nur dort greifen, wo auch die Grundsätze der Haftungsbeschränkung (Rz. 2376) anzuwenden sind, um diesbezügliche Diskrepanzen zu vermeiden (*Gotthardt* Rz. 187). Das bedeutet, dass sie nur bei **betrieblich veranlasster Tätigkeit** gilt. Die abweichende Beweislastverteilung des § 619a BGB bezieht sich außerdem nur auf Ansprüche, die ihre Grundlage in § 280 Abs. 1 BGB haben und auf Schadensersatz gerichtet sind.

2466 Aus der Geltung der **Differenzhypothese** folgt insbesondere, dass ein Schadensersatzanspruch nicht bei einer (nur) minderwertigen Arbeitsleistung ohne Vermögenseinbuße auf Arbeitgeberseite entsteht. Voraussetzung ist vielmehr eine **echte „Integritätsverletzung"** (vgl. BAG v. 6.6.1972 – 1 AZR 438/71, DB 1972, 1731).

Einen Schadensersatzanspruch wegen **Minderwertigkeit der Arbeitsleistung als solcher**, der gemäß 2467
§§ 280 Abs. 1, 281 Abs. 1 S. 1 Alt. 2 BGB als Schadensersatz statt der Leistung einzuordnen wäre, hat
das BAG jedoch abgelehnt (BAG v. 6.6.1972 – 1 AZR 438/71, DB 1972, 1731). **Schadensersatz statt
der ganzen Leistung** kann der Arbeitgeber nach im Grundsatz erforderlicher Fristsetzung nur dann
nicht verlangen, wenn die Pflichtverletzung unerheblich ist (§ 281 Abs. 1 S. 3 BGB). Ganze Leistung
meint hier das gesamte Arbeitsverhältnis. Ein Schadensersatzanspruch kommt im Arbeitsrecht deshalb
bei einer Kündigung in Betracht, wobei § 628 Abs. 2 BGB insoweit in seinem Anwendungsbereich
jedoch vorrangig ist.

Übereinstimmung besteht zwischen Arbeitsrechtsprechung und -wissenschaft seit Jahrzehnten darüber, 2468
dass die **Haftung des Arbeitnehmers auf den vollen Schaden schon bei leichtester Fahrlässigkeit
aus sozialpolitischen Erwägungen der Einschränkung bedarf**. Aus diesem Grunde ist, wenn der
Schadensersatzanspruch des Arbeitgebers tatbestandlich festgestellt ist, **auf der Rechtsfolgenseite** die
Haftungsbeschränkung (Rz. 2376) zu berücksichtigen.

3. Vertragsstrafe und Betriebsbußen

Literatur: *Hauck,* Die Vertragsstrafe im Arbeitsrecht im Lichte der Schuldrechtsreform, NZA 2006, 816;
Heinze, Zur Abgrenzung von Betriebsbuße und Abmahnung, NZA 1990, 169; *Leder/Morgenroth,* Die Vertragsstrafe
im Formulararbeitsvertrag, NZA 2002, 952; *Preis/Stoffels,* Vertragsstrafe, AR-Blattei SD 1710;
Schramm, Neue Herausforderungen bei der Gestaltung von Vertragsstrafenklauseln, NJW 2008, 1494; *Schulze/Häfner,*
Abmahnungen und Betriebsbußen, AiB 2007, 275; *Söllner,* Vertragsstrafen im Arbeitsrecht, ArbuR
1981, 97; *Walker,* Zur Zulässigkeit von Betriebsbußen, FS Kissel (1994), 1205.

Grundsätzlich sind Vertragsstrafenvereinbarungen in Arbeitsverträgen – auch in vorformulierten – 2469
zulässig. Vorformulierte Vertragsstrafenabreden sind einer **Inhaltskontrolle** gemäß §§ 307 ff. BGB zu
unterziehen. Die Rechtsprechung hat festgehalten, dass sie zwar nach § 309 Nr. 6 BGB in vorformulierten
Verträgen grundsätzlich unwirksam seien, im Arbeitsrecht aber die **arbeitsrechtlichen Besonderheiten**
beachtet werden müssten. Danach sind Vertragsstrafenabreden wegen der **fehlenden Vollstreckungsmöglichkeit**
arbeitsrechtlicher Leistungen, § 888 Abs. 3 ZPO, oft die einzig wirksame
Möglichkeit, um zur Erfüllung der vertraglichen Pflichten anzuhalten (BAG v. 4.3.2004 – 8 AZR 196/
03, NZA 2004, 727). Denn Ersatzansprüche, die der Arbeitgeber grundsätzlich gelten machen könnte,
scheitern in der Regel daran, dass er den nötigen Kausalitätsnachweis der Pflichtverletzung des Arbeitnehmers
für den Schaden und dessen Höhe nicht zu erbringen vermag. § 309 Nr. 6 BGB findet deswegen
im Arbeitsrecht grundsätzlich keine Anwendung (BAG v. 19.8.2010 – 8 AZR 645/09, AP Nr. 49
zu § 307 BGB; BAG v. 18.12.2008 – 8 AZR 81/08, NZA-RR 2009, 519, 522).

Dennoch gilt nach der Rechtsprechung des BAG bei der Inhaltskontrolle von Vertragsstrafenabreden 2470
ein **strenger Maßstab** (BAG v. 23.1.2014 – 8 AZR 130/13, NZA 2014, 777, 779). Insbesondere ist das
Transparenzgebot auf Abreden über Vertragsstrafen anzuwenden. **Voraussetzung** einer solchen Vereinbarung
ist, dass die mit der Strafabrede **sanktionierte Verhaltensweise** so **genau bezeichnet** ist,
dass der Arbeitnehmer sein Verhalten danach einrichten kann. Die Bestimmung einer Vertragsstrafe
für den Fall eines „gravierenden Vertragsverstoßes" genügt dem nicht (BAG v. 18.8.2005 – 8 AZR 65/
05, NZA 2006, 34, 36).

Die Vertragsstrafe muss zudem der **Höhe** nach angemessen sein; sie darf nicht unverhältnismäßig 2471
sein. Eine generelle Höchstgrenze wird entgegen der früheren Rechtsprechung des BAG nicht
mehr für erforderlich erachtet (BAG v. 25.9.2008 – 8 AZR 717/07, NZA 2009, 370). Vielmehr sei bei der
Bewertung der Angemessenheit der individuellen Kündigungsfrist eine erhebliche Bedeutung beizumessen.
Zu beachten ist, dass bei der Unwirksamkeit einer Vertragsstrafe nach § 307 BGB eine Herabsetzung
der Strafe nach § 343 BGB nicht mehr in Betracht kommt, weil die Vorschriften über die
Inhaltskontrolle nach den §§ 307 ff. BGB ansonsten leerlaufen würden.

*„In der Länge der Kündigungsfrist kommt zum Ausdruck, in welchem zeitlichen Umfang der Arbeitgeber
Arbeitsleistungen vom Arbeitnehmer verlangen kann und welches Interesse er an der Arbeitsleistung hat.*

Dabei ist die Höhe der Vergütung grundsätzlich ein geeigneter Maßstab, um den Wert der Arbeitsleistung festzustellen. Die Länge der jeweils maßgeblichen Kündigungsfrist und die für diesen Zeitraum zu zahlende Vergütung spiegeln regelmäßig das wirtschaftliche Interesse des Arbeitgebers an der Arbeitskraft des Arbeitnehmers wider. Eine Vertragsstrafe, die höher ist als die Arbeitsvergütung, die für die Zeit zwischen der vorzeitigen tatsächlichen Beendigung des Arbeitsverhältnisses und dem Ablauf der maßgeblichen Kündigungsfrist an den Arbeitnehmer zu zahlen gewesen wäre, ist deshalb nur ausnahmsweise angemessen i.S.v. § 307 I 1 BGB. Dies kann nur angenommen werden, wenn das Interesse des Arbeitgebers den Wert der Arbeitsleistung, der sich in der bis zum Ablauf der maßgeblichen Kündigungsfrist geschuldeten Arbeitsvergütung niederschlägt, aufgrund besonderer Umstände typischerweise und generell übersteigt." (BAG v. 24.8.2017 – 8 AZR 378/16, NZA 2018, 100 Rz. 27)

2472 Unzulässig ist die Vereinbarung von Vertragsstrafen im Ausbildungsverhältnis (§ 12 Abs. 2 Nr. 2 BBiG).

2473 In **Tarifverträgen und Betriebsvereinbarungen** (nicht aber im Individualarbeitsvertrag) kann für den Fall einer Pflichtverletzung des Arbeitnehmers auch die Verhängung einer Betriebsbuße vereinbart werden. Die Verhängung der Buße im Einzelfall unterliegt der **zwingenden Mitbestimmung des Betriebsrats nach § 87 Abs. 1 Nr. 1 BetrVG.** Zur Abgrenzung von Vertragsstrafe und Betriebsbuße führte das BAG in seiner Entscheidung vom 5.2.1986 aus:

„Mit einer Betriebsbuße – wenn man sie für zulässig hält – sollen Verstöße der Arbeitnehmer gegen die betriebliche Ordnung geahndet werden. Damit kommen Betriebsbußen nur für Verstöße eines Arbeitnehmers in Betracht, die ein gemeinschaftswidriges Verhalten darstellen; es muss stets ein kollektiver Bezug vorhanden sein. Darüber hinaus hat die Betriebsbuße Strafcharakter. Sie soll nicht nur ein pflichtgemäßes Verhalten des Arbeitnehmers bewirken, sondern soll auch begangenes Unrecht sühnen. Demgegenüber dient die Vertragsstrafe (§§ 339 ff. BGB) in erster Linie der Sicherung der vertraglichen Arbeitsleistungen des Arbeitnehmers im Ganzen, sei es, dass dieser zur Arbeitsaufnahme angehalten, sei es, dass dieser zur vertragsgerechten Erfüllung seiner arbeitsvertraglichen Pflichten veranlasst werden soll." (BAG v. 5.2.1986 – 5 AZR 564/84, NZA 1986, 782)

4. Abmahnung und Kündigung

2474 Wie im Recht der Dauerschuldverhältnisse üblich, kann, wenn ein Teil seine Vertragspflichten gröblich oder dauerhaft verletzt, der andere Teil auch (d.h. neben der Geltendmachung von Schadensersatzansprüchen) mit einer Auflösung des Vertrags im Wege der Kündigung reagieren. Allerdings müssen in jedem Fall die hierfür erforderlichen Voraussetzungen vorliegen (zur ordentlichen verhaltensbedingten Kündigung Rz. 3001; zur außerordentlichen Kündigung Rz. 3087). Als Vorstufe zu einer Kündigung kann der Arbeitgeber auch mit einer Abmahnung (Rz. 3042) reagieren.

II. Verletzung von Nebenpflichten

2475 Übersicht: Verletzung von Nebenpflichten

- **Verhinderung der Pflichtverletzung**
    - Erfüllungsanspruch (§ 611a BGB)
    - Unterlassungsanspruch (z.B. §§ 8 UWG, 74 HGB, 1004 BGB)
- **Sanktionen bei Pflichtverletzung**
    - Schadensersatz aus § 280 Abs. 1 BGB
    - Vertragsstrafe
    - Betriebsbuße

☐ Abmahnung

☐ Kündigung

Die Sanktionen bei der Verletzung von Nebenpflichten des Arbeitnehmers sind ebenso vielgestaltig wie die hier denkbaren Fallgestaltungen. Der Arbeitgeber kann zunächst versuchen, den Arbeitnehmer mit Hilfe des arbeitsvertraglichen **Erfüllungsanspruchs** (§ 611a BGB) oder der einschlägigen **Unterlassungsansprüche** (z.B. beim nachvertraglichen Wettbewerb §§ 110 GewO, 74 Abs. 1 HGB; im Übrigen auch § 1004 BGB) zur Einhaltung der Nebenpflicht zu zwingen. Für die **prozessuale Durchsetzung** dieser Ansprüche (im Klagewege) einschließlich der Vollstreckbarkeit und des einstweiligen Rechtsschutzes (einstweilige Verfügung, § 935 ZPO) gelten die allgemeinen Grundsätze. 2476

Erfüllungsansprüche, die auf eine **vertretbare Handlung** (also auf eine solche, die auch von einem Dritten vorgenommen werden kann) gerichtet sind, werden gemäß § 887 ZPO dadurch vollstreckt, dass der Vollstreckungsgläubiger (Arbeitgeber) ermächtigt wird, auf Kosten des Schuldners (des Arbeitnehmers) die Handlung vornehmen zu lassen. **Unvertretbare Handlungen** (also solche, die nicht von einem Dritten vorgenommen werden können) werden durch Festsetzung eines Zwangsgeldes von bis zu 25.000,- Euro vollstreckt (§ 888 ZPO); **Unterlassungsansprüche** durch Androhung eines Ordnungsgeldes von bis zu 250.000,- Euro oder Ordnungshaft bei Zuwiderhandlung (§ 890 ZPO). Darüber hinaus bietet die Vorschrift des § 61 Abs. 2 ArbGG dem Arbeitgeber die Möglichkeit, die Erfüllungs- oder Unterlassungsklage mit einem Antrag auf Zahlung einer **Entschädigung** zu verbinden, wenn der Arbeitnehmer der Verpflichtung nicht nachkommt; die Zwangsvollstreckung nach §§ 887, 888 ZPO ist in diesem Falle ausgeschlossen. 2477

Hat der Arbeitnehmer die betreffende Nebenpflicht bereits verletzt, kann der Arbeitgeber neben dem (bzw., wenn eine erneute Verletzung nicht zu besorgen ist, anstelle des) Erfüllungs- oder Unterlassungsanspruchs **Schadensersatz** nach § 280 Abs. 1 BGB verlangen. Nach dieser Vorschrift wird z.B. der am Eigentum des Arbeitgebers entstandene Schaden ersetzt. 2478

Schadensersatz statt der Leistung kommt gemäß § 280 Abs. 1 und 3, § 282 BGB in Betracht, wenn dem Gläubiger die Leistung durch den Schuldner nicht mehr zuzumuten ist. Gemeint ist hier Schadensersatz statt der ganzen Leistung. Insoweit geht es jedoch auch hier um die Frage der Kündigung und den durch die veranlasste Kündigung gemäß § 628 BGB zu ersetzenden Schaden. 2479

Auch eine vereinbarte Vertragsstrafe kann durch die Nebenpflichtverletzung verwirkt sein (so z.B. für ein Wettbewerbsverbot BAG v. 25.9.1980 – 3 AZR 133/80, NJW 1981, 1799; Bedenken dagegen bei BAG v. 5.2.1986 – 5 AZR 564/84, NZA 1986, 782). Ist durch sie das Arbeitsverhältnis insgesamt so gestört, dass dem Arbeitgeber seine Fortsetzung nicht zugemutet werden kann, kommt auch eine (verhaltensbedingte) Kündigung und als Vorstufe zu dieser eine Abmahnung als Sanktion in Betracht (Rz. 3042). 2480

Fünfter Teil:
Beendigung des Arbeitsverhältnisses

Literatur: *Bitter/Kiel*, 40 Jahre Rechtsprechung des Bundesarbeitsgerichts zur Sozialwidrigkeit von Kündigungen, RdA 1994, 333 (Teil 1); RdA 1995, 26 (Teil 2); *Kamanabrou*, Die Arbeitgeberkündigung, Jura 2005, 102; *Preis*, Prinzipien des Kündigungsrechts bei Arbeitsverhältnissen, 1987.

1. Abschnitt:
Möglichkeiten der Beendigung

2481 Arbeitsverhältnisse können auf verschiedene Weise ihr Ende finden. **Wichtigster Beendigungstatbestand** ist und bleibt die **Kündigung**, die von beiden Seiten entweder als ordentliche (fristgerechte) oder, wenn dafür ein wichtiger Grund (§ 626 Abs. 1 BGB) gegeben ist, als außerordentliche (regelmäßig fristlose) Kündigung erklärt werden kann. Keineswegs ist die Kündigung aber die einzige Beendigungsmöglichkeit. Da die Kündigung vielfältigen gesetzlichen Schranken unterworfen ist, ist es zweckmäßig, zunächst andere Beendigungsmöglichkeiten in Betracht zu ziehen.

I. Beendigungsmöglichkeiten ohne Kündigung

2482 – Nichtigkeit des Arbeitsvertrags

In Betracht zu ziehen ist zunächst, dass schon der Arbeitsvertrag zwischen den Parteien an einem Mangel leidet, der zur Nichtigkeit des Arbeitsvertrags (Rz. 915) führt. In diesem Falle ist zwischen den Vertragsparteien höchstens ein sog. faktisches Arbeitsverhältnis entstanden. Die Nichtigkeit des Arbeitsvertrags kann sich beispielsweise aus der fehlenden Geschäftsfähigkeit einer Vertragspartei (§§ 104 ff. BGB), aus der Sittenwidrigkeit des Vertragsinhalts (§ 138 BGB) oder daraus ergeben, dass der Arbeitsvertrag gegen ein gesetzliches Verbot verstößt (§ 134 BGB).

2483 – Anfechtbarkeit des Arbeitsvertrags

Wie bei jedem schuldrechtlichen Vertrag können auch die dem Arbeitsvertrag zugrunde liegenden Willenserklärungen nach §§ 119 ff. BGB angefochten werden. Die Anfechtung führt gem. § 142 BGB zur Nichtigkeit. Allerdings kommt der Anfechtung bei bereits in Vollzug gesetzten Arbeitsverhältnissen nicht ohne Weiteres die in § 142 Abs. 1 BGB vorgesehene ex-tunc-Wirkung zu (Rz. 969).

2484 – Befristete und auflösend bedingte Arbeitsverhältnisse

Das Arbeitsverhältnis kann ferner dadurch beendet werden, dass die Zeit, für die es befristet eingegangen war, abgelaufen ist oder der Zweck, der mit ihm erreicht werden sollte (§ 15 TzBfG) oder die auflösende Bedingung, unter der der Vertrag geschlossen wurde (§ 158 Abs. 2 BGB; § 21 TzBfG), eingetreten ist (Rz. 3220).

2485 – Aufhebungsvertrag

Nach dem Grundsatz der Vertragsfreiheit ist die einvernehmliche Beendigung des Arbeitsverhältnisses durch Aufhebungsvertrag weitgehend möglich (Rz. 3375).

– Tod des Arbeitnehmers 2486

Das Arbeitsverhältnis endet mit dem Tod des Arbeitnehmers (nicht aber des Arbeitgebers), weil die Arbeitspflicht höchstpersönlicher Natur ist (§ 613 BGB) und nicht übertragen werden kann (Rz. 1068, 3414).

– Wegfall der Geschäftsgrundlage 2487

Nur in extremen Ausnahmefällen kann das Arbeitsverhältnis nach den Grundsätzen des Wegfalls der Geschäftsgrundlage (§ 313 BGB) enden (Rz. 3412).

– Nichtfortsetzungserklärung nach § 12 KSchG 2488

Besteht nach einer Entscheidung des Arbeitsgerichts das Arbeitsverhältnis fort, ist jedoch der Arbeitnehmer bereits ein neues Arbeitsverhältnis eingegangen, kann er binnen einer Woche nach Rechtskraft des Urteils durch eine Erklärung gegenüber dem alten Arbeitgeber die Fortsetzung des Arbeitsverhältnisses bei diesem verweigern.

II. Abgrenzung zu anderen Rechtsinstituten und Maßnahmen

Nicht zur Beendigung des Arbeitsverhältnisses führen folgende Institute und Maßnahmen: 2489

– Abmahnung

Die Abmahnung ist lediglich eine Vorstufe zur verhaltensbedingten Kündigung (Rz. 3042). 2490

– Rücktritt (§ 346 BGB)

An seine Stelle tritt beim Dauerschuldverhältnis „Arbeitsverhältnis" die Kündigung. 2491

– Suspendierung

Die einseitige Suspendierung des Arbeitsverhältnisses, etwa durch Streik und Aussperrung im Arbeitskampf (siehe im Band „Kollektivarbeitsrecht" unter Rz. 1118; 1133), löst das Arbeitsverhältnis nicht auf. Die lösende Aussperrung ist theoretisch zulässig; die Arbeitnehmer haben jedoch nach ihrer Beendigung einen Wiedereinstellungsanspruch. 2492

– Tod des Arbeitgebers 2493

Der Tod des Arbeitgebers (Rz. 1072) beendet das Arbeitsverhältnis nicht. Vielmehr geht das Arbeitsverhältnis – abweichend von § 613 S. 2 BGB – im Wege der Gesamtrechtsnachfolge (§ 1922 Abs. 1 BGB) auf den Alleinerben bzw. die Mitglieder der Erbengemeinschaft als neuen Arbeitgeber über.

– Betriebsübergang 2494

Der Übergang des Beschäftigungsbetriebs auf einen anderen Inhaber (Rz. 3500) beendet das Arbeitsverhältnis nicht. Vielmehr geht das Arbeitsverhältnis bei der rechtsgeschäftlichen Übertragung des Betriebs gemäß § 613a Abs. 1 S. 1 BGB im Wege der Einzelrechtsnachfolge auf den Erwerber als neuen Arbeitgeber über. Bei der Übertragung des Betriebs im Rahmen einer Unternehmensumwandlung (z.B. der Umwandlung einer KG in eine GmbH) tritt der neue Arbeitgeber gemäß §§ 324 UmwG, 613a BGB im Wege der Universalsukzession an die Stelle des bisherigen Arbeitgebers (Rz. 3582).

– Insolvenz des Arbeitgebers 2495

Die Insolvenz des Arbeitgebers beendet nicht das Arbeitsverhältnis. Allerdings kann der Insolvenzverwalter nach Maßgabe der arbeitsrechtlichen Vorschriften der Insolvenzordnung (§§ 113, 125 ff. InsO) unter erleichterten Voraussetzungen kündigen.

2496 – Dauernde Arbeitsunfähigkeit

Auch die dauernde Arbeitsunfähigkeit des Arbeitnehmers führt nicht ipso iure zur Beendigung des Arbeitsverhältnisses; allerdings kann sie den Arbeitgeber unter den Voraussetzungen des § 1 Abs. 2 KSchG zu einer personenbedingten Kündigung berechtigen (Rz. 2965).

2497 – Altersgrenze

Erreicht der Arbeitnehmer eine bestimmte Altersgrenze (z.B. das Alter zum Bezug der Regelaltersrente der gesetzlichen Rentenversicherung, vgl. § 35 SGB VI), wird hierdurch das Arbeitsverhältnis gleichfalls nicht kraft Gesetzes beendet. Wird eine solche Altersgrenze einzel- oder tarifvertraglich vereinbart, handelt es sich um eine Befristung des Arbeitsverhältnisses. Diese ist anerkannt, wenn die Altersgrenze dem gesetzlichen Rentenalter entspricht (Rz. 3234).

2. Abschnitt:
Allgemeine Wirksamkeitsvoraussetzungen der Kündigung

§ 55
Einführung

I. Der Bestandsschutz von Arbeitsverhältnissen in einer sozialen Marktwirtschaft

Literatur: *Bauer*, Ein Vorschlag für ein modernes und soziales Kündigungsschutzrecht, NZA 2002, 529; *Bayreuther*, Thesen zur Reform des Kündigungsschutzes, NZA 2006, 417; *Buchner*, Notwendigkeit und Möglichkeiten einer Deregulierung des Kündigungsschutzrechts, NZA 2002, 533; *Franz*, Chancen und Risiken einer Flexibilisierung des Arbeitsrechts aus ökonomischer Sicht, ZfA 1994, 439; *v. Hoyningen-Huene*, Muss das Kündigungsschutzrecht reformiert werden?, FS 50 Jahre LAG Rheinland-Pfalz (1999), 215; *Kittner*, Arbeitsrecht und marktwirtschaftliche Unternehmensführung – ein Gegensatz?, ArbuR 1995, 385; *Kittner*, Zehn Thesen zum Abbau des Kündigungsschutzes, FS Kehrmann (1997), 99; *Pfarr/Zeibig*, Abfindung statt Kündigungsschutz? – Reformvorschläge vom Kronberger Kreis, Sachverständigenrat und Hamburger Dreisprung, WSI-Mitteilungen 2006, 419; *Preis*, Reform des Bestandsschutzrechts im Arbeitsverhältnis, RdA 2003, 65; *Preis*, Die „Reform" des Kündigungsschutzrechts, DB 2004, 70; *Richardi*, Misslungene Reform des Kündigungsschutzes durch das Gesetz zu Reformen am Arbeitsmarkt, DB 2004, 486; *Willemsen*, Kündigungsschutz – Vom Ritual zur Rationalität – Gedanken zu einer grundlegenden Reform, NJW 2000, 2779.

2498 Das Kündigungsrecht wird mit Recht als das **„Nervenzentrum des Arbeitsvertragsrechts"** bezeichnet (*Schwerdtner*). Dies gilt aus mehreren Gründen: Zum einen werden die Rechte und Pflichten aus dem Arbeitsverhältnis zumeist anlässlich einer Kündigung zum Gegenstand eines Rechtsstreits. So erklärt sich, dass mit Abstand die meisten Urteile des Bundesarbeitsgerichts und der Instanzgerichte Kündigungssachen betreffen.

2499 Im Jahre 2015 erledigten die Arbeitsgerichte 374.095 Klageverfahren, von denen 204.498 (= 54,66 %) Bestandsstreitigkeiten (§ 61a ArbGG) betrafen. Entsprechend hoch ist auch die Quote der Revisionen beim Bundesarbeitsgericht. Zuständig sind hier insbesondere der 2. und der 6. Senat für Revisionsverfahren in Kündigungsrechtsstreitigkeiten und der 7. Senat für sonstige Bestandsschutzverfahren, namentlich für die Entscheidung über die Wirksamkeit einer Befristung.

2500 Zum anderen prallen im Recht des Bestandsschutzes die unterschiedlichen unternehmens- und sozialpolitischen Interessen hart aufeinander. Das Kündigungsschutzrecht ist seit den Anfängen der Bundesrepublik bis zum heutigen Tage immer wieder Gegenstand **sozialpolitischer Auseinandersetzun-**

gen gewesen. Bei der Schaffung des KSchG im Jahre 1951 hat der Gesetzgeber sich weitgehend an den sog. **Hattenheimer Entwurf** vom 13.1.1950 angelehnt, der den zwischen den Arbeitgeberverbänden und den Gewerkschaften ausgehandelten Kompromissvorschlag dokumentiert.

Die Vielzahl der Judikate hat zu einer **äußerst differenzierten Rechtsprechung** geführt. Traditionell ist das Kündigungsschutzrecht geprägt von dem Streben nach **Einzelfallgerechtigkeit**, die der Rechtsprechung den Vorwurf eingebracht hat, dass eine Rechtsprognose in Kündigungssachen kaum möglich sei und der Kündigungsvorgang zum Lotteriespiel werde (so *Schwerdtner* ZIP 1984, 10). Allerdings trifft dieser Befund heute so nicht mehr zu, weil sich die Rechtsprechung – unterstützt durch die Rechtswissenschaft – zunehmend um die normative Präzisierung der Voraussetzungen einer rechtmäßigen Kündigung bemüht hat. Es bedarf einer genauen Kenntnis der Grundprinzipien des Kündigungsrechts, damit eine Kündigung wirksam ausgesprochen werden kann. Viele kleinere Unternehmer überfordert allerdings die Komplexität dieses Rechtsbereichs. 2501

Aus **marktwirtschaftlicher Sicht** wird das Kündigungsschutzrecht immer wieder wegen seiner angeblich wirtschaftshemmenden Auswirkungen kritisiert (vgl. die Jahresgutachten des Sachverständigenrats zur Beurteilung der gesamtwirtschaftlichen Entwicklung 1989/90, BT-Drs. 11/5786 S. 10 ff., Nr. 364 ff.; Jahresgutachten 1993/94, BT-Drs. 12/6170 S. 243 f., Nr. 376). Allerdings wird der Nachweis einer **beschäftigungshemmenden Auswirkung** kaum geführt werden können, hat doch die Bundesrepublik unter der Herrschaft des in seinen Grundlagen seit dem 13.8.1951 geltenden Kündigungsschutzgesetzes eine beispiellose wirtschaftliche Entwicklung vollzogen. 2502

Die angeblich beschäftigungshemmende Wirkung des Kündigungsrechts ist auch keineswegs so groß, wie vielerorts behauptet wird. Für die Schaffung von Arbeitsplätzen ist entscheidend, ob sich ein Unternehmer durch die Beschäftigung von Arbeitnehmern wirtschaftliche Erfolge verspricht. Allein der Abbau von Kündigungsschutz schafft keine neuen Arbeitsplätze. Liberalisiert würde allein der Wettbewerb unter den Arbeitnehmern; Beschäftigungsverhältnisse würden instabiler. 2503

Ob die Destabilisierung der Beschäftigungsverhältnisse positive wirtschaftliche Auswirkungen hätte, wird mit Fug und Recht auch aus wirtschaftspolitischer Sicht bezweifelt. Ein abgewogenes Kündigungsrecht dürfte der Konsolidierung der wirtschaftlichen Entwicklung in einer Marktwirtschaft eher nützen als schaden. Zu beachten ist allerdings die Zunahme befristeter Arbeitsverhältnisse oder von Konstruktionen wie der Leiharbeit. Die Diskussion um die Liberalisierung des Arbeitsrechts hat sich in gewissem Maße vom Kündigungsschutz auf die im Vergleich zum unbefristeten „Normalarbeitsverhältnis" flexibleren Beschäftigungsformen verlagert. 2504

Soweit ein Arbeitsverhältnis dem Kündigungsschutzgesetz unterliegt, gilt das Grundprinzip, dass der Arbeitgeber ein **berechtigtes Kündigungsinteresse** geltend machen muss, damit die Kündigung des Arbeitsverhältnisses als sozial gerechtfertigt erscheinen kann. Keineswegs wird also der Bestand des Arbeitsverhältnisses absolut geschützt; allerdings wird dem Arbeitgeber eine **Begründungspflicht** auferlegt. In der Praxis zeigt sich, dass die wenigsten Arbeitnehmer, denen gekündigt worden ist, wieder an den alten Arbeitsplatz zurückkehren. 2505

Empirische Untersuchung: Konsequenzen einer Kündigungsschutzklage: Eine repräsentative Untersuchung des Max-Planck-Instituts aus dem Jahre 1981 hat ergeben, dass selbst nach erhobener Kündigungsschutzklage nur 1,7 % der Kläger gegen den Willen des Arbeitgebers in den Betrieb zurückkehren. Bezogen auf alle arbeitgeberseitigen Kündigungen (ca. 1,2 Millionen pro Jahr) wurde ermittelt, dass die Arbeitgeber in insgesamt nur 0,71 % der Fälle einer einmal erklärten Kündigung mit der Rückkehr des Gekündigten an den alten Arbeitsplatz rechnen müssen (Zusammenfassung des Forschungsberichts in RdA 1981, 300). 2506

Allein diese Zahlen belegen, dass das bundesdeutsche **Bestandsschutzrecht kein absolutes Recht auf Arbeit** an dem einmal besetzten Arbeitsplatz kennt. Allerdings ist auch der freie Austausch der Arbeitskräfte beschränkt. Schon die bloße Existenz des Kündigungsschutzrechts dürfte **willkürliche Kündigungen** verhindern, wie auch die überdurchschnittliche Zunahme von Kündigungen in Kleinbetrieben zeigt, für die der Kündigungsschutz nach §§ 1 ff. KSchG nicht gilt. Die bisherigen Daten 2507 zeigen, dass trotz der Beschränkung des Kündigungsrechts des Arbeitgebers der **Austausch von Arbeitskräften funktioniert**. Dies ist für eine marktwirtschaftliche Wirtschaftsordnung wesentlich. Andererseits berücksichtigt das Kündigungsschutzrecht, dass der Arbeitsplatz Grundlage der wirtschaftlichen und sozialen Existenz des Arbeitnehmers ist, vor dessen unvermitteltem Verlust er geschützt werden soll. Diese **sozialen Interessen** hat der Gesetzgeber mit dem Prinzip der unternehmerischen Entscheidungsfreiheit durch das Kündigungsschutzgesetz zum Ausgleich zu bringen versucht. Dabei war auch zu berücksichtigen, dass die soziale Fürsorge nicht dem Arbeitgeber, sondern grundsätzlich der Sozialpolitik bzw. der Sozialversicherung obliegt. Das Arbeitsverhältnis kann in einer sozialen Marktwirtschaft nicht Aufgaben der Sozialfürsorge übernehmen, sondern ist als Austauschverhältnis, in dem Leistung und Gegenleistung in einem ausgewogenen Verhältnis stehen müssen, konzipiert.

2508 Allerdings ist kritisch anzumerken, dass der **Bestandsschutzgedanke des Kündigungsschutzgesetzes** nicht funktioniert. In der Praxis führt das komplexe Kündigungsschutzrecht in Deutschland in der Mehrzahl der Fälle zu einer außergerichtlichen oder gerichtlichen **Streitbeilegung durch Vergleich**, zumeist verbunden mit einer Abfindung für den Arbeitnehmer. Von insgesamt 339.794 im Jahre 2017 erledigten Klagen endeten in der ersten Instanz insgesamt 211.642 Verfahren durch Vergleich und 80.518 Verfahren durch sonstige (überwiegend außergerichtliche) Erledigung. Nur in 24.882 Fällen (= 7,5 % aller Klageverfahren) wurde durch streitiges Urteil entschieden (Quelle: BMAS, Statistik zur Arbeitsgerichtsbarkeit).

2509 Auf diese Entwicklung hat der Gesetzgeber zum 1.1.2004 reagiert und in § 1a KSchG einen „**Abfindungsanspruch bei betriebsbedingter Kündigung**" geschaffen (Rz. 2907). Ein Wechsel vom Bestandsschutz- zum Abfindungsprinzip ist damit jedoch nicht verbunden. So kann einerseits der Arbeitgeber nach wie vor wählen, ob er dem Arbeitnehmer eine Abfindung anbietet oder nicht; andererseits bleibt es dem Arbeitnehmer unbenommen, das Abfindungsangebot durch Erhebung der Kündigungsschutzklage auszuschlagen und so die Fortsetzung des Arbeitsverhältnisses oder eine höhere Abfindung anzustreben. Der neue „Abfindungsanspruch" bringt weder dem Arbeitgeber noch dem Arbeitnehmer nennenswerte rechtliche oder tatsächliche Vorteile. Eine gewisse Förderung erhält das Instrument nur dadurch, dass die Rechtsprechung des BSG im Ergebnis die Voraussetzungen für eine Sperrzeit für das Arbeitslosengeld (§ 159 SGB III) als nicht gegeben erachtet, wenn sich der Arbeitgeber an die Voraussetzungen des § 1a KSchG hält (BSG v. 12.7.2006 – B 11a AL 47/05 R, NZA 2006, 1359).

2510 Vor diesem Hintergrund bleibt die Diskussion um eine Abkehr vom Bestandsschutzprinzip bei betriebsbedingten Kündigungen zugunsten einer echten gesetzlichen Abfindungsregelung aktuell. Im Rahmen einer solchen Reform wäre freilich sicherzustellen, dass dem Arbeitnehmer die Abfindung auch tatsächlich zugutekommt und diese nicht durch sozialrechtliche Sanktionen entwertet wird (vgl. §§ 158, 159 SGB III).

II. Begriff der Kündigung

2511 Die Kündigung ist eine **einseitige empfangsbedürftige Willenserklärung**, durch die das Arbeitsverhältnis nach dem Willen des Kündigenden für die Zukunft sofort oder nach Ablauf der Kündigungsfrist unmittelbar beendet wird.

2512 Die Kündigung ist ein **einseitiges Rechtsgeschäft**, sodass die **allgemeinen Vorschriften** über Willenserklärungen, Geschäftsfähigkeit, Nichtigkeit usw. Anwendung finden. Eine Verjährung des Rechts tritt nicht ein, es kann aber verwirkt werden. Das Gesetz bestimmt zur Rechtsausübung in einigen Fällen (vgl. z.B. § 626 Abs. 2 BGB) Fristen.

2513 Es ist zu **unterscheiden** zwischen der **ordentlichen Kündigung**, die grundsätzlich als fristgemäße Kündigung unter Einhaltung einer Kündigungsfrist ausgestaltet ist und damit den Parteien des Arbeitsverhältnisses einen zeitlich befristeten Kündigungsschutz gewährt, und der **außerordentlichen**

Kündigung, die nach § 626 Abs. 1 BGB mit sofortiger Wirkung dann zulässig ist, wenn eine Fortsetzung des Dauerschuldverhältnisses selbst bis zum Ablauf der Kündigungsfrist unzumutbar ist.

Seit dem 1.5.2000 gilt nach § 623 BGB ein konstitutives **Schriftformerfordernis** sowohl für die Kündigung durch den Arbeitgeber als auch den Arbeitnehmer. Die Kündigung bedarf danach zu ihrer Wirksamkeit der Schriftform (Rz. 2524). 2514

Die **Beendigungswirkung** tritt ein, wenn die Kündigung wirksam ist. Im Arbeitsverhältnis besteht das freie, ordentliche Kündigungsrecht im Grundsatz nur noch für den Arbeitnehmer. Das ordentliche Kündigungsrecht des Arbeitgebers ist weitgehend durch das Kündigungsschutzgesetz oder den besonderen Kündigungsschutz für bestimmte Arbeitnehmergruppen (z.B. werdende Mütter, Eltern in der Elternzeit, Arbeitnehmer in Pflegezeit, schwerbehinderte Menschen, Mitglieder des Betriebs- oder Personalrats) eingeschränkt. Die Kündigung darf schließlich nicht gegen ein gesetzliches Verbot verstoßen (§ 134 BGB). Vor Ablauf der sechsmonatigen Wartefrist des § 1 Abs. 1 KSchG und bei Unterschreitung der in § 23 Abs. 1 KSchG festgelegten Betriebsgröße kann auch der Arbeitgeber das Arbeitsverhältnis grundlos kündigen. 2515

Die Kündigung ist ein **Gestaltungsrecht**, das jeder Vertragspartei zusteht. Die Kündigung verändert unmittelbar die Rechtslage, ohne dass eine Zustimmung oder sonstige Mitwirkung des Erklärungsempfängers erforderlich ist. Grundsätzlich ist sie **bedingungsfeindlich**. Ausnahmen bestehen jedoch für Potestativbedingungen – deren Eintritt alleine der Erklärungsempfänger herbeiführen kann – und für Rechtsbedingungen. Letztere liegen etwa vor, wenn Kündigungen „hilfsweise" oder „vorsorglich" erklärt werden (BAG v. 10.4.2014 – 2 AZR 647/13, NZA 2015, 162 Rz. 12). 2516

Wegen ihrer unmittelbar rechtsgestaltenden Wirkung ist die **Rücknahme** einer zugegangenen Kündigungserklärung nicht möglich (BAG v. 17.10.2013 – 8 AZR 742/12, NZA 2014, 303 Rz. 32). Nur, wenn vor oder gleichzeitig mit dem Zugang der Kündigungserklärung ein Widerruf zugeht, wird die Kündigungserklärung nach § 130 Abs. 1 S. 2 BGB nicht wirksam. Nach Wirksamwerden der Kündigung ist die „Rücknahme" der Kündigung nur noch durch Vereinbarung, ggf. auch durch beiderseits konkludentes Verhalten, möglich (BAG v. 19.8.1982 – 2 AZR 230/80, NJW 1983, 1628). 2517

§ 56
Wirksame Kündigungserklärung

Prüfungsschema: Wirksamkeit der Kündigungserklärung 2518

☐ Bestimmtheit der Kündigungserklärung (Rz. 2519) §§ 133, 157 BGB anwendbar, kein Begründungserfordernis

☐ Form (Rz. 2524)

  ☐ Konstitutives Schriftformerfordernis (§ 623 BGB)

  ☐ Ggf. strengere konstitutive Formerfordernisse in Tarifverträgen, Betriebsvereinbarungen oder Arbeitsverträgen

☐ Kündigungsberechtigter (Rz. 2540)

  ☐ Vertragspartner

  ☐ Vertretungsberechtigte Organe bei juristischen Personen

- ☐ Wirksame Bevollmächtigung (§§ 164, 167, 174 BGB)
- ☐ Gesetzliche Vertretung (§§ 107–109, 111–113 BGB)
- ☐ Zugang der Kündigungserklärung (Rz. 2552)
  - ☐ Gegenüber Anwesenden (Rz. 2553)
  - ☐ Gegenüber Abwesenden (Rz. 2556)
  - ☐ Nachweis des Zugangs; Zugangsvereitelung (Rz. 2569)

I. Inhaltliche Anforderungen

1. Bestimmtheit der Kündigungserklärung

2519 Die Kündigung muss so hinreichend bestimmt und deutlich sein, dass der Gekündigte **Klarheit über die Auflösung des Arbeitsverhältnisses** erhält. **Die Kündigung muss also zweifelsfrei erklärt werden.** Daraus folgt jedoch nicht, dass für die Kündigung die allgemeinen Auslegungsvorschriften der §§ 133, 157 BGB keine Anwendung fänden. Der Kündigende ist in der Wahl des Ausdrucks frei; er braucht namentlich nicht das Wort „kündigen" zu benutzen. Es genügt, dass der Wille des Arbeitgebers, das Arbeitsverhältnis durch einseitige Gestaltungserklärung für die Zukunft zu lösen, in der schriftlichen Erklärung eindeutig zum Ausdruck kommt. Dabei ist die Erklärung gem. § 133 BGB so auszulegen, wie sie der Erklärungsempfänger unter Würdigung der ihm bekannten Umstände nach Treu und Glauben unter Berücksichtigung der Verkehrssitte verstehen konnte (BAG v. 15.3.1991 – 2 AZR 516/90, NZA 1992, 452, 453).

2520 Nach diesen Grundsätzen muss die Erklärung einer **ordentlichen Kündigung** es dem Empfänger ermöglichen, den **Kündigungstermin** festzustellen. Der Verweis auf einschlägige gesetzliche oder tarifliche Regelungen zum Kündigungstermin und zur -frist oder die Kündigung „zum nächstmöglichen Termin" reichen aus, sofern der Erklärungsempfänger den Termin damit zweifelsfrei bestimmen kann (BAG v. 20.1.2016 – 6 AZR 782/14, NJW 2016, 1117 Rz. 15 f.). Will der Kündigende eine **außerordentliche** Kündigung erklären, muss dies aus der Erklärung oder den Begleitumständen eindeutig erkennbar sein (BAG v. 13.1.1982 – 7 AZR 757/79, NJW 1983, 303). Unklarheiten gehen insoweit zu Lasten des Kündigenden. Die Kündigung wirkt dann als ordentliche, da dies für den Kündigungsempfänger günstiger ist.

2521 **Droht** der eine Teil lediglich in einem Schreiben mit der Kündigung, so liegt keine Kündigungserklärung vor. Dagegen kann in der schriftlichen **Weigerung des Arbeitgebers**, den Arbeitnehmer auf Dauer zu beschäftigen, eine Kündigung liegen. Auch kann die schriftliche **„Annahme" einer Kündigung** als Kündigungserklärung gewertet werden, wenn aus der Erklärung hinreichend deutlich wird, dass sich der Empfänger der Kündigung in jedem Fall von dem Vertragspartner lösen will. Gleiches gilt – bei verständiger Auslegung – auch für die schriftliche Bestätigung einer zuvor bereits mündlich (und daher formunwirksam) ausgesprochenen Kündigung (*SPV/Preis* Rz. 84). Solange der Wille zu einer eigenen Kündigung in einer solchen Bestätigung nicht zum Ausdruck kommt, liegt jedoch keine wirksame Kündigungserklärung vor (LAG Köln v. 20.3.2006 – 14 (4) Sa 36/06, NZA-RR 2006, 642).

2. Begründung der Kündigung

2522 Sofern die Vertragsparteien nichts anderes vereinbart haben, hängt die Wirksamkeit der Kündigung grundsätzlich nicht davon ab, ob der Arbeitgeber dem Arbeitnehmer die Gründe für die Kündigung mitteilt oder nicht. Das gilt sowohl für die Kündigung von Arbeitsverhältnissen, die im Zeitpunkt der Kündigung noch keine sechs Monate bestehen und auf die deshalb das KSchG keine Anwendung findet, als auch für die Kündigungen, deren Sozialwidrigkeit nach § 1 KSchG von den Gerichten für Arbeitssachen auf Antrag des Arbeitnehmers zu prüfen ist (BAG v. 16.9.2004 – 2 AZR 447/03, NZA

2005, 1263 [Ls.]). Für außerordentliche Kündigungen gelten dieselben Grundsätze, d.h. auch ihre Rechtswirksamkeit wird nicht dadurch beeinflusst, dass der Arbeitgeber keine Kündigungsgründe nennt (BAG v. 17.8.1972 – 2 AZR 415/71, DB 1973, 481).

Obwohl die ohne Angabe von Gründen erklärte Kündigung nicht schon allein deshalb rechtsunwirksam ist, kann der Arbeitnehmer einen **Anspruch** darauf haben, vom Arbeitgeber (schriftlich) die Gründe für die Kündigung zu erfahren. Für die außerordentliche Kündigung folgt dies aus § 626 Abs. 2 S. 3 BGB. Im Geltungsbereich des § 1 KSchG hat der Arbeitnehmer keinen gesetzlichen Anspruch auf Bekanntgabe der Kündigungsgründe; er folgt nach Auffassung eines Teils der Literatur jedoch nach Treu und Glauben aus einer vertraglichen Nebenpflicht. Rechtsprechung zu dieser Frage liegt nicht vor. Man kann auch von einer entsprechenden Anwendung des § 626 Abs. 2 S. 3 BGB ausgehen, da der Arbeitnehmer im Geltungsbereich des KSchG ein erhebliches Interesse daran hat, die Kündigungsgründe zu erfahren, um die Chancen eines Prozesses abschätzen zu können. Der Anspruch ist ebenso wie bei der außerordentlichen Kündigung auf eine schriftliche Mitteilung der Kündigungsgründe gerichtet. 2523

II. Form

Literatur: *Kliemt*, Formerfordernisse im Arbeitsverhältnis, 1995; *Lingemann/Steinhauser*, Fallen beim Ausspruch von Kündigungen – Kündigungsbefugnis, NJW 2018, 840; *Preis/Gotthardt*, Schriftformerfordernis für Kündigungen, Aufhebungsverträge und Befristungen nach § 623 BGB, NZA 2000, 348; *Richardi/Annuß*, Der neue § 623 BGB – Eine Falle im Arbeitsrecht?, NJW 2000, 1231; *Spelge*, Die Kunst, formal wirksam zu kündigen, RdA 2016, 309.

1. Schriftformerfordernis (§ 623 BGB)

Die Kündigung bedarf seit dem 1.5.2000 gemäß § 623 BGB zu ihrer Wirksamkeit der Schriftform. Ziel des § 623 BGB ist es, Rechtssicherheit zu gewährleisten und die Arbeitsgerichte zu entlasten, indem Rechtsstreitigkeiten darüber vermieden werden, ob überhaupt eine Kündigung vorliegt, und die Beweiserhebung hierüber erleichtert wird (BT-Drs. 14/626 S. 11). 2524

Soweit **Sonderregelungen** für Schriftformerfordernisse bestehen, gehen diese als speziellere Normen der allgemeinen Formvorschrift des § 623 BGB vor. Hinzuweisen ist auf § 22 Abs. 3 BBiG für Kündigungen im Berufsausbildungsverhältnis. Für den Fall der ohnehin nur ausnahmsweise zulässigen Kündigung einer Schwangeren (§ 17 Abs. 2 S. 2 MuSchG; Rz. 2642) und die Kündigung eines Heuerverhältnisses (§ 65 Abs. 2 SeeArbG) bestehen ebenfalls zwingende Formerfordernisse. 2525

Die in § 623 BGB verlangte Schriftform kann weder durch Arbeitsvertrag noch durch Betriebsvereinbarung oder Tarifvertrag **abbedungen** werden, da § 623 BGB als **gesetzliche Formvorschrift zwingend** ist. Entsprechend dem Grundsatz der Privatautonomie können die Arbeitsvertragsparteien jedoch grundsätzlich die Einhaltung strengerer Anforderungen als in § 623 BGB vorschreiben. Für Formulararbeitsverträge gilt allerdings § 309 Nr. 13 BGB. Danach sind Bestimmungen unwirksam, die Erklärungen gegenüber dem Verwender oder einem Dritten an eine strengere Form als die Textform oder an besondere Zugangserfordernisse binden. Somit kann in vom Arbeitgeber verwendeten Formulararbeitsverträgen die Kündigung durch den Arbeitnehmer nicht über §§ 623, 130 BGB hinaus erschwert werden. 2526

Gesetzliche Schriftformerfordernisse, aber ebenso rechtsgeschäftlich vereinbarte Formerfordernisse (§ 127 BGB) sind stets daraufhin zu prüfen, ob die Wahrung der Form Wirksamkeitsvoraussetzung ist (**konstitutive Formvorschrift**) oder nur Beweiszwecken dienen soll (**deklaratorische Formvorschrift**; zu § 4 BBiG a.F. vgl. BAG v. 22.2.1972 – 2 AZR 205/71, DB 1972, 1731). Die Frage, ob eine Formvorschrift deklaratorische oder konstitutive Wirkung hat, stellt sich in ähnlicher Weise bei Schriftformerfordernissen bezüglich des Abschlusses des Arbeitsvertrags (Rz. 863). Allerdings sollen Formvorschrif- 2527 ten über den Abschluss des Arbeitsvertrags im Regelfall Beweiszwecken dienen, nicht aber den Vertragsschluss verhindern; eine solche Vermutung für die deklaratorische Wirkung des Schriftformerfordernisses besteht bei Kündigungen hingegen nicht. So handelt es sich denn auch bei der von § 623 BGB verlangten Schriftform nach dem ausdrücklichen Wortlaut um ein Wirksamkeitserfordernis und mithin um ein konstitutives Schriftformerfordernis (BT-Drs. 14/626 S. 11).

2528 § 623 BGB betrifft **alle Kündigungen**, die auf eine Beendigung des Arbeitsverhältnisses angelegt sind. Das Schriftformerfordernis gilt daher für die arbeitgeber- und arbeitnehmerseitige **ordentliche oder außerordentliche Kündigung**. Ferner wird die **Änderungskündigung** als Beendigungskündigung verbunden mit einem Angebot auf Fortsetzung des Arbeitsverhältnisses zu geänderten Bedingungen von § 623 BGB erfasst, da diese bei Nichtannahme des Angebots durch den Arbeitnehmer zur Beendigung des Arbeitsverhältnisses führt (Rz. 2534). An § 623 BGB ist auch der Insolvenzverwalter gebunden, der eine Kündigung nach § 113 InsO ausspricht (vgl. BAG v. 19.10.1977 – 5 AZR 359/76, DB 1978, 638 für eine vertraglich vereinbarte Schriftform). Nicht formbedürftig sind hingegen Modifikationen des Kündigungsrechts (z.B. dessen Ausschluss). Auch gilt die Bestimmung nicht für Teilkündigungen, da diese nicht zur Beendigung des Arbeitsverhältnisses insgesamt führen.

2529 § 623 BGB gilt für die **arbeitgeber- und arbeitnehmerseitige Kündigung**. Dem Formerfordernis kommt in erster Linie eine Warnfunktion zu, aber auch eine Klarstellungs- und Beweisfunktion. Primär schützt es den Arbeitnehmer vor der unüberlegten Beendigung des Arbeitsverhältnisses durch Arbeitgeber oder Arbeitnehmer.

2530 Die Kündigung hat in der Form des § **126 Abs. 1 BGB** zu erfolgen. Dies bedeutet, dass das Kündigungsschreiben vom Aussteller **eigenhändig** durch Namensunterschrift oder mittels notariell beglaubigten Handzeichens **unterzeichnet** werden muss. Die Unterschrift ist durch Nennung des ausgeschriebenen Namens zu leisten (BAG v. 24.1.2008 – 6 AZR 519/07, NZA 2008, 521 Rz. 11), sie braucht aber nicht lesbar zu sein (BAG v. 20.9.2006 – 6 AZR 82/06, NZA 2007, 377 Rz. 72). Die Verwendung von Stempeln, Faksimile, Schreibmaschine oder digitaler Signatur ist in diesem Zusammenhang demnach nicht ausreichend. Zudem scheiden **E-Mail**, **Textnachrichten über das Mobiltelefon, Telefax** und **Telegramm** als Übermittlungswege aus, da die Kündigung als empfangsbedürftige Willenserklärung in der Form zugehen muss, die für ihre Abgabe erforderlich ist. Auch die elektronische Form (§ 126a BGB) ist nach der ausdrücklichen Regelung in § 623 BGB nicht zulässig.

2531 Ein **Vertreter** kann mit dem Namen des Vollmachtgebers unterzeichnen (BGH v. 3.3.1966 – II ZR 18/64, NJW 1966, 1069). Unterschreibt er aber mit seinem eigenen Namen, so muss die Stellvertretung in der Urkunde zum Ausdruck kommen. Die Unterschrift eines Boten wahrt nicht die Schriftform. Doch deutet der Zusatz „Im Auftrag" nicht auf das Handeln eines Erklärungsboten hin (BAG v. 13.12.2007 – 6 AZR 145/07, NZA 2008, 403 Rz. 18). Ob der Unterzeichner tatsächlich bevollmächtigt war (Rz. 2540), ist für die Wahrung der Schriftform unerheblich.

2532 Die **Nichteinhaltung** der konstitutiven gesetzlichen Form des § 623 BGB hat nach § 125 S. 1 BGB die **Nichtigkeit der Kündigung** zur Folge. Das gilt im Zweifel auch bei Verletzung der durch Rechtsgeschäft bestimmten Form (§ 125 S. 2 BGB). Es bleibt dann nur die Wiederholung der Kündigung oder ggf. eine Umdeutung nach § 140 BGB (Rz. 2534), da eine Heilung unmöglich ist. Eine **Durchbrechung der Formnichtigkeit** kann unter Zugrundelegung der allgemeinen Grundsätze nur ganz ausnahmsweise anerkannt werden, wenn sie zur Vermeidung schlechthin untragbarer Ergebnisse erforderlich ist und daher die Berufung einer Seite auf die Formnichtigkeit des Rechtsgeschäfts als rechtsmissbräuchlich i.S.d. § 242 BGB erscheint (BAG v. 15.3.2011 – 10 AZB 32/10, NJW 2011, 2684; BAG v. 16.9.2004 – 2 AZR 659/03, NZA 2005, 162; LAG Hamm v. 28.4.2017 – 1 Sa 1524/16, NZA-RR 2018, 76).

2533 **Beispiele für die Durchbrechung der Formnichtigkeit:** Hält der Kündigungsempfänger den Kündigenden arglistig von der Wahrung der Schriftform ab, indem er über die Formbedürftigkeit der Kündigung täuscht, so kann er sich später nicht auf den Formmangel berufen. Entsprechendes gilt, wenn der Kündigende, der dem Kündigungsempfänger arglistig vorspiegelt, er könne formlos kündigen, sich später auf die Unwirksamkeit der Eigenkündigung beruft.

Bestätigt der Kündigungsempfänger die mündlich ausgesprochene Kündigung schriftlich und beruft sich später auf den Formmangel, so ist dies wegen widersprüchlichen Verhaltens treuwidrig.

Rechtsmissbräuchlich handelt der Kündigende, wenn er mehrmals ernsthaft mündlich kündigt und sich dann auf den Formmangel berufen will, während der Kündigungsempfänger die Kündigung akzeptiert und eine neue Stelle angetreten bzw. jemand anderen ausgewählt und eingestellt hat (vgl. BAG v. 4.12.1997 – 2 AZR 799/96, NZA 1998, 420, 421).

2. Ausgewählte Folgeprobleme

Im Zusammenhang mit dem Schriftformerfordernis ist im Einzelfall eine differenziertere Betrachtungsweise erforderlich: 2534

- Bei der **Änderungskündigung** ist zu beachten, dass es sich bei ihr um ein einheitliches Rechtsgeschäft handelt, das lediglich aus zwei Willenserklärungen, nämlich Kündigungserklärung und Änderungsangebot, zusammengesetzt ist (BAG v. 7.6.1973 – 2 AZR 450/72, NJW 1973, 1819, 1820). Mithin ist neben der Kündigung auch das Änderungsangebot formbedürftig (BAG v. 16.9.2004 – 2 AZR 628/03, NZA 2005, 635, 636). Die Annahme des Arbeitnehmers (ggf. unter Vorbehalt nach § 2 KSchG) ist dagegen formfrei, da sie zum einen nicht mehr Bestandteil der Kündigung ist und zum anderen ein Änderungsvertrag nicht formbedürftig ist. In der vorbehaltlosen Weiterarbeit kann somit eine konkludente Annahme des Änderungsangebots liegen. 2535

- Die **Anfechtung** unterfällt nicht dem § 623 BGB, da sie weder ausdrücklich genannt wird noch mit einer Kündigung generell vergleichbar ist (Rz. 930). Ist im Einzelfall fraglich, ob eine formbedürftige außerordentliche Kündigung oder eine Anfechtung gewollt ist, so ist dies mit den allgemeinen Auslegungsmethoden festzustellen. Eine formlose Erklärung spricht jedenfalls bei einem Kündigungsgrund, der bereits zu Beginn des Arbeitsverhältnisses vorlag und nachwirkt, im Zweifel für eine Anfechtung. 2536

- § 623 BGB steht der **Umdeutung** einer formunwirksamen außerordentlichen Kündigung in eine formfrei mögliche Anfechtung nicht entgegen. Auch die Umdeutung einer unwirksamen außerordentlichen Kündigung in eine ordentliche Kündigung bleibt möglich. Das setzt voraus, dass die außerordentliche Kündigung die Form des § 623 BGB wahrt und diese aus einem anderen Grund unwirksam ist. Ansonsten scheitert die Umdeutung daran, dass die ordentliche Kündigung als Ersatzgeschäft ebenfalls gegen § 623 BGB verstößt und somit formunwirksam ist. 2537

- Mündliche **Spontankündigungen**, z.B. im Rahmen von Auseinandersetzungen am Arbeitsplatz oder durch schlüssiges Verhalten im Anschluss daran, sind unwirksam. Eine Umdeutung einer formunwirksamen Kündigung in ein Angebot zum Abschluss eines Aufhebungsvertrags scheitert am diesbezüglich gleichfalls bestehenden Schriftformerfordernis. Eine Kündigung durch konkludentes Verhalten ist lediglich dann möglich, wenn das Formerfordernis gleichwohl erfüllt und der Beendigungswille eindeutig erkennbar ist. Denkbar ist dies im Zusammenhang mit prozessualem Vorbringen in einem Rechtsstreit, sofern die Abschrift für den Kündigungsempfänger (bzw. der Beglaubigungsvermerk) vom Kündigenden eigenhändig unterschrieben wurde. 2538

- Kündigungen, die **nicht schriftlich** i.S.v. § 623 BGB erklärt werden, setzen die **Klagefrist** des § 4 S. 1 KSchG (Rz. 2591) **nicht in Gang**. Ihre Unwirksamkeit gemäß §§ 623, 125 S. 1 BGB kann daher bis zur zeitlichen Grenze der Verwirkung geltend gemacht werden. Verstöße gegen besondere Formerfordernisse (z.B. § 17 Abs. 2 S. 2 MuSchG: Angabe des zulässigen Kündigungsgrundes) sind dagegen innerhalb der Drei-Wochen-Frist geltend zu machen, falls die Kündigung im Übrigen der Form des § 623 BGB genügt. 2539

III. Kündigungsberechtigter

2540 Die Kündigung muss im Grundsatz von dem einen **Vertragspartner** abgegeben und dem anderen gegenüber erklärt werden. Bei **juristischen Personen** ist sie vom Organ abzugeben bzw. muss diesem zugehen. Trotz des höchstpersönlichen Charakters des Kündigungsrechts ist eine Vertretung nicht ausgeschlossen. Vertraglich kann die Kündigungsbefugnis aber allein dem Arbeitgeber selbst vorbehalten sein (BAG v. 9.10.1975 – 2 AZR 332/74, DB 1976, 441). Besteht der kündigende Teil aus mehreren Personen, müssen grundsätzlich alle das Kündigungsschreiben unterzeichnen.

2541 Die Kündigung kann durch einen **Bevollmächtigten** erklärt werden, jedoch muss dies in der Kündigungserklärung durch einen das Vertretungsverhältnis anzeigenden Zusatz hinreichend deutlich zum Ausdruck kommen (BAG v. 21.4.2005 – 2 AZR 162/04, NZA 2005, 865, 866), etwa durch einen entsprechenden Zusatz bei der Unterschrift (BAG v. 13.12.2007 – 6 AZR 145/07 Rz. 14 f., zum Erklärungswert der Zusätze „i.A." und „i.V."). Nur die vom Vertreter selbst abgegebene Willenserklärung bedarf der Form des § 623 BGB. Die Vollmacht dagegen bedarf keiner Form (§ 167 Abs. 2 BGB), sie kann sich auch aus den Umständen ergeben (BAG v. 31.1.1996 – 2 AZR 273/95, NZA 1996, 649, 650). Sie kann gemäß § 167 BGB durch Erklärung gegenüber dem Kündigungsempfänger wie auch gegenüber dem Vertreter ausgesprochen werden. Vielfach liegt die Vollmacht zur Kündigung in einer umfassenden Vollmacht, z.B. der Prokura oder der Generalvollmacht. Auch die Handlungsvollmacht enthält für ihren Bereich die Vollmacht zur Kündigung, denn sie erstreckt sich auf alle Geschäfte, die der Betrieb eines derartigen Handelsgewerbes oder die Vornahme derartiger Geschäfte mit sich bringt (§ 54 Abs. 1 HGB). Regelmäßig besitzen eine Vollmacht zur Kündigung der Betriebs- oder der **Personalleiter**. Die Vollmacht zur Kündigung kann auch in einer Prozessvollmacht enthalten sein.

2542 Die Vollmachtserteilung ist wesentlich, weil bei einem einseitigen Rechtsgeschäft, wie der Kündigung, eine **Vertretung ohne Vertretungsmacht** unzulässig ist und regelmäßig zur Unwirksamkeit der Erklärung führt (§ 180 BGB). Zudem beginnt die Klagefrist des § 4 S. 1 KSchG nicht zu laufen, wenn der Kündigende keine Vertretungsmacht hatte. Denn § 4 KSchG setzt voraus, dass dem Arbeitgeber die Kündigung zumindest zugerechnet werden kann (BAG v. 6.9.2012 – 2 AZR 858/11, NZA 2013, 524, 526; Rz. 2580).

2543 *„Bei einer ohne Vollmacht oder von einem Nichtberechtigten erklärten Kündigung liegt jedoch keine Kündigung des Arbeitgebers vor. Eine ohne Billigung (Vollmacht) des Arbeitgebers ausgesprochene Kündigung ist dem Arbeitgeber erst durch eine (nachträglich) erteilte Genehmigung zurechenbar. Die dreiwöchige Klagefrist kann deshalb frühestens mit Zugang der Genehmigung zu laufen beginnen."* (BAG v. 26.3.2009 – 2 AZR 403/07, NZA 2009, 1146 Rz. 21)

2544 Wenn auch die Erteilung einer Vollmacht ohne Form gültig ist, so ist die Vollmachtsurkunde doch wegen **§ 174 BGB** in der Praxis von Bedeutung (dazu ausführlich mit Beispielsfällen *Preis/Lukes* JA 2015, 900). **Legt nämlich der Bevollmächtigte die Vollmachtsurkunde bei der Kündigung nicht vor und weist der Kündigungsempfänger aus diesem Grunde die Kündigung unverzüglich zurück, so ist die Kündigung nach § 174 S. 1 BGB unwirksam.** Die Zurückweisung ist jedoch gem. § 174 S. 2 BGB ausgeschlossen, wenn der Vollmachtgeber den Kündigungsempfänger von der Bevollmächtigung in Kenntnis gesetzt hat. Zweck des § 174 BGB ist, bei einseitigen Rechtsgeschäften Gewissheit darüber zu ermöglichen, ob das Rechtsgeschäft wirklich von einem Bevollmächtigten ausgeht. Der Empfänger einer einseitigen Willenserklärung soll somit nicht nachforschen müssen, welche Stellung der Erklärende hat und ob mit der Stellung das Recht zur Kündigung verbunden ist.

2545 Dies gilt jedoch wegen § 15 Abs. 2 HGB nicht bei **Prokuristen** (BAG v. 11.7.1991 – 2 AZR 107/91, NZA 1992, 449, 450) und nach der Rechtsprechung des BAG ebenfalls nicht bei **Personalleitern** (BAG v. 25.9.2014 – 2 AZR 567/13, NJW 2014, 3595). Das „Inkenntnissetzen" i.S.d. § 174 S. 2 BGB gegenüber den Betriebsangehörigen liegt in der Regel darin, dass der Arbeitgeber bestimmte Mitarbeiter – z.B. durch die Bestellung zum Prokuristen, Generalbevollmächtigten oder Leiter der Personalabteilung – in eine Stellung beruft, mit der das Kündigungsrecht verbunden zu sein pflegt.

"Der Umstand, dass es bei der Kündigung durch den Leiter einer Personalabteilung keiner Vorlage der Vollmachtsurkunde bedarf, gilt auch dann, wenn die Vollmacht nur im Innenverhältnis, z.B. aufgrund einer internen Geschäftsordnung, beschränkt ist." (BAG v. 29.10.1992 – 2 AZR 460/92, NZA 1993, 307)

2546

Der Arbeitnehmer kann eine Kündigung auch dann nicht nach § 174 S. 2 BGB zurückweisen, wenn der kündigende **Personalleiter zugleich (Gesamt-)Prokurist** ist und die Prokura keine (alleinige) Kündigungsbefugnis umfasst. Der Arbeitnehmer muss aufgrund der ihm bekannten Personalleiterstellung des Kündigenden trotz der (Gesamt-)Prokura von einer ordnungsgemäßen Bevollmächtigung ausgehen (BAG v. 25.9.2014 – 2 AZR 567/13, NJW 2014, 3595).

2547

Den Anforderungen des **§ 174 S. 2 BGB** ist erst genügt, wenn der Erklärungsempfänger auch von der **konkreten Person des Stelleninhabers in Kenntnis gesetzt** ist. Erforderlich ist insoweit ein zusätzliches Handeln des Vertretenen zur Information des Erklärungsempfängers. Dafür reicht es aus, diesen aufzufordern, sich über die Organisationsstruktur aus den ihm übergebenen Unterlagen oder dem ihm zugänglichen Intranet zu informieren, sofern sich aus diesen Quellen ergibt, wer die mit der Vertretungsmacht verbundene Funktion konkret bekleidet (BAG v. 8.12.2011 – 6 AZR 354/10, NZA 2012, 495 Rz. 30). Für das Inkenntnissetzen ist keine Form vorgeschrieben. Es genügt eine Mitteilung des Vollmachtgebers, die sich zumindest auch an den (späteren) Empfänger der einseitigen empfangsbedürftigen Willenserklärung richtet (BAG v. 24.9.2015 – 6 AZR 492/14, NZA 2016, 102 Rz. 27).

2548

Die bloße **Mitteilung im Arbeitsvertrag**, dass der jeweilige Inhaber einer bestimmten Funktion kündigen dürfe, reicht dagegen nicht. Es muss vielmehr durch den Arbeitgeber eine namentliche Zuordnung des Stelleninhabers erfolgen (BAG v. 14.4.2011 – 6 AZR 727/09, NZA 2011, 683 Rz. 30).

2549

Im **öffentlichen Dienst** gelten im Prinzip gleiche Grundsätze, doch genügen nicht rein intern praktizierte Verwaltungsregelungen, die nicht bekannt gegeben wurden. Sachbearbeiter und Referatsleiter der Personalabteilung im öffentlichen Dienst haben regelmäßig keine eigene Kündigungsbefugnis (BAG v. 20.8.1997 – 2 AZR 518/96, NZA 1997, 1343, 1345).

2550

Die Zurückweisung der Kündigungserklärung muss **unverzüglich** erfolgen. Die vorherige Einholung von Rechtsrat ist zulässig; entscheidend für die zeitlichen Grenzen sind die Umstände des Einzelfalls. Unverzüglich ist die Zurückweisung regelmäßig nicht mehr, wenn sie später als eine Woche nach der tatsächlichen Kenntnis des Empfängers von der Kündigung ohne Vollmachtsurkunde erfolgt (BAG v. 8.12.2011 – 6 AZR 354/10, NZA 2012, 495 Rz. 33).

2551

IV. Zugang der Kündigungserklärung

Da es sich bei der Kündigung um eine einseitige empfangsbedürftige Willenserklärung handelt, muss sie dem Empfänger zugehen, damit sie wirksam wird. Für die Voraussetzungen und den Zeitpunkt des Zugangs gelten prinzipiell die allgemeinen Regeln. Insbesondere gilt § 130 Abs. 1 S. 1 BGB für die Kündigung, die in **Abwesenheit des Erklärungsempfängers** abgegeben wird. Der Zugangszeitpunkt hat sowohl für die Rechtzeitigkeit der Klageerhebung nach § 4 KSchG (Rz. 2591) als auch für den Lauf der Kündigungsfrist (Rz. 2708) entscheidende Bedeutung.

2552

1. Zugang der Kündigungserklärung gegenüber Anwesenden

Das Wirksamwerden der Kündigungserklärung unter Anwesenden ist im Gesetz nicht geregelt. Ebenso wie die Kündigungserklärung unter Abwesenden nach § 130 Abs. 1 S. 1 BGB wird sie wirksam, wenn sie in den Machtbereich des Erklärungsempfängers kommt. Die nach § 623 BGB notwendigerweise schriftliche Kündigungserklärung geht dem Empfänger mit ihrer **Aushändigung** zu, unabhängig davon, ob und wann er sie liest (BAG v. 16.2.1983 – 7 AZR 134/81, NJW 1983, 2958).

2553

2554 Dem Arbeitnehmer gegenüber geht die formbedürftige Kündigung auch dann zu, wenn das Original nur „zum Durchlesen" überlassen wird, er auf dem Original den Zugang der Kündigung bestätigt und selbst nur die Kopie der Kündigung erhält (BAG v. 4.11.2004 – 2 AZR 17/04, NZA 2005, 513, 514).

2555 *„Eine verkörperte Willenserklärung geht unter Anwesenden zu – und wird damit entsprechend § 130 Abs. 1 S. 1 BGB wirksam –, wenn sie durch Übergabe in den Herrschaftsbereich des Empfängers gelangt. Es kommt nicht darauf an, ob der Empfänger die Verfügungsgewalt über das Schriftstück dauerhaft erlangt. Es genügt die Aushändigung und Übergabe, so dass er in der Lage ist, vom Inhalt der Erklärung Kenntnis zu nehmen. Der Zugang einer verkörperten Willenserklärung unter Anwesenden ist daher auch dann bewirkt, wenn das Schriftstück dem Empfänger mit der für ihn erkennbaren Absicht, es ihm zu übergeben, angereicht und, falls er die Entgegennahme ablehnt, so in seiner unmittelbaren Nähe abgelegt wird, dass er es ohne Weiteres an sich nehmen und von seinem Inhalt Kenntnis nehmen kann."* (BAG v. 26.3.2015 – 2 AZR 483/14, NZA 2015, 1183)

2. Zugang der Kündigungserklärung unter Abwesenden

Literatur: *Klinkhammer/Schmidbauer*, Zugang von Kündigungserklärungen, ArbRAktuell 2018, 362; *Nippe*, Der Zugang der Kündigung bei Urlaubsabwesenheit des Arbeitnehmers, JuS 1991, 285; *Popp*, Zugang der Kündigung des Arbeitsverhältnisses bei Urlaub des Gekündigten, DB 1989, 1133.

2556 Die Kündigungserklärung wird unter Abwesenden nach § 130 Abs. 1 S. 1 BGB wirksam, wenn sie dem Gekündigten **zugeht**. Hierzu ist erforderlich, dass der **Gekündigte in verkehrsüblicher Weise die tatsächliche Verfügungsgewalt über das Kündigungsschreiben erlangt und er unter gewöhnlichen Umständen die Möglichkeit hat, vom Inhalt des Schreibens Kenntnis zu nehmen** (BAG v. 2.3.1989 – 2 AZR 275/88, NZA 1989, 635, 636; BAG v. 26.3.2015 – 2 AZR 483/14, NZA 2015, 1183).

2557 *„Wenn für den Empfänger diese Möglichkeit unter gewöhnlichen Verhältnissen besteht, ist es unerheblich, wann er die Erklärung tatsächlich zur Kenntnis genommen hat oder ob er daran durch Krankheit, zeitweilige Abwesenheit oder andere Umstände zunächst gehindert war."* (BAG v. 2.3.1989 – 2 AZR 275/88, NZA 1989, 635, 636)

2558 Gegenüber einem **Geschäftsunfähigen** wird eine Kündigung erst wirksam, wenn sie dem gesetzlichen Vertreter zugeht (§ 131 Abs. 1 BGB). Das ist nur der Fall, wenn die Kündigung nicht lediglich faktisch in dessen Herrschaftsbereich gelangt ist, sondern auch an den gesetzlichen Vertreter gerichtet oder zumindest für diesen bestimmt ist (BAG v. 28.10.2010 – 2 AZR 794/09, NZA 2011, 340 Rz. 24; BAG v. 8.12.2011 – 6 AZR 354/10, NZA 2012, 495 Rz. 20).

2559 Durch das Abstellen auf die **Möglichkeit der Kenntnisnahme** unter verkehrsüblichen Umständen wird das Übermittlungsrisiko angemessen verteilt. Der Erklärende trägt das Übermittlungsrisiko so lange, bis er das nach den Umständen Erforderliche getan hat, um dem Empfänger die hinreichend sichere Möglichkeit der Kenntnisnahme zu verschaffen. Dies gilt jedoch nur, falls nicht ein Fall der sog. Zugangsvereitelung vorliegt (Rz. 2569).

2560 Der Inhaber eines **Hausbriefkastens** muss grundsätzlich dafür Sorge tragen, dass er von für ihn bestimmte Sendungen Kenntnis nehmen kann. Dies entspricht den Gepflogenheiten des Verkehrs und wird von ihm erwartet (BAG v. 28.5.2009 – 2 AZR 732/08, NZA 2009, 1229 Rz. 22). Wird ein Brief eingeworfen, so geht er in dem Zeitpunkt zu, in dem mit der Leerung gerechnet werden kann. Regelmäßig ist das spätestens der Abend desselben Tages. Wird der Brief erst am späten Nachmittag oder am Abend eingeworfen, ist spätestens am Abend des folgenden Tages von der Möglichkeit der Kenntnisnahme auszugehen (BAG v. 8.12.1983 – 2 AZR 337/82, NZA 1984, 31).

2561 *„Anders als dann, wenn ein Brief ohne Wissen des Adressaten erst nach den üblichen Postzustellzeiten in dessen Hausbriefkasten eingeworfen wird, ist mit der Kenntnisnahme eines Schreibens, von dem der Adressat weiß oder annehmen muss, dass es gegen 17:00 Uhr eingeworfen wurde, unter gewöhnlichen Verhältnissen noch am selben Tag zu rechnen."* (BAG v. 26.3.2015 – 2 AZR 483/14, NZA 2015, 1183)

IV. Zugang der Kündigungserklärung | Rz. 2568 § 56

Die Erklärung geht auch zu, wenn ein Brief unter der **Wohnungstür** des Empfängers durchgeschoben wird, u.U. sogar bei Deponierung im Hausflur oder an der Haustür, wenn der Empfänger keinen beschrifteten Briefkasten angebracht hat (LAG Hamm v. 25.2.1993 – 8 Ta 333/92, LAGE § 130 BGB Nr. 1). Wird ein Brief wegen **ungenügender Frankierung** oder wegen **fehlerhafter Anschrift** gar nicht oder verspätet zugestellt, so geht das zu Lasten des Erklärenden. — 2562

Entgegen seiner früheren Rechtsprechung (BAG v. 16.12.1980 – 7 AZR 1148/78, NJW 1981, 1470) steht das BAG auf dem Standpunkt, dass ein an die Heimatanschrift des Arbeitnehmers gerichtetes Kündigungsschreiben diesem grundsätzlich auch dann zugeht, wenn dem Arbeitgeber bekannt ist, dass der Arbeitnehmer während seines **Urlaubs** verreist ist (BAG v. 16.3.1988 – 7 AZR 587/87, NZA 1988, 875, 876). — 2563

„Dies gilt in aller Regel selbst dann, wenn der Arbeitnehmer seine Urlaubsanschrift dem Arbeitgeber mitgeteilt hat; lediglich bei besonderen Umständen des Einzelfalles kann sich aus § 242 BGB eine abweichende Würdigung ergeben." (BAG v. 16.3.1988 – 7 AZR 587/87, NZA 1988, 875, 876) — 2564

Auch eine Kündigungserklärung, die als **Übergabe-Einschreiben** verschickt wird, geht dem Empfänger nicht bereits dann zu, wenn sie bei der Post niedergelegt und lediglich ein Benachrichtigungsschein in den Hausbriefkasten geworfen wird. Vielmehr ist auch hier maßgeblich, wann die Erklärung tatsächlich in den Machtbereich des Empfängers gelangt (BAG v. 25.4.1996 – 2 AZR 13/95, NZA 1996, 1227). — 2565

„Bei der Versendung per Einschreiben steckt jedoch der Postbote nicht die Willenserklärung, sondern nur den Benachrichtigungszettel in den Hausbriefkasten. Durch den Benachrichtigungszettel wird der Empfänger lediglich in die Lage versetzt, das Einschreiben in seinen Machtbereich zu bringen. Die Niederlegung des Einschreibens bei der Post und die Benachrichtigung des Empfängers von der Niederlegung können deshalb den Zugang der Willenserklärung nicht ersetzen. Zugegangen ist das Einschreiben erst mit der Aushändigung des Originalschreibens durch die Post." (BAG v. 25.4.1996 – 2 AZR 13/95, NZA 1996, 1227) — 2566

Die Deutsche Post bietet zudem das sog. **Einwurf-Einschreiben** an. Der entscheidende Unterschied zum Übergabe-Einschreiben besteht darin, dass der Brief durch Einwurf in den Briefkasten oder das Postfach zugestellt wird, wobei der Zustellvorgang durch genaue Datums- und Uhrzeitangabe und Unterschrift des Zustellers dokumentiert wird, ohne dass eine Benachrichtigung des Absenders darüber erfolgt. Eine sichere Form der Zustellung ist das Einwurf-Einschreiben daher nicht. Es gilt jedoch nach umstrittener Ansicht eine abgestufte Darlegungs- und Beweislast. Einerseits nimmt man für den Einlieferungsbeleg bei der Deutschen Post und dessen Reproduktion einen Beweis des ersten Anscheins für den Zugang an (*SPV/Preis* Rz. 135; OLG Saarbrücken v. 20.3.2007 – 4 U 83/06-24, 4 U 83/06, OLGR Saarbrücken 2007, 601), andererseits wird das Einwurf-Einschreiben nicht für einen verbesserten Zugang gehalten (KR/*Friedrich/Klose* § 4 KSchG Rz. 147). Höchstrichterlich wurde die Frage noch nicht entschieden. Das LAG Berlin-Brandenburg hat entschieden, dass der Zugang vermutet wird, wenn der Postzusteller auf dem Auslieferungsbeleg bestätigt, das Einwurf-Einschreiben eingeworfen zu haben und der Arbeitnehmer keinen Sachverhalt darbringt, der auf einen anderen Zeitpunkt als den in dem Beleg vermerkten schließen lässt (LAG Berlin-Brandenburg 12.3.2007 – 10 Sa 1945/06; zu einer Beweiserhebung anschaulich LAG Köln v. 14.8.2009 – 10 Sa 84/09; LAG Köln v. 22.11.2010 – 5 Sa 900/10, NZA-RR 2011, 244). — 2567

Es kommt dem kündigenden Arbeitgeber – wegen der Berechnung der Kündigungsfristen und der Frist zur Erhebung der Kündigungsschutzklage – darauf an, den Zugang selbst und den Zeitpunkt des Zugangs sicher nachweisen zu können. Die sicherste Zustellungsform ist daher die **Übergabe des Kündigungsschreibens** (Zeugenbeweis). Ist die persönliche Übergabe nicht möglich, empfiehlt sich die Zustellung per Boten, der den Inhalt des Kündigungsschreibens kennt, an die Heimat- oder Geschäftsadresse des Erklärungsempfängers. — 2568

3. Zugangsverzögerung/-vereitelung

2569 Nimmt der Erklärungsempfänger erst später von der Erklärung Kenntnis, als dies bei normalem Lauf der Dinge zu erwarten gewesen wäre, kann sich der Empfänger nach **Treu und Glauben** nicht auf den verspäteten Zugang berufen, wenn die Verzögerung auf Umständen beruht, die er zu vertreten hat. Es reicht aus, wenn die Verzögerung auf Umstände zurückzuführen ist, die zum Einflussbereich des Kündigungsempfängers gehören.

2570 Konsequenzen hat dies insbesondere für den Lauf der Kündigungsfrist und die Wahrung von Klagefristen. Hauptfall ist der Zugang eines **Benachrichtigungsscheins** über einen bei der Post niedergelegten Einschreibebrief, den der Empfänger nicht bereits am folgenden Werktag, sondern erst zu einem späteren Zeitpunkt abholt. Einzelheiten in Bezug auf den ausschlaggebenden Tag des Zugangs sind umstritten (*SPV/Preis* Rz. 133 f.). Maßgebend für die Wahrung der Kündigungsfrist dürfte der Zeitpunkt sein, in dem üblicherweise ein eingeschriebener Brief nach Hinterlassung des Benachrichtigungsscheins vom Empfänger abgeholt wird, also im Regelfall der Tag nach Zugang des Benachrichtigungszettels. Sofern die Einhaltung der Klagefrist des § 4 KSchG in Rede steht, liegt nach Ansicht des BAG hingegen kein Fall der treuwidrigen Zugangsverzögerung vor, sofern der Empfänger den Einschreibebrief erst zu einem späteren Zeitpunkt, aber noch innerhalb der von der Post mitgeteilten Aufbewahrungsfrist, abholt (BAG v. 25.4.1996 – 2 AZR 13/95, NZA 1996, 1227, 1228).

2571 Kommt es aufgrund eines vom Erklärungsempfänger zu vertretenden Umstandes nicht zur Kenntnisnahme der Kündigung, so muss dieser sich dennoch nach Treu und Glauben so behandeln lassen, als ob ihm die Kündigung zum normalen Zeitpunkt zugegangen wäre, falls der Kündigende die Erklärung unverzüglich **wiederholt** (BAG v. 18.2.1977 – 2 AZR 770/75, DB 1977, 1194). Verweigert der Empfänger vorsätzlich nicht nur die Kenntnisnahme, sondern bereits die Annahme der Kündigungserklärung grundlos, so gilt die Erklärung wegen Zugangsvereitelung auch ohne Wiederholung als zugegangen.

2572 *"Verhindert der Empfänger durch eigenes Verhalten den Zugang einer Willenserklärung, muss er sich so behandeln lassen, als sei ihm die Erklärung bereits zum Zeitpunkt des Übermittlungsversuchs zugegangen. Nach Treu und Glauben ist es ihm verwehrt, sich auf den späteren tatsächlichen Zugang zu berufen, wenn er selbst für die Verspätung die alleinige Ursache gesetzt hat. Sein Verhalten muss sich als Verstoß gegen bestehende Pflichten zu Sorgfalt oder Rücksichtnahme darstellen. Lehnt der Empfänger grundlos die Entgegennahme eines Schreibens ab, muss er sich nach § 242 BGB jedenfalls dann so behandeln lassen, als sei es ihm im Zeitpunkt der Ablehnung zugegangen, wenn er im Rahmen vertraglicher Beziehungen mit der Abgabe rechtserheblicher Erklärungen durch den Absender rechnen musste."* (BAG v. 26.3.2015 – 2 AZR 483/14, NZA 2015, 1183)

2573 **Beispielsfall:** Arbeitnehmer A hat in seinem schriftlichen Arbeitsvertrag eine frühere Adresse angegeben, unter der er schon seit Beginn des Arbeitsverhältnisses am 1.4.2016 nicht mehr wohnt. Am 15.9.2016 erfährt A, dass Arbeitgeber B ihm noch innerhalb der Probezeit, die mit Ablauf des 30.9.2016 endet, kündigen will. Am 22.9.2016 fehlt A krankheitsbedingt, was er dem B durch eine Arbeitsunfähigkeitsbescheinigung anzeigt. Auf dieser ist ebenfalls die alte Adresse verzeichnet. B sendet die schriftliche Kündigung des Arbeitsvertrags am 26.9. erst per Post, dann am 28.9. per Boten vergeblich an die angegebene Adresse und versucht schließlich am 29.9. ebenfalls vergeblich, die Kündigung eigenhändig an der angegebenen Adresse einzuwerfen. Erst am 3.10. erfährt B die aktuelle Adresse des A und schickt das Kündigungsschreiben am selben Tag erfolgreich an die aktuelle Adresse. Wann ist die Kündigung wirksam zugegangen? (Fall angelehnt an BAG v. 22.9.2005 – 2 AZR 366/04, NZA 2006, 204)

Lösungsvorschlag: Die Kündigungserklärung unter Abwesenden geht zu i.S.d. § 130 Abs. 1 S. 1 BGB, wenn der Erklärungsempfänger in verkehrsüblicher Weise die tatsächliche Verfügungsgewalt über das Kündigungsschreiben erlangt und er unter gewöhnlichen Umständen die Möglichkeit hat, vom Inhalt des Schreibens Kenntnis zu nehmen. Die Kündigung ist erst mit der Zustellung an die aktuelle Adresse in den Machtbereich des A gelangt. Allerdings kann sich der Empfänger nach Treu und Glauben nicht auf den verspäteten Zugang einer Willenserklärung berufen, wenn er die Zugangsverzögerung selbst zu vertreten hat. *"Er muss sich dann so behandeln lassen, als habe der Erklärende die entsprechenden Fristen gewahrt [...]. Wer auf Grund bestehender oder angebahnter vertraglicher Beziehungen mit dem Zugang rechtserheblicher Erklärungen zu* *rechnen hat, muss geeignete Vorkehrungen treffen, dass ihn derartige Erklärungen auch erreichen [...]. Tut er dies nicht, so wird darin vielfach ein Verstoß gegen die durch die Aufnahme von Vertragsverhandlungen oder den Abschluss eines Vertrags begründeten Sorgfaltspflichten gegenüber seinem Partner liegen [...]. Auch bei schweren Sorgfaltsverstößen kann der Adressat nach Treu und Glauben regelmäßig aber nur dann so behandelt werden, als habe ihn die Willenserklärung erreicht, wenn der Erklärende alles Erforderliche und ihm Zumutbare getan hat, damit seine Erklärung den Adressaten erreichen konnte."* (BAG v. 22.9.2005 – 2 AZR 366/04, NZA 2006, 204 Rz. 15)

Indem A in seinem Arbeitsvertrag eine falsche Adresse angegeben hat, hat er seine Sorgfaltspflicht gegenüber B verletzt. Ein noch schwerwiegender Pflichtverstoß lag darin, dass A zu einem Zeitpunkt, zu dem er mit dem Zugang einer Kündigung in den nächsten Tagen rechnen musste, den von ihm verursachten Irrtum des B über seine tatsächliche Anschrift noch dadurch verstärkt hat, dass er als seine Adresse erneut die alte Adresse angegeben hat. Nach der Verkehrsanschauung konnte dies nur bedeuten, dass das Kündigungsschreiben ihm an diese Adresse zugehen solle (vgl. BAG v. 22.9.2005 – 2 AZR 366/04, NZA 2006, 204 Rz. 17). Auch hat B alles ihm Zumutbare unternommen, um das Kündigungsschreiben zuzustellen. Somit muss sich A so behandeln lassen, als sei ihm die Kündigung bereits spätestens am 30.9. zugegangen.

Wird die Kündigung einem **Dritten** gegenüber erklärt, kommt es für den Zugang darauf an, ob der Dritte als **Empfangsvertreter** nach § 164 Abs. 3 BGB (mit der Folge des § 166 Abs. 1 BGB) oder als bloßer **Empfangsbote** anzusehen ist. Im Gegensatz zum Empfangsvertreter fungiert der Empfangsbote lediglich als personifizierte Empfangseinrichtung, sodass der Zugang erst erfolgt, wenn unter normalen Umständen mit der Weiterleitung der Willenserklärung zu rechnen ist (BAG v. 9.6.2011 – 6 AZR 687/09, NJW 2011, 2604). Empfangsbote ist, wer vom Empfänger zur Entgegennahme von Erklärungen ermächtigt worden oder nach der Verkehrsauffassung als ermächtigt anzusehen ist, Willenserklärungen mit Wirkung für den Erklärungsempfänger entgegenzunehmen (BGH v. 12.12.2001 – X ZR 192/00, NJW 2002, 1565). Neben persönlichen und vertraglichen Beziehungen kann sich die Stellung als Empfangsbote auch aus normativen Verpflichtungen ergeben (zum Zugang einer Kündigung in der Untersuchungshaft BAG v. 24.5.2018 – 2 AZR72/18, NJW 2018, 3331). Die Annahmeverweigerung durch einen Empfangsboten (z.B. Familienangehörigen) kann noch nicht ohne Weiteres als Zugangsvereitelung gewertet werden (BAG v. 11.11.1992 – 2 AZR 328/92, NZA 1993, 259, 261). 2574

„Lehnt ein als Empfangsbote anzusehender Familienangehöriger des abwesenden Arbeitnehmers die Annahme eines Kündigungsschreibens des Arbeitgebers ab, so muss der Arbeitnehmer die Kündigung nur dann als zugegangen gegen sich gelten lassen, wenn er auf die Annahmeverweigerung, etwa durch vorherige Absprache mit dem Angehörigen, Einfluss genommen hat." (BAG v. 11.11.1992 – 2 AZR 328/92, NZA 1993, 259) 2575

Das BAG hat den Zugang der Kündigungserklärung auch in einem Fall bejaht, in dem das Kündigungsschreiben dem **Ehemann** der gekündigten Arbeitnehmerin außerhalb der gemeinsamen Wohnung an dessen Arbeitsplatz übergegen wurde. Obwohl der Ehemann verbal protestiert hatte, das Kündigungsschreiben am Arbeitsplatz des Ehemanns zunächst liegengeblieben war und dieser das Schreiben erst am Folgetag seiner **Ehefrau** übergeben hatte, bejahte das BAG den Zugang der Kündigungserklärung am Vortag. 2576

„Leben Ehegatten in einer gemeinsamen Wohnung und sind sie deshalb nach der Verkehrsanschauung füreinander als Empfangsboten anzusehen, gelangt eine an einen der Ehegatten gerichtete Willenserklärung grundsätzlich auch dann in dessen Macht- und Zugriffsbereich, wenn sie dem anderen Ehegatten außerhalb der Wohnung übermittelt wird. [...] Diese Verkehrsanschauung beruht auf der Lebenserfahrung, dass in aller Regel ohne weiteres davon auszugehen ist, dass die für einen Ehepartner bestimmte Erklärung durch Aushändigung an den anderen so in dessen Macht- und Zugriffsbereich gelangt, dass er von der Erklärung Kenntnis nehmen kann." (BAG v. 9.6.2011 – 6 AZR 687/09, NZA 2011, 847) 2577

§ 57
Klagefrist (§§ 4–7 KSchG)

Literatur: *Bender/Schmidt,* KSchG 2004: Neuer Schwellenwert und einheitliche Klagefrist, NZA 2004, 358; *Fornasier/Werner,* Die „anderen Gründe" für die Rechtsunwirksamkeit einer Kündigung im Rahmen des § 4 S. 1 KSchG, NJW 2007, 2729; *Genenger,* Die beschränkte Reichweite der einheitlichen Klagefrist des § 4 Satz 1 KSchG, RdA 2010, 274; *Niemann,* Antragsstellung und Tenorierung im Kündigungsschutzprozess, NZA 2019, 65; *Preis,* Die „Reform" des Kündigungsschutzgesetzes, DB 2004, 70.

2578 Prüfungsschema einer Kündigungsschutzklage

- ☐ **Zulässigkeit der Kündigungsschutzklage des Arbeitnehmers**
    - ☐ Rechtsweg zu den Gerichten für Arbeitssachen (§ 2 Abs. 1 Nr. 3 lit. b ArbGG)
    - ☐ Örtliche und sachliche Zuständigkeit [örtl.: § 46 Abs. 2 ArbGG i.V.m. §§ 12 ff. ZPO (i.d.R. § 48 Abs. 1a ArbGG); sachl.: § 8 Abs. 1 ArbGG]
    - ☐ Partei-, Prozess,- Postulationsfähigkeit
    - ☐ Klageart: Kündigungsschutzklage oder allgemeine Feststellungsklage?
        - ☐ Kündigungsschutzklage (§ 4 S. 1 KSchG) gegen schriftliche Arbeitgeberkündigung
            - ☐ unabhängig von der Erfüllung der Wartezeit (§ 1 Abs. 1 KSchG) und
            - ☐ unabhängig von der Betriebsgröße (§ 23 Abs. 1 S. 1 KSchG)
        - ☐ Allgemeine Feststellungsklage (§ 256 Abs. 1 ZPO) im Übrigen
            - ☐ Formverstoß (§ 623 BGB)
            - ☐ Problem: Fehlende Kündigungsberechtigung
    - ☐ Feststellungsinteresse
    - ☐ Ordnungsgemäße Klageerhebung: Form, § 46 Abs. 2 ArbGG i.V.m. § 253 ZPO
- ☐ **Begründetheit der Kündigungsschutzklage gegen ordentliche Kündigung**
    - ☐ Wirksamkeit der Kündigungserklärung (Rz. 2518)
    - ☐ Einhaltung der Kündigungsfristen
    - ☐ Materielle Präklusionsfrist (Klagefrist) (§§ 4, 5, 7 KSchG)
        - ☐ Anwendbarkeit der §§ 4 bis 7 KSchG: § 23 Abs. 1 S. 1 KSchG

            Ausnahmsweise (–) bei
            - ☐ Geltendmachung von Formverstoß (§ 623 BGB)
            - ☐ alleiniger Rüge einer falsch berechneten Kündigungsfrist (str.) oder
            - ☐ fehlender Kündigungsberechtigung (str.)
        - ☐ Grundsatz: § 4 S. 1 KSchG

            3 Wochen ab Zugang der Kündigung (§§ 187 Abs. 1, 188 Abs. 2, 193 BGB)

☐ Ausnahmen
  ☐ § 4 S. 4 KSchG: 3 Wochen ab Bekanntgabe der erforderlichen behördlichen Zustimmung, wenn bei Zugang der Kündigung noch nicht erfolgt (§ 168 SGB IX, § 17 Abs. 2 MuSchG, § 18 Abs. 1 S. 2 BEEG)
  ☐ § 5 KSchG: Nachträgliche Klagezulassung bei unverschuldeter Fristversäumnis
☐ Rechtsfolge der Versäumnis
☐ Umfassende Wirksamkeitsfiktion (§ 7 KSchG)

I. Bedeutung

Die **schriftliche Kündigung** des Arbeitgebers **gilt** gemäß § 7 KSchG **als von Anfang an wirksam, wenn der Arbeitnehmer nicht** nach Maßgabe der §§ 4, 5, 6 KSchG **rechtzeitig**, also regelmäßig innerhalb von drei Wochen nach Zugang der Kündigung (§ 4 S. 1 KSchG), **Kündigungsschutzklage erhebt.** Das Gesetz fingiert also die Wirksamkeit der Kündigung nach dem Ablauf der Klagefrist. Unwirksamkeitsgründe können nicht mehr geltend gemacht werden, sie sind **präkludiert**. Aus diesem Grund stellt die Klagefrist auch keine prozessuale, sondern eine **materielle Frist** dar, die zu einer materiellen Bewertung der Kündigung führt. Man spricht von einer sogenannten **materiellen Präklusion**. Die Klage ist bei Eintritt der Präklusion durch Sachurteil als unbegründet abzuweisen (APS/*Hesse* § 4 KSchG Rz. 3). Sinn und Zweck der Präklusionsfrist ist, dass der Arbeitgeber nach Ablauf von drei Wochen nach Zugang und einer Zeitspanne für die Klagezustellung darauf vertrauen darf, dass seine Kündigung das Arbeitsverhältnis aufgelöst hat (BAG v. 6.9.2012 – 2 AZR 858/11, NZA 2013, 524 Rz. 13).

2579

II. Eingreifen der Präklusion

Nach der bis zum 31.12.2003 geltenden Fassung des § 4 KSchG war der Arbeitnehmer nach Ablauf der Drei-Wochen-Frist nur mit dem Einwand der Sozialwidrigkeit (§ 1 KSchG; Rz. 2768) präkludiert. Seit dem 1.1.2004 (Gesetz zu Reformen am Arbeitsmarkt vom 24.12.2003, BGBl. I S. 3002) gilt die Klagefrist auch, wenn die Kündigung aus „anderen Gründen" unwirksam ist (§ 4 S. 1 KSchG, § 13 Abs. 2, 3 KSchG; Rz. 2597). Damit wurde eine **einheitliche Klagefrist** geschaffen. Leitbild der §§ 4–7 KSchG ist die **ordentliche Kündigung**. Für die **außerordentliche Kündigung** gelten § 4 S. 1 KSchG sowie die §§ 5-7 KSchG aufgrund der Verweisung in § 13 Abs. 1 S. 2 KSchG. Im Gegensatz zur früheren Rechtslage ist die Drei-Wochen-Frist somit auch bei außerordentlichen Kündigungen einzuhalten, ohne dass es auf die Betriebsgröße oder die Erfüllung der Wartezeit ankommt (BAG v. 28.6.2007 – 6 AZR 873/06, NZA 2007, 972, 973).

2580

Wenn die Präklusion auch die Unwirksamkeit der Kündigung aus anderen Gründen als der Sozialwidrigkeit betrifft, kann konsequenterweise die **Erfüllung der Wartezeit** des § 1 Abs. 1 KSchG, die sich auf die Geltendmachung der Sozialwidrigkeit bezieht, **nicht mehr Voraussetzung** für die Geltung der Klagefrist sein (BAG v. 9.2.2006 – 6 AZR 283/05, NZA 2006, 1207 Rz. 17).

2581

„Die Klagefrist greift auch bei Kündigungen innerhalb der ersten sechs Monate des Arbeitsverhältnisses, in denen der Arbeitnehmer wegen Nichterfüllung der Wartezeit noch keinen Kündigungsschutz i.S.d. Kündigungsschutzgesetzes hat. Das ergibt sich bei isolierter Betrachtung des § 4 KSchG n.F. ohne Weiteres aus dem Gesetzeswortlaut. Selbst wenn man § 1 Abs. 1 KSchG mitberücksichtigt, entspricht das dem Sinn und Zweck des Gesetzes: Es soll schnell die Wirksamkeit von Kündigungen geklärt werden, sodass es nicht darauf ankommt, ob das Arbeitsverhältnis dem allgemeinen Kündigungsschutz unterstellt ist oder nicht [...]. Das gilt auch für eine Kündigung, die vor dem Zeitpunkt des vereinbarten Beginns des Arbeitsverhältnisses zugegangen ist.

2582

Wollte man die Klagefrist des § 4 KSchG n.F. nicht auch auf Kündigungen innerhalb der sechsmonatigen Wartezeit oder vor Beginn der sechsmonatigen Wartezeit anwenden, so würde der Arbeitnehmer, dem innerhalb der Wartezeit oder vor Beginn der Wartezeit gekündigt wird, gegenüber anderen Arbeitnehmern besser gestellt, weil er die Unwirksamkeit der Kündigung bis zur Grenze der Verwirkung geltend machen könnte. Zur Verhinderung von Wertungswidersprüchen ist § 4 KSchG n.F. deshalb auch in diesen Fällen anzuwenden." (BAG v. 9.2.2006 – 6 AZR 283/05, NZA 2006, 1207 Rz. 17)

2583 Ebenfalls ist die Geltung der Klagefrist nicht mehr davon abhängig, dass die gemäß § 23 Abs. 1 KSchG maßgebliche **Betriebsgröße** erreicht ist, was nun auch § 23 Abs. 1 S. 2 KSchG anordnet. Auch der Umstand, dass der Arbeitnehmerstatus noch nicht endgültig geklärt ist, hindert den Ablauf der Klagefrist nicht (ErfK/*Kiel* § 4 KSchG Rz. 3 unter Verweis auf die zur ähnlichen Präklusionsfrist des § 17 S. 1 TzBfG ergangene Entscheidung des BAG v. 15.2.2012 – 10 AZR 111/11, NZA 2012, 733 Rz. 40).

2584 Jedoch können nicht sämtliche Voraussetzungen einer wirksamen Kündigung durch §§ 4, 7 KSchG präkludiert, sprich ihre Wirksamkeit fingiert werden. Die Geltendmachung der **Unwirksamkeit einer mündlichen Kündigungserklärung** ist nicht an die Klagefrist gebunden. § 4 KSchG spricht davon, dass innerhalb von drei Wochen nach Zugang der schriftlichen Kündigung Klage erhoben werden muss. Ohne wirksame schriftliche Kündigungserklärung liegt daher schon gar kein Anknüpfungspunkt für den Fristbeginn vor. Statt einer Kündigungsschutzklage kommt dann nur eine **Feststellungsklage gemäß § 256 ZPO** in Betracht. Der Mangel der Schriftform kann daher auch nach Ablauf der Drei-Wochen-Frist noch geltend gemacht werden (BAG v. 6.9.2012 – 2 AZR 858/11, NZA 2013, 524 Rz. 11).

2585 Auch wenn der Arbeitnehmer lediglich die **Kündigungsfrist** für falsch bemessen hält und nicht gegen die Auflösung des Arbeitsverhältnisses an sich vorgeht, ist dies kein „anderer Grund" i.S.d. § 4 S. 1 KSchG (ErfK/*Kiel* § 4 KSchG Rz. 5). Denn die unzutreffende Berechnung der Frist macht die ordentliche Kündigung nicht insgesamt unwirksam. Sie soll lediglich zu einem anderen Zeitpunkt wirken, sodass schon der Wortlaut des § 4 KSchG, der von „Auflösung" spricht, nicht passt (BAG v. 15.12.2005 – 2 AZR 148/05, NZA 2006, 791 Rz. 15).

2586 *„Der Arbeitnehmer, der lediglich die Einhaltung der Kündigungsfrist verlangt, will gerade nicht die Sozialwidrigkeit oder die Unwirksamkeit der Kündigung als solche festgestellt wissen. Er geht im Gegenteil von der Wirksamkeit der Kündigung aus. Er will geltend machen, sie wirke allerdings zu einem anderen Zeitpunkt als es nach Auffassung des Arbeitgebers der Fall ist. Dem lässt sich in diesem Zusammenhang nicht entgegenhalten, der Arbeitnehmer, der die Einhaltung der Kündigungsfrist erstrebe, mache, wenn sich sein Klageziel rechtsdogmatisch nur durch Umdeutung der Kündigung nach § 140 BGB begründen lasse, notwendigerweise auch die Unwirksamkeit der Kündigung geltend. Denn § 4 S. 1 KSchG erfasst eine solche Geltendmachung der Unwirksamkeit als eines Begründungselementes nicht. Das zeigt die in § 4 S. 1 KSchG vorgegebene Formulierung des Feststellungsantrags. Sie geht dahin, dass das Arbeitsverhältnis ‚nicht aufgelöst' ist. Die ‚Nichtauflösung' des Arbeitsverhältnisses entspricht aber nicht dem Klageziel desjenigen, der die Nichteinhaltung der Kündigungsfrist rügt. Er ist ganz im Gegenteil der Auffassung, das Arbeitsverhältnis werde durch die Kündigung sehr wohl aufgelöst. Die Anwendung des § 4 S. 1 KSchG auf diesen Fall würde der Klagepartei also eine auf ihr Begehren nicht zugeschnittene Feststellungsklage aufzwingen, obwohl sie ihr eigentliches Klageziel [...] durch einen bezifferten Zahlungsantrag genau und vollständig beschreiben kann.*

Die Entstehungsgeschichte der Norm bestätigt diesen Befund. Es war das erklärte Ziel des Gesetzes, ‚alsbald Klarheit über den Fortbestand oder die Aufhebung des Arbeitsverhältnisses' zu erhalten (BT-Drs. 15/1204 S. 2)." (BAG v. 15.12.2005 – 2 AZR 148/05, NZA 2006, 791 Rz. 15)

2587 Eine andere Frage ist dagegen, ob die Auslegung einer ordentlichen Kündigung mit fehlerhafter Kündigungsfrist als solche zum richtigen Kündigungstermin der Regelfall ist. Während der 2. Senat des BAG dies 2005 angenommen hat (BAG v. 15.12.2005 – 2 AZR 148/05, NZA 2006, 791 Rz. 22), hat der 5. Senat die Frage zuletzt 2013 offen gelassen (BAG v. 15.5.2013 – 5 AZR 130/12, NZA 2013, 1076 Rz. 17).

Andere Unwirksamkeitsgründe i.S.d. § 4 S. 1 KSchG, die innerhalb der Drei-Wochen-Frist geltend gemacht werden müssen, sind z.B. ein Verstoß gegen ein allgemeines Kündigungsverbot (Rz. 2597) oder Sonderkündigungsschutzvorschriften (Rz. 2597), ein Verstoß gegen Formvorschriften (mit Ausnahmen des § 623 BGB), eine Kündigung wegen Betriebsübergangs (§ 613a Abs. 4 BGB) oder fehlende oder fehlerhafte Anhörung des Betriebs- oder Personalrats. (vgl. ErfK/*Kiel* § 4 KSchG Rz. 4 und im Band „Kollektivarbeitsrecht" unter Rz. 2965 ff./§ 175 IV 2). Auch diskriminierende Kündigungen i.S.d. AGG müssen in den Grenzen des § 4 S. 1 KSchG vom Arbeitnehmer angegriffen werden (vgl. BAG v. 19.12.2013 – NZA 2014, 372 Rz. 30). Auch die Nichteinhaltung des nach §§ 17, 18 KSchG vorgeschriebenen Verfahrens bei Massenentlassungen stellt einen Unwirksamkeitsgrund dar (dafür BAG v. 21.3.2013 – 2 AZR 60/12, NZA 2013, 966 Rz. 19), der in der Frist des § 4 S. 1 KSchG anzugreifen wäre. 2588

Streitig ist die Einhaltung der Präklusionsfrist für die **Geltendmachung von Rechtsmängeln, die der Kündigungserklärung selbst anhaften, so die Geschäftsunfähigkeit des Kündigenden**, Willensmängel, fehlende Kündigungsberechtigung und andere fehlende Vertretungsvoraussetzungen (hierzu im Überblick *Genenger* RdA 2010, 274). Einerseits wird eine Erstreckung der Frist auch auf diese Gründe bejaht mit dem Argument, der Gesetzgeber habe in § 4 S. 1 KSchG nicht zwischen verschiedenen Gründen differenziert (Bader/Bram/*Kriebel* § 4 KSchG Rz. 34). Nach anderer Auffassung sollen diese Unwirksamkeitsgründe schon nach dem Wortlaut des § 4 S. 1 KSchG nicht erfasst sein, der eine wirksame Kündigungserklärung voraussetzt (*Bender/Schmidt* NZA 2004, 358, 362). Differenzierend unterscheidet eine dritte Ansicht danach, ob der Arbeitgeber in der jeweiligen Situation entsprechend schutzwürdig ist, schnelle Rechtssicherheit nach drei Wochen zu erhalten. So soll für den Arbeitgeber, dem mangels Kündigungsberechtigung des Kündigenden (Rz. 2540) die Kündigung nicht zugerechnet werden kann, kein schutzwürdiges Vertrauen darauf bestehen, dass durch sie das Arbeitsverhältnis aufgelöst wurde (APS/*Hesse* § 4 KSchG Rz. 10c). 2589

Letztgenannter Auffassung hat sich das BAG angeschlossen und jedenfalls bei der Kündigung durch einen Vertreter ohne Vertretungsmacht die dreiwöchige Klagefrist nicht angewendet (BAG v. 26.3.2009 – 2 AZR 403/07, NZA 2009, 1146 Rz. 21; BAG v. 6.9.2012 – 2 AZR 858/11, NZA 2013, 524 Rz. 14). 2590

III. Voraussetzungen

§§ 4–7 KSchG gelten in allen Betrieben und Verwaltungen des privaten bzw. öffentlichen Rechts (§ 23 Abs. 1 S. 1 KSchG); für Betriebe der Schifffahrt und des Luftverkehrs enthält § 24 KSchG Modifikationen. **Keine Anwendung** finden die Vorschriften über die Klagefrist damit z.B. in Privathaushalten. §§ 4–7 und § 13 Abs. 1 S. 2 KSchG sind von der Einschränkung des betrieblichen Geltungsbereichs in § 23 Abs. 1 S. 2, 3 KSchG nicht betroffen; sie gelten daher auch in Kleinbetrieben. 2591

Nach § 4 S. 1 KSchG läuft die **Drei-Wochen-Frist ab Zugang** (Rz. 2552 ff.) **der schriftlichen Kündigung**. Eine mündliche oder sonst gegen das Formerfordernis des § 623 BGB verstoßende Kündigungserklärung (Rz. 2524) vermag die Klagefrist nicht in Gang zu setzen. Daher muss auch ein entsprechender Verstoß nicht innerhalb der Frist gerügt werden (Rz. 2524). Das Klagerecht des Arbeitnehmers ist dann zeitlich nur durch den Aspekt der Verwirkung begrenzt. Wann Verwirkung eintritt, ist nach den Umständen des Einzelfalls zu beurteilen (Einzelheiten dazu siehe im Band „Kollektivarbeitsrecht" unter Rz. 2990; BAG v. 25.11.2010 – 2 AZR 323/09, NZA 2011, 821 Rz. 33). 2592

§ 4 S. 1 KSchG setzt außerdem voraus, dass eine **Kündigung durch den Arbeitgeber** vorliegt. Daraus folgt nach richtiger Auffassung, dass die Kündigungserklärung dem Arbeitgeber rechtlich zurechenbar sein muss (so auch BAG v. 6.9.2012 – 2 AZR 858/11, NZA 2013, 524 Rz. 13). Hieran fehlt es, wenn der Arbeitgeber zum Zeitpunkt der Kündigung geschäftsunfähig (§ 105 BGB) oder der Erklärende nicht kündigungsberechtigt war (§ 180 BGB; Rz. 2540). 2593

2594 Für **bestimmte Personengruppen** (z.B. schwerbehinderte Menschen, Schwangere, Elternzeitberechtigte) ist ein **besonderer Kündigungsschutz** u.a. dadurch gewährleistet, dass der Kündigung die Zustimmung einer Behörde vorausgehen muss. In diesen Fällen läuft die Klagefrist nicht, bevor dem Arbeitnehmer die Entscheidung der Behörde über den Zustimmungsantrag des Arbeitgebers bekannt gegeben worden ist (§ 4 S. 4 KSchG; Rz. 2627). Grundsätzlich sind aber auch die Arbeitnehmer, die einen öffentlich-rechtlichen Sonderkündigungsschutz genießen, gehalten, den Unwirksamkeitsgrund innerhalb der dreiwöchigen Klagefrist geltend zu machen (§ 17 MuSchG, s. Rz. 2296; zu § 9 MuSchG a.F. BAG v. 19.2.2009 – 2 AZR 286/07, NZA 2009, 980 Rz. 23).

IV. Rechtsfolgen

2595 Erhebt der Arbeitnehmer innerhalb der **Drei-Wochen-Frist keine Kündigungsschutzklage, tritt rückwirkend Heilung der Unwirksamkeit ein** (§ 7 KSchG). Es handelt sich um eine **materiell-rechtliche Präklusion**. Dies bedeutet für die Falllösung, dass die Einhaltung der Klagefrist nicht bereits im Rahmen der Zulässigkeit der Kündigungsschutzklage zu prüfen ist, sondern eine Frage der Begründetheit darstellt.

2596 War die Fristversäumung unverschuldet, kann der Arbeitnehmer die „**nachträgliche Zulassung**" seiner Klage beantragen und auf diese Weise erreichen, mit seinen an sich präkludierten Einwänden gegen die Wirksamkeit der Kündigung noch gehört zu werden (§ 5 KSchG).

§ 58
Allgemeine Unwirksamkeitsgründe und besondere Kündigungsverbote

2597 **Prüfungsschema: Allgemeine Unwirksamkeitsgründe und besondere Kündigungsverbote**

- ☐ Allgemeine gesetzliche Unwirksamkeitsgründe
  - ☐ Verbot der sittenwidrigen Kündigung, § 138 BGB (Rz. 2601)
  - ☐ Maßregelungsverbot, § 612a BGB
  - ☐ Verbot der treuwidrigen Kündigung, § 242 BGB (Rz. 2006)
  - ☐ Zurückweisung der Kündigungserklärung, § 174 S. 1 BGB
- ☐ Gesetzliche Kündigungs- und Benachteiligungsverbote (Rz. 2612)
  - ☐ Personenbezogen
    - ☐ Diskriminierende Kündigungen, §§ 7, 1 AGG (Rz. 1491)
    - ☐ Schwerbehinderte Menschen, § 164 Abs. 2 SGB IX (Rz. 2627)
    - ☐ Teilzeitbeschäftigte, § 4 Abs. 1 TzBfG (Rz. 1685)
    - ☐ Abgeordnete (ordentliche Kündigung), § 2 Abs. 3 AbgG
    - ☐ Auszubildende (ordentliche Kündigung), § 22 Abs. 2 BBiG
    - ☐ Wehr- und Zivildienstleistende (ordentliche Kündigung), § 2 Abs. 1 ArbPlSchG, § 78 Abs. 1 Nr. 1 ZDG
    - ☐ Ehrenamtliche Richter: § 26 ArbGG, § 20 SGG

- Arbeitnehmervertreter im Aufsichtsrat: § 78 BetrVG, § 9 S. 2 DrittelbG, § 26 S. 2 MitbestG
- Mitglieder des Sprecherausschusses: § 2 Abs. 3 SprAuG
- Immissionsschutz-, Störfall-, Sicherheits- und Datenschutzbeauftragte: §§ 58, 58d BImSchG, § 22 Abs. 3 SGB VII, § 6 Abs. 3 S. 3, Abs. 4 BDSG

- Umstandsbezogen
  - Betriebsübergang, § 613a Abs. 4 BGB (Rz. 2614)
  - Anzeige von Arbeitssicherheitsmängeln: § 17 Abs. 2 S. 2 ArbSchG
  - Beschwerde/Leistungsverweigerung wegen sexueller Belästigung: §§ 13, 14 AGG
  - Bevorstehende Betriebsratswahl, § 20 BetrVG
  - Ausscheiden des Jobsharing-Partners, § 13 Abs. 2 TzBfG
  - Inanspruchnahme von Altersteilzeit oder Bezug einer Altersrente, § 8 Abs. 1 AltTZG, § 41 S. 1 SGB VI (jeweils im Rahmen der Prüfung des KSchG)

- Präventive gesetzliche Kündigungsbeschränkungen
  - Zustimmungserfordernisse
    - Betriebsverfassungsrechtliche Funktionsträger, § 15 KSchG i.V.m. § 103 BetrVG, § 179 Abs. 3 SGB IX, § 29a HAG (Rz. 2627)
    - Schwerbehinderte Menschen, § 85 i.V.m. § 168 bzw. §§ 174 Abs. 1 SGB IX (Rz. 2627)
    - Schwangere; Elternzeit, Pflegezeit, § 17 MuSchG, § 18 BEEG, § 5 PflegeZG (Rz. 2642, Rz. 2644, Rz. 2648)
  - Anhörungserfordernisse (Rz. 2660)
    - Alle Kündigungen: § 102 Abs. 1 BetrVG, §§ 79, 108 Abs. 2 BPersVG, LPVG
    - § 178 Abs. 2 SGB IX: seit 30.12.2016 Wirksamkeitserfordernis
    - Anzeigeerfordernis bei Massenentlassungen, § 17 KSchG (Rz. 2668)

- Grundrechtliche Kündigungsschranken (Rz. 2676)
  - Art. 9 Abs. 3 GG (Rz. 2677)
  - Weitere Freiheitsrechte (Rz. 2679)
  - Gleichbehandlungsgrundsatz (Rz. 2681)
- Kollektiv- und individualvertragliche Kündigungsverbote (Rz. 2683)
- Anfechtung der Kündigungserklärung, §§ 119, 123 BGB (Rz. 2698)

I. Einführung

Neben den Bestimmungen des Kündigungsschutzgesetzes, deren Geltung an eine bestimmte Betriebsgröße gebunden ist und den Ablauf einer Wartezeit voraussetzt (Rz. 2746, Rz. 2753), gibt es eine Vielzahl von Regelungen, die das Kündigungsrecht – insbesondere des Arbeitgebers – einschränken. So bestehen zum einen **Kündigungsverbote**, die entweder an einen bestimmten Status des Arbeitnehmers oder aber an einen bestimmten Umstand als Kündigungsgrund anknüpfen. Daneben verbieten zahlreiche Normen **Benachteiligungen** wegen eines bestimmten Status oder eines bestimmten Verhaltens, sodass eine derartige benachteiligende Kündigung wegen Verstoßes gegen § 134 BGB nichtig ist. Zudem verlangen **präventive Kündigungsbeschränkungen** entweder eine vorherige behördliche Zustimmung, eine Anzeige gegenüber einer Behörde oder die Anhörung eines betriebsverfassungsrechtlichen Organs. Neben diesen arbeitsrechtlichen Regelungen kommen auch die **allgemeinen zivilrechtlichen Maßstäbe** der §§ 138, 242 BGB im Rahmen des Kündigungsrechts – zumindest in beschränktem Umfang – zum Tragen.

2599 Ob es dem Arbeitnehmer gelingt, die Unwirksamkeit einer Kündigung wegen Verletzung eines Kündigungs- oder Benachteiligungsverbots oder wegen Verstoßes gegen die Wertungen der §§ 138, 242 BGB gerichtlich feststellen zu lassen, hängt in der Praxis maßgeblich von der Verteilung der **Darlegungs- und Beweislast** ab. Nach den allgemeinen Regelungen obliegt es dem Arbeitnehmer, die die Unwirksamkeit der Kündigung begründenden Tatsachen nachzuweisen. Sofern nicht die Sozialwidrigkeit der Kündigung in Rede steht (vgl. die Beweislastregelungen in § 1 Abs. 2 S. 4, Abs. 3 S. 3 KSchG), enthalten die § 22 AGG, § 2 Abs. 2 S. 3 ArbPlSchG Beweiserleichterungen zugunsten des Arbeitnehmers.

2600 Will ein Arbeitnehmer die Unwirksamkeit der Kündigung wegen Verletzung eines Kündigungs- oder Benachteiligungsverbots oder allgemeiner zivilrechtlicher Grundsätze (§§ 138, 242 BGB) geltend machen, ist die **Klagefrist** (§ 4 S. 1 KSchG) zu beachten; die Versäumung der Drei-Wochen-Frist führt zur rückwirkenden Heilung der Unwirksamkeit (Rz. 2579).

II. Allgemeine Unwirksamkeitsgründe

1. Sittenwidrige Kündigungen

2601 Die Kündigung, die gegen die guten Sitten verstößt, ist nichtig (§ 138 BGB). Nach der ständigen Rechtsprechung des BAG (BAG v. 16.2.1989 – 2 AZR 347/88, NZA 1989, 962) ist eine Kündigung dann sittenwidrig, wenn sie auf einem **verwerflichen Motiv** des Kündigenden beruht, wie insbesondere Rachsucht oder Vergeltung, oder wenn sie aus anderen Gründen dem Anstandsgefühl aller billig und gerecht Denkenden widerspricht. Diese – seltenen – Fälle sind in ihrer rechtsdogmatischen Einordnung unproblematisch.

2602 Schwierige **Abgrenzungsfragen** entstehen, wenn für einen Arbeitnehmer kein Kündigungsschutz besteht (zur parallelen Problematik im Rahmen des § 242 BGB; Rz. 2606). Der Rechtsanwender darf hier nicht durch die Ausdehnung des Begriffs der Sittenwidrigkeit einen dem KSchG entsprechenden Kündigungsschutz schaffen (BAG v. 16.2.1989 – 2 AZR 347/88, NZA 1989, 962). Der Begriff der sittenwidrigen Kündigung ist ein einheitlicher. Er ist ohne Rücksicht darauf festzustellen, ob der Arbeitnehmer unter das Kündigungsschutzgesetz fällt oder nicht.

2603 Nach diesen Maßstäben kann eine Kündigung jedoch sittenwidrig sein, wenn sie in krasser Form gegen **Grundrechte des Arbeitnehmers** verstößt (BVerfG v. 27.1.1998 – 1 BvL 15/87, NZA 1998, 470; Rz. 560).

2604 Seit dem 1.1.2004 muss der Arbeitnehmer gegen eine sittenwidrige Kündigung innerhalb der **Drei-Wochen-Frist** des § 4 KSchG klagen. § 13 Abs. 2 KSchG, der in seiner zuvor geltenden Fassung sittenwidrige Kündigungen von der Klagefrist ausgenommen hatte, wurde entsprechend geändert. Damit ist klargestellt, dass auch die Sittenwidrigkeit zu den „anderen Gründen" i.S.v. § 4 S. 1 KSchG zählt, die nach Fristablauf von der Präklusionswirkung (§ 7 KSchG) erfasst werden (Rz. 2580).

2. Maßregelnde Kündigungen

2605 Die Maßregelung eines Arbeitnehmers, weil er in zulässiger Weise seine Rechte ausübt, wurde seit langem als ein **Sondertatbestand der Sittenwidrigkeit** angesehen. So hat das BAG schon im Jahre 1961 (BAG v. 23.11.1961 – 2 AZR 301/61, DB 1962, 243) eine Kündigung als sittenwidrig erachtet, mit der ein Arbeitnehmer gemaßregelt werden sollte, weil er sich für seine Interessen und die seiner Kollegen eingesetzt hatte. Mittlerweile regelt **§ 612a BGB** diesen Sonderfall. Danach darf ein Arbeitgeber einen Arbeitnehmer bei einer Vereinbarung oder einer Maßnahme nicht benachteiligen, weil der Arbeitnehmer in zulässiger Weise seine Rechte ausübt. Maßnahme in diesem Sinne ist auch die Kündigung des Arbeitsverhältnisses. Ebenso wie das Verbot der Kündigung wegen Betriebsübergangs gemäß § 613a Abs. 4 BGB verbietet § 612a BGB nur solche Kündigungen, deren maßgeblicher Beweggrund die zulässige Rechtsausübung des Arbeitnehmers ist, nicht hingegen Kündigungen, die nur in äußerem Zusammenhang mit der Rechtsausübung ergehen (BAG v. 2.4.1987 – 2 AZR 227/86, NZA 1988, 18).

3. Treuwidrige Kündigungen

Wie jedes rechtsgeschäftliche Handeln ist auch die Kündigung an den Grundsatz von Treu und Glauben aus **§ 242 BGB** gebunden. Als ein besonderer Fall des Verstoßes gegen Treu und Glauben ist die sog. **ungehörige Kündigung** anerkannt. Das Verbot der ungehörigen Kündigung greift unabhängig davon ein, ob für den Arbeitnehmer das Kündigungsschutzgesetz anwendbar ist oder nicht. Es soll die Fälle erfassen, in denen das Kündigungsrecht wegen der Art und Weise seiner Ausübung gegen Treu und Glauben verstößt, z.B. der Ausspruch einer an sich gerechtfertigten ordentlichen Kündigung vor versammelter Belegschaft. Der Zugang der Kündigung am 24. Dezember („Heiliger Abend") macht die Kündigung allein nicht zu einer unwirksamen ungehörigen Kündigung (BAG v. 14.11.1984 – 7 AZR 174/83, NZA 1986, 97; a.A. ArbG Passau v. 13.5.1987 – 1 Ca 16/87, ARST 1988, 52 f.). 2606

Die **„Kündigung zur Unzeit"** führt im Regelfall nicht zur Unwirksamkeit der Kündigung. Das BGB statuiert in mehreren Normen bei einer Kündigung zur Unzeit (z.B. §§ 627 Abs. 2, 671 Abs. 2 und 723 Abs. 2 BGB) nur eine Schadenersatzpflicht des Kündigenden. Der besonders belastende Zeitpunkt der Arbeitgeberkündigung kann nur dann – ausnahmsweise – nach § 242 BGB zur Unwirksamkeit der Kündigung führen, wenn der Kündigende absichtlich und unter grober Missachtung der persönlichen Belange des Kündigungsempfängers einen diesen besonders belastenden Zugangszeitpunkt wählt (BAG v. 5.4.2001 – 2 AZR 185/00, NZA 2001, 890). 2607

Problematisch ist hingegen, inwieweit § 242 BGB eine Kontrolle des Kündigungsgrundes ermöglicht, wenn das KSchG nicht Platz greift. In diesem Zusammenhang ist zu beachten, dass der Gesetzgeber Arbeitnehmer in **Kleinbetrieben** und Arbeitnehmer, die die **Wartezeit** des § 1 Abs. 1 KSchG noch nicht erfüllt haben, bewusst vom Geltungsbereich des KSchG ausgenommen hat. Daher ist es nicht möglich, den Schutz vor sozialwidrigen Kündigungen über die Generalklauseln auf solche Arbeitnehmer auszudehnen, die den Schutz nach dem Gesetz noch nicht haben. Eine generelle Bindung des Kündigungsrechts an einen Sachgrund geht daher zu weit, denn dies würde de facto auf eine Anwendung des KSchG hinauslaufen (Einzelheiten bei *SPV/Preis* Rz. 233 ff.). Daher beschränkt sich die Kontrolle gemäß § 242 BGB auf **offensichtlich willkürliche Kündigungen** (BVerfG v. 27.1.1998 – 1 BvL 15/87, NZA 1998, 470; BAG v. 23.9.1976 AP Nr. 1 zu § 1 KSchG 1969 Wartezeit). Über § 242 BGB darf also nicht geprüft werden, ob die Kündigung sozial gerechtfertigt i.S.v. § 1 Abs. 2 S. 1 KSchG ist (BAG v. 21.2.2001 – 2 AZR 15/00, NZA 2001, 833). Dies hat der 6. Senat des BAG (12.9.2013 – 6 AZR 121/12, NZA 2013, 1412 Rz. 39) deutlich für den Fall der Wartezeit bestätigt. Wenn ein Arbeitgeber das Arbeitsverhältnis nicht über die Wartezeit hinaus fortsetzen wolle, ohne seinen Entschluss auf objektive Umstände stützen zu können oder zu wollen, dann mache dies die Kündigung allein noch nicht willkürlich. In der Wartezeit bestehe Kündigungsfreiheit. Der Arbeitgeber könne sich in seiner Entscheidung auch von seinem „Bauchgefühl" leiten lassen. Der Willkürvorwurf scheidet – über das Bauchgefühl hinaus – in jedem Falle aus, wenn ein „irgendwie einleuchtender Grund" für die Rechtsausübung vorliegt. Das muss kein arbeitsvertragsbezogener Grund sein. Wenn jedoch ausschließlich ein diskriminierender, nicht mit dem Arbeitsverhältnis zusammenhängender Grund erkennbar ist, liegt ein Fall des § 138 BGB vor. 2608

Ein solcher Ausnahmefall, in dem eine Kündigung offenbar willkürlich und damit nach § 242 BGB unwirksam ist, kann z.B. vorliegen, wenn der Arbeitgeber wegen eines **Verdachts** kündigt, aber keinerlei nähere Angaben über konkrete Umstände macht und damit dem Arbeitnehmer jede Möglichkeit nimmt, den Verdacht zu entkräften (zum Umfang der Substantiierungspflicht vgl. BAG v. 12.2.2015 – 2609

6 AZR 845/13, NZA 2015, 741 Rz. 56; BAG v. 13.9.1995 – 2 AZR 587/94, NZA 1996, 81; zur Verdachtskündigung Rz. 3093). Es ist aber hervorzuheben, dass dies stets **Ausnahmefälle** bleiben sollten, in denen sich das Verhalten des Arbeitgebers trotz der bestehenden Kündigungsfreiheit als grob rücksichtslos darstellt. Das BAG hat dies auch in einem Fall bejaht, in dem ein Arbeitgeber einen Arbeitnehmer in der Probezeit allein wegen dessen persönlichem Sexualverhaltens gekündigt hat (BAG v. 23.6.1994 – 2 AZR 617/93, NZA 1994, 1080). Die Entscheidung ist jedoch nur unter dem Gesichtspunkt haltbar, dass auch das freie Kündigungsrecht einem Missbrauchsvorbehalt unterliegt und der extreme Sachverhalt unter die Normen der §§ 138, 612a BGB hätte subsumiert werden können.

2610 Das BAG hat in mehreren Entscheidungen den **Kündigungsschutz außerhalb des KSchG** näher beleuchtet (zur betriebsbedingten Kündigung im Kleinbetrieb Rz. 616). Der Kleinunternehmer hat danach trotz fehlender Bindung an das KSchG die Auswahl des zu kündigenden Arbeitnehmers unter Beachtung eines „gewissen Maßes an sozialer Rücksichtnahme" zu treffen. Das bedeutet nicht, dass damit die Grundsätze des § 1 KSchG über die Sozialauswahl entsprechend anwendbar sind. Die Übertragung weiterer kündigungsschutzrechtlicher Grundsätze, wie etwa das Erfordernis der **Abmahnung**, auf Kündigungen in Kleinbetrieben hat das BAG abgelehnt (BAG v. 21.2.2001 – 2 AZR 579/99, NZA 2001, 951).

4. Zurückweisung der Kündigungserklärung gem. § 174 S. 1 BGB

2611 Der Kündigungsempfänger kann die Kündigung als einseitiges Rechtsgeschäft unverzüglich zurückweisen, wenn und weil ein Bevollmächtigter die Kündigung erklärt, jedoch keine Vollmachtsurkunde vorlegt. In diesem Fall ist die Kündigung gem. § 174 S. 1 BGB unwirksam (dazu ausführlich Rz. 2544).

III. Gesetzliche Kündigungs- und Benachteiligungsverbote

1. Allgemeines

2612 Im Arbeitsrecht existieren **für die unterschiedlichsten Lebenssachverhalte Kündigungs- und Benachteiligungsverbote**. Ihre praktische Bedeutung hängt von dem Kreis der geschützten Arbeitnehmer ab. Dabei ist der Anwendungsbereich eines Kündigungs- oder Benachteiligungsverbots, das die Kündigung von Arbeitnehmern eines bestimmten Status' verbietet, leicht zu ermitteln. So gilt beispielsweise das Kündigungsverbot des § 15 KSchG für alle dort genannten betriebsverfassungsrechtlichen Funktionsträger (Rz. 2627). Problematisch ist die Feststellung einer verbotswidrigen Kündigung, wenn die entsprechende Gesetzesnorm eine Kündigung oder Benachteiligung „wegen" eines bestimmten schutzwürdigen Umstands verbietet. So muss im Rahmen der §§ 1, 7 AGG eine Benachteiligung „wegen" eines der dort aufgezählten Merkmale vorliegen; in § 613a Abs. 4 BGB muss „wegen" des Betriebsübergangs gekündigt worden sein (Rz. 2614). In der Frage, ob der notwendige Kausalzusammenhang zwischen dem in der Norm genannten, verbotenen Anknüpfungspunkt und der Kündigung tatsächlich vorliegt, besteht die Hauptschwierigkeit dieser Kündigungs- und Benachteiligungsverbote.

2613 Zudem sind die **Rechtsfolgen einer verbotswidrigen Kündigung** in den verschiedenen gesetzlichen Kündigungs- und Benachteiligungsverboten unterschiedlich detailliert geregelt. Einige Kündigungsverbote ordnen selbst die Unwirksamkeit der verbotenen Kündigung an. So bestimmt z.B. § 613a Abs. 4 S. 1 BGB, dass eine Kündigung, die wegen des Betriebsübergangs erfolgt, „unwirksam" ist. Regelt die entsprechende gesetzliche Bestimmung die Unwirksamkeit der verbotswidrigen Kündigung nicht selbst, kann sich diese nur unter Rückgriff auf **§ 134 BGB** ergeben. Die Anwendung des § 134 BGB setzt allerdings voraus, dass tatsächlich von einem Verbotsgesetz auszugehen ist. Dies ist durch Auslegung der jeweiligen gesetzlichen Bestimmung zu ermitteln. Aufschluss gibt hier häufig schon der Wortlaut der Gesetzesbestimmung, z.B. § 15 Abs. 1 S. 1 KSchG: „Die Kündigung [...] ist unzulässig". Darüber hinaus können auch Sinn und Zweck der Gesetzesbestimmung die Nichtigkeitsfolge rechtfertigen.

2. Kündigung wegen eines Betriebsübergangs (§ 613a Abs. 4 BGB)

Zu den Kündigungsverboten, bei denen der Kausalzusammenhang zwischen verbotenem Kündigungsanlass und Kündigung besondere Probleme aufwirft, gehört § 613a Abs. 4 BGB. Demnach ist die Kündigung eines Arbeitsverhältnisses durch den bisherigen Arbeitgeber oder durch den neuen Inhaber wegen des Übergangs eines Betriebs oder eines Betriebsteils unwirksam. In der Praxis bereitet die **Abgrenzung** einer (unzulässigen) Kündigung wegen des Betriebsübergangs zu einer (zulässigen) betriebsbedingten Kündigung häufig Schwierigkeiten, z.B. bei Umstrukturierungen durch den neuen Betriebsinhaber (Rz. 3487). Nach der Rechtsprechung des BAG ist eine Kündigung nach § 613a Abs. 4 BGB nur dann rechtsunwirksam, wenn ihr Beweggrund wesentlich durch den Betriebsinhaberwechsel bedingt war, dieser also der tragende Grund der Kündigung und nicht nur der äußere Anlass hierzu war (BAG v. 28.4.1988 – 2 AZR 623/87, NZA 1989, 265, 267). Dies hat der Arbeitnehmer zu beweisen (BAG v. 22.6.2011 – 8 AZR 107/10, NZA-RR 2012, 119).

2614

Problematisch ist diese Abgrenzung in **Grenzfällen zwischen Betriebsübergang und -stilllegung** (vgl. auch BAG v. 27.6.1995 – 1 ABR 62/94, NZA 1996, 164). Systematisch schließen sich beide Maßnahmen aus, da im Falle des Betriebsübergangs die Identität des Betriebes gewahrt bleibt (BAG v. 24.8.2006 – 8 AZR 317/05, NZA 2007, 1287, 1290; BAG v. 16.5.2002 – 8 AZR 319/01, NZA 2003, 93, 96). Nach der gefestigten Rechtsprechung des BAG gehört die Stilllegung des gesamten Betriebs durch den Arbeitgeber gemäß § 1 Abs. 2 S. 1 KSchG zu den dringenden betrieblichen Erfordernissen, die einen Grund zur sozialen Rechtfertigung einer Kündigung abgeben können. Liegt ein solcher Kündigungsgrund vor, scheidet ein Verstoß gegen § 613a Abs. 4 BGB regelmäßig aus. Unter Betriebsstilllegung ist die Auflösung der zwischen Arbeitgeber und Arbeitnehmer bestehenden Betriebs- und Produktionsgemeinschaft zu verstehen, die ihre Veranlassung und zugleich ihren unmittelbaren Ausdruck darin findet, dass der Unternehmer die bisherige Betätigung in der ernstlichen Absicht einstellt, den bisherigen Betriebszweck dauernd oder für eine unbestimmte, wirtschaftlich nicht unerhebliche Zeitspanne nicht weiterzuverfolgen (BAG v. 24.8.2006 – 8 AZR 317/05, NZA 2007, 1287, 1290; BAG v. 16.5.2002 – 8 AZR 319/01, NZA 2003, 93, 96; BAG v. 19.6.1991 – 2 AZR 127/91, NZA 1991, 891).

2615

Auch die **Kündigung durch den Veräußerer** auf Grund eines **Erwerberkonzepts**, das eine Umstrukturierung vorsieht, wird überwiegend anerkannt. Der Erwerber soll durch den Betriebsübergang nicht dazu verpflichtet werden, Arbeitnehmer bei voraussehbarer fehlender Beschäftigungsmöglichkeit übernehmen zu müssen (BAG v. 20.9.2006 – 6 AZR 249/05, NZA 2007, 387, 389; ErfK/*Preis* § 613a BGB Rz. 172 m.w.N.).

2616

Dabei kann der Arbeitgeber aufgrund des **Prognoseprinzips** (Rz. 2773) bereits wegen der beabsichtigten Betriebsstilllegung kündigen, sofern die betrieblichen Umstände im Zeitpunkt des Kündigungszugangs greifbare Formen angenommen haben und eine vernünftige, betriebswirtschaftliche Betrachtung die Prognose rechtfertigt, dass bis zum Auslaufen der einzuhaltenden Kündigungsfrist eine geplante Maßnahme durchgeführt ist und der Arbeitnehmer somit entbehrt werden kann (BAG v. 21.5.2015 – 8 AZR 409/13, NZG 2016, 35, 38; BAG v. 19.6.1991 – 2 AZR 127/91, NZA 1991, 891; BAG v. 10.10.1996 – 2 AZR 477/95, NZA 1997, 251, 252). Entsprechende Kündigungen werden auch nicht dadurch unwirksam, dass es doch noch zu einem Betriebsübergang kommt.

2617

3. Diskriminierende Kündigungen

Das deutsche Arbeitsrecht lässt diskriminierende Maßnahmen, insbesondere Kündigungen, nicht zu (vgl. Rz. 527). Umso unverständlicher ist, dass der Gesetzgeber das AGG auf Kündigungen für nicht anwendbar erklärt hat, sondern nur auf den allgemeinen und besonderen Kündigungsschutz verweist (§ 2 Abs. 4 AGG). Die Herausnahme des Kündigungsrechts verstößt formal gegen die Richtlinienvorgaben der EU (vgl. Art. 3 Abs. 1 lit. c RL 2000/43, RL 2000/78). Freilich bedarf es materiell der richtlinienkonformen Auslegung (Rz. 1580).

2618

2619 Die Rechtsprechung stand vor dem Dilemma, entweder § 2 Abs. 4 AGG für unanwendbar zu erklären, erneut die nächste Gelegenheit für eine Vorlage an den EuGH zu nutzen oder das deutsche Recht mithilfe richtlinienkonformer Auslegung der vorhandenen Normen europarechtskonform zu gestalten. Die Rechtsprechung des BAG ist den letzteren Weg gegangen. Mit Urteil vom 6.11.2008 (BAG v. 6.11.2008 – 2 AZR 523/07, NZA 2009, 361) hat das BAG eine richtlinienkonforme Auslegung des § 2 Abs. 4 AGG für möglich erklärt. Für den Bereich des allgemeinen Kündigungsschutzes hat das BAG entschieden, dass die Diskriminierungsverbote des AGG einschließlich der Rechtfertigungsgründe im Rahmen der unbestimmten Rechtsbegriffe des KSchG zu beachten seien. Dies gelte insbesondere für die Auslegung der „Sozialwidrigkeit" einer Kündigung (vgl. zur Anwendung auf den Verhältnismäßigkeitsgrundsatz EuGH v. 14.3.2017 – C-157/15, NJW 2017, 1087 Rz. 42 ff.). Zwar ordne § 2 Abs. 4 AGG an, dass für Kündigungen ausschließlich die Bestimmungen zum allgemeinen und besonderen Kündigungsschutz gelten sollen, jedoch sei darin kein vollständiger Ausschluss der Anwendung des AGG auf Kündigungen zu sehen.

2620 Diese Rechtsprechung des 2. Senats hat der 6. Senat jetzt für Kündigungen **außerhalb des Anwendungsbereichs des KSchG** fortentwickelt und hält entsprechende diskriminierende Kündigungen gem. § 134 BGB i.V.m. §§ 7, 1, 3 AGG für unwirksam (BAG v. 19.12.2013 – 6 AZR 190/12, NZA 2014, 372 Rz. 14 und 26.3.2015 – 2 AZR 237/14, NZA 2015, 734 Rz. 32, jeweils für Kündigungen innerhalb der sechsmonatigen Wartezeit; 23.7.2015 – 6 AZR 457/14, NZA 2015, 1380 Rz. 23, für Kleinbetriebe).

2621 „*§ 2 IV AGG regelt für Kündigungen nur das Verhältnis zwischen [AGG] und [KSchG] sowie den speziell auf Kündigungen zugeschnittenen Bestimmungen. Die zivilrechtlichen Generalklauseln werden dagegen von § 2 IV AGG nicht erfasst. Der Diskriminierungsschutz des [AGG] geht insoweit diesen Klauseln vor und verdrängt diese. Ordentliche Kündigungen während der Wartezeit und in Kleinbetrieben sind deshalb unmittelbar am Maßstab des [AGG] zu messen. Dies ergibt sich aus der Gesetzgebungsgeschichte und dem Zweck des § 2 IV AGG. Der Wortlaut der Bestimmung steht dem nicht entgegen. Das [AGG] regelt allerdings nicht selbst, welche Rechtsfolge eine nach § 2 I Nr. 2 AGG unzulässige Benachteiligung hat. Diese Rechtsfolge ergibt sich erst aus § 134 BGB.*" (BAG v. 19.12.2013 – 6 AZR 190/12, NZA 2014, 372 Rz. 22)

2622 Der 6. Senat vollzieht eine teleologische Reduktion der Norm, weil der Gesetzgeber erkennbar lediglich den Konflikt zwischen zwei Schutzsystemen ausschließen wollte. Bei Kündigungen außerhalb des KSchG bestehe dieser Konflikt nicht. Mit dieser Position erreicht der 6. Senat die Quadratur des Kreises. Es gibt keinen Widerspruch zur Entscheidung des 2. Senats innerhalb des KSchG. Gleichzeitig wird die Bedeutung des § 2 Abs. 4 AGG für den Bereich außerhalb des KSchG so verringert, als sei die Norm unanwendbar. Diese Position führt dann aber – vom Gesetzgeber so nicht gewollt – zu den vollen Rechtsfolgen des AGG: Ungerechtfertigte diskriminierende Kündigungen sind unwirksam und lösen ggf. Entschädigungsansprüche nach Maßgabe des § 15 Abs. 2 AGG aus. Den naheliegenden Einwand, dass es durch diese Position zu einer stärkeren Sanktionierung außerhalb des KSchG als innerhalb des KSchG komme, kontert der 6. Senat: Auch innerhalb des KSchG sei etwa eine Entschädigung nicht ausgeschlossen. Hierzu verweist der 6. Senat auf den 8. Senat, der auch innerhalb des Kündigungsschutzsystems Entschädigungen für immaterielle Schäden nicht ausgeschlossen hat. Insbesondere durch Urteil vom 12.12.2013 (– 8 AZR 838/12, NZA 2014, 722) habe der 8. Senat einer schwangeren Arbeitnehmerin, der unter Verstoß gegen das Mutterschutzgesetz gekündigt worden war, wegen Geschlechtsdiskriminierung einen Entschädigungsanspruch nach § 15 Abs. 2 AGG zuerkannt. Damit dürfte feststehen, dass im Falle diskriminierender Kündigungen nicht nur die Unwirksamkeit (gewissermaßen als Naturalrestitution i.S.d. § 15 Abs. 1 AGG), sondern auch die Entschädigung nach § 15 Abs. 2 AGG als Sanktion für die erlittene Persönlichkeitsrechtsverletzung in Betracht kommt (BAG v. 19.12.2003 – 6 AZR 190/12, NZA 2014, 372 Rz. 36). Das Ziel, das der Gesetzgeber mit der Schaffung der unionsrechtswidrigen Norm verfolgt hat, hat er damit vollumfänglich verfehlt.

2623 Für die Auslegungsakrobatiken des 2. und 6. Senats spricht, dass das BAG das Mögliche tut, eine unionsrechtskonforme Handhabung des § 2 Abs. 4 AGG zu erreichen. Freilich wäre ein Vorlageverfahren vor dem EuGH der sauberere Weg gewesen. Unter mehreren möglichen Auslegungen hat das BAG jetzt diejenige gewählt, die dem in den Richtlinien des Rates zum Ausdruck gekommenen Ziel eines wirksamen und abschreckenden Schutzes gegen diskriminierende Entlassungen gerecht wird. Sie führt zu einer systemeinheitlichen Betrachtung des Diskriminierungs- und Kündigungsrechts, in dem die Wertungen des AGG – trotz der im Ansatz richtlinienwidrigen Bestimmung des § 2 Abs. 4 AGG – in das nationale Rechtssystem „integriert" werden. Die methodischen Zweifel an dieser Sichtweise werden gemildert, wenn man sich das Versagen des Gesetzgebers vor Augen hält.

Fallbeispiel: Altersdiskriminierende Kündigung im Kleinbetrieb (nach BAG v. 23.7.2015 – 6 AZR 457/14 – NZA 2015, 1380) 2624

Sachverhalt

Die am 20.1.1950 geborene A war bei B seit dem 16.12.1991 als Arzthelferin beschäftigt. Sie wurde hauptsächlich im Praxislabor eingesetzt. B kündigte der A am 24.5.2013 mit folgendem Schreiben:

„Liebe A, seit über 20 Jahren gehen wir nun beruflich gemeinsame Wege. Wir haben in dieser Zeit viel erlebt, auch manche Veränderung. Inzwischen bist du pensionsberechtigt und auch für mich beginnt ein neuer Lebensabschnitt in der Praxis. Im kommenden Jahr wird der Laborbereich erheblich verändert. Dies erfordert eine Umstrukturierung der Praxis. Ich kündige deshalb das zwischen uns bestehende Arbeitsverhältnis unter Einhaltung der vertraglichen Frist ordentlich zum 31.12.2013 [...]."

Im Jahr 2013 beschäftigte B neben A drei jüngere Arbeitnehmerinnen, die – im Gegensatz zu A – nicht gekündigt wurden. Wie A war C, eine der drei jüngeren Arbeitnehmerinnen, hauptsächlich im Praxislabor tätig. A und C sind für die Laborarbeit vergleichbar qualifiziert.

Ist die Kündigung der A vom 24.5.2013 wirksam?

Lösung: A. B führt einen Kleinbetrieb, § 23 Abs. 1 S. 2 KSchG. Die ordentliche Kündigung der A vom 24.5.2013 muss zu ihrer Wirksamkeit mithin nicht nach § 1 Abs. 2, Abs. 3 KSchG sozial gerechtfertigt sein.

B. Die ordentliche Kündigung der A vom 24.5.2013 könnte gem. § 134 BGB i.V.m. § 7 Abs. 1, AGG unwirksam sein.

„Eine ordentliche Kündigung, die einen Arbeitnehmer, auf den das Kündigungsschutzgesetz keine Anwendung findet, aus einem der in § 1 AGG genannten Gründe diskriminiert, ist nach § 134 BGB iVm. § 7 Abs. 1, §§ 1, 3 AGG unwirksam. § 2 Abs. 4 AGG steht dem nicht entgegen (BAG v. 19.12.2013 – 6 AZR 190/12 – Rz. 14 f., BAGE 147, 60). Dabei macht es keinen Unterschied, ob es sich um eine Kündigung während der Wartezeit des § 1 Abs. 1 KSchG oder einen Kleinbetrieb handelt." (BAG v. 23.7.2015 – 6 AZR 457/14, NZA 2015, 1380 Rz. 23).

I. Zu prüfen ist, ob die Kündigung gegen § 7 Abs. 1 AGG verstößt. Gem. § 7 Abs. 1 AGG dürfen Beschäftigte (für A: § 6 Abs. 1 S. 1 Nr. 1 AGG) nicht wegen eines in § 1 genannten Merkmals „benachteiligt" werden. § 7 Abs. 1 AGG bezieht sich auf unmittelbare und mittelbare Benachteiligungen. Eine unmittelbare Benachteiligung liegt vor, wenn eine Person wegen eines in § 1 AGG genannten Grundes eine weniger günstige Behandlung erfährt, als eine andere Person in einer vergleichbaren Situation erfährt, erfahren hat oder erfahren würde, § 3 Abs. 1 S. 1 AGG. A wurde jedenfalls im Verhältnis zu der nicht gekündigten C (vergleichbares Tätigkeitsprofil; vergleichbare Qualifizierung) durch die Kündigung weniger günstig behandelt. Fraglich ist, ob sie unmittelbar „wegen" ihres Alters (vgl. § 1 AGG) weniger günstig behandelt wurde.

1. Insofern kann auf § 22 AGG zurückgegriffen werden.

„§ 22 AGG trifft hinsichtlich des Ursachenzusammenhangs zwischen Nachteil und durch § 1 AGG verbotenem Anknüpfungsmerkmal eine Beweislastregelung, die sich zugleich auf die Darlegungslast auswirkt. Nach § 22 Hs. 1 AGG genügt eine Person, die sich wegen eines der in § 1 AGG genannten Gründe für benachteiligt hält, ihrer Darlegungslast, wenn sie Indizien vorträgt und ggf. beweist, die diese Benachteiligung vermuten lassen. [...] Für die Vermutungswirkung des § 22 AGG ist es ausreichend, dass ein in § 1 AGG genannter Grund ‚Bestandteil eines Motivbündels' ist, das die Entscheidung beeinflusst hat. Eine bloße Mitursächlichkeit genügt [...]. Auf ein schuldhaftes Handeln oder gar eine Benachteiligungsabsicht kommt es nicht an [...]." (BAG v. 23.7.2015 – 6 AZR 457/14, NZA 2015, 1380 Rz. 24)

2. Fraglich ist, ob A Indizien vortragen kann, die vermuten lassen, dass die Kündigung sie wegen ihres Alters benachteiligt.

„*Das Kündigungsschreiben führt an, die [A] sei ‚inzwischen pensionsberechtigt'. [...] [D]amit [wird] das Alter der [A] in Bezug genommen, denn mit dieser Formulierung wird offensichtlich auf die – zumindest in absehbarer Zeit – bestehende Möglichkeit der Beanspruchung gesetzlicher Altersrente hingewiesen. Diese setzt nach den §§ 35 ff. SGB VI bei jedem Tatbestand ein Mindestalter voraus. Die Möglichkeit des Bezugs von Altersrente ist daher untrennbar mit dem Alter verbunden. [...] [Es ist] unwahrscheinlich [...], dass die ‚Pensionsberechtigung' und damit das Alter der [A] für die Kündigungsentscheidung keine Rolle spielt ha[t]. Durch die Verwendung des Wortes ‚deshalb' im zweiten Absatz des Schreibens [sollte] zwar wohl nur eine Verbindung zwischen der Kündigung und der Praxis der Umstrukturierung aufgrund der Veränderungen im Laborbereich hergestellt werden. Gleichwohl [ist] nicht zu erkennen, dass der Hinweis auf die ‚Pensionsberechtigung' allein der Tatsache geschuldet gewesen sein soll, die betrieblich notwendige Kündigung freundlich und verbindlich zu formulieren. Hierfür hätte es ausgereicht die Leistungen und Verdienste der [A] in den Vordergrund zu rücken. Es [ist] [...] naheliegend [...], dass mit der angeführten ‚Pensionsberechtigung' die soziale Absicherung der [A] in den Vordergrund gestellt werden sollte, um die mit der Kündigung verbundenen Härten für die [A] zu relativieren. Dies spricht dafür, dass das Lebensalter bei der Kündigungsentscheidung berücksichtigt wurde.*" (BAG v. 23.7.2015 – 6 AZR 457/14, NZA 2015, 1380 Rz. 31)

A kann Indizien vortragen, die vermuten lassen, dass die Kündigung sie wegen ihres Alters benachteiligt.

3. Ein Verstoß gegen § 7 Abs. 1 AGG ist mithin gem. § 22 AGG zu bejahen, sofern B nicht darlegt und beweist, dass der Gleichbehandlungsgrundsatz nicht verletzt worden ist. Eine unmittelbare Benachteiligung wegen des Alters verletzt § 7 Abs. 1 AGG nicht, wenn sie gerechtfertigt ist.

a) Die unmittelbare Benachteiligung der A könnte gem. § 10 S. 3 Nr. 5 und 6 AGG gerechtfertigt sein, der die Möglichkeit eines (zeitnahen) Rentenbezugs als zulässiges Differenzierungskriterium nennt.

„*§ 10 Satz 3 Nr. 5 AGG gilt [aber] gerade nicht für Kündigungen (‚ohne Kündigung'). [...] § 10 Satz 3 Nr. 6 AGG bezieht sich auf die Ausgestaltung von Sozialplänen. Diese kommen nur bei einer wirksamen Kündigung zum Tragen.*" (BAG v. 23.7.2015 – 6 AZR 457/14, NZA 2015, 1380 Rz. 39)

b) Ob die Kündigung den Anforderungen einer Sozialauswahl i.S.d. § 1 Abs. 3 S. 1 KSchG genügt, kann dahinstehen.

„*Die Zulässigkeit der Berücksichtigung einer altersbedingten Rentennähe im Rahmen dieser Sozialauswahl ist umstritten [...]. Dessen ungeachtet kann aus der Vereinbarkeit einer Sozialauswahl mit den Vorgaben des § 1 Abs. 3 Satz 1 KSchG nicht geschlossen werden, es liege keine unzulässige unterschiedliche Behandlung wegen des Alters vor. Die Diskriminierungsverbote des Allgemeinen Gleichbehandlungsgesetzes sind vielmehr im Rahmen der Prüfung der Sozialwidrigkeit von Kündigungen zu beachten [...]. Außerhalb des Anwendungsbereichs des Kündigungsschutzgesetzes hat die Prüfung – wie dargelegt – ohnehin unmittelbar am Maßstab des Benachteiligungsverbots des § 7 Abs. 1 AGG zu erfolgen.*" (BAG v. 23.7.2015 – 6 AZR 457/14, NZA 2015, 1380 Rz. 40)

c) Dass A wegen ihres Alters die ihr zugewiesenen Aufgaben nicht mehr verrichten kann (dann u.U. § 8 Abs. 1 AGG), ist nicht ersichtlich.

d) Eine Rechtfertigung der unmittelbaren Benachteiligung der A scheidet mithin insgesamt aus. B kann nicht darlegen und beweisen, dass die Kündigung der A gegen § 7 Abs. 1 AGG verstößt. Nach Maßgabe von § 22 AGG ist davon auszugehen, dass die Kündigung der A gegen § 7 Abs. 1 AGG verstößt.

II. Die Kündigung der A vom 24.5.2013 ist gem. § 134 BGB i.V.m. § 7 Abs. 1 AGG unwirksam.

C. Abschließender Hinweis: Über einen Entschädigungsanspruch von A gegen B nach § 15 Abs. 2 S. 1 AGG hat das BAG in 6 AZR 457/14 nicht entschieden, sondern die Sache insoweit an das Sächsische LAG zurückverwiesen.

2625 Der Arbeitnehmer kann die Unwirksamkeit binnen drei Wochen geltend machen (§ 4 KSchG) und die Wiedereinstellung verlangen. Der diskriminierte Arbeitnehmer muss sich freilich innerhalb der Frist des § 4 KSchG gegen eine diskriminierende Kündigung wehren. Er hat nicht etwa die Möglichkeit, die Kündigung durch Verstreichenlassen der **Klagefrist** wirksam werden zu lassen und dann über § 15 Abs. 1 AGG die entgangene Vergütung als materiellen Schaden zu liquidieren.

IV. Präventive gesetzliche Kündigungsbeschränkungen

Literatur: *Eylert/Sänger*, Der Sonderkündigungsschutz im 21. Jahrhundert, RdA 2010, 24.

Verschiedene Arbeitnehmergruppen unterliegen einem **besonderen Kündigungsschutz**, der entweder das Recht des Arbeitgebers zur ordentlichen oder sogar das Recht zur außerordentlichen Kündigung einschränkt. Ebenso kann eine Kündigung an ein **behördliches Zustimmungserfordernis** geknüpft sein. 2626

1. Zustimmungserfordernisse

a) Betriebsverfassungsrechtliche Funktionsträger

Nach § 15 Abs. 1 S. 1 KSchG ist die **ordentliche Kündigung eines Betriebs- oder Personalratsmitglieds** sowie eines Mitglieds der Jugend- und Auszubildendenvertretung, einer Bordvertretung, eines Seebetriebsrates oder eines Wahlvorstands während der Amtszeit **unzulässig**, es sei denn, der Betrieb oder Betriebsteil würde stillgelegt (§ 15 Abs. 4 und 5 KSchG). **Ersatzmitglieder** des Betriebsrats, also solche, die ein verhindertes ordentliches Mitglied im Betriebsrat vertreten, erwerben den vollen Sonderkündigungsschutz des § 15 Abs. 1 S. 1 KSchG in dem Zeitpunkt, in dem der Verhinderungsfall objektiv eingetreten ist. Kenntnis davon, dass der Vertretungsfall eingetreten ist, oder die aktive Ausübung von Betriebsratstätigkeiten ist nicht erforderlich. Entscheidend ist vielmehr, ob die Möglichkeit besteht, dass dem Ersatzbetriebsratsmitglied Betriebsratsaufgaben entstehen könnten (BAG v. 8.9.2011 – 2 AZR 388/10, NJW-Spezial 2012, 147). Der Betriebsrat soll mit diesem Sonderkündigungsschutz vor Benachteiligungen wegen seines Amtes geschützt und es soll ihm eine **ungestörte Amtsausübung** ermöglicht werden. Nach Ablauf der Amtszeit wirkt der Schutz gegen ordentliche Kündigungen ein Jahr (§ 15 Abs. 1 S. 2 bzw. Abs. 2 S. 2 KSchG), für Mitglieder der Bordvertretung sechs Monate (§ 15 Abs. 1 S. 2 KSchG) lang nach. Mitglieder eines Wahlvorstands dürfen sechs Monate nach Bekanntgabe des Wahlergebnisses nicht ordentlich gekündigt werden (§ 15 Abs. 3 S. 2 KSchG). 2627

Möglich ist lediglich die **außerordentliche Kündigung** unter den Voraussetzungen des § 626 BGB. Nach der ständigen Rechtsprechung des BAG ist bei der beabsichtigten Kündigung eines Betriebsratsmitglieds zunächst danach zu differenzieren, ob diesem eine reine Verletzung der Pflicht aus dem Arbeitsverhältnis vorgeworfen wird oder ob die Pflichtverletzung im Zusammenhang mit seiner Tätigkeit als Betriebsratsmitglied steht (BAG v. 16.10.1986 – 2 ABR 71/85, DB 1987, 1304). Wird dem Betriebsratsmitglied lediglich die Verletzung einer Amtspflicht zum Vorwurf gemacht, ist die Kündigung unzulässig und nur ein **Amtsenthebungsverfahren** nach § 23 Abs. 1 BetrVG möglich. 2628

Das Problem ist hierbei das Spannungsverhältnis zwischen dem Erfordernis, die freie Amtsausübung des Betriebsratsmitglieds zu gewährleisten, und dem Verbot der Besserstellung von Amtsträgern (§ 78 S. 2 BetrVG; BAG v. 20.12.1961 – 1 AZR 404/61, DB 1962, 104). Denn grundsätzlich steht das Betriebsratsmitglied im Hinblick auf die Beurteilung, ob ein wichtiger Grund zur außerordentlichen Kündigung wegen der Verletzung einer Pflicht aus dem Arbeitsverhältnis vorliegt, jedem anderen Arbeitnehmer gleich. Resultiert dieses Verhalten allerdings aus der Betriebsratstätigkeit und stellt es gegebenenfalls sowohl eine Amts- als auch eine Arbeitsvertragsverletzung dar, legt das BAG zugunsten des Betriebsratsmitglieds einen **strengeren Maßstab** bei der Beurteilung der Zulässigkeit einer fristlosen Kündigung an (BAG v. 20.12.1961 – 1 AZR 404/61, DB 1962, 104; klarstellend: BAG v. 19.7.2012 – 2 AZR 989/11, NZA 2013, 143). 2629

Darüber hinaus ist stets die **Zustimmung des Betriebsrats** nach § 103 BetrVG bzw. des Personalrats nach den entsprechenden Vorschriften des anwendbaren PersVG erforderlich (siehe im Band „Kollektivarbeitsrecht" unter Rz. 2557). Versagt der Betriebsrat seine Zustimmung, muss der Arbeitgeber die Zustimmungsersetzung beim Arbeitsgericht beantragen (§ 103 Abs. 2 BetrVG). 2630

2631 Bei ordentlich unkündbaren Arbeitnehmern besteht generell die Gefahr, dass sich die **Unkündbarkeit bei der Zumutbarkeitsprüfung im Rahmen der außerordentlichen Kündigung** zulasten des Arbeitnehmers **auswirkt**. Denn nach allgemeinen Maßstäben könnte eine außerordentliche Kündigung eher zulässig sein, wenn dem Arbeitgeber das Festhalten am Arbeitsvertrag bis zum Ende des Sonderkündigungsschutzes nicht zuzumuten ist. Deswegen prüft das BAG, ob dem Arbeitgeber die **Weiterbeschäftigung bis zum Ablauf der fiktiven ordentlichen Kündigungsfrist zumutbar** ist (BAG v. 21.6.2012 – 2 AZR 343/11, NZA 2013, 224 Rz. 12; anders für eine außerordentliche Änderungskündigung BAG v. 21.6.1995 – 2 ABR 28/94, NZA 1995, 1157). Wenn nicht, ist eine außerordentliche Kündigung gem. § 626 BGB zulässig. Ist die Weiterbeschäftigung dagegen zumutbar, ist die Kündigung unzulässig. Auch eine sog. außerordentliche Kündigung mit Auslauffrist entsprechend der fiktiven Frist für eine ordentliche Kündigung scheidet laut BAG aus:

„[Eine außerordentliche Kündigung mit Auslauffrist] führt in Fällen, in denen die Fortsetzung des Arbeitsverhältnisses bis zum Ablauf der fiktiven Kündigungsfrist, nicht aber bis zum Auslaufen des Sonderkündigungsschutzes zumutbar ist, zur Zulässigkeit einer Kündigung, die im Ergebnis der – ausgeschlossenen – ordentlichen Kündigung gleichkäme. Sie stellte damit für diese Fallgruppe das unkündbare Mitglied des Betriebsrats mit dem kündbaren Arbeitnehmer gleich. Sinn des Gesetzes ist es dagegen, das Betriebsratsmitglied mit Rücksicht auf seine besondere Stellung – abgesehen von den Fällen des § 15 IV, V KSchG – von der Bedrohung durch eine ordentliche Kündigung auszunehmen. Bei Zulassung einer verhaltensbedingten außerordentlichen Kündigung mit Auslauffrist oder ordentlichen Kündigung würde sich deshalb gerade die Gefahr realisieren, der der Gesetzgeber durch die Schaffung des § 15 KSchG begegnen wollte." (BAG v. 21.6.2012 – 2 AZR 343/11, NZA 2013, 224 Rz. 13)

b) Schwerbehinderte Menschen

aa) Präventionsverfahren

2632 Zunächst ist der Arbeitgeber gem. **§ 167 Abs. 1 SGB IX** dazu angehalten, bei „personen-, verhaltens- oder betriebsbedingten Schwierigkeiten" frühzeitige Maßnahmen zu ergreifen, um Kündigungen zu verhindern. Das Verfahren dient somit der Verhütung potentiell entstehender Kündigungsgründe (BAG v. 25.1.2018 – 2 AZR 382/17, NZA 2018, 845 Rz. 47). Demnach „schaltet" der Arbeitgeber in diesem Fall u.a. die Schwerbehindertenvertretung und das Integrationsamt ein, um mit ihnen die Möglichkeiten und Hilfen zur Beratung und finanzielle Leistungen zu erörtern, durch die die Schwierigkeiten beseitigt werden können.

2633 Die „**Schwierigkeit**" i.S.v. § 167 Abs. 1 SGB IX darf noch nicht den Charakter eines Kündigungsgrundes haben. Dies widerspräche dem präventiven Charakter der Vorschrift. Mit anderen Worten: Haben sich die Schwierigkeiten schon zu einem Kündigungsgrund verdichtet, hilft auch § 167 Abs. 1 SGB IX dem Arbeitnehmer nicht mehr. Zudem sollen die Tatsachen, die zur Kündigung führen, einen Zusammenhang mit der Schwerbehinderung aufweisen (BAG v. 7.12.2006 – 2 AZR 182/06, NZA 2007, 617 Rz. 30 ff.).

2634 Während aus § 167 Abs. 1 SGB IX nicht hervorgeht, ob es sich dabei um eine Rechtspflicht handelt, und außerdem die **Rechtsfolgen** offenlässt, kann die Norm in Verbindung mit dem KSchG Auswirkungen haben. So sieht das BAG in § 167 Abs. 1 SGB IX zwar **keine formelle Wirksamkeitsvoraussetzung** für den Ausspruch einer Kündigung. Jedoch ordnet es das Verfahren als eine **Konkretisierung des Verhältnismäßigkeitsgrundsatzes** des KSchG ein (BAG v. 25.1.2018 – 2 AZR 382/17, NZA 2018, 845 Rz. 50). Eine Kündigung kann daher – bei Anwendbarkeit des § 1 KSchG – unverhältnismäßig sein, wenn der Arbeitgeber zuvor kein Präventionsverfahren durchgeführt hat und die Kündigung dadurch eventuell hätte verhindert werden können (BAG v. 7.12.2006 – 2 AZR 182/06, NZA 2007, 617 Rz. 25 f.; BAG v. 28.6.2007 – 6 AZR 750/06, NZA 2007, 1049 Rz. 38). Den Arbeitgeber trifft bei einem Verstoß gegen die Pflicht aus Abs. 1 eine erhöhte Darlegungs- und Beweislast, bei der es ihm obliegt darzulegen, dass die Kündigung dem Ultima-Ratio-Grundsatz genügt (BAG v. 25.1.2018 – 2 AZR 382/17, NZA 2018, 845 Rz. 51).

Allerdings meint das BAG bei der Kündigung Schwerbehinderter, dass bei einer Zustimmung des Integrationsamtes nach § 168 SGB IX nur bei Vorliegen besonderer Anhaltspunkte davon ausgegangen werden könne, ein Präventionsverfahren nach § 167 Abs. 1 SGB IX hätte die Kündigung verhindern können. In diesem Fall verschiebt sich die Darlegungslast wiederum zugunsten des Arbeitgebers (BAG v. 25.1.2018 – 2 AZR 382/17, NZA 2018, 845 Rz. 53). 2635

bb) Zustimmungserfordernis

Nach § 168 bzw. § 174 SGB IX bedürfen die ordentliche wie die außerordentliche Kündigung des Arbeitsverhältnisses eines schwerbehinderten Menschen durch den Arbeitgeber der vorherigen **Zustimmung des Integrationsamtes**. Dabei ist zu beachten, dass es für den Sonderkündigungsschutz nicht darauf ankommt, dass die Schwerbehinderung im **Zeitpunkt** des Zugangs der Kündigung bereits anerkannt ist, sie muss nur objektiv vorliegen und bereits beantragt sein. Ob der Arbeitgeber hiervon Kenntnis hat, ist unerheblich. Um seinen Sonderkündigungsschutz nicht zu verwirken, muss der Schwerbehinderte innerhalb einer angemessenen Frist, die in der Regel drei Wochen beträgt, die Entscheidung treffen, ob er seine Schwerbehinderteneigenschaft dem Arbeitgeber mitteilt (Entscheidungsfrist). Zur Frist hinzuzurechnen ist jedoch zusätzlich die Zeitspanne innerhalb derer der Arbeitnehmer den Zugang der Information beim Arbeitgeber zu bewirken hat (Zustellungsfrist). Für den Fristbeginn ist der Zugang der Kündigungserklärung maßgebend. Sie trägt im Übrigen dem Verwirkungsgedanken aus § 242 BGB Rechnung (BAG v. 22.9.2016 – 2 AZR 700/15, NZA 2017, 304 Rz. 22; eine starre Grenze von drei Wochen erwägte das BAG in der Entscheidung v. 12.1.2006 – 2 AZR 539/05, NZA 2006, 1035). Keine Informationspflicht des Arbeitnehmers besteht hingegen, wenn der Arbeitgeber die Schwerbehinderung des Arbeitnehmers kannte oder er vor Ausspruch der Kündigung von dem Antrag beim Versorgungsamt wusste. 2636

„*Informiert der Arbeitnehmer den Arbeitgeber vor Zugang der Kündigung über die Antragstellung beim Versorgungsamt, ist der Arbeitgeber ausreichend in die Lage versetzt, zumindest vorsorglich die Zustimmung zur Kündigung beim Integrationsamt zu beantragen.*" (BAG v. 9.6.2011 – 2 AZR 703/09, NZA-RR 2011, 516) 2637

Der Schutz des SGB IX greift allerdings nicht ein, wenn der Anerkennungsantrag erst nach Zugang der Kündigung gestellt worden ist. 2638

Das Integrationsamt stellt die Zustimmung oder Verweigerung der **Zustimmung zu einer ordentlichen Kündigung** dem Arbeitgeber und dem schwerbehinderten Menschen zu § 171 Abs. 2 S. 1SGB IX. Erst nachdem er die Zustimmung in Form des **schriftlichen Bescheides** erhalten hat, darf der Arbeitgeber die ordentliche Kündigung innerhalb eines Monats § 171 Abs. 3 SGB IX erklären. **Außerordentlich** kündigen darf der Arbeitgeber dagegen bereits, wenn das Integrationsamt ihm die Zustimmung (fern-)mündlich mitgeteilt hat, vgl. § 174 Abs. 3 und 5 SGB IX (BAG v. 19.6.2007 – 2 AZR 226/06, NZA 2007, 1153, 1154 zu § 91 SGB IX a.F.) oder die zweiwöchige Entscheidungsfrist verstrichen ist, § 174 Abs. 3 S. 2 SGB IX. Eine außerordentliche Kündigung durch den Arbeitgeber ist auch nach Ablauf der zweiwöchigen Ausschlussfrist gem. § 626 Abs. 2 S. 1 BGB zulässig, sofern der Arbeitgeber unverzüglich nach Erteilung der Zustimmung durch das Integrationsamt kündigt, § 174 Abs. 5 SGB IX. Laut BAG soll es dabei trotz des Wortlauts („erklärt") auf den unverzüglichen Zugang der Kündigungserklärung ankommen (BAG v. 7.11.2002 – 2 AZR 475/01, NZA 2003, 719, 723, zum gleichlautenden früheren § 21 Abs. 5 SchwbG). 2639

Die Entscheidung des Integrationsamtes als **Verwaltungsakt** können der die Zustimmung beantragende Arbeitgeber als auch der schwerbehinderte Mensch als unmittelbar Drittbetroffener nach allgemeinen verwaltungsrechtlichen Regeln angreifen (Verwaltungsakt mit Doppelwirkung). Dem Arbeitnehmer steht also die Möglichkeit der **Anfechtungs-, dem Arbeitgeber die der Verpflichtungsklage vor dem Verwaltungsgericht** zu. Die Anfechtungsklage des Arbeitnehmers hat gemäß § 171 Abs. 4 SGB IX allerdings keine aufschiebende Wirkung, sodass der Arbeitgeber die Kündigung ungeachtet der fehlenden Bestandskraft der Zustimmung erklären kann. 2640

2641 Im **Kündigungsschutzprozess** kann das Arbeitsgericht das Verfahren gemäß § 148 ZPO bis zum rechtskräftigen Abschluss des verwaltungsgerichtlichen Verfahrens **aussetzen**, muss es aber nicht. Wird in einem solchen Fall die Kündigungsschutzklage abgewiesen und erkämpft der schwerbehinderte Mensch zu einem späteren Zeitpunkt im Verwaltungsprozess die Verweigerung der Zustimmung des Integrationsamtes, muss er die Abänderung des Urteils im Wege der Restitutionsklage nach § 580 Nr. 6 ZPO erreichen (BAG v. 26.9.1991 – 2 AZR 132/91, NZA 1992, 1077; BAG v. 13.9.1995 – 2 AZR 587/94, NZA 1996, 82).

c) Schwangere und Mütter

2642 Nach § 17 Abs. 1 MuSchG ist die Kündigung einer Frau während der Schwangerschaft und bis zum Ablauf von vier Monaten nach der Entbindung oder einer Fehlgeburt nach der zwölften Schwangerschaftswoche grundsätzlich unzulässig, wenn dem Arbeitgeber zur Zeit der Kündigung die Schwangerschaft, Entbindung oder die Fehlgeburt bekannt war oder innerhalb von zwei Wochen nach Zugang der Kündigung mitgeteilt wird. § 17 Abs. 2 MuSchG macht von dem allgemeinen Kündigungsverbot nur dann eine Ausnahme, wenn die zuständige Behörde vor Ausspruch der Kündigung diese für zulässig erklärt hat (Verbot mit Erlaubnisvorbehalt; Rz. 2316 ff.).

2643 Der Gesetzgeber hat für den Fall der ohnehin nur ausnahmsweise zulässigen Kündigung einer Schwangeren in § 17 Abs. 2 S. 2 MuSchG ein zwingendes **Formerfordernis** eingeführt. Danach bedarf sie zum einen der Schriftform und muss zum anderen den zulässigen Kündigungsgrund angeben.

d) Elternzeitberechtigte

2644 Der Arbeitgeber darf das Arbeitsverhältnis gem. § 18 BEEG vor und während der Elternzeit grundsätzlich nicht kündigen. Der Kündigungsschutz beginnt mit dem **Zeitpunkt**, von dem an der Arbeitnehmer die Elternzeit verlangt, allerdings frühestens acht Wochen vor Beginn der Elternzeit, bis zum vollendeten dritten Lebensjahr des Kindes (§ 18 Abs. 1 S. 2 Nr. 1 BEEG) und zwischen dem dritten Geburtstag und dem vollendeten achten Lebensjahr des Kindes frühestens 14 Wochen vor Beginn der Elternzeit (§ 18 Abs. 1 S. 2 Nr. 2 BEEG). Maßgeblich ist der Zugang der Kündigungserklärung. Die zuständige Behörde kann **Ausnahmen** zulassen (§ 18 Abs. 1 S. 4, 5 BEEG).

2645 § 18 Abs. 1 S. 1 BEEG setzt voraus, dass tatsächlich Elternzeit genommen wird und diese Inanspruchnahme auch wirksam ist. Diese Voraussetzung ist nicht erfüllt, wenn der Arbeitnehmer die Elternzeit nur unter der Bedingung beansprucht, dass der Arbeitgeber Elternteilzeit gewährt, und der Arbeitgeber das Teilzeitbegehren vor dem prognostizierten Geburtstermin wirksam ablehnt (BAG v. 12.5.2011 – 2 AZR 384/10, NZA 2012, 208). Für die Wirksamkeit der Inanspruchnahme der Elternzeit ist entscheidend, dass der Arbeitnehmer die **Schriftform des § 16 Abs. 1 S. 1 BEEG** wahrt. Das Elternzeitverlangen muss von ihm eigenhändig durch Namensunterschrift oder mittels notariell beglaubigten Handzeichens unterzeichnet werden. Ein Telefax oder eine E-Mail reicht hierzu nicht aus. Eine solche Erklärung ist gem. § 125 Abs. 1 BGB nichtig (BAG v. 10.5.2016 – 9 AZR 145/15, NZA 2016, 2301).

2646 Der Kündigungsschutz nach § 18 BEEG ist dem des § 17 MuSchG angeglichen. Dennoch müssen beide Verfahren unterschieden werden, sodass ggf. die **Zulässigkeitserklärung der Arbeitsschutzbehörde nach beiden Vorschriften eingeholt** werden muss (so zu § 18 BErzGG a.F. BAG v. 31.3.1993 – 2 AZR 595/92, NJW 1993, 2334).

2647 § 18 BEEG sieht – im Unterschied zu § 171 Abs. 3 SGB IX – **keine Frist** vor, binnen derer die zugelassene Kündigung nach Zugang des Zulassungsbescheides erklärt werden muss. Das BAG wendet die dort geregelte Monatsfrist für die Zulässigkeitserklärung nach § 18 Abs. 1 S. 2 BEEG nicht analog an (BAG v. 22.6.2011 – 8 AZR 107/10, NZA-RR 2012, 119).

e) Pflegende

Bei unerwartetem Eintritt einer Pflegesituation eines nahen Angehörigen haben Beschäftigte das Recht, bis zu zehn Arbeitstage der Arbeit fernzubleiben, um eine bedarfsgerechte Pflege zu organisieren oder eine pflegerische Versorgung in dieser Zeit sicherzustellen (§ 2 PflegeZG). Zu einer längeren Pflege naher Angehöriger in häuslicher Umgebung können **Berufstätige in Unternehmen mit mehr als 15 Beschäftigten bis zu sechs Monate Pflegezeit** in Anspruch nehmen; hierbei können sie zwischen der vollständigen und einer teilweisen Freistellung von der Arbeit wählen (§§ 3, 4 Abs. 1 PflegeZG). 2648

Nach § 5 PflegeZG darf der Arbeitgeber das Beschäftigungsverhältnis von der Ankündigung, frühestens jedoch ab zwölf Wochen vor dem angekündigten Beginn, bis zur Beendigung der kurzzeitigen Arbeitsverhinderung nach § 2 PflegeZG oder der Pflegezeit nach § 3 PflegeZG nicht kündigen. Dabei muss der Arbeitgeber im Hinblick auf seine Beschäftigtenzahl für das Eingreifen des Kündigungsverbots bei einer Leistungsverweigerung nach § 2 Abs. 1 PflegeZG keinen bestimmten **Schwellenwert** überschreiten. Anders liegt dies, wenn der Kündigungsschutz des § 5 PflegeZG sich daraus ergibt, dass der Arbeitnehmer Pflegezeit i.S.d. § 3 Abs. 1 S. 1 PflegeZG in Anspruch nimmt. In diesem Fall muss der Arbeitgeber den Schwellenwert des § 3 Abs. 1 S. 2 PflegeZG von 15 Beschäftigten für das Eingreifen des Kündigungsschutzes überschreiten. Weder das Recht aus § 2 PflegeZG noch das aus § 3 PflegeZG sind an eine bestimmte Wartezeit gebunden. 2649

Greift der Sonderkündigungsschutz des § 5 PflegeZG ein, hat dies zur Folge, dass der Arbeitnehmer im Hinblick auf die Sozialauswahl bei einer betriebsbedingten Kündigung nicht vergleichbar mit den ordentlich kündbaren Arbeitnehmern ist. Dies gilt auch dann, wenn im Zeitpunkt der beabsichtigten Kündigung der Sonderkündigungsschutz voraussichtlich alsbald auslaufen wird und der Arbeitnehmer wegen der kurzen Kündigungsfrist das Arbeitsverhältnis des besonders geschützten Arbeitnehmers zum selben Zeitpunkt enden könnte, wie das des ordentlich kündbaren Arbeitnehmers (BAG v. 21.4.2005 – 2 AZR 241/04, NZA 2005, 1307). 2650

In besonderen Fällen kann eine Kündigung von der für den Arbeitsschutz zuständigen obersten Landesbehörde oder der von ihr bestimmten Stelle ausnahmsweise für zulässig erklärt werden (§ 5 Abs. 2 S. 1 PflegeZG). Das Kündigungsverbot des § 5 PflegeZG unterliegt damit einem **Erlaubnisvorbehalt**. 2651

Dieser Sonderkündigungsschutz gilt systemwidrig auch für **arbeitnehmerähnliche Personen**, die sonst gar keinen Kündigungsschutz genießen (BAG v. 20.1.2004 – 9 AZR 291/02, NZA 2004, 1058). Zudem besteht keine Wartezeit, der Schutz greift ab dem ersten Tag der Beschäftigung (Rz. 2353). 2652

f) Klagefrist

Will ein gekündigter Arbeitnehmer geltend machen, dass die Kündigung wegen eines Kündigungsverbots oder Fehlens der erforderlichen Zustimmung unwirksam ist, muss er seit 1.1.2004 innerhalb der **dreiwöchigen Klagefrist des § 4 KSchG** Kündigungsschutzklage erheben, um die materielle Präklusion gemäß § 7 KSchG zu verhindern (Rz. 2580). Die Klagefrist beginnt grundsätzlich gemäß § 4 S. 1 KSchG mit **Zugang der Kündigung**. Vor Ablauf dieser Klagefrist kann das Klagerecht des Arbeitnehmers nicht verwirkt sein, etwa weil der Arbeitnehmer dem Arbeitgeber seine Schwerbehinderteneigenschaft nicht mitgeteilt hat (BAG v. 23.2.2010 – 2 AZR 659/08, NZA 2011, 411). 2653

Für Kündigungen, die zu ihrer Wirksamkeit der **Zustimmung einer Behörde** bedürfen (Rz. 2627), enthält § 4 S. 4 KSchG eine Sonderregelung. Danach kann die Drei-Wochen-Frist erst zu laufen beginnen, wenn dem Arbeitnehmer die **Entscheidung der Behörde bekannt gegeben** ist. Von den beiden Ereignissen „Zugang der Kündigung" und „Bekanntgabe der Behördenentscheidung" markiert nur das spätere den Beginn der Klagefrist. 2654

Hat der Arbeitgeber die Zustimmung der Behörde (etwa gemäß § 17 Abs. 2 S. 1 MuSchG bei Kündigung einer Schwangeren) vor Ausspruch der Kündigung gar nicht erst beantragt, kann es zu einer 2655

Bekanntgabe i.S.d. § 4 S. 4 KSchG nicht kommen. Damit stellt sich die Frage, ob die Klagefrist in diesen Fällen überhaupt zu laufen beginnt. Die Problematik bedurfte nach alter Rechtslage (bis 31.12.2003) keiner ausdrücklichen Regelung, da das Fehlen der behördlichen Zustimmung ohne Bindung an die Frist des § 4 KSchG geltend gemacht werden konnte. Das BAG hat zutreffend entschieden, dass Voraussetzung für die Anwendbarkeit der Ausnahmeregelung des § 4 S. 4 KSchG die Kenntnis des Arbeitgebers von den den Sonderkündigungsschutz begründenden Tatsachen zum Zeitpunkt des Zugangs der Kündigung ist (BAG v. 19.2.2009 – 2 AZR 286/07, NZA 2009, 980). Wenn der **Arbeitgeber trotz Kenntnis der Umstände, die den Sonderkündigungsschutz begründen, kein behördliches Verfahren einleitet**, braucht der Arbeitnehmer die Drei-Wochen-Frist des § 4 S. 1 KSchG nicht einzuhalten, sondern kann bis zur Grenze der Verwirkung Kündigungsschutzklage erheben (BAG v. 13.2.2008 – 2 AZR 864/06, NZA 2008, 1055).

2656 § 4 S. 4 KSchG soll den Arbeitnehmer davor schützen, dass die Klagefrist zu laufen beginnt, ohne dass er weiß, wie die Behörde entschieden hat. Solange dem Arbeitnehmer keine Behördenentscheidung vorliegt, soll er darauf vertrauen dürfen, dass die Kündigung wegen Fehlens der behördlichen Zustimmung unwirksam ist, ohne „vorsorglich" klagen zu müssen. Dieses Ziel gewinnt nach neuem Recht sogar an Bedeutung: Nur wenn der Arbeitnehmer über den Ausgang des Zustimmungsverfahrens Bescheid weiß, kann er beurteilen, ob eine Kündigungsschutzklage auf das Fehlen der behördlichen Zustimmung gestützt werden kann.

2657 Anderes muss aber gelten, wenn der Arbeitgeber von der Schwangerschaft keine Kenntnis und damit auch keinen Anlass hatte, einen Antrag auf behördliche Zustimmung zur Kündigung zu stellen. Führt die Arbeitnehmerin die Unwirksamkeit der Kündigung erst dadurch herbei, dass sie dem Arbeitgeber die Schwangerschaft innerhalb von zwei Wochen nach Zugang der Kündigung (§ 17 Abs. 1 S. 1 MuSchG) mitteilt, ist ihr klar, dass kein Zustimmungsverfahren läuft. Daher kann sie auch nicht auf die (nie stattfindende) Bekanntgabe warten dürfen, sondern muss innerhalb der Frist des § 4 S. 1 KSchG klagen (BAG v. 19.2.2009 – 2 AZR 286/07, NZA 2009, 980).

2658 Entsprechendes gilt im Rahmen des **Sonderkündigungsschutzes schwerbehinderter Menschen:** Unterrichtet der schwerbehinderte Arbeitnehmer den Arbeitgeber erst nach Zugang der Kündigung über die Anerkennung als Schwerbehinderter (oder die Antragstellung), muss er innerhalb der Frist des § 4 S. 1 KSchG gegen die Kündigung gerichtlich vorgehen.

2659 Kündigt jedoch der Arbeitgeber einem schwerbehinderten Arbeitnehmer in Kenntnis von dessen Schwerbehinderteneigenschaft, so kann der Arbeitnehmer das Fehlen der behördlichen Zustimmung bis zur Grenze der Verwirkung jederzeit geltend machen, wenn ihm eine entsprechende Entscheidung der zuständigen Behörde nicht bekannt gegeben worden ist, vgl. § 4 S. 4 KSchG (BAG v. 13.2.2008 – 2 AZR 864/06, NZA 2008, 1055).

2. Anhörungserfordernisse

a) Betriebsratsanhörung

2660 Die Kündigung des Arbeitsverhältnisses ohne vorherige Anhörung des Betriebsrats ist nach § 102 Abs. 1 S. 3 BetrVG nichtig. Nach § 79 Abs. 4 BPersVG ist die Kündigung unwirksam, wenn der Personalrat nicht beteiligt worden ist.

aa) Allgemeine Grundlagen

2661 § 102 Abs. 1 BetrVG lautet: „*Der Betriebsrat ist vor jeder Kündigung zu hören. Der Arbeitgeber hat ihm die Gründe für die Kündigung mitzuteilen. Eine ohne Anhörung des Betriebsrats ausgesprochene Kündigung ist unwirksam*". Diese Regelung bildet den **Kern eines präventiven, kollektiv-rechtlichen Kündigungsschutzes**, dem in Praxis, Rechtsprechung und Schrifttum zu Recht erhebliche Bedeutung beigemessen wird. Das Anhörungserfordernis soll den Arbeitgeber dazu veranlassen, eventuell vom Betriebsrat vorgetragene Bedenken zu berücksichtigen und ggf. vom Ausspruch einer Kündigung abzusehen. Der Arbeitgeber muss daher dem Betriebsrat Gelegenheit geben, zu der geplanten Kündigung Stellung zu nehmen, was voraussetzt, dass der Betriebsrat über **hinreichende Informationen** verfügt, um den kündigungsbegründenden Sachverhalt beurteilen zu können. Demgegenüber bleibt der Arbeitgeber in seiner Entscheidung, ob er kündigen will oder nicht, frei. Er ist an die Stellungnahme des Betriebsrats nicht gebunden (ausführlich zu § 102 BetrVG: siehe im Band „Kollektivarbeitsrecht" unter Rz. 2489 ff., § 153 IV).

Will ein gekündigter Arbeitnehmer geltend machen, dass die Kündigung wegen eines Verstoßes gegen § 102 Abs. 1 S. 3 BetrVG unwirksam ist, muss er innerhalb der **Drei-Wochen-Frist des § 4 KSchG** Kündigungsschutzklage erheben. Klagt er nicht rechtzeitig, wird die Unwirksamkeit der Kündigung rückwirkend geheilt (§ 7 KSchG; Rz. 2579). 2662

bb) Inhalt und Umfang der Unterrichtungspflicht des Arbeitgebers

Der Betriebsrat ist **vor jeder Beendigungskündigung**, sei sie ordentlich oder außerordentlich, zu hören. Gleiches gilt für eine Kündigung, die vor Ablauf von sechs Monaten seit Bestehen des Arbeitsverhältnisses – also vor erfüllter Wartefrist des § 1 Abs. 1 KSchG – ausgesprochen werden soll. Eine **Anhörungspflicht** besteht auch bei Kündigungen vor Dienstantritt, vorsorglichen Kündigungen, Wiederholungskündigungen oder Änderungskündigungen. 2663

Bei einer **sonstigen Beendigung** des Arbeitsverhältnisses (Zeitablauf, Aufhebungsvertrag, Beendigung des Arbeitsverhältnisses durch gerichtliche Entscheidung gemäß § 100 Abs. 3, § 101, § 104 BetrVG, Nichtübernahme nach § 78a BetrVG) besteht **kein Anhörungsrecht**. Bei befristeten Arbeitsverhältnissen ist die sog. Nichtverlängerungsanzeige keine Kündigung i.S.d. § 102 BetrVG. Ein Anhörungsrecht kommt jedoch in Betracht, wenn vorsorglich neben ihr eine Kündigung ausgesprochen wird. 2664

Dem Betriebsrat muss aus der (nicht notwendigerweise schriftlichen) Mitteilung erkennbar sein, dass seine Beteiligung im Verfahren nach § 102 BetrVG verlangt wird. Mitzuteilen sind alle Umstände, die der Betriebsrat kennen muss, um eine Stellungnahme zu der beabsichtigten Kündigung abgeben zu können (BAG v. 15.12.1994 – 2 AZR 327/94, NZA 1995, 523). Die nachträgliche Unterrichtung des Betriebsrats über Kündigungsgründe, die dem Arbeitgeber bereits bei Ausspruch der Kündigung bekannt waren, ist grundsätzlich nicht möglich (BAG v. 18.6.2015 – 2 AZR 256/14, NZA 2016, 287, 291). Der genaue Umfang der Unterrichtungspflicht hängt vom Kenntnisstand des Betriebsrats ab. Die Verpflichtung zur vollständigen Mitteilung der Umstände entfällt, wenn der Betriebsrat den erforderlichen Kenntnisstand bereits besitzt. Das Beweisrisiko hierfür trägt der Arbeitgeber (BAG v. 27.6.1985 – 2 AZR 412/84, NZA 1986, 426). 2665

Die Umstände, die der Arbeitgeber in jedem Falle mitzuteilen hat, sind: 2666

- **Name** des Arbeitnehmers und grundlegende **Sozialdaten** (Lebensalter, Unterhaltsverpflichtungen, Dauer der Betriebszugehörigkeit und sonstige besondere Umstände, z.B. Schwerbehinderung; vgl. BAG v. 15.11.1995 – 2 AZR 974/94, NZA 1996, 1556).
- **Art der Kündigung** (ordentliche oder außerordentliche Kündigung, vgl. BAG v. 29.8.1991 – 2 AZR 59/91, NZA 1992, 205).
- **Kündigungstermin** und Ablauf der Kündigungsfrist (BAG v. 28.2.1974 AP Nr. 2 zu § 102 BetrVG 1972; BAG v. 26.1.1995 – 2 AZR 386/94, NZA 1995, 170).
- **Kündigungsgrund** (siehe im Band „Kollektivarbeitsrecht" unter Rz. 2523 ff., § 153 IV 6c).

b) Schwerbehindertenvertretung

Nach der BAG-Rechtsprechung zur bisherigen Rechtslage ist eine gegenüber einem schwerbehinderten Arbeitnehmer ausgesprochene Kündigung nicht alleine deswegen unwirksam, weil die Anhörung der Schwerbehindertenvertretung gem. § 95 Abs. 2 SGB IX a.F. unterblieben ist (BAG v. 28.7.1983 – 2 2667

AZR 122/82, DB 1984, 133). Seit dem 30.12.2016 gilt jedoch ausdrücklich die **Unwirksamkeit der Kündigung** eines schwerbehinderten Arbeitnehmers bei fehlender vorheriger Beteiligung (= Unterrichtung und Anhörung) der Schwerbehindertenvertretung (seit 2018 geregelt in § 178 Abs. 2 S. 3 SGB IX). Der Zweck der Anhörung ist, wie bei der Unterrichtung des Betriebsrats, die Willensbildung des Arbeitgebers zu beeinflussen. Es genügt daher, wenn der Arbeitgeber die Vertretung vor dem Ausspruch der Kündigung anhört. Nicht erforderlich ist die Anhörung noch vor dem Antrag auf Zustimmung an das Integrationsamt (BAG v. 13.12.2018 – 2 AZR 378/18, NZA 2019, 305).

3. Anzeigepflicht bei Massenentlassungen

2668 Der Schutz im Fall von Massenentlassungen findet seine Grundlage in der Richtlinie 98/59/EG. Einfachgesetzliche Umsetzung findet er in §§ 17–22 KSchG. Übersteigt die Zahl der Entlassungen (neben arbeitgeberseitigen Kündigungen auch sonstige Beendigungen, soweit sie vom Arbeitgeber veranlasst sind) innerhalb von 30 Tagen bestimmte, von der Betriebsgröße abhängige Grenzen (zum Betriebsbegriff im Sinne der Richtlinie 75/129/EWG, auf der die Vorschrift beruht, EuGH v. 30.4.2015 – C-80/14 „USDAW u.a.", NZA 2015, 601), hat der Arbeitgeber die Entlassungen gem. § 17 KSchG der zuständigen Agentur für Arbeit unter Beifügung der Stellungnahme des Betriebsrats anzuzeigen. Ihn trifft also eine **Anzeigepflicht**. Der Eingang der Anzeige bei der Agentur für Arbeit wiederum setzt eine einmonatige **Entlassungssperre** in Gang. Vor Ablauf des Monats werden die Entlassungen nur mit Zustimmung der Agentur für Arbeit wirksam, vgl. § 18 Abs.1 KSchG. Plant der Arbeitgeber, in einem **Betrieb mehrere Massenentlassungen hintereinander** durchzuführen, besteht unter Umständen die Möglichkeit, ein **einheitliches Konsultations- und Anzeigeverfahren** durchzuführen. Zu beachten ist jedoch, dass gem. § 18 Abs. 4 KSchG eine erneute Anzeige erforderlich wird, wenn die Entlassungen nicht innerhalb von 90 Tagen nach dem Zeitpunkt, in dem sie nach § 18 Abs. 1 bzw. Abs. 2 KSchG zulässig sind, durchgeführt werden. Insofern wird sog. „Vorratsanzeigen" vorgebeugt (BAG v. 9.6.2016 – 6 AZR 638/15, ArbRAktuell 2016, 480). Unter „Entlassung" können entweder die Kündigungserklärung oder die Zahl der tatsächlichen Beendigungen von Arbeitsverhältnissen im 30-Tage-Zeitraum verstanden werden. Bislang verstand man die tatsächliche Beendigung darunter. Begründet wurde dies mit der unterschiedlichen Verwendung der Begriffe „Kündigung" und „Entlassung" (§§ 17, 18 KSchG) im KSchG (BAG v. 13.4.2000 – 2 AZR 215/99, NZA 2001, 144, 145).

2669 Im Jahr 2005 entschied der EuGH in seiner **Junk-Entscheidung** dagegen, dass unter „Entlassung" im Sinne der Richtlinie 75/129/EWG, deren Umsetzung § 17 KSchG dient, der Ausspruch der Kündigung zu verstehen ist (EuGH v. 27.1.2005 – C-188/03 „Junk", NZA 2005, 213).

2670 *„Was die Richtlinie angeht, so decken die in den anderen Sprachfassungen als der deutschen für ‚Entlassung' verwendeten Begriffe entweder beide vom vorlegenden Gericht genannten Ereignisse, oder sie haben eher die Bedeutung von arbeitgeberseitiger Kündigungserklärung [...]. Sodann ist festzustellen, dass Artikel 2 Absatz 1 der Richtlinie eine Verpflichtung des Arbeitgebers vorsieht, die Arbeitnehmervertreter rechtzeitig zu konsultieren, wenn er ‚beabsichtigt, Massenentlassungen vorzunehmen'. Nach Artikel 3 Absatz 1 der Richtlinie hat der Arbeitgeber der zuständigen Behörde ‚alle beabsichtigten Massenentlassungen ... anzuzeigen'. Das Tatbestandsmerkmal, dass ein Arbeitgeber Massenentlassungen ‚beabsichtigt', entspricht einem Fall, in dem noch keine Entscheidung getroffen worden ist. Dagegen ist die Mitteilung der Kündigung des Arbeitsvertrags Ausdruck einer Entscheidung, das Arbeitsverhältnis zu beenden, und dessen tatsächliche Beendigung mit dem Ablauf der Kündigungsfrist stellt nur die Wirkung dieser Entscheidung dar. Damit sind die vom Gemeinschaftsgesetzgeber verwendeten Begriffe ein Indiz dafür, dass die Konsultations- und Anzeigepflichten vor einer Entscheidung des Arbeitgebers zur Kündigung von Arbeitsverträgen entstehen. Diese Auslegung wird, was das Verfahren der Konsultation der Arbeitnehmervertreter angeht, schließlich durch das in Artikel 2 Absatz 2 der Richtlinie vorgegebene Ziel bestätigt, Kündigungen zu vermeiden oder ihre Zahl zu beschränken. Dieses Ziel ließe sich nicht erreichen, wenn die Konsultation der Arbeitnehmervertreter nach der Entscheidung des Arbeitgebers stattfände. Daher ist auf die erste Frage zu antworten, dass die Artikel 2 bis 4 der Richtlinie dahin auszulegen sind,* *dass die Kündigungserklärung des Arbeitgebers das Ereignis ist, das als Entlassung gilt."* (EuGH v. 27.1.2005 – C-188/03 „Junk", NZA 2005, 213, Rz. 34–39)

Entgegen seiner vorherigen Rechtsprechung legt das **BAG** den Begriff „Entlassung" nun richtlinienkonform als „Kündigungserklärung" aus (BAG v. 23.3.2006 – 2 AZR 343/05, NZA 2006, 971, 972; BAG v. 22.3.2007 – 6 AZR 499/05, NZA 2007, 1101 Rz. 13). Davon umfasst sind, wie der EuGH überdies in der Rechtssache „Socha" mit Urteil vom 21.9.2017 entschieden hat, einseitige Änderungen der Entgeltbedingungen durch den Arbeitgeber, die bei einer Ablehnung durch den Arbeitnehmer zur Beendigung des Arbeitsverhältnisses führen. Diese seien ebenso als „Entlassungen" im Sinne der Richtlinie zu bezeichnen (EuGH v. 21.9.2017 – C-149/16, BeckRS 2017, 125371 Rz. 36). 2671

„Nach alledem ist auf die Vorlagefrage zu antworten, dass Art. 1 Abs. 1 und Art. 2 der Richtlinie 98/59 dahin auszulegen sind, dass ein Arbeitgeber die in Art. 2 dieser Richtlinie vorgesehenen Konsultationen durchzuführen hat, wenn er beabsichtigt, einseitig und zulasten der Arbeitnehmer eine Änderung der Entgeltbedingungen vorzunehmen, die, wenn ihre Annahme von den Arbeitnehmern abgelehnt wird, die Beendigung des Arbeitsverhältnisses zur Folge hat, soweit die in Art. 1 Abs. 1 der Richtlinie aufgestellten Voraussetzungen erfüllt sind." (EuGH v. 21.9.2017 – C-149/16, NZA 2017, 1323 Rz. 35.)

Zu der Frage nach der **Rechtsfolge einer unterlassenen nach § 17 KSchG erforderlichen Anzeige** hat der EuGH nicht explizit Stellung bezogen. Früher wurde vertreten, dass dann lediglich die dennoch erfolgte tatsächliche Entlassung unwirksam sei. Durch die Verletzung der Anzeigepflicht (bzw. das Fehlen der Zustimmung der Agentur für Arbeit) würde eine privatrechtlich wirksame Kündigung nicht unwirksam, jedoch könne der gekündigte Arbeitnehmer nicht entlassen, eine wirksame Kündigung also nicht in Vollzug gesetzt werden (BAG v. 13.4.2000 – 2 AZR 215/99, NZA 2001, 144, 147). 2672

Diese Rechtsprechung konnte nach dem Richtungswechsel in der Zweckbetrachtung der Massenentlassungsanzeige, die jetzt Bestandteil des präventiven Kündigungsschutzes geworden ist, nicht aufrechterhalten bleiben. Nachdem das BAG zunächst zu der Frage noch nicht explizit Stellung bezogen hatte (BAG v. 22.3.2007 – 6 AZR 499/05, NZA 2007, 1101 Rz. 14; BAG v. 23.3.2006 – 2 AZR 343/05, NZA 2006, 971 Rz. 16), entschied es, dass eine **Kündigung** jedenfalls **dann rechtsunwirksam** ist, wenn der Arbeitgeber sie **vor einer nach § 17 Abs. 1 KSchG erforderlichen**, den gesetzlichen Anforderungen entsprechenden **Anzeige** ausgesprochen hat (BAG v. 28.5.2009 – 8 AZR 273/08, NZA 2009, 1267 Rz. 54; 20.2.2014 – 2 AZR 346/12, NZA 2014, 1069). Allerdings können nicht alle Verstöße im Verfahren der Massenentlassung die Unwirksamkeitsfolge nach sich ziehen. 2673

Ein Arbeitnehmer, der die Unwirksamkeit seiner Entlassung wegen Verstoßes gegen § 17 Abs. 1 KSchG geltend machen will, muss nach § 4 S. 1 KSchG auf Feststellung klagen, dass sein Arbeitsverhältnis nicht durch die zugrundeliegende Kündigung aufgelöst ist. 2674

Konflikte im Hinblick auf die Anzeigepflicht gem. § 17 Abs. 1 KSchG können entstehen, wenn zur Kündigung eines Arbeitnehmers nicht nur diese gegenüber der Agentur für Arbeit vorgenommen werden muss, sondern darüber hinaus noch **ein weiteres behördliches Verfahren** einzuhalten ist. So bedarf es beispielsweise für die Kündigung eines Arbeitnehmers, der sich in Elternzeit befindet, der Zustimmung der obersten Landesbehörde, vgl. § 18 Abs. 1 S. 2 BEEG. Dies hat faktisch zur Folge, dass wegen der Einhaltung dieses weiteren Verfahrens die Kündigungserklärung dem in Elternzeit befindlichen Arbeitnehmer außerhalb des 30-Tage-Zeitraums des § 17 Abs. 1 KSchG zugeht. Das **BAG** ging zunächst davon aus, dass einem Arbeitnehmer nur dann die für Massenentlassungen geltenden Regelungen zugutekommen, wenn die Kündigung innerhalb dieser Frist zugeht (BAG v. 18.10.2012 – 6 AZR 41/11, NZA 2013, 1007). Darin sah das **BVerfG** einen Verstoß gegen Art. 3 Abs. 1 GG wegen einer faktischen Benachteiligung wegen des Geschlechts. Denn regelmäßig nehmen weitaus mehr Frauen Elternzeit in Anspruch als Männer. Letztendlich seien damit hauptsächlich in Elternzeit befindliche Frauen von den Schutzregelungen, die bei Massenentlassungen eingreifen, ausgeschlossen. Wegen des engen Zusammenhangs zu Art. 6 Abs. 1 GG sei eine nachteilige Behandlung von Personen in Elternzeit nur unter erhöhten Anforderungen möglich. Der besondere Kündigungsschutz in der Elternzeit könne 2675 insbesondere nicht den Wegfall des Sonderkündigungsschutzes bei Massenentlassungen kompensieren, da es sich um zwei grundlegend unterschiedliche Schutzverfahren handele. Die frühzeitige Unterrichtung der Arbeitsagentur für Arbeit gem. § 17 Abs. 1 KSchG diene nämlich vornehmlich dazu, die Folgen einer Entlassung für die Betroffenen weitmöglich abzumildern. Das BVerfG entschied daher, dass für Beschäftigte mit Sonderkündigungsschutz der 30-Tage-Zeitraum auch dann als eingehalten gilt, wenn die Antragsstellung bei der zuständigen Behörde zur Kündigung innerhalb dieses Zeitraumes erfolgt ist (BVerfG v. 8.6.2016 – 1 BvR 3634/13, ArbRAktuell 2016, 375).

V. Grundrechtliche Schranken

1. Allgemeines

2676 Die Grundrechte haben im Kündigungsrecht wie im Arbeitsrecht allgemein eine hervorragende Bedeutung (Rz. 527). Im Grundsatz ist zunächst davon auszugehen, dass das geltende Kündigungsschutzrecht insgesamt die kollidierenden Grundrechte von Arbeitgebern und Arbeitnehmern aus Art. 12 Abs. 1 und Art. 2 Abs. 1 GG zu einem sachgerechten verfassungsgemäßen Ausgleich gebracht hat (vgl. auch BVerfG v. 24.4.1991 – 1 BvR 1341/90, NJW 1991, 1667; BVerfG v. 27.1.1998 – 1 BvL 15/87, NZA 1998, 470).

„Dagegen ist mit der Wahlfreiheit [hinsichtlich des Berufs, Art. 12 Abs. 1 GG], weder ein Anspruch auf Bereitstellung eines Arbeitsplatzes eigener Wahl noch eine Bestandsgarantie für den einmal gewählten Arbeitsplatz verbunden. Ebenso wenig verleiht das Grundrecht unmittelbaren Schutz gegen den Verlust des Arbeitsplatzes aufgrund privater Dispositionen. Insoweit obliegt dem Staat lediglich eine aus Art. 12 Abs. 1 GG folgende Schutzpflicht, der die geltenden Kündigungsvorschriften hinreichend Rechnung tragen." (BVerfG v. 24.4.1991 – 1 BvR 1341/90, NJW 1991, 1667, 1667)

2. Schutz der Koalitionsfreiheit, Art. 9 Abs. 3 S. 2 GG

2677 Ein unmittelbares Kündigungs- und Benachteiligungsverbot enthält das Grundgesetz in Art. 9 Abs. 3 S. 2 GG. Hiernach sind Abreden und Maßnahmen, die das Recht der Koalitionsfreiheit einschränken oder zu behindern suchen, rechtswidrig. Eine Kündigung, die aufgrund der legitimen Ausübung der positiven, als auch der negativen Koalitionsfreiheit ausgesprochen würde, verstieße unmittelbar gegen Art. 9 Abs. 3 S. 2 GG (Rz. 598).

2678 Für Art. 9 Abs. 3 GG ist die Lehre von der Schutzgebotsfunktion der Grundrechte ohne Bedeutung, da in Art. 9 Abs. 3 S. 2 GG die unmittelbare Wirkung der Koalitionsfreiheit auf das Privatrecht ausdrücklich angeordnet worden ist (BAG v. 2.6.1987 – 1 AZR 651/85, NZA 1988, 64).

Fallbeispiel: *„Ein Arbeitgeber, der die Einstellung von Bewerbern vom Austritt aus der Gewerkschaft abhängig macht, greift unmittelbar in das verfassungsrechtlich geschützte Recht einer Koalition auf Bestand und Betätigung ein. Ein ausreichender Mitgliederbestand auf freiwilliger Grundlage ist Voraussetzung für eine erfolgreiche Tätigkeit der Gewerkschaft. Arbeitnehmer, die sich Gewerkschaften anschließen wollen, dürfen daran nicht durch wirtschaftlichen Druck gehindert werden. Sie müssen sich frei für den Beitritt zu einer Gewerkschaft entscheiden können. Der Arbeitgeber darf weder wegen der Gewerkschaftszugehörigkeit das Arbeitsverhältnis kündigen noch wegen dieser Gewerkschaftszugehörigkeit den Abschluss eines Arbeitsvertrags verweigern."* (BAG v. 2.6.1987 – 1 AZR 651/85, NZA 1988, 64, 65)

3. Weitere Freiheitsrechte

2679 Über das spezielle Verbot des Art. 9 Abs. 3 S. 2 GG hinaus können und müssen die Grundrechte bei der Interpretation kündigungsrechtlicher oder allgemeiner **Generalklauseln** (§§ 138, 242, 315 BGB) zur Geltung gebracht werden, wenn keine spezielle einfach-rechtliche Norm vorliegt, die den Grundrechtsschutz gewährleistet (BVerfG v. 7.2.1990 – 1 BvR 26/84, NJW 1990, 1469). Grundlage der Einwirkung der Grundrechte auf das Privatrecht ist die Lehre von der **Schutzfunktion der Grundrechte**, die der mittelbaren, über Generalklauseln in das Privatrecht einwirkenden Drittwirkungslehre nahe kommt, die aber besser zu erklären vermag, dass auch der Privatrechtsgesetzgeber im Hinblick auf den Grundrechtsschutz weder ein verfassungswidriges Untermaß unterschreiten noch ein verfassungswidriges Übermaß überschreiten darf (vgl. BAG v. 23.6.1994 – 2 AZR 617/93, NZA 1994, 1080; Rz. 536).

Grundsätzlich können **Verstöße gegen grundrechtliche Wertungen** im Kündigungsrecht im Rahmen der Prüfung der Kündigungsgründe nach § 1 KSchG, § 626 BGB sanktioniert werden. Sollte bei einer ordentlichen Kündigung ein Schutz nach §§ 1, 23 KSchG nicht eingreifen, können Grundrechtsverstöße über die zivilrechtlichen Generalklauseln der §§ 138, 242 BGB zur Unwirksamkeit der Kündigung führen (BAG v. 23.6.1994 – 2 AZR 617/93, NZA 1994, 1080; Rz. 2676). Hierbei muss zweierlei berücksichtigt werden: Eine Unwirksamkeit der Kündigung kann mangels spezialgesetzlicher Regelung nur bei **krassen Grundrechtsverstößen** eingreifen; ferner darf nicht über eine allgemeine Grundrechtsabwägung de facto ein Kündigungsschutz konstruiert werden, den der Gesetzgeber ausdrücklich nicht wollte. Es ist also stets zu prüfen, ob der Gesetzgeber nicht bereits eine einfach-rechtlich konkretisierte Grundrechtsabwägung vorgenommen hat. 2680

4. Gleichbehandlungsgrundsatz

Ob und inwieweit der Gleichbehandlungsgrundsatz der Kündigung entgegenstehen kann (allgemein zum Gleichbehandlungsgrundsatz Rz. 1445), ist umstritten. Der betriebsbedingten Kündigung ist regelmäßig eine geeignete Vergleichsgruppe immanent, da mehrere Arbeitnehmer als potentielle Kündigungsadressaten in Betracht kommen. Gleichwohl ist ein Rückgriff auf den Gleichbehandlungsgrundsatz nicht notwendig, da dieser bereits in der Regelung des § 1 Abs. 3 KSchG (Rz. 2865) eine spezialgesetzliche Konkretisierung erfahren hat. Im Übrigen liegt der (personen- und verhaltensbedingten) Kündigung primär ein Einzelfall zugrunde, weshalb es am notwendigen kollektiven Tatbestand fehlt. Die Rechtsprechung des BAG verneint daher prinzipiell die Anwendbarkeit des Gleichbehandlungsgrundsatzes, schließt es allerdings nicht aus, Elemente desselben im Rahmen der Interessenabwägung zu berücksichtigen. Die Problematik stellt sich zumeist bei der sog. **herausgreifenden Kündigung**. Haben mehrere Arbeitnehmer sachlich gleichartige und in zeitlicher Hinsicht naheliegende Pflichtverletzungen begangen und kündigt der Arbeitgeber dennoch nur das Arbeitsverhältnis eines Arbeitnehmers auf, so ist für die Differenzierung ein sachlicher Grund notwendig (BAG v. 22.2.1979 – 2 AZR 115/78, DB 1979, 1659, 1660). 2681

„*Nach der ständigen Rechtsprechung des BAG kann die Unwirksamkeit einer Kündigung nicht unmittelbar aus einer Verletzung des Gleichbehandlungsgebotes hergeleitet werden. Dieser Grundsatz ist mit dem Gebot, bei der Prüfung des wichtigen Grundes die Umstände des jeweiligen Einzelfalles umfassend abzuwägen, nur beschränkt zu vereinbaren. Eine nur mittelbare Auswirkung auf die Interessenabwägung kann der Gleichbehandlungsgrundsatz allerdings dann haben, wenn der Arbeitgeber bei gleicher Ausgangslage (gleichartige Pflichtverletzung) nicht allen beteiligten Arbeitnehmern kündigt und daraus zu schließen ist, dass es für ihn zumutbar ist, das Arbeitsverhältnis auch mit den gekündigten Arbeitnehmern fortzusetzen.*" (BAG v. 22.2.1979 – 2 AZR 115/78, DB 1979, 1659, 1660) 2682

VI. Einzel- und tarifvertragliche Kündigungsbeschränkungen

1. Einzelvertragliche Beschränkungen

Die Parteien des Einzelarbeitsvertrags können sich durch Vereinbarung zur Unterlassung einer ordentlichen Kündigung sowohl mit dinglicher Wirkung, also durch Verfügung über das Gestaltungsrecht, als auch (nur) schuldrechtlich, also durch Verpflichtung zum Schadensersatz bei vertragswidriger Kündigung, verpflichten. Dies kann ausdrücklich erfolgen oder aus den Umständen zu schließen sein. Der Vertrag ist dann nur durch eine außerordentliche Kündigung aufzulösen. 2683

2684 Allerdings können die **zwingenden Vorgaben** des KSchG, gesetzliche Kündigungs- und Benachteiligungsverbote, gesetzlich statuierte Zustimmungs- und Anhörungserfordernisse und die zivilrechtlichen Generalklauseln nicht einzelvertraglich zu Lasten des Arbeitnehmers abbedungen werden. Gleiches gilt gemäß § 4 Abs. 3 TVG für tarifliche Kündigungsbeschränkungen, sofern abweichende, für den Arbeitnehmer nachteilige Regelungen nicht ausnahmsweise durch eine entsprechende Öffnungsklausel zugelassen werden. Daher sind einzelvertragliche Beschränkungen des ordentlichen Kündigungsrechts zu Lasten des Arbeitnehmers nur in eingeschränktem Maße möglich.

2685 Zudem sind **einseitige Erschwerungen** des Kündigungsrechts, die nur für die Arbeitnehmerkündigung, nicht aber für die Kündigung des Arbeitgebers gelten, gemäß § 622 Abs. 6 BGB unzulässig (BAG v. 6.9.1989 – 5 AZR 586/88, NZA 1990, 147).

2686 „Nach § 622 Abs. 5 [heute 6] BGB darf für die Kündigung des Arbeitsverhältnisses durch den Arbeitnehmer einzelvertraglich keine längere Frist vereinbart werden als für die Kündigung durch den Arbeitgeber. Ein Verstoß gegen diese Bestimmung ist nach ihrem Sinn und Zweck nicht nur dann gegeben, wenn einzelvertraglich für den Arbeitnehmer längere Kündigungsfristen oder ungünstigere Kündigungstermine festgelegt werden als für den Arbeitgeber, sondern bereits dann anzunehmen, wenn die Kündigung des Arbeitnehmers gegenüber der des Arbeitgebers erschwert ist. Daher sind Kündigungsbeschränkungen zu Lasten des Arbeitnehmers als unzulässig anzusehen. Derartige Kündigungsbeschränkungen können darin liegen, dass der Arbeitnehmer für den Fall der fristgerechten Kündigung eine von ihm gestellte Kaution verliert, oder dass er eine Vertragsstrafe für den Fall einer fristgerechten Kündigung zahlen soll. Die Rechtsprechung behandelt Klauseln mit Kündigungsbeschränkungen zu Lasten des Arbeitnehmers wegen Verstoßes gegen § 622 Abs. 5 [heute 6] BGB als nichtig gemäß § 134 BGB. Den übrigen Vertragsinhalt berührt die Nichtigkeit jedoch nicht." (BAG v. 6.9.1989 – 5 AZR 586/88, NZA 1990, 147, 148)

2687 Nicht zuletzt verbietet **Art. 12 GG**, der sowohl dem Arbeitnehmer als auch dem Arbeitgeber ein Grundrecht auf freie Berufsausübung einräumt (Rz. 606), einen Ausschluss des außerordentlichen Kündigungsrechts.

2688 Daher verbleiben zwei Fallgruppen, in denen einzelvertragliche Beschränkungen des ordentlichen Kündigungsrechts in der Praxis relevant werden:

2689 – Ein beiderseitig dinglich wirkender Ausschluss der ordentlichen Kündigung liegt insbesondere dann vor, wenn die Parteien in zulässiger Weise einen (nach Zeit oder Zweck) **befristeten Arbeitsvertrag** (Rz. 3220) abschließen (vgl. § 15 Abs. 3 TzBfG). Soll das befristete Arbeitsverhältnis länger als fünf Jahre dauern, räumt § 15 Abs. 4 TzBfG dem Arbeitnehmer jedoch nach Ablauf von fünf Jahren ein Kündigungsrecht ein.

2690 – Die Vereinbarung eines besonderen Kündigungsschutzes zugunsten des Arbeitnehmers erfolgt in der Praxis bisweilen in den Fällen, in denen nach §§ 1, 23 KSchG ein Kündigungsschutz noch nicht greift, also in **Kleinbetrieben** oder **während der ersten sechs Monate des Arbeitsverhältnisses**. Freilich ist eine derartige Vereinbarung außergewöhnlich, sodass ein eindeutiger Vertragswille erkennbar sein muss (vgl. BAG v. 12.12.1957 – 2 AZR 574/55, ArbuR 1959, 58; BAG v. 18.2.1967 – 2 AZR 114/66, NJW 1967, 1152; zurückhaltender BAG v. 8.6.1972 – 2 AZR 285/71, DB 1972, 2071).

2691 Auch wenn Arbeitgeber und Arbeitnehmer in zulässiger Weise vereinbart haben, dass das ordentliche Kündigungsrecht des Arbeitgebers ausgeschlossen sein soll, schützt dieses einzelvertragliche Kündigungsverbot nicht gegen ordentliche **Kündigungen des Insolvenzverwalters**. Nach Eröffnung des Insolvenzverfahrens ist der Arbeitgeber nicht mehr berechtigt, die Rechte und Pflichten aus bestehenden Arbeitsverhältnissen auszuüben oder Kündigungen auszusprechen. An seine Stelle tritt insoweit der Insolvenzverwalter. Dieser kann gemäß § 113 InsO Kündigungen ohne Rücksicht auf einen vereinbarten Ausschluss des Rechts zur ordentlichen Kündigung aussprechen.

2. Tarifvertragliche Beschränkungen

Tarifverträge enthalten nicht selten Beschränkungen des ordentlichen Kündigungsrechts des Arbeitgebers. Dabei sind zwei unterschiedliche Arten von Vereinbarungen in der Praxis anzutreffen: 2692

- Vielfach tritt **ordentliche Unkündbarkeit** ein, wenn der Arbeitnehmer eine bestimmte Dauer in demselben Betrieb oder Unternehmen beschäftigt ist und ein bestimmtes Lebensalter erreicht hat (z.B. § 34 Abs. 2 TVöD, Tarifverträge im Metallbereich; zur Möglichkeit der außerordentlichen Kündigung Rz. 3132). 2693

- In den sog. **Rationalisierungsschutzabkommen** finden sich ebenfalls Einschränkungen der Kündigungsbefugnis, sei es, dass das Erfordernis der Zustimmung des Betriebsrats vereinbart oder Beschränkungen bei der Auswahl der zu Kündigenden statuiert werden. Derartige Tarifverträge können auch temporäre Verbote von Kündigungen aus dringenden betrieblichen Gründen enthalten. Verstößt eine Kündigung gegen solche tariflichen Bestimmungen, so ist sie nach § 4 TVG i.V.m. § 134 BGB unwirksam. 2694

Entscheidend für das Eingreifen tarifvertraglicher Kündigungsbeschränkungen ist der **Zeitpunkt des Zugangs** der Kündigung. In diesem Zeitpunkt müssen die Voraussetzungen für die Unkündbarkeitsregelung vorliegen (z.B. Lebensalter und notwendige Dauer der Betriebszugehörigkeit). Eine objektive funktionswidrige Umgehung der tariflichen Normen über die Unkündbarkeit liegt dann vor, wenn kurz vor ihrem Eintritt ordentlich gekündigt wird, aber nicht zum nächstmöglichen, sondern zu einem späteren Termin. Diese Kündigung ist tarifwidrig und damit unwirksam (BAG v. 16.10.1987 – 7 AZR 204/87, NZA 1988, 877). 2695

Auch in Zusammenhang mit tarifvertraglichen Kündigungsbeschränkungen zugunsten des Arbeitnehmers ist die Regelung des **§ 113 InsO** zu beachten. Diese berechtigt den Insolvenzverwalter, Kündigungen ohne Rücksicht auf einen vereinbarten Ausschluss des Rechts zur ordentlichen Kündigung auszusprechen. Zu den Kündigungsschutzvereinbarungen i.S.d. § 113 InsO, die im Rahmen des Insolvenzverfahrens ihre Wirkung verlieren, gehören auch tarifvertragliche Kündigungsbeschränkungen (BAG v. 19.1.2000 – 4 AZR 70/99, NZA 2000, 658). Mithin kann der Insolvenzverwalter gegenüber Arbeitnehmern, die tariflich gegen ordentliche Kündigungen geschützt sind, in gleicher Weise eine ordentliche Kündigung aussprechen wie gegenüber Arbeitnehmern, deren Kündigung durch eine einzelvertragliche Vereinbarung ausgeschlossen ist (Rz. 2691). 2696

Auch der tarifvertragliche oder arbeitsvertragliche Ausschluss der ordentlichen Kündigung zählt zu den Unwirksamkeitsgründen einer vom Arbeitgeber ausgesprochenen ordentlichen Kündigung und muss gemäß §§ 4 ff. KSchG rechtzeitig **prozessual** geltend gemacht werden (BAG v. 8.11.2007 – 2 AZR 314/06, NJW 2008, 1336). 2697

VII. Anfechtung der Kündigungserklärung

Als einseitiges Rechtsgeschäft kann die Kündigungserklärung auch angefochten werden. Eine **Anfechtung wegen Irrtums** nach § 119 BGB ist jedoch nicht schon dann möglich, wenn der Kündigende sich über die Konsequenzen seines Handelns nicht bewusst gewesen ist. Handelt es sich bei den Folgen, die der Kündigende falsch eingeschätzt hat, um gesetzlich angeordnete Rechtsfolgen, liegt vielmehr ein unbeachtlicher Motivirrtum vor, der nicht zur Anfechtung gemäß § 119 BGB berechtigt. Daher kann insbesondere die Unkenntnis des Arbeitnehmers darüber, dass er bei einer Eigenkündigung ohne wichtigen Grund eine Sperrzeit für den Bezug von Arbeitslosengeld erhält (§ 159 Abs. 1 Nr. 1 i.V.m. § 148 Abs. 1 Nr. 4 SGB III), die Anfechtung der Kündigung nicht rechtfertigen. Dasselbe gilt, wenn eine Frau sich der mutterschutzrechtlichen Folgen ihrer Kündigung nicht bewusst ist (BAG v. 6.2.1992 – 2 AZR 408/91, NJW 1992, 2173). 2698

2699 „Ein Inhaltsirrtum kann ausnahmsweise auch ein Irrtum über die Rechtsfolgen einer Willenserklärung sein, wenn diese selbst Inhalt der Willenserklärung geworden sind und dem Erklärenden über diesen Inhalt ein Irrtum unterläuft. Auch diese Voraussetzungen liegen jedoch nicht vor. Da die Klägerin in Unkenntnis der Schwangerschaft war, konnte ein Irrtum über die Rechtsfolgen der Kündigung – nämlich den Verlust der Mutterschutzrechte – schon dem Grunde nach nicht gegeben sein. [...] Die Klägerin hätte sich nicht über die Rechtsfolgen geirrt – sie wusste, dass bei Vorliegen einer Schwangerschaft die Eigenkündigung zum Verlust der Rechte führte –, sondern über eine tatsächliche Eigenschaft der eigenen Person. Ein solcher Inhalt wäre aber kein Inhaltsirrtum, sondern allenfalls nach Maßgabe des § 119 Abs. 2 BGB einem Inhaltsirrtum gleichgestellt, wenn es sich um einen Irrtum über eine verkehrswesentliche Eigenschaft gehandelt hätte. [...] Gegen einen derartigen Anfechtungsgrund spricht schon, dass die Schwangerschaft wegen ihres nur vorübergehenden Zustandes grundsätzlich keine Eigenschaft i.S.d. § 119 Abs. 2 BGB darstellt. Dies entspricht bei Begründung des Arbeitsverhältnisses der ganz herrschenden Rechtsprechung und Lehre." (BAG v. 6.2.1992 – 2 AZR 408/91, NJW 1992, 2173, 2173 f.)

2700 Hauptanwendungsfälle der Anfechtung einer Arbeitnehmerkündigung sind solche Kündigungen, die durch eine **Drohung** des Arbeitgebers veranlasst worden sind. Nach § 123 BGB kann derjenige eine Willenserklärung anfechten, der zur Abgabe dieser Erklärung widerrechtlich durch Drohung bestimmt worden ist. Eine Drohung liegt auch darin, dass der Arbeitgeber für den Fall der Unterlassung einer Eigenkündigung die fristlose Entlassung ankündigt (BAG v. 30.9.1993 – 2 AZR 268/93, NZA 1994, 209).

2701 „Eine Drohung i.S.d. § 123 Abs. 1 BGB setzt objektiv die Ankündigung eines zukünftigen Übels voraus, dessen Zufügung in irgendeiner Weise als von der Macht des Ankündigenden abhängig hingestellt wird. Auch in der Ankündigung einer ordentlichen Kündigung liegt eine Drohung i.S.d. § 123 Abs. 1 BGB, denn auch die ordentliche Kündigung bringt stets für den Arbeitnehmer Nachteile mit sich." (BAG v. 12.5.2010 – 2 AZR 544/08, NZA 2010, 1250 Rz. 26; BAG v. 30.9.1993 – 2 AZR 268/93, NZA 1994, 209, 210)

2702 Es genügt zur Anfechtung aber nicht bereits jede Drohung. Die Drohung muss auch **widerrechtlich** sein. Dies ist der Fall, wenn eine widerrechtliche Handlung angedroht wird, ein widerrechtlicher Erfolg angestrebt oder wenn die Anwendung eines bestimmten Mittels zur Herbeiführung des gewollten Erfolgs nach Treu und Glauben als ein unangemessenes, insbesondere vertragsfremdes oder nicht verkehrsfähiges Mittel erscheint. Im Falle der Androhung einer fristlosen Entlassung können Mittel und Zweck wohl nicht dazu führen, die Widerrechtlichkeit immer schon dann anzunehmen, wenn ein Gericht die angedrohte fristlose Entlassung, wäre sie ausgesprochen worden, für unwirksam erklärt hätte. Maßgebend ist, wie der Arbeitgeber zur Zeit der Verhandlung mit dem Arbeitnehmer die Sachlage angesehen hat und ansehen durfte. Daher ist die Drohung widerrechtlich, „wenn ein verständiger Arbeitgeber eine Kündigung nicht ernsthaft in Erwägung ziehen durfte" (BAG v. 30.9.1993 – 2 AZR 268/93, NZA 1994, 209, 210).

2703 Allein der Umstand, dass der Arbeitgeber den Arbeitnehmer zu einer überstürzten Entscheidung veranlasst, stellt nach Ansicht des BAG noch keine widerrechtliche Drohung dar. So entschied das BAG, dass der nachdrückliche Hinweis des Arbeitgebers auf seine aussichtslose wirtschaftliche Lage verbunden mit dem Angebot, eine fristlose Eigenkündigung zu unterschreiben und einen Arbeitsvertrag mit einem auswärtigen Unternehmen abzuschließen, regelmäßig nicht geeignet ist, die Anfechtung einer Eigenkündigung des Arbeitnehmers wegen widerrechtlicher Drohung nach § 123 BGB zu begründen. Ebenso wenig kann der Arbeitnehmer die Eigenkündigung nach § 242 BGB widerrufen, weil der Arbeitgeber ihm keine Bedenkzeit eingeräumt hat (BAG v. 9.6.2011 – 2 AZR 418/10, NZA-RR 2012, 129). Andererseits wird die Widerrechtlichkeit der Drohung nicht schon dadurch beseitigt, dass der Arbeitgeber dem Arbeitnehmer eine Bedenkzeit einräumt (BAG v. 28.11.2007 – 6 AZR 1108/06, NZA 2008, 348 Rz. 56).

3. Abschnitt:
Ordentliche Kündigung

§ 59
Kündigungsfristen

I. Allgemeines

Die ordentliche Kündigung ist das Gestaltungsrecht, durch das der Vertragspartner das auf unbestimmte Zeit eingegangene Arbeitsverhältnis beendet. Im Grundsatz bedarf es hierfür keines Kündigungsgrundes. Die ordentliche Kündigung des Arbeitsverhältnisses durch den Arbeitnehmer ist heute von gesetzlichen oder kollektivvertraglichen Beschränkungen grundsätzlich frei. 2704

Für die **arbeitgeberseitige Kündigung** gilt dies heute jedoch nur noch außerhalb des Geltungsbereichs des KSchG. Soweit dieses Gesetz anzuwenden ist, muss jedenfalls der Arbeitgeber Gründe nachweisen, die die Kündigung sozial rechtfertigen (Rz. 2738). 2705

Neben diesen Beschränkungen, die eine arbeitgeberseitige Kündigung zumindest dann ausschließen, wenn sie nicht auf einem gesetzlich anerkannten Grund beruht, gelten sowohl für die Kündigung durch den Arbeitgeber als auch für die arbeitnehmerseitige Kündigung Kündigungsfristen, die sich aus dem Gesetz, dem anwendbaren Tarifvertrag oder dem Einzelarbeitsvertrag ergeben können. 2706

Prüfungsschema/Übersicht: Kündigungsfrist bei ordentlicher Kündigung 2707

- ☐ Gesetzliche Kündigungsfristen (Rz. 2708)
    - ☐ Grundkündigungsfrist (§ 622 BGB) (Rz. 2708)
    - ☐ Verlängerte Kündigungsfrist (Rz. 2710)
    - ☐ Gesetzliche Sonderregelungen, z.B. § 169 SGB IX, § 113 InsO, § 21 Abs. 4 BEEG (Rz. 2715)
    - ☐ Fristberechnung (Rz. 2730)
- ☐ Fristverkürzung oder -verlängerung durch Tarifvertrag (Rz. 2719)
- ☐ Fristverkürzung oder -verlängerung durch Einzelarbeitsvertrag (Rz. 2722)

II. Gesetzliche Kündigungsfristen

1. Grundkündigungsfrist (§ 622 BGB)

§ 622 Abs. 1 BGB sieht eine Grundkündigungsfrist von **vier Wochen** einheitlich für alle Arbeitnehmer in den ersten beiden Beschäftigungsjahren vor, gekoppelt an zwei Kündigungstermine, zum 15. oder zum Ende des Kalendermonats. Sie stellt eine grundsätzlich einzelvertraglich nicht abdingbare **Mindestkündigungsfrist** dar. Dies folgt aus § 622 Abs. 5 S. 3 BGB, der Abweichungen von den Absätzen 1 bis 3 zu Lasten des Arbeitnehmers verbietet. Mit dieser gesetzlichen Regelung soll „klargestellt werden, dass einzelvertragliche Abkürzungen der Kündigungsfrist unzulässig sind" (BT-Drs. 12/4902 S. 9). Dabei muss regelmäßig nicht nur die vereinbarte Kündigungs*frist*, sondern auch der Kündigungs*termin* in den Blick genommen werden. Die vertragliche Vereinbarung setzt sich nur dann gegenüber § 622 Abs. 1 bzw. Abs. 2 S. 1 BGB durch, wenn die Kündigungsfrist einer arbeitgeberseitigen Kündigung mindestens so lange ist, wie die gesetzliche Kündigungsfrist, unabhängig davon, zu welchem Zeitpunkt 2708 der Arbeitgeber die Kündigung erklärt (zu diesem „Günstigkeitsvergleich" BAG v. 29.1.2015 – 2 AZR 280/14, NZA 2015, 673 Rz. 13 ff.).

2709 Andere Fristen als die in § 622 BGB gelten nur für folgende gesetzliche Sonderfälle (Rz. 2722):
- vereinbarte **Probezeit**, § 622 Abs. 3 BGB,
- abweichende Vereinbarung in **Tarifvertrag**, § 622 Abs. 4 BGB,
- vorübergehende **Aushilfstätigkeit**, § 622 Abs. 5 S. 1 Nr. 1 BGB,
- **Kleinunternehmen**, § 622 Abs. 5 S. 1 Nr. 2 BGB.

2. Verlängerte Kündigungsfrist

2710 § 622 Abs. 2 BGB regelt die vom Arbeitgeber einzuhaltenden Kündigungsfristen gegenüber länger beschäftigten Arbeitnehmern. Auch die verlängerten Kündigungsfristen nach § 622 Abs. 2 S. 1 BGB sind an die Monatskündigungstermine gekoppelt. Die Norm regelt einen allmählichen **stufenweisen Übergang** von kürzeren Fristen zu Beginn des Arbeitsverhältnisses zu längeren Fristen in Abhängigkeit von der Dauer der Betriebszugehörigkeit. Die für eine Kündigung durch den Arbeitgeber verlängerten Fristen gelten bereits nach zweijähriger Betriebszugehörigkeit mit einer Frist von einem Monat zum Monatsende. Über insgesamt sieben Stufen wird nach zwanzigjähriger Betriebszugehörigkeit die Höchstdauer von sieben Monaten zum Monatsende erreicht. Wie die Grundkündigungsfrist sind die verlängerten Kündigungsfristen gem. § 622 Abs. 5 S. 3 BGB nur durch eine längere Kündigungsfrist einzelvertraglich abdingbar.

2711 Die Regelung des § 622 Abs. 2 S. 2 in der alten Fassung des BGB, nach der bei der Berechnung der Betriebszugehörigkeit lediglich die Zeiten nach der Vollendung des 25. Lebensjahres des Arbeitnehmers zu berücksichtigen waren, wurde mit der Neufassung des § 622 BGB im Jahre 2019 gestrichen. Das legislative Tätigwerden war längst überfällig, nachdem der EuGH bereits im Jahre 2010 die Altersgrenze aufgrund eines Verstoßes gegen Art. 2 Abs. 1 der Richtlinie 200/78/EG für unanwendbar erklärte und die deutschen Gerichte wegen des Anwendungsvorrangs des Unionsrechts § 622 Abs. 2 S. 2 BGB a.F. nicht mehr berücksichtigten (zur Unionsrechtswidrigkeit bereits: *Hamacher/Ulrich* NZA 2007, 657, 663; *Kamanabrou* RdA 2007, 199, 206; *Preis* NZA 2006, 401, 408; die Vorlagefrage erfolgte durch das LAG Düsseldorf am 21.11.2007 – 12 Sa 1311/07, LAGE Nr. 3 zu § 622 BGB 2002; nachfolgend: EuGH v. 19.1.2010 – C-555/07 „Kücükdeveci", NZA 2010, 85; hierzu: *Preis/Temming* NZA 2010, 185; Anerkennung der EuGH Rspr. durch das BAG v. 9.9.2010 – 2 AZR 714/08, NZA 2011, 343)

2712 Allerdings enthält § 622 Abs. 2 S. 1 BGB eine mittelbare Benachteiligung jüngerer Arbeitnehmer wegen ihres Alters, da Arbeitnehmer mit längerer Betriebszugehörigkeit typischerweise auch älter sind. Nach Ansicht des BAG sei diese Benachteiligung allerdings gerechtfertigt i.S.d. Art. 2 Abs. 2 Buchst b RL 2000/78/EG und stelle somit keine mittelbare Diskriminierung wegen des Alters dar (BAG v. 18.9.2014 – 6 AZR 636/13, NZA 2014, 1400). Das BAG hat es unterlassen, diese Frage dem für die bindende Auslegung des Unionsrechts zuständigen EuGH vorzulegen.

2713 **Tabellarische Übersicht:**

Betriebszugehörigkeit (Jahre)	Kündigungsfrist (Monate zum Monatsende)
2	1
5	2
8	3
10	4
12	5
15	6
20	7

Die nach § 622 Abs. 2 S. 1 BGB vom Arbeitgeber einzuhaltenden verlängerten Kündigungsfristen sind zwingend. Vom Gesetz abweichende Kündigungstermine dürfen einzelvertraglich nicht vereinbart werden. Allerdings können die verlängerten Kündigungsfristen auch auf Kündigungen durch den Arbeitnehmer erstreckt werden (§ 622 Abs. 6 BGB). 2714

3. Gesetzliche Sonderregelungen

Für bestimmte Arbeitsverhältnisse und Sondersituationen sind gesetzliche Sonderregelungen zu beachten. Dem § 622 BGB weitgehend angepasst sind die Kündigungsfristen für **Heimarbeiter** (§ 29 Abs. 3 HAG). Auf arbeitnehmerähnliche Personen können weder § 622 BGB noch § 29 Abs. 3 und 4 HAG analog angewandt werden (BAG v. 8.5.2007 – 9 AZR 777/06, BB 2007, 2298). 2715

Bei **Heuerverhältnissen** ist die Kündigungsfrist grundsätzlich ebenfalls gestaffelt. Für beide Vertragspartner in den ersten drei Monaten beträgt sie eine Woche, dann vier Wochen und nach zwei Jahren zwei Monate (§ 66 Abs. 1 S. 1, 3, 4 SeeArbG). S. 2 enthält eine spezifische, auf das Heuerverhältnis ausgelegte Kündigungsfrist, wonach bei der ersten Reise, die mehr als 3 Monate andauert, bis zum Ablauf von 6 Monaten nach der Beendigung der Reise innerhalb von 3 Tagen das Heuerverhältnis mit einer Wochenfrist gekündigt werden kann. Für Heuerverhältnisse von Kapitänen gilt von Beginn an die vierwöchige Frist nach S. 3 (§ 66 Abs. 1 S. 5 Hs. 2 i.V.m. 3 SeeArbG). Für Kündigungen durch den Reeder gelten ab dem achtjährigen Bestehen des Heuerverhältnisses dieselben abgestuften Kündigungsfristen wie gem. § 622 Abs. 2 S. 1 BGB (§ 66 Abs. 3 SeeArbG). 2716

Für **Berufsausbildungsverhältnisse** gelten nach § 22 Abs. 1, 2 BBiG Sonderregelungen. Die Kündigungsfrist gegenüber **schwerbehinderten** Arbeitnehmern muss mindestens vier Wochen betragen § 169 SGB IX. Während einer **Elternzeit**, während der Arbeitnehmer Sonderkündigungsschutz genießen (Rz. 2644), dürfen Arbeitgeber das Arbeitsverhältnis zum Ende der Elternzeit nur mit einer Kündigungsfrist von drei Monaten kündigen (§ 19 BEEG). Sonderkündigungsfristen für die **Elternzeit** enthalten § 19 und § 21 Abs. 4 BEEG, für die Pflegezeit § 6 Abs. 3 PflegeZG. 2717

Für Kündigungen durch den **Insolvenzverwalter** gilt nach § 113 S. 2 InsO eine gesetzliche zwingende Kündigungsfrist von drei Monaten, sofern nicht die außerhalb des Insolvenzverfahrens einzuhaltende Kündigungsfrist kürzer ist. 2718

III. Tarifliche Kündigungsfristen

Durch Tarifvertrag können die gesetzlichen Mindestkündigungsfristen des § 622 Abs. 1 und 2 BGB abgekürzt oder verlängert werden. § 622 Abs. 4 S. 1 BGB gestaltet alle Kündigungsfristen (Grundkündigungsfrist, verlängerte Kündigungsfrist, Kündigungsfrist während der Probezeit) tarifdispositiv, damit die Besonderheiten einzelner Wirtschaftsbereiche oder Beschäftigungsgruppen berücksichtigt werden können (BT-Drs. 12/4902 S. 7 und 9). Die Formulierung „abweichende Regelung" lässt sowohl eine **Verkürzung** als auch eine **Verlängerung** zu. 2719

Die Tarifvertragsparteien sind verfassungs- und europarechtlich nicht gezwungen, im Rahmen ihrer Regelungen – wie § 622 Abs. 2 S. 1 BGB – nach Dauer der Betriebszugehörigkeit zu differenzieren (BAG v. 23.4.2008 – 2 AZR 21/07, NZA 2008, 960). 2720

§ 622 Abs. 4 S. 2 BGB regelt, dass die in Satz 1 genannten abweichenden tarifvertraglichen Regelungen auch zwischen **nichttarifgebundenen Arbeitgebern und Arbeitnehmern** im Geltungsbereich eines entsprechenden Tarifvertrags gelten, wenn ihre Anwendung zwischen ihnen einzelvertraglich vereinbart ist. Zweck dieser typischen arbeitsrechtlichen Regelung ist es, wegen der vermuteten Richtigkeitsgewähr des Tarifvertrags den Arbeitsvertragsparteien im Geltungsbereich eines Tarifvertrags die Übernahme der tariflichen Regelung durch individualvertragliche Vereinbarung zu ermöglichen. Durch Bezugnahme auf den Tarifvertrag kann die tarifliche Regelung auch zwischen sonst nicht tarifgebun- 2721 denen Vertragsparteien vereinbart werden. Damit können Arbeitnehmer gleichgestellt und vor allem eine Bevorzugung nicht tarifgebundener Arbeitnehmer vermieden werden, die eintreten könnte, wenn nur Tarifunterworfene die ggf. ungünstigere Tarifregelung gegen sich gelten lassen müssten. Die vereinbarte tarifliche Regelung hat gegenüber den gesetzlichen Mindestbedingungen dieselbe Wirkung wie der Tarifvertrag selbst. Sie nimmt also an dessen Vorrang teil und lässt die gegenüber den gesetzlichen Vorschriften verkürzten tariflichen Kündigungsfristen auch für den Arbeitsvertrag gelten. Im Übrigen bleiben die in Bezug genommenen Ansprüche vertragliche und werden nicht zu tariflichen Ansprüchen. Dies hat vor allem Bedeutung für Fragen der Unabdingbarkeit, des Verzichts und der Verwirkung.

IV. Einzelvertragliche Kündigungsfrist

1. Einzelvertragliche Fristverkürzung

2722 Nach § 622 Abs. 3 BGB gilt während der **Probezeit** eine Kündigungsfrist von zwei Wochen. Während der vereinbarten Probezeit gilt diese abgekürzte Kündigungsfrist automatisch. Eine weitere Verkürzung der Kündigungsfrist in der Probezeit ist nur durch Tarifvertrag (§ 622 Abs. 4 BGB) möglich. Die vereinbarte Probezeit darf sechs Monate nicht überschreiten. Eine einzelfallbezogene Angemessenheitsprüfung der vereinbarten Dauer findet nicht statt (BAG v. 24.1.2008 – 6 AZR 519/07, NZA 2008, 521 Rz. 25).

2723 *„Die Regelung trägt den praktischen Bedürfnissen beider Arbeitsvertragsparteien Rechnung, in einer überschaubaren ersten Zeit der Beschäftigung die Leistungsfähigkeit des Arbeitnehmers bzw. die Arbeitsbedingungen zu erproben und bei negativem Ausgang das Arbeitsverhältnis relativ kurzfristig beenden zu können. Sie erleichtert damit unbefristete Einstellungen. Bei Fehlen einer solchen Möglichkeit besteht die Gefahr, dass zur Vereinbarung der Probezeit in größerem Umfang als bisher auf befristete Arbeitsverträge zurückgegriffen wird, die den Arbeitnehmer in eine ungünstigere Rechtsposition gegenüber dem unbefristeten Arbeitsvertrag mit Probezeit bringen können."* (aus der Gesetzesbegründung in BT-Drs. 12/4902 S. 9)

2724 Für die ersten drei Monate eines **Aushilfsarbeitsverhältnisses** eröffnet § 622 Abs. 5 S. 1 Nr. 1 BGB die Möglichkeit einer unbeschränkten Verkürzung der Grundkündigungsfrist des § 622 Abs. 1 BGB (BAG v. 22.5.1986 – 2 AZR 392/85, NZA 1987, 60). Es kann also sogar eine fristlose ordentliche Kündigung vereinbart werden, ohne dass die Voraussetzungen des § 626 BGB vorzuliegen brauchen. Anders als beim Probearbeitsverhältnis kann allein aus dem Umstand der Vereinbarung eines Aushilfsarbeitsverhältnisses noch keine Abkürzung der Grundkündigungsfrist geschlossen werden. Es bedarf vielmehr einer besonderen Vereinbarung (str., vgl. näher SPV/*Preis* Rz. 500).

2725 Eine einzelvertragliche Abkürzung der Kündigungsfristen kann auch durch eine einzelvertragliche **Bezugnahme auf abgekürzte tarifliche Kündigungsfristen** vereinbart werden (§ 622 Abs. 4 S. 2 BGB).

2726 In **Kleinunternehmen** besteht nach § 622 Abs. 5 S. 1 Nr. 2 BGB eine geringfügige Möglichkeit zur Verkürzung der Kündigungsfrist, wenn der Arbeitgeber in der Regel nicht mehr als 20 Arbeitnehmer ausschließlich der zu ihrer Berufsausbildung Beschäftigten beschäftigt. Die Entscheidung des BAG (24.1.2013 – 2 AZR 140/12, NZA 2013, 726), bei der „Kleinbetriebsklausel" des § 23 KSchG auch **Leiharbeitnehmer** für die Größe des Entleiherbetriebs mitzuzählen, kann auf § 622 Abs. 5 S. 1 Nr. 2 BGB übertragbar sein (ErfK/*Müller-Glöge*, § 622 BGB Rz. 18).

2727 Nach dem Wortlaut des § 622 Abs. 5 S. 1 Nr. 1 BGB sind lediglich die **Kündigungstermine** bei der Grundkündigungsfrist dispositiv. Sie beträgt auch bei Kleinunternehmen zwingend vier Wochen.

2. Einzelvertragliche Fristverlängerung

Eine einzelvertragliche Verlängerung der gesetzlichen Kündigungsfristen ist möglich (vgl. § 622 Abs. 5 S. 3 BGB). Eine **gesetzlich verankerte Grenze** ergibt sich aus § 624 BGB und § 15 Abs. 4 TzBfG. Daraus folgt für den Arbeitnehmer eine **höchstzulässige Bindungsdauer** an den Arbeitsvertrag von **fünfeinhalb Jahren**. Allerdings ist auch innerhalb dieses Rahmens abzuwägen, ob durch eine derart verlängerte Kündigungsfrist nicht das Grundrecht des Arbeitnehmers auf freie Wahl des Arbeitsplatzes nach **Art. 12 Abs. 1 GG** verletzt wird oder sonst eine sittenwidrige Beschränkung (§ 138 Abs. 1 BGB) in seiner beruflichen oder wirtschaftlichen Bewegungsfreiheit eintritt (hierzu SPV/*Preis* Rz. 453).

2728

Gemäß § 622 Abs. 6 BGB darf für die Kündigung des Arbeitsverhältnisses durch den Arbeitnehmer keine längere Frist vereinbart werden als für die Kündigung durch den Arbeitgeber. Dies ist eine Konkretisierung des Grundsatzes, dass die ordentliche Kündigung durch den Arbeitnehmer gegenüber der des Arbeitgebers nicht erschwert werden darf. § 622 Abs. 6 BGB gebietet ausdrücklich keine zweiseitige Geltung des Grundsatzes der Gleichheit der Kündigungsfristen. Im Umkehrschluss folgt aus dieser Vorschrift, dass es zulässig ist, für die Kündigung durch den Arbeitgeber eine längere Kündigungsfrist zu vereinbaren als für die Kündigung durch den Arbeitnehmer. Dies folgt auch aus der gesetzlichen Wertung des § 622 Abs. 2 BGB. Für den Fall, dass die Parteien unter Verstoß gegen § 622 Abs. 6 BGB für die Kündigung des Arbeitsverhältnisses durch den Arbeitnehmer eine längere Frist als für die Kündigung durch den Arbeitgeber vorsehen, hat das BAG ursprünglich entschieden, dass auch der Arbeitgeber bei einer Kündigung des Arbeitsverhältnisses nach § 622 Abs. 6 BGB i.V.m. § 89 Abs. 2 HGB analog die für den Arbeitnehmer vereinbarte (längere) Kündigungsfrist einhalten müsse (BAG v. 2.6.2005 – 2 AZR 296/04, NZA 2005, 1176). Der Senat hält fortan an der Rechtsprechung allerdings nicht mehr fest, da die Voraussetzungen einer Analogie, konkret der planwidrigen Regelungslücke, nicht erfüllt seien. Die Anwendung der §§ 134, 139 BGB führten zu einem sachgerechten Ausgleich, da sie dem Mobilitätsinteresse des Arbeitnehmers ausreichend Rechnung tragen. Die Vorschriften zur Teilnichtigkeit verkürzen entsprechend § 622 Abs. 6 BGB die Frist des Arbeitnehmers auf die für den Arbeitgeber geltende Kündigungsfrist. Für eine analoge Anwendung des § 89 Abs. 2 S. 2 HGB, mit der Konsequenz der Heraufsetzung der Kündigungsfrist auf die in unzulässiger Weise vereinbarte Frist des Arbeitnehmers, bestehe anders als beim Handelsvertreter kein Bedürfnis (BAG v.18.10.2018 – 2 AZR 374/18, NZA 2019, 246 Rz. 48 ff.).

2729

V. Berechnung der Kündigungsfrist

Für die Berechnung der Kündigungsfristen gelten die §§ 186 ff. BGB. Nach § 187 Abs. 1 BGB wird der Tag, an dem die Kündigung zugeht, nicht mitgerechnet; der Fristlauf beginnt erst am folgenden Tage (0:00 Uhr). Unerheblich ist dabei, ob der letzte Tag, an dem noch gekündigt werden kann, auf einen Samstag, Sonntag oder Feiertag fällt. § 193 BGB ist auf Kündigungsfristen nicht entsprechend anwendbar (BGH v. 28.9.1972 – VII ZR 186/71, NJW 1972, 2083).

2730

„*§ 193 BGB dient dem Interesse dessen, der eine Erklärung abzugeben hat. Dagegen sind die Kündigungsfristen zum Schutz des Kündigungsempfängers bestimmt. Sie sind Mindestfristen, die dem Gekündigten unverkürzt zur Verfügung stehen sollen. Deshalb darf auch § 193 BGB, wenn der letzte Tag vor dem Beginn der Kündigungsfrist ein Sonntag oder Feiertag ist, nicht zu ihrer Verkürzung führen.*" (BGH v. 28.9.1972 – VII ZR 186/71, NJW 1972, 2083, 2083)

Ohne Bedeutung für die Fristberechnung ist auch, wenn der Tag, an dem das Arbeitsverhältnis durch Kündigung enden soll, ein Samstag, Sonntag oder Feiertag ist. Die Frist endet nach § 188 Abs. 2 BGB mit dem Ablauf desjenigen Tages (24.00 Uhr) der letzten Woche oder des letzten Monats, welcher durch seine Benennung oder seine Zahl dem Tage entspricht, in den das Ereignis oder der Zeitpunkt fällt.

2731

§ 622 Abs. 1 BGB regelt die **Grundkündigungsfrist** – zugleich als Mindestkündigungsfrist – von vier Wochen. Vier Wochen bedeutet 28 Tage. Wesentlich ist dies auch für die Kündigungsfrist nach § 622

2732

Abs. 5 S. 1 Nr. 2 BGB, wonach in Kleinunternehmen eine vierwöchige Kündigungsfrist ohne festen Endtermin einzuhalten ist.

2733 **Tabellarische Übersicht zur Grundkündigungsfrist:**

Kündigung zum:	15. des Monats	Monatsende
	Kündigungszugang bis	Kündigungszugang bis
in Monaten mit 30 Tagen:	17. des Vormonats	2. des Monats
in Monaten mit 31 Tagen:	18. des Vormonats	3. des Monats

2734 Geht eine Kündigung im Hinblick auf den beabsichtigten Kündigungstermin **verspätet** zu, führt dies keineswegs zur Unwirksamkeit der Kündigung. Sie wirkt vielmehr zum nächst zulässigen Kündigungstermin.

Beispiel: In einem Arbeitsverhältnis gilt die Grundkündigungsfrist des § 622 Abs. 1 BGB. Der Arbeitgeber möchte zum 15.1. kündigen. Die Kündigung geht jedoch nicht bis zum 18.12., sondern erst am 20.12. zu. Im Hinblick auf den Kündigungstermin 15.1. ist daher die Kündigungsfrist nicht gewahrt. Die Kündigung wirkt zum 31.1. als nächstmöglichem Kündigungstermin.

2735 Nennt der Arbeitgeber schon im Kündigungsschreiben einen zu frühen Termin, etwa weil er annimmt, es gelte eine kürzere Kündigungsfrist, so wird das Arbeitsverhältnis auch in diesem Fall regelmäßig zum nächst zulässigen Kündigungstermin aufgelöst. Dies ergibt sich im Wege der Auslegung (§ 133 BGB), wenn ein verständiger Arbeitnehmer dem Schreiben im Übrigen entnehmen kann, dass der Arbeitgeber ordentlich, mithin unter Einhaltung der maßgeblichen Kündigungsfrist, kündigen wollte. Eine Umdeutung (§ 140 BGB) kommt nicht in Betracht, da die Kündigung nach der vorrangig vorzunehmenden Auslegung zum nächst zulässigen Termin wirksam ist. Teilweise zieht das BAG dennoch die Umdeutung vor, was allerdings in den meisten Fällen zu denselben Ergebnissen führt. Denn eine Umdeutung soll mangels hypothetischem Willen des Arbeitgebers dann ausscheiden, wenn er die Kündigung ausschließlich zum in der Kündigung genannten Termin wollte (BAG v. 29.1.2015 – 2 AZR 280/14, NZA 2015, 673 Rz. 25; BAG v.15.12.2016 – 6 AZR 430/15, NZA 2017, 502 Rz. 70).

2736 Der Arbeitnehmer kann – ein entsprechendes Feststellungsinteresse vorausgesetzt (siehe im Band „Kollektivarbeitsrecht" unter Rz. 2981 ff., § 175 IV 3) - **auf Feststellung klagen**, dass sein Arbeitsverhältnis nicht durch die Kündigung zum bezeichneten Termin aufgelöst ist, sondern bis zum nächst zulässigen Termin fortbesteht. Da er mit einer solchen Feststellungsklage nicht die Unwirksamkeit der Kündigung geltend macht, ist er insoweit nicht an die **Klagefrist** des § 4 KSchG (Rz. 2591) gebunden (BAG v. 6.7.2006 – 2 AZR 215/05, NZA 2006, 1405; wohl abweichend BAG v. 29.1.2015 – 2 AZR 280/14, NZA 2015, 673 Rz. 24).

2737 **Beispiel für eine Kündigung mit zu kurzer Kündigungsfrist:** Der Arbeitgeber übergibt einem seit dem 1.1.2005 beschäftigten Arbeitnehmer am 30.8.2016 ein Schreiben vom selben Tag. Darin heißt es, der Arbeitgeber kündige das Arbeitsverhältnis „ordentlich zum 31.10.2016". Am 15.10.2016 fordert der Arbeitgeber den Arbeitnehmer auf, zum Monatsende den Arbeitsplatz zu räumen.

Für das Arbeitsverhältnis gilt die Kündigungsfrist des § 622 Abs. 2 S. 1 Nr. 4 BGB (vier Monate zum Monatsende); die angegebene Kündigungsfrist ist somit zu kurz bemessen. Das Schreiben vom 30.8.2016 lässt aber eindeutig erkennen, dass das Arbeitsverhältnis durch ordentliche Kündigung aufgelöst werden soll. Folglich ergibt die Auslegung nach dem Empfängerhorizont, dass die Kündigung zum 31.12.2016 wirkt. Der Arbeitnehmer kann auf Feststellung klagen, dass die Kündigung das Arbeitsverhältnis erst zum 31.12.2016 auflöst. Da der Arbeitgeber zu erkennen gibt, am Termin „31.10.2016" festhalten zu wollen, besteht das erforderliche Feststellungsinteresse. Der Ablauf der Klagefrist ist für den Erfolg der Feststellungsklage ohne Bedeutung, wenn der Arbeitnehmer nicht zugleich die Unwirksamkeit der Kündigung geltend machen will.

§ 60
Geltungsbereich des KSchG

I. Allgemeines

Der allgemeine Kündigungsschutz ist in § 1 KSchG enthalten. Danach ist eine Kündigung sozial ungerechtfertigt und deshalb unwirksam, wenn sie nicht durch Gründe gerechtfertigt ist, die in der **Person** (Rz. 2924) oder in dem **Verhalten** (Rz. 3001) des Arbeitnehmers liegen oder durch **dringende betriebliche Erfordernisse** (Rz. 2827), die einer Weiterbeschäftigung des Arbeitnehmers in diesem Betrieb entgegenstehen, bedingt ist.

2738

Der allgemeine Kündigungsschutz ist im KSchG an bestimmte Voraussetzungen geknüpft. Er erfasst nicht alle Arbeitnehmer und stellt deshalb auch keinen schlechthin umfassenden Bestandsschutz her. Der Geltungs- und Anwendungsbereich des KSchG folgt aus den §§ 1, 14 sowie 23 bis 25 KSchG.

2739

Übersicht: Geltungsbereich des KSchG:

2740

Vor sozialwidrigen Kündigungen geschützt wird

- ☐ der Arbeitnehmer (Rz. 2741),

- ☐ dessen Arbeitsverhältnis in demselben Betrieb oder Unternehmen ohne Unterbrechung länger als sechs Monate bestanden hat (Rz. 2746),

- ☐ sofern im Betrieb regelmäßig mehr als zehn (bis 31.12.2003: fünf) Arbeitnehmer ausschließlich der Auszubildenden beschäftigt werden. Hat das Arbeitsverhältnis des Gekündigten am 31.12.2003 bereits bestanden, gilt der Kündigungsschutz auch dann, wenn im Betrieb mehr als fünf Arbeitnehmer (ausschließlich der Auszubildenden) beschäftigt sind, die seit 31.12.2003 dem Betrieb angehören (Rz. 2753).

II. Arbeitnehmer

Literatur: *Fleck*, Das Organmitglied – Unternehmer oder Arbeitnehmer?, FS Hilger/Stumpf (1983), 197; *Reiserer*, Die ordentliche Kündigung des Dienstvertrags des GmbH-Geschäftsführers, DB 1994, 1822; *Reiserer*, Der GmbH-Geschäftsführer im Arbeits- und Sozialversicherungsrecht (1995).

Das KSchG definiert den Begriff Arbeitnehmer nicht. Es ist nunmehr auf die seit 1.4.2017 geltende **Legaldefinition des Arbeitsvertrages** in § 611a BGB zurückzugreifen (Rz. 146).

2741

Auf „Geschäftsführer, Betriebsleiter und ähnliche leitende Angestellte, soweit diese zur selbstständigen Einstellung und Entlassung von Arbeitnehmern berechtigt sind", finden nach **§ 14 Abs. 2 KSchG** die Vorschriften des ersten Abschnitts des KSchG mit Ausnahme des § 3 (Kündigungseinspruch beim Betriebsrat) Anwendung (zum Begriff des leitenden Angestellten vgl. BAG v. 25.11.1993 – 2 AZR 517/93, NZA 1994, 837). Dies bedeutet insbesondere, dass auch die Kündigung eines leitenden Angestellten an die Kündigungsgründe des § 1 KSchG gebunden ist. Sollte das Gericht jedoch die Unwirksamkeit der Kündigung feststellen, erleichtert § 14 Abs. 2 S. 2 KSchG die Möglichkeit des Arbeitgebers, die Auflösung des Arbeitsverhältnisses durch gerichtliches Urteil herbeizuführen.

2742

Der **Begriff des leitenden Angestellten** i.S.d. § 14 Abs. 2 KSchG deckt sich nicht mit dem des BetrVG. Er ist einerseits weiter als der nach § 5 Abs. 3 BetrVG, weil er schon die Einstellungs- oder Entlassungsbefugnis genügen lässt. Er ist andererseits enger, weil es sich um Geschäftsleiter, Betriebsleiter oder ähnliche Angestellte handeln muss (hierzu *Horn* NZA 2012, 186). Der leitende Angestellte nach dem KSchG muss eine Funktion „ähnlich" einem Geschäftsführer oder Betriebsleiter ausüben und zur

2743

selbstständigen Einstellung oder Entlassung von Arbeitnehmern berechtigt sein. Zum Schlüsselbegriff für die in § 14 Abs. 2 KSchG erfasste Gruppe leitender Angestellter wird die **„Berechtigung zur selbstständigen Einstellung und Entlassung"** (bestätigt durch BAG v. 18.10.2000 – 2 AZR 465/99, NZA 2001, 437).

2744 Kraft ausdrücklicher gesetzlicher Vorschrift (§ 14 Abs. 1 Nr. 1 KSchG) gilt das KSchG nicht für **Mitglieder der Organe**, die zur gesetzlichen Vertretung von juristischen Personen berufen sind. Die Ausnahmeregelung bezieht sich nur auf unmittelbare Organvertreter. Auch der „abhängige" **Geschäftsführer einer GmbH** fällt nicht unter das KSchG. Entsprechendes gilt nach § 14 Abs. 1 Nr. 2 KSchG in Betrieben einer Personengesamtheit für die durch Gesetz, Satzung oder Gesellschaftsvertrag zur Vertretung der Personengesamtheit berufenen Personen. § 14 Abs. 1 KSchG greift aber dann nicht ein, wenn zwei Vertragsverhältnisse zwischen dem Organvertreter und der juristischen Person bzw. der Personengesamtheit bestehen, von denen eines als Arbeitsverhältnis zu qualifizieren ist. Für das Arbeitsverhältnis besteht bei einer derartigen Konstellation Kündigungsschutz. Wechselt jemand von seiner bisherigen Stellung als Arbeitnehmer in die des Geschäftsführers über, so endet nach Rechtsprechung des BAG (7.10.1993 – 2 AZR 260/93, NZA 1994, 212) im Zweifel das bisherige Arbeitsverhältnis, es ruht nicht lediglich (so noch BAG v. 9.5.1985 – 2 AZR 330/84, NZA 1986, 792; Rz. 181; Rz. 3375). Freilich stellt dies eine Auflösungsvereinbarung für das Arbeitsverhältnis dar, die dem Schriftformerfordernis nach § 623 BGB unterliegt. Ursprünglich wurde angenommen, dass es entweder einer ausdrücklichen schriftlichen Auflösung des Arbeitsverhältnisses oder einer entsprechenden klarstellenden Regelung in dem neuen schriftlichen Anstellungsvertrag zum GmbH-Geschäftsführer bedürfe. Doch wahrt nach Auffassung der Rechtsprechung der schriftliche Geschäftsführer-Dienstvertrag regelmäßig das Formerfordernis des § 623 BGB für den Vertrag über die Auflösung des Arbeitsverhältnisses. Dies gilt aber nur, wenn die Parteien des Geschäftsführer-Dienstvertrags zugleich die Parteien des Arbeitsvertrags sind (BAG v. 24.10.2013 – 2 AZR 1078/12, NZA 2014, 540).

2745 Die sog. **arbeitnehmerähnlichen Personen** (Rz. 235) genießen persönlich keinen Kündigungsschutz (BAG v. 8.5.2007 – 9 AZR 777/06, BB 2007, 2298). In der Literatur wird vertreten, auch diesem Personenkreis über § 242 BGB einen Willkürschutz zuteil werden zu lassen (*Appel/Frantzioch* ArbuR 1998, 93, 97).

III. Sechsmonatige Beschäftigung

2746 Die sechsmonatige Wartezeit des § 1 Abs. 1 KSchG sollte dem Arbeitgeber nach dem **Willen des Gesetzgebers** ursprünglich die Möglichkeit geben, den Arbeitnehmer zunächst näher kennen zu lernen und zu erproben, bevor er den strengen Bindungen des KSchG unterworfen sein sollte. Diese Zwecksetzung deckt sich mit derjenigen des § 622 Abs. 3 BGB. Seit der Änderung des § 1 Abs. 1 KSchG durch das Erste Arbeitsrechtsbereinigungsgesetz im Jahre 1969 ist diese Zwecksetzung jedoch in den Hintergrund getreten. Im Vordergrund steht mittlerweile die gesetzgeberische Intention, dass der Arbeitnehmer erst nach einer Betriebs- oder Unternehmenszugehörigkeit von mehr als sechs Monaten eine geschützte Rechtsposition hinsichtlich seines Arbeitsplatzes erwerben soll.

2747 Maßgebend für den **Beginn der sechsmonatigen Wartezeit** des § 1 Abs. 1 KSchG ist daher der Beginn des Arbeitsverhältnisses, nicht die tatsächliche Aufnahme der Beschäftigung. Der Beginn der Wartezeit wird daher weder durch eine Erkrankung des Arbeitnehmers noch durch den Annahmeverzug des Arbeitgebers hinausgeschoben.

2748 Auch hindern tatsächliche **Unterbrechungen** der Erbringung der Arbeitsleistung (etwa durch Urlaub, Streik etc.) den Lauf der Wartezeit nicht. Dagegen verhindern rechtliche Unterbrechungen den Eintritt des Kündigungsschutzes, denn gemäß § 1 Abs. 1 KSchG setzt der Schutz des KSchG vor sozial ungerechtfertigten Kündigungen erst ein, wenn das Arbeitsverhältnis in demselben Betrieb oder Unternehmen rechtlich „ohne Unterbrechung länger als sechs Monate bestanden" hat.

Problematisch ist in diesem Falle allerdings, **wie lang eine rechtliche Unterbrechung** sein muss, damit sie dem Eintritt des Kündigungsschutzes entgegensteht. Nach dem bloßen Wortlaut des Gesetzes wäre für die Wahrung der Frist jede rechtliche Unterbrechung des Arbeitsverhältnisses schädlich. Nach Sinn und Zweck des Gesetzes sind indessen auf die Wartezeit nach § 1 Abs. 1 KSchG Zeiten eines früheren Arbeitsverhältnisses mit demselben Arbeitgeber anzurechnen, wenn zwischen beiden Arbeitsverhältnissen ein **enger sachlicher Zusammenhang** besteht (BAG v. 7.7.2011 – 2 AZR 12/10, NJW 2012, 475). Wann ein solch enger Zusammenhang besteht, ist davon abhängig, wie lange die Unterbrechung dauerte, ob der Arbeitnehmer vor und nach der Unterbrechung eine ähnliche Stellung einnimmt und von welcher Partei das vorherige Arbeitsverhältnis beendet wurde (Rechtsmissbrauchsgedanke). Insofern bedarf es einer **Einzelfallbetrachtung**. Anzurechnen ist das frühere Arbeitsverhältnis, wenn sich das darauffolgende daran nahtlos anschließt (BAG v. 20.2.2014 – 2 AZR 859/11, NZA 2014, 1083 Rz. 19). Je länger die Unterbrechung dauert, desto gewichtiger müssen die Gründe sein, die für einen sachlichen Zusammenhang sprechen (BAG v. 22.5.2003 – 2 AZR 426/02, AP Nr. 18 zu § 1 KSchG 1969 Wartezeit). Bei einer Unterbrechung von mehr als sechs Wochen besteht ein enger Sachzusammenhang regelmäßig nicht mehr (BAG v. 10.5.1989 – 7 AZR 450/88, NZA 1990, 221).

2749

War der Arbeitnehmer zuvor als **Leiharbeitnehmer** bei seinem späteren Arbeitgeber als Entleiher eingesetzt, zählt diese Zeit grundsätzlich nicht zur Wartezeit i.S.d. § 1 Abs. 1 KSchG dazu, selbst wenn sich das Arbeitsverhältnis unmittelbar an die Zeit als Leiharbeitnehmer anschließt (BAG v. 20.2.2014 – 2 AZR 859/11, NZA 2014, 1083 Rz. 23).

2750

Für die Frage, ob die Kündigung noch innerhalb der Wartezeit erfolgt ist, ist der **Zugang der Kündigung** maßgebend, nicht der Termin, zu dem die Kündigung wirken soll (BAG v. 16.6.1976 – 3 AZR 73/75, NJW 1977, 646). Freilich kann bei kurz vor Fristablauf ausgesprochenen Kündigungen der Gedanke des **Rechtsmissbrauchs** eingreifen. Ausnahmsweise kann in entsprechender Anwendung des § 162 BGB der Arbeitnehmer so zu behandeln sein, als wäre die Wartezeit bereits erfüllt, wenn der Arbeitgeber die Kündigung nur ausspricht, um entgegen dem Grundsatz von Treu und Glauben den Eintritt des allgemeinen Kündigungsschutzes zu vereiteln (BAG v. 18.8.1982 – 7 AZR 437/80, NJW 1983, 2836, 2837). Zu berücksichtigen bleibt aber, dass nach dem Wortlaut sowie nach Sinn und Zweck der gesetzlichen Regelung des § 1 Abs. 1 KSchG der Arbeitgeber während der gesamten Wartezeit frei kündigen kann.

2751

Die Wartezeit ist betriebs- und unternehmens-, nicht aber konzernbezogen. Eine bereits sechsmonatige Beschäftigung in einem anderen **Konzernunternehmen** genügt grundsätzlich nicht. Allerdings kann wiederum nach dem Rechtsgedanken des § 162 BGB der Arbeitnehmer so zu behandeln sein, als sei die Wartezeit erfüllt, wenn „alter" und „neuer" Arbeitgeber ihn dazu drängen, das Unternehmen zu wechseln, um damit die Anwendung des KSchG zu verhindern (BAG v. 20.2.2014 – 2 AZR 859/11, NZA 2014, 1083 Rz. 47).

2752

IV. Betriebsgröße

1. Klein„betriebs"klausel

Literatur: *Bender/Schmidt*, KSchG 2004: Neuer Schwellenwert und einheitliche Klagefrist, NZA 2004, 358; *Kock*, Kündigungsschutz von Alt- und Neuarbeitnehmern im Kleinbetrieb, MDR 2007, 1109; *Preis*, Legitimation und Grenzen des Betriebsbegriffs, RdA 2000, 257.

Voraussetzung des Kündigungsschutzes ist die Beschäftigung in einem Betrieb (insb. also nicht in einem Haushalt). Erfasst sind nur inländische Betriebe (BAG v. 17.1.2008 – 2 AZR 902/06, DB 2008, 1501). Lange Zeit tradiert wurde der Rechtssatz, der in § 1 KSchG verwandte **Betriebsbegriff** sei grundsätzlich derselbe wie der des BetrVG. Das KSchG differenziert allerdings nicht wie das BetrVG zwischen Betrieb und räumlich entferntem Betriebsteil, der nach § 4 Abs. 1 Nr. 1 BetrVG als selbstständiger Betrieb anzusehen ist. Diese besondere betriebsverfassungsrechtliche Beurteilung ist nicht

2753

auf das Kündigungsschutzrecht zu übertragen (Rz. 336). Deshalb muss sich auch die Sozialauswahl nach § 1 Abs. 3 KSchG auf alle Arbeitnehmer des Betriebs und des Betriebsteils erstrecken.

2754 Die Regelung des § 23 Abs. 1 KSchG soll den Besonderheiten Rechnung tragen, die einen **Kleinbetrieb** kennzeichnen. So hängt in einem Betrieb mit wenigen Arbeitnehmern der Geschäftserfolg in höherem Maße als in Großbetrieben von der Leistung jedes einzelnen Arbeitnehmers ab. Zudem arbeitet der Arbeitgeber in einem Kleinbetrieb regelmäßig mit, sodass dem persönlichen Kontakt zwischen Arbeitgeber und Arbeitnehmer ein besonderer Stellenwert zukommt. Auch Arbeitsausfälle können angesichts eines niedrigen Personalstands schwerer aufgefangen werden als in einem größeren Betrieb. Umgekehrt können auch kurzfristige Auftragsverluste oder Umsatzrückgänge wegen des geringeren Kapitals nicht so leicht überbrückt werden. Nicht zuletzt schlagen Verwaltungs- und Kostenaufwand eines Kündigungsschutzprozesses, der oft mit der Zahlung einer Abfindung endet, stärker zu Buche als in einem größeren Betrieb. Daher sahen sowohl das BAG als auch das BVerfG die Kleinbetriebsklausel in ihrer bis 1996 und seit 1999 wieder geltenden Fassung als **verfassungskonform** an, obwohl sie in das grundgesetzlich geschützte Interesse des Arbeitnehmers am Erhalt seines Arbeitsplatzes eingreift und zu einer Ungleichbehandlung im Vergleich mit Arbeitnehmern in einem größeren Betrieb führt (BAG v. 19.4.1990 – 2 AZR 487/89, NZA 1990, 724, 725; BVerfG v. 27.1.1998 – 1 BvL 15/87, NZA 1998, 470, 473).

2755 Allerdings stellt das Gesetz seinem Wortlaut nach auf den Kleinbetrieb statt auf das **Kleinunternehmen** ab. Zu beachten ist, dass der Gesetzgeber seine eigene Regelungssystematik durchbricht, indem er in dem einen Fall auf die Größe des Betriebs (§ 23 Abs. 1 S. 2 KSchG), im anderen Fall (§ 622 Abs. 5 S. 1 Nr. 2 BGB) auf die Größe des Unternehmens (= Arbeitgeber) abstellt. Nach der Rechtsprechung des BVerfG ist dies zwar prinzipiell nicht zu beanstanden. Allerdings ist der Anwendungsbereich des § 23 Abs. 1 S. 2 KSchG im Wege **verfassungskonformer Interpretation** auf Betriebe zu reduzieren, die keinem Unternehmen angehören, dessen Beschäftigtenzahl insgesamt den Schwellenwert des § 23 Abs. 1 S. 2 KSchG überschreitet (BVerfG v. 27.1.1998 – 1 BvL 15/87, NZA 1998, 470, für den Bereich der öffentlichen Verwaltung auch BAG v. 23.4.1998 – 2 AZR 489/97, NZA 1998, 995).

2756 Unter Zugrundelegung dieser Rechtsprechung kommt es deshalb darauf an, wie viele **Arbeitnehmer im Unternehmen** beschäftigt sind. Dabei kann es „kleine" Unternehmen geben, in denen mehr als zehn Arbeitnehmer, aber z.B. weniger als 20 Arbeitnehmer beschäftigt werden, die in mehrere „kleine" Betriebe mit jeweils weniger als zehn Arbeitnehmer aufgespalten sind. In solchen Fällen kann noch kein „Berechnungsdurchgriff" erfolgen, weil noch die typischen Kleinbetriebsmerkmale erfüllt sind. Die Schwelle wird aber sicher überschritten, wenn das Unternehmen mehr als 50 Arbeitnehmer beschäftigt, die in mehr als fünf Kleinbetrieben aufgespalten werden.

2757 *„Eine verfassungskonforme Auslegung von § 23 Abs. 1 S. 2 und 3 KSchG verlangt nicht, den Betriebsbezug des Schwellenwerts immer schon dann zu durchbrechen, wenn sich das Unternehmen zwar in mehrere kleine, organisatorisch verselbständigte Einheiten gliedert, insgesamt aber mehr als zehn Arbeitnehmer beschäftigt (a.A. Gragert/Kreutzfeldt NZA 1998, 567, 569; Kittner NZA 1998, 731). Das liefe auf die vom Gesetzgeber nicht beabsichtigte generelle Gleichsetzung von Betrieb und Unternehmen hinaus und berücksichtigte nicht, dass auch das Bundesverfassungsgericht lediglich von Einzelfällen ausgegangen ist, die dem gesetzgeberischen Leitbild nicht entsprächen. [...]. Ein ‚Berechnungsdurchgriff' auf andere betriebliche Einheiten kommt nur in Betracht, wenn angesichts der vom Arbeitgeber geschaffenen konkreten Organisation die gesetzgeberischen Erwägungen für die Privilegierung des Kleinbetriebs bei verständiger Betrachtung ins Leere gehen und die Bestimmung des Betriebsbegriffs nach herkömmlicher Definition unweigerlich zu einer sachwidrigen Ungleichbehandlung betroffener Arbeitnehmer führen würde."* (BAG v. 28.10.2010 – 2 AZR 392/08, BB 2011, 1339 Rz. 24 f.)

2758 Die seit 1.1.2004 geltende Fassung von § 23 Abs. 1 KSchG geht auf das Gesetz zu Reformen am Arbeitsmarkt vom 24.12.2003 (BGBl. I S. 3002) zurück. Im neu eingefügten § 23 Abs. 1 S. 3 KSchG wurde der **Schwellenwert** von fünf auf **zehn regelmäßig beschäftigte Arbeitnehmer** angehoben. Der Schwellenwert gilt gemäß § 23 Abs. 1 S. 3 Hs. 1 KSchG für Arbeitnehmer, deren Arbeitsverhältnis nach dem 31.12.2003 begonnen hat („Neu-Arbeitnehmer"). Für die schon vor Inkrafttreten des Gesetzes beschäftigten Arbeitnehmer („Alt-Arbeitnehmer") bleibt es zunächst bei dem bisherigen Schwellenwert von fünf Arbeitnehmern (§ 23 Abs. 1 S. 2 KSchG). Zu beachten ist allerdings die Einschränkung des § 23 Abs. 1 S. 3 Hs. 2 KSchG: Soweit es um den alten Schwellenwert (§ 23 Abs. 1 S. 2 KSchG) geht, zählen Neu-Arbeitnehmer nicht mit, wenn im Betrieb nicht insgesamt mehr als zehn Arbeitnehmer beschäftigt sind. Das bedeutet, dass durch Neueinstellungen der alte Schwellenwert nicht überschritten werden kann. Liegt die Zahl der Alt-Arbeitnehmer in einem Betrieb bei fünf oder darunter, gilt auch für sie der allgemeine Kündigungsschutz erst dann, wenn regelmäßig mehr als zehn Arbeitnehmer – einschließlich der neu eingestellten – in dem Betrieb beschäftigt sind (hierzu BAG v. 21.9.2006 – 2 AZR 840/05, NZA 2007, 438).

Fallbeispiel: Bei Arbeitgeber X sind am 31.12.2003 insgesamt sieben Vollzeitarbeitnehmer beschäftigt (A, B, C, D, E, F und G). Zum 1.1.2004 stellt X zwei weitere Vollzeitarbeitnehmer ein (S und T).

a) Am 31.1.2004 gehen E, F und G in Rente. X möchte im Februar 2004 dem A, welcher seit 1980 im Unternehmen arbeitet, ordentlich kündigen. Greift für A das KSchG ein?

b) Anders als in Variante a) scheidet kein Arbeitnehmer aus, sondern X stellt zum 1.2.2004 den U – ebenfalls als Vollzeitkraft – zusätzlich neu ein. Wenn X im Oktober 2004 dem S kündigen will, muss er dann die Vorgaben des KSchG beachten?

Lösung: a) Der persönliche Anwendungsbereich des KSchG richtet sich nach § 23 Abs. 1 KSchG. Nach § 23 Abs. 1 S. 2 KSchG müssen in einem Betrieb mehr als fünf Arbeitnehmer beschäftigt sein, damit das KSchG greift. Mit A sind im Februar noch sechs Arbeitnehmer beschäftigt, sodass das KSchG greifen würde. Jedoch gilt diese Regelung nur, wenn die fünf Arbeitnehmer alle vor dem 31.12.2003 eingestellt wurden. Von den vor diesem Datum Eingestellten sind aber auf Grund der Rente von E, F und G nur noch vier übrig. Die zum 1.1.2004 neu eingestellten Arbeitnehmer zählen für den alten Schwellenwert nicht mit (§ 23 Abs. 1 S. 3 Hs. 2 KSchG), sofern der Arbeitgeber insgesamt in der Regel nicht mehr als zehn Arbeitnehmer beschäftigt. Damit liegt die Zahl der „Altfälle" mit vier unter dem Schwellenwert. Aus diesem Grund findet das KSchG ab dem 1.2.2004 auch für die Altfälle keine Anwendung mehr, d.h. auch die ursprünglich Beschäftigten verlieren ihren Kündigungsschutz (bis die Zahl der regelmäßig Beschäftigten auf über zehn ansteigt). A hat keinen Kündigungsschutz nach dem KSchG.

b) Zwar hat S die Wartezeit von sechs Monaten erfüllt, das KSchG ist im Unternehmen des X allerdings dennoch nur für A bis G anwendbar, also für die Altfälle, § 23 Abs. 1 S. 2 KSchG. Für die neu eingestellten Arbeitnehmer S, T und U gilt es hingegen nicht, da der neue Schwellenwert von zehn Arbeitnehmern nicht überschritten ist.

Bei der Feststellung der regelmäßigen Beschäftigtenzahl ist sowohl die personelle Situation in der Vergangenheit zu berücksichtigen als auch der zukünftig zu erwartende Personalbedarf (BAG v. 31.1.1991 – 2 AZR 356/90, NZA 1991, 562). 2759

Die **Berücksichtigung künftiger Entwicklungen** kann allerdings nicht vom Arbeitgeber dazu genutzt werden, den bestehenden Kündigungsschutz der Arbeitnehmer zu umgehen. So kann sich ein Arbeitgeber nicht darauf berufen, nach Durchführung des Personalabbaus sei der maßgebliche Schwellenwert des § 23 Abs. 1 KSchG nicht mehr überschritten, sodass die zur Personalreduzierung ausgesprochenen Kündigungen nicht am Maßstab des § 1 KSchG zu messen seien. Insoweit bleibt vielmehr die bisherige Betriebsgröße maßgeblich; die gekündigten Arbeitnehmer sind bei der Ermittlung der Beschäftigtenzahl mit zu berücksichtigen (BAG v. 22.1.2004 – 2 AZR 237/03, NZA 2004, 479, 480). 2760

Leiharbeitnehmer sind laut BAG bei der Betriebsgröße des Entleiherbetriebs gem. § 23 Abs. 1 S. 1 KSchG zu berücksichtigen, soweit sie einen regelmäßigen Beschäftigungsbedarf abdecken. Die Gründe für die Privilegierung von Kleinbetrieben (Grad der persönlichen Zusammenarbeit, Bedeutung von Verwaltungs- und Kostenaufwand usw., dazu Rz. 2754) gelten unabhängig davon, ob alle im Betrieb arbeitenden Personen auch tatsächlich in einem Arbeitsverhältnis zum jeweiligen Arbeitgeber stehen (BAG v. 24.1.2013 – 2 AZR 140/12, NZA 2013, 726 Rz. 23). 2761

2762 Wenn ein vor dem 31.12.2003 geschlossenes Arbeitsverhältnis zum oder nach dem 31.12.2003 endet und sich daran unmittelbar ein neues Arbeitsverhältnis bei demselben Arbeitgeber anschließt, hindert das nicht die Annahme eines ununterbrochenen Arbeitsverhältnisses nach § 1 Abs. 1 KSchG. Die für den Kündigungsschutz erforderliche Zahl wird nicht abgesenkt, sondern dieser Arbeitnehmer hat immer noch Kündigungsschutz, wenn mit ihm insgesamt mehr als fünf vor dem 31.12.2003 beschäftigten Arbeitnehmer in dem Betrieb beschäftigt sind (*Bender/Schmidt* NZA 2004, 358, 359).

2. Quotale Berücksichtigung von Teilzeitbeschäftigten

2763 Bei der Bestimmung der maßgeblichen Arbeitnehmerzahl werden Teilzeitbeschäftigte je nach dem Umfang ihrer Beschäftigung berücksichtigt.

2764 Arbeitnehmer mit einer **regelmäßigen wöchentlichen Arbeitszeit**

– von nicht mehr als 20 Stunden werden mit dem Faktor 0,5 berücksichtigt und

– von mehr als 20, aber nicht mehr als 30 Stunden werden mit dem Faktor 0,75 berücksichtigt.

2765 Das Gesetz zu Reformen am Arbeitsmarkt hat diese Regelung unverändert in § 23 Abs. 1 S. 4 KSchG übernommen. Sie gilt seit 1.1.2004 gleichermaßen im Rahmen von § 23 Abs. 1 S. 2 (Schwellenwert von fünf Arbeitnehmern) wie von § 23 Abs. 1 S. 3 KSchG (zehn Arbeitnehmer).

2766 Zunächst ist bei der Ermittlung des Schwellenwerts auf die **vereinbarte regelmäßige wöchentliche Arbeitszeit**, nicht die tatsächlich geleistete abzustellen. Allerdings ist bei einer regelmäßigen Überschreitung der vertraglich vereinbarten Arbeitszeit auf die tatsächlich geleistete regelmäßige Arbeitszeit abzustellen. Kurzfristige Arbeitsschwankungen bleiben außer Betracht; entscheidend ist vielmehr das „regelmäßige" Arbeitszeitvolumen. Bei Bedarfsarbeitsverhältnissen ist ohnehin auf die im Jahresdurchschnitt geleistete Arbeitszeit abzustellen (§ 2 Abs. 1 S. 2 TzBfG).

2767 Wesentlich ist, dass der Kündigungsschutz erst greift, wenn die für das Arbeitsverhältnis maßgebliche Schwelle überschritten (und nicht lediglich erreicht) wird. Dies ist seit 1.1.2004 der Fall, wenn im Betrieb rechnerisch mindestens **10,25 Arbeitnehmer** bzw. **5,25 Alt-Arbeitnehmer** (Rz. 2753) regelmäßig beschäftigt sind.

§ 61
Sozialwidrigkeit der Kündigung – Allgemeines

2768 Übersicht: Wirksamkeit einer ordentlichen Kündigung nach dem KSchG

☐ Geltungsbereich des KSchG

  ☐ Arbeitnehmer (Rz. 2741)

  ☐ Sechsmonatige ununterbrochene Beschäftigung (Rz. 2746)

  ☐ Betriebsgröße (Rz. 2753)

☐ Einhaltung der Klagefrist von drei Wochen (§§ 4, 5, 7 KSchG; Rz. 2578)

☐ Vorliegen eines Kündigungsgrundes

  ☐ Abgrenzung der Kündigungsgründe (Rz. 2769)

    ☐ Betriebsbedingte Kündigung

- ☐ Verhaltensbedingte Kündigung
- ☐ Personenbedingte Kündigung
- ☐ Beurteilungszeitpunkt; Prognoseprinzip (Rz. 2773)
- ☐ Ultima-Ratio-Prinzip (Erforderlichkeit der Kündigung; Rz. 2782)
  - ☐ Keine Weiterbeschäftigungsmöglichkeit auf anderem freien Arbeitsplatz (§ 1 Abs. 2 S. 2 KSchG; siehe Rz. 2787)
  - ☐ Ggf. Weiterbeschäftigung nach Änderung der Arbeitsbedingungen (Vorrang der Änderungskündigung, § 1 Abs. 2 S. 3 KSchG; Rz. 2800)
  - ☐ Ggf. Weiterbeschäftigung nach zumutbaren Umschulungs- oder Fortbildungsmaßnahmen (§ 1 Abs. 2 S. 3 KSchG; Rz. 2812)
  - ☐ Fehlen sonstiger milderer Mittel
- ☐ Interessenabwägung (Rz. 2818)

I. Kündigungsgründe des § 1 KSchG

Der allgemeine Kündigungsschutz ist in § 1 KSchG enthalten. Danach ist eine Kündigung **sozial ungerechtfertigt**, wenn sie nicht durch Gründe gerechtfertigt ist, 2769

- die in der **Person** (Rz. 2924)
- oder in dem **Verhalten** (Rz. 3001) **des Arbeitnehmers** liegen
- oder durch **dringende betriebliche Erfordernisse** (Rz. 2827),

die einer Weiterbeschäftigung des Arbeitnehmers in diesem Betrieb entgegenstehen, bedingt ist.

Ferner ist eine Kündigung auch sozial ungerechtfertigt, wenn der **Betriebs- oder Personalrat** aus einem der in § 1 Abs. 2 S. 2 KSchG genannten Gründe der Kündigung **widerspricht**. Durch diese Kopplung der Sozialwidrigkeit einer Kündigung an den Widerspruch des Betriebs- oder Personalrats erhält der sonst ausschließlich individualrechtlich ausgestattete Kündigungsschutz ein kollektives Element. Darüber hinaus sieht das KSchG eine Mitwirkung des Betriebsrats am Kündigungsschutzverfahren nicht vor. 2770

Welche Kündigungen sozial ungerechtfertigt sind, definiert das Gesetz selbst in § 1 Abs. 2 und 3 KSchG durch unbestimmte Rechtsbegriffe, die der normativen Konkretisierung bedürfen. Auf der Basis der Dreiteilung der Kündigungsgründe in personen-, verhaltens- und betriebsbedingte Gründe sind im Laufe der Zeit rechtssatzförmige, auf den jeweiligen Kündigungsgrund zugeschnittene Voraussetzungen entwickelt worden. Zentrale Prinzipien, die für alle Kündigungsgründe gelten, sind 2771

- das **Prognoseprinzip** (ex-ante-Beurteilung),
- das **Ultima-Ratio-Prinzip**
- und, mit gewissen Einschränkungen, das Prinzip der **Interessenabwägung**.

Ebenso wie bei § 626 Abs. 1 BGB sind auch bei § 1 KSchG **keine absoluten Kündigungsgründe** anzuerkennen (BAG v. 10.6.2010 – 2 AZR 541/09, NZA 2010, 1227). 2772

II. Beurteilungszeitpunkt; Prognoseprinzip

Literatur: *Herschel*, Gedanken zur Theorie des arbeitsrechtlichen Kündigungsgrundes, FS G. Müller (1981), 202; *Preis*, Prinzipien des Kündigungsrechts bei Arbeitsverhältnissen (1987), 322.

2773 Maßgebliche Beurteilungsgrundlage für die Rechtmäßigkeit einer Kündigung sind die objektiven Verhältnisse im **Zeitpunkt des Zugangs der Kündigungserklärung** (BAG v. 16.2.2012 – 8 AZR 693/10, NZA-RR 2012, 465 Rz. 40).

2774 Bei der Entscheidung über die Rechtswirksamkeit einer Kündigung bedarf es stets einer **Prognose**. Das Prognoseprinzip gilt bei allen Kündigungsgründen und ist die Konsequenz aus der Erkenntnis, dass die Kündigungsgründe ihrer Natur nach zukunftsbezogen sind. Besondere Bedeutung hat das Prinzip der Negativprognose bei der personenbedingten Kündigung. Aber auch bei der betriebs- und verhaltensbedingten Kündigung müssen die Kündigungsgründe für die Zukunft Bestand haben. Geschehnisse in der Vergangenheit besagen für sich genommen noch nichts über die Rechtfertigung der Kündigung, denn § 1 Abs. 2 KSchG stellt darauf ab, ob die geltend gemachten Gründe einer „Weiterbeschäftigung" des Arbeitnehmers entgegenstehen. Stets sind also die Kündigungsgründe auf das **zukunftsbezogene Moment der Weiterbeschäftigung** hin zu interpretieren. Das erkennt auch das BVerfG an (BVerfG v. 21.2.1995 – 1 BvR 1397/93, NZA 1995, 619).

2775 Daraus ergibt sich für die Beurteilung einer Kündigung Folgendes:

2776 – Maßgeblich für die soziale Rechtfertigung einer Kündigung ist der **zukünftige Geschehensablauf**, wie ihn der Arbeitgeber aufgrund der **objektiven Verhältnisse** im Zeitpunkt der Kündigungserklärung einschätzen musste (vgl. hierzu insbesondere die Rechtsprechung des BAG zur Betriebsstilllegung, z.B. BAG v. 19.6.1991 – 2 AZR 127/91, NZA 1991, 891).

„Der Arbeitgeber ist jedoch nicht gehalten, eine Kündigung erst nach Durchführung der Stilllegung auszusprechen. Neben der Kündigung wegen erfolgter Stilllegung kommt – und dies ist in der Praxis offenbar die Regel – auch eine Kündigung wegen beabsichtigter Stilllegung in Betracht. Wird die Kündigung auf die künftige Entwicklung der betrieblichen Verhältnisse gestützt, so kann sie ausgesprochen werden, wenn die betrieblichen Umstände greifbare Formen angenommen haben und eine vernünftige, betriebswirtschaftliche Betrachtung die Prognose rechtfertigt, dass bis zum Auslaufen der einzuhaltenden Kündigungsfrist eine geplante Maßnahme durchgeführt ist und der Arbeitnehmer somit entbehrt werden kann." (BAG v. 19.6.1991 – 2 AZR 127/91, NZA 1991, 891)

2777 Dabei ist der Arbeitnehmer allerdings nicht gehindert, bis zum Abschluss der mündlichen Verhandlung entlastende Tatsachen vorzutragen, wenn sie im Kündigungszeitpunkt objektiv vorlagen, auch wenn der Arbeitgeber sie nicht gekannt hat. Diesen Rechtssatz hat das BAG insbesondere für die **Verdachtskündigung** betont (BAG v. 14.9.1994 – 2 AZR 164/94, NZA 1995, 269).

„Die ständige Senatsrechtsprechung, wonach für die rechtliche Beurteilung der Kündigung der Erkenntnisstand zum Schluss der mündlichen Verhandlung in der Tatsacheninstanz maßgeblich ist, grundsätzlich also auch nachträgliches Be- und Entlastungsvorbringen zu berücksichtigen ist, ist keine Besonderheit der Verdachtskündigung. [...] Wie der Arbeitgeber durch das Nachschieben von Tatsachen bei einer Verdachtskündigung den zunächst unzureichenden Verdacht erhärten kann, muss es auch dem Arbeitnehmer möglich sein, den zunächst berechtigt erscheinenden Verdacht durch Tatsachenvortrag zu entkräften. [...] Unberücksichtigt müssen lediglich solche Tatsachen bleiben, die erst nach der Kündigung entstanden sind, etwa weitere Vorfälle der Art, die den Verdacht begründeten, oder umgekehrt eine Verhaltensänderung des Arbeitnehmers, die erneute Vertrauensstörungen unwahrscheinlich macht." (BAG v. 14.9.1994 – 2 AZR 164/94, NZA 1995, 269, 271)

2778 – **Fällt** nach Zugang der Kündigung der **Kündigungsgrund** wider Erwarten **fort**, wird die Rechtswirksamkeit der Kündigung hierdurch nicht berührt (BAG v. 27.2.1997 – 2 AZR 160/96, NZA 1997, 757).

„Das Bundesarbeitsgericht geht in ständiger Rechtsprechung davon aus, dass die Wirksamkeit einer Kündigung nur nach den objektiven Verhältnissen zum Zeitpunkt des Kündigungszugangs beurteilt werden kann. Später eintretende Veränderungen bezüglich der Kündigungsgründe können die Wirksamkeit einer Kündigung nicht beeinträchtigen. [...] Eine im Zeitpunkt ihres Ausspruchs wirksame Kündigung kann nicht nachträglich wegen Veränderung der Umstände, also z.B. wegen Wegfalls eines bei Ausspruch der Kündigung vorliegenden Kündigungsgrundes unwirksam werden." (BAG v. 27.2.1997 – 2 AZR 160/96, NZA 1997, 757, 758)

In einem solchen Fall kann dem Arbeitnehmer allerdings ein **Wiedereinstellungsanspruch** zustehen, wenn eine betriebsbedingte Kündigung auf der Prognose des Arbeitgebers beruht, bei Ablauf der Kündigungsfrist könne er den Arbeitnehmer (z.B. wegen Betriebsstilllegung) nicht mehr weiterbeschäftigen, und sich die Prognose noch während des Laufs der Kündigungsfrist als falsch erweist (BAG v. 27.2.1997 – 2 AZR 160/96, NZA 1997, 757). 2779

„Beruht eine betriebsbedingte Kündigung auf der Prognose des Arbeitgebers, bei Ablauf der Kündigungsfrist könne er den Arbeitnehmer (z.B. wegen Betriebsstilllegung) nicht mehr weiterbeschäftigen, und erweist sich die Prognose noch während des Laufs der Kündigungsfrist als falsch (z.B. weil es doch zu einem Betriebsübergang kommt), so hat der Arbeitnehmer einen Anspruch auf Fortsetzung des Arbeitsverhältnisses, wenn der Arbeitgeber mit Rücksicht auf die Wirksamkeit der Kündigung noch keine Dispositionen getroffen hat und ihm die unveränderte Fortsetzung des Arbeitsverhältnisses zumutbar ist. [...] Ein solcher Wiedereinstellungsanspruch stellt ein notwendiges Korrektiv dafür dar, dass die Rechtsprechung allein aus Gründen der Rechtssicherheit, Verlässlichkeit und Klarheit bei der Prüfung des Kündigungsgrundes auf den Zeitpunkt des Kündigungsausspruchs abstellt und schon eine Kündigung aufgrund einer Prognoseentscheidung (z.B. ‚wegen beabsichtigter Betriebsstilllegung') zulässt." (BAG v. 27.2.1997 – 2 AZR 160/96, NZA 1997, 757, 758)

Ein solcher Wiedereinstellungsanspruch besteht jedoch nicht, wenn eine anderweitige Beschäftigungsmöglichkeit erst nach Ablauf der Kündigungsfrist entsteht (BAG v. 6.8.1997 – 7 AZR 557/96, NZA 1998, 254; BAG v. 28.6.2000 – 7 AZR 904/98, NZA 2000, 1097) oder wenn der Arbeitgeber bereits der Weiterbeschäftigung entgegenstehende Dispositionen getroffen hat, die ihm die Weiterbeschäftigung unzumutbar erscheinen lassen. In Kleinbetrieben, in denen die Zulässigkeit einer Kündigung an der Generalklausel des § 242 BGB zu messen ist, findet der Wiedereinstellungsanspruch hingegen auch dann keine Anwendung, wenn sich die zur Kündigung berechtigenden Tatsachen nachträglich ändern (BAG v. 19.10.2017 – 8 AZR 845/15, NJW 2018, 1771 Rz. 18). 2780

– Soll eine Kündigung auf Tatsachen gestützt werden, die **nach Zugang** der bereits ausgesprochenen Kündigung eingetreten sind, muss eine erneute Kündigung ausgesprochen werden. 2781

III. Ultima-Ratio-Prinzip

Die Kündigung greift als Mittel zur Beendigung des Arbeitsverhältnisses nur dann durch, wenn der Arbeitgeber nicht in der Lage ist, andere geeignete mildere Mittel (insb. die Abmahnung) zur Befriedigung seiner Interessen einzusetzen. Dies gilt nach der Rechtsprechung des BAG ganz generell **für jede Beendigungskündigung**, egal ob es sich um eine betriebs-, verhaltens- oder personenbedingte Kündigung handelt (BAG v. 30.5.1978 – 2 AZR 630/76, NJW 1979, 332). 2782

„Darüber hinaus gilt im Kündigungsschutzrecht allgemein der Grundsatz, dass eine Beendigungskündigung, gleichgültig, ob sie auf betriebs-, personen- oder verhaltensbedingte Gründe gestützt ist, und gleichgültig ob sie als ordentliche oder außerordentliche Kündigung ausgesprochen wird, als äußerstes Mittel erst in Betracht kommt, wenn keine Möglichkeit zu einer anderweitigen Beschäftigung, unter Umständen auch mit schlechteren Arbeitsbedingungen, besteht." (BAG v. 30.5.1978 – 2 AZR 630/76, NJW 1979, 332, 333)

2783 Allerdings sind dem Ultima-Ratio-Prinzip **Grenzen** hinsichtlich der Wahl milderer Mittel gesetzt. Dem Arbeitgeber können nur solche milderen Mittel zur Vermeidung der Kündigung auferlegt werden, die zu ergreifen ihm rechtlich und tatsächlich möglich sind. Grenzen können insoweit durch kollektive Mitbestimmungsrechte, durch Gesetz oder durch Rechte Dritter gezogen werden.

2784 Die Geltung des Ultima-Ratio-Prinzips bei Kündigungen geht aus unterschiedlichen gesetzlichen Bestimmungen hervor. Zum einen ist in diesem Zusammenhang **§ 2 Abs. 1 SGB III** zu beachten. Dieser verpflichtet den Arbeitgeber, bei seinen Entscheidungen auch deren Auswirkungen auf die Beschäftigung der Arbeitnehmer und auf die Inanspruchnahme von Leistungen der Arbeitsförderung zu berücksichtigen. Die Arbeitgeber sollen insbesondere „vorrangig durch betriebliche Maßnahmen die Inanspruchnahme von Leistungen der Arbeitsförderung vermeiden". Streitig ist allerdings, ob diese Vorschrift lediglich eine Bestätigung der bislang schon geltenden Grundsätze darstellt, oder ob ihr eine Verschärfung der Anforderungen an die Erforderlichkeit der Kündigung zu entnehmen ist. Jedenfalls sind die Wertungen des § 2 Abs. 2 SGB III bei der Frage zu beachten, inwieweit der Arbeitgeber die Kündigung durch die Inanspruchnahme arbeitsförderungsrechtlicher Maßnahmen (Kurzarbeit, Überbrückung witterungsbedingten Arbeitsausfalls) hätte vermeiden können (zum Streitstand vgl. SPV/*Preis* Rz. 888).

2785 Zum anderen sind bei der Frage nach der Erforderlichkeit der Kündigung die spezifischen gesetzlichen Konkretisierungen des Ultima-Ratio-Prinzips in **§ 1 KSchG** von Bedeutung. Speziell für die **betriebsbedingte Kündigung** bestimmt § 1 Abs. 2 S. 1 KSchG, dass die betrieblichen Erfordernisse, die die Kündigung rechtfertigen sollen, dringend sein müssen. Darüber hinaus enthält § 1 Abs. 2 S. 2 und 3 KSchG Konkretisierungen des Ultima-Ratio-Prinzips, die – wenn auch mit unterschiedlicher praktischer Bedeutung – für alle drei Kündigungsgründe gelten (vgl. auch BAG v. 12.8.2010 – 2 AZR 558/09, NJW 2011, 251).

2786 Danach hat der Arbeitgeber vor einer Beendigungskündigung die **Möglichkeit der Weiterbeschäftigung** des Arbeitnehmers in demselben Betrieb oder in einem anderen Betrieb des Unternehmens, ggf. auch nach Änderung der Arbeitsbedingungen oder nach zumutbaren Umschulungs- oder Fortbildungsmaßnahmen, auszuschöpfen.

1. Weiterbeschäftigung in demselben Betrieb oder in einem anderen Betrieb des Unternehmens

2787 Nach § 1 Abs. 2 S. 1 KSchG müssen die Kündigungsgründe der Weiterbeschäftigung des Arbeitnehmers im Betrieb entgegenstehen. Ferner kann der Arbeitnehmer nach § 1 Abs. 2 S. 2 Nr. 1b KSchG verlangen, auf einem anderen freien Arbeitsplatz in demselben oder in einem anderen Betrieb des Unternehmens weiterbeschäftigt zu werden. Nach dem Wortlaut der Norm greifen diese milderen Mittel nur, wenn der **Betriebsrat** aus diesem Grunde der Kündigung widersprochen hat. Da hierdurch jedoch die individualrechtliche Position des Arbeitnehmers wesentlich verschlechtert würde, hat das BAG entschieden, dass die Weiterbeschäftigungsmöglichkeit unabhängig vom Vorliegen eines entsprechenden Widerspruchs zu prüfen ist (BAG v. 29.8.2013 – 2 AZR 809/12, NZA 2014, 730, 732; BAG v. 13.9.1973 – 2 AZR 601/72, BB 1973, 1635).

a) Unternehmensbezogenheit der Weiterbeschäftigungsmöglichkeit

2788 Die Weiterbeschäftigungsmöglichkeit ist also stets bezogen auf das Unternehmen zu prüfen, erstreckt sich aber nicht auf den gesamten Konzern. Eine **konzernbezogene Weiterbeschäftigungspflicht** ist nur in Ausnahmefällen anzuerkennen (BAG v. 14.10.1982 – 2 AZR 568/80, NJW 1984, 381; hierzu *Temming* RdA 2018, 84; *Rid* NZA 2011, 1121).

„Das Kündigungsschutzgesetz ist betriebsbezogen, allenfalls unternehmensbezogen, aber nicht konzernbezogen. Der Arbeitgeber ist daher vor Ausspruch einer betriebsbedingten Kündigung grundsätzlich nicht verpflichtet, eine anderweitige Unterbringung des Arbeitnehmers in einem Konzernbetrieb zu versuchen.

III. Ultima-Ratio-Prinzip | Rz. 2793 § 61

Etwas anderes kann sich allerdings aus dem Arbeitsvertrag, einer vertraglichen Absprache oder einer Selbstbindung des Arbeitgebers, etwa aufgrund einer formlosen Zusage oder eines vorangegangenen Verhaltens ergeben. [...] Eine konzernbezogene Ausweitung des KSchG würde methodisch eine unzulässige Rechtsfortbildung contra legem darstellen. Das KSchG ist betriebsbezogen, allenfalls unternehmensbezogen, keinesfalls aber konzernbezogen. Daran ist festzuhalten." (BAG v. 14.10.1982 – 2 AZR 568/80, NJW 1984, 381; siehe auch BAG v. 23.11.2005 – 2 AZR 24/04, NZA 2005, 929, 931)

Dabei ist zu berücksichtigen, dass es auch im Konzern keinen Vertrag zu Lasten Dritter gibt, ein Unternehmer also die Weiterbeschäftigung in einem anderen Konzernunternehmen nicht erzwingen kann, wenn nicht auch dieser Arbeitgeber Vertragspartner des Arbeitsvertrags war. Daher kann ein konzerndimensionaler Kündigungsschutz nur anerkannt werden, wenn sich dies aus einem **Tarifvertrag** oder **vertraglichen Vereinbarungen** ergibt, insbesondere der Arbeitnehmer bereits im Arbeitsvertrag für den gesamten Konzernbereich eingestellt worden ist. Nicht ausreichend ist hingegen, dass der betroffene Arbeitnehmer bereits bei seiner bisherigen Tätigkeit bestimmten fachlichen Weisungen eines anderen Konzernunternehmens unterworfen war (BAG v. 27.11.1991 – 2 AZR 255/91, NZA 1992, 644). 2789

„*Eine [Pflicht zur konzerninternen Weiterbeschäftigung] besteht allenfalls dann, wenn sich ein Konzernunternehmen zur Übernahme des Arbeitnehmers bereit erklärt hat oder sie sich unmittelbar aus dem Arbeitsvertrag, einer sonstigen vertraglichen Absprache oder der in der Vergangenheit geübten Praxis ergibt. Voraussetzung ist in der Regel ferner, dass der Vertragsarbeitgeber auf die in Rede stehende ‚Versetzung' einen bestimmenden Einfluss hat. Die Entscheidung über eine Weiterbeschäftigung darf grundsätzlich nicht dem zur Übernahme bereiten Unternehmen vorbehalten sein.*" (BAG v. 24.5.2012 – 2 AZR 62/11, NZA 2013, 277, Rz. 27) 2790

Das BAG hält an der grundsätzlich **unternehmensbezogenen Sichtweise** fest, obwohl zunehmend eine Aufspaltung vormals einheitlicher Unternehmen in zahlreiche, wirtschaftlich miteinander verbundene Gesellschaften erfolgt. Auf diese **Konzerndimensionalität** findet das Arbeitsrecht bislang keine Antwort (entsprechende Überlegungen bei *SPV/Preis* Rz. 904 und *Temming*, Der vertragsbeherrschende Dritte, 2015, S. 1121 ff.). Es werden **unternehmerische Entscheidungen** (etwa Verlagerung von Tätigkeiten auf andere Konzernunternehmen, Stilllegung eines Konzernunternehmens oder einer Abteilung bei gleichzeitiger Neugründung eines Konzernunternehmens mit identischen arbeitstechnischen und wirtschaftlichen Zielsetzungen) getroffen, die bei einer konzernbezogenen Betrachtung den Beschäftigungsbedarf für den betroffenen Arbeitnehmer nicht wegfallen lassen. Doch schreckt das BAG vor einer **Rechtsfortbildung** in dieser Richtung zurück. Jedenfalls müsse von einem Arbeitnehmer die konkrete Darlegung verlangt werden, „*dass der in seinem Konzernunternehmen weggefallene Beschäftigungsbedarf lediglich auf ein anderes Konzernunternehmen verlagert ist, dort nach wie vor besteht und dieses Konzernunternehmen diesen Beschäftigungsbedarf nunmehr z.B. durch auf dem freien Arbeitsmarkt angeworbene oder willkürlich aus dem Mitarbeiterstamm seines Arbeitgebers ausgewählte Arbeitnehmer abdeckt.*" (BAG v. 23.3.2006 – 2 AZR 162/05, NZA 2007, 30 Rz. 32) 2791

Das BAG (29.8.2013 – 2 AZR 809/12, NZA 2014, 730; 24.9.2015 – 2 AZR 3/14, NZA 2015, 1457) ist überdies der Auffassung, dass das Ultima-Ratio-Prinzip sich grundsätzlich **nicht auf freie Arbeitsplätze in einem im Ausland gelegenen Betrieb** des Arbeitgebers bezieht. Zur Begründung führt das BAG an, dass der erste Abschnitt des Kündigungsschutzgesetzes gemäß § 23 Abs. 1 KSchG nur auf Betriebe anzuwenden sei, die in der Bundesrepublik Deutschland liegen (hierzu *SPV/Preis* Rz. 849 ff.). In diesem Sinne müsse auch der Betriebsbegriff in § 1 Abs. 2 S. 1, S. 2 KSchG verstanden werden. Offen gelassen hat das BAG, ob dies auch dann gelten soll, wenn der Arbeitgeber seinen Betrieb als Ganzen oder einen Betriebsteil unter Wahrung der Identität verlagert. Hier neigt es ggf. zu einer „verfassungskonformen" Auslegung im „kleinen Grenzverkehr". 2792

Schon die Prämissen dieser Auffassung sind angreifbar. Das BAG verengt die Gewährleistung des Bestandsschutzes auf den Betrieb; dabei ist der Kündigungsschutz, jedenfalls aber die Weiterbeschäftigungspflicht, eindeutig arbeitgeberbezogen zu interpretieren. Der vertragsbezogene Kündigungsschutz 2793 hängt nicht davon ab, ob eine „internationale Versetzungsklausel" oder eine „länder-übergreifende Weiterbeschäftigung" vereinbart ist.

b) Freier Arbeitsplatz

2794 Die Möglichkeit einer anderweitigen Beschäftigung in demselben Betrieb oder Unternehmen setzt zunächst das Vorhandensein eines „freien" Arbeitsplatzes voraus. Als frei sind solche Arbeitsplätze anzusehen, die zum Zeitpunkt des Zugangs der Kündigung unbesetzt sind. Sofern der Arbeitgeber bei Ausspruch der Kündigung mit hinreichender Sicherheit vorhersehen kann, dass ein Arbeitsplatz bis zum **Ablauf der Kündigungsfrist**, z.B. aufgrund des Ausscheidens eines anderen Arbeitnehmers, zur Verfügung stehen wird, ist ein derartiger Arbeitsplatz ebenfalls als „frei" anzusehen (BAG v. 29.3.1990 – 2 AZR 369/89, NZA 1991, 181, 182). Problematisch sind die Fälle, in denen ein Arbeitgeber einen denkbaren freien Arbeitsplatz vor Ausspruch der Kündigung besetzt hat.

2795 *„Ist im Zeitpunkt des Kündigungszugangs eine Beschäftigungsmöglichkeit nicht mehr vorhanden, wurde also ein freier Arbeitsplatz vor dem Zugang der Kündigung besetzt, so ist es dem Arbeitgeber gleichwohl nach dem Rechtsgedanken des § 162 BGB verwehrt, sich auf den Wegfall von Beschäftigungsmöglichkeiten im Kündigungszeitpunkt zu berufen, wenn dieser Wegfall treuwidrig herbeigeführt wurde. Der Arbeitgeber hat es nicht in der Hand, den Kündigungsschutz dadurch leerlaufen zu lassen, dass er zunächst einen freien Arbeitsplatz besetzt und erst später eine Beendigungskündigung wegen einer fehlenden Weiterbeschäftigungsmöglichkeit ausspricht. Eine treuwidrige Vereitelung der Weiterbeschäftigungsmöglichkeit kann dem Arbeitgeber aber nur dann vorgehalten werden, wenn sich ihm die Möglichkeit der Weiterbeschäftigung aufdrängen musste."* (BAG v. 5.6.2008 – 2 AZR 107/07, NZA 2008, 1180 Rz. 16)

2796 Darüber hinaus soll eine Weiterbeschäftigungspflicht auf einem anderen Arbeitsplatz auch dann anzunehmen sein, wenn dieser zwar nicht mit Ablauf der Kündigungsfrist, sondern erst zu einem späteren (absehbaren) Zeitpunkt frei wird, dem Arbeitgeber die **Überbrückung** dieses Zeitraums jedoch zumutbar ist (BAG v. 15.12.1994 – 2 AZR 327/94, NZA 1995, 521, 525). Auch in diesem Fall muss jedoch feststehen, dass der in Betracht kommende Arbeitsplatz zu einem bestimmten Termin frei wird. Zur Überbrückung bis zum Freiwerden einer geeigneten Stelle sei mindestens der Zeitraum zumutbar, den ein anderer Stellenbewerber zur Einarbeitung benötigen würde, wobei je nach den Umständen eine Probezeitvereinbarung als Anhaltspunkt für die Bemessung einer Einarbeitungszeit herangezogen werden könne (BAG v. 15.12.1994 – 2 AZR 327/94, NZA 1995, 521, 525). Nicht ausreichend für die Annahme, es bestehe eine Weiterbeschäftigungsmöglichkeit auf einem freien Arbeitsplatz, ist hingegen, dass angesichts der unternehmensüblichen Personalfluktuation mit dem Freiwerden eines Arbeitsplatzes gerechnet werden kann.

2797 **Leiharbeitnehmer** stehen – bei legaler Arbeitnehmerüberlassung – nicht in einem Arbeitsvertragsverhältnis mit dem Entleiher. Daher sind von ihnen besetzte Arbeitsplätze im Entleiherbetrieb als frei anzusehen, sofern sie nicht lediglich übergangsweise für Auftragsspitzen oder als Personalreserve eingesetzt werden (SPV/*Preis* Rz. 991).

2798 Der Arbeitnehmer muss stets das **Anforderungsprofil** des freien Arbeitsplatzes erfüllen, d.h. er muss von seiner Qualifikation her geeignet sein, die Arbeitsaufgabe zu erfüllen. Der Arbeitnehmer muss unter Berücksichtigung angemessener Einarbeitungszeiten den Anforderungen des neuen Arbeitsplatzes entsprechen. Dabei ist zu berücksichtigen, dass die Gestaltung des Anforderungsprofils für den freien Arbeitsplatz der lediglich auf offenbare Unsachlichkeit zu überprüfenden Unternehmerdisposition des Arbeitgebers unterliegt (BAG v. 5.6.2008 – 2 AZR 107/07, NZA 2008, 1180 Rz. 17).

2799 Fallen in einem Betrieb Beschäftigungsmöglichkeiten für mehrere Arbeitnehmer weg, bestehen aber in anderen Bereichen bzw. Betrieben Weiterbeschäftigungsmöglichkeiten für einen Teil der Betroffenen, so ist über die Vergabe der freien Plätze nach den Grundsätzen der Sozialauswahl (§ 1 Abs. 3 KSchG analog; Rz. 2865) zu entscheiden (BAG v. 27.7.2017 – 2 AZR 476/16, NZA 2018, 234 Rz. 38; vgl. auch BAG v. 15.12.1994 – 2 AZR 320/94, NZA 1995, 413).

2. Weiterbeschäftigung nach Änderung der Arbeitsbedingungen

Aus dem Ultima-Ratio-Prinzip folgt auch der Vorrang der Änderungs- gegenüber der Beendigungskündigung, der in § 1 Abs. 2 S. 3 KSchG normiert ist. Dies hat zur Folge, dass der Arbeitgeber dem Arbeitnehmer einen freien Arbeitsplatz auch dann anbieten muss, wenn dieser schlechtere Qualifikationen verlangt und infolgedessen der Arbeitnehmer nicht mehr kraft Direktionsrechts, sondern nur im Wege der Änderungskündigung (Rz. 3140) auf diesen Arbeitsplatz versetzt werden kann (BAG v. 29.3.1990 – 2 AZR 369/89, NZA 1991, 181).

„Nach der Rechtsprechung des [2.] Senats folgt aus dem Grundsatz der Verhältnismäßigkeit, der für die betriebsbedingte Kündigung durch das Merkmal der ‚Dringlichkeit' der betrieblichen Erfordernisse in § 1 Abs. 2 S. 1 KSchG konkretisiert wird, dass der Arbeitgeber dem Arbeitnehmer vor jeder ordentlichen Beendigungskündigung von sich aus eine beiden Parteien zumutbare Weiterbeschäftigung auf einem freien Arbeitsplatz auch zu geänderten Bedingungen anbieten muss." (BAG v. 29.3.1990 – 2 AZR 369/89, NZA 1991, 181, 183)

Der Grundsatz der Erforderlichkeit gebietet auch hier eine **Abstufung der personellen Maßnahmen.** Kann der Arbeitgeber dem Arbeitnehmer einen freien Arbeitsplatz im Wege des Direktionsrechts zuweisen, ist eine Änderungskündigung unzulässig, weil nicht erforderlich (das BAG hält Änderungsschutzklagen gegen solche „überflüssige Änderungskündigungen" dennoch für unbegründet, dazu Rz. 3162). Ist die zielführende Ausübung des Direktionsrechts nicht möglich oder nicht ausreichend, ist eine Änderungskündigung in Erwägung zu ziehen. In Betracht kommen alle Vertragsänderungen, die das konkrete betriebliche Bedürfnis befriedigen. Dies sind insbesondere die Versetzung auf einen anderen (geringerwertigen) Arbeitsplatz, die Kürzung übertariflicher Leistungen, aber auch das Angebot der Teilzeitbeschäftigung. Der Arbeitnehmer hat jedoch **keinen Anspruch auf Beförderung** und Weiterbeschäftigung auf einem höherwertigen Arbeitsplatz (BAG v. 29.3.1990 – 2 AZR 369/89, NZA 1991, 181, 184).

Die Rechtsprechung des BAG kann wie folgt zusammengefasst werden:

– Eine ordentliche Beendigungskündigung ist ausgeschlossen, wenn die Möglichkeit besteht, den Arbeitnehmer auf einem anderen freien Arbeitsplatz auch zu geänderten Arbeitsbedingungen weiterzubeschäftigen.

– Weiterhin hat der Arbeitgeber dem Arbeitnehmer eine Weiterbeschäftigungsmöglichkeit anzubieten. Das Angebot kann lediglich in Extremfällen (z.B. offensichtlich völlig unterwertige Beschäftigung) unterbleiben.

– Der Arbeitgeber kann Angebot und Kündigung miteinander verbinden, indem er ohne vorherige Verhandlungen mit dem Arbeitnehmer sofort eine Änderungskündigung ausspricht.

– Macht der Arbeitgeber vor Ausspruch einer Kündigung dem Arbeitnehmer das Angebot, den Vertrag der noch bestehenden Weiterbeschäftigungsmöglichkeit anzupassen, und lehnt der Arbeitnehmer dieses Angebot ab, so ist der Arbeitgeber regelmäßig nach dem Verhältnismäßigkeitsgrundsatz verpflichtet, trotzdem eine Änderungskündigung auszusprechen.

– Eine Beendigungskündigung ist nur dann zulässig, wenn der Arbeitnehmer unmissverständlich zum Ausdruck gebracht hat, er werde die geänderten Arbeitsbedingungen im Fall des Ausspruchs einer Änderungskündigung nicht, auch nicht unter dem Vorbehalt ihrer sozialen Rechtfertigung, annehmen.

– Spricht der Arbeitgeber ohne vorheriges oder gleichzeitiges Angebot der geänderten Arbeitsbedingungen sofort eine Beendigungskündigung aus, so ist diese Kündigung regelmäßig sozialwidrig. In derartigen Fällen ist nicht fiktiv zu prüfen, ob der Arbeitnehmer die geänderten Arbeitsbedingungen bei einem entsprechenden Angebot vor oder mit Ausspruch der Kündigung zumindest unter Vorbehalt angenommen hätte (so BAG v. 21.4.2005 – 2 AZR 132/04, NZA 2005, 1289 unter Abweichung von BAG v. 27.9.1984 – 2 AZR 62/83, NZA 1985, 455). Eine Änderungskündigung darf nur in Extremfällen unterbleiben (BAG v. 26.3.2015 – 2 AZR 417/14, NZA 2015, 1083 Rz. 28), etwa wenn das Änderungsangebot beleidigenden Charakter hätte (dazu *SPV/Preis* Rz. 997).

2810 Mit dieser Rechtsprechung versucht das BAG, den Ultima-Ratio-Grundsatz konsequenter umzusetzen. Zum einen soll der Arbeitgeber nicht vorzeitig zur Kündigung greifen dürfen. Ferner soll der Vorrang des bestandsschutzsichernden Modells der Änderungskündigung gestärkt werden. Und schließlich soll nicht fiktiv über die Einschätzung des Arbeitnehmers geurteilt werden. Vielmehr muss dieser selbst entscheiden, welche geringer qualifizierte Tätigkeit er sich zumuten will.

2811 **Fallbeispiele:** Das BAG hielt eine Beendigungskündigung in folgenden Fällen wegen Verletzung des Vorrangs der Änderungskündigung für unwirksam:
- Dem A wurde die Weiterbeschäftigung in einer geringerwertigen Position bei Halbierung des Gehalts vorgeschlagen. A reagierte darauf, dass man über die Reduktion um ein Drittel reden könne. Daraufhin sprach der Arbeitgeber wegen Ablehnung des Angebots sofort die Beendigungskündigung aus. Das hielt das BAG für unverhältnismäßig und verlangte in einer solchen Konstellation, vorrangig die mögliche Änderungskündigung zu erklären (BAG v. 21.4.2005 – 2 AZR 132/04, NZA 2005, 1289).
- A verdiente als Leiter des Bereichs Marketing rund 12.000 Euro. Diese Stelle fiel weg. Unstreitig war im Unternehmen eine Stelle als „Länderreferent" frei, für die der Arbeitnehmer die nötige Qualifikation hat, die aber lediglich mit 3.300 Euro dotiert war. Der Arbeitgeber sprach die Beendigungskündigung aus. Das BAG hielt vorrangig eine Änderungskündigung für erforderlich; allein die hierarchische Zurückstufung lasse das Angebot noch nicht als entbehrlich erscheinen (keine „Extremsituation", vgl. BAG v. 21.9.2006 – 2 AZR 607/05, NZA 2007, 431 Rz. 45).

3. Weiterbeschäftigung nach Umschulungs- oder Fortbildungsmaßnahmen

2812 Eine Verpflichtung, den Arbeitnehmer jedenfalls zur Vermeidung einer Beendigungskündigung zu besseren Arbeitsbedingungen weiterzubeschäftigen, kann aus dem Ultima-Ratio-Prinzip in aller Regel nicht hergeleitet werden. Insoweit genießt das Recht des Arbeitgebers, einen höherwertigen Arbeitsplatz mit einem seiner Ansicht nach geeigneten Arbeitnehmer zu besetzten, Vorrang vor dem Bestandsschutzinteresse des Arbeitnehmers. Eine Ausnahme wird davon jedoch dann anzuerkennen sein, wenn die besseren Arbeitsbedingungen ausschließlich in einer höheren Entlohnung zu erblicken sind, das Anforderungsprofil des Arbeitsplatzes jedoch identisch ist (vgl. auch BAG v. 10.11.1994 – 2 AZR 242/94, NZA 1995, 566; BAG v. 5.10.1995 – 2 AZR 269/95, NZA 1996, 524).

2813 *„Gestaltet der Arbeitgeber den Arbeitsablauf um und verlagert bestimmte Aufgaben in eine andere Betriebsabteilung, so rechtfertigt dies allein nach § 1 Abs. 2 KSchG noch keine betriebsbedingte Kündigung der bisher mit diesen Arbeiten beschäftigten Arbeitnehmer; sind nach wie vor im Wesentlichen die gleichen Arbeiten zu verrichten und die bisherigen Arbeitsplatzinhaber zur Erledigung dieser Arbeiten persönlich und fachlich geeignet, so ist eine betriebsbedingte Kündigung selbst dann nicht sozial gerechtfertigt, wenn es sich bei den neu eingerichteten Arbeitsplätzen in der anderen Betriebsabteilung um Beförderungsstellen handelt."* (BAG v. 10.11.1994 – 2 AZR 242/94, NZA 1995, 566)

2814 Im Einzelfall kann der Arbeitgeber darüber hinaus verpflichtet sein, für den betroffenen Arbeitnehmer Umschulungs- oder Fortbildungsmaßnahmen durchzuführen. Eine solche Verpflichtung besteht jedoch nur dann, wenn ein freier Arbeitsplatz zur Verfügung steht, den der Arbeitnehmer nach erfolgreichem Abschluss der Maßnahme übernehmen kann. Es genügt hingegen nicht, wenn lediglich mit gewisser Wahrscheinlichkeit eine Weiterbeschäftigung nach der erfolgten Maßnahme möglich erscheint. Vielmehr müsse die berechtigte Erwartung einer Weiterbeschäftigung bestehen (BAG v. 27.7.2017 – 2 AZR 476/16, NZA 2018, 234 Rz. 31). Das Ausmaß der dem Arbeitgeber zumutbaren betrieblichen und wirtschaftlichen Anstrengungen hängt u.a. von der Beschäftigungsdauer des Arbeitnehmers, den Erfolgsaussichten und den Kosten der Maßnahme ab (BAG v. 7.2.1991 – 2 AZR 205/90, NZA 1991, 806).

2815 Das BAG hat die Obliegenheit des Arbeitgebers zu Fortbildungs- und Umschulungsmaßnahmen auch im Falle der betriebsbedingten Kündigung eines Leiharbeitnehmers betont.

"Aus § 1 Abs. 2 S. 2 und 3 KSchG folgt, dass sie den Kläger möglichst bei einem neuen Auftrag – auch zu geänderten Qualifikationsanforderungen – einsetzen muss, selbst dann, wenn hierfür noch notwendige und zumutbare Umschulungs- und Fortbildungsmaßnahmen notwendig wären [...]. Außerdem war die Beklagte auch nach § 241 Abs. 2 BGB verpflichtet, auf die Interessen des Klägers Rücksicht zu nehmen, wozu hier gehört hätte, ihn darauf hinzuweisen, dass seine Qualifikation zukünftig für einen Einsatz in neuen Aufträgen nicht ausreichend und deshalb fortzuentwickeln sei." (BAG v. 18.5.2006 – 2 AZR 412/05, DB 2006, 1962, 1963)

4. Mitbestimmung des Betriebsrats

Bei allen Maßnahmen ist zu bedenken, dass dem Betriebsrat ein Mitbestimmungsrecht (für die Versetzung nach § 99 BetrVG, für die Änderungskündigung nach § 102 BetrVG) zusteht (siehe im Band „Kollektivarbeitsrecht" unter Rz. 2370 ff.; 2489 ff.). Verweigert der Betriebsrat die nach § 99 BetrVG erforderliche Zustimmung zur Versetzung zu Unrecht, muss der Arbeitgeber das **Zustimmungsersetzungsverfahren** einleiten, um nicht im Kündigungsschutzprozess zu unterliegen. Das BAG sieht dies freilich anders und räumt dem Betriebsrat praktisch eine Sperrfunktion ein (BAG v. 29.1.1997 – 2 AZR 9/96, NZA 1997, 709). Es will nur bei „besonderen Umständen" (z.B. kollusives Zusammenwirken von Arbeitgeber und Betriebsrat) die Berechtigung zur Zustimmungsverweigerung prüfen (BAG v. 22.9.2005 – 2 AZR 519/04, NZA 2006, 486). 2816

Dem kann nicht gefolgt werden, weil jedenfalls die rechtswidrige Zustimmungsverweigerung durch den Betriebsrat nicht den Kündigungsschutz des Arbeitnehmers relativieren kann. Im Kündigungsschutzprozess ist inzident zu prüfen, ob die Zustimmungsverweigerung zu Recht erfolgt ist. Nur wenn die Zustimmung zu Recht verweigert wurde, ist dem Arbeitgeber die Beschäftigung des Arbeitnehmers auf dem anderen Arbeitsplatz rechtlich unmöglich. 2817

IV. Interessenabwägung

Bei der Frage, ob im Geltungsbereich des § 1 Abs. 2 KSchG eine richterliche Interessenabwägung zulässig bzw. erforderlich ist, ist stets zu beachten, ob der Gesetzgeber bereits eine ausreichende, durch schlichte Rechtsanwendung konkretisierbare Wertentscheidung getroffen hat. Daher muss zwischen den einzelnen Kündigungsgründen des § 1 Abs. 2 KSchG differenziert werden: 2818

– Im Bereich der **betriebsbedingten Kündigung** hat der Gesetzgeber bereits durch das Merkmal der „dringenden betrieblichen Erfordernisse" sowie durch das Erfordernis der Sozialauswahl (§ 1 Abs. 3 KSchG) eine verbindliche Abwägung der Interessen der Beteiligten vorgenommen. Eine zusätzliche Interessenabwägung ist daher entbehrlich (so auch BAG v. 30.4.1987 – 2 AZR 184/86, NZA 1987, 776, 778). 2819

– Bei der **verhaltens- und personenbedingten Kündigung** ist mangels ausreichender gesetzgeberischer Konfliktlösung eine Abwägung der kollidierenden Interessen unvermeidlich. 2820

Freilich sind gegenüber der früheren umfassenden Abwägungspraxis erhebliche Einschränkungen erforderlich. Rechtsfragen, die früher aus dem Prinzip der Interessenabwägung entschieden wurden, sind größtenteils in andere kündigungsrechtliche Maximen eingeflossen (objektiver Maßstab, Prognoseprinzip, Ultima-Ratio-Prinzip). Die Interessenabwägung ist darauf zu beschränken, das **Gewicht der Vertragsbeeinträchtigung im Einzelfall** festzustellen. Billigkeitsabwägungen, die keinen Bezug zum konkreten Kündigungsgrund haben, sind abzulehnen. Diese zwischen den Kündigungsgründen differenzierende und die Interessenabwägung einschränkende Betrachtung scheint sich durchgesetzt zu haben. 2821

V. Abgrenzung der Kündigungsgründe

2822 § 1 Abs. 2 KSchG nennt als sozial gerechtfertigte Kündigungen die personen-, verhaltens- und betriebsbedingte Kündigung. Im Einzelfall kann zweifelhaft sein, welcher Kündigungsgrund eingreift (vgl. BAG v. 9.2.1995 – 2 AZR 389/94, NZA 1996, 249, 250). Es bedarf aber insbesondere wegen der bei der betriebsbedingten Kündigung erforderlichen Sozialauswahl (§ 1 Abs. 3 KSchG) und der bei der verhaltensbedingten Kündigung regelmäßig notwendigen Abmahnung der Klärung. Als **Grundsatz** ist festzuhalten, dass bei einer Kündigung jeder eventuell relevante Kündigungsgrund streng getrennt und nach den jeweiligen Kriterien zu prüfen ist.

1. Mischtatbestände

2823 Ein Mischtatbestand liegt vor, wenn die Kündigung auf **einen einzigen Sachverhalt** gestützt wird, der mehrere der in § 1 Abs. 2 S. 1 KSchG genannten Gründe berührt. In diesem Fall soll laut BAG der Kündigungsgrund zu prüfen sein, aus dessen Bereich die das Arbeitsverhältnis beeinträchtigende Störung stammt, während zugrunde liegende, entferntere Ursachen außer Betracht bleiben müssten (BAG v. 21.11.1985 – 2 AZR 21/85, NZA 1986, 713; BAG v. 18.9.2008 – 2 AZR 976/06, NZA 2009, 425 Rz. 19). Dem ist nicht zu folgen. Vielmehr ist jeder in Frage kommende Kündigungsgrund gesondert zu prüfen (SPV/*Preis* Rz. 897; ErfK/*Oetker*, § 1 KSchG Rz. 96).

2. Mehrere Kündigungssachverhalte

2824 Von mehreren Kündigungssachverhalten ist dagegen auszugehen, wenn der Arbeitgeber die Kündigung auf **mehrere, verschiedene Ereignisse** stützt. Hier nimmt das BAG teilweise eine Gesamtbetrachtung vor. Auch wenn keiner der Sachverhalte allein geeignet ist, eine Kündigung zu rechtfertigen, soll die Kündigung dennoch zulässig sein, wenn die Kündigungsgründe in ihrer Gesamtheit bei verständiger Würdigung in Abwägung der Interessen der Vertragsparteien und des Betriebs die Kündigung als billigenswert und angemessen erscheinen lassen (BAG v. 22.7.1982 – 2 AZR 30/81, NJW 1983, 700).

„Zwar ist bei einer Kündigung, die auf mehrere Gründe gestützt wird, zunächst zu prüfen, ob jeder Sachverhalt für sich allein geeignet ist, die Kündigung zu begründen. Erst wenn die isolierte Betrachtungsweise nicht bereits zur Sozialwidrigkeit der Kündigung führt, ist im Wege einer einheitlichen Betrachtungsweise zu prüfen, ob die einzelnen Kündigungsgründe in ihrer Gesamtheit Umstände darstellen, die bei verständiger Würdigung in Abwägung der Interessen der Vertragsparteien und des Betriebs die Kündigung als billigenswert und angemessen erscheinen lassen." (BAG v. 22.7.1982 – 2 AZR 30/81, AP § 1 KSchG 1969 Verhaltensbedingte Kündigung Nr. 5)

2825 Dem wird in der Literatur entgegengehalten, die Rechtsprechung des BAG führe zu einer konturlosen Billigkeitsabwägung (ausf. hierzu SPV/*Preis* Rz. 898 ff.). Richtigerweise ist daher auch bei mehreren kündigungsrelevanten Sachverhalten jeder Kündigungsgrund gesondert zu untersuchen und voneinander abzugrenzen. Sofern nicht einer der Gründe allein die Kündigung rechtfertigt, kann sich auch aus dem Zusammentreffen an sich nicht kündigungsbegründender Umstände keine soziale Rechtfertigung ergeben.

VI. Einhaltung der Klagefrist

2826 Die **sozial ungerechtfertigte** Kündigung ist **rechtsunwirksam**. Die Rechtsunwirksamkeit muss der Arbeitnehmer nach § 4 KSchG innerhalb von **drei Wochen** durch Klage geltend machen. Nach Ablauf der Frist gilt die Kündigung als von Anfang an rechtswirksam (§ 7 KSchG; Rz. 2578).

§ 62
Betriebsbedingte Kündigung

Literatur: *Bader*, Die gerichtsfeste betriebsbedingte Kündigung, NZA Beilage 2/2010, 85; *Berkowsky*, Die betriebsbedingte Kündigung, 6. Aufl. 2008; *Bitter*, Zur Unternehmerentscheidung zwecks Personalabbau, DB 2000, 1760; *Bröhl*, Aktuelle Rechtsprechung des Bundesarbeitsgerichts zur Sozialauswahl, BB 2006, 1050; *Bütefisch*, Die Sozialauswahl, 2000; *Franzen*, Die unternehmerische Entscheidung in der Rechtsprechung des BAG zur betriebsbedingten Kündigung, NZA 2001, 805; *Lunk*, Die Sozialauswahl nach neuem Recht, NZA Sonderbeilage 1/2005, 41; *Preis*, Autonome Unternehmerentscheidung und „dringendes betriebliches Erfordernis", NZA 1995, 241; *Quecke*, Punkteschema und Sozialauswahl, RdA 2007, 335; *Roth*, Die betriebsbedingte Kündigung zwischen freier Unternehmerentscheidung und Arbeitnehmerschutz, ZIP 2009, 1845; *Spinner*, Die Rechtsprechung des Bundesarbeitsgerichts zur Sozialauswahl, RdA 2008, 153; *Stahlhacke*, Grundfragen der betriebsbedingten Kündigung, DB 1994, 1361; *Wank*, Das Verhältnismäßigkeitsprinzip bei der betriebsbedingten Kündigung, RdA 2012, 139.

I. Allgemeines

Eine Kündigung ist nicht sozialwidrig, wenn sie durch dringende betriebliche Erfordernisse, die einer Weiterbeschäftigung des Arbeitnehmers in diesem Betrieb entgegenstehen, bedingt ist. Diese Vorschrift des § 1 Abs. 2 S. 1 KSchG dient dem Ausgleich zwischen einerseits der Freiheit des Arbeitgebers, Entscheidungen über Gegenstand und Umfang seines Unternehmens zu treffen, und andererseits dem Interesse des Arbeitnehmers am Erhalt seines Arbeitsplatzes. 2827

Voraussetzung einer betriebsbedingten Kündigung ist stets, dass 2828

- der Arbeitgeber aufgrund inner- oder außerbetrieblicher Ursachen eine unternehmerische Entscheidung trifft,
- dadurch die Beschäftigungsmöglichkeiten zumindest in ihrer bisherigen Ausgestaltung dauerhaft weggefallen sind und
- der Arbeitnehmer weder auf einem anderen Arbeitsplatz weiterbeschäftigt werden kann noch sonstige mildere Maßnahmen statt der Kündigung möglich sind.
- Soll von mehreren Arbeitnehmern, die unter betrieblichen Gesichtspunkten gleichermaßen für eine Kündigung in Betracht kommen, nur einem oder einigen gekündigt werden, so muss die Auswahl der zu kündigenden Arbeitnehmer nach bestimmten sozialen Gesichtspunkten erfolgen.

II. Voraussetzungen der Kündigung

Prüfungsschema: Betriebsbedingte Kündigung 2829

☐ Abgrenzung zur personen- und verhaltensbedingten Kündigung

☐ Vorliegen dringender betrieblicher Erfordernisse (§ 1 Abs. 2 S. 1 KSchG): Kündigungsbegründende Unternehmerentscheidung (Rz. 2831):

　☐ Außer- oder innerbetriebliche Ursachen der Unternehmerentscheidung? (Rz. 2836)

　☐ Gestaltende oder selbstbindende Unternehmerentscheidung? (Rz. 2835)

　☐ Kausaler dauerhafter Wegfall von Beschäftigungsmöglichkeiten mit Ablauf der Kündigungsfrist (Prognoseprinzip; Rz. 2850)

☐ Fehlen milderer Mittel (Ultima-Ratio-Prinzip; Rz. 2856)

    ☐ Fehlende Weiterbeschäftigungsmöglichkeit (§ 1 Abs. 2 S. 2 und 3 KSchG; Rz. 2782)

    ☐ Fehlen sonstiger milderer Mittel

☐ Dringlichkeit des betrieblichen Erfordernisses (Rz. 2861)

☐ Sozialauswahl (§ 1 Abs. 3 und 4 KSchG; Rz. 2865)

    ☐ Bestimmung des auswahlrelevanten Personenkreises (1. Stufe; Rz. 2867)

    ☐ Ausreichende Berücksichtigung der sozialen Gesichtspunkte (2. Stufe; Rz. 2878)

    ☐ Ausnahmen von der Sozialauswahl im berechtigten betrieblichen Interesse (3. Stufe; Rz. 2889)

    ☐ Auswahlrichtlinien (§ 1 Abs. 4 KSchG; Rz. 2897)

☐ Betriebsbedingte Kündigungen bei Betriebsänderungen (§ 1 Abs. 5 KSchG; Rz. 2900)

1. Betriebsbedingter Kündigungsgrund

2830 Unter Umständen kann zweifelhaft sein, ob eine bestimmte Kündigung als personen-, verhaltens- oder betriebsbedingt durchgreift. Dann ist eine Abgrenzung der verschiedenen Kündigungsgründe erforderlich (Rz. 2822).

2. Unternehmerische Entscheidung

Literatur: v. *Hoyningen-Huene*, Die „missbräuchliche" Unternehmerentscheidung bei der betriebsbedingten Kündigung, FS 50 Jahre BAG (2004), 369; *Kaiser*, Die Unternehmerentscheidung bei betriebsbedingten Kündigungen, NZA Sonderbeilage 1/2005, 31; *Preis*, Die Grenzen freier Unternehmerentscheidungen bei Austauschkündigungen, FS Bauer (2010), 827.

a) Begriff und Bedeutung der Unternehmerentscheidung

2831 Eine betriebsbedingte Kündigung beruht stets auf einer unternehmerischen Entscheidung. Hierunter ist nach richtiger, früherer Rechtsprechung des BAG die **Bestimmung der Unternehmenspolitik** zu verstehen, **die der Geschäftsführung zugrunde liegt** (BAG v. 20.2.1986 – 7 AZR 600/00, NZA 2002, 896).

2832 Ein Arbeitsplatz fällt nicht von selbst weg, sondern es bedarf stets einer vorausgehenden unternehmerischen Entscheidung. Die Hauptstreitfrage der betriebsbedingten Kündigung ist, welche unternehmerische Entscheidung „frei" und nicht durch die Gerichte zu überprüfen ist. Zweifellos ist auch die Kündigung selbst eine Unternehmerentscheidung, aber sie kann nicht frei getroffen werden, weil sie der Bindung durch § 1 KSchG unterliegt. Die Rechtsprechung ist insofern in Begründungsschwierigkeiten geraten, weil sie allein den Entschluss des Arbeitgebers, künftig mit weniger Personal zu arbeiten, als nicht justiziable Unternehmerentscheidung angesehen hat (BAG v. 24.4.1997 – 2 AZR 352/96, NZA 1997, 1047; BAG v. 7.5.1998 – 2 AZR 536/97, NJW 1998, 3586). Dies konsequent gehandhabt, würde zu einem Wegfall jeglicher Überprüfungsmöglichkeit betriebsbedingter Kündigungen führen und den gesetzlichen Willen konterkarieren. Alsbald hat daher das BAG seine Rechtsprechung „klarstellen und präzisieren" müssen (BAG v. 17.6.1999 – 2 AZR 141/99, NZA 1999, 1098).

2833 *„Je näher die eigentliche Organisationsentscheidung an den Kündigungsentschluss rückt, um so mehr muss der Arbeitgeber durch Tatsachenvortrag verdeutlichen, dass ein Beschäftigungsbedürfnis für den Arbeitnehmer entfallen ist."* (BAG v. 17.6.1999 – 2 AZR 141/99, NZA 1999, 1098, 1100 f.)

2834 Die kündigungsbegründende Unternehmerentscheidung muss sich stets auf den Beschäftigungsbetrieb des gekündigten Arbeitnehmers beziehen, da der gesetzliche Kündigungsschutz grundsätzlich betriebsbezogen ausgestaltet ist (BAG v. 14.10.1982 – 2 AZR 568/80, NJW 1984, 381). Die Verhältnisse des Unternehmens oder Konzerns sind insoweit zunächst nicht von Bedeutung.

b) Inhalt der Unternehmerentscheidung

Im Hinblick auf den Inhalt der kündigungsbegründenden Unternehmerentscheidung wird zwischen einer sog. gestaltenden Unternehmerentscheidung und einer selbstbindenden Unternehmerentscheidung unterschieden. Eine **gestaltende** Unternehmerentscheidung ist stets auf Veränderungen der innerbetrieblichen Organisation gerichtet. Hingegen liegt eine **selbstbindende** Unternehmerentscheidung vor, wenn der Arbeitgeber die Zahl der benötigten Arbeitskräfte in seinem Betrieb unmittelbar vom Umfang des Arbeitsaufkommens abhängig macht und durch den Ausspruch einer Kündigung lediglich den Personalbestand dem rückläufigen Arbeitsaufkommen anpassen will, ohne dass mit dem Personalabbau weitere Änderungen der innerbetrieblichen Strukturen verbunden wären. Von der Frage, ob sich die unternehmerische Entscheidung in einer Selbstbindung erschöpft oder gestaltender Natur ist, hängt entscheidend der Umfang der Darlegungs- und Beweislast ab, die dem Arbeitgeber gemäß § 1 Abs. 2 S. 4 KSchG obliegt (Rz. 2841).

2835

c) Ursachen der Unternehmerentscheidung

Die kündigungsbegründende Unternehmerentscheidung kann auf unterschiedlichen Ursachen beruhen. Das BAG unterscheidet aus Gründen der systematischen Erfassung der betriebsbedingten Kündigungsgründe zwischen **inner- und außerbetrieblichen Ursachen** (BAG v. 29.3.1990 – 2 AZR 369/89, NZA 1991, 181).

2836

Zu den **innerbetrieblichen Ursachen** gehören insbesondere die Änderung oder Einführung neuer Fertigungsmethoden, Rationalisierungsmaßnahmen oder organisatorische Veränderungen, die zu Betriebseinschränkungen, Betriebsstillegungen oder zur Schließung von Betriebsabteilungen führen (BAG v. 29.3.1990 – 2 AZR 369/89, NZA 1991, 181). Insbesondere gehört hierzu auch die Vergabe einer Tätigkeit, die bislang von betriebseigenen Arbeitnehmern ausgeführt wurde, an eine Fremdfirma. Diese innerbetrieblichen Ursachen fallen regelmäßig mit der gestaltenden unternehmerischen Entscheidung zusammen, auf die der Arbeitgeber die Kündigung stützt.

2837

Letztlich kann das KSchG den Verlust von Arbeitsplätzen nicht verhindern. Der Arbeitgeber kann nicht gehindert werden, Aufträge an Fremdfirmen, u.U. sogar ins Ausland, zu vergeben (BAG v. 7.7.2005 – 2 AZR 447/04. NZA 2005, 1351, 1352). Beschäftigungsmöglichkeiten im Betrieb fallen dann weg. Er kann aber auch den Betrieb ganz schließen (BAG v. 18.1.2001 – 2 AZR 514/99, NZA 2001, 719).

2838

„Der Entschluss des Arbeitgebers, ab sofort keine neuen Aufträge mehr anzunehmen, allen Arbeitnehmern zum nächstmöglichen Kündigungstermin zu kündigen, zur Abarbeitung der vorhandenen Aufträge eigene Arbeitnehmer nur noch während der jeweiligen Kündigungsfristen einzusetzen und so den Betrieb schnellstmöglich stillzulegen, ist als unternehmerische Entscheidung grundsätzlich geeignet, die entsprechenden Kündigungen sozial zu rechtfertigen." (BAG v. 18.1.2001 – 2 AZR 514/99, NZA 2001, 719)

Zu den **außerbetrieblichen Ursachen** zählen Auftragsmangel, Umsatzrückgang, Veränderungen der Marktstruktur sowie im Bereich des öffentlichen Dienstes die Streichung von Haushaltsmitteln. Außerbetriebliche Umstände können in zweierlei Hinsicht für eine betriebsbedingte Kündigung ursächlich sein. Denkbar ist, dass der Arbeitgeber aufgrund außerbetrieblicher Umstände eine selbstbindende Unternehmerentscheidung trifft, die unmittelbar zum Wegfall von Arbeitsplätzen führt. Dies ist in der Praxis jedoch nur selten der Fall.

2839

In der Regel führen außerbetriebliche Gründe für sich allein nicht zum Wegfall eines Arbeitsplatzes. Dann bedarf es einer **gestaltenden unternehmerischen Entscheidung**, die auf diese außerbetrieblichen Umstände reagiert. Der Arbeitgeber nimmt dann die außerbetrieblichen Umstände zum Anlass,

2840

um innerbetriebliche Umstrukturierungen durchzuführen. Der Wegfall von Arbeitsplätzen ist dann die unmittelbare Folge dieser gestaltenden Unternehmerentscheidung und ist nur mittelbar auf die jeweiligen außerbetrieblichen Ursachen zurückzuführen (BAG v. 30.4.1987 – 2 AZR 184/86, NZA 1987, 776, 777).

„Der Senat hat gerade zwischen außerbetrieblichen Gründen, wie z.B. Auftragsmangel oder Umsatzrückgang, die sich unmittelbar durch eine Verringerung der anfallenden Aufgaben auf die einzelnen Arbeitsplätze auswirken können, und anderen betrieblichen Umständen, wie z.B. Gewinnverfall oder Unrentabilität des Betriebs, unterschieden, die keine unmittelbare Auswirkung auf die Beschäftigungsmöglichkeit der Arbeitnehmer haben, sondern nur dann, dann aber aus innerbetrieblichen Gründen, Kündigungen rechtfertigen können, wenn der Arbeitgeber sie zum Anlass nimmt, zur Kostenersparnis oder zur Verbesserung des Betriebsergebnisses durch innerbetriebliche Maßnahmen die Zahl der Arbeitsplätze zu verringern." (BAG v. 30.4.1987 – 2 AZR 184/86, NZA 1987, 776, 777)

d) Umfang der gerichtlichen Überprüfung

2841 Da die Entscheidung des Arbeitgebers über die Beibehaltung bzw. Veränderung der innerbetrieblichen Strukturen zu dessen **grundgesetzlich geschützten Freiheitsbereich** gehört (vgl. Art. 12, 14 GG), unterliegt die kündigungsbegründende Unternehmerentscheidung nur einer eingeschränkten gerichtlichen Kontrolle. Diese ist ihrem Inhalt nach als vorgegeben zugrunde zu legen und nicht auf ihre sachliche Rechtfertigung hin kontrollierbar (BAG v. 29.3.1990 – 2 AZR 369/89, NZA 1991, 181). Es ist lediglich zu prüfen, ob die Entscheidung offenbar unsachlich, unvernünftig oder willkürlich erscheint (BAG v. 20.11.2014 – 2 AZR 512/13, NZA 2015, 679 Rz. 15). Das tatsächliche Vorliegen der für die Begründung der Entscheidung angeführten außer- oder innerbetrieblichen Gründe ist allerdings voll überprüfbar (BAG v. 17.6.2003 – 2 AZR 134/02, ZIP 2004, 820).

2842 Hingegen ist es für die soziale Rechtfertigung der Kündigung irrelevant, ob die vom Arbeitgeber von der Kündigung erwarteten Vorteile zu den Nachteilen, die sich für den betroffenen Arbeitnehmer ergeben, in einem vernünftigen Verhältnis stehen (BAG v. 30.4.1987 – 2 AZR 184/86, NZA 1987, 776, 778).

„Organisatorische, technische und wirtschaftliche Unternehmerentscheidungen, die sich konkret nachteilig auf die Einsatzmöglichkeiten des gekündigten Arbeitnehmers auswirken, unterliegen nur einer gerichtlichen Missbrauchskontrolle dahin, ob sie offensichtlich unsachlich oder willkürlich sind. [...] Aus der beschränkten Kontrolle der Unternehmerentscheidung folgt insbesondere auch, dass nicht zu prüfen ist, ob die vom Arbeitgeber aufgrund seiner Unternehmerentscheidung erwarteten Vorteile in einem ‚vernünftigen Verhältnis' zu den Nachteilen stehen, die der Arbeitnehmer durch die Kündigung erleidet." (BAG v. 30.4.1987 – 2 AZR 184/86, NZA 1987, 776)

2843 Allerdings können Organisationsentscheidungen in Ausnahmefällen **rechtsmissbräuchlich** sein.

„Der Arbeitgeber, der durch die Bildung einer unselbstständigen Organgesellschaft seinen Betrieb in mehrere Teile aufspaltet mit dem Ziel, den betroffenen Arbeitnehmern den Kündigungsschutz zu nehmen und den nach wie vor bestehenden Beschäftigungsbedarf mit von der Organgesellschaft neu einzustellenden Arbeitnehmern zu decken, handelt rechtsmissbräuchlich." (BAG v. 26.9.2002 – 2 AZR 636/01, NZA 2003, 549)

2844 Daher gilt für das Vorliegen eines betrieblichen Bedürfnisses i.S.d. § 1 Abs. 2 KSchG folgender **Kontrollmaßstab:**

Vom Gericht voll nachzuprüfen ist, ob eine kündigungsbegründende unternehmerische Entscheidung tatsächlich vorliegt und ob es sich dabei um eine gestaltende oder um eine selbstbindende Entscheidung handelt. Es prüft, ob die für die Entscheidung angegebenen Gründe tatsächlich vorliegen.

Hat der Arbeitgeber eine **gestaltende Unternehmerentscheidung** getroffen, prüft das Gericht im weiteren Verlauf, ob durch ihre Umsetzung das Beschäftigungsbedürfnis für einzelne Arbeitnehmer entfallen ist. 2845

„Bei Kündigungen aus innerbetrieblichen Gründen muss der Arbeitgeber darlegen, welche organisatorischen oder technischen Maßnahmen er angeordnet hat und wie sich die von ihm behaupteten Umstände unmittelbar oder mittelbar auf die Beschäftigungsmöglichkeit für den gekündigten Arbeitnehmer auswirken." (BAG v. 17.6.1999 – 2 AZR 141/99, NZA 1999, 1098, 1099)

In Probleme gerät das BAG mit seinem Ansatz, dass jede Organisationsentscheidung eine prinzipiell „freie" Unternehmerentscheidung sein könne. Sind jedoch Organisationsentscheidung und Kündigungsentschluss praktisch deckungsgleich (Beispiele: Personalabbau oder Stellenstreichung), will das BAG seine bisherige Annahme, die Unternehmerentscheidung sei aus sachlichen Gründen erfolgt, nicht gelten lassen. Es verschärft dann die Anforderungen an die Darlegungslast. 2846

„Der Arbeitgeber muss im Kündigungsschutzprozess konkrete Angaben dazu machen, wie sich die Verringerung der Produktion auf die Arbeitsmenge auswirkt und in welchem Umfang dadurch ein konkreter Arbeitskräfteüberhang entsteht." (BAG v. 17.6.1999 – 2 AZR 141/99, NZA 1999, 1098, 1100)

Nicht nur die durch äußere Anlässe bedingte, sondern auch die autonome, gestaltende Unternehmerentscheidung muss sich in greifbaren betrieblichen und damit objektivierbaren Formen niederschlagen. Das gilt etwa dann, wenn die unternehmerische Entscheidung sich darin erschöpft, „Hierarchieebenen" zu streichen. 2847

*„An die Darlegungslast des Arbeitgebers sind gesteigerte Anforderungen zu stellen, wenn die unternehmerische Entscheidung letztlich nur auf den Abbau einer Hierarchieebene verbunden mit einer Neuverteilung der dem betroffenen Arbeitnehmer bisher zugewiesenen Aufgaben hinausläuft. Es bedarf der **Konkretisierung** dieser Entscheidung, damit geprüft werden kann, **ob der Arbeitsplatz des betroffenen Arbeitnehmers tatsächlich weggefallen ist und die Entscheidung nicht offensichtlich unsachlich oder willkürlich** ist. Der Arbeitgeber muss insbesondere konkret darlegen, in welchem Umfang die bisher von dem Arbeitnehmer ausgeübten Tätigkeiten zukünftig im Vergleich zum bisherigen Zustand entfallen. Er muss auf Grund seiner unternehmerischen Vorgaben die zukünftige Entwicklung der Arbeitsmenge anhand einer näher konkretisierten Prognose darstellen und angeben, wie die anfallenden Arbeiten vom verbliebenen Personal ohne überobligationsmäßige Leistungen erledigt werden können."* (BAG v. 13.2.2008 – 2 AZR 1041/06, NZA 2008, 819; siehe auch BAG v. 16.12.2010 – 2 AZR 770/09, NZA 2011, 505)

Das BAG hat die Anforderungen an die Darlegungslast nunmehr auf die Neuausrichtung des Anforderungsprofils eines Arbeitsplatzes übertragen, sodass neben dem Abbau der Personalstärke ebenso umgestaltende arbeitsplatzbezogene Maßnahmen von den erhöhten Voraussetzungen erfasst sind. Entscheidend ist, dass die Organisationsentscheidung und der Kündigungsgrund deckungsgleich sind.

„Sind die die betreffende Organisationsentscheidung und der Kündigungsentschluss des Arbeitgebers praktisch deckungsgleich, weil der Arbeitnehmer dem neuen Anforderungsprofil nicht genügt, kann die generelle Vermutung, dass eine unternehmerische Entscheidung auf sachlichen Gründen beruht, nicht unbesehen greifen. Der Arbeitgeber kann sich nicht lediglich auf seine Entscheidungsfreiheit berufen. Er muss vielmehr konkret darlegen, wie seine Entscheidung sich auf die tatsächlichen Möglichkeiten, die Arbeitnehmer einzusetzen, auswirkt und in welchem Umfang durch sie ein konkreter Änderungsbedarf entstanden ist." (BAG v. 2.3.2017 – 2 AZR 546/16, NZA 2017, 905 Rz. 23)

Handelt es sich um eine **selbstbindende Unternehmerentscheidung**, ist gerichtlich zu überprüfen, ob die angegebenen außerbetrieblichen Ursachen vorliegen und ob durch letztere das Beschäftigungsbedürfnis für den gekündigten Arbeitnehmer entfallen ist (BAG v. 15.6.1989 – 2 AZR 600/88, NZA 1990, 65). 2848

„Behauptet der Arbeitgeber, bereits außerbetriebliche Gründe allein hätten ein Bedürfnis für eine Weiterbeschäftigung entfallen lassen, bindet der Arbeitgeber sich also selbst an diese von ihm so gesehenen

Sachzwänge, so hat das Gericht nachzuprüfen, ob zum Zeitpunkt des Kündigungsausspruches feststand, zum Zeitpunkt des Kündigungstermins sei eine Beschäftigungsmöglichkeit für den gekündigten Arbeitnehmer nicht mehr gegeben. [...] Wenn sich der Umfang der Tätigkeit einer Gruppe oder einer bestimmten Anzahl von Arbeitnehmern proportional zum Absatz der gefertigten Erzeugnisse verhält, so genügt der Arbeitgeber seiner Vortragslast, wenn er die Richtigkeit des Berechnungsmodus so darlegt, dass aus der Verringerung des Umsatzes auf die Veränderung der Beschäftigungsmöglichkeiten geschlossen werden kann." (BAG v. 15.6.1989 – 2 AZR 600/88, NZA 1990, 65, 66)

2849 **Inhaltlich** überprüft es in ständiger Rechtsprechung die Unternehmerentscheidung nur darauf, dass sie nicht offenbar unsachlich, unvernünftig oder willkürlich ist.

„Für eine beschlossene und tatsächlich durchgeführte unternehmerische Organisationsentscheidung spricht die Vermutung, dass sie aus sachlichen Gründen erfolgt ist und nicht auf Rechtsmissbrauch beruht. [...] Deshalb hat im Kündigungsschutzprozess grundsätzlich der Arbeitnehmer die Umstände darzulegen und im Streitfall zu beweisen, aus denen sich ergeben soll, dass die Maßnahme offensichtlich unsachlich, unvernünftig oder willkürlich ist [...]. Dabei zielt die Überprüfung der unternehmerischen Entscheidung durch das Gericht weder darauf ab, dem Arbeitgeber organisatorische Vorgaben zu machen, noch darf sie dazu dienen, die Stichhaltigkeit der Erwägungen zu prüfen, die den Arbeitgeber gerade zu dem von ihm gewählten Konzept geführt haben. Es geht in diesem Zusammenhang allein um die Verhinderung von Missbrauch [...]. Verstöße gegen gesetzliche und tarifliche Normen [...] sollen genauso verhindert, wie Diskriminierung und Umgehungsfälle vermieden werden. Deshalb ist es z.B. missbräuchlich, einen Arbeitnehmer durch die Bildung separater betrieblicher Organisationsstrukturen bei unverändertem Beschäftigungsbedarf aus dem Betrieb zu drängen [...] oder abstrakte Änderungen von Organisationsstrukturen, denen keine tatsächliche Änderung der realen Abläufe zugrunde liegt, zu benutzen, um den Inhalt von Arbeitsverhältnissen zum Nachteil von Arbeitnehmern zu ändern oder Arbeitsverhältnisse zu beenden." (BAG v. 27.1.2011 – 2 AZR 9/19, NZA 2011, 1248 zu einer nicht zu beanstandenden Entscheidung zur Verkleinerung eines Orchesters wegen wirtschaftlicher Schwierigkeiten)

e) Kausaler Wegfall der Beschäftigungsmöglichkeit

2850 Weitere Voraussetzung für die soziale Rechtfertigung einer betriebsbedingten Kündigung ist, dass die (gestaltende oder selbstbindende) Unternehmerentscheidung kausal zum Wegfall von Beschäftigungsmöglichkeiten führt. Das kann sie nur dann, wenn sie nicht nur getroffen, sondern auch **umgesetzt** wird. Nach der Rechtsprechung des BAG müssen die geplanten Maßnahmen „greifbare Formen" angenommen haben (BAG v. 20.6.2013 – 6 AZR 805/11, NZA 2013, 1137 Rz. 47).

2851 Eine Beschäftigungsmöglichkeit fällt nicht nur dann weg, wenn die veränderten betrieblichen Verhältnisse den Wegfall des konkreten Arbeitsplatzes des gekündigten Arbeitnehmers bedingen. Es genügt vielmehr, dass ein **rechnerischer Überhang an Arbeitskräften** entstanden ist, durch den unmittelbar oder mittelbar das Bedürfnis zur Weiterbeschäftigung eines oder mehrerer Arbeitnehmer entfallen ist (BAG v. 30.5.1985 – 2 AZR 321/84, NZA 1986, 155).

2852 Entscheidend ist also die **Verringerung des Personalbedarfs**, der sich prozentual auf eine bestimmte Gruppe von Arbeitnehmern niederschlägt, zu der auch der gekündigte Arbeitnehmer gehört. Wie der verringerte Personalbedarf innerhalb dieser Gruppe zu verteilen ist, ist eine Frage der Sozialauswahl nach § 1 Abs. 3 KSchG. Daher kann eine Kündigung z.B. auch dann als betriebsbedingte sozial gerechtfertigt sein, wenn nicht die Planstelle des entlassenen Arbeitnehmers infolge Wegfalls der Drittmittelfinanzierung vom Arbeitgeber gestrichen wird, sondern die eines sozial schutzwürdigeren Kollegen, für den der Arbeitgeber einen Arbeitsplatz freimachen will, wenn zwischen beiden eine Sozialauswahl stattzufinden hat (LAG Köln v. 7.4.1995 – 13 Sa 1258/94, NZA-RR 1996, 46).

2853 Erforderlich ist jedoch, dass sich aus der gestaltenden unternehmerischen Entscheidung bzw. den außerbetrieblichen Ursachen der selbstbindenden Unternehmerentscheidung eine Verringerung des Personalbedarfs ergibt. Daher ist die **Kündigungserklärung selbst keine unternehmerische Ent-**

scheidung, da sie sich ohne weitere Umsetzungsakte nicht auf den Fortbestand der Beschäftigungsmöglichkeiten auswirkt. Dasselbe gilt für den bloßen **Entschluss, die Lohnkosten zu senken** (BAG v. 20.3.1986 – 2 AZR 294/85, NZA 1986, 824, 825; Rz. 2861).

Ebenso wenig ist eine betriebsbedingte Kündigung zulässig, wenn sie nicht auf eine Verringerung des Personalbestands gerichtet ist, sondern lediglich der Vertragspartner ausgewechselt werden soll. So hat das BAG eine **unzulässige Austauschkündigung** beispielsweise darin gesehen, dass der Arbeitgeber an Stelle der bisher bei ihm beschäftigten Arbeitnehmer sozial schutzbedürftigere Arbeitslose einstellen will (BAG v. 13.3.1987 – 7 AZR 724/85, NZA 1987, 629, 632). Gleiches gilt, wenn der Arbeitgeber sein bisheriges Personal entlässt, um zukünftig Arbeitnehmer nach ausländischem Recht zu beschäftigen und durch die Loslösung vom deutschen Arbeits- und Sozialrecht Lohnkosten zu sparen (BAG v. 26.9.1996 – 2 AZR 200/96, NZA 1997, 202). Weitaus problematischer gestalten sich jedoch Fälle, in denen die Kündigung nicht auf den Austausch der Person des Vertragspartners, sondern auf eine Änderung des Vertragstyps gerichtet ist. So räumt das BAG dem Arbeitgeber unter Berufung auf die Freiheit der unternehmerischen Entscheidung die Möglichkeit ein, ein Arbeitsverhältnis zu kündigen, um den Arbeitnehmer künftig als freien Mitarbeiter zu beschäftigen (BAG v. 31.7.2014 – 2 AZR 422/13, NZA 2015, 101 Rz. 41; BAG v. 13.3.2008 – 2 AZR 1037/06, NZA 2008, 878; BAG v. 9.5.1996 – 2 AZR 438/95, NZA 1996, 1145). Sogar die „Umwandlung" eines Arbeitsverhältnisses in eine bloße ehrenamtliche Mitarbeit wurde als Unternehmerentscheidung akzeptiert (vgl. BAG v. 18.9.2008 – 2 AZR 560/07, NZA 2009, 142, 144). Dem ist entgegenzuhalten, dass durch die Unternehmerentscheidung gar kein verringerter Personalbedarf eintritt (zur Kritik ausf. *Preis* FS Bauer, 827). Die entscheidende Grenzlinie zieht das BAG aber in vertretbarer Weise dort, wo der Arbeitgeber nicht vollständig auf sein Direktionsrecht verzichtet. Behält er weiter das Direktionsrecht, liegt eine unzulässige Austauschkündigung vor. Verlagert er die Tätigkeiten **zur selbstständigen Durchführung** auf ein anderes Unternehmen, wird die betriebsbedingte Kündigung nicht beanstandet (BAG v. 16.12.2004 – 2 AZR 66/04, NZA 2005, 761, 763). 2854

Maßgeblicher Zeitpunkt für die Beurteilung der Rechtswirksamkeit der Kündigung ist stets der **Zeitpunkt des Zugangs der Kündigungserklärung**. Entscheidend ist also, dass aufgrund einer **Prognose** zu diesem Datum feststand, dass der Arbeitsplatz spätestens mit Ablauf der Kündigungsfrist wegfallen würde. 2855

3. Ultima-Ratio-Prinzip

Die auf die Missbrauchskontrolle beschränkte Überprüfung organisatorischer Unternehmerentscheidungen macht es nicht entbehrlich, jedenfalls gerichtlich zu prüfen, ob die Organisationsänderung eine Beendigungs- oder Änderungskündigung unvermeidbar macht, oder ob das geänderte unternehmerische Konzept nicht auch durch andere Maßnahmen verwirklicht werden kann (BAG v. 18.1.1990 – 2 AZR 183/89, NZA 1990, 734). Die Kündigung muss als mildestes in Betracht kommendes Mittel erforderlich sein. 2856

Neben den allgemeinen milderen Mitteln, die bei jeder Kündigung zu beachten sind (Rz. 2782) können auf der Basis des § 1 Abs. 2 S. 1 KSchG u.U. noch spezifische mildere Mittel vorrangig anwendbar sein. **Arbeitsstreckung** und **Kurzarbeit** sind nur dann geeignet, die betriebsbedingte Kündigung zu vermeiden, wenn lediglich ein vorübergehender Arbeitsmangel besteht. Werden im Zeitpunkt einer betriebsbedingten Kündigung noch **Überstunden** geleistet oder **betriebsfremde Leiharbeitnehmer** beschäftigt, kann eine betriebsbedingte Kündigung unwirksam sein, da hierin ein offenkundiger Personalbedarf zum Ausdruck kommt. 2857

Hingegen ist eine Beendigungskündigung **nicht** deshalb sozialwidrig, weil der Arbeitgeber den notwendigen Abbau von Beschäftigungskapazitäten auch durch eine **Arbeitszeitverkürzung für alle Arbeitnehmer** hätte erreichen können. Da der Umfang der Arbeitszeit wegen der Auswirkungen auf die Höhe der Vergütung dem Direktionsrecht des Arbeitgebers entzogen ist, erfordert eine allgemeine Verkürzung der Arbeitszeit eine Änderung der Arbeitsverträge der übrigen Arbeitnehmer. Das Ulti- 2858 ma-Ratio-Prinzip findet jedoch nur im Zwei-Personen-Verhältnis zwischen Arbeitgeber und gekündigtem Arbeitnehmer Anwendung und ermächtigt nicht zu Eingriffen in die Rechte Dritter. Daher ist der Arbeitgeber zwar berechtigt, aufgrund einer entsprechenden gestaltenden Unternehmerentscheidung mehrere Änderungskündigungen statt einer Beendigungskündigung auszusprechen, doch verpflichtet ist er zu einer solchen Maßnahme nicht (vgl. BAG v. 19.5.1993 – 2 AZR 584/92, NZA 1993, 1075, 1077).

2859 Besondere Probleme ergeben sich dann, wenn in verschiedenen Betrieben eines Unternehmens Arbeitsplätze wegfallen und nur wenige betroffene Arbeitnehmer auf einem freien Arbeitsplatz weiterbeschäftigt werden können. Nach Auffassung des BAG hat der Arbeitgeber bei der Besetzung des freien Arbeitsplatzes (§ 1 Abs. 2 S. 2 Nr. 1b KSchG) die sozialen Belange der betroffenen Arbeitnehmer nach § 315 BGB mit zu berücksichtigen (BAG v. 15.12.1994 – 2 AZR 320/94, NZA 1995, 413, 416). Im Ergebnis kommt dies einer **analogen Anwendung des** § 1 Abs. 3 KSchG gleich.

2860 Der Betriebsrat kann der Versetzung eines Arbeitnehmers auf einen der freien Arbeitsplätze gemäß § 99 Abs. 2 Nr. 3 BetrVG widersprechen, wenn er bei der Auswahl des Beschäftigten **soziale Belange nicht hinreichend berücksichtigt** sieht (BAG v. 30.8.1995 – 1 ABR 11/95, NZA 1996, 496, 497).

4. Dringlichkeit des betrieblichen Erfordernisses

2861 Die betrieblichen Erfordernisse müssen nach dem Gesetzeswortlaut „dringend" sein und eine Kündigung im Interesse des Betriebs unvermeidbar machen.

„Eine Kündigung ist nur dann i.S.d. § 1 II KSchG durch ‚dringende' betriebliche Erfordernisse ‚bedingt', wenn es dem Arbeitgeber nicht möglich ist, dem bei Ausspruch der Kündigung absehbaren Wegfall des bisherigen Beschäftigungsbedarfs durch andere Maßnahmen – technischer, organisatorischer oder wirtschaftlicher Art – als durch eine Beendigung des Arbeitsverhältnisses zu entsprechen [...]. Die Merkmale der ‚Dringlichkeit' und des ‚Bedingtseins' der Kündigung sind Ausdruck des Grundsatzes der Verhältnismäßigkeit. Er gebietet dem Arbeitgeber, vor einer Beendigungskündigung dem Arbeitnehmer von sich aus eine mögliche anderweitige Beschäftigung auf einem freien Arbeitsplatz, gegebenenfalls zu geänderten (gleichwertigen oder schlechteren) Bedingungen, anzubieten." (BAG v. 26.3.2015 – 2 AZR 417/14, NZA 2015, 1083 Rz. 26)

2862 Diese Überlegungen überschneiden sich mit den Kriterien, die im Rahmen des Ultima-Ratio-Prinzips zu berücksichtigen sind. Eigenständige Bedeutung kommt dem Gesichtspunkt der „Dringlichkeit" der betrieblichen Erfordernisse daher nicht in allen Fällen zu. Unter dem Stichwort der „Dringlichkeit" werden insbesondere diejenigen Fallkonstellationen diskutiert, in denen die Unternehmerentscheidung weder auf außerbetrieblichen Ursachen beruht, noch auf qualitative Änderungen des Betriebsablaufs gerichtet ist, sondern allein **Rentabilitätsinteressen** des Arbeitgebers dient. So ist denkbar, dass ein Arbeitgeber Beendigungskündigungen aussprechen will, weil das unveränderte Arbeitsvolumen zukünftig von einer geringeren Zahl von Arbeitnehmern mit erhöhtem Einsatz erledigt werden soll (sog. Kündigung zur Leistungsverdichtung). Das BAG verlangt dazu ein nachvollziehbares Konzept und die Darlegung, dass der zu kündigende Arbeitnehmer nicht ausgelastet ist sowie dass die Arbeitnehmer, auf die der Arbeitgeber Aufgaben verlagern will, nicht überobligationsmäßig in Anspruch genommen werden (BAG v. 17.6.1999 – 2 AZR 456/98, NZA 1999, 1157, 1160).

2863 Das Merkmal der „Dringlichkeit" verleiht dem Interesse des Arbeitnehmers am Fortbestand seines Arbeitsverhältnisses zusätzliches Gewicht und ermöglicht der Rechtsprechung, die Nachhaltigkeit des Kündigungsinteresses zu prüfen. Im praktischen Ergebnis vollzieht dies die Rechtsprechung auch, wenn sie verlangt, dass das **Kündigungsinteresse von Dauer** sein muss, um die Beendigungskündigung zu rechtfertigen.

„Diese Unternehmerentscheidung ist hinsichtlich ihrer organisatorischen Durchführbarkeit und hinsichtlich des Begriffs ‚Dauer' zu verdeutlichen [...] Was vorliegend mit dem Begriff ‚auf Dauer' gemeint sein soll, ist schon deshalb klarzustellen, um dem Gericht eine Prüfung zu ermöglichen, ob nur eine vorüber-

II. Voraussetzungen der Kündigung | Rz. 2868 § 62

gehende Personalmaßnahme geplant ist, die an sich eine Überbrückung des Zustandes unter Beibehaltung der Beschäftigungssituation zulässt." (BAG v. 17.6.1999 – 2 AZR 456/98, NZA 1999, 1157, 1160)

Ob die betriebsbedingte Kündigung Rentabilitätserfordernisse voraussetzt, ist eine äußerst umstrittene Frage (hierzu *SPV/Preis* Rz. 926). Wenn auch eine Unternehmerentscheidung, die aus Kostengesichtspunkten getroffen wird, in aller Regel sachlich gerechtfertigt ist, so fehlt es doch bei einem Personalabbau ohne erkennbares unternehmerisches Konzept trotz jahrelang kontinuierlich herausragender Gewinnsteigerungen an dem Merkmal der Dringlichkeit. Die **Gewinnmaximierung** kann aber das Motiv für eine nachvollziehbare, betrieblich-organisatorisch umgesetzte Unternehmerentscheidung sein, weshalb eine Kündigung zwar nicht allein mit der Gewinnsteigerung begründet werden kann, sich im Ergebnis aber auch nicht verhindern lässt. 2864

5. Sozialauswahl (§ 1 Abs. 3 KSchG)

Soll von mehreren Arbeitnehmern, die unter betrieblichen Gesichtspunkten gleichermaßen für eine Kündigung in Betracht kommen, nur einem oder einigen gekündigt werden, so muss die Auswahl der zu kündigenden Arbeitnehmer nach sozialen Gesichtspunkten erfolgen (§ 1 Abs. 3 S. 1 KSchG). Es soll derjenige gekündigt werden, der sozial am wenigsten schutzwürdig ist. Die Grundsätze der Sozialauswahl, nach denen die Schutzwürdigkeit der einzelnen Arbeitnehmer festgelegt wird, sind in der Vergangenheit mehrfach geändert worden. Im Folgenden wird nur die seit dem 1.1.2004 gültige Rechtslage behandelt. 2865

Die Prüfung, ob die vom Arbeitgeber vorgenommene Sozialauswahl fehlerfrei ist, vollzieht sich in folgenden Schritten (ausf. hierzu SPV/*Preis* Rz. 1030 ff.): 2866

– Zunächst ist der **auswahlrelevante Personenkreis** (vergleichbare Arbeitnehmer des betroffenen Betriebs) zu bestimmen.

– Sodann ist zu prüfen, ob die **vier sozialen Kernkriterien** (Dauer der Betriebszugehörigkeit, Lebensalter, Unterhaltspflichten, Schwerbehinderung) berücksichtigt und – unter Beachtung des Wertungsspielraums des Arbeitgebers – korrekt gewichtet worden sind (§ 1 Abs. 3 S. 1 KSchG).

– Weiterhin ist zu untersuchen, ob bestimmte Arbeitnehmer von der Sozialauswahl auszunehmen sind, weil ihre **Weiterbeschäftigung im berechtigten betrieblichen Interesse liegt**, insbesondere wegen ihrer Kenntnisse, Fähigkeiten und Leistungen oder zur Sicherung einer ausgewogenen Personalstruktur des Betriebs (§ 1 Abs. 3 S. 2 KSchG).

– Schließlich ist zu prüfen, ob die Kündigung sozial ungerechtfertigt ist, weil sie gegen eine **Auswahlrichtlinie** i.S.d. § 95 BetrVG (die den Anforderungen des § 1 Abs. 4 KSchG entspricht) verstößt und ggf. der Betriebsrat form- und fristgerecht widersprochen hat (§ 1 Abs. 2 S. 2 Nr. 1a KSchG).

a) Bestimmung des auswahlrelevanten Personenkreises (1. Stufe)

aa) Bezugsrahmen der Sozialauswahl

Die Sozialauswahl erstreckt sich **nur auf den Betrieb**, also nicht auf das Unternehmen oder gar den Konzern (BAG v. 22.5.1986 – 2 AZR 612/85, NZA 1987, 125). 2867

Dies führt allerdings dazu, dass bei Vorliegen eines gemeinsamen Betriebs zweier Unternehmen anlässlich einer betriebsbedingten Kündigung die Sozialauswahl zwischen den Arbeitnehmern des Gemeinschaftsbetriebs, die unterschiedlichen Unternehmen angehören, zu erfolgen hat (vgl. BAG v. 13.9.1995 – 2 AZR 954/94, NZA 1996, 307, 308). Das gilt aber dann nicht, wenn der Gemeinschaftsbetrieb aufgelöst wurde oder kraft bereits getroffener Unternehmerentscheidung einer der Betriebe stillgelegt wird (BAG v. 24.2.2005 – 2 AZR 214/02, NZA 2005, 867, 869; BAG v. 21.5.2008 – 8 AZR 84/07, NZA 2008, 753, 755). 2868

2869 Auch kann die Sozialauswahl nicht auf einen Betriebsteil beschränkt werden. Eine derartige Beschränkung wird bisweilen aufgrund der Funktion der Sozialauswahl gefordert. Diese liegt in der personellen Konkretisierung der kündigungsbegründenden Unternehmerentscheidung, die sich ihrem Inhalt nach jedoch regelmäßig nur auf einen bestimmten Betriebsteil bezieht. Die Sozialauswahl soll mithin nur zwischen den Arbeitnehmern stattfinden, die unmittelbar von dem zur Kündigung führenden Ereignis betroffen sind (vgl. *Wank* RdA 1987, 129). Dem ist jedoch entgegenzuhalten, dass der mögliche Tätigkeitsbereich der Arbeitnehmer im Regelfall nicht auf diese Betriebsabteilung begrenzt sein wird, sondern der Arbeitgeber durch Ausübung seines Direktionsrechts festlegt, in welchem Betriebsteil der Arbeitnehmer eingesetzt wird. Damit ist es letztendlich Zufall, in welcher Abteilung der Arbeitnehmer im Zeitpunkt der Kündigungserklärung gerade beschäftigt ist (vgl. BAG v. 5.5.1994 – 2 AZR 917/93, NZA 1994, 1023).

bb) Qualitative Bestimmung des auswahlrelevanten Personenkreises

2870 Die soziale Auswahl nach § 1 Abs. 3 S. 1 KSchG erstreckt sich innerhalb des Betriebs nur auf Arbeitnehmer, die miteinander verglichen werden können. Bei der sozialen Auswahl handelt es sich um eine **Auswahlentscheidung zwischen konkurrierenden arbeitsvertraglichen Beschäftigungsansprüchen.** Die Vergleichbarkeit setzt voraus, dass der Arbeitnehmer, dessen konkreter Arbeitsplatz weggefallen ist, die Arbeit eines anderen Arbeitnehmers, dessen Arbeitsplatz noch besteht, übernehmen kann. Das BAG unterscheidet die „qualifikationsbezogene" und die „arbeitsvertragliche" Austauschbarkeit.

2871 *„Nach der ständigen Rechtsprechung des Senats bestimmt sich der Kreis der in die soziale Auswahl einzubeziehenden vergleichbaren Arbeitnehmer in erster Linie nach arbeitsplatzbezogenen Merkmalen, also zunächst nach der ausgeübten Tätigkeit. Dies gilt nicht nur bei einer Identität der Arbeitsplätze, sondern auch dann, wenn der Arbeitnehmer auf Grund seiner Tätigkeit und Ausbildung eine andersartige, aber gleichwertige Tätigkeit ausführen kann. Die Notwendigkeit einer kurzen Einarbeitungszeit steht einer Vergleichbarkeit nicht entgegen ('qualifikationsmäßige Austauschbarkeit' [...]). An einer Vergleichbarkeit fehlt es jedoch, wenn der Arbeitgeber den Arbeitnehmer auf Grund des zugrunde liegenden Arbeitsvertrags nicht einseitig auf den anderen Arbeitsplatz um- oder versetzen kann ('arbeitsvertragliche Austauschbarkeit' [...])."* (BAG v. 5.6.2008 – 2 AZR 907/06, NZA 2008, 1120)

2872 Für die **arbeitsvertragliche Austauschbarkeit** ist entscheidend, dass in die Sozialauswahl nur solche Arbeitnehmer einzubeziehen sind, auf deren Arbeitsplätze der Arbeitgeber den kündigungsbedrohten Arbeitnehmer allein durch Ausübung des arbeitgeberseitigen **Direktionsrechts** versetzen kann. Maßgeblich hierfür ist zum einen der Arbeitsvertrag des Arbeitnehmers. Wäre hingegen eine Änderungskündigung erforderlich, so schließt dies die Vergleichbarkeit aus. Das bedeutet im praktischen Ergebnis: Je enger das Direktionsrecht im Arbeitsvertrag eingeschränkt ist, umso eher fehlt es an der Vergleichbarkeit. Je weiter das Direktionsrecht, umso größer wird der Kreis vergleichbarer Arbeitnehmer.

Fallbeispiel: Arbeitnehmerin A arbeitet bei der Zeitschrift „S" eines großen Verlagshauses. Laut Arbeitsvertrag ist A *„Layouterin im Ressort Layout der Redaktion 'S' und kann für alle im Rahmen der Redaktion anfallenden Layout-Aufgaben eingesetzt werden"*. Der Verlag stellt die Zeitschrift „S" ein und kündigt A wie allen Redaktionsmitgliedern ohne vorherige Sozialauswahl betriebsbedingt. A macht geltend, dass sie in einer Redaktion einer anderen Zeitschrift des Verlags arbeiten könne und der Arbeitgeber daher eine Sozialauswahl mit den Layoutern und Layouterinnen in diesen Redaktionen hätte durchführen müssen. Trifft das zu?

Lösung: Grundsätzlich ist die Sozialauswahl betriebsbezogen, also auch abteilungsübergreifend. Allerdings muss der kündigungsbedrohte Arbeitnehmer sowohl fachlich als auch arbeitsvertraglich auf den Arbeitsplätzen der Arbeitnehmer arbeiten können, die in die Sozialauswahl einbezogen werden („qualifikationsbezogene" und „arbeitsvertragliche Austauschbarkeit"). Selbst wenn A die fachlichen Fähigkeiten besitzt, als Layouterin auch in anderen Redaktionen zu arbeiten, war ihre Beschäftigung laut Arbeitsvertrag auf die Redaktion der Zeitschrift „S" beschränkt. Der Arbeitgeber kann sie also nicht wirksam mittels direktionsrechtlicher Weisung auf einen noch bestehenden Arbeitsplatz in einer anderen Redaktion versetzen. Somit fehlt es an der „arbeitsvertraglichen Austauschbarkeit" und es hätte keine Sozialauswahl stattfinden müssen (s. BAG v. 17.2.2000 – 2 AZR 142/99, NZA 2000, 822).

Zum anderen richtet sich die Vergleichbarkeit nach **qualifikationsbezogenen Gesichtspunkten**, insbesondere also dem **Anforderungsprofil** des Arbeitsplatzes, dessen Übernahme durch den unmittelbar betroffenen Arbeitnehmer in Rede steht. Ist die auf diesem Arbeitsplatz zu verrichtende Tätigkeit identisch mit der bisher von dem unmittelbar betroffenen Arbeitnehmer ausgeübten Tätigkeit, so ist die Vergleichbarkeit problemlos zu bejahen. Handelt es sich hingegen um eine nur partiell identische oder um eine andersartige Tätigkeit, so ist zu prüfen, ob der Arbeitnehmer, dessen Arbeitsplatz weggefallen ist, diese aufgrund seiner individuellen **Ausbildung** und seiner fachlichen **Qualifikation** übernehmen kann (BAG v. 29.3.1990 – 2 AZR 369/89, NZA 1991, 181, 184). Nach der Rechtsprechung des BAG richtet sich die Vergleichbarkeit der in die soziale Auswahl einzubeziehenden Arbeitnehmer in erster Linie nach arbeitsplatzbezogenen Merkmalen und somit nach der bislang ausgeübten Tätigkeit. Es ist zu prüfen, ob der Arbeitnehmer, dessen Arbeitsplatz weggefallen ist, die Funktion des anderen Arbeitnehmers wahrnehmen kann. Dies ist nicht nur bei Identität des Arbeitsplatzes, sondern auch dann der Fall, wenn der Arbeitnehmer aufgrund seiner Fähigkeit und Ausbildung eine andersartige, aber gleichwertige Tätigkeit ausführen kann. (BAG v. 29.3.1990 – 2 AZR 369/89, NZA 1991, 181, 183). Erforderlich ist in diesem Falle eine alsbaldige Substituierbarkeit, an der es fehlt, wenn der unmittelbar betroffene Arbeitnehmer eine nicht unerhebliche Einarbeitungszeit benötigt (BAG v. 5.5.1994 – 2 AZR 917/93, NZA 1994, 1023, 1025). 2873

Ob der Arbeitnehmer die handwerklich-technischen Fähigkeiten zur Ausübung bestimmter Tätigkeiten oder andere berufliche Kenntnisse, die ggf. durch eine entsprechende Berufsausbildung oder Zusatzausbildungen nachweisbar sind, besitzt (sog. tätigkeitsbezogene Anforderungen), ist im Rahmen der Vergleichbarkeit zu prüfen. Das **Vorliegen eines Berufsabschlusses** ist für die Vergleichbarkeit nur maßgeblich, wenn der fehlende Berufsabschluss einer Austauschbarkeit des betreffenden Arbeitnehmers mit einem Arbeitnehmer mit Berufsabschluss auch tatsächlich oder vertraglich entgegensteht. Werden aber nach dem Organisationskonzept des Arbeitgebers Arbeitnehmer mit und ohne abgeschlossene Berufsausbildung für die gleiche Tätigkeit eingesetzt, so sind sie regelmäßig auch miteinander vergleichbar. 2874

Der Vergleich vollzieht sich insoweit stets auf derselben **Ebene der Betriebshierarchie** (sog. horizontale Vergleichbarkeit; BAG v. 7.2.1985 – 2 AZR 91/84, NZA 1986, 260). Eine „vertikale Vergleichbarkeit" ist dagegen nicht angezeigt (BAG v. 29.3.1990 – 2 AZR 269/89, NZA 1991, 181, 184). 2875

„Der Arbeitgeber ist nach § 1 Abs. 3 S. 1 KSchG nicht verpflichtet, einem sozial schutzwürdigeren Arbeitnehmer eine Weiterbeschäftigung zu geänderten (günstigeren oder ungünstigeren) Bedingungen anzubieten, um für ihn durch Kündigung eines anderen, sozial bessergestellten Arbeitnehmers, mit dem der Gekündigte erst durch die Vertragsänderung vergleichbar wird, eine Beschäftigungsmöglichkeit zu schaffen." (BAG v. 29.3.1990 – 2 AZR 269/89, NZA 1991, 181)

Insoweit können sich auch Beförderungen des Arbeitnehmers nachteilig auswirken, weil er mit der Übertragung der Führungsposition nicht mehr mit den (zahlreicheren) Arbeitnehmern auf der unteren Hierarchieebene vergleichbar ist (BAG v. 17.9.1998 – 2 AZR 725/97, NZA 1998, 1332). 2876

„Wurde einem Arbeitnehmer unter Abänderung seines Arbeitsvertrags die Leitung eines konkreten Arbeitsbereichs übertragen und kündigt der Arbeitgeber später betriebsbedingt, weil dieser Arbeitsbereich wegfällt, so sind die ehemals vergleichbaren, ohne Leitungsfunktion in anderen Arbeitsbereichen beschäftigten Arbeitnehmer in der Regel nicht in die soziale Auswahl einzubeziehen." (BAG v. 17.9.1998 – 2 AZR 725/97, NZA 1998, 1332)

Arbeitnehmer, die **besonderen gesetzlichen Kündigungsschutz** genießen, wie beispielsweise werdende Mütter, Arbeitnehmer in Eltern- oder Pflegezeit, schwerbehinderte Arbeitnehmer, Auszubildende und betriebsverfassungsrechtliche Funktionsträger (Rz. 2627), sind nicht in die Sozialauswahl einzubeziehen (BAG v. 21.4.2005 – 2 AZR 241/04, NZA 2005, 1307, 1309). Gleiches gilt für Arbeitnehmer, die durch eine **einzel- oder tarifvertragliche** Vereinbarung gegen ordentliche arbeitgeberseitige Kündigungen geschützt sind. **Befristet Beschäftigte** fallen nur dann in den Kreis der potentiellen Kündigungsadressaten, wenn in ihrem Arbeitsvertrag eine ordentliche Kündigungsmöglichkeit vorgesehen ist. 2877

b) Ausreichende Berücksichtigung der sozialen Gesichtspunkte (2. Stufe)

aa) Prüfung der einzelnen Sozialkriterien

2878 Nach § 1 Abs. 3 S. 1 KSchG muss der Arbeitgeber bei seiner Auswahlentscheidung

- die Dauer der **Betriebszugehörigkeit**,
- das **Lebensalter**,
- die **Unterhaltspflichten** und
- die **Schwerbehinderung** des Arbeitnehmers

berücksichtigen.

2879 Mit dem Begriff der **Betriebszugehörigkeit** ist – anders als der Wortsinn dies nahe legt – die Unternehmenszugehörigkeit, also der **ununterbrochene Bestand des Arbeitsverhältnisses** gemeint. Vorangegangene Beschäftigungszeiten sind nicht nur im Falle des Betriebsübergangs (Rz. 3446) zu berücksichtigen, sondern auch dann, wenn diese Zeiten auf die Wartezeit des § 1 Abs. 1 KSchG angerechnet werden müssten (Rz. 2746) oder eine entsprechende Anrechnung vertraglich vereinbart ist.

2880 Das **Lebensalter** gehört zwar zu den Kernkriterien der Sozialauswahl, ihm muss aber neben der Betriebszugehörigkeit keine ausschlaggebende Bedeutung zukommen. Das Lebensalter zu gewichten, beinhaltet die Gefahr, die Jüngeren oder je nachdem auch die Älteren zu benachteiligen. Die Einbeziehung des Alters als Kriterium der sozialen Auswahl stellt allerdings **keine unzulässige unmittelbare Diskriminierung auf Grund des Alters** gemäß Art. 2 Nr. 2 lit. a der RL 2000/78/EG dar (BAG v. 5.11.2009 – 2 AZR 676/08, NZA 2010, 457, 459). Gemäß Art. 6 Abs. 1 RL 2000/78/EG sind Ungleichbehandlungen auf Grund des Alters nämlich dann keine unmittelbare Diskriminierung, wenn sie durch ein legitimes, insbesondere beschäftigungs- oder arbeitsmarktpolitisches Ziel, objektiv gerechtfertigt sind und das Mittel zur Erreichung des Zweckes angemessen und erforderlich ist. Das kann für den Fall des § 1 Abs. 3 KSchG bejaht werden, da die Berücksichtigung des Lebensalters den arbeitsmarkttypischen Besonderheiten einer nachteiligen Chance älterer Arbeitnehmer ein anderweitiges dauerhaftes Ersatzeinkommen zu erzielen, Rechnung trägt (BAG v. 27.4.2017 – 2 AZR 67/16, NZA 2017, 902; vgl. auch *Preis* NZA 2006, 401, 409; BAG v. 6.11.2008 – 2 AZR 523/07, NZA 2009, 361, 363; BAG v. 15.12.2011 – 2 AZR 42/10, DB 2012, 1445). Dennoch scheint die pauschale Wertung, dass jedenfalls Arbeitnehmer höheren Alters schwieriger einen Arbeitsplatz finden als jüngere, zweifelhaft. Richtigerweise ist § 1 Abs. 3 KSchG richtlinienkonform so auszulegen, dass dem **Alter kein zu großes Gewicht** beigemessen werden darf und ein Schematismus zu vermeiden ist. Es bietet sich an, Altersgruppen zu bilden, innerhalb derer dann eine Sozialauswahl stattfindet. So würde eine gleichmäßige, altersunabhängige Auswahl gewährleistet, da in jeder Gruppe, sprich jeder Altersklasse, Kündigungen ausgesprochen werden, die innerhalb derselben aber dem Alter schon deswegen kein übermäßiges Gewicht beimessen können, weil es kaum Altersunterschiede gibt (so auch BAG v. 6.9.2007 – 2 AZR 387/06, NZA 2008, 405, 407; BAG v. 6.11.2008 – 2 AZR 523/07, NZA 2009, 361; BAG v. 15.12.2011 – 2 AZR 42/10, DB 2012, 1445).

2881 Die **Unterhaltsverpflichtungen** bestimmen sich nach den **familienrechtlichen Vorschriften** der §§ 1360 ff., 1569 ff., 1601 ff. BGB. Streitig ist, ob im Rahmen der Sozialauswahl auch Unterhaltsverpflichtungen gegenüber einem Ehepartner zu berücksichtigen sind, der aufgrund eigener Berufstätigkeit über ein hinreichendes eigenes Einkommen verfügt (zum Streitstand SPV/*Preis* Rz. 1088). Schließlich birgt die (richtige) Berücksichtigung der familienrechtlichen Unterhaltspflichten für die Sozialauswahl unkalkulierbare Untiefen, weshalb die Rechtsprechung sich auf die Position zurückzieht, dass der Arbeitgeber nur ihm bekannte Unterhaltsdaten berücksichtigen muss (BAG v. 17.1.2008 – 2 AZR 405/06, NZA-RR 2008, 571, 573). Der Arbeitgeber darf jedenfalls keine Sozialpunkte für die Wahrnehmung pflegerischer Aufgaben völlig losgelöst von einer bestehenden gesetzlichen Unterhaltspflicht geben (BAG v. 12.8.2010 – 2 AZR 945/08, NZA 2011, 460, 465). Die Loslösung von den gesetzlichen Unterhaltspflichten bzw. deren Nichtberücksichtigung macht die Sozialauswahl fehlerhaft.

Das Kriterium der **Schwerbehinderung** kann nur zur Geltung kommen, wenn der schwerbehinderte Arbeitnehmer überhaupt zum auswahlrelevanten Personenkreis gehört (Rz. 2870). Dies ist nicht der Fall, wenn die Voraussetzungen des Sonderkündigungsschutzes nach § 168 ff. SGB IX gegeben sind (Rz. 2632). Die Aufnahme dieses Kernkriteriums in § 1 Abs. 3 S. 1 KSchG dient somit dem sozialen Schutz von Arbeitnehmern, die zwar schwerbehindert sind (siehe § 2 Abs. 2 SGB IX), aber zum Kündigungszeitpunkt noch keinen Anerkennungsantrag beim Integrationsamt gestellt haben. 2882

§ 1 Abs. 3 S. 1 KSchG verlangt lediglich, dass der Arbeitgeber die vier Kernkriterien „ausreichend berücksichtigt". Solange das erfüllt ist, kann er darüber hinaus **weitere soziale Belange** berücksichtigen, muss es aber nicht. Allerdings kommen hier nur solche Kriterien in Betracht, die mit den im Gesetz aufgeführten in Zusammenhang stehen (BAG v. 29.1.2015 – 2 AZR 164/14, NZA 2015, 426 Rz. 12). Zu denken ist insbesondere an die Berücksichtigung von Berufskrankheiten oder im Betrieb erlittener unverschuldeter Arbeitsunfälle. Hingegen müssen Umstände, die keinen Bezug zum Arbeitsverhältnis aufweisen, wie z.B. die Belastung mit Mietkosten oder zurückzuzahlenden Schulden, außer Acht bleiben. Stets bedarf es einer **Einzelfallbetrachtung**. 2883

Auf Verlangen des Arbeitnehmers hat der Arbeitgeber dem Arbeitnehmer die Gründe anzugeben, die zu der getroffenen sozialen Auswahl geführt haben (§ 1 Abs. 3 S. 1 Hs. 2 KSchG). 2884

bb) Gewichtung der Sozialkriterien

Literatur: *Gaul/Lunk*, Gestaltungsspielraum bei Punkteschema zur betriebsbedingten Kündigung, NZA 2004, 184; *Rieble*, Der Entscheidungsspielraum des Arbeitgebers bei der Sozialauswahl nach § 1 Abs. 3 KSchG und seine arbeitsgerichtliche Kontrolle, NJW 1991, 65.

Die vier Kernkriterien müssen gewichtet werden. Dabei steht dem Arbeitgeber zwar kein Ermessens-, aber doch ein gewisser Wertungsspielraum zu, da § 1 Abs. 3 KSchG bereits seinem Wortlaut nach nur eine **„ausreichende" Berücksichtigung** der Sozialkriterien verlangt (BAG v. 18.10.1984 – 2 AZR 543/83, NZA 1985, 423, 425). Dieser Wertungsspielraum ist dann überschritten und die Sozialauswahl fehlerhaft, wenn der Arbeitgeber eines der Kernkriterien i.S.d. § 1 Abs. 3 S. 1 KSchG nicht berücksichtigt oder die Gewichtung jede Ausgewogenheit vermissen lässt (anderenfalls ist die Sozialauswahl sogar grob fehlerhaft, BAG v. 2.12.1999 – 2 AZR 757/98, NZA 2000, 531). Durch die Einbeziehung zusätzlicher sozialer Umstände darf kein Kernkriterium verdrängt werden. 2885

Über die Gewichtung der Kriterien enthält das Gesetz keine Aussage. Das BAG betont, dass dem Arbeitgeber bei der Gewichtung der Sozialkriterien ein Wertungsspielraum zukomme. 2886

„Keinem Kriterium kommt eine Priorität gegenüber den anderen zu. Vielmehr sind stets die individuellen Unterschiede zwischen den vergleichbaren Arbeitnehmern und deren ‚Sozialdaten' zu berücksichtigen und abzuwägen. Dabei braucht der Arbeitgeber nicht die ‚bestmögliche' Sozialauswahl vorgenommen zu haben. Ebenso wenig ist entscheidend, ob das ArbG dieselbe Auswahl getroffen hätte, wenn es eigenverantwortlich die sozialen Erwägungen hätte anstellen und die sozialen Grunddaten hätte gewichten müssen. Der dem Arbeitgeber einzuräumende Wertungsspielraum führt dazu, dass nur deutlich schutzwürdigere Arbeitnehmer sich mit Erfolg auf einen Auswahlfehler berufen können" (BAG v. 29.1.2015 – 2 AZR 164/14, NZA 2015, 426 Rz. 11; so auch BAG v. 18.9.2018 – 9 AZR 20/18, BeckRS 2018, 35619).

Das Kriterium des **Lebensalters** darf jedenfalls wegen des Verbots der Altersdiskriminierung nur in dem Maße gewichtet werden, wie es auch einen sachlichen Grund für seine Verwendung gibt. Es darf nicht zum ausschlaggebenden Element einer Sozialauswahl werden (Rz. 2880). 2887

Der Arbeitgeber kann für die Gewichtung der sozialen Gesichtspunkte ein **Punkteschema** verwenden. Das BAG verlangt dabei zu Recht keine individuelle Abschlussprüfung (mehr) (BAG v. 9.11.2006 – 2 AZR 812/05, NZA 2007, 549, 552). Eine aufgrund eines fehlerhaft erstellten Punkteschemas ausgesprochene Kündigung ist dann nicht unwirksam, wenn der gekündigte Arbeitnehmer auch bei ord- 2888 nungsgemäßer Sozialauswahl nicht schutzwürdig gewesen wäre (BAG v. 27.7.2017 – 2 AZR 476/16, NZA 2018, 234 Rz. 41; BAG v. 9.11.2006 – 2 AZR 812/05, NZA 2007, 549 Rz. 19).

c) Ausnahmen von der Sozialauswahl im berechtigten betrieblichen Interesse (3. Stufe)

2889 § 1 Abs. 3 S. 2 KSchG dient dem Schutz betrieblicher Belange des Arbeitgebers. Dieser Schutz war in der Vergangenheit unterschiedlich intensiv ausgestaltet. Die vor dem 1.10.1996 sowie von 1999 bis 2003 geltende Fassung ließ Ausnahmen von der Sozialauswahl nur zu, wenn „berechtigte betriebliche Bedürfnisse die Weiterbeschäftigung eines oder mehrerer bestimmter Arbeitnehmer bedingen und damit der Auswahl nach sozialen Gesichtspunkten entgegenstehen". Zum 1.1.2004 ist der Gesetzgeber zu der großzügiger anmutenden Fassung zurückgekehrt, die schon vom 1.10.1996 bis zum 31.12.1998 gegolten hatte. Danach genügt es bereits, wenn die Weiterbeschäftigung bestimmter Arbeitnehmer „im berechtigten betrieblichen Interesse liegt", um sie von der Sozialauswahl ausnehmen zu dürfen. Ob mit der geänderten Semantik ein erheblicher qualitativer Unterschied verbunden ist, wird allerdings bezweifelt.

2890 Jedenfalls hinsichtlich des Prüfungsaufbaus ergibt sich gegenüber § 1 Abs. 3 S. 2 KSchG a.F. keine Änderung. Dem Interesse des Arbeitgebers an einer möglichst leistungsfähigen Belegschaft kommt – anders, als es die Formulierung „sind ... nicht einzubeziehen" nahe legt – kein absoluter Vorrang zu. Ein Arbeitnehmer kann nur dann von der Sozialauswahl ausgenommen werden, wenn das betriebliche Interesse an seiner Weiterbeschäftigung „berechtigt" im Kontext des § 1 Abs. 3 KSchG ist. Daraus ergibt sich, dass eine Abwägung des betrieblichen Interesses mit den Belangen der sozial schwächeren Arbeitnehmer stattzufinden hat (BAG v. 12.4.2002 – 2 AZR 706/00, NZA 2003, 42). Um diese Interessenabwägung vornehmen zu können, muss zuvor die soziale Interessenlage geprüft werden (2. Stufe).

„Das Interesse des sozial schwächeren Arbeitnehmers ist im Rahmen des § 1 Abs. 3 S. 2 KSchG ... gegen das betriebliche Interesse an der Herausnahme des ‚Leistungsträgers' abzuwägen: Je schwerer dabei das soziale Interesse wiegt, umso gewichtiger müssen die Gründe für die Ausklammerung des Leistungsträgers sein." (BAG v. 12.4.2002 – 2 AZR 706/00, NZA 2003, 42, 43)

2891 Da die Berechtigung eines betrieblichen Interesses jeweils von der Differenz der sozialen Schutzwürdigkeit abhängt, lassen sich abstrakt allenfalls Mindestanforderungen aufstellen. So muss der Arbeitgeber die Ausnahme eines Arbeitnehmers von der Sozialauswahl auf konkrete Tatsachen stützen. Subjektive Einschätzungen des Arbeitgebers reichen nicht aus. Ebenso wenig genügen reine Nützlichkeitserwägungen (vgl. BAG v. 24.3.1983 – 2 AZR 21/82, NJW 1984, 78, 81).

2892 Besondere Kenntnisse, Fähigkeiten und Leistungen von Arbeitnehmern können ein betriebliches Interesse an ihrer Weiterbeschäftigung begründen. Hinsichtlich der „Kenntnisse" und „Fähigkeiten" ist zu beachten, dass es sich um Zusatzqualifikationen handeln muss, die nicht vom Anforderungsprofil des jeweiligen Arbeitsplatzes umfasst sind; anderenfalls würden entsprechende Arbeitnehmer schon nicht zum auswahlrelevanten Personenkreis gehören. Im berechtigten betrieblichen Interesse kann auch die Weiterbeschäftigung von erheblich leistungsstärkeren Arbeitnehmern liegen. Bereits nach altem Recht wurde zudem als ausreichend angesehen, wenn der Arbeitnehmer für künftige Führungsaufgaben vorgesehen ist (LAG Hamm v. 5.2.1987 – 10 Sa 1500/86, LAGE § 1 KSchG Soziale Auswahl Nr. 2).

2893 Überraschend großzügig hat das BAG ein „sonstiges betriebliches Interesse" bei einem Arbeitgeber der öffentlichen Hand (Kommune) auf Grund der Vielfalt ihrer gesetzlichen Aufträge anerkannt. So wurde eine teilzeitbeschäftigte Reinigungskraft im Kindergarten zur Leistungsträgerin, weil sie sich bei der „freiwilligen Feuerwehr" engagierte (BAG v. 7.12.2006 – 2 AZR 748/05, NZA-RR 2007, 460).

2894 Der Arbeitgeber darf sich nicht lediglich auf die „Nachteile" des zu kündigenden und sozial schutzwürdigen Arbeitnehmers zur Begründung seines berechtigten betrieblichen Interesses berufen. § 1 Abs. 3 S. 2 KSchG fördert keine Negativauswahl. Entscheidend ist vielmehr, ob der „Leistungsträger" dem Betrieb erhebliche Vorteile vermittelt. Eine Weiterbeschäftigung muss für den Betrieb von besonderer Bedeutung sein, dem Arbeitgeber also einen nicht unerheblichen Vorteil bringen, der bei einer regulären Sozialauswahl nicht zu erreichen wäre (so BAG v. 31.5.2007 – 2 AZR 306/06, NZA 2007, 1362).

„Die besonders hohe Krankheitsanfälligkeit eines Arbeitnehmers begründet bei der Sozialauswahl für sich noch kein berechtigtes betriebliches Interesse i.S.v. § 1 Abs. 3 S. 2 KSchG, einen anderen vergleichbaren und nach § 1 Abs. 3 S. 1 KSchG weniger schutzbedürftigen Arbeitnehmer weiterzubeschäftigen." (BAG v. 31.5.2007 – 2 AZR 306/06, NZA 2007, 1362)

Als betriebliches Interesse nennt § 1 Abs. 3 S. 2 KSchG ferner die **Sicherung** (nicht: Schaffung; anders: § 125 Abs. 1 S. 1 Nr. 2 InsO) **einer ausgewogenen Personalstruktur**. Hierbei ist vor allem die Altersstruktur von Bedeutung, die aufgrund der Berücksichtigung des „Lebensalters" als Auswahlkriterium i.S.d. § 1 Abs. 3 S. 1 KSchG beeinträchtigt werden kann. Die Problematik wird insbesondere bei Massenentlassungen akut. Hier ist eine sog. gruppenbezogene Sozialauswahl (*SPV/Preis* Rz. 1128) zulässig (BAG v. 20.4.2005 – 2 AZR 201/04, NZA 2005, 877). Das Streben nach einer ausgewogenen Altersstruktur steht in einem Spannungsverhältnis zu § 1 Abs. 3 S. 1 KSchG, der über die Kriterien der Betriebszugehörigkeit und des Lebensalters zur vorrangigen Entlassung jüngerer Arbeitnehmer führt. Ohne die Ausnahmevorschrift des § 1 Abs. 3 S. 2 KSchG ließe sich daher bei der Kündigung eines erheblichen Teils der Arbeitnehmer eine den berechtigten betrieblichen Interessen zuwider laufende Überalterung der Belegschaft kaum vermeiden. Die soziale Auswahl nach Altersgruppen gemäß § 1 Abs. 3 S. 2 KSchG stellt deshalb auch keine unzulässige Diskriminierung im Sinne der Richtlinie 78/2000/EG dar, weil eine zuvor gewährte Privilegierung Älterer lediglich neutralisiert wird (siehe auch BAG v. 19.6.2007 – 2 AZR 304/06, NZA 2008, 103; BAG v. 6.9.2007 – 2 AZR 387/06, NZA 2008, 405). 2895

Fallbeispiel zur Leistungsträgerklausel: Arbeitnehmer N (geboren am 8.9.1956, verheiratet, zwei Kindern zum Unterhalt verpflichtet) hat ursprünglich eine Ausbildung zum Radio-/Fernsehtechniker absolviert und arbeitet seit Dezember 1978 bei G, der ein Unternehmen der Druckindustrie betreibt und insgesamt 200 Arbeitnehmer beschäftigt. Er ist dort als Offsetkopierer zusammen mit zwölf Kollegen in der Offsetvorbereitung tätig. Alle Mitarbeiter in dieser Abteilung erhalten eine Vergütung nach der Lohngruppe V des Lohnrahmentarifvertrages für die gewerblichen Arbeitnehmer der Druckindustrie (monatlich 2.000 Euro brutto). 2896

Von den insgesamt 13 Arbeitnehmern der Offsetvorbereitung hat G vier Mitarbeiter als „Leistungsträger" angesehen und nicht in die Sozialauswahl einbezogen. Dies sind

A, geboren 31.1.1971, Eintritt bei G 1.1.1990, ledig, Ausbildung: Druckvorlagenhersteller, Tätigkeit: Druckvorlagenhersteller,

B, geboren 4.4.1958, Eintritt bei G 1.1.1985, ledig, Ausbildung: Schriftsetzer, Tätigkeit: Offsetmontierer,

C, geboren 3.8.1963, Eintritt bei G 1.1.1986, ledig, Ausbildung: Kraftfahrzeugmechaniker, Tätigkeit: Offsetmontierer,

D, geboren 16.3.1959, Eintritt bei G 1.1.1985, verheiratet, Ausbildung: Kraftfahrzeugschlosser, Tätigkeit: Offsetkopierer.

Mit Schreiben vom 16.2.2005, das N nach ordnungsgemäßer Beteiligung des Betriebsrats ausgehändigt wurde, kündigte G das Arbeitsverhältnis ordentlich betriebsbedingt. N ist der Ansicht, die Kündigung sei unwirksam, da G die Mitarbeiter A, B, C und D in die Sozialauswahl habe einbeziehen müssen. Er erhob daher am 17.2.2005 Kündigungsschutzklage.

G hingegen meint, die Weiterbeschäftigung dieser vier Mitarbeiter habe im berechtigten betrieblichen Interesse gelegen. A und B seien druckspezifisch ausgebildet, während C an einem auslaufenden System arbeite, für das sich die Einarbeitung eines anderen Arbeitnehmers nicht lohne; D habe Sonderkenntnisse in der Plattenkopie sowie in Reinigung und Wartung. Für die von A ausgeführten Arbeiten bedürfe es erheblicher Erfahrung, großer Handfertigkeit und umfangreichen theoretischen Wissens. Die zunehmende Verlagerung von Montage-Tätigkeiten auf den Computer verlange umfangreiche Kenntnisse sowie ein fachliches Verständnis der nun nicht mehr sichtbaren Abläufe. Daher seien diese vier Arbeitnehmer nach § 1 Abs. 3 S. 2 KSchG nicht in die Sozialauswahl einzubeziehen gewesen.

Ist die Kündigung sozial gerechtfertigt? Es ist zu unterstellen, dass die übrigen acht Arbeitnehmer in der Offsetvorbereitung ebenso sozial schutzwürdig sind wie N.

Lösungsvorschlag: Möglicherweise ist die Kündigung unwirksam wegen fehlerhafter sozialer Auswahl, weil G vier Arbeitnehmer nicht in die Sozialauswahl einbezogen hat. Nach § 1 Abs. 3 S. 2 KSchG sind in die soziale Auswahl solche Arbeitnehmer nicht einzubeziehen, deren Weiterbeschäftigung, insbesondere wegen ihrer Kenntnisse, Fähigkeiten und Leistungen oder zur Sicherung einer ausgewogenen Personalstruktur des Betriebes, im berechtigten betrieblichen Interesse liegt.

Hier ist insbesondere die Ausklammerung des sozial starken A problematisch. Fraglich ist, wie das Verhältnis von S. 1 zu S. 2 innerhalb des § 1 Abs. 3 KSchG zu bewerten ist. Teilweise wird in der Literatur vertreten, dass Leistungsträger von vornherein nicht in die Sozialauswahl einzubeziehen seien. Danach könnte die Sozialauswahl ordnungsgemäß sein. Das BAG hat diese Ansicht jedoch ausdrücklich abgelehnt (BAG v. 12.4.2002 – 2 AZR 706/00, NZA 2003, 42, 43). Nach der Rechtsprechung ist vielmehr schon bei der Prüfung der Voraussetzungen für die Ausklammerung das betriebliche Interesse an der Weiterbeschäftigung von A gegen die sozialen Belange des N abzuwägen. Denn ein Arbeitnehmer kann nur dann ausgenommen werden, wenn das Interesse an seiner Weiterbeschäftigung „berechtigt" ist, woraus sich ergibt, dass eine Abwägung zwischen den betrieblichen Belangen und den Interessen der sozial schwächeren Arbeitnehmer stattfinden muss. Es genügt nicht, dass die Weiterbeschäftigung der „Leistungsträger" und damit auch von A für den Arbeitgeber nachvollziehbar vorteilhaft ist. Denn dann hielte man allein das betriebliche Interesse für maßgeblich. Vielmehr ist nach dem Gesetz ausdrücklich ein berechtigtes betriebliches Interesse erforderlich. Je schwerer das soziale Interesse wiegt, umso gewichtiger müssen die Gründe für die Ausklammerung des Leistungsträgers sein. So muss der Arbeitgeber die Ausklammerung auf konkrete Tatsachen stützen; reine Nützlichkeitserwägungen reichen nicht aus.

Im Einzelnen ergibt die Abwägung zwischen den sozialen Belangen des N und den betrieblichen Belangen des G Folgendes: A war 34 Jahre, N 48 Jahre alt als er die Kündigung erhielt. Unter Berücksichtigung einer richtlinienkonformen Auslegung des § 1 Abs. 3 S. 1 KSchG lässt sich vertreten, dass der nahe an der „Schallmauer" von 50 Jahren befindliche N mit größeren Schwierigkeiten auf dem Arbeitsmarkt zu rechnen hat als der junge N. Er wird bald zu den „alten" Arbeitnehmern gezählt werden. Freilich müssen auch die weiteren sozialen Gesichtspunkte im Einzelfall berücksichtigt werden. A ist unverheiratet und hat keine Kinder. N ist verheiratet und hat zwei unterhaltsberechtigte Kinder. Die Beschäftigungszeit des N betrug 26 volle Jahre, die von A 15 volle Jahre. Dass N bei Betrachtung dieser weiteren Sozialdaten deutlich schutzbedürftiger war als A, liegt auf der Hand.

Demgegenüber hat G als betriebliches Interesse im Wesentlichen nur die druckspezifische Ausbildung von A genannt. Zu der Frage, ob und inwiefern diese Ausbildung dem Betrieb konkret von Nutzen sein würde, hat G lediglich in allgemeiner Weise dargetan. Er hat ausgeführt, für die von A ausgeführten Arbeiten bedürfe es erheblicher Erfahrung, großer Handfertigkeit und umfangreichen theoretischen Wissens und die zunehmende Verlagerung von Montage Tätigkeiten auf den Computer verlange – nicht näher bezeichnete – umfangreiche Kenntnisse sowie ein fachliches Verständnis von nun nicht mehr sichtbaren Abläufen. Abgesehen davon, dass allein eine druckspezifische Ausbildung kaum in der Lage sein dürfte, mehr Erfahrungen und Handfertigkeit zu vermitteln als eine über mehr als 25 Jahre während praktische Tätigkeit, wie sie N ausgeübt hat, hat G weder das theoretische Wissen noch die umfangreichen Kenntnisse von A irgendwie inhaltlich beschrieben. Somit reduziert sich das von G behauptete betriebliche Interesse auf eine vage Erwartung, die druckspezifische Ausbildung werde sich früher oder später einmal als nützlich erweisen. Damit allein ist ein fassbarer Vorteil des Betriebes durch die Weiterbeschäftigung von A gegenüber der des N nicht hinreichend benannt, während das Interesse des N am Erhalt seines Arbeitsplatzes deutlich schutzwürdiger ist.

Daher war die Sozialauswahl fehlerhaft, die Kündigung ist unwirksam.

d) Auswahlrichtlinien (§ 1 Abs. 4 KSchG)

2897   Die Kündigung ist sozial ungerechtfertigt, wenn sie gegen eine Auswahlrichtlinie gemäß § 95 BetrVG verstößt und der Betriebsrat form- und fristgerecht widerspricht (§ 1 Abs. 2 S. 2 Nr. 1a KSchG). Ein solcher Verstoß ist aber nur relevant, wenn die Auswahlrichtlinie rechtmäßig ist. Dazu muss sie mit höherrangigem Recht vereinbar sein, darf also nicht die gesetzlichen Mindestanforderungen an die Sozialauswahl nach § 1 Abs. 3 KSchG ignorieren.

§ 1 Abs. 4 KSchG lässt Richtlinien in einem Tarifvertrag, einer Betriebsvereinbarung nach § 95 BetrVG oder einer entsprechenden Richtlinie nach den Personalvertretungsgesetzen zu. Ist dort festgelegt, wie die sozialen Gesichtspunkte i.S.d. § 1 Abs. 3 S. 1 KSchG im Verhältnis zueinander zu bewerten sind, kann diese Bewertung durch das Gericht nur auf „**grobe Fehlerhaftigkeit**" überprüft werden. Grob fehlerhaft ist die Richtlinie nur, wenn sie eines der Kernkriterien unberücksichtigt oder jede Ausgewogenheit in der Gewichtung der maßgeblichen Kriterien vermissen lässt.

2898

Das **privilegierte Auswahlermessen** erstreckt sich allerdings nur auf die Bewertung der Sozialkriterien des § 1 Abs. 3 S. 1 KSchG, nicht hingegen auf Regelungen, die die Vergleichbarkeit oder berechtigte betriebliche Interessen i.S.d. § 1 Abs. 3 S. 2 KSchG betreffen. Hier bleibt es bei der vollen gerichtlichen Überprüfbarkeit.

2899

„Eine Auswahlrichtlinie nach § 95 BetrVG, die einen der sozialen Gesichtspunkte nach § 1 Abs. 3 S. 1 KSchG, der bei allen Arbeitnehmern vorliegen kann (Alter, Betriebszugehörigkeit) nicht oder so gering bewertet, dass er in fast allen denkbaren Fällen nicht mehr den Ausschlag geben kann, erfüllt nicht die gesetzlichen Vorgaben des § 1 Abs. 4 KSchG. Sie ist deshalb nicht geeignet, den Arbeitgeber durch die Anwendung des eingeschränkten Prüfungsmaßstabes der groben Fehlerhaftigkeit zu privilegieren." (BAG v. 18.10.2006 – 2 AZR 473/05, NZA 2007, 504, 505)

6. Betriebsbedingte Kündigungen bei Betriebsänderungen (§ 1 Abs. 5 KSchG)

a) Bedeutung

§ 1 Abs. 5 KSchG sieht eine weitreichende Erleichterung von Kündigungen vor, die aufgrund einer Betriebsänderung (§ 111 BetrVG) im Rahmen eines Interessenausgleichs mit so genannter „Namensliste" ausgesprochen werden. Die Norm gilt, obwohl ihr Wortlaut das nicht hergibt, auch für Änderungskündigungen (BAG v. 19.6.2007 – 2 AZR 304/06, NZA 2008, 103 Rz. 18). Liegen die Voraussetzungen des § 1 Abs. 5 S. 1 KSchG vor, wird vermutet, dass die Kündigungen durch dringende betriebliche Erfordernisse bedingt sind. Zudem wird die getroffene Sozialauswahl nur auf grobe Fehlerhaftigkeit überprüft (§ 1 Abs. 5 S. 2 KSchG). Diese Rechtsfolgen reduzieren die Erfolgsaussichten einer Kündigungsschutzklage betroffener Arbeitnehmer drastisch.

2900

b) Voraussetzungen

§ 1 Abs. 5 KSchG setzt zunächst voraus, dass eine Betriebsänderung (siehe im Band „Kollektivarbeitsrecht" unter § 154 Rz. 2592) vorliegt. Über diese Betriebsvereinbarung muss ferner ein **Interessenausgleich** wirksam zustande gekommen sein (siehe im Band „Kollektivarbeitsrecht" unter Rz. 2609 ff.), in dem die zu kündigenden Arbeitnehmer namentlich bezeichnet sind.

2901

Die **Namensliste** unterliegt damit – ebenso wie der Interessenausgleich – der **Schriftform** (BAG v. 12.5.2010 – 2 AZR 551/08, NZA 2011, 114). Zur Wahrung der Form ist die gesonderte Unterzeichnung der Namensliste durch Arbeitgeber und Betriebsrat dann nicht erforderlich, wenn sie mit dem Interessenausgleich eine einheitliche Urkunde i.S.d. § 126 Abs. 1 BGB bildet. Der Namensliste müssen die zu kündigenden Arbeitnehmer ohne Weiteres zu entnehmen sein; Sammelbezeichnungen („Abteilung 4") genügen ebenso wenig wie eine „Negativliste" mit der Bezeichnung der Arbeitnehmer, die weiterbeschäftigt werden sollen. Nach dem eindeutigen Wortlaut der Norm („denen gekündigt werden soll") muss die Namensliste vor Ausspruch der Kündigung wirksam vereinbart sein.

2902

Kündigungen sind nach § 1 Abs. 5 KSchG nur privilegiert, solange sich die Sachlage nach Zustandekommen des Interessenausgleichs nicht wesentlich ändert (§ 1 Abs. 5 S. 3 KSchG). Beschließt der Arbeitgeber etwa, die Betriebsänderung doch nicht durchzuführen oder weicht er bei ihrer Umsetzung erheblich vom Interessenausgleich ab, entfällt die erleichterte soziale Rechtfertigung. Maßgeblich für die Beurteilung der Sachlage ist der Zeitpunkt des Zugangs der Kündigung.

2903

c) Rechtsfolgen

2904 Nach § 1 Abs. 5 S. 1 KSchG wird vermutet, dass die Kündigung gegenüber einem Arbeitnehmer, der in der Namensliste bezeichnet ist, durch dringende betriebliche Erfordernisse bedingt ist. Diese Vermutung bezieht sich, wie die Gesetzesbegründung (BT-Drs. 15/1204 S. 11) klarstellt, nicht nur auf § 1 Abs. 2 S. 1 KSchG, sondern darüber hinaus auf das Fehlen einer Weiterbeschäftigungsmöglichkeit im Betrieb oder Unternehmen i.S.d. § 1 Abs. 2 S. 2, 3 KSchG (instruktiv BAG v. 6.9.2007 – 2 AZR 715/06, NZA 2008 Rz. 17). Daraus ergibt sich eine Umkehr der Beweislast im Rahmen von § 1 Abs. 2 KSchG: Abweichend von § 1 Abs. 2 S. 4 KSchG muss nunmehr der Arbeitnehmer die Möglichkeit seiner Weiterbeschäftigung darlegen und beweisen, wenn er die gesetzliche Vermutung widerlegen will.

2905 Nach § 1 Abs. 5 S. 2 KSchG kann die mit der Namensliste getroffene Sozialauswahl nur auf **grobe Fehlerhaftigkeit** überprüft werden. Der Prüfungsmaßstab entspricht damit jenem in § 1 Abs. 4 KSchG (Rz. 2897). Zu § 1 Abs. 5 KSchG in der gleichlautenden Fassung vom 1.10.1996 bis 31.12.1998 war umstritten, ob der eingeschränkte Prüfungsmaßstab nur für die Gewichtung der Sozialkriterien gilt (wie in § 1 Abs. 4 KSchG) oder sich auf die Sozialauswahl insgesamt bezieht. Nach der Gesetzesbegründung (BT-Drs. 15/1204 S. 12) ist die Überprüfung auch hinsichtlich der **Vergleichbarkeit der Arbeitnehmer und der Ausnahmen von der Sozialauswahl** nach § 1 Abs. 3 S. 2 KSchG auf grobe Fehlerhaftigkeit beschränkt.

2906 Im Übrigen gelten die Regelungen des § 1 Abs. 3 S. 1 Hs. 2 und S. 3 KSchG auch bei Kündigungen, die auf eine Namensliste i.S.d. § 1 Abs. 5 KSchG zurückgehen: Der Arbeitnehmer ist für die grobe Fehlerhaftigkeit der Sozialauswahl beweisbelastet; er hat einen Auskunftsanspruch gegen den Arbeitgeber hinsichtlich der Gründe, die zu der getroffenen Auswahl geführt haben.

III. Abfindungsanspruch (§ 1a KSchG)

Literatur: *Hergenröder/v. Wickede*, Die Rechtsprechung zur Kündigung mit Abfindungsangebot, RdA 2008, 364; *Kögel*, Der Abfindungsanspruch nach § 1a KSchG, RdA 2009, 358; *Preis*, Die „Reform" des Kündigungsschutzrechts, DB 2004, 70; *Rolfs*, Die betriebsbedingte Kündigung mit Abfindungsangebot, ZIP 2004, 333.

2907 **Prüfungsschema: Abfindungsanspruch nach § 1a KSchG**

- ☐ Anwendbarkeit
  - ☐ Arbeitnehmer (Rz. 2741)
  - ☐ Sechsmonatige ununterbrochene Beschäftigung (Rz. 2746)
  - ☐ Betriebsgröße (Rz. 2753)
- ☐ Arbeitgeberkündigung (Rz. 2911)
  - ☐ Ordentliche Beendigungskündigung
  - ☐ Außerordentliche Beendigungskündigung unkündbarer Arbeitnehmer
- ☐ Abfindungsangebot (Rz. 2915)
  - ☐ In der schriftlichen Kündigungserklärung enthalten
  - ☐ Hinweis auf dringende betriebliche Erfordernisse
  - ☐ „Hinweis" auf den Abfindungsanspruch bei Verstreichenlassen der Klagefrist
  - ☐ Annahme durch den Arbeitnehmer: Nichterhebung der Kündigungsschutzklage nach Maßgabe der §§ 4–6 KSchG (Rz. 2919)
  - ☐ Ablauf der Kündigungsfrist: Beendigung des Arbeitsverhältnisses durch die Kündigung mit Abfindungsangebot (Rz. 2921)

1. Normzweck und Rechtsnatur

Das Gesetz zu Reformen am Arbeitsmarkt hat mit Wirkung vom 1.1.2004 einen „Abfindungsanspruch bei betriebsbedingter Kündigung" in das KSchG (§ 1a) eingeführt. Ausgangspunkt war die Erkenntnis, dass Kündigungsschutzklagen, obwohl auf den Fortbestand des Arbeitsverhältnisses gerichtet, nur sehr selten zur Fortsetzung des Arbeitsverhältnisses führen (Rz. 2498). Zudem ist es für Arbeitgeber vielfach schwer abschätzbar, ob eine auf betriebliche Erfordernisse gestützte Kündigung einer gerichtlichen Prüfung tatsächlich standhält. § 1a KSchG bezweckt vor diesem Hintergrund einerseits die **Vermeidung von Prozessen** um die Wirksamkeit einer betrieblich motivierten Kündigung. Andererseits wird aber noch ein weiteres, zum Teil gegenläufiges Ziel verfolgt, nämlich die möglichst weitgehende **Erhaltung des rechtlichen status quo**: Der Gesetzgeber wollte weder den Arbeitgeber grundsätzlich zur Zahlung einer Abfindung verpflichten, noch den Bestandsschutz des Arbeitnehmers verkürzen. 2908

Mit § 1a KSchG wurde daher eine Vorschrift geschaffen, die den „gesetzlichen" (so die Gesetzesbegründung BT-Drs. 15/1204 S. 9) Anspruch des Arbeitnehmers auf die Abfindung nur dann zum Entstehen bringt, wenn beide Arbeitsvertragsparteien es wollen. Dies war freilich nicht neu. Schon davor konnte sich der kündigende Arbeitgeber mit dem Arbeitnehmer über die Zahlung einer Abfindung einigen. Nach den allgemeinen Regeln des Vertragsrechts (§§ 145 ff. BGB) war auch der in § 1a KSchG beschriebene Weg bereits vor Inkrafttreten der Norm gangbar: Der Arbeitgeber konnte dem Arbeitnehmer mit oder unabhängig von der Kündigung eine Abfindung für den Fall anbieten, dass der Arbeitnehmer keine Kündigungsschutzklage erhebt; der Arbeitnehmer konnte dieses Angebot durch Verstreichenlassen der Klagefrist konkludent annehmen. Folglich handelt es sich bei § 1a KSchG um die gesetzliche Ausgestaltung eines **rechtsgeschäftlichen Abfindungsanspruchs.** Auf das Abfindungsangebot und die Annahme finden die Vorschriften des BGB über Willenserklärungen Anwendung. Entspricht das Abfindungsangebot nicht den in § 1a KSchG geregelten formellen Voraussetzungen, kann gleichwohl nach allgemeinen Grundsätzen ein vertraglicher Abfindungsanspruch entstanden sein. 2909

„§ 1a KSchG steht einer Auslegung des Kündigungsschreibens als eigenständiges, von den Voraussetzungen des § 1a KSchG unabhängiges Abfindungsangebot nicht grundsätzlich entgegen. Die Regelung des § 1a KSchG setzt keinen generell unabdingbaren Mindestabfindungsanspruch bei Ausspruch betriebsbedingter Kündigungen fest (vgl. Preis DB 2004, 70, 73). Die Arbeitsvertragsparteien bleiben auch bei betriebsbedingten Kündigungen frei, eine geringere oder höhere als die vom Gesetz vorgesehene Abfindung zu vereinbaren (BAG v. 19.6.2007 – 1 AZR 340/06 – DB 2007, 2600). Dies schließt die Möglichkeit ein, dass der Arbeitgeber die Zahlung einer Abfindung von dem ungenutzten Verstreichenlassen der Frist zur Erhebung einer Kündigungsschutzklage abhängig macht. Es hätte einer Anordnung des Gesetzgebers bedurft, um die mit einem Ausschluss einer von § 1a KSchG abweichenden Vereinbarung verbundene Beschränkung der Vertragsfreiheit zu rechtfertigen." (BAG v. 13.12.2007 – 2 AZR 663/06, NZA 2008, 528 Rz. 20; bestätigend BAG v. 10.7.2008 – 2 AZR 209/07, NZA 2008, 1292 Rz. 15)

2. Voraussetzungen

a) Anwendbarkeit

§ 1a KSchG ist gemäß § 23 Abs. 1 KSchG in Kleinbetrieben (Rz. 2753) nicht anwendbar. Da § 1a KSchG an das Merkmal der „dringenden betrieblichen Erfordernisse" aus § 1 Abs. 2 S. 1 KSchG anknüpft, muss der Arbeitnehmer außerdem die sechsmonatige Wartezeit gemäß § 1 Abs. 1 KSchG erfüllt haben (Rz. 2746). Unterfällt das Arbeitsverhältnis nicht dem allgemeinen Kündigungsschutz nach § 1 KSchG, besteht auf Seiten des Arbeitgebers ohnehin kein praktisches Bedürfnis für ein Abfindungsangebot an den Arbeitnehmer. Vertragliche Abfindungsvereinbarungen außerhalb von § 1a KSchG bleiben allerdings theoretisch möglich. 2910

b) Arbeitgeberkündigung

Nach § 1a Abs. 1 S. 1 KSchG hat der Arbeitnehmer Anspruch auf eine Abfindung, wenn der Arbeitgeber „wegen dringender betrieblicher Erfordernisse" kündigt und der Arbeitnehmer innerhalb der 2911

Frist des § 4 KSchG keine Kündigungsschutzklage erhebt. Daraus ist zunächst zu entnehmen, dass grundsätzlich eine ordentliche Arbeitgeberkündigung vorliegen muss. Für die außerordentliche Kündigung ist § 1a KSchG in § 13 KSchG nicht in Bezug genommen. Eine **Ausnahme** bildet allerdings die außerordentliche betriebsbedingte Kündigung gegenüber ordentlich unkündbaren Arbeitnehmern (Rz. 3132). Sie unterscheidet sich von der ordentlichen betriebsbedingten Kündigung nur in der Strenge der Anforderungen an die betrieblichen Gründe und ist im Übrigen, insbesondere hinsichtlich des Erfordernisses einer Kündigungsfrist, der ordentlichen Kündigung angenähert. § 1a KSchG ist insoweit **analog** anwendbar.

2912 § 1a Abs. 1 S. 1 KSchG gibt für die negative Voraussetzung der fristgerechten Klageerhebung den Wortlaut des Klageantrags nach § 4 S. 1 KSchG wieder. Nicht einbezogen ist der gegen eine Änderungskündigung (§ 2 KSchG) gerichtete Klageantrag des § 4 S. 2 KSchG. Der Abfindungsanspruch nach § 1a KSchG entsteht folglich nur im Zusammenhang mit einer **Beendigungskündigung**. § 1a KSchG ist aber dann auf eine aus dringenden betrieblichen Gründen ausgesprochene Änderungskündigung anwendbar, soweit diese wegen Nichtannahme oder vorbehaltloser Ablehnung des Änderungsangebots zur Beendigung des Arbeitsverhältnisses führt (BAG v. 13.12.2007 – 2 AZR 663/06, NZA 2008, 528).

c) Betriebliches Motiv?

2913 Schon nach dem Wortlaut von § 1a Abs. 1 S. 1 KSchG ist nicht Voraussetzung, dass die Kündigung durch die „dringenden betrieblichen Erfordernisse" bedingt und damit gemäß § 1 Abs. 2 S. 1 KSchG sozial gerechtfertigt ist. Im Ergebnis liegt dem Abfindungsanspruch aber stets eine wirksame Arbeitgeberkündigung zugrunde. Denn der Anspruch entsteht nur, wenn der Arbeitnehmer die Klagefrist des § 4 KSchG verstreichen lässt, wodurch die Fiktionswirkung des § 7 KSchG eintritt (Rz. 2578).

2914 Da die Wirksamkeitsfiktion Einwände gegen die Kündigung präkludiert, kann es auch im Rahmen des Abfindungsanspruchs nicht mehr auf die objektiven Umstände ankommen, die zur Kündigung geführt haben. Der Zweck der §§ 1a, 7 KSchG, die Kündigung selbst außer Streit zu stellen, würde vereitelt, wenn der Arbeitgeber im Prozess um die Abfindung geltend machen könnte, die Kündigung sei in Wahrheit nicht betrieblich motiviert gewesen. Mit einem derartigen Vorbringen würde er sich überdies in Widerspruch zu seinem vorangegangenen Verhalten setzen (§ 242 BGB, **venire contra factum proprium**), wenn er die Kündigung gemäß § 1a Abs. 1 S. 2 KSchG als betriebsbedingt deklariert hat. Ob die Kündigung tatsächlich betriebliche Gründe hatte, unterliegt demnach nicht mehr der gerichtlichen Überprüfung (a.A. *Rolfs* ZIP 2004, 333, 334).

d) Abfindungsangebot

2915 § 1a Abs. 1 S. 2 KSchG regelt formelle Anforderungen an das Abfindungsangebot. Es muss in der schriftlichen (§ 623 BGB) Kündigungserklärung abgegeben werden und den Hinweis enthalten, dass die Kündigung auf „dringende betriebliche Erfordernisse" gestützt ist. Welcher Art die betrieblichen Erfordernisse sind, muss der Arbeitgeber nicht darlegen. Ein pauschaler, sinngemäßer Hinweis reicht aus (etwa „... kündige ich betriebsbedingt ...").

2916 Nach § 1a Abs. 1 S. 2 KSchG ist ferner der „Hinweis" erforderlich, dass der Arbeitnehmer bei Verstreichenlassen der Klagefrist die Abfindung beanspruchen kann. Hierin liegt das eigentliche Abfindungsangebot. Es muss nicht als „Hinweis", sondern kann ausdrücklich als Angebot formuliert sein („für den Fall, dass Sie die Klagefrist verstreichen lassen, biete ich Ihnen die gesetzliche Abfindung an"). Erforderlich ist nur, dass der Arbeitgeber in der Kündigungserklärung den Anspruch an das Verstreichenlassen der Klagefrist knüpft.

2917 Nach den Regeln des Vertragsrechts muss über die **Höhe des Anspruchs** als wesentlicher Vertragsbestandteil Einigkeit erzielt werden. Da sich die Höhe des Anspruchs aus § 1a Abs. 2 KSchG ergibt, braucht der Arbeitgeber den Anspruch nicht näher zu beziffern, solange er die gesetzliche Regelung erkennbar in Bezug nimmt. Nennt er gleichwohl einen konkreten Betrag, der von der gesetzlichen Abfindungshöhe abweicht, ist dies als Falschbezeichnung unschädlich, soweit im Übrigen erkennbar ist, dass der Arbeitgeber sein Angebot an § 1a KSchG orientiert. Der Arbeitgeber ist freilich nicht gehindert, eine Abfindung in anderer als der in § 1a Abs. 2 KSchG festgelegten Höhe anzubieten. Ob es sich bei einem bezifferten Abfindungsangebot um eine unschädliche Falschbezeichnung oder um ein vertragliches Angebot außerhalb von § 1a KSchG handelt, ist Auslegungssache.

„Will der Arbeitgeber dem Arbeitnehmer mit Ausspruch der Kündigung ein Angebot auf Abschluss eines Vertrags in Anlehnung an das gesetzliche Modell des § 1a KSchG unterbreiten, ohne jedoch die gesetzliche Abfindung anbieten zu wollen, so ist aus Gründen der Rechtssicherheit, Rechtsklarheit und Beweissicherung erforderlich, dass sich aus der schriftlichen Kündigungserklärung eindeutig und unmissverständlich ergibt, welche Abfindung der Arbeitgeber anbietet." (BAG v. 13.12.2007 – 2 AZR 663/06, NZA 2008, 528 Rz. 23; nachfogend BAG v. 19.7.2016 – 2 AZR 536/15, NJW 2017, 346, 347)

e) Annahme

Der Arbeitnehmer nimmt das Abfindungsangebot an, indem er die Klagefrist des § 4 KSchG ungenutzt verstreichen lässt. In der fristgerechten Klageerhebung ist zugleich die Ablehnung des Abfindungsangebots (§ 146 BGB) zu sehen. Diese nach rechtsgeschäftlicher Betrachtung klare Erkenntnis wird im Rahmen des § 1a KSchG zum Problem, wenn der Arbeitnehmer die fristgerecht erhobene **Klage** später, sei es vor oder nach Ablauf der Klagefrist, wieder **zurücknimmt**. Denn gemäß § 269 Abs. 3 S. 1 ZPO ist eine zurückgenommene Klage als nicht anhängig geworden anzusehen. Diese gesetzliche Fiktion kann aber den Vorgang der Klageerhebung in tatsächlicher Hinsicht nicht mehr ungeschehen machen. Der Wortlaut des § 1a KSchG („Verstreichenlassen der Klagefrist") sowie auch sein Sinn und Zweck – die Vermeidung von Kündigungsschutzprozessen – stehen einer Anwendung von § 269 Abs. 3 S. 1 ZPO entgegen.

Beantragt der Arbeitnehmer die **nachträgliche Klagezulassung** (§ 5 KSchG), entsteht der Abfindungsanspruch nicht. Zwar regelt § 1a KSchG diesen Fall nicht ausdrücklich. Nach dem Zweck der Norm liegt jedoch auf der Hand, dass der Arbeitnehmer keinen Anspruch auf die Abfindung haben darf, wenn er nach Ablauf der Drei-Wochen-Frist über § 5 KSchG die Unwirksamkeit der Kündigung doch noch geltend macht. Daher ist die Voraussetzung des Verstreichenlassens der Klagefrist als auf alle Normen bezogen zu verstehen, die die Rechtzeitigkeit der Klageerhebung regeln. „Verstreichenlassen der Klagefrist" bedeutet somit nach dem Sinn und Zweck des § 1a KSchG die Nichterhebung der Kündigungsschutzklage nach Maßgabe der §§ 4–6 KSchG (siehe auch BAG v. 13.12.2007 – 2 AZR 971/06, NZA 2008, 696; BAG v. 20.8.2009 – 2 AZR 267/08, NZA 2009, 1197).

f) Ablauf der Kündigungsfrist

Gemäß § 1a Abs. 1 S. 1 KSchG hat der Arbeitnehmer „mit dem Ablauf der Kündigungsfrist" Anspruch auf die Abfindung. Ausweislich der Gesetzesbegründung (BT-Drs. 15/1204 S. 12) soll der Anspruch nicht entstehen, wenn das Arbeitsverhältnis zu einem früheren Zeitpunkt beendet wird. Mithin muss die Kündigung, die das Abfindungsangebot enthält, die Ursache für das tatsächliche Ende des Arbeitsverhältnisses sein.

3. Rechtsfolgen

Der Abfindungsanspruch wird mit seiner Entstehung (Ablauf der Kündigungsfrist) **fällig** (§ 271 BGB). Er **verjährt** gem. §§ 195, 199 Abs. 1 BGB drei Jahre nach Ende des Kalenderjahres, in dem das Arbeitsverhältnis geendet hat.

Die **Abfindungshöhe** regelt § 1a Abs. 2 KSchG. Sie beträgt 0,5 Monatsverdienste für jedes Jahr des Bestehens des Arbeitsverhältnisses (§ 1a Abs. 2 S. 1 KSchG). Dieser Faktor ist einer verbreiteten Praxis im Rahmen gerichtlicher Abfindungsvergleiche entlehnt. Als Monatsverdienst gelten die vereinbarten regelmäßigen Geld- und Sachbezüge des Arbeitnehmers im letzten Monat des Arbeitsverhältnisses (§ 1a Abs. 2 S. 2 i.V.m. § 10 Abs. 3 KSchG). Eine Höchstgrenze wie in § 10 Abs. 1 KSchG existiert nicht. Die Beschäftigungsdauer bemisst sich nach vollen Jahren bis zum Ablauf der Kündigungsfrist; ein Zeitraum von mehr als sechs Monaten wird auf ein volles Jahr aufgerundet (§ 1a Abs. 2 S. 3 KSchG).

§ 63
Personenbedingte Kündigung

Literatur: *Berkowsky*, Die personen- und verhaltensbedingte Kündigung, 4. Aufl. 2005; *Greiner*, Störungen des Austausch- und Äquivalenzverhältnisses als Kündigungstatbestand, RdA 2007, 22.

I. Voraussetzungen der Kündigung

2924 Prüfungsschema: Personenbedingte Kündigung

☐ Abgrenzung insbesondere zur verhaltensbedingten Kündigung (Rz. 3001)

☐ Erhebliche Beeinträchtigung betrieblicher oder vertraglicher Interessen (Rz. 3002)

☐ Negativprognose (Rz. 3040)

☐ Ultima-Ratio-Prinzip (Fehlen milderer Mittel; Rz. 3053)

☐ Interessenabwägung (Rz. 3057)

1. Personenbedingter Kündigungsgrund

2925 Nach § 1 Abs. 2 S. 1 KSchG kann die Kündigung sozial gerechtfertigt sein, wenn sie durch Gründe in der Person des Arbeitnehmers bedingt ist.

2926 Als personenbedingte Kündigungsgründe kommen nur solche Umstände in Betracht, die aus der **Sphäre des Arbeitnehmers** stammen. Gründe in der Person des Arbeitnehmers sind solche, die auf den **persönlichen Eigenschaften und Fähigkeiten** des Arbeitnehmers beruhen. Entscheidend ist hierbei, dass die Erreichung des Vertragszwecks – nicht nur vorübergehend – unmöglich geworden ist, da die Fähigkeit oder Eignung des Arbeitnehmers, die vertraglich geschuldete Arbeitsleistung zu erbringen, entfallen ist (BAG v. 20.5.1988 – 2 AZR 682/87, NZA 1989, 464, 466).

2927 Da sich Umstände aus der Sphäre des Arbeitnehmers, die der Erreichung des Vertragszwecks entgegenstehen, auch im Verhaltensbereich des Arbeitnehmers niederschlagen können, ist eine eindeutige **Grenzziehung gegenüber verhaltensbedingten Gründen** oft schwierig. Sofern vertragswidrige Verhaltensweisen in Rede stehen, ist das **Verschulden** des Arbeitnehmers das entscheidende Abgrenzungskriterium. Bei schuldhaftem Verhalten ist die verhaltensbedingte Kündigung als der speziellere Kündigungsgrund einschlägig; die personenbedingte Kündigung ist demgegenüber rein objektiv zu beurteilen und setzt kein Verschulden voraus.

2928 Praktisch wichtigster Fall der personenbedingten ist die **krankheitsbedingte Kündigung** (Rz. 2949).

2. Erhebliche Beeinträchtigung betrieblicher oder vertraglicher Interessen

Durch die Person des Arbeitnehmers wird die Kündigung nur dann bedingt, wenn erhebliche vertragliche oder betriebliche Interessen diese notwendig machen. Es müssen konkrete Auswirkungen auf den Betrieb tatsächlich feststellbar sein; allein eine Gefahr für Arbeitsablauf oder Betriebsfrieden reicht hingegen nicht aus (BAG v. 20.7.1989 – 2 AZR 114/87, NJW 1990, 597, 598). 2929

Ausnahmsweise kommt es auf das Vorliegen tatsächlicher Betriebsstörungen nicht an, wenn feststeht, dass wegen eines rechtlichen oder tatsächlichen Leistungshindernisses die Möglichkeit zur Vertragsdurchführung auf Dauer entfällt (so beispielsweise beim Wegfall einer Arbeits- oder Berufsausübungserlaubnis, Rz. 2941, oder bei dauerhafter krankheitsbedingter Arbeitsunfähigkeit des Arbeitnehmers, siehe unter Rz. 2971). 2930

3. Negativprognose

Bei der personenbedingten Kündigung, insbesondere der Kündigung wegen Krankheit, ist das Erfordernis einer Negativprognose besonders deutlich entwickelt worden. Zweck der personenbedingten Kündigung ist nicht die Sanktionierung des Arbeitnehmers, sondern die Bewahrung des Arbeitgebers vor künftigen unzumutbaren Belastungen. Deshalb kommt es für die Rechtfertigung der Kündigung darauf an, ob der Arbeitnehmer in Zukunft seine Arbeitsleistung ganz oder teilweise nicht wird erbringen können und sich deshalb die kündigungsrelevante Beeinträchtigung betrieblicher oder vertraglicher Interessen fortsetzen wird. 2931

4. Vorrangige mildere Mittel

Auch die personenbedingte Kündigung ist nur erforderlich, wenn dem Arbeitgeber zur Verfolgung seiner zulässigen betrieblichen oder vertraglichen Interessen kein milderes Mittel zur Verfügung steht. Insbesondere kann die **Weiterbeschäftigung** auf einem anderen freien Arbeitsplatz, ggf. nach Änderung der Arbeitsbedingungen oder nach einer Umschulung, in Betracht kommen (Rz. 2782). 2932

Bislang bestand Einigkeit darüber, dass bei einer personenbedingten Kündigung – anders als bei einer verhaltensbedingten Kündigung – die **Abmahnung** nicht zu den gleich geeigneten, milderen Mitteln gehört, zu denen der Arbeitgeber vor Ausspruch einer Kündigung greifen muss. Diese Ansicht hatte das BAG zwischenzeitlich aufgegeben. Es stand auf dem Standpunkt, dass auch bei einer personenbedingten Kündigung eine vorherige Abmahnung erforderlich ist, sofern die Kündigung an ein **steuerbares Verhalten** anknüpft (BAG v. 4.6.1997 – 2 AZR 526/96, NJW 1998, 554, 556). 2933

Diese **Rechtsprechung** begegnet Bedenken. So dient die Abmahnung – neben der Warnung vor der Gefährdung des Arbeitsverhältnisses – dazu, dem Arbeitnehmer die Fehlerhaftigkeit eines bestimmten Verhaltens vor Augen zu führen (Rz. 3042). Eine solche Bewertung durch den Arbeitgeber setzt jedoch voraus, dass der Arbeitnehmer stattdessen zu einer anderen Verhaltensweise verpflichtet gewesen wäre. Daher knüpft die Abmahnung zwangsläufig an Bestand und schuldhafte Verletzung einer vertraglichen (Haupt- oder Neben-)Pflicht an. Sofern durch ein steuerbares Verhalten des Arbeitnehmers seine Eignung für die vertraglich geschuldete Tätigkeit entfällt, kommt eine personenbedingte Kündigung jedoch nur dann in Betracht, wenn gerade kein schuldhafter Verstoß gegen eine Vertragspflicht vorliegt, denn sonst wäre die verhaltensbedingte Kündigung als spezielleres Institut vorrangig. Vielmehr handelt es sich bei personenbedingten Kündigungen, die auf einem steuerbaren Verhalten des Arbeitnehmers basieren, regelmäßig um Tatbestände, die der Privatsphäre des Arbeitnehmers zuzurechnen sind, in der er regelmäßig keinen vertraglichen Pflichten unterliegt. Letztlich ist mit dieser Rechtsprechung des BAG daher die Gefahr verbunden, dass die notwendige Abgrenzung zwischen verhaltens- und personenbedingter Kündigung verwischt wird. Für die hier vertretene Position spricht, dass § 314 BGB ausdrücklich das Institut der Abmahnung auf eine Vertragspflichtverletzung bezieht. Eine ausdrückliche klarstellende Korrektur der Rechtsprechung des BAG steht noch aus, es hat jedoch entschieden, dass bei personenbedingten Kündigungen Abmahnungen jedenfalls dann entbehrlich seien, wenn der 2934

Arbeitnehmer keine Bereitschaft zeigt, an der an sich möglichen Behebung des personenbedingten Leistungshindernisses mitzuwirken (BAG v. 18.9.2008 – 2 AZR 976/06, NZA 2009, 425; BAG v. 28.1.2010 – 2 AZR 764/08, NZA 2010, 625).

5. Interessenabwägung

2935 Erforderlich ist eine konkrete, auf das Arbeitsverhältnis bezogene Abwägung, die mit folgender Formel umrissen werden kann: Eine personenbedingte Kündigung ist nur gerechtfertigt, wenn unter Berücksichtigung der in der Rechtsordnung verankerten Wertentscheidungen zum Schutz der Person des Arbeitnehmers eine so starke Beeinträchtigung schutzwerter betrieblicher, unternehmerischer oder vertraglicher Interessen des Arbeitgebers vorliegt, dass diese im konkreten Fall die zugunsten des Arbeitnehmers bestehenden Rechtspositionen überwiegt (*Preis*, Prinzipien, S. 433).

2936 Dabei sind **arbeitsverhältnisbezogene Umstände** stets zu berücksichtigen. Die Einschränkung der Eignung oder Fähigkeit zur Erbringung der Arbeitsleistung kann auf betriebliche Umstände zurückzuführen sein (z.B. bei einem Arbeitsunfall) oder die normale Folge des Alters und der jahrelangen Tätigkeit im Betrieb sein. Liegt die Ursache für die Einschränkungen im betrieblichen Bereich, wirkt sich dies zugunsten des Arbeitnehmers aus. Das, was der Arbeitgeber an personenbedingten Beeinträchtigungen hinzunehmen hat, richtet sich außerdem nach der **Betriebszugehörigkeit** des Arbeitnehmers und dem **bisherigen Verlauf des Arbeitsverhältnisses**. Je länger das Arbeitsverhältnis fehlerfrei verlaufen ist, umso größer muss das Ausmaß der betrieblichen Belastungen sein, damit die Interessenabwägung letztlich zugunsten des Arbeitgebers ausschlagen kann. Umgekehrt genügen bei kürzeren und von Anfang an mit Fehlzeiten belasteten Arbeitsverhältnissen weitaus geringere betriebliche Belastungen zur Rechtfertigung der Kündigung.

2937 In seiner **Rechtsprechung** neigt das BAG immer wieder zu einer Ausweitung der Kriterien der Interessenabwägung. So entschied das BAG, dass bei personen-, insbesondere krankheitsbedingten Kündigungen sowohl eine bestehende Behinderung als auch Unterhaltspflichten des Arbeitnehmers zu berücksichtigen seien (BAG v. 8.11.2007 – 2 AZR 292/06, NZA 2008, 593). Problematisch hieran ist, dass der Bezug zum Kündigungsgrund verloren geht und die Rechtsprechung in eine Billigkeitsjudikatur verfällt.

II. Einzelne personenbedingte Kündigungsgründe

1. Alkohol- und Drogenkonsum

2938 Im Hinblick auf eine Kündigung wegen **Alkohol- oder Drogenkonsums am Arbeitsplatz** ist zwischen zwei unterschiedlichen Fallkonstellationen zu unterscheiden. Zwar verletzt ein Arbeitnehmer, der am Arbeitsplatz Alkohol oder Drogen zu sich nimmt, i.d.R. seine arbeitsvertraglichen Pflichten. Pflichtverletzungen liegen insbesondere vor, wenn der Arbeitnehmer gegen ein betriebliches Alkoholverbot verstößt, durch Alkohol oder Drogenkonsum Sicherheitsvorschriften verletzt werden, oder ein tätigkeitsimmanentes Alkoholverbot verletzt wird, etwa bei Kraftfahrern, Piloten und Lokführern. So hat das BAG jüngst entschieden, dass ein Berufskraftfahrer seine Fahrtüchtigkeit nicht durch die Einnahme von „Crystal Meth" gefährden darf. Es hält in diesem Fall sogar eine außerordentliche Kündigung für geboten, wenn er durch Genuss von Drogen (in der Freizeit) fahruntüchtig ist (BAG v. 20.10.2016 – 6 AZR 471/15, NZA 2016, 1527). Dies rechtfertigt eine verhaltensbedingte Kündigung jedoch nur dann, wenn es sich um eine schuldhafte Pflichtverletzung handelt. Ein derartiges Verschulden fehlt nach Ansicht des BAG, sofern der Arbeitnehmer alkohol- oder drogenabhängig ist (hierzu *Brose* RdA 2015, 198). Eine Kündigung wegen Alkohol- oder Drogenabhängigkeit ist daher nur unter den Voraussetzungen der krankheitsbedingten Kündigung zulässig (BAG v. 9.4.1987 – 2 AZR 210/86, NZA 1987, 811).

„Wenn die Alkoholabhängigkeit eine Krankheit ist, folgt hieraus zwingend, auf eine Kündigung, die im Zusammenhang mit dieser Alkoholsucht des Arbeitnehmers steht, die Grundsätze anzuwenden, die der

[2.] Senat für die krankheitsbedingte Kündigung entwickelt hat. Hierfür spricht auch, dass dem alkoholabhängigen Arbeitnehmer, der infolge seiner Alkoholabhängigkeit gegen seine Arbeitsvertragspflichten verstößt, indem er z.B. während der Arbeit Alkohol zu sich nimmt, infolge der Abhängigkeit zum Zeitpunkt der Pflichtverletzung kein Schuldvorwurf zu machen ist. Eine verhaltensbedingte Kündigung wegen Pflichtverletzungen, die auf Alkoholabhängigkeit beruhen, wäre daher in der Regel schon mangels Verschuldens des Arbeitnehmers sozialwidrig. Eine verhaltensbedingte Kündigung könnte allenfalls darauf gestützt werden, der Arbeitnehmer habe schuldhaft seine – sich negativ auf das Arbeitsverhältnis auswirkende – Alkoholabhängigkeit herbeigeführt. Die Darlegung und der Beweis dieser Behauptung werden jedoch dem Arbeitgeber, der insoweit die Darlegungs- und Beweislast trägt, da das Verschulden bei der verhaltensbedingten Kündigung in der Regel Teil des Kündigungsgrundes ist, grundsätzlich erhebliche Schwierigkeiten bereiten, nachdem es keinen dahingehenden Erfahrungssatz gibt, wonach die Alkoholabhängigkeit in der Regel selbstverschuldet ist. Demgegenüber kommt es bei der krankheitsbedingten Kündigung auf die Frage, wer die Krankheit bzw. hier die Alkoholabhängigkeit verschuldet hat, grundsätzlich nicht an." (BAG v. 9.4.1987 – 2 AZR 210/86, NZA 1987, 811, 812; s.a. BAG v. 20.3.2014 – 2 AZR 565/12, NZA 2014, 602; zur gerechtfertigten Kündigung eines alkoholsüchtigen Alkoholtherapeuten: BAG v. 20.12.2012 – 2 AZR 32/11, NZA-RR 2013, 627)

2. Altersgrenze

Das **Erreichen eines bestimmten Lebensjahres**, insbesondere die Erreichung der Regelaltersgrenze der gesetzlichen Rentenversicherung (67. Lebensjahr, § 36 SGB VI), rechtfertigt allein keine Kündigung, da der Kündigungsschutz individuell ausgestaltet ist. Freilich wird die Befristung eines Arbeitsverhältnisses auf die gleiche Altersgrenze für zulässig gehalten (Rz. 3257). Hiervon wiederum regelt § 41 S. 3 SGB VI eine Ausnahme (Rz. 3258). 2939

3. Eignungsmängel

Die **fehlende Eignung für die vertraglich geschuldete Arbeitsleistung** kann einen personenbedingten Kündigungsgrund darstellen. Eignungsmängel, die die personenbedingte Kündigung rechtfertigen, sind nur solche, die nicht auf vertragswidrigen Verhaltensweisen beruhen oder die vom Arbeitnehmer nicht oder nicht mehr steuerbar sind. Andernfalls kommt die verhaltensbedingte Kündigung in Betracht. 2940

4. Fehlende Berufsausübungserlaubnis

Personenbedingt gekündigt werden kann einem Arbeitnehmer, dem die Arbeits- (BAG v. 7.2.1990 – 2 AZR 359/89, NZA 1991, 341) oder spezifische **Berufsausübungserlaubnis** behördlich entzogen worden ist (BAG v. 31.1.1996 – 2 AZR 68/95, NZA 1996, 819; vgl. auch BAG v. 25.4.1996 – 2 AZR 74/95, NZA 1996, 1201). 2941

Beispiele für den kündigungsberechtigenden Entzug einer Erlaubnis:
- Entzug der gemäß § 284 SGB III für Ausländer erforderlichen Arbeitserlaubnis.
- Entzug/Nichtverlängerung der Fluglizenz eines Piloten (BAG v. 7.12.2000 – 2 AZR 459/99, NZA 2001, 1304).
- Fahrerlaubnis eines Kraftfahrers. Das gilt nicht in gleicher Weise für den Verlust einer „innerbetrieblichen" Fahrerlaubnis, da der Arbeitgeber nicht ohne Weiteres selbst einen Kündigungsgrund produzieren kann (BAG v. 5.6.2008 – 2 AZR 984/06, DB 2009, 123).

Allerdings kommt es in derartigen Fällen entscheidend darauf an, ob die Erlaubnis auf Dauer wegfällt, der Zeitraum bis zur Wiedererteilung überbrückt werden kann oder ggf. eine anderweitige Beschäftigung, die ohne Erlaubnis ausgeübt werden kann, möglich ist. 2942

5. Familienverhältnisse

2943 **Familienverhältnisse** (Eheschließung oder Ehescheidung) können außerhalb kirchlicher Einrichtungen die Kündigung nicht rechtfertigen. Auch bei einem **Ehegattenarbeitsverhältnis** stellt allein das Scheitern der Ehe keinen personen- oder verhaltensbedingten Kündigungsgrund dar (BAG v. 9.2.1995 – 2 AZR 389/94, NZA 1996, 249, 250 f.).

6. Leistungsmängel

2944 **Schlechtleistung bzw. Leistungsmängel** rechtfertigen in der Regel keine personen-, sondern eine verhaltensbedingte Kündigung (Rz. 3118). Freilich gibt es hier Grenzbereiche. Verlangt der Arbeitgeber von seinen Arbeitnehmern Kenntnisse der deutschen Schriftsprache, damit sie schriftliche Arbeitsanweisungen verstehen können, und eignet sich der Arbeitnehmer diese Sprechkenntnisse nicht an, liegt nach BAG (28.1.2010 – 2 AZR 764/08, NZA 2010, 625) ein personenbedingter Kündigungsgrund vor.

7. Gewissensgründe

2945 Einem Arbeitnehmer, der aus **Gewissensgründen** die Leistung der ihm zugewiesenen Arbeit verweigert, kann gekündigt werden, wenn eine anderweitige Beschäftigungsmöglichkeit nicht besteht (BAG v. 24.5.1989 – 2 AZR 285/88, NZA 1990, 144; BAG v. 24.2.2011 – 2 AZR 636/09, NZA 2011, 1087).

Beispiel für eine kündigungsrelevante Arbeitsverweigerung aus Gewissensgründen: Ein Unternehmen stellte bislang sowohl Waren für Privatverbraucher her als auch Produkte, die allein militärischen Zwecken dienen. Da der Absatz der zivil genutzten Erzeugnisse deutlich zurückgeht, sollen zukünftig nur noch Produkte für die militärische Nutzung produziert werden. Ein Arbeitnehmer, der bislang mit der Herstellung der Waren für Privatkunden beschäftigt war, sieht sich aus Gewissensgründen nicht in der Lage, an der Herstellung von Produkten für den militärischen Bereich mitzuwirken.

8. Sicherheitsbedenken

2946 Konkrete **Sicherheitsbedenken** (BAG v. 26.10.1978 – 2 AZR 24/77, NJW 1979, 2063; BAG v. 26.11.2009 – 2 AZR 272/08, NZA 2010, 628) können eine personenbedingte Kündigung rechtfertigen.

Beispiel für kündigungsrelevante Sicherheitsbedenken: Ein Arbeitnehmer ist im Wachdienst eines Industrieunternehmens tätig, das in besonderem Maße als Ziel terroristischer Anschläge in Betracht kommt. Er pflegt enge persönliche Kontakte zu Personen der terroristischen Szene und billigt deren Gewaltanwendung gegen derartige Industrieanlagen. Hierdurch kann die Eignung des Arbeitnehmers für seine Tätigkeit entfallen, sodass eine personenbedingte Kündigung gerechtfertigt sein kann.

Bei verfassungsfeindlicher Betätigung eines Arbeitnehmers des öffentlichen Dienstes ist hingegen das Institut der verhaltensbedingten Kündigung einschlägig, weil der Arbeitnehmer durch ein derartiges Verhalten vertragliche Nebenpflichten verletzt.

9. Außerdienstliche Straftaten und Strafhaft

2947 Außerdienstliche Straftaten können Kündigungsgrund sein, wenn sie die Eignung für die vertraglich geschuldete Tätigkeit entfallen lassen oder wenn die Inhaftierung unvertretbar lange andauert; ebenso die Strafhaft (BAG v. 22.9.1994 – 2 AZR 719/93, NZA 1995, 119).

Beispiele für kündigungsrelevante außerdienstliche Straftaten:
- Ein Bankkassierer, der außerhalb des Arbeitsverhältnisses eine Unterschlagung begangen hat, kann die Eignung für seine berufliche Tätigkeit verlieren.
- Ebenso entfällt die Eignung eines Erziehers, der wegen Kindesmissbrauchs verurteilt worden ist.

2948 Begeht der Arbeitnehmer entsprechende Straftaten im Dienst, liegt eine Vertragspflichtverletzung vor, die in der Regel die (außerordentliche) verhaltensbedingte Kündigung rechtfertigt. Wegen einer außerdienstlichen Straftat kann ein Arbeitnehmer verhaltensbedingt nur gekündigt werden, wenn hierdurch eine Vertragspflicht verletzt wird. Dies wird bei Mitarbeitern im öffentlichen Dienst im Vertrauensstellungen (klassischer Fall: Polizei, Justizvollzug) bejaht.

Beispiele für die Kündigung wegen Straftaten und Strafhaft:
- Ein Sachbearbeiter bei der Bundesagentur für Arbeit, der im Bereich der Leistungsgewährung des SGB II tätig ist, wurde zu einer Bewährungsstrafe wegen **Drogenhandel** verurteilt (ein Jahr und acht Monate). Das BAG verneint eine verhaltensbedingte Kündigung, weil kein dienstlicher Bezug vorgelegen habe. Es bejahte aber eine personenbedingte ordentliche Kündigung wegen Wegfalls der Eignung. Mit der Tätigkeit in hoheitlicher Funktion mit Publikumsverkehr sei der private illegale Vertrieb von Rauschmitteln nicht vereinbar (BAG v. 10.4.2014 – 2 AZR 684/13, NZA 2014, 1197).
- Personenbedingt ist auch die Kündigung wegen Straf- oder Untersuchungshaft. Es kommt nach Auffassung des BAG darauf an, ob die der vorläufigen Inhaftierung zugrunde liegenden Umstände bei objektiver Betrachtung mit hinreichender Sicherheit eine Prognose rechtfertigen, dass der **Arbeitnehmer für längere Zeit an der Erbringung der Arbeitsleistung** gehindert sein wird. Die Kündigung soll aber unwirksam sein, wenn es dem Arbeitgeber zuzumuten ist, für die Zeit des haftbedingten Arbeitsausfalls **Überbrückungsmaßnahmen** zu ergreifen und dem Arbeitnehmer den Arbeitsplatz bis zur Rückkehr aus der Haft frei zu halten. Wenn aber im Kündigungszeitpunkt mit einer **mehrjährigen haftbedingten Abwesenheit** (mehr als zwei Jahre) des Arbeitnehmers zu rechnen ist, kann dem Arbeitgeber regelmäßig nicht zugemutet werden, lediglich vorläufige Maßnahmen zu ergreifen und auf eine dauerhafte Neubesetzung des Arbeitsplatzes zu verzichten (BAG v. 23.5.2013 – 2 AZR 120/12, NZA 2013, 1211).

III. Vertiefungsproblem: Die krankheitsbedingte Kündigung

Literatur: *Schunder*, Kündigung wegen Krankheit, NZA Beilage 3/2015, 90.

Die krankheitsbedingte Kündigung ist der **häufigste Anwendungsfall der personenbedingten Kündigung**. Dabei gibt es zwei sichere Grenzpfähle: Zum einen ist die Kündigung nicht schon deshalb rechtsunwirksam, weil sie wegen der Krankheit erfolgt. Der Gesetzgeber geht, wie auch § 8 EFZG zeigt, davon aus, dass die aus Anlass der Arbeitsunfähigkeit erklärte Kündigung möglich ist. Zum anderen ist eine krankheitsbedingte Kündigung, wie das BAG mehrfach entschieden hat, grundsätzlich wirksam, wenn eine dauernde Unfähigkeit zur Erbringung der geschuldeten Arbeitsleistung eingetreten ist und eine anderweitige Beschäftigungsmöglichkeit nicht besteht (BAG v. 28.2.1990 – 2 AZR 401/89, NZA 1990, 727; BAG v. 7.2.1991 – 2 AZR 205/90, NZA 1991, 806). 2949

Auch für die krankheitsbedingte Kündigung gelten prinzipiell die aufgeführten Prüfungskriterien. Diese werden in drei Stufen von der Rechtsprechung konkretisiert: 2950

Prüfungsschema: Krankheitsbedingte Kündigung

☐ Es ist eine **negative Gesundheitsprognose** erforderlich, nach der im Zeitpunkt des Zugangs der Kündigung objektive Tatsachen vorliegen müssen, die auf weitere bzw. andauernde Erkrankungen und Arbeitsunfähigkeit im bisherigen Umfang schließen lassen.

☐ Die andauernde Arbeitsunfähigkeit muss die **betrieblichen Interessen erheblich beeinträchtigen** (Betriebsablaufstörungen, Lohnfortzahlungskosten). Bei einer dauernden Leistungsunfähigkeit ist regelmäßig von einer erheblichen Beeinträchtigung auszugehen.

☐ Abschließend ist aufgrund einer **Interessenabwägung** zu entscheiden, ob die erheblichen Beeinträchtigungen vom Arbeitgeber noch hinzunehmen sind oder ein solches Ausmaß erreicht haben, dass sie ihm nicht mehr zuzumuten sind. Die erheblichen Störungen dürfen etwa nicht durch mildere Mittel (Überbrückungsmaßnahmen) in geeigneter Weise behebbar sein. Auf dieser Stufe wird auch das **betriebliche Eingliederungsmanagement** relevant.

Maßgebender Zeitpunkt für die Beurteilung der sozialen Rechtfertigung einer krankheitsbedingten Kündigung ist ihr Zugang beim Gekündigten. Unbeachtlich sind also z.B. neue, ärztlich veranlasste 2951

Therapien, nach der Kündigung durchgeführte und zuvor vom Arbeitnehmer abgelehnte Operationen oder Therapien oder die Änderung der bisherigen Lebensführung (BAG v. 6.9.1989 – 2 AZR 118/89, NZA 1990, 305, 306).

2952 Drei bzw. vier Unterfälle der Anlässe krankheitsbedingter Kündigungen sind zu unterscheiden:

- häufige **Kurzerkrankungen**,
- lange, zusammenhängende **Arbeitsunfähigkeit**, die wiederum in Fälle unterteilt werden kann, in denen
  - die Arbeitsunfähigkeit **dauerhaft** ist (Arbeitsfähigkeit wird aller Voraussicht nach für einen sehr langen Zeitraum bzw. gar nicht wieder erlangt)

  und

  - möglich, aber **ungewiss** ist, dass und ggf. wann der Arbeitnehmer wieder arbeitsfähig wird,
- krankheitsbedingte **Leistungsminderung**.

Besonderheiten, die sich daraus jeweils ergeben, werden innerhalb der verschiedenen Prüfungspunkte behandelt.

2953 Einen Sonderfall bildet die **außerordentliche krankheitsbedingte Kündigung** gegenüber ordentlich unkündbaren Arbeitnehmern, die dem Arbeitgeber jedoch nur in Ausnahmefällen zusteht (Rz. 3136).

1. Negative Gesundheitsprognose

2954 Der Arbeitgeber muss anhand objektiver Umstände darlegen, dass in Zukunft (nach dem Beendigungstermin) weitere krankheitsbedingte Störungen der vom Arbeitnehmer geschuldeten Arbeitsleistung zu erwarten sind (ErfK/*Oetker*, § 1 KSchG, Rz. 114). Je nach dem, welche Art von krankheitsbedingter Störung Anlass für die negative Prognose sein soll, ist ihre jeweilige Indizwirkung unterschiedlich.

a) Häufige Kurzerkrankungen

2955 *„Häufige Kurzerkrankungen in der Vergangenheit können für ein entsprechendes Erscheinungsbild in der Zukunft sprechen. Dann darf der Arbeitgeber sich zunächst darauf beschränken, die Indizwirkungen entfaltenden Fehlzeiten in der Vergangenheit darzulegen."* (BAG v. 16.2.1989 – 2 AZR 299/88, NZA 1989, 923, 923)

2956 Erforderlich ist also, dass die Fehlzeiten **im Einzelnen dargelegt** werden. Ferner muss **jede einzelne Krankheit**, die in der Vergangenheit zu Fehlzeiten geführt hat, die **Negativprognose rechtfertigen**. Dies ist insbesondere bei ausgeheilten Krankheiten nicht der Fall, ebenso nicht bei Erkrankungen, denen ihrer Natur nach oder aufgrund ihrer Entstehung (Unfälle) keine Wiederholungsgefahr beizumessen ist. Bei häufigen Unfällen kann jedoch die Verletzungsanfälligkeit oder Unvorsichtigkeit die Negativprognose begründen.

2957 Bei **Alkohol- oder Drogensucht** kommt es für die Negativprognose unter anderem auf die Bereitschaft des Arbeitnehmers an, sich einer Therapie zu unterziehen. Erklärt er sich dazu bereit, muss der Arbeitgeber jedenfalls das Ende und Ergebnis der Entziehungskur abwarten.

2958 *„Für die Prognose im Hinblick auf die weitere Entwicklung einer Alkoholerkrankung kommt es entscheidend darauf an, ob der Arbeitnehmer zum Zeitpunkt der Kündigung bereit ist, eine Entziehungskur bzw. Therapie durchzuführen. Lehnt er das ab, kann erfahrungsgemäß davon ausgegangen werden, dass er von seiner Alkoholabhängigkeit in absehbarer Zeit nicht geheilt wird [...]. Ebenso kann eine negative Prognose dann berechtigt sein, wenn der Arbeitnehmer nach abgeschlossener Therapie rückfällig geworden ist [...]."* (BAG v. 20.3.2014 – 2 AZR 565/12, NZA 2014, 602 Rz. 15)

b) Lange Arbeitsunfähigkeit

In einem Fall **dauerhafter Arbeitsunfähigkeit**, in dem der Arbeitnehmer seine Arbeitsunfähigkeit aller Voraussicht nach für einen sehr langen Zeitraum oder überhaupt nicht mehr zurückerlangt, ist eine Negativprognose ohne Weiteres möglich. 2959

Dasselbe gilt grundsätzlich für den Fall, dass das Ende der Erkrankung/Arbeitsunfähigkeit **unbekannt** bzw. unsicher ist: 2960

„*Eine lang andauernde krankheitsbedingte Arbeitsunfähigkeit in der unmittelbaren Vergangenheit stellt ein gewisses Indiz für die Fortdauer der Arbeitsunfähigkeit in der Zukunft dar [...]. Der Arbeitgeber genügt deshalb seiner Darlegungslast für eine negative Prognose zunächst, wenn er die bisherige Dauer der Erkrankung und die ihm bekannten Krankheitsursachen vorträgt.*" (BAG v. 13.5.2015 – 2 AZR 565/14, NZA 2015, 1249 Rz. 14)

Selbst wenn also der Arbeitgeber die **Ursache der Krankheit** nicht kennt (der Arbeitnehmer ist nicht verpflichtet, sie ihm mitzuteilen), reicht es aus, wenn er die lange Arbeitsunfähigkeit als Grundlage der Negativprognose darlegt. Der Arbeitnehmer kann diese allerdings **entkräften**, indem er etwa vorbringt, die Krankheit sei ausgeheilt oder aus anderen Gründen sei eine Besserung zu erwarten. 2961

c) Krankheitsbedingte Leistungsminderung

Während bei dauernder (vollständiger) Arbeitsunfähigkeit die Kündigung bei fehlender anderweitiger Verwendungsmöglichkeit regelmäßig zulässig ist, wird die Kündigungsmöglichkeit bei krankheits- oder altersbedingter Leistungsminderung zurückhaltend beurteilt. Grundsätzlich hat der Arbeitgeber einen altersbedingten Leistungsabfall hinzunehmen. Die Kündigung wegen krankheits- oder altersbedingter Leistungsminderung spielt in der Gerichtspraxis bisher keine große Rolle. 2962

Die Kündigung wegen krankheits- oder altersbedingter Leistungsminderung bewegt sich auf der **Grenze zur verhaltensbedingten Kündigung**. Entscheiden kann man nach folgender **Formel**: Wer schlecht leistet, obwohl er zur guten Leistung imstande wäre, verletzt den Arbeitsvertrag, kann abgemahnt und in letzter Konsequenz gekündigt werden. Wer jedoch schlecht leistet, weil er alters- oder krankheitsbedingt nicht mehr anders leisten kann, der ist unverschuldet zur Leistung außerstande und für die geschuldete Tätigkeit nicht mehr (voll) geeignet. Da eine Leistungssteigerung subjektiv unmöglich ist (Unvermögen), ist auch eine Abmahnung zwecklos und daher entbehrlich. Die krankheitsbedingte Leistungsminderung gehört daher in die Kategorie der (verschuldensunabhängigen) personenbedingten Kündigung wegen Eignungsmangels. Es liegt allerdings nur eine eingeschränkte Eignung zur Erfüllung der geschuldeten Aufgabe vor. 2963

Für eine Negativprognose bedarf es einer (auch) in Zukunft zu erwartenden **Einschränkungen der Leistungsfähigkeit in quantitativer oder qualitativer Hinsicht**. Wie in den Fällen der Arbeitsunfähigkeit muss der Arbeitgeber darlegen, dass in Zukunft keine Besserung der der Leistungsminderung zugrundeliegende Krankheit zu erwarten ist (vgl. BAG v. 26.9.1991 – 2 AZR 132/91, NZA 1992, 1073, 1076). 2964

2. Erhebliche Beeinträchtigung betrieblicher Interessen

Die prognostizierten Fehlzeiten können eine krankheitsbedingte Kündigung nur dann sozial rechtfertigen, wenn sie eine erhebliche Beeinträchtigung betrieblicher Interessen nach sich ziehen (BAG v. 16.2.1989 – 2 AZR 299/88, NZA 1989, 923). 2965

a) Häufige Kurzerkrankungen

In Betracht kommen zum einen **Störungen im Betriebsablauf** wegen wiederholter Ausfallzeiten des Arbeitnehmers, wie z.B. 2966

- Stillstand von Maschinen;
- Rückgang der Produktion wegen erst einzuarbeitenden Ersatzpersonals;
- Überlastung des verbliebenen Personals oder Abzug von an sich an anderer Stelle benötigten Arbeitskräften.

2967 Betriebsablaufstörungen treten in der Regel nur in kleineren Betrieben auf, größere Betriebe können derartige Beeinträchtigungen durch Überbrückungsmaßnahmen vermeiden oder halten eine Personalreserve vor.

2968 Zum anderen können die wirtschaftlichen Belastungen, die mit den **Entgeltfortzahlungskosten** verbunden sind, betriebliche Interessen erheblich beeinträchtigen. Dies gilt jedoch nur dann, wenn die Entgeltfortzahlungspflicht des Arbeitgebers den in § 3 Abs. 1 EFZG vorgeschriebenen zeitlichen Rahmen von **sechs Wochen überschreitet** (BAG v. 29.7.1993 – 2 AZR 155/93, NZA 1994, 67; siehe auch BAG v. 25.4.2018 – 2 AZR 6/18, NZA 2018, 1056).

„*Allein die entstandenen und künftig zu erwartenden Lohnfortzahlungskosten, die jährlich jeweils für einen Zeitraum von mehr als sechs Wochen aufzuwenden sind, stellen eine erhebliche Beeinträchtigung betrieblicher Interessen bei der Beurteilung der sozialen Rechtfertigung der Kündigung dar. Dies gilt auch dann, wenn der Arbeitgeber Betriebsablaufstörungen nicht darlegt und eine Personalreserve nicht vorhält.*" (BAG v. 29.7.1993 – 2 AZR 155/93, NZA 1994, 67)

2969 Berücksichtigt werden jedoch nur solche **Kosten**, die auf die in Zukunft zu erwartenden, im Rahmen der negativen Gesundheitsprognose ermittelten Ausfallzeiten entfallen. Außer Ansatz bleiben die Aufwendungen für **einmalige Erkrankungen**, bei denen eine Wiederholungsgefahr nicht besteht; ebenso Ausfallzeiten, für die kein Entgelt fortzuzahlen ist. Dabei ist nur auf die Kosten des Arbeitsverhältnisses und nicht auf die Gesamtbelastung des Betriebs mit Lohnfortzahlungskosten abzustellen (BAG v. 16.2.1989 – 2 AZR 299/88, NZA 1989, 923, 924).

2970 Die Begründung einer krankheitsbedingten Kündigung mit der Höhe der Entgeltfortzahlungskosten überzeugt nicht. Richtigerweise ist auch in derartigen Fällen auf die **Störung des Austauschverhältnisses** abzustellen. Auch wenn keine konkreten Störungen des Betriebsablaufs vorliegen, beispielsweise weil kurzfristige Personalausfälle durch eine Personalreserve überbrückt werden können, kann der Arbeitgeber den Arbeitnehmer dennoch nicht vertragsgerecht einsetzen. Übersteigen die Fehlzeiten das üblicherweise hinzunehmende Maß, liegt hierin eine zur Kündigung berechtigende nachhaltige Störung des vertraglichen Synallagmas.

b) Lange Arbeitsunfähigkeit

2971 Bei einer **dauerhaften Arbeitsunfähigkeit** ist regelmäßig von einer erheblichen Beeinträchtigung der betrieblichen Interessen auszugehen (BAG v. 13.5.2015 – 2 AZR 656/14, NZA 2015, 1249 Rz. 18). Sofern feststeht, dass die Unmöglichkeit, die vertraglich geschuldete Leistung zu erbringen, nicht nur vorübergehender Natur ist, muss der Arbeitgeber **keine weiteren Beeinträchtigungen betrieblicher Interessen** zur sozialen Rechtfertigung der Kündigung mehr geltend machen (BAG v. 28.2.1990 – 2 AZR 401/89, NZA 1990, 727).

„*Bei einem Arbeitsverhältnis, bei dem feststehe, dass der Arbeitnehmer in Zukunft die geschuldete Arbeitsleistung überhaupt nicht mehr erbringen könne, sei schon aus diesem Grunde das Arbeitsverhältnis auf Dauer ganz erheblich gestört; die auf das jeweilige Arbeitsverhältnis bezogene unzumutbare Belastung bestehe darin, dass der Arbeitgeber damit rechnen müsse, der Arbeitnehmer sei auf Dauer außerstande, die von ihm geschuldete Leistung zu erbringen.*" (BAG v. 28.2.1990 – 2 AZR 401/89, NZA 1990, 727, 728)

2972 Fälle, in denen **ungewiss** ist, wann und ob der Arbeitnehmer wieder arbeitsfähig wird, stellt das BAG jedenfalls dann denen der dauerhaften Arbeitsunfähigkeit gleich, wenn in den **nächsten 24 Monaten** nicht mit einer Genesung gerechnet werden kann. Bis zu 24 Monate könne der Arbeitgeber typischerweise ohne Schwierigkeiten durch eine Ersatzkraft mit einem befristeten Arbeitsverhältnis überbrücken (BAG v. 13.5.2015 – 2 AZR 656/14, NZA 2015, 1249 Rz. 18). Dadurch vermischt das BAG allerdings Aspekte der Interessenabwägung mit dem Prüfungspunkt der Interessen-Beeinträchtigung.

3. Interessenabwägung

Liegt nach den vorstehenden Grundsätzen eine erhebliche Beeinträchtigung betrieblicher Interessen vor, so ist in einer dritten Stufe im Rahmen der nach § 1 Abs. 2 S. 1 KSchG gebotenen Interessenabwägung zu prüfen, ob diese Beeinträchtigungen aufgrund der Besonderheiten des Einzelfalls vom Arbeitgeber noch hinzunehmen sind oder ein solches Ausmaß erreicht haben, dass sie ihm **nicht mehr zuzumuten** sind. 2973

a) Häufige Kurzerkrankungen

Von Bedeutung ist hier zunächst, ob es dem Arbeitgeber zumutbar ist, die erheblichen betrieblichen Beeinträchtigungen durch an sich mögliche weitere Überbrückungsmaßnahmen zu verhindern (BAG v. 16.2.1989 – 2 AZR 299/88, NZA 1989, 923, 923). Hierzu gehören Maßnahmen, die anlässlich des konkreten Ausfalls eines Arbeitnehmers ergriffen werden, z.B. 2974

- Einstellung von Aushilfskräften,
- Einsatz von Mitarbeitern der Personalreserve,
- Anordnung von Mehrarbeit,
- personelle Umorganisation.

Werden auf diese Weise Ablaufstörungen vermieden, ist die Kündigung sozial nicht gerechtfertigt.

Von Bedeutung im Rahmen der Interessenabwägung sind zudem die **Entgeltfortzahlungskosten**, sofern der Arbeitgeber diese als Grund der Kündigung geltend macht. Diese müssen „außergewöhnlich" bzw. „extrem" hoch sein, um die weitere Beschäftigung des Arbeitnehmers unzumutbar zu machen (BAG v. 5.7.1990 – 2 AZR 154/90, NZA 1991, 185, 187), ohne dass sich das BAG bislang auf eine bestimmte quantitative Größe festgelegt hätte. 2975

Hält der Arbeitgeber eine Personalreserve vor, sind die damit verbundenen **erheblichen Kosten** zu seinen Gunsten zu berücksichtigen, wenn er sich auf die krankheitsbedingten wirtschaftlichen Belastungen beruft. Die Kosten zur Vorhaltung der Personalreserve sind daher bei der Frage zu berücksichtigen, ob allein die Höhe der Entgeltfortzahlungskosten den Arbeitgeber in so unzumutbarer Weise belastet, dass hierdurch eine Kündigung gerechtfertigt ist, obwohl konkrete Störungen des Betriebsablaufs nicht vorliegen (BAG v. 5.7.1990 – 2 AZR 154/90, NZA 1991, 185). 2976

Zugunsten des Arbeitnehmers wirkt sich aus, wenn die **Erkrankung auf innerbetrieblichen Ursachen** beruht oder das Arbeitsverhältnis lange Zeit ohne Störungen bestanden hat, zu seinen Lasten dagegen, wenn es von Beginn an mit erheblichen krankheitsbedingten und Entgeltfortzahlungskosten auslösenden Ausfallzeiten belastet war (BAG v. 16.2.1989 – 2 AZR 299/88, NZA 1989, 923). 2977

„Bei der Interessenabwägung ist allgemein zu berücksichtigen, ob die Erkrankungen auf betriebliche Ursachen zurückzuführen sind, ob bzw. wie lange das Arbeitsverhältnis zunächst ungestört verlaufen ist, ferner das Alter und der Familienstand des Arbeitnehmers." (BAG v. 16.2.1989 – 2 AZR 299/88, NZA 1989, 923, 924)

Zu berücksichtigen ist ferner die Höhe der **durchschnittlichen Ausfallquote** vergleichbarer Arbeitnehmer (Gruppenvergleich). Ist auch die Ausfallquote der Vergleichsgruppe relativ hoch, können nur ganz erheblich höhere Fehlzeiten die Kündigung rechtfertigen. Eine Massierung von gestörten Ar- 2978 beitsverhältnissen in einem bestimmten betrieblichen Bereich erleichtert dem Arbeitgeber die krankheitsbedingte Kündigung also nicht (BAG v. 10.5.1990 – 2 AZR 580/89, EzA § 1 KSchG Krankheit Nr. 31). In die Waagschale fällt ferner, ob der Arbeitnehmer die Krankheiten überwiegend selbst verschuldet hat, wie alt er ist, ob und in welcher Höhe er Unterhaltspflichten zu erfüllen hat, wie seine Aussichten auf dem Arbeitsmarkt sind und ob der Arbeitgeber sich um die Schaffung einer Grundlage für eine Weiterbeschäftigung bemüht hat.

b) Lange Arbeitsunfähigkeit

2979 Es besteht kein schützenswertes Interesse des Arbeitnehmers, den Arbeitgeber daran zu hindern, mit der Tätigkeit des Arbeitnehmers, der außerstande ist, die geschuldete Arbeitsleistung zu erbringen, auf Dauer einen anderen Arbeitnehmer zu beauftragen. Im Kern kann die Kündigung aus diesem Grund nur verhindert werden, wenn ein anderer Arbeitsplatz, und sei es unter geänderten Arbeitsbedingungen, ggf. nach zumutbaren Umschulungs- oder Fortbildungsmaßnahmen, zur Verfügung steht. **Vom Arbeitgeber kann nicht verlangt werden, dauerhaft den Arbeitsplatz mit Vertretungskräften zu besetzen** (BAG v. 19.4.2007 – 2 AZR 239/06, NZA 2007, 1041).

2980 Aufgrund des Ultima-Ratio-Prinzips ist also zu prüfen, inwieweit der Arbeitnehmer auf einem anderen Arbeitsplatz weiterbeschäftigt werden kann. Diese Möglichkeit kommt insbesondere dann in Betracht, wenn die Krankheit des Arbeitnehmers mit den bisherigen Arbeitsbedingungen in Verbindung steht (vgl. BAG v. 29.1.1997 – 2 AZR 9/96, NZA 1997, 709). Die Kündigung ist daher regelmäßig unverhältnismäßig, wenn der Arbeitnehmer auf einem anderen, leidensgerechten Arbeitsplatz weiterbeschäftigt werden kann (vgl. BAG v. 20.11.2014 – 2 AZR 755/13, NJW 2015, 1979). Im Rahmen der Interessenabwägung sind auf Seiten des Arbeitgebers neben den akuten betrieblichen Beeinträchtigungen auch krankheitsbedingte Fehlzeiten in der Vergangenheit und das sonstige Arbeitsverhalten des Arbeitnehmers zu berücksichtigen. Auf Seiten des Arbeitnehmers sind neben dem Lebensalter vor allem die Ursache der Erkrankung und die Dauer der Betriebszugehörigkeit zu beachten. Unter Berücksichtigung dessen ist dann die Zumutbarkeit weiterer Überbrückungsmaßnahmen durch den Arbeitgeber zu prüfen.

c) Krankheitsbedingte Leistungsminderung

2981 Im Rahmen der Interessenabwägung ist insbesondere zu berücksichtigen, inwieweit ein **anderer freier Arbeitsplatz** zur Verfügung steht, dessen Anforderungen der betroffene Arbeitnehmer trotz seiner krankheitsbedingten Leistungsminderung erfüllen kann.

d) Betriebliches Eingliederungsmanagement

Literatur: *Schiefer*, Das betriebliche Eingliederungsmanagement (bEM), RdA 2016, 196

2982 Verortet im Schwerbehindertenrecht regelt § 167 SGB IX zwei Institute, die nach der Rechtsprechung des BAG Auswirkungen auf die Wirksamkeit einer Kündigung haben können: das Präventionsverfahren § 167 Abs. 1 SGB IX, Rz. 2632) und das betriebliche Eingliederungsmanagement § 167 Abs. 2 SGB IX.

2983 Das bEM greift gem. § 167 Abs. 2 S. 1 SGB IX ein, wenn Beschäftigte **innerhalb eines Jahres länger als sechs Wochen ununterbrochen oder wiederholt arbeitsunfähig sind**. In diesem Fall „klärt" der Arbeitgeber mit verschiedenen Stellen und dem Betroffenen, wie die Arbeitsunfähigkeit überwunden, einer erneuten vorgebeugt und der Arbeitsplatz erhalten werden kann. Das bEM findet trotz seiner Stellung im Schwerbehindertenrecht im Gegensatz zum Präventionsverfahren nach § 167 Abs. 1 SGB IX auf **alle Arbeitnehmer** Anwendung (BAG v. 13.5.2015 – 2 AZR 565/14, NZA 2015, 1249 Rz. 25). Wesentliches Argument dafür ist der Wortlaut des § 167 Abs. 2 S. 1 SGB IX, wonach bei schwerbehinderten Menschen zusätzlich die Schwerbehindertenvertretung beteiligt wird.

§ 167 Abs. 2 SGB IX ist umstritten und schafft erhebliche **Rechtsunsicherheit**. Das liegt nicht zuletzt am Wortlaut. Der – ebenso wie § 167 Abs. 1 SGB IX (der Arbeitgeber „schaltet [...] ein") – im Erzählstil gehaltenen Vorschrift (der Arbeitgeber „klärt") ist nicht zu entnehmen, ob der Arbeitgeber etwas tun *kann*, *soll* oder *muss*, was genau er tun kann, soll oder muss und ob es eine Folge hat, wenn er „es" *nicht* oder *nicht richtig* tut und wenn ja, *welche* Folge es hat.   2984

Umstritten war daher, ob es sich um eine **Ordnungsvorschrift mit reinem Appellativcharakter**, eine **Obliegenheit** oder eine **Rechtspflicht** handelt. Ebenso wie zu § 167 Abs. 1 SGB IX vertritt das BAG in mittlerweile gefestigter Rechtsprechung die Ansicht, dass das bEM **keine formelle Wirksamkeitsvoraussetzung** für den Ausspruch einer krankheitsbedingten Kündigung sei. Kernargumente sind der Wortlaut der Vorschrift, der keine Rechtsfolge an einen möglichen Verstoß anknüpft, sowie fehlende Hinweise in der Gesetzesbegründung. Die systematische Einordnung der Vorschrift in das 3. Kapitel „Sonstige Pflichten der Arbeitgeber" anstelle einer Verortung im Kapitel 4 „Kündigungsschutz" spricht ebenfalls gegen eine Wirksamkeitsvoraussetzung. Jedoch folgert das BAG hieraus nicht, dass § 167 Abs. 2 SGB IX eine reine Ordnungsvorschrift sei, deren Missachtung völlig folgenlos bliebe. Das Gericht ordnet sie vielmehr als eine **Konkretisierung des Verhältnismäßigkeitsgrundsatzes** ein, mit dessen Hilfe möglicherweise mildere Mittel als die Kündigung hätten entwickelt werden können (BAG v. 13.5.2015 – 2 AZR 565/14, NZA 2015, 1249 Rz. 28; 20.11.2014 – 2 AZR 755/13, NZA 2015, 612 Rz. 38).   2985

Führt der Arbeitgeber **kein bEM** durch, ist die Kündigung nur dann nicht unwirksam, wenn er darlegen und beweisen kann, dass ein bEM ohnehin ergebnislos geblieben wäre.   2986

„Möglich ist, dass auch ein tatsächlich durchgeführtes bEM kein positives Ergebnis hätte erbringen können. In einem solchen Fall darf dem Arbeitgeber kein Nachteil daraus entstehen, dass er es unterlassen hat. Will sich der Arbeitgeber hierauf berufen, hat er die objektive Nutzlosigkeit des bEM darzulegen und gegebenenfalls zu beweisen. Dazu muss er umfassend und detailliert vortragen, warum weder ein weiterer Einsatz auf dem bisherigen Arbeitsplatz, noch dessen leidensgerechte Anpassung oder Veränderung möglich gewesen seien und der Arbeitnehmer auch nicht auf einem anderen Arbeitsplatz bei geänderter Tätigkeit habe eingesetzt werden können, warum also ein bEM im keinem Fall dazu hätte beitragen können, neuerlichen Krankheitszeiten vorzubeugen und das Arbeitsverhältnis zu erhalten." (BAG v. 20.11.2014 – 2 AZR 755/13, NZA 2015, 612 Rz. 39; nachfolgend BAG v. 21.11.2018 – 7 AZR 394/17, NZA 2019, 309 Rz. 38)

Das bEM kann nicht gegen den **Willen des Arbeitnehmers** durchgeführt werden. Lehnt der Arbeitnehmer die Mitwirkung ab und kommt es deshalb nicht zum bEM, hat das keine Auswirkungen auf die Wirksamkeit der Kündigung (BAG v. 24.3.2011 – 2 AZR 170/10, NZA 2011, 992 Rz. 23 f.).   2987

Arbeitgeber und Betriebsrat können in einer **Betriebsvereinbarung** in einem gewissen Rahmen allgemeine Verfahrensregeln für die **Durchführung** des bEM festlegen (s. zu den Grenzen des Mitbestimmungsrechts: BAG v. 22.3.2016 – 1 ABR 14/14, BB 2016, 2173). Allgemein haben die Beteiligten weitgehende Handlungsfreiheit: 2988

„[Das Gesetz beschreibt das bEM] nicht als formalisiertes Verfahren, sondern lässt den Beteiligten jeden denkbaren Spielraum. Offenbar soll so erreicht werden, dass keine der vernünftigerweise in Betracht kommenden zielführenden Möglichkeiten ausgeschlossen wird. [...] Das Gesetz vertraut darauf, dass die Einbeziehung von Arbeitgeber, Arbeitnehmer, Betriebsrat und externen Stellen sowie die abstrakte Beschreibung des Ziels ausreichen, um die Vorstellungen der Betroffenen sowie internen und externen Sachverstand in ein faires und sachorientiertes Gespräch einzubringen, dessen Verlauf im Einzelnen und dessen Ergebnis sich nach den – einer allgemeinen Beschreibung nicht zugänglichen – Erfordernissen des jeweiligen Einzelfalls zu richten haben. Das Gesetz benennt auch keine Personen oder Stellen, denen die Leitung des BEM anvertraut wäre. Demnach geht es um die Etablierung eines unverstellten, verlaufs- und ergebnisoffenen Suchprozesses." (BAG v. 10.12.2009 – 2 AZR 198/09, NZA 2010, 639 Rz. 18)

Schließt das bEM mit einem bestimmten **Ergebnis** ab, ist der Arbeitgeber grundsätzlich verpflichtet, die empfohlene Maßnahme – soweit dies in seiner alleinigen Macht steht – vor Ausspruch einer   2989 krankheitsbedingten Kündigung als milderes Mittel umzusetzen (BAG v. 10.12.2009 – 2 AZR 400/08, NZA 2010, 398).

4. Diskriminierungsschutz

2990 Ungeachtet der Frage, ob das AGG wegen § 2 Abs. 4 AGG unmittelbar auf Kündigungssachverhalte Anwendung findet (Rz. 1554), ist zu klären, ob nicht das europarechtlich vorgegebene Verbot der Benachteiligung wegen Behinderung des Arbeitnehmers (mittelbar) zur Unwirksamkeit einer krankheitsbedingten Kündigung führen kann. Hier gilt es zwei Fragen zu klären: Wie ist der Begriff der Krankheit von der Behinderung abzugrenzen (Rz. 1531)? Kann eine Kündigung wegen Krankheit/Behinderung gerechtfertigt sein?

Der EuGH hat sich derweil mit beiden Fragen im Vorlageverfahren „Ruiz Conejero" auseinandergesetzt (EuGH v. 18.1.2018 – C-270/16, NZA 2018, 159). Das Ausgangsverfahren betraf die Zulässigkeit einer dem spanischen Recht entstammenden Kündigungsvorschrift, die den Arbeitgeber berechtigt, bei der Überschreitung einer zeitlich festgelegten Dauer einer oder mehrerer Erkrankungen eine Kündigung auszusprechen. Der EuGH betonte nochmals, dass es nicht auf den nationalen Behindertenbegriff ankomme, sondern entscheidend sei, dass es sich um eine „Behinderung" im Sinne der RL 2000/78 handle. Der Begriff der Behinderung sei so zu verstehen, dass er eine Einschränkung von Fähigkeiten erfasse, die auf eine langfristige, physische, geistige oder psychische Beeinträchtigung zurückzuführen sei, die den Betroffenen in Wechselwirkung mit verschiedenen Barrieren an der vollen und wirksamen Teilhabe am Berufsleben unter Gleichstellung mit den übrigen Arbeitnehmern hindere (EuGH v. 18.1.2018 – C-270/16, NZA 2018, 159). Die Kündigung aufgrund einer Erkrankung, die gleichzeitig eine Behinderung im unionsrechtlichen Sinne verkörpere, stelle aufgrund ihrer mittelbar diskriminierenden Wirkung grundsätzlich eine rechtfertigungsbedürftige Ungleichbehandlung dar, die gerechtfertigt sei, wenn sie der Bekämpfung von Absentismus diene und nicht über das erforderliche Maß hinaus gehe. Eine Kündigung wegen einer Krankheit, die gleichzeitig eine Behinderung darstellt, ist daher nicht per se unzulässig. Den Rechtfertigungsanforderungen wird das BAG durch das Erfordernis der sozialen Rechtfertigung der Kündigung gerecht (Anm. *Bayreuther* EuZW 2018, 209, 212 f.).

2991 Das BAG lehnt daher zu Recht ab, im Falle einer krankheitsbedingten Kündigung dem Grunde nach einen Verstoß gegen das Benachteiligungsverbot anzunehmen (BAG v. 22.10.2009 – 8 AZR 642/08, NZA 2010, 280, 282; BAG v. 20.11.2014 – 2 AZR 664/13, NZA 2015, 931 Rz. 60). Es bleibt dabei, dass eine Kündigung dann nicht gegen das Verbot der Benachteiligung wegen einer Behinderung nach §§ 1, 7 Abs. 1 AGG verstößt, wenn der Arbeitgeber nicht imstande ist, die bestehende Leistungsunfähigkeit des Arbeitnehmers durch angemessene Vorkehrungen, dh. durch effektive und praktikable Maßnahmen zu beseitigen (vgl. BAG v. 19.12.2013 – 6 AZR 190/12, NZA 2014, 372 Rz. 90).

IV. Vertiefungsproblem: Sonderfälle der personenbedingten Kündigung

1. Verdachtskündigung

2992 Die sog. Verdachtskündigung wird richtigerweise als Fall der personenbedingten Kündigung behandelt. Sie kommt in Betracht, wenn der Arbeitnehmer unter dringendem Verdacht steht, eine schwerwiegende Pflichtverletzung begangen zu haben, und dieser Verdacht die für die Fortsetzung des Arbeitsverhältnisses erforderliche Vertrauensbasis zerstört hat. Sie wird typischerweise als außerordentliche Kündigung erklärt (Rz. 3093).

2. Druckkündigung

Literatur: *Blaese*, Die arbeitsrechtliche Druckkündigung, DB 1988, 178.

Die Rechtsprechung erkennt unter bestimmten Voraussetzungen auch das **Verlangen Dritter**, einen bestimmten Arbeitnehmer zu entlassen, als Kündigungsgrund an. Dabei sind zwei Fallgruppen zu unterscheiden, die beide unter der Überschrift der „Druckkündigung" behandelt werden: 2993

Eine „**unechte Druckkündigung**" soll vorliegen, wenn objektiv personen- oder verhaltensbedingte Gründe für eine Kündigung vorliegen und Dritte *deshalb* die Kündigung des betreffenden Arbeitnehmers verlangen (BAG v. 18.7.2013 – 6 AZR 421/12, NZA 2014, 109 Rz. 38). Diese Fallgruppe der Druckkündigung ist überflüssig, da dem Arbeitnehmer auch ohne das Verlangen des Dritten hätte gekündigt werden können. Das Verlangen der Dritten stellt nur das Motiv, nicht den Grund für die Kündigung dar. Dieser ist vielmehr in der Person oder dem Verhalten des Arbeitnehmers zu erblicken. In diesem Fall kann der wirtschaftliche oder betriebliche Druck auf den Arbeitgeber im Rahmen der Interessenabwägung berücksichtigt werden (so auch im Fall des BAG v. 31.1.1996 – 2 AZR 158/95, NZA 1996, 581, dem mit der mangelnden Fähigkeit zur Personalführung eine persönliche Eigenschaft zugrunde lag). 2994

Eine „**echte Druckkündigung**" liegt vor, wenn Dritte die Entlassung eines Arbeitnehmers verlangen, ohne dass unabhängig davon ein Kündigungsgrund besteht. Das BAG ordnet eine solche Druckkündigung als betriebsbedingte Kündigung ein: 2995

„Eine Druckkündigung liegt vor, wenn Dritte unter Androhung von Nachteilen für den Arbeitgeber von diesem die Entlassung eines bestimmten Arbeitnehmers verlangen. Fehlt es an einer objektiven Rechtfertigung der Drohung durch personen- oder verhaltensbedingte Gründe, so kommt eine Kündigung aus betriebsbedingten Gründen gem. § 1 Abs. 2 KSchG in Betracht." (BAG v. 18.7.2013 – 6 AZR 421/12, NZA 2014, 109 2. OS)

Beispiele für Druckkündigungen:
- Ein Unternehmer sieht sich dem Druck eines Kunden ausgesetzt, der ihn vor die Alternative stellt, einen bestimmten Arbeitnehmer zu entlassen oder den Kunden zu verlieren.
- Nicht selten sind auch Fälle, in denen ein Teil der Belegschaft die Entlassung eines bestimmten Kollegen begehrt, weil sie mit diesem ein gedeihliches Zusammenarbeiten nicht für möglich halten.

Nur der Fall, wenn das Verlangen des Dritten objektiv nicht gerechtfertigt ist, kann also als Druckkündigung i.e.S. betrachtet werden. Hier sieht sich der Unternehmer vor die Wahl gestellt, entweder den Arbeitnehmer zu entlassen oder die von dem Dritten in Aussicht gestellte Sanktion hinzunehmen. Ob ein Kündigungsrecht bei unberechtigter Druckausübung überhaupt in Betracht kommen kann, erscheint äußerst zweifelhaft, insbesondere, wenn das Entlassungsverlangen **diskriminierenden Charakter** hat (dazu SPV/*Preis* Rz. 970). 2996

Sofern man die Druckkündigung mit der Rechtsprechung des BAG anerkennt, ist jedenfalls die **Einordnung als betriebsbedingte Kündigung** abzulehnen. Denn eine Druckkündigung erklärt der Arbeitgeber, um wirtschaftliche Nachteile wie etwa den Verlust eines Auftrags abzuwenden. Zum Zeitpunkt des Ausspruchs der Kündigung liegen somit gerade noch keine wirtschaftlichen Nachteile und kein sich daraus ergebender verringerter Beschäftigungsbedarf vor und sind auch nicht zu erwarten (abweichend BAG v. 18.7.2013 – 6 AZR 421/12, NZA 2014, 109 Rz. 45 f.). Vielmehr ist die Druckkündigung als **personenbedingte Kündigung** anzusehen. Aufgrund der Reaktionen, die mit der Weiterbeschäftigung dieses Arbeitnehmers einhergehen, und den zu befürchtenden innerbetrieblichen oder wirtschaftlichen Nachteilen kann dieser als für seine Tätigkeit nicht mehr geeignet angesehen werden. 2997

Erkennt man die Zulässigkeit einer Druckkündigung grundsätzlich an, ist diese an **strenge Voraussetzungen** gebunden. Insbesondere ist der Arbeitgeber unter dem Gesichtspunkt des Ultima-Ratio-Prinzips zu erheblichen Anstrengungen verpflichtet, um denjenigen, der die Kündigung verlangt, von seiner Drohung abzubringen. 2998

„Der Arbeitgeber hat sich in diesem Fall zunächst schützend vor den betroffenen Arbeitnehmer zu stellen. Nur wenn auf diese Weise die Drohung nicht abgewendet werden kann und bei Verwirklichung der 2999

Drohung schwere wirtschaftliche Schäden für den Arbeitgeber drohen, kann die Kündigung sozial gerechtfertigt sein. Dabei ist jedoch Voraussetzung, dass die Kündigung das einzig praktisch in Betracht kommende Mittel ist, um die Schäden abzuwenden [...]. Zu berücksichtigen ist hierbei auch, inwieweit der Arbeitgeber die Drucksituation selbst in vorwerfbarer Weise herbeigeführt hat [...]. Typische Fälle einer echten Druckkündigung sind Drohungen der Belegschaft mit Streik oder Massenkündigungen oder die Androhung des Abbruchs von Geschäftsbeziehungen für den Fall der Weiterbeschäftigung eines bestimmten Arbeitnehmers." (BAG v. 18.7.2013 – 6 AZR 421/12, NZA 2014, 109 Rz. 39; vgl. auch BAG v. 15.12.2006 – 2 AZR 431/15, NZA 2017, 500)

3000 Die vorherige **Anhörung des Arbeitnehmers** ist – anders als bei der Verdachtskündigung – keine Wirksamkeitsvoraussetzung für die Druckkündigung.

§ 64
Verhaltensbedingte Kündigung

Literatur: *Becker-Schaffner*, Die unzureichende Arbeitsleistung als Kündigungsgrund in der Rechtsprechung, DB 1981, 1775; *Dorndorf*, Vertragsdurchsetzung als Funktion des Kündigungsschutzes, ZfA 1989, 345; *Ohly*, Das neue Geschäftsgeheimnisgesetz im Überblick, GRUR 2019, 441; *Pauly*, Kündigung wegen Nebenbeschäftigung während der Arbeitsunfähigkeit, DB 1981, 1282; *Preis*, Die verhaltensbedingte Kündigung, DB 1990, 630 (Teil 1), 685 (Teil 2); *Preis*, Minima (non) curat praetor?, Pflichtverletzungen und Bagatelldelikte als Kündigungsgrund, ArbuR 2010, 186, 242; *Walker*, Die Kündigung wegen eines Bagatelldelikts, NZA 2011, 1; *Willemsen*, „Anstandspflichten" des erkrankten Arbeitnehmers?, DB 1981, 2619; *Willemsen*, Alkohol und Arbeitsrecht, DB 1988, 2304; *Willemsen*, Verhaltensbedingte Kündigung: Fünf Thesen und Fünf Fragezeichen, RdA 2017 (Heft 1).

I. Voraussetzungen der Kündigung

3001 **Prüfungsschema: Verhaltensbedingte Kündigung**

- ☐ Schuldhafte Vertragspflichtverletzung (Rz. 3002)
    - ☐ Hauptpflichtverletzung (Rz. 3008)
    - ☐ Nebenpflichtverletzung (Rz. 3016)
- ☐ Ausreichende Negativprognose (Rz. 3040)
- ☐ Abmahnung (Rz. 3042)
    - ☐ Prinzipiell vorrangiges milderes Mittel
    - ☐ Ausnahmsweise: Entbehrlichkeit
- ☐ Sonstige vorrangige mildere Mittel (Ultima-Ratio-Prinzip) (Rz. 3053)
- ☐ Interessenabwägung (Rz. 3057)

1. Vertragsverletzung

3002 Nach § 1 Abs. 2 S. 1 KSchG können verhaltensbedingte Gründe die Kündigung sozial rechtfertigen. In Betracht kommen hier in erster Linie Verletzungen **vertraglicher Haupt- oder Nebenpflichten** durch den Arbeitnehmer, die im Allgemeinen schuldhaft (**Vorsatz oder Fahrlässigkeit**, § 276 Abs. 1 BGB) sein müssen. Nicht schuldhaftes Verhalten rechtfertigt in der Regel die verhaltensbedingte Kündigung nicht (BAG v. 16.3.1961 – 2 AZR 539/59, BB 1961, 642).

Der **Grad des Verschuldens** ist für die Prognoseentscheidung und die Interessenabwägung von Bedeutung. Je stärker das Verschulden, desto eher ist eine Negativprognose gerechtfertigt. Für die kündigungsrechtliche Beurteilung ist weder die strafrechtliche noch die sachenrechtliche Bewertung eines Sachverhalts, z.B. bei Vermögensdelikten, maßgebend (BAG v. 10.6.2010 – 2 AZR 541/09, NZA 2010, 1227). 3003

Das BAG beschränkt jedoch die verhaltensbedingte Kündigung nicht eindeutig auf vertragswidrige Verhaltensweisen. Vielmehr hat es in der früheren Rechtsprechung verhaltensbedingte Kündigungsgründe anerkannt, wenn konkrete Störungen im Leistungsbereich, im betrieblichen Bereich, im Vertrauensbereich oder im Unternehmensbereich vorliegen. Der betriebliche Bereich wird noch in die Unterbereiche der Störung der Betriebsordnung, des Betriebsfriedens (Bereich der betrieblichen Verbundenheit aller Mitarbeiter) und des Betriebsablaufs aufgegliedert. Die Beschränkung des verhaltensbedingten Kündigungsgrundes auf **vertragswidrige Verhaltensweisen** erscheint jedoch um einer sinnvollen Abgrenzung zur personen- und betriebsbedingten Kündigung willen unverzichtbar. Es bedarf mithin zumindest der Verletzung vertraglicher Nebenpflichten. Diesem Ansatz folgt die jüngere Rechtsprechung durchweg. 3004

Nicht subjektive Einschätzungen des Arbeitgebers, sondern nur objektive, durch einen Dritten nachvollziehbare Vorfälle begründen die Kündigung. Auch reicht die bloße Befürchtung, es werde zu Vertragsbeeinträchtigungen kommen, nicht aus, wenn es in der Vergangenheit zu keiner nachweisbaren objektiven Beeinträchtigung gekommen ist (BAG v. 21.5.1992 – 2 AZR 10/92, NZA 1993, 115, 116). 3005

„Für eine verhaltensbedingte Kündigung genügen solche im Verhalten des Arbeitnehmers liegenden Umstände, die bei verständiger Würdigung in Abwägung der Interessen der Vertragsparteien und des Betriebs die Kündigung als billigenswert und angemessen erscheinen lassen. Dabei ist nicht von dem Standpunkt des jeweiligen Arbeitgebers auszugehen. Vielmehr gilt ein objektiver Maßstab. Als verhaltensbedingter Kündigungsgrund ist insbesondere eine rechts-(vertrags-)widrige Pflichtverletzung aus dem Arbeitsverhältnis geeignet, wobei regelmäßig Verschulden erforderlich ist; die Leistungsstörung muss dem Arbeitnehmer vorwerfbar sein. Insofern genügt ein Umstand, der einen ruhig und verständig urteilenden Arbeitgeber zur Kündigung bestimmen kann." (BAG v. 21.5.1992 – 2 AZR 10/92, NZA 1993, 115, 116)

Ein **unverschuldeter Irrtum** über den Umfang der Leistungspflichten steht zwar regelmäßig einer außerordentlichen (BAG v. 14.2.1978 – 1 AZR 76/76, NJW 1979, 236), nicht aber notwendig auch einer ordentlichen Kündigung entgegen. Der Arbeitnehmer handelt jedenfalls dann auf eigene Gefahr, wenn er trotz der Hinweise des Arbeitgebers die Arbeit verweigert (BAG v. 29.11.1983 – 1 AZR 469/82, NZA 1984, 34, 37). 3006

Unwirksam ist die Kündigung allerdings dann, wenn der Arbeitnehmer seine Arbeitsleistung verweigert, die Ausübung des Direktionsrechts durch den Arbeitgeber jedoch der Mitbestimmung des Betriebsrats unterlag und dieser nicht oder nicht ausreichend beteiligt worden ist (vgl. zur individualrechtlichen Unwirksamkeit betriebsverfassungswidriger Weisungen BAG v. 26.1.1988 – 1 AZR 531/86, NZA 1988, 476). 3007

a) Verletzung von Hauptpflichten

Verletzungen der Arbeitspflicht als Hauptpflicht sind die Nichtleistung, die verspätete Leistung und die Schlechtleistung. Innerhalb dieser groben Kategorien kommen einen Vielzahl von **Fallgruppen** als kündigungsrelevant in Betracht (ausf. *SPV/Preis* Rz. 565 ff.), von denen einige nachfolgend skizziert werden: 3008

aa) Arbeitsverweigerung

3009 Klassischer verhaltensbedingter Kündigungsgrund ist die **beharrliche Arbeitsverweigerung**. Eine beharrliche Verletzung der Arbeitspflicht setzt einen nachhaltigen Willen des Arbeitnehmers zur Arbeitsverweigerung voraus. Davon umfasst ist ebenso ein nachhaltiger Verstoß gegen berechtigte Weisungen des Arbeitgebers (vgl. BAG v. 23.8.2018 – 2 AZR 235/18, AP BGB § 626 Nr. 272).

Dies kann, je nach den Umständen des Einzelfalles, auch bereits bei einer erstmaligen Arbeitsverweigerung gegeben sein (BAG v. 31.1.1985 – 2 AZR 486/83, NZA 1986, 138).

„Ein Arbeitnehmer verweigert die ihm angewiesene Arbeit beharrlich, wenn er sie bewusst und nachdrücklich nicht leisten will. Ob er zur Arbeitsleistung verpflichtet war, entscheidet sich nach der objektiven Rechtslage. Verweigert der Arbeitnehmer die Arbeitsleistung in der Annahme, er handele rechtmäßig, hat grundsätzlich er selbst das Risiko zu tragen, dass sich seine Rechtsauffassung als unzutreffend erweist." (BAG v. 22.10.2015 – 2 AZR 569/14, NJW 2016, 1754 Rz. 22; so auch BAG v. 28.6.2018 – 2 AZR 436/17, NZA 2018, 1259 Rz. 16)

3010 Eine Kündigung wegen Nichterbringung der Arbeitsleistung scheidet jedoch aus, wenn dem Arbeitnehmer ein **Zurückbehaltungsrecht** gem. § 273 Abs. 1 BGB hinsichtlich seiner Arbeitskraft zusteht, etwa wegen offenstehender Vergütungsansprüche (BAG v. 9.5.1996 – 2 AZR 387/95, NZA 1996, 1085, 1086 f.) oder wenn der Arbeitgeber wesentliche Arbeitsschutzvorschriften verletzt. Ein **Leistungsverweigerungsrecht** gem. § 275 Abs. 3 BGB kann bestehen, wenn der Arbeitgeber oder einer seiner Repräsentanten (§ 278 BGB) die Gesundheit des Arbeitnehmers oder dessen Persönlichkeitsrecht in erheblicher Weise verletzen („Mobbing"). Freilich trägt der Arbeitnehmer das Risiko, die Voraussetzungen des Zurückbehaltungsrechts darzulegen. Gelingt ihm dies nicht, kann ihm wegen beharrlicher Arbeitsverweigerung gekündigt werden (BAG v. 13.3.2008 – 2 AZR 88/07, AP Nr. 87 zu § 1 KSchG 1969).

3011 Ebenso wenig kann der Arbeitgeber eine Kündigung aussprechen, weil der Arbeitnehmer an einem rechtmäßigen **Streik** teilgenommen hat. Erfüllt der Arbeitnehmer hingegen seine Leistungspflicht nicht, weil er sich an einem rechtswidrigen Streik beteiligt, kann der Arbeitgeber – je nach den Umständen des Einzelfalls – nach einer Abmahnung zum Ausspruch einer verhaltensbedingten Kündigung berechtigt sein (BAG v. 29.11.1983 – 1 AZR 469/82, NZA 1984, 34, 35 f.).

3012 Kündigungsrelevant ist regelmäßig der **eigenmächtige Urlaubsantritt** (BAG v. 25.2.1983 – 2 AZR 298/81, NJW 1983, 2720 (Ls.); BAG v. 22.1.1998 – 2 ABR 19/97, NZA 1998, 708, 709). Hier ist sogar eine Abmahnung zumeist entbehrlich, weil der Arbeitnehmer angesichts der eindeutigen Regelung des § 7 Abs. 1 BUrlG nicht damit rechnen kann, dass der Arbeitgeber sein Verhalten duldet. Dasselbe gilt für eigenmächtige **Verlängerungen eines gewährten Urlaubs**, ebenso für den nicht rechtzeitigen Wiederantritt der Arbeit nach Ablauf einer krankheitsbedingten Arbeitsunfähigkeit (BAG v. 7.12.1988 – 7 AZR 122/88, AP Nr. 26 zu § 1 KSchG 1969 Verhaltensbedingte Kündigung).

3013 Auch **häufiges Zuspätkommen** rechtfertigt regelmäßig die verhaltensbedingte Kündigung (BAG v. 13.3.1987 – 7 AZR 601/85, NZA 1987, 518, 519; BAG v. 27.2.1997 – 2 AZR 302/96, NZA 1997, 761).

bb) Schlechtleistung

3014 Ebenso berechtigt die **schuldhafte Schlechtleistung** den Arbeitgeber zum Ausspruch einer verhaltensbedingten Kündigung (zur Abgrenzung von personen- und verhaltensbedingter Kündigung wegen Schlechtleistung; Rz. 2944). Freilich stellen sich hier besondere Probleme in Hinblick auf den subjektiven Leistungsbegriff im Arbeitsverhältnis (Rz. 1068).

3015 *„Die verhaltensbedingte Kündigung gegenüber einem leistungsschwachen Arbeitnehmer kann nach § 1 Abs. 2 KSchG gerechtfertigt sein, wenn der Arbeitnehmer seine arbeitsvertraglichen Pflichten dadurch vorwerfbar verletzt, dass er fehlerhaft arbeitet. [...] Ein Arbeitnehmer genügt – mangels anderer Vereinbarungen – seiner Vertragspflicht, wenn er unter angemessener Ausschöpfung seiner persönlichen Leis-*

tungsfähigkeit arbeitet. Er verstößt gegen seine Arbeitspflicht nicht allein dadurch, dass er die durchschnittliche Fehlerhäufigkeit aller Arbeitnehmer überschreitet. [...] Allerdings kann die längerfristige deutliche Überschreitung der durchschnittlichen Fehlerquote je nach tatsächlicher Fehlerzahl, Art, Schwere und Folgen der fehlerhaften Arbeitsleistung ein Anhaltspunkt dafür sein, dass der Arbeitnehmer vorwerfbar seine vertraglichen Pflichten verletzt. Legt der Arbeitgeber dies im Prozess dar, so muss der Arbeitnehmer erläutern, warum er trotz erheblich unterdurchschnittlicher Leistungen seine Leistungsfähigkeit ausschöpft." (BAG v. 17.1.2008 – 2 AZR 536/06, NZA 2008, 693 1.–3. OS)

b) Verletzung von Nebenpflichten

Jedem Schuldverhältnis sind Pflichten der Vertragspartner der Rücksichtnahme, des Schutzes und der Förderung des Vertragszwecks immanent. Dass sich Nebenpflichten je nach Qualität und Intensität der Vertragsbeziehung verstärken können, die bei Dauerschuldverhältnissen strukturell ausgeprägter sind als bei punktuellen Rechtsgeschäften, ist keine Besonderheit des Arbeitsrechts. Nebenleistungspflichten, wie Unterlassungs- und Handlungspflichten, sind eng mit der Hauptleistungspflicht des Arbeitnehmers verknüpft. Auch unselbstständige Nebenpflichten, zu denen allgemeine Sorgfalts-, Obhuts-, Fürsorge-, Aufklärungs- und Anzeigepflichten gehören, stehen nicht im freien Raum mit beliebigem Inhalt, sondern dienen dazu, die Erbringung der Hauptleistung vorzubereiten und zu fördern, die Leistungsmöglichkeit zu erhalten und den Leistungserfolg zu sichern. Wie gewichtig die Verletzung der den Arbeitnehmer gemäß § 241 Abs. 2 BGB treffenden Pflichten zur Rücksichtnahme auf die Interessen des Arbeitgebers ist, ergibt sich aus dem jeweiligen Arbeitsverhältnis und seinen spezifischen Anforderungen. Je nach Fallsituation kann eine ordentliche oder außerordentliche Kündigung durchgreifen (BAG v. 12.5.2010 – 2 AZR 845/08, NZA 2010, 1348). Auf den Vorrang der Abmahnung kann regelmäßig nicht verzichtet werden. 3016

So kann es Nebenpflichten geben, deren Verletzung viel stärker wiegt als die (nicht schwere) Hauptpflichtverletzung des Arbeitnehmers. Andererseits ist bei der Frage der Nebenpflichten einer **Überforderung des Arbeitnehmers** entgegenzuwirken. Es sind die dem Austauschverhältnis immanenten Grenzen zu beachten. Schließlich muss eine vertraglich vereinbarte Nebenpflicht einer **Inhaltskontrolle** standhalten. Wenn eine vertragliche Nebenpflicht insoweit nicht anerkannt werden kann, ist auch eine Kündigung ungerechtfertigt. Je weiter sich denkbare Pflichten von der Hauptpflicht entfernen, um so zurückhaltender sind entsprechende Nebenpflichten ohne ausdrückliche vertragliche Vereinbarung anzuerkennen. Mit Nebenpflichtverletzungen können auch besonders schwerwiegende Vertrauensbrüche verbunden sein. Je nach Bedeutung des Vertrauensmissbrauchs kann daher auch eine fristlose Kündigung durchgreifen. Die nachfolgenden **Einzelfälle** verdeutlichen dies. 3017

aa) Abkehrwille des Arbeitnehmers

Der **Abkehrwille eines Arbeitnehmers** ist im Hinblick auf Art. 12 Abs. 1 GG für sich allein nicht kündigungsrelevant; etwas anderes kann aber gelten, wenn der Arbeitnehmer schon konkrete Beziehungen zu dem neuen Arbeitgeber, der Inhaber eines Konkurrenzunternehmens ist, aufgebaut hat. Versucht ein Arbeitnehmer, im Zusammenhang mit der Vorbereitung eigenen Ausscheidens aus dem Betrieb andere **Mitarbeiter abzuwerben**, ist auch dies für sich allein regelmäßig nicht kündigungsrelevant (BAG v. 22.11.1965 – 3 AZR 130/65, NJW 1966, 689, 690). Etwas anderes gilt erst dann, wenn er die anderen Beschäftigten zum **Vertragsbruch**, d.h. zur Kündigung ohne Einhaltung der Kündigungsfrist, zu bewegen versucht. 3018

bb) Alkoholverbot

Zum Verstoß gegen ein **Alkoholverbot** hat das BAG erkannt, dass hierin je nach den Umständen des Einzelfalls ein Kündigungsgrund liegen kann (BAG v. 22.7.1982 – 2 AZR 30/81, NJW 1983, 700). Freilich sind hier erhebliche Nuancen zu beachten. Es gibt Betriebe oder Tätigkeiten, bei denen das Alkoholverbot strenger zu handhaben ist (Kraftfahrer, Kranführer, Gerüstbauer, Chirurgen und dgl., dazu LAG Düsseldorf v. 19.10.1989 – 135a 703/89, LAGE § 626 BGB Nr. 50; LAG Hamm v. 23.8.1990 – 3019

165a 293-90, LAGE § 626 BGB Nr. 52) als bei anderen, bei denen maßvoller Alkoholgenuss während der Arbeit „branchenüblich" ist (LAG Köln v. 11.9.1987 – 9 Sa 222/87, LAGE § 1 KSchG Verhaltensbedingte Kündigung Nr. 14). Auch wenn in einem Betrieb kein absolutes Alkoholverbot besteht, stellt es jedoch eine kündigungsrelevante Pflichtverletzung dar, wenn der Alkoholkonsum dazu führt, dass der Arbeitnehmer sich selbst oder andere gefährdet oder seine vertragliche Leistungspflicht nicht mehr ordnungsgemäß erfüllt (BAG v. 26.1.1995 – 2 AZR 649/94, NZA 1995, 517, 519).

cc) Androhung einer Pflichtverletzung

3020 Kündigt ein Arbeitnehmer an, **krankzufeiern**, wenn er eine bestimmte Arbeit übernehmen müsse, obwohl die Arbeitszuweisung rechtmäßig wäre, liegt bereits in dieser Androhung eine Verletzung der Leistungstreuepflicht, die eine verhaltensbedingte Kündigung rechtfertigt. Gleiches gilt, wenn der Arbeitnehmer seine krankheitsbedingte Abwesenheit für den Fall androht, dass ihm eine Leistung nicht gewährt wird, auf die er keinen Rechtsanspruch hat. Das BAG hat hier im Einzelfall sogar eine außerordentliche Kündigung zugelassen (BAG v. 5.11.1992 – 2 AZR 147/92, NZA 1993, 308, 309; BAG v. 12.3.2009 – 2 AZR 251/07, NZA 2009, 779, 781).

3021 Will der Arbeitgeber die Kündigung nicht auf die Androhung des Krankfeierns stützen, sondern darauf, dass der Arbeitnehmer sodann tatsächlich wegen angeblicher krankheitsbedingter Arbeitsunfähigkeit der Arbeit fernbleibt, hängt die Kündigungsmöglichkeit letztlich von der Frage des Beweiswerts der Arbeitsunfähigkeitsbescheinigung ab.

dd) Anzeigen gegen den Arbeitgeber (sog. Whistleblowing)

3022 Anzeigen gegen den Arbeitgeber (sog. Whistleblowing) rechtfertigen jedenfalls dann eine Kündigung nicht, wenn im Betrieb aus der Sicht des verständigen Arbeitnehmers Sicherheits- oder Gesundheitsbedenken bestehen und innerbetriebliche Abhilfebemühungen fruchtlos geblieben sind (vgl. dazu *Preis/Reinfeld* AuR 1989, 361). In einer grundlegenden Entscheidung hat das **Bundesverfassungsgericht** (BVerfG v. 2.7.2001 – 1 BvR 2049/00, NZA 2001, 888, 889; siehe auch den spektakulären Fall des EGMR v. 21.7.2011 – 28274/08 „Heinisch", NZA 2011, 1269) klargestellt, dass es dem Arbeitnehmer nicht zum Nachteil gereichen darf, wenn er seine staatsbürgerlichen Pflichten erfüllt (hier: Zeugenaussage bei der Staatsanwaltschaft). Mit dem Rechtsstaatsprinzip sei es unvereinbar, wenn eine Aussage in einem Ermittlungsverfahren zu zivilrechtlichen Nachteilen für den Zeugen führe, wenn er nicht wissentlich unwahre oder leichtfertig falsche Angaben mache. Das verfassungsrechtlich geschützte Verhalten des Arbeitnehmers sei auch bei „freiwilligen" Anzeigen bei der Entscheidung der Arbeitsgerichte zu berücksichtigen. Das BAG hat diese Rechtsprechung dahingehend konkretisiert, dass sich die Anzeige des Arbeitnehmers nicht als eine unverhältnismäßige Reaktion auf ein Verhalten des Arbeitgebers oder seines Repräsentanten darstellen darf. Dabei seien sowohl die Berechtigung der Anzeige als auch die Motivation des Anzeigenden oder ein fehlender innerbetrieblicher Hinweis auf die angezeigten Missstände zu berücksichtigen (BAG v. 3.7.2003 – 2 AZR 235/02, NZA 2004, 427, 430).

Am 26.4.2019 trat das **Gesetz zum Schutz von Geschäftsgeheimnissen** (BGBl. I S. 466) in Kraft, welches auf die EU Geschäftsgeheimnisrichtlinie (2016/943) zurückgeht und die bis dato geltenden §§ 17–19 des UWG ersetzt. Das Gesetz wird sich künftig, insbesondere wegen § 5 Nr. 2 GeschGehG auf die Spruchpraxis der Gerichte und die Beurteilung der Zulässigkeit einer Kündigung auswirken. Eine vom Ausnahmetatbestand erfasste Verhaltensweise des Arbeitnehmers wird dabei kaum eine Kündigung rechtfertigen können. Nach der Bestimmung ist die Erlangung, Nutzung und Offenlegung eines Geschäftsgeheimnisses zur Aufdeckung einer rechtswidrigen Handlung oder eines beruflichen oder sonstigen Fehlverhaltens gerechtfertigt, wenn die Verhaltensweisen geeignet sind, das allgemeine öffentliche Interesse zu schützen. Neben einem Verstoß gegen berufsständische Normen werden insbesondere Verhaltensweisen virulent, die an den von der Allgemeinheit vorherrschenden ethischen Maßstäben gemessen, ein Fehlverhalten kennzeichnen. Die Gesetzesbegründung nennt beispielhaft Auslandsaktivitäten eines Unternehmens, die in den betreffenden Ländern gesetzeskonform, allerdings nach nationalen Maßstäben als unethisch anzusehen sind, wie Kinderarbeit, gesundheits- oder umweltschädliche Produktionsbedingungen oder aber die Umgehung von Steuertatbeständen. Daher sind vom Rechtfertigungstatbestand des § 5 GeschGehG diverse Verhaltensweisen erfasst, die typischerweise Gegenstand von Kündigungsstreitigkeiten sind. In subjektiver Hinsicht verlangt das Gesetz als dominierendes Motiv die Absicht des „Whistleblowers", das allgemein öffentliche Interesse zu schützen. Eine Offenlegung aus Rache oder als Druckmittel gegenüber dem Arbeitgeber wird hingegen ausgeschlossen. Auch erscheint im Anwendungsbereich des Gesetzes bei Vorliegen der in § 5 Nr. 2 GeschGehG bezeichneten Voraussetzungen fortan eine interne Offenlegung der Missstände zur Verhinderung einer Kündigung durch den Arbeitgeber nicht mehr zwingend erforderlich.

Beispiele: Erfolgt die Erstattung der Anzeige ausschließlich, um den Arbeitgeber zu schädigen bzw. zu diffamieren, kann der Arbeitnehmer sich nicht auf § 5 Nr. 2 GeschGehG berufen, sodass unter Berücksichtigung des der Anzeige zugrundeliegenden Vorwurfs von einer unverhältnismäßigen Reaktion auszugehen ist.

In jedem Fall ist eine vorherige innerbetriebliche Anzeige im Anwendungsbereich der GeschGehG nicht erforderlich, wenn der Arbeitnehmer Kenntnis von Straftaten erhält, durch deren Nichtanzeige er sich selbst einer Strafverfolgung aussetzen würde, oder die Straftaten schwerwiegend sind oder vom Arbeitgeber selbst begangen wurden.

ee) Anzeige- und Nachweispflichten

Ebenso kann die Verletzung vertraglicher, tariflicher oder gesetzlicher **Anzeige- und Nachweispflichten** zur Kündigung berechtigen. Freilich werden bei solchen minder wichtigen Nebenpflichten vor einer Kündigung stets Abmahnungen vorausgehen müssen. 3023

Beispiele für kündigungsrelevante Verletzungen von Anzeige- und Nachweispflichten:
- Nicht unverzügliche (§§ 5 Abs. 1 S. 1 EFZG, 121 BGB) Anzeige einer krankheitsbedingten Arbeitsunfähigkeit (BAG v. 31.8.1989 – 2 AZR 13/89, NZA 1990, 433).
- Nicht rechtzeitige Übersendung einer ärztlichen Arbeitsunfähigkeitsbescheinigung (BAG v. 7.12.1988 AP Nr. 26 zu § 1 KSchG 1969 Verhaltensbedingte Kündigung).
- Erheblicher Verstoß gegen ärztliche Anordnungen (BAG v. 13.11.1979 – 6 AZR 934/77, NJW 1980, 1917f.).
- Verweigerung oder Erschwerung einer tarifvertraglich vorgesehenen ärztlichen Untersuchung (vgl. BAG v. 6.11.1997 – 2 AZR 801/96, NZA 1998, 326, 328, wo zudem – im Ergebnis zu weitgehend – eine Verpflichtung des Arbeitnehmers zur Entbindung der behandelnden Ärzte von der Schweigepflicht bejaht wird).

ff) Außerdienstliches Verhalten

Außerdienstliches Verhalten ist angesichts des Persönlichkeitsrechts des Arbeitnehmers grundsätzlich kündigungsrechtlich irrelevant. Allenfalls kann eine personenbedingte Kündigung in Betracht kommen, wenn das Verhalten die Eignung für die geschuldete Tätigkeit entfallen lässt (Rz. 2938). Vorgänge im Privatbereich können allerdings in **Ausnahmefällen** eine Verletzung vertraglicher Nebenpflichten darstellen. Das BAG hat einen solchen Fall bei einem Diebstahl eines Arbeitnehmers zu Lasten eines mit dem Arbeitgeber konzernverbundenen Unternehmens angenommen, weil hier eine Störung des Vertrauensverhältnisses anzunehmen sei (BAG v. 20.9.1984 – 2 AZR 233/83, NZA 1985, 285, 286). Darüber hinaus kann in **Tendenzbetrieben** ein außerdienstliches Verhalten des Arbeitnehmers, das der Tendenz des Arbeitgebers widerspricht, kündigungsrelevant werden (vgl. BAG v. 24.4.1997 – 2 AZR 268/96, NZA 1998, 145). 3024

gg) Beleidigungen und Bedrohungen

Beleidigungen und Bedrohungen des Arbeitgebers und Vorgesetzter rechtfertigen grundsätzlich die ordentliche Kündigung, wenn auch – ebenso wie bei Tätlichkeiten gegenüber Kollegen – zu berücksichtigen ist, inwieweit der andere Teil Anlass hierfür gegeben hat (BAG v. 7.7.2011 – 2 AZR 355/10, NZA 2011, 1412, 1413 f.; BAG v. 10.12.2009 – 2 AZR 534/08, NZA 2010, 698, 699 f.). Auch in diesen 3025

Fällen gilt prinzipiell der Vorrang der Abmahnung. Die **sexuelle Belästigung** einer Kollegin oder eines Kollegen stellt schon gem. § 7 Abs. 3, 1 i.V.m. § 3 Abs. 4 AGG eine Vertragspflichtverletzung dar. Hier kann die fristlose Kündigung die Folge sein (BAG v. 29.6.2017 – 2 AZR 302/16, NZA 2017, 1121); in leichteren Fällen kann auch gemäß § 12 Abs. 3 AGG eine Abmahnung genügen (BAG v. 20.11.2014 – 2 AZR 651/13, NZA 2015, 294). Setzt ein Arbeitnehmer z.B. sexuelle Belästigungen nach einer Abmahnung fort, ist regelmäßig schon zum Schutz der Mitarbeiterinnen oder Mitarbeiter eine fristlose Kündigung gerechtfertigt (vgl. § 12 Abs. 3 AGG).

hh) Betriebsfrieden

3026   Auch die **Störung des Betriebsfriedens** kann Kündigungsgrund sein. Jeder Arbeitnehmer ist arbeitsvertraglich verpflichtet, seinen Arbeitsvertrag ordnungsgemäß zu erfüllen. Dazu gehört auch die Verpflichtung, *„durch sein Verhalten den Arbeitsablauf und den Betriebsfrieden nicht zu gefährden und nicht zu beeinträchtigen oder gar zu stören"* (BAG v. 9.12.1982 – 2 AZR 620/80, NJW 1984, 1142). Sofern eine Störung des Betriebsfriedens allerdings auf **Meinungsäußerungen** des Arbeitnehmers beruht, ist bei der Frage nach dem Kündigungsrecht des Arbeitgebers auch die grundgesetzlich geschützte Meinungsäußerungsfreiheit (Art. 5 Abs. 1 GG) zu berücksichtigen (BAG v. 12.1.2006 – 2 AZR 21/05, NZA 2006, 917, 921; BAG v. 24.6.2004 – 2 AZR 63/03, NZA 2005, 158, 160 f.).

ii) Betriebs- und Geschäftsgeheimnisse

3027   Eine zur Kündigung berechtigende Verletzung von Nebenpflichten liegt in der Regel in dem **Verrat von Betriebs- oder Geschäftsgeheimnissen**, deren Offenlegung nicht nach § 5 GeschGehG gerechtfertigt ist. (vgl. BAG v. 26.2.1987 – 6 ABR 46/84, NZA 1988, 63).

jj) Missbrauch von Kontrolleinrichtungen

3028   Regelmäßig sogar ohne vorherige Abmahnung gerechtfertigt ist eine Kündigung beim **Missbrauch von Kontrolleinrichtungen** (BAG v. 13.12.2018 – 2 AZR 370/18, NZA 2019, 445; BAG v. 9.6.2011 – 2 AZR 381/10, NZA 2011, 1027 Rz. 14).

Beispiel für den kündigungsrelevanten Missbrauch von Kontrolleinrichtungen: Ein Arbeitnehmer gibt seine Chipkarte oder seinen Transponder einem Arbeitskollegen mit, der diese(n) zu Beginn der Arbeitszeit am Arbeitsort erfassen lässt, damit unbemerkt bleibt, dass der andere Arbeitnehmer seine Arbeit in Wirklichkeit später aufnimmt.

kk) Nebentätigkeiten

3029   Dagegen berechtigt die Ausübung von **Nebentätigkeiten** den Arbeitgeber nicht zur Kündigung, solange der Arbeitnehmer hierdurch weder seine Leistungspflichten im Hauptberuf verletzt noch in Konkurrenz zu seinem Arbeitgeber tätig wird (BAG v. 6.8.1987 – 2 AZR 226/87, NJW 1988, 438). Ist allerdings die Ausübung einer Nebentätigkeit, an deren Unterlassung der Arbeitgeber ein berechtigtes Interesse hat, vertraglich an die Genehmigung des Arbeitgebers gebunden, kann die Nichteinholung der Genehmigung nach vorheriger Abmahnung eine Kündigung rechtfertigen (vgl. BAG v. 30.5.1996 – 6 AZR 537/95, NZA 1997, 145).

ll) Konkurrenztätigkeiten

3030   Während der gesamten rechtlichen Dauer, also auch im Falle der Kündigung des Arbeitsverhältnisses, darf ein Arbeitnehmer grundsätzlich dem Arbeitgeber keine **Konkurrenz** machen (BAG v. 29.6.2017 – 2 AZR 597/16, ZIP 2017, 1873; BAG v. 28.1.2010 – 2 AZR 1008/08, NZA-RR 2010, 461). Bei der Bestimmung der Reichweite des **Wettbewerbsverbots** ist freilich die durch Art. 12 Abs. 1 GG geschützte Berufsfreiheit des Arbeitnehmers zu berücksichtigen, insbesondere, ob nach der Art der Haupt- und Nebentätigkeit und der beteiligten Unternehmen überhaupt eine Gefährdung oder Beeinträchtigung der Interessen des Arbeitgebers vorliegt. Laut BAG ist die Reichweite des Wettbewerbsverbots auf unmittelbare Konkurrenztätigkeiten beschränkt und bloße Hilfstätigkeiten ohne Wettbewerbsbezug sind nicht erfasst. Dies gilt insbesondere, wenn der Arbeitnehmer zur Sicherung seines Lebensunterhalts auf die Ausübung einer weiteren Erwerbstätigkeit angewiesen ist (BAG v. 24.3.2010 – 10 AZR 66/09, NZA 2010, 693).

mm) Schmiergelder

Bei der Annahme von **Schmiergeldern** ist der Arbeitgeber in der Regel ohne vorherige Abmahnung zur Kündigung berechtigt (vgl. BAG v. 15.11.1995 – 2 AZR 974/94, NZA 1996, 419). 3031

nn) Straftaten

Arbeitsvertragliche (Neben-)Pflichten berühren im Allgemeinen nicht den privaten Lebensbereich des Arbeitnehmers. Deshalb verletzt dieser auch durch **strafbare Handlungen im außerdienstlichen Bereich** – wie mit seinem sonstigen privaten Handeln – grundsätzlich keine arbeitsvertraglichen Pflichten. Etwas anderes kann gelten, wenn sich die Straftaten auf das Arbeitsverhältnis bzw. den Betrieb des Arbeitgebers auswirken. *„Der Arbeitnehmer verstößt mit einer [außerdienstlichen Straftat] gegen seine schuldrechtliche Pflicht zur Rücksichtnahme aus § 241 II BGB, wenn sie einen Bezug zu seinen arbeitsvertraglichen Verpflichtungen oder zu seiner Tätigkeit hat und dadurch berechtigte Interessen des Arbeitgebers oder anderer Arbeitnehmer verletzt werden"* (BAG v. 10.4.2014 – 2 AZR 684/13, NZA 2014, 1197 Rz. 14). **Straftaten im Dienst**, insb. zu Lasten des Arbeitgebers (Diebstahl, Spesenbetrug), können ohne Weiteres die Kündigung – u.U. sogar die außerordentliche – rechtfertigen (BAG v. 17.5.1984 – 2 AZR 3/83, NZA 1985, 91; BAG v. 20.9.1984 – 2 AZR 633/82, NZA 1985, 286; BAG v. 13.12.1984 – 2 AZR 454/83, NZA 1985, 288; vgl. auch BAG v. 29.1.1997 – 2 AZR 292/96, NZA 1997, 813). Auch bei Straftaten gibt es jedoch keine „absoluten Kündigungsgründe" (BAG v. 10.6.2010 – 2 AZR 541/09, NZA 2010, 1227 Rz. 16). 3032

Das BAG hatte Anlass, dies auch bei Kündigungen wegen sog. **Bagatelldelikte** klarzustellen (BAG v. 10.6.2010 – 2 AZR 541/09, NZA 2010, 1227 „Emmely"). Abmahnung und ordentliche Kündigung sind auch in diesen Fällen vorrangige alternative Mittel. Einer Abmahnung bedarf es in Ansehung des Verhältnismäßigkeitsgrundsatzes nur dann nicht, wenn eine Verhaltensänderung in Zukunft selbst nach Abmahnung nicht zu erwarten steht oder es sich um eine so schwere Pflichtverletzung handelt, dass eine Hinnahme durch den Arbeitgeber offensichtlich – auch für den Arbeitnehmer erkennbar – ausgeschlossen ist. Befürchtungen, ob bei schwerwiegenden Pflichtverletzungen überhaupt noch Kündigungen ohne Abmahnung denkbar sind, sind nicht begründet, wie nachfolgende Entscheidungen zur Sache „Emmely" zeigen (vgl. BAG v. 16.12.2010 – 2 AZR 485/08, NZA 2011, 571; BAG v. 24.3.2011 – 2 AZR 282/10, NZA 2011, 1029; BAG v. 9.6.2011 – 2 AZR 381/10, NZA 2011, 1027; BAG v. 9.6.2011 – 2 AZR 323/10, NZA 2011, 1342). Obwohl jede Kündigung der Schranke der Verhältnismäßigkeit unterliegt, ist zu bedenken, dass der Arbeitnehmer, der bei oder im Zusammenhang mit seiner Arbeit rechtswidrige und vorsätzliche – ggf. strafbare – Handlungen unmittelbar gegen das Vermögen seines Arbeitgebers begeht, in schwerwiegender Weise seine schuldrechtliche Pflicht zur Rücksichtnahme (§ 241 Abs. 2 BGB) verletzt und das in ihn gesetzte Vertrauen missbraucht. Ein solches Verhalten kann auch dann einen wichtigen Grund i.S.d. § 626 Abs. 1 BGB darstellen, wenn die rechtswidrige Handlung Sachen von nur geringem Wert betrifft oder zu einem nur geringfügigen, möglicherweise zu gar keinem Schaden geführt hat. 3033

oo) Privatnutzung dienstlicher Telekommunikationseinrichtungen

Zunehmende Bedeutung erlangt die Frage der Kündigung wegen missbräuchlicher oder übermäßiger **Nutzung dienstlicher Kommunikationseinrichtungen für private Zwecke**. Die vertrags- und kündigungsrechtliche Beurteilung hängt entscheidend davon ab, welche Regeln der Arbeitgeber aufgestellt hat. Lässt er auch die private Telekommunikation zu, kann allein der übermäßige Gebrauch noch nicht zur Kündigung berechtigen. In diesem Fall muss der Arbeitgeber zunächst einmal klare Grenzen definieren und ggf. eine Abmahnung aussprechen. Anders ist dies zu beurteilen, wenn der Arbeitnehmer klar definierte Regeln (Aufzeichnung von Privattelefonaten, PIN-Nummern, getrennte Abrech- 3034 nung) verletzt und zu Lasten des Arbeitgebers Telekommunikationswege für private Zwecke nutzt. Besondere Relevanz hat die Frage erlangt, ob bzw. wann die private **Nutzung des Internets** den Ausspruch einer Kündigung rechtfertigen kann.

3035 *"Nach der Rechtsprechung des Senats [...] kommt als kündigungsrelevante Verletzung der arbeitsvertraglichen Pflichten bei einer privaten Nutzung des Internets oder des Dienst-PCs unter anderem in Betracht:*

3036 *– Das Herunterladen einer erheblichen Menge von Daten aus dem Internet auf betriebliche Datensysteme (‚unbefugter Download'), insbesondere wenn damit einerseits die Gefahr möglicher Vireninfizierungen oder anderer Störungen des – betrieblichen – Systems verbunden sein könne oder andererseits von solchen Daten, bei deren Rückverfolgung es zu möglichen Rufschädigungen des Arbeitgebers kommen kann, beispielsweise, weil strafbare oder pornografische Darstellungen heruntergeladen werden;*

3037 *– die private Nutzung des vom Arbeitgeber zur Verfügung gestellten Internetanschlusses als solche, weil durch sie dem Arbeitgeber möglicherweise – zusätzliche – Kosten entstehen können und der Arbeitnehmer jedenfalls die Betriebsmittel – unberechtigterweise – in Anspruch genommen hat;*

3038 *– die private Nutzung des vom Arbeitgeber zur Verfügung gestellten Internets oder anderer Arbeitsmittel während der Arbeitszeit, weil der Arbeitnehmer während des Surfens im Internet oder einer intensiven Betrachtung von Videofilmen oder -spielen zu privaten Zwecken seine arbeitsvertraglich geschuldete Arbeitsleistung nicht erbringt und dadurch seiner Arbeitspflicht nicht nachkommt und sie verletzt."* (BAG v. 31.5.2007 – 2 AZR 200/06, NZA 2007, 922 Rz. 21)

3039 Selbst wenn der Arbeitgeber zuvor die private Internetnutzung nicht beschränkt hat, ist in den aufgeführten Fällen eine Pflichtverletzung anzunehmen. Regelmäßig muss der Arbeitgeber dabei zunächst eine Abmahnung aussprechen. Das gilt nicht, wenn die Pflichtverletzung schwerwiegend ist, etwa wenn der Arbeitnehmer das Internet „exzessiv" zu privaten Zwecken genutzt hat (BAG v. 31.5.2007 – 2 AZR 200/06, NZA 2007, 922 Rz. 30). Besteht ein Verbot jeglicher privaten Internetnutzung, das dem Arbeitnehmer bekannt sein muss, liegt in jedem Verstoß eine Vertragspflichtverletzung, unabhängig von seinen Auswirkungen (BAG v. 19.4.2012 – 2 AZR 186/11, NJW 2013, 104 Rz. 26).

2. Negativprognose

3040 Der Zweck der verhaltensbedingten Kündigung ist zukunftsbezogen. Mit ihr soll das Risiko weiterer Vertragsverletzungen ausgeschlossen werden. Auch die verhaltensbedingte Kündigung hat **keinen Strafcharakter**. Entscheidend ist vielmehr, ob eine **Wiederholungsgefahr** besteht oder ob das vergangene Ereignis künftige Folgewirkungen zeitigt, wegen derer eine gedeihliche Fortsetzung des Arbeitsverhältnisses ausgeschlossen ist. Das BAG hat auch im Bereich der verhaltensbedingten Kündigung das Prinzip der Negativprognose anerkannt (BAG v. 21.11.1996 – 2 AZR 357/95, NZA 1997, 487).

3041 Das in der Vergangenheit liegende Verhalten des Arbeitnehmers hat allerdings erhebliche Bedeutung für die Prognose. Gerade die **Schwere der Pflichtverletzung** kann die vertrauensvolle Fortführung des Arbeitsverhältnisses für die Zukunft als ausgeschlossen erscheinen lassen. Je stärker das Verschulden, umso eher ist eine ungünstige Prognose gerechtfertigt. Auch die Art und Weise, in der der Arbeitnehmer eine Vertragspflichtverletzung begangen hat, kann auf das Risiko weiterer Verletzungen schließen lassen (Wiederholungsgefahr). Setzt der Arbeitnehmer nach Abmahnung sein vertragswidriges Verhalten fort, so ist regelmäßig die Prognose gerechtfertigt, dass er sich auch künftig nicht vertragstreu verhalten wird. Die **vorherige Abmahnung** verschafft insoweit eine sicherere Prognosegrundlage.

"Ist der Arbeitnehmer wegen gleichartiger Pflichtverletzungen schon einmal abgemahnt worden und verletzt er seine vertraglichen Pflichten gleichwohl erneut, kann regelmäßig davon ausgegangen werden, es werde auch weiterhin zu Vertragsstörungen kommen. Dabei ist nicht erforderlich, dass es sich um identische Pflichtverletzungen handelt. Es reicht aus, dass die jeweiligen Pflichtwidrigkeiten aus demselben Bereich stammen und somit Abmahnungs- und Kündigungsgründe in einem inneren Zusammenhang

stehen. Entscheidend ist letztlich, ob der Arbeitnehmer aufgrund der Abmahnung erkennen konnte, der Arbeitgeber werde weiteres Fehlverhalten nicht hinnehmen, sondern ggf. mit einer Kündigung reagieren." (BAG v. 9.6.2011 – 2 AZR 323/10, NZA 2011, 1342)

3. Abmahnung

Literatur: *v. Hoyningen-Huene*, Die Abmahnung im Arbeitsrecht, RdA 1990, 193; *Walker*, Fehlentwicklungen bei der Abmahnung im Arbeitsrecht, NZA 1995, 601.

Die verhaltensbedingte Kündigung verlangt im Allgemeinen eine vorherige Abmahnung. Dies folgt aus dem Grundsatz der Erforderlichkeit (**Ultima-Ratio-Prinzip**) und entspricht der ganz herrschenden Lehre und Rechtsprechung. Sogar vor Änderungskündigungen (BAG v. 21.11.1985 – 2 AZR 21/85, NZA 1986, 713) und Versetzungen (BAG v. 30.10.1985 – 7 AZR 216/83, NZA 1986, 713) wegen Leistungsmängeln hält das BAG eine Abmahnung für erforderlich. Das Prinzip der Abmahnung hat durch die allgemeine Regelung zur Kündigung von Dauerschuldverhältnissen in § 314 BGB eine Bestätigung erfahren. Laut § 314 Abs. 2 BGB ist bei Vertragspflichtverletzungen die Kündigung erst nach erfolglosem Ablauf einer zur Abhilfe bestimmten Frist oder nach erfolgloser Abmahnung zulässig. 3042

Sowohl die Verletzung von Haupt- als auch von Nebenpflichten bedürfen der vorherigen Abmahnung. Eine bestimmte Anzahl von Abmahnungen ist hingegen nicht gefordert. 3043

Eine Abmahnung während der sechsmonatigen **Wartezeit** des § 1 Abs. 1 KSchG kann ausgesprochen werden, ist aber kündigungsrechtlich unnötig, wenn die ordentliche Kündigung noch während der Wartezeit erklärt werden soll. Gleiches gilt **in Kleinbetrieben**, die dem KSchG nicht unterfallen (BAG v. 21.2.2001 – 2 AZR 579/99, NZA 2001, 951). 3044

Die Abmahnung setzt voraus, dass der Arbeitgeber hinreichend deutlich ein bestimmtes Fehlverhalten beanstandet (**Rügefunktion**) und mit ihr den Hinweis verbindet, dass im Wiederholungsfalle der Inhalt oder der Bestand des Arbeitsverhältnisses gefährdet ist. Nur dann erfüllt die Abmahnung ihre **Warn- und Ankündigungsfunktion** (BAG v. 18.11.1986 – 7 AZR 674/84, NZA 1987, 418). Diese Funktion darf der Arbeitgeber nicht durch inkonsequentes Verhalten entwerten, indem er zu viele Abmahnungen ausspricht und den „letzten Schritt" scheut. 3045

„[Die Warnfunktion einer Abmahnung kann erheblich dadurch abgeschwächt werden], dass der Arbeitgeber bei ständig neuen Pflichtverletzungen des Arbeitnehmers stets nur mit einer Kündigung droht, ohne jemals arbeitsrechtliche Konsequenzen folgen zu lassen [...]. [...] Bei der Frage ob eine Abmahnung entgegen ihrem Wortlaut der ernsthaft gemeinten Warnung entbehrt, ist insbesondere die Anzahl der vorausgegangenen Abmahnungen von Bedeutung. Angesichts der im Arbeitsleben verbreiteten Praxis, bei als leichter empfundenen Vertragsverstößen einer Kündigung mehrere – häufig drei – Abmahnungen vorausgehen zu lassen, kann in aller Regel nicht bereits die dritte Abmahnung als ‚entwertet' angesehen werden." (BAG v. 16.9.2004 – 2 AZR 406/03, NZA 2005, 459, 461)

Daneben dient die Abmahnung eines (erstmaligen) Fehlverhaltens auch dazu, eine sichere **Prognosegrundlage** für eine möglicherweise folgende Kündigung zu schaffen. 3046

„Zu den unverzichtbaren Voraussetzungen einer ordnungsgemäßen Abmahnung gehört neben der Rüge eines genau zu bezeichnenden Fehlverhaltens (Rügefunktion) der Hinweis auf die Bestands- oder Inhaltsgefährdung des Arbeitsverhältnisses für den Wiederholungsfall (kündigungsrechtliche Warnfunktion). Durch die Abmahnung soll dem Arbeitnehmer gegenüber zum Ausdruck gebracht werden, dass der Arbeitgeber die vom Arbeitnehmer erbrachten Arbeitsleistungen oder ein bestimmtes Verhalten des Arbeitnehmers nicht als vertragsgemäß ansieht und künftig nicht mehr hinzunehmen gewillt ist." (BAG v. 18.11.1986 – 7 AZR 674/84, NZA 1987, 418, 418)

Entbehrlich ist die Abmahnung, wenn sie kein **geeignetes Mittel** ist. Die Abmahnung ist nur dann geeignetes Mittel, wenn mit ihr der beabsichtigte Erfolg (Änderung des Verhaltens oder Warnung des 3047

Arbeitnehmers) gefördert werden kann. Entbehrlich, weil ungeeignet, ist die Abmahnung, wenn eine **Verhaltensänderung** des Arbeitnehmers objektiv nicht möglich ist oder wenn die Verhaltenskorrektur nicht erwartet werden kann (BAG v. 18.5.1994 – 2 AZR 626/93, NZA 1995, 65).

„*Entbehrlich ist eine Abmahnung allerdings dann, wenn im Einzelfall besondere Umstände vorgelegen haben, aufgrund derer eine Abmahnung als nicht erfolgversprechend angesehen werden durfte. Dies ist besonders dann anzunehmen, wenn erkennbar ist, dass der Arbeitnehmer gar nicht gewillt ist, sich vertragsgerecht zu verhalten. Kannte der Arbeitnehmer die Vertragswidrigkeit seines Verhaltens, setzt er aber trotzdem hartnäckig und uneinsichtig seine Pflichtverletzungen fort, dann läuft die Warnfunktion der Abmahnung leer. Da der Arbeitnehmer erkennbar nicht gewillt ist, sein Verhalten zu ändern, müsste der Arbeitgeber auch bei Ausspruch einer Abmahnung mit weiteren erheblichen Pflichtverletzungen rechnen.*" (BAG v. 18.5.1994 – 2 AZR 626/93, NZA 1995, 65, 65)

3048 Auch bedarf es keiner Abmahnung, wenn diese wegen der **Schwere der Vertragsverletzung** zur Begründung einer Negativprognose für die weitere Vertragsbeziehung nicht erforderlich ist. In den meisten dieser Fälle dürfte auch eine fristlose Kündigung gerechtfertigt sein (SPV/*Preis*, Rz. 1208a).

„*Einer Abmahnung bedarf es nach Maßgabe des auch in § 314 Abs. 2 i.V.m. § 323 Abs. 2 BGB zum Ausdruck kommenden Verhältnismäßigkeitsgrundsatzes nur dann nicht, wenn bereits ex ante erkennbar ist, dass eine Verhaltensänderung in Zukunft auch nach Abmahnung nicht zu erwarten steht, oder es sich um eine so schwere Pflichtverletzung handelt, dass selbst deren erstmalige Hinnahme dem Arbeitgeber nach objektiven Maßstäben unzumutbar und damit offensichtlich – auch für den Arbeitnehmer erkennbar – ausgeschlossen ist.*" (BAG v. 9.6.2011 – 2 AZR 284/10, NZA-RR 2012, 12)

3049 In seiner früheren Rechtsprechung hatte das BAG zwischen Störungen im Leistungsbereich und Störungen im Vertrauensbereich unterschieden (ausf. SPV/*Preis* Rz. 1203 f.). Grundsätzlich sollte eine Abmahnung lediglich bei **Störungen im Leistungsbereich** erforderlich sein (BAG v. 18.11.1986 – 7 AZR 674/84, NZA 1987, 418).

3050 Bei **Störungen im Vertrauensbereich** hatte das BAG dagegen eine Abmahnung regelmäßig – aber nicht stets – für überflüssig gehalten (BAG v. 10.11.1988 – 2 AZR 215/88, NZA 1989, 633, 634). Einen **Ausnahmefall**, in dem eine Abmahnung erforderlich sein sollte, hatte das BAG z.B. dann als gegeben gesehen, wenn „unklare Regelungen" im Vertrauensbereich bestünden, sodass der Arbeitnehmer annehmen durfte, sein Verhalten sei nicht vertragswidrig oder gefährde zumindest nicht den Fortbestand des Arbeitsverhältnisses (BAG v. 17.5.1984 – 2 AZR 3/83, NZA 1985, 91).

3051 Eine verlässliche Abgrenzung zwischen beiden Bereichen ist jedoch kaum möglich. Entscheidend ist vielmehr, ob und inwieweit das beanstandungswürdige Fehlverhalten bereits eine klare Negativprognose für die weitere Vertragsbeziehung zulässt oder ob noch die Möglichkeit der Rückkehr zu einer vertragskonformen Beziehung besteht.

3052 Mittlerweile hat das BAG die Trennung zwischen Störungen im Leistungsbereich und Störungen im Vertrauensbereich aufgegeben (BAG v. 4.6.1997 – 2 AZR 526/96, NJW 1998, 554).

„*Beruht die Vertragspflichtverletzung auf steuerbarem Verhalten des Arbeitnehmers, ist grundsätzlich davon auszugehen, dass sein künftiges Verhalten schon durch die Androhung von Folgen für den Bestand des Arbeitsverhältnisses positiv beeinflusst werden kann [...]. Die ordentliche wie die außerordentliche Kündigung wegen einer Vertragspflichtverletzung setzen deshalb regelmäßig eine Abmahnung voraus. Sie dient der Objektivierung der negativen Prognose [...]. Einer Abmahnung bedarf es in Ansehung des Verhältnismäßigkeitsgrundsatzes deshalb nur dann nicht, wenn eine Verhaltensänderung in Zukunft selbst nach Abmahnung nicht zu erwarten steht oder es sich um eine so schwere Pflichtverletzung handelt, dass eine Hinnahme durch den Arbeitgeber offensichtlich – auch für den Arbeitnehmer erkennbar – ausgeschlossen ist [...] Diese Grundsätze gelten uneingeschränkt selbst bei Störungen des Vertrauensbereichs durch Straftaten gegen Vermögen oder Eigentum des Arbeitgebers [...]. Auch in diesem Bereich gibt es keine ‚absoluten' Kündigungsgründe. Stets ist konkret zu prüfen, ob nicht objektiv die Prognose berechtigt ist, der Arbeitnehmer werde sich jedenfalls nach einer Abmahnung künftig wieder vertragstreu verhalten."* (BAG v. 10.6.2010 – 2 AZR 541/09, NZA 2010, 1227)

4. Fehlende Weiterbeschäftigungsmöglichkeit (Ultima-Ratio-Prinzip)

Erforderlich ist die verhaltensbedingte Kündigung nur, wenn dem Arbeitgeber zur Verfolgung seiner berechtigten betrieblichen oder vertraglichen Interessen keine anderen milderen Mittel mehr zur Verfügung stehen. 3053

Die **Versetzung auf einen anderen Arbeitsplatz** kommt zunächst nur in Betracht, wenn tatsächlich ein solcher frei ist. Außerdem ist sie nur zu erwägen, wenn ein arbeitsplatzbezogener verhaltensbedingter Kündigungsgrund vorliegt, weil nur dann die Versetzung ein geeignetes milderes Mittel sein kann. So kann beispielsweise einer arbeitsplatzbezogenen Schlechtleistung durch die Versetzung auf einen anderen Arbeitsplatz abgeholfen werden. Dabei muss freilich die Aussicht bestehen, dass der Arbeitnehmer die auf dem anderen Arbeitsplatz verlangte Tätigkeit anforderungsgerecht ausfüllen kann. Auch bei Streitigkeiten im Betrieb können Versetzungen mildere Mittel sein, wenn der Konflikt nur auf eine einzelne Abteilung beschränkt war. 3054

Zudem hängt die Geeignetheit des Mittels sowohl von den Ursachen des Fehlverhaltens als auch von der Schwere des Pflichtverstoßes und dem zu erwartenden künftigen Verhalten ab. Bei abgemahnten arbeitsplatzunabhängigen Pflichtverstößen, die arbeitnehmerbezogen sind (Bsp.: Verletzung des Alkoholverbots, fortwährende Unpünktlichkeit, Vorlage gefälschter Arbeitsunfähigkeitsbescheinigungen und anderes mehr) wird das Risiko weiterer Vertragsverletzungen nicht bereits durch eine Versetzung des Arbeitnehmers beseitigt. 3055

Ob die **Änderungskündigung** oder die einverständliche Änderung der Arbeitsbedingungen ein geeignetes milderes Mittel ist, entscheidet sich weitgehend nach den gleichen Grundsätzen. 3056

5. Interessenabwägung

Zur sozialen Rechtfertigung der verhaltensbedingten Kündigung gehört die Unzumutbarkeit der weiteren Beschäftigung des Arbeitnehmers (BAG v. 7.12.1988 – 2 AZR 122/88, AP Nr. 26 zu § 1 KSchG 1969 Verhaltensbedingte Kündigung). 3057

„Bei der Prüfung, ob dem Arbeitgeber eine Weiterbeschäftigung des Arbeitnehmers trotz Vorliegens einer erheblichen Pflichtverletzung jedenfalls bis zum Ablauf der Kündigungsfrist zumutbar ist, ist in einer Gesamtwürdigung das Interesse des Arbeitgebers an der sofortigen Beendigung des Arbeitsverhältnisses gegen das Interesse des Arbeitnehmers an dessen Fortbestand abzuwägen. Es hat eine Bewertung des Einzelfalls unter Beachtung des Verhältnismäßigkeitsgrundsatzes zu erfolgen. Die Umstände, anhand derer zu beurteilen ist, ob dem Arbeitgeber die Weiterbeschäftigung zumutbar ist oder nicht, lassen sich nicht abschließend festlegen. Zu berücksichtigen sind aber regelmäßig das Gewicht und die Auswirkungen einer Vertragspflichtverletzung – etwa im Hinblick auf das Maß eines durch sie bewirkten Vertrauensverlusts und ihre wirtschaftlichen Folgen –, der Grad des Verschuldens des Arbeitnehmers, eine mögliche Wiederholungsgefahr sowie die Dauer des Arbeitsverhältnisses und dessen störungsfreier Verlauf." (BAG v. 10.6.2010 – 2 AZR 541/09, NZA 2010, 1227)

Die Abwägung ist auf **arbeitsvertragliche und sachverhaltsbezogene Umstände** zu beschränken. Bei der Abwägung geht es um das Gewicht bzw. die Intensität der Vertragspflichtverletzung. Das Gewicht eines verhaltensbedingten Kündigungsgrundes wird allerdings nicht etwa deshalb geringer, weil der vertragsbrüchige Arbeitnehmer viele Kinder zu versorgen hat. **Unterhaltspflichten** können allerdings mittelbar bei der Interessenabwägung berücksichtigt werden, wenn zwischen den Unterhaltspflichten und dem Kündigungsgrund ein konkreter Bezug besteht (BAG v. 27.2.1997 – 2 AZR 302/96, NZA 1997, 761, 762 f.). Die **Dauer der Betriebszugehörigkeit**, insbesondere die Dauer der fehlerfreien Ver- 3058 tragsbeziehung, ist bei allen Kündigungen (auch wegen Vermögensdelikten) zu berücksichtigen (BAG v. 7.7.2011 – 2 AZR 355/10, NZA 2011, 1412).

3059 Die Häufung auch geringfügiger Pflichtverletzungen mit erkennbarer Wiederholungsgefahr kann die Kündigung rechtfertigen. Kannte der Arbeitgeber die Kündigungsgründe bereits längere Zeit, so verlieren sie bei der Interessenabwägung an Gewicht.

3060 Das BAG verlangt nicht mehr, dass es zu einer **konkreten Störung des Betriebsablaufs** oder des Betriebsfriedens gekommen ist. Die konkrete Störung des Betriebsablaufs ist ein Abwägungsfaktor, aber keineswegs unverzichtbare Voraussetzung für die Rechtfertigung einer Kündigung, wenn unzweifelhaft eine nachhaltige Missachtung der Vertragspflichten vorliegt. Dies gilt insbesondere, wenn die vertragliche Hauptpflicht, die Arbeitspflicht, verletzt wird. Sofern jedoch nur unwesentliche Nebenpflichten des Arbeitsvertrags verletzt werden, kann die fehlende Betriebsstörung allerdings ausschlaggebend für die fehlende Rechtfertigung der Kündigung sein (BAG v. 17.1.1991 – 2 AZR 375/90, NZA 1991, 557).

„Bei der verhaltensbedingten Kündigung tritt die Leistungsstörung [...] bereits dann ein, wenn der Arbeitnehmer seine Arbeitskraft unberechtigt zurückgehalten und vorwerfbar (und damit ihm zurechenbar) gegen seine Vertragspflichten verstoßen hat. Dann kommt etwa dadurch ausgelösten Betriebsablaufstörungen neben dem Vertragsverstoß im Rahmen der Interessenabwägung zusätzlich belastendes Gewicht zu. Das Vorliegen derartiger konkreter Störungen ist aber nicht unabdingbare Voraussetzung für eine Kündigung." (BAG v. 17.1.1991 – 2 AZR 375/90, NZA 1991, 557, 559)

II. Darlegungs- und Beweislast

3061 Besonders ausführlich hat sich die Rechtsprechung mit der Verteilung der Darlegungs- und Beweislast in den Fällen beschäftigt, in denen der Arbeitgeber dem Arbeitnehmer unter dem **Vorwurf des Erschleichens einer Arbeitsunfähigkeitsbescheinigung** gekündigt hat. Da die verhaltensbedingte Kündigung als Kündigungsgrund eine Vertragsverletzung des Arbeitnehmers voraussetzt, die der Arbeitgeber nach § 1 Abs. 2 S. 4 KSchG zu beweisen hat, obliegt dem Arbeitgeber nicht nur der Nachweis dafür, dass der Arbeitnehmer überhaupt gefehlt hat, sondern auch dafür, dass er unentschuldigt gefehlt hat, dass also die vom Arbeitnehmer behauptete Krankheit nicht vorliegt (BAG v. 26.8.1993 – 2 AZR 154/93, NZA 1994, 63, 64); dies ergibt sich schon daraus, dass jede Partei die ihr günstigen Tatbestandsmerkmale zu beweisen hat.

3062 Dabei misst das BAG einem vom Arbeitnehmer vorgelegten **ärztlichen Attest** einen hohen Beweiswert zu, den der Arbeitgeber seinerseits durch Beibringung von Beweisen entkräften muss (BAG v. 26.8.1993 – 2 AZR 154/93, NZA 1994, 63, 64).

„Legt der Arbeitnehmer ein ärztliches Attest vor, so begründet dieses in der Regel den Beweis für die Tatsache der arbeitsunfähigen Erkrankung. Ein solches Attest hat einen hohen Beweiswert, denn es ist der gesetzlich vorgesehene und wichtigste Beweis für die Tatsache der krankheitsbedingten Arbeitsunfähigkeit. Bezweifelt der Arbeitgeber die Arbeitsunfähigkeit, beruft er sich insbesondere darauf, der Arbeitnehmer habe den die Bescheinigung ausstellenden Arzt durch Simulation getäuscht oder der Arzt habe den Begriff der krankheitsbedingten Arbeitsunfähigkeit verkannt, dann muss er die Umstände, die gegen die Arbeitsunfähigkeit sprechen, näher darlegen und notfalls beweisen, um dadurch die Beweiskraft des Attestes zu erschüttern." (BAG v. 26.8.1993 – 2 AZR 154/93, NZA 1994, 63, 65)

3063 Der dem Arbeitgeber danach obliegende Beweis dürfte in der Praxis nur in seltenen Ausnahmefällen geführt werden können. Selbst wenn er erbracht ist, hat der Arbeitnehmer weiterhin die Möglichkeit, seine krankheitsbedingte Arbeitsunfähigkeit auf andere Weise darzutun (BAG v. 26.8.1993 – 2 AZR 154/93, NZA 1994, 63, 65).

4. Abschnitt:
Außerordentliche Kündigung

§ 65
Voraussetzungen der außerordentlichen Kündigung

Literatur: *Dey*, Der Grundsatz der Verhältnismäßigkeit im Kündigungsrecht, 1989; *Galperin*, Der wichtige Grund zur außerordentlichen Kündigung, DB 1964, 1114; *Picker*, Fristlose Kündigung und Unmöglichkeit, Annahmeverzug und Vergütungsgefahr im Dienstvertragsrecht, JZ 1985, 641 (Teil 1), 693 (Teil 2); *Wank*, Tendenzen der BAG-Rechtsprechung zum Kündigungsrecht, RdA 1993, 79.

Übersicht: Außerordentliche Kündigung des Arbeitgebers 3064

☐ Wirksame Kündigungserklärung (Rz. 2518)

☐ Einhaltung der Klagefrist (§ 13 Abs. 1 S. 2 i.V.m. § 4 KSchG; Rz. 3069)

☐ Allgemeine Unwirksamkeitsgründe und besondere Kündigungsverbote (Rz. 3070)

☐ Vorliegen eines wichtigen Grundes

  ☐ Einhaltung der Ausschlussfrist (§ 626 Abs. 2 BGB; Rz. 3121)

  ☐ „Wichtiger Grund" (§ 626 Abs. 1 BGB; Rz. 3071)

    ☐ „An sich" geeigneter Kündigungsgrund? (Rz. 3071)

    ☐ Negativprognose (Rz. 3075)

    ☐ Vorrangige mildere Mittel (Ultima-Ratio-Prinzip; Rz. 3076)

    ☐ Interessenabwägung – sofortige Unzumutbarkeit? (Rz. 3081)

☐ Notwendigkeit der Einhaltung einer sozialen Auslauffrist

I. Allgemeines

Im Unterschied zum allgemeinen Kündigungsschutz des § 1 KSchG ist der **Anwendungsbereich** des § 626 BGB nicht auf Arbeitsverhältnisse beschränkt, sondern findet auf alle Dienstverhältnisse Anwendung. Auch regelt er nicht allein die arbeitgeberseitige Kündigung, sondern gilt – anders als § 1 KSchG – auch für die arbeitnehmerseitige Kündigung. 3065

§ 626 BGB garantiert ein **unabdingbares Freiheitsrecht** für Arbeitnehmer und Arbeitgeber, sich bei extremen Belastungen des Dienstverhältnisses von diesem zu lösen. Das Recht zur außerordentlichen Kündigung ist weder kollektiv- noch einzelvertraglich, weder in vorformulierten noch in individuell ausgehandelten Verträgen abdingbar. Dies gilt auch für die Regelung des § 626 Abs. 2 BGB. 3066

Auch die **Erschwerung des außerordentlichen Kündigungsrechts**, z.B. durch den generellen vertraglichen Ausschluss bestimmter Kündigungsgründe, kann unzulässig sein (BAG v. 8.8.1963 – 5 AZR 395/62, NJW 1963, 2341). 3067

Beispiele für unzulässige Kündigungserschwerungen:
- Vereinbarungen über Vertragsstrafen, Abfindungen, Rückzahlungsklauseln und dergleichen;
- darüber hinaus ist stets auch § 622 Abs. 6 BGB (Rz. 2729) zu beachten.

II. Allgemeine Wirksamkeitsvoraussetzungen

1. Wirksame Kündigungserklärung

3068 Für die Wirksamkeit der Erklärung einer außerordentlichen Kündigung gelten die allgemeinen Voraussetzungen (Rz. 2518). Die Kündigungserklärung muss jedoch unzweideutig erkennen lassen, dass das Dienstverhältnis außerordentlich aus wichtigem Grund gelöst werden soll (BAG v. 13.1.1982 – 7 AZR 757/79, NJW 1983, 303).

2. Einhaltung der Klagefrist (§ 13 Abs. 1 S. 2 i.V.m. § 4 KSchG)

3069 Gemäß § 4 KSchG muss die Unwirksamkeit einer arbeitgeberseitigen Kündigung innerhalb von drei Wochen nach ihrem Zugang durch Kündigungsschutzklage geltend gemacht werden (Rz. 2552). Dies gilt gemäß § 13 Abs. 1 S. 2 KSchG insbesondere für die außerordentliche Kündigung.

3. Allgemeine Ausschluss- und Unwirksamkeitsgründe; Sonderkündigungsschutz

3070 Eine außerordentliche Kündigung kann nur wirksam sein, wenn besondere Unwirksamkeitsgründe fehlen und der Sonderkündigungsschutz beachtet wurde (Rz. 2597). Insbesondere muss

– der **Betriebsrat** nach § 102 BetrVG bzw. eine sonst zuständige Mitarbeiter- oder Personalvertretung **angehört** worden sein (Rz. 2660),

– der **Sonderkündigungsschutz** für schwerbehinderte Arbeitnehmer § 174 SGB IX, werdende und stillende Mütter (§ 17 MuSchG), Arbeitnehmer in Elternzeit (§ 18 BEEG) oder Pflegezeit (§ 5 PflegeZG) und betriebsverfassungsrechtliche Funktionsträger beachtet werden (Rz. 2627) und es

– dürfen sonstige Kündigungsbeschränkungen nicht eingreifen (Rz. 2597).

III. Wichtiger Kündigungsgrund

1. Allgemeines

3071 Das BAG prüft den wichtigen Kündigungsgrund des § 626 Abs. 1 BGB **zweistufig** (BAG v. 2.3.1989 – 2 AZR 280/88, NZA 1989, 755):

– Zunächst ist zu prüfen, ob ein bestimmter Sachverhalt ohne die besonderen Umstände des Einzelfalles **an sich geeignet** ist, einen wichtigen Kündigungsgrund abzugeben (zu den Kündigungsgründen siehe unter Rz. 3071).

– Liegt ein an sich geeigneter Kündigungsgrund vor, ist zu prüfen, ob die Fortsetzung des Arbeitsverhältnisses unter Berücksichtigung der konkreten Umstände des Einzelfalles und unter Abwägung der Interessen beider Vertragsteile zumutbar ist oder nicht (**Interessenabwägung**).

3072 Dieser Ansatz führt für eine systematische Prüfung kaum weiter, weil das BAG in der dominierenden Furcht, sich festzulegen, praktisch jeden denkbaren Sachverhalt als „an sich" geeignet ansieht, eine außerordentliche Kündigung zu rechtfertigen (zur Kritik vgl. SPV/*Preis* Rz. 552). Der bloße Verweis auf die Interessenabwägung ist für eine strukturierte Prüfung wenig aufschlussreich. Vielmehr gilt es, die auch sonst im Rahmen des Kündigungsschutzes einzuhaltenden Prüfungsmaßstäbe zu beachten. Hierzu das Folgende:

2. Beurteilungsmaßstab und -zeitpunkt

Das Vorliegen eines wichtigen Grundes ist nach **objektiven Kriterien** zu beurteilen. Das Motiv des Kündigenden ist demgegenüber grundsätzlich unerheblich (BAG v. 2.6.1960 – 2 AZR 91/58, NJW 1960, 2023). 3073

Maßgebender Zeitpunkt für die Beurteilung der Rechtmäßigkeit der Kündigung ist auch bei der außerordentlichen Kündigung der **Zugang der Kündigungserklärung**. 3074

3. Prognoseprinzip

Für die Rechtfertigung einer Kündigung sind angesichts der dem Kündigungsrecht immanenten ex nunc-Wirkung in erster Linie die **künftigen Auswirkungen** vergangener oder gegenwärtiger Ereignisse ausschlaggebend. Im System des Leistungsstörungsrechts ist die Kündigung nicht das geeignete Mittel, um bereits eingetretene Störungen einer Vertragsbeziehung abzuwickeln, sondern sie soll weitere Störungen verhindern. Daher bedarf es bei der außerordentlichen Kündigung ebenso wie bei der ordentlichen Kündigung einer Negativprognose (vgl. zum Prognoseprinzip bei der ordentlichen Kündigung unter Rz. 2773). 3075

4. Ultima-Ratio-Prinzip

Die außerordentliche Kündigung kann wegen der mit ihr verbundenen Durchbrechung des Prinzips „pacta sunt servanda" stets nur das äußerste Mittel zur Vertragsbeendigung, also ultima ratio sein (BAG v. 30.5.1978 – 2 AZR 630/76, NJW 1979, 332). 3076

Nach dem Grundsatz der Erforderlichkeit ist also insbesondere zu fragen, ob der mit der außerordentlichen Kündigung verfolgte Zweck nicht auch mit dem milderen Mittel der ordentlichen Kündigung erreicht werden könnte. Dieser Grundsatz ist dem Tatbestand des § 626 Abs. 1 BGB immanent (zustimmend BAG v. 10.6.2010 – 2 AZR 541/09, NZA 2010, 1227). 3077

Zweckmäßigerweise orientiert man sich für die Prüfung der jeweils in Betracht kommenden milderen Mittel an den **zur ordentlichen Kündigung entwickelten Grundsätzen**. Das einzige für die außerordentliche Kündigung spezifische mildere Mittel ist die ordentliche Kündigung. Alle sonstigen nach den jeweiligen Umständen möglichen und zumutbaren Mittel (z.B. Abmahnung, Versetzung, Änderungskündigung) müssen bereits für die Rechtfertigung der ordentlichen Kündigung geprüft werden (vgl. zum Ultima-Ratio-Prinzip bei der ordentlichen Kündigung unter Rz. 2782). 3078

Merke: Die außerordentliche Kündigung ist ein „wesensgleiches Mehr" im Verhältnis zur ordentlichen Kündigung. 3079

Hieraus folgt:

Eine außerordentliche Kündigung ist immer schon dann unwirksam, wenn sie hinsichtlich des Kündigungsgrundes bereits die Anforderungen an eine ordentliche Kündigung nicht erfüllt.

Bei der außerordentlichen Kündigung stehen verhaltensbedingte Gründe im Vordergrund des Interesses. Die vorherige **Abmahnung** ist insoweit auch bei der außerordentlichen Kündigung ein wesentlich milderes Mittel (Rz. 3042). Ist die Abmahnung wegen der Schwere des Kündigungsgrundes entbehrlich, ist vielfach auch ein außerordentlicher Kündigungsgrund zu bejahen. 3080

5. Interessenabwägung

a) Sofortige Unzumutbarkeit

Die stets erforderliche Interessenabwägung muss die sofortige Unzumutbarkeit der Fortsetzung des Arbeitsverhältnisses ergeben. Ob ein derart dringendes Lösungsinteresse besteht, hängt nicht nur von 3081 dem Gewicht des Kündigungsgrundes (Rz. 3083), sondern auch von der Möglichkeit der regulären Beendigung des Vertragsverhältnisses ab.

3082 Deshalb kann die Einhaltung der ordentlichen Beendigungsmöglichkeit umso eher unzumutbar werden, je länger die reguläre Vertragsbindung dauert. Insoweit besonders problematisch ist der **(tarif-)vertragliche Ausschluss der ordentlichen Kündigungsmöglichkeit**, weil durch die fehlende ordentliche Beendigungsmöglichkeit das Interesse zur außerordentlichen Beendigung erheblich steigen kann. Dies führt zu der paradoxen Situation, dass der ordentlich Unkündbare (Rz. 3132) u.U. eher von einer außerordentlichen Kündigung betroffen sein kann als der ordentlich Kündbare (BAG v. 14.11.1984 – 7 AZR 474/83, NZA 1985, 426).

„Der tarifliche Ausschluss der ordentlichen Kündigung und die hierdurch in der Regel bedingte lange Vertragsbindung stellen Umstände dar, die bei einer außerordentlichen Kündigung des Arbeitgebers im Rahmen der einzelfallbezogenen Interessenabwägung entweder zugunsten oder zuungunsten des Arbeitnehmers zu berücksichtigen sind. Welche Betrachtungsweise im Einzelfall den Vorrang verdient, ist insbesondere unter Beachtung des Sinns und Zwecks des tariflichen Ausschlusses der ordentlichen Kündigung sowie unter Berücksichtigung der Art des Kündigungsgrundes zu entscheiden. Bei einmaligen Vorfällen ohne Wiederholungsgefahr wirkt sich die längere Vertragsbindung zugunsten des Arbeitnehmers aus. Bei Dauertatbeständen oder Vorfällen mit Wiederholungsgefahr kann die Fortsetzung des Arbeitsverhältnisses für den Arbeitgeber wegen des Ausschlusses der ordentlichen Kündigung u.U. eher unzumutbar sein als bei einem ordentlich kündbaren Arbeitnehmer." (BAG v. 14.11.1984 – 7 AZR 474/83, NZA 1985, 426)

b) Gewichtung des Kündigungsgrundes

3083 Die Interessenabwägung ist normativ auf **arbeitsvertraglich relevante Umstände** zu konkretisieren. Zu beachten sind stets die

- **Art** und **Schwere** der Vertragsstörung sowie
- die **Folgen**, insbesondere, ob das in Rede stehende Verhalten des Arbeitnehmers konkrete betriebliche oder wirtschaftliche Auswirkungen nach sich zieht (BAG v. 17.3.1988 – 2 AZR 576/87, NZA 1989, 261). Das Vorliegen konkreter Auswirkungen ist aber keine zwingende Voraussetzung für die Bejahung eines Kündigungsgrundes.
- Das **Verschulden** ist zwar keine notwendige Voraussetzung des Kündigungsgrundes, aber ein wichtiges Bewertungsprinzip im Rahmen der Abwägung. Deshalb ist auch die Entschuldbarkeit eines Rechtsirrtums zu beachten.
- Zu beachten ist die **Dauer der Betriebszugehörigkeit**, insbesondere die Dauer des störungsfreien Verlaufs des Arbeitsverhältnisses (BAG v. 2.3.1989 – 2 AZR 280/88, NZA 1989, 755).

3084 *„Die persönlichen Umstände des Gekündigten gehören nicht zum Kündigungsgrund, sondern zur Interessenabwägung für die Entscheidung über die Zumutbarkeit oder Unzumutbarkeit der Fortsetzung des Arbeitsverhältnisses. Dabei ist die Dauer der Betriebszugehörigkeit auch dann zu berücksichtigen, wenn die Kündigung auf Vermögensdelikte zu Lasten des Arbeitgebers gestützt wird."* (BAG v. 2.3.1989 – 2 AZR 280/88, NZA 1989, 755)

3085 *„Die Umstände, anhand derer zu beurteilen ist, ob dem Arbeitgeber die Weiterbeschäftigung jedenfalls bis zum Ablauf der Kündigungsfrist zumutbar ist oder nicht, lassen sich nicht abschließend festlegen. Zu berücksichtigen sind aber regelmäßig das Gewicht und die Auswirkungen einer Vertragspflichtverletzung – etwa im Hinblick auf das Maß eines durch sie bewirkten Vertrauensverlusts und ihre wirtschaftlichen Folgen –, der Grad des Verschuldens des Arbeitnehmers, eine mögliche Wiederholungsgefahr sowie die Dauer des Arbeitsverhältnisses und dessen störungsfreier Verlauf."* (BAG v. 9.6.2011 – 2 AZR 381/10, NZA 2011, 1027)

Zusammenfassend: Im Ergebnis muss ein Störungsgrad in der Vertragsbeziehung erreicht sein, der eine sofortige Beendigung der Vertragsbeziehung rechtfertigt.

Unzumutbar muss die Fortsetzung des Vertrags sein,
- weil eine erhebliche Vertragsstörung vorliegt,
- aus der sich eine Negativprognose ergibt,
- und die so gewichtig ist, dass eine ordentliche befristete Kündigung bzw. der Einsatz vorrangiger milderer Mittel nicht mehr ausreicht (Ultima-Ratio-Prinzip),
- und unter Abwägung aller Interessen auch das scharfe Mittel der fristlosen Kündigung gerechtfertigt ist.

IV. Kündigungsgründe des Arbeitgebers

Wegen des Stufenverhältnisses der außerordentlichen zur ordentlichen Kündigung erscheint es zweckmäßig, die Kündigungsgründe in **Anlehnung an § 1 Abs. 2 KSchG** zu systematisieren.

1. Betriebsbedingte Kündigungsgründe

Aus betrieblichen Gründen (Rz. 2827) kann regelmäßig nur ordentlich gekündigt werden, weil der Arbeitgeber das Wirtschafts- und Betriebsrisiko trägt und nicht im Wege der Kündigung auf den Arbeitnehmer abwälzen darf. Eine Sondersituation besteht im Falle der **Betriebsschließung bei ordentlich unkündbaren Arbeitnehmern** (Rz. 3132).

2. Personenbedingte Kündigungsgründe

a) Allgemeines

Personenbedingte Kündigungsgründe (Rz. 2925) können **nur in seltenen Fällen** eine außerordentliche Kündigung rechtfertigen. Im Regelfall wird dem Arbeitgeber die Fortsetzung des Arbeitsverhältnisses bis zum Ablauf der Kündigungsfrist zumutbar sein, sodass nur eine ordentliche Kündigung in Betracht kommt.

b) Einzelfälle

- Die **fehlende Eignung** rechtfertigt grundsätzlich nur die ordentliche, nicht aber die außerordentliche Kündigung, dasselbe gilt für mangelnde fachliche Qualifikation. Einen Sonderfall stellt der Eignungswegfall wegen einer **Straftat** dar. Außerhalb des Dienstes begangene Straftaten rechtfertigen die außerordentliche Kündigung, wenn sie unmittelbar die Eignung für die geschuldete Tätigkeit entfallen lassen, z.B. Körperverletzungs- oder Sittlichkeitsdelikte von Lehrern und Erziehern (LAG Berlin v. 15.12.1989 – 2 Sa 29/89, LAGE § 626 BGB Nr. 45). In derartigen Fällen kann auch eine außerordentliche Kündigung gerechtfertigt sein.

- Auch auf eine **Krankheit** des Arbeitnehmers kann regelmäßig nicht mit einer außerordentlichen Kündigung reagiert werden, weil bei langanhaltenden Erkrankungen nach Ablauf von sechs Wochen die Entgeltfortzahlungspflicht des Arbeitgebers erlischt (BAG v. 12.7.1995 – 2 AZR 762/94, NZA 1995, 1100). Etwas anderes kann ausnahmsweise gelten, wenn die ordentliche Kündigung einzel- oder tarifvertraglich ausgeschlossen ist (Rz. 3132).

- Eine längere **Strafhaft** kann Grund für eine außerordentliche Kündigung sein, wenn dem Arbeitgeber ein Festhalten an dem Arbeitsverhältnis bis zum Ablauf der ordentlichen Kündigungsfrist nicht zumutbar ist (BAG v. 9.3.1995 – 2 AZR 497/94, NZA 1995, 777). Zumindest dann, wenn im Kündigungszeitpunkt noch eine Haftstrafe von mehr als zwei Jahren zu verbüßen ist und eine vorzeitige Entlassung nicht sicher zu erwarten steht, kann dem Arbeitgeber nicht zugemutet werden, lediglich Überbrückungsmaßnahmen zu ergreifen und auf eine dauerhafte Neubesetzung des Arbeitsplatzes zu verzichten (BAG v. 24.3.2011 – 2 AZR 790/09, NJW 2011, 2825). In aller Regel genügt aber auch in diesen Fällen die ordentliche Kündigung zur Befriedigung der Arbeitgeberinteressen. Eine außerordentliche Kündigung nahm das BAG in einem Fall an, bei dem die ordentliche Kündigungsmöglichkeit tarifvertraglich ausgeschlossen wurde. Es bestehe ein „an sich" wichtiger Grund, wenn die vorübergehende Unmöglichkeit der Arbeitsleistung mit einer endgültigen gleichgesetzt werden könne. Dies sei der Fall, wenn der Zwei-Jahres-Zeitraum um ein Mehrfaches überschritten werde (BAG v. 22.10.2015 – 2 AZR 381/14, NZA 2016, 482, 483).

c) Verdachtskündigung

Literatur: *Belling*, Die Verdachtskündigung, FS Kissel (1994), 11; *Busch*, Die Verdachtskündigung im Arbeitsrecht, MDR 1995, 217; *Dörner*, Die Verdachtskündigung im Spiegel der Methoden zur Auslegung von Gesetzen, NZA 1992, 865; *Grunsky*, Die Verdachtskündigung, ZfA 1976, 167; *Lembke*, Die Verdachtskündigung in Rechtsprechung und Praxis, RdA 2013, 82.

3093 Nach ständiger Rechtsprechung des BAG kann nicht nur eine erwiesene Vertragsverletzung, sondern auch schon der Verdacht einer strafbaren Handlung oder einer sonstigen Verfehlung eine Kündigung rechtfertigen. Der Verdacht einer strafbaren oder vertragswidrigen Handlung stellt gegenüber der tatsächlichen Begehung dieser Tat einen **eigenständigen Kündigungssachverhalt** dar (BAG v. 10.6.2010 – 2 AZR 541/09, NZA 2010, 1227 Rz. 23). Während bei einem erwiesenen Fehlverhalten das Institut der verhaltensbedingten Kündigung einschlägig ist, handelt es sich bei einer Verdachtskündigung jedoch um eine **personenbedingte Kündigung**. Es ist der Verdachtskündigung immanent, dass ein Verschulden des Arbeitnehmers an dem vertragswidrigen Verhalten gerade nicht nachweislich vorliegt, wie es für eine verhaltensbedingte Kündigung notwendig wäre. Ansatzpunkt der Verdachtskündigung als personenbedingter Kündigung ist vielmehr, dass durch den Tatverdacht die Eignung des Arbeitnehmers für die vertraglich geschuldete Tätigkeit entfällt, weil dieser nicht mehr das für eine weitere Zusammenarbeit erforderliche Vertrauen des Arbeitgebers genießt.

3094 **Bedenken gegen die Zulässigkeit** einer Verdachtskündigung werden in der Literatur mit unterschiedlichen Ansatzpunkten geäußert. So wird zum einen bezweifelt, ob eine Verdachtskündigung mit der Unschuldsvermutung des Art. 6 Abs. 2 EMRK vereinbar ist (so *Schütte* NZA Beil. 2/1991, 17 ff.; *Dörner* NZA 1993, 873 ff.). Dieses Argument greift jedoch nicht durch, da die Unschuldsvermutung der EMRK lediglich den Staat und seine Institutionen bindet, jedoch keine Wirkung zwischen Privatpersonen entfaltet (vgl. BAG v. 14.9.1994 – 2 AZR 164/94, NZA 1995, 269).

3095 Zum anderen werden Zweifel an der Vereinbarkeit einer Verdachtskündigung mit der **Berufsfreiheit des Arbeitnehmers**, die durch Art. 12 GG geschützt ist, vorgebracht. Zwar ist zutreffend, dass bei der Auslegung des unbestimmten Rechtsbegriffs des „wichtigen Grundes" i.S.d. § 626 BGB die Grundrechte berücksichtigt werden müssen. Dies gilt jedoch nicht nur für die Berufsfreiheit des Arbeitnehmers, die dessen Interesse am Erhalt seines Arbeitsplatzes schützt, sondern in gleicher Weise für die Berufsfreiheit des Arbeitgebers, die auch dessen Interesse an der Kündigung eines Arbeitnehmers umfasst, wenn die Grundlage für eine zukünftige vertrauensvolle Zusammenarbeit entfallen ist. Bei der Abwägung zwischen den kollidierenden Grundrechtspositionen wird die Berufsfreiheit des Arbeitnehmers dadurch hinreichend berücksichtigt, dass die Verdachtskündigung nur dann zulässig ist, wenn der Arbeitgeber alle zumutbaren Anstrengungen zur Aufklärung des Sachverhalts unternommen hat, aber dennoch objektive Tatsachen einen dringenden Tatverdacht begründen (BAG v. 14.9.1994 – 2 AZR 164/94, NZA 1995, 269, 271).

3096 Abzugrenzen ist die Verdachtskündigung von der Kündigung wegen einer nachgewiesenen Tat, weil es sich insoweit um **verschiedene Kündigungssachverhalte handelt**. Der Arbeitgeber kann nicht ohne Weiteres von dem einen auf den anderen Kündigungsgrund im Prozess umschwenken, wenn der Betriebsrat nicht zuvor entsprechend angehört worden ist (zu § 102 BetrVG: siehe im Band „Kollektivarbeitsrecht" Rz. 2489). Dies dürfte aber nach der Rechtsprechung nur für den Fall gelten, dass der Arbeitgeber von der Kündigung wegen Tatbegehung auf die Verdachtskündigung umschwenken will, da die Erhärtung eines Verdachts bei ausgesprochener Verdachtskündigung nicht ausgeschlossen ist (BAG v. 14.9.1994 – 2 AZR 164/94, NZA 1995, 269). Dem Arbeitgeber bleibt es unbenommen, auch bei einem „erdrückenden" Verdacht lediglich eine Verdachtskündigung auszusprechen. Die Verdachtskündigung wird nicht deshalb unwirksam, weil es dem Arbeitgeber gelingt, im Prozess den vollen Beweis zu führen (dazu SPV/*Preis* Rz. 707).

Voraussetzung einer Verdachtskündigung als Spezialfall der personenbedingten Kündigung ist, dass ein in der Person des Arbeitnehmers liegender Grund zu einer erheblichen Beeinträchtigung betrieblicher oder vertraglicher Interessen des Arbeitgebers führt, die nicht durch andere mildere Mittel abgewendet werden kann (Ultima-Ratio-Prinzip; insb. Bemühen um Sachverhaltsaufklärung durch Anhörung des Arbeitnehmers), und sich diese Beeinträchtigung aller Wahrscheinlichkeit nach auch in Zukunft fortsetzen wird (Negativprognose; insbesondere Dringlichkeit des Verdachts). Wegen der Gefahr, mit der Verdachtskündigung einen Unschuldigen zu treffen, sind an die Zulässigkeit der Verdachtskündigung **strenge Anforderungen** zu richten. 3097

Eine erhebliche Störung im Vertrauensbereich, die eine außerordentliche Kündigung rechtfertigen kann, liegt nur dann vor, wenn die **Tat**, derer der Arbeitnehmer verdächtigt wird, **im Falle ihrer tatsächlichen Begehung eine außerordentliche Kündigung rechtfertigen würde**. In der Praxis stehen folgende Fälle im Vordergrund: Verdacht von Straftaten, Schmiergeldzahlungen, Geheimnisverrat und sexuelle Belästigung von Mitarbeitern (BAG v. 26.3.1992 – 2 AZR 519/91, NJW 1993, 83). Ist der Verdacht nur von solcher Qualität, dass er, selbst wenn er erwiesen ist, nur eine ordentliche Kündigung zu rechtfertigen in der Lage wäre, ist dem Arbeitgeber die Fortsetzung des Arbeitsverhältnisses trotz des entsprechenden Verdachts zuzumuten (BAG v. 21.11.2013 – 2 AZR 797/11, NZA 2014, 243). 3098

Aufgrund des Ultima-Ratio-Prinzips muss der Arbeitgeber vor Ausspruch der Kündigung alles ihm Zumutbare zur **Aufklärung des Sachverhalts** tun, also selbst eine Aufklärung aller Verdachtsumstände versuchen und insbesondere den **Arbeitnehmer angehört** haben (BAG v. 24.5.2012 – 2 AZR 206/11, NZA 2013, 137 Rz. 17). Die Anhörung ist nach der Rechtsprechung Wirksamkeitsvoraussetzung der Kündigung und muss unter normalen Umständen innerhalb einer Woche erfolgen (BAG v. 20.3.2014 – 2 AZR 1037/12, NZA 2014, 1015 Rz. 23, 14; BAG v. 25.4.2018 – 2 AZR 611/17, NZA 2018, 1405 Rz. 31). 3099

„Der Umfang der Anhörung richtet sich nach den Umständen des Einzelfalls. Einerseits muss sie nicht in jeder Hinsicht den Anforderungen genügen, die an eine Anhörung des Betriebsrats nach § 102 I BetrVG gestellt werden [...]. Andererseits reicht es nicht aus, dass der Arbeitgeber den Arbeitnehmer lediglich mit einer allgemein gehaltenen Wertung konfrontiert. Die Anhörung muss sich auf einen greifbaren Sachverhalt beziehen. Der Arbeitnehmer muss die Möglichkeit haben, bestimmte, zeitlich und räumlich eingegrenzte Tatsachen gegebenenfalls zu bestreiten oder den Verdacht entkräftende Tatsachen aufzuzeigen und so zur Aufhellung der für den Arbeitgeber im Dunkeln liegenden Geschehnisse beizutragen. Um dieser Aufklärung willen wird dem Arbeitgeber die Anhörung abverlangt." (BAG v. 20.3.2014 – 2 AZR 1037/12, NZA 2014, 1015 Rz. 24)

Zur Anhörung im Einzelnen: 3100

- Erforderlich und ausreichend ist, dass sich der Arbeitnehmer zu dem erhobenen Vorwurf äußern kann.
- Die Anhörung unterliegt **keiner bestimmten Form**.
- Es genügt, wenn der Arbeitgeber den Arbeitnehmer mit dem **Kernvorwurf** konfrontiert.
- Der Zweck der Anhörung darf **nicht verschleiert** werden.
- Ferner hat der Arbeitnehmer einen Anspruch darauf, ggf. einen **Rechtsanwalt**, jedenfalls aber ein Betriebsratsmitglied, beizuziehen.
- Der Arbeitgeber muss den betroffenen Arbeitnehmer jedoch nicht mit Belastungszeugen konfrontieren (BAG v. 18.9.1997 – 2 AZR 36/97, NZA 1998, 95).

– Die Anhörungsobliegenheit entfällt, wenn der Arbeitnehmer von vornherein nicht bereit ist, sich zu den Verdachtsgründen zu äußern.

3101 Solange der Arbeitgeber aus verständigen Gründen und mit gebotener Eile ermittelt, um den Verdacht zu erhärten oder auszuräumen, läuft die **Ausschlussfrist** des § 626 Abs. 2 BGB nicht (BAG v. 20.3.2014 – 2 AZR 1037/12, NZA 2014, 1015 Rz. 14).

3102 Der **Verdacht** muss sich **aus objektiven Umständen** ergeben und **dringend** sein, d.h. es muss eine große Wahrscheinlichkeit für die Tatbegehung durch den Arbeitnehmer vorliegen. Nur dann liegt eine hinreichend deutliche Negativprognose vor.

„Der Verdacht muss auf konkrete – vom Kündigenden darzulegende und gegebenenfalls zu beweisende – Tatsachen gestützt sein. Der Verdacht muss ferner dringend sein. Es muss eine große Wahrscheinlichkeit dafür bestehen, dass er zutrifft [...]. Die Umstände, die ihn begründen, dürfen nach allgemeiner Lebenserfahrung nicht ebenso gut durch ein Geschehen zu erklären sein, das eine außerordentliche Kündigung nicht zu rechtfertigen vermöchte. Bloße, auf mehr oder weniger haltbare Vermutungen gestützte Verdächtigungen reichen dementsprechend zur Rechtfertigung eines dringenden Tatverdachts nicht aus." (BAG v. 25.10.2012 – 2 AZR 700/11, NZA 2013, 371 Rz. 14; vgl. BAG v. 2.3.2017 – 2 AZR 698/15, NZA 2017, 1051, 1053; zu den Anforderungen an die tatrichterliche Würdigung nach § 286 Abs. 1 S. 1 ZPO siehe BAG v. 25.4.2018 – 2 AZR 611/17, NZA 2018, 1405 Rz. 24)

3103 Schließlich bedarf es einer umfassenden **Interessenabwägung**.

3104 Erweist sich nach Beendigung des Arbeitsverhältnisses die **Unschuld** des gekündigten Arbeitnehmers, kann diesem ein Wiedereinstellungsanspruch zustehen. Dabei stellt das BAG jedoch strenge Anforderungen an einen Unschuldsnachweis; die strafrechtliche Bewertung ist dafür unerheblich (BAG v. 24.5.2012 – 2 AZR 206/11, NZA 2013, 137 Rz. 18; BAG v. 2.3.2017 – 2 AZR 698/15, NZA 2017, 1051, 1053).

„Die Wirksamkeit einer Verdachtskündigung hängt nicht von der strafrechtlichen Würdigung eines den Sachverhalt begründenden Verhaltens ab, sondern von der Beeinträchtigung des für das Arbeitsverhältnis erforderlichen Vertrauens durch den Verdacht [...]. Die Beurteilung im Strafverfahren ist weder für den Zivilrichter [...] noch für den Arbeitsrichter bindend [...]." (BAG v. 20.8.1997 – 2 AZR 620/96, NZA 1997, 1340, 1342)

3105 Zudem ist streitig, innerhalb welcher Zeitspanne der Unschuldsnachweis erbracht werden muss, damit dieser einen Wiedereinstellungsanspruch auslösen kann. Im Rahmen der betriebsbedingten Kündigung billigt das BAG dem Arbeitnehmer einen Wiedereinstellungsanspruch zu, wenn er bis zum Abschluss des Kündigungsprozesses Tatsachen vorträgt, die bereits im Zeitpunkt des Kündigungszugangs vorlagen, dem Arbeitgeber aber nicht bekannt waren, oder sich während der Kündigungsfrist die Sachlage ändert, sodass der Kündigungsgrund entfällt (Rz. 2773). Hingegen soll bei einer Verdachtskündigung auch noch ein Unschuldsbeweis, der erst nach Abschluss des Kündigungsschutzprozesses erbracht wird, einen Wiedereinstellungsanspruch des Arbeitnehmers begründen können (BAG v. 4.6.1964 – 2 AZR 310/63, NJW 1964, 1918; offengelassen von BAG v. 27.6.2017 – 9 AZR 576/15, BeckRS 2017, 123124).

„Stellt sich im Verlauf des Rechtsstreits über die Wirksamkeit der Kündigung die Unschuld des verdächtigen Arbeitnehmers heraus, dann ist dies zu seinen Gunsten noch zu berücksichtigen. Ebenso muss das Gericht dem Vorbringen des Arbeitnehmers nachgehen, mit dem er sich von dem Verdacht reinigen will. Wird die Unschuld des Arbeitnehmers erst nach Abschluss des zu seinen Ungunsten ausgelaufenen Kündigungsprozesses festgestellt, dann kann ihm ein Wiedereinstellungsanspruch zustehen." (BAG v. 4.6.1964 – 2 AZR 310/63, NJW 1964, 1918, 1918)

3. Verhaltensbedingte Kündigungsgründe

a) Allgemeines

Verhaltensbedingte außerordentliche Kündigungsgründe unterliegen den gleichen Anforderungen wie ordentliche verhaltensbedingte Kündigungen (zu den Voraussetzungen siehe unter Rz. 3001). Die „an sich" geeigneten außerordentlichen Kündigungsgründe unterscheiden sich nicht von den ordentlichen Kündigungsgründen. Der Unterschied ist vielmehr qualitativer Art. Mit diesem Vorbehalt müssen die jeweiligen Einzelgründe betrachtet werden. Ob im Einzelfall schon eine außerordentliche oder nur eine ordentliche Kündigung gerechtfertigt ist, entscheidet sich insbesondere nach oben beschriebenen zusätzlichen Voraussetzungen im Rahmen der Interessenabwägung des § 626 Abs. 1 BGB (Rz. 3081). 3106

b) Einzelfälle

– Grund für eine außerordentliche Kündigung kann die **Arbeitsverweigerung** sein, die jedoch beharrlich (hierzu BAG v. 31.1.1985 – 2 AZR 486/83, NZA 1986, 138; BAG v. 21.11.1996 – 2 AZR 357/95, NZA 1997, 487) sein muss. Der Pflichtkreis ist objektiv zu bestimmen. Daher kann auch die beharrliche Verweigerung, der Arbeitsleistung nachzukommen, eine außerordentliche Kündigung rechtfertigen, wenn der Arbeitnehmer nicht im Bewusstsein der Pflichtwidrigkeit handelt (BAG v. 28.6.2018 – 2 AZR 436/17, NZA 2018, 1260 Rz. 18) Die einmalige unentschuldigte Arbeitspflichtverletzung rechtfertigt demgegenüber jedenfalls dann nicht die fristlose Kündigung, wenn die Fehlzeit ohne Schwierigkeit durch Umdisposition zu überbrücken ist (LAG Hamm 15.7.1988 – 9 Sa 430/88, LAGE § 626 BGB Nr. 41); beispielsweise kann aber im Wiederholungsfalle das Kartenspielen während der Arbeitszeit ebenso Kündigungsgrund sein (LAG Berlin v. 18.1.1988 – 9 Sa 118/87, DB 1988, 866) wie der **eigenmächtige Urlaubsantritt** (BAG v. 25.2.1983 – 2 AZR 298/81, DB 1983, 1605) oder die vorsätzliche erhebliche Überschreitung des gewährten Urlaubs. 3107

– **Alkoholgenuss** während der Arbeitszeit rechtfertigt eine außerordentliche Kündigung regelmäßig bei Tätigkeiten, die sicherheitsrelevante Bereiche betreffen. Daher kann insbesondere bei Berufskraftfahrern die außerordentliche Kündigung legitim sein (BAG v. 30.5.1978 – 2 AZR 630/76, NJW 1979, 332). 3108

– **Außerdienstliches Verhalten** kann in der Privatwirtschaft nur dann die Kündigung rechtfertigen, wenn es auf das Arbeitsverhältnis einwirkt, ansonsten steht das Persönlichkeitsrecht des Arbeitnehmers im Vordergrund. Strengere Maßstäbe galten früher für die Beschäftigten des öffentlichen Dienstes auf der Basis des § 8 Abs. 1 S. 2 BAT. Diese Normbasis ist entfallen. 3109

– Außerordentliche Kündigungsgründe können ferner sein **Beleidigungen** (LAG Berlin v. 17.11.1980 – 9 Sa 69/80, AP Nr. 72 zu § 626 BGB), **Tätlichkeiten** (BAG v. 12.3.1987 – 2 AZR 176/86, NZA 1988, 137), **sexuelle Belästigungen** (BAG v. 29.6.2017 – 2 AZR 302/16, NJW 2017, 3018; BAG v. 25.3.2004 – 2 AZR 341/03, NZA 2004, 1241; BAG v. 9.6.2011 – 2 AZR 323/10, NZA 2011, 1342) oder auch Drohungen (BAG v. 29.6.2017 – 2 AZR 47/16, NZA 2017, 1605). 3110

– Verstöße gegen die betriebliche Ordnung können eine außerordentliche Kündigung rechtfertigen, wenn eine **konkrete Störung des Betriebsfriedens** eingetreten ist (BAG v. 17.3.1988 – 2 AZR 576/87, NZA 1989, 261, 262; vgl. auch LAG Hamm 30.1.1995 – 10 (19) Sa 1931/93, LAGE § 626 BGB Nr. 84 zu ausländerfeindlichen Äußerungen). Nach der Rechtsprechung des BAG kann auch die **politische Meinungsäußerung** einen Grund zur fristlosen Kündigung darstellen, sofern sie konkrete Störungen des Betriebsfriedens hervorruft; hierbei ist jedoch die Bedeutung von Art. 5 Abs. 1 GG hinreichend zu berücksichtigen (nicht hinreichend beachtet in BAG v. 9.12.1982 – 2 AZR 620/80, NJW 1984, 1142). 3111

„Das Tragen einer auffälligen Plakette im Betrieb während der Arbeitszeit, durch die eine parteipolitische Meinung bewusst und herausfordernd zum Ausdruck gebracht wird, kann ähnlich wie eine ständige verbale Agitation eine provozierende parteipolitische Betätigung darstellen, die einen wichtigen Grund zur außerordentlichen Kündigung abgeben kann, wenn durch das Verhalten des Arbeitnehmers der Be- 3112

triebsfrieden oder der Betriebsablauf konkret gestört oder die Erfüllung der Arbeitspflicht beeinträchtigt wird." (BAG v. 9.12.1982 – 2 AZR 620/80, NJW 1984, 1142, 1142)

3113 *„Eine allgemeine Kritik an den allgemeinen wirtschaftlichen und sozialen Verhältnissen einerseits und am Arbeitgeber und den betrieblichen Verhältnissen andererseits ist, auch wenn sie – etwa in Betriebsversammlungen – überspitzt und polemisch ausfällt, noch vom Grundrecht der freien Meinungsäußerung gedeckt und kann deshalb nicht die arbeitsvertragliche Rücksichtnahmepflicht verletzen. Dies gilt umso mehr, wenn die Meinungsäußerung im Rahmen einer öffentlichen Auseinandersetzung erfolgt. Nach der Rechtsprechung des Bundesverfassungsgerichts soll dann grundsätzlich eine Vermutung zu Gunsten der Freiheit der Äußerung sprechen."* (BAG v. 12.1.2006 – 2 AZR 21/05, NZA 2006, 917 Rz. 52)

3114 – Auch können verbotene **Konkurrenztätigkeiten** zur außerordentlichen Kündigung führen (BAG v. 6.8.1987 – 2 AZR 226/87, NJW 1988, 438); demgegenüber stellen bloße Nebentätigkeiten ohne Wettbewerbscharakter keine Vertragsverletzung dar, solange die gegenüber dem Arbeitgeber bestehende Leistungspflicht nicht beeinträchtigt wird (BAG v. 26.8.1976 – 2 AZR 377/75, DB 1977, 544). Ebenso rechtfertigen Vorbereitungshandlungen für eine nach der Beendigung des Arbeitsverhältnisses angestrebte Konkurrenztätigkeit in der Regel keine außerordentliche Kündigung (BAG v. 23.10.2014 – 2 AZR 644/13, NZA 2015, 429; LAG Köln v. 7.2.2017 – 12 Sa 745/16, NZA-RR 2017, 353).

3115 – Ein in der Praxis häufiges Problem ist die Verrichtung von **Nebentätigkeiten** während der Arbeitsunfähigkeit. Diese werden (nur dann) kündigungsrelevant, wenn der Heilungsprozess des Arbeitnehmers durch sie beeinträchtigt wird (BAG v. 13.11.1979 – 6 AZR 934/77, NJW 1980, 1917) bzw. sie den Beweiswert der Arbeitsunfähigkeitsbescheinigung erschüttern (BAG v. 26.8.1993 – 2 AZR 154/93, NZA 1994, 63).

3116 – Außerordentlicher Kündigungsgrund ist auch die Annahme von **Schmiergeldern** (BAG v. 15.11.1995 – 2 AZR 974/94, NZA 1996, 419, 422), weil der Arbeitnehmer damit zum Ausdruck bringt, dass er unbedenklich eigene Vorteile bei der Erfüllung von Aufgaben wahrnimmt, obwohl er sie im Interesse seines Arbeitgebers durchzuführen hat.

3117 – Kündigungsrelevant kann die Verletzung von **Verschwiegenheitspflichten** (LAG Hamm 22.7.1981 – 14 Sa 565/81, ZIP 1981, 1259) oder die Verquickung privater mit dienstlichen Angelegenheiten (BAG v. 20.4.1977 – 4 AZR 778/75, DB 1977, 1856; LAG Nürnberg v. 5.9.1990 – 3 Sa 346/89, DB 1990, 2330) sein.

3118 – Die **Schlechtleistung** rechtfertigt nur in seltenen Fällen die fristlose Kündigung.

3119 – Regelmäßig gerechtfertigt sind fristlose Kündigungen bei **strafbaren Handlungen im dienstlichen Bereich** (Diebstahl, Unterschlagung, Spesenbetrug, BAG v. 2.6.1960 – 2 AZR 91/58, DB 1960, 1011). Hier ist die Rechtsprechung sehr streng, selbst das Entwenden geringwertiger Gegenstände rechtfertigt die Kündigung (BAG v. 10.6.2010 – 2 AZR 541/09, NZA 2010, 1227). Freilich gilt es auch hier, das Ultima-Ratio-Prinzip zu beachten (Rz. 3076).

3119a – Ein schwerer Vertrauensmissbrauch und eine Verletzung der Rücksichtsnahmepflichten nach § 241 II BGB können im Einzelfall ebenfalls zu einer außerordentlichen Kündigung führen. Dies wird regelmäßig in Fällen der vorsätzlich falschen Dokumentation und Erfassung von abgeleisteten Arbeitsstunden angenommen (BAG v. 13.12.2018 – 2 AZR 370/18, NZA 2019, 445).

V. Kündigungsgründe des Arbeitnehmers

3120 Für die außerordentliche Kündigung des Arbeitnehmers gelten dieselben Maßstäbe wie für die arbeitgeberseitige Kündigung. Daher entfällt bei Störungen im Leistungsbereich auch für den Arbeitnehmer das Erfordernis der Abmahnung grundsätzlich nicht.

Beispiele für Umstände, die den Arbeitnehmer zur außerordentlichen Kündigung berechtigen:
- Verletzung von zwingenden Arbeitsschutznormen durch den Arbeitgeber (BAG v. 28.10.1971 – 2 AZR 15/71, BB 1972, 1189);
- haltlose Verdächtigungen (BAG v. 24.2.1964 – 5 AZR 201/63, DB 1964, 702);
- erhebliche Lohnrückstände (LAG Köln v. 23.9.1993 – 10 Sa 587/93, LAGE § 626 BGB Nr. 73) oder Nichtabführung von Sozialversicherungsbeiträgen (LAG Baden-Württemberg v. 30.5.1968 – 4 Sa 27/68, BB 1968, 874).

VI. Ausschlussfrist (§ 626 Abs. 2 BGB)

Literatur: *Becker-Schaffner*, Die Rechtsprechung zur Ausschlussfrist des § 626 Abs. 2 BGB, DB 1987, 2147.

§ 626 Abs. 2 BGB regelt eine materiell-rechtliche Ausschlussfrist für die Kündigungserklärung. Sie soll innerhalb begrenzter Zeit für den betroffenen Vertragspartner Klarheit darüber schaffen, ob ein Sachverhalt zum Anlass für eine außerordentliche Kündigung genommen wird (BAG v. 29.7.1993 – 2 AZR 90/93, NZA 1994, 171, 173). 3121

1. Fristbeginn

Für den Fristbeginn kommt es auf die sichere und möglichst vollständige Kenntnis der für die Kündigung maßgebenden Tatsachen an; selbst grob fahrlässige Unkenntnis genügt nicht. Nicht ausreichend ist die Kenntnis des konkreten, die Kündigung auslösenden Anlasses, d.h. des „Vorfalls", der einen wichtigen Grund darstellen könnte (BAG v. 25.11.2010 – 2 AZR 171/09, NZA-RR 2011, 177 Rz. 15). Dem Kündigungsberechtigten muss eine Gesamtwürdigung möglich sein (BAG v. 29.7.1993 – 2 AZR 90/93, NZA 1994, 171, 173). Solange der Kündigungsberechtigte die Aufklärung des Sachverhalts, auch der gegen eine außerordentliche Kündigung sprechenden Gesichtspunkte, durchführt, kann die Ausschlussfrist nicht beginnen (BAG v. 29.7.1993 – 2 AZR 90/93, NZA 1994, 171, 173). 3122

Bei sog. **Dauertatbeständen** beginnt die Frist mit dem Vorfall, der ein weiteres und letztes Glied in der Kette der Ereignisse bildet, die zum Anlass für die Kündigung genommen werden. Unter diesen Umständen sind auch frühere Ereignisse zu berücksichtigen. Bei dauernder Arbeitsunfähigkeit (die zur außerordentlichen Kündigung freilich nur bei ordentlich nicht kündbaren Arbeitnehmern berechtigen kann, Rz. 3132) ist die Ausschlussfrist schon dann gewahrt, wenn der Zustand der Arbeitsunfähigkeit in den letzten zwei Wochen vor Ausspruch der Kündigung angehalten hat (BAG v. 21.3.1996 – 2 AZR 455/95, NZA 1996, 871, 871). Bleibt ein Arbeitnehmer der Arbeit unentschuldigt fern, beginnt die Ausschlussfrist mit dem Ende der Fehlzeit (BAG v. 22.1.1998 – 2 ABR 19/97, NZA 1988, 708). **Abgeschlossene Tatbestände mit Fortwirkung im Vertrauensbereich** sind jedoch keine Dauertatbestände in diesem Sinne. 3123

Bei **strafbaren Handlungen** bzw. **Verdachtskündigungen** kann der Arbeitgeber – insbesondere wenn tatsächliche oder rechtliche Aspekte der fachkundigen Bewertung durch strafrechtlich besonders versierte Personen bedürfen – den Abschluss des Ermittlungs- oder des Strafverfahrens abwarten. Die Zwei-Wochen-Frist beginnt dann mit seiner Kenntnis von der Anklageerhebung bzw. Verurteilung (BAG v. 14.2.1996 – 2 AZR 274/95, NZA 1996, 873). 3124

„Der Arbeitgeber kann eine den Verdacht der Tatbegehung verstärkende Tatsache – wie die Erhebung der öffentlichen Klage – auch dann zum Anlass für den Ausspruch einer Verdachtskündigung nehmen, wenn er eine solche schon zuvor erklärt hatte. Die Frist des § 626 Abs. 2 BGB beginnt mit ausreichender Kenntnis von der verdachtsverstärkenden Tatsache erneut zu laufen:" (BAG v. 27.1.2011 – 2 AZR 825/09, NZA 2011, 798, 798) 3125

Die Frist beginnt, wenn der zur Kündigung Berechtigte die positive Kenntnis der erforderlichen Tatsachen hat. **Kündigungsberechtigter** ist derjenige, der befugt ist, im konkreten Fall die Kündigung auszusprechen (BAG v. 6.7.1972 – 2 AZR 386/71, DB 1972, 2119). Die Kenntnis anderer Personen ist nur 3126 von Bedeutung, wenn sie eine ähnlich selbstständige Stellung haben wie gesetzliche oder rechtsgeschäftliche Vertreter des Arbeitgebers und nicht nur zur Meldung, sondern vorab auch zur Feststellung der für eine außerordentliche Kündigung maßgebenden Tatsachen verpflichtet sind. Bei einer Gesamtvertretung ist für den Beginn der Frist auf die Kenntnis schon eines Vertreters abzustellen (BAG v. 20.9.1984 – 2 AZR 73/83, DB 1985, 237).

2. Fristablauf

3127 Die Frist ist nur gewahrt, wenn die Kündigungserklärung innerhalb von zwei Wochen **zugegangen** ist; die Absendung genügt demgegenüber nicht.

3128 Zu beachten ist, dass sich die Frist nicht um die Dauer des Verfahrens zur **Anhörung des Betriebsrats** verlängert. Das Verfahren muss also spätestens am zehnten Tag eingeleitet werden, damit der Betriebsrat die ihm nach § 102 Abs. 2 S. 3 BetrVG zustehende Drei-Tages-Frist auch ausnutzen kann.

3129 Bei der Kündigung eines **betriebsverfassungsrechtlichen Funktionsträgers**, die gemäß § 103 Abs. 1 BetrVG der Zustimmung des Betriebsrats bedarf, muss der Arbeitgeber im Falle der Verweigerung der Zustimmung innerhalb der Zwei-Wochen-Frist das gerichtliche Zustimmungsersetzungsverfahren (§ 103 Abs. 2 BetrVG) eingeleitet haben (BAG v. 18.8.1977 – 2 ABR 19/77, NJW 1978, 661).

3130 Auch bei sonstigen Arbeitnehmern, die **besonderen Kündigungsschutz** (§§ 17 MuSchG, 18 Abs. 1 BEEG, 5 Abs. 2 PflegeZG, 168, 174 SGB IX) genießen, gilt, dass der Antrag auf behördliche Zulässigerklärung bzw. Zustimmung zur Kündigung innerhalb der Zwei-Wochen-Frist des § 626 Abs. 2 BGB gestellt sein muss. Die Kündigung kann und muss dann unverzüglich nach Erteilung der Zustimmung erklärt werden (vgl. BAG v. 25.4.2018 – 2 AZR 401/17, NZA 2018, 1087 Rz. 17).

3. Nachschieben von Kündigungsgründen

3131 Nach zutreffender Ansicht verpflichtet die Ausschlussfrist des § 626 Abs. 2 BGB den Arbeitgeber nicht dazu, Kündigungsgründe, die bereits im Kündigungszeitpunkt vorlagen, ihm aber erst später bekannt geworden sind, innerhalb von zwei Wochen nach Kenntniserlangung in einen laufenden Kündigungsschutzprozess einzubringen (BAG v. 4.6.1997 – 2 AZR 362/96, NZA 1997, 1158). § 626 Abs. 2 BGB betrifft lediglich die Ausübung des Kündigungsrechts als solchem, nicht aber den einzelnen Kündigungsgrund. Auch eine entsprechende Anwendung des § 626 Abs. 2 BGB für das Nachschieben von Kündigungsgründen (siehe im Band „Kollektivarbeitsrecht" unter Rz. 2529) scheidet nach Sinn und Zweck dieser Vorschrift aus. So schützt § 626 Abs. 2 BGB das Vertrauen des Arbeitnehmers darauf, dass der Arbeitgeber einen Vorgang nach Ablauf der Zwei-Wochen-Frist nicht mehr zum Anlass für eine außerordentliche Kündigung nehmen wird. Ein derartiger Vertrauenstatbestand bezüglich des Fortbestandes des Arbeitsverhältnisses ist bei einem Arbeitnehmer, dem bereits außerordentlich gekündigt worden ist, jedoch nicht gegeben.

VII. Kündigung ordentlich unkündbarer Arbeitnehmer

Literatur: *Preis/Hamacher*, Die Kündigung der Unkündbaren, FS 50 Jahre LAG Rheinland-Pfalz (1999), 245; *Schindler/Künzl*, Tarifvertraglicher Ausschluss der ordentlichen Kündbarkeit und Sozialauswahl, ZTR 2014, 395; *Schwerdtner*, Die außerordentliche arbeitgeberseitige Kündigung bei ordentlich unkündbaren Arbeitnehmern, FS Kissel (1994), 1077.

3132 Ein Arbeitnehmer kann aus verschiedenen Gründen (Einzelarbeits-, Tarifvertrag, § 15 KSchG u.a.) ordentlich unkündbar sein (Rz. 2626). In einem solchen Falle können Gründe, die an sich eine außerordentliche Kündigung nicht rechtfertigen, ausnahmsweise einen „wichtigen Grund" i.S.d. § 626 BGB darstellen. Angesichts der Verbreitung der sog. Unkündbarkeitsregeln in Tarifverträgen hat die außerordentliche Kündigung ordentlich Unkündbarer eine steigende Bedeutung in der Praxis (ausführlich SPV/*Preis* Rz. 738 ff.). Folgende **Ausnahmefälle** hat die Rechtsprechung hier anerkannt:

- **Betriebsbedingte Gründe** können grundsätzlich kein wichtiger Grund i.S.d. § 626 Abs. 1 BGB sein, weil sonst das Betriebs- und Wirtschaftsrisiko in unzulässiger Weise auf die Arbeitnehmer verlagert würde. Nur im Falle der **Betriebsstilllegung** weicht das BAG bei ordentlich Unkündbaren hiervon ab, weil der Arbeitgeber nicht über Jahre hinweg verpflichtet sein soll, das vereinbarte Entgelt zu zahlen, ohne die Leistung in Anspruch nehmen zu können (BAG v. 28.3.1985 – 2 AZR 113/84, NZA 1985, 559). Die Ausschlussfrist des § 626 Abs. 2 BGB ist nach der Rechtsprechung des BAG bei der außerordentlichen betriebsbedingten Kündigung ordentlich unkündbarer Arbeitnehmer ausnahmsweise nicht anzuwenden (BAG v. 5.2.1998 – 2 AZR 227/97, NZA 1998, 771). Im Falle einer Betriebsstilllegung könnte die Verpflichtung des Arbeitgebers, die Kündigung binnen zwei Wochen nach dem Stilllegungsentschluss auszusprechen, sonst dazu führen, dass die Kündigung gegenüber dem tariflich besonders geschützten Arbeitnehmer früher ausgesprochen werden müsste als die Kündigungen gegenüber den übrigen Arbeitnehmern. 3133

Daneben sieht das BAG die außerordentliche Kündigung ordentlich unkündbarer Arbeitnehmer für zulässig an, wenn wegen der Umorganisation des Betriebs und dem **Wegfall einzelner Arbeitsplätze** keine Beschäftigungsmöglichkeit für diese Arbeitnehmer mehr besteht. Es könne dem Arbeitgeber unzumutbar sein, den Arbeitnehmer ohne Beschäftigungsmöglichkeit über einen unabsehbaren Zeitraum hinweg (ggf. falls bis zum Renteneintritt) weiter zu beschäftigen: 3134

„Es kann dem Arbeitgeber unzumutbar sein, ein sinnentleertes Arbeitsverhältnis über solche Zeiträume hinweg allein durch Gehaltszahlungen ohne adäquate Gegenleistung aufrechtzuerhalten [...]. Allerdings ist der Arbeitgeber wegen des Ausschlusses der ordentlichen Kündigung in einem besonderen Maß verpflichtet zu versuchen, die Kündigung durch geeignete andere Maßnahmen zu vermeiden. Besteht irgendeine Möglichkeit, das Arbeitsverhältnis sinnvoll fortzusetzen, wird er den Arbeitnehmer in der Regel entsprechend einzusetzen haben. Erst wenn alle denkbaren Alternativen ausscheiden, kann ein wichtiger Grund zur außerordentlichen Kündigung vorliegen." (BAG v. 23.1.2014 – 2 AZR 372/13, NZA 2014, 895 Rz. 17)

Diese Rechtsprechung führt zu einer deutlichen Entwertung des tarifvertraglichen Kündigungsschutzes.

Um zu vermeiden, dass sich der Sonderkündigungsschutz zulasten der Arbeitnehmer auswirkt, sind betriebsbedingte außerordentlichen Kündigungen nicht fristlos, sondern lediglich mit einer der ordentlichen Kündigungsfrist entsprechenden **(notwendigen) Auslauffrist** zulässig (BAG v. 20.6.2013 – 2 AZR 379/12, NZA 2014, 139 Rz. 17). 3135

- **Krankheit** ist nach Auffassung des BAG nicht grundsätzlich als wichtiger personenbedingter Grund i.S.d. § 626 BGB ungeeignet. An eine Kündigung wegen Erkrankung eines Arbeitnehmers ist allerdings schon bei einer ordentlichen Kündigung ein strenger Maßstab anzulegen (Rz. 2949). Eine außerordentliche Kündigung wegen krankheitsbedingter Leistungsminderung scheidet daher regelmäßig aus (BAG v. 12.7.1995 – 2 AZR 762/94, NZA 1995, 1100). 3136

Ein wichtiger Grund i.S.d. § 626 BGB wird regelmäßig **nur bei dauernder Arbeitsunfähigkeit** befürwortet werden können. Es bedarf eines gravierenden Missverhältnisses zwischen Leistung und Gegenleistung. Die Aufrechterhaltung eines **„sinnentleerten"** Arbeitsverhältnisses ist unzumutbar. Nach Auffassung des BAG liegt ein wichtiger Grund, vorbehaltlich einer Interessenabwägung vor, wenn der Arbeitgeber durchschnittlich für mehr als ein Drittel der jährlichen Arbeitstage Entgeltfortzahlung im Krankheitsfall leisten muss (BAG v. 25.4.2018 – 2 AZR 6/18, NZA 2018, 1056 Rz. 34; BAG v. 23.1.2014 – 2 AZR 372/13, NZA 2014, 962). Eine außerordentliche Kündigung ist in der Regel gerechtfertigt, wenn der Arbeitnehmer dauerhaft wegen Krankheit arbeitsunfähig ist oder die Erkrankung von einem solchen Gewicht ist, dass sie einer dauernden Arbeitsunfähigkeit gleichsteht (BAG v. 9.9.1992 – 2 AZR 190/92, NZA 1993, 598; BAG v. 4.2.1993 – 2 AZR 469/92, EzA § 626 BGB Nr. 144). 3137

3138 – Das BAG erkennt die Konstruktion der außerordentlichen Kündigung mit Auslauffrist auch bei **verhaltensbedingten Kündigungen** an, wenn einem vergleichbaren Arbeitnehmer ohne Ausschluss der ordentlichen Kündbarkeit bei (theoretisch) gleichem Kündigungssachverhalt zwar nicht nach § 626 BGB außerordentlich, jedoch fristgerecht gekündigt werden könnte. Die lange Bindungsdauer aufgrund einer Unkündbarkeitsklausel könne dann zu Lasten des Arbeitnehmers so wirken, dass ein wichtiger Grund zur außerordentlichen Kündigung des betreffenden Arbeitnehmers nach § 626 Abs. 1 BGB anzunehmen sei (BAG v. 13.4.2000 – 2 AZR 259/99, NZA 2001, 277).

3139 Diese Rechtsprechung läuft darauf hinaus, die Unterschiede zwischen der „normalen" ordentlichen Kündigung und der „außerordentlichen Kündigung ordentlich Unkündbarer mit sozialer Auslauffrist" einzuebnen. Dadurch wird der tarifliche Sonderkündigungsschutz im praktischen Ergebnis entwertet. Um die durch Ausschluss der ordentlichen Kündigung besonders geschützten Arbeitnehmer nicht zu benachteiligen, verlangt das BAG, dass der Arbeitgeber bei der außerordentlichen Kündigung ordentlich unkündbarer Arbeitnehmer eine **Auslauffrist** einhalten muss, die der Frist entspricht, die gelten würde, wenn die ordentliche Kündigung nicht ausgeschlossen wäre (BAG v. 17.11.2016 – 2 AZR 730/15, NZA 2017, 394 Rz. 21; BAG v. 28.3.1985 – 2 AZR 113/84, NZA 1985, 559; BAG v. 4.2.1993 – 2 AZR 469/92, EzA § 626 BGB Nr. 144). Die Anhörung des Betriebs- und Personalrats soll bei außerordentlichen Kündigungen Unkündbarer nach den Grundsätzen der ordentlichen Kündigung erfolgen (BAG v. 5.2.1998 – 2 AZR 227/97, NZA 1998, 771; BAG v. 18.10.2000 – 2 AZR 627/99, NZA 2001, 219). Die gesamte Rechtsprechungslinie ist methodisch schwer verständlich. Sie wird der Bedeutung der tariflichen und einzelvertraglichen Kündigungsausschlüsse nicht immer gerecht (ausf. zur Kritik SPV/*Preis* Rz. 738 ff.).

5. Abschnitt: Änderungskündigung

§ 66 Voraussetzungen der Änderungskündigung

Literatur: *Annuß*, Der Vorrang der Änderungs- vor der Beendigungskündigung, NZA 2005, 443; *Hromadka*, Möglichkeiten und Grenzen der Änderungskündigung, NZA 1996, 1; *Preis*, Leichter kündigen als änderungskündigen?, ArbuR 2011, 405; *Preis*, Unbillige Weisungsrechte und überflüssige Änderungskündigungen, NZA 2015, 1; *Preis/Schneider*, Unverhältnismäßige „überflüssige" Änderungskündigung, FS v. Hoyningen-Huene (2014), 395; *Reuter/Sagan/Witschen*, Die überflüssige Änderungskündigung, NZA 2013, 935.

I. Begriff und Funktion

3140 Die Änderung und Anpassung von Arbeitsbedingungen ist eine der wichtigsten Fragestellungen des Arbeitsrechts. Unproblematisch ist der Fall, wenn der Arbeitnehmer mit der geplanten Änderung einverstanden ist. Überschreitet diese den Umfang des Direktionsrechts, wird zwischen den Parteien ein Änderungsvertrag geschlossen. Hingegen bedarf es einer Änderungskündigung, wenn der Arbeitgeber keine Möglichkeit hat, eine von ihm erstrebte Änderung von Arbeitsbedingungen im Rahmen seines **Direktionsrechts** (Rz. 1077) oder durch **Änderungsvorbehalte** (Rz. 1855) durchzusetzen.

3141 Den Schutz des Arbeitnehmers vor einer Änderungskündigung durch den Arbeitgeber regelt speziell § 2 KSchG. Danach liegt eine Änderungskündigung vor,

- wenn der Arbeitgeber dem Arbeitnehmer das Arbeitsverhältnis **kündigt** und
- im Zusammenhang mit der Kündigung die Fortsetzung des Arbeitsverhältnisses zu **geänderten Arbeitsbedingungen anbietet**.

Diese gesetzliche Definition entspricht der herrschenden Auffassung, nach der die Änderungskündigung **als zusammengesetztes Rechtsgeschäft** (krit. *Reuter/Sagan/Witschen*, NZA 2013, 935, 938 ff.) **zwei Teile** enthält, eine Kündigung und ein Vertragsangebot (BAG v. 17.2.2016 – 2 AZR 613/14, AP Nr. 168 zu § 2 KSchG 1969; BAG v. 18.10.2018 – 2 AZR 374/18, NZA 2019, 246). Das Schriftformerfordernis des § 623 BGB ist zu beachten, das sich bei der Änderungskündigung richtigerweise auch auf das Änderungsangebot erstreckt (BAG v. 16.9.2004 – 2 AZR 628/03, NZA 2005, 635; Rz. 2524). 3142

Dabei muss allerdings die **Kündigungsabsicht** in der Erklärung klar zum Ausdruck kommen. Insbesondere muss deutlich werden, dass das Arbeitsverhältnis endet, wenn das Änderungsangebot nicht zumindest unter Vorbehalt angenommen wird. Zudem muss das **Vertragsangebot** so konkret sein, wie § 145 BGB es verlangt, d.h., die neuen Arbeitsbedingungen müssen so bezeichnet werden, dass der Arbeitnehmer auf das Angebot mit einem schlichten „Ja" antworten kann. Fehlt der Änderungskündigung ein in dieser Weise bestimmtes Änderungsangebot, ist sie schon aus diesem Grunde unwirksam (BAG v. 15.1.2009 – 2 AZR 641/07, NZA 2009, 957; BAG v. 10.9.2009 – 2 AZR 822/07, NZA 2010, 333). 3143

Unterschreitet der Arbeitgeber bei der Bestimmung einer **Frist** zur Annahme des Änderungsangebots die Mindestfrist des § 2 KSchG, führt dies nicht dazu, dass es überhaupt an einer Fristsetzung für eine vorbehaltlose Annahme des Änderungsangebots fehlt und die Frist nach § 147 BGB zu bestimmen wäre. An die Stelle der zu kurzen Frist tritt vielmehr die Frist des § 2 S. 2 KSchG (BAG v. 1.2.2007 – 2 AZR 44/06, NZA 2007, 925). 3144

Die Änderungskündigung kann in zwei Formen ausgesprochen werden: 3145

- Der Arbeitgeber spricht eine **Beendigungskündigung** aus und bietet für die Zeit nach Ablauf der Kündigungsfrist einen neuen Arbeitsvertrag zu geänderten Bedingungen an. 3146
- Der Arbeitgeber **kündigt** unter der **Bedingung**, dass ein gleichzeitig angebotener Änderungsvertrag nicht angenommen wird. 3147

Kündigung und Änderungsangebot müssen dem Arbeitnehmer in **engem Zusammenhang** zueinander zugehen. Möglich ist zum einen ein gleichzeitiger Zugang. Zum anderen kann das Änderungsangebot der Kündigung vorausgehen, sofern die Kündigung erkennen lässt, dass das vorherige Änderungsangebot weiterhin Gültigkeit haben soll. Hingegen darf das Änderungsangebot dem Arbeitnehmer nicht später als die Kündigungserklärung zugehen, da sich der Arbeitnehmer nach § 2 S. 2 KSchG binnen drei Wochen „nach Zugang der Kündigung" erklären muss. In diesem Fall ist das Änderungsangebot unbeachtlich; es liegt eine Beendigungskündigung vor. 3148

Die Änderungskündigung ist eine echte Kündigung. Daraus folgt, dass der Arbeitgeber vor ihrem Ausspruch den **Betriebsrat** anzuhören hat (§ 102 Abs. 1 BetrVG). Dem Betriebsrat sind das Änderungsangebot, die Gründe hierfür und regelmäßig auch die Kündigungsfristen mitzuteilen. Anderenfalls ist die Kündigung nichtig (zur Betriebsratsmitbestimmung siehe im Band „Kollektivarbeitsrecht" unter Rz. 2507). 3149

Ferner ist auch bei Änderungskündigungen der gesamte **Sonderkündigungsschutz** zu beachten (z.B. § 17 MuSchG, § 18 BEEG, § 5 PflegeZG, §§ 168 ff. SGB IX, § 2 ArbPlSchG). Ist die ordentliche Kündigung durch Tarifvertrag oder Einzelvertrag ausgeschlossen, erstreckt sich dieser Ausschluss regelmäßig auch auf Änderungskündigungen (BAG v. 10.3.1982 – 4 AZR 541/79, DB 1982, 2712). In Grenzfällen kommt dann nur die außerordentliche Änderungskündigung in Betracht. 3150

3151 Weiter folgt aus der Rechtsnatur der Änderungskündigung, dass die **Kündigungsfristen** einzuhalten sind, sofern die Änderungskündigung nicht als fristlose ausgesprochen wird. Auf die außerordentliche Änderungskündigung findet § 2 KSchG analog Anwendung.

II. Reaktionsmöglichkeiten des Arbeitnehmers

3152 Der Arbeitnehmer hat verschiedene Reaktionsmöglichkeiten auf eine Änderungskündigung. Im Einzelnen:

3153 – Er kann das Änderungsangebot **ablehnen**. Die Änderungskündigung wirkt dann als Beendigungskündigung, gegen die der Arbeitnehmer Kündigungsschutzklage erheben kann. Im folgenden Kündigungsschutzprozess erfolgt die Überprüfung dieser Kündigung jedoch – ebenso wie bei Annahme des Änderungsangebots unter Vorbehalt – unter Berücksichtigung der dem Arbeitnehmer angebotenen Vertragsänderung nach Maßgabe des § 2 i.V.m. § 1 KSchG (BAG v. 19.5.1993 – 2 AZR 584/92, NZA 1993, 1075). Anders als bei der Annahme unter Vorbehalt trägt der Arbeitnehmer in diesem Fall das volle Risiko eines Arbeitsplatzverlustes. So kann er zwar auf seinen alten Arbeitsplatz zurückkehren, wenn er im Kündigungsschutzprozess obsiegt, verliert hingegen seinen Arbeitsplatz, wenn das Gericht die soziale Rechtfertigung der Kündigung feststellt.

3154 – Er kann das Änderungsangebot **ohne Vorbehalt annehmen**. Es gelten dann zum vereinbarten Zeitpunkt die geänderten Arbeitsbedingungen.

3155 – Er kann das Änderungsangebot **unter dem Vorbehalt der sozialen Rechtfertigung annehmen** (§ 2 S. 1 KSchG). Der Arbeitnehmer muss in diesem Fall zunächst ab dem Kündigungstermin zu den geänderten Arbeitsbedingungen arbeiten. Ein Weiterbeschäftigungsanspruch zu den alten Arbeitsbedingungen während des Kündigungsschutzprozesses besteht nicht (BAG v. 18.1.1990 – 2 AZR 183/89, NZA 1990, 734).

3156 Den Vorbehalt muss der Arbeitnehmer **innerhalb der Kündigungsfrist**, spätestens jedoch innerhalb von **drei Wochen** erklären. Der Vorbehalt alleine genügt jedoch nicht; in jedem Falle muss der Arbeitnehmer innerhalb der Präklusionsfrist von drei Wochen (Rz. 2578) ab Zugang der Kündigung Klage vor dem Arbeitsgericht erheben. Die Vorbehaltserklärungsfrist und die Klagefrist sind somit nur dann nicht deckungsgleich, wenn abweichend von § 622 Abs. 1 und 2 BGB eine Kündigungsfrist unter drei Wochen vereinbart ist. Letzteres ist nur durch Tarifvertrag (§ 622 Abs. 4 BGB) oder bei vorübergehenden Aushilfen (§ 622 Abs. 5 S. 1 Nr. 1 BGB) zulässig (Rz. 2724, 2725).

III. Sozialwidrigkeit einer Änderungskündigung

1. Allgemeines

3157 Für die Entscheidung über die Sozialwidrigkeit der Änderungskündigung verweist § 2 S. 1 KSchG lediglich auf die einschlägigen Bestimmungen des § 1 KSchG. Einen spezifischen Prüfungsmaßstab für die sachliche Rechtfertigung der Änderungskündigung gibt das Gesetz nicht. Der Prüfungsmaßstab ist im Einzelnen äußerst umstritten. Anders als bei der Beendigungskündigung ist die Rechtsprechung zur Änderungskündigung bisher über die Billigkeitsklausel nicht hinausgekommen.

3158 **Zweck des § 2 KSchG** ist, dem Arbeitnehmer den Erhalt des Arbeitsplatzes zu ermöglichen, wenn eine Möglichkeit der Weiterbeschäftigung zu geänderten Bedingungen besteht (ErfK/*Oetker* § 2 KSchG Rz. 1). Die Auffassung, § 2 KSchG diene (nur) dem Inhaltsschutz (hierzu KR/*Kreft* § 2 KSchG Rz. 6 m.w.N.) ist missverständlich. Die Bedeutung der Vorschrift ist nur verständlich im Zusammenhang mit dem Ultima-Ratio-Prinzip. Wenn der Arbeitgeber die Möglichkeit zur Weiterbeschäftigung des Arbeitnehmers zu geänderten Bedingungen hat, ist diese Möglichkeit vorrangig zu ergreifen. Andererseits benötigt der Arbeitgeber das schwierige Instrument der Änderungskündigung nur, wenn er nicht auf andere, mildere Weise die gewünschte Änderung herbeiführen kann (etwa durch flexible

Vertragsgestaltung). Schließlich soll die Vorschrift dem Arbeitnehmer Sicherheit bieten. Er soll die Änderungskündigung unter Vorbehalt annehmen können, um jedenfalls seinen Arbeitsplatz zu erhalten. Diese Sicherheit hat allerdings ihren Preis: Der Arbeitnehmer muss zunächst – nach Ablauf der Kündigungsfrist – zu den geänderten Arbeitsbedingungen weiterarbeiten. Sanktioniert wird nach herrschender Rechtsprechung auch, wenn der Arbeitnehmer das Änderungsangebot vorbehaltlos ablehnt: Dann prüft das BAG die Berechtigung der Kündigung nicht nach den Maßstäben der Beendigungskündigung, sondern der Änderungskündigung.

Bei der Prüfung der sozialen Rechtfertigung einer Änderungskündigung ist zu berücksichtigen, dass nach § 2 S. 1 KSchG der **Bezugspunkt der Prüfung** ein anderer als bei der Beendigungskündigung ist, nämlich die soziale Rechtfertigung der „Änderung der Arbeitsbedingungen". Unerheblich für den Prüfungsmaßstab ist, ob der Arbeitnehmer die Kündigung unter Vorbehalt annimmt oder nicht. 3159

Kernfrage ist, ob der Grund bei der Änderungskündigung das gleiche Gewicht haben muss wie bei der Beendigungskündigung. Hierfür spricht einerseits die schlichte Verweisung des § 2 S. 1 KSchG auf § 1 Abs. 2 und 3 KSchG. Andererseits genügt der Arbeitgeber mit dem Ausspruch einer Änderungskündigung dem Grundsatz der Verhältnismäßigkeit, wenn ohne dieses Mittel eine Beendigungskündigung ausgesprochen werden müsste. Hieraus folgt, dass eine Änderungskündigung jedenfalls dann gerechtfertigt ist, wenn durch sie die sonst notwendige Beendigungskündigung vermieden werden kann. 3160

Nach der **Rechtsprechung des BAG** ist die Rechtfertigung der ordentlichen Änderungskündigung **zweistufig** zu prüfen (BAG v. 18.1.1990 – 2 AZR 183/89, NZA 1990, 734; BAG v. 19.5.1993 – 2 AZR 584/92, NZA 1993, 1075). 3161

- Zunächst ist zu fragen, ob **Person, Verhalten oder dringende betriebliche Erfordernisse** i.S.d. § 1 Abs. 2 KSchG das Änderungsangebot bedingen.
- In einem zweiten Schritt verlangt die Rechtsprechung die Prüfung, ob die **vorgeschlagene Änderung vom Arbeitnehmer billigerweise hingenommen werden muss**. Dieser allgemeine Maßstab wird nur dann richtig angewandt, wenn das Stufenverhältnis zwischen Beendigungskündigung und Änderungskündigung beachtet wird.

Auch vor Ausspruch einer Änderungskündigung muss der Arbeitgeber das Vorliegen **milderer Mittel** prüfen. In diesem Zusammenhang steht das Problem der „**überflüssigen Änderungskündigung**". Das sind Fälle, in denen der Arbeitgeber eine Änderungskündigung ausgesprochen hat, die Arbeitsbedingungen jedoch bereits zum Beispiel durch einfache Ausübung seines Direktionsrechts hätte entsprechend ändern dürfen und können. Nimmt der Arbeitnehmer das Änderungsangebot gem. § 2 KSchG unter Vorbehalt an, stellt sich die Frage, ob die Änderungskündigung bzw. die Änderung der Arbeitsbedingungen wirksam ist. Das BAG weist in einer umstrittenen Rechtsprechung entsprechende Änderungsschutzklagen des Arbeitnehmers ab: 3162

„Nach § 4 S. 2 KSchG ist eine Änderungsschutzklage auf die Feststellung zu richten, die Änderung der Arbeitsbedingungen sei ‚sozial ungerechtfertigt' oder sei ‚aus einem anderen Grund rechtsunwirksam'. [...] Eine solche Feststellung können die Gerichte nicht treffen, wenn das mit der Kündigung verbundene ‚Änderungsangebot' gar nicht auf eine Änderung der bestehenden Vertragsbedingungen gerichtet ist, sondern die bereits bestehenden Vertragsbedingungen inhaltlich nur wiederholt. Das ist der Fall, wenn die in ihm vorgesehenen ‚neuen' Bedingungen vom Arbeitgeber schon durch Ausübung des Direktionsrechts durchgesetzt werden können [...]. Voraussetzung für die Begründetheit einer Änderungsschutzklage nach § 4 S. 2 KSchG ist, dass die Parteien über die Berechtigung einer Änderung ihrer arbeitsvertraglichen Vereinbarungen streiten. Das Fehlen der sozialen Rechtfertigung einer Änderung der Arbeitsbedingungen oder deren Unwirksamkeit aus anderen Gründen kann nicht festgestellt werden, wenn der Vertrag der Parteien in Wirklichkeit nicht geändert werden soll." (BAG v. 19.7.2012 – 2 AZR 25/11, NZA 2012, 1038 Rz. 19)

3163 Dem ist entgegenzuhalten, dass der Arbeitgeber mit der Änderungskündigung durchaus die Arbeitsvertragsbedingungen ändern *will*, weil er – wenn auch irrtümlich – davon ausgeht oder befürchtet, dass sie eine entsprechende Weisung nicht erlauben. Indem das BAG die Änderungsschutzklage in diesen Fällen für unbegründet hält, bürdet sie das Risiko, die Reichweite des arbeitsvertraglichen Weisungsrechts falsch einzuschätzen, dem Arbeitnehmer auf. Dagegen kann der Arbeitgeber in solchen Zweifelsfällen immer zu dem – im Vergleich zur Weisung – stärker belastenden Mittel der Änderungskündigung greifen, ohne ein Risiko einzugehen. Genau dies soll jedoch das Ultima-Ratio-Prinzip verhindern (zur Kritik weiter *Preis*, NZA 2015, 1, 7 ff.; *Reuter/Sagan/Witschen*, NZA 2013, 936 ff.).

3164 Generell sozial ungerechtfertigt ist eine ordentliche Änderungskündigung, die auf eine vor Ablauf der Kündigungsfrist des betreffenden Arbeitnehmers wirksam werdende Verschlechterung der Arbeitsbedingungen zielt (BAG v. 21.9.2006 – 2 AZR 120/06, NZA 2007, 435, 435).

2. Betriebsbedingte Änderungskündigung

3165 Im Vordergrund des Interesses steht die Änderungskündigung aus betrieblichen Gründen. Dabei ist jedoch zwischen zwei Fallgestaltungen zu differenzieren. So kann eine Änderungskündigung zum einen darauf gerichtet sein, im Rahmen innerbetrieblicher Umstrukturierungen den Inhalt der Arbeitspflicht des Arbeitnehmers den neuen Gegebenheiten anzupassen. Daneben werden Änderungskündigungen allein zur Reduzierung des Arbeitsentgelts ausgesprochen, wobei der Inhalt der Arbeitspflicht des Arbeitnehmers unverändert bleibt. Auch wenn die Prüfung, ob derartige Änderungskündigungen sozial gerechtfertigt sind i.S.d. §§ 2, 1 KSchG, prinzipiell nach denselben Maßstäben erfolgt, ergeben sich, je nach Zweck der Änderungskündigung, unterschiedliche Prüfungsschwerpunkte.

a) Kündigung zur Änderung des Inhalts der Arbeitspflicht

3166 **Beispiele für Kündigungen zur Änderung des Inhalts der Arbeitspflicht:**
- Versetzung an einen anderen Arbeitsplatz, der in einem anderen Betriebsteil oder an einem anderen Ort angesiedelt ist oder an dem andere Tätigkeiten zu verrichten sind (sofern die Versetzung nicht durch Direktionsrecht möglich ist; vgl. BAG v. 12.8.2010 – 2 AZR 558/09, NJW 2011, 251).
- Umstrukturierung des bisherigen Arbeitsplatzes, sodass sich die zu verrichtenden Tätigkeiten verändern (sofern die Zuweisung der neuen Tätigkeit nicht durch Direktionsrecht möglich ist).
- Änderungen der Lage der Arbeitszeit, beispielsweise wegen Umstellung des Schichtbetriebs (BAG v. 18.1.1990 – 2 AZR 183/89, NZA 1990, 734), Einführung von Samstagsarbeit (BAG v. 18.12.1997 – 2 AZR 709/96, NZA 1998, 304) oder Veränderungen der Öffnungszeiten (BAG v. 24.4.1997 – 2 AZR 352/96, NZA 1997, 1047).
- Änderung der Dauer der Arbeitszeit, da der Arbeitgeber einen Personalüberhang nicht durch Beendigungskündigungen, sondern durch eine allgemeine Arbeitszeitverkürzung abbauen will (BAG v. 19.5.1993 – 2 AZR 584/92, NZA 1993, 1075; BAG v. 22.4.2004 – 2 AZR 385/03, NZA 2004, 1158).

aa) Dringende betriebliche Erfordernisse als Kündigungsgrund

3167 Ebenso wie bei der betriebsbedingten Beendigungskündigung bedarf es auch bei der betriebsbedingten Änderungskündigung einer **kündigungsbegründenden Unternehmerentscheidung** (Rz. 2831). Diese wird in der Praxis regelmäßig gestaltenden Inhalts sein, sodass außerbetriebliche Ursachen lediglich Anstoß für die Arbeitgeberentscheidung, nicht aber Kündigungsgrund sind. Auch wenn die Kündigung auf eine Änderung der Arbeitsbedingungen gerichtet ist, ist die kündigungsbegründende Unternehmerentscheidung nicht auf ihre Zweckmäßigkeit hin zu kontrollieren, sondern unterliegt lediglich einer gerichtlichen Missbrauchskontrolle. Voll gerichtlich nachprüfbar ist hingegen, ob die Arbeitgeberentscheidung dazu führt, dass Beschäftigungsmöglichkeiten in ihrer bisherigen Ausgestaltung weggefallen sind (§ 2 i.V.m. § 1 Abs. 2 S. 1 KSchG).

3168 *„Eine betriebsbedingte Änderungskündigung ist sozial gerechtfertigt, wenn ein Beschäftigungsbedürfnis für den Arbeitnehmer zu den bisherigen Vertragsbedingungen entfallen ist und dem Arbeitnehmer in*

III. Sozialwidrigkeit einer Änderungskündigung | Rz. 3173 § 66

Anwendung des Verhältnismäßigkeitsgrundsatzes die ihn am wenigsten beeinträchtigende Änderung angeboten wurde. Maßgeblicher Zeitpunkt für die Beurteilung der Rechtmäßigkeit einer (Änderungs-)Kündigung ist der des Kündigungszugangs. Der Bedarf an einer Weiterbeschäftigung zu den bisherigen Bedingungen muss zu diesem Zeitpunkt voraussichtlich auf Dauer entfallen sein." (BAG v. 29.9.2011 – 2 AZR 451/10, NZA-RR 2012, 158, 158)

Auch die Änderungskündigung unterliegt dem **Grundsatz der Erforderlichkeit**. Sie kommt daher erst dann in Betracht, wenn mildere Mittel nicht ausreichen, das mit ihr bezweckte Ziel zu erreichen. Das Ultima-Ratio-Prinzip steht einer betriebsbedingten Änderungskündigung insbesondere dann entgegen, wenn der Arbeitgeber die angestrebte Änderung der Arbeitsbedingungen bereits durch Ausübung seines Direktionsrechts hätte herbeiführen können (so noch BAG v. 19.5.1993 – 2 AZR 584/92, NZA 1993, 1075; BAG v. 28.10.2010 – 3 AZR 594/09, NZA-RR 2011, 155). In seiner neueren Rechtsprechung zur „überflüssigen Änderungskündigung" weist das BAG entsprechende Änderungsschutzklagen dennoch ab (Rz. 3162). 3169

Beispiele für eine gegen das Ultima-Ratio-Prinzip verstoßende Änderungskündigung: A ist als Schlosser in einem Betrieb in der Stadt X beschäftigt, der aus mehreren Betriebsabteilungen besteht. In seinem Arbeitsvertrag ist bestimmt: „A wird als Schlosser für den Betrieb in der Stadt X eingestellt." Wird die Betriebsabteilung, in der A bislang tätig war, geschlossen, kann der Arbeitgeber ihm allein durch Ausübung des Direktionsrechts eine Tätigkeit als Schlosser in einer anderen Betriebsabteilung zuweisen. Eine zu diesem Zweck ausgesprochene Änderungskündigung wäre wegen Verstoßes gegen das Ultima-Ratio-Prinzip sozialwidrig. 3170

B ist laut seines Arbeitsvertrags „für ungelernte Tätigkeiten" eingestellt. Bislang hat er Reinigungsarbeiten ausgeführt. Als diese an eine Fremdfirma vergeben werden, ist gleichzeitig eine Stelle in der Verpackungsabteilung vakant, für die es ebenfalls keiner Berufsausbildung bedarf. Da die Änderung der Tätigkeit von der arbeitsvertraglichen Leistungsbeschreibung gedeckt ist, kann der Arbeitgeber dem B die Tätigkeit in der Verpackungsabteilung durch Ausübung seines Direktionsrechts zuweisen. Eine zu diesem Zweck ausgesprochene Änderungskündigung wäre ebenfalls wegen Verstoßes gegen das Ultima-Ratio-Prinzip sozialwidrig.

Das BAG würde eine Änderungsschutzklage in beiden Fällen als unbegründet abweisen, weil es seiner Ansicht nach an einer Änderung der Arbeitsbedingungen fehlt. Diese Rechtsprechung ist abzulehnen (Rz. 3162).

Beispiele für eine dem Ultima-Ratio-Prinzip genügende Änderungskündigung: Der adipöse Schwimmmeister S leidet nach Feststellung des Amtsarztes unter chronischen Erkrankungen des Herz- und Kreislauf- sowie des Stoffwechselsystems. Unter Berücksichtigung der Tätigkeit und der bestehenden Risikofaktoren sei aus betriebsärztlicher Sicht „die gesundheitliche Eignung zum Retten Ertrinkender auf Dauer nicht mehr gegeben". Die Stadt K als Arbeitgeber, spricht – weil der S nach dem Tarifvertrag ordentlich unkündbar ist – eine außerordentliche personenbedingte Kündigung mit sozialer Auslauffrist aus. Das einzige Beschäftigungsangebot zu geänderten Bedingungen war eine um fünf Gehaltsstufen niedriger bezahlte Beschäftigung auf einem Bauhof. Das BAG bestätigte die Kündigung, weil die angebotene Weiterbeschäftigung die einzige Möglichkeit zur Vermeidung der Beendigungskündigung gewesen sei. 3171

Darüber hinaus spielt die **Möglichkeit der Weiterbeschäftigung** gemäß § 1 Abs. 2 KSchG im Rahmen der betriebsbedingten Änderungskündigung keine Rolle. Sofern eine Weiterbeschäftigungsmöglichkeit zu unveränderten Arbeitsbedingungen besteht, ist diese bereits deshalb auszuschöpfen, weil die Änderung der Arbeitsbedingungen durch Direktionsrecht Vorrang vor dem Ausspruch einer Kündigung genießt. Ob eine Weiterbeschäftigungsmöglichkeit zu geänderten, den Arbeitnehmer weniger belastenden Arbeitsbedingungen zur Verfügung steht, ist im Rahmen der Erforderlichkeit des Änderungsangebots zu untersuchen (Rz. 3176). 3172

Allerdings muss der Arbeitgeber unter dem Grundsatz der Erforderlichkeit prüfen, ob das unternehmerische Konzept die Änderungskündigung unabwendbar macht oder ob es mit anderen, milderen innerbetrieblichen Maßnahmen ebenso gut verwirklicht werden könnte (BAG v. 18.1.1990 – 2 AZR 183/89, NZA 1990, 734; siehe unter Rz. 2782 ff.). 3173

3174 Die Möglichkeit, den Arbeitgeber auf andere Maßnahmen zur Verwirklichung seiner Zielsetzungen zu verweisen, wird jedoch sowohl durch die **unternehmerische Entscheidungsfreiheit** als auch durch die Rechte Dritter begrenzt. Führt eine innerbetriebliche Umstrukturierung zu einer Reduzierung des Arbeitskräftebedarfs, steht es dem Arbeitgeber prinzipiell frei, ob er zum Abbau des überflüssigen Beschäftigungsvolumens einige Beendigungskündigungen oder aber eine größere Zahl von Änderungskündigungen ausspricht und dadurch die Arbeitszeit mehrerer Arbeitnehmer verkürzt. Daher kann ein Arbeitnehmer gegen eine Änderungskündigung, die auf eine Arbeitszeitverkürzung gerichtet ist, nicht einwenden, der Arbeitgeber hätte nach dem Ultima-Ratio-Prinzip stattdessen eine geringere Zahl von Beendigungskündigungen aussprechen müssen (BAG v. 19.5.1993 – 2 AZR 584/92, NZA 1993, 1075).

3175 Unter dem Stichwort der Dringlichkeit des betrieblichen Erfordernisses werden, ebenso wie bei der betriebsbedingten Beendigungskündigung, Fallkonstellationen diskutiert, in denen die Unternehmerentscheidung nicht auf qualitative Änderungen des Betriebsablaufs gerichtet ist, sondern allein **Rentabilitätsinteressen** des Arbeitgebers dient, insbesondere die sog. **Kündigung zur Leistungsverdichtung** (Rz. 2861).

bb) Das Änderungsangebot

3176 Zur Bejahung der sozialen Rechtfertigung einer betriebsbedingten Änderungskündigung reicht das Vorliegen eines dringenden betrieblichen Erfordernisses nicht aus. Vielmehr bedarf es zusätzlich einer Betrachtung des Änderungsangebots. Dessen inhaltliche Zulässigkeit ist zunächst, ebenso wie der Arbeitsvertrag bei der Begründung eines neuen Arbeitsverhältnisses, auf seine Vereinbarkeit mit zwingendem höherrangigem Recht zu überprüfen. Daher ist beispielsweise eine Änderungskündigung zur Einführung von Samstagsarbeit unzulässig, wenn die vom Unternehmer angestrebte Arbeitszeitgestaltung gegen den einschlägigen Tarifvertrag verstößt (BAG v. 18.12.1997 – 2 AZR 709/96, NZA 1998, 304). Auch hat das BAG eine Änderungskündigung als sozialwidrig beurteilt, weil das Änderungsangebot zu einer Benachteiligung der betroffenen teilzeitbeschäftigten Arbeitnehmerin gegenüber Vollzeitbeschäftigten führte (BAG v. 24.4.1997 – 2 AZR 352/96, NZA 1997, 1047).

3177 Bei einer betriebsbedingten Änderungskündigung ist das Änderungsangebot des Arbeitgebers daran zu messen, ob **dringende betriebliche Erfordernisse** gemäß § 1 Abs. 2 KSchG das Änderungsangebot bedingen und ob der Arbeitgeber sich bei einem an sich anerkennenswerten Anlass darauf beschränkt hat, nur solche Änderungen vorzuschlagen, die der Arbeitnehmer billigerweise hinnehmen muss. (BAG v. 19.5.1993 – 2 AZR 584/92, NZA 1993, 1075)

3178 Danach ist anhand des **Verhältnismäßigkeitsgrundsatzes** zu prüfen, ob die vorgeschlagene Vertragsänderung dem Arbeitnehmer zumutbar ist. Gegenstand der Prüfung ist jedoch – anders als bei der Erforderlichkeitsprüfung im Rahmen des Kündigungsgrundes – nicht die prinzipielle Rechtfertigung einer Vertragsänderung, sondern die Verhältnismäßigkeit gerade der vom Arbeitgeber angebotenen, neuen Vertragsbedingungen. Das Änderungsangebot muss in seiner konkreten Ausgestaltung zur Erreichung des vom Arbeitgeber verfolgten Ziels geeignet, erforderlich und angemessen sein.

3179 Bei der Prüfung der **Erforderlichkeit der geänderten Arbeitsbedingungen** ist insbesondere zu berücksichtigen, dass die Änderungskündigung auch in Ansehung des Verhältnismäßigkeitsgrundsatzes eine mildere Reaktion als die Beendigungskündigung darstellen kann. Daher dürfen an die Änderungskündigung als milderes Mittel keine strengeren Anforderungen gestellt werden als an eine Beendigungskündigung. Wesentlich ist, dass sich die angebotenen Änderungen nicht weiter vom Inhalt des bisherigen Arbeitsverhältnisses entfernen, als zur Erreichung des angestrebten Ziels unter Berücksichtigung des Inhaltsschutzinteresses des Arbeitnehmers unbedingt erforderlich ist.

Beispiele für ein dem Grundsatz der Erforderlichkeit widersprechendes Änderungsangebot: Durch Organisationsänderungen entsteht ein Beschäftigungsüberhang in Höhe von zehn Wochenstunden. Der Arbeitgeber spricht gegenüber einem Arbeitnehmer eine Änderungskündigung aus, durch die dessen Arbeitszeit um 15 Stunden wöchentlich verringert werden soll.

A ist laut Arbeitsvertrag als Dolmetscherin in der Abteilung „Import" mit einer wöchentlichen Arbeitszeit von 38 Stunden beschäftigt. Da die Übersetzungen, die in der Importabteilung anfallen, immer zahlreicher werden, sollen diese zukünftig weitgehend von einem externen Übersetzungsbüro erledigt werden. Es soll lediglich eine Stelle mit einem Umfang von 15 Wochenstunden erhalten bleiben. Gleichzeitig ist in der Abteilung „Export" ein Arbeitsplatz für eine vollzeitbeschäftigte Dolmetscherin frei. Eine Kündigung gegenüber A zur Reduzierung der Arbeitszeit ist nicht erforderlich, weil eine Änderungskündigung zur Versetzung in die Exportabteilung das mildere, gleich geeignete Mittel ist.

Anhand welcher Maßstäbe die **Angemessenheit des Änderungsangebots** zu beurteilen ist, wird in Literatur und Rechtsprechung unterschiedlich beurteilt. Diskutiert werden in diesem Zusammenhang sowohl eine auf den Einzelfall bezogene Interessenabwägung als auch eine generalisierende Zumutbarkeitsprüfung. 3180

In einigen älteren Entscheidungen hat das BAG die Angemessenheit mit Hilfe einer **umfassenden, einzelfallbezogenen Interessenabwägung** geprüft (BAG v. 28.4.1982 – 7 AZR 1139/79, NJW 1982, 2687; vgl. auch *Hromadka* NZA 1996, 1, 8, 10). 3181

„Eine Änderungskündigung ist nur dann sozial gerechtfertigt, wenn die genannten Gründe unter vernünftiger Abwägung des Interesses des Arbeitgebers an der erstrebten Änderung gegenüber dem Interesse des Arbeitnehmers an der Aufrechterhaltung seiner gegenwärtigen Arbeitsbedingungen es als billigenswert und angemessen erscheinen lassen, um dieser Änderung willen das Mittel einer Kündigung zu gebrauchen und damit das Arbeitsverhältnis zu gefährden und unter Umständen zu beenden." (BAG v. 28.4.1982 – 7 AZR 1139/79, NJW 1982, 2687, 2688)

Gegen eine derartige individuelle Interessenabwägung bestehen jedoch Bedenken. So ist die Vornahme einer umfangreichen Interessenabwägung mit der **Freiheit der unternehmerischen Entscheidung** nicht zu vereinbaren. In Bezug auf betriebsbedingte Beendigungskündigungen ist dies mittlerweile allgemein anerkannt (vgl. BAG v. 30.4.1987 – 2 AZR 184/86, NZA 1987, 776). In dieser Hinsicht kann für die Änderungskündigung nichts anderes gelten. Mit einer umfassenden Interessenabwägung gehen auch hier Beschränkungen der unternehmerischen Entscheidungsfreiheit einher. Zwar soll sich die Interessenabwägung hinsichtlich des Änderungsangebots lediglich auf die Art, in der die entsprechende Maßnahme durchgeführt wird, beziehen. Jedoch können bei einer Änderungskündigung, die auf eine Änderung des Inhalts der Arbeitspflicht gerichtet ist, die Vornahme der Maßnahme als solche und ihre Durchführungsmodalitäten nicht strikt voneinander getrennt werden. 3182

Sofern sich eine Änderungskündigung nicht in einer Entgeltkürzung erschöpft, sondern auf eine **Änderung des Beschäftigungsumfangs** gerichtet ist, erscheint eine generalisierende Bewertung der Angemessenheit der angebotenen Vertragsänderung vorzugswürdig. Zu fragen ist mithin, ob die vorgeschlagene Änderung der Arbeitsbedingungen einem Arbeitnehmer aufgrund der vom Arbeitgeber vorgetragenen Konzeption generell zumutbar ist. 3183

Besondere Schwierigkeiten bei der Beurteilung der Angemessenheit ergeben sich, sofern mit der Änderungskündigung eine Arbeitszeitverkürzung angestrebt wird, mit der **eine Reduzierung des Arbeitsentgelts** einhergeht. Für die Zumutbarkeit einer solchen Reduktion des Entgelts gibt es in der Rechtsprechung und in der Literatur keine festen Richtwerte. Als geeigneter Denkansatz könnte u.a. zu berücksichtigen sein, ob die Herabsetzung der Arbeitszeit zu einer Schlechterstellung im Vergleich zu einer Beendigungskündigung und dem darauf folgenden Arbeitslosengeldbezug führt. 3184

Nach Ansicht des BAG sind in die Abwägung auch die **sozialen Belange** des Arbeitnehmers einzubeziehen. Wie sich aus der Konzeption des § 1 Abs. 2 und 3 KSchG ergibt, die gemäß § 2 KSchG auch für die Änderungskündigung gelten, hat die Berücksichtigung sozialer Kriterien jedoch allein im Rahmen der Sozialauswahl zu erfolgen. 3185

cc) Sozialauswahl

3186 Ebenso wie eine Beendigungskündigung (Rz. 2865) ist auch eine Änderungskündigung nur dann sozial gerechtfertigt, wenn der Arbeitgeber eine den Anforderungen des § 1 Abs. 3 KSchG entsprechende Sozialauswahl durchgeführt hat. Dies ergibt sich aus der Verweisung in § 2 S. 1 KSchG auf § 1 Abs. 3 S. 1 u. 2 KSchG. Dabei folgt die Überprüfung der Sozialauswahl im Rahmen der Änderungskündigung der gleichen Prüfungsabfolge wie bei der Beendigungskündigung.

3187 Mithin ist in einem ersten Schritt der Kreis der Arbeitnehmer zu bestimmen, die in die Sozialauswahl einzubeziehen sind. Ebenso wie bei der Beendigungskündigung (Rz. 2867) ist hier zunächst zu prüfen, ob der Arbeitnehmer, dessen konkreter Arbeitsplatz in seiner bisherigen Form weggefallen ist, aufgrund seines Arbeitsvertrags und seines Eignungsprofils die Arbeit eines anderen Arbeitnehmers, dessen Arbeitsplatz unverändert fortbesteht, übernehmen kann. Zudem ist im Falle der Änderungskündigung erforderlich, dass der Arbeitnehmer, dessen Arbeitsplatz fortbesteht, aufgrund seiner Ausbildung und seiner fachlichen Qualifikation dem Anforderungsprofil des umgestalteten Arbeitsplatzes entspricht (BAG v. 13.6.1986 – 7 AZR 623/84, NZA 1987, 155).

3188 *„Auch die Frage der in die Sozialauswahl einzubeziehenden vergleichbaren Arbeitnehmer ist bei der Änderungskündigung anders zu beantworten als bei der Beendigungskündigung. Bei letzterer ist die Vergleichbarkeit schon gegeben, wenn die betreffenden Arbeitnehmer nach ihren bisherigen Tätigkeiten miteinander verglichen werden können und damit auf ihren innegehabten Arbeitsplätzen gegeneinander austauschbar sind [...]. Bei der Änderungskündigung muss hinzukommen, dass diese Arbeitnehmer auch für die Tätigkeit, die Gegenstand des Änderungsangebots ist, wenigstens annähernd gleich geeignet sind. Die Austauschbarkeit muss sich also auch auf den mit der Änderungskündigung angebotenen Arbeitsplatz beziehen."* (BAG v. 13.6.1986 – 7 AZR 623/84, NZA 1987, 155, 155 f.)

3189 **Beispiel für die Ermittlung der Vergleichbarkeit bei einer Änderungskündigung:** A, Diplom-Bauingenieur, war bislang in der Abteilung „Statik" für den Bereich „Neubauten" zuständig. Da die Arbeit durch vermehrten EDV-Einsatz erheblich beschleunigt werden soll, soll der Arbeitsplatz des A von einem Vollzeitarbeitsplatz (38 Wochenstunden) in einen Teilzeitarbeitsplatz (27 Wochenstunden) umgewandelt werden, an dem vorwiegend EDV-gestützte Berechnungen durchzuführen sind. Ebenfalls in der Abteilung „Statik" im Bereich „Sanierung" arbeitet der Diplom-Bauingenieur B, der sozial weniger schutzbedürftig ist, dessen Arbeitsplatz aber unverändert als Vollzeitarbeitsplatz fortbestehen soll. Die Änderungskündigung zur Reduzierung der Arbeitszeit kann nur dann an B statt an A gerichtet werden, wenn A durch Ausübung des arbeitgeberseitigen Direktionsrechts auf den Arbeitsplatz des B in den Bereich „Sanierung" versetzt werden kann und für diesen auch tatsächlich geeignet ist. Zudem muss B aufgrund seiner Ausbildung und seiner fachlichen Qualifikation dem Anforderungsprofil des (umgestalteten) Arbeitsplatzes des A entsprechen.

3190 Im zweiten Prüfungsschritt, der Durchführung der Sozialauswahl unter den vergleichbaren Arbeitnehmern, ist wiederum der Unterschied zwischen Änderungs- und Beendigungskündigung zu berücksichtigen:

„Bei einer Änderungskündigung ist die Sozialauswahl nicht allein daran auszurichten, welcher von mehreren vergleichbaren Arbeitnehmern durch den Verlust des Arbeitsplatzes am wenigsten hart getroffen würde. Da es bei der ordentlichen Änderungskündigung – unabhängig davon, ob der Arbeitnehmer sie unter Vorbehalt angenommen hat oder nicht – um die soziale Rechtfertigung des Änderungsangebots geht, ist darauf Bedacht zu nehmen, wie sich die vorgeschlagene Vertragsänderung auf den sozialen Status vergleichbarer Arbeitnehmer auswirkt. Es ist zu prüfen, ob der Arbeitgeber, statt die Arbeitsbedingungen des gekündigten Arbeitnehmers zu ändern, diese Änderung einem vergleichbaren Arbeitnehmer hätte anbieten können, dem sie eher zumutbar gewesen wäre. Auch hierfür sind allein die Kriterien Betriebszugehörigkeit, Unterhaltspflichten, Lebensalter und Schwerbehinderung maßgebend." (BAG v. 29.1.2015 – 2 AZR 164/14, NZA 2015, 426 Rz. 12)

3191 Da sich der Prüfungsgegenstand der Änderungskündigung von dem der Beendigungskündigung wesentlich unterscheidet, ist eine **Gewichtung der sozialen Gesichtspunkte** des § 1 Abs. 3 KSchG im

Rahmen des dabei eröffneten Ermessensspielraums abhängig vom Gegenstand des Änderungsangebots möglich (dazu *SPV/Preis* Rz. 1326 f.).

Auch bei der Änderungskündigung kann sich der Arbeitgeber auf ein berechtigtes betriebliches Bedürfnis i.S.d. **§ 1 Abs. 3 S. 2 KSchG** berufen, um Abweichungen vom Ergebnis der Auswahl nach § 1 Abs. 3 S. 1 KSchG zu rechtfertigen (Rz. 2889). Dabei kann es sich nicht nur um ein Interesse handeln, bestimmte Arbeitnehmer an den bisherigen Arbeitsplätzen (zu bisherigen Bedingungen) weiterzubeschäftigen, sondern auch, bestimmte Arbeitnehmer an anderen Arbeitsplätzen (zu geänderten Bedingungen) zu beschäftigen. Insbesondere bei betriebsbedingten Massenänderungskündigungen, die auf eine allgemeine Arbeitszeitverkürzung gerichtet sind, ist auch eine Berufung auf die Erhaltung einer ausgewogenen Altersstruktur möglich. 3192

b) Kündigung zur Entgeltreduzierung

Literatur: *Krois*, Die Änderungskündigung zum Zweck der Entgeltsenkung, ZfA 2009, 575; *Stoffels*, Die einseitige Änderung der Entgeltbedingungen durch den Arbeitgeber, FS Hromadka (2008), 463.

Strenge Anforderungen sind an die soziale Rechtfertigung einer betriebsbedingten Änderungskündigung zu stellen, die bei gleichbleibendem Inhalt der Arbeitspflicht allein auf eine Entgeltabsenkung gerichtet ist. Zu bedenken ist, dass hier – anders als bei der Reduzierung der Arbeitszeit – bei einer Entgeltreduzierung das Austauschverhältnis (Arbeitszeit gegen Vergütung) einseitig verschoben wird (BAG v. 20.10.2017 – 2 AZR 783/16 (F), NZA 2018, 440). 3193

Ebenso wie im Rahmen der Beendigungskündigung stellt auch bei der betriebsbedingten Änderungskündigung allein der Entschluss, **Lohnkosten zu senken**, keine von den Gerichten als vorgegeben hinzunehmende bindende Unternehmerentscheidung dar (Rz. 2853). 3194

Begründet der Arbeitgeber daher die Änderungskündigung allein mit dem Bestreben, Kosten einzusparen, beschränkt sich die **gerichtliche Nachprüfbarkeit** dieser Entscheidung nicht lediglich auf eine Missbrauchskontrolle (Rz. 2841). Vielmehr ist gerichtlich in vollem Umfang überprüfbar, ob die Ertragslage des Betriebs einer Weiterbeschäftigung der Arbeitnehmer zu unveränderten Vertragsbedingungen entgegensteht. Dementsprechend vertritt das BAG die Auffassung, dass die **Unrentabilität eines Betriebs** einen Grund für eine betriebsbedingte Änderungskündigung darstellen kann, ohne dass der Arbeitgeber weitere Rationalisierungsmaßnahmen ergreift, wenn durch die Senkung der Personalkosten die Stilllegung des Betriebs oder die Reduzierung der Belegschaft verhindert werden kann und soll (BAG v. 20.3.1986 – 2 AZR 294/85, NZA 1986, 824, 825). 3195

Dabei ist es eine Erfahrungstatsache, dass fortdauernde Verluste irgendwann den Zusammenbruch des Betriebs bewirken. Daher ist eine Änderungskündigung mit dem Ziel der Entgeltreduzierung nicht erst dann gerechtfertigt, wenn bereits eine akute **Gefahr für die Existenz des Betriebs** eingetreten ist. Das mildere Mittel der Änderungskündigung darf insoweit nicht strengeren Anforderungen unterliegen als die Beendigungskündigung. Ausreichend sind daher triftige Rentabilitätsinteressen, die stets zu bejahen sind, wenn der Betrieb dauerhaft mit Verlust arbeitet. 3196

Hingegen lässt der Grundsatz „pacta sunt servanda" es nicht zu, dass ein mit Gewinn arbeitendes Unternehmen über Änderungskündigungen Entgeltminderungen durchsetzt, um seine **positive Ertragslage** weiter zu verbessern (zur Kündigung aus Rentabilitätsinteressen siehe unter Rz. 2862). Eine von der wirtschaftlichen Lage des Betriebs unabhängige Betrachtung ist nach der Rechtsprechung des BAG lediglich für den Fall möglich, dass der Arbeitgeber durch die Änderungskündigung die irrtümliche Eingruppierung eines Arbeitnehmers in eine höhere Vergütungsgruppe korrigieren will. 3197

Zu beachten ist allerdings, dass der Arbeitgeber auch bei einer Änderungskündigung zur Senkung des Arbeitsentgelts zunächst die Möglichkeit **milderer Mittel** zu prüfen hat. Insbesondere dann, wenn nicht die Höhe der Grundvergütung verringert, sondern zusätzliche Entgeltbestandteile gesenkt wer- 3198 den sollen, ist der Arbeitgeber zunächst verpflichtet, von einem eventuellen Freiwilligkeits- oder Widerrufsvorbehalt Gebrauch zu machen (BAG v. 28.4.1982 – 7 AZR 1139/79, NJW 1982, 2687). Auch sind andere innerbetriebliche Umstrukturierungsmaßnahmen mit kostensenkendem Effekt zu erwägen.

3199 Einer strengen Kontrolle unterliegt nicht nur die Frage, ob ein dringendes betriebliches Erfordernis der Beibehaltung der bisherigen Vergütung entgegensteht, sondern auch die **Verhältnismäßigkeit** des mit der Kündigung verbundenen Änderungsangebots. Dieses ist nur dann erforderlich, wenn die vorgesehene Entgeltminderung nicht über das hinausgeht, was nach dem unternehmerischen Sparkonzept notwendig gewesen wäre. Die Verhältnismäßigkeit der Kündigung setzt daher voraus, dass den Vorgaben des Sanierungskonzepts entsprochen wird (BAG v. 20.10.2017 – 2 AZR 783/16 (F), NZA 2018, 440 Rz. 3201). Daneben ist die Angemessenheit des Änderungsangebots zu prüfen (zur Zumutbarkeit von Entgeltabsenkungen siehe Rz. 3176) ebenso wie die Wahrung des Gleichbehandlungsgrundsatzes (BAG v. 20.8.1998 – 2 AZR 84/98, NZA 1999, 255).

3200 *„Ist eine Entgeltkürzung mittels Änderungskündigung durch dringende betriebliche Erfordernisse gerechtfertigt, so ist der Arbeitgeber regelmäßig nicht berechtigt, einzelne Arbeitnehmer, auch nicht allein die Arbeitnehmer einer mit Verlust arbeitenden Abteilung, herauszugreifen und ihr Entgelt einschneidend zu kürzen, während das Entgelt der überwiegenden Mehrzahl der Belegschaft unangetastet bleibt. Wird eine Entgeltkürzung nur mit vorübergehenden wirtschaftlichen Verlusten begründet, müssen die Arbeitnehmer jedenfalls billigerweise keine Entgeltsenkung auf Dauer hinnehmen."* (BAG v. 20.8.1998 – 2 AZR 84/98, NZA 1999, 255, 255)

3201 Das BAG verlangt bei Kündigungen zur Entgeltreduzierung ein **Sanierungskonzept**, aus dem hervorgeht, dass die Einsparungen unumgänglich sind. An den Anforderungen dieses Sanierungskonzepts scheitern in der Praxis nahezu alle Kündigungen.

„Der Eingriff in das arbeitsvertraglich vereinbarte Verhältnis von Leistung und Gegenleistung ist allenfalls gerechtfertigt, wenn bei dessen Beibehaltung betrieblich nicht mehr auffangbare Verluste entstünden, die absehbar zu einer Reduzierung der Belegschaft oder sogar zu einer Schließung des Betriebs führen müssten. Regelmäßig bedarf es zur Rechtfertigung eines solchen Eingriffs eines umfassenden Sanierungsplans, der alle im Vergleich mit der beabsichtigten Änderungskündigung milderen Mittel ebenfalls ausschöpft [...]. Vom Arbeitgeber ist in diesem Zusammenhang zu verlangen, dass er die Finanzlage des Betriebs, den Anteil der Personalkosten und die Auswirkung der erstrebten Kostensenkungen für den Betrieb und für die Arbeitnehmer darstellt und darlegt, warum andere Maßnahmen nicht ausreichen oder nicht in Betracht kommen." (BAG v. 20.6.2013 – 2 AZR 396/12, NZA 2013, 1409 Rz. 31)

3202 Schwierig liegen Fälle, in denen die Änderungskündigung zur Entgeltsenkung mit einer **Organisationsänderung** einhergeht. Wenn durch das Änderungsangebot neben der Tätigkeit (Arbeitsleistungspflicht) auch die Gegenleistung (Vergütung) geändert werden soll, sind beide Elemente des Änderungsangebots am Verhältnismäßigkeitsgrundsatz zu messen. Eine gesonderte Rechtfertigung der Vergütungsänderung ist nur dann entbehrlich, wenn sich die geänderte Vergütung aus einem im Betrieb angewandten Vergütungssystem ergibt (Tarifautomatik).

3203 Neben der Einhaltung allgemeiner kündigungsrechtlicher Prinzipien (z.B. dringendes betriebliches Erfordernis, Vorrang der Weiterbeschäftigung auf einem anderen Arbeitsplatz) prüft das BAG in Fällen, in denen sich die Höhe der Vergütung für die geänderte Tätigkeit nicht automatisch aus einem Tarifvertrag oder einer vom Arbeitgeber aufgestellten Vergütungsordnung ergibt, sondern frei ausgehandelt wurde, nach den Grundsätzen der **abgestuften Darlegungs- und Beweislast**, ob die dem Arbeitnehmer konkret angebotene Vergütung dessen Änderungsschutz hinreichend berücksichtigt (BAG v. 3.4.2008 – 2 AZR 500/06, NZA 2008, 812; BAG v. 23.6.2005 – 2 AZR 642/04, NZA 2006, 92).

3204 In einer dogmatisch schwer begründbaren Rechtsprechung will das BAG Nebenleistungen (z.B. Überstundenpauschalen), die ebenfalls Entgeltcharakter haben, leichter kündbar stellen (BAG v. 20.6.2013 – 2 AZR 396/12, NZA 2013, 1409 Rz. 26; BAG v. 27.3.2003 – 2 AZR 74/02, NZA 2003, 1029).

Aufgrund des § 1 Abs. 3 KSchG ist der Arbeitgeber ferner verpflichtet, die Arbeitnehmer, bei denen   3205
eine Entgeltsenkung vorgenommen werden soll, sowie die Höhe der Entgeltabsenkung anhand der
sozialen Schutzbedürftigkeit der Arbeitnehmer zu bestimmen. Da es hier um finanzielle Einbußen
geht, steht das Kriterium der Unterhaltsverpflichtungen im Vordergrund.

3. Personen- und verhaltensbedingte Änderungskündigung

Personen- und verhaltensbedingte Änderungskündigungen spielen in der Praxis nur eine geringe Rolle.   3206
Sie kommen lediglich dann in Betracht, wenn ein personen- oder verhaltensbedingter Kündigungsgrund vorliegt, der einen **Bezug zum bisherigen Arbeitsplatz** aufweist. In diesem Fall ist der Arbeitgeber gemäß § 1 Abs. 2 S. 2 KSchG verpflichtet, statt einer Beendigungskündigung eine Änderungskündigung auszusprechen, sofern ein Arbeitsplatz frei ist, an dem die kündigungsrelevanten Eignungs- oder Verhaltensmängel aller Voraussicht nach nicht zutage treten werden (Rz. 3054).

6. Abschnitt:
Weiterbeschäftigungsanspruch

§ 67
Besonderer und allgemeiner Weiterbeschäftigungsanspruch

I. Allgemeines

Literatur: *Berger-Delhey*, Weiterbeschäftigungsanspruch und Bundesverfassungsgericht, NZA 1988, 8; *Haas*, Der vorläufige Weiterbeschäftigungsanspruch des Arbeitnehmers nach § 102 BetrVG im Lichte der Rechtsprechung, NZA-RR 2008, 57; *Hanau*, Die Weiterbeschäftigungsentscheidung des BAG – unerlaubte Rechtsfortbildung im Rückfall?, ZIP 1986, 3; *Künzl/Bengelsdorf*, Der sog. allgemeine Weiterbeschäftigungsanspruch. Keine unzulässige Rechtsfortbildung?, DB 1989, 2433; *Lingemann/Steinhauser*, Der Kündigungsschutzprozess in der Praxis – Weiterbeschäftigungsanspruch, NJW 2014, 3765; *Pietsch/Schlingmann*, Der Weiterbeschäftigungsanspruch des Arbeitnehmers auf Grundlage des § 102 Abs. 5 BetrVG, Aspekte der Beendigung von Arbeitsverhältnissen, 2010, 199.

Einer der größten Mängel des deutschen Kündigungsschutzrechts ist, dass das gerichtliche Verfahren   3207
nur eine **nachträgliche Wirksamkeitskontrolle** ermöglicht. Auch wenn in § 9 Abs. 1 ArbGG als oberster allgemeiner Verfahrensgrundsatz die Beschleunigung des Verfahrens angeordnet wird und § 61a ArbGG in Kündigungsverfahren nochmals eine besondere Prozessförderungspflicht des Gerichts statuiert, sind die Gerichte für Arbeitssachen in aller Regel nicht in der Lage, über das Kündigungsschutzbegehren noch innerhalb der Kündigungsfrist zu entscheiden.

Dies führt dazu, dass der Arbeitnehmer aufgrund der Kündigung zunächst aus dem Arbeitsverhältnis   3208
ausscheiden muss. Dadurch wird das primäre Ziel des KSchG, bei Unbegründetheit der Kündigung die Weiterbeschäftigung des Arbeitnehmers an seinem alten Arbeitsplatz zu erreichen, geradezu konterkariert. Dieser Entwicklung zu begegnen dient das Institut der Weiterbeschäftigung. Ein Weiterbeschäftigungsanspruch des Arbeitnehmers kann sich entweder aus § 102 Abs. 5 BetrVG oder als sog. allgemeiner Weiterbeschäftigungsanspruch aus dem allgemeinen Persönlichkeitsrecht des Arbeitnehmers (Art. 1 Abs. 1, 2 Abs. 1 GG) ergeben.

II. Betriebsverfassungsrechtlicher Weiterbeschäftigungsanspruch

Literatur: *Schmeisser*, Der Weiterbeschäftigungsanspruch nach § 102 BetrVG und wie man ihn pariert, NZA-RR 2016, 169; *Willemsen/Hohenstatt*, Weiterbeschäftigung und Entbindungsmöglichkeiten nach § 102 Abs. 5 BetrVG, insbesondere bei Massenentlassungen, DB 1995, 215.

3209 § 102 Abs. 5 BetrVG bestimmt, wenn der Betriebsrat einer ordentlichen Kündigung frist- und ordnungsgemäß widersprochen hat und der Arbeitnehmer Kündigungsschutzklage erhoben hat, dass der Arbeitnehmer auf Verlangen bis zum rechtskräftigen Abschluss des Rechtsstreits zu unveränderten Arbeitsbedingungen weiterzubeschäftigen ist. Materiell-rechtliche **Voraussetzung des Weiterbeschäftigungsverlangens** ist also, dass

– dem Kläger ordentlich gekündigt worden ist,

– der Betriebsrat der Kündigung frist- und ordnungsgemäß widersprochen hat,

– der Arbeitnehmer den Schutz des KSchG genießt und

– innerhalb von drei Wochen nach Zugang der Kündigung Kündigungsschutzklage erhoben sowie

– die Weiterbeschäftigung ausdrücklich verlangt hat.

3210 Von der Verpflichtung zur Weiterbeschäftigung ist der Arbeitgeber jedoch **bei fehlender Erfolgsaussicht oder Mutwilligkeit der Klage**, unzumutbarer wirtschaftlicher Belastung oder offensichtlicher Unbegründetheit des Widerspruchs zu befreien.

III. Allgemeiner Weiterbeschäftigungsanspruch

3211 Darüber hinaus hat der Große Senat des BAG im Beschluss vom 27.2.1985 aus dem **allgemeinen Persönlichkeitsrecht des Arbeitnehmers** den sog. „allgemeinen" Weiterbeschäftigungsanspruch entwickelt.

3212 Ob dem gekündigten Arbeitnehmer ein solcher Weiterbeschäftigungsanspruch zusteht, ist aufgrund einer **Interessenabwägung** zu beurteilen. Im Regelfall überwiegt dabei das Interesse des Arbeitgebers an der Nichtbeschäftigung des Arbeitnehmers während des Kündigungsschutzprozesses. Ein vorrangiges Interesse des Arbeitnehmers an seiner Weiterbeschäftigung ist jedoch bei einer offensichtlich unwirksamen Kündigung gegeben. Gleiches gilt, sobald durch ein erstinstanzliches Urteil die Unwirksamkeit der Kündigung festgestellt worden ist. Im Übrigen muss der Arbeitnehmer besondere Umstände zu seinen Gunsten dartun (BAG GS v. 27.2.1985 – GS 1/84, NZA 1985, 702).

3213 Der Weiterbeschäftigungsanspruch kann im Klageverfahren mit der Kündigungsschutzklage im Wege der **Klagehäufung** (§ 260 ZPO) erhoben werden. Er wird als unechter Hilfsantrag nur für den Fall des Obsiegens mit der Kündigungsschutzklage gestellt (BAG v. 13.8.2014 – 2 AZR 871/12, NZA 2014, 1359 Rz. 3). Es liegt eine Klage auf zukünftige Leistung vor (§ 259 ZPO). Bei einer **isolierten Geltendmachung** wird das Gericht das Verfahren in aller Regel bis zur erstinstanzlichen Entscheidung über die Kündigungsschutzklage aussetzen (§ 148 ZPO), sodass ein Zeitgewinn hiervon nicht zu erwarten ist. Auch ein Antrag auf Erlass einer **einstweiligen Verfügung** ist möglich. Auch ohne einen ausdrücklichen Antrag auf Weiterbeschäftigung kann es zudem zum Ausspruch einer Weiterbeschäftigung in einem klagestattgebenden Urteil, z.B. auf eine Befristungskontrollklage kommen. Sind nämlich die Tatbestandsvoraussetzungen des allgemeinen Weiterbeschäftigungsanspruchs erfüllt, besteht eine entsprechende Beschäftigungspflicht des Arbeitgebers auch ohne ein entsprechendes klagestattgebendes Urteil. Gibt ein Arbeitsgericht der Weiterbeschäftigungsklage eines Arbeitnehmers statt, tituliert es einen bestehenden Anspruch. Es handelt sich nicht um ein Gestaltungsurteil, das die Rechtslage ändert (BAG v. 22.7.2014 – 9 AZR 1066/12, NZA 2014, 1330 Rz. 19).

Schwierigkeiten bereitet die Frage, wie ein auf diese Weise begründetes „Weiterbeschäftigungsverhältnis" rückabzuwickeln ist, wenn nach einem stattgebenden Instanzurteil letztlich die Wirksamkeit der Kündigung festgestellt wird. Man könnte hier sowohl § 717 Abs. 2 ZPO in Betracht ziehen, wenn der Arbeitnehmer den Weiterbeschäftigungsanspruch im Vollstreckungswege durchgesetzt hat, als auch die Anwendung der Regeln über das faktische Arbeitsverhältnis erwägen. Das BAG (BAG v. 10.3.1987 – 8 AZR 146/84, NZA 1987, 373) hat sich jedoch für die dritte Lösungsmöglichkeit entschieden und wendet **Bereicherungsrecht** an. 3214

Damit wäre der Arbeitnehmer verpflichtet, den im Weiterbeschäftigungszeitraum empfangenen Lohn zurückzuzahlen (§ 812 Abs. 1 S. 1 Alt. 1 BGB). Der Arbeitgeber, der die empfangene Arbeitsleistung ja nicht herausgeben kann, müsste seinerseits gemäß § 818 Abs. 2 BGB deren Wert ersetzen. Welchen Wert die Arbeitsleistung hatte, kann im Einzelfall streitig sein (BAG v. 12.2.1992 – 5 AZR 297/90, NZA 1993, 177). 3215

„Die Rückabwicklung der vom Arbeitgeber gewährten Vergütung im Zeitraum der vom Arbeitnehmer erzwungenen Weiterbeschäftigung hat nach den Grundsätzen der ungerechtfertigten Bereicherung zu erfolgen. Der Wert der Arbeitsleistung bestimmt sich nach der dafür üblichen Vergütung. Diese ist nicht immer der Tariflohn, sondern sie kann auch darüber liegen. Dabei kann zunächst davon ausgegangen werden, was die Parteien selbst als angemessen angesehen haben, als sie die Gegenleistung für den Wert der Arbeit vereinbart hatten. Demgegenüber hat der Arbeitgeber darzulegen und zu beweisen, dass der Arbeitnehmer im Zeitraum der erzwungenen Weiterbeschäftigung eine niedriger zu bewertende Arbeitsleistung erbracht hat." (BAG v. 12.2.1992 – 5 AZR 297/90, NZA 1993, 177, 177)

Steht die Höhe der beiderseits rückabzuwickelnden Leistungen fest, werden diese nach der Saldotheorie ipso iure gegeneinander verrechnet. 3216

Ist der nach § 818 Abs. 2 BGB ermittelte Wert der Arbeitsleistung geringer als der gezahlte Lohn, kann dem Arbeitnehmer wegen des verbleibenden Differenzbetrags der Einwand des Wegfalls der Bereicherung (§ 818 Abs. 3 BGB) zustehen. Insoweit erkennt das BAG an, dass bei einer geringfügigen Differenz und einem kleinen oder mittleren Einkommen der **Beweis des ersten Anscheins** dafür sprechen kann, dass die Überzahlung für die laufenden Lebenshaltungskosten alsbald verbraucht worden ist (BAG v. 18.1.1995 – 5 AZR 817/93, NZA 1996, 27). 3217

Der Rückforderungsanspruch ist ausgeschlossen, wenn der Arbeitgeber den Arbeitnehmer während des Weiterbeschäftigungszeitraums von der Arbeitsleistung freigestellt hat und ihm entsprechend §§ 615, 293 ff. BGB Annahmeverzugslohn gezahlt hat (BAG v. 7.3.1996 – 2 AZR 432/95, NZA 1996, 930). 3218

7. Abschnitt:
Sonstige Beendigungstatbestände

Literatur: *Oetker*, Das Dauerschuldverhältnis und seine Beendigung (1994).

Übersicht: Sonstige Beendigungstatbestände 3219

☐ Befristung und auflösende Bedingung (Rz. 3220)

☐ Aufhebungsvertrag (Rz. 3375)

☐ Nichtigkeit oder Anfechtbarkeit (Rz. 3386, Rz. 928)

☐ Wegfall der Geschäftsgrundlage (Rz. 3412)

☐ Tod des Arbeitnehmers (Rz. 3414)

§ 68
Befristung und auflösende Bedingung

Literatur: *Arnold/Romero*, Die große Koalition kommt – was wird sich im Arbeitsrecht ändern?, NZA 2018, 329; *Bauer*, Tückisches Befristungsrecht, NZA 2011, 241; *Bauer/Fischinger*, Sachgrundlose Befristung und Verbot der Vorbeschäftigung bei „demselben Arbeitgeber", DB 2007, 1410; *Braun*, Befristung eines Arbeitsvertrages – Sachgründe außerhalb des Katalogs des § 14 TzBfG, MDR 2006, 609; *Brose*, Die BAG-Rechtsprechung zu § 14 I 2 Nr. 3 TzBfG – Ein Fall für den EuGH, NZA 2009, 706; *Däubler*, Das neue Teilzeit- und Befristungsgesetz, ZIP 2001, 217; *Diller/Kern*, Befristung und Schwangerschaft – Neue Spielregeln durch das AGG, FA 2007, 104; *Dörner*, Der befristete Arbeitsvertrag, 2. Aufl. 2011; *Dörner*, Neues aus dem Befristungsrecht, NZA 2007, 57; *Greiner*, Zwischen Kücük, Albron Catering, Della Rocca und Cartesio, NZA 2014, 284; *Gooren*, Vertretungsbedingte Kettenbefristungen nach dem Kücük-Urteil des EuGH, ZESAR 2012, 225; *Hanau*, Was ist wirklich neu in der Befristungsrichtlinie, NZA 2000, 1045; *Hromadka*, Befristete und bedingte Arbeitsverhältnisse neu geregelt, BB 2001, 621; *Kiel*, Vertretungsbefristung und Rechtsmissbrauch: Die Konzeption des Bundesarbeitsgerichts zur Befristungskontrolle bei Befristungsketten, JArbR 50 (2013), 25; *Kliemt*, Das neue Befristungsrecht, NZA 2001, 296; *Kuckuk*, Missbrauchskontrolle bei der Befristung wegen der Eigenart der Arbeitsleistung, NZA 2019, 22; *Lakies*, Der neue Trend im Befristungsrecht: Rechtsprechung ohne Gesetzesbindung, ArbR 2011, 447; *Lakies*, EuGH zu Vertretungsbefristungen: Grundsätzlich zulässig, aber Einzelfallabwägung erforderlich, ArbR 2012, 55; *Lembke*, Die sachgrundlose Befristung von Arbeitsverträgen in der Praxis, NJW 2006, 325; *Löwisch*, „Zuvor" bedeutet nicht „in aller Vergangenheit", BB 2001, 254; *Meinel/Heyn/Herms*, TzBfG, 5. Aufl. 2015; *Preis*, Flexibilität und Rigorismus im Befristungsrecht, NZA 2005, 714; *Preis*, Unvollkommenes Gesetz und methodengerechte Rechtsfindung im Arbeitsrecht, FS Wank (2014), 413; *Preis/Bender*, Die Befristung einzelner Arbeitsbedingungen – Kontrolle durch Gesetz oder Richterrecht?, NZA-RR 2005, 2268; *Preis/Gotthardt*, Neuregelung der Teilzeitarbeit und befristeten Arbeitsverhältnisse, DB 2000, 2065; *Preis/Gotthardt*, Das Teilzeit- und Befristungsgesetz, DB 2001, 145; *Preis/Greiner*, Befristungsrecht – Quo vadis?, RdA 2010, 148; *Preis/Loth*, Der Gesamtvertretungsbedarf – eine zulässige Kategorie des Befristungsrechts, ZTR 2013, 323; *Rolfs*, Befristung des Arbeitsvertrags, EAS B 3200; *Sittard/Ulbrich*, Die Prozessbeschäftigung und das TzBfG, RdA 2006, 218; *Sprenger*, Sachgrundlose Befristung nach der „verjährten" Zuvor-Beschäftigung, BB 2012, 447; *Vossen*, Die Entfristungsklage nach § 17 Satz 1 TzBfG, FS Schwerdtner (2003), 693; *Wendeling-Schröder*, Neue Elemente im Befristungsrecht, ArbuR 2012, 92.

3220 **Übersicht: Befristungstatbestände**

Grundsatz: Mit sachlichem Grund

☐ § 14 Abs. 1 TzBfG (Rz. 3229)

☐ § 21 BEEG (Rz. 3350)

Ausnahme: Erleichterte Befristung ohne sachlichen Grund

☐ § 14 Abs. 2, 2a, 3 TzBfG (Rz. 3285)

☐ §§ 2 ff. WissZeitVG (Rz. 3353)

3221 Die Rechtsgrundlagen für die Befristung von Arbeitsverhältnissen sind seit dem 1.1.2001 allgemein im **Teilzeit- und Befristungsgesetz (TzBfG)** geregelt. Diese Teilkodifikation geht auf europäische Impulse zurück. Das TzBfG dient der Umsetzung der **Richtlinie 1999/70/EG**, welche eine Rahmenvereinbarung der europäischen Sozialpartner **über befristete Arbeitsverträge** zur Anwendung bringt. Neben dem auf das europäische Recht zurückgehenden allgemeinen TzBfG enthält das deutsche Recht jedoch weiterhin für besondere Fallkonstellationen gesetzlich geregelte **Sonderbefristungstatbestände**, z.B. in § 21 BEEG, §§ 2 ff. WissZeitVG.

3222 Befristete Arbeitsverhältnisse erfreuen sich in der Praxis einiger Beliebtheit. Nach Auswertungen des statistischen Bundesamtes (November 2018) beträgt die Quote der befristet Beschäftigten in Relation zu allen abhängig Beschäftigten etwas über 8 %. Der Anteil der befristet Beschäftigten ist in den letzten zehn Jahren bis auf geringfügige Schwankungen stabil geblieben (Arbeitsmarkt auf einen Blick, abzurufen unter www.destatis.de). Vor allem sind Beschäftigte in den Wirtschaftszweigen Kunst, Unterhaltung und Erholung sowie Erziehung und Unterricht mit einem Befristungsanteil von 17 % in besonderer Weise von der prekären Beschäftigungsform betroffen (Arbeitsmarkt auf einen Blick, abrufbar unter www.destatis.de).

Die Vorteile insbesondere für den die Vertragsbedingungen in der Regel stellenden Arbeitgeber liegen auf der Hand: Das Arbeitsverhältnis endet mit Ablauf der Zeit, für die es eingegangen ist, oder mit dem Erreichen des Zwecks, auf den es ausgerichtet war, **ohne** dass es einer **Kündigung** bedarf. Da die Beendigung des Arbeitsverhältnisses mit dem Vertragsabschluss bereits determiniert ist, entfallen alle an eine Kündigung anknüpfenden Beendigungsvoraussetzungen. Es bedarf **weder der Einhaltung einer Kündigungsfrist noch eines Kündigungsgrundes, keiner Anhörung des Betriebsrats** und **keiner Rücksichtnahme auf die besonderen Schutzvorschriften** zugunsten werdender Mütter, Schwerbehinderter, Betriebsratsmitglieder etc. 3223

I. Arten der Befristung

§ 3 Abs. 1 S. 1 TzBfG definiert den befristeten Arbeitsvertrag als einen solchen, der auf bestimmte Zeit geschlossen ist. Die Norm unterscheidet dabei zwischen dem **kalendermäßig befristeten Arbeitsvertrag** und dem zweckbefristeten Arbeitsvertrag. Ein kalendermäßig befristeter Arbeitsvertrag ist dadurch gekennzeichnet, dass seine Dauer kalendermäßig bestimmt ist, d.h. die Vertragsdauer wird nach Tagen, Wochen oder Monaten oder einem anderen fest begrenzten Kalenderzeitraum festgelegt. Das Arbeitsverhältnis endet am letzten Tag des Befristungszeitraums um 24.00 Uhr. 3224

Der **zweckbefristete Arbeitsvertrag** dagegen kennzeichnet sich dadurch, dass seine Dauer sich aus Art, Zweck oder Beschaffenheit der Arbeitsleistung ergibt. Damit ist die Dauer des Arbeitsverhältnisses nicht von vornherein bestimmt. Es endet mit Eintritt eines von den Parteien als gewiss, der Zeit nach aber als ungewiss angesehenen Ereignisses. Eine Zweckbefristung wird in der Praxis vor allem dann gewählt, wenn bei Vertragsschluss der Zeitpunkt des Wegfalls des Beschäftigungsbedürfnisses noch nicht genau feststeht und deshalb ein echter Zeitvertrag nachteilig erscheint. 3225

Beispiele:
- Einstellung für eine Saison (BAG v. 29.1.1987 – 2 AZR 109/86, NZA 1987, 627);
- Einstellung für einen bestimmten einmaligen Arbeitsanfall wie Schlussverkauf, Ausverkauf, Lottoauswertung (vgl. BAG v. 28.9.1961 – 2 AZR 97/61, BB 1961, 1380).

Problematisch, aber grundsätzlich zulässig sind auch sog. **Doppelbefristungen** (Zweckbefristung mit gleichzeitiger zeitlicher Höchstbefristung; BAG v. 29.6.2011 – 7 AZR 6/10, NZA 2011, 1346). 3226

Beispiel: Der Arbeitnehmer wird für die Zeit der krankheitsbedingten Verhinderung des Arbeitnehmers B eingestellt, „längstens jedoch bis zum 31.12.2009".

Die Wirksamkeit der Zweckbefristung und der Höchstbefristung ist rechtlich getrennt zu beurteilen (BAG v. 15.8.2001 AP Nr. 5 zu § 21 BErzGG). Ist eine gesetzlich unzulässige Zweckbefristung in Form einer Doppelbefristung mit einer zulässigen Zeitbefristung verbunden worden, gilt allein die Zeitbefristung (BAG v. 13.6.2007 AP Nr. 39 zu § 14 TzBfG). Zu beachten ist, dass die Gefahr intransparenter Vertragsgestaltung droht, wenn etwa eine Zweckbefristung oder auflösende Bedingung im Vertragstext versteckt ist (BAG v. 8.8.2007 AP Nr. 4 zu § 21 TzBfG). Hier entfalten die §§ 305 ff. BGB einen eigenständigen Kontrollansatz gegenüber § 14 TzBfG (BAG v. 16.4.2008 AP Nr. 10 zu § 305c BGB). Jedoch lehnt das BAG die Anwendung der Unklarheitenregel des § 305c Abs. 2 BGB ab (BAG v. 29.6.2011 – 7 AZR 6/10, NZA 2011, 1346 Rz. 19). Auch ein Verstoß gegen das Transparenzgebot scheidet bei Doppelbefristungen aus, weil der Arbeitnehmer erkennen kann, dass die Wirksamkeit der 3227 beiden Beendigungstatbestände rechtlich getrennt zu beurteilen und anzugreifen ist (BAG v. 11.9.2013 – 7 AZR 107/12, NZA 2014, 150 Rz. 20).

3228 **Übersicht: Zeit- und Zweckbefristung**

Kalendermäßige Befristungen sind möglich nach

☐ § 14 Abs. 1 TzBfG (Rz. 3229)

☐ § 14 Abs. 2, 2a, 3 TzBfG (Rz. 3285)

☐ § 21 BEEG (Rz. 3350)

☐ § 2 Abs. 1, §§ 3, 4, 5 WissZeitVG (Rz. 3353)

Zweckbefristungen sind zulässig gemäß

☐ § 14 Abs. 1 TzBfG (Rz. 3229)

☐ § 21 BEEG (Rz. 3350)

II. Zulässigkeit der Befristung

1. Sachgrundbefristung

a) Historische Entwicklung

3229 Die Zulässigkeit befristeter Arbeitsverhältnisse war ursprünglich nicht übergreifend normiert. Vielmehr enthielt § 620 BGB den uneingeschränkten Grundsatz, dass Arbeitsverträge – wie jedes Dauerschuldverhältnis – nicht nur auf unbestimmte Zeit (unbefristet), sondern auch befristet abgeschlossen werden konnten. Nachdem der Gesetzgeber durch das KSchG 1951 einen weitgehenden Schutz des Arbeitnehmers vor der Kündigung des Arbeitsverhältnisses geschaffen hatte, ohne die Vorschrift des § 620 BGB zu ändern, eröffnete der Abschluss befristeter Arbeitsverträge, insbesondere von mehreren nacheinander geschalteten Verträgen (sog. „Kettenbefristung") die **Möglichkeit, die Normen des zwingenden Kündigungsschutzrechts zu umgehen**. Das BAG erkannte die Möglichkeit des Missbrauchs dieser Vertragsgestaltung. Es machte die Anerkennung einer Befristungsabrede deshalb davon abhängig, dass für die Befristungsvereinbarung ein **„sachlicher Grund"** bestand (BAG GS v. 12.10.1960 – GS 1/59, NJW 1961, 798).

3230 Die Umgehungstheorie des BAG hatte jedoch zur Folge, dass, wenn nicht gesetzlicher Sonderkündigungsschutz (Rz. 2626) anwendbar war, die Befristungskontrolle an den allgemeinen Kündigungsschutz gekoppelt war. Eines sachlichen Grundes für die Befristung bedurfte es nur, soweit durch den befristeten Arbeitsvertrag die Umgehung von zwingenden Normen des Kündigungsschutzrechts zu besorgen war (LAG Bremen v. 17.3.1995 – 4 Sa 195/94, BB 1995, 1194). Keines sachlichen Grundes bedurften daher befristete Arbeitsverhältnisse in **Kleinbetrieben** mit fünf oder weniger Arbeitnehmern, in denen das KSchG gemäß seinem § 23 Abs. 1 a.F. nicht anzuwenden war. Dasselbe galt für eine **Befristungsdauer von bis zu sechs Monaten** (vgl. § 1 Abs. 1 KSchG).

3231 Aufgrund der Vorgaben in der Sozialpartnervereinbarung im Anhang der Richtlinie 99/70/EG über befristete Arbeitsverhältnisse konnte die bisherige Konzeption der Befristungskontrolle nicht beibehalten werden. § 5 Nr. 1 der Rahmenvereinbarung der Sozialpartner, welche die Richtlinie zur Anwendung bringt, verlangt die **Bekämpfung der missbräuchlichen Nutzung von** aufeinanderfolgenden **befristeten Arbeitsverträgen alternativ durch drei Möglichkeiten:**

– Begrenzung durch Bindung der Befristung an sachliche Gründe (Rz. 3234).

– Beschränkung der maximal zulässigen Dauer aufeinanderfolgender Arbeitsverträge oder -verhältnisse (Rz. 3272).

– Beschränkung der Zahl der Verlängerung solcher Verträge oder Verhältnisse (Rz. 3275).

Die **Richtlinie enthält** jedoch **keine Ausnahme für Kleinbetriebe** und verlangt deshalb eine Beschränkung der Befristungsmöglichkeiten auch in Kleinbetrieben unabhängig von der Frage einer Umgehung des allgemeinen Kündigungsschutzes. Die Befristungskontrolle kann sich deshalb nicht mehr aus der Umgehung von Kündigungsschutznormen ableiten (*Hanau* NZA 2000, 1045). Grund des europäischen Gesetzgebers für die Einschränkung der Vertragsfreiheit bei mehrfach befristeten Arbeitsverträgen ist vielmehr eine von diesem bei der Begründung von Arbeitsverhältnissen angenommene **Paritätsstörung** zwischen Arbeitgeber und Arbeitnehmer. Die genannten Maßnahmen zielen darauf ab, einen Missbrauch der Vertragsgestaltungsfreiheit durch den Arbeitgeber zu verhindern. Dieser Wechsel in der Grundlage der Befristungskontrolle ist durch § 14 TzBfG vollzogen worden. 3232

b) Grundsatz

§ 14 Abs. 1 S. 1 TzBfG legt den Grundsatz fest, dass die **Befristung** eines Arbeitsverhältnisses **nur zulässig** ist, **wenn** sie **durch** einen **sachlichen Grund gerechtfertigt** ist. Entsprechend der geänderten Grundlage der Befristungskontrolle erstreckt sich der Anwendungsbereich der Norm auf alle Arbeitsverhältnisse, d.h. sie gilt auch in Kleinbetrieben und für Arbeitsverhältnisse, die eine Dauer von bis zu sechs Monaten haben (APS/*Backhaus* § 14 TzBfG Rz. 15 ff.; *Preis/Gotthardt* DB 2000, 2070; BAG v. 6.11.2003 – 2 AZR 690/02, NZA 2005, 218). In der Praxis hat dies für Kleinbetriebe jedoch nur wenig Bedeutung, weil diese nicht dem Kündigungsschutz unterworfen sind und Arbeitnehmer jederzeit ohne Grund gekündigt werden können. Der in § 14 Abs. 1 S. 1 TzBfG zum Ausdruck kommende Grundsatz belegt darüber hinaus, dass nach der Vorstellung des Gesetzgebers das **unbefristete Arbeitsverhältnis der Regelfall ist**. Den in der Praxis zu beobachtenden Tendenzen der Umgehung des Regel-Ausnahme-Verhältnisses, insbesondere durch sog. Kettenverträge, versucht die Bundesregierung derzeit durch eine grundlegende Reform des § 14 TzBfG entgegenzuwirken. Der von der CDU/CSU und SPD geschlossene Koalitionsvertrag beschränkt die Möglichkeit des Arbeitgebers zur sachgrundlosen Befristung, indem eine quotale Beschränkung und eine auf 18 Monate beschränkte Gesamtdauer der sachgrundlosen Befristung eingeführt werden soll. In diesem Zeitraum soll überdies lediglich eine einmalige Verlängerungsmöglichkeit bestehen. Im Übrigen soll eine den gesamten Befristungstatbestand des § 14 TzBfG umfassende Befristungshöchstgrenze von fünf Jahren eingeführt werden. In Zukunft verfolgt die Bundesregierung darüber hinaus das Ziel, die ausgeübte Rechtsprechung des BAG zur Einschränkung des Merkmals der „Zuvor-Beschäftigung" legislativ zu festigen, nachdem sich das BAG jahrelang über die Kompetenz des normsetzenden Gesetzgebers hinwegsetzte und in Wirklichkeit rechtsfortbildend contra legem tätig wurde (so nun ausdrücklich auch das BVerfG v. 6.6.2018 – 1 BvL 7/14, NZA 2018, 774 Rz. 71). 3233

Da die Referentenentwürfe noch nicht vorliegen, bleibt die exakte Umsetzung der Ziele allerdings abzuwarten. Die Details der geplanten Veränderungen können dem Koalitionsvertrag entnommen werden (Koalitionsvertrag zwischen CDU/CSU und SPD in der 19. Legislaturperiode „Ein neuer Aufbruch für Europa", Rz. 2336 ff.).

c) Einzelne Sachgründe

Den Begriff des sachlichen Grundes hat der Gesetzgeber nicht definiert. Stattdessen hat er in Anlehnung an die bisherige Rechtsprechung in § 14 Abs. 1 S. 2 TzBfG einzelne, typische Sachgründe beispielhaft aufgezählt. Wie das Wort „insbesondere" belegt, ist diese **Aufzählung nicht abschließend**, womit es möglich ist, auch nicht genannte Tatbestände der Befristung als Sachgrund zu Grunde zu legen (BAG v. 20.6.2018 – 7 AZR 690/16, BeckRS 2018, 24698 Rz. 35). Hierfür gelten jedoch strenge Maßstäbe. Ein sonstiger sachlicher Grund muss von Art und Intensität einem der ausdrücklich genannten entsprechen (BAG v. 16.1.2018 – 7 AZR 21/16, NZA 2018, 663 Rz. 28; BAG v. 2.6.2010 – 7 AZR 136/09, NZA 2010, 1172). Auch wenn der Gesetzgeber an die bisherige Rechtsprechung anknüpfen will, ist zu beachten, dass die ausdrücklich von diesem genannten Beispiele eine Rückwirkung auf 3234 das bisherige Verständnis des jeweiligen Sachgrundes haben, weil sie eine normative Bewertung des jeweiligen Befristungsgrundes beinhalten.

3235 **Übersicht: Zulässige Befristungsgründe**

Gesetzlich normierte Sachgründe:

☐ Vorübergehender Bedarf an Arbeitsleistung

☐ Anschluss an Ausbildung oder Studium

☐ Vertretung

☐ Eigenart der Arbeitsleistung

☐ Erprobung

☐ Gründe in der Person des Arbeitnehmers

☐ Vergütung aus für eine befristete Beschäftigung bestimmten Haushaltsmitteln

☐ Gerichtlicher Vergleich

aa) Vorübergehender betriebliche Bedarf an Arbeitsleistung (§ 14 Abs. 1 S. 2 Nr. 1 TzBfG)

3236 Der nur **vorübergehende betriebliche Bedarf an Arbeitsleistung** (§ 14 Abs. 1 S. 2 Nr. 1 TzBfG) war bereits vor Inkrafttreten des TzBfG als Grundmuster der sachlichen Rechtfertigung befristeter Arbeitsverhältnisse anerkannt. Unter den weiten Oberbegriff lassen sich der vorübergehend erhöhte Arbeitskräftebedarf und der in Zukunft wegfallende Arbeitskräftebedarf fassen (APS/*Backhaus* § 14 TzBfG Rz. 82). Allerdings darf der Arbeitgeber in Ausnutzung dieses Tatbestands nicht die gewöhnliche, durch allgemeine Bedarfsschwankungen begründete Unsicherheit über den zukünftigen Bedarf an Arbeitskräften, die zum unternehmerischen Risiko gehört, auf den Arbeitnehmer abwälzen (BAG v. 22.3.2000 – 7 AZR 758/98, NZA 2000, 881; BAG v. 21.3.2017 – 7 AZR 222/15, NZA 2017, 631, 633). Demnach reicht es nicht aus, wenn sich lediglich unbestimmt abzeichnet, auf Grund welcher Abläufe eine Tätigkeit des Arbeitnehmers in der Zukunft entbehrlich sein könnte (BAG v. 4.12.2013 – 7 AZR 277/12, NZA 2014, 480 Rz. 17). Dagegen handelt es sich bei einem projektbedingten personellen Mehrbedarf grundsätzlich um einen die Befristung tragenden nur vorübergehenden Arbeitskräftebedarf. In allen Fällen muss eine Prognose ergeben, dass aufgrund greifbarer Tatsachen mit einiger **Sicherheit der Wegfall des Mehrbedarfs** mit dem Auslaufen des befristeten Arbeitsverhältnisses zu erwarten ist (BAG v. 15.3.1995 – 7 AZR 659/93, NZA 1995, 1038; BAG v. 25.8.2004 – 7 AZR 7/04, NZA 2005, 357; BAG v. 21.3.2017 – 7 AZR 222/15, NZA 2017, 631, 633; BAG v. 16.1.2018 – 7 AZR 21/16, NZA 2018, 663, 664).

3237 Typischer Sachverhalt ist – nicht nur im Hochschulbereich – die sog. **Projektbefristung**. Es ist bei diesem Befristungsgrund insbesondere zu prüfen, ob es sich nicht in Wirklichkeit um Dauer- oder gar Pflichtaufgaben des Arbeitgebers handelt (zu staatlichen Daueraufgaben BAG v.16.1.2018 – 7 AZR 21/16, NZA 2018, 663 Rz.17; BAG v. 27.7.2016 – 7 AZR 545/14, NZA 2016, 1531 Rz.18; BAG v. 11.9.2013 – 7 AZR 107/12, NZA 2014, 150; BAG v. 15.10.2014 – 7 AZR 893/12, NZA 2015, 362). Wird ein Arbeitnehmer für die Mitwirkung an einem Projekt befristet eingestellt, muss bereits im Zeitpunkt des Vertragsschlusses zu erwarten sein, dass die im Rahmen des Projekts durchgeführten Aufgaben nicht dauerhaft anfallen. Für eine solche Prognose müssen ausreichend konkrete Anhaltspunkte vorliegen. Für das Vorliegen eines Projekts spricht es regelmäßig, wenn dem Arbeitgeber für die Durchführung der im Projekt verfolgten Tätigkeiten von einem Dritten finanzielle Mittel oder sonstige Sachleistungen zur Verfügung gestellt werden (BAG v. 16.1.2018 – 7 AZR 21/16, NZA 2018, 663 Rz. 17; BAG v. 7.11.2007 – 7 AZR 7/04, NZA 2008, 467). Von den Daueraufgaben sind allerdings die sog. Zusatzaufgaben zu unterscheiden, die im Rahmen der Projektbefristung zu einem vorübergehenden betrieblichen Bedarf führen. Die Abgrenzung ist im Einzelfall anhand des Betriebszwecks durchzuführen.

"Daueraufgaben des Arbeitgebers sind Tätigkeiten, die im Rahmen seiner unternehmerischen Ausrichtung kontinuierlich und im Wesentlichen unverändert anfallen. Davon abzugrenzen sind Zusatzaufgaben, die nur für eine begrenzte Zeit durchzuführen sind und keinen auf längere Zeit planbaren Personalbedarf mit sich bringen. Allein aus dem Umstand, dass ein Arbeitgeber ständig in erheblichem Umfang Projekte durchführt, ergibt sich nicht zwangsläufig, dass es sich hierbei um Daueraufgaben handelt. Entscheidend ist, ob die Tätigkeiten im Rahmen des Betriebszwecks ihrer Art nach im Wesentlichen unverändert und kontinuierlich anfallen (dann handelt es sich um Daueraufgaben) oder ob sie entweder nur unregelmäßig – z.B. nur aus besonderem Anlass – ausgeführt werden oder mit unvorhersehbaren besonderen Anforderungen auch in Bezug auf die Qualifikation des benötigten Personals verbunden sind und deshalb keinen vorhersehbaren Personalbedarf sowohl in quantitativer Hinsicht als auch in Bezug auf die Qualifikation des benötigten Personals verursachen (dann liegen Zusatzaufgaben vor)." (BAG v. 21.11.2018 – 7 AZR 234/17, NZA 2019, 611 Rz. 27)

Ebenfalls ein nur vorübergehender Arbeitskräftebedarf i.S.v. § 14 Abs. 1 S. 2 Nr. 1 TzBfG ergibt sich aufgrund der Bedarfsschwankungen bei der **Saisonarbeit**. Sie ist als Befristungsgrund namentlich in Betrieben des **Fremdenverkehrs** und der **Landwirtschaft** anerkannt. Der sachliche Grund liegt in der besonderen Betriebsstruktur des Saisonbetriebs, der aufgrund der jahreszeitlich sehr unterschiedlichen Betriebstätigkeit neben einer vergleichsweise kleinen Stammbelegschaft nur für die „Saison" weitere Mitarbeiter benötigt, für deren Beschäftigung in den übrigen Jahreszeiten kein Bedürfnis besteht (vgl. BAG v. 29.1.1987 AP Nr. 1 zu § 620 BGB Saisonarbeit). § 14 Abs. 1 S. 2 Nr. 1 TzBfG könnte sich auch als Lösung für die umstrittenen Befristungen bei Profifußballern und anderen Sportlern anbieten (weiterführend Staudinger/*Preis* Neubearbeitung 2016, § 620 BGB Rz. 123a). 3238

bb) Befristung im Anschluss an eine Ausbildung oder ein Studium (§ 14 Abs. 1 S. 2 Nr. 2 TzBfG)

Sachgrund ist auch die Befristung im Anschluss an eine Ausbildung oder ein Studium, um den Übergang des Arbeitnehmers in eine Anschlussbeschäftigung zu erleichtern (§ 14 Abs. 1 S. 2 Nr. 2 TzBfG). Der Gesetzgeber will mit diesem Tatbestand an tarifliche Regelungen anschließen, die eine befristete Übernahme von Auszubildenden im Anschluss an ihre Ausbildung vorsahen, was von der Rechtsprechung zunächst unter dem Aspekt des sozialen Überbrückungszwecks als sachlicher Grund anerkannt war (BAG v. 14.10.1997 – 7 AZR 811/96, NZA 1998, 778). Darauf ist der Tatbestand jedoch nicht beschränkt. Erfasst werden soll auch der als Arbeitnehmer beschäftigte Werksstudent, dem im Anschluss an sein Studium der Berufseinstieg über einen befristeten Arbeitsvertrag bei demselben Arbeitgeber erleichtert werden soll. 3239

Der Tatbestand ist allerdings durch eine **unklare Fassung** gekennzeichnet, **die Auslegungsstreitigkeiten provoziert**. Es ist schon unklar, was mit Ausbildung gemeint ist, wobei man aber aufgrund der weiten Gesetzesfassung eine Begrenzung allein auf Berufsausbildungsverhältnisse i.S.d. Berufsbildungsgesetzes nicht wird annehmen können. Fraglich ist auch, wie lange noch von einem Anschluss gesprochen werden kann. Weil ein nahtloser Anschluss an Studium oder Ausbildung schon praktisch oft nicht möglich ist, sind kurzfristige Unterbrechungen unschädlich (APS/*Backhaus* § 14 TzBfG Rz. 88). Der Befristungsgrund kann nicht mehr genutzt werden, wenn der Arbeitnehmer nach seiner Ausbildung bereits in einem Arbeitsverhältnis, mag es auch kurzzeitig gewesen sein, gestanden hat. 3240

„Auf § 14 Abs. 1 S. 2 Nr. 2 TzBfG kann nur die Befristung des ersten Arbeitsvertrags gestützt werden, den der Arbeitnehmer im Anschluss an seine Ausbildung oder sein Studium abschließt. Eine Vertragsverlängerung ist mit dem in dieser Vorschrift normierten Sachgrund nicht möglich." (BAG v. 10.10.2007 – 7 AZR 795/06, NZA 2008, 295; siehe auch BAG v. 24.8.2011 – 7 AZR 368/10, DB 2012, 292) 3241

Maßgeblich muss insoweit der Einzelfall sein. Nicht geklärt ist auch, wie lange befristet werden darf. In Anlehnung an § 14 Abs. 2 TzBfG wird man insoweit eine Obergrenze von zwei Jahren annehmen können. Ob mit der Erleichterung des Übergangs gemeint ist, dass eine konkrete Anschlussbefristung bei demselben Arbeitgeber in Aussicht stehen muss oder allgemein das Erwerben von Berufserfah- 3242 rung, was die Chancen auf dem Arbeitsmarkt erhöht, ausreicht, ist ebenfalls unklar. Aus diesen Gründen ist der **Praxis** bereits **vom Gebrauch** dieses Befristungsgrundes **abgeraten** worden.

3243 Letztlich knüpft der Befristungstatbestand an das Motiv der Parteien an, das darauf abzielt, dem Arbeitnehmer den Übergang in eine Anschlussbeschäftigung zu erleichtern. Da dies leicht zum Vorwand genommen werden kann, muss der damit verbundenen **Missbrauchsmöglichkeit durch eine strenge Prüfung entgegengesteuert** werden. Bereits zum sozialen Überbrückungszweck hat die Rechtsprechung darauf hingewiesen, dass soziale Motive für die Befristung leicht zum Vorwand genommen werden können, und strenge Anforderungen gestellt (BAG v. 26.4.1985 AP Nr. 91 zu § 620 BGB Befristeter Arbeitsvertrag).

3244 „Soziale Motive des Arbeitgebers können aber nur dann als ein die Befristung des Arbeitsvertrags sachlich rechtfertigender Grund anerkannt werden, wenn das Interesse des Arbeitgebers, aus sozialen Erwägungen mit dem betreffenden Arbeitnehmer nur einen befristeten Arbeitsvertrag abzuschließen, auch angesichts des Interesses des Arbeitnehmers an unbefristeter Beschäftigung schutzwürdig ist. (...) An den Nachweis eines derartigen Sachverhaltes sind jedoch strenge Anforderungen zu stellen. Angebliche soziale Erwägungen des Arbeitgebers dürfen nicht zum Vorwand für den Abschluss befristeter Arbeitsverträge genommen werden."* (BAG v. 26.4.1985 AP Nr. 91 zu § 620 BGB Befristeter Arbeitsvertrag; siehe auch BAG v. 24.8.2011 EzA § 14 TzBfG Nr. 79)

cc) Vertretung (§ 14 Abs. 1 S. 2 Nr. 3 TzBfG)

3245 Mit dem Sachgrund der **Vertretung** (§ 14 Abs. 1 S. 2 Nr. 3 TzBfG) hat der Gesetzgeber einen klassischen Befristungsgrund kodifiziert, der dazu dient, die Abwesenheit eines anderen Mitarbeiters, der beispielsweise **wegen Krankheit, Erholungsurlaub, Mutterschutz, Elternzeit, Wehrdienst** oder Ähnlichem für längere Zeit ausfällt, aufzufangen (zur krankheitsbedingten befristeten Vertretung LAG Köln v. 4.5.2015 – 2 Sa 1090/14, BeckRS 2015, 70331). Eine Konkretisierung des § 14 Abs. 1 S. 2 Nr. 3 TzBfG findet sich für den praktisch wichtigen Bereich der Elternzeit noch in § 21 Abs. 1 BEEG (dazu noch BAG v. 29.4.2015 – 7 AZR 310/13, NZA 2015, 928 Rz. 16). Der sachliche Kern dieses Befristungsgrundes liegt darin, dass der Arbeitgeber bereits vertraglich an einen anderen Arbeitnehmer gebunden ist und somit an der Wahrnehmung der diesem obliegenden Arbeitsaufgaben durch eine Vertretungskraft nur ein vorübergehendes, zeitlich durch die Rückkehr des zu vertretenen Arbeitnehmers begrenztes Beschäftigungsbedürfnis hat (BAG v. 13.10.2004 – 7 AZR 654/03, AP Nr. 7 zu § 21 BErzGG; BAG v. 22.11.1995 – 7 AZR 252/95, AP Nr. 178 zu § 620 BGB Befristeter Arbeitsvertrag; BAG v. 29.4.2015 – 7 AZR 310/13, NZA 2015, 928 Rz. 17). Dabei steht es dem Arbeitgeber frei, den anfallenden Vertretungsbedarf nur teilweise durch Beschäftigung einer Aushilfskraft abzudecken. Erforderlich ist aber in jedem Fall die **Prognose** des Arbeitgebers, dass durch die Rückkehr des vertretenen Mitarbeiters der Vertretungsbedarf wegfällt. Erst wenn der Arbeitgeber erhebliche Zweifel an der Rückkehr des Arbeitnehmers haben muss, besteht Grund zur Annahme, dass der Sachgrund der Vertretung nur vorgeschoben ist (BAG v. 2.7.2003 –7 AZR 529/02, AP Nr. 254 zu § 620 BGB Befristeter Arbeitsvertrag). Er ist auch nicht verpflichtet, der Vertretungskraft gerade die von dem ausgefallenen Arbeitnehmer gewöhnlich erledigten Aufgaben zu übertragen. Vielmehr kann er hierfür auch einen Dritten heranziehen, der dann seinerseits durch die befristet eingestellte Ersatzkraft vertreten wird. Ausreichend ist deshalb ein sog. **mittelbarer Vertretungsbedarf** (BAG v. 25.8.2004 – 7 AZR 32/04, NZA 2005, 472).

3246 *„1. Der Sachgrund der Vertretung nach § 14 Abs. 1 S. 2 Nr. 3 TzBfG liegt vor, wenn der Vertreter die Aufgaben des Vertretenen übernimmt (unmittelbare Vertretung).*

2. Ein Vertretungsfall i.S.d. § 14 Abs. 1 S. 2 Nr. 3 TzBfG liegt auch bei einer mittelbaren Vertretung vor. Bei einer mittelbaren Vertretung werden die Aufgaben des vorübergehend abwesenden Arbeitnehmers ganz oder teilweise anderen Arbeitnehmern übertragen, deren Aufgaben vom Vertreter erledigt werden.

3. Der Sachgrund der Vertretung liegt auch vor, wenn der befristet beschäftigte Arbeitnehmer Aufgaben wahrnimmt, die der Arbeitgeber einem vorübergehend abwesenden Arbeitnehmer bei dessen unver-

änderter Weiterarbeit oder nach seiner Rückkehr tatsächlich und rechtlich übertragen könnte." (BAG v. 15.2.2006 – 7 AZR 232/05, NZA 2006, 781)

Im Prozess muss der Arbeitgeber zum Nachweis des „Kausalzusammenhangs" die Vertretungskette zwischen dem Vertretenen und dem Vertreter darlegen. Dabei genügt dem BAG der Nachweis einer **„gedanklichen Zuordnung"**. 3247

„Da der Arbeitgeber auf Grund seines Organisationsrechts in seiner Entscheidung über die Umverteilung der Arbeitsaufgaben eines zeitweise ausgefallenen Mitarbeiters frei ist, kann er von der Neuverteilung der Arbeitsaufgaben absehen und dem befristet beschäftigten Arbeitnehmer Tätigkeiten übertragen, die der vertretene Arbeitnehmer zu keiner Zeit ausgeübt hat. Der Arbeitgeber muss in diesem Fall nach dem Arbeitsvertrag berechtigt sein, dem vorübergehend abwesenden Arbeitnehmer im Falle seiner Weiterarbeit oder nach seiner Rückkehr nicht dessen bisherige Tätigkeiten, sondern einen anderen Aufgabenbereich zuzuweisen. Der erforderliche Kausalzusammenhang liegt nur vor, wenn der Arbeitgeber bei Vertragsschluss mit dem Vertreter dessen Aufgaben einem oder mehreren vorübergehend abwesenden Beschäftigten gedanklich zuordnet." (BAG v. 18.4.2007 – 7 AZR 293/06, NZA-RR 2008, 219, Rz. 15)

Die tatsächliche Umverteilung von Aufgaben ist für eine gedankliche Zuordnung ebenfalls nicht relevant (vgl. BAG v. 11.2.2015 – 7 AZR 113/13, NZA 2015, 617 Rz. 21). Auch hieran zeigt sich der großzügige Umgang der Rechtsprechung gerade mit der Vertretungsbefristung. Insbesondere im Rahmen des § 14 Abs. 1 S. 2 Nr. 3 TzBfG ergeben sich dadurch Missbrauchsmöglichkeiten. Wegen der geringen Anforderungen an die Prognoseentscheidung sowie die Darlegung der Kausalitätsketten werden sog. **Kettenbefristungen** erleichtert. Dies privilegiert besonders Arbeitgeber mit großen Personalkörpern, insbesondere im öffentlichen Dienst (zur sog. Gesamtvertretung im Schulbereich KR/*Lipke* § 14 TzBfG Rz. 283 ff.). Hier stellt sich vor dem Hintergrund der von der Sozialpartnervereinbarung im Anhang der RL 99/70/EG aufgestellten Anforderungen die Frage, ob eine solche Rechtsprechung noch unionsrechtskonform ist, wenn sie den Abschluss aufeinanderfolgender Befristungen in diesem Maße begünstigt. Dazu hat sich der EuGH in einer Entscheidung vom 26.1.2012 (EuGH v. 26.1.2012 – C-586/10 „Kücük", NZA 2012, 135) erstmals geäußert. Hiernach sind auch langjährige Vertretungsketten grundsätzlich zulässig. Die nationalen Gerichte sind bei ihrer Befristungskontrolle jedoch – entgegen der bisherigen Handhabung – verpflichtet, alle Umstände der Vertragsgeschichte mit in ihre Abwägungen einzubeziehen. Im Einzelfall kann dies dann ergeben, dass der Rückgriff auf das Instrument der Befristung missbräuchlich erfolgte (BAG v. 18.7.2012 – 7 AZR 443/09 und 7 AZR 783/10). Die vom BAG durchgeführte **institutionelle Rechtsmissbrauchskontrolle** nach § 242 BGB hat in den letzten Jahren massiv an Bedeutung gewonnen (Rz. 3282). 3248

dd) Eigenart der Arbeitsleistung (§ 14 Abs. 1 S. 2 Nr. 4 TzBfG)

Die Befristung kann auch durch die **Eigenart der Arbeitsleistung** gerechtfertigt sein (§ 14 Abs. 1 S. 2 Nr. 4 TzBfG), wobei die Rechtsprechung einen solchen Oberbegriff bislang nicht gebildet hatte. Hierunter fallen z.B. Arbeitsverträge mit Sportlern – für die bereits auf § 14 Abs. 1 S. 2 Nr. 1 TzBfG hingewiesen wurde – und Trainern, bei denen die Befristung aufgrund abnehmender Leistungsfähigkeit oder dem Abwechslungsbedürfnis des Publikums vorgenommen wird (zur Zulässigkeit der Befristung bei Profifußballern BAG v. 16.1.2018 – 7 AZR 312/16, NJW 2018, 1992 ff.; bei Trainern *Horst/Persch* RdA 2006, 166). Der Befristungstatbestand bezieht sich darüber hinaus auf das aus Art. 5 Abs. 1 GG abgeleitete Recht der Befristung im Bereich von **Presse, Rundfunk und Fernsehen**. Grundlage für die Befristung von Arbeitsverhältnissen im Medienbereich ist die Entscheidung des BVerfG vom 13.1.1982 (BVerfGE 59, 231; siehe dazu schon Rz. 590). Die verfassungsrechtlich unter dem Schutz von Art. 5 Abs. 1 GG stehende **Vielfalt der Berichterstattung** bzw. des Programms erfordere es, so das BVerfG, dass die Medien auf einen breit gestreuten Kreis geeigneter Mitarbeiter zurückgreifen können, was seinerseits voraussetzen könne, dass diese nicht auf Dauer, sondern nur für die Zeit beschäftigt werden, in der sie benötigt werden. 3249

3250 Dementsprechend wird mit diesem Befristungstatbestand den Erfordernissen der Programmvielfalt Rechnung getragen. Wie dies das BAG im Anschluss an die Entscheidung des BVerfG bereits gesehen hat, kann die der Presse sowie den Rundfunk- und Fernsehanstalten zustehende Presse- bzw. Rundfunkfreiheit die Befristung des Arbeitsvertrags mit einem **programmgestaltenden Arbeitnehmer** rechtfertigen, ohne dass weitere Gründe für die Befristung erforderlich sind. Dabei sind freilich die Belange des Presseunternehmens bzw. der Rundfunkanstalt und des betroffenen Arbeitnehmers gegeneinander abzuwägen (BAG v. 24.10.2018 – 7 AZR 92/17, NZA 2019, 108; BAG v. 11.12.1991 – 7 AZR 128/91, NZA 1993, 354, 356; BAG v. 26.7.2006 – 7 AZR 495/05, NZA 2007, 147, Rz. 21; zu den verfassungsrechtlichen Anforderungen BVerfG v. 18.2.2000 – 1 BvR 491/93, 1 BvR 562/93, 1 BvR 624/98, ZUM-RD 2000, 216 ff.). Entsprechend diesen Grundsätzen begründet die Kunstfreiheit aus Art. 5 Abs. 3 GG das Recht der Bühnen, **Arbeitsverträge mit Künstlern**, wie z.B. Schauspielern oder Choreografen, befristet abzuschließen. Ausgeschlossen ist eine Befristung über § 14 Abs. 1 S. 2 Nr. 4 TzBfG dagegen mit Mitarbeitern, die keinen oder nur einen geringen Einfluss auf die Umsetzung des künstlerischen Konzepts haben (BAG v. 2.8.2017 – 7 AZR 601/15, BeckRS 2017, 136141 Rz. 48; LAG Köln v. 11.9.2013 – 5 Sa 93/13, NZA-RR 2014, 124, 126). Die Beurteilung der Tätigkeit als „überwiegend künstlerisch" erfolgt anhand der individualvertraglichen Abrede. Entscheidend sind insoweit die vertraglich festgelegten Umstände im Zeitpunkt des Vertragsschlusses (BAG v. 13.12.2017 – 7 AZR 369/16, NZA 2018, 656 Rz. 26; BAG v. 30.8.2017 – 7 AZR 864/15, NZA 2018, 229 Rz. 33). Der Tatbestand wurde jüngst vergleichbar weit ausgelegt (BAG v. 13.12.2017 – 7 AZR 369/16, NZA 2018, 656; BAG v. 30.8.2017 – 7 AZR 864/15, NZA 2018, 229).

3250a Die vom BAG aufgestellten zeitlichen Grenzen zur Missbrauchskontrolle bei Kettenbefristungen gelten nicht für den Sachgrund der Eigenart der Arbeitsleistung. Die im Rahmen des § 14 Abs. 1 S. 2 Nr. 4 TzBfG erforderliche Interessenabwägung zwischen den kollidierenden Grundrechten trägt bereits den Grundsätzen des institutionellen Rechtsmissbrauchs Rechnung (BAG v. 30.8.2017 – 7 AZR 864/15, AP TzBfG § 14 Nr. 162 Rz. 49). Die Befristung eines Schauspielers über einen Zeitraum von 18 Jahren, mit diversen befristet abgeschlossenen Arbeitsverträgen, wurde aus diesem Grund für zulässig erachtet (BAG v. 30.8.2017 – 7 AZR 864/15, NZA 2018, 229). Die Entscheidung in der Rechtssache „Sciotto" (EuGH v. 25.10.2018 – C-331/17, NZA 2018, 1535) hat aufgrund der vorzunehmenden Güterabwägung im Rahmen des Befristungsgrundes keine Auswirkungen auf die nationale Rechtsprechung. Den unionsrechtlichen Vorgaben der Verhütung von Kettenbefristungen bei Vorliegen eines ständigen und dauerhaften Arbeitskräftebedarfs wird durch die Interessenabwägung im Rahmen des Sachgrundes entsprochen (BAG v. 13.12.2017 – 7 AZR 369/16, NZA 2018, 656 Rz. 38; BAG v. 30.8.2017 – 7 AZR 864/15, AP TzBfG § 14 Nr. 162 Rz. 37).

Beispiel: Eine Tourleiterin bei sog. „Krimi-Dinners", bei denen den Gästen in dazu jeweils angemieteten Räumlichkeiten ein Menü serviert und gleichzeitig ein Schauspiel gezeigt wird, in das das Publikum eingebunden wird, die lediglich organisatorische und planerische Aufgaben übernimmt, bei diesen aber gleichzeitig Weisungen des Produzenten, des Regisseurs, des Choreographen, des Produktionsrevisors sowie des Veranstaltungsbüros gebunden, ist nicht programmgestaltend tätig (vgl. LAG Düsseldorf v. 4.5.2011 – 7 Sa 70/11, juris Rz. 39).

ee) Erprobung (§ 14 Abs. 1 S. 2 Nr. 5 TzBfG)

3251 Mit der Befristung zur **Erprobung** (§ 14 Abs. 1 S. 2 Nr. 5 TzBfG) wird der Schulfall des zulässigen Zeitvertrags gesetzlich normiert. Dieser Sachgrund wird davon getragen, dass sich die Parteien häufig nicht sofort endgültig binden, sondern zunächst im Rahmen eines Probearbeitsverhältnisses Klarheit darüber gewinnen wollen, ob eine dauerhafte Zusammenarbeit sinnvoll erscheint. Der **Arbeitgeber, dessen Interesse** insoweit **im Vordergrund steht**, ist berechtigterweise daran interessiert, zu prüfen, ob der neue Arbeitnehmer für die ihm zugedachte Stellung dauerhaft geeignet erscheint, um sich die Auflösung des Arbeitsverhältnisses zunächst zu erleichtern, wenn der Arbeitnehmer den an ihn gestellten Anforderungen nicht gerecht wird.

3252 Zu unterscheiden ist das Probearbeitsverhältnis insbesondere von der sechsmonatigen Wartezeit des § 1 KSchG und einer etwa vertraglich vereinbarten Probezeit zu Beginn eines unbefristeten Arbeitsverhältnisses (Rz. 296). Ein befristetes Probearbeitsverhältnis ist nur anzunehmen, wenn die Vertragsparteien klar, **eindeutig und zweifelsfrei vereinbart** haben, dass das Arbeitsverhältnis durch die Probezeit befristet ist. Die Rechtsprechung hat verlangt, dass der Erprobungszweck durch eine entsprechende Vereinbarung Vertragsinhalt geworden ist (BAG v. 16.4.2008 – 7 AZR 132/07, NZA 2008, 876; BAG v. 31.8.1994 – 7 AZR 983/93, NZA 1995, 1212).

Andernfalls führt eine Probezeitvereinbarung zu einem unbefristeten Arbeitsverhältnis, bei dem lediglich die Kündigungsfrist anfangs verkürzt ist (§ 622 Abs. 3 BGB). 3253

Die Erprobungsdauer muss in einem **angemessenen Verhältnis zum Erprobungszweck** stehen (BAG v. 25.10.2017 – 7 AZR 712/15, BeckRS 2017, 140421 Rz. 12). Aufgrund des Zwecks des Befristungsgrundes sind Vorbeschäftigungszeiten bei der Bestimmung der Erprobungsdauer mitzuberücksichtigen (BAG v. 25.10.2017, 7AZR 712/15, BeckRS 2017, 140421 Rz. 20; BAG v. 25.10.2017 – 7 AZR 712/15, NZA-RR 2018, 180 Rz. 21). In der Regel wird man eine Probezeit von bis zu sechs Monaten als rechtlich zulässig ansehen können. Auch wenn die Befristungskontrolle nicht mehr auf der Umgehung des Kündigungsschutzes fußt, wird man dies aus der Wertung des § 1 KSchG, aber auch aus der des § 622 Abs. 3 BGB entnehmen können. Eine längere Probezeit kann zulässig sein, wenn die Art der zu leistenden Arbeit (etwa bei wissenschaftlichen oder künstlerischen Tätigkeiten) oder die Person des Arbeitnehmers (etwa Wiederaufnahme des erlernten Berufs nach langer Pause) dies rechtfertigt (BAG v. 2.6.2010 – 7 AZR 85/09, NZA 2010, 1293). 3254

ff) In der Person des Arbeitnehmers liegender Grund (§ 14 Abs. 1 S. 1 Nr. 6 TzBfG)

§ 14 Abs. 1 S. 1 Nr. 6 TzBfG lässt weitreichende personenbedingte Befristungsgründe zu. Ein „**in der Person des Arbeitnehmers liegender Grund**" ist z.B. der **Wunsch des Arbeitnehmers**, das Arbeitsverhältnis zu befristen. Voraussetzung ist allerdings, dass der Arbeitnehmer bei Vertragsabschluss **in seiner Entscheidungsfreiheit nicht beeinträchtigt** gewesen ist. Allein aus der Annahme eines Arbeitgeberangebots auf Abschluss eines Zeitvertrags kann noch nicht geschlossen werden, dieser beruhe auf dem Wunsch des Arbeitnehmers (BAG v. 18.1.2017 – 7 AZR 236/15, NZA 2017, 849 Rz. 32). Vielmehr müssen zum Zeitpunkt des Vertragsabschlusses **objektive Anhaltspunkte** vorliegen, aus denen gefolgert werden kann, dass der Arbeitnehmer gerade an einer Befristung des Vertrags interessiert ist (BAG v. 18.1.2017 – 7 AZR 236/15, NZA 2017, 849 Rz. 30; BAG v. 26.4.1985 – 7 AZR 316/84, AP Nr. 91 zu § 620 BGB Befristeter Arbeitsvertrag; BAG v. 19.1.2005 – 7 AZR 115/04, NZA 2005, 896). Entscheidend ist, ob der Arbeitnehmer auch bei einem Angebot auf Abschluss eines unbefristeten Vertrags nur ein befristetes Arbeitsverhältnis vereinbart hätte (BAG v. 11.2.2015 – 7 AZR 17/13, NZA 2015, 1066 Rz. 36). 3255

Ein in der Person des Arbeitnehmers liegender Grund liegt auch dann vor, wenn der Arbeitnehmer aus **sozialen Gründen** befristet beschäftigt wird. Gemeint sind damit insbesondere die Fälle der sozialen Überbrückung, z.B. zur Überbrückung bis zum Beginn einer feststehenden Beschäftigung oder wenn einem Auszubildenden nach Abschluss seiner Ausbildung bei der Überwindung von Überbrückungsschwierigkeiten geholfen werden soll (BAG v. 17.1.2007 – 7 AZR 20/06, NZA 2007, 566; BAG v. 12.12.1985 – 2 AZR 9/85, NZA 1986, 571, 572). Hier ergeben sich Überschneidungen zum Sachgrund der Befristung im Anschluss an eine Ausbildung oder ein Studium (§ 14 Abs. 1 S. 2 Nr. 2 TzBfG). Wie dort besteht auch hier die **Gefahr**, dass der Arbeitgeber den **sozialen Zweck nur als Vorwand** für die Befristung nutzt. Erforderlich ist deshalb, dass es ohne den sozialen Überbrückungszweck überhaupt nicht zum Abschluss eines Arbeitsvertrags, auch nicht eines befristeten, mit dem betreffenden Arbeitnehmer gekommen wäre. Ausschlaggebend müssen die sozialen Belange des Arbeitnehmers und nicht die betrieblichen Interessen des Arbeitgebers gewesen sein (BAG v. 21.1.2009 – 7 AZR 630/07, NZA 2009, 727; BAG v. 11.2.2015 – 7 AZR 17/13, NZA 2015, 1066 Rz. 33). 3256

Der personenbedingte Befristungstatbestand erfasst auch die **Altersgrenze**. Eine auf das **Erreichen des der Regelaltersgrenze der Rentenversicherung** abstellende Befristung hält die Rechtsprechung seit jeher für unbedenklich (BAG v. 18.6.2008 – 7 AZR 116/07, NZA 2008, 1302; BAG v. 27.7.2005 – 7 3257

AZR 443/04, NZA 2006, 37; EuGH v. 12.10.2010 – C-45/09 „Rosenbladt", NZA 2010, 1167). Der Arbeitnehmer ist zum einen durch den Erhalt einer Altersrente abgesichert, zum anderen entspricht es dem demographischen Konsens einer Gesellschaft, dass ältere Beschäftigte ihren Arbeitsplatz eines Tages für den Nachwuchs bereitstellen (zu tariflichen Altersgrenzen BAG v. 8.12.2010 – 7 AZR 438/09, NZA 2011, 586). Die Anbindung an die gesetzliche Altersversorgung ist allerdings für den Sachgrund konstitutiv und kann nicht durch eine Ausgleichszahlung oder eine betriebliche Altersversorgung ersetzt werden (BAG v. 18.1.2017 – 7 AZR 236/15, NZA 2017, 849). Grundsätzlich unzulässig sind demgegenüber sog. **besondere Altersgrenzen**, also solche, die unterhalb der Regelaltersgrenze liegen (so für Kabinenpersonal BAG v. 31.7.2002 – 7 AZR 140/01, NZA 2002, 1155; BAG v. 19.10.2011 – 7 AZR 253/07, NZA 2012, 1297 Rz. 14; für Flugzeugführer für Fluglotsen – betreffend eine tarifliche Altersgrenze – LAG Düsseldorf v. 9.3.2011 – 12 TaBV 81/10, NZA-RR 2011, 474; LAG Düsseldorf v. 4.5.2011 – 12 TaBV 27/11). Sie können ausnahmsweise für **besondere Berufsgruppen**, wie z.B. Piloten, zulässig sein, wenn sie der ordnungsgemäßen Erfüllung der Berufstätigkeit und dem Schutz vor schwerwiegenden Gefahren dienen (BAG v. 11.3.1998 – 7 AZR 700/96, NZA 1998, 716, 718: Luftfahrt; BAG v. 12.2.1992 – 7 AZR 100/91, NZA 1993, 998; BVerfG v. 25.11.2004 – 1 BvR 2459/04, AP Nr. 25 zu § 620 BGB Altersgrenze). Erforderlich sind neben besonderen **Eignungsüberprüfungen** jedoch auch stets **Verlängerungsoptionen** bei festgestellter Eignung. Jüngst entschied der EuGH, dass die Gewährleistung der Flugsicherheit kein legitimes Ziel i.S.v. Art. 6 Abs. 1 Unterabs. 1 der Richtlinie 2000/78/EG („Gleichbehandlungsrichtlinie") bei der unterschiedlichen Behandlung wegen des Alters darstelle (EuGH v. 13.9.2011 – C-447/09 „Prigge u.a.", NZA 2011, 1039). Zudem sieht er eine Altersgrenzenregelung jedenfalls dann als nicht mit Unionsrecht vereinbar an, wenn dadurch der Abschluss einer ununterbrochenen Folge befristeter Verlängerungsverträge für dieselbe Tätigkeit mit demselben Arbeitgeber ermöglicht wird (EuGH v. 10.3.2011 – C-109/09 „Deutsche Lufthansa", NZA 2011, 397: Anstoß war die mittlerweile aufgehobene Regelung in § 14 Abs. 3 TzBfG, wonach eine Befristung unzulässig ist, wenn zu einem vorhergehenden unbefristeten Arbeitsvertrag mit demselben Arbeitgeber ein enger sachlicher Zusammenhang besteht). Dem hat sich das BAG im Nachgang an die „Prigge"-Entscheidung des EuGH unter Berufung auf eine Verletzung des Benachteiligungsverbots wegen des Alters aus § 7 Abs. 1 in Verbindung mit § 1 AGG angeschlossen (vgl. BAG v. 18.1.2012 – 7 AZR 112/08, NZA 2012, 575; 18.1.2012 – 7 AZR 211/09, NZA 2012, 691; 15.2.2012 – 7 AZR 946/07, NZA 2012, 866; zu tariflichen Altersgrenzen ausführlich im Band „Kollektivarbeitsrecht" unter Rz. 975).

3258 **Sonderproblem: Nachgelagerte Altersbefristung nach § 41 S. 3 SGB VI**

Zu unterscheiden von den von der Rechtsprechung gebilligten Befristungen auf die Regel- und den missbilligten Befristungen auf besondere Altersgrenzen sind Fragen der Befristung nach Erreichen der Altersgrenze. Bedarf an einer kurzzeitigen Beschäftigung langjähriger Mitarbeiter auf Basis eines befristeten Arbeitsvertrags, wenn diese bereits die Regelaltersgrenze erreicht haben, besteht z.B. bei der Einarbeitung einer Ersatzkraft oder in der Einlernphase für einen Nachfolger. Auf diesen praktischen Bedarf hat der Gesetzgeber mit der Neueinführung des **§ 41 S. 3 SGB VI** durch das RV-Leistungsverbesserungsgesetz zum 1.7.2014 (vgl. BT-Drucks 18/1489) reagiert. Außerhalb des an sich nahe liegenden Regelungskomplexes des TzBfG hat der Gesetzgeber damit an versteckter Stelle eine neue Vorschrift geschaffen, deren Sinn und Zweck in einer arbeitsvertraglichen Flexibilisierung der Regelaltersgrenze gesehen werden kann (ErfK/*Rolfs* § 41 SGB VI Rz. 21). Die Unionsrechtskonformität der Vorschrift ist umstritten (ausf. Staudinger/*Preis* Neubearbeitung 2019, § 620 BGB Rz. 144c) insbesondere deshalb, weil nach der jetzigen Fassung der Vorschrift hintereinander geschaltete Ein-Tages-Arbeitsverhältnisse möglich erscheinen, bei denen ein unionsrechtlich gebotener Missbrauchsschutz nicht gewährleistet wird. Der EuGH hält hingegen § 41 S. 3 SGB VI für europarechtskonform. § 5 Nr. 1 der am 18.3.1999 geschlossenen Rahmenvereinbarung über befristete Arbeitsverträge im Anhang der Richtlinie 1999/70/EG stehe einer nationalen Regelung nicht entgegen, die es den Arbeitsvertragsparteien ohne weitere Voraussetzungen ermögliche, das Ende des Arbeitsverhältnisses bei Erreichen der Regelaltersgrenze durch eine Vereinbarung während des Arbeitsverhältnisses auch mehrfach hinauszuschieben. Dem missbräuchlichen Einsatz mehrerer befristeter Arbeitsverhältnisse entgegen zu wirken obliege der Auslegung durch die nationalen Gerichte (EuGH v. 28.2.2018 – C-46/17, NZA 2018, 355). Die theoretische, von der nationalen Vorschrift umfasste Möglichkeit, mehrere hintereinander geschaltete kurzfristige Arbeitsverhältnisse zu vereinbaren, führt daher nicht zur Unionsrechtswidrigkeit der nationalen Vorschrift (vgl. auch BAG v. 19.12.2018 – 7 AZR 70/17, NJW 2019, 1322).

Neben den genannten Fällen können als personenbedingte Befristungsgründe z.B. auch **Arbeits- und** 3259
Aufenthaltserlaubnisse in Betracht kommen.

gg) Haushaltsmittel (§ 14 Abs. 1 S. 2 Nr. 7 TzBfG)

§ 14 Abs. 1 S. 2 Nr. 7 TzBfG ermöglicht eine befristete Beschäftigung, wenn der Arbeitnehmer aus 3260
Haushaltsmitteln vergütet wird, die **für eine befristete Beschäftigung** bestimmt sind, und der Arbeitnehmer **entsprechend der Zwecksetzung** der Haushaltsmittel beschäftigt wird. Kontrovers diskutiert wird dieser Befristungstatbestand seit jeher als **Sonderbefristungsrecht für den öffentlichen Dienst**. Daher ist aus europa- und verfassungsrechtlichen Erwägungen eine einschränkende Auslegung geboten (vgl. BAG v. 18.10.2006 – 7 AZR 419/05, NZA 2007, 332; ausführlich zur unionsrechtlichen Problematik *Brose*, in: Preis/Sagan, Europäisches Arbeitsrecht, § 13 Rz. 13.151; womöglich ist in naher Zukunft mit einem Voarbentscheidungsverfahren nach Art. 267 AEUV zu rechnen. Dazu BAG v. 23.5.2018 – 7 AZR 16/17, NZA 2018, 1549). Nicht ausreichend ist es, wenn die Haushaltsmittel lediglich allgemein für die befristete Beschäftigung von Arbeitnehmern bereitgestellt werden, ohne dass eine tätigkeitsbezogene Zwecksetzung besteht (BAG v. 23.5.2018 – 7 AZR 16/17, NZA 2018, 1549 Rz. 15). Weiterhin dürfen die Haushaltsmittel nur für Aufgaben von vorübergehender Dauer zur Verfügung gestellt werden, und schließlich muss die Beschäftigung „überwiegend", d.h. mindestens im Umfang von 50 %, entsprechend der Zwecksetzung erfolgen (BAG v. 8.6.2016 – 7 AZR 259/14, NZA 2016, 1463 Rz. 20; BAG v. 14.2.2007 – 7 AZR 193/06, NZA 2007, 871; BAG v. 18.10.2006 – 7 AZR 419/05, NZA 2007, 332; LAG Hamm v. 8.3.2017 – 5 Sa 1252/16, BeckRS 2017, 130431 Rz. 32). Die Vertragsdauer muss nicht mit der Dauer des Befristungsgrundes übereinstimmen. Solange der geförderte Vertragszweck durch die Vertragsdauer erreicht wird, ist die Befristung sachlich gerechtfertigt (BAG v. 26.8.1988 – 7 AZR 101/88, NZA 1989, 965).

hh) Gerichtlicher Vergleich (§ 14 Abs. 1 S. 2 Nr. 8 TzBfG)

Gemäß § 14 Abs. 1 S. 2 Nr. 8 TzBfG kann die Befristung auch auf einem **gerichtlichen Vergleich** 3261
beruhen. Die schutzwürdigen Interessen des Arbeitnehmers werden hier durch die Mitwirkung des Gerichts an dem Vergleich gewahrt. Die bloße Protokollierung eines durch die Parteien schriftsätzlich mitgeteilten Vergleichs nach § 278 Abs. 6 S. 1 Alt. 1 ZPO ist kein „gerichtlicher Vergleich" im Sinne dieser Vorschrift (BAG v. 15.2.2012 DB 2012, 1573; BAG v. 14.1.2015 – 7 AZR 2/14, NZA 2016, 39 Rz. 26).

„Der gerichtliche Vergleich, mit dem die Parteien zur Beilegung einer Rechtsstreitigkeit ein befristetes oder auflösend bedingtes Arbeitsverhältnis vereinbaren, unterliegt keiner (weiteren) Befristungskontrolle. Deren Funktion erfüllt das Arbeitsgericht durch seine ordnungsgemäße Mitwirkung beim Zustandekommen des Vergleichs, der regelmäßig sogar auf seinem Vorschlag beruht. Dem Gericht als Grundrechtsverpflichtetem i.S.d. Art. 1 Abs. 3 GG obliegt im Rahmen der arbeitsgerichtlichen Befristungskontrolle die Aufgabe, [...] einen angemessenen Ausgleich der wechselseitigen, grundrechtsgeschützten Interessen der Arbeitsvertragsparteien zu finden." (BAG v. 2.12.1998 – 7 AZR 644/97, NZA 1999, 480, 480)

Freilich darf der Tatbestand des § 14 Abs. 1 S. 2 Nr. 8 TzBfG nicht missbräuchlich genutzt werden, 3262
indem ein Gerichtsverfahren formal genutzt wird, ohne dass ein gerichtlich anhängiger Streit um den Bestand des Arbeitsverhältnisses beseitigt wird (BAG v. 13.6.2007 – 7 AZR 287/06, ZTR 2007, 694).

„Der Sachgrund des gerichtlichen Vergleichs nach § 14 Abs. 1 S. 2 Nr. 8 TzBfG setzt neben der Mitwirkung des Gerichts am Zustandekommen des befristeten Arbeitsverhältnisses das Bestehen eines offenen Streits der Parteien über die Rechtslage hinsichtlich des zwischen ihnen bestehenden Rechtsverhältnisses zum Zeitpunkt des Vergleichsschlusses voraus." (BAG v. 26.4.2006 – 7 AZR 366/05, AP Nr. 1 zu § 14 TzBfG Vergleich)

Arbeitgeber und Arbeitnehmer müssen den Vergleich zur Beilegung einer zwischen Ihnen bestehen- 3263
den **Bestandsstreitigkeit** über den Eintritt oder die Wirksamkeit eines Beendigungstatbestands (Kündigung, Befristung, auflösende Bedingung, Aufhebungsvertrag) schließen (BAG v. 12.11.2014 – 7 AZR

891/12, NZA 2015, 379 Rz. 13). Häufiger Anwendungsfall für einen gerichtlichen Vergleich ist die vorläufige Weiterbeschäftigung des gekündigten Arbeitnehmers während eines Kündigungsschutzprozesses. Die Weiterbeschäftigung kann bis zum rechtskräftigen Abschluss des Prozesses befristet oder unter die auflösende Bedingung gestellt werden, dass die Kündigungsschutzklage des Arbeitnehmers rechtskräftig abgewiesen wird (BAG v. 22.10.2003 – 7 AZR 113/03, NZA 2004, 1275).

3264 Fraglich ist, ob aus der Tatsache, dass das Gesetz nur den gerichtlichen Vergleich nennt, der Umkehrschluss gezogen werden kann, dass der **außergerichtliche Vergleich** nicht anzuerkennen ist. Grundsätzlich scheint die neuere Rechtsprechung des BAG in diese Richtung zu deuten, nach der für eine Befristung nach § 14 Abs.1 Satz 2 Nr. 8 TzBfG nicht einmal ein nach § 278 Abs. 6 Satz 1 Alt. 1 ZPO geschlossener Vergleich ausreichen soll (vgl. BAG v. 14.1.2015 – 7 AZR 2/14, NZA 2016, 39 Rz. 26). Allerdings hat das BAG daraufhin entschieden, dass ein Vergleich im Sinne von § 278 Abs. 6 S.1 Alt. 1 ZPO den Anforderungen des § 14 Abs.1 S. 2 Nr. 8 TzBfG genügt, wenn das Gericht an dem Vergleich verantwortlich mitwirkt und es sich den Vergleichsvorschlag einer Partei zu eigen macht (BAG v. 8.6.2016 – 7 AZR 339/14, NZA 2016, 1485 Rz. 17; BAG v. 21.3.2017 – 7 AZR 369/15, NZA 2017, 706 Rz. 16). Praktisch wird man sich trotz der Ausnahme für den dargestellten Sonderfall eines gerichtlichen Vergleichs darauf einstellen müssen, dass das BAG in Zukunft für den außergerichtlichen Vergleich einen Sachgrund nach § 14 Abs. 1 S. 2 Nr. 8 TzBfG ablehnen wird. Nicht ausgeschlossen ist dann aber die Annahme eines unbenannten Sachgrundes nach § 14 Abs. 1 S. 1 TzBfG, welcher beim außergerichtlichen Vergleich in der Ausübung der Privatautonomie aufgrund des i.d.R. freien Willensentschlusses der Parteien gesehen werden kann (ausf. Staudinger/*Preis*, Neubearbeitung 2019, § 14 TzBfG Rz. 164). Erforderlich ist jedoch, dass die Parteien die Befristung zur Beilegung eines konkreten Rechtsstreits durch gegenseitiges Nachgeben vereinbaren (BAG v. 22.10.2003 – 7 AZR 666/02, ZTR 2004, 370).

ii) Sonstige Sachgründe

3265 Außerhalb des Katalogs des § 14 Abs. 1 S. 2 TzBfG sind nur wenige Sachverhalte denkbar, die eine Befristung rechtfertigen können. Diese müssen nach Art und Gewicht den kodifizierten Befristungsgründen entsprechen (BAG v. 2.6.2010 – 7 AZR 136/09, NZA 2010, 1172). Das hat das BAG anerkannt für den Fall, dass der Arbeitsplatz für einen anderen Arbeitnehmer, der bereits in einer vertraglichen Beziehung zu dem Arbeitgeber steht (z.B. Auszubildender), frei gehalten werden soll (BAG v. 9.12.2009 – 7 AZR 399/08, NZA 2010, 495; BAG v. 21.4.1993 – 7 AZR 388/92, NZA 1994, 167). Als Befristungsgrund anerkannt wurde außerdem die Sicherung der **personellen Kontinuität der Betriebsratsarbeit** (BAG v. 23.1.2002 – 7 AZR 611/00, NZA 2002, 986). Für Letzteres stellt das BAG jedoch einschränkende Anforderungen auf.

3266 „*Dies setzt voraus, dass die Befristung geeignet und erforderlich ist, um die personelle Kontinuität des Betriebsrats zu wahren. Diesem Anliegen wird im Regelfall nur dann entsprochen, wenn sich die Laufzeit des Vertrags auf die Dauer der noch verbleibenden gesetzlichen Amtszeit des Betriebsrats erstreckt. Ist sie kürzer bemessen, führt sie ebenso zur personellen Diskontinuität des Betriebsrats wie die zuvor vereinbarte Befristung. In einem solchen Fall bedarf es besonderer Umstände, aus denen sich ergibt, dass die Befristung gleichwohl zur Wahrung der personellen Kontinuität des Betriebsrats geeignet und erforderlich ist.*" (BAG v. 20.1.2016 – 7 AZR 340/14, NZA 2016, 755 Ls. 2)

3267 Diese Grundsätze gelten auch für **tariflich geregelte Sachgründe**.

d) Anforderungen bei Zweckbefristung

3268 Die Rechtsprechung hat an die Zulässigkeit der Zweckbefristung im Vergleich zur kalendermäßigen Befristung vor Geltung des TzBfG verschärfte Anforderungen gestellt, weil die Zweckerreichung in ihrer Wirkung einer fristlosen Kündigung gleichkommt. Einer solchen Differenzierung ist nach Einführung des TzBfG jedoch die Grundlage entzogen, da § 14 Abs. 1 TzBfG beide gleich behandelt. Den sich für den Arbeitnehmer aus der **mangelnden Überschaubarkeit des Befristungszeitraums oder** aufgrund der fehlenden frühzeitigen Erkennbarkeit des Zweckeintritts ergebenden Nachteilen (BAG v. 12.6.1987 – 7 AZR 8/86, NZA 1988, 201), ist zudem vom Gesetzgeber bereits dadurch Rechnung getragen worden, dass § 15 Abs. 2 TzBfG es dem Arbeitgeber auferlegt, dem Arbeitnehmer die Zweckerreichung mit einer Frist von zwei Wochen anzukündigen (Rz. 3326). Wirksamkeitsvoraussetzung bleibt jedoch, dass sich die Parteien **eindeutig** auf eine Zweckbefristung geeinigt haben. Darüber hinaus muss der **Zweck hinreichend bestimmt**, d.h. dessen Erreichung objektiv und zweifelsfrei feststellbar sein (BAG v. 16.7.2008 – 7 AZR 322/07, AP Nr. 31 zu § 57b HRG), sowie **nicht der willkürlichen Entscheidung des Arbeitgebers unterliegen**.

e) Maßgeblicher Zeitpunkt für die Wirksamkeitskontrolle

Für das Vorliegen oder Nichtvorliegen des sachlichen Grundes kommt es allein auf den **Zeitpunkt des Vertragsabschlusses** an. Spätere Umstände berühren ihn nicht mehr (BAG v. 12.4.2017 – 7 AZR 436/15, NZA 2017, 1253 Rz. 20; BAG v. 29.6.2011 – 7 AZR 6/10, NZA 2011, 1346 Rz. 40; BAG v. 16.11.2005 – 7 AZR 81/05, NZA 2006, 784; BAG v. 8.5.1985 – 7 AZR 191/84, NZA 1986, 569). Das gilt **auch für** solche nach Vertragsabschluss eintretenden **Umstände**, die einen **Sonderkündigungsschutz** begründen würden. Daher hat der Arbeitgeber zum Zeitpunkt des Abschlusses des befristeten Vertrages eine Prognose dahingehend aufzustellen, dass der Befristungsgrund während der gesamten Dauer des Vertrags besteht. Dies hat insbesondere bei der Vertretungsbefristung (§ 14 Abs. 1 S. 2 Nr. 3 TzBfG) sowie der Befristung wegen vorübergehenden Bedarfs (§ 14 Abs. 1 S. 2 Nr. 1 TzBfG) große Bedeutung. Auch wenn sich die Prognose im Nachhinein als falsch erweist, folgt daraus weder die Unwirksamkeit der Befristung noch ein Anspruch auf Fortsetzung des Arbeitsverhältnisses auf unbestimmte Dauer (BAG v. 17.5.2017 – 7 AZR 301/15, NZA 2017, 1340 Rz. 28; BAG v. 20.1.2010 – 7 AZR 542/08, BB 2010, 2054). Die Rechtsprechung des BAG zum Wiedereinstellungsanspruch nach betriebsbedingter Kündigung (BAG v. 27.2.1997 – 2 AZR 160/96, NZA 1997, 757) kann nicht auf befristete Arbeitsverhältnisse übertragen werden, wenn sich nach dem Vertragsschluss die in diesem Zeitpunkt richtige Prognose des Arbeitgebers, dass nur ein vorübergehender Arbeitskräftebedarf besteht, als falsch erweist (BAG v. 20.2.2002 – 7 AZR 600/00, NZA 2002, 896).

3269

Diese Vorgehensweise, nach der sich die Rechtmäßigkeit der Befristung ausschließlich nach den Umständen bei Vertragsschluss richtet, hätte vom BAG im Nachgang an die Kücük-Entscheidung des EuGH eigentlich aufgegeben bzw. zumindest modifiziert werden müssen. Nach Auffassung des EuGH steht es nämlich im Widerspruch zu den europarechtlichen Vorgaben, vergangene Verträge zwischen denselben Vertragsparteien völlig außer Acht zu lassen, weil so Missbrauchsmöglichkeiten entstehen können (EuGH v. 26.1.2012 – C-586/10 „Kücük", NZA 2012, 135, 138). Das BAG hat sich dieser eigentlich nahe liegenden Lösung verschlossen und im Anschluss an die Kücük" Entscheidung **seine bisherige Rechtsprechung zur Kettenbefristung bestätig**t und diese nach den Vorgaben des EuGH Grundsätze zur Kontrolle eines **institutionellen Rechtsmissbrauchs** nach dem im deutschen Recht geltendem Grundsatz von Treu und Glauben gemäß § 242 BGB ergänzt (BAG v. 18.7.2012 – 7 AZR 443/09, NZA 2012, 1351; BAG v. 18.7.2012 – 7 AZR 783/10, NZA 2012, 1359; ausführlich Rz. 3282).

3270

Etwas anderes kann sich lediglich dann ergeben, wenn der Arbeitgeber unmissverständlich (aber durchaus auch konkludent) zum Ausdruck gebracht hat, er werde das befristete Arbeitsverhältnis unter bestimmten Bedingungen fortsetzen. Er hat sich dann im Wege der sog. **Selbstbindung** auf eine unbefristete Fortsetzung des Arbeitsverhältnisses festgelegt (BAG v. 26.8.1998 – 7 AZR 450/97, NZA 1999, 149).

3271

Beispiel: Der Arbeitgeber verspricht bei Abschluss eines befristeten Probearbeitsvertrags, dass er die Arbeitnehmerin weiter beschäftigen werde, wenn sie sich in der Probezeit bewährt. Zwar erledigt sie die ihr übertragenen Aufgaben in hervorragender Weise, der Arbeitgeber lässt den Vertrag dennoch auslaufen, weil er erfahren hat, dass die Arbeitnehmerin mittlerweile schwanger geworden ist.

f) Dauer der Befristung

3272 Ist die Befristung sachlich gerechtfertigt, verlangt das TzBfG nicht noch eine gesonderte Prüfung der sachlichen Rechtfertigung der Befristungsdauer. Diese ist (lediglich) **Indiz** dafür, **ob der sachliche Befristungsgrund tatsächlich gegeben** oder nur vorgeschoben war (BAG v. 26.8.1988 – 7 AZR 101/88, BB 1989, 1409; BAG v. 13.10.2004 – 7 AZR 654/03, NZA 2005, 469; BAG v. 21.1.2009 – 7 AZR 630/07, NZA 2009, 727).

> *„Die Dauer der Befristung bedarf für sich allein keiner sachlichen Rechtfertigung. Die im Einzelfall gewählte Befristungsdauer hat nur Bedeutung im Rahmen der Prüfung des sachlichen Befristungsgrundes selbst; denn aus der vereinbarten Befristungsdauer lassen sich Rückschlüsse darauf ziehen, ob ein sachlicher Befristungsgrund überhaupt vorliegt oder ob ein solcher nur vorgeschoben ist. Wird etwa die Befristung eines Arbeitsvertrages mit der noch erforderlichen Erprobung des Arbeitnehmers begründet, überschreitet aber die vereinbarte Vertragsdauer deutlich den für eine Erprobung angemessenen zeitlichen Rahmen, so kann der Erprobungszweck keinen sachlichen Grund für diese Befristung abgeben. Gleiches gilt in anderen Fällen, in denen die vereinbarte Dauer des Arbeitsvertrages über den angegebenen Befristungsgrund hinausgeht."* (BAG v. 26.8.1988 – 7 AZR 101/88, BB 1989, 1409, 1410)

3273 **Überschreitet** die vereinbarte Vertragsdauer deutlich die bei Vertragsabschluss voraussehbare Dauer des Befristungsgrundes, so läuft der Arbeitgeber Gefahr, die Vertragsdauer mit dem angegebenen Befristungsgrund nicht mehr erklären zu können. Dagegen ist das bloße **Zurückbleiben** der Dauer der Befristung des Arbeitsvertrags hinter der voraussichtlichen Dauer des Befristungsgrundes weniger kritisch, weil nicht ohne Weiteres geeignet, den angegebenen Sachgrund für die Befristung in Frage zu stellen. Weil es dem Arbeitgeber freisteht, ob er auf einen zeitweiligen Arbeitskräftemehrbedarf überhaupt mit der Einstellung eines neuen Arbeitnehmers reagiert, muss ihm auch freigestellt sein, die Einstellung (zunächst) für einen kürzeren Zeitraum vorzunehmen (BAG v. 13.10.2004 – 7 AZR 654/03, NZA 2005, 469; BAG v. 22.11.1995 – 7 AZR 252/95, NZA 1996, 878). Ein deutliches Zurückbleiben der gewählten Befristungsdauer hinter der Dauer des Befristungsgrundes kann jedoch ein Indiz dafür darstellen, dass ein Sachgrund nur vorgeschoben ist (BAG v. 14.2.2007 – 7 AZR 193/06, NZA 2007, 871, 874). Dies gilt insbesondere, wenn die Befristungsdauer so kurz bemessen ist, dass eine sinnvolle Mitarbeit im Betrieb nicht möglich erscheint (BAG v. 20.2.2008 – 7 AZR 950/06, ZTR 2008, 508).

3274 Wenn im Einzelfall die gewählte **Befristungsdauer diskriminierend** und deshalb nach § 7 Abs. 2 AGG unwirksam ist, führt dies zur Unwirksamkeit der Befristungsabrede und damit zum Bestehen eines unbefristeten Arbeitsverhältnisses, unabhängig davon, ob die Befristung als solche gerechtfertigt wäre (vgl. BAG v. 6.4.2011 – 7 AZR 524/09, NZA 2011, 970 Rz. 28; APS/*Backhaus*, Einführung vor § 14 TzBfG Rz. 26c).

g) Besonderheiten bei Mehrfachbefristungen: die institutionelle Rechtsmissbrauchskontrolle

3275 Befristete Arbeitsverträge können **grundsätzlich auch mehrfach** nacheinander von denselben Vertragsparteien abgeschlossen werden. Das TzBfG erlaubt den Abschluss eines mit Sachgrund befristeten Arbeitsvertrags im Anschluss an ein ohne Sachgrund befristetes Arbeitsverhältnis ebenso wie den wiederholten Abschluss befristeter Arbeitsverträge mit Sachgrund. Auch ein Wechsel des Sachgrunds von Vertrag zu Vertrag ist erlaubt (ErfK/*Müller-Glöge* § 14 TzBfG Rz. 9).

3276 In diesen Fällen stellt sich die Frage, ob die Wirksamkeit aller in einer ununterbrochenen Reihe geschlossenen Verträge zu überprüfen ist oder ob es genügt, dass der letzte Vertrag die sachliche Rechtfertigung in sich trägt. Diese Frage ist in der Rechtsprechung des BAG unterschiedlich beurteilt worden. In seinem grundlegenden Urteil vom 8.5.1985 (BAG v. 8.5.1985 – 7 AZR 191/84, NZA 1986, 569) hat sich das Gericht auf den Standpunkt gestellt, dass nur der letzte Vertrag zu überprüfen sei. Der Abschluss eines neuen, befristeten Vertrags, so die Begründung des BAG, zeige, dass die Beteiligten selbst nicht davon ausgingen, dass bereits ein wirksames, unbefristetes Arbeitsverhältnis zwischen ihnen bestehe. Selbst wenn die Befristung des vorangegangenen Arbeitsverhältnisses unwirksam gewesen sei, liege daher in dem neuen Vertragsschluss zugleich eine Aufhebung des bisherigen (unbefristeten) Vertrags (BAG v. 8.5.1985 – 7 AZR 191/84, NZA 1986, 569, 570).

„Bei mehreren aufeinander folgenden befristeten Arbeitsverträgen unterliegt grundsätzlich nur die zuletzt vereinbarte Befristung der gerichtlichen Kontrolle. Etwas anderes gilt, wenn es sich bei dem letzten Vertrag um einen unselbstständigen Annex zum vorherigen Vertrag handelt, mit dem das bisherige befristete Arbeitsverhältnis nur hinsichtlich seines Endzeitpunkts modifiziert werden sollte." (BAG v. 18.4.2007 – 7 AZR 255/06)

Ob an dieser Rechtsprechung angesichts der Klagefrist des § 17 TzBfG festgehalten werden kann, ist zweifelhaft (BAG v. 26.7.2000 – 7 AZR 43/99, NZA 2001, 264). Die Problematik hat allerdings für die Praxis an Bedeutung verloren, weil nämlich dann, wenn nicht fristgerecht Klage erhoben wird, die Befristung bezogen auf jeden einzelnen befristeten Vertrag als rechtswirksam gilt (Rz. 3367). Jedenfalls sind wegen der mit zunehmender Befristungsdauer und häufiger Verlängerung **steigenden Schutzbedürftigkeit des Arbeitnehmers und sozialen Verantwortung des Arbeitgebers** an derartige Kettenbefristungen erhöhte Anforderungen zu stellen. 3277

Hat sich nämlich die den vorangegangenen Arbeitsverträgen zugrunde liegende **Prognose des Arbeitgebers**, nach dem jeweils vorgesehenen Vertragsablauf werde kein Bedürfnis oder keine Möglichkeit zur Weiterbeschäftigung des Arbeitnehmers mehr bestehen, mit steigender Zahl der befristeten Arbeitsverträge immer häufiger **als letztlich unzutreffend herausgestellt**, muss deshalb seine Prognose, jedenfalls diesmal werde mit hinreichender Wahrscheinlichkeit eine Weiterbeschäftigung des Arbeitnehmers über das vorgesehene Vertragsende hinaus endgültig nicht mehr erforderlich oder nicht mehr möglich sein, einer verschärften Prüfung standhalten. Eine Mehrzahl hintereinander geschlossener befristeter Arbeitsverträge (Kettenverträge) ist ein Indiz für den Mangel der sachlichen Rechtfertigung (BAG v. 14.2.2007 – 7 AZR 193/06, NZA 2007, 871, 874; BAG v. 21.4.1993 – 7 AZR 376/92). 3278

Die Rechtsprechung ist von diesem Standpunkt in der Vergangenheit abgerückt. So seien weder höhere Anforderungen an eine Befristungskontrolle zu stellen, je länger die Gesamtbefristungsdauer anhält, noch entfalle der Sachgrund der Vertretung dadurch, dass sich die Prognose nachträglich als falsch erweist (BAG v. 25.3.2009 – 7 AZR 34/08, NZA 2010, 34). 3279

„Die große Anzahl der mit der Klägerin abgeschlossenen befristeten Arbeitsverträge führt auch nicht dazu, dass an die Prüfung, ob der Sachgrund der Vertretung vorliegt, besonders strenge Anforderungen zu stellen sind. Der Sachgrund der Vertretung liegt vor, wenn ein Arbeitnehmer zur Deckung eines Beschäftigungsbedarfs eingestellt wird, der durch die vorübergehende Arbeitsverhinderung eines anderen Arbeitnehmers verursacht wird. Für die Beurteilung, ob diese Voraussetzungen erfüllt sind, ist es unerheblich, ob der befristet eingestellte Arbeitnehmer bereits zuvor im Rahmen befristeter Arbeitsverträge bei dem Arbeitgeber beschäftigt war oder nicht." (BAG v. 25.3.2009 – 7 AZR 34/08, NZA 2010, 34 Rz. 25)

Bewegung in die Problematik ist durch die Entscheidung des EuGH in der Rechtssache „Kücük" gekommen. Hiernach sind die nationalen Gerichte im Rahmen der Befristungskontrolle dazu verpflichtet, alle Umstände des Einzelfalls, insbesondere bereits in der Vergangenheit zwischen denselben Parteien geschlossene befristete Verträge, zu berücksichtigen (EuGH v. 26.1.2012 – C-586/10 „Kücük", NZA 2012, 135, 138; s. jetzt BAG v. 18.7.2012 – 7 AZR 443/09 und 7 AZR 783/10; vgl. *Brose/Sagan* NZA 2012, 308; *Preis/Loth*, Anm. zu BAG EzA § 14 TzBfG Nr. 80). Das BAG hat sodann seine bisherige Rechtsprechung zur **Kettenbefristung** bestätigt und nach den Vorgaben des EuGH um die nun folgenden Grundsätze zur Kontrolle eines **institutionellen Rechtsmissbrauchs** nach dem im deutschen Recht geltendem Grundsatz von Treu und Glauben gemäß **§ 242 BGB** ergänzt (BAG v. 18.7.2012 – 7 AZR 443/09, NZA 2012, 1351; BAG v. 18.7.2012 – 7 AZR 783/10, NZA 2012, 1359 im Anschluss an *Brose*, NZA 2009, 706, 710 f.). Die institutionelle Rechtsmissbrauchskontrolle verlangt nach dem BAG weder ein subjektives Element noch eine Umgehungsabsicht (BAG v. 18.7.2012 – 7 AZR 443/09, NZA 2012, 1351 Rz. 38). Auch zuvor abgeschlossene unbefristete Verträge sind in die Missbrauchsprüfung nach § 242 BGB nicht einzubeziehen (vgl. BAG v. 11.2.2015 – 7 AZR 17/13, NZA 2015, 1066 Rz. 46). 3280

3281 Eine abschließende Festlegung der in der **Gesamtabwägung** zu berücksichtigenden Umstände ist nicht möglich, vielmehr sind **alle Umstände des Einzelfalls** zu würdigen. Hauptkriterium bleibt aber nach wie vor die **Gesamtdauer der befristeten Verträge** sowie die **Anzahl der Vertragsverlängerungen** (KR/*Lipke* § 14 TzBfG Rz. 181, 259). Um die beiden Kriterien in der Praxis handhabbar zu machen, hat das BAG verschiedene Bereiche ausgewiesen, in denen es eine Befristung für eher unproblematisch bzw. für eher problematisch hält.

3282 Übersicht: Die Rechtsmissbrauchskontrolle nach dem BAG

☐ So soll anknüpfend an die Wertungen des § 14 Abs. 2 TzBfG der unter allen Umständen **unproblematische Bereich bei Befristungen bis zu zwei Jahren und drei Verlängerungen** liegen (**erste Stufe**). Auf dieser Stufe ist es Sache des Arbeitnehmers, ausgehend von der grundsätzlichen Annahme einer zulässigen Befristung ausnahmsweise das Gegenteil darzulegen und zu beweisen. Allerdings führt die Überschreitung des Zeitraums, wie vom BAG zuletzt im Jahre 2017 entschieden, nicht zwangsläufig zur Prüfung der zweiten Stufe. Es bestehe kein gesteigerter Anlass zur Rechtsmissbrauchskontrolle, wenn die Gesamtdauer der Befristungen sechs Jahre nicht überschreite und nicht mehr als neun Verlängerungen in diesem Zeitraum erfolgten (BAG v. 26.10.2016 – 7 AZR 135/15, NZA 2017, 382 Rz. 26; BAG v. 17.5.2017 – 7 AZR 420/15, NZA 2017, 1600 Rz. 17).

☐ Erst das **mehrfache Überschreiten** dieser Grenzwerte soll der Anlass für eine **gesteigerte Missbrauchskontrolle** sein. Dies sei bei Vorliegen eines Sachgrundes der Fall, wenn einer der in § 14 Abs. 2 S. 1 TzBfG bestimmten Werte das Vierfache oder sowohl die Dauer der Befristungen als auch die Anzahl der Vertragsverlängerungen das Dreifache überschreiten. Es wurde daher eine Rechtsmissbrauchskontrolle bei einer Gesamtdauer von acht Jahren oder mehr als zwölf Vertragsverlängerungen vorgenommen (BAG v. 26.10.2016 – 7 AZR 135/15, NZA 2017, 382 Rz. 26; BAG v. 17.5.2017 – 7 AZR 420/15, NZA 2017, 1600 Rz. 17). In dieser **zweiten Stufe** ist eine umfassende Missbrauchskontrolle geboten, in deren Rahmen es Sache des Arbeitnehmers ist, noch weitere für einen Missbrauch sprechende Umstände vorzutragen (BAG v. 18.7.2012 – 7 AZR 443/09, NZA 2012, 1351 Rz. 48; BAG v. 18.7.2012 – 7 AZR 783/10, NZA 2012, 1359 Rz. 43). Jedoch hat der Arbeitgeber regelmäßig noch die Möglichkeit, die Annahme des indizierten Gestaltungsmissbrauchs durch den Vortrag besonderer Umstände zu entkräften (BAG v. 29.4.2015 – 7 AZR 310/13, NZA 2015, 928 Rz. 26).

☐ Eine finale dritte Stufe eröffnet das BAG, wenn die in § 14 Abs. 2 S. 1 TzBfG genannten Grenzen alternativ oder insbesondere kumulativ in besonders gravierendem Ausmaß überschritten werden, dann kann eine missbräuchliche Ausnutzung der an sich eröffneten Möglichkeit zur Sachgrundbefristung indiziert sein (BAG v. 18.7.2012 – 7 AZR 443/09, NZA 2012, 1351 Rz. 48). Demnach sei von einem Rechtsmissbrauch auszugehen, wenn einer der Werte in § 14 Abs. 2 S. 1 TzBfG über das Fünffache oder beide Werte über das Vierfache hinaus ausgedehnt werden. In einem solchen Fall habe der Arbeitgeber die Möglichkeit, die Annahme des indizierten Gestaltungsmissbrauchs durch den Vortrag besonderer Umstände zu entkräften (BAG v. 26.10.2016 – 7 AZR 135/15, NZA 2017, 382 Rz. 26; BAG v. 17.5.2017 – 7 AZR 420/15, NZA 2017, 1600 Rz. 17).

3283 Wenn man sich die Ausführungen des BAG bildlich vor Auge führen möchte, kann man am Besten mit *Kiel* von einer „**Rechtsmissbrauchsampel**" in den Farben grün (erste Stufe), gelb (zweite Stufe) und rot (dritte Stufe) ausgehen (vgl. *Kiel* JArbR 50 [2013], 25, 46 f.). Deren maßgebliche Bedeutung liegt im Bereich der Darlegungs- und Beweislast: Während in der „Grünphase" der Arbeitnehmer darlegungs- und beweisbelastet für das Vorliegen besonderer Umstände ist, die ausnahmsweise einen Rechtsmissbrauch begründen sollen, trifft entgegengesetzt in der „Rotphase" den Arbeitgeber die Darlegungs- und Beweislast für die Tatsachen, die einen Rechtsmissbrauch noch ausschließen sollen. In der „Gelbphase" verteilt sich die Darlegungs- und Beweislast nach allgemeinen Grundsätzen, jede Partei hat die für sie günstigen Tatsachen darzulegen und zu beweisen (*Kiel* JArbR 50 [2013], 25, 47).

Die weiteren Umstände, die neben der Anzahl und der Gesamtdauer der befristeten Verträge, in der Gesamtabwägung von Bedeutung sein können und für eine wirksame Besprechung sprechen können, können nicht von vornherein abschließend festgelegt werden. Relevant kann von Fall zu Fall z.B. sein, 3284

– ob der **Arbeitnehmer stets auf demselben Arbeitsplatz mit denselben Aufgaben** beschäftigt wird oder ob es sich um wechselnde, ganz unterschiedliche Aufgaben handelt (BAG v. 19.2.2014 – 7 AZR 260/12, NZA-RR 2014, 408 Rz. 36),

– ob die Befristungen auf **unterschiedlichen Sachgründen** beruhen (BAG v. 12.11.2014 – 7 AZR 891/12, NZA 2015, 379 Rz. 37),

– ob **branchenspezifische Besonderheiten** wie etwa bei Saisonbetrieben existieren (BAG v. 19.2.2014 – 7 AZR 260/12, NZA-RR 2014, 408 Rz. 36),

– ob **grundrechtliche Freiheitsrechte** einschlägig sind (vgl. BAG v. 24.9.2014 – 7 AZR 987/12, NZA 2015, 301 Rz. 38). Zu denken ist für den Arbeitgeber etwa an die in Art. 5 Abs 1 GG gewährleistete Pressefreiheit und die Freiheit der Berichterstattung durch Rundfunk und Film, aber auch die in Art. 5 Abs 3 GG garantierte Freiheit von Kunst und Wissenschaft, Forschung und Lehre;

– ob „**nicht unerhebliche**" (zeitliche) **Unterbrechungen** zwischen den abgeschlossenen befristeten Verträgen liegen (BAG v. 14.1.2015 – 7 AZR 2/14, NZA 2016, 39 Rz. 47).

2. Erleichterte Befristung ohne Sachgrund

Das Erfordernis des „sachlichen Grundes", der vom Arbeitgeber im Streitfalle darzulegen und zu beweisen ist, birgt **ein erhebliches Moment der Unsicherheit**. Dies ließ viele Arbeitgeber selbst in den Zeiten der Hochkonjunktur Anfang und Mitte der 1980er Jahre davor zurückschrecken, neue Mitarbeiter auf Zeit einzustellen. Aus **beschäftigungspolitischen Motiven**, nämlich um die Massenarbeitslosigkeit zu bekämpfen, schuf der Gesetzgeber zunächst mit den Beschäftigungsförderungsgesetzen 1985 und 1996 Einstellungsanreize. Diese jeweils zeitlich befristeten Gesetze ließen unter bestimmten Voraussetzungen befristete Arbeitsverträge auch **ohne das Vorliegen eines sachlichen Grundes** zu. 3285

§ 14 Abs. 2, 2a, 3 TzBfG verankern diese **Flexibilisierung seit 2001 bzw. 2004 zeitlich unbegrenzt** im deutschen Arbeitsrecht. Der Gesetzgeber bezweckt damit, Neueinstellungen bei Auftragsschwankungen zu erleichtern. Er sieht das erleichtert befristete Arbeitsverhältnis zudem als Brücke für den Einstieg in das Erwerbsleben an. Der befristet beschäftigte Arbeitnehmer kann sich bewähren und damit die Voraussetzungen dafür schaffen, in ein unbefristetes Arbeitsverhältnis übernommen zu werden. Abgesehen von der Ausnahme für ältere Arbeitnehmer, ist die erleichterte Befristung **auf echte Neueinstellungen begrenzt**, womit die **Möglichkeiten zu Kettenbefristungen** im Gegensatz zur vorherigen Rechtslage **eingeschränkt** werden. 3286

a) Voraussetzungen

§ 14 Abs. 2 S. 1 TzBfG ermöglicht die Befristung eines Arbeitsvertrags, ohne dass es dazu eines sachlichen Grundes bedarf, für die Dauer von zwei Jahren. Bis zur **Gesamtdauer von zwei Jahren** ist auch die höchstens **dreimalige Verlängerung** des befristeten Arbeitsvertrags zulässig (im Koalitionsvertrag von CDU/CSU und SPD ist geplant, den Zeitraum auf 18 Monate zu verkürzen und lediglich die einmalige Verlängerung zuzulassen). Diese Möglichkeit der erleichterten Befristung ist ausdrücklich **auf die kalendermäßige Befristung beschränkt**, d.h. kann für zweckbefristete Arbeitsverträge nicht in Anspruch genommen werden. Sie gilt jedoch für alle Arbeitnehmer, d.h. auch für solche, denen Sonderkündigungsschutz zusteht, wie z.B. werdenden Müttern. 3287

Die wichtigste und zugleich sehr **restriktive Begrenzung** erfährt die Möglichkeit der erleichterten Befristung dadurch, dass sie unzulässig ist, wenn mit demselben Arbeitgeber bereits zuvor ein befristetes oder unbefristetes Arbeitsverhältnis bestanden hat (§ 14 Abs. 2 S. 2 TzBfG). Zulässig ist die erleichterte 3288

Befristung damit nur noch in Fällen echter Neueinstellungen, d.h. dann, wenn bislang zu demselben Arbeitgeber noch kein Arbeitsverhältnis bestand. **Arbeitgeber ist der Vertragsarbeitgeber**, d.h. die natürliche oder juristische Person, die mit dem Arbeitnehmer den befristeten Arbeitsvertrag geschlossen hat (BAG v. 25.4.2001 – 7 AZR 376/00, NZA 2001, 1384). Unschädlich sind jedoch vorangegangene Tätigkeiten bei demselben Arbeitgeber als freier Mitarbeiter oder Beamter. Auch eine frühere Tätigkeit als Leiharbeitnehmer beim Entleiher ist unschädlich (vgl. BAG v. 15.5.2013 – 7 AZR 525/11, NZA 2013, 1214 Rz. 19). Ebenso ist das **Berufsausbildungsverhältnis** i.S.v. § 3 BBiG **kein vorangegangenes Arbeitsverhältnis** i.S.v. § 14 Abs. 2 S. 2 TzBfG (BAG v. 21.9.2011 – 7 AZR 375/10, NZA 2012, 255 Rz. 14). Ebenso wenig schließt die frühere Beschäftigung als **Praktikant, Volontär** oder Umschüler eine sachgrundlose Erstbefristung nach Abs. 2 aus, wenn die Vordienstzeit in keinem Arbeitsverhältnis verbracht wurde (BAG v. 19.10.2005 – 7 AZR 31/05, NZA 2006, 154 Rz. 17). Handelte es sich aber in Wahrheit um ein echtes Arbeitsverhältnis, kommt eine sachgrundlose Befristung nach § 14 Abs. 2 TzBfG nicht mehr in Betracht. Es kommt allerdings nicht darauf an, ob das vorangegangene Arbeitsverhältnis befristet oder unbefristet war. Auch an eine Sachgrundbefristung kann sich deshalb keine erleichterte Befristung mehr anschließen. Umgekehrt ist dies dagegen zulässig.

3289   Die erleichterte Befristung ist unzulässig, wenn „zuvor" mit demselben Arbeitgeber bereits ein Arbeitsverhältnis bestanden hat. Dies wurde ganz überwiegend so interpretiert, dass es **keine zeitliche Begrenzung in die Vergangenheit** gibt. Bestand jemals, auch vor längerer Zeit, ein Arbeitsverhältnis zu demselben Arbeitgeber, ist eine Befristung gemäß § 14 Abs. 2 TzBfG nicht mehr zulässig (so noch BAG v. 6.11.2003 – 2 AZR 690/02, NZA 2005, 218; i.Ü. APS/*Backhaus* § 14 TzBfG Rz. 379; KR/*Lipke* § 14 TzBfG Rz. 564; *Laux/Schlachter* § 14 TzBfG Rz. 112; *Meinel/Heyn/Herms* § 14 TzBfG Rz. 257; MüKoBGB/*Hesse* § 14 TzBfG Rz. 79; *Dörner* Rz. 431). Versuche, diesen Zeitraum im Wege der Auslegung zu begrenzen (*Löwisch* BB 2001, 254 f.; ErfK/*Müller-Glöge* § 14 TzBfG Rz. 98 f.; *Persch* ZTR 2010, 2, 10), fanden lange Zeit keinen Widerhall. In seinem Urteil vom 6.4.2011 (– 7 AZR 716/09, NZA 2011, 905) entschied sich das BAG jedoch für eine „verfassungsorientierte Auslegung" des § 14 Abs. 2 S. 2 TzBfG (bestätigt durch BAG v. 21.9.2011 – 7 AZR 375/10, NZA 2012, 255, 257). Der Wunsch nach Rechtssicherheit sei nicht vereinbar mit einem zeitlich unbegrenzten Vorbeschäftigungsverbot. Gerade bei sehr lange Zeit zurückliegenden oder kurzfristigen Beschäftigungsverhältnissen berge die Feststellung, ob bereits jemals ein Arbeitsverhältnis zwischen denselben Parteien bestanden habe, das Risiko fehlerhafter Aufklärung. Um dies zu vermeiden, bedürfe es der Festlegung einer zeitlichen Beschränkung eines Vorbeschäftigungsverbotes. In Anlehnung an das Recht der Verjährung sieht das BAG eine Dauer von **drei Jahren** als angemessene Begrenzung an. Es begründet dies mit der vergleichbaren Interessenlage in beiden Konstellationen. Hier wie dort hätten die Parteien Interesse an Rechtssicherheit und genössen ein schutzwürdiges Vertrauen darauf, aus einem zurückliegenden Lebenssachverhalt nicht unbegrenzt in Anspruch genommen zu werden.

„Die hiernach gebotene Auslegung des § 14 Abs. 2 S. 2 TzBfG in einem zeiteinschränkenden Sinn erfordert eine im Wege der Rechtsfortbildung vorzunehmende Konkretisierung. Eine solche ist, soweit der Gesetzgeber die erforderliche Konkretisierung unterlassen hat, bisweilen unumgänglich und in der Rechtsprechung nicht selten. Der Senat hat sich dabei insbesondere aus Gründen der Rechtssicherheit statt der ebenso in Betracht kommenden Anknüpfung an die Art und Dauer der Vorbeschäftigung für eine zeitliche Grenze entschieden, nach deren Überschreitung eine Vorbeschäftigung i.S.d. § 14 Abs. 2 S. 2 TzBfG nicht mehr anzunehmen ist. Für die genaue Festlegung des zeitlichen Abstands zwischen dem Ende des vorangegangenen und dem Beginn des sachgrundlos befristeten Arbeitsverhältnisses war in erster Linie der Zweck des § 14 Abs. 2 S. 2 TzBfG, ‚Befristungsketten' und den Missbrauch aufeinanderfolgender befristeter Arbeitsverträge zu verhindern, maßgeblich. Ein Zeitraum von drei Jahren erscheint geeignet, erforderlich und angemessen, der Missbrauchsverhinderung Rechnung zu tragen. Eine schutzzwecküberschießende, die Berufsfreiheit unverhältnismäßig beschränkende Folge wird damit vermieden. Die Zeitspanne entspricht außerdem der gesetzgeberischen Wertung, die in der Dauer der regelmäßigen zivilrechtlichen Verjährungsfrist nach § 195 BGB zum Ausdruck kommt. Diese dient dem Interesse der Rechtssicherheit und dem Vertrauen eines – etwaigen – Schuldners darauf, aus einem länger zurückliegenden Lebenssachverhalt nicht mehr in Anspruch genommen zu werden." (BAG v. 6.4.2011 – 7 AZR 716/09, NZA 2011, 905 Rz. 39)

Durch diese Rechtsprechung überschreitet das BAG die Grenzen richterrechtlicher Rechtsfortbildung (zur umfassenden Kritik im Schrifttum siehe nur *Däubler/Stoye* AiB 2012, 14; *Höpfner* NZA 2011, 893; *Lakies* ArbuR 2011, 190; *Wendeling-Schröder* AuR 2012, 92; zustimmend *Bauer* SAE-Editorial 4/2011; *Persch* ZTR 2011, 404; *Preis*, in: FS Wank, 413, 419; APS/*Backhaus* § 14 TzBfG Rz. 379 ff.). Das ArbG Braunschweig hat daher dem Bundesverfassungsgericht die Frage vorgelegt, ob die Vorschrift des § 14 Abs 2 Satz 2 TzBfG mit Art. 12 Abs 1, Art 2 Abs 1 und Art 3 Abs 1 GG vereinbar ist (3.4.2014 – 5 Ca 463/13, LAGE § 14 TzBfG Nr. 83). Das Normenkontrollverfahren nach Art. 100 Abs. 1 GG blieb aufgrund der Feststellung der Verfassungsmäßigkeit der Norm in der Auslegung des Arbeitsgerichts ohne Erfolg. Die Verfassungsbeschwerde, die dem BVerfG gleichwohl ebenfalls aufgrund einer weiteren Entscheidung des BAG zur Entscheidung vorlag, wurde hingegen für begründet angesehen. Eine Auslegung des § 14 Abs. 2 S. 2 TzBfG, nach der eine wiederholte sachgrundlose Befristung zwischen denselben Vertragsparteien entgegen der erkennbaren Entscheidung des Gesetzgebers immer dann gestattet sei, wenn zwischen den Arbeitsverhältnissen ein Zeitraum von mehr als drei Jahren liege, überschreite die Grenzen zulässiger Rechtsfortbildung durch die Gerichte und verstoße gegen Art. 2 Abs. 1 i.V.m Art. 20 Abs. 3 GG (BVerfG v. 6.6.2018 – 1 BvL 7/14 und 1 BvR 1375/14, NZA 2018, 774 Rz. 34; hierzu Rz. 113).

3290

Das Tatbestandsmerkmal „derselbe Arbeitgeber" beflügelt die Phantasie der Vertragsgestalter, mit Hilfe von Leiharbeitsverhältnissen das Verbot der vorherigen Beschäftigung zu umgehen. Das BAG hat die sachgrundlose Befristung des Erstvertrags beim Verleihunternehmen für wirksam erklärt, wenn dieses den Arbeitnehmer anstellt, um ihn an den vormaligen Arbeitgeber zu verleihen, und der Arbeitnehmer auf demselben Arbeitsplatz weiterarbeitet (BAG v. 9.3.2011 – 7 AZR 657/09, NZA 2011, 1147, 1149; BAG v. 18.10.2006 – 7 AZR 145/06, NZA 2007, 443). Ein missbräuchliches Verhalten könne allenfalls dann angenommen werden, wenn die in rechtlich und tatsächlicher Hinsicht verbundenen Vertragspartner in bewusstem und gewollten Zusammenwirken handeln, um das Vorbeschäftigungsverbot zu umgehen (BAG v. 9.3.2011 – 7 AZR 657/09, NZA 2011, 1147, 1149). Im Gegensatz zur oben dargestellten institutionellen Rechtsmissbrauchskontrolle fordert das BAG zur Annahme eines Missbrauchs bei § 14 Abs. 2 TzBfG gerade ein subjektives Element (ausführlich APS/*Backhaus* § 14 TzBfG Rz. 400h ff.). Das BAG erwägt, einen Rechtsmissbrauch anzunehmen, wenn ein weiteres Verleihunternehmen eingeschaltet wird, um den Arbeitnehmer wiederum auf den gleichen Arbeitsplatz zu verleihen (hierzu auch *Düwell/Dahl* NZA 2007, 889, 892). Rechtsfolge einer missbräuchlichen Vertragsgestaltung bei § 14 Abs. 2 TzBfG ist der unbefristete Fortbestand des Arbeitsverhältnisses zum letzten Arbeitgeber, i.d.R. dem Leiharbeitsunternehmen als Verleiher (vgl. BAG v. 22.12.2014 – 7 AZR 243/12, NZA 2014, 483 Rz. 26). Das BAG sieht den Schutzzweck von § 14 Abs. 2 TzBfG als umgangener Norm noch als erfüllt an, wenn sich der Vertragspartner des Arbeitnehmers nach § 242 BGB nicht auf die Zulässigkeit der von ihm vereinbarten Befristung berufen kann (BAG v. 22.12.2014 – 7 AZR 243/12, NZA 2014, 483 Rz. 26). Dies ist für den Arbeitnehmer äußerst unbefriedigend, er erhält mit dem ihm vom BAG angetragenen Vertragsschluss zum letzten Arbeitgeber „Steine statt Brot" (*Greiner* NZA 2014, 284, 287).

3291

b) Verlängerung

§ 14 Abs. 2 S. 1 TzBfG eröffnet die **Möglichkeit**, ein zunächst für einen kürzeren Zeitraum abgeschlossenes, **erleichtert befristetes Arbeitsverhältnis zu verlängern**. Möglich ist also, z.B. nach einer Ausgangsbefristung von sechs Monaten, die dreimalige Verlängerung um jeweils ein halbes Jahr. Abzugrenzen ist die Verlängerung der Befristung jedoch von dem Neuabschluss eines befristeten Arbeitsvertrags. Eine Verlängerung liegt vor, wenn das Arbeitsverhältnis einvernehmlich über den zunächst vereinbarten Endtermin hinaus fortgesetzt wird. Handelt es sich dagegen um einen **Neuabschluss**, ist wegen des vorangegangenen befristeten Arbeitsverhältnisses mit demselben Arbeitgeber eine erneute erleichterte Befristung unzulässig. Es bestand „zuvor" bereits ein Arbeitsverhältnis mit demselben Arbeitgeber (Rz. 3286; BAG v. 18.1.2006 AP Nr. 22 zu § 14 TzBfG).

3292

3293 Erforderlich ist zunächst, dass sich die **Anschlussbefristung ohne zeitliche Unterbrechung** an den zu verlängernden Vertrag anschließt. Bereits kurzfristige Unterbrechungen, auch von nur einem arbeitsfreien Tag, führen dazu, dass es sich nicht mehr um eine Verlängerung handelt. Danach muss die Verlängerung an dem auf den letzten Tag des vorangegangenen Arbeitsverhältnisses folgenden Tag beginnen. Die Zwei-Jahres-Frist kann nicht in der Weise genutzt werden, dass mehrere befristete Arbeitsverhältnisse geschlossen werden, die durch jeweils mehr oder minder lange Zwischenräume unterbrochen werden. Dementsprechend muss die **Verlängerung** bereits **vor Ablauf des zu verlängernden Vertrags** erfolgen (BAG v. 9.9.2015 – 7 AZR 190/14, NZA 2016, 232 Rz. 21; BAG v. 26.10.2016 – 7 AZR 535/14, BeckRS 2016, 115254 Rz. 18; BAG v. 20.2.2008 – 7 AZR 786/06, NZA 2008, 883; BAG v. 23.8.2006 – 7 AZR 12/06, NZA 2007, 204; BAG v. 19.10.2005 NZA 2006, 154; BAG v. 25.10.2000 NZA 2001, 659; BAG v. 19.3.2014 – 7 AZR 828/12, NZA-RR 2014, 462 Rz. 22).

3294 Das **BAG** geht davon aus, dass **mit dem Begriff der Verlängerung eine inhaltliche Änderung der Vertragsbedingungen nicht vereinbar** ist. Eine Verlängerung beziehe sich lediglich auf die Vertragslaufzeit (BAG v. 26.10.2016 – 7 AZR 535/14, BeckRS 2016, 115254 Rz. 18; BAG v. 9.9.2015 – 7 AZR 190/14, NZA 2016, 232 Rz. 21; BAG v. 26.7.2000 – 7 AZR 51/99, NJW 2001, 532, 533; BAG v. 25.10.2000 – 7 AZR 483/99, NZA 2001, 659; BAG v. 20.2.2008 – 7 AZR 786/06, NZA 2008, 883).

„Das Tatbestandsmerkmal der Verlängerung i.S.d. § 14 Abs. 2 S. 1 Hs. 1 TzBfG eines nach § 14 Abs. 2 S. 1 Hs. 1 TzBfG sachgrundlos befristeten Arbeitsvertrags setzt voraus, dass die Vereinbarung über das Hinausschieben des Beendigungszeitpunkts noch vor Abschluss der Laufzeit des bisherigen Vertrags in schriftlicher Form vereinbart wird und der Vertragsinhalt ansonsten unverändert bleibt. Allerdings können die Parteien anlässlich der Verlängerung Anpassungen des Vertragstextes an die zum Zeitpunkt der Verlängerung geltende Rechtslage vornehmen oder Arbeitsbedingungen vereinbaren, auf die der befristet beschäftigte Arbeitnehmer einen Anspruch hat." (BAG v. 20.2.2008 – 7 AZR 786/06, NZA 2008, 883 Rz. 9; bestätigt in BAG v. 19.3.2014 – 7 AZR 828/12, NZA-RR 2014, 462 Rz. 22)

3295 Diese Ansicht ist nicht sonderlich überzeugend. Es ist nicht ersichtlich, warum eine Veränderung der Arbeitsbedingungen, insbesondere Änderungen zugunsten des Arbeitnehmers, im Zeitpunkt der Verlängerung unzulässig sein und zur Unzulässigkeit der weiteren sachgrundlosen Befristung führen soll, obwohl Änderungen vor und nach der Verlängerung im Wege der Vereinbarung möglich sind. Es ist außerdem fraglich, ob es die Funktion des Merkmals „Verlängerung" darstellt, eine Bestandssicherung der ursprünglich vereinbarten Vertragsbedingungen zu gewährleisten (APS/*Backhaus* § 14 TzBfG Rz. 374 ff.).

3296 Ferner ist es weder durch den Gesetzeswortlaut noch durch den Zweck des § 14 Abs. 2 TzBfG zu rechtfertigen, dass im Zuge einer „Verlängerung" keine „Veränderung" der Arbeitsbedingungen möglich sein soll. Absurd wird die Rechtsprechung des BAG, wenn sie in einem Fall die im Rahmen einer Verlängerung eines Arbeitsverhältnisses erfolgte Erhöhung der Vergütung um 0,50 Euro zum Anlass nimmt, die Befristung scheitern zu lassen (siehe dazu BAG v. 23.8.2006 AP Nr. 1 zu § 14 TzBfG Verlängerung; die Rspr. stützend *Dörner* Rz. 463 ff.; MüKoBGB/*Hesse* § 14 TzBfG Rz. 84; *Preis* NZA 2005, 714, 716). Auch in Bezug auf unionsrechtliche Vorgaben, namentlich den Bestrebungen der Sozialpartnervereinbarung im Anhang der Richtlinie 99/70/EG, die missbräuchliche Nutzung sog. Kettenbefristungen zu unterbinden, erscheint ein solches Verständnis bedenklich (näher APS/*Backhaus* § 14 TzBfG Rz. 375 m.w.N.).

3297 In Ansehung dieser Kritik lässt das BAG Ausnahmen zu.

3298 – Eine Änderung der Vertragsbedingungen soll unproblematisch möglich sein, wenn die Vertragsbedingungen bereits **vor der Verlängerung neu vereinbart** wurden und **anschließend** bei der Vertragsverlängerung nur in den neuen **Vertragstext** aufgenommen werden (BAG v. 23.8.2006 – 7 AZR 12/06, NZA 2007, 204).

„Einer Verlängerung i.S.d. § 14 Abs. 2 S. 1 Hs. 2 TzBfG steht nicht entgegen, dass bereits zuvor erfolgte Änderungen der Vertragsbedingungen in den Text der Verlängerungsvereinbarung aufgenommen wer-

den. Diese können etwa auf der Änderung einer für das Arbeitsverhältnis anzuwendenden Kollektivvereinbarung oder zwischenzeitlich getroffenen Abreden über die für das Vertragsverhältnis geltenden Arbeitsbedingungen beruhen. In beiden Fällen wird nur der zum Zeitpunkt der Verlängerung geltende Vertragsinhalt in der Urkunde dokumentiert." (BAG v. 23.8.2006 – 7 AZR 12/06, NZA 2007, 204 Rz. 11)

- Eine Änderung soll ferner dann unschädlich sein, wenn der Arbeitnehmer aus anderen Rechtsgründen (Gleichbehandlung, Anspruch auf Verkürzung oder Verlängerung der Arbeitszeit, §§ 8, 9 TzBfG) einen Rechtsanspruch auf die Änderung hat (BAG v. 16.1.2008 NZA 2008, 701; BAG v. 19.3.2014 – 7 AZR 828/12, NZA-RR 2014, 462 Rz. 22). 3299

Betriebsverfassungsrechtlich zu berücksichtigen ist, dass die Verlängerung des befristeten Arbeitsverhältnisses eine **Einstellung i.S.v. § 99 BetrVG** darstellt, die deshalb in Unternehmen mit in der Regel mehr als zwanzig wahlberechtigten Arbeitnehmern der Mitbestimmung des Betriebsrats bedarf (BAG v. 28.10.1986 – 1 ABR 16/85, NZA 1987, 530). 3300

„Die Frage, ob der Betriebsrat der Verlängerung eines befristeten Arbeitsverhältnisses zustimmen muss, hat der [1.] Senat bereits entschieden. Er hat im Beschluss vom 18.7.1978 (- 1 ABR 79/75, DB 1978, 2319) die Weiterbeschäftigung über die Altersgrenze hinaus als Einstellung i.S.d. § 99 Abs. 1 BetrVG angesehen, jedenfalls diese Weiterbeschäftigung nach Sinn und Zweck der Vorschrift einer Einstellung gleichgesetzt. Die dafür maßgebenden Gründe decken sich mit denen, die für eine Mitbestimmung bei der Verlängerung eines Zeitarbeitsvertrags sprechen. Bei einer Verlängerung eines befristeten Arbeitsverhältnisses geht es um die Frage, ob der Arbeitnehmer länger als zunächst vorgesehen im Betrieb verbleiben soll. Dieser Umstand kann Zustimmungsverweigerungsgründe auslösen, die für die zunächst geplante befristete Einstellung nicht gegeben waren. Der Betriebsrat muss daher der Verlängerung eines befristeten Arbeitsverhältnisses zustimmen." (BAG v. 28.10.1986 – 1 ABR 16/85, NZA 1987, 530, 532) 3301

c) Existenzgründer-Befristungen

Literatur: *Haag/Spahn*, Sachgrundlose Befristung für neue Unternehmen, AuA 2005, 348; *Kleinebrink*, Agenda 2010 – Neue Möglichkeiten eines flexiblen Personaleinsatzes bei Existenzgründungen, ArbRB 2004, 59; *Lipinski*, Der neue § 14 Abs. 2a TzBfG: sachgrundlose kalendermäßige Befristung eines Arbeitsvertrages nach der Gründung eines Unternehmens, BB 2004, 1221.

Neu eingefügt wurde zum 1.1.2004 § 14 Abs. 2a TzBfG. Zweck der Vorschrift ist es, Existenzgründer in der schwierigen Aufbauphase des Unternehmens zu unterstützen. Die Vorschrift ermöglicht eine erleichterte Befristung von Arbeitsverträgen nach der **Neugründung** eines Unternehmens. Maßgeblich hierfür ist der Zeitpunkt der tatsächlichen Aufnahme der anzeigepflichtigen Erwerbstätigkeit. Auf die Rechtsform des Unternehmens kommt es nicht an. Rechtliche Umstrukturierungen wie bspw. die Umwandlung oder Aufspaltung eines Unternehmens, fallen jedoch nicht in den Geltungsbereich des § 14 Abs. 2a TzBfG (LAG Bremen v. 11.5.2017 – 2 Sa 159/16, BeckRS 2017, 152442 Rz. 21; die Revision wurde zugelassen). 3302

Die kalendermäßige Befristung eines Arbeitsvertrags ist in den ersten vier Jahren nach der Unternehmensgründung **ohne Sachgrund** möglich. Bis zu einer **Höchstdauer von vier Jahren** kann der befristete Arbeitsvertrag unbegrenzt oft verlängert werden. Zu beachten ist allerdings, dass das Anschlussverbot des § 14 Abs. 2 S. 2 TzBfG entsprechend Anwendung findet, sodass nach einer Unterbrechung eine erneute Befristung nach Abs. 2a nicht mehr zulässig ist. 3303

d) Altersbefristung

Literatur: *Bader*, Sachgrundlose Befristungen mit älteren Arbeitnehmerinnen und Arbeitnehmern neu geregelt, NZA 2007, 713; *Bauer*, Befristete Verträge mit älteren Arbeitnehmern ab 1.5.2007 – oder der neue § 14 III TzBfG, NZA 2007, 544; *Bayreuther*, Die Neufassung des § 14 Abs. 3 TzBfG – diesmal europarechtskonform?, BB 2007, 1113; *Giesen*, Befristete Arbeitsverhältnisse im Rentenalter – zum neuen § 41 Satz 3 SGB VI –, ZfA 2014, 217; *Grimm*, Die Verlängerung des Arbeitsverhältnisses über die Regelaltersgrenze hinaus, ArbRB 2015, 92; *Preis,* Verbot der Altersdiskriminierung als Gemeinschaftsgrundrecht, NZA 2006, 401; *Preis/Temming,* Der EuGH, das BVerfG und der Gesetzgeber – Lehren aus Mangold II, NZA 2010, 185; *Schiefer/Köster/Korte,* Befristung von Arbeitsverträgen – Die neue Altersbefristung nach § 14 Abs. 3 TzBfG, DB 2007, 1081.

3304 Eine erleichterte Befristungsmöglichkeit sieht § 14 Abs. 3 TzBfG auch beim Abschluss von Arbeitsverträgen mit **älteren Arbeitnehmern** vor. Nach § 14 Abs. 3 TzBfG a.F. war die Befristung von Arbeitsverträgen mit Arbeitnehmern, die bei Beginn des befristeten Arbeitsverhältnisses das 58. bzw. 52. Lebensjahr vollendet hatten, ohne Sachgrund möglich, wenn nicht zu einem vorhergehenden unbefristeten Arbeitsvertrag mit demselben Arbeitgeber ein enger sachlicher Zusammenhang bestand. Die Vereinbarkeit des Abs. 3 a.F. mit der Richtlinie 1999/70/EG und 2000/78/EG wurde jedoch überwiegend bezweifelt. Der EuGH erklärte die Regelung schließlich wegen Verstoßes gegen das primärrechtliche Altersdiskriminierungsverbot für unanwendbar (EuGH v. 22.11.2005 – C-144/04 „Mangold", NJW 2005, 3695). Dem hat sich das BAG in seiner Entscheidung vom 26.4.2006 angeschlossen (BAG v. 26.4.2006 – 7 AZR 500/04, NZA 2006, 1162).

3305 Gemäß der am 1.5.2007 in Kraft getretenen Neufassung des § 14 Abs. 3 TzBfG ist die kalendermäßige Befristung **ohne Sachgrund** möglich, wenn der Arbeitnehmer bei Beginn des befristeten Arbeitsverhältnisses (nicht bei Abschluss des Vertrags) das **52. Lebensjahr vollendet** hat. Weitere Voraussetzung ist, dass der Arbeitnehmer unmittelbar davor mindestens vier Monate **beschäftigungslos i.S.d. § 138 Abs. 1 Nr. 1 SGB III** war, Transferkurzarbeitergeld bezogen oder an einer öffentlich geförderten Beschäftigungsmaßnahme teilgenommen hat.

3306 Die Befristung ist bis zu einer maximalen Dauer von fünf Jahren zulässig, hierbei ist der Arbeitgeber nicht gezwungen, den Befristungsrahmen von fünf Jahren auszuschöpfen (vgl. BAG v. 9.9.2015 – 7 AZR 190/14, NZA 2016, 232 Rz. 40). Innerhalb dieses Zeitraums kann der Arbeitsvertrag beliebig oft verlangert werden. Das Anschlussverbot des § 14 Abs. 2 S. 2 TzBfG gilt nicht, sodass auch mit demselben Arbeitgeber ein befristetes Arbeitsverhältnis eingegangen werden kann. Auch gegen die am 1.5.2007 in Kraft getretene Neufassung des § 14 Abs. 3 TzBfG bestehen – zumindest bei mehrmaliger Inanspruchnahme durch dieselben Arbeitsvertragsparteien immer noch gewichtige Bedenken unionsrechtlicher Natur (ausführlich BAG v. 28.5.2014 – 7 AZR 360/12, NZA 2015, 1131 Rz. 15).

3. Dispositivität der gesetzlichen Regelung

3307 Bei dem TzBfG handelt es sich grundsätzlich um eine einseitig zwingende gesetzliche Norm (Rz. 640). Daraus folgt, dass sie sowohl **individual- als auch tarifvertraglich zugunsten des Arbeitnehmers abbedungen** werden kann. Abweichungen **zuungunsten der Arbeitnehmer** sind dagegen bis auf wenige Ausnahmen (§ 14 Abs. 2 S. 3 und 4, § 15 Abs. 3 TzBfG) **unzulässig** (§ 22 Abs. 1 TzBfG).

3308 Für die Sachgrundbefristung gemäß § 14 Abs. 1 TzBfG gilt dies **uneingeschränkt**. Weder durch Einzelarbeitsvertrag noch durch Tarifvertrag kann das grundsätzliche Sachgrunderfordernis abbedungen werden. Deshalb müssen sich auch tarifliche Befristungsregelungen an die Wertungsmaßstäbe für ungeregelte Sachgründe nach Maßgabe des § 14 Abs. 1 S. 1 TzBfG halten (BAG v. 9.12.2009 – 7 AZR 399/08 NZA 2010, 495). Der Gesetzgeber hat genau austariert, wo die Tarifvertragsparteien einen weitergehenden Gestaltungsspielraum haben sollen.

3309 Von der Regelung der erleichterten Befristung des § 14 Abs. 2 TzBfG dagegen kann durch Tarifvertrag auch **zuungunsten der Arbeitnehmer** abgewichen werden, womit **branchenspezifische Lösungen** ermöglicht werden sollen (hierzu BAG v. 15.8.2012 – 7 AZR 184/11). Die Tarifdispositivität ist aber dahin begrenzt, dass die Tarifparteien nur die **Anzahl der Verlängerungen** oder **die Höchstdauer** der Befristung anders regeln können. Möglich ist deshalb z.B. die erleichterte Befristung bis zu einer Höchstdauer von drei Jahren oder fünf Verlängerungen zuzulassen. Es kann von beiden Möglichkeiten gleichzeitig im Tarifvertrag Gebrauch gemacht werden (BAG v. 15.8.2012 – 7 AZR 184/11, NZA 2013, 45 Rz. 15; BAG v. 5.12.2012 – 7 AZR 698/11, NZA 2013, 515 Rz. 20; BAG v. 18.3.2015 – 7 AZR 452/13, NZA 2015,

821 Rz. 20). Diese tarifvertragliche Abweichungsbefugnis nach § 14 Abs. 2 S. 3 TzBfG besteht jedoch nicht schrankenlos.

„*Die den Tarifvertragsparteien mit § 14 Abs. 2 S. 3 TzBfG eröffnete Möglichkeit, die Anzahl der Verlängerungen oder die Höchstdauer der Befristung oder beide Umstände abweichend von § 14 Abs. 2 S. 1 TzBfG festzulegen, ist zwar nach dem Gesetzeswortlaut weder hinsichtlich der Höchstdauer noch der Anzahl der Verlängerungen eingeschränkt. Dennoch ist sie nicht völlig unbegrenzt. Vielmehr gebieten systematischer Gesamtzusammenhang und Sinn und Zweck des TzBfG, aber auch verfassungs- und unionsrechtliche Gründe eine immanente Beschränkung der durch § 14 Abs. 2 S. 3 TzBfG eröffneten Dispositionsbefugnis der Tarifvertragsparteien.*" (BAG v. 26.10.2016 – 7 AZR 140/15, NZA 2017, 463 Rz. 18 ff.; BAG v. 15.8.2012 – 7 AZR 184/11, NZA 2013, 45 Rz. 23) 3310

Eine exakte Festlegung der postulierten Grenzen scheute die höchstrichterliche Rechtsprechung in der Vergangenheit (BAG v. 15.8.2012 – 7 AZR 184/11, NZA 2013, 45 Rz. 32; BAG v. 5.12.2012 – 7 AZR 698/11, NZA 2013, 515 Rz. 33; BAG v. 18.3.2015 – 7 AZR 272/13, NZA 2015, 821 Rz. 31). In einer jüngeren Entscheidung äußerte sich das BAG hingegen zu den Grenzen der tariflichen Gestaltungsmacht. 3311

„*Der Senat sieht die Grenze der tariflichen Regelungsbefugnis unter Berücksichtigung der Gesamtkonzeption von § 14 TzBfG und der unionsrechtlichen Vorgaben in der RL 1999/70/EG sowie zur Gewährleistung eines Mindestbestandsschutzes für die betroffenen Arbeitnehmer und unter Beachtung der den Tarifvertragsparteien zustehenden Tarifautonomie als erreicht an bei der Festlegung der Dauer eines sachgrundlos befristeten Arbeitsvertrags auf maximal sechs Jahre und der höchstens neunmaligen Verlängerung bis zu dieser Gesamtdauer.*" (BAG v. 26.10.2016 – 7 AZR 140/15, NZA 2017, 463 Rz. 31)

III. Schriftformerfordernis

Literatur: *Bahnsen,* Schriftform nach § 14 IV TzBfG – die neue Befristungsfalle für Arbeitgeber, NZA 2005, 676; *Lingemann,* Probleme der Schriftform bei Befristung, ArbR 2009, 79; *Müller-Glöge/v. Senden,* Gesetzliche Schriftform für Kündigung, Auflösungsvertrag und Befristung, AuA 2000, 199; *Nadler/v. Medem,* Formnichtigkeit einer Befristungsabrede im Arbeitsvertrag – ein nicht zu korrigierender Fehler?, NZA 2005, 1214; *Preis/Gotthardt,* Schriftformerfordernis für Kündigungen, Aufhebungsverträge und Befristungen, NZA 2000, 348; *Richardi/Annuß,* Der neue § 623 BGB – eine Falle im Arbeitsrecht, NJW 2000, 1231; *Riesenhuber,* Keine Rettung der formnichtigen Befristungsabrede im Arbeitsvertrag?, NJW 2005, 2268.

Zum 1.5.2000 hatte der Gesetzgeber bereits in § 623 BGB für die Befristung die Schriftform vorgeschrieben. Dieses neue Formerfordernis hat er zum 1.1.2001 in § 623 BGB gestrichen und inhaltlich unverändert in § 14 Abs. 4 TzBfG übernommen. Die Einhaltung der Schriftform ist **konstitutive Wirksamkeitsvoraussetzung** für die Befristung und soll den Erklärenden vor übereilten Entscheidungen schützten (**Warnfunktion**). Daneben hat sie auch **Klarstellungs- und Beweisfunktion**. Die Vertragsparteien stellen klar, dass – abweichend vom Regelfall des unbefristeten Arbeitsvertrags – eine Befristung tatsächlich gewollt ist. 3312

Das Schriftformerfordernis findet **umfassend** auf **alle Arten der Befristung** Anwendung, d.h. sowohl auf die kalendermäßige Befristung als auch auf die Zweckbefristung. Auf die Rechtsgrundlage kommt es nicht an, weshalb das Formerfordernis nicht nur für die Befristungstatbestände des § 14 TzBfG sondern auch für die gesetzlichen Sonderbefristungstatbestände (Rz. 3350) gilt (zum WissZeitVG siehe BAG v. 20.8.2014 – 7 AZR 924/12, NZA-RR 2015, 9 Rz. 23). Darüber hinaus findet es gleichfalls bei einer bloßen **Verlängerung** eines befristeten Arbeitsvertrags, d.h. wenn einvernehmlich nur der Endtermin abgeändert wird, Anwendung (BAG v. 16.3.2005 – 7 AZR 289/04, NZA 2005, 923; für das WissZeitVG BAG v. 30.8.2017 – 7 AZR 524/15, NZA 2018, 305). Dies gilt auch für die befristete Verlängerung eines gekündigten Arbeitsverhältnisses während der Kündigungsfrist (siehe dazu BAG v. 21.11.2013 – 6 AZR 664/12, NZA 2014, 362). Die Schriftform ist auch bei einer Änderung des formbedürftigen Rechtsgeschäfts zu beachten (BGH v. 26.10.1973 – V ZR 194/72, NJW 1974, 271). 3313

3314 Die Anforderungen an die gesetzliche Schriftform richten sich nach § 126 BGB. Erforderlich ist deshalb die **eigenhändige Unterschrift**. Dies erfordert nach § 126 Abs. 1 BGB eine eigenhändig vom Aussteller mit Namensunterschrift oder mittels notariell beglaubigten Handzeichens unterzeichnete Urkunde. Bei einem Vertrag muss die Unterzeichnung der Parteien nach § 126 Abs. 2 S. 1 BGB auf derselben Urkunde erfolgen. Unterzeichnet der Arbeitnehmer lediglich eine Anlage zum Anstellungsvertrag, nicht jedoch den die Befristungsabrede enthaltenden Anstellungsvertrag selbst, ist dem Schriftformerfordernis des § 14 Abs. 4 TzBfG nur genügt, wenn der Anstellungsvertrag und die Anlage eine einheitliche Urkunde bilden und die Unterzeichnung der Anlage auch die Befristungsabrede im Anstellungsvertrag abdeckt (BAG v. 4.11.2015 – 7 AZR 933/13, NZA 2016, 547 Ls. 1). Auch durch die Unterzeichnung mittels einer bloßen Paraphe wird dem Schriftformerfordernis nicht Genüge getan (BAG v. 20.8.2014 – 7 AZR 924/12, NZA-RR 2015, 9 Rz. 24). Nicht gewahrt wird die Schriftform durch die Textform des § 126b BGB (siehe unter § 22 I 2), sodass die Verwendung von Telegramm, Telefax oder einer einfachen E-Mail nicht ausreichen. Der Schriftform gleichgestellt ist dagegen gemäß § 126 Abs. 3 BGB die **elektronische Form** (§ 126a BGB; siehe unter § 22 I 2). Erforderlich ist dann aber, dass dem Dokument der Name des Ausstellers und eine besonders gesicherte qualifizierte elektronische Signatur hinzugefügt wird. Bei der elektronischen Form müssen die Parteien jeweils ein gleichlautendes Dokument elektronisch signieren (§ 126a Abs. 2 BGB). Eine wirksame Verlängerung einer Befristung kann deshalb insbesondere nicht dadurch zustande kommen, dass der Arbeitgeber dem Arbeitnehmer die befristete Fortsetzung schriftlich oder in elektronischer Form anbietet und der Arbeitnehmer dieses Angebot konkludent durch Weiterarbeit annimmt.

Beispiel: A vereinbart mit B formgerecht einen befristeten Arbeitsvertrag zur Vertretung des für neun Monate ins Ausland entsandten C. Die Auslandsentsendung des C wird für weitere sieben Monate verlängert. A teilt dem B deshalb schriftlich mit, dass er den Vertrag um weitere sieben Monate verlängere. B antwortet nicht, erscheint aber weiterhin zur Arbeit. Da die Verlängerung der Befristung nicht schriftlich erfolgt ist, ist die Befristungsabrede des zweiten Vertrags unwirksam.

3315 Irrelevant für die Einhaltung der Schriftform i.S.v. §§ 14 Abs. 4 TzBfG, 126 Abs. 1 BGB ist, ob der Unterzeichner tatsächlich bevollmächtigt war oder ob er möglicherweise ohne bzw. außerhalb seiner Vertretungsmacht als Vertreter ohne Vertretungsmacht handelte (BAG v. 12.4.2017 – 7 AZR 446/15, NZA 2017, 1125 Rz. 18). Wird ein Vertrag für eine Vertragspartei von einem Vertreter i.S.v. § 164 Abs. 1 BGB unterzeichnet, muss das Vertretungsverhältnis in der Vertragsurkunde deutlich zum Ausdruck kommen. Eindeutig ist der Zusatz „**in Vertretung**". Unklar ist der Zusatz „**im Auftrag**". Bei der nach §§ 133, 157 BGB gebotenen Auslegung der Erklärung ist zu berücksichtigen, dass im allgemeinen, unjuristischen Sprachgebrauch nicht immer hinreichend zwischen „Auftrag" und „Vertretung" unterschieden wird (vgl. *Klein* NZA 2004, 1198, 1200). Es ist nicht angezeigt, davon auszugehen, dass der „im Auftrag" Handelnde lediglich als Bote und nicht als Vertreter gehandelt hat. Die Zusätze „in Vertretung" und „im Auftrag" kennzeichnen häufig nur unterschiedliche Hierarchieebenen. Maßgeblich sind die Gesamtumstände, wobei **regelmäßig von einem Vertreterhandeln auszugehen** ist. Ergibt sich daraus, dass der Unterzeichner die Erklärung ersichtlich im Namen eines anderen abgegeben hat, ist von einem Handeln als Vertreter auszugehen (BAG v. 12.4.2017 – 7 AZR 446/15, NZA 2017, 1125 Rz. 18; BAG v. 9.9.2015 – 7 AZR 190/14, NZA 2016, 232).

3316 Das Schriftformerfordernis bezieht sich **nur** auf die **Befristungsabrede** als solche, **nicht** auf den **gesamten befristeten Arbeitsvertrag** oder die Befristung einzelner Arbeitsbedingungen (BAG v. 13.6.2007 – 7 AZR 700/06, NZA 2008, 108; BAG v. 3.9.2003 – 7 AZR 106/03, NZA 2004, 255). Bei der **Kalenderbefristung** muss also nur deren Dauer, z.B. durch Festlegung eines Anfangs- und Endtermins, schriftlich niedergelegt werden. Praktisch sinnvoll ist dies wegen der Anforderungen des Nachweisgesetzes (siehe unter § 22 I 2) jedoch nicht. Nicht vom Schriftformerfordernis des § 14 Abs. 4 TzBfG erfasst ist auch der **Befristungsgrund**. Anders ist dies allerdings bei der **Zweckbefristung**. Hier wird verlangt, dass die Parteien eine eindeutige Vereinbarung über den Vertragszweck erzielen (BAG v. 21.12.2005 – 7 AZR 541/04, NZA 2006, 321). Die Vereinbarung des Zwecks ist damit wesentlicher Bestandteil der Befristungsabrede und bedarf deshalb der Schriftform. Sachgrund der Befristung und Zweck sind hierbei identisch. In keinem Fall verlangt § 14 Abs. 4 TzBfG die schriftliche Vereinbarung der **Rechtsgrundlage**, auf die die Befristung gestützt werden soll. Vereinbaren die Vertragsparteien jedoch ausdrücklich einen Sachgrund als Grundlage der Befristung und beschreiben diese sachliche Grundlage genau, bedingen sie damit die Möglichkeit der sachgrundlosen Befristung (z.B. nach § 14 Abs. 2 TzBfG) ab, auf die sodann nicht mehr zurückgegriffen werden kann. Das BAG ist an dieser Stelle großzügiger und lässt auch in diesem Fall einen Rückgriff auf die sachgrundlose Befristung zu, sofern deren Voraussetzungen objektiv vorliegen (BAG v. 12.8.2009 – 7 AZR 270/08 Rz. 27; BAG v. 5.6.2002 – 7 AZR 241/01, NZA 2003, 149). Auch ein Nachschieben von Befristungsgründen soll unter diesen Umständen möglich sein, wenn der zunächst vereinbare Grund die Befristung sachlich nicht trägt (BAG v. 5.5.2004 – 7 AZR 629/03, NZA 2004, 1346, 1349; BAG v. 5.6.2002 – 7 AZR 241/01, NZA 2003, 149, 152). Auch dies ist abzulehnen, da sich der Arbeitgeber durch Angabe eines bestimmten Sachgrundes gebunden hat.

Sonderproblem: Geltung des Schriftformerfordernisses bei Inbezugnahme tarifvertraglicher Regelungen: Umstritten ist neuerdings, ob bei einzelvertraglicher Bezugnahme auf eine tarifvertragliche Vorschrift das Schriftformerfordernis des § 14 Abs. 4 TzBfG gilt. Nach neuer Rechtsprechung des BAG ist dies nicht der Fall (BAG v. 23.7.2014 – 7 AZR 771/12, NZA 2014, 1341 Rz. 35; zust. *Nix* NZA-RR 2015, 466; ablehnend *Schneider* RdA 2015, 263). Hiermit privilegiert das BAG originäre arbeitsvertragliche Absprachen und gegenüber den ebenfalls aus dem Arbeitsvertrag entstammenden Bezugnahmeklauseln, die auf kollektive Vereinbarungen verweisen. Gegen diese Rechtsprechung scheint in teleologischer Hinsicht die mit dem Schriftformerfordernis vom Gesetzgeber angestrebte Klarstellung zu sprechen (ausf. *Schneider* RdA 2015, 263, 264 f.). Daneben kommt dem Schriftformerfordernis Warnfunktion zu, die bei einzelvertraglicher Bezugnahme leerlaufen kann. Nicht von der Hand zu weisen ist freilich das Argument, dass sowohl der Nachweisfunktion der Schriftform durch die Bezugnahmeklausel im Arbeitsvertrag ausreichend Rechnung getragen werde. Ferner sei die Warnfunktion entbehrlich, soweit tarifvertragliche Regelungen durch deren großen Verbreitungsgrad von allgemeiner Üblichkeit seien (*Laux/Schlachter* § 14 Rz. 173). Im Ergebnis bedeutet die Position des BAG letztlich nichts anderes, als den global einbezogenen Tarifvertrag als Rechtsquelle zu privilegieren und keine Ungleichbehandlung zwischen tarifgebundenen und tarifungebundenen Arbeitnehmern zuzulassen (vgl. zu Differenzierungsklauseln ausf. im Band Kollektivarbeitsrecht unter Rz. 167). Das BAG arbeitet hier mit der Annahme, dass es des Schutzes des Arbeitnehmers nicht in gleicher Weise bedürfe, wenn sich die Arbeitsbedingungen nach einem einschlägigen Tarifvertrag richteten. Der Warnfunktion des Schriftformerfordernisses käme bei in Bezug genommenen Tarifverträgen nicht dieselbe Bedeutung zu wie bei individuellen originären Vereinbarungen. Die Gefahr einer „prekären" Beschäftigung sei bei tariflichen Beendigungskündigung typischerweise nicht dieselbe wie bei einzelvertraglichen Abreden. Überdies sei es ein Wertungswiderspruch, dass nicht tarifgebundenen Arbeitnehmern zwar sämtliche Vorteile des Tarifvertrages zugute kämen, diese aber nicht in gleicher Weise an den mit dem Tarifvertrag verbundenen Nachteilen und Risiken teilnähmen (BAG v. 23.7.2014 – 7 AZR 771/12, NZA 2014, 1341 Rz. 45).

Allein die Befristungsabrede bedarf zu ihrer Wirksamkeit der Schriftform, der Abschluss des Arbeitsvertrags ist dagegen formfrei möglich. Bei einem Verstoß gegen die Formvorschrift des § 14 Abs. 4 TzBfG ist daher nicht der gesamte Arbeitsvertrag nichtig. Vielmehr gilt der Arbeitsvertrag gemäß § 16 S. 1 TzBfG als auf unbestimmte Zeit geschlossen.

Umstritten ist die Frage, ob eine zunächst nur mündlich vereinbarte Befristung rückwirkend wirksam wird, wenn sie erst nach Vertragsbeginn schriftlich festgehalten wird. Das BAG hat dazu entschieden, dass die nach Arbeitsaufnahme erfolgte schriftliche Niederlegung der Befristungsabrede nicht zu einer nachträglichen Befristung des Arbeitsverhältnisses führt (BAG v. 13.6.2007 – 7 AZR 700/06, NZA 2008, 108; BAG v. 1.12.2004 – 7 AZR 198/04, NZA 2005, 575).

„Ein unbefristeter Arbeitsvertrag kann zwar nachträglich befristet werden. Das gilt auch für einen mangels Schriftform unwirksam befristeten Arbeitsvertrag, der ein Arbeitsverhältnis auf unbestimmte Zeit zur Folge hat. Voraussetzung dafür ist aber, dass die Parteien übereinstimmende, auf diese Rechtsfolge gerichtete Willenserklärungen abgeben. Daran fehlt es, wenn die Parteien lediglich eine mündlich vereinbarte Befristung zu einem späteren Zeitpunkt nach Aufnahme der Arbeit durch den Arbeitnehmer in einem schriftlichen Arbeitsvertrag niederlegen. Damit treffen sie in der Regel keine neue Befristungsvereinbarung, sondern halten nur schriftlich fest, was sie zuvor mündlich vereinbart haben." (BAG v. 1.12.2004 – 7 AZR 198/04, NZA 2005, 575, 577)

3321 Das BAG lenkt insofern ein, als es für den Fall, dass der Arbeitgeber vor Arbeitsbeginn dem Arbeitnehmer einen schriftlichen Vertragsentwurf zuleitet und zumindest den Umständen nach den Vertragsschluss von der Unterzeichnung abhängig macht, die erst nach Vertragsbeginn erfolgte Unterzeichnung nicht als Verstoß gegen § 14 Abs. 4 TzBfG wertet (BAG v. 15.2.2017 – 7 AZR 632/15, NZA 2017, 908 Rz. 31). Damit werden aber die prinzipiellen Bedenken gegen die zu strenge Rechtsprechung des BAG nicht ausgeräumt. Es ist nach wie vor nicht einsehbar, weshalb die Vertragsparteien eine formgerechte Befristung nicht auch nach Arbeitsantritt nachholen können.

3322 *„Macht der Arbeitgeber den Abschluss eines befristeten Arbeitsvertrags von der Unterzeichnung der Vertragsurkunde und damit der Einhaltung des Schriftformgebots des § 14 Abs. 4 TzBfG abhängig, kann der Arbeitnehmer dieses Angebot nicht durch die Arbeitsaufnahme konkludent annehmen, sondern nur durch die Unterzeichnung der Vertragsurkunde."* (BAG v. 16.4.2008 – 7 AZR 1048/06, NZA 2008, 1184 Rz. 13)

3323 Weicht die schriftliche Befristungsvereinbarung inhaltlich von der mündlichen ab, handelt es sich nach Auffassung des BAG um eine neue, eigenständige Befristungsvereinbarung, die zu einer wirksamen Befristung des Arbeitsverhältnisses führen kann.

„Anders verhält es sich, wenn die Parteien vor Vertragsbeginn und vor Unterzeichnung des schriftlichen Arbeitsvertrags mündlich keine Befristung vereinbart haben oder wenn sie eine mündliche Befristungsabrede getroffen haben, die inhaltlich mit der in dem später unterzeichneten schriftlichen Arbeitsvertrag enthaltenen Befristung nicht übereinstimmt. In diesem Fall wird in dem schriftlichen Arbeitsvertrag nicht lediglich eine zuvor vereinbarte mündliche Befristung schriftlich niedergelegt, sondern eine davon abweichende und damit eigenständige Befristungsabrede getroffen, durch die das zunächst bei Vertragsbeginn unbefristet entstandene Arbeitsverhältnis nachträglich befristet wird." (BAG v. 13.6.2007 – 7 AZR 700/06, NZA 2008, 108 Rz. 18)

3324 Im Schrifttum wird die Rechtsprechung des BAG kritisiert. Ein auf eine nachträgliche Befristung gerichteter Rechtsfolgenwille sei durchaus auch dann erkennbar, wenn die Parteien die zunächst nur mündlich getroffene Befristungsvereinbarung später schriftlich festhalten (APS/*Greiner* § 14 TzBfG Rz. 477 ff.). In der Praxis wird man sich indes an die Rechtsprechung des BAG halten müssen, mündliche Vereinbarungen vor Vertragsbeginn sollten dementsprechend vermieden werden.

IV. Beendigung befristeter Arbeitsverhältnisse

3325 Die § 15 Abs. 1 bis 3 TzBfG kodifizieren anerkannte Regeln über die Beendigung befristeter Arbeitsverhältnisse. § 15 Abs. 1 TzBfG legt den schon bisher anerkannten Grundsatz fest, dass ein **kalendermäßig befristeter Vertrag** ohne Weiteres mit Ablauf der vereinbarten Zeit endet, ohne dass es einer Kündigung bedarf. Damit gilt der allgemeine Kündigungsschutz nicht und eine Kündigungsfrist ist nicht einzuhalten.

3326 § 15 Abs. 2 TzBfG geht zwar im Grundsatz davon aus, dass der zweckbefristete Vertrag mit Erreichen des Zwecks endet. Die Beendigung kann jedoch frühestens zwei Wochen nach Zugang der schriftlichen Unterrichtung des Arbeitnehmers durch den Arbeitgeber über den Zeitpunkt der Zweckerreichung eintreten. Die Regelung knüpft an die bisherige Rechtsprechung des BAG an, welche eine Zweckbefristung, die für den Arbeitnehmer nicht voraussehbar oder nicht in überschaubarer Zeit liegt, erst mit Ablauf einer der Mindestkündigungsfrist entsprechenden **Auslauffrist** enden ließ (BAG v. 26.3.1986 – 7 AZR 599/84, NZA 1987, 238). Die jetzt allerdings an § 622 Abs. 3 BGB angelehnte, kurze Auslauffrist des § 15 Abs. 2 TzBfG trägt deshalb dem Umstand Rechnung, dass die **Zweckbefristung regelmäßig mit einer Ungewissheit über den Beendigungszeitpunkt verbunden** ist. Die Norm ist zwingend und kann auch nicht – zu Ungunsten des Arbeitnehmers – durch Tarifvertrag abbedungen werden (BAG v. 12.8.2015 – 7 AZR 592/13, NZA 2016, 173 Rz. 29). Zur Wahrung des Schriftlichkeitsgebots (§ 15 Abs. 2 TzBfG) bedarf es nicht der strengen Schriftform des § 126 Abs. 1

BGB. Für die schriftliche Unterrichtung des Arbeitnehmers sei die Einhaltung der Textform nach § 126 b BGB ausreichend (BAG v. 20.6.2018 – 7 AZR 689/16, NJW 2019, 103 Rz. 62; a.A *Kliemt* NZA 2001, 296, 302).

Zu beachten ist, dass ein befristeter Arbeitsvertrag – wenn einzel- oder tarifvertraglich nichts Abweichendes vereinbart ist – während seiner Laufzeit **ordentlich nicht gekündigt werden kann** (§ 15 Abs. 3 TzBfG). Das Recht zur außerordentlichen Kündigung unter den Voraussetzungen des § 626 BGB bleibt davon freilich unberührt. 3327

§ 15 Abs. 4 und 5 TzBfG übernehmen für den Arbeitsvertrag die zuvor in §§ 624, 625 BGB enthaltenen Normen. § 15 Abs. 4 TzBfG betrifft befristete Arbeitsverträge für eine längere Zeit als fünf Jahre. Zu berücksichtigen ist schließlich, dass **kraft gesetzlicher Fiktion** (§ 15 Abs. 5 TzBfG) das befristete Arbeitsverhältnis als auf unbestimmte Zeit verlängert gilt, wenn es mit Wissen des Arbeitgebers fortgesetzt wird und dieser nicht unverzüglich widerspricht oder im Falle der Zweckbefristung dem Arbeitnehmer die Zweckerreichung nicht unverzüglich und schriftlich mitteilt. Lehnt der Arbeitgeber den Wunsch des Arbeitnehmers auf Fortsetzung des Arbeitsverhältnisses ab, liegt darin i.d.R. ein Widerspruch i.S.d. § 15 Abs. 5 TzBfG (BAG v. 11.7.2007 – 7 AZR 501/06, AP Nr. 12 zu § 57a HRG). Zu beachten ist jedoch, dass nicht durch einen bereits im Vertrag vorweggenommenen, antizipierten Widerspruch auf eine Verlängerung i.S.v. § 15 Abs. 5 TzBfG verzichtet werden kann (vgl. BAG v. 22.7.2014 – 9 AZR 1066/12, NZA 2014, 1330 Rz. 25). Um eine Umgehung des § 22 Abs. 1 TzBfG auszuschließen, ist ein **zeitlicher Zusammenhang** mit dem vereinbarten Ende der Vertragslaufzeit erforderlich (BAG v. 29.6.2011 – 7 AZR 6/10, NJW 2011, 3675 Rz. 36; BAG v. 22.7.2014 – 9 AZR 1066/12, NZA 2014, 1330 Rz. 25). Einen solchen nimmt die Rechtsprechung an, wenn der Widerspruch zu einem Zeitpunkt erklärt wird, in dem bereits ein Rechtsstreit über die Wirksamkeit der Befristung anhängig ist und der Arbeitgeber sich gegen die Klage verteidigt (BAG v. 22.7.2014 – 9 AZR 1066/12, NZA 2014, 1330 Rz. 25). 3328

V. Rechtsfolgen unwirksamer Befristung

Ist eine Befristung rechtsunwirksam, so **gilt der befristete Arbeitsvertrag als auf unbestimmte Zeit geschlossen** (§ 16 S. 1 TzBfG). Der Vertrag im Übrigen bleibt bestehen. Die Unwirksamkeit der Befristung hat nicht die Unwirksamkeit des gesamten Vertrags zur Folge; § 139 BGB findet keine Anwendung (schon BAG v. 26.4.1979 – 2 AZR 431/77, DB 1979, 1991; BAG v. 6.4.2011 – 7 AZR 524/09, NZA 2011, 970, 972). Die Rechtsfolge des § 16 S. 1 TzBfG tritt z.B. ein, wenn dem befristeten Arbeitsvertrag ein Sachgrund fehlt, die Voraussetzungen der erleichterten Befristung nicht gegeben sind oder ein Verstoß gegen das Formerfordernis für die Befristungsabrede vorliegt. 3329

Vor Inkrafttreten des TzBfG ging die Rechtsprechung davon aus, dass bei einer sachlich nicht gerechtfertigten Befristung beide Parteien, nämlich Arbeitgeber und Arbeitnehmer, an die vereinbarte Befristungsdauer als Mindestdauer gebunden waren. Vor deren Ablauf konnten beide Parteien das Arbeitsverhältnis grundsätzlich nicht durch ordentliche Kündigung beenden (BAG v. 14.1.1982 – 2 AZR 245/80, NJW 1982, 1475). § 16 TzBfG hingegen verfolgt eine **differenzierte Lösung**. **Grundsatz** ist, dass bei Unwirksamkeit der Befristung **nur der Arbeitgeber an die vereinbarte Mindestdauer** gebunden ist, wenn nicht die Möglichkeit der vorherigen ordentlichen Kündigung vereinbart war (§ 15 Abs. 3 TzBfG). Er kann das Arbeitsverhältnis unter Einhaltung der allgemeinen Kündigungsvoraussetzungen, insbesondere des allgemeinen Kündigungsschutzes (Rz. 2768) frühestens zum vereinbarten Ende ordentlich kündigen. Der **Arbeitnehmer** hingegen **unterliegt** bei unwirksamer Befristung **keiner Mindestbindung**, kann den Arbeitsvertrag also bereits vor dem vereinbarten Ende kündigen. 3330

Führt allein ein **Verstoß gegen das Schriftformerfordernis** des § 14 Abs. 4 TzBfG zur Unwirksamkeit der Befristung, besteht gemäß § 16 S. 2 TzBfG **überhaupt keine Mindestbindung**. Sowohl der Arbeitgeber als auch der Arbeitnehmer können das Arbeitsverhältnis auch ohne eine Vereinbarung einer Kündigungsmöglichkeit bereits vor dem vereinbarten Ende ordentlich kündigen. 3331

VI. Auflösende Bedingung

Literatur: S. oben zu § 70 allg.; *Boewer*, Der auflösend bedingte Arbeitsvertrag im Lichte des § 21 TzBfG, FS Schwerdtner (2003), 37; *Ehrich*, Die Zulässigkeit von auflösenden Bedingungen in Arbeitsverträgen, DB 1992, 1168; *Felix*, Zulässigkeit und Besonderheiten auflösend bedingter Arbeitsverträge, NZA 1994, 1111; *v. Koppenfels-Spies*, Die Beendigung des Arbeitsverhältnisses durch auflösende Bedingung, ArbuR 2004, 209.

3332 Arbeitsverträge können nicht nur befristet, sondern auch unter einer auflösenden Bedingung i.S.v. § 158 Abs. 2 BGB geschlossen werden. Die Beendigung des Arbeitsverhältnisses hängt dann von einem **künftigen ungewissen Ereignis** ab. Die Bedingung muss überhaupt nicht eintreten. Die auflösende Bedingung unterscheidet sich von der kalendermäßigen Befristung dadurch, dass ein kalendermäßig bestimmter Endtermin nicht feststeht. Bei der Zweckbefristung steht, anders als bei der auflösenden Bedingung, das Erreichen des Zwecks sicher fest und lediglich der Zeitpunkt der Zweckerreichung ist unsicher (BAG v. 8.8.2007 – 7 AZR 605/06, DB 2008, 133). Die Abgrenzung der beiden Rechtsinstitute erfolgt durch die Auslegung der Parteiabrede (BAG v. 21.3.2017 – 7 AZR 222/15, NZA 2017, 631 Rz. 21).

3333 Das BAG hatte zeitweilig erwogen, auflösende Bedingungen für unzulässig zu halten. Es hatte sich dann aber wieder auf den Standpunkt gestellt, dass die **Vereinbarung auflösender Bedingungen** im Arbeitsvertrag im Rahmen der Rechtsgrundsätze, die zur Vereinbarung der Befristung von Arbeitsverträgen entwickelt wurden, **wirksam ist** (BAG v. 20.12.1984 – 2 AZR 3/84, NZA 1986, 325). Mit § 21 TzBfG hat der Gesetzgeber ausdrücklich entschieden, dass auflösend bedingte Arbeitsverträge zulässig sind. Auf sie finden die wesentlichen Vorschriften über die kalendermäßige Befristung und die Zweckbefristung entsprechende Anwendung. Freilich unterliegt die Vertragsgestaltung in dieser Hinsicht auch der Inhaltskontrolle nach Maßgabe der §§ 305 ff. BGB. So kann z.B. eine intransparent in eine arbeitsvertragliche Vereinbarung inkorporierte auflösende Bedingung eine Überraschungsklausel i.S.d. § 305c BGB sein (BAG v. 8.8.2007 – 7 AZR 605/06, DB 2008, 133).

3334 Auflösend bedingte Arbeitsverträge sind aber nur dann zulässig, wenn ein **Sachgrund** gegeben ist. Ohne Sachgrund sind auflösend bedingte Arbeitsverträge unwirksam, weil § 21 TzBfG auf § 14 Abs. 1 TzBfG verweist, nicht aber auf die Möglichkeiten der erleichterten Befristung in § 14 Abs. 2, 3 TzBfG. Zu beachten ist freilich, dass die Aufzählung der Sachgründe in § 14 Abs. 1 S. 2 TzBfG nur beispielhaft ist („insbesondere") und weder andere von der Rechtsprechung bisher anerkannte, noch weitere Gründe für Befristungen oder auflösende Bedingungen ausschließen soll (BAG v. 23.7.2014 – 7 AZR 771/12, NZA 2014, 1341 Rz. 49). Auch **unbenannte Sachgründe** rechtfertigen daher die Vereinbarung einer auflösenden Bedingung. Da es bei § 14 Abs. 1 TzBfG für das Sachgrunderfordernis nicht auf eine Umgehung von Kündigungsschutz ankommt (Rz. 3229), **bedürfen** auch auflösend bedingte Arbeitsverträge **in Kleinbetrieben oder von bis zu sechs Monaten eines Sachgrundes** (anders noch BAG v. 20.10.1999 – 7 AZR 658/98, NZA 2000, 717).

3335 Im Hinblick darauf, dass § 21 TzBfG die entsprechende Anwendung von § 14 Abs. 1 TzBfG anordnet, ist **unklar geworden, ob für das Sachgrunderfordernis** bei auflösend bedingten **Arbeitsverträgen die gleichen Maßstäbe** gelten wie bei kalendermäßig oder zweckbefristeten Arbeitsverträgen. Vor Geltung des TzBfG hat das BAG in seiner Rechtsprechung stets betont, dass an die Zulässigkeit auflösender Bedingungen besonders strenge Anforderungen zu stellen sind. Diese reichen eher noch über diejenigen hinaus, die bei der Zweckbefristung aufgestellt werden, weil bei dieser für den Arbeitnehmer immerhin von Beginn an eindeutig ist, dass sein Arbeitsverhältnis nicht auf Dauer begründet wurde (BAG v. 24.9.1997 – 7 AZR 669/96, NZA 1998, 419).

3336 „Im Entscheidungsfall kann dahinstehen, ob es sich bei der getroffenen Vereinbarung um eine sog. Zweckbefristung oder um eine auflösende Bedingung handelt. (...) Befristungsrechtlich unterscheiden sich beide Beendigungstatbestände nur durch den Grad der Ungewissheit, ob das als Beendigungstatbestand vereinbarte Ereignis während des Bestehens des Arbeitsverhältnisses eintreten wird. Der höheren Unge-

wissheit bei der auflösenden Bedingung kann bei der Prüfung des sachlichen Grundes Rechnung getragen werden." (BAG v. 24.9.1997 – 7 AZR 669/96, NZA 1998, 419, 419)

Weil sich aus der **Gesetzesbegründung** ergibt, dass die Regelung des TzBfG der bisherigen Rechtsprechung des BAG entsprechen soll, werden an den auflösend bedingten Arbeitsvertrag weiterhin strenge Anforderungen gestellt werden müssen. Insbesondere darf das Unternehmerrisiko nicht auf den Arbeitnehmer abgewälzt werden. Weiter ist Voraussetzung, dass der **Bedingungseintritt durch objektive Umstände bestimmt** ist und nicht der willkürlichen Festlegung durch den Arbeitgeber unterliegt. Die fehlende Bestimmtheit der Bedingung führt zu ihrer Unwirksamkeit.

Die Voraussetzungen für die Zulässigkeit auflösender Bedingungen gelten auch für Tarifverträge (BAG v. 28.6.1995 – 7 AZR 555/94, NZA 1996, 374). Dies folgt bereits daraus, dass das Sachgrunderfordernis des § 14 Abs. 1 TzBfG nicht zur Disposition der Tarifparteien steht (Rz. 3307). Die tarifvertraglichen Bestimmungen, die zu einer Beendigung eines Arbeitsverhältnisses durch eine auflösende Bedingung führen, sind dazu nach Möglichkeit **gesetzes- und verfassungskonform** und damit ggf. geltungserhaltend **auszulegen** (so BAG v. 23.7.2014 – 7 AZR 771/12, NZA 2014, 1341 Rz. 49).

Für die auflösende Bedingung ist bei dem Sachgrundkatalog des § 14 Abs. 1 TzBfG Folgendes zu beachten:

– Bei dem Tatbestand des nur **vorübergehenden Bedarfs an Arbeitsleistung** ist zu beachten, dass der Eintritt der auflösenden Bedingung ungewiss ist, der Arbeitgeber dem Arbeitnehmer jedoch **nicht ein typisches Unternehmerrisiko aufbürden** darf, nämlich die allgemeine Ungewissheit der wirtschaftlichen Entwicklung. (BAG v. 9.7.1981 – 2 AZR 788/78, NJW 1982, 788, 789). Daran ist festzuhalten.

Fallbeispiel: Abstieg in die 2. Liga

„Eine auflösende Bedingung in einem Arbeitsvertrag mit einem Lizenzfußballspieler, nach der das Arbeitsverhältnis beendet sein soll, wenn der den Spieler beschäftigende Verein der 2. Bundesliga vom DFB wegen wirtschaftlicher Leistungsunfähigkeit keine neue Lizenz erhält, ist unwirksam, weil für diese auflösende Bedingung ein sachlich gerechtfertigter Grund fehlt. Diese Vertragsgestaltung ist objektiv funktionswidrig, weil sie zur Umgehung des § 626 BGB führt und dem Arbeitnehmer einseitig und vollständig das grundsätzlich vom Arbeitgeber zu tragende Beschäftigungsrisiko aufbürdet" (BAG v. 9.7.1981 – 2 AZR 788/78, NJW 1982, 788).

– Bei dem **Übergang des Arbeitnehmers in eine Anschlussbeschäftigung** nach einer Ausbildung oder einem Studium kann die Tatsache, dass der Arbeitnehmer einen unbefristeten Arbeitsvertrag abschließt, auflösende Bedingung sein.

– Ob es sich bei der **Vertretung** bis zur Wiederaufnahme der Arbeit durch den Vertretenen um eine auflösende Bedingung oder eine Zweckbefristung handelt, hat das BAG bislang offen gelassen (BAG v. 5.6.2002 – 7 AZR 201/01, BB 2002, 2179; BAG v. 26.6.1996 – 7 AZR 674/95, NZA 1997, 200).

– Die **Eigenart der Arbeitsleistung** kann eine auflösende Bedingung z.B. in Verträgen mit Schauspielern oder Künstlern rechtfertigen. Die Vereinbarung der auflösenden Bedingung beruht in dem Fall auf künstlerischen Erwägungen (Art. 5 Abs. 3 GG) und der Notwendigkeit, sich einem ändernden Publikumsgeschmack anpassen zu können (BAG v. 2.7.2003 – 7 AZR 612/02, NZA 2004, 311).

Fallbeispiel: Rolle einer Schauspielerin

„Eine auflösende Bedingung, bei deren Eintritt das Arbeitsverhältnis einer Schauspielerin in einer Fernsehserie enden soll, weil ihre Rolle in dieser Serie nicht mehr enthalten ist, ist sachlich gerechtfertigt, wenn die Entscheidung über den Wegfall der Rolle Ausdruck künstlerischer Gestaltungsfreiheit ist" (BAG v. 2.7.2003 – 7 AZR 612/02, NZA 2004, 311).

3344 – Bei der **Erprobung** hat es das BAG anerkannt, dass der Bestand des Arbeitsverhältnisses davon abhängig gemacht wurde, dass die Geigerin eines Rundfunkorchesters ein erfolgreiches Probespiel absolvierte und die Zustimmung der Mehrheit der Orchestermitglieder fand. Es hat aber verlangt, dass die Arbeitnehmerin spätestens nach einem Jahr wissen müsse, ob das Arbeitsverhältnis Bestand hat (BAG v. 7.5.1980 – 5 AZR 593/78, AR-Blattei Künstlerische Tätigkeit Entsch 26). Zu beachten ist allerdings, dass der Eintritt der Bedingung nicht der willkürlichen Festlegung durch den Arbeitgeber obliegen darf.

3345 – **Gründe in der Person des Arbeitnehmers** können insbesondere dann vorliegen, wenn die auflösende Bedingung vorwiegend im Interesse des Arbeitnehmers abgeschlossen wird, z.B. seinem ausdrücklichen Wunsch entspricht, wobei auch hier der Missbrauchsgefahr durch eine strenge Prüfung zu begegnen ist (Rz. 3255). Zulässig sind auch Bedingungen, die allein vom Willen des Arbeitnehmers abhängen. Der **Entzug einer behördlichen Erlaubnis**, welche zur Arbeitsausübung erforderlich ist, kann dann auflösende Bedingung sein, wenn eine anderweitige Beschäftigung des Arbeitnehmers nicht möglich ist (BAG v. 25.8.1999 – 7 AZR 75/98, NZA 2000, 656). Weiterhin kann der Verlust der persönlichen Tauglichkeit für den Beruf ein sachlicher Grund sein, wenn keine anderweitigen Beschäftigungsmöglichkeiten bestehen (BAG v. 16.10.2008 – 7 AZR 185/07; BAG v. 15.3.2006 – 7 AZR 332/05, ZTR 2006, 548). In der Person bzw. im Verhalten des Arbeitnehmers liegende Gründe, die eine auflösende Bedingung nicht rechtfertigen, sind z.B. das **Erreichen einer bestimmten Anzahl von krankheitsbedingten Fehltagen** oder aber das **ungenehmigte Überschreiten des Urlaubs** (BAG v. 13.12.1984 – 2 AZR 294/83, NZA 1985, 324). Diese Bedingungen würden wie – unzulässige – absolute Kündigungsgründe wirken. Auch eine **verminderte Erwerbsfähigkeit** stellt keinen ausreichenden Sachgrund für eine auflösende Bedingung dar. Erst die Einbindung der Interessen des Arbeitnehmers durch die Anknüpfung an die rentenrechtliche Versorgung rechtfertigt die Beendigung des Arbeitsverhältnisses ohne Kündigung (BAG v. 23.7.2014 – 7 AZR 771/12, NZA 2014, 1341 Rz. 52). Der **dauerhafte Bezug einer Erwerbsunfähigkeitsrente** rechtfertigt die Beendigung des Arbeitsverhältnisses ohne Rücksicht auf den gesetzlichen Kündigungsschutz nur dann, wenn der Arbeitnehmer durch eine dauerhafte Rentenleistung **wirtschaftlich abgesichert** wird. Eine Rentenbewilligung, die zu keiner rentenrechtlichen Absicherung führt, ist als Auflösungstatbestand ungeeignet (BAG v. 23.7.2014 – 7 AZR 771/12, NZA 2014, 1341 Rz. 58; BAG v. 14.1.2015 – 7 AZR 880/13, BeckRS 2015, 68754 Rz. 30; BAG v. 23.3.2016 – 7 AZR 827/13, NJOZ 2016, 1461 Rz. 22; BAG v. 15.2.2017 – 7 AZR 82/15, NZA-RR 2017, 398 Rz. 22; näher APS/*Greiner* § 33 TVöD Rz. 6 ff.).

3346 – Bei der Befristung aus **haushaltsrechtlichen Gründen** ist zu beachten, dass die allgemeine Unsicherheit, ob in Zukunft Haushaltsmittel zur Verfügung stehen, weder eine Befristung noch eine auflösende Bedingung rechtfertigt (BAG v. 27.1.1988 – 7 AZR 292/87, ZTR 1988, 222). Da sich der Eintritt der auflösenden Bedingung i.d.R. als ungewiss erweist, ist eine sachliche Rechtfertigung aus haushaltsrechtlichen Gründen grundsätzlich nicht möglich.

3347 – Die Vereinbarung einer auflösenden Bedingung in einem **gerichtlichen Vergleich** ist anerkannt (BAG v. 9.2.1984 – 2 AZR 402/83, NZA 1984, 266).

3348 Als zulässig wird man es z.B. auch ansehen, die Beschäftigung des Arbeitnehmers auf dem vorgesehenen Arbeitsplatz davon abhängig zu machen, dass der **Betriebs- bzw. Personalrat der Einstellung zustimmt**. Unzulässig bleiben auflösende Bedingungen, die an den Eintritt der **Schwangerschaft** (BAG v. 28.11.1958 – 1 AZR 199/58, BB 1958, 1246) oder die **Eheschließung** (Art. 6 GG) anknüpfen. Der (positiven oder negativen) **Koalitionsfreiheit** widerspricht es, wenn der Fortbestand des Arbeitsverhältnisses vom Eintritt in die bzw. Austritt aus der Gewerkschaft abhängig gemacht wird (BAG v. 2.6.1987 – 1 AZR 651/85, NZA 1988, 64).

3349 Auch die Vereinbarung einer auflösenden Bedingung unterliegt der **Schriftform** (§ 21 i.V.m. § 14 Abs. 4 TzBfG; Rz. 3312). Für die **Beendigung** des auflösend bedingten Arbeitsverhältnisses verweist § 21 TzBfG auf die § 15 Abs. 2 und 3 TzBfG, womit der Arbeitgeber in jedem Fall eine zweiwöchige Auslauffrist beachten muss (Rz. 3325). Auch das auflösend bedingte Arbeitsverhältnis kann sich kraft gesetzlicher Fiktion auf unbestimmte Zeit verlängern (§ 21 i.V.m. § 15 Abs. 5 TzBfG). Die Rechtsfolge einer unwirksamen auflösenden Bedingung ergibt sich aus § 16 TzBfG (Rz. 3329).

VII. Gesetzliche Sonderbefristungstatbestände

1. Bundeselterngeld- und Elternzeitgesetz

In der Rechtsprechung des BAG war seit jeher anerkannt, dass es einen sachlichen Grund für die Befristung eines Arbeitsverhältnisses darstellt, wenn der Mitarbeiter zur **Vertretung einer im Mutterschutz befindlichen Stammbeschäftigten** eingestellt wurde (Rz. 3245). Eine entsprechende Regelung war ursprünglich in § 21 BErzGG enthalten, dem § 21 BEEG entspricht. § 21 Abs. 1 BEEG bestimmt, dass ein sachlicher Grund, der die Befristung eines Arbeitsverhältnisses rechtfertigt, vorliegt, wenn ein Arbeitnehmer zur Vertretung eines anderen Arbeitnehmers für Zeiten eines Beschäftigungsverbots nach dem MuSchG, einer Elternzeit, einer auf Tarifvertrag, Betriebsvereinbarung oder einzelvertraglicher Vereinbarung beruhenden Arbeitsfreistellung zur Betreuung eines Kindes oder für diese Zeiten zusammen oder für Teile davon eingestellt wird. § 21 Abs. 1 BEEG ist ein Sonderfall der Vertretungsbefristung (BAG v. 18.7.2012 – 7 AZR 443/09, NZA 2012, 1351 Rz. 16), welcher § 14 Abs. 1 S. 2 Nr. 3 TzBfG für die Elternzeit näher konkretisiert (vgl. BAG v. 29.4.2015 – 7 AZR 310/13, NZA 2015, 928 Rz. 16; BAG v. 9.9.2015 – 7 AZR 148/14, NZA 2016, 169 Rz. 27; ausf. *Willikonsky*, FS Etzel (2011), S. 467 ff.). 3350

Gemäß § 21 Abs. 3 BEEG ist sowohl die Zeit- als auch die Zweckbefristung möglich. Bei der Zweckbefristung ist es ausreichend, wenn sich die Dauer der Befristung aus den in § 21 Abs. 1 BEEG genannten Zwecken entnehmen lässt. 3351

2. Pflegezeitgesetz

Auch das am 1.7.2008 in Kraft getretene Pflegezeitgesetz (PflegeZG, BGBl I 2008, 874, 896) enthält in **§ 6 PflegeZG** eine ausdrückliche Befristungsregelung. Hiernach ist für die Befristung des Arbeitsverhältnisses für die Dauer der Pflegezeit ein sachlicher Grund erforderlich. Die Regelung ist § 21 BEEG nachgebildet; zulässig sind gemäß § 6 Abs. 2 PflegeZG Zeit- und Zweckbefristungen. Die Regelung des § 6 Abs 1 PflegeZG geht teilweise über die allgemeine Norm des § 14 Abs. 1 Satz 2 Nr. 3 TzBfG hinaus (Vertretung aller Beschäftigten, auch arbeitnehmerähnlicher Personen), verdrängt diese aber nicht (KR/*Treber* PflegeZG Rz. 71, 82). Wegen der Kurzzeitigkeit der Pflegefälle kommt der Regelung nur eine eher geringe praktische Relevanz zu. 3352

3. Hochschul- und Wissenschaftsrecht

Literatur: *Dieterich/Preis*, Befristete Arbeitsverhältnisse in Wissenschaft und Forschung, 2001; *Kortstock*, Reform des Hochschulbefristungsrechts – Entwurf eines Wissenschaftszeitvertragsgesetzes, ZTR 2007, 2; *Kroll*, Die Novellierung des Wissenschaftszeitvertragsgesetzes, ZTR 2016, 235; *Maschmann/Konertz*, Das Hochschulbefristungsrecht in der Reform – Die Novelle des Wissenschaftszeitvertragsgesetzes, NZA 2016, 257; *Preis/Hausch*, Die Neuordnung der befristeten Arbeitsverhältnisse im Hochschulbereich, NJW 2002, 927; *Preis/Ulber*, WissZeitVG, 2. Aufl. 2017.

a) Wissenschaftszeitvertragsgesetz

Das Recht der Befristung im Hochschulbereich war ursprünglich im Hochschulrahmengesetz geregelt. Die §§ 57a ff. HRG wurden mit Wirkung zum 18.4.2007 durch das Wissenschaftszeitvertragsgesetz (WissZeitVG) abgelöst, welche mit dem 1. Gesetz zur Änderung des Wissenschaftszeitvertragsgesetzes vom 17.12.2015 eine grundlegende Umgestaltung erfahren haben (BGBl. 2016, Teil I Nr. 12, S. 442 ff.). Mit Art. 6 zur Neuregelung des Mutterschutzrechts vom 23.5.2017 wurde zuletzt § 2 MuSchG punktuell geändert (BGBl. I S. 1228). 3353

3354 §§ 1 ff. WissZeitVG gehen davon aus, dass für einen bestimmten, zeitlich eng begrenzten Zeitraum aus dem verfassungsrechtlich zu rechtfertigenden Aspekt der Sicherung der Funktionsfähigkeit der Hochschulen und insbesondere der Förderung des wissenschaftlichen Nachwuchses zur Sicherung der Innovationsfähigkeit der Hochschulen befristete Arbeitsverträge das gebotene vertragliche Gestaltungsmittel sind.

3355 Das BVerfG hat den Grundsatz der erleichterten befristeten Arbeitsverträge zur Sicherung der Leistungs- und Funktionsfähigkeit der Hochschulen und Forschungseinrichtungen für verfassungsrechtlich zulässig gehalten (BVerfG v. 24.4.1996 – 1 BvR 712/86, NZA 1996, 1157).

„Zur sachgerechten Förderung des akademischen Nachwuchses, einer aus Art. 5 Abs. 3 GG folgenden Aufgabe, ist die generelle Befristung der Beschäftigungsverhältnisse der wissenschaftlichen Mitarbeiter geeignet und auch erforderlich. Arbeitsverhältnisse, die Gelegenheit zur wissenschaftlichen Weiterbildung nach Beendigung eines Studiums geben, sind dazu unentbehrlich. Professionelle wissenschaftliche Arbeitsweisen können schwerlich anders als in täglicher Berufsarbeit erlernt und eingeübt werden. Entsprechende Beschäftigungsverhältnisse gewähren zugleich eine gewisse Alimentierung während einer Phase beruflicher Qualifikation, die auf eine vollwertige wissenschaftliche Arbeit vorbereiten soll. Dieser Sinn verflüchtigt sich, wenn das Arbeitsverhältnis einen gewissen Zeitraum andauert. Der Einübungseffekt nutzt sich ab. Jede vorberufliche Lernphase muss einmal zu Ende gehen. Kontinuierliche Nachwuchsförderung in Arbeitsverhältnissen kann nur betrieben werden, wenn die beschränkt vorhandenen Stellen immer wieder frei werden. Ein milderes Mittel als die Befristung der Arbeitsverhältnisse ist dazu nicht ersichtlich." (BVerfG v. 24.4.1996 – 1 BvR 712/86, NZA 1996, 1157)

3356 Die §§ 1 ff. WissZeitVG statuieren **klare Befristungshöchstgrenzen**. Der Freiraum für die Hochschulen und der soziale Schutz der Mitarbeiter werden allein durch diese Befristungshöchstgrenzen gewährleistet. Der Zuordnung bzw. der Prüfung eines Sachgrundes für die Befristung bedarf es innerhalb dieser zeitlichen Grenzen nicht mehr. **Angerechnet** werden auf diese Befristungshöchstgrenzen alle befristeten Arbeitsverhältnisse mit mehr als einem Viertel der regelmäßigen Arbeitszeit, die mit irgendeiner deutschen Hochschule oder einer entsprechenden Forschungseinrichtung abgeschlossen werden, sowie entsprechende Beamtenverhältnisse auf Zeit (Wissenschaftlicher Assistent/Juniorprofessor) und Privatdienstverträge nach § 3 WissZeitVG. Es handelt sich damit um einen **personenbezogenen Sonderbefristungstatbestand** für den einzelnen wissenschaftlichen Mitarbeiter.

3357 Das WissZeitVG ermöglicht persönlich die Befristung von Arbeitsverträgen mit wissenschaftlichem und künstlerischem Personal. Ausgenommen sind Hochschulprofessoren einschließlich der Juniorprofessoren (BAG v. 11.9.2013 – 7 AZR 843/11, NZA 2013, 1352 Rz. 26). Sachlich sind die Befristungen nach dem WissZeitVG in zwei Qualifizierungsphasen unterteilt. Ist das Personal noch nicht promoviert, ist die Befristung gemäß § 2 Abs. 1 S. 1 WissZeitVG **bis zur Dauer von sechs Jahren** zulässig.

3358 Nach Abschluss der Promotion ist eine Befristung ohne Sachgrund gemäß § 2 Abs. 1 S. 2 WissZeitVG bis zu **einer weiteren Dauer von sechs Jahren**, im Bereich der Medizin bis zu einer Dauer von neun Jahren, zulässig (sog. Post-Doc-Phase). Diese zweite Qualifikationsphase soll promoviertem Personal die Gelegenheit zur weiteren wissenschaftlichen Fortbildung eröffnen, um die Qualifikationen als Hochschullehrer zu erhalten. Befristungen ohne Sachgrund auf der Grundlage des WissZeitVG sind damit bis zu einer Obergrenze von 12 bzw. 15 Jahren möglich. Um einen Anreiz zu einer möglichst zügigen Promotion zu schaffen, verlängert sich die zweite Befristungsphase um diejenigen Zeiten, die der Mitarbeiter aus der ersten Befristungsphase für die Promotion nicht in Anspruch genommen hat.

Beispiel: Ein nicht promovierter, nicht im Bereich der Medizin beschäftigter Mitarbeiter ist für insgesamt vier Jahre an der Hochschule K befristet mit zwei Zwei-Jahresverträgen angestellt. Innerhalb dieses Zeitraumes von vier Jahren stellt er seine Promotion fertig. Nach Abschluss der Promotion sind dann weitere Befristungen mit diesem Mitarbeiter auf der Grundlage des WissZeitVG von bis zu acht Jahren möglich, nämlich sechs Jahre zzgl. zwei Jahre aus der ersten Befristungsphase, die für die Promotion nicht ausgeschöpft wurden.

Nach § 2 Abs. 1 S. 4 WissZeitVG ist es ausnahmsweise möglich, die Höchstbefristungsdauer zu überschreiten, wenn der Mitarbeiter neben seiner Arbeit mit der **Betreuung von Kindern** befasst war (dazu näher BAG v. 23.3.2016 – 7 AZR 70/14, NZA 2016, 954; BAG v. 8.6.2016 – 7 AZR 568/14, NZA 2017, 189; BAG v. 25.4.2018 – 7 AZR 181/16, NZA 2018, 1135.) Dies soll die Mehrfachbelastung abfedern und zudem für Akademiker einen Anreiz zur Familiengründung schaffen. Eine Verlängerungsmöglichkeit, jedoch nicht über die Höchstbefristungsdauer hinaus, bietet auch § 2 Abs. 5 WissZeitVG wegen der dort abschließend aufgeführten Gründe. 3359

Für die beiden Sechs-Jahres-Zeiträume ist mit dem 1. Gesetz zur Änderung des Wissenschaftszeitvertragsgesetzes ausdrücklich als Tatbestandsmerkmal aufgenommen worden, dass „die befristete Beschäftigung zulässig ist, wenn sie **zur Förderung der eigenen wissenschaftlichen oder künstlerischen Qualifizierung**" erfolgt. Nach der Intention des Gesetzgebers soll mit der Ergänzung der bei Erlass des WissZeitVG formulierte Zweck der Befristung in den Gesetzestext übernommen werden (BT-Drs. 18/6489, S. 10). Inhaltlich ist hiermit jedoch keine Änderung im Vergleich zur bisherigen Rechtslage verbunden. Die Befristungsmöglichkeit in § 2 Abs. 1 WissZeitVG dient ja gerade der Wahrung der durch Art. 5 Abs. 3 GG garantierten Wissenschaftsfreiheit im Interesse der **Nachwuchs- und Qualifikationsförderung** und zur Sicherung der Innovation in Forschung und Lehre (BAG v. 29.4.2015 – 7 AZR 519/13, ZTR 2015, 665 Rz. 22). 3360

Des weiteren hat der Gesetzgeber § 2 Abs. 1 S. 3 WissZeitVG neu in das WissZeitVG eingefügt. Dieser lautet: „**Die vereinbarte Befristungsdauer ist jeweils so zu bemessen, dass sie der angestrebten Qualifizierung angemessen ist.**" Das verwundert deshalb, weil das Gesetz selbst mit dem Modell der zwei Mal sechsjährigen Befristungshöchstgrenze den angemessenen Zeitraum vorgibt. Es bleibt nach dem Gesetzeswortlaut völlig offen, in welcher Richtung eine Angemessenheitsprüfung erfolgen soll. Aus der Gesetzesbegründung lässt sich entnehmen, dass es dem Gesetzgeber um die Verhinderung von Kurzzeitbefristungen geht. 3361

Die Gestaltungsmöglichkeiten der Tarifparteien sind beschränkt, die §§ 1 ff. WissZeitVG sind grundsätzlich zweiseitig zwingendes Recht (§ 1 Abs. 1 S. 2 WissZeitVG). Allerdings steht den Tarifvertragsparteien ein **beschränkter Gestaltungsspielraum** zur Verfügung. Sie können für bestimmte Fachrichtungen und Forschungsbereiche von den in § 2 WissZeitVG vorgesehenen Fristen abweichen und die Anzahl der zulässigen Verlängerungen befristeter Arbeitsverträge festlegen (§ 1 Abs. 1 S. 3 WissZeitVG). In der Begrenzung der tarifvertraglichen Gestaltungsfreiheit liegt kein unzulässiger Eingriff in die Tarifautonomie aus Art. 9 Abs. 3 GG. Der Eingriff ist durch Art. 5 Abs. 3 GG gerechtfertigt, da die generelle Befristung der Arbeitsverhältnisse wissenschaftlicher Mitarbeiter zur Förderung des wissenschaftlichen Nachwuchses geeignet und erforderlich ist (BVerfG v. 24.4.1996 – 1 BvR 712/86, NZA 1996, 1157). 3362

Innerhalb der Zeitgrenzen des § 1 Abs. 1 WissZeitVG verdrängen die Spezialregelungen für befristete Arbeitsverträge im Hochschulbereich die allgemeinen Regelungen über befristete Arbeitsverträge. Letztere sind allerdings insoweit anzuwenden, als sie den Vorschriften der §§ 2–6 WissZeitVG nicht widersprechen (§ 1 Abs. 1 S. 5 WissZeitVG). Anwendbar bleibt z.B. die Formvorschrift des § 14 Abs. 4 TzBfG (Rz. 3312) und die Klagefrist aus § 17 TzBfG (Rz. 3367). **Nach Ablauf der Zeitgrenzen** des WissZeitVG kann die Befristung von Arbeitsverträgen nach allgemeinen Grundsätzen erfolgen, insbesondere jedoch als Sachgrundbefristung auf der Grundlage von § 14 Abs. 1 TzBfG (Rz. 3229). Eine erleichterte Befristung nach § 14 Abs. 2 TzBfG kommt an derselben Hochschule nicht in Betracht, weil bereits zuvor ein Arbeitsverhältnis mit demselben Arbeitgeber (i.d.R. dem entsprechenden Bundesland) bestand (Rz. 3287). § 2 Abs. 2 WissZeitVG schafft einen Sondertatbestand für die Befristung aufgrund von Drittmitteln. Den Sachgrund der Befristung stellt die inhaltliche Fremdbestimmtheit der Tätigkeit dar, nicht jedoch die Unsicherheit über die Weitergewährung der Mittel (BT-Drs. 16/3438 S. 14). Erforderlich ist, dass die Finanzierung überwiegend, d.h. zu mindestens 50 % aus Drittmitteln erfolgt. Zudem bedarf es der Bindung an einen bestimmten Zweck oder eine bestimmte Aufgabe. 3363

3364 Die Regelungen der §§ 1 ff. WissZeitVG gelten für das wissenschaftliche Personal an Forschungseinrichtungen entsprechend (§ 5 WissZeitVG).

3365 § 6 WissZeitVG sieht jetzt wieder einen Sonderbefristungstatbestand für studentische Hilfskräfte vor. Befristete Arbeitsverträge zur Erbringung wissenschaftlicher oder künstlerischer Hilfstätigkeiten mit Studierenden, die an einer deutschen Hochschule für ein Studium, das zu einem ersten oder einem weiteren berufsqualifizierenden Abschluss führt, eingeschrieben sind, sind danach bis zur Dauer von insgesamt sechs Jahren zulässig. Innerhalb der zulässigen Befristungsdauer sind auch Verlängerungen eines befristeten Arbeitsvertrages möglich.

b) Gesetz über befristete Arbeitsverträge mit Ärzten in der Weiterbildung

3366 Die Möglichkeit der befristeten Beschäftigung von Ärzten in der Weiterbildung außerhalb von Hochschulen und Forschungseinrichtungen wird weiterhin durch ein eigenständiges Gesetz vom 15.5.1986 (BGBl. I S. 742) geregelt. Ein befristeter Arbeitsvertrag kann insoweit auf die notwendige Zeit für den Erwerb der Anerkennung als Facharzt oder den Erwerb einer Zusatzbezeichnung bis zu einer Höchstgrenze von acht Jahren abgeschlossen werden (§ 1 Abs. 3 des Gesetzes). Voraussetzung ist nach § 1 Abs. 1 des Gesetzes in jedem Fall, dass die Beschäftigung des Arztes seiner Weiterbildung im dort genannten Rahmen dient.

VIII. Gerichtliches Verfahren

1. Klagefrist nach § 17 TzBfG

3367 Der Arbeitnehmer, der die Unwirksamkeit einer Befristungsvereinbarung geltend machen will, muss innerhalb von **drei Wochen** nach dem vereinbarten Ende des Arbeitsverhältnisses Klage auf Feststellung erheben, dass das Arbeitsverhältnis aufgrund der Befristung nicht beendet ist (§ 17 S. 1 TzBfG). Diese Regelung gilt **für alle Befristungstatbestände** (bereits zur Vorgängerregelung § 1 Abs. 5 BeschFG BAG v. 20.1.1999 – 7 AZR 715/97, NZA 1999, 671). Aufgrund der Verweisung in § 21 TzBfG ist die Klagefrist **auch bei auflösend bedingten Arbeitsverträgen** einzuhalten. Die Klagefrist ist zudem bei der Geltendmachung **aller Unwirksamkeitsgründe** zu beachten (bereits zur Vorgängerregelung § 1 Abs. 5 BeschFG BAG v. 9.2.2000 – 7 AZR 730/98, NZA 2000, 721). Dies gilt insbesondere auch für die Geltendmachung der Formunwirksamkeit (Rz. 3312) der Befristung oder auflösenden Bedingung. Die Klagefrist ist hingegen nicht anwendbar, wenn in Streit steht, ob überhaupt eine Befristung vereinbart wurde. In diesem Fall muss der Arbeitnehmer auf die allgemeine Feststellungsklage gemäß § 256 Abs. 1 ZPO ausweichen (BAG v. 15.2.2017 – 7 AZR 153/15, NZA 2017, 803 Rz. 16). Die Frist läuft unabhängig davon, ob der Arbeitnehmerstatus während des befristeten Rechtsverhältnisses bereits abschließend geklärt ist oder nicht (vgl. BAG v. 15.2.2012 – 10 AZR 111/11, NZA 2012, 733 Rz. 40). Die Vorschriften über die nachträgliche Zulassung verspäteter Klagen etc. (§§ 5 bis 7 KSchG) gelten entsprechend. Versäumt der Arbeitnehmer die Klagefrist, so gilt die Befristung als wirksam.

3368 Für die Berechnung der Klagefrist kommt es auf das „vereinbarte Ende" des befristeten Arbeitsvertrags an (§ 15 TzBfG). §§ 187, 188 BGB finden Anwendung (für § 187 Abs. 1 BGB BAG v. 20.8.2014 – 7 AZR 924/12, NZA-RR 2015, 9 Rz. 47; für § 187 Abs. 2 BGB: BAG v. 22.1.2014 – 7 AZR 243/12, NZA 2014, 483 Rz. 20). Auch § 193 BGB ist anzuwenden (vgl. BAG v. 24.6.2015 – 7 AZR 474/13, nicht veröffentlicht).

3369 § 17 S. 3 TzBfG hat der bislang geltenden Klagefrist eine schwer verständliche Ergänzung angefügt. Danach beginnt die Klagefrist, wenn das Arbeitsverhältnis nach dem vereinbarten Ende fortgesetzt wird, mit dem Zugang der schriftlichen Erklärung des Arbeitgebers, dass das Arbeitsverhältnis aufgrund der Befristung beendet sei. Diese Norm ist unverständlich, weil das befristete Arbeitsverhältnis bei widerspruchsloser Fortsetzung bereits gemäß § 15 Abs. 5 TzBfG kraft gesetzlicher Fiktion als auf unbestimmte Zeit verlängert gilt (Rz. 3329). Man wird die Norm deshalb dahingehend **teleologisch** reduzieren müssen, dass sie nur bei zweckbefristeten und auflösend bedingten Arbeitsverhältnissen Anwendung findet, weil dort wegen der Auslauffrist des § 15 Abs. 2 TzBfG (Rz. 3326) das vereinbarte Ende, der grundsätzlich in § 17 S. 1 TzBfG vorgesehene Beginn der Klagefrist, und das tatsächliche Ende des Arbeitsverhältnisses nicht zusammenfallen müssen (so im Ergebnis übernommen von der Rechtsprechung, s. dazu nur BAG v. 10.12.2014 – 7 AZR 1002/12, ZTR 2015, 329 Rz. 15).

2. Darlegungs- und Beweislast; Weiterbeschäftigungsanspruch

Die Darlegungs- und Beweislast für die Wirksamkeit der Befristungsvereinbarung trägt derjenige, der sich auf die frühere Vertragsbeendigung beruft, **in der Regel** also der **Arbeitgeber** (BAG v. 12.10.1994 – 7 AZR 745/93, DB 1995, 980). In Anwendung allgemeiner Beweisgrundsätze hat die Partei das Vorliegen der tatsächlichen Voraussetzungen darzulegen und im Bestreitensfall unter Beweis zu stellen, die sich auf die für sie günstige Rechtsfolge des Erlöschens der Vertragspflicht beruft. (BAG v. 12.10.1994 – 7 AZR 745/93, DB 1995, 980). 3370

Die vom Großen Senat des BAG entwickelten Grundsätze über den **Weiterbeschäftigungsanspruch** des Arbeitnehmers während eines laufenden Kündigungsrechtsstreits (BAG v. 27.2.1985 – GS 1/84, NZA 1985, 702; dazu im Einzelnen siehe unter Rz. 3211) gelten auch dann, wenn um die Wirksamkeit einer Befristung oder auflösenden Bedingung des Arbeitsverhältnisses gestritten wird (BAG v. 13.6.1985 – 2 AZR 410/84, NZA 1986, 562). 3371

Prüfungsschema für kalendermäßige Befristung 3372

☐ Rechtswirksame Befristungsvereinbarung – Schriftform (§ 14 Abs. 4 TzBfG)

☐ Zulässigkeit der Befristung

    ☐ **Erleichterte Befristung ohne Sachgrund**

        kein vertraglicher Ausschluss

        erleichterte Befristung nach § 14 Abs. 2 TzBfG (kein Ausschluss nach § 14 Abs. 2 S. 2 TzBfG)

        erleichterte Befristung nach § 14 Abs. 2a TzBfG (kein Ausschluss nach § 14 Abs. 2a S. 2 TzBfG)

        erleichterte Befristung älterer Arbeitnehmer (§ 14 Abs. 3 TzBfG)

    ☐ **Befristung mit Sachgrund**

        vertragliche/tarifvertragliche Beschränkung

        normierter Sachgrund (§ 14 Abs. 1 S. 2 Nr. 1–8 TzBfG)

        nicht normierter Sachgrund (§ 14 Abs. 1 S. 1 TzBfG)

    ☐ Gesetzlicher Sonderbefristungstatbestand

☐ Einhaltung der Klagefrist des § 17 TzBfG

IX. Information und Weiterbildung

Die §§ 18, 20 TzBfG enthalten spezielle Informationspflichten des Arbeitgebers. So muss er befristet beschäftigte **Arbeitnehmer informieren**, wenn er unbefristete Arbeitsplätze besetzt, was allerdings durch allgemeine Bekanntgabe an geeigneter, den Arbeitnehmern zugänglicher Stelle in Betrieb und Unternehmen geschehen kann. Die **Arbeitnehmervertretung**, d.h. den Betriebsrat, aber auch die Personalvertretung muss der Arbeitgeber über die Anzahl der befristet beschäftigten Arbeitnehmer und ihren Anteil an der Gesamtbelegschaft des Betriebs und des Unternehmens **informieren**. 3373

3374 § 19 TzBfG begründet keinen eigenen Anspruch befristet beschäftigter Arbeitnehmer auf **Aus- oder Weiterbildung**. Die Norm enthält lediglich ein **spezielles Gleichbehandlungsgebot** befristet beschäftigter Arbeitnehmer gegenüber unbefristet beschäftigten Arbeitnehmern, damit erstere in ihrer beruflichen Aus- und Weiterbildung nicht benachteiligt werden. Die §§ 18 bis 20 TzBfG finden auch auf auflösend bedingte Arbeitsverhältnisse Anwendung.

§ 69
Weitere Beendigungstatbestände

I. Aufhebungsvertrag

1. Abschluss des Aufhebungsvertrags

Literatur: *Bauer*, Nun Schriftform bei Beförderung zum Geschäftsführer?, GmbHR 2000, 767; *Bauer*, Arbeitsrechtliche Aufhebungsverträge, 2007; *Bengelsdorf*, Der gesetzes- und verfassungswidrige Zugriff auf die arbeitsrechtliche Beendigungsfreiheit, NZA 1994, 193; *Ehrich*, Unwirksamkeit eines Aufhebungsvertrags wegen „Überrumpelung" durch den Arbeitgeber, NZA 1994, 438; *Krause*, Das Schriftformerfordernis des § 623 BGB beim Aufstieg eines Arbeitnehmers zum Organmitglied, ZIP 2000, 2284; *Lingemann/Groneberg*, Der Aufhebungsvertrag (Teil 1-4), NJW 2010, 3496, 3624, NJW 2011, 2028, 2937; *Preis/Gotthardt*, Schriftformerfordernis für Kündigungen, Aufhebungsverträge und Befristungen nach § 623 BGB, NZA 2000, 348; *Probst*, Aufhebungs- und Abwicklungsverträge, 2007; *Sasse/Schnitker*, Das ruhende Arbeitsverhältnis des GmbH-Geschäftsführers, BB 2007, 154; *Thies*, Der Schutz des Arbeitnehmers bei Abschluss arbeitsrechtlicher Aufhebungsverträge, 2007.

3375 Wer einen Arbeitsvertrag abgeschlossen hat, kann ihn auch einverständlich wieder aufheben. Dies folgt aus dem Grundsatz der **Vertragsfreiheit**, § 311 Abs. 1 BGB. Der Aufhebungsvertrag stellt sich in der Praxis als gängiges Instrument dar, Arbeitsverhältnisse kurzfristig und aus der Sicht des Arbeitgebers weitgehend risikofrei zu beenden.

3376 Die **Vorteile** für den Arbeitgeber liegen im Wesentlichen darin, dass das Arbeitsverhältnis ohne Einhaltung einer (gesetzlichen oder [tarif-]vertraglichen) Kündigungsfrist, ohne vorherige Anhörung des Betriebsrats und ohne Rücksicht auf den allgemeinen oder besonderen Kündigungsschutz des Arbeitnehmers beendet werden kann. Aber auch der Arbeitnehmer kann durch einen Aufhebungsvertrag Vorteile haben, insbesondere, wenn er ein anderes Vertragsangebot annehmen und daher sein bisheriges Arbeitsverhältnis kurzfristig beenden will. Bei schweren Verfehlungen, die den Arbeitgeber zu einer außerordentlichen Kündigung (§ 626 BGB) berechtigen würden, lassen sich über einen Aufhebungsvertrag und ggf. eine unbezahlte Freistellung des Arbeitnehmers von der Arbeitspflicht „unverdächtige" Beendigungstermine für das Arbeitsverhältnis vereinbaren.

3377 Der Aufhebungsvertrag ist von **Änderungs- und Abwicklungsverträgen** zu unterscheiden. Während der Aufhebungsvertrag die einvernehmliche Auflösung des Arbeitsverhältnisses zum Ziel hat, ist der Änderungsvertrag auf dessen Fortsetzung unter einvernehmlich geänderten Vertragsbedingungen gerichtet. Hingegen regeln Abwicklungsverträge das Verhalten nach Ausspruch einer wirksamen Kündigung durch den Arbeitgeber (z.B. Zahlung einer Entschädigung, Verzicht auf die Rüge mangelnder Sozialauswahl etc.).

3378 Abzugrenzen ist der Aufhebungsvertrag zudem von Vertragsgestaltungen, die den Aufhebungsvertrag funktionswidrig zur **Umwandlung eines unbefristeten Arbeitsvertrags in einen befristeten Arbeitsvertrag** nutzen. Ein Aufhebungsvertrag ist auf das vorzeitige Ausscheiden des Arbeitnehmers aus einem Dauerarbeitsverhältnis durch eine zeitnahe – häufig an der jeweiligen Kündigungsfrist orientierte – Beendigung der arbeitsvertraglichen Beziehungen gerichtet. Er unterliegt regelmäßig nicht der arbeitsgerichtlichen Befristungskontrolle, da diese auf die Prüfung einer funktionswidrigen Verwendung grundsätzlich zulässiger Vereinbarungen über die befristete Dauer von Arbeitsverhältnissen beschränkt ist (BAG v. 25.8.1999 – 7 AZR 75/98, NZA 2000, 656; BAG v. 18.11.2017 – 7 AZR 236/15, NZA 2017, 849 Rz. 26). Ein Aufhebungsvertrag, der seinem Regelungsgehalt nach jedoch gerade nicht auf die alsbaldige Beendigung, sondern auf eine befristete Fortsetzung des Arbeitsverhältnisses gerichtet ist, bedarf zu seiner Wirksamkeit eines sachlichen Grundes i.S.d. Befristungskontrollrechts (Rz. 3220; BAG v. 12.1.2000 – 7 AZR 48/99, NZA 2000, 718).

Der **Abschluss** eines Aufhebungsvertrags vollzieht sich nach allgemeinen Regeln (§§ 145 ff. BGB), also durch Angebot und Annahme. Gem. § 623 BGB unterliegt der Aufhebungsvertrag einem konstitutiven **Schriftform**erfordernis. Ein Verstoß der Parteien gegen den Formzwang führt gemäß § 125 S. 1 BGB zur Nichtigkeit des Aufhebungsvertrags. Das Arbeitsverhältnis wird in diesen Fällen nicht beendet, sondern besteht mit allen Rechten und Pflichten fort. § 623 BGB kommt eine Warn-, Klarstellungs- und Beweisfunktion zu. Vor allem der Arbeitnehmer soll vor der unüberlegten Beendigung des Arbeitsverhältnisses geschützt werden. Des Weiteren schafft der schriftliche Aufhebungsvertrag für beide Parteien Klarheit darüber, mit welchem Inhalt der Vertrag zustande gekommen ist. Dem Grundsatz der Urkundeneinheit entsprechend müssen gemäß § 126 Abs. 2 S. 1 BGB beide Vertragsparteien auf derselben Urkunde unterzeichnen (weitere Einzelheiten vgl. unter Rz. 2524, Rz. 3312), es sei denn jede Partei unterschreibt jeweils die für die andere Partei bestimmte gleichlautende Urkunde (§ 126 Abs. 2 S. 2 BGB). Für den Aufhebungsvertrag wesentliche Bestandteile und Nebenabreden müssen in die Urkunde aufgenommen werden. Eine bloße Bezugnahme auf wesentliche Nebenabreden oder sonstige Anlagen, deren Zusammengehörigkeit mit der Urkunde nicht zweifelsfrei kenntlich gemacht wurde, macht den ganzen Aufhebungsvertrag unwirksam. 3379

Der vorformulierte Aufhebungsvertrag unterliegt in seinen Nebenbestimmungen der **Inhaltskontrolle** nach Maßgabe der §§ 305 ff. BGB. Das gilt allerdings nicht für die Aufhebung des Arbeitsverhältnisses selbst. Die Aufhebungsvereinbarung ist eine nach § 307 Abs. 3 S. 1 BGB kontrollfreie Hauptabrede (im Ergebnis auch BAG v. 27.11.2003 – 2 AZR 135/03, NZA 2004, 597; BAG v. 7.2.2019 – 6 AZR 75/18, ZIP 2019, 983 Rz. 12). 3380

Im Zusammenhang mit dem Schriftformerfordernis steht das Problem der **konkludenten Aufhebung** von Arbeitsverhältnissen: 3381

– Der Abschluss von Aufhebungsverträgen durch schlüssiges Verhalten, wie dies früher in der Praxis nach Ausspruch einer unwirksamen Kündigung häufig der Fall war, ist nicht mehr zulässig. Auch bei einer vom Arbeitnehmer unterschriebenen **Ausgleichsquittung**, handelt es sich daher – mangels Unterschrift des Arbeitgebers – nicht um einen wirksamen Aufhebungsvertrag. 3382

Wird ein Arbeitnehmer zum **Organmitglied** (z.B. zu einem GmbH-Geschäftsführer) bestellt, so ist fraglich, ob die Parteien anlässlich der Beförderung des Arbeitnehmers das frühere Arbeitsverhältnis stillschweigend aufgehoben haben, wenn es an einer ausdrücklichen Regelung fehlt. Nach bisheriger Rechtsprechung des BAG **endet das bisherige Arbeitsverhältnis** im Zweifel, es ruht nicht lediglich. Zu diesem Ergebnis kommt das BAG durch Auslegung des neu abgeschlossenen Geschäftsführerdienstvertrags (§§ 133, 157 BGB). Aus dem Abschluss eines neuen Dienstvertrags mit eigenständigen Regelungen könne abgeleitet werden, dass die Parteien ihre Beziehung zukünftig auf eine neue Vertragsgrundlage stellen wollen (BAG v. 15.3.2011 – 10 AZB 32/10, NZA 2011, 874 Rz. 11). 3383

Allein durch den Abschluss des **schriftlichen Geschäftsführerdienstvertrags** sieht das BAG das Schriftformerfordernis des § 623 BGB für den Auflösungsvertrag als gewahrt an (BAG v. 15.3.2011 – 10 AZB 32/10, NZA 2011, 874 Rz. 12). 3384

„Schließt ein Arbeitnehmer mit seinem Arbeitgeber einen schriftlichen Geschäftsführerdienstvertrag, wird vermutet, dass das bis dahin bestehende Arbeitsverhältnis mit Beginn des Geschäftsführerdienstverhältnisses einvernehmlich beendet wird, soweit nicht klar und eindeutig etwas anderes vertraglich verein- 3385

bart worden ist. Durch einen schriftlichen Geschäftsführerdienstvertrag wird in diesen Fällen das Schriftformerfordernis des § 623 BGB für den Auflösungsvertrag gewahrt." (BAG v. 19.7.2007 – 6 AZR 774/06, NZA 2007, 1095)

2. Anfechtung und Widerruf des Aufhebungsvertrags

a) Anfechtung gemäß § 123 BGB

3386 Die auf Abschluss eines Aufhebungsvertrags gerichteten Willenserklärungen sind nach den allgemeinen Regeln (§§ 119 ff. BGB) anfechtbar. Nach Ansicht des BAG kommt eine Anfechtung des Aufhebungsvertrags nach § 123 BGB in Betracht, wenn der Arbeitgeber in rechtswidriger Weise mit einer Kündigung für den Fall der nicht einverständlichen Beendigung des Arbeitsverhältnisses gedroht hat (BAG v. 20.11.1969 – 2 AZR 51/69, NJW 1970, 775; BAG v. 15.12.2005 – 6 AZR 197/05, NZA 2006, 841, 842 f.). Voraussetzung dafür ist, dass ein verständiger Arbeitgeber eine Kündigung nicht ernsthaft in Erwägung ziehen durfte. Insoweit gilt dasselbe wie in dem Fall, dass der Arbeitgeber eine Eigenkündigung des Arbeitnehmers durch Drohung erwirkt (Rz. 2700).

b) Widerrufsrecht nach §§ 312g, 355 BGB?

3387 Nach der Umsetzung der EU-Verbraucherrechterichtlinie RL 2011/83/EU vom 25.10.2011 (VerbrrRL) durch den deutschen Gesetzgeber in den §§ 312 ff. BGB im Jahr 2013 ist in die alte Diskussion um ein mögliches Widerrufsrecht des Arbeitnehmers in Bezug auf einen Aufhebungsvertrag neue Bewegung gekommen. Nach dem Schuldrechtsmodernisierungsgesetz hatte sich die Frage gestellt, ob nicht das Haustürwiderrufsrecht nach Maßgabe der §§ 312, 355 BGB a.F. auch im Arbeitsverhältnis anzuwenden war, weil der Arbeitnehmer als „Verbraucher" i.S.d. § 13 BGB anzusehen ist (Rz. 219) und zum Abschluss des Aufhebungsvertrags „durch mündliche Verhandlungen an seinem Arbeitsplatz" (§ 312 Abs. 1 S. 1 Nr. 1 BGB a.F.) bestimmt worden sein könnte.

3388 Gemäß §§ 312g Abs. 1, 355 BGB kommt ein Widerrufsrecht für Aufhebungsverträge in Betracht, wenn sie zu den „außerhalb von Geschäftsräumen geschlossenen Verträgen" (§ 312g Abs. 1 BGB) gehören.

aa) Anwendbarkeit der §§ 312 ff. BGB

3389 Stuft man Arbeitnehmer mit dem BAG als Verbraucher (§ 13 BGB) ein (Rz. 219), sind auch Verträge zwischen Arbeitnehmer und Arbeitgeber (als Unternehmer) grundsätzlich Verbraucherverträge i.S.d. § 312 Abs. 1 BGB. Allerdings weicht der **Verbraucherbegriff** der VerbrrRL, auf dem § 312g BGB beruht, von dem des § 13 BGB ab. Laut § 2 Nr. 1 VerbrrRL sind natürliche Personen dann Verbraucher, wenn sie Verträge zu Zwecken außerhalb ihrer „beruflichen Tätigkeit" schließen. Zudem heißt es in ErwG 8 VerbrrRL, dass die „zu harmonisierenden Aspekte" der Richtlinie „nur Verträge zwischen Unternehmern und Verbrauchern betreffen" sollten und sie *deshalb* u.a. innerstaatliche Vorschriften über Arbeitsverträge unberührt lassen sollte. Somit sind Arbeitnehmer keine Verbraucher i.S.d. Richtlinie. Zum anderen schließt ErwG 8 VerbrrRL ihre Anwendung auf das Arbeitsrecht aus, auch wenn die Bindungswirkung eines Erwägungsgrund diskutabel ist. Dieser Ausschluss ist für §§ 312 ff. BGB jedoch nicht bindend. Zwar dient die Richtlinie Art. 4 VerbrrRL zur Folge der Vollharmonisierung und die Mitgliedstaaten dürfen weder ein strengeres noch ein laxeres Verbraucherschutzrecht etablieren oder aufrechterhalten. Da die Richtlinie jedoch auf das Arbeitsrecht gerade keine Anwendung findet, kann auch nicht Art. 4 VerbrrRL dem nationalen Gesetzgeber einen strengeren Verbraucherschutz auf diesem Gebiet verbieten. Das wird durch ErwG 13 VerbrrRL gestützt, nachdem es den Mitgliedstaaten erlaubt sein sollte, die Anwendung der Richtlinie auf „juristische oder natürliche Personen auszudehnen, die keine ‚Verbraucher' im Sinne dieser Richtlinie sind" (*Fischinger/Werthmüller* NZA 2016, 193, 196; *Schwab/Hromek* JZ 2015, 271, 272). Somit kann das deutsche Recht Arbeitnehmer entgegen der Richtlinie als Verbraucher ansehen und Verträge zwischen Arbeitnehmer und Unternehmer wie den Aufhebungsvertrag als Verbraucherverträge i.S.d. § 312 Abs. 1 BGB einstufen.

I. Aufhebungsvertrag | Rz. 3393 § 69

Daneben wird – wie bereits zur vorherigen Rechtslage – diskutiert, ob Aufhebungsverträge „eine **entgeltliche Leistung** des Unternehmers zum Gegenstand haben", wie § 312 Abs. 1 BGB neben der Eigenschaft als Verbrauchervertrag für die Anwendbarkeit der §§ 312 ff. BGB voraussetzt. Die VerbrrRL beinhaltet diese Voraussetzung nicht („jegliche" Verträge zwischen Unternehmer und Verbraucher, Art. 1 Abs. 1 S. 1 VerbrrRL), weshalb dessen Richtlinienkonformität extrem zweifelhaft ist. Wie gesehen (Rz. 219), findet die Richtlinie auf Verträge zwischen Arbeitgeber und Arbeitnehmer jedoch keine Anwendung, so dass jedenfalls eine gespaltene Auslegung des § 312 Abs. 1 BGB in Betracht kommt (so *Bauer/Arnold/Zeh* NZA 2016, 449, 450 f.). Hält man demnach für das Arbeitsrecht an dem Erfordernis fest, muss der Aufhebungsvertrag erstens eine Leistung des Arbeitgebers zum Gegenstand haben, für die der Arbeitnehmer zweitens ein Entgelt bezahlt. Jedenfalls bei Aufhebungsverträgen, in denen kein Abfindungsanspruch des Arbeitnehmers geregelt ist, liegen diese Voraussetzungen nicht vor. Für Aufhebungsverträge mit Abfindung als Leistung des Arbeitgebers (= Unternehmer) wird dagegen der Verzicht des Arbeitnehmers auf zukünftige Verdienstmöglichkeiten als Entgelt ins Spiel gebracht (*Bauer/Arnold/Zeh* NZA 2016, 449, 450; *Fischinger/Werthmüller* NZA 2016, 193, 196). Das ist insofern sehr zweifelhaft, als die Befreiung des Arbeitgebers von seiner Pflicht, zukünftig gemäß des Arbeitsvertrags an den Arbeitnehmer Lohn zu zahlen, lediglich eine mittelbare Folge seiner Pflicht zur Abfindungszahlung ist und keine direkte Gegenleistung. Zudem „verzichtet" der Arbeitgeber durch den Abschluss des Aufhebungsvertrags auch auf seinen zukünftigen Anspruch auf Arbeitsleistung. 3390

Außerdem hätte die Einstufung von Aufhebungsverträgen mit Abfindung als entgeltliche Verbraucherverträge i.S.d. § 312 Abs. 1 BGB zur Folge, dass Arbeitnehmern, die eine Abfindung erhalten, ggf. ein Widerspruchsrecht gem. § 312g BGB zusteht, während es Arbeitnehmern, die leer ausgehen, mangels Anwendbarkeit verwehrt wird *Fischinger/Werthmüller* NZA 2016, 193, 197, die einen Verstoß gegen Art. 3 Abs. 1 GG für möglich halten). 3391

Während das Verbraucherwiderspruchsrecht der §§ 312 ff. BGB unter der vorherigen Gesetzeslage ausweislich des Untertitels nur bei „Besonderen Vertriebsformen" Anwendung fand, was gegen eine Geltung im Arbeitsrecht sprach, ist dieses **systematische Argument** durch die Gesetzesänderung entfallen. Untertitel 2 lautet nun „Grundsätze bei Verbraucherverträgen und besondere Vertriebsformen", von dem durch die „Verbraucherverträge" nun auch Verträge zwischen Arbeitnehmer und Arbeitgeber erfasst sind (Rz. 219). 3392

Das BAG hat sich derweil gegen die Anwendbarkeit der Vorschriften über den Widerruf entschieden, da Aufhebungsverträge mit oder ohne Abfindung nach dem erkennbaren Willen des Gesetzgebers nicht von den Vorschriften erfasst seien (BAG v. 7.2.2019 – 6 AZR 75/18, ZIP 2019, 983 Rz. 17). Dies ergebe sich aus der Gesetzesbegründung und einer systematischen Auslegung. Der Gefahr einer möglichen Überrumpelung des Arbeitnehmers bei den individuellen Vertragsverhandlungen könne allerdings durch das Gebot des fairen Verhandelns begegnet werden, das unterhalb der Schwelle der §§ 105, 119 ff. BGB die Entscheidungsfreiheit bei Vertragsverhandlungen schützt (siehe dazu BAG v. 7.2.2019 – 6 AZR 75/18, ZIP 2019, 983 Rz. 31 ff.). Stuft man Aufhebungsverträge mit Abfindungsanspruch entgegen der Rechtsprechung und den bedeutenden Bedenken in der Literatur als entgeltliche Verbraucherverträge i.S.d. § 312 Abs. 1 BGB ein, kommt ein Widerrufsrecht des Arbeitnehmers gem. § 312g Abs. 1 BGB in Betracht. Demnach besteht ein solches Recht u.a. bei „**außerhalb von Geschäftsräumen geschlossenen Verträgen**". Solche Verträge sind gem. § 312b S. 1 Nr. 1 BGB und dem gleichlautenden Art. 2 Nr. 8 Buchst. a VerbrrRL Verträge, „die bei gleichzeitiger körperlicher Anwesenheit des Verbrauchers und des Unternehmers an einem Ort geschlossen werden, der kein Geschäftsraum des Unternehmers ist". „Geschäftsräume" sind u.a. „unbewegliche Gewerberäume, in denen der Unternehmer seine Tätigkeit dauerhaft ausübt" (§ 312b Abs. 2 S. 1 Var. 1 BGB bzw. Art. 2 Nr. 9 Buchst. a VerbrrRL). Es kommt also darauf an, wo der Aufhebungsvertrag geschlossen wurde. Zu trennen sind einerseits die Fälle, in denen Arbeitnehmer und Arbeitgeber den Aufhebungsvertrag am Arbeitsplatz des Arbeitnehmers im Betrieb des Arbeitgebers abschließen und andererseits die Fälle, in den der Aufhebungsvertrag außerhalb des Arbeitsplatzes und Betriebes abgeschlossen wird. 3393

bb) Vertragsschluss am Arbeitsplatz

3394 Befindet sich der Arbeitsplatz des Arbeitnehmers im Betrieb des Arbeitgebers, also in dessen Räumen, und schließt er dort mit dem Arbeitgeber einen Aufhebungsvertrag, steht ihm kein Widerspruchsrecht gem. § 312g Abs. 1 BGB zu. Denn Räumlichkeiten des Arbeitgebers, in denen herkömmlicherweise gearbeitet wird, zählen zu den „Geschäftsräumen" i.S.d. § 312b S. 1 Nr. 1 BGB. An dieser Auslegung ändert sich nichts durch ErwG 21 und 22 VerbrrRL (so jedoch *Kamanabrou*, NZA 2016, 919), die den Arbeitsplatz des Verbrauchers als Beispiel für einen außerhalb des Geschäftsraums befindlichen Ort aufzählen. Denn der Arbeitsplatz des Verbrauchers ist in diesem Zusammenhang eben nur ein Beispiel für einen Ort außerhalb eines Geschäftsraums. Da die Richtlinie auf das Arbeitsrecht keine Anwendung findet, ist sie nicht auf Fälle zugeschnitten, in denen der Arbeitsplatz des Verbrauchers (= *Arbeitnehmer*) in einem Geschäftsraum des Unternehmers (= *Arbeitgeber*) liegt. Entscheidendes Kriterium ist der Geschäftsraum des Unternehmers und nicht der Arbeitsplatz des Verbrauchers.

3395 Wie auch zur vorherigen Gesetzeslage sprechen außerdem teleologische Gesichtspunkte gegen ein Widerspruchsrecht. Eine typische Überrumpelungssituation außerhalb einer geschäftlichen Umgebung, auf die das Gesetz (und die Richtlinie) zugeschnitten sind und bei denen es dem Verbraucher ermöglicht sein soll, die unter diesen Umständen abgegebene Zustimmung zu einem Vertrag zu widerrufen, besteht im Falle der Vereinbarung eines Aufhebungsvertrags am Arbeitsplatz gerade nicht (*Kamanabrou* NZA 2016, 919, 920).

cc) Vertragsschluss außerhalb des Arbeitsplatzes

3396 Bei Aufhebungsverträgen, die außerhalb des Arbeitsplatzes und der Räumlichkeiten des Arbeitgebers geschlossen werden, steht dem Arbeitnehmer ein Widerspruchsrecht gem. § 312g Abs. 1 BGB jedenfalls dem Wortlaut nach zu. Als Beispiele kommen etwa ein Restaurant beim Mittagessen (ähnlicher Fall bei *Fischinger/Werthmüller* NZA 2016, 193, 194) oder die Wohnung des Arbeitnehmers in Betracht.

3. Bedingte Aufhebungsverträge

3397 Rechtstechnisch möglich ist es, einen Aufhebungsvertrag unter einer aufschiebenden Bedingung (§ 158 Abs. 1 BGB) abzuschließen mit der Folge, dass er erst dann wirksam wird, wenn das zur Bedingung erhobene zukünftige ungewisse Ereignis eingetreten ist.

3398 Die rechtliche Problematik bedingter Aufhebungsverträge liegt darin, dass mit ihrer Hilfe die unabdingbaren gesetzlichen (und tarifvertraglichen) Vorschriften über den **Kündigungsschutz umgangen** werden können.

Beispiel für die Umgehung des Kündigungsschutzes durch einen bedingten Aufhebungsvertrag: Der Arbeitgeber lässt sich schon bei Abschluss des Arbeitsvertrags einen bedingten Aufhebungsvertrag des Inhalts unterschreiben, dass das Arbeitsverhältnis „einvernehmlich beendet wird, wenn der Arbeitnehmer innerhalb von sechs Monaten mehr als fünfzehn krankheitsbedingte Fehltage erreichen sollte."

3399 Der aufschiebend bedingte Aufhebungsvertrag kommt in seiner **Wirkung** einem Arbeitsvertrag gleich, der unter der auflösenden Bedingung (§ 158 Abs. 2 BGB) abgeschlossen wird, dass ein bestimmtes Ereignis eintritt. So wäre im Beispielsfalle die Wirkung dieselbe gewesen, wenn der Arbeitgeber gleich den Arbeitsvertrag unter der genannten auflösenden Bedingung geschlossen hätte.

3400 Die Zulässigkeit aufschiebend bedingter Aufhebungsverträge wird dementsprechend von der Rechtsprechung mit denselben **strengen Maßstäben** überprüft (Rz. 332). Wirksam ist ein bedingter Aufhebungsvertrag nur, wenn für seinen Abschluss ausnahmsweise ein **sachlicher Grund** besteht. Eine Überprüfung kann zudem anhand der §§ 305 ff. BGB erfolgen.

Bedingten Aufhebungsverträgen gleich stehen **Vereinbarungen, die eine unbedingte Aufhebung des Arbeitsverhältnisses mit einer bedingten Wiedereinstellungsgarantie** verknüpfen (BAG v. 25.6.1987 – 2 AZR 541/86, NZA 1988, 391). 3401

Beispiel für eine Aufhebungsvereinbarung mit bedingter Wiedereinstellungsgarantie: Der Arbeitnehmer scheidet vor Urlaubsantritt durch Aufhebungsvertrag aus dem Beschäftigungsverhältnis mit dem Versprechen aus, dass er unter Wahrung des Besitzstands wieder eingestellt wird, wenn er dies am ersten Tag nach Ende des Urlaubs verlangt.

4. Sozialrechtliche Konsequenzen

Literatur: *Gaul/Niklas*, Neue Grundsätze zur Sperrzeit bei Aufhebungsvertrag, Abwicklungsvereinbarung und gerichtlichem Vergleich, NZA 2008, 137.

Übersicht: Mögliche sozialrechtliche Konsequenzen 3402

☐ Verlust von Ansprüchen aus **betrieblicher Altersversorgung**

☐ Nichterreichen von Wartezeiten in der **gesetzlichen Renten- und Arbeitslosenversicherung**

☐ **Sperrzeit beim Arbeitslosengeld**

Aufhebungsverträge können zahlreiche sozialrechtliche Konsequenzen haben, die für den Arbeitnehmer nicht immer leicht zu überblicken sind. Sieht z.B. die **betriebliche Altersversorgung** (Rz. 1394) eine bestimmte Wartezeit vor, die der Arbeitnehmer noch nicht erreicht hat, bei Einhaltung der ordentlichen Kündigungsfrist aber erreicht hätte, kann der Abschluss eines Aufhebungsvertrags mit sofortiger Wirkung u.U. wirtschaftlich erhebliche Ansprüche zunichte machen. Dasselbe gilt für den Fall, dass der Zeitpunkt des Eintritts der Unverfallbarkeit (§ 1b Abs. 1 BetrAVG) kurz bevor stand. 3403

Mit der Beendigung des Arbeitsverhältnisses endet auch das sozialrechtliche Beschäftigungsverhältnis. Das hat in allen Zweigen der Sozialversicherung Konsequenzen. In der gesetzlichen Renten- und der Arbeitslosenversicherung müssen bestimmte Wartezeiten erfüllt werden, bevor die Versicherungsleistungen in Anspruch genommen werden können. So kann die Regelaltersrente nur beansprucht werden, wenn die allgemeine Wartezeit von fünf Jahren erreicht ist (§ 50 Abs. 1 S. 1 Nr. 1 SGB VI). Arbeitslosengeld erhält nur, wer innerhalb der letzten zwei Jahre mindestens zwölf Monate in einer beitragspflichtigen Beschäftigung gestanden hat (§§ 142, 143 SGB III). 3404

Um zu vermeiden, dass der Arbeitnehmer parallel Arbeitslosengeld bezieht und gleichzeitig eine Abfindung für die Abkürzung der Kündigungsfrist erhält, sieht § 158 SGB III eine teilweise Anrechnung der Abfindung auf den Arbeitslosengeldanspruch vor. 3405

Insbesondere kann gegen den Arbeitnehmer, der nach Beendigung des Arbeitsverhältnisses arbeitslos wird, eine Sperrzeit gemäß § 159 Abs. 1 Nr. 1 SGB III verhängt werden. Konsequenz des Aufhebungsvertrages ist in der Regel eine Sperrzeit von zwölfwöchiger Dauer, es sei denn, dass der Arbeitslose für sein Verhalten einen **wichtigen Grund** hatte. Dieser liegt nach ständiger Rechtsprechung des BSG vor, „wenn dem Arbeitslosen unter Berücksichtigung aller Umstände des Einzelfalls und unter Abwägung seiner Interessen mit denen der Versichertengemeinschaft ein anderes Verhalten nicht zugemutet werden konnte" (BSG v. 14.9.2010 – B 7 AL 33/09 R, NZS 2011, 713, 713). Die größte praktische Bedeutung haben dürfte, dass das BSG angekündigt hat, aus § 1a KSchG künftig den Schluss ziehen zu wollen, dass jede vergleichsweise Beendigung des Beschäftigungsverhältnisses durch einen wichtigen Grund getragen sei, wenn die in ihr vereinbarte **Abfindungssumme den Betrag von 0,5 Monatsverdiensten** je Beschäftigungsjahr **nicht übersteige** (BSG v. 12.7.2006 – B 11a AL 47/05 R, NZA 2006, 1359). Dem hat die Bundesagentur für Arbeit durch eine neue Weisungslage seit Oktober 2007 (DA 144 101 ff.) Rechnung getragen (*Gaul/Niklas* NZA 2008, 137 ff.). Eine Sperrzeit soll danach nicht verhängt werden, wenn der Arbeitnehmer anlässlich der Aufhebung des Arbeitsverhältnisses eine Abfindung in Höhe von mindestens 0,25 und höchstens 0,5 Monatsgehältern pro Beschäftigungsjahr erhält. Das BSG hält 3406 weiterhin an dieser Rechtsprechung fest (BSG v. 8.7.2009 – B 11 AL 17/08 R, NJW 2010, 2459, 2460). In anderen Fällen hat dagegen eine Einzelfallprüfung stattzufinden. Sicher ist, dass jeder wichtige Grund i.S.d. § 626 Abs. 1 BGB schwer genug wiegt, zugleich ein **„wichtiger Grund"** i.S.v. § 159 Abs. 1 SGB III zu sein (ausf. hierzu *Fuchs/Preis* Sozialversicherungsrecht, § 54 II 7 e) cc)).

3407 Unter normalen Umständen ist der **Arbeitgeber nicht verpflichtet, den Arbeitnehmer** vor Abschluss eines Aufhebungsvertrags **auf diese Rechtsfolgen** hinzuweisen. Es entspricht den allgemeinen Regeln unserer Rechtsordnung, dass jeder sich über die rechtlichen Folgen eines selbstverantworteten Handelns grundsätzlich selbstständig zu informieren hat. Nur in Ausnahmefällen ist ein Vertragspartner verpflichtet, den anderen vor Vertragsabschluss über die besonderen Risiken der Vereinbarung aufzuklären (vgl. aus dem allgemeinen Zivilrecht etwa BGH v. 16.3.1983 – VIII ZR 347/81, JZ 1983, 445). Nichts anderes gilt im Arbeitsrecht (BAG v. 3.7.1990 – 3 AZR 382/89, NZA 1990, 971).

3408 „In der Regel muss sich der Arbeitnehmer, dessen Arbeitsverhältnis aufgelöst werden soll, vor Abschluss des Auflösungsvertrags selbst über die rechtlichen Folgen dieses Schritts Klarheit verschaffen. [...] Nur ausnahmsweise kann der Arbeitgeber verpflichtet sein, über die Voraussetzungen von Versorgungsansprüchen und deren eventuellen Verlust zu belehren. Eine solche Verpflichtung kommt dann in Betracht, wenn der Arbeitnehmer aufgrund besonderer Umstände darauf vertrauen darf, der Arbeitgeber werde bei der vorzeitigen Beendigung des Arbeitsverhältnisses die Interessen des Arbeitnehmers wahren und ihn redlicherweise vor unbedachten nachteiligen Folgen des vorzeitigen Ausscheidens, insbesondere bei der Versorgung, bewahren. Ein solcher Vertrauenstatbestand kann sich bei der Abwägung der beiderseitigen Interessen und unter Berücksichtigung der Umstände des Einzelfalles aus vorangegangenem Tun des Arbeitgebers ergeben, insbesondere aus dem betrieblichen Interesse des Arbeitgebers, ein Arbeitsverhältnis vorzeitig zu beenden" (BAG v. 3.7.1990 – 3 AZR 382/89, NZA 1990, 971).

II. Anfechtung und Nichtigkeit

3409 Der Arbeitsvertrag kann wie jeder andere privatrechtliche Vertrag angefochten werden. Er kann ferner aus anderen Gründen nichtig sein. Darauf kann sich jede Partei jederzeit berufen. Das Arbeitsverhältnis wird in beiden Fällen mit Wirkung ex nunc aufgelöst. Das BAG lässt aber eine beschränkte Rückwirkung der Anfechtung von dem Zeitpunkt an zu, in dem das vollzogene Arbeitsverhältnis wieder außer Funktion gesetzt worden ist und der Arbeitnehmer keine Arbeitsleistung mehr erbringt. Damit sind die **Rechtsinstitute der Anfechtung und Kündigung und die Berufung auf die Nichtigkeit des Vertrags in den Wirkungen einander angenähert.** Die Wirkungen sind jedoch nicht deckungsgleich, denn z.B. eine dem § 122 BGB entsprechende Regelung (Ersatz des Vertrauensschadens) gibt es für den Kündigenden nicht.

3410 Trotz ähnlicher Wirkung unterscheiden sich die Nichtigkeit wegen Anfechtung einerseits und die Kündigung andererseits in ihren Voraussetzungen voneinander. Die Beschränkungen des Kündigungsrechts können auf das Anfechtungsrecht nicht übertragen werden. Die Anfechtung setzt einen Grund voraus, der **vor oder bei Vertragsschluss** vorliegt, die Kündigung stützt sich dagegen auf Gründe, die in aller Regel **während des Arbeitsverhältnisses** entstehen. Haben die Anfechtungsgründe infolge Zeitablaufs keine Bedeutung mehr, versagt die Rechtsprechung nach § 242 BGB die Ausübung des Anfechtungsrechts.

3411 Im Falle eines Irrtums über verkehrswesentliche Eigenschaften ist die Anfechtung nach der Entscheidung des BAG vom 14.12.1979 (BAG v. 14.12.1979 – 7 AZR 38/78, NJW 1980, 1302) nur dann **unverzüglich i.S.d. § 121 Abs. 1 BGB** erklärt, wenn sie spätestens innerhalb von zwei Wochen nach Kenntnis der für die Anfechtung maßgebenden Tatsachen erfolgt. **Die Ausschlussfrist des § 626 Abs. 2 BGB** wird somit zur Konkretisierung des Begriffs „unverzüglich" entsprechend angewandt. Begründet wird dies mit dem Hinweis, dass unter den gegebenen Umständen je nach der Fortdauer der Wirkung des Anfechtungsgrundes der Anfechtende auch die Möglichkeit habe, das Arbeitsverhältnis durch eine außerordentliche Kündigung aufzulösen, wenn dessen Fortsetzung unzumutbar geworden sei. Deshalb sind die beiden Gestaltungsrechte in ihren „Ausübungsmodalitäten" weitgehend angeglichen worden. Allerdings gilt für die Anfechtung nach § 123 BGB die Jahresfrist des § 124 Abs. 1 BGB.

Zu weiteren Einzelheiten siehe unter Rz. 915.

III. Wegfall der Geschäftsgrundlage

Beispiel für den Wegfall der Geschäftsgrundlage eines Arbeitsvertrags (nach BAG v. 24.8.1995 – 8 AZR 134/94, NZA 1996, 29): Der in Berlin (Ost) lebende Arbeitnehmer war seit 1975 bei einem öffentlichen Versorgungsunternehmen in der DDR tätig. Anfang 1978 wurde er an seinem Arbeitsplatz vom Staatssicherheitsdienst festgenommen. Im August 1979 wurde er unmittelbar aus der Haft in die Bundesrepublik Deutschland abgeschoben. Er durfte bis zur Wende das Gebiet der ehemaligen DDR nicht mehr betreten. Im Mai 1991 kehrt er nach Berlin zurück und verlangt die Weiterbeschäftigung an seinem alten Arbeitsplatz. 3412

Mit dem Institut des Wegfalls der Geschäftsgrundlage, jetzt kodifiziert in § 313 BGB, kann das Arbeitsverhältnis **in aller Regel nicht beendet werden.** Das gesetzliche Kündigungsrecht verdrängt dieses Rechtsinstitut (BAG v. 9.2.1995 – 2 AZR 389/94, NZA 1996, 249, 251; BAG v. 8.10.2009 – 2 AZR 235/08, NZA 2010, 465, 467). Die Parteien müssen bei Vorlage der entsprechenden Voraussetzungen das Arbeitsverhältnis außerordentlich oder unter Einhaltung der ordentlichen Frist kündigen. Nur unter außergewöhnlichen Umständen (Kriegsfolgen, Verschleppung etc.; siehe das Eingangsbeispiel) erkennt die Rechtsprechung an, dass auch ein Arbeitsverhältnis durch Wegfall der Geschäftsgrundlage ohne Kündigung enden kann, wenn der Zweck des Arbeitsverhältnisses für beide Parteien erkennbar endgültig unerreichbar geworden ist (BAG v. 24.8.1995 – 8 AZR 134/94, NZA 1996, 29). 3413

IV. Tod des Arbeitnehmers

Aus der Höchstpersönlichkeit der Arbeitsleistung (§ 613 BGB; Rz. 1068) folgt, dass das Arbeitsverhältnis mit dem Tod des Arbeitnehmers ipso iure endet. Dies entspricht auch der in §§ 675 Abs. 1, 673 S. 1 BGB für Geschäftsbesorgungsverhältnisse getroffenen Regelung. 3414

Das BAG hat als Konsequenz aus dem Charakter der Arbeitsleistung ursprünglich vertreten, dass Ansprüche des Arbeitnehmers, die an den Fortbestand des Arbeitsverhältnisses anknüpfen, unvererblich sind (BAG v. 23.6.1992 – 9 AZR 111/91, NZA 1992, 1088; Rz. 2260). Das BAG erkannte lediglich für den Fall eines nach Ausscheiden des Arbeitnehmers fortbestehenden Urlaubsabgeltungsanspruchs einen vererbbaren Schadensersatzanspruch wegen zu vertretender Unmöglichkeit gemäß §§ 280 Abs. 1, 3, 283 BGB an, wenn der Arbeitnehmer nach Entstehung, aber vor Erfüllung dieses Anspruchs stirbt (BAG v. 19.11.1996 – 9 AZR 376/95, NZA 1997, 879). Die der Rechtsprechung zur Urlaubsabgeltung zugrundeliegende Auslegung von § 7 IV BUrlG i.V.m. § 1922 BGB verstößt allerdings, wie der EuGH entschieden hat, gegen Art. 7 der Richtlinie 2003/88/EG des Europäischen Parlaments und des Rates vom 4.11.2003 über bestimmte Aspekte der Arbeitszeitgestaltung, sowie gegen Art. 31 II der Charta der Grundrechte der Europäischen Union. Die nationalen Gerichte seien daher angehalten, § 7 Abs. 4 BUrlG unionsrechtskonform auszulegen. Sie seien in diesem Fall verpflichtet, dafür Sorge zu tragen, dass der Rechtsnachfolger von dem Arbeitgeber eine finanzielle Entschädigung erhalte (EuGH v. 6.11.2018 – C-569/16, C-570/16, NZA 2018, 1467). Zur Vererblichkeit von Urlaubsansprüchen unter der geänderten Rechtsprechung siehe ausführlich Rz. 2260. Abfindungsansprüche gemäß § 1a KSchG bleiben hingegen bei einem noch fortbestehenden Arbeitsverhältnis, da der Anspruch erst mit Ablauf der Kündigungsfrist entsteht, unvererblich (BAG v. 10.5.2007 – 2 AZR 45/06, NZA 2007, 1043). 3415

8. Abschnitt:
Pflichten bei Beendigung des Arbeitsverhältnisses

§ 70
Pflichten des Arbeitgebers und des Arbeitnehmers

3416 Übersicht: Pflichten bei Beendigung des Arbeitsverhältnisses

- **Pflichten des Arbeitgebers** (Rz. 3418)
  - Gewährung von Freizeit zur Stellensuche (Rz. 3418)
  - Erteilung eines Zeugnisses (Rz. 3422)
  - Nur begrenzte Auskunftsrechte an Dritte (Rz. 3435)
  - Aushändigung der Arbeitspapiere (Rz. 3439)
- **Pflichten des Arbeitnehmers** (Rz. 3440)
  - Herausgabe von Eigentum des Arbeitgebers (Rz. 3440)
  - Kein Verrat von Betriebs- oder Geschäftsgeheimnissen (Rz. 3441)
  - Nachvertragliches Wettbewerbsverbot (Rz. 3442)

3417 Zwar entfallen mit der rechtswirksamen Beendigung des Arbeitsverhältnisses die gegenseitigen Hauptleistungspflichten. Sowohl den Arbeitgeber als auch den Arbeitnehmer treffen jedoch aus dem Gesichtspunkt der **nachvertraglichen Fürsorge- bzw. Treuepflicht** (quasi das Gegenstück zu den vorvertraglichen Pflichten, § 311 Abs. 2 BGB, bei deren Verletzung Ansprüche aus § 280 Abs. 1 BGB erwachsen können; Rz. 839) verschiedene Nebenleistungspflichten, von denen die wichtigsten eine besondere gesetzliche Ausprägung erhalten haben.

I. Pflichten des Arbeitgebers

1. Freizeit zur Stellensuche (§ 629 BGB)

3418 Noch während des Bestands des Arbeitsverhältnisses, wenn aber seine Beendigung absehbar ist, hat der Arbeitnehmer gegen den Arbeitgeber gemäß § 629 BGB einen Anspruch auf Freizeit zur Stellensuche. In aller Regel genügt dem potentiellen künftigen Arbeitgeber eine schriftliche Bewerbung nämlich nicht, sondern ist eine persönliche Vorstellung erforderlich. Soweit diese wie üblich während der gewöhnlichen Arbeitszeiten zu erfolgen hat, müsste der Arbeitnehmer andernfalls Teile seines Erholungsurlaubs für **Vorstellungsgespräche** opfern. Das würde nicht nur zu Unzuträglichkeiten führen, wenn der Urlaubsanspruch bereits komplett erfüllt worden ist, sondern auch dem Zweck des Erholungsurlaubs widersprechen (BAG v. 26.10.1956 – 1 AZR 248/55, BAGE 3, 215).

3419 Voraussetzung des Anspruchs ist, dass

- ein dauerndes Dienstverhältnis
- gekündigt worden ist und
- der Berechtigte die Gewährung der Freizeit verlangt hat.

Wird der Vertrag **auf andere Weise als durch Kündigung beendet**, entsteht der Anspruch zu dem Zeitpunkt, zu dem das Dienstverhältnis hätte gekündigt werden müssen, um zum vereinbarten Termin beendet zu werden. 3420

Der **Arbeitnehmer** muss die Freizeitgewährung **verlangen**, er darf nicht von sich aus der Arbeit fernbleiben. Andererseits ist der **Arbeitgeber** in aller Regel **verpflichtet**, den Arbeitnehmer zu dem von ihm konkret gewünschten Zeitpunkt (etwa des Vorstellungsgesprächs bei dem potentiellen neuen Arbeitgeber) freizustellen. Betriebliche Belange dürften bei einem gekündigten Arbeitnehmer kaum jemals so schwerwiegend sein, dass sie dem Anspruch entgegenstehen könnten. Verweigert der Arbeitgeber die Freizeitgewährung unberechtigt, kann der Arbeitnehmer den Anspruch faktisch selbst durchsetzen, indem er gemäß § 273 BGB seine Arbeitsleistung für die zur Stellensuche erforderliche und angemessene Dauer zurückhält (LAG Düsseldorf/Köln v. 15.3.1967 – 3 Sa 40/67, DB 1967, 1227, 1228). 3421

2. Zeugniserteilung

Literatur: *Düwell/Dahl*, Die Leistungs- und Verhaltensbeurteilung im Arbeitszeugnis, NZA 2011, 958; *Fuhlrott/Fabritius*, Streitpunkt Arbeitszeugnis, AuA 2011, 650; *Göldner*, Die Problematik der Zeugniserteilung im Arbeitsrecht, ZfA 1991, 225; *Nowak*, Pflichten des Arbeitgebers beim Erteilen eines Zeugnisses, AuA 1992, 68; *Popp*, Die Bekanntgabe des Austrittsgrunds im Arbeitszeugnis, NZA 1997, 588; *Roth*, Das Arbeitszeugnis in der Praxis, 2006; *Schleßmann*, Das Arbeitszeugnis, 22. Aufl. 2017; *Schmitt-Rolfes*, „Wohlwollend und wahr", AuA 2011, 631; *Schulz*, Der arbeitsrechtliche Zeugnisanspruch, 2006; *Stück*, Das Arbeitszeugnis, MDR 2006, 791.

a) Allgemeines

Bei der Beendigung des Arbeitsverhältnisses kann der Arbeitnehmer vom Arbeitgeber ein schriftliches Zeugnis fordern. Ursprünglich ergab sich dieser Anspruch aus § 630 BGB. Nach dem mit Wirkung zum 1.1.2003 eingefügten § 630 S. 4 BGB ist **§ 109 GewO alleinige Grundlage für den Zeugnisanspruch des Arbeitnehmers.** § 630 BGB gilt nur noch für Dienstnehmer, die zwar nicht Arbeitnehmer sind, aber einem Arbeitnehmer vergleichbar beschäftigt werden, wie etwa arbeitnehmerähnliche Personen (Staudinger/*Preis* § 630 BGB Rz. 3). Für **Auszubildende** sowie für Beschäftigungsverhältnisse nach § 26 BBiG gilt **§ 16 BBiG**. 3422

Nach § 109 Abs. 1 S. 2 GewO muss das Zeugnis mindestens Angaben zur Art und Dauer der Tätigkeit enthalten (**einfaches Zeugnis**). Auf Verlangen des Arbeitnehmers ist es nach § 109 Abs. 1 S. 3 GewO auf Angaben zur Leistung und zum Verhalten des Arbeitnehmers zu erstrecken (**qualifiziertes Zeugnis**). 3423

Entgegen dem Wortlaut von § 109 Abs. 1 S. 1 GewO („bei Beendigung") besteht heute Einigkeit darüber, dass der Arbeitnehmer das Zeugnis nicht erst am letzten Tag des Arbeitsverhältnisses, sondern bereits mit **Zugang der Kündigung** verlangen kann. Das BAG verweist insoweit mit Recht auf den systematischen Zusammenhang mit § 629 BGB, weil der Arbeitnehmer das Zeugnis in aller Regel benötigt, wenn er sich um eine neue Stelle bewerben will (BAG v. 27.2.1987 – 5 AZR 710/85, NZA 1987, 628). 3424

„Der Anspruch der entlassenen Arbeitnehmerin nach ihrem Ausscheiden aus dem Arbeitsverhältnis auf ein Zeugnis über Führung und Leistung (§ 630 S. 2 BGB) ist in Verbindung mit § 629 BGB begründet, denn sie benötigt es zur Stellensuche." (BAG v. 27.2.1987 – 5 AZR 719/85, NZA 1987, 628)

Bereits zu diesem Zeitpunkt ist der Arbeitgeber in der Regel auch in der Lage, die für ein (End-)Zeugnis erforderlichen Angaben zu machen. Lediglich dann, wenn das **Arbeitsverhältnis erst sehr kurze Zeit bestanden** hat und die **Kündigungsfrist relativ lang** ist, kann der Arbeitgeber zunächst ein Zwischenzeugnis erteilen. Erst nach Beendigung des Arbeitsverhältnisses erhält der Arbeitnehmer dann 3425

Zug um Zug gegen Rückgabe des Zwischenzeugnisses ein Endzeugnis. Ein Endzeugnis kann der Arbeitnehmer auch dann verlangen, wenn er die Kündigung mit der Kündigungsschutzklage angreift (BAG v. 27.2.1987 – 5 AZR 719/85, NZA 1987, 628). An den Inhalt des Zwischenzeugnisses ist der Arbeitgeber, wenn der zeitliche Abstand gering ist, regelmäßig gebunden (BAG v. 16.10.2007 – 9 AZR 248/07, NZA 2008, 298).

3426 Dem Arbeitgeber steht an dem Zeugnis kein Zurückbehaltungsrecht wegen anderer Ansprüche zu, die er gegen den Arbeitnehmer erhebt.

b) Inhalt des Zeugnisanspruchs

3427 Das Zeugnis ist **schriftlich** zu erteilen und muss zwar nicht vom Arbeitgeber persönlich (bzw. von einem Mitglied des zur Vertretung berechtigten Organs), aber von einer Person **unterzeichnet** werden, die in der Betriebshierarchie erkennbar über dem zu beurteilenden Arbeitnehmer steht (BAG v. 4.10.2005 – 9 AZR 507/04, NZA 2006, 436). Es muss seiner äußeren Form nach „**gehörig**" sein, also z.B. der übliche Firmenbogen verwendet werden (BAG v. 3.3.1993 – 5 AZR 182/92, NZA 1993, 219). Mängel des Zeugnisses in der Rechtschreibung, Grammatik, Syntax etc. braucht der Arbeitnehmer nicht hinzunehmen. Das gilt nicht für Knicke, die durch die Übersendung des Zeugnisses in einem gewöhnlichen Briefumschlag entstehen (BAG v. 21.9.1999 – 9 AZR 893/98, NZA 2000, 257).

Beispiel: Das geknickte Zeugnis

„*Der Arbeitgeber erfüllt den Anspruch des Arbeitnehmers auf Erteilung eines Arbeitszeugnisses auch mit einem Zeugnis, das er zweimal faltet, um den Zeugnisbogen in einen Geschäftsumschlag üblicher Größe unterzubringen, wenn das Originalzeugnis kopierfähig ist und die Knicke im Zeugnisbogen sich nicht auf den Kopien abzeichnen, z.B. durch Schwärzungen.*" (BAG v. 21.9.1999 – 9 AZR 893/98, NZA 2000, 257 [Ls. 1])

3428 Das einfache Zeugnis enthält neben den **Personaldaten** des Arbeitnehmers eine **vollständige und genaue Tätigkeitsbeschreibung**, sodass sich Dritte ein klares Bild machen können. War der Arbeitnehmer Mitglied des Betriebsrats, so darf dies im Zeugnis wegen des Benachteiligungsverbots betriebsverfassungsrechtlicher Funktionsträger (§ 78 S. 2 BetrVG) ohne oder gegen den Willen des Betroffenen keine Erwähnung finden. Etwas gilt lediglich dann, wenn der Mitarbeiter lange Zeit als Betriebsratsmitglied freigestellt war und deshalb eine den durchschnittlichen Anforderungen an seinen Beruf entsprechende Leistung nicht mehr ohne Weiteres erbringen kann. Ferner ist der Dienstzeitraum, also die **Dauer** des rechtlichen Bestands des Arbeitsverhältnisses, anzugeben. Kürzere Unterbrechungen (Krankheit, Urlaub, Streik) werden nicht erwähnt; anders aber längere Unterbrechungen, etwa wegen eines Wehr- oder Ersatzdienstes (BAG v. 10.5.2005 – 9 AZR 261/04, NZA 2005, 1237). Der **Grund und die Art des Ausscheidens** dürfen gegen den Willen des Arbeitnehmers aus dem Zeugnis **nicht** ersichtlich sein; freilich kann ein „krummes" Beendigungsdatum mittelbar den Schluss auf eine außerordentliche Kündigung zulassen.

3429 Auf Verlangen des Arbeitnehmers hat der Arbeitgeber ein qualifiziertes Zeugnis zu erstellen, das sich neben den Angaben des einfachen Zeugnisses auch auf **Verhalten und Leistung** erstrecken muss (§ 109 Abs. 1 S. 3 GewO). Der Arbeitgeber hat also eine zusammenfassende Darstellung der für die Beschäftigung wesentlichen Charaktereigenschaften und Persönlichkeitszüge des Arbeitnehmers abzugeben. Ferner muss er die Art und Weise, in der der Arbeitnehmer die ihm übertragenen Aufgaben erledigt hat, darstellen. Bei dem dem Arbeitgeber insoweit obliegenden Beurteilungsspielraum hat er sich von folgenden Maßstäben leiten zu lassen: Das Zeugnis muss **einheitlich** sein, es muss also Führung und Leistung während der gesamten Vertragsdauer erfassen und darf einzelne nicht typische Vorfälle nicht herausheben. Es muss ferner **vollständig und genau**, insbesondere aber **wahr** sein (BAG v. 5.8.1976 – 3 AZR 491/75, BB 1977, 297).

3430 Zudem muss das Zeugnis gemäß § 109 Abs. 2 S. 1 GewO dem Grundsatz der **Zeugnisklarheit** entsprechen. Es muss allgemein verständlich sein und darf nichts Falsches enthalten. Formulierungen können auch dadurch falsch werden, dass sie den Inhalt verschleiern oder sich der Verfasser von dem

Inhalt distanziert. Durch die Formulierung „kennen gelernt" bringt der Arbeitgeber jedoch nicht in verschlüsselter Form zum Ausdruck, die Eigenschaften lägen tatsächlich nicht vor (BAG v. 15.11.2011 – 9 AZR 386/10, DB 2012, 636 f.).

Anerkannt ist ferner, dass das Zeugnis von einem verständigen **Wohlwollen** gegenüber dem Arbeitnehmer getragen sein muss und ihm das weitere Fortkommen nicht ungerechtfertigt erschweren darf (BAG v. 3.3.1993 – 5 AZR 182/92, NZA 1993, 219). Dem Arbeitgeber obliegt es als nachwirkende vertragliche Nebenpflicht, nach Maßgabe des billigerweise von ihm zu Verlangenden alles zu vermeiden, was sich bei der Suche des ausscheidenden Arbeitnehmers nach einem neuen Arbeitsplatz für ihn als nachteilig auswirken kann, wobei zu bedenken ist, dass das Zeugnis den Arbeitnehmer während seines ganzen Berufslebens (ver)folgt. Es ist nicht zu verkennen, dass zum Grundsatz der Zeugniswahrheit ein gewisses Spannungsverhältnis besteht. Ein Zeugnis kann und darf jedoch nur im Rahmen der Wahrheit verständig wohlwollend sein (BAG v. 9.9.1992 – 5 AZR 509/91, NZA 1993, 698), weil es sein primärer Zweck ist, Dritten zur Beurteilung zu dienen. Der Wohlwollensgrundsatz verpflichtet den Arbeitgeber daher nur bei der Erfüllung der durch § 109 GewO begründeten Pflichten, Wohlwollen walten zu lassen. Er beschreibt nur das „Wie" der Leistungserbringung und setzt insofern das Bestehen eines Anspruchs voraus (BAG v. 11.12.2012 – 9 AZR 227/12, NJW 2013, 811 Rz. 21). Den Maßstab bildet eine verständige, nicht zu viel, nichts Übertriebenes, aber auch nicht zu wenig fordernde Verkehrsanschauung. Nicht maßgeblich ist dagegen, welche Vorstellungen der Zeugnisverfasser mit seiner Wortwahl verbindet (BAG v. 9.9.2011 – 3 AZB 35/11, NZA 2012, 1244 Rz. 17; 15.11.2011 – 9 AZR 386/10, NJW 2012, 1754 Rz. 15). Bei der Bewertung ist auch eine bestimmte Branchenüblichkeit zu berücksichtigen, wenn in einer Branche der Brauch besteht, bestimmte Leistungen und Eigenschaften des Arbeitnehmers aufzuführen. So kann etwa ein Redakteur einer Tageszeitung verlangen, dass ihm Belastbarkeit in Stresssituationen bescheinigt wird, wenn das in der Medienbranche üblich ist (BAG v. 12.8.2008 – 9 AZR 632/07, NZA 2008, 1349, 1350).

Nach § 109 Abs. 2 S. 2 GewO ist es untersagt, die Zeugnisse mit Merkmalen zu versehen, die den Zweck haben, den Arbeitnehmer in einer aus dem Wortlaut des Zeugnisses nicht ersichtlichen Weise zu kennzeichnen („Geheimzeichen"). Davon umfasst sind gesteigerte Formulierungen, die erkennen lassen, dass der Inhalt der Aussage nicht ernst gemeint ist (LAG Hamm v. 14.11.2016 – 12 Ta 475/16, BeckRS 2016, 74518).

Beispiel: Das integrierte Smiley

Ein Smiley in der Unterschrift mit heruntergezogenem Mundwinkel enthält eine negative Aussage des Arbeitgebers über den Arbeitnehmer, die der Arbeitnehmer nicht hinnehmen muss. Ein Arbeitnehmer hat Anspruch darauf, dass sein Zeugnis mit einer Unterschrift unterzeichnet wird, die keinen negativen Eindruck beim potentiellen Arbeitgeber erweckt. Auch hinsichtlich der Unterschrift unter das Zeugnis gilt § 109 Abs. 2 GewO (vgl. ArbG Kiel v. 18.4.2013 – 5 Ca 80b/13, LAGE § 630 BGB 2002 Nr. 7).

Entspricht das Zeugnis nicht den dargestellten Anforderungen, kann der Arbeitnehmer die Berichtigung verlangen. Dabei ist Berichtigung freilich nicht in der Weise zu verstehen, dass er sich Veränderungen am bereits ausgestellten Zeugnis gefallen lassen müsste, weil dies für einen Dritten Rückschlüsse auf einen Streit über das Zeugnis und dessen Inhalt ermöglichen würde. Vielmehr ist das Zeugnis komplett **neu auszustellen** (BAG v. 21.6.2005 – 9 AZR 352/04, NZA 2006, 104). Dabei ist der Arbeitgeber regelmäßig ansonsten an die Ausführungen im alten Zeugnis gebunden, sofern nachträglich keine Änderungen eingetreten sind. Der Anspruch kann auch im Klagewege durchgesetzt werden. Bei einem Streit über den Zeugnisinhalt muss das Gericht im Urteil den Zeugnistext notfalls selbst festlegen. Die Vollstreckung erfolgt im Wege des § 888 ZPO. Für die Praxis hat das BAG über die Darlegungs- und Beweislast eine erhebliche Erleichterung in Zeugnisstreitigkeiten bewirkt. Bescheinigt der Arbeitgeber dem Arbeitnehmer im Zeugnis eine gut durchschnittliche Gesamtleistung, hat der Arbeitnehmer die Tatsachen vorzutragen und zu beweisen, die eine bessere Schlussbeurteilung rechtfertigen sollen (BAG v. 14.10.2003 – 9 AZR 12/03, NZA 2004, 842, 843; vgl. zu abweichenden Auffassungen, die der Beweisnot des Arbeitnehmers weitergehend Rechnung tragen wollen Staudinger/*Preis* § 630 BGB Rz. 70 f.). Auch für eine sehr gute Gesamtbewertung ist der Arbeitnehmer darlegungs- und beweisbelastet. Welche Schulnoten in den Zeugnissen einer Branche faktisch am häufigsten vergeben werden, spielt dagegen für die Darlegungs- und Beweislast keine Rolle (BAG v. 18.11.2014 – 9 AZR 584/13, NJW 2015, 1128 Rz. 8).

3434 Schadensersatzansprüche des Arbeitnehmers können bei **verspäteter** Zeugniserteilung unter dem Gesichtspunkt des Verzugs, bei **inhaltlich unrichtigem** Zeugnis aus § 280 Abs. 1 BGB begründet sein. Verzug i.S.d. § 286 Abs. 1 BGB tritt jedoch erst ein wenn der Arbeitnehmer sein Wahlrecht – einfaches oder qualifiziertes Zeugnis – ausgeübt und – bei Nichterteilung des Zeugnisses – dessen Erteilung gegenüber dem Arbeitgeber i.S.v. § 286 Abs. 1 S. 2 BGB angemahnt hat, sofern eine Mahnung nicht ausnahmsweise gemäß § 286 Abs. 2 BGB entbehrlich ist (vgl. Staudinger/*Preis* § 630 BGB Rz. 76; für Dienstverpflichtete BAG v. 12.2.2013 – 3 AZR 120/11, NZA 2014, 31 Rz. 16).

3. Auskunftserteilung

3435 Der Arbeitgeber ist auf Wunsch des ausgeschiedenen Arbeitnehmers aus dem Gesichtspunkt der nachwirkenden Vertragspflicht gehalten, über die Erstellung des Zeugnisses hinaus in dessen Interesse Auskünfte an solche Personen zu erteilen, mit denen der Arbeitnehmer in Verhandlungen über den Abschluss eines Arbeitsvertrags steht (BAG v. 5.8.1976 – 3 AZR 491/75, BB 1977, 297; BAG v. 18.12.1984 – 3 AZR 389/83, NZA 1985, 811). Auf den Inhalt der Auskunft kann er nur insoweit Einfluss nehmen, als er deren Gegenstand und Umfang zu bestimmen vermag. Inhaltlich bleibt der **Arbeitgeber** auch dann **zur Wahrheit verpflichtet**, wenn die Auskunft dem Arbeitnehmer schadet. Im Übrigen gelten die **Grundsätze einer vollständigen, gerechten und nach objektiven Grundsätzen getroffenen Beurteilung** auch hier.

3436 Erheblich problematischer sind demgegenüber solche Auskünfte, die gegen den Wunsch des Arbeitnehmers erteilt werden. Wegen der erheblichen Schwächen des Zeugnisses sind Arbeitgeber vielfach daran interessiert, weitergehende Informationen über den Stellenbewerber von dessen bisherigem Arbeitgeber zu erlangen. Das **BAG** hat angenommen, die Arbeitgeber seien aus dem Gesichtspunkt der Sozialpartnerschaft berechtigt, andere Arbeitgeber bei der Wahrung ihrer Belange zu unterstützen (BAG v. 25.10.1957 – 1 AZR 434/55, DB 1985, 659) und daraus hergeleitet, dass Auskünfte nicht nur ohne Zustimmung, sondern auch gegen den ausdrücklich erklärten Willen des Arbeitnehmers **zulässig** sind. Diese Auskünfte müssen jedoch wie Zeugnisse **wahr** sein und dürfen **nur solchen Personen** gegeben werden, **die ein berechtigtes Interesse daran haben** (BAG v. 5.8.1976 – 3 AZR 491/75, BB 1977, 297).

3437 Dem wird man nur mit **Einschränkungen** zustimmen können. Zum einen findet das Auskunftsrecht seine Grenze im **Fragerecht des neuen Arbeitgebers** beim Einstellungsgespräch (siehe unter § 20 III), denn es kann nicht angehen, diesen Persönlichkeitsschutz durch Nachfragen beim alten Arbeitgeber zu unterlaufen. Zum zweiten dürfen die Auskünfte dem **Zeugnisinhalt nicht widersprechen** (LAG Berlin v. 8.5.1989 – 9 Sa 21/89, NZA 1989, 965). Sie unterliegen also auch denselben Erfordernissen im Hinblick auf Vollständigkeit, Einheitlichkeit und Wahrheit wie das Zeugnis selbst (BAG v. 25.10.1957 – 1 AZR 434/55, DB 1958, 659). Letztlich können Auskünfte daher nur **ergänzenden Charakter** haben, also entweder Ereignisse oder Persönlichkeitsmerkmale betreffen, die für das Gesamtbild des Arbeitnehmers nicht charakteristisch waren und daher nicht in das Zeugnis aufgenommen werden durften, oder die nicht von allgemeinem Interesse sind und deshalb keinen Niederschlag im Zeugnis gefunden haben, an denen aber gerade der potentielle neue Arbeitgeber ein spezifisches Interesse geltend macht.

3438 Verletzt der Arbeitgeber die ihm danach obliegenden Pflichten in zu vertretender Weise, steht dem Arbeitnehmer ein Schadensersatzanspruch aus § 280 Abs. 1 BGB wegen Verletzung der nachvertraglichen Nebenpflichten (LAG Berlin v. 8.5.1989 – 9 Sa 21/89, NZA 1989, 965), u.U. auch aus §§ 824, 826 BGB zu. Darüber hinaus kann der Arbeitnehmer sowohl aus dem Gesichtspunkt der Naturalrestitution (§ 249 BGB) als auch entsprechend § 1004 BGB verlangen, dass unrichtige Auskünfte berichtigt werden.

4. Aushändigung der Arbeitspapiere

Bei Beendigung des Beschäftigungsverhältnisses hat der Arbeitgeber dem Arbeitnehmer gemäß § 312 SGB III unter Verwendung des amtlich vorgesehenen Vordrucks eine **Arbeitsbescheinigung** auszustellen, in der alle Tatsachen zu bescheinigen sind, die für die Entscheidung der Agentur für Arbeit über den Anspruch auf Arbeitslosengeld erheblich sein können. Ferner muss der Arbeitgeber gemäß § 41b Abs. 1 S. 3 EStG die elektronische **Lohnsteuerbescheinigung** dem Arbeitnehmer aushändigen oder elektronisch bereitstellen. Schließlich ist der Arbeitgeber verpflichtet, bei Beendigung des Arbeitsverhältnisses dem Arbeitnehmer eine **Urlaubsbescheinigung** auszuhändigen, aus der sich der im Kalenderjahr gewährte oder abgegoltene Urlaub ergibt, § 6 Abs. 2 BUrlG. Zweck dieser Bescheinigung ist es vorrangig zu erreichen, dass dem Arbeitnehmer beim Wechsel des Arbeitsplatzes nur einmal der volle Erholungsurlaub gewährt wird. Daher kann der neue Arbeitgeber bei der Einstellung die Vorlage einer entsprechenden Bescheinigung verlangen und die Gewährung des Urlaubs solange hinausschieben, bis der Arbeitnehmer seiner Pflicht zur Vorlage nachkommt. Daraus folgt umgekehrt, dass sich der Arbeitgeber schadensersatzpflichtig macht, der die Ausstellung der Bescheinigung verzögert oder ganz unterlässt, wenn der Arbeitnehmer deshalb seinen Urlaubsanspruch gegen den neuen Arbeitgeber nicht durchsetzen kann.

3439

II. Pflichten des Arbeitnehmers

1. Herausgabepflicht

Nach Beendigung des Arbeitsverhältnisses ist der Arbeitnehmer zunächst verpflichtet, dem Arbeitgeber alle Gegenstände herauszugeben, die dieser ihm zur Erfüllung der Arbeitspflicht überlassen hat (**Werkzeuge**) oder die sonst in seinen Besitz gelangt sind (**Geschäftsunterlagen** usw.), auch soweit der Arbeitnehmer sie selbst erstellt hat.

3440

2. Verschwiegenheitspflicht

Die Verschwiegenheitspflicht, die dem Arbeitnehmer während des Arbeitsverhältnisses oblag (Rz. 1174), bleibt auch nach Beendigung des Arbeitsverhältnisses bestehen. Daher darf der Arbeitnehmer über **Betriebs- oder Geschäftsgeheimnisse** (zu diesen Begriffen BAG v. 15.12.1987 – 3 AZR 474/86, NZA 1988, 502) auch zu einem späteren Zeitpunkt keine Auskunft geben. Geheimnisse, deren Kenntnis der Arbeitnehmer sich auf gesetzes- oder sittenwidrige Weise verschafft hat, darf er nicht weitergeben (§ 17 Abs. 2 UWG); erworbenes Wissen weder zu unlauterem Wettbewerb (§ 1 UWG) noch zu vorsätzlicher Schadenszufügung nutzen (§ 826 BGB).

3441

3. Nachvertragliches Wettbewerbsverbot

Literatur: *Bauer/Diller*, Wettbewerbsverbote, 8. Aufl. 2019; *Diller*, Nachvertragliche Wettbewerbsverbote und AGB-Recht, NZA 2005, 250.

Die Parteien können vereinbaren, dass auch nach der Zeit der Beendigung des Arbeitsverhältnisses ein Wettbewerbsverbot für den Arbeitnehmer besteht. Eine gesetzliche Regelung besteht nur für kaufmännische und technische Angestellte (§§ 74 ff. HGB). Über die Verweisung in § 110 S. 2 GewO gelten diese Normen seit dem 1.1.2003 für alle Arbeitnehmer, was das BAG schon zuvor kraft analoger Anwendung anerkannt hat (BAG v. 3.7.1990 – 3 AZR 96/89, NZA 1991, 308).

3442

Zu prüfen ist jedoch stets, ob das nachvertragliche Wettbewerbsverbot rechtswirksam vereinbart und damit verbindlich ist. Dies setzt voraus, dass es dem Schutze eines **berechtigten geschäftlichen Interesses des Arbeitgebers** dient (BAG v. 1.8.1995 – 9 AZR 884/93, NZA 1996, 310).

3443

„Nach § 74a Abs. 1 S. 1 HGB ist das vertraglich vereinbarte Wettbewerbsverbot des Handlungsgehilfen unverbindlich, soweit es nicht zum Schutze eines berechtigten geschäftlichen Interesses des Arbeitgebers

dient. Nach der Rechtsprechung des BAG ist ein berechtigtes geschäftliches Interesse des Arbeitgebers anzuerkennen, wenn das Wettbewerbsverbot entweder dem Schutz von Betriebsgeheimnissen dient oder den Einbruch in den Kunden- oder Lieferantenkreis verhindern soll. Das bloße Interesse, Konkurrenz einzuschränken, genügt nicht." (BAG v. 1.8.1995 – 9 AZR 884/93, NZA 1996, 310)

3444 Unverbindlich seien überdies Wettbewerbsverbote, die dem Grunde nach einen Anspruch auf eine Karenzentschädigung vorsehen, aber zuungunsten des Arbeitnehmers von den gesetzlichen Vorgaben abweichen (BAG v. 22.3.2017 – 10 AZR 448/15, NJW 2017, 2363 Rz. 24). Hierzu gehörten insbesondere Vereinbarungen, bei denen die Entschädigung nicht die gesetzliche Mindesthöhe erreicht (BAG v. 15.1.2014 – 10 AZR 243/13, NJW 2014, 2379), die den Arbeitnehmer über das zulässige Maß hinaus verpflichten (BAG v. 21.4.2010 – 10 AZR 288/09, NJW 2010, 2378), die von einer Bedingung abhängig gemacht werden (BAG v. 13.5.1986 – 3 AZR 85/85, NZA 1986, 828) oder aber wenn dem Arbeitgeber eine zeitlich unbegrenzte Option zum Abschluss eines nachvertraglichen Wettbewerbsverbots eingeräumt wird (BAG v. 14.7.2010 – 10 AZR 291/09, NZA 2011, 413).

3444a Von der Unverbindlichkeit der Wettbewerbsverbote, die dem Arbeitnehmer die Möglichkeit eines Wahlrechts bei der Befolgung der Verbote einräumen, ist die Nichtigkeit zu unterscheiden. Nichtig sind Wettbewerbsverbote, die entgegen § 74 Abs. 2 HGB dem Arbeitnehmer dem Grunde nach bereits keine Karenzentschädigung gewähren. Weder der Arbeitnehmer noch der Arbeitgeber könne aus einer nichtigen Abrede Rechte ableiten, so dass ein Wahlrecht des Arbeitnehmrs entfalle (BAG v. 22.3.2017 – 10 AZR 448/15, NJW 2017, 2363 Rz. 23).

„Wettbewerbsverbote sind gegenseitige Verträge – der Arbeitnehmer schuldet die Unterlassung des Wettbewerbs, der Arbeitgeber die Zahlung der Karenzentschädigung. Sie verpflichten den Arbeitnehmer daher nicht zu einem positiven Handeln, sondern begründen lediglich Unterlassungspflichten. Der Anspruch des Arbeitnehmers auf Karenzentschädigung entsteht deshalb allein dadurch, dass der Arbeitnehmer den ihm verbotenen Wettbewerb unterlässt." (BAG v. 23.11.2004 – 9 AZR 595/03, NZA 2005, 411)

3445 Das BAG ist in dieser Hinsicht relativ streng und verlangt, dass in **formularmäßigen Vereinbarungen** der Arbeitnehmer eindeutig und unmissverständlich über die Folgen der vom Arbeitgeber vorbehaltenen Freigabeerklärungen und über Einschränkungen des Wettbewerbsverbots aufzuklären ist (BAG v. 5.9.1995 – 9 AZR 718/93, NZA 1996, 700; BAG v. 28.6.2006 – 10 AZR 407/05, NZA 2006, 1157).

„Die gesetzliche Regelung des Wettbewerbsverbots in den §§ 74 ff. HGB bezweckt, den Arbeitnehmer vor schwer durchschaubaren Vertragswerken zu schützen, in denen die Bedingtheit der von der Arbeitgeberseite abhängigen Entschädigungszusage kaum noch zu erkennen ist. Der Arbeitnehmer soll bei der Suche nach einem neuen Arbeitsplatz aber nicht dadurch beeinträchtigt werden, dass er im Unklaren gelassen wird. Damit vermeidbare Unklarheiten ausgeschlossen werden, obliegt es dem Arbeitgeber insbesondere bei der formularmäßigen Vereinbarung von nachvertraglichen Wettbewerbsverboten, den Arbeitnehmer eindeutig und unmissverständlich über die Folgen der vom Arbeitgeber vorbehaltenen Freigabeerklärungen oder Einschränkungen des Wettbewerbsverbots aufzuklären. Ansonsten ist im Zweifelsfall die Vereinbarung zu Lasten des Formularverwenders auszulegen." (BAG v. 5.9.1995 – 9 AZR 718/93, NZA 1996, 700)

Vgl. auch die Ausführungen unter Rz. 1192.

Sechster Teil:
Wechsel des Betriebsinhabers

§ 71
Betriebsübergang gemäß § 613a BGB

Literatur: *Bachner*, Der Betriebsübergang nach § 613a BGB, AiB 1996, 291; *Gaul/Krause*, Sorgfalt wird (endlich) belohnt: Zur ordnungsgemäßen Unterrichtung über den Betriebsübergang nach § 613a Abs. 5 BGB, RdA 2013, 39; *Hartmann*, Der Schutzzweck der Betriebsübergangsrichtlinie in historisch-rechtsvergleichender Perspektive, EuZA 2012, 35; *Hauck*, Der Betriebsübergang nach § 613a BGB – Voraussetzungen, Rechtsfolgen, Neuregelung, Bewegtes Arbeitsrecht, FS Leinemann (2006), 223; *Hergenröder*, Rechtsgeschäftlicher Betriebsinhaberwechsel, AR-Blattei SD 500.1; *Husemann*, Der Schutz der Arbeitnehmer bei einem Betriebsübergang, Jura 2016, 472; *Krause*, Zu den Zielen und Folgen des Betriebsübergangsrechts, FS Wank (2014), 275; *Müller-Bonanni*, Zentrale Fragen des Betriebsübergangs im Spiegel der jüngsten Rechtsprechung und Reformen, RdA 2016, 270; *Müller-Glöge*, Bestandsschutz beim Betriebsübergang nach § 613a BGB, NZA 1999, 447; *Reinhard*, Einflüsse und Auswirkungen der Rechtsprechung des EuGH auf das nationale Recht, RdA 2015, 321; *Willemsen*, Europäisches und deutsches Arbeitsrecht im Widerstreit?, NZA Beilage 2008, 155; *Willemsen/Sagan*, Der Tatbestand des Betriebsübergangs nach „Klarenberg", ZIP 2010, 1205; *Willemsen*, Mehr Klarheit nach „Klarenberg", ZIP 2014, 1205.

Übersicht: Betriebsübergang gemäß § 613a BGB 3446

☐ Voraussetzungen des Betriebsübergangs (Rz. 3456)

　☐ Übergang des Betriebs oder eines Betriebsteils (Rz. 3456)

　☐ Übergang auf einen anderen Inhaber (Rz. 3487)

　☐ Übergang durch Rechtsgeschäft (Rz. 3494)

☐ Rechtsfolgen des Betriebsübergangs (Rz. 3500)

　☐ Übergang der Arbeitsverhältnisse (Rz. 3500)

　☐ Unterrichtung und Widerspruchsrecht des Arbeitnehmers (Rz. 3504)

　☐ Fortgeltung von Tarifvertrag oder Betriebsvereinbarung (Rz. 3530)

　☐ Weiterhaftung des ehemaligen Betriebsinhabers (Rz. 3555)

　☐ Keine Kündigung „wegen" des Betriebsübergangs (Rz. 3562)

I. Sinn und Zweck des § 613a BGB

Ein Unternehmen kann aus einem oder mehreren Betrieben bestehen. Will der Unternehmer seinen Betrieb, einen seiner Betriebe oder auch nur einen Teil eines Betriebs an einen anderen Inhaber veräußern, stellt sich die Frage, welche Folgen sich daraus für diejenigen Arbeitnehmer ergeben, die in dem zu veräußernden Betrieb oder Betriebsteil arbeiten. Diese Frage regelt § 613a BGB. Die Bestimmung stellt eine **Schutzvorschrift zugunsten der Arbeitnehmer** dar. Ob ein Arbeitsverhältnis vorliegt, richtet sich nach dem Recht der Mitgliedstaaten (EuGH v. 13.6.2019 – C 317/18. NZA 2019, 887). 3447

3448 § 613a BGB verfolgt **drei Schutzzwecke:**

3449 – Mit dem Verlust des bisherigen Arbeitgebers soll der Arbeitnehmer nicht auch seinen Arbeitsplatz verlieren (**Kündigungsschutz**). Vielmehr geht das Arbeitsverhältnis, das zwischen ihm und dem ehemaligen Betriebsinhaber bestand, grundsätzlich auf den neuen Betriebsinhaber über. Dies gilt nur dann nicht, wenn der Arbeitnehmer mit dem Übergang seines Arbeitsverhältnisses nicht einverstanden ist und deshalb widerspricht (§ 613a Abs. 6 BGB).

3450 – Weiterhin bezweckt § 613a BGB die **Kontinuität des Betriebsrats** und die **Aufrechterhaltung der kollektivrechtlich geregelten Arbeitsbedingungen.**

3451 – Ferner beinhaltet die Vorschrift die **Verteilung der Haftungsrisiken** zwischen altem und neuem Betriebsinhaber.

3452 Mit dem angeordneten **Übergang der Arbeitsverhältnisse** von dem alten auf den neuen Betriebsinhaber regelt § 613a BGB einen **Vertragsübergang kraft Gesetzes**, der dem Bürgerlichen Recht grundsätzlich fremd ist. Von Ausnahmen abgesehen (§ 566 BGB „Kauf bricht nicht Miete") regelt das BGB nur die Abtretung einzelner Forderungen (§§ 398 ff. BGB) und die Übernahme einzelner Pflichten (§§ 414 ff. BGB). Vor dem Inkrafttreten des § 613a BGB im Jahre 1972 gingen deshalb die Rechtsprechung und die überwiegende Meinung in der Literatur davon aus, dass die zu dem ehemaligen Betriebsinhaber bestehenden Arbeitsverhältnisse nicht ohne die Zustimmung des Betriebserwerbers auf diesen übergehen konnten. Dafür sprach auch, dass nach § 613 S. 2 BGB der Anspruch auf die Dienste im Zweifel nicht übertragbar ist. Der neue Betriebsinhaber konnte also nach dieser Meinung frei entscheiden, ob er die bisherige Belegschaft insgesamt oder nur zu einem Teil übernehmen wollte. Auch hatte er die Möglichkeit, die Weiterbeschäftigung von einer Änderung der Arbeitsvertragsbedingungen abhängig zu machen. Diese systemgerechte Ansicht hatte jedoch den Nachteil, dass sie zu einer Lücke im Kündigungsschutz führte. Dass der Arbeitnehmer nur deshalb seine Arbeit verlieren konnte, weil sich die Dispositionsbefugnis über seinen Arbeitsplatz änderte, widersprach dem Grundsatz des § 1 KSchG, wonach eine Kündigung sozial gerechtfertigt sein muss.

3453 Mit der Schaffung des § 613a BGB entsprach das innerstaatliche Recht bereits im Grundsatz den **europarechtlichen Vorgaben** der EG-Richtlinie 77/187/EWG vom 14.2.1977 (ABl. EG Nr. L 61/26 vom 5.3.1977; jetzt neu gefasst durch **EG-Richtlinie 2001/23/EG**; ABl. EG Nr. L 82/16 vom 22.3.2002). Die darüber hinaus noch erforderliche Harmonisierung zur EG-Richtlinie erfolgte durch das am 21.8.1980 in Kraft getretene arbeitsrechtliche EG-Anpassungsgesetz. Weiterem europäischen Umsetzungsbedarf aufgrund der ÄnderungsRL 98/50/EG wurde durch Schaffung des Übergangsmandats in § 21a BetrVG und mit Wirkung vom 1.4.2002 durch die Regelung von Unterrichtungspflichten des Veräußerers in § 613a Abs. 5 BGB und des Widerspruchsrechts des Arbeitnehmers in § 613a Abs. 6 BGB Rechnung getragen. Die Bestimmung des § 613a BGB ist **in Zweifelsfragen europarechtskonform auszulegen** (BAG v. 27.6.1995 – 1 ABR 62/94, NZA 1996, 164).

3454 Der Schutzgedanke von § 613a BGB verbietet eine Abweichung zu Lasten des Arbeitnehmers. § 613a BGB stellt **zwingendes Gesetzesrecht** dar (BAG v. 19.11.2015 – 8 AZR 773/14, NZA 2016, 647 Rz. 24). Für § 613a Abs. 5 und 6 BGB gilt dies nur eingeschränkt (MüKoBGB/*Müller-Glöge* § 613a BGB Rz. 12), weil der Arbeitnehmer auf sein Widerspruchsrecht verzichten kann.

3455 **Prüfungsschema: Übergang des Arbeitsverhältnisses durch Betriebsübergang**

- ☐ **Betrieb oder Betriebsteil** (Rz. 3456)
    - ☐ **Früher: Betriebsbegriff** (Rz. 3456)
    - ☐ **Heute: Identität der wirtschaftlichen Einheit** (Rz. 3459)
- ☐ **Übergang auf einen anderen Betriebsinhaber/Wechsel der Rechtspersönlichkeit** (Rz. 3487)
- ☐ **Übertragung durch Rechtsgeschäft** (Rz. 3494)

☐ **Rechtsfolgen des Betriebsübergangs** (Rz. 3500)

　☐ Übergang des Arbeitsverhältnisses (Rz. 3500)

　☐ Unterrichtung der Arbeitnehmer (Rz. 3504)

　☐ Widerspruchsrecht des Arbeitnehmers (Rz. 3515)

II. Voraussetzungen des Betriebsübergangs

1. Übergang des Betriebs oder eines Betriebsteils

a) Früher – Betriebsbegriff

Das bis heute noch **nicht abschließend geklärte Problem** bei der Anwendung des § 613a BGB betrifft die Tatbestandsvoraussetzung des Betriebs- oder Betriebsteilübergangs. Wesentlicher Anknüpfungspunkt dafür ist die Frage, **wann ein Betrieb oder ein Betriebsteil vorliegt**. 3456

Früher stimmte nach nationaler Sicht der **Betriebsbegriff** des § 613a BGB grundsätzlich mit dem des BetrVG überein (Rz. 336). Der Betrieb war demnach eine **organisatorische Einheit, in der Personen mit Hilfe persönlicher, sächlicher oder immaterieller Mittel bestimmte arbeitstechnische Zwecke fortgesetzt verfolgen** (BAG v. 21.1.1988 – 2 AZR 480/87, NZA 1988, 838). Im Unterschied zum Betriebsbegriff des BetrVG sollten jedoch die Arbeitsverhältnisse selbst nicht dem Betriebsbegriff des § 613a BGB unterfallen. Dies wurde damit begründet, dass § 613a BGB den Übergang der Arbeitsverhältnisse gesetzlich anordne, wenn ein Betriebs- oder Betriebsteilübergang vorliege; der Übergang der Arbeitsverhältnisse gehöre folglich zur Rechtsfolge der Norm und könne deshalb nicht Gegenstand der Tatbestandsvoraussetzung „Betrieb oder Betriebsteil" sein (BAG v. 16.10.1987 – 7 AZR 519/86, DB 1988, 712). Demzufolge kam es für den Betriebsbegriff i.S.v. § 613a BGB ausschließlich auf die sächlichen und immateriellen Betriebsmittel an. 3457

Ein Betriebsteil war danach eine Teilmenge der Betriebsmittel, die eine organisatorisch ausgliederbare Unterabteilung des Betriebs darstellt. Wichtig war hierbei, dass es sich um eine selbstständig abtrennbare Einheit handelte, die Gegenstand einer Veräußerung sein konnte. Aus dieser Definition folgte, dass eine einzelne Anlage oder Maschine regelmäßig nicht als Betriebsteil angesehen werden konnte (BAG v. 22.5.1985 – 5 AZR 30/84, NZA 1985, 775). 3458

b) Heute – Identität der wirtschaftlichen Einheit

Literatur: *Fuchs/Merkes*, Der Begriff des Betriebsübergangs, ZESAR 2010, 257; *Hanau*, Anmerkung zum Urteil des EuGH vom 14.4.1994, ZIP 1994, 1038; *Junker*, Die Voraussetzungen eines Betriebsübergangs (§ 613a BGB) nach der „Klarenberg"-Entscheidung des EuGH, SAE 2010, 113; *Moll*, Bedeutung und Voraussetzungen des Betriebsübergangs im Wandel, RdA 1999, 233; *Preis/Steffan*, Neue Konzepte des BAG zum Betriebsübergang, DB 1998, 309; *Raab*, Betriebsübergang und Leiharbeit – Rechtsfolgen der Übernahme des Entleiherbetriebs für die dort beschäftigten Leiharbeitnehmer, EuZA 2011, 537; *Willemsen/Sagan*, Der Tatbestand des Betriebsübergangs nach „Klarenberg", ZIP 2010, 1205; *Zwanziger*, Vom Reinigungsauftrag zur Krise der Europäischen Union?, DB 1994, 2621.

Der **EuGH** hingegen definiert nicht die Begriffe Betrieb oder Betriebsteil, sondern stellt die **wirtschaftliche Einheit** in den Vordergrund der Überlegung (grundlegend: EuGH v. 7.2.1985 – C-179/83 „FNV", EAS Nr. 1 zu Art. 1 RL 77/187/EWG). Sofern diese wirtschaftliche Einheit auch bei dem Erwerber besteht (im Sprachgebrauch des EuGH „ihre Identität gewahrt bleibt"), liegt ein Betriebsübergang vor. Der Begriff Einheit bezieht sich dabei auf eine **organisierte Gesamtheit von Personen und Sachen zur auf Dauer angelegten Ausübung einer wirtschaftlichen Tätigkeit mit eigener Zielsetzung**. 3459

Zunächst hat der EuGH im Urteil vom 14.4.1994 (EuGH v. 14.4.1994 – C-392/92 „Christel Schmidt", NJW 1994, 2343) **auch die Übernahme einer Tätigkeit** dem Anwendungsbereich der EG-Richtlinie 3460

77/187/EWG unterstellt. Ausgangspunkt dieser als „**Christel Schmidt**" berühmt gewordenen Entscheidung des EuGH war der Fall, dass eine Sparkasse, die die Reinigung ihrer Geschäftsräume bisher durch eine bei ihr beschäftigte Arbeitnehmerin – eben Frau Christel Schmidt – vornehmen ließ, diese Aufgabe fortan der Reinigungsfirma mit dem bezeichnenden Namen „Spiegelblank" übertragen wollte. Noch anzumerken bleibt, dass die Fa. „Spiegelblank" keinerlei sächliche oder immaterielle Betriebsmittel übernahm. Allein daran scheitert ein Betriebsteilübergang nach Ansicht des EuGH jedoch nicht. Die wirtschaftliche Identität werde vielmehr auch dadurch gewahrt, dass **dieselbe oder eine gleichartige Geschäftstätigkeit** vom neuen Inhaber tatsächlich **weitergeführt oder wiederaufgenommen** wird (EuGH v. 14.4.1994 – C-392/92 „Christel Schmidt", NJW 1994, 2343).

3461 In dem Erfordernis der Übertragung sächlicher oder immaterieller Betriebsmittel lag somit der zentrale Unterschied zwischen der früheren Rechtsprechung des BAG und der des EuGH. Während das BAG deren Übertragung für notwendig erachtete und damit auf die **organisatorische Einheit** abstellte, bildet dies **für den EuGH** lediglich ein letztlich **entbehrliches Indiz** für den Betriebsübergang.

3462 In der Entscheidung „**Ayse Süzen**" (EuGH v. 11.3.1997 – C-13/95 „Süzen", NZA 1997, 433) stellte der EuGH dann jedoch klar, dass eine **wirtschaftliche Einheit nicht als bloße Tätigkeit** verstanden werden darf. Dieses Urteil betraf – anders als „Christel Schmidt" – nicht die erstmalige Fremdvergabe einer vormals vom Vergabebetrieb selbst durchgeführten Leistung, sondern die Neuvergabe einer bereits früher von einem Fremdunternehmer durchgeführten Leistung. Der Betriebsinhaber kündigte den Vertrag mit dem Fremdunternehmer, der bisher die (Reinigungs-)Aufgaben im Betrieb wahrgenommen hatte, um die Aufgaben fortan von einem anderen Fremdunternehmen ausführen zu lassen. In diesem Fall sollen die Arbeitsverhältnisse laut EuGH zwar nicht nach der Richtlinie 77/187/EWG von dem ehemaligen Auftragnehmer auf den neuen Auftragnehmer übergehen (EuGH v. 11.3.1997 – C-13/95 „Süzen", NZA 1997, 433).

„Eine Einheit darf nämlich nicht als bloße Tätigkeit verstanden werden. Ihre Identität ergibt sich auch aus anderen Merkmalen wie ihrem Personal, ihren Führungskräften, ihrer Arbeitsorganisation, ihren Betriebsmethoden und gegebenenfalls den ihr zur Verfügung stehenden Betriebsmitteln. Der bloße Verlust eines Auftrags an einen Mitbewerber stellt daher für sich genommen keinen Übergang im Sinne der Richtlinie dar." (EuGH v. 11.3.1997 – C-13/95 „Süzen", NZA 1997, 433, 434)

3463 Der EuGH hat jedoch gleichzeitig ausgeführt, dass eine Anwendung der Richtlinie in Betracht komme, wenn der neue Unternehmensinhaber nicht nur die betreffende Tätigkeit weiterführe, sondern gleichzeitig auch einen **„nach Zahl und Sachkunde wesentlichen Teil des Personals"** übernehme, das der Vorgänger für diese Tätigkeit eingesetzt habe. Denn in Branchen, in denen es im Wesentlichen auf die menschliche Arbeitskraft ankomme, sodass eine durch eine gemeinsame Tätigkeit dauerhaft verbundene Gesamtheit von Arbeitnehmern eine wirtschaftliche Einheit darstelle, erwerbe der neue Betriebsinhaber eine organisierte Gesamtheit an Faktoren, die ihm die Fortsetzung der Tätigkeit oder bestimmter Tätigkeiten des übertragenen Unternehmens auf Dauer erlaubten (EuGH v. 11.3.1997 – C-13/95 „Süzen", NZA 1997, 433, 434; siehe auch EuGH v. 11.7.2018 – C-60/17, NZA 2018, 1053).

3464 Daraus folgt, dass die **alleinige Fortführung einer Tätigkeit** eine Funktionsnachfolge darstellt, die zur Annahme eines Betriebsübergangs nicht ausreicht. Übernimmt der neue Auftragnehmer hingegen auch den **Großteil der Belegschaft**, liegt ein Betriebsübergang vor. Die Vergabe einer bisher betrieblich – im Betrieb oder Betriebsteil – durchgeführten Tätigkeit an ein Fremdunternehmen (Outsourcing) ist genauso wie die umgekehrte Wiedereingliederung ausgelagerter Tätigkeiten (Insourcing) jedenfalls dann kein Betriebsübergang, wenn der (neue) Auftragnehmer weder Arbeitsmittel noch Personal übernimmt (BAG v. 22.1.1998 – 8 AZR 243/95, NZA 1998, 536; BAG v. 14.8.2007 – 8 AZR 1043/06, NZA 2007, 1431) noch sich die Organisationsstruktur zu eigen macht.

3465 Nach zunächst harscher Kritik an der EuGH-Rechtsprechung in der Literatur hat sich der zuständige 8. Senat des **BAG der Ansicht des EuGH seit 1997 in ständiger Rechtsprechung angeschlossen** (BAG v. 13.11.1997 – 8 AZR 295/95, NZA 1998, 251; BAG v. 11.12.1997 – 8 AZR 729/96, NZA 1998,

534). Danach sieht nun auch das BAG u.a. die Übernahme oder Nichtübernahme von Arbeitnehmern (insbesondere im Dienstleistungssektor) als Kriterium für das Vorliegen eines Betriebsübergangs an (BAG v. 11.12.1997 – 8 AZR 729/96, NZA 1998, 534). Dabei kann die übernommene Mitarbeiterzahl umso geringer ausfallen desto höher der Spezialisierungsgrad des Betriebes und der übernommenen Mitarbeiter ist, um einen Betriebsübergang zu begründen. *„Entscheidend ist, ob der weiterbeschäftigte Belegschaftsteil insbesondere aufgrund seiner Sachkunde, seiner Organisationsstruktur und nicht zuletzt auch seiner relativen Größe im Grundsatz funktionsfähig bleibt."* (BAG v. 21.6.2012 – 8 AZR 181/11, NZA-RR 2013, 6 Rz. 42)

„Es hängt von der Struktur eines Betriebs oder Betriebsteils ab, welcher nach Zahl und Sachkunde zu bestimmende Teil der Belegschaft übernommen werden muss, um die Rechtsfolgen des § 613a BGB auszulösen. Haben die Arbeitnehmer einen geringen Qualifikationsgrad, muss eine hohe Anzahl von ihnen weiterbeschäftigt werden, um auf einen Fortbestand der vom Konkurrenten geschaffenen Arbeitsorganisation schließen zu können. Ist ein Betrieb stärker durch das Spezialwissen und die Qualifikation der Arbeitnehmer geprägt, kann neben anderen Kriterien ausreichen, dass wegen ihrer Sachkunde wesentliche Teile der Belegschaft übernommen werden." (BAG v. 11.12.1997 – 8 AZR 729/96, NZA 1998, 534, 535) 3466

Entgegen der vom BAG zudem früher vertretenen Ansicht, wonach die Wahrnehmung **hoheitlicher Tätigkeiten** die Anwendung des § 613a BGB nicht generell ausschließen würde (BAG v. 25.9.2003 – 8 AZR 421/02, NZA 2004, 316, 318), geht das Gericht inzwischen in Übereinstimmung mit der Rechtsprechung des EuGH davon aus, dass die Vorschrift nur noch bei der Übertragung wirtschaftlicher Tätigkeiten Anwendung findet. Der Begriff der **wirtschaftlichen Tätigkeit** erfasst dabei ganz allgemein **jedes Angebot von Waren oder Dienstleistungen auf einem bestimmten Markt** (EuGH v. 6.9.2011 – C-108/10 „Scattolon", NZA 2011, 1077 Rz.43 f.). Somit ist die Übertragung von Tätigkeiten hoheitlicher Befugnisse nicht erfasst (BAG v. 10.5.2012 – 8 AZR 434/11, NZA 2012, 1161 Rz. 35; BAG v. 22.3.2014 – 8 AZR 1069/12, NZA 2014, 1335 Rz. 25). Dass die Tätigkeit lediglich im öffentlichen Interesse liegt, genügt für den Ausschluss jedoch nicht. Vielmehr wird die hinreichend qualifizierte Ausübung von Sonderrechten, Hoheitsprivilegien oder Zwangsbefugnissen vorausgesetzt. Umgekehrt erfordert die Eröffnung des Anwendungsbereichs aber auch keine Gewinnerzielungsabsicht (BAG v. 10.5.2012 – 8 AZR 434/11, NZA 2012, 1161 Rz. 34 f.). Insofern sind auch gemeinnützige Einrichtungen vom Anwendungsbereich umfasst. 3467

Aus dem Erfordernis, dass die übernommene Einheit ihre Identität wahren muss, folgerte das BAG zunächst, dass ein Betriebsübergang ausscheidet, wenn eine übertragene Aufgabe beim Erwerber im Rahmen einer wesentlich anderen, deutlich größeren Organisationsstruktur durchgeführt wird (BAG v. 14.8.2007 – 8 AZR 1043/06, NZA 2007, 1431). Ein Betrieb sollte auch dann nicht identitätswahrend übergehen, wenn die **übernommene Einheit** vollständig in eine beim Erwerber bestehende Organisationsstruktur **eingegliedert** wird (BAG v. 6.4.2006 – 8 AZR 249/04, NZA 2006, 1039). Das erlaubte es dem Erwerber, die Organisationsstruktur einer erworbenen Einheit durch Eingliederung derselben in ein vorhandenes Unternehmen aufzulösen und auf diese Weise die Anwendung des § 613a BGB zu verhindern. Zweifel an der Europarechtskonformität dieser Rechtsprechung führten zum „**Klarenberg**"-Urteil des EuGH (EuGH v. 12.2.2009 – C-466/07 „Klarenberg", NZA 2009, 251). Danach setzt ein Betriebsübergang nicht voraus, dass die übernommene Einheit ihre *„organisatorische Selbstständigkeit"* bewahrt. Maßgeblich ist, ob *„die **funktionelle Verknüpfung** zwischen den übertragenen Produktionsfaktoren beibehalten wird und sie es dem Erwerber erlaubt, diese Faktoren zu nutzen, um derselben oder einer gleichartigen wirtschaftlichen Tätigkeit nachzugehen."* (EuGH v. 12.2.2009 – C-466/07 „Klarenberg", NZA 2009, 251 Ls.) 3468

Dieser **Rechtsprechung** hat sich das BAG inzwischen angeschlossen: 3469

„Entscheidend ist, [...] dass der Funktions- und Zweckzusammenhang zwischen den übertragenen materiellen und immateriellen Betriebsmitteln sowie den sonstigen Produktionsfaktoren wie etwa den Kunden- und Lieferantenbeziehungen oder den Fertigungsmethoden, beibehalten wird, und dies dem Erwer-

ber gestattet, die verknüpften Produktionsfaktoren zur Verfolgung einer bestimmten wirtschaftlichen Tätigkeit zu nutzen. Auf die Beibehaltung der bisherigen Organisationsstruktur kommt es hierbei nicht entscheidend an." (BAG v. 26.5.2011 – 8 AZR 37/10, NZA 2011, 1143 Rz. 34)

3470 **Prüfungsschema: Vorliegen eines Betriebsübergangs bei Eingliederungen (Vorschlag von *Willemsen/Sagan* ZIP 2010,1205, 1213)**

- ☐ Selbstständige, abtrennbare organisatorische Einheit (Betrieb/Betriebsteil) bei Veräußerer
- ☐ Feststellung des Wertschöpfungszusammenhangs und entsprechende Qualifizierung der betreffenden Einheit als von Betriebsmitteln, der menschlichen Arbeitskraft oder von beiden Faktoren geprägt
- ☐ Übernahme eines wesentlichen Teils der nach Maßgabe des Wertschöpfungszusammenhangs identitätsprägenden Produktionsfaktoren
- ☐ Beibehaltung der organisatorischen Zusammenfassung von Ressourcen i.S.d. funktionellen Verknüpfung zwischen den übernommenen Produktionsfaktoren
  - ☐ Identische Verwendung der Produktionsfaktoren
  - ☐ Beibehaltung ihrer spezifischen Wechselbeziehung
- ☐ Fortgesetzte Verfolgung des bisherigen Betriebszwecks
- ☐ Kausalzusammenhang zwischen der funktionellen Verknüpfung (4.) und der Fortsetzung der wirtschaftlichen Tätigkeit (5.)
- ☐ Gesamtbewertung

3471 Die Notwendigkeit einer konkreten Unterscheidung zwischen Betrieb und Betriebsteil ist zugunsten des Begriffs der wirtschaftlichen Einheit endgültig in den Hintergrund getreten. Betriebsteile sind entsprechend diesem Begriffsverständnis lediglich bestehende **Teileinheiten eines Betriebs**, die bereits beim **bisherigen Betriebsinhaber** als **selbständig abgrenzbare organisatorische Einheiten** bestanden haben, mit denen innerhalb des betrieblichen Gesamtzwecks ein Teilzweck verfolgt worden ist. Die Bedeutung dieses Teilzwecks für das Unternehmen ist irrelevant, sodass auch untergeordnete Hilfszwecke ausreichen (BAG v. 26.8.1999 – 8 AZR 718/98, NZA 2000, 144, 145; BAG v. 16.2.2006 – 8 AZR 204/05, NZA 2006, 794; BAG v. 13.10.2011 – 8 AZR 455/10, NZA 2012, 504 Rz. 37).

3472 Um diese Rechtsprechung nachvollziehen zu können, muss man sich das Folgende verdeutlichen: § 613a BGB will verhindern, dass der Arbeitnehmer trotz Fortbestand seines Arbeitsplatzes bei einem anderen Inhaber seine Arbeitsstelle verliert. Ziel der Norm ist es, einen **Gleichlauf von Arbeitsplatz und Arbeitsverhältnis** sicherzustellen. Die weitgehenden Rechtsfolgen des § 613a BGB sollen den Erwerber treffen, der das wirtschaftliche Substrat aus der übergegangenen Einheit zieht. Bildlich gesprochen: Wer sich durch Übernahme sächlicher, immaterieller oder personeller Mittel „**in ein gemachtes Bett legt**", soll als Betriebsübernehmer haften (ErfK/*Preis* § 613a BGB Rz. 5).

c) Prüfungsmaßstab und Kriterien der wirtschaftlichen Einheit

3473 Der Begriff der wirtschaftlichen Einheit ist der teleologisch gebildete Kernbegriff aus Art. 1 Abs. 1 lit. a der Betriebsübergangsrichtlinie 77/187/EWG. Die vom EuGH entwickelten Kriterien zum Begriff des Betriebsübergangs wurden erstmalig durch eine Änderungsrichtlinie des Rates der EG vom 7.7.1998 (RL 98/50/EG) in den Richtlinientext aufgenommen. Sie finden sich nunmehr in Art. 1 Abs. 1 lit. b der Betriebsübergangsrichtlinie 2001/23/EG vom 12.3.2001. Danach gilt als Übergang im Sinne der Richtlinie der „**Übergang einer ihre Identität bewahrenden wirtschaftlichen Einheit im Sinne einer organisatorischen Zusammenfassung von Ressourcen zur Verfolgung einer wirtschaftlichen Haupt- oder Nebentätigkeit**".

"Die RL 2001/23/EG soll nach ständiger Rechtsprechung des EuGH die Kontinuität der im Rahmen einer wirtschaftlichen Einheit bestehenden Arbeitsverhältnisse unabhängig von einem Inhaberwechsel gewährleisten. Für die Anwendbarkeit der RL 2001/23/EG ist nach ihrem Art. 1 I Buchst. b deshalb entscheidend, dass der Übergang eine ihre Identität bewahrende (auf Dauer) angelegte wirtschaftliche Einheit im Sinne einer organisierten Zusammenfassung von Ressourcen zur Verfolgung einer wirtschaftlichen Haupt- oder Nebentätigkeit betrifft. Um eine solche Einheit handelt es sich bei jeder hinreichend strukturierten und selbstständigen Gesamtheit von Personen und Sachen zur Ausübung einer wirtschaftlichen Tätigkeit mit eigenem Zweck. Darauf, ob es sich dabei um ein Unternehmen, einen Betrieb oder einen Unternehmens- oder Betriebsteil – auch im Sinne des jeweiligen nationalen Rechts – handelt, kommt es nicht an." (BAG v. 23.3.2017 – 8 AZR 91/15, NZA 2017, 981 Rz. 21)

Ob die wirtschaftliche Einheit auch nach dem Übergang auf einen neuen Inhaber ihre Identität bewahrt, soll nach Ansicht des EuGH im Rahmen einer **typologischen Gesamtbetrachtung auf der Basis verschiedener Kriterien** und mithin nicht aufgrund begrifflicher Subsumtion, sondern insbesondere unter Berücksichtigung des sozialen Schutzzwecks der Richtlinie festgestellt werden (EuGH v. 12.2.2009 – C-466/07 „Klarenberg", NZA 2009, 251, 253). Dabei sind als Kriterien die Art des betroffenen Betriebs, die Dauer einer eventuellen Betriebsunterbrechung, die Ähnlichkeit zwischen der vor und der nach der Übertragung ausgeübten Geschäftstätigkeit, der Übergang materieller oder immaterieller Betriebsmittel sowie die Übernahme der Hauptbelegschaft und ein etwaiger Übergang der Kundschaft zu berücksichtigen. Sie stellen Teilaspekte dar, die nicht isoliert betrachtet werden dürfen (EuGH v. 11.3.1997 – C-13/95 „Süzen", NZA 1997, 433; zuvor bereits: EuGH v. 7.2.1985 – C-179/83 „FNV", EAS Nr. 1 zu Art. 1 RL 77/187/EWG).

Von der Berücksichtigung nur eines Umstands kann mithin die Entscheidung, ob ein Betriebsübergang vorliegt, nicht abhängen (BAG v. 22.1.2015 – 8 AZR 139/14, NZA 2015, 1325). Den maßgeblichen Kriterien kommt notwendigerweise **je nach der ausgeübten Tätigkeit** und selbst nach den **Produktions- oder Betriebsmethoden**, die in dem betreffenden Unternehmen, Betrieb oder Betriebsteil angewendet werden, **unterschiedliches Gewicht** zu. In der Rechtsprechung wird eine wertende Betrachtungsweise durchgeführt und geprüft, welche Umstände „den eigentlichen **Kern des zur Wertschöpfung erforderlichen Funktionszusammenhangs**" ausmachen (BAG v. 6.4.2006 – 8 AZR 222/04, NZA 2006, 723; BAG v. 13.6.2006 – 8 AZR 271/05, NZA 2006, 1101).

Auf der Basis dieser Grundsätze erfolgt im Rahmen der typologischen Gesamtbetrachtung dann die Prüfung folgender Einzelkriterien. Die je nach Art der Tätigkeit unterschiedlich zu gewichtenden Kriterien weisen durchaus einen teleologischen Zusammenhang zwischen Tatbestand und Rechtsfolge auf. Sie sind geeignet – angepasst an die vielgestaltige wirtschaftliche Tätigkeit –, das übergehende wirtschaftliche Substrat zu kennzeichnen.

– **Art des Unternehmens:** Welche sächlichen und immateriellen Betriebsmittel im Einzelfall übergehen müssen, um den Tatbestand des § 613a BGB zu erfüllen, hängt wesentlich von der Art des Betriebs ab. Insofern entscheidet dieses Kriterium darüber, wie die sechs anderen Kriterien in der Gesamtbetrachtung zu gewichten sind. Im produzierenden Gewerbe kommt es sowohl auf die immateriellen Mittel wie „Know-how", Fertigungslizenzen, Patente, spezielle Computerprogramme etc. an als auch auf die sächlichen Mittel, z.B. Maschinen und Produktionsanlagen. Im Dienstleistungssektor stehen dagegen die immateriellen Mittel im Vordergrund, etwa die entsprechenden Dienstleistungsverträge, Konzessionen, Kundenlisten, Geschäftspapiere und Ähnliches.

– **Übergang oder Nichtübergang der materiellen Aktiva:** Die Übertragung von Aktiva ist nach wie vor ein wesentliches Indiz für den Betriebsübergang vor allem im produzierenden Gewerbe.

„Sächliche Betriebsmittel sind wesentlich, wenn bei wertender Betrachtungsweise ihr Einsatz den eigentlichen Kern des zur Wertschöpfung erforderlichen Funktionszusammenhangs ausmacht und wenn sie somit unverzichtbar zur auftragsgemäßen Verrichtung der Tätigkeiten sind. Unerheblich ist, ob der potentielle Betriebsübernehmer Eigentümer der identitätsprägenden sächlichen Betriebsmittel ist. Einem Betrieb sind auch solche Gebäude, Maschinen, Werkzeuge oder Einrichtungsgegenstände als sächliche

Betriebsmittel zuzurechnen, die nicht im Eigentum des Betriebsinhabers stehen, sondern die dieser auf Grund einer mit Dritten getroffenen Nutzungsvereinbarung zur Erfüllung dieser Betriebszwecke einsetzen kann." (BAG v. 15.2.2007 – 8 AZR 431/06, NZA 2007, 793 Rz. 17, 26)

Gleichwohl ist im Fall der Nichtübertragung von Vermögensgegenständen insbesondere im Dienstleistungssektor ein Betriebsübergang nicht ausgeschlossen. Entscheidend ist dann – wie sonst auch – die Gesamtbetrachtung.

3479 – **Wert der immateriellen Aktiva:** Auch der Wert der übergegangenen immateriellen Aktiva ist zu gewichten. Wobei im Dienstleistungsbereich Schutzrechte, Lizenzen, Warenzeichen und Know-how-Träger einen wesentlichen Bestandteil des Betriebs darstellen und den Wert der materiellen Aktiva weit übersteigen können.

3480 – **Übernahme oder Nichtübernahme der Arbeitnehmer** (Rz. 3463)

3481 – **Übernahme oder Nichtübernahme der Kundschaft:** In Betracht kommt hierbei die Übertragung einer Kundenkartei oder einer Vertriebsberechtigung in einem bestimmten Gebiet (EuGH v. 7.3.1996 – C-171/94 u.a. „Neuhuys", NZA 1996, 413). Abzugrenzen ist die Übernahme der Kundschaft vom bloßen Auftragsübergang, da dann gerade keine Kundenbeziehungen übernommen werden (BAG v. 11.12.1997 – 8 AZR 426/94, NZA 1998, 532).

3482 – **Ähnlichkeit der Tätigkeit vor oder nach der Übernahme:** Wie bereits ausgeführt (Rz. 3473), darf eine wirtschaftliche Einheit allerdings nicht nur als bloße Tätigkeit verstanden werden. Die Identität der Einheit ergibt sich auch aus anderen Merkmalen, wie ihrem Personal, ihren Führungskräften, ihrer Arbeitsorganisation, ihren Betriebsmethoden und ggf. den ihr zur Verfügung stehenden Betriebsmitteln (BAG v. 11.12.1997 – 8 AZR 426/94, NZA 1998, 532, 532; BAG v. 18.3.1999 – 8 AZR 196/98, NZA 1999, 869, 870).

3483 *„Wesentliche Änderungen in der Organisation, der Struktur und im Konzept können im Rahmen des § 613a Abs. 1 BGB der Identitätswahrung entgegenstehen."* (BAG v. 14.5.2006 – 8 AZR 299/05, NZA 2006, 1096, 1096)

3484 Das gilt beispielsweise dann, wenn der Veräußerer in einer Betriebskantine Speisen frisch vor Ort kochen lässt, der Erwerber die Kantine hingegen nur noch benutzt, um anderweitig zubereitete Speisen aufzuwärmen und auszugeben. Wird die Herstellung von Mahlzeiten auf diese Weise dem bisherigen Betrieb entzogen und nach außen verlagert, stellt dies eine Konzeptänderung dar, die einen Betriebsübergang ausschließt (BAG v. 17.12.2009 – 8 AZR 1019/08, NZA 2010, 499, 502).

3485 Aber auch für den Fall, dass in Produktionsbetrieben die übernommenen Produktionsmittel nur bestimmte Tätigkeiten ermöglichen, kann ausnahmsweise kein Indiz für einen Betriebsübergang vorliegen, wenn der Erwerber diese bestimmte Tätigkeit bereits vor der Übernahme ausgeübt hat (BAG v. 22.8.2013 – 8 AZR 521/12, AP Nr. 444 zu § 613a BGB).

3486 – **Dauer der Unterbrechung der Geschäftstätigkeit:** Für den Betriebsübergang kommt es auch darauf an, dass der Erwerber den Betrieb tatsächlich fortführt (Rz. 3490). Ob eine erhebliche Unterbrechung in dem Sinne vorliegt, dass die bislang bestehende wirtschaftliche Einheit nicht mehr fortbesteht, hängt vom Einzelfall ab (z.B. schließen Saisonbetriebe regulär und ohne Verlust der Einheit; BAG v. 2.12.1999 – 8 AZR 774/98, NZA 2000, 480). Dabei kann die Dauer der Unterbrechung umso kürzer sein, je weniger die fortgeführte Tätigkeit der ursprünglichen Tätigkeit entspricht bzw. je mehr die fortgesetzte Tätigkeit auf einen anderen Kundenkreis ausgerichtet ist. Eine Unterbrechungsdauer, die länger andauert als die gesetzlichen Kündigungsfristen nach § 622 Abs. 2 S. 1 BGB, spricht im Zweifel für eine Betriebsstilllegung mit späterer Aufnahme einer ähnlichen Tätigkeit (BAG v. 22.5.1997 – 8 AZR 101/96, NZA 1997, 1050).

2. Übergang auf einen anderen Inhaber

a) Inhaber des Betriebs

Im Rahmen des Betriebsübergangs muss ein **Wechsel der Rechtspersönlichkeit** des Betriebsinhabers stattfinden (BAG v. 12.11.1998 – 8 AZR 282/97, NZA 1999, 310), d.h. an die Stelle des bisherigen Inhabers muss ein anderer treten. Betriebsinhaber kann jede natürliche oder juristische Person sowie eine Personengesellschaft sein. Die Stellung als Betriebsinhaber ist **unabhängig von der Eigentumslage**. Daher sind auch der Pächter und der Treuhänder Betriebsinhaber, sofern sie den jeweiligen Betrieb im eigenen Namen führen. Demgegenüber können Insolvenzverwalter sowie Testamentsvollstrecker keine Betriebsinhaber sein, da sie den Betrieb regelmäßig nur für jemand anderen leiten. Abzugrenzen ist der Betriebsinhaberwechsel auch vom bloßen Gesellschafterwechsel, bei dem lediglich ein Gesellschafter ausgetauscht wird, die Arbeitgeberstellung jedoch dieselbe bleibt (BAG v. 14.8.2007 – 8 AZR 803/06, NZA 2007, 1428). Es kommt somit letztlich darauf an, wer nach außen hin als Betriebsinhaber auftritt (BAG v. 31.1.2008 – 8 AZR 2/07, NZA 2009, 1232; BAG v. 10.5.2012 – 8 AZR 434/11, NZA 2012, 1161).

3487

„Im Übrigen ist die RL 2001/23/EG nach ständiger Rechtsprechung des EuGH nur in den Fällen anwendbar, in denen die für den Betrieb der wirtschaftlichen Einheit *verantwortliche natürliche oder juristische Person*, die die *Arbeitgeberverpflichtungen* gegenüber den Beschäftigten eingeht, (im Rahmen vertraglicher Beziehungen) wechselt (...) Diese Rechtsprechung ist auch für das Verständnis der anzuwendenden Bestimmungen des nationalen Rechts, hier: § 613a BGB, maßgebend." (BAG v. 23.3.2017 – 8 AZR 91/15, NZA 2017, 981 Rz. 22)

b) Fortführung des Betriebs

Nach **älterer Rechtsprechung** war es für die Frage des Übergangs eines Betriebs oder Betriebsteils auf einen anderen Inhaber alleine entscheidend, ob der Erwerber die konkrete betriebliche **Fortführungsmöglichkeit** erlangt hat. Notwendig dafür war die **Übernahme der Organisations- und Leitungsmacht**. Der neue Inhaber musste also durch die Übernahme der wesentlichen sächlichen und immateriellen Betriebsmittel in der Lage sein, mit Hilfe der Arbeitnehmer den Betrieb oder Betriebsteile so fortzuführen wie der bisherige Inhaber (BAG v. 27.4.1995 – 8 AZR 197/94, NZA 1995, 1155).

3488

Aus dem Erfordernis der Fortführungsmöglichkeit folgte ferner, dass es **unerheblich** war, ob der neue Inhaber den übernommenen Betrieb oder Betriebsteil **tatsächlich fortführte** oder ihn ggf. stilllegte.

3489

Nach dem **heutigen** Verständnis des Betriebsbegriffs als wirtschaftliche Einheit ist indes die **tatsächliche Betriebsfortführung** entscheidend. Ein Wechsel des Betriebsinhabers liegt mithin nicht vor, wenn der neue Inhaber den Betrieb gar nicht führt. Der bisherige Inhaber muss seine wirtschaftliche Betätigung in dem Betrieb oder Betriebsteil einstellen. Einer besonderen Übertragung der Leitungsmacht bedarf es daneben nicht (BAG v. 12.11.1998 – 8 AZR 282/97, NZA 1999, 310; BAG v. 18.3.1999 – 8 AZR 196/98, NZA 1999, 869).

3490

Ob der neue Inhaber die (verdeckte) Absicht hat, den Betrieb nicht fortzuführen, ist jedenfalls dann unerheblich, wenn er sich **vertraglich** zur Fortführung des Betriebs verpflichtet hat. Fehlt es indessen an einer solchen vertraglichen Verpflichtung, entscheiden die **tatsächlichen** Umstände darüber, ob der Übernehmer die Betriebsleitung erhalten hat und den Betrieb in ähnlicher Weise fortführt. Demzufolge liegt ein Betriebsübergang auch vor, wenn der Betrieb nur erworben wird, um ihn alsbald stillzulegen (BAG v. 22.9.1994 – 2 AZR 54/94, NZA 1995, 165; BAG v. 29.11.1988 – 3 AZR 250/87, NZA 1989, 425).

3491

Ungeklärt ist die Frage, welche Folgen die sofortige Stilllegung des Betriebs durch den Erwerber hat. Hier ist im Einzelfall sorgfältig zu prüfen, ob der Schutz des § 613a BGB gleichwohl geboten ist. Unzweifelhaft liegt dagegen ein Übergang nicht vor, wenn der Betrieb oder Betriebsteil **vor dem Erwerb stillgelegt** wird. In diesem Fall gilt vereinfacht der Satz: „**Betriebsübergang und Betriebsstilllegung**

3492

schließen sich aus." Die Abgrenzung zwischen beiden Tatbeständen ist deshalb wichtig, weil die Gefahr besteht, dass die Schutzfunktion des § 613a BGB unterlaufen wird: Betriebsveräußerer und -erwerber mögen sich etwa dahingehend einigen, dass der Veräußerer den Betrieb zunächst stilllegt und die Arbeitnehmer aus „betriebsbedingten Gründen" entlässt (zur Stilllegung als betriebsbedingtem Kündigungsgrund siehe unter Rz. 3567). Übernimmt danach der Erwerber das wesentliche Betriebssubstrat, könnte er die bisherige Belegschaft und/oder neue Arbeitnehmer zu ungünstigeren Bedingungen als bisher einstellen, was § 613a BGB verhindern will. Daher ist entscheidend, ob die geplante Betriebsstilllegung eine bewusste Maßnahme darstellt, um den Kündigungsschutz der Arbeitnehmer zu unterlaufen (EuGH v. 7.8.2018 – C-472/16, NZA 2018, 1123).

3493 **Maßgebliches Unterscheidungskriterium** für den Übergang oder die Stilllegung des Betriebs oder Betriebsteils ist einmal mehr **das Schicksal der wirtschaftlichen Einheit**: Wird sie weitgehend in der bisherigen Form fortgeführt, liegt ein Betriebsübergang vor; wird sie dagegen aufgelöst, eine Betriebsstilllegung. Mit dieser allgemeinen Formulierung ist indes noch nicht viel gewonnen. Nach der Rechtsprechung des BAG erfordert die Stilllegung den ernstlichen und endgültigen Entschluss des Arbeitgebers, die Betriebs- und Produktionsgemeinschaft zwischen ihm und den Arbeitnehmern auf Dauer oder zumindest für einen unbestimmten, aber wirtschaftlich nicht unerheblichen Zeitraum aufzuheben (BAG v. 12.2.1987 – 2 AZR 247/86, NZA 1988, 170; BAG v. 22.5.1997 – 8 AZR 101/96, NZA 1997, 1050). Wird ein Betrieb daher kurz nach seiner Stilllegung wiedereröffnet, spricht eine tatsächliche Vermutung gegen die Ernsthaftigkeit der Stilllegung, die der Betriebserwerber zu widerlegen hat (BAG v. 16.2.2012 – 8 AZR 693/10, NZA-RR 2012, 465). Überdauert die Betriebsunterbrechung hingegen die gesetzlich vorgesehene längste Kündigungsfrist nach § 622 Abs. 2 S. 1 BGB gilt dies zumindest als Indiz für einen Stilllegungsentschluss des Arbeitgebers (BAG v. 22.5.1997 – 8 AZR 101/96, NZA 1997, 1050 Rz. 31).

3. Übergang durch Rechtsgeschäft

3494 § 613a BGB findet nur dann Anwendung, wenn der Übergang des Betriebs oder Betriebsteils **auf der Grundlage eines Rechtsgeschäfts** erfolgt. **Ausgenommen** sind deshalb die Fälle, in denen der **Übergang auf Gesetz** oder sonstigem **Hoheitsakt** beruht (BAG v. 28.9.2006 – 8 AZR 441/05, AP Nr. 26 zu § 419 BGB Funktionsnachfolge). Der EuGH schränkt die Anwendbarkeit der Richtlinie 2001/23/EG hingegen nicht generell auf diese Fälle ein und nimmt einen Betriebsübergang auch für den Fall an, dass Arbeitsverhältnisse aufgrund eines Gesetzes übertragen werden (EuGH v. 6.9.2011 – C-108/10 „Scattolon", NZA 2011, 1077; *Steffan* NZA 2012, 473, 474). Insofern wird sich die Rechtsprechung des BAG entsprechend öffnen müssen.

3495 Zu einem gesetzlichen Betriebsübergang kommt es insbesondere in den Fällen der **Gesamtrechtsnachfolge** (Universalsukzession), so z.B. der Erbfolge gemäß §§ 1922 ff. BGB. Bei der Gesamtrechtsnachfolge geht das Vermögen einschließlich der Schulden vom bisherigen Rechtsträger kraft Gesetzes auf den neuen Rechtsträger über. Soweit zu dem Vermögen ein Betrieb gehört, geht dieser ebenfalls ohne besondere Übertragungshandlung auf den neuen Rechtsträger über. Damit tritt der neue Betriebsinhaber **automatisch** in die Rechtsposition des bisherigen Inhabers ein. Dazu gehört auch der **Eintritt in die** zwischen dem bisherigen Betriebsinhaber und den Arbeitnehmern **bestehenden Arbeitsverhältnisse**. Die Gesamtrechtsnachfolge führt deshalb schon vom Rechtscharakter her zu demselben Ergebnis, das § 613a BGB für den rechtsgeschäftlichen Betriebsübergang gesondert anordnet. Weil der **Schutzzweck des § 613a BGB** in Fällen der Gesamtrechtsnachfolge **ohnehin erreicht** wird, bedarf es einer besonderen Anwendung der Bestimmung nicht.

3496 Eine **Ausnahme** davon macht das **Umwandlungsgesetz 1994** (Rz. 3574). Obwohl sich nach der Konzeption des Gesetzes in den Fällen der Verschmelzung oder Spaltung von Unternehmen sowie der Vermögensübertragung der Betriebsübergang kraft Gesetzes mit Handelsregistereintragung vollzieht, bestimmt § 324 UmwG, dass die Arbeitsverhältnisse nach § 613a BGB übergehen.

Der **Inhalt des Rechtsgeschäfts** muss auf den **Erwerb der betrieblichen Fortführungsmöglichkeit** 3497
gerichtet sein. Auch hier kommt es auf die für den Betriebsübergang maßgebliche Übernahme der
arbeitstechnischen Organisations- und Leitungsmacht an (Rz. 3488). Diese Übernahme erfolgt regelmäßig durch einen Vertrag zwischen Veräußerer und Erwerber über die wesentlichen Betriebsmittel.
Ob das zugrunde liegende Rechtsgeschäft wirksam zustande gekommen ist, hat grundsätzlich keinen
Einfluss auf den Betriebsübergang (BAG v. 6.2.1985 – 5 AZR 411/83, NZA 1985, 735).

Die **Rechtsnatur des Vertrags**, der die Fortführungsmöglichkeit verschafft, ist **unerheblich**. In Betracht kommen Kauf-, Pacht- oder Mietvertrag, aber auch Schenkung, Nießbrauch, Vermächtnis oder 3498
Gesellschaftsvertrag. Auf die Übernahme der Arbeitsverhältnisse muss sich das Rechtsgeschäft nicht
beziehen. Das Rechtsgeschäft muss auch nicht unmittelbar zwischen dem bisherigen und dem neuen
Betriebsinhaber zustande kommen, so etwa, wenn der Betrieb vom bisherigen Pächter an einen neuen
Pächter übergeben wird, die Vertragsbeziehungen jedoch zwischen dem neuen Pächter und dem Verpächter bestehen (EuGH v. 20.11.2003 – C-340/01 „Abler", NZA 2003, 1385 Rz. 39; BAG v. 18.9.2014
– 8 AZR 733/13, NZA 2015, 97 Rz. 18).

Ein Betriebsübergang i.S.d. § 613a BGB liegt auch vor, wenn der neue Inhaber den Betrieb oder Betriebsteil in der **Insolvenz des ehemaligen Betriebsinhabers** erworben hat. In diesem Fall finden nach 3499
der Rechtsprechung des BAG jedoch die Haftungsregelungen des § 613a Abs. 2 und 3 BGB keine Anwendung (BAG v. 17.1.1980 – 3 AZR 160/79, NJW 1980, 1124; BAG v. 20.6.2002 – 8 AZR 459/01,
NZA 2003, 318, BAG v. 19.12.2006 – 9 AZR 201/06, BB 2007, 1281; BAG v. 30.10.2008 – 8 AZR 54/
07, NZA 2009, 432). Die übrigen in § 613a Abs. 1 und 4 BGB angeordneten Rechtsfolgen sind jedoch
auch in einem solchen Fall zwingend.

III. Rechtsfolgen des Betriebsübergangs

1. Übergang der Arbeitsverhältnisse

Ist ein Betrieb oder Betriebsteil durch Rechtsgeschäft übergegangen, so bestimmt § 613a Abs. 1 S. 1 3500
BGB, dass der neue Inhaber in die Rechte und Pflichten aus den im Zeitpunkt des Übergangs bestehenden Arbeitsverhältnissen eintritt. Angeordnet wird damit ein **Vertragspartnerwechsel auf Arbeitgeberseite**, der das zwischen dem Arbeitnehmer und dem früheren Arbeitgeber bestehende Arbeitsverhältnis unverändert lässt. Somit sind grundsätzlich nur die Arbeitsverhältnisse des übergehenden
Betriebs bzw. Betriebsteils betroffen. Die Tatsache, dass einzelne Arbeitnehmer in der Vergangenheit
auch schon für den übergehenden Betrieb bzw. Betriebsteil gearbeitet haben, genügt nicht. Sollte ein
Arbeitsplatz mehreren Betrieben oder Betriebsteilen zuzuordnen sein, entscheidet der Schwerpunkt
der Tätigkeit, ob das betreffende Arbeitsverhältnis mit übergeht oder nicht (BAG v. 21.6.2012 – 8
AZR 181/11, NZA-RR 2013, 6). Von dem Begriff der Rechte und Pflichten sind jedoch **nur die individualrechtlichen Vereinbarungen** umfasst unter Einschluss derjenigen tarifvertraglichen Regelungen,
die durch Einbeziehung eines Tarifvertrags Bestandteil des Einzelarbeitsvertrags geworden sind. Diese
Übergangsnorm hindert die Parteien nicht, nach einem Betriebsübergang die Arbeitsbedingungen einvernehmlich abzusenken (BAG v. 7.11.2007 – 5 AZR 1007/06, NZA 2008, 530). Ferner kann der Arbeitnehmer seinen Kündigungsschutz verlieren, wenn der Übergang auf einen Betriebserwerber erfolgt, in dessen Betrieb die Voraussetzungen des § 23 Abs. 1 KSchG nicht vorliegen (BAG v. 15.2.2007
– 8 AZR 397/06, NZA 2007, 739). Die Richtlinic gibt vor, dass auf den nationalen Arbeitnehmerbegriff
abzustellen ist (EuGH v. 15.9.2010 – C-386/09 „Briot", BeckEuRs 2010, 554296; BAG v. 16.5.2012 – 5
AZR 268/11, NZA 2012, 974). Somit gehen die Vertragsverhältnisse von Heimarbeitern (BAG v.
24.3.1998 – 9 AZR 218/97, NZA 1998, 1001), Organmitgliedern juristischer Personen (BAG v.
13.2.2003 – 8 AZR 654/01, NZA 2003, 552) und freien Mitarbeitern (BAG v. 13.2.2003 – 8 AZR 59/02,
NZA 2003, 854) nicht nach § 613a Abs. 1 S. 1 BGB über.

Maßgeblicher Zeitpunkt für den Eintritt ist nicht der Abschluss des zugrundeliegenden Rechts- 3501
geschäfts, sondern die **Fortführung des Betriebs**, d.h. der Moment, in dem der neue Inhaber die ar-

beitstechnische Organisations- und Leitungsmacht im eigenen Namen tatsächlich übernimmt (BAG v. 6.2.1985 – 5 AZR 411/83, NZA 1985, 735).

2. Unterrichtung und Widerspruchsrecht des Arbeitnehmers

Literatur: *Eylert/Spinner*, Sozialauswahl nach Widerspruch des Arbeitnehmers gegen einen (Teil-)Betriebsübergang, BB 2008, 50; *Franzen*, Informationspflichten und Widerspruchsrecht beim Betriebsübergang nach § 613a Abs. 5 und 6 BGB, RdA 2002, 258; *Gaul/Otto*, Unterrichtungsanspruch und Widerspruchsrecht bei Betriebsübergang und Umwandlung, BB 2002, 634; *Giesen*, Die Unterrichtung über den Betriebsübergang nach § 613a Abs. 5 BGB, JbArbR 46 (2009), 41; *Grau*, Rechtsfolgen von Verstößen gegen die Unterrichtungspflicht bei Betriebsübergang gemäß § 613a Abs. 5 BGB, RdA 2005, 367; *Hohenstatt/Grau*, Arbeitnehmerunterrichtung beim Betriebsübergang, NZA 2007, 13; *Reinecke*, Betriebsübergang: Rettungsanker Verwirkung des Widerspruchsrechts?, DB 2012, 50; *Rieble*, Widerspruch nach § 613a VI BGB – die (ungeregelte) Rechtsfolge, NZA 2004, 1; *Sagan*, Unterrichtung und Widerspruch beim Betriebsübergang aus deutscher und europäischer Sicht, ZIP 2011, 1641; *Willemsen/Lembke*, Die Neuregelung von Unterrichtung und Widerspruchsrecht der Arbeitnehmer beim Betriebsübergang, NJW 2002, 1159.

3502 Über den Wortlaut des § 613a BGB hinaus hatte das BAG dem Arbeitnehmer in ständiger Rechtsprechung ein Widerspruchsrecht gegen den Übergang seines Arbeitsverhältnisses eingeräumt. Ein **Vertragspartnerwechsel** soll dem Arbeitnehmer **nicht gegen seinen Willen aufgezwungen** werden (BAG v. 2.10.1974 – 5 AZR 504/73, NJW 1975, 1378, 1378). Ferner bemühte das BAG (BAG v. 22.4.1993 – 2 AZR 50/92, NZA 1994, 360) die Grundrechte: Der Arbeitnehmer solle nicht gegen seinen Willen (Art. 1 und 2 GG) „verkauft" werden können; ihm stehe ferner das Grundrecht auf freie Arbeitsplatzwahl (Art. 12 GG) zu. Überdies könne er auch auf den arbeitsrechtlichen Bestandsschutz verzichten. § 613a Abs. 6 BGB gesteht den Arbeitnehmern daher das Recht zu, dem Übergang ihres Arbeitsverhältnisses auf den Betriebserwerber zu widersprechen. Das BVerfG hat allerdings Zweifel aufkommen lassen, ob dieses Widerspruchsrecht tatsächlich zum Schutz der Grundrechte des Arbeitnehmers geboten ist:

„Die Sicherung des Rechts auf freie Arbeitsplatzwahl als Ausprägung der Privatautonomie durch § 613a Abs. 6 BGB ist sowohl vom Gesetzgeber [...] wie in der vorausgehenden Rechtsprechung [...] im Wesentlichen auch mit den Grundrechten der Arbeitnehmer begründet worden. Das bedeutet zwar nicht, dass die Vorschrift des § 613a Abs. 6 BGB damit verfassungsrechtlich geboten ist. Der Gesetzgeber muss aber grundsätzlich das Grundrecht der Arbeitnehmer auf freie Wahl des Arbeitsplatzes bei einem ohne ihren Willen erfolgenden Arbeitgeberwechsel schützen." (BVerfG v. 25.1.2011 – 1 BvR 1741/09, NZA 2011, 400 Rz. 93 f.)

3503 Mit Wirkung vom 1.4.2002 hat der Gesetzgeber wegen der Folgen eines Betriebsübergangs einen **Unterrichtungsanspruch** zugunsten der Arbeitnehmer geregelt (§ 613a Abs. 5 BGB) und diesen mit einem nunmehr ausdrücklich kodifizierten Widerspruchsrecht (§ 613a Abs. 6 BGB) des Arbeitnehmers verknüpft. Auf der Grundlage der erteilten Information soll der Arbeitnehmer eine ausreichende Wissensgrundlage erhalten, um über die Ausübung des Widerspruchsrechts entscheiden zu können. Er ist aber gehalten, sich selbst zu erkundigen, soweit ihm die Unterrichtung dies ermöglicht (BAG v. 14.12.2006 – 8 AZR 763/05, NZA 2007, 682 Rz. 22; BAG v. 10.11.2011 – 8 AZR 430/10, AP Nr. 15 zu § 613a BGB Unterrichtung).

a) Unterrichtung der Arbeitnehmer

3504 Nach § 613a Abs. 5 BGB hat der bisherige Arbeitgeber oder der neue Inhaber die von einem Übergang betroffenen Arbeitnehmer vor dem Übergang in **Textform** (§ 126b BGB) zu unterrichten über:

– den **Zeitpunkt** oder den geplanten Zeitpunkt des Übergangs,
– den **Grund** für den Übergang,
– die rechtlichen, wirtschaftlichen und sozialen **Folgen** des Übergangs für die Arbeitnehmer und
– die hinsichtlich der Arbeitnehmer in Aussicht genommenen **Maßnahmen**.

Der Inhalt der zu gebenden Information bestimmt sich nach dem **subjektiven Kenntnisstand** des Veräußerers oder Erwerbers zum Zeitpunkt der Unterrichtung (BAG v. 13.7.2006 – 8 AZR 305/05, NZA 2006, 1268, 1270). Ob die Unterrichtung im Einzelfall bewusst oder unbewusst falsch erfolgt, ist allerdings unerheblich. — 3505

Zeitpunkt des Übergangs ist derjenige, in dem der neue Inhaber die arbeitsorganisatorische Organisations- und Leitungsmacht übernimmt. — 3506

„Mit dem **Grund [für den Übergang]** ist in erster Linie die Angabe des Rechtsgrundes für den Betriebsübergang wie Kaufvertrag, Pachtvertrag, Umwandlung etc. gemeint. [...] Ausgehend vom Sinn und Zweck der Unterrichtung, die dem Arbeitnehmer die Möglichkeit verschaffen soll, sachgerecht über die Ausübung des Widerspruchs zu befinden, reicht die Angabe des dem Betriebsübergang zu Grunde liegenden Rechtsgeschäfts allein nicht aus. Dem Arbeitnehmer müssen vielmehr jene unternehmerischen Gründe für den Betriebsübergang zumindest schlagwortartig mitgeteilt werden, die sich im Falle seines Widerspruchs auf den Arbeitsplatz auswirken können." (BAG v. 13.7.2006 – 8 AZR 305/05, NZA 2006, 1268, 1271 – Hervorhebungen vom Verf.)

Unklar ist, was mit der Information über die **rechtlichen, wirtschaftlichen und sozialen Folgen** des Betriebsübergangs für die Arbeitnehmer gemeint ist. Eine bloße Wiedergabe des Gesetzestextes von § 613a Abs. 1 bis 4 BGB reicht jedenfalls nicht aus. — 3507

„Zu den rechtlichen Folgen gehören zunächst die sich unmittelbar aus dem Betriebsübergang als solchem ergebenden Rechtsfolgen. Dies erfordert einen Hinweis auf den **Eintritt des Übernehmers in die Rechte und Pflichten** aus dem bestehenden Arbeitsverhältnis (§ 613a Abs. 1 S. 1 BGB), auf die gesamtschuldnerische **Haftung** des Übernehmers und des Veräußerers und deren Verteilung nach § 613a Abs. 2 BGB und grundsätzlich auch, wenn sich Kündigungen abzeichnen, auf die **kündigungsrechtliche Situation**. Zu den beim Übernehmer geltenden Rechten und Pflichten gehört grundsätzlich weiter die **Anwendbarkeit tariflicher Normen** [...]. Zu den wirtschaftlichen Folgen i.S.d. § 613a Abs. 5 Nr. 3 BGB gehören solche Veränderungen, die sich nicht als rechtliche Folge unmittelbar den Bestimmungen von § 613a Abs. 1 bis Abs. 4 BGB entnehmen lassen. Die Hinweise auf die Rechtsfolgen müssen präzise sein und dürfen keinen juristischen Fehler enthalten [...], wobei nicht bereits dann ein solcher vorliegt, wenn es zu der Rechtsfrage auch andere Rechtsprechung oder Meinungen als die dargestellte herrschende Rechtsprechung, insbesondere die des Bundesarbeitsgerichts, gibt." (BAG v. 10.11.2011 – 8 AZR 430/10, AP Nr. 15 zu § 613a BGB Unterrichtung) — 3508

Auch über das **Recht zum Widerspruch** gegen den Übergang des Arbeitsverhältnisses ist als rechtliche Folge nach § 613a Abs. 5 Nr. 3 BGB zu informieren (BAG v. 20.3.2008 – 8 AZR 1016/06, NZA 2008, 1354 Rz. 3). Dazu gehört auch die Information über die rechtlichen Folgen, die bei Ausübung des Widerspruchsrechts eintreten können (BAG v. 10.11.2011 – 8 AZR 430/10, AP Nr. 15 zu § 613a BGB Unterrichtung Rz. 31). — 3509

„Zu den hinsichtlich der Arbeitnehmer **in Aussicht genommenen Maßnahmen** gehören nach der Gesetzesbegründung Weiterbildungsmaßnahmen im Zusammenhang mit geplanten Produktionsumstellungen oder Umstrukturierungen und andere Maßnahmen, welche die berufliche Entwicklung der Arbeitnehmer betreffen [...]. ‚Maßnahmen' i.S.v. § 613a Abs. 5 Nr. 4 BGB [sind] weitergehend alle durch den bisherigen oder neuen Betriebsinhaber geplanten erheblichen Änderungen der rechtlichen, wirtschaftlichen oder sozialen Situation der von dem Übergang betroffenen Arbeitnehmer [...]. In Aussicht genommen sind Maßnahmen frühestens dann, wenn ein Stadium konkreter Planungen erreicht ist." (BAG v. 10.11.2011 – 8 AZR 430/10, AP Nr. 15 zu § 613a BGB Unterrichtung – Hervorhebungen vom Verf.) — 3510

Wie weitreichend die Informationspflicht ist, zeigt sich an folgender Entscheidung des BAG: — 3511

„Bei einem Betriebsübergang muss der bisherige Arbeitgeber oder der neue Betriebsinhaber die betroffenen Arbeitnehmer auch darüber unterrichten, dass der Betriebserwerber nur die beweglichen Anlageteile des Betriebes, nicht aber das Betriebsgrundstück übernimmt.

Zur Entscheidungsfindung, ob ein Arbeitnehmer einen Widerspruch nach § 613a Abs. 6 BGB erhebt, ist regelmäßig auch die Kenntnis erforderlich, ob bisher dem übergehenden Betrieb zuzurechnende Vermögensgegenstände von erheblichem Wert, zu denen das Grundvermögen zählt, auf den Betriebserwerber mit übergehen." (BAG v. 31.1.2008 – 8 AZR 1116/06, NZA 2008, 642)

3512 **Informationsberechtigt** sind die **vom Übergang betroffenen Arbeitnehmer**. Zur Unterrichtung **verpflichtet** sind **der bisherige Arbeitgeber und der neue Betriebsinhaber** als Gesamtschuldner (BAG v. 2.4.2009 – 8 AZR 262/07, NZA 2009, 1149, 1151). Sie sollen sich darüber verständigen, in welcher Weise sie diese Pflicht erfüllen (BT-Drs. 14/7760 S. 19). Bisheriger Arbeitgeber und neuer Betriebsinhaber sind einander wechselseitig verpflichtet, Auskunft über die maßgeblichen Umstände zu erteilen, die zur ordnungsgemäßen Erfüllung der Informationspflicht erforderlich sind.

3513 Die Unterrichtung hat in **Textform** (§ 126b BGB) zu erfolgen. Das **Risiko des Zugangs** trägt jedoch der bisherige Arbeitgeber bzw. der Erwerber. Die Unterrichtung hat **vor dem Übergang** zu erfolgen. Die Unterrichtungspflicht erlischt jedoch nicht mit dem Zeitpunkt des Übergangs, sondern besteht darüber hinaus. Erfolgt die Unterrichtung erst nach Vollzug des Betriebsübergangs, beginnt die **Widerspruchsfrist** erst mit Zugang der Unterrichtung (BAG v. 14.12.2006 – 8 AZR 763/05, NZA 2007, 682).

3514 **Folge** der **fehlenden oder unvollständigen (!) Unterrichtung** ist, dass die **Widerspruchsfrist** des § 613a Abs. 6 BGB nicht zu laufen beginnt. Im Hinblick auf die Vollständigkeit der Unterrichtung wird man den Gerichten prinzipiell **nur ein formelles Prüfungsrecht** zugestehen können, weil eine Beweiserhebung über die im Zeitpunkt der Unterrichtung absehbaren wirtschaftlichen und sozialen Folgen des Übergangs rückblickend kaum durchführbar ist. Im Hinblick auf die Verzahnung mit dem Widerspruchsrecht, wird man eine fehlerhafte Unterrichtung aber dann annehmen müssen, wenn der Arbeitgeber oder neue Inhaber bewusst falsch unterrichtet haben. Da es sich bei der Unterrichtungspflicht um eine **echte Rechtspflicht** und nicht lediglich um eine Obliegenheit handelt (*Willemsen/Lembke* NJW 2002, 1159, 1161; *Gaul/Otto* DB 2002, 634, 639 ff.; a.A. *Bauer/v. Steinau-Steinrück* ZIP 2002, 457, 463; *Grobys* BB 2002, 726, 727), können sich aus deren Verletzung **Schadensersatzansprüche** gegen den bisherigen Arbeitgeber aus § 280 Abs. 1 BGB, gegen den neuen Inhaber aus vorvertraglichem Schuldverhältnis (§§ 280 Abs. 1, 311 Abs. 2 BGB) ergeben.

b) Widerspruchsrecht der Arbeitnehmer

3515 Der Arbeitnehmer kann dem Übergang des Arbeitsverhältnisses **innerhalb eines Monats nach Zugang der Unterrichtung** nach § 613a Abs. 5 BGB **widersprechen**. Das Widerspruchsrecht setzt allerdings zusätzlich voraus, dass es tatsächlich zu einem Betriebs- oder Betriebsteilübergang gekommen ist (BAG v. 25.1.2018 – 8 AZR 309/16, NZA 2018, 933). Der Widerspruch kann gegenüber dem bisherigen Arbeitgeber oder dem neuen Inhaber erklärt werden (§ 613a Abs. 6 S. 2 BGB). Dem Widerspruchsrecht kommt die **Rechtsqualität eines Gestaltungsrechts** zu mit der Folge, dass das Arbeitsverhältnis nicht auf den neuen Betriebsinhaber übergeht, sondern zum bisherigen Betriebsinhaber erhalten bleibt (sog. **Rechtsfolgenverweigerungsrecht**). Nach der Rechtsprechung wirkt der Widerspruch auf den Zeitpunkt des Betriebsübergangs zurück (BAG v. 13.7.2006 – 8 AZR 382/05, NZA 2006, 1406; a.A. *Rieble* NZA 2004, 1 ff.). Das Widerspruchsrecht wird als empfangsbedürftige Willenserklärung angesehen und ist als Gestaltungsrecht **bedingungsfeindlich.** Der erklärte Widerspruch als einseitige empfangsbedürftige Willenserklärung kann **nicht** mehr nach Zugang **widerrufen** werden (BAG v. 30.10.2003 – 8 AZR 491/02, NZA 2004, 481). Der Widerspruch bedarf zu seiner Wirksamkeit **keines sachlichen Grundes** (BAG v. 15.2.2007 – 8 AZR 310/06, DB 2007, 1759). Als Willenserklärung kann der Arbeitnehmer seinen Widerspruch anfechten, insbesondere wenn der Arbeitgeber den Arbeitnehmer bewusst und gewollt falsch über den Betriebsübergang informiert hat (BAG v. 15.12.2011 – 8 AZR 220/11, NZA 2012, 1101). Ein Widerspruchsrecht besteht nicht in Fällen des Übergangs kraft gesellschaftsrechtlicher Gesamtrechtsnachfolge (BAG v. 21.2.2008 – 8 AZR 157/07, NZA 2008, 815).

aa) Ausübung des Widerspruchs

Die Erklärung des Widerspruchs hat nach § 613a Abs. 6 BGB „schriftlich" zu erfolgen, womit die gesetzliche **Schriftform** des **§ 126 Abs. 1 BGB** gemeint ist. Durch die notwendige **eigenhändige Unterschrift** soll dem Arbeitnehmer die Bedeutung des Widerspruchs bewusst gemacht werden. Der Arbeitnehmer kann also **nicht konkludent** widersprechen, etwa durch Verweigerung der Arbeit bei dem neuen Betriebsinhaber. Beachtet der Arbeitnehmer diese Anforderungen nicht, ist der Widerspruch unwirksam und kann nach Ablauf der Widerspruchsfrist nicht nachgeholt werden. Es besteht dann ein Arbeitsverhältnis mit dem neuen Inhaber, das der Arbeitnehmer nur nach allgemeinen Grundsätzen lösen kann. Inhaltlich muss die Erklärung das Wort Widerspruch nicht enthalten, es muss lediglich aus objektiver Empfängersicht erkennbar sein, dass der Arbeitnehmer nicht will, dass sein Arbeitsverhältnis übergeht. Eine **Begründung** ist **nicht erforderlich**. 3516

§ 613a Abs. 6 BGB sieht eine Frist von **einem Monat** für den Widerspruch vor. Zur **Fristwahrung** muss der schriftliche Widerspruch des Arbeitnehmers dem bisherigen Arbeitgeber oder Erwerber innerhalb der Monatsfrist gemäß **§ 130 BGB** zugehen, wobei die Darlegungs- und Beweislast hierfür den Arbeitnehmer trifft. Wichtig ist, dass nur eine formgerechte und vollständige Information den Lauf der Widerspruchsfrist in Gang setzen kann (BAG v. 14.12.2006 – 8 AZR 763/05, NZA 2007, 682 Rz. 21). 3517

Ist die Unterrichtung fehlerhaft, verfristet das Widerspruchsrecht nicht. Eine absolute Höchstfrist zur Ausübung des Widerspruchs ab dem Zeitpunkt des Betriebsübergangs ist nicht vorgesehen. Entsprechende Vorschläge (BR-Drs. 831/1/01 S. 2: drei Monate; BT-Drs. 14/8128 S. 4: sechs Monate) sind im Gesetzgebungsverfahren abgelehnt worden, womit das **Widerspruchsrecht bei fehlender, formwidriger oder unvollständiger Unterrichtung unbefristet** besteht. Ein Kausalzusammenhang zwischen der fehlenden oder fehlerhaften Information und dem nicht ausgeübten Widerrufsrecht ist hingegen nicht erforderlich (BAG v. 24.8.2017 – 8 AZR 265/16, NZA 2018, 168). Es spielt daher keine Rolle, dass die Verletzung der Pflicht zur Unterrichtung nicht der Auslöser für das Verstreichen der Widerrufsfrist war. Eine Verwirkung nach § 242 BGB ist allerdings in engen Grenzen denkbar: 3518

„Zeitmoment und Umstandsmoment beeinflussen sich wechselseitig in dem Sinne, dass beide Elemente bildhaft im Sinne „kommunizierender Röhren" miteinander verbunden sind. Je stärker das gesetzte Vertrauen oder die Umstände sind, die eine Geltendmachung für den Gegner unzumutbar machen, desto schneller kann ein Anspruch oder Recht verwirken. Umgekehrt gilt, je mehr Zeit seit dem Zeitpunkt des Betriebsübergangs verstrichen ist und je länger der Arbeitnehmer bereits für den Erwerber gearbeitet hat, desto geringer sind die Anforderungen an das Umstandsmoment. Es müssen letztlich besondere Verhaltensweisen sowohl des Berechtigten als auch des Verpflichteten vorliegen, die es rechtfertigen, die späte Geltendmachung des Rechts als mit Treu und Glauben unvereinbar und für den Verpflichteten als unzumutbar anzusehen." (BAG v. 24.8.2017 – 8 AZR 265/16, NZA 2018, 168 Rz. 18)

Als Richtschnur bzw. Orientierungshilfe könne zur Bestimmung der zeitlichen Verwirkung auf die in § 195 und § 121 II BGB benannten Fristen abgestellt werden, so dass sich das Zeitmoment in dem abgesteckten Rahmen zwischen 3 und 10 Jahren bewege (BAG v. 24.8.2017 – 8 AZR 265/16, NZA 2018, 168 Rz. 30).

Nach der Rechtsprechung ist hierfür regelmäßig eine **Disposition** des Arbeitnehmers über den Bestand des Arbeitsverhältnisses erforderlich (BAG v. 23.7.2009 – 8 AZR 357/08, NZA 2010, 393, 397). 3519

Sollte das Widerspruchsrecht des Arbeitnehmers tatsächlich verwirkt sein, scheiden auch **Schadensersatzansprüche** gerichtet auf Naturalrestitution gegen den bisherigen Betriebsinhaber aus (BAG v. 20.5.2010 – 8 AZR 68/09, juris). 3520

Grundsätzlich besteht auch die Möglichkeit, dass der Arbeitnehmer wirksam auf sein Widerspruchsrecht **verzichtet** hat. Ein dennoch erklärter Widerspruch ist rechtlich unbeachtlich. Ein solcher Verzicht kann jedoch nur für einen **konkret bevorstehenden Betriebsübergang** erfolgen und nicht pau- 3521 schal – etwa in einem vorformulierten Arbeitsvertrag – erklärt werden (vgl. BAG v. 19.3.1998 – 8 AZR 139/97, NZA 1998, 750; BAG v. 15.2.2007 – 8 AZR 431/06, NZA 2007, 793).

bb) Rechtsfolgen des Widerspruchs

3522 Der Widerspruch des Arbeitnehmers hat zur Folge, dass das **Arbeitsverhältnis** nicht auf den neuen Betriebsinhaber übergeht, sondern zum bisherigen Betriebsinhaber bestehen bleibt. Nimmt der Veräußerer die nach dem Widerspruch angebotene Arbeitsleistung des Arbeitnehmers nicht an, gerät er in **Annahmeverzug** nach § 615 S. 1 BGB. Ist es dem Arbeitnehmer jedoch zumutbar, zunächst beim Erwerber zu arbeiten, und tut er dies nicht, muss er sich den Wert des nicht erworbenen Arbeitsentgelts nach § 615 S. 2 BGB anrechnen lassen (BAG v. 19.3.1998 – 8 AZR 139/97, NZA 1998, 750).

3523 Macht der Arbeitnehmer von seinem Widerspruchsrecht Gebrauch, bleibt zwar das **Arbeitsverhältnis** mit dem ehemaligen Betriebsinhaber **aufrechterhalten**, der **Arbeitsplatz** des widersprechenden Arbeitnehmers ist dagegen auf den neuen Betriebsinhaber **übergegangen**. Infolge dieses Arbeitskräfteüberhangs wird der ehemalige Betriebsinhaber eine betriebsbedingte Kündigung in Erwägung ziehen. Diese scheitert nicht schon an der Regelung des § 613a Abs. 4 S. 1 BGB, nach der die Kündigung wegen des Betriebsübergangs unwirksam ist (Rz. 3562). Zwar ist der Betriebsübergang in diesen Fällen für die Kündigung mitursächlich, da bei Fortführung des Betriebs durch den bisherigen Inhaber der Arbeitsplatz nicht entfallen wäre. Wesentliche Ursache für die Kündigung ist dagegen nicht der Übergang als solcher, sondern die Weigerung des Arbeitnehmers, unter dem neuen Betriebsinhaber zu arbeiten.

cc) Betriebsbedingte Kündigung nach Widerspruch

3524 Eine **betriebsbedingte Kündigung** hat zunächst einschränkungslos die Voraussetzungen des § 1 Abs. 2 KSchG zu beachten. Insbesondere darf eine **anderweitige Beschäftigungsmöglichkeit** nach § 1 Abs. 2 S. 2 Nr. 1 lit. b KSchG im Betrieb oder Unternehmen des Veräußerers **nicht vorhanden** sein (Rz. 2856). Dabei muss unterschieden werden zwischen Betriebs- und Betriebsteilübergängen. Im ersten Fall besteht grundsätzlich keine Pflicht für den Veräußerer, Arbeitsplätze für widersprechende Arbeitnehmer in anderen Betrieben frei zu halten (BAG v. 21.2.2013 – 8 AZR 877/11, NZA 2013, 617; BAG v. 24.9.2015 – 2 AZR 562/14, NZA 2016, 366, Rz. 43 f.). Anders kann dies jedoch im zweiten Fall sein, wenn für den Veräußerer absehbar ist, dass ein Arbeitnehmer dem Betriebsübergang widersprechen wird (BAG v. 15.8.2002 – 2 AZR 195/01, NZA 2003, 430).

3525 Ist bei dem ehemaligen Betriebs- oder Betriebsteilinhaber kein anderer Arbeitsplatz frei, liegen die Voraussetzungen einer betriebsbedingten Kündigung grundsätzlich vor. Fraglich ist dann, ob diese zwangsläufig denjenigen Arbeitnehmer trifft, der dem Übergang seines Arbeitsverhältnisses widersprochen hat, oder ob der ehemalige Betriebsinhaber gemäß § 1 Abs. 3 KSchG eine **Sozialauswahl** (Rz. 2865) unter Beteiligung des widersprechenden Arbeitnehmers durchführen muss. Eine Sozialauswahl **scheidet** zunächst dann **aus, wenn der gesamte Betrieb übertragen wurde**. Dies gilt auch dann, wenn der ehemalige Betriebsinhaber als Unternehmer noch über andere Betriebe verfügt, denn die Sozialauswahl ist – anders als die anderweitige Beschäftigungsmöglichkeit – betriebsbezogen. **Möglich** ist eine Sozialauswahl jedoch dann, **wenn nur ein Betriebsteil übertragen wurde**, also bei dem ehemaligen Betriebsinhaber noch ein Restbetrieb besteht.

3526 Nach der Rechtsprechung können sich Arbeitnehmer, die einem Übergang widersprochen haben, auch auf eine mangelhafte Sozialauswahl berufen. In Anbetracht der abschließenden Verengung des § 1 Abs. 3 KSchG seit dem 1.1.2004 auf die vier im Gesetz genannten **Sozialauswahlkriterien** hält das BAG die dem Widerspruch zugrundeliegenden Beweggründe des Arbeitnehmers nunmehr für unbeachtlich (BAG v. 31.5.2007 – 2 AZR 276/06, NZA 2008, 33; dazu *Eylert/Spinner* BB 2008, 50). Da Gründe und Motive für die Wirksamkeit des Widerspruchs irrelevant seien, seien sie auch im Rahmen der Sozialauswahl ohne Bedeutung; andernfalls werde das Widerspruchsrecht entwertet. Die Konsequenz eines „Verdrängungswettbewerbs" zwischen Arbeitnehmern nehme der Gesetzgeber offenbar in Kauf (dezidiert dagegen *Quecke* ZIP 2007, 1846). Beweggründe für den Widerspruch können auch nicht über § 1 Abs. 3 S. 2 KSchG Berücksichtigung finden. Etwas anderes kommt nur in Betracht, wenn etwa der Widerspruch einer größeren Anzahl von Arbeitnehmern gegen einen Betriebsteilübergang tiefgreifende Umorganisationen notwendig macht, die zu schweren betrieblichen Ablaufstörungen führen können (BAG v. 31.5.2007 – 2 AZR 276/06, NZA 2008, 33, 33). Dieser Neuorientierung der Rechtsprechung ist zuzustimmen; freilich ist korrespondierend eine erweiterte Rechtsmissbrauchskontrolle des Widerspruchs geboten.

dd) Betriebsratsanhörung

Der **Betriebsrat**, der mit dem komplett übertragenen Betrieb auf den Erwerber übergegangen ist, muss vom Betriebsveräußerer im Rahmen der betriebsbedingten Kündigung nicht angehört werden. Dem Betriebsrat steht weder ein Rest- noch ein Übergangsmandat gem. § 21a bzw. § 21b BetrVG zu (BAG v. 8.5.2014 – 2 AZR 1005/12, NZA 2015, 889; BAG v. 24.9.2015 – 2 AZR 562/14, NZA 2016, 366).

3527

ee) Widerspruch mehrerer Arbeitnehmer und bei mehrfachem Betriebsübergang

Widersprechen mehrere Arbeitnehmer, die auf Grund ihrer Qualifikation für einen ordnungsgemäßen Betriebsablauf notwendig sind, kann der Betriebsübergang verhindert werden. Trotz dieser Gefahr ist die **kollektive Ausübung** des Widerspruchsrechts nicht von vornherein unzulässig (BAG v. 30.9.2004 – 8 AZR 462/03, NZA 2005, 43). Wenn der einzelne Arbeitnehmer ein aus dem Persönlichkeitsschutz begründetes Widerspruchsrecht gegen die Rechtsfolgen des § 613a BGB besitzt, können sich auch mehrere Arbeitnehmer als Summe von Individuen dieses Recht als kollektives Druckmittel nutzbar machen. Zulässige Rechtsgrenze bildet auch bei der kollektiven Ausübung ein eventueller Missbrauch (BAG v. 30.9.2004 – 8 AZR 462/03, NZA 2005, 132).

3528

Bei mehreren aufeinanderfolgenden Betriebsübergängen kann der Arbeitnehmer in **umgekehrt chronologischer Reihenfolge** den Betriebsübergängen widersprechen, solange die Widerspruchsfristen noch nicht abgelaufen oder aber wegen fehlender oder fehlerhafter Unterrichtungen nicht ausgelöst worden sind (BAG v. 24.4.2014 – 8 AZR 369/13, NZA 2014, 1074). Dabei genügt im Rahmen eines vorangegangenen Betriebsübergangs aber bereits die fehlerfreie Angabe über den Zeitpunkt oder den geplanten Zeitpunkt, den Gegenstand des Betriebsübergangs sowie den Betriebserwerber, um die einmonatige Widerspruchsfrist des Arbeitnehmers in Gang zu setzen (BAG v. 19.11.2015 – 8 AZR 773/14, NZA 2016, 647, Rz. 26).

3529

3. Vertiefungsproblem: Fortgeltung von Tarifvertrag und Betriebsvereinbarung

Literatur: *Bepler*, Tarifverträge im Betriebsübergang, RdA 2009, 65; *Gaul*, Das Schicksal von Tarifverträgen und Betriebsvereinbarungen bei der Umwandlung von Unternehmen, NZA 1995, 717; *Hanau/Vossen*, Die Auswirkungen des Betriebsinhaberwechsels auf Betriebsvereinbarungen und Tarifverträge, FS Hilger und Stumpf (1983), 271; *Lambrich*, Weitergeltung und Ablösung von Tarifverträgen nach Betriebsübergang, FS Ehmann (2005), 169; *Meyer*, Normative Fortgeltung der Gesamtbetriebsvereinbarung bei Betriebsübergang, NZA 2016, 749; *Preis/Steffan*, Zum Schicksal kollektivrechtlicher Regelungen beim Betriebsübergang, FS Kraft (1998), 477; *Sagan*, Die kollektive Fortgeltung von Tarifverträgen und Betriebsvereinbarungen nach § 613a Abs. 1 Sätze 2–4 BGB, RdA 2011, 163; *Sagan*, Aktuelle Entwicklungen der Rechtsprechung im europäischen Arbeits- und Sozialrecht, NZA-Beilage 2018, 47; *Seiter*, Tarifverträge und Betriebsvereinbarungen beim Betriebsinhaberwechsel, DB 1980, 877.

a) Grundsatz

Neben dem Übergang der individuellen Arbeitsverträge nach § 613a Abs. 1 S. 1 BGB regelt § 613a Abs. 1 S. 2 bis 4 BGB das Schicksal der kollektivrechtlichen Normen aus Tarifvertrag und Betriebsvereinbarung. Dieser besonderen Bestimmung bedurfte es, weil die Rechte und Pflichten aus Tarifvertrag

3530

und Betriebsvereinbarung nach überkommener Ansicht nicht bereits nach § 613a Abs. 1 S. 1 BGB auf den neuen Betriebsinhaber übergehen. Man ging davon aus, dass Normen aus **Tarifvertrag und Betriebsvereinbarung nicht Bestandteil der Arbeitsverhältnisse** seien, sondern wie Gesetze von außen auf die Arbeitsverhältnisse einwirken würden. Etwas anderes gilt jedoch dann, wenn der ehemalige Betriebsinhaber nicht tarifgebunden war und ein Tarifvertrag oder einzelne Bestimmungen daraus durch individualvertragliche Vereinbarung Eingang in den Arbeitsvertrag des übernommenen Arbeitnehmers gefunden haben. In diesem Fall ist der neue Betriebsinhaber an diese Bestimmungen bereits durch § 613a Abs. 1 S. 1 BGB als Inhalt des Arbeitsvertrages gebunden.

3531 Nach der Regelung des **§ 613a Abs. 1 S. 2 BGB** werden die Bestimmungen eines beim ehemaligen Betriebsinhaber angewendeten Tarifvertrags oder dort bestehender Betriebsvereinbarungen Inhalt des **„Arbeitsverhältnisses"** zwischen dem übernommenen Arbeitnehmer und dem neuen Betriebsinhaber. Dafür müssen die kollektivrechtlichen Regelungen zum Zeitpunkt des Betriebsübergangs bereits in Kraft getreten sein (BAG v. 16.5.2012 – 4 AZR 321/10, NZA 2012, 923).

3532 Umstritten ist, wie der Begriff des Arbeitsverhältnisses auszulegen ist und welche Rechtsnatur Kollektivvereinbarungen beim Erwerber zukommt. Das **klassische „individualvertragliche" Verständnis** setzt den Begriff des „Arbeitsverhältnisses" in § 613a Abs. 1 S. 2 BGB mit dem **Arbeitsvertrag** gleich. Folglich sollen Tarifverträge und Betriebsvereinbarungen ihre kollektivrechtliche Rechtsnatur verlieren und nach dem Übergang als Teil des Arbeitsvertrages fortgelten (*Franzen* FS Picker, 2010, S. 929, 945; h.M.). Vorzuziehen ist eine „kollektivrechtliche" Deutung des § 613a Abs. 1 S. 2 BGB, nach welcher der Begriff des „Arbeitsverhältnisses" neben dem Arbeitsvertrag auch **Kollektivvereinbarungen** umfasst; die Norm leitet diese dann – so wie § 613a Abs. 1 S. 1 BGB den Arbeitsvertrag – auf den Erwerber über. Es kommt nicht zu einem Rechtsquellenwechsel, sondern Tarifverträge und Betriebsvereinbarungen gelten beim Erwerber als Kollektivrecht weiter (ErfK/*Preis* § 613a BGB Rz. 112 ff.; *Sagan* RdA 2011, 163 ff.). Die jüngere Rechtsprechung hat sich zwar gegen das individualvertragliche, aber nicht für das kollektivrechtliche Verständnis ausgesprochen. Sie nimmt an, dass Tarifverträge und Betriebsvereinbarungen nach § 613a Abs. 1 S. 2 BGB einen – zweifelhaften – **Mischcharakter** haben. Sie sollen zwar in das Arbeitsverhältnis (nicht in den Arbeitsvertrag!) „transformiert" werden, aber dennoch ihren „kollektivrechtlichen Charakter" bewahren (BAG v. 22.4.2009 – 4 AZR 100/08, NZA 2010, 41).

3533 Weitestgehend unstreitig ist, dass der **Regelungsgehalt der Kollektivnormen statisch** fortgilt, nämlich in dem Normenstand, den er zur Zeit des Betriebsübergangs hat. Verweist eine Tarifregelung ihrerseits auf andere normative Regelungen, die sich weiterentwickeln, wird deren Stand zur Zeit des Betriebsübergangs zum Inhalt des Arbeitsverhältnisses, sofern die Dynamik von außervertraglichen Bestandteilen jenseits des bloßen Zeitablaufs abhängt (BAG v. 17.5.2000 – 4 AZR 363/99, NZA 2001, 453; BAG v. 19.9.2007 – 4 AZR 711/06, NZA 2008, 241, Rz. 26). Andernfalls wird die in der statisch wirkenden Norm bereits enthaltene Dynamik nicht berührt (BAG v. 19.9.2007 – 4 AZR 711/06, NZA 2008, 241, Rz. 24; BAG v. 14.11.2007 – 4 AZR 828/06, NZA 2008, 420).

3534 Auch nach dem individualrechtlichen Verständnis des § 613a Abs. 1 S. 2 BGB soll eine **kollektivrechtliche Fortgeltung** von Tarifverträgen und Betriebsvereinbarungen **nicht ausgeschlossen** sein. § 613a Abs. 1 S. 2 BGB stellt nach dieser Ansicht nur eine **Auffangvorschrift** zum Schutz der Arbeitnehmer für den Fall dar, dass der neue Betriebsinhaber kollektivrechtlich nicht gebunden ist (so auch BAG v. 21.4.2010 – AZR 768/08, DB 2010, 1998). Eine **kollektivrechtliche Bindung des neuen Betriebsinhabers** an einen bestehenden Tarifvertrag oder eine bestehende Betriebsvereinbarung kommt danach **in zwei Fällen** in Betracht:

3535 – Erstens, wenn der neue **Betriebsinhaber und** die bei ihm beschäftigten **Arbeitnehmer** nach §§ 3, 5 TVG **tarifgebunden** sind (siehe im Band „Kollektivarbeitsrecht" unter Rz. 583). Wichtigste Voraussetzung dafür ist die Mitgliedschaft des Betriebsübernehmers in dem Arbeitgeberverband, der den Tarifvertrag abgeschlossen hat, und die Mitgliedschaft des Arbeitnehmers in der Gewerkschaft, die den Tarifvertrag abgeschlossen hat.

– Zweitens, wenn der **neue Betriebsinhaber betriebsverfassungsrechtlich in die Pflichten des ehemaligen Betriebsinhabers eintritt**. Dieser zweite Fall setzt voraus, dass die Betriebsidentität im Wesentlichen bei dem neuen Inhaber erhalten bleibt, oder anders ausgedrückt, dass der übernommene Betrieb mit dem Betrieb identisch ist, für den die Betriebsvereinbarung gilt. In diesem Fall besteht nämlich der Betriebsrat auch nach dem Betriebsinhaberwechsel fort. Daraus folgt, dass der neue Betriebsinhaber nicht nur als Vertragspartner der übernommenen Arbeitnehmer auftritt, sondern auch als Betriebspartner des fortbestehenden Betriebsrats. So wie der neue Betriebsinhaber in die zwischen dem ehemaligen Betriebsinhaber und den übernommenen Arbeitnehmern bestehenden Arbeitsverhältnisse eintritt, tritt er dann auch in die zwischen dem ehemaligen Betriebsinhaber und dem Betriebsrat vereinbarten Betriebsvereinbarungen ein (BAG v. 5.2.1991 – 1 ABR 32/90, NZA 1991, 639, 641 f.; BAG v. 5.6.2002 – 7 ABR 17/01, NZA 2003, 312; BAG v. 18.9.2002 – 1 ABR 54/01, NZA 2003, 670, 673). Das BAG geht auch von einer normativen Weitergeltung von Gesamtbetriebsvereinbarungen aus, wenn nur ein Betrieb oder ein Betriebsteil übernommen wird, der anschließend verselbstständigt fortgeführt wird. In diesen Fällen sollen sie als Einzelbetriebsvereinbarung fortgelten, ohne dass § 613 Abs. 1 S. 1 und 2 BGB zur Anwendung kommen (BAG v. 18.9.2002 – 1 BAR 54/01, NZA 2003, 670; BAG v. 5.5.2015 – 1 AZR 763/13, NZA 2015, 1331; kritisch *Preis/Richter* ZIP 2004, 932, 936 f.). 3536

Damit bleiben nach der h.M. für die individualrechtliche Fortgeltung von Rechten und Pflichten aus einer **Betriebsvereinbarung** folgende Fälle übrig: 3537

– es findet ein Rechtsformwechsel der Arbeitnehmervertretung statt; 3538

– es wird zwar ein Betrieb übernommen, dieser wurde jedoch von einer im alten Unternehmen geltenden Betriebsvereinbarung erfasst, die nur für den Veräußerer oder bei Fortbestehen bestimmter beim Veräußerer bestehender Verhältnisse gelten soll; 3539

– der übernommene Betrieb oder Betriebsteil wurde mit einem anderen Betrieb des Übernehmers vereinigt; 3540

– der Betrieb unterfällt nicht mehr dem BetrVG (z.B. wegen § 118 Abs. 2 BetrVG). 3541

Vor einer Ablösung durch eine neue Betriebsvereinbarung sollte eine individualrechtlich fortgeltende Betriebsvereinbarung jedoch nicht in weiterem Umfang geschützt sein, als wenn sie kollektivrechtlich weitergelten würde. Im Verhältnis zu der neuen Betriebsvereinbarung gilt daher das **Ablösungsprinzip** und nicht das Günstigkeitsprinzip (so: BAG v. 14.8.2001 – 1 AZR 619/00, NZA 2002, 276; BAG v. 28.6.2005 – 1 AZR 213/04, NZA 2005, 1431; BAG v. 13.3.2012 – 1 AZR 659/10, NZA 2012, 990). Seit der **Scattolon-Entscheidung** ist jedoch zweifelhaft, ob an dieser Rechtsprechung festgehalten werden kann (Rz. 3553). Die Rechte und Pflichten aus einem Tarifvertrag gelten dann individualrechtlich fort, wenn der neue Betriebsinhaber keinem Tarifvertrag unterfällt. 3542

Folgt man hingegen der Auffassung, dass Tarifverträge und Betriebsvereinbarungen nach dem Betriebsübergang ihren Rechtscharakter bewahren und kollektivrechtlich fortgelten, sind diese Differenzierungen hinfällig. § 613a Abs. 1 S. 2 BGB ist dann ausnahmslos und gleichermaßen auf jeden Betriebsübergang anzuwenden (*Sagan* RdA 2011, 163, 170 ff.). 3543

Gelten die Regelungen aus einem Tarifvertrag oder einer Betriebsvereinbarung fort und will der neue Arbeitgeber diese Regelungen ändern, kann er entweder in Übereinstimmung mit dem Arbeitnehmer einen **Änderungsvertrag** schließen oder gegen den Willen des Arbeitnehmers eine **Änderungskündigung** aussprechen. Nach § 613a Abs. 1 S. 2 BGB kann jedoch eine arbeitsvertragliche Änderung zum Nachteil des Arbeitnehmers grundsätzlich **nicht vor Ablauf eines Jahres nach dem Betriebsübergang** durchgeführt werden. 3544

Von diesem Änderungsverbot bestimmt § 613a Abs. 1 S. 4 BGB **zwei Ausnahmen**. Die erste betrifft den Fall, dass die Normen eines Tarifvertrags oder einer Betriebsvereinbarung bereits zum Zeitpunkt des Betriebsübergangs **keine zwingende Wirkung mehr** entfalten oder die zwingende Wirkung inner- 3545 halb der Jahresfrist verlieren und deshalb nach § 4 Abs. 5 TVG oder § 77 Abs. 6 BetrVG nur noch nachwirken. So etwa, wenn der Tarifvertrag oder die Betriebsvereinbarung beim Betriebsübergang bereits gekündigt war oder innerhalb der Jahresfrist gekündigt wurde; ferner dann, wenn der Tarifvertrag oder die Betriebsvereinbarung beim Betriebsübergang durch Fristablauf oder innerhalb der Jahresfrist enden. Die zweite Alternative lässt eine Änderung fortgeltender Tarifnormen vor Jahresfrist zu, wenn der neue Betriebsinhaber und die übernommenen Arbeitnehmer die **Anwendung eines neuen Tarifvertrags vereinbaren**, der für sie nicht schon aufgrund beiderseitiger Tarifgebundenheit gilt.

b) Ausschluss der Weitergeltung von Tarifvertrag oder Betriebsvereinbarung

3546 Weder individualrechtlich noch kollektivrechtlich gelten die Normen eines beim Betriebsveräußerer bestehenden Tarifvertrags oder einer Betriebsvereinbarung fort, wenn die Rechte und Pflichten bei dem Betriebserwerber durch Rechtsnormen **eines anderen Tarifvertrags oder einer anderen Betriebsvereinbarung** geregelt werden (§ 613a Abs. 1 S. 3 BGB). Dabei ist unerheblich, ob die kollektivrechtliche Vereinbarung bereits zum Zeitpunkt des Betriebsübergangs beim Erwerber bestanden hat oder aber erst später durch Abschluss oder Verbandsbeitritt Geltung erlangt (BAG v. 20.4.1994 – 4 AZR 342/93, NZA 1994, 1140; BAG v. 11.5.2005 – 4 AZR 315/04, NZA 2005, 1362).

3547 **Voraussetzung** hierfür ist,

3548 – dass der Tarifvertrag oder die Betriebsvereinbarung der Sache nach **denselben Gegenstand** regelt und tarifvertrags- bzw. betriebsverfassungsrechtlich im übernommenen Betrieb gilt (BAG v. 1.8.2001 – 4 AZR 82/00, NZA 2002, 41, 42).

3549 – Bei dem Betriebserwerber muss eine **andere Tarifzuständigkeit** bestehen als bei dem Betriebsveräußerer.

3550 – Außerdem muss auch der übernommene **Arbeitnehmer** bereits vor dem Betriebsübergang **tarifgebunden gewesen** sein, weil ansonsten seine Rechte und Pflichten nicht aus einem Tarifvertrag folgen (BAG v. 29.8.2007 – 4 AZR 767/06, NZA 2008, 364, Rz. 19). Galt der Tarifvertrag kraft Bezugnahme, gehen die Rechte und Pflichten nicht nach § 613a Abs. 1 S. 2, sondern S. 1 BGB über (siehe im Band „Kollektivarbeitsrecht" Rz. 678). In diesem Fall findet das Günstigkeitsprinzip uneingeschränkt Anwendung (BAG v. 22.2.2012 – 4 AZR 24/10, ZTR 2012, 438 Rz. 22).

3551 – Erforderlich ist ferner, dass **beide Parteien**, also sowohl der übernommene Arbeitnehmer als auch der Betriebserwerber, kraft Mitgliedschaft in den tarifschließenden Parteien, kraft Allgemeinverbindlichkeitserklärung gemäß § 5 TVG oder kraft Rechtsverordnung nach § 7 AEntG, **an den beim Erwerber geltenden Tarifvertrag gebunden sind** (sog. **kongruente Tarifgebundenheit**; BAG v. 30.8.2000 – 4 AZR 581/99, NZA 2001, 510; BAG v. 21.2.2001 – 4 AZR 18/00, NZA 2001, 1318).

3552 Letztere Frage war lange Zeit umstritten, doch hat das BAG seine Grundsatzposition klargestellt. Nicht ausreichend ist die einseitige Tarifbindung des Erwerbers, selbst wenn auf Arbeitnehmerseite sowohl im Veräußerer- als auch Erwerberbetrieb eine DGB-Gewerkschaft zuständig ist (BAG v. 21.2.2001 – 4 AZR 18/00, NZA 2001, 1318 entgegen *Hanau/Kania* FS Schaub, 1998, 239, 256). Um die notwendige beiderseitige Tarifbindung zu erreichen, muss der übernommene Arbeitnehmer regelmäßig die Gewerkschaft wechseln, wozu er wegen seiner durch Art. 9 Abs. 3 GG geschützten negativen Koalitionsfreiheit nicht gezwungen werden kann. Verweigert der Arbeitnehmer den Übertritt in die bei dem Betriebserwerber zuständige Gewerkschaft, gelten für ihn die Normen aus dem bestehenden Tarifvertrag oder der bestehenden Betriebsvereinbarung beim Betriebserwerber nach § 613a Abs. 1 S. 2 BGB fort. Sie gelten aber nur in dem Zustand zum Zeitpunkt des Betriebsübergangs fort (Bestandsschutz). Spätere Tarifänderungen wirken sich nicht aus.

3553 Das BAG hat bisher vertreten, dass eine tarifvertragliche Ablösung auch erfolgt, wenn die beim Betriebserwerber neu abgeschlossene tarifrechtliche Regelung für den Arbeitnehmer ungünstiger ist. Das

Günstigkeitsprinzip finde im Verhältnis zwischen dem gem. § 613a Abs. 1 S. 2 BGB fortgeltenden und dem beim Erwerber normativ geltenden Tarifvertrag keine Anwendung (BAG v. 11.5.2005 – 4 AZR 315/04, NZA 2005, 1362; BAG v. 22.4.2009 – 4 AZR 100/08, NZA 2010, 41 Rz. 31). Dagegen hat der EuGH eingewandt, dass die tarifvertragliche Ablösung nicht dazu führen dürfe, dass für den Arbeitnehmer insgesamt ungünstigere Arbeitsbedingungen gelten als vor dem Betriebsübergang (EuGH v. 6.9.2011 – C-108/10 „Scattolon", NZA 2011, 1077; *Sagan* EuZA 2012, 247, 251 ff.). Der EuGH hat die Rechtsprechung in der Entscheidung „Unionen" fortgesetzt und überträgt wiederum den indivdualarbeitsrechtlichen Bestandsschutz auf die Voraussetzungen zur Ablösung der Kollektivverträge, so dass der Erwerber mindestens ein Jahr an die für den Arbeitnehmer günstigeren kollektivvertraglichen Abmachungen gebunden werden müsse (EuGH v. 6.4.2017 – C- 336/15, AP Richtlinie 2001/23/EG Nr. 12; *Sagan* NZA-Beilage 2018, 47, 49). Das BAG misst der Entscheidung des EuGH hingegen kein Verschlechterungsverbot bei und verweigert die Vorlage nach Art. 267 AEUV, obwohl grundlegender Klärungsbedarf besteht (BAG v. 23.1.2019 – 4 AZR 445/17, ZIP 2019, 1081).

Eine sog. **Überkreuzablösung**, bei der eine Betriebsvereinbarung eine nach § 613a Abs. 1 S. 2 BGB fortgeltende tarifvertragliche Vereinbarung ersetzt, ist hingegen unabhängig davon, ob sie für den Arbeitnehmer günstigere Arbeitsbedingungen enthält oder diese verschlechtern würde, nach Ansicht des BAG grundsätzlich nicht möglich (BAG v. 13.1.2007 – 3 AZR 191/06, NZA 2008, 600; BAG v. 21.4.2010 – 4 AZR 768/08, BB 2010, 2965). 3554

4. Weiterhaftung des ehemaligen Betriebsinhabers

Die durch § 613a Abs. 1 BGB angeordnete Rechtsnachfolge führt dazu, dass der bisherige Betriebsinhaber nur für die noch nicht erfüllten Ansprüche derjenigen Arbeitnehmer haftet, deren Arbeitsverhältnis bereits vor dem Betriebsübergang beendet war. Nicht erfasst wird dagegen die Haftung von Ansprüchen derjenigen Arbeitnehmer, deren Arbeitsverhältnis auf den neuen Betriebsinhaber übergegangen ist. Gäbe es nur diese Regelung, bestünde für die übernommenen Arbeitnehmer die Gefahr, dass **bereits bestehende Ansprüche** vom neuen Betriebsinhaber nicht erfüllt werden können, weil dieser nicht über dieselbe finanzielle Leistungsfähigkeit verfügt wie der bisherige Inhaber. Den bisherigen Betriebsinhaber für diesen Fall sofort aus jeglicher Haftung zu entlassen, wäre nicht sachgerecht, weil der Erlös, den er für den Betrieb erzielt hat, auch auf der Wertsteigerung beruht, die der Betrieb durch die Arbeitskraft der Arbeitnehmer erzielt hat. Anderseits ist es dem bisherigen Betriebsinhaber nicht zuzumuten, unbegrenzt weiter zu haften. Aus diesen Gründen bestimmt § 613a Abs. 2 BGB eine **abgestufte Haftungsregelung** für den bisherigen Betriebsinhaber. 3555

Nach § 613a Abs. 2 S. 1 BGB haftet der ehemalige Betriebsinhaber als **Gesamtschuldner** (§§ 421 ff. BGB) neben dem neuen Inhaber für die Erfüllung solcher Ansprüche, die vor dem Betriebsübergang entstanden sind und vor Ablauf von einem Jahr nach diesem Zeitpunkt fällig werden. Entgegen dem unklaren Wortlaut der Bestimmung gilt dies auch für Ansprüche, die bereits vor dem Betriebsübergang fällig waren. 3556

– Die **volle** gesamtschuldnerische **Haftung** obliegt dem ehemaligen Betriebsinhaber nur für Forderungen, die **vor dem Betriebsübergang entstanden sind und fällig waren**. In der Hauptsache handelt es sich bei den Ansprüchen um rückständige Lohnforderungen oder fällige Versorgungsleistungen. 3557

– Sind die Ansprüche zwar **vor dem Betriebsübergang entstanden, aber erst danach fällig geworden**, haftet er nur **anteilmäßig** entsprechend dem im Übergangszeitpunkt abgelaufenen Bemessungszeitraum. So haftet er etwa bei Jahressonderzahlungen nur anteilig für den Teil des Jahres, der noch seiner Stellung als Betriebsinhaber entspricht. 3558

– **Keine Haftung** trifft den ehemaligen Betriebsinhaber für solche Ansprüche, die erst **nach dem Betriebsübergang entstanden und fällig geworden** sind, denn in diesem Zeitraum war er nie Schuldner des Arbeitnehmers. 3559

3560 Die Haftung erlischt nach einem Jahr seit Betriebsübergang für danach fällige Ansprüche, auch wenn sie bereits vor dem Betriebsübergang entstanden sind.

3561 Nach § 613a Abs. 3 BGB tritt **keine gesamtschuldnerische Haftung** ein, wenn eine juristische Person **durch Umwandlung erlischt**. Dies erklärt sich daraus, dass mit dem Erlöschen der juristischen Person der alte Arbeitgeber nicht mehr existiert und deshalb kein Haftungsträger mehr besteht. Die Haftungsmasse befindet sich vollständig bei dem durch Umwandlung entstandenen neuen Arbeitgeber.

5. Kündigungsverbot

Literatur: *Ascheid*, Die betriebsbedingte Kündigung – § 1 KSchG – § 54 AGB-DDR – 613a IV 2 BGB, NZA 1991, 873; *Hanau*, Zur Kündigung von Arbeitsverhältnissen wegen Betriebsübergangs, ZIP 1984, 141; *Krieger/E.M. Willemsen*, Der Wiedereinstellungsanspruch nach Betriebsübergang, NZA 2011, 1128; *Moll*, Beendigung von Arbeitsverhältnissen beim Betriebsübergang, DB 1983, 713; *Vossen*, Die betriebsbedingte Kündigung durch den bisherigen Arbeitgeber aus Anlass des Betriebsübergangs, BB 1984, 1557.

a) Kündigung wegen Betriebsübergangs

3562 Der Schutzzweck des § 613a BGB liefe leer, wenn die Arbeitsverhältnisse zwar von dem ehemaligen auf den neuen Betriebsinhaber übergingen, der Arbeitnehmer jedoch wegen des Betriebsübergangs mit einer Kündigung rechnen müsste. Deshalb erklärt § **613a Abs. 4 S. 1 BGB** die **Kündigung des Arbeitsverhältnisses** eines Arbeitnehmers durch den bisherigen Arbeitgeber oder durch den neuen Inhaber **wegen des Übergangs** eines Betriebs oder eines Betriebsteils für **unwirksam**. Gleichzeitig bestimmt jedoch § 613a Abs. 4 S. 2 BGB, dass eine Kündigung aus anderen Gründen möglich bleibt. Wegen dieses Konkurrenzverhältnisses stellt sich die Frage, wann eine Kündigung wegen des Betriebsübergangs vorliegt.

3563 Nach der Rechtsprechung des BAG ist eine Kündigung nicht schon dann wegen Verstoßes gegen § 613a Abs. 4 S. 1 BGB unwirksam, wenn der Betriebsübergang für die Kündigung ursächlich im weitesten Sinne war. Vielmehr greift § 613a Abs. 4 S. 1 BGB nur, aber auch immer dann ein, wenn der Betriebsübergang der eigentliche Beweggrund der Kündigung war, ihr Motiv also wesentlich durch den Betriebsinhaberwechsel bedingt war. Zur Abgrenzung dieser beiden Fallkonstellationen ist stets zu prüfen, ob es – **neben dem Betriebsübergang** – einen **sachlichen Grund** gibt, der „aus sich heraus" die Kündigung zu rechtfertigen vermag, sodass der Betriebsübergang nur äußerlicher Anlass, nicht aber der tragende Grund für die Kündigung gewesen ist. Dadurch wird bestätigt, dass bei der **Konkurrenz mehrerer Kündigungssachverhalte** jeder für sich die Kündigung tragen kann. Genießt der Arbeitnehmer den Schutz des Kündigungsschutzgesetzes, sind die Vorschriften der §§ 1 Abs. 2 KSchG, 613a Abs. 4 S. 1 BGB jeweils für sich zu prüfen. § 613a Abs. 1 BGB schützt nicht vor Risiken, die sich jederzeit unabhängig vom Betriebsübergang aktualisieren können (BAG v. 27.9.1984 – 2 AZR 309/83, NZA 1985, 493).

3564 Eine Kündigung verstößt danach jedenfalls dann nicht gegen § 613a Abs. 4 S. 1 BGB, wenn sie jeder Betriebsinhaber – unabhängig von der Veräußerung – aus notwendigen betriebsbedingten Gründen so hätte durchführen dürfen. Maßgeblich für das Vorliegen einer Kündigung wegen Betriebsübergangs ist nicht die Bezeichnung des Kündigungsgrundes durch den Arbeitgeber, sondern ob tatsächlich ein Betriebsübergang der tragende Grund für die Kündigung gewesen ist (BAG v. 28.4.1988 – 2 AZR 623/87, NZA 1989, 265, 267 f.).

3565 Im Einklang mit § 4 S. 1 KSchG muss die Unwirksamkeit einer Kündigung nach § 613a Abs. 4 S. 1 BGB innerhalb von drei Wochen nach Zugang der Kündigung gerichtlich geltend gemacht werden.

3566 Zu beachten ist, dass § 613a Abs. 4 S. 1 BGB grundsätzlich nicht die **einvernehmliche Beendigung** des Arbeitsverhältnisses ausschließt. Insofern steht es den Parteien frei, einen Aufhebungsvertrag abzuschließen. Eine Ausnahme gilt jedoch für den Fall, dass unmittelbar im Anschluss ein neues Arbeitsverhältnis mit dem Erwerber bzw. Veräußerer eingegangen wird und somit letztlich nur die Kontinuität des Arbeitsverhältnisses unterbrochen werden soll. In diesem Fall nimmt die Rechtsprechung eine unzulässige Umgehung von § 613 Abs. 1 S. 1 BGB an und ordnet die Nichtigkeit des Rechtsgeschäfts nach § 134 BGB an (BAG v. 18.8.2011 – 8 AZR 312/10, NZA 2012, 152; BAG v. 25.10.2012 – 8 AZR 572/11, NZA 2013, 203 Rz. 34 f.).

b) Kündigung wegen beabsichtigter Stilllegung

Zu **Abgrenzungsfragen** zwischen § 613a Abs. 4 S. 1 und S. 2 BGB kann es insbesondere dann kommen, **wenn Kündigungen wegen der Stilllegung eines Betriebs ausgesprochen werden, es dann später jedoch noch zu einer Veräußerung des Betriebs kommt.** Nach der gesetzlichen Konzeption schließen sich Betriebsübertragung und Stilllegung des Betriebs aus (Rz. 3492). Die Stilllegung des gesamten Betriebs durch den Arbeitgeber gehört gemäß § 1 Abs. 2 S. 1 KSchG zu den dringenden betrieblichen Erfordernissen, die einen Grund zur sozialen Rechtfertigung einer Kündigung darstellen können, und wird demnach von § 613a Abs. 4 S. 2 BGB erfasst. Dementsprechend unterscheiden sich die Rechtsfolgen: Während im Falle des Betriebsübergangs den Arbeitnehmern in erster Linie der Bestandsschutz des § 613a Abs. 1 BGB zur Seite steht, sind sie bei einer Betriebsstilllegung unter den Voraussetzungen des § 111 BetrVG auf den betriebsverfassungsrechtlichen Schutz durch Interessenausgleich und Sozialplan verwiesen. 3567

Nach der Rechtsprechung des BAG ist bei geplanten Stilllegungen und späterem Betriebsübergang auf den **Zeitpunkt des Ausspruchs der Kündigungen** abzustellen. Danach liegt eine Kündigung „wegen" Betriebsübergangs vor, wenn ein Betriebsübergang zwar bis zum Ablauf der Kündigungsfrist noch nicht vollzogen worden ist, dieser aber bereits bei Ausspruch der Kündigungen vom Arbeitgeber geplant war, schon greifbare Formen der Verwirklichung angenommen hatte, und wenn die Kündigung nur ausgesprochen worden ist, um den geplanten Betriebsübergang vorzubereiten oder zu ermöglichen (BAG v. 19.5.1988 – 2 AZR 596/87, NZA 1989, 461, 463). War dagegen bei Ausspruch der Kündigungen die Stilllegung bereits endgültig geplant, sind die Kündigungen nicht nach § 613a Abs. 4 S. 1 BGB unwirksam, wenn es dann doch noch zu einer Betriebsveräußerung kommt. Da für die Wirksamkeit der Kündigung deren **Zugang** maßgeblich ist, muss der Arbeitgeber zu diesem Zeitpunkt endgültig entschlossen sein, die Betriebs- und Produktionsgemeinschaft aufzulösen. Findet sich während der Kündigungsfrist dennoch ein Käufer, liegt in der Veräußerung des Betriebs kein Betriebsübergang i.S.d. § 613a Abs. 1 S. 1 BGB. Auch eine Umgehung von § 613a Abs. 1 BGB liegt in diesem Fall nicht vor (BAG v. 19.6.1991 – 2 AZR 127/91, NZA 1991, 891, 893). 3568

Zusammenfassend lässt sich damit für die Frage beabsichtigter Stilllegungen zu dem Konkurrenzverhältnis zwischen § 613a Abs. 4 S. 1 und S. 2 BGB Folgendes feststellen: 3569

- War der ehemalige Betriebsinhaber bei Ausspruch der Kündigungen ernstlich und endgültig **entschlossen**, den Betrieb **stillzulegen**, werden die Kündigungen nicht dadurch unwirksam, dass es dann doch noch zu einem Betriebsübergang kommt.
- Lag dagegen bei Ausspruch der Kündigungen die **Betriebsveräußerung** ebenso **im Bereich des Möglichen** wie die Betriebsstilllegung, sind die Kündigungen „wegen" des Betriebsübergangs erfolgt und deshalb nach § 613a Abs. 4 S. 1 BGB unwirksam.

c) Vertragsfortsetzungsanspruch des Arbeitnehmers

Stellt sich die **Prognose** des früheren Betriebsinhabers, dass er einen Arbeitnehmer nach der Stilllegung nicht weiterbeschäftigen kann, wegen eines dann dennoch erfolgten Betriebsübergangs als **falsch** heraus, kann dem gekündigten Arbeitnehmer ggf. ein Anspruch auf Vertragsfortsetzung bzw. Einstellung zustehen. Sinn und Zweck eines solchen Anspruchs ist es, ein wirksames, den europarechtlichen Vorgaben genügendes Mittel des Bestandsschutzes bei Betriebsübergängen zu gewährleisten. 3570

3571 Gegen den kündigenden **früheren Betriebsinhaber** kann sich ein Vertragsfortsetzungsanspruch lediglich ergeben, wenn sich die tatsächlichen Umstände bereits vor Ablauf der Kündigungsfrist geändert haben (BAG v. 13.5.2004 – 8 AZR 198/03, BB 2005, 383, 386). Denn durch den Betriebsübergang entfällt nachträglich der Kündigungsgrund. Dieser Anspruch setzt jedoch voraus, dass der Arbeitgeber mit Rücksicht auf die Wirksamkeit der Kündigung noch keine Disposition getroffen hat und ihm die unveränderte Fortsetzung des Arbeitsverhältnisses zumutbar ist (BAG v. 27.2.1997 – 2 AZR 160/96, NZA 1997, 757). Entsteht die Weiterbeschäftigungsmöglichkeit erst nach Ablauf der Kündigungsfrist, kommt nur ausnahmsweise ein Wiedereinstellungsanspruch in Betracht (BAG v. 25.10.2007 – 8 AZR 989/06, NZA 2008, 357).

3572 Gegen den **neuen Betriebsinhaber** hat der gekündigte Arbeitnehmer unter denselben Voraussetzungen für die Zeit nach dem Betriebsübergang einen Anspruch auf Einstellung, sofern sich die Prognose des früheren Betriebsinhabers als falsch erweist, obwohl dieser selbst keinen Einfluss auf die weitere Entwicklung hatte.

Beispiel für einen Einstellungsanspruch gegenüber dem neuen Betriebsinhaber: Der frühere Betriebsinhaber verliert einen Auftrag und muss infolgedessen mangels Beschäftigungsmöglichkeit seinen Arbeitnehmern teilweise betriebsbedingt kündigen. Daraufhin übernimmt der neue Auftragnehmer kraft eigenen Willensentschlusses ohne Mitwirkung des früheren Auftragnehmers einen wesentlichen Teil der Belegschaft. Es handelt sich dabei um einen Betriebsübergang. Die gekündigten Arbeitnehmer haben aus Gründen der gerechten Risikoverteilung gegen den neuen Auftragnehmer einen Anspruch auf Einstellung (BAG v. 13.11.1997 – 8 AZR 295/95, NZA 1998, 251).

3573 Ist dem gekündigten Arbeitnehmer der Tatbestand des Betriebsübergangs bekannt, muss er seinen **Einstellungsanspruch** entsprechend § 4 KSchG unverzüglich **geltend machen** (BAG v. 12.11.1998 – 8 AZR 265/97, NZA 1999, 311). Entsprechend der Frist zur Ausübung des Widerspruchsrechts muss auch das Wiedereinstellungs- oder Fortsetzungsverlangen binnen einer Frist von einem Monat geltend gemacht werden, da der Zweck des Bestandsschutzes Phasen vermeidbarer Ungewissheit über das Zustandekommen eines Arbeitsverhältnisses nicht rechtfertigt (BAG v. 25.10.2007 – 8 AZR 989/06, NZA 2008, 357, Rz. 33).

§ 72
Umwandlungsrecht

Literatur: *Bauer/Lingemann*, Das neue Umwandlungsrecht und seine arbeitsrechtlichen Auswirkungen, NZA 1994, 1057; *Boecken*, Unternehmensumwandlung und Arbeitsrecht, 1996; *Däubler*, Das Arbeitsrecht im neuen Umwandlungsgesetz, RdA 1995, 136; *Düwell*, Umwandlung von Unternehmen und arbeitsrechtliche Folgen, NZA 1996, 393; *Hergenröder*, Betriebsinhaberwechsel durch Gesamtrechtsnachfolge, AR-Blattei SD 500.2; *Kreßel*, Arbeitsrechtliche Aspekte des neuen Umwandlungsgesetzes, BB 1995, 925; *Schaub*, Der arbeitsrechtliche Betriebsübergang im Recht der Gesamtrechtsnachfolge, FS Wlotzke (1996), 103; *Willemsen*, Arbeitsrecht im Umwandlungsgesetz – Zehn Fragen aus der Praxis, NZA 1996, 791; *Wlotzke*, Arbeitsrechtliche Aspekte des neuen Umwandlungsrechts, DB 1995, 40.

I. Regelungsgegenstand des Umwandlungsgesetzes

3574 Das Umwandlungsrecht, das seit 1994 im UmwG kodifiziert ist, regelt **gesellschaftsrechtliche Umstrukturierungen von Unternehmen**. Dabei werden jedoch nur solche Veränderungen erfasst, die sich auf die rechtlichen Verhältnisse der Gesellschaft, also auf den Rechtsträger selbst, beziehen. Strukturveränderungen innerhalb des Unternehmens, die sich nicht auf der Ebene des Rechtsträgers abspielen, sondern lediglich einzelne Bestandteile seines Vermögens betreffen, fallen hingegen nicht unter das Umwandlungsgesetz. Daher ist das Umwandlungsgesetz insbesondere dann nicht anwendbar, wenn einer von mehreren unternehmensangehörigen Betrieben geschlossen, veräußert oder umstrukturiert wird. Besteht ein Unternehmen hingegen nur aus einem einzelnen Betrieb und gehen mit dessen Umstrukturierung Veränderungen des Rechtsträgers einher, findet das UmwG Anwendung. In § 1 Abs. 1 UmwG sind vier unterschiedliche Arten der Umwandlung vorgesehen:

Eine **Verschmelzung** (§§ 2 bis 122 UmwG) liegt vor, wenn mehrere selbstständige Unternehmen zu einem einheitlichen Rechtsträger zusammengefügt werden. Die Verschmelzung kann entweder im Wege der Aufnahme erfolgen (§ 2 Nr. 1 UmwG), bei der das übernehmende Unternehmen bestehen bleibt und das übertragene Unternehmen in diesem aufgeht, oder im Wege der Neugründung (§ 2 Nr. 2 UmwG), bei der alle beteiligten Unternehmen in einen anderen, neugegründeten Rechtsträger aufgehen.

Das Gegenstück zur Unternehmensverschmelzung bildet die **Unternehmensspaltung** (§§ 123 bis 173 UmwG), bei der ein Unternehmen in mehrere selbstständige Rechtsträger aufgeteilt wird. Das UmwG sieht drei verschiedene Formen der Unternehmensspaltung vor. Bei der Aufspaltung (§ 123 Abs. 1 Nr. 1 u. Nr. 2 UmwG) erlischt der übertragende Rechtsträger und teilt sein gesamtes Vermögen auf mindestens zwei andere, bereits bestehende oder neu gegründete Unternehmen auf. Bei der Abspaltung (§ 123 Abs. 2 Nr. 1 u. Nr. 2 UmwG) bleibt der übertragende Rechtsträger bestehen und überträgt lediglich bestimmte Vermögensteile, insbesondere Betriebe oder Betriebsteile, auf einen schon bestehenden oder einen neugegründeten Rechtsträger. Die Ausgliederung (§ 123 Abs. 3 Nr. 1 u. Nr. 2 UmwG) entspricht von ihrer Konstellation her der Abspaltung, unterscheidet sich von dieser jedoch im Hinblick auf den Empfänger der Anteile bzw. der Mitgliedschaftsrechte an dem „aufnehmenden" Unternehmen, die im Gegenzug übertragen werden. Während bei einer Aufspaltung diese Anteile auf die Anteilsinhaber bzw. Mitglieder des übertragenden Rechtsträgers übertragen werden, fallen diese bei einer Ausgliederung in das Vermögen des übertragenden Rechtsträgers selbst.

Eine **Vermögensübertragung** (§§ 174 bis 189 UmwG) erfasst ähnliche Konstellationen wie die Verschmelzung und die Spaltung. Sie unterscheidet sich von diesen durch die Art der Gegenleistung. Während Verschmelzung und Spaltung die Übertragung von Anteilen bzw. Mitgliedschaftsrechten voraussetzen, werden bei der Vermögensübertragung im Gegenzug Geld oder andere Wirtschaftsgüter gewährt. Die Vermögensübertragung ist zudem auf Übertragungen an die öffentliche Hand sowie unter Versicherungsunternehmen begrenzt.

Bei einem **Formwechsel** (§§ 190 bis 304 UmwG) ändert sich nicht die Identität des Rechtsträgers, sondern lediglich seine Rechtsform.

Gemeinsame **Rechtsfolge** von Verschmelzung, Spaltung und Vermögensübertragung ist, dass die Vermögenswerte des übernommenen Rechtsträgers im Wege der **Gesamtrechtsnachfolge** auf den übernehmenden Rechtsträger übergehen. Bei der Übertragung von Betrieben oder Betriebsteilen außerhalb des Anwendungsbereichs des Umwandlungsgesetzes müssen alle Vermögenswerte nach den jeweils einschlägigen Rechtsvorschriften übertragen werden, also Grundstücke durch Auflassung und Grundbucheintragung gemäß § 873 BGB, Forderungen durch Abtretung gemäß § 398 BGB und bewegliche Sachen durch Einigung und Übergabe gemäß § 929 BGB. Aufgrund des für Verfügungsgeschäfte geltenden Spezialitätsprinzips bedarf es eines eigenen Übertragungsakts für jeden einzelnen Vermögensgegenstand. Bei Anwendbarkeit des Umwandlungsgesetzes geht statt der ansonsten erforderlichen Einzelübertragungsakte das Vermögen kraft Gesetzes als Ganzes auf den übernehmenden Rechtsträger über. Ausgelöst wird dieser Übergang durch die **Eintragung** der Verschmelzung, Spaltung bzw. Vermögensübertragung in das (Handels-, Genossenschafts- bzw. Vereins-) Register (§§ 20 Abs. 1 Nr. 1, 131 Abs. 1 Nr. 1, 176 Abs. 3 S. 1 UmwG). Diese Eintragung wiederum setzt u.a. den Abschluss eines Verschmelzungsvertrags (§§ 4 bis 6 UmwG), eines Spaltungs- und Übernahmevertrags (§ 126 UmwG) bzw. Spaltungsplans (§ 136 UmwG) als der Vermögensübertragung zugrundeliegendes schuldrechtliches Verpflichtungsgeschäft voraus.

II. Arbeitsrechtliche Regelungen des Umwandlungsgesetzes

1. Regelungsbedarf

3580 Aus einer Unternehmensumwandlung können sich für die Arbeitnehmer des betroffenen Unternehmens sowohl auf kollektivrechtlicher als auch auf individualrechtlicher Ebene weitreichende Konsequenzen ergeben. **Viele der arbeitsrechtlichen Sicherungsmechanismen, die vor ungerechtfertigten einseitigen Eingriffen des Arbeitgebers schützen, greifen bei einer Unternehmensumwandlung nicht ein.** So versagt beispielsweise die Absicherung tarifvertraglicher Ansprüche über die §§ 3 Abs. 2, 4 TVG, wenn der Arbeitgeber wechselt und dieser nicht an den entsprechenden Tarifvertrag gebunden ist. Ähnliche Schwierigkeiten ergeben sich hinsichtlich der Fortgeltung von Betriebsvereinbarungen bei einem Arbeitgeberwechsel. Die Vorschriften des BetrVG, die ansonsten die Bildung und die Tätigkeit des Betriebsrats sichern, bieten keinen unmittelbaren Schutz für einen Betriebsteil, der im Rahmen einer Unternehmensumwandlung abgespalten und als selbstständiger Betrieb fortgeführt wird. Auch der individualrechtliche Inhalts- und Bestandsschutz der §§ 1, 2 KSchG stellt, insbesondere im Hinblick auf seine Anwendungsvoraussetzungen, auf die fortbestehende Beziehung des Arbeitnehmers zu ein und demselben Arbeitgeber ab. Daher bedarf es **besonderer gesetzlicher Regelungen**, um die Arbeitnehmer auch bei Unternehmensumwandlungen vor ungerechtfertigten Nachteilen zu schützen.

2. Individualrechtliche Regelungen

3581 Individualrechtlich bedeutsam sind insbesondere die Bestimmungen der §§ 322, 323 und 324 UmwG.

a) Geltung des § 613a BGB (§ 324 UmwG)

3582 § 324 UmwG regelt die Anwendung des § 613a BGB für den Fall, dass Betriebe oder Betriebsteile im Rahmen von Unternehmensumwandlungen auf einen neuen Rechtsträger übergehen. In seinem originären Anwendungsbereich erfasst **§ 613a BGB** lediglich den rechtsgeschäftlichen Übergang von Betrieben oder Betriebsteilen auf einen neuen Inhaber, also nur Fälle der Einzelrechtsnachfolge (Rz. 3494). Ist bei einer Verschmelzung, Spaltung oder Vermögensübertragung ein Betrieb oder Betriebsteil von der Umwandlung betroffen, vollzieht sich der Übergang durch **Gesamtrechtsnachfolge**, d.h. der Rechtsnachfolger tritt uno actu an die Stelle des Rechtsvorgängers, ohne dass es einzelner Übertragungsakte bedarf. Vor Inkrafttreten des UmwG ging man davon aus, dass in Fällen der Gesamtrechtsnachfolge § 613a BGB unanwendbar sei, weil die Arbeitsverhältnisse kraft Gesetzes auf den neuen Inhaber übergehen und es deshalb keines Schutzes der Arbeitnehmer bedürfe (BAG v. 6.2.1985 – 5 AZR 411/83, NZA 1985, 735; BAG v. 21.2.1990 – 5 AZR 160/89, NZA 1990, 522). Seit Inkrafttreten des UmwG ist von einer uneingeschränkten Anwendbarkeit des § 613a Abs. 1, 4 bis 6 BGB auszugehen, wenn die Voraussetzungen eines Betriebsübergangs erfüllt sind. Dies bedeutet, dass die Anwendbarkeit des § 613a BGB in den Fällen der Gesamtrechtsnachfolge nicht an dem fehlenden Merkmal einer Übertragung „durch Rechtsgeschäft" scheitert. Vor dem Hintergrund, dass jeder derivative Erwerb einen „rechtsgeschäftlichen Erwerb" i.S.v. § 613a BGB darstellt (BAG v. 18.8.2011 – 8 AZR 230/10, NZA 2012, 267 Rz. 27), ist letztlich auch das der Gesamtrechtsnachfolge vorausgehende Umwandlungsrechtsgeschäft als ausreichend anzusehen. § 324 UmwG stellt somit letztlich eine Konkurrenz- bzw. Kollisionsnorm dar (vgl. BAG v. 19.10.2017 – 8 AZR 63/16, NZA 2018, 370 Rz. 26).

3583 § 324 UmwG stellt ausdrücklich klar, für welche Umwandlungsarten die **Anwendung** von § 613a Abs. 1, 4 bis 6 BGB in Betracht kommt: **Verschmelzung**, **Spaltung** sowie **Vermögensübertragung**. Diesen Fällen ist gemeinsam, dass durch die Umwandlung Vermögen, wozu auch ein Betrieb oder Betriebsteil gehören kann, von einem auf einen anderen Rechtsträger übergeht. Unanwendbar ist § 613a Abs. 1, 4 bis 6 BGB dagegen bei der formwechselnden Umwandlung. Hier ändert sich nicht die Identität des Rechtsträgers, sondern lediglich seine Rechtsform. Tatsächlich bleibt der bisherige Betriebsinhaber auch nach dem Formwechsel Betriebsinhaber und Vertragspartner der dort beschäftigten Arbeitnehmer.

Welche Betriebe oder Betriebsteile übertragen werden, richtet sich bei der Singularsukzession **nach der vertraglichen Vereinbarung**. Gleiches gilt für Umwandlungen in Form der Spaltung. Hier können jeweils Teile des Vermögens eines Rechtsträgers auf einen anderen oder mehrere andere Rechtsträger übertragen werden. Weil dazu auch Betriebe oder Betriebsteile gehören können, muss nach § 126 Abs. 1 Nr. 9 UmwG im Spaltungs- und Übernahmevertrag angegeben werden, welche Betriebe und Betriebsteile übergehen sollen und welchem übernehmenden Rechtsträger sie zugeordnet werden. Bei der Verschmelzung hingegen erübrigt sich eine derartige vertragliche Zuordnungsregelung, da das Vermögen des oder der übertragenden Rechtsträger/s jeweils als Ganzes übertragen wird. 3584

Führt eine Verschmelzung, Spaltung oder Vermögensübertragung zu einem Betriebs- oder Betriebsteilübergang auf einen anderen Rechtsträger, treten die in § 613a Abs. 1, 4 bis 6 BGB bestimmten **Rechtsfolgen** ein. Nach **§ 613a Abs. 1 S. 1 BGB** gehen die Arbeitsverhältnisse **ohne inhaltliche Veränderung** von dem übertragenden auf den übernehmenden Rechtsträger über, der in alle aus den bestehenden Arbeitsverhältnissen folgenden Rechte und Pflichten eintritt (Rz. 3500). Der Betriebsübergang führt zu einem **Vertragspartnerwechsel auf Arbeitgeberseite**. Zu welchem Zeitpunkt der Arbeitgeberwechsel eintritt, bestimmt sich weder nach dem Datum des Verschmelzungs-, Spaltungs- oder Vermögensübertragungsvertrags noch nach dem Zeitpunkt der Eintragung in das Handelsregister, sondern nach dem Zeitpunkt, ab dem der neue Rechtsträger als Arbeitgeber die arbeitstechnische Organisations- und Leitungsmacht des Betriebs oder Betriebsteils im eigenen Namen tatsächlich übernimmt (Rz. 3501). 3585

Zur Erfüllung der nach dem Betriebsübergang entstehenden **Ansprüche der Arbeitnehmer** ist der übernehmende Rechtsträger verpflichtet, da er gemäß § 613a Abs. 1 S. 1 BGB in die Arbeitgeberstellung eintritt. Für Arbeitnehmeransprüche, die vor dem Betriebsübergang entstanden sind, haftet der übertragende Rechtsträger nach § 133 UmwG, sofern sich dieser nicht im Rahmen der Umwandlung aufgelöst hat. Ob daneben eine Haftung nach § 613a Abs. 2 BGB in Betracht kommt, ist streitig, zumal § 324 UmwG nicht auf § 613a Abs. 2 BGB verweist. Für die Praxis ist diese Frage aber unerheblich, weil § 133 UmwG für die Arbeitnehmer den größeren Schutz bietet. Für den „klassischen" Fall der Unternehmensspaltung in eine Anlage- und eine Betriebsgesellschaft richtet sich die Haftung nach § 134 UmwG. 3586

Aus der Verweisung des § 324 UmwG auf **§ 613a Abs. 4 BGB** folgt, dass das **Kündigungsverbot „wegen" des Betriebsübergangs** auch für die Umwandlungsfälle der Verschmelzung, Spaltung und Vermögensübertragung gilt. Unwirksam sind deshalb Kündigungen, deren Motiv in der Umwandlung liegt. Zulässig sind dagegen Kündigungen aus anderen Gründen, auch wenn sie in zeitlichem Zusammenhang mit der Umwandlung erfolgen (Rz. 3562). 3587

Erlischt der bisherige Rechtsträger infolge der Umwandlung liquidationslos, steht den Arbeitnehmern kein **Widerspruchsrecht** nach § 613a Abs. 6 BGB zu; ein dennoch erklärter Widerspruch bleibt wirkungslos (BAG v. 21.2.2008 – 8 AZR 157/07, NZA 2008, 815). 3588

b) Kündigungsrechtliche Stellung der Arbeitnehmer (§ 323 Abs. 1 UmwG)

Literatur: *Trümner*, „Kündigungsrechtliche Stellung" in § 323 Abs. 1 UmwG, AiB 1995, 309.

§ 323 Abs. 1 UmwG bestimmt, dass sich die kündigungsrechtliche Stellung eines Arbeitnehmers, der vor dem Wirksamwerden einer Spaltung oder Teilübertragung zu dem übertragenden Rechtsträger in einem Arbeitsverhältnis gestanden hat, auf Grund der Spaltung oder Teilübertragung für die Dauer von zwei Jahren ab dem Zeitpunkt ihres Wirksamwerdens nicht verschlechtern darf. Diese Regelung trägt der Tatsache Rechnung, dass die kündigungsrechtliche Stellung eines Arbeitnehmers in vielfältiger Weise von seiner Beziehung zu seinem Arbeitgeber abhängt. Die **nachteiligen kündigungsrechtlichen Folgen, die sich aus einem Arbeitgeberwechsel ergeben**, werden durch § 323 Abs. 1 UmwG **wenigstens zeitweilig ausgeschlossen**. Das Arbeitsverhältnis ist in kündigungsrechtlicher Hinsicht für die Dauer von zwei Jahren so zu behandeln, wie es ohne Spaltung oder Teilübertragung der Fall wäre. 3589

Das bedeutet, dass Kündigungen wegen Betriebsstilllegung nicht alleine deshalb unzulässig sind, weil ein Fall der Spaltung vorliegt.

„§ 323 Abs. 1 UmwG, wonach im Fall einer Unternehmungsspaltung sich die kündigungsrechtliche Stellung der betroffenen Arbeitnehmer auf Grund der Spaltung für die Dauer von zwei Jahren ab dem Zeitpunkt ihres Wirksamwerdens nicht verschlechtert, steht einer Kündigung durch den Insolvenzverwalter wegen Betriebsstilllegung in der Insolvenz eines abgespaltenen Unternehmens nicht entgegen." (BAG v. 22.9.2005 – 6 AZR 526/04, NZA 2006, 658, 658)

3590 **Hauptanwendungsfall** des § 323 Abs. 1 UmwG ist die **Kleinbetriebsklausel** des § 23 Abs. 1 S. 2 KSchG. Gemäß § 323 Abs. 1 UmwG ist bei der Frage, ob der Betrieb die in § 23 Abs. 1 S. 2 KSchG geforderte Arbeitnehmeranzahl aufweist, die Beschäftigtenzahl maßgeblich, die der Beschäftigungsbetrieb vor der Umwandlung aufwies. Der Schutz des KSchG bleibt daher auch für Arbeitnehmer erhalten, deren Beschäftigungsbetrieb vor der Umwandlung mehr als fünf Arbeitnehmer zählte, wenn die Arbeitnehmerzahl nach der Umwandlung unter diesen Schwellenwert sinkt. Darin liegt eine Abweichung von dem Grundsatz, dass für die Beurteilung einer Kündigung immer die Verhältnisse im Zeitpunkt des Zugangs der Kündigungserklärung maßgeblich sind (Rz. 2753).

c) Gemeinsamer Betrieb im Sinne des KSchG (§ 322 UmwG)

3591 Gemäß § 322 UmwG gilt ein Betrieb, den die an einer Spaltung oder an einer Teilübertragung beteiligten Rechtsträger nach dem Umwandlungsvorgang gemeinsam führen, als **gemeinsamer Betrieb** i.S.d. Kündigungsschutzgesetzes. Dass unterschiedliche Arbeitgeber einen gemeinsamen Betrieb führen können, war bereits vor Inkrafttreten des UmwG vom BAG in ständiger Rechtsprechung anerkannt. Neben der **Betriebsqualität** der entsprechenden Organisationseinheit setzt dies voraus, dass der Betrieb **von den beteiligten Unternehmen gemeinsam geleitet** wird. Nach Ansicht des BAG muss der gemeinsamen Betriebsleitung eine ausdrückliche oder zumindest eine konkludente **Leitungsvereinbarung** zwischen den beteiligten Unternehmen zugrunde liegen (BAG v. 23.3.1984 – 7 AZR 515/82, NZA 1984, 88; BAG v. 13.6.1985 – 2 AZR 452/84, NZA 1986, 600). Nach § 1 Abs. 2 Nr. 2 BetrVG wird im Geltungsbereich des Betriebsverfassungsgesetzes das Vorliegen eines gemeinsamen Betriebs vermutet, wenn die Spaltung eines Unternehmens zur Folge hat, dass von einem Betrieb ein oder mehrere Betriebsteile einem an der Spaltung beteiligten anderen Unternehmen zugeordnet werden, ohne dass sich dabei die Organisation des betroffenen Betriebs wesentlich ändert.

3592 Wird ein Betrieb nach seiner Spaltung oder seiner Teilübertragung von den beteiligten Rechtsträgern gemeinsam geführt, ergeben sich daraus folgende **Konsequenzen:**

3593 – Bei der Frage nach der Anwendbarkeit des KSchG ist im Rahmen der sog. **Kleinbetriebsklausel** des § 23 Abs. 1 S. 2 KSchG auf die Gesamtzahl der in dem Gemeinschaftsbetrieb beschäftigten Arbeitnehmer abzustellen, egal zu welchem der beteiligten Arbeitgeber sie in einem Arbeitsverhältnis stehen. Daher genießen auch solche Arbeitnehmer den Schutz des KSchG, deren eigener Arbeitgeber in dem Gemeinschaftsbetrieb fünf oder weniger Arbeitnehmer beschäftigt, sofern die Gesamtzahl der dort Beschäftigten den Schwellenwert des § 23 Abs. 1 S. 2 KSchG überschreitet.

3594 – Hinsichtlich des **Kündigungsgrundes** ist der Gemeinschaftsbetrieb der maßgebliche Bezugsrahmen. Bei der personen- und verhaltensbedingten Kündigung ist zu prüfen, ob die entsprechende Eigenschaft bzw. die Vertragspflichtverletzung gerade in dem Gemeinschaftsbetrieb zu Störungen führt. Bei einer betriebsbedingten Kündigung müssen die dringenden betrieblichen Erfordernisse (sprich die kündigungsbegründende Unternehmerentscheidung) eben den Gemeinschaftsbetrieb betreffen und dort zum dauerhaften Wegfall von Beschäftigungsmöglichkeiten führen.

3595 – Zudem sind im Rahmen des § 1 Abs. 3 KSchG alle Beschäftigten des Gemeinschaftsbetriebs in die **Sozialauswahl** einzubeziehen.

3. Kollektivrechtliche Regelungen

Sind die Rechte und Pflichten aus den übergehenden Arbeitsverhältnissen durch Rechtsnormen eines Tarifvertrags oder einer Betriebsvereinbarung geregelt, so bestimmt sich deren **Fortgeltung** beim neuen Rechtsträger aufgrund der Verweisung des § 324 UmwG nach **§ 613a Abs. 1 S. 2 bis 4 BGB** (Rz. 3530). 3596

Zudem räumen die §§ 5 Abs. 3, 126 Abs. 3 UmwG dem Betriebsrat **Informationsrechte** ein, die neben eventuelle betriebsverfassungsrechtliche Mitbestimmungsrechte (insb. Mitbestimmung bei Betriebsänderungen gemäß §§ 111 ff. BetrVG und Beratungsrecht des Wirtschaftsausschusses gemäß § 106 Abs. 3 Nr. 8 BetrVG) treten. Zudem hat der Betriebsrat eines Betriebs, von dem ein Teil im Rahmen einer Unternehmensumwandlung abgespalten und nicht in einen Betrieb eingegliedert wird, in dem bereits ein Betriebsrat besteht, für den neu entstandenen Betrieb gemäß § 21a BetrVG ein **Übergangsmandat**. Weiterhin sieht § 325 UmwG vor, dass unter bestimmten Voraussetzungen die Mitbestimmungsrechte der Arbeitnehmer im **Aufsichtsrat** des übertragenden Unternehmens für eine Übergangszeit von fünf Jahren erhalten bleiben, auch wenn der Betrieb infolge einer Abspaltung oder Ausgliederung nicht mehr die erforderliche Arbeitnehmerzahl (§§ 1 Abs. 1 Nr. 2 MitbestG, 1 Abs. 1 DrittelbG) aufweist. 3597

Stichwortverzeichnis

Die Zahlen verweisen auf die Randziffern im Werk.

Abgeltung von Urlaubsansprüchen 2205, 2245, 2247, 2336, 3415
Abkehrwille 3018
Abmahnung 1081, 1170, 1202, 1801, 2474, 2489, 2783, 2933, 3041, 3080
– Entbehrlichkeit der 3047
Abrufarbeit 287, 1058, 1128, 1911
Abschlussgebote
– gesetzlich 877
– tarifvertraglich, betriebsverfassungsrechtlich 888
– verfassungsrechtlich 879
Abschlussverbote
– gesetzlich 899
– kollektivvertraglich 911
– vertraglich 913
Abwerbungsverbot 1212
Änderungskündigung 118, 672, 700, 1091, 1128, 1356, 1486, 1849, 1924, 2076, 2528, 2631, 2800, 3042, 3140
– Ablehnung der Änderung 3153
– Änderungsangebot 3176
– Annahme 3152
– Annahme unter Vorbehalt 3155
– Begriff 3140
– Bestimmtheit 3165
– betriebsbedingte 2900, 3165
– mildere Mittel 3162
– Sozialauswahl 3186
– soziale Rechtfertigung 3157
– Sozialwidrigkeit 3176
– Überlegungsfrist 3165
– Verhältnismäßigkeitsprinzip 3178
Änderungsvertrag 1849, 3377, 3544
Änderungsvorbehalt (s. Vorbehalt, Änderungsvorbehalt)
– Inhaltskontrolle, Transparenzgebot 1863
AGG
– Alter 1537
– Anwendungsbereich 1554
– Behinderung 1518
– Beweislast, Beweislastumkehr 1681
– Entgeltgleichheit 1559
– Geschlecht 1507
– geschützte Merkmale 1496
– Kündigungsrecht 2618
– Rasse, ethnische Herkunft 1501
– Rechtfertigung 1629
– Rechtsfolgen 1655
  – Entschädigung 1668

– Leistungsverweigerungs- und Beschwerderecht 1679
– Schadensersatz 1664
– Unwirksamkeit 1657
– Religion, Weltanschauung 1511
– sexuelle Identität 1546
– Verhältnis zu anderen Gesetzen 1573
Alkohol 782, 2127, 2938, 3019
Allgemeiner arbeitsrechtlicher Gleichbehandlungsgrundsatz 1452
– Arbeiter und Angestellte 1475
– Darlegungs- und Beweislast 1490
– Direktionsrecht 1473
– freiwillige Sonderleistungen 1474
– Herleitung 1452
– Rechtsfolgen 1480
– Voraussetzungen 1456
Altersdiskriminierung
– Maßstab des EuGH 1537, 1660
Altersgrenze 1539, 1653, 2497, 2939, 3257
Altersruhegeld (s. Altersversorgung, betriebliche)
Altersversorgung
– Altersversorgung, betriebliche 1394
– Direktversicherung 1400
– Drei-Säulen-Modell 1394
– Insolvenzsicherung 1412
– kapitalgedeckt 1399
– Pensionsfonds 1400
– Pensionskasse 1400
– Rentenanpassung 1412
– Unterstützungskasse 1400
– Unverfallbarkeit 1412
– Versorgungszusage 1400
– Widerruf 1402
Anfechtung 928
– AGG 943
– Anfechtungsfrist 947, 960
– Ausschluss 947, 960
– des Aufhebungsvertrags 3386, 3409
– Gründe 938
– Kündigungserklärung (s. Kündigungserklärung, Anfechtung)
– Verhältnis zur Kündigung 933, 948, 967
– Verwirkung 960
– Wirkung 962
Anhörung des Betriebsrats 2660
– betriebsverfassungsrechtlicher Weiterbeschäftigungsanspruch 3209
– fehlerhafte 2588
– Grundlagen 2661
– Kündigung 2660, 3070

Stichwortverzeichnis

- Widerspruch 2770
- Zustimmung des Betriebsrats 694, 832, 840, 912, 922, 2630, 3129

Annahme von Schmiergeldern
- Bestechung 1204

Annahmeverzug *(s. Leistungsstörungen, Annahmeverzug)*
- Angebot 2049
- Annahmeunmöglichkeit 2041
- Annahmeunwilligkeit 2040
- Ausschluss 2063
- Beendigung 2080
- Möglichkeit der Arbeitsleistung 2063
- Rechtsfolgen 2068
- Vergütungsanspruch 2068
- Voraussetzungen 2046

Anrechnung 2070, 2112
Anrechnungsvorbehalt 1879
Antidiskriminierung 1427, 1491
- AGG 1494
- europarechtliche Vorgaben 1491
- Richtlinien, AGG 1491, 1499

Anzeigepflicht 1214, 2058, 2149, 2668
Anzeigepflicht bei geringfügiger Beschäftigung 1961

Arbeitgeber 121, 129
- allgemeine Fürsorgepflicht 1778
- Arbeitgeberverband 372
- Auskunftsanspruch 1214
- Begriff 129
- Funktionen 139
- Hauptpflichten 1226
- leitende Angestellte 243
- Nebenpflichten 1778, 2601, 3418
- Organisationsmacht 2384
- prozessuale Bedeutung 144
- Rechtsfähigkeit 134
- Tod 1074, 2493
- Unternehmerrisiko 195
- Voraussetzungen der Arbeitgebereigenschaft 133

Arbeitnehmer 146, 2741
- Arbeiter und Angestellte 235
- arbeitnehmerähnliche Personen 251
- Begriff 146, 201, 414
- Einleitung und Bedeutung 146
- Berufssportler 168
- Beschäftigungsanspruch 1416
- Beurteilungsmaßstab 154
- Chefarzt 186, 633, 1648
  - Übungsklausur 186
- Franchisenehmer 200
- Geschäftsführer 208, 1556, 2742, 3384
- Haftung 2376, 2398, 2422,
- Hauptpflichten 1066
- leitende Angestellte 243, 2743
- Loyalitätspflichten 1209

- minderjähriger 16, 853
- Nebenpflichten 1158
- öffentlicher Dienst 160
- persönliche Abhängigkeit 189
- privatrechtlicher Vertrag 159
- Propagandisten 198
- Rundfunkmitarbeiter 594, 901, 3249
- Scheinselbständigkeit 202
- sozialversicherungsrechtlicher Beschäftigtenbegriff 202
- strukturelle Unterlegenheit 149, 454
- Tod 875, 1069, 2258, 2486, 3414
- Verbraucher 219
- Vergleichbarkeit 1687, 1719, 1904, 2870, 2905, 3188
- Vertretung 2338, 3245, 3269, 3279, 3315, 3342, 3350
- Volkshochschuldozenten 161, 3353
- weitgehend weisungsfreie Tätigkeiten 185

Arbeitnehmerähnliche Personen
- Begriff 251
- Übungsfall 263

Arbeitnehmereigene Gegenstände 1808
Arbeitnehmerentsendung
- Entsenderichtlinie 474, 523

Arbeitnehmerschutz
- Verbotsgesetze 981

Arbeitnehmerüberlassung *(s. Arbeitsverhältnis, Leiharbeitsverhältnis)* 318
- Abgrenzung 312
- Bußgeld 324
- Drehtürklausel 327
- Festhaltenserklärung 321
- Gleichstellungsgrundsatz 325
- Schadensersatz 324
- Unwirksamkeit 320
- Voraussetzungen 318

Arbeitsbedingungen, Änderung der 2800, 2932, 3056, 3167
Arbeitsbescheinigung 3439
Arbeitserlaubnis
- Beschäftigungsverbote 898

Arbeitsgerichtsbarkeit 11, 63, 144
Arbeitskampf 374, 598, 626, 661, 888, 2094, 2138, 2220, 2287, 2492
- arbeitswilliger Arbeitnehmer 2288

Arbeitsleistung
- „Low-Performer" 1082
- Änderungskündigung 1092, 1128, 1849, 2076, 2535, 2800, 3140
- Art 1096
- Fixschuldcharakter 2004, 2039, 2068
- Gläubiger 1072
- Leistungsbegriff 1078
- Qualität 1078
- Schuldner 1068

Arbeitslosenversicherung 528

744

Arbeitsort 1083
- Änderungskündigung 1091
- Direktionsrecht 169, 186, 707, 2872, 3140
- Versetzungsvorbehalt 1088

Arbeitsplatz, Gestaltung 2300, 2331, 2357

Arbeitsschutz 23, 1114, 1215, 1507, 1791
- Arbeitsschutz, arbeitnehmerähnliche Personen 252

Arbeitsunfähigkeit 792, 2115
- Androhung von 3020
- Anzeige der 2059, 1249
- Ausland 2158, 2166
- krankheitsbedingte 967, 1199, 1479, 2021, 2058, 2126
- Teil- 2131

Arbeitsunfähigkeitsbescheinigung 2059
- Beweiswert 2162, 2166

Arbeitsverhältnis 121
- Abgrenzung 124
- Altersteilzeit 1954
- Arbeitsplatzteilung 1934
- Aushilfsarbeitsverhältnis 305, 2724
- Bedeutung 1077
- befristetes *(s. Befristung des Arbeitsverhältnisses)*
- Begründung 748, 849
- Brückenteilzeit 1997a
- Dauerschuldverhältnis 975, 1162
- faktisches 482, 962, 2120
- Flexibilisierung 1251, 1856, 1896, 1911, 1932, 2329
- geringfügige Beschäftigungsverhältnisse 1955
- Gruppenarbeitsverhältnis 132, 332
- Heuerverhältnis 2525, 2716
- Inhalt 974
- Kernbereich des 1863, 1924
- Leiharbeitsverhältnis 130, 167, 180, 308, 866, 1732, 2761
- mittelbares 329
- Nichtigkeit 917
- Normalarbeitsverhältnis 285
- persönliche Verpflichtung 875, 1086
- personale Struktur 1162
- Probearbeitsverhältnis 296, 3251
- Rechtsnatur 126
- Ruhen des 1379, 2285, 2332
- Teilzeitarbeit 1903
- Übergang 3446

Arbeitsverhinderung aus persönlichen Gründen 2095
- Abgrenzung 2096
- Rechtsfolgen 2111
- Voraussetzungen 2098

Arbeitsvertrag 121, 377, 671, 730
- Abgrenzung 124
- Abschluss 849
- Abschlussgebote 879
- Abschlussverbote 898

- anwendbare Vorschriften 863, 974
- Bedeutung 671, 727
- betriebliche Übung 680, 1851
- Bezugnahme auf Tarifvertrag 675, 985, 1035, 1245, 2721, 3371
- Bindungsdauer 2704
- Dauerschuldverhältnis 123, 975, 1162, 1886, 2008
- Definition 146, 152
- Direktionsrecht 707
- Familienangehörige 165
- Form 863
- Inhalt 974
- nachvertragliche Pflichten 894, 1169, 1183, 1192
- Prüfungsschema 153
- Rückzahlungsklauseln *(s. Berufsfreiheit, Rückzahlungsklauseln)*
- Tätigkeitsbeschreibung 710, 1086, 1096, 3428
- Überraschungsklauseln 1017
- Vertragsänderungen 1855
- vorvertragliche Pflichten 748, 838
- Wegfall der Geschäftsgrundlage 2487, 3412

Arbeitsvertragsgesetz 27, 89, 377
- Entwurf 31

Arbeitsverweigerung 584, 726, 1679, 1801, 2945, 3009, 3107
- berechtigte 584
- Gewissensgründe 584, 2945
- Kündigungsgrund 726, 1801, 3009, 3107

Arbeitszeit 184, 713, 1109, 1124, 1861
- Abrufarbeit 287, 1911
- Abschlussverbote 898
- Altersteilzeit 1954
- Arbeitsplatzteilung 1934
- Arbeitszeitrichtlinie 1111
- Begriff 1109
- Bereitschaftsdienst 1113, 1277
- Dienstreise 1149
- Direktionsrecht 184, 713, 1126
- Flexibilisierung 1855, 1908
- Gleitzeit 1944
- höchstzulässige 1110, 1115, 1121, 1139, 1201
- Kurzarbeit 1132, 1906, 2055, 2066, 2137, 2207, 2857
- leitende Angestellte 243
- regelmäßige 1124
- Rufbereitschaft 1113, 2452
- Ruhepausen 907, 1116, 1124
- Teilzeitarbeit 286, 1124, 1685, 1902
- Überstunden 1136, 1241, 1286, 2857
- Umfang 1109, 1124
- Verkürzung 1133, 2000, 2858, 3166, 3174, 3184, 3192
- Vor- und Nachbereitung der Arbeit 1143
- Wegezeiten 1146

Arbeitszeitgesetz 907, 1110

Arztbesuch 2101, 2151

Assessmentcenter 827
Attest, ärztliches 1785, 2135, 3062
Aufhebungsvertrag 2485, 3375
- Abgrenzung 3378
- Anfechtung 961, 3386
- bedingter 3397
- Form 3379
- Widerrufsrecht 228, 3387
Aufklärungspflichten 840, 1804, 3503
Auftrag 173
Aufwendungen, Anrechnung ersparter 2070
Aufwendungsersatz
- Auslagen 2363
Ausbilder, Eignung 904
Ausgleichsquittung 1301, 3382
Ausgleichszahlungen 1328
Auskunftserteilung des Arbeitgebers 1804, 3503
Auskunftspflichten 1804
Ausschluss der Leistungspflicht 2016
Außerordentliche Kündigung 1170, 1191, 1204, 1215, 1418, 1796, 2236, 2628, 2666, 2683, 3020, 3064
- Abgrenzung 2536, 2537
- Ausschluss 3070
- Ausschlussfrist 3121
- Begründung 2522, 3071
- Beurteilungsmaßstab 3073
- Beurteilungszeitpunkt 3074
- Erschwerungen 3067
- Form 2524
- Gewichtung des Kündigungsgrundes 3083
- Interessenabwägung 3081
- Kündigungsgründe des Arbeitgebers 3087
- Kündigungsgründe des Arbeitnehmers 3120
- milderes Mittel 3076
- Nachschieben von Kündigungsgründen 3131
- Negativprognose 3075
- Ordentlich unkündbare Arbeitnehmer 3132
- Prognoseprinzip 3075
- Sonderkündigungsschutz 3070, 3132
- Ultima-Ratio-Prinzip 3076
- Unzumutbarkeit 3081
- Verdachtskündigung 2992, 3093
- Voraussetzungen 3064
- Zustimmungserfordernis 2636
- zweistufige Prüfung 3071
Auswahlrichtlinien 832, 912, 2897
Auszubildender 264, 872, 1105, 1245, 1261, 1426, 1792, 1977, 2122, 2395, 2627, 2877, 3256, 3422

Beamte 160, 413, 753, 796, 1355, 1557, 1792, 1977, 2198, 3288
Bedingung, auflösende 294, 3332
Befristung 1846, 1896, 2238, 3220
- Arten 3224
- Diskriminierungsverbot 1685
- Doppelbefristung 3226

- Institutionelle Rechtsmissbrauchskontrolle 3275
- Nachgelagerte Altersbefristung 3258
- Ohne Sachgrund 3285
- Rechtsfolgen 3223, 3329
- Sachgrundbefristung 3229
- Verhältnis zu anderen Gesetzen 3221
- Voraussetzungen 3220
Befristung des Arbeitsverhältnisses 291, 3220
- Abgrenzung 3224
- ältere Arbeitnehmer 3304
- Arbeitnehmerüberlassung 3288
- Beendigung befristeter Arbeitsverhältnisse 3325
- Beschränkung 291, 3221, 3350
- Dauer 3272
- Dispositivität der gesetzlichen Regelung 3307
- einzelner Arbeitsbedingungen 1846, 1896, 3316
- Gerichtliches Verfahren 3367
- Hochschule 3353
- Inhaltskontrolle 1868
- Kalenderbefristung 3228, 3287, 3302, 3316, 3372
- Kettenbefristung 1901, 3229, 3248, 3270, 3296
- Mehrfachbefristung 3275
- Mindestdauer 295
- ohne sachlichen Grund 291, 3285
- Probearbeitsverhältnis 296, 3251
- Rechtsgrundlagen 3221
- sachlicher Grund 291, 3234
- Schriftform 293, 3312
- Teilbefristung 1860
- unwirksame 3329
- Verlängerung eines befristeten Arbeitsverhältnisses 3292
- Weiterbildung/Information 3373
- Zulässigkeit 3229
- Zweckbefristung 3225, 3268
Behinderung 580, 754, 769, 791, 1427, 1492, 1518, 2002 (s. auch Schwerbehinderter)
- Abgrenzung zur Krankheit 1531
- Dauer 1518
Beleidigungen und Bedrohungen 1210, 1612, 3025, 3110
Benachteiligung, unangemessene 1039
Benachteiligungsformen 1585
- Anweisung zur Diskriminierung 1622
- Belästigung 1609
- mittelbare Diskriminierung 1597
- Mobbing 1616
- sexuelle Belästigung 1617
- unmittelbare Diskriminierung 1587
Benachteiligungsverbot 1575
- Adressaten 1577
- Equal-Pay-Grundsatz 1732
- Formen der Benachteiligung 1585
- geschützter Personenkreis 1577
- Teilzeit und Befristung 1685
Bereicherungsrecht 964, 3214

Berufsausbildungsverhältnis 264, 297, 612, 902, 1105, 2122, 2525, 2717, 3288
Berufsausübungserlaubnis, Entzug der 2941
Berufsfreiheit 87, 606, 1195, 1370, 1951, 2603, 3030, 3095
- Gewerbefreiheit 616
- Grundrecht des Arbeitgebers 616
- Grundrecht des Arbeitnehmers 609
- Kündigungsschutz 619
- Nebentätigkeit 1951
- Rechtfertigung 606
- Rückzahlungsklauseln 1382
  - AGB-Kontrolle 613
- Schutzbereich, Drei-Stufen-Lehre 606
- unternehmerische Entscheidung 617
- Wettbewerbsverbot 615

Beschäftigungsanspruch 561, 1416, 1801, 1818
- Dispositivität 1421
- Einschränkungen 1416
- Herleitung 1417

Beschäftigungspflicht 1416, 1818
Beschäftigungsverbot 898
- betriebliche 2300
- sonstige 2305
- temporäre 2303

Bestandsschutz 2498, 2739, 2793, 2812, 3502, 3552, 3570
Bestechung (s. Vorteilsannahme)
Beteiligung des Betriebsrats 832
- Auswahlrichtlinien 832

Betrieb
- Bedeutung 336
- Begriff 336, 2753, 3456
- Betriebsteil 3456, 3488, 3500, 3524, 3582
- dringende betriebliche Belange 2229, 2738
- Stilllegung 2288, 2337, 2615, 2776, 3133, 3492, 3567

Betriebliche Einigung 665
Betriebliche Übung 680, 1243, 1332, 1883
- Abänderung, Vorbehalt 698
- Abänderung, nachträglich 700
- Änderungskündigung 682, 700
- Anwendungsbereich 680
- Bindungswirkung 681
- Entstehung 681
- Gleichförmigkeit 693
- Kollektivbezug 695
- nachteilige betriebliche Übung 685
- neu eingestellter Arbeitnehmer 701
- öffentlicher Dienst 706
- pauschalierter Freiwilligkeitsvorbehalt 698
- sog. negative betriebliche Übung 703
- stillschweigende Annahme 682
- Verpflichtungswille des Arbeitgebers 694
- Vertragstheorie 682
- Vertrauenshaftung 683
- Weihnachtsgratifikation 688

Betriebsbedingte Kündigung 2614, 2827, 3088, 3524
- Abgrenzung 2614, 2822, 2850
- Änderungskündigung 2856, 3165
- außerordentliche 3088
- Austauschkündigung 2854
- Betriebsbezug 2830
- Dringlichkeit 2861
- Mitteilungspflicht 840
- Rentabilitätsinteresse 2853, 2862, 3175
- Sozialauswahl 2865, 3186
- Sozialkriterien 2878, 2885
- Sozialwidrigkeit 2865
- unternehmerische Entscheidung 2831, 2853
- Ursachen 2836
- Voraussetzungen 2828

Betriebsbuße 2456, 2469
Betriebsfrieden 590, 2929, 3004
Betriebsgefahr 2376, 2384
Betriebsgeheimnis 1174
- Geschäftsgeheimnisgesetz 1174

Betriebsrat 80, 376, 489, 599, 665, 720, 832, 934, 1092, 1108, 1250, 1396, 1466, 1763, 1829, 2226, 2473, 2627
- Abschlussverbote 911, 922
- Anhörung des (s. Anhörung des Betriebsrats)
- Konzern 368
- Mitbestimmung 1829

Betriebsrisiko, Sphärentheorie 2041, 2082, 2102, 3088
Betriebsrisikolehre 2082
- Abgrenzung 2084
- Annahmeverzug 2086
- Ausnahmen 2092
- Problematik 2084

Betriebsstilllegung 2615, 2837, 3133, 3492, 3567
Betriebsstörung 2083
Betriebstreue 1332
Betriebsübergang 337, 346, 874, 992, 2208, 2494, 2614, 3446, 3582
- Abgrenzung 3456, 3494
- Funktionsnachfolge 3464, 3494
- Kündigung 3524, 3562
- Rechtsfolgen 3500
- Stilllegung 3492
- Unterrichtung 3504
- Vertragsfortsetzungsanspruch 3570
- Voraussetzungen 3456
- Weiterhaftung des ehemaligen Arbeitgebers 3555
- Widerspruchsrecht 3502, 3515

Betriebsvereinbarung 8, 94, 104, 554, 597, 665
- Abschluss 666
- Änderungsverbot 3546
- Arbeitszeit 1131
- Ausschluss der Weitergeltung 536
- Fortgeltung bei Umwandlung 3582

- Gegenstand 667
- Günstigkeitsprinzip 670
- Öffnungsklauseln 669
- Regelungsbefugnis 666
- Verhältnis zum Tarifvertrag 668
- Vorrang 737
- zwingende Wirkung 669, 989

Betriebsverfassungsrecht 342, 376
Betriebszugehörigkeit, Dauer der 337, 1606, 2110, 2231, 2387, 2666, 2695, 2710, 2866, 2878, 3058
Beweislast 816, 936, 1010, 1082, 1490, 1556, 1607, 1681, 2170, 2378, 2426, 2599, 3061, 3203, 3283, 3370, 3433, 3517
Bewerbungsunterlagen 836, 842, 1589
Bildung, berufliche 1763
Billigkeitskontrolle 1060, 1368, 1424
- Anwendungsbereich 1061
- Direktionsrecht 1060

Blue-Pencil-Test
- Inhaltskontrolle 1050

Bühnenkünstler 2436
Bundesagentur für Arbeit
- Stellenausschreibung 750

Culpa in contrahendo 648, 838
- Pflichten des Arbeitgebers 839
- Pflichten des Arbeitnehmers 844
- Rechtsfolgen 845

Datenschutz 23, 769, 1733, 1789
Dienstvertrag, freier
- Abgrenzung 179, 193,

Direktionspflicht 1420
Direktionsrecht 707, 1937, 2800, 2872, 3140
- arbeitsbegleitendes Verhalten 714
- Arbeitsort 712
- Arbeitszeit 713, 1125
- Bedeutung 707, 2872
- billiges Ermessen 721
- Einschränkungen 718, 1096
- Erweiterung 1088
- Inhalt der Tätigkeit 710, 1096
- Kleiderordnung 720
- Konkretisierung auf bestimmte Tätigkeit 719
- Konzern 717
- milderes Mittel 3162
- Mitbestimmung 720
- Rauchverbot 720
- Umfang 1084, 1096
- Wirkung 707

Diskriminierung *(s. Gleichbehandlung)*
Dispositives Gesetzesrecht 647, 736, 984, 2113
Dispositives Recht 986
- Direktionsrecht 986

Drogenabhängigkeit 2938
Drohung, widerrechtliche 949, 2703

Ehe und Familie
- grundrechtlicher Schutz 595
- Lebenspartnerschaft 597
- Personensorge 596
- Zölibatsklausel 595

Ehe und Familie, grundrechtlicher Schutz 595
Ehrenamt 168, 1261, 2101
Eigenschäden 1328
Eigenschaftsirrtum *(s. auch Anfechtung)*
- Anfechtung 939

Eigenschaftsirrtum, Leistungsfähigkeit 941
Eigentum
- Arbeitskampfmittel 626
- Beseitigungsanspruch 626
- Mitbestimmung 625
- Schutzgut 624

Ein-Euro-Jobber 283
Eingliederungstheorie 124, 195
Einheitsregelungen 679, 743
Einschreiben, Kündigung 2565
Einstellung
- Einstellungsuntersuchung 819
- Fragerechte 768
- graphologische Gutachten 827, 952
- Offenbarungspflichten 772
- Personalfragebögen 771, 835
- Testverfahren 827
- Zustimmung des Betriebsrats 832 *(s. auch Mitbestimmung, personelle Angelegenheiten)*

Einstellungsansprüche 880
- Vertragspflichten, nachwirkend 894
- Vorvertrag 891
- Zusagen, vertrauenserzeugend 892

Einstellungsuntersuchung
- genetische Analysen 824

Eintrittsrecht bei Wettbewerbsverbot 1188
Einzelarbeitsvertrag 674
Einzelrechtsnachfolge *(s. Singularsukzession)*
Elternzeit 23, 106, 953, 1377, 1998, 2238, 2322, 2644, 2675, 2717, 3070, 3245, 3350
Entgelt 1226
- Abtretung 1322
- ähnliche Arbeit 1559
- Akkord 1235
- Aufrechnung 1319
- Aufsaugungs-/Anrechnungsprinzip 1252
- Ausgleichszahlungen 1328
- Ausschlussfristen 1275
- Barzahlungsgebot 1315
- Begriff 1230
- Eingruppierungssysteme 1569
- Entgelterhöhungen 1235, 2314
- Entgeltreduzierung 3193, 3201
- Entgeltschutz 1314
- Flexibilisierung 1250, 1847
- Geldlohn und Naturallohn 1233
- geringerwertige Tätigkeiten 1103

- Gleichbehandlung 1296
- gleiche, gleichwertige Arbeit 1559, 1566
- Gleichheitsgebot 1559, 1661
- Höhe 1244
- Insolvenz des Arbeitgebers 1325
- Kreditierungsverbot 1315
- Kurzarbeit 1132, 2207, 2286
- Leistungslohn 1234
- Lohn und Gehalt 1232
- Lohnwucher 1268, 1290
- Minderung 2458
- Mindestlohn 1254
- Naturallohn 1317
- Pfändungsschutz 1320
- regelmäßiges 1232
- Sicherung 2307
- Sondervergütungen 1244, 1332
- Sonderzahlungen 2314
- Synallagma 1227
- Überstundenvergütung 1241, 1279
- Urlaubsentgelt 2263
- variables 2271
- Vereinbarungsfreiheit, Grenzen 1290
- Vergütungsfiktion 859
- Verjährung 1306
- Verlust des Anspruchs auf 2031, 2054, 2111, 2291
- Verlustbeteiligung 1294
- Verwirkung 1313
- Zahlungsmodalitäten 1297
- Zeitlohn 1234
- Zeitlohn und Leistungslohn 1230
- Zurückbehaltungsrecht 1324
- zusätzliche Zahlungen 1237

Entgeltfortzahlung 2022, 2068, 2263, 2271, 2307
- Beendigung des Arbeitsverhältnisses 2184

Entgeltfortzahlung an Feiertagen 2032, 2172, 2271
- Anspruchshöhe 2289
- Ausschluss 2291
- Kausalität 2282
- Urlaub 2284
- Voraussetzungen 2274

Entgeltfortzahlung im Krankheitsfall 151, 1933, 2032, 2097, 2115, 2181, 2289
- Anspruchshindernisse 2141
- Anspruchshöhe 2188
- Beschränkungen 2172
- Höchstdauer 2173
- Kausalität 2133
- Krankenkasse 2145, 2154
- Nachweis 2149
- Voraussetzungen 2120

Erholungsurlaub 151, 2135, 2195, 2239, 2336, 3418
- Abgeltungsanspruch 2247
- Dauer 2209

- Erfüllung des Anspruchs auf 2217
- Mindesturlaub 2209
- Selbstbeurlaubung 2235
- Unabdingbarkeit 2216
- Urlaubszeit 2222
- Voraussetzungen 2199
- Wartezeit 2199

Erklärungsirrtum *(s. auch Anfechtung)*
- Anfechtung 938

Ermessen, billiges 1875

Erziehungsgeld 2322

Essentialia negotii 859

Europäische Union 384
- Arbeitsunfähigkeitsbescheinigungen 2166
- Europäischer Gerichtshof 404
- europarechtskonforme Auslegung 481, 1645
- Grundfreiheiten 422
- Grundrechtecharta 394
- Primärrecht 386
  - Dogmatik 422
- prozessuale Aspekte 455
  - Vertragsverletzungsverfahren 465
  - Vorabentscheidungsverfahren 456
- Richtlinien 437
- Sekundärrecht 401
  - Dogmatik 436
- Strukturprinzipien 404
- unmittelbare Rechtsgeltung 422
- Vertrag von Lissabon 385

Europäischer Gleichbehandlungsgrundsatz
- Adressaten 1445
- ungeschriebenes Primärrecht 1445
- unmittelbare Drittwirkung 1451

Europäisches Arbeitsrecht 468
- allgemeine Handlungsfreiheit 477
- Arbeitnehmerfreizügigkeit 473
- Dienstleistungsfreiheit 474
- Entgeltgleichheitsgrundsatz 471
- Gemeinschaftsgrundrechte 476
- Grundfreiheiten 470
- Primärrecht 470
- Richtlinien 481
  - Junk 481
  - Mangold 481
  - Pfeiffer 481
- Sekundärrecht 478
- Verordnungen 478
- Wanderarbeitnehmerverordnung 478

Fahrlässigkeit des Arbeitnehmers 2390, 3002
- grobe 2390
- leichte 2392

Familie 14, 164, 595, 2101, 2322, 2339, 2356
(s. auch Ehe und Familie)
- Personensorge 2098

Familienrechtliche Dienstleistungen 164

Feiertag 2277

Feiertag, gesetzlicher 2277, 2295
Feiertag, kirchlicher 2279
Fernsehen (s. Rundfunk)
Fiktion, gesetzliche 130, 1984, 2001, 2919
Förderungspflichten (s. Nebenpflichten, Förderungspflichten)
- Beschäftigungspflicht 1461
- nachvertraglich 1819

Formulararbeitsvertrag 999, 1847
- Versetzungsvorbehalt 712, 1088
- vorformulierte Arbeitsbedingungen 677

Formvorschrift, konstitutive und deklaratorische 864
Formwechsel (s. Umwandlung)
Fortbildung 1763, 2812
- Betriebsratsmitglieder 1763
- Freistellung 1763
- Rückzahlungsklauseln, Inhaltskontrolle 1764

Fortbildungskosten
- Berufsfreiheit 613

Fragerechte 769
- Alter 780
- Behinderung 780
- Bundesdatenschutzgesetz 769
- Diskriminierungsverbote 778
- Personalfragebogen 771
- Rasse, ethnische Herkunft 793
- Rechtsfolgen bei Missachtung, Auskunftserteilung 818
  - Einstellungsanspruch 812
  - Recht zur Lüge 809
  - Schadensersatzansprüche 814
- Religion, Weltanschauung 795
- schutzwürdiges Interesse 769
- Schwangerschaft 789
- sexuelle Identität 794

Fragerechte des Arbeitgebers (s. Einstellung, Fragerechte)
Franchising 199
Frauenförderquoten (s. Gleichbehandlung)
Freistellung 1421, 1763, 2197, 2279, 2325, 2402
Freiwilligkeitsvorbehalt 698, 1359, 1883
- Inhaltskontrolle 1884
- Synallagma 1885
- Weihnachtsgeld 699, 1852

Freizeitausgleich 1140, 1279
Fürsorgepflicht des Arbeitgebers 1165, 1778
Funktionsträger, betriebsverfassungsrechtlicher 2597, 2626, 2877, 3070, 3428

Gefährdungshaftung des Arbeitgebers 1815, 2438
Gefahrgeneigte Arbeit 2380
Geltungserhaltende Reduktion
- Verbot 1053

Gemeinschaftsverhältnis, personenrechtliches 126, 975, 1160

Gesamtrechtsnachfolge (s. Universalsukzession)
Gesamtzusage 679
Geschäftsfähigkeit des Arbeitgebers 853, 917
Geschäftsfähigkeit des Arbeitnehmers 853, 917
Geschichte des Arbeitsrechts 63
Geschlecht
- Anfechtung 939
- Transsexualität 943

Gesetze 638
- konkurrierende Gesetzgebung 638
- zwingendes und dispositives Recht 639

Gesetzesumgehung 991
Gesundheitsgefahren 1784
Gewerbefreiheit 616
Gewerkschaft 73, 369
- Geschichte 369
- Industrieverbandsprinzip 370
- Mitgliederzahlen 371

Gewerkschaftszugehörigkeit 604, 784, 797, 879
Gewissensfreiheit 582
Gewohnheitsrecht 648
Glaubensfreiheit 582
- Kopftuchfall 585
- Leistungsverweigerungsrecht, personenbedingte Kündigung 582

Gleichbehandlung 564, 1427, 1445, 1823
- „neue Formel" 567
- AGG 581
- allgemeiner Gleichbehandlungsgrundsatz 565, 1355, 2618
- allgemeiner Gleichheitssatz 566
- Arbeiter und Angestellte 1355, 2738
- Benachteiligung 1437
- besondere Gleichheitssätze 574
- Diskriminierungsverbote 1296, 1435, 2618
- Durchsetzung der 576
- fiktive 1435
- Fragerechte 769
- Frauenförderquoten 577, 883
- geringfügig Beschäftigte 1955
- Geschlechter 577, 754, 883
- Gewerkschaftszugehörigkeit 879
- Gleichbehandlungsformen 1432
- Gleichbehandlungsgrundsatz 1433
- Gleichstellung 1438
- Grundgesetz 566, 879
- Konzeption der Gleichheit 1428
- Konzern 364
- materielle Chancengleichheit 1432
- Normanwendungsgleichheit 1434
- Rechtfertigung von Ungleichbehandlung 1468
- Schwerbehinderte 580
- Stellenausschreibung 754
- Teilzeitbeschäftigte 289, 1965
- Willkürverbot 567

Gleichbehandlungsformen
- Verhältnis 1442

Gleichbehandlungsgrundsatz 1445, 1882
- allgemeiner 1452
- europäischer 1445

Gleichberechtigung 1433

Gratifikation 1246, 1332, 1364, 1473, 1883

Grundrechte 87, 533, 2603, 2676
- Abwehrfunktion 533
- Bedeutung 527, 2676
- Bindung der Arbeitsvertragsparteien 536
- Bindung der Kollektivvertragsparteien 553
- Drittwirkung 2679
  - Rechtsprechung 540
- mittelbare Drittwirkung, Generalklauseln 540, 2679
- zwingende Normen 540
- objektive Wertentscheidung 539
- praktische Konkordanz 549
- Schutzgebotsfunktion 544, 1800
- unmittelbare Drittwirkung 537
- Untermaßverbot 547
- Verbotsgesetze 538

Günstigkeitsprinzip 380, 660, 670, 739, 988
- Durchbrechung des Rangprinzips 380, 739

Gutsherrschaft 68

Haftung des Arbeitgebers 2434, 3555

Haftung des Arbeitnehmers 2376, 2397
- Ausschluss 2416
- Fahrlässigkeit (s. Fahrlässigkeit des Arbeitnehmers)
- Freistellungsanspruch 2402
- ggü. Arbeitskollegen 2406
- Mankohaftung 2422
- Vorsatz (s. Vorsatz des Arbeitnehmers)

Haftung ggü. Dritten 2398

Haftung, gesamtschuldnerische 3556

Handelsvertreter 206, 260

Hattenheimer Entwurf 2500

Haushaltsplan, öffentlicher Dienst 706

Heimarbeiter 256, 1245, 1555, 2097, 2119, 2198, 2273, 2715, 3500

Herausgabepflicht bei Beendigung des Arbeitsverhältnisses 3440

Hinweispflichten des Arbeitgebers 840

Hochschule 3353

Individualabreden
- Kontrolle 1003
- Vorrang 1013

Individualarbeitsrecht 3, 63

Industrialisierung 70

Informationspflichten 1804

Inhaltsirrtum 937, 2699 (s. auch Anfechtung)
- Anfechtung 937

Inhaltskontrolle 193, 229, 997, 1028, 1868, 1884, 2113, 2469
- Anwendung der §§ 305 ff. BGB im Arbeitsrecht 999
- Auslegung 1021
- Ausschlussfristen 1051
- Einbeziehung 1011
- Fallgestaltungen 1059
- Grundrechte 1042
- Hauptpflichten 1028
- Individualabreden 1013
- Kollektivverträge 1030
- Kontrollfähigkeit 1003
- Nebenabreden 1037
- Schranken 1028
- Schriftformklauseln 870
- Transparenzgebot 1024
- Transparenzkontrolle 1035
- überraschende Klauseln 1017
- unangemessene Benachteiligung 1039, 1049
- Unklarheitenregel 1025
- Verbraucherverträge 229, 1008

Insolvenz des Arbeitgebers 1325, 1412, 2405, 2495, 2691, 3499

Insolvenzschutz
- Altersversorgung, betriebliche 1327

Internationale Arbeitsorganisation 512

Internationales Privatrecht 512
- Arbeitnehmerentsendung 523
- Arbeitsvertragsstatut 512
- EVÜ 512
- Rom-I-Verordnung 513

Jobsharing 1934

Jugendarbeitsschutz 899

Jugendschutz 899, 1799
- Arbeitszeit 1121

Jugendvertreter, Übernahme 872

Juristenausbildung 60

Karenzentschädigung 1193, 3444

Kirche
- AGG 1643
- Arbeitnehmereigenschaft 166
- Kündigung 629, 2943
- Loyalitätspflichten 629
- Selbstbestimmungsrecht 629
- Unionsrecht 634
- Wiederheirat 633

Klagefrist 145, 1672, 2539, 2542, 2570, 2578, 2653, 2826, 3069, 3367

Klagehäufung 3213

Kleiderordnung
- Mitbestimmung 720

Koalitionen 6, 62, 73, 374, 598
- Aufgabe 374
- Bestandsgarantie 601

- Betätigungsfreiheit 599
- Grundrechtsbindung 537
- Tarifvertrag 653

Koalitionsfreiheit 79, 87, 537, 598, 2677, 3348
- Individualgrundrecht 599
- Kollektivgrundrecht 601
- Streik, Einheitstheorie 603
- Tarifvertrag 602, 653
- unmittelbare Drittwirkung 604

Kodifikation 25
- Diskussionsentwurf 31

Kodifizierung 25

Kollektiver Günstigkeitsvergleich 1851

Kollektives Arbeitsrecht 6, 79

Konfession 780, 795, 1646

Konkurrenztätigkeit 1184, 1192, 3030, 3114

Kontrahierungszwang 877

Kontrolleinrichtungen, Missbrauch von 3028

Konzern 360, 1415, 1467, 2788

Krankenkasse
- Nachweis 2154

Krankheit 2127
- Abgrenzung zur Behinderung 1531
- Anfechtung 942
- Anzeige der Arbeitsunfähigkeit 2149
- Arbeitskampf 2138
- Arbeitsunfähigkeit 2129
- Begriff 2127
- Entgeltfortzahlung 2114
- Fortsetzungserkrankungen 2176
- Fragerechte 792
- Krankheitsbedingte Kündigung 2949
- Kurzarbeitsperiode 2137
- Langzeiterkrankungen 2959
- Nebenbeschäftigung 1199
- Offenbarungspflichten 773, 844
- psychische 2127
- während des Urlaubs 2135

Krankheitsbedingte Fehlzeiten 2955, 2959

Krankheitsbedingte Kündigung 2949
- Arbeitsleistung 1078
- Beeinträchtigung betrieblicher Interessen 2965
- Beurteilungszeitpunkt 2954
- Negativprognose 2954
- Personalreserve 2967

Kündigung 2511
- Abgrenzung 2489, 2511
- Abgrenzung der Kündigungsgründe 2769
- Änderungskündigung *(s. Änderungskündigung)*
- Anhörung des Betriebsrates 934, 2660, 3527
- Annahmeverzug 2051
- Anrechnungspflicht 2072
- Arbeitnehmerseitige 1388, 2526, 2529, 2706, 2729, 3065, 3120
- außerordentliche *(s. Außerordentliche Kündigung)*
- Austauschkündigung 2854
- Bedeutung 2481, 2498
- Beendigungskündigung 2481, 2518
- Begriff 2511
- Begründung 2522
- Berechtigter 2540, 3145
- betriebsbedingte, Sozialauswahl 2865
- betriebsbedingte, Wiedereinstellungsanspruch 896, 2779
- Betriebsübergang 2588, 3562
- Druckkündigung 2993
- einzelvertragliche Kündigungsbeschränkungen 2683
- Form 2524
- Freizeit zur Stellensuche 749, 1819, 3418
- Grundkündigungsfrist 2708
- grundrechtliche Schranken 2676
- herausgreifende 2681
- Interessenabwägung 2818, 2935, 2973, 3057, 3081
- krankheitsbedingte *(s. Personenbedingte Kündigung, Krankheit)*
- Kündigungsfrist 236, 256, 295, 896, 1476, 2513, 2585, 2704, 2921, 3121
- Kündigungsgrund 2769, 2822, 2830, 2925, 2938, 3071, 3087, 3120, 3131, 3167
- Kündigungsverbote 2316, 2597, 2612, 3562, 3587
- Massenentlassungen 78, 353, 421, 2588, 2668
- Meinungsfreiheit 590
- Mischtatbestände 2823
- Mitbestimmung des Betriebsrats 2816 *(s. auch Anhörung des Betriebsrats)*
- Nichtfortsetzungserklärung 2488
- nichtige 2512, 2532, 2598, 2601, 2660
- ordentliche *(s. Ordentliche Kündigung)*
- ordentliche Unkündbarkeit 2631, 2911, 3082, 3132
- personenbedingte *(s. Personenbedingte Kündigung)*
- Prognoseprinzip 2617, 2773, 2855, 2931, 2950, 3040, 3075, 3102
- Rechtsnatur 2511
- Rücknahme 2517
- Sittenwidrigkeit 2601
- Sozialauswahl 2865, 3186
- soziale Rechtfertigung 2776, 2842, 2850, 2903, 3153, 3193
- sozialwidrige 2606, 2768, 2827, 3157
- Stellungnahme des Betriebsrats 2660
- Teilkündigung 1849
- Ultima-Ratio-Prinzip 2782, 2856, 3042, 3053, 3076, 3097, 3158, 3169
- Umwandlung 3574
- ungehörige 2606
- Unterrichtung des Betriebsrates 2660
- unwirksame 2052, 2081, 2597, 2660, 2581, 2607, 2667, 2680, 2734

- Verdachtskündigung *(s. Personenbedingte Kündigung, Verdachtskündigung)*
- Verhältnis zur Anfechtung 933, 967
- verhaltensbedingte *(s. Verhaltensbedingte Kündigung)*
- Verstoß gegen Treu und Glauben 2606
- Voraussetzungen 2519
- Weiterbeschäftigungsanspruch 3207,
- Weiterbeschäftigungsmöglichkeit 354, 2787, 2800, 3053, 3172, 3571
- Widerspruchsrecht 1838
- Wiedereinstellungsanspruch 886, 893, 2779, 3104, 3269, 3571
- Wiederholungskündigung 2663
- willkürliche 2507, 2608
- Wirkung 1835, 1841, 2052, 2184, 2519
- Zurückweisungsrecht 2544
- Zustimmung des Integrationsamtes 933, 2636, 2641

Kündigungserklärung 2518, 3068
- Adressat 2519
- Anfechtung 2698
- Bestimmtheit 2519
- Form 2524
- Zugang 2552
- Zugangsvereitelung 2569

Kündigungsrecht
- Anwendbarkeit des § 2 Abs. 4 AGG 2618

Kündigungsschutz 933, 2051, 2316, 2337, 2353, 2498, 2578, 2597,
- allgemeiner 2738
- Anwendbarkeit 2591
- Berufsfreiheit des Arbeitgebers 617
- besonderer 1685, 2316, 2337, 2597, 2612, 2627, 2642, 2644, 2648, 2683
- Betriebsgröße 2753
- gemeinsamer Betrieb 3591
- Kleinbetriebsklausel 620
- Kleinunternehmen 2345, 2726, 2732, 2755
- Konzern 360
- Kritik 3113
- Umgehung 1863, 1924, 2695, 3232, 3254, 3398
- Voraussetzungen 2738
- vorgezogener 2598
- Wartezeit 2746
- Weiterbeschäftigungsanspruch 1426, 3207

Kündigungsschutzklage 2051, 2498, 2578, 2908
- Klagefrist 2578, 2653, 3069
- Nachschieben von Kündigungsgründen 3131
- Umfang der gerichtlichen Prüfung 2841

Lastenausgleich 2307
Leiharbeit
- Abgrenzung 312
- Begriff 308

Leistungsminderung, krankheitsbedingte 2962, 2081

Leistungspflicht, Ausschluss der *(s. Unmöglichkeit)*
Leistungsstörungen
- Annahmeverzug des Arbeitgebers 2033, 2039
- Nichtleistung 2004, 2013
- Schlechtleistung 2004, 2454
- Schuldnerverzug des Arbeitgebers 2033
- Unmöglichkeit 2004, 2014, 2039
- Verzug des Arbeitnehmers 2004, 2039
- vorübergehende Verhinderung aus persönlichen Gründen 2095

Leistungsverweigerungsrecht 721, 1307, 1679, 1801, 2018, 2067, 2144, 2229, 2232, 2244, 2345

Leistungsverweigerungsrecht des Arbeitgebers
- Entgeltfortzahlung 2144

Leitende Angestellte
- Begriff 243
- Kündigungsschutz 245
- Rechtliche Stellung 246

Literatur
- Entscheidungssammlungen 53
- Fallsammlungen 40
- Gesetzessammlungen 33
- Lehrbücher 37
- Nachschlagewerke und Kommentare 44
- Zeitschriften 57

Lohnausfallprinzip 2069, 2111, 2194, 2269, 2289
Lohnsteuer, Abführung 1816
Lohnsteuerkarte 3439
Loyalität *(s. Arbeitnehmer, Loyalitätspflichten)*

Marktwirtschaft, soziale *(s. Wirtschaftsordnung)*
Maßregelungsverbot 2605
Meinungsfreiheit 590
- Kündigung 591
- Schranken 590

Methodische Grundfragen 91
- Auslegung 106
- Generalklauseln und unbestimmte Rechtsbegriffe 107
- Gerechtigkeit und Gesetzesbindung 102
- Lagertheorie 99
- Rechtsfortbildung und Richterrecht 111
- Rechtsquellenvielfalt 103

Mindestarbeitsbedingungen 475, 525, 741, 987
Mindestlohn
- Anrechnung von Leistungen 1269
- Arbeitnehmerschutz 1255
- Ausschlussfristen 1275, 1307
- Austauschgerechtigkeit 1257
- Bereitschaftszeit 1277
- Erfüllung des Mindestlohnanspruchs 1269
- Fälligkeit 1266
- Geringfügige Beschäftigung 1956
- Höhe 1257
- Kurzfristige Beschäftigung 1957
- Lohnwucher 1268

- Mindestlohnanspruch 1259
- Mindestlohngesetz 14, 1254
- Persönlicher Anwendungsbereich 1261
- Praktikanten 267, 275, 282
- Räumlicher Anwendungsbereich 1264
- Rechtsfolge 1277
- Reisezeit 1157
- Saisonarbeit 1957
- Sozialversicherungssysteme 1255
- Tarifautonomiestärkungsgesetz 1254
- Trinkgeld 1273, 1318
- Überstunden 1286
- Verzicht 1276
- Wettbewerb 1256
- Zeitlicher Anwendungsbereich 1263
- Zwingendes Gesetzesrecht 982, 1295

Mitbestimmung 832
- Arbeitszeit 1131
- betriebliche 76, 342
- Direktionsrecht 720
- Eigentumsfreiheit 625
- personelle Angelegenheiten 666, 720, 832, 1092, 1131, 1829, 2660, 2816, 3128
- Umwandlung 3597
- Urlaub 2226
- Werkwohnungen 1829
- Zustimmungsersetzungsverfahren 2816

Mutterschaftsgeld 2307
Mutterschutz 1790, 2296, 2698, 3245, 3350
- Arbeitszeit 2300
- Lastenausgleich 2307
- Mitteilung der Schwangerschaft 2318

Nachweisgesetz 18, 867, 1012
Nachweispflicht 2149
(s. Arbeitsunfähigkeitsbescheinigung)
Nationalsozialismus 81
Nebenarbeiten 1105
Nebenpflichten 1158, 1778, 2332, 2437, 2454, 2475, 3002
- außerdienstlicher Bereich 1220
- Förderungspflichten 1781, 1818
- Herausgabepflicht 1217
- Herleitung 1158, 1878
- Interessenwahrungspflichten 1173
- Schutzpflichten 1213, 1784
- Treu und Glauben 1167
- Verhaltenspflichten 1219
- Verletzung 1783, 1795, 2475, 3016

Nebentätigkeit 1195, 1949
- Begriff 1195, 1950
- Beschränkungen 1195

Nebentätigkeitsverbot 615, 1197, 1951
Nichtigkeit
- Arbeitsvertrag 482, 917, 962
- außer Funktion gesetztes Arbeitsverhältnis 967
- Ex-tunc-Wirkung 962

- im vollzogenen Arbeitsverhältnis 965
- Umfang 969
- Verstöße gegen Schutzgesetze 969, 1110

Obhutspflicht 839
Offenbarungspflichten 772, 844 *(s. Einstellung, Offenbarungspflichten)*
- beruflicher Werdegang 800
- Diskriminierungsverbote 778
- Gegenstände 777
- Krankheit 792
- politische Betätigung 798
- Qualifikation 773
- Vorstrafen 803
- Wehr- oder Ersatzdienst 808

Ordentliche Kündigung 2511, 2518, 2597, 2704
- Einschränkungen 2704
- Kündigungsfristen 2704

Ordnungprinzip 729, 744
Organisation des Arbeitsablaufs 139
Organmitglieder juristischer Personen 141, 208, 1556
- Kündigung 2744

Passivlegitimation 144
Persönlichkeitsrecht 561
Persönlichkeitsrecht, allgemeines 561, 814, 1417, 1733, 1800, 2439
- Ethikrichtlinie 563
- Fragerechte 769
- Gesundheitsuntersuchung 819
- Privatleben 562
- Überwachung 1755

Personalakten 1805
Personalpolitik 139
Personenbedingte Kündigung 584, 2924, 3089
- Abgrenzung 2938, 2949
- Aids 792
- Alkoholabhängigkeit 2938
- Alter 2939
- Anhörung des Arbeitnehmers 3099
- Arbeitsverweigerung aus Gewissensgründen 2945
- außerordentliche 3098
- Beeinträchtigung betrieblicher Interessen 2929
- Begründung 2820, 2830
- Interessenabwägung 2935
- Krankheit *(s. Krankheitsbedingte Kündigung)*
- Leistungsmängel 2944
- Mitteilungspflicht 2665
- Negativprognose 2931, 3102
- Sicherheitsbedenken 946
- Straftaten 947
- Verdachtskündigung 2992, 3093

Personengesellschaften 208
- Arbeitgeber 135
- Arbeitnehmer 208

Personenschaden 2407, 2438
Pflegezeitgesetz 14, 2339, 3352
Politische Betätigung 590, 1511, 3111
Positive Vertragsverletzung 2376, 2399, 2454
Praktikanten
- Abgrenzung zum Arbeitsvertrag 269
- Doktorandenverträge 278
- Freiwillige Praktika 275
- Kündigung 280
- Mindestlohn 267, 275, 282
- Orientierungspraktika 275
- Pflichtpraktika 273
- Praktikumsarten 272
- Scheinpraktikanten 271
- Schnupperpraktika 277
- Verträge mit 267
- Zeugnis 281

Preisnebenabreden 1038, 1283, 1862
Presse (s. Rundfunk)
Pressefreiheit 594
Privatautonomie (s. Vertragsfreiheit)
Probezeit 296, 2722, 3251
Prognoseprinzip (s. Kündigung, Prognoseprinzip)
Provision 1238

Rangprinzip 380, 730
- Durchbrechung 735
- Tarifvorbehalt 732
- Vorrang zwingenden Gesetzesrechts 731

Rationalisierungsschutz 2694, 2612
Rauchverbot
- Mitbestimmung 720

Recht auf Arbeit 2507
Rechtfertigung von Ungleichbehandlungen
- allgemeine Rechtfertigungsgründe 1630
- berufliche Anforderungen 1630
- besondere Rechtfertigungsgründe 1642
- positive Maßnahme 1637
- wegen des Alters 1649
- wegen Religion und Weltanschauung 1643

Rechtsfortbildung 111, 379, 393, 2084, 2788
Rechtsmissbrauch 1181, 1581, 3280
Rechtsquellen des Arbeitsrechts 377
Rechtsverordnung 650
Rechtswahl bei internationalem Bezug 512
- Eingriffsnormen 520
- Ordre Public 522
- Regelanknüpfung 515
- Rückausnahme 517
- subjektive Rechtswahl 514

Rcfcrenzperiodensystem 2266
Regelungsabrede (s. Betriebliche Einigung)
Religion
- Ausübungsfreiheit 1515
- Betätigung 1517
- Glaubensfreiheit 1511
- Scientology 1514

Rentenalter 577, 2497, 2939, 3304
Rentenreform 1399
Rentenversicherung, gesetzliche 1395, 1713
Richter 160
Richterrecht 111
- faktische Bindungswirkung 464, 648

Rücktritt 2008, 2023, 2490
Rückzahlungsklauseln (s. Berufsfreiheit, Rückzahlungsklauseln)
Rufschädigung (s. Arbeitnehmer, Loyalitätspflichten)
Ruhestand (s. auch Altersversorgung)
Rundfunk 594, 3249
- freie Mitarbeiter, Befristungsgrund 594

Saisonarbeiter 893, 1904
Satzungsrecht
- Berufsgenossenschaften 651

Schaden, immaterieller 1668, 2420, 2435
Schadensabwendung 1139, 1216
Schadensersatz des Arbeitnehmers 2376, 2435
Scheingeschäft 919
Scheinselbstständigkeit 198, 202
Schmiergelder (s. Vorteilsannahme)
Schranken der Inhaltsfreiheit 977
Schriftformklausel 699, 870, 1016
Schutzpflichten (s. Nebenpflichten, Schutzpflichten)
Schutzpflichten des Arbeitgebers 1784
- Arbeitsschutzgesetz 1791
- Jugendschutz 1799
- Leben und Gesundheit 1784
- öffentlich-rechtlicher Arbeitsschutz 1789
- Richtlinien 1790
- Unfallverhütungsvorschriften 1798

Schwangerschaft 943, 1507, 1594, 2128, 2298, 2642, 2657
- Fragerechte 789, 1683

Schwerbehinderter 580, 632, 791, 886, 1214, 1519, 1683, 2002, 2658, 2667, 2717, 2882, 2982,
Scientology 167, 795,
Selbständigkeit, neue 198
- Auslieferungsfahrer 198
- Promoter 198
- Propagandisten 198

Singularsukzession 3584
Sittenwidrigkeit 994, 1290, 2601
- Lohnwucher 1268, 1290
- Maßregelungsverbot 2605

Soldaten 160
Sondervergütung
- Begriff 1332
- Einstellung der 1356
- Ermessensgratifikationen 1364
- Fehlzeiten des Arbeitnehmers 1376
- Rückzahlungsklauseln 1382
- Ruhen des Arbeitsverhältnisses 1379

- vorzeitiges Ausscheiden des Arbeitnehmers 1372
- Zweckbestimmung 1338

Sozialpartnerschaft 87
Sozialschutz 1843
Sozialversicherung 75, 202, 473, 1255, 1711, 1816, 1956
- geringfügig Beschäftigte 1955

Spezialitätsprinzip 729, 744
Sphärentheorie (s. Betriebsrisiko, Sphärentheorie)
Sprecherausschuss 24
Staatssicherheit, Ministerium für 807
Stellenabbau 840
Stellenausschreibung 750
- Diskriminierung, AGG 754
- extern 751
- im Betrieb 752
- öffentlicher Dienst 753
- Vermittlungsdienste 750

Stellvertretung, Abschluss des Arbeitsvertrags 860
Stilllegung, anschließender Betriebsübergang 3492, 3567
Strafgefangene 163
Strafhaft 2948, 3092
Straftaten 2947, 3032, 3090
Supranationales Recht 381
- völkerrechtliche Verträge 402

Suspendierung 1421, 2491

Tätlichkeiten gegen den Arbeitgeber 3025, 3110
Täuschung 950
- Anfechtungsfrist 947
- Arglist 956
- Rechtswidrigkeit 953

Tarifautonomie 24, 61, 475, 602, 1254, 1489
Tarifvertrag 8, 24, 326, 553, 653, 675, 732, 888, 987, 1307, 1488, 2683, 2719, 3530
- Abschlussgebote 888
- Änderungsverbot 3545
- Allgemeinverbindlicherklärung 662
  - „Schmutzkonkurrenz" 662
- Arbeitnehmer ohne Tarifbindung 662, 1245
- Arbeitszeit 1130, 1140
- Auslegung 664
- Ausschluss der Weitergeltung 3546
- Bezugnahme im Arbeitsvertrag 675, 985, 1035, 1245, 2721, 3317
- Durchführungspflicht 655
- Firmentarifvertrag 661
- Formvorschrift 869, 3317
- Fortgeltung bei Betriebsübergang 3530
- Fortgeltung bei Umwandlung 3580
- Friedenspflicht 656
- Grundrechtsbindung 553
- Günstigkeitsprinzip 660
- normativer Teil, Abschluss, Inhalt, Beendigung 654
- Öffnungsklauseln 659, 669, 737, 987
- schuldrechtlicher Teil 654
- Tarifbindung 661, 1245
- Tarifdisponibilität 286, 718, 984, 3307
- tarifdispositives Recht 645, 676, 736, 984, 2719
- übertarifliche Entgelte 1250
- übertarifliche Zulagen 1879
- Vorrang 987
- zwingende Wirkung 659, 922, 3545
  - Delegationstheorie 555

Teilzeit und Befristungsgesetz, Geltungsbereich 1903
Teilzeitarbeit 106, 286, 501, 1685, 1902, 2213, 2333, 2352
- Abrufarbeit 1911
- Altersteilzeit 288, 1954
- Ankündigungsfrist 1922
- Anspruch auf 1974
- Arbeitnehmerschutz 1915
- Arbeitsplatzteilung 1934
- Arbeitszeitkonto 1947
- Bandbreitenregelung 1914, 1925
- Begriff 286, 1904
- betriebliche Gründe 1988
- Diskriminierungsverbote 289, 1685, 1965
- einseitige Leistungsbestimmung 1911
- Elternzeit 1953, 1998
- Entgelt 1922, 1932
- Förderung 1965, 1970
- Führungsposition 1969
- geringfügig Beschäftigter 1955
- Gleitzeit 1944
- Grenzen der Flexibilisierung 1915
- kapazitätsorientierte variable Arbeitszeit 1911
- klassische 1909
- Mindestbeschäftigungszeit 1916
- Mitbestimmung des Betriebsrats 1906
- Nebentätigkeit 1949
- Pflegezeit 2003
- Rechtsanspruch 1974
- Schwerbehinderte 2002
- sozialverträgliche Gestaltung 1915
- Stellenausschreibung 760
- Verbot der Ungleichbehandlung 289, 1965
- Vergütung 1924
- Verlängerung der 1971
- Verringerung der Arbeitszeit 1982
- Voraussetzungen des Anspruchs auf 1976
- Weiterbildung 1972

Teilzeitbeschäftigung
- betriebliche Altersversorgung 1712
- Erschwerniszulage 1703
- geringfügig Beschäftigte 1713
- persönlicher Geltungsbereich 1689
- Pro-rata-temporis-Grundsatz 1693, 1712

- Rechtfertigung 1698
- sachlicher Geltungsbereich 1692
- Überstundenzuschläge 1705
- Urlaub 1708
- Vergütungserhöhung 1703
- Vergütungsgruppe 1703
- Verstoß 1696

Tendenzbetriebe 798, 3024
Totalreparation 2379
Treu und Glauben 540, 683, 774, 894, 1049, 1167, 1289, 1778, 2071, 2099, 2453, 2569, 2606
Treuepflichten des Arbeitnehmers 975, 1405, 3417

Übermaßverbot 2598
Ultima-Ratio-Prinzip (s. Kündigung, Ultima-Ratio-Prinzip)
Umdeutung 2537, 2735
Umschulung 2786, 2812, 2932
Umwandlung 3574
- Arbeitnehmerschutz 3596
- Fortgeltung von Tarifvertrag und Betriebsvereinbarung 3580
- gemeinsamer Betrieb 3591
- Kündigung 3589
- Mitbestimmung 3596

Unerlaubte Handlung 2399, 2438
Unfall
- Unfallverhütungsvorschriften 651, 1798

Unfallversicherung 1798, 2414
- Schmerzensgeld 1669, 2438

Universalsukzession 875, 2259, 2494, 3495
Unmöglichkeit 2004, 2013
- Abgrenzung zum Verzug 2039
- Annahme 2041
- faktische 2018
- persönliche Gründe 2020
- Rechtsfolgen 2022
- vom Arbeitgeber zu vertretende 2029
- vom Arbeitnehmer zu vertretende 2022
- von keiner Seite zu vertretende 2031, 2083

Unterlassungsansprüche 2475
Unternehmen 354
Unternehmensbezug 1465, 2788, 2831
Unternehmensschädliche Äußerungen 1210
Unternehmensspaltung (s. Umwandlung)
Unternehmer 354
Unternehmerrisiko 3337
Urlaub 2195
- Abgeltung 2247
- Abschlussverbote 910, 982
- Beendigung des Arbeitsverhältnisses 2247
- Befristung des Anspruchs auf 2238
- Berechnung 2210
- betriebliche Belange 2230
- Dauer 2209
- eigenmächtiger Urlaubsantritt 2235, 3107

- Erziehungsurlaub (s. Erziehungsurlaub)
- Krankheit 2215, 2217
- Leistungsverweigerungsrecht 2229, 2232
- Selbstbeurlaubung 2235
- Übertragung des Anspruchs auf 2240
- Unterbrechung des Arbeitsverhältnisses 2204
- Urlaubsbescheinigung 3439
- Urlaubsentgelt 2263
- Urlaubsgeld 2264
- Urlaubszweck 1201, 1950, 2197
- Wartezeit 2199
- zeitliche Festlegung 2222
- Zugang der Kündigungserklärung 2563

Urlaubsgrundsätze, allgemeine
(s. Mitbestimmung, Urlaub)

Verbotsgesetze 981
Verbraucher, Arbeitnehmer als 219
Verdienstausfall wg. Stellensuche 765
Vereinsrechtliche Dienstleistungen 166
Verfassungsrecht 527
- Grundrechte, Drittwirkung 537
- konkurrierende Gesetzgebung, Föderalismusreform I 529
- Vorrang des Grundgesetzes, Normenpyramide 531
- wirtschaftliche Neutralität 61
- wirtschaftspolitische Neutralität 527

Vergleich, gerichtlicher und außergerichtlicher 3261
Verhältnis der Rechtsquellen 727
Verhaltensbedingte Kündigung 1081, 1170, 2075, 2927, 2944, 3001
- Abgrenzung 3001
- Abmahnung 3042
- außerdienstliches Verhalten 3024, 3109
- außerordentliche 3106
- Begründung 3106
- eigenmächtiger Urlaubsantritt 2236, 3107
- Hauptpflichtverletzung 3008
- Interessenabwägung 3057
- Irrtum über Leistungspflichten 3006
- Nebenpflichtverletzung 3016
- Negativprognose 3040
- Verschulden 2938, 3003

Verhaltenspflichten des Arbeitnehmers 1219
Verjährung, Entgeltansprüche 1306
Verkehrsunfall 2106
Verletztengeld 2442
Vermögensinteressen des Arbeitnehmers 1808, 1816
Vermögensübertragung (s. Umwandlung)
Verschmelzung (s. Umwandlung)
Verschulden gegen sich selbst 2108, 2141
Verschwiegenheit des Arbeitgebers, Datenschutz 1733

Stichwortverzeichnis

Verschwiegenheit des Arbeitnehmers 1173, 1183, 3117, 3441
- Anzeigerechte 1180, 1211, 3022
- Betriebsgeheimnis 1175

Versetzung
- Mitbestimmung 720, 1108
- Versetzungsvorbehalt 712, 1088

Versicherungsvertreter 206

Vertragsauslegung, ergänzend
- Inhaltskontrolle 1028

Vertragsfreiheit 4, 69, 156, 609, 877, 3375

Vertragsstrafe 2469, 2480, 3067

Vertragsstrafe bei Kündigung 1059, 2469

Vertragstheorie 124

Vertragsverhandlungen, Abbruch von 841

Vertrauensschaden 845

Vertrauensschutz 691, 719
- Einstellungsansprüche 894

Verwaltungsakt 161

Verwirkung 960, 1313, 2592, 2659, 3518

Verzug des Arbeitgebers
- Abstrahierungsformel 2041
- Ausschluss der Fixschuldthese 2044
- Verzugspauschale 233
- Verzugsschaden 230
- Verzugszinsen 230

Verzug des Arbeitnehmers *(s. Leistungsstörungen, Verzug)*

Völkerrechtliche Verträge
- EMRK 399, 503
- ESC 510
- ILO-Übereinkommen 511

Vorbehalt 1855
- Änderungsvorbehalt 1855, 3140
- Anrechnungsvorbehalt 1858
- Freiwilligkeitsvorbehalt 679, 698, 1359, 1403, 1463, 1474, 1859, 1883
- geheimer 919
- Versetzungsvorbehalt *(s. Versetzung, Versetzungsvorbehalt)*
- Widerrufsvorbehalt 679, 1251, 1339, 1358, 1406, 1842, 1857, 1866, 1891

Vorsatz des Arbeitnehmers 2463, 3002

Vorstellungskosten 761, 1328

Vorstrafen
- Anfechtung 945
- Fragerechte 803

Vorteilsannahme 1204, 3116

Wartezeit bei Entgeltfortzahlung 2122
Wartezeit für Erholungsurlaub 2199

Wegerisiko 2088, 2103
Wegfall der Geschäftsgrundlage 1854, 2487
Wehrdienst 2140, 2220
- Abschlussgebote 887

Weihnachtsgratifikation 688, 1360, 1364, 1390, 1477

Weisungsrecht *(s. Direktionsrecht)*
Weiterbeschäftigung, Klage auf 3207
Weiterbeschäftigungsanspruch, allgemeiner *(s. Kündigung, Weiterbeschäftigungsanspruch)*

Werksbus 2105
Werkvertrag 169
- Künstlerverträge 172

Werkwohnung 1824
- Kündigung 1835, 1841
- Werkdienstwohnung 1826, 1839
- Werkmietwohnung 1825, 1830

Wettbewerbsverbot 615
- Abschlussverbote 913
- bestehendes Arbeitsverhältnis, Konkurrenzverbot 1184
- nachvertragliches 1192, 3442

Widerrufsvorbehalt 1866
- Ausübungskontrolle 1875
- Inhaltskontrolle 1868

Wiedereinstellungsklauseln 888
Wiedervereinigung 89
Willkürverbot *(s. Gleichbehandlung)*
Wirtschaftsordnung 61, 527, 2507
Wirtschaftsrisiko 2089

Zeitkollisionsregel *(s. Ordnungsprinzip)*
Zeugnis 749, 1822, 3422
- Berichtigungsanspruch 3433
- Form 3427
- Inhalt 3427
- qualifiziertes 3423, 3429
- Zwischenzeugnis 3425

Zivildienst 808, 1557, 2140
Zurückbehaltungsrecht *(s. Leistungsverweigerungsrecht)*

Zustandekommen des Arbeitsverhältnisses
- Bestimmtheit 859
- Geschäftsfähigkeit 853
- Stellvertretung 860
- Willenserklärungen 852

Zwingendes Gesetzesrecht
- einseitig und zweiseitig 640

Zwingendes Recht 982, 1686, 3362
- Umgehung 991